Stephan Ahrens
Wolfgang Schneider

Lehrbuch
der Psychotherapie und Psychosomatischen Medizin

2. Auflage

Lehrbuch
der Psychotherapie und Psychosomatischen Medizin

Herausgegeben von

Stephan Ahrens
Wolfgang Schneider

Zweite, aktualisierte und erweiterte Auflage

Mit 37 Abbildungen und 44 Tabellen

 **Schattauer** Stuttgart
New York

Anschriften der Herausgeber

Prof. Dr. med. Dr. rer. soc. Stephan Ahrens

Abteilung für Psychosomatik und Schmerztherapie
Asklepios Westklinikum Hamburg gGmbH
Suurheid 20, 22559 Hamburg

Prof. Dr. med. Dr. rer. nat. Dipl.-Psych. Wolfgang Schneider

Klinik und Poliklinik für Psychosomatik und
Psychotherapeutische Medizin
Universität Rostock
Gehlsheimer Str. 20, 18147 Rostock

Die Deutsche Bibliothek – CIP-Einheitsaufnahme
Ein Titeldatensatz für diese Publikation ist bei Der Deutschen Bibliothek
erhältlich

© 1997 and 2002 by Schattauer GmbH, Hölderlinstraße 3, D-70174 Stuttgart,
Germany
Die erste Auflage erschien unter dem Titel „Lehrbuch der psychothera-
peutischen Medizin"
E-Mail: info@schattauer.de
Internet: http://www.schattauer.de
Printed in Germany

Lektorat: Dipl.-Biol. Eva Wallstein, Stuttgart
Dr. phil. Dipl.-Psych. Matthias Reiss, Oldenburg
Umschlagabbildung: „Vulcano inattivo" von Bruno Rossi (1943–1991), Öl
auf Leinwand, 50×70. Mit freundlicher Genehmigung der Schwester des
Künstlers. Das Bild wurde entnommen aus dem Katalog „Sensibilità e
suscettibilità", hrsg. v. Gemma Brandi, ES.IP.SO., Firenze 1998
Umschlaggestaltung: Bernd Burkart, Stuttgart
Satz: Satzpunkt Bayreuth GmbH, Telemannstr. 1, 95444 Bayreuth
Druck und Einband: druckhaus köthen GmbH, Friedrichstr. 11/12,
06366 Köthen
Gedruckt auf chlor- und säurefrei gebleichtem Papier.

ISBN 3-7945-2070-X

Vorwort zur zweiten Auflage

Die Psychotherapie und die Psychosomatische Medizin sind wissenschaftlich, klinisch und versorgungspolitisch in aktuelle relevante Entwicklungsprozesse eingebunden. Wissenschaftlich haben empirische Standards bei der Bewertung von therapeutischen Methoden eine wachsende Bedeutung eingenommen. Tradierte Konzepte und Handlungsmuster der dominierenden psychotherapeutischen „Schulen" öffnen sich zugunsten der Rezeption anderer psychotherapeutischer Sichtweisen und den daraus abgeleiteten Krankheitskonzepten, diagnostischen Vorgehensweisen und therapeutischen Methoden. In der Folge sind Kombinationen unterschiedlicher psychotherapeutischer Verfahren sowie Ansätze einer Integration von Therapiemethoden unterschiedlicher Provenienz systematisch untersucht worden und haben Eingang in die ambulante und stationäre psychotherapeutisch-psychosomatische Versorgung gefunden. In den letzten zehn Jahren sind zunehmend Konzepte und Befunde (neuro-)biologischer Forschungsansätze von der Psychotherapie und Psychosomatik rezipiert worden, wie es z.B. für die Psychoneuroimmunologie, die Psychophysiologie, die funktionellen bildgebenden Verfahren, die Genetik, aber auch die Gedächtnispsychologie gilt. Diese Perspektiven scheinen zunehmend besser geeignet, ein wachsendes Verständnis für die Entstehung, den Verlauf, aber auch die Behandlung psychischer, psychosomatischer und somatopsychischer Störungen zu entwickeln.

Ein stärkeres Augenmerk wird auf die Analyse von Chronifizierungsprozessen psychischer und psychosomatischer Krankheiten sowie den diesen Prozessen unterliegenden Bedingungen gelegt. Zu diesen Bedingungen gehören sowohl die individuellen Kompetenzen zur Krankheitsbewältigung auf seiten des Patienten als auch die sozialen Kontextvariablen, die als Hintergrundmatrix für Coping- und Chronifizierungsprozesse anzusehen sind. Im Zuge dieser Entwicklung werden verstärkt individuelle und soziale Ressourcen bei der Behandlungsplanung und -durchführung berücksichtigt.

Aktuell finden psychotherapeutische und psychosomatische Konzepte verstärkt Eingang in präventive und rehabilitative Versorgungsmodelle, woraus sich eine Abstufung und Vernetzung differenzierter Handlungsansätze ergibt. Inwieweit die sozialrechtlichen und sozialpolitischen Rahmenbedingungen diese Prozesse eher behindern oder fördern werden, ist eine der spannendsten Fragen der Zukunft des Fachgebietes.

Weiter von Interesse ist, inwieweit psychotherapeutisches Handeln noch genügend Raum und Zeit für die individuelle Perspektive der Entwicklung von Subjektivität und belasteter psychosozialer Integrität haben wird – unter dem Druck der ökonomischen Bedingungen und einer eher technologisch-pragmatisch, vorrangig an der „Reparatur" von Störungen im Sinne einer bloßen Symptomreduktion orientierten Versorgung.

Die Psychotherapie wird seit dem 1.1.1999 in der Bundesrepublik Deutschland von ärztlichen Psychotherapeuten sowie Psychologischen Psychotherapeuten und Kinder- und Jugendpsychotherapeuten (nach dem Psychotherapeutengesetz) ausgeübt. Neben den Facharztgruppen, für die Psychotherapie einen Behandlungsschwerpunkt darstellt, dem Facharzt für Psychotherapeutische Medizin, der auf dem Ärztetag 2002 voraussichtlich in den Facharzt für Psychosomatische Medizin und Psychotherapie umbenannt werden wird, dem Facharzt für Psychiatrie und Psychotherapie sowie dem Facharzt für Kinder- und Jugendpsychiatrie und -psychotherapie wird es zukünftig eine wachsende Spezialisierung der psychosomatisch-psychotherapeutischen Handlungskompetenzen in den verschiedenen klinischen Disziplinen geben. Es bleibt zu hoffen, daß über diesen Weg psychotherapeutische und psychosomatische Denk- und Handlungsansätze weiter Eingang in die Medizin finden.

Es ist das Anliegen der 2. – neu bearbeiteten – Auflage des Lehrbuchs, die relevanten wissenschaftlichen und klinischen Entwicklungen im Fachgebiet auf der Grundlage psychoanalytischer und psychodynamischer Theorien unter weitgehender Berücksichtigung der wichtigen empirischen Befunde anderer psychotherapeutischer Methoden und verwandter Wissenschaftsdisziplinen zu vermitteln und soweit als möglich zu integrieren. Das Lehrbuch zielt darauf ab, den Rahmen psychotherapeutischer und psychosomatischer Indikationen abzustecken, eine differentielle Krankheitslehre zu entwickeln und das Spektrum psychotherapeutischer und psychosomatischer Behandlungsansätze und -indikationen aufzuzeigen. Das Buch versteht sich als Leitfaden für den psychotherapeutisch-psychosomatischen Zugang zum Patienten, wenngleich dieser selbst auch der beste Lehrmeister für den Therapeuten bleibt.

Der Autorenkreis der 2. Auflage ist gegenüber dem der 1. Auflage erheblich erweitert worden, um den oben skizzierten Ansprüchen gerecht werden zu können. Die Autoren haben ihre hohe fachliche Kompetenz und ihre zum Teil sehr persönlichen Erfahrungen eingebracht, diese in Konzeptionen umgesetzt und bei den Krankheitsbildern durch Fallbeispiele illustriert. Ihnen gebührt Dank für ihr Engagement, ihre Kooperativität und wohl zum Teil auch ihre Leidensbereitschaft.

Die hervorragende Unterstützung des Verlages, allen voran Dr. med. Dipl.-Psych. Wulf Bertram und Frau Dipl.-Biol. Eva Wallstein, machte die Aufgabe erst wirklich lösbar, alle Autoren so zu koordinieren, daß ein Buch mit Lehrbuchcharakter, einem durchgehenden einheitlichen Duktus und gleicher Systematik der einzelnen Beiträge entstehen konnte. Auch Herrn Dr. phil. Dipl.-Psych. Matthias Reiss möchten wir für sein Engagement und seine Kompetenz als Lektor bei der Bearbeitung des Buches danken. Besonderer Dank gebührt unseren Sekretärinnen, Frau Käthe Koppert (Hamburg) und Frau Michaela Giermann (Rostock), die uns mit unermüdlicher Disziplin und Ruhe unterstützt haben.

Die Zusammenarbeit zweier Herausgeber ist sicherlich als Grundlage für die konzeptionelle Weiterentwicklung des Lehrbuchs anzusehen; auf dem Hintergrund anregender Diskussionen konnte das Buch wohl erst den besonderen programmatischen Charakter entwickeln, der es nun auszeichnet. Inhaltlich und atmosphärisch haben beide Herausgeber jedenfalls sehr von ihrem gemeinsamen Austausch profitiert.

Die Herausgabe der 2. Auflage des Lehrbuchs gibt uns auch die Gelegenheit, denen zu danken, die uns fachliche Lehrmeister und menschliche Vorbilder waren und sind. Für Stephan Ahrens waren und sind dies für die Kieler Lehrzeit Herr Prof. Völkel (Psychotherapie und Psychoanalyse), Herr Prof. Schimmelpenning (Psychiatrie) und Herr Prof. Soyka (Neurologie). Für Wolfgang Schneider sind dies Herr Prof. Dilling (Lübeck, Psychiatrie), Herr Prof. Janssen (Bochum/Dortmund, Psychotherapie und Psychosomatik) sowie die Herren Professoren S.O. Hoffmann (Mainz) und G. Rudolf (Heidelberg). Gemeinsam haben wir viel Herrn Prof. A.-E. Meyer (Hamburg) zu verdanken, der viel zu früh, bereits vor dem Erscheinen der 1. Auflage des Lehrbuchs, verstorben ist.

Hamburg und Rostock,
im Februar 2002

Stephan Ahrens
Wolfgang Schneider

Autorenverzeichnis

Prof. Dr. med. Dr. rer. soc. Stephan Ahrens
Abteilung für Psychosomatik und Schmerztherapie
Asklepios Westklinikum Hamburg gGmbH
Suurheid 20, 22559 Hamburg

Prof. Dr. med. Josef Aldenhoff
Klinik für Psychiatrie und Psychotherapie
Universität Kiel
Niemannsweg 147, 24105 Kiel

Priv.-Doz. Dr. med. Markus Bassler
Klinik und Poliklinik für Psychosomatische Medizin
und Psychotherapie
Johannes Gutenberg-Universität Mainz
Untere Zahlbacher Str. 8, 55131 Mainz

Prof. Dr. med. Hans Becker
Bergheimer Str. 87a, 69115 Heidelberg

Dr. phil. Dipl.-Psych. Isaac Bermejo
Klinik für Psychiatrie und Psychotherapie
Universitätsklinikum Freiburg
Hauptstr. 5, 79104 Freiburg

Dipl.-Psych. Eva-Maria Biermann-Ratjen
Loehrsweg 1, 20249 Hamburg

Dr. phil. Dipl.-Psych. Andreas H. Böhmelt
Institut für Medizinische Psychologie
Universitätsklinikum Münster
Von-Esmarch-Str. 52, 48149 Münster

Dr. med. Christel Böhme-Bloem
Klinik für Psychotherapie und Pychosomatik
Universität Kiel
Niemannsweg 147, 24105 Kiel

Dr. med. Jochen-Friedrich Buhrmann
Abteilung für Psychosomatik und Schmerztherapie
Asklepios Westklinikum Hamburg gGmbH
Suurheid 20, 22559 Hamburg

Brigitta Bühring
Schweriner Str. 15, 22143 Hamburg

Prof. Dr. med. Dieter Bürgin
Kinder- und Jugendpsychiatrische Universitätsklinik
und Poliklinik
Schaffhauserrheinweg 55, 4058 Basel
Schweiz

Prof. Dr. phil. Dipl.-Psych. Franz Caspar
Abteilung für Klinische und Entwicklungspsychologie
Psychologisches Institut
Universität Freiburg
Belfortstr. 18, 79085 Freiburg

Prof. Dr. med. Manfred Cierpka
Abteilung für Psychosomatische Kooperationsforschung
und Familientherapie
Universitätsklinikum Heidelberg
Bergheimer Str. 54, 69115 Heidelberg

Prof. John F. Clarkin, Ph.D.
Personality Disorders Institute
New York Presbyterian Hospital
Westchester Division
Weill Medical College and Graduate School of Medical
Sciences of Cornell University
21 Bloomingdale Road, White Plains, New York 10605
USA

Prof. Dr. med. Wolfgang Eich
Sektion Klinische Psychosomatik
Medizinische Klinik, Innere Medizin II
Universität Heidelberg
Bergheimer Str. 58, 69115 Heidelberg

Prof. Dr. med. Hubert Feiereis †
Klinik für Psychosomatik und Psychotherapie
Medizinische Universität
Ratzeburger Allee 160, 23562 Lübeck

Dr. med. Elisabeth Fenner
Klinik für Psychotherapie und Pychosomatik
Universitäts-Nervenklinik
Niemannsweg 147, 24105 Kiel

Dr. phil. Dipl.-Psych. Heinz Ferstl
Rothenbaumchaussee 3, 20148 Hamburg

Dr. med. Jobst Finke
Klinik für Psychiatrie und Psychotherapie der Universität
GH Essen
Virchowstr 174, 45147 Essen

Prof. Dr. med. Harald J. Freyberger
Klinik und Poliklinik für Psychiatrie und Psychotherapie
der Universität Greifswald im Klinikum Stralsund
Rostocker Chaussee 70, 18435 Stralsund

Prof. Dr. med. Paul Götze
Therapie-Zentrum für Suizidgefährdete (TZS)
Universitätsklinikum Hamburg-Eppendorf
Martinistr. 52, 20246 Hamburg

Dr. med. Dipl.-Psych. Ralph Grabhorn
Klinik für Psychosomatische Medizin und Psychotherapie
Klinikum der Johann Wolfgang Goethe-Universität
Heinrich-Hoffmann-Str. 10, 60528 Frankfurt

Prof. Dr. med. Iver Hand
Klinik und Poliklinik für Psychiatrie und Psychotherapie
Universitätsklinikum Hamburg-Eppendorf
Martinistr. 52, 20246 Hamburg

Dr. med. Norbert Hartkamp
Klinik für Psychosomatische Medizin und Psychotherapie
der Heinrich-Heine-Universität
Postfach 120510, 40605 Düsseldorf

Prof. Dr. phil. Dipl.-Psych. Martin Hautzinger
Abteilung Klinische und Physiologische Psychologie
Psychologisches Institut
Eberhard Karls Universität Tübingen
Christophstr. 2, 72072 Tübingen

Dr. med. Peter Henningsen
Psychosomatische Klinik
Ruprecht-Karls-Universität
Thibautstr. 2, 69115 Heidelberg

Prof. William Paul Henry
Department of Psychology
University of Utah
Salt Lake City, Utah 84112
USA

Priv.-Doz. Dr. med. Sabine Herpertz
Klinik für Psychiatrie und Psychotherapie
Universitätsklinikum der RWTH Aachen
Pauwelsstraße 30, 52074 Aachen

Prof. Dr. med. Gereon Heuft
Klinik und Poliklinik für Psychosomatik
und Psychotherapie
Universitätsklinikum Münster
Domagkstr. 22, 48149 Münster

Prof. Dr. med. Reinhard Heun
Klinik und Poliklinik für Psychiatrie und Psychotherapie
Universität Bonn
Sigmund-Freud-Str. 25, 53105 Bonn

Prof. Dr. med. Dipl.-Psych. Sven Olaf Hoffmann
Klinik und Poliklinik für Psychosomatische Medizin
und Psychotherapie
Johannes Gutenberg-Universität Mainz
Untere Zahlbacher Str. 8, 55131 Mainz

Werner Homann
Abteilung für Psychosomatik und Schmerztherapie
Asklepios Westklinikum Hamburg gGmbH
Suurheid 20, 22559 Hamburg

Dr. med. Gisela Huse-Kleinstoll
Abteilung für Medizinische Psychologie
Universitätsklinikum Hamburg-Eppendorf
Martinistr. 52, 20246 Hamburg

Prof. Dr. med. Paul L. Janssen
Abteilung Psychosomatik und Psychotherapeutische Medizin
Westfälisches Zentrum für Psychiatrie, Psychotherapie
und Psychosomatik Dortmund
Universitätsklinik der Ruhr-Universität
Marsbruchstr. 179, 44287 Dortmund

Dr. phil. Dipl.-Psych. Astrid Junge
Medizinische Wissenschaft
Schulthess Klinik
Lengghalde 2, 8008 Zürich
Schweiz

Dr. med. Dipl.-Psych. Brigitte Junkert-Tress
Peter Rosegger-Str. 8, 40699 Erkrath

Dr. med. Eva Keil-Kuri
Etterschlager Str. 9, 82234 Wessling

Prof. Dr. Otto F. Kernberg, M.D.
Personality Disorders Institute
New York Presbyterian Hospital
Westchester Division
Weill Medical College and Graduate School of Sciences
of Cornell University
21 Bloomingdale Road, White Plains, New York 10605
USA

Dr. rer. nat. Dipl.-Psych. Thomas Klauer
Klinik und Poliklinik für Psychosomatik und
Psychotherapeutische Medizin
Universität Rostock, Medizinische Fakultät
Gehlsheimer Straße 20, 18147 Rostock

Prof. Dr. phil. Dr. med. Dipl.-Psych. Uwe Koch
Abteilung für Medizinische Psychologie
Klinik und Poliklinik für Innere Medizin
Universitätsklinikum Hamburg-Eppendorf
Martinistraße 52, Haus S35, 20246 Hamburg

Priv.-Doz. Dr. med. Reinhard Kreische
Lou-Andreas-Salomé-Institut für Psychoanalyse
und Psychotherapie (DPG)
Am Goldgraben 8, 37073 Göttingen

Prof. Dr. med. Joachim Küchenhoff
Abteilung Psychotherapie und Psychohygiene
Psychiatrische Universitätsklinik Basel
Socinstr. 55A, 4051 Basel
Schweiz

Priv.-Doz. Dr. med. Dipl.-Psych. Ulrich Lamparter
Abteilung für Psychosomatik und Psychotherapie
Klinik und Poliklinik für Innere Medizin
Universitätsklinikum Hamburg-Eppendorf
Martinistr. 52, 20246 Hamburg

Prof. Dr. med. Friedhelm Lamprecht
Abteilung Psychosomatik und Psychotherapie
Zentrum Psychologische Medizin
Medizinische Hochschule Hannover
Konstanty-Gutschow-Str. 8, 30625 Hannover

Dr. med. Michael Langenbach
Institut und Poliklinik für Psychosomatik
Universitätsklinikum Köln
Joseph-Stelzmann-Str. 9, 50931 Köln

Prof. Dr. med. Wolfgang Maier
Klinik und Poliklinik für Psychiatrie und Psychotherapie
Universität Bonn
Sigmund-Freud-Str. 25, 53105 Bonn

Prof. Dr. med. Dr. rer. soc. Adolf-Ernst Meyer †
Abteilung für Psychosomatik und Psychotherapie
Klinik und Poliklinik für Innere Medizin
Universitätsklinikum Hamburg-Eppendorf
Martinistr. 52, 20246 Hamburg

Prof. Dr. med. Dr. phil. Dipl.-Psych. Fritz A. Muthny
Institut für Medizinische Psychologie
Universitätsklinikum Münster
Von-Esmarch-Str. 52, 48149 Münster

Prof. Dr. med. Gerd Overbeck
Klinik für Psychosomatische Medizin und Psychotherapie
Klinikum der Johann Wolfgang Goethe-Universität
Heinrich-Hoffmann-Str. 10, 60528 Frankfurt

Prof. Dr. med. Friedemann Pfäfflin
Sektion Forensische Psychotherapie
Abteilung Psychotherapie und Psychosomatische Medizin
Universitätsklinikum Ulm
Am Hochsträß 8, 89081 Ulm

Prof. Dr. med. Reinhard Plassmann
Psychotherapeutisches Zentrum
Erlenbachweg 24, 97980 Bad Mergentheim

Priv.-Doz. Dr. med. Gerhard Reister
Wilhelmshöhe 1, 75385 Bad Teinach-Zavelstein

Prof. Dr. phil. Dipl.-Psych. Rainer Richter
Abteilung für Psychosomatik und Psychotherapie
Klinik und Poliklinik für Innere Medizin
Universitätsklinikum Hamburg-Eppendorf
Martinistr. 52, 20246 Hamburg

Dr. med. Klaus Rodewig
Internistisch-Psychosomatische Fachklinik Hochsauerland
Zu den drei Buchen 2, 57392 Bad Fredeburg

Prof. Dr. med. Henning Saß
Klinik für Psychiatrie und Psychotherapie
Universitätsklinikum der RWTH Aachen
Pauwelsstr. 30, 52074 Aachen

Dipl.-Psych. Ursula Sassenberg
Weidenstieg 9, 20259 Hamburg

Dr. med. Hans Ulrich Schmidt
Abteilung für Psychosomatik und Psychotherapie
Klinik und Poliklinik für Innere Medizin
Universitätsklinikum Hamburg-Eppendorf
Martinistr. 52, 20246 Hamburg

Prof. Dr. med. Dr. rer. nat. Dipl.-Psych. Wolfgang Schneider
Klinik und Poliklinik für Psychosomatik und
Psychotherapeutische Medizin
Universität Rostock
Gehlsheimer Str. 20, 18147 Rostock

Dr. med. Rainer Schors
Abteilung für Psychosomatische Medizin
und Psychotherapie
Städtisches Krankenhaus München-Harlaching
Sanatoriumsplatz 2, 81545 München

Dr. phil. Dipl.-Psych. Holger Schulz
Abteilung für Medizinische Psychologie
Klinik und Poliklinik für Innere Medizin
Universitätsklinikum Hamburg-Eppendorf
Martinistr. 52, Haus S35, 20246 Hamburg

Dr. med. Renate Sechtem
Friesenweg 2, 22763 Hamburg

Doris Sondermann
Abteilung für Psychiatrie und Psychotherapie
Allgemeines Krankenhaus Harburg
Eissendorfer Pferdeweg 52, 21075 Hamburg

Yvette Soppa
Tagesklinik Lünen
Westfälisches Zentrum für Psychiatrie, Psychotherapie
und Psychosomatik
Altstadtstr. 23a, 44534 Lünen

Prof. Dr. med. Hubert Speidel
Eichhofstr. 14, 24116 Kiel

Dr. med. Carsten Spitzer
Klinik und Poliklinik für Psychiatrie und Psychotherapie
der Universität Greifswald im Klinikum Stralsund
Rostocker Chaussee 70, 18435 Stralsund

Prof. Dr. med. Dr. phil. Dipl.-Psych. Manfred Spitzer
Abteilung Psychiatrie III
Universitätskliniken Ulm
Leimgrubenweg 12–14, 89075 Ulm

Prof. Dr. phil. Dipl.-Psych. Bernhard Strauß
Institut für Medizinische Psychologie
Klinikum der FSU Jena
Stoystr. 3, 07740 Jena

Prof. Dr. med. Ulrich Streeck, M.A.
Krankenhaus für Psychotherapie und Psychosomatische
Medizin des Landes Niedersachsen, Tiefenbrunn
37124 Rosdorf bei Göttingen

Dr. med. Annette Streeck-Fischer
Krankenhaus für Psychotherapie und Psychosomatische
Medizin des Landes Niedersachsen, Tiefenbrunn
37124 Rosdorf bei Göttingen

Priv.-Doz. Dr. phil. Dipl.-Psych. Ulrich Stuhr
Abteilung für Psychosomatik und Psychotherapie
Klinik und Poliklinik für Innere Medizin
Universitätsklinikum Hamburg-Eppendorf
Martinistr. 52, 20246 Hamburg

Priv.-Doz. Dr. med. Dipl.-Psych. Ludwig Teusch
Abteilung für Psychiatrie und Psychotherapie
Evangelisches Krankenhaus Castrop-Rauxel
Grutholzallee 21, 44577 Castrop-Rauxel

Prof. Dr. med. Dr. phil. Dipl.-Psych. Wolfgang Tress
Universitätsklinik für Psychosomatische Medizin
und Psychotherapie Düsseldorf
Bergische Landstr. 2, 40629 Düsseldorf

Dr. med. Michael Trukenmüller
Sierichstr. 102, 22299 Hamburg

Susanne Tümpel
Abteilung für Psychosomatik und Schmerztherapie
Asklepios Westklinikum Hamburg gGmbH
Suurheid 20, 22559 Hamburg

Dr. med. Eberhard Wilke
Curtius-Klinik
Neue Kampstr. 2, 23714 Bad Malente-Gremsmühlen

Dr. med. M. theol. Herbert Will
Akademie für Psychoanalyse und Psychotherapie
Schwanthalerstr. 106, 80339 München

Bärbel Zucker
Abteilung für Psychosomatik und Schmerztherapie
Asklepios Westklinikum Hamburg gGmbH
Suurheid 20, 22559 Hamburg

Inhaltsverzeichnis

1 Sozioökonomischer Standpunkt _____ 1

1.1 Historische Entwicklung des Fachgebiets Psychosomatik/Psychotherapie in Deutschland _____ 3

1.2 Aktueller Stand und Entwicklungsperspektiven der Psychotherapie und Psychosomatik _____ 8

1.3 Weiter- und Fortbildung in der Psychosomatischen Medizin und Psychotherapie _____ 13

1.3.1 Psychosomatische Grundversorgung _____ 13
1.3.2 Zusatzbezeichnung Psychotherapie _____ 14
1.3.3 Facharzt für Psychotherapeutische Medizin _____ 14
1.3.4 Zusatzbezeichnung „Psychoanalyse" _____ 15
1.3.5 Weiterbildungsstätten _____ 16

1.4 Qualitätssicherung in der Psychotherapeutischen Medizin _____ 17

1.4.1 Definition und Zielsetzungen von Qualitätssicherung in der Medizin _____ 17
1.4.2 Dimensionen der Qualitätssicherung in der Psychotherapeutischen Medizin _____ 18
1.4.3 Strategien der Qualitätssicherung _____ 22
1.4.4 Resümee _____ 25

1.5 Psychotherapie-Richtlinien und Krankenkassenanträge _____ 28

1.5.1 Einleitung _____ 28
1.5.2 Formale Abfassung des Kassenantrages _____ 30
1.5.3 Die Dokumentation _____ 32
1.5.4 Probatorische Sitzungen _____ 33
1.5.5 Besonderheiten der Therapie: die sogenannte „Entdeckelung" der psychotherapeutischen Stundenbegrenzung _____ 34
1.5.6 Beendigung der Therapie bei nicht ausreichendem Behandlungserfolg _____ 35
1.5.7 Therapeutenwechsel _____ 35
1.5.8 Wechsel des Verfahrens _____ 35
1.5.9 Was tun bei Ablehnung des Antrags? _____ 35

1.6 Primäre und sekundäre Prävention _____ 36

1.6.1 Theorien präventiver Strategien _____ 36
1.6.2 Protektive Faktoren _____ 37
1.6.3 Ansatzpunkte primärer und sekundärer Prävention _____ 38

1.7 Rehabilitation in der Psychotherapeutischen Medizin _____ 40

1.7.1 Schaden (Impairment) _____ 41
1.7.2 Individuelle Behinderung (Disability) _____ 42
1.7.3 Soziale Beeinträchtigung (Handicap) _____ 42
1.7.4 Einrichtungen für psychosomatische Rehabilitation _____ 43
1.7.5 Berentung _____ 43

1.8 Begutachtung in der Psychosomatik und der Psychotherapie _____ 46

1.8.1 Einführung _____ 46
1.8.2 Indikation zur Begutachtung in der Psychosomatik/Psychotherapie _____ 47
1.8.3 Diagnostisches Vorgehen bei der Begutachtung _____ 47
1.8.4 Der Begutachtungsprozeß als interaktionelles Geschehen – Ziele, Qualitätsstandards und ethische Rahmenbedingungen _____ 53

2 Bio-psychosoziale Grundlagen _____ 55

2.1 Psychoanalytische Krankheitskonzepte _____ 57

2.1.1 Die Modelle der psychischen Struktur _____ 57
2.1.2 Die psychoanalytische Trieblehre _____ 59
2.1.3 Die Abwehrmechanismen _____ 60
2.1.4 Der Narzißmus _____ 63
2.1.5 Die Konfliktpsychologie _____ 64
2.1.6 Die Ich-Psychologie _____ 65
2.1.7 Die Selbstpsychologie _____ 65
2.1.8 Die Objektpsychologie _____ 66
2.1.9 Die Affektpsychologie _____ 68
2.1.10 Zusammenfassung _____ 70

2.2   Erkenntnistheoretische Grundlagen und Probleme der Psychotherapeutischen Medizin _____ 73

2.2.1   Die methodologische Situation _____ 73
2.2.2   Der intentional-biographische Ansatz _____ 74
2.2.3   Der biomedizinische Zugang _____ 74
2.2.4   Die Komplementarität psychosomatischen Wissens _____ 75
2.2.5   Fazit _____ 76

2.3   Psychoneuroimmunologie _____ 77

2.3.1   Definition und historische Entwicklung _____ 77
2.3.2   Methoden der Psychoneuroimmunologie _____ 77
2.3.3   Ausgewählte Befunde der Psychoneuro-immunologie _____ 78
2.3.4   Ausblick _____ 81

2.4   Genetik psychischer und somatoformer Störungen _____ 83

2.4.1   Einführung _____ 83
2.4.2   Grundbegriffe, Gene, Genotypen und Phänotypen _____ 83
2.4.3   Genetik einzelner Störungen _____ 85
2.4.4   Quantitative Genetik _____ 92
2.4.5   Implikationen _____ 93
2.4.6   Perspektiven _____ 94

2.5   Streß und Streßresistenz _____ 97

2.5.1   Das Streßkonzept: Entwicklung und Bedeutungsfacetten _____ 97
2.5.2   Allgemeine Streßkorrelate und -effekte _____ 98
2.5.3   Differentielle Aspekte des Streß-Prozesses _____ 99
2.5.4   Prozessuale Aspekte von Streßresistenz _____ 102
2.5.5   Streß und psychosomatische Erkrankung: Kausalmodelle _____ 104
2.5.6   Psychologische Intervention im Kontext psychosozialer Belastung _____ 105
2.5.7   Abschließende Bemerkungen _____ 105

2.6   Die Bedeutung soziologischer Einflußgrößen am Beispiel der Arbeitswelt und der Familie _____ 108

2.6.1   Die Arbeit als unbekanntes Wesen in der Psychosomatik und Psychotherapie _____ 108
2.6.2   Auswirkungen von Arbeitsbelastungen anhand exemplarischer Untersuchungen _____ 108
2.6.3   Arbeitswelt und familiäre Umwelt sind interaktiv vernetzt _____ 110

2.6.4   Der Mensch ohne Arbeit ist auch belastet _____ 111
2.6.5   Der Einfluß von Arbeitsplatzerfahrungen auf die Familie anhand eines Fallbeispieles _____ 111
2.6.6   Praktische Konsequenzen _____ 113

3   Psychoanalytische Entwicklungspsychologie _____ 115

3.1   Die Lehre von den psychosexuellen Phasen _____ 119

3.1.1   Die orale Phase _____ 119
3.1.2   Die anale Phase _____ 120
3.1.3   Die phallisch-genitale Phase _____ 120

3.2   Notwendige Erweiterungen der triebtheoretischen Sicht _____ 122

3.2.1   Entwicklung der Objektbeziehungen _____ 122
3.2.2   Entwicklung der Repräsentanzenwelt _____ 127
3.2.3   Beiträge der psychoanalytischen Affektlehre _____ 128
3.2.4   Wünsche jenseits der Triebe _____ 130
3.2.5   Kognitive Prozesse _____ 132
3.2.6   Geschlechtsidentität _____ 136

3.3   Entwicklungsabschnitte _____ 138

3.3.1   Die ersten zwei Monate _____ 138
3.3.2   Die Zeit bis zum 7./8. Monat _____ 139
3.3.3   Übungsphase, Wiederannäherungskrise und die Gewinnung von Objektkonstanz (18.–36. Monat) _____ 140
3.3.4   Erotisierung der Beziehungen, Triangulierung _____ 141
3.3.5   Die sogenannte Latenz _____ 143
3.3.6   Die Pubertät und Adoleszenz _____ 146
3.3.7   Die Bedeutung der Bindungstheorie und -forschung für die Psychotherapie _____ 149

4   Diagnostik _____ 159

4.1   Zielsetzung _____ 161

4.1.1   Diagnostische Zielsetzung _____ 161
4.1.2   Relevante diagnostische Merkmalsbereiche für die Psychotherapie und Psychosomatik _____ 163
4.1.3   Das Verhältnis von Diagnostik zur Psychotherapie _____ 165

4.2   Diagnostische Methoden – eine Übersicht _____ 167

4.2.1   Datenerhebung _____ 167

4.2.2 Methodenwahl _____ 168
4.2.3 Das diagnostische Gespräch/Interview _____ 168
4.2.4 Standardisierte diagnostische Methoden _____ 173
4.2.5 Abschließende Erwägungen _____ 178

4.3 Die ärztliche Untersuchung _____ 181

4.3.1 Das diagnostische Gespräch _____ 181
4.3.2 Die psychosomatische Anamnese _____ 184
4.3.3 Psychodynamische Aspekte
der körperlichen Untersuchung _____ 185
4.3.4 Zusammenfassung _____ 186

4.4 Das psychoanalytische Erstgespräch _____ 188

4.5 Die Beziehungsdimension im diagnostischen Gespräch _____ 191

4.5.1 Der Wiederholungszwang _____ 191
4.5.2 Übertragung _____ 191
4.5.3 Gegenübertragung _____ 192

4.6 Testdiagnostik _____ 194

4.6.1 Testtheorie – methodische Vorbemerkung ____ 194
4.6.2 Psychometrische Verfahren _____ 196
4.6.3 Projektive Verfahren _____ 203

4.7 Klassifikation und Diagnose _____ 206

4.7.1 Operationalisierte Klassifikationssysteme ____ 206
4.7.2 ICD-10-Klassifikation _____ 207
4.7.3 Strukturierte Verfahren zur diagnostischen
Klassifikation _____ 209
4.7.4 Klinische Diagnosekategorien _____ 210

5 Krankheitsbilder _____ 213

5.1 Persönlichkeitsstörungen _____ 215

5.1.1 Definitorische Klärungen _____ 215
5.1.2 Ideengeschichte _____ 215
5.1.3 Persönlichkeitsstörungen in den heutigen
operationalisierten Diagnosensystemen ____ 216
5.1.4 Dimensionale Modelle von
Persönlichkeit _____ 217
5.1.5 Allgemeines zur Psychodynamik
der Persönlichkeitsstörungen _____ 218
5.1.6 Das interpersonelle Modell
der Persönlichkeitsstörungen _____ 220
5.1.7 Epidemiologie, Verlauf und Prognose ____ 221
5.1.8 Die einzelnen Persönlichkeitsstörungen ____ 222

5.2 Neurotische Störungen _____ 239

5.2.1 Modellvorstellungen _____ 239
5.2.2 Hysterie _____ 241
5.2.3 Zwangsstörungen _____ 248
5.2.4 Zwangsstörungen aus psychoanalytischer
Sicht _____ 264
5.2.5 Angstneurose: generalisierte Angststörung,
Panikstörung _____ 267
5.2.6 Phobische Störungen _____ 275
5.2.7 Depression _____ 281
5.2.8 Empirische Konzepte zur Ätiologie
von depressiven Störungen und
deren Behandlung _____ 294
5.2.9 Hypochondrie _____ 303
5.2.10 Sexuelle Funktionsstörungen, Störungen
der Geschlechtsidentität, Deviationen _____ 308
5.2.11 Münchhausensyndrome und artifizielle
Erkrankungen _____ 315
5.2.12 Posttraumatische Belastungsstörungen (PTSD) _ 329

5.3 Somatoforme autonome Funktionsstörungen ____ 336

5.3.1 Modellvorstellungen _____ 336
5.3.2 Globussyndrom, Schluckstörungen
und Aerophagie _____ 340
5.3.3 Stimmstörungen (Aphonie, Dysphonie) ____ 345
5.3.4 Hyperventilationssyndrom _____ 350
5.3.5 Schwindel _____ 354
5.3.6 Funktionelle kardiovaskuläre Syndrome ____ 361
5.3.7 Funktionelle Oberbauchbeschwerden ____ 371
5.3.8 Funktionelle Unterbauchbeschwerden ____ 375
5.3.9 Somatoforme Störungen des Urogenitaltraktes bei der Frau und beim Mann _____ 380
5.3.10 Urtikaria _____ 384
5.3.11 Schmerzsyndrome _____ 387

5.4 Psychosomatische Störungen _____ 399

5.4.1 Modellvorstellungen _____ 399
5.4.2 Hörsturz und Tinnitus _____ 402
5.4.3 Asthma _____ 410
5.4.4 Koronare Herzkrankheit: Angina pectoris,
Myokardinfarkt, Bypass _____ 419
5.4.5 Essentielle Hypertonie _____ 431
5.4.6 Diabetes mellitus _____ 436
5.4.7 Hyperthyreose _____ 441
5.4.8 Rheumatische Erkrankungen _____ 447
5.4.9 Eßstörungen: Anorexia und Bulimia nervosa,
Adipositas _____ 455
5.4.10 Ulcus duodeni und Ulcus ventriculi _____ 462
5.4.11 Chronisch-entzündliche Darmerkrankungen
(CED) _____ 468

1.1
Historische Entwicklung des Fachgebiets Psychosomatik/ Psychotherapie in Deutschland

Adolf-Ernst Meyer[1]

Was seit dem Ärztetag 1992 „**Psychotherapeutische Medizin**" heißt, hat sich der Sache nach in den 10er und 20er Jahren unseres Jahrhunderts in Deutschland und Österreich entwickelt, bestand in Anwendung von psychoanalytischer Therapie auf Körperkrankheiten und hieß damals schlicht „**Psychosomatik**".

Marksteine in dieser Entwicklung sind **Groddecks** „Psychische Bedingtheit und psychoanalytische Behandlung organischer Leiden" (Groddeck 1917), **Felix Deutschs** „Über das Anwendungsgebiet der Psychotherapie in der inneren Medizin" (Deutsch 1922a; Deutsch 1922b), wobei dieser Autor dafür den Ausdruck „psychosomatisch" einsetzte. Im selben Jahr veröffentlichte Edoardo Weiss (1922) die Psychoanalyse eines Asthmakranken.

Indes riet **Freud** selber den Psychoanalytikern ab, sich mit der Psychosomatik zu beschäftigen, weil dies das psychoanalytische Denken gefährde: „Von solchen (d. h. psychosomatischen) Untersuchungen mußte ich die Psychoanalytiker aus erziehlichen Gründen fernhalten, denn Innervationen, Gefäßerweiterungen und Nervenbahnen wären zu gefährliche Versuchungen für sie gewesen, sie hatten zu lernen, sich auf psychologische Denkweisen zu beschränken."[2]

Hier verrät Freud eine erstaunlich niedrige Meinung sowohl von der Widerstandskraft der Psychoanalyse gegenüber der Physiologie wie auch von der Flexibilität und Diskriminationsfähigkeit seiner Schüler.

In der Hochschulmedizin der Weimarer Zeit fand die Psychoanalyse paradoxerweise in der Inneren Medizin mit ihrem psychosomatischen Ansatz mehr Aufnahmebereitschaft als mit ihrem neurosen- und psychosen-therapeutischen Ansatz in der Psychiatrie. Dieses Mehr ist allerdings relativ zu sehen. Unter diesen Internisten setzte sich nur von Weizsäcker mit der Psychoanalyse intensiv auseinander, Krehl, von Bergmann und Siebeck vertraten eine mehr allgemeine Berücksichtigung psychischer Faktoren in der Medizin. In der Psychiatrie stand einer teilweisen Rezeption durch Kretschmer, Mauz, Sommer, Störring die Ablehnung durch Jaspers und die erbitterte Gegnerschaft von Bumke, Hoche und de Crinis sowie die Gleichgültigkeit der schweigenden Mehrheit entgegen. Dies ist aus zwei Gründen paradox:

- Erstens steht Psychoanalyse der Psychiatrie am nächsten und wurde deswegen in anderen Ländern auch übernommen – besonders intensiv in den USA und (mit gewissen kritischen Einschränkungen) in der Schweiz, Holland, Frankreich und Ungarn.
- Ferner waren diejenigen Psychoanalytiker (Abraham, Freud, Jung), welche die Psychoanalyse auf speziell psychiatrische Krankheiten anwendeten, deutlich angesehener und bekannter.

Die von Freud verordnete Schmuddelkind-Position der Psychosomatik innerhalb der Psychoanalyse verbesserte sich ab 1950 dank **Franz Alexander** erheblich, aber nicht vollständig (Alexander 1950). Er hatte eine Theorie entwickelt, in welcher er für sieben Körperkrankheiten, die sogenannten **„Heiligen Chicago Sieben"**, je einen bestimmten unbewußten Konflikt beschrieb, welcher diese Krankheiten jeweils (mit)determinierte. Dabei hatte Alexander genau das getan, was Freud für derart gefährlich hielt: Er hatte Psychologie und Physiologie zusammengebracht.

- Zum Beispiel führte beim **Ulcus-duodeni-Kranken** der unbewußte Wunsch nach Nährend-versorgt-Werden zu einer „Scheinfütterungs"-Physiologie des Magens, wie sie aus Pawlows Experimenten bekannt war, und über diese zu einer „Andauung" der Magenschleimhaut.
- Oder die unbewußte Erwartung eines **Hypertonikers**, sich nächstens gegen einen Angriff körperlich wehren zu müssen, führte zu einer ergotropen Hochstellung des Blutdrucks, was von Uexküll später sehr treffend „Bereitstellungs-Krankheit" nannte.

Da in dieser Theorie die jeweilige Art der physiologischen Veränderungen mit der Wunschrichtung des zugehörigen unbewußten Konflikts oder auch dessen Abwehr (oder beidem) biologisch zweckmäßig verbunden waren, verstand Alexander diese Konflikte als „spezifische", und taufte sie auch so. Dies bedeutete gleichzeitig, daß man bei einem an einer der „Heiligen-Chicago-Sieben"-Krankheiten Leidenden auch den zugehörigen spezifischen Konflikt finden konnte – ähnlich wie Tbc-Bakterien bei einem Tuberkulösen.

Da Psychoanalytiker exquisit für die Behandlung unbewußter Konflikte ausgebildet waren, konnten sie sich in der Alexander-Theorie zu Hause fühlen – darüber hinaus legte diese ihnen nahe, das Feld „Psychosomatik" für sich zu beanspruchen.

Dadurch, daß Alexander nur bestimmte Krankheiten zu „psychosomatischen" erklärte (deren schließliche Zahl er offen ließ), für welche damit dann Psychoanalytiker zuständig

---

1 Der Autor ist im Jahre 1995 verstorben.
2 Brief Freuds an V. v. Weizsäcker 1932.

wurden, eröffnete er eine **Psychosomatik als Spezialdisziplin**.

Zuvor – 1943, im allerersten Lehrbuch der Psychosomatik (Weiss und English 1943), forderten **Weiss** und **English** eine **holistische Psychosomatik**: „Psychosomatik ist ... so alt wie die Kunst des Heilens selber. Sie ist keine Spezialität, sondern eine Sehweise, die für alle Aspekte von Meditzin und Wundartzney gilt. Es geht nicht darum, das Soma weniger, sondern darum, die Psyche mehr zu studieren."

In der Tat findet man diese Konzeptualisierung bereits über 2000 Jahre früher in **Platos** Dialog des Charmides: „Wie Du ein Auge nicht behandeln kannst, ohne den ganzen Kopf zu behandeln, kannst Du den Kopf nicht behandeln, ohne den ganzen Menschen zu behandeln".

Der Unterschied zu Alexanders Konzeption besteht darin, daß hier nicht bestimmte Krankheiten als „psychosomatisch" ausgezeichnet werden, sondern daß die **„psychosomatische Sehweise"** für die **gesamte Medizin** gilt. In ihrer Formulierung legen sich Weiss und English nicht fest, auf welche Weise ihr psychosomatischer Holismus erreicht werden soll, aber ihre Fallbeispiele zeigen, daß dies durch interdisziplinäre Kooperation von Psychiater-Analytikern mit Internisten oder anderen „Somatikerm" in Kliniken oder Polikliniken verwirklicht wird. Dies hat sich in Form der **Consultation-Liaison-Psychiatrie-Psychosomatik** besonders in den USA weiterentwickelt.

Dem setzt vor allem von Uexküll die **„Integrative Psychosomatik"** als drittes Modell entgegen: Jeder Arzt sollte genau so selbstverständlich über psychosoziale Grundkenntnisse und Kompetenzen verfügen, wie er sich solche über Anatomie, Physiologie oder Pharmakologie erworben hat. Nur so ist eine wirklich adäquate medizinische Versorgung zu erreichen. Das spezialistische Modell führt zu „Ärzten für die Seele" und „Ärzten für den Körper", eine Teilung, welche vor allem in der primärärztlichen Betreuung durch konsiliarische Konsultationen nicht wirksam reintegriert werden kann.

Unberührt von der erwähnten Aufwertung der psychoanalytischen Psychosomatik durch Alexander blieb die Ablehnung der – nun bundesrepublikanischen – Psychiater gegen Psychoanalyse oder psychodynamische Psychotherapie bis in die 60er Jahre wirksam, was erhebliche Konsequenzen hatte:

- Zum einen erwarben sich BRD-Psychiater nur ausnahmsweise Kompetenzen in Psychotherapie.
- Zum anderen behielten sie dadurch auch ihre Rolle als Ärzte für Geisteskranke mit entsprechender hoher Prestige-Barriere.

Aus letzterem folgte, daß sich entsprechend Kranke vorwiegend an Allgemeinärzte oder Internisten um Hilfe wandten – unter Berufung auf ihre Erschöpfung, ihre Tachykardien, Schweißausbrüche etc. Es war die hohe Zeit der Diagnose „vegetative Dystonie". Die selbstkritischen und menschenkennenden unter diesen Ärzten motivierten solche Kranke gegen erheblichen Widerstand, einen Psychiater aufzusuchen. Ihre Patienten kamen wie Bumerange zurück, der psychiatrische

Konsilbericht lautete sinngemäß: „Kein Anhaltspunkt für eine Psychose. Wir empfehlen Bellergal."

Dies bewog eine Reihe führender Internisten, zum Beispiel Curtius, Heilmeyer, Jores, Seitz, von Uexküll dazu, in den 50er und frühen 60er Jahren eigene **psychotherapeutische Abteilungen** einzurichten, oder – bei Einverständnis ihrer Fakultät – eigenständige Kliniken. Gegenüber der Vorkriegs-Ära gab es einen gewichtigen Unterschied: Heilmeyer ausgenommen waren diese Pioniere alle selber praktizierende Psychotherapeuten. Davon unabhängig und früh gründete Mitscherlich mit Rockefeller-Foundation-Unterstützung die psychosomatische Klinik in Heidelberg.

Da diese Abteilungen über psychotherapeutische Kompetenz verfügten, welche in „der" Psychiatrie nicht vorhanden war, wurden in jenen keineswegs nur (aber auch) Psychosomatosen behandelt, sondern ebenso (teilweise sogar häufiger) Neurosen und Charakterprobleme sowie funktionelle Sexualstörungen. Dennoch hießen diese Institutionen durchwegs „psychosomatisch" (wahrscheinlich aus Rücksicht auf die psychiatrischen Kollegen – was auch heißen kann: um Reibungen mit diesen zu vermeiden).

Damit gewann der Begriff **„Psychosomatik"** einen gewissen prestigeschonenden **Tarn- und Deck-Charakter**, den alle Beteiligten (Patienten, Angehörige, Zuweisende und Ausübende) gerne nutzten. Die zweite Hälfte der Benennung, nämlich „Somatik", verlieh auch Phobien oder Schweißausbrüchen den Ernst einer ernsthaften Krankheit, und außerdem vermittelte das Epitheton „psychosomatisch" das Charisma eines schwer verständlichen und deshalb um so bedeutungsvolleren Leidens.

Mit der Einrichtung eines **Prüfungsfachs „Psychosomatik und Psychotherapie"** – in der Ärztlichen Approbationsordnung von 1970 – „legitimierte" (im juristischen Sinn dieses Wortes) die Bundesregierung diese Entwicklung und schuf gleichzeitig eine gewisse Enttarnung; denn diese neue Benennung zeigte auf, daß es in diesem Fach zentral um Psychotherapie ging.

Spätestens ab 1975, dem Zeitpunkt der **„Enquete zur Lage der Psychiatrie"** wurde der BRD-Psychiatrie voll bewußt, daß sie mit der Psychotherapie einen zentral wichtigen Teilbereich ihres Faches abgegeben hatte. Der damalige Versuch einer Heimholung mißglückte, die „Enquete" beharrte auf einem zweiteiligen Versorgungsstrang:

- dem psychiatrischen und
- dem psychotherapeutisch-psychosomatischen.

Ein erneuter Versuch, diesmal mit Hilfe der Facharztbezeichnungen, die Psychotherapie in das Mutterland „Psychiatrie" heimzuholen, führte zu einem Teilerfolg: Zwar schuf der Ärztetag 1992 einen **Facharzt „Psychiatrie und Psychotherapie"**, aber gleichzeitig auch einen für **„Psychotherapeutische Medizin"**.

In der beschriebenen Periode ab 1950 kam es zudem zu zwei weiteren Entwicklungen:

- Erstens entstand die **Verhaltenstherapie**, welche zwar zuerst neurotische Störungen wie Phobien oder Bettnässen oder auch Verhaltensdefizite bei Psychosen therapierte, dann aber bald auch funktionelle Psychosomatosen und organisch bedingte Defizite wie zum Beispiel Skoliosefehlhaltungen oder postoperative Harninkontinenz. Für die letzten beiden Beispiele ist Verhaltensmedizin ein zutreffender Ausdruck. Allerdings wird dieser auch propagandistisch überdehnt, als ob er das Gesamt der Psychotherapie abdecke, die dann – nomen est omen – in allererster Linie Verhaltenstherapie sei. Festzuhalten bleibt: Psychotherapeutische Medizin wird in jedem Fall auch Verhaltenstherapie und Verhaltenstherapeuten umfassen.

- Zweitens tritt zu dieser internationalen Entwicklung eine rein nationale. In der BRD entwickelte sich die Tarn- und Deck-Psychosomatik überproportional stark in einem Teilbereich der BRD-Medizin, nämlich in demjenigen der **stationären Rehabilitation**.

Betrachtet man die **Zunahme der Betten**, welche für „**Psychosomatik**" ausgewiesen sind, für die 40 Jahre von 1950 bis 1990, so steigt diese im „Akutbereich", also in demjenigen, welcher von den Krankenkassen finanziert wird, von ca. 100 auf 1253, also 12fach. Im **Rehabilitationsbereich**, für welchen die Rentenversicherer zu bezahlen haben, um die Arbeitsfähigkeit ihrer Versicherten zu sichern oder wiederherzustellen, findet sich ein Anstieg von ca. 200 auf 7064 Betten, also ein 35facher.

Zusammen mit noch anderen Indikatoren wurde daraus im „Forschungsgutachten" (Meyer et al. 1991) gefolgert, daß sich in der BRD eine Unter- und Fehlversorgung dergestalt findet, daß meist erst bei Erwägung einer Berentung, also zu spät und dann stationär, statt früh und ambulant psychotherapiert wird.

Aus dieser Entwicklung – unabhängig davon, wie zweckmäßig sie ist – folgt, daß psychotherapeutische Medizin in unserem Lande in zwei erheblich unterschiedlichen Formen stattfindet (s. Tab. 1-1):

- Der Prototyp **ambulanter Psychotherapie** besteht in einem Therapeuten, der seinen Einzelpatienten, welcher in seinem Lebensraum verbleibt, mit einer (seiner) Methode

relativ niederfrequent über einen längeren Zeitraum (ein halbes bis mehrere Jahre) behandelt.

- In der **stationären Psychotherapie** dagegen wirkt eine Gruppe von Behandlern (wozu auch die Krankenschwestern gehören) in einer totalen Institution mit einer Vielfalt von Methoden auf eine Gruppe von Patienten ein, was hochfrequent (mehrere Interventionen pro Tag) aber nur über einen kurzen Zeitraum (4–8 Wochen, nur ausnahmsweise deutlich länger) geschieht.

Die Vergleichbarkeit dieser verschiedenen Psychotherapieformen wird vielfach eingeschränkt. Bereits die Kombinationen aus tiefenpsychologischen, verhaltenstherapeutischen, körperzentrierten und gestaltungsbezogenen Elementen wechseln von Klinik zu Klinik. Ferner erhalten ambulante, akut-stationäre und rehabilitativ-stationäre Settings jeweils systematisch andere Patientengruppen. Andererseits findet dadurch ein „Naturexperiment" in großem Maßstab statt, welches sich ideal eignen würde, mit den Methoden der differentiellen Psychotherapie-Effizienzforschung aus diesen vielfältigen Kombinationen herauszufinden, welches Therapieelement bei welchem Kranken, in welchem Zeitpunkt und welcher Reihenfolge, in welcher Kombination und „Dosierung" welche Effekte bewirkt.

Dies ist eine äußerst mühsame und methodisch schwierige, aber lohnende Zukunftsaufgabe, welche mit Sicherheit dadurch gefördert werden wird, daß in einer Situation der Verteilungskämpfe um knappe Ressourcen sowohl Betroffene (Kranke und Angehörige) wie Verantwortliche (Gesundheitspolitiker, Solidarversicherungen, zuweisende Ärzte) nach Qualitätssicherung und Kosten-Nutzen-Effizienz fragen werden. Dies heißt nichts weniger, als daß die Frage „Ist psychotherapeutische Medizin ihr Geld wert?" abgelöst wird von derjenigen „Welche Form für welche Störung ist die zweckmäßigste und wirtschaftlichste?"

Der Wissenschaftsrat (1986, S. 77) hat der bundesrepublikanischen Psychosomatik bescheinigt, daß sie „einen außerordentlich raschen Ausbau" erfahren hat. Dies ist voll zutref-

Tab. 1-1 Psychotherapeutische Medizin: ambulant versus stationär.

Ambulant	Stationär
im gewohnten Lebensraum (nur im Gruppensetting eine Art therapeutische Gemeinschaft)	in „totaler Institution" mit therapeutischer Gemeinschaft
Psychotherapie-motiviert (oder bald abbrechend)	oft Psychotherapie-unmotiviert, Abbrechen jedoch fast ausgeschlossen
monomethodisch	polymethodisch: Einzel- und Gruppentherapie, tiefenpsychologisch, verhaltenstherapeutisch, Entspannungs- und Gestaltungsverfahren, Physiotherapie und Sport
nur ein Therapeut	Vielzahl von Therapeuten plus Pflegepersonal, deren Erfahrungen in Spezialsitzungen „integriert" werden
Wochenfrequenz 0,5 bis 5	täglich mehrere therapeutische Interventionen
Gesamtdauer: 25 Wochen bis 2–4 Jahre	Gesamtdauer kurz: 4–8 Wochen, nur in Spezialfällen mehrere Monate

Tab. 1-2 Prävalenzen psychosomatisch-psychoneurotischer Störungen an verschiedenen Stellen des medizinischen Versorgungsnetzes in der BRD.

Prävalenzart	Psychosomatische Störungen (%)	Neurosen (%)	Persönlichkeits-störungen (%)	Summe (%)	Quelle
In der Bevölkerung	–	–	–	11,3	(1)
	11,6	7,16	7,16	25,9	(2)
Praxen	9,0	11,0	1,2	21,2	(3)
Allgemeinarzt	19,9		3,3	23,2	(4)
Internistische Abteilung	–	–	–	38,4	(5)

(1) Dilling et al. (1984): n = 1536; ländlich-kleinstädtische Bevölkerung Oberbayerns. (2) Schepank (1987): n = 600; Mannheim. (3) Zintl-Wiegand et al. (1978): n = 1026; Allgemeinpraxen in Mannheim. (4) Dilling et al. (1978): n = 1274; Allgemeinpraxen in Oberbayern. (5) Haag et al. (1989): n = 151; neun internistische Abteilungen, Hamburg.

fend: Die bundesrepublikanische Psychosomatik hat – dank der ärztlichen Approbationsordnung von 1970 – in nur einem Jahrzehnt den Sprung vom Elend in die Armut geschafft. Wie oft in der Geschichte ist solche Armut äußerst kostspielig für ihre reichere Umgebung.

In Tabelle 1-2 sind einige Daten über die **Häufigkeit psychosomatisch-psychoneurotischer Störungen** in hochindustrialisierten Sozietäten, hier in der BRD, zusammengestellt. Diese Zahlen werden erst durch die Zusatzinformation dramatisch, daß unser Gesundheitswesen für diese 11,3% (minimal) bis 38% (maximal) seiner Kranken unter 1% seiner Gesamtkosten aufwendet.

Lediglich zu der Klinikrepräsentanz (Haag et al. 1989) sei noch ergänzt: Obwohl diese Stichprobe aus Neuaufnahmen in 9 der 11 Allgemein-Krankenhäusern Hamburgs erwartungsgemäß alt war (53,1% > 65 Jahre) und – ebenso erwartungsgemäß – der Anteil an „vorwiegend psychosomatischer Genese" bei den alten Aufnahmen niedriger (> 65–80 Jahre = 18,6% vs. < 65 Jahre = 51,1%, p < 0,1%), entstand ein arithmetisches Mittel bei 9 internistischen Stationen von 38,4%.

Aus den Gesamtzahlen folgt, daß eine **adäquate Bevölkerungsversorgung** verlangt, daß die Institutionen für Psychosomatik/Psychotherapie an Hochschulen und an Hochleistungkrankenhäusern mindestens den Personalbestand der

lokal zugehörigen Abteilungen für Anästhesiologie oder für Radiologie erreichen. Dies ist in der BRD an keiner Stelle verwirklicht.

Das Beispiel der Anästhesiologie zeigt, daß die Geldgeber sehr wohl bereit sind, ein Fach in wenigen Jahren von Null auf eine arbeitsfähige Größe zu fördern – und der Nachwuchs flexibel genug ist, das Angebot zu füllen. Voraussetzung für einen solchen Ausbau ist allerdings, daß dessen unabdingbare Notwendigkeit offenkundig wird. Das hat die Psychosomatik nicht geschafft. Unsere Schlußfolgerung ist: Sie wird es auch nicht schaffen, solange sie sich auf humanitäre, holistische oder psychogenetische Aspekte beruft. Sie wird es nur schaffen, wenn sie ökonomisch argumentiert.

Andere Zahlen zeigen, daß **zwischen Erkrankung** und kompetenter **Behandlung** dramatische und enorm kostspielige **Verzögerungen** auftreten. Abbildung 1-1 zeigt, daß bei Patienten, welche 1979 in unserer Ambulanz zur Vorstellung kamen, 2 bis 3 Jahre vergangen waren, bis sie erstmals einen Arzt aufsuchten. Danach vergingen weitere 3 bis 8 Jahre, bis sie einem Spezialisten zugewiesen wurden. Das Intervall danach – bis zu adäquater Therapie – ist erfreulich kurz.

Die daneben angegebenen Zahlen von Sturm und Zielke (1988) aus einer psychosomatischen Fachklinik in Bad Dürkheim zeigen, daß sich 1988 – fast 10 Jahre später – an diesen Verzögerungen nichts Wesentliches geändert hat.

Diese Verzögerungsjahre sind hoch kostenträchtig. Sturm und Zielke (1988) haben ausgerechnet, daß in ihrer Dürkheimer Stichprobe 38% ihrer Patienten über 1 Jahr ununterbrochen krank geschrieben waren. Dazu addieren sich die Kosten für Wiederholungs- und Verlegenheitsdiagnostik und für Psychopharmaka über viele Jahre.

Dies zeigt, daß sich in den 15 Jahren seit dem vom Wissenschaftsrat als „außerordentlich rasch" eingestuften Ausbau der Psychosomatik/Psychotherapie (mit Pflichtunterricht für die Studenten) keine faßbaren Veränderungen erreichen ließen.

Aus diesen Daten folgt, daß innerhalb der medizinischen Fakultät der Studentenunterricht dergestalt intensiviert werden muß, daß unsere zukünftigen Ärzte über psychosoziale Kompetenzen verfügen, welche die geschilderten kostspieligen

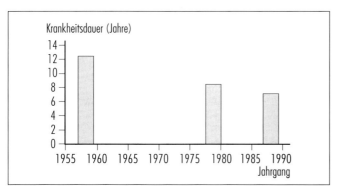

Abb. 1-1 Anamnesedauer bis Psychotherapiebeginn. Quellen für 1957: Bärwolf (1958/59), für 1979: Reimer et al. (1979), für 1988: Sturm u. Zielke (1988).

Verzögerungen minimieren und sie außerdem instand setzen, Krisenreaktionen und leichtere psychosomatische Störungen selber zu behandeln.

Durch die Aufnahme der psychosomatischen Grundversorgung in die Psychotherapierichtlinien 1987 und die Einführung des **Facharztes für psychotherapeutische Medizin** durch den 95. Ärztetag 1992 wurden zwei wesentliche Schritte in der Weiterentwicklung der psychotherapeutisch-psychosomatischen Versorgung der Bevölkerung getan. Es gibt dadurch ein dreistufiges **Fort- und Weiterbildungsmodell** (vgl. Kap. 1.3, S. 13 ff):

- Die Fortbildung in **psychosomatischer Grundversorgung** ist mittlerweile obligat für alle medizinischen Fachgebiete, sie richtet sich primär an somatisch tätige Ärzte, berechtigt zur Abrechnung spezieller Ziffern in der Gebührenordnung und ermöglicht psychotherapeutische Leistungen auf der Ebene der primär ärztlichen Versorgung. Die Curricula bestehen neben der theoretischen Vermittlung von Grundlagenkenntnissen entsprechender Krankheitsbilder und therapeutischer Verfahren auch in der praktischen Vermittlung verbaler Interventionstechniken, von Entspannungsverfahren und Balint-Gruppenarbeit. Damit scheint ein wesentlicher Schritt getan in die Richtung der Integration psychosozialer Aspekte in die somatische Medizin.
- Die Zusatzbezeichnungen **Psychotherapie** und **Psychoanalyse**, bislang die einzigen Möglichkeiten für die Zulassung zur kassenärztlichen Versorgung, ändern sich durch die Einführung des Facharztes. Beide Zusatzbezeichnungen können weiterhin berufsbegleitend erworben werden, diejenige für Psychotherapie ist sowohl tiefenpsychologisch wie auch verhaltenstherapeutisch ausgerichtet. Die Elemente der Weiterbildung mit Theorie, Selbsterfahrung und Durchführung eigener Therapien unter Supervision sind erhalten geblieben, jedoch im Umgang verändert und mit den Weiterbildungsbestandteilen des Facharztes für psychotherapeutische Medizin kombinierbar. Diese Aussage gilt zunächst nur vorläufig, weil die Ausführungsbestimmungen in Form der Richtlinien in Länderhoheit sind und viele Bundesländer die entsprechenden Richtlinien noch nicht erlassen haben. Beide Zusatzbezeichnungen können mit jedem Facharzt kombiniert werden.
- Das neue Fachgebiet **„Psychotherapeutische Medizin"** umfaßt die „Erkennung, psychotherapeutische Behandlung, die Prävention und Rehabilitation von Krankheiten und Leidenszuständen, an deren Verursachung psychosoziale Faktoren, deren subjektive Verarbeitung oder körperlich-seelische Wechselwirkungen maßgeblich beteiligt sind" (Janssen und Hoffmann 1994). Die Weiterbildung erstreckt sich über 5 Jahre, erfolgt hauptberuflich und enthält 3 Jahre Tätigkeit in der Psychotherapeutischen Medizin, 1 Jahr in der Inneren Medizin und 1 Jahr in der Psych-

iatrie. Vorgesehen ist auch die Anerkennungsfähigkeit ganztägiger Weiterbildungszeit in anderen Fachgebieten. Auch hier gilt der Aspekt der Vorläufigkeit, da viele Landesärztekammern die endgültigen Richtlinien noch nicht beschlossen und verabschiedet haben. Die Weiterbildung kann sowohl mit einem psychoanalytischen wie auch einem verhaltenstherapeutischen Schwerpunkt erfolgen, der Facharzt soll mit den meisten anderen Fachärzten kombinierbar sein.

Mit der aufgezeichneten Entwicklung soll deutlich werden, auf welchem Wege der Bereich Psychotherapie und Psychosomatik sich in der Bundesrepublik Deutschland entwickelt hat und welche Perspektiven sich aus der aktuellen berufspolitischen Situation ergeben. Es bleibt abzuwarten, inwieweit sich der Facharzt für psychotherapeutische Medizin etablieren kann, die Tätigkeit in eigener Praxis mit der notwendigen ökonomischen Basis ausgestattet wird und der entsprechende Versorgungsauftrag auch umgesetzt werden kann.

Literatur

Alexander F. Psychosomatic Medicine. New York: Norton 1950.

Bärwolf H. Katamnestische Ergebnisse stationärer analytischer Psychotherapie. Z Psychosom Med 1958/59; 5: 80–91.

Deutsch F. Psychoanalyse und Organkrankheiten. Int Z Psychoanal 1922a; 8: 290–306.

Deutsch F. Über das Anwendungsgebiet der Psychotherapie in der Innern Medizin. Wiener Med Wschr 1 1922b; 72: 809–16.

Dilling H, Weyerer S, Castell R. Psychische Erkrankungen in der Bevölkerung. Stuttgart: Enke 1984.

Dilling H, Weyerer S, Enders I. Patienten mit psychischen Störungen in der Allgemeinpraxis und ihre psychiatrische Überweisungsbedürftigkeit. In: Psychiatrische Epidemiologie. Häfner H (Hrsg). Berlin, Heidelberg: Springer 1978; 135–60.

Groddeck G. Psychische Bedingtheit und psychoanalytische Behandlung organischer Leiden. Leipzig: Hirzel 1917.

Haag A, Stuhr U, Wienke T. Psychosomatische Aspekte bei alten Menschen in der stationären Versorgung. In: Zukunftsaufgaben der Psychosomatischen Medizin. Speidel H, Strauß B (Hrsg). Berlin, Heidelberg: Springer 1989.

Janssen PL, Hoffmann SO. Profil des Facharztes für Psychotherapeutische Medizin. Psychotherapeut 1994; 39: 195–201.

Meyer A-E, Richter R, Grawe K, v. d. Schulenburg J-M, Schulte B. Forschungsgutachten zu Fragen eines Psychotherapeutengesetzes. Bonn: Bundesministerium für Jugend, Frauen, Familie und Gesundheit 1991.

Reimer C, Hempfing L, Dahme B. Iatrogene Chronifizierung in der Vorbehandlung psychogener Erkrankungen. Prax Psychother Psychosom 1979; 24: 123–33.

Schepank H. Psychogene Erkrankungen der Stadtbevölkerung. Berlin, Heidelberg: Springer 1987.

Sturm J, Zielke M. Chronische Krankheitsverhalten: Die klinische Entwicklung eines neuen Krankheitsparadigmas. Prax Klin Verhaltensmed Reha 1988; 1: 17–27.

Wissenschaftsrat. Empfehlungen zur klinischen Forschung in den Hochschulen. Köln 1986.

Weiss E. Psychoanalyse eines Falles von nervösem Asthma. Int Z Psychoanal 1922; 8: 440–55.

Weiss E, English OS. Psychosomatic medicine. The application of psychopathology to general medicine. Philadelphia, London: Saunders 1943.

Zintl-Wiegand A, Schmidt-Maushardt C, Leisner R, Cooper B. Psychische Erkrankungen in Mannheimer Allgemeinpraxen. In: Psychiatrische Epidemiologie. Häfner H (Hrsg). Berlin, Heidelberg: Springer 1978.

1.2
Aktueller Stand und Entwicklungsperspektiven der Psychotherapie und Psychosomatik

Wolfgang Schneider

A.-E. Meyer hat die Entwicklung der Psychotherapie und der Psychosomatik sowie ihre besondere und wechselnde Beziehung zueinander sehr kompakt und akzentuiert bis zur Mitte der 90er Jahre dargestellt (s. Kap. 1.1, S. 3ff). Die von ihm vorgenommenen Bewertungen bezüglich der Akzeptanz des Faches Psychosomatik/Psychotherapie in der Medizin sowie des Verhältnisses der Psychiatrie zur Psychosomatik/Psychotherapie bis zu Beginn der 90er Jahre können nur unterstrichen werden (s. auch Hoffmann et al. 1999).

Im folgenden sollen die relevanten Entwicklungslinien des Faches ab Mitte der 90er Jahre dargelegt werden[1]. Dabei orientiere ich mich an dem von A.-E. Meyer vorgegebenen Ansatz. Ich werde zum einen die Entwicklung und Differenzierung der unterschiedlichen Berufsgruppen im psychotherapeutisch-psychosomatisch-psychiatrischen Feld fokussieren, zum anderen das psychosomatisch-psychotherapeutische Versorgungsangebot untersuchen.

Einen Meilenstein in der jüngsten Entwicklung der Psychotherapie, aber auch der Psychosomatik stellt die **Einführung des Psychotherapeutengesetzes** zum 1.1.1999 dar. Dieses Gesetz regelt die sozial- und berufsrechtliche Stellung von Diplompsychologen und Kinder- und Jugendlichenpsychotherapeuten, wie es damit auch grundsätzlich den Begriff der Psychotherapie gesetzlich schützt und definiert, wer mit welcher Ausbildung in der Bundesrepublik Deutschland Psychotherapie ausüben darf. Mit der Einführung des Psychotherapeutengesetzes ist ein seit Mitte der 70er Jahre andauernder Kampf zu Ende gegangen, in dem die Anerkennung des Berufsbildes Psychologischer Psychotherapeut als Heilberuf angestrebt wurde. Dieser wurde nicht nur geführt, um Psychologen eine den Ärzten adäquate berufsrechtliche Basis für die Ausübung von Psychotherapie zu schaffen, sondern auch, um eine bessere psychotherapeutische Versorgung zu ermöglichen. Es soll jedoch hier ausdrücklich daran erinnert werden, daß gerade auch von der Seite der ärztlichen Psychotherapeuten und Psychiater diese Entwicklung durchaus ambivalent gesehen worden ist; insofern ist erheblicher Widerstand seitens einzelner ärztlich-psychotherapeutischer Fachgruppen geleistet worden. Dieser bezog sich entweder prinzipiell auf die Einführung des Psychotherapeutengesetzes oder auf konkrete Aus- und Durchführungsbestimmungen.

So war und ist immer wieder eine berufs-, aber auch sozialpolitisch relevante Frage, ob die Psychologischen Psychotherapeuten in die Ärztekammern integriert werden sollen, wie es aktuell Standard ist, oder ob es eigene Psychologenkammern geben soll und wird, wie es gegen Ende 1999 bereits in drei Bundesländern der Fall war (in Berlin, Bremen und Niedersachsen waren bis dahin entsprechende Änderungen des Kammergesetzes für Heilberufe in Kraft getreten, Deutsches Ärzteblatt vom 28.1.2000, S. 144) und vermutlich zukünftig bundesweit sein wird.

Generell ist die Regelung der Ausbildung für die postgraduierten Diplompsychologen als problematisch anzusehen. Gefordert sind laut Gesetz 1,5 Jahre Praxiszeit (davon ein Jahr in der Psychiatrie und Psychotherapie und ein halbes Jahr in der Psychosomatik und Psychotherapie beziehungsweise Psychotherapeutischen Medizin oder in entsprechenden Praxen), ohne daß die Frage der Finanzierung geklärt wäre. Ein Großteil von Ausbildungskandidaten wird die Ausbildung schlicht unentgeltlich als Praktikant absolvieren müssen.

Mit der Einführung des Psychotherapeutengesetzes wurde eine große Zahl an approbierten Psychologischen Psychotherapeuten sowie eine kleinere Zahl von Kinder- und Jugendpsychotherapeuten zur kassenärztlichen Versorgung gemeinsam mit den ärztlichen Psychotherapeuten zugelassen. Der allen psychotherapeutischen Berufsgruppen gemeinsam zugeteilte Finanzrahmen orientierte sich im Jahr 1999 an den Kosten, die für die Kassen im Jahr 1996 für Psychotherapie im Rahmen der kassenärztlichen Tätigkeit und 1997 im Delegationsverfahren für Psychologische Psychotherapeuten angefallen sind. Kritische Stimmen haben darüber hinaus angemerkt, daß die von den Kassen angegebenen Zahlen zu niedrig angesetzt worden seien. So kam es im Jahr 1999 zu einer desolaten Finanzierungssituation der Psychotherapie im Rahmen der kassenärztlichen Tätigkeit, die einen rasanten Punktwertverfall mit sich brachte und in einigen Bundesländern dazu führte, daß bereits im 3. Quartal des Jahres die finanziellen Mittel für die psychotherapeutischen Leistungen verbraucht waren und die betroffenen Psychotherapeuten erst einmal ihre Behandlungen unentgeltlich weiterführen mußten. In der Folge gab und gibt es zum einen Anstrengungen und Initiativen, finanzielle Lösungen für die Finanzierung dieser „nicht-gedeckten" Behandlungen von 1999 zu finden (z. B. über den Ausgleich der Budgets anderer Facharztgruppen in den Kassenärztlichen Vereinigungen oder zusätzlichen Geldern seitens der Krankenkassen) und natürlich zum anderen Initiativen, die zukünftige Finanzierung der ambulanten Psycho-

---

[1] Wir möchten an dieser Stelle an A.-E. Meyer erinnern, der viel zu früh verstorben ist.

therapie besser abzusichern. Insgesamt erscheint die Perspektive jedoch alles andere als rosig, auch wenn das Bundessozialgericht in Kassel ein für die Berufsgruppe der Psychotherapeuten wichtiges und gegebenenfalls richtungsweisendes Urteil gesprochen hat, nach dem für hauptsächlich psychotherapeutisch Tätige eine Punktwertfestsetzung vorzunehmen ist, da diese den Niedergang des Punktwertes im Rahmen der Richtlinienpsychotherapie nicht durch eine Leistungsausweitung kompensieren könnten. Welche Konsequenzen dieses Urteil letztlich haben wird, bleibt abzuwarten; von der heutigen Warte aus ist auch nicht zu beurteilen, wie die strukturellen Entwicklungen in der ambulanten Versorgung verlaufen werden.

Mit der Einführung des Psychotherapeutengesetzes wurden Psychologische Psychotherapeuten noch stärker als bisher an der konzeptionellen Diskussion über die Qualitätsstandards bei psychotherapeutischen Verfahren beteiligt; dabei wurde den Positionen der Verhaltenstherapie seit Beginn der 90er Jahre seitens der Krankenkassen eine zunehmende Aufmerksamkeit geschenkt. 1999 wurde ein wissenschaftlicher Beirat „Psychotherapie" bei der Bundesärztekammer gegründet, der je zur Hälfte von ärztlichen Psychotherapeuten und Psychologischen Psychotherapeuten (allesamt Hochschullehrer) besetzt ist. Als erste zentrale Aufgabe definierte dieser Beirat „Kriterien", aufgrund derer psychotherapeutische Verfahren den Nachweis über ihre empirisch bestätigte Wirksamkeit erbringen müssen. Die Erfüllung dieser Kriterien stellt die Voraussetzung dafür dar, daß eine psychotherapeutische Methode als Grundorientierung im Sinne der Psychotherapie-Richtlinien anerkannt wird. Danach muß eine psychotherapeutische Methode eine originäre Theorie der Persönlichkeit sowie ein stringentes Konzept über die Genese psychischer Störungen aufweisen und bei mindestens fünf von zwölf Störungsbildern – diese sind auf der Basis der ICD-10 definiert – ihre therapeutische Effektivität in mindestens zwei kontrollierten Studien nachgewiesen haben (Deutsches Ärzteblatt vom 28.1.2000).

Diese Entwicklung reflektiert zum einen die Tendenz, Standards der „evidence based medicine" zunehmend auch auf die Psychotherapie anzuwenden, und zum anderen eine Haltung, die Konzeption der Psychotherapie-Richtlinien mit ihren psychotherapeutischen Grundorientierungen – die beim Verfassen des Artikels die Verhaltenstherapie und die psychoanalytischen beziehungsweise tiefenpsychologischen Verfahren umfaßt – beizubehalten. Generell wird sich die Ausbildung organisatorisch näher an den universitären Institutionen orientieren und inhaltlich wird es eine zunehmende Integration empirischer Befunde in die Psychotherapieaus- und -weiterbildung geben. Dies wird meines Erachtens auch zunehmend für psychoanalytisch oder psychodynamisch ausgerichtete Aus- und Weiterbildungsgänge gelten. Auf mittlere Sicht wird es sicher zu einem stärkeren Dialog zwischen den unterschiedlichen therapeutischen „Schulrichtungen" kommen und auf diesem Hintergrund werden systematische Bestrebungen zur Methodenkombination und -integration zunehmen.

Gegen die Forderung, daß psychotherapeutische Methoden ihre Wirksamkeit nachweisen müssen, gibt es aktuell keine schlagkräftigen Argumente mehr; es ist jedoch sinnvoll, zu fragen, welche Art von empirischen Nachweisen in unserem Feld relevant sind. Die ausschließliche Orientierung auf „störungsspezifische" Wirksamkeitsnachweise wird der Komplexität psychotherapeutischer Problemstellungen und Behandlungsansätzen jedoch allzuoft nicht gerecht und dies um so mehr, wenn die „Störungen" aus dem Kanon der ICD-10-Kategorien mit ihren „unpsychologischen" symptomorientierten und oberflächenhaften diagnostischen Kriterien abgeleitet werden. Darüber hinaus hat die empirische Psychotherapieforschung folgendes gezeigt:

- Neben therapieansatzspezifischen spielen auch allgemeine Wirkfaktoren eine bedeutende Rolle im therapeutischen Prozeß (Karasu 1986). Unter diesen kommt der therapeutischen Beziehung eine wichtige Funktion (Strupp 2000) zu.
- Die behauptete Spezifität einzelner therapeutischer Verfahren hält, wie für die Verhaltenstherapie bei unterschiedlichen Angststörungen gezeigt wurde, allzuoft einem kritischen Blick nicht stand (Barlow und Cerny 1988).

Eine ausführliche Diskussion der Aussagen der empirischen Psychotherapieforschung und ihrer Konsequenzen für die Praxis findet sich im Kapitel 6.2.1, S. 519ff.

Die unbedingte Ausrichtung therapeutischen Handelns an der Behandlung spezifischer Störungen korrespondiert so nur bedingt mit der therapeutischen Realität, die für die Diagnostik wie die Therapieplanung weitergehende psychologische Konzepte erfordert (s. Kap. 4.1.3). Dafür weist dieses Vorgehen eine hohe Konvergenz zum therapeutischen Verständnis der Verhaltenstherapie auf und paßt sich gut in das gängige medizinische Krankheits- und Behandlungskonzept ein. Letztlich stellt dieser Ansatz eine „gute" Basis für die Einführung von Fallpauschalen auch im Bereich der Psychotherapie und Psychosomatik dar, eine Entwicklung, die sicherlich gesundheitspolitisch gewünscht und gefördert wird. Wie zukünftig „Fälle" in unserem Fach definiert werden, welche Kriterien als bedeutsam angesehen werden, wird die Ziele der Psychotherapie und natürlich auch ihre Methoden einschneidend beeinflussen.

Bei den „Diagnosis Related Groups" (DRGs), deren Einführung für das Jahr 2003 geplant ist und 2001 in Modellprojekten erprobt wird, werden neben den Diagnosen auch Behandlungsprozeduren als Berechnungsgrundlage mit in die Kostenpauschalierung eingehen (Roeder et al. 2000). Die zugrunde gelegten australischen DRGs orientieren sich auf der diagnostischen Ebene an der ICD-10; bei den Behandlungsprozeduren sind bislang die psychotherapeutisch-psychosomatischen Therapieansätze kaum berücksichtigt (Freyberger und Schneider 2001). Insgesamt war die zukünftige Entwicklung im stationären Feld für das Fach der Psychosomatik und Psychotherapie Ende des Jahres 2001 nur schwer zu beurteilen. Die Psychiatrie und die Psychotherapeutische Medizin wurden Ende 2001 auf der Grundlage einer politischen Entscheidung aus dem DRG-System herausgenommen.

Seit der Einführung des Facharztes für Psychotherapeutische Medizin und der gleichzeitigen Erweiterung des Facharztes für Psychiatrie um die Psychotherapie, hat es seitens der Psychiatrie zunehmend Anstrengungen gegeben, diese Entwicklung rückgängig zu machen (Denkschrift der DGPPN 1997; Janssen et al. 1997). In diesem Positionspapier wird ein eigenständiger psychosomatisch-psychotherapeutischer Versorgungsbereich geleugnet, wie er sich historisch in der Bundesrepublik herausgebildet hat und durch die Einführung des Facharztes für Psychotherapeutische Medizin auf dem Ärztetag 1992 auch auf der Ebene der ärztlichen Weiterbildung institutionalisiert worden ist. Auch in der Diskussion um die Novellierung der ärztliche Approbationsordnung in der letzten Legislaturperiode wurde von seiten renommierter Vertreter der Psychiatrie die Abschaffung des Pflichtfaches „Psychosomatik und Psychotherapie" gefordert beziehungsweise vorgeschlagen.

Die seit Ende der 90er Jahre geführte Diskussion um die Reform der ärztlichen Weiterbildung, bei der ursprünglich insbesondere eine Reduzierung der großen Zahl an unterschiedlichen Fachdisziplinen über die Zusammenfassung von „Nachbarschaftsdisziplinen" intendiert war, hat die Diskussion um eine mögliche Zusammenführung der Fachärzte für Psychiatrie und Psychotherapie und Psychotherapeutische Medizin noch einmal angefacht. Seitens der Vertreter der Psychiatrie wurde ein erweiterter Facharzt für Psychiatrie mit unterschiedlichen Schwerpunkten favorisiert (z. B. Allgemeine Psychiatrie, Sucht, Forensik, Psychotherapeutische Medizin, ggf. Psychosomatik), die Vertreter der Psychotherapeutischen Medizin diskutierten eher ein partielles Zusammengehen der Fächer über einen gemeinsamen Weiterbildungsblock (Common Trunk Model). Da in der Ärzteschaft zum Zeitpunkt der Vorbereitung der Weiterbildungsdiskussion auf dem Ärztetag 2000 generell die Tendenz bestand, den hohen Grad an Differenzierung und damit die Zahl der unterschiedlichen Facharztdisziplinen nicht zu reduzieren, erschien eine Zusammenfassung der verschiedenen ärztlichen „psychosozialen" Fachdisziplinen strategisch als wenig sinnvoll, um innerhalb einer breit gefächerten und spezialisierten Medizin diese Inhalte effektiv zu vertreten. Diese Argumente wurden vorrangig von Vertretern der Psychotherapeutischen Medizin vorgetragen; die führenden Vertreter der wissenschaftlichen und berufsständischen Gruppierungen der Psychiatrie sahen in diesen Positionen eher eine Einengung des Handlungsspektrums und natürlich auch des entsprechenden Versorgungsbereichs. Es hat jedoch auf dem Ärztetag 2000 keine grundlegende Umstrukturierung der ärztlichen Weiterbildung gegeben.

A.-E. Meyer hat dargelegt, wie wenig sich die deutsche Psychiatrie um die Integration psychotherapeutisch-psychosomatischer Konzepte in ihr wissenschaftliches und klinisches Verständnis und Vorgehen bemüht hat und daß diese Haltung eine entscheidende Wurzel der deutschen eigenständigen Ent-

wicklung eines Faches der Psychotherapie/Psychosomatik gewesen ist. Diese Vernachlässigung psychotherapeutisch/psychosomatischer Behandlungsansätze hat innerhalb der Psychiatrie sicherlich bis Ende der 80er Jahre angehalten. Dennoch sind natürlich seit den 80er Jahren und vereinzelt in den 70er Jahren in einer kleineren Zahl an psychiatrischen Universitätskliniken sowie sicherlich auch in einigen psychiatrischen Großkliniken und psychiatrischen Abteilungen an Allgemeinkrankenhäusern spezialisierte psychotherapeutische Einheiten auch für die Behandlung von Patienten mit Neurosen, Persönlichkeitsstörungen und funktionellen Störungen aufgebaut worden. Aber erst Ende der 80er Jahre und vor allem in den 90er Jahren hat sich die deutsche Psychiatrie zunehmend auch für psychotherapeutische Themenstellungen geöffnet.

Einen wichtigen Impuls hat diese Entwicklung sicherlich durch die Schaffung des Facharztes für Psychotherapeutische Medizin erhalten, der doch eine Konkurrenz in relevanten Versorgungsfeldern darstellt; auch die Besetzungen einer Reihe von Lehrstühlen für Psychiatrie und Psychotherapie tragen dieser Entwicklung Rechnung und treiben sie weiter voran. Im Zuge dieser Entwicklung sind in der Psychiatrie bedeutende wissenschaftliche Aktivitäten und Arbeiten zu psychotherapeutischen Themen entstanden. Ohne Frage ist diese Tendenz zu begrüßen, jedoch nicht die ab und an damit verbundene expansive Haltung von einzelnen Vertretern der Psychiatrie, den Behandlungsbereich der Persönlichkeitsstörungen, Neurosen und somatoformen Störungen allein für die Psychiatrie zu beanspruchen. Die Psychotherapie dieser Störungsgruppen ist in Deutschland traditionell ein genuines Feld der Psychotherapie und Psychosomatik; Behandlungskonzepte und Settings sind in diesem Feld entwickelt, erprobt und wissenschaftlich untersucht worden. Wenn nun auch psychotherapeutisch denkende und handelnde Psychiater in diesem Bereich tätig werden, so ist zu akzeptieren, daß sich für spezifische Problemstellungen unterschiedliche Expertengruppen zuständig und kompetent fühlen. Im übrigen arbeiten auch die Psychologischen Psychotherapeuten in ebendiesem klinischen Bereich.

Eine Entsprechung findet diese berufs- und wissenschaftspolitische Auseinandersetzung auf der Ebene der Diskussion um die Hereinnahme des Faches des Psychotherapeutischen Medizin in die Landesbettenpläne. Nachdem der Facharzt für Psychotherapeutische Medizin 1992 implementiert worden ist, wurden erstmals im Land Sachsen getrennt Betten für Psychosomatik und Psychotherapie im Landesbettenplan ausgewiesen. In der Folge entstanden in unterschiedlichen Bundesländern Diskussionen um die Aufnahme dieser Betten in die Landesbettenpläne. Im Auftrag des Sozialministeriums Baden-Württemberg hat 1997/1998 eine Expertengruppe ein Gutachten zur stationären Versorgung in der Psychotherapeutischen Medizin erstellt, das in der Folge von den Befürwortern als Argumentationsgrundlage für die Hereinnahme in die Landesbettenpläne verwendet wurde und von Vertretern der Psychiatrie entschieden bekämpft wurde. Zu Beginn des neuen

Jahrzehnts ist die zukünftige Entwicklung noch nicht definitiv abzusehen. Einige weitere Länder wie Berlin, Schleswig-Holstein, Baden-Württemberg und Nordrhein-Westfalen haben oder werden das Fach der Psychosomatik und Psychotherapie in ihren Landesbettenplänen berücksichtigen, andere wie zum Beispiel Mecklenburg-Vorpommern oder Rheinland-Pfalz aus der aktuellen Sicht eher nicht. Von Interesse ist bei der Ausweisung der Psychosomatik und Psychotherapie in den Landesbettenplänen die Frage, welchen Institutionen diese „Betten" dann zugeteilt werden. Häufig werden nicht – wie von den Fachvertretern für Psychosomatik und Psychotherapie konzeptualisiert – Krankenhausabteilungen für Psychosomatik an Schwerpunktkrankenhäusern eingerichtet, sondern diese Betten entweder an Psychiatrische Kliniken oder auch an psychosomatische Rehabilitationskliniken gegeben. Eine Entwicklung, die nicht im Einklang steht mit der Intention, psychosomatische Handlungsansätze näher an die Behandlung vor allem auch somatischer Erkrankungen heranzubringen. Auch wenn oftmals aufgrund von sozialpolitischen und finanziellen Bedingungen, die letztlich gewünschte Bildung eigenständiger Abteilungen oder Kliniken für Psychosomatik und Psychotherapeutische Medizin nicht durchgehend möglich sein wird, sollte doch angestrebt werden, den Grundgedanken der Integration psychosomatischer und psychotherapeutischer Handlungsmodelle in der somatischen Medizin über die Schaffung eigenständiger Einrichtungen zu fördern. Hier sind inhaltlicher Anspruch und sozialpolitische Rahmenbedingungen und -begrenzungen möglichst konstruktiv aufeinander abzustimmen.

Die verschiedenen Facetten der berufs- und wissenschaftspolitischen Auseinandersetzungen im Bereich der Psychotherapie und Psychosomatik sollen nicht weiter vertieft werden. Jedoch ist die Frage der zukünftigen wissenschaftlichen wie klinischen Orientierung innerhalb der Psychotherapie von besonderer Bedeutung. Auch die Psychiatrie favorisiert mit Entschiedenheit „störungsspezifische Therapie-Modelle" und korrespondiert auf dieser Ebene gut mit wichtigen Vertretern der Klinischen Psychologie. Auf der anderen Seite sehen wir jedoch sowohl im klinischen wie im wissenschaftlichen Feld Prozesse der zunehmenden Öffnung für unterschiedliche theoretische und praktische Konzepte, Tendenzen zu Methodenkombinationen oder Versuche der Methodenintegration. Relevante Entwicklungslinien in der Psychosomatik und Psychotherapie versuchen sich konzeptionell und praktisch nicht einfach dem Anspruch auf kurze, pragmatische und symptomzentrierte Behandlungen zu unterwerfen, sondern orientieren sich an differenzierteren und umfassenderen diagnostischen und therapeutischen Positionen. Wieviel Raum dafür unter den zukünftigen sozialpolitischen, wissenschaftspolitischen und insbesondere ökonomischen Bedingungen vorhanden sein wird, bleibt abzuwarten. Allzuviel Optimismus ist m.E. jedoch nicht angebracht.

Insgesamt sollten die Diskussionen über die berufspolitischen Probleme aus meiner Sicht nicht zu grundsätzlich geführt werden. Im Zentrum sollte die Frage der Verankerung

psychosozialer Perspektiven in einer schwerpunktmäßig biologischen Medizin stehen. Daß wir nun zwei oder mit der Kinder- und Jugendpsychiatrie und –psychotherapie drei ärztliche Psychotherapeutengruppen haben, hat bezogen auf die Geschichte des Faches eine gewachsene Tradition; inwieweit dieses Modell für die Zukunft das beste sein wird, hängt von den unterschiedlichsten Bedingungen ab. Eine Rolle spielen dabei zum Beispiel die folgenden Fragen:

- Wie kann sich das Fach der Psychotherapeutischen Medizin zukünftig klinisch und wissenschaftlich entwickeln? Im wissenschaftlichen Bereich geht es in der Psychosomatik insbesondere darum, die Einflüsse biologischer Faktoren bei komplexen bio-psychosozialen Wechselbeziehungen – auf der Ebene der Ätiologie, des Verlaufs und der Behandlung – stärker zu berücksichtigen und sich insgesamt mehr den „somato-psychischen" Erkrankungen zuzuwenden. In dem Ausmaß, in dem die Psychosomatik als Teil der Psychotherapeutischen Medizin für dieses Gebiet relevante Verstehens- und Handlungsmodelle entwickelt, wird sie ein wichtiger Partner für die somatische Medizin sein und gerade aus dieser Perspektive eine Identität als eigenständiges Fach neben der Psychiatrie in der Medizin haben. In der ambulanten Versorgung wird es vor allem darum gehen, inwieweit der niedergelassene Facharzt für Psychotherapeutische Medizin ein differenziertes diagnostisches und therapeutisches Handlungsspektrum aufweist, das über die originären psychotherapeutischen Behandlungssettings im Sinne der Psychotherapierichtlinien (Bestellpraxis) hinausgeht. Diese Entwicklung sollte jedoch nicht bedeuten, daß die Psychotherapeutische Medizin ihr Profil als psychotherapeutische Spezialdisziplin für die traditionellen psychischen Störungen (Neurosen, Persönlichkeitsstörungen und somatoforme Störungen) aufgeben soll.

- Wie nachhaltig und umfassend können psychotherapeutisch-psychosomatische Konzepte und Handlungsmodelle in der Psychiatrie reflektiert und integriert werden? Dies bedeutet, daß neben den verhaltenstherapeutischen auch psychodynamische Konzepte zur Ätiologie relevanter psychischer Störungen (z.B. bei den Persönlichkeitsstörungen, Neurosen oder somatoformen Störungen) akzeptiert werden und Anwendung finden. Nur dann hat eine Diskussion darüber, ob die beiden Fächer wieder zusammengeführt werden können, überhaupt eine inhaltlich begründete Basis.

Weitere mögliche Rahmenbedingungen stellen strategische berufs- und wissenschaftspolitische Perspektiven dar, die sowohl einen Bezug zu bundesdeutschen wie auch zu internationalen Entwicklungen im Gesundheitssystem aufweisen müssen. Jedoch sollten internationale Standards nicht unkritisch übernommen werden, sonst wird die Psychotherapie demnächst – wie mittlerweile in den USA – hauptsächlich den Psychologen und den Sozialarbeitern zufallen. Die entscheidende Voraussetzung für eine sachbezogene und problemgerechte Diskussion dieser Fragen, stellt eine ideologiefreiere Reflexion des Themenhorizontes dar, als sie in den vergangenen Jahrzehnten die Regel war. Diesbezüglich sind m.E. die Chancen doch relativ günstig einzuschätzen, da die mittlerweile doch gut fundierten empirischen Befunde zur Effektivität und Wirkweise von Psychotherapie einem unkritischen Festhalten an „alten" therapieschulenorientierten Dogmen entgegenstehen und zunehmend eine Generation von Psychotherapeuten sowohl in den verschiedenen ärztlichen Subdisziplinen als auch in der Psychologie herangewachsen ist, die sensibel genug für die veränderten klinischen und wissenschaftlichen Hintergrundbedingungen des Faches ist, um nicht weiter in diesen Ideologismen befangen zu sein. Diese Tendenz kann nicht nur eine bereits jetzt zu beobachtende „Aufweichung" der tradierten „Schulenkämpfe" in der Psychotherapie mit sich bringen, sondern auch die berufspolitische Diskussion beeinflussen.

Eine weitere wichtige Frage betrifft die Integration der Psychosomatik in die somatische Medizin. Die „Integrative Psychosomatik" Thure von Uexkülls als Versuch die Spezialisierungen von „Seelen- und Körperärzten" zugunsten eines Arztes abzulösen, der umfassend sowohl für die biologischen als auch für die psychosozialen Bedingungen von Gesundheit und Krankheit zuständig ist und der das Individuum als Ganzes in seiner biologischen und psychosozialen Gewordenheit reflektiert, hat sich in den letzten Jahren trotz der zunehmenden Verankerung der „psychosomatischen Grundversorgung" in der ärztlichen Weiterbildung wie im ärztlichen Handeln nicht weiter durchsetzen können. Die Medizin – vor allem die internistische Medizin – setzt stärker denn je auf die biologischen und technologischen Denk- und Handlungsmuster.

So erscheint es realistischer, den Weg der psychosomatisch-psychotherapeutischen Spezialisierung um eine stärkere Verankerung von psychosomatischen Kompetenzen in den verschiedenen klinischen Fächern zu erweitern. Hier bietet sich an, für die unterschiedlichen medizinischen Fachdisziplinen spezifische „psychosomatisch-psychotherapeutische" Kompetenzen auf der Ebene der Diagnostik wie der Intervention zu entwickeln; eine derartige psychosomatische-psychotherapeutische Fachspezialisierung (z. B. für Gynäkologie, Innere Medizin oder Orthopädie) könnte dann zukünftig anstelle des Zusatztitels „Psychotherapie" treten, wenn die notwendigen inhaltlichen und sozialrechtlichen (z. B. Finanzierung der Leistungen durch die Kassenärztlichen Vereinigungen) Voraussetzungen dafür geschaffen sind.

Problematisch erscheinen mir die auch in jüngster Zeit immer wieder auftauchenden berufspolitischen Ideologisierungen von Psychotherapie, wenn etwa von „ärztlicher" Psychotherapie in Abgrenzung von „psychologischer" Psychotherapie (z. B. Grawe 1998) gesprochen wird. Psychotherapie ist erst einmal weder ärztlich noch psychologisch: Sie rekurriert auf unterschiedliche Grundlagen- und Anwendungswissenschaften (z. B. die Klinische oder Kognitive Psychologie, die

Psychoanalyse, die kognitiven Neurowissenschaften, die Psychophysiologie oder die Psycho-Neuroimmunologie) und findet in verschiedenen klinischen Kontexten mit unterschiedlichen Problemstellungen und Anforderungsprofilen statt. Das konkrete bio-psychosoziale Bedingungsgefüge verschiedener Problemkonstellationen unterscheidet sich hinsichtlich der Varianzanteile der einzelnen Komponenten. Das Ausmaß und die Art der Einflußnahme psychosozialer und biologischer Faktoren auf die Entstehung und den Verlauf von Erkrankungen setzt die spezifischen Anforderungen für engere oder weitere Gesamtbehandlungsansätze, die mal mehr oder mal weniger psychotherapeutische Interventionen jedweder Art oder somatische Therapieansätze enthalten können. Sicherlich kann es pragmatischer und sinnvoller sein, wenn die speziellen psychotherapeutischen Interventionen bei Patienten mit somatopsychischen Erkrankungen gleichzeitig durch den somatischen Behandler vorgenommen werden; es handelt sich dann jedoch nicht um eine ärztliche Psychotherapie, sondern um eine Psychotherapie, die aus „guten" Gründen durch einen Arzt appliziert wird. „Psychotherapie ist eine wissenschaftliche Methode zur Behandlung von psychischen Störungen...." (Strotzka, persönliche Mitteilung). Diese Definition beinhaltet ausdrücklich nicht die Grundprofession des Therapeuten; eine Position, die ich für die zukünftige Entwicklung der Psychotherapie wie der Psychosomatik als wichtig ansehe, auch wenn wir nicht leugnen können, daß sich die Basiskompetenzen und oftmals die Handlungsfelder von Ärzten und Psychologen unterscheiden. Diese Unterschiedlichkeit und Vielfalt kann jedoch für die weitere Konzeptualisierung und Praxis der Psychotherapie nur hilfreich sein.

Literatur

Barlow D, Cerny JA. Psychological treatment of panic. New York: Guilford 1988.

Bühring P. Psychotherapeuten erhalten eigenständige Kammern. Deutsches Ärzteblatt 2000; 97: 144.

Deutsche Gesellschaft für Psychiatrie, Psychotherapie und Nervenheilkunde (DGPPN). Die Behandlung psychischer Erkrankungen in Deutschland – Positionspapier zur aktuellen Lage und zukünftigen Entwicklung. Heidelberg: Springer 1997.

Freyberger HJ, Schneider W. ICD-10 Diagnostik in der Psychotherapie. Vorteile und Möglichkeiten. Psychotherapeut 2001; 2: 115–21.

Grawe K. Psychologische Therapie. Göttingen: Hogrefe 1998.

Hoffmann SO, Liedtke R, Schneider W, Senf W. Psychosomatische Medizin und Psychotherapie – Denkschrift zur Lage des Faches an den Hochschulen der Bundesrepublik Deutschland. Stuttgart: Schattauer 1999.

Janssen PL, Kächele H, Rüger U, Schneider W. Nach-Denken tut Not – Gegendarstellung zum Positionspapier der Deutschen Gesellschaft für Psychiatrie, Psychotherapie und Nervenheilkunde (DGPPN). Psychotherapeut 1997; 42: 244–55.

Karasu TB. Specifity vs. nonspecifity. Am J Psychiatry 1996; 143: 678–95.

Roeder N, Rochell B, Scheld HH. Sicher in die DRGs. Die notwendigen Vorbereitung im Krankenhaus. 2000; 9: II-I.

Strupp HH. Können PraktikerInnen von der Forschung lernen? In: Wege zur effektiven Psychotherapie. Petzold H, Märtens M (Hrsg). Psychotherapieforschung und Praxis 2000; 1: 13–30.

1.3
Weiter- und Fortbildung in der Psychosomatischen Medizin und Psychotherapie

Paul L. Janssen

Nach jahrzehntelangen Diskussionen und Auseinandersetzungen (vgl. Janssen 1984, 1993a, 1993b) ist sowohl vom Deutschen Ärztetag 1992 in der Musterweiterbildungsordnung wie in den Psychotherapie-Richtlinien zu der vertragsärztlichen Versorgung 1986 ein dreistufiges Weiter- und Fortbildungskonzept für den psychosomatisch-psychotherapeutischen Versorgungsbereich verabschiedet worden (vgl. Faber und Haarstick 1994). Sowohl nach den Beschlüssen zur ärztlichen Weiterbildungsordnung wie nach den Psychotherapie-Richtlinien sind drei **Ebenen der psychosomatisch-psychotherapeutischen Versorgung** zu unterscheiden:

▶ **Die psychosomatische Grundversorgung:** Sie soll die Basisversorgung sichern und dazu beitragen, den psychosomatischen Verständnisansatz in die hausärztliche und klinische Versorgung zu integrieren. Für die hausärztliche Versorgung ist dies in der neuen Weiterbildungsordnung zum Facharzt für Allgemeinmedizin realisiert. In der Facharztweiterbildung ist zwar die psychosomatische Grundversorgung als Qualifikationsmerkmal aufgenommen worden, in den Weiterbildungsrichtlinien aber noch nicht inhaltlich entsprechend den Psychotherapie-Richtlinien übernommen worden.

▶ **Zusatzbezeichnung Psychotherapie:** Die zukünftigen Gebietsärzte, insbesondere für Allgemeinmedizin, können darüber hinaus auch berufsbegleitend die Zusatzbezeichnung „Psychotherapie" erwerben und in ihrem Gebiet psychotherapeutisch tätig werden. Dazu werden sie entweder in tiefenpsychologischer Psychotherapie oder in Verhaltenstherapie weitergebildet.

▶ **Gebietsarzt für Psychotherapeutische Medizin:** Auf der spezialistischen Ebene ist der Facharzt für Psychiatrie und Psychotherapie und der Facharzt für Kinder- und Jugendpsychiatrie/-psychotherapie formuliert worden. Diese Fachärzte haben ihren Schwerpunkt in der Behandlung psychiatrischer Krankheitsbilder, während beim Facharzt für Psychotherapeutische Medizin der Schwerpunkt in der Behandlung psychosomatischer und psychoneurotischer Erkrankungen liegt.

1.3.1
Psychosomatische Grundversorgung

Die psychosomatische Grundversorgung ist als vertragsärztliche Versorgungsleistung anerkannt. Sie ermöglicht jedem niedergelassenen Arzt, einen psychosomatischen Verständnisansatz in sein diagnostisches und therapeutisches Handeln einzubeziehen, und stellt gewissermaßen die „Basisversorgung" dar.

Definition

In der **psychosomatischen Grundversorgung** soll der Arzt bei der Untersuchung und Behandlung die biologischen, psychologischen und sozialen Anteile im Krankheitsgeschehen in eine Gesamtdiagnose integrieren und diese Aspekte hinsichtlich ihrer ätiologischen Bedeutung gewichten. Er kann die Indikation zu somatischen Verfahren, aber auch zu psychotherapeutischen Verfahren stellen und die Stellung dieser Verfahren im Gesamtbehandlungsplan entsprechend dem aktuellen Krankheitsgeschehen bestimmen.

Hinsichtlich des therapeutischen Handelns des Arztes ist die Zielsetzung begrenzt. Es geht einmal um eine Einsichtsvermittlung in die Zusammenhänge von körperlichen Erkrankungen und psychologischen Vorgängen, und es geht zum andern um den Einsatz verbaler Interventionen sowie übender und suggestiver Techniken, zum Beispiel Autogenes Training. Zentrales Element der psychosomatischen Grundversorgung ist die Neubewertung der Arzt-Patient-Beziehung, die Förderung der kommunikativen Kompetenz des Arztes im Sinne von Balint.

In den Psychotherapie-Richtlinien (Faber und Haarstrick 1994) werden die **Qualifikationen** festgelegt: „Die Teilnahme des Arztes an der psychosomatischen Grundversorgung setzt mehrjährige Erfahrung in selbständiger ärztlicher Tätigkeit, Kenntnisse in der Theorie einer psychosomatisch orientierten Krankheitslehre und reflektierte Erfahrungen über die therapeutische Bedeutung der Arzt-Patient-Beziehung voraus."

Um diese **Qualifikation** zu **erwerben,** ist nach den Psychotherapie-Vereinbarungen in ihrer jüngsten Fassung ab 1.1.1994 ein Curriculum in Kraft, das 80 Stunden umfaßt. Neben der mindestens dreijährigen Erfahrung in selbstverantwortlicher ärztlicher Tätigkeit muß der Arzt an

● 20 Stunden **Theorieseminaren** teilnehmen, in denen Kenntnisse der Theorie der Arzt-Patient-Beziehung, Kenntnisse und Erfahrungen in psychosomatischer Krankheitslehre und der Abgrenzung psychosomatischer Störungen von Neurosen und Psychosen und Kenntnisse zur Krankheits- und Familiendynamik, Interaktionen in Gruppen, Krankheitsbewältigung und Differentialindikation von Psychotherapie-Verfahren erworben werden.

● Die Erfahrungen in der **Reflexion** der **Arzt-Patienten-Beziehung** erwirbt er durch kontinuierliche Arbeit in Balint-

oder Selbsterfahrungsgruppen von mindestens 30 Stunden Dauer.

- Die Vermittlung der verbalen **Interventionstechniken** soll mindestens 30 Stunden umfassen. Die verbale Intervention ist nach den Psychotherapie-Richtlinien eine besondere Form der ärztlichen Gesprächsführung. Sie orientiert sich an der aktuellen Krankheitssituation und verfolgt das Ziel, die Introspektion des Patienten zu fördern, ihm Einsicht in die psychosomatischen Zusammenhänge seines Krankheitsgeschehen zu vermitteln und für ihn die Bedeutung eventuell krankmachender, persönlicher Konflikte erkennbar werden zu lassen. Des weiteren sollen die verbalen Interventionen die Bewältigungsfähigkeiten des Kranken aufbauen. Dies kann auch die Einschaltung von Beziehungspersonen aus dem engeren Umfeld des Patienten erforderlich machen.
- Zu den **übenden** und **suggestiven Techniken,** die der Arzt erlernen soll, gehören das Autogene Training, die Relaxationstherapie nach Jacobson und die Hypnosebehandlung.

In der psychosomatischen Grundversorgung als Basisversorgung soll der Arzt die Möglichkeit haben, in sein Handeln auch die psychosoziale Dimension des Krankseins zu integrieren.

1.3.2
Zusatzbezeichnung Psychotherapie

Der Erwerb der Zusatzbezeichnung „Psychotherapie" ermöglicht den stationär oder ambulant tätigen Fachärzten anderer Gebiete, zum Beispiel Allgemeinmedizinern, Internisten, Gynäkologen, Neurologen, Orthopäden und anderen, psychotherapeutische Leistungen in ihr Handeln zu integrieren. In der meist berufsbegleitenden Weiterbildung können zwei Schwerpunkte gewählt werden, entweder ein tiefenpsychologischer oder ein verhaltenstherapeutischer. Voraussetzung für den Erwerb der Zusatzbezeichnung ist eine zweijährige klinische Tätigkeit, davon ein Jahr Weiterbildung im Fach Psychiatrie und Psychotherapie. Bei Ärzten mit mindestens fünfjähriger praktischer Berufstätigkeit kann dieses Jahr durch den Nachweis entsprechender psychiatrischer Kenntnisse ersetzt werden, die in einem Fachgespräch überprüft werden.

In der dreijährigen berufsbegleitenden Weiterbildung werden „besondere Kenntnisse und Erfahrungen" in der Psychotherapie erworben. Dazu muß der Arzt nachweisen:
- Kenntnisse in den **theoretischen Grundlagen** der Psychotherapie, erworben in Kursen und Seminaren von insgesamt 140 Stunden;
- Erfahrungen in der psychiatrischen **Diagnostik** durch psychiatrische Anamnese und Befunderhebung bei 60 Patienten;
- Erfahrungen in der **Reflexion** der **Arzt-Patient-Beziehung** durch Teilnahme an einer Balint-Gruppe oder verhaltenstherapeutischen Fallbesprechungsgruppe im Umfang von 35 Doppelstunden;

- **Selbsterfahrung** von 150 Stunden Einzelselbsterfahrung oder 70 Doppelstunden Gruppenselbsterfahrung im tiefenpsychologischen Schwerpunkt oder 60 Doppelstunden Gruppenselbsterfahrung im verhaltenstherapeutischen Schwerpunkt;
- eingehende Kenntnisse und Erfahrungen in der **Psychotherapie** im **tiefenpsychologischen Schwerpunkt** durch 10 dokumentierte tiefenpsychologisch-biographische Anamnesen und 3 abgeschlossene, kontinuierlich supervidierte und dokumentierte tiefenpsychologische Einzelbehandlungen von insgesamt 150 Stunden (sowohl Einzeltherapien als auch Behandlungen von Paaren, Familien, Gruppen), im verhaltenstherapeutischen Schwerpunkt durch 10 diagnostische Verhaltensanalysen und 6 abgeschlossene kontinuierlich supervidierte und dokumentierte Behandlungen von insgesamt 150 Stunden (sowohl Einzeltherapie als auch Behandlung von Paaren, Familien und Gruppen);
- Erfahrungen in weiteren **Verfahren,** zum Beispiel in Autogenem Training und einem weiteren wissenschaftlich anerkannten Verfahren.

Diese Anforderungen zum Erwerb der Zusatzbezeichnung „Psychotherapie" qualifizieren den Facharzt, auch psychotherapeutisch neben seinem Spezialgebiet tätig zu werden.

Da jeder niedergelassene Arzt in seinem Gebiet tätig sein muß, kann die Zusatzbezeichnung Psychotherapie nicht mehr wie früher als „Facharztersatz" zur Ausübung einer psychotherapeutischen Fachpraxis benutzt werden. Hierzu ist der Erwerb der Gebietsbezeichnung Facharzt für Psychotherapeutische Medizin erforderlich.

1.3.3
Facharzt für Psychotherapeutische Medizin

In der Weiterbildungsverordnung (Ärztetag 1992) ist die Psychotherapeutische Medizin folgendermaßen definiert:

> **Definition**
>
> „Die **Psychotherapeutische Medizin** umfaßt die Erkennung, psychotherapeutische Behandlung, die Prävention und Rehabilitation von Krankheiten und Leidenszuständen, an deren Verursachung, deren subjektiver Verarbeitung psychosoziale Faktoren und/oder körperlich-seelische Wechselwirkungen maßgeblich beteiligt sind."

Der Aufgabenschwerpunkt liegt in der psychotherapeutischen Behandlung der zahlreichen psychosomatischen Krankheiten und Leidenszustände, der funktionellen Syndrome, der Neurosen und Persönlichkeitsstörungen, aber auch der somatopsychischen Erkrankungen und der psychischen Krankheitsverarbeitungsprozesse. Die Psychotherapeutische Medizin ist Psychosomatische Medizin im spezialistischen Sinn.

In den letzten Jahren ist im Hinblick auf die Überlegungen zur Weiterentwicklung der Gebietsbezeichnung der Vorschlag unterbreitet worden, den Facharzt folgerichtig umzubenennen in „Facharzt für Psychosomatische Medizin und Psychotherapie" oder in „Facharzt für Psychosomatik und Psychotherapie". Diese Bezeichnung macht den psychosomatischen Schwerpunkt des Facharztes deutlich.

Zur mindestens fünfjährigen Weiterbildung gehören ein Jahr Innere Medizin und ein Jahr Psychiatrie und Psychotherapie, soweit für die Diagnostik und Behandlung psychosomatischer Krankheiten erforderlich. Im Kernbereich der Weiterbildung, im Gebiet der Psychotherapeutischen Medizin, muß der Arzt 3 Jahre hauptberuflich und ganztägig tätig sein, davon 2 Jahre im Stationsdienst.

In der Weiterbildungsordnung und den Weiterbildungsrichtlinien werden folgende Inhalte festgelegt (vgl. ausführlich bei Janssen und Hoffmann 1994):

- Eingehende Kenntnisse in den **theoretischen Grundlagen:** vermittelt in 240 Stunden Seminaren, Kursen und Praktika, in den naturwissenschaftlichen, psychologischen, psychoanalytischen, lernpsychologischen, sozialwissenschaftlichen Grundlagen, einschließlich der psychiatrischen Nosologie und Klassifikation.
- Eingehende Kenntnisse, Erfahrungen und Fertigkeiten in der **Diagnostik** und **Differentialdiagnostik:** differenziert in psychoanalytisch begründeter oder verhaltenstherapeutischer Diagnostik. Es sind 60 psychoanalytisch begründete Erstuntersuchungen oder Verhaltensanalysen unter Supervision nachzuweisen. Der Gebietsarzt soll auch in der Lage sein, die differentielle Indikation für verschiedene Psychotherapien zu stellen und dabei auch die psychiatrischen und somatischen Befunde zu bewerten. Zu den Anforderungen in der Diagnostik können auch die zu erwerbenden Erfahrungen im psychosomatischen Konsiliar- und Liaisondienst sowie in der psychosomatischen Begutachtung gerechnet werden.
- Selbständig und eigenverantwortlich durchgeführte **Psychotherapie,** entweder **tiefenpsychologische Psychotherapien** oder **Verhaltenstherapien:** Dazu gehören im tiefenpsychologischen beziehungsweise im verhaltenstherapeutischen Schwerpunkt die Durchführung von 1500 dokumentierten Behandlungsstunden und 300 Supervisionsstunden, nachzuweisen an insgesamt 40 Patienten mit einem Schwerpunkt bei psychosomatisch Erkrankten (20 von 40). Dabei sollen jeweils Einzel-, Gruppen-, Paar- und Familientherapien sowie Kurzzeit- und Langzeitverfahren durchgeführt werden. In der jeweils anderen Grundorientierung sollen ein Fallseminar mit 50 Doppelstunden oder Kotherapien von 80 Stunden abgeleistet werden. In dieser Vorschrift ist der Grundstein gelegt für die Überwindung der bisherigen, in der Psychotherapie etablierten Schulen (psychoanalytische und kognitiv-bahaviorale) in Richtung auf eine patientenorientierte Indikation für das jeweilige Verfahren, aber auch für eine Kombination von psychoanalytischen und verhaltenstherapeutischen Methoden bei bestimmten Patientengruppen. Über diesen Behandlungsschwerpunkt hinaus erwirbt der Arzt eingehende Kenntnisse, Erfahrungen und Fertigkeiten in den suggestiven und entspannenden Verfahren (Autogenes Training und progressive Muskelentspannung oder konzentrative Entspannung), in der supportiven Psychotherapie und der Notfallpsychotherapie und in weiteren erlebnisorientierten und averbalen Verfahren.
- **Einzel-** und **Gruppenselbsterfahrungen** sowie **Balint-Gruppe:** Im tiefenpsychologischen Schwerpunkt sind 150 Stunden Einzelselbsterfahrung und 70 Doppelstunden Gruppenselbsterfahrung erforderlich sowie 50 Doppelstunden Balint-Gruppen. Im kognitiv-behavioralen Schwerpunkt sind 70 Doppelstunden Einzelselbsterfahrung und Erfahrungen in der Gruppe erforderlich sowie 50 Doppelstunden interaktionsbezogene Fallarbeit anstelle von Balint-Gruppenarbeit.

Mit Einführung des Gebietsarztes für Psychotherapeutische Medizin trat anstelle der ausschließlich berufsbegleitenden Weiterbildung für Psychotherapie oder Psychoanalyse die klinische Vollzeitweiterbildung in den Kliniken für Psychosomatik und Psychotherapeutische Medizin. Erst in den kommenden Jahren wird wohl erkannt werden können, daß die hohen Anforderungen an die Qualifikation des Gebietsarztes die psychotherapeutische Krankenversorgung qualitativ verbessert hat.

1.3.4
Zusatzbezeichnung „Psychoanalyse"

Die berufsbegleitende Weiterbildung zur Psychoanalyse ist mit der neuen Weiterbildungsordnung kein Facharztäquivalent mehr wie bisher. Sie dient zur Einübung der Psycho-Fachärzte, zum Beispiel des Facharztes für Psychiatrie und Psychotherapie und des Facharztes für Psychotherapeutische Medizin in eine spezielle Behandlungskompetenz, der analytischen Psychotherapie.

Voraussetzung für den Erwerb der Zusatzbezeichnung „Psychoanalyse" ist wie bei der Zusatzbezeichnung „Psychotherapie" eine zweijährige klinische Tätigkeit, davon ein Jahr Weiterbildung im Fach der Psychiatrie und Psychotherapie. Die Weiterbildung erfolgt über fünf Jahre berufsbegleitend. Sie umfaßt:

- Eingehende Kenntnisse in der **psychoanalytischen Theorie** durch Kurse und Seminare von 240 Stunden.
- Erfahrungen in der **psychiatrischen Diagnostik** (wie in der Zusatzbezeichnung Psychotherapie).
- Erfahrungen in der **psychoanalytischen Diagnostik** mittels Durchführung von 20 kontinuierlich supervidierten dokumentierten psychoanalytischen Erstinterviews.
- Erfahrungen in der **analytischen Psychotherapie:** Insgesamt sollen 600 kontinuierlich supervidierte und dokumentierte Behandlungsstunden, davon zwei psychoanalytische Behandlungen von je 250 Stunden durchgeführt werden.

Die psychoanalytische Kurz-, Fokal-, Paar-, Familien und Gruppentherapie wird zwar erwähnt, es werden jedoch keine Vorschriften hinsichtlich der Behandlungsstunden genannt.

- **Psychoanalytische Selbsterfahrung** in Form einer Lehranalyse von 250 Stunden kontinuierlich weiterbildungsbegleitend mit 3 Einzelsitzungen pro Woche.

Der Erwerb der Zusatzbezeichnung „Psychoanalyse" läßt sich nach diesem Konzept ohne Probleme in eine berufsbegleitende Weiterbildung zu einem der oben genannten Gebietsärzten mit tiefenpsychologisch-psychotherapeutischem Schwerpunkt integrieren (Janssen 1995).

1.3.5
Weiterbildungsstätten

Die Weiterbildungs- und Fortbildungsstätten der psychosomatischen Grundversorgung, der Zusatzbezeichnungen und der Gebietsbezeichnungen sind nach einer traditionsreichen Entwicklung in der BRD verschieden. Die Weiterbilder sind jedoch häufig identisch, da sie sowohl zur psychosomatischen Grundversorgung, zu den Zusatzbezeichnungen wie auch zum Gebietsarzt für Psychotherapeutische Medizin weiterbilden. Dies entspricht der Grundidee des **Drei-Ebenen-Modells** der psychosomatisch-psychotherapeutischen Versorgung.

Weiterbildung in psychosomatischer Grundversorgung

Die psychosomatische Grundversorgung wird nach den Psychotherapie-Richtlinien und -Vereinbarungen und nach der Weiterbildungsordnung im wesentlichen durch eine kontinuierliche Fortbildung oder durch Blockveranstaltungen vermittelt. Fast in allen Landesärztekammern und Kassenärztlichen Vereinigungen der BRD gibt es Gruppen von psychosomatisch und psychotherapeutisch tätigen Ärzten und Diplompsychologen, die in psychosomatischer Grundversorgung die erforderlichen Inhalte vermitteln. Einzelheiten sind bei den jeweiligen Landesärztekammern beziehungsweise Kassenärztlichen Vereinigungen zu erfragen.

Weiterbildung zur Zusatzbezeichnung „Psychotherapie" und „Psychoanalyse"

Die Zusatzbezeichnungen „Psychotherapie" und „Psychoanalyse" werden überwiegend berufsbegleitend vermittelt. In jeder Ärztekammer gibt es befugte Ärzte und Ärztinnen, die Inhalte der Zusatzbezeichnungen vermitteln können. Auch haben sich Weiterbildungskreise von befugten Ärzten gebildet, die Inhalte der Zusatzbezeichnung vermitteln.

Nach wie vor werden die Zusatzbezeichnungen jedoch auch an den örtlich anerkannten Ausbildungsstätten für Psychologische Psychotherapeuten von befugten Ärzten in Verbindung mit der Ausbildung von Psychologischen Psychotherapeuten vermittelt.

Jede Landesärztekammer verfügt über ein Verzeichnis von befugten Ärzten und Ärztinnen, das dort angefordert werden kann.

Weiterbildung zum Gebietsarzt für Psychotherapeutische Medizin

Der Gebietsarzt für Psychotherapeutische Medizin wird überwiegend an Kliniken weitergebildet. Nach der Weiterbildungsordnung kann die Weiterbildung von zwei Jahren bei einem befugten Arzt anerkannt werden. Zwei Jahre der insgesamt dreijährigen Weiterbildung in der Psychotherapeutischen Medizin müssen in einer Klinik für Psychosomatik und Psychotherapeutische Medizin bei einem befugten Arzt abgeleistet werden. Ein Jahr kann bei einem befugten niedergelassenen Arzt abgeleistet werden. Darüber hinaus ist zu empfehlen, daß ein Jahr Innere Medizin und ein Jahr Psychiatrie und Psychotherapie in einer Klinik im Kerngebiet des jeweiligen Faches erbracht werden. Es ist für den Gebietsarzt für Psychotherapeutische Medizin unverzichtbar, daß er hinreichende somatische und psychiatrische Erkenntnisse hat.

Im Hinblick auf die Beschlüsse des Deutschen Ärztetages aus dem Jahre 1999 zur Basisweiterbildung für manche Gebiete in der Weiterbildungsordnung ist eine Diskussion um die Basisweiterbildung in der „Psycho-Fächern" entstanden. Überlegungen zu einer gemeinsamen Basisweiterbildung für den Facharzt für Psychotherapeutische Medizin, den Facharzt für Psychiatrie und Psychotherapie und den Facharzt für Kinder- und Jugendpsychiatrie/-psychotherapie sind hochaktuell.

Auch haben sich Kooperationsmodelle entwickelt zwischen Kliniken und niedergelassenen Ärzten sowie zwischen Kliniken und Weiterbildungsinstitutionen zur berufsbegleitenden, zum Beispiel psychoanalytischen und verhaltenstherapeutischen Weiterbildung, die das gesamte Curriculum sicherstellen.

Literatur

Faber FR, Haarstrick R. Kommentar Psychotherapie-Richtlinien. 3. Aufl. Neckarsulm: Jungjohann 1994.

Janssen PL. Zur Einführung der Gebietsbezeichnung „Psychosomatische Medizin und Psychotherapie" aus Sicht der psychosomatisch. psychotherapeutischen Versorgung der Bevölkerung. Spektrum 1984; 14: 62–70.

Janssen PL. Von der Zusatzbezeichnung „Psychotherapie" zur Gebietsbezeichnung „Psychotherapeutische Medizin". Psychosom Med 1993a; 39: 95–117.

Janssen PL. Psychosomatische Grundversorgung in Deutschland. Zur Geschichte in den westlichen Ländern. Psycho 1993b; 19: 543–50.

Janssen PL. Psychotherapeutische Medizin und Psychoanalyse. In: Psychoanalyse im Wandel der Zeit. Bell K, Höhfeld K (Hrsg). Gießen: Edition Psychosozial 1995; 108–24.

Janssen PL, Hoffmann SO. Das Profil des Facharztes für psychotherapeutische Medizin. Psychotherapeut 1994; 39: 195–201.

Qualitätssicherung in der Psychotherapeutischen Medizin

Holger Schulz und Uwe Koch

1.4.1
Definition und Zielsetzungen von Qualitätssicherung in der Medizin

Mit dem Inkrafttreten des **Gesundheitsreformgesetzes (GRG)** 1989 wurde die rechtliche Basis für eine seit dieser Zeit zu beobachtende Intensivierung von Maßnahmen der Qualitätssicherung im Gesundheitswesen der Bundesrepublik Deutschland geschaffen. Gewachsenes Qualitätsbewußtsein bei den Leistungsträgern, den Leistungserbringern und den Nutzern einerseits und die mit den knapper werdenden Ressourcen verbundenen Sparzwänge andererseits sind zentrale Motive dieser Entwicklung. In den im Januar 2000 in Kraft getretenen Veränderungen im Sozialgesetzbuch V, §135a, Absatz (1) wird wie folgt vom Gesetzgeber festgeschrieben: „Die Leistungserbringer sind zur Sicherung und Weiterentwicklung der von ihnen erbrachten Leistungen verpflichtet. Die Leistungen müssen dem jeweiligen Stand der wissenschaftlichen Erkenntnisse entsprechen und in der fachlichen gebotenen Qualität erbracht werden." In Absatz (2) verpflichtet das Gesetz Vertragsärzte, zugelassene Krankenhäuser und Erbringer von Vorsorgeleistungen und Rehabilitationsmaßnahmen sich an einrichtungsübergreifenden (externen) Maßnahmen der Qualitätssicherung zu beteiligen. Darüber hinaus sind die genannten Einrichtungen verpflichtet, einrichtungsintern ein Qualitätsmanagement einzuführen und weiterzuentwickeln.

Qualitätssicherungsmaßnahmen sind in einzelnen Feldern der Medizin, so zum Beispiel in bestimmten Bereichen der Chirurgie, bereits seit längerer Zeit als Routine gut etabliert, im Bereich der Psychotherapeutischen und Psychosomatischen Medizin finden sich jedoch erst in jüngerer Zeit systematische Ansätze. Gerade aber bei diesen in starker Expansion befindlichen Disziplinen erscheinen solche Maßnahmen im besonderen Maße notwendig. So kann die Bereitschaft zur Etablierung von Qualitätssicherungsmaßnahmen als berufsethische Verpflichtung verstanden werden, sich einer den Bedürfnissen der Patienten angemesseneren Versorgung anzunähern. Gleichzeitig stellen sie eine aus unserer Sicht angemessene Strategie dar, eine noch breitere Akzeptanz in der Bevölkerung, bei den anderen professionellen Gruppen im Gesundheitswesen, bei den Leistungsträgern und in der Gesundheitspolitik zu erreichen.

Vier Begriffe sind in diesem Zusammenhang von Bedeutung:

- Qualität
- Qualitätskontrolle
- Qualitätssicherung
- Qualitätsmanagement

Qualität als Zielgröße im Gesundheitswesen läßt sich nach der ISO-Norm 8402 beziehungsweise 9004-2 als die „Gesamtheit von Eigenschaften und Merkmalen ... einer Dienstleistung, die sich auf deren Eignung zur Erfüllung festgelegter oder vorausgesetzter Erfordernisse beziehen" definieren (Europäisches Komitee für Normung 1995, S. 9).

Qualitätskontrollen sind primär auf das Ergebnis bezogene, meist durch externe Instanzen durchgeführte Überprüfungen der gesundheitlichen Angebote unter Zugrundelegung von akzeptierten Qualitätsstandards.

Der Begriff **Qualitätssicherung** versteht sich dagegen umfassender, indem er durch die Etablierung von Standards und Kontrollen im Erbringungsprozeß und über kontinuierliche Rückmeldungsprozesse eine Optimierung der angebotenen Leistungen anstrebt. Für diesen Organisations- und Steuerungsprozeß wird auch der Begriff Qualitätsmanagement verwendet.

Diesen Definitionen zufolge ist es ein Mißverständnis, unter Qualitätssicherung ausschließlich Qualitätskontrolle zu verstehen, wie es unseres Erachtens auch ein Mißverständnis ist, anzunehmen, Qualitätssicherung sei ohne Kontrollprozesse denkbar, wobei dann in diesem Zusammenhang die Fragen nach dem Ort der Kontrolle, den damit verbundenen Sanktionen und der Art der Rückmeldung relevant sind.

Die Analyse der Programme aktueller wissenschaftlicher Tagungen im Bereich der Medizin und so auch im Bereich der Psychotherapie und Psychosomatik weist unverkennbar auf eine inflationäre Verwendung des Begriffes Qualitätssicherung hin. So ist es sachlich nicht angemessen, große Bereiche der bisherigen Psychotherapieergebnis- und Psychotherapieprozeßforschung jetzt unter dem vermeintlich werbewirksamen Begriff Qualitätssicherung zu subsumieren oder gar die Einführung von Psychotherapie in der Medizin als Qualitätssicherungsmaßnahme per se zu deklarieren. In letzterem klingt der für die psychosoziale Medizin bisher ohnehin wenig hilfreiche Anspruch an, für eine „bessere Medizin" (in Abhebung zu der sog. Organmedizin) zu stehen, und man reduziert so gleichzeitig die Qualitätsbetrachtung auf ausschließlich psychosoziale Kriterien. Qualitätssicherung ist schon deshalb nicht mit Psychotherapieforschung gleichzusetzen, da sie primär auf die Implementierung von Routinemaßnahmen zur Prüfung und Verbesserung von gesundheitlichen Dienstleistungen zielt. Allenfalls gibt es also eine Schnittmenge in bestimmten Feldern zwischen Psychotherapie- und Qualitätssicherungsforschung. Im Sinne einer Evaluation von Qualitätssicherungsmaßnahmen kann dann sowohl unter Prozeß- wie Ergebnisgesichtspunkten Forschung auch wesentlich zur Qualitätssicherung beitragen.

1.4.2
Dimensionen der Qualitätssicherung in der Psychotherapeutischen Medizin

Die Psychotherapeutische Medizin beinhaltet ein sehr breites Handlungs- und Aufgabenspektrum. Grundsätzlich stellt sich die Forderung nach Implementierung von Qualitätssicherungsmaßnahmen für alle nachfolgend genannten Versorgungsbereiche:

- psychosomatische Grundversorgung
- Psychotherapie durch niedergelassene Psychotherapeuten; dies umfaßt einerseits Ärzte mit Facharztweiterbildung für Psychotherapeutische Medizin beziehungsweise Psychiatrie und Psychotherapie sowie Zusatztiteln Psychotherapie oder Psychoanalyse, andererseits Psychologen mit unterschiedlichen Weiterbildungsgängen, die im Delegations- und Erstattungsverfahren arbeiten
- psychosomatische/psychotherapeutische Ambulanzen
- Liaison- und Konsiliardienste
- psychosomatische/psychotherapeutische Abteilungen und Kliniken, wie auch psychotherapeutisch arbeitende psychiatrische Abteilungen und Kliniken der Regel-/Akutversorgung;
- psychosomatische Rehabilitationskliniken

Unter Bezugnahme auf die inzwischen als klassisch zu bezeichnende Differenzierung nach Donabedian (1966; 1978) wird nach **Struktur-, Prozeß-** und **Ergebnisqualität** unterschieden. Die sich aus diesen drei Dimensionen ergebenden Anforderungen beziehungsweise Prüfkriterien einer Qualitätssicherung werden nachfolgend ausführlicher beschrieben. Vorab sei im Hinblick auf die genannten unterschiedlichen Handlungsfelder der Psychotherapeutischen Medizin darauf hingewiesen, daß sich hier die Aufgaben, Prioritäten und Möglichkeiten der Qualitätssicherung erheblich unterscheiden. Die weitestgehenden Forderungen und Realisationsmöglichkeiten ergeben sich naturgemäß im komplexesten Handlungsfeld – der stationären Psychotherapie. Hierauf lassen sich die nachfolgenden Kriterien und Verfahren am ehesten anwenden (vgl. auch Selbmann 1990).

Strukturqualität

Im Hinblick auf Systeme, Teilsysteme oder größere Institutionen in der Gesundheitsversorgung bezieht sich die Strukturqualität unter anderem neben den finanziellen Rahmenbedingungen auf die Prüfung von Ausgangsvoraussetzungen wie:

- personelle Bedingungen
- räumliche Voraussetzungen
- medizinisch-technische Ausstattung

Zur Beurteilung der **personellen Bedingungen** in einer Einrichtung der stationären Psychotherapie ist nicht nur nach dem Personalschlüssel, sondern auch nach der interprofessionellen Zusammensetzung, dem Qualifikationsgrad und der Berufserfahrung zu fragen.

Die Prüfung der **räumlichen Voraussetzungen** bezieht sich zum einen auf die Unterbringung der Patienten in angemessen ausgestatteten Einzel- oder Doppelzimmern, zum anderen auch auf die Größe, die Lage und die Gestaltung von Therapie-, Gruppen- und Aufenthaltsräumen sowie die Möglichkeit, die Partner der Patienten in der Klinik selbst oder in der näheren Umgebung angemessen unterzubringen. Als weitere, zum Teil komplexer zu erfassende Prüfkriterien für die Qualität der räumlichen Ausstattung einer Klinik können Merkmale wie ökologische und Kommunikationsprozesse fördernde Gestaltung, Behindertengerechtheit und störungsspezifische Funktionalität herangezogen werden.

Hinsichtlich der **medizinisch-technischen Ausstattung** ist der Anspruch an eine stationäre Einrichtung für Psychotherapie und Psychosomatik gemessen an den Erfordernissen an einer internistischen oder chirurgischen Klinik deutlich geringer anzusetzen. Dennoch stellen sich Fragen nach der Verfügbarkeit geeigneter diagnostischer Geräte zum einen für eine allgemeinmedizinische Diagnostik, zum anderen für differentialdiagnostische Zwecke sowie unter Umständen für psychophysiologische, neuropsychologische und psychoimmunologische Diagnostik. Weiterhin sind die die psychologischen Interventionen unterstützenden technischen Hilfen sowie die Ausstattung der anderen, in diesen Kliniken nicht psychotherapeutisch tätigen Berufsgruppen mit technikgebundenen Arbeitsmöglichkeiten, wie zum Beispiel ergotherapeutischen, physikalischen oder bewegungstherapeutischen, in die Analyse einzubeziehen. Letztlich ist auch die Ausrüstung mit elektronischer Datenverarbeitung, hier sowohl die Hardware wie auch die eventuell vorhandenen spezifischen Programmsysteme, zu prüfen. Dieses kann die Verwaltungs- und Abrechnungsdaten ebenso wie Patientenbasis- und Behandlungsprozeßdokumentation im Sinne eines kontinuierlichen Monitorings umfassen.

Ein Instrumentarium, das im Bereich der stationären Psychotherapie zentrale Aspekte der Strukturqualität systematisch erfragt, wurde im Rahmen des Qualitätssicherungsprogramms der gesetzlichen Rentenversicherung in der medizinischen Rehabilitation entwickelt (Verband Deutscher Rentenversicherungsträger 2000).

Prozeßqualität

Prozeßqualität im Rahmen der Psychotherapeutischen Medizin bezieht sich auf die Beschreibung und Bewertung
- der quantitativen und qualitativen Gestaltung des diagnostischen und therapeutischen wie auch der (sekundär/tertiär) präventiven und nachsorgenden Angebote,
- der Gestaltung organisatorischer Abläufe, institutionsinterner und auch übergreifender Kommunikationsprozesse sowie von (Selbst-)Kontrollsystemen.

Einige uns besonders wichtig erscheinende Qualitätsansprüche an die **Diagnostik**, die **Therapie** und die **Nachsorge** werden in diesem Abschnitt, die weiteren Aspekte im Abschnitt „Maßnahmen der Qualitätssicherung" (S. 23ff) behandelt.

Qualitätsanforderungen an die Diagnostik

Ist die Diagnostik Gegenstand einer Qualitätsbeurteilung, so ist zunächst zu prüfen, ob in den für die Behandlungsschwerpunkte relevanten Bereichen überhaupt systematische diagnostische Prozeduren (medizinische wie psychologische) im Sinne einer Eingangsdiagnostik etabliert sind. Hierunter wären zum Beispiel auch Voruntersuchungen vor Aufnahme in stationäre Einrichtungen, Verlaufs- und Abschlußdiagnostik sowie Routine-Katamnese zu subsumieren.

Spezieller ist zu fragen, wieweit die eingesetzten **diagnostischen Verfahren indikationsbezogen** sind, einen Beitrag zur differentiellen Indikationsstellung leisten und mögliche Kontraindikationen abprüfen. Dies setzt die Nutzung vorhandener – wissenschaftlich hinsichtlich Objektivität, Reliabiliät und Validität geprüfter und nach Möglichkeit an klinischen Gruppen normierter – Verfahren voraus und erfordert unter Umständen ergänzend das Vorhandensein von auf die spezifischen Problemlagen der behandelten Patienten zugeschnittenen Eigenentwicklungen.

Ein weiteres Prüfkriterium für die Güte der durchgeführten diagnostischen Maßnahmen stellt der Grad der **Nutzung weiterer**, nicht direkt beim Patienten erhebbarer **Informationsquellen** dar. Dazu gehört vor allem die Verwendung von Informationen des Lebenspartners sowie anderer relevanter Bezugspersonen, unter Umständen auch des Arbeitgebers, die im persönlichen Kontakt oder in schriftlicher Form erhoben werden können.

Neben den genannten Gütekriterien sind auch die Aspekte Ökonomie und Ökologie zu berücksichtigen. **Ökonomie** schließt die Nutzung von Vorbefunden ebenso wie die Verwendung EDV-gestützter Verfahren ein. Wesentliche Aspekte der **Ökologie** eines diagnostischen Verfahrens sind Verständlichkeit und konzeptuelle Vereinbarkeit mit der psychotherapeutischen Zielsetzung, wodurch eine geringere Reaktanz und eine höhere Compliance auf Seiten der Patienten (und der Nutzer) erreicht werden kann.

Vor allem bei den im Bereich der Psychosomatik von unterschiedlichen Berufsgruppen erbrachten diagnostischen Beiträgen stellt sich die Frage, ob und wie die **Integration** der **verschiedenen Befunde** geleistet wird. Dies ist nicht nur im Sinne einer effizienten und ökonomischen Gestaltung der Diagnostik ein Erfordernis, sondern ist als ein Prüfkriterium für **interdisziplinäre Zusammenarbeit** anzusehen. Hierfür ist zum Beispiel die Durchführung von regelmäßigen Fallkonferenzen unter Beteiligung von Vertretern verschiedener Fachrichtungen (Ärzte, Psychologen und Sozialarbeiter, aber auch Beobachtungen von Pflegekräften, Ergotherapeuten, Bewegungstherapeuten etc.) ein Kennwert. Ferner ist zu fragen, inwieweit eine Einrichtung die diagnostischen Informationen tatsächlich als Mittel der individuellen **Therapieplanung** und **-steuerung** nutzt.

Unter dem Aspekt „Berichtswesen" lassen sich weitere sehr heterogene, für die Diagnostik relevante Prüfkriterien formulieren: Zu nennen sind hier unter anderem der Implementationsgrad von einerseits einfach durchzuführenden und andererseits hinreichend differenzierten Dokumentationssystemen, die Gestaltung von Abschlußberichten und die Regelung der Rückmeldeprozesse an relevante Personen unter Berücksichtigung von Gesichtspunkten des Datenschutzes, aber auch der – für den Bereich der Psychotherapeutischen Medizin besonders relevanten wie schwierigen – Einschätzung möglicher negativer Folgen der Weitergabe vertraulicher Informationen an Dritte (Vertrauensschutz).

Qualitätsanforderungen an das therapeutische Angebot

Hinsichtlich des **therapeutischen Angebotes** können zunächst einige institutionsübergreifende Fragen gestellt werden, so zum Beispiel die nach dem Vorhandensein einer therapeutischen Gesamtkonzeption, die sich auf von den Fachgesellschaften der psychosozialen Medizin anerkannte psychotherapeutische Konzepte berufen kann. Notwendig ist auch eine Kenntnis der von der Einrichtung schwerpunktmäßig vertretenen **psychotherapeutischen Ausrichtung**; dies zumindest bei den akzeptierten Therapierichtungen (wie Psychoanalyse und Verhaltenstherapie) nicht primär unter wertenden, sondern unter eher deskriptiven Aspekten. Solche Informationen sind vor allem für die Instanzen, die im Sinne einer differentiellen Indikation den Zuweisungsprozeß steuern, bedeutsam (z. B. medizinische Dienste der Krankenkassen, zuweisende niedergelassene Allgemein- und Fachärzte sowie Fachambulanzen).

Beim heutigen Stand der Entwicklung der Psychotherapeutischen Medizin kann davon ausgegangen werden, daß eine einzige Einrichtung nicht das gesamte Spektrum der psychotherapeutisch grundsätzlich behandlungsfähigen Störungen mit der erforderlichen Qualität abdecken kann. Insofern kann auch das Vorhandensein eines spezifischen Profils im Sinne einer **indikativen** oder **methodischen Schwerpunktsetzung** als ein Qualitätsmerkmal gewertet werden. Gemeint ist hiermit, ob es der Einrichtung gelungen ist, sich in bestimmten Indikationsbereichen oder hinsichtlich bestimmter psychotherapeutischer Verfahren durch besonders stringente und in der Effizienz wissenschaftlich belegte Maßnahmen auszuzeichnen oder von anderen Einrichtungen nicht angebotene Leistungen, zum Beispiel für Patienten mit besonders schwierigen oder seltenen Störungsbildern, anzubieten.

Bezogen auf einzelne (spezifische) Indikationen, die Behandlungsschwerpunkte der Klinik darstellen, sind differenzierte und „abrufbare" Konzepte über therapeutische Ziele und Vorgehensweisen zu fordern. Im Strukturierungs- und Formalisierungsgrad sind dabei Unterschiede je nach psychotherapeutischer Ausrichtung zu erwarten. Im Zusammenhang mit solchen Behandlungsplänen sind bei größeren Einrichtungen der Psychotherapeutischen Medizin, bei denen unterschiedliche Professionen in den Therapieprozeß mit einbezogen sind, Abstimmungsprozesse über Aufgaben, Rollen und Gewichtungen der Beiträge der einzelnen Therapeuten notwendig (s. auch S. 23 ff, „Maßnahmen der Qualitätssicherung").

Bezogen auf den einzelnen Patienten ist ein individuell zugeschnittener Behandlungsplan zu fordern, der die für die einzelnen Indikationen vorliegenden Konzeptionen mit den individuellen Problemlagen und Möglichkeiten des Patienten in Einklang bringt und außerdem die indizierten Interventionsangebote für den einzelnen Patienten in eine sinnvoll aufeinander aufbauende Abfolge bringt. Ein solcher individueller Behandlungsplan muß neben den therapeutischen Angeboten auch sekundär und tertiär präventive sowie Nachsorgeaspekte berücksichtigen und ist mit Hilfe der Prozeßdiagnostik an den jeweiligen Stand des Behandlungsfortschritts des Patienten anzupassen. Auch bezogen auf den Einzelfall stellt sich die Erfordernis einer interprofessionellen Abstimmung der verschiedenen beteiligten Therapeuten: Die Einführung eines Bezugstherapeuten, das heißt eines für den jeweiligen Patienten kontinuierlich für alle therapeutischen Planungen und Abläufe zuständigen Ansprechpartners, gilt inzwischen als eine effektive Strategie, Orientierungsproblemen des Patienten in Anbetracht der therapeutischen Vielfalt entgegenzuwirken.

Bezogen auf die jeweiligen Interventionsangebote ist von den Einrichtungen zu fordern, daß sie unterschiedliche Interventionsformen in hinreichender Vielfalt und einer den Problemlagen angemessenen Behandlungsdichte anbieten. Dieses kann von Einzel- und Gruppenpsychotherapie, unter Umständen auch einzelne paartherapeutische Sitzungen, über gesundheitsfördernde und sekundär beziehungsweise tertiär präventive Maßnahmen bis hin zur Sozio-, Ergo- und physikalischen Therapie wie auch Beratung in aktiver Freizeitgestaltung reichen. Dabei ist auch zu berücksichtigen, daß gerade in der Psychotherapeutischen Medizin, und hier vor allem im stationären Setting, ein erheblicher Teil der Patienten nur im begrenzten Maße in psychologischen Faktoren die Hauptursachen der gegenwärtigen Probleme und Gesundheitsstörungen sieht und deshalb auch nicht primär zur Inanspruchnahme psychotherapeutischer Unterstützung motiviert ist. Insofern ist

unter Qualitätssicherungsaspekten auch zu prüfen, inwieweit die Einrichtungen für diese Teilgruppen speziell auf die Motivierung zielende Maßnahmen anbieten.

Unter therapiedidaktischen Gesichtspunkten wäre zu fragen, inwieweit geeignete Arbeitsmittel, wie zum Beispiel Behandlungsmanuale, Videofeedback oder angemessene beschäftigungstherapeutische Medien, unterstützend eingesetzt werden.

Wie bei der Diagnostik ist auch für die therapeutischen Angebote eine Dokumentation der therapeutischen Maßnahmen notwendig – dies nicht nur für den abschließenden Behandlungsbericht, sondern auch als Mittel der Weitergabe behandlungsrelevanter Informationen an andere mitbehandelnde Therapeuten.

Auf die für die Qualitätssicherung des therapeutischen Angebotes besonders wichtigen Selbststeuerungsmöglichkeiten einer psychotherapeutischen Einrichtung, wie Supervision und Fortbildung, wird im Abschnitt „Maßnahmen der Qualitätssicherung" (S. 23 ff) eingegangen.

Ein qualitätsrelevanter Gesichtspunkt für stationäre Einrichtungen der Psychotherapeutischen Medizin ist weiterhin eine verbindliche Regelung über die Verordnung von Medikamenten sowie eine transparente und praktikable Regelung von Ausgabe und Kontrolle verordneter Mittel. Schließlich ist Vorsorge zu treffen, daß in Zeiten außerhalb des normalen Dienstbetriebes ein Krisenangebot bereitgehalten wird (z.B. in Form einer Rufbereitschaft an Wochenenden) oder eine Vereinbarung mit einer psychiatrischen Notfalleinrichtung der Region, zum Beispiel bei suizidalen Krisen, besteht.

Qualitätsanforderungen an das Nachsorgeangebot

Die Entwicklung und Realisierung eines stringenten und die Kontinuität der Behandlung wahrenden Nachsorgekonzeptes ist vor allem für gemeindefern liegende stationäre psychotherapeutische Einrichtungen ein hoch anzusetzendes Qualitätsmerkmal. Eher in Ausnahmefällen kann nach einem stationären Aufenthalt von einer abgeschlossenen Therapie ausgegangen werden, so daß sich in der Regel die Notwendigkeit einer Fortführung beziehungsweise Stabilisierung der stationär eingeleiteten Maßnahmen durch eine die wohnortnahen Möglichkeiten nutzende Behandlung ergibt (Lamprecht et al. 1999). Bei einem Teil der Patienten mit langen Krankheitskarrieren ohne vorherige Inanspruchnahme psychotherapeutischer Unterstützung ist das Therapieziel oft noch weniger weit gesteckt: Der stationäre Aufenthalt soll hier die Bereitschaft schaffen, eine weiterführende ambulante psychotherapeutische Behandlung in der Nachsorgephase in Anspruch zu nehmen.

Evaluationsstudien in diesem Bereich zeigen, daß die Umsetzung von angemessenen Nachsorgekonzeptionen nur begrenzt gelingt. Basierend auf diesen Erfahrungen lassen sich eine Reihe von Prüffragen stellen. So ist zu fragen, welche Maßnahmen und Strategien während des stationären Aufenthaltes zur Motivierung der Patienten für eine Inanspruch-

nahme von Nachsorgemaßnahmen eingesetzt werden und ob diese geeignet sind, die bestehenden Informationslücken, emotionalen Barrieren und Ängste sowie die sozialen Vorbehalte der Patienten zu überwinden. Da es offensichtlich nicht hinreichend ist, die Nachsorgemaßnahmen erst in der Spätphase der Therapie zu planen und einzuleiten, ist der frühzeitige Beginn dieses Prozesses ebenfalls ein wichtiger Qualitätsindikator für die Nachsorge.

Der für die Planung der Nachsorge verantwortliche Therapeut muß, um zielgerecht planen und bei der Vermittlung von Behandlungsplätzen helfen zu können, grundsätzlich wissen, wie das Arbeitsfeld und die Möglichkeiten der nachsorgenden Instanzen gestaltet sind. Die Regelmäßigkeit, Vollständigkeit und Verständlichkeit der **Weitergabe** von **für die Nachsorge relevanten Informationen** von der stationären Einrichtung an den Nachbehandler ist eine Voraussetzung für eine kontinuierliche Weiterbehandlung.

Da der Anspruch, für und mit den Patienten eine angemessene Nachsorge zu planen, wesentlich leichter zu realisieren ist, wenn der Patient aus dem Einzugsbereich der stationären Einrichtung kommt, kann der Anteil der **Patienten**, der **aus der Region** zugewiesen wird, zumindest indirekt als Kriterium der Strukturqualität gewertet werden.

Ebenfalls zum Teil der Struktur-, zum Teil der Prozeßqualität zuzurechnen sind Maßnahmen der Klinik, die darauf zielen, an den Schnittstellen die **Übergänge** zwischen stationärer und ambulanter Versorgung zu erleichtern. Teilweise handelt es sich dabei um innovative Entwicklungen, die erst in jüngerer Zeit durch veränderte gesetzliche Rahmenbedingungen ermöglicht werden. In der Zukunft ist zu prüfen, inwieweit stationäre Einrichtungen im Übergangsbereich teilstationäre und ambulante Angebote bereithalten oder die Möglichkeiten von Intervalltherapien (Patient wird zwischenzeitlich in das häusliche Umfeld entlassen) nutzen.

des therapeutischen Angebotes zu fragen, sondern es ist auch zu prüfen, mit welcher Zielgenauigkeit die der Maßnahme in besonderem Maße bedürftigen Personen erreicht werden. Insofern stellt die Quote der von der Einrichtung aufgrund einer Eingangsdiagnostik abgelehnten Patienten einen interessanten, wenn auch differenziert zu betrachtenden Kennwert dar. Bei einer sehr geringen **Ablehnungsquote** muß die Frage nach der Zielgenauigkeit beziehungsweise mangelnden Spezifität gestellt werden, bei einer sehr hohen Quote hingegen stellt sich die Frage, ob nicht vorrangig besonders motivierte, eher leichter zu behandelnde Patienten ausgewählt werden.

Im Hinblick auf den hier als Kriterium angeführten Begriff **„Behandlungsbedürftigkeit"** ist allerdings zu unterscheiden, ob es sich um eine von außen (z. B. durch einen psychotherapeutischen Spezialisten oder durch Untersuchungsbefunde) gestützte Einschätzung der **Behandlungsnotwendigkeit** oder um den von den Patienten geäußerten **Behandlungswunsch** handelt. Im zuletzt genannten Falle ist die Ausgangslage der Zielgruppe zu bedenken, da Behandlungsmotivation und Behandlungsnotwendigkeit nicht deckungsgleich sein müssen und bei der Bewertung von Behandlungsergebnissen berücksichtigt werden sollten (vgl. Schulz et al. 1995). So kann eine Einrichtung durchaus erfolgreich sein, wenn es ihr gelingt, Patienten mit einer aus Expertensicht hohen Behandlungsnotwendigkeit, aber geringer initialer Behandlungsmotivation über gezielte Maßnahmen zu einer anderen Sichtweise, zum Beispiel durch Veränderung der Kausal- und Kontrollattribution, und damit zur Inanspruchnahme des psychotherapeutischen Angebotes zu motivieren.

Eine hohe Zahl von **Therapieabbrüchen** ist ein möglicher Qualitätsindikator zur Beurteilung der prognostischen Validität der Aufnahmeprozeduren einer Einrichtung. Dabei ist allerdings zu unterscheiden, ob es sich um Früh- oder Spätabbrecher handelt und wer den Abbruch initiiert hat (Lang et al. 1999).

Ergebnisqualität

Die Ergebnisqualität prüft, inwieweit das Angebot diagnostischer, therapeutischer wie auch der Nachsorgemaßnahmen seine Zielsetzungen erreicht. Dabei sollen die auf unterschiedlichen Ebenen und zu verschiedenen Zeitpunkten erfaßten Kennwerte mit zuvor definierten Kriterien beziehungsweise Standards verglichen werden.

Die Dimensionen der Ergebnisqualität können nach folgenden Gesichtspunkten untergliedert werden:

- Inanspruchnahme/Akzeptanz
- Erfolg
- Kosten- und Nutzenaspekte

Inanspruchnahme/Akzeptanz

Bei der Bewertung der Inanspruchnahme/Akzeptanz ist nicht nur nach der absoluten und relativen Intensität der Nutzung

Erfolg

Der zentrale Aspekt der Ergebnisqualität ist die Beurteilung des Erfolges einer Maßnahme. Hierbei ist zunächst nach der **subjektiven Einschätzung durch den Patienten** zu fragen (Cleary und McNeil 1988). Diese kann sich auf so unterschiedliche Aspekte wie Zufriedenheit mit dem erreichten Ergebnis, mit den angewendeten Maßnahmen oder auch mit den Rahmenbedingungen wie Unterbringung und Verpflegung richten. Sie gilt zwar als ein „weicher" Indikator, was den Erfolgsnachweis einer Behandlung betrifft, und ist als alleiniges Kriterium hierfür unzureichend, stellt aber unseres Erachtens ein unverzichtbares Feedback-Instrument dar, da es das Erleben des Behandlungsablaufes durch den Patienten beschreibt und Veränderungen in Richtung auf eine patientenbezogene Gestaltung der Bedingungen ermöglicht. Es ist unter Umständen auch ein wichtiges Korrektiv für den von den Therapeuten eingeschätzten Behandlungserfolg.

Andere Zugänge zur Beurteilung des Behandlungserfolges stellen **Einschätzungen durch die Therapeuten**, außenstehende Experten, Nachbehandler oder unter Umständen auch wichtige Bezugspersonen der Patienten dar. Dabei stützen sich diese Einschätzungen auf unterschiedliche Datenquellen und diagnostische Verfahren, wie zum Beispiel:

- standardisierte Fragebögen
- verschiedene Interviewtechniken
- medizinische Untersuchungen
- objektive Tests
- psychophysiologische Verfahren

Je nach Zielsetzung der Behandlung und je nach therapeutischer Orientierung sind Veränderungen nachzuweisen

- im Persönlichkeits- und Einstellungsbereich,
- auf der Symptomebene (körperliche wie psychische Beschwerden),
- im Verhalten,
- auf der sozialmedizinischen Ebene (z. B. Wiederherstellung der Arbeitsfähigkeit).

Zur Beurteilung der Ergebnisqualität ist eine **Dokumentation** und **Analyse** möglicher **Nebenwirkungen** (sowohl im Sinne von nicht primär intendierten positiven Veränderungen als auch schädlichen Auswirkungen der Maßnahmen) zu fordern.

Als ein weiteres Gütemerkmal einer Einrichtung kann das Bemühen um den Nachweis nicht nur kurzfristiger, sondern auch langfristiger Effekte der Behandlung über **Routine-Katamnesen** angesehen werden (Nübling et al. 1999; Schulz et al. 1999).

Verhältnis von Kosten und Nutzen

Qualitätskriterien im weiteren Sinne betreffen das Verhältnis von Kosten und Nutzen. Dies bezieht sich unter anderem darauf, ob der eingesetzte zeitliche und personelle Aufwand als sparsam im Vergleich mehrerer potentieller Behandlungsansätze ausfällt oder ob ein (eventuell erheblicher) Mitteleinsatz bezüglich der (eventuell hohen) Behandlungskosten bei der Bedeutung des zu behandelnden Problems zu vertreten ist. Letzteres kann noch dahingehend differenziert werden, daß geprüft wird, inwieweit die vorgenommene Priorisierung zu einer Vernachlässigung anderer behandlungsbedürftiger Patienten führt.

Solche Analysen können zwar in Ansätzen innerhalb einer Einrichtung, aber leichter innerhalb eines Versorgungssystems (bzw. -teilsystems) vorgenommen werden (vgl. Zielke 1999). Es sind oft auch weniger Maßnahmen der Qualitätssicherung im engeren Sinne, sondern eher Fragen, die der Evaluationsforschung zuzurechnen sind.

1.4.3
Strategien der Qualitätssicherung

Während im vorangegangenen Abschnitt im wesentlichen die inhaltlichen Anforderungen an die Qualitätssicherung in den verschiedenen Feldern der Psychotherapeutischen Medizin formuliert wurden, soll nachfolgend darauf eingegangen werden, welche Modelle und Strategien geeignet sind, diesen Anforderungen in einer Institution Gewicht zu verleihen. Dabei wird zunächst nach den verschiedenen Formen der Qualitätssicherung differenziert, bevor einige Instrumente der Qualitätskontrollen und des Qualitätsmanagements beschrieben werden. Abschließend werden einige sozialpsychologische Prozesse, die bei der Implementierung solcher Programme zu bedenken sind, beschrieben.

Modelle der Qualitätssicherung

Die **Implementierung** von **Qualitätssicherungsmaßnahmen** im Dienstleistungsbereich kann als ein mindestens in drei Abstufungen verlaufender Entwicklungsprozeß verstanden werden, der einen längeren Zeitraum erfordert:

- erste Stufe: Qualitätskontrolle
- zweite Stufe: Qualitätsentwicklung
- dritte Stufe: Qualitätskonzeption

Die erste Stufe, die **Qualitätskontrolle**, ist **produktorientiert**. Verbesserungen sollen durch die Anwendung von Prüfkriterien erreicht werden, die auf eine Endkontrolle zielen. Im Bereich der Psychotherapeutischen Medizin heißt dies, daß sich die Aufmerksamkeit auf den am Ende der Behandlung festzustellenden Erfolg, die Abbrüche und die Bewertung nicht intendierter Therapieeffekte richtet.

Auf der zweiten Stufe soll über die Maßnahmen der **Qualitätsentwicklung** nicht nur das Ergebnis, sondern bereits der **Prozeß der Erbringung** einer Dienstleistung durch Vermeidung von Fehlern positiv beeinflußt werden. Durch die Sicherstellung der Einhaltung von Mindeststandards, zum Beispiel in der Psychodiagnostik und Psychotherapie, soll erreicht werden, daß sich das Ergebnis der Behandlung im Rahmen erlaubter Fehlerquoten bewegt.

Die dritte – bisher oft nicht erreichte – Stufe stellt eine **umfassende Qualitätskonzeption** dar (*Total Quality Management*, vgl. Kaltenbach 1993). Sie ist dadurch gekennzeichnet, daß mit einer Vielzahl von Einzelmaßnahmen, die auf den Gesamtprozeß der Leistungserbringung zielen, ein **Qualitätsnachweis** (statt einer Qualitätskontrolle) zu erbringen versucht wird. Dieses soll in einem kontinuierlichen Prozeß, der letztlich das Idealziel „null Fehler" anstrebt, erreicht werden. Der Ansatz versteht sich im hohen Maße als ein **kunden-** beziehungsweise **patientenorientiertes** Vorgehen.

Des weiteren wird bereits auf der Ebene der Gesetzgebung (SGB V, §135a, Absatz 2) jeweils entsprechend des

Orts der die Qualitätssicherung durchführenden Einrichtung nach interner und externer Qualitätssicherung unterschieden. Bei der **externen** Qualitätssicherung bedient sich das Programm externer, nach Möglichkeit unabhängiger Institutionen. Die Analysen zielen auf den Vergleich mit anderen in ähnlichen Versorgungszusammenhängen stehenden Einrichtungen. Bei der **internen** Qualitätssicherung liegt die Zuständigkeit für die einzelnen Qualitätssicherungsaufgaben in den Händen der Zieleinrichtung selbst. Im Rahmen dieses frei gewählten Qualitätsmanagements haben sich im Krankenhausbereich in den letzten Jahren einige Verfahren, die sich bereits in der Wirtschaft bewährt haben, etablieren können. Zu nennen sind hier vor allem die Zertifizierungsverfahren nach DIN EN ISO 9000:2000, das Assessment-Verfahren nach EFQM und das Akkreditierungsverfahren nach KTQ® (vgl. Paeger 1999).

Die **Zertifizierung** bestätigt einer Einrichtung aufgrund eines Prüfprozesses, daß vorgegebene Standards erfüllt sind. Die **DIN-EN-ISO-Reihe**, die von der International Organization for Standardization (ISO) erarbeitet wurde, stellt ein solches Verfahren dar. Sie wurde zunächst für die Industrie und den Dienstleistungssektor erarbeitet und wird seit 1996 auch im Krankenhausbereich eingesetzt. Die zur Anwendung kommenden Normen sind branchenunabhängig formuliert. Im Mittelpunkt der Dokumentation stehen auch bei der Analyse von Krankenhäusern die technischen, zeitlichen und personellen Ablaufprozesse. Im Rahmen sogenannter Audits werden von akkreditierten Agenturen die im Handbuch vorgegebenen Standards auf Konformität mit der Realität überprüft. Bei hinreichender Übereinstimmung wird ein drei Jahre gültiges Zertifikat ausgestellt (Bundesärztekammer 1997; Paeger 1999). Die Zertifizierungsverfahren der DIN-EN-ISO-Reihe sind in ihrer Ausrichtung traditionell primär prozeßorientiert. Die neueste Überarbeitung des Verfahrens, **DIN EN ISO 9000:2000**, nimmt allerdings auch Elemente einer stärkeren Ergebnisbeurteilung auf.

Die Bewertungskriterien des **Assessment-Verfahrens** der European Foundation for Quality Management (**EFQM**) wurden seit 1988 sukzessive mit dazugehörigen Bewertungsverfahren entwickelt und sind ebenfalls bereichsübergreifend für die Industrie und den Dienstleistungssektor formuliert. Die Gesellschaft für Europäisches Qualitätsmanagement im Gesundheitswesen (EQM) übertrug die EFQM-Bewertungskriterien auf das Gesundheitswesen. Das Modell sieht Befähigungs- und Bewertungskriterien vor. Die Befähigungskriterien dienen der Beurteilung der Art und Weise, wie Qualität erzielt wird. Die Ergebniskriterien sollen dabei helfen, die Qualität der Ergebnisse selbst zu bewerten. Die fünf **Befähigungskriterien** beziehen sich auf die folgenden Aspekte:
- Verhalten der Führung
- Unternehmensgrundsätze
- Mitarbeiterorientierung
- Partnerschaften und Ressourcen
- Prozesse als Management aller wertschöpfenden Tätigkeiten

Die vier **Ergebniskriterien** beschäftigen sich mit folgenden Aspekten:
- Kundenergebnisse
- Mitarbeiterergebnisse
- Gesellschaftsergebnisse
- Ergebnisse der Hauptleistungen

Bei sehr guter Erfüllung wird das Prädikat „*Business Excellence*" vergeben. Das Verfahren kann sowohl ausschließlich zur Selbstbewertung wie auch zur Fremdbewertung eingesetzt werden. Im Vergleich zu den traditionellen ISO-Verfahren beinhaltet das EFQM-Verfahren eine höhere Ergebnisorientierung.

Die Spitzenverbände des Krankenhauswesens, Kostenträger und Bundesgesundheitsministerium haben 1997 mit der Entwicklung eines krankenhausspezifischen **Akkreditierungsverfahrens** begonnen, das sich an internationalen Vorbildern orientiert, so unter anderem an der Joint Commission on Accreditation of Healthcare Organizations (USA). Innerhalb des Projektes „Kooperation für Transparenz und Qualität im Krankenhaus (**KTQ®**)" werden auf Grundlage des KTQ®-Kataloges Kliniken in die Lage versetzt, eine Selbstbewertung ihrer Prozeß- und Ergebnisqualität vorzunehmen. Der KTQ®-Katalog umfaßt gegenwärtig sechs Kernelemente:
- Patientenorientierung in der Krankenversorgung
- Sicherstellung der Mitarbeiterorientierung
- Sicherheit im Krankenhaus
- Informationswesen
- Krankenhausführung
- Qualitätsmanagement

Die sich anschließende Fremdbewertung durch die Visitoren mit ärztlicher, pflegerischer und ökonomischer Qualifikation aus Leitungsebenen von Krankenhäusern kann in eine Zertifizierung münden. Das KTQ®-Zertifizierungsverfahren befindet sich noch in einem Entwicklungsprozeß.

Maßnahmen der Qualitätssicherung

Bezüglich der Durchführung von Qualitätssicherung kommen eine Vielzahl von Einzelmaßnahmen in Frage, von denen nachfolgend nur einige exemplarisch angesprochen werden können. Eine Einflußnahme auf Aspekte der Strukturqualität ist dabei für die einzelne Einrichtung nur in begrenztem Umfange möglich, weil die Verantwortung und die Gestaltungsmöglichkeiten in der Regel außerinstitutionell verankert sind. So setzen Verbesserungen, zum Beispiel in der personellen und räumlichen Ausstattung, (finanzielle) Entscheidungen des Trägers beziehungsweise des Kostenträgers voraus. Auch wenn solche Entscheidungen vor allem in Zeiten knapper werdender Ressourcen nicht direkt von den therapeutisch Verantwortlichen getroffen werden können, können diese nicht von der Verpflichtung entbunden werden, die zahlenden Instanzen auf eventuell bestehende strukturbedingte Qualitätsmängel hinzuweisen. Wesentlich größere Gestaltungsmöglichkeiten kommen den Einrichtungen im Rahmen der **Verbesserung der Prozeßqualität** zu (vgl. Tiefensee et al. 1998), indem sie über

- die Verbesserung von Kommunikationsprozessen,
- die Regelung von Verantwortlichkeit und Kooperation sowie
- durch Kompetenzförderung ihrer Mitarbeiter eine kontinuierliche Optimierung ihrer diagnostischen, therapeutischen und Nachsorgeangebote zu erreichen versuchen.

Bezüglich der Gestaltung von **Kommunikationsbedingungen** in Einrichtungen ist zu fordern, daß diese „mehrkanalig" (dies bezieht sich sowohl auf Botschaften über verschiedene Funktionsträger wie auch unterschiedliche Medien) angelegt ist und sowohl formelle wie informelle Wege berücksichtigt. Ebenso wichtig wie die Form der „Kommunikationsveranstaltungen" (z. B. als patientenbezogene oder organisationsbezogene Besprechungen oder als schriftliche Informationen) ist die Prüfung, inwieweit die zu übermittelnden Informationen tatsächlich die Empfänger (sowohl innerhalb als auch außerhalb einer Einrichtung) erreicht haben, ob sie von ihnen akzeptiert und wie sie umgesetzt werden. Dies setzt geregelte **Feedbackprozesse** voraus.

Für die **Regelung** von **Verantwortlichkeit** und **Kooperation** zwischen den Therapeuten der gleichen wie auch der verschiedenen Berufsgruppen lassen sich einige Leitprinzipien formulieren (vgl. Schulz und Koch 1997; Wöhrl 1988). So sind zunächst klare Rollenbeschreibungen notwendig, wobei der Anspruch auf Gleichberechtigung und die Anerkennung notwendiger Führung in einem ausgewogenen Verhältnis zueinander stehen müssen. Bezüglich der interdisziplinären Kooperation ist ein Gleichgewicht zwischen Eigenständigkeit und Wahrung beruflicher Identität einerseits und der Entwicklung einer gemeinsamen Identität andererseits anzustreben. Zu vermeiden ist darüber hinaus eine zu ausgeprägte Formalisierung in der Zusammenarbeit ebenso wie deren zu starke Unverbindlichkeit. Letztlich ist auch darauf zu achten, daß die Einrichtung weder durch eine zu starke Versachlichung noch durch eine zu starke „Verpersönlichung" interpersoneller Beziehungen bestimmt wird.

Hinsichtlich der **Kompetenzförderung** der Mitarbeiter sei auf die vielfältigen Möglichkeiten durch Aus-, Fort- und Weiterbildungsmaßnahmen hingewiesen. Diese sollten sich an alle therapeutischen Berufsgruppen richten. Prüfkriterien hierfür sind nicht nur Umfang, Inhalte und Darbietungsformen, sondern auch, ob diese Maßnahmen innerhalb oder außerhalb der Dienstzeiten angeboten werden und wie die Kostenübernahme geregelt ist. Ein weiteres Mittel der Kompetenzförderung stellt die Etablierung von Supervisionskonzepten dar, die je nach Aufgabenstellung institutionsintern oder -extern beziehungsweise berufsgruppenspezifisch wie auch -übergreifend gestaltet werden können. Neben der Dichte und der Regelmäßigkeit der Supervisionstermine ist nach der fachlichen und interaktionellen Eignung des Supervisors zu fragen.

Abschließend sei in diesem Abschnitt noch auf einige spezifische Instrumente der Qualitätssicherung eingegangen. Zu nennen sind:

- Dokumentationssysteme
- Qualitätszirkel
- Qualitäts-Screenings (unterstützt durch Peer-Review-Verfahren)

Eine sorgfältige **Basis-, Prozeß- und Ergebnisdokumentation** ist die Grundlage der meisten Qualitätssicherungsmaßnahmen. Die hier zu stellenden Ansprüche wurden bereits im Abschnitt „Qualitätsanforderungen an die Diagnostik" (S. 19) beschrieben. Im Rahmen von Qualitätssicherungsmaßnahmen in der Psychotherapeutischen Medizin wurden in den letzten Jahren eine Reihe von solchen Dokumentationssystemen entwickelt. Zu nennen sind hier institutionsübergreifend vor allem die Psy-BaDo (Heuft und Senf 1998) und die Klassifikation therapeutischer Leistungen (KTL; Bundesversicherungsanstalt für Angestellte 1996). Darüber hinaus haben einzelne Einrichtungen spezifische, auf ihre Bedürfnisse zugeschnittene Dokumentationssysteme entwickelt (vgl. u. a. Rudolf et al. 1997; Schmidt et al. 1992; Zielke 1995). Für alle genannten System gilt, daß diese gemessen an dem Anspruch, qualitätsrelevante Merkmale vollständig, praktikabel und ökonomisch zu erfassen und den Nutzern auch unmittelbar zur Verfügung zu stellen, weiterer Optimierung bedürfen.

Unter **Qualitätszirkeln** werden innerhalb einer Einrichtung interdisziplinär zusammengesetzte Arbeitsgruppen verstanden, die in einem festen Turnus durchgeführt werden und sich gezielt mit einem oder mehreren Qualitätsproblemen so lange befassen, bis diese befriedigend gelöst sind (Bungard 1988; Härter et al. 2000; Häussler 1992, 1998). Hier gibt es große Unterschiede bezüglich der Frequenz der Zusammenkünfte, der Themen, des Teilnehmerkreises und der Arbeitsformen sowie der in Anspruch genommenen Hilfen (z. B. einem Moderator zur Steuerung des Gruppenprozesses). Wichtige Arbeitsprinzipien sind die Dokumentation von Ergebnissen, die Organisation von Rückmeldungsprozessen und das Bemühen um Umsetzung der erarbeiteten Vorschläge zur Qualitätsverbesserung. Qualitätszirkel sollten in ihrem Selbstverständnis von der Institutionshierarchie weitgehend unabhängig sein, müssen aber, wenn eine Umsetzung der Ergebnisse erreicht werden soll, einflußreiche Positionsträger (wie z. B. den leitenden Arzt oder den Verwaltungsleiter) mit einbeziehen. Neben den bisher beschriebenen internen Qualitätszirkeln gibt es auch externe Qualitätszirkel, in denen institutionsübergreifend von Vertretern vergleichbarer Einrichtungen gemeinsame Qualitätsprobleme kollegial erörtert und Lösungsmöglichkeiten gesucht werden. **Qualitäts-Screenings** prüfen die Sachgerechtheit und den Erfolg der erbrachten Leistungen. Dies kann flächendeckend mit ökonomisch einsetzbaren Sreening-Verfahren oder stichprobenartig mit aufwendigeren Methoden erfolgen. Zu letzteren gehören die **Peer-Review-Verfahren** (Dans et al. 1985), bei denen die Qualität der Durchführung der Behandlungsmaßnahmen und des Behandlungsergebnisses einer kollegialen Beurteilung durch unabhängige Experten („Peers") unterzogen werden. **Voraussetzungen für Qualitäts-Screening** sind (vgl. Kawski und Koch 1999; Jäckel et al. 1997):

- die Definition konsensfähiger Qualitätsziele (z. B. im Rahmen von Konsensuskonferenzen)
- die Ableitung geeigneter (qualitätsrelevanter) Indikatoren
- die Festlegung von Mindeststandards, die jeweils erfüllt sein müssen

Sozialpsychologische Aspekte im Qualitätssicherungsprozeß

Mit der Einführung von Qualitätssicherungsprogrammen stellen sich nicht nur inhaltliche, instrumentelle und organisatorische Fragen, sondern es sind insbesondere im Implementierungsprozeß auch sozialpsychologische Aspekte zu berücksichtigen (vgl. Schulz und Koch 1997). Schon bei der Beschreibung der verschiedenen Formen der Qualitätssicherung (intern vs. extern, autonom vs. verordnet) wurde dies angesprochen. Das Verhältnis von Qualitätssicherung und ihrer Repräsentanten zu den Mitarbeitern einer Einrichtung kann sehr unterschiedlich geregelt sein. Es sind vor allem **Kontrollängste** auf seiten der Therapeuten und eventuell **Kontrollwünsche** auf seiten der mit der Qualitätssicherung Beauftragten zu berücksichtigen. Die Reaktionen des Personals können von Interesselosigkeit bis hin zu verdecktem oder offenem Widerstand reichen. Für die in der Qualitätssicherung Tätigen stellt sich ein **Nähe-Distanz-Konflikt**: So sind sie wegen des Informationszuganges auf Nähe und Vertrauen zum therapeutischen Personal angewiesen, brauchen aber für ihre Tätigkeit ein gewisses Ausmaß an Distanz, um eine objektive Urteilsbildung leisten zu können.

Weiterhin ist zu berücksichtigen, daß die an der Qualitätssicherung beteiligten Gruppen (Leistungserbringer und Leistungsträger) **unterschiedliche** Interessen aufweisen: Für die **Leistungserbringer**, das heißt das therapeutische Personal, dürfte in der Regel die Verbesserung der strukturellen Bedingungen sowie die Optimierung von Diagnostik und Therapie im Vordergrund stehen – sie dürften in der Regel eine interne Qualitätssicherung eindeutig favorisieren. Für die **Leistungsträger** stehen dagegen die Erreichung eines optimalen Kosten-Nutzen-Verhältnisses zwischen eingebrachten Ressourcen und erzieltem Behandlungsergebnis im Vordergrund. Sie dürften eher Maßnahmen der externen Qualitätssicherung, die institutionsübergreifende Vergleiche erlauben, präferieren. Die **Patienten** schließlich werden im Qualitätssicherungsprozeß als Partei zumeist nicht sichtbar (zumindest nicht im deutschen im Gegensatz zum amerikanischen Gesundheitswesen). Ihr eher implizites Anliegen an die Qualitätssicherung richtet sich auf effiziente Behandlungsprogramme, das Beseitigen oder Minimieren von Beschwerden, auf die fachgerechte und engagierte Anwendung der Therapieangebote sowie die Verbesserung ihrer Lebensqualität durch die eingesetzten Maßnahmen.

Zur **Vermeidung** von **Konflikten** im **Implementierungsprozeß** eines Qualitätssicherungsprogrammes sind nach dem entsprechend den Anfangsbuchstaben der einzelnen Punkte mit „avictory" abgekürzten Konzept folgende Punkte zu prüfen (Barth und Matt 1984):

- Welche Ressourcen sind für die Durchführung des Programms notwendig (**a**bility)?
- Wie sind die Einstellungen des Personals (**v**alue)?
- Wie ist der Informationsstand der Mitarbeiter einer Einrichtung (**i**dea)?
- Welche außerinstitutionellen Einflüsse bestehen (**c**ircumstances)?
- Wann soll mit der Einführung des Programms begonnen werden (**t**iming)?
- Welche Bedingungen fördern die Akzeptanz des Programms (**o**bligation)?
- Welche Widerstände gegen die Einführung des Programms sind in Rechnung zu stellen (**r**esistance)?
- Was kann durch die Einführung der Qualitätssicherungsmaßnahmen gewonnen werden (**y**ield)?

Auf die **fachlichen Voraussetzungen** und die notwendige **soziale Kompetenz** bei den für die Qualitätssicherung Verantwortlichen kann hier nicht weiter eingegangen werden. Ihre Tätigkeit ist einerseits von einer fortwährenden Notwendigkeit zur Kompromißbildung zwischen klinischen Erfordernissen gekennzeichnet und andererseits von methodischen und inhaltlichen Ansprüchen gekennzeichnet, die sich aus dem Qualitätssicherungsanliegen ergeben.

Die mit der Qualitätssicherung Beauftragten sind dem permanenten Risiko eines **Mißbrauches** ihrer Ergebnisse durch verschiedene Seiten ausgesetzt. Auch für ihre Arbeit sind eine Kontrolle und eine vor allem auf die interaktionellen Aspekte zielende Supervision zu fordern im Sinne einer **Qualitätssicherung der Qualitätssicherung**. Für die Zukunft könnte die Entwicklung und Festlegung von Standards zur Durchführung von Qualitätssicherungsprogrammen, wie sie vergleichbar den Standards der Evaluation Research Society für den Bereich der Programmevaluation formuliert wurden (vgl. Rossi 1982), hilfreich sein.

1.4.4 Resümee

Die Forderung nach einer flächendeckenden Einführung von Qualitätssicherung stellt sich auch für den Bereich der Psychotherapeutischen Medizin. In der zweiten Hälfte der neunziger Jahre wurde mit der Entwicklung und auch der Implementierung entsprechender Ansätze begonnen. Die in diesem Beitrag ausgeführten Ziel- und Umsetzungsvorstellungen verstehen sich als Perspektiven einer von uns als wünschenswert angesehenen Entwicklung. Wir haben uns vor allem auf Qualitätssicherung in der stationären Psychotherapeutischen Medizin konzentriert. Die meisten der genannten Aspekte und

Vorgehensweisen haben jedoch auch Relevanz für ambulante Versorgungsformen, verlangen hier aber eine bereichsspezifische Ausdifferenzierung. Eine wichtige Forderung an **Qualitätssicherungsprogramme** (dies auch als Voraussetzung für ihre Akzeptanz) ist die nach der Fairneß: Gemeint ist damit, daß unterschiedliche Voraussetzungen bei den Beurteilungsprozessen berücksichtigt werden müssen. Dazu gehören unter anderem die Berücksichtigung der Vergleichbarkeit des Schweregrades der Störungen bei den zu behandelnden Patienten, die einer Einrichtung zur Verfügung stehenden Ressourcen wie auch der therapeutischen Positionen.

Zum letzten Punkt ist anzumerken, daß in der Psychotherapeutischen Medizin für Einrichtungen mit einem verhaltenstherapeutischen Hintergrund aufgrund ihrer Denktraditionen, ihrer Konzepte und der Gestaltung ihrer Maßnahmen ein Teil der oben genannten Forderungen leichter zu realisieren sein dürfte als in Einrichtungen mit einer psychoanalytischen Orientierung. Aber auch bei letzteren sind eindeutige Veränderungen in der Offenheit gegenüber Maßnahmen der Qualitätssicherung gerade in letzter Zeit festzustellen.

In jedem Falle ist die **Implementierung** von **Qualitätssicherungsmaßnahmen** als ein längerfristig anzulegender Prozeß zu betrachten; Qualitätsverbesserungen sind immer nur schrittweise zu erreichen. Qualitätssicherung ist nicht mit Forschung zu verwechseln, sollte sich aber der Forschung bedienen. Zu bedenken ist auch, daß für die Qualitätssicherungsmaßnahmen vor allem in größeren Institutionen angemessene Arbeitsressourcen zur Verfügung gestellt werden müssen.

Wenn **Qualitätssicherung** in einer **Selbst-** und **Fremdkontrolle** eingebettet ist und Mißbrauch (z. B. Durchführung von Qualitätssicherung zu Alibizwecken) und nicht intendierte Effekte (wie Verselbständigung und Bürokratisierung) meidet, kann sich ein intensives Engagement für Qualitätssicherung in verschiedenen Bereichen der Psychotherapeutischen Medizin als ebenso notwendig wie sinnvoll und zukunftsweisend herausstellen.

Literatur

Barth M, Matt G. Evaluationsforschung im Drogenbereich: Ein Stiefkind. Suchtgefahren 1984; 30: 107–14.

Berger M, Gaebel W (Hrsg). Qualitätssicherung in der Psychiatrie. Berlin: Springer 1997.

Bundesärztekammer (Hrsg). Leitfaden: Qualitätsmanagement im deutschen Krankenhaus. München: Zuckschwerdt 1997.

Bundesversicherungsanstalt für Angestellte. Klassifikation therapeutischer Leistungen in der stationären medizinischen Rehabilitation. Berlin: BfA 1996.

Bungard W. Qualitätszirkel als Gegenstand der Arbeits- und Organisationspsychologie. Z Arb Organisationspsychol 1988; 32: 54–63.

Cleary PD, McNeil BJ. The measurement of quality. Patient satisfaction as an indicator of quality care. Inquiry 1988; 25: 25–36.

Dans PE, Weiner IP, Otter SE. Peer review organizations. Promises und potential pitfalls. N Engl J Med 1985; 313: 1131–7.

Donabedian, A. Evaluation the quality of medical care. Milbank Memorial Funds Quarterly 1966; 44: 166–203.

Donabedian A. The quality of medical care. Methods for assessing and monitoring the quality of care for research und for quality assurance programs. Science 1978; 200: 856–64.

Europäisches Komitee für Normung – CEN. Qualitätsmanagement und Elemente eines Qualitätssicherungssystems. Leitfaden für Dienstleistungen (DIN ISO 9004–2). Brüssel: Europäisches Komitee für Normung (CEN) 1995.

Härter M, Groß-Hardt M, Berger M (Hrsg). Leitfaden Qualitätszirkel in Psychiatrie und Psychotherapie. Göttingen: Hogrefe 1999.

Häussler B. Methodische Ansätze zur Qualitätssicherung in der ambulanten medizinischen Versorgung. In: Sozialmedizinische Ansätze im Gesundheitswesen. Bd. 2: Qualitätssicherung in der ambulanten Versorgung und Rehabilitation. Häussler B, Schliehe F, Brennecke R, Weber-Falkensammer H (Hrsg). Heidelberg: Springer 1992; 97–106.

Häussler B. Qualitätszirkel in Rehabilitationskliniken. Was hat sich in der Praxis bewährt? Rehabilitation 1998; 37(Suppl 1): 20–3.

Heuft G, Senf W. Praxis der Qualitätssicherung in der Psychotherapie. Das Manual der Psy-BaDo. Stuttgart: Thieme 1998.

International Organization for Standardization. ISO 9000:2000. Im Internet verfügbar unter: http://www.iso.ch 2001.

Jäckel WH, Maier-Riehle B, Protz W, Gerdes N. Peer-Review: Ein Verfahren zur Analyse der Prozeßqualität stationärer Rehabilitationsmaßnahmen. Rehabilitation 1997; 36: 224–32.

Kaltenbach T. Qualitätsmanagement im Krankenhaus. Qualitäts- und Effizienzsteigerung auf der Grundlage des Total Quality Management. 2. Aufl. Melsungen: Bibliomed 1993.

Kawski S, Koch U. Qualitätssicherung in der psychosomatischen Rehabilitation. Psychother Psychosom Med Psychol 1999; 49: 316–25.

Laireiter A-R, Vogel H (Hrsg). Qualitätssicherung in der Psychotherapie und psychosozialen Versorgung. Tübingen: dgvt-Verlag 1998.

Lamprecht F, Kobelt A, Künsebeck H-W, Grosch E, Schmid-Ott G. Ergebnisse der 1-Jahres Katamnese einer ambulanten wohnortnahen Nachsorge nach stationärer psychosomatischer Rehabilitation. Psychother Psychosom Med Psychol 1999; 49: 387–91.

Lang K, Schulz H, Lotz-Rambaldi W, Koch U. Behandlungsabbruch als nicht gelungene Inanspruchnahme – Entwicklung eines Vorhersagemodells für den Bereich der stationären psychosomatischen Rehabilitation. Rehabilitation 1999; 38(Suppl 2): 160–6.

Nübling R, Schmidt J, Wittmann WW. Langfristige Ergebnisse psychosomatischer Rehabilitation. Psychother Psychosom Med Psychol 1999; 49: 343–53.

Paeger A. Qualitätsbewertung, Zertifizierung, Akkreditierung. In: Der leitende Arzt in der Krankenhausorganisation. Praktikable Konzepte zur Erhöhung der Funktions- und Leistungsfähigkeit. Haake D, Kugler J, Lippert H (Hrsg). Düsseldorf: Spitta 1999.

Rossi PH (Hrsg). Standards of evaluation practice. New directions for program evaluation. San Francisco: Jossey-Bass 1982.

Rudolf G, Laszig P, Henningsen C. Dokumentation im Dienste von klinischer Forschung und Qualitätssicherung. Psychotherapeut 1997; 42: 145–55.

Schmidt J, Nübling R, Lamprecht F. Möglichkeiten klinikinterner Qualitätssicherung (QS) auf der Grundlage eines Basis-Dokumentations-Systems sowie erweiterter Evaluationsstudien. Gesundheitswesen 1992; 54: 70–80.

Schulz H, Koch U. Voraussetzungen und Realisationsmöglichkeiten medizinpsychologischer Forschung im klinischen Umfeld und in medizinischen Institutionen – Strategien und Maßnahmen zur Verbesserung interdisziplinärer Zusammenarbeit. In: Forschungsmethoden in der Medizinischen Psychologie. Strauß B, Bengel J (Hrsg). Göttingen: Hogrefe 1997; 31-47.

Schulz H, Lotz-Rambaldi W, Koch U, Jürgensen R, Rüddel H. 1-Jahres-Katamnese stationärer psychosomatischer Rehabilitation nach differentieller Zuweisung zu psychoanalytisch oder verhaltenstherapeutisch orientierter Behandlung. Psychother Psychosom Med Psychol 1999; 49: 114–30.

Schulz H, Nübling R, Rüddel H. Entwicklung einer Kurzform eines Fragebogens zur Psychotherapiemotivation. Verhaltenstherapie 1995; 5: 89–95.

Selbmann K-H. Konzeption, Voraussetzung und Durchführung qualitäts-
sichernder Maßnahmen im Krankenhaus. Krankenhaus 1990; 82: 470–
4.

Tiefensee J, Arentewicz G, Bergelt C, Koch U. Konzepterfassung in der
medizinischen Rehabilitation. Ein Instrument der Qualitätssicherung.
Rehabilitation 1998; 37(Suppl 1): S15–9.

Verband Deutscher Rentenversicherungsträger (Hrsg). Das Qualitäts-
sicherungsprogramm der gesetzlichen Rentenversicherung in der
medizinischen Rehabilitation. Instrumente und Verfahren. DRV-
Schriften. Bd 18. Frankfurt: Verband Deutscher Rentenversicherungsträger 2000.

Viethen G. Qualität im Krankenhaus. Grundbegriffe und Modelle des
Qualitätsmanagements. Stuttgart, New York: Schattauer 1995.

Wöhrl HG. Berufsgruppen in der Rehabilitation. Funktionen und
Kooperationsmodelle. In: Handbuch der Rehabilitationspsychologie.
Koch U, Lucius-Hoene G, Stegie R (Hrsg). Heidelberg: Springer 1988;
212–49.

Zielke M. Basisdokumentation in der stationären Psychosomatik.
Prävention und Rehabilitation 1995; 7: 61–7.

Zielke M. Kosten-Nutzen-Aspekte in der psychosomatischen Rehabilitation. Psychother Psychosom Med Psychol 1999; 49: 361–7.

1.5
Psychotherapie-Richtlinien und Krankenkassenanträge

Eva Keil-Kuri

Seit Jahren geht die Diskussion um eine Vereinfachung der Kassenanträge, zumindest im Bereich der Gruppentherapie. Dazu liegt der KBV seit über einem Jahr ein Vorschlag des Deutschen Arbeitskreises für Gruppentherapie und Gruppendynamik (DAGG) schriftlich vor, der das Ziel hat, durch eine Verkürzung und Vereinfachung des Antrags die Gruppentherapeuten zu motivieren, dieses stark rückläufige, aber sehr effektive Verfahren wieder attraktiver zu machen. Auch soll es in den nächsten Monaten neue Formulare der gesetzlichen Kassen geben, sowohl für die ärztlichen wie für die Psychologischen Psychotherapeuten; alles geht aber nur sehr stockend, so daß vorläufig die bisherigen Formulare benutzt werden können und die Anträge dementsprechend verfaßt werden müssen, allerdings mit einer wesentlichen Ergänzung:

Seit 1.1.2000 müssen im Feld **Diagnose** auf den Formblättern und in den Anträgen bei Ziffer 7 im Erstantrag und bei Ziffer 3 in den Fortführungsanträgen die ICD-10 Ziffern der Störungen aufgeführt werden.

Im übrigen ist nicht zu erwarten, daß das Antragsverfahren generell wesentlich vereinfacht wird, da es einen neuen Stellenwert als Qualitätssicherungsverfahren bekommen hat und von daher unverzichtbar geworden ist. Alle diesbezüglichen Hoffnungen sollten von den Kollegen, denen das Schreiben schwerfällt, aufgegeben werden.

1.5.1
Einleitung

Begründung eines Therapieantrags

Bei der Abfassung der Kassenanträge besteht technisch anscheinend eine der größten Schwierigkeiten darin, die **ätiologische Betrachtungsweise** klar genug herauszuarbeiten. Immer wieder begnügen sich Kollegen in ihrer Begründung eines Therapieantrags damit, fast ausschließlich lebensgeschichtliche Daten aufzuzählen. Allein mit der Rückführung der Symptomatik auf die frühkindliche Anamnese und traumatische Erlebnisse ist jedoch den Erfordernissen der „Psychotherapierichtlinien" nicht Genüge getan. Es reicht nicht aus, die Symptomatik bis zu ihrem ersten Auftreten zurückzuverfolgen. Auch die genetische Rekonstruktion der Vorgeschichte reicht ebensowenig aus wie eine möglichst umfangreiche Sammlung genetischer Daten, an die der Patient sich erinnert oder auf die der Therapeut aus den Erzählungen des Patienten rückschließt.

Damit ein Kassenantrag vom Gutachter beschieden werden kann, muß zur Schilderung der Anamnese immer eine konflikt-dynamische Erkenntnisweise mit Darstellung einer aktuellen, zeitlich und thematisch definierten Situation bezüglich des ätiologischen Stellenwertes hinzukommen.

Die Kostenträger für Psychotherapie können nicht jede Art von psychischer oder psychosomatischer Störung bezahlen; Faber und Haarstrick (1994) gaben im „Kommentar Psychotherapie-Richtlinien" in der Neufassung vom 4.5.1990, ergänzt am 17.12.92 und 31.8.93, klare Definitionen an zum **Krankheitsbegriff** der „**Psychotherapie-Richtlinien**", die sich jeder Antragsteller stets wieder vor Augen führen muß. Nach den Psychotherapie-Richtlinien kann seelische Krankheit erkennbar werden in:

- seelischen Symptomen,
- körperlichen Symptomen,
- krankhaften Verhaltensweisen.

Seelische Krankheit wird als krankhafte Störung der Wahrnehmung, der Erlebnisverarbeitung, der sozialen Beziehungen und der Körperfunktionen verstanden. Der Krankheitscharakter dieser Störungen kommt wesentlich darin zum Ausdruck, daß sie der willentlichen Steuerung durch den Patienten nicht mehr oder nur zum Teil zugänglich sind. Seelische Krankheit ist grundsätzlich von ihrer Symptomatik zu unterscheiden. Das Symptom ist nicht schon die Krankheit. Seelische Krankheit kann durch seelische oder auch durch körperliche Faktoren verursacht sein – oder auch durch eine Mischung beider Faktorengruppen. Daraus ergibt sich schlüssig, daß jeder psychotherapeutischen Behandlung die Differentialdiagnostik auf der Grundlage einer körperlichen und psychischen Untersuchung vorausgehen muß. Ausnahmen von diesem Grundsatz können indiziert sein, bedürfen dann aber der besonderen Begründung.

Ursache einer seelischen Krankheit ist häufig eine aktuelle Krise, die konfliktzentriert behandelt werden kann. Ihr kann aber auch eine lebensgeschichtlich erworbene Struktur zugrunde liegen, die auf einer anlagemäßigen Disposition aufbaut. Häufig kommen als krankmachende Faktoren Konflikte im privaten und beruflichen Umfeld hinzu.

Es ist die Aufgabe des Therapeuten, das Krankheitsgeschehen in all diesen Richtungen ätiologisch zu erfassen und im Kassenantrag darzustellen. Dies gilt sowohl für die psychoanalytisch begründeten Verfahren als auch für die Verhaltenstherapie.

Sowohl bei psychoneurotischen wie auch bei vegetativ-funktionellen und psychosomatischen Störungen wird in den Richtlinien eine „gesicherte psychische Ätiologie" gefordert.

In den Richtlinien wird folgende **Abgrenzung gegenüber nichtseelischen Krankheiten** gemacht: Es wird zugestanden, daß Berufs-, Erziehungs- und Sexualprobleme Beratungen erforderlich machen können, für die die Gebührenziffern für ärztliche Beratung anzuwenden sind, jedoch nicht psychotherapeutische Ziffern. Es wird unterschieden zwischen der Beratungs- und Erörterungstätigkeit des Arztes zur Sichtung gravierender gesundheitlicher Lebensprobleme und deren Bewältigung durch Aktivierung gesunder seelischer Fähigkeiten. Dies sind keine Maßnahmen zur Behandlung seelischer Krankheiten.

Auch Beziehungsstörungen sind nur dann als seelische Krankheit anzusehen, wenn ihre ursächliche Verknüpfung mit einer krankhaften Veränderung eines Menschen nachgewiesen wurde. Daraus wird klar, daß zum Beispiel Unverträglichkeiten zwischen Partnern, die mit Krisen einhergehen können, nicht als Krankheiten im Sinne der RVO (Reichsversicherungsordnung) zu betrachten sind. Sie gehören daher weniger in die psychotherapeutische Praxis als in die in allen größeren Orten vorhandenen Ehe- und Familienberatungsstellen.

Zusammenfassend sagen die „Richtlinien", daß eine Behandlung seelischer Krankheiten voraussetzt, „daß das Krankheitsgeschehen als ein ursächlich bestimmter Prozeß verstanden wird". Das Krankheitsgeschehen wird durch gegenwärtig wirksame Faktoren und durch lebensgeschichtliche Prägungen determiniert. An der individuellen Genese der seelischen Erkrankung haben Einwirkungen gesellschaftlicher Faktoren Anteil. Die „ätiologisch orientierte Diagnostik" muß die jeweiligen Krankheitserscheinungen erklären und zuordnen. Aufgabe des Therapeuten ist also, das Krankheitsgeschehen ätiologisch zu erfassen. Diese Forderung gilt für die psychoanalytisch begründeten Verfahren ebenso wie für die Verhaltenstherapie. Für die psychoanalytisch begründeten Verfahren wird in einer „ätiologisch orientierten Psychotherapie" die unbewußte Psychodynamik zum Gegenstand der Behandlung gemacht.

Psychosomatische Grundversorgung

Bei der **psychosomatischen Grundversorgung** geht es um all jene psychischen Störungen, bei denen ein aufwendiges psychotherapeutisches Verfahren zwar grundsätzlich indiziert sein kann, die Durchführung aber aus den verschiedensten Gründen wenig aussichtsreich erscheint. Gründe dafür, den Patienten nur im Rahmen kürzerer regelmäßiger Gespräche in der psychosomatischen Grundversorgung zu behandeln, können zum Beispiel sein:

- ein Mangel an Introspektionsfähigkeit oder Motivation von seiten des Patienten,

- eine chronifizierte Ich-strukturelle Störung, die nicht mehr auflösbar erscheint,
- eine chronifizierte psychosomatische Störung, die bereits zu Organveränderungen geführt hat, auf die der Patient fixiert ist.

Dabei werden dem Behandler keine Vorschriften gemacht zu den Methoden, die er anzuwenden hat. Alles, was wirkt, erscheint sinnvoll. Übende und suggestive Techniken nach den Nummern 855–858 BMÄ/E-GO können gegebenenfalls an den Psychologischen Psychotherapeuten beziehungsweise analytischen Kindertherapeuten delegiert werden, sofern dieser der Kassenärztlichen Vereinigung nachgewiesen hat, daß er entweder im Rahmen seiner Weiterbildung eingehende Kenntnisse und Fähigkeiten in diesen Techniken erworben oder aber an zwei Kursen von jeweils acht Doppelstunden im Abstand von mindestens sechs Monaten in den jeweiligen Techniken mit Erfolg teilgenommen hat. Die gleiche Qualifikation muß auch der Psychologische Psychotherapeut beziehungsweise der analytische Kindertherapeut gegenüber dem hinzuzuziehenden Arzt nachgewiesen haben [VB § 4 (8)].

Ohne Antragsverfahren werden vor allem im Rahmen der allgemeinen ärztlichen Praxis in der psychosomatischen Grundversorgung chronifizierte wie leichtere aktuelle psychosomatische Störungen behandelt, ohne daß die für die psychosomatische Grundversorgung ermächtigten Ärzte dafür gesonderte Anträge stellen müßten. Ärzte, die **psychosomatische Grundversorgung** abrechnen wollen, müssen seit 1.1.1994 (vgl. Kap. 1.2, S. 8f) folgende **Fortbildung** nachweisen:

- eingehende Kenntnisse in einer psychosomatisch orientierten Krankheitslehre (mind. 20 Doppelstunden),
- reflektierte Erfahrungen zur psychodynamischen und therapeutischen Bedeutung der Arzt-Patient-Beziehung durch kontinuierliche Teilnahme an einer Balint- oder Selbsterfahrungsgruppe von mindestens 35 Doppelstunden,
- Teilnahme an 15 Doppelstunden eines Seminars über verbale Interventionstechnik.

Insgesamt müssen Zeugnisse über mindestens 100 Stunden erbracht werden, die bei anerkannten Ausbildern beziehungsweise Supervisoren erworben wurden. Hinzu kommt eine mindestens dreijährige kontinuierliche selbstverantwortliche ärztliche Tätigkeit in einem klinischen Fach; Tätigkeiten in theoretischen Instituten werden nicht anerkannt.

Eine Indikation für psychosomatische Grundversorgung kann auch gegeben sein, wenn strukturelle Störungen des Patienten soweit im Vordergrund stehen, daß sie einer Psychotherapie wenig zugänglich erscheinen, wohl aber einer verbalen Intervention in der Allgemeinpraxis oder Psychiatrie.

Schließlich kann zunächst eine Probetherapie gemacht werden. Ein Weg besteht darin, mit einem Antrag auf Kurzzeittherapie zur Abklärung der Indikation für eine Langzeittherapie 25 Sitzungen bei den Krankenkassen zu beantragen. Ein weiterer Weg wäre – wenn schon feststeht, daß es auf jeden Fall eine Langzeittherapie geben wird –, daß man mit den dafür vorgesehenen Ziffern über einen Kassenantrag eine Probetherapie von 25 Stunden beantragt. Letzteres erscheint als der größere Aufwand. Dies gleicht sich jedoch später bei der Stellung des endgültigen, ausführlich zu begründenden Kassenantrags aus, der dann kürzer sein kann.

Alles bisher Gesagte gilt sinngemäß ebenso für die Anwendung im Bereich der Kinder- und Jugendlichenpsychotherapie.

Krankheitsgeschehen und Therapierbarkeit

Zusammenfassend soll noch einmal betont werden, daß in der Regel ein Zusammenspiel von neurotischer Struktur und aktuellem Konflikt das Krankheitsgeschehen und die Therapierbarkeit bestimmt. Die **neurotische Struktur** bildet gewissermaßen die **„passiv-kausale" Matrix** der Krankheit im Sinne einer „Materialursache", die durch ihre Eigengesetzlichkeit den Charakter der Neurose entscheidend mitbestimmt, zum Beispiel als depressive, anankastische oder narzißtische Struktur. Der **aktuelle Konflikt** dagegen prägt das Krankheitsgeschehen im Sinne eines **„aktiv-kausalen" Faktors**, der die Gleichförmigkeit struktureller Gestörtheit durchbricht und aktualisiert, manchmal auch provoziert oder verändert. Auf dem Boden der vorbestehenden Neurosenstruktur kann es zum Beispiel zu akut wirksamen angstneurotischen oder phobischen Störungen oder gar psychogenen Ausnahmezuständen kommen, die jedoch nicht ätiologisch, sondern aufgepfropft sind.

Schon Freud wies darauf hin (GW, Bd. V, S. 141), daß „das strukturelle Moment auf aktuelle Konflikterlebnisse warten muß, die es in der seelischen Krankheit zur Geltung bringt; die Konflikte bedürfen der Anlehnung an die Struktur, um intrapsychisch zur Wirkung zu kommen". Es gibt ein Kontinuum von der strukturellen zur aktuellen Seite der Störung hin, wobei die vorwiegend strukturell geprägten Persönlichkeitsstörungen oder konflikthafte Aktualproblematik nach den Richtlinien nicht zum Indikationsbereich der Psychotherapie gehören, weil sie nicht als „seelische Krankheit" gelten können. Die Realfaktoren im Leben eines Patienten gewinnen erst aus ihrer pathogenen Repräsentation im Patienten selbst eine Bedeutung für das seelische Krankheitsgeschehen. Äußere Belastungsfaktoren allein, seien sie auch noch so groß, machen den Patienten nicht ohne weiteres seelisch krank. Es muß immer der subjektive Faktor der Erlebnisverarbeitung als pathologisch relevant hinzukommen. Sicher gibt es extreme äußere Realkonflikte, die eine Dekompensation von Steuerungs- und Ausgleichsmöglichkeiten bewirken. Diese sind dann jedoch nicht in jedem Fall eine Indikation für Psychotherapie, sondern gehören eher in den Aufgabenbereich der Psychiatrie oder der psychosomatischen Grundversorgung.

Eine weitere Voraussetzung dafür, daß Realkonflikte psychotherapeutischer Behandlung zugänglich sind, besteht darin, daß der Klient in der Lage sein muß, seine Konflikte reflektierend zu erörtern.

Manchmal läßt sich trotz großer Erfahrung in den sogenannten probatorischen Sitzungen nicht völlig klären, ob und welche Therapiemöglichkeit im Einzelfall besteht. Dafür haben die Richtlinien den Antrag auf **Kurzzeittherapie** eingeführt, mit Hilfe dessen die Indikation für eine Langzeittherapie überprüft werden kann. Die Kassen erlauben mit einem solchen Kurzantrag, der in der Regel genehmigt wird, bis zu 25 Sitzungen von 50 Minuten Dauer. Dabei ist ein „Umwandlungsantrag" in eine notwendig werdende **Langzeittherapie** spätestens nach 20 dieser 25 Sitzungen zu stellen.

Der Antrag für eine Kurzzeittherapie erleichtert außerdem den praktizierenden Kollegen die Behandlung von aktuellen Konflikten, die sich ohne Langzeittherapie und damit ohne Kassenantrag lösen lassen.

Begrenzung des Leistungsumfangs der Psychotherapien

Schließlich noch ein Wort zur Begrenzung des Leistungsumfangs der Psychotherapien nach den Richtlinien. Diese Begrenzung wird immer wieder attackiert im Sinne einer „Entdeckelung". Sie hat jedoch sehr wohl generell ihren Sinn und bezieht sich auf Untersuchungen unter anderem des Instituts für psychogene Erkrankungen der AOK Berlin, das unter Leitung von Frau Professor Annemarie Dührssen 1972 bereits nachwies, daß 150 Leistungen analytischer Psychotherapie als Regelfall und 200 im Sonderfall eine ausreichende analytische Behandlung neurotischer Erkrankungen ermöglichen. Manche Patienten mit günstiger Prognose kamen sogar mit weniger Stunden aus. Im Rahmen der Kostendämpfung muß besonders betont werden, daß Zielvorstellungen einer Therapie, die eine Entfaltung und Konstituierung der Persönlichkeit anstreben, außerhalb der kassenärztlichen Krankenbehandlung liegen. Sie können nur dann eine Therapie im Rahmen der kassenärztlichen Versorgung rechtfertigen, wenn der Nachweis des ätiologischen Zusammenhangs einer Persönlichkeitsstörung mit seelischer Krankheit erbracht werden kann.

Grundsätzlich ist immer eine Therapie mit möglichst klarer Begrenzung anzustreben, da diese auch für den Patienten ein Motivationsverstärker sein kann. Es ist jedoch eine gewisse Flexibilität im Rahmen der Richtlinien gegeben; eine Grenzüberschreitung im Einzelfall ist nicht ausgeschlossen, wenn der Therapeut diese besonders begründet.

1.5.2
Formale Abfassung des Kassenantrages

Immer wieder passiert es, daß Kollegen mit den Formalien der Kassenanträge nicht zurechtkommen; deswegen soll dies hier in Kürze beschrieben werden. Da nach Inkrafttreten des Psychotherapeutengesetzes am 1.1.1999 das Delegationsverfahren für die Psychologischen Psychotherapeuten ebenso wie für die Kinder- und Jugendlichentherapeuten weggefallen ist, müssen diese ihren Anträgen einen vom Haus- oder Facharzt ihres Patienten ausgefüllten medizinischen **Konsiliarbericht** beifügen, aus dem hervorgeht, daß keine Kontraindikation für die geplante Psychotherapie vorliegt und welche Medikamente ggf. der Patient einnimmt; ebenso sollte aufgeführt sein, welche begleitenden medizinischen Maßnahmen evtl. neben der Psychotherapie erforderlich sind. Dieser Bericht muß spätestens nach der zweiten probatorischen Sitzung erstellt werden.

Bei **RVO-** und **Ersatzkassen** ist das Verfahren wie folgt:

Bei **Kurzzeittherapie** ist es lediglich notwendig, den Patienten ein **Formblatt PTV 1E** ausfüllen zu lassen, wobei es wichtig ist, daß er am unteren Ende des Formblatts selbst unterschreibt. Das Formblatt ist weiß für alle RVO- und diesen entsprechenden Krankenkassen, grün dagegen für alle Ersatzkassen. Hinzu kommt das **Formblatt PTV 2aE**, die „Angaben des Arztes zum Antrag des Versicherten auf Kurzzeittherapie", ebenfalls wieder weiß für die RVO-Kassen und grün für die Ersatzkassen. Diese beiden Antragsformulare werden in einfacher Ausfertigung in einem normalen Briefumschlag an die zuständige Zweigstelle der Krankenkasse des Patienten geschickt. Selbstverständlich sollte der Therapeut sich eine Kopie aufbewahren.

Es ist auch auf die Wahrung der **Schweigepflicht** beim Kasten „Begründung des Behandlungsplans" im Formular PTV 2a für Kurzzeittherapie zu achten. Das geschieht dadurch, daß nur möglichst globale Bemerkungen über die Symptomatik des Patienten und deren Ursache gemacht werden. Sie müssen allerdings für die Entscheidung der Kasse ausreichend sein. Dies ist ein „Datenschutz-Pferdefuß".

Da immer wieder selbst beim Ausfüllen dieser einfachen Formulare Fehler passieren, soll noch im einzelnen darauf eingegangen werden: Wichtig beim „Antrag des Versicherten" auf Psychotherapie ist es, in den Feldern **„Angaben zum Patienten"** und **„Angaben zum Mitglied"**, soweit dies zwei verschiedene Personen sind, die Personendaten entsprechend auszufüllen. Die Krankenkassen wissen es zu schätzen, wenn in das dafür vorgesehene Feld die Mitgliedsnummer eingetragen wird. Es bietet sich an, den Patienten selbst diesen Antrag ausfüllen zu lassen, da dies seine Motivation verstärkt. Insbesondere ist es auch wichtig zu erfragen, ob der Patient bereits früher entweder ambulante oder stationäre Psychotherapie in Anspruch genommen hat. Wenn ja, sind die Daten in die dafür vorgesehenen Spalten einzutragen, ebenso der damalige Kostenträger. Schließlich sollte die Frage **„Ist ein Rentenantrag gestellt"** immer beantwortet werden. Manchmal gibt es Unsicherheiten im Feld **„Erstantrag"** oder **„Fortführung der Behandlung"**: Immer, wenn ein Patient einen neuen Therapeuten aufsucht, handelt es sich um einen Erstantrag, auch wenn er früher schon therapiert wurde. Einzige Ausnahme: War der Patient während der letzten zwei Jahre in einer von der Kran-

kenkasse genehmigten Psychotherapie und handelt es sich um einen Wechsel des Behandlers, dann kann „Fortführung der Behandlung" angekreuzt werden; es sollte dann aber der Zusatz „mit Therapeutenwechsel" hinzugefügt werden.

Für **Anträge auf Langzeittherapie** bei den **RVO-** und **Ersatzkassen** benötigt man mehrere Formulare, die folgendermaßen ausgefüllt und verschickt werden:

Zunächst läßt man wiederum den Versicherten – wie oben beschrieben – das **Formblatt PTV 1**, den „Antrag des Versicherten" auf Psychotherapie, ausfüllen, das wiederum weiß ist für die RVO und grün für die Ersatzkassen. Es kommt jetzt in doppelter Ausfertigung das **Formblatt PTV 2bE** „Angaben des Arztes zum Antrag des Versicherten auf Langzeittherapie" hinzu, das wiederum weiß für die RVO- und grün für die Ersatzkassen ist. Es handelt sich bei diesen Formblättern um Selbstdurchschreibesätze, so daß man beim Ausfüllen darauf achten muß, bei der Unterschrift die beiden Blätter zu trennen, da auf beide Blätter eine Originalunterschrift und der KV-Stempel des Therapeuten gehört.

Da auch hier immer wieder formale Fehler vorkommen, soll hier das Formblatt im einzelnen so beschrieben werden, wie es auszufüllen ist. Wenn Sie selbst der Behandler sind, kreuzen Sie entsprechend der Phase der Therapie entweder „Erstantrag" oder **„Fortführungsantrag"** Nr. 1, 2 oder 3 an. „Umwandlungsantrag" wird dann angekreuzt, wenn nach maximal 20 Stunden einer Kurzzeittherapie doch eine Langzeittherapie beantragt wird. „Umwandlungsantrag" wird auch angekreuzt, wenn in seltenen Fällen nach einer Probetherapie, die vielleicht tiefenpsychologisch fundiert war, doch eine analytische Einzel- oder Gruppenbehandlung oder eine tiefenpsychologisch fundierte Gruppenbehandlung beantragt wird.

In das Feld **„Name und Anschrift der Vertragskasse"** setzen Sie immer – auf allen Formularen mit diesem Feld – die Adresse der zuständigen Zweigstelle der Krankenkasse ein, bei der der Patient geführt wird.

Die Felder **„Arztstempel"** und **„Chiffre des Patienten"** sollten kein Problem machen.

Das nächste Feld soll dem Gutachter zeigen, mit welcher voraussichtlichen Gesamtzahl von **Therapiestunden** Sie rechnen. Sie schreiben also bei einer komplizierten Analyse bis zu 300 Stunden hinein, bei einer tiefenpsychologisch fundierten Therapie eventuell 100 Stunden. In die nächste Rubrik wird dann eingefügt, wieviel Stunden mit dem aktuellen Antrag beantragt werden, wobei Sie in dem in Klammern gesetzten Zeitlimit (50/25 Min.) das jeweils zutreffende unterstreichen und das nicht zutreffende ausstreichen.

Das **„Feld für begleitende Behandlung der Bezugspersonen"** betrifft nur die Verhaltens- und Kindertherapeuten und ist entsprechend auszufüllen.

Das Feld **„Die Behandlung soll beginnen am oder läuft seit"** ist entsprechend auszufüllen, wobei die probatorischen Sitzungen in der Regel hier nicht mitgezählt werden. In das **Diagnosefeld** schreiben Sie Ihre Diagnose nach einem der beiden gängigen Diagnoseschlüssel, dem DSM-III-R beziehungsweise der ICD-10 (s. auch Kap. 4.7.2, S. 207f). Zum Beispiel heißt es Konversionssyndrom nach DSM-III-R 300.11 oder Konversionsstörung (dissoziative Störung) F44 nach ICD-10. Wenn der Diagnose-Schlüssel der ICD-10 für die Kassenanträge zwingend eingeführt worden ist, dann sind die jeweiligen Ziffern bei der Diagnose einzufügen.

Das Feld **„Bei Fortführung der Behandlung"** ist einfach auszufüllen: Liegen schon mehrere Vorgutachten vor, so sind alle Genehmigungsdaten einzufügen, ebenso die Namen der Gutachter.

Die Sparte **„Bisheriger Behandlungsumfang im laufenden Verfahren"** dürfte keine Probleme bereiten.

Bei der **„Erklärung des Arztes"** müssen Sie unterscheiden, ob Sie die Therapie selbst durchführen oder delegieren. Wenn Sie delegieren, müssen in das erste größere Feld der Name und die KV-Nummer des Therapeuten, den Sie hinzuziehen. In das mittlere Feld kommt grundsätzlich Ihr Stempel, das Datum, an dem Sie den Antrag ausfüllen und Ihre Unterschrift. In das unterste Feld muß der hinzugezogene Therapeut seinen Stempel und das Datum einfügen, an dem er den Antrag unterschreibt.

Nun kommen das Original und dieses Formblatt PTV 2bE in den roten Umschlag PT 8, den Sie von der Krankenkasse bei Ihrer Erstausstattung bekommen haben. Die Kopie kommt in einen weiteren Umschlag, der zweckmäßigerweise die Größe DIN A5 hat. In den DIN-A5-Umschlag kommt außerdem das Formblatt PTV 1, das heißt der Antrag des Versicherten auf Psychotherapie. Außerdem kommt dort später der von Ihnen verschlossene rote Umschlag PT 8 hinein, der außer den Angaben des Arztes jetzt noch den Bericht an den Gutachter, das **Formblatt PT 3a/b/cE** (für Erwachsene) beziehungsweise **K** (für Kinder und Jugendliche) enthält. Dieses Formblatt ist in einfacher Ausfertigung hinzuzufügen; es ist wiederum weiß für die RVO-Kassen und grün für die Ersatzkassen. Es wird sinngemäß entsprechend den Angaben des Arztes in den oberen Feldern ausgefüllt. Die Sparte **„Angaben über den Patienten"** dürfte keine Schwierigkeiten machen. Dasselbe trifft auf das Feld zu, in dem Sie angeben, was Sie mit diesem Antrag beantragen.

Wichtig ist, daß Sie die Rückseite dieses Formblatts vollständig ausfüllen, wenn Sie delegieren; bei selbst durchzuführender Therapie füllen Sie den unteren Teil wie angegeben aus. Zu diesem weißen oder grünen Formblatt fügen Sie jetzt Ihren maschinenschriftlich oder mit dem Computer erstellten Bericht hinzu. Vermeiden Sie aber auf jeden Fall, wiederkehrende Formulierungen zu benutzen, da sonst der Gutachter den Eindruck gewinnen könnte, daß Sie Standardanträge erstellen. Wie Sie den Bericht abzufassen haben, ist auf der Vorderseite des Formulars klar dargelegt.

Beachten Sie, daß Sie auch den roten Umschlag PT 8, ebenso wie natürlich alle Antragsformulare, mit Ihrem KV-Stempel versehen.

Als Beleg dafür, daß Sie Ihren Bericht Korrektur gelesen haben, sollten Sie diesen ebenfalls unterschreiben.

Es hat sich als zweckmäßig erwiesen, als Überschrift des Berichtes einfach die Angabe „Bericht an den Gutachter PT 3a/b/c" zu wiederholen (je nachdem, um welchen es sich handelt) und das Datum nochmals aufzuführen.

Bei **Privatkassen** gibt es meist spezielle Formulare, die analog denen der gesetzlichen Kassen die einzelnen Punkte enthalten, um die Sie um Auskunft gebeten werden. Sie müssen Ihren Patienten bitten, diese Formulare bei seiner Privatkasse anzufordern. Diese werden entweder an den Patienten oder manchmal an Sie direkt geschickt. Sie müssen hierbei immer daran denken, daß Sie sich von Ihrem Patienten vor dem Erstellen des Berichts eine Schweigepflichts-Entbindungserklärung unterschreiben lassen.

Das gleiche wie bei Privatkassen gilt für die Formulare der **Beihilfestellen**. Da diese jedoch den vollen Namen des Versicherten enthalten, empfiehlt es sich (dies übrigens auch, soweit das auf den Formularen der Privatkassen so ist), den Bericht ebenfalls in einen der roten Umschläge zu stecken und zuzukleben und lediglich die Schweigepflichts-Entbindungserklärung mit dem Namen des Patienten in einem weiteren Umschlag mit dem roten Umschlag zusammen zu verschicken. Wir können nie genügend darauf achten, daß bei den intimen Mitteilungen der Kassenanträge die Schweigepflicht bewahrt bleibt.

1.5.3
Die Dokumentation

Grundsätzlich besteht für alle psychotherapeutischen Maßnahmen **Dokumentationspflicht**. Hierbei „genügen kurze Notizen zum Behandlungsverlauf, besondere Ereignisse, Pausen und ähnliches, während Anamnese und Untersuchungsergebnis (d. h. auch probatorische Sitzungen) ausführlich dokumentiert sein müssen" (Faber und Haarstrick 1994). Diese Dokumentation kann durch **Tonbandaufzeichnungen** erfolgen, die sich insbesondere in Verbindung mit Lern- und Supervisionssituationen empfehlen. Die Praktikabilität im klinischen Alltag erscheint jedoch eingegrenzt, so daß Tonbandprotokolle im wesentlichen in der Psychotherapieforschung eingesetzt werden, nicht jedoch in der psychotherapeutischen Alltagspraxis. So wird die Dokumentation in der Regel durch **handschriftliche Notizen** erfolgen, die in der Regel nach einem diagnostischen oder therapeutischen Gespräch niedergeschrieben werden.

Allerdings ist es empfehlenswert, den ersten Satz des Patienten möglichst wörtlich zu notieren. Er ist häufig wie ein unbewußtes Motto für die gesamte folgende Therapie. Auch pflegen einige Psychotherapeuten den Patienten um Erlaubnis zu bitten, berichtete Träume mitzuschreiben. Im wesentlichen jedoch stützt sich die Dokumentation auf die **Gedächtnisprotokolle** nach den Sitzungen. Die Angst, daß dadurch etwas Wesentliches verlorengehen könnte, erweist sich meist als unbegründet. Schließlich kommt es nicht auf die Vollständigkeit der Details an, sondern vielmehr auf die Dokumentation des emotionalen Klimas der Sitzung, der wesentlichen Themen sowie der beobachteten Übertragungs- und Gegenübertragungsreaktion. Auch festgestellte Widerstände des Patienten sollten notiert werden, sowohl äußere wie Zuspätkommen (wenn möglich mit Begründung) wie auch innere (z. B. längeres Schweigen). Nimmt man sich genug Zeit für die Aufzeichnungen nach der erfolgten Sitzung, kann es dabei auch, quasi als Nebeneffekt, gelingen, rasch und intensiv einsetzende Gegenübertragungsreaktionen zu erkennen und sich möglicherweise davon zu befreien. Mit wachsender Erfahrung werden die Notizen erfahrungsgemäß kürzer, für Erstinterviews und probatorische Sitzungen sind allerdings ausführliche Notizen hilfreich; dies gibt auch für die Erstellung der Kassenanträge.

1.5.4
Probatorische Sitzungen

Probesitzungen dienen vor allem dazu, daß Therapeut und Patient sich darüber klar werden, was sie miteinander wollen und können und – im Hinblick auf die Kostenträger beziehungsweise den zu stellenden Kassenantrag – welche Therapiemethode die wirtschaftlichste ist. Zur Klärung, inwieweit der Patient in der beabsichtigten Therapie mitarbeiten kann, gibt es mehrere technische Schritte:

- sogenannte Reizdeutungen,
- Umgang mit Widerständen,
- Einschätzen der Flexibilität beziehungsweise von Fixierungen,
- Beobachten der Abwehrstruktur,
- eventuell Übertragungsreaktionen.

Dem Patienten sollten nicht mehr als ein oder zwei Reizdeutungen pro Sitzung gegeben werden, um zu testen, wie er mit aufdeckenden Interventionen umgehen kann.

In den probatorischen Sitzungen sollte darauf geachtet werden, inwieweit der Patient spontan bemüht ist, mehr Information zu geben, ob der Therapeut zur Ergänzung der Biographie viele Fragen stellen muß oder ob der Patient zunehmend kooperativer und mitteilungsbereiter wird.

Widerstände in den **Probesitzungen** sollten möglichst nicht direkt angegangen werden, wie zum Beispiel durch Deutungen, sondern lediglich registriert werden. Nur dann, wenn die Weiterarbeit mit dem Ziel der Klärung eines Arbeitsbündnisses nicht gelingt, muß eine sogenannte Widerstandsdeutung gegeben werden.

———————— Fallbeispiel ————————

„Ich glaube, das und das hindert jetzt unser Verständnis oder unsere Arbeit, wir müssen erst darüber weiter sprechen." Oder: „Ich denke, Sie sind jetzt blockiert, weil ... ich Sie zu sehr an diese unangenehme Person erinnere."

———————————————————————————————

Für die Einschätzung des prospektiven Therapieverlaufs ist die zweite, regelhaft durchzuführende Sitzung besonders wichtig. Auf folgende Aspekte sollte besonders geachtet werden:

- In welcher Weise verhält sich der Patient/die Patientin beim zweiten Besuch anders (nonverbal oder verbal, z. B. Veränderung des Äußeren, der Haltung, Mimik, Gestik, Kleidung, selbstsicherer oder deutlich andere psychische Symptome)?
- Wie geht der Patient mit den Grenzen um (Zeitgrenzen, inhaltliche Begrenzungen, Verhaltensregeln)?

Bereits im **Erstinterview** kommt es zwangsläufig in starkem Maße zu therapeutischen Prozessen; dies gilt insbesondere für die Probesitzungen. Das hat den Vorteil, daß daraus die Therapierbarkeit des Patienten besser eingeschätzt werden kann. Eine Unterstützung für viele Patienten ist es, wenn die erste Begegnung mit dem Therapeuten nicht nur darin besteht, seine Mängel, Versäumnisse, Fehler oder Leiden aufzuzählen, sondern auch positive Aspekte seines Lebens und seiner Persönlichkeit zu betonen. Schließlich kommt er meist voller offen geäußerter oder latenter Ängste; deswegen ist es für den intendierten Brückenschlag wichtig, daß auch der Therapeut ihm gegenüber positive Aspekte anspricht. So ist es empfehlenswert, dem Patienten zu vermitteln, daß er angenommen wird, so wie er ist, und auch sein Mut, sich der unangenehmen oder schwierigen, zumindest aber angstbesetzten Situation dieser ersten Begegnung zu stellen, geschätzt wird. Gerade narzißtisch gestörte Patienten brauchen eine Ich-Stärkung, selbst wenn sie abwehren oder abwerten, wobei man sich durch zur Schau gestellte Souveränität nicht blenden lassen sollte.

Der wichtigste Aspekt bei den probatorischen Sitzungen ist das **Einhalten von Grenzen**, was zuweilen durchaus schwerfallen kann. Nun haben gerade Anfänger Ängste, den Patienten durch ein Einhalten von **Zeitgrenzen** zu vergrämen oder zu kränken oder in der Weise zu ärgern, daß er zur nächsten Stunde mit noch mehr Widerstand kommt. Leicht wird der Therapeut auch Opfer des eigenen Wissensdranges und meint, wenn der Patient gerade bei einem spannenden Thema ist, sollte er nicht unterbrochen werden, sondern etwas zu Ende bringen. So wird dann übersehen, daß es Patienten gibt, die eine geradezu artistische Fähigkeit haben, uns zu verführen, vergleichbar kleinen Kindern, die ihre Eltern zu etwas herumkriegen wollen, was diese nicht erlaubt haben. Hierbei ist es wichtig, sich deutlich zu machen, daß der **Patient** auch **den Therapeuten** vom ersten Moment der Begegnung an **testet**, er macht umgekehrt auch mit dem Therapeuten probatorische Sitzungen! Je nachdem, wie dieser von ihm beurteilt wird, wird er sich öffnen oder Widerstände entwickeln. Häufig gibt es Gelegenheit, diesen Aspekt anzusprechen und damit einen anlaufenden Widerstand aufzulösen.

———————————— Fallbeispiel ————————————

„Jetzt wollen Sie anscheinend ausprobieren, wann ich ärgerlich werde ..." Oder: „Es macht Spaß herauszufinden, wieviel sich jemand wie ich bieten läßt, ehe er aus der Fassung gerät ..."

———————————————————————————————

Von besonderer Bedeutung im Rahmen der Grenzziehung zwischen Therapeut und Patient ist eine klare Bestimmung der **äußeren Rahmensetzung** und der **Finanzierung** der Therapie. Es erscheint vielleicht grotesk, diese Aspekte bereits zu Beginn festzulegen; erfahrungsgemäß erspart man sich jedoch viel Ärger, wenn mit dem Patienten gemeinsam Klarheit über folgende Punkte geschaffen worden ist:

- Urlaubsregelung,
- Ausfallhonorar,
- Betonen der Notwendigkeit von Regelmäßigkeit,
- Betonen der Notwendigkeit von Verläßlichkeit,
- Umgang mit auftretenden Abbruchstendenzen,
- Beendigung der Therapie.

Klarheit in der Beziehung ist eines der wichtigsten therapeutischen Elemente jeder Art von Psychotherapie, und insofern sollten diese von vornherein vom Therapeuten hergestellt und mit dem Patienten gemeinsam erarbeitet werden. Hierbei gilt die Regel, von dem Patienten nichts zu verlangen, was man für sich selbst als unzumutbar einschätzt.

Probatorische Sitzungen vor einer geplanten **Gruppentherapie** können nur Einzelsitzungen sein, da es keine Ziffer der Gebührenordnung für probatorische Gruppensitzungen gibt. Solche Sitzungen erscheinen grundsätzlich sinnvoll, da eine Gruppe durch zu häufiges Kommen und Gehen beziehungsweise frühe Abbrüche neuer Teilnehmer sehr belastet würde. So werden die möglichen probatorischen Sitzungen in der Regel als Einzelsitzungen ausgeschöpft, bei denen der Therapeut sein besonderes Augenmerk auf die Gruppenfähigkeit des Patienten und die spezifischen Indikationen für die Gruppentherapie lenkt. Er kann gleichzeitig seine in aller Regel vorhandenen Ängste vor der Gruppensituation etwas abbauen, nicht zuletzt dadurch, daß er mit einfachen Worten versucht, einen Gruppenprozeß darzustellen. Die meisten Patienten, für die eine Gruppentherapie sinnvoll erscheint, sind dieser Therapieform gegenüber zunächst eher skeptisch bis ablehnend. Dies ist einmal durch unangenehme Vorerfahrungen in Gruppensituationen bedingt, zum anderen aber auch durch den meist großen Wunsch, vom Therapeuten als „Einzelkind verhätschelt" zu werden.

Da **Paar-** und **Familientherapie** bislang keine Kassenleistungen sind und es vermutlich in absehbarer Zeit auch nicht sein werden, kann der Therapeut nur im Bereich der Gruppentherapie mit mehreren Personen gleichzeitig auf Rechnung der Krankenkasse arbeiten. Dies gilt auch für die probatorischen Sitzungen.

1.5.5
Besonderheiten der Therapie: die sogenannte „Entdeckelung" der psychotherapeutischen Stundenbegrenzung

Zum Thema **„Überschreitung der Regelgrenzen"** schreiben Faber und Haarstrick (1994): „Die therapeutische Praxis hat im Gutachterverfahren gezeigt, daß bei einer kleinen Zahl von Fällen eine Weiterführung der analytischen Psychotherapie über den Regelrahmen der Richtlinien hinaus erforderlich sein kann, weil

- weiterhin Krankheit im Sinne der RVO angenommen werden muß, der Therapeut in der begründeten Überzeugung seines therapiegerechten Verhaltens (Behandlungskonzept, Behandlungstechnik, Beurteilung der Prognose) eine Beendigung der Therapie im zugestandenen Leistungsumfang nicht glaubt verantworten zu können;
- zudem ersichtlich ist, daß nicht die Folgen einer unreflektierten Gegenübertragung des Therapeuten im Spiel sind.

In solchen außergewöhnlichen Situationen ist es eine Aufgabe des Gutachters, dem Einzelfall in einer nicht formalen, sondern interpretativen Anwendung der Richtlinien gerecht zu werden, ohne dabei deren System in seinem grundsätzlich ausreichenden Leistungsumfang zu gefährden.

Die Psychotherapie-Richtlinien intendieren in der Leistungsbegrenzung der Psychotherapie keine Behinderung des Patienten und des Therapeuten durch die Willkür ökonomischer Grenzziehung, die nachträglich durch allerlei kommentatorischen Aufwand legitimiert werden soll. Die zumeist problematische Behandlung chronifizierter Charakterneurosen, prognostisch ungünstiger Borderline-Erkrankungen oder narzißtischer Psychoneurosen sollte nicht dazu beitragen, das bewährte Versorgungssystem der Psychotherapie-Richtlinien und der Psychotherapie-Vereinbarungen in Frage zu stellen."

Was die Autoren hier für die analytische Psychotherapie schreiben, sollte auch ausnahmsweise einmal für tiefenpsychologisch fundierte Therapie und sicher sinngemäß auch für Verhaltenstherapie gelten.

Vor allem stellt es eine Ungerechtigkeit dar, daß Patienten, deren Therapien über die Beihilfestellen abgerechnet werden und die ohnehin in der Regel – wenn sie bei der Beamtenkrankenkasse versichert sind – eine erhebliche Eigenleistung aufbringen müssen, nur eine geringere Stundenzahl haben dürfen als die bei gesetzlichen und privaten Krankenkassen Versicherten. Hier ist zu hoffen, daß sowohl die Beamtenkrankenkasse wie die Beihilfestellen im Sinne einer Entdeckelung der Psychotherapie und Psychoanalyse in besonders begründeten Ausnahmefällen zu einer Gleichbehandlung der bei ihnen Versicherten mit den gesetzlich Versicherten kommen. Damit ist nicht gesagt, daß dies regelmäßig notwendig oder auch wünschenswert ist. Lediglich in besonders schwierigen

Situationen, die aber dennoch lösbar erscheinen, ist eine solche Entdeckelung zu wünschen.

1.5.6
Beendigung der Therapie bei nicht ausreichendem Behandlungserfolg

Jede Art von Psychotherapie im Rahmen der kassenärztlichen Versorgung ist zu beenden, wenn kein nennenswerter Behandlungserfolg eintritt oder erwartet werden kann. Dies sollte eigentlich selbstverständlich sein. Gegebenenfalls können andere Therapieformen erwogen werden.

1.5.7
Therapeutenwechsel

Hierbei gibt es zwei Möglichkeiten: Will der Patient (im Einverständnis mit seinem Therapeuten, zum Beispiel weil einer der beiden wegzieht) während einer genehmigten Therapie wechseln, ist dies manchmal ohne Neuantrag möglich, wenn der bisherige Therapeut der Kasse gegenüber sein Einverständnis gibt, die für ihn genehmigten Sitzungen auf den neuen Therapeuten zu übertragen. Andernfalls kann der neue Therapeut noch einmal probatorische Sitzungen durchführen und danach einen neuen Antrag auf Kurzzeit- oder Langzeittherapie stellen, über den dann beschieden werden muß.

1.5.8
Wechsel des Verfahrens

Laut den Richtlinien ist ein Wechsel von der Einzel- in die Gruppentherapie und umgekehrt beim gleichen Therapeuten möglich, wobei probatorische Sitzungen und Kurzzeittherapie wiederholt werden können; das gleiche gilt für den Wechsel von einem psychoanalytischen Verfahren in eine Verhaltenstherapie und umgekehrt. Beim Wechsel von Kurzzeit-Gruppentherapie in Langzeit-Gruppentherapie werden die Kurzzeitsitzungen angerechnet. Beim Wechsel von Kurzzeit-Einzeltherapie in Langzeit-Gruppentherapie wird die Kurzzeittherapie nicht angerechnet.

1.5.9
Was tun bei Ablehnung des Antrags?

Selten wird ein lege artis gestellter Antrag abgelehnt. Öfter kommt es vor, daß der Gutachter eine schriftliche oder eventuell telefonische Rückfrage stellt, nach der in der Regel eine Genehmigung erfolgt. In den 25 Jahren, in denen ich eine große Ganztagspraxis für Psychotherapie führe, kann ich die Anträge auf **Obergutachten**, die notwendig wurden, an einer Hand abzählen. Dabei kam es immer zu einer Art „salomonischer Entscheidung", das heißt, das Obergutachten gibt in der Regel jedem ein bißchen Recht, genehmigt also meist einen Teil des Beantragten im Sinne einer Probetherapie.

Das Verfahren verlangt, daß sowohl der antragstellende Therapeut als auch der Patient innerhalb von vier Wochen nach dem ablehnenden Bescheid bei dessen Krankenkassenzweigstelle Einspruch dagegen erhebt. Der Therapeut muß im verschlossenen roten Umschlag der Kasse folgende Unterlagen schicken:

- den bisherigen Vorgang, der zur Ablehnung führte;
- die ablehnende Stellungnahme des Gutachters;
- die Begründung des Einspruchs.

Letztere muß im einzelnen auf die Bedenken des Gutachters eingehen und diese zu entkräften versuchen.

Im Grunde muß der Therapeut einen zweiten Antrag verfassen, in dem er besonders Stellung zu den Gründen der Ablehnung nimmt und versucht, diese zu widerlegen. Gelingt ihm das, wird der Obergutachter in seinem Sinne entscheiden. Sind seine Argumente wiederum nicht stichhaltig genug, wird der Obergutachter dem Erstgutachter Recht geben.

Es ist außerdem erforderlich, daß der Versicherte selbst gegen die Ablehnung des über ihn erstellten Antrags innerhalb von vier Wochen mit einem eigenen Brief an seine Krankenkasse Einspruch gegen den ablehnenden Bescheid einlegt und ein Obergutachten verlangt.

Literatur

Dührssen A. Die biographische Anamnese unter tiefenpsychologischem Aspekt. Göttingen: Vandenhoeck & Ruprecht 1990.

Faber FR, Haarstrick R. Kommentar Psychotherapie-Richtlinien. 4. Aufl. Neckarsulm: Jungjohann 1996.

Freud S. Gesammelte Werke. Studienausgabe. Frankfurt: Fischer 1971.

Keil-Kuri E. Vom Erstinterview zum Kassenantrag. 3. Aufl. München: Urban & Fischer 1999.

1.6
Primäre und sekundäre Prävention

Gerhard Reister

Definition

Primäre Prävention ist die Summe aller Maßnahmen, die dem erstmaligen Auftreten von Krankheit (Inzidenz) gezielt vorbeugen soll.

Unter diese weitgefaßte Definition läßt sich auch das subsumieren, was Jablensky als **„primordiale" Prävention** bezeichnet; darunter versteht der Autor „die Beseitigung der Bedingungen, die das Auftreten des primären Pathogens ermöglichen" (Jablensky 1989, S. 226). Es handelt sich also um Gesundheitsförderung ganz allgemein. Damit gewinnt das Konzept der primären Prävention – für die psychiatrischen Krankheiten nach wie vor unübertroffen von Ciompi (1979) dargestellt – seine Faszination durch die Vorstellung, die Entstehung von Krankheit und damit von individuellem Leid überhaupt verhindern zu können. Solche letztlich unrealistischen Hoffnungen waren für den Bereich der psychischen Erkrankungen, zum Beispiel in der Psychohygienebewegung der 20er und 30er Jahre, im „Community-Mental-Health-Movement" der 60er Jahre oder für den antibiologischen Labelingansatz soziologischer und antipsychiatrischer Herkunft (z. B. Robitscher 1979) mitbestimmend.

Definition

Sekundäre Prävention besteht in der Behandlung bereits erkrankter Personen (Prävalenz).

Sie ist also weitgehend identisch mit therapeutischen Aufgaben, die detailliert in den entsprechenden Kapiteln dieses Lehrbuchs abgehandelt werden. Zur sekundären Prävention gehören aber auch Beratungen und Interventionen, die über ärztlich-therapeutische Aufgaben im engeren Sinne hinausgehen, wie Früherkennungsmaßnahmen, psychohygienische Betreuung, sozialpädagogische und sozialtherapeutische Hilfestellungen, Vorsorgeuntersuchungen und anderes (Remschmidt 1988).

1.6.1
Theorien präventiver Strategien

Für die Entwicklung sinnvoller, zweckmäßiger und zielgerichteter präventiver Strategien gegen die Entstehung und Aufrechterhaltung psychogener Erkrankungen, also „im wesentlichen seelisch bedingter" (Campbell 1983) Störungen, sind

neben den klinischen Erfahrungen vor allem die **Ergebnisse epidemiologischer Untersuchungen** in diesem Feld von Bedeutung. Sie nämlich vermögen unter Zuhilfenahme des Methodenarsenals anderer Wissenschaftszweige, zum Beispiel der Psychologie, der Soziologie, der Zwillingsforschung und Genetik und sozialwissenschaftlicher Konzepte (wie kritische Lebensereignisse *[life events]* und soziale Unterstützung *[social support]*) kausal relevante Faktoren bei der Entstehung solcher Erkrankungen zu isolieren. Auf diese Weise gelingt es, Risikofaktoren und Risikoindikatoren zu bestimmen. Entsprechend beschäftigt sich die **Risikoforschung** mit der Frage, ob und wie sich bestimmte Merkmale auf den psychischen Gesundheitszustand eines Individuums auswirken. Neben erbgenetisch-konstitutionellen Bedingungen bilden die psychosozialen Einwirkungen der Vergangenheit und Gegenwart im Sinne einer Ergänzungsreihe von Erbe und Umwelt die Hauptkonstituenten der seelischen Entwicklung eines jeden menschlichen Wesens. Innerhalb der **Psychoanalyse** stand die Bedeutung der Lebensumstände in der (frühen) Kindheit nie in Frage. Sie kann sich dabei auf die Befunde der Zwillingsforschung, auf Deprivationsstudien, tierexperimentelle Untersuchungen, die klinisch-sozialempirische Forschung, auf die Epidemiologie, die Traumaforschung und jüngste Ergebnisse einer kinder- und jugendpsychiatrischen Längsschnittstudie berufen (Esser et al. 1992; Esser et al. 1993). Demgegenüber sind die im Gefolge des aus den USA importierten „*Elastic-mind-movement*" entstandenen Darstellungen (z. B. Ernst und von Luckner 1985) bisher den Beweis ihrer Thesen von der weitgehenden Unempfindlichkeit des (Klein-)Kindes gegenüber psychosozialen Belastungen schuldig geblieben (Fischer und Berger 1988).

Dührssen (1984) identifizierte zum Beispiel als **Risikofaktoren für die Kindheit**:

- Alter und Gesundheit der Eltern,
- Stellung des Kindes in der Geschwisterreihe,
- Verlusterlebnisse,
- sozioökonomische familiäre Belastungen und Beeinträchtigungen,
- eine erhöhte Konflikthaftigkeit in der Familie.

Werner und Smith (1982) fanden für die **Frühkindheit** als **Risikoindikatoren**:

- Trennungserlebnisse aller Art,
- Belastungen durch Geschwister,
- Krankheiten,
- soziale Härten,

- gravierende Umgebungsveränderungen,
- ungünstige Sozialverhältnisse,
- psychiatrische Auffälligkeiten der Eltern.

Danach ist unter dem Gesichtspunkt der Prävention die Aufmerksamkeit des Forschers und derjenigen, die für die Entwicklung präventiver Strategien zuständig sind, vor allem der kindlichen Entwicklung zu widmen. Allerdings scheint die ausschließliche Isolierung und Identifizierung von Risikofaktoren hier nicht ausreichend. Befunde aus Längsschnittuntersuchungen wie der **Child-Guidance-Study** (MacFarlane 1964) zeigen nämlich, daß die seelische Entwicklung mancher Kinder trotz schwerer biologischer, sozialer und psychologischer Risiken wider Erwarten günstig verlief. Als Erwachsene waren sie nicht nur psychopathologisch weitgehend unauffällig, sondern sie imponierten häufig als reife und sozial fähige Individuen. In ihrer Biographie fanden sich protektive Faktoren, die sie vor späterer psychischer Erkrankung schützten.

1.6.2
Protektive Faktoren

Ausgehend von solchen Befunden entwickelte sich die **Protektionsforschung**, die in den letzten beiden Dekaden einen enormen Aufschwung erlebt hat. Sie untersucht die „grundsätzlich notwendigen Entwicklungsbedingungen" (Ulich 1988) für seelische Gesundheit. Als protektive Faktoren wurden dabei zunächst drei **Variablengruppen** identifiziert (Masten und Garmezy 1985):

- Persönlichkeitsfaktoren wie Autonomie, Selbstwertgefühl und eine positive soziale Orientierung;
- Merkmale der Familie wie Zusammengehörigkeitsgefühl, emotionale Wärme und Harmonie;
- Verfügbarkeit von Unterstützungsstrukturen zur Ermutigung und Stärkung der Bewältigungsfähigkeiten.

Zweifellos ist auch die Abwesenheit von Risikofaktoren ein protektives Moment (Tress 1986). Rutter, der sich eingehend mit Definition und theoretischer Fundierung des Begriffs der Protektion auseinandergesetzt hat, sieht deren Wirkung vor allem in einem *„steeling effect"* („stählern werden"), in der Verhinderung negativer Kettenreaktionen, der Entwicklung von Selbstachtung und Selbständigkeit und der Eröffnung von Möglichkeiten (Rutter 1989). Er betont ebenfalls die Bedeutung der Persönlichkeit, die ein protektiver Faktor per se sei (Rutter 1987).

Empirisch sehr gut belegt sind folgende protektive Faktoren:

- die ausdauernde Fürsorge für den Säugling in den ersten Lebensmonaten und eine positive Beziehung der Eltern zu ihrem Kleinkind,
- die Verfügbarkeit von Gleichaltrigen und Nachbarn zur emotionalen Unterstützung (Werner und Smith 1982),

- eine präsente, emotional warmherzige und konstante Bezugsperson (Tress 1986).

Offensichtlich sind benigne frühkindliche Beziehungserfahrungen von entscheidender Bedeutung. Wachsen also Kinder trotz zum Teil schwerer psychosozialer Belastungen in klar definierten Umständen auf, mit stabilen menschlichen Bindungen schon in ihrem allerfrühesten Leben, so können sie auf diese Weise eine positive Lebenseinstellung in Verbindung mit einer hohen Widerstandskraft („resilience") gegenüber den vielleicht auftretenden Widrigkeiten ihres späteren Lebens entwickeln.

Allerdings stellen sich in den Anfängen der Protektionsforschung die protektiven Faktoren meist als ins Positive gewendete Risikofaktoren dar. Rutter hat demgegenüber schon 1979 darauf hingewiesen, daß protektive Faktoren einen positiven Effekt per se ausüben. Er wendet sich ab von einem statischen hin zu einem **dynamischen Protektionsbegriff** mit stärkerer Beachtung protektiver Mechanismen. Protektion erweist sich damit als moderierende Variable in einem komplexen Spiel und Gegenspiel angesichts von Risiko. Demnach wäre Protektion derjenige Prozeß in der Auseinandersetzung eines Individuums mit Belastungen, der zur „Resilience" führt. Elastizität in diesem Sinne wäre eine relativ zeitüberdauerndes Persönlichkeitsmerkmal, zum Teil sicher angeboren, zum größeren Teil wohl in der Begegnung mit der Umwelt erworben.

Eingebettet in eine **„salutogenetische" Orientierung** (Antonovsky 1987), die dem Erforschen der Bedingungen für das Gesundsein und -bleiben den gleichen Rang einräumt wie der wissenschaftlichen Aufklärung pathogenetischer Zusammenhänge, tritt die Protektionsforschung nun in eine Phase, in der der Interaktion verschiedener Variablengruppen mit protektiver Potenz Aufmerksamkeit geschenkt wird. **Protektion**, jetzt verstanden als **prozessuales Geschehen**, umfaßt höchst komplexe Vorgänge mit wechselnden und unterschiedlichen Stabilitäten über die Zeit und im Vergleich verschiedener Individuen. Zentrale Variablen hierfür sind neben den protektiven Faktoren vor allem sozialer Rückhalt und Persönlichkeitsfaktoren.

Eigene Untersuchungen an einem Risikoklientel des Mannheimer Kohortenprojekts (Schepank 1987; Schepank 1989) zeigen in Pfadanalysen und mathematischen Strukturgleichungsmodellen, daß an erster Stelle Persönlichkeitsfaktoren, daneben auch Unterstützung in der Auseinandersetzung mit Risiko in Form psychosozialer Belastung, weitgehend bestimmend für das Maß an seelischer Gesundheit sind. Dabei zeigt sich, daß protektive Faktoren eine regulierende Funktion auf die seelische Gesundheit ausüben, wobei eine gesundheitsfördernde Wirkung erst bei erhöhtem Risiko eintritt (Reister 1995).

Es liegt also nahe, die bisherigen Ergebnisse der rezenten Protektionsforschung als Folge und Wirkung eines interaktiven Beziehungsgeschehens zu interpretieren, in welchem primärer „social support" oder primäre Mütterlichkeit die personalen Bedingungen schaffen, die es später ermöglichen, Risiken zu begegnen, zu vermeiden beziehungsweise sie erst zu konstellieren. Sie sind auch die Basis für die Fähigkeit, sich selbst ein soziales Netzwerk mit befriedigender Qualität zu schaffen.

Solche empirischen Befunde werden vor dem Hintergrund **psychoanalytischer Objektbeziehungstheorien** verstehbar. Nach Kernberg (1981, S. 54) befaßt sich die Objektbeziehungstheorie „mit der Internalisierung von zwischenmenschlichen Beziehungen und den Wechselwirkungen zwischen intrapsychischen und zwischenmenschlichen Objektbeziehungen". Die Vorstellung geht dahin, daß sich im interpersonellen Austausch zwischen dem Säugling beziehungsweise Kleinkind und seinen primären Bezugspersonen innere Niederschläge, Erinnerungsspuren dieser frühen Kommunikationserfahrungen bilden, die für die Strukturierung von intrapsychischen Selbst- und Objektbildern von Bedeutung sind. Die Entwicklung zu realitätsangepaßten ambivalent erlebbaren Beziehungsmustern, von reifen Ich-Funktionen und gut entwickelten Coping-Fähigkeiten setzt hinreichend gute frühkindliche Beziehungserfahrungen mit benignen Objekten voraus. Diese überdauern und werden besonders in Zeiten innerer und äußerer Gefahr protektiv wirksam. Die positive frühkindliche Bezugsperson im Sinne der *„good enough mother"* (Winnicott 1976; vgl. Kap. 3.2.1, S. 100f) bleibt somit als Engramm der ersten emotionalen und kognitiven Begegnungen mit der Umwelt erhalten.

1.6.3
Ansatzpunkte primärer und sekundärer Prävention

Für **primär präventive Strategien** auf dem Feld psychogener Erkrankungen legt die überragende Bedeutung persönlicher Ressourcen im Sinne von entwickelten Bewältigungsfähigkeiten und reifen Persönlichkeitsstrukturen sowie eines unterstützenden sozialen Netzwerkes neben der trivial klingenden Forderung nach Minimierung oder Ausschaltung von Risikofaktoren die Förderung solcher personaler Kompetenzen und die Erleichterung der Bildung sozialer Netzwerke nahe. Sie wird da ansetzen müssen, wo die Persönlichkeit sich zu entwickeln beginnt, das heißt schon in der **frühen Kindheit**, und sollte die gesamte Phase der Formung der Persönlichkeitsstrukturen mit ihren je eigenen Anforderungen und Belastungen zu verschiedenen Zeiten begleiten. Die Bedeutung der primären Mütterlichkeit ist dabei kaum zu überschätzen. Sie läßt auch daran denken, Programme zu entwickeln, Risikokinder aus emotional hochbelasteten Familien etwa bei Kinderärzten, Kindergärten, Vorschulen und Beratungsstellen zu identifizieren. Für solche Risikokinder und ihre Angehörigen können adäquate Beratungs- und Therapiemodelle konzipiert und erprobt werden, die einerseits volkswirtschaftlich tragbar und andererseits für die Zielgruppen und ihre speziellen Einstellungen und Lebensstrukturen akzeptabel wären. Auf einer all-

gemeineren Ebene und unter dem Gesichtspunkt des oben skizzierten Beziehungsansatzes sprechen die Befunde der Protektionsforschung dafür, die Zuwendung zum Kind als eine zentrale Investition in seine Entwicklung zu einem sozial bindungsfähigen, selbstbewußten und seelisch stabilen Individuum zu betrachten.

Auf der Ebene des **Erwachsenenalters** liegen die Ansatzpunkte **primärer Prävention** in den zwischenmenschlichen Bezügen in Partnerschaft, Freundeskreis, in Beruf und Freizeit. Die Bedeutung eines dichten sozialen Netzwerkes mit befriedigend empfundener sozialer Unterstützung ist für die Prophylaxe psychogener Erkrankungen unübersehbar.

Die **Behandlung psychogener Störungen** im Rahmen der **sekundären Prävention** sollte idealerweise auf eine Nachreifung seelischer Störungen zielen und der Entwicklung und Festigung durchaus auch kognitiv gesteuerter Verarbeitungs- und Bewältigungsfertigkeiten Aufmerksamkeit schenken, damit das Individuum allgegenwärtigen äußeren Risiken mehr protektive Potenz entgegensetzen kann. Das gilt natürlich auch für innere Anforderungen und Konflikte. Die neuere Psychotherapieforschung faßt diesen Sachverhalt in Begriffe wie „aktive Hilfe zur Problembewältigung", „Klärung" und „Beziehung".

Beziehen wir die **makrosoziale** und **politische Ebene** mit ein, und vergegenwärtigen wir uns den Menschen als gesellschaftliches Wesen, dann heißt Prävention immer auch, in gesellschaftliche Rahmenbedingungen hineinzuwirken. Die Fürsorge für das Kind, gerade in psychisch-emotionaler Hinsicht, und für das dazu unerläßliche Familienleben hat sozialpolitische Konsequenzen vom Kindergeld über die Verteilung der Steuerlasten auf Ledige, Kinderlose und Familien mit weniger oder mehreren Kindern bis hin zur Finanzierung des Rentenaufkommens. Im Bereich der sekundären Sozialisation, vom Kindergarten bis zur Universität, wird immer noch allzu stark die intellektuelle Ausbildung vor der emotionalen, der sozialen und der leiblichen Entfaltung überbetont. Andere Gesichtspunkte gelten der Organisation des Berufslebens und der Arbeitswelt (Großraumbüro, Fließbandarbeit, isolierte EDV-Arbeitsplätze) und der Bereitstellung und Gestaltung der Wohnwelt für breite Schichten der Bevölkerung. Insofern reicht primäre wie sekundäre Prävention weit über die individuelle Arzt-Patient-Beziehung hinaus.

Literatur

Antonovsky A. Unraveling the mystery of health. San Francisco, London: Jossey-Bass 1987.
Campbell PG. Psychogenesis. In: Handbook of psychiatry. Vol. 4. The neuroses and personality disorders. Russel GFM, Hersov LA (Hrsg). Cambridge, London: Cambridge University Press 1983; 15–9.
Ciompi L. Zum Problem der psychiatrischen Primärprävention. In: Psychiatrie der Gegenwart. Kisker KP, Lauter H, Meyer JE, Müller C, Strömgren E (Hrsg). Berlin, Heidelberg, New York: Springer 1979.
Dührssen A. Risikofaktoren für die neurotische Krankheitsentwicklung. Z Psychosom Med 1984; 30: 18–42.
Ernst C, Luckner N v. Stellt die Frühkindheit die Weichen? Eine Kritik an der schicksalhaften Bedeutung erster Erlebnisse. Stuttgart: Enke 1985.

Esser G, Schmidt MH, Blanz B, Fätkenheuer B, Fritz A, Koppe T, Laucht M, Reusch B, Rothenberger W. Prävalenz und Verlauf psychischer Störungen im Kindes- und Jugendalter. Z Kinder Jugendpsychiat 1992; 20: 232–42.

Esser G, Schmidt MH, Blanz B. Der Einfluß von Zeitpunkt und Chronizität von Stressoren auf die seelische Entwicklung von Kindern und Jugendlichen. Z Kinder Jugendpsychiat 1993; 21: 82–9.

Fischer G, Berger M. Risikofaktor Deprivation. Kinderarzt 1988; 19: 513–6.

Jablensky A. Beiträge der Epidemiologie zur Prävention und Therapie seelischer Störungen. In: Psychiatrie der Gegenwart. Bd. 9. Brennpunkte der Psychiatrie. Kisker KP, Lauter H, Meyer JE, Müller C, Strömgren E (Hrsg). Berlin, Heidelberg, New York: Springer 1989; 225–50.

Kernberg OF. Objektbeziehungen und Praxis der Psychoanalyse. Stuttgart: Klett-Cotta 1981.

MacFarlane JW. Perspectives an personality consistency und change from the guidance study. Vita Humana 1964; 7: 115–26.

Mosten A, Garmezy N. Risk, vulnerability and protective factors in developmental psychopathology. In: Advances in clinical child psychopathology. Vol. 8. Lahey BB, Kozdin AE (Hrsg). New York: Plenum 1985; 1–52.

Reister G. Schutz vor psychogener Erkrankung. Göttingen: Vandenhoeck & Ruprecht 1995.

Remschmidt H. Risikofaktoren, protektive Faktoren und Prävention. In: Psychiatrie der Gegenwart. Bd. 7. Kinder- und Jugendpsychiatrie.

Kisker KP, Lauter H, Meyer JE, Müller C, Strömgren E (Hrsg). Berlin, Heidelberg, New York: Springer 1988; 375–410.

Robitscher J. Labeling und discrimination in mental health. In: Toward a new definition of health. Psychosocial dimensions. Ahmed PI, Coelho GV (Hrsg). New York: Plenum 1979; 191–229.

Rutter M. Protective factors in children's responses to stress and disadvantage. In: Primary prevention in psychopathology. Vol. 3. Social Competence in Children. Kent MW, Rolf JE (Hrsg). Hannover: University Press of New England 1979; 49–74.

Rutter M. Psychosocial resilience and protective mechanisms. Am J Orthopsychiatry 1987; 57: 316–31.

Rutter M. Pathways from childhood to adult life. J Child Psychol Psychiatry 1989; 30: 23–51.

Schepank H. Psychogene Erkrankungen der Stadtbevölkerung: eine epidemiologisch-tiefenpsychologische Feldstudie. Berlin, Heidelberg, New York: Springer 1987.

Schepank H. Verläufe. Seelische Gesundheit und psychogene Erkrankungen heute. Berlin, Heidelberg, New York: Springer 1989.

Tress W. Das Rätsel der seelischen Gesundheit. Göttingen: Vandenhoeck & Ruprecht 1986.

Ulich M. Risiko- und Schutzfaktoren in der Entwicklung von Kindern und Jugendlichen. Z Entwicklungspsychol Päd Psychol 1988; 20: 146–66.

Werner EE, Smith RS. Vulnerable but invincible: a longitudinal study of resilient children und youth. New York: McGraw-Hill 1982.

Winnicott DW. Von der Kinderheilkunde zur Psychoanalyse. München: Kindler 1976.

1.7
Rehabilitation in der Psychotherapeutischen Medizin

Friedhelm Lamprecht

Es ist wichtig, daß die Mediziner in ihrer Ausbildung etwas über die Rehabilitation erfahren. Die Heilverfahren gehören nach § 10 des **Rehabilitations-Angleichungsgesetzes** (Reha-Angleichungsgesetz 1974, S. 23) zu den medizinischen Leistungen der Rehabilitation, die alle Hilfen umfassen, die erforderlich sind, einer drohenden Behinderung vorzubeugen, eine Behinderung zu beseitigen, zu bessern oder zu verhüten. Etwas weiter heißt es: „Die medizinischen und berufsfördernd ergänzenden Maßnahmen und Leistungen der Rehabilitation im Sinne dieses Gesetzes sind darauf auszurichten, körperlich, geistig oder seelisch Behinderte möglichst auf Dauer in Arbeit, Beruf und Gesellschaft einzugliedern." Diesem Gesetz liegt also ein nicht an Ursachen orientierter Krankheitsbegriff zugrunde, sondern er orientiert sich am Menschen und seiner sozialen Situation. Diese **psychosoziale Schwerpunktsetzung** im Rahmen des Gesetzes zu berücksichtigen, erfordert aber auch eine psychosoziale Kompetenz seitens der Ärzte der Primärversorgung und der medizinischen Dienste.

Der Begriff der **Rehabilitation** im Fachgebiet der Psychosomatik und Psychotherapie ist insofern problematisch, als er sich historisch von den operativen Fächern herleitet und damit ursprünglich die **restitutio ad integrum**, die Wiederherstellung des Vorkrankheitszustandes, gemeint war. Genau dies kann aber bei einem psychosomatischen Krankheitsverständnis nicht der Wunsch sein, weil es die Wiederherstellung der zur Krankheit führenden Bedingungskonstellation bedeuten würde und damit die Vorprogrammierung des Rezidivs beziehungsweise die Unterhaltung der Chronifizierung. Dies hat etwas zu tun mit dem, was Balint als Organisation der Krankheit bezeichnet.

„Psychosomatische Medizin wird eine tiefenpsychologische sein, oder sie wird nicht sein." Dieses Postulat Viktor von Weizsäckers hat, wenn es ernstgenommen wird, zur Folge, daß sich psychosomatische Therapie nicht auf Symptomlinderung oder Symptombeseitigung beschränken darf. Erst die gewonnene Einsicht über das Zustandekommen der eigenen Erkrankung oder die Mitverantwortung daran erlaubt es, auch auf die Leibessprache zum Ausdruck eher unbewußter Konflikte zu verzichten. Groß ist die Zahl derer, bei denen in einer endlosen Odyssee von Arztbesuchen nichts gefunden wird, denen aber dennoch vieles fehlt. Die Medizin hat nicht mit dem Wandel der Krankheiten mitgehalten. Das medizinische Modell, das sich auf die großen Erfolge bei der Behandlung von Infektionskrankheiten gründet, wird mit dem ihr inhärenten linearen monokausalen Ursachendenken im Sinne der aristotelischen Logik der Bedingungsvielfalt der Krankheiten, die uns heute beschäftigen, nicht gerecht. Nach dem Mikrozensus von 1980 durch das Statistische Bundesamt Wiesbaden haben 2,4 Mill. Bundesbürger Herz-Kreislauf-Krankheiten, gefolgt von 1,8 Mill. Patienten mit Erkrankungen der Atmungsorgane, 1,4 Mill. mit Krankheiten des Skelettes, der Muskeln und des Bindegewebes. 5,8 Mill. Bundesbürger nehmen im Erhebungszeitraum regelmäßig, weitere 8,3 Mill. gelegentlich Mittel gegen Schmerzen oder Schlafstörungen ein. Die Zahl der sich durch Selbstmedikation mit Alkohol und Drogen behandelnden Patienten bleibt ebenso im Dunkeln wie der in dieser Erhebung nicht erfaßte Psychopharmakagebrauch, der die Zahl der Konsumenten von Schmerz- und Schlafmitteln weit übersteigen dürfte. Ich erwähne diese Angaben hier nur, um aufzuzeigen, daß diesem Millionenheer von Patienten nach dem herkömmlichen medizinischen Modell nur selten beizukommen ist. Es kommt also für den Arzt auf die Wahrnehmung von Verknüpfungen an, auf verschiedenen diagnostischen Ebenen, die den Arzt u.U. in ein Entscheidungsdilemma bringen, weil diagnostische Exaktheit und Relevanz für den Patienten miteinander unvereinbare Ziele sind. Das, was für den leidenden Menschen sehr wohl relevant sein kann, ist oft nur vage beschreibbar, nämlich seine Einbettung in das Sozialsystem – ich meine hier seine gewachsene Beziehung in der Familie, im Freundeskreis und am Arbeitsplatz. Die Bewältigungsstrategien, die jemand zur Verfügung hat, um mit Herausforderung und Störungen der sozialen und biologischen Homöostase umzugehen, sind von seinem **„Social-Support"-System** entscheidend mitgeprägt. Ob ein Streß zu einem krankheitsfördernden Distreß führt oder als Folge eines erfolgreichen Coping-Verhalten zum Eustreß, hängt ganz entscheidend von dem erwähnten „*Social-Support*"-System ab. Um dem Auftrag des Rehabilitationsgesetzes zur Eingliederung des Patienten nachzukommen, muß man sich erst einmal über das Sozialgefüge klar werden; dann kann man die Faktoren feststellen, die u.U. als Ressourcen für den Patienten genutzt werden können, beziehungsweise auch die Bedingungskonstellation erfassen, die seinem Gesundungsprozeß entgegenwirken. Die Wiedereingliederung ist somit eine umfassende Rehabilitationsaufgabe, die die gesamten Lebensbedingungen umfaßt, einschließlich der Lebensqualität und des Lebensstils im Sinne einer selbstverantwortlichen Lebensführung. Es ist also nicht nur die Krankheit entscheidend, sondern auch die Einstellung zur Erkrankung.

Bei der anstehenden Veränderung der Bevölkerungszusammensetzung muß von einem zunehmenden Rehabilitationsbedarf gerade im Hinblick auf ältere, in der Regel **multimorbide Patienten** ausgegangen werden (Lamprecht 1990). Hierbei geht es weniger um den Grundsatz „Rehabilitation vor Rente", da viele der Patienten nicht mehr im Erwerbsprozeß stehen, sondern eher um den Grundsatz „Rehabilitation vor Pflege", also um die Verhinderung von Pflegebedürftigkeit und Abhängigkeit. Als Zielsetzung der Rehabilitation kann bei einem zunehmenden Anteil chronischer Krankheiten etwa folgendes formuliert werden: Es kommt auf Hilfestellungen an, die Krankheit und die dadurch bedingte Beeinträchtigung zu bewältigen, um weiterhin möglichst aktiv am normalen Leben in der Gesellschaft, Familie und Beruf teilnehmen zu können.

Die **Träger** der **Rehabilitation** sind in erster Linie die Renten-, Kranken- und Unfallversicherungen. Man sieht hieran, daß die psychosoziale Kompetenz des Arztes für Psychotherapeutische Medizin in vielen Bereichen der Rehabilitation zur Anwendung kommen wird.

Nach der **Klassifikation** der **WHO** wird unterschieden zwischen „Impairment", „Disability" und „Handicap". Bezogen auf das hier behandelte Fachgebiet kann man diesen Begriffen folgende Störungen zuordnen.

1.7.1
Schaden (Impairment)

Hier sind keine klaren strukturellen Behinderungen im physischen Bereich vorhanden, d. h., anlagemäßig und erworbene Schwachstellen in verschiedenen Organen oder Organsystemen dienen als somatisches Entgegenkommen und können im Zusammenhang mit Konfliktreaktionen, Neurosen und einer abnormen erlebnisreaktiven Verarbeitung Symptomcharakter von Krankheitswert annehmen.

Eine Steilstellung der Wirbelsäule kann sich beispielsweise ausweiten zu einer Rentenneurose; ein atypischer Gesichtsschmerz kann ein Depressionsäquivalent darstellen; Todes- und Verlustängste können als Herzneurose mit dramatischen Krankheiten in Erscheinung treten, die meist die Einweisung in eine Notaufnahme erforderlich machen; Hyperventilationssyndrome, Globus hystericus, Spannungskopfschmerzen, funktionelle Magen-Darm-Beschwerden können auf diese Weise manifest werden, um nur einige Beispiele zu nennen. Allen diesen Symptombildungen gemeinsam ist, daß die pathophysiologische, pathochemische und pathoanatomische Abklärung keinen hinreichenden Verursachungsgrund erkennen läßt.

Viel häufiger aber als spezielle Organfunktionsstörung gehören die **unspezifischen Krankheitssymptome** in diesen Bereich, die sich meist auf den Vitalbereich beziehen und dann als Leistungsknick mit vermehrter Erschöpfbarkeit, gepaart mit Versagensängsten, Störungen des Schlafverhaltens (Einschlaf-Durchschlaf-Störungen, Hypersomnie), des Appetits und der sexuellen Libido und Potenz einhergehen. Uncharak-

teristische Schmerzen können ebenso im Vordergrund stehen wie sonst nicht einzuordnende Mißempfindungen. Alle **vegetativen Funktionen** können alteriert sein. Ob das Chronic Fatigue Syndrom (CFS) ein selbständiges, möglicherweise viral bedingtes Krankheitsbild darstellt, ist zur Zeit noch unentschieden. Störungen des **Antriebs** (Apathie, Antriebsminderung, Antriebssteigerung, Agitiertheit, Manie) der Affektmodulation, der Sprachmelodie gilt es ebenso festzuhalten wie auffällige Stimmungen und Haltungen etwa Melancholie, Trauer, Selbstunsicherheit und Hypochondrie, die generalisiert oder zirkumskript auftreten können, sowie Mißtrauen und dysphorische Grundstimmung und anderes. Die Beurteilung der **kognitiven Funktionen** Konzentration, Intelligenz, Merkfähigkeit und Gedächtnis kann ebenfalls Hinweise auf eine Behinderung am Arbeitsplatz geben.

Alle erwähnten unspezifischen Symptome können auch durch Umweltgifte (z. B. Lösungsmittelexposition, Holzschutzmittel usw.) hervorgerufen werden, so daß hier die **Abgrenzung** gegenüber **ökologisch-medizinischen Fragen** schwierig werden kann. Hier handelt es sich um ein Problemfeld, das zunehmend an Bedeutung gewinnen wird.

Die besonderen **psychiatrischen** und **neurotischen Symptome** zu erkennen, erfordert ein besonderes Geschick beim Interview, bei dem manchmal auch gezielt nachgefragt werden muß, weil diese Symptome zum Teil mit einer hohen Schamschwelle verbunden sind und nicht spontan geschildert werden. In diesen Bereich gehören alle Süchte, Zwangshandlungen, Zwangsgrübeleien, Phobien, sensitiven Beziehungsideen, etwaige ausgestanzte Wahngebilde, Hinweise auf Suizidalität, gestörte Realitätsbezüge mit Derealisations- und Depersonalisationsphänomen, Verwirrtheitszustände und Ideologiebildungen, um nur die wichtigsten Symptome zu nennen.

Von **Persönlichkeitsstörungen** spricht man, wenn in mehreren Funktionsbereichen, wie Antrieb, Affektivität, Impulskontrolle, Wahrnehmung und Denken fehlende Steuerungsmöglichkeiten vorliegen, die die Beziehung zu anderen erschweren. Der andauernde Charakter dieser Störung grenzt diese gegenüber episodischen Entgleisungen ab. Beginn und Manifestation liegen im Jugend- und frühen Erwachsenenalter. Das unangemessene, häufig situationsinadäquate Verhalten führt zu Störungen im beruflichen Bereich und der sozialen Leistungsfähigkeit. Dabei kann sich erst relativ spät ein subjektiver Leidensdruck herausbilden. Häufiger ist das soziale Umfeld alarmiert. Von den spezifischen Persönlichkeitsstörungen seien hier die schizoiden, die zwanghaften, die depressiven und hysterischen Persönlichkeitsstrukturen erwähnt, die meist in Mischformen vorliegen und nur bei stärker einseitiger Ausprägung psychopathologisch auffällig werden, die dissoziale Persönlichkeit und die emotional instabile Persönlichkeitsstörung (das psychiatrische Etikett der Borderline-Störung). Bei anderen Persönlichkeitsstörungen wird ein Merkmal zur Charakterisierung hervorgehoben; so gibt es ängstliche, abhängige, infantile (unreife), passiv aggressive, haltlose, exzentrische und narzißtische Persönlichkeitsstörungen, die sich unter **Charakterneurosen** subsumieren lassen. Für alle diese Störungen gibt es eine Kombination von Voraussetzungskriterien, die für die Diagnose erforderlich sind und die man den einschlägigen Fachbüchern sowie dem ICD-10 entnehmen kann. Der Verdacht auf eine Persönlichkeitsstörung ergibt sich bei uneinsichtigem Verhalten von Personen, die geringe Plastizität aufweisen und sich von realen Gegebenheiten wenig beeindrucken lassen. Sie sind in der Regel extravertiert, sie projizieren ihre Schwierigkeiten auf das soziale Umfeld und machen dieses für die eigenen Schwächen und Fehler verantwortlich, so daß sich im angelsächsischen Schrifttum der Begriff der Soziopathie durchgesetzt hat; denn häufig wird das soziale Umfeld zuerst in Mitleidenschaft gezogen.

1.7.2
Individuelle Behinderung (Disability)

Bei den individuellen funktionellen Behinderungen handelt es sich meist um Ich-strukturelle Defizite, die Sandweg (1988) bezogen auf ihre sozialrechtliche Relevanz zusammengestellt hat und die ich hier kurz zusammengefaßt wiedergeben möchte.

Von der **Realitätsprüfung** war schon die Rede; dazu gehört die genaue Wahrnehmung und Interpretation äußerer und innerer Vorgänge sowie ihre selbstreflektive Verarbeitung im Hinblick auf ihre Bedeutung. Auch projektive Verzerrung der äußeren Realität, überwertige Bedeutungserteilung und Verleugnung, Nicht-Wahrhaben-Wollen der äußeren und inneren Realität gehören hierher. Eine gewisse Fähigkeit des Denkens, d. h. logische Verknüpfung, Abstraktion und Konzeptualisierung, ist eine elementare Voraussetzung für die angemessene Realitätsprüfung. Die ausgewogene Regulierung und Kontrolle von Trieben, Affekten und Impulsen ist für das gesunde Miteinander von herausragender Bedeutung. Fehlende Steuerungsmöglichkeiten von Affekten, mangelnde Frustrationstoleranz beziehungsweise ein zu geringer Spannungsbogen und Impulsdurchbrüche belasten das soziale Beziehungsgefüge. Die **Antizipationsfähigkeit** setzt voraus, sich selbst, sein Handeln und seine Aussagen in seiner Wirkung auf andere einigermaßen zu beurteilen. Situationsunangepaßtes Verhalten und Verletzungen des Taktgefühls können als Folge gestörter Antizipationsfähigkeit auftreten. Die Objektbeziehungen können vielfach gestört sein, was eine Beeinträchtigung der Beziehungsfähigkeit, der Nähe und Distanzregulierung, der Flexibilität und fehlende Anpassungsfähigkeit zur Folge haben kann. Ein zu geringer Reizschutz gegen Außenreize kann zu einer Reizüberflutung mit entsprechenden Fehlanpassungen führen.

Eine besondere Bedeutung für eine gesunde Ich-Funktion haben die **Abwehrfunktionen** (s. a. Anna Freud: „Das Ich und die Abwehrmechanismen"), die, wenn sie erfolgreich sind, das Individuum vor eindringenden Triebimpulsen und vor Symptombildungen schützen; dabei hat ein Zusammenbruch der Abwehr psychische Desintegration, zumindest aber eine Symptombildung zur Folge.

Im Menschen gibt es ein Spannungsfeld zwischen **Autonomiebedürfnis** und **Angewiesensein** auf andere; daraus bildet sich mittels primärer zum autonomen Apparat gehöriger Funktionen wie Aufmerksamkeit, Konzentrationsfähigkeit, Gedächtnis, Lernen und Wahrnehmung motorischer Funktionen und Intentionalität im Verbund mit sekundär erworbenen Eigenschaften das Potential heraus, das zur Bewahrung der Eigenständigkeit der Stabilität der Ich-Grenzen, der Konflikte und Sublimationsfähigkeiten notwendig ist. Hier entwickelt sich das Verhalten, das unter dem Begriff „Coping-Behavior" („Bewältigungsverhalten") zusammengefaßt wird, also die Mechanismen, die einem Menschen zur Verfügung stehen, wenn die Homöostase auf der biologischen, soziologischen und/oder der psychologischen Ebene gestört oder bedroht ist.

1.7.3
Soziale Beeinträchtigung (Handicap)

Bei den meisten der im Vorabsatz beschriebenen funktionellen Einschränkungen lassen sich die sozialen Beeinträchtigungen von selbst ableiten, etwa bei gestörtem Realitätsbezug, mangelnder Antizipationsfähigkeit, fehlender Impulskontrolle, Affektdurchbrüchen und Bindungsunfähigkeit, wenn sich der Leser als soziales Gegenüber phantasiert. Ebenso ergeben sich hieraus manifeste Störungen am Arbeitsplatz. Hinzu kommen hier alle **phobischen Einschränkungen**, die den Patienten imperativ auffordern, gewisse Situationen zu vermeiden wie Tunnel, Fahrstühle, Menschenansammlungen, Eisenbahn, Auto, freie Plätze usw. Hierzu gehört auch die **Monophobie**, also die Angst vor dem Alleinsein. Viele für den täglichen Arbeitsablauf wichtige Funktionen können nicht mehr ausgeübt werden, zum Beispiel Einkaufen oder überhaupt alleine aus dem Haus zu gehen und vieles andere. Daß hierbei das soziale Umfeld immer entscheidend mit beeinträchtigt ist, liegt auf der Hand. Arbeiten in Großraumbüros mit anderen können ebenso tangiert sein, wie das Arbeiten alleine im Raum. Das Essen im Beisein anderer Menschen kann betroffen sein. Zwangshandlungen und Zwangsgrübeleien können Arbeitsabläufe unmöglich machen. Ein gestörtes Selbstwertgefühl könnte unter anderem zu kompensatorischen Fehlverhaltensweisen führen mit zu starkem Fremdbestätigungsdrang und Abhängigkeiten (Nikotin-, Äthylalkohol-Abusus, auch alle anderen Süchte, inklusive Arbeitssucht) sowie aufgrund eines zu geringen Kränkungsschutzes zu auto- und/oder allodestruktivem Verhalten. Der Verlust der Initiativefähigkeit, wie er auch bei depressiven Störungen vorkommt, kann zu Vernachlässigung der Körperpflege und Verwahrlosung bis hin zur Selbstisolation führen. Das soziale Netz wird dann brüchig und der Arbeitsplatz ist gefährdet.

1.7.4
Einrichtungen für psychosomatische Rehabilitation

Die psychosomatische Rehabilitation findet in erster Linie in überregionalen Fachkliniken in Form des von Rentenversicherern finanzierten Heilverfahrens mit einer durchschnittlichen Verweildauer von 6–8 Wochen statt. Eine Liste der geeigneten Einrichtungen mit einer Darstellung der Behandlungskonzepte findet sich in dem von Neun (1990) herausgegebenen Buch.

An den sogenannten **Schnittstellen** der **Versorgungskette** (vorstationäre Phase, stationäre Phase, Nachbehandlungsphase) kommt es wegen der Dualität zwischen Krankenversicherung und Akutmedizin einerseits und Rentenversicherung und Rehabilitation andererseits immer wieder zu unnötig langen Unterbrechungen. Die regionale wohnortnahe Rehabilitation hat den Vorteil, daß die Schnittstellenproblematik in der Regel leichter zu lösen ist; dies erfolgt durch kurze Unterbrechungen in der Versorgungskette und mit verbesserten Möglichkeiten der Berufserprobung. Der Nachteil besteht in der hohen Schamschwelle auf der Seite des Patienten gegenüber allem, was mit der Vorsilbe „psych-" anfängt; deswegen zieht er in der Regel eher eine Einrichtung fernab vom Wohnort vor. Auch dürfte es sehr schwierig sein, die vom SGB § 5 geforderte Wirtschaftlichkeit bei der Zusammenstellung multiprofessioneller Teams in kleinen wohnortnahen Abteilungen und im Ambulanzbereich umzusetzen. Die **regionale ambulante Rehabilitation** ist wegen der Kooperationsnotwendigkeit verschiedener Disziplinen schwer organisierbar, und sie spielt daher eine zur Zeit noch sehr untergeordnete Rolle, was sich aber sicher in der Zukunft ändern wird. Teilstationäre Einrichtungen im Gebiet der Psychotherapeutischen Medizin gibt es, wenn überhaupt, nur im Verbund mit psychiatrischen Institutionen; dies dürfte die Hemmschwelle, sich frühzeitig in Fachbehandlung zu begeben, noch einmal heraufsetzen (unnötige Psychiatrisierung der Patienten).

1.7.5
Berentung

Die wichtigsten Krankheitsgruppen, die zum vorzeitigen Ausscheiden aus dem Erwerbsleben beitragen, sind
- die Herz-Kreislauf-Krankheiten,
- die Krankheiten des rheumatischen Formenkreises,
- die psychiatrischen und psychosomatischen Erkrankungen und Neubildungen (Schuntermann 1987).

Oft ist es so, daß diese Probleme in der Akutmedizin und in der Primärversorgung nicht erkannt werden, solange keine geeigneten einfachen Screeninginstrumente zur Verfügung stehen, um solche Patienten zu identifizieren, bei denen der psy-

chischen Komponente im Krankheitsgeschehen bei der Gefährdung der Erwerbsfähigkeit eine dominierende Rolle zukommt. Wenn man bedenkt, daß zum Beispiel innerhalb der Angestellten-Versicherung (BfA) 16 % aller medizinischen Rehabilitationsmaßnahmen für Erwachsene wegen psychischer Krankheiten durchgeführt werden und psychische und psychosomatische Erkrankungen 1991 20,7 % der vorzeitigen Berentung (Berufsunfähigkeitsrente und Erwerbsunfähigkeitsrente) ausmachten (Dossmann und Franke 1993), dann wird das enorme klinische und auch gesundheitspolitisch-ökonomische Problem deutlich, das damit einhergeht. Darüber hinaus liegt hierin ein Problem für den Behandler: Er muß, bezogen auf den individuellen Patienten, zu einer Entscheidung oder besser Empfehlung kommen, die sich zwischen den Polen Rehabilitation einerseits und einer Negativfeststellung bezüglich Arbeits-, Berufs- und Erwerbsunfähigkeit beziehungsweise Minderung derselben andererseits bewegt. Diese **Negativfeststellungen** sind die Voraussetzung für bestimmte Sozialleistungen (Krankengeld, Rente usw.). Häufig haben Patient und Kostenträger der Rehabilitationsmaßnahme hier konträre Zielvorstellungen. Der Patient hat entweder einen Rentenantrag gestellt, oder es steht die Umwandlung einer Zeitrente in eine Dauerrente an, oder der Patient ist sogar dabei, gegen einen abgelehnten Rentenbescheid zu klagen. Allen diesen Schwebezuständen ist gemeinsam, daß der Patient etwas will, was dem Rehabilitationsauftrag entgegengesetzt ist.

Der Sozialleistungserbringer ist daran interessiert, den Patienten im Erwerbsleben zu halten und schlägt von daher eine stationäre Heilmaßnahme vor, der Patient fügt sich, um sein angestrebtes Ziel zu erreichen. Der Arzt und Therapeut, der in dieser Situation mit dem Patienten befaßt ist, befindet sich zwangsläufig in einem Dilemma, weil es oft unmöglich ist, ein von Arzt und Patient akzeptiertes Therapieziel abzustecken. Ich habe in meiner Zeit als Leiter der Psychosomatischen Klinik Schömberg die Zahl der Rentenantragsteller auf einen pro Station beschränkt, da die psychotherapeutische Wirkatmosphäre ansonsten destruktiv verändert wird. Albrecht (1973) beschreibt sehr treffend: „Die Rentenbewerber lassen entweder mit etwas duldendem, jedoch immer freundlichem Lächeln alle Bemühungen über sich ergehen, ihnen gefällt es, sie sind im allgemeinen still, aber ärztliche Einwirkung prallt an ihnen ab. In der Hoffnung, daß sie für ihr freundliches Verhalten eine ihren Wünschen entsprechende Abschlußbeurteilung bekommen, loben sie alles, fügen jedoch immer wieder hinzu, daß sich mit ihren Beschwerden leider nichts ändere, und verbleiben im Ganzen passiv. Die andere Gruppe verhält sich mehr ,querulatorisch'. Ihre eigene Unzufriedenheit heften sie an alles, was ihnen begegnet, angefangen vom Wetter bis hin zum Arzt oder zum Rentenversicherungsträger. Diese Patienten versuchen dann auch ihre Mitpatienten in entsprechend ungünstigem Sinne zu beeinflussen und können die Atmosphäre einer ganzen Klinik erheblich stören."

Dennoch läßt sich die **Psychodynamik** des **Rentenantragstellers** nicht vereinheitlichen. Grundsätzlich ist vorstellbar, daß es innerhalb vieler neurotischer Konfliktlagen zum

Rentenwunsch kommt und daß „Giving-up" als gemeinsame soziopathologische Endstrecke in einem vielfältig störbaren Beziehungsnetz anzusehen ist (Foerster 1984). So kann ein Mensch, der in einer kontraphobischen Aktivitätshaltung gefangen ist, aber regelmäßig, wenn er in Urlaub fährt, krank wird, Regression nur in Form einer legitimierten Erkrankung zulassen. Regressive Wünsche (**Regression** im Dienste des Ichs nach Balint) müssen abgewehrt werden. Bei anderen liegt ein hohes **internalisiertes Leistungsideal** zugrunde; dies gründet sich häufig auf das Mißverständnis, daß man durch „Leistung zur Liebe" kommen kann. Hierbei ist nicht selten ein Mißverhältnis zwischen Arbeitsbelastung und Gratifikation die Folge. Dadurch werden die Patienten sehr vulnerabel, der Kränkungsschutz nimmt ab, eine abfällige Bemerkung eines Vorgesetzten, die Beförderung eines mißliebigen Kollegen könnten aus dem vorher 150%igen Mitarbeiter einen Menschen machen, der dann plötzlich nicht in der Lage ist, seine Arbeit aufzunehmen. Den häufig oberflächlich gefügigen Patienten fehlt das gesunde aggressive Abgrenzungsvermögen, die aggressive Latenz bekommt der Untersuchende dann beim Kampf um die Rente zu spüren. Jede Leistungsforderung, jede überhaupt   sichtbare Arbeit wird als Zwang zur Erledigung erlebt, und in der Tat findet man unter Rentenbewerbern viele Menschen, die man vorher als Workaholics hätte bezeichnen können. Daß diese Patienten dann häufig unlautere Motive, insbesondere Faulheit, unterstellen, wenn der Rentenantrag in Zweifel gestellt wird, liegt auf der Hand. Sie setzen sich dann dagegen zur Wehr; so wie vorher die Arbeit der einzige Lebenssinn war, ist es jetzt die Rente, für deren Erhalt oder Erwerb alle anderen Lebensinteressen geopfert werden. Es ist offensichtlich, daß nur bei relativ wenigen Patienten eine Besserung der Symptomatik eintritt, wenn die Rente gewährt wird. Denn die intrapsychischen Bedingungen bestehen meist fort. Die differenzierte psychodynamische Diagnostik individueller Behinderungen mit Beschreibung der Ich-strukturellen Defizite erlaubt es jedenfalls, diesen graduellen Beitrag bei der Beschreibung des sozialen medizinischen Leistungsbildes zu erfassen.

Zur Zeit befindet sich die Beta-2-Fassung der **internationalen Klassifikation der Funktionsfähigkeit und Behinderung** (ICDIH-2) in Erprobung. Sie kann unter http://www.ifrr.vdr.de heruntergeladen werden. Alle medizinischen Fachgesellschaften, die etwas mit der Rehabilitation zu tun haben, sind zu Stellungnahmen aufgefordert. Ziel der ICDIH-2 ist es, einen gemeinsamen Rahmen für Verständnis und Kommunikation zu den verschiedenen Bereichen der Behinderung über die verschiedenen Fachgrenzen hinweg durch eine gemeinsame Sprache zu schaffen, die die verschiedenen Dimensionen von Behinderung beschreibt. Die ICDIH-2 umfaßt den Bereich der „gesundheitsbezogenen Erfahrungen". Es handelt sich also um eine Gesundheitsklassifikation, die die gesundheitliche Integrität und ihre Beeinträchtigungen auf drei Ebenen beschreibt:

- Die Ebene des Körpers und der Körpereigensysteme einer Person. Dies entspricht im wesentlichen dem, was im Be-

reich der Psychosomatik unter Impairment beschrieben wurde.

- Die Ebene der Person als eines autonom handelnden Objekts. Dieser mit Aktivität bezeichnete Bereich ersetzt den Bereich der Disability und umfaßt die Störungen, die unter 1.6.2 beschrieben wurden.
- Die Ebene, die die Person im sozialen Kontext als Objekt in Gesellschaft und Umwelt bezogen auf Krankheiten, Störungen, Verletzungen und auch andere gesundheitsbezogene Probleme beschreibt.

Neu und wichtig ist die neutrale Begrifflichkeit, in der als Klassifikationseinheit der Bereich der gesundheitlichen Integrität auf der Ebene des Körpers der Person und auf der Ebene der Gesellschaft beschrieben wird. Die Folgen der Gesundheitsprobleme in diesen drei Bereichen können mit Hilfe dieses Systems beschrieben werden, von daher besteht ein universeller Geltungsbereich. Ohne extra darauf Bezug zu nehmen liegt dem Modell der ICD IH ein **Krankheits-Gesundheits-Kontinuum** zugrunde, das auch indirekt die noch vorhandenen Möglichkeiten beschreibt und damit auf die Ressourcen hinweist. Dies ist sicher für den Bereich der Psychosomatik besonders bedeutsam, denn bei jeder Aktivitätseinschränkung wird auch auf die noch vorhandenen Möglichkeiten zur Aktivitätsentfaltung verwiesen. Bei jeder Einschränkung der Partizipation werden die Bereiche erwähnt, in denen noch Partizipation möglich ist. Außerdem finden auch die vom Individuum unabhängigen Kontextfaktoren Berücksichtigung. Im Zusammenhang mit Gesundheit gelten folgende Definitionen:

Definition

Ein **Schaden** ist ein Verlust oder eine Abnormalität der Körperstruktur oder einer physischen oder psychischen Funktion. Eine **Aktivität** ist die Art und das Ausmaß der gesundheitlichen Integrität auf der Ebene der Person als handelndem Subjekt. Eine Aktivität kann in Art, Dauer und Qualität gestört sein. Die **Partizipation** ist die Art und das Ausmaß des Einbezogenseins einer Person an beziehungsweise in Lebensbereiche in bezug auf Schäden Aktivitäten, gesundheitliche Situation und Kontextfaktoren; die Partizipation kann ebenfalls in Art, Dauer und Qualität eingeschränkt sein.

Das gesamte System soll in eine computergerechte Form gebracht werden. Es gibt für jede Ebene zahlreiche Kapitel mit den entsprechenden Codenummern, zum Beispiel bei der Störung einer Aktivität wird das Ausmaß der Schwierigkeit kodiert; dabei ist 0 = keine Schwierigkeit, 1 = leichte Schwierigkeit, 2 = mäßige Schwierigkeit, 3 = große Schwierigkeit, 4 = außerstande sein, die Aktivität zu verrichten, 9 = unbekanntes Ausmaß der Schwierigkeit. In einer zweiten Beschreibung wird kodiert, ob jemand keine Hilfe in Anspruch nehmen muß; dabei ist 0 = ohne jede Hilfe, 1 = technische Hilfe, 2 = Assistenz durch Hilfestellung einer anderen Person, 3 würde sowohl technische als auch menschliche Hilfe bezeichnen und 9 ein unbekanntes Ausmaß an Hilfe. Ähnliche Skalierungen finden sich auch bei der Beschreibung der Partizipationseinschränkung. Das endgültige **Kodierungssystem** ist noch in der Diskussion. Das System wird, wenn es über die Feldversuche hinaus zur Anwendung kommt, eine relativ umfassende Beschreibung des Gesundheitszustandes ermöglichen und auch über die Zeitachse bei mehrmaliger Anwendung ein Verlaufsbild abgeben. In der Psychosomatik wird der mit ICDIH-2 erhobene Befund eine Herausforderung für die salutogenetische Perspektive darstellen und ressourcen-orientierte psychotherapeutische Interventionen vereinfachen.

Literatur

Albrecht W. Rehabilitation psychosomatischer erkrankter Patienten im Rentenverfahren. In: Psychosoziale Rehabilitation. Enke H, Pohlmeier H. (Hrsg.) Stuttgart: Hippokrates 1973; 41–5.

Dossmann R, Franke W. Rehabilitation bei psychischen und psychosomatischen Erkrankungen. Vorträge zum Reha-Forum der BfA. BfA-aktuell. Eine Schriftenreihe der Bundesversicherungsanstalt für Angestellte. Berlin: Bundesversicherungsanstalt für Angestellte 1993; 129–74.

Foerster K. Neurotische Rentenbewerber, psychoanalytische Entwicklung und sozialer Verlauf aufgrund mehrjähriger Katamnesen. Stuttgart: Enke 1984.

Lamprecht F. Plädoyer für eine Geronto-Psychosomatik. Psycho 1990; 900–8.

Neun H. Psychosomatische Einrichtungen. Was sie (anders) machen und wie man sie finden kann. Göttingen: Vandenhoeck & Ruprecht 1990.

Sandweg R. Psychoanalytische Diagnostik im Sozialrecht. Prax. Psychother. Psychosom. 1988; 33: 200–7.

Schuntermann MF. Der Einfluß ausgewählter Krankheiten/Behinderungen auf die Berentlichkeit wegen Berufs-Erwerbsunfähigkeit – ein Beitrag zur Epidemiologie der Frühberentung. DRV 1987; 7: 462–96.

1.8
Begutachtung in der Psychosomatik und der Psychotherapie

Wolfgang Schneider

1.8.1
Einführung

Die gutachterlichen Fragestellungen in der Psychosomatik und der Psychotherapie kommen aus den unterschiedlichsten Rechtsgebieten, wobei für den Erwachsenenbereich die Schwerpunkte im Strafrecht und im Sozialrecht liegen. Jedoch spielen auch familienrechtliche und zivilrechtliche Fragestellungen eine Rolle. Besondere Themenstellungen beziehen sich zum Beispiel auf die Begutachtung von Transsexualität (z. B. Pfäfflin 2000) und mit dem neuen Transplantationsrecht auf die Frage der „Freiwilligkeit" bei der Organ-Lebendspende.

Da der Literaturstand zur Begutachtung im Strafrecht (z. B. Venzlaff und Foerster 2000; Konrad 1997) im Verhältnis zum Sozialrecht als gut anzusehen ist, möchte ich mich im folgenden mit der Begutachtung im Sozialrecht befassen und mich auch hier vor allem auf einen Schwerpunkt, die Begutachtung im Rahmen der gesetzlichen Rentenversicherung, konzentrieren. Diese nimmt unter zahlenmäßigen, aber auch unter volkswirtschaftlichen Aspekten die größte Bedeutung ein. Die von mir dargelegten methodischen Problemstellungen und Vorgehensweisen, lassen sich in der Regel auf die anderen Themenstellungen weitestgehend übertragen. Auf ausgewählte Themen, wie die Kausalitätsbeurteilung im Rahmen der Unfallversicherung, werde ich kursorisch eingehen.

Die sozialrechtlichen Fragestellungen umfassen z. B. die Ebene der gesetzlichen Krankenversicherung, der gesetzlichen Rentenversicherung, der privaten Berufsunfähigkeit, der gesetzlichen und privaten Unfallversicherung sowie das soziale Entschädigungsrecht und die Begutachtungen zum Schwerbehindertengesetz. Aufträge für eine psychosomatisch-psychotherapeutische Begutachtung werden eher zu selten und zu spät gestellt. Diese Tatsache ist Ausdruck der Praxis im medizinischen Versorgungssystem, den Anteil psychosozialer Faktoren am Krankheits- und Behandlungsgeschehen zugunsten der somatischen Krankheits- und Behandlungskonzepte zu vernachlässigen. Nach Potreck-Rose und Koch (1994) ist dies eine Folge der mangelnden Kommunikation und Kooperation zwischen den somatisch orientierten und den psychosomatisch-psychotherapeutischen Versorgungsmodellen. Darüber hinaus bestehe eine Trennung von psychosomatischen Behandlungen in einen Akut- und einen Rehabilitationsbereich, die einen strukturellen institutionalisierten Chronifizierungsfaktor für psychosomatisch-psychotherapeutische Patienten darstellen würde. Diese Konstellation wird durch die somatischen Krankheits- und Behandlungskonzepte der Patienten wie ihrer Angehörigen ergänzt.

Aufgrund dieser konvergenten und gleichgerichteten Entwicklung erklärt sich dann die späte Inanspruchnahme von psychotherapeutischer Hilfestellung, die bei Patienten mit psychischen und psychosomatischen Problemen aufgrund unterschiedlichster empirischer Studien auf durchschnittlich 6 bis 8 Jahre geschätzt wird (Reimer 1979; Zielke 1991, zitiert nach Potreck-Rose und Koch 1994). Im Bereich der gesetzlichen Rentenversicherung ist die Feststellung der Rehabilitationsbedürftigkeit zur Wiederherstellung der Leistungsfähigkeit wie die Begutachtung der „Rest-Leistungsfähigkeit" bei Fragen der Erwerbsunfähigkeit von Bedeutung.

Die Anzahl der erbrachten stationären psychosomatisch-psychotherapeutischen Rehabilitationsleistungen ist seit Anfang der 80er Jahre bis Mitte der 90er Jahre enorm angestiegen. Wille und Irle (1996) berichten, daß die BfA im Jahr 1995 insgesamt 30 000 psychosomatisch-psychotherapeutische stationäre Rehaleistungen erbracht hat; demgegenüber sind 1982 nur 10 000 derartige Leistungen zu Lasten der BfA gegangen.

Im Jahr 1998 wurden im Bereich der gesetzlichen Rentenversicherungen 603 848 stationäre medizinische und sonstige Leistungen der Rehabilitation für Erwachsene durchgeführt, von denen 94 039 Fälle (15,6 %) dabei auf die ICD-9 Diagnosengruppen 300–316 entfielen, die die Kerngruppen der Patienten mit psychischen und psychosomatischen Störungen umfassen. Dies sind insbesondere die Neurosen, die Persönlichkeitsstörungen, die Suchterkrankungen, die Anpassungsstörungen sowie die somatoformen und psychosomatischen Störungen. Rehabilitanden mit psychotischen Erkrankungen oder hirnorganischen Störungen sind hier ausgenommen. Bei den Männern entfielen die meisten stationären Rehabilitationsmaßnahmen auf die Patienten mit Abhängigkeitsproblemen (Alkohol und Drogen = 8,9 %). Erst dann folgen die neurotischen Erkrankungen, die funktionellen Störungen und die Anpassungsstörungen. Bei den Frauen überwiegen dagegen die Neurosen, gefolgt von den Anpassungsstörungen sowie den funktionellen Störungen.

Bei den Berentungen wegen verminderter Erwerbsfähigkeit im Jahr 1998 entfielen 17 007 (11,4 %) bei den Männern und 9721 (11,1 %) bei den Frauen auf die eben genannten Diagnosegruppen mit psychischen und psychosomatischen Störungen. Insgesamt wurden 149 594 Männer und 87 607 Frauen im Jahr 1998 berentet.

Der Anteil an Erwerbunfähigkeitsrenten aufgrund dieser Erkrankungen ist m. E. ebenfalls unterschätzt worden, auch wenn 11% doch bereits eine bemerkenswerte Größe darstellen. Hier wird ja auf die Erstdiagnose Bezug genommen, so daß die Rentenfälle, bei denen neben einer Organerkrankung wichtige psychische und psychosomatische Belastungen vorliegen, die im Prozeß der Chronifizierung der Erkrankung und der damit verbundenen Beeinträchtigungen u.U. den größten Einfluß aufweisen, nicht berücksichtigt werden.

So erscheint es plausibel, daß die Indikation zur Begutachtung im Bereich der Psychosomatik/Psychotherapie häufig eher zufällig und nicht aufgrund rationaler – problembezogener – Kriterien gestellt wird. Deshalb war es sinnvoll, Indikationskriterien für die Begutachtung im Bereich der Psychosomatik/Psychotherapie zu formulieren, die den behandelnden oder begutachtenden Ärzten der unterschiedlichen somatischen Fachrichtungen, aber auch gegebenenfalls in den „Rentenprozeß" involvierten Juristen (Sozialrichter oder Rechtsanwälte), einen Hinweis auf diese spezifische Problemstellung geben können. Im Auftrag der leitenden Fachvertreter für Psychosomatik und Psychotherapeutische Medizin an den Universitäten der Bundesrepublik Deutschland hat sich von 1998 bis 2000 eine Expertengruppe (Schneider et al. 2001) mit dieser Fragestellung befaßt.

1.8.2
Indikation zur Begutachtung in der Psychosomatik/Psychotherapie

Die folgenden Merkmale wurden von der Expertengruppe als richtungsweisend für die Begutachtung angesehen:

- **Krankheitsbezogene** Indikationskriterien, die sich durch eine deutliche **Diskrepanz** zwischen den angegebenen körperlichen Beschwerden und den organischen Befunden auszeichnen (mehr Beschwerden als die körperlichen Untersuchungsbefunde hergeben), sowie das Vorliegen von psychischen Symptomen wie z.B. bei Ängsten oder depressiven Verstimmungen.
- Indikationskriterien aufgrund von **Krankheitsverarbeitung** und **Krankheitsverhalten**, dazu zählen z.B. ein im Verhältnis zum Ausmaß der Beschwerden unverhältnismäßig hoher Leidensdruck, ein hoher sekundärer Krankheitsgewinn, hohe Inanspruchnahme medizinischer Leistung („doctor-hopping"), Aggravations- oder Simulationstendenzen, psychotherapeutische Vorbehandlungen.
- Indikationskriterien aufgrund **persönlicher Belastungen**, dazu zählen z.B. Hinweise auf Traumatisierungen in der Biographie, aber auch aktuell wirksame Belastungen, wie massive Traumatisierungen, die zu einer posttraumatischen Belastungsstörung führen können.

Als besonders relevant für die Indikationsstellung zur psychosomatisch-psychotherapeutischen Begutachtung ist insbesondere die **Diskrepanz** zwischen dem **somatischen Befund** und der **Art sowie** der **Schwere der geschilderten Symptomatik.** Nach Einschätzung der Expertengruppe finden sich bei Probanden mit psychosomatischen Problemstellungen meist Kriterien aus den unterschiedlichen Bereichen.

1.8.3
Diagnostisches Vorgehen bei der Begutachtung

Da es bei der Begutachtung in der Psychosomatik/Psychotherapie regelhaft um Problemstellungen geht, bei denen biologische und psychosoziale Faktoren in einer komplexen Wechselbeziehung zueinander stehen, umfaßt der diagnostische Prozeß differente methodische Vorgehensweisen, bei denen differente Datenquellen aufgesucht werden. Zu diesen gehören:

- Akten und Vorbefunde;
- die körperliche Untersuchung;
- das psychosomatisch-psychotherapeutische Interview inklusive der biographischen Anamnese;
- die systematische Exploration von Symptomen und Syndromen;
- die Verhaltensbeobachtung;
- die psychometrische Messung.

Mit diesen unterschiedlichen Untersuchungsmethoden werden Daten verschiedener Qualität erhoben, die sowohl quantitative als auch qualitative Befunde umfassen. Nach der Erhebung der für den konkreten Fall relevanten Informationen müssen diese in einem nächsten Schritt **integriert und** anschließend eine Gesamtbeurteilung vorgenommen werden.

Dazu muß geprüft werden, ob die einzelnen Informationen, die der Beurteilung zugrunde gelegt werden sollen, methodisch angemessen erhoben worden sind. Gegebenenfalls müssen bei fehlenden oder methodisch unzulänglich erhobenen (Akten-)Befunden diese noch einmal im Rahmen der Begutachtung erhoben werden.

In einem zweiten Schritt muß geprüft werden, ob die Befunde, die innerhalb einer diagnostischen Ebene erhoben worden sind, in sich schlüssig und kongruent sind. In diesem Zusammenhang sind Fragen der Reliabilität (der Zuverlässigkeit der Messung) und der Validität (der Gültigkeit der Messung) von Interesse.

Abschließend muß reflektiert werden, ob sich die (Teil-)Ergebnisse der verschiedenen diagnostischen Ebenen bei der Integration weitgehend widerspruchsfrei und schlüssig zu einem Gesamtbild oder einer Gesamtbewertung zusammenfügen lassen. Soweit es zu widersprüchlichen Aussagen zwischen den verschiedenen diagnostischen Ebenen und Methoden kommt, müssen die Gründe dafür geklärt werden (z.B. eine unreliable oder unvalide Untersuchungsmethode). Soweit Widersprüche zwischen den einzelnen diagnostischen Ebenen aufgetreten sind, muß die in der Gesamtbeurteilung erfolgte Gewichtung der verschiedenen Methoden und Befunde begründet werden.

Bei der abschließenden Beurteilung sollte sich der Gutachter möglichst eng an die Fragestellungen des Gerichts halten und diese so exakt wie möglich und ausführlich beantworten. Bei unbeantwortbaren oder unscharf formulierten Fragen sollte der Gutachter jedoch gegenüber den Gutachtenanforderern eine eindeutige Position beziehen und verdeutlichen, welche Fragen mit seinen wissenschaftlichen Methoden beantwortbar sind und welche nicht.

Ausgewählte diagnostische Fragestellungen

Da in diesem Lehrbuch die Methoden der körperlichen Untersuchung und insbesondere des psychotherapeutisch-psychosomatischen Interviews wie der biographischen Anamnese ausführlich dargestellt werden (Kap. 4.2.3, S. 168ff u. 4.3.2, S. 184f) soll hier nur auf drei ausgewählte diagnostische Problemfelder – die störungsbezogene (psychiatrische) Diagnosestellung, die testpsychologische Untersuchung sowie die Leistungsbeurteilung – eingegangen werden, da diese bei der psychosomatisch-psychotherapeutischen Begutachtung m.E. noch allzuoft vernachlässigt werden.

Störungsbezogene Diagnostik

Die Klassifikation der Syndromatik sollte auf der Grundlage eines operationalisierten Klassifikationssytems für psychische und psychosomatische Störungen vorgenommen werden, wie sie innerhalb der psychiatrischen Diagnostik (American Psychiatric Association 1994, 1996; Dilling et al. 1993; WHO 1980) entwickelt worden sind, auch wenn die psychiatrischen Diagnosen, selbst unter Berücksichtigung von Schweregrad- und Verlaufsparametern, keine große Aussagekraft für die Beurteilung der (Rest-)Leistungsfähigkeit des Probanden aufweisen.

Im deutschsprachigen Raum empfiehlt sich die Verwendung der ICD-10, da diese das offizielle Klassifikationsschema im Gesundheitssystem darstellt und neben den psychiatrischen und psychischen Störungen (vgl. Kap. 4.7.2, S. 207f u. 5.1.8, S. 222ff) auch eine Klassifikation der somatischen Störungen in gesonderten Kapiteln erlaubt (s. auch Krupinski 1994).

Ergänzend dazu liegt die Internationale Klassifikation der Schäden, Aktivitäten und Partizipation (Schuntermann 1998) vor, die ebenfalls von der WHO herausgegeben wird. Die operationalisierten psychiatrischen Diagnosemodelle weisen – wie sich in Feldforschungsstudien gezeigt hat – bei einer guten Anwendbarkeit und Praktikabilität für die unterschiedlichen diagnostischen Klassen eine befriedigende bis gute Reliabilität auf. Etwaige Einschränkungen der Validität (Gültigkeit der Diagnosestellung) können durch die zusätzliche Erhebung weiterer gutachtenrelevanter Merkmale im Sinne einer multidimensionalen Diagnostik ausgeglichen werden.

Die Zuordnung zu den diagnostischen Klassen (Störungen) in diesen Klassifikationsmodellen erfolgt auf der Basis von operationalisierten diagnostischen Kriterien (Einschluß- und Ausschlußkriterien) sowie vielfältigen Algorithmen. Darüber hin-

aus besteht die Möglichkeit, auch den Schweregrad und den Verlauf zu charakterisieren. Um eine vollständige und angemessene Abbildung aller Symptome beim Patienten zu erreichen, sollen ihm so viele Diagnosen zugeordnet werden, wie sie sich aus der Symptomverteilung ergeben (Komorbidität).

Für das DSM wie für die ICD-10 stehen darüber hinaus vielfältige halbstrukturierte und strukturierte Erhebungsinstrumente zur Verfügung, die jedoch in der Regel keine Anwendung in der Begutachtung finden, sondern eher für Forschungsfragestellungen indiziert sind.

Auf der Grundlage dieser Klassifikationsmodelle lassen sich Diagnosen stellen, die innerhalb der Bezugsgruppe von Klinikern, Gutachtern und Forschern kommunizierbar, nachvollziehbar und überprüfbar sind. So bietet diese Form der Diagnostik auch eine Grundlage dafür, daß im prozessualen Geschehen die Diagnosen und Wertungen des Gutachters transparenter und nachvollziehbarer werden (Schneider et al. 1993).

--- Fallbeispiel ---

Ich erinnere mich noch gut und mit Unbehagen daran, wie ich 1994 vor einen Familiensenat eines Oberlandesgerichtes zitiert wurde und dort die Qualität meines Gutachtens zu verteidigen hatte. Der Rechtsanwalt der gegnerischen Partei in einem Unterhaltsverfahren hatte geltend gemacht, daß meine gutachterliche Stellungnahme nicht akzeptabel sei, da ich keine Diagnose im Sinne der operationalisierten psychiatrischen Klassifikationsmodelle (DSM-IV oder ICD-10) gestellt hätte. Nur auf der Grundlage derartiger Diagnosen – soweit sie adäquat erhoben worden seien – könnte eine angemessene Beurteilung der Leistungsfähigkeit der Gutachtenprobandin vorgenommen werden. So hatte ich in der Verhandlung die Aufgabe, dem Senat, aber auch dem skeptischen Rechtsanwalt, die Qualität und die Aussagekraft der von mir gestellten Diagnosen (ICD-9-Diagnosen und psychodynamische Diagnosen wie eine Beurteilung der Leistungsfähigkeit aufgrund psychosozialer Kriterien) zu erläutern und darüber hinaus die begrenzte Aussagekraft der operationalisierten psychiatrischen Kategorien kritisch zu würdigen. Wahrscheinlich nur, weil ich mich tatsächlich aufgrund meines speziellen Forschungsinteresses mit diesen Systemen gut ausgekannt habe – und dies durch einschlägige Veröffentlichungen vor Gericht nachweisen konnte – bin ich beziehungsweise mein Gutachten mit „heiler Haut" davon gekommen. Als Lehre aus dieser Erfahrung habe ich nie wieder auf die Verwendung dieser diagnostischen Zugangsweise verzichtet.

Auch wenn wir die Grenzen der Aussagekraft dieser Diagnosen für die Therapieplanung (Treatment-Validität) wie auch für die Beurteilung unterschiedlichster Fragestellungen im Begutachtungsprozeß kennen, sind sie für die Beschreibung der Syndromatik gut geeignet und können, soweit sie Angaben zum Schweregrad und zum Verlauf enthalten, im Rahmen der sozialrechtlichen Begutachtung auch erste Ansätze zur Beurteilung der Leistungsfähigkeit und zu deren Prognose (wie wird sie sich zukünftig entwickeln?) bieten.

Allerdings sind auch in diesen Fällen keine endgültigen Aussagen über die im Sozialrecht relevanten Fragen (z.B. zur Leistungsfähigkeit oder zur Kausalität) zu treffen. Dafür sind weitere diagnostische Merkmalsbereiche zu untersuchen, die sowohl somatische als auch unterschiedlichste psychosoziale Fragestellungen umfassen, die sich auf die biographische Entwicklung des Probanden, seine charakteristischen Persönlichkeitsakzentuierungen und Konflikte, verhaltensstabilisierende Faktoren und veränderungsbehindernde Bedingungen beziehen. Von besonderer Bedeutung für unsere Problemstellung sind maladaptive Prozesse der Krankheitsverarbeitung, die zu einer Chronifizierung des Krankheitsgeschehens und Labilisierung der psychosozialen Anpassung inklusive der Leistungsfähigkeit führen können.

Die systematische Erfassung dieser Faktoren ermöglicht die *Operationalisierte Psychodynamische Diagnostik* (Arbeitskreis Operationalisierte Psychodynamische Diagnostik [OPD 1996]), mit der auch Vergleiche zu anderen relevanten klinischen Bezugsgruppen möglich sind. Dieses mehrdimensionale psychodynamische Diagnosenmodell untersucht fünf Merkmalsbereiche:

- Krankheitserleben und Behandlungsvoraussetzungen;
- Beziehung;
- Konflikt;
- Struktur;
- syndromale Achse (ICD-10).

Der Vorteil der OPD liegt vor allem in der Operationalisierung von klinisch relevanten psychodynamischen Begriffen und Konstrukten, die so besser nachvollziehbar und damit überprüfbar werden. Neben den im engeren Sinne psychodynamischen Achsen II bis IV werden mit der Achse I Aspekte des Krankheitserlebens, der Krankheitsbewältigung sowie der Therapiemotivation erhoben. Diese Informationen können hilfreich für eine etwaige Therapieplanung und damit für die Prognosebeurteilung sein; beide Fragestellungen sind für die gutachterliche Beurteilung essentiell. Verhaltensdiagnostische Zugangsweisen sind in der Lage, die Störungsdiagnostik insbesondere um die Dimensionen der verhaltensstabilisierenden Barrieren und änderungsfördernden Ressourcen zu erweitern (Schulte 1994).

Der Begutachtungsprozeß in der Psychosomatik/Psychotherapie weist eine stärkere Tendenz zur Herstellung einer näheren Beziehung zwischen dem Probanden und dem Gutachter auf als die traditionelle organmedizinische Begutachtung, auch wenn die Interaktion natürlich erst einmal durch den Gutachtenauftrag beeinflußt wird. Der Proband geht mit einer spezifischen Erwartungshaltung oder Befürchtung in die Begutachtung. Er möchte etwas vom Gutachter haben (z. B. eine bestimmte Einschätzung der Leistungsfähigkeit oder Aussage zur Kausalität im Unfallrecht) oder er hat die Befürchtung, von diesem in seinem Anspruch abgelehnt zu werden. So kann dem **Gutachtenprozeß** grundsätzlich eine **therapeutische Funktion** zukommen, wenn der Proband – in Fällen, in denen es angezeigt ist – während der Begutachtung zu einer Umbewertung seiner körperlichen und/oder psychischen Belastungen und den daraus resultierenden Leistungseinschränkungen kommt und für psychotherapeutische oder rehabilitative Maßnahmen sensibilisiert und motiviert wird.

Aber gerade diese potentiell „beziehungsstiftende" Funktion des Interviews führt dazu, daß der psychosomatisch-psy-

chotherapeutische Gutachter gegenüber dem Probanden sehr klar seine Funktion und seinen Auftrag verdeutlichen muß. Der Proband muß wissen, daß der Gutachter verpflichtet ist, alle Informationen, die er von ihm während der Begutachtung erhält, bei der Gutachtenerstellung zu berücksichtigen. Insofern sollte es Standard sein, daß dieser Sachverhalt seitens des Gutachters dem Probanden explizit zu Beginn der Begutachtung erläutert wird.

Psychometrische Begutachtung

Medizinische Gutachter haben in der Vergangenheit aufgrund ihrer Orientierung an den psychiatrischen oder psychoanalytisch-psychodynamischen Konzepten die psychometrische Messung oft gänzlich vernachlässigt oder nur halbherzig berücksichtigt. Wenn sie eine psychologische Testung zusätzlich haben durchführen lassen, ist die Herausarbeitung der testpsychologisch zu bearbeitenden Fragestellungen nur ungenügend erfolgt und die Ergebnisse der Testung sind häufig auch nur unzureichend in die gutachterliche Wertung integriert worden. Diesen Eindruck hatte ich in meiner Tätigkeit als Gutachter sowohl im Strafrecht als auch im Sozialrecht.

Psychologische Testverfahren können grundsätzlich eine relevante Ergänzung der Befunderhebung im Gutachtenprozeß darstellen, da sie bezüglich ihrer Objektivität, ihrer Möglichkeit des Vergleichs der individuellen Testbefunde mit klinisch relevanten Normen eine neue Dimension in die Erhebung psychischer Befunde hineinbringen. Dies gilt insbesondere für die Untersuchung von psychischen, aber auch von psychosomatischen Symptomkomplexen und Persönlichkeitszügen.

Nach Stieglitz (1994) eignen sich Selbstbeschreibungsskalen besonders gut zur Beurteilung von Stimmungen, Befindlichkeiten, aber auch von anderen psychischen Belastungen wie Depressivität und Angst. Fremdbeurteilungen basieren entweder auf dem Bericht des Probanden im Interview und/ oder auf der Verhaltensbeobachtung, aber auch auf fremdanamnestischen Angaben (vom Arzt und von den Angehörigen). Fremdbeurteilungsverfahren sind sowohl für weitere psychopathologische Fragestellungen konstruiert worden, wie zum Beispiel das AMDP-System, als auch für engere psychopathologische Bereiche (Hamilton-Depressions-Skala, Hamilton 1976; Anxiety-Status Inventory, Zung 1976).

Es erscheint jeoch nicht notwendig, die Klassifikation der psychopathologischen Symptome auf der Grundlage eines psychiatrischen strukturierten Interviews vorzunehmen, wie sie für die operationalisierte psychiatrische Diagnostik im Forschungsbereich Einsatz finden (z. B. halbstrukturiertes Interview für das AMDP nach Fähndrich 1989 und Structural Clinical Interview for DSM-III-R nach Wittchen 1991), da die Frage der Leistungsfähigkeit nicht so eng an die klinische Diagnose und auch nicht an das Vorhandensein einzelner Symptome gebunden ist. Eine umfassende Erhebung der Psychopathologie in der Exploration oder im Interview gegebenenfalls ergänzt durch angemessene psychometrische Untersuchungen (z. B. Angst- oder Depressionsskalen) sollte ausreichen, um zu einer syndromalen psychiatrischen Diagnose zu kommen. Für unseren Kontext ist u.U. zumindest aus der Sicht von psychodynamisch orientierten Gutachtern der Einsatz der Operationalisierten Psychodynamischen Diagnostik (Arbeitkreis Operationalisierte Psychodynamische Diagnostik [OPD] 1996) indiziert; dadurch wird eine systematischere und reliablere Diagnostik von psychologischen Merkmalsbereichen möglich (Beziehung, Konflikt, Struktur, Behandlungsmotivation), die für das Verständnis der Störung, aber auch vor allem engerer oder weiterer emotionaler, kognitiver und handlungsbezogener Charakteristika des Probanden hilfreich sein können. Die so erhobenen Problembereiche, aber auch Kompetenzen des Probanden können dann bei der Herausarbeitung von Therapie- und Rehabilitationszielen und bei der Therapieplanung berücksichtig werden.

Die folgenden **Gruppen von psychometrischen Testverfahren** können grundsätzlich im Rahmen von **testpsychologischen Zusatzuntersuchungen** bei der psychosomatischen und psychotherapeutischen Begutachtung im Sozialrecht von Bedeutung sein. Eine umfassende Beschreibung der unterschiedlichsten Beschwerden beziehungsweise Symptome ist bei der Begutachtung notwendig und sinnvoll. Dafür stellen Symptomlisten der allgemeineren Art (z. B. SCL-90, Franke 1995) eine gute Basis dar, weil sie auch eine systematisierte Gruppierung der unterschiedlichen Beschwerden ermöglichen. Über die Normierung ist eine ergänzende Einschätzung des Schweregrades möglich. Entsprechend sollte zuerst ein Breitbandverfahren vorgegeben werden. Wenn sich zeigt, daß ein bestimmter Symptomkomplex besonders hervorsticht, ist die Vorgabe eines störungsspezifischen Instrumentes u.U. angezeigt (z. B. eine Depressions- oder Angstskala). Indirekt lassen sich über das Antwort-Profil auch Hypothesen zur Abwehr oder Krankheitsverarbeitung formulieren, wenn zum Beispiel somatische Symptome prominent dargestellt werden und psychische Belastungen negiert werden. Diese Meßinstrumente sind in der Regel von einem Probanden mit durchschnittlicher Intelligenz ohne größere Probleme zu beantworten. Allerdings ist aufgrund der „Durchsichtigkeit" dieser Verfahren eine intentionale Verfälschung durch den Testbeantworter relativ leicht möglich.

Die Persönlichkeitsfragebögen erheben **charakteristische Persönlichkeitsmerkmale**, Traitvariablen, die eine relative Zeit- und Veränderungsstabilität aufweisen sollen. Im deutschsprachigen Raum finden insbesondere der FPI-R von Fahrenberg (Fahrenberg 1994), der Gießen-Test (Beckmann 1990) oder der Minnesota Multiphasic Personality Inventory (MMPI, McKinley 1948) Anwendung. Bei diesen Methoden ist zu fragen, welche Persönlichkeitscharakteristika – die lebensbestimmenden „prämorbiden" Persönlichkeitszüge oder die durch die Erkrankung evozierten stabilen Persönlichkeitsänderungen – gemessen werden (s. auch Zerssen 1994). Darüber hinaus besteht die Möglichkeit, daß die erhobenen Persönlichkeitsmuster insbesondere einen Ausdruck der aktuellen psychischen oder psychosomatischen Störung darstellen.

Der Informationsgewinn des Persönlichkeitstests (Selbstbeschreibungsskalen wie auch Fremdbeurteilungsskalen) kann bei den hier thematisierten Problemstellungen darin liegen, charakteristische Erlebens-, Denk- und Wahrnehmungsmuster sowie Handlungsbereitschaften zu erheben, die bei der Beurteilung der psychosozialen Anpassungsfähigkeit des Probanden hilfreich sein können.

Von besonderem Interesse sind diese Verfahren – jedoch unter Berücksichtigung der angesprochenen Begrenzungen – bei der Kausalitätsbeurteilung, soweit wir unterstellen, daß mit diesen Verfahren prämorbide Persönlichkeitsmuster gemessen werden. Eine derartige Interpretation muß durch die im Interview gewonnenen sowie aus den Akten erhobenen lebensgeschichtlichen Daten gestützt werden.

Bei diesen Verfahren besteht jedoch das Problem, ob überhaupt zeitlich überdauernde Traits gemessen werden oder ob etwaige Auffälligkeiten vor allem durch die aktuell vorliegende Erkrankung bedingt sind. Des weiteren besteht hier auch die Möglichkeit für den Probanden, im Sinne „sozialer Angepaßtheit", Aggravation oder Dissimulation von Belastungen zu antworten.

Gegebenenfalls stehen für die **Diagnostik kognitiver Leistungen beziehungsweise Leistungseinbußen** eine Vielzahl unterschiedlicher Testverfahren für die verschiedensten Fragestellungen zur Verfügung. Diese umfassen Testverfahren zur Messung der Aufmerksamkeit und Konzentration oder Gedächtnistests.

Neben den allgemeineren psychologischen Leistungstests gibt es eine große Zahl an spezifischeren neuropsychologischen Testverfahren zur **Messung der kognitiven Verarbeitung, der Aufmerksamkeit, des Gedächtnisses und des Denkens** (eine Übersicht findet sich bei Schuri 1994).

Leistungsdiagnostik mit den hier skizzierten Verfahren ist bei den Probanden mit neurotischen Störungen, psychosomatischen Erkrankungen oder psychosomatischen Störungen, aber auch bei Probanden mit körperlichen Grunderkrankungen, in deren Folge es zu psychosozialen Belastungen kommt, nicht oft indiziert. Nur wenn es klinisch relevante Hinweise – zum Beispiel aus dem Interview oder aus der Anamnese – für gravierende Funktionseinschränkungen im kognitiven Bereich (z. B. Störungen der Konzentration, Aufmerksamkeit, Gedächtnis, intellektueller Funktionen) gibt, sollten je nach Fragestellung die oben genannten Tests vorgegeben werden. Sie können dann eine globale Bewertung etwaiger Leistungseinbußen geben, die u.U. Vorhersagen über Leistungen des Probanden in anderen Situationen zulassen (Rist 1994). Zu reflektieren ist dabei, daß auch Probanden mit psychischen Störungen passagere Einbußen im Bereich kognitiver Leistungen aufweisen können, deren Prognose jedoch eng mit dem Verlauf der psychischen Störung verbunden ist. Soweit relevante Leistungseinbußen vorliegen, sollte eine neuropsychologische Zusatzbegutachtung indiziert werden; insbesondere dann, wenn aus der Krankengeschichte Hinweise auf das Vorliegen von hirnorganischen Belastungen vorliegen.

Bei der Bewertung von Befunden der Leistungsdiagnostik muß in Rechnung gestellt werden, daß die Untersuchungen in der Regel in einem hohen Ausmaß auf die Motivation und Kooperation des Probanden angewiesen sind. Wenn die Ergebnisse auf das Leistungsverhalten des Probanden in komplexen sozialen Situationen – zum Beispiel im Arbeitsprozeß – übertragen werden sollen, muß bedacht werden, daß diese in einem unterschiedlich hohen Ausmaß Anforderungen an die emotionalen und kognitiven Kapazitäten und Ressourcen des Probanden stellen. Für eine angemessene Beurteilung ist also eine genaue Kenntnis dieses Anforderungsprofils im Hinblick auf den Arbeitsplatz notwendig.

Darüber hinaus kann die **Krankheitsverarbeitung (Bewältigung)** sowie die **Behandlungs- und Psychotherapiemotivation** mit spezifischen Testverfahren gemessen werden. Mit diesen Verfahren lassen sich die Bewältigungsprozesse des Probanden erheben. Von Interesse sind hier neben spezifischen emotionalen, kognitiven und handlungsbezogenen Reaktionen insbesondere auch Ressourcen zur Bewältigung. Instrumente zur **Messung der Krankheitsverarbeitung bei neurotischen Störungen** sind kaum entwickelt worden. Einen allgemeineren Testansatz stellt der Streßverarbeitungsfragebogen von Janke (Janke et al. 1985) dar. Hautzinger (1986) hat eine Liste antidepressiver Verhaltensweisen aufgestellt. Der Fragebogen zur Psychotherapiemotivation (FMP, Schneider et al. 1989) ermöglicht die Untersuchung der Krankheitsverarbeitung (Leidensdruck, Krankheitsgewinn, Laienätiologie und Behandlungserwartung) sowie der Psychotherapiemotivation und ist so auch insbesondere für Probanden mit psychischen und psychosomatischen Störungen geeignet. Letztlich geben diese Selbstbeurteilungsbögen Hinweise auf funktionale oder dysfunktionale Adaptationsprozesse und ermöglichen so die Formulierung etwaiger Therapie- oder Rehabilitationsziele.

Darüber hinaus stehen Fragebogen **zur Krankheitsverarbeitung bei Patienten mit somatischen Grunderkrankungen** zur Verfügung, wie zum Beispiel der Freiburger Fragebogen zur Erfassung der Krankheitsverarbeitung (Muthny 1989) und die Trierer Skalen zur Erfassung der Krankheitsverarbeitung (Klauer und Filipps 1993).

Die Beurteilung der Krankheitsbewältigung und der Veränderungsmotivation ist insbesondere von Bedeutung, wenn bei der Begutachtung die rehabilitative oder therapeutische Perspektive genügend berücksichtigt wird. Des weiteren wird eine differenziertere Einbeziehung von Bewältigungsressourcen möglich. Diese Aspekte lassen sich auch im klinischen Interview herausarbeiten – soweit der Gutachter mit diesen Themenstellungen genügend vertraut ist.

Auch diese Untersuchungsinstrumente weisen ein hohes Ausmaß an Transparenz für den Probanden auf und sind damit für intentional gerichtete Antworttendenzen anfällig; der Proband kann eine maladaptive Bewältigung simulieren.

Ein globales strukturiertes Beurteilungsmaß des **Schweregrades einer psychischen Erkrankung** stellt der **Beeinträchtigungsschwere-Score** nach Schepank (1995) dar, mit dem auf der Grundlage eines klinischen Interviews mit Bezug auf Ankerbeispiele quantifizierte Bewertungen der psychischen, körperlichen und sozialkommunikativen Beeinträchtigung des Probanden vorgenommen werden können.

In der Regel sind im Rahmen der psychosomatischen sozialrechtlichen Begutachtung keine weiteren psychologischen Testverfahren einzusetzen. Allerdings können systematische **Dokumentationen von ausgewählten Problembereichen** und **Ressourcen des Probanden** bei der Beurteilung von spezifischen Belastungen in ihren Auswirkungen auf die konkrete Leistungsfähigkeit in den unterschiedlichen Lebenskontexten hilfreich sein. Dazu gehören zum Beispiel **Schmerztagebücher**, in denen der Proband Aussagen zur Schmerzcharakteristik, aber auch zu emotions-, kognitions- und verhaltensbezogenen Reaktionen machen kann. Für die Schmerzprotokollierung eigenen sich auch visuelle Analogskalen, bei denen der Proband zu festgelegten Zeiten oder Zuständen das Ausmaß an Schmerzen dokumentiert. Bei der Beurteilung der Leistungsfähigkeit können **Aktivitätslisten** oder **Tagesprotokolle** hilfreich sein, bei denen der Proband angibt, in welchen Kontexten er welche Aktivitäten entwickelt.

Für die Beurteilung der **psychosozialen Leistungsanforderungen der Arbeitswelt** bietet sich u.U. der Einsatz von Kriterienlisten an, in denen charakteristische psychosoziale Belastungs- oder Anforderungsmerkmale des Arbeitsprozesses aufgelistet sind (Schneider et al. 2001).

Die psychologische Testung stellt eine **Verhaltensstichprobe** dar, die Auskunft über die Belastbarkeit, die Kooperationsfähigkeit, die Motivation und Frustrationstoleranz des Probanden ergeben. Hinweise auf Aggravations- oder Dissimulationstendenzen können sich im Antwortverhalten – das sich zum Beispiel in „Offenheitsskalen im FPI-R" darstellen kann – wie insgesamt in der Testsituation zeigen.

Auch wenn die Reichweite der testpsychologischen Befunde für die Diagnostik der begutachtungsrelevanten Fragestellungen (Symptomatik, Syndromatik, Persönlichkeitsentwicklung, psychosoziale Leistungsparameter) begrenzt ist, stellt die testpsychologische Diagnostik eine wichtige Ergänzung der klinischen Untersuchung dar. Sie kann der Systematisierung von Befunden dienen, den Vergleich mit klinischen Bezugsgruppen oder der Normalpopulation ermöglichen und stellt gleichzeitig eine „Belastungserprobung" für den Probanden dar, in der sich insbesondere auch motivationale Aspekte niederschlagen.

Allerdings besteht gerade im Gutachtenprozeß die Gefahr, testpsychologische Diagnostik als Abbildung von Merkmalen einzusetzen. Ein problemlöseorientiertes Diagnostikmodell betont den Aspekt der Veränderung, d. h., die Messung von Eigenschaften oder Merkmalen soll als Entscheidungsgrundlage für eine Behandlung dienen. Diese Funktion kann die Diagnostik im Gutachtenverfahren häufig nicht erfüllen, da nach der gutachterlichen Entscheidung nur allzuoft keine Intervention erfolgt oder geplant ist. Die Befürwortung oder Ablehnung der Berentung ist allzuoft der einzig mögliche Ausgang der Prozedur. Dennoch sollte jeweils im konkreten Fall versucht werden, die erhobenen Befunde auf etwaige handlungsleitende „Botschaften" zu prüfen und diese – zum Beispiel eine Therapieempfehlung – mit dem Probanden thematisieren, um ihn für diese Maßnahme zu motivieren.

Die Testauswahl im Gutachtenprozeß sollte hypothesengeleitet und problemzentriert sein; die Auswahl sollte entsprechend begründet werden. Über die Darstellung des Weges der Datenerhebung wie der Instrumentenauswahl wird das Gutachten transparent und nachvollziehbar (Steller 1994).

Um die hohen Qualitätsstandards bei der psychometrischen Zusatzuntersuchung und ihre adäquate Integration oder Zusammenführung mit den anderen Bausteinen des psychosomatisch-psychotherapeutischen Gutachtens zu erreichen, ist eine enge Zusammenarbeit zwischen dem ärztlichen Gutachter und dem psychologischen Gutachter erforderlich. Diese muß die Herausarbeitung von psychometrisch zu untersuchenden Fragestellungen im konkreten Begutachtungsfall umfassen sowie ihre angemessene Integration und Bewertung im Rahmen der gutachterlichen Stellungnahme. Eine regelmäßige Supervision dieses interdisziplinären Begutachtungsvorgehens würde sicherlich die methodischen und inhaltliche Qualität fördern (Steller 1994).

Die Beurteilung der Leistungsfähigkeit

Die Beurteilung der Leistungsfähigkeit beziehungsweise etwaiger Einschränkungen der Leistungsfähigkeit nimmt im Sozialrecht, aber auch dem Zivilrecht oder Familienrecht eine herausragende Stellung ein.

Bei der „Rentenbegutachtung" (Erwerbsunfähigkeit, Berufsunfähigkeit) hat der medizinische Gutachter die Aufgabe das (Rest-)Leistungsvermögen zu beurteilen. Das Ausmaß der Erwerbsfähigkeit wird dann auf der Grundlage der gutachterlichen Beurteilung vom Sozialrichter festgesetzt.

Jedoch sollte auch bei der Rentenbegutachtung an den Grundsatz „Rehabilitation vor Rente" gedacht werden. Dies bedeutet, daß immer geprüft werden muß, inwieweit die Leistungsfähigkeit durch therapeutische und/oder rehabilitative Maßnahmen verbessert werden kann; dabei gehe ich davon aus, daß damit insgesamt die psychosoziale Befindlichkeit des Probanden verbessert wird.

Die relevanten Merkmale für die Leistungsbeurteilung sind meist weniger in Beeinträchtigungen körperlicher Funktionen zu suchen als in relevanten und komplexen psychischen und sozialen Merkmalskombinationen. In der Regel stellt das Leistungsvermögen des Probanden ein Resultat einer komplexen Interaktion zwischen körperlichen, psychischen und sozialen Funktionen dar.

Schulte (1995) und Schneider et al. (2001) haben Kriterien zur Beurteilung der psychosozialen Kompetenzen und Ein-

schränkungen vorgeschlagen, die kognitive, emotionale, motivationale und handlungsbezogene Merkmalsbereiche umfassen.

Bei der Begutachtung der Leistungsfähigkeit müssen jedoch nicht nur die gesundheitlichen somatischen oder psychischen Schädigungen beurteilt werden, sondern insbesondere die Folgen der Erkrankung für die psychosoziale Anpassungsfähigkeit des Individuums beurteilt werden. Um diese Perspektive bei der Begutachtung zu erfassen, hat die „Leitliniengruppe" eine inhaltliche Orientierung am 2. Entwurf der **International Classification of Impairments, Disabilities and Handicaps** (ICIDH-II, deutschsprachiger Entwurf 1998) gewählt. In diesem Modell werden die folgenden Differenzierungen bei der Beschreibung von Behinderungen vorgenommen:

- **Die Schäden der Funktion und Struktur:** Unter Berücksichtigung von Lokalisation, Schweregrad- und Verlaufskriterien werden insbesondere auch psychische Störungen sowie das Vorliegen von Komorbidität einbezogen (die entsprechende Klassifikation orientiert sich an der ICD-10).
- **Die Aktivität:** Beurteilt werden die unterschiedlichen Aktivitäten beziehungsweise Störungen der Aktivität des alltäglichen Lebens. Diese sollen möglichst konkret beschrieben werden. Weiterhin sind Erwägungen zu treffen, welche Art von Unterstützung (Assistenz) zur Umsetzung bestimmter Aktivitäten notwendig ist. Zentral ist die Einschätzung, inwieweit eine Aktivität zukünftig möglich oder nicht möglich sein wird (Prognose).
- **Die Ebene der Partizipation:** Dabei geht es um die Art und das Ausmaß, in dem ein Individuum an bestimmten Lebensbereichen teilhat oder einbezogen ist. Die Partizipation eines Probanden kann bezüglich der Art, der Dauer und der Qualität eingeschränkt sein. Die Partizipation wird als Ausdruck der Wechselbeziehung zwischen den Gesundheitsproblemen des Individuums (z. B. Schäden und Aktivitätsstörungen) und dem jeweiligen Kontext angesehen. Zu überprüfen ist, an welchen Lebenswelten (z. B. Familienleben, Freizeitbereich, Berufswelt) oder sozialen Kontexten der Proband teilhat und welche Einschränkungen er aufweist.

Bei der Begutachtung könnte der Proband auf diesen drei Ebenen beschrieben und beurteilt werden. Es ist zu fragen, welche Aktivitäten und Partizipationen dem Probanden in seinem spezifischen Leistungsprofil zuzutrauen sind; dabei müssen bei der Beurteilung der Partizipation die physikalischen, aber auch vor allem die psychosozialen Umgebungsbedingungen des Arbeitsplatzes in ihrer förderlichen oder hinderlichen Bedeutung für diese diskutiert werden.

1.8.4
Der Begutachtungsprozeß als interaktionelles Geschehen – Ziele, Qualitätsstandards und ethische Rahmenbedingungen

Die Gutachter-Patient-Beziehung unterscheidet sich gravierend von der traditionellen Arzt-Patient-Beziehung. Der Gutachter nimmt die Rolle eines sachverständigen Zeugen ein, der im Auftrag eines Dritten (eines Gerichts, eines Rentenversicherers oder einer Versicherungsgesellschaft) tätig wird. Die dyadische Arzt-Patient-Beziehung, in der die Schweigepflicht und der besondere Behandlungsauftrag eine besondere Vertrauensbasis schaffen, wird dadurch elementar verändert (Schneider et al. 2001). In der Regel begegnet der Proband dem Gutachter – gewiß in längeren Verfahren, in denen bisherige Ablehnungen zu einem Widerspruch geführt haben – zumindest mit Skepsis, aber allzuoft mit Mißtrauen. Seine Befürchtung, daß sein – subjektiv berechtigter – Anspruch vom Gutachter nicht genügend gewürdigt wird, findet dann häufig einen Ausdruck in einer Haltung des Probanden, seine Beschwerden und die Begrenzungen seiner Leistungsfähigkeit nachhaltig in der Begutachtungssituation zu zeigen. Es findet sich eine „interaktionsspezifische" Aggravationstendenz, die bei der Beurteilung berücksichtigt werden muß und von einer Aggravationshaltung auf dem Boden eines intentional gerichteten „Rentenbegehrens" unterschieden werden muß.

Gleichzeitig ist die psychosomatisch-psychotherapeutische Begutachtung durch ihr methodisches Vorgehen im Interview und die speziellen Themen, bei denen persönliche biographische Inhalte und aktuelle psychosoziale Hintergrundbedingungen des Probanden Gegenstand der Untersuchung sind, geeignet, beim Probanden Vertrauen gegenüber dem Gutachter zu entwickeln; dies verleitet ihn u.U. dazu, Mitteilungen zu machen, die er im Rahmen einer distanzierteren Beziehung nicht gegeben hätte. Deshalb ist es notwendig, daß sich der Proband den prinzipiellen Auftrag des Gutachters vergegenwärtigt; hier handelt es sich um eine Aufgabe, die der Gutachter vor Augen haben und in der Gutachtensituation verantwortlich handhaben muß. Komplizierend kommt hinzu, daß die Begutachtung durchaus die Funktion aufweisen sollte, den Probanden – soweit angezeigt – für etwaige therapeutische oder rehabilitative Maßnahmen zu motivieren. Hier liegt nach wie vor ein großes Problem bei der Begutachtung. Dem rehabilitativen Gedanken bleibt allzu oft aufgrund der speziellen sozialen Dynamik im Gutachtenverfahren nur wenig Raum. Dabei sollte dem Grundsatz Rehabilitation vor Rente auch im Rentenverfahren durchaus noch Rechnung getragen werden. Jedoch erscheint insbesondere unter den schwierigen Arbeitsmarktbedingungen die Möglichkeit des Gutachters, den Probanden für die Teilnahme an einer psychosomatisch-psychotherapeutischen Rehabilitationsmaßnahme zu motivieren, eher gering. Insbesondere wenn – wie die gutachterliche Erfahrung zeigt – der Proband von seinem oder seinen behandelnden

Ärzten in seiner „Rentenerwartung" weiter verstärkt wird. Dennoch sollte diese eher pessimistische Sicht den Gutachter nicht dazu verleiten, im Prozeß der Begutachtung an den Krankheitskonzepten des Probanden, seinen Erwartungen über die weitere Entwicklung der Erkrankung und den damit verbundenen (Leistungs-)Beeinträchtigungen sowie seinen persönlichen Vorstellungen, wie es mit ihm weitergehen kann, zu arbeiten. Nicht allzuselten begegnet der Proband in der psychosomatisch-psychotherapeutischen Begutachtungssituation das erste Mal einem Spezialisten für seine speziellen Probleme. So könnte hier doch eine Chance bestehen, daß dieser über eine veränderte Reflexion über sich und seine Beschwerden sowie über die andere Art der Gesprächsführung und Interaktion zu relevanten Lernprozessen und inneren Umorientierungen kommen kann.

Um gute Qualitätsstandards der Begutachtung zu erreichen, sollten die Ausbildungsbedingungen der Gutachter für die unterschiedlichen Begutachtungsfelder vereinheitlicht werden. Als Basis dafür sind methodische und inhaltliche Kriterien zu fordern, die an die Gutachten anzulegen sind. Gerade auf dem Gebiet der sozialmedizinischen Begutachtung waren wir noch weit von dieser Situation entfernt. Die von der Expertengruppe entwickelten „Leitlinien" könnten eine Grundlage für das Erlernen der Begutachtung darstellen, wie sie auch als ein „Maßstab" für die Beurteilung der Qualität eines Gutachtens dienen könnten. Jedoch sollten die „Leitlinien" nicht als Absolutmaßstab im Sinne einer Richtlinie angesehen werden. Dies können sie nicht sein, da die jeweiligen Kriterien bei der Erstellung eines Gutachtens variieren werden. Allerdings sollte es möglich sein, daß der konkrete Gutachter die Gründe dafür expliziert, wenn er auf spezifische Untersuchungsmethoden verzichtet (z.B. auf die körperliche Untersuchung oder auf die psychologische Testung).

Literatur

American Psychiatric Association. Diagnostisches und Statistisches Manual Psychischer Störungen DSM-IV. Dt. Bearb. u. Einführung: Saß H, Wittchen HU, Zaudig M. Göttingen, Bern, Toronto, Seattle: Hogrefe 1994, 1996.

Beckmann D, Brähler E, Richter HE. Gießen-Test (GT). 4. Aufl. Bern: Huber 1990.

Dilling H, Mombour W, Schmidt MH. Internationale Klassifikation psychischer Störungen – ICD-10. 2. Aufl. Bern: Huber 1993.

Fähndrich E, Stieglitz RD. Leitfaden zur Erfassung des psychopathologischen Befundes: Halbstrukturiertes Interview anhand des AMDP-Systems. Berlin: Springer 1989.

Fahrenberg J, Hampel R, Selg H. Das Freiburger Persönlichkeitsinventar (FPI). 6. Aufl. Göttingen: Hogrefe 1994.

Franke G. SCL-90-R. Die Symptom-Check-Liste von Derogatis. Weinheim: Beltz 1995.

Hamilton M. Hamilton Depressions-Scala. Rockville: National Institute of Mental Health 1976.

Hautzinger M. Bewältigung von Belastungen. Konstanz: Universität Konstanz, Fachgruppe Psychologie 1986.

Rist S. Operationalisierte Psychodynamische Diagnostik. Grundlagen und Manual. Bern: Huber 1996; 126–37.

Janke W, Erdmann G, Kallus W. Streßverarbeitungsfragebogen (SVF). Göttingen: Hogrefe 1985.

Klauer T, Filipps S-H. Trierer Skalen zur Krankheitsbewältigung (TSK). Göttingen: Hogrefe 1993.

Konrad N. Leitfaden der forensisch-psychiatrischen Begutachtung. Stuttgart, New York: Thieme 1997.

Krupinski M. Zur Entwicklung moderner Klassifikationssysteme und ihre Auswirkungen auf die forensisch-psychiatrische Begutachtung. Gesundheitswesen 1994; 56: 652–6.

McKinley JC, Hathaway SR, Meehl PE. The MMPI VI. The K-Scale. J. Consult Psychol. 1948; 12: 20–31.

Muthny F. Freiburger Fragebogen zur Erfassung der Krankheitsverarbeitung (FKV) Manual. Weinheim: Beltz 1989.

Pfäfflin F. Begutachtung der Sexualität. In: Psychiatrische Begutachtung. Venzlaff U, Foerster K (Hrsg). München: Urban & Fischer 2000, 445–61.

Potreck-Rose F, Koch U. Chronifizierungsprozesse bei psychosomatischen Patienten. Ergebnisse einer Expertise. Stuttgart: Schattauer 1994.

Reimer C, Hempfing L, Dahme B. Iatrogene Chronifizierung in der Vorbehandlung psychogener Erkrankungen. Praxis der Psychotherapie und Psychosomatik 1979; 24: 123–33.

Rist F. Leistungsdiagnostik aus psychiatrischer Sicht. In: Psychodiagnostik psychischer Störungen. Stieglitz RD, Baumann U (Hrsg). Stuttgart: Enke 1994; 126–37.

Schepank H. Beeinträchtigungs-Schwere-Score (BSS). Weinheim: Beltz 1995.

Schneider W, Basler H-D, Beisenherz B. Fragebogen zur Messung der Psychotherapiemotivation (FMP). Weinheim: Beltz 1989.

Schneider W, Henningsen P, Rüger U. Sozialmedizinische Begutachtung in der Psychosomatik und Psychotherapie. Bern: Huber 2001.

Schneider W, Freyberger H-J, Muhs A, Schüßler G (Hrsg). Diagnostik und Klassifikation nach ICD-10 Kap. V. Eine kritische Auseinandersetzung. Göttingen: Vandenhoeck & Ruprecht 1993.

Schulte D. Diagnostische Ansätze in der Verhaltenstherapie. In: Diagnostik in Psychotherapie und Psychosomatik. Janssen PL, Schneider W (eds). Stuttgart: Gustav Fischer 1994; 135–45.

Schulte R-M. Qualitätsstandards und Qualitätskriterien neurologischer und psychiatrischer, sozialmedizinischer und forensischer Gutachten. München: Westermayer 1995.

Schuntermann MF. ICIDH-2 Internationale Klassifikation der Schäden, Aktivitäten und Partizipation. Ein Handbuch der Dimensionen von gesundheitlicher Integrität und Behinderung. Frankfurt/M.: Verband Deutscher Rentenversicherungsträger (VDR) 1998.

Schuri U, Keller I, Matthes-von Cramon G. Leistungsdiagnostik aus neuropsychologischer Sicht. In: Psychodiagnostik psychischer Störungen. Stieglitz RD, Baumann U (Hrsg). Stuttgart: Enke 1994; 138–48.

Steller M. Diagnostischer Prozeß. In: Psychodiagnostik psychischer Störungen. Stieglitz RD, Baumann U (Hrsg). Stuttgart: Enke 1994; 37–48.

Stieglitz RD. Selbstbeurteilungsverfahren. In: Psychodynamik psychischer Störungen. Stieglitz RD, Baumann U (Hrsg). Stuttgart: Enke 1994; 67–78.

Venzlaff U, Foerster K. Psychiatrische Begutachtung: ein praktisches Handbuch für Ärzte und Juristen. München: Urban & Fischer 2000.

World Health Organization. International Classification of Impairments, Disabilities and Handicaps. Genf: World Health Organization 1980.

Wille G, Irle H. Psychosomatik „trotz Sparpaket" ein zentraler Bereich der medizinischen Rehabilitation. Deutsche Angestellten Versicherung 1996; 10: 449–57.

Wittchen H-U, Zaudig M, Schramm E, Spengler P, Mombour W, Klug J, Horn R. Strukturiertes Klinisches Interview für DSM-III-R (SKID). Weinheim: Beltz Test 1991.

Zerssen v. D. Diagnostik der prämorbiden Persönlichkeit. In: Psychodiagnostik psychischer Störungen. Stieglitz RD, Baumann U (Hrsg). Stuttgart: Enke 1994; 216–29.

Zielk M, Pradella A. Begleiterscheinungen chronischer Krankheitsverläufe. Eine empirische Untersuchung bei neurotischen und psychosomatischen Erkrankungen. Unveröffentlichter Forschungsbericht 1991 (zitiert nach Potreck-Rose u. Koch 1994).

Zung WWK. SAS: Self-rating Anxiety Scale. In: ECDEU assessment manual for psychopharmacology. Guy W (ed). Rockville: National Institute of Mental Health 1976.

2
Bio-psychosoziale Grundlagen

2.1
Psychoanalytische Krankheitskonzepte

Hubert Speidel und Elisabeth Fenner

Die psychoanalytische Krankheitslehre hat sich seit ihrem Beginn in der letzten Dekade des 19. Jahrhunderts mit dem Fortschreiten der klinischen Erfahrung, der Erweiterung ihrer Gegenstände und ihres Begriffsinventars stetig weiterentwickelt. Dabei ist charakteristisch, daß ältere theoretische Positionen nicht aufgegeben wurden, sondern große Dauerhaftigkeit bewiesen, aber von neueren Positionen überlagert wurden. Es wurden theoretische Konzepte entwickelt, die für neue Sichtweisen und Krankheitsaspekte durch ihren überzeugenden Erklärungswert nützlich und unentbehrlich geworden sind. Entgegen populären Vorurteilen, in denen sich die Rezeption der psychoanalytischen Krankheitslehre auf die frühen Erkenntnisse – Unbewußtes, Trieb und Sexualität – beschränkt, ist sie längst kein einheitliches Gebäude mehr, sondern eher ein Konglomerat von miteinander kommunizierenden Teilen, deren Zusammenhang allerdings groß genug ist, um dem einigenden Begriff Psychoanalyse zu genügen.

Freud hat einerseits mit den einfachen Bestimmungen, dem Unbewußten und der Anerkennung des Ödipuskomplexes als seinem „Schibboleth", die grundlegende Orientierung dafür vorgegeben, was sich Psychoanalyse nennen darf und was nicht; andererseits kennzeichnete er die Dimensionen der psychoanalytischen Erörterung mit Hilfe von drei **metapsychologischen Gesichtspunkten** (Freud 1920):

- des **dynamischen**, der nach den wirkenden seelischen Kräften fragt
- des **ökonomischen**, der sich quasiphysikalischer Energiebilanzen als Resultanten des Zusammenwirkens der Kräfte bedient
- des **strukturellen** beziehungsweise **topischen** als der Betrachtung dauerhafter Reaktionsweisen

Hartmann (1939, 1950) und Erikson (1950) haben ihnen zwei weitere hinzugefügt: den **genetischen** als den Gesichtspunkt der Reifungsstadien und den **adaptiven**, mit welchem die Interaktionen im psychosozialen Feld fokussiert werden.

Wichtiger als diese allgemeinsten theoretischen Bestimmungen sind für den klinischen Gebrauch die im folgenden dargestellten Begriffe der intrapsychischen Systeme und deren Interaktionen, mit den beiden **Modellen** der **psychischen Struktur** beziehungsweise des psychischen Apparates und die dynamischen und strukturellen **Teilbereiche**, von denen wir einige als jeweils eigenständige „Psychologien" bezeichnen können:

- die Konfliktpsychologie
- die Ich-Psychologie
- die Selbstpsychologie
- die Objektpsychologie
- die Affektpsychologie

2.1.1
Die Modelle der psychischen Struktur

Das topographische oder Schichtenmodell

Mit der in der Traumdeutung (Freud 1900) entwickelten theoretischen Konzeption wird das neurotische Symptom als Kompromißlösung in einem Konflikt verstehbar. Das hier entwickelte topographische oder Schichtenmodell basiert auf der Vorstellung, daß es neben dem Bewußtsein beziehungsweise unter ihm zwei **Arten** von **Unbewußtem** gibt:

- ein deskriptives Unbewußtes oder Vorbewußtes
- ein dynamisches Unbewußtes

Zwischen den beiden letzteren Modalitäten besteht eine doppelte Barriere: Ein Zensor wacht darüber, daß die Inhalte des Unbewußten im System dynamisches Unbewußtes nicht unmittelbar in die beiden Systeme Bewußtes und Vorbewußtes gelangen können. In dieses System dynamisches Unbewußtes gelangen seelische Inhalte (insbesondere sexuelle Wünsche), die mit dem herrschenden Ich-Bewußtsein inkompatibel sind: Sie werden verdrängt.

Dort herrscht aber auch eine gegenüber den Systemen Bewußtes und Vorbewußtes unterschiedliche psychische Funktionsweise, der **Primärprozeß**. Er ist ein weiteres Hindernis für die Rückkehr unbewußter, verdrängter Inhalte. Im Gegensatz zum diskursiven Denken der Systeme Bewußtes und Vorbewußtes sind hier die Inhalte nicht an die logischen Gesetze der Syntax gebunden, sondern leicht verschieblich und kontaminierbar (Verschiebung und Verdichtung). Freud hat dies an den Träumen und ihrer Funktionsweise studiert. Hier können im Rahmen der bildhaften Darstellung Personen und Dinge mit zwei unterschiedlichen Bedeutungen belegt werden (**Verdichtung**), oder die Eigenschaften einer Person oder eines Dinges können auf eine andere Person oder ein anderes Ding verlagert werden (**Verschiebung**). In dieser bildhaften Darstellungsweise gibt es kein „ja" und kein „nein", kein „sowohl als auch", kein „und", kein „weder noch". Die Darstellung entsprechender Sachverhalte erfolgt statt dessen mit den Mitteln der Verschiebung und Verdichtung im Bild oder in der bildhaften Szenerie, im szenischen Ablauf etc. Dies, so folgert Freud, sind die Gesetze der Traumbildung und die Gesetze des Unbewußten, aber auch des neurotischen Symptoms, des Witzes und der sogenannten Fehlleistungen.

Aus dem Studium des Träumens leitet Freud nun das Verständnis des **neurotischen Symptoms** in folgender Weise ab: Aufgrund eines Konfliktes zwischen handelndem Ich-Bewußtsein und Triebwunsch, in dem sich das Ich-Bewußtsein durchsetzt, wird der Triebwunsch verdrängt und unbewußt. Er befindet sich nun im System dynamisches Unbewußtes. Aufgrund einer Versuchungs- und Versagungssituation kann es zu einer **Wiederkehr** des **Verdrängten** kommen, aber nicht als Inhalt im Klartext, sondern als Kompromißbildung zwischen Wunsch und Abwehr, in Gestalt eines Symptoms, das beides darstellt. Die Gestaltung des Symptoms ist als Resultat der Wirkung des Zensors zu verstehen, der den Triebwunsch im Symptom unkenntlich macht.

Das Instanzen- oder Strukturmodell

Spätere Erkenntnisse, insbesondere daß Anteile des Ichs (z. B. Schuldgefühle) unbewußt sein können, nötigten Freud, dieses erste Modell weiterzuentwickeln zum Instanzen- oder Strukturmodell (Freud 1923). Hier steht dem **Ich** als steuernder, moderierender Zentralinstanz das **Über-Ich** als Ort der internalisierten sozialen Gebote und Verbote einerseits, das **Es** als Reservoir der Triebe und Triebwünsche andererseits gegenüber. Das Es wird von Freud als ein Behältnis für die libidinösen und aggressiven Strebungen verstanden, von dem das Ich seine Energie, vor allem die desexualisierte und sublimierte bezieht. Das Es enthält die primitiven, triebnahen Strebungen und Wünsche im Gegensatz zum Ich, das die komplexeren Motivationssysteme beherbergt (Freud 1940). Ein enges Zusammenwirken zwischen Es und Ich sah Freud im Vorgang der **Identifikation**, wenn Objekte im Ich errichtet werden, die vorher vom Es im Zusammenhang mit Triebwünschen libidinös beziehungsweise erotisch besetzt wurden. Für das Verständnis des Ichs ist wichtig, was Freud in „Trauer und Melancholie" (1916b) erstmals beschrieben, aber erst später (1923) in seiner strukturellen Bedeutung verstanden hatte: „... ein verlorenes Objekt [wird] im Ich wieder aufgerichtet, also eine Objektbesetzung durch eine Identifizierung abgelöst," und eine „solche Ersetzung [hat] einen großen Anteil an der Gestaltung des Ichs ... und [trägt] wesentlich dazu bei ..., das herzustellen, was man seinen Charakter heißt". Diese internalisierten Objekte oder **Objektbesetzungen**, die der ursprünglichen libidinösen Beziehung zu Vater und Mutter entstammen, werden im Ich errichtet und führen zur Bildung des Über-Ichs. Freud schreibt über diese dritte Instanz (Freud 1932), „daß die Einsetzung des **Über-Ichs** als ein gelungener Fall von Identifizierung mit der Elterninstanz beschrieben werden kann".

1916 hatte Freud das **Ideal-Ich** als Verschiebungsersatz für den kindlichen Narzißmus gesehen, dem nun die Selbstliebe gilt, „welche in der Kindheit das wirkliche Ich genoß" (Freud 1916a). Im folgenden wird dann ohne Erläuterung der Begriff **Ich-Ideal** verwendet, und aus dem Kontext ist zu entnehmen, daß damit eine Instanz gemeint ist, und zwar in einer Abhängigkeitsposition zum Gewissen, die als der Wächter des Ich-Ideals beschrieben und auch als „zensorische Instanz" bezeichnet wird (Freud 1916a). 1923 betrachtete Freud das **Über-Ich** als eine „Differenzierung innerhalb des Ichs" und verwendete es synonym mit dem Ich-Ideal. Das Über-Ich hat somit bewußte und unbewußte Anteile. Später schrieb Freud dem Über-Ich die Funktionen Selbstbeobachtung, Gewissen (Schuldgefühl, Moralbildung) und Idealfunktion (mit dem Risiko von Minderwertigkeitsgefühl) zu (Freud 1940). Dem Über-Ich kann eine mehr aggressiv-sadistische und eine mehr libidinöse Seite zugeordnet werden, weil das Kind den Eltern aus Angst gehorcht, sich ihnen aber auch aus Liebe unterwirft (Nunberg 1931). Während das Kind zunächst nur den anwesenden Eltern gehorcht, introjiziert es mit der Etablierung des Über-Ichs die elterlichen Werte und fügt sich dieser inneren Instanz des Über-Ichs. „Das Überich [ist] der Erbe des Ödipuskomplexes" (Freud 1940) und die Konsequenz der langen Abhängigkeit des Menschen von seinen Eltern. In ihm wirken nicht nur die Einflüsse der Eltern, „sondern auch der durch sie fortgepflanzte Einfluß von Familien-, Rassen- und Volkstradition sowie die von ihnen vertretenen Anforderungen des jeweiligen sozialen Milieus" (Freud 1940).

Das **Ich** wird als Anpassungsorgan gegenüber der äußeren Welt gekennzeichnet. Das Vorbewußte hat vor allem hier seinen Platz, aber gerade die Entdeckung unbewußter Strukturen im Ich hatte Freud zur Neuformulierung seines Schichtenmodells genötigt. Nach 1920 wandte er sich stärker der Bedeutung der Abwehrmechanismen des Ichs zu, aber schon 1895 hatte er es als Träger des Widerstandes gesehen, das sich dem Zugang zum Unbewußten entgegenstellt; er hatte es als das „abwehrlustige Ich" (Freud 1895) bezeichnet. Als Wirkungsmodus des Es sah Freud das Lustprinzip mit dem uneingeschränkten Wunsch nach sofortiger Triebbefriedigung, während dem Ich die Fähigkeit der Realitätsprüfung und des Triebaufschubes zukommt. Das **Ich** ist auch der Vermittler zwischen Reizen der inneren und äußeren Realität. 1932 charakterisierte Freud „... das Ich ... [als] die alleinige Angststätte." In der spätesten Definition beschreibt Freud die Funktion des Ichs folgendermaßen: Es hat „die Verfügung über die willkürlichen Bewegungen. Es hat die Aufgabe der Selbstbehauptung, erfüllt sie, indem es nach aussen die Reize kennenlernt, Erfahrungen über sie aufspeichert (im Gedächtnis), überstarke Reize vermeidet (durch Flucht), mässigen Reizen begegnet (durch Anpassung) und endlich lernt, die Außenwelt in zweckmässiger Weise zu seinem Vorteil zu verändern (Aktivität), nach innen gegen das Es, indem es die Herrschaft über die Triebansprüche gewinnt ..." (Freud 1940).

Die psychoanalytische Trieblehre

Trieb ist ein theoretisches Konstrukt, dessen heuristischer Wert in der Verknüpfung körpernaher dranghafter Impulse mit psychischen Inhalten (**Repräsentanzen**) liegt. Es handelt sich deshalb um ein psychosomatisches Konzept im eigentlichen Sinne, mit dem die motivierenden Momente und deren unterschiedliche Ausformungen und Niveaus (**Triebschicksale**) verständlich gemacht werden sollen. Freud hat dies in „Triebe und Triebschicksale" mit der folgenden Definition kenntlich gemacht (Freud 1915a): „Wenden wir uns nun von der biologischen Seite her der Betrachtung des Seelenlebens zu, so erscheint uns der ,Trieb' als ein Grenzbegriff zwischen Seelischem und Somatischem, als psychischer Repräsentant der aus dem Körperinneren stammenden, in die Seele gelangenden Reize, als ein Maß der Arbeitsanforderung, die dem Seelischen infolge seines Zusammenhanges mit dem körperlichen auferlegt ist." Später definiert er in einem anderen theoretischen Kontext (Freud 1920): „Ein Trieb wäre also ein den belebten Organen innewohnender Drang zur Wiederherstellung eines früheren Zustandes."

Als eine **moderne Definition** der **Triebe** soll diejenige von **Krause** (1983) erwähnt werden: „Triebe sind organismische Transportsysteme, die in periodischen Abständen bei Erreichung kritischer Schwellenwerte Transportvorgänge veranlassen. Die Mehrzahl dieser Vorgänge ist homöostatisch, und sie spielen sich gänzlich im Inneren unseres Körpers ab. Sie sind im allgemeinen nicht bewußtseinsfähig und unterliegen nur auf Umwegen Veränderungen durch Lernprozesse. ... Die für die Psychoanalyse interessanten ,Triebe' sind diejenigen, in denen körperfremde Substanzen transportiert werden müssen, also das Regelsystem so angelegt ist, daß es in Austausch mit Substanzen jenseits der Körpergrenzen treten muß. All diese Triebabläufe sind prinzipiell bewußtseinsfähig, weil sie im allgemeinen Suchverhalten notwendig machen. Die benötigten Substanzen sind nicht immer überall zu haben. ... Die Zyklizität dieser Triebe hängt von der Größe der Ressourcen beziehungsweise der Sammelbecken ab. Je größer die Ressourcen, desto intensiver können Sozialisierungsprozesse ohne Gefährdung der Existenz stattfinden (z. B. Atmen vs. Essen)." Essen zum Beispiel duldet Aufschub, der zu Sozialisationsprozessen genutzt werden kann (Eß- u. Geselligkeitsrituale), Atmen dagegen nicht.

Nach **Freud** sind **Triebe** Kräfte, die
- ihren Ursprung in einer somatischen Triebquelle haben,
- sich psychisch repräsentieren und an Vorstellungen knüpfen,
- sich Ziele für ihre Befriedigung suchen
- und für diese Befriedigung auf Objekte angewiesen sind.

Durch die Verknüpfung von Vorstellungen (Repräsentanzen) mit dem Trieb läßt sich dieser von den Instinkten der Tiere abgrenzen, bei denen es sich um festgelegte und vererbte Re-

aktionsformen handelt, die kaum modifizierbar sind. Somit muß der Trieb vor allem unter einem psychologischen Aspekt gesehen werden. Triebe waren zunächst als Sexualtriebe formuliert worden. Freud entdeckte die Existenz einer **kindlichen Sexualität**; er untersuchte die möglichen **Umformungen der Triebe** im Laufe der Entwicklung. Eine besondere Position hat die Sublimierung, ein Konzept, in dem die „Modifikation des Ziels und des Wechsels" des Sexualobjektes, bei der die „soziale Wertung in Betracht kommt", zentral ist (Freud 1932). Sublimierung ermöglicht einerseits hochwertige soziale Leistungen und Kreativität, aber Sublimierung ist andererseits auch ein Abwehrmechanismus. Im Zusammenhang mit der kindlichen Sexualität sind die Begriffe der **Partialtriebe**, zum Beispiel der Zeige- und der Schaulust, von Bedeutung, deren Fusion unter dem Primat des Genitales zur reifen Sexualität führt, und deren Merkmale das ganzheitliche Interesse am Sexualobjekt und die psychische Fähigkeit zur Fortpflanzung sind.

Sadismus und Masochismus

Die Triebschicksale, als die **Freud** (1915a) unter anderem die Verkehrung ins Gegenteil und die Wendung gegen die eigene Person kennzeichnet, geben Anlaß zur Erörterung der Natur des Gegensatzpaares **Sadismus** und **Masochismus**. Folgenden Vorgang zieht Freud in Betracht: Die andere Person als Objekt des Sadismus mit Gewalttätigkeit und Machtbetätigung wird aufgegeben und durch die eigene Person ersetzt (Wendung gegen die eigene Person und Ersetzung des aktiven Triebzieles durch ein passives). Es wird neuerdings eine fremde Person als Objekt gesucht, „welche infolge der eingetretenen Zielumkehr die Rolle des Subjektes übernehmen muß" (Freud 1915a). Die Befriedigung bei dem so charakterisierten Masochismus erfolgt nach dem Muster des Sadismus, aber in der Phantasie setzt sich „das passive Ich" an die Stelle des nunmehrigen Sadisten. Nach dieser masochistischen Umkehr können Schmerz- und andere Unlustempfindungen auf die sexuelle Erregung „übergreifen und einen lustvollen Zustand erzeugen, um dessentwillen man sich auch die Unlust der Schmerzen gefallen lasssen kann" (Freud 1915a). Den von dieser Position aus möglichen (sekundären) Sadismus stellt sich Freud über den Modus der Identifizierung mit dem leidenden Subjekt vermittelt vor.

Die **infantilen Entstehungsbedingungen** des **Masochismus** hat Freud anhand von Schlagephantasien bei Mädchen als „Zusammentreffen von Schuldbewußtsein und Erotik", als „Strafe für die verpönte (inzestuöse) genitale Beziehung" zum Vater und als regressiven Ersatz für diese, das heißt für die unbewußte Phantasie „der Vater liebt mich" verstanden. Beim Mann handelt es sich um feminine Einstellungen, bei denen es zu einer Umwandlung der unbewußten Phantasie „ich werde vom Vater geliebt" in die bewußte Phantasie „ich werde von der Mutter geschlagen" kommt (Freud 1919).

Im weiteren unterscheidet Freud drei **Arten von Masochismus**:

- den erogenen
- den femininen
- den moralischen

Der **erogene** Masochismus (Schmerzlust), biologisch und konstitutionell begründet, liegt auch dem **femininen** Masochismus zugrunde. Die Phantasien (der Männer) versetzen sie in typisch weibliche Situationen (koitiert werden usw.) mit der Konnotation der Sühne und Schuld. Im **moralischen** Masochismus ist die Verbindung zur Sexualität gelockert. Ihm liegen unbewußte Schuldgefühle beziehungsweise ein Strafbedürfnis zugrunde. Während Gewissen und Moral durch die Überwindung des Ödipuskomplexes und durch Desexualisierung entstanden sind, wird im moralischen Masochismus die Moral wieder sexualisiert und der Ödipuskomplex regressiv wiederbelebt. Freuds diesbezügliches Konzept ist durch die hier nicht weiter diskutierte Triebpolarität Eros und Todestrieb bestimmt (Freud 1924).

Im Gegensatz zu Freud verzichtet **Reik** (1940) auf die Begründung des **Masochismus** und Sadismus im Todestrieb. Für ihn hat der Masochist sein Triebziel nicht verlassen. Die Inszenierung, die im Gegensatz zum Sadismus conditio sine qua non des Masochismus ist, sucht die Angstquellen Bestrafung und Beschämung für unbewußte Inzestwünsche und Rivalität vielmehr als unvermeidliche Vorbedingungen für die sexuelle Lust gerade deshalb zielstrebig auf. Reik betont die Ubiquität der masochistischen Triebneigung diesseits der Grenzen zur Pathologie, besonders bei der Frau wegen ihrer biologischen Bedingtheiten, während gerade die masochistische Perversion bei ihr selten, weniger intensiv und dauerhaft, aber als Neigung eher als beim Mann Erziehungsprodukt ist. Reik erklärt dies mit der Ableitung des Masochismus aus der sadistischen Phantasie, und diese sei beim Mann (Penis als Träger der Aggression) stärker. Freuds Begriff des moralischen Masochismus ersetzt Reik durch den des sozialen Masochismus und belegt dessen breite kulturelle Bedeutung (Religion, Märtyrer) insbesondere mit dem ansteigenden Schuldgefühl und Strafbedürfnis im Verlauf der Kulturfortschritte (Reik 1940).

Wurmser (1993) unterscheidet vier **Formen masochistischer Pathologie**:

- den „äußerlichen" Masochismus mit der Färbung des Opfertums und der Erniedrigung als Ausdruck unbewußten Suchens nach quälenden Partnern
- den „innerlichen oder moralischen" Masochismus mit dem quälenden Gewissen gegenüber dem Selbst
- den „sexuellen" Masochismus beziehungsweise die masochistische Perversion („Die sexuelle Befriedigung ist ... an symbolische oder wirkliche Qual und Erniedrigung gebunden")
- den durch eine sadistisch-narzißtische Fassade „verdeckten" Masochismus

Diesen pathologischen sind normale Formen nebengeordnet, zum Beispiel wenn aus rationalen Gründen beim Gang zum Zahnarzt Schmerz in Kauf genommen beziehungsweise gesucht wird. Als „masochistische Dimension" kann die Bereitschaft bezeichnet werden, Opfertum auf sich zu nehmen, um Liebe und Respekt zu erzwingen (Wurmser 1993).

Noch wenig diskutiert ist die zeitgenössische Neigung der öffentlichen **Rezeption** von **Frauen-** und **Männerrollen** im Sinne des Masochismus (Frauen als Opfer) und Sadismus (Männer als Täter), obwohl sie in der Politik, in den Medien wie im Selbstbild der Bevölkerung eine wichtige Rolle spielen (Heigl-Evers und Weidenhammer 1988; Speidel 1994).

Den **Sadismus** behandelt Freud in den „Drei Abhandlungen zur Sexualtheorie" (1905a) unter drei Gesichtspunkten:

- als infantilen Partialtrieb, als Grausamkeitskomponente des Sexualtriebes, der sich der noch mangelhaften Struktur verdankt, das heißt, aus der Zeit stammt, in der die Fähigkeit zum Mitleiden noch nicht entwickelt ist
- als infantiles Mißverständnis der Urszene, wenn das Kind den „Sexualakt als eine Art von Mißhandlung oder Überwältigung" „im sadistischen Sinne" mißversteht
- als phasentypisches Phänomen in der zweiten prägenitalen Phase der sadistisch-analen Organisation. Hier ist in der Ambivalenz zwischen Aktivität und Passivität die sadistisch-masochistische Dimension präformiert: Dem Bemächtigungstrieb mittels Körpermuskulatur steht die erogene Darmschleimhaut als Organ mit passivem Sexualziel gegenüber.

Seit der Einführung des Todestriebes (1920) ist der Sadismus dessen direkter Ausdruck, genauer: eine Legierung oder Triebmischung mit dem Eros (Freud 1924, 1930, 1940). In „Trauer und Melancholie" (1916b) stellte Freud den Zusammenhang zwischen Sadismus und melancholischer Selbstentwertung her: „Die unzweifelhaft genußreiche Selbstquälerei der Melancholie bedeutet ganz wie das entsprechende Phänomen der Zwangsneurose die Befriedigung von sadistischen und Haßtendenzen, die einem Objekt gelten und auf diesem Weg eine Wendung gegen die eigene Person erfahren haben."

2.1.3
Die Abwehrmechanismen

Die Abwehrmechanismen können als Organ des Ichs verstanden werden, mit dessen unterschiedlichen Funktionsmodalitäten die Homöostase zwischen Über-Ich, Ich, Es und Umwelt aufrechterhalten wird. Abwehrmechanismen sind also eine für die seelische Funktion unentbehrliche Gruppe von Phänomenen. Der Terminus **„Abwehr"** verrät seine Herkunft aus der frühen Ära der Triebpsychologie (Triebabwehr) und aus dem Umgang mit Krankheit. Dies ist aber nur die eine Seite seiner Bedeutung. Abwehr ist andererseits nämlich auch durch ihre der Außenwelt zugewandten, anpassungsfördernden Merkmale und Gesetzmäßigkeiten zu charakterisieren (A. Freud 1936;

Hartmann 1939). Abwehrmechanismen sind also Teile einer differenzierten psychischen Struktur. Aber schon vor der Bildung eines zur Abwehr fähigen Ichs und dessen Abgrenzung vom Es lassen sich Vorformen von Abwehrmechanismen postulieren.

Primitive Abwehrmechanismen

Introjektion

In diesem Rahmen kann das **Saugen** an der **Mutterbrust** als erste primitive Abwehrform, Introjektion, verstanden werden, weil mit diesem Vorgang innere Spannung und Hunger beseitigt werden. Dieser Vorgang ist aber gleichzeitig eine Beziehung in Form der Einverleibung, und deshalb kann die Introjektion als Vorform späterer psychischer Einverleibungen von Objekten auf der Grundlage einer differenzierteren seelischen Struktur gesehen werden (**Identifizierung**). Wie bereits dargestellt, gewinnt Freud 1923 mit der Entwicklung seines zweiten Modells der psychischen Struktur die Vorstellung, daß diese Einverleibungsvorgänge zu den späteren Inhalten des Über-Ichs werden, wenn nämlich das Kind im Verlauf des ödipalen Geschehens die Liebe zu den Eltern partiell durch Identifizierungen ersetzt. Diese sind damit Wegbereiter der Entwicklung von Ich-Funktionen. Insofern als Identifizierungen im Rahmen des Ödipuskomplexes der Konfliktvermeidung dienen, können sie als Abwehrform verstanden werden, insofern als sie zur Differenzierung des Über-Ichs und zum Aufbau des Ichs dienen, stellen sie einen Reifungsschritt dar.

Melanie Klein (1946) beschreibt abweichend davon die Introjektion von Objekten als einen Vorgang, der zwar zu Identifizierungen führen kann; andererseits können diese **inneren Objekte** als eine Ansammlung von **guten** und **bösen Erfahrungen** fungieren. Überwiegen die guten Erfahrungen an den inneren Objekten, kann das Kind diese für reale Erfahrungen an den lebenden Objekten und seine weitere Entwicklung verwerten. Überwiegen die bösen Erfahrungen, so wird das Kind deren Opfer, von denen es sich verfolgt, bedroht oder zerstört wähnen kann. Ein charakteristisches Beispiel dafür ist der Verfolgungswahn des Psychotikers.

Die **Identifizierung** mit dem **Aggressor** ist eine spezifische Variante identifikatorischer Vorgänge zum Schutz gegen die von äußeren Objekten ausgehende (vor allem Vernichtungs-)Gefahr.

Projektion

Wie das Saugen kann auch das **Erbrechen** als primitiver Vorläufer eines Abwehrmechanismus, nämlich der Projektion verstanden werden. Das Erbrechen ist das Verhaltensmuster des frühesten agonistischen Affektes, des Ekels (Krause 1983). Analog zur schlechten, erbrochenen Nahrung dient Projektion dazu, unangenehme Gefühle, zum Beispiel infolge nicht beherrschbarer Triebregungen, oder böse innere Objekte zu eli-

minieren. So projiziert der Psychotiker das eigene innere Böse in den Verfolger. Wie das Erbrechen als archaischer Vorläufer der Projektion gesehen werden kann, so ist die Projektion auch ihrerseits der Vorläufer der **Flucht**. In Gesellschaften sind **kollektive Projektionen** ein wichtiges Mittel zur Sicherung der Kohäsion: Die schlechten Anteile des Kollektivs werden in den Angehörigen der Nachbarvölker oder anderer Religionen etc. gesehen und gegebenenfalls verfolgt.

Projektive Identifizierung

Als projektive Identifizierung, erstmals von A. Freud (1936) entwickelt, wird von Klein (1946) ein kombinierter Abwehrmechanismus bezeichnet, der vor allem bei Menschen mit einer Borderline-Organisation beschrieben wurde. Von der einfachen Projektion unterscheidet sich die projektive Identifizierung dadurch, daß die erstrebte Projektion der bösen, aggressiven, entwerteten Selbst- und Objektimagines nicht vollständig gelingt, und zwar wegen der Ich-Schwäche, unter der die Ich-Grenzen angesichts der Heftigkeit der Projektion porös werden. Deshalb erlebt der Projizierende gefährliche, rachsüchtige Objekte, mit denen er noch identifiziert bleibt. Er muß das bedrohliche Objekt kontrollieren, beherrschen und es angreifen, bevor es ihn angreift. Der Impuls und die Angst bleiben bewußt (Kernberg 1966).

Bion (1952) ist das Verständnis dieses Vorganges als eines essentiellen Bestandteiles der normalen Entwicklung zu verdanken. Das unreife Individuum wird durch die projektive Identifizierung erst in die Lage versetzt, über den eigenen, in das Objekt projizierten Zustand mit diesem überhaupt kommunizieren zu können. Das **Objekt** wird so zum **Container**. Dieses Modell spielt in den letzten Jahren vor allem bei der Therapie strukturell Gestörter eine wichtige Rolle. Die Containerfunktion des Therapeuten wird hier als Voraussetzung für das Ingangkommen des therapeutischen Prozesses verstanden.

Spaltung und Fragmentierung

Wie die vorigen ist auch der ebenfalls von Klein (1946) konzipierte und von Kernberg (1966) elaborierte Abwehrmechanismus der **Spaltung** ein archaischer Mechanismus für eine unreife Organisation, in der gute und böse Objektaspekte noch nicht integriert werden können. Werden einzelne abgespaltene Anteile darüber hinaus weiter aufgespalten, so spricht man von **Fragmentierung**. Dieser Vorgang dient dazu, den abgespaltenen Anteilen ihre Bedrohlichkeit zu nehmen. Nimmt die Fragmentierung innerhalb des Individuums überhand, so kann dies zum Erlebnis der Auflösung des Ichs führen, was sich zum Beispiel in Form von Vernichtungsangst manifestieren kann. Diese Form von Fragmentierung finden wir bei Psychotikern.

Neuerdings gibt es aber zunehmend kritische Stimmen, die daran zweifeln, daß es gerechtfertigt ist, einen eigenständigen Abwehrmechanismus der Spaltung anzunehmen. Die Kritiker argumentieren einerseits entwicklungspsychologisch: Die neueren Forschungsergebnisse ließen es nicht zu, zu einem so frühen Zeitpunkt, wie von Klein und Kernberg angenommen, mit denjenigen psychischen Strukturen zu rechnen, die als Basis für die Entstehung dieses Abwehrmechanismus notwendig wären. Zudem ließen die klinischen Phänomene andere Erklärungen zu: Was von Kernberg als Spaltung bezeichnet werde, könne auch als Nötigung zur Verleugnung aufgrund unerträglicher Ambivalenz verstanden werden (Dorpat 1979; 1983; 1985; Reich 1995).

Reifere Abwehrmechanismen

Die folgenden Abwehrmechanismen werden als „reifere" bezeichnet, weil sie eine differenziertere, reifere psychische Struktur voraussetzen.

Verschiebung

Die Verschiebung löst das Problem der Bedrohlichkeit einer Vorstellung dadurch, daß diese von ihrem ursprünglichen Gegenstand auf einen anderen verlagert wird, der dieser Bedrohlichkeit eigentlich nicht würdig ist. Hierdurch ermäßigt sich die Bedrohung selbst, aber der Ersatzgegenstand ist mit dem ursprünglichen durch eine Assoziationskette verbunden. Dieser Vorgang wurde bereits oben als Charakteristikum des Primärprozesses und der Traumvorgänge dargestellt. Er ist sehr charakteristisch für die **Phobie**, deren Kernvorgang die Verschiebung darstellt: Vom eigentlich ängstigenden Triebobjekt wird die Angst auf einen harmloseren Gegenstand wie Fahrstühle, Innenräume, Spinnen und dergleichen verschoben. Der Gewinn dieser Verschiebung besteht neben der Mäßigung der Angst in der Vermeidbarkeit des Ersatzobjektes. Wegen dessen assoziativer Verbindung zum eigentlichen angsterregenden Triebobjekt werden oft weitere Ersatzobjekte beziehungsweise die Generalisierung des Vorganges notwendig.

Intellektualisierung

Als Intellektualisierung wird die Vermeidung von beunruhigenden emotionalen Gegenständen durch rationale Erklärungen verstanden, die die Beunruhigungen mäßigen oder beseitigen. Die Intellektualisierung ist besonders in der Pubertät ein wichtiges Mittel zur Abwehr von Triebgefahren, zum Beispiel des noch nicht gekonnten Umgangs mit der Sexualität. Sie wird dadurch zu einem bedeutenden Mittel der Anpassung. In diesem Sinne spricht A. Freud (1936) davon, daß Triebangst klug macht.

Affektualisierung und Rationalisierung

Das Gegenstück zur Intellektualisierung ist die **Affektualisierung**, im speziellen Fall die **Erotisierung**, in der mit Hilfe emotionaler Dramatisierung der abzuwehrende Gegenstand verschleiert wird. In der **Rationalisierung** werden Verhaltensweisen sekundär durch Scheinmotive gerechtfertigt.

Affektisolierung

Die Affektisolierung beschreibt einen Vorgang, bei dem der Inhalt bewußt bleibt, während der Affekt der Verdrängung anheim fällt.

Zur Illustration sei ein Selbstbericht zitiert: Regine Röhl (1995) schreibt über ihre kindliche Auseinandersetzung mit der Realität ihrer Mutter: „Ich habe mit den Worten ‚Terroristin', ‚Bandenchefin' oder ‚Staatsfeind Nr. 1' nie meine Mutter verbunden, obwohl ich natürlich wußte, daß Ulrike Meinhof gemeint war und daß das meine Mutter ist."

Reaktionsbildung

Bei der Reaktionsbildung werden angsterzeugende oder dissoziale Impulse durch entgegengesetzte Tendenzen im Sinne eines dauerhaften beziehungsweise habituellen Charakters abgewehrt. So werden zum Beispiel mit übertriebener Sauberkeit koprophile Impulse abgewehrt. Mit der Wendung gegen die eigene Person werden andere vor aggressiven beziehungsweise sadistischen Impulsen geschützt.

Ungeschehenmachen

Das Ungeschehenmachen vollzieht, was real oder magisch das Gegenteil eines anderen darstellt, das zuvor tatsächlich oder nur in der Einbildung vollzogen wurde (Freud 1926). Zum Beispiel ist dies der Hintergrund für den Kinderglauben, daß die Geste des Schwörens mit der rechten Hand durch die entgegengesetzte Geste der linken Hand aufgehoben werden kann.

Verleugnung

Bei der Verleugnung werden schmerzliche oder bedrohliche, äußerliche Tatsachen vom Bewußtsein ausgeschlossen und die Aufmerksamkeit auf weniger Schmerzvolles oder Bedrohliches gelenkt. Dieser Mechanismus ist einerseits alltäglich, insofern er uns vor möglichen, aber nicht allzu wahrscheinlichen Gefahren subjektiv schützt; andererseits kommt er besonders häufig bei schwer chronisch oder lebensgefährlich Kranken vor, die mit diesem Mechanismus die Bedrohlichkeit ihrer Erkrankung zur Erhaltung ihrer psychischen Stabilität von sich fern halten (Speidel 1985b).

Verdrängung

Bei der Verdrängung handelt es sich um die Verlagerung von Inhalt und Affekt ins Unbewußte, vor allem in der Auseinandersetzung mit unzulässigen Triebansprüchen. Verdrängung ist der allgemeinste und wirksamste Abwehrmechanismus und gilt als charakteristisch für hysterische Phänomene.

Sublimierung

Unter Sublimierung versteht man einen Abwehrmechanismus, bei dem die Triebregung von ihrem ursprünglichen Ziel weg- und einem kulturell höherwertigen, desexualisierten beziehungsweise neutralisierten Ziel zugeführt wird. Kulturleistungen können aus dieser Perspektive als das Resultat von Sublimierung verstanden werden.

Regression

Der neurotische Modus des Umgangs mit Versagungs- und Versuchungssituationen ist die unbewußte Rückkehr in psychogenetisch frühere Stufen der Trieborganisation und Ich-Zustände. Hierfür wird der Begriff der Regression reserviert. Die Intensität dieser Tendenz hängt davon ab, wie sehr das Individuum auf bestimmte frühere Befriedigungsformen fixiert ist, oder als wie ermutigend oder nicht ermutigend es die Neugierde auf noch unbekannte, progressive Erfahrungs- und Befriedigungsbedingungen erlebt hat. Die mit der Regression zusammenhängende beziehungsweise als Ursache zugrundegelegte relative Unfähigkeit, Versagungs- und Versuchungssituationen durch Verzicht oder durch alloplastische Manipulation der Umgebung zu beantworten, wird auch als **Ich-Schwäche** bezeichnet.

Bekannte **Beispiele** für **regressives Verhalten** sind das Wiederauftreten von Bettnässen bei einem Kind nach der Geburt eines Geschwisterchens, aber auch das im Prinzip situationsadäquate Verhalten von Patienten im Krankenhaus beziehungsweise bei Krankheit.

Widerstand

Die Abwehr innerhalb der therapeutischen Beziehung, „die Kraft, welche die Verdrängung herbeigeführt und aufrecht erhalten hat" (Freud 1923), wird im Sinne eines Terminus technicus als Widerstand bezeichnet. Der Begriff benennt gleichzeitig das unmittelbare Erleben des Therapeuten in seinem Bemühen, unbewußte, problematische, neurotische Sachverhalte der gemeinsamen therapeutischen Bearbeitung verfügbar zu machen. Dieselben Nötigungen des Ichs zur Abwehr tendieren auch zur Verhinderung der Aufdeckung des Abgewehrten in der therapeutischen Beziehung.

Wir unterscheiden mit Freud fünf **Widerstandsformen**, die vom Es, vom Ich und vom Über-Ich ausgehen können (Freud 1926):

- Als **Ich-Widerstände** bezeichnet Freud den **Verdrängungswiderstand**, den **Übertragungswiderstand**, der in der Beziehung zur Person des Analytikers die Verdrängung erneuert, und den **Ich-Widerstand**, der vom Krankheitsgewinn ausgeht und sich auf die Einbeziehung des Symptoms ins Ich gründet.
- Neben dem Ich-Widerstand gibt es noch den **Es-Widerstand**, „die Macht des Wiederholungszwanges" (Freud 1926).

- „Der zuletzt erkannte, dunkelste" ist der **Über-Ich-Widerstand**. Er ist von besonderer therapeutischer Bedeutung, weil er „dem Schuldbewußtsein oder Strafbedürfnis zu entstammen" scheint und dafür verantwortlich sein kann, wenn die Behandlung erfolglos ist: „Er widersetzt sich jedem Erfolg und demnach auch der Genesung durch die Analyse." So kann der Über-Ich-Widerstand zur negativen therapeutischen Reaktion führen. Dieser Zusammenhang war auch (s.o.) die Ursache für die Neuformulierung des Modells des psychischen Apparates (Freud 1926).

2.1.4
Der Narzißmus

Freud beschäftigte sich mit dem vieldeutigen Begriff Narzißmus erstmals 1905 in den drei Abhandlungen zur Sexualtheorie und zwar sowohl unter dem ökonomischen beziehungsweise triebdynamischen Gesichtspunkt – er unterschied zwischen narzißtischer und Objektlibido –, als auch in einem beziehungsorientierten, objektpsychologischen Sinne: Er beschrieb, daß Homosexuelle an ihre Mutter fixiert sind und daß sie diese Fixierung scheinbar überwinden, indem sie sich mit der Frau „identifizieren und sich selbst zum Sexualobjekt nehmen, das heißt, vom Narzißmus ausgehend Jugendliche und der eigenen Person ähnliche Männer aufsuchen, die sie so lieben wollen, wie die Mutter sie geliebt hat" (Freud 1905). Diese narzißtische Objektwahl, die beim Homosexuellen dauerhaft bleibt, ist beim Heterosexuellen ein Durchgangsstadium.

Die narzißtische Objektwahl

1914 unterschied Freud zwei **Arten** der **Objektwahl**:
- die narzißtische
- diejenige nach dem Anlehnungstyp

Im letzteren Fall liebt man „die nährende Frau" beziehungsweise „den schützenden Mann". Die narzißtische Wahl dagegen sucht im Objekt, „was man selbst ist, was man selbst war, was man selbst sein möchte" oder „die Person, die ein Teil des eigenen Selbst war" (Freud 1914). Freud sieht hier die beiden die Wahl bedingenden Libidoformen – **Ich-Libido** versus **Objektlibido** – in Konkurrenz zueinander: „Je mehr die eine verbraucht, desto mehr verarmt die andere", eine Sicht, die von anderen Autoren (Balint 1959; Ferenczi 1913; Joffe und Sandler 1967; Kohut 1977) durch die Konzeption einer überdauernden narzißtischen beziehungsweise Selbstorganisation neben der Objektbeziehung relativiert beziehungsweise ersetzt wird. Joffe und Sandler weisen auch darauf hin, daß sich eine hohe Besetzung der Selbstrepräsentanz und eine starke Objektrepräsentanz, also starkes Interesse an sich selbst wie an anderen Personen, nicht ausschließen.

Die Entwicklung des Narzißmus

Die epigenetische Entwicklung des Narzißmus sieht Freud als Abfolge von

- **Autoerotismus** als den „uranfänglichen" Trieb,
- über den **primären Narzißmus**, der dem Stadium des Autoerotismus folgt und der als „ursprüngliche Libidobesetzung des Ichs" verstanden wird, „von der später an die Objekte abgegeben wird" (Freud 1914)
- zum **sekundären Narzißmus** „durch Einbeziehung der Objektbesetzungen".

Freud benutzt in diesem Zusammenhang die berühmte **Metapher vom Protoplasmatierchen**, das seine Pseudopodien zum Objekt ausschickt. „Die Libido, welche dem Ich durch die ... Identifizierungen zufließt, stellt dessen ‚sekundären Narzißmus' her" (Freud 1923). Den **Schlafzustand** versteht Freud als „ein narzißtisches Zurückziehen der Libidopositionen auf die eigene Person" (Freud 1916a) beziehungsweise als Libidoregression zum primären Narzißmus hin, „zum früheren Zustand der Reizlosigkeit und Objektvermeidung" (Freud 1921). Hier ist das Narzißmuskonzept Bestandteil eines Phasenmodells, und die Selbstliebe ist lediglich die Vorstufe der reifen Objektliebe. Aufgrund der neueren Ergebnisse der Säuglingsforschung ist die Vorstellung eines ursprünglichen objektlosen Zustandes inzwischen von den meisten Autoren verlassen worden.

Ferenczi (1913) entwickelte eine von Freud grundsätzlich verschiedene Auffassung: Anstelle einer phasenhaften Entwicklung vom Narzißmus zur Objektliebe steht bei ihm ein **eigenständiges Schicksal** des **Narzißmus**, der „überhaupt nie aufhört", neben der Objektliebe. Der Unterschied ist nicht nur deshalb wichtig, weil damit eine andere Strukturtheorie entsteht, sondern auch wegen der unterschiedlichen Bewertung des Narzißmus, der im einen Fall eher im Sinne von Krankheit, im anderen eher als normaler Strukturbestandteil verstanden wird. Insofern ist Ferenczi ein Vorläufer von Kohuts Selbstpsychologie (s. u.). An die Stelle des primären Narzißmus tritt bei **Balint** (1960) die **primäre Liebe** als passiver Wunsch, voraussetzungslos geliebt zu werden. Das autistische Konzept vom Säugling wird, konform mit der neueren Säuglingsforschung, zu einem interaktionellen. Schon Klein (1960) hatte in ihrer Objektpsychologie das Konzept des primären Narzißmus verlassen.

Ähnlich wie bei Ferenczi ist bei **Grunberger** (1971/1976) die Selbstliebe eine eigene psychische Dimension. Triebhaftes Ich und narzißtisches Selbst liegen miteinander in Konflikt. Das narzißtische Trauma der Vertreibung aus dem vorgeburtlichen Paradies, der Zeitlosigkeit und Unverwundbarkeit strebt nach Reparation: Kulturelle Entwicklungen, aber auch die Neurose dienen diesem Ziel, an dessen Ende steht: „Wo Narziß war, soll Ödipus werden."

Mit der Beziehung zwischen **Narzißmus** und **Triebentwicklung** befaßt sich auch Zepf (1985): Narzißtische Bedürftigkeit zielt auf die Beseitigung von Unlust, und diese Bedingung ist gleichzeitig notwendig für die Triebbefriedigung und die erneute Etablierung eines narzißtischen Zustandes. Narzißtische Bedürftigkeit wird damit zum Motiv für Triebwünsche. Durch dieses Zusammenspiel entsteht eine progressive Orientierung.

Der pathologische Narzißmus

Kernberg (1975) unterscheidet einen normalen von einem pathologischen Narzißmus. Die letztere Variante beruht auf starker oraler Aggression und ist eine Abwehrstruktur zur Etablierung eines zerstörerischen Größenselbst. In diesem vereinigt sich das ideale Selbst und das ideale Objekt zur Kompensation eines strukturellen Defektes.

Diese Differenzierung hat sich besonders für das Verständnis der **Psychopathologie** des **mittleren** und **höheren Lebensalters** als fruchtbar erwiesen, wenn Aufgaben der Erhaltung der „Integrität versus Verzweiflung und Ekel" (Erikson 1950), des Umganges mit Neid und Rivalität (Klein 1963), vor allem im Umgang mit den Generationen davor und danach, sowie mit Haß, Einsamkeit und den Verfolgungsaspekten des Todes (Jacques 1970) und der Konflikt zwischen Ich und Ich-Ideal dringlicher werden (Speidel 1985a u. b). Kernberg (1980) hat in diesem Zusammenhang unter anderem die Aspekte der Zeitperspektive, der Grenzen der Kreativität, Verlust und Trauer, aber auch die Schicksale des Ödipus-(Laios-)Komplexes genannt. Charakteristisch für das Mißglücken des pathologischen Narzißmus sind die Katastrophen der nachlassenden Befriedigung des Größenselbst mit scheiternden Kompensationsversuchen, der Zerfall der inneren Vergangenheit, das Scheitern der Beziehung zu der unabhängiger werdenden nachfolgenden Generation und die aus all dem erwachsenden Affekte von Entwertung, Haß und Wut. Im Falle chronischer und lebensbedrohlicher Krankheit, die in mancher Hinsicht einem vorgezogenen „Altern im Zeitraffertempo" gleichen (Speidel 1985a), mit den zusätzlichen spezifischen Problemen des Umganges mit der Krankheit, gewinnen die Probleme des normalen und pathologischen Narzißmus oft eine besondere Dramatik (Speidel 1985a; 1985b).

2.1.5
Die Konfliktpsychologie

Von Anfang an sind die Psychoanalyse und ihre Krankheitslehre im besonderen eine Konfliktpsychologie. Die älteste konfliktpsychologische Sichtweise wurde an dem berühmten Fall der Anna O. entwickelt. Hier handelt es sich um einen Konflikt zwischen Ich beziehungsweise „herrschendem Ich-Bewußtsein" (Breuer und Freud 1893) und Umwelt. Das passende Paradigma ist hier die **Verführungstheorie**, das heißt die konflikthafte Verarbeitung eines realen Ereignisses. Mit der Entdeckung des Triebwunsches, der die Verführung zu einem seelischen Gebilde, einer Wunschphantasie macht, verändert sich der Konflikt in einen intrapsychischen zwischen Trieb und Zensor. Damit ist der zentrale psychoanalytische Konfliktbegriff etabliert, nämlich zwischen intrapsychischen Instanzen, wie es in späterer Terminologie heißt (Freud 1923), wenn nämlich im Rahmen der differenzierten Modellbildung der alte Begriff des Zensors ersetzt wird durch Ich und Über-Ich, denen die Triebe (im Es) gegenüberstehen: Der Konflikt besteht jetzt zwischen Trieben und strukturierter Psyche (Loch 1983). Schließlich gibt es auch Konflikte zwischen der Person und ihrer Umwelt. Zu der Zeit, als Freud noch zwischen Ich- und Sexualtrieben unterschied, hatte er die Entstehung der Neurosen auf den Gegensatz zwischen diesen Triebarten zurückgeführt (Freud 1909).

2.1.6
Die Ich-Psychologie

Mit der Entdeckung unbewußter Anteile des Ichs (unbewußter Schuldgefühle) und der Entwicklung des Strukturmodells des psychischen Apparates legte Freud den Grundstein für die Ich-Psychologie, die von späteren Autoren weiter differenziert wurde. Glover (1949) nahm an, daß sich das Ich aus vorbewußten Gedächtnisspuren entwickelt und daß diese einzelnen Elemente, mit Triebkomponenten assoziiert, zu der Bildung von sogenannten **Ich-Kernen** führen. Anna Freuds Studien vor allem zu den Abwehrmechanismen (1936) sind eine weitere wichtige Fortentwicklung der Ich-Psychologie. Für Hartmann (1939) ist die Ich-Psychologie das Feld, auf dem sich die Psychoanalyse zu einer allgemeinen Psychologie weiterentwickelt. Seine Konzepte einer **ursprünglichen, undifferenzierten Matrix** beziehungsweise Phase, der Annahme **primärer** und **sekundärer Autonomie** mit einer nichtkonfliktuösen Entwicklung des Wahrnehmens, der Intention, der Dingauffassung, des Denkens, der Sprache, der Wiederholungsphänomene (Automatismen), der motorischen Entwicklung etc., das heißt einer konfliktfreien Ich-Sphäre auf der Basis angeborener Ich-Apparate, weist weit über das zentrale psychoanalytische Konfliktmodell hinaus beziehungsweise führt von ihm weg. Aufgrund der Tatsache, daß er für die Ich-Entwicklung ererbte Ich-Eigenschaften, Einflüsse der Triebe und Einwirkungen der Außenwelt verantwortlich machte, gewinnt die Ich-Psychologie Anschluß an andere Wissenschaften. Als Beispiel seien die Zwillingsuntersuchungen genannt, die genetische Dispositionen für Ich- und Es-Qualitäten, aber auch für Erkrankungsrisiken ergaben, und zwar in unterschiedlicher Ausprägung: am stärksten bei Charakterneurosen und Persönlichkeitsstörungen, am geringsten bei Organneurosen; die Psychoneurosen stehen dazwischen (Schepank 1994).

Für die Klinik besonders der strukturell Gestörten wurde die erstmals von Erikson (1950) beschriebene **Identitätsdiffusion** von Menschen mit „Ich-Schwäche" und einem schlecht integrierten Konzept der eigenen Person (Selbst) und der anderen (Objekte) bedeutsam.

Hartmann versuchte folgende Begriffspräzisierung: Das **Selbst**, ein von ihm 1950 eingeführter Begriff, bezog er auf die eigene Person im Gegensatz zum Objekt, das **Ich** auf das psychologische System im Gegensatz zu anderen Teilstrukturen der Persönlichkeit, und die **Selbstbesetzung** sah er im Gegensatz zu der Objektbesetzung des Individuums. In gleicher Weise definierte er die **Selbstrepräsentanz** im Gegensatz zur Objektrepräsentanz. Das Selbst, wie es Hartmann definierte, bezeichnet ein Ich, das aus Identifizierungen hervorgegangen ist. Dieser Aspekt bildete die Grundidee der Psychologie des Selbst, während in der Ich-Psychologie der Schwerpunkt auf der Psychologie der Ich-Funktionen liegt.

2.1.7
Die Selbstpsychologie

Die Selbstpsychologie ist eine aus therapeutisch-technischen Problemen mit strukturell gestörten Patienten entwickelte Richtung der Psychoanalyse, die auf Kohut (1977) und seine Schüler zurückgeht. Sie geht davon aus, daß das Selbst, neben den durch Trieb- und Strukturtheorie erfaßten Gesichtspunkten, seine eigenständige Motivationsstruktur besitzt. Zentraler Begriff der Selbstpsychologie ist das **Selbstobjekt**. Damit ist eine Selbst-Objekt-Beziehung gemeint, in der das Objekt als ein bestätigendes, stützendes, spiegelndes die Selbstregulation aufrechterhält und dafür benötigt wird. Das Objekt wird somit als Teil beziehungsweise als Werkzeug des Selbst erlebt und nicht als unabhängige Person (vgl. Bions Container-Konzept). Kohut unterscheidet zwei **Typen** von **Selbstobjekten**:
- spiegelnde, die dem Kind seine Selbstgefühlqualitäten (Größe, Vollkommenheit) bestätigen
- die idealisierten Elternimagines, die das Kind für seine Sicherheit und die identifikatorische Bewahrung seiner Omnipotenzgefühle benötigt

Dieses Selbst-Selbstobjekt-Gefüge wird als Reifeprozessen zugänglich gedacht, bleibt aber lebenslang notwendig und wird nicht durch die Objektbeziehungen abgelöst. Aus der unvermeidbaren Versagung am Ende des Verschmolzenseins mit der Mutter entwickelt sich die Konfiguration des Größenselbst und der idealisierten Eltern-Imago. Im günstigen Fall entstehen hieraus reife Strukturen: Ziele, Ideale und ein identitätsstiftender transformierter Narzißmus, zu dem Kohut die Begabungen, die Fähigkeit zu arbeiten, die eigene Endlichkeit zu akzeptieren sowie Weisheit und Humor zählt (Kohut 1966).

Insgesamt setzt sich die Vorstellung einer eigenständigen narzißtischen Dimension durch, die der Aufrechterhaltung des Selbstwertgefühls und des Sicherheitsstrebens dient und sich aus den frühen emotionalen Mutter-Kind-Interaktionen entwickelt (Argelander 1971; Holder und Dare 1982; Joffe und Sandler 1967). Narzißtische Störungen sind damit Abweichungen von diesem Zustand des Wohlbefindens.

2.1.8
Die Objektpsychologie

Freud: Trieb und Objekt

Die psychoanalytische Objektbeziehungstheorie ist bei Freud ursprünglich eher ein Anhängsel der Triebtheorie. Sie hat sich vor allem auch unter dem Einfluß der entwicklungspsychologischen Beobachtungen und des Studiums von Patienten mit frühen Störungen zu einem Beobachtungsfeld der internalisierten Objektbeziehungen und deren Bedeutung für die Entwicklung der psychischen Struktur entwickelt.

Freud (1915a) beschreibt das **Objekt** als einen **Aspekt des Triebes**: „Das Objekt ... ist das Variabelste am Triebe, nicht ursprünglich mit ihm verknüpft, sondern ihm nur infolge seiner Eignung zur Ermöglichung der Befriedigung zugeordnet." Objektbeziehungen werden in den Begriffen von Besetzung und Repräsentanzen libidoökonomisch formuliert. Aber schon 1905 hatte Freud die Beziehung zu einem ganzen Objekt, das sich außerhalb des kindlichen Körpers befindet, von einem Objekt unterschieden, das ein Teil des kindlichen Körpers ist (Freud 1905a). Später beschreibt er die Ablösung der Objektbeziehung durch einen Identifizierungsvorgang und spricht vom verlorenen Objekt, das im Ich wieder aufgerichtet wird. Dieser Vorgang ist ein **Aspekt der Charakterentwicklung** (Freud 1923).

Klein: Objektbeziehung und Integration

Melanie Klein entwickelte als erste Psychoanalytikerin nach Freud eine Objektbeziehungstheorie, und zwar in Verbindung zu Freuds später Triebtheorie (Lebenstrieb – Todestrieb). Sie verläßt die Vorstellung eines primären Autoerotismus zugunsten von konsequent objektpsychologisch verstandenen Konzepten: Befriedigung wird als **„gute Brust"**, Frustration als **„böse Brust"**, das heißt als partialobjekthafte Beziehung mit entsprechenden Phantasien und Affekten formuliert.

Diese zwei objektbeziehungsorientierten Erklärungsweisen der Befindlichkeit im ersten Lebensjahr werden dem Lebenstrieb (gute Brust) und dem Todestrieb (böse = abwesende, frustrierende Brust) zugeordnet, was aber wohl wegen der logischen Inkonsistenz wie wegen der mangelnden praktischen Relevanz in der aktuellen Diskussion keine nennenswerte Rolle mehr spielt.

Wichtig geworden ist dagegen das hieraus entwickelte Konzept des **Erlebnis- und Erfahrungszustandes** auf der Basis dieser anfänglichen Gespaltenheit der alternativen Objektbeziehungsmodalitäten: Klein nennt es die **paranoid-halluzinatorische Position**, die im zweiten Lebensjahr infolge der Integration der beiden Erlebnisweisen durch die **depressive Position** abgelöst wird; die abwesende Mutter kann nun als Person (Objekt) vermißt werden. Diese beiden Positionen wer-

den zum Verständnis von Erwachsenenpathologie benutzt, nicht zuletzt wegen ihrer theoretischen Einfachheit (Hinshelwood 1993; Klein 1935; 1946).

Bion: Kognitive Entwicklung und Objektbeziehung

Bion entwickelte aus Kleins Abwehr- und Positionskonzept (Spaltung, projektive Identifikation bzw. paranoid-halluzinatorische und depressive Position) ein komplexes System der Entwicklung des Denkens, das sich aber wegen des Fehlens von Verknüpfungen mit anderen strukturellen pychoanalytischen Konzepten nicht durchgesetzt hat. Bedeutung hat dagegen das folgende Konzept erlangt: Bei der Entstehung des Denkapparates spielt die dynamische Beziehung zwischen einem projizierten Inhalt („contained") und einem (mütterlichen) Behälter („container"), der diesen Inhalt aufnimmt und bewertet, im Sinne der projektiven Identifikation (s.o.), eine wichtige Rolle (Bion 1962; Grinberg et al. 1993). Wie Klein betont Bion die primäre Objektorientierung in klarer Abgrenzung von der Triebtheorie und der Auffassung von einem primären Narzißmus (Grinberg et al. 1993). Hierin gleicht er Balint, der den Begriff der primären Objektliebe entwickelt hat.

Balint: Primäre Objektliebe und Grundstörung

Die Entstehung der Objektbeziehungen ist nach Balint (1935) getrennt von derjenigen der sexuellen Ziele und der Partialtriebe zu sehen. Sein Konzept der Wechselseitigkeit führt zur Betonung der interpersonalen Aspekte im psychoanalytischen Dialog, und damit hat Balint großen Einfluß auf die gegenwärtige Entwicklung genommen. Er unterscheidet drei primäre **Objektbeziehungsformen** (Balint 1968):

- die **Harmonie** zwischen dem sich entwickelnden Individuum und dem Objekt
- die **Oknophilie** als das gesteigerte Bedürfnis engster Nähe
- den **Philobatismus** als Pseudounabhängigkeit aufgrund des Erlebens der Unzuverlässigkeit der Objekte

Zu einem für das Verständnis von Krankheitsbildern und therapeutischer Beziehung wichtigen Begriff ist die **Grundstörung** *(Basic Fault)* von Balint (1968) geworden, womit in Abgrenzung zum Konfliktmodell der Neurosenlehre ein Defekt in der psychischen Struktur, eine zu behebende Mangelsituation verstanden wird. Balint spricht in diesem Zusammenhang von einem Mangel des Zusammenpassens zwischen dem Kind und den signifikanten Beziehungspersonen. Ursächlich ist die unzureichende emotionale Versorgung. Folgerichtig vertraut er auf die heilende Wirkung der Objektbeziehung mit der Forderung der Übernahme der Rolle des primären Objektes durch den Analytiker als Voraussetzung dafür, daß der Patient in seiner Grundstörung verstanden werden kann.

Winnicott: Primäre Mütterlichkeit und Übergangsobjekte

Ähnliche Vorstellungen wie Balint entwickelte Winnicott in den 50er und 60er Jahren (1958; 1965), der von einem Versagen der frühen Umweltversorgung sprach. Zentrale Begriffe Winnicotts sind die Vorstellung von einer **hinreichend guten** (*good enough*) **Mutter**, die Konzepte des **Haltens** (*Holding Function*; 1960; 1965), der Bedeutung des Übergangsobjektes und der Entwicklung eines **falschen Selbst** im Falle ungenügender Beziehungsvoraussetzungen (1953; 1960; 1969).

Das **Übergangsobjekt** (Winnicott 1953), als Phänomen schon immer bekannt (Kleinkinder benützen unbelebte Objekte wie Teddybären, Puppen, Bettdeckenzipfel u. a. zu Trost, Beruhigung und Verselbständigung), entwickelte sich zu einem bedeutsamen entwicklungspsychologischen Konzept, quasi als Gegenstück zu dem später konzipierten Selbstobjekt. Seine **Funktionen** sind:

- die Erprobung von Abwesenheitssituationen
- die Ablösung vom dyadischen Beziehungstypus
- die Identifizierung mit mütterlichen Haltungen und Tätigkeiten
- die Vermittlung von Realität und Phantasie
- die Förderung von Realität und Phantasie

Inzwischen sind viele Phänomene als Übergangsobjekte beziehungsweise -phänomene beschrieben worden, beispielsweise Musik (Haesler 1992) oder auch der psychogene Kopfschmerz (Hirsch 1985). Gaddini (1970) beschrieb die Abwesenheit von Übergangsobjekten bei psychosomatisch Kranken; dies konnte von Moersch et al. (1980) bei Herzinfarktpatienten belegt werden (s. auch Speidel et al. 1993).

Hartmann: Ich-psychologische Objektbeziehungstheorie

Hartmann (1939; 1950; 1952) entwickelte eine Ich-psychologische Objektbeziehungstheorie. Er spricht von einer durchschnittlich erwartbaren Umwelt und formulierte den Begriff der **psychischen Repräsentanz** (Selbst- und Objektrepräsentanz). Ähnlich wie Winnicott und Balint betont er die Wichtigkeit sozialer Beziehungen von Anfang an und insbesondere auch für die Aufrechterhaltung des biologischen Gleichgewichtes. Er prägte den Begriff des **Zusammenpassens** und beschäftigte sich mit Regulierungs- und Anpassungsprozessen. Der Säugling wird in ein System der wechselseitigen Beziehungen innerhalb einer durchschnittlich erwartbaren Umgebung hineingeboren und hat eigene, der Anpassung dienende Apparate. Hartmann hält an dem ersten objektlosen Zustand des primären Narzißmus fest, auf den das Stadium der auf die Bedürfnisbefriedigung begrenzten Objektwahrnehmung folgt. Die Objektkonstanz wird im Sinne der dauerhaften Besetzung der psychischen Repräsentanz des Objektes als

Bedingung für Identität und Selbst verstanden. Die positive Bedeutung der Rolle der Frustration und des Aggressionstriebes für die Entwicklung spielen im Denken von Hartmann eine wichtige Rolle. Die Einführung des Begriffs der undifferenzierten Ich-Es-Matrix, das Konzept der Nachahmung als Vorläufer der Identifizierung sind weitere wichtige Konzeptionen Hartmanns.

Jacobson: Die Entwicklung der Objektbeziehung

Jacobsons Verdienst ist die erste und einzige systematische, entwicklungsbezogene Objektbeziehungstheorie, in der Objektbeziehungen, Affekte, Triebe und Strukturmodell miteinander verknüpft und konsequent aufeinander bezogen sind. Die Theorie betont die Bedeutung der Versagung und der aus Frustration entstehenden **Ambivalenzkonflikte** für die Entwicklung konstruktiver Abgrenzung, Differenzierung und Autonomie sowie für die Verstärkung der narzißtischen Ausstattung des Ichs. Auch die entwicklungsfördernde Wirkung von Neid, Besitzstreben und Habsucht, die zu ambivalenten Beziehungen gegenüber Rivalen führen, sowie die Entdeckung der Identität durch Abgrenzung, Rivalität und Konkurrenz werden von Jacobson als Voraussetzung wirklichkeitsgerechter Objektbeziehungen und partieller selektiver Identifizierungen gewürdigt.

Die Entstehung von Objekt- und Selbstkonstanz wird als wichtige Vorbedingung des Identifizierungsprozesses und der Über-Ich-Entwicklung beschrieben. Sie setzt mit dem vierten und fünften Lebensjahr ein und ist mit dem Beginn der Latenzzeit abgeschlossen (Jacobson 1954).

Mahler: Die Phasen der Individuation

Mahler et al. (1975) beschreiben die psychische Entwicklung als **Abfolge** von **Nähe** und **Distanz** in der Mutter-Kind-Beziehung:

- in den **ersten Lebenswochen**: Zustand primitiver halluzinatorischer Desorientiertheit und **autistischer Zustand** („normaler" Autismus), kinästhetische Organisation, schwache Besetzung der Außenreize, aber Zustände „wachsamer Untätigkeit"
- **2. Monat: symbiotische Phase** als Zustand der Fusion mit der Mutter, indem „Ich" und „Nicht-Ich" noch nicht unterschieden werden können
- **4. bis 6. Monat**: erste Subphase des Loslösungs- und Individuationsprozesses – die **Differenzierungsphase**; Differenzierung und Entwicklung des Körperschemas
- ungefähr im **9. Monat**: zweite Subphase des Loslösungs- und Individuationsprozesses – die **Übungsphase**, Fortbewegungsfähigkeit mit kurzen Trennungsphasen, aufrechte Haltung, Angst vor Objektverlust
- zu **Beginn** des **3. Lebensjahres**: dritte Subphase der Wiederannäherung (**Rapprochement**)

- im **Verlauf** des **3. Lebensjahres**: vierte Subphase der **Konsolidierung** der Individualität und **Anfänge** der emotionalen Objektkonstanz

Kernberg: Systematik der Objektbeziehungstheorie

Kernberg (1980) entwickelte eine Systematik der Objektbeziehungstheorie. Die früheste Ebene in der Organisation der Internalisierungsprozesse ist die **Introjektion** als eine mit Hilfe von Gedächtnisspuren zustandegekommene Reproduktion und Fixierung einer Interaktion mit der Umwelt, die ein Abbild des Objekts wie auch des Selbst enthält. Auf einer höheren Ebene wird die **Identifizierung** zur Nachfolgerin der Introjektion, wenn das Kind aufgrund seiner Wahrnehmungsfähigkeit die Interaktionen erkennen kann. Die Organisation des Internalisierungsprozesses führt zur Ich-Identität mit einer Kontinuität des Selbst und einem konsistenten Konzept der Welt der Objekte, mit Bewußtsein und Kontrolle der Triebderivate und der Depersonifizierung der internalisierten Objekte mit Integration in Ich- und Über-Ich-Strukturen.

2.1.9
Die Affektpsychologie

Die Psychologie der Affekte gehört zu den ersten Themen der sich entwickelnden Psychoanalyse in der letzten Dekade des 19. Jahrhunderts; sie hat andererseits in den letzten Jahren erneutes Interesse gefunden.

Freuds Angsttheorien

In seiner ersten Auseinandersetzung beschäftigte sich Freud vor allem mit Angst, und zwar einerseits in ökonomischer Hinsicht, andererseits mit deren Schicksalen. Es ist von Affektbetrag und Erregungssumme die Rede, aber auch von Angst als einem möglichen Affektschicksal, dessen anderes die Konversion ist, das heißt die Umwandlung des Affekts in Körperphänomene. Freud unterscheidet um diese Zeit bereits zwei **Arten** von **Angst**:

- diejenige der Angstneurose
- diejenige der Hysterie

„Der Unterschied liegt ... darin, daß die Erregung, in deren Verschiebung sich die Neurose äußert, bei der Angstneurose eine rein somatische (die somatische Sexualerregung), bei der Hysterie eine psychische (durch Konflikt hervorgerufene) ist" (Freud 1894).

Es gibt zwei Sichtweisen für die Angstursache und das Angstschicksal, nämlich die quasitoxische Wirkung dysfunktionaler Libido (virginale Angst, Ejaculatio praecox, Coitus interruptus, Abstinenz u. a.) mit direkter Umsetzung in Angst

ohne die Zwischenschaltung der unbewußten, konflikthaften Phantasien bei der Angstneurose einerseits, den neurotischen Konflikt als phantasiegesteuerten Hintergrund der hysterischen Angst andererseits. Dies hatte weitreichende Folgen für die unterschiedliche Rezeption dieser Krankheitsbilder bei den Psychoanalytikern, weil die Annahme des Fehlens von Phantasieproduktion bei der Angstneurose den Psychoanalytikern keinen Anreiz für theoretische und therapeutische Entwicklungen bot. So schrieb Freud auch dezidiert, daß der Affekt bei den Angstneurosen „ein monotoner, stets der der Angst" ist und „nicht von einer verdrängten Vorstellung her [stammt], sondern ... sich bei psychologischer Analyse als nicht weiter reduzierbar [und] durch Psychotherapie nicht anfechtbar [erweist]" (Freud 1894; s. auch Speidel 1994b).

In seiner **zweiten Affekttheorie** beschreibt Freud (1915b) den Affektbetrag als zweites Element der psychischen Triebrepräsentanz neben der Vorstellung(sgruppe). Beide Elemente können ganz verschiedene Verdrängungsschicksale erleiden. Der Trieb kann ganz unterdrückt werden oder als Affekt oder als Angst zum Vorschein kommen. Eines der möglichen Triebschicksale ist also die Umsetzung der psychischen Energie der Triebe in Affekte und besonders in Angst.

Affekt und Struktur

Im Verlauf der Entwicklung der **Strukturtheorie** (1923) setzt sich Freud erneut mit den Affekten auseinander. Die **unbewußten Schuldgefühle** waren der Anlaß für diese theoretische Weiterentwicklung gewesen. Sie nötigten Freud (1926) zu einer erneuten Beschäftigung mit den Affekten (**3. Affekttheorie**), insbesondere mit der Angst, aber auch mit Schmerz und Trauer, und zwar aus der Perspektive des Ichs, das zur Vermeidung von Konflikten mit dem Es und dem Über-Ich auf Funktionen verzichten kann, um Angst zu vermeiden. Die daraus resultierenden Hemmungen können zum Beispiel als Libidomangel, Eßunlust, Müdigkeit oder Arbeitsstörung zum Ausdruck kommen. Es handelt sich um eine Funktionseinschränkung des Ichs. Die **Verdrängung** ist ein anderer Modus, zum Beispiel im Auftrag des Über-Ichs, eine im Es angelegte Triebbesetzung zu unterbinden. Deren „Anzeichen und Ersatz" ist das Symptom. Die enge Beziehung zum Wahrnehmungssystem ermöglicht es dem Ich, mit „Hilfe der beinahe allmächtigen Instanz des Lustprinzips" durch die Produktion eines Unlustsignals die Abwehr gegen den unerwünschten inneren Vorgang nach dem Muster der Abwehr äußerer Gefahren in Gang zu setzen. Freud stellt sich vor, daß analog der Flucht vor äußerer Gefahr Verdrängung geschieht und diese von der zu verdrängenden Triebrepräsentanz für die Unlust- beziehungsweise Angstentwicklung verwendet wird.

Jedenfalls ist „das **Ich** die **eigentliche Angststätte**" und der Ort der Angstempfindung. Es ist „der organisierte Anteil des Es". Die Affektzustände versteht Freud „als Niederschläge uralter traumatischer Erlebnisse". Dafür bietet sich die Geburt und der Angstzustand als Reproduktion des Geburtstraumas an. Die Angst kann, so Freud, damit als Reaktion auf einen Zustand von Gefahr verstanden werden und wird in solchen Zuständen reproduziert. Die „Urangst" der Geburt ist **Trennungsangst**. Die Bedeutung des Objektverlustes gilt nun sowohl für die früheren Trennungsängste wie für die spätere **Kastrationsangst**, der nach Freud bei der Frau der Angst vor dem Liebesverlust entspricht, und deren Umwandlungsprodukt, die **Gewissensangst**. Unter ökonomischer Sicht ist die Gefahrensituation, die Angst erzeugt, das Anwachsen der Bedürfnisspannung beziehungsweise der wachsende Triebanspruch. Die Symptombildung dient der Angstbindung.

Die Neukonzeption des Ichs als Angststätte machte eine Modifizierung der älteren Auffassung der **Umwandlung** der **Libido in Angst** erforderlich. Es waren nun zwei Modalitäten anzunehmen:

- eine automatische, wenn sich eine der Geburtssituation analoge Gefahrensituation herstellt
- eine vom Ich produzierte, zur Vermeidung drohender Gefahr (Signalangst)

Zu unterscheiden sind auch **Realangst** (äußere, bekannte Gefahr) und **neurotische Angst** (Triebgefahr). „Die Gefahrsituation ist die erkannte, erinnerte, erwartete Situation der Hilflosigkeit" und „Angst ... die ursprüngliche Reaktion" darauf. Von der Angst ist der Schmerz zu unterscheiden: Er ist „die eigentliche Reaktion auf den Objektverlust, die Angst [ist] die[jenige] auf die Gefahr des Objektverlustes selbst." Die andere Gefühlsreaktion auf den Objektverlust, die **Trauer**, entsteht an der Realitätsprüfung, das die Trennung vom Objekt verlangt, „weil es nicht mehr besteht" (Freud 1926).

Affekt, Selbst und Objekt

Jacobson (1953) betrachtet Affekte einerseits wie Freud als **Abfuhrvorgänge** in einem energetischen Kontext, andererseits aber als Dispositionen in den einzelnen Strukturen. Als **Stimmungen** bezeichnet sie (Jacobson 1957) diffuse Affekte, die sich auf alle Selbst- und Objektrepräsentanzen beziehen können. Ihre Konzeption der Affekte beschäftigt sich mit deren Regulationsfunktionen im Zusammenhang mit den Selbst- und Objektrepräsentanzen.

Neben dieser objektpsychologischen ist noch die **selbstpsychologische Sicht** von **Sandler** (1972) zu erwähnen, in der die Affekte in ihrer Funktion der Erzeugung eines Sicherheitsgefühls und der Befriedigung narzißtischer Bedürftigkeit gesehen werden.

Bei **Klein** sind die Affekte **Neid** und **Gier** der „bösen" Brust und dem Todestrieb, die **Dankbarkeit** der „guten" Brust und dem Lebenstrieb zugeordnet (Hinshelwood 1993).

Kernberg (1976) versteht die Affekte als konstitutionell determinierte **Zustände der Lust** und **Unlust**, die im undifferenzierten psychophysiologischen Selbst entstehen, im Zu-

sammenhang mit verinnerlichten Objekten integriert und differenziert werden. Sie leisten den wichtigsten Beitrag zur Differenzierung der Triebe in Libido und Aggression.

Die Systematik der Affekte

In den letzten Jahrzehnten hat die Affektforschung besonders im Zusammenhang mit den experimentellen Studien zur **Entwicklungspsychologie** wichtige Fortschritte erzielt, von Seiten der Psychoanalyse vor allem durch Krause (1983; 1990; 1991; 1992). Nicht nur hat sich Freuds These von den angeborenen Affekten bestätigen lassen; einige sind sogar schon unmittelbar nach der Geburt nachweisbar. Mindestens sechs Affektsysteme und folgende Affektzustände lassen sich differenzieren:

- Interesse
- Scham
- Freude
- Überraschung
- Trauer
- Furcht
- Ekel
- Wut

Sie sind kulturinvariant und teilweise auch bei Tieren nachweisbar. **Affekte** bestehen aus unterschiedlichen **Komponenten**:

- physiologisch-hormonellen
- Ausdrucksverhalten
- Handlungsbereitschaften
- Wahrnehmung dieser Zustände
- Interpretation dieser Zustände
- der Interpretation durch die Umgebung

Bei menschlichen **Affekten** lassen sich **Signale und Handlung entkoppeln**. Das ist aus zwei Gründen wichtig: Weil der Mensch über keine kompletten Instinkt- und anfänglich auch über keine ausgereiften motorischen Muster verfügt, ist er vor allem auf den Signalcharakter seiner Affekte angewiesen sowie auf die Güte des Dialogs mit der Mutter, das heißt vor allem dessen zeitgleiche Synchronisierung samt den hierfür nötigen En- und Dekodierungen. Zum zweiten schafft diese Entkoppelung Freiraum für soziale Problemlösungen.

Krause versteht die Affekte als ein aus drei Funktionskreisen bestehendes System, nämlich bestehend aus:

- der Steuerung des Denkens und Handelns
- der Regulierung der Interaktion
- der Selbstwahrnehmung und -einschätzung

Dadurch lassen sich drei **Affektgruppen** unterscheiden:

- die informationsverarbeitende
- die beziehungsregulierende
- die selbstreflektive

Informationsverarbeitende Affekte sind Neugier, Interesse, Überraschung, über die die Beziehung zu den Objekten möglich wird. **Beziehungsregulierende** Affekte sind Ekel, Wut, Angst, die die Nähe und Distanz zum Objekt regulieren. Schuldangst als ein **selbstreflektiver** Affekt wird von Krause als Angst vor einem Objekt verstanden, das gefürchtet wird, aber nicht verlassen werden kann. Depression ist die internalisierte Wut eines Objektes, das nicht verlassen werden kann, aber vertrieben werden soll.

Trauer und Scham

Trauer und Scham haben keine Handlungsmuster und Scham überdies kein Ausdrucksmuster. Scham hat zur Voraussetzung, daß wesentliche Teile des Selbst als nicht zum phantasierten Dritten passend erlebt wird. Der phantasierte Dritte ist der Beurteiler. Scham wird so zum internalisierten Ekel eines Objekts oder einer Gruppe, zu dem oder zu der man sich selbst als zugehörig sieht.

Im Gegensatz zu anderen Affekten ist die Scham vergleichsweise spät zum Forschungsgegenstand geworden, vermutlich weil sie der psychoanalytischen Praxis im Wege stand und Freud schon früh das naturwissenschaftliche Ideal der vorurteilslosen Wahrheitsliebe vorgab (J'appelle un chat un chat, Freud 1905b).

Besonders bekannt sind die klinischen Forschungen von **Wurmser** (1981; 1990) geworden. Nach ihm ist **Scham**:

- Schamangst angesichts von Bloßstellung und Erniedrigung
- ein komplexer depressiver Affekt: Bloßstellung und Verachtung können nur durch Verschwinden und Auslöschung getilgt werden
- eine Reaktionsbildung: das Ehrgefühl als persönlicher und sozialer Schutz gegen das Sich-Zeigen und die Bloßstellung

Deshalb bezeichnet Wurmser die Scham als negativen Affekt, dem Verachtetwerden verwandt (Wurmser 1981/1990). Die Untersuchungen hierzu sind wegen ihres klinischen Interesses überwiegend an pathologischen Aspekten orientiert, während die kulturellen Phänomene, zum Beispiel im Zusammenhang mit der Mediengesellschaft und ihrem voyeuristisch-exhibitionistischen Interesse noch wenig beforscht sind (Speidel 1989; Speidel 1994a). Dies gilt auch für die Eifersucht, die eher in pathologischen Konnotationen denn als Revierabgrenzungsaffekt beschrieben wurde.

Nachtragende Affekte

Als eigene Gruppe von Affekten mit besonderem Bezug zu frühkindlichen, narzißtischen Traumatisierungen sind neuerdings die nachtragenden Affekte (Heigl-Evers et al. 1993) genauer untersucht worden. Hierzu gehören:

- Bitterkeit
- Grimm
- Groll
- Hader

Ihr **Handlungsaspekt** ist durch Revanche, Vergeltung und Rache gekennzeichnet, und zwar meistens nachhaltig und mit der Neigung zum Diffundieren. Sie beeinflussen die Ausdrucksmuster, werden zum Charakterbestandteil, sind Ich-synton und nicht von Schuldgefühlen begleitet.

Die Traumatisierungen durch frühe und als böse erlebte Objekte und traumatische Erfahrungen sind introjiziert, abgespalten und so der weiteren Verarbeitung entzogen. Die **Unmöglichkeit** der **Versöhnung** und die starke Tendenz zur Aktion mit den begleitenden Affekten Befriedigung und Genugtuung sind weitere Kennzeichen dieser Affektgruppe. Die **ursächlichen Verwundungen** sind vor allem mit einem abrupten Vertrauensverlust verbunden und mit dem Verlust der Grandiosität des Selbst, die in der analen Phase als Allmachtsgefühl wiederhergestellt werden kann (mit dem Gefühl der totalen Gerechtigkeit). Die ödipale Phase ist durch die Verweigerung der Anerkennung der väterlichen Autorität und die mangelhafte Identifizierung der elterlichen Objekte sowie der Folge einer defizitären Über-Ich-Struktur gekennzeichnet (Heigl-Evers et al. 1993).

Affekt und Trieb

Von theoretischer Bedeutung ist die **Beziehung** zwischen **Affekt** und **Trieb**. So setzen manche Affekte (Lächeln, Neugier, Interesse) Triebbefriedigung voraus. Notfallaffekte (Angst, Ekel) und Trauer unterbinden unter Umständen Triebabläufe. Umgekehrt können Triebabläufe zur Affektminimierung dienen. Dann verlieren sie ihren sonst ihnen zukommenden Charakter des Zyklischen und der terminalen Handlung. Die sexuelle Interaktion ist eine komplizierte Mischung von Affekten und Triebhandlungen. Steuerung und Interaktion von Distanz, Angst, Neugier, Interesse und Freude sind die affektiven Voraussetzungen für die letzteren. Kulturell gesteuerte Affektsozialisation (Förderung, Verbieten etc.) spielt eine große Rolle unter dem alternativen Regelwerk der Deintensivierung, der Überintensivierung, der Neutralisierung und der Maskierung der Affekte (Krause 1983).

2.1.10
Zusammenfassung

Die psychoanalytische Krankheitslehre hat sich in 100 Jahren zu einem differenzierten System von Gesichtspunkten entwickelt, die je nach Gegenstand eine unterschiedliche Bedeutung haben, aber aufeinander aufbauen beziehungsweise sich aufeinander beziehen. Für die vorliegende Darstellung wurden in ungefährer Reihenfolge ihrer historischen Entwicklung diejenigen Konzepte ausgewählt, die als theoretische Grundlage für den klinischen Gebrauch am wichtigsten sind, nämlich Strukturmodelle, Trieb- und Abwehrlehre, Narzißmuskonzepte, Konflikt-, Ich-, Selbst- und Objektpsychologie. Etwas ausführlicher wurden die sonst oft vernachlässigten Themen Masochismus und Affektpsychologie behandelt.

Literatur

Argelander H. Ein Versuch zur Neuformulierung des Narzißmus. Psyche 1971; 25: 358–73.

Balint M. Thrills and regressions. London: Hogarth 1959. Deutsch: Angstlust und Regression. 2. Aufl. Stuttgart: Klett-Cotta 1988.

Balint M. Primary narcissism and primary love. Psychoanal Quart 1960; 29: 6–43. Deutsch: Primärer Narzißmus und primäre Liebe. Jb Psychoanal 1960; I: 3–34.

Balint M. The basic fault. Therapeutic aspects of regression. London: Tavistock 1968. Deutsch: Therapeutische Aspekte der Regression. Stuttgart: Klett 1970.

Bion WR. Group dynamics: a re-view. Int J Psycho-Anal 1952; 33: 235–47. Deutsch: Bion WR. Gruppendynamik. In: Erfahrungen in Gruppen und andere Schriften. Bion WR (Hrsg). Frankfurt: Fischer 1974; 102–41.

Bion WR. A theory of thinking. Int J Psychoanal 1962; 43: 306–410.

Breuer J, Freud S. Über den psychischen Mechanismus hysterischer Phänomene. 1893. Freud S, GW I. London: Imago 1952; 81–98.

Dorpat TL. Is splitting a defence? Int Rev Psychoanal 1979; 6: 105–13.

Dorpat TL. The cognitive arrest hypothesis of denial. Int J Psychoanal 1983; 64: 47–58.

Dorpat TL. Denial and defense in the therapeutic situation. New York: Jason Aronson 1985.

Erikson EH. Growth and crises of the healthy personality. In: Identity and the life cycle. Erikson EH. 1950. New York: University Press 1959; 50–100. Deutsch: Erikson EH. Identität und Lebenszyklus. Frankfurt: Suhrkamp 1966.

Ferenczi S. Entwicklungsstufen des Wirklichkeitssinnes. Bausteine zur Psychoanalyse. 1913. Bd. I. 2. Aufl. Bern, Stuttgart: Huber 1964.

Freud A. Das Ich und seine Abwehrmechanismen. 1936. Frankfurt: Fischer 1993.

Freud S. Die Abwehr-Neuropsychosen. 1894. GW I. London: Imago 1952; 57–74.

Freud S. Studien über Hysterie. 1895. GW I. London: Imago 1952; 75–312.

Freud S. Die Traumdeutung. 1900. GW II/III. 7. Aufl. Frankfurt: Fischer 1987.

Freud S. Drei Abhandlungen zur Sexualtheorie. 1905a. GW V. 3. Aufl. Frankfurt: Fischer 1961; 27–145.

Freud S. Bruchstücke einer Hysterie-Analyse. 1905b. GW V. 4. Aufl. Frankfurt: Fischer 1968; 161–286.

Freud S. Bemerkungen über einen Fall von Zwangsneurose. 1909. GW VII. London: Imago 1955; 379–463.

Freud S. Zur Einführung des Narzißmus. 1914. GW X. 5. Aufl. Frankfurt: Fischer 1969; 137–70.

Freud S. Triebe und Triebschicksale. 1915a. GW X. 3. Aufl. Frankfurt: Fischer 1963; 209–32.

Freud S. Die Verdrängung. 1915b. GW X. 5. Aufl. Frankfurt: Fischer 1969; 247–61.

Freud S. Zur Einführung des Narzißmus. 1916a. GW X. 3. Aufl. Frankfurt: Fischer 1963; 137–70.

Freud S. Trauer und Melancholie. 1916b. GW X. 3. Aufl. Frankfurt: Fischer 1963; 427–46.

Freud S. „Ein Kind wird geschlagen". Beitrag zur Kenntnis der Entstehung sexueller Perversionen. 1919. GW XII. London: Imago 1947; 195–226.

Freud S. Jenseits des Lustprinzips. 1920. GW XIII. 4. Aufl. Frankfurt: Fischer 1963; 1–69.

Freud S. Massenpsychologie und Ich-Analyse. 1921. GW XIII. 6. Aufl. Frankfurt: Fischer 1969; 71–161.

Freud S. Das Ich und das Es. 1923. GW XIII. 6. Aufl. Frankfurt: Fischer 1969; 235–89.

Freud S. Das ökonomische Problem des Masochismus. 1924. GW XIII. 6. Aufl. Frankfurt: Fischer 1969; 368–83.

Freud S. Hemmung, Symptom und Angst. 1926. GW XIV. London: Imago 1955; 111–205.

Freud S. Das Unbehagen in der Kultur. 1930. GW XIV. London: Imago 1955; 419–506.

Freud S. Neue Folge der Vorlesungen zur Einführung in die Psychoanalyse. 1932. GW XV. 3. Aufl. Frankfurt: Fischer 1961.

Freud S. Abriß der Psychoanalyse. 1940. GW XVII. London: Imago 1955; 63–138.

Gaddini R. Transitional objects and the process of individuation. J Amer Acad Child Psychiat 1970; 9: 347–65.

Glover E. Psycho-Analysis. London: International University Press 1949.

Grinberg S, Sor D, Tabak de Bianckedi E. Bion. Eine Einführung. Stuttgart: Frommann-Holzboog 1993.

Grunberger B. Le narcissisme. Paris: Payot 1971. Deutsch: Vom Narzißmus zum Objekt. Frankfurt: Fischer 1976.

Haesler L. Musik als Übergangsobjekt. Z Psychoanal Theorie Prax 1992; 7: 4–15.

Hartmann H. Ich-Psychologie und Anpassungsprobleme. Int Z Psychoanal Imago 1939; XXIV: 62–135. Nachdruck: 2. Aufl. Stuttgart: Klett 1970.

Hartmann H. Comments on the psychoanalytic theory of the ego. Psychoanal Study Child 1950; 5: 74–96. Deutsch: Bemerkungen zur psychoanalytischen Theorie des Ichs. Psyche 1964; 18: 330–54. Und: Ich-Psychologie. Studien zur psychoanalytischen Theorie. Stuttgart: Klett 1972.

Hartmann H. The mutual influence in the development of ego and id. Psychoanal Study Child 1952; 7: 9–30. Deutsch: Die gegenseitige Beeinflussung von Ich und Es in ihrer Entwicklung. In: Ich-Psychologie. Hartmann H (Hrsg). Stuttgart: Klett 1972; 157–80.

Heigl-Evers A, Weidenhammer B. Der Körper als Bedeutungslandschaft. Bern, Stuttgart: Huber 1988.

Heigl-Evers A, Heigl F, Ott J. Lehrbuch der Psychotherapie. Stuttgart: Fischer 1993.

Hinshelwood R. Wörterbuch der kleinianischen Psychoanalyse. Stuttgart: Internationale Psychoanalyse 1993.

Hirsch M. Psychogener Schmerz als Übergangsphänomen. Prax Psychother Psychosom 1985; 30: 261–7.

Holder A, Dare C. Narzißmus, Selbstwertgefühl und Objektbeziehungen. Psyche 1982; 36: 788–812.

Jacobson E. The effects and their pleasure-unpleasure qualities in relation to the psychic discharge processes. In: Drives, affects and behavior. Vol. 1. Loewenstein RM (ed). New York: University Press 1953; 38–66.

Jacobson E. The self and the object world. Psychoanal Study Child 1954; 9: 75–127. Deutsch: Das Selbst und die Welt der Objekte. Frankfurt: Suhrkamp 1978.

Jacobson E. Normal and pathological moods: their nature and functions. Psychoanal Study Child 1957; 12: 73–113. Deutsch: Depression. Frankfurt: Suhrkamp 1977; 90–139.

Jacques E. Work, creativity and social justice. New York: University Press 1970.

Joffe WG, Sandler J. Über einige begriffliche Probleme im Zusammenhang mit dem Studium narzißtischer Störungen. Psyche 1967; XXI: 152–65.

Kernberg O. Structural derivations of object relationships. Int Psychoanal 1966; 47: 236–53.

Kernberg O. Narzißtische Persönlichkeitsstörung. Psyche 1975; 29: 890–905.

Kernberg O. Object relations theory and clinical psychoanalysis. New York: Jason Aronson 1976. Deutsch: Objektbeziehungen und Praxis der Psychoanalyse. Stuttgart: Klett-Cotta 1981.

Kernberg O. Internal world and external reality. Object relation applied. Colchester: Paterson 1980. Deutsch: Innere Welt und äußere Realität. Anwendungen der Objektbeziehungstheorie. München, Wien: Internationaler Verlag für Psychoanalyse 1988.

Klein M. A contribution to the psychogenesis of manic-depressive states. 1935. In: Contributions to Psychoanalysis, 1921–1945. London: Hogarth 1948; 282–310. Deutsch: Zur Psychogenese der manisch-depressiven Zustände. Das Seelenleben des Kleinkindes und andere Beiträge zur Psychoanalyse. Reinbek: Rowohlt 1972; 44–71.

Klein M. Notes on some schizoid mechanisms. Int J Psycho-Anal 1946; 27: 99–110. Deutsch: Bemerkungen über einige schizoide Mechanismen. In: Das Seelenleben des Kleinkindes und andere Beiträge. Reinbek: Rowohlt 1972; 101–26.

Klein M. Über das Seelenleben des Kleinkindes. 1960. In: Das Seelenleben des Kleinkindes und andere Beiträge. Klein M. Reinbek: Rowohlt 1972; 146–76.

Klein M. Our adult world. New York: Basic Books 1963.

Kohut H. Formungen und Umformungen des Narzißmus. Psyche 1966; 20: 561–87.

Kohut H. The restauration of the self. New York: International University Press 1977. Deutsch: Die Heilung des Selbst. Frankfurt: Suhrkamp 1979.

Krause R. Zur Onto- und Phylogenese des Affektsystems und ihrer Beziehungen zu psychischen Störungen. Psyche 1983; 37: 1016–43.

Krause R. Zur Psychodynamik der Emotionsstörungen. In: Psychologie der Emotionen. Scherer K (Hrsg). Enzyklopädie der Psychologie. Bd C/IV/3. Göttingen: Hogrefe 1990.

Krause R. Mimisches Verhalten und Erleben. In: Projektion – Grenzprobleme zwischen innerer und äußerer Realität. Neuser J, Kriebel R (Hrsg). Göttingen: Hogrefe 1991; 173–86.

Krause R. Die Zweierbeziehung als Grundlage der psychoanalytischen Therapie. Psyche 1992; 46: 588–612.

Loch W. Die Krankheitslehre der Psychoanalyse. 4. Aufl. Stuttgart: Hirsch 1983.

Mahler MS, Pine F, Bergmann A. The psychological birth of the human infant. New York: Basic Books 1975. Deutsch: Die psychische Geburt des Menschen – Symbiose und Individuation. Frankfurt: Fischer 1978.

Moersch E, Kerz-Rühling I, Drews S, Nern RD, Kennel K, Kelleter R, Rodriguez C, Fischer R, Goldschmidt O. Zur Psychopathologie von Herzinfarkt-Patienten. Psyche 1980; 34.

Nunberg H. Allgemeine Neurosenlehre. 1931. 2. Aufl. Bern, Stuttgart: Huber 1959.

Reich G. Eine Kritik des Konzeptes der „primitiven Abwehr" am Begriff der Spaltung. Forum Psychoanal 1995; 11: 99–118.

Reik T. Aus Leiden Freuden. London: Imago 1940. Frankfurt: Fischer 1983.

Röhl R. Jede für sich allein. DER SPIEGEL 1995; 29: 100.

Sandler J. The role of affects in psychoanalytic theory. In: Physiology, emotions and psychosomatic illness. Ciba Foundation Symposium No. 8. New York: Elsevier 1972; 31–46.

Schepank H. Gen oder Psychogen. Z Psychosom Med 1994; 40: 11–224.

Speidel H. Psychoanalyse, Alter und chronische Krankheit. Psychother Med Psychol 1985a; 35: 141–6.

Speidel H. Die Beziehung chronischer körperlicher Krankheit zum Altern. In: Psychonephrologie. Balck F, Koch U, Speidel H (Hrsg). Berlin, Heidelberg: Springer 1985b; 593–605.

Speidel H. Auf dem Weg zur prädipalen Gesellschaft. In: Unbewußte Phantasien. Neue Aspekte in der pychoanalytischen Theorie und Praxis. Werthmann H-V (Hrsg). München: Pfeiffer 1989.

Speidel H. Tabus von heute – Probleme von morgen. Psychother Med Psychol 1994a; 44: 145–52.

Speidel H. Psychosomatik – Stiefkind der Psychoanalyse? In: Psychoanalytische Psychosomatik. Strauß B, Meyer AE (Hrsg). Stuttgart, New York: Schattauer 1994b; 3–12.

Speidel H. Konzepte und Störungsbilder der psychosomatischen Medizin. In: Praktische Psychosomatik. Freyberger H, Meyer AE, Kerekjarto v M, Liedtke R, Speidel H (Hrsg). Bern, Stuttgart: Huber 1996.

Speidel H, Grätz S, Strauß B. Psychosomatische Aspekte des kardiovaskulären Risikos. In: Präventive Kardiologie. Lüscher TF (Hrsg). Bern, Göttingen, Toronto, Seattle: Huber 1993; 51–60.

Winnicott DW. Transitional objects and transitional phenomena. Int J Psychoanal 1953; 34: 89–97.

Winnicott DW. Collected papers. New York: Basic Books 1958. Deutsch: Von der Kinderheilkunde zur Psychoanalyse. München: Kindler 1976.

Winnicott DW. The theory of the parent-infant relationship. Int J Psychoanal 1960; 41: 585–95.

Winnicott DW. The maturational processes and the facilitating environment. London: Hogarth 1965. Deutsch: Reifungsprozesse und fördernde Umwelt. München: Kindler 1974.

Winnicott DW. The use of an object and relating through identifcations. 1969. In: Playing and reality. Winnicott DW (ed). London: Tavistock 1971. Deutsch: Vom Spiel zur Kreativität. Stuttgart: Klett 1973.

Wurmser L. The mask of shame. Baltimore: Johns Hopkins University Press 1981. Deutsch: Die Maske der Scham. Berlin, Heidelberg: Springer 1990.

Wurmser L. Das Rätsel des Masochismus. Berlin, Heidelberg: Springer 1993.

Zepf S. Narzißmus, Trieb und die Produktion von Subjektivität. Berlin: Springer 1985.

2.2
Erkenntnistheoretische Grundlagen und Probleme der Psychotherapeutischen Medizin

Wolfgang Tress und Brigitte Junkert-Tress

2.2.1
Die methodologische Situation

Psyche und **Soma**, als wesentliche Felder des menschlichen Daseins in gesunden wie kranken Tagen, auch theoretisch-begrifflich zu bearbeiten, ist der Psychotherapeutischen Medizin als Wissenschaft aufgegeben. Was dies freilich meint, bestimmt sich dadurch, wie wir Psyche und Soma vorab konzipieren. Für beide nämlich stehen jeweils zwei **methodisch-begriffliche** Optionen zur Wahl (Tress 1985; 1987a; 1987b; 1988; Tress und Fischer 1991):

● Psyche und Soma bieten sich der Biomedizin wie der Sozialempirie zur **naturwissenschaftlich-kausalgesetzlichen** Analyse an.

● Sie erschließen sich aber auch dem idiographischen Diskurs der **subjektiven Bedeutungen** und intentionalen Handlungen.

Diese beiden Methodologien sind voneinander grundsätzlich verschieden. Sie folgen jeweils anderen Spielregeln, oder mit Wittgenstein, sie folgen ihrer je eigenen Grammatik, hier dem Sprachspiel der kausalwissenschaftlichen Biomedizin, dort dem der intentionalen Betrachtung subjektiver beziehungsweise intersubjektiver Sinn-, Erlebens- und Handlungshorizonte, eingebettet in die jeweiligen kulturellen Felder.

Die **deutsche Sprache** markiert im **Somatischen** die angesprochene Differenz mit den Begriffen Körper und Leib, während im **Psychischen**, weniger elegant, zwischen seelischem Erleben sowie absichtsgeleitetem Handeln einerseits und dem motorischen, kognitiven beziehungsweise emotionalen Verhalten im Sinne des Behaviorismus andererseits zu unterscheiden wäre. Der Leib wird subjektiv und zwischenmenschlich erfahren, der Körper von außen registriert (vgl. Gadamer 1984). Der **Corpus**, im Englischen *corpse* = Leiche, gehört zur materialen, unbeseelten Welt. Mithin wäre das sogenannte Leib-Seele-Problem korrekterweise als Körper-Seele-Problem zu benennen. Denn der Leib und die Seele gehören beide zum sinnerhellenden Sprachraum der Intentionalität, der Körper aber obliegt den biomedizinischen Gesetzeswissenschaften. Zwischen ihnen klafft jener Hiatus, der die Seele vom Körper beziehungsweise den Geist vom Gehirn trennt, ein Hiatus, der manch einen schon an der Möglichkeit eines psychosomatischen Zuganges zum Menschen zweifeln und verzweifeln ließ.

Hier von einem Scheinproblem zu sprechen, bringt nur kurzen Trost. Derlei täuscht über die alltägliche Erfahrung hinweg, daß innerseelische Subjektivität und biomedizinisch zu erfassende Körperfunktionen sich zwar gegenseitig entscheidend zu beeinflussen vermögen, wir aber trotzdem keines als Epiphänomen des anderen begreifen können. Beide sind reale Tatbestände der Welt und damit mögliche Gegenstände wissenschaftlicher Betrachtung.

Die daraus folgenden erkenntnistheoretischen Kalamitäten führt uns in knappster Form das sogenannte **Bieri-Trilemma** vor Augen (Bieri 1981, S. 5; dazu auch Meyer 1987):

● Mentale Phänomene sind nicht physische Phänomene.

● Mentale Phänomene sind im Bereich physischer Phänomene kausal wirksam.

● Der Bereich physischer Phänomene ist kausal geschlossen.

Jeder dieser drei Sätze wird von den meisten Menschen für wahr erachtet, und trotzdem sind in beliebiger Kombination jeweils nur zwei miteinander verträglich und der dritte dann als inkompatibel auszuschließen.

Das Körper-Seele-Problem verliert natürlich jede Brisanz, wenn man entweder ausschließlich im Diskurs des Leib-Seelischen und damit innerhalb der Sphäre der Intentionalität verbleibt (**Idealismus, Phänomenologie**) oder sich ganz auf die Sprachebene der biomedizinischen Kausalwissenschaften und der sogenannten Verhaltensmedizin, also auf Körper, Gehirn und Verhalten zurückzieht im Sinne des logisch-ontologischen oder auch nur des **ontologisch-methodologischen Behaviorismus** und **Materialismus**. Jeder Hausarzt indessen erfährt, daß wir so unsere Patienten als körperlich-seelische Personen verfehlen. Gerade das Kranksein beseelter Personen, verschränkt mit der Biologie ihrer Körper, ist doch wissenschaftlicher Gegenstand und ärztliche Aufgabe der Psychotherapeutischen Medizin, ein Tatbestand, dem auch der **Epiphänomenalismus** (einseitig kausale Wirkung des Körpers auf die Seele) als geschönter Materialismus nicht gerecht wird.

Nur trügerische Linderung spendet in solcher Aporie das gerne bemühte, die Dinge harmonisierende Mißverständnis, die **biomedizinische Beschreibung des Körpers** und die **phänomenal-intentionale des Leibes** seien zwei alternative Beschreibungen *desselben* Gegenstandes oder Sachverhaltes, *derselben* Prozesse, wie die **Identitätstheoretiker** in der Nachfolge Spinozas vermeinen. Tatsächlich aber entstehen die Tatbestände und Sachverhalte der Welt erst „under a description" im holistischen Feld eines Gesamtentwurfs. Vielleicht beziehen sich die Biomedizin des Körpers und die Phänomenologie des Leibes auf ein identisches raum-zeitliches Etwas. Damit aber wäre schon der größte gemeinsame Nenner gefunden. In jeder weiteren Hinsicht gehören Biomedizin und Leiblichkeit gänzlich verschiedenen theoretischen und lebensweltlichen Idiomen an, sind Schöpfungen eines je anderen kulturellen Genres (Rorty 1981). Das notierte bereits Immanuel Kant (1781), als er schrieb, daß wir den freien Menschen in einem anderen Sinn und Verhältnis denken, als wenn wir ihn als Stück der Natur deren Gesetzen für unterworfen erachten.

Also wollen wir uns dem Körper-Seele-Problem stellen, indem wir einige Positionen innerhalb der Psychotherapeutischen Medizin skizzieren, und die dabei auftauchenden Schwierigkeiten festhalten.

2.2.2
Der intentional-biographische Ansatz

Betrachten wir als erste Möglichkeit den **sinnerschließend-hermeneutischen Zugang** zu psychosomatischen Phänomenen, der den 3. Satz von Bieri verwirft:

Aus dem Blickwinkel der analytischen Philosophie des Geistes ist hier die Methode der **intentionalen Zuschreibungen** (Dennett 1981) gemeint. Intentionale Zuschreibungen interpretieren das Tun und Lassen menschlicher Personen als sinnrationale Handlungen oder Handlungsbruchstücke angesichts eines Hintergrundes von Normen, Motiven, Gefühlen, Meinungen und wahrgenommenen Situationen. An die Stelle der Naturgesetze tritt sowohl in der Fremd- wie in der Selbsterkenntnis (Davidson und Fulda 1993) der praktische Syllogismus, wonach menschliche Personen unter dem Eindruck bestimmter Motive und Gefühle wie auch damit verbundener Phantasien angesichts ihrer zugehörigen Meinungen und ihrer jeweiligen Wahrnehmung der einschlägigen Gegebenheiten dieses und jenes, aber nichts anderes tun beziehungsweise lassen. All dies ist rational, sinnhaft verstehbar, wenn auch im Falle des neurotischen oder des strukturell Ich-gestörten Patienten nicht unbedingt auf dem Niveau der aufgeklärten Rationalität des „reifen" Abendländers. Intentionalität im Falle der Psychosomatik meint also eine Haltung, die der Arzt und Forscher gegenüber seinen Patienten interpretierend einnimmt. Der weitere Umgang von Arzt und Patient miteinander sowie Veränderungen der Syndrome bestätigen oder verwerfen derlei Zuschreibungen.

Intentionale Zuschreibungen erhellen zum Beispiel psychosomatisches Kranksein als leibliche Konsequenzen einer sinnrationalen, wenn auch fehlgeleiteten Praxis im Umgang des Patienten mit sich und der Welt (dazu Tress und Fischer 1991). Oft genug stehen wir dabei ausschließlich vor den Scherben eines ursprünglich frühen Leib-Handelns (vgl. Dornes 1993), das von der Geschichte des Individuums abgekoppelt blieb und deshalb seine eigene Geschichte schreiben muß. In den psychosomatischen Symptomen begegnen uns dann zum Beispiel autonom gewordene Versatzstücke affektiv-sen-

somotorischer Austauschprozesse, die einmal einer individuellen Mutter-Kind-Interaktion angehörten oder ihr angehören wollten (Tress 1987b, S. 127ff) Auch die Tiefenhermeneutik (vgl. Habermas 1968; Tress und Reister 1993) ist hier zu nennen.

2.2.3
Der biomedizinische Zugang

Gegenüber der eben genannten, im Wesen hermeneutischen Anstrengung intentionaler Zuschreibungen, worin wir die phänomenologische, die daseinsanalytische und tiefenpsychologische Tradition der Psychosomatischen Medizin mit einschließen, herrscht wissenschaftspolitisch mit privilegiertem Zugang zu den ökonomischen Ressourcen derzeit die **biomedizinisch-kausalwissenschaftliche**, die **bio-psychosoziale Betrachtungsweise** vor. Sie sucht als **Mehr-Ebenen-Forschung** nach empirisch reproduzierbaren, naturgesetzlichen Regelmäßigkeiten zwischen unterschiedlichen Datensätzen, wohl operationalisiert und unabhängig voneinander erhoben. Im Bereich der Psychotherapeutischen Medizin handelt es sich dabei um physiologische, um Verhaltens- sowie um Sozialdaten, einschließlich des gesprochenen Wortes und der berühmten Kreuzchen auf den unendlich vielen Fragebögen. In einem weiten Sinne werden hier seelische Phänomene eben doch als physisch-kausalgesetzliche verstanden, wobei subjektives Erleben durchaus zugelassen bleibt.

Am Rande sei angemerkt, daß in dieser Sichtweise die individuelle Bedeutung, welche ein besonderer Patient mit den Standarditems eines Fragebogens verbindet, bereits als Problem verschwunden ist. Vielmehr greift man in behavioristischer Manier die Verhaltensdaten eines psychosozialen Organismus der Spezies Mensch ab, einschließlich seiner Vokalisationen und seines Fragebogenverhaltens, um sie in bezug zu gleichermaßen aus neutraler Distanz gewonnenen neurophysiologischen, neurochemischen und endokrinologischen Parametern zu setzen.

Weniger Probleme dieser grundsätzlichen Art handelt sich der ansonsten im Ansatz ähnliche „**Gehirn-Seele-Korrelationismus**" (Linke und Kurthen 1988) ein, der sich für alle Zwecke der empirischen psychosomatischen Forschung mit der schwachen Annahme zufrieden gibt, daß jedem seelischen Vorgang ein zeitlich paralleler Gehirnvorgang entspricht. Ein solches, rein korrelatives Verhältnis imponiere dann phänomenologisch als „psychosomatische Wechselwirkung". Aber selbst dieser **pragmatische Agnostizismus** gegenüber dem Körper-Seele-Problem („gor nich um kümmern", Meyer 1987) scheitert an dem Tatbestand, daß unser Idiom zur Erfassung seelischer Abläufe über weite Bereiche eine höchst wandelbare kulturelle, soziohistorisch gewordene Schöpfung als Teil einer bestimmten komplexen Lebensform ist und eben keine naturalistische, quasibiologische Gegebenheit. Intentionale Zuschreibungen scheiden deshalb als potentielle *relata* für allgemein aufschlußreiche psychophysische Korrelationen aus.

Dies ist leicht einzusehen für die Zuschreibungen propositionaler Einstellungen (z. B. einzelner Meinungen und Absichten), die – nicht isolierbar – in ein holistisches Netzwerk von mehr oder weniger gesichertem Wissen, heuristischen Einschätzungen und Handlungsnormen eingebunden sind.

Unsere Feststellung umgreift aber auch die **Emotionalität** eines Subjektes und den Versuch, **nur** diese in einen gesetzmäßigen Zusammenhang mit den Hirnvorgängen zu bringen. Emotionen nämlich sind zugleich

- physiologisch
- verhaltensmäßig evaluativ
- kognitiv dimensioniert

Eine theoretisch-explanatorische Vermittlung dieser Dimensionen ist derzeit nicht in Sicht[1]. Auch wenn wir auf neurophysiologische Stoffwechselstörungen etwa im Falle pathologischer Ängste stoßen, wissen wir nicht, warum der Patient seine alterierten Emotionen auf ganz bestimmte intentionale Objekte richtet. Und umgekehrt läßt die Kenntnis der intentionalen Objekte einer Emotion offen, wie die kausalen Abläufe des Gehirns derlei personale Zustände ermöglichen. In dem Umfang also, in dem propositionale Einstellungen wesentliche Bestandteile einer Emotion sind (z. B. bewundern, befürchten etc.), erben sie alle Unbestimmtheiten des kulturellen Genres, und um so geringer sind die Aussichten, einen solchen Typ von Emotionen nomologisch auf bestimmte Typen von Körperzuständen zu beziehen. Am ehesten hätte wohl die reine Zuständlichkeit bar jeder weltbezogenen Inhalte eine Chance, als Kandidat für den hier angesprochenen psychophysischen Korrelationismus mit dem Ziel eines nomologischen Körper-Seele-Zusammenhanges zu bestehen. „Trauer um ...“ oder „Freude über ...“ wären aber dann soweit eingeengt, daß nichts bliebe von ihrer Bedeutung im autobiographischen Dasein einer Person. Und genau an dieser Stelle kann eine relevante Psychotherapeutische Medizin sich nicht selbst beschneiden.

2.2.4
Die Komplementarität psychosomatischen Wissens

Wir konstatieren also für die Psychotherapeutische Medizin als Wissenschaft einen **doppelten Diskurs**, jenen der **hermeneutischen Analyse** der Phänomene in ihrer Sinnrationalität (Bieri-Sätze 1 und 2) und jenen der **Kausalanalyse** bio-psychosozialer Zusammenhänge (Bieri-Sätze 2 und 3). Auf keinen wird die Psychotherapeutische Medizin in Diagnostik und Therapie verzichten wollen und können. Der funktional-kausalanalytische und der intentional-hermeneutische Zugang er-

schließen unterschiedliche Horizonte gleichwohl wahrer Gegebenheiten. Die Behauptung ontologischer Identität bleibt an dieser Stelle der Erörterung eine durch nichts begründete Vision. Erklärungen existieren nur innerhalb der jeweiligen Zugangsweise. Geraten die Begriffe beider durcheinander, so entsteht Verwirrung oder besser: Es entstehen Kategorienfehler. Dennoch sind wir aus theoretischen, ästhetischen und vor allen Dingen praktischen Gründen fast gezwungen, zwischen den beiden komplementären Diskursebenen nach Berührungen beziehungsweise Entsprechungen zu suchen. Hierfür schlagen wir das Konzept der **sozialempirischen** und **biomedizinischen Marker** vor (Tress 1988; vgl. auch Fahrenberg 1979; 1981).

— Fallbeispiel —

Zander (1989) beispielsweise berichtet den Fall eines 23jährigen Germanistikstudenten mit Magengeschwür, dessen sehnlichster, ehrgeizigster Wunsch es war, Regisseur zu werden. Er versuchte erfolglos, sich in einem Theater hochzuarbeiten und mußte statt dessen mit ansehen, wie ein Kollege mit noch schlechteren beruflichen Voraussetzungen dieses Ziel, dank persönlicher Beziehungen, erreichte. Im Röntgeninterview, wobei zeitgleich eine tiefenpsychologische Exploration mit einer Röntgenuntersuchung des Magens erfolgt, reagierte der Patient beim Ansprechen dieser beruflichen Situation gleich dreimal mit einem Spasmus. Am Ende des Interviews löste die bloße Erwähnung des Theaters bereits blitzartig einen neuen Spasmus aus.

Hier wäre also das röntgenologisch erhobene Datum der spastischen Magenmotilität ein physiologischer Marker dafür, daß komplementär im bewußten oder unbewußten Erleben des Patienten, im zwischenmenschlichen Kontakt oder in den Erinnerungen beziehungsweise Phantasien eine für seine Biographie und Persönlichkeit spezifische Konfliktsituation mit einiger Wahrscheinlichkeit aktualisiert ist. Hinter dem biomedizinischen Marker als einem harten, vergleichsweise leicht zu erfassenden Tatbestand stehen mithin seelische Konstellationen, deren Aktualisierung zwar mit dem operationalisierten Röntgendatum zeitlich hoch korrelieren, sich selbst aber in ihren lebensgeschichtlichen Sinnhorizonten der Operationalisierung durch Röntgenbilder oder auch Verhaltensdaten entziehen. Fallgeschichten nämlich, so beklagte Freud (1895), geraten immer zu Novellen und nicht zu Datensätzen der sogenannten strengen Wissenschaft.

Die **Verbindung** der **biomedizinischen** mit der **intentional-hermeneutischen** Diskursebene geschieht in äußerlich-formaler Weise, gewährleistet durch die ihnen gemeinsame, nämlich intersubjektiv-öffentliche und damit objektive Raum-Zeit-Achse. Entlang dieser Achse berühren sich die Diskurse mitunter auf Haaresbreite. Dort markieren die Inhalte der einen diejenigen der anderen, ohne sie aber auf die eigenen Bestände zu reduzieren oder sie in die eigene Sprachwelt herüberzuziehen. Man prognostiziert an solchen Stellen (aber auch nur dort!) lediglich korrelationsstatistisch, was sich vermutlich jenseits des Vorhanges komplementär gerade zuträgt.

---
[1] In Ermangelung einer derartigen, die drei Qualitäten von Emotionen mit einschließenden Metatheorie bleiben auch system- und emergenztheoretisch inspirierte Visionen (von Uexküll u. Wesiack 1996) wissenschaftlich uneingelöste Handlungsanleitungen für den Kliniker.

2.2.5
Fazit

So steht am Ende der ernüchternde Befund, daß die Psychotherapeutische Medizin als Wissenschaft keine einheitliche Theorie vorzuweisen und auch nicht in Aussicht zu stellen hat. Sie operiert vielmehr gleichzeitig innerhalb verschiedener Wissenschaftssprachen, die das menschliche Leben, Erleben und Zusammenleben entweder kausalanalytisch oder verstehend hermeneutisch erschließen.

Geben wir uns aber erst einmal mit jener nicht zu überbrückenden Kluft zwischen diesen Sprachen zufrieden, dann werden wir entdecken, daß sie, zwar immer getrennt, sich gelegentlich aber doch haarfein aneinander schmiegen. Diesen Sachverhalt versuchen wir mit dem Begriff der **sozialempirischen** und **biomedizinischen Marker** zu charakterisieren: Typischen endokrinen Konstellationen etwa entspricht ein typisches korrelierendes Leib-Erleben im heftigen Affekt. Und trotzdem weiß der Endokrinologe als Endokrinologe nichts von der komplementären leibnahen Affektivität, und der Dichter weiß als Dichter nichts von der komplementären Endokrinologie. Die Sprachen des Endokrinologen und die des Dichters sind nicht ineinander überführbar; und deshalb lassen sich auch keinerlei Bedeutungskoppelungen nachzeichnen. Der bescheidene Begriff der biomedizinischen und sozialempirischen Marker indessen bleibt den Gegebenheiten angemessen.

Als Wissenschaftler haben wir diesen unbefriedigenden Befund auszuhalten, statt ihn systemtheoretisch zu mystifizieren. Es gilt, die Kränkung anzuerkennen, daß wir uns als soziale Personen nicht zugleich auch als biologische Menschen begreifen können. Vielleicht aber läßt es sich mit dem **Komplementaritätsprinzip**, mit dem auch die Physiker ihren Frieden geschlossen haben, in der psychosozialen Biologie ebenfalls gut leben, nämlich mit dem Prinzip der Komplementarität von kausal-funktionalen wie intentional-hermeneutischen Modi der Analyse, wobei psychophysische wie sozialempirische Marker Zeit und Ort signalisieren, um die Diskursebene mit Aussicht auf lohnenswerte neue Einsichten probehalber zu wechseln. So bedient sich das Erkenntnisstreben der vernünftigen menschlichen Person bis auf weiteres unterschiedlicher Methodologien. In ihrem Spiegel erfahren wir die uns eigenen Antinomien. Miteinander können wir sie aushalten und im Dienste eines guten Lebens kreativ nutzen und darüber in einem inspirierenden Gespräch verbleiben (Hermeneutik II, Philipps 1991).

Literatur

Bieri P. Generelle Einführung. In: Analytische Philosophie des Geistes. Bieri P (Hrsg). Königstein: Hain 1981; 1–28.

Davidson D, Fulda H-F. Dialektik und Dialog. Frankfurt: Suhrkamp 1993.

Dennett D. Intentionale Systeme. In: Analytische Philosophie des Geistes. Bieri P (Hrsg). Königstein: Hain 1981; 162–83.

Dornes M. Der kompetente Säugling. Die präverbale Entwicklung des Menschen. Frankfurt: Fischer 1993.

Fahrenberg J. Das Komplementaritätsprinzip in der psycho-physiologischen Forschung und Psychosomatischen Medizin. Z Klin Psychol Psychopathol Psychother 1979; 27: 151–67.

Fahrenberg J. Zum Verständnis des Komplementaritätsprinzips. Z Klin Psychol Psychopathol Psychother 1981; 29: 205–8.

Freud S. Studien über Hysterie. 1895. GW I. London: Imago 1948.

Gadamer H-G. Körper und Leib. Vortrag vor der Abteilung für Medizinische Psychologie. Heidelberg: 27.1.1984.

Habermas J. Erkenntnis und Interesse. Frankfurt: Suhrkamp 1968.

Kant I. Kritik der reinen Vernunft. 1781. In: Theorie-Werkausgabe. Bd 3 u. 4. Weischedel W (Hrsg). Frankfurt: Suhrkamp 1976.

Linke DB, Kurthen M. Parallelität von Gehirn und Seele. Stuttgart: Enke 1988.

Meyer A-E. Leib-Seele-Problem aus der Sicht eines Psychosomatikers. Modelle und ihre Widersprüche. Psychother Psychosomat Med Psychol 1987; 37: 367–75.

Phillips J. Hermeneutics in psychoanalysis: review and reconsideration. Psychoanal Contemp Thought 1991; 14: 371–424.

Rorty R. Der Spiegel der Natur – eine Kritik der Philosophie. Frankfurt: Suhrkamp 1981.

Tress W. Psychoanalyse als Wissenschaft. Psyche 1985; 39: 385–412.

Tress W. Die intentionale Beschreibung als Grundlage psychoanalytischer Erkenntnis. Psychother Psychosom Med Psychol 1987a; 37: 133–41.

Tress W. Sprache – Person – Krankheit. Berlin, Heidelberg, New York: Springer 1987b.

Tress W. Forschung zu psychogenen Erkrankungen zwischen klinisch-hermeneutischer und gesetzeswissenschaftlicher Empirie: Sozialempirische Marker als Vermittler. Psychother Psychosom Med Psychol 1988; 38: 269–75.

Tress W, Fischer G. Psychoanalytische Erkenntnis am Einzelfall: Möglichkeiten und Grenzen. Psyche 1991; 45: 612–28.

Tress W, Reister G. Tiefenhermeneutik und Kohärentismus. In: Schlüsselbegriffe der Psychoanalyse. Mertens W (Hrsg). Stuttgart: Klett-Cotta 1993.

Uexküll Th v, Wesiack W. Wissenschaftstheorie: ein bio-psycho-soziales Modell. In: Psychosomatische Medizin. Adler R, Herrmann JM, Köhle K, Schonecke OW, Uexküll Th v, Wesiack W (Hrsg). München, Wien, Baltimore: Urban & Schwarzenberg 1996; 13–52.

Zander W. Neurotische Körpersymptomatik – zum Verständnis der Psychosomatischen Medizin. Berlin, Heidelberg, New York, Tokio: Springer 1989.

2.3
Psychoneuroimmunologie

Peter Henningsen und Manfred Spitzer

2.3.1
Definition und historische Entwicklung

Als „Psychoneuroimmunologie" (PNI) wird das wissenschaftliche Feld bezeichnet, das sich mit den wechselseitigen Interaktionen zwischen seelischem Erleben, Verhalten, Gehirn und Immunsystem befaßt. Unter „Immunsystem" ist dabei das gesamte System der unspezifischen wie der spezifischen, zellulären und humoralen Immunität zu verstehen. Die methodische und konzeptuelle Spannbreite innerhalb des Feldes der PNI ist sehr groß: Sie reicht von anatomischen und physiologischen Untersuchungen zur Definition der zellulären und humoralen Bindeglieder zwischen Nerven- und Immunsystem über tierexperimentelle Studien zum Einfluß des Verhaltens auf einzelne Parameter des Immunsystems bis hin zu klinischen Studien am Menschen über den Zusammenhang von seelischem Erleben und immunvermittelter Erkrankung (Ader et al. 1991). Obwohl das Feld grundsätzlich offen ist für Interaktionen in beide Richtungen, wird traditionell die Untersuchung immunobehavioraler beziehungsweise immunopsychischer Wirkungen, die zum Beispiel in der biologischen Psychiatrie etabliert ist, unter dem Stichwort „PNI" bislang eher wenig abgehandelt (Ader et al. 1995).

Bereits in den 20er Jahren dieses Jahrhunderts hatten russische Physiologen bald vergessene Arbeiten zur experimentellen Konditionierbarkeit der Immunantwort veröffentlicht (Metal'nikov und Chorine 1926) – aber erst in der Folge der Arbeiten von Ader und Cohen (1975), in denen sie eine Suppression des Immunsystems bei Ratten durch klassische Konditionierung nachgewiesen hatten, kam es ab Anfang der 80er Jahre zum Aufschwung und zur Namensgebung für das Arbeitsfeld. Das einigende konzeptuelle Band für die verschiedenen methodischen Ansätze innerhalb der PNI war der Einspruch gegen die damals unter Immunologen dominante These, daß das Immunsystem in seiner Regulation autonom, also zum Beispiel unabhängig von neuronalen und humoralen Einflüssen, auf Antigene mit der Bildung von Antikörpern reagiere.

Inzwischen besteht kein Zweifel mehr daran, daß es ganz vielfältige Interaktionen zwischen Erleben, Verhalten, Gehirn und Immunsystem gibt – andererseits ist aber auch klar geworden, daß das Ausmaß der durch Erleben und Verhalten beziehungsweise durch neurohumorale Stimuli induzierbaren Veränderungen im Immunsystem in der Regel eher gering bleibt (Schleifer 1999). Für das aus Sicht der Psychosomatik

besonders interessierende Teilgebiet der klinischen Humanstudien ergibt sich, wie auch die folgende knappe Übersicht zeigen soll, in dieser Situation eine doppelte Konsequenz: sowohl auf die biologische Relevanz gemessener Veränderungen im Immunsystem als auch auf die Bedeutung individueller Unterschiede, zum Beispiel von Persönlichkeitseigenschaften, im Hinblick auf das Ausmaß dieser Veränderungen muß verstärkt geachtet werden (Kemeny und Laudenslager 1999).

2.3.2
Methoden der Psychoneuroimmunologie

Zur Definition der zellulären und humoralen Mediatoren zwischen Nerven- und Immunsystem wird ein breites methodisches Arsenal eingesetzt, das zum Beispiel folgenden Zielen dient: dem Nachweis der sympathischen Innervation von immunkompetentem Lymphgewebe, der Wirkung von Interleukinen auf Zellen des Zentralnervensystems und der dadurch veränderten kognitiven Leistungen, des Einflusses des autonomen Nervensystems, der Hypothalamus-Hypophysen-Nebennierenrinden-Achse und anderer Hormone auf die Immunfunktion oder auch der Bedeutung lateralisierter Hirnläsionen im Hinblick auf die Immunfunktion etc. (vgl. Ader et al. 1995; Maier und Watkins 1998).

Tierexperimentelle Studien zum Zusammenhang von Verhalten und Immunsystem finden überwiegend im Rahmen von zwei verschiedenen experimentellen Paradigmen statt: im lernpsychologischen der klassischen Konditionierung und im adaptationsbiologischen des Streßparadigmas (Ader und Cohen 1993). Bei der klassischen Konditionierung wird durch Kopplung eines bedingten Reizes (z. B. eines aversiven Geschmacks) mit einem unbedingten Reiz (z. B. Gabe eines Zytostatikums) die Konditionierung einer spezifischen oder unspezifischen Immunantwort erzielt; im Streßparadigma wird die Reaktion einzelner Komponenten des Immunsystems auf akut oder chronifiziert bedrohliche Stimuli (z. B. Elektroschock) untersucht.

Studien mit Menschen folgen ganz überwiegend dem Streßparadigma; experimentell oder naturalistisch wird dabei der Einfluß von akuten (z. B. Traumata, Prüfungssituation, Fallschirmflug) oder chronischen Stressoren (z. B. Pflege von Angehörigen mit Alzheimer, Verlust naher Angehöriger) auf zwei verschiedene Endpunkte untersucht: auf die Konzentration bzw. Funktion einzelner im peripheren Blut meßbarer

Komponenten des Immunsystems und/oder auf gesundheitsbezogen unmittelbar relevante Ereignisse wie Erkrankungsrate oder Verlauf immunvermittelter Erkrankungen (Cohen und Herbert 1996). Eine Berücksichtigung modifizierender Variablen und individueller Unterschiede, die wegen der notorisch unterschiedlichen individuellen, „subjektiven" Verarbeitung objektiv vergleichbarer Stressoren eigentlich notwendig ist, wird in der Anlage der Studien bislang allerdings nicht regelmäßig beachtet (Hall et al. 1994).

Studien, die im Konditionierungs- oder im Streßparadigma Zusammenhänge zwischen Erleben, Verhalten und Immunfunktion bzw. Krankheit feststellen, lassen zunächst die Frage offen, über welche Mediatoren der Zusammenhang zustande kommt. Neben den verschiedenen „internen", direkt über physiologische Mechanismen wirkenden Mediatoren zum Beispiel der neuroendokrinen Achsen, ist hier immer auch an die Möglichkeit „externer", verhaltensvermittelter Einflüsse zum Beispiel durch veränderte Ernährung, Bewegung, Schlaf etc. zu denken (Cohen und Herbert 1996).

Ein wichtiges methodisches Problem aller Studien, die Erleben und Verhalten mit der Funktion des Immunsystems korrelieren, betrifft die Auswahl und Messung geeigneter Parameter der Immunfunktion. Folgende Gruppen von quantitativen bzw. funktionellen Parametern werden in vitro am peripheren Blut untersucht (Vedhara et al. 1999):

- Zahl von Lymphozyten-Subpopulationen: zum Beispiel CD4$^+$-Zellen (Marker von T-Helfer-Zellen), CD8$^+$-Zellen (Marker von T-Suppressor-Zellen), Natural-Killer-Zellen (NK-Zellen) etc.
- Zytotoxische Aktivität: NK-Zell-Aktivität (NKCA), T-Zell-Aktivierung
- Unspezifische Lymphozytenproliferation: Stimulierbarkeit der Zellteilung durch Lektine (z.B. Phytohämagglutinin [PHA] oder Concavalin [CON])
- Konzentration von Zytokinen (Interleukine IL1–IL15, Interferon IFN-α, -β, -γ)
- Konzentration von Antikörpern (z.B. IgA, IgG)
- Virus(-teil)nachweis (z.B. Isolation aus Kulturen)

Jeder der Parameter hat andere Vorteile wie zuverlässige Meßbarkeit oder hohe biologische Relevanz, aber auch Nachteile wie starke zirkadiane bzw. interindividuelle Konzentrationsschwankungen oder Unspezifität, die bei der Auswahl berücksichtigt werden müssen (Einzelheiten s. Vedhara et al. 1999).

Darüber hinaus wirft die Auswahl aber noch einige grundsätzliche Fragen auf: So ist nach wie vor nicht klar, ob bzw. welche einzelnen oder welche Gruppe von Variablen Auskunft über „die" Immunität eines Organismus oder einer Person geben kann; die biologische Funktion der einzelnen meßbaren Parameter innerhalb des komplex regulierten Immunsystems ist auch für häufig verwendete Parameter wie zum Beispiel die NKCA nicht oder nur ungenau bekannt; die biologische Bedeutung von Veränderungen in der Konzentration oder Funktion einzelner Parameter ist daher ebenfalls unklar – vor

allem, wenn sie sich, wie meist, innerhalb des relativ breiten Normbereichs bewegen (Cohen 1999).

Daraus ergibt sich als Konsequenz, daß bei der verallgemeinernden Interpretation von Veränderungen einzelner Immunparameter Vorsicht geboten ist – insbesondere ist es in der Regel unzulässig, eine isolierte Veränderung ohne Bezug zu einem direkt gesundheitsbezogenen Endpunkt ohne weiteres als Ausdruck eines „gestärkten" oder „geschwächten" Immunsystems zu deuten.

2.3.3
Ausgewählte Befunde der Psychoneuroimmunologie

Die dargestellten Befunde werden danach unterschieden, ob sie bei Tieren oder Menschen gewonnen wurden; letztere werden sowohl nach den im Streßparadigma untersuchten psychosozialen Faktoren geordnet wie auch nach den Endpunkten, also veränderten Immunparametern einerseits, definierten immunvermittelten Erkrankungen andererseits.

Tierexperimentelle Befunde

Faßt man die mittlerweile kaum noch übersehbare Datenmenge zur Beeinflussung der Immunfunktion bzw. immunvermittelter Erkrankungen im Streß- und Konditionierungsparadigma bei Nichtprimaten zusammen, läßt sich folgendes festhalten: Unter verschiedensten experimentellen Bedingungen zeigt sich – bei einer für die jeweilige Bedingung guten Reproduzierbarkeit – eine Beeinflußbarkeit von spezifischen wie unspezifischen Immunfunktionen als auch von immunvermittelten Erkrankungen durch Streß bzw. Konditionierung. Allerdings ist das Ausmaß der so erzielten Veränderungen in der Regel gering; außerdem läßt sich nur sehr begrenzt zum Beispiel von einem Stressor oder einem Immunparameter zum nächsten generalisieren. Denn nicht nur das Ausmaß, sondern auch die Richtung der Wirkung von Streß oder Konditionierung auf das Immunsystem im Sinne einer „Aktivierung" oder „Deaktivierung" hängt ganz von der gewählten Bedingung, also von Art und Dauer des Stressors bzw. der Konditionierung, von der Art des Tiers und der untersuchten Immunparameter bzw. der immunvermittelten Krankheit (z.B. Virusinfektion) ab (Ader und Cohen 1993).

Studien an Primaten haben ebenfalls konsistent den Einfluß sozialer Variablen wie zum Beispiel des sozialen Status in einer Affenhorde auf die Immunfunktion oder die Erkrankungsrate an Virusinfektionen nachgewiesen (Coe 1997).

Von besonderem theoretischem Interesse sind in diesem Zusammenhang Befunde, die reproduzierbar einen Einfluß der Interaktionen neugeborener Affen mit ihrer Umgebung (z.B. Trennung von der Mutter oder nicht) oder sogar des Ausmaßes an pränatalem mütterlichem Streß auf die spätere Immunfunktion des Affenkindes zeigen – wobei der Einfluß im Sinne „kritischer Phasen" zeitabhängig unterschiedlich und nicht einheitlich als „Schwächung" bzw. Deaktivierung des Immunsystems zu interpretieren war (Coe et al. 1999; Lubach et al. 1995).

Auch die zunehmenden „immunobehavioralen" Befunde zur Wirkung der von Lymphozyten und Makrophagen gebildeten Interleukine auf zentralnervöse Strukturen in Rückenmark und Gehirn (die z. B. mit Veränderungen der Gedächtnisbildung im Hippocampus, der Auslösung der Akute-Phase-Reaktion mit Fieber, Rückzug, Depression oder auch der Auslösung von Hyperalgesie in Verbindung gebracht werden) sind psychosomatisch von Interesse. Zum einen sind sie ein Beispiel dafür, daß die biologische Erklärung psychischer Phänomene wie Rückzug oder Depression nicht zwangsläufig pathologisch-defizitorientiert, sondern zumindest zum Teil auch adaptationsbiologisch „sinnvoll" erfolgen kann (d. h., daß die kognitiven und behavioralen Veränderungen durch Interleukine auch dazu dienen, die Homöostase des Organismus zum Beispiel bei Infektionen wiederherzustellen). Zum anderen belegen sie, wie bedeutsam eine Betrachtung nicht lediglich des isolierten, sondern auch des verkörperten Gehirns für ein Verständnis kognitiver Phänomene sein kann (das Immunsystem kann in diesem Zusammenhang als eine Art weiteres peripheres Sinnesorgan angesehen werden, vgl. insgesamt dazu Maier und Watkins 1998; Watkins und Maier 1999).

Befunde beim Menschen

Streß, Lebensereignisse, soziale Unterstützung

Akuter, kurzdauernder experimenteller Streß (z. B. Halten einer Rede) führt schon nach 5 Minuten zu Veränderungen von Immunparametern wie Zunahme der NK-Zellen und Abnahme der Lymphozytenstimulierbarkeit auf PHA; meist normalisieren sich diese vermutlich über Sympathikusaktivierung vermittelten Veränderungen innerhalb einer Stunde.

Chronischer Streß wie Ehekonflikte, Pflege von Angehörigen mit Morbus Alzheimer, Einsamkeit oder andere belastende Lebensereignisse führten unter anderem zur Abnahme der NK-Zell-Aktivität und der Lymphozytenstimulierbarkeit und zu Veränderungen in der Interleukinkonzentration. Es gibt gewisse Hinweise, aber noch keine eindeutigen Belege dafür, daß positive Ereignisse und Affekte mit potentiell positiven Immunveränderungen korrelieren (Cohen und Herbert 1996; Kemeny und Gruenewald 1999).

Daß derartigen Zusammenhängen biologische Relevanz zukommen kann, obwohl sich die Immunveränderungen hier meistens im Normbereich bewegen, wird besonders aus zwei Studien von Cohen und Mitarbeitern deutlich. Bei Probanden, die sich in Quarantäne experimentell mit Schnupfenviren infizieren ließen, fanden sich lineare Zusammenhänge zwischen dem Ausmaß chronischer Stressoren im Vorfeld und der Wahrscheinlichkeit, tatsächlich eine Erkältung zu entwickeln; weniger soziale Kontakte gingen ebenfalls mit höherer Er-

krankungswahrscheinlichkeit einher. In einer der beiden Studien zeigte sich, daß die erhöhte Produktion von Interleukin 6 einen wesentlichen Mediator zwischen Streß und Erkältungswahrscheinlichkeit darstellt (Cohen et al. 1991; Cohen et al. 1999).

Derzeit gibt es aus den vorliegenden Studien keine konsistenten Hinweise darauf, daß streß-reduzierende Interventionen (z. B. Biofeedback, imaginative Verfahren, Entspannungsverfahren) einen positiven Effekt auf Immunveränderungen zeigen; vor allem bei gesunden jungen Probanden scheinen sie keinen Effekt zu haben (Cohen und Herbert 1996; Olff 1999). Dagegen zeigte sich im Anschluß an Arbeiten von Pennebaker in mehreren Studien mit gesunden Probanden ein konsistenter Zusammenhang zwischen der sogenannten emotionalen Öffnung (z. B. in Form eines Aufsatzes über ein persönlich traumatisierendes Ereignis) und Indikatoren einer Aktivierung des Immunsystems (Kemeny und Gruenewald 1999).

Depression

Im Rahmen des Streßparadigmas wird Depression als pathologische emotionale Antwort des Individuums auf belastende Lebensereignisse verstanden. Metaanalytische Untersuchungen zeigen einen eindeutigen Zusammenhang zwischen dem Vorliegen einer klinisch manifesten Depression und Veränderungen von quantitativen und funktionellen Immunparametern, die als Deaktivierung interpretiert werden können (Verminderungen von Lymphozytenzahl, NK-Zahl, NK-Aktivität, Lymphozytenstimulierbarkeit). Die entsprechenden Zusammenhänge sind am stärksten bei hospitalisierten und bei älteren Patienten; subklinische depressive Stimmung geht mit ähnlichen, in der Effektstärke aber nur halb so großen Veränderungen einher. Die Frage, ob sich die immunologischen Veränderungen mit Rückbildung der Depression ebenfalls normalisieren, ist bis jetzt nicht eindeutig beantwortet. Während zum Beispiel für kardiovaskuläre Erkrankungen eine klar erhöhte Morbidität und Mortalität bei depressiven Patienten gesichert ist, bleibt die biologische Relevanz der durch Depression ausgelösten Immunveränderungen im Hinblick auf eindeutig immunvermittelte Erkrankungen noch unklar (Cohen und Herbert 1996; Dinan 1999; Kemeny und Gruenewald 1999; Schleifer et al. 1999).

Das Bild der Immunveränderungen bei Depression ist beim Blick auf einzelne Studien allerdings keineswegs einheitlich, zum Teil gegenteilig im Sinne einer Immunaktivierung. Das hat vermutlich nur teilweise mit methodischen Mängeln der Studien zu tun, zum Teil sicher auch mit der begrenzten Erklärungskraft des Streßparadigmas für den Zusammenhang zwischen Depression und veränderter Immunität: immunpsychische bzw. immunobehaviorale Wirkungen, wie sie in Tiermodellen für akute Depressionen gesichert sind (s. o.), können in diesem Paradigma nicht erfaßt werden. Dabei ist es aber durchaus plausibel und empirisch in Ansätzen belegt, daß die häufig psychosozialen Auslöser einer Depression, zum Beispiel ein Verlusterlebnis, analog zu einer Infektion auch zu einer Immunaktivierung im Sinne einer Akute-Phase-Reaktion führen können und daß dies einige Symptome der Depression erklärt und im Sinne einer positiven Rückkopplungsschleife zu deren Aufrechterhaltung beiträgt (Maes 1993; Maier und Watkins 1998).

Individuelle Unterschiede, Persönlichkeitsvariablen

Die relativ starke interindividuelle Variation in den Immunveränderungen unter „Streß" bzw. belastenden Lebensumständen hat zum einen mit eher biologischen Unterschieden in der Reagibilität der beteiligten neuroendokrinoimmunologischen Systeme zu tun, zum anderen aber auch mit eher psychologischen, zum Teil stabilen persönlichkeitsgebundenen Faktoren wie Extraversion, wahrgenommener Kontrolle etc. Als besonders konsistent erweisen sich hier die Korrelationen zwischen Immunveränderungen und dem Stil der Affektregulation: Insbesondere Probanden bzw. Patienten mit einem verdrängenden bzw. verleugnenden Bewältigungsstil (sogenannte „repressors", die bei geringer Ängstlichkeit und ausgeprägter sozialer Erwünschtheit im Selbstbericht höhere autonome Aktivierungen aufweisen als Probanden mit starker selbstberichteter Ängstlichkeit) zeigen in verschiedenen Studien Veränderungen, die zusammengenommen als Deaktivierung des Immunsystems interpretiert werden können (Cohen und Herbert 1996; Kemeny und Gruenewald 1999; Olff 1999). Auch für kognitive Stile zeigt sich ein Zusammenhang mit Immunveränderungen: Hohe Kontrollerwartungen gehen mit geringeren streßbedingten Immunveränderungen einher als niedrige; negative Selbstüberzeugungen und Zukunftserwartungen waren bei HIV-positiven Patienten unabhängig von deren Depressivität mit einer kürzeren Überlebenszeit bzw. mit niedrigeren Konzentrationen an T-Helfer-Zellen korreliert (Kemeny und Gruenewald 1999).

Einfluß psychosozialer Faktoren auf immunvermittelte Erkrankungen: HIV/AIDS, Krebs, Autoimmun- und Infektionserkrankungen

Die anfängliche Hoffnung psychoneuroimmunologischer Forscher, deutliche Einflüsse psychosozialer Variablen auf die Konzentration der CD4$^+$-Zellen und anderer Immunveränderungen im Rahmen von HIV-Infektion und AIDS-Erkrankung sowie im Zusammenhang damit auch potentiell therapeutische Einflußmöglichkeiten zu finden, hat sich bislang nicht erfüllt (Schleifer 1999). Das liegt zum Teil wiederum an den methodischen Schwierigkeiten derartiger Untersuchungen (z. B. komplexer biologischer Infektionsverlauf, viele intervenierende Variablen wie Medikation etc.). Trotzdem kann angesichts einer Reihe widersprüchlicher oder negativer Studien hinsichtlich des Einflusses von Verlusterlebnissen, Depressivität etc. auf den Immunstatus von Patienten mit HIV-Infektion oder AIDS nicht davon ausgegangen werden, daß starke allgemeine Effekte übersehen wurden (Cohen und Herbert 1996) – was nicht dagegen spricht, daß in Subgruppen zum Beispiel

mit bestimmten „ungünstigen" Bewältigungsvarianten entsprechende Zusammenhänge deutlich werden (s. o., vgl. Kemeny und Gruenewald 1999). Während zwei kognitiv-behaviorale Gruppentherapien bei Patienten in späteren Stadien der HIV-Infektion keine immunologischen Veränderungen erbrachten, zeigten sich nach einer halbstrukturierten Trauerbewältigungsgruppe bei HIV-positiven homosexuellen Patienten nach Partnerverlust signifikante Unterschiede in der Zahl der CD4$^+$-Zellen im Vergleich zur Kontrollgruppe (Goodkin et al. 1998).

Zur Bedeutung psychoneuroimmunologischer Befunde bei anderen verbreiteten viralen Infektionen, die nicht mit einer progredienten Zerstörung der Immunkompetenz einhergehen (s. o.). Im Hinblick auf Krebs wird heute angenommen, daß immunologische Faktoren (insbesondere die unspezifische NK-Zell-Aktivität) weniger für die Krebsentstehung als für die spätere metastatische Ausbreitung von Bedeutung sind (Garssen und Goodkin 1999). In prospektiven Studien zeigt sich für repressive Bewältigung ein eindeutiger Zusammenhang mit dem Fortschreiten, nicht aber mit dem Auftreten von Krebs. Für andere psychologische Faktoren, für psychische Erkrankungen wie Depression und für Streß/Lebensbelastungen zeigt sich kein so eindeutiger Zusammenhang; dafür ergab sich aber in zwei randomisiert kontrollierten Interventionsstudien bei Patientinnen mit Brustkrebs bzw. Patienten mit malignem Melanom eine signifikant höhere Überlebenszeit für die Teilnehmer an der jeweiligen Gruppentherapie. Während sich in einer der beiden Therapiestudien ein Hinweis auf eine veränderte NK-Zell-Aktivität als immunologischem Mediator zwischen psychotherapeutischer Intervention und Krebsprognose ergab, fehlen in den anderen Studien eindeutige Hinweise darauf, daß die genannten Effekte immunvermittelt sind (Garssen und Goodkin 1999).

Für Erkrankungen mit einer Autoimmunpathogenese (z. B. rheumatoide Arthritis, Diabetes mellitus Typ I, multiple Sklerose [MS], systemischer Lupus erythematodes [SLE]) gibt es eindeutige Hinweise auf die Bedeutung psychosozialer Faktoren wie Lebensereignisse, Depressivität etc. für Auslösungszeitpunkt und Verlauf (Cohen und Herbert 1996; Rogers und Fozdar 1996). Allerdings sind die empirischen Belege dafür, daß dieser Zusammenhang tatsächlich über Veränderungen im ohnehin gestörten Immunsystem vermittelt wird, trotz der plausiblen Hypothese zur Zeit noch sehr gering. Umgekehrt muß bei diesen Erkrankungen, vor allem bei SLE und MS, im Sinne der Bidirektionalität verstärkt auf die regelmäßig nachweisbare Wirkung pathologischer Komponenten des Immunsystems auf zentralnervöse Strukturen und damit auf affektive, kognitive und andere psychische Funktionen geachtet werden (Schiffer und Hoffman 1991).

Zur Entstehung von Magen- und Zwölffingerdarmgeschwüren ist die Infektion mit Helicobacter pylori notwendig, diese ist aber wegen der hohen Durchseuchung zur Erklärung nicht hinreichend. Da sich auch in modernen Studien klare Zusammenhänge zwischen psychologischem Streß und Erkrankungsmanifestation zeigen, stellt sich auch hier die – bislang empirisch nicht ausreichend geprüfte – Frage, ob psychoneuroimmunologische Wechselwirkungen zu einer Störung des Gleichgewichts zwischen Helicobacter und Wirtsfaktoren in der Magenschleimhaut beitragen (Levenstein 1998). Auch die seit kurzem diskutierte Rolle von Chlamydien-Infektionen in der Pathogenese des Herzinfarkts hat zu der Hypothese geführt, daß der seit langem bekannte Einfluß psychosozialer Faktoren auf Herzinfarktmorbidität und -mortalität zumindest zum Teil über entsprechende psychoneuroimmunologische Zusammenhänge vermittelt ist (Sher 1999).

2.3.4
Ausblick

Die psychoneuroimmunologische Forschung hat im Vergleich zum Stand vor einigen Jahren (Henningsen 1993) bedeutsame Fortschritte gemacht. Inzwischen kann das anfängliche Ziel, die wechselseitige Abhängigkeit immunologischer Prozesse von psychoneuroendokrinologischen Einflüssen aufzuzeigen, als erreicht gelten. Die anfänglich wahrnehmbare Euphorie über die Entdeckung einer wichtigen empirischen Fundierung psychosomatischer Theorien, die sich im Bereich alternativer Heilmethoden bis heute in zum Teil weitreichenden Spekulationen über psychoimmunologische Netzwerke als Grundlage von Gesundheit und Krankheit ausdrückt, ist im wissenschaftlichen Bereich allerdings längst nicht mehr nachweisbar. Sie ist einer nüchterneren Bewertung der in der Regel beständigen, aber im Effekt geringen und sehr an die spezifischen Untersuchungsbedingungen gebundenen Wirkeffekte gewichen. Das wachsende Bewußtsein für die Bedeutung individueller, unter anderem persönlichkeitsgebundener Unterschiede und biologisch relevanter Endpunkte geht dabei einher mit einer offeneren Benennung der vielen Bereiche von Nichtwissen (z. B. über basale Fragen der normalen Immunregulation) und einer kritischeren Betrachtung der zugrunde gelegten Modelle der psychoneuroimmunologischen Wechselwirkungen. Diese neigen immer noch dazu, einzelne Wirkrichtungen einseitig zu bevorzugen und sind nach wie vor kaum in der Lage, das Wechselspiel von Autonomie und Abhängigkeit, das die Regulation der kognitiv-neuronalen wie der immunologischen Systeme charakterisiert, zufriedenstellend abzubilden (Booth und Ashbridge 1993; Varela et al. 1988). Fortschritte werden insofern weniger durch immer neue korrelative Daten über Psyche, Nerven- und Immunsystem zu erwarten sein, sondern vielmehr durch die Entwicklung von besseren, empirisch prüfbaren Modellen dieser Zusammenhänge. Inwieweit sich aus der psychoneuroimmunologischen Forschung demnächst empirisch gesicherte (psycho-)therapeutische Konsequenzen ziehen lassen, läßt sich derzeit noch nicht absehen.

Literatur

Ader R, Cohen N. Behaviorally conditioned immunosuppression. Psychosom Med 1975; 37: 333–40.

Ader R, Cohen N. Psychoneuroimmunology: conditioning and stress. Annu Rev Psychol 1993; 44: 53–85.

Ader R, Cohen N, Felten DL. Psychoneuroimmunology: interactions between the nervous system and the immune system. Lancet 1995; 345: 99–103.

Ader R, Felten DL, Cohen N (Hrsg). Psychoneuroimmunology. 2. Aufl. San Diego: Academic Press 1991.

Booth RJ, Ashbridge KR. A fresh look at the relationship between the psyche and the immune system: teleological coherence and harmony of purpose. Advances 1993; 9: 4–23.

Coe CL. Sociality and immunological health revisited. Psychosom Med 1997; 59: 222–3.

Coe CL, Lubach GR, Karaszewski JW. Prenatal stress and immune recognition of self and nonself in the primate neonate. Biol Neonate 1999; 76: 301–10.

Cohen JJ. Individual variability and immunity. Behav Brain Immun 1999; 13: 76–9.

Cohen S, Herbert TB. Health psychology: psychological factors and physical disease from the perspective of human psychoneuroimmunology. Annu Rev Psychol 1996; 47: 113–42.

Cohen S, Doyle WJ, Skoner DP. Psychological stress, cytokine production, and severity of upper respiratory illness. Psychosom Med 1999; 61: 175–80.

Cohen S, Tyrrell DA, Smith AP. Psychological stress and susceptibility to the common cold. N Engl J Med 1991; 325: 606–12.

Dinan TG. The physical consequences of depressive illness. BMJ 1999; 318: 826.

Garssen B, Goodkin K. On the role of immunological factors as mediators between psychosocial factors and cancer progression. Psychiatry Res 1999; 85: 51–61.

Goodkin K, Feaster DJ, Asthana D, Blaney NT, Kumar M, Baldewicz T, Tuttle RS, Maher KJ, Baum MK, Shapshak P, Fletcher MA. A bereavement support group intervention is longitudinally associated with salutary effects on the CD4 cell count and number of physician visits. Clin Diagn Lab Immunol 1998; 5: 382–91.

Hall NRS, Anderson JA, O'Grady MP. Stress and immunity in humans: modifying variables. In: Handbook of human stress and immunity. Glaser R, Kiecolt-Glaser JK (Hrsg). San Diego: Academic Press 1994; 183–217.

Henningsen P. Psychoneuroimmunologische Forschung in der Psychosomatik. Psychother Psychosom Med Psychol 1993; 43: 348–55.

Kemeny ME, Gruenewald TL. Psychoneuroimmunology update. Semin Gastrointest Dis 1999; 10: 20–9.

Kemeny ME, Laudenslager ML. Beyond stress: the role of individual difference factors in psychoneuroimmunology. Brain Behav Immun 1999; 13: 73–5.

Levenstein S. Stress and peptic ulcer: life beyond helicobacter. BMJ 1998; 316: 538–41.

Lubach GR, Coe CL, Ershler WB. Effects of early rearing environment on immune responses of infant rhesus monkeys. Brain Behav Immun 1995; 9: 31–46.

Maes M. A review on the acute phase response in major depression. Rev Neurosci 1993; 4: 407–16.

Maier SF, Watkins LR. Cytokines for psychologists: implications of bidirectional immune-to-brain communication for understanding behavior, mood and cognition. Psychol Rev 1998; 105: 83–107.

Metal'nikov S, Chorine V. Rôle des réflexes conditionnels dans l'immunité. Ann Inst Pasteur 1926; 40: 893–900.

Olff M. Stress, depression and immunity: the role of defense and coping styles. Psychiatry Res 1999; 85: 7–15.

Rogers MP, Fozdar M. Psychoneuroimmunology of autoimmune disorders. Adv Neuroimmunol 1996; 6: 169–77.

Schiffer RB, Hoffman SA. Behavioral sequelae of autoimmune disease. In: Psychoneuroimmunology. 2. Aufl. Ader R, Felten DL, Cohen N (Hrsg). San Diego: Academic Press 1991; 1037–66.

Schleifer SJ. Psychoneuroimmunology: introductory comments on its physics and metaphysics. Psychiatry Res 1999; 85: 3–6.

Schleifer SJ, Keller SE, Bartlett JA. Depression and immunity: clinical factors and therapeutic course. Psychiatry Res 1999; 85: 63–9.

Sher L. Effects of psychological factors on the development of cardiovascular pathology: role of the immune system and infection. Med Hypotheses 1999; 53: 112–3.

Varela FJ, Coutinho A, Dupire B, Vaz NN. Cognitive networks: immune, neural and otherwise. In: Theoretical immunology, part 2. Perelson AS (Hrsg). Redwood City: Addison-Wesley 1988; 359–75.

Vedhara K, Fox JD, Wang ECY. The measurement of stress-related immune dysfunction in psychoneuroimmunology. Neurosci Biobehav Rev 1999; 23: 699–715.

Watkins LR, Maier SF. Implications of immune-to-brain communication for sickness and pain. Proc Nat Acad Sci 1999; 96: 7710–3.

2.4
Genetik psychischer und somatoformer Störungen

Wolfgang Maier und Reinhard Heun

2.4.1
Einführung

In den vergangenen zwei Jahrzehnten hat sich die Erkenntnis durchgesetzt, daß viele Komponenten menschlichen und tierischen Verhaltens unter genetischem Einfluß stehen. Zahlreiche Forschungsergebnisse aus Biologie, Medizin und Psychologie haben zu dieser Erkenntnis beigetragen:

- Schon seit längerem ist bekannt, daß bestimmte Formen schwerer geistiger Behinderung im Kindesalter und seltene Formen kognitiver Beeinträchtigung im Erwachsenenalter (früh beginnende Demenzen) familiär gehäuft auftreten und dabei manchmal einem Mendelschen Erbgang im Sinne einer dominanten oder rezessiven Übertragung genügen.
- In neuerer Zeit konnte zudem für einzelne Formen schwerer geistiger Behinderung bei Kindern belegt werden, daß diese kognitiven und Verhaltensstörungen durch Mutationen an spezifischen Genen hervorgerufen werden (z. B. das Fragile-X-Syndrom).
- Ebenso konnte nachgewiesen werden, daß Mutationen an drei spezifischen Genen (z. B. von Presenilin 1 und 2 sowie von APP) früh beginnende Formen der Alzheimer-Demenz verursachen können.
- Neuerdings konnte auch gezeigt werden, daß spät beginnende Demenzen (vor allem die Alzheimer-Demenz) durch eine Variante des Apolipoprotein-E-Gens besonders begünstigt werden; dabei zeigen die Träger dieser Variante im Vergleich zu den Normvarianten bereits vorzeitig Gedächtnisdefizite.
- In Tierexperimenten gelang es, zu zeigen, daß Mutationen an verschiedenen Genen das Trinkverhalten, den Nikotingenuß oder den Drogengenuß von Mäusen beeinflussen können; ebenso fand man Mutationen von spezifischen Genen, durch die die visuell-räumlichen Gedächtnisleistungen stark reduziert werden.

Unser hauptsächliches Wissen über die genetische Beeinflussung des Verhaltens und von Verhaltensstörungen bzw. psychischen Erkrankungen basiert jedoch auf indirekten Methoden. Ohne Kenntnis der verursachenden oder beeinflussenden Gene können Untersuchungen von Familien genetische Einflüsse auf das Verhalten belegen (Familien-, Zwillings-, Adoptionsstudien) und diese von nichtgenetischen Umgebungsfaktoren abgrenzen. Ergebnisse liegen hierzu einerseits für

Verhaltensdimensionen vor, die mit psychologischen Mitteln gemessen werden und in der Allgemeinbevölkerung in ihrer Ausprägung variieren (z. B. Persönlichkeitsfaktoren), sowie andererseits für Verhaltensstörungen und psychische Krankheiten. Krankheiten können auch als komplexe Kombinationen aus Extremzuständen von Verhaltensdimensionen gewertet werden, so daß diese beiden Untersuchungsansätze prinzipiell komplementär sind.

2.4.2
Grundbegriffe, Gene, Genotypen und Phänotypen

Variabilität auf Merkmals- und genetischer Ebene

Menschen unterscheiden sich in Merkmalen und Verhaltensweisen. Dieselbe Dimension und dasselbe Merkmal liegen dann in mehreren Ausprägungen (sogenannte Phänotypen) vor. Eine größere Variation besteht auf genetischer Ebene: Ein hoher Anteil der ca. 30000 Gene und vor allem auch der nicht-exprimierten, stummen Bereiche auf dem Genom zeigen eine erhebliche Variabilität:

- Verschiedene Varianten eines Gens können unterschiedliche Varianten der Genprodukte (Proteine) zur Folge haben; dies kann zu funktionellen Konsequenzen führen, zum Beispiel zu unterschiedlicher Enzymaktivität.
- Verschiedene genetische Varianten in regulatorischen Bereichen können eine unterschiedlich starke Expression von Genen zur Folge haben, so daß es zu einer Über- oder Unterexpression von Genprodukten kommen kann; das kann bei physiologisch relevanten Proteinen erhebliche funktionelle Konsequenzen nach sich ziehen.

Humangenetische Forschungsrichtungen beschäftigen sich mit der Frage, ob die Variabilität auf genetischer Ebene mit der Variabilität auf Phänotypebene in Zusammenhang steht und welche Mechanismen diesen Zusammenhang vermitteln. Die einfachste Form des Zusammenhangs liegt bei sogenannten monogenen Erkrankungen vor, das heißt bei Erkrankungen, die durch Mutation eines einzelnen Gens verursacht sind und die kausal eine Erkrankung zur Folge haben (z. B. haben Mutationen in dem Gen „Huntingtin" die Huntingtonsche Erkrankung zur Folge, die bei nahezu jedem Träger dieser Mutation im mittleren Lebensalter zum Ausbruch kommt). Der Zusammenhang zwischen Mutationen von Genen und Erkrankungen kann bei solchen monogenen Störungen auch weniger zwingend sein; dabei können zum Beispiel Umgebungsfaktoren modifizierend eingreifen. Unter dieser Voraussetzung ist die Penetranz reduziert (d. h. < 100 %).

Genetische Variationen an einzelnen Genen können auch quantitative Merkmalsausprägungen beeinflussen, die vor allem tierexperimentell beobachtet werden konnten; durch systematische Kopplungsuntersuchungen wird aber meist belegt, daß die Variation an mehreren Genen Einfluß auf die quantitative Merkmalsausprägung hat; Gene, die quantitative Merkmalsausprägungen beeinflussen, werden auch „*quantitative trait loci*" (QTL) genannt. Solche Mutationen wirken also merkmalsmodifizierend und nicht pathogen wie bei den monogenen Störungen, denen Mutationen an einem Genort kausal zugrunde liegen. Bei der genetischen Beeinflussung des Verhaltens und auch der psychischen Störungen spielen vorzugsweise modifizierende Mutationen (QTL) eine Rolle. Meist wirken mehrere Gene auf eine Merkmalsausprägung ein. Dabei interagieren die verschiedenen Varianten an den Genloci meist mit Umweltfaktoren. Bei Erkrankungen beeinflussen solche modifizierenden Gene lediglich das Krankheitsrisiko (sogenannte Suszeptibilitätsgene), sie stellen jedoch keine kausalen Krankheitsursachen dar. Ein klassischer Mendelscher Erbgang ist unter diesen Voraussetzungen nicht mehr zu erkennen. Es finden sich meist lediglich nicht sicher klassifizierbare überzufällige familiäre Häufungen (genetisch komplexe Störungen). Diese Konstellation ist bei den meisten häufigen, chronischen Erkrankungen anzutreffen (Diabetes mellitus, koronare Herzkrankheit, Schlaganfall, Tumorerkrankungen); gleiches gilt für die meisten psychischen und somatoformen Störungen.

Nichtgenetische Faktoren

Neben genetischen wirken auch Umgebungsfaktoren auf Verhalten und Verhaltensstörungen. Dabei werden sämtliche Bedingungsfaktoren, die sich nicht auf Strukturunterschiede in der DNA zurückführen lassen (d. h. alle nichtgenetischen Faktoren), in der Genetik als umgebungsbezogen betrachtet. Das Konzept „Umgebung" ist in der Genetik also umfassender definiert als in anderen Disziplinen; Umgebungsfaktoren können entweder familiären (d. h., sie betreffen mehrere Mitglieder derselben Familie überzufällig häufig) oder individuumspezifischen (d. h., sie betreffen einzelne Personen, ohne überzufällig häufig in derselben Familie vorzukommen) Ursprungs sein. Familiäre Umgebungsfaktoren können ebenso wie genetische Faktoren familiäre Merkmalshäufungen erklären. Die genetische Forschung muß daher stets Umgebungsfaktoren mitberücksichtigen.

Umgebungsbezogene Faktoren können in unterschiedlicher Form wirksam werden. Die Krankheit ist dann keine

schicksalhafte Konsequenz eines Genotyps, sondern es bedarf zur Verwirklichung spezifischer äußerer Bedingungen, die selbst nicht genetisch bedingt sind. Es resultiert dann eine reduzierte Penetranz oder Expressivität eines Gens. Diese Konstellation kann heute teilweise verstanden werden. Die genetische Information wird nämlich nur unter bestimmten Bedingungen exprimiert; zum Beispiel wenn bestimmte regulatorische Metaboliten (die z. B. durch Streß induziert sein können) im Zellkern vorliegen und an die die Genexpression steuernden Regulatorgene binden.

Umgebungsfaktoren wirken auf alle genetisch beeinflußten chronischen Erkrankungen (Diabetes mellitus, koronare Herzkrankheit, Schlaganfall, Tumorerkrankungen); gleiches gilt auch für alle psychischen und somatoformen Störungen.

Phänotyp-Genotyp-Beziehung

Genetische und Umweltfaktoren können in verschiedener Form zusammenwirken, um das Auftreten einer Störung oder die Ausprägung einer Dimension zu bestimmen. Entweder kombinieren sich beide Einflußfaktoren additiv, oder sie treten in Interaktion. Dabei sind drei Typen von Interaktionen möglich (Plomin 1994):

- **Passive** Interaktion: Falls Mitglieder einer Familie zusammenleben, teilen sie nicht nur genetische Varianz, sondern auch Charakteristika der familiären Umgebung; folglich sind genetische und umgebungsbezogene Faktoren miteinander assoziiert, und diese Assoziation wird in der Familie übertragen.
- **Reaktive** Interaktion: Genetisch bedingtes Verhalten eines Indexfalles induziert Reaktionen bei Bezugspersonen, was wiederum auf den Indexfall zurückwirkt. Diese Reaktion stellt also einen genetisch vermittelten Umgebungsfaktor dar.
- **Aktive** Interaktion: Bestimmte genetische Dispositionen können den Genträger zur Schaffung bestimmter Umgebungsbedingungen motivieren.

Das Verhältnis zwischen Phänotyp und Genotyp ist bei vielen Erkrankungen meist nicht eindeutig: Einem bestimmten Phänotyp liegen dabei verschiedene genetische Mechanismen zugrunde (genetische Heterogenie).

Verhaltensgenetik

Prinzipien der Verhaltensgenetik

Aus Zwillings- und Adoptionsstudien können nicht nur qualitative Schlußfolgerungen über das Vorliegen und das Fehlen eines genetischen Einflusses gezogen werden. Pfad- und varianzanalytische Analysetechniken erlauben es, genetische und nichtgenetische Einflußfaktoren quantitativ zu bestimmen. Die Resultate solcher Analysen sollten aber nicht überbewertet werden. Bei der Bewertung der festgestellten Prozentsätze sind folgende Gesichtspunkte zu beachten:

Die beobachtete Variabilität eines phänotypischen Merkmals wird spezifischen Ursachenfaktoren (insbesondere einer additiv genetischen Komponente oder einer nichtgenetischen Komponente) zugeordnet. Dabei bleiben naturgemäß solche Komponenten unberücksichtigt, die in den untersuchten Stichproben überhaupt nicht variieren: So können zum Beispiel kulturelle Faktoren zum Auftreten einer Störung beitragen; in einer nationalen Stichprobe kann aber der kulturelle Hintergrund nur bedingt variieren, kulturelle Einflußgrößen werden damit in den entsprechenden Varianzanteilen in einer solchen Stichprobe nicht berücksichtigt.

In allen Zwillingsstudien zu psychischen Störungen und Verhaltensdimensionen beziehungsweise Persönlichkeitsfaktoren fällt auf, daß die Varianzanteile für die vom Zwillingspartner geteilten Umgebungsfaktoren meist relativ gering ausfallen; das befindet sich nicht im Einklang mit der häufig angenommenen Relevanz von familiären Milieubedingungen für die Entstehung von Krankheiten. Dies ist aber möglicherweise nur ein scheinbarer Widerspruch, denn dieselbe familiäre Milieubedingung kann von zwei Geschwistern sehr unterschiedlich wahrgenommen und rezipiert werden, so daß dieser Varianzanteil dann nicht mehr als geteilte, sondern als individuumspezifische Komponente zählt. Meist sind die Varianzanteile für die individuumspezifische Komponente unerwartet groß. In dieser Komponente verbirgt sich auch die Restvarianz, die weder durch genetische Variation noch durch Variation der gemeinsamen Umgebungskomponente erklärt werden kann.

Verhaltensgenetische Forschungsresultate

Strukturell haben die Forschungsansätze zur Verhaltensgenetik wichtige Erkenntnisse über die genetische Architektur des Verhaltens und der Verhaltensstörungen hervorgebracht (Plomin 1999). Diese Resultate sind für das Verständnis der Genetik psychischer Störungen wichtig. Familien-, Zwillings- und Adoptionsstudien kamen dabei zu folgenden Ergebnissen, die für eine Vielzahl von Verhaltensdimensionen Gültigkeit besitzen (z. B. alle Persönlichkeitsfaktoren, kognitive Fähigkeiten, Sozialverhalten, Ernährungsverhalten):

- Verhalten zeigt eine erhöhte familiäre Ähnlichkeit, die für nahezu jede Dimension zumindest teilweise auf genetische Einflüsse zurückzuführen ist.
- Die Variation der Ausprägung von Verhaltensdimensionen in der Allgemeinbevölkerung ist in keinem bisher bekannten Fall ausschließlich auf die genetische Variation zurückzuführen, in jedem Fall spielen auch nichtgenetische Umgebungsfaktoren eine Rolle.
- Überraschenderweise ist die wichtigste nichtgenetische Umgebungskomponente individuumspezifisch; das heißt, die familiären Umgebungsfaktoren, die gleichartig auf die Mitglieder einer Geschwisterschaft oder eines Zwillingspaares einwirken, haben meist eine geringere Varianz. Dies

bedeutet aber nicht, daß familiäre Umgebungsfaktoren keine Bedeutung für die Ausbildung von Verhalten und Verhaltensstörungen haben. Diese Aussage belegt lediglich, daß die relevanten familiären nichtgenetischen Einflüsse bei verschiedenen Mitgliedern einer Geschwisterschaft sehr häufig unterschiedliche Wirkungen auf das spätere Verhalten und auf spätere Verhaltensstörungen haben.

- Die Grenze zwischen genetischen und nichtgenetischen Umgebungsfaktoren ist fließend geworden. Die Wirkungen von Umgebungsfaktoren unterliegen nämlich häufig einem genetischen Einfluß (z. B. die Effekte von kritischen Lebensereignissen oder von Erziehungsstilen). Diese Feststellung kann zum Beispiel so verstanden werden, daß derselbe Umgebungsfaktor aufgrund der unterschiedlichen genetischen Konstitution unterschiedlicher Personen unterschiedliche Effekte induziert.
- Es gibt erhebliche Interaktionen zwischen genetischen und nichtgenetischen Umgebungsfaktoren in der Ausbildung des Verhaltens und von Verhaltensstörungen.
- Die Stärke genetischer Einflüsse kann mit dem Alter variieren, zum Beispiel bei Persönlichkeitsfaktoren und kognitiven Fähigkeiten.

2.4.3
Genetik einzelner Störungen

Im weiteren werden zunächst genetische Einflüsse auf verschiedene, kategorial definierte psychische Störungen diskutiert. Da psychische Störungen als Extremvarianten von Verhaltensdimensionen oder von Kombinationen von Verhaltensdimensionen betrachtet werden können, werden anschließend genetische Einflüsse auf solche Verhaltensdimensionen diskutiert, die für die Ausbildung psychischer Störungen relevant sein können.

Somatoforme Störungen

Die Neigung zur Ausbildung körperlicher Symptome unter Belastung (Somatisierung) variiert erheblich innerhalb der Population. Diese Reaktionsneigung zeigt meist eine lebensübergreifende Profilierung und hat zahlreiche Ursprünge. Empirische Studien zur Somatisierung erfolgen meist über Fragebögen, die das Verhalten in Selbstbeurteilungsverfahren erfassen. In der Allgemeinbevölkerung belegten Zwillingsstudien genetische Einflüsse, während daneben ganz überwiegend nur individuumbezogene Umgebungseinflüsse relevant waren. Umgebungseinflüsse, die auf die Mitglieder einer Geschwisterschaft oder ein Zwillingspaar gleichermaßen eingewirkt haben (geteilte Umgebungseinflüsse) waren dagegen für die Ausprägung in der Dimension Somatisierung kaum bedeutsam.

Die Neigung zu somatischen Reaktionen ist auch die Grundlage für die Ausbildung vieler psychosomatischer und der somatoformen Erkrankungen. Insbesondere die Somatisierungsstörung (frühere Bezeichnung: Briquet-Syndrom), die definiert ist durch eine Vielzahl organisch nicht erklärbarer körperlicher Symptome, die sich zeitlich variabel manifestieren, wurde unter genetischen Gesichtspunkten intensiv untersucht (Cloninger et al. 1975; 1986). Bei weiblichen Verwandten von Patienten mit einer Somatisierungsstörung fand man überzufällig häufig dieselbe Erkrankung, während die männlichen Mitglieder derselben Familie überzufällig häufig antisoziale Persönlichkeitsstörungen und Alkoholismus zeigten. Neuere Familienstudien konnten zudem einen familiären Zusammenhang zwischen Somatisierungsstörungen und Hypochondrie feststellen (Noyes et al. 1997). Somatisierungs- und somatoforme Störungen wurden daraufhin in mehreren schwedischen Adoptionsstichproben untersucht. Dabei konnte im wesentlichen beobachtet werden, daß die familiären Einflüsse auf die Somatisierungsstörung und der familiäre Zusammenhang zwischen der Somatisierungsstörung und den anderen genannten Störungen durch genetische Faktoren vermittelt ist. Einen etwa ebenso großen Beitrag zu der erhöhten Erkrankungshäufigkeit bei den Adoptivkindern leisteten jedoch auch die Erkrankungen Alkoholismus und antisoziale Persönlichkeitsstörung bei den Adoptiveltern. Hier handelte es sich offenbar um ein additives Zusammenwirken von Erkrankungen bei den biologischen Eltern und bei den Adoptiveltern, also um ein additives Zusammenwirken von genetischen und nichtgenetischen Umgebungsfaktoren (Bohman et al. 1984) im Sinne einer passiven Interaktion (s. o.).

Bei den anderen somatoformen und psychosomatischen Störungen ist die Befundlage bisher weniger schlüssig; dies ist auf die geringere Anzahl von Untersuchungen zurückzuführen. Für einzelne Störungskategorien oder pathologische Mechanismen wurde aber eine vermehrte familiäre Ähnlichkeit beschrieben. So konnte zum Beispiel in früheren Untersuchungen wiederholt festgestellt werden, daß sich Konversionsneigungen in Familien überzufällig häufen. Es muß dabei offen bleiben, ob diese familiäre Ähnlichkeit durch genetische oder andere Faktoren vermittelt ist.

Affektive Erkrankungen

Die affektiven Erkrankungen zeigen in allen Familienstudien eine familiäre Häufung im Vergleich zu Familien gesunder Kontrollen (s. Tab. 2-1). Das berichtete familiäre Lebenszeitrisiko, das heißt das Risiko eines Angehörigen ersten Grades, irgendwann an einer affektiven Störung zu erkranken, variiert erheblich zwischen den Studien (Lebenszeitrisiken 7% bis über 31% unter den Verwandten ersten Grades von Patienten). Eine ähnlich breite Variation der Lebenszeitrisiken für unipolare Depressionen ist aus Allgemeinbevölkerungs- beziehungsweise Kontrollstichproben bekannt (0–23%). Die unterschiedlichen Lebenszeitrisiken für unipolare Depression sind teilweise auf unterschiedliche Methoden der Fallidentifikation zurückzuführen (Übersicht s. Maier und Lichtermann 1993).

Tab. 2-1 Altersadjustierte Wiederholungsrisiken für psychische Störungen bei Angehörigen ersten Grades im Vergleich zu Angehörigen von Kontrollen aus der Allgemeinbevölkerung.

Diagnosen	Wiederholungsrisiko (Lebenszeitprävalenz) für Erkrankung des Indexfalles bei Angehörigen ersten Grades	Lebenszeitprävalenz in der Allgemeinbevölkerung
Bipolare Störung Gershon et al. 1988 (RDC/DSM-III)	7,2%	0,3%
Maier et al. 1993b (RDC/DSM-III-R)	7,0%	1,8%
Unipolare Depression Gershon et al. 1988 (RDC/DSM-III)	16,7%	6,7%
Kendler et al. 1993c (DSM-III-R)	31,1%	22,8%
Maier et al. 1993b (RDC/DSM-III-R)	21,6%	10,6%
Alkoholabhängigkeit Maier et al. 1993a (DSM-III-R)	17,3%	6,8%

Tab. 2-1 (Fortsetzung)

Diagnosen	Wiederholungsrisiko (Lebenszeitprävalenz) für Erkrankung des Indexfalles bei Angehörigen ersten Grades	Lebenszeitprävalenz in der Allgemeinbevölkerung
Panikstörung/Agoraphobie Noyes et al. 1986 (DSM-III-R)	17,1%	1,8%
Weissman et al. 1993 (DSM-III-R)	18,7%	1,1%
Maier et al. 1993a (DSM-III-R)	7,9%	2,3%
Einfache Phobien Fyer et al. 1990 (DSM-III)	31%	11%
Soziale Phobien Fyer et al. 1993 (DSM-III-R)	16,0%	5,0%
Generalisierte Angststörung Noyes et al. 1987 (DSM-III)	19,5%	3,5%
Bulimie Kassett et al. 1989 (DSM-III-R)	9,6%	3,5%

Unipolare Depression versus bipolare Erkrankungen

Die Unterscheidung zwischen unipolar verlaufenden depressiven Episoden und bipolaren Erkrankungen stellt die familiengenetisch bedeutsame Subtypisierung affektiver Erkrankungen dar: Die überwiegende Mehrheit der publizierten Familienstudien belegt eine deutliche Erhöhung des Lebenszeitrisikos für bipolare Störungen bei Angehörigen ersten Grades von Patienten mit einer bipolaren affektiven Erkrankung (3–10%), während das Lebenszeitrisiko für bipolar affektive Erkrankungen bei Angehörigen von unipolar depressiven Patienten lediglich 0,5–2% beträgt und daher dem Lebenszeitrisiko bei Angehörigen gesunder Kontrollgruppen gleicht (0,5–1%) (Gershon et al. 1988; Maier et al. 1993b).

Eine analoge Spezifität kann für die Verwandten von Patienten mit unipolar depressiven Erkrankungen nicht nachgewiesen werden: Sowohl bei Angehörigen von Patienten mit unipolaren Depressionen als auch bei Angehörigen von Patienten mit bipolar affektiven Störungen treten unipolare Depressionen gehäuft auf und zwar mit nahezu identischem Lebenszeitrisiko (Gershon et al. 1988; Maier et al. 1993b).

Zwillingsstudien belegen (s. Tab. 2-2), daß das Auftreten affektiver Störungen, insbesondere bipolarer affektiver Störungen, teilweise von genetischen Faktoren bestimmt wird (Propping 1989). Auch Zwillingsstudien bekräftigen die Va-

Tab. 2-2 Ergebnisse neuerer Zwillingsstudien (MZ = monozygote Zwillinge, DZ = dizygote Zwillinge).

Diagnose des Indexfalles	Anzahl untersuchter Paare		Probandenweise Konkordanzraten	
	MZ	DZ	MZ	DZ
Bipolare Störung Bertelsen et al. 1977 (ICD-7)	34	37	79%	19%
Unipolare Depression Torgersen 1986 (DSM-III)	28	46	25%	11%
McGuffin et al. 1991 (DSM-III)	62	79	53%	28%
Kendler et al. 1992b (DSM-III)	510	440	49%	42%
Kendler et al. 1993c (DSM-III-R)	510	440	48%	42%

Tab. 2-2 (Fortsetzung)

Diagnose des Indexfalles	Anzahl untersuchter Paare		Probandenweise Konkordanzraten	
	MZ	DZ	MZ	DZ
Alkoholabhängigkeit *Männliche Paare* Pickens et al. 1991* (DSM-III)	50	64	59%	36%
Weibliche Paare Pickens et al. 1991* (DSM-III)	31	24	25%	5%
Kendler et al. 1992c (DSM-III-R)	510	440	26%	12%
Panikstörung/ Agoraphobie Torgersen 1983 (DSM-III)	17	28	41%	4%
Kendler et al. 1993b (DSM-III-R)	510	440	24%	11%
Phobische Störung Kendler et al. 1992c (DSM-III-R)	510	440	22–26%	11–24%
Generalisierte Angststörung Torgersen 1983 (DSM-III)	12	12	12	12
Andrews et al. 1990a (DSM-III)	63	63	63	63
Kendler et al. 1992d (DSM-III)	510	510	510	510
Posttraumatische Belastungsstörung True et al. 1993 (DSM-III-R)	991**	703**		

*   Alternative Auswertung dieser Stichprobe in McGue et al. 1992.
** Allgemeinbevölkerungsstichprobe.

lidität der Unterscheidung unipolar/bipolar affektiver Störungen: Die Konkordanz des bipolaren Verlaufstyps bei eineiigen Zwillingen beträgt 80%. Etwa 50% der ätiologischen Varianz ist durch genetische Faktoren determiniert. Bei eineiigen Zwillingen ist die Konkordanzrate für unipolare Depressionen deutlich niedriger (maximal 50%), ebenso die durch genetische Faktoren erklärbare Varianz.

Subtypisierung der unipolaren Depression

Eine klassische Hypothese besagt, daß bei reaktiven oder neurotischen Depressionen eher sporadische Fälle auftreten, während endogene Depressionen und insbesondere bipolar affektive Störungen mit einer ausgeprägten familiären Belastung verbunden seien (Maier und Philipp 1993). Wahrscheinlich kommt dieser Hypothese nach der neueren Forschung keine Gültigkeit zu.

In allen während der letzten Jahre durchgeführten Familienstudien, die diagnostische Zuordnungen nach gängigen, operationalisierten Diagnosemanualen (wie RDC, DSM-III-R, ICD-10, Newcastle-Skalen) treffen, war bei den Verwandten von Probanden mit endogenen unipolar depressiven Erkrankungen im Vergleich zu nichtendogenen unipolaren Depressionen keine vermehrte familiäre Häufung depressiver Erkrankungen zu finden. Auch die Hypothese einer subtypspezifischen Homogenität der familiären Häufungsmuster konnte nicht bestätigt werden. So fanden sich in Familien von Patienten mit endogenen Depressionen nicht nur endogene, sondern auch nichtendogene Depressionen überzufällig häufig (Maier und Philipp 1993).

Replizierbare genetische Assoziations- und Kopplungsanalysen für unipolare Depressionen liegen bisher nicht vor. Für die familiäre Übertragung unipolarer Depression wurden komplexe Modellvorstellungen entwickelt (Kendler et al. 1993a). Dabei werden eine (derzeit noch nicht näher spezifizierbare) genetische Komponente in Interaktion mit familiären Umgebungsfaktoren (vor allem früher Verlust eines Elternteils) und nichtfamiliäre Komponenten (wie kritische Lebensereignisse im späteren Lebensalter) angenommen. Die genetische Komponente der Depression wird teilweise über einen gesteigerten prämorbiden Neurotizismus vermittelt, der selbst wieder partiell genetisch determiniert wird.

Angsterkrankungen

Menschen unterscheiden sich stark in bezug auf das Ausmaß, unter neuartigen oder bedrohlichen Situationen Angst zu entwickeln oder sich defensiv zu verhalten. So sagen angstvermeidende Reaktionen von Kleinkindern im 2. Lebensmonat gleichgerichtete Reaktionen im Erwachsenenalter und auch die spätere Entwicklung von Angststörungen voraus (Kagan und Snidman 1999). Diese Reaktionstendenz („behavior inhibition" genannt) zeigt nicht nur eine starke familiäre Ähnlichkeit, sondern auch einen starken genetischen Einfluß (Cherny et al. 1994). Entsprechend fanden auch Zwillingsstudien in der Allgemeinbevölkerung genetische Einflüsse auf ängstlich-phobische Verhaltenstendenzen, wobei aber auch gemeinsame Umgebungserfahrungen relevante Einflußgrößen darstellten. Diese Reaktionsneigung hat eine überdauernde Stabilität.

Die familiäre Häufung von Angstneurosen ist seit langem bekannt. Auf der Basis neuerer Klassifikationsprinzipien sind nur wenige Familienstudien publiziert (s. Tab. 2-1). Dabei fand man jeweils familiäre Häufungen des Paniksyndroms und der Agoraphobie. Als Wiederholungsrisiken für das Paniksyndrom werden 7–20% (gegenüber 1–4% in der Allgemeinbevölkerung) und als Wiederholungsrisiken für Agoraphobie 7–9% (gegenüber 1–4% in der Allgemeinbevölkerung) angegeben. Zwillingsstudien zeigen einen starken genetischen Einfluß auf Panikstörungen und Phobien, wobei offenbar gemeinsame genetische Risikofaktoren zugrunde liegen. Unter den nichtgenetischen Einflußgrößen sind vor allem individuumbezogene, nicht aber geteilte Bedingungen relevant. Auch das Auftreten von Bulimie wird durch dieselben genetischen Kräfte begünstigt. Diese ätiologischen Bedingungen zeigen bestenfalls eine geringfügige Überlappung mit affektiven Störungen (Kendler et al. 1995a).

Generalisierte Angstsyndrome kommen bei Angehörigen von Patienten mit derselben Diagnose mit einem Wiederholungsrisiko von ca. 20% gegenüber 3–5% in der Allgemeinbevölkerung vor. Auch hier sind zu etwa 50% genetische Einflußfaktoren wirksam, die weitgehend mit den genetischen Einflußfaktoren von unipolaren Depressionen identisch sind. Dagegen sind die genetisch-ätiologischen Gemeinsamkeiten mit Panik- und phobischen Syndromen weniger relevant. Die nichtgenetischen Einflußfaktoren wirken dagegen differenzierend zwischen generalisierten Angstsyndromen und affektiven Erkrankungen; sie können aber aufgrund der bisherigen Forschung nicht sicher spezifiziert werden (Kendler et al. 1995a).

Die Analysen von Zwillingsstudien in der Allgemeinbevölkerung erlauben die gleichzeitige Untersuchung mehrerer Störungen. Dabei kann auf ätiologische Gemeinsamkeiten geprüft werden. Zwischen affektiven Störungen und generalisierten Angststörungen einerseits und Panikstörungen, Phobien und Eßstörungen andererseits finden sich dabei Gemeinsamkeiten beziehungsweise Differenzierungen von genetischen Bedingungsfaktoren; dies kann zur Aufklärung der Ursachen des überzufällig häufigen gemeinsamen Auftretens dieser Störungen beitragen.

Auch bei ereignisvermittelten Störungen, wie der posttraumatischen Belastungsstörung, liegt eine genetische Beeinflussung vor, wie in einer Fragebogenuntersuchung bei Vietnam-Veteranen (Zwillingen) nachgewiesen werden konnte (True et al. 1993). Dieses Ergebnis wird verständlich, wenn man davon ausgeht, daß dasselbe Trauma in Abhängigkeit von emotionalen und kognitiven Voraussetzungen unterschiedlich verarbeitet wird, so daß im günstigen Fall eine folgenfreie Verarbeitung des Traumas möglich wird, im ungünstigen Fall aber eine Belastungsstörung resultiert.

Zwangsstörungen

Die überwiegende Mehrzahl von Zwangsstörungen tritt ohne Sekundärfälle in der Familie auf. So bleibt strittig, ob unter Familienangehörigen Zwangskranker die diagnostische Einheit Zwangsstörung überzufällig gehäuft vorkommt. Unstrittig

ist aber, daß Zwangssymptome, motorische Tics oder anankastische Persönlichkeitszüge und assoziierte ängstliche Verhaltensweisen häufiger sind. Hier ist der familiär-genetische Einfluß bei Zwangsgedanken deutlicher als bei Zwangshandlungen (Nestadt et al. 2000). Zwei Zwillingsstudien (Andrews et al. 1990a; 1990b; Torgersen 1983) kommen dabei zu dem Ergebnis, daß die familiäre Häufung von Angststörungen, Zwanghaftigkeit und Ängstlichkeit in Familien von Zwangskranken teilweise genetischen Ursprungs ist. Eine Zusammenstellung aller bisher vorliegenden publizierten Zwillingsdaten von Indexfällen mit Zwangsstörungen (mit ca. 100 Zwillingspaaren; Billett al. 1998) macht einen genetischen Einfluß für zumindest eine Untergruppe von Zwangsstörungen wahrscheinlich. Analoges gilt für den Persönlichkeitsfaktor Anankasmus (Clifford et al. 1984; Jang et al. 1996).

Offenbar wird also in einer Teilgruppe betroffener Familien ein Phänotyp übertragen, der deutlich breiter ist als die diagnostische Kategorie Zwangsstörung; wahrscheinlich besteht aber bei der Mehrheit der Fälle kein familiärer Einfluß.

Eßstörungen

Anorexie

In familiär-genetischer Hinsicht verhalten sich verschiedene Varianten beziehungsweise Komponenten von Eßstörungen sehr unterschiedlich. Die familiäre Häufung der Anorexie ist sehr gut belegt und zwar mit einem hohen relativen Wiederholungsrisiko bei Angehörigen ersten Grades: Das Erkrankungsrisiko beträgt dabei 5–10% im Vergleich zu 0,1% in der Allgemeinbevölkerung (Treasure und Holland 1991). Es fanden sich auch Hinweise, daß in Familien von Anorexiepatienten neben dem pathologischen Eßverhalten auch ein schmächtiger Körperbau unerwartet häufig vorkommt und zwar auch bei Fehlen einer Anorexie (Treasure und Holland 1991). Die Anorexie wird also möglicherweise als Extremform einer familiär vermittelten körperlichen Konstitution übertragen; submaximale Ausprägungen dieser Anlage imponieren dabei als Schmächtigkeit.

Die vermehrte familiäre Ähnlichkeit basiert vor allem bei der restriktiven Form der Anorexie auf genetischen Faktoren; dies legt eine Zwillingsstudie (Holland et al. 1988) nahe (Konkordanz: 60% bei monozygoten Zwillingen, 9% bei dizygoten Zwillingen). Daneben waren unter den nichtgenetischen Bedingungen vor allem geteilte Umgebungseinflüsse relevant, was auf die häufig hervorgehobenen familiären Milieufaktoren hinweist.

Bulimie

Bulimien zeigen in klinischer, aber auch in ätiologischer Hinsicht eine größere Heterogenität als Anorexien. Diese Heterogenität drückt sich auch in einer geringeren Konsistenz von Familienuntersuchungen aus. Einzelne Studien fanden überhaupt keinen familiär-genetischen Einfluß. Falls Bulimien bei biologischen Angehörigen von Betroffenen überzufällig häufig vorkommen, war das relative Wiederholungsrisiko deutlich niedriger als bei Anorexien (Kassett et al. 1989). Zusammen mit der Bulimie werden aber auch Risikofaktoren und assoziierte Syndrome wie Affektlabilität übertragen (Steiger et al. 1995). Der genetische Anteil an dieser familiären Ähnlichkeit wird dabei kontrovers diskutiert. Während ältere, klinikbasierte Zwillingsstudien mit sehr begrenztem Stichprobenumfang (z. B. Holland et al. 1984) die Relevanz der genetischen Variation für die Krankheitsmanifestation nicht sicher feststellen konnten, fand man bei drei neueren großen Zwillingsstudien in der Allgemeinbevölkerung einen deutlichen genetischen Einfluß (Bulik et al. 1998; Kendler et al. 1991a; Kendler et al. 1995b; Sullivan et al. 1998). Die Heritabilität schwankt dabei zwischen 30 und 80%. Strittig bleibt, ob unter den anderen Einflußfaktoren geteilte oder individuumspezifische Bedingungen bedeutsamer sind. Der kulturelle Hintergrund scheint für die relativen Anteile dieser ätiologischen Komponente mitentscheidend zu sein (Wade et al. 1999). Aus der vorliegenden Literatur kann der Schluß gezogen werden, daß die Bulimie in ätiologischer Hinsicht sehr heterogen ist (Strober et al. 1990). Die diagnostische Einheit Bulimie besteht aus mehreren Komponenten, die eine jeweils unterschiedliche genetische Architektur aufweisen. So konnte gezeigt werden, daß bulimisches Verhalten sowohl mit einer kognitiven Fokussierung auf die Körperform als auch mit einer Fokussierung auf das Gewicht im Zusammenhang steht. Dabei soll die erste Dimension stark genetisch beeinflußt sein, während die zweite Dimension vor allem durch nichtgenetische Umgebungsfaktoren determiniert sein soll (Wade et al. 1998). Eine andere Komponente ist die affektive Labilität, die häufig die Grundlage für Eßattacken darstellt; auch diese weist einen besonderen genetischen Einfluß auf. Diese heterogene genetische Architektur der konstituierenden Teilkomponenten der komplexen Störung Bulimie erklärt die inkonsistente Befundlage zur genetischen Determination.

Alkoholismus

Lange hielt man den Alkoholismus für eine ausschließlich umgebungsvermittelte Störung. Familien-, Adoptions-, aber auch Zwillingsstudien, die seit ca. 40 Jahren wiederholt durchgeführt wurden, haben diese Auffassung sukzessive verändert. So liegen ca. 40 Familienstudien zum Alkoholismus vor. Übereinstimmend ergab sich eine familiäre Häufung des Alkoholismus (bis zu 7fache Erhöhung im Vergleich zu Kontrollkollektiven). Die Lebenszeitrisiken für Alkoholismus in der Allgemeinbevölkerung und bei Angehörigen von Alkoholikern variieren zwischen den Studien erheblich und sind stark von der Befragungstechnik, den Rekrutierungsmethoden und vom kulturellen Kontext abhängig. Alle Familienstudien zei-

gen eine familiäre Häufung für beide Geschlechter (Maier 1995), die in manchen Studien bei Männern ausgeprägter ist als bei Frauen.

Die familiäre Häufung des Alkoholismus ist diagnostisch nicht spezifisch: Bei Patienten mit unipolarer Depression (insbesondere bei Patienten mit neurotischer bzw. reaktiver Depression) fand man in einigen Familienstudien eine Häufung von Alkoholismus. Daneben wurde übereinstimmend bei Patienten mit Agoraphobie ein erhöhtes familiäres Risiko für Alkoholismus gefunden (Begleiter und Kissin 1995).

Diese familiäre Häufung steht zunächst nicht in Widerspruch zu der früheren Auffassung einer umgebungsinduzierten Störung; denn das sozial ungünstige Milieu kann ebenso familiäre Ähnlichkeit vermitteln. Diese früher favorisierte Meinung wurde vor allem durch die von Goodwin et al. (1973) durchgeführte dänische Adoptionsstudie verworfen, gefolgt von einer schwedischen und einer amerikanischen Adoptionsstudie (Bohman 1978; Cadoret et al. 1980). Diese belegten, daß wegadoptierte Kinder von Alkoholikern, die von gesunden Adoptiveltern erzogen wurden, ein deutlich erhöhtes Erkrankungsrisiko aufwiesen, das dem Risiko von Kindern entspricht, die von ihren alkoholkranken Eltern erzogen wurden. Drei von fünf publizierten Zwillingsstudien berichten bei männlichen Zwillingspaaren über eine deutlich höhere Konkordanzrate bei eineiigen im Vergleich zu zweieiigen Zwillingen (s. Tab. 2-2); weibliche Zwillingspaare zeigen dagegen niedrigere Konkordanzraten und Heredität. Diese Aussagen gelten auch für Folgeerkrankungen des Alkoholismus wie alkoholinduzierte Psychosen, Leberzirrhose, Pankreatitis.

Bei der Suche nach Genen, die das Risiko für Alkoholismus beeinflussen, ist die Kenntnis der Stoffwechselvorgänge, die sich bei Alkoholkonsum abspielen, wichtig. Die Gene für alkoholabbauende Enzyme wurden daher zum Gegenstand genetischer Assoziationsstudien. Dabei wurden Mutationen in funktionell relevanten Genen für die Enzyme Aldehyddehydrogenase und Alkoholdehydrogenase gefunden: Bei Vorliegen dieser Mutanten wird Alkohol nur verzögert abgebaut, so daß die toxischen Effekte von Alkohol besonders ausgeprägt in Erscheinung treten. Dies wird insbesondere im Auftreten eines „Flush" erkennbar. In einigen Populationen (vor allem in Asien) konnte festgestellt werden, daß Träger dieser Mutationen ein gegenüber der Allgemeinbevölkerung reduziertes Risiko für Alkoholismus haben. Diese Mutanten sind in europäischen Populationen sehr selten, so daß sie hier keine relevante protektive Rolle entfalten können (Propping 1989). Allerdings ist es aufgrund neuerer Familienstudien (Schuckit und Smith 1996) wahrscheinlich, daß auch in der europäischen Bevölkerung genetisch vermittelte protektive Mechanismen einen Schutz vor Alkoholabhängigkeit induzieren und einen Teil der genetischen Varianz von Alkoholabhängigkeit erklären.

Persönlichkeitsstörungen

Antisoziale Persönlichkeitsstörungen

Familienstudien belegen, daß die Diagnose einer antisozialen Persönlichkeitsstörung familiär gehäuft auftritt; das heißt, wenn der Indexfall einer Familie diese Diagnose aufweist, so ist die Wahrscheinlichkeit für einen biologischen Angehörigen ersten Grades, dieselbe Störung aufzuweisen, deutlich höher als in der Allgemeinbevölkerung. Diese familiäre Aggregation kann prinzipiell entweder auf genetische Faktoren oder auf familiäre nichtgenetische Faktoren (wie z. B. eine von den Mitgliedern einer Geschwisterschaft geteilte ungünstige Sozialisationsbedingung) zurückzuführen sein. Adoptionsstudien belegen, daß ein wesentlicher Teil der familiären Aggregation durch genetische Faktoren bedingt ist; wenn nämlich die biologischen Eltern eines Adoptivkindes eine antisoziale Persönlichkeitsstörung aufwiesen, so hat auch das Adoptivkind eine erhöhte Wahrscheinlichkeit, an dieser Störung zu leiden, im Vergleich zu anderen Kindern in derselben Adoptionsfamilie (Cadoret und Stewart 1991; Moffitt 1987). Dieser genetische Faktor wird insbesondere unter ungünstigen Sozialisationsbedingungen in der Adoptionsfamilie deutlich; wenn nämlich die Adoptiveltern ebenso antisoziale Verhaltenstendenzen zeigen, so erhöht sich das Risiko für das Adoptivkind zusätzlich. Zwillingsstudien belegen eine höhere Konkordanzrate für antisoziale Persönlichkeitsstörungen bei eineiigen Zwillingspaaren im Vergleich zu zweieiigen, was ebenfalls auf eine genetische Komponente hindeutet; der mit varianzanalytischen Methoden quantifizierbare Anteil genetischer Faktoren beträgt 30 % (Grove et al. 1990).

Schizotype Persönlichkeitsstörungen

Schizotype Persönlichkeitsstörungen kommen einerseits häufiger in Familien Schizophrener vor. Andererseits treten diese Persönlichkeitsstörungen auch familiär gehäuft auf: In Familien von Patienten mit schizotypen Persönlichkeitsstörungen finden sich gehäuft schizotype Persönlichkeitsstörungen, daneben aber ebenfalls Schizophrenien häufiger als in der Allgemeinbevölkerung (Battaglia et al. 1991; Siever et al. 1990; Thaker et al. 1993). Eine verstärkte familiäre Ähnlichkeit läßt sich dabei für nahezu alle Einzelsymptome, vor allem aber für die Symptome ungewöhnlicher Sprach- beziehungsweise Sprechstil, kognitives Gleiten, geringe affektive Modulationsfähigkeit und Motivation sowie Zeichen der Schizotypie nachweisen (Kendler et al. 1995a; Maier et al. 1994; Squires-Wheeler et al. 1989). Eine Zwillingsstudie (Torgersen 1984) berichtet eine höhere Konkordanzrate für schizotype Persönlichkeitsstörungen unter monozygoten im Vergleich zu dizygoten Zwillingen, was als Beleg für einen genetischen Einfluß gelten kann. Diese Schlußfolgerung steht mit Zwillingsstudien in der Allgemeinbevölkerung in Einklang, in denen für alle faktoriellen Komponenten des fremd- und selbstbeurteilten Schizotypiekonzeptes in einer kleineren Stichprobe mäßiggradige Heritabilitäten gefunden wurden (positive, negative Schizotypie, Anhedonie, Aufmerksamkeit).

Bei der durch Apathie gekennzeichneten negativen Schizotypie wurde auch ein nichtgenetischer familiärer Einfluß auf die familiäre Ähnlichkeit festgestellt, während hierfür bei allen anderen Komponenten ausschließlich genetische Faktoren verantwortlich waren (Kendler et al. 1991b). Für andere bizarre Persönlichkeitsstörungen liegen keine schlüssigen Befunde vor.

Borderline- und hysterische Persönlichkeitsstörungen

Auch bei Borderline-Persönlichkeitsstörungen zeigt sich eine überzufällig häufige familiäre Aggregation, allerdings in geringerem Umfang als bei den beiden zuvor genannten Persönlichkeitsstörungen (Links et al. 1988; Pope et al. 1983; Reich 1989). Bei Borderline-Persönlichkeitsstörungen ist aber gegenwärtig nicht vollständig geklärt, ob genetische Faktoren eine wesentliche Rolle spielen. In einer Zwillingsstudie (Torgersen 1984) fand man (allerdings bei sehr begrenztem Stichprobenumfang) keinen Hinweis auf eine genetische Disposition. Aussagekräftigere Zwillings- und Adoptionsstudien sind nicht verfügbar. Andererseits ist das Fehlen einer genetischen Disposition nur schwer mit Zwillingsstudien in Einklang zu bringen, in denen spezifische Komponenten der Borderline-Persönlichkeitsstörung, wie affektive Labilität, Probleme mit Intimität und Nähe, Identitätsprobleme, Narzißmus, Impulsivität und emotionale Instabilität (Coccaro et al. 1993; Livesley et al. 1993) bei gesunden Zwillingspaaren einen deutlichen genetischen Einfluß zeigten.

Kontrovers ist die Befundlage zur hysterischen Persönlichkeitsstörung (histrionischen Persönlichkeitsstörung). Während eine Zwillingsstudie von Torgersen (1980) Hinweise auf einen mäßiggradigen genetischen Einfluß fand, konnte Gottesman (1963) in früheren Studien keinen Hinweis auf einen genetischen Einfluß finden. In dieselbe Richtung geht auch eine Zwillingsstudie von Slater (1961) mit derselben Stichprobe; dabei wurde die Konkordanz bezüglich Dissoziationssymptomen und Konversionsmechanismen untersucht. Für beide Charakteristika ergab sich kein Hinweis auf eine genetische Determination.

Subklinische Persönlichkeitsstörungen

Persönlichkeitsstörungen werden durch Kombination von einzelnen elementaren, überdauernden Verhaltens- beziehungsweise Erlebensdispositionen definiert, wobei über diese Dimensionen eine stärkere Einigkeit als über die komplexeren Einheiten der Persönlichkeitsstörungen besteht. Ein Inventar der einzelnen Verhaltens- und Erlebnisdimensionen wurde von Livesley et al. (1992) zusammengetragen und in ein Selbstbeurteilungsinstrument integriert; dabei wurde vor allem die englischsprachige Literatur zu Persönlichkeitsstörungen berücksichtigt. Es resultierten 15 Faktoren, die bei einer Zwillingsstudie in der Allgemeinbevölkerung auf genetische und familiäre Einflüsse untersucht wurden. Zu spezifischen Persönlichkeitsdimensionen, die in engem Zusammenhang mit spezifischen Persönlichkeitsstörungen stehen, liegen zahlreiche Zwillingsstudien vor.

2.4.4
Quantitative Genetik

Die Kategorien psychischer Störungen stellen diagnostische Konventionen dar. Der Einfluß von Ursachenbedingungen und von genetischen Ursachen im besonderen wirkt auf diese kategorial definierten Krankheitssyndrome nicht unmittelbar ein. Dieser konventionelle Charakter diagnostischer Einheiten läßt eine hohe Komplexität der genetischen und anderer Einflüsse erwarten. Vielmehr ist es plausibel anzunehmen, daß die genetische Variation über eine Hierarchie von Mechanismen vermittelt wird:

- über die Variation von biochemischen/physiologischen Prozessen bzw. Reaktionsschemata
- über die Variation von psychologischen und verhaltensbezogenen Dispositionen, Reaktions- und Bewältigungsmöglichkeiten (einschließlich allgemeiner kognitiver Fähigkeiten).

Auch ist anzunehmen, daß die Wirkungen einer spezifischen genetischen Variante auf das Verhalten nicht an den Grenzen diagnostischer Konventionen haltmacht. Die zu vermutende Vielzahl von Genen, die eine einzelne Störung in Interaktion mit Umgebungsfaktoren beeinflussen, trägt zusätzlich zu der zu erwartenden Komplexität bei. Je näher ein Phänotyp in dieser Hierarchie der genetischen Grundlage steht, je weniger komplex sollte erwartungsgemäß der genetische Einfluß sein. Aufgrund solcher Überlegungen ist ein vermehrtes Interesse an der genetischen Beeinflussung solcher vermittelter Prozesse entstanden:

- Allgemeine kognitive Fähigkeiten (z. B. gemessen durch Intelligenzquotienten) stehen in engem Zusammenhang mit Bewältigungsmöglichkeiten und stellen damit einen krankheitsübergreifenden protektiven Faktor dar. Kognitive Fähigkeiten stehen unter genetischem Einfluß (Plomin 1999), wodurch ein genetischer Einfluß auf psychische Störungen vermittelt wird.
- Persönlichkeitsfaktoren sind Risikofaktoren für psychische Störungen:
  - Ausgeprägter Neurotizismus und Schadensvermeidung („*Harm Avoidance*") sind Risikofaktoren für affektive und Angsterkrankungen.
  - Ausgeprägte Schüchternheit und Introversion sind Risikofaktoren für soziale Phobie.
  - Ausgeprägte Suche nach Neuartigem („*Novelty Seeking*") und geringe Abhängigkeit von Belohnungen („*Reward Dependence*") stellen Risikofaktoren für Alkoholismus dar.

- Persönlichkeitsfaktoren sind Risikofaktoren für Persönlichkeitsstörungen: Svrakic et al. (1993) konnten in ihrem System von Persönlichkeitsdimensionen alle in DSM-III beziehungsweise DSM-IV enthaltenen Persönlichkeitsstörungen als Extremvarianten einer Kombination von drei Temperamentfaktoren darstellen. Die genannten Persönlichkeitsfaktoren stehen ebenfalls unter genetischem Einfluß; dies trägt zum genetischen Risiko psychischer Störungen bei:
  - Die Dimensionen des „*Temperament and Character Inventory*" (TCI) von Cloninger et al. (1993) sind in großen Zwillingsstudien untersucht worden. Dabei ergaben sich für die drei Temperamentfaktoren Schadensvermeidung („*Harm Avoidance*"), Abhängigkeit von Belohnungen („*Reward Dependence*") und Suche nach Neuartigem („*Novelty Seeking*") Heritabilitäten von mehr als 50%. Es fand sich kein Hinweis auf einen Einfluß der den Zwillingspartnern gemeinsamen, nichtgenetisch beeinflußten Umwelt.
  - Persönlichkeitsstörungen können auch als eine Kombination von Extremwertverteilungen in den Big-five-Dimensionen (Neurotizismus, Extraversion, Offenheit, Verträglichkeit, Gewissenhaftigkeit; Costa und McCrae 1992) dargestellt werden. Vor allem zwei (Neurotizismus, Extraversion) der fünf Faktoren sind in zahlreichen Zwillingsstudien untersucht worden. Die Korrelationen zwischen monozygoten Zwillingen waren durchweg höher als die zwischen dizygoten Zwillingen, wobei die Beurteilungsmethode kaum Einfluß hatte (Selbsteinschätzung, Bekanntenbeurteilung). Die Heritabilitäten in Stichproben aus englischsprachigen Ländern liegen dabei zwischen 30% und 50%. In einer deutschen Stichprobe liegt die Erblichkeit für alle fünf Persönlichkeitsdimensionen bei 50% (Angleitner et al. 1995). Eine besonders hohe Heritabilität kommt dem Persönlichkeitsfaktor Neurotizismus zu. Der überwiegende Anteil von Persönlichkeitsstörungen ist unter anderem durch Extremwerte in dieser Dimension gekennzeichnet. So kann vermutet werden, daß der deutliche genetische Einfluß auf die Ausprägung dieses Faktors auch dazu beiträgt, daß verschiedene Persönlichkeitsstörungen unter genetischem Einfluß stehen. Durch eine groß angelegte Zwillingsstudie in der amerikanischen Allgemeinbevölkerung (Kendler et al. 1993a) konnte man nachweisen, daß das Auftreten von depressiven Erkrankungen durch hohe Ausprägungen des genetisch beeinflußten Neurotizismus-Scores, durch genetisch beeinflußte kritische Lebensereignisse und Traumen sowie durch weitere unabhängige genetische Faktoren begünstigt wird.

Der genetische Einfluß auf psychische Störungen ist also heterogen und wird über unabhängige Mechanismen vermittelt. Alle diese Mechanismen werden daneben zumindest ebenso stark auch von nichtgenetischen Umgebungsfaktoren gesteuert. Spezifischen Störungen liegen also sehr heterogene Ursachenbedingungen und vermittelnde Mechanismen zugrunde.

2.4.5
Implikationen

Alle oder nahezu alle diskutierten Störungsbilder zeigen einen genetischen Einfluß, der allerdings von Störung zu Störung quantitativ variiert. Welche Bedeutung und welche Implikation haben diese Befunde? Die qualitative Gleichartigkeit der Ergebnisse für die einzelnen Erkrankungen macht störungsübergreifende Antworten möglich:

▶ **Neben genetischen Einflußfaktoren spielen regelmäßig auch nichtgenetische Einflußfaktoren eine wesentliche Rolle (multifaktorielle Genese).** Bereits aus der unvollständigen Konkordanz bei monozygoten Zwillingen (regelmäßig deutlich unter 100%) wird erkennbar, daß genetische Ursachenfaktoren niemals alleine die Krankheitsmanifestation bestimmen. Die quantitativen varianzanalytischen Auswertungen von Zwillingsdaten zeigen, daß nichtgenetische Umgebungsfaktoren jeweils eine zumindest vergleichbare Bedeutung aufweisen. Genetische Varianten führen dabei nie zwingend zu einer Störung, wie dies bei den monogenen Störungen mit kausal wirksamen Gendefekten (z. B. der Huntington-Erkrankung) der Fall ist. Genetische Varianten modifizieren bei den hier diskutierten Störungen lediglich das Erkrankungsrisiko. Durch die hier berichteten Studien wird die klassische Hypothese belegt, daß es sich jeweils um multifaktorielle Störungen handelt. Zugleich belegt die simultane Einwirkung genetischer und nichtgenetischer Bedingungen auf die Manifestation psychischer Störungen, daß die klassische Anlage- versus Umwelt-Diskussion wirklichkeitsfremd ist; vielmehr spielen beide Ursachenfaktoren eine Rolle, wobei eine Vielzahl interagierender Prozesse möglich ist.

▶ **Wahrscheinlich wird jede Störung durch Varianten an mehreren Genen beeinflußt.** Keine der diskutierten Störungen zeigt einen einfachen Erbgang, der Mendelschen Gesetzen genügen würde oder ihnen nahekäme. Auch andere Befunde verweisen darauf, daß wahrscheinlich mehrere Gene auf jede spezifische Störung Einfluß nehmen (Polygenie). Dabei ist aber die Möglichkeit der hauptsächlichen Wirkung einer einzigen genetischen Variation bei einer Unterform einer Störung nicht ausgeschlossen; solche spezifischen Unterformen können aber jeweils nur einen geringen Anteil an einer Erkrankung haben (z. B. Alzheimer-Demenz).

▶ **Risikomodulierende Gene haben vorwiegend quantitative, weniger qualitative Einflüsse.** Genetische Einflüsse werden durch sogenannte allelische Varianten (Mutation) eines Gens vermittelt (Polymorphismus). Die allelischen Varianten führen dabei nicht notwendig zum Ausfall oder zur starken Beeinträchtigung einer physiologischen Funktion, wie dies bei den pathogenen Mutationen monogener Störungen der Fall ist; hier handelt es sich eher um modifizierende Gene oder sogenannte Suszeptibilitätsgene. Die genetischen Varianten wirken dabei wahrscheinlich eher über quantitative, weniger aber über qualitative Veränderungen physiologischer Funktionen (sie wirken also z. B. über eine quantitative Veränderung der Ausprägung von Persönlichkeitsfaktoren).

▶ **Interventionen können auch genetisch beeinflußte Störungen oder Merkmale verändern.** Modifizierende Genvarianten entfalten ihre Wirkung stets in Abhängigkeit von einem Kontext. Veränderungen des Kontexts können bei einem genetisch beeinflußten eigenschaftlichen Merkmal erhebliche Veränderungen der Ausprägungen herbeiführen. Dies ist zum Beispiel bei dem genetisch beeinflußten Merkmal der Körpergröße offensichtlich; durch die Veränderung der Ernährungsbedingungen hat sich die mittlere Körpergröße in Europa innerhalb der letzten 100 Jahre um mehr als 20% erhöht, obwohl die Körpergröße aufgrund von Zwillingsuntersuchungen zu 60–90% genetisch determiniert wird.

Die genetische Beeinflussung des Verhaltens erfolgt nicht in deterministischer Form. Die genetischen Einflüsse stellen lediglich Rahmenbedingungen für die Freiheitsräume dar. Zudem sind Effekte von Genen abhängig von den aktuellen Umgebungsbedingungen, die frei gewählt werden können oder nichtgenetischen Einflüssen unterliegen. Durch den Nachweis eines genetischen Einflusses auf eine Störung oder ein Verhaltensmuster werden auch die Möglichkeiten und Erfolgsaussichten einer psychotherapeutischen Intervention nicht relativiert. Erfolgreiche psychotherapeutische Behandlungen von genetisch beeinflußten Störungen wirken vielmehr über eine Modifikation von Folgewirkungen prädisponierender genetischer Varianten.

▶ **Die Wirkung verhaltensmodifizierender Gene ist über die genetische Variation zwischengeschalteter physiologischer Prozesse vermittelt.** Psychische Störungen werden seit langem als eine gemeinsame Endstrecke verschiedener, parallel laufender vorgeschalteter physiologischer und psychologischer Prozesse verstanden. Die mittlerweile gut belegte polygene Natur psychischer Störungen unterstützt diese These: Jedes der verschiedenen beitragenden Gene wird entweder zu einer veränderten Proteinsequenz oder zu einer quantitativ veränderten Expression eines Genproduktes, das für die Pathophysiologie der Störung bedeutsam ist. Vermittelt über neurophysiologische oder neuropsychologische Funktionsveränderungen resultiert in Abhängigkeit von Umgebungsfaktoren und Vorerfahrungen eine breit gestreute Verhaltensvariabilität, deren Extremformen als psychische Störungen imponieren. Die risikomodulierenden Gene können aber auch auf die Umgebungsfaktoren selbst Einfluß nehmen: So wurde zum Beispiel eine genetische Beeinflussung kritischer Lebensereignisse und sogar von Sozialisationsfaktoren festgestellt (zusammenfassend s. Plomin 1999). So sind viele kritische Lebensereignisse Folgen einer Lebensumwelt, die die Betroffenen aufgrund genetischer Einflüsse gewählt haben (z. B. Unfälle aufgrund von Risikoverhalten).

2.4.6
Perspektiven

Strategien der Genortsuche

Wesentliche Erkenntnisfortschritte über die genetischen Mechanismen, die zur Krankheitsentstehung beitragen, und über die Interaktion mit den Umgebungsfaktoren sind von der Kenntnis der spezifischen beeinflussenden Genvarianten zu erwarten (Maier und Schwab 1999). Für die Identifikation von Suszeptibilitätsgenen bei polygenen Störungen sind mehrere komplementäre Untersuchungsstrategien verfügbar (genetische Assoziationsstudien, Kopplungsanalysen):

- Assoziationsstudien stellen das gehäufte Auftreten einer Variante eines Genorts (genetischer Marker) in Stichproben unabhängiger Erkrankter fest.
- Kopplungsuntersuchungen können eine gemeinsame Übertragung einer Erkrankung und eines bezüglich seiner Lage auf einem Chromosom bekannten polymorphen Markers in mehrfach belasteten Familien feststellen. Positive Befunde belegen, daß ein Suszeptibilitätsgen in der unmittelbaren Nachbarschaft des genetischen Markers liegt.

Ein Beispiel (bipolar affektive Störung): Die seit 30 Jahren bei affektiven Störungen durchgeführten Kopplungs- und Assoziationsuntersuchungen mit genetischen Markern haben die Vermutung bekräftigt, daß affektive Störungen keine monogenen Störungen darstellen. Bei bipolar affektiven Störungen sind mehrere Regionen, zum Beispiel auf den Chromosomen 4, 10 und 18 eingegrenzt worden, in denen mit hoher Wahrscheinlichkeit Suszeptibilitätsgene liegen (Maier et al. 2000). Die gekoppelten Genorte stellen wegen der unscharfen räumlichen Auflösung dieser Methode aber in der Regel nicht das gesuchte Suszeptibilitätsgen dar. In keinem Fall sind diese Suszeptibilitätsgene bisher identifiziert. Es ist aber offensichtlich, daß jedes dieser Gene nur einen kleineren Teil der genetischen und damit auch der ätiologischen Varianz erklärt (Risch und Botstein 1996). Insgesamt ist durch diese Befundlage aber für bipolar affektive Störungen eine multifaktorielle Genese mit mehreren beteiligten Genen direkt nachgewiesen.

Obwohl ein genetischer Einfluß auf die hier diskutierten psychischen und somatoformen Störungen belegt ist, konnte bisher für keine Erkrankung eine verursachende genetische Variation sicher festgestellt werden. Zwar sind für einzelne Störungen spezifische genetische Varianten als Einflußgrößen postuliert und in Replikationsuntersuchungen bestätigt worden (z. B. der assoziative Zusammenhang zwischen dem Auftreten der unipolaren Depression und einer durch eine genetische Variation des Promotors verstärkte Expression des Serotonintransporters). In keinem Fall jedoch sind die Untersuchungsbefunde eindeutig. Für die meisten hier diskutierten Erkrankungen sind Forschungsprogramme zur Identifikation von Suszeptibilitätsgenen etabliert worden. Der Erfolg dieser Suchstrategien ist aber von der Größe des Effektes einer beeinflussenden genetischen Variation und von der Interaktion mit anderen Ursachenfaktoren abhängig. Das Wissen über diese Voraussetzungen ist derzeit aber nur sehr begrenzt. Daher ist der Zeitraum, der für die erfolgreiche Identifikation von Suszeptibilitätsgenen für die hier diskutierten Störungen erforderlich ist, derzeit nicht abschätzbar.

Chancen

Mit diesem zu erwartenden Erkenntnisfortschritt werden auch die therapeutischen Möglichkeiten wachsen:

- Risikomodulierende genetische Varianten liefern nämlich auch Zielproteine; diese sind für die Entwicklung von neuen Psychopharmaka wichtig, die die ungünstigen Effekte solcher Genvarianten zu modifizieren versuchen. Diese Psychopharmaka mit anderen als bisher bekannten Wirkmechanismen können die pharmakologische Behandlungseffizienz steigern.
- Die Kenntnis von Suszeptibilitätsgenen kann auch die Risikoabschätzung für eine spätere psychische oder somatoforme Störung verbessern; auf dieser Grundlage können effiziente Programme zur Primärprävention entwickelt werden. Die bisherige Erfahrung bei monogenen Erkrankungen (z. B. bei der Phenylketonurie) weist aber vor allem nichtpharmakologischen Präventionsstrategien eine zentrale Rolle zu. Die Risikoabschätzung wird bei multifaktoriellen Erkrankungen aufgrund der kaum vorhersagbaren Rolle von Umgebungsfaktoren und den zahlreichen, komplexen Interaktionsmöglichkeiten immer mit erheblichen Unsicherheiten verbunden und immer auf quantitative Aussagen ohne sichere Voraussagen beschränkt sein. Solche Suszeptibilitätsgene scheiden wegen dieser grundsätzlichen Überlegungen als Kandidatengene für eine pränatale Diagnostik aus.

Risiken

In dieser wahrscheinlichen Entwicklung sind aber auch Risiken enthalten: Die verbesserte Risikoabschätzung für das Auftreten von Erkrankungen könnte Arbeitgeber und Versicherungsträger bei Personen mit erhöhtem Erkrankungsrisiko zu diskriminierendem Verhalten motivieren. Hinlängliche Sicherung des Datenschutzes und des Rechts auf Unwissen ist daher für die Zukunft von eminenter Bedeutung.

Literatur

Andrews G, Stewart G, Allen R, Henderson AS. The genetics of six neurotic disorders: a twin study. J Affect Disord 1990a; 19: 23–9.
Andrews G, Stewart G, Morris-Yates A, Holt P, Henderson S. Evidence for a general neurotic syndrome. Br J Psychiatry 1990b; 157: 6–12.
Angleitner A, Riemann R, Strelau J. A study of twins using the self-report and peer-report NEO-FFI scales. Vortrag gehalten auf der 7. Tagung

der International Society for the Study of Individual Differences, Warschau, 15.–19. Juli 1995.

Battaglia M, Gasperini M, Sciuto G, Scherillo P, Diaferia G, Bellodi L. Psychiatric disorders in the families of schizotypal subjects. Schizophr Bull 1991; 17: 659–68.

Begleiter H, Kissin B (eds). The genetics of alcoholism. New York: Oxford University Press 1995.

Bertelsen A, Harvald B, Hauge M. A Danish twin study of manic-depressive disorders. Br J Psychiatry 1977; 130: 330–51.

Billett EA, Richter MA, Kennedy JL. Genetics of obsessive-compulsive disorder. In: Obsessive compulsive disorder: theory, research, and treatment. Swinson RP, Antony MM, Rachman S, Richter E (Hrsg). New York: Guilford 1998; 181–206.

Bohman M. Some genetic aspects of alcoholism and criminality. A population of adoptees. Arch Gen Psychiatry 1978; 35: 269–76.

Bohman M, Cloninger CR, von Knorring A-L, Sigvardsson S. An adoption study of somatoform disorders: III. Cross-fostering analysis and genetic relationship to alcoholism and criminality. Arch Gen Psychiatry 1984; 41: 872–8.

Bulik CM, Sullivan PF, Kendler KS. Heritability of binge-eating and broadly defined bulimia nervosa. Biol Psychiatry 1998; 44: 1210–18.

Cadoret RJ, Stewart M. An adoption study of attention deficit/hyperactivity/aggression and their relationship to adult antisocial behavior. Compr Psychiatry 1991; 32: 73–82.

Cadoret RJ, Cain CA, Grove WM. Development of alcoholism in adoptees raised apart from alcoholic biologic relatives. Arch Gen Psychiatry 1980; 37: 561–3.

Cherny SS, Fulker DW, Emde RN, Robinson J, Corley RP, Reznick JS, Plomin R, DeFries JC. Continuity and change in infant shyness from 14 to 20 months. Behav Genet 1994; 24: 365–79.

Clifford CA, Murray AM, Fulker DW. Genetic and environmental influences on obsessional traits and symptoms. Psychol Med 1984; 14: 791–800.

Cloninger CR, Reich T, Guze SB. The multifactorial model of disease transmission: III. Familial relationship between sociopathy and hysteria (Briquet's syndrome). Br J Psychiatry 1975; 127: 11–22.

Cloninger CR, Svrakic DM, Przybeck TR. A psychobiological model of temperament and character. Arch Gen Psychiatry 1993; 50: 975–990.

Cloninger CR, Martin RL, Guze SB, Clayton PJ. A prospective follow-up and family study of somatization in men and women. Am J Psychiatry 1986; 143: 873–8.

Coccaro EF, Bergeman CS, McClearn GE. Heritability of irritable impulsiveness: a study of twins reared together and apart. Psychiatry Res 1993; 48: 229–42.

Costa PT, McCrae RR. The five-factor model of personality and its relevance to personality disorders. J Pers Disord 1992; 6: 343–59.

Fyer AJ, Mannuzza S, Chapman TF, Liebowitz MR, Klein DF. A direct interview family study of social phobia. Arch Gen Psychiatry 1993; 50: 286–93.

Fyer AJ, Mannuzza S, Gallops MS, Martin LY, Aaronson C, Gorman JM, Liebowitz MR, Klein DF. Familial transmission of simple phobias and fears. Arch Gen Psychiatry 1990; 47: 252–6.

Gershon ES, DeLisi LE, Hamovit J, Nurnberger JI, Maxwell ME, Schreiber J, Dauphinais D, Dingman CW, Guroff JJ. A controlled family study of chronic psychoses. Schizophrenia and schizoaffective psychoses. Arch Gen Psychiatry 1988; 45: 328–36.

Goodwin DW, Schulsinger F, Hermansen L, Guze SB, Winokur G. Alcohol problems in adoptees raised apart from alcoholic biological parents. Arch Gen Psychiatry 1973; 28: 238–43.

Gottesman II. Heritability of personality. Psychol Monogr 1963; 77: 1–21.

Grove WM, Eckert ED, Heston L, Bouchard TJ, Segal N, Lykken DT. Heritability of substance abuse and antisocial behavior: a study of monozygotic twins reared apart. Biol Psychiatry 1990; 27: 1293–304.

Holland AJ, Sicotte N, Treasure J. Anorexia nervosa: evidence for a genetic basis. J Psychosom Res 1988; 32: 561–71.

Holland AJ, Hall A, Murray R, Russell GF, Crisp AH. Anorexia nervosa: a study of 34 twin pairs and one set of triplets. Br J Psychiatry 1984; 145: 414–9.

Jang KL, Livesley WJ, Vernon PA, Jackson DN. Heritability of personality disorder traits: a twin study. Acta Psychiatr Scand 1996; 94: 438–44.

Kagan, J., Snidman, N. Early childhood predictors of adult anxiety disorders. Biol. Psychiatry 1999; 46: 1536–41.

Kassett JA, Gershon ES, Maxwell ME, Guroff JJ, Kazuban DM, Smith AL, Brandt HA, Jimerson DC. Psychiatric disorders in the first-degree relatives of probands with bulimia nervosa. Am J Psychiatry 1989; 146: 1468–71.

Kendler KS, McGuire M, Gruenberg AM, Walsh D. Schizotypal symptoms and signs in the Roscommon family study. Their factor structure and familial relationship with psychotic and affective disorders. Arch Gen Psychiatry 1995a; 52: 296–303.

Kendler KS, Heath AC, Neale MC, Kessler RC, Eaves LJ. A population-based twin study of alcoholism in women. JAMA 1992a; 268: 1877–82.

Kendler KS, Kessler RC, Neale MC, Heath AC, Eaves LJ. The prediction of major depression in women: toward an integrated etiologic model. Am J Psychiatry 1993a; 150: 1139–48.

Kendler KS, Neale MC, Kessler RC, Heath AC, Eaves LJ. A population-based twin study of major depression in women. The impact of varying definitions of illness. Arch Gen Psychiatry 1992b; 49: 257–66.

Kendler KS, Neale MC, Kessler RC, Heath AC, Eaves LJ. The genetic epidemiology of phobias in women: the interrelationship of agoraphobia, social phobia, situational phobia, and simple phobia. Arch Gen Psychiatry 1992c; 49: 273–81.

Kendler KS, Neale MC, Kessler RC, Heath AC, Eaves LJ. Generalized anxiety disorder in women: a population-based twin study. Arch Gen Psychiatry 1992d; 49: 267–72.

Kendler KS, Neale MC, Kessler RC, Heath AC, Eaves LJ. Panic disorder in women: a population-based twin study. Psychol Med 1993b; 23: 397–406.

Kendler KS, MacLean C, Neale MC, Kessler R, Heath AC, Eaves L. The genetic epidemiology of bulimia nervosa. Am J Psychiatry 1991a; 148:1627–37.

Kendler KS, McGuire M, Gruenberg AM, O'Hare A, Spellman M, Walsh D. The Roscommon family study. IV. Affective illness, anxiety disorders, and alcoholism in relatives. Arch Gen Psychiatry 1993c; 50: 952–60.

Kendler KS, Ochs AL, Gorman AM, Hewitt JK, Ross DE, Mirsky AF. The structure of schizotypy: a pilot multi-trait twin study. Psychiatry Res 1991b; 36: 19–36.

Kendler KS, Walters EE, Neale MC, Kessler RC, Heath AC, Eaves LJ. The structure of the genetic and environmental risk factors for six major psychiatric disorders in women. Arch Gen Psychiatry 1995b; 52: 374–83.

Links PS, Steiner M, Huxley G. The occurrence of borderline personality disorder in the families of borderline patients. J Pers Disord 1988; 2: 14–20.

Livesley WJ, Jackson DN, Schroeder ML. Factorial structure of traits delineating personality disorders in clinical and general population samples. J Abnorm Psychol 1992; 101: 432–40.

Livesley WJ, Jang KL, Jackson DN, Vernon PA. Genetic and environmental contributions to dimensions of personality disorder. Am J Psychiatry 1993; 150: 1826–31.

Maier W. Mechanismen der familiären Übertragung von Alkoholabhängigkeit und Alkoholabusus. Z Klin Psychol 1995; 24: 147–58.

Maier W, Lichtermann D. Die familiäre Häufung affektiver Erkrankungen. Eine Übersicht über neuere familiengenetische Arbeiten. Nervenheilk 1993; 12: 34–40.

Maier W, Philipp M. Reliabilität und Validität der Subtypisierung und Schweregradmessung depressiver Syndrome. Monographien aus dem Gesamtgebiete der Psychiatrie, Bd. 72. Berlin: Springer 1993.

Maier W, Schwab S. Genetische Determination häufiger psychischer Störungen. In: Handbuch der molekularen Medizin, Bd. 5: Erkrankungen des Zentralnervensystems. Ganten D, Ruckpaul K (Hrsg). Berlin: Springer 1999; 149–94.

Maier W, Minges J, Lichtermann D. Alcoholism and panic disorder: cooccurrence and cotransmission in families. Eur Arch Psychiatry Clin Neurosci 1993a; 243: 205–11.

Maier W, Schwab S, Rietschel M. Genetik affektiver Störungen. In: Psychiatrie der Gegenwart, Bd. 5: Schizophrene und affektive Störungen. Helmchen H, Henn F, Lauter H, Sartorius N (Hrsg). 4. Aufl. Berlin: Springer 2000; 373–407.

Maier W, Lichtermann D, Minges J, Heun R. Personality disorders among the relatives of schizophrenia patients. Schizophr Bull 1994; 20: 481–93.

Maier W, Lichtermann D, Minges J, Hallmayer J, Heun R, Benkert O, Levinson DF. Continuity and discontinuity of affective disorders and schizophrenia. Arch Gen Psychiatry 1993b; 50: 871–83.

McGue M, Pickens RW, Sviskis DS. Sex and age effects on the inheritance of alcohol problems: a twin study. J Abnorm Psychol 1992; 101: 3–17.

McGuffin P, Katz R, Rutherford J. Nature, nurture and depression: a twin study. Psychol Med 1991; 21: 329–35.

Moffitt TE. Parental mental disorder and offspring criminal behavior: an adoption study. Psychiatry 1987; 50: 346–60.

Nestadt G, Samuels J, Riddle M, Bienvenu III OJ, Liang K-Y, LaBuda M, Walkup J, Grados M, Hoehn-Saric R. A family study of obsessive-compulsive disorder. Arch Gen Psychiatry 2000; 57: 358–63.

Noyes R, Clarkson C, Crowe RR, Yates WR, McChesney CM. A family study of generalized anxiety disorder. Am J Psychiatry 1987; 144: 1019–24.

Noyes R, Holt CS, Happel RL, Kathol RG, Yagla SJ. A family study of hypochondria. J Nerv Ment Dis 1997; 185: 223–32.

Noyes R, Crowe RR, Harris EL, Hamra BJ, McChesney CM, Chaudhry DR. Relationship between panic disorder and agoraphobia: a family study. Arch Gen Psychiatry 1986; 43: 227–32.

Pickens RW, Sviskis DS, McGue M, Lykken DT, Heston LL, Clayton PJ. Heterogeneity in the inheritance of alcoholism: a study of male and female twins. Arch Gen Psychiatry 1991; 48: 19–28.

Plomin R. Genetics and experience. The interplay between nature and nurture. Thousand Oaks: Sage 1994.

Plomin R. Gene, Umwelt und Verhalten. Einführung in die Verhaltensgenetik. Bern: Huber 1999.

Pope HG, Jonas JM, Hudson JI, Cohen BM, Gunderson JG. The validity of DSM-III borderline personality disorder. Arch Gen Psychiatry 1983; 40: 23–30.

Propping P. Psychiatrische Genetik. Befunde und Konzepte. Berlin: Springer 1989.

Reich JH. Familiality of DSM-III dramatic and anxious personality clusters. J Nerv Ment Dis 1989; 177: 96–100.

Risch N, Botstein D. A manic depressive history. Nat Genet 1996; 12: 351–3.

Schuckit MA, Smith TL. An 8-year follow-up of 450 sons of alcoholic and control subjects. Arch Gen Psychiatry 1996; 53: 202–10.

Siever LJ, Silverman JM, Horvath TB, Klar H, Coccaro E, Keefe RSE, Pinkham L, Rinaldi P, Mohs RC, Davis KL. Increased morbid risk for schizophrenia-related disorders in relatives of schizotypal personality disordered patients. Arch Gen Psychiatry 1990; 47: 634–40.

Slater E. Hysteria 311. J Ment Sci 1961; 107: 359–81.

Squires-Wheeler E, Skodol AE, Basett A, Erlenmeyer-Kimling L. DSM-III-R schizotypal personality traits in offspring of schizophrenic

disorder, affective disorder, and normal control parents. J Psychiatr Res 1989; 23: 229–39.

Steiger H, Stotland S, Ghadirian AM, Whitehead V. Controlled study of eating concerns and psychopathological traits in relatives of eating-disordered probands: do familial traits exist? Int J Eat Disord 1995; 18: 107–18.

Strober M, Lambert C, Morrell W, Burroughs J, Jacobs C. A controlled family study of anorexia nervosa: evidence of familial aggregation and lack of shared transmission with affective disorders. Int J Eat Disord 1990; 9: 239–54.

Sullivan PF, Bulik CM, Kendler KS. The genetic epidemiology of binging and vomiting. Br J Psychiatry 1998; 173: 75–9.

Svrakic DM, Whitehead C, Przybeck TR, Cloninger CR. Differential diagnosis of personality disorders by the seven-factor model of temperament and character. Arch Gen Psychiatry 1993; 50: 991–9.

Thaker G, Adami H, Moran M, Lahti A, Cassady S. Psychiatric illnesses in families of subjects with schizophrenia-spectrum personality disorders: high morbidity risks for unspecified functional psychoses and schizophrenia. Am J Psychiatry 1993; 150: 66–71.

Torgersen S. The oral, obsessive, and hysterical personality syndromes: a study of hereditary and environmental factors by means of the twin method. Arch Gen Psychiatry 1980; 37: 1272–7.

Torgersen S. Genetic factors in anxiety disorders. Arch Gen Psychiatry 1983; 40: 1085–9.

Torgersen S. Genetic and nosological aspects of schizotypal and borderline personality disorders. Arch Gen Psychiatry 1984; 41: 546–54.

Torgersen S. Genetic factors in moderately severe and mild affective disorders. Arch Gen Psychiatry 1986; 43: 222–6.

Treasure JL, Holland AJ. Genes and the aetiology of eating disorders. In: The new genetics of mental illness. McGuffin P, Murray R (Hrsg). Oxford: Butterworth-Heinemann 1991; 198–211.

True WR, Rice J, Eisen SA, Heath A, Goldberg J, Lyons MJ, Nowak J. A twin study of genetic and environmental contributions to liability for posttraumatic stress symptoms. Arch Gen Psychiatry 1993; 50: 257–64.

Wade T, Martin NG, Tiggemann M. Genetic and environmental risk factors for the weight and shape concerns characteristic of bulimia nervosa. Psychol Med 1998; 28: 761–71.

Wade T, Martin NG, Neale MC, Tiggemann M, Treloar SA, Bucholz KK, Madden PAF, Heath AC. The structure of genetic and environmental risk factors for three measures of disordered eating. Psychol Med 1999; 29: 925–34.

Weissman MM, Wickramaratne P, Adams PB, Lish JD, Horwath E, Charney D, Woods SW, Leeman E, Frosch E. The relationship between panic disorder and major depression. Arch Gen Psychiatry 1993; 50: 767–80.

2.5
Streß und Streßresistenz

Thomas Klauer

2.5.1
Das Streßkonzept: Entwicklung und Bedeutungsfacetten

Wohl nur wenige medizinisch-psychologische Fachbegriffe haben eine derart starke Verbreitung in der Umgangssprache gefunden wie das Streßkonzept. Dabei ist der Begriff erst in den vergangenen vierzig Jahren aus der Wissenschafts- in die Umgangssprache eingeflossen und dort zu einem solchen „Modewort" geworden, daß einige Autoren argwöhnen, Streß sei damit zum Ersatz für die bösen Geister und Gespenster der Vergangenheit geworden.

In den Wissenschaften wurde der Streßbegriff schon deutlich früher eingeführt, nämlich etwa in der zweiten Hälfte des 17. Jahrhunderts. Damals hatte der englische Physiker Hooke Untersuchungen zur Elastizität von Festkörpern durchgeführt, für die er Materialfedern verwendete. Als Streß wurde hier die in einem Festkörper durch eine äußere Kraft *(Load)* erzeugte Spannung bezeichnet. Das nach Hooke benannte Gesetz besagt, daß die innere Spannung der äußeren Kraft proportional ist; ebenfalls proportional sei die entstehende Deformation *(Strain)* zur inneren Spannung. Mit dem „Elastizitätsmodul" wird ferner eine vom jeweiligen Material abhängige Konstante postuliert, die die entstehende Verformung multiplikativ beeinflußt.

Es ist offensichtlich, warum sich das Streßkonzept so leicht in Psychologie und Medizin übertragen ließ. Verschiedene Autoren haben zudem argumentiert, daß diese Übertragung in verkürzter Weise erfolgt ist beziehungsweise haben auch in jüngster Zeit auf bislang vernachlässigte Implikationen des physikalischen Streßbegriffs für die Psychologie hingewiesen (Smith 1987).

Der Transfer des Streßbegriffs in die Bio- und Humanwissenschaften wurde aber erst in den 30er Jahren des vergangenen Jahrhunderts geleistet. Für diesen Transfer stehen vor allem die Namen von Walter Cannon, dem ersten Biologen, der ein wissenschaftliches Streßkonzept verwendete, und Hans Selye, dem „Nestor" der Streßforschung. Cannon untersuchte in den 30er Jahren die biologischen Reaktionen von Tieren auf Gefahr und prägte das Konzept der *Fight-flight*-Reaktion. Der österreichisch-ungarische Psychiater Selye beobachtete den phasischen Verlauf dieser Reaktion und bezeichnete diesen als allgemeines Adaptationssyndrom (AAS). In den tierexperimentellen Studien dieser beiden Autoren wurden die wichtigsten biologischen Streßreaktionen identifiziert, die sich auch im menschlichen Körper unter Belastung nachweisen lassen (zu historischen Einzelheiten s. Selye 1981).

Selye bestimmte als Streß eine unspezifische körperliche Reaktion auf äußere aversive Reize, Anforderungen oder „Stressoren", und er vertrat damit eine eindeutig **reaktionsorientierte** Streßdefinition (vgl. Laux 1983). In solchen Ansätzen wird Streß unabhängig von bestimmten äußeren Reizgegebenheiten als eine uniforme Konstellation von physiologischen und psychologischen Reaktionen bestimmt, die als generelle Aktivierung, erhöhte Herzrate, vermehrte Ausschüttung von Katecholaminen und Glukokortikoiden sowie subjektives Empfinden von Angst oder Ärger beschrieben wird (vgl. Abschnitt 2). Im Zentrum dieser Definition steht die Behauptung der Unspezifität: Streß als physiologisches Reaktionsprogramm ist immer gleichförmig, egal ob dieses Programm durch Hitze, Lärm, Deprivation oder andere aversive Stimuli angestoßen wird. Alle Stressoren lösen immer dasselbe Reaktionsmuster aus.

Die reaktionsorientierte Streßdefinition ist insofern kritisch zu sehen, als Studien an Menschen bislang die Behauptung der Unspezifität kaum bestätigen konnten. Kein Reaktionsmuster tritt bei allen Stressoren zu allen Zeitpunkten und bei allen Menschen in uniformer Weise auf; zum anderen treten einige der von Selye als Streßindikatoren bezeichneten physiologischen Veränderungen auch in Situationen auf, die kaum als psychologische Stressoren bezeichnet werden können (z. B. bei jeder Art starker körperlicher Aktivierung). Würde man den Streßbegriff so weit fassen, wäre er für die Psychologie und Psychosomatik unbrauchbar.

Im Umfeld des zweiten Weltkrieges, als die psychologische Streßforschung einen ersten Aufschwung nahm, begann man deshalb **situationsorientierte** Definitionen zu bevorzugen. Streß wird hier (ganz im Sinne des Stressorbegriffs bei Selye) als eine dem Individuum äußerliche Reizkonstellation definiert, die bei allen oder zumindest bei den meisten Personen psychische Reaktionen auslösen, die wiederum als Angst, *distress* oder *strain* (Beeinträchtigung) bezeichnet werden. Auf die Annahme eines universellen Reaktionsmusters wird hier verzichtet.

Eine solche Streßdefinition liegt auch der *Life-event*-Forschung zugrunde, die in der anglo-amerikanischen Sozialepidemiologie der 60er Jahre zentrale Bedeutung besaß. Man entfernte sich zunehmend aus dem psychologischen Labor, weil man erkannte, daß Laborbefunde wenig Rückschlüsse auf Streß „im wirklichen Leben" und vor allem auch auf die mit Streß verbundenen Krankheitsrisiken zuließen. Streß wurde in der Life-event-Forschung konzipiert als das Ausmaß einer Lebensveränderung durch belastende Ereignisse, dem eine Person in einem bestimmten Zeitraum ausgesetzt ist. Es zeigte sich, daß *Life-change*-Maße es innerhalb bestimmter Grenzen erlaubten, die spätere Manifestation somatischer und psychischer Störungen vorherzusagen.

Aber auch die Zweckmäßigkeit situationsorientierter Streßdefinitionen wurde vor dem Hintergrund von Forschungsbefunden verschiedentlich bezweifelt (Laux 1983). Was eine Streßsituation ist, scheint vor allem von der kognitiven Bewertung der Situation durch die Person und von ihren Handlungsmöglichkeiten abhängig zu sein. Alle modernen Ansätze definieren Streß deshalb **relational**: Streß ist hier ein bestimmtes Verhältnis zwischen (wahrgenommenen) Anforderungen aus der Umwelt und den Möglichkeiten der Person, diesen wirkungsvoll zu begegnen. Relationale Streßdefinition wie etwa die von R. S. Lazarus (vgl. Lazarus 1966) verwenden einen subjektivistischen Streßbegriff: Die Genese einer Streßreaktion ist in dieser Sicht immer durch die Wahrnehmung und andere kognitive Prozesse der belasteten Person vermittelt.

Da es sich hier um definitorische Setzungen handelt, ist es wenig fruchtbar darüber zu diskutieren, welcher Streßbegriff denn nun der adäquate sei; allerdings kann man über ihre Zweckmäßigkeit streiten. In den Humanwissenschaften tauchen aber nach wie vor alle drei Streßbegriffe auf und werden zum Teil auch parallel verwendet. Dies führt bisweilen zu so unproduktiven Verwirrungen, daß manche Autoren über Strategien des Umgangs mit dem Streßbegriff wie Außendifferenzierung oder Liquidierung nachdenken (vgl. dazu Laux 1983).

2.5.2
Allgemeine Streßkorrelate und -effekte

Wohl kein psychologisches oder physiologisches Merkmal des Menschen ist nicht potentiell Streßeffekten unterworfen. Belastungskorrelate und -effekte finden sich dabei nicht nur auf endokriner, neuroimmunologischer, vegetativer, kognitiver, behavioraler und subjektiver Ebene, sondern auch etwa in Merkmalen des vokalen und nonverbalen Ausdrucks oder im Affiliationsverhalten. Es erscheint deshalb wenig sinnvoll, eine möglichst vollständige Aufzählung aller Streßsymptome anzustreben (vgl. dazu Cox 1978).

Im Zentrum der aktuellen psychosomatischen, psychobiologischen und verhaltensmedizinischen Forschung stehen insbesondere neuroendokrine und neuroimmunologische Effekte. Im folgenden soll exemplarisch die bereits von Selye in Grundzügen identifizierte neuroendokrine Streßreaktion skizziert werden. Selye war bei Tierversuchen in den 30er Jahren darauf gestoßen, daß unterschiedlichste aversive Stimulationen neben peripheren spezifischen Wirkungen (z. B. Gefäßerweiterung) in identischer Weise ein uniformes Wirkungsmuster hervorriefen, das er als „Streß-Trias" bezeichnete:

- Vergrößerung der Nebennieren
- Schrumpfung lymphbildender Organe (Milz, Thymusdrüse, Lymphknoten)
- Geschwürbildung und Blutungen in Magen und Darm (vgl. Nitsch 1981)

Selye kann auch als einer der Väter des noch heute gültigen psychobiologischen Beschreibungsmodells der Streßreaktionen gelten, demzufolge die physiologische Streßreaktion auf zwei Wegen ausgelöst wird:
- auf rein neuronalem Weg
- auf neuroendokrinem Weg, d. h. unter hormoneller Beteiligung

Insgesamt ist eine sehr große Zahl von Organen und Funktionen an der Streßreaktion beteiligt; diese Funktionen sind aber keineswegs alle bereits hinreichend erforscht.

Der neuronale Weg der Vermittlung der Streßreaktion ist hauptsächlich für eine allgemeine Aktivierung verantwortlich. Eine wichtige Rolle spielt hier das vegetative Nervensystem und insbesondere der Sympathikus im Sinne einer unspezifischen ergotropen Einstellung. Die neuroendokrine Reaktion auf belastende Stimuli verläuft in der Hauptsache über zwei Achsen, eine „langsame" und eine „schnelle". Beide Achsen beginnen am Hypothalamus und enden an den endokrinen Effektororganen, den Nebennieren.

Die „schnelle" Streßreaktion verläuft auf der sogenannten Hypothalamus-Sympathikus-Nebennierenmark-Achse. Der Sympathikusnerv, ein Teil des autonomen Nervensystems, kreuzt seine Bahn im Hypothalamus mit Teilen des zentralen Nervensystems. Hier erfolgt eine „Umsetzung" des sensorischen Inputs auf somatische Vorgänge. Der Sympathikusnerv innerviert eine Vielzahl von Organen und vermittelt Streßeffekte auf direkt neuronalem Wege. Das endokrine Organ in diesem System ist das Nebennierenmark, das direkt über den Sympatikusnerv aktiviert wird.

Das Nebennierenmark scheidet die beiden für die „schnelle" Streßreaktion wichtigen Katecholamine Adrenalin und Noradrenalin aus. Unter Streß kann es zu Adrenalinausschüttungen kommen, die kurzzeitig mehr als das zehnfache über der Ruheausschüttung liegen. Adrenalin bewirkt unter anderem eine Erhöhung von Herz- und Pulsfrequenz, eine gesteigerte Schweißsekretion, eine erhöhte Körpertemperatur, eine vertiefte Atmung, die Freisetzung von Zucker und Fettsäuren in Leber und Fettgewebe und beeinflußt das ZNS über das aufsteigende retikuläre System; dies führt zu Aufmerksamkeitszuwachs und Bewußtseinshelligkeit. Die Adrenalinreaktion erfolgt vergleichsweise schnell, dafür wird Adrenalin aber auch vergleichsweise schnell wieder abgebaut. Die Adrenalinreaktion entspricht etwa dem, was Cannon als „Fight-Flight" oder auch als „Notfallreaktion" bezeichnet hat. Im Hinblick auf Streßerkrankungen wahrscheinlich noch wichtiger ist die „langsame" Streßreaktion, die über die sogenannte Hypothalamus-Hypophysen-Nebennierenrinden-Achse (auch kurz HNA-Achse; Kirschbaum u. Hellhammer 1999) verläuft.

Die Streßreaktion auf dieser langsamen Achse wird durch eine „Kaskade" von drei Hormonen (CRH, ACTH, Kortisol) vermittelt.

Die durch CRH und ACTH stimulierten effektorischen Hormone werden in der Nebennierenrinde gebildet und insgesamt als Kortikosteroide oder Kortikoide bezeichnet. Das wichtigste dieser Hormone ist zweifellos Kortisol, das mit etwa 70% Hauptanteil der freigesetzten Kortikosteroide beim Menschen ausmacht und Blut, Urin und Speichel nachgewiesen werden kann.

Kortisol hat eine Vielzahl von Effekten auf Stoffwechsel, die Funktion von Organen und auf das Immunsystem; insgesamt können diese Veränderungen als katabolisch (Energie freisetzend) beschrieben werden. Unter anderem bewirkt die Freisetzung von Kortisol eine Erhöhung des Blutzuckerspiegels, die Verringerung weißer Blutkörperchen im Blut sowie die Atrophie lymphbildender Organe. Von zentralem Interesse für die psychosomatische Forschung sind jedoch die immunsuppressiven Wirkungen von Kortisol, die verschiedentlich mit Autoimmun- oder Infektionserkrankungen in Zusammenhang gebracht worden sind (vgl. dazu Hellhammer und Pirke 1996). Während aus dieser Perspektive noch vor einigen Jahren Kortisol als „schädliches" Hormon bezeichnet wurde, ist diese Einschätzung mittlerweile einer differenzierteren Betrachtung gewichen (Munck und Guyre 1991).

Nicht alle Belastungseffekte auf das Immunsystem sind endokrin vermittelt. Wesentliche Bedingungen des Immunstatus wie Ernährungs- und Schlafgewohnheiten werden direkt durch Streß beeinflußt (Godaert et al. 1999; Herbert und Cohen 1993). Deshalb werden immunologische Streßfolgen zunehmend im Labor untersucht; neuere Studien in dieser Tradition sprechen unter anderem auch für einen differentiellen Anstieg der Immunkompetenz (z. B. NK-Zellen) unter akuter Belastung im Labor.

Obwohl Streßeffekte nahezu den gesamten Organismus betreffen, reagieren nicht alle Individuen in gleicher Weise. Vor allem für den Humanbereich hat sich die Annahme einer Universalität des Streßgeschehens nur für Ausnahmesituationen bewährt, und in der Forschung zeichnet sich (wie in vielen populärwissenschaftlichen Abhandlungen ignoriert) ein deutliches Bild interindividueller Unterschiede in Streßreaktionen ab. Das Konzept der Spezifität verweist auf die Notwendigkeit, diese große interindividuelle Varianz systematisch aufzuklären.

Für den Bereich der Forschung wurde verschiedentlich vorgeschlagen, Streßreaktionen in einem Design zu untersuchen, das auf einer Stressoren-Indikatoren-Matrix beruht. In einer solchen Matrix lassen sich dann Situationsspezifität (unterschiedliche Reaktionen auf einem Indikator in verschiedenen Situationen) und Reaktionsspezifität (unterschiedliche Reaktionen verschiedener Indikatoren innerhalb einer Streßsituation) operational trennen und gegen die verbleibende Personspezifität (interindividuelle Unterschiede auf einem Indikator innerhalb einer Streßsituation) gewichten.

Personspezifität (als Fehlervarianz) und Reaktionsspezifität sind durch die Berücksichtigung etwa von Persönlichkeits-

merkmalen weiter aufklärbar. Wie verschiedene Studien zur Validierung des Konstrukts *Repression-Sensitization* (z. B. Weinberger et al. 1979) zeigen, zeichnen sich Personen mit hoher Neigung zu suppressiven Abwehrprozessen (*Represser*) durch ausgeprägte psycho-physiologische Streßreaktionen etwa des kardiovaskulären Systems bei zugleich niedrigem subjektivem Belastungsempfinden im Selbstbericht aus. Hochängstliche Persönlichkeiten reagieren demgegenüber in beiden Modalitäten stark (zum Überblick Krohne 1996a).

Derartige Beobachtungen haben mittlerweile dazu geführt, daß die traditionelle Auffassung von Streß als uniformem Prozeß überholt ist (beispielhaft Scherer und Wallbott 1991). Personale und situative Ursachen für Spezifika im Streßgeschehen sind Gegenstand der folgenden Abschnitte.

2.5.3
Differentielle Aspekte des Streß-Prozesses

Klassifikation von Stressoren

Zur Beschreibung der Situationsspezifität von Streß ist eine Klassifikation von Stressoren anhand formaler Merkmale erforderlich. Entsprechende Versuche einer taxonomischen Ordnung besitzen in der Streßforschung eine lange Tradition. Häufig wird dabei auf zwei formale Beschreibungsparameter Bezug genommen:

- zeitliche Belastungsmerkmale
- die Höhe oder Stärke der Belastung

Im Hinblick auf das erste Kriterium wird dabei üblicherweise die **Dauer der Stressoraktivität** fokussiert und zwischen „akuten" und „chronischen" Stressoren differenziert (Baum et al. 1993). Elliott und Eisdorfer (1982) unterscheiden neben akuten und chronischen Stressoren Stressor-Sequenzen, das heißt belastende Ereignisse, die eine mehr oder minder normative Folge von Einzelbelastungen darstellen (z. B. Scheidung), sowie chronisch-intermittierende Stressoren, das heißt mehr oder minder regelmäßig wiederkehrende zeitlich umgrenzte Belastungen (z. B. Zahnarztbesuche).

Der Klassifikation von Stressoren nach ihrer **Intensität** unterliegt implizit eine situationsorientierte Streßdefinition, da hier eine effektbezogene Unterscheidung ohne Rückbezug auf personale Voraussetzungen und Ressourcen vorgenommen wird. Differenziert wird hier etwa zwischen Mikrostressoren beziehungsweise Alltagswidrigkeiten (*Daily Hassles*) auf der einen Seite und belastenden Lebensereignissen (*Life Events*) bis hin zu personalen Traumata auf der anderen (vgl. dazu Filipp 1990). Die der Mikrostressoren-Forschung der 80er Jahre zugrundeliegende Annahme, Alltagswidrigkeiten könnten in ihrer Kumulation ein ähnlich hohes Störungsrisiko bergen wie etwa kritische Lebensereignisse (Kanner et al. 1982), wird in der aktuellen Streßforschung aber kaum noch vertreten.

Wheaton (1994) unterscheidet acht Haupttypen von Stressoren und klassifiziert diese entlang der Dimensionen „mikro versus makro" und „diskret versus kontinuierlich". Am Ende der Kontinuitätsdimension werden dabei neben chronischen Stressoren (z. B. dauerhafte Arbeitsüberlastung) auch *Nonevents* eingeordnet, Belastungen also, die als ein Ausbleiben erwarteter und erwünschter Ereignisse zu charakterisieren sind (z. B. ungewollte Kinderlosigkeit).

Zu den noch weitgehend „weißen" Flecken auf der Landkarte der Streßforschung zählt erstaunlicherweise die Frage nach **kumulativen** und **interaktiven** Effekten verschiedener Stressoren (Lepore und Evans 1996; Wheaton 1996). Der Lifeevent-Forschung, der in den 60er und 70er Jahren dominierenden Richtung, lag – möglicherweise auch durch die damals gängigen statistischen Modelle bedingt – immer die simple Annahme **additiver** Effekte zugrunde; am deutlichsten wird dies vielleicht in der Berechnungsvorschrift der Life Change Units (LCU-Werte) der Social Readjustment Rating Scale (SRRS) nach Holmes und Rahe (Holmes und Rahe 1967), dem über Jahrzehnte gebräuchlichsten Instrument zur lebensnahen Erfassung der individuelle Stressorexposition. Die SRRS ist eine Liste von Ereignissen, denen jeweils spezifische Wiederanpassungswerte zugeschrieben werden; die Werte der in einem umschriebenen Zeitraum von einer Person erlebten Ereignisse werden zur Ermittlung der kumulierten individuellen Streßbelastung aufaddiert.

Obwohl die Additivitätsannahme schon seit längerem problematisiert wird (vgl. etwa Thoits 1983), verweisen erst neuere Studien auf nonlineare Interaktionen zwischen verschiedenen Stressoren. Beispielsweise zeigte sich, daß die Effekte einer akuten Belastung im psychophysiologischen Labor auf einige endokrine und immunologische Parameter durch chronische Belastung im Alltag moduliert wird (Pike et al. 1997). Fragebogenstudien (z. B. McGonagle und Kessler 1990) deuten zum Teil aber auch fördernde Effekte chronischer Belastung auf die Bewältigung akuter Belastungsereignisse an („Stress-relief"- oder „Attenuation"-Hypothese, vgl. Lepore und Evans 1996; Wheaton 1996). Schließlich weisen verschiedene Befunde auch darauf hin, daß bestimmte Stressoren (z. B. Kindheitstraumata) die Expositionswahrscheinlichkeit in bezug auf andere erhöhen und Stressoren somit vermutlich nicht als voneinander unabhängige Ereignisse anzusehen sind (Wheaton 1996).

Subjektive Dimensionen von Belastung

Neben den oben diskutierten objektivierbaren Eigenschaften von Stressoren werden zu deren Beschreibung und Klassifikation auch solche Merkmale herangezogen, die vor allem in ihrer subjektiven Wahrnehmung durch die belastete Person begründet sind (subjektive Ereignisparameter; Filipp 1990). In der Streßforschung spielten neben Uneindeutigkeit und Valenz insbesondere die **Vorhersagbarkeit** und die **Kontrollierbarkeit** von Belastungsereignissen eine bedeutsame Rolle –

unter anderem wohl auch deshalb, weil sich diese Parameter für natürliche Stressoren zwar kaum anders als über Selbstauskünfte der belasteten Person messen lassen, im Labor jedoch mit hoher Präzision experimentell variieren lassen.

Die Forschung zur **Vorhersagbarkeit** von Belastungsereignissen wurde stimuliert durch frühe Studien zur Habituation von Streßreaktionen beim Menschen bei zunehmender Vertrautheit mit Belastungssituationen; exemplarisch sind hier die paradigmatischen Studien von Epstein und Fenz an unterschiedlich erfahrenen Fallschirmspringern zu nennen (z. B. Fenz und Epstein 1967). Aber auch aus tierexperimentellen Studien im Paradigma des Angstkonditionierens ging der überraschende Befund hervor, daß die „Ankündigung" eines Stressors (z. B. Elektroschocks) etwa durch ein Lichtsignal zu deutlich schwächeren behavioralen und somatischen Streßreaktionen führte als eine unangekündigte Belastung in gleicher Intensität (Weiss 1970). Dies wurde später zur begrifflichen Differenzierung von Angst und Furcht herangezogen. Umgekehrt wurde die Abwesenheit von ankündigenden Stimuli als „Sicherheitssignal" beschrieben und untersucht, wie Menschen in Labor und Alltag versuchen, solche Indikatoren für die Abwesenheit von Stressoren auch aktiv zu konstruieren (Seligman und Binik 1977). Auf Seligman geht auch die formale Definition von Vorhersagbarkeit über die bedingte Wahrscheinlichkeit der Stressormanifestation bei An- und Abwesenheit des Hinweisreizes zurück. Andere Autoren unterscheiden verschiedene Unterformen von Vorhersagbarkeit (z. B. Vorhersagbarkeit der Art des Belastungsereignisses, der Eintrittswahrscheinlichkeit oder des Eintrittszeitpunktes), die an dieser Stelle nicht ausführlicher erörtert werden sollen (vgl. dazu Miller 1981).

Vorhersagbarkeit ist bis zu einem bestimmten Grad Voraussetzung für die **Kontrollierbarkeit** von Stressoren, das heißt die Beeinflußbarkeit ihres Eintritts oder ihrer Folgen durch eigenes Handeln oder das Handeln anderer. Dieser Aspekt von Stressoren ist der zentrale Ursprung einer der prominentesten psychologischen Depressionstheorien, der Theorie der erlernten Hilflosigkeit nach Seligman (Seligman 1975). Unkontrollierbarkeit wurde im Rahmen dieser Theorie zunächst definiert als **Nichtkontingenz**: Die Wahrscheinlichkeit (erwünschter oder unerwünschter) Umweltfolgen einer bestimmten Handlung entspricht der Wahrscheinlichkeit eben dieser Folgen bei Unterlassung der Handlung. Im Tierversuch konnte Seligman zuverlässig zeigen, daß Erfahrung mit Nichtkontingenz zu einer „Erwartung" von Nichtkontingenz und zu typischen Symptomen der Hilflosigkeit (z. B. Passivität, vermindertes Interesse und verringerte Lernfähigkeit) führte, die als tierexperimentelles Analogon der menschlichen Depression interpretiert wurden. Versuche der Replikation dieser Befunde im Humanbereich verliefen weniger erfolgreich; unter anderem behielten Probanden die Überzeugung, belastende Ereignisse durch eigenes Verhalten verhindern, verkürzen oder in ihren Folgen beeinflussen zu können, trotz objektiver Nichtkontingenz bei, ein Phänomen, das Langer (1979) als „Kontrollillusion" bezeichnet hat. Diese Gruppe zeigte dementsprechend auch kaum Symptome der Hilflosigkeit.

Diese und ähnliche Befunde bildeten den Ausgangspunkt verschiedener kognitiver Reformulierungen der Hilflosigkeitstheorie (Abramson et al. 1988; Abramson et al. 1978; Maier und Seligman 1976), die zunehmend nicht die Erfahrung oder Erwartung von Nichtkontingenz, sondern subjektive Ursachenerklärungen (Kausalattributionen) in den Mittelpunkt der Theorie stellten. Als „depressiver" versus „optimistischer" Attributionsstil wird dieses Merkmal in der aktuellsten Fassung der Hilflosigkeitstheorie (Peterson et al. 1993) als personaler Schutz- beziehungsweise Risikofaktor konzipiert. Damit reiht sich dieses Modell in eine ganze Gruppe kognitiver Streßtheorien ein, die (auch fälschlicherweise) positive Einschätzungen der Kontrollierbarkeit von Ereignissen zu den wichtigen Ressourcen im Umgang mit Belastung zählen („optimistische Illusionen", vgl. Taylor und Brown 1988).

Persönlichkeitsmerkmale als Determinanten der Streßreaktion

Die damit aufgeworfene Frage, welche Merkmale der Persönlichkeit individuelle Reaktionen auf äußere Belastung modulieren und warum einige Personen von Belastungsereignissen unberührt bleiben, die andere schwer beeinträchtigen, beschäftigt die Streßforschung seit langem. Immer wieder wurden seitdem Konstrukte vorgeschlagen, die zu einer inhaltlichen Bestimmung von „Vulnerabilität" oder „Streßresilienz" beitragen sollten.

Nitsch (1981) verweist mit Recht darauf, daß Streßresilienz zunächst anhand unterscheidbarer Reaktionsmerkmale definiert werden muß, und unterscheidet zunächst den Aspekt der **Intensität** von jenem der **Generalität** von Streßreaktionen, das heißt ihrer „Breite", operationalisierbar als Zahl der reagierenden Subsysteme des Organismus. **Sensibilität** (als dispositionale „Reaktionsschwelle"), **Reagibilität** (als Stärke der Reaktion) und **Erholungsfähigkeit** bilden in diesem Modell Unteraspekte der habituellen Reaktionsintensität ab.

Verschiedene Konstrukte beschreiben interindividuelle Unterschiede in der emotionalen Streßreagibilität direkt (z.B. Ängstlichkeit; Neurotizismus). So wird mit dem Konstrukt der physischen *Toughness* (Dienstbier 1989) angenommen, daß kognitive und emotionale Belastungsreaktionen maßgeblich durch stabile interindividuelle Unterschiede in psychoendokrinen Reaktionsdispositionen (z.B. Adrenalinvorräte) mitbestimmt werden.

Ein höherer Erklärungswert kann Ansätzen zugeschrieben werden, die spezifische Bewältigungsfertigkeiten im Sinne überdauernder Dispositionen konzipieren. Zu diesen Ansätzen zählen insbesondere aus der Familie der Erwartung-mal-Wert-Theorien der Motivation hervorgegangene kognitivistische Konstrukte wie etwa interne Kontrollüberzeugungen, Selbstwirksamkeitserwartungen oder dispositionaler Optimismus oder auch der oben bereits erwähnte „optimistische Attributionsstil".

Die in Ansätzen der hilflosigkeitstheoretischen Tradition zentrale Bedeutung interner Kontrollüberzeugungen wird relativiert durch eindrucksvolle Befunde der Arbeitsgruppe von Brandtstädter (z.B. Brandtstädter et al. 1993); hier konnte gezeigt werden, daß für die Aufrechterhaltung von Wohlbefinden und die erfolgreiche Bewältigung von Verlustereignissen im Alter vor allem die Fähigkeit zu einer Rekalibrierung eigener Zielvorstellungen bedeutsam ist: Personen mit hoher Flexibilität der Zielanpassung scheinen schneller dazu in der Lage zu sein, unerreichbar gewordene Aspirationen zugunsten realistischerer Bestrebungen aufzugeben. Unkontrollierbare Belastungen schlagen damit weniger stark auf das subjektive Wohlbefinden durch. Dieser akkomodative Anpassungsprozeß ist allerdings immer gemeinsam mit assimilativen Bewältigungsstrategien zu sehen („Zwei-Prozeß-Modell", vgl. Brandtstädter und Renner 1990).

Neuere Studien verweisen auf die Bedeutung von Merkmalen des Selbstkonzepts als mögliche protektive Faktoren in Belastungs-Bewältigungs-Prozessen. Linville (1987) konnte beispielsweise zeigen, daß die **Komplexität** des internen Selbstmodells, definiert als die Reichhaltigkeit und Differenziertheit der Selbstbeschreibung, als Schutzfaktor nicht nur im Hinblick auf depressive Störungen, sondern auch auf somatische Erkrankungen fungiert. Zusammenhänge wurden auch zwischen **sozialer Dominanz** als Selbstbildaspekt auf der einen und der Habituation endokriner Reaktionen bei wiederholter Belastung durch eine Selbstdarstellungsaufgabe vor Publikum im Labor gefunden (Kirschbaum et al. 1995b; Pruessner et al. 1997).

Zwei weitere Ansätze zur begrifflichen Fassung personaler Ressourcen der Belastungsbewältigung zeichnen sich durch eine mehrdimensionale Konzeptualisierung aus. Antonovskys (1987) Konzept des Kohärenzgefühls (*Sense of Coherence*) umfaßt die Subkonstrukte Bedeutungshaftigkeit (*Meaningfulness*), Verstehbarkeit (*Comprehensibility*) und Handhabbarkeit (*Manageability*), die als grundlegende Bedingungen eines als Salutogenese bezeichneten Prozesses verstanden werden. Das Konstrukt der „Widerstandsfähigkeit" (*Hardiness*; Kobasa 1979) beschreibt Streßresistenz als Funktion (internaler) Kontrollüberzeugungen (*Control*), einem ausgeprägten Gefühl der Verpflichtung und Einbindung gegenüber wichtigen Aspekten des eigenen Lebens (*Commitment*) und der Fähigkeit, Belastungen als herausfordernd wahrzunehmen (*Challenge*). Auf der Ebene der Operationalisierung erwiesen sich die Subkomponenten beider Konstrukte als schwer trennbar; insbesondere mit der Hardiness-Skala konnten jedoch nicht nur unabhängige positive Effekte auf die Erhaltung von Gesundheit unter Streß nachgewiesen werden, sondern beispielsweise auch die Verstärkung der Wirkung sozialer Unterstützung (zur Übersicht vgl. Funk 1992; Kobasa und Puccetti 1983).

Schließlich ist festzuhalten, daß Persönlichkeitsunterschiede nicht nur mit Unterschieden in der **Streßreagibilität** einhergehen, sondern möglicherweise auch die **Stressorexposition** beeinflussen. Nach Befunden prospektiver Studien scheint ins-

besondere ausgeprägter Neurotizismus die Frequenz belastender Lebensereignisse, aber auch alltäglicher Stressoren zu steigern (Bolger und Schilling 1991; Taylor und Aspinwall 1996).

2.5.4
Prozessuale Aspekte von Streßresistenz

Menschen unter Streß reagieren nicht nur im Sinne physiologischer, emotionaler oder kognitiver Beeinträchtigung, sondern unternehmen auch aktive Versuche, die Wirkung belastender Stimuli einzugrenzen oder zu tolerieren, um die eigene
Handlungsfähigkeit aufrechtzuerhalten. Diese Versuche richten sich nicht nur auf die eigene Belastung, sondern auch auf
jene signifikanter anderer Personen; im erstgenannten Fall
werden solche Anstrengungen als Bewältigungsverhalten (*Coping*), im zweiten Fall als soziale Unterstützung (*Social Support*) bezeichnet. Neben den oben diskutierten Persönlichkeitsmerkmalen werden beide Kategorien des Verhaltens zu
den bedeutsamsten Ressourcen gezählt, die in der Auseinandersetzung mit belastenden Situationen wirksam werden sollen. Im Gegensatz zu persönlichkeitspsychologischer Streßforschung war Forschung zu diesen beiden Typen von
Ressourcen von jeher mit der Erwartung verknüpft, Hinweise
auf die Gestaltung von Interventionsmaßnahmen zur Vermittlung „erfolgreicher" Techniken des Umgangs mit Streß liefern
zu können.

Bewältigungsverhalten (Coping)

Die Bewältigungsforschung (neuere Übersichten bei Filipp
und Aymanns 1995 sowie in Tesch-Römer et al. 1997; Zeidner
und Endler 1996) nahm ihren Aufschwung mit dem in den
60er Jahren begründeten kognitiv-transaktionalen Ansatz der
Arbeitsgruppe um R. S. Lazarus (Lazarus und Folkman 1984),
der im folgenden knapp skizziert werden soll. Die ideengeschichtlichen Wurzeln des Coping-Konzepts sind jedoch bedeutend älter und liegen zum einen im verhaltensbiologischen
Adaptationskonzept, zum anderen im psychoanalytischen
Konzept der Abwehrmechanismen.

Im Unterschied zu der klassischen Auffassung, nach der
sich das Ich vornehmlich mit unbewußten Strategien (z. B.
Verdrängung, Projektion, Reaktionsbildung) gegen bedrohliche Impulse verteidigt, nahm die Neopsychoanalytikerin Nor-
ma Haan (z. B. Haan 1977) an, daß zusätzlich bewußte oder
bewußtseinsfähige Techniken des Umgangs mit Streß wirksam sind, die aufgrund ihrer höheren Reife und Realitätsan-
gemessenheit unbewußten Abwehrprozessen sogar überlegen
sein sollten; für diese Gruppe von Strategien prägte Haan den
Begriff *Coping* (in Abgrenzung von *Defense*). Im Unterschied
zu Haan verzichtete Lazarus (1966) auf die Annahme einer
„per se" höheren Adaptivität bewußter Bewältigungsstrategien
und sah Abwehr als einen möglichen Teil aller in einer Belastungssituation aktiven Verteidigungstechniken an. In der

klassischen Definition (Lazarus und Folkman 1984) wurde
Bewältigungsverhalten dann bestimmt als „sich fortlaufend
verändernde Anstrengungen in Gedanken und Verhalten, mit
spezifischen internen und/oder externen Anforderungen umzugehen, die in der Wahrnehmung der Person ihre Ressourcen
beanspruchen oder überschreiten" (S. 141; Übersetzung d.
Verf.).

Der Bezug dieser Coping-Definition zu relationalen Streß-
konzepten (vgl. Abschnitt 2.5.1) ist deutlich; ein entscheidender Unterschied zu früheren Versuchen der Begriffsbestim-
mung liegt ferner darin, daß die Effektivität oder Adaptivität
von Bewältigungsverhalten als eine der Definition nachgeord-
nete empirische Fragestellung angesehen wird. Von (neo-)psy-
choanalytischen Konzepten unterscheidet sich der kognitiv-
transaktionale Ansatz außerdem dadurch, daß hier situativen
Merkmalen ein (im Verhältnis zu Persönlichkeitseinflüssen)
bedeutend höheres Gewicht für die Wahl der jeweiligen Bewältigungsstrategie zugemessen wird.

Neben dem Coping-Konzept selbst ist vor allem der *Appraisal*-Begriff für die kognitiv-transaktionale Bewältigungs-
theorie zentral. Mit diesem Begriff bezeichnet werden unter
Umständen schnelle und hoch automatisierte Einschätzungen
des Charakters einer potentiell belastenden Situation. Lazarus
und Folkman (1984) unterscheiden primäre und sekundäre
Einschätzungen, wobei letztere zeitlich nicht notwendig ersteren folgen müssen, sondern diesen auch vorausgehen können.
In primären Einschätzungen wird die situative Anforderung
beurteilt (z. B. als Bedrohung, Herausforderung oder Schädi-
gung/Verlust), in der sekundären Einschätzung eigene Möglichkeiten oder Möglichkeiten anderer, auf diese Anforderung
adaptiv zu reagieren. Das Ergebnis einer „Verrechnung" dieser
Einschätzungen bestimmt dann die Höhe der psychophysischen Streßreaktion und die Wahl der jeweiligen Bewälti-
gungsform. Für den Aspekt der Person-Umwelt-Transaktion
ist die Annahme kennzeichnend, daß Bewältigungsverhalten
seinerseits die Belastungssituation verändert und zu neuen
Einschätzung ihres Charakters *(Reappraisal)* führt.

Im Unterschied zu früheren Ansätzen wird im Rahmen dieses Modells nicht der Versuch unternommen, eine endliche
Reihe von Bewältigungs- oder Abwehrstrategien zu benennen
und zu systematisieren. Nach Braukmann und Filipp (1984)
kann in diesem Sinne nahezu jede Form absichtsvollen Verhaltens im Dienste der Adaptation stehen und damit als Bewältigungsverhalten bezeichnet werden. Lazarus und Folkman
(1984) unterscheiden jedoch a priori zwei Grundfunktionen
von Bewältigung: Während instrumentelle Bewältigung (*Pro-
blem-Focused Coping*) auf die Beseitigung oder Lösung der
belastenden Problemkonstellation abzielt, ist palliative Bewältigung (*Emotion-Focused Coping*) auf eine Modulation der
aversiven Begleitemotionen von Streß ausgerichtet.

Von zahlreichen Autoren wurde in späteren Arbeiten auf
theoretisch-deduktivem oder empirisch-induktivem Wege der
Versuch einer Deskription und Systematisierung von Varianten des Bewältigungsverhaltens unternommen; eine Darstellung der dabei entstandenen Taxonomien würde den Rahmen

dieses Kapitels sprengen (vgl. dazu Filipp und Aymanns 1995). Für aktuelle Forschungsarbeiten ist eher eine Konzentration auf einzelne Bewältigungsformen wie selektive Vergleiche (z. B. Taylor et al. 1983) oder Formen der Aufmerksamkeitssteuerung und kognitiven Vermeidung (z. B. Krohne 1993; Miller 1996) kennzeichnend. Einer deskriptiven Zielsetzung sind auch Phasenmodelle der Bewältigung traumatischer Belastungen zuzuordnen wie jene von Kübler-Ross (1969) oder Horowitz (1986; Horowitz et al. 1996). Zumindest die strengen Annahmen dieser Modelle (z. B. Universalität und Unidirektionalität der Phasensequenz) sind durch empirische Befunde quasi widerlegt (Wortman und Silver 1989).

Neben der Beschreibung und Systematisierung von Varianten des Bewältigungsverhaltens sind nach wie vor zwei Hauptfragestellungen forschungsleitend (vgl. Filipp und Aymanns 1995). Zum einen wird versucht, Unterschiede in der Präferenz für bestimmte Bewältigungsformen durch personale und situative Merkmale zu erklären (Bedingungsanalyse). Die wohl am stärksten verfolgte und für klinisch-psychologische und psychosomatische Fragen bedeutsamste Richtung der Bewältigungsforschung stellt jedoch die Untersuchung der Wirksamkeit, Effektivität oder Adaptivität von Formen des Bewältigungsverhaltens dar (Effektanalyse).

Hier steht zum einen die Frage im Mittelpunkt, wie Coping-Formen gesunder Individuen unter welchen Belastungsbedingungen wie mit Störungsrisiken kovariieren. Zum anderen werden unter dem Schlagwort „Krankheitsbewältigung" manifeste somatische Erkrankungen als Stressoren betrachtet. Im Hinblick auf die oben genannte Frage kann als globale Zusammenfassung zahlloser Forschungsbefunde lediglich festgehalten werden, daß die Wirksamkeit einzelner Bewältigungsformen unter anderem von der jeweiligen Belastungssituation, der Art des Effektivitätskriteriums und der Länge des Beobachtungszeitraums abhängig ist (vgl. Filipp und Klauer 1991; Kaluza 1996a; Weber 1994). Starke empirische Bestätigung hat allerdings die „Goodness-of-fit"-Hypothese (Forsythe und Compas 1987) erfahren, der zufolge instrumentelle Bewältigungsstrategien bei kontrollierbaren, palliative jedoch bei unkontrollierbaren Stressoren vergleichsweise effektiver sind. „Erfolgreiches" Bewältigungsverhalten scheint sich somit vor allem durch das Merkmal seiner Flexibilität auszuzeichnen; dieser Gesichtspunkt findet neuerdings auch bei der Gestaltung von Interventionsmaßnahmen Beachtung (z. B. Schwartz und Rogers 1994).

Soziale Unterstützung (Social Support)

Eine bedeutende Rolle für kurz- und langfristige Folgen von Streß spielt zweifellos der soziale Rückhalt, den Menschen in belastenden Situationen erfahren (Schwarzer und Leppin 1989). In zahllosen Studien wurden positive Zusammenhänge zwischen sozialer Unterstützung und Indikatoren psychischer wie somatischer Gesundheit nachgewiesen.

Soziale Unterstützung ist ein sehr facettenreicheres Konzept. Zu unterscheiden sind zunächst quantitative Ansätze, in denen soziale Unterstützung als Größe und Dichte von persönlichen sozialen Netzwerken bestimmt wird, von qualitativen beziehungsweise „funktionalen" Definitionen, in denen zumeist das in einer realen oder potentiellen Belastungssituation erfahrene unterstützende **Verhalten** einzelner oder aller Mitglieder des Netzwerks („Unterstützungsquellen") im Zentrum steht; zum Teil werden auch retrospektive Einschätzungen dieses Verhaltens (z. B. Zufriedenheits- oder Nützlichkeits-Ratings) als soziale Unterstützung bezeichnet (vgl. zum Überblick Aymanns 1992; Dunkel-Schetter und Bennett 1990; Schwarzer und Leppin 1992).

Wird unterstützendes Verhalten von Netzwerkangehörigen empirisch erfaßt, so lassen sich zuverlässig immer wieder zumindest drei Grunddimensionen von *Social Support* isolieren:

- emotionale Unterstützung (d. h. Versuche, aversive Begleitemotionen von Streß einzudämmen)
- informationale Unterstützung (d. h. Versuche, empfängerseitige kognitive Einschätzungen der Belastungssituation oder der eigenen Bewältigungsmöglichkeiten entlastend zu beeinflussen)
- instrumentelle Unterstützung (d. h. direkte Beiträge zur Lösung oder Beseitigung der belastenden Problemkonstellation)

Parallelen zum transaktionalen *Coping*-Konzept sind unverkennbar. In welchem Maße einzelne dieser Unterstützungskomponenten in einer konkreten Belastungsepisode verfügbar sind, sollte unter anderem von Situationsmerkmalen, Sender- und Empfängercharakteristika abhängig sein.

In meta-analytischen Studien der umfangreichen Literatur zu Effekten sozialer Unterstützung fanden Schwarzer und Leppin (Schwarzer und Leppin 1989) sowohl positive als auch negative Zusammenhänge zwischen sozialer Unterstützung auf der einen und Indikatoren psychischer und somatischer Gesundheit auf der anderen Seite; im Mittel ergab sich ein allenfalls leicht positiver Zusammenhang. Offensichtlich sind die Wirkungszusammenhänge zwischen Streß, sozialer Unterstützung und Gesundheitsindikatoren komplex und bidirektional. Folgt man der „Streß-Puffer-Hypothese" (Cohen und Wills 1985), so sollten Formen sozialer Unterstützung ihre positiven Effekte überhaupt erst ab einem bestimmten Belastungsniveau ausüben. In einem Streß-Mobilisierungs-Modell (vgl. Schwarzer und Leppin 1989) würde soziale Unterstützung erst dann einsetzen, wenn Stressoren bereits zu Depression oder körperlicher Erkrankung geführt haben, so daß eine negative Korrelation zwischen Unterstützung und Gesundheitsindikatoren resultieren würde.

Derart komplexe Zusammenhangsmuster erfordern methodologische Erweiterungen, die über bivariate Korrelationsstudien hinausgehen. Diese können entweder in längsschnittlichen multivariaten Kausalanalysen oder aber in experimentellen Versuchsplänen bestehen, die eine optimale Kontrolle von Störvariablen und Kausaleinflüssen erlauben. Der letztgenannte Weg ist in einigen jüngeren Studien eingeschlagen worden, die kurzfristige Effekte sozialer Unterstützung auf psychobiologische Streßreaktionen im Labor nachgewiesen haben (z. B. Kirschbaum et al. 1995a).

Persönlichkeitsmerkmale, Bewältigungsverhalten und soziale Unterstützung als psychologische Ressourcen im Umgang mit Streß wirken nicht unabhängig und „additiv", sondern treten im Belastungsprozeß miteinander in komplexe Wechselbeziehungen, die zahlreiche noch ungelöste Forschungsfragen aufwerfen. Beispielsweise wurde nur selten untersucht, wie Persönlichkeitsmerkmale Verfügbarkeit beziehungsweise Erhalt sozialer Unterstützung in konkreten Belastungsepisoden beeinflussen (vgl. dazu Aymanns 1992). Auch Effekte des Bewältigungsverhaltens auf die Verfügbarkeit sozialer Unterstützung waren bislang Gegenstand nur einiger weniger Studien (z. B. Dunkel-Schetter et al. 1987; Silver et al. 1990).

Vergleichsweise gut untersucht sind Effekte von Persönlichkeitsmerkmalen auf aktuelles Bewältigungsverhalten in einer Belastungsepisode (zum Überblick vgl. Krohne 1996b; Kohlmann 1997). Die Befunde verweisen auf deutliche Einflüsse von Persönlichkeit auf Bewältigungsverhalten; auch „Bewältigungsstile", ein Konstrukt mittlerer Abstraktionsebene, sind als stabile dispositionale Personeigenschaften zu rekonstruieren (Taylor und Aspinwall 1996). Interessante und im Hinblick auf psychologische Intervention im Kontext medizinischer Interventionsmaßnahmen implikationsreiche Befunde werden aus einer mittlerweile klassischen Studie zur Vorbereitung auf eine Kolposkopie (Miller und Mangan 1983) berichtet, in der dem jeweiligen Persönlichkeitsstil der Informationsverarbeitung konträres versus konformes Bewältigungsverhalten „induziert" wurde: Patientinnen mit aufmerksamkeitszuwendendem Bewältigungsstil (*Monitors*) profitierten im Hinblick auf verschiedene Kriterien von vorausgehender Information über die schmerzhafte Prozedur, während Patientinnen, die einen suppressiven Bewältigungsstil bevorzugten (*Blunters*), die schmerzhafte Maßnahme am besten mit Hilfe von Ablenkungsstrategien bewältigten. Folgt man diesen und ähnlichen Befunden, so wären an Verarbeitungsstrategien von Patienten ansetzende Interventionsmaßnahmen (z. B. Bewältigungstrainings) immer im Hinblick auf dispositionale Patientenmerkmale abzustimmen.

2.5.5
Streß und psychosomatische Erkrankung: Kausalmodelle

Das Streßkonzept besitzt nicht nur umgangssprachlich (vgl. Abschnitt 2.5.1), sondern auch wissenschaftlich eine längere Tradition als Erklärungsprinzip psychischer und psychosomatischer Störungen. In verschiedenen Ansätzen war Streß als ätiologischer Faktor gar das psychosomatische Störungen definierende Element. In der modernen psychobiologischen Streßforschung ist die Zahl der Krankheitsbilder, für deren Ge-

nese Belastungsfaktoren maßgeblich sind, noch einmal erheblich erweitert worden.

Mißverständnisse und Unklarheiten bestehen allerdings nach wie vor in der Frage, welchen kausalen Status psychosoziale Belastungen in der Genese psychosomatischer Störungen überhaupt besitzen. Aus sozialepidemiologischen Studien ist mittlerweile bekannt, daß Streß für wohl keine Erkrankung den Status einer spezifischen Krankheitsursache (notwendige und hinreichende Bedingung) besitzt (vgl. Katschnig 1980), sondern eher als unterstützende Bedingung der Störungsgenese zu verstehen ist. In diesem Sinne sind psychosoziale Belastungen auch keine wirklichen „Ursachen", sondern lediglich „auslösende" Bedingungen: Eine Krankheit oder Störung entsteht, wenn „prädisponierende" Faktoren vorhanden sind und ein Belastungsereignis hinzukommt, teilweise aber auch ohne das Auftreten von Belastungen. Derartige Annahmen kennzeichnen die sogenannten „Diathese-Streß"-Modelle, die in der aktuellen psychosomatischen Forschung die wohl bedeutendste Klasse von ätiologischen Ansätzen darstellen.

Die empirische Prüfung komplexer Modelle zur ätiologischen Bedeutung psychosozialer Belastungen ist mit einer Reihe von methodischen Problemen konfrontiert (insbesondere Konfundierung von Belastungs- und Störungsmerkmalen; Probleme der kausalen Inferenz; vgl. Kessler et al. 1996). Diese können im gegebenen Rahmen nicht im einzelnen erörtert werden; störungsspezifische Modelle der pathogenetischen Wirkung von Streß werden in den verschiedenen störungsbezogenen Kapiteln diskutiert.

Vielmehr sollen exemplarisch Grundzüge und empirische Überprüfung eines komplexen Modells zur pathogenetischen Wirkung von Streß bei Infektionserkrankungen der oberen Atemwege (Cohen und Williamson 1991) dargestellt werden, das für die medizinische und psychosomatische Streßforschung richtungsweisenden Charakter besitzt. In drei Partialmodellen wird dabei die Bedeutung psychosozialer Belastung für Erstmanifestation, Rezidivierung und Krankheitsverhalten beschrieben. Im folgenden soll dabei lediglich auf den Aspekt der Erstmanifestation eingegangen werden.

Der Erstinfektion geht diesem Modell zufolge notwendigerweise eine Pathogenexposition als auslösender Faktor voraus, der in Wechselwirkung mit der „Disposition" immunologischer Veränderungen als proximale Ursache wirksam wird. Die Effekte von Streß auf das Immunsystem sind zentralnervös, neuroendokrin und über Veränderungen in gesundheitsrelevanten Verhaltensweisen vermittelt. Eine interessante neue Annahme dieses Modells besagt, daß das Niveau psychischer Belastung auch auf die Pathogenexposition einwirkt, wobei Gesundheitspraktiken (z. B. Hygiene) und soziale Bewältigung (z. B. erhöhte soziale Aktivität) die zentralen Mediatorvariablen darstellen.

Zur empirischen Prüfung des Modells (Cohen et al. 1993) wurde ein quasiprospektives experimentelles Design gewählt, nämlich eine Viren-Provokationsstudie (*Viral Challenge*). 394 gesunde Probanden in Quarantäne wurden dabei in kontrollierter Weise mit einem von fünf verschiedenen Virustypen infiziert. Ansteckungseffekte wurden durch Zuweisung in Einzelzimmer beziehungsweise größere Wohneinheiten kontrolliert. Die Befunde zeigen, daß im Vorjahr chronisch oder durch kritische Lebensereignisse belastete Personen mit höherer Wahrscheinlichkeit Erkältungskrankheiten entwickelten.

Moderne multifaktorielle Modelle der Effekte von Streß auf Krankheitsrisiken sind mittlerweile gerade auch für einige jener „klassischen" psychosomatischen Krankheitsbilder ausgearbeitet worden, die zuletzt aufgrund jüngerer Fortschritte der somatischen Medizin als rein biologisch bedingt galten (z. B. Ulcus duodeni; vgl. dazu Levenstein 2000).

2.5.6
Psychologische Intervention im Kontext psychosozialer Belastung

Streß ist selbst keine Störung, sondern gehört zu den Grundqualitäten des menschlichen Lebens. Intervention in Belastungs-Bewältigungs-Prozesse wird dort nötig, wo Streß nicht mehr in gesundheitserhaltender oder -förderlicher Weise verarbeitet werden kann. Dies gilt zum einen für korrektive Interventionen wie etwa Psychotherapie bei Patienten mit posttraumatischen Belastungsstörungen, aber auch für Maßnahmen der Krisenintervention, die hier nicht im einzelnen diskutiert werden sollen (vgl. Kap. 5.2.12, S. 329 ff u. 6.2.2, S. 551 f). Enger mit dem Streßkonzept verwoben sind präventive Interventionsprogramme, die sogenannten Streßbewältigungstrainings, die zu den unspezifischen, populationsbezogenen Maßnahmen zu zählen sind (zur Systematik vgl. Becker 1997).

Der „Urahn" dieser Programme, das „Streßimpfungs-" oder „-immunisierungs-Training" (*Stress Inoculation Program*), wurde von Meichenbaum (1979; 1986) konzipiert und basiert auf einem kognitiv-verhaltenstherapeutischen Ansatz, in dessen Zentrum **Selbstverbalisationen** während belastender Situationen stehen, das heißt häufig im Alltag nicht bewußte „innere Dialoge" oder Selbstinstruktionen, die nicht selten an überstarken Streßreaktionen beteiligt sind. Zentrale Zielsetzungen des Programms sind
- akkurate kognitive Einschätzungen (*Appraisals*),
- die Erarbeitung eines adäquaten Reaktionsrepertoires,
- die adäquate Anwendung verfügbarer Bewältigungsreaktionen sowie Vermeidung von Produktions- und Mediationsfehlern und
- die Beschleunigung der Erholungsphase.

Das Programm ist in die drei Hauptphasen mit je spezifischen Unterphasen gegliedert:
- Unterricht
- Übung
- Anwendung

Die Übungsphase zielt etwa auf logische Stufen des Belastungs-Bewältigungs-Prozesses ab:

- Vorbereitung auf einen Stressor
- Konfrontation
- Phase der „Überwältigung"
- Selbstverstärkung

Das Streßimpfungstraining nutzt nicht alle möglichen Ansatzpunkte präventiver Intervention im Kontext von Streß; beispielsweise sind Techniken zur Kontrolle der eigenen **Stressorexposition** nur rudimentär enthalten, und Techniken zur direkten Beeinflussung der an der physiologischen Streßreaktion beteiligten Systeme (z. B. Autogenes Training) werden in diesem wie auch anderen kognitiv-verhaltenstheoretischen Programmen nicht berücksichtigt.

Mittlerweile bestehen zahlreiche Alternativen zum Streßimpfungstraining, die Erweiterungen in Richtung einer Anwendung auf Paare (Bodenmann et al. 2001) oder auch eine engere Anbindung an die kognitiv-transaktionale Theorie (Folkman et al. 1991) beinhalten. Kaluza (1997) unterzog 36 kontrollierte Wirksamkeitsstudien aus dem Bereich der primären Prävention einer meta-analytischen Untersuchung und fand insgesamt kleine bis mittlere Effekte. Die vergleichsweise deutlichsten Verbesserungen wurden danach im Bereich des psychischen und physischen Befindens sowie hinsichtlich der Reduktion von Ärger und Feindseligkeit beobachtet; subjektive Belastungswahrnehmungen und somatische Parameter erwiesen sich hingegen als durch Streßbewältigungstrainings wenig beeinflußbar. Ferner fanden sich Hinweise für eine Verstärkung der Trainingseffekte auf Befinden und Feindseligkeit, wenn ein Evaluationszeitraum von mehr als sechs Monaten zugrundegelegt wurde. Nach Kaluza (1997) sind die beobachteten Effekte als eher unspezifisch zu bezeichnen; spezifische Effekte (d. h. Veränderungen von Bewältigungsstrategien) wurden in den meisten der bisher vorliegenden Untersuchungen nicht erfaßt. Die Befunde einer Evaluationsstudie zum Programm „Gelassen und sicher im Streß" (Kaluza 1996b; 1998) deuten darauf hin, daß Streßbewältigungstrainings mit einer Zunahme relativierend-distanzierender wie auch aktiv-handelnder Bewältigungsformen einhergehen.

2.5.7
Abschließende Bemerkungen

Das Streßkonzept ist seit jeher eng mit Psychosomatik und Psychotherapeutischer Medizin verbunden, und Streßforschung wurde von Anbeginn aus einer klinisch-medizinischen Perspektive betrieben. In dieser Perspektive gerät leicht aus dem Blickfeld, daß erfolgreiche Entwicklung in allen Altersstufen ohne Auseinandersetzung mit Streß nicht denkbar ist (vgl. etwa das Konzept altersspezifischer Entwicklungskrisen bei Erikson 1976). Ob tatsächlich maligner „Distress" und benigner „Eustress" als personunabhängige Belastungsformen koexistieren, wie es die Konzeption von Selye (1981) behauptet, mag dahingestellt bzw. ein Problem der Streßdefinition sein;

neuere Forschungsbefunde lassen insgesamt eher erwarten, daß die Chronizität von Streßreaktionen für spätere Störungsrisiken bedeutsamer ist als ihre Höhe.

Ob Streßreaktionen und -folgen chronifizieren, wird entscheidend durch die Aktivität personaler und sozialer Ressourcen mitbestimmt. Nicht zu Unrecht bildet die Forschung zu solchen protektiven oder auch „salutogenen" Faktoren das neben der psychobiologischen Grundlagenforschung zweite wichtige Standbein der Streßforschung. Aus anwendungsorientierter Perspektive wäre zu wünschen, daß die Befunde aus drei Jahrzehnten Forschung zu protektiven Faktoren in naher Zukunft in noch wirksamere Interventionsstrategien im präventiven und therapeutischen Feld umgesetzt werden können. Obwohl die Bewältigungsforschung immer den Anwendungsaspekt im Auge zu haben vorgab, wirkt der Literaturumfang zu Coping-Interventionsforschung vergleichsweise kümmerlich. Kaluza (1997) fand für seine Metaanalyse lediglich 36 Studien zu Streßbewältigungstrainings in der primären Prävention, die methodischen Mindestanforderungen genügten. Die Behauptung, diese und allgemeinere Interventionsmaßnahmen würden zu einer „Verbreiterung des Bewältigungsrepertoires" führen, ist bislang jedenfalls unzureichend geprüft.

Literatur

Abramson LY Metalsky GI, Alloy, LB. The hopelessness theory of depression: does the research test the theory? In: Social cognition and clinical psychology: a synthesis. Abramson LY (ed). New York: Guilford 1988; 33–65.

Abramson, LY Seligman MEP, Teasdale JD. Learned helplessness in humans: critique and reformulation. J Abnorm Psychol 1978; 42: 1114–26.

Antonovsky A. Unraveling the mystery of health: how people manage stress and stay well. San Francisco (CA): Jossey-Bass 1987.

Aymanns P. Krebserkrankung und Familie: Zur Rolle familialer Unterstützung im Prozeß der Krankheitsbewältigung. Bern: Huber 1992.

Baum A, Cohen L, Hall M. Control and intrusive memories as possible determinants of chronic stress. Psychosom Med 1993; 55: 274–86.

Becker P. Prävention und Gesundheitsförderung. In: Gesundheitspsychologie: Ein Lehrbuch. 2. Aufl. Schwarzer R (Hrsg). Göttingen: Hogrefe 1997; 517–34.

Bodenmann G, Perrez M, Cina A, Widmer K. Verbesserung der individuellen Belastungsbewältigung im Rahmen des Freiburger Stress-Präventions-Trainings (FSPT): Ergebnisse einer 1-Jahres-Follow-up-Untersuchung. Z Gesundheitspsychol 2001; 9: 2–12.

Bolger N, Schilling EA. Personality and the problems of everyday life: the role of neuroticism in exposure and reactivity to daily stressors. J Pers 1991; 59: 355–86.

Brandtstädter J, Renner G. Tenacious goal pursuit and flexible goal adjustment: explication and age-related analysis of assimilative and accomodative strategies of coping. Psychol Ageing 1990; 5: 58–67.

Brandtstädter J, Wentura D, Greve W. Adaptive resources of the aging self: outlines of an emergent perspective. Int J Behav Dev 1993; 16: 323–49.

Braukmann W, Filipp S-H. Strategien und Techniken der Lebensbewältigung. In: Klinische Psychologie: Trends in Forschung und Praxis (Bd. 6). Baumann U, Berbalk H, Seidenstücker G (Hrsg). Bern: Huber 1984; 52–87.

Cohen S, Williamson G. Stress and infectious disease in humans. Psychol Bull 1991; 109: 5–24.

Cohen S, Wills TA. Stress, social support, and the buffering hypothesis. Psychol Bull 1985; 98: 310–57.

Cohen S, Tyrell DAJ, Smith, AP. Negative life events, perceived stress, negative affect, and susceptibility to the common cold. J Pers Soc Psychol 1993; 64: 131–40.

Cox T. Stress. Baltimore, MD: University Park Press 1978.

Dienstbier RA. Arousal and physiological toughness: implications for mental and physical health. Psychol Rev 1989; 96: 84–100.

Dunkel-Schetter C, Bennett TL. Differentiating the cognitive and behavioral aspects of social support. In: Social support: an interactional view, Sarason IG, Sarason BR, Pierce GR (eds). New York: Wiley 1990; 267–96.

Dunkel-Schetter C, Folkman S, Lazarus RS. Correlates of social support receipt. J Pers Soc Psychol 1987; 53: 71–80.

Elliott GR, Eisdorfer C. Stress and human health. New York: Springer 1982.

Erikson, EH. Identität und Lebenszyklus. Frankfurt: Suhrkamp 1976.

Fenz, WD, Epstein S. Gradients of psychological arousal of experienced and novice parachutists as a function of an approaching jump. Psychosom Med 1967; 29: 33–51.

Filipp, S-H. Ein allgemeines Modell für die Analyse kritischer Lebensereignisse. In: Kritische Lebensereignisse. 2. Aufl. Filipp S-H (Hrsg). München: PVU 1990; 3–52.

Filipp S-H, Aymanns, P. Bewältigungsverhalten (coping). In: Psychosomatische Medizin. Adler R, Herrmann JM, Köhle K, Schonecke OW, von Uexküll T, Wesiack W (Hrsg). München: Urban & Schwarzenberg 1995; 277–90.

Filipp, S-H , Klauer T. Subjective well-being in the face of critical life events: the case of successful copers. In: The social psychology of subjective well-being. Strack F, Argyle M, Schwarz N (eds). Oxford: Pergamon 1991; 213–34.

Folkman S, Chesney M, McKusick L, Ironson G, Johnson DS, Coates TJ. Translating coping theory into an intervention. In: The social context of coping. J Eckenrode (ed). New York: Plenum 1991; 239–60.

Forsythe CJ, Compas BE. Interaction of cognitive appraisals of stressful events and coping: testing the goodness of fit hypothesis. Cog Ther Res 1987; 11: 473–85.

Funk SC. Hardiness: a review of theory and research. Health Psychol 1992; 11: 335–45.

Godaert G, Benschop RJ, Schedlowski M, Ballieux RE. Auswirkung von Streß auf das Immunsystem. In: Psychoendokrinologie und Psychoimmunologie (Enzyklopädie der Psychologie, Bd. C/I/3). Kirschbaum C, Hellhammer D (Hrsg). Göttingen: Hogrefe 1999; 631–51.

Haan N. Coping and defending: processes of self-environment organization. New York: Academic Press 1977.

Hellhammer D, Pirke KM. Neuroendokrinologische Grundlagen. In: Grundlagen der Klinischen Psychologie. Enzyklopädie der Psychologie. Bd. D/II/1. Ehlers A, Hahlweg K (Hrsg). Göttingen: Hogrefe 1996; 833–902.

Herbert TB, Cohen S. Stress and immunity in humans: a meta-analytic review. Psychosom Med 1993; 55: 364–79.

Holmes TH , Rahe RH. The Social Readjustment Rating Scale. J Psychosom Res 1967; 11: 213–8.

Horowitz MJ. Stress response syndromes. Northvale (NJ): Jason Aaronson 1986.

Horowitz MJ, Znoj HJ, Stinson CH. Defensive control processes: use of theory in research, formulation, and therapy of stress response syndromes. In: Handbook of coping: theory, research, applications. Zeidner M, Endler NS (eds). New York: Wiley 1996; 532–53.

Kaluza G. Belastungsbewältigung und Gesundheit. Z Med Psychol 1996a; 5: 147–55.

Kaluza G. Gelassen und sicher im Stress: Psychologisches Programm zur Gesundheitsförderung. 2. Aufl. Berlin: Springer 1996b.

Kaluza G. Evaluation von Streßbewältigungstrainings in der primären Prävention – eine Meta-Analyse (quasi-)experimenteller Feldstudien. Z Gesundheitspsychol 1997; 5: 149–69.

Kaluza G. Effekte eines kognitiv-behavioralen Stressbewältigungstrainings auf Belastungen, Bewältigung und (Wohl-)Befinden: Eine randomisierte, prospektive Interventionsstudie in der primären Prävention. Z Klin Psychol 1998; 27: 234–43.

Kanner AD, Coyne JC, Schaefer C, Lararus RS. Comparison of two modes of stress management: daily hassles and uplifts versus major life events. J Behav Med 1982; 4: 1–39.

Katschnig H. Lebensverändernde Ereignisse als Ursache psychischer Störungen. In: Sozialer Streß und psychische Erkrankung. Katschnig H (Hrsg). München: Urban & Schwarzenberg 1980; 1–93.

Kessler RC, Magee WJ, Nelson CB. Analysis of psychosocial stress. In: Psychosocial stress: perspectives on structure, theory, life-course, and methods. Kaplan HB (ed). San Diego (CA): Academic Press 1996; 333–66.

Kirschbaum C, Hellhammer D. Hypothalamus-Hypophysen-Nebennierenrindenachse. In: Psychoendokrinologie und Psychoimmunologie. Enzyklopädie der Psychologie. Bd. C/I/3. Kirschbaum C, Hellhammer D (Hrsg). Göttingen: Hogrefe 1999; 79–140.

Kirschbaum C, Klauer T, Filipp SH, Hellhammer DH. Sex-specific effects of social support on cortisol and subjective responses to acute pychological stress. Psychosom Med 1995a; 57: 23–31.

Kirschbaum C, Pruessner JC, Stone AA, Federenko I, Gaab J, Lintz, D, Schommer N, Hellhammer DH. Persistent high cortisol responses to repeated psychological stress in a subpopulation of healthy men. Psychosom Med 1995b; 57: 468–74.

Kobasa, SC. Stressful life events, personality, and health: an inquiry into hardiness. J Pers Soc Psychol 1979; 37: 1–11.

Kobasa SC, Puccetti MC. Personality and social resources in stress resistance. J Pers Soc Psychol 1983; 45: 839–50.

Kohlmann C-W. Persönlichkeit und Emotionsregulation: Defensive Bewältigung von Angst und Streß. Bern: Huber 1997.

Krohne H.-W. Vigilance and cognitive avoidance as concepts in coping research. In H-W Krohne (ed), Attention and avoidance: strategies in coping with aversiveness. Seattle (WA): Hogrefe & Huber 1993; 19–50.

Krohne H-W. Angst und Angstbewältigung. Stuttgart: Kohlhammer 1996a.

Krohne H-W. Individual differences in coping. In: Handbook of coping: theory, research, applications. Zeidner M, Endler NS (eds). New York: Wiley 1996b; 381–409.

Kübler-Ross E. On death and dying. New York: Macmillan 1969.

Langer EJ. The illusion of control. In: Choice and perceived control. Perlmuter LC, Monty RA (eds). Hillsdale (NJ): Lawrence Erlbaum 1979; 301–13.

Laux L. Psychologische Streßkonzeptionen. In: Theorien und Formen der Motivation. In: Enzyklopädie der Psychologie. Bd V/IV/1. Thomae H (ed). Göttingen: Hogrefe 1983; 453–535.

Lazarus RS. Psychological stress and the coping process. New York: McGraw-Hill 1966.

Lazarus RS, Folkman S. Stress, appraisal, and coping. New York: Springer 1984.

Lepore SJ, Evans GW. Coping with multiple stressors in the environment. In: Handbook of coping: theory, research, applications. Zeidner M, Endler NS (eds). New York: Wiley 1996; 350–77.

Levenstein S. The very model of a modern etiology: a biopsychosocial view of peptic ulcer. Psychosom Med 2000; 62: 176–85.

Linville PW. Self-complexity as a cognitive buffer against stress-related illness and depression. J Pers Soc Psychol 1987; 52: 663–76.

Maier SF, Seligman MEP. Learned helplessness: theory and evidence. J Exp Psychol 1976; 105: 3–46.

McGonagle KM, Kessler RC. Chronic stress, acute stress, and depressive symptoms. Am J Community Psychol 1990; 18: 681–705.

Meichenbaum D. Kognitive Verhaltensmodifikation. München: Urban & Schwarzenberg 1979.

Meichenbaum D. Stress inoculation training. New York: Pergamon Press 1986.

Miller SM. Predictability and human stress: towards a clarification of evidence and theory. In: Advances in experimental social psychology. Berkowitz L (ed). New York: Academic Press 1981; 203–56.

Miller SM. Monitoring and blunting of threatening information: cognitive interference and facilitation in the coping process. In: Cognitive interference: theories, methods, and findings. Sarason IG, Pierce GR, Sarason BR (eds). Mahwah (NJ): Lawrence Erlbaum 1996; 175–89.

Miller SM, Mangan CE. Interacting effects of information and coping style in adapting to gynecologic stress: should the doctor tell all? J Pers Soc Psychol 1983; 45: 223–36.

Munck A, Guyre PM. Glucocorticoids and immune function. In: Psychoneuroimmunology. 2. edn. Ader R, Felten D, Cohen N (eds). San Diego (CA): Academic Press 1991; 447–74.

Nitsch JR. Streßtheoretische Modellvorstellungen. In: Streß – Theorien, Untersuchungen, Maßnahmen. Nitsch JR (Hrsg). Bern: Huber 1981; 52–141.

Peterson C, Maier SF, Seligman MEP. Learned helplessness: a theory for the age of personal control. New York: Oxford University Press 1993.

Pike JL, Smith TL, Hauger RL, Nicassio PM, Patterson TL, McClintick J, Costlow C, Irwin MR. Chronic life stress alters sympathetic, neuroendocrine, and immune responsivity to an acute psychological stressor in humans. Psychosom Med 1997; 59: 447–57.

Pruessner JC, Gaab J, Hellhammer DH, Lintz D, Schommer N, Kirschbaum C. Increasing correlations between personality traits and cortisol stress responses obtained by data aggregation. Psychoneuroendocrinol 1997; 22: 615–25.

Scherer K, Wallbott HG. Stress specificities: differential effects of coping style, gender, and type of stressor on autonomic arousal, facial expression, and subjective feeling. J Pers Soc Psychol 1991; 61: 147–56.

Schwartz CE, Rogers M. Designing a psychosocial intervention to teach coping flexibility. Rehabil Psychol 1994; 39: 57–72.

Schwarzer R, Leppin A. Sozialer Rückhalt und Gesundheit. Göttingen: Hogrefe 1989.

Schwarzer R, Leppin A. Social support and mental health: a conceptual and empirical overview. In: Life crises and experiences of loss in adulthood. Montada L, Filipp S-H, Lerner MJ (eds). Hillsdale: Erlbaum 1992; 435–58.

Schwarzer R, Weiner B. Stigma controllability and coping as predictors of emotions and social support. J Soc Personal Relationships 1991; 8: 133–40.

Seligman MEP. Helplessness: on depression, development, and death. San Francisco: Freeman 1975.

Seligman MEP, Binik YM. The safety signal hypothesis. In: Operant Pavlovian interactions. Davis H, Hurwitz HMB (eds). Hillsdale, NJ: Lawrence Erlbaum 1977; 165–80.

Selye H. Geschichte und Grundzüge des Streßkonzepts. In: Streß – Theorien, Untersuchungen, Maßnahmen. Nitsch JR (Hrsg). Bern: Huber 1981; 163–87.

Silver RC, Wortman CB, Crofton C. The role of coping in support provision: the self-presentional dilemma of victims of life crises. In: Social support – an interactional view. Sarason BR, Sarason IG, Pierce GR (eds). New York: John Wiley & Sons 1990; 397–426.

Smith WK. The stress analogy. Schizophren Bull 1987; 13: 215–20.

Taylor SE, Aspinwall LG. Mediating and moderating processes in psychosocial stress: appraisal, coping, resistance, and vulnerability. In: Psychosocial stress: perspectives on structure, theory, life-course, and methods. Kaplan HB (ed). San Diego (CA): Academic Press 1996; 71–110.

Taylor SE, Brown JD. Illusion and well-being: a social psychological perspective on mental health. Psychol Bull 1988; 103: 193–210.

Taylor SE, Wood JV, Lichtman RR. It could be worse: selective evaluation as a response to victimization. J Soc Issues 1983; 39(2): 19–40.

Tesch-Römer C, Salewski C, Schwarz, G (Hrsg). Psychologie der Bewältigung. Weinheim: Beltz-PVU 1997.

Thoits PA. Dimensions of life events that influence psychological distress: an evaluation and synthesis of the literature. In: Psychological stress: trends in theory and research. Kaplan HB (ed). New York: Academic Press 1983; 33–105.

Weber H. Effektivität von Bewältigung: Kriterien, Methoden, Urteile. In: Krankheitsverarbeitung. Vol. 10. Heim E, Perrez M (Hrsg). Göttingen: Hogrefe 1994; 49–62.

Weinberger DA, Schwartz GE, Davidson RJ. Low anxious, high anxious, and repressive coping styles: psychometric patterns and behavioral and physiological responses to stress. J Abnorm Psychol 1979; 88: 369–80.

Weiss JM. Somatic effects of predictable and unpredictable shock. Psychosomatic Med 1970; 32: 397–408.

Wheaton B. Sampling the stress universe. In: Stress and mental health: contemporary issues and prospects for the future. Avison WR, Gotlib IH (eds). New York: Plenum 1994; 77–113.

Wheaton B. The domains and boundaries of stress concepts. In: Psychosocial stress: perspectives on structure, theory, life-course, and methods. Kaplan HB (ed). San Diego (CA): Academic Press 1996; 29–70.

Wortman CB, Silver RC. The myths of coping with loss. J Consulting Clin Psychol 1989; 57: 349–57.

Zeidner M, Endler NS (eds). Handbook of coping: theory, research, applications. New York: Wiley 1996.

2.6
Die Bedeutung soziologischer Einflußgrößen am Beispiel der Arbeitswelt und der Familie

Ulrich Stuhr

2.6.1
Die Arbeit als unbekanntes Wesen in der Psychosomatik und Psychotherapie

Der immense Arbeiter Freud widmet zwar in seinem Aufsatz „Das Unbehagen in der Kultur" (1930, S. 438) eine Fußnote der „Bedeutung der Arbeit für die Libidoökonomie", aber bis auf den Aufsatz Karl Menningers (1942/1970) bleibt das Thema „Arbeit" innerhalb der psychoanalytischen Theoriebildung quasi unbehandelt.[1] Es ist deshalb auch nicht verwunderlich, daß in der Psychotherapie dem Arbeitsplatz oft nur eine Auslöserfunktion oder der Status als bloßes Agier- beziehungsweise Projektionsfeld zuerkannt wird. Der für die Wiederherstellung des Wohlbefindens und der Arbeitskraft finanzierte Psychotherapeut scheint, wie der Patient oft selbst, auch angesichts der existentiellen Bedeutung der Arbeit und der Machtstrukturen in der Arbeitswelt, zur Verleugnung der relativ eigengewichtigen Arbeitsplatzprobleme greifen zu müssen. Dies steht jedoch in krassem Widerspruch zu den Hauptzielen der psychoanalytischen Behandlung, nämlich Liebesfähigkeit und Arbeitsfähigkeit zu erlangen (Dreher 2001).

Die Redewendung von Patienten „Ich bin gestreßt" ist trotz ihres positiven Aspektes (Hinweis oder Eingeständnis psychischer Faktoren im Krankheitsgeschehen) zu einer beinahe sinnentleerten Floskel geworden, die eher hilft, die meist komplexen Gründe, sich gestreßt zu fühlen, zu verschleiern.

Es geht somit darum, nicht ein komplexes Geschehen von äußeren und inneren Bedingungen zu parzellieren und eine fatale Arbeitsteilung unreflektiert fortzusetzen: Für „Streß" ist die Arbeitsmedizin zuständig und für „Gefühle" in der Familie oder im Menschen die Psychosomatik und Psychotherapie. So kommt in einschlägigen Psychosomatiklehrbüchern (Stuhr 1988) der Begriff „Arbeit" nicht vor und in Büchern über Arbeitsmedizin (Blohmke und Reimer 1980; Elsner 1988) finden sich Begriffe zur Psychosomatik nicht oder nur äußerst selten. Von Ferber (1996, S. 291f) weist auf eine zukünftig notwendige „Paradigma-Erweiterung" hin, die beide Seiten betrifft: Simple lineare Kausalbeziehungen müssen durch multifunktionelle Modelle und objektivistische Erhebungen durch die Einbeziehung des Arbeitssubjektes und den subjektiven Arbeitsbegriff ersetzt beziehungsweise erweitert werden.

Trotz Arbeitszeitverkürzung (z. B. durch die 35-Stunden-Woche) verbringt der Mensch einen großen Teil seiner Lebenszeit am Arbeitsplatz. Dieser ist für ihn ein soziales Kontaktfeld, das ihm die Möglichkeit bietet, Kompetenz zu gewinnen. Dort erhält er das Gefühl, von anderen in sinnvoller Weise gebraucht zu werden und nützlich zu sein. Die Arbeit bildet dabei einen sozialen Orientierungsrahmen, der Selbstbewußtsein stiftet. Das individuelle Realitätskonzept und die persönliche Identität werden dort entscheidend entwickelt, da der einzelne ständig seine Ideen, Kenntnisse und Fähigkeiten an der harten Realität der Arbeitswelt prüfen muß. Wir treffen eigentlich sonst nur noch in sehr frühen Entwicklungsphasen des Menschen auf eine derart enge Verbindung von Tätigkeit und Identität beziehungsweise Selbstbewußtsein. Und die Arbeit kann in schweren privaten Lebenskrisen, zum Beispiel Tod naher Angehöriger, zum einzigen stabilen Halt werden: „Auf der Arbeit geht es irgendwie weiter", – die Gefahr der Verdrängung mit der Flucht in die Arbeit liegt hier jedoch auch nahe („In unserer Familie wird nicht getrauert, bei uns wird gearbeitet").

Eigene Untersuchungen an einer Stichprobe von Menschen, die sich selbst als gesund definierten (Haag et al. 1988), machten die Bedeutung der Arbeit als wichtigste Quelle der Freude deutlich: Der berufliche Erfolg (47 %) und der Beruf selbst (46 %) wurden am häufigsten als Quellen der Freude genannt, – im Vergleich dazu folgt der „Ehepartner" (35 %) und der „Konsum" (11 %) erst mit einigem Abstand dahinter.

2.6.2
Auswirkungen von Arbeitsbelastungen anhand exemplarischer Untersuchungen

Bei einer großen Zahl von Untersuchungen in der Arbeitswelt sind während der letzten Jahrzehnte immer wieder einzelne arbeitsrelevante Merkmale als signifikante Stressoren ermittelt worden:

Bei der Arbeitsstruktur
- die Zeitstruktur (z. B. Schichtrhythmus)
- repetitive Teilarbeit
- Vigilanz (z. B. Monotonie)
- Habituationsgrad (Vorhersagbarkeit des Arbeitsablaufes)
- Handlungsspielraum

---

1 Abgesehen von den psychoanalytisch orientierten Sozialwissenschaftlern und Kulturkritikern (vgl. z. B. Leithäuser u. Vollmerg 1988). Im Bereich der Verhaltenstherapie gab es nur einen Ansatz von Hermer (1995).

- Körperhaltung und Körperbeanspruchung
- Grad der Verantwortlichkeit
- Maschinenbestimmtheit (Abhängigkeit vom Arbeitstakt)
- Inhalt der Arbeit (Sinnentleerung)

Bei den Arbeitbedingungen
- Umgebungseinflüsse (Lärm, Staub, Hitze, Gas, Vibration, Strahlung)
- Umgang im Betrieb (Führungsstil und Hierarchie, Konkurrenz, Rollenkonflikte)
- Unsicherheit des Arbeitsplatzes und Arbeitsplatzverlust
- Betriebspolitik (Sozialleistungen, Mitbestimmung etc.)
- Entlohnung (Prämiensysteme etc.)
- Arbeitsweg (Pendler, Zeitaufwand)

Obwohl nachprüfbar statistisch abgesicherte Stressoren identifiziert werden können (auch Slesina 1988), gibt es allerdings methodische Probleme in den arbeitspsychologischen und arbeitsmedizinischen Untersuchungen, die das herkömmliche Streßkonzept und die simple Suche nach Stressoren (als Reiz-Reaktionsschema) in Frage stellen.

So haben Lühring und Seibel (1980) 348 männliche Arbeiter in einer für die Betriebe der Bundesrepublik Deutschland repräsentativen Studie untersucht, und zwar mit Hilfe standardisierter Arbeitsplatzbeobachtungen, standardisierter Interviews zur subjektiven Arbeitserfahrung und eines standardisierten Tests zur psychischen Gesundheit (sogenannter Langnertest). Zwischen den objektiv erhobenen Merkmalen der Arbeitssituation und psychischer Gesundheit ergaben sich nur 5 Zusammenhänge von insgesamt 41 möglichen. Diese 5 Zusammenhänge betreffen nur 3 der 12 Dimensionen:
- Kooperation
- Arbeitsgeschwindigkeit und -ausführung
- Autonomie

Und sie sind in ihrer Ausprägung trotz statistischer Signifikanz der Korrelationen sehr gering; sie liegen zwischen 0,14 und 0,09. Somit konnten nur maximal 2% der Gesamtvarianz des Geschehens so aufgeklärt werden. Dieses Phänomen ist ein generelles Problem dieses Forschungsansatzes, das heißt, einzelne Arbeitsplatzbelastungen haben statistisch gesehen eine Relevanz, aber vom Gesamtgeschehen „Arbeit/Krankheit" wird auf diesem Wege beziehungsweise mit dieser Methodik nur ein äußerst geringer Teil aufgeklärt. Eine Ausnahme bilden – wie oben gezeigt – arbeitssoziologische Aspekte, und zwar speziell die Einflußmöglichkeit der Arbeiter auf die Arbeitsgeschwindigkeit und die Art der Arbeitsausführung sowie eine starke kooperative Abhängigkeit, wenig informelle Kontakte und die Determination der Arbeitsgeschwindigkeit durch die Produktionstechnologie.

Lühring und Seibel (1980) haben interessanterweise aber eben auch die durch die Arbeit **subjektiv** erfahrene Arbeitsbelastung in Beziehung zur psychischen Gesundheit gesetzt. Durch die Berücksichtigung des subjektiven Faktors erhöhen

sich die korrelativen Zusammenhänge zwischen wahrgenommener Arbeitsbelastung und psychischer Gesundheit. Die Pathogenetik von Arbeitsplatzstrukturen im Hinblick auf die psychische Gesundheit läßt sich damit wohl eher durch die **subjektive** Bewertung und Verarbeitung von objektiven Belastungen begründen. Von Ferber (1996) hebt deshalb im Rahmen einer Paradigma-Erweiterung hervor, daß in den Arbeitswissenschaften der subjektive Arbeitsbegriff stärker fokussiert werden müsse.

In der **Herzinfarktforschung** ist man einen anderen Weg gegangen, indem man nicht nach dem Zusammenhang zwischen Arbeitsbedingungen und Erkrankung suchte, sondern von einer Erkrankung, dem Herzinfarkt, ausgehend gefragt wurde, welche Arbeitsbedingungen bei den erkrankten Personen anzutreffen sind oder waren (sogenannte retrospektive Studien). Dies schließt jedoch nicht aus, daß derartige Belastungen nicht auch zu anderen Erkrankungen führen können, zumal gute Kontrollgruppen schwer zu definieren und zu finden sind. Die Marburger Forschungsgruppe (Siegrist et al. 1980) findet bei Herzinfarktpatienten im Vergleich zu Herz-Kreislauf-unauffälligen Kontrollpersonen folgende Belastungsfaktoren: Überstunden (mehr als 40 pro Monat), Zeitdruck, häufiges Unterbrechen des Arbeitsablaufes, inkonsistente Anforderungen, Probleme mit Vorgesetzten, drohende Rationalisierungsmaßnahmen, drohende Umsetzungen und Statuseinbußen. Dabei zeigten sich jedoch zwei wesentliche Verbindungen zu anderen Bereichen, die die Komplexität des Geschehens andeuten:
- Häufige und starke Dauerbelastungen im Arbeitsbereich gehen einher mit Belastungen durch lebensverändernde Ereignisse auch außerhalb der Arbeitswelt (sogenannte Life-Events wie z. B. Verluste, Krankheiten, Konflikte im Privatbereich)
- Patienten die im privaten und beruflichen Bereich belastende Lebensereignisse aufweisen und in ihrer Persönlichkeitsstruktur zugleich dem sogenanntes Typ-A-Verhalten (s.u.) entsprachen, wurden viermal häufiger unter Herzinfarktpatienten gefunden (Dittmann et al. 1981)

Definition

Unter einem sogenannten Typ-A-Verhalten (*Coronary Prone Behaviour*), das in vielen Varianten beschrieben wurde und ursprünglich als Ergebnis einer Person-Umwelt-Interaktion verstanden wurde, stellt man sich als charakteristisches „Wappen" für die Person eine „geballte Faust mit Stopuhr" vor (Rosenman und Friedman 1974, S. 96), bei der Ehrgeiz, Konkurrenz, Ungeduld und ein hohes Aktionspotential für Aggressivität und Feindseligkeit vorherrschen (Rosenman 1983).

Aus klinischen Fallstudien entstand zunehmend der Eindruck, daß diese Menschen unbewußt bereit sind, sich bis an den Tod heran zu verausgaben. In Japan gibt es interessanterweise als offizielle Diagnose den Tod durch Arbeit (Junshoku), der aus Sicht der Firmen den „heldenhaften" Tod für ein Unternehmen widerspiegelt, während der Begriff „Karoushi" eben jenen

Tod beschreibt, der die tödliche Verausgabung durch Arbeit definiert, was juristisch für die Hinterbliebenen als tödliche Schädigung einklagbar ist. Dieser A-Typ ist jedoch nur ein Risikofaktor unter anderen, aber ein wichtiger. Denn es gibt auch Personen mit dem entgegengesetzten B-Typ-Profil, die auch einen Herzinfarkt erleiden können (vgl. ausführlich Meyer 1988).

Auch die Untersuchungen des Wissenschaftszentrums Berlin (u. a. Maschewsky und Schneider 1981; Wotschack und Wotschack 1981) weisen auf komplexe Belastungsstrukturen im Feld von Arbeitswelt und privater Sphäre hin. So gab es nicht nur Hinweise auf Belastungen am Arbeitsplatz, wie zum Beispiel Lärm, Staub, Zeitdruck, hohe Konzentration, drohende Sanktionen, sondern auch auf familiäre Belastungen, wie zum Beispiel hohe Kinderzahl, häuslichen Ärger, Partnerkonflikte, Freizeitstreß, wenig Freundschaften und auf spezifische Persönlichkeits- und Verhaltensmerkmale, die als „Karrierestolz" (s. Typ-A-Verhalten) oder Neigung, alles in sich hineinzufressen, charakterisiert wurden.

Hieraus ergibt sich, daß das historisch relevante Streßmodell von Selye (1974), wenn nicht überholt, so doch dringend erweiterungsbedürftig ist. Dies könnte zu einem multifaktoriellen Ansatz führen (von Ferber 1996), in den subjektiv wahrgenommene Arbeitsbelastungen, familiäre Belastungen und Persönlichkeits- und Verhaltensmerkmale als mögliche Belastungsfaktoren einbezogen werden müssen. Ein großer Teil der Erkrankung wird vermutlich nicht monokausal durch **einen** Stressor am Arbeitsplatz ausgelöst. Vielmehr bilden vermittelte Wege, komplexe interaktive Prozesse beziehungsweise Vernetzungen von Familie und Arbeit das pathologische Moment. Davon unberührt gibt es sicher Arbeitsplatzbelastungen, die auch für sich allein pathogen wirken können (z. B. Lärm, Monotonie etc.).

2.6.3
Arbeitswelt und familiäre Umwelt sind interaktiv vernetzt

Die Familie ist in der Psychosomatik hinlänglich ausgewiesen als zentraler Ort der Sozialisation und der Reproduktion (vgl. u. a. Haag 1990). Sie ist aber auch jener Ort, wo Krankheit wahrgenommen wird und sich Krankheitsbedürfnisse artikulieren dürfen und können. In diesem Zusammenhang wird gerade der Familie gegenüber der Arbeitswelt eine relative Eigengesetzlichkeit beziehungsweise Resistenzfähigkeit zugebilligt, ja man spricht auch vom „kompensatorischen Gegenmilieu".

In einer ersten Annäherung für die Psychotherapeutische Medizin geht es darum, die Sprungstellen zwischen den Systemen der „Familie" zu betrachten. Die Beziehung zwischen den Bereichen Arbeit und Familie kann jedoch nicht so gedacht werden, als ob eine Kugel (die Arbeit) eine andere Kugel (die Familie) anstößt und die Bewegung sich gradlinig fortsetzt. Der Anstoß setzt vielmehr ganz eigene Mechanismen beim angestoßenen System in Gang, und zwar Mechanismen

aus der **eigenen** Dynamik (Anregung zur eigenfrequenten Schwingung). Systemtheoretisch sprechen wir von der „Auto-Poiese" und meinen damit die relative Eigendynamik des Systems und seiner Teile, – „relativ", weil von außen zwar angestoßen, aber dann nach ganz eigenen Systemstrukturen und Funktionsgesetzen des angestoßenen Systems ablaufend (sogenannte „Carry-over-" oder „Spill-over"-Hypothese nach Buchholz 1984).

Aus dem Bereich der Arbeitsmedizin gibt es ein gut untersuchtes Beispiel, in dem sich die Verknüpfung von Arbeitsbelastung und Familienleben, also das komplexe Zusammenspiel von verschiedenen Bereichen, zeigt: die **Nacht- und Schichtarbeit**.

Nacht- und Schichtarbeit muß als bedeutender Belastungsfaktor angesehen werden, da

- Arbeitsbelastungen zu einem Zeitpunkt gefordert werden, wo die psychophysische Leistungsbereitschaft, gemessen an Körpertemperatur, Herzkreislaufsystem sowie hormonellen Regelprozessen gemindert ist und
- die sozialen Beziehungen zu anderen, insbesondere zur Familie, durch die Zeitverschiebung und mangelnder Koordinierbarkeit gestört ist.

Die spezifische Streßwirkung besteht (Karmaus und Schienstock 1979) vor allem in einer beginnenden Umkehrung der biologischen Periodik des Zeitbewußtseins sowie der Einschränkung sozialer Kontakte und des familiären Zusammenlebens. Schichtarbeiter nennen als typische Beschwerden:

- Schlafstörungen mit Folgebeschwerden wie Kopfschmerzen, Reizbarkeit und depressiver Stimmungslage, da z. B. auch die lebensnotwendige Traum-Tätigkeit eingeschränkt wird
- Verdauungsstörungen, die sich vor allem in Magenbeschwerden und Magengeschwüren äußern
- Herz-Kreislaufstörungen und Folgeerkrankungen

In diesem Rahmen kann nur angedeutet werden, was sich aus der „Unruhe und Unbeständigkeit", die durch den Schichtrhythmus in die Familie hineingetragen werden, ergeben kann:

- Entfremdung durch Verringerung gemeinsamer Aktivitäten
- Verhaltenseinschränkung der Familienmitglieder, insbesondere bei den Kindern, damit der Arbeitnehmer am Tage Ruhe im Schlaf findet
- Belastung des Sexuallebens durch zeitlich verschobene oder/und unterschiedliche Sexualappetenz
- mangelnde Teilnahme am kulturellen Leben, Gefahr der Isolation

An dieser Stelle deutet sich an, daß Arbeitsbelastungen sehr wohl belastend sind und vergleichsweise typische Beschwerdebilder hervorbringen (Trias von Schlafstörungen, Verdauungsproblemen und Herz-Kreislaufbeschwerden). Aber auch die Auswirkung und vermutliche Wechselwirkung mit dem familiären Bereich des Schichtarbeiters wird deutlich.

Die Familie erhält dabei generell die Funktion zugeschrieben, die Belastung durch den Arbeitsplatz aufzufangen und zu verarbeiten. Diese Aufgabe führt jedoch zu neuen Spannungen unter den Familienmitgliedern: Wer darf sich auf wessen Kosten erholen?! Der nun innerfamiliäre Konflikt wird oft auf Kosten beziehungsweise mit Hilfe eines Familienmitgliedes ausgetragen und dadurch quasi gebunden. Die Familie erfüllt deshalb ihre Reproduktionsfunktion gegenüber der Arbeitswelt mit Hilfe der Funktionalisierung eines Familienmitgliedes, das nicht mit dem Arbeitnehmer identisch zu sein braucht. Das einzelne Mitglied wird für den Erhalt des Ganzen „in Dienst genommen". Die Krankheit ist hierbei der Versuch, die eigene Resistenzfähigkeit wieder zu erhöhen und in den eigenen, nun individuellen Grenzen ein kompensatorisches Gegenmilieu zu schaffen. Ferenczi (1919) hat am Phänomen der „Sonntagsneurosen" dabei das gesamte psychische Spannungsfeld angedeutet: Triebdynamische Kräfte des Arbeitnehmers stehen durch die Antizipation der Arbeitsanforderung (am Sonntag die vom Montag) in der Familie im Konflikt (vgl. auch Abraham 1982).

2.6.4
Der Mensch ohne Arbeit ist auch belastet

Auch bei der Belastung durch den Wegfall von Arbeit, also bei **Arbeitslosigkeit**, treffen wir auf die Bedeutung des familiären Umfeldes. Ein Fehler vieler Untersuchungen zu den psychischen Auswirkungen von Arbeitslosigkeit besteht darin, „die" Arbeitslosen als eine homogene Gruppe aufzufassen. Denn auch hier hängt die subjektiv erfahrene Belastung durch die Arbeitslosigkeit von individuellen (psychische Stabilität, Bewältigungspotential) und familiären Faktoren ab (emotionaler und praktischer Beistand, soziale Netzwerkverflechtungen, ökonomischer Status). So konnte Jackson (1990) an einer differenziert untersuchten Stichprobe zeigen, daß verheiratete Männer mit Kindern im Vorschulalter in der Gesamtpopulation der Arbeitslosen psychisch am schwersten beeinträchtigt sind (General Health Questionnaire, GHQ) und die schlechtesten Werte hinsichtlich ihrer persönlichen Leistungsfähigkeit erzielten. Diese Familienväter stehen unter dem größten Druck, die Familie zu sichern, und sehen nur die bezahlte Berufstätigkeit als den Weg dazu an. Eine konstruktive Adaptation an die Arbeitslosigkeit, besonders wenn sie lange andauert, ist am ehesten durch eine aktive Unterstützung (expressiv und instrumentell) des Arbeitslosen durch die anderen Familienmitglieder und durch sein eigenes aktives Bestreben gewährleistet, bezahlte Berufstätigkeit durch alternative Aktivitäten zu ersetzen.

Nach Häfner (1988) sprechen übereinstimmende Untersuchungsergebnisse für einen negativen Einfluß der Langzeitarbeitslosigkeit auf das psychische Wohlbefinden; dies findet seinen Ausdruck in unspezifischen körperlichen Beschwerden und in milden bis mäßigen depressiven Stimmungsänderungen. Im Vergleich zur erwerbstätigen Population ist das Risiko

für Suizide und Suizidversuche deutlich erhöht. Da jedoch psychisch und körperlich kranke Menschen bereits in der Gruppe der Arbeitslosen überrepräsentiert sind (Selektionsfaktor), kommt es wohl zu einer Kumulation von Selektions- und Belastungsfaktoren. Darüber hinaus gibt es geschlechts- und altersspezifische Belastungsreduktionen (z. B. bei verheirateten Frauen von erwerbstätigen Ehemännern oder bei älteren Personen vor der Rente) beziehungsweise wirkt sich Arbeitslosigkeit nicht nur in gesundheitlichen Parametern aus (arbeitslose Jugendliche können z. B. kriminell werden).

Es stellt sich somit immer wieder die Aufgabe, die subjektiv erlebte Belastung in der Arbeitswelt auf dem Hintergrund und im Zusammenhang mit individuellen und familiären Verarbeitungen zu sehen. Denn erst, wenn die individuellen (Coping-Verhalten) und familiären Bewältigungsmittel (*Social Support*) erschöpft oder zur zusätzlichen Quelle der Belastung geworden sind (z. B. Alkoholkonsum zur individuellen Verdrängung von Problemen oder grundlegende Störung des Zusammenlebens durch Partnerkonflikte), erhöht sich das Risiko, durch Arbeitsbelastungen zu erkranken.

Für die Psychosomatische Medizin, die ihrem Anspruch nach den Patienten als Ganzheit sehen will, ist eine derartige komplexe Betrachtungsweise einzig fruchtbar und angemessen.

2.6.5
Der Einfluß von Arbeitsplatzerfahrungen auf die Familie anhand eines Fallbeispieles

Zur Konkretisierung dieser Annahme möchte ich aus der Poliklinik-Routine einer psychosomatischen Abteilung ein Fallbeispiel geben:

─────────── Fallbeispiel ───────────

Der Patient ist in diesem Fall ein Mann, der wegen eines gerade entstandenen „Reizdarmes" (mit Verdacht auf eine Colitis ulcerosa) zu uns in die Ambulanz kommt. Er ist mit einer Frau verheiratet, die seit eineinhalb Jahren berufstätig ist, sie haben gemeinsam zwei Kinder. Unser Patient ist allein verantwortlich für die fristgerechte Auslieferung verderblicher Waren. Dabei ist für ihn aufgrund der großen Konkurrenz auf dem Markt wichtig, „daß jeder Kunde König ist, auch wenn es Proleten sind, die gleich Drohungen losschießen, zur Konkurrenz zu gehen". „Mich trifft es, wenn ich einen Kunden verliere ..., ich bekomme Druck von oben ..., der Computerausdruck sagt: Tu was!"

Bei dieser Tätigkeit, die im Durchschnitt ca. 60 Stunden pro Woche dauert, wirke er „äußerlich ausgeglichen und ruhig", obwohl „ich den Streß nach innen schlucke. Ich habe das Gefühl, ich schaffe es nicht mehr ..., es gibt nur weiter oder aufhören. Beruflich habe ich keine Alternative, da ich seit Jahren zu spezialisiert arbeite. Ich müßte sonst beim Nullpunkt anfangen. Ich habe so ein gutes Einkommen und will meinen Wohlstand halten, ich fahre ein großes Auto, und es ist ein schönes Gefühl, Geld im Rücken zu haben."

Er habe das Gefühl: „Ich trage es mit nach Hause."...„Wenn ich nach ca. 12 Stunden nach Hause komme, brauche ich eine Stunde Ruhe, da ich nicht sprechen kann. ... Ich kann nicht abschalten und abends nicht einschlafen, innerlich spiele ich die Arbeit durch." Zu Hause sei zunehmend Spannung entstanden, seitdem die Ehefrau seit ca. 1 1/2 Jahren arbeitet: „Sie ist selbstbewußter geworden, früher war ich Egoist und alles drehte sich um mich, all die Jahre entschied ich. ... Seitdem sie arbeitet, gibt es Gegenwehr, zum Beispiel will sie, daß ich zu Hause alles aufräume."

Besonders rege ihn auf, „wenn sie unrationell arbeitet, dann gebe ich Tips. ... Ich ertappe mich dabei, wie ich versuche, es ihr beizubringen Ich war bemüht, sie vollwertig zu sehen, aber: sie ist tatsächlich ungeschickt. ... Dann könnten wir uns streiten, aber die Frau kapselt sich ab. Früher bin ich mal explodiert, obwohl ich es nach einer halben Stunde wieder ungeschehen machen wollte. ... Heute ziehe ich mich zurück". „Wenn ich ihr dann beim Abwaschen helfen will, will sie es nicht; sie meint, ich versuche meine Autorität aus der Firma mit in die Familie zu tragen; ich spiele sie zuviel an die Wand, das will sie nicht."

Er sei an einem Punkt angelangt, wo er sich fragt: „Warum mache ich das alles für die Frau, die 60 Stunden, es lohnt sich nicht".

An diesem Beispiel wird sowohl deutlich, daß der Patient Belastungen am Arbeitsplatz erlebt (hohe Verantwortung, Termindruck, Wettbewerbsdruck, hoher Anforderungsdruck, regelmäßig hohe Überstundenzahl), daß er einen individuellen Verhaltensstil hat, auf Belastungen zu reagieren (er ist aggressiv, muß sich aber unterwerfen; er glaubt, immer ausgeglichen sein zu müssen; er braucht für sein Selbstwertgefühl das hohe Einkommen und das Prestige) und daß er in der Familie durch eine zunehmend emanzipierte Frau Konflikte erlebt, denen gegenüber er sich mittlerweile ohnmächtig fühlt beziehungsweise bei denen er seine Machtposition eingebüßt hat. Der Beruf läßt den Mann bis hinein in die Familie, ja ins Bett, nicht los. In der Beziehung zur Ehefrau taucht mit dem Wort „unrationell" ein Begriff aus der Arbeitswelt als internalisierte Leitmaxime des Mannes auf. Seitdem sich seine Frau seinem dominanten Verhalten widersetzt, scheint die Familie für ihn zu einem Ort neuer beziehungsweise zusätzlicher Probleme geworden zu sein.

In einer eigenen Befragung zur **Laien-Ätiologie** bei 94 Erstpatienten internistischer Praxen in Hamburg untersuchten wir 30 Patienten, die familiäre Gründe als Ursache ihrer Erkrankung angaben und die bereit waren, sich über ihren Arbeitsplatz hinsichtlich ihrer Erkrankung (meist funktionelle Störungen) befragen zu lassen. Mit aller Vorsicht lassen sich aufgrund dieser explorativen Studie folgende Thesen über Wirkmechanismen und Vermittlungsprozesse zwischen Arbeits- und Familien-Welt aufstellen:

- Der gesamte Lebensrhythmus, eben auch der in der Familie, ist vom Arbeitsrhythmus geprägt, und zwar durch eine rein zeitliche Reglementierung.
- Der Inhalt der Arbeit beeinflußt das Familienleben, und zwar einerseits gegenläufig:
  - in der Umkehr von Verhaltensweisen von der Arbeit hinein in die Familie (z. B. „auf der Arbeit muß ich auf andere eingehen, zu Hause will ich das nicht auch noch tun müssen"),
  - in der Kollision gegenläufiger, also unterschiedlicher Bedürfnisse des arbeitenden Mannes und der zu Hause

wirkenden Frau (z. B. der Mann wünscht sich Ruhe, die Frau zu Hause wünscht sich Gespräche und Aktivitäten mit ihrem Mann),

und andererseits auch gleichsinnig:

- in der Fortführung arbeitsbezogener Verhaltensweisen auch zu Hause (z. B. indem man auf der Arbeit passiv am Bildschirm sitzen muß und zu Hause wieder Zeit vor dem TV-Bildschirm verbringt oder Begriffe bzw. Bewertungsvorstellungen der Arbeitswelt wie etwa unökonomisch, unrationell etc. auch als internalisierte Leitmaxime in der Familie auftauchen),
- in der Kollision gleicher Bedürfnisse (z. B. beide Ehepartner wollen zu Hause mal entlastet werden, wenn beide „abgespannt" von der Arbeit nach Hause kommen).

- Die Krankheitssymptomatik bei Männern hat vor allem zwei Funktionen:
  - Signal- und Appellfunktion als Ausdruck beruflicher Überforderung,
  - Ventil- und Regressionsfunktion: Die belastende Arbeitsplatzsituation kann nur über die Symptomatik abgemildert oder verlassen werden. Gleichzeitig führt die Symptomatik in der Familie zu stärkeren Einbindungen bzw. einer Regressionsmöglichkeit für den Arbeitnehmer in das Familienleben, das vorher durch die Arbeitsbelastung bzw. zeitlich bedingte Abwesenheit des Mannes zu kurz kam. Die Symptomatik bietet gerade für den Mann die Möglichkeit, Arbeitsbelastung zu reduzieren und Familienfürsorge anzunehmen, ohne vor sich und anderen Schwächen oder Versagen – wie er glaubt – eingestehen oder erleben zu müssen.

- Die Funktionen der Symptome bei Frauen sind eher folgende:
  - die Verweigerung ihrer Funktion gegenüber dem Manne als funktionierendes Familienmitglied, ein kompensatorisches Gegenmilieu zu seiner ihn belastenden Arbeit immer wieder schaffen zu müssen,
  - der latente Versuch, die Familienstruktur umzukehren, damit der Ehemann nun eine kompensatorische Funktion bei der Restitution übernimmt und sich kommunikativer bzw. emotional zugewandter um die Frau kümmert.

Ein Fragebogen (SUATFAM) zur subjektiv erlebten Arbeitsbelastung, zum Transfer in die Familie und zur familiären Bewältigung wurde an 40 Herztod-Phobiker, 83 Patienten mit ‚Zustand nach Herzinfarkt' und 73 psychosomatisch und körperlich unauffällige Menschen vorgegeben (Gretemeyer und Stuhr in Vorbereitung).

Die Unterschiede zwischen diesen drei Gruppen wurden varianzanalytisch ausgewertet. Im Gruppenvergleich wurde statistisch abgesichert deutlich:

- daß sich die Gruppe der Patienten mit „Zustand nach Herzinfarkt" kaum von der Vergleichsgruppe der psychosomtisch unauffälligen, gesunden Personen unterscheidet, die sehr deutlich die familiäre Harmonie betont;

- daß sich die Herztod-Phobiker gegenüber diesen beiden Gruppen in zahlreichen Variablen zur subjektiv erlebten Arbeitsbelastung, im Transfer dieser Gefühle und in ihrer familiären Bewältigung signifikant unterscheiden, und zwar
  - im Bereich der wahrgenommenen Arbeitsbelastung in 29% der Items,
  - im Bereich des Transfers von belastenden Gefühlen aus der Arbeitswelt in die Privatsphäre bei 56% der Items und
  - von den Variablen zur familiären Verarbeitung in 36% dieser Items.

Die Herztod-Phobiker unterscheiden sich also deutlich von beiden anderen Gruppen im Sinne der Transfer-Hypothese „Arbeit – Familie":

- In ihrer Arbeitswelt erlebt sich die Gruppe der Herztod-Phobiker im Vergleich zu den beiden anderen Gruppen als belastet, unter Zeitdruck, ängstlich-überfordert, angespannt, und dies auch in der Beziehung zu Vorgesetzten.
- In den Transferprozessen nach der Arbeit geht es bei den Herztod-Phobikern um das Weiter- und Nachwirken von Spannungen und Unzufriedenheiten aus der Arbeitswelt und aufkommende Wünsche nach einem kompensatorischen Ruhe- und Schonraum in der Familie des Patienten.
- In der Familie glückt kein kompensatorisches Gegenmilieu, und es kommt zu einem resignativen Rückzug in der Familie bzw. in der Partnerschaft.

Der mögliche Teufelskreis gipfelt in der Aussage der Herzneurotikergruppe, weder im Beruf noch in der Familie Ruhe und Entspannung finden zu können.

2.6.6
Praktische Konsequenzen

Eingangs wurde auf die künstliche Trennung von Arbeitswelt und psychosomatisch-psychotherapeutischen Ansätzen beziehungsweise darauf hingewiesen, daß in der entsprechenden Fachliteratur die Bedeutung der Arbeit unterschätzt wird. Patienten und Klienten, die uns aufsuchen, können mitunter sehr ausgiebig über Symptome klagen, aber sie vermeiden es oft, über belastende Erfahrungen am Arbeitsplatz und/oder über das Familienleben spontan zu sprechen.

Für eine Veränderung dieses Problems scheint, die Lockerung des Widerstandes auf seiten der Therapeuten entscheidend zu sein. Dies hieße, daß die Psychotherapeuten zuerst für ihre eigene Arbeitssituation sensibilisiert werden müssen; daß sie selbst begreifen, einen Arbeitsplatz zu haben, an dem auch Probleme der Arbeitswelt herrschen. So hat Reimer (2000) die Stressoren in Heilberufen zusammengetragen (z.B. mangelnde Erfolgserlebnisse, Bedrohung eigener Grenzen

und der Integrität, Druck aus der auferlegten Abstinenz und unerledigter eigener Probleme, die ständig reaktiviert werden und die gesundheitlichen Risiken bei Psychotherapeuten, u.a. Alkohol- und Drogenmißbrauch). Hier helfen neben einer Selbsterfahrung während der Ausbildung zum Psychotherapeuten am ehesten die Kollegenzirkel in der postgraduierten Qualitätssicherung oder in Balintgruppen.

Ein Lösungsansatz bei dieser für den Patienten schwierigen Konstellation kann sich durch die gezielte Thematisierung des „Feierabends" im anamnestischen Gespräch ergeben. Einheitliche Einstiegsfragen für diesen Teil der Anamnese, die eine individuelle Ausgestaltung je nach Patient zulassen, könnten unter anderem sein: „Wie reagieren Sie, wenn Sie oder Ihre Familie nach Hause kommen?" „Wodurch können Sie abends von der Arbeit abschalten?" Besonders im familientherapeutischen Setting bieten sich Möglichkeiten, die dann zutage tretenden Probleme zu bearbeiten (vgl. auch Welter-Enderlin 1982). In Betrieben oder in der Unternehmensberatung gibt es mittlerweile eine Vielzahl von Programmen beziehungsweise Trainings, die der Erhöhung der individuellen Kräfte zum Streßabbau dienen sollen (von Meditation bis zu Rollenspiel-Übungen in Seminaren). In speziellen „Streß-Management-Programmen" (Everly 1989) innerhalb und außerhalb der Arbeitswelt können sich Arbeitnehmer persönlich schulen, ihre Streßreaktionen frühzeitig zu erkennen und durch Entspannungs- und Bewältigungstrainings zu reduzieren.

Durch gezielte Exploration von Patienten und bisher durchgeführte Seminare mit Rollen- und Planspielen sind wir aber nicht nur auf potentielle Arbeitsstressoren oder familiäre Verarbeitungsweisen gestoßen, sondern auch auf Risikogruppen, bei denen der Transfer von der Arbeit in die Familie besonders augenfällig und potentiell gesundheitsgefährdend ist. Hier handelt es sich besonders um Familien, in denen der Vater berufsbedingt oft beziehungsweise lange oder zu „ungünstigen Zeiten" abwesend ist: Montage, Seefahrt, Lkw-Fahrer, alle Arten von Nacht- und Schichtarbeitern (auch extreme Frühaufsteher wie die Bäcker) oder auch Berufssoldaten und Manager, die mit ihren Familien oft umziehen müssen. Hier besteht nicht nur die Gefahr, daß erlebte Arbeitsbelastungen in die Familie hineingenommen werden, sondern es besteht die Tendenz, daß es zu symbiotischen Beziehungen zwischen den daheimgebliebenen Müttern und einzelnen Kindern kommt, weil der Vater als Erziehungsperson und Triebobjekt ausfällt, was bisher zu einseitig den Müttern angelastet wurde.

Auf der Ebene betrieblicher Organisationsberatung sind Ansätze beobachtbar, philosophische Ideen zu nutzen, um innerbetriebliche Probleme, die den Arbeitsablauf und den Umgang mit Arbeit betreffen, „optimal" lösen zu können (Lenk 1996). Deshalb dienen diese Überlegungen auch nicht der Abkehr von tiefenpsychologischen und familiendynamischen Überlegungen und Vorgehensweisen. Es geht vielmehr um die Berücksichtigung der Einbettung sehr individueller Reaktionen im gesellschaftlichen Spannungsfeld, in dem über verschiedene, aber angehbare Zwischenschritte Krankheiten entstehen können.

Literatur

Abraham K. Bemerkungen zu Ferenczis Mitteilungen über „Sonntagsneurosen". In: Gesammelte Schriften Bd. I. Abraham K. Frankfurt/M.: Fischer 1982, 307.

Blohmke M, Reimer F. Krankheit und Beruf. Heidelberg: Hüthig 1980.

Buchholz W. Lebensweltanalyse. Sozialpsychologische Beiträge zur Untersuchung von krisenhaften Prozessen in der Familie. München: Profil 1984.

Dittmann K, Siegrist J, Matschinger H, McQueen D. Vorzeitiger Herzinfarkt und soziale Belastungen: Methodik und Ergebnisse einer medizinsoziologischen Studie am Beispiel lebensverändernder Ereignisse. In: Medizinische Soziologie. Jahrbuch 1. Deppe H-U, Gerhardt U, Novak P (Hrsg). Frankfurt/M.: Campus 1981; 187–222.

Dreher U. Welche Ziele verfolgen Psychoanalytiker? In: Langzeit-Psychotherapie. Perspektiven für Therapeuten und Wissenschaftler. Stuhr U, Leuzinger-Bohleber M, Beutel ME (Hrsg). Stuttgart: Kohlhammer 2001; 93–105.

Elsner G. (Hrsg). Handbuch Arbeitsmedizin. Hamburg: VSA 1988.

Everly GS. A clinical guide to the treatment of the human stress response. New York, London: Plenum Press 1989.

Ferenczi S. Sonntagsneurosen. In: Bausteine zur Psychoanalyse, Bd II: Praxis 178. 1919. Ferenczi S (Hrsg). Bern: Huber 1984; 178–84.

Freud S. Das Unbehagen in der Kultur. GW Bd. 14. London: Imago 1930; 419–506.

Gretemeyer L, Stuhr U. Die Bedeutung des Transfers der Arbeit in die Familie – eine empirische Untersuchung an Herz-Tod-Phobikern, Herzinfarkt-Patienten und Gesunden. (in Vorbereitung).

Ahrens S, Bühring B, Deneke F-W, Lamparter U, Richter R, Stuhr U. Wie gesund sind Gesunde? In: Sich gesund fühlen im Jahr 2000. Schüffel W (Hrsg). Berlin, Heidelberg, New York: Springer 1988; 27–33.

Haag, A. Ein Beitrag zum Wandel der Familie im 20. Jahrhundert. Psychother und Psychol 1990; 40: 351–6.

Häfner H. Macht Arbeitslosigkeit krank? Fortschr Neurol Psychiat 1988; 56: 326–43.

Hermer M. Gesellschaft der Patienten. Gesellschaftliche Bedingungen und psychotherapeutische Praxis. Forum dgvt, Bd 26 1995.

Jackson PR. Individuelle und familiäre Bewältigung von Arbeitslosigkeit. In: Familienleben in der Arbeitslosigkeit. Schindler H, Wacker A, Wetzels P (Hrsg). Heidelberg: Asanger 1990; 23.

Karmaus W, Schienstock G. Körperliche, psychische und soziale Auswirkungen von Nacht- und Schichtarbeit. In: Stress in der Arbeitswelt. Karmaus W, Müller V, Schienstock G (Hrsg). Köln: Bund 1979; 9–27.

Leithäuser T, Vollmerg B. Psychoanalyse in der Sozialforschung. Opladen: Westdeutscher Verlag 1988.

Lenk H. Ethik in der Wirtschaft. Chancen verantwortlichen Handelns. Stuttgart: Kohlhammer 1996.

Lühring H, Seibel HR. Beanspruchung durch die Arbeit und psychische Gesundheit: Auswirkungen von Diskrepanzen zwischen Arbeitserfahrungen und Arbeitserwartungen bei Industriearbeitern. Z f Soziologie 1981; 10: 395–412.

Menninger, K. Liebe und Haß. 1942. Stuttgart: Klett-Cotta 1970.

Maschewsky W, Schneider U. Soziale Ursachen des Herzinfarkts. Frankfurt/M.: Campus 1981.

Meyer A-E. Die psychosomatische Gegenreformation: Sind die Hoffnungen erfüllt? In: Entwicklung und Perspektiven der Psychosomatik in der BRD. Ahrens S (Hrsg). Berlin, Heidelberg, New York: Springer 1988; 7–17.

Reimer C. Berufliche Belastungen und Probleme der Lebensqualität von Psychotherapeuten. Persönlichkeitsstörungen 2000; 4: 60–75.

Rosenman RH, Friedman M. The central nervous system and coronary heart disease. In: Insel PM, Moos RH (eds). Health and the social environment. Lexington MA: Heath & Company 1974; 93–106.

Rosenman R H. Coronary prone behavior pattern and coronary heart disease: implication for the use of beta-blocker in primary prevention. In: Psychosomatic risk factors and coronary heart disease. Roseman RH (ed). Indication for specific preventive therapy. Bern: Huber 1983; 9–14.

Selye, H. Streß, Bewältigung und Lebensgewinn. München: Piper 1974.

Slesina W. Arbeitsschutz – ein Berufsfeld für Medizinsoziologen. Medizinsoziologie 1988; 2: 8–21.

Siegrist J, Dittmann K, Rittner K, Weber I. Soziale Belastungen und Herzinfarkt. Stuttgart: Enke 1980.

Stuhr U. Die Entstehung psychosomatischer Krankheiten im intersystemischen Geschehen zwischen Arbeit und Familie. In: Jahrbuch für Psychopathologie und Psychotherapie 8. Feuser G, Jantzen W (Hrsg). Köln: Pahl-Rugenstein 1988; 73–91.

von Ferber C. Arbeit, Gesundheit und Krankheit. In: Psychosomatische Medizin. Uexküll, T (Hrsg). 5. Aufl. München: Urban und Schwarzenberg 1996; 291–300.

Welter-Enderlin R. Familie, Arbeitswelt und Familientherapie. Familiendynamik 1982; 1: 45–61.

Wotschack P, Wotschack W. Herzinfarktforschung und Industriearbeit. In: Medizinische Soziologie, Jahrbuch 1. Deppe HU, Gerhardt U, Novak P (Hrsg). Frankfurt/M.: Campus 1981; 238–65.

Literaturempfehlung

Novak P: Arbeit und Krankheit. Ein psychosomatisches Problem. In: Psychosomatische Medizin. Uexküll T (Hrsg). München: Urban und Scharzenberg 1990; 1122–34.

3

Psychoanalytische Entwicklungspsychologie

Norbert Hartkamp

In der Entstehung psychogener Erkrankungen spielen neben Lebensumständen, an deren Bewältigung ein Individuum scheitert, Persönlichkeitsfaktoren eine entscheidende Rolle. Solche **Persönlichkeitsfaktoren**, das heißt die für einen bestimmten Menschen charakteristischen Handlungsweisen, inneren Einstellungen und typischen Reaktionsweisen, sind das Ergebnis individueller Entwicklungsprozesse, die durch die Modelle der psychoanalytischen Entwicklungspsychologie beschrieben werden.

Persönlichkeit ist weder angeboren, noch ist sie ein ausschließliches Produkt von Umweltfaktoren, von Sozialisation oder nachgeburtlicher Entwicklung. Wie Zwillingsuntersuchungen zeigen, wird die Ausformung der Persönlichkeit zu einem beträchtlichen Teil von **biologisch-genetischen Faktoren** mitbestimmt, wobei der auf hereditäre Faktoren zurückzuführende Anteil interindividueller Varianz ca. 30% beträgt (Schepank 1992; vgl. auch Kap. 2.4, S. 83ff). Bei Persönlichkeitsstörungen ist dieser Anteil am höchsten, bei neurotischen und bei psychosomatischen Erkrankungen ist er deutlich geringer. Verschiedene Untersuchungen zeigten, daß der Anteil biologisch-genetischer Faktoren bei klinischen Stichproben geringer ist als bei Normalpersonen, was – ganz im Einklang mit der psychoanalytischen Krankheitslehre – darauf hinweist, daß bei psychogenen Erkrankungen die Einflüsse zum Beispiel der familiären Beziehungsstruktur von größerer Wichtigkeit sind.

Einige Vorbemerkungen erscheinen uns wichtig, um geläufigen Mißverständnissen zu begegnen. Die Begriffe, mit denen die psychoanalytische Entwicklungspsychologie operiert, sind mit dem Risiko behaftet, zu einer **„pathomorphen"** oder **„adultomorphen" Betrachtungsweise** zu verführen. Gemeint ist damit folgendes: Stadien der kindlichen Entwicklung, insbesondere auch der frühesten Zeit der kindlichen Entwicklung, werden in der psychoanalytischen Entwicklungspsychologie häufig mit Bezeichnungen belegt, die ursprünglich Bezeichnungen für pathologische Erscheinungen bei Erwachsenen waren. So wird zum Beispiel von einer Phase des „normalen Autismus" oder einer „paranoiden Position" in der Entwicklung gesprochen. Eine solche Begriffsverwendung ist im Grunde genommen nicht zulässig; denn damit wird ja unterstellt, Phasen der normalen kindlichen Entwicklung seien krankhaften seelischen Erscheinungen bei Erwachsenen gleichgestellt und psychogene Erkrankungen seien nichts anderes als die Wiederholung entsprechender normaler Zustände bei kleinen Kindern. Dies trifft sicherlich nicht zu, denn seelische Erkrankungen sind mindestens ebensosehr durch patho-

logische Veränderung und Verzerrung seelischer Abläufe gekennzeichnet wie durch die Wiederholung früheren Erlebens. Mit dieser Begriffsverwendung steht noch eine weitere Schwierigkeit im Zusammenhang: Oftmals wird die Auffassung vertreten, „früher" in einem entwicklungspsychologischen Sinne entspräche „tiefer" in einem psychologischen Sinne oder aber „schwerer gestört" in einem psychopathologischen Sinne. Diese Annahme wird etwa durch Begriffe wie „frühe Störung" oder „prädipales Störungsniveau" unterstützt. Auch hier gilt jedoch: Seelische Störungen sind nicht einfach Neuauflagen und Wiederholungen früherer Seelenzustände, sie sind vielmehr Ausdruck gestörter seelischer Tätigkeit.

Gelegentlich findet sich unter Psychotherapeuten auch die umgekehrte Betrachtungsweise, derzufolge der therapeutische Zugang zum Patienten sich bevorzugt über eine Begegnung des Patienten mit seinem „inneren Kind" (*Inner Child*) erschließt. Eine solche – populäre – Sicht nimmt die Allegorie des „inneren Kindes", die auf die unerfüllten Bedürfnisse und Sehnsüchte zielt, allzu wörtlich (Burman 1998, S. 317) und behandelt kindhaftes Erleben, das in Therapien zutage tritt, als ein mehr oder weniger getreues Äquivalent des Kindes, das der betreffende Erwachsene einst war, so als handle es sich um eine Rückkehr zu einer biographisch früheren Position. Eine solche Sicht ist nicht gerechtfertigt, da sie die Wirkungen von Regression, Fixierung, Nachträglichkeit und Übertragung außer acht läßt. Schließlich ist es nützlich, sich zu vergegenwärtigen, wenn wir hier über Entwicklungspsychologie sprechen, daß die forschende Beobachtung von realen Kindern und Eltern einen gänzlich anderen methodischen Zugangsweg und Beobachtungskontext voraussetzt, als die Beobachtung bestimmter Erlebens- und Verhaltensweisen Erwachsener in einer klinischen Situation, so daß aus der Beobachtung von Kindern gewonnene Befunde nicht ohne weiteres auf den klinischen Umgang mit Erwachsenen übertragen werden können.

Innerhalb der psychoanalytischen Entwicklungspsychologie wird gerne und häufig von Entwicklungsphasen oder **Entwicklungsstadien** gesprochen. Man sollte diese „Stadien" aber nicht in dem Sinne mißverstehen, als ob es sich dabei um klar umrissene und voneinander abgetrennte Abschnitte handle. Nur allzu rasch gewinnen die von Entwicklungspsychologen vorgenommenen Stadieneinteilungen einen normativen Charakter (Burman 1998, S. 312), der eine Abweichung nur noch als pathologisch erscheinen läßt.

Dennoch ist es sinnvoll, verschiedene Phasen zu unterscheiden, denn zweifelsohne verhält sich ja ein Säugling anders als ein Kind im Kindergarten und dieses wiederum anders als ein Schulkind. Andererseits vollziehen sich die **Übergänge,** etwa vom Säuglings- ins Kleinkindalter, keineswegs abrupt. Und wann eine bestimmte Phase abgeschlossen und eine andere begonnen wurde, läßt sich im Einzelfall nie mit absoluter Sicherheit sagen. Wenn wir dennoch von entwicklungspsychologischen Phasen sprechen, dann meinen wir damit, daß es bestimmte Lebensalter gibt, in denen einzelne Themen oder entwicklungspsychologische „Aufgaben" das Verhalten und Erleben eines Kindes in besonderer Weise bestimmen. Dabei gilt im allgemeinen, daß, wenn ein Stadium erfolgreich durchlaufen wurde, dies die Bewältigung des folgenden Entwicklungsstadiums fördert und erleichtert. Die seelische Entwicklung schreitet aber auch voran, wenn einzelne Phasen nicht in der wünschenswerten Weise bewältigt werden konnten. Häufig wird dann auch die Entwicklung der nachfolgenden Phasen beeinträchtigt sein. Es gibt aber auch die Möglichkeit, daß späte Entwicklungen einen früh erlittenen Mangel kompensieren; über das Wirken solcher Kompensationsmechanismen ist in der psychoanalytischen Entwicklungspsychologie bisher allerdings erst wenig bekannt (vgl. dazu bereits Hartmann 1952, S. 8). Insgesamt bietet die Entwicklungspsychologie innerhalb der Psychotherapeutischen Medizin kein einheitliches Bild. Besonders durch die empirische Beobachtung des Säuglings- und Kleinkindverhaltens erfuhr die Entwicklungspsychologie in den letzten Jahren nachhaltige Veränderungen, die eine Revision mancher bis dahin für gültig gehaltener Vorstellungen erforderlich machten. Neben diesen neueren sind in der Praxis der Psychotherapie eine Vielzahl von traditionellen Konzepten weiterhin von Bedeutung. In den folgenden Abschnitten werden wir daher auf die neueren Befunde ebenso eingehen wie auch auf die wichtigsten traditionellen Konzepte der psychoanalytischen Entwicklungspsychologie.

Die Lehre von den psychosexuellen Phasen

In den Anfängen der Psychoanalyse wurde die seelische Entwicklung vor allem als Entwicklung von Trieben aufgefaßt; Freud sprach in diesem Zusammenhang von den **„Triebschicksalen"** (Freud 1915). Die Triebschicksale wurden dabei als Abfolge von psychosexuellen Phasen beschrieben. Mit dem Begriff der **Psychosexualität** sind dabei nicht nur sexuelle Handlungen im engeren Sinne gemeint, der „Begriff des Sexuellen umfaßt in der Psychoanalyse weit mehr; er geht nach unten wie nach oben über den populären Sinn hinaus. ... Wir sprechen darum auch lieber von Psychosexualität, legen so Wert darauf, daß man den seelischen Faktor des Sexuallebens nicht übersehe und nicht unterschätze. Wir gebrauchen das Wort Sexualität in demselben umfassenden Sinne, wie die deutsche Sprache das Wort ‚lieben'. Wir wissen auch längst, daß seelische Unbefriedigung mit allen ihren Folgen bestehen kann, wo es an normalem Sexualverkehr nicht mangelt, und halten uns als Therapeuten immer vor, daß von den unbefriedigten Sexualstrebungen, deren Ersatzbefriedigungen in der Form nervöser Symptome wir bekämpfen, oft nur ein geringes Maß durch den Koitus oder andere Sexualakte abzuführen ist" (Freud 1910, S. 120f).

In der **Lehre** von den **psychosexuellen Phasen** geht es also um die menschliche Entwicklung vom Blickwinkel des Liebesbedürfnisses, des Begehrens (lat. **libido**) aus gesehen. Die Libido heftet sich dabei an bestimmte Körperzonen, die **erogenen Zonen**, und sie ist mit bestimmten körperlichen Erfahrungen verknüpft, wobei sie anfänglich „nicht auf andere Personen gerichtet ist; [der Trieb] befriedigt sich am eigenen Körper, er ist **autoerotisch**" (Freud 1905, S. 81f). Auch die unterschiedlichen Modalitäten der Triebbefriedigung sind zunächst noch nicht miteinander integriert, es bestehen vielmehr verschiedene **Partialtriebe** nebeneinander, was Freud zu der prägnanten Formulierung veranlaßte, Kinder seien ihrer Anlage nach „polymorph pervers" (Freud 1905, S. 91).

Die orale Phase

Den Ausgangspunkt der psychosexuellen Entwicklung bildet in der klassischen psychoanalytischen Sicht das **Bedürfnis** des **Neugeborenen nach Nahrung** und **Pflege**. Freud drückt es so aus: „Die Liebe entsteht in Anlehnung an das befriedigte Nahrungsbedürfnis" (1940, S. 115). Nach dieser Vorstellung sind die anfängliche Wahrnehmung und das anfängliche Erleben des Kindes ganz auf die Vorgänge der Nahrungsaufnah-me bezogen, weswegen von dieser Phase auch als **„oraler Phase"** gesprochen wird. Die Nahrungsaufnahme dient dabei nicht nur der Stillung eines organismischen Körperbedarfs, sondern sie wird zusammen mit den anderen Pflegehandlungen zu einer eigenständigen Quelle lustvollen Erlebens. Am klarsten läßt sich dies an kindlichen Verhaltensweisen wie dem Daumenlutschen oder der Benutzung eines Schnullers – Freud spricht vom „Wonnesaugen" – verdeutlichen: In Situationen von Unruhe, Angst oder Schmerz kann das Daumenlutschen eine Beruhigung schaffen; ein Kind, das zuvor noch schrie, entspannt sich, sobald es den Schnuller bekommt, und kann vielleicht sogar einschlafen.

In einer solchen Situation spielt sich nach dem psychosexuellen Entwicklungsmodell folgendes ab: Ein Neugeborenes verfügt zunächst lediglich über eine angeborene, reflexhaft koordinierte Fähigkeit, mit dem Mund Nahrung aufzunehmen. Der schon bald nach der Geburt entstehende Nahrungsbedarf, die „innersomatische Reizquelle" (Freud 1905, S. 67), führt zu einem Anwachsen organismischer Spannung, es entsteht Unlust. Wird das Kind nun gestillt, so wird nicht nur der körperliche Nahrungsbedarf befriedigt, sondern die organismische Spannung fällt ab, und durch diesen Spannungsabfall konstituiert sich ein erstes Lusterleben. Dieses Lusterleben ist dabei aufs engste mit den sensorischen Wahrnehmungen in der Mundregion verknüpft, die das Gestilltwerden begleiteten. Sobald die Verknüpfung zwischen Lusterleben und Reizung der erogenen Zonen hergestellt ist, wird das Kind immer dann danach streben, diese sensorischen Erfahrungen zu wiederholen, wenn erneute Unlustspannung auftritt.

Die **Erlebensqualitäten**, die mit der oralen Phase in Verbindung stehen, sind zu Beginn vor allem die

- des passiven Aufnehmens,
- des Bekommens und
- des Sich-Einverleibens von Dingen, die einem gegeben werden.

Weiterhin sind hier die Qualitäten des Bergenden, Wärmenden, allgemein: des Sicherheitsgefühls (Sandler 1960) zu erwähnen. Diese allererste Zeit wird daher auch als die **passiv-orale Phase** bezeichnet.

Später tritt mit zunehmender Fähigkeit zu aktivem und besser gesteuertem Handeln die Fähigkeit hinzu, Dinge zunächst mit den Augen und später mit den Händen zu erfassen und zu nehmen, sie sich zu erobern und zuzulangen. Mit den ersten Zähnen entwickelt sich die Fähigkeit zuzubeißen, das Kind macht Erfahrungen damit, daß es anderen Schmerz zufügen kann, und es können sich erste Äußerungen von Feindseligkeit entwickeln. Dieser Abschnitt wird auch als die **oral-sadistische Phase** bezeichnet.

Abhängig davon, wie die orale Phase durchlaufen wurde, lassen sich beim Erwachsenen Charakterzüge mit Bezug zur oralen Befriedigung von solchen mit Bezug zur oralen Versagung unterscheiden. Zu den **Zügen**, die mit **oraler Befriedigung** in Verbindung gebracht werden, gehören Eigenschaften wie Großzügigkeit oder ein tief verwurzelter, unerschütterlicher Optimismus. Es kann aber auch eine Erwartungshaltung resultieren, die mit dem Anspruch auf stets wohlgesinnte Fürsorge verbunden ist. **Oral unbefriedigte Charaktere** sind demgegenüber durch eine pessimistische Einstellung dem Leben gegenüber und eine mit Ansprüchlichkeit verbundene Unzufriedenheit gekennzeichnet. Hier kann eine passive Erwartungshaltung von der Vorstellung getragen sein, die Umwelt habe all das zu gewähren, was einem solchen Menschen früher entging.

3.1.2
Die anale Phase

Die orale Phase wird von der analen Phase abgelöst, die mit der sich entwickelnden Motorik und Körperbeherrschung des Kindes einsetzt. Kinder sind in dieser Lebensphase erstmals nachdrücklich mit Verboten und Vorschriften konfrontiert. Je mehr sich ihre Handlungsmöglichkeiten erweitern, je mehr sich ihre Motorik entfaltet, desto mehr werden sie auch mit Beschränkungen und mit Kontrolle ihrer Impulse konfrontiert. Durch seine Fähigkeit zu greifen und festzuhalten, zu werfen und wegzustoßen, Dinge heranzuholen oder in Distanz zu halten, gewinnt das Kind eine zunehmende Macht über die Umgebung. Die Bezeichnung „anale Phase" verweist darauf, daß jetzt auch das zunehmende Gewahrwerden und die Beherrschung der Ausscheidungsfunktionen an Bedeutung gewinnen. After und Enddarm gewinnen nun eine erogene Bedeutung. Der Darminhalt „wird offenbar wie ein zugehöriger Körperteil behandelt, stellt das erste ‚Geschenk' dar, durch dessen Entäußerung die Gefügigkeit, durch dessen Verweigerung der Trotz des kleinen Wesens gegen seine Umgebung ausgedrückt werden kann" (Freud 1905, S. 87). Dies und die sich entwickelnde Motorik werden zum Gegenstand von Auseinandersetzungen, bei denen es in erster Linie um die Gewinnung und Sicherung von **Autonomie**, um das **Behalten** oder **Hergeben**, aber auch um das **Einhalten** von **Regeln**, um **Leistungsaspekte** („gut gemacht!"), um Beschämung und Selbstzweifel geht.

Von diesen Erlebensweisen können sich **Charakterzüge** ableiten, die später die erwachsene Persönlichkeit prägen: Das Bestreben zu Behalten, die **Retentivität**, kann die Form von Sparsamkeit annehmen, die sich bis zum Geiz steigern kann, oder es kann als Vorliebe für das Besitzen und Pflegen von Dingen in Erscheinung treten. Andere Folgen sind Pedanterie und Unduldsamkeit gegenüber Unordnung, aber auch Verläß-

lichkeit und Organisationstalent. Die Lust am Hergeben, an der **Exkretion**, kann als übertriebene Nachlässigkeit, als Unordentlichkeit, Freigebigkeit, Verschwendungslust, aber auch als Produktivität und Schaffensfreude in Erscheinung treten. Eine zu große Sauberkeit oder ein Widerwille gegen Schmutz können als eine Reaktion gegen Beschmutzungsimpulse auftreten. Die kindlichen Auseinandersetzungen um Macht und Autonomie können in der erwachsenen Persönlichkeit eine Bereitschaft zu übergroßer Fügsamkeit oder auch eine Bereitschaft zu willkürlich-aggressiver Machtausübung hinterlassen (jemand anders „zur Sau machen", „wie Dreck" behandeln). In diesem Zusammenhang wird auch von **anal-sadistischen Erlebensweisen** gesprochen.

3.1.3
Die phallisch-genitale Phase

An die anale schließt sich die phallisch-genitale Phase an. Die Bezeichnung dieser Phase verweist auf die traditionelle Vorstellung, nach welcher für beide Geschlechter nur ein Geschlechtsorgan – das männliche – von Bedeutung sei. Der Hauptcharakter dieser Stufe der infantilen Genitalorganisation, so Freud, „ist zugleich ihr Unterschied von der endgültigen Genitalorganisation der Erwachsenen. Er liegt darin, daß für beide Geschlechter nur **ein Genitale**, das männliche, eine Rolle spielt. Es besteht also nicht ein Genitalprimat, sondern ein Primat des Phallus" (1923b, S. 294f). Für das **männliche Kind** ist in dieser Phase das Erleben des Stolzes charakteristisch, der Penis als lustbringender Besitz wird zum Maßstab des Selbstgefühls. Auch die weiblichen Pflegepersonen, Geschwister oder ähnliche werden in der Phantasie mit einem Penis ausgestattet; die Objektbeziehungen sind mithin durch **Projektion** bestimmt, und sie sind, insoweit das (männliche) Kind sich selbst zum Vorbild nimmt, auch **narzißtisch**. Aus seiner intensiven narzißtischen Wertschätzung für das „leicht erregte, veränderliche, an Empfindungen so reiche Körperteil" (Freud 1923b, S. 295) leitet sich auch die Wirksamkeit der **Kastrationsangst** ab, die die Wirksamkeit oraler Ängste – etwa der Angst gefressen zu werden – oder analer Ängste – zum Beispiel beraubt zu werden – im Regelfall weit übersteigt.

Das **phallisch-genitale Erleben** des **Mädchens** unterscheidet sich in markanter Weise von dem des Jungen: Unter dem Einfluß der in der analen Phase erworbenen Bewertungsschemata mutet der Penis als „mehr" und „besser" an, die Klitoris hingegen als „weniger" und „minderwertig". Das Mädchen erlebt, daß der Entfaltung seiner phallisch-sexuellen Aktivitäten engere Grenzen gesetzt sind, als dies beim männlichen Kind der Fall zu sein scheint, und „nachdem es den ersten Versuch, seinen Penismangel als persönliche Strafe zu erklären, überwunden und die Allgemeinheit dieses Geschlechtscharakters erfaßt hat, beginnt es, die Geringschätzung des Mannes für das in einem entscheidenden Punkt verkürzte Geschlecht zu teilen" (Freud 1925c, S. 25). Als Ausdruck des **Penisneids** entwickelt es den Wunsch, selbst wie ein Junge zu sein und nimmt gegenüber der Mutter, die der Tochter die gewünschte Ausstattung versagt hat, eine enttäuscht-anklägerische Haltung ein.

Auf die Persönlichkeit des **Erwachsenen** kann die **Kastrationsangst** oder das Gefühl, kastriert zu sein, unterschiedliche Auswirkungen haben (vgl. Hoffmann 1984, S. 170ff). Bei Männern findet sich in Reaktion auf die Kastrationsangst häufig eine protzig-arrogante Einstellung, wobei ein manchmal arrogant, manchmal imponierend selbstsicheres Auftreten gelegentlich Züge von kalter Zurückhaltung oder von höhnischer Aggressivität annehmen kann. Auch in der Sexualität dieser Männer spielt die **Aggression** eine große Rolle; die Sexualität dient überwiegend der eigenen Bestätigung und der abwertenden Erniedrigung der Frauen. Dementsprechend sind diese Männer regelhaft auch nicht in der Lage, Sexualität als lustvoll zu erleben; bei ungestörter erektiler Potenz besteht nicht selten jedoch eine relative orgastische Impotenz.

Bei **Frauen** kann das **Erleben** von **Minderwertigkeit** verleugnet und durch kompensatorische Phantasien oder Leistungen ersetzt werden. Die innere Formel bei diesem sogenannten **Wunscherfüllungstyp** lautet: „Ich bin doch so vollkommen wie die Männer." In anderen Fällen kann die erlebte Kränkung nie ganz überwunden werden, solche Frauen können dazu tendieren, sich zu **rächen** – an anderen Frauen stellvertretend für die Mutter, die sie penislos in die Welt gesetzt hat, und an Männern, die so ungerechtfertigt bevorzugt sind. Hier lautet die innere Formel: „Ich bin zwar unvollkommen, aber die anderen sollen es auch sein." Auch bei Frauen kann die Sexualität aggressiv getönt sein und kann dazu eingesetzt werden, den Mann impotent zu machen, ihn zu entmachten und sich so an ihm zu rächen. Für beide Geschlechter gilt, daß die Neigung, einen Rivalen niederzukämpfen, sich auf berufliche Karrieren günstig auswirken kann. Bei diesem Typ erstreckt sich die Vorstellung des Phallischen auf die ganze Person und damit auch auf den ganzen Körper; dementsprechend finden sich solche Persönlichkeiten besonders in Bereichen der Bodybuilding-Subkultur (Klein 1987).

3.2
3.2
Notwendige Erweiterungen der triebtheoretischen Sicht

Die Theorie der psychosexuellen Entwicklungsstadien ist, wie wir eingangs erörterten, eine Triebtheorie, in der die Reifungsprozesse des kindlichen Organismus über Entwicklungstempo und Entwicklungsphasen bestimmen. Für sich allein genommen kann diese triebtheoretische Sicht die Komplexität seelischer Entwicklung nicht erfassen und bedarf daher der Ergänzung. Diese notwendigen Erweiterungen betreffen die Entwicklung der

- Objektbeziehungen,
- Repräsentanzenbildung,
- Affekte,
- kognitiven Prozesse,
- über die Triebbefriedigung hinausweisenden Wünsche und
- Geschlechtsidentität.

3.2.1
Entwicklung der Objektbeziehungen

Im Modell der psychosexuellen Entwicklungsphasen spielten die Objekte nur als Adressaten von Triebregungen eine Rolle. Zwar gibt es auch bei Freud bereits Ansätze zu einer Objektbeziehungstheorie, so etwa wenn er 1923 in seiner Arbeit „Das Ich und das Es" feststellt, daß Objektbesetzungen durch Identifizierungen abgelöst werden können und „daß solche Ersetzung einen großen Anteil an der Gestaltung des Ichs hat und wesentlich dazu beiträgt, das herzustellen, was man seinen Charakter nennt" (1923a, S. 256f). Die wesentlichen Beiträge zur Objektbeziehungspsychologie entstammen jedoch erst der Zeit nach Freud.

Melanie Klein: Früheste internalisierte Objektbeziehungen

In der Zeit nach Freud war es zum einen Melanie Klein, die sich seit den 20er Jahren mit den frühesten internalisierten Objektbeziehungen beschäftigte. Das Konzept Melanie Kleins ist noch sehr stark von triebtheoretischen Vorstellungen bestimmt, insbesondere von der Annahme eines **angeborenen Aggressionstriebs**.

Frühestes Säuglingsalter

Melanie Klein ging davon aus, daß schon im frühesten Säuglingsalter eine ausgeprägte Phantasietätigkeit und komplexe psychische Abwehrmechanismen dazu benutzt werden, triebhafte Spannungen zu regulieren. Charakteristisch für die ersten drei bis vier Lebensmonate sei das Vorherrschen von Spaltungsmechanismen und Verfolgungsängsten. Melanie Klein sprach von einer **„paranoid-schizoiden Position"**, um diesen Sachverhalt zu kennzeichnen. Aufgrund seiner beschränkten Wahrnehmungsfähigkeit nehme das Kind die Mutter vorwiegend als Brust (bzw. als Hände, Schoß oder Stimme) wahr, so daß anfänglich nur Teilobjekt-(Partialobjekt-)Beziehungen bestünden. Melanie Klein war der Ansicht, daß das kindliche Ich den **Todestrieb** von Anfang an als **Angst** empfindet. Es versuche, diesen Trieb durch Projektion teilweise nach außen abzulenken und teilweise in Aggression umzuwandeln. Um diese Projektion vollziehen zu können, müsse das Ich jedoch die Wahrnehmungen, die diesen Triebaspekt enthalten, abspalten und in das Objekt, also die Brust verbannen, woraufhin dem Kind die Brust bedrohlich erscheine. Nach dem Konzept Melanie Kleins sind in diesem Lebensabschnitt Gefühle immer überwältigend; **Objekte** werden entweder als **total gut** und vollkommen oder als **völlig böse** und bedrohlich wahrgenommen.

Die Phase nach dem 4. Lebensmonat

Im Falle einer günstigen Entwicklung gelinge es dem Kind nach dem vierten Lebensmonat, diese getrennten Bilder zu vereinen. Diese Phase wurde von Klein als **„depressive Position"** bezeichnet. Sobald das Kind erkenne, daß seine Mutter nicht nur eine Brust, sondern eine Gesamtperson sei, werde dem Kind auch die Trennung von der Mutter und seine totale physische und emotionale Abhängigkeit bewußt, woraus heftige Ambivalenz und ein Kampf zwischen liebevollen und haßerfüllten Regungen resultiere. Klein ging davon aus, daß mit Eintritt in die „depressive Position" das kindliche Ich und Über-Ich schon einen Integrationsprozeß durchgemacht haben, daß insbesondere das kindliche Über-Ich jedoch noch durch archaische Strenge und Härte gekennzeichnet sei, wodurch quälende Schuldgefühle und Wiedergutmachungstendenzen entstünden. In dieser Zeit bestehe die größte Angst darin, die Mutter zu verlieren; wenn ein Kind seine Mutter zornig angegriffen habe, so empfinde es ihr gegenüber Schmerz, Verzweiflung und Schuld, weil es aufgrund seines Omnipotenzgefühls glaube, die Mutter durch die eigene Aggression zerstört zu haben. Daraus resultiere die Vorstellung, Stück für Stück wiedergutmachen zu müssen, was es der Mutter angetan habe, und die Mutter auf diese Weise wiederherzustellen.

Das **zentrale Ereignis** der depressiven Position sei das Erkennen der Mutter als vom Kind unabhängige Person. Auch andere Personen, vor allem den Vater, beginne das Kind wahrzunehmen, wodurch im Kind ein **Gefühl des Ausgeschlossenseins** entstehe. Da jedes Kind, männlich oder weiblich, vom frühesten Säuglingsalter an unbewußt um die Existenz der Geschlechtsorgane wisse, sehe es in der elterlichen Beziehung zunächst einen Geschlechtsverkehr, in dem sich die Eltern gegenseitig Befriedigungen schenken, die sie dem Kind vorenthalten. Damit empfinde das Kind die Beziehung der Eltern untereinander als schlecht, als gegen das Kind gerichtet. Aufgrund dieses feindseligen Erlebens greife es nun beide Eltern an und verinnerliche sie – da **Introjektion** der in dieser Phase dominierende Abwehrmechanismus sei – als etwas Schlechtes oder Zerstörtes.

Kritikpunkte an Melanie Kleins Theorien

Melanie Kleins entwicklungspsychologische Auffassungen sind in den vergangenen Jahren immer wieder und mit guten Gründen kritisiert worden. Von Kernberg (1969) stammt eine Zusammenfassung der wichtigsten gegen Kleins Theorie vorgebrachten Kritikpunkte. So sei ihre Vorstellung, nach der ein **angeborener Todestrieb** die entscheidende Ursache für das Entstehen von Angst darstelle, eine durch nichts gerechtfertigte Ausweitung der Freudschen spekulativen Todestriebhypothese. Die Annahme, es gebe eine **angeborene Kenntnis** der **Geschlechtsorgane** beider Geschlechter und des Sexualverkehrs, werde durch empirische Befunde nicht gestützt und stehe im Gegensatz zu der beobachtbaren Unreife der psychischen Funktionen in den ersten Lebensmonaten. Generell sei Melanie Kleins Theorie von einer fehlenden Berücksichtigung der biologischen Entwicklung, sowohl in ihren anatomischen, physiologischen und psychologischen Aspekten, gekennzeichnet, woraus eine letztlich **„pseudobiologische" Ausrichtung** resultiere. Die **entwicklungspsychologische Zurückverlagerung** auch komplexer psychischer Abläufe in die ersten Lebensmonate erscheine nicht gerechtfertigt, da die klinischen Befunde zur Stützung dieser These aus psychotherapeutischen Behandlungen von älteren Kindern oder Heranwachsenden stammten. Ferner bleibe bei Kleins Ansatz im Unklaren, wie sich die interne Struktur von **Ich** und **Über-Ich** differenziere, wie innere Objekte in diese Strukturen integriert würden, wie sich spätere Entwicklungsprozesse von den früheren unterschieden und wie die unterschiedlichen Prozesse von Regression, Progression und Fixierung zur individuellen Entwicklungsgeschichte beitragen. Schließlich sei die **fehlende Unterscheidung** von **normaler** und **pathologischer Entwicklung** zu kritisieren, bei der implizit eine Gleichsetzung von neurotischer, Borderline- und psychotischer Persönlichkeitsentwicklung erfolge. Klinisch resultiere aus diesem Fehlen einer differentiellen Psychopathologie eine unzureichende Verknüpfung zwischen Entwicklungstheorie und therapeutischer Technik.

Neubewertung von Melanie Kleins Theorien

Unabhängig von solcher Kritik gibt es in jüngster Zeit Versuche, die Auffassungen Kleins vor dem Hintergrund kognitiver Entwicklungsprozesse (s. dazu auch Kap. 3.2.5, S. 132ff) neu zu interpretieren. So weist Lewis (1993) darauf hin, daß sowohl aus Kleinianischer als auch aus kognitiv-entwicklungspsychologischer Sicht im Alter von ca. 4 Monaten ein Umschwung zu beobachten sei: In Kleins Theorie geht es dabei um den **Übergang** von der **paranoid-schizoiden** zur **depressiven** Position, in einer kognitiv-entwicklungspsychologischen Sicht um den Übergang von **reflexhaften Orientierungsreaktionen** zu **sensomotorischer Koordination** (s. S. 133). Ebenso wie bei Klein ist auch aus kognitiv-entwicklungspsychologischer Sicht das erste Stadium durch eine Unfähigkeit, mentale Inhalte und Strukturen zu koordinieren, bestimmt, während die folgenden Stadien durch zunehmende Integration und die Fähigkeit zur Intentionalität gekennzeichnet seien. Der wesentliche Unterschied besteht allerdings darin, daß es in Kleins Theorie in erster Linie die triebhaften Wünsche und deren Entwicklungen sind, die den Übergang von der paranoid-schizoiden zur depressiven Position ermöglichen, während aus kognitiv-entwicklungspsychologischer Sicht hier in erster Linie die zunehmende Fähigkeit zur Aufmerksamkeitsausrichtung und die sich vergrößernde Kapazität des Arbeitsgedächtnisses ausschlaggebend sind (Lewis 1993, S. 530). Die frühen Abwehrmechanismen wie projektive Identifizierung, omnipotente Verleugnung oder Idealisierung erscheinen dann nicht mehr als Ausdruck einer kindlichen Aktivität mit dem Ziel, bestimmte Wahrnehmungen auszuschließen, sondern als Folge der **phasengemäßen Unfähigkeit**, beispielsweise eine innere Objektvorstellung zu der äußeren realistischen Wahrnehmung in Bezug zu setzen – und sei es nur für einen kurzen Moment.

Winnicott: Die ausreichend gute Mutter-Kind-Beziehung

Wesentliche objektbeziehungstheoretische Ergänzungen zur psychoanalytischen Entwicklungspsychologie leistete der Kinderarzt und Psychoanalytiker D.W. Winnicott. Sein Begriff der „ausreichend guten" *(good enough)* Mutter-Kind-Beziehung unterstreicht die Bedeutung des „Zusammenpassens" von kindlichen Bedürfnissen und mütterlichem Interaktionsangebot (vgl. auch Abschnitt 3.3.2, S. 139).

Winnicott zufolge ist das Kind anfänglich nicht in der Lage, die Mutter als reales Objekt zu erleben. Es vermag noch nicht zu erkennen, ob die Reduktion einer organismischen Spannung Resultat einer eigenen körperlichen Aktivität ist, wie zum Beispiel das Defäkieren, oder ob es Ergebnis der Bemühungen seiner Pflegepersonen ist, wie zum Beispiel die Beseitigung eines unlustvollen taktilen Reizes durch Fortnahme einer nassen Windel durch die Mutter. Die Mutter, die, in der äußeren Realität existierend, eine wichtige Befriedigungsquelle kindlicher Bedürfnisse darstellt, wird vom Kind noch nicht als getrenntes Objekt wahrgenommen, sondern als Teil der **Dual-Union**, des symbiotischen Ganzen, als das das Kind sich erlebt. Dies ermöglicht dem Kind die Illusion, alle erstrebte und erhaltene Bedürfnisbefriedigung selbst zu bewirken; es erlebt „sich selbst" als Quelle der Befriedigung, die auf jedes Entstehen von Spannung folgt, und in diesem Sinne erlebt es sich auch als „allmächtig" oder „omnipotent". In Winnicotts Worten: „Die Brust wird immer wieder aufs neue erschaffen aus der Liebesfähigkeit oder (wie man auch sagen könnte) aus dem Bedürfnis des Kindes" (Winnicott 1953, S. 678).

Wenn die Mutter **„gut genug"** ist, beginnt der Säugling, „an eine äußere Realität zu glauben, die wie durch Magie erscheint und sich verhält (wegen der relativ erfolgreichen Anpassung der Mutter an die Gesten und Bedürfnisse des Säuglings) und die so handelt, daß es keinen Zusammenstoß mit der Omnipotenz des Säuglings gibt. Auf dieser Grundlage kann der Säugling allmählich die Omnipotenz abschaffen. ... Der Säugling kann jetzt anfangen, die **Illusion** des omnipotenten Erschaffens und Lenkens zu genießen; dann kann er allmählich das illusorische Element erkennen lernen" (Winnicott 1960, S. 190).

Die Mutter, die nicht „gut genug" ist, paßt sich hingegen nur unzureichend an die Bedürfnisse des Kindes an, sie begegnet dem Kind mit „eigenen Gesten", das heißt mit einem Interaktionsangebot, das von ihrer eigenen Bedürftigkeit bestimmt wird, und an das sich das Kind nur dadurch anpassen kann, daß es eine Gefügigkeit der Mutter gegenüber entwickelt. Hier liegt für Winnicott der Beginn der Entwicklung eines **„falschen Selbst"**, das in unterschiedlichen Graden höfliches und sozial-konventionelles Verhalten bestimmen kann, das aber auch zu pathologischen Gefühlen von Unwirklichkeit und Nichtigkeit führen kann.

Aspekte des „ausreichend guten" mütterlichen Verhaltens, der Fähigkeit zur lebendigen Anpassung an die Bedürfnisse des Säuglings wurden von Winnicott mit dem Begriff des „Haltens" und der **„haltenden Umgebung"** (*Holding Environment*) erfaßt. Die Fähigkeit zu **„Halten"** ist auch in der psychotherapeutischen Technik von Bedeutung, wobei sich der Begriff des „Haltens" im Sinne Winnicotts jedoch auf einen durchaus aktiven, interaktionellen Prozeß bezieht und keineswegs nur darauf, daß ein Therapeut auch in der Behandlung schwerer psychischer Störungen seine Haltung der analytischen Neutralität und Abstinenz beziehungsweise die Rahmenbedingungen des Settings aufrechterhält. Das „Halten" als therapeutische Technik „nimmt oft die Form an, daß im richtigen Augenblick dem Patienten mit Worten etwas mitgeteilt wird, was zeigt, daß der Analytiker die tiefe Angst, die erlebt wird oder deren Erleben erwartet wird, kennt und versteht" (Winnicott 1963, S. 317). Gelegentlich müsse das Halten jedoch auch physisch praktiziert werden, besonders, wenn sich der Therapeut nur so einen Zugang zum Verständnis des Patienten eröffnen kann.

Winnicott: Das Konzept des Übergangobjekts

Eine bleibende klinische Bedeutung hat Winnicotts Konzept des Übergangsobjekts gewonnen, von dem ausgehend er eine Theorie des Symbolerwerbs, des Spiels und der Kreativität entwarf. Als **Übergangsobjekte** werden bestimmte Gegenstände bezeichnet, die für Kinder ab dem 4. bis 12. Lebensmonat von besonderer Bedeutung sind. Meist handelt es sich um Puppen, Kissen, Decken oder Ähnliches. Winnicott beobachtete, daß diese Gegenstände für Kinder in bestimmten Situationen, etwa in Trennungssituationen, unentbehrlich sind und den Schmerz einer solcher Erfahrung lindern können. Er wies auch auf die Bedeutung der Übergangsobjekte für die kulturelle und kreative Entwicklung des Individuums hin und darauf, daß das Übergangsobjekt Teil eines „intermediären Bereichs", eines *Potential Space* wird, der in der frühen Kindheit notwendig sei für den Beginn einer Beziehung zwischen dem Kind und der Welt. Die **Funktion** des **Übergangsobjekts** für das Kind besteht darin, Aspekte der Illusion einer mütterlich-kindlichen Dual-Union zu erhalten. Daraus resultiert, daß es hinsichtlich seiner Funktionsfähigkeit, seines Wertes für das Kind abhängig ist von der Qualität des inneren Objekts und damit, indirekt, vom Verhalten des realen Objekts, der Mutter. Das Übergangsobjekt als ein Gegenstand der äußeren Umwelt des Kindes kann nur in Vertretung eines hinlänglich guten inneren Objekts wirksam werden (Winnicott 1953, S. 676). Das Übergangsobjekt und die reale Mutter stehen so in enger Beziehung zueinander. In jüngster Zeit sind die im Zusammenhang mit Übergangsobjekten und Übergangsphänomenen stehenden mentalen Phänomene aus systemtheoretischer Sicht als **Ausdruck dyadischen, intersubjektiv geteilten Bewußtseins** reformuliert worden (Stern 1998; Tronick 1998).

Balint: Die primäre Objektliebe

Eine objektbeziehungstheoretische Erweiterung erfuhr die psychoanalytische Entwicklungspsychologie auch durch M. Balint. Seiner These nach waren die Entwicklung der Objektbeziehungen und die Entwicklung der triebhaften Strebungen zwei getrennte Vorgänge. Im Gegensatz zur klassisch-psychoanalytischen Auffassung vermutete er am Beginn der seelischen Entwicklung nicht ein primär narzißtisches Stadium, sondern ging davon aus, daß es von Anfang an eine wechselseitige Bezogenheit zwischen Kind und Pflegepersonen gibt. Balint sprach in diesem Zusammenhang von der „primären Objektliebe". Er verstand darunter eine Art harmonischer Vermengung und gegenseitiger Durchdringung zwischen dem sich entwickelnden Individuum und seinen primären Substanzen oder seinem primären Objekt (Balint 1968, S. 75).

Spitz: Objektvorläufer

Die entwicklungspsychologische Konzeption von R.A. Spitz entstand als Versuch, direkte Beobachtungen und experimentelle Untersuchungen von Säuglingen mit triebtheoretischen Vorstellungen und der psychoanalytischen Objektbeziehungstheorie zu integrieren. Wie auch andere Autoren postuliert Spitz am Beginn der Entwicklung eine **objektlose Stufe**, auf der das Kind unfähig ist, „ein Ding vom anderen zu unterscheiden" (1954, S. 21). In den ersten Lebenswochen bestehe eine außerordentlich stark erhöhte Reizschwelle des Neugeborenen gegen die Außenwelt, und alle Wahrnehmungen seien auf das enterozeptive System beschränkt, so daß man sagen könne, eine Außenwelt existiere während dieser Periode für das Kind nicht. Erst im Alter von ca. 2 Monaten bilde sich eine „Vorstufe des Objekts", gekennzeichnet durch die **spezifische Lächelreaktion** bei Wahrnehmung eines Gesichts. Da diese Reaktion an die Situation der Nahrungsaufnahme und der Bedürfnisbefriedigung gebunden sei, hält Spitz es für gerechtfertigt, von **Objektvorläufern** zu sprechen, obwohl die visuelle Konfiguration, durch die das Lächeln ausgelöst wird, selbst noch ein „Signal" ohne Objektqualitäten ist. Zeitgleich komme es zum Fortschreiten von der inneren zur Wahrnehmung äußerer Reize, zur Entwicklung von Gedächtnisspuren, dem Beginn des Denkens, einer Aufteilung des seelischen Apparates in Bewußtes, Vorbewußtes und Unbewußtes, die Bildung eines rudimentären Ichs etc. (S. 31f). Die soziale Lächelreaktion wird von Spitz auch als Manifestation eines **ersten Organisators** (1954, S. 36) bezeichnet, wobei mit dem Begriff Organisator gemeint ist, daß es in einer kritischen Entwicklungsphase zur Integration verschiedener Tendenzen kommt, die die weitere Entwicklung bestimmen. Als Indikator des **zweiten Organisators** (1954, S. 55ff), der Konstituierung des Objekts, tritt etwa im 8. Lebensmonat die **Fremdenangst** (Achtmonats-Angst) auf. Dieser geht die Synthese guter und böser Objektvorläufer etwa in der Zeit des sechsten Lebensmonats voran. Als **dritten Organisator** (1965, S. 202) schließlich sieht er die **Beherrschung des Nein** (in Gebärde und Wort) an.

Bowlby: Kind-Mutter-Beziehung von Anfang an

Die zuerst von M. Balint vertretene These der von Anfang an bestehenden wechselseitigen Bezogenheit von Kind und Pflegeperson wurde in besonders nachdrücklicher Weise von John Bowlby verfochten. Bowlby stützte seine Auffassungen dabei auf umfassendes Beobachtungsmaterial aus dem Bereich der tierischen Verhaltensforschung, der Humanethologie und der Säuglings- und Kleinkindbeobachtung. Aus seiner Sicht ist das emotionale Band zwischen Mutter und Kind der Ausdruck eines in der Evolution erworbenen, biologischen Verhaltenssystems, dessen vorrangiges Ziel es ist, Nähe zur Mutter herzustellen. Die unmittelbar postnatal bestehenden Verhaltensweisen dienen zunächst dem Ziel, diese emotionale Bindung

zur Mutter (*Attachment*) herzustellen. Nachdem sich das Bindungsverhalten etwa um den 6. Lebensmonat herum etabliert habe, werde es nach dem 9. Lebensmonat zunehmend in komplexere, zielkorrigierte und planhierarchische Verhaltenssysteme integriert. Aus Bowlbys Sicht steht die Abhängigkeit von der mütterlichen Fürsorge in keinem direkten Zusammenhang mit dem Bindungsverhalten; damit befindet sich dieser Autor in deutlichem **Gegensatz** zu den **triebtheoretischen Ansätzen** in der Nachfolge des psychosexuellen Phasenmodells, die er als inadäquat ablehnt. Das **Bindungsverhalten** wird „als unterschieden vom Nahrungsverhalten und vom Sexualverhalten aufgefaßt, und ihm wird eine mindestens ebenso wichtige Rolle im menschlichen Leben zugemessen" (Bowlby 1980, S. 58). Im Verlauf einer gesunden Entwicklung führt das Bindungsverhalten zur Herausbildung gefühlsmäßiger Beziehungen ursprünglich zwischen Kind und Elternteil und später zwischen Erwachsenen. Die Verhaltensformen, die dadurch erzeugt werden, sind nicht auf die Kindheit beschränkt, sondern bleiben das ganze Leben aktiv. Davon ausgehend betrachtet Bowlby es als „großen Irrtum ..., daß aktives Bindungsverhalten seitens eines Erwachsenen ein Anzeichen für Pathologie oder für eine Regression auf ein unreifes Verhalten ist" (Bowlby 1980, S. 59). Diese, für die Mehrzahl der anderen psychoanalytischen Entwicklungstheorien charakteristische Betrachtungsweise sei Folge von Konzepten, die aus Theorien über Abhängigkeit und Oralität abgeleitet wurden, die sich jedoch nicht mit der empirischen Befundlage in Übereinstimmung befänden.

Aus Bowlbys Position ergibt sich ferner, daß ein **traumatisches Trennungserleben** nicht erst sekundär dadurch entsteht, daß Ängste vor der Bedrohung der Versorgung oder vor dem Zurückgelassenwerden in Hilflosigkeit entstünden, sondern direkt und primär durch die Aktivierung des Bindungsverhaltenssystems. Aus seiner Sicht gehört Angst, ebenso wie Bindungsverhalten, zu den phylogenetisch erworbenen, **natürlichen Dispositionen** des Menschen. Aus evolutionstheoretischer Sicht ist **Angst** als ein **archaisches Erbe** anzusehen, das der Arterhaltung und dem individuellen Überleben dient. Als Hinweis darauf kann gelten, daß Furchtreaktionen beim Menschen ebenso wie bei subhumanen Primaten als unbedingte Reaktion auf überstarke oder plötzliche Reize entstehen und daß sie, wie das Verhalten von Neugeborenen zeigt, unabhängig von der Entwicklung der Objektbeziehungen beobachtbar sind (Bowlby 1969, S. 250).

Bowlby macht darauf aufmerksam, daß trotz aller erheblichen Unterschiede zur klassisch-psychoanalytischen Theorie sich auch enge **Bezüge** zu **Freuds Konzepten** herstellen lassen. So steht die Entwicklung des Bindungsverhaltens in Bowlbys Beschreibung in Übereinstimmung mit Freuds (1926b, S. 167) Beobachtung der unverkennbaren Angstbereitschaft des Säuglings, die jedoch „nicht etwa unmittelbar nach der Geburt am stärksten [ist], um dann langsam abzunehmen, sondern [sie] tritt erst später mit dem Fortschritt der seelischen Entwicklung hervor und hält über eine gewisse Periode der Kinderzeit an". Im gleichen Zusammenhang stellt Freud fest, daß beim Säugling die Angst als Reaktion auf das Vermissen des Objekts erscheine und daß die ursprüngliche Angst durch die Trennung von der Mutter entsteht.

Bowlbys Auffassungen sind besonders in der Anfangszeit **heftig angegriffen** worden. A. Freud (1960) kritisierte beispielsweise eine zu einseitige Ausrichtung der Bindungstheorie auf manifestes Verhalten, und Kernberg warf Bowlby vor, daß er „fast ganz den intrapsychischen Aufbau von Strukturen vernachlässigt" (1976, S. 122). Diese Kritik muß angesichts der Bedeutung, die Bowlby beispielsweise „internen Arbeitsmodellen" und „Bindungsplänen" zuschreibt, jedoch als ungerechtfertigt erscheinen.

Tatsächlich ergeben sich, wie in jüngster Zeit Fonagy (1999a) herausgearbeitet hat, eine Reihe von **Berührungspunkten** zwischen der **Bindungstheorie** und herkömmlichen **psychoanalytischen Auffassungen.** Gleichzeitig lassen sich jedoch verschiedene Punkte benennen, in denen die Bindungstheorie als **ergänzungsbedürftig** erscheint (Fonagy 1999a): So findet die Verzerrung von Bindungserfahrungen aufgrund kindlicher Konflikte, Phantasien oder Affektzustände keine hinreichende Berücksichtigung, die konflikthafte Verschränkung und die Hierarchiestufung von internen Arbeitsmodellen ist nicht hinreichend ausgearbeitet, und auch die entwicklungsbedingte Veränderung von Bindungsmustern ist wenig konzeptualisiert, obwohl es beispielsweise naheliegt, anzunehmen, daß ein „vermeidendes" Bindungsmuster im Erwachsenenalter anders in Erscheinung tritt als etwa in der Adoleszenz.

Interaktionelle Konstruktion von Bindung

Die **Vorläufer von Bindungsverhalten** finden sich in der frühesten Regulation von Blickzuwendung und -abwendung, von Körperhaltung, Rhythmus von Vokalisationen und Aufmerksamkeit, wie es insbesondere von Beebe (2000) und Beebe und Lachmann (1998) untersucht wurde. Typischerweise erfolgt diese Regulation in einer Folge von gelingenden und mißlingenden Interaktionen sowie von **„Interaktionsreparaturen"** (Tronick 1998). Solche „Reparaturen" dienen beispielsweise der Regulation einer übermäßigen Erregung (*Arousal*) durch eine Blickabwendung (Field 1981) oder ein Sich-Wegbäumen des Kindes, dem eine erneute Kontaktaufnahme folgt, sobald die Erregung wieder ein zuträgliches Niveau erreicht hat. Wenn Mütter die Abwendung ihres Kindes von ihnen nicht ertragen, können sich Interaktionsformen ausbilden, in denen Mütter konstant die Aufmerksamkeit des Kindes auf sich zu richten versuchen, indem sie beispielsweise forciert den Blickkontakt herstellen (*Chase and Dodge*, Beebe 2000, S. 429). Dies führt zu einer **Überstimulierung des Kindes in der Interaktion** und kann die Fähigkeit beeinträchtigen, autonome Fähigkeiten zur Spannungsregulierung zu entwickeln. Interaktive Überstimulierung und Unterstimulierung bzw. die gelingende Abstimmung des interaktiven Wechselspiels in den ersten Lebensmonaten erwiesen sich als zuverlässige **Prädiktoren des Bindungsstils** im Alter von 12 Monaten (Beebe und

Lachmann 1998, S. 484) und der Ansprechbarkeit durch verbale Kommunikation seitens der Mutter im Alter von zwei Jahren (Beebe und Lachmann 1998, S. 499). Es ist vermutlich nicht zu weit gegriffen, wenn man sich vorstellt, daß aus solchermaßen früh eingeübten Interaktionsformen **stabile Persönlichkeitszüge** entstehen, wobei sowohl neurobiologische Faktoren (Perry et al. 1995) wie auch soziale Lernvorgänge (Eagle 1997, S. 220ff) eine Rolle spielen dürften.

Evolutionsbiologische Sicht der Beziehungsentwicklung

Die zeitgenössische Evolutionsbiologie läßt einige der traditionellen psychoanalytischen Konzepte in einem neuen Licht erscheinen. Dabei geht es unter Bezug auf das evolutionsbiologische Konzept der **„inklusiven Fitneß"** um die Verknüpfung von elterlichen und kindlichen Interessen, die aus dieser Sicht auf den miteinander geteilten Genpool zurückzuführen ist. Dieser Interessenverknüpfung steht der Interessengegensatz von elterlichen und kindlichen Individuen gegenüber, der in der Tatsache begründet liegt, daß elterliche und kindliche Individuen auch genetisch eigenständig sind. Von einem **inklusiven Selbstinteresse** kann man insofern sprechen, als anzunehmen ist, daß Eltern als funktionierende biologische Organismen psychologisch so „entworfen" sind, daß sie mit der eigenen inklusiven Fitneß kompatibel sind, d.h., daß sie sowohl vereinbar sind mit dem eigenen Interesse als auch mit den Interessen der Individuen, mit denen sie (genetisch) eng verbunden sind. Vergegenwärtigt man sich nun, daß kindliche Individuen ihrerseits nun darauf ausgerichtet sind, ihr bestimmtes intrinsisches Selbstinteresse zu maximieren, so muß man annehmen, daß auch aus biologischer Sicht **Konflikte ein zu erwartendes Kennzeichen** jeglicher Eltern-Kind-Beziehungen sind (Slavin 1990, S. 315): Das Kind ist nahezu gänzlich abhängig von elterlicher Investition seitens einer Umwelt, mit der es nur partiell das eigene Selbstinteresse teilt. Komplizierend kommt hinzu, daß ein Kind nur dann eine adäquate Realitätswahrnehmung erwerben kann, wenn es in der Lage ist, die den Eltern eigene Interpretation der Wirklichkeit im Hinblick auf die Wahrung der eigenen Interessen zu modifizieren und, wenn nötig, auch zu korrigieren.

An dieser Stelle kann Verdrängung als ein sehr wirksames und hilfreiches Mittel angesehen werden, das es dem Kind erlaubt, sich gleichzeitig in der notwendigen Weise der Realitätswahrnehmung seiner Eltern anzupassen und gleichzeitig die eigenen Interessen nicht dauerhaft zu suspendieren. Verdrängung erfüllt somit auch die Funktion, eine **„Übersozialisation"** in eine gegebene familiäre Umwelt zu verhindern, die ursprünglichen Ziele entgegen den gesellschaftlichen Sozialisationsanforderungen in einem latenten Zustand aufrechtzuerhalten. Man könnte auch sagen, Verdrängung dient als eine Art reversibler Selbstbetrug im Dienste des „Betruges" anderer mit dem Ziel, die sozialen Interaktionspartner eines Individuums dazu zu veranlassen, daß sie mehr „investieren", als sie zu tun bereit wären, wenn sie um die „wahren" Intentionen des Individuums wüßten.

Die evolutionsbiologische Sicht entwirft damit eine Umwelt, die aus distinkten, einzigartigen Individuen besteht, deren Interessen **notwendigerweise divergieren** und, zumindest teilweise, miteinander konkurrieren. Sie unterscheidet sich von der klassischen Sicht darüber hinaus dadurch, daß sie sowohl altruistische, prosoziale Ziele und Affekte als auch die eher auf aggressive Selbstdurchsetzung gerichteten Antriebe gleichrangig nebeneinander stellt.

3.2.2
Entwicklung der Repräsentanzenwelt

Ein anderer Bereich, in dem das psychosexuelle Phasenmodell weiterentwickelt wurde, betrifft die Entwicklung der Repräsentanzen. Anfänglich wurde der Begriff **Repräsentanz** noch triebpsychologisch aufgefaßt, um die psychische Erscheinungsform der organismischen Triebspannung zu kennzeichnen; in den letzten Jahren wird er jedoch meist gleichbedeutend mit **Vorstellung** verwendet. Sandler wies darauf hin, daß die Wahrnehmung von Objekten in der Außenwelt nicht ohne die Entwicklung einer zunehmend organisierten und komplexen Menge von Vorstellungen erfolgen kann, wobei diese Vorstellungen es dem Kind ermöglichen, aus verschiedenen Quellen stammende Empfindungen zu organisieren und in sinnvoller Weise zu strukturieren (Sandler und Rosenblatt 1962, S. 238f). Zwar ist die **Bildung** der **Repräsentanzen** aufs engste mit der Symbolisierungsfähigkeit, das heißt dem **Spracherwerb** verbunden, die Wurzeln der Repräsentanzenbildung lassen sich jedoch auf sensomotorische Schemata zurückführen, die aus regelmäßig sich wiederholenden Handlungsabfolgen entstehen.

Lorenzer und Zepf:
Repräsentanzen und Interaktionserfahrung

Im deutschen Sprachraum haben insbesondere Lorenzer und Zepf den Prozeß der Bildung und Ausdifferenzierung von Repräsentanzen in Abhängigkeit von der Interaktionserfahrung dargestellt. Ebenso wie die traditionelle psychoanalytische Konzeption gehen diese beiden Autoren in ihrem Ansatz von der Annahme aus, am Beginn der individuellen Entwicklung gebe es im kindlichen Organismus lediglich **undifferenzierte Spannungszustände**, die sich in unkontrollierten, ganzheitlichen Körperreaktionen äußerten. Indem die Mutter auf diese undifferenzierte „organismische Entladung eines noch unprofilierten Körperbedarfs" (Lorenzer 1973, S. 104) in relativ konstanter Weise mit einem bestimmten Verhalten reagiere – einem Interaktionsangebot, das Entspannung herbeiführt –, qualifiziere sich der kindliche Triebbedarf zu **spezifischen Triebbedürfnissen** des Säuglings nach sensorischen Kontakten, die sich im Zusammenspiel mit der Mutter ergaben und ergeben. Aus den vielfältigen Interaktionen bilde sich im Kind ein inneres Modell (eine Erinnerungsspur), in dem jene Be-

dingungen gespeichert seien, die in verschiedenen Interaktionen gemeinsam auftreten und unbedingt vorhanden sein müssen, wenn die im Modell antizipierte Lust auch erreicht werden soll. Ein Zustand, in dem ein objektiver Mangel herrscht, muß inhaltlich erst als ein „bestimmter" Mangel definiert werden, damit er vom Kind subjektiv nicht bloß als diffuser Spannungszustand empfunden, sondern als Mangel auch erlebt werden kann. Die so entstandenen **bestimmten Interaktionsformen** können im Prozeß des Spracherwerbs mit bestimmten Lautkomplexen verbunden werden, wodurch sie in **symbolische Interaktionsformen** überführt werden. Erst durch diese Verbindung mit der Sprache entsteht Bewußtsein; die symbolischen Interaktionsformen entsprechen so den bewußten Repräsentanzen. Innerpsychische Abwehrprozesse – im prototypischen Fall die Verdrängung – führen dazu, daß der Zusammenhang von Lautkomplex (Wort) und Interaktionsform wieder zerrissen wird, wodurch **Klischees** entstehen, bei denen durch bestimmte szenische Arrangements quasi „hinter dem Rücken" des Individuums Verhaltens- und Erlebensweisen ausgelöst werden, die sich mit innerer, unreflektierbarer Zwangsläufigkeit vollziehen. Klischees entsprechen den unbewußten Repräsentanzen. Ebenso ist es möglich, daß ein Kind im Verlauf der Entwicklung Worte erlernt, ohne mit diesen eine bestimmte Interaktionsform, also einen gelebten und erlebten Inhalt zu verbinden. Auf diese Weise, aber auch durch Abwehrprozesse wie den der Isolierung, entstehen **Zeichen**, das heißt zunehmend von emotionaler Bedeutung entleerte sprachliche Kommunikationsformen. Zeichenbestimmte Interaktionen sind durch zunehmende Vergegenständlichung gekennzeichnet, wodurch sich im Bereich der Selbst- und Objektrepräsentanzen ein zunehmender Verlust des Beziehungscharakters dieser Repräsentanzen ergibt.

Von der Prämisse ausgehend, daß narzißtische Bedürftigkeit stets darauf abziele, einen spannungsfreien Zustand von **primärer Ungeschiedenheit von Bedarf und Bedarfsstillung**, entsprechend einer „Mutterleibssituation" (wieder) zu erreichen, stellte Zepf (1985) dar, wie lustvolles Erleben von Triebbefriedigung und narzißtisches Wohlbefinden in einem dialektischen Verhältnis wechselseitiger Negation stehen: Setzt narzißtisches Wohlbefinden das Fehlen von Spannung voraus, so ist im Gegenzug für Triebbefriedigung das Vorliegen eines Spannungszustands notwendig, da – im klassischen psychoanalytischen Modell – Lusterleben sich erst aus einem Spannungsabfall ergibt. Diejenigen Interaktionsformen, die sich für lustvolle Entspannung und für die Vermeidung von Unlust als notwendig erwiesen haben, bilden als instrumentelle Interaktionsformen die Grundlage für die Herausbildung der Ich-Funktionen.

Primäre Ungeschiedenheit –
ein gültiges Konzept?

Die Annahme, am Beginn der Entwicklung – insbesondere in der pränatalen Zeit – stehe eine harmonische Verschränkung von Mutter und Kind, ein weitgehend konfliktfreies Miteinander von mütterlichem und kindlichem Organismus, ist in unterschiedlicher Form Bestandteil verschiedener psychoanalytisch-entwicklungspsychologischer Konzepte (vgl. Zepf 2000, S. 76). Im Lichte biologischer Befunde muß diese Auffassung allerdings als Mystifikation erscheinen, ist doch der pränatale mütterlich-kindliche Austausch durch Interessengegensätze bestimmt, die eine durchaus konflikthafte Qualität aufweisen. So ist beispielsweise der fötale Organismus bestrebt, sich einen möglichst großen Anteil des mütterlichen Nahrungsangebots verfügbar zu machen. Diesem Zweck dient u. a. die Sekretion des humanen plazentaren Laktogens (hPL), ein dem Wachstumshormon verwandtes Peptidhormon, das vom Fötus in einem Umfang produziert wird, der den jedes anderen von Primaten produzierten Peptidhormons bei weitem überschreitet (1–3 g/die), obwohl sein Vorhandenseins für den erfolgreichen Verlauf einer Schwangerschaft nicht notwendig ist. Tatsächlich besteht seine Wirkung vor allem darin, im mütterlichen Organismus eine gesteigerte Insulinresistenz zu bewirken – es wirkt also diabetogen – mit der Folge, daß dem Fötus ein höherer Anteil der von der Mutter mit der Nahrung aufgenommenen Kohlenhydrate zur Verfügung steht. Gleichzeitig kommt es schon in der Frühschwangerschaft, noch bevor der Embryo in nennenswertem Umfang Nährstoffe aus dem mütterlichen Blut konsumiert, zu einem Absinken des mütterlichen Nüchternblutzuckers, so als sei der mütterliche Organismus seinerseits bestrebt, die embryonale Kohlenhydrataufnahme zu begrenzen. Vergleichbare Antagonismen finden sich hinsichtlich der Anatomie der Gestation, hinsichtlich immunologischer Reaktionen, der Hämodynamik etc. (vgl. dazu Haig 1993). Vor diesem Hintergrund erscheint die Vorstellung, die menschliche Entwicklung sei von Anfang an durch Konflikte bestimmt, eher der biologischen Wirklichkeit zu entsprechen als die Vorstellung einer konfliktfreien primären Ungeschiedenheit.

3.2.3
Beiträge der psychoanalytischen Affektlehre

Stand im ursprünglichen psychosexuellen Phasenmodell die Triebpsychologie noch ganz im Vordergrund, so gewannen in der nachfolgenden Zeit affektpsychologische Gesichtspunkte an Bedeutung. Wenn es dennoch bis jetzt in der Psychoanalyse keine konsensfähige Affekttheorie gibt, so liegen mögliche Gründe dafür auch in den Widersprüchen der ursprünglichen Freudschen Affektpsychologie.

Freuds Vorstellungen über die Funktion der Affekte

Psyche als homöostatisches Reizverarbeitungsorgan

Freuds Ansatzpunkt für die Entwicklung einer Affektpsychologie waren seine biologischen Spekulationen im „Entwurf einer Psychologie" (1895), in dem die Psyche als homöostatisches Reizverarbeitungsorgan, als „Spannungsregulator" konzeptualisiert wurde. **Affekt** wurde in dieser ersten Konzeption gesehen als **„Energiequantum"**, das mit der Ladung eines Nervenimpulses vergleichbar sei. **Funktionen des Ichs** bestanden im wesentlichen darin, Schwankungen im psychischen Leben auszugleichen, die durch zu hohe „Affektbeträge" entstehen. Hier sah Freud in seinem ersten Modell zwei Möglichkeiten:

- erstens die der **Abfuhr**, die durch eine spezifische, dem Affekt zugeordnete Aktion ermöglicht wurde
- zweitens die der **„Bindung"**, womit gemeint war, daß durch eine innere „Assoziationsarbeit" die Energie des Affekts auf mehrere miteinander verbundene Vorstellungen verteilt würde, so daß ein überschüssiger Affektbetrag auf diese Art und Weise abgebaut werden könnte

Affekt und Vorstellung

Auch in der nachfolgenden Phase der psychoanalytischen Theorieentwicklung findet sich bei Freud keine klare begriffliche Unterscheidung zwischen Trieb auf der einen Seite und Affekt auf der anderen Seite; eine klare Trennung wird nunmehr hingegen zwischen den Begriffen des „Affekts" und der „Vorstellung" vorgenommen. Dabei sei der entscheidende Unterschied, daß Gefühle und Affekte nicht unbewußt sein könnten – eine Ansicht, die Freud später widerrief. **Affekte**, so hieß es in der damaligen Konzeption, könnten **nicht verdrängt**, sondern lediglich **verschoben** werden, wie in der Zwangsneurose und der Phobie; sie könnten gehemmt oder auch konvertiert werden, wie in der Hysterie, oder in Angst verwandelt werden. Letztlich gelangte Freud hier noch nicht zu einer stringenten Konzeption seiner Affektpsychologie; klar wurde jedoch, daß der Affekt etwas aus motorischen Innervationen und Abfuhren, Wahrnehmungen dieser motorischen Aktionen sowie Lust- und Unlustempfindungen komplex Zusammengesetztes ist. Freuds Affektpsychologie orientierte sich ihrer neurobiologischen Herkunft entsprechend weiterhin an einem **quantitativen Modell**, die spezielle Qualität der Affekte wurde nicht betrachtet, und auch die Objekte, durch die Affekte wachgerufen werden, interessierten nur als Möglichkeit zur Regulation von Lust und Unlust; ansonsten schienen sie miteinander austauschbar zu sein.

Die qualitative Seite der Affekte

Im Zusammenhang mit dem Entwurf des psychoanalytischen Strukturmodells formulierte Freud auch seine bisherige Affekttheorie um. Die **dynamische Funktion** der Affekte, ihre Qualität statt ihrer Quantität, Inhalt statt Form und Bedeutung statt Kraft wurden zunehmend wichtiger. Freud räumte nunmehr auch ein, daß Spannungen nicht ausschließlich unlustvoll sind, daß sie vielmehr, ebenso wie Entspannungen, auch angenehm erlebt werden könnten: Die **Qualität** der **Spannung** beziehungsweise **Entspannung** wurde mithin wichtiger. Die nachhaltigste Änderung betraf jedoch sicherlich seine Angstkonzeption: **Angst** wurde nicht mehr als „umgewandelter Affekt" verstanden, sondern als **Gefahrensignal**, als Hinweis auf eine innerpsychische oder eine äußere Gefahr. Angst erschien nun nicht mehr Folge der Verdrängung, sondern als ihre Ursache; Angst wurde somit zum Träger von Sinn und Bedeutung.

Sandler: Innerpsychische Regulation von Affekten

Freuds zuletzt entwickelter Ansatz wurde vor allem durch die Arbeitsgruppe um Sandler (vgl. Sandler 1960) aufgegriffen und weitergeführt, der die Auffassung vertrat, die innerpsychischen regulativen Funktionen beträfen vor allem eben die Affekte und nicht mehr nur die triebhaften Aspekte des Innenlebens. Im Sinne der von der Sandler-Arbeitsgruppe entwickelten Sicht geht das Streben dahin, unlustvolle, schmerzliche, bedrohliche und häßliche Affekte zu mildern und lustvolle, angenehme und schöne Affekte zu sichern. Die Triebregungen, die ja auch immer mit Affekten verbunden sind, stellen in dieser Sicht nur einen Sonderfall dieses allgemeinen Prinzips dar. Das Lustprinzip dient nun nicht mehr in erster Linie der Lösung von Spannung, sondern der Gewährleistung von Sicherheit und Wohlbefinden und erst an zweiter Stelle der Gewinnung von Triebbefriedigung.

Affektpsychologie heute

In der neueren Diskussion ist insbesondere die kommunikative Funktion der Affekte ins Zentrum gerückt. Die Befunde der empirischen Säuglingsbeobachtung machten deutlich, welchen zentralen Stellenwert die Affekte für die Bildung zwischenmenschlicher Beziehungen haben. Bevor wir jedoch anhand dieser Befunde die Genese des Affektsystems nachzeichnen, soll zunächst anhand des von R. Krause (1983, 1990) entwickelten Konzepts der gegenwärtige Stand der psychoanalytischen Affektpsychologie nachgezeichnet werden.

Krauses Affektkonzeption

Krause faßt das **Affektsystem** als komplexe Ganzheit auf, das sich im entwickelten Zustand **zusammensetzt** aus:

- einer expressiven Komponente in der Körperperipherie mit Gesichtsausdrücken und Vokalisierungen
- einer physiologischen Komponente der Aktivierung bzw. Deaktivierung des autonomen und endokrinen Systems
- einer motivationalen Komponente mit Verhaltensanbahnungen
- einer Wahrnehmung der entstehenden Handlungsbereitschaften
- einer Benennung und Bewertung dieser Wahrnehmung und ihrer Zuordnung zum Selbst- oder Objektbereich

Innerhalb seiner Taxonomie werden unter **Affekt** die körperlichen Reaktionen ohne bewußte Repräsentanz oder Erleben derselben verstanden (die ersten drei Komponenten), unter **Gefühl** die bewußte Wahrnehmung und das Erleben dieser Reaktionen ohne Zuordnung zur Selbst- oder Objektrepräsentanz und unter **Empathie** eben dieses Erleben, das nun aber dem Selbst (Selbstempathie) oder dem Objekt (Fremdverstehen) zugeordnet werden kann (*Occurring Emotion* versus *Experienced Emotion*).

Einem Affekt kann eine propositionale Struktur zugeordnet werden, das heißt, **Affekte** können als **Handlungsankündigungen** aufgefaßt werden. Dabei unterscheiden sich verschiedene Affekte im Hinblick auf die räumliche Zuordnung des Objekts in Relation zum Subjekt, in bezug auf die Basalklassifikation des Objekts als gut oder schlecht und hinsichtlich der Handlungs-Macht-Relation (Über- oder Unterordnung) von Subjekt und Objekt. So zielt beispielsweise der **Ekel-Affekt** auf ein im Innenraum (z. B. dem Körperinneren) lokalisiertes Objekt, das als schlecht klassifiziert ist und demgegenüber die Handlungsankündigung formuliert werden könnte: „Du, geh raus aus mir." **Trauer** richtet sich dagegen auf ein Objekt, das in der Erinnerung, als mentales Bild lokalisiert ist, das positiv klassifiziert wird und demgegenüber die Handlung entworfen wird: „Du, kehr' zu mir zurück."

Auf der Grundlage einer Vielzahl von Untersuchungen erscheint es heute sicher, daß einige **Affekte kulturinvariant** auftreten, deren mimische Ausdruckskonfigurationen auch bei subhumanen Primaten zu beobachten sind. Unter diesen **Primäraffekten** werden immer wieder genannt:

- Freude/Vertrauen
- Trauer
- Wut
- Ekel
- Überraschung

Die Kulturinvarianz dieser Primäraffekte bezieht sich in erster Linie auf ihren motorisch-expressiven Signalanteil; dies legt die Vermutung nahe, daß sie in erster Linie eine beziehungsregulierende Funktion erfüllen.

Im Unterschied dazu erscheinen die selbstreflexiven (Scham, Depression, Schuld) und auf Informationsverarbeitung zielenden Affekte (Neugier, Interesse) stärker kulturell formbar. Die **informationsverarbeitenden** Affekte dienen vor allem dazu, die von der Welt ausgehenden Reize aufzunehmen und ihre Verarbeitung zu fördern. Die **selbstreflexiven** Affekte bauen bereits auf internalisierten Derivaten der Primäraffekte auf – so kann beispielsweise Scham als internalisierter Ekel eines Objekts aufgefaßt werden, dem sich das Subjekt nicht zugehörig fühlt, oder die Depression als „internalisierte Wut eines Objekts, das man nicht verlassen kann, das man aber vertreiben möchte" (Krause 1990, S. 679). Selbstreflexive Affekte sind somit relativ komplexe Bildungen und werden daher auch erst zu einem späteren Zeitpunkt in der Entwicklung erworben.

In der Praxis der Psychotherapie sind insbesondere die **nachtragenden** Affekte von Bedeutung, auf die in jüngerer Zeit Heigl und Krause (1993) aufmerksam gemacht haben. Zu ihnen können gezählt werden:

- Bitterkeit
- Grimm
- Groll
- Hader

Diese häufig nachhaltig auf Vergeltung und Rache zielenden Affekte sind regelhaft die Folge von frühkindlichen traumatisierenden Beziehungserfahrungen im Sinne von Demütigungen oder schweren narzißtischen Verletzungen. Nachtragende Affekte sind in ihrer Gestaltung meist von archaischer Prägung, sie finden sich besonders dort, wo es durch Spaltungsvorgänge nicht zur Herausbildung tragfähiger elterlicher Identifizierungen gekommen ist und das Über-Ich defizitär geblieben ist.

3.2.4
Wünsche jenseits der Triebe

Das der Lehre von den psychosexuellen Phasen zugrundeliegende Triebkonzept ist nicht nur, wie etwa von J. Bowlby, unter dem Eindruck biologisch-verhaltenswissenschaftlicher Befunde kritisiert worden. Psychoanalytiker machten auch darauf aufmerksam, daß sich dieses Konzept im Widerspruch zu den Ergebnissen zeitgenössischer psychologischer Forschung befindet. Die in vieler Hinsicht radikalste und nachhaltigste Kritik wurde dabei von R. R. Holt (1976) vorgetragen.

Holt: Kritik an Freuds Triebkonzept

Holt zieht zunächst die von Rapaport (1960) vorgenommene Unterscheidung von **Metapsychologie** und **klinischer Theorie** der Psychoanalyse heran, um zu zeigen, daß das Triebkonzept, anders als die klinische Theorie, nicht in Freuds Erfahrungen aus seiner Arbeit mit Patienten, sondern in den physikalisch-physiologischen Konzepten begründet ist, die die Anfänge von Freuds wissenschaftlicher Tätigkeit bestimmten. Das **Triebkonzept** ist dabei letztlich dem **Konzept** eines **Reflexbogens** nachgebildet (vgl. Freud 1900, S. 570f): Innerhalb dieses Konzepts erscheine das Nervensystem als passiv und

nur durch äußere Erregung in Funktion versetzt, weiterhin erscheine alle Stimulation als ursprünglich störend und gefährlich („Der Haß ... entspringt der uranfänglichen Ablehnung der reizspendenden Außenwelt von seiten des narzißtischen Ichs" [Freud 1915, S. 231]), und schließlich werde vorausgesetzt, ein Anwachsen innerpsychischer Spannung führe zu Unlust, und ein Lusterleben sei stets an die Reduktion organismischer Spannung geknüpft. Während Freud für äußere Reize annahm, sie wirkten „wie ein einmaliger Stoß", unterstellte er, daß der Trieb andauernd, „wie eine konstante Kraft" (Freud 1915, S. 212) wirke, daß für den Trieb „die Herkunft aus der somatischen Quelle das schlechtweg Entscheidende" sei (Freud 1915, S. 216).

Diese Freudschen Annahmen sind nun aber mit empirischen Befunden nicht in Einklang zu bringen: So zeigten Versuche mit sensorischer Deprivation, daß es gerade die **fortdauernde Zufuhr** der **äußeren Reize** ist, die zur Aufrechterhaltung der psychischen Funktionen notwendig ist; und andere Befunde zeigten, daß **körperinnere Stimuli**, etwa für Bedürfnisse zu Nahrungsaufnahme oder Ausscheidung, sich generell durch einen **phasischen Charakter** auszeichnen. Für eine Mehrzahl menschlicher Motive gilt weiterhin, daß eine innersomatische Reizquelle, wie Freud sie postulierte, gar nicht erst aufgewiesen werden kann, so daß, folgert Holt (1976, S. 166), letztlich wenig übrigbleibe von der Vorstellung der Triebe als „Grenzbegriff zwischen Seelischem und Somatischem" (Freud 1915, S. 214).

Eine weiterer Mangel des Freudschen Konzepts besteht darin, daß die **Triebe** als konkrete, real existierende Entitäten betrachtet werden, was zur **Verdinglichung** und zur **Personifizierung** motivationaler Prozesse führt. Deutlich wird diese Tendenz etwa, wenn Freud davon spricht, die „Sexualtriebe ... betätigen sich zunächst unabhängig voneinander. ... Das Ziel, das jeder von ihnen anstrebt, ist die Erreichung von Organlust" (Freud 1915, S. 218, Hervorhebungen von N. Hartkamp), so als seien triebhafte Regungen mit eigenem Willen und eigener Intention ausgestattet.

Schließlich ist auch die Freudsche Neigung kritisch zu betrachten, die ihn in den verschiedenen Ausformungen seiner Trieblehre stets eine **Dualität entgegengesetzter Antriebe** (Sexualtriebe – Ich-Triebe, Libido – Aggression, Eros – Thanatos) vermuten ließ, auch wenn dies nur dadurch möglich war, daß er Motive mit höchst unterschiedlichen anatomischen und physiologischen Grundlagen zu einem „Trieb" zusammenfaßte.

Das Konzept des Wunsches

Holt – und später auch andere Autoren wie H. Dahl (1979) – schlugen daher vor, das Konzept des Triebes zu verlassen und an seine Stelle das aus der klinischen Theorie der Psychoanalyse stammende Konzept des Wunsches zu setzen, dessen zentrales Moment das Streben nach Wahrnehmungsidentität ist, beispielsweise mit dem Ziel, ein früheres Befriedigungserlebnis zu wiederholen (Freud 1900, S. 571). Der **Wunsch** ist dementsprechend ein **kognitiv-affektives Konzept**, das Bedeutungen und mögliche lustvolle oder unlustvolle Folgen möglicher Handlungen umfaßt. Wünsche stehen in enger Beziehung zu – primärprozeßhaften – Phantasien einerseits und zu – sekundärprozeßhaften – Plänen andererseits (Sampson und Weiss 1986); das Wunschkonzept eignet sich nicht zu falscher Verdinglichung oder Personifizierung.

Wünsche sind als ein (bewußtes, vorbewußtes oder unbewußtes) Prozeßgeschehen zu denken, das durch Beurteilungsvorgänge charakterisiert ist. Wünsche werden nicht – wie beim Triebkonzept unterstellt – durch einen hypothetischen innersomatischen Erregungszufluß, sondern durch einen **perzeptiv-evaluativen Mismatch** (Holt 1976, S. 182) aktiviert; dabei kann dieser Mismatch zwischen einer gegenwärtigen Wahrnehmung und beispielsweise einem Erinnerungsbild, aber auch zwischen einer Wahrnehmung und einem phylogenetisch erworbenen Muster erfolgen. Aus dieser Perspektive gesehen ist die menschliche Umwelt durch einen anhaltenden Aufforderungscharakter (*Press*) gekennzeichnet, die Situation auf ihre Abgestimmtheit gegenüber verschiedenen Bedürfnissystemen einzuschätzen (Holt 1976, S. 191), ein Prozeß, durch den gleichzeitig Bedeutung generiert wird. Das Erleben von Bedeutung kann dabei als notwendiges Resultat der funktionellen Struktur des menschlichen Organismus angesehen werden (Holt 1976, S. 192).

Lichtenberg: Motivationale Systeme

Innerhalb der psychoanalytischen Entwicklungspsychologie hat insbesondere J.D. Lichtenberg (1983, 1988) diese Überlegungen aufgegriffen. Er unterscheidet **fünf motivationale Systeme**, deren Verhaltenskorrelate schon von Geburt an eindeutig beobachtet werden können:
- die Notwendigkeit, physiologische Bedürfnisse zu befriedigen
- das Bedürfnis nach Bindung (*Attachment*) und – später – Verbundenheit
- das Bedürfnis nach Selbstbehauptung und Exploration
- das Bedürfnis, durch Widerspruch und/oder Rückzug aversiv zu reagieren
- das Bedürfnis nach sinnlichem Vergnügen und sexueller Erregung

Das Motivationssystem zur **Regulierung physiologischer Bedürfnisse** betrifft Hunger, Atmung, Wärme, Ausscheidung, allgemeine Reizintensität, taktile und propriozeptive Stimulation, das organismische homöostatische Gleichgewicht und den Schlaf. In bezug auf dieses Motivationssystem bestehen zwar in der unmittelbar postnatalen Lebenszeit bereits funktionierende Signalsysteme, jedoch kann die Pflegeperson, indem sie die Signale des Kindes entweder bestätigend aufnimmt (*Confirmation*) oder dies nicht tut (*Disconfirmation*), entscheidend dazu beitragen, wie dieses System weiter ausge-

staltet wird. Störungen im Bereich der Regulierung physiologischer Bedürfnisse können im Erwachsenenalter als motivationale Residuen erhalten bleiben, die einer symbolischen, interpretierenden Bearbeitung nicht zugänglich sind.

Das Motivationssystem zur **Aufnahme von Beziehung** und zur **Schaffung von Bindung** zeigt sich beim Neugeborenen in einer Präferenz für akustische Signale im Frequenzbereich der menschlichen Stimme, für die visuelle Darbietung eines menschlichen Gesichts (im Vergleich zu einer beliebigen Anhäufung von Punkten) sowie in der Fähigkeit zu transmodaler Abstimmung von Gehör-, Gesichts-, Tast- und vermutlich auch Geruchssinn. Im späteren Lebensalter kann sich Bindung auch auf die Beziehung zu Gruppen (Familie, Nachbarschaft, soziale Herkunftswelt etc.) richten. Auch die Sehnsucht nach affektiver Übereinstimmung, nach empathischer Resonanz oder nach „Begleitung als Entlastung vom Schmerz der Ungewißheit" (Lichtenberg 1988, S. 92) kann struktureller Bestandteil dieses Motivationssystems sein; daher erscheint es nicht als gerechtfertigt, diese und ähnliche Phänomene in jedem Fall als Ausdruck einer Regression oder den Überrest von infantil-abhängigen Erlebensformen anzusehen.

Das auf **Selbstbehauptung** (*Assertion*) und **Exploration** zielende Motivationssystem liegt Aktivitäten wie Lernen, Spiel und Arbeit zugrunde. Bei Säuglingen läßt sich in Phasen ruhigen Wachseins beobachten, daß sie, was immer in ihrem visuellen Feld sichtbar wird, beobachten und zu erfassen suchen. In einem mit vier Monate alten Säuglingen durchgeführten Experiment fand sich, daß die Kinder mit freudigen Gesten und Lauten darauf reagierten, daß sie durch eine wiederholte Kopfdrehung farbige Lichtblitze auslösen konnten. Diese Kopfdrehbewegung wurde dabei mit großer Intensität und – bei Erfolg – unter zunehmender Nichtbeachtung des optischen Reizes fortgesetzt, was auf die fördernde Rolle des Kompetenzerlebens im Rahmen dieses Motivationssystems hinweist. Exploration steht – affektiv – in Zusammenhang mit Interesse, Neugier und Überraschung und im Gegensatz zu Langeweile, Apathie und der Angst vor Neuem. Das freudige Erleben von Selbstbehauptung und Kompetenzerwerb steht dem Erleben von Frustration und Versagen gegenüber. Bei größeren Kindern und bei Erwachsenen können Lern- und Arbeitsschwierigkeiten auf Störungen im Motivationsbereich von Exploration und Selbstbehauptung hinweisen, die dann nicht als Ausdruck von Problemen beispielsweise im Bereich des Bindungsverhalten fehlinterpretiert werden sollten.

Das Motivationssystem **Rückzug** und **Widerspruch** (*Aversion*) trägt dazu bei, Reaktionen auf Hunger, körperlichen Schmerz, Enttäuschung oder Einsamkeit auszuformen. Bei Säuglingen oder Kleinkindern können Verhaltensweisen von der Blickabwendung über das Sich-von-der-Mutter-Wegdrücken, bis hin zum Schreien oder Schlagen im Zusammenhang mit diesem Motivationssystem beobachtet werden. Obwohl einige der affektiven und der Verhaltenskorrelate dieses Motivationssystems angeboren sind, spielen in seiner weiteren Ausgestaltung Beziehungserfahrung und Lernen eine herausragende Rolle. Sowohl Rückzug als auch Widerspruch können in der Form manifesten Verhaltens und auch in der Form einer inneren Haltung oder Einstellung auftreten. Dieses Motivationssystem umfaßt auch Verhaltensweisen, die in traditioneller Sichtweise dem Wirken aggressiver Triebmomente zugeschrieben werden, wobei jedoch die destruktive Qualität aggressiven Verhaltens oft erst durch prolongiertes Widerspruchsverhalten entsteht, auf das keine adäquate empathische Antwort erfolgt.

Innerhalb des sich auf **sinnliches Vergnügen** und **sexuelle Erregung** richtenden Motivationssystems kann Sinnlichkeit als ein spezifisch angenehmes Sinneserlebnis aufgefaßt werden, das im Zusammenhang mit Streicheln, Schmusen, Schaukeln, sanft-zärtlicher Körperberührung, einem warmen Bad, einer Rückenmassage oder auch mit ästhetischer Erfahrung wie beispielsweise dem Musikgenuß steht. Sinnliches Vergnügen in diesem Sinne ist häufiger mit niedriger beziehungsweise mit absinkender Erregung verbunden. Sexuelle Erregung geht im Gegensatz dazu regelhaft mit hoher oder ansteigender Intensität einher. Diesem Motivationssystem zugeordnete Verhaltensweisen, wie etwa das Daumenlutschen und andere Formen oraler oder perioraler Stimulation, lassen sich bereits vorgeburtlich beobachten. Auch die gelegentlich ab der zweiten Hälfte des ersten Lebensjahrs bei Jungen und Mädchen beobachtbare genitale Stimulation ist diesem Motivationssystem zuzurechnen. Bei verschiedenen Formen von Beziehungs- und sexuellen Störungen kann es zum Auseinanderfallen von sinnlichem Vergnügen einerseits und sexueller Erregung andererseits, aber auch zum Auseinanderfallen des sinnlich-sexuellen Motivationssystems einerseits und anderen Motivationssystemen (z. B. dem Bindungssystem) kommen.

In jüngerer Zeit hat sich Westen (1997) kritisch mit Lichtenbergs Vorschlag auseinandergesetzt. Er lehnt die Annahme – die sich bei Lichtenberg ebenso wie in der traditionellen psychoanalytischen Triebtheorie findet – ab, alle wesentlichen Motive müßten sich auf infantile Wurzeln zurückführen lassen. Diese Auffassung sei „idiosynkratisch"; in anderen Bereichen, etwa dem der kognitiven oder der affektiven Entwicklung, sei es selbstverständlich, davon auszugehen, daß sich bestimmte Kognitionen oder auch Affekte erst jenseits der frühesten Kindheit herausbildeten. Lichtenbergs Auffassung setze einen Fehler bisheriger psychoanalytischer Theoriebildung fort: Sie postuliere breit angelegte, generelle Motive, ohne sich zu den spezifischen aktivierenden Bedingungen dieser Motivationen zu äußern. Diese Sicht stehe im Gegensatz zu heutigen evolutionsbiologischen Überlegungen, die davon ausgingen, daß natürliche Selektion an spezifischen biologischen Mechanismen ansetze, nicht aber an übergeordneten Konstrukten, wie beispielsweise den Trieben der psychoanalytischen Theorie. Insofern sei auch die Rede von den „Triebabkömmlingen" aus evolutionsbiologischer Sicht unzulässig, und auch das Lichtenbergsche Konzept der übergeordneten Motivationssysteme halte an dieser überholten Sicht fest.

3.2.5
Kognitive Prozesse

Die Entwicklung der kognitiven Prozesse ist in der psychoanalytischen Entwicklungspsychologie weitgehend vernachlässigt worden. Dies kann um so mehr verwundern, als daß – in der Einschätzung von E. Jones (1960, S. 458f) – die Beschreibung **unterschiedlicher Formen** des **Denkens** von zentraler Wichtigkeit innerhalb der psychoanalytischen Theorie ist: „Eingehende Untersuchungen [haben] ergeben, daß Freuds umwälzender Beitrag zur Psychologie weniger in seinem Nachweis eines Unbewußten und seiner Erforschung von dessen Inhalt bestand, als in seiner Behauptung, es gebe zwei fundamental verschiedene Arten von psychischen Vorgängen, die er primär und sekundär nannte, zusammen mit seiner Beschreibung derselben. ... Beim Primärvorgang herrscht eine völlig ungehemmte Strömung nach der imaginären Erfüllung des Wunsches, der ihn anregt – die einzige, die die Macht dazu hat. Sie wird von keinem logischen Widerspruch, von keinen kausalen Assoziationen aufgehalten und verfügt weder über ein Gefühl der Zeit noch über ein solches der äußeren Realität. Sie verfolgt das Ziel, entweder die Erregung durch irgendeinen motorischen Ausgang abzuführen oder, wenn dies mißlingt, eine perzeptorische – wenn nötig eine halluzinatorische – Identität mit der Erinnerung an die Wahrnehmung einer früheren Befriedigung herzustellen. Im Sekundärvorgang wird diese frei fließende Energie weitgehend gehemmt; sie wird ‚gebunden' und darf nur fließen, nachdem Denkvorgänge eine Richtung gefunden haben, in der der Wunsch dadurch, daß die Tatsachen der Außenwelt in Betracht gezogen werden, ‚reale' Befriedigung finden kann."

Die Fähigkeit zu **halluzinatorischer Wunscherfüllung** und damit auch die Verfügung über **primärprozeßhafte Denkvorgänge** stehen in Freuds ursprünglicher Konzeption bereits dem neugeborenen Säugling zur Verfügung. Die kognitive Entwicklung besteht diesem Ansatz zufolge im wesentlichen darin, primärprozeßhaftes durch **sekundärprozeßhaftes Denken** zu ersetzen. „Wir haben es als eine der frühesten und wichtigsten Funktionen des seelischen Apparates erkannt, die anlangenden Triebregungen zu ‚binden', den in ihnen herrschenden Primärvorgang durch den Sekundärvorgang zu ersetzen, ihre frei bewegliche Besetzungsenergie in vorwiegend ruhende (tonische) Besetzung umzuwandeln" (Freud 1920, S. 67). An diesem Modell wird in der Psychoanalyse bis heute weitgehend festgehalten, obwohl es mit Mängeln und Widersprüchen behaftet ist. So gilt einerseits die Annahme, der von Beginn an vorhandene Primärvorgang sei der psychischen Struktur des Es zugeordnet; somit wird die Existenz dieser Struktur ebenfalls schon für die erste Lebenszeit angenommen. Andererseits soll gelten, daß „Es und Ich ursprünglich eins sind" (Freud 1937, S. 86), daß **Es und Ich** sich aus einer **undifferenzierten Matrix** (Hartmann 1964, S. 17) erst entwickeln müssen; dies impliziert aber, daß der Primärvorgang erst mit der Differenzierung der archaischen

Matrix zu existieren beginnt. Der Primärvorgang ist damit aber, ebenso wie der Sekundärvorgang, bereits das Ergebnis und nicht so sehr der Ausgangspunkt eines Entwicklungsprozesses (Holt 1967).

Um diese Widersprüche aufzulösen, präzisierten Sandler und Dare (1973, S. 774) die theoretischen Vorstellungen dahingehend, „daß das organisierte Denken (und somit auch der Aufbau organisierter Phantasien) seine Anfänge frühestens gegen Ende des ersten Lebensjahres nimmt. Damit ist aber nicht gemeint, daß die **Erlebnisse** im ersten Jahr unwichtig seien. Erinnerungsspuren sensorischen Erlebens von motorischen und anderen Tätigkeiten finden wahrscheinlich schon sehr früh ihre ersten Niederschläge, und es ist so gut wie sicher, daß sie die psychische Entwicklung des Säuglings in ganz wesentlichem Maße beeinflussen. Allem Anschein nach finden dann solche Erinnerungen leichten Eingang in das spätere Phantasieleben, das dann ... einem viel früheren Zeitpunkt zugeschrieben wird." Auch M. F. Basch (1981, S. 62) vermutete, daß „infantile Phantasien eigentlich eine Überarbeitung früherer Erlebnisse und deren Interpretation durch den reiferen Geist des Kindes darstellen".

Die sensomotorische Entwicklungsphase

Der Ansatz, dem zufolge die kognitive Entwicklung der **ersten zwei Lebensjahre** zunächst auf einer **sensomotorischen Ebene** verläuft, ist vor allem von der Entwicklungspsychologie in der Tradition Piagets ausgearbeitet worden und fand erst in jüngerer Zeit Eingang in das psychoanalytische Denken. Im **Säuglingsalter** bewegen sich zielgerichtetes Handeln und Intentionalität auf einem **Handlungsniveau**, nicht auf einem begrifflich-symbolischen Niveau. Kinder sind zu Beginn noch nicht in der Lage, die von ihnen angestrebten Ziele im Geiste zu antizipieren; sie versuchen sie vielmehr handelnd wieder ins Leben zu rufen. So ist es zwar leicht möglich, bei einem etwa ein halbes Jahr alten Säugling sein Interesse für einen Gegenstand zu wecken, mit dem sich das Kind dann zu beschäftigen versucht. Deckt man jedoch diesen Gegenstand ab, etwa mit einem Tuch, so verliert das Kind das Interesse an diesem Gegenstand und verhält sich so, als existiere der Gegenstand nicht mehr. Gegenstände der äußeren Realität existieren für das Kind in diesem Lebensalter also nur so lange, wie sie sinnlich wahrnehmbar, konkret anwesend sind.

Im Alter zwischen **neun** und **zwölf Monaten** lassen sich dann erste Ansätze für eine Erinnerung an den verschwundenen Gegenstand entdecken: Kinder fangen nun an, das Hindernis, das ihnen die Sicht auf und den Zugang zu dem Gegenstand ihres Interesses versperren, wegzuziehen oder umzustoßen. Die Art, in der die Kinder suchen, macht jedoch deutlich, daß es hier noch um ein **Handlungswissen** geht und nicht um eine bildhafte oder vorstellungsmäßige Repräsentation des Gegenstandes: Wenn man den interessanten Gegenstand mehrfach an einer bestimmten Stelle verschwinden läßt, lernen die Kinder recht bald, ihn dort wiederzufinden. Wenn nun der gleiche Gegenstand vor den Augen des Kindes an einer anderen Stelle versteckt wird, so wird er dennoch an der Stelle gesucht, an der er zuvor gefunden wurde. Die Erinnerung ist mithin nicht so sehr Erinnerung an den Gegenstand als solchen, sondern vielmehr Teil eines Handlungsmusters, das zu dem gewünschten Erfolg führte.

Im sensomotorischen Entwicklungsstadium sind Erkenntnis und Aktion fest miteinander verknüpft, Erkenntnis ist als integraler Bestandteil der Aktion konzeptualisiert; das Kind verfügt über **Aktionserkenntnis**, jedoch noch nicht über **Objekterkenntnis**. Erst die Fähigkeit, abwesende Gegenstände wieder geistig gegenwärtig zu machen, sie also im ursprünglichen Wortsinn **repräsentieren** zu können, läßt eine Objekterkenntnis möglich werden. Die Fähigkeit dazu wird im Alter zwischen 18 und 24 Monaten erworben; erst dann sind Kinder dazu in der Lage, ein inneres, permanentes Bild von Gegenständen zu bewahren, die an einem anderen als dem gewohnten Ort versteckt worden sind oder bei denen eine unsichtbare Ortsveränderung (z. B. unter einem Tisch) vorgenommen wurde.

Objekterkenntnis

Aus diesen Beobachtungen kann der Schluß gezogen werden, daß „globale Handlungsmuster **ohne Vorstellungen** [Hervorhebung von N. Hartkamp] schrittweise zur Entstehung des vorstellungsmäßigen Denkens führen und daß das Denken eher ein verinnerlichtes Derivat der Handlung als ein Handlungsersatz ist" (Wolff 1974, S. 877f). Die Objektvorstellung ist in den ersten eineinhalb Lebensjahren **keine bildhafte Vorstellung, sondern** ein Schema, das sich aus einer zunehmend komplexen Vielfalt miteinander koordinierter Sinneseindrücke und Handlungen ergibt. Das Wiedererkennen oder auch Nichtwiedererkennen beispielsweise der Mutter wird auf der Grundlage von „Aktions-Know-how" innerhalb des Rahmens vollbracht, der durch die kindlichen Aktionsschemata begrenzt ist. Im Prozeß des Wiedererkennens erfüllen die Schemata die hinzukommende Aufgabe der **Assimilation**, wie auch umgekehrt jede Assimilation als Form des Wiedererkennens begriffen werden kann, nämlich als Wiedererkennen einer Kontinuität oder Ähnlichkeit (Ad-Similation) zwischen der aktuellen Wahrnehmung und dem organismisch gespeicherten Schema. Das Baby, das die zurückkehrende Mutter zufrieden anlächelt, „erkennt" – so betrachtet – in erster Linie sein eigenes sensomotorisches Schema wieder.

Sensomotorisches Schema versus halluzinatorische Wunscherfüllung

Der Begriff des sensomotorischen Schemas impliziert, daß ein Säugling einen Gegenstand wiedererkennen kann, wenn er diesen Gegenstand beispielsweise in die Hand bekommt oder vor Augen hat; er kann sich diesen Gegenstand aber nicht vorstellen, wenn er nicht aktuell vorhanden ist (s.o.). Der Gedanke, daß sich die frühesten kognitiven Prozesse des Säuglings entlang solcher Schemabildungen organisieren, steht somit in deutlichem Gegensatz zum Konzept der halluzinatorischen Wunscherfüllung. Das **Schemakonzept** beinhaltet ja, daß ein Gegenstand für den Säugling nur solange existiert, wie er **gegenständlich präsent** ist. Die Theorie der **halluzinatorischen Wunscherfüllung** beinhaltet demgegenüber, daß der Säugling gerade dann, wenn das **erstrebte Objekt nicht präsent** ist, den Versuch unternimmt, es sich „halluzinatorisch" wiederzubeleben. Weiterhin beinhaltet das Konzept der halluzinatorischen Wunscherfüllung auch, daß das Kind auf irgendeine Weise in der Lage dazu ist, eine bildhafte Vorstellung vom halluzinierten Objekt zu entwerfen. Genau dies ist aber, folgt man der Schematheorie, nicht möglich; aus dieser Sicht beschränkt sich im frühesten Lebensalter das Erkennen oder Wiedererkennen auf sensomotorische Muster.

Stern: Representation of Interaction Generalized

Insbesondere D. N. Stern (1986) hat herausgearbeitet, wie wiederholte Interaktionsepisoden vom Kind quasi aufsummiert und zu einer verallgemeinerten Episode umgeformt werden können. Die daraus resultierende allgemeine, abstrakte Episode nennt Stern **„Representation of Interaction Generalized"** (RIG); diese kann schließlich auch mit Sprachsymbolen verbunden werden. Aus einer solchen Sicht gibt es zwischen primär- und sekundärprozeßhaftem Denken keinen kategorialen, sondern lediglich ein graduellen Unterschied, der als phasenspezifischer Ausdruck der mangelnden kindlichen Fähigkeit zur Abstraktion und Konzeptbildung, also als das Ergebnis der unzureichenden Ausbildung bestimmter kognitiver Fähigkeiten erscheint (vgl. Liebsch 1986, S. 234).

Spracherwerb und die Entwicklung von Primär- und Sekundärprozeß

Alle Formen des Denkens, die über die sensomotorischen Schemata hinausgehen, das heißt sowohl der Primär- als auch der Sekundärprozeß, sind an die Verfügung über Symbole gebunden. Daraus ergibt sich, daß sich beide Formen des Denkens zeitgleich mit dem Spracherwerb, etwa mit eineinhalb Jahren, herausbilden. Dabei entwickelt sich der Sekundärprozeß allerdings in der Zeit bis zum Erwerb formal-logischen Denkens (ca. 14. Lebensjahr) und darüber hinaus weiter; dadurch erklärt sich das scheinbare zeitliche Nacheinander der Entwicklung von Primär- und Sekundärprozeß.

Eine wesentliche Folgerung aus diesen Überlegungen besteht darin, daß man annehmen muß, Kinder seien bis zum Erwerb der Sprache nicht in der Lage, **Wünsche** oder **Phantasien** in dem Sinne zu entwickeln, wie es uns als Erwachsenen geläufig ist. Weiterhin gilt, daß auch bestimmte **Abwehrprozesse**, die mit einer phantasiegeleiteten Verzerrung der Realitätswahrnehmung einhergehen (wie etwa Projektion, Introjektion, projektive Identifizierung) in diesem Alter noch nicht gelingen können. Da eine solche phantasierte Umgestal-

tung der Realität unter dem Einfluß von Ängsten und Bedürfnissen nicht möglich ist, hat „Erfahrung ... für das Kleinkind deutlich das Merkmal der Unvermeidlichkeit. Sie kann unmöglich anders sein als so, wie sie ist" (Ogden 1984, S. 187). Damit ergibt sich aber weiterhin, daß es in diesem frühesten Lebensalter noch keine inneren Konfliktspannungen, keine Psychodynamik im eigentlichen Sinne geben kann. Konflikte sind in diesem Lebensalter notwendigerweise Konflikte der mütterlich-kindlichen Interaktionsmatrix. Entsprechend kann in dieser Lebenszeit auch noch nicht von innerpsychischen Abwehrmechanismen gesprochen werden, wohl aber von verhaltensmäßigen Abwehrmaßnahmen: Ein Kind kann sich durch Schreien, Einschlafen oder durch vegetativ-somatische Symptome, wie Ernährungs- oder Schlafstörungen, gegen unerträgliche Aspekte der Realität zur Wehr setzen. In diesem Zusammenhang hatte bereits U. Moser (1964, S. 62) darauf aufmerksam gemacht, daß sich die sogenannten „frühen Abwehrmechanismen" auch beim Erwachsenen von den „reiferen Abwehrmechanismen" dadurch unterscheiden, daß bei den ersteren die Abwehr nicht so sehr durch innerpsychische Mechanismen, sondern vielmehr durch eine interaktionelle Manipulation der Beziehung erfolgt (Hartkamp und Esch 1993).

Denken in einer vorgespielten Wirklichkeit

In jüngster Zeit ist von verschiedenen Autoren (Emde et al. 1997; Fonagy und Target 1996; Target und Fonagy 1996) die Fähigkeit von Kindern untersucht worden, ihr Denken im Spiel mit einer phantasierten Realität zu entwickeln. Fonagy und Target vertreten die Ansicht, daß kleine Kinder erst im Alter von etwa vier bis fünf Jahren eine *Theory of Mind* entwickeln, d. h. eine Fähigkeit, sich selbst und anderen **intentionale Zustände** (Ziele, Bedürfnisse, Wünsche, Überzeugungen) zuzuschreiben. Zuvor ließen sich zwei unterscheidbare Modi der Realitätsauffassung beobachten, die als **„Äquivalenzmodus"** und als **„Vortäuschungsmodus"** (*Pretend Mode*) bezeichnet werden. Im Äquivalenzmodus behandeln Kinder ihr eigenes seelisches Empfinden nicht als intentional, sondern als Teil der objektiven, physischen Realität. Innere Empfindungen spiegeln in diesem Modus die äußere Realität unmittelbar wider, und folglich geht das Kind davon aus, daß andere Personen seine Wahrnehmungen uneingeschränkt teilen (Gopnik 1993, S. 5). Im Vortäuschungsmodus ist das Kind hingegen in der Lage, zwischen einer von Wünschen geleiteten Realitätsauffassung und der objektiven Realitätswahrnehmung zu unterscheiden („Es ist nur ein Spiel!"). Erst wenn diese beiden Modi integriert werden, entwickelt sich ein reflektiver, metakognitiver Modus, eine Fähigkeit zur **„Mentalisierung"** (Fonagy 1999b), die es dem Kind beispielsweise erlaubt, sich vorzustellen, daß verschiedene Personen unterschiedliche Gefühle und unterschiedliche Ansichten über die gleiche äußere Realität haben können. Eine mangelhaft ausgebildete metakognitive Funktion kann einen wesentlichen Beitrag zur psychopathologischen Ausgestaltung von traumatischen Störungen, Borderline-Syndromen oder dissozialen Störungen leisten (Fonagy 1999b, Fonagy und Target 1995). Während in verbreiteten entwicklungspsychologischen Konzepten das Kind so gesehen wird, daß es durch Beobachtung und Informationsverarbeitung aus basalen Prinzipien heraus seine **Theory of Mind** entwickelt, betonen Target und Fonagy (1996), daß sich die metakognitiven Funktionen nur in der Eltern-Kind-Interaktion entfalten können. Dabei spielen elterliche Verhaltensweisen eine besondere Rolle, die dem Kind eine Intentionalität unterstellen. So fragt die Mutter das Baby eher nicht: „Ist dein Popo naß?", sondern „Willst du eine neue Windel haben?"; d. h., sie bringt dem Kind bei, sich selbst und andere durch die Zuschreibung von Gedanken und Wünschen zu verstehen. Eine besondere Bedeutung für die Förderung metakognitiver Fähigkeiten hat darüber hinaus der spielerische, eine „vorgetäuschte" Realität einbeziehende Umgang mit dem Kind; hier erfährt das Kind, daß Dinge nicht so sein müssen, wie sie erscheinen. Deshalb kann das Kind die Erfahrung des Perspektivenwechsels machen.

Anhand von Beobachtungsstudien an zwei- bis dreijährigen Kindern konnten Emde et al. (1997) das Vorliegen eines Modus imaginativer Realitätswahrnehmung (*Pretence Mode*) zeigen. Ähnlich wie Fonagy und Target sind auch diese Autoren der Ansicht, daß das Nebeneinander einer spielerisch-imaginativen und einer realistischen Wahrnehmungshaltung Teil einer normalen kindlichen Entwicklung ist und daß Kinder diese Modi typischerweise mühelos voneinander trennen können. Die Verwechslung der Wahrnehmung alltäglicher Ereignisse mit Phantasien und imaginativen Elementen sei hingegen charakteristischer Ausdruck einer kindlichen Psychopathologie. Emde et al. (1997, S. 120) betonen, daß das „Sotun-als-ob" auch die Funktion antizipatorischen, auf die Zukunft gerichteten Problemlösungsverhaltens erfüllt; dabei eilt die Fähigkeit zur spielerischen Bearbeitung von Problemen der sprachlichen Bearbeitungsmöglichkeit im typischen Fall etwa zwei Monate voraus.

Piagets dreistufiges Entwicklungsmodell

Die herkömmliche psychoanalytische Theorie sucht die verschiedenen **Entwicklungsniveaus** von **Denkprozessen** oder auch den Grad ihrer Reife oder Gestörtheit danach zu **bemessen**, in welchem Umfang sekundärprozeßhaftes Denken entweder durch unwillkürlich eindringendes primärprozeßhaftes Material gestört wird, oder aber danach, inwieweit primärprozeßhaftes Material gezielt in das bewußte Erleben aufgenommen werden kann, etwa um durch eine solche „Regression im Dienste des Ichs" zu kreativen Problemlösungen zu gelangen. Während hier also lediglich zwei unterschiedliche Formen der Denkorganisation beschrieben werden, die sich in unterschiedlichem Maße wechselseitig durchdringen können, hat die Entwicklungspsychologie der Piagetschen Tradition die kognitiven Entwicklungen, die der sensomotorischen Stufe folgen, differenzierter als eine Abfolge von drei weiteren Stufen beschrieben, bei der die jeweils folgende die frühere Stufe aufhebt und so in sich bewahrt.

Beginnend mit etwa **eineinhalb Jahren** treten **voroperatorische, anschauliche Denkformen** in Erscheinung, die gekennzeichnet sind durch:

- unangemessene Generalisierungen
- finalistische Erklärungen
- Zentrierung der Aufmerksamkeit auf nur einen Aspekt unter Außerachtlassung anderer Aspekte
- Zentrierung auf Zustände unter relativer Nichtbeachtung von Prozessen
- eingeschränkte Beweglichkeit des Denkens
- „Egozentrismus"

Mit **„Egozentrismus"** im Piagetschen Sinne ist dabei eine eingeschränkte Fähigkeit gemeint, die Wahrnehmungsperspektive einer anderen Person zu übernehmen. So kann ein Kind in diesem Stadium bei der Betrachtung der Wolken am Himmel erklären: „Die Wolken gehen sehr langsam, weil sie keine Füße und Beine haben; sie machen sich lang wie Würmer und wie Raupen, daher gehen sie so langsam" (Piaget 1969, S. 317). Oder bei der Sicht auf die Berge: „Das sind kleine Steine, die Berge, die sehr groß geworden sind. Sie sind lange klein geblieben, dann sind sie sehr groß geworden, immer größer. Da war vielleicht einer, der einen kleinen Stein hierhin geworfen hat, und der ist dann zum Salève [ein Berg] geworden" (S. 313f). In diesen Beispielen wird deutlich, wie die **animistische Weltsicht** des Kindes durch eine **fehlerhafte Assimilation** zustande kommt: Die Wahrnehmung wird in ein unzutreffendes Schema (Steine können wachsen, Wolken kriechen wie Würmer) gefaßt. In vergleichbarer Weise hat auch das freie Phantasieren des Erwachsenen die Form einer „verzerrenden Assimilation", da hier die Realität an persönliche Wünsche und Begierden assimiliert wird (vgl. Furth 1990, S. 50).

In dem sich anschließenden **Stadium der konkreten Operationen**, deren Beginn etwa zwischen dem **5.** und dem **6. Lebensjahr** liegt, beginnen Kinder, ihre Wahrnehmung durch Hierarchien von Oberbegriffen und differenzierenden Merkmalen zu strukturieren. Während auf der vorangehenden Stufe auf die Frage: „Was ist ein Hund?" beispielsweise geantwortet wurde: „Ein Dackel" oder „Er kann beißen", wird nunmehr geantwortet: „Ein Tier" oder „Ein Haustier" (zitiert nach Montada 1987, S. 429). In diesem Stadium erwerben Kinder auch die Fähigkeit, **Ordnungsrelationen** aufzustellen, und sie können – damit zusammenhängend – auch schon über einfache Zahlbegriffe und Quantifikatoren („einige", „alle") verfügen. Damit sind Kinder nunmehr auch zu logischen Schlußbildungen in der Lage; gleichzeitig liegt jedoch eine wesentliche Begrenzung ihres Denkens darin, daß die kognitiven Prozesse noch auf gegebene Informationen beschränkt sind, seien sie konkret-anschaulich oder sprachlich-abstrakt repräsentiert.

Auf der vierten, der **formal-operatorischen Stufe**, beginnend etwa im Alter von **10 Jahren** kann sich das Denken schließlich von den vorgegebenen Informationen zunehmend unabhängig machen, so daß systematische Hypothesenbildung und planvolles, experimentierendes **Problemlösen** möglich werden. Erst mit dem Erreichen dieser Stufe kann somit das Denken im vollen Umfang als geistiges „Probehandeln" (Freud 1911, S. 233) angesehen werden.

3.2.6
Geschlechtsidentität

Wie wir oben bereits erörterten, spielt innerhalb der **Lehre** von den **psychosexuellen Entwicklungsphasen** für die Herausbildung der Geschlechtsidentität eine entscheidende Rolle, ob ein weibliches Kind bei sich das Fehlen eines Penis bemerkt oder ob ein männliches Kind sich zwar einerseits als stolzer Besitzer eben dieses Körperteils fühlen darf, sich andererseits aber auch der Angst ausgesetzt fühlt, es könne beschädigt oder ihm gar weggenommen werden. Die psychosexuelle Phasenlehre geht also von einem **Primat der Phallizität** aus; insbesondere die weibliche Identitätsbildung wird hier als Reaktion auf einen Mangelzustand und als ein Versuch der Kompensation dieses Mangels verstanden. Eigenständige Entwicklungslinien von weiblicher oder männlicher Geschlechtsidentität sieht dieses Modell nicht vor.

Neuere Konzeptionen heben sich von diesem traditionellen Modell mehr oder weniger deutlich ab. Während Freud (1924, S. 400) noch formulieren konnte, daß „die Anatomie ... das Schicksal" sei, betonen neuere Autoren, daß daneben Aspekte der Objektbeziehungen, der Selbstentwicklung sowie soziale und kulturelle Faktoren eine Rolle spielen. Häufig wird dabei eine **Kern-Geschlechtsidentität** (*Core Gender Identity*) von der **Geschlechtsrolle** (*Gender Role*) und der **Sexualpartner-Orientierung** (*Sexual Partner Orientation*) unterschieden.

Kern-Geschlechtsidentität

Mit dem Begriff der Kern-Geschlechtsidentität meint man eine ursprüngliche Gewißheit, bezüglich des biologischen Geschlechts männlich oder weiblich zu sein. Das **Erleben** der Kern-Geschlechtsidentität wurzelt zunächst in sensomotorischen Erfahrungsmustern, es ist also weder bewußtseins- noch reflexionsfähig. Insbesondere von sozialwissenschaftlicher Seite wurde geltend gemacht, daß die **Ausformung** der Kern-Geschlechtsidentität schon unmittelbar nach der Geburt durch die Geschlechtszuweisung beginnt und wesentlich durch solche Reaktionen der Erwachsenen dem Kind gegenüber gefördert wird, die einem Geschlechtsrollenstereotyp entsprechen. Weiter ist anzunehmen, daß zur endgültigen Ausgestaltung der Geschlechtsidentität die Pubertät bzw. Adoleszenz eine zusätzlich wichtige Rolle spielt (vgl. Abschnitt 3.3.6, S. 146ff).

So wies unter anderem Belotti (1975) darauf hin, daß bereits das mütterliche **Stillverhalten** stark von solchen **Geschlechtsstereotypen** beeinflußt wird; in diese Stereotypen

fließen neben soziokulturellen Faktoren zweifelsohne auch die aus der eigenen Geschichte stammenden bewußten und unbewußten Erwartungen der Eltern an das Geschlecht des Kindes ein. Brunet und Lezine (1966, zitiert nach Belotti 1975, S. 23) berichten, daß in einer Gruppe von Säuglingen „alle weiblichen Babies mit drei Monaten völlig entwöhnt waren und daß Zwiemilchernährung bei eineinhalb Monaten anfing, während 30% der männlichen Babies über vier Monate an der Brust gestillt wurden und die Zwiemilchernährung bis zum achten Monat dauerte. Die Mädchen hörten durchschnittlich mit zwölf Monaten auf, am Schnuller zu saugen, die Jungen mit ca. 15 Monaten. Die Dauer der Mahlzeiten ist bei Jungen länger als bei Mädchen: an der Brust mit zwei Monaten 45 Minuten, bei Mädchen dagegen nur 25 Minuten. An der Flasche: die Mädchen etwa acht Minuten, die Buben 15 Minuten." Weiter berichten sie über „Schwierigkeiten beim Füttern bei 94% aller Mädchen, die an der Umfrage beteiligt waren (extrem langsames Essen, Erbrechen, Launenhaftigkeit), dagegen nur bei 40% der Jungen. Die Schwierigkeiten tauchen bei Mädchen schon ab dem ersten Lebensmonat auf: Ihr Appetit bleibt bis zum sechsten Lebensjahr spärlich, während bei kleinen Jungen Schwierigkeiten dieser Art erst sehr viel später auftauchen und sich in Launen und verschiedenen Bedürfnissen und Forderungen an die Mutter bis zum sechsten Lebensjahr ausdrücken. Nach Meinung von Belotti zeigt sich in diesen Unterschieden, daß Mütter die Versuche ihrer kleinen Mädchen, das Füttern in einer lustvollen Form abzuwickeln, eher als dies bei Jungen der Fall ist, als eine Form des Angriffs und der „Ungezogenheit" werten; gleichzeitig komme es bei Mädchen jedoch nicht zu offenen Konflikten oder einer offenen Rebellion; statt dessen träten bei Mädchen vermehrt körperliche Störungen wie Erbrechen, Verdauungsschwierigkeiten, Schlafstörungen oder Schwierigkeiten beim Kauen und Schlucken auf.

Angeborene Dispositionen der Geschlechterunterschiede?

Ungeachtet der Bedeutung solcher Geschlechtsstereotypien darf die Möglichkeit nicht vernachlässigt werden, daß angeborene Dispositionen die Grundlage dafür abgeben, daß die Geschlechter im Denkstil und in der Motivation unterschiedliche Schwerpunkte ausbilden. Der Hinweis auf mögliche dispositionelle Unterschiede darf dabei nicht so mißverstanden werden, als werde damit einem einseitig verkürzten, biologistischen Verständnis der Sozialisation das Wort geredet. Vielmehr ist es, gerade auch dann, wenn man es sich zum Ziel setzt, bestehende Diskriminierungen abzubauen, von entscheidender Bedeutung, ob man von einer Gleichheit oder Verschiedenheit der Geschlechter ausgeht:

- Sind beide Geschlechter biologisch-dispositionell gleich veranlagt, so können sozialisationsbedingte Ungleichheiten durch eine Gleichbehandlung zum Verschwinden gebracht werden.
- Bestehen hingegen anlagebedingte Unterschiede, so kann

eine Gleichbehandlung diese um so deutlicher werden lassen und so gegebenenfalls sogar zur Aufrechterhaltung von Diskriminierungen beitragen.

Die Evolutionsbiologie verweist in diesem Zusammenhang unter dem Begriff der **„elterlichen Investition"** darauf, daß durch unterschiedliche Fortpflanzungsbiologie bei männlichen und weiblichen Individuen auch unterschiedliche Verhaltensdispositionen selektiert werden, etwa in Richtung auf erhöhte männliche Kompetitivität verbunden mit stärkerer Ritualisierung aggressiven Verhaltens und erhöhter weiblicher Bereitschaft zu fürsorglich-pflegerischem Verhalten (Bischof-Köhler 1990, S. 20f). Weist man solche evolutionsbiologischen Überlegungen nicht von vornherein zurück, so erscheint es beim heutigen Stand des Wissens vernünftig, von einer **Verschränkung stammesgeschichtlich erworbener Dispositionen** und **soziokulturell erworbener Stereotype** auszugehen, wobei soziale Rollenerwartungen an die biologischen Dispositionen anknüpfen und sie in akzentuierterer Weise zur Darstellung bringen dürften (Bischof-Köhler 1990, S. 25).

Die Geschlechtsrolle

Die Ausbildung der Kern-Geschlechtsidentität setzt sich fort mit der Ausformung der Geschlechtsrolle, die als das Gesamt der geschlechtsbezogenen Erwartungen an das eigene Verhalten und an das der Interaktionspartner verstanden werden kann. Auch hier sind wieder Prozesse sozialen Lernens und kognitiver Organisation ebenso wie die Beeinflussung durch bewußte und unbewußte Rollenerwartungen von Bedeutung. Dabei lassen sich Eltern meist von dem Wunsch leiten, ihr Kind solle „ein richtiger Junge" oder „ein richtiges Mädchen" werden, das heißt von dem Wunsch, daß ihr Kind die **Geschlechtsrolle im Einklang mit sozialen Normen** ausfüllt. So belohnen Eltern oft kleine Mädchen mit Worten oder Geschenken für ihr Interesse an Puppen und hausfraulichen Tätigkeiten; dem Jungen schenken sie z. B. Baukästen oder technisches Spielzeug und zollen ihm Anerkennung, wenn er wenig Angst zeigt und sich bei Gleichaltrigen durchsetzt.

Neben Eltern und anderen Erwachsenen haben schon bei drei- bis fünfjährigen Kindern auch die Altersgenossen Anteil an der Festigung der Geschlechtsrolle, indem sie auf geschlechtstypisches Verhalten verstärkend, auf Verhalten, das dem Stereotyp widerspricht, ablehnend reagieren (Langlois und Downs 1980). Im Regelfall führt dies dazu, daß sich im Alter von 5 bis 6 Jahren ein stabiles **Selbstverständnis** des Kindes **in bezug auf sein Geschlecht** ausgebildet hat, wobei dieses Selbstverständnis verschiedene Aspekte beinhaltet:

- eine Einstufung seiner selbst und anderer als „männlich" oder „weiblich"
- die Erkenntnis, daß das Geschlecht stabil, das heißt, über die Zeit erhalten bleibt
- das Wissen darum, daß sich das Geschlecht nicht ändert,

auch wenn man es sich wünscht (motivationaler Aspekt)
- die Erkenntnis der Geschlechtskonstanz, das heißt, das Wissen, daß das Geschlecht trotz Veränderungen der äußeren Erscheinung oder unterschiedlichen Aktivitäten invariant bleibt

Aus psychoanalytischer Sicht wird hier vor allem die Möglichkeit relevant, daß es aufgrund widersprüchlicher Interaktionsanforderungen der Eltern zu einer **konflikthaften Ausgestaltung** der **Geschlechtsrolle** kommt, die in späterer Zeit – bei Vorliegen einer entsprechenden Versuchungs- und Versagungssituation – zur Entstehung einer psychogenen Symptomatik führen kann.

───────────── Fallbeispiel ─────────────

So berichtete eine Patientin, die um eine psychoanalytische Therapie nachsuchte, sie leide als Leiterin eines Kindergartens unter „Minderwertigkeitsgefühlen" vor allem im Kontakt zu ihren Mitarbeiterinnen, denen gegenüber sie es nicht fertig bringe, auch negative, kritische Dinge zu äußern. Möglicherweise sei sie eben „keine Führungspersönlichkeit". Ein weiteres Problem für sie sei, daß sie alleinstehend sei. Sie habe noch nie eine intim-sexuelle Partnerschaft gehabt, was für sie besonders schlimm sei, weil sie sich immer gewünscht hatte, einmal vier eigene Kinder zu haben. Bei dieser Patientin war die Übernahme der Geschlechtsrolle gestört: Der Mutter war sie v.a. nach Streitigkeiten mit dem Ehemann Partnerersatz, der Vater hätte sich an ihrer Stelle lieber einen Sohn gewünscht. Er vermittelte der Patientin stets das Gefühl, sie solle Ambitionen, vor allem beruflicher Art, verwirklichen, zu denen er nie gekommen sei. Gleichzeitig forderte das kleinbürgerliche Herkunftsmilieu der Patientin, daß sie früh heiraten und eigene Kinder bekommen sollte. Dies zeigte sich in Versuchen der Familie, die Patientin auf wenig taktvolle, fast schon entwürdigende Weise mit einem Mann zusammenzubringen.

───────────────────────────────────────

Sexualpartner-Orientierung

Als dritter Aspekt der Entwicklung der Geschlechtsidentität ist die Sexualpartner-Orientierung zu erwähnen. Auch hier sind neben innerpsychischen Faktoren soziale Normen im Sinne eines gesellschaftlich vermittelten Drucks wirksam, eine heterosexuelle Beziehung als das Normale und „Anständige" zu suchen. Weiterhin spielen hier sozial-psychologische Aspekte der „Passung" eine Rolle; Partner werden so gewählt, daß eine Wiederholung der in der Ursprungsfamilie gemachten Erfahrungen möglich wird (vgl. auch Abschnitt 3.3.6, S. 148). Gleichzeitig scheint aber auch ein Mindestmaß an sozialer Distanz für die Aufnahme einer sexuellen Partnerschaft erforderlich zu sein; darauf hat insbesondere N. Bischof (1985, S. 369ff) hingewiesen. In einer einfühlsamen Studie hat K. Theweleit (1990) dargestellt, wie in der Sexualpartner-Orientierung neben vielem anderen Aspekte der **Anlehnung** oder des **Wiederbekommen-Wollens** eine Rolle spielen, aber auch, wie sich hinter einer manifest heterosexuellen Partnerorientierung ein latent **homosexuelles Motiv** verbergen kann, etwa wenn die Wahl nach dem Muster der „Kameradenschwester" bzw. des „Bruders der Freundin" (Theweleit 1990, S. 21ff) erfolgt.

3.3
Entwicklungsabschnitte

Wir haben in den vorangehenden Abschnitten einen Überblick über verschiedene Modelle und Konzepte der psychoanalytischen Entwicklungspsychologie gegeben. Es kamen unterschiedliche, nebeneinander bestehende Ansätze zur Sprache, die jeweils unterschiedliche Aspekte menschlicher Entwicklung beleuchten und sich zu ihrer Stützung auch auf höchst unterschiedliches Datenmaterial berufen, das etwa aus der psychoanalytischen Behandlungssituation, aus direkter Kinderbeobachtung oder aus einem verhaltensbiologischen Kontext gewonnen wurde.

In den folgenden Abschnitten wollen wir den Versuch unternehmen, diese theoretischen Ansätze aus der zeitlichen Perspektive des Entwicklungsverlaufs zu erweitern und zu ergänzen, wobei wir nicht den Anspruch erheben, eine Integration aller referierten und höchst divergenten Ansätze leisten zu können.

3.3.1
Die ersten zwei Monate

Als die **Neugeborenenperiode** wird traditionell – aus je unterschiedlicher Perspektive – die erste Lebenswoche (Friedberg und Hiersche 1975, S. 454) oder der erste Lebensmonat (Schröter 1977, S. 18) angesehen; zieht man nicht so sehr organisch-physiologische, sondern entwicklungspsychologische Gesichtspunkte heran, so ist es sinnvoll, sogar die ersten zwei Monate in diese Periode mit einzubeziehen.

Der passive Säugling

Die gegenwärtigen psychoanalytischen Vorstellungen über die psychische Entwicklung dieser ersten Lebenszeit sind wesentlich durch die neueren Beobachtungsstudien an Säuglingen geprägt. All diesen Arbeiten ist gemein, daß der **„aktive Säugling"** ins Zentrum der Beobachtung gerät. Damit rücken diese Arbeiten von der Auffassung ab, der Säugling sei zu Beginn seiner Entwicklung einem unbeschriebenen Blatt gleich oder allenfalls zu reflexartigen Reaktionen fähig. Eine solche Vorstellung lag beispielsweise H. Hartmanns Konzept der **„undifferenzierten Matrix"** (Hartmann 1939) ebenso zugrunde wie M. S. Mahlers These eines **„normalen Autismus"** (Mahler et al. 1975) oder auch der von R. A. Spitz (1954; 1965) vertretenen Ansicht, am Beginn der individuellen Entwicklung stehe eine **„objektlose Stufe"** (vgl. Abschnitt 3.2.1, S. 125).

So heißt es etwa bei Mahler, in der **normalen autistischen Phase** vor der Entwicklung der Symbiose würden äußere Reize relativ schwach besetzt. Es sei dies die Periode, in der die Reizschranke als die dem Säugling angeborene Gleichgültigkeit gegenüber Außenreizen am klarsten in Erscheinung trete. Der Säugling erwache vor allem, wenn Hunger und andere Bedürfnisspannungen ihn veranlassen zu schreien, er sinke in den Schlaf zurück, sobald er befriedigt, das heißt von übermäßiger Spannung befreit sei (Mahler et al. 1975, S. 59). Aufgabe der autistischen Phase sei die Erlangung eines homöostatischen Gleichgewichts des Organismus mit Hilfe vorwiegend physiologischer Mechanismen.

Der aktive Säugling

Die neuere psychoanalytische Entwicklungspsychologie entwirft hier ein anderes Bild. So konnte gezeigt werden, daß Neugeborene über ein **differenziertes Sensorium** verfügen und auf äußere Wahrnehmungen mit **differenziertem Verhalten** antworten: So haben sie eine Vorliebe für Süßes und können Zucker in großen Verdünnungen von ungezuckerten Getränken unterscheiden (Crook und Lipsitt 1976). Auch olfaktorische Wahrnehmungen können bereits unterschieden werden (Engen et al. 1963; Köhler 1986; MacFarlane 1975). Neugeborene sind vom Augenblick der Geburt an zu **einfachen Lernprozessen** fähig; instrumentelles Lernen ist im Alter von wenigen Wochen möglich (Papoušek et al. 1986, S. 58). Bereits in der zweiten Lebenswoche ziehen Säuglinge einen dreidimensionalen Gegenstand einem Photo dieses Gegenstands vor, was als Hinweis auf ihre Fähigkeit gewertet werden kann, auch komplexe visuelle Wahrnehmungen zu organisieren und zu verarbeiten (Bower 1971). Vor dem Hintergrund solcher Befunde kann die Annahme einer außerordentlich stark erhöhten Reizschwelle, die das Kind weitgehend vor der Wahrnehmung von Umweltreizen schützt, oder die Annahme einer angeborenen Gleichgültigkeit gegenüber Außenreizen nicht aufrechterhalten werden. Dennoch ist die erste Lebenszeit noch wesentlich von **endogenen Rhythmen** geprägt, die den Wechsel unterschiedlicher **Verhaltenszustände** bestimmen. (Im allgemeinen werden fünf bzw. sechs unterschiedliche Verhaltenszustände beschrieben: REM-Schlaf, Non-REM-Schlaf, ruhige Wachheit, aufmerksam-aktive Wachheit und Schreien [Emde und Robinson 1979, S. 77], einige Autoren beziehen auch noch das Dösen [*Drowsiness*] als gesonderten Verhaltenszustand mit ein.)

Die Fähigkeiten, über die Neugeborene und junge Säuglinge im Sinne einer angeborenen Ausstattung verfügen, folgen dabei einem bestimmten Muster: Sie sind Ausdruck einer spezifischen **Präadaptation** an die **Situation sozialer Interaktion**, wobei diese sich als Präadaptation im Hinblick auf die Fähigkeit zu affektiver Kommunikation genauer bestimmen läßt. So reagieren Neugeborene selektiv auf akustische Signale im Frequenzbereich der menschlichen Stimme, sie schauen länger auf eine Strichzeichnung eines menschlichen Gesichts als auf eine beliebige Anhäufung von Punkten. Im Alter von ca. zwei Wochen schauen sie länger in das Gesicht der Mutter als in das Gesicht einer fremden Person (Carpenter 1975). Wenn das vertraute Gesicht der Mutter in Kombination mit einer fremden Stimme dargeboten wird, dreht sich der Säugling fort, was als negative Reaktion angesichts der unerwarteten Verknüpfung angesehen werden kann (Carpenter et al. 1970). So verstanden, nämlich als spezifische Präadaptation an die Situation sozialer Interaktion, gewinnt auch der Hartmannsche Begriff der „durchschnittlich zu erwartenden, also typischen Umwelt" (Hartmann 1939, S. 99) eine inhaltliche Konkretisierung, die das Problem einer einseitigen, biologistischen Verkürzung vermeidet.

3.3.2
Die Zeit bis zum 7./8. Monat

Nach dem zweiten Lebensmonat kommt es zu einer rapiden Zunahme **sozialer Lächelreaktionen** des Kindes, die zuvor nicht beobachtet werden konnten (Emde und Robinson 1979, S. 92f; Spitz 1954, S. 25f); M. S. Mahler, von der die kindliche Entwicklung als ein Prozeß fortschreitender Loslösung und Individuation beschrieben wurde, spricht davon, daß es in dieser **Differenzierungsphase** nun zu einem „verschwommenen Gewahrwerden des bedürfnisbefriedigenden Objekts komme" (Mahler et al. 1975, S. 62). Auch auf der Seite der erwachsenen Pflegeperson kommt es zu korrespondierenden Verhaltensänderungen: Sie beantworten den Blickkontakt des Säuglings regelmäßig mit einer sogenannten **„Grußreaktion"** oder auch einer Äußerung gespielter Überraschung (**„Mock Surprise"**; Emde 1983, S. 172), das heißt einer leichten Retroflexion des Kopfes, erhobenen Augenbrauen und halbgeöffnetem Mund (Papoušek und Papoušek 1981). Die unwillkürlich benutzte **„Ammensprache"** oder auch *Baby Talk* (Papoušek et al. 1986, S. 62) ist ein weiteres Beispiel intuitiver elterlicher Verhaltensanpassung. Sprechtempo und Sprechrhythmus werden verlangsamt, die Sprachmelodik wird auf einige deutliche Grundkonturen reduziert, Betonungen treten verstärkt, zum Teil auch übertrieben auf. Durch eine solche Tendenz, kindliche Verhaltensäußerungen gleichsam als „biologischen Spiegel" in einer leicht übertriebenen oder auch korrigierenden Weise nachzuahmen, tragen die Pflegepersonen zur Entwicklung der kindlichen Selbstwahrnehmung bei (Papoušek und Papoušek 1979).

In der Konzeption M. S. Mahlers wird dieser Abschnitt als **symbiotische Phase** gekennzeichnet; damit wird ein Zustand der Undifferenziertheit, der „Fusion mit der Mutter" beschrieben, in dem „das ‚Ich‘ noch nicht vom ‚Nicht-Ich‘ unterschieden ist und Innen und Außen erst allmählich als verschieden empfunden werden" (Mahler et al. 1975). Als wesentliches Merkmal der Symbiose sieht diese Autorin die „halluzinatorisch-illusorische somatopsychisch omnipotente Fusion mit der Mutter und insbesondere die illusorische Vorstellung einer gemeinsamen Grenze der beiden in Wirklichkeit physisch getrennten Individuen" an (Mahler et al. 1975, S. 63f). Es geht hier mithin um das bereits angesprochene Erleben der Dual-Union (vgl. S. 123/124) des Kindes mit der Mutter, das ihm die „Illusion" (Winnicott 1953, S. 679) ermöglicht, alle erstrebte und erhaltene Bedürfnisbefriedigung selbst zu bewirken.

Dieser Zusammenhang sei an einem Beispiel erläutert: Ein Säugling, der eine Zeit lang ruhig geschlafen hat, erwacht und beginnt zu schreien, weil er Hunger hat. Die **„hinlänglich gute" Mutter** (Winnicott 1953, S. 676; vgl. auch Abschnitt 3.2.1, S. 123 f) wird dies wahrnehmen und dem Kind die Brust oder die Flasche geben. Eine **„weniger gute" Mutter**, die vielleicht der Auffassung ist, je früher sich ein Kind an feste Zeiten gewöhne, desto besser, könnte das Schreien zum Beispiel als Böswilligkeit oder Trotz mißdeuten; eine „weniger gute" Mutter in diesem Sinne, das heißt aus der sich entwickelnden subjektiven Perspektive des Kindes gesehen, wäre aber auch die Mutter, die den aus einem gesteigerten physiologischen Bedarf des Kindes entstehenden Ansprüchen, etwa nach Nahrung oder taktiler Stimulation, einfach nicht gerecht werden kann, und auch die Mutter, die auf Grund ihrer eigenen äußeren Lebensverhältnisse an der Wahrnehmung ihrer pflegerischen Aufgaben gehindert wird. A. Freud (1954a) weist darauf hin, eine vorschnelle, verallgemeinernde Verwendung des Begriffs der „ablehnenden Mutter" könne den Blick dafür verstellen, „daß die Mutter nur die Vertreterin, das Symbol unumgänglicher Versagungen in der oralen Phase ist" (1954a, S. 1314). Die Mutter könne zwar die kindliche Entwicklung beeinflussen, steuern oder auch entstellen, aber nicht eine Neurose oder Psychose „erzeugen". Wichtig sei es, „die diesbezügliche Macht der Mutter auf dem Hintergrund der spontanen Entwicklungskräfte [zu] sehen, die im Kind selbst am Werk sind" (A. Freud 1954b, S. 1342). Hinzuweisen ist in diesem Zusammenhang auch auf die Klarstellung Winnicotts, die „hinreichend gute" Mutter sei immer auch eine frustrierende Mutter. „Wenn alles gut geht, dann kann das Erlebnis der Versagung für das Kind schließlich zum Gewinn werden, weil erst die unvollständige Bedürfnisbefriedigung durch die Objekte diese zu realen – das heißt zu geliebten und gleichzeitig gehaßten – Objekten macht. Daraus ergibt sich, daß das Kind durch eine zu vollkommene und zu lange andauernde Befriedigung ... in seiner Entwicklung gestört wird" (Winnicott 1953, S. 677).

Auch E. H. Erikson weist darauf hin, daß „die Summe des Vertrauens, die das Kind seinen frühesten Erfahrungen entnimmt, nicht absolut von der Quantität an Nahrung und Liebesbezeugungen, sondern eher von der Qualität der Mutter-Kind-Beziehung abhängt" (Erikson 1950, S. 243). Dieses **Ur-Vertrauen** ist ein Gefühl des Sich-Verlassen-Dürfens, sowohl auf die Glaubwürdigkeit anderer wie auch auf die Zuverlässigkeit seiner selbst innerhalb des jeweiligen kulturellen Bezugssystems. Gleichzeitig bildet dieses Ur-Vertrauen auch die Grundlage des Identitätsgefühls, des Gefühls „man selbst zu sein" (Erikson 1970, S. 72).

3.3.3
Übungsphase, Wiederannäherungskrise und die Gewinnung von Objektkonstanz (18.–36. Monat)

Die folgenden Monate stehen vor allem unter dem Zeichen der sich nun rapide entwickelnden motorischen und kognitiven Fähigkeiten (vgl. dazu die Abschnitte über die Entwicklung in der analen Phase [Abschnitt 3.1.2, S. 120] und phallisch-genitalen Phase [Abschnitt 3.1.3, S. 120f] und über kognitive Entwicklungen [Abschnitt 3.2.5, S. 132ff]).

Die Übungsphase

In der Begrifflichkeit von M. S. Mahler fallen in diesen Zeitabschnitt die Übungsphase und die Wiederannäherungskrise. Innerhalb der **Übungsphase** lassen sich unterscheiden:
- eine **frühe Übungsphase**, die sich mit der Differenzierung überschneidet und dadurch eingeleitet wird, daß sich das Kind zum erstenmal krabbelnd von der Mutter zu entfernen vermag
- eine **eigentliche Übungsphase**, die durch die Verfügung über die aufrechte Fortbewegung gekennzeichnet ist (Mahler 1975a, S. 616)

Das Kind beginnt in der eigentlichen Übungsphase, sich weiter von der Mutter fortzuwagen; dabei wird es für das Kind wichtig, eine **„optimale Entfernung"** zu finden, die gleichzeitig genügend Freiheit gibt und auch die Gelegenheit, das eigene Funktionieren in einiger Entfernung von der Mutter zu erproben, und die gleichzeitig ein sporadisches „emotionales Auftanken" bei der Mutter möglich macht. Eine solche optimale Entfernung zu finden, hat auch zur Voraussetzung, daß die Mutter nun bereit ist, auf den „Besitz" (Mahler 1975a, S. 618) des Kindes zu verzichten. Die Übungsphase ist von einem charakteristischen Hochgefühl des Kindes bestimmt, einem Entzücken über die Entdeckungen, die es in einer fortgesetzt sich erweiternden Welt macht; dieses Entzücken scheint vor allem mit der Fähigkeit zu freier, aufrechter Fortbewegung zusammenzuhängen. Neugier und eine Tapferkeit, die sich auch von den unausweichlichen Rückschlägen und Blessuren nicht entmutigen läßt, tragen in dieser Phase dazu bei, das Gefühl für die Körpergrenzen und damit auch das Identitätsgefühl auszubilden.

M. Balint (1959) hat zwei entgegengesetzte Ausprägungen eines solchen Distanzerlebens beschrieben, den oknophilen und den philobatischen Typ. Der **Oknophile**, so Balint, „reagiert auf das Erscheinen von Objekten, indem er sich an sie klammert, sie introjiziert, da er sich ohne sie verloren und unsicher fühlt; allem Anschein nach neigt er dazu, seine Objektbeziehungen überzubesetzen. Beim **Philobaten** dagegen sind die eigenen Ich-Funktionen überbesetzt; er wird dadurch sehr gewandt und erreicht es, mit wenig oder gar keiner Hilfe von Objekten auszukommen" (Balint 1968, S. 77).

Die Wiederannäherungskrise

Die zunehmenden kognitiven Fähigkeiten und die zunehmende emotionale Differenzierung tragen dazu bei, daß das Kind, etwa um die Zeit des 18. Lebensmonats herum, zunehmend zu erkennen beginnt, das die Welt nicht „ihm gehört"; weiterhin tragen sie dazu bei, daß es sich häufig als relativ hilfloses, kleines Wesen erlebt, das Erleichterung und Unterstützung nicht einfach dadurch herbeirufen kann, daß es das Bedürfnis danach fühlt, und auch nicht immer dadurch, daß es ein entsprechendes Bedürfnis lautstark äußert. M. S. Mahler beschreibt, daß es in dieser Zeit nicht nur zu einem ausgeprägten Stimmungsabfall kommt, sondern daß Kinder jetzt auch insgesamt verletzlicher wirken, Affekte von ohnmächtiger Wut und Hilflosigkeit lassen sich nun vermehrt beobachten (Mahler et al. 1975, S. 122). Ebenso treten nun Reaktionen der Scheu und der Verlegenheit Fremden gegenüber erneut in Erscheinung. M. S. Mahler faßt ihre Beobachtungen so zusammen: „Etwa vom 18. Lebensmonat an beobachteten wir, daß unsere Kinder eifrig darauf bedacht waren, ihre rasch wachsende Autonomie zu üben. In zunehmendem Maße zogen sie es vor, nicht an die Anlässe erinnert zu werden, bei denen sie nicht allein zurecht gekommen waren. Andererseits stand das Verlangen, getrennt, groß und allmächtig zu sein, zu dem Verlangen in Widerspruch, daß die Mutter alle Wünsche auf magische Weise erfüllen müsse – ohne erkennen zu wollen, daß Hilfe **tatsächlich von außen kam**. Demzufolge verwandelte sich in den meisten Fällen die vorherrschende Empfindung in allgemeine Unzufriedenheit und Unersättlichkeit, und es entwickelte sich eine Neigung zu raschen Stimmungsumschwüngen und Temperamentsausbrüchen. Die Wiederannäherungsperiode war also durch den rasch wechselnden Wunsch gekennzeichnet, die Mutter einerseits zurückzuweisen und sich andererseits mit bezwingenden, entschlossenen Worten und Taten an ihr festzuklammern: eine Verhaltenssequenz, die mit der Bezeichnung **Ambitendenz** höchst treffend beschrieben wird" (Mahler 1975a, S. 620f).

E. H. Erikson machte darauf aufmerksam, daß der Fähigkeit zur motorischen Körperbeherrschung und zu autonomer Willensbestimmung die Bedrohung durch Beschämung und Zweifel gegenübersteht (Erikson 1950, S. 245ff). Die **Beschämung** ist mit dem Empfinden assoziiert, klein und unterlegen zu sein, im **Zweifel** reflektiert sich das Empfinden, was man hinter sich gelassen habe, besitze nun keinen Wert mehr, es werde schlecht, bedrohlich und böse.

Störungen durch mißlungene Bewältigung der Übungsphase und Wiederannäherungskrise

Unter den klinischen Störungsbildern, die mit einer mißlungenen Bewältigung der Übungsphase und der Wiederannäherungskrise in Verbindung gebracht werden, sind in erster Linie die **Borderline-Phänomene** zu erwähnen (Mahler 1975b); Blanck und Blanck (1974, S. 77) halten den Umstand, daß im Verlauf des Loslösungs- und Individuationsprozesses keine Objektkonstanz erreicht wurde, für das Kernproblem der Borderline-Zustände. Störungen in dieser Entwicklungsphase vermögen jedoch auch bei der Entstehung verschiedener **angst-neurotischer Zustandsbilder** oder bei chronischen **Partner-** und **Ehekonflikten** eine Rolle zu spielen, und sie tragen zur Ausbildung bestimmter, in Psychotherapien gelegentlich zu beobachtender Phantasien bei, bei denen eine Art von „Halteband" oder **„Gängelband"** eine Person daran hindert, sich über bestimmte Grenzen hinaus zu bewegen oder auch zu einer Phantasie, sich in einem „Orbit" zu befinden (Akhtar 1992). Eine entsprechende Phantasie findet sich in dem Kinderbuch „Der Zauberer von Oos" (Baum 1900), wo eine gelbe Ziegelsteinstraße (*Yellow Brick Road*) weit fort zur Smaragdstadt führt und dabei gleichzeitig die Verbindung nach daheim aufrechterhält.

Objektkonstanz

In Mahlers Sicht führt die erfolgreiche Überwindung der Wiederannäherungskrise schließlich dazu, daß Gefühle von Ohnmacht und Hilflosigkeit durch selektive Identifizierung mit den Eltern vermindert werden; die Integration von Selbst- und Objektrepräsentanzen macht auch die Überwindung bisheriger Aufspaltungen von „nur guten" und „nur bösen" Selbst- und Objektvorstellungen möglich. Das Kind kann Ambivalenz nun in zunehmendem Maße ertragen und wird so zu emotionaler Objektkonstanz fähig; das heißt, es kann ein affektiv positiv getöntes Erinnerungsbild zum Beispiel von der Mutter auch in deren Abwesenheit aufrechterhalten oder auch dann, wenn das Kind der Mutter gegenüber ambivalente Gefühle hegt.

An der Entwicklungspsychologie Mahlers ist vor allem das Konzept des „normalen Autismus" und der symbiotischen Phase kritisiert worden (Hartkamp 1990). In jüngerer Zeit hat jedoch insbesondere der frühere Mitarbeiter Mahlers, F. Pine (1986, 1992, 1994), das ursprüngliche Konzept der symbiotischen Phase modifiziert, um den Argumenten der Säuglingsforscher Rechnung zu tragen. An deren Arbeiten kritisiert er seinerseits, daß ihre empirischen Untersuchungen typischerweise bei Kindern im Zustand aktiver oder ruhiger Aufmerksamkeit durchgeführt wurden, während an andere Zustände (Dösen, Schreien) gekoppeltes emotionales Erleben und ko-

gnitive Fähigkeiten keine Berücksichtigung fänden. So nimmt er an (Pine 1992, S. 106), daß es in Momenten des Übergangs vom Wachen zum Schlafen, beim Dösen nach der Fütterung oder, wenn sich ein Kind, das geschrien hat, in den Armen der Mutter entspannt, sehr wohl ein symbiotisches Erleben gibt. Hier bewirken der Wunsch und die Wunschbefriedigung, das innere Bild von Sauger oder Brust und die äußere Wahrnehmung, das sich anschmiegende Kind und der haltende Körper der Mutter eine **Erfahrung von Verschmelzung**, die über einen bloßen **Wunsch** oder eine **Phantasie** hinausgeht. Er zieht nicht in Zweifel, daß diese Momente beim Säugling quantitativ den geringeren Teil des Erlebens in Anspruch nehmen, meint aber völlig richtig, daraus dürfe nicht geschlossen werden, diese Erfahrungen seien auch entwicklungspsychologisch von geringer Relevanz. In diesem Sinne sollte nicht von einer **„symbiotischen Phase"**, sondern von **„symbiotischen Momenten"** (Pine 1994, S. 17) gesprochen werden. Bedeutung gewinnen diese symbiotischen Momente dabei nicht aufgrund einer biologischen Zwangsläufigkeit, sondern aufgrund des elterlichen Umgangs mit diesen Momenten (Pine 1992, S. 109). So gibt es Mütter, die aufgrund eigener Ängste vor Intimität die Nähe zu ihren Kindern vermeiden oder die aufgrund eigener Bedürfnisse bei jeder sich bietenden Gelegenheit die Nähe zum Kind suchen (vgl. dazu den Abschnitt über die interaktionelle Konstruktion von Bindung, S. 149f). Diese **interaktionsbezogenen Faktoren** werden nun als entscheidend dafür angesehen, ob der Umgang mit symbiotischen Momenten zu einem Problem wird, dem später ein klinisches Gewicht zukommen kann. McDevitt (1997) hat in jüngerer Zeit eine ausführliche Katamnesestudie eines der bei Mahler et al. (1975) beobachteten Kinder vorgelegt, die zeigt, wie eine verstärkte Neigung der Eltern, symbiotisches Erleben der Tochter aufrechtzuerhalten, in Verbindung mit akzidentellen Faktoren die Herausbildung einer im jungen Erwachsenenalter behandlungsbedürftigen sozialen Ängstlichkeit begünstigte.

3.3.4
Erotisierung der Beziehungen, Triangulierung

In der klassischen psychoanalytischen Sicht ist die kindliche Entwicklung bis über das dritte Lebensjahr, über die anale Phase hinaus von der dyadischen Beziehung zwischen Kind und Mutter bestimmt. Der Vater tritt erst in der ödipalen Entwicklungsphase als Rivale des kleinen Jungen oder als ersehnter Liebhaber des kleinen Mädchens in Erscheinung. Ganz anders hingegen die Sichtweise in der Tradition Melanie Kleins (vgl. Abschnitt 3.2.1, S. 122f), die ein angeborenes Wissen um die (sexuelle) Beziehung zwischen den Eltern beim Kind vermutete, so daß auch die Beziehung zum Vater schon von der Zeit der depressiven Position an wichtig wird (Klein 1945; vgl. auch Frankiel 1991; Lazar 1988).

Frühe Triangulierung

Die Mehrzahl psychoanalytischer Entwicklungspsychologen nimmt heute eine zwischen der dyadischen Beziehung und den Auffassungen Melanie Kleins vermittelnde Position ein, die die Rolle der frühen Triangulierung hervorhebt, deren Beginn allerdings in die Zeit der Übungsphase und der Wiederannäherungskrise verlegt wird. So betonte Rotmann (1978), die Beziehung zum Vater ermögliche es dem Kind, „mit dem Frustrationshaß auf die Mutter umzugehen, den Haß zu integrieren und das Selbst so zu stärken, daß eine neue, autonomere Beziehung zur Mutter ermöglicht wird" (S. 1106). Ermann (1985) machte zusätzlich darauf aufmerksam, wie wichtig es ist, daß das Kind nicht nur eine Beziehung zu dem **dritten Objekt „Vater"** aufnimmt, sondern daß es auch die Beziehung zwischen beiden Eltern erlebt; dadurch erweitert sich das unifokale, symbiotische Erleben – „Ich als Zentrum meiner Beziehungen" – zunächst zu einem bifokal-dyadischen Erleben – „Ich und Du als Partner in unserer Beziehung" – und schließlich zu einer Triade.

Neuere entwicklungspsychologische Beobachtungsdaten stützen auch die These von der frühen Triangulierung. So zeigten Feiring et al. (1984), daß 15 Monate alte Kinder auf das Angebot einer fremden Person, mit ihnen zu spielen, eher eingingen, wenn sie zuvor einen freundlichen Umgang der Mutter mit dieser fremden Person beobachten konnten. Offensichtlich sind Kinder in diesem Alter in der Lage, **soziale Interaktionen**, an denen sie selber nicht teilnehmen, aufmerksam zu verfolgen, wobei sie das Verhalten der Pflegeperson als einen Indikator für mögliche eigene Interaktionen zu nutzen scheinen.

Weitere Hinweise auf die Verfügung über triadische Beziehungsmodelle ergeben sich aus der Beobachtung der **Sprachentwicklung**; hier gilt, daß die Fähigkeit, Personalpronomina in der ersten, zweiten und dritten Person zu benutzen, erst zustande kommt, wenn das Kind alle drei möglichen Positionen in der Triade – Initiator einer Interaktion, Adressat und Beobachter von zwei interagierenden Partnern – einnehmen kann. Dies ist etwa zwischen dem 24. und dem 30. Lebensmonat der Fall (Sharpless 1990, S. 474).

Die so etablierte trianguläre Beziehungskonstellation ist schließlich auch der Schauplatz des **ödipalen Dramas**, dessen Ausgangspunkt Heigl-Evers und Weidenhammer (1988, S. 133) in ihrer Untersuchung der weiblichen Entwicklung so beschreiben: „Die phallische Phase zeichnet sich für Kinder beiderlei Geschlechts dadurch aus, daß sie den eigenen Körper als Zentrum von Kraft, Lust, Aktivität erfahren. ... Natürlich geht es dabei nicht nur um den Körper, die körperliche Lust, die Körperkraft, die eigene Erscheinung, die Attraktivität, sondern um die Gesamtwirkung der eigenen Person. Während das Kind zur Zeit der analen Entwicklung vor allem danach strebte, sich des Objekts zu bemächtigen, geht es ihm jetzt darum, das Objekt zu gewinnen, es für sich einzunehmen. Das ist sowohl beim Jungen wie auch beim Mädchen der Fall; und der bevorzugte Gegenstand der ersten Werbung beider ist die Begleiterin ihrer ersten Jahre", in den meisten Fällen die Mutter, gelegentlich nehmen auch Väter diese Position ein. Sexualität wird hier also als **stimulierte Körperlichkeit** gefaßt, die sich in narzißtisch-phallischer Glanzentfaltung und exhibitionistischer Darbietung eigener Attraktivität zunächst auf die Mutter und zwar auch – aber nicht ausschließlich – auf die Mutter als Geschlechtswesen ausrichtet.

Geschlechtsspezifische Entwicklung

Ausgehend von der Vorstellung eines phallischen Monismus (vgl. Abschnitt 3.1.3, S. 120f) postuliert die klassische Theorie nun für beide Geschlechter eine unterschiedliche Entwicklung. Für den **Jungen** gilt, daß er sein auf die Mutter gerichtetes Begehren aufgeben muß, um der (väterlichen) **Kastrationsdrohung** zu entgehen, die für ihn glaubhaft wird, wenn er den anatomischen Geschlechtsunterschied entdeckt (Freud 1924, S. 397); eine Entschädigung dafür bietet jedoch die Vorstellung, später selbst einmal so zu werden wie der Vater: „Die Objektbesetzungen werden aufgegeben und durch Identifizierung ersetzt. Die ins Ich introjizierte Vater- oder Elternautorität bildet dort den Kern des Über-Ichs, welches vom Vater die Strenge entlehnt ... und so das Ich gegen die Wiederkehr der libidinösen Objektbesetzung versichert" (Freud 1924, S. 399).

Für das **Mädchen** hingegen steht – nach den Vorstellungen der klassischen Theorie – das **neidvolle Erleben** im Vordergrund, „zu kurz gekommen" zu sein, von der Mutter **mangelhaft ausgestattet** worden zu sein; ausgehend von der symbolischen Gleichsetzung Penis = Kind gipfelt der Ödipuskomplex des Mädchens „in dem lange festgehaltenen Wunsch, vom Vater ein Kind als Geschenk zu erhalten, ihm ein Kind zu gebären" (Freud 1924, S. 401). Diesen von Enttäuschung und dem Wunsch nach Reparation bestimmten Verlauf sehen Heigl-Evers und Weidenhammer (1988, S. 137) jedoch eher als Folge einer **gescheiterten Mutter-Tochter-Beziehung**: „War die Mutter nicht in der Lage, die gleichgeschlechtliche ödipale Annäherung des werbenden Mädchens zu genießen und auch positiv narzißtisch zu bestätigen, so besteht die Gefahr, daß die Wendung zum Vater einer Flucht zum Vater gleichkommt. Diese nicht untypische Wendung der weiblichen Entwicklung bedeutet, daß das Mädchen, an der Mutter enttäuscht, jetzt vom Mann alles erwartet: eine narzißtische Bestätigung der eigenen Weiblichkeit, ein fragloses Geliebt-Werden – da es sich von der Mutter abgelehnt sieht –, ein volles Bestätigt-Werden und nicht zuletzt das Kind als Bestätigung dessen, daß der Vater im Gegensatz zur Mutter bereit ist, dem Mädchen den Phallus in Form des Kindes zu schenken."

Während der Junge, unter dem Einfluß der Kastrationsdrohung, auf seine auf die Mutter gerichteten sexuellen Strebungen verzichtet und dabei gleichzeitig in gewisser Weise am primär-vertrauten Objekt im Sinne einer zukünftigen Möglichkeit festhalten kann, muß sich das Mädchen angesichts der anatomischen Gegebenheiten damit abfinden, daß es seine phallisch-genitalen Wünsche in der Beziehung zur Mutter nicht wird befriedigen können. Es sieht sich „auf immer von der Mutter getrennt und bleibt darauf angewiesen, die eigene Weiblichkeit über das männliche Objekt zu erfahren, ohne sicher sein zu können, daß es dieses Objekt wird für sich gewinnen können. Es sieht sich aus der Beziehung zwischen Vater und Mutter ausgeschlossen und ist darauf angewiesen, in diesem Stadium des ‚Dazwischenstehens‘ sein Alleinsein zu bewältigen" (Heigl-Evers und Weidenhammer 1988, S. 130). Die Auflösung der (negativ) ödipalen, homoerotischen Bindung des Mädchens an seine Mutter kann aus dieser Sicht durch Sublimation in die Fähigkeit zu **zärtlich-freundschaftlicher Verbundenheit** verwandelt werden; gleichzeitig kann sich das Erleben des „Alleinseins" weiterentwickeln zur **Fähigkeit zur Trennung**, zur Möglichkeit, die aktiv Verlassende zu sein. Schließlich können Enttäuschungswut, Benachteiligungsphantasien und Entschädigungswünsche zum Kristallisationspunkt eines spezifischen **Gerechtigkeitsgefühls** werden, durch das sich das weibliche Über-Ich vom männlichen Über-Ich unterscheidet, das mehr der Kastrationsangst, dem Verbot und dem „Gesetzesanspruch" verpflichtet ist (Heigl-Evers und Weidenhammer 1988, S. 172).

3.3.5
Die sogenannte Latenz

Nach Durchlaufen der ödipalen Entwicklung in der Zeit zwischen dem 5. und 6. Lebensjahr nimmt die seelische Entwicklung nochmals eine neue Richtung, von der Freud (1926a, S. 239) meinte: „Das Merkwürdigste am Geschlechtsleben des Kindes scheint mir, daß es seine ganze, sehr weitgehende Entwicklung in den ersten fünf Lebensjahren durchläuft; von da an bis zur Pubertät erstreckt sich die sogenannte Latenzzeit, in der – normalerweise – die Sexualität keine Fortschritte macht." An einer anderen Stelle notiert er, der Ödipuskomplex erliege der Verdrängung, ihm folge die Latenzzeit; es sei aber noch nicht klar geworden, woran er zugrunde gehe (Freud 1924, S. 395) oder wie die Frage anders gewendet lauten könnte: welche **Faktoren** den **Eintritt** ins **Latenzalter** bedingen. Ganz sicher sind dies die im vorangehenden Abschnitt erwähnten Vorgänge von Verdrängung und Identifizierung mit den Eltern. Es kommt sicherlich ein kognitiver Faktor hinzu, der des Übergangs vom präoperatorischen zum operationalen Denken (vgl. Abschnitt 3.2.5, S. 132ff). Solange das Kind sich noch im **präoperatorischen Stadium** befindet, ist sein Denken noch unmittelbar von seinen Wahrnehmungen bestimmt: Eine Flüssigkeit in einem hohen, schlanken Gefäß erscheint ihm mehr zu sein als dieselbe Flüssigkeit, nachdem sie in ein breites, flaches Gefäß umgegossen wurde. In der gleichen Weise wird sich beispielsweise der kleine Junge dem Vater gegenüber schwächlich unterlegen fühlen, wenn er seine Körpergröße mit der des Vaters oder seinen Penis mit dem des Vaters vergleicht. Mit der Verfügung über **operatorische Denkmodi** wird es dem Kind jedoch möglich, die abstrakte

Ähnlichkeit zwischen sich selbst und beispielsweise dem Vater festzustellen, so als sagte es zu sich selbst: „Alle Penisse sind, ungeachtet ihrer Größe, Elemente der Kategorie ‚Penis‘: In gewisser Weise bin ich also wie mein Vater" (Mahon 1991, S. 631).

Das Latenzalter steht im Zeichen sich entfaltender Ich-Funktionen, der Orientierung hin auf eine Gruppe Gleichaltriger und im Zeichen der Entwicklung eines Leistungs- und Werksinns (Erikson 1950, S. 253ff). Da Leistung auch das Tun neben und mit anderen umfaßt, entwickelt sich in dieser Zeit auch ein Sinn für Arbeitsteilung, für die unterschiedlichen gesellschaftlichen Rollen und, wie Erikson es nennt, das **technologische Ethos** einer Kultur.

Anders als Freud nehmen zeitgenössische psychoanalytische Autoren eher eine Kontinuität der psychischen Entwicklung von der ödipalen über die Latenzphase bis in die Pubertät und Adoleszenz an (vgl. Abschnitt 3.3.6, S. 146ff); speziell das Latenzalter ist eine **Zeitspanne graduellen Durcharbeitens**, in der die seelischen Strukturen zunehmend komplexer ausgearbeitet werden (Etchegoyen 1993). Palmer (1988) legt in seiner Analyse der Erzählung „Heidi" von Johanna Spyri anschaulich dar, wie dieses Durcharbeiten mittels eines phantastischen Familienromans erfolgen kann und wie das Lesen, dem ja in der Latenzphase ein großer Stellenwert zukommt, Möglichkeiten bietet, von unbewußten Phantasien abgeleitete Vorstellungen in einem komplexen Panorama zu entfalten und ödipale und inzestuöse Wunschphantasien einer kompromißhaften Lösung näherzubringen.

Literatur

Akhtar S. Tethers, orbits and fences: clinical, developmental, sociocultural and technical aspects of optimal distance. In: When the body speaks. Kramer S, Akhtar S (eds). Northvale: Aronson 1992; 22–57.

Balint M. Angstlust und Regression. Beitrag zur psychologischen Typenlehre. Stuttgart: Klett 1959.

Balint M. Regression. Therapeutische Aspekte und die Theorie der Grundstörung. München: dtv 1987.

Basch MF. Psychoanalytic interpretation and cognitive transformation. Int J Psychoanal 1981; 62: 151–76.

Baum LF. Der Zauberer von Oos. 1900. Deutsch von Sybil Gräfin Schönfeldt. Hamburg: Dressler 1987.

Beebe B. Coconstructing mother-infant distress: the microsynchrony of maternal impingement and infant avoidance in the face-to-face encounter. Psychoanal Inquiry 2000; 20: 421–40.

Beebe B, Lachmann FM. Co-constructing inner and relational processes. Self- and mutual regulation in infant research and adult treatment. Psychoanal Psychol 1998; 15: 480–516.

Belotti EG. Was geschieht mit kleinen Mädchen? Ein Beitrag zur rollenspezifischen Sozialisation. München: Frauenoffensive 1975.

Bischof N. Das Rätsel Ödipus. Die biologischen Wurzeln des Urkonflikts von Intimität und Autonomie. München: Piper 1985.

Bischof-Köhler D. Frau und Karriere in psychobiologischer Sicht. Z Arbeits- Organisationspsychol 1990; 34: 17–28.

Blanck G, Blanck R. Angewandte Ich-Psychologie. 1974. Stuttgart: Klett-Cotta 1981.

Bower T. The object in the world of the infant. Sci Am 1971; 225: 30–8.

Bowlby J. Verlust, Trauer und Depression. 1980. Frankfurt: Fischer 1983.

Bowlby J. Bindung. Eine Analyse der Mutter-Kind-Beziehung. 1969. Frankfurt: Fischer 1984.

Burman E. Children, false memories, and disciplinary alliances: tensions between developmental psychology and psychoanalysis. Psychoanal Contemp Thought 1998; 21: 307–33.

Carpenter G. Mother's face and the newborn. In: Child Alive. Lewin R (ed). New York: Anchor Books 1974; 124–33.

Carpenter G, Tecce J, Stechler G, Friedman S. Differential visual behavior to human and humanoid faces in early infancy. Merrill-Palmer Quart 1970; 16: 91–108.

Crook CK, Lipsitt LP. Neonatal nutritive sucking. Effects of taste stimulation upon sucking rhythm and heart rate. Child Dev 1976; 47: 518–27.

Dahl H. The appetite hypothesis of emotion. A new psychoanalytic model of motivation. In: Emotions and Personality in Psychopathology. Izard C (ed). New York: Plenum 1979; 209–23.

Eagle M. Attachment and psychoanalysis. Brit J Med Psychol 1997; 70: 217–29.

Emde RN. The prerepresentational self and its affective core. Psychoanal Study Child 1983; 38: 165–92.

Emde RN, Kubicek L, Oppenheim D. Imaginative reality observed during early language development. Int J Psychoanal 1997; 78: 115–33.

Emde RN, Robinson J. The first two months. Recent research in developmental psychobiology and the changing view of the newborn. In: Basic handbook of child psychiatry. Vol. 1. Noshpitz JD (ed). New York: Basic Books 1979; 72–105.

Engen T, Lipsitt LP, Kaye H. Olfactory response and adaption in the human neonate. J Comp Physiol Psychol 1963; 56: 73–7.

Erikson EH. Identität und Lebenszyklus. 3 Aufsätze. Frankfurt: Suhrkamp 1970.

Erikson EH. Kindheit und Gesellschaft. 1950. 9. Aufl. Stuttgart: Klett-Cotta 1984.

Ermann M. Die Fixierung in der frühen Triangulierung. Zur Dynamik der Loslösungsprozesse bei Patienten zwischen Dyade und Ödipuskonstellation. Forum Psychoanal 1985; 1: 93–110.

Etchegoyen A. Latency – a reappraisal. Int J Psychoanal 1993; 74: 347–57.

Feiring C, Lewis M, Starr M. Indirect effects and infants reactions to strangers. Dev Psychol 1984; 20: 485–91.

Field TM. Infant gaze aversion and heart rate during face-to-face interactions. Infant Behav Dev 1981; 4: 307–15.

Fonagy P. Points of contact and divergence between psychoanalytic and attachment theories: Is psychoanalytic theory truly different? Psychoanal Inquiry 1999a; 19: 448–80.

Fonagy P. Attachment, the development of the self, and its pathology in personality disorders. In: Treatment of personality disorders. Derksen J, Maffei C, Groen H. (eds). Dordrecht: Kluwer Academic Publishers 1999b; 53–68.

Fonagy P, Target M. Understanding the violent patient: The use of the body and the role of the father. Int J Psychoanal 1995; 76: 487–501.

Fonagy P, Target M. Playing with reality: I. Theory of mind and the normal development of psychic reality. Int J Psychoanal 1996; 77: 217–33.

Frankiel RV. A note on Freud's inattention to the negative oedipal in Little Hans. Int Rev Psychoanal 1991; 18: 181–4.

Freud A. Probleme der infantilen Neurose. 1954a. In: Die Schriften der Anna Freud. Bd V. München: Kindler 1980.

Freud A. Psychoanalyse und Erziehung. 1954b. In: Die Schriften der Anna Freud. Bd V. München: Kindler 1980.

Freud A. Diskussion von John Bowlbys Arbeit über Trennung und Trauer. 1960. In: Die Schriften der Anna Freud. Bd VI. München: Kindler 1980.

Freud S. Entwurf einer Psychologie. 1895. GW Nachtragsband. Frankfurt: Fischer 1942–1987; 375–486.

Freud S. Die Traumdeutung. 1900. GW 2/3. Frankfurt: Fischer 1942–1987.

Freud S. Drei Abhandlungen zur Sexualtheorie. 1905. GW 5. Frankfurt: Fischer 1942–1987; 27–145.

Freud S. Über „wilde" Psychoanalyse. 1910. GW 8. Frankfurt: Fischer 1942–1987; 117–25.

Freud S. Formulierungen über die zwei Prinzipen des psychischen Geschehens. 1911. GW 8. Frankfurt: Fischer 1942–1987; 230–8.

Freud S. Triebe und Triebschicksale. 1915. GW 10. Frankfurt: Fischer 1942–1987; 210–32.

Freud S. Jenseits des Lustprinzips. 1920. GW 13. Frankfurt: Fischer 1942–1987; 3–69.

Freud S. Das Ich und das Es. 1923a. GW 13. Frankfurt: Fischer 1942–1987; 237–98.

Freud S. Die infantile Genitalorganisation. 1923b. GW 13. Frankfurt: Fischer 1942–1987; 293–8.

Freud S. Der Untergang des Ödipuskomplexes. 1924. GW 13. Frankfurt: Fischer 1942–1987; 395–402.

Freud S. Einige psychische Folgen des anatomischen Geschlechtsunterschieds. 1925. GW 14. Frankfurt: Fischer 1942–1987; 19–30.

Freud S. Die Frage der Laienanalyse. 1926a. GW 14. Frankfurt: Fischer 1942–1987; 209–86.

Freud S. Hemmung, Symptom und Angst. 1926b. GW 14. Frankfurt: Fischer 1942–1987; 111–205.

Freud S. Die endliche und die unendliche Analyse. 1937. GW 16. Frankfurt: Fischer 1942–1987; 57–99.

Freud S. Abriß der Psychoanalyse. 1940. GW 17. Frankfurt: Fischer 1942–1987; 67–138.

Friedberg V, Hiersche HD. Geburtshilfe. Stuttgart: Thieme 1975.

Furth HG. Wissenschaft als Leidenschaft. Eine Untersuchung über Freud und Piaget. Frankfurt: Suhrkamp 1990.

Gopnik A. How we know our minds: the illusion of first-person knowledge of intentionality. Behav Brain Sci 1993; 16: 1–14.

Haig D. Genetic conflicts in human pregnancy. Quarterly Rev Biol 1993; 68: 495–532.

Hartkamp N. Einige Befunde der Säuglingsbeobachtung und der neueren Entwicklungspsychologie. Prax Kinderpsychol Kinderpsychiatrie 1990; 39: 120–6.

Hartkamp N, Esch A. Projektive Identifizierung in der psychoanalytischen Schlußbildung. Forum Psychoanal 1993; 9: 214–23.

Hartmann H. Ich-Psychologie und Anpassungsproblem. Psyche 1939; 14: 81–164.

Hartmann H. Die gegenseitigen Beeinflussungen von Ich und Es in der psychoanalytischen Theoriebildung. Psyche 1952; 9: 1–22.

Hartmann H. Zur psychoanalytischen Theorie des Ichs. Stuttgart: Klett 1964.

Heigl F, Krause R. Die nachtragenden Affekte. Unveröffentlichtes Manuskript 1993.

Heigl-Evers A, Weidenhammer B. Der Körper als Bedeutungslandschaft. Die unbewußte Organisation der weiblichen Geschlechtsidentität. Bern: Huber 1988.

Hoffmann SO. Charakter und Neurose. Ansätze zu einer psychoanalytischen Charakterologie. Frankfurt: Suhrkamp 1984.

Holt RR. The development of the primary process: a structural view. In: Motives and thought. Holt RR (ed). New York: University Press 1967; 344–83.

Holt RR. Drive or wish? A reconsideration of the psychoanalytic theory of motivation. In: Psychology versus metapsychology: Psychoanalytic essays in memory of George S. Klein. Holzman PS, Gill MM (eds). New York: University Press 1976.

Jones E. Das Leben und Werk von Sigmund Freud. Bd I. 1960. 3. Aufl. Bern: Huber 1982.

Kernberg OF. A contribution to the ego psychological critique of the Kleinian school. Int J Psychoanal 1969; 50: 317–33.

Kernberg OF. Objektbeziehungen und Praxis der Psychoanalyse. 1976. Stuttgart: Klett-Cotta 1981.

Klein AM. Fear and self-loathing in Southern California: narcissism and fascism in bodybuilding subculture. J Psychoanal Anthropol 1987; 10: 117–37.

Klein M. The Oedipus complex in the light of early anxieties. Int J Psychoanal 1945; 26: 11–33.

Köhler L. Von der Biologie zur Phantasie. Forschungsbeiträge zum Verständnis der frühkindlichen Entwicklung aus den USA. In: Zur Psychologie und Psychopathologie des Säuglings – neue Ergebnisse in der psychoanalytischen Reflexion. Stork J (Hrsg). Stuttgart: Frommann-Holzboog 1986; 73–92.

Krause R. Zur Onto- und Phylogenese des Affektsystems und ihrer Beziehungen zu psychischen Störungen. Psyche 1983; 37: 1016–43.

Krause R. Psychodynamik der Emotionsstörungen. In: Psychologie der Emotion, Enzyklopädie der Psychologie C/IV/3. Scherer KU (Hrsg). Göttingen: Hogrefe 1990; 630–705.

Langlois JH, Downs AC. Mothers, fathers, and peers as socialization agents of sex-typed play behaviors in young children. Child Dev 1980; 51: 1237–47.

Lazar RA. Vorläufer der Triangulierung. Die ersten dreidimensionalen Teilobjektbeziehungen des Säuglings. Forum Psychoanal 1988; 4: 28–39.

Lewis MD. A neo-piagetian interpretation of Melanie Klein's theory of infancy. Psychoanal Contemp Thought 1993; 16: 519–59.

Lichtenberg JD. Psychoanalysis und Säuglingsforschung. 1983. Berlin, Heidelberg, New York: Springer 1991.

Lichtenberg JD. Motivational-funktionale Systeme als psychische Strukturen. Eine Theorie. Forum Psychoanal 1988; 7: 85–97.

Liebsch B. Zum Verhältnis von Psychoanalyse und Genfer Konstruktivismus: Primärprozeß, Sekundärprozeß und kognitive Struktur. Psyche 1986; 40: 220–47.

Lorenzer A. Über den Gegenstand der Psychoanalyse oder: Sprache und Interaktion. Frankfurt: Suhrkamp 1973.

MacFarlane A. Olfaction in the development of social preferences in the human neonate. In: Parent-infant interaction. A Ciba Foundation Symposium. New York: Elsevier 1975; 103–17.

Mahler MS. Symbiose und Individuation. Die psychische Geburt des Menschenkindes. Psyche 1975a; 29: 609–25.

Mahler MS. Die Bedeutung des Loslösungs- und Individuationsprozesses für die Beurteilung von Borderline-Phänomenen. Psyche 1975b; 29: 1078–95.

Mahler MS, Pine F, Bergmann A. Die psychische Geburt des Menschen. Symbiose und Individuation. Frankfurt: Fischer 1975.

Mahon EJ. The „dissolution" of the Oedipus complex: a neglected cognitive factor. Psychoanal Q 1991; 60: 628–34.

McDevitt JB. The continuity of conflict and compromise formation from infancy to adulthood: a twenty-five-year follow-up study. J Am Psychoanal Assoc 1997; 45: 105–26.

Mertens W. Entwicklung der Psychosexualität und der Geschlechtsidentität. Bd. 1. Geburt bis 4. Lebensjahr. Stuttgart: Kohlhammer 1992.

Montada L. Die geistige Entwicklung aus der Sicht Jean Piagets. In: Entwicklungspsychologie. Oerter R, Montada L (Hrsg). 2. Aufl. München, Weinheim: Psychologie Verlags Union 1987.

Moser U. Zur Abwehrlehre. Das Verhältnis von Verdrängung und Projektion. Jahrb Psychoanal 1964; 3: 56–85.

Ogden TH. Trieb, Fantasie und psychologische Tiefenstruktur. Forum Psychoanal 1984; 2: 177–96.

Palmer AJ. Heidi's metaphoric appeal to latency: a journey through the oedipus complex. Psychoanal Study Child 1988; 43: 387–97.

Papoušek H, Papoušek M. The infant's fundamental adaptive response system in social interaction. In: Origins of the infant's responsiveness. Thomas ED (ed). Hillsdale: Erlbaum 1979; 175–208.

Papoušek H, Papoušek M. How human is the human newborn, and what else is to be done? In: Prospective issues in infancy research. Bloom K (ed). Hillsdale: Erlbaum 1981; 137–55.

Papoušek H, Papoušek M, Giese R. Neue wissenschaftliche Ansätze zum Verständnis der Mutter-Kind-Beziehung. In: Zur Psychologie und Psychopathologie des Säuglings – neue Ergebnisse in der psychoanalytischen Reflexion. Stork J (Hrsg). Stuttgart: Frommann-Holzboog 1986; 53–71.

Perry BD, Pollard RA, Blakley TL, Baker WL, Vigilante D. Childhood trauma, the neurobiology of adaptation, and „use-dependent" development of the brain: How „states" become „traits". Infant Ment Health J 1995; 16: 271–91.

Piaget J. Nachahmung, Spiel und Traum. Stuttgart: Klett 1969.

Pine F. The „symbiotic phase" in the light of current infancy research. Bull Menninger Clinic 1986; 50: 564–9.

Pine F. Some refinements in the separation-individuation concept in light of research on infants. Psychoanal Study Child 1992; 47: 103–16.

Pine F. The era of separation-individuation. Psychoanal Inq 1994; 14: 4–24.

Rapaport D. Die Struktur der psychoanalytischen Theorie. Versuch einer Systematik. 1960. Stuttgart: Klett 1973.

Rosenblatt AD, Thickstun JT. Energy, information and motivation. A revision of psychoanalytic theory. J Amer Psychoanal Assoc 1977; 25: 537–58.

Rotmann M. Über die Bedeutung des Vaters in der „Wiederannäherungsphase". Psyche 1978; 32: 1105–47.

Sampson H, Weiss J. Testing Hypotheses: the approach of the Mount Zion Psychotherapy Research Group. In: The psychotherapeutic process. Greenberg LS, Pinsof WM (ed). Hove: Guilford 1986; 591–613.

Sandler J. Sicherheitsgefühl und Wahrnehmungsvorgang. Psyche 1960; 15: 124–31.

Sandler J, Dare C. Der psychoanalytische Begriff der Oralität. Psyche 1973; 27: 770–86.

Sandler J, Rosenblatt B. Der Begriff der Vorstellungswelt. Psyche 1962; 38: 235–53.

Schepank H. Beiträge der Zwillingsforschung und der Epidemiologie zur Neurosenlehre. In: Psychosomatische Medizin und Psychotherapie in Deutschland. Tress W (Hrsg). Göttingen: Vandenhoek & Ruprecht 1992; 62–72.

Schepank H. Zur Genetik der Persönlichkeitsstörungen und Neurosen. Nervenheilkunde 1993; 12: 47–51.

Schepank H. Gen oder Psychogen. Zur Erbe-Umwelt-Frage bei psychogenen Erkrankungen. Z Psychosom Med 1994; 40: 11–25.

Schröter W. Neugeborenenpathologie. In: Kinderheilkunde. Harnack GA v (Hrsg). Berlin, Heidelberg, New York: Springer 1977.

Sharpless EA. The evolution of triadic object relations in the preoedipal phase: contributions of developmental research. Psychoanal Contemp Thought 1990; 13: 459–82.

Slavin MO. The dual meaning of repression and the adaptive design of the human psyche. J Amer Acad Psychoanal 1990; 18: 307–41.

Spitz RA. Die Entstehung der ersten Objektbeziehungen. Direkte Beobachtungen an Säuglingen während des ersten Lebensjahres. 1954. Stuttgart: Klett 1973.

Spitz RA. Vom Säugling zum Kleinkind. Naturgeschichte der Mutter-Kind-Beziehungen im ersten Lebensjahr. 1965. Stuttgart: Klett-Cotta 1985.

Stern DN. Die Lebenserfahrung des Säuglings. 1986. Stuttgart: Klett-Cotta 1992.

Stern DN. The process of therapeutic change involving implicit knowledge: some implications of developmental observations for adult psychotherapy. Infant Ment Health J 1998; 19: 300–8.

Target M, Fonagy P. Playing with reality: II. The development of psychic reality from a theoretical perspective. Int J Psychoanal 1996; 77: 459–79.

Theweleit K. Objektwahl (All You Need Is Love ...). Über Paarbildungsstrategien und Bruchstücke einer Freudbiographie. Basel, Frankfurt: Stroemfeld Roter Stern 1990.

Tronick EZ. Dyadically expanded states of consciousness and the process of therapeutic change. Infant Ment Health J 1998; 19: 290–9.

Westen D. Towards a clinically and empirically sound theory of motivation. Int J Psychoanal 1997; 78: 521–48.

Winnicott DW. Übergangsobjekte und Übergangsphänomene. Psyche 1953; 23: 666–82.

Winnicott DW. Ich-Verzerrung in Form des wahren und des falschen Selbst. 1960. In: Reifungsprozesse und fördernde Umwelt. Winnicott DW (Hrsg). München: Kindler 1974.

Winnicott DW. Störungen aus dem Bereich der Psychiatrie, bezogen auf infantile Reifungsprozesse. 1963. In: Reifungsprozesse und fördernde Umwelt. Winnicott DW (Hrsg). München: Kindler 1974.

Wolff PH. Überlegungen zu einer psychoanalytischen Theorie des Spracherwerbs. Psyche 1974; 28: 853–95.

Zepf S. Narzißmus, Trieb und die Produktion von Subjektivität. Stationen auf der Suche nach dem verlorenen Paradies. Berlin, Heidelberg, New York: Springer 1985.

Zepf S. Der Freudsche Triebbegriff – was kann bleiben? Psychoanalyse. Texte zur Sozialforschung 2000; 4: 69–87.

3.3.6
Die Pubertät und Adoleszenz
Ulrich Stuhr

Definition
Mit der **Adoleszenz** bezeichnet man die Übergangsphase von der Kindheit zum Erwachsenenalter.

Die Adoleszenz wird in der wissenschaftlichen Behandlung entwicklungspsychologischer Phasen oft vernachlässigt, weil diese Entwicklungsphase des Menschen zu dicht und damit zu brisant an eigene unerledigte Probleme der Psychotherapeuten und Wissenschaftler heranreicht. Hinzu kommt, daß man innerhalb auffälliger Verhaltensweisen nur sehr schwer zwischen sogenannten „normalen" und „pathologischen" Reaktionen Adoleszenter unterscheiden kann: Handelt es sich zum Beispiel beim Rückzug eines Jugendlichen um eine Episode der Selbstbesinnung, oder aber ist er Teil eines Rückzuges im Rahmen einer narzißtischen Störung, oder ist das „Ausflippen" eines Jugendlichen Teil eines notwendigen „lauten Probehandelns" oder ein nicht kontrollierbarer Impulsdurchbruch (vgl. Vincent 2000)?

Ein allgemeines **Kennzeichen der Adoleszenz**, deren erste Phase als Pubertät bezeichnet wird (s.u.), besteht darin, daß der Heranwachsende eine große Anzahl psychischer und sozialer Entwicklungsaufgaben lösen muß, insbesondere:

- Loslösung von den Eltern
- Individuation gegenüber den Eltern
- Erwerb einer stabilen eigenen Geschlechtsidentität einschließlich eines Sexualverhaltens bzw. der Aufnahme intimer Beziehungen
- schulische und berufliche Qualifikation für einen späteren Platz im Arbeitsleben
- Aufbau zuverlässiger Sozialkontakte zu einzelnen und zu Gruppen
- Finden einer ideologischen und wertnormativen Position mit dem Entwurf einer persönlichen Zukunftsvorstellung

Der Adoleszente muß also eine ungeheuer große und langfristig wirksame Anpassungsleistung an die Verhältnisse der Pubeszenz (Geschlechtsreifung) unter sozialen Bedingungen erbringen. Es verwundert deshalb nicht, daß in dieser Phase ein hochsignifikanter Anstieg aller großen psychischen Krankheiten gefunden wird (Graham und Rutter 1985), schwere psychosomatische Erkrankungen (besonders die Pubertätsmagersucht und entzündliche Darmerkrankungen) und Süchte (es gibt nach Auskunft der Hauptstelle gegen Suchtgefahren z.B. 250 000 bis 300 000 alkoholabhängige Kinder und Jugendliche) beginnen, sich zu manifestieren. Auch Psychosen entstehen in diesem Alter: Mentzos (2000) erwähnt als Auslöser die erste Liebe (sogenannte „Verlobungspsychose") und die er-

sten Trennungen von der Familie (z.B. die sogenannte „Englische Krankheit" von Au-pair-Mädchen im Ausland).

Eine der zentralen Aufgaben scheint dabei die endgültige **Ausgestaltung** der **Geschlechtsrolle** beziehungsweise **-identität** zu sein, die auf die alte These Freuds (1905) verweist, daß der Beginn der Adoleszenz, die Pubertät – als „Periode" kurz vor der Entwicklung der primären und sekundären Geschlechtsmerkmale bezeichnet (Blos 1978, S. 14) –, von der Reaktivierung ödipaler (und prä-ödipaler) Konflikte geprägt ist, daß es quasi zu einer „Neuauflage" ödipaler[1] Probleme kommt. Die hormonell gesteuerte Geschlechtsreife (bei Mädchen mit ca. 12 Jahren, bei Jungen mit ca. 13 Jahren; nach Bornemann 1985, S. 18) führt dabei zu einer Steigerung der Libido und soll idealerweise zu einer Unterordnung der Partialtriebe (oral, anal, phallisch) unter das Primat der genitalen Sexualität und Struktur (Laufer 1996) führen; oder weniger normativ formuliert, der junge Mensch muß versuchen einzuüben, in welcher Weise Sexualität der Regulation zwischenmenschlicher Beziehung dient, insbesondere der Regulation von Aggressivität sich nahestehender Menschen. So geht es bei der Herausbildung einer sicheren Geschlechtsidentität auch darum, ein ausbalanciertes Verhältnis in sich und zu anderen hinsichtlich aggressiver und sexueller Triebhaftigkeit aufzubauen und zu lernen, wie Liebe bei mehr als zwei Personen zu teilen ist. Parallel kommt es dabei zu einer Ablösung des Adoleszenten von den Elternobjekten und zu einer Besetzung neuer Objekte (Freundschafts- und Liebespartner) außerhalb der Ursprungsfamilie. Der dabei herangezogenen These von der Neuauflage ödipaler Probleme ist widersprochen worden, da die Jugendlichen jetzt anders als mit vier bis fünf Jahren reale Möglichkeiten haben, in ihrer Geschlechtsrolle zu agieren; das heißt, die Mädchen können schwanger werden, und jeder Jugendliche kann Gewalt anwenden, die jenseits spielerischer Elemente angesiedelt ist. Im Rahmen der Loslösung stellen sich also alte, unerledigte Probleme der Kindheit neu. Die vormals wichtigen, da geliebten, gehaßten und gebrauchten Eltern scheinen, bevor sie endgültig verlassen werden können, im Rahmen einer Wiederannäherung in die alten Affekte nochmals hineingezogen werden zu müssen, um bislang unerledigte Konflikte hinreichend bewältigen zu können und frei zu werden, was aber oft wie ein lebenslanger Kampf anmutet (Bohleber 1996).

---

1 „Ödipal" bezieht sich hier auf die entwicklungspsychologisch vom ca. 3. bis 6. Lebensjahr angesiedelte Phase des „Ödipuskomplexes", der besagt, daß das Kind a) mit dem gegengeschlechtlichen Elternteil rivalisiert und den gleichgeschlechtlichen Elternteil umwirbt und liebt (sogenannter „negativer Ödipuskomplex"), b) mit dem gleichgeschlechtlichen Elternteil rivalisiert und den gegengeschlechtlichen Elternteil umwirbt und liebt (sogenannter „positiver Ödipuskomplex"). Beide Teilphasen (a und b) bilden zusammen den vollständigen Ödipuskomplex, der der Einübung in die Geschlechtsrolle dient und die geschlechtsspezifische Identität herausbildet (vgl. Haas 1999).

Blos: Beschreibungsmodell der psychischen Entwicklung innerhalb der Adoleszenz

Blos (1978) hat als Orientierung für diese Entwicklungsphase ein Beschreibungsmodell vorgeschlagen, das fünf Sequenzen psychischer Entwicklung innerhalb der Adoleszenz umfaßt. Sie werden im folgenden beschrieben.

Prä-Adoleszenz (10.–12. Lebensjahr)

Hier kommt es vor allem zur **Zunahme des Triebdruckes**, der sich zum Beispiel bei den Jungen in einer sprunghaften Zunahme des Onanierverhaltens während dieser Zeit widerspiegelt (Kanmacher 1983, S. 52 ff) und sich nach Blos in einer besonderen „Wahllosigkeit" von „Besetzungen aller Art" ausdrückt, die nach den Befriedigungsmustern „oral-gierig" (Unmengen von Hamburgern, Chips, Cola, TV-/Video-Konsum, PC-Spiele etc.) oder auch „anal-schmutzig" (Beginn, sich verloddern zu lassen) abläuft (Blos 1978, S. 71 ff). Verwunderungen und Empörungen auf seiten der Eltern und anderer Verwandten führen zu ersten, eher kurzen Reibereien, bei denen die Erwachsenen sich noch überlegen wähnen.

Früh-Adoleszenz (13.–14. Lebensjahr)

Den Eltern und sich selbst wird demonstriert, daß man **die frühen Bindungen nicht mehr braucht** (außerhäusig und spät nach Hause kommend, demonstrativer Bruch mit den Regeln der Erwachsenen, z. B. „sich zu bedanken" oder zu grüßen; beziehungsweise Regeln werden bewußt zu wörtlich genommen und durch gezielte Übertreibungen ad absurdum geführt). Andere Personen werden von Jugendlichen eher außerhalb der Familie gesucht, wobei das in dieser Phase vor allem nach zwei Mustern abzulaufen scheint:

- **narzißtisch**, d. h. latente Suche nach Bindungen, Erotik und Sexualität bei gleichgeschlechtlichen Jugendlichen (z. B. periodisch homoerotische Kontakte)
- Suche nach **Idealen**, d. h. Idole (aus Film, Musik,[2] Sport etc.) werden ausgemacht, die man „absolut geil" findet und die man aus der Ferne inniglich verehrt; Ideale können aber auch Ideen sein (religiös, weltanschaulich), für die man sich quasi „verzückt und verrückt" einsetzt. Bei der Musikrichtung „Rock and Roll" wird dies eindrucksvoll deutlich; denn der Slang „Rock and Roll" bedeutet „Wiegen und Drehen" mit jenen Körperteilen, die für die Erotik immens wichtig sind: die Hüfte, im Englischen „pelvis" (Becken), ein Kosename für Elvis Presley, der durch die rhythmische Bewegung des Bekkens, also seines Unterleibes, gegen den „guten Geschmack" der älteren Generation

und deren Moral verstieß; gleichzeitig sollen die erotischen Sehnsüchte durch die Übertretung von Verboten durch die Kinder- und Jugendgeneration zum Ausdruck kommen bzw. dadurch bedient werden.

Alles scheint sich dabei dem sogenannten „lauten Probehandeln" unterzuordnen; das heißt, der Pubertierende grenzt sich demonstrativ für andere, besonders für die Eltern, mit **eigenen** Ideen, Peer-Group-Regeln (z. B. Slang und Kleidung), Idolen und Menschen ab. Das dabei auftretende „Dampf ablassen" als ungerichtetes Probehandeln kann sich sublimiert, d. h. sozial erträglich bzw. geordnet (z. B. im Sport) vollziehen, aber auch in tyrannischer Gewalt anderen gegenüber enden.

Das **laute Probehandeln** dient mit zunehmendem Alter jedoch auch der Suche nach einem zeit- und kulturgebundenen „Nervenkitzel", der der Abwehr innerer Probleme (z. B. Angst vor verbindlicher emotionaler Nähe oder/und unmittelbarer Destruktivität den elterlichen Objekten gegenüber) dient: z. B. Carhopping (über geparkte Autos spazieren), Airbagging[3] (bei gestohlenen Autos absichtlich den Airbag auslösen), Headbanging (Schütteln des Kopfes zu Musik, bis man orientierungslos wird), U-Bahn-Surfen, Sprayen, Kick-Board-Fahren, In-Line-Skating), Bunjee-Springen oder Base-Jumping etc. – je nach Zeitgeschmack in der Jugendkultur und mit entsprechender Musik (z. B. Hiphop oder Punk usw.).

Eigentliche Adoleszenz (15.–17. Lebensjahr)

Es kommt vermehrt zu einer **Hinwendung an heterosexuelle Partner**, was aber gleichzeitig von großen Ängsten vor den heterosexuellen Partnern beziehungsweise vor Sexualität begleitet wird und deshalb oft sehr widersprüchlich wirkt. Denn die ersten Freundschaften werden begleitet von oder wechseln sich ab mit narzißtischen Zuständen aller Art, dem sogenannten **„Hummer-Syndrom"**; das heißt, der Jugendliche/die Jugendliche „errötet" leicht und ist „gepanzert". Es kommt zu einer extremen Empfindsamkeit, zur gesteigerten Selbstbezogenheit, die sogenannte „zentrale narzißtische Position" (Vincent 2000, S. 34) und auch – aus Abwehrzwecken – zur Überschätzung und zur Unterschätzung des Selbst. Einzig das Tagebuch scheint einem Adoleszenten in der Lage, alles aufzunehmen und „zu verkraften", was in ihm vorgeht, wenn es nicht ausagiert wird (s. o.). Nach Blos (ebenda) kann es gerade auch in dieser Phase zu einer Reaktivierung des Ödipuskomplexes kommen, um ihn vor/mit der ersten Partnerwahl „endgültig" bewältigen zu können; das heißt, die Mutter wird noch einmal sehr vom Sohn verehrt, und der Vater gilt der Tochter als „der tolle Mann". Einige Jugendliche müssen aber den bestehenden Triebdruck, besonders wenn keine angemessenen Sozialverhaltensweisen im Rahmen der Geschlechtsrolle ge-

---

2 Für ein tieferes Gesamtverstehen der Adoleszenz wäre gerade eine Aufarbeitung der Musikszene, besonders der Rockmusik, unter dieser Thematik sehr fruchtbar (vgl. Dister 1993).

3 Hierbei besteht der Verdacht, daß spät-adoleszente Reporter pubertierende Jugendliche wegen eines Sensations-„Nervenkitzels" und seiner Vermarktung anstifteten, es vor Kameras vorzutäuschen.

lernt werden konnten, mit Intellektualisierung, Askese oder homoerotischer Gruppenuniformität (auch ausgedrückt in der Kleidung) im Rahmen von Peer-Groups abwehren.

Spätadoleszenz (18.–20. Lebensjahr)

Nach Blos (1978) dient diese Phase der **Selbstdarstellung** und **Stabilisierung** in der **Geschlechtsrolle**, die aber immer wieder auch Aufschubmanöver aufweist, um sich nicht endgültig festlegen zu müssen beziehungsweise um schmerzhafte Ablösungen noch vermeiden zu können (Regression auf bzw. Fixierung in Vorphasen).

Post-Adoleszenz (21.–25. Lebensjahr)

Emotionale und sexuelle „Experimente" dienen der **Konsolidierung** der **sozialen Rolle** beziehungsweise der **Ausprägung** der **Geschlechtsidentität**, indem die ersten Jugendlieben, die noch unter dem Vorbild der Ursprungsfamilie oder aus reinem Protest zur Ursprungsfamilie entstanden, zugunsten neuer, eigenständigerer Partnerwahlen aufgegeben werden.

Oft wird versucht, auf Distanz (eigenes Zimmer, eigene Wohnung) mit den Eltern „ins Reine zu kommen". Die Adoleszenz ist ohne weiteres über das 25. Lebensjahr hinaus prolongierbar, da unsere Gesellschaft das „Jung-Dynamische" dieser Entwicklungsphase als Tugend feiert – auch um es dann kommerziell ausbeuten zu können. Der Modemacher Joop formulierte zum Beispiel: „Ich repräsentiere jene, die nie alt werden." Und als aktuellen Modetrend gab es schon den sogenannten „Pubertismus".

Neben dem traditionell herangezogenen Konzept der Triebbewältigung im Rahmen der sogenannten Neuauflage ödipaler Probleme werden vor allem drei ineinandergreifende **Erklärungsansätze** für die **Adoleszenz** aus der **Selbst-Psychologie** diskutiert (Kapfhammer et al. 1994), um die Identitätsentwicklung beschreibbar zu machen:

● die Notwendigkeit zur Herausbildung eines **Selbstkonzeptes**, um sich mit Hilfe einer eigenen subjektiven Sichtweise, eigenen Urteilen und einer eigenen Selbstwahrnehmung in einer widersprüchlichen Gesellschaft zurechtfinden zu können, auch wenn man die vorhandenen Widersprüche nicht lösen kann

● Herausbildung eines **Identitätsstatus**, der es ermöglichen soll, ein Gefühl innerer Kontinuität trotz relevanter Entwicklungsveränderung zu erlangen, um sich mit von außen herangetragenen Rollendefinitionen abstimmen zu können

● Konzept der **Ich-Entwicklung**, indem kognitiv-affektive Voraussetzungen in der Persönlichkeitsstruktur geschaffen werden, um die Auseinandersetzung mit den Entwicklungsaufgaben/-anforderungen führen zu können

Um die in der Geschlechtsrolle beziehungsweise in der Bildung der Geschlechtsidentität ablaufenden brisanten Affekte, Gedanken und Verhaltensweisen – besonders die eigene sexuelle Attraktivität und das Selbstwertgefühl – zwischen Re-

gression und Progression in dieser Phase angemessen verstehen zu können, sind aber noch große Forschungsanstrengungen notwendig (Kittler 2000; Laufer 2000).

In der Herausbildung der Identität beziehungsweise des Selbst sieht Bohleber (1996, S. 298) die „Schnittstelle zwischen gesellschaftlicher Erwartungen und den einzelnen und dessen psychischer Einzigartigkeit. ... Sie ist das Produkt der Vermittlung und eine dynamische Balance zwischen beiden Seiten." In den frühen reziproken Austauschprozessen, in denen es zu einer wechselseitigen Anpassung (sogenanntes *Matching*) zwischen Mutter und Kind kommt, wird die Kern-Identität herausgebildet, so daß Prozesse in der Adoleszenz auch auf dem Hintergrund früher Entwicklungsphasen verstanden werden müssen.

Diese Interaktionserfahrungen werden internalisiert und fungieren in der Adoleszenz als Matrizen in den Beziehungsaufnahmen mit den Partnern außerhalb der Familie. Besonders die frühen Formen des Identitätsgefühles (*Sense of Identity* bzw. *Sense of Self* nach Modell [1975], ein Gefühl des Selbst), die omnipotenten Phantasien (vor allem Negation der Trennung von Selbst und Objekt) und das Körperbild betreffend sind aktivierbare Grundmuster in neuen Beziehungen, die auf diese Grundmuster auch zurückreichen. Es entsteht ein lebenslanger Prozeß der Identitätsbildung. Die Triebentwicklung und der Prozeß von Objektsuche beziehungsweise Objektverluste/Trennungen sind dabei die dynamischen Komponenten auf der psychischen Seite (Bohleber 1996), die der neuen biologischen Situation (Geschlechtsreife) gerecht werden müssen.

Literatur

Blos P. Adoleszenz. Eine psychoanalytische Interpretation. Stuttgart: Klett-Cotta 1978.

Bohleber W. Adoleszenz und Identität. Stuttgart: Verlag Internationale Psychoanalyse 1996.

Bornemann E. Das Geschlechtsleben des Kindes. München: Urban & Schwarzenberg 1985.

Dister A. The story of rock. London: Thames and Hudson 1993.

Freud S. Drei Abhandlungen zur Sexualtheorie. 1905. In: Freud S. Studienausgabe. Bd. V (Sexualleben). Frankfurt: Fischer 1991; 37–145.

Graham P, Rutter M. Adolescent disorders. In: Child and adolescent psychiatry. Rutter M, Hersov L (eds). Oxford: Blackwell 1985; 351–67.

Haas E. Ödipuskomplex und Ödipusfabel. Lebenstatsachen bei Sophokles. In: Lebenstatsachen und psychoanalytischer Prozeß. Ostendorf U, Peters H (Hrsg). Arbeitstagung der DPV in Bad Homburg. Frankfurt/M: Geber und Reusch 1999; 19–48.

Kanmacher J. Aspekte sexueller Sozialisation anhand zweier empirischer Untersuchungen an westdeutschen Studenten. Universität Hamburg: Dissertation Medizin 1983.

Kapfhammer H-P, Mayer C, Neumeier R, Scherer J. Empirische Vergleichsstudien zur psychosozialen Entwicklung und Problematik von psychiatrischen Patienten und gesunden Kontrollpersonen. Psychother Psychosom Med Psychol 1994; 44: 7–14.

Kittler E. Rasender Stillstand: Zwänge in der Adoleszenz. Eine Fallstudie. Bulletin EPF (Psychoanalyse in Europa) 2000; 54: 5–21.

Laufer A. Zentrale Onaniephantasien, definitive Sexualorganisation und Adoleszenz. Psyche 1980; 34: 365–84.

Laufer ME. Wo befinden wir uns derzeit, wenn es um die Psychoanalyse Jugendlicher geht? Bulletin EPF (Psychoanalyse in Europa) 2000; 54: 41–54.

Mentzos S. Das dem Frankfurter Psychose-Projekt zugrundeliegende Psychose-Modell und seine therapeutischen Konsequenzen. Vortrag auf der Herbsttagung der DPV in Frankfurt/M. 2000.

Modell A. The ego and the id: fifty years later. Int J Psychoanal 1975; 56: 57–68.

Vincent M. Die Umgestaltung der Pubertät. Bulletin EPF (Psychoanalyse in Europa) 2000; 54: 22–41.

Literaturempfehlung

Blos P. Adoleszenz. Eine psychoanalytische Interpretation. Stuttgart: Klett-Cotta 1978.

Bohleber W. Adoleszenz und Identität. Stuttgart: Verlag Internationale Psychoanalyse 1996.

Streek-Fischer A. Entwicklungslinien der Adoleszenz. Narzißmus und Übergangsphänomene. Psyche 1994; 6: 509–28.

3.3.7
Die Bedeutung der Bindungstheorie und -forschung für die Psychotherapie

Bernhard Strauß

Die von John Bowlby in den 60er Jahren formulierte Theorie der Bindung erlebte in der Psychotherapie während der letzten Jahren eine erstaunliche Renaissance. Der Urheber der Theorie hätte sich darüber sicher gefreut, war er doch zwei Jahre vor seinem Tod (im Jahr 1990) noch sehr betrübt darüber, daß seine Theorie gerade bei Klinikern so wenig Resonanz fand:

„Obwohl die Bindungstheorie von einem Kliniker zur Anwendung bei der Diagnostik und Behandlung emotional gestörter Patienten und Familien formuliert wurde, benutzte man sie bisher überwiegend dazu, die entwicklungspsychologische Forschung voranzutreiben. Ich bin zwar der Meinung, daß die Befunde dieser Forschung unser Verständnis der Persönlichkeitsentwicklung und der Psychopathologie enorm erweitert haben, weshalb sie auch von größter klinischer Relevanz ist, dennoch ist es enttäuschend, daß Kliniker bisher so zögerlich waren, die Anwendung der Theorie zu prüfen" (Bowlby 1988, S. 9).

Die Bindungstheorie bietet ein entwicklungspsychologisches Modell für die Entstehung von Beziehungen und von inneren Repräsentanzen (kognitiv-affektiv-motivationale Schemata, vgl. Berman und Sperling 1994), wie sie theoretisch in unterschiedlichsten Richtungen der Psychotherapie eine große Rolle spielen. Aufgrund der Tatsache, daß Vertreter der akademischen Entwicklungspsychologie die Theorie dankbar aufnahmen und einer strengen empirischen Überprüfung unterzogen, verfügen wir heute über eine Fülle von Befunden, die für die therapeutische Situation und die Gestaltung der therapeutischen Beziehung unmittelbar relevant sein könnten (Cassidy und Shaver 1999).

Ihre Bedeutung als zentrales Agens jeder psychotherapeutischen Behandlung ist unumstritten: „Die Menge der Befunde muß als deutlicher Beweis für die Wichtigkeit der therapeutischen Beziehung gesehen werden", mit diesen Worten fassen Orlinsky, Grawe und Parks (1994) das Ergebnis zusammen, wonach von 1025 Einzelbefunden mit 18 verschiedenen Operationalisierungen der therapeutischen Beziehung die große Mehrzahl positiv mit dem Behandlungsergebnis in Beziehung stand. Obwohl die zentrale Bedeutung der zwischenmenschlichen Beziehung von Therapeut und Patient für den Therapieerfolg somit als die empirisch bestgestützte Aussage in der Psychotherapieforschung gelten kann, wird das Konzept bisweilen sehr unscharf beziehungsweise ausschließlich im Sinne einer „als zufriedenstellend erlebten Beziehung" aufgefaßt.

Eine von Bordin (1976) vorgeschlagene, genauere Definition besagt, daß die therapeutische Allianz/Arbeitsbeziehung unterschiedliche Bestandteile aufweist, nämlich die konkreten Schritte oder Aufgaben in der Behandlung (*Tasks*), die von den Beteiligten verantwortungsvoll übernommen und akzeptiert werden sollten, die Ziele der Behandlung (*Goals*) in dem Sinne, daß Therapeut und Patient sich darüber im klaren und einig sein sollten, welche Ziele realistischerweise zu erreichen sind, und schließlich die Bindungen (*Bonds*), mit denen alle komplex verwobenen Aspekte der Beziehung zwischen Therapeut und Patient bezeichnet werden. Mittlerweile gibt es weitere Differenzierungen des Konzeptes einer guten therapeutischen Beziehung mit spezifischen Annahmen über die Qualität des affektiven Austausches (z. B. Krause 1998, 1999), die „Zweiseitigkeit" und damit auch die Bedeutung von Beziehungsmerkmalen auf seiten der Therapeuten. Nicht zuletzt durch eine Spezifikation der erwähnten Bindungen (*Bonds*) lockt die Bindungstheorie immer mehr Psychotherapeuten, sich mit ihr zu beschäftigen.

Grundannahmen der Bindungstheorie

Die knappste Formulierung der Grundkonzeption der Bindungstheorie durch Bowlby (1988, übers. v. B.S.) lautet: „Von der Wiege bis zur Bahre fühlen wir uns alle am glücklichsten, wenn unser Leben als eine Reihe von Exkursionen organisiert ist, die kürzer oder länger dauern und von einer sicheren Basis ausgehen, die von unseren Bindungspersonen bereitgestellt wird." Etwas differenzierter lassen sich die Grundannahmen der Theorie folgendermaßen formulieren:

- Die Erfahrung der Präsenz einer primären Bindungsperson schützt vor Angstentwicklung.
- Die Beziehung zur Bindungsperson ist durch Suche nach Nähe gekennzeichnet, die durch Trennung, später auch Bedrohung, Krankheit oder Erschöpfung aktiviert wird. Das Bindungsverhaltenssystem steht in einem Antagonismus zum System des Explorationsverhaltens. Ist das eine System aktiviert, kann das andere nicht gleichzeitig aktiv sein (was für das Verständnis der therapeutischen Beziehung möglicherweise essentiell ist).
- Vertrauen in die Zuverlässigkeit/Verfügbarkeit der Bindungsperson entwickelt sich im Säuglings-, Kindes- und Jugendalter und prägt die Bildung eines inneren Arbeitsmodells (*Inner Working Model*, IWM; dieses Konstrukt spielt heute in fast allen Therapierichtungen – wenn auch

mit anderen Bezeichnungen – eine Rolle). In psychoanalytischen Theorien würde man das IWM als Repräsentanz auffassen, in kognitiven Theorien als Schema, in humanistischen Therapietheorien etwa als Skript oder Konzept; das Konstrukt entspricht im wesentlichen auch Sterns (1994) Modell der „RIGs", also *Representations of Interactions that have been Generalized* (vgl. Abschnitt 3.2.5, S. 132 ff).

- Vielgestaltige Erfahrungen bezüglich der Zuverlässigkeit und Empfänglichkeit der Bindungsperson sind ziemlich genaue Spiegelungen der tatsächlichen Erfahrungen. Die wiederholten realen Erfahrungen formen das – wie Stern (1994) es bezeichnet – „Schema des Miteinanders".

Die Grundannahmen seiner Theorie formulierte Bowlby aus der klinischen Praxis, gestützt auf tierexperimentelle Befunde zum Kontaktverhalten, wie beispielsweise die berühmten Experimente Harry Harlows, und basierend auf der Überlegung, daß die Psychoanalyse der Nachkriegszeit sich zu sehr mit den kindlichen Phantasien und zu wenig mit tatsächlichen Ereignissen, wie beispielsweise Verlusten und Trennungen in Familien, beschäftigte. Durch Untersuchungen über die Folgen mütterlicher Deprivation bei Heimkindern für die Entwicklung der Persönlichkeit und durch das Studium antisozialer Jugendlicher kam Bowlby zu der Auffassung, daß bei Unterbrechungen der Bindungsbeziehung häufig mit psychopathologischen Auffälligkeiten zu rechnen sei. Unter Bezugnahme auf Konzepte und Modelle der Verhaltensforschung, der frühen Systemtheorie und der Psychoanalyse sind diese Beobachtungen in der zwischen 1969 und 1980 von Bowlby verfaßten Trilogie „Bindung" – „Trennung" – „Verlust, Trauer und Depression" niedergelegt.

Bowlby war primär Kliniker und Theoretiker. Es ist seiner Schülerin, der Entwicklungspsychologin Mary Ainsworth zu verdanken, daß die Theorie mittlerweile vielfach und vielfältig empirisch überprüft wurde. Dabei läßt sich die Bindungsforschung letztendlich in zwei, bisher nur partiell miteinander verknüpfte Richtungen differenzieren, nämlich eine auf Kleinkinder sowie deren Interaktion bezogene Forschung und die Erwachsenenbindungsforschung, die für die Praxis der Psychotherapie besonders relevant zu sein scheint.

Zentrale Paradigmen der Bindungsforschung

Das grundlegende Forschungsparadigma der Bindungsforschung bei Kleinkindern ist die sogenannte Fremde Situation (auch Fremde-Situation-Test), die von Ainsworth und Mitarbeitern Ende der 60er Jahre entwickelt wurde. In dieser standardisierten „Versuchsanordnung" werden Mutter und Kind mehrfach getrennt und wiedervereinigt. Die Situation der Trennung soll der Theorie zufolge das Bindungsverhaltenssystem zuungunsten des Explorationsverhaltens beim Kleinkind aktivieren. Wesentliches Ziel der Anordnung ist die Beschreibung des beobachtbaren Verhaltens der Kinder (die in der Regel zwischen 12 und 18 Monate alt sind) in der Situation der Wiedervereinigung. Mary Ainsworth und nach ihr zahlreichen anderen Arbeitsgruppen gelang es, mit Hilfe dieser Versuchsanordnungen vier Muster von Bindungsverhalten zu differenzieren (vgl. Tab. 3-1), nämlich die sichere Bindung, die unsicher vermeidende, die unsicher ambivalente und die unsicher desorganisierte Bindung.

Verbunden mit der Frage nach einer möglichen Entsprechung von Bindungsstilen auf seiten der primären Bezugsperson der Kinder wurde von Mary Main und Mitarbeitern in den 80er Jahren der Versuch unternommen, einen Zugang zu dem von Bowlby als inneres Arbeitsmodell (*Inner Working Model*) bezeichneten Komplex, also den Repräsentanzen der Bindungserfahrungen, zu finden.

Der noch immer als Goldstandard auf diesem Weg geltende Ansatz ist das sogenannte Erwachsenenbindungsinterview (AAI, *Adult Attachment Interview*), ein halbstrukturiertes Interview, in dem die aktuelle Repräsentation von Bindungserfahrungen auf der Basis von Erzählungen der Interviewten erschlossen wird. Bei der Bewertung des Interviews ist weniger der Inhalt der Geschichte relevant als die Art und Weise, wie über Beziehungserfahrungen berichtet wird. Hier wiederum ist das Ausmaß der Kohärenz im linguistischen Sinne von wesentlicher Bedeutung. In Tab. 3-1 sind sehr verkürzt jeweils die Hauptcharakteristika kindlicher Bindungsstile (erhoben in der Fremden Situation) und ihrer Analoga bei Erwachsenen (erfaßt über das AAI) zusammengestellt.

Das Erwachsenenbindungsinterview legt also – wie aus Tab. 3-1 hervorgeht – relativ wenig Wert auf die Einschätzung des tatsächlichen Verhaltens, sondern auf die Organisation von Erinnerungen. Umgekehrt ist aber anzunehmen, daß bindungsbezogenes Verhalten bei ähnlicher Organisation der Arbeitsmodelle verschiedene Ausformungen annehmen kann, wie dies beispielsweise aus der Sicht der interpersonalen Theorie von Benjamin (1996) dargelegt wird. Benjamin geht davon aus, daß die Bildung von Repräsentanzen über „Kopierprozesse" erfolgt, die sich unterschiedlich beschreiben lassen. So kann die Kopie in einer „Übernahme" erlebter Interaktionsformen erfolgen (im Sinne von Identifikation), in einer Wiederholung dieser Formen (Rekapitulation) oder in deren Verinnerlichung (Person X verhält sich der eigenen Person gegenüber so, wie es wichtige Bezugspersonen üblicherweise taten; Introjektion). Es ist somit davon auszugehen, daß das Verhalten Erwachsener kein ausreichender Indikator für die Organisation der inneren Arbeitsmodelle darstellt und daß umgekehrt diese Organisation nur bedingt eine Vorhersage des Bindungs- und Beziehungsverhaltens zuläßt. In Zukunft ist demnach zu überlegen, ob das Paradigma des AAI ausreicht, um Bindungsorganisation bei Erwachsenen, insbesondere in klinischen Gruppen adäquat abzubilden, oder ob nicht andere Methoden, die eine größere Differenzierung vornehmen, das AAI ergänzen sollten. Ein Beispiel hierfür wäre das Erwachsenenbindungs-Prototypen-Rating (EBPR), das ausführlich bei Strauß, Lobo-Drost und Pilkonis (1999) beschrieben ist.

Tab. 3-1 Charakteristika verschiedener Bindungsstile bei Kindern und entsprechende Muster bei Erwachsenen (in Anlehnung an Strauß und Schmidt 1997; Buchheim et al. 1998).

Kind	Erwachsener
sicher • kann positive und negative Gefühle zeigen • durch Trennung gestreßt, zeigt Streß • aktive Begrüßung bei Wiedervereinigung • kann beruhigt werden • wendet sich nach Beruhigung dem Spiel zu	**autonom** • offene, kohärente und konsistente Erzählungen • Fähigkeit zur Reflexion • Integration guter und schlechter Erfahrungen und entsprechender Gefühle • eher positive Sicht des Selbst und anderer • Vertrauen zu Bezugspersonen • Achtung von Bindung
unsicher-vermeidend • umgeht schmerzvolle Zurückweisung durch Vermeidung • zeigt keine offenen Anzeichen von Streß • ignoriert Bindungsperson bei Wiedervereinigung • Aufmerksamkeit stark auf Exploration gerichtet	**unsicher-distanziert** • Angaben sind kurz, inkohärent und unvollständig • manchmal Idealisierung der Kindheit • Erinnerungslücken • Affektarmut, Überregulation des Affekts • bemühen um Unabhängigkeit • negative Sicht anderer • Abwertung von Bindungen
unsicher-ambivalent • zeigt ausgeprägte Affekte, wie Angst und Wut • ist stark gestreßt und schlecht zu beruhigen • Suche nach Kontakt und Nähe bei gleichzeitiger Abwendung von der Bindungsfigur • Aufmerksamkeit stark auf Bindung gerichtet	**verstrickt** • inkonsistente Darstellung von Beziehungserfahrungen (ungeordnet, strukturlos, endlos, irrelevant, verwirrend) • überflutet von Erinnerungen, in problematische Geschichte verstrickt • affektreiche Selbstdarstellung, Unterregulation des Affekts • starke Betonung von Beziehungserfahrungen
desorganisiert • zeigt unvereinbare Verhaltensweisen, Phasen von Starrheit, Angst gegenüber Elternteil • verfügt bei Trennung über keine Verarbeitungsstrategie • kann weder Nähe herstellen noch Ablenkung suchen	**unverarbeitetes Trauma** • Erzählungen von nicht verarbeiteten traumatischen Erlebnissen auf verwirrte und desorganisierte Weise • „Fehler" in Beschreibungen • „Brüche" im Affekt • sprachliche Abweichungen vom Gesamteindruck (Inkohärenzen, fehlerhafte Sprache, gekünsteltes Sprechen, irrationale Zusammenhänge) als Indikatoren für das Eindringen dissoziierter Gedächtnisinhalte

Die Gegenüberstellung kindlicher und erwachsener Bindungsstile ist auch vor dem Hintergrund des Befundes sinnvoll, daß die Bindungsrepräsentanzen Erwachsener (primär der Mütter) in hohem Maße mit den Bindungsstilen der Kleinkinder übereinstimmen. Einer im Jahr 1995 veröffentlichten Meta-Analyse (van Ijzendoorn 1995) zufolge lagen bis dahin 18 Untersuchungen vor, in denen dieser Zusammenhang überprüft wurde. Die Übereinstimmung der Bindungskategorien „sicher" beziehungsweise „unsicher" zwischen Eltern und Kindern lag danach bei ca. 75%. Diese Übereinstimmung wurde auch in prospektiven Untersuchungen etwa von Fonagy et al. (1996) bestätigt, die aufgrund der während der Schwangerschaft erfaßten Bindungsrepräsentation der Mutter mit einer sehr hohen Wahrscheinlichkeit die zukünftige Bindungsqualität des Kindes, wie sie in der fremden Situation im Alter von einem Jahr bestimmt wurde, vorherzusagen vermochten.

Transgenerationale Übertragung von Bindung

Es gibt also so etwas wie eine – im Kindesalter erstaunlich deutliche – transgenerationale Übertragung von Bindung, deren Hintergründe bislang allerdings nur partiell erklärt sind. Diese Übertragung und die Hinweise darauf, daß Aspekte der Interaktion die inneren Arbeitsmodelle maßgeblich und spezifisch formen, stellen einen Befund dar, der für das Verständnis der therapeutischen Interaktion von grundlegender Bedeutung ist. Es ist deshalb wichtig, die Übertragungswege der elterlichen auf die kindlichen Bindungsorganisationen zu erklären, damit daraus klinische Konsequenzen abgeleitet werden können.

Ein wichtiger Faktor, der aber letztlich nur etwa 12% der Gesamtvarianz erklärt, ist die sogenannte Feinfühligkeit der Bezugsperson. Diese Feinfühligkeit wurde lange als die Hauptgrundlage für eine sichere Bindung des Kindes betrachtet. Nach Ainsworth et al. (1978) äußert sich die Feinfühligkeit im wesentlichen in vier Merkmalen:

- der Fähigkeit, die Verhaltensweisen des Säuglings überhaupt wahrzunehmen
- der Fähigkeit, diese richtig aus der Lage des Säuglings zu interpretieren
- der prompten Reaktion, damit es dem Säugling möglich wird, eigenes Verhalten mit den Wirkungen der mütterlichen Reaktion zu verknüpfen und somit ein Gefühl eigener Effektivität zu entwickeln
- der Angemessenheit der Reaktion, also ein entwicklungsgemäßes Eingehen auf das, was der Säugling verlangt

Es liegt nahe, ein Analogon der mütterlichen Feinfühligkeit, eine therapeutische Feinfühligkeit, zu konstruieren, die durch ähnliche Merkmale charakterisiert ist und die – zumindest partiell – auch die Qualität der therapeutischen Allianz und die Möglichkeit der Entwicklung sicherer Anteile innerer Arbeitsmodelle von Bindungen bieten kann. Köhler (1998) sieht dieses Analogon im Konzept der Empathie im Sinne Kohuts. Brisch (1999) argumentiert, daß Feinfühligkeit mehr als Empathie sei, nicht nur eine intrapsychische Funktion, sondern auch bezogen auf die Handlungsebene beziehungsweise Handlungen, die aus einer empathischen Wahrnehmung und Verarbeitung resultieren.

Befunde der Säuglingsforschung und der Psychotherapieforschung legen nahe, daß neben der Empathie eine Reihe spezifischer interaktioneller Merkmale eine „gute" therapeutische Beziehung charakterisieren. Zu erwähnen sind die Befunde der Affektpsychologie (Krause 1998, 1999), nach denen erfolgreiche Therapeutinnen und Therapeuten in der Lage sind, Beziehungsangebote wahrzunehmen, sie innerlich als fremdinduziert zu erkennen und auf diese Angebote – sichtbar über den mimischen Ausdruck – keine „erzwungene" Antwort zu geben, wie dies in weniger erfolgreichen Therapien der Fall ist, wo Therapeutinnen und Therapeuten auf die Beziehungsangebote eher wie empathische Laien reagieren.

„Es sieht so aus, als zeige der Therapeut diejenigen Affekte, die dem Patienten in den erzählten Episoden fehlten und wohl auch durch seine Geschichte abhanden gekommen sind. Das Verstehen wäre solchermaßen an das Wiedererleben der fehlenden Affekte zuerst beim Therapeuten gebunden" (Krause 1998, S. 101). Den Befunden der Arbeitsgruppe um Krause zufolge läßt sich also die Qualität der therapeutischen Beziehung auf einer Verhaltensebene differenzieren. Das Verhalten, der mimisch-affektive Ausdruck, ist dabei mit hoher Wahrscheinlichkeit das Resultat zentraler Steuerungsmechanismen, bei denen die inneren Arbeitsmodelle von Bindung auf seiten der Therapeuten einen möglicherweise wichtigen Einfluß ausüben.

Zu Bindungsstilen und -qualitäten bei Therapeutinnen und Therapeuten liegen bislang noch wenig empirische Studien vor. In einer Arbeit von Dozier et al. (1994) wird beschrieben, daß unsicher gebundene Therapeuten insbesondere anfälliger seien für unreflektierte Gegenübertragungsreaktionen, speziell im Umgang mit Abhängigkeitswünschen. In der Arbeitsgruppe von Pilkonis wurde unter Verwendung des erwähnten Proto-

typen-Ratings von Stuart (unveröffentlicht) konstatiert, daß bindungsunsichere Therapeuten insgesamt gesehen mehr Therapieabbrüche produzierten. Außerdem konnte Stuart zeigen, daß die Patient(inn)en mit der Behandlung durch eher unsicher gebundene Therapeuten deutlich unzufriedener waren.

In eine ähnliche Richtung wie die oben skizzierten affektpsychologischen Befunde weisen Ergebnisse aus der Psychotherapieforschung, die sich auf die Analyse des Interaktionsverhaltens mit der strukturalen Analyse des sozialen Verhalten (SASB) stützen. Zu nennen sind hier beispielhaft die Studien der Arbeitsgruppe um Strupp an der Vanderbilt-Universität (s. z. B. Strupp 2000). Anhand der Daten des sogenannten „Vanderbilt-I-Projektes", in dem die „Effektivität" ausgebildeter Psychotherapeuten mit der von empathischen Laien verglichen wurde, zeigte sich zunächst überraschend kein Unterschied. Dieses globale Ergebnis wurde von Psychotherapiekritikern dankbar aufgenommen, um die Effektivität psychotherapeutischer Maßnahmen grundsätzlich in Frage zu stellen (z. B. Dawes 1994). Nach der Überwindung des ersten Schocks über das Gesamtergebnis gingen die Autoren daran, die untersuchten „Behandlungen" mikroanalytisch zu untersuchen und fanden heraus, daß die guten Therapeuten am besten in der Lage waren, mit negativen Affekten der Patienten umzugehen. Auch professionelle Psychotherapeuten reagierten häufig negativ und antitherapeutisch auf Feindseligkeiten der Patienten, was mit dazu beitragen kann, den Gesamteffekt zu erklären (Strupp 1998).

Die Bedeutung der Metakognition und des reflexiven Selbst

In jüngster Zeit wird die klinische Bindungsforschung bestimmt durch Arbeiten, die sich mit dem Konzept der Metakognition, speziell mit einer Verknüpfung von Bindungsmustern bei Kindern und der Qualität der Metakognition der Mütter, beschäftigen, also mit ihrer Fähigkeit, die repräsentationale Natur des Denkens zu erkennen.

Zu dieser Metakognition sind Kinder zunächst nicht in der Lage; sie können also anfangs nicht differenzieren zwischen realen Erfahrungen und einer Unterscheidung zwischen der Erfahrung und einem dahinterstehenden mentalen Zustand. Es dauert beispielsweise, bis Kinder in der Lage sind, Zurückweisungen nicht auf sich, sondern auf den emotionalen Zustand der Bezugsperson zurückzuführen. Wenn die Kinder diese Fähigkeit erworben haben (was keineswegs unbedingt der Fall sein muß), können sie sich besser vor narzißtischen Kränkungen schützen. Main (1991) nimmt nun an, daß jene psychischen Prozesse, die zu der Einsicht führen, daß die eigene Person und auch andere Personen von mentalen Befindlichkeiten motiviert seien, eine Entwicklungsleistung darstellt, die nur auf der Grundlage einer sicheren Bindungsbeziehung möglich ist.

Von Fonagy (1998) stammt der Versuch, das Konstrukt der Metakognition zu operationalisieren und zu untersuchen, wie die Bindungsfähigkeit von Kindern durch die Metakognition der Bindungsperson beeinflußt wird. Mit der Skala des reflexiven Selbst (RSS, *Reflective Self-Scale*), die im Kontext des Erwachsenenbindungsinterviews benutzt wird, soll das Ausmaß erfaßt werden, inwieweit nicht nur die Repräsentanzen des eigenen Befindens, sondern auch die anderer Personen klar und strukturiert sind. Die Skala erfaßt folgende Kategorien (Fonagy 1998):

- spezielle Erwähnung mentalen Befindens
- Einfühlungsvermögen in die Merkmale mentalen Befindens
- Einfühlungsvermögen in die Komplexität und Unterschiedlichkeit mentalen Befindens
- spezielle Bemühungen, beobachtbares Verhalten mit mentalem Befinden zu verknüpfen
- Anerkennung der Veränderungsmöglichkeit mentalen Befindens und des entsprechenden Verhaltens.

Es gibt mittlerweile eine Reihe empirischer Befunde, die auf Ergebnissen unter Verwendung der RSS basieren. So konnte gezeigt werden, daß Väter und Mütter mit hohen Werten in der Skala, drei bis viermal so häufig sicher gebundene Kinder haben als Eltern mit niedrigen Werten. Eine eingeschränkte Selbstreflexivität findet sich bei Persönlichkeitsstörungen, insbesondere in Verbindung mit antisozialen Zügen und mit Mißbrauchserfahrungen. Die Fähigkeit zur Metakognition scheint also besonders wichtig im Kontext traumatischer Erfahrungen. Fonagy (1998) beschreibt die Ergebnisse einer Studie bei 27 Müttern, die im Laufe ihrer eigenen Entwicklung besonderen Deprivationen und Belastungen ausgesetzt waren. Zehn dieser Mütter hatten hohe Werte in der RSS. Alle Kinder dieser Mütter wurden als sicher gebunden klassifiziert. Von 17 Müttern mit niedrigen Werten in der RSS hatte nur eine einzige ein sicher gebundenes Kind. Die Befunde, die eine Verbindung zwischen dissoziativen Störungen auf Elternseite und desorganisierten Bindungsmustern bei Kindern nahelegen, sprechen ebenfalls für einen Zusammenhang von Bindung und Mentalisierung (z. B. Liotti et al. 1991).

Die bisherigen Ergebnisse legen die Schlußfolgerung nahe, daß „die Fähigkeit der Eltern, Geist und Seele des Kindes wahrzunehmen, das generelle Verständnis des Kindes von Geist und Seele fördert. Die Verfügbarkeit einer reflexiven Bezugsperson erhöht die Wahrscheinlichkeit der sicheren Bindung des Kindes, und die wiederum fördert die Entwicklung einer Theorie des Geistes und der Seele. Metakognitive Steuerung bringt einen Aspekt des transgenerationalen Zyklus zum Abschluß" (Fonagy 1998, S. 365).

Diese Befunde setzen Akzente für das Verständnis der Entwicklung des Selbst und für die Konzeptualisierung der therapeutischen Beziehung. Fonagy (1998) weist darauf hin, daß die traditionelle Psychoanalyse von der Internalisierung des Containing-Objekts ausgehe, „nicht von der Internalisierung des denkenden Selbst im Inneren des Containing-Objekts". Die Bindungsforschung lege nahe, daß das Kind im Verhalten der Mutter nicht nur deren Reflexivität wahrnehme, „auf die

es schließt, um ihr Verhalten begründen zu können", es nehme „zuvor in der Haltung der Mutter ein Bild seiner selbst als mentalisierendes, wünschendes und glaubendes Selbst wahr". ... „Sie denkt mich als denkend, und also existiere ich als denkendes Wesen" (S. 366).

Umsetzung der Bindungstheorie in der Psychotherapie

Das Konzept der Mentalisierung läßt sich als ein Grundkonzept zur Formulierung von Aufgaben der therapeutischen Beziehung verstehen, was im Ansatz bereits Bowlby (1995) vorweggenommen hat. Bowlby selbst hat sich bekanntermaßen sehr wenig zur Umsetzung bindungstheoretischer Konstrukte im psychotherapeutischen Handeln geäußert. In dem Aufsatz „Elternbindung und Persönlichkeitsentwicklung" (deutsch 1995) formulierte Bowlby **fünf Hauptaufgaben** des Psychotherapeuten, mit denen er letztendlich auch die unterschiedlichen Bedürfnisse von Patienten konzeptualisierte, die von ihrer Beeinträchtigung im Hinblick auf Bindungserfahrungen abhängen.

„Der Therapeut muß erstens als sichere Basis fungieren, von der aus der Patient (frühere wie aktuelle) bedrückende und schmerzliche, ihm kognitiv bislang weitgehend unzugängliche Szenen zu hinterfragen vermag, darauf vertrauend, im Therapeuten einen geistig wie seelisch adäquaten Partner gefunden zu haben, der ihn versteht, ermutigt und gelegentlich auch führt.

Zweitens muß der Therapeut den Patienten animieren, darüber nachzudenken, wie er heute seinen wichtigsten Bezugspersonen begegnet, welche Gefühlserwartungen beide hegen, mit welchen unbewußten Vorurteilen er an enge Beziehungen herangeht und wie es ihm ein ums andere Mal gelingt, bestimmte Situationen zum eigenen Nachteil zu gestalten.

Der Patient ist drittens zur Prüfung der therapeutischen Beziehung zu ermuntern, weil dieses besondere Verhältnis all seine von den Selbst- und Elternrepräsentanzen geprägten Wahrnehmungen, Annahmen und Erwartungen widerspiegelt.

Die vierte Aufgabe besteht in der behutsamen Aufforderung, der Patient möge seine aktuellen Wahrnehmungen, Erwartungen, Gefühle und Handlungen mit den ihm aus der Kindheit und Jugend erinnerlichen Erlebnissen bzw. Situationen vergleichen. Bei diesem ebenso schmerzlichen wie schwierigen Prozeß muß der Patient in bezug auf die Eltern immer wieder ihm bislang unvorstellbare, ungebührliche Gedanken und Gefühle zulassen dürfen, die ihn womöglich ängstigen, erschrecken, befremden etc. und unerwartet stark agieren lassen.

Dem Patienten ist als fünfte Aufgabe die Einsicht zu erleichtern, daß seine den eigenen bitteren Erfahrungen oder den fortgesetzten elterlichen Verzerrungen entstammenden Selbst- und Objektrepräsentanzen vielleicht überholt sind oder von vornherein unzutreffend waren. Hat der Patient Struktur und Entstehungsgeschichte dieser ‚Leitrepräsentanzen' nachvollzogen, so wird ihm deutlich, welche Gefühle, Gedanken und

Handlungen sein heutiges Welt- und Selbstbild geformt haben" (Bowlby 1995, S. 130).

Diesem Schema zufolge geht es in der Therapie primär um Vertrauensbildung, die gewissermaßen die Basis für eine Exploration von Beziehungen und damit für eine Erkundung der Wirklichkeit darstellt. Die Vertrauensbildung kommt vor der Realitätsprüfung, vor der Übertragungsanalyse, vor der gezielten Entwicklung selbstreflexiver Fähigkeiten und schließlich vor konkreten Verhaltensänderungen. Je nachdem, wie sehr Patientinnen und Patienten in ihrer Bindungsfähigkeit und -sicherheit beeinträchtigt sind, wären demzufolge psychotherapeutische Maßnahmen zu indizieren, die auf die genannten Schwerpunkte fokussieren. Ohne daß dies bereits empirisch überprüft wäre, könnte man vermuten, daß unsicher vermeidend gebundene Personen insbesondere von Interventionen profitieren, die ihnen die Erfahrung ermöglichen, daß Unterstützung, Interesse und Hilfe auf angemessene Art und Weise angeboten wird und die ihnen ein Interesse an ihrer Person vermitteln. Besonders hilfreich für distanzierte Personen sollten außerdem Interventionen sein, die darauf abzielen, Emotionalität zu aktivieren und emotionale Inhalte zum Ausdruck zu bringen. Holmes (1996) sprach davon, daß es bei diesen Patienten besonders wichtig sei, psychologische Erfahrungen, Intimität und Sicherheit zu „importieren" und dadurch Wege zu den affektiven Erfahrungen und Erinnerungen des Patienten zu finden.

Demgegenüber müßten für verstrickte Personen Strategien gefunden werden, die in erster Linie strukturieren, wobei sich die Strukturierung sowohl auf Erinnerungen als auch affektive Zustände beziehen muß. Holmes (1998) ist der Auffassung, daß es bei diesen Patienten primär darum ginge, Wege zu finden, die Konfusion und die Unsicherheiten in den Griff zu bekommen, die mit überwältigenden Gefühlen verbunden sind.

Psychotherapierelevante Befunde der klinischen Bindungsforschung

Wie bereits erwähnt, liegen mittlerweile eine ganze Reihe klinisch relevanter Befunde aus der empirischen Erwachsenenbindungsforschung vor, die auch für Überlegungen zur Psychotherapie, speziell zur Therapieindikation, genutzt werden können (vgl. auch Buchheim et al. 1998; Strauß und Schmidt 1997). Im folgenden sollen einige Befunde zusammengefaßt werden, wobei differenziert wird nach Studien unterschiedlicher diagnostischer Gruppen, Untersuchungen zur prognostischen Bedeutung von Bindungscharakteristika für den Therapieerfolg sowie Studien zur Beschreibung von Merkmalen unterschiedlich gebundener Patientinnen und Patienten.

Bindungsmuster und diagnostische Gruppen

In einer geradezu enzyklopädischen Zusammenstellung haben Dozier et al. (1999) den Stand der Studien zusammengefaßt, die sich mit Verteilungen unterschiedlicher Bindungsstile in verschiedenen diagnostischen Gruppen beschäftigen. Abbildung 3-1a zeigt die Verteilung von AAI-Klassifikationen in unterschiedlichen klinischen Stichproben. Aus dieser Abbildung geht hervor, daß der Anteil autonom gebundener Perso-

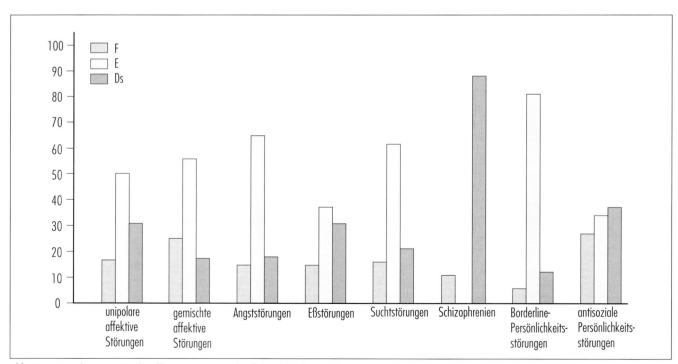

Abb. 3-1a Verteilung von AAI-Klassifikationen in unterschiedlichen klinischen Stichproben, Angaben in Prozent (nach Dozier et al. 1999). F = autonom gebundene Personen, E = verstrickt gebundene Personen, Ds = abweisend gebundene Personen.

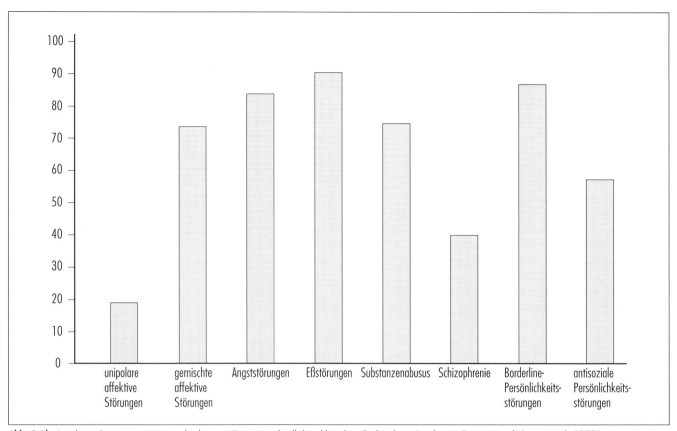

Abb. 3-1b Anteil von Personen mit „unresolved trauma" in unterschiedlichen klinischen Stichproben, Angaben in Prozent (nach Dozier et al. 1999).

nen (F) in den meisten Gruppen – erwartungsgemäß – relativ gering ist. Verstrickt gebundene Personen (E) stellen in den meisten Gruppen den größten Anteil dar. Ausnahmen bilden vornehmlich die Patienten mit schizophrenen Störungen und Patienten mit antisozialen Persönlichkeitsstörungen (Ds = dismissing bzw. abweisend).

Ähnlich unspezifisch im Hinblick auf die Diagnose sind die Anteile der Personen, bei denen im AAI Hinweise auf ungelöste Traumata feststellbar waren (vgl. Abb. 3-1b). Mit Ausnahme von Patienten mit unipolar affektiven Störungen und Schizophrenen sind derartige Hinweise in den bei Dozier et al. zusammengefaßten Gruppen jeweils bei mehr als 50 Prozent der Patienten diagnostizierbar.

Trotz dieser scheinbaren Unspezifität sind die vorliegenden Untersuchungen zur desorganisierten Bindung wahrscheinlich diejenigen, die bis jetzt von größter klinischer Relevanz sind. Desorganisierte Bindung in der Kindheit steht offensichtlich im Zusammenhang mit kontrollierenden Verhaltensweisen gegenüber den Bezugspersonen, aggressiven und ängstlich getönten Beziehungen zu Gleichaltrigen, Problemen mit Internalisierung und Externalisierung im Vorschul- und Grundschulalter und mit dissoziativen Symptomen und Psychopathologie im Jugendalter. Umgekehrt sind die Befunde zum Zusammenhang zwischen desorganisierter Bindung von Kindern und dissoziativen Symptomen bei deren pri-

mären Bezugsperson mittlerweile derart überzeugend, daß sie tatsächlich eine plausible Verbindung zwischen entwicklungspsychologischen Phänomenen und der Entstehung von Psychopathologie sichtbar machen (s. beispielsweise die Übersicht von Lyons-Ruth und Jacobvitz 1999).

Pilkonis (1998) untersuchte auf der Basis des oben erwähnten Prototypen-Ratings Patienten mit unterschiedlichen Persönlichkeitsstörungen. Abbildung 3-2 gibt wieder, daß sich unterschiedliche Subgruppen von Persönlichkeitsstörungen, wie sie im DSM-IV differenziert werden, in gewisser Hinsicht voneinander unterscheiden. Der Differenzierungsgrad ist aber sicher auch hier noch nicht ausreichend, um klinische Konsequenzen daraus abzuleiten.

Untersuchungen zur prognostischen Bedeutung für den Therapieerfolg

Studien, die Aussagen darüber machen, ob bestimmte Bindungscharakteristika als Ausgangsmerkmale von Patienten den Behandlungserfolg vorhersagen, sind bisher noch rar. Die bislang wahrscheinlich ausführlichste Untersuchung stammt von Fonagy et al. (1996) und kommt zu dem Ergebnis, daß vermeidend gebundene Patienten den günstigeren Behandlungserfolg aufweisen. Horowitz et al. (1996) dagegen berichten, daß vermeidend gebundene Patientinnen und Patienten

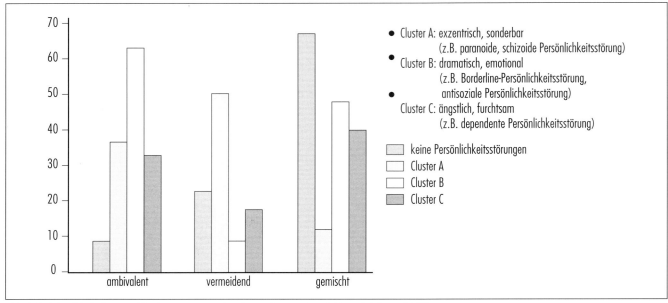

Abb. 3-2 Achse-II-Pathologie und Bindungsstrategien, Angaben in Prozent (n = 148; nach Pilkonis 1998).

zumindest in Kurzzeitpsychotherapien ungünstigere Behandlungserfolge erzielen.

Mittlerweile liegen – allerdings noch auf kleine Stichproben bezogen – einige Studien vor, die die prädiktive Bedeutung von Merkmalen untersuchen, wie sie mit dem Erwachsenen-Bindungsprototypen-Rating erfaßt werden. In Studien von Strauß et al. (1999) und Mosheim et al. (2000) zeigte sich dabei, daß das Ausmaß an Bindungssicherheit, wie es mit der Methode bewertet wird – unabhängig von der Diagnose –, ein guter Prädiktor für den Behandlungserfolg in stationären Psychotherapien war. Spezifische Bindungsmuster konnten aber nicht auf den Therapieerfolg bezogen werden; dies mag daran liegen, daß die Zellbesetzungen in den Studien diesbezüglich noch zu gering waren.

Attribute von Patienten mit unterschiedlichen Bindungsstilen

Slade (1999) faßt Untersuchungen zusammen, die sich auf spezifische Eigenschaften von verstrickten beziehungsweise abweisenden Patienten beziehen, die für die Therapieindikation und den Therapieprozeß von Relevanz sein könnten. Abweisende Patienten zum Beispiel werden als kühl, entfernt, scheinbar „pflegeleicht" und freundlich beschrieben, sie erweisen sich als relativ resistent gegenüber der Behandlung, verleugnen ihre Hilfsbedürfnisse oder weisen Hilfe zurück und zeichnen sich dadurch aus, daß sie die Aufmerksamkeit von emotionalen Themen ablenken. Im Gegensatz dazu maximieren verstrickte Patienten ihren Ausdruck von Bedürfnissen und wirken abhängig und fordernd. Sie stellen häufig die Rahmenbedingungen der Therapie in Frage und sorgen dafür, daß der Therapeut involviert bleibt. Sie provozieren Feindseligkeit und können es nicht ertragen, allein zu sein.

Beiträge der Bindungsforschung zu einer Verbesserung der Indikationsstellung

Beginnt man mit der Antwort auf diese Frage nach der Bedeutung von Bindung für die Therapieindikation auf seiten der Therapeuten und Therapeutinnen, so lassen sich einige grundlegende Befunde der entwicklungspsychologischen Bindungsforschung auf die therapeutische Situation übertragen. So wissen wir beispielsweise, daß die primäre Bindungsperson dem Kind gegenüber nach Möglichkeit vorhersagbar, angemessen und einfühlsam reagieren sollte, um die Voraussetzungen für die Entwicklung einer sicheren Bindung zu gewährleisten. Dies ist bestimmt ein gutes Modell für die Entwicklung einer positiven therapeutischen Beziehung. Das Konzept der mütterlichen Feinfühligkeit im Sinne von Ainsworth (1991) dürfte somit als Modell für eine günstige Ausgangsbedingung von Psychotherapie nützlich sein. Schließlich – und hier handelt es sich um ein wesentliches Konzept der aktuellen Bindungsforschung – zählt zu den grundlegenden Zielen einer therapeutischen Arbeitsbeziehung wohl auch die Entwicklung von reflexiven Funktionen, also die Entwicklung grundlegender zwischenmenschlicher Fähigkeiten, über die jemand sich und andere als denkend und fühlend realisiert, die Reaktionen anderer antizipiert, in der Lage ist, innere Zustände mit äußeren Handlungen zu verknüpfen usw. Die Forschungen der Arbeitsgruppe um Fonagy und Target (1997) beziehungsweise um Fonagy (1998) könnten langfristig sowohl geeignet sein, die Spezifika des psychotherapeutischen Prozesses, insbesondere des gelungenen therapeutischen Prozesses deutlicher zu machen, als auch diagnostische Hinweise liefern, die für die Indikation bestimmter therapeutischer Techniken relevant sind. Somit können die Merkmale in einer guten Mutter-Kind-Beziehung auch in ihrem dynamisch-zeitlichen Verlauf ein plausibles Modell für die Gestaltung von Psychotherapien und damit für die Therapieindikation darstellen.

Da, wo es darum geht, Verhaltensdefizite auszugleichen, sollte man sich das Modell der Bindungsforschung vergegenwärtigen, wonach das Bindungsverhaltenssystem quasi antagonistisch zum Explorationsverhaltenssystem funktioniert. Vor diesem Hintergrund beispielsweise könnte man die Erfolge verhaltenstherapeutischer Interventionen erklären, die darauf abzielen, neue Verhaltensweisen zu erkunden und zu explorieren, wie dies zum Beispiel in der Expositionsbehandlung von Angststörungen der Fall ist. Der Erfolg dieser Strategien mag darauf zurückführbar sein, daß zumindest bis zu einem bestimmten Punkt neue Verhaltensweisen in Gegenwart des Therapeuten – sprich: der in diesem Kontext wichtigen Bindungsperson – erprobt werden, im Falle von aufkommender Angst also immer der Kontakt zur sicheren Basis herstellbar ist, um dann neue explorative Schritte zu wagen.

Nach einem Modell der prognostischen Indikation, wie es in der Psychotherapie noch immer üblich ist und das darauf abzielt, Patienten jenen Behandlungsmaßnahmen zuzuführen, von denen sie vermeintlich am meisten profitieren, würde man auf der Basis der bisherigen Befunde vermuten, daß Patienten und Patientinnen, die über eine gewisse Bindungssicherheit verfügen, am ehesten von psychotherapeutischen Maßnahmen profitieren. Dies zeigte sich – wie erwähnt – bereits in einigen Untersuchungen. Es kann aber nicht das primäre Ziel sein. Indikationsstellung sollte sowohl prognostische als auch adaptive Kriterien berücksichtigen, also auch Überlegungen darüber anstellen, mit welchen Techniken und Interventionen spezifisch beeinträchtigten Patientinnen und Patienten zu welchem Zeitpunkt besser geholfen werden kann. Hierfür könnte die Bindungsforschung in Zukunft einige wichtige Hinweise liefern.

Literatur

Ainsworth M, Blehar M, Waters E, Wall S. Patterns of attachment. Hillsdale NJ: Erlbaum 1998.

Ainsworth MDS. Attachment and other affectional bonds across the life cycle. In: Attachment across the life cycle. Parkes CM, Stephenson-Hinde J, Marris P (eds). London, New York: Tavistock/Routledge 1991; 33–51.

Benjamin LS. Interpersonal diagnosis and treatment of personality disorders. 2nd ed. New York: Guilford 1998.

Bordin ES. The generalizability of the psychoanalytic concept of the working alliance. Psychother Theory Res Pract 1976; 16: 252–60.

Bowlby J. Bindung. München: Kindler 1975.

Bowlby J. Trennung. München: Kindler 1976.

Bowlby J. Verlust. Frankfurt: Fischer 1983.

Bowlby J. A secure base. London: Basic Books 1988.

Bowlby J. Elternbindung und Persönlichkeitsentwicklung. Therapeutische Aspekte der Bindungstheorie. Heidelberg: Dexter Verlag 1995.

Brisch K. Bindungsstörungen. Stuttgart: Klett-Cotta 1999.

Buchheim A, Brisch K, Kächele H. Einführung in die Bindungstheorie. Psychoth Psychosom Med Psychol 1998; 48: 128–38.

Cassidy J, Shaver PR. Handbook of attachment. New York: Guilford 1999.

Dawes RM. House of cards – psychology and psychotherapy built on myth. New York: The Free Press 1994.

Dozier M, Kelly LC, Barnett L. Clinicians as caregivers: role of attachment organization in treatment. J Consulting Clinic Psychol 1994; 62: 793–800.

Dozier M, Stovall KC, Albus KE. Attachment and psychopathology in adulthood. In: Handbook of attachment. Cassidy J, Shaver PR (eds). New York: Guilford Press 1999; 497–519.

Fonagy P. Metakognition und Bindungsfähigkeit des Kindes. Psyche 1998; 52: 331–68.

Fonagy P, Target M. Attachment and reflective function. Dev Psychopathol 1997; 9: 679–700.

Fonagy P, Leigh T, Steele M, Steele H, Kennedy R, Mattoon G, Target M, Gerber A. The relation of attachment status, psychiatric classification, and response to psychotherapy. J Consult Clinic Psychol 1996; 64: 22–31.

Heigl-Evers A, Ott J. Die psychoanalytisch-interaktionelle Methode. Göttingen: Vandenhoek & Rupprecht 1994.

Holmes J. Attachment, intimacy and autonomy. New York: Aronson 1996.

Holmes J. Defensive and creative use of narratives in psychotherapy. In: Narrative in psychotherapy and psychiatry. Roberts G, Holmes J (eds). Oxford: Oxford University Press 1998; 231–48.

Horowitz LM, Rosenberg SE, Bartholomew K. Interpersonal problems, attachment styles, and outcome in brief dynamic psychotherapy. J Consult Clin Psychol 1996; 61: 549–60.

Köhler L. Anwendung der Bindungstheorie in der psychoanalytischen Praxis. Psyche 1998; 52: 369–82.

Krause R. Allgemeine psychoanalytische Krankheitslehre I. Stuttgart: Kohlhammer 1998.

Krause R. Allgemeine psychoanalytische Krankheitslehre II. Stuttgart: Kohlhammer 1999.

Liotti G, Intreccialagli B, Cecere F. Esperienza di lutto nella madre e facilitazione dello sviluppo di disturbi dossiociativi nella prole. Rivist Psychiat 1991; 26: 283–91.

Lyons-Ruth, K., Jacobvitz, D. Attachment disorganization: unresolved loss, relational violence, and lapses in behavioral and attentional strategies. In: Handbook of attachment. Cassidy J, Shaver PR (eds). New York: Guilford Press 1999; 520–54.

Main M. Metacognitive knowledge, metacognitive monitoring, and singular vs. multiple models of attachment. In: Attachment across the life cycle. Harris P, Stevenson-Hinde J, Parkes C (eds). New York: Routledge 1991; 127–59.

Main M, Goldwyn R. Adult attachment classification and rating system. Unveröffentl. Manuskripte. Berkeley: University of California 1985–1996.

Mosheim R, Zachhuber U, Scharf L, Hofmann A, Kemmler G, Kinzl J, Biebl W, Richter R. Bindungsqualität und interpersonale Probleme von Patienten als mögliche Einflußfaktoren auf das Ergebnis stationärer Psychotherapie. Psychotherapeut 2000; 45: 223–9.

Orlinsky D, Grawe K, Parks B. Process and outcome of psychotherapy – noch einmal. In: Handbook of psychotherapy and behavior change. 4. ed. S Garfield, AE Bergin (eds). New York: Wiley 1994; 270–376.

Pilkonis, P. Attachment characteristics and personality disorders. Vortrag gehalten auf dem Annual Meeting of the Society for Psychotherapy Research. Snowbird UT 1998.

Slade A. Attachment theory and research. Implications for the theory and practice of individual psychotherapy with adults. In: Handbook of attachment. Cassidy J, Shaver PR (eds). New York: Guilford Press 1999; 575–94.

Stern D. Die Lebenserfahrung des Säuglings. Stuttgart: Klett-Cotta 1994.

Strauß B, Schmidt S. Die Bindungstheorie und ihre Relevanz für die Psychotherapie. Teil 2. Psychotherapeut 1997; 42: 1–16.

Strauß B, Lobo-Drost A, Pilkonis PA. Einschätzung von Bindungsstilen bei Erwachsenen. Z Klein Psychol Psychiat Psychother 1999; 47: 347–64.

Strupp HH. The Vanderbilt I study revisited. Psychother Res 1998; 8: 17–29.

Strupp HH. Psychodynamische Psychotherapie und deren Zukunft. Psychotherapeut 2000; 45: 1–9.

Stuart S, Pilkonis PA, Heape C, Smith K, Fisher B. The patient-therapist match in psychotherapy: effects of security of attachment and personality style. Unveröff. Manuskript. Pittsburgh: Department of Psychiatry, University of Pittsburgh.

Van Iijzendoorn MH. Adult attachment representations, parental responsiveness, and infant attachment: a meta-analysis on the predictive validity of the AAI. Psychol Bull 1995; 117: 387–403.

4
Diagnostik

4.1
Zielsetzung

Wolfgang Schneider

Definition

Der Begriff der **Diagnose** wird aus dem griechischen Terminus „diagnosis" hergeleitet. Darunter wird die unterscheidende Erkennung, Benennung und Beurteilung von Krankheitsbildern (Kendell 1978) verstanden.

Dilling (1993) formuliert, daß eine Diagnose als eine „Kurzformel eines sonst vielleicht umständlich zu beschreibenden Krankheitsbildes verstanden" werden kann und Diagnostik als „Erkenntnisprozeß, der zur Feststellung und Benennung der betreffenden Krankheit" zu verstehen ist.

Diese enge Orientierung des traditionellen medizinischen Diagnostikkonzeptes am Krankheits- oder Störungsbegriff wird zum Beispiel in der wissenschaftlichen Psychologie nicht geteilt. Hier wird insbesondere der **methodische Gesichtspunkt** des diagnostischen Prozesses fokussiert. Psychologische Diagnostik als wissenschaftliche Disziplin will Methoden zur Herausarbeitung von psychologisch relevanten Merkmalen oder Sachverhalten entwickeln und Regeln zur diagnostischen Integration und Bewertung unterschiedlicher diagnostischer Daten zur Verfügung stellen (s. auch Jäger und Kaiser 1987). **Gegenstand** von **diagnostischen Prozessen** können dann sehr unterschiedliche Merkmalsbereiche sein, wie zum Beispiel:
- die Intelligenz
- das Entwicklungsniveau von Kindern oder Jugendlichen
- die Schulfähigkeit von Kindern etc.

Ein wichtiges Augenmerk der psychologischen Diagnostik wird auf die **Entwicklung** von **diagnostischen Instrumenten** (Testverfahren, s. auch Kap. 4.6, S. 194 ff) und **methodologischen Standards** (welchen Kriterien müssen diese Testverfahren genügen?) gelegt. Diagnostik kann sich dabei sowohl auf den einzelnen als Merkmalsträger beziehen als auch Gruppen von Individuen, Institutionen oder Situationen untersuchen.

Wie wir im folgenden sehen werden, ist jedoch auch für die Medizin und insbesondere für die Psychosomatik und Psychotherapeutische Medizin nicht nur das Pathologische Gegenstand der Diagnostik.

4.1.1
Diagnostische Zielsetzung

Welche Art von diagnostischen Merkmalsbereichen und diagnostischen Methoden für den Bereich der Psychosomatik und

Tab. 4-1 Zielsetzung und Funktion von Diagnostik.

Diagnostik kann grundsätzlich die Zielsetzung/Funktion haben:
- Deskription von Merkmalen
- Klassifikation von Merkmalen
- Erklärung von Problemstellungen
- Bereitstellung von therapeutischen Handlungsanleitungen
- Evaluation von medizinisch/psychotherapeutischen Behandlungsansätzen

der Psychotherapeutischen Medizin von Bedeutung sind, hängt von der Zielsetzung der Diagnostik ab. Grundsätzlich kann Diagnostik in diesem Feld wie auch in der klinischen Psychologie unterschiedliche Ziele oder Funktionen aufweisen (s. auch Perrez 1985), von denen die wichtigsten in Tab. 4-1 aufgeführt sind. Die dort aufgeführten unterschiedlichen Ziele von Diagnostik sollen knapp inhaltlich dargelegt werden.

Deskription von Merkmalen

Bei der Deskription von Merkmalen ist das Ziel die möglichst genaue Beschreibung der psychopathologischen oder somatischen Symptome sowie ihrer Ausprägung (Schweregrad) und Verlaufscharakteristika. Der Fokus wird bei der deskriptiven Diagnostik auf beobachtbare Phänomene des Verhaltens oder Erlebens oder physiologische Parameter gelegt. Auf der Grundlage deskriptiver diagnostischer Daten wird dann versucht, diese nach einem spezifischen Ordnungsprinzip zusammenzufassen.

Klassifikation von Merkmalen

In der Psychiatrie haben Ansätze der diagnostischen Klassifikation eine lange Tradition. In Anlehnung an die Systematik der Krankheiten durch Carl von Linné (1742) hat erstmals William Cullen (1778–1785) eine Systematik der Geisteskrankheiten und später Heinroth (1818) in Leipzig ein System psychiatrischer Krankheiten entwickelt, das sich in Klassen, Ordnungen, Gattungen etc. untergliederte (Dilling 1993). Bei einem klassifikatorischen Vorgehen werden Gruppen von Individuen oder Merkmalen auf der Grundlage explizierter Kriterien in **Klassen** eingeteilt. In einer gemeinsamen Klasse sind Individuen oder Merkmale eingeordnet, die bezogen auf die diagnostischen Kriterien ähnlich sind oder übereinstimmen. Diese Ansätze zielen im Sinne eines nomothetischen Wissenschaftsvorgehens auf die Herausarbeitung von überindividuellen Gesetzmäßigkeiten und allgemeingültigen Aussagen ab (Helmchen und Rüger 1980). Im Abschnitt 4.7 auf S. 206ff wird noch vertiefend auf Modelle der diagnostischen Klassifikation eingegangen.

Erklärung von Problemstellungen

Soll Diagnostik eine erklärende Funktion haben, so fällt ihr in der somatischen Medizin, aber auch im klinischen Alltag der Psychiatrie wie der Psychotherapie die Aufgabe zu, das Zustandekommen einer bestimmten Symptomkonstellation zu erklären. Die Ursache der Krankheit soll diagnostisch abgeklärt werden. Oft ist eine eindeutige **Ursachenzuschreibung** sowohl in der Organmedizin als auch in der Psychiatrie, Psychosomatik und Psychotherapie nicht oder nur eingeschränkt möglich. Die Aussagen über etwaige kausal wirkende Faktoren bei psychischen Krankheiten haben in der Regel einen hypothetischen Charakter und leiten sich aus mehr oder weniger spezifizierten Krankheitstheorien ab. Beispiele dafür sind die Konzepte der „endogenen Psychose" oder das Neurosenkonzept auf dem Hintergrund der psychoanalytischen Krankheits- und Persönlichkeitspsychologie.

In der Psychiatrie, aber auch in der Verhaltenstherapie ist die ätiologisch orientierte Konzeptualisierung von Krankheiten als einheitliche Entitäten mit einer gemeinsamen Ursache, Symptomatik, Verlauf und Behandlung kritisiert worden. Entsprechend wird – zumindest vordergründig – der **Verzicht auf die erklärende Funktion** von Diagnostik zu einem relevanten konzeptionellen Pfeiler der modernen operationalisierten psychiatrischen Diagnosesysteme wie zum Beispiel der ICD-10 oder des DSM-III-R oder DSM-IV. In Abschnitt 4.7 auf S. 206ff werden die konzeptionellen Voraussetzungen dieser Diagnosenmodelle dargelegt und kritisch diskutiert.

In der **verhaltenstherapeutischen Diagnostik** wird ein erklärendes diagnostisches Vorgehen zum Beispiel bei der Analyse der das Problemverhalten „aufrechterhaltenden Bedingungen" angestrebt. Diese aufrechterhaltenden Bedingungen werden auf dem Hintergrund von experimentellen Befunden der Lerntheorie oder der kognitiven Verhaltenstherapie herausgearbeitet (s. z. B. Schulte 1993). **Psychoanalytische** oder **psychodynamisch orientierte Diagnostik** will in der Regel auf der Grundlage der psychoanalytischen Persönlichkeits- und Krankheitstheorie erklären. Weiter unten wird eingehender auf das diagnostische Verständnis der psychoanalytischen Psychotherapie eingegangen.

Inwieweit Diagnostik in der Psychotherapeutischen Medizin und Psychosomatik, aber auch der Psychiatrie und klinischen Psychologie ihrem Ziel der Erklärung gerecht werden kann, ist vielfach umstritten (z. B. Baumann 1990).

Bereitstellung von therapeutischen Handlungsanleitungen

Ein zentrales Ziel der Diagnostik im klinischen Bereich ist natürlich die Herausarbeitung von Handlungsanleitungen. Aufgrund der diagnostischen Urteilsbildungen wollen wir im klinischen Bereich zu differentiellen Indikationsaussagen kommen. Das heißt, die Diagnose soll uns einen Hinweis über das zur Behandlung geeignete medizinische oder psychotherapeutische Verfahren geben. Dabei orientiert sich der diagnostizierende Arzt oder Psychotherapeut in der Regel an **prognostischen Vorstellungen**; das heißt, er hat ein mehr oder weniger explizites Konzept darüber, wie die Prognose oder der Verlauf der vorliegenden Erkrankung unter dieser oder jener Behandlung sein wird. So kann zum Beispiel die Diagnose eines bestimmten Karzinoms mit Lymphknotenbefall und Metastasenbildung eine kombinierte Therapie aus chirurgischem Eingriff, Bestrahlung und Chemotherapie notwendig machen. Es ist jedoch hinlänglich bekannt, daß die Indikationsstellung in der organischen Medizin nicht nur von der somatischen Problemstellung abhängt, sondern daß je nach Art der Erkrankung psychosoziale Aspekte des Patienten und unter Umständen seines Umfeldes die Indikationsentscheidung beeinflussen. So können das Alter, die Motivation und Compliance (Basler 1990) sowie die psychische Belastbarkeit des Patienten einen Einfluß die Indikationsentscheidung ausüben (Beutel 1988).

In der **Psychotherapie/Psychosomatik** sind die diagnostischen Kriterien für die **Indikationsstellung** vielleicht noch vielgestaltiger und komplexer. Neben der Ebene der Symptomatik haben Aspekte der Persönlichkeitsentwicklung, der Krankheitsverarbeitung und psychosoziale Umfeldvariablen einen Einfluß auf die Indikationsstellung zur Psychotherapie. Dies gilt sowohl für die prinzipielle Frage, inwieweit eine Psychotherapie überhaupt indiziert ist, als auch für die differentielle Indikationsstellung für eine bestimmte psychotherapeutische Methode (s. auch Schneider 1990). Weiter unten (Abschnitt 4.1.2 u. 6.2.1) wird die Frage der relevanten diagnostischen Ebenen für die psychodynamisch orientierte Diagnostik vertiefend diskutiert.

Evaluation von medizinisch/ psychotherapeutischen Handlungsansätzen

Eine wichtige Aufgabe hat die Diagnostik bei der wissenschaftlichen Evaluation von Behandlungsansätzen, bei der es um den **Nachweis** der **Wirksamkeit** einer Behandlungsmethode bei einem bestimmten Patienten oder bei Patienten mit bestimmten Problemkonstellationen oder Krankheiten geht.

Natürlich hat Diagnostik nicht nur bei der Therapieergebnisforschung eine wichtige Funktion, sondern auch bei der **Erforschung** von **therapeutischen Wirkvariablen**, die aktuell in der Psychotherapieforschung eine große Rolle spielen. Epidemiologische Studien sind besonders auf die Verfügbarkeit geeigneter und praktikabler diagnostischer Klassifikationssysteme angewiesen. Vor allem im Forschungskontext zeigt sich, daß eine Vereinheitlichung der Diagnostik eine essentielle Voraussetzung dafür ist, daß Ergebnisse unterschiedlicher Studien miteinander verglichen werden können und so verallgemeinerte Aussagen möglich werden. Akzentuiert formuliert läßt sich sagen, daß eine Vereinheitlichung der Diagnostik die Voraussetzung darstellt, daß Forscher, aber auch Kliniker untereinander kommunizieren können. Lairaiter (2000) weist auf die besondere Funktion der Diagnostik bei der Qualitätssicherung hin und diskutiert, welchen inhaltlichen und methodischen Standards diese entsprechen sollte.

4.1.2
Relevante diagnostische Merkmalsbereiche für die Psychotherapie und Psychosomatik

Nachdem die möglichen diagnostischen Ziele charakterisiert worden sind, soll im folgenden der Frage nachgegangen werden, welche diagnostischen Gegenstandsbereiche in der Psychotherapie und Psychosomatik relevant sind.

Eine traditionelle Gegenüberstellung schreibt der psychoanalytischen Diagnostik ein **konfliktorientiertes** und der Verhaltenstherapie oder der klassischen psychiatrischen Diagnostik ein **symptomorientiertes** Vorgehen zu.

Wir wollen das diagnostische Verständnis der psychoanalytisch und der verhaltenstherapeutisch orientierten Diagnostik skizzieren, um zu prüfen, inwieweit diese Polarisierung die aktuelle Realität widerspiegelt.

Auf dem Hintergrund des psychoanalytischen Krankheits- und Behandlungsmodells soll Diagnostik die Aufgabe erfüllen, neben der symptomatischen Ebene auch relevante Persönlichkeitscharakteristika des Patienten, wichtige psychodynamische Faktoren und Aspekte der Krankheitsverarbeitung herauszuarbeiten, um so zu einer differentiellen Indikationsstellung zu gelangen. Es sind also mehrere diagnostische Dimensionen von Relevanz.

Schneider und Hoffmann (1992) haben die in Tab. 4-2 aufgeführten **Merkmalsbereiche** für die **psychodynamische Diagnostik** von Neurosen, Persönlichkeitsstörungen und psychosomatischen Erkrankungen zusammengestellt. Ein besonderes Problem stellt die **Diagnostik** der **Wechselwirkung psychischer, sozialer** und **somatischer** Faktoren dar. Hier existieren idealtypische Modellvorstellungen über etwaige Interaktionen, die vor dem Hintergrund psychoanalytischer Theorie eine hohe Evidenz aufweisen, jedoch nur schwer empirisch zu sichern sind. Danach können **psychosoziale Faktoren** bei der psycho-(bio-)sozialen Interaktion folgende **Wirkungen** haben:

- **Kausale Wirkungen**, z. B. bei den Neurosen, Persönlichkeitsstörungen oder den funktionellen Störungen (Somatisierungsstörungen nach DSM-III-R, DSM-IV oder ICD-10). Bei den klassischen psychosomatischen Erkrankungen wird angenommen, daß sich infolge kausal wirkender psychischer Faktoren auf der Grundlage lang anhaltender oder wiederholt auftretender affektiver Spannungszustän-

Tab. 4-2 Merkmalsbereiche psychodynamischer Diagnostik.

Psychodynamische Diagnostik umfaßt:

- die **Bestandsaufnahme** der unterschiedlichen **psychopathologischen** und **somatischen Symptome** in ihrem Verlauf und Schweregrad.

- die **Herausarbeitung** etwaiger **psychodynamischer Faktoren**, die für die Ätiologie und den Verlauf der Störung von Bedeutung sein können. Diese können z. B. Konflikte oder psychosoziale Traumatisierungen (z. B. frühkindliche Vernachlässigung, sexueller Mißbrauch etc.) sein. Daneben ist die Suche nach Auslösern für das manifeste symptomatische Krankheitsgeschehen von Interesse. Die Achsen II (Beziehung) und III (Konflikt) der Operationalisierten Psychodynamischen Diagnostik (OPD, siehe ausführlicher Kap. 4.2, S. 172f) können hier hilfreich sein.

- den Bereich der **Persönlichkeitsentwicklung** – die Persönlichkeitsstruktur in der psychoanalytischen Terminologie –, zu dem die Entwicklung von Ich-Funktionen wie z. B. die Realitätsprüfung, die Art der vorherrschenden Abwehrmechanismen, Angst- und Frustrationstoleranz sowie die Beziehungsfähigkeit gehören. Die positiven Erfahrungen in der klinischen und wissenschaftlichen Arbeit mit der Achse Struktur (IV) der OPD legen nahe, die Dimensionen dieser Achse bei der Persönlichkeitsdiagnostik zu berücksichtigen. Auf dem Hintergrund dieser Merkmale können differentialdiagnostische Erwägungen über die Art der vorliegenden Erkrankung (z. B. Neurose vs. Persönlichkeitsstörung) formuliert werden, aber auch Schlußfolgerungen für die Therapieplanung gezogen werden.

- den **Krankheitsverlauf** beeinflussende **Lernprozesse, kognitive** und **verhaltensbezogene Einstellungen**, die auf die Entwicklung der Symptomatik einen Einfluß haben und insbesondere Chronifizierungsprozesse begünstigen können. Zu diesen zählen auch iatrogene Faktoren, die z. B. durch eine wiederholte – nicht mehr indizierte – organische Diagnostik und ein nicht oder nur begrenzt indiziertes somatisches Behandlungsvorgehen gekennzeichnet sein können.

- die **Krankheitsbewältigung** und die **Behandlungserwartungen** des Patienten. Dazu gehören z. B. der Leidensdruck, das Konzept über die Ätiologie der Störung, seine Behandlungs-(Psychotherapie-)motivation. In diesem Zusammenhang geht es auch um die Analyse der kognitiven und affektiven Kompetenzen des Patienten, so etwa auch seine Möglichkeit zur differenzierten Wahrnehmung intra- und interpsychischer Problemkonstellationen, die einen engen Bezug zu der Entwicklung der oben aufgeführten Persönlichkeitsmerkmale aufweisen.

- für die behandlungsorientierte Diagnostik ist darüber hinaus die **soziale Integration** (Berufstätigkeit, Freizeitbereich, Anzahl und Qualität sozialer Bindungen) des Patienten wichtig. Psychosoziale Umgebungsfaktoren wie beispielsweise der Einfluß der Angehörigen auf den Krankheits- und Behandlungsverlauf sind zu berücksichtigen. So können die Krankheitskonzepte der Angehörigen sowie ihre Vorstellungen über die geeignete Therapie die Behandlungsmotivation und die Kooperationsbereitschaft des Patienten in der Behandlung nachhaltig beeinflussen.

de verbunden mit entsprechenden physiologischen Reaktionen auch substantielle morphologische Veränderungen einstellen. Aktuell muß jedoch klar gesagt werden, daß sich in empirischen Studien die Annahme der psychosozialen Ätiologie der psychosomatischen Störungen im engeren Sinne bislang für die relevanten Krankheitsbilder nicht hat nachweisen lassen. Infolge dieser Befunde wird argumentiert, daß diese Erkrankungen bezüglich ätiologischer und verlaufsbestimmender Faktoren eher heterogen sind (Weiner 1992) und wir somit Aussagen nicht für Krankheitsgruppen, sondern für einzelne Individuen treffen sollten. Mir erscheint es darüber hinaus erst einmal theoretisch hinreichend und handlungsbedeutsam genug, wenn bei den psychosomatischen Erkrankungen im engeren Sinne die verlaufsrelevanten psychosozialen Aspekte – die individuelle Entwicklung und persönlichen Ressourcen zur Krankheitsverarbeitung wie die psychosozialen Umfeldvariablen – berücksichtigt würden.

- Psychosoziale Faktoren können – in der Regel vermittelt über Lernprozesse – den Krankheitsprozeß aufrechterhalten oder protrahieren und so zur **Chronifizierung** führen, wie dies z. B. für eine große Zahl chronischer Schmerzsyndrome zutrifft.
- Bedingt durch das Vorliegen einer somatischen Erkrankung können psychische Störungen zum Beispiel im Sinne von **Ängsten** oder **Depressionen** resultieren, die wiederum den Verlauf der Krankheit zu beeinflussen vermögen (z. B. bei den somatopsychischen Erkrankungen).

Allgemein formuliert läßt sich sagen, daß die Diagnose einer psychosomatischen Krankheit **niemals** im Sinne einer **Ausschlußdiagnose** gestellt werden sollte, weil die gängigen somatischen Untersuchungsmethoden keine positiven ätiologisch relevanten Befunde ergeben haben. Auf der Grundlage eines psychosomatisch-psychotherapeutischen Interviews, das den in Tabelle 4-2 aufgeführten Anforderungen gerecht wird, kann bei einer entsprechenden somatischen Befundlage und Vorliegen von genügend positiven Hinweisen für krankheitsrelevante psychosoziale Faktoren die Diagnose einer psychogenen oder psychosomatischen Erkrankung gestellt werden. In jedem Fall ist eine angemessene körperliche Diagnostik notwendig, deren Ausmaß und Methodik von der konkreten Fragestellung abhängt. Die somatische Diagnostik birgt jedoch die Gefahr in sich, beim Patienten vorliegende somatisch orientierte Krankheitskonzepte und Behandlungserwartungen zu fixieren.

Psychodynamisch orientierte Diagnostik zielt also über die Beschreibung oder Klassifikation klinischer Phänomene hinaus auf die **Analyse** von Prozessen im Sinne von **Trieb-Abwehr-Konflikten** und **Interaktionsmuster** als Subjekt-Objekt-Subjekt-Abläufe (Schneider und Hoffmann 1992) auf der intrapsychischen und interpsychischen Ebene ab. Sie will die Entstehung der vorliegenden psychischen Störung soweit wie möglich erklären. Dabei muß deutlich formuliert werden, daß im Verlauf der Chronifizierung von psychischen Störungen,

den aufrechterhaltenden bzw. verstärkenden psychosozialen Bedingungen eine zunehmend wichtigere Rolle gegenüber den initial (psychodynamisch) bedeutsamen ätiologischen Faktoren (siehe z. B. Schneider und Paar 2001) zukommt. Hoffmann (1999) hat diese Vorstellung für die phobischen Störungen diskutiert.

Beziehungsaspekte nehmen im psychoanalytischen Therapieverständnis eine wichtige Rolle ein (Mentzos 1989); dies gilt gleichermaßen für den diagnostischen Prozeß. Im Abschnitt „Diagnostische Methoden" (S. 167 ff) soll dieser Gesichtspunkt näher diskutiert werden.

Das diagnostische Vorgehen in der Verhaltenstherapie hat

- eine **Problemstrukturierung** (welches sind die kritischen Verhaltensweisen?) vorzunehmen,
- um dann die das **Problemverhalten bedingenden** und aktuell aufrechterhaltenden **Faktoren** zu **analysieren** (Kanfer und Saslow 1974).

Nach Schulte 1994 spielen für den therapeutischen Prozeß vor allem die **aufrechterhaltenden Bedingungen** eine Rolle, da sie als Barrieren einer Verhaltensänderung entgegenwirken. Zu diesen verhaltensrelevanten Variablen zählen auf dem Hintergrund der kognitiven Verhaltenstherapie über die traditionellen Lernprinzipien hinausgehend auch kognitive und emotionale Faktoren, personale und organismische Variablen und Umweltmerkmale.

Vertreter der Verhaltenstherapie befassen sich darüber hinaus konsequenter mit den Aspekten der Krankheitsverarbeitung und des (chronischen) Krankheitsverhaltens (z. B. Zielke 1992) und diskutieren deren Einflüsse auf die Chronifizierungsprozesse von psychischen, psychosomatischen, aber auch somatopsychischen Krankheiten. Diese Perspektiven sind von psychodynamischer Seite aus zu lange vernachlässigt worden.

Für Zielke (1992) ist das chronische Krankheitsverhalten als Erklärungshintergrund für chronische Erkrankungen nahezu hinreichend, eine Sicht, die dann doch das komplexe Wechselspiel von organischen und psychosozialen Faktoren verkürzt.

Wie wir sehen, hat die verhaltenstherapeutische Diagnostik auch einen **erklärenden Anspruch** und war insbesondere in der Vergangenheit eher wenig an einer Symptomerfassung oder -beschreibung interessiert, weil dieser nur wenig Nutzen für die Therapieplanung zugeschrieben wurde.

Auch Grawe (1992) sieht die Bedeutung der symptomatischen oder syndromalen diagnostischen Klassifikation für die Therapieplanung als eher gering an. Diese Sichtweise hat sich dennoch in den letzten Jahren erheblich relativiert, nachdem für enger umschriebene Störungsbilder (z. B. spezifische Phobien, Depressionen; siehe z. B. Bastine 1992 u. insbesondere Kap. 6.2.1) spezielle therapeutische Konzepte eine hohe Effizienz nachweisen konnten.

Die moderne psychiatrische – operationalisierte – Diagnostik will demgegenüber programmatisch auf die Suche nach ätiologischen Bedingungen von Krankheit verzichten und richtet so ihr Augenmerk auf die **Beschreibung** und **Klassifikation** von **Symptomen** sowie deren Verlaufscharakteristik. In welchem theoretischen Bezugssystem dieses Vorgehen zu verstehen ist und welche diagnostischen und therapeutischen Konsequenzen daraus entstehen, soll im Abschnitt 4.7 gezeigt werden.

4.1.3
Das Verhältnis von Diagnostik zur Psychotherapie

Wie stellt sich das Verhältnis von Diagnostik zu Therapie dar? Hippokrates soll formuliert haben, daß die Götter vor die Therapie die Diagnostik gestellt haben. Letztlich ist diese zeitliche und funktionale Zuordnung von diagnostischem und therapeutischem Handeln weder in der somatischen Medizin noch in der Psychotherapie haltbar. Häufig werden therapeutische Schritte eingeleitet, ohne daß die diagnostische Abklärung, welche Art von Erkrankung vorliegt, bereits abgeschlossen wäre. Die Behandlungsmaßnahmen orientieren sich dann zum Beispiel an der vordergründigen Symptomatik, die unter Umständen ein rasches Handeln notwendig werden läßt.

Diagnostik stellt in der Regel ein **prozeßhaftes Vorgehen** dar, bei dem sukzessive unterschiedliche diagnostische Schritte oder Maßnahmen durchgeführt werden und den therapeutischen Prozeß begleiten. Dies gilt für die somatische Medizin wie für die Psychotherapie. Dieses Vorgehen schlägt sich zum Beispiel auf der Ebene der Indikationsstellung zur Psychotherapie dar. Vielfach werden im psychotherapeutischen Prozeß zu unterschiedlichen Phasen der Behandlung spezifische psychotherapeutische Interventionen gestellt oder ein bisher praktiziertes therapeutisches Vorgehen modifiziert. So kann etwa bei Patienten mit krisenhaft defizienten Ich-Funktionen passager die verstärkte Anwendung supportiver therapeutischer Elemente in der Behandlung notwendig werden, oder eine akute depressive Krise kann zu einer vorübergehenden stationären Aufnahme führen. Diese Form der **adaptiven Indikationsstellung** (Bastine 1981) wird vielfach auch in der Verhaltenstherapie verwendet, die durch ein breites Repertoire an unterschiedlichen Behandlungsstrategien gekennzeichnet ist. Das Prinzip besteht also darin, daß kontinuierlich im therapeutischen Prozeß die Problemstellungen des Patienten und die relevanten therapeutischen Strategien vom Therapeuten reflektiert (diagnostiziert) werden; dabei kann dieser Reflexionsprozeß durchaus als ein interaktioneller Prozeß zwischen dem Patienten oder dem Therapeuten angesehen werden.

In Abhängigkeit vom spezifischen therapeutischen Vorgehen mag es Unterschiede im Hinblick darauf geben, inwieweit die Formulierung von therapeutischen Problemen oder Zielen beim diagnostischen Vorgehen und im Behandlungsprozeß expliziert wird. Wir sehen, daß sicherlich diagnostische Aufgaben die gesamte Therapie begleiten und insofern prozeßhaft angelegt sind. Das angemessene klinische Handeln erfordert jedoch **initial** eine **diagnostische Phase**, in der die relevanten klinischen Problemstellungen des Patienten sowie wichtige

Aspekte der Persönlichkeitsentwicklung, der Krankheitsverarbeitung und Behandlungsmotivation als wichtige Voraussetzungen der differentiellen Indikationsstellung abgeklärt werden.

Für die **Indikationsstellung** zur **Psychoanalyse**, für die, wie oben gezeigt, über die syndromatische Diagnostik hinaus komplexe Persönlichkeitsvariablen wie die Plastizität der psychischen Struktur (Parin 1958), aber auch ein genügendes Ausmaß an Introspektionsfähigkeit sowie die Möglichkeit des Patienten, ein stabiles Arbeitsbündnis zum Analytiker einzugehen (Greenson 1982), eine wichtige Rolle spielen, hat Parin (1958) die Einführung einer **Probetherapie** vorgeschlagen, in der die Indikation zur Psychoanalyse diagnostisch gesichert werden könnte. Die Einführung der probatorischen Sitzungen (bis zu 5 Stunden) vor der Beantragung einer psychoanalytischen Psychotherapie im Rahmen der Richtlinienpsychotherapie hat diesen Gesichtspunkt reflektiert (vgl. Kap. 1.5.4, S. 33f).

Nachdem auch bis Anfang der 90er Jahre seitens der Verhaltenstherapie die Relevanz der störungsorientierten Diagnosen für die Therapieplanung und den therapeutischen Prozeß eher zurückhaltend beurteilt worden war, hat sich die Situation grundlegend verändert. **Störungsorientierte Verfahren** – d. h. Methoden, die beanspruchen für ausgewählte Diagnosengruppen (z. B. ausgewählte Angststörungen oder depressive Störungen) eine spezifische Wirkung zu entfalten – sind in der wissenschaftlichen und sozialpolitischen Diskussion von großer Bedeutung, wobei die Frage der besonderen Effizienz von Therapiemethoden natürlich immer auch unter Kostengesichtspunkten reflektiert wird. Die hier angesprochene Thematik stellt einen essentiellen Problemkreis der aktuellen Psychotherapiediskussion dar, der im Kapitel 6.2.1 ausführlich besprochen wird.

Statusdiagnostik versus Prozeßdiagnostik

In diesem Kontext ist die Gegenüberstellung von Statusdiagnostik und Prozeßdiagnostik sowohl unter klinischen als auch wissenschaftlichen Aspekten relevant. Pawlik (1976) hat diese beiden Konzepte mit einem engen Bezug zur klinisch-psychologischen Forschung wie folgt charakterisiert.

Bei der **Statusdiagnostik** wird der aktuelle Ist-Zustand des Patienten zum Zeitpunkt der Untersuchung erhoben. Der Patient berichtet zum Beispiel im Erstgespräch in der Ambulanz über seine unterschiedlichen psychischen Symptome; wir können die Symptome mit Fragebögen erheben oder mit physiologischen Methoden messen (z. B. Pulsfrequenz, Blutdruck). Wir kommen auf der Grundlage dieser Ein-Punkt-Messung zu Aussagen, wie es dem Patienten im psychischen oder somatischen Bereich zum Zeitpunkt der diagnostischen Untersuchung geht. Aussagen über Veränderungen in der psychischen oder körperlichen Befindlichkeit können jedoch nicht gemacht werden. Dieses diagnostische Vorgehen ist primär **normorientiert**; die Befunde des Patienten können mit den Befunden einer Normstichprobe verglichen werden, und wir können zum Beispiel feststellen, ob sich der Patient in den untersuchten diagnostischen Merkmalen von Vergleichspersonen seiner Altersstufe, seines Geschlechts oder seiner sozialen Schicht unterscheidet. Es zeigen sich interindividuelle Unterschiede.

Die **Prozeßdiagnostik** will Aussagen über die Veränderungen in den interessierenden diagnostischen Merkmalsbereichen bei einem Individuum machen. Es werden diagnostische Kriterien formuliert, mit denen die zu mehreren Zeitpunkten erhobenen diagnostischen Befunde (Testwerte, physiologische Parameter, sprachliche Äußerungen) des Individuums verglichen werden. Die Prozeß- beziehungsweise Veränderungsmessung spielt in der Kontrolle der Effekte, aber auch der Wirkweise von psychotherapeutischen Interventionen eine große Rolle, ist jedoch gegenüber der reinen Statusmessung mit erheblichen **methodischen Schwierigkeiten** behaftet, die sich aus der Erfassung von Veränderungen gerade im Bereich des Verhaltens oder des Erlebens ergeben (s. dazu Stieglitz und Baumann 1994). So kann eine im psychotherapeutischen Prozeß festgestellte Veränderung in einem diagnostischen Merkmal ein (gewollter) Effekt der angewandten psychotherapeutischen Intervention sein; dies ist eine vom Faktor Zeit abhängige Veränderung, die nicht durch die Intervention beeinflußt wird. Es können sich die diagnostische Messung und die Intervention wechselseitig in ihrer Auswirkung auf das diagnostische Merkmal beeinflussen, und letztlich kann die festgestellte Veränderung ein Artefakt der angewandten statistischen Methode darstellen.

Spezielle Methoden der Messung von Veränderungen weisen darüber hinaus mögliche Fehlerquellen auf. So können zum Beispiel Gedächtniseffekte oder motivationale Aspekte die retrospektive Beurteilung von psychischen Zuständen oder Befindlichkeiten erschweren oder verfälschen. Auf Probleme der Testkonstruktion von veränderungssensitiven Meßverfahren soll hier nicht vertiefend eingegangen werden, eine umfassende Darstellung findet sich zum Beispiel bei Stieglitz und Baumann (1994).

Die Diskussion um die Frage der Status- versus Prozeßdiagnostik ist in der klinischen Psychologie sehr methodenorientiert geführt worden. Die primär forschungsgeleitete Frage war, ob sich Veränderungen adäquat mit empirischen Methoden abbilden lassen würden. Die Aussage, daß wir bei der Statusdiagnostik einen Vergleich des Patienten mit einer Normpopulation vornehmen, mag auf der Ebene von Fragebogendiagnostik stimmig sein, für den klinisch-psychotherapeutischen Bereich trifft dies sicherlich nicht zu, da wir zum Beispiel im Erstgespräch durchaus der Perspektive des Patienten und seiner individuellen Bewertung seiner Probleme Raum geben und diese Gesichtspunkte für den therapeutischen Prozeß von großer Bedeutung sind.

4.2
Diagnostische Methoden – eine Übersicht

Wolfgang Schneider

Aufgrund der Komplexität des Untersuchungs„gegenstandes" in der Psychosomatik und Psychotherapie werden sehr unterschiedliche **Informationen** und **Daten** im **diagnostischen Prozeß** berücksichtigt. Dazu können gehören:

- **psychische Symptome** wie zum Beispiel Angst, Depressivität, Selbstwertprobleme, interaktionelle Schwierigkeiten, die zum Beispiel mit Fragebögen auf der Grundlage einer Selbsteinschätzung oder Fremdeinschätzung erhoben werden können
- **somatische Symptome** wie zum Beispiel Abweichungen von Herz-Kreislauf-Funktionen, Abweichung der Atemfunktion oder -frequenz, die sowohl klinisch mittels physiologischer Messungen oder mit Hilfe von Fragebögen erhoben werden können
- **Angaben** zur **Lebensgeschichte** oder aktuellen Lebenssituation, die mit Hilfe eines freien oder standardisierten Interviews vom Patienten beziehungsweise seinen Angehörigen erhoben werden können
- **interaktionelle Merkmale** aus dem diagnostischen Interview, wie das Verhalten des Patienten gegenüber dem Arzt oder Psychologen, seine Gestik und Mimik. Diese Merkmale werden vom Diagnostiker wahrgenommen – im Sinne einer teilnehmenden Beobachtung – und fließen mehr oder weniger explizit in die diagnostische Urteilsbildung ein. Systematische Verfahren zur Aufzeichnung und Auswertung der Arzt-Patient-Beziehung sind mit der Videoprotokollierung zwar durchaus realisierbar, finden jedoch sowohl im klinischen als auch wissenschaftlichen Alltag keine breite Anwendung.

Die unterschiedlichen Merkmalsbereiche oder Datenebenen machen eine **multimethodale** und **multimodale Diagnostik** notwendig. Das heißt, daß für unterschiedliche diagnostische Problemstellungen verschiedene Arten der diagnostischen Erhebung mit unterschiedlichen Erhebungsmethoden eingesetzt werden (Schulte 1993). Als Informationsquellen können zum Beispiel der Patient, der diagnostizierende Psychotherapeut oder Angehörige dienen.

4.2.1
Datenerhebung

Bei der Datenerhebung läßt sich ein **standardisiertes** von einem **nichtstandardisierten** Vorgehen unterscheiden.

Standardisiertes diagnostisches Vorgehen

Bei einem standardisierten diagnostischen Vorgehen sind die Bedingungen der Datenerhebung genau festgeschrieben. Die Untersuchungssituation ist festgelegt, die Untersuchungsmethoden (z. B. Fragebogen oder Interviews) sind vollstrukturiert hinsichtlich der Fragen und Antwortvorgaben, und auch die Auswertungsmethode ist vorgegeben. Das Ziel der standardisierten Diagnostik orientiert sich am nomothetischen Wissenschaftsmodell, das über die systematische Überprüfung von Hypothesen zu **verallgemeinerbaren Aussagen** kommen will. Dafür wird Objektivität der Untersuchungssituation gefordert, die als Voraussetzung dafür angesehen wird, daß die Ergebnisse unterschiedlicher Probanden miteinander verglichen werden können. Die Erhebung der Daten soll zuverlässig (reliabel) sein, um so im Prozeß der diagnostischen Beurteilung zu einer hohen Diagnostikerübereinstimmung zu kommen (Interraterreliabilität). Folgende **standardisierte Erhebungsmethoden** bieten sich an:

- Fragebogen (Selbst- und Fremdbeurteilungsinstrumente)
- diagnostische Kriterien- oder Checklisten, bei denen diagnostische Kriterien, die mittels eines klinischen Interviews erhoben worden sind, zusammengefaßt werden (s. Dittmann et al. 1992; Stieglitz 1994)
- Interviews
- Verhaltensbeobachtung
- physiologische Messungen
- die klinische Untersuchung

Die relevanten Prinzipien dieser Methoden werden weiter unten erörtert.

Ist die Standardisierung der Untersuchungssituation geeignet, eine hohe Reliabilität der Messung zu ermöglichen, so engt sie andererseits die Abbildung von Individualität oder Subjektivität des zu diagnostizierenden Individuums im Untersuchungsprozeß ein. Erhoben wird nur das, was der Diagnostiker (Forscher) „für sinnvoll und notwendig – und vor Kenntnis des Objektbereichs – erachtet" (Lamnek 1993). Die Auswahl der zu diagnostizierenden Merkmale wird nach den Kriterien der Objektivierbarkeit und Operationalisierbarkeit vorgenommen. Damit wird der Gültigkeitsanspruch – die Validität – eingeengt. Wir werden dieses Vorgehen anhand der operationalisierten psychiatrischen Diagnosensysteme weiter unten exemplarisch kennenlernen.

Nichtstandardisiertes diagnostisches Vorgehen

Für die psychodynamische Diagnostik sind vor allem auch „erlebensbezogene" Daten, unbewußte Motive (z. B. Konflikte), komplexe Persönlichkeitsmerkmale wie zum Beispiel Ich-Funktionen (Abwehr) oder die Beziehungsfähigkeit von Relevanz, die sich oftmals nur indirekt erschließen lassen und auf seiten des zu Diagnostizierenden Raum zur Darstellung dieser Merkmalsbereiche (verbal oder szenisch) erfordern. Diese Merkmale sind unter standardisierten Erhebungsbedingungen oftmals nur eingeschränkt oder gar nicht erfaßbar und erfordern so ein diagnostisches Vorgehen mit einem geringeren Strukturierungsgrad, das die Abbildung von Subjektivität und die möglichst freie und spontane Entwicklung von Beziehungsmustern im diagnostischen Prozeß ermöglicht.

Nach dem klassischen Verständnis der Psychoanalyse versperrt jede höhere Strukturierung der Beziehung und der Kommunikation zwischen dem Patienten und dem Psychotherapeuten die Herausbildung eines dynamischen Beziehungsfeldes, in dem sich die relevanten psychodynamischen Motive des Patienten und wichtige Charakteristika der Persönlichkeitsentwicklung abbilden könnten. Auf diesem Hintergrund wird vielfach die Position vertreten, daß die psychiatrische Diagnosestellung mit ihrer Ausrichtung auf die Psychopathologie unter einer beziehungsdynamischen Perspektive unbewußt der Strukturierung der ansonsten angstinduzierenden analytischen Beziehung dient (Schumacher 1994). Schumacher betont jedoch, daß Diagnostik im „Sinne des medizinischen Modells ... an den nosologischen Grenzlinien Psychoorganik, Psychose, Neurose wichtig und notwendig ist".

Standardisiertes oder nichtstandardisiertes Vorgehen?

Das Ausmaß an Standardisierung kann also unter methodischen Gesichtspunkten die Reliabilität des diagnostischen Prozesses erhöhen und die Kommunizierbarkeit des diagnostischen Vorgehens und seiner Ergebnisse verbessern. Gleichzeitig vergröbert in der Tendenz die Standardisierung und Operationalisierung das diagnostische „Fenster". Die Art des diagnostischen Vorgehens wirkt sich auch auf die Art und Weise der Problemsicht und Reflexion des Patienten aus: So kann eine ausschließlich symptomorientierte Diagnostik auf seiten des Patienten bewirken, daß dieser ebenfalls auf dieser Ebene der Symptomreflexion verbleibt. Darüber hinaus beeinflussen die diagnostischen Methoden nachhaltig die Struktur der Interaktion zwischen dem Patienten und dem Diagnostiker und somit vielfach auch die sich entwickelnde therapeutische Beziehung und damit den Prozeß der Therapie.

Wir werden im folgenden die oben aufgeführten diagnostischen Erhebungsmethoden mit unterschiedlichen Standardisierungsgraden skizzieren und zeigen, daß wir über eine große Vielfalt an diagnostischen Zugangsweisen verfügen, die grundsätzlich ein breites und differenziertes diagnostisches Vorgehen ermöglichen. Auswahl und Zusammenstellung der im konkreten diagnostischen Prozeß angewandten Methoden hängen vor allem von der inhaltlichen Zielsetzung ab. Beispielsweise können bei der klinischen Diagnosestellung im Rahmen einer Psychotherapiepraxis mit dem Ziel einer Indikationsstellung zur Psychotherapie andere diagnostische Gegenstandsbereiche fokussiert werden und andere Methoden eingesetzt werden als bei einer Psychotherapiestudie, die die Effizienz eines bestimmten psychotherapeutischen Verfahrens bei einer ausgewählten Gruppe von Patienten untersucht.

Wir sollten jedoch grundsätzlich auch im Bereich der Forschung versuchen, über eine möglichst flexible Handhabung der Untersuchungsmethoden der individuellen Perspektive möglichst viel Raum zu geben, und immer reflektieren, daß wir durch die Art der Interaktion wie der Problemdefinition einen sozialisierenden Einfluß auf die untersuchten Patienten haben.

4.2.3
Das diagnostische Gespräch/Interview

Dem Gespräch kommt in der Medizin und in der Psychotherapie eine hervorragende Stellung gerade auch unter diagnostischen Gesichtspunkten zu. Dabei variieren die Form und der Inhalt der Gespräche in Abhängigkeit von der Funktion und der Zielsetzung des jeweiligen Gesprächs, aber auch von den Eigenarten und Vorlieben der Gesprächsteilnehmer stark. Gerade das Gespräch oder das Interview weisen eine hohe Variabilität bezüglich ihres Strukturierungsgrades auf, wie wir nach einer Erörterung verschiedener Ansätze der Gesprächs- oder Interviewführung sehen werden.

Gespräch versus Interview

Nachdem wir aus konventionellen Gründen die Begriffe „Gespräch" und „Interview" gleichberechtigt nebeneinandergestellt haben, möchten wir doch zu einer definitorischen Abgrenzung kommen.

Definition

Das **Gespräch** hat eine gebräuchliche umgangssprachliche Bedeutung und bezeichnet die vorrangig verbale Kommunikation zwischen zwei oder mehreren Individuen.

Umgangssprachlich ist der Begriff des **Interviews** primär dem journalistischen Feld zugeordnet. In den Sozialwissenschaften wird das Interview als eine bewußt und gezielt hergestellte Kommunikation zwischen zwei Gesprächspartnern aufgefaßt, bei der ein Gesprächspartner die Fragen stellt und der andere diese beantwortet (Lamnek 1993). Scheuch (1967) definiert das Interview im Kontext der Soziologie als „ein planmäßiges Vorgehen mit wissenschaftlicher Zielsetzung, bei dem die Versuchsperson durch eine Reihe gezielter Fragen oder mitgeteilter Stimuli zu verbalen Informationen veranlaßt werden soll".

Die Tatsache, daß sich der Terminus Interview gerade im Bereich der Psychotherapie und Psychoanalyse doch einer zunehmenden Beliebtheit und Gebräuchlichkeit erfreut, reflektiert wohl insbesondere den Umstand, daß diese Form der Kommunikation eingebunden ist in einen spezifischen zielgerichteten Kontext (z. B. die Abklärung einer Behandlungsindikation) und nach nicht alltäglichen Gesprächsstandards – die oftmals auch wissenschaftlichen Kriterien Genüge leisten sollen – aufgebaut ist. Die konkrete Form des Interviewvorgehens seitens des Interviewers wie der Auswertung und Interpretation variiert jedoch vielfältig.

Diagnostik ist – unabhängig davon, was wir diagnostizieren wollen – zielgerichtet. Dies spricht vielleicht dafür, eher von einem Interview als von einem Gespräch zu sprechen, wenn es um eine verbale Interaktion zwischen Diagnostiker und Patient geht.

Interviewformen in der Psychosomatik und Psychotherapie

Ich möchte hier aus Gründen der Polarisierung zwei Formen des Interviews in diesem Kontext darstellen:
- die allgemeine ärztliche Anamnese
- das psychodynamisch orientierte Interview

In den Kapiteln 4.3 und 4.4 (S. 181ff und 188ff) werden mit der psychosomatischen Anamnese und dem psychoanalytischen Erstinterview weitere für unser Fach wichtige Interviewformen dargelegt.

Allgemeine ärztliche Anamnese

Die allgemeine ärztliche Anamnese dient der Bestandsaufnahme der aktuellen Beschwerden und der Krankengeschichte und weist eine ausgeprägte fachspezifische Schwerpunktsetzung auf. Hahn (1988) sieht folgende **Basiselemente** als fachübergreifende Merkmale der Anamnese:
- die Kontaktaufnahme
- die Beschwerdenschilderung
- die Nachfrage des Arztes
- die Interpretation
- die Handlungskonsequenz

Es zeigen sich drei relevante **Funktionen** der **Anamnese** in dieser Charakterisierung. Sie will:
- eine Beziehung zwischen dem Arzt und dem Patienten herstellen
- verstehen
- zu Handlungsanweisungen kommen

Erweitert werden muß dieses Schema der ärztlichen Anamnese sicherlich noch um die **psychosoziale Dimension**. In diesem Kontext sind die „auslösende Situation" für das Beschwerdebild, die Lebenssituation (Familie, Beruf, Freizeit) und das Krankheitskonzept des Patienten interessant. Dieser psychosoziale Zugang zum Patienten und zur Krankheit sollte idealtypisch fester Bestandteil der ärztlichen Anamnese sein. Er dient der differentialdiagnostischen Abklärung der Frage, inwieweit das konkrete Krankheitsgeschehen in bedeutender Weise von psychosozialen Faktoren mitverursacht oder aufrechterhalten wird und ob gegebenenfalls eine Indikation zu einer vertiefenden psychosomatisch/psychotherapeutischen Diagnostik vorliegt. Im Rahmen des Curriculums zur „psychosomatischen Grundversorgung" sollen die Kompetenzen für diese Form des diagnostischen Vorgehens vermittelt werden (s. auch Kap. 1.3.1, S. 13ff).

Psychodynamisch orientiertes Interview

Dem Interview im Bereich der Psychotherapeutischen Medizin und Psychosomatik kommen grundsätzlich unterschiedliche Funktionen zu, die bei der Indikationsentscheidung alle eine Rolle spielen, wenn auch im Einzelfall der Stellenwert der verschiedenen Aspekte variieren kann.

In der Tradition des **psychoanalytischen Erstinterviews** hat sich der Schwerpunkt verschoben. Für Freud, der keine spezielle Interviewtechnik entwickelt hat (s. Janssen 1994), war zu Beginn der Behandlung dringlich abzuklären, inwieweit der Patient für die psychoanalytische Behandlung geeignet war. In der „Einleitung der Behandlung" schlug er deshalb eine Probetherapie vor, die darüber Aufschluß geben sollte. Diese Sicht ist später von anderen Psychoanalytikern wie zum Beispiel Parin (1958) aufgegriffen worden. In dieser Einleitungsphase kann der Patient mit dem Psychoanalytiker die Grundzüge der psychoanalytischen Behandlung, die Art der Beziehungsgestaltung und die Selbstreflexion erproben und kennenlernen.

Systematische Konzeptualisierungen der Interviewtechnik haben sich ab den 50er Jahren herausgebildet (s. Übersicht bei Buchheim et al. 1994). Dabei haben sich drei besondere Akzentuierungen der **Zielsetzung** und **Methodik** des **Interviews** abgezeichnet.

Dynamisch ausgerichtetes Interview

Beim dynamisch ausgerichteten Interview geht es um die besondere Beachtung der **Patient-Therapeut-Beziehung** (z. B. Argelander 1970; Balint 1961; Gill et al. 1954). Ziele dieser Interviewführung sind etwas verallgemeinert:

- die **Initiierung** einer **tragfähigen Beziehung** zwischen dem Patienten und dem Psychotherapeuten
- die **Reflexion** der sich im Interview darstellenden **Beziehungscharakteristika** des Patienten durch den Psychotherapeuten sowie Hypothesenbildung über die ihnen zugrundeliegenden Charakteristika der Persönlichkeitsentwicklung und Beziehungsmuster. In diesem Zusammenhang wird den Übertragungs- und Gegenübertragungsprozessen eine wichtige Funktion zugeschrieben (s. Kap. 4.5, S. 19ff)
- die **Motivierung** des Patienten für eine Psychoanalyse oder psychoanalytisch orientierte Psychotherapie

Die Schwerpunktsetzungen der oben angeführten Protagonisten dieser Art von Interviews zeigen dabei jedoch eine große Variabilität bezüglich der Berücksichtigung lebensgeschichtlicher Aspekte im Interview sowie der Fokussierung der Symptomatik. Balint (1961) versucht in seinem Konzept einer Gesamtdiagnose alle diese Aspekte zu integrieren, und auch für Argelander (1970) sind neben den „szenischen Informationen", die sich in der Beziehungsgestaltung zwischen dem Patienten und dem Therapeuten darstellen, auch die lebensgeschichtlichen Daten von erheblicher Bedeutung. Insgesamt ist heute – auch unter dem Einfluß der jüngeren Auffassung von Gegenübertragungsprozessen (Thomä und Kächele 1985) – die Wechselbeziehung zwischen dem Patienten und dem Therapeuten Gegenstand der Reflexion.

Biographische Anamnese

Die biographische Anamnese (Dührssen 1981) zielt auf die Herausarbeitung der dem aktuellen Krankheitsbild zugrundeliegenden entwicklungspsychologischen und aktuell wirksamen psychosozialen Faktoren. Hier wird der Untersucher eher als ein Beobachter verstanden, dem sich das lebensgeschichtliche Material des Patienten weitgehend unberührt im Interview erschließt. Buchheim et al. (1994) haben auf die interaktionellen „Verzerrungen" der Biographie durch das Interview und den Diagnostiker hingewiesen und warnen vor einem naiven psychoanalytischen Kasuistikverständnis.

Das strukturelle Interview

Das Ziel des strukturellen Interviews (Kernberg 1981) besteht in der **Analyse** der **Persönlichkeitsstruktur** des Patienten, die sich über interaktionelle Charakteristika, aber auch über biographische Daten entfaltet. Wichtig ist die Analyse des **psychologischen Funktionsniveaus** des Patienten. Dazu zählen zum Beispiel seine psychosoziale Anpassung; charakteristische Abwehrmechanismen (z. B. Spaltung oder Projektion) sowie seine typischen Beziehungsmuster, die als Hinweise für typische Entwicklungsniveaus gewertet werden. Im Interview sollen die Charakteristika der drei Haupttypen der Persönlichkeitsorganisation herausgearbeitet werden (neurotischer Typ, Borderline-Typ und psychotischer Typ).

Praktische Aspekte des diagnostischen Interviews

Aus der aktuellen Sicht heraus haben das Erstinterview oder gegebenenfalls mehrere Erstinterviews alle oben angeführten Schwerpunktsetzungen zu berücksichtigen, wobei insbesondere auch auf die Symptomatik und ihren Verlauf sowie auf Vorbehandlungen (somatische und psychotherapeutische) geachtet werden muß. Als spezifische **Brennpunkte** der im eigentlichen Sinn **psychologischen Diagnostik** sind die folgenden Fragestellungen anzusehen:

- Analyse der für die Verursachung und Aufrechterhaltung der Krankheit relevanten psychosozialen Faktoren
- Darstellung typischer Konfliktmuster
- Herausarbeitung charakteristischer Persönlichkeitsmerkmale wie typische Abwehr- und Objektbeziehungsmuster, Realitätsprüfung, Frustrations- oder Angsttoleranz, die Aufschlüsse über das Niveau der Persönlichkeitsstruktur geben können
- Biographieerhebungen über die biographische Anamnese und psychodynamisch relevante Entwicklungslinien oder Ereignisse
- Ermittlung der spezifischen störungsrelevanten Lerngeschichte des Patienten, die für die Aufrechterhaltung und Fortentwicklung der Krankheit eine wichtige Funktion haben kann
- Feststellung der Introspektionsfähigkeit, Flexibilität und Belastbarkeit des Patienten im Interview
- Erfassung der Krankheitsverarbeitung und der Behandlungsmotivation des Patienten

Interaktionelle Aspekte des diagnostischen Interviews

Einen übergeordneten Aspekt des diagnostischen Interviews bildet sein interaktioneller Charakter, dies sowohl aus diagnostischen Gründen als auch aus therapeutischer Sicht. Die Art der Beziehungsgestaltung zwischen dem Patienten und dem Diagnostiker im Interview kann, soweit sie nicht zu formalisiert oder reglementiert ist, Aufschluß über das Entwicklungsniveau der Persönlichkeitsstruktur und der damit in Zusammenhang stehenden Ich-Funktionen geben. Darüber hinaus ist bei der Bewertung aller anderen oben genannten Merkmalsbereiche zu berücksichtigen, daß sie sich in der konkreten Wechselbeziehung zwischen den beiden Gesprächspartnern dargestellt haben und natürlich durch diese beeinflußt werden.

Das Erstinterview

Für die unter Umständen geplante Psychotherapie hat das Erstinterview sowohl unter der interaktionellen Perspektive wie bezüglich der Art der Problemsicht und -reflexion prinzipiell eine wichtige sozialisierende Funktion für den Patienten. Er erfährt eine spezifische Form der Beziehungsgestaltung und kann gegebenenfalls eine veränderte Problemsicht herausbilden. So kann das Interview bereits die Aufgabe übernehmen, den Patienten für spezifische psychotherapeutische Verfahren zu motivieren.

Die Rolle des Interviewers

Vom Ansatz her nimmt der Interviewer während des Interviews die Rolle eines **„teilnehmenden Beobachters"** ein, der nach dem Verständnis der Sozialwissenschaften selbst ins „Feld" geht und damit in einem gewissen Ausmaß zu einem Element des zu beobachtenden Feldes wird. Dabei soll der Interviewer möglichst unstrukturiert an das Interview herangehen, um die mögliche Vielfalt an relevanten Beobachtungen nicht durch vorformulierte Beobachtungskategorien, wie es bei einer strukturierten Beobachtung üblich ist, einzuengen. Erst im Interview und/oder bei der Auswertung des Interviews werden dann Hypothesen über die wichtigen sich im Interview darstellenden Aspekte formuliert, die zum Beispiel die Konflikte des Patienten, seine Persönlichkeitsstruktur oder Krankheitsverarbeitung betreffen können. Argelander (1970) hat eine Haltung des Interviewers gefordert, die durch ruhiges Abwarten, Zuwendung, Interesse und gleichschwebende Aufmerksamkeit gekennzeichnet ist. Darüber hinaus kritisiere und urteile der Interviewer nicht, damit der Patient auf der Grundlage einer vertrauensvollen Beziehung auch über peinliche oder intime Sachverhalte sprechen könne.

Bei der Beobachtung – also im Prozeß der Diagnostik – muß die Wahrnehmung sowohl auf das manifeste gesprochene Material sowie auf die subjektive Bedeutung, die der Patient diesem Material zuschreibt, aber auch auf die szenischen oder situativen Inhalte ausgerichtet werden. Dies bedeutet, daß sich der Interviewer immer auch selbst und damit in seinem Einfluß auf das Interview und den Patienten wahrnehmen und reflektieren muß.

Von Wichtigkeit sind in diesem Kontext insbesondere affektive Prozesse, Motive, Einstellungen, Vorurteile und Werthaltungen auf seiten des Interviewers im Sinne von **Gegenübertragungsphänomenen**. Diese können den Gesprächsverlauf entscheidend strukturieren und damit bestimmen, was wir auf seiten des Patienten wahrnehmen. Aus diesen Einflüssen können systematische Wahrnehmungsverzerrungen resultieren, oder die Wahrnehmung wird selektiv. Entscheidend kann aber auch die Interpretation und Hypothesenbildung während oder nach dem Interview beeinflußt werden. Leuzinger (1980) hat in einer experimentellen Studie gezeigt, wie störanfällig der Interviewer als „Meßinstrument" im Prozeß der Indikationsstellung zur Psychotherapie ist, und Blaser (1977) konnte nachweisen, daß die Indikationsstellung durch Indikationsstereotypien auf seiten der Interviewer verzerrt wird. Dennoch stellt die teilnehmende Beobachtung im Interview einen wichtigen klinischen und wissenschaftlichen Zugang zum Patienten dar, der uns grundsätzlich einen umfassenderen und tieferen Einblick auf die Hintergründe des Krankheitsgeschehens sowie die Art der Krankheitsbewältigung ermöglicht.

Interviewführung

Zu Beginn sollte sich der Psychotherapeut/Psychosomatiker zum Beispiel fragen, ob bei einem Patienten psychosoziale Faktoren bei der Genese der Störung und bei einer etwaigen Chronifizierung eine Rolle spielen und ob grundsätzlich eine psychotherapeutische (Mit-)Behandlung indiziert ist. Oder es wird dezidiert gefragt, welche Form der Psychotherapie bei Patienten angezeigt ist.

Auch wenn grundsätzlich den Beziehungsaspekten sowie der szenischen Darstellung im Interview eine wichtige Funktion zukommt, haben wir gesehen, daß aufgrund der Vielzahl an bedeutenden diagnostischen Merkmalsbereichen ein gewisses Ausmaß an Strukturierung des Interviews angezeigt ist. Darüber hinaus ist zu berücksichtigen, daß bei psychosomatischen Fragestellungen im engeren Sinne (z. B. bei Patienten mit Somatisierungsstörungen oder mit psychosomatischen Krankheiten) die Patienten oftmals ein organisch ausgerichtetes Krankheitskonzept aufweisen und ihre bisherigen Behandlungserfahrungen an der somatischen Diagnostik und Therapie orientiert sind. Sie haben die Erfahrung als eher passiver Patient, der körperlich untersucht wird, dem Blut abgenommen wird, mit dem Arzt über seine körperlichen Symptome spricht, der unter Umständen im Rahmen der Behandlung Medikamente einnehmen muß, Physiotherapie erhält oder operiert wird. Für diesen Patienten kann der Blick auf seinen persönlichen Hintergrund, seine psychosoziale Entwicklung und die Verarbeitung der Krankheit in einem hohen Ausmaß irritierend oder stigmatisierend sein. Ein passives Interviewerverhalten seitens des Untersuchers kann ihn zusätzlich erheblich verunsichern, so daß insgesamt die Gefahr besteht, daß die psychotherapeutische Diagnostik ihn erschreckt, ihn zu Abwehrmanövern bis zur offenen oder verdeckten Verweigerung der Kooperation motiviert. Deshalb erscheint es unbedingt notwendig, sich in seiner Interviewführung an den aktuellen Fähigkeiten und Möglichkeiten des Patienten zu orientieren und zu versuchen, den „Horizont" an Interviewmaterial (szenisches und interaktionelles) im Verlauf des Gesprächs oder mehrerer Gespräche zu erweitern. Dies kann bedeuten, daß mit einem Patienten mit einem chronischen Schmerzsyndrom erst einmal über die Symptomatik und die bisherigen Befunde und Behandlungsmaßnahmen gesprochen wird und in späteren Phasen des Interviews dann sukzessive der Blick auf die anderen wichtigen Fragestellungen gelenkt wird. Das Interviewerverhalten sollte flexibel zwischen einer eher explorativen Technik und einer eher abwartenden, dem Patienten Raum gebenden Haltung wechseln. So erscheint eine angemessene Interviewführung möglich, die den Patienten, die konkreten institutionellen Gegebenheiten wie die Bedürfnisse einer an psychodynamischen Konzepten orientierten Diagnostik berücksichtigt.

Operationalisierte Ansätze des diagnostischen Interviews

Die neuere Entwicklung in der psychodynamisch orientierten Diagnostik zielt auf die Operationalisierung diagnostischer

Merkmalsbereiche ab. Dabei spielt das Interview als „**diagnostisches Meßinstrument**" eine besondere Rolle. Luborsky (1990) hat eine spezielle Interviewform (das *Relationship-Anecdotes-Paradigm-Interview*) – ein Interview zur Analyse von Beziehungsepisoden – entwickelt, das insbesondere auf die Herausarbeitung individueller Beziehungstypen abzielt. Dieses Interview ist vor allem für den wissenschaftlichen Bereich bezüglich vielfältiger Fragestellungen (z. B. Studien zu Therapieverläufen und Ergebnisforschung) geeignet, kann jedoch auch im klinischen Alltag Anwendung bei der Analyse von aktuellen, aber auch zeitlich überdauernden Beziehungsmustern angewandt werden.

Beim Interview (Luborsky 1988) werden die Probanden aufgefordert, über bedeutsame real erlebte Begegnungen mit anderen Menschen zu erzählen. Dafür sind standardisierte Instruktionen vorhanden. Buchheim et al. (1994) empfehlen jedoch, auf das Vorlesen der schriftlichen Instruktionen zu verzichten, um die Entwicklung einer möglichst freien Interaktion nicht zu gefährden. Bei einer flexiblen Handhabung sei eine stringente Einbindung auch dieses Interviews in das im diagnostischen, aber auch therapeutischen Prozeß stattfindende Übertragungs- und Gegenübertragungsgeschehen möglich.

In der Bundesrepublik Deutschland hat sich im September 1992 eine Arbeitsgruppe konstituiert, die die Entwicklung eines Modells der „**Operationalisierten Psychodynamischen Diagnostik**" (**OPD**; Cierpka et al. 1995; Schneider et al. 1995) zum Ziel hat. In diesem modulartig aufgebauten diagnostischen Instrument werden die in Tab. 4-3 aufgeführten, für die Psychotherapie und Psychosomatik relevanten diagnostischen Dimensionen operationalisiert.

Die Operationalisierung der syndromalen Achse ist mit der ICD-10-Klassifikation vorgegeben, allerdings sind leichte Modifikationen von der Arbeitsgruppe eingearbeitet worden (s. Kap. 4.7, S. 206ff). Für die anderen diagnostischen Achsen sind Operationalisierungen und dezidiertere Beschreibungen entwickelt worden. Auf dem Hintergrund einer Konstruktexplikation, die verdeutlicht und festlegt, was in diesem Modell unter den Begriffen der Beziehung, des Konflikts, der Struktur und des Krankheitserlebens verstanden wird, werden diagnostische Kriterien formuliert, die eine Zuordnung der im Interview erhobenen merkmalsrelevanten Daten ermöglichen sollen.

Dieses diagnostische Instrument soll sowohl im klinischen als auch im wissenschaftlichen Bereich Anwendung finden und ist sicherlich auch unter wissenschaftspolitischen Gesichtspunkten angesichts der weitgehend deskriptiven, operationalisierten, psychiatrischen Diagnostik von großem Interesse.

Bisherige Forschungsarbeiten zur OPD

Nachdem 1996 das OPD-Manual (Arbeitskreis OPD, 1996) veröffentlicht worden ist, hat eine Phase intensiver Forschungsarbeiten eingesetzt. Die ersten – durchaus befriedigenden – Reliabilitätsstudien waren bereits in die Manualfassung der OPD eingegangen (Freyberger et al. 1996). Danach sind von verschiedenen Arbeitsgruppen unterschiedliche wissenschaftliche Fragestellungen über und mit der OPD durchgeführt worden – einige multizentrisch. Die Fragestellungen umfaßten Ansätze zur Reliabilität (Interrater-Reliabilität, Testwiederholung), die insgesamt eine zufriedenstellende Reliabilität der OPD bei trainierten Ratern zeigen konnten; weitere wichtige Forschungsfragen fokussierten unterschiedliche Validitätsaspekte.

● Klinische Validität: Hier wurde z. B. untersucht, ob die OPD-Dimensionen geeignet sind relevante klinische Gruppen zu beschreiben und ob sich unterschiedliche klinische Gruppen in ihren OPD-Profilen unterscheiden. Darüber hinaus wurden auch klinische Hypothesen zu diagnostischen Merkmalen von ausgewählten klinischen Gruppen (z. B. Suchtpatienten) überprüft (Schneider und Freyberger 2000).
● Konstruktvalidität: Geprüft wurde, inwieweit die OPD oder einzelne Achsen in relevantem Ausmaß mit anderen Meßverfahren, die ähnliche Merkmale untersuchen, korrelieren.
● Behandlungsvalidität (*Treatment Validity*): Untersucht wurde, ob die OPD-Achsen prognostische Aussagen zu Behandlungseffekten von psychotherapeutischen Maßnahmen zulassen.

Zusammenfassend kann gesagt werden, daß die oben formulierten Forschungsfragestellungen viele relevante Ergebnisse erbracht haben und einen tieferen Einblick in die Struktur und Dynamik der Patienten und Veränderungsprozesse ermöglichten. Die unterschiedlichen Validitätsüberprüfungen haben eine zufriedenstellende Validität der OPD für die verschiedensten Perspektiven ergeben. Die OPD-Achsen differenzieren zwischen unterschiedlichen klinischen Gruppen (z. B. zwischen Neurosen vs. Persönlichkeitsstörungen, Patienten mit somatopsychischen Störungen und psychischen bzw. psychosomatischen Erkrankungen; Schneider und Freyberger 2000). Darüber hinaus sind die Achsen geeignet, Prozesse der Therapieplanung über die Problem- und Fokusformulierung zu unterstützen (Grande et al. 2000).

Auf der Grundlage der empirischen Befunde werden zur Zeit etwaige Modifikationen der Achsen diskutiert. Diese Frage impliziert einen potentiellen Konflikt zwischen der Notwendigkeit, die OPD auf dem Hintergrund der Forschungsergebnisse zu verändern und den Erfordernissen seitens der

Tab. 4-3 Achsen der „Operationalisierten Psychodynamischen Diagnostik" (OPD).

Krankheitserleben und Behandlungsvoraussetzungen
● Beziehung
● Konflikt
● Struktur
Syndromale Klassifikation nach ICD-10

klinischen Anwendbarkeit, ein Instrument mit einer gewissen Stetigkeit, Kontinuität und Übersichtlichkeit zur Verfügung zu haben.

John Clarkin (2000) schlägt vor, das zukünftig mit zwei Versionen der OPD – einer Forschungsversion und einem klinischen Instrument – gearbeitet werden soll, um dieses Problem angemessen zu lösen.

Relativ überraschend ist die große Akzeptanz, die die OPD-Trainingsseminare bei Klinikern, Psychotherapieauszubildenden und Wissenschaftlern gefunden hat. Von 1996 bis 2000 haben ca. 2000 Teilnehmer und Teilnehmerinnen die OPD-Einführungskurse besucht und auch die 2 Aufbaukurse haben einen regen Zuspruch gefunden. Nur ungenügend untersucht von seiten der OPD-Gruppe ist bislang, inwieweit die OPD von diesen im klinischen Alltag eingesetzt wird. Eng damit verbunden ist die Frage, mit welcher Qualität (Reliabilität) die OPD Anwendung findet. Ein Problem, dem in der Zukunft nachgegangen werden muß. Hier zeigt sich, daß die Einführung derartiger diagnostischer Systeme neue Anforderungen an die Qualitätssicherung stellt.

Insgesamt ist die Akzeptanz der OPD im Feld der psychodynamischen Diagnostik und Therapie jedoch als ausgesprochen hoch zu bewerten und reflektiert sicherlich in einem bedeutenden Ausmaß die Unzufriedenheit, die mit den operationalisierten psychiatrischen Dignosenmodelle (DSM und ICD-10) hinsichtlich der Relevanz für die klinische Arbeit – z. B. bei der Therapieplanung und in der Forschung verbunden ist.

Mittlerweile liegen Übersetzungen der OPD in Englisch, Ungarisch und Italienisch vor. Übersetzungen in die spanische und französische Sprache sind in Vorbereitung. Mit Interesse bleibt abzuwarten, ob die OPD international eine vergleichbare Akzeptanz finden wird.

Mit dem Karolinska Psychodynamic Profile (abgekürzt KAPP, Weinryb und Rössel 1991) steht ein weiteres Beurteilungsinstrument mit einem psychoanalytischen Hintergrund zur Verfügung. Dieses Fremdbeurteilungssystem gründet wie die OPD auf einem klinischen Interview, das eng an Kernbergs strukturellem Interview angelehnt ist. Das KAPP umfaßt 18 Unterskalen, die folgende Merkmalsbereiche untersuchen:

- die Qualität der interpersonellen Beziehungen (1–3)
- das psychische Funktionsniveau (4–7)
- Affektdifferenzierung (8–9)
- das Körpererleben als Element des Selbstbewußtseins (10–12)
- Sexualität (13–14)
- das Bild, das sich der einzelne von seiner sozialen Bedeutung macht (15–17)
- die Persönlichkeitsorganisation

Soweit die Beurteiler genügend trainiert sind, weist das KAPP eine hohe Interrater-Übereinstimmung auf und auch die Validität wird als zufriedenstellend angegeben.

Das Interview als Forschungsgegenstand

In der Psychologie wie in den Sozialwissenschaften hat im Rahmen qualitativer Forschungsansätze – zum Beispiel der psychologischen Biographieforschung – seit langem das Interview eine besondere Bedeutung, und entsprechend sind in diesen Gebieten eine Vielzahl methodenbezogene Forschungsarbeiten geleistet worden. Dabei finden sich sowohl systematische Konzeptualisierungen der Interviewdurchführung als auch solche zur Interpretation und Auswertung (siehe z. B. Jüttemann 1990; Jüttemann und Thomae 1987). Ein Schwerpunkt liegt dabei auf der systematischen inhaltsanalytischen Bewertung der Interviewinhalte, ein Zugang der bislang in der Psychotherapie weitgehend vernachlässigt worden ist und erst jetzt zunehmend in der Psychotherapieforschung aufgegriffen wird (s. z. B. Faller und Frommer 1994).

4.2.4
Standardisierte diagnostische Methoden

Zu Eingang dieses Kapitels ist bereits darauf hingewiesen worden, daß im diagnostischen Prozeß unterschiedliche diagnostische Ebenen (z. B. psychologische oder somatische) und Datenquellen (Patient, Angehöriger, Therapeut) zu untersuchen sind und dafür verschiedene diagnostische Methoden zur Verfügung stehen. Dieser Sachverhalt wird von Seidenstücker und Baumann (1977) als **Prinzip der diagnostischen Multimodalität** bezeichnet.

Nachdem im Abschnitt 4.2.3 mit dem Interview eine Methode vorgestellt wurde, die insbesondere auch zur Erhebung von subjektiven – erlebnisbezogenen – und interaktionellen Daten geeignet ist und oftmals nur einen niedrigen Strukturiertheitsgrad aufweist, sollen nun diagnostische Methoden mit einem höheren Standardisierungsniveau charakterisiert werden. Diese finden vielfach im Bereich der Diagnostik- und Therapieforschung Einsatz, haben jedoch – dies gilt insbesondere für die Fragebögen – auch im klinischen Alltag Verwendung.

Fragebögen

Fragebögen werden insbesondere wegen der Genauigkeit und Zuverlässigkeit der diagnostischen Erhebung in Anspruch genommen. In Abschnitt 4.6.1 (S. 194ff) werden die testtheoretischen Grundlagen der Fragebogendiagnostik sowie relevante Anwendungsbereiche in der Psychotherapie dargestellt, so daß hier nur ausgewählte Fragestellungen dargelegt werden sollen, die nicht nur die Diagnostik mit Fragebogen betreffen, sondern auch auf die anderen Verfahrensgruppen eingehen.

Trait- versus Statevariablen

Häufig wird zwischen zeitlich überdauernden psychologischen Merkmalen (**Traitvariablen**) im Sinne von Eigenschaften (z. B. Persönlichkeitsverfahren) und veränderungssensitiven Merkmalen (**Statevariablen**), eher situativ bedingten Variablen, unterschieden. Die Eigenschaftsdiagnostik ist nach Baumann und Stieglitz (1994) eher auf die Erhebung des aktuellen Status orientiert und bevorzugt den Vergleich mit einer Normgruppe; demgegenüber sei die Messung von Statevariablen zum Beispiel im Sinne von Symptomlisten auf die Messung von Veränderungen von Merkmalen mit oder ohne psychotherapeutische Intervention ausgerichtet. Letztlich erscheint diese polarisierte Gegenüberstellung von Trait- oder Statevariablen im klinischen Bereich durch die inhaltlich unterschiedlichen Persönlichkeitskonzepte der Psychoanalyse und der Verhaltenstherapie geleitet und ist oftmals auch ideologisch überlagert, obwohl diese Frage ursprünglich aus der Persönlichkeitspsychologie resultiert.

Vielfach werden die mittels Fragebogen erhobenen Merkmale sowohl eine situative Komponente als auch zeitlich überdauernde Varianzanteile im Sinne von Traitvariablen aufweisen. Stieglitz (1994) hat dies für Stimmungsskalen beschrieben; diese Kombination wird sich jedoch auch bei einem Großteil von Symptomfragebögen sowie bei Persönlichkeitstests auf dem Hintergrund psychodynamischer Theorie (z. B. Gießen-Test, Beckmann et al 1990; Narzißmus-Inventar, Deneecke und Hilgenstock 1989) wiederfinden. Auch ein Persönlichkeitstest wie zum Beispiel der FPI (Freiburger Persönlichkeitsinventar; Fahrenberg et al. 1996) weist eine erhebliche Veränderungssensibilität auf, so daß er sicher nicht nur Traitmerkmale mißt.

Selbst- versus Fremdbeurteilung

Eine wichtige Unterteilung der Fragebogendiagnostik ist die Unterscheidung von Selbstbeurteilungs- und Fremdbeurteilungsverfahren, die beide eine weite Verbreitung aufweisen. Bei **Selbstbeurteilungsverfahren** beurteilt oder berichtet der Patient oder Proband selbst das interessierende Merkmal, zum Beispiel, indem er ein Item auf einer Beschwerdenliste auf einer fünfstufigen Skala von 1 bis 5 ankreuzt. Bei einer **Fremdbeurteilung** hat der Beurteiler (Rater) die Aufgabe, den Probanden bezüglich eines Merkmals zu beschreiben.

Die **Anwendungsbereiche** beider Methoden sind weit und umfassen die Selektion von Patienten zu Gruppen, die Beschreibung und Klassifikation von Merkmalen sowie den Einsatz bei Therapieverlaufsstudien, wo sie zum Beispiel zur Veränderungsmessung eingesetzt werden können.

Selbstbeurteilungsverfahren

Es ist evident, daß gerade innerhalb der Psychotherapie die Sicht des betroffenen Individuums von großer Wichtigkeit ist. Bei **erlebensbezogenen Daten** ist eine direkte Wahrnehmung durch einen Dritten, wie zum Beispiel bei der Beobachtung von manifestem Verhalten, nicht möglich, und so besteht gerade hier ein großer Bedarf an Selbstbeurteilung durch den Patienten. In der klinisch-psychologischen und der psychothera-

peutischen Forschung finden so vor allem auch Selbstbeurteilungen von Symptomen, Beschwerden oder Stimmungen (z. B. Depressivität oder Ängstlichkeit) eine breite Anwendung, weil diese Merkmale durch den Patienten in der Regel am angemessensten beurteilt werden können. Ergänzend dazu können die gleichen Merkmalsbereiche unter Umständen noch durch den behandelnden Arzt fremdbeurteilt werden, um zu einer breiteren Beurteilungsbasis zu kommen.

Als weitere Vorteile von Selbstbeurteilungsverfahren werden die **einfache Praktikabilität** und die **Ökonomie** beziehungsweise der niedrige Aufwand bei der Durchführung genannt. Der Patient erhält zum Beispiel während einer Therapiestudie alle sieben Tage einen oder mehrere standardisierte Fragebögen vorgelegt, die er eigenständig bearbeiten kann, ohne daß ein größerer personeller oder institutioneller Aufwand resultieren würde.

Stieglitz (1994) nennt folgende **Fehlerquellen** der Selbstbeurteilung neben Fehlern, die sich aus der Testkonstruktion ergeben (z. B. unklare Formulierungen und Interpretationsspielräume):

- Erinnerungs-, Selbstbeobachtungs- und Selbstdarstellungsfehler
- absichtliche Verfälschungen (Simulation und Bagatellisierung)
- Response Sets (soziale Erwünschtheit, Tendenz zu extremen Antworten)
- Fehler durch falsche Schlußfolgerungen (logische Fehler, Halo-Effekte), bei denen die Beantwortung einer oder mehrerer Items durch die Beantwortung vorhergehender Items beeinflußt wird

Fragebögen, die auf der Selbstbeurteilung aufbauen, haben trotz dieser potentiellen Mängel zu Recht eine große Bedeutung in der Forschung und klinischen Praxis, da sie die Perspektive des Individuums stärker berücksichtigen als die Fremdbeurteilung oder die Verhaltensbeobachtung.

Fremdbeurteilungsverfahren

Die Fremdbeurteilung beruht entweder auf der direkten Beobachtung von Merkmalen oder Verhalten durch den Untersucher, die Schilderung von Beschwerden oder Sachverhalten durch den Patienten oder auf fremdanamnestischen Angaben. Auf der Basis dieser Informationen kommt der Beurteiler (Arzt, Wissenschaftler) zu klinischen Beurteilungen, die oftmals nicht systematischer Natur sind. Er bildet sich zum Beispiel ein klinisches Urteil über das Ausmaß an Ängstlichkeit oder Depressivität, ohne daß explizite Kriterien zur Einstufung des Schweregrades der Depression vorliegen würden. Bei einem derartigen Vorgehen weist selbstverständlich die Fremdbeurteilung ein hohes Ausmaß an Beurteilungsunsicherheit auf. Dies hat in der Vergangenheit dazu geführt, daß sich Fremdbeurteilungen bei einer größeren Zahl von Diagnostikern durch eine hohe Variabilität ausgezeichnet haben.

In der klinischen Diagnosestellung haben wir es in der Regel mit Fremdbeurteilungen zu tun, und hier wurde gerade seitens der Psychiatrie die mangelnde Zuverlässigkeit beziehungsweise Übereinstimmung der Diagnosestellung bei unterschiedlichen Diagnostikern (Interraterreliabilität) beklagt. Dieser Gesichtspunkt hat letztlich die Entwicklung operationalisierter diagnostischer Modelle gefördert.

Fremdbeurteilungen mit einem höheren Systematisierungsgrad als die klinische Diagnosestellung werden in der Regel auf der Grundlage von **Ratingskalen** vorgenommen. Bei einem Rating ordnet ein Beurteiler (Rater) eine Person hinsichtlich eines oder mehrerer Merkmalsbereiche auf der Grundlage unterschiedlicher Informationen (Selbstschilderung, fremdanamnestische Angaben) einer Beurteilungskategorie auf einer Skala zu. Die Zuordnungsregeln sind dabei häufig nicht oder nur ungenügend expliziert. Das Ziel dieses Ratings besteht dann unter Umständen darin, eine Klassifikation der Symptomatik oder multipler Symptome vorzunehmen oder prognostische Aussagen zu formulieren (s. Baumann und Seidenstücker 1977).

Im Bereich der Psychiatrie, Psychotherapie und Klinischen Psychologie existieren Fremdbeurteilungsverfahren sowohl zu engeren klinischen Syndromen (wie z. B. die Ängstlichkeit oder die Depressivität) als auch zu umfassenderen psychopathologischen Charakterisierungen. Beispiele für speziell auf einzelne Syndrome ausgerichtete Skalen sind die **Hamilton-Depression-Skala** (Hamilton 1976) oder das **Anxiety Status Inventory** (Zung 1976). Eine Fremdbeurteilung der Gesamtpsychopathologie läßt sich zum Beispiel mit der **Inpatient Multidimensional Psychiatric Scale** (IMPS, Hiller et al. 1986) oder mit dem **AMDP-System** (1981) vornehmen (eine Übersicht findet sich bei Stieglitz und Ahrens 1994).

Die Vorzüge der Fremdbeurteilungsverfahren bestehen nach Stieglitz und Ahrens (1994) unter anderem darin, daß Merkmale bei Patienten beurteilt werden können, die diese unter Umständen nicht oder nur eingeschränkt selbst wahrnehmen können (z. B. inhaltliche Denkstörungen wie Wahnvorstellungen), sowie in der Hilfestellung bei der Diagnosenfindung. Darüber hinaus haben Fremd- wie auch Selbstbeurteilungsverfahren einen wichtigen Stellenwert bei der Erforschung von Störungsbildern. Dies kann die Klassifikation von Syndromen, aber auch die nosologische Konzeptualisierung von psychischen Krankheiten betreffen.

Als mögliche **Fehlerquellen** kommen Unterschiede in der Interviewtechnik, eine unterschiedliche Gewichtung der Informationen (z. B. der Symptome), Unterschiede in der Beobachtung und der Interpretation in Frage. Eine wichtige Fehlerquelle liegt zudem in den differenten Krankheitskonzepten der Beurteiler begründet.

Verhaltensbeobachtung

Die direkte Beobachtung von Verhalten hat in der Psychiatrie Tradition und hat in der klinischen Eindrucksbildung bereits lange eine wichtige Rolle gespielt. Jedoch setzte erst etwa seit den 70er Jahren eine Systematisierung der Beobachtung des nichtverbalen Verhaltens zu Forschungszwecken ein. Wichtige **Aspekte** des **nonverbalen Verhaltens** sind:

- Mimik
- Gestik
- Körperbewegung
- Stimmlage
- Sprechweise

Eine ausführliche Aufgliederung des nonverbalen Verhaltens in die unterschiedlichen Verhaltensbereiche findet sich bei Helfrich und Walbott (1980). Grundsätzlich können bei der Verhaltensbeobachtung auch interaktionelle Komponenten einbezogen werden, die jedoch die Analyse noch komplexer gestalten.

Mimik

Für die systematische Analyse des mimischen Ausdrucks liegt mit dem **Facial Action Coding System** (FACS; Ekman und Friesen 1978) ein Beschreibungsmodell vor, das von den anatomisch vorgegebenen Bewegungsmöglichkeiten der Gesichtsmuskeln beziehungsweise Muskelgruppen ausgeht. Dieses System beschränkt sich auf sichtbare und unterscheidbare mimische Bewegungsabläufe, die grundsätzlich von jedem Beobachter visuell registriert werden können (s. Wallbott 1994). Auf der Basis dieser Beobachtungsmethode wird das mimische Verhalten in 44 „minimale Komponenten" aufgeteilt, die anatomisch beschrieben und beispielhaft veranschaulicht werden (z. B. Zusammenziehen der Augenbrauen, Heben der Mundwinkel, Nase rümpfen etc.). Auf der Grundlage empirischer Befunde zum Zusammenhang von spezifischen mimischen Abläufen und Emotionen oder Befindlichkeiten sind Aussagen über mimische Korrelate spezifischer Emotionen möglich, die nach Wallbott (1994) diagnostische Relevanz besitzen.

Die Methoden haben natürlich nicht nur eine Bedeutung für den klinisch-psychologischen, psychotherapeutischen oder psychiatrischen Bereich, sondern vermögen Aussagen für die allgemeine Psychologie oder Sozialpsychologie zu formulieren. Im klinischen Bereich ist von besonderem Interesse die Frage nach **störungsspezifischen Verhaltensmustern**, die unter Umständen eine Aussagekraft für differentialdiagnostische und verlaufsorientierte Erwägungen haben könnten. Eine Vielzahl von Befunden liegt für Charakteristika der Mimik bei depressiven und schizophrenen Patienten vor. So hat es den Anschein, als ob die Gruppe der depressiven Patienten weniger homogen in ihrem mimischen Ausdruck ist als ursprünglich angenommen (s. Wallbott 1994); allerdings erscheint ein reduzierter Blickkontakt für diese Gruppe charakteristisch. Für schizophrene Patienten wird zum Beispiel ein selteneres Auftreten positiver mimischer Ausdrucksbewegungen (Lächeln oder Lachen) beschrieben als das Auftreten von negativen Emotionen wie Ärger oder Verachtung (Krause et al. 1989).

Gestik

Bei der Analyse der Gestik wird grundsätzlich zwischen **sprachbegleitender** und **sprachunabhängiger Gestik** unterschieden. Darüber hinaus sind weiter differenzierende Kategorieschemata (z. B. Ekman und Friesen 1969) entwickelt worden, auf die hier nicht weiter eingegangen werden soll. Frey (1987) hat ein Kategoriensystem zur Analyse der gesamten Körpermotorik entwickelt, das über komplexe statistische Einzelfallanalysen (Zeitreihen) eine Analyse vieler Bewegungsparameter erlaubt.

Techniken der Verhaltensbeobachtung

Die technischen Voraussetzungen für die hier skizzierten Beobachtungsverfahren werden durch **Videoaufzeichnungen** mit der Möglichkeit, die Geschwindigkeit der Bilder zu variieren (Zeitlupe, Standbild), erfüllt. Mittlerweile sind auch **computergestützte Auswertungverfahren** entwickelt worden.

Im Bereich der psychodynamisch orientierten Psychotherapieforschung hat die systematische Beobachtung des sprachlichen Verhaltens mit Hilfe von **Verbatimprotokollen**, die auf Tonbandaufzeichnungen beruhen, eine relativ lange Tradition (s. Meyer 1994). Eine Erweiterung auf die Analyse auch des nonverbalen Verhaltens mit Hilfe von Videoaufzeichnungen bietet interessante Perspektiven sowohl für die Erforschung von emotionalen Prozessen als auch für die Untersuchung der Therapeut-Patient-Interaktion. Gegebenenfalls können derartige Forschungsstrategien um die Berücksichtigung psychophysiologischer Merkmale erweitert werden.

Psychophysiologische Messungen

In diesem Abschnitt soll kurz auf den Stellenwert psychophysiologischer Messungen im diagnostischen Prozeß eingegangen werden, wobei der Schwerpunkt hier auf den Bereich der Forschung gelegt wird. Physiologische Untersuchungen und Daten weisen im Rahmen der klinischen Diagnostik eine große Bedeutung bei der Abklärung etwaiger pathologischer oder abweichender somatischer Faktoren oder Prozesse auf.

Ziele der Psychophysiologie

Das allgemeine Ziel der **Psychophysiologie** besteht in der Beschreibung und Bedingungsanalyse psychologischer und physiologischer Prozesse. Dabei wirft die Integration dieser beiden komplementären Ebenen grundlegende – auch wissenschaftstheoretische – Probleme auf (vgl. Kap. 2.2, S. 73ff), die weiter unten auszugsweise aufgegriffen werden.

Birbaumer und Schmidt (1991) verstehen unter der **physiologischen Psychologie** die Forschung über die **Beziehung** zwischen **Gehirn** und **Verhalten**, verweisen jedoch darauf, daß das Gehirn zwar als oberstes Steuerorgan aller somatischen Funktionen anzusehen ist, jedoch auch von den peripheren physiologischen Systemen, zum Beispiel über die Sauerstoffzufuhr und Ernährung, abhängig ist. Eine wichtige Aufgabe der psychophysiologischen und neuropsychologischen Forschung wird von diesen Autoren in der Beschreibung und Analyse der Informationsverarbeitung und Verhaltenssteuerung gesehen.

Anwendungsbereiche psychophysiologischer Methoden

Fahrenberg (1983) sieht als wichtigsten Anwendungsbereich psychophysiologischer Methoden die **Beschreibung** von **Aktivierungsprozessen**, die durch experimentelle Einflüsse induziert werden können, aber auch spontan oder periodisch auftreten können. Unter Aktivierungsprozessen faßt er Zustandsänderungen wie zum Beispiel „Belastung – Beanspruchungsprozesse (Streß), Anspannung – Entspannung oder Schlaf – Wachheit", aber auch Emotionen und Stimmungen auf. Dabei kann das Ziel einmal in der Herausarbeitung allgemeiner Bedingungen dieser Aktivierungsprozesse oder in der Beschreibung und Analyse inter- und intraindividueller Unterschiede liegen.

Psychophysische Prozesse oder Zustände können hinsichtlich ihrer Intensität, Dauer und Charakteristik der Veränderung **klassifiziert** werden; darüber hinaus wird versucht, charakteristische Zustände inhaltlich „psychologisch" zu klassifizieren (z. B. als Angst, Aufmerksamkeit oder Streß).

Psychophysiologische Methoden finden Anwendung in der allgemeinen wie differentiellen Psychologie, der Sozialpsychologie wie in der Psychosomatik, Psychotherapie(-forschung) und klinischen Psychologie.

Eine Darstellung relevanter psychophysiologischer Zugangsweisen und Methoden im Rahmen der Streßforschung findet sich im Kapitel 2.5.

Bei **psychosomatischen Fragestellungen** können psychophysiologische Ansätze bei der Analyse und Beschreibung von Krankheitsbildern (z. B. Somatisierungsstörungen oder psychosomatische Störungen im engeren Sinne) sowie bei Verlaufskontrollen oder Veränderungsmessungen in der psychosomatisch-psychotherapeutischen Behandlung eingesetzt werden.

Ein Schwerpunkt der Forschung liegt in den letzten Jahren im Bereich der **Neuropsychologie** im Gesamt der damit verbundenen **Meßmethoden**, zum Beispiel:
- Elektroenzephalographie (EEG)
- Messung ereigniskorrelierter Hirnpotentiale (EKP)
- Bildgebende Verfahren zur Messung der Gehirntätigkeit:
  - Computertomographie (CT)
  - Positron-Emmisions-Tomographie (PET)
  - (funktionelle) Kernspintomographie (NMR)

Darüber hinaus hat die Psychoimmunologie (s. Kap. 2.3), bei der es um die Herausarbeitung und Registrierung von Hormonen als Indikatoren von Aktivierungsprozessen geht, einen wichtigen Stellenwert bei der Diagnostik biochemischer Prozesse eingenommen.

Zielgrößen psychophysiologischer Messungen

Grob gegliedert lassen sich nach Fahrenberg (1983) folgende wichtige Zielgrößen psychophysiologischer Messungen beschreiben:

- Herz-Kreislauf-Parameter wie z. B. die Herzfrequenz, gemessen mit dem Elektrokardiogramm, der Blutdruck sowie die periphere Durchblutung (Pletysmographie)
- spontane und evozierte elektrische Hirnsignale, die Hinweise über Ruhe- und Aktivierungsprozesse sowie die Informationsverarbeitung geben
- Augenbewegungen (Elektrookulographie oder photographische Verfahren), Lidschlag oder Pupillenweite (direkte oder indirekte Pupillographie)
- mit Hilfe des Elektromyogramms bestimmte elektrische Aktivität eines Muskels (Oberflächenableitung) oder einzelner motorischer Einheiten (Nadelableitung)
- an der Haut mittels Elektroden abgeleitete elektrodermale Aktivität, Hautfeuchtigkeit und -temperatur
- Speichelsekretion, Magenmotilität und -sekretion
- Genitalfunktion, gemessen durch Phallographie oder Photoplethysmographie, bei der die erektile Dehnung aufgezeichnet wird
- Hormonspiegel als Indikatoren von Aktivierungsprozessen

Wir haben also eine große Vielfalt psychophysiologischer Parameter, die eine große Zahl unterschiedlicher technischer Ableitungs- oder Erhebungsmethoden notwendig machen. Gemessen werden kann zu einem Zeitpunkt oder kontinuierlich über ausgewählte Zeiteinheiten, wobei die Auswertung in der Regel computerisiert vorgenommen wird. Die Bewertung und **Interpretation** der **Daten** wirft jedoch oftmals erhebliche Probleme auf.

Physiologische Parameter als Indikatoren für die Aktivierung eines Individuums

Ist die Frage, in welchem Ausmaß ein einzelner physiologischer Parameter als Indikator für die Aktivierung eines Individuums anzusehen ist, schon problematisch, so wirft die Integration verschiedener physiologischer Daten in ein Gesamtbild der organischen Parameter häufig gravierende Schwierigkeiten auf.

Fahrenberg (1983) verweist darauf, daß im Forschungsprozeß in der Regel relativ willkürlich physiologische Faktoren als Indikatoren ausgewählt werden würden, ohne daß eine kritische Würdigung der inhaltlichen Reichweite der einzelnen physiologischen Dimensionen und eine entsprechende Berücksichtigung der für die jeweilige Versuchsfragestellung geeigneten physiologischen oder biochemischen Parameter vorgenommen würde.

Erhebung psychologischer Parameter

Die andere Seite der psychophysiologischen Forschung stellt die Erhebung psychologischer Parameter dar. In der Tradition der akademischen Psychologie dienten als **Meßinstrumente** für das **innere Erleben** vor allem:

- Befindlichkeitsskalen
- Beschwerdenlisten
- Streßfragebögen
- Selbsteinstufungen der Körperwahrnehmungen

Neben Selbstbeschreibungen, die auch verbal in einem freien oder standardisierten Interview erhoben werden können, sind auch Fremdbeurteilungen der Aktivierung oder von Emotionen durch zum Beispiel Verhaltensanalysen auf der Grundlage von Interviews oder systemischer Beobachtung, wie zum Beispiel das bereits oben angesprochene FACS (S. 175f; Ekman und Friesen 1978) zur Beschreibung von spezifischen Emotionen möglich.

Integration psychologischer und somatischer Merkmalsbereiche

Eine große Schwierigkeit der psychophysiologischen Forschung stellt die Integration der unterschiedlichen untersuchten psychologischen und somatischen Merkmalsbereiche dar; im übrigen ist dies ein zentrales und bisher ungelöstes Problem der Psychosomatik schlechthin, für die neben psychologischen und somatischen Faktoren auch soziale Determinanten eine Rolle spielen. Dafür existieren unterschiedliche Konzepte, die zum Beispiel von einem Parallelismus somatischer und psychischer Funktionen ausgehen oder annehmen, daß psychische Prozesse als abhängig von neuronalen Prozessen (**materialistische Sichtweise**) anzusehen sind, oder wie der **Interaktionismus** eine wechselseitige Beeinflussung physischer und psychischer Faktoren postulieren.

Birbaumer (1991) löst das Problem über die pragmatische Einführung dreier **Beschreibungs- (Verhaltens-)Ebenen** von **Emotionen**:
- der physiologisch-humoralen
- der motorisch-verhaltensmäßigen
- der subjektiv-psychologischen

Uexküll (1996) hat mit dem Modell des **Emergismus** den Versuch einer Konzeptualisierung der psychophysischen Problematik gemacht. Er geht von einer hierarchischen Rangordnung der Wissenschaftsgegenstände aus, bei der Physik und Chemie die unterste Position einnehmen, worauf die Biologie, Psychologie und Soziologie folgen. Nach dem Verständnis der Emergenz leitet sich ein „höherer" Prozeß zwar aus der Komplexität darunterliegender Vorgänge ab (z. B. die Psychologie von der Chemie und Physik, aber auch von der Biologie), wird jedoch nicht vollständig durch die Gesetzmäßigkeiten und Prinzipien des unterliegenden Vorganges erklärt.

Gegenüber diesen Ansätzen, die ein wissenschaftsübergreifendes Erklärungsprinzip für die unterschiedlichen Wissenschaftsansätze der Psychosomatik entwickeln möchten, geht das **Komplementaritätsprinzip** (s. Fahrenberg 1983; vgl. auch Kap. 2.2.4, S. 75) davon aus, daß die unterschiedlichen Wissenschaften ihre eigene Logik und Gesetzmäßigkeiten wie ihre eigene Sprache und Form der Analyse aufweisen, die nicht ineinander überführbar seien. Für die Naturwissenschaften ist der funktional-kausalanalytische Zugang angemessen, die psychologischen und soziologischen Merkmalsbereiche erfordern jedoch einen hermeneutischen Analyse- und Verstehenszugang. Die psychophysiologischen Daten können also Informationen liefern, die einen hohen korrelativen Zusammenhang aufweisen, ohne daß wir jedoch gesetzmäßige Beziehungen zwischen beiden Analyseebenen postulieren können. Beide wissenschaftlichen Methoden stellen unterschiedliche Diskurse dar, die jeder für sich eine Berechtigung bei der Analyse des Menschen als biologisches und psychosoziales Wesen aufweisen und ihre jeweils spezifische Aussagekraft haben. Jeder Zugang für sich ist sinnvoll und potentiell in der Lage, Antworten auf relevante Fragen zu geben, auch wenn eine Zusammenfügung der unterschiedlichen Erkenntnisse zu einem Gesamtbild nicht oder nur hypothetisch möglich ist (s. Tress und Junkert-Tress 1993).

Psychophysiologische Methoden in der Psychotherapie

Abschließend soll noch darauf hingewiesen werden, daß psychophysiologische Interventionsmethoden in der Psychotherapie eine zunehmend wichtigere Rolle spielen. Beispielhaft sei auf den Einsatz von Entspannungsverfahren und Biofeedbackmethoden in der Behandlung von Angst- oder Schmerzpatienten verwiesen. Darüber hinaus sind Erkenntnisse der Psychophysiologie auch für die Rehabilitation von großer Bedeutung, zum Beispiel bei Patienten mit Insulten und Störungen der Wahrnehmung, für die spezifische neurophysiologisch und -psychologisch begründete Rehabilitationsmaßnahmen zur Verfügung stehen.

4.2.5
Abschließende Erwägungen

Wir haben in den vorhergehenden Abschnitten gesehen, wie viele unterschiedliche diagnostische Merkmalsbereiche in der Psychosomatik und Psychotherapeutischen Medizin von Bedeutung sind und welche Vielfalt an diagnostischen Methoden und Ansätzen zur Untersuchung der jeweiligen diagnostischen Dimension zur Verfügung stehen. Es liegt nahe, daß der diagnostische Aufwand sowie die angewandte Methodik in Abhängigkeit von der konkreten Fragestellung variiert. So wird sich Diagnostik im klinischen Alltag sicherlich vom diagnostischen Vorgehen im wissenschaftlichen Kontext unterscheiden. Aber allein das klinische Feld weist bereits eine hohe Variationsbreite an diagnostischen Fragestellungen und eingesetzten Methoden auf, die nicht nur von der jeweiligen „therapeutischen Schulenzugehörigkeit" abhängt, sondern auch die individuelle Bedeutung und das Problembewußtsein reflektiert, das der jeweilige Therapeut oder Diagnostiker der Diagnostik einräumt.

Wir haben versucht, das weite Spektrum diagnostischer Fragestellungen und Methoden knapp darzulegen, aber auch Standards zu vermitteln, die an Diagnostik in unserem Fach aktuell und zukünftig anzulegen sind. Dabei ist es einmal wichtig, die für die jeweilige Problemstellung angemessenen Verfahren einzusetzen, um ein möglichst hohes Ausmaß an diagnostischer Aussagekraft zu erzielen. Dabei beziehen wir ausdrücklich auch standardisierte Untersuchungsmethoden für psychosoziale Merkmalsbereiche sowie die operationalisierten syndromalen Diagnosemodelle im klinischen Feld mit ein. Gerade für die Klinik erscheint es uns angezigt, darauf hinzuweisen, daß eine adäquate Rezeption diagnostischer Methoden aus dem wissenschaftlichen Bereich den Prozeß der klinischen Diagnosestellung positiv beeinflussen kann und daß die Standards der diagnostischen Reliabilität wie der Kommunizierbarkeit von Diagnosen und diagnostischem Vorgehen auch hier gelten. Ein besonderes Augenmerk muß jedoch auf den Gesichtspunkt der Validität von Diagnosen gerichtet werden. Hier ist insbesondere die Behandlungsrelevanz der Diagnosen von Interesse, die heute noch vielfach zu wünschen läßt.

Ein schwieriges Problem wird sicherlich oft die Integration diagnostischer Befunde sein, die sich auf verschiedene Merkmalsbereiche (z. B. psychische, soziale oder somatische) beziehen und mit unterschiedlichen Methoden untersucht worden sind, deren Datenebenen sich gravierend unterscheiden können (z. B. qualitative versus quantitative Daten differenten Datenniveaus). Hier ist sicherlich noch viel kritische und konstruktive Arbeit notwendig, die jedoch unvermeidlich ist. Für den klinischen diagnostischen Prozeß bedeutet dies, daß wir dem Patienten die unterschiedlichen diagnostischen „Erhebungsprozeduren" (z. B. das Erstinterview, die Fragebogenuntersuchung, die psychophysiologische Messung und körperliche Untersuchung) durchaus zumuten, uns dabei jedoch an den individuellen Bedürfnissen und Möglichkeiten des einzelnen Patienten orientieren und die Relevanz des Beziehungsgeschehens im diagnostischen Prozeß immer im Bewußtsein haben.

Literatur (zu Kap. 4.1 und 4.2)

Arbeitskreis Operationalisierte Psychodynamische Diagnostik. (Hrsg). Operationalisierte Psychodynamische Diagnostik. Grundlagen und Manual. 1. Aufl. 1996. 2. Aufl. Bern, Göttingen, Toronto, Seattle: Huber 1998.

Argelander H. Das Erstinterview in der Psychotherapie. Darmstadt: Wissenschaftliche Buchgesellschaft 1970.

Balint M. Psychotherapeutic techniques in medicine. London: Tavistock 1961.

Basler H-D. Das Verhältnis der Compliance-Forschung zum Patienten. In: Indikationen zur Psychotherapie. Anwendungsbereiche und Forschungsprobleme. Schneider W (Hrsg). Weinheim, Basel: Beltz 1990; 167–82.

Bastine R. Adaptive Indikationen in der zielorientierten Psychotherapie. In: Indikationen zur Psychotherapie. Baumann U. (Hrsg) München, Wien, Baltimore: Urban & Schwarzenberg 1981; 158–68.

Bastine R. Differentielle Psychotherapie in der Entwicklung – einige Bemerkungen zu dem Artikel von Klaus Grawe. Psychol Rundsch 1992; 43: 171–3.

Baumann U. Klinisch-psychologische Diagnostik: Gibt es Alternativen zur klassischen Diagnostik? Z Klin Psychol 1990; 19: 179–82.

Baumann U, Seidenstücker G. Zur Taxonomie und Bewertung psychologischer Untersuchungsverfahren bei Psychopharmakaprüfungen. Pharmakopsychiatrie 1977; 10: 165–75.

Baumann U, Stieglitz R-D. Psychodiagnostik psychischer Störungen: allgemeine Grundlagen. In: Psychodiagnostik psychischer Störungen. Stieglitz R-D, Baumann U (Hrsg). Stuttgart: Enke 1994; 3–20.

Beckmann D, Brähler E, Richter HE. Der Gießen-Test (GT): ein Test für Individual- und Gruppendiagnostik. 4. Aufl. Bern: Huber 1990.

Beutel M. Bewältigungsprozesse bei chronischen Erkrankungen. Weinheim: VCH 1988.

Birbaumer N, Schmidt RF. Biologische Psychologie. Berlin: Springer 1991.

Blaser A. Der Urteilsprozeß in der Indikationsstellung zur Psychotherapie. Bern: Huber 1977.

Buchheim P, Dahlbender R, Kächele H. Biographie und Beziehung in der psychotherapeutischen Diagnostik. In: Diagnostik in Psychotherapie und Psychosomatik. Janssen PL, Schneider W (Hrsg). Stuttgart, Jena, New York: Fischer 1994; 105–34.

Cierpka M, Buchheim P, Freyberger HJ, Hoffmann SO, Janssen PL, Muhs A, Rudolf G, Rüger U, Schneider W, Schüßler G. Die erste Version einer operationalisierten psychodynamischen Diagnostik (OPD-1). Psychotherapeut 1995; 2: 69–78.

Clarkin J. Die OPD aus der Sicht eines Außenstehenden. In: Was leistet die OPD? Schneider W, Freyberger HJ (Hrsg). Bern, Göttingen, Toronto, Seattle: Huber 2000; 17–24.

Cullen W. Anfangsgründe der praktischen Arzneikunst. Th. 1–4. Leipzig: Fritsch 1718–1785. (zitiert nach Dilling 1993.)

Deneke FW, Hilgenstock B. Narizißmusinventar. Testmaterial und Handbuch. Huber: Bern 1989.

Dilling H. Zur Geschichte nosologischer Klassifikationen in der Psychiatrie. In: Diagnostik und Klassifikation nach ICD-10. Kap. V: Eine kritische Auseinandersetzung. Schneider W, Freyberger HJ, Muhs A, Schüßler G (Hrsg). Göttingen, Zürich: Vandenhoeck & Ruprecht 1993; 15–21.

Dilling H. Diagnostische Modelle in der Psychiatrie. In: Diagnostik in Psychotherapie und Psychosomatik. Janssen PL, Schneider W (Hrsg). Stuttgart, Jena, New York: Fischer 1994; 105–34.

Dittmann V, Freyberger HJ, Stieglitz R-D, Zaudig M. ICD-10-Merkmalsliste. In: Psychiatrische Diagnostik nach ICD-10 – klinische Erfahrungen bei der Anwendung. Bern: Huber 1992; 185–216.

Dührssen A. Die biographische Anamnese unter tiefenpsychologischen Aspekten. Göttingen: Vandenhoeck & Ruprecht 1981.

Ekman P, Friesen WV. The repertoire of nonverbal behavior: categories, origins, usage and coding. Semiotica 1969; 1: 49–98.

Ekman P, Friesen WV. The facial action coding system: a manual for the measurement of facial movement. Palo Alto: Consulting Psychologist's Press 1978.

Fahrenberg J. Psychophysiologische Methodik. In: Enzyklopädie der Psychologie. Bd. V: Verhaltensdiagnostik. Groffmann KJ, Michel L (Hrsg). Göttingen: Hogrefe 1983; 1–192.

Fahrenberg J, Hampel R, Selg H. Das Freiburger Persönlichkeitsinventar (FPI-R). 6. Aufl. Göttingen: Hogrefe 1996.

Faller H, Frommer J (Hrsg). Qualitative Psychotherapieforschung. Heidelberg: Asanger 1994.

Frey S. Analyzing patterns of behavior in dyadic interaction. Göttingen: Hogrefe 1987.

Freyberger HJ, Dierse B, Schneider W, Strauß B, Heuft G, Schauenburg H, Pouget-Schors D, Seidler G, Küchenhoff J, Hoffmann SO. Operationalisierte Psychodynamische Diagnostik (OPD) in der Erprobung – Ergebnisse einer multizentrischen Anwendungs- und Praktikabilitätsstudie. Psychother Psychosom Med Psychol 1996; 46: 356–65.

Gill MM, Newman R, Redlich FC. The initial interviews in psychiatric practise. New York: University Press 1954.

Grande T, Rudolf G, Oberbracht C. Veränderungsmessung auf OPD-Basis: Schwierigkeiten und ein neues Konzept. In: Was leistet die OPD? Schneider W, Freyberger HJ (Hrsg). Bern, Göttingen, Toronto, Seattle: Huber 2000; 148–61.

Grawe K. Psychotherapieforschung zu Beginn der neunziger Jahre. Psychol Rundsch 1992; 43: 132–62.

Greenson RR. Das Arbeitsbündnis und die Übertragungsneurose. In: Psychoanalytische Erkundungen. Greenson RR (Hrsg). Stuttgart: Klett-Cotta 1982; 151–77.

Hahn P. Ärztliche Propädeutik. Berlin: Springer 1988.

Hamilton M. HAMD. Hamilton Depression Scale. In: ECDEU Assessment Manual for Psychopharmacology. Guy W (ed). Rockville: National Institute of Mental Health 1976; 179–92.

Heinroth J. Lehrbuch der Störungen des Seelenlebens. Leipzig: Vogel 1818. (zitiert nach Dilling 1993).

Helfrich H, Walbott HG. Theorien der nonverbalen Kommunikation. In: Lexikon der germanistischen Linguistik. 2. Aufl. Althaus HP, Kenne HH, Wiegand HF (Hrsg). Tübingen: Niemeyer 1980; 267–75.

Helmchen H, Rüger U. Neurosen und psychosomatische Erkrankungen als klassifikatorisches und diagnostisches Problem. Z Psychosom Med 1980; 26: 205–16.

Hiller W, Zaudig M, Mombour W. Münchner Diagnose-Checklisten für DSM-III-R. München: Max-Planck-Institut für Psychiatrie 1989.

Hiller W, Zersson D v, Mombour W, Wittchen HU. Impatient Multidimensional Psychiatric Scale. Weinheim: Beltz 1986.

Hoffmann SO. Die phobischen Störungen (Phobien). Eine Übersicht zum gegenwärtigen Verständnis ihrer Psychodynamik und Hinweise zur Therapie. Forum der Psychoanalyse 1999; 15: 237–52.

Jäger RS, Kaiser A. Biographische Analyse und biographische Diagnostik. In: Biographie und Psychologie. Jüttemann G, Thomae H (Hrsg). Berlin, Heidelberg, New York: Springer 1987; 178–93.

Janssen PL. Zur psychoanalytischen Diagnostik. In: Diagnostik in Psychotherapie und Psychosomatik. Jüttemann G, Thomae H (Hrsg). Stuttgart, New York: Fischer 1994; 77–103.

Jüttemann G (Hrsg). Komparative Kasuistik. Heidelberg: Asanger 1990.

Jüttemann G, Thomae H. Biographie und Psychologie. Berlin: Springer 1987.

Kanfer FH, Saslow G. Verhaltenstherapeutische Diagnostik. In: Diagnostik in der Verhaltenstherapie. Schulte D (Hrsg). München: Urban & Schwarzenberg 1974; 24–59.

Kendell RE. Die Diagnose in der Psychiatrie. Stuttgart: Enke 1978.

Kernberg OF. Structural interviewing. Psychiatr Clin North Am 1981; 4: 169–95.

Krause R, Steimer E, Sänger-Alt C, Wagner G. Facial expression of schizophrenic patients and their interaction partners. Psychiatry 1989; 52: 1–12.

Lairaiter A-N. Diagnostik in der Psychotherapie. Wien, New York: Springer 2000.

Lamnek S. Qualitative Sozialforschung. Bd. 1. Methodologie. Weinheim: Beltz 1993.

Leuzinger M. Denkprozesse bei der Indikationsstellung. Berichte aus der Abteilung Klinische Psychologie. Universität Zürich 1980.

Linné C v. Genera morborum in auditorum usum. Buchenroeder u. Ritter, Harzburgi & Gustraviae 1742. (zitiert nach Dilling 1994).

Luborsky L. Einführung in die analytische Psychotherapie. Ein Lehrbuch. Heidelberg, New York, Tokyo: Springer 1988.

Luborsky L. The relationship anecdotes paradigm (RAP) interview as a versatile source of narratives. In: Understanding transference. The CCRT method. Luborsky L, Crito-Christoph P (eds). New York: Basic Books 1990; 102–13.

Mentzos S. Psychoanalytische Behandlungen von Psychosen. In: Reichweite der psychoanalytischen Psychotherapie. Janssen PL, Paar GH (Hrsg). Berlin, Heidelberg, New York: Springer 1989; 33–45.

Meyer AE. Wodurch wirkt Psychotherapie? In: Wirkfaktoren der Psychotherapie. Lang H (Hrsg). Würzburg: Königshausen u. Neumann 1994; 179–89.

Parin P. Die Indikation zur Analyse. Psyche 1958; 12: 367–87.

Pawlik K. Modell- und Praxisdimensionen psychologischer Diagnostik. In: Diagnose der Diagnostik. Pawlik K (Hrsg). Stuttgart: Klett 1976; 13–40.

Perez M. Diagnostik in der Psychotherapie – ein anachronistisches Ritual? Psychol Rundsch 1985; 36: 106–9.

Scheuch EK. Das Interview in der Sozialforschung. In: Handbuch der empirischen Sozialforschung. König R (Hrsg). München: dtv 1967; 136–96.

Schneider W. Leitlinien der Indikationsforschung zur Psychotherapie – Forschungsstrategien, Begrenzungen und Unterlassungen. In: Indikationen zur Psychotherapie. Anwendungsbereiche und Forschungsprobleme. Schneider W (Hrsg). Weinheim, Basel: Beltz 1990; 15–62.

Schneider W, Freyberger HJ (Hrsg). Was leistet die OPD? Bern: Huber 2000.

Schneider W, Hoffmann SO. Diagnostik und Klassifikation der neurotischen und psychosomatischen Störungen. Fundam Psychiatr 1992; 6: 137–42.

Schneider W, Paar G. Psychosomatik zwischen Prävention, Therapie und Rehabilitation. In: Psychosomatisch-psychotherapeutische Begutachtung im Sozialrecht. Schneider W, Henningsen P, Rüger U (Hrsg). Bern: Huber 2001; 173–92.

Schneider W, Buchheim P, Cierpka M, Freyberger HJ, Hoffmann SO, Janssen PL, Muhs A, Rudolf G, Rüger U, Schneider W, Schüßler G. Entwicklung eines Modells der operationalen psychodynamischen Diagnostik (OPD). Psychother Psychosom Med Psychol 1995; 3/4: 121–30.

Schulte D. Lohnt sich eine Verhaltensanalyse? Verhaltenstherapie 1993; 3: 5–13.

Schulte D. Diagnostische Ansätze in der Verhaltenstherapie. In: Diagnostik in Psychotherapie und Psychosomatik. Janssen PL, Schneider W (Hrsg). Stuttgart, Jena, New York: Fischer 1994; 135–46.

Schumacher W. Psychodynamische versus psychiatrische Diagnose. Aspekte der unbewußten Bedeutung und Anwendung der Diagnose für Patienten und Therapeuten. In: Diagnostik in Psychotherapie und Psychosomatik. Janssen PL, Schneider W (Hrsg). Stuttgart, Jena, New York: Fischer 1994; 65–75.

Seidenstücker G, Baumann U. Multimethodale Diagnostik. In: Klinische Psychologie. Trends in Forschung und Praxis. Baumann U, Berbalk H, Seidenstücker G (Hrsg). Bern: Huber 1987; 134–82.

Stieglitz R-D. Selbstbeurteilungsverfahren. In: Psychodiagnostik psychischer Störungen. Stieglitz R-D, Baumann U (Hrsg). Stuttgart: Enke 1994; 67–78.

Stieglitz R-D, Ahrens B. Fremdbeurteilungsverfahren. In: Psychodiagnostik psychischer Störungen. Stieglitz R-D, Baumann U (Hrsg). Stuttgart: Enke 1994; 79–94.

Stieglitz R-D, Baumann U. Veränderungsmessung. In: Psychodiagnostik psychischer Störungen. Stieglitz R-D, Baumann U (Hrsg). Stuttgart: Enke 1994; 21–36.

Thomä H, Kächele H. Lehrbuch der psychoanalytischen Therapie. Bd. 2. Berlin: Springer 1985.

Tress W, Junkert-Tress B. Psychosomatische Medizin zwischen Naturwissenschaft und Geisteswissenschaft – tertium non datur? In: Psychoanalyse und Philosophie: eine Begegnung. Tress W, Nagel S (Hrsg). Heidelberg: Asanger 1993; 154–69.

Uexküll Th v, Wesiack W. Wissenschaftstheorie: ein bio-psycho-soziales Modell. In: Psychosomatische Medizin. Adler R, Herrmann JM, Köhle K, Schonecke OW, Uexküll Th von, Wesiack W (Hrsg). 5. Aufl. München, Wien, Baltimore: Urban & Schwarzenberg 1996; 13–52.

Wallbott HG. Verhaltensbeobachtung. In: Psychodiagnostik psychischer Störungen. Stieglitz R-D, Baumann U (Hrsg). Stuttgart: Enke 1994; 95–106.

Weiner H. Perturbing the organism. The biology of stressful experience. Chicago: University of Chicago Press 1992.

Weinryb P, Rössl RJ. Karolinska Psychodynamic Profile KAPP. Acta Psychol Scand 1991; 83: 1–23.

Zung WWK. ASI. Anxiety Status Inventory. In: ECDEU assessment manual for psychopharmacology. Rockville: National Institute of Mental Health 1976; 199–204.

4.3
Die ärztliche Untersuchung

Jochen-Friedrich Buhrmann und Stephan Ahrens

4.3.1
Das diagnostische Gespräch

Der **erste Kontakt** zwischen Patient und Arzt in der Psychotherapeutischen Medizin – sei es die erste Begegnung überhaupt oder die erstmalige Präsentation eines Beschwerdebildes durch einen bereits bekannten Patienten – dient der gegenseitigen Orientierung, der diagnostischen Einordnung und dem Ziel, zu einem Arbeitsbündnis zwischen Patient und Arzt zu kommen.

Die Differenzierung zwischen somatischen, psychischen und sozialen Anteilen des Beschwerdevortrages eines Patienten setzt die gelungene Kommunikation mit dem Arzt voraus. Nur so ist eine umfassende Bestandsaufnahme der Situation des Patienten möglich, die die Voraussetzung für ein angemessenes diagnostisches und gegebenenfalls therapeutisches Handeln schafft.

Als entscheidende kognitive Variable von seiten des Patienten erweist sich die sogenannte **Laienätiologie**. Der Kranke stellt keineswegs Krankheitssymptome im medizinischen Sinne an sich fest, sondern zunächst Störungen seiner Befindlichkeit. Diese können auch Ausdruck seelischer Konfliktsituationen oder sozialer Belastungen sein, die er seinem Krankheitskonzept entsprechend verarbeitet und dem Arzt präsentiert. Das sich aus multiplen Quellen speisende Krankheitskonzept steuert seine Inanspruchnahme medizinischer (oder paramedizinischer!) Leistungen, seine Möglichkeiten und Grenzen in der Zusammenarbeit mit dem Arzt (Verstehen ärztlicher Informationen und Weisungen) und damit auch die Umsetzung des ärztlichen Behandlungsvorschlages (*Compliance*). Daneben gibt es einen zweiten, häufig in der Bedeutung seiner Steuerungsfunktion verkannten Aspekt: die **unbewußte Verarbeitung** des **Krankheitskonzeptes** – meist geprägt von Ängsten oder konkreten hypochondrischen Befürchtungen, aber auch in Form einer hysterisch-dramatischen Ausgestaltung der Körpersymptome, die wiederum entstellt oder verschlüsselt repräsentiert werden können. So gibt es neben den eigentlichen Krankheitszeichen eine Reihe von Einflußfaktoren auf das Konsultationsverhalten, so das Alter, Geschlecht, Religionszugehörigkeit, sozioökonomischer Status wie auch die Einschätzung des medizinischen „Dienstleistungssystems" (Schmädel 1975), die auch die medizinischen Beschwerdepräsentation des Kranken dem Arzt gegenüber prägen können. Neben den objektiven Gegebenheiten gehen daher als subjektive Momente von seiten des Patienten seine krankheitsbezogenen Vorerfahrungen, die Bildung eines eigenen Krankheitskonzeptes, sein sozialer Status und nicht zuletzt seine individuelle Psychodynamik mit ein.

In der Begegnung mit dem Bereich der Psychotherapie kommt für den Patienten noch ein weiterer Einflußfaktor hinzu: seine **Einstellung zur psychischen Dimension** seines Leidens. Hier liegt oft die entscheidende Schwelle für die Aufgabe des Arztes, den Patienten „dort abzuholen, wo er steht", in seinem Krankheitsverständnis; zugleich sind in dieser Thematik die meisten Fallstricke verborgen. Die Ausgangssituation der Patienten läßt sich grob in vier Typen aufteilen:

▶ Der „geschickte" Patient

Diesem Patienten wurde nicht einmal eine basale Information über das „Ansinnen" der Konsultation in der Psychotherapeutischen Medizin zuteil; er ist irritiert über die ihm nicht geläufige Untersuchungssituation („Wo haben Sie denn Ihre Untersuchungsinstrumente?") und verunsichert über die Gesprächsführung („So etwas hat mich noch nie ein Arzt gefragt!"). Hier bedarf es der kognitiven Aufklärung über Sinn und Zweck der Konsultation, zusätzlich aber auch angstmindernder Interventionen wie zum Beispiel: „Es ist nicht meine Absicht, Ihre Seele umzukrempeln, sondern mit Ihnen gemeinsam Ihre körperliche, persönliche und soziale Situation anzusehen und eventuelle Zusammenhänge zu verstehen." Erst wenn dieser Brückenschlag gelungen ist, kann die inhaltliche Arbeit beginnen. Die erzieherische Tätigkeit am zuweisenden Kollegen sollte erfolgen, solange der eigene Eindruck aus dem Gespräch noch frisch ist.

▶ Der Patient mit Diskriminierungsängsten

Im Prinzip ist dieser Typ dem „geschickten" Patienten nahe, jedoch kognitiv über die Aufgabenstellung der Konsultation im klaren, allerdings emotional nicht primär kooperationsfähig. Im Unterschied zur ersten Situation hat dieser Patient ein Motiv – wenn auch weitgehend zugedeckt durch seine Ängste. Diese zu thematisieren und mit verständnisvollem Vorgehen abzubauen, eröffnet die Chance, die Motivlage des Patienten zu erkennen und in die diagnostische Aufgabenstellung einzubeziehen.

▶ Der motivierte Patient

Er hat sich über seine Störung und mögliche psychische beziehungsweise psychosomatische Zusammenhänge Gedanken gemacht, kommt daher mit einem – wie immer spezifizierten – Behandlungswunsch. Die beiden vorangehend dargelegten

Annäherungsschritte sind nicht erforderlich, das Gespräch kann möglicherweise direkt in ein psychoanalytisch orientiertes Interview (s. Kap. 4.4, S. 188ff) übergeleitet werden.

▶ **Der übermotivierte Patient**

Dieser Patient kommt mit einem zuweilen exhibitionistisch wirkenden Darlegungsdrang psychischer Inhalte, verknüpft mit dezidierten Vorstellungen über die „einzig hilfreiche" Therapieform. Dies läßt dem Gegenüber wenig Raum, er sieht sich eher als Erfüllungsgehilfe angesprochen. Zumeist präsentieren sich so Patienten mit Therapievorerfahrungen, die jedoch keinen seelischen Prozeß im therapeutischen Sinne initiiert haben, sondern in die Abwehr der Patienten eingebaut wurden; nach dem Prinzip „Wasch' mich, aber mach' mich nicht naß" tangieren diese Patienten unterschiedliche, häufigst exotische Therapieverfahren. Sie erhoffen sich dadurch Stabilisierung, befürchten jedoch zugleich eine wirkliche Veränderung. Dies sollte Thema des diagnostischen Gesprächs mit diesem Patientyp sein.

Das **diagnostische Gespräch** in der Psychotherapeutischen Medizin hat zunächst **orientierenden Charakter**, da sowohl Patienten mit Körperstörungen als auch mit psychischen Konflikten zur Konsultation kommen und daher zunächst eine Weichenstellung zwischen somatischer Abklärung und weitergehender Psychodiagnostik (Erstgespräch, Test) vorzunehmen ist. Die Position dieses neuen Fachgebietes an der Weggabelung zwischen Körper und Seele bringt eine be-

sondere Verantwortung für eine angemessene Weichenstellung mit sich.

Ambulante Arzt-Patient-Interaktion

Für das **Verhalten** des **Arztes** gegenüber seinem Patienten ist ebenfalls nicht nur dessen medizinisch relevante Symptomatik von Belang, sondern meist – meist ohne daß der Arzt dies bewußt reflektiert – sein eigener Wissensstand, die apparativ-technische Ausrüstung der Praxis, ihr Standort, die Bindung des Arztes an die Gebührenordnung, der sich in der Praxisroutine ergebende Zeitdruck sowie seine berufliche Sozialisation (Siegrist 1974).

Insbesondere dieser als Konkretisierung und Desillusionierung zu betreibende **Sozialisierungsprozeß** des **Mediziners** führt zu einer bestimmten Grundhaltung, die man als „Furcht vor dem Nichtstun" beschreiben könnte, oder wie es Scheff (1971) für den Bereich der Betreuung psychisch Kranker formulierte: „Lieber eine gesunde Person als krank diagnostizieren als eine kranke Person für gesund erklären." Balint (1965) stellte die zentrale Hypothese auf, daß der **Patient** seinem Arzt zwar ein **„Krankheitsangebot"** macht und dieses bewußt oder unbewußt auf die perzipierte Kompetenz und das berufliche Selbstverständnis des Arztes abstimmt, dahinter jedoch als eigentliches, meist unbewußtes Motiv die **Hoffnung auf Hilfe** in einer allgemeinen Lebenskrise steht. Dies betrifft

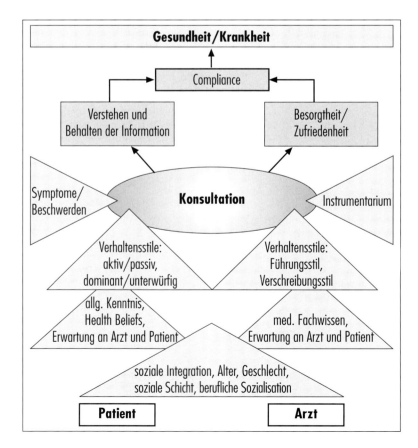

Abb. 4-1 Modell der ambulanten Arzt-Patient-Interaktion; die Ergebnisvariablen wurden nur für Patienten definiert (nach Hasenbring u. Ahrens 1986).

insbesondere jene Patienten, die ein körperliches Beschwerdeangebot präsentieren. Dieses Motiv zu erkennen und gemeinsam mit dem Patienten bewußt zu machen und zu bearbeiten, ohne den Patienten zu beschämen, sah Balint als zentrale Aufgabe der ärztlichen Diagnostik und Beratung an. Er wies in einer Fülle kasuistischer Beispiele die Einflußmöglichkeiten des Arztes im Sinne einer iatrogenen Fixierung nach und zog daraus die pointiert formulierte Schlußfolgerung, eine Gefahr bestehe nicht nur darin, daß der Arzt ein körperliches Symptom übersehen könne, sondern sie könne auch darin bestehen, daß er eines findet. Arzt und Patient organisieren gemeinsam das noch „unorganisierte Krankheitsangebot" des Patienten, wobei der Arzt aufgrund seiner vorab geschilderten Position sicherlich eine größere „Definitionsmacht" haben dürfte. Balint schilderte sehr eindrucksvoll Beispiele von Arzt-Patient-Gesprächen, bei denen die Ärzte in ihrem Bemühen, die „richtigen" Fragen zu stellen, die Patienten auf ein bloßes Beantworten reduzierten und ungewollt dazu beitrugen, daß der Patient seine Krankheit als körperliches Leiden „organisiert", während bei Einbeziehung der psychosozialen Dimension das dahinterstehende menschliche Leid als Motiv des Arztbesuches erkennbar gewesen wäre (Balint 1965). Die Komplexität dieser Interaktion zwischen Patient und Arzt wird modellhaft in Abb. 4-1 verdeutlicht.

Paraverbale Ebene der Arzt-Patient-Beziehung

Ein besonderer fachlicher Akzent der Psychotherapeutischen Medizin liegt in der Beachtung des Beziehungsanteiles in der Begegnung von Arzt und Patient: Auch die paraverbalen Signale des Arztes („der Ton der Musik") sowie die szenische Gestaltung des Gespräches werden vom Patienten wahrgenommen und in einen subjektiven Bedeutungszusammenhang gestellt. Umgekehrt kann auch der Patient diese Kommunikationsebenen nutzen und neben den verbalen Inhalten durch Körperhaltung, Mimik und Gestik sowie szenische Gestaltung Signale aussenden, die es für eine umfassende Diagnostik zu beachten gilt: So kann Schweigen als Ausdruck einer Rückzugstendenz, auf ein Aufkündigen des Arbeitsbündnisses oder der Compliance durch den Patienten hinweisen, im Extremfall kann dieser Rückzug bis zur Suizidgefährdung führen. Auch das Demonstrieren von Pseudostärken, Formulierungen, Mimik und Gestik können Hinweise auf die Labilität des Patienten sein, unangemessener Umgang mit diesem Signal zu einem Kartenhauseffekt führen: Nach Abschluß des Gespräches kommt es zum psychischen Zusammenbruch des Patienten. Eine auffällige Demonstration von Desinteresse durch den Patienten – der ja immerhin zur Konsultation gekommen ist! – kann auf mangelnde Verarbeitungsmöglichkeiten gegenüber den Gesprächsinhalten und Ängsten vor weitergehenden Einsichten in die seelische Konfliktlage hinweisen.

Die Gesprächsführung

Aus dem oben Gesagten abgeleitet sollten für die Gesprächsführung des Arztes mit dem Patienten einige wichtige Aspekte beachtet werden:

Grundhaltung des Arztes

- **Annahme des Patienten** in seiner Art der Klage/des Beschwerdevortrages. Dies schafft eine Vertrauensgrundlage für das Gespräch, in das auch persönliche Aspekte von seiten des Patienten einfließen können, wie z. B. Betroffenheit, Leid etc.
- **Akzeptanz** und fördernde Haltung gegenüber der affektiven Seite der **Beschwerdepräsentation**, Zurückhalten vorschneller Fachinterpretationen. Diese können Rationalisierungen sein und dienen eher dem Abbau der eigenen Angst und Unsicherheit des Arztes, als daß sie eine beruhigende Wirkung auf den Patienten entfalten können.
- Der Arzt sollte nicht nur einseitig nach Problemen, Störungen, Schwächen oder Versagenssituationen des Patienten fragen. Diese Betonung des Negativen würde den Patienten demotivieren („Demontageerlebnis") und wäre dem angestrebten Arbeitsbündnis abträglich. In der Regel empfindet der Patient diesen ersten diagnostischen Kontakt als seelische Belastung, verknüpft ihn mit hohen Erwartungen bzw. starken Ängsten. So sollten auch seine **positiven Seiten angesprochen** und gewürdigt werden (Leistungen, Interessen, Erfolge), um gemeinsam zu einem repräsentativen Bild des Patienten zu kommen und das Gespräch für ihn zu einer positiven Erfahrung werden zu lassen.

Rahmenbedingungen des Gespräches

- Nur unmittelbar Betroffene sollten an dem Gespräch beteiligt sein, auch die Einbeziehung von Angehörigen bedarf der vorherigen Einwilligung des Patienten. Bei bestimmten Krankheitsbildern, so z. B. der Anorexie, ist die **Berücksichtigung** der **Vertraulichkeit** von eminenter Bedeutung!
- Die räumliche Situation ist so zu wählen, daß eine vertrauensvolle Aussprache ermöglicht wird und **Störungen von außen vermieden** werden (Telefon, Sprechstundenhilfe etc.).
- Die **Sitzpositionen** der Teilnehmer sollten **zugewandt** sein und Offenheit signalisieren, ein dazwischenstehender Schreibtisch könnte als Distanzierung vom Patienten interpretiert werden, eine ungleiche Sitzhöhe als Machtgefälle.
- Es empfiehlt sich, den Patienten zu Beginn des Gespräches auf den vorgesehenen **Zeitrahmen** hinzuweisen, um ihm die Möglichkeit zu geben, die ihm wichtigen Mitteilungen innerhalb dieses für ihn dann abschätzbaren Zeitrahmens unterzubringen. Insbesondere Patienten mit Vorerfahrun-

gen ausschließlich im somatischen Versorgungsbereich der Medizin erwarten zunächst eine sehr viel kürzere Redezeit und eine andere Gesprächsstruktur!

4.3.2
Die psychosomatische Anamnese

Die von **Morgan** und **Engel** (1977) entwickelte **Anamnesetechnik** ist für die Anwendung im klinischen Alltag aller Fachgebiete gedacht und ermöglicht, somatische, psychische und soziale Daten in einem Arbeitsgang zu erheben. Sie stellt eine Synthese wichtiger Elemente der psychoanalytischen Diagnostik und der Erhebung somatischer Befunde dar, um den kranken Menschen in seiner Gesamtheit zu erfassen und damit zum frühestmöglichen Zeitpunkt eine tragfähige und vertrauensvolle Beziehung zwischen Arzt und Patienten herzustellen. Neben für die Diagnose wichtigen Informationen wird ein Verständnis für die aktuelle Situation, in der die Erkrankung auftrat, die Bedeutung der Krankheit für den Patienten und seine Umgebung erarbeitet. Auf diese Weise wird nicht nur den immer wieder vernachlässigten Bedürfnissen des Kranken Rechnung getragen, sondern auch ein weiterer Horizont für die mögliche Genese der Erkrankung geschaffen, der sich in einer präziseren Diagnose (Vermeiden organischer Verlegenheitsdiagnosen) und einer den Patienten gerechter werdenden Therapie (z. B. Vermeiden unnötiger Rezepte) niederschlägt.

Eine wichtige Voraussetzung, um ein zuverlässiges und typisches Bild vom jeweiligen Patienten zu erhalten, besteht darin, ihn seine Angaben mit seinen Worten in seiner Reihenfolge machen zu lassen. So ergibt sich die Möglichkeit, auf Mimik, Gestik und Körperhaltung zu achten, die Gefühle des Patienten und das Übertragungsgeschehen zu beachten. Der für diese Anamnesetechnik erforderliche Zeitaufwand ist nicht größer, als der für die herkömmliche benötigte. Die vorliegenden Erfahrungen lassen sich dahingehend zusammenfassen, daß sie bei Arzt und Patient zu größerer Zufriedenheit führen, weil in der ersten Begegnung wichtige psychische und soziale Faktoren erfaßt werden, die häufig zu beobachtende Fehleinschätzungen mit diagnostischem und zeitlichem Aufwand zu vermeiden helfen.

Das **Interviewschema** läßt sich nach Adler und Hemmeler (1990) in zehn Schritte aufteilen:
1. Vorstellen, Begrüßen
2. Schaffen einer günstigen Situation
3. Erfassung des aktuellen Befindens
4. Aktuelle Symptome
   – Zeitliches Auftreten
   – Qualität
   – Intensität
   – Lokalisation und Ausstrahlung
   – Begleitzeichen
   – Intensivierende/lindernde Faktoren
   – Umstände
5. Persönliche Anamnese
6. Familienanamnese
7. Psychische Entwicklung
8. Soziale Anamnese
9. Systemanamnese
10. Fragen/Pläne

Diese Schritte sollten eher ein inneres Raster für den Untersucher darstellen, als daß sie zum strukturierten Gesprächsablauf werden. Der Ablauf sollte möglichst viele offene Fragen enthalten, die dem Patienten in wesentlichen Teilen die Führung überlassen und so zu einer Gleichberechtigung zwischen den Gesprächspartnern beitragen.

▶ Erster Interviewschritt: Vorstellen, Begrüßen
Der erste Schritt besteht in der **Begrüßung** des Patienten durch den Arzt, der sich ihm vorstellt, um der vom Patienten häufig und zutreffend wahrgenommenen Anonymität in Krankenhäusern mit ihren hochspezialisierten Abläufen entgegenzuwirken.

▶ Zweiter Interviewschritt: Schaffen einer günstigen Situation
Der zweite Schritt „verlangt, daß sich der Arzt **in den Patienten einzufühlen** beginnt, sich in seine Lage versetzt und mitempfindet, was an der Situation des Patienten stören oder ihm helfen könnte" (Adler und Hemmeler 1990). Er trägt Sorge für eine bequeme Lagerung, benennt die zur Verfügung stehende Zeit und sollte sich zu Beginn als Ausdruck des Respektes vergewissert haben, ob er gelegen kommt.

▶ Dritter Interviewschritt: Erfassung des aktuellen Befindens
Die **Frage nach dem aktuellen Befinden** des Patienten („Wie fühlen Sie sich?") leitet den dritten Schritt ein. Es entsteht ein erstes Bild von den vorherrschenden Gefühlen und Beschwerden, die häufig schon pathognomonisch für die zugrundeliegende Erkrankung sind. Erste Abwehrphänomene (Verleugnung, Intellektualisierung etc.) werden ebenso erkennbar wie Charaktereigenschaften (zwanghaft, hysterisch etc.) oder organisch bedingte Hirnleistungsstörungen.

▶ Vierter Interviewschritt: Aktuelle Symptome
Eine genauere **Betrachtung** der **aktuellen Symptome** findet im vierten Schritt statt. Die Betrachtung umfaßt:
- das zeitliche Auftreten
- die Qualität
- die Intensität
- die Lokalisation und mögliche Ausstrahlung
- auffällige Begleitzeichen
- Umstände, die die Symptome lindern oder verschlimmern
- Umstände, unter denen das Symptom auftritt

Adler und Hemmeler (1992) betonen, daß die unvollständige Erfassung dieser sieben Aspekte häufig den Grund für eine erschwerte Diagnosestellung darstellt oder sie sogar unmöglich macht. Mit einem gründlich durchgeführten vierten Interviewschritt lassen sich dagegen Schmerzzustände (z. B. die unterschiedlichen Koliken jeweiliger Bauchorgane, Angina pectoris vs. Perikarditis) präzise erfassen beziehungsweise voneinander unterscheiden, und läßt sich die Differentialdiagnose gegenüber psychogenen Schmerzen stellen, auf die eine affektiv getönte Wortwahl hinweist. Funktionseinbußen (z. B. Leistungsunfähigkeit bei Herzinsuffizienz) müssen ebenso herausgearbeitet werden wie zum Beispiel Häufigkeit und Beschaffenheit des Stuhlganges oder das Auftreten von Fieber. Folgt die Symptombeschreibung nicht organischen Strukturen, ist an eine psychische Beteiligung zu denken. Pathognomonisch sind häufig Zeichen, die das Symptom lindern oder intensivieren (z. B. entlastendes Liegen mit angezogenen Beinen bei meningealem Reiz, Schwindel beim Blick nach oben und/oder Muskelarbeit der Arme bei *subclavian steal syndrome*). Zur Präzisierung der Informationen sollten in diesem Schritt auch geschlossene, das heißt direktere Fragen gestellt werden.

► **Fünfter bis achter Interviewschritt: Persönliche und Familienanamnese, psychische Entwicklung, soziale Anamnese**

Die mit den Schritten fünf bis acht benannten Bereiche lassen sich zusammengefaßt besprechen, da der Patient in der Regel in den vorausgegangenen dazu Wichtiges mitgeteilt hat. Zur Vervollständigung der Informationen wird dieser Anamneseschritt mit der Frage nach dem **Befinden in der Vergangenheit** („Wie fühlten Sie sich früher?") eingeleitet. So werden neben durchgemachten Erkrankungen Dispositionen, aus dem familiären Gefüge entstandene Verhaltensweisen, aber auch Befürchtungen und weiterreichende Sorgen deutlich. Die Betrachtung der bisher stattgefundenen Lebensabschnitte vermittelt ein Bild darüber, ob und wie die damit einhergehenden Reifungsschritte vollzogen wurden, ob sie geglückt oder Schwierigkeiten bis heute bedeutsam sind. Damit eng verbunden ist die soziale Situation, die von der persönlichen Entwicklung wie der aktuellen Erkrankung beeinflußt ist.

► **Neunter Interviewschritt: Systemanamnese**

Der neunte Schritt läßt sich mit dem Hinweis auf die jetzt **mögliche Beendigung** des **Gespräches** einleiten. In bezug auf die Gesprächsführung ist er der direktivste; was unklar geblieben ist, wird erfragt, und möglichen Störungen anderer Organsysteme wird nachgegangen. Der Arzt sollte jedoch auch hier suggestive Fragen vermeiden.

► **Zehnter Interviewschritt: Fragen/Pläne**

Raum für **abschließende Fragen** wird dem Patienten im zehnten Schritt gegeben, und es wird mit ihm der weitere diagnostische Ablauf, die Einschätzung seines Leidens und die sich daraus ergebende Therapie besprochen. Dabei ist es wichtig, zunächst die Vorstellungen des Patienten zu erfahren, um dessen Bewältigungsstrategien konstruktiv in den weiteren Ablauf mit einbeziehen zu können. Speziell lassen sich der Widerstand und die Abwehr des Patienten erfassen, die in den zu erstellenden Behandlungsplan Eingang finden sollten.

4.3.3
Psychodynamische Aspekte der körperlichen Untersuchung

Die **körperliche Untersuchung** verfolgt im wesentlichen zwei **Ziele**:
- zum einen die aus der Anamnese bekannten Beschwerden zu objektivieren und in ihrem Ausmaß zu erfassen
- zum anderen darüber hinausgehende und unvermutete Befunde nicht zu übersehen

Aus diesem Grund sollte in der Regel eine vollständige Untersuchung erfolgen, die der Patient zumeist auch erwartet. Eine Ausnahme bilden solche Patienten, bei denen eine körperliche Untersuchung zu einer Störung im Aufbau des Arbeitsbündnisses führen würde. Patientinnen mit ausgeprägter Anorexie zum Beispiel erleben es als ausgesprochen beschämend, sich körperlich präsentieren zu müssen. Aber auch Befangenheiten von seiten des Arztes, zum Beispiel bei einer attraktiven Patientin mit erotisierendem Übertragungsangebot, können den Verzicht auf eine körperliche Untersuchung nahelegen. Sollte diese diagnostisch dennoch indiziert sein, so wäre sie in unserem Beispiel durch eine hinzugezogene Ärztin vorzunehmen.

Die übliche **Vorgehensweise** (Inspektion, Palpation, Perkussion, Auskultation) setzt die Kenntnis der Besonderheiten der jeweiligen Körperregion respektive des jeweiligen Organs voraus und muß gegebenenfalls durch entsprechende technische Untersuchungen ergänzt werden, wie sie in der körperlichen Untersuchung geltenden Lehrbüchern vermittelt wird. Wenig Berücksichtigung finden dabei Aspekte und Probleme der Interaktion im Rahmen der körperlichen Untersuchung, die im klinischen Alltag jedoch von Bedeutung sind. Sie lassen sich in die folgenden drei Bereiche gliedern:

► **Arbeitsbündnis**

Im Arbeitsbündnis begegnen sich Arzt und Patient auf einer reifen, von Autonomie geprägten Ebene, weswegen seiner Schaffung und seinem Erhalt zentrale Bedeutung zukommt. Das Arbeitsbündnis bezeichnet die Fähigkeit des Patienten, in der Untersuchungssituation zweckgerichtet mitzuarbeiten, die erforderlichen diagnostischen Schritte zu akzeptieren und die damit verbundenen Unlustgefühle (z. B. Inspektion des Rachens, rektale Untersuchung, Koloskopie mit entsprechender Vorbereitung) zu ertragen. „Den zuverlässigen Kern des Arbeitsbündnisses bilden die Motivation des Patienten, seine Krankheit zu überwinden, sein Gefühl der Hilflosigkeit, seine bewußte und rationale Bereitwilligkeit mitzuarbeiten und seine Fähigkeit, den Anweisungen und Einsichten des Analytikers [respektive des Arztes, Anmerkung des Verfassers] zu folgen" (Greenson 1992, S. 204).

► **Regression**

Zur Regression (Freud 1900) neigt der Patient durch seine Erkrankung. Sie macht ihn abhängig und hilfsbedürftig gegenüber dem Arzt, was sich ihn in seinem unbewußten Verhalten an seine frühere Beziehung zu seiner Mutter annähern läßt. Begünstigend wirken sich seine Bettlägerigkeit und die (scheinbare) Selbstverständlichkeit aus, mit der er seine körperliche Intimität und Integrität preisgeben muß.

▶ Übertragungsgeschehen

Die Folgen dieser Verhaltensänderung lassen sich im Übertragungsgeschehen (Freud 1912) erfassen. Es kommt beim Patienten gegenüber dem Arzt als Ausdruck seines subjektiven und verzerrten Bildes (**Übertragungsreaktion**) zu „konflikthaften Beziehungsmustern, Wünschen, Erwartungen, Befürchtungen und Ängsten, die mit den Beziehungen aus der Kindheit zusammenhängen" (Adler und Hemmeler 1992). Dieses kann beim Arzt Affekte mobilisieren, deren Ursprünge in dessen Vergangenheit wurzeln. Fließen sie in die Beziehung zum Patienten mit ein, so kommt es zu einer Verkennung der besonderen Situation durch den Arzt (**Gegenübertragungsreaktion**).

Nicht zu unterschätzen ist die Gefahr eines **Mißbrauchs** dieser **Macht**. Er bietet Gelegenheit, „das sexuelle sadomasochistische Mißverständnis der Urszene aus der Kindheit wieder durchzuspielen" (Greenson 1992, S. 416); nicht selten führt er zu sexuellen Beziehungen. Besondere Aspekte sind bei **körperlich behinderten Patienten** zu berücksichtigen. Die Übertragungsreaktion hängt davon ab, wie weit dem Patienten eine Integration der Behinderung gelungen ist; die Gegenübertragungsgefühle können durchsetzt sein von feindseligen Gefühlen, sadistischen Phantasien und konsekutiven Schuldgefühlen, die das Eingefühltsein erschweren (Hosemann 1993). Bei **unheilbar Kranken** ist auf die Verleugnung und Vermeidung als Gegenübertragungsreaktion zu achten. Sie treten häufig im Zusammenhang mit einer Idealisierung durch den Patienten auf und dienen der gemeinsamen Abwehr der Ohnmacht, was eine mangelhafte Versorgung zur Folge haben kann.

Folglich sollte die körperliche Untersuchung „rational, entsexualisiert und frei von Aggressionen vor sich gehen. Persönlichkeit, Erwartungen, Schamgefühl und Autonomie des Patienten sollen respektiert, Angst und Ärger möglichst vermieden werden" (Vasella 1990). Dem Patienten sollte ein ungestörtes Entkleiden und Untersuchen ermöglicht werden. Das Verhalten des Arztes soll immer sachlich und ruhig, frei von beunruhigenden Äußerungen sein. Es hat sich bewährt, die Untersuchung an der Hand zu beginnen, an der jeder Mensch die Berührung gewohnt ist und intime und schmerzhafte Untersuchungen an das Ende zu stellen. Der Patient sollte nie ganz unbedeckt sein und durch gezielte Hinweise auf Unangenehmes vorbereitet werden, gegebenenfalls ist die Untersuchung zu unterbrechen. Das gilt auch für heftige Emotionen, denen nachgegangen werden sollte. Bevor dem Patienten das Untersuchungsergebnis mitgeteilt wird, sollte er sich wieder angekleidet haben, um von einer abhängigen zu einer autonomeren Position zurückzufinden. Es ist empfehlenswert, sich neben

dem durch die körperliche Untersuchung verursachten Streß mit seinen affektiven und vegetativen Reaktionen die verschiedenen Persönlichkeitszüge und ihre jeweils charakteristische Abwehr vor Augen zu führen.

4.3.4
Zusammenfassung

Das diagnostische Gespräch, die sorgfältige Aufarbeitung der psychosomatischen Anamnese und die Handhabung der eventuell notwendigen körperlichen Untersuchung entscheiden darüber, ob ein **therapeutisches Bündnis** mit dem Patienten zustandekommt. Mit diesem Aufbau des Arbeitsbündnisses als kognitivem und emotionalem Brückenschlag zwischen Patient und Untersucher sollte die Beachtung des **Übertragungsangebotes** des Patienten korrespondieren. Diese unbewußten Zuschreibungen kognitiver, meist eher jedoch emotionaler Inhalte aus der eigenen Erlebnissphäre des Patienten – meist Resultat biographischer Prägungen – mischen sich in die reale Interaktion und erlauben erste Einblicke in die unbewußte Dynamik der vorliegenden Störung. In diesem Sinne ist auch die Gegenübertragung des Arztes als spezifisches Diagnostikum zu verwerten, reflektiert sie doch die kognitive und emotionale Resonanz auf den Patienten. Diese „Begegnung des Unbewußten" beider Gesprächspartner vollzieht sich regelhaft, sie läuft auf verbaler, szenischer und Körperebene. Das Erkennen und angemessene Umgehen mit Übertragung und Gegenübertragung stellt ein spezifisches diagnostisches Element des Fachgebietes Psychotherapeutischer Medizin in seiner psychoanalytischen Orientierung dar.

Am Ende des diagnostischen Kontaktes sollte das **Resümee des Arztes** stehen. Der Patient hat etwas – meist sogar viel – von sich angeboten und erwartet zu Recht nun auch ein Angebot von seiten des Arztes. Es bedeutet ein Mißverständnis des psychoanalytischen Abstinenzprinzipes, den Patienten ohne abschließendes Gespräch gehen zu lassen. Es bedarf der **„Positionsbestimmung"** des Arztes im diagnostischen Kontakt, um Verunsicherungen des sich exponierenden Patienten abzubauen und ihm eine weiterführende Perspektive zu vermitteln.

Literatur

Adler R, Hemmeler W. Praxis und Theorie der Anamnese. 3. Aufl. Stuttgart, New York: Fischer 1992.
Anschütz F. Die körperliche Untersuchung. 6. Aufl. Berlin, Heidelberg, New York: Springer 1992.
Balint M. Der Arzt, sein Patient und die Krankheit. Stuttgart: Klett 1965.
Berger M (Hrsg). Kompendium der klinischen Untersuchung. Stuttgart, New York: Schattauer 1992.
Dahmer J. Anamnese und Befund – die systematische ärztliche Untersuchung. 7. Aufl. Stuttgart, New York: Thieme 1994.
Freud S. Die Traumdeutung. 1900. GW II/III. Frankfurt: Fischer 1987; 538–55.
Freud S. Zur Dynamik der Übertragung. 1912. GW VIII. Frankfurt: Fischer 1990; 364–74.

Greenson RR. Technik und Praxis der Psychoanalyse 1973. 6. Aufl. Stuttgart: Klett-Cotta 1992.

Hasenbring M, Ahrens S. Zur Arzt-Patient-Beziehung in der ambulanten medizinischen Versorgung. Psychother Med Psychol 1986; 36: 274–83.

Hosemann E. Gegenübertragungsprobleme bei der psychoanalytischen Behandlung sichtbar körperlich behinderter Patienten. In: Der Fremde in der Psychoanalyse. Streeck U (Hrsg). München: Pfeiffer 1993.

Morgan E, Engel GL. Der Klinische Zugang zum Patienten. Bern, Stuttgart, Wien: Huber 1977.

Scheff TJ. Being mentally ill. New York: Aldine 1971.

Schmädel D. Der Arztbesuch als Teilaspekt des Krankheitsverhaltens. In: Der Arzt, sein Patient und die Gesellschaft. Ritter-Röhr D (Hrsg). Frankfurt: Suhrkamp 1975; 125–66.

Siegrist J. Lehrbuch der Medizinischen Soziologie. München: Urban & Schwarzenberg 1974.

Vasella D. Psychologische Aspekte der körperlichen Untersuchung. In: Psychosomatische Medizin. Uexküll Th v, Adler R, Herrmann JM, Köhle K, Schonecke O, Wesiack W (Hrsg). 4. Aufl. München, Wien, Baltimore: Urban & Schwarzenberg 1990; 221–6.

Literaturempfehlung

Adler R, Hemmeler W. Praxis und Theorie der Anamnese. 3. Aufl. Stuttgart, New York: Fischer 1992.

Morgan E, Engel GL. Der Klinische Zugang zum Patienten. Bern, Stuttgart, Wien: Huber 1977.

4.4
Das psychoanalytische Erstgespräch

Paul L. Janssen

Das psychoanalytische Erstgespräch ist eine Sonderform des diagnostischen Zuganges in der Psychotherapeutischen Medizin. Die Psychoanalyse hat ein prozeßorientiertes Verständnis von Diagnostik. Argelander (1966) versteht das Erstinterview wie eine analytische Situation zu diagnostischen Zwecken. Die psychoanalytische Diagnostik folgt daher dem Paradigma von der Wiederherstellung infantiler Objektbeziehung in der Übertragung/Gegenübertragung zwischen Therapeut und Patient (vgl. Kap. 4.5, S. 191ff) von Beginn an.

Das Grundprinzip der diagnostischen Haltung ist: Die Symptome, mit denen der Patient sich an den Psychoanalytiker wendet, sollen sinnvoll und verstehbar auf dem Beziehungshintergrund, und zwar dem aktuellen wie dem infantilen, werden.

Freud hat sich gegen eine deskriptive, phänomenologische Diagnostik ausgesprochen, da in der Erstbegegnung der Keim für die Übertragungsentwicklung liegt. Er hat daher auch keine eigene Interviewtechnik, sondern eine **Probebehandlung** von etwa 20 Stunden vorgeschlagen, um festzustellen, ob der Patient „geeignet" ist für die psychoanalytische Methode. Ihm folgen bis heute viele Psychoanalytiker. Die Probeanalyse dient der erweiterten Indikationsstellung.

Aus dem psychoanalytischen Erstgespräch sind eine Reihe von Modifikationen im Rahmen der Anwendung der Psychoanalyse in der Psychotherapie entwickelt worden, auf die Schneider im vorliegenden Buch (s. Kap. 4.2.3, S. 168ff) schon hingewiesen hat.

Das psychoanalytische Erstgespräch eines Patienten mit einem Psychoanalytiker ist eine Begegnung. Ziel ist es, zu einer Behandlungsentscheidung zu kommen. Vorrangig vor aller Datensammlung sind, eine Beziehung zu initiieren und zu erproben und erste Einsichten zu vermitteln.

Der Patient wird eine positive Entscheidung für ein Bündnis mit dem Analytiker und dessen Methode treffen, wenn die aktuelle Begegnung mit ihm seine Bereitschaft fördert, sich auf einen klärenden Prozeß mit sich selbst und seinem Verhalten einzulassen. Dazu kann der Analytiker ihm Einsichten vermitteln, um ihm zu verdeutlichen, daß das Verstehen der verborgenen und abgelehnten unbewußten Selbstaspekte sinnvoll ist und ihm helfen kann, sein Leiden zu überwinden.

Auch Leupold-Löwenthal (1985) lehnt jede vom Behandlungsprozeß abgegrenzte diagnostische Situation ab. Er ist der Auffassung, daß der Analytiker mit seiner neutralen Haltung eine „Holding-Situation" schaffen müsse, in der der Patient „genügend Illusion von Sicherheit und Geborgenheit" erfahren könne, um seine Probleme darzustellen. Jede Haltung, die

mütterlich, hilfreich, fürsorglich ist oder nosologische Kriterien ins Gespräch einbringt, so zum Beispiel deskriptiv-psychiatrische, ist für ihn ein „Störmoment". Durch die Haltung des Analytikers soll ein Optimum an „arglosen" Mitteilungen auf seiten des Patienten ermöglicht werden (Wegner 1992).

Diese Einstellung zum Erstgespräch ist auf dem Hintergrund des Prozeßverständnisses der Psychoanalyse zu sehen. Dabei können sich durchaus unterschiedliche Haltungen ergeben, je nach theoretischer Position zum Beispiel eine Ich-psychologische, objektbeziehungstheoretische oder selbstpsychologische (vgl. Kap. 2.1, S. 65ff). Die Ziele bleiben im Sinne der Psychoanalyse als ein Verfahren zur Gewinnung von Selbsteinsicht gleich, die Psychoanalyse soll schon im **Erstgespräch** eine **„aufklärerische Epoche"** (Eckstaedt 1991) einleiten. Es soll eine Zeit eines intensiven, selbstreflexiven, kognitiv-emotionalen Prozesses werden, der nach Abschluß in der Zweierbeziehung als selbstanalytischer Prozeß weiterwirkt.

Die Rahmenbedingungen für ein psychoanalytisches Erstgespräch sind daher ganz an der Einleitung eines psychoanalytischen Prozesses orientiert. In dem etwa einstündigen Gespräch wird dem Patienten ein Raum zur Verfügung gestellt, in dem er seine unbewußten Konflikte inszenieren kann. Jedes Detail dieser Rahmenbedingungen kann zu einem Kristallisationskern für die Inszenierung von Konflikten werden. Dies beginnt schon bei der Terminvereinbarung, die meist telefonisch geschieht. Erscheint der Patient zu früh oder zu spät oder mit Begleitung, hat dies eine spezielle Bedeutung. Auch Begrüßung und Gang zum Untersuchungszimmer können bedeutsame Szenen werden. Der Patient bringt Erwartungen mit, die sehr unterschiedlich sein können. Die Übertragung beginnt also schon vor der Begegnung. Dem Patienten wird zu Beginn des Interviews lediglich die Dauer des Gespräches mitgeteilt. Der Analytiker läßt den Patienten frei erzählen. Er übt sich mit seiner neutralen Haltung in Abstinenz. Notwendig zu ermittelnde Daten werden meist am Beginn des Interviews notiert, wie Name, Vorname, Geburtsdatum und Beruf, Krankenkasse und anderes. Ist mit dem ersten Gespräch keine Entscheidung möglich, wird ein weiteres Gespräch empfohlen.

Im Erstgespräch entwickelt der Psychoanalytiker mit Hilfe seiner psychoanalytisch-diagnostischen Kenntnisse erste Hypothesen über die Konflikte des Patienten, über seine Übertragungsbereitschaft, Reflektionsfähigkeit, seine Ich-Funktionen und Abwehrstrukturen, seine Motivation, nicht zuletzt über seine Analysierbarkeit.

Die Analysierbarkeit ist nicht nur an die Persönlichkeitsstruktur des Patienten gebunden, sondern auch an sein Alter im Sinne der altersbedingten Veränderungen und an die Intelligenz; auch ethische und moralische Gesichtspunkte können eine Rolle spielen. Zentrale Eignungskriterien sind:

- die Verfügbarkeit des Patienten über ein intaktes Ich
- eine adäquate Beziehung zur Realität aufrechterhalten können
- eine Ich-Spaltung in einem erlebenden und einem beobachtenden Teil vollziehen können
- ein Arbeitsbündnis mit dem analysierenden Ich des Analytikers eingehen können

Darüber hinaus spielen auch reale Faktoren wie Finanzierung, Wohnort des Patienten, Zeitaufwand und Überlegungen zur akzeptierbaren Dauer der Behandlung eine Rolle.

In den letzten Jahren werden schon im Erstgespräch die Persönlichkeitsmerkmale des Analytikers als bedeutsame Faktoren für das Gelingen des Prozesses, also die **Gegenübertragung** in den Vordergrund gerückt. Das heutige Verständnis des Prozesses zwischen Patient und Analytiker ist geprägt von der Wechselseitigkeit von Übertragung und Gegenübertragung, die unlösbar miteinander verbunden sind. Daher ist die Gegenübertragung neben den psychoanalytisch-diagnostischen Einschätzungen im Erstgespräch besonders zu reflektieren. Der Analytiker wird sich darüber befragen, ob er bereit ist, sich mit diesem Patienten in die infantilen Verwicklungen der Übertragungsneurose einzulassen, in einen Prozeß, der über viele Jahre gehen kann, in dem er zur zentralen Figur des Erlebens des Patienten wird. Nach dem weiten Verständnis von Gegenübertragung (vgl. Kap. 4.5.3, S. 192 f) steht von der ersten Begegnung an die Reflexion der Gegenübertragung im Vordergrund, wobei es den Psychoanalytiker jedoch auch als eine unabhängige und nicht nur eine auf die Übertragung des Patienten reagierende Variable gibt (Wegner 1992).

Eine der wichtigsten behandlungstechnischen Hinweise Freuds ist der von der sogenannten **„gleichschwebenden Aufmerksamkeit"** (Freud 1923). Mit diesem Begriff unternimmt Freud den Versuch, die Form der psychoanalytischen Wahrnehmung und Wahrnehmungsverarbeitung zu erfassen. Schon im Erstgespräch geschieht die Erfassung der unbewußten Vorgänge über die gleichschwebende Aufmerksamkeit.

Definition

Freud (1923) versteht gleichschwebende Aufmerksamkeit als Identifikation des Analytikers mit dem Patienten.

Durch Identifikation und Empathie wird eine Stellungnahme zu Fremdseelischem überhaupt erst möglich (Loch 1965). In der Weiterentwicklung von Freuds Konzept von der gleichschwebenden Aufmerksamkeit spielen die Konzepte der **„Empathie"** und **„Identifikation"** eine besondere Rolle. Nach Greenson (1967) ist empathisches Verstehen eine Methode, den engen Kontakt zu Emotionen und Impulsen des Patienten

herzustellen, eine „Funktion des erlebenden Ichs" des Analytikers.

Sandler (1976) und Klüwer (1983) erweitern diesen Aspekt des psychoanalytischen Wahrnehmungsmodus um den **interaktionalen Gesichtspunkt** vom **psychoanalytischen Prozeß**. Sandler versteht den Prozeß zwischen Analytiker und Patient als Externalisierung gewünschter oder befürchteter intrapsychischer Rollenbeziehung. Der Patient delegiert eine Rolle an den Analytiker, die dieser bereit sein müsse, kontrolliert zu übernehmen. Klüwer beschreibt das Konzept vom Handlungsdialog zwischen Patient und Analytiker. Vom „agierenden" Patienten wird dem Analytiker eine komplementäre Rolle zugedacht. Die Handlung und das Mitagieren des Analytikers kann danach eine „Durchgangsstufe" zur Gewinnung von Einsichten sein. In diesen Konzepten wird die Bedeutung der Gegenübertragung besonders deutlich. Darum beschreibt Wegner (1992) konsequent als Ergänzung zur „gleichschwebenden Aufmerksamkeit" des Analytikers die **„gleichschwebende Introspektionsbereitschaft"** des Analytikers im Erstgespräch. Erst die Introspektion ermöglicht dem Analytiker, die unbewußte Szene, die der Patient in der Erstuntersuchung herstellt, zu erfassen.

Neben der Betonung der Übertragungs-/Gegenübertragungsprozesse im Erstgespräch gibt es seit eh und je in der Psychoanalyse Interesse an der Biographie und damit an der **biographischen Anamnese**, an den zeitlichen Zusammenhängen von Symptomentstehung, lebensgeschichtlichen Ereignissen, auslösenden Situationen und erinnerten Kindheitsgeschichten (Balint und Balint 1961; Dührssen 1981). Auch Argelander (1970) gibt den lebensgeschichtlichen Tatbeständen und biographischen Erörterungen des Patienten ein großes Gewicht. Beide Ebenen, die szenischen Mitteilungen des Patienten wie die biographischen, beeinflussen sich wechselseitig. Daher ordnet Argelander das Material im Erstgespräch nach Informationen aus verschiedenen **Quellen**:

- Eine Quelle ist die „objektive Information", das sind die biographischen, die Verhaltensweisen und Persönlichkeitseigentümlichkeiten des Patienten. Sie vermitteln eine logische Evidenz.
- Die andere Quelle beinhaltet die „subjektiven Informationen" über Krankheits- und Lebensgeschichte des Patienten.
- Eine weitere Quelle umfaßt die „szenischen Informationen" im Hier und Jetzt, die eine „situative Evidenz" vermitteln.

In weiten Teilen ist das **prozeßorientierte psychoanalytische Erstgespräch** mehr eine besondere Form der Beziehungsdiagnostik als eine biographische Analyse. Es hat die **Zielsetzung**, die Indikation für die Psychoanalyse zu ermitteln und nicht so sehr eine differentielle Indikation zu verschiedenen psychoanalytischen Verfahren, zum Beispiel analytischer Psychotherapie, tiefenpsychologisch fundierter Psychotherapie, Kurztherapie, Fokaltherapie, Ehe-, Paar- oder Familientherapie sowie Gruppenpsychotherapie, zu stellen. Dazu sind weitere diagnostische Verfahren, insbesondere an Institutionen, entwickelt worden (Janssen und Schneider 1994). Für die Indikation zur Psychoanalyse in der Praxis hat das so verstandene psychoanalytische Erstgespräch jedoch nach wie vor eine besondere Bedeutung.

Literatur

Argelander H. Zur Psychodynamik des Erstinterviews. Psyche 1966; 20: 40–53.

Argelander H. Das Erstinterview in der Psychotherapie. Darmstadt: Wissenschaftliche Buchgesellschaft 1970.

Balint M, Balint E. Psychotherapeutic techniques in medicine. London: Tavistock 1961. Deutsch: Psychotherapeutische Techniken in der Medizin. Stuttgart: Klett 1962.

Dührssen A. Die biographische Anamnese unter tiefenpsychologischen Aspekten. Göttingen: Vandenhoeck & Ruprecht 1981.

Eckstaedt A. Die Kunst des Anfangs. Psychoanalytische Erstgespräche. Frankfurt: Suhrkamp 1991.

Freud S. Massenpsychologie und Ich-Analyse. 1921. GW 13. Frankfurt: Fischer 1942–1987; 73–161.

Freud S. Das Ich und das Es. 1923. GW 13. Frankfurt: Fischer 1942–1987; 237–89.

Greenson RR. The technique and practice of psychoanalysis. New York: Inter-national University Press 1967. Deutsch: Technik und Praxis der Psychoanalyse. Stuttgart: Klett 1973.

Janssen PL, Schneider W (Hrsg). Diagnostik in der Psychotherapie und Psychosomatik. Stuttgart: Fischer 1994.

Klüwer R. Agieren und Mitagieren. Psyche 1983; 37: 828–40.

Leupold-Löwenthal H. Zur Frage der psychoanalytischen Nosologie und Diagnostik. Z Psychoanal Theor Prax 1985; 0: 33–46.

Loch W. Voraussetzungen, Mechanismen und Grenzen des psychoanalytischen Prozesses. Bern, Stuttgart: Huber 1965.

Sandler J. Gegenübertragung und Bereitschaft zur Rollenübernahme. Psyche 1976; 30: 461–80.

Wegner P. Zur Bedeutung der Gegenübertragung im psychoanalytischen Erstinterview. Psyche 1992; 46: 286–307.

4.5
Die Beziehungsdimension im diagnostischen Gespräch
Ulrich Stuhr

4.5.1
Der Wiederholungszwang

Jeder Mensch überträgt spontan Gefühle, Einstellungen und Verhaltensweisen, die er im Umgang mit Personen aus seiner biographischen Vergangenheit erworben hat, auf neue Situationen und Personen in der Gegenwart; dies ist ein alltägliches, universal-anthropologisches Phänomen und wird **Übertragung** im weitesten Sinne genannt (Beland 1992; Freud 1910). So kann – um ein einfaches und geläufiges Beispiel zu nennen – in einer Partnerschaft die Ehefrau im Ehepartner ihren Vater oder umgekehrt der Ehemann in seiner Frau die eigene Mutter unbewußt wiedererkennen, sogar unbewußt gesucht haben und sie im Laufe der Ehejahre dazu gebracht haben, wie seine Mutter zu reagieren. Man kann dann oft von den anderen hören: „Er läßt sich immer wieder auf den gleichen Typ von Frau ein", – eine Wiederholung nach einem bestimmten Grundmuster, ja ein Zwang zur Wiederholung scheint dabei eine große Rolle zu spielen: Für Beland (1992) sind Ehekonflikte Übertragungskonflikte und unterliegen dem Wiederholungszwang, also der Unfähigkeit, einem drängenden Handlungsimpuls zu widerstehen (Mertens 1992, S. 290f).

Wenn wir bei der Ehe- oder Partnersituation bleiben, liegt es auf der Hand, daß nicht nur der eine Partner auf den anderen etwas überträgt, sondern daß analog zur Übertragung der einen Person ein ergänzendes Gegenstück existiert, die sogenannte **Gegenübertragung** (s. S. 192f), wo auch der andere Partner auf den ersten überträgt: Es existiert ein Interaktionsmuster an Übertragungen.

Ein häufiges **Muster** von **Übertragung** und **Gegenübertragung** ist die Übertragung des einen Partners aus der Kindposition auf die Erwachsenenposition des anderen Partners (z. B. bettelt die Frau um Anerkennung und Liebe beim distanzierten Ehemann, wie sie es beim eigenen Vater schon tat). Analog geschieht diese Kind-Eltern-Übertragung auch vom Ehemann auf die Frau (z. B. verhält sich der Mann wie ein ungezogener Junge, auf den die Frau wie eine Mutter aufpassen und ihn ausschimpfen muß). Diese wechselseitige von Übertragungen geprägte Kommunikation zwischen dem jeweiligen Kind-Ich und dem Eltern-Ich führt zu einer gemeinsamen Kreation von Übertragung und Gegenübertragung.

Die Erklärung der **Penetranz** von **Wiederholungszwängen** in **Beziehungen** (zuerst bei Freud 1914), sogar dann, wenn es den Menschen wiederholt in sehr unangenehme Situationen bringt (z. B. gerät eine Frau wider besseren Wissens immer wieder, quasi schicksalhaft, an prügelnde, alkoholkranke Partner), ist schwierig. Im traditionellen Triebmodell der Psychoanalyse wurde der Wiederholungszwang auf die „Schwerbeweglichkeit" beziehungsweise Klebrigkeit der Libido unter Vernachlässigung des Realitätsprinzips zurückgeführt: Der Mensch hält unbewußt an den alten libidinösen Vorbildern fest und agiert blind die Erfahrungen mit ihnen aus.

Später, in „Jenseits des Lustprinzips" (Freud 1920), beschreibt Freud dann eine andere Macht als Wiederholungszwang: Die traumatische Erfahrung (z. B. prügelnder Alkoholiker-Vater) soll durch die **Wiederholung** wie in einem **Selbstheilungsversuch** (Wiederholung zum Nutzen des Ichs) gemeistert werden, aber dazu muß das Trauma aufgesucht werden. Metatheoretisch kann dies sowohl an der Trägheit beziehungsweise Klebrigkeit der Libido liegen, aber auch am „Todestrieb mit seinem Drang nach Rückkehr ins Unbelebte" (Thomä und Kächele 1985, S. 122). Die Wiederholung spiegelt in diesem Ansatz den „Trieb an sich", das „Dämonische", die Tendenz zur absoluten Triebabfuhr wider (Laplanche und Pontalis 1973, S. 630ff). Innerhalb dieser theoretisch noch nicht abgeschlossenen Fragen hätte auch das Konzept der **„selbsterfüllenden Prophezeihung"** ihren Platz, indem Menschen aus ihren frühen Erfahrungen Konzepte über sich selbst bilden, die Teile ihres Selbst werden (z. B. „Ich bin in schwierigen Situationen immer ein Versager – ich bin ein Versager") und die dann als projizierte Entwürfe als innere Leitlinie fungieren, nach denen sich der betreffende Mensch selbst richtet. Er zieht dann wiederkehrend den Schluß, daß er wirklich so ist, wie er es immer schon gedacht hat. Vermutlich ist der psychische Gewinn dabei, eine innere Stabilität beziehungsweise Konstanz des Selbstkonzeptes zu erhalten, – selbst dann, wenn es immer wieder negative Erfahrungen sind, die er sich selbst schafft.

4.5.2
Übertragung

Die besondere Leistung Sigmund Freuds ist darin zu sehen, daß er das tagtäglich zu beobachtende Phänomen der Übertragung von Gefühlen, Verhaltensweisen etc. von einer Person auf eine andere bewußt in seinem Wiederholungscharakter erkannt und für die Behandlung und die Erkenntnismöglichkeit der Neurosen genutzt hat: Der Patient „erinnere überhaupt nichts von dem Vergessenen und Verdrängten, sondern er agiere es. Er reproduziert es nicht als Erinnerung, sondern als

Tat, er wiederholt es, ohne natürlich zu wissen, daß er wiederholt" (Freud 1914, S. 129).

Entscheidend für diese Entdeckung war Freuds Kooperation mit Josef Breuer, einem renommierten Wiener Arzt, der ihm 1882 erzählte, wie er, Breuer, von einer Übertragung einer seiner Patientinnen (Anna O.) überrascht wurde. Sie konnte nicht alle ihre Gefühle zu Breuer in Worten preisgeben. Sie hatte gerade dann eine Phantomschwangerschaft mit einer hysterischen Geburt produziert (Jones 1984, S. 268), als die Therapie bei Breuer zu einem Ende kommen sollte. Breuer konnte damals auf diesen zwar indirekten, aber unmißverständlichen Ausdruck von Leidenschaft ihm gegenüber noch nicht als psychoanalytischer Behandler, sondern nur als ein Mann seiner Zeit reagieren und zog sich zurück, während Freud die therapeutische Bedeutung für die Behandlung erkannte.

Dieses Phänomen erklärte Freud (1895, S. 121) als eine Art „Assoziationszwang" oder als „falsche Verknüpfung" mit dem Arzt. Freud hoffte allerdings noch, „daß es sich bei solchen Übertragungen auf die Person des Arztes um einen Zwang und um eine Täuschung handle, die mit der Beendigung der Analyse zerfließe" (Freud 1895, S. 310). Er setzte aber richtungsweisend fort: „Ja, es scheint, als ob eine solche Einwirkung des Arztes die Bedingung sei, unter welcher die Lösung des Problems allein gestattet ist" (Freud 1895, S. 265).

Im Nachwort zum Fall 'Dora' fragt Freud sich später (Freud 1905, S. 279): „Was sind die Übertragungen? Es sind Neuauflagen, Nachbildungen von Regungen und Phantasien, die während des Vordringens der Analyse erweckt und bewußt gemacht werden sollen, mit einer für die Gattung charakteristischen Ersetzung einer früheren Person durch die Person des Arztes. ... Eine ganze Reihe früherer psychischer Erlebnisse wird nicht als vergangen, sondern als aktuelle Beziehung zur Person des Arztes wieder lebendig ... [Einige sind] einfache Neudrucke, unveränderte Neuauflagen. ... Andere sind kunstvoller gemacht. ... Das sind also Neubearbeitungen" (Freud 1905, S. 280).

„Kunstvoll gemacht" und „wieder lebendig" heißt, daß der Patient Anteile seines vergessenen Lebens in der Beziehung zum Behandler wiedererleben kann, und wenn alle Symptome der Krankheit eine Übertragungsbedeutung haben, also für die Beziehung und in der Beziehung zum psychoanalytischen Therapeuten sichtbar werden, dann ist aus der ursprünglichen Neurose eine sogenannte **Übertragungsneurose** geworden, die aufgrund ihrer Präsenz der therapeutischen Arbeit im Hier und Jetzt unmittelbar zugänglich ist und bearbeitet werden kann. Die Gefühlsqualitäten in der Übertragung werden hierbei als positiv (erotisch-sexuell), als negativ (feindselig-destruktiv) und als ambivalent, wo Liebe und Haß dem Analytiker gegenüber miteinander ringen, bezeichnet.

Nach Freud muß der psychoanalytische Therapeut aus dem vom Kranken selbst gelieferten „Text" diese Übertragung „erraten, auf geringfügige Anhaltspunkte hin und ohne sich der Willkür schuldig zu machen [und] bekämpfen ... Die Übertragung, die das größte Hindernis für die Psychoanalyse zu werden bestimmt ist, wird zum mächtigsten Hilfsmittel derselben,

wenn es gelingt, sie jedes Mal zu erraten und dem Kranken zu übersetzen" (Freud 1905, S. 280f), – Hindernis und Hilfsmittel, man beachte die Dialektik! In diesem Zitat Freuds ist nun ein wesentliches Moment enthalten, das die nachfolgenden Generationen von psychoanalytischen Therapeuten beschäftigt hat: ob die Übertragung ein Widerstand, also ein Hindernis in der analytischen Behandlung darstellt und bekämpft werden muß, oder aber ob sie das Hilfsmittel beziehungsweise Agens par excellence für einen positiven Fortgang der psychoanalytischen Behandlung ist.

Denn die Übertragung hat nicht nur einen genetischen, zeitlich historischen Aspekt (Kuiper 1969), in dem etwas aus der Vergangenheit in die Gegenwart reicht – nach dem Motto der Therapeut ist immer der Vater für den Patienten –, sondern aufgrund der unbewußten Dynamik im Patienten kommt es eben zu unbewußten „kunstvollen" Verstellungen alter Beziehungserfahrungen und ihrer Objekte. Es wird das subjektiv gefärbt erlebte Objekt, das „bearbeitete Objekt" übertragen, auch zum Beispiel als ideales Objekt, und nicht simpel „der Vater" oder „die Mutter" im Analytiker gesehen. Die Übertragung ist deshalb eine Projektion aus der inneren Welt des Patienten, die sich passende reale Kerne am Objekt sucht, zum Beispiel Eigenarten des Therapeuten, woran sich die Projektion festmachen kann. Dadurch wird die gesamte Person des Therapeuten verkannt und verzerrt – jedenfalls zum großen Teil. Der Therapeut wird im Prozeß der Projektion zu einem Teil der inneren Welt des Patienten und stößt dort den Zwang zur Wiederholung relevanter biographischer Probleme an: Die Übertragungsneurose entfaltet sich. An die entstehenden Übertragungsphantasien heftet sich aber immer auch der Widerstand, um gefürchtetere Übertragungsphantasien abwehren zu können. Hierzu ein Beispiel: So kann der manifeste Wunsch einer Patientin, eine sexuelle Beziehung zum Therapeuten zu haben, eben nicht die Wiederholung eines ursprünglich auf den Vater gerichteten Wunsches sein, um sich das peinliche Erinnern dieses Wunsches an ihren Vater zu ersparen, sondern sie produziert diese Übertragung unbewußt, um das für sie furchtbar schmerzhafte Gefühl einer ausgeschlossenen Dritten, nicht wieder spüren zu müssen oder zu erinnern, wie sie als Mädchen aus seelischer Not vor einer als kühl und feindselig erlebten Mutter weg zum Vater hin drängte und hoffte, ihn und seinen Schutz über Sexualität zu gewinnen.

4.5.3
Gegenübertragung

Freud führte den Begriff der Gegenübertragung erst 1910 explizit ein und schrieb: „Wir sind auf die 'Gegenübertragung' aufmerksam geworden, die sich beim Arzt durch den Einfluß des Patienten auf das unbewußte Fühlen des Arztes einstellt, und sind nicht weit davon, die Forderung zu erheben, daß der Arzt diese Gegenübertragung in sich erkennen und bewältigen müsse ..., daß jeder Psychoanalytiker nur so weit kommt, als seine eigenen Komplexe und inneren Widerstände es gestatten, und verlangen daher, daß er seine Tätigkeit mit einer Selbstanalyse beginne" (Freud 1910, S. 126). Hier sind mehrere Punkte relevant: Aus dem strengen Gebot Freuds, als angehender Psychoanalytiker eine Selbstanalyse durchzuführen, wurde schließlich die unabdingbar notwendige sogenannte **Lehranalyse**, also die Analyse eines angehenden psychoanalytischen Therapeuten bei einem Lehranalytiker, – die Lehranalyse bei einem Lehranalytiker deshalb, weil, wie Bernfeld gesagt haben soll (Anzieu 1990, S. 134), „die Schwierigkeit der Selbstanalyse die Gegenübertragung ist".

Obwohl die Gegenübertragung eminent wichtig ist, hat Freud explizit sehr wenig dazu gesagt, nämlich nach 1910 nur noch einmal, als er in den Bemerkungen zur Übertragungsliebe (Freud 1915) von der „bereitliegenden Gegenübertragung" spricht, mit der der Psychoanalytiker auf die Übertragungsliebe eines Patienten antwortet. Er warnte davor, als Psychoanalytiker diese Eroberungen den Vorzügen der eigenen Person zuzuschreiben, sondern meinte, daß dies durch die analytische Situation erzwungen werde. Hierzu erfolgte der berühmte Satz, der oft als „**Tabuverordnung**" von den „gehorsamen" Psychoanalytikern mißverstanden wurde (indem die Gehorsamen zu distanzierten Deutungsmaschinen wurden), nämlich daß die Psychoanalyse „in Abstinenz durchgeführt" werden sollte, das heißt, der Behandler muß die Bedürfnisse des Patienten bestehen lassen, und er darf sie nicht durch ein Angebot einer Ersatzbefriedigung beschwichtigen, damit ein produktiver Leidensdruck in der Beziehung zum Therapeuten bestehen bleibt und die Therapie kein vorzeitiges Ende findet.

Paula Heimann (1950) erweiterte den klassischen Gegenübertragungsbegriff Freuds, indem die Gegenübertragung nun die gesamte emotionale Reaktion des Psychoanalytikers auf den Patienten in der Behandlungssituation darstellen sollte. Sie schloß damit auch bewußte Gefühle, Einfälle und Gedanken des Behandlers ein. Hier wird vorausgesetzt, daß das Unbewußte des psychoanalytischen Behandlers das Unbewußte des Patienten verstehen kann, was Freud selbst als spezifischen Modus psychoanalytischer Kommunikation heraushob: Der Behandler soll in der Lage sein, „sich seines Unbewußten ... als Instrument bei der Analyse zu bedienen" (Freud 1912, S. 176). Das Unbewußte wird hier allerdings als spezifische Funktion des psychoanalytischen Zuhörens verstanden, vielleicht im Sinne von 'sich bewußt verfügbar machen können', „dem gebenden Unbewußten des Kranken sein eigenes Unbewußtes als empfangendes Organ zuwenden" (Freud 1912, S. 175), – bildhaft, wie Theodor Reik (1948) es nannte, das „Hören mit dem dritten Ohr". Hier wird im Gegensatz zum klassischen Ansatz (Freud 1915) das potentiell Störende zur potentiellen Quelle der Erkenntnis (vgl. Dittrich 1995).

Die Kunst ist also, in der Gegenübertragung all seine Gefühle, auch erzwungenermaßen die neurotischen, ansprechen zu lassen, um sie beim psychoanalytischen Therapeuten in eine „unbewußte Sensitivität" münden zu lassen (Heimann 1950), aber sie dann bewußt zu reflektieren. Alles andere ist ein falsches, zumindest zu hohes Ideal. Die **Gegenübertragungsneurose** auf seiten des Behandlers ist zeitweise unvermeidbar. Sie steht nach Laplanche und Pontalis (1973, S. 171) nicht der Kommunikation entgegen, sondern ist der natürliche Ausdruck einer tiefgreifenden Kommunikation in der psychoanalytischen Situation. Phobische Einstellungen beziehungsweise Schuldgefühle des Behandlers gegenüber seinen eigenen Gefühlen, Phantasien und auch Träumen aus einer zu engen Definition der Gegenübertragung oder einer mißverstandenen Freud-Auffassung ist genauso schädlich wie das Ausagieren der eigenen neurotischen Wünsche dem Patienten gegenüber.

Die für die Psychoanalyse zentrale Beziehungsdimension „Übertragung – Gegenübertragung" wurde durch die englische Schule der Psychoanalyse, die sich aus Gedanken von Melanie Klein (1882–1960) entwickelte, neu überdacht und durch ihre Schüler, zum Beispiel W. R. Bion, für die therapeutische Beziehung nutzbar gemacht. Dieser Ansatz, der sich vor allem aus der Behandlung von Kindern und psychotischen Patienten entwickelte, versucht insbesondere, die archaischen Affekte in der Kommunikation von Patient und Therapeut zu berücksichtigen.

Literatur

Anzieu D. Freuds Selbstanalyse. Bd I u. II. München, Wien: Verein für Internationale Psychoanalyse 1990.

Beland H. „Erraten der Übertragung" (Freud) durch „Vorahnung" (Bion). DPV-Informationen 1992; 12: 2–6.

Dittrich KA. Zur Frühgeschichte des Gegenübertragungsbegriffs bei Freud und seinen ersten Schülern. Luzifer-Amor 1995; 15: 7–30.

Freud S. Studien über Hysterie. 1895. GW Bd 1. London: Imago 1955; 75–312.

Freud S. Bruchstücke einer Hysterie-Analyse. 1905. GW Bd 5. London: Imago 1955; 161–286.

Freud S. Die zukünftigen Chancen der psychoanalytischen Therapie. 1910. Studienausgabe Ergänzungsband. Frankfurt: Fischer 1982; 121–32.

Freud S. Ratschläge für den Arzt bei der psychoanalytischen Behandlung. 1912. Studienausgabe Ergänzungsband. Frankfurt: Fischer 1982; 169–80.

Freud S. Erinnern, Wiederholen und Durcharbeiten. 1914. GW Bd 10. London: Imago 1955; 125–36.

Freud S. Triebe und Triebschicksale. 1915. Studienausgabe Bd 3. Frankfurt: Fischer 1982; 75–102.

Freud S. Jenseits des Lustprinzips. 1920. GW Bd 13. London: Imago 1955; 71–161.

Heimann P. On Counter-Transference. Int J Psychoanal 1950; 31: 81–4.

Jones E. Sigmund Freud. Leben und Werk. Bd 1. München: Deutscher Taschenbuch Verlag 1984.

Kuiper PC. Zur Metapsychologie von Übertragung und Gegenübertragung. Psyche 1969; 2: 95–120.

Laplanche J, Pontalis JB. Das Vokabular der Psychoanalyse. Frankfurt: Suhrkamp 1973.

Mertens W. Kompendium psychoanalytischer Grundbegriffe. München: Quintessenz 1992.

Reik T. Hören mit dem dritten Ohr. 1948. Frankfurt: Fischer 1990.

Thomä H, Kächele H. Lehrbuch der psychoanalytischen Therapie. Bd 2. Berlin, Heidelberg, New York, Tokyo: Springer 1985.

4.6
Testdiagnostik

Astrid Junge

Definition

Lienert und Raatz (1998) definierten einen **psychologischen Test** als „ein wissenschaftliches Routineverfahren zur Untersuchung eines oder mehrerer empirisch abgrenzbarer Persönlichkeitsmerkmale mit dem Ziel einer möglichst quantitativen Aussage über den relativen Grad der individuellen Merkmalsausprägung".

Dabei werden unter **Persönlichkeitsmerkmalen** Eigenschaften, Bereitschaften, Fähigkeiten und Fertigkeiten verstanden, die der direkten Beobachtung nicht zugänglich sind, sondern durch die Reaktionen beziehungsweise Antworten im Test erschlossen werden. Dies setzt eine zugrundeliegende Theorie und eine entsprechende Testkonstruktion voraus. Der theoretische Hintergrund, die Operationalisierung und die Testgütekriterien sind für den Anwender wichtige Informationen, die bei der Interpretation der Testergebnisse berücksichtigt werden müssen.

Im deutschsprachigen Raum sind mehr als 500 psychologische Testverfahren für unterschiedliche Anwendungsbereiche verfügbar (Brickenkamp 1994; Westhoff 1993). Ein grobes, aber hilfreiches Klassifikationssystem ist die Unterscheidung von **Leistungs-** und **Persönlichkeitstests**. Da Leistungsbeurteilungen im Rahmen psychosomatischer Diagnostik von untergeordneter Bedeutung sind, wird auf die Darstellung von Intelligenz-, Entwicklungs- oder neuropsychologischen Tests verzichtet. Persönlichkeitstests, die ausführlich dargestellt werden, lassen sich nach formalen Gesichtspunkten in **psychometrische** und **projektive Verfahren** gliedern.

Psychometrische Verfahren (s. S. 196ff) sind zumeist standardisierte Fragebögen bestehend aus einer Liste von Sätzen, Symptomen, Tätigkeiten oder Eigenschaften (Items), deren Zutreffen anzukreuzen ist. Bei **projektiven Verfahren** (s. S. 203ff) werden der Person eine Reihe von mehrdeutigen Bildern, Satzanfängen oder Gestaltungsaufgaben vorgegeben und von den Reaktionen auf Einstellungen und Persönlichkeitseigenschaften geschlossen. Die **Anwendungsbereiche psychologischer Testverfahren** umfassen in Forschung und Praxis ein breites Spektrum. Neben der Grundlagenforschung sind sie insbesondere bei der Diagnostik (vgl. Kap. 4.1, S. 161ff) sowie der Verlaufs- und Ergebnisforschung von Bedeutung. In der ärztlichen und psychologischen Praxis sind psychodiagnostische Tests eine zusätzliche Informationsquelle, die das diagnostische Gespräch und den persönlichen Eindruck ergänzen und abrunden können. Psychometrische Verfahren ermöglichen die Quantifizierung eines Merkmals und damit den Vergleich mit einer Referenzgruppe (Normbezug) oder zu verschiedenen Zeitpunkten (Veränderung).

Abschließend noch eine **terminologische Anmerkung**: Die Bezeichnung **„Test"** ist üblicherweise gebräuchlich, erscheint aber im vorliegenden Kontext problematisch, da das Wort in der Umgangssprache zumeist mit Prüfung oder Ausprobieren assoziiert wird. Es soll daher jeweils konkret von psychodiagnostischen Fragebögen, psychometrischen oder projektiven Verfahren gesprochen werden.

4.6.1
Testtheorie – methodische Vorbemerkung

Die Konstruktion psychologischer Tests wird hier nicht ausführlich dargestellt (vgl. dazu z. B. Lienert und Raatz 1998), da, wenn möglich, bereits etablierte Verfahren eingesetzt werden sollten. Bei der Auswahl und Ergebnisbewertung eines psychologischen Verfahrens sind jedoch neben inhaltlichen auch einige formale Aspekte zu berücksichtigen.

Gütekriterien eines Tests

Die wichtigsten Gütekriterien eines psychologischen Tests sind Objektivität, Reliabilität und Validität. Diese drei Testgütekriterien implizieren einander in der unten dargestellten Reihenfolge, das heißt, ein valider Test muß auch reliabel, ein reliabler Test muß auch objektiv sein. Umgekehrt gilt das nicht immer.

Darüber hinaus ist eine Normierung an einer Eichstichprobe wünschenswert. Insbesondere bei Routine- oder Screeninguntersuchungen ist auch die Ökonomie und Praktikabilität bei der Anwendung, Auswertung und Interpretation nicht unbedeutend.

Objektivität

Definition

Unter **Objektivität** (Unabhängigkeit) versteht man das Ausmaß, mit dem verschiedene Anwender bei derselben Person unter denselben Bedingungen zum selben Ergebnis kommen, das heißt, inwieweit ein Verfahren unabhängig vom Anwender ist.

Es werden drei Arten von Objektivität unterschieden: Durchführungsobjektivität, Auswertungsobjektivität und Interpretationsobjektivität.

Ein wesentlicher Aspekt der Durchführungsobjektivität liegt in der Einheitlichkeit der Instruktion und der situativen Bedingungen. Die Auswertungsobjektivität ist unter anderem von der Standardisierung der Antwortmöglichkeiten abhängig; sind Antwortalternativen vorgegeben, so besteht eine höhere Auswertungsobjektivität als bei der Zuordnung freier Antworten zu Kategorien. Die Interpretationsobjektivität bezieht sich darauf, inwieweit aus gleichen Auswertungsergebnissen auch gleiche diagnostische Schlußfolgerungen gezogen werden. Normtabellen gewährleisten eine hohe Übereinstimmung bei der Interpretation.

Reliabilität

Definition

Unter **Reliabilität** (Zuverlässigkeit) versteht man das Ausmaß, mit dem ein Verfahren bei Wiederholung unter gleichen Bedingungen bei der gleichen Person zum selben Ergebnis führt, das heißt, wie genau ein Meßinstrument ist.

Das Maß für die Ungenauigkeit des Meßinstruments nennt man den **Standardmeßfehler** (*Standard Error of Measurement*). Um die Exaktheit einer Messung zu prüfen, werden in den Naturwissenschaften häufig Meßwiederholungen durchgeführt. In der Psychologie ist dieses Vorgehen (**Retestreliabilität**) hingegen problematisch, da die Untersuchung einen Einfluß auf den Untersuchten haben kann und dieser bei einer zweiten Messung miterfaßt werden würde. Aus diesem Grund werden bei **Paralleltestreliabilität** zwei unterschiedliche Versionen eines Fragebogens, die zu einem identischen Ergebnis führen sollen, verglichen. Da die Konstruktion von Parallelformen eines Tests sehr aufwendig und teils auch unmöglich ist, wird bei der **Testhalbierungsmethode** der Test in zwei gleichwertige Hälften unterteilt, und diese werden miteinander korreliert. In Weiterentwicklung dieses Vorgehens wurde die **Analyse** der **inneren Konsistenz** (Cronbachs Alpha) entwickelt; dabei wird geprüft, inwieweit jedes einzelne Item dasselbe wie der Gesamttest beziehungsweise die Skala erfaßt. Bei allen vier genannten Methoden spiegelt die Höhe des ermittelten Koeffizienten die Meßpräzision wider, aus der sich der Meßfehler abschätzen läßt.

Validität

Definition

Unter **Validität** (Gültigkeit) versteht man das Ausmaß, mit dem ein Test mißt, was er zu messen vorgibt.

Inhaltsvalidität (*Face Validity*) besteht, wenn die Testitems den zu erfassenden Merkmalsbereich inhaltlich repräsentieren.

Bei **kriteriumsbezogener** Validität (empirische Validität) wird der Testwert mit einem Außenkriterium verglichen. Man unterscheidet **konvergente** Validität (Übereinstimmungsvalidität), wenn das Außenkriterium gleichzeitig mit dem Testergebnis, und **prognostische** Validität (Vorhersagevalidität), wenn das Außenkriterium zeitlich nach dem Testergebnis erhoben wurde. **Konstruktvalidität** (theoretische Validität) bezieht sich auf den Zusammenhang zwischen dem beobachtbaren Testverhalten und dem diesem Verhalten theoretisch als zugrundeliegend betrachteten Merkmalskomplex.

Prädiktiver Wert eines Tests

Der diskriminative oder prädiktive Wert eines Tests für die Zuordnung zu einer Gruppe wird beurteilt nach der diesbezüglichen Sensitivität, der Spezifität und dem positiven Vorhersagewert.

Die **Sensitivität** gibt an, inwieweit durch ein Verfahren alle „Kranken" richtig identifiziert wurden (Quotient aus im Test richtig positiv klassifizierten und der Summe aller tatsächlich positiven Fälle). Die **Spezifität** sagt aus, inwieweit alle „Gesunden" als solche erkannt wurden (Quotient aus im Test richtig als negativ klassifizierten und der Summe aller tatsächlich negativen Fälle). Der **Vorhersagewert** gibt die Wahrscheinlichkeit an, mit der eine aus einem Test gezogene Schlußfolgerung richtig ist (Anteil der korrekt klassifizierten Fälle an der Zahl aller so klassifizierten Fälle).

Interpretationshinweise

Individuelle Testergebnisse sind nur im Vergleich zu den Angaben von **Referenzpopulationen** sinnvoll zu interpretieren. Bei der Eichung werden anhand der Antworten einer für den Anwendungsbereich repräsentativen Stichprobe Normen gebildet. Diese Normdaten stellen gleichsam den Maßstab dar, an dem die relative Position eines Ergebnisses beurteilt wird. Im Einzelfall kann es zudem für die diagnostische Einschätzung durchaus wichtig sein, nicht nur die Skalenwerte, sondern auch Antworten auf einzelne Fragen (Items) zu betrachten.

Neben den allgemeinen **Fehlerquellen** der diagnostischen Situation (z. B. situative Einflüsse) können **spezifische Antwortstile** die Gültigkeit der Angaben vermindern. Probleme können zum einen im Verständnis der Items, Defiziten in der Selbstbeobachtung oder der Erinnerung liegen, zum anderen aber auch in Antworttendenzen wie unkritische Zustimmung oder Ablehnung, Bevorzugung von extremen oder undifferenzierten Antworten. Da aus der Formulierung der Items meist direkt auf die Zielsetzung geschlossen werden kann, hängt die Validität in hohem Maß von der Offenheit beziehungsweise Ehrlichkeit der Beantwortung ab. In diesem Zusammenhang ist an die Tendenz zur sozialen Erwünschtheit sowie an Simulations- und Dissimulationstendenzen zu denken.

4.6.2
Psychometrische Verfahren

Definition

Psychometrische Verfahren sind standardisierte Fragebögen zur Selbst- beziehungsweise Fremdeinschätzung bestimmter Merkmale einer Person. Zur Beantwortung stehen entweder Kategorien (z. B. stimmt – stimmt nicht) oder Skalen (z. B. nie – selten – manchmal – häufig – immer) zur Verfügung. Die Auswertung erfolgt nach jeweils im Fragebogenmanual definierten Richtlinien und führt zu quantitativen Aussagen über die erfassten Merkmale.

Zumeist werden Persönlichkeits-, Einstellungs- und Interessenstests sowie klinische Tests unterschieden, wobei eine eindeutige Zuordnung einzelner Verfahren häufig nicht möglich ist. Bei der vorliegenden Übersicht wurde in Hinblick auf klinisch relevante Fragestellungen eine etwas andere Einteilung

vorgenommen. **Symptomorientierte Verfahren** können eine wichtige Hilfestellung bei der Diagnostik sein, haben aber eine eher phänomenologische, gleichsam äußere Betrachtungsweise. Mit **Persönlichkeits-Fragebögen** wird versucht, psychische Merkmale beziehungsweise das Selbstbild einer Person zu erfassen. **Konflikt- und verarbeitungsorientierte Verfahren** sind demgegenüber mehr auf das Verständnis intra- und interpersoneller Probleme und Ressourcen einer Person gerichtet. Darüber hinaus gibt es zu den meisten psychologischen Konstrukten einen oder mehrere Fragebögen. Die dargestellten Fragebögen sind in deutschsprachiger Bearbeitung über die Testzentrale des Berufsverbandes Deutscher Psychologen (2000, vgl. auch CIPS 1996) zu beziehen und/oder bei Westhoff (1993) beschrieben (vgl. Tab. 4-4). Weitere psychometrische Verfahren findet man über die Zentralstelle für Psychologische Information und Dokumentation (http://www.zpid-psychologie.de) in der Datenbank PSYTKOM sowie über die Testzentrale (http://www.testzentrale.de).

Tab. 4-4 Zitierte Fragebögen.

Abkürzung	Name des Fragebogens	Angloamerikanische Autoren	Autoren der deutschen Version	Quelle
ADS	Allgemeine Depressions-Skala	vgl. CES-D	Hautzinger u. Bailer 1993a	T
AKV	Fragebogen zu körperbezogenen Ängsten, Kognitionen und Vermeidung		Ehlers et al. 2001	T
B-L	Beschwerden-Liste		Zerssen 1976	T
BDI	Beck-Depressions-Inventar	Beck et al. 1961	Hautzinger et al. 1995	T
BSI	Brief Symptom Inventory	Derogatis u. Melisaratos 1983	Franke 2000	T
CES-D	Center for Epidemiologic Studies Depression Scale	Radloff 1977	vgl. ADS	T
CPI	California Psychological Inventory	Gough 1957	Weinert 1988	T
DMI	Defense Mechanism Inventory	Gleser u. Ihilevich 1969	vgl. FKBS, SBAK	W
DSI	Zung Depression Status Inventory	Zung 1986	CIPS 1986	T
EDI	Selbstbeurteilungsfragebogen für Eßstörungen	Garner et al. 1983	Meermann u. Vandereycken 1987	L
EPI	Eysenck-Persönlichkeits-Inventar	Eysenck 1964	Eggert 1983	T
FBL	Freiburger Beschwerdenliste		Fahrenberg 1994	T
FEKB	Fragebogen zur Erfassung von Formen der Krankheitsbewältigung		Klauer et al. 1989	W
FEV	Fragebogen zum Eßverhalten	Stunkard u. Messiak 1985	Pudel u. Westenhöfer 1989	T
FKBS	Fragebogen zu Konfliktbewältungsstrategien	vgl. DMI	Hentschel et al. 1998	T
FKV	Freiburger Fragebogen zur Krankheitsverarbeitung		Muthny 1989	T
FMP	Fragebogen zur Messung der Psychotherapiemotivation		Schneider et al. 1989	T
FPI-R	Freiburger Persönlichkeits-Inventar		Fahrenberg et al. 2001	T
FSI	Fragebogen zur sozialen Integration	vgl. SAS	Wietersheim et al. 1989	W
F-SOZU	Fragebogen zur sozialen Unterstützung		Sommer u. Frydrich 1991	W

Tab. 4-4 (Fortsetzung)

Abkürzung	Name des Fragebogens	Angloamerikanische Autoren	Autoren der deutschen Version	Quelle
FSV	Fragebogen zum Schmerzverhalten		Hoppe 1985	W
GBB	Gießener Beschwerdebogen		Brähler u. Scheer 1995	T
GT	Gießen-Test		Beckmann et al. 1990	T
HAMD	Hamilton-Depression-Scale	Hamilton 1960	CIPS 1986	T
HSAL	Hamburger Schmerz-Adjektiv-Liste		Hoppe 1991	T
HZI	Hamburger Zwangsinventar		Zaworka et al. 1983	T
IAF	Interaktions-Angst-Fragebogen		Becker 1997	T
IDS	Inventar depressiver Symptome		Hautzinger u. Bailer 1993b	T
IEG	Inventar zum Eßverhalten und Gewichtsproblemen		Diehl u. Staufenbiel 1994	T
IIP-D	Inventar interpersoneller Probleme	Horowitz et al. 1988	Horowitz et al. 2000	T
ILE	Inventar zur Erfassung lebensverändernder Ereignisse		Siegrist u. Dittmann 1983	W
KSI	Kieler Schmerz-Inventar		Hasenbring 1994	T
MADRS	Montgomery-Asberg Depression Rating Scale	Montgomery u. Asberg 1979	Montgomery u. Asberg 1989	T
MEL	Münchener Ereignisliste		Maier-Diewald et al. 1983	W
MMPI	Minnesota Multiphasic Personality Inventory	Hathaway u. McKinley 1940	Engel 2000	T
MPQ	McGill Pain Questionnaire	Melzack 1975	vgl. SES	W
NI	Narzißmusinventar		Deneke u. Hilgenstock 1989	T
PAS	Panik- und Agoraphobieskala		Bandelow 1997	T
16-PF-R	16-Persönlichkeits-Faktoren-Test	Cattell et al. 1970	Schneewind u. Graf 1998	T
RMSS	Revidierte mehrdimensionale Schmerzskala		Cziske 1983	T
SAS	Self Rating Anxiety Scale	Zung 1971	CIPS 1986	T
SAS	Social Adjustment Scale	Weissmann u. Bothwell 1976	vgl. FSI	W
SBAK	Stuttgarter Bogen zur Selbsturteilung von Abwehrkonzepten	vgl. DMI	Ehlers u. Peter 1989	W
SCL-90-R	Symptom Check List	Derogatis 1977	Franke 1995	T
SDS	Zung Self Rating Depression Scale	Zung 1965	CIPS 1986	T
SEBV	Skala zur Erfassung des Bewältigungsverhaltens	vgl. WCCL	Ferring u. Filipp 1989	W
SES	Schmerzempfindungsskala	vgl. MPQ	Geissner u. Schulte 1996	T
SPAI	Inventar zur sozialen Phobie		Frydrich (in Vorbereitung)	T
SRRS	Social Readjustment Rating Scale	Holmes u. Rahe 1967	Holmes u. Rahe 1980	W
STAI	State-Trait-Angst-Inventar	Spielberger et al. 1970	Laux et al. 1981	T
SVF	Streßverarbeitungsfragebogen		Janke et al. 1997	T
WCCL	Ways of Coping Checklist	Folkman u. Lazarus 1980	vgl. SEBV	W
WHYMPI	West Haven-Yale Multidimensional Pain Inventory	Kerns et al. 1985	Flor et al. 1990	W

T – Testzentrale des Berufsverbandes Deutscher Psychologen (2000), http://www.testzentrale.de; W – zitiert in Westhoff (1993); L – im Literaturverzeichnis.

Symptomorientierte Fragebögen

> **Definition**
>
> **Symptomorientierte Verfahren** dienen in erster Linie der standardisierten Erfassung psychischer und körperlicher Beschwerden.

Im folgenden werden jeweils die gebräuchlichsten Verfahren zu den Bereichen Depression, Angst, Zwang, Eßverhalten, Schmerz und körperliche Beschwerden kurz dargestellt.

Depressive Symptome

Zur Erfassung depressiver Symptome wird international sehr häufig das **Beck-Depressions-Inventar** (BDI) sowie die **Zung Self-Rating Depression Scale** (SDS) eingesetzt. Mit beiden Fragebögen können die Schwere einer Depression erhoben und Veränderungen zum Beispiel durch eine Therapie erfaßt werden. Zu 21 depressiven Symptomen sind je vier Aussagen formuliert, die in aufsteigender Folge eine zunehmend depressive Stimmungslage repräsentieren und mit entsprechenden Punktwerten gewichtet sind. Die SDS umfaßt 20 Selbstaussagen zu depressiven Symptomen, die auf einer vierstufigen Skala nach der Häufigkeit des Auftretens in der letzten Woche eingeschätzt werden sollen.

Basierend auf dem BDI und der SDS wurde die **Center for Epidemiologic Studies Depression Scale** (CES-D) entwickelt, deren deutschsprachige Version als **Allgemeine Depressions-Skala** (ADS) bezeichnet wird. Die ADS umfaßt 20 depressive Beschwerden, deren Häufigkeit bezogen auf die letzte Woche auf einer Vier-Punkte-Skala einzuschätzen ist.

Als analoge Fremdeinschätzung wurden zur ADS das **Inventar depressiver Symptome** (IDS), zur SDS das **Zung Depression Status Inventory** (DSI) konstruiert. International verbreitete Fremdbeurteilungsverfahren für Patienten mit depressiver Symptomatik sind die **Hamilton-Depression-Scale** (HAMD) und die **Montgomery-Asberg Depression Rating Scale** (MADRS).

Angst und Angsterkrankungen

Das **State-Trait-Angst-Inventar** (STAI) dient zur Erfassung von Angst einerseits als vorübergehendem emotionalem Zustand, der in seiner Intensität mit der Zeit und Situation variiert, andererseits als überdauerndem Merkmal im Sinne einer Neigung zu Ängstlichkeit. Die beiden Skalen umfassen jeweils 20 Items, deren Zutreffen auf einer vierstufigen Skala einzuschätzen ist.

Der mehrteilige **Fragebogen zu körperbezogenen Ängsten, Kognitionen und Vermeidung** (AKV) wurde speziell für Patienten mit Angsterkrankungen sowie mit psychosomatischen oder funktionellen Beschwerden entwickelt. Im Teil zu körperbezogenen Ängsten (Body Sensation Questionnaire) werden neben der Intensität der Angst vor körperlichen Symptomen auch vom Patienten belastend erlebte Empfindungen erfragt. Der Teil zu Kognitionen (Agoraphobic Cognition Questionnaire) erfaßt die Häufigkeit typischer angstbezogener Gedanken, wobei zwischen körperlichen Krisen und Kontrollverlust unterschieden wird. Im Mobilitätsinventar (Mobility Inventory) wird das Ausmaß des Vermeidungsverhaltens von agoraphobischen Situationen untersucht.

Die **Panik- und Agoraphobie-Skala** (PAS) dient der Bestimmung des Schweregrades dieser Symptomatik. Die 14 Items werden zu den fünf Subskalen Panikattacken, agoraphobe Vermeidung, antizipierte Angst, Einschränkung im täglichen Leben und Gesundheitssorgen zusammengefaßt.

Das **Inventar zur sozialen Phobie** (SPAI), die deutschsprachige Version des Social Phobia and Anxiety Inventory, erfaßt mit 22 Items den Grad der Unsicherheit, Angst, Vermeidung und physiologischer Reaktion in unterschiedlichen sozialen Situationen.

Denk- und Handlungszwänge

Das **Hamburger Zwangsinventar** (HZI) erfaßt Denk- und Handlungszwänge. Die 188 (Kurzform: 72) Items, deren Zutreffen zu beurteilen ist, werden bei der Auswertung zu sechs Bereichen zusammengefaßt: Kontrollieren/Wiederholen, Waschen/Putzen, Ordnen, Zählen/Berühren/Sprechen, Gedankenzwänge und zwanghafte Vorstellungen, sich oder anderen Leid zuzufügen.

Eßverhalten

Mit dem **Inventar zu Eßverhalten und Gewichtsproblemen** (IEG) werden 14 Einstellungs- und Verhaltensdimensionen erhoben, wie zum Beispiel Einstellung zum Essen, Stärke und Auslösbarkeit des Eßbedürfnisses, sozial-situative Auslöser für Mehressen, Wirkung des Essens, Essen als Mittel gegen (emotionale) Belastung, Essen und Gewicht als Problem, Zügelung des Essens, nächtliches Essen. Für Untersuchungen speziell im Bereich der Eßstörungen wurde das IEG um neun Zusatzskalen erweitert.

Der **Fragebogen zum Eßverhalten** (FEV), die Übersetzung des Three-Factor-Eating-Questionnaires, umfaßt mit drei Subskalen kognitive Kontrolle des Eßverhaltens, Störbarkeit des Eßverhaltens und erlebtes Hungergefühl.

Bei Meermann und Vandereycken (1987) findet man die deutsche Übersetzung der Eating Disorder Scale (EDI), den **Selbstbeurteilungsfragebogen für Eßstörungen**. Bestehend aus 64 Items mit sechsstufiger Häufigkeitsskala werden folgende Bereiche erfaßt: Schlankheitsbewußtsein, Bulimia, körperliche Unzufriedenheit, Ineffektivität, Perfektionismus, zwischenmenschliches Mißtrauen, interozeptive Bedeutsamkeit und Angst vor dem Erwachsenwerden.

Schmerz

Einen guten Überblick über unterschiedliche Verfahren zur Erfassung von Schmerzen geben zum Beispiel Seemann (1987) sowie Scholz (1990). Die Intensität von Schmerzen wird meistens mittels **visueller analoger Skalen** (VAS) gemessen. Üblicherweise handelt es sich um eine 10 cm lange Linie, auf der die individuelle Schmerzintensität zwischen deren Extremen „überhaupt kein Schmerz" und „maximal vorstellbarer Schmerz" eingeschätzt wird. Manchmal ist die Linie zusätzlich numerisch (0 bis 10 oder 0 bis 100) untergliedert. Verbal markierte Antwortskalen für Intensität und Häufigkeit kommen vor. Die Schmerzlokalisation wird häufig durch eine Körperschemazeichnung erhoben. Die Vorlage zeigt den menschlichen Körper von vorn und hinten, manchmal auch unterschiedliche Ansichten des Kopfes, auf der die schmerzenden Körperareale markiert werden. Zur Erfassung der Schmerzqualität beziehungsweise des Schmerzerlebens wurden eine Reihe von Fragebögen, meist Adjektivlisten entwickelt (z. B. RMSS, HSAL, MPQ, SES; Abkürzungen s. Tab. 4-4). Fragebögen zu schmerzbedingter Funktionseinschränkung sind zumeist für bestimmte Schmerzlokalisationen (z. B. Rückenschmerzen) oder Krankheitsbilder (z. B. Rheuma) konzipiert.

Das **West Haven-Yale Multidimensional Pain Inventory** (WHYMPI) ist ein mehrdimensionaler Fragebogen zur Erfassung der Auswirkungen von Schmerzen auf das tägliche Leben. Die insgesamt 54 Items sind zwölf Skalen in drei Teilbereichen (Schmerzbewältigung, vom Patienten wahrgenommene Reaktionen anderer und Aktivitäten des täglichen Lebens) zugeordnet. Die Beantwortung erfolgt auf siebenstufigen Skalen, die itemspezifisch formuliert sind.

Das **Kieler Schmerzinventar** (KSI) besteht aus drei eigenständigen Fragebögen zur Schmerzverarbeitung auf emotionaler, kognitiver und Verhaltensebene. Emotionale Reaktionen auf Schmerzsituationen (ERSS) werden in drei Skalen mit insgesamt 15 Items erhoben. Der Fragebogen zur kognitiven Reaktion in Schmerzsituationen (KRSS) umfaßt 34 Aussagesätze, die zu sechs Skalen zusammengefaßt werden. Im Teil Coping-Reaktionen in Schmerzsituationen (CRSS) werden mit 68 Items acht Aspekte der Schmerzbewältigung erhoben: Vermeiden sozialer Aktivität, Vermeiden körperlicher Aktivität, Durchhaltestrategien, nichtverbales Ausdrucksverhalten, direkte Bitte um soziale Unterstützung, entspannungsfördernde Ablenkung sowie aktive und passive Maßnahmen. Bei allen drei Instrumenten soll die Auftretenshäufigkeit auf einer siebenstufigen Skala angegeben werden.

Körperliche Beschwerden

Der **Gießener Beschwerdebogen** (GBB) dient zur Erfassung des körperlichen Beschwerdebildes von psychoneurotischen und psychosomatischen Patienten. Die subjektive Belastung durch 57 Symptome (Kurzform: 24 Symptome) soll anhand einer fünfstufigen Skala beurteilt werden. Bei der Auswertung werden je sechs Items zu den vier Bereichen Erschöpfung, Magenbeschwerden, Herz-Kreislauf-Beschwerden, Gliederschmerzen und diese zu einem Gesamtwert zusammengefaßt.

Die **Freiburger Beschwerdenliste** (FBL) umfaßt 78 (Kurzform: 20) als Fragen formulierte Beschwerde-Items,

deren Auftretenshäufigkeit auf einer fünfstufigen Skala angegeben werden soll. Aus den Antworten werden zehn Bereiche (Allgemeinbefinden, emotionale Reaktivität, Herz-Kreislauf, Magen-Darm, Kopf-Hals-Reizsyndrom, Anspannung, Sensorik, Motorik, Haut und ein Gesamtbelastungswert) gebildet.

Die **Beschwerden-Liste** (B-L) liegt in zwei Parallelformen mit je 24 körperlichen und Allgemeinbeschwerden vor, die hinsichtlich der dadurch erlebten Beeinträchtigungen auf einer vierstufigen Skala eingeschätzt werden. Meist wird ein Gesamtwert berechnet, es ist aber auch möglich, drei Bereiche zu unterscheiden: Allgemeinbeschwerden, körpernahe Beschwerden und psychisch-körpernahe Beschwerden.

Unterschiedliche Symptome

Zur Erfassung eines breiten Spektrums unterschiedlicher belastender Symptome wird international sehr häufig die **Symptom-Check-List** (SCL-90-R) eingesetzt. Bezogen auf die vergangenen sieben Tage sollen 90 Items (Kurzform: 53 Items, BSI) in Hinblick auf die dadurch erlebte Belastung auf einer fünfstufigen Skala eingeschätzt werden. Bei der Auswertung werden 83 Items zu folgenden Symptomfaktoren zusammengefaßt: Somatisierung, Zwanghaftigkeit, Unsicherheit im sozialen Kontakt, Depressivität, Ängstlichkeit, Aggressivität, phobische Angst, paranoides Denken, Psychotizismus. Zusätzlich werden drei globale Indizes berechnet: die mittlere Gesamtbelastung, die Anzahl vorliegender Symptome und die durchschnittliche Belastung bezogen auf die vorliegenden Symptome.

Die **Testbatterie zur Qualitätssicherung in der Psychotherapie** beinhaltet neben einer standardisierten Basisdokumentation, die SCL-90-R, das BDI, einen Angst- und einen Lebensqualitätsfragebogen.

Persönlichkeitsfragebögen

Definition

Mit **Persönlichkeitsfragebögen** sollen unterschiedliche psychische Merkmale oder Eigenschaften einer Person erfaßt werden. Teilweise wird synonym auch die Bezeichnung Persönlichkeitsstruktur-Fragebogen verwandt, wobei der Strukturbegriff in diesem Zusammenhang nicht dem der Psychoanalyse entspricht.

Im deutschsprachigen Raum sind das **Freiburger Persönlichkeits-Inventar** (FPI) und der **Gießen-Test** (GT) die am häufigsten angewandten Instrumente. Das **Minnesota Multiphasic Personality Inventory** (MMPI) ist, wenn auch vielfach methodisch und inhaltlich stark kritisiert, international sehr verbreitet. Als weitere gebräuchliche Persönlichkeitsfragebögen sind zu nennen: **California Psychological Inventory** (CPI), **Eysenck-Persönlichkeits-Inventar** (EPI) und **16-Persönlichkeits-Faktoren-Test** (16-PF-R).

Freiburger Persönlichkeits-Inventar (FPI)

Das FPI (neu revidiert FPI-R) ist ein faktorenanalytisch begründeter Fragebogen mit 138 Aussagen über Verhaltensweisen, Einstellungen und Gewohnheiten, deren Zutreffen auf die eigene Person zu beurteilen ist. Die Items sind zehn Standardskalen und zwei Sekundärskalen zugeordnet: Lebenszufriedenheit, soziale Orientierung, Leistungsorientierung, Gehemmtheit, Erregbarkeit, Aggressivität, Beanspruchung, körperliche Beschwerden, Gesundheitssorgen, Offenheit, Extraversion, Emotionalität. Bei der Auswertung werden die Angaben nach Alter und Geschlecht in Standardwerte umgewandelt, die in einem Profilblatt veranschaulicht werden können.

Gießen-Test (GT)

Der auf psychoanalytischen Konzepten basierende GT dient primär dazu, das Selbstbild einer Person in Hinblick auf ihre innere Verfassung und ihre Umweltbeziehungen zu erheben. Anders als bei den meisten Persönlichkeits-Inventaren werden soziale Einstellungen und Reaktionen berücksichtigt. Neben dem realen Selbstbild können auch das ideale Selbstbild eingeschätzt und Diskrepanzen der Angaben gegebenenfalls diagnostisch genutzt werden. Durch die Einschätzung anderer Personen besteht die Möglichkeit, deren Beziehungen zueinander darzustellen.

Für die Paardiagnostik haben die Autoren eine leicht modifizierte Version entwickelt. Die Beantwortung der 40 bipolar formulierten Items erfolgt auf einer siebenstufigen Skala. Bei der Auswertung werden Werte für sechs Dimensionen ermittelt und in ein Profilblatt eingetragen: soziale Resonanz, Dominanz, Kontrolle, Grundstimmung, Durchlässigkeit, soziale Potenz. Zusätzlich werden die Häufigkeit von Mittel- und Extremantworten erfaßt.

Minnesota Multiphasic Personality Inventory (MMPI)

Das MMPI wurde erstmals in den 40er Jahren veröffentlicht, die deutsche Bearbeitung erschien 1963 unter der Bezeichnung MMPI Saarbrücken. Ursprünglich wurde das MMPI ausschließlich für die Erfassung von Psychopathien, das heißt zum „Erkennen von Zügen, die charakteristisch für krankhafte oder in anderer Weise störende Auffälligkeiten sind" (zitiert nach Westhoff 1993) entwickelt. Ungeachtet der bei der Konstruktion verwendeten psychiatrischen Klassifizierungen wird das Verfahren aber auch bei psychodiagnostischen Fragestellungen allgemeiner Art eingesetzt. Das MMPI besteht aus 566 psychopathologischen, psychosomatischen und sozialpsychologischen Feststellungen (Kurzform: 221 Items), die bei Zutreffen angekreuzt werden. Die Antworten werden zu zehn klinischen Skalen zusammengefaßt: Hypochondrie, Depression, Hysterie, Psychopathie, maskulin-feminine Interessenskala, Paranoia, Psychasthenie, Schizoidie, Hypomanie, soziale Introversion-Extraversion. Zusätzlich werden vier Validitätsskalen gebildet, durch die Unehrlichkeit, mangelnde Sorgfalt, Abwehr und ausweichendes Antwortverhalten geprüft werden sollen. Die Ergebnisse der Auswertung werden in ein Profilblatt eingetragen.

Konflikt- und verarbeitungsorientierte Verfahren

> **Definition**
>
> **Konflikt-** und **verarbeitungsorientierte Verfahren** befassen sich mit intra- und interpersonellen Problemen, Ressourcen, Belastungen und Bewältigungsmöglichkeiten.

Die in diesem Abschnitt dargestellten Fragebögen sind sehr heterogen hinsichtlich des theoretischen Hintergrundes und der inhaltlichen Schwerpunktsetzung. Ausgewählt wurden sie in Hinblick auf klinisch relevante Aspekte der Entstehung, Aufrechterhaltung oder Bewältigung neurotischer oder psychosomatischer Erkrankungen.

Abwehr

Nach psychoanalytischer Theorie dient Abwehr der psychischen Verarbeitung unbewußter innerer Bedürfnisse oder Konflikte. Obwohl die Meßbarkeit dieses Konstrukts oft bezweifelt wurde, wird zur empirischen Untersuchung von Abwehrmechanismen im englischen Sprachraum häufig das **Defense Mechanism Inventory** (DMI) eingesetzt. Als deutsche Version des DMI verstehen sich sowohl der **Fragebogen zu Konfliktbewältigungsstrategien** (FKBS) als auch der **Stuttgarter Bogen zur Selbsturteilung von Abwehrkonzepten** (SBAK).

Der **FKBS** besteht aus zehn vorgegebenen Situationsschilderungen, zu denen je fünf kognitiv-emotionale und verhaltensmäßige Reaktionen hinsichtlich ihrer Auftretenswahrscheinlichkeit auf einer vierstufigen Skala beurteilt werden sollen. Die Ausprägung der fünf Abwehrmechanismen Wendung gegen das Objekt, Wendung gegen das Selbst, Projektion, Prinzipienbildung und Umkehrung kann sowohl getrennt für die kognitive und die Verhaltensebene als auch als Gesamtsumme berechnet werden.

Im **SBAK** wird das Ausmaß der Abwehrstile Rationalisierung, Verleugnung, Wendung gegen das Objekt, Regression und Vermeidung sozialer Kontakte erhoben, indem bei 17 Situationsschilderungen die Auftretenswahrscheinlichkeit von insgesamt 70 Reaktionen jeweils auf einer fünfstufigen Skala eingeschätzt wird.

Narzißtisches Persönlichkeitssystem

Das **Narzißmusinventar** (NI) fokussiert auf den Aspekten des narzißtischen Persönlichkeitssystems, in denen sich Störungen im Erleben der eigenen Person manifestieren. Dieses umfaßt sowohl die Gesamtheit der Selbstrepräsentanzen, einschließlich der im Selbst repräsentierten Beziehungen zur Welt der Objekte, als auch Regulationsmechanismen zur Erhaltung oder Wiederherstellung positiver narzißtischer Zustände. Die 163 Items werden zu 18 Skalen zusammengefaßt, die faktorenanalytisch vier Bereichen zugeordnet sind: bedrohtes Selbst, „klassisch" narzißtisches Selbst, idealisiertes Selbst, hypochondrisches Selbst.

Soziale Unterstützung und Integration

Der **Fragebogen zur sozialen Integration** (FSI) ist die deutsche Adaptation der im angloamerikanischen Sprachraum häufig verwandten **Social Adjustment Scale** (SAS). Durch 45 Items mit fünfstufigen Antworten wird erfragt, inwieweit eine Person in verschiedenen Lebensbereichen die an sie gestellten Aufgaben bei eigenem Wohlbefinden und gefühlsmäßigem Austausch mit anderen erfüllt. Die Auswertung bezieht sich auf die Bereiche Arbeit, Freizeit, Verwandte, Partner, Kinder.

Zur Erfassung wahrgenommener und antizipierter Unterstützung aus dem sozialen Umfeld wurde der **Fragebogen zur sozialen Unterstützung** (F-SOSU) entwickelt. Die 54 Items (Kurzfassung: 22) werden auf fünfstufigen Skalen beantwortet. Neben den Bereichen emotionale Unterstützung, praktische Unterstützung, soziale Integration und soziale Belastung werden die Nennungen unterstützender und belastender Personen ausgewertet.

Interpersonelle Probleme

Das **Inventar interpersoneller Probleme** (IIP) erfragt mit fünfstufigen Antwortskalen, inwieweit bestimmte zwischenmenschliche Verhaltensweisen schwerfallen beziehungsweise im Übermaß gezeigt werden. Die 127 (Kurzform: 64) Items sind den Oktanten des Zirkumplex-Modells zugeordnet: autokratisch/kontrollierend, streitsüchtig/mißtrauisch, abweisend/kalt, introvertiert/sozial vermeidend, selbstunsicher/unterwürfig, ausnutzbar/nachgiebig, fürsorglich/freundlich, expressiv/aufdringlich.

Lebensverändernde Ereignisse

Das Vorhandensein lebensverändernder Ereignisse und die erforderliche Wiederanpassungsleistung wird im angloamerikanischen Sprachraum meist mit der **Social Readjustment Rating Scale** (SRRS) erhoben. Alle 42 aufgelisteten Ereignisse sind nach Schwere in Life Change Units (LCU) gewichtet; aus den aufgetretenen Ereignissen wird ein Gesamtwert gebildet. Andere Verfahren zur Beurteilung von Lebensereignissen (MEL, ILE; Abkürzungen s. Tab. 4-4) sind als Interview konzipiert und damit aufwendiger in der Datenerhebung.

Coping

Das dem verhaltensmedizinischen Denken entstammende Konzept des Coping befaßt sich mit den unterschiedlichen Formen des Umgangs mit Belastungen. Da die Art des Bewältigungsversuchs von der Art des Problems abhängig ist, thematisieren die zu diesem Bereich entwickelten Fragebögen zumeist die Bewältigung oder Verarbeitung einer spezifischen Belastung, zum Beispiel Schmerz (FSV, CRSS), körperliche Krankheit (FKV, FEKB), Streß (SVF) oder belastende Lebensereignisse (WCCL; Abkürzungen s. Tab. 4-4).

Die im angloamerikanischen Sprachraum häufig eingesetzte **Ways of Coping Checklist** (WCCL) und ihre deutsche Version, die **Skala zur Erfassung des Bewältigungsverhaltens** (SEBV), untersuchen die Bewältigung eines individuell belastenden Ereignisses. Dazu soll das Ereignis mit Datum kurz beschrieben und hinsichtlich Valenz, Bedeutsamkeit, Kontrollierbarkeit und erlebter Herausforderung auf fünf- bzw. sechsstufigen Skalen eingeschätzt werden. Bezogen auf dieses individuelle Ereignis sollen dann 64 Items auf einer fünfstufigen Skala beurteilt werden. Die faktorenanalytisch gebildeten Dimensionen waren stark von der untersuchten Population, wahrscheinlich also von den zu bewältigenden Ereignissen abhängig.

Psychotherapiemotivation

Der **Fragebogen zur Messung der Psychotherapiemotivation** (FMP, Schneider et al. 1989) operationalisiert mit insgesamt 47 Items die vier Bereiche Krankheitserleben (Leidensdruck und Krankheitsgewinn), Laienätiologie, allgemeine Behandlungserwartung und -einstellung sowie Erfahrungen mit psychotherapeutischen Behandlungsmodellen.

Literatur

Bandelow B. Panik- und Agoraphobie-Skala (PAS). Göttingen: Hogrefe 1997.

Beck AT, Ward CH, Mendelson M, Mock J, Erbaugh J. An inventory for measuring depression. Arch Gen Psychiatry 1961; 4: 561–71.

Becker P. Interaktions-Angst-Fragebogen (IAF). 3. Aufl. Göttingen: Hogrefe 1997.

Beckmann D, Brähler E, Richter HE. Der Gießen-Test (GT). 4. Aufl. Göttingen: Hogrefe 1990.

Brähler E, Scheer JB. Der Gießener Beschwerdebogen (GBB). 2. Aufl. Göttingen: Hogrefe 1995.

Cattell RB, Eber HW, Tatsouka M. Handbook of the „Sixteen personality factor questionnaire (16-PF-R)". Champaign: Institute for Personality and Ability Testing 1970.

Cziske R. Faktoren des Schmerzerlebens und ihre Messung: Revidierte mehrdimensionale Schmerzskala. Diagnostica 1983; 1: 61–74.

Deneke FW, Hilgenstock B. Narzismußinventar (NI). Göttingen: Hogrefe 1989.

Derogatis LR. SCL-90 R. Administration, scoring and procedures manual-I for the r(evised) version. Baltimore (MD): John Hopkins University 1977.

Derogatis LR, Melisaratos N. The Brief Symptom Inventory: an introductory report. Psychol Med 1983; 13: 595–605.

Diehl JM, Staufenbiel T. Inventar zum Eßverhalten und Gewichtsproblemen (IEG). Göttingen: Hogrefe 1994.

Eggert D. Eysenck-Persönlichkeits-Inventar (EPI). 2. Aufl. Göttingen: Hogrefe 1983.

Ehlers A, Margraf J, Chambless D. Fragebogen zu körperbezogenen Ängsten, Kognitionen und Vermeidung (AKV). 2. Aufl. Göttingen: Hogrefe 2001.

Ehlers W, Peter R. SBAK-Testhandbuch. Testmanual. Ulm: PSZ Verlag 1989.

Engel R. Minnesota Multiphasic Personality Inventory-2 (MMPI-2). Göttingen: Hogrefe 2000.

Eysenck HJ. Manual of the Eysenck Personality Inventory. London: University of London Press 1964.

Fahrenberg J. Die Freiburger Beschwerdenliste (FBL). Form FBL-G und revidierte Form FBL-R. Göttingen: Hogrefe 1994.

Fahrenberg J, Hampel R, Selg H. Das Freiburger Persönlichkeits-Inventar (FPI-R). 7. Aufl. Göttingen: Hogrefe 2001.

Ferring D, Filipp SH. Die SEBV. Bewältigung kritischer Lebensereignisse: Erste Erfahrungen mit einer deutschsprachigen Version der "Ways of coping check list". Z Diff Diagn Psychol 1989; 10: 189–99.

Flor H, Rody TE, Birbaumer N, Streit B, Schugens MM. Zur Anwendbarkeit des West Haven-Yale Multidimensional Pain Inventory im deutschen Sprachraum. Schmerz 1990; 4: 82–7.

Folkman S, Lazarus RS. Ways of coping check list. Stress and coping project. Berkeley (Cal): Psychology Department, University of California 1980.

Franke GH. SCL-90-R – Die Symptom-Checkliste von Derogatis (SCL-90-R). Göttingen: Hogrefe 1995.

Franke GH. Brief Symptom Inventory von Derogatis (BSI) (Kurzform der SCL-90-R). Göttingen: Hogrefe 2000.

Frydrich T. Inventar zur sozialen Phobie (SPAI). Göttingen: Hogrefe (in Vorbereitung).

Garner DM, Olmsted MP, Polivy J. Development and validation of a multidimensional eating disorder inventory for anorexia and bulimia. Int J Eating Disorders 1983; 2: 15–34.

Geissner E, Schulte A. Die Schmerzempfindungsskala (SES). Göttingen: Hogrefe 1996.

Gleser G, Ihilevich D. An objective instrument for measuring defense mechanism. J Consult Clin Psychol 1969; 33: 51–60.

Gough HG. California Psychological Inventory. Palo Alto (Cal): Science and Behaviour Books 1957.

Hamilton M. A rating scale for depression. J Neurol Neurosurg Psychiat 1960; 23: 56–62.

Hasenbring M. Kieler Schmerz-Inventar (KSI). Göttingen: Hogrefe 1994.

Hathaway SR, McKinley JC. A Multiphasic Personality Schedule (Minnesota). I. Construction of the schedule. J Psychol 1940; 10: 249–54.

Hautzinger M, Bailer M. Allgemeine Depressionsskala (ADS). Die deutsche Version des CES-D. Göttingen: Hogrefe 1993a.

Hautzinger M, Bailer M. Das Inventar depressiver Symptome (IDS). Weinheim: Beltz Test 1993b.

Hautzinger M, Bailer M, Keller F, Worall H. Das Beck-Depressions-Inventar (BDI). 2. Aufl. Göttingen: Hogrefe 1995.

Hentschel U, Kießling M, Wiemers M. Fragebogen zu Konfliktbewältigungsstrategien (FKBS). Göttingen: Hogrefe 1998.

Holmes TH, Rahe RH. The Social Readjustment Rating Scale. J Psychosom Res 1967; 11: 213–8.

Holmes TH, Rahe RH. The Social Readjustment Rating Scale. In: Sozialer Streß und psychische Erkrankung. Katschnig H (Hrsg). München: Urban & Schwarzenberg 1980; 160–6.

Hoppe F. Zur Faktorenstruktur von Schmerzerleben und Schmerzverhalten bei chronischen Schmerzpatienten. Diagnostica 1985; 31: 70–8.

Hoppe F. Hamburger Schmerz-Adjektiv-Liste (HSAL). Göttingen: Hogrefe 1991.

Horowitz LM, Strauß B, Kordy H. Das Inventar zur Erfassung interpersonaler Probleme (deutsche Version) (IIP-D). 2. Aufl. Göttingen: Hogrefe 2000.

Horowitz LM, Rosenberg SE, Baer BA, Ureno G, Villasenor VS. Inventory of Interpersonal Problems: Psychometric Properties and Clinical Applications. J Cons Clin Psychol 1988; 56: 885–92.

Janke W, Erdmann G, Kallus W. Der Streßverarbeitungsfragebogen (SVF mit SVF 120). 2. Aufl. Göttingen: Hogrefe 1997.

Kerns RD, Turk DC, Rudy TE. The West Haven Multidimensional Pain Inventory. Pain 1985; 23: 345–56.

Klauer T, Filipp SH, Ferring D. Der „Fragebogen zur Erfassung von Formen der Krankheitsbewältigung" (FEKB): Skalenkonstruktion und erste Befunde zur Reliabilität, Validität und Stabilität. Diagnostica 1989; 35: 316–35.

Laux L, Glanzmann P, Schaffner P, Spielberger CD. Das State-Trait-Angst-Inventar (STAI). Göttingen: Hogrefe 1981.

Maier-Diewald W, Wittchen HU, Werner-Eilert K. Die Münchner Ereignisliste (MEL). Anwendungsmanual. München: Max-Planck-Institut für Psychiatrie 1983.

Meermann R, Vandereycken W. Therapie der Magersucht und Bulimia nervosa. Berlin: de Gruyter 1987.

Melzack R. The McGill Pain Questionnaire: major properties and scoring methods. Pain 1975; 1: 277–99.

Montgomery SA, Asberg M. New depression scale designed to be sensitive to change. Br J Psychiatry 1979; 134: 382–9.

Montgomery SA, Asberg M. MADR-Skala zur psychometrischen Beurteilung depressiver Symptome. Göttingen: Hogrefe 1989.

Muthny FA. Freiburger Fragebogen zur Krankheitsverarbeitung (FKV). Göttingen: Hogrefe 1989.

Pudel V, Westenhöfer J. Fragebogen zum Eßverhalten (FEV). Göttingen: Hogrefe 1989.

Radloff LS. The CES-D Scale: a self-report depression-scale for research in the general population. Appl Psychol Measurement 1977; 1: 385–401.

Schneewind KA, Graf J. 16-Persönlichkeits-Faktoren-Test. Revidierte Fassung (16 PF-R). Göttingen: Hogrefe 1998.

Schneider W, Basler HD, Beisenherz B. Fragebogen zur Messung der Psychotherapie-Motivation (FMP). Göttingen: Hogrefe 1989.

Scholz OB. Schmerzmessung. In: Psychologische Schmerztherapie. Basler HD, Franz C, Kröner-Herwig B, Rehfisch HP, Seemann H (Hrsg). Berlin: Springer 1990; 207–27.

Seemann H. Anamnesen und Verlaufprotokolle chronischer Schmerzen für die Praxis – ein Überblick. Schmerz 1987; 1: 3–12.

Siegrist J, Dittmann K. Inventar lebensverändernder Ereignisse. ZUMA-Handbuch sozialwissenschaftlicher Skalen, Bd. 3. Mannheim: Zentrum für Umfragen, Methoden und Analysen 1983.

Sommer G, Frydrich T. Entwicklung und Überprüfung eines Fragebogens zur sozialen Unterstützung (F-SOZU). Diagnostica 1991; 37: 160–78.

Spielberger CD, Gorsuch RL, Lushene RE. Manual for the State-Trait-Anxiety-Inventory. Palo Alto (Cal): Consulting Psychologist Press 1970.

Stunkard AJ, Messiak S. The Three-Factors Eating Questionnaire to measure dietary restraint, disinhibition and hunger. J Psychosom Res 1985; 29: 71–83.

Weinert AB. Deutscher CPI. Göttingen: Hogrefe 1988.

Weissman MM, Bothwell S. Assessment of Social Adjustment by patient self-report. Arch Gen Psychiatr 1976; 33: 1111–5.

Wietersheim J, Ennulat A, Probst B, Wilke E, Feiereis H. Konstruktion und erste Evaluationen eines Fragebogens zur sozialen Integration. Diagnostica 1989; 35: 359–63.

Zaworka W, Hand I, Jauernig G, Lünenschloß K. Hamburger Zwangsinventar (HZI). Fragebogen zur Erfassung von Zwangsgedanken und Zwangsverhalten. Göttingen: Hogrefe 1983.

Zerssen D v. Die Beschwerdenliste (B-L). Göttingen: Hogrefe 1976.

Zung WK. A self-rating depression scale. Arch Gen Psychiatr 1965; 12: 63–70.

Zung WK. A Rating Instrument for Anxiety Disorders. Psychosom 1971; 12: 371–9.

Zung WK. Zung Self-Rating Depression Scale and Depression Status Inventory. In: Assessment of depression. Sartorius N, Ban T (eds). Berlin: Springer 1986; 221–31.

Literaturempfehlung

Brähler E, Schumacher J, Strauß B (Hrsg). Diagnostische Verfahren in der Psychotherapie. Göttingen: Hogrefe 2002.

Brickenkamp R. Handbuch psychologischer und pädagogischer Tests. Göttingen: Hogrefe 1994.

CIPS – Collegium Internationale Psychiatriae Scalarum (Hrsg). Internationale Skalen für die Psychiatrie. 3. Aufl. Weinheim: Beltz 1986/1996.

Lienert GA, Raatz U. Testaufbau und Testanalyse. 6. Aufl. Weinheim: Beltz 1998.

Testzentrale des Berufsverbandes Deutscher Psychologen. Göttingen: Hogrefe 2000.

Westhoff G. Handbuch psychosozialer Meßinstrumente. Göttingen: Hogrefe 1993.

http://www.testzentrale.de
http://www.zpid-psychologie.de

4.6.3
Projektive Verfahren

Eva-Maria Biermann-Ratjen

Definition

Projektive Tests bestehen aus Situationen, die Reaktionen herausfordern, und aus Anweisungen zu deren Interpretation. Sie unterscheiden sich von den psychometrischen Verfahren unter anderem darin, daß sie keine eindeutigen Aufgaben beinhalten, so daß schon die individuelle Aufgabendefinition eine zu interpretierende Reaktion darstellt (Leichtman 1998).

Man kann projektive Tests als eine Methode zur Erhebung einer **Verhaltensstichprobe** ansehen. Während die psychometrischen Tests eher der Messung isolierter psychischer Funktionen dienlich sind, gelten die projektiven als **psychodiagnostische Verfahren** zur Erfassung interindividueller und nicht unbedingt quantifizierbarer Unterschiede.

Die bekanntesten projektiven Tests enthalten Deutungsaufgaben:

- Im **Rorschach-Test** (nach Rorschach 1921) werden dem Probanden Tintenkleckse vorgelegt mit der Frage: „Was können Sie darin sehen?"
- Im **TAT** (Thematischer Apperzeptionstest; nach Morgan und Murray 1935) werden mehrdeutige Abbildungen von Szenen vorgegeben, und die Aufgabe lautet: „Erzählen Sie dazu eine dramatische Geschichte."

Zu den projektiven Tests zählen auch solche, in denen zum Beispiel zu vervollständigende Sätze vorgegeben werden (z. B. „Wenn ich eine schlechte Nachricht bekomme ...") sowie solche, in denen freie Zeichnungen verlangt werden, zum Beispiel der **„Haus-Person-Baum-Test"** und die **„Familie in Tieren"**. Der **Wartegg-Test** besteht aus der Vorgabe einfacher Bildelemente und der Aufforderung: „Vervollständigen Sie diese Zeichnungen."

L. K. Frank hat 1939 vorgeschlagen, diese Tests „projektiv" zu nennen. Die Aufgabe stelle eine Fläche dar, auf die der Proband seine Innerlichkeit, sein Phantasie- und Impulsleben ungewollt in den Akten der Deutung, Wahl und Gestaltung nach außen verlege, „projiziere". Diese Hypothese hat eine bis heute anhaltende heftige Diskussion der Frage ausgelöst, ob es möglich ist, eine für alle als projektiv bezeichneten Verfahren tragfähige Theorie zu finden. Die Idee, mit Hilfe projektiver Verfahren Einblick in das „Unbewußte" eines Probanden zu erhalten beziehungsweise eine Methode zur Verfügung zu haben, die Einblick in das „wahre" Erleben ermöglicht, hat dadurch aber nichts von ihrer Attraktivität verloren. In Bereichen, in denen man nicht davon ausgeht, daß die Testpersonen die Wahrheit sagen wollen oder können, bei der Begutachtung vor Gericht und in der Psychiatrie zum Beispiel, werden projektive Verfahren vielfach als unentbehrlich angesehen.

Güteprüfung projektiver Verfahren

Auch die projektiven Verfahren sind einer „Güteprüfung" unterzogen worden: Die Validierung projektiver Tests geschieht in der Weise, daß man Kategorien bildet, in die bestimmte Testverhaltensweisen eingeordnet werden, um dann empirisch zu überprüfen, mit welchen als relevant erachteten Persönlichkeits- oder Entwicklungsmerkmalen Verhalten der verschiedenen Kategorien zusammen auftritt. Man ist sich heute einig darüber, daß projektive Tests **konstrukt-validiert** werden müssen, das heißt, zu den Anweisungen zur Interpretation des Verhaltens in einem projektiven Test gehört eine Theorie, die erklärt, warum das Testverhalten X empirisch nachweisbar nur dann auftritt, wenn auch ein Verhalten Y zu beobachten ist, das ebenfalls ein sicherer Indikator für die den Verhaltensweisen X und Y zugrundeliegende Kategorie K mit den Inhalten A bis Z ist, die wiederum mit solchen empirischen Ergebnissen fundiert wird.

Gegen die **Durchführungsobjektivität** der projektiven Tests wird eingewendet, daß die initiale Instruktion zwar einheitlich sein könne, sich im Verlauf der Testdurchführung aber eine jeweils einmalige Interaktion zwischen Proband und Testleiter und damit eine situativ jeweils einmalige Bedingung entwickle. Die **Auswertungsobjektivität** sei schon dadurch begrenzt, daß eine Standardisierung der Antwortmöglichkeiten in der Regel gar nicht denkbar und auf diesem Hintergrund eine Interpretationsobjektivität unmöglich sei.

Bezüglich der möglichen **Reliabilität** projektiver Verfahren wird vermutet, daß bei einer Testwiederholung kaum jemand unbeeindruckt von der ersten Testdurchführung sein wird und deswegen auch die Vorgabe von Parallelformen sinnlos sein könnte – abgesehen von der Schwierigkeit, wirkliche Parallelformen zu konstruieren, da die Items projektiver Tests als ausgesprochen heterogen anzusehen sind. Eine Prüfung der Reliabilität eines projektiven Tests in der Form einer Prüfung seiner inneren Konsistenz erscheint deshalb auch nicht als besonders erfolgversprechend. Der projektive Rorschach-Test gilt heute in der Klinik (vor allem in der nordamerikanischen) als ein Instrument, das eine valide Erfassung von differentialdiagnostisch relevanten Persönlichkeitsmerkmalen ermöglicht und damit hilfreich bei der Planung von Behandlungen und der Bewertung ihrer Ergebnisse ist (Weiner 1997). Die akademische Psychologie (vor allem die deutsche) steht dem Rorschach hingegen kritisch bis ablehnend gegenüber (Wittkowski 1996).

Rorschach-Test

Im folgenden wird der Rorschach-Test, seine Durchführung, Auswertung und Interpretation auf der Grundlage einer bestimmten Persönlichkeitstheorie exemplarisch und kurz beschrieben.

Er wurde unter dem Titel „Psychodiagnostik, Methodik und Ergebnisse eines wahrnehmungsdiagnostischen Instruments" veröffentlicht (zur Geschichte und Entwicklung des

Tests vgl. Rauchfleisch und Wittkowski 1997). Im Rorschach-Test wird die Testleistung nicht gemessen, sondern charakterisiert (signiert), das heißt, nicht an eine quantitative Meßskala angelegt, sondern in qualitativen Kategorien erfaßt. Erst in diesen wird das Testverhalten quantifiziert.

Testdurchführung

Um einen Einblick in die Funktionsweise projektiver Tests zu erhalten, sollte man den Rorschach-Test zunächst im Selbstversuch durchführen. Man suche sich einen Testleiter, der einem im **ersten Durchgang** die zehn Tafeln in der vorgegebenen Reihenfolge, eine nach der anderen, vorlegt und jeweils sachlich freundlich fragt: „Was können Sie auf dieser Tafel sehen?" Der Versuchsleiter schreibt alles mit, was der Proband sagt, notiert bei jeder sogenannten Deutung, zum Beispiel der Fledermaus zu Tafel I, wieviel Zeit seit der Vorlage der Tafel vergangen ist, und ferner, in welcher Tafelstellung die Deutung erfolgt. Der Proband darf die Tafeln auch drehen, und er darf alles benennen, was er auf den Tafeln sieht.

In einem **zweiten Durchgang** fragt der Testleiter Deutung für Deutung:

- „Wo auf der Tafel haben Sie (z. B.) die Fledermaus gesehen?
- Was an der Tafel hat Sie darauf gebracht?
- Wie haben Sie (z. B.) die Fledermaus gesehen?"

Dieser zweite Durchgang – bei manchen Patienten empfehlen sich auch drei bis vier – dient der Sicherung der **Signierung**, das heißt der Feststellung der Lokalisation, des Formniveaus und der Determinanten jeder Deutung.

Die **Lokalisation** einer Deutung ergibt sich daraus, ob der ganze Klecks, große Details, kleine Details – unterschieden in ganz kleine, ungewöhnliche, solche am Rand der Tafel oder solche im Klecks –, die Zwischenräume und/oder der Hintergrund gedeutet worden sind beziehungsweise Kombinationen aus diesen.

Das **Formniveau** ist bestimmt durch den Grad der Übereinstimmung der Form der Deutung mit der Klecksgestalt, die Detailliertheit der Deutung und die sinnvolle Organisation der Details einer Deutung in die Gesamtdeutung.

Die **Determinanten** (Erlebnismodalitäten) einer Deutung können Form, Farbe, Schattierung und Bewegung sein. Es werden menschliche, tierische und unlebendige (z. B. Explosion) Bewegungen unterschieden. Wenn die Schattierung eine Determinante einer Deutung ist, wird unterschieden, ob es sich um dreidimensionale, ins zweidimensionale projizierte und/oder Oberflächenstrukturen (z. B. Fell oder Eis) enthaltende Deutungen handelt.

Bei der **Signierung** der Deutungen, zu deren Zustandekommen die **Farbe** beigetragen hat, wird unterschieden zwischen „bunten" Farben und den schwarz-grau-weißen Färbungen der Tintenkleckse. Hier spielt die Determinante Form – die isoliert nur signiert wird, wenn bei einer Deutung keine andere Determinante erkennbar wird – eine besondere Rolle.

Es wird unterschieden zwischen Farbdeutungen mit bestimmter, unbestimmter und gar keiner Form; ferner zwischen natürlichen, willkürlichen und symbolischen Farben: Ein Blutfleck ist natürlich rot und hat eine unbestimmte oder gar keine bestimmte Form. Ein gefärbtes Fell hat eine willkürliche Farbe, und ein „Herz, weil Rot ein Symbol für die Liebe ist", zum Beispiel hat eine symbolische Farbe und, in Abhängigkeit vom Formniveau, eine mehr oder weniger gute Form.

Es wird auch der **Inhalt der Deutung** signiert, wobei für die menschlichen Bewegungsdeutungen besondere Kategorien vorgesehen sind. Man unterscheidet, ob die menschliche Bewegung Menschen, Tieren, Karikaturen oder „entrealisierten" Wesen zugeschrieben werden, wie zum Beispiel Hexen.

Auch die **Üblichkeit einer Deutung** wird signiert: wie oft sie in einer Stichprobe von 100 Testprotokollen auf einer bestimmten Tafel zu einem bestimmten Detail gegeben wird.

Testinterpretation

Die Interpretation des Testverhaltens geschieht zunächst auf der Grundlage der Signierung: orientiert an der Häufigkeit der Deutungen in den einzelnen Kategorien und Unterkategorien. Der Rorschach-Test gilt auch heute noch als ein „wahrnehmungsdiagnostisches" Instrument. Wahrnehmung ist hier jedoch nicht im wahrnehmungspsychologischen Sinn gemeint.

Nach Klopfer et al. (1954) enthält zum Beispiel der Umgang mit der **Schattierung** (vgl. auch Kleiger 1997) Hinweise auf die innere Repräsentation von Erfahrungen, in denen das Bedürfnis nach liebender Zuwendung und damit die Angst und deren Ausdrucks- und Bewältigungsformen eine Rolle gespielt haben. Je angenehmer und ungefährlicher der reale Hautkontakt mit dem Inhalt einer Deutung wäre, desto problemloser, so die Faustregel, kann die Person, die diese Deutung gegeben hat, solchen Bedürfnissen Raum in ihrem Erleben geben. Und je klarer, schärfer, lebendiger und realer die Form des schattierten Gedeuteten, desto weniger Probleme bei der Kontrolle dieser Bedürfnisse beziehungsweise der Erfahrung der Frustrierung in diesen Bedürfnissen hat die Person.

Der Umgang mit der **Farbe** soll Hinweise auf den Umgang mit den Affekten enthalten, die durch äußere Reize ausgelöst werden. Auch bei den Farbantworten werden in der Bestimmtheit der Form des Gedeuteten Hinweise auf die Affektkontrolle gesehen. Die Unterscheidung von „natürlicher, willkürlicher und symbolischer" Farbe ermöglicht die Beschreibung unterschiedlicher Abwehroperationen. Das gilt auch für die „Lokalisation".

Den **Bewegungsdeutungen** werden Hinweise auf die Art und die Bedeutung der Objektrepräsentanzen (auf der Grundlage realer Erfahrungen mit realen Objekten entwickelt) entnommen (Lerner 1998a): wem, welche, wie kontrollierbare oder kontrollierte Lebendigkeit zuerkannt wird. Es gibt inzwischen kaum noch eine (im DSM oder ICD beschriebene) Persönlichkeitsstörung, die nicht unter diesen Gesichtspunkten mit Hilfe des Rorschach-Tests untersucht worden wäre (vgl. z. B. Hilsenroth 1997).

Auf die Möglichkeit, die **Wahrnehmungsorganisation** – beziehungsweise die spezifischen Störungen der Strukturen, auf deren Grundlage die Wahrnehmungsorganisation erfolgt – bei bestimmten psychiatrischen Krankheitsbildern mit Hilfe des Rorschach-Tests genau zu beschreiben, sei hier nur verwiesen: Auch die Symptomatik psychiatrischer (z. B. Bergman et al. 1998; Bressi et al. 1998; Hilsenroth 1998) und traumatisierter (z. B. Holaday 1998) Patienten läßt sich ziemlich umfassend beschreiben und im Verlauf verfolgen, indem man ihren Umgang mit Situationen, in denen Zuwendungsbedürfnisse, Affekte und Objektrepräsentanzen angesprochen werden, beschreibt. Das gilt auch für ihre differentielle Entwicklung im psychotherapeutischen Prozeß (vgl. z. B. Greenberg et al. 1997). Darüber hinaus sei auf die Bemühungen hingewiesen, Konstrukte aus komplexen Theorien, wie die Konzepte der Abwehr durch Spaltung oder Dissoziation in der psychoanalytischen Theorie, als Rorschachdeutungen operational zu definieren und damit der empirischen Fundierung zugänglich zu machen (vgl v.a. Exner 1995 und Lerner 1998b).

Literatur

Amelang M, Bartussek D. Differentielle Psychologie und Persönlichkeitsforschung. 3. Aufl. Berlin, Köln, Stuttgart: Kohlhammer 1990.

Bergman I, Haver B, Bergman H, Dahlgreen L, Nielsen GH. Personality characteristics of women with alcohol addiction: a Rorschach study of women in an early treatment programme. Scand J Psychol 1998; 39: 47–54.

Blatt SJ. The Rorschach: a test of perception or an evaluation of representation. J Pers Assess1989; 55: 394–416.

Bressi C, Albonetti S, Razzoli E. „Communication deviance" and schizophrenia: evidence from the Rorschach test. New Trends in Exp Clin Psychiatry 1998; 14: 33–9.

Exner JE jr. The Rorschach: a comprehensive system. Vol. 2: interpretation. 2. edn. New York: Wiley 1991.

Exner JE jr. Issues and methods in Rorschach research. Mahwah NJ: Lawrence Erlbaum Associates 1995.

Frank LK. Projective methods for the study of personality. J Psychol 1939; 8: 389–413.

Greenberg R, Pearlman C, Schwartz W. Using the Rorschach to define differences in schizophrenics and the implications for treatment. J Am Acad Psychoanal 1997; 25: 399–408.

Hilsenroth MJ, Fowler JC, Padaver JR. The Rorschach Schizophrenia Index (SCZI): an examination of reliability, validity, and diagnostic efficiency. J Pers Ass, 70, 1998; 514–34.

Hilsenroth MJ, Fowler JC, Padaver JR, Handler L. Narcissism in the Rorschach revisited: some reflections on empirical data. Psychological Assessment, 9, 1997; 113–21.

Hörmann H. Theoretische Grundlagen der projektiven Tests. In: Handbuch der Psychologie in 12 Bänden. Bd 6: Psychologische Diagnostik. Heiss R (Hrsg). Göttingen: Hogrefe 1964; 71–112.

Holaday M. Rorschach protocols of children and adolescents with severe burns: a follow-up study. J Pers Ass, 71, 1998; 306–21.

Kleiger IH: Rorschach shading responses: from a printer's error to an integrated psychoanalytic paradigm. J Pers Assess1997; 69: 342–64.

Klopfer B, Ainsworth MD, Klopfer WG, Holt RR. Developments in the Rorschach technique. New York: World Book Company 1954.

Leichtman M. The Rorschach contributions of Ernest Schachtel: uncommon sense, phenomenology, and the testing relationship. J Pers Assess1998; 71: 149–59.

Lerner HD, Lerner PM (eds). Primitive mental states and the Rorschach. Madison: University Press 1988.

Lerner PM. Psychoanalytic theory and the Rorschach. Hillsdale: Analytic Press 1991.

Lerner PM. Schachtel and experimental Rorschach assessment. J Pers Assess1998a; 71: 182–8.

Lerner PM. Psychoanalytic perspectives on the Rorschach. Hillsdale: Analytic Press 1998b.

Morgan CD, Murray HA. A method for investigating fantasies. The Thematic Apperception Test. Arch Neurol Psychiatry 1935; 34: 289–306.

Rauchfleisch U, Wittkowski J. Testrezension zu Rorschach. Z Diff Diagn Psychol 1997; 18 (1–2): 94–8.

Rorschach H. Psychodiagnostik, Methodik und Ergebnisse eines Wahrnehmungsdiagnostischen Experiments (Deutenlassen von Zufallsformen). Bern: Huber 1921, 4. und folgende Aufl.; 1941ff.

Vogel H. Die Rorschach-Technik von Bruno Klopfer. In: Handbuch der Psychologie in 12 Bänden. Bd 6: Psychologische Diagnostik. Heiss R (Hrsg). Göttingen: Hogrefe 1964; 618–34.

Weiner IB. Current status of the inkblot method. J Pers Assess1997; 68: 5–19.

Wittkowski J. Zum aktuellen Status von Formdeuteverfahren. Diagnostica 1996; 42: 191–219.

4.7
Klassifikation und Diagnose

Wolfgang Schneider

4.7.1
Operationalisierte Klassifikationssysteme

> **Definition**
> Als **operationalisiertes Klassifikationssystem** ist ein System diagnostischer Klassen zu verstehen, in das eine Menge von Merkmalen nach mehr oder weniger scharf explizierten Zuordnungsregeln eingeteilt wird.

Geschichte

In der Psychiatrie war die Nützlichkeit der herkömmlichen psychiatrischen Diagnostik wegen ihrer mangelnden Reliabilität (Häfner 1978; Spitzer und Fleiss 1974) seit langem bezweifelt worden. Überspitzt formuliert ging der Vorwurf in die Richtung, daß es, soweit ein Patient von mehreren Diagnostikern beurteilt werden würde, ebensoviel unterschiedliche Diagnosen wie Diagnostiker geben würde.

Ab Anfang der 70er Jahre setzte in den USA die Entwicklung operationalisierter Diagnosensysteme ein, deren oberstes Ziel in der Verbesserung der Reliabilität der Diagnostik bestand. Die ersten operationalisierten Systeme (Freyberger und Muhs 1993) waren die **St.-Louis-Kriterien** von Feighner et al. (1972) und die **Research Diagnostic Criteria** von Spitzer et al. (1975), die letztlich in den USA in die Konzeptualisierung des **DSM** (Diagnostic and Statistical Manual of Mental Disorders) der American Psychiatric Association mündeten.

Mittlerweile hat das DSM-III eine Weiterentwicklung über eine revidierte Form, das DSM-III-R, zur aktuellen Fassung, dem DSM-IV, genommen, das in den Vereinigten Staaten von Amerika seit 1993 in Anwendung ist. Die 5. Version ist mittlerweile in Vorbereitung.

Die WHO (Weltgesundheitsorganisation) hat nach dem zweiten Weltkrieg die Liste der Todesursachen in die Internationale Klassifikation der Krankheiten, Verletzungen und Todesursachen (**ICD**) transformiert (Dilling et al. 1993), die jetzt in der 10. Version vorliegt. Zur Klassifikation psychischer Störungen liegt seit der 8. Version der ICD (1967) ein Glossar vor, das dazu geführt hat, daß dieses psychiatrische Diagnosensystem, wie auch später die ICD-9, relativ gute internationale Akzeptanz und breite Anwendung gefunden hat. Aktuell stellt die 10. Version der ICD das offizielle Diagnosensystem in der Bundesrepublik Deutschland dar. An der

ICD-10 arbeiteten seit Beginn der 80er Jahre eine große Zahl psychiatrischer Experten auf Initiative der WHO.

Charakteristika operationalisierter Diagnosensysteme

Operationalisierte Diagnosensysteme wie das DSM-III-R beziehungsweise DSM-IV und die ICD-10 zeichnen sich durch folgende **diagnostische Prinzipien** aus:

- **Schaffung** vieler **deskriptiver diagnostischer Kategorien** und dadurch Ermöglichung einer möglichst differenzierten Diagnostik;
- **Formulierung** von **diagnostischen Kriterien** auf der symptomatischen oder syndromalen Ebene sowie von Regeln der Verknüpfung dieser Kriterien. Dabei soll auch der Verlauf und der Schweregrad der Symptomatik berücksichtigt werden. Neben den Einschlußkriterien, die angeben, welche Symptome ein Patient aufweisen muß, damit er eine bestimmte Diagnose erhält, werden auch Ausschlußkriterien formuliert;
- Stellung so vieler deskriptiver Diagnosen, bis die gesamte Symptomatik des Patienten angemessen abgebildet ist (**Komorbiditätsprinzip**);
- **Bereitstellung** verschiedener **diagnostischer Achsen**, die es ermöglichen, unterschiedliche Aspekte des Patienten zu beurteilen (s. z. B. Mezzich 1992).

Die Protagonisten der operationalisierten psychiatrischen Diagnostik wollten auf nicht empirisch gesicherte ätiologische Konzepte verzichten und haben deshalb zum Beispiel die traditionellen Krankheitsbegriffe wie Psychose oder Neurose aufgegeben; dies hat in der Entwicklungsphase des DSM-III zu erheblichen inhaltlichen Kontroversen zwischen Psychoanalytikern und den Anhängern eines „theoriefreien Ansatzes" geführt (Bayer und Spitzer 1985; Schneider und Freyberger 1992). Auf den Terminus „Krankheit" wird zugunsten des Begriffs der „Störung" verzichtet. Darüber hinaus soll mit der **Orientierung auf** die **Symptomatik** möglichst ein interpretatives diagnostisches Vorgehen, wie es zum Beispiel für die psychoanalytische Diagnostik typisch ist, aus dem diagnostischen Prozeß ausgeschaltet werden, um damit verbundene Einbußen an diagnostischer Unsicherheit zu reduzieren.

Die dargelegten diagnostischen Prinzipien gelten im weitesten sowohl für das DSM-III-R bzw. DSM-IV wie für die ICD-10.

4.7.2
ICD-10-Klassifikation

Im folgenden soll der Aufbau des Kapitels V innerhalb der ICD-10 (Klassifikation der psychischen Störungen) etwas näher skizziert werden. Dieses diagnostische Modell nimmt aufgrund seiner Einbettung in das Gesamtsystem der internationalen Klassifikation der Krankheiten und der internationalen Verbreitung sowohl im klinischen Alltag als auch perspektivisch für den wissenschaftlichen Gebrauch die größte Bedeutung ein. In der Bundesrepublik Deutschland sollte die ICD-10 als offizielles Klassifikationsschema für die Erfassung und Abrechnung ärztlicher Leistungen ab 1.1.1996 eingesetzt werden. Dieser Schritt wurde jedoch aus verschiedenen Gründen vom Bundesgesundheitsministerium bis zum 1.1.1998 zurückgestellt.

Kapitel V der ICD-10

Das Kapitel V der ICD-10 enthält 100 dreistellige diagnostische Hauptkategorien (die ICD-9 enthielt demgegenüber nur 30 dreistellige diagnostische Kategorien) und ist als alphanumerisches Klassifikationsschema angelegt, bei dem die Ziffern vier und fünf einer differenzierteren Beschreibung der jeweiligen Störung dienen. Beispielsweise können hier Angaben zum Schweregrad oder Verlauf klassifiziert werden (Tab. 4-5).

Für den Bereich der Psychotherapeutischen Medizin sind im engeren Sinne insbesondere die Abschnitte F3, F4, F5 und F6 von Bedeutung, deren dreistellige Diagnoseklassen Tab. 4-6 zeigt.

Für die ICD-10 sind **unterschiedliche Fassungen** entwickelt worden, die sich hinsichtlich ihres Differenzierungsgrades und der Anwendungsbereiche unterscheiden. Dazu zählen:

- die **klinisch-diagnostischen Leitlinien**, die für den klinischen Gebrauch konzipiert sind und ausführliche Beschreibungen der diagnostischen Klassen enthalten

Tab. 4-6 Ausgewählte dreistellige diagnostische Hauptkategorien der ICD-10.

F3	**Affektive Störungen**
F32	Depressive Episode
F33	Rezidivierende depressive Störungen
F34	Anhaltende affektive Störungen
F4	**Neurotische, Belastungs- und somatoforme Störungen**
F40	Phobische Störung
F41	Andere Angststörung
F42	Zwangsstörung
F43	Reaktion auf schwere Belastungen und Anpassungsstörungen
F44	Dissoziative Störungen (Konversionsstörungen)
F45	Somatoforme Störungen
F48	Andere neurotische Störungen
F5	**Verhaltensauffälligkeiten mit körperlichen Störungen oder Faktoren**
F50	Eßstörungen
F51	Nichtorganische Schlafstörungen
F52	Sexuelle Funktionsstörungen
F53	Psychische oder Verhaltensstörungen im Wochenbett, nicht andernorts klassifizierbar
F54	Psychische Faktoren oder Verhaltenseinflüsse bei andernorts klassifizierten Erkrankungen
F55	Mißbrauch von Substanzen, die keine Abhängigkeit hervorrufen
F59	Nicht näher bezeichnete Verhaltensauffälligkeiten mit körperlichen Störungen und Faktoren
F6	**Persönlichkeitsstörungen**
F61	Kombinierte und andere Persönlichkeitsstörungen
F62	Andauernde Persönlichkeitsänderungen, nicht Folge einer Schädigung oder Erkrankung des Gehirns
F63	Abnorme Gewohnheiten und Störungen der Impulskontrolle
F64	Störungen der Geschlechtsidentität
F65	Störungen der Sexualpräferenz
F66	Psychische oder Verhaltensprobleme in Verbindung mit der sexuellen Entwicklung und Orientierung
F68	Andere Persönlichkeits- und Verhaltensprobleme
F69	Nicht näher bezeichnete Persönlichkeits- und Verhaltensstörungen

Tab. 4-5 Zweistellige diagnostische Abschnitte der ICD-10.

F0	Organische einschließlich symptomatische psychische Störungen
F1	Psychische und Verhaltensstörungen durch psychotrope Substanzen
F2	Schizophrenie, schizotype und wahnhafte Störungen
F3	Affektive Störungen
F4	Neurotische, Belastungs- und somatoforme Störungen
F5	Verhaltensauffälligkeiten bei körperlichen Störungen oder Faktoren
F6	Störungen der Persönlichkeit bei Erwachsenen und Verhaltensstörungen
F7	Intelligenzminderung
F8	Störungen der psychischen Entwicklung
F9	Verhaltens- und emotionale Störungen mit Beginn in der Kindheit und Jugend; nicht näher bezeichnete Störungen

Tab. 4-7 Multiaxiale Ansätze der ICD-10 und des DSM-III-R beziehungsweise DSM-IV.

ICD-10	Ia:	Psychische Störungen
	Ib:	Somatische Störungen
	II:	Psychosoziale Funktionsstörungen; hier soll die Disability Scale der WHO Anwendung finden
	III:	Abnorme psychosoziale Situationen
DSM-III-R	I:	Klinische Syndrome
	II:	Entwicklungs- und Persönlichkeitsstörungen
	III:	Körperliche Störungen
	IV:	Schweregrad psychosozialer Belastungen
	V:	Psychosoziales Funktionsniveau; für diese Achse sind im DSM-IV ergänzende Achsen hinzugefügt worden (Beziehungs- und Abwehrachse)

- zwei **Kurzformen**, von denen eine – die **Primary Health Care Classification** – insbesondere für den Gebrauch in der primärärztlichen Versorgung konzipiert und die andere eher für administrative Aufgaben (z. B. bei den Krankenkassen) gedacht ist
- die **Forschungskriterien**, die für den wissenschaftlichen Gebrauch bestimmt sind und Kriterien für nahezu alle diagnostischen Klassen enthalten

Wie für das DSM existieren auch für die ICD-10 eine Reihe von standardisierten und strukturierten **Begleitinstrumenten**, die einer weiteren Erhöhung der Zuverlässigkeit der Diagnosenstellung dienen sollen. Einige relevante Ansätze werden im nächsten Abschnitt kurz charakterisiert.

Auch für die ICD-10 sollen, wie bereits für das DSM-III-R und das DSM-IV geschehen, unterschiedliche diagnostische Merkmalsbereiche auf verschiedenen Achsen klassifiziert werden (Tab. 4-7).

Entwicklung der ICD-10

Die Entwicklung der operationalisierten Diagnosenmodelle wurde und wird jeweils von **empirischen Studien** begleitet, die insbesondere Fragen der Praktikabilität und der Reliabilität der Diagnosenstellung überprüfen. Fragen der Validität (der Gültigkeit der Diagnosen) werden dabei meist wenig berücksichtigt.

Für die ICD-10 sind seit 1987 multizentrische internationale Feldstudien für die **klinisch diagnostischen Leitlinien** und die **Forschungskriterien** durchgeführt worden. Dabei ging es um die Beurteilung der Akzeptanz dieser Diagnosenmodelle seitens der Anwender, die Beurteilung der Schwierigkeit der Diagnosenstellung mit diesen diagnostischen Ver-

fahren und die Interrater-Reliabilität (Beurteilerübereinstimmung). Von Interesse war auch immer, inwieweit ICD-Diagnosen mit DSM-Diagnosen vergleichbar sind (Kompatibilität der Systeme), wobei das grundlegende Ziel darin bestand, diese beiden Diagnosensysteme aneinander anzupassen. An der Forschungskriterienstudie (1990–1993) haben erstmals auch Diagnostiker aus dem Bereich der Psychotherapie/Psychosomatik neben Psychiatern und Kinder- und Jugendpsychiatern teilgenommen, die insbesondere die für diesen Bereich relevanten Störungen untersucht haben (s. ausführlich Schneider et al. 1993).

Insgesamt haben die Feldstudien gezeigt, daß die ICD-10 als operationalisiertes syndromatisches Diagnosenmodell eine relativ gute Akzeptanz bei den Beurteilern findet. Die **diagnostische Übereinstimmung** weist jedoch bei den verschiedenen Störungen eine hohe Variabilität auf. Zeigt sich zum Beispiel bei den Angststörungen, Eßstörungen und Persönlichkeitsstörungen eine gute diagnostische Übereinstimmung, so war diese für die depressiven, dissoziativen und psychosomatischen Störungen eher schlecht. Dies liegt insbesondere in einer unscharfen Beschreibung der diagnostischen Kategorien sowie in unpräzisen oder auch fehlenden (z. B. bei den psychosomatischen Störungen) diagnostischen Kriterien begründet.

Operationalisierte Diagnosensysteme kritisch betrachtet

Abschließend sollen aus der Sicht der psychodynamischen Psychotherapie grundsätzlichere Kritikpunkte an den operationalisierten Diagnosensystemen (s. auch Schneider und Hoffmann 1992; Schneider et al. 1995) formuliert werden.

Der vorgeblich atheoretische Ansatz der operationalisierten Diagnosensysteme favorisiert **biologische Krankheits- und Behandlungskonzepte** (s. auch Hoffmann 1986a) und grenzt psychoanalytische Krankheits- und Behandlungskonzepte aus. Der ursprüngliche psychoanalytische Neurosenbegriff als nosologisches Konzept mit Hypothesen zur Ätiologie, Persönlichkeitsentwicklung, Symptomatik und Behandlung existiert nicht mehr in diesen diagnostischen Modellen.

Auch wenn sicherlich die psychoanalytischen Annahmen zur Genese, Ausgestaltung und Behandlung neurotischer Störungen bislang nur begrenzt empirisch belegt sind (s. z. B. Luborsky 1969), erscheint es nicht angemessen, Konzepte mit einer hohen klinischen und heuristischen Evidenz vorschnell aus dem diagnostischen und therapeutischen Denken auszugrenzen. Entsprechend sind psychodynamisch orientierte Psychotherapeuten und Wissenschaftler nachhaltig gefordert, ihre Theorien empirisch angemessen zu untersuchen; und dies geschieht in den letzten Jahren zunehmend.

Durch die **Orientierung auf** die **Symptomatik** und **Syndromatik** werden Gesichtspunkte der Persönlichkeitsentwicklung im Gesamt der verfügbaren Ich-Funktionen aus dem diagnostischen Prozeß ausgeklammert. Das Komorbiditätsprinzip verleitet weiter dazu, Bemühungen um eine Konzeptualisierung von Krankheiten aufzugeben, indem unterschiedliche Syndromdiagnosen regellos nebeneinandergestellt werden und die Störung mit der höchsten klinischen Prägnanz als Erstdiagnose genannt wird. Ein Versuch, vielfältige Symptome und Problembereiche eines Patienten, der auch den Längsschnitt angemessen berücksichtigt, systematisch zu „ordnen" und in ihrer Gestalt oder Struktur zu verstehen, wird so programmatisch als nicht sinnvoll abgelehnt. Darüber hinaus wird auf die Berücksichtigung psychodynamisch bedeutsamen Materials im diagnostischen Prozeß verzichtet.

Der **Beziehungsaspekt** wie das verstehende und interpretative Vorgehen, die beide wichtige Elemente psychodynamischer Diagnostik wie Therapie darstellen, haben in der operationalisierten Diagnostik keinen Platz mehr, da das Kriterium der **Operationalisierbarkeit** und der **Reliabilität** zuungunsten der Validität überstrapaziert wird. Gerade bezüglich der Behandlungsvalidität dieser Art von Diagnosen sind aus unserer Sicht erhebliche Bedenken gerechtfertigt, da, wie bereits oben formuliert, sowohl die generelle Indikation zu einer Psychotherapie als auch zu einer spezifischen psychotherapeutischen Behandlung nicht nur auf der Basis der vorliegenden Symptome gestellt werden kann.

Abschließend soll noch darauf hingewiesen werden, daß durch die Operationalisierung eine aktive explorative Untersuchung nahegelegt wird, die eine Entwicklung von Übertragungs- und Gegenübertragungsprozessen weitestgehend ausschließt. Der Patient wird in der Tendenz nicht länger als eigenständiges Subjekt in der **Arzt-Patient-Beziehung** mit relevanten Motiven, Konflikten und Interessen verstanden; er wird zum Objekt von Diagnostik und Therapie. In diesem Zusammenhang wird unseres Erachtens deutlich, welche potentiellen Gefahren durch eine unkritische Anwendung operationalisierter Diagnostik in der Klinik und Wissenschaft drohen können. Auf diesem Hintergrund ist eine kritische Auseinandersetzung mit diesen Methoden dringlich. Dabei sollten auf der anderen Seite die Vorzüge dieser Methoden für eine Systematisierung relevanter diagnostischer Ebenen und auch die wissenschaftlichen und administrativen Argumente für eine kritische Verwendung dieser Methoden nicht unterschätzt werden.

4.7.3
Strukturierte Verfahren zur diagnostischen Klassifikation

Um den diagnostischen Prozeß bei der Anwendung der hier diskutierten operationalisierten Diagnosensysteme (DSM-III-R, -IV und ICD-10) besser handhabbar zu machen, sind für diese Klassifikationssysteme **teilstrukturierte**, **strukturierte** und **standardisierte Interviews** entwickelt worden. Diese haben nach Wittchen (1994) vor allem die Ziele:

- die Reliabilität der Symptom- oder Syndromdiagnosen zu verbessern

- angemessene Interviewstrategien für die vielen diagnostischen Klassen und entsprechend vielen diagnostischen Kriterien sowie Zuordnungsregeln umfassenden Systeme zur Verfügung zu stellen

Teilstrukturierte Interviews

Definition

Teilstrukturierte Interviews geben Regeln für die Beurteilung und Zuordnung (Kodierung) von Symptomen oder anderen diagnostischen Merkmalen an (z. B. Angaben zum Verlauf, Zeitkriterien oder zur Schwere der Symptomatik), ohne daß die Art der Interviewführung festgelegt ist.

Es handelt sich dabei um Check- oder Kriterienlisten, die also primär auf die angemessene Zusammenfassung und Bewertung der im Interview erhobenen Informationen abzielen. Für den gesamten Störungsbereich der ICD-10 und bedingt auch für DSM-III-R beziehungsweise DSM-IV liegen im deutschsprachigen Raum die **ICD-10-Merkmalsliste** (Dittmann et al. 1992) und die **Münchner Diagnosen-Checkliste** von Hiller et al. (1989) vor (Stieglitz 1994). Bei beiden Verfahren handelt es sich um Fremdbeurteilungsverfahren, die auf seiten des Interviewers eine gute Kenntnis der Psychopathologie sowie der diagnostischen Klassifikationssysteme erfordert. Von Saß und Mende (1990) wurde speziell eine Checkliste für die Diagnostik von Persönlichkeitsstörungen entwickelt. Als Informationen gehen Angaben und Verhalten des Patienten sowie fremdanamnestische Informationen von Angehörigen oder Behandlern ein.

Strukturierte Interviews

Definition

Bei strukturierten Interviews ist der Prozeß der Informationserhebung durch die Formulierung von Fragen und Ergänzungsfragen (Wittchen 1994) und Antwortvorgaben festgelegt.

Diese formalisierten Interviews finden vor allem im Prozeß der Forschung Anwendung, wo sie mögliche subjektive Verzerrungen des Diagnostikers reduzieren sollen. Eine weite Verbreitung im englischsprachigen Raum weist das **Structured Clinical Interview for DSM-III-R** (**SKID**, Spitzer et al. 1987) auf, das von Wittchen et al. (1990) in eine deutsche Fassung übertragen worden ist (**Strukturiertes Klinisches Interview für DSM-III-R**). Für die Anwendung bei der ICD-10 ist ein zusätzliches Modul entwickelt worden. Das SKID weist zu Beginn ein halbstrukturiertes Interview auf der Grundlage eines Leitfadens auf, das dem Interviewer einen Überblick über die Problemstellung des Patienten geben soll. Im strukturierten Teil des Interviews werden spezifische Syndrome (z. B. affektive Störungen) differenzierter untersucht, wobei der Untersucher entlang vorformulierter Fragen jeweils zu beurteilen hat, inwieweit und in welchem Ausmaß ein Patient die DSM-III-R-Kriterien für die jeweilige Störung erfüllt. Während des Interviews hat der Diagnostiker auf der Basis der jeweils vorliegenden Problemkonstellation Entscheidungen zu treffen, die zusammen mit ausformulierten „Sprungregeln" das weitere Interviewvorgehen steuern. Mit dem SKID können nicht nur Achse-I-Diagnosen (Syndrome), sondern auch eventuell vorliegende körperliche Erkrankungen (Achse III des DSM-III-R) klassifiziert und das „psychosoziale Funktionsniveau" diagnostiziert werden.

Die Reliabilität und Handhabbarkeit des Interviews hat sich in einer größeren Zahl von internationalen und deutschen Studien bei trainierten Interviewern als befriedigend erwiesen.

Standardisierte Interviews

Definition

Bei strukturierten Interviews ist der Prozeß der Informationserhebung lediglich durch die Formulierung von Fragen und Ergänzungsfragen sowie Antwortfragen (Wittchen 1994) festgelegt. Bei **standardisierten Interviews** sind dagegen alle Ebenen der Erhebung wie auch der Auswertung festgelegt. Dies umfaßt auch die konkreten Bedingungen der Informationserhebung als auch die Auswertungsregeln.

In der Folge sind für spezifische Fragestellungen und Störungsbereiche (z. B. affektive Störungen, Angststörungen) vertiefende Modifikationen entwickelt worden (Wittchen 1994). Am bekanntesten im deutschsprachigen Raum ist das **Diagnostische Interview bei psychischen Störungen** (**DIPS**; Margraf et al. 1991), das an das **Anxiety Disorder Interview Schedule** (**ADIS**; Di Nardo und Barlow 1988) angelehnt ist, und eine differenzierte Diagnostik einer Reihe von Störungen (vor allem Angst-, depressive, zyklothyme, Eß- und somatoforme Störungen) ermöglicht, bei dem insbesondere auch der Frage der Therapieindikation durch die Berücksichtigung entsprechender Fragen Rechnung getragen wird. Weiterhin enthält das DIPS eine psychiatrische Anamnese, Familienanamnese und eine Diagnostik der psychosozialen Achsen IV und V des DSM-III-R.

Für die Diagnostik von Persönlichkeitsstörungen auf der Basis des DSM-III-R/DSM-IV und der ICD-10 steht das **International Personality Examination** von Loranger et al. (1987) zur Verfügung, das von Mombour et al. (1995) ins Deutsche übertragen worden ist.

Im Auftrag der Weltgesundheitsorganisation (WHO) wurden von Wing et al. (1990) nach dem Bausteinprinzip ein modulares Diagnosensystem entwickelt, das **Schedules for Clinical Assessment in Neuropsychiatry** (**SCAN**), das eine differenzierte Diagnostik des aktuellen Zustandbildes, wie vergangener Krankheitsepisoden und der gesamten Lebensspanne des Patienten erlaubt. Die Symptome können hinsichtlich Dauer, Häufigkeit und Schwere beurteilt werden. Darüber hinaus können Intelligenz, psychosoziale Beeinträchtigungen

und Persönlichkeitsstörungen klassifiziert werden. Obwohl der modulare Aufbau des Interviews einen Zuschnitt auf den individuellen Patienten erlaubt, ist die Anwendung des Systems zeitaufwendig (ca. 1 bis 3 Stunden je nach untersuchtem Fall und Übung des Interviewers). Für die Anwendung ist ein einwöchiges Training der Interviewer erforderlich. Für die Auswertung steht ein Computerprogramm zur Verfügung, das gegenüber der „Handauswertung" weniger fehleranfällig und zeitaufwendig ist.

Das **Composite International Diagnostic Interview** (**CIDI**; Wittchen und Semler 1991) ist das einzige standardisierte Interview, das sowohl für die Diagnosenstellung nach DSM-III-R, ICD-9 und ICD-10 als auch für andere operationalisierte Diagnosensysteme einsetzbar ist. Das Interview ist auch von trainierten Laien anwendbar, da fast ausschließlich die Patientenantworten als Beurteilungsgrundlage dienen. Die Bewertung, ob ein diagnostisches Merkmal vorliegt, wird durch „Prüffragen" entschieden. Wie beim SCAN sind neben Querschnittsdiagnosen auch „Lebenszeitdiagnosen" möglich. Auch für das CIDI ist ein intensives einwöchiges Interviewertraining notwendig.

4.7.4
Klinische Diagnosekategorien
Stephan Ahrens

In Absetzung von den dargestellten Klassifikationsansätzen gründen sich die im vorliegenden Buch präsentierten Diagnosekategorien auf klinisches Modelldenken, das in der Tradition dieses Fachgebietes gewachsen ist. Auch Dilling und Freyberger (1994) als Mitglieder der deutschen ICD-Arbeitsgruppe betonen, daß „für wissenschaftliche Studien und die Kommunizierbarkeit von Diagnosen reliable deskriptive Diagnosen mit einem möglichst hohen Operationalisierungsgrad benötigt [werden], ... für die klinische Praxis nosologische und pathogenetische Konzepte unerläßlich" sind. Das Ergebnis dieses Handlungszwanges sei eine „doppelte Buchführung" mit klassischen nosologischen Diagnosen in Kombination mit der ICD-Klassifikation. Nicht von ungefähr fehlt in der zitierten Passage der Begriff der „Validität", der die Übereinstimmung der Diagnose mit dem vorliegenden Krankheitsbild bezeichnet. Dies macht die Präferenz dieser empirisch (oder empiristisch?) ausgerichteten Klassifikationsschemata deutlich, denen die Intention der Vergleichbarkeit auf phänomenologischer Ebene zugrunde liegt, nicht zuletzt für eine wissenschaftliche Kontrolle der Psychopharmaka-Therapie. Dilling und Freyberger weisen folgerichtig auf die daraus resultierenden Mängel hin: „Bei der derzeitig noch unzureichenden Validität der ICD-10-Kategorien muß allerdings, was die wissenschaftlichen Implikationen dieses Konzepts betrifft, offen bleiben, welche ‚kausalen' Beziehungen zwischen den diagnostizierten Störungen bestehen, und ob in Teilbereichen nicht künstliche Trennungen eigentlich zusammengehöriger Erkrankungsbilder geschaffen werden" (Dilling und Freyberger 1994).

Dies verweist noch einmal darauf, daß die wichtigste Funktion einer diagnostischen Einteilung, nämlich neben der Einordnungsmöglichkeit auch eine Handlungsanweisung für therapeutische Interventionen zu leisten, in diesem Fall für die psychotherapeutische Vorgehensweise nicht gegeben ist. Dieses Klassifikationssystem ist daher für den klinischen Gebrauch in der Psychotherapeutischen Medizin nicht umsetzbar; es macht zugleich den Mangel der Psychiatrie an einem geschlossenen theoretischen Konzept deutlich. So verständlich es ist, daß die Väter des Klassifikationssystems aus diesem Mangel eine Tugend machen wollten, so sind die Defizite dieses Vorgehens zugleich offensichtlich.

Das Fachgebiet der Psychotherapeutischen Medizin steht hier besser da: Zwar gibt es auch hier kein geschlossenes Theoriekonzept, jedoch Theoriemodelle, die eine inhaltlich begründbare Diagnoseklassifikation erlauben. Wenngleich der Weg zu einer differentiellen Psychotherapieindikation noch weit ist, so beinhalten diese Diagnosen doch auch eine Handlungsanweisung für die Psychotherapie, die bei der Darstellung der einzelnen Krankheitsbilder im Kapitel 5 auch aufgeführt ist.

Der Anspruch auf ein **eigenes klinisches Diagnosesystem** des Fachgebietes Psychotherapeutische Medizin gründet sich auf das psychoanalytische Neurosekonzept, das dem medizinischen Krankheitsmodell weitgehend entspricht und dessen klassische Elemente enthält (Ätiologie bzw. Pathogenese, Symptom, Diagnose, Prognose). Gibt es auch (noch) kein umfassendes Theoriekonzept und auch eine differentielle Indikation erst in Ansätzen, so entsprechen die theoretischen Modelle wie Strukturmodell, Narzißmustheorie, Objektpsychologie und anderes dem Anspruch einer inhaltlich-kausalen Verknüpfung und daraus ableitbaren Handlungsanleitungen für psychotherapeutische Vorgehensweisen.

Bräutigam (1986) erinnert daran, daß der **Begriff** der **Neurose** 1787 von dem schottischen Arzt William Cullen erstmalig verwendet wurde. Von der „Neuritis" als entzündlicher Nervenerkrankung differenzierte er damit eine nichtentzündliche, degenerative. Der insbesondere durch die Entwicklung der Psychoanalyse erfolgte Bedeutungswandel sieht den Begriff heute für eine entwicklungsbedingte, psychogene Störung vor. Das Konzept der Neurose ist somit paradigmatisch für das klinische Diagnosemodell der Psychotherapeutischen Medizin. Demnach definiert sich eine Neurose als „eine krankhafte Störung der Erlebnisverarbeitung mit Symptomen abnormen Erlebens, Verhaltens und (oder) gestörter somatischer Funktionsabläufe. Der Störung liegen eine Fehlentwicklung und konflikthafte Fehlhaltungen zugrunde, die dem Leidenden unzureichend einsichtig sind und deren ätio- und pathogenetische Bedingungen bis in die Kindheit zurückreichen. Die Störung ist primär psychogen, überwiegend umweltbedingt. Sie wird also nicht durch hirnorganische Veränderungen oder überwiegend krankhafte Erbanlagen hervorgerufen" (Schwidder 1972).

Der Erklärungsanspruch dieses Theoriemodells hat sich über die klassische Neurose hinausgehend erweitert und bezieht heute auch Persönlichkeitsstörungen (Charakterneurosen), funktionelle (psychovegetative) Störungen, Psychosomatosen und somatopsychische („sekundär-neurotische") Störungen ein. Diese Erkrankungsformen werden als psychogen und überwiegend umweltbedingt verstanden, ihre symptomatischen Störungen liegen im psychischen und/oder körperlichen und/oder charakterlichen Bereich. Sie stellen unzureichende psychische Verarbeitungsversuche unbewußter, in ihrer Genese infantiler Konflikte oder Traumen dar, die zumeist durch auslösende situative Faktoren aktualisiert werden (nach Hoffmann 1986b).

Im Kapitel 5 („Krankheitsbilder") folgen wir im Abschnitt 5.1 („Persönlichkeitsstörungen", S. 224 ff) der Einteilung nach der DSM-Klassifikation, in den weiteren Abschnitten der klinisch-diagnostischen Einteilung, verknüpfen sie jedoch zugleich mit der Klassifikation nach ICD-10. Wir pressen uns also in das Prokrustesbett des instrumentellen Zwanges, der von der Handhabung der ICD-10 ausgeht, verbinden dies jedoch zugleich mit dem Anspruch des Fachgebietes Psychotherapeutische Medizin auf ein eigenes klinisches Diagnosesystem.

Literatur

Bayer R, Spitzer RL. Neurosis, psychodynamics and DMS-III. Arch Gen Psychiatry 1985; 42: 187–92.

Bräutigam W. Neurose. In: Lexikon der Psychiatrie. Müller C (Hrsg). 2. Aufl. Heidelberg, New York: Springer 1986.

Dilling H, Freyberger HJ. Neurosen und psychosomatische Störungen in der ICD 10. In: Psychoanalytische Psychosomatik. Strauß B, Meyer AE (Hrsg). Stuttgart, New York: Schattauer 1994.

Dilling H, Mombour W, Schmidt MH. Internationale Klassifikation psychischer Störungen – ICD-10. Kap. V (F): Klinische diagnostische Leitlinien. Bern: Huber 1991.

Dilling H, Mombour W, Schmidt MH. Internationale Klassifikation psychischer Störungen – ICD-10. 2. Aufl. Bern, Göttingen, Toronto, Seattle: Huber 1993.

Di Nardo P, Barlow DH. Anxiety disorder interview schedule-revised (ADIS-R). Unpublished manuscript 1988.

Dittmann V, Freyberger HJ, Stieglitz R-D, Zaudig M. ICD-Merkmalsliste. In: Psychiatrische Diagnostik nach ICD-10 – klinische Erfahrungen bei der Anwendung. Dittmann V, Dilling H, Freyberger HJ (Hrsg). Bern: Huber 1992; 185–216.

Feighner JP, Robins E, Guze SB, Woodruff RA, Winokur G, Munoz R. Diagnostic criteria for use in psychiatric research. Arch Gen Psychiatry 1972; 26: 57–63.

Freyberger HJ, Muhs A. Entwicklung und Konzepte operationalisierter Diagnosesysteme. In: Diagnostik und Klassifikation nach ICD-10. Kap. V: Eine kritische Auseinandersetzung. Schneider W, Freyberger HJ, Muhs A, Schüßler G (Hrsg). Göttingen: Vandenhoeck & Ruprecht 1993; 43–53.

Häfner H. Psychiatrische Epidemiologie. Geschichte, Einführung und ausgewählte Forschungsergebnisse. Berlin: Springer 1978.

Hiller W, Zaudig M, Mombour W. Münchner Diagnose-Checklisten für DSM-III-R. München: Max-Planck-Institut für Psychiatrie 1989.

Hoffmann SO. Die sogenannte frühe Störung. Prax Psychother Psychosom 1986a; 31: 179–90.

Hoffmann SO. Psychoneurosen und Charakterneurosen. In: Psychiatrie der Gegenwart. Bd I. Kisker KP, Meyer JE, Müller C, Strömgen E (Hrsg). 3. Aufl. Heidelberg, New York: Springer 1986b; 29–62.

Loranger AW, Lehmann-Susman V, Oldham JM, Russakof LM. The personality disorder examination: a preliminary report. J Pers Disord 1987; 1: 1–13.

Luborsky L, Auerbach AH. The symptom-context method: quantitative studies of symptom formation in psychotherapy. J Am Psychoanal Assoc 1969; 17: 68–99.

Margraf J, Schneider S, Ehlers A, Di Nardo P, Barlow DH. Diagnostisches Interview für psychische Störungen. Berlin: Springer 1991.

Mezzich JE. Multiaxiale Diagnostik und internationale Klassifikation in der Psychiatrie. Fundam Psychiatr 1992; 3: 150–3.

Mombour W, Zaudig M, Berger P, Gutierrez K, Beimer W, Berger K, Crariaer M v, Gigelhuber O, Berge M v. Weltgesundheitsorganisation. International Personality Disorder Examination (IPDE). Bern: Huber 1995.

Saß H, Mende M. Zur Erfassung von Persönlichkeitsstörungen mit einer integrierten Merkmalsliste gemäß DSM-III-R und ICD-10 bei stationär behandelten psychiatrischen Patienten. In: Veränderungsmessung in Psychiatrie und klinischer Psychologie. Baumann U, Fähndrich E, Stieglitz R-D, Woggon B (Hrsg). München: Profil 1990; 195–206.

Schneider W, Freyberger HJ. Diagnostik in der psychoanalytischen Psychotherapie unter besonderer Berücksichtigung deskriptiver Klassifikationsmodelle. Forum Psychoanal 1990; 6: 316–23.

Schneider W, Hoffmann SO. Diagnostik und Klassifikation der neurotischen und psychosomatischen Störungen. Fundam Psychiatr 1992; 6: 137–42.

Schneider W, Freyberger HJ, Muhs A. Die 10. Revision der Internationalen Klassifikation der Krankheiten (ICD-10) – Möglichkeiten und Grenzen für eine psychodynamisch orientierte Diagnostik. Psychother Psychosom Med Psychol 1995; 45: 235–60.

Schneider W, Freyberger HJ, Stieglitz R-D. Die Forschungskriterienstudie im Bereich der Psychotherapie/Psychosomatik – Fragestellungen und Untersuchungsdesign. In: Diagnostik und Klassifikation nach ICD-10.

Kap. V: Eine kritische Auseinandersetzung. Schneider W, Freyberger HJ, Muhs A, Schüßler G (Hrsg). Göttingen, Zürich: Vandenhoeck & Ruprecht 1993; 69–84.

Schneider W, Heuft G, Freyberger HJ, Janssen PL. Diagnostic concepts, multimodal and multiaxial approaches in psychotherapy and psychosomatics. Psychother Psychosom 1995; 63: 63–70.

Schwidder W. Klinik der Neurosen. In: Psychiatrie der Gegenwart. Kisker KP, Meyer JE, Müller C, Strömgen E (Hrsg). Bd II. 2. Aufl. Berlin, Heidelberg, New York: Springer 1972; 351–476.

Spitzer RL, Fleiss JL. A re-analysis of reliability of psychiatric diagnosis. Br J Psychiatry 1974; 125: 341–7.

Spitzer RL, Endicott J, Robins E. Research diagnosis criteria. Psychopharmacol Bull 1975; 11: 22–5.

Spitzer RL, Williams J, Gibbon M. Structured clinical interview for DMS-III-R (SCID-II). New York: New York State Psychiatric Institute 1987.

Stieglitz R-D. Selbstbeurteilungsverfahren. In: Psychodiagnostik psychischer Störungen. Stieglitz R-D, Baumann U (Hrsg). Stuttgart: Enke 1994; 67–78.

Wing JK, Babor T, Brugha J, Cooper JE, Giel R, Jablenski A, Regier D, Sartorius N. SCAN. Schedules for clinical assessment in neuropsychiatry. Arch Gen Psychiatry 1990; 47; 589–93.

Wittchen H-U. Klassifikation. In: Psychodiagnostik psychischer Störungen. Stieglitz R-D, Baumann U (Hrsg). Stuttgart: Enke 1994; 47–66.

Wittchen H-U, Semler G. Composite International Diagnostic Interview – CIDI – Interviewerheft. Weinheim: Beltz 1991.

Wittchen H-U, Schramm E, Zaudig M, Spengler P, Rummler R, Mombour W. Strukturiertes klinisches Interview für DMS-III-R. Weinheim: Beltz 1990.

5
Krankheitsbilder

5.1
Persönlichkeitsstörungen

Sabine Herpertz und Henning Sass

5.1.1
Definitorische Klärungen

Was meint der Begriff **„Persönlichkeit"**? Im psychologischen und psychiatrisch/psychotherapeutischen Verständnis bedeutet Persönlichkeit die Summe aller psychischen Eigenschaften und Verhaltensbereitschaften, die dem einzelnen seine eigentümliche, unverwechselbare Individualität verleihen. Das komplexe Konstrukt bezieht im einzelnen Merkmale des Wahrnehmens, Denkens, Fühlens sowie der interpersonellen Beziehungsgestaltung mit ein. Die Persönlichkeit wird als Ergebnis einer einzigartigen Geschichte von Wechselwirkungen zwischen konstitutionellen (also genetischer Ausstattung, z.B. in Form des Temperamentes) und biographischen (also Beziehungs- und Lerngeschichte) Faktoren angesehen. Umfassendere Erkenntnisse zur neuronalen Plastizität des menschlichen Gehirns lassen die alte Dichotomie zwischen „Biologie versus Umwelt" beziehungsweise „*Nature* versus *Nurture*" in den Hintergrund treten, verweisen vielmehr auf die unauflösbare Verflechtung beider Anteile in der Persönlichkeitsentwicklung des Kindes, des Heranwachsenden, aber letztlich über die ganze Lebensspanne hinweg.

Eine Persönlichkeitsstörung liegt dann vor, wenn durch Ausprägungsgrad und/oder die besondere Konstellation von psychopathologisch relevanten Persönlichkeitsmerkmalen persönliches Leid und/oder nachhaltige Beeinträchtigungen der sozialen Anpassung entstehen (Saß 1987). Im einzelnen werden in der ICD-10 Klassifikation folgende diagnostische Leitlinien spezifiziert:

ICD-10 Klassifikation

Persönlichkeitsstörungen sind nicht direkt auf Hirnschädigungen oder -krankheiten oder auf eine andere psychiatrische Störung zurückzuführen und erfüllen die folgenden Kriterien:

- **Deutliche Unausgeglichenheit** in den Einstellungen und im Verhalten in bezug auf mehrere Funktionsbereiche wie Affektivität, Antrieb, Impulskontrolle, Wahrnehmen und Denken sowie in den Beziehungen zu anderen.
- Das **abnorme Verhaltensmuster** ist **andauernd** und nicht auf Episoden psychischer Krankheiten begrenzt.
- Das **abnorme Verhaltensmuster** ist **tiefgreifend** und in vielen persönlichen und sozialen Situationen **eindeutig unpassend**.
- Die Störungen **beginnen** immer **in der Kindheit oder Jugend** und manifestieren sich auf Dauer im Erwachsenenalter.

- Die Störung führt zu **deutlichem subjektivem Leiden**, manchmal erst im späteren Verlauf.
- Die Störung ist meistens mit deutlichen **Einschränkungen der beruflichen und sozialen Leistungsfähigkeit** verbunden.

5.1.2
Ideengeschichte

In der Ideengeschichte der Persönlichkeitsstörungen fällt von Anfang an eine durchgehende Tendenz zu einer ungünstigen Vermischung **psychopathologischer Merkmale** und **sozialer Abweichung** auf. Sie hat bis weit ins 20. Jahrhundert hinein die wissenschaftliche Beschäftigung mit den Persönlichkeitsstörungen verzögert und die Entwicklung geeigneter Therapiemaßnahmen behindert. Es lassen sich **drei historische Entwicklungslinien** – die **französische**, die **anglo-amerikanische** und die **deutsche** – unterscheiden.

Pinels (1809) Konzept einer *Manie sans délire*, die als der Beginn der wissenschaftlichen Beschäftigung mit den Persönlichkeitsstörungen angesehen werden kann, umgrenzt erstmals den Bereich gestörter Persönlichkeit als nosologische Einheit. Während im 18. Jahrhundert alle psychischen Erkrankungen als Geisteserkrankungen und damit als Ausdruck gestörter intellektueller Fähigkeiten aufgefaßt wurden, stellte Pinel zum ersten Mal Erkrankungen heraus, die in erster Linie die Emotionen betrafen (Saß und Herpertz 1995). Auch Esquirols (1839) Monomanietheorie beschreibt Auffälligkeiten, die heute als Merkmale von Persönlichkeitsstörungen angesehen werden. Unterschieden wurden die Störungen des Willens (*Monomanie instinctive*) und die der Gefühle (*Monomanie affective*), Konzepte, die große Auswirkungen auf die weitere ideengeschichtliche Entwicklung hatten. So wurde aus den instinktiven Monomanien das Impulsive Irresein der deutschen Psychiatrie (Kraepelin 1896), die affektiven Monomanien bildeten die Wurzel des britischen *Moral-Insanity*-Konzeptes (Prichard 1835). Schließlich hatte Morels (1857) Degenerationslehre einen nachhaltigen Einfluß auf das Gebiet der Persönlichkeitsstörungen. Sie entstammte einer religiös-mythischen Weltsicht vom Sündenfall, indem Degenerationserscheinungen als pathologische Abweichungen vom normalen Bild des Menschen angesehen wurden, die durch Vererbung mit zunehmendem Schweregrad der Störung von Generation zu Generation weitergegeben würden. Auch Erziehungseinflüsse würden demnach in die Biologie eines Individuums eingehen und auf diese Weise weitervererbt. Nach dem ersten Weltkrieg lebte die Degenerationslehre in der Konstitutionsdoktrin (Delmas 1943) fort und wurde zum Konzept der *Déséquilibration mentale* (Dupré 1925) im Sinne einer hereditär verankerten psychopathischen Degeneration. Zusammen mit sozialdarwinistischem Gedankengut boten die Abkömmlinge der Degenerationslehre den ideengeschichtlichen Boden für die später in Deutschland aufkommenden folgenschweren gedanklichen Verirrungen über „lebensunwertes Leben" (Binding und Hoche 1920).

In England gewann Prichards (1835) Konzept der *Moral Insanity* großen Einfluß als „madness consisting in a morbid perversion of the natural feelings, affections, inclinations, temper habits, moral dispositions, and natural impulses, without any remarkable disorder of the interest or knowing and reasoning faculties" (S. 6). Im frühen 19. Jahrhundert trug der Begriff „moral" verschiedene Bedeutungen und bezeichnete bei Prichard nicht etwa moralisch-ethische Konnotationen, sondern ist mit „psychologisch" oder auch „betreffend die affektiven im Gegensatz zu den intellektuellen Funktionen" gleichzusetzen (vgl. Saß und Herpertz 1995). Die *Moral-Insanity*-Konzeption war aber im weiteren einer zunehmenden Begriffseinengung unterworfen, so daß das heute noch gültige Nachfolgekonzept, die *Psychopathy*, vorwiegend antisoziales, abnorm aggressives Verhalten beschreibt und im englischen *Mental Health Act* gleichbedeutend mit der Kategorie der antisozialen Persönlichkeitsstörung im DSM-IV Verwendung findet. Großen Einfluß auf die amerikanische Psychopathiekonzeption und -forschung gewann Cleckleys (1941/1976) Monographie „The Mask of Sanity". Er formulierte diagnostische Kriterien wie Egozentrizität, Gefühlsarmut, fehlende Schuld- und Schamgefühle, deren Bedeutung durch die heu-

tige empirische Forschung über die antisoziale Persönlichkeitsstörung bestätigt wurden (Hare 1970; 1991).

Kochs (1891–1893) Monographie über die „Psychopathischen Minderwertigkeiten" begründete die deutschen Lehren zu den Persönlichkeitsstörungen. Kraepelin entwickelte in den verschiedenen Folgen seines Lehrbuches ab 1883 das Konzept der psychopathischen Zustände im Sinne des heutigen Verständnisses von abnormen Persönlichkeiten. Der Begriff der „Psychopathischen Zustände" umfaßte zunächst Zwangszustände, impulsives Irresein, Homosexualität und die konstitutionellen Verstimmungen (Kraepelin 1896), während sich der später benutzte Begriff der „Psychopathischen Persönlichkeit" auf dissoziale Persönlichkeitsausprägungen (z. B. geborene Verbrecher, Schwindler, Pseudoquerulanten) beschränkte (Kraepelin 1909–1915). K. Schneider (1923) betonte in besonderer Weise die Notwendigkeit soziologisch neutraler, psychopathologisch orientierter Beschreibungen und berücksichtigte in seiner Typologie auch einige, sozial nicht störende Formen. Die Gemeinsamkeiten und Unterschiede zwischen der klassischen Typologie K. Schneiders und den modernen Diagnosesystemen werden in Abb. 5-1 im Überblick dargestellt.

5.1.3
Persönlichkeitsstörungen in den heutigen operationalisierten Diagnosensystemen

Das multiaxiale amerikanische Klassifikationssystem, das getrennt psychische Krankheiten im Sinne zeitlich umschriebener Zustände, sogenannter *States*, auf Achse I und Störungen der Persönlichkeit im Sinne überdauernder Merkmale, sogenannter *Traits*, auf Achse II kodifiziert, hat die systematische

DSM-IV	ICD-10	ICD-9 Schneider, Kretschmer
paranoid	paranoid	fanatisch
schizoid	schizoid	schizoid
schizotypisch	Ø	Ø
antisozial	dissozial	explosibel; gemütsarm
Borderline	emotional instabil – Borderline Typ	stimmungslabil
histrionisch	histrionisch – impulsiver Typ	geltungsbedürftig
narzißtisch	Ø	Ø
vermeidend (selbstunsicher)	ängstlich (vermeidend)	selbstunsicher
dependent	abhängig	willenlos
zwanghaft	anankastisch	zwanghaft
Ø	Ø	asthenisch
optional	Ø	depressiv
Ø	Ø	hyperthymisch
Ø	Ø	zyklothymisch

Abb. 5-1 Differentialtypologie der Persönlichkeitsstörungen.
(Ø = Kategorie ist in diesem Klassifikationssystem nicht enthalten.)

Beobachtung der Persönlichkeitseigenschaften gefördert und die wissenschaftliche Bearbeitung wichtiger Fragestellungen, zum Beispiel über den Einfluß von Persönlichkeitsfaktoren auf die Manifestation, den Verlauf und die Prognose von Achse-I-Störungen erleichtert.

Die heutige Konzeptionalisierung von Persönlichkeitsstörungen, so wie sie in den beiden **Klassifikationssystemen DSM-IV und ICD-10** zu finden ist, stimmt zwar nicht in der speziellen Formulierung, wohl aber strukturell und inhaltlich weitgehend mit der klassischen Psychopathie-Definition K. Schneiders überein. Seine zweischrittige Definition hob zunächst als abnorme Persönlichkeit die Abweichung von einer nicht näher bestimmbaren Durchschnittsbreite hervor und bezeichnete in der großen Gruppe abnormer Menschen diejenigen als psychopathische Persönlichkeiten, die an ihrer Abnormität leiden und unter deren Abnormität die Gesellschaft leidet. So heißt es im DSM-IV: „Nur dann, wenn Persönlichkeitszüge unflexibel und unangepaßt sind und zu wesentlichen Funktionsbeeinträchtigungen oder zu subjektivem Leid führen, bilden sie eine Persönlichkeitsstörung."

Zum Zwecke der diagnostischen Vereinheitlichung wurden in den modernen Klassifikationssystemen die ätiopathogenetisch ausgerichteten und auf einem bestimmten Krankheitskonzept beruhenden Konzepte von Charakterneurose oder Soziopathie aufgegeben; statt dessen wurde die Bezeichnung „Persönlichkeitsstörung" zu einem neutralen Obergriff für alle behandlungsbedürftigen Abweichungen der Persönlichkeitsentwicklung. Eine Persönlichkeitsdiagnostik im nosologischen Sinne scheitert an der Vielfältigkeit der keinesfalls sämtlich dem Krankheitsmodell unterliegenden Wirkfaktoren, die auf die Persönlichkeitsentwicklung und deren situative Entfaltungsmöglichkeiten Einfluß nehmen. Deshalb und wegen der Heterogenität des Konstruktes „Persönlichkeit" ist es bislang überwiegend bei typologischen Beschreibungen bestimmter Persönlichkeitsformen geblieben. Dabei werden als Typen leicht schematisierte anschauliche Musterbegriffe bezeichnet, an denen man sich orientieren und die konkreten Persönlichkeitsausprägungen messen kann. Allerdings wird aus der **Differentialtypologie** in der klinischen Praxis, die dem nosologischen Denken der Medizin verhaftet ist, unkorrekterweise häufig eine **Differentialdiagnostik**, in der die Persönlichkeitszüge ähnlich kategorial klassifiziert werden wie die ätiopathogenetisch fundierten Krankheitseinheiten.

Trennscharfe kategoriale Diagnosen aber sind von den detaillierten Kriterienlisten und ausgeklügelten diagnostischen Algorithmen, die für jeden Persönlichkeitsstörungstyp in dem entsprechenden System vorliegen, nicht zu erwarten. Die Kategorien legen nur fest, bei welcher Anzahl von gegebenen Merkmalen die Diagnose einer Persönlichkeitsstörung zu stellen ist. Es wird keine spezifische Merkmalskonstellation vorgeschrieben, so daß zwei Personen dieselbe Diagnose erhalten können, obwohl sie recht unterschiedliche Kombinationen von Kriterien aufweisen. Ein solches **polythetisches Klassifikationssystem** führt zu erheblichen **Überlappungen** (Herpertz et al. 1994). Denn zum einen tauchen gleichlautende Merkmals-

formulierungen in den Merkmalslisten verschiedener Persönlichkeitsstörungen auf, zum anderen kann eine Person die erforderliche Mindestanzahl mehr als einer Persönlichkeitsstörung erfüllen. Dennoch bleibt die typologische Erfassung von Persönlichkeitsstörungen insbesondere von großer praktischer Bedeutung, liegt doch deren Vorteil in der einfachen Konzeptualisierung und Kommunizierbarkeit, dem hohen Bekanntheitsgrad und einer allgemeinen menschlichen Tendenz zu kategorialen Wahrnehmungen und Entscheidungen (Widiger 1991).

Die Vorgabe operationalisierter Merkmalslisten allein konnte den Anspruch nach Reliabilität in der Diagnosestellung nicht befriedigen. Die Folge war die Einführung von standardisierten Untersuchungsverfahren, wie sie als halbstrukturierte Interviews in Form der *International Personality Disorder Examination* für DSM-IV und ICD-10 (IPDE; Loranger et al. 1996) und des Strukturierten Klinischen Interviews für DSM-IV (SCID II; Spitzer et al. 1993), als Checklisten auf der Basis der Kenntnis der biographischen Anamnese, fremdanamnestischer Erhebungen und klinischen Verhaltensbeobachtungen (Internationale Diagnose-Checklisten für Persönlichkeitsstörungen, IDCL-P (Bronisch et al. 1995), Aachener Merkmalsliste zur Erfassung von Persönlichkeitsstörungen (AMPS; Saß und Mende 1990; Saß et al. 1995) und schließlich in Form unzähliger Selbstbeurteilungsskalen zum Beispiel des *Personality Disorder Questionnaire* (PDQ; Hyler et al. 1990) vorliegen. Diagnosen, die auf Selbstbeurteilungsskalen beruhen, sind allerdings mit Vorsicht zu betrachten, wenn man an das Problem der Ich-Syntonie beziehungsweise -Dystonie von Persönlichkeitseigenschaften denkt.

5.1.4
Dimensionale Modelle von Persönlichkeit

Insbesondere von psychologischer Seite wird herausgestellt, daß sich Persönlichkeitseigenschaften besser dimensional darstellen lassen. Entsprechende Persönlichkeitsmodelle führen die Fülle der auftauchenden Persönlichkeitszüge mit Hilfe von faktoriellen Analysen auf wenige **wesentliche und kulturunabhängige Persönlichkeitsdimensionen** zurück, aus denen sich die individuellen Ausformungen ableiten lassen. Besondere Bedeutung haben Drei- und Fünf-Faktoren-Modelle erlangt (vgl. Tab 5-1). Mit unterschiedlichen Methoden durchgeführte Vergleiche zwischen kategorialen und dimensionalen Klassifikationsansätzen sprechen für die konzeptionelle Überlegenheit dimensionaler Modelle zumindest für Forschungsfragen (Rutter 1987; Widiger 1991).

Seit einiger Zeit werden in der Persönlichkeitsforschung verstärkt Modelle diskutiert, die übergeordnete Persönlichkeitsdimensionen beziehungsweise Persönlichkeitsfaktoren höherer Ordnung als grundlegend für die Struktur normaler wie auch psychisch erkrankter Personen betrachten (Universalität) und daraus eine graduelle und keine prinzipielle Grenze zwischen Normalität und Persönlichkeitsstörungen ableiten

Tab. 5-1 Faktoren-Modelle dimensionaler Persönlichkeitsbeschreibungen.

Drei-Faktoren-Persönlichkeitsmodelle	Fünf-Faktoren-Persönlichkeitsmodelle	Sieben-Faktoren-Persönlichkeitsmodelle
• **Eysenck (1977)** Neurotizismus Extraversion Psychotizismus • **Millon (1981)** Freude/Schmerz Eigen-/Fremdorientiertheit Aktivität/Passivität • **Widiger et al. (1987)** Zirkulierende Angst/ausagierendes Verhalten Selbstbehauptung/Dominanz Soziales Eingebundensein • **DSM-IV (1987)** Exzentrizität Dramatischer Affekt Angst	• **Costa und McCrae (1990)** Extraversion Emotionale Labilität/Neurotizismus Freundlichkeit Gewissenhaftigkeit Aufgeschlossenheit • **von Zerssen (1988)** Extraversion Neurotizismus Aggressivität Gewissenhaftigkeit Offenheit (Gläubigkeit)	• **Cloninger (1994)** Schadensvermeidung Neugierverhalten Belohnungsabhängigkeit Beharrungsvermögen Selbstlenkungsfähigkeit Kooperativität Selbsttranszendenz

(Kontinuität; vgl. z. B. Livesley et al.1994; Watson et al. 1994; Widiger und Costa 1994). Allerdings konnte für die Dimension Neurotizismus gezeigt werden, daß sie in klinischen Stichproben keine Diskriminationspotenz aufweist, sondern Merkmal aller Individuen mit unterschiedlichen psychischen Störungen ist (Herpertz et al. 1997; Pukrop et al. 1998). Der Ausprägungsgrad an Neurotizismus ist damit nicht eine spezifische Eigenschaft einer bestimmten klinischen Gruppe, sondern hat eher einen hohen Einfluß auf das „Hilfesuch-Verhalten", indem er die generelle Bereitschaft eines Individuums widerspiegelt, negative Emotionen zu erleben und so die Welt als betrüblich und leidvoll wahrzunehmen (vgl. Widiger und Costa 1994).

5.1.5
Allgemeines zur Psychodynamik der Persönlichkeitsstörungen

Wolfgang Tress, Michael Langenbach und William P. Henry

Daß neben den klassischen „Neurotikern" auch andere therapeutische Hilfe suchen, „die gar nicht an bestimmten Symptomen kranken und selbst nur schwer angeben können, warum sie Hilfe brauchen" (Fenichel 1931), stellten psychodynamisch arbeitende Ärzte bereits in der Frühzeit der Psychoanalyse fest. Das Krankheitskonzept der Persönlichkeitsstörung stellt neben dem Neurosenkonzept das zweite relevante psychoanalytisch/psychodynamische Krankheitskonzept dar.

Definitionen von Charakter

Die Psychoanalyse sprach meist von Charakter und fast nie von Persönlichkeit, wenn es darum ging, überdauernde, typische Denk-, Erlebens- und Verhaltensweisen zu beschreiben. Eine Ursache hierfür ist wohl, daß der **Terminus Charakter** mehr das **Genetisch-Dynamische**, Persönlichkeit dagegen das Statische betont (Hoffmann 1984). Im Vergleich der Konzeptbildung blieb die psychoanalytische Charakterologie und Charakterpathologie jedoch immer auf einem vorläufigeren Stand als die Neurosenlehre (Hoffmann 1984).

Sigmund Freud

Freud konzeptualisierte Charakter in der Entwicklung seiner Krankheitslehre zunächst als Folge der **Verarbeitung von Triebkonflikten**. Charakter erscheint so als Korrelat der Libido und der abwehrenden Auseinandersetzung mit ihr: „Die bleibenden Charakterzüge sind entweder unveränderte Fortsetzungen der ursprünglichen Triebe, Sublimierungen derselben oder Reaktionsbildungen gegen dieselben" (Freud 1908, S. 209).

Später, in „Das Ich und das Es", faßte Freud Charakter als **Folge von Objektbeziehungen** und **Identifizierungen**: „Jedenfalls ist der Vorgang [der Identifizierung] zumal in frühen Entwicklungsphasen ein sehr häufiger und kann die Auffassung ermöglichen, daß der Charakter des Ichs ein Niederschlag der aufgegebenen Objektbesetzungen ist, die Geschichte dieser Objektwahlen enthält" (Freud 1923, S. 257). In dieser Schrift wird das Ich als „zusammenhängende Organisation der seelischen Vorgänge einer Person" (S. 243), als Integral vielfältiger zwischenmenschlicher Aufgaben und Haltungen vorgestellt und damit vor allem auf die interpersonell-alloplastischen Reaktionsmöglichkeiten abgehoben. Nach dieser Auffassung wird die jeweils persönliche Erfahrung zu einem Gestalter der individuellen Ausprägung des Ich und Über-Ich, die mit dem Ende des Ödipuskomplexes abgeschlossen gedacht wird.

1931 legte Freud einen Vorschlag zu einer möglichen **Charaktertypologie** („Über libidinöse Typen") vor und unterschied drei grundlegende Typen als Brückenglieder zwischen dem Normalen und dem Kranken:

- den „erotischen" Charakter
- den „zwanghaften" Charakter
- den „narzißtischen" Charakter

Freud schloß aber die Existenz weiterer Charaktertypen nicht aus (Freud 1931).

Karl Abraham

Karl Abraham (1925) betrachtete Charakter als „Gesamtheit der triebhaften Reaktionen des Einzelnen auf das Gemeinschaftsleben" und betonte die interpersonelle Verwobenheit der Charaktereigenschaften.

Otto Fenichel

Otto Fenichel war der erste Psychoanalytiker, der sich ausführlicher und systematischer mit den **„Charakterstörungen"** auseinandersetzte. Bei den Charakterstörungen sei „das Ich selbst in den Krankheitsprozeß einbezogen", und zwar im Gegensatz zu den Neurosen, die auf dem Kampf eines „gesunden Ich" mit „irgendwelche(n) ihm fremde(n) Mächte(n)" beruhten (Fenichel 1931, S. 135). Bestimmte Menschen, so Fenichel, setzten sich gegen die verschiedensten Inhalte, die abgewehrt werden müßten, „in der gleichen charakteristischen Art zur Wehr" (S. 138). Wenn Freuds Ansatz bestimmte charakterliche Verhaltensweisen bestimmten Partialtrieben oder erogenen Zonen zuordnet (z. B. Ordnungssinn, Sparsamkeit und Eigensinn als Abwehr bzw. Befriedigungsersatz der Analerotik, Freud 1908), so erklärte dieser Ansatz für Fenichel „die relative Konstanz eines menschlichen Charakters in seiner Einmaligkeit" nur ungenügend. Fenichel arbeitete mehr den Ich-Aspekt des Charakters heraus und versuchte eine Einteilung der Charakterstörungen nach ihrer Beziehung zu Ich, Über-Ich und Es gemäß dem „Prinzip der mehrfachen Funktion": „Wenn es dem Ich gelingt, mit der Erfüllung eines Über-Ich-Anspruches gleichzeitig die versteckte Triebbefriedigung zu verbinden, so wird es diesen Weg wählen" (Fenichel 1931, S. 140). Damit werden, wie die Neurosen, auch die **Charaktereigenschaften** zu **Niederschlägen von Triebkonflikten**

und auf diese Weise „prinzipiell analysierbar" (S. 142). Mit Freud weist Fenichel ferner auf die Bedeutung der „Eigenschaften und Haltungen ehemals geliebter Objekte" hin. Die Betonung der **sozialen Determiniertheit** des Charakters im Spannungsfeld der Libido ist ein besonderes Kennzeichen der Theorie Fenichels.

Wilhelm Reich

Wilhelm Reich (1933) hob stärker den **Abwehraspekt** des Charakters hervor: „Der Charakter ist nicht dadurch gekennzeichnet, was er abwehrt, sondern durch die Art, wie und mit welchen Triebkräften das Ich es tut" (Reich 1933, S. 231). Der Charakter wird für Reich zum Widerstand par excellence (Hoffmann 1984). Reich versuchte auch eine **Typologie** des **Charakters nach Abwehrformen** und unterschied den zwanghaften, masochistischen, hysterischen, triebhaften, phallisch-narzißtischen und den passiv-femininen Charakter.

Neopsychoanalytiker

Die meisten Neopsychoanalytiker, zum Beispiel Horney (1939) und Schultz-Hencke (1940), erklärten den Charakter vor allem als **primäre Anpassung an** die **Gesellschaft**. Erikson (1950) formulierte die entscheidenden Triebkonflikte in psychosozial definierte Ich-Konflikte um und erreichte damit einen Ausgleich der beiden historischen Modelle des Charakters als psychodynamischer und als gesellschaftlicher Resultante. Die Konfliktausgänge der wesentlichen Ich-Konflikte führen nach Erikson zu spezifischen, konstanten Einstellungen des Ichs gegenüber der sozialen Welt. Gab es somit bis weit in die fünfziger Jahre hinein psychoanalytisch begründete Versuche, vorwiegend als funktionelle oder degenerative Mängel bezeichnete Normabweichungen des Verhaltens unter die Rubrik der Neurosen mit einzuordnen, jedenfalls aber den Begriff der Psychopathie zu eliminieren (J. E. Meyer 1972), so trat im weiteren Verlauf der psychoanalytischen Theoriebildung des Charakters und seiner Störungen eine Wendung ein. Der **Objektbeziehungsaspekt** und insbesondere die Arbeiten Bowlbys (1969; 1973; 1988) zur Bedeutung von Störungen der frühen Mutter-Kind-Beziehung für die Entstehung von Persönlichkeitsentwicklungen und -störungen regten die Diskussion über den Stellenwert der Charakterabweichungen neu an. Ebenso folgenreich waren die Überlegungen von Kernbergs Schule der Objektbeziehungstheorie (Kernberg 1984) und Kohuts Selbstpsychologie (Kohut 1971). Im Beitrag von Clarkin und Kernberg zur *Transference-Focused Psychotherapy* (TFP, in diesem Band Kap. 6.2.3, S. 554 ff) wird das Kernbergsche Konzept der Entwicklung von Persönlichkeitspathologie dargelegt; deshalb soll an diesem Ort darauf verzichtet werden.

5.1.6
Das interpersonelle Modell der Persönlichkeitsstörungen

Wolfgang Tress, Michael Langenbach und William P. Henry

Seit Mitte dieses Jahrhunderts mehren sich integrative Bemühungen, um namentlich phänomenologisch-psychiatrische, dimensionale und psychoanalytische Ansätze zum Verständnis von Persönlichkeit und ihrer Störungen aufeinander zu beziehen. Besonders fruchtbar, um in diesem Sinne zu einer „gemeinsamen Sprache" (Langenbach 1993) zu finden, erwies sich das interpersonelle Modell der Persönlichkeit. Die interpersonelle Perspektive ist deshalb attraktiv, weil sie Zuverlässigkeit und Validität der Diagnose von Persönlichkeitsstörungen in bestimmten Forschungsdesigns verbessert hat (Morey 1985). Auch qualitative Psychodiagnostik- und Psychotherapieforscher haben sich bemüht, unter vorrangiger Einbeziehung zwischenmenschlicher Verhaltensweisen und -muster neue individuumsgestützte Persönlichkeitstypologien zu entwerfen (Frommer 1994).

Mit dem Philosophen Rom Harré (1984) gesprochen ist es fruchtbar, die in unserer abendländisch geprägten Alltags- und Wissenschaftskultur so gebräuchliche Lokalisierung psychischer Prozesse nach „innen" einmal aufzugeben und statt dessen Psychisches in die interpersonalen, sozialen Beziehungen zu verorten. Reformuliert man entsprechend die Definitionen der Persönlichkeitsstörungen in ICD-10 und DSM-IV, so stehen sie auf allen Ebenen der Deskription (Verhaltensweisen, Denkprozesse, Affekte, Motivationen und soziale Folgen) in Verbindung mit gestörten zwischenmenschlichen Beziehungen, entweder als Ursache oder Folge. Auf H. S. Sullivan (1953) aufbauend entstanden einige Versuche, normale und abnorme Persönlichkeit interpersonell zu definieren. So entwickelte Leary (1957) sein zirkumplexes Modell von Persönlichkeit und unterschied normal von abnormal anhand von Verhaltensintensität und ihrer quantitativen Abweichung von normaler Mäßigung und Flexibilität.

Den **qualitativen Unterschied** zwischen der **gestörten** und **normalen Persönlichkeit** betont demgegenüber Lorna S. Benjamin (1994). Demnach ist der gestörten Persönlichkeit die heikle Balance von gleichzeitigem Streben nach Bindung und Differenzierung verlorengegangen, während eine normale Person im wesentlichen eine moderate, selbständige und freundliche Position gegenüber dem anderen bezieht, zugleich aber mäßigen Verwicklungen auch nicht abgeneigt ist. Bei gestörten Persönlichkeiten sind indessen grundsätzlich erhebliche Beeinträchtigungen in den fundamentalen menschlichen Motiven nach Bindung an andere und gleichzeitiger Differenzierung von anderen festzustellen (Henry 1994). Eine daraus sich entwickelnde „gestörte Persönlichkeit" ist in der Pathologie ihres interpersonellen Verhaltens Endprodukt einer Vielzahl von Einflüssen, vermittelt über Lernen, Wahrnehmung, Motivation, Zielsetzungen, Introjekte usw. Wie alle Theoretiker eines interpersonellen Persönlichkeitsmodells setzt auch L. S. Benjamin voraus, daß frühe interpersonelle Interaktionsmuster die Persönlichkeit (mit)formen und daß die Struktur des Selbst, einmal geformt, relativ stabil bleibt, indem sie sich in zyklischen Rückkopplungsschleifen in Kommunikation mit signifikanten anderen perpetuiert. Benjamin stellt in ihrer **Strukturalen Analyse sozialen Verhaltens** (**SASB**, Benjamin 1974; s. auch Tress 1993) ein zirkumplexes Modell der äußeren und inneren Transaktionen und damit der Persönlichkeit vor, mit der auch die einzelnen nach DSM-IV klassifizierten Formen von Persönlichkeitsstörungen in ihrer zwischenmenschlichen Pathologie näher zu beschreiben, in ihrer psychosozialen Ätiopathogenese mit bestimmten frühen interpersonellen Erfahrungen zu korrelieren und dementsprechende spezifische therapeutische Interventionen zu entwickeln sind (Benjamin 1993).

Idealerweise erhält ein heranwachsendes Kind von seinen Eltern eine wohldosierte Mischung aus Bestätigung, aktiver Liebe und Anleitung beziehungsweise Schutz. Durch Identifikation mit diesen Verhaltensweisen wird das Kind befähigt, in ähnlicher Weise auch anderen zu begegnen. Die Internalisierung des elterlichen Verhaltens führt zu bestimmten typischen Verhaltenserwartungen, die das Kind (und später der Erwachsene) an andere heranträgt. Durch Introjektion der elterlichen Muster resultiert eine Introjektstruktur mit einer „gesunden" Mischung aus Selbstakzeptanz, Selbstliebe, Selbstschutz und -erziehung. Erfährt das Kind eine andere als diese ideale Mischung elterlicher Verhaltensweisen, resultiert in analoger Weise und vermittelt über dieselben psychologischen Mechanismen eine pathologische Entwicklung. Wird das Kind zum Beispiel mit hinreichend feindseliger Kontrolle behandelt (Vorwurf und Beschuldigungen), so bezieht es selbst eine gegenüber anderen ständig kritische Grundhaltung (Identifikation). Es wird überempfindlich auf als solche empfundene Kritik seitens anderer reagieren (Internalisierung) und hochgradig zu Selbstverurteilung neigen (Introjektion). Es könnte also ein Individuum entstehen, das grundsätzlich feindselig, paranoid, unsicher und chronisch deprimiert ist. Die Konsequenz wäre eine Störung der normalen Befähigung zu freundlicher Bindung und Autonomie in Gegenseitigkeit.

Charakteristiken einer gestörten Persönlichkeit

Die Diagnose einer gestörten Persönlichkeit korrespondiert mit der Beobachtung interpersonalen Verhaltens und von Introjekten, die durch Muster beschrieben werden können, die von Benjamin (1995) auch als „*Disrupted Attachment Group*" (**DAG**), also als Gruppe der unterbrochenen Bindungen bezeichnet wird. Gestörte Persönlichkeiten schenken dem Kontext ihrer Interaktionen keine Aufmerksamkeit oder interpretieren ihn falsch und neigen zu raschem, **unvorhersehbarem Wechsel** ihrer **interpersonellen Einstellung**, zum Beispiel von Freundlichkeit zu Feindseligkeit oder von Unterwürfigkeit zu Loslösung. Darüber hinaus besteht oft eine Tendenz

Abb. 5-2 Zirkel maladaptiven Verhaltens und wichtige Aspekte seiner Genese (modifiziert nach Henry 1994).

zu „kontaminierter", **komplexer Kommunikation**, zum Beispiel zu einem Verhalten, das oberflächlich freundlich, doch eigentlich feindselig gemeint ist (ein süßliches Lächeln, um Mißbilligung zu zeigen), oder Verhalten, das Autonomie anzubieten scheint, aber kontrollierend intendiert ist („sei spontan"). **Inkongruente Botschaften** sind schon lange als Marker gestörten Verhaltens bekannt (Duke und Nowicki 1982; Kiesler 1986; Watzlawick et al. 1967).

Zusammenfassend ist somit normales interpersonelles Verhalten als gebunden-bezogen, maßvoll, flexibel, stabil, eindeutig und kongruent zu beschreiben, während gestörte interpersonale Muster durch unterbrochene Bindung und Bezogenheit, Extreme von Interdependenz (Unterwürfigkeit, völlige Loslösung), Rigidität, Instabilität und komplexe Widersprüchlichkeit imponieren.

Abb. 5-2 zeigt in vereinfachter Form ein dimensionales Modell interpersonellen Verhaltens und seiner Genese auf der Grundlage der fundamentalen Mechanismen Internalisierung, Identifikation und Introjektion. Über das weitere Schicksal entscheiden dann nicht die psychologischen Gesetzmäßigkeiten, sondern die Qualität der förderlichen oder pathogenen Umwelt (Henry 1994).

Erlebnisse in einem emotional ungesunden Umfeld führen zu **internalisierten Objektrepräsentanzen** und **Introjektstrukturen**, die von der normalen Grundposition von Bindung und Differenzierung abweichen. Die internalisierten Bilder schaffen Erwartungen an das Verhalten anderer, die in der Gegenwart die Wahrnehmung der Umwelt verfälschen. Weil die spezifischen Wünsche und Befürchtungen so rigide fixiert sind und die Wahrnehmung anderer stereotyp von den engen Vorgaben der internalisierten Elternimagines konfiguriert wird, ist das resultierende bindungssuchende Verhalten der gestörten Persönlichkeit pathologisch. So neigen zum Beispiel Kinder, die körperlich mißbraucht wurden, als Jugendliche oder Erwachsene zu Selbstverletzungen, insbesondere in Situationen, die ängstigen oder Verlassenheitsgefühle wecken. Dieses Verhalten kann damit erklärt werden, daß für den Selbstverletzer durch Identifikation mit dem früheren Mißbraucher sich seine Angst reduziert, weil diese Identifikation ein Gefühl der Bindung an ein internalisiertes Bild der Vergangenheit erlaubt.

Das hier stark verkürzt wiedergegebene SASB-Modell Benjamins (ausführlich s. Tress 1993) bietet einen theoretisch kohärenten Ansatz, Persönlichkeit auf interpersoneller Grundlage zu verstehen.

5.1.7
Epidemiologie, Verlauf und Prognose

Die Häufigkeit von Menschen mit auffälliger Persönlichkeit dürfte in der unausgelesenen Allgemeinbevölkerung nach den Angaben sowohl deutscher als auch amerikanischer Studien knapp 10% betragen (Maier et al. 1992; Reich et al. 1989; Zimmerman und Coryell 1990). In einer groß angelegten internationalen Studie der WHO (Loranger 1994), die zwischen 1988 und 1990 an 716 psychiatrischen (295 stationär und 421 ambulant behandelten) Patienten aus zwölf verschiedenen Ländern durchgeführt wurde, konnte bei 39,5% mindestens eine Persönlichkeitsstörung nach ICD-10 diagnostiziert werden (vgl. Tab. 5-2). Die ängstlich-vermeidende und die Borderline-Persönlichkeitsstörung stellten sich in dieser Untersuchung als die am häufigsten diagnostizierten Persönlichkeitsstörungstypen dar. Die Prävalenzverteilung in Patientenpopulationen spiegelt aber nicht unbedingt die Verhältnisse in der Allgemeinbevölkerung wider, sondern auch unterschiedliches „Hilfesuch-Verhalten" bei den einzelnen Störungstypen. So

Tab. 5-2 Prävalenzdaten der WHO-Untersuchung für die einzelnen Persönlichkeitsstörungsformen.

Paranoid	2,4%
Schizoid	1,8%
Dissozial	3,2%
Emotional instabil, impulsiver Typ	4,5%
Emotional instabil, Borderline-Typ	14,9%
Histrionisch	4,3%
Anankastisch	3,6%
Ängstlich	15,2%
Dependent	4,6%
Andere	6,8%
Irgendeine Persönlichkeitsstörung	39,5%

überwiegen in der Allgemeinbevölkerung die dependente und zwanghafte Persönlichkeitsstörung (Maier et al.1992).

Die Geschlechterverteilung über alle Persönlichkeitsstörungen ist weitgehend ausgeglichen; auch hinsichtlich der einzelnen Persönlichkeitsstörungstypen finden sich wenige Unterschiede, vorausgesetzt, operationalisierte Diagnosekriterien werden benutzt. Ausnahmen bilden die antisoziale, die narzißtische und die zwanghafte Persönlichkeitsstörung, die jeweils häufiger beim männlichen Geschlecht vorkommen (Golomb et al. 1995). Eine eindeutige Häufung einer spezifischen Persönlichkeitsstörung beim weiblichen Geschlecht liegt nicht vor, auch wenn die histrionische, die dependente und Borderline-Persönlichkeitsstörung in der klinisch-intuitiven Diagnostik eher dem weiblichen Geschlecht zugeordnet werden (Herpertz und Saß 2000).

Per definitionem sind **Persönlichkeitsstörungen stabil und überdauernd** über den Lebenszyklus hin. Dennoch war der **zeitliche Verlauf** von Persönlichkeitsstörungen bisher nur vereinzelt Gegenstand von systematischen Beobachtungen. So untersuchten Cohen et al. (1994) die Prävalenz von Persönlichkeitsstörungen getrennt für Personen über und unter 55 Jahren. In dieser Studie zeigten die Älteren mit 6,6% eine geringere Prävalenzrate als die Jüngeren mit 10,5%. Daneben geht die klinische Erfahrung dahin, daß sich zugespitzte Persönlichkeitsmerkmale mit zunehmendem Alter und nachlassender Vitalität abschwächen können. Dies gilt besonders für Persönlichkeitszüge, die die soziale Funktionsfähigkeit nachhaltig beeinträchtigen, unter anderem Unstetigkeit, Haltlosigkeit, dissoziales Verhalten, autoaggressive Handlungen, Impulsivität. Entsprechend liegen die Prävalenzen für die antisoziale, die histrionische und die Borderline-Persönlichkeitsstörung in Bevölkerungsgruppen jenseits des 55. Lebensjahres weit unter denen in jüngeren Gruppen (Stone 1993; Tyrer und Seivewright 1988). Andere Merkmale können aber auch mit zunehmendem Alter eine Zuspitzung erfahren, denkt man zum Beispiel an den Eigensinn und die Rigidität manches älteren Menschen. Insgesamt zeigen Persönlichkeitsstörungen bei aller grundsätzlichen Stabilität ein größeres Maß an Flexibilität, Anpassungsfähigkeit und auch therapeutischer Veränderbarkeit als das theoretische Konzept nahelegt. So wird der Grad der Dysfunktionalität auch von situativen Bedingtheiten und Ansprüchen des jeweiligen Lebensabschnittes abhängen: Beispielsweise wird eine narzißtisch akzentuierte Persönlichkeit insbesondere in Prüfungssituationen, wie sie im jungen Erwachsenenalter gehäuft auftreten, unter abrupten Wechseln zwischen strotzendem Selbstbewußtsein und übertriebenen Minderwertigkeitsgefühlen leiden. Weitere Zuspitzungen treten nicht selten mit zunehmendem Lebensalter in der Konfrontation mit eigenen Leistungsgrenzen, nachlassender körperlicher Attraktivität oder fehlenden Kompensationsmöglichkeiten in einem rastlosen Karriereweg auf.

Zu prognostischen Kriterien liegen ebenfalls nur wenige Untersuchungsdaten vor. Als günstige „Ergebnis"-Kriterien erwiesen sich Intelligenz, künstlerisches Talent sowie eine Bereitschaft, eigenes Beteiligtsein an zwischenmenschlichen Problemen und Konflikten einzuräumen. Demgegenüber werden antisoziale, paranoide und schizotypische Züge, ein begleitender Substanzmißbrauch, eine Neigung zur Externalisierung von Verantwortlichkeiten sowie Erfahrungen von elterlicher Gewalt und Inzest in der Kindheit als negative Prognosefaktoren angesehen. In einer Nachuntersuchung von Tölle (1966) an 539 stationär behandelten Patienten in der BRD mit einer Persönlichkeitsstörung zeigten ca. jeweils ein Drittel eine günstige, eine kompromißhafte beziehungsweise eine ungünstige Lebensbewältigung.

Betrachtet man schließlich Behandlungsergebnisse, so werteten Perry et al. (1999) in einer veröffentlichten Übersichtsarbeit zur Wirksamkeit von Psychotherapie bei Persönlichkeitsstörungen alle zwischen 1974 und 1998 publizierten Verlaufsuntersuchungen, die methodischen Minimalkriterien genügten, aus und stellten fest, daß 52% aller diagnostizierten Patienten nach durchschnittlich 1,3-jähriger Behandlung die diagnostische Schwelle nicht mehr überschritten. Dabei zeigen Patienten mit ängstlichen, dependenten oder zwanghaften Zügen (entsprechend dem Cluster C nach DSM-IV) ein besseres Ergebnis als Patienten mit einer Borderline-Persönlichkeitsstörung, die jedoch besser abschneiden als Patienten mit einer Persönlichkeitsstörung aus dem Cluster A (Sanislow und McGlashan 1998).

Das Suizidrisiko in der Gesamtgruppe der persönlichkeitsgestörten Individuen wird mit einer dreifachen Erhöhung gegenüber der Allgemeinbevölkerung angegeben. In Hinblick auf die verschiedenen Typen findet sich die höchste Suizidrate in den Populationen der Borderline-, der Narzißtischen sowie der Antisozialen Persönlichkeitsstörung. Entsprechende Häufigkeitsangaben werden für Patienten mit Borderline-Persönlichkeitsstörung mit 8%, für antisoziale Persönlichkeiten mit 5% angegeben (Bronisch 1995). Die Bedeutung des Suizidrisikos bei persönlichkeitsgestörten Menschen wird auch bekräftigt durch Studien, die bei ca. einem Drittel der durch Suizid Verstorbenen eine Persönlichkeitsstörung zusätzlich zu einem depressiven Syndrom oder einer Alkoholabhängigkeit diagnostizierten.

5.1.8
Die einzelnen Persönlichkeitsstörungen

Die folgende Darstellung stützt sich in der Systematik auf die beiden großen internationalen Klassifikationssysteme. Dabei spielt das **DSM-IV** wegen der angloamerikanischen Dominanz in der internationalen Forschungsdiskussion zwar die führende Rolle; doch hat die **ICD-10** als offizielles System zur Verschlüsselung der Diagnosen im deutschen Gesundheitssystem ab 1.1.2000 große praktische Bedeutung erhalten.

Die Klassifikation der Persönlichkeitsstörungen in diesen beiden Diagnosesystemen unterscheidet sich jedoch sowohl bezüglich der Art und Anzahl als auch bezüglich der Einordnung der Persönlichkeitsstörungen in die mehrdimensionalen Systeme. In der ICD-10 werden die Persönlichkeitsstörungen wie auch die anderen klinischen psychopathologischen Syndrome auf der Achse I diagnostiziert; demgegenüber werden im DSM-III-R beziehungsweise DSM-IV die Persönlichkeitsstörungen auf der Achse II diagnostiziert (siehe auch Kap. 4.7.2, S. 208).

Im DSM-Klassifikationssystem wird seit seiner dritten Version (APA 1980) eine Einteilung der spezifischen Persönlichkeitsstörungen in drei übergeordnete Cluster vorgenommen: **Cluster A** beschreibt Persönlichkeitsstörungen, die sich durch ein sonderbares, exzentrisches Verhalten auszeichnen, im einzelnen die paranoide, schizoide und schizotypische Persönlichkeitsstörung. Das **Cluster B** umfaßt solche Persönlichkeitsstörungen, die sich durch emotionales, launisches und dramatisches Verhalten auszeichnen, nämlich die antisoziale, die Borderline-, die histrionische und die narzißtische Persönlichkeitsstörung. Zum **Cluster C** schließlich werden jene Persönlichkeitsstörungen gezählt, die sich als ängstlich, furchtsam oder auch asthenisch im Sinne von K. Schneider (1923) beschreiben lassen; hierzu zählen die vermeidend-selbstunsichere, die dependente und die zwanghafte Persönlichkeitsstörung.

Die im folgenden vorgenommene Beschreibung der einzelnen Persönlichkeitsstörungen orientiert sich an der Clustereinteilung des DSM-III beziehungsweise DSM-IV. Die Klassifikation und Benennung der Störungen in der ICD-10 sind in Klammern aufgeführt, soweit diese in der ICD-10 enthalten sind.

Cluster A (sonderbare, exzentrische Persönlichkeitsstörungen)

Paranoide Persönlichkeitsstörung (ICD-10: F 60.0)

Symptomatik

Hauptmerkmal der paranoiden Persönlichkeitsstörung sind **ausgeprägtes Mißtrauen** und **Argwohn** verbunden mit der durchgehenden und ungerechtfertigten Tendenz, die Handlungen anderer als zurückweisend, feindselig, kränkend oder auch bedrohlich zu interpretieren. Paranoide Persönlichkeiten neigen dazu, andere für die zwischenmenschlichen Probleme verantwortlich zu machen und verweigern die Reflexion eigener Verantwortlichkeiten. Typische Problemfelder liegen am Arbeitsplatz, wo sie sich von Kollegen schlecht behandelt und ausgenutzt fühlen sowie immer wieder in Konflikte mit Autoritätspersonen geraten. Ihre kritisierende und anklagende Haltung führt nicht selten zu zunehmender sozialer Isolierung, zumal auch zu nahen Bezugspersonen häufig keine vertrauensvolle Beziehung aufgebaut werden kann. Paranoide Persönlichkeiten zeigen nicht selten aggressive Reaktionsbereitschaften und können querulatorische oder fanatisch-expansive Zuspitzungen zeigen und als „Kampffanatiker" auch forensische Bedeutung erlangen.

Paranoide Persönlichkeitszüge paaren sich häufig mit narzißtischen Zügen im Sinne eines Rückzuges in ausgeprägte Allmachtsphantasien, mit passiv-aggressiven oder auch mit zwanghaften Zügen. Letztere äußern sich in Rigidität, starrem, fanatischem Festhalten an Regeln und moralischen Vorsätzen und gehen mit Selbstkritik, aber auch bezwingender Kontrolle anderer einher.

Differentialdiagnostisch ist die paranoide Persönlichkeitsstörung von den umschriebenen und nicht mehr einfühlbaren paranoiden Vorstellungen Wahnkranker abzugrenzen.

Ätiopathogenetische Aspekte

Vor dem Hintergrund psychoanalytischer Erklärungsmodelle wird die paranoide Persönlichkeitsstörung als Ergebnis eines sehr fixierten **Abwehrmodus der Projektion** aufgefaßt. Eigene aggressive Impulse werden in die Umgebung verlagert und als Verfolgt-Werden durch äußere Objekte wahrgenommen.

Aus kognitiver Perspektive entstehen viele Eigenschaften der paranoiden Persönlichkeit aus der Überzeugung, **mit einer gefährlichen, ausbeuterischen Umwelt konfrontiert** zu sein und sich **nur auf eigene Kräfte verlassen** zu können. In einer Welt des „Fressens oder Gefressen-Werdens" (Beck und Freeman 1993) wird die Umwelt mißtrauisch beobachtet und kontrolliert, müssen eigene Schwächen und Unzulänglichkeiten verborgen oder die Schuld auf andere verschoben werden.

Insgesamt ist anzunehmen, daß paranoide Persönlichkeiten gehäuft aus **Familien** stammen, die sich gegenüber einer vermeintlich **feindseligen, neidischen Umgebung abschotten** und sich durch einen **rigiden, kontrollierenden Erziehungsstil** auszeichnen.

Erwähnenswert sind auch Befunde aus High-risk-Studien, die ein gehäuftes Vorkommen der paranoiden Persönlichkeitsstörung bei Angehörigen von Patienten mit chronischer Schizophrenie und wahnhafter Störung berichteten (Kendler et al. 1984).

Therapie

Menschen mit paranoider Persönlichkeitsstörung werden selten therapeutische Hilfe suchen, da sie die Ursachen für ihre Probleme in der Umwelt und nicht bei sich selbst sehen. Anlaß, sich dennoch in Behandlung zu begeben, bieten unter anderem somatoforme Störungen, die infolge anhaltender Spannungszustände auftreten, also insbesondere chronische Kopf- und Rückenschmerzen. Ebenso findet man lang hingezogene depressive Verstimmungen, die den diagnostischen Kriterien einer dysthymen Störung entsprechen.

Für die Prognose entscheidend ist, ob es gelingt, eine **vertrauensvolle therapeutische Beziehung** herzustellen. Vor dem Hintergrund ihres Mißtrauens werden paranoide Persönlichkeiten therapeutische Interventionen leicht als verurteilend und kränkend empfinden. Das therapeutische Verhalten sollte deshalb freundlich, unterstützend und geduldig sein, aggressive Attacken sollten nicht mit Gegenangriffen beantwortet werden. Im weiteren geht es darum, aktuelle Krisen- und Konfliktsituationen zu besprechen, reale Anknüpfungspunkte der paranoiden Gedanken anzuerkennen, den Patienten dann aber auch vorsichtig anzuhalten, seine spezifischen Interpretationen von zwischenmenschlichen Interaktionen zu überprüfen. Wichtig ist, daß der Patient erkennt, wie sein kompetitives und feindseliges Verhalten bei seinem Gegenüber wiederum Mißtrauen und Ablehnung erzeugt. Eine Verbesserung der sozialen Kompetenz kann insbesondere durch Gruppentherapie erreicht werden. Biographische Bezüge sollten nicht zu Deutungen Anlaß geben, sondern zur Entlastung des Patienten genutzt werden, daß nämlich sein Mißtrauen und sein Argwohn lebensgeschichtlich verständlich, jedoch heutigen Gegebenheiten gegenüber nicht adäquat sind.

Kontrollierte Studien zur Effektivität psychopharmakologischer Interventionen liegen nicht vor, weshalb diese nur syndromorientiert, zum Beispiel bei einem depressiven Syndrom, gewählt werden können.

Schizoide Persönlichkeitsstörung (ICD-10: F 60.1)

Symptomatik

Die führenden Merkmale bei Personen mit schizoider Persönlichkeitsstörung sind **Gleichgültigkeit** und **Distanziertheit** im zwischenmenschlichen Kontakt, **eingeschränkte emotionale Erlebnis- und Ausdrucksfähigkeit** sowie **scheues, sonderlingshaftes Verhalten**. Ihr Kommunikationsstil ist unempathisch, spröde, ihre Genußfähigkeit eingeschränkt, häufig verfügen sie über nur vereinzelte Kontakte zu anderen Menschen und kaum je über wirkliche Bindungen. Sie sind nicht oder nur intellektuell zugänglich für Reize, die bei anderen Menschen Emotionen der Freude, der Wut, der Angst oder auch der Trauer auslösen.

Die schwierigste Differentialdiagnose ergibt sich zu leichteren Formen der Asperger-Störung, die ebenfalls durch eine anhaltende Beeinträchtigung in der sozialen Interaktion gekennzeichnet ist. Allerdings finden sich bei letzterer repetitive Verhaltensmuster sowie eine Einengung der Interessen und Aktivitäten. Eine schizoide Persönlichkeitsstörung ist auch abzugrenzen von schizophrenen Persönlichkeitswandlungen, die sich durch Kontaktscheue und Anhedonie auszeichnen, daneben häufig auch Züge des schizophren Eigentümlichen, Unzugänglichen und Uneinfühlbaren aufweisen.

Ätiopathogenetische Aspekte

Psychoanalytisch wurde die zwischenmenschliche Scheu als **Abwehr gegen nahe und intime Beziehungen** oder auch **eigene Gefühle der Angst und Wut** aufgefaßt und mit **Störungen der frühen Mutter-Kind-Beziehung** in Zusammenhang gebracht.

Verhaltenstherapeutische Modelle verweisen auf Schwierigkeiten im Umgang mit gefühlvollen Beziehungen, die aus Lerndefiziten resultieren, zum Beispiel durch permanente zwischenmenschliche Konfliktvermeidung. Aus Mangel an Erfahrungen mit interpersonellen Situationen verfügen schizoide Persönlichkeiten nicht über die notwendigen Fertigkeiten, befriedigende Beziehungen aufzubauen.

Therapie

Schizoide Persönlichkeiten werden nur dann therapeutische Hilfe suchen, wenn sie depressiv werden oder zuweilen auch Angststörungen entwickeln. Gewöhnlich kommen gerade Menschen mit mäßiggradiger Ausprägung schizoider Züge in Behandlung, weil sie ihr Leben zunehmend als öde und sinnlos erleben oder unter der mangelhaften Erlebnisfähigkeit in nahen Beziehungen leiden. Hier sollte viel Bemühen und Ausdauer darauf gelegt werden, eine **tragfähige therapeutische Beziehung** herzustellen. Auch kann eine Gruppentherapie angemessener sein, da sie den schizoiden Menschen gewöhnlich weniger ängstigt und Übungsfeld für das Sich-selbst-Öffnen, das Einüben zwischenmenschlicher Kompetenzen und Konfliktlösungsstrategien sein kann. Die Besonderheiten in der Emotionalität sind therapeutisch häufig nur schwer angehbar; hier können gesprächstherapeutische Techniken durch Übungen zur Verbesserung der Sensorik, der Körperwahrnehmung und der Affektdifferenzierung ergänzt werden.

Psychopharmakologische Behandlungsansätze orientieren sich an begleitenden affektiven oder Angststörungen.

Schizotypische Persönlichkeitsstörung

Diese diagnostische Kategorie ist nicht in der ICD-10 enthalten. Wenn sie diagnostiziert werden soll, muß sie unter F 60.8 (andere Persönlichkeitsstörungen) eingeordnet werden.

Symptomatik

Die schizotypische Persönlichkeitsstörung zeichnet sich durch **gravierende Beeinträchtigungen im zwischenmenschlichen Kontakt** aus, die aber in Abgrenzung zur schizoiden Persönlichkeit von einer ausgeprägten **sozialen Angst** und meist auch **Mißtrauen** bestimmt sind und fließende Übergänge zu paranoiden Befürchtungen zeigen. Sie verfügen gewöhnlich nicht über die in einer Kultur oder in einem gesellschaftlichen Kontext üblichen sozialen Umgangsformen, wirken vielmehr sonderlingshaft, skurril oder eigenartig. Daneben zeigen schizotypische Persönlichkeiten auch Besonderheiten des Wahrnehmens und Denkens in unterschiedlichen Abstufungen, beispielsweise „Störungen der Aufmerksamkeit, der selektiven Wahrnehmung und der Filterung von Reizen, Phänomene des kognitiven Gleitens, der vermehrten Beziehungssetzung durch eigentümliche Auswahl und Bewertung von Informationen" (Saß 2000). Es dominiert eine vage, umständliche Sprechweise mit einer eigenwilligen, zum Teil auch metaphorischen Wortwahl. Schizotypische Persönlichkeiten fallen nicht selten wegen magischer, esoterischer oder abwegiger Vorstellungen und Überzeugungen auf. Insgesamt erinnert die Symptomatik an eine Verdünnungsform schizophrener Erkrankungen mit Positivsymptomen (z. B. Beziehungsideen, ungewöhnliche Wahrnehmungserfahrungen, paranoide Vorstellungen) und Negativsymptomen (z. B. vages, umständliches, stereotypes Denken, Anhedonie, Verarmung im Affekt und Ausdruck).

Ätiopathogenetische Aspekte

Insbesondere Familienuntersuchungen legen nahe, daß es sich bei der schizotypischen Persönlichkeitsstörung um eine **schizophrene Spektrumerkrankung** handelt (Battaglia et al. 1995; Kendler et al. 1984). Aber auch Untersuchungen mit biologischen Markern aus der Schizophrenieforschung (Störungen der Augenfolgebewegungen, der Aufmerksamkeit und anderer kognitiver Funktionen) sowie Befunde aus (funktioneller) Bildgebung sprechen für eine enge Verwandtschaft mit schizophrenen Störungen (Siever et al. 1989; 1993).

Therapie

Bei Menschen mit schizotypischer Persönlichkeitsstörung werden ähnliche **supportive, psychoedukative und übende Behandlungstechniken** wie bei in Remission befindlichen schizophrenen Patienten zur Anwendung kommen. Hierzu zählen Trainingsprogramme zur Verbesserung kognitiver Funktionen, zur Bewältigung sozialer Ängste sowie das Einüben sozialer Fertigkeiten und Elemente des Selbstsicherheitstrainings, die meist im Gruppen-Setting durchgeführt werden. Zusätzliche therapeutische Einzelgespräche dienen zur gemeinsamen Erarbeitung typischer Stressoren und der Ermutigung zur Überprüfung des paranoiden gefärbten Erlebens zwischenmenschlicher Interaktionen und insbesondere naher Beziehungen.

Psychopharmakologisch finden insbesondere atypische Neuroleptika Anwendung, weil sie eine positive Wirkung sowohl auf die mehr oder weniger paranoide anmutende soziale Ängstlichkeit als auch auf Veränderungen der Emotionalität und des Antriebes entfalten.

Cluster B (emotional instabile Persönlichkeitsstörungen)

Antisoziale Persönlichkeitsstörung (ICD-10: Dissoziale Persönlichkeitsstörung F 60.2)

Symptomatik

Hauptmerkmal der antisozialen Persönlichkeitsstörung ist eine gewohnheitsmäßige **Neigung zu delinquentem und deviantem Verhalten**. Es können unterschiedlichste Delikte auftreten. Antisoziale Persönlichkeiten mißachten die Wünsche, Rechte und Gefühle ihrer Mitmenschen; daneben finden sich charakterliche Besonderheiten in Form eines Mangels an Empathie, Gefühlskälte, fehlenden Schuld- und Reuegefühlen, Egozentrizität, pathologischer Angstfreiheit, Impulsivität und erhöhter Reizbarkeit.

Die antisoziale Persönlichkeitsstörung sollte von einfacher rezidivierender Delinquenz abgegrenzt werden, wie sie bei chronischen Rückfalltätern und Berufskriminellen vorliegt (Saß 1987). Gerade in Hinblick auf forensische Fragestellungen nach Schuldfähigkeit und Prognose sollte die Etikettie-

rung mit einer medizinischen Diagnose für solche Formen der Dissozialität vorbehalten sein, bei denen konfliktträchtige Verhaltensweisen in einem erkennbaren Zusammenhang mit psychopathologisch relevanten Auffälligkeiten der Persönlichkeit stehen. Das DSM-IV-Konzept der antisozialen Persönlichkeitsstörung ist nicht unkritisiert geblieben, weil sich der entsprechende Merkmalskatalog weitgehend auf die Auflistung sozial störenden Verhaltens beschränkt und weniger Merkmale beschreibt, die als Indikatoren einer tiefgreifenden Störung der Charakterentwicklung aufgefaßt werden können (Herpertz und Saß 1999). Die Folge sind eine überhöhte Diagnosehäufigkeit, eine geringe zeitliche Stabilität der Diagnose, eine mangelhafte Berücksichtigung des Schweregrades der Symptome und ein großer diagnostischer Überschneidungsbereich mit der Symptomatik von Substanzmißbrauch (Cunningham und Reidy 1998). Schließlich impliziert die diagnostische Kategorie einen Geschlechtsbias gegenüber dem männlichen Geschlecht, was sich zum Beispiel darin abbildet, daß sich früh einsetzendes sozial abweichendes Verhalten bei jungen Mädchen zwar als Prädiktor für die Entwicklung schwerer dissozialer Charakterpathologien, nicht aber für die spätere Diagnosestellung einer antisozialen Persönlichkeitsstörung erwies (Rutherford et al. 1999). Aufgrund der genannten konzeptionellen Einschränkungen erfährt Cleckleys Theorie der *Psychopathy* (1941/1976) in den letzten Jahren neue Aktualität. In ihrer Überarbeitung durch Hare (1970; 1991) werden neben einem dissozialen Lebensstil insbesondere Auffälligkeiten in der Emotionalität im Sinne einer hohen Angsttoleranz, darüber hinaus aber auch einer emotionalen Unberührtheit im allgemeinen herausgearbeitet. Neuere empirisch-experimentelle Befunde bestätigen das *Psychopathy*-Konzept von Hare (Herpertz et al. 2001a; Patrick et al. 1991) und verweisen auf eine mangelhafte emotionale Hemmung aggressiver Impulse, wie sie gewöhnlich aus Gefühlen des Mitleides mit potentiellen Opfern oder auch Angst vor Bestrafung resultiert.

Patienten mit antisozialer Persönlichkeitsstörung zeigen häufig Substanzmißbrauch oder auch eine Substanzabhängigkeit, allerdings sollte ein antisoziales Verhalten, das in direktem Zusammenhang mit einer Suchterkrankung auftritt, nicht zu der Diagnose dieser Persönlichkeitsstörung führen.

Ätiopathogenetische Aspekte

Seit der Veröffentlichung der großen prospektiven Studien von Glueck und Glueck (1963) sowie von Robins (1966) zur Sozialprognose von Problemkindern wird **aggressives und sozial störendes Verhalten in Kindheit und Jugend** als wichtigster Prädiktor für die Entwicklung einer antisozialen Persönlichkeitsstörung im Erwachsenenalter aufgefaßt. Als Risikofaktoren im Sinne von Persönlichkeitsdispositionen erwiesen sich bereits im Kleinkindesalter zu beobachtendes *Sensation-Seeking*-Verhalten sowie Furchtlosigkeit, während sich umgekehrt erhöhte Ängstlichkeit und Verhaltenshemmung als protektive Faktoren gegenüber einer dissozialen Entwicklung herausstellten (Raine et al. 1998). Auch eine erhöhte Impulsivität zeigte ein erhöhtes Risiko für den frühen Beginn eines stabilen und ausgeprägten Delinquenzverhaltens an (Caspi et al. 1996). Psychophysiologische Befunde verweisen auf eine geringe Konditionierbarkeit antisozialer Persönlichkeiten durch Angst und eines Defizits an passivem Vermeidungsverhalten (Arnett et al. 1997).

Zwillings- und Adoptionsstudien sprechen für die **Beteiligung hereditärer Faktoren** an dissozialen Entwicklungen (Eysenck und Eysenck 1978; Nigg und Goldsmith 1994). Die Bedeutung biologischer Risikofaktoren für die Entwicklung aggressiven, gewalttätigen Verhaltens wird im weiteren unterstützt durch die Neurotransmitterforschung, die insbesondere auf die Rolle einer gestörten zentralen serotonergen Aktivität verweist (Coccaro et al. 1989; Virkkunen et al. 1989; 1996) sowie durch neuere Befunde aus struktureller und funktioneller Bildgebung, die **Störungen im Bereich des präfrontalen** und hier **insbesondere orbitofrontalen Cortex** nahelegen (Dolan 1999; Raine et al. 2000). In diese Befunde passen sich neuropsychologische Daten ein, die auf einen impulsiven Denkstil mit einer verminderten Fähigkeit zur Inhibition und zum flexiblen Wechseln zwischen unterschiedlichen kognitiven Antwort-Sets verweisen (Gorenstein und Newman 1980; White et al. 1994).

Daneben konnten aber auch die Bedeutung **instabiler Familienstrukturen, elterlicher Gewalt** und Grausamkeit, **fehlender Identifikationsfiguren** sowie eines zu **strengen, disziplinierenden Erziehungsstils** als bedeutsame Prädiktoren für antisoziales Verhalten empirisch nachgewiesen werden (Raine et al. 1996; Robins 1978).

Therapie

Die Behandlung antisozialer Persönlichkeiten gilt allgemein als Stiefkind der Psychotherapie. Überzeugende Berichte zu Behandlungserfolgen insbesondere der Kerngruppe der psychopathischen Persönlichkeiten stehen bis heute aus. Am ehesten haben **multimodale, gut strukturierte Behandlungsprogramme** mit **verhaltenstherapeutischen und kognitiven Elementen** positive Effekte gezeigt. Entsprechende Trainingsprogramme beinhalten insbesondere die exakte Analyse delinquenter und aggressiver Handlungen, typischer situativer Bedingungen sowie begleitender Kognitionen, um individumsspezifische Risikokonstellationen zu identifizieren und Selbstkontrollmechanismen zu erwerben. Der Patient lernt schrittweise, durch Selbstbeobachtung, durch Identifizierung von Stimuli, die der Ausführung des Problemverhaltens vorausgehen sowie durch frühzeitige Durchbrechung einer problematischen Verhaltenskette real Selbstkontrolle zu übernehmen. Dabei sollten alternative Handlungs- und Problemlösungsmuster systematisch eingeübt werden. Besonders bei jugendlichen Straftätern sollte das Vorliegen spezifischer Persönlichkeitsmerkmale wie *Sensation Seeking* oder Furchtlosigkeit auch zu ressourcenorientierten therapeutischen Ansätzen Anlaß geben (vgl. auch Fiedler 2000). So könnte die konkrete Planung des künftigen beruflichen und sozialen Umfeldes berücksichtigen, daß solche Persönlichkeitseigenschaften in bestimmten beruflichen Zusammenhängen durchaus

Kompetenzen darstellen und sogar Quellen eines positiven Selbstbildes sein können.

Bei psychisch kranken Straftätern muß der Therapieplanung grundsätzlich eine sorgfältige Diagnostik der Persönlichkeitsmerkmale vorausgehen. Unstrukturierte, permissive Therapieverfahren sind bei antisozialen Straftätern eher unwirksam oder können die Prognose sogar verschlechtern (Müller-Isberner und Cabeza 1999). Beziehungsorientierte Therapieformen, die mit der emotionalen Wiederbelebung früher und aktueller Beziehungserfahrungen arbeiten, sind bei psychopathischen Straftätern mit den für sie typischen Veränderungen des emotionalen Reaktionsstils wenig erfolgversprechend; das trifft ebenfalls auf Therapieformen zu, die auf die Entwicklung von Mitgefühl, Gewissen und interpersonellen Kompetenzen abzielen (Hare 2000). Zeigen die Straftäter Hinweise auf eine emotionale Hyperreagibilität, die die Gefahr impulsiver Handlungen in affektiv hoch geladenen Situationen beinhaltet, so ist ein vorzugsweise im Gruppen-Setting angebotenes Fertigkeitentraining indiziert, das adaptive Umgangsformen mit heftigen Affekten und quälenden Spannungszuständen vermittelt, darüber hinaus aber auch eine allgemeine Verbesserung von Problemlösestrategien und sozialer Kompetenz anstrebt.

Borderline-Persönlichkeitsstörung

In der ICD-10 wird bei der emotional instabilen Persönlichkeit F 60.3 unterschieden nach dem impulsiven Typ F 60.30 und dem Borderline-Typus F 60.31.

Symptomatik

Die Borderline-Persönlichkeitsstörung stellte lange eine recht undifferenzierte diagnostische Restkategorie für diagnostisch schwer faßbare und/oder therapeutisch schwierige Patienten dar. Inzwischen aber ist diese Persönlichkeitsstörung hinreichend operationalisiert und zeichnet sich durch vier wichtige Symptomkomplexe – **affektive Instabilität, mangelhafte Impulskontrolle, Identitätsstörung** sowie **dissoziative Erlebnisweisen** – aus.

Zentrales Merkmal ist eine **Störung der Affektregulation** im Sinne einer erhöhten affektiven Reagibilität. Die ausgeprägte Reaktivität der Stimmung gründet sich auf eine hohe Sensibilität gegenüber schon niedrigschwelligen Reizen, des weiteren auf eine hohe Affektintensität sowie auf eine Neigung zu schnellen Affektwechseln, wie inzwischen auch empirisch-experimentell gezeigt werden konnte (Herpertz et al. 1997). Aus klinischer Perspektive wird fernerhin ein prolongiertes Abklingen der affektiven Erregung vermutet (Linehan 1994). Borderline-Patienten reagieren auf schon schwach ausgebildete, emotional relevante Stimuli mit intensiven Affekterregungen. Mit variierenden Reizen ist die Intensität des Affekterlebens stärken Wechseln unterworfen, was zu schnellen Affektänderungen im Zeitverlauf prädisponiert. Diese hohe affektive Reagibilität führt zu den oft klinisch so beeindruckend beobachtbaren plötzlich aufschießenden, kurzwelligen, extremen Stimmungsschwankungen. Typische Auslöser sind reale oder angenommene Erfahrungen von Verlassen-werden und Zurückweisung, daneben wird aber auch zwischenmenschliche Nähe oft bedrohlich erlebt. Diese typischen Auslösesituationen haben etwas mit einer ungelösten Ambivalenz zwischen Bedürfnissen nach Bindung und einer gegenläufigen Sorge um Autonomieverlust zu tun (Fiedler 1997).

Qualitativ unterschiedliche Emotionen der Verzweiflung, der Angst oder Wut können häufig nicht voneinander differenziert werden, sondern negative Stimmungsauslenkungen führen typischerweise in äußerst aversive Spannungszustände hinein. Selbstschädigende Verhaltensweisen wie parasuizidale Handlungen, Selbstverletzungen, bulimische Eß-/Brechattacken, episodische Alkohol- oder Drogenexzesse werden eingesetzt, die Spannungszustände zu lindern. Hieraus ergibt sich eine hohe Komorbidität mit Eßstörungen, vor allem Bulimia nervosa, sowie mit Störungen infolge der Einnahme psychotroper Substanzen. Der typische Ablauf von Spannungsaufbau und Spannungslösung (vgl. Abb. 5-3) führt bei vielen Patienten zu einer baldigen Habituierung von Selbstbeschädigungen, die sich im Sinne des operanten Lernens aus dem Erlebnis der negativen inneren Verstärkung begründet.

Die meisten Patienten mit Borderline-Persönlichkeitsstörung versuchen – im Gegensatz zu antisozialen Persönlichkeiten – ihre Impulse zurückzuhalten beziehungsweise zu unterdrücken. Allerdings sind diese Kontrollversuche wenig ausdifferenziert und flexibel und nicht eingebettet in überdauernde, stabile Motivationslagen und Wertbezüge, die geeignet wären, sich gegenüber andrängenden affektiven Regungen und plötzlichen Handlungsimpulsen zu behaupten. Dies führt zu einem unberechenbaren Wechsel zwischen angespanntem Zurückhalten von affektiven Regungen und Impulsen auf der einen Seite und plötzlichen Affekt- und Verhaltensdurchbrüchen auf der anderen Seite (Herpertz und Saß 1997). Zusätzlich zu einer affektiven Instabilität zeigen Patienten mit Borderline-Persönlichkeitsstörung in Zeiten akuter lebensge-

schichtlicher Belastungen das Vollbild einer Major Depression.

Borderline-Persönlichkeiten zeichnen sich im weiteren durch eine ausgeprägte Instabilität des Selbstbildes und der Selbstwahrnehmung aus, die sich zum einen als quälendes Gefühl der Inkohärenz, zum anderen als mangelnde Zukunftsorientierung und Lebensplanung (mit der Folge von häufigen Ausbildungsabbrüchen und Stellenwechseln sowie wahllosen Kontakten mit unterschiedlichen *Peer Groups*) oder auch als übersteigerte Rollenidentifikation darstellt. Die Störung der Selbstidentität kann auch Aspekte der Geschlechtsidentität mit einbeziehen und sich dann als Wechsel zwischen heterosexueller und homosexueller Partnerwahl oder auch als transsexuelle Strebungen manifestieren.

Der Einschluß **psychotischer Symptome** in den Merkmalskatalog der Borderline-Persönlichkeitsstörung wurde lange kontrovers diskutiert (Gunderson und Zanarini 1987; Widiger et al. 1992). Verschiedene empirische Untersuchungen beschäftigten sich mit der Frage, ob die Validität der Diagnose durch die Hinzunahme Psychose-naher Symptome verbessert oder aber im Gegenteil verschlechtert werde. Kurzdauernde paranoide Vorstellungen oder Halluzinationen wurden zum Teil für pathognomonisch angesehen (Zanarini et al. 1990), andere Autoren warnten vor einer neuerlichen Vermischung der Konzepte von Borderline und schizotypischer Persönlichkeitsstörung (Serban et al. 1987). Viel häufiger als (pseudo)psychotische Symptome sind dissoziative Erlebnisweisen, wie insbesondere kindliche und dissoziative Amnesien, Depersonalisationserlebnisse und schließlich Zustände verminderter Schmerzwahrnehmung oder auch Bewegungslosigkeit, die an *Freezing*-Phänomene erinnern, wie man sie von Säugetieren in Situationen existentieller Bedrohung kennt (Bohus et al. 2000). Dissoziative Symptome stehen zuweilen bei Patienten mit schweren traumatischen Erlebnissen in der Vorgeschichte symptomatologisch ganz im Vordergrund.

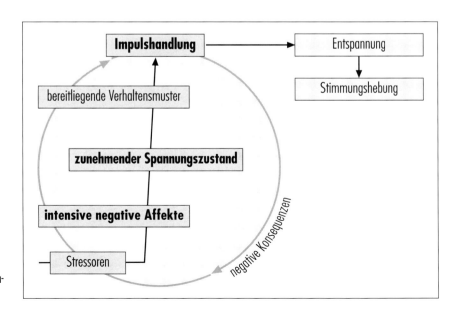

Abb. 5-3 Zusammenhang von Affektdysregulation und Störung der Impulskontrolle bei der Borderline-Persönlichkeitsstörung.

Ätiopathogenetische Aspekte

Zur Ätiologie der Borderline-Persönlichkeitsstörung ist bisher **wenig Gesichertes bekannt.** Familien- und Zwillingsuntersuchungen zu genetischen Aspekten sind bisher selten und zeigen keine eindeutigen Ergebnisse (Torgersen 2000). Überzeugender sind Studien, die auf ein hohes Maß an psychologischen Risikofaktoren verweisen und zwar insbesondere auf schwerwiegende Vernachlässigung, sexuelle Mißbrauchs- und elterliche Gewalterfahrungen in der Kindheit (Herman 1989; Ogata et al. 1990; Paris 2000; Rohde-Dachser 1996). **Traumatisierende Erfahrungen** führen bei Kindern, vor allem wenn sie sich über einen längeren Zeitraum erstrecken, in besonderer Weise zu Defiziten in der Entwicklung adäquater Affektsteuerung und Verhaltenskontrolle. Die erst in Reifung begriffenen Regulations- und Bewältigungsmöglichkeiten einschließlich der eher unbewußten Ebene der Abwehrmechanismen werden überfordert und gerade wachsende Orientierungen und Wertvorstellungen hochgradig erschüttert. An typischen psychopathologischen Symptomen nach Mißhandlungen werden überschießende Reagibilität, expansive Verhaltensauffälligkeiten und eine verminderte Fähigkeit zum verbalen Ausdruck von emotionalem Erleben angegeben (Resch 1996). Diese traumatischen Erfahrungen wirken sich deshalb besonders gravierend auf die weitere Persönlichkeitsentwicklung aus, weil sie sich gewöhnlich vor dem Hintergrund einer invalidierenden Umwelt ereignen, die die situationsadäquaten Wahrnehmungen und Emotionen des betroffenen Kindes mißachtet oder hierauf unberechenbar reagiert (Linehan 1993). Des weiteren werden die **Familieninteraktionen** von Borderline-Patienten häufig als **desorganisiert, chaotisch** und **konfliktreich** beschrieben (Links 1992). Auf diese Weise gefährden sie auch die Entwicklung langfristiger Zielorientierungen und moralischer Normen, die in erster Linie durch Beobachtung, Identifikation und Internalisierung gelernt werden.

Da aber nur bei einem bis zwei Dritteln der Borderline-Patienten von schweren traumatischen Ereignissen auszugehen ist und die Mehrzahl der Kinder mit ähnlichen Erfahrungen diesen Störungstyp nicht entwickeln, stehen die berichteten psychosozialen Belastungen nicht in einem monokausalen Zusammenhang mit der Entwicklung einer Borderline-Persönlichkeitsstörung. Von verschiedenen Autoren wird die Störung der Affektregulation als Ausdruck eines schwierigen Temperamentes (Paris et al. 1994) beziehungsweise einer primären affektiven Vulnerabilität aufgefaßt (Linehan 1993), die in der Interaktion mit einer traumatisierenden Beziehungsgeschichte und mangelhaften Lernerfahrungen zur Ausbildung einer Borderline-Persönlichkeitsstörung führt. Dabei wird insbesondere eine Hypersensitivität des limbischen Systems diskutiert, die dispositionell vorhanden und/oder Folge chronischer Streßbelastungen sein kann (vgl. Herpertz et al. 2001b). Von psychoanalytischer Seite werden die Besonderheiten der **Emotionsregulation** als **Folge einer frühen Störung in der Entwicklungsgeschichte** angesehen. Es wird die Bedeutung von **primitiven Abwehrmechanismen**, insbesondere der Spal-

tung, herausgestellt, die zu einer weitgehenden Unfähigkeit führen, ambivalente oder ambitendente Wahrnehmungen und Gefühle zu integrieren.

Therapie

Die Verbesserung von Affektregulation und Impulskontrolle stellt einen wichtigen Meilenstein in der psychotherapeutischen Behandlung der Borderline-Persönlichkeitsstörung dar. Erst wenn andere nicht selbstschädigende Formen des Umgangs mit heftigen Affekten und abrupten Handlungsimpulsen zur Verfügung stehen, kann eine biographische Rekonstruktion bedeutsamer Kindheitsepisoden und zentraler Beziehungserfahrungen erfolgen, ohne daß Überflutungsreaktionen drohen, die in kaum zu bewältigende Therapiekrisen einmünden. Eine Beschreibung eines strukturierten psychodynamischen Therapieansatzes bei Patienten mit einer Borderline-Persönlichkeitsorganisation (diese ist nicht identisch mit einer Borderline-Störung) findet sich bei Clarkin und Kernberg (Kap. 6.2.3, S. 554ff).

Aus dem bisher Gesagten ergibt sich eine **Strukturierung** des Therapieplanes in unterschiedliche Behandlungsphasen. Dabei steht zunächst das Erlernen spezifischer, problemorientierter Fertigkeiten im Vordergrund, bevor typische Beziehungskonflikte zunehmend ins Blickfeld geraten, die am Beispiel der therapeutischen Beziehung wiederbelebt und bearbeitet werden können. Das bedeutet eine Betonung **psychoedukativer** und **kognitiv-verhaltenstherapeutischer Interventionen** in frühen Behandlungsstadien gegenüber **psychodynamischen Techniken der biographischen Rekonstruktion**, der **Deutung unreifer Abwehrmechanismen** und schließlich auch der vorsichtigen **Übertragungsanalyse** in späteren Therapieabschnitten.

Das gewöhnlich vordringliche Therapieziel ist die Vermittlung von Fertigkeiten im Umgang mit heftigen, überwältigenden Affekten und selbst-, zum Teil auch fremdschädigenden Handlungsimpulsen. Zunächst werden mit Hilfe einer differenzierten Verhaltens- und Situationsanalyse typische Auslösesituationen herausgearbeitet und die Kette von auslösendem Ereignis, affektiven Reaktionen, begleitenden Kognitionen und resultierenden reziproken Interaktionen zwischen Umwelt und Patient nachvollzogen. Das Wissen um typische gefährdende situative Konstellationen erleichtert es, den mehr oder weniger gewohnheitsmäßigen Ablauf frühzeitig zu erkennen und seine vermeintlich unaufhaltsame Zuspitzung zu unterbrechen. Im weiteren wird der Fokus auf die frühzeitige und qualitativ differenzierte Wahrnehmung von Affekten gelegt; dies geschieht zum Beispiel durch das Nachfragen nach Gefühlen, das aktive Anbieten von Gefühlsbegriffen, durch die Differenzierung primärer und sekundärer Affekte sowie durch das Ansprechen nonverbaler Gefühlsäußerungen. Andere Interventionen beziehen sich auf die Anerkennung und Wertschätzung der für die Patienten typischen hohen Empfindsamkeit in der Wahrnehmung zwischenmenschlicher Ereignisse, bei einer gleichzeitigen Konfrontation mit den oft übersteigerten und generalisierenden Interpretationen. Schließlich werden im Rahmen der Ausarbeitung eines Krisenmanagements alternative Verhaltensweisen des Spannungsabbaus entwickelt und eingeübt. Die **Dialektische Verhaltenstherapie** bietet ein sorgfältig ausgearbeitetes und in kontrollierten klinischen Studien als wirksam erwiesenes Fertigkeitentraining an, das bevorzugt im Gruppen-Setting angeboten wird (Linehan 1993; Bohus und Berger 1996). Auf diese Weise verändert sich im Laufe der Therapie das subjektive Erleben des Ausgeliefertseins an dranghafte Impulse beziehungsweise des Kontrollverlustes hin zu einem aktiven Entscheidungsprozeß, der den Patienten in seiner Selbstverantwortlichkeit stärkt.

In der fortschreitenden Behandlung werden zunehmend biographische Bezüge deutlich, die die verzerrte Wahrnehmung und Interpretation von Beziehungserfahrungen als notwendige Anpassung an spezifische Entwicklungs- beziehungsweise Sozialisationsbedingungen verstehen lassen. Die Bearbeitung biographischer Erfahrungen und traumatischer Erlebnisse, wie sie in der Erinnerung, aber auch erlebnisnäher anhand der Gestaltung der Übertragungsbeziehung zutage treten, erfolgt wenig regressionsfördernd. Das gelingt durch aktives Nachfragen, Konfrontation, Klärung und einen zurückhaltenden Umgang mit Deutungen unbewußten Erlebnismaterials. Ziel ist nicht eine intensive affektive Wiederbelebung traumatischer Erfahrungen, vielmehr geht es um kognitive Einsicht in Zusammenhänge zwischen aktuellen konflikthaften Beziehungen und biographischen Erfahrungen sowie um das Nachempfinden der kindlichen Notsituation und deren Lösungsversuch durch neurotische Kompromißbildungen. Auf diese Weise werden Grundmuster in der Beziehungsgestaltung deutlich, wie zum Beispiel die ängstliche Vermeidung von zwischenmenschlicher Nähe und Vertrauen, der schuldhafte Verzicht auf Selbstidentität und Selbstbehauptung oder die unlösbare Ambivalenz zwischen Grundbedürfnissen nach sozialer Geborgenheit und sozialer Unabhängigkeit (Fiedler 1995); es kommt zu einer Entlastung von quälenden Schuldgefühlen und Selbstzweifeln. Dem Patienten bleiben aber Gefühle tiefer Traurigkeit, bedrohlicher Enttäuschungswut und ängstlicher Verlorenheit nicht erspart, die dann aber den Ausgangspunkt notwendiger Trauerarbeit bilden. Vor dem Hintergrund einer verläßlichen und akzeptierenden therapeutischen Beziehung wagt es der Patient zunehmend, sich mit leidvollen Erfahrungen zu konfrontieren und auf Verleugnung einerseits sowie Eintauchen in eine permanente Krise (vgl. auch Linehan 1996) andererseits zu verzichten.

Psychopharmakologische Maßnahmen sind insbesondere bei ausgeprägten Stimmungsschwankungen und konsekutivem selbstschädigendem Verhalten indiziert. Hier haben sich in der klinischen Praxis, aber auch in ersten kontrollierten Studien selektive Serotoninwiederaufnahme-Hemmer bewährt. Auf die Gabe von Benzodiazepinen sollte auch im Rahmen akuter Krisen verzichtet werden – dies nicht nur wegen einer drohenden Suchtentwicklung, sondern auch wegen der angstreduzierenden Wirkung dieser Substanzgruppe, die im Falle andrängender selbstschädigender Impulse natürliche, autoprotektive Hemmungsmechanismen weiter reduzieren kann.

Histrionische Persönlichkeitsstörung (ICD-10: F 60.4)

Symptomatik

Hauptmerkmal der histrionischen Persönlichkeitsstörung ist ihre hohe **Abhängigkeit von äußerer Aufmerksamkeit, Bestätigung** und Anerkennung, ihre **Suggestibilität** und ihre Neigung zu **affektiver Labilität** und rasch **wechselndem, oberflächlichem Gefühlsausdruck**. Histrionische Persönlichkeiten zeigen einen Mangel an gleichmäßig durchgehaltenen Zielen und Wertorientierungen mit der Folge von Unbeständigkeit insbesondere im zwischenmenschlichen und partnerschaftlichen Bereich. Sie haben Gespür für die Atmosphäre und das in einer Situation Erreichbare und finden nicht selten Erfolg in beruflichen Aktivitäten, die exhibitionistisches und selbstbezogenes Verhalten belohnen. Insbesondere auf der Verhaltensebene können sich geschlechtsspezifische Unterschiede zeigen (Herpertz und Saß 2000). Histrionische Frauen stellen sich typischerweise verführerisch und flirtig dar und zeigen eine emotionalisierte, erotisierende und kindlich-unreife Kontaktaufnahme. Demgegenüber dominieren bei histrionischen Männern die Darstellung extremer Männlichkeit, „machohaftes" und provokatives Verhalten sowie ruhelose Eroberungszüge.

Leiden und Behandlungsbedürftigkeit treten meist dann auf, wenn die Anstrengungen, die in dem andauernden Werben um Sympathie und Anerkennung liegen, zur Erschöpfung geführt haben, Erfolge und Eroberungen bei nachlassender Attraktivität und Leistungsfähigkeit ausbleiben oder dann, wenn sich Enttäuschungen in nahen Beziehungen einstellen, der erhoffte Lohn der versorgenden Beziehung (versorgend sowohl im Sinne von fürsorglich, liebevoll als auch im Sinne narzißtischer Stabilisierung) ausbleibt. Sosehr es viele hysterische Persönlichkeiten verstehen, sich effektvoll in Szene zu setzen, rufen sie dann negative Empfindungen in ihrer Umgebung hervor, wenn ihr Verhalten zu sehr die Attitüde des Unechten, Demonstrativen oder Dramatisierenden trägt (Saß 1987), die Leichtigkeit des Beziehungsspiels im Gefolge von Kränkungen, Zurückweisungen und nagenden Selbstwertzweifeln verloren geht. Die Folge sind zum Teil schwere depressive Verstimmungen, die häufig den Anlaß dafür darstellen, daß sich die Betroffenen in Behandlung begeben.

Ätiopathogenetische Aspekte

Nach psychodynamischer Auffassung beruhen die typischen Persönlichkeitszüge auf einer als „**hysterisch" beschriebenen Form der Konfliktlösung** oder Abwehr mit den bevorzugten Mechanismen der Verdrängung und Verleugnung. Dabei kann die hysterische Symptombildung sowohl Folge emotionaler Konflikte sexuell-ödipalen Ursprungs als auch einer frühen mütterlichen Deprivation sein, die das weibliche Kind veranlassen, sich in besonderer Weise dem Vater zuzuwenden. Es nimmt eine kulturell vorgegebene, extreme weibliche Identität an, die in einer erotisierenden Beziehung mit dem Vater weiter verstärkt wird. An die Stelle einer normalen Persönlichkeitsentwicklung über Prozesse der Introjektion und Identifikation mit den Eltern tritt eine „Mimikry kultureller Stereotypien" (Horowitz 1977), die insbesondere bestimmt ist von einer situationsabhängigen Affektivität und dem lebenslang gelernten Versuch, sich in soziale Interaktionen möglichst affektiv einzubringen (Horowitz 1991; Shapiro 1965).

Nach Auffassung der Lerntheorie schaffen die Verstärkung **aufmerksamkeitssuchenden Verhaltens** als auch **elterliche Lernmodelle** die Voraussetzungen für ein histrionisches Rollenverhalten, das die Entwicklung eines stabilen sozialbezogenen Selbstkonzeptes verhindert (Millon und Everly 1985). Beck und Freeman (1993) stellen heraus, daß im Kindesalter Belohnung eher für ansprechendes Aussehen, reizendes Wesen, Charme und vor allem eine „globale Verkörperung einer bestimmten Rolle" (S. 190), typischerweise in Gestalt eines extremen Stereotyps der geschlechtlichen Rolle, erfolge als für interaktionelle Kompetenz und besonnene Problemlösungen. Insbesondere bei zwischenmenschlichen Schwierigkeiten werde die interaktionelle Kompetenz, die in der gelernten Rolle liege, als Versuch der Problemlösung eingesetzt.

Die histrionische Persönlichkeit wird unabhängig von der psychotherapeutischen Schule verstärkt als Ausdruck einer **tiefgreifenden Selbstwertproblematik** aufgefaßt (Beck und Freeman 1993; Hoffmann und Eckhardt 2000; Mentzos 1980). Die Selbstwertproblematik verhindert die Ausbildung einer reifen, authentischen Persönlichkeit, die einen konstanten Hintergrund schafft, aus dem aktuelle Situationen erlebt und flexibel bewältigt werden können. Fehlt eine solche tragende Selbstidentität, entsteht einerseits eine Fixierung an Anerkennung und Bewunderung durch andere sowie andererseits eine Entfremdung vom eigenen Innenleben: Es erscheint fremd und bedrohlich; das Wissen über sich selbst wird zeitweilig aktiv gemieden (Beck und Freeman 1993). An die Stelle eines positiv besetzten und stabilen Selbstbildes tritt eine andauernde gehetzte Suche nach Selbstwertstabilisierung durch äußere Bestätigung und Anerkennung, die entweder – insbesondere von Frauen – in zwischenmenschlichen und nahen Beziehungen oder aber – vorzugsweise bei Männern – in gesellschaftlichem Einfluß, Macht und beruflichem Erfolg gesucht wird.

Therapie

Psychotherapie hat zum Ziel, die Möglichkeiten der individuellen Gestaltung des eigenen Lebensweges jenseits von Rollenanpassung zu erweitern; dies geht mit der Entwicklung eines stabileren Selbstkonzeptes und Lebensentwurfes einher, die im Wechsel der Situationen und in der Konfrontation mit konflikthaften Strebungen einen sicheren Halt geben können. Triebfeder des psychotherapeutischen Veränderungsprozesses kann die Einsicht sein, daß das ausschließliche Bezogensein auf die **Anerkennung durch andere nur um den Preis der Aufgabe der eigenen Identität** erkauft werden kann. Psychodynamische Psychotherapien werden sich vorzugsweise den beziehungsgeschichtlichen Konstellationen widmen, die die Ausbildung einer reifen Selbstidentität und eines stabilen Selbstwertgefühls verhindert haben. Dies gelingt in erster Li-

nie durch die Wiederbelebung von Versorgungs- und Bestätigungswünschen in der therapeutischen Beziehung.

Aus kognitiv-verhaltenstherapeutischer Sicht sind der **globale, impressionistische Denkstil**, das **Verlangen nach Aufmerksamkeit** und danach, im Mittelpunkt zu stehen, die **Mitverantwortung an Beziehungskonflikten**, die notwendige **Toleranz von Langeweile** sowie eine verbesserte **Steuerung der Emotionen** zu problematisieren. Für das therapeutische Vorgehen wird die frühzeitige Formulierung von realistischen Behandlungszielen, die jeweilige Spezifizierung des aktuell zu bearbeitenden Problembereiches sowie die aktive Einbeziehung des Patienten durch Trainingsprogramme, auch in Form von Hausaufgaben, empfohlen (Bohus et al. 2000).

Narzißtische Persönlichkeitsstörung

Auch diese diagnostische Kategorie ist nicht in der ICD-10 enthalten. Wenn sie diagnostiziert werden soll, muß sie unter F 60.8 (andere Persönlichkeitsstörungen) eingeordnet werden.

Symptomatik

Narzißtische Persönlichkeiten neigen auf dem Hintergrund eines brüchigen Selbstwertgefühls zu Gefühlen von Großartigkeit, Überlegenheit und strotzendem Selbstbewußtsein einerseits, sind in hohem Maße kränkbar und verletzbar andererseits. Eigene Fähigkeiten und Talente werden selbstherrlich inszeniert; es findet sich ein starkes Bedürfnis nach Anerkennung und Bewunderung mit einer häufig rastlosen Suche nach Erfolg und Bewunderung. Selbstwertzweifel werden in Einfluß, Macht und beruflichem Erfolg zu kompensieren gesucht. Menschen mit narzißtischer Persönlichkeitsstörung zeigen **Selbstbezogenheit, mangelnde Empathie** und **Egoismus**. Beziehungen werden ausbeuterisch gestaltet und dienen insbesondere der Selbstwertstabilisierung. Die Patienten zeigen eine hohe Anspruchshaltung und glauben, daß ihnen aufgrund ihrer besonderen Qualitäten und Fähigkeiten auch eine besondere Behandlung zusteht.

Narzißtische Persönlichkeiten kommen im jungen Erwachsenenalter häufig wegen Arbeitsstörungen in Behandlung, die sich besonders dadurch auszeichnen, daß Leistungsüberprüfungen vermieden und Ausbildungen nicht abgeschlossen werden. Statt dessen ist eine Flucht in Phantasien grenzenlosen Erfolges zu beobachten. Depressive Krisen, die nicht selten das Ausmaß einer Episode einer Major Depression erreichen, mit eindrücklichen Selbstzweifeln und mit Suizidalität einhergehen, können in jeder Lebensphase von Erlebnissen der Zurückweisung, des Versagens, des Verlierens in kompetitiven Konstellationen oder von der Konfrontation mit eigenen Leistungsgrenzen ausgehen. Erst jenseits der Lebensmitte Behandlung suchende, bis dahin häufig erfolgreiche Patienten berichten, daß das Gefühl, alles erreicht zu haben zum Verlust eines bis dahin Halt gebenden Ziels geführt habe; dies geht mit in der Folgezeit auftretenden unerträglichen Gefühlen von Sinnlosigkeit und Leere einher.

Die Diagnose einer narzißtischen Persönlichkeitsstörung sollte in der Adoleszenz nur mit großer Zurückhaltung gestellt werden (Menges 1999), da Heranwachsende in ihrer Identitätssuche streckenweise nicht selten eine narzißtisch anmutende Selbstüberhöhung zeigen. Die narzißtische Persönlichkeitsstörung zeigt in ihrer Abhängigkeit vom Beifall und der Bewunderung durch andere überlappende Merkmale mit der histrionischen und in ihrer Selbstbezogenheit, in ihrer eingeschränkten Empathie- und Liebesfähigkeit Gemeinsamkeiten mit der antisozialen Persönlichkeitsstörung. Im ICD-10 wurde der narzißtischen Persönlichkeitsstörung unverständlicherweise keine eigene Kategorie zugedacht, vielmehr wurden Beschreibungen einzelner narzißtischer Persönlichkeitszüge unter die paranoide Persönlichkeitsstörung subsumiert.

Ätiopathogenetische Aspekte

Abgesehen von der Bedeutung, die hereditären Faktoren in der Genese der narzißtischen Persönlichkeitsstörung eingeräumt werden (Livesley et al. 1993), ist die narzißtische Persönlichkeitsstörung bis heute eine Domäne psychotherapeutischer Modellbildungen. Kohut (1971) beschreibt die narzißtische Persönlichkeitsstörung als Ergebnis eines **Entwicklungsstillstandes durch** zumeist **frustrierende und traumatisierende Beziehungserfahrungen** in den ersten Lebensjahren. Sowohl Vorstellungen vom grandiosen Selbst als auch von einer idealisierten, allmächtigen Eltern-Imago können nicht entwicklungsangemessen aufgegeben werden. Kernberg (1976) stellt die zentrale Bedeutung **archaischer Aggressionen** heraus, die er neben möglichen konstitutionellen Faktoren in frühen Mangelerfahrungen mit konsekutiven Neidgefühlen begründet sieht. Narzißtische Persönlichkeiten seien am Abwehrmechanismus der Spaltung fixiert; das heißt, sie könnten „gute" Anteile ihrer Selbst- und Objektrepräsentanzen nur auf dem Wege schützen, daß sie sie von den entsprechenden „bösen" Anteilen, nämlich ihren zerstörerischen Aggressionen, getrennt halten.

Von der Lerntheorie werden **typische Merkmale in der Eltern-Kind-Interaktion** wie elterliche Überbewertung (Millon 1969), Schmeicheleien und übertriebene Nachsicht sowie ein unberechenbarer, inkonsequenter Erziehungsstil (Beck et al. 1979) herausgestellt.

Therapie

Der Stellenwert der therapeutischen Beziehungsgestaltung ist bei der narzißtischen Persönlichkeitsstörung als besonders hoch einzuschätzen. Hier ist eine **empathische** und **respektvolle Haltung** angezeigt, die in nicht wertender Weise auf den Patienten eingeht und sowohl aggressiven Entwertungen als auch unreflektierten Idealisierungen frühzeitig Grenzen setzt. Um die leicht kränkbaren, in ihrem Selbstwert verunsicherten Patienten nicht zu früh durch Konfrontation mit pathologischen Beziehungsmustern zu überfordern, sollte zu Beginn der Therapie darauf fokussiert werden, positive Ressourcen zu erkennen und zu mobilisieren. Auch im weiteren Verlauf sollte der von Linehan (1985) bei der Borderline-Persönlichkeitsstö-

rung empfohlene dialektische Ansatz mit einer Balance zwischen „Akzeptanz und Veränderungsstreben" beziehungsweise zwischen kritischen Rückmeldungen und Wertschätzung (Menges 1999) Beachtung finden. Sodann kann anhand fixierter kognitiver Schemata die **verzerrte Selbstsicht** des Patienten zum Thema werden und die Selbstwertproblematik auf dem Hintergrund der Lebensgeschichte verstehbar werden. Typische Interaktionsmuster bilden sich nicht selten in verstärkter Form in der therapeutischen Beziehung ab und können auf diese Weise erkannt, verstanden und verändert werden. Insbesondere im Umgang mit Kränkungssituationen sollten alternative Verhaltensmuster eingeübt werden. Dies schafft die Voraussetzungen für die **Analyse aktueller Beziehungsschwierigkeiten**, bei der der Patient schließlich auch mit seiner mangelnden Empathie, seiner abwertenden Haltung und ausbeuterischen Zügen konfrontiert werden kann. Verhaltensdefizite können auch unter Einbeziehung von Rollenspielen langsam abgebaut werden. Gerade der Rollentausch eignet sich zum Erlernen empathischen Verhaltens; hier kann herausgearbeitet werden, wie sich andere Menschen in bestimmten Situationen wahrscheinlich fühlen.

Eine psychopharmakologische Begleitbehandlung mit Antidepressiva ist während depressiv-suizidaler Krisen angezeigt.

Cluster C (ängstliche, furchtsame Persönlichkeitsstörungen)

Vermeidend-selbstunsichere Persönlichkeitsstörung (ICD-10: Ängstliche [vermeidende] Persönlichkeitsstörung F 60.6)

Symptomatik

Die vermeidend-selbstunsichere Persönlichkeitsstörung zeichnet sich durch eine **große Angst vor Zurückweisung und Ablehnung** sowie durch ein ständiges Bemühen aus, unangenehme Gefühle und Situationen, in denen solche auftreten, zu vermeiden. In der Anknüpfung sozialer Beziehungen sind sie unsicher, schüchtern, angespannt und ängstlich. Bei einem hohen Wunsch nach sozialem Kontakt, führen ihre Minderwertigkeitsgefühle und ihre Ängste vor Ablehnung, Kritik, Mißbilligung und Zurückweisung zu einer gravierenden Einschränkung der sozialen Kompetenz mit einer Tendenz zur Isolierung und Vereinsamung. Ihre Kognitionen sind geprägt von einem negativen Selbstbild, das von der hartnäckigen Überzeugung bestimmt ist, im Vergleich mit anderen unbeholfen, unattraktiv und minderwertig zu sein. Es kommt eine Überempfindlichkeit gegenüber Kritik und Ablehnung hinzu.

Differentialdiagnostisch ist die selbstunsichere Persönlichkeitsstörung nicht immer eindeutig von der sozialen Phobie zu unterscheiden. Die Differenzierung gelingt am ehesten anhand der allgemeinen Kriterien einer Persönlichkeitsstörung; das heißt, in Abgrenzung zur sozialen Phobie müssen die vermeidend-selbstunsicheren Persönlichkeitszüge überdauernd seit dem frühen Erwachsenenalter bestehen, tiefgreifend sein und sich in unterschiedlichen Situationen manifestieren. Danach beschreiben Sozialphobiker eher panische Ängste in eng umschriebenen sozialen Situationen, während selbstunsichere Persönlichkeiten durch eine allgemeine Unsicherheit im zwischenmenschlichen Kontext auffallen. Weitere differentialdiagnostische Überlegungen beziehen sich gewöhnlich auf andere Persönlichkeitsstörungen des ängstlichen, furchtsamen beziehungsweise asthenischen Clusters C der DSM-IV-Klassifikation, insbesondere auf die Abgrenzung zur dependenten Persönlichkeitsstörung.

Ätiopathogenetische Aspekte

Eine **genetische Komponente** bei der Entwicklung einer vermeidend-selbstunsicheren Persönlichkeitsstörung liegt aufgrund von Beobachtungen nahe, die eine Kontinuität zwischen der gelegentlich bei Säuglingen zu beobachtenden hohen Irritierbarkeit und Ängstlichkeit sowie der Scheue, sozialen Unbeholfenheit und Isolation von Erwachsenen berichten (Millon und Davis 1996). Diese Individuen fallen gewöhnlich schon im Kindesalter durch Überängstlichkeit in sozialen und Leistungssituationen auf, was eine Akzentuierung sozialer Defizite zur Folge hat.

Die bio-soziale Lerntheorie (Millon und Davis 1996) geht davon aus, daß eine biologisch **angelegte erhöhte Angstbereitschaft** zunehmend verstärkt oder auch überformt wird von sozialen Erfahrungen der mangelnden Zuwendung, Ermutigung und Unterstützung, aber auch der Überängstlichkeit oder der Kritik bis hin zur feindseligen Distanzierung. Diese zwischenmenschlichen Erfahrungen führen zu tiefgreifenden **Selbstzweifeln, Selbstvorwürfen und Verunsicherung** über die Verläßlichkeit zwischenmenschlicher Beziehungen. Erste Anzeichen einer selbstunsicheren Entwicklung sind – ob genetisch bedingt oder Folge früher Beziehungs- und Lernerfahrungen – häufig schon in der frühen Kindheit feststellbar und werden fixiert durch unangenehme, beschämende Erfahrungen mit Gleichaltrigen in der Schule (öffentliche Bewertungen, mündliche Prüfungen), in Peer-Groups, später dann im ersten Kontakt mit dem anderen Geschlecht, die einen Teufelskreis der zunehmenden sozialen Isolierung einleiten.

Sullivan (1953) nimmt in seiner Betrachtung der Ursachen für die Entwicklung von Selbstunsicherheit Bezug zum quälenden **Konflikt** selbstunsicherer Persönlichkeiten **zwischen** ihrer **Sehnsucht nach Bindung** und Zugehörigkeit **und** ihrer **Angst vor Autonomieverlust**. Sozialer Rückzug und Ausgrenzung können danach als autoprotektiver Lösungsversuch dieses Konfliktes aufgefaßt werden. Aus kognitionstheoretischer Perspektive (Beck und Freeman 1990) aktivieren selbstunsichere Persönlichkeiten auf dem Hintergrund negativer Schemata über die eigene Person automatische Gedanken, die zu einer bedrohlichen Einschätzung der jeweiligen Situation und der Mißbilligung der eigenen Person führen. Folge ist Vermeidungsverhalten, das im sozialen Kontext fatale Folgen hat, da die Interaktionspartner in einer Weise reagieren, die wiederum kurz- und langfristig das negative Selbstbild verfestigen (Wälte 1999).

Therapie

Patienten mit ängstlicher Persönlichkeitsstörung profitieren oft in einem hohen Maße von psychotherapeutischen Behandlungen. Zunächst ist viel Sorgfalt zu legen auf die Etablierung einer **vertrauensvollen therapeutischen Beziehung**, in der die zunächst ausgeprägten Erwartungsängste vor Beschämung und Zurückweisung langsam weichen und sich statt dessen eine häufig tragfähige Beziehung ausbildet. Deshalb ist bei selbstunsicheren Persönlichkeiten ein vorsichtiges, empathisches und ermutigendes, wohlwollendes Verhalten auf seiten des Therapeuten besonders wichtig.

Einer der Behandlungspfeiler ist das **Training sozialer Kompetenzen**, das sich als Einzeltherapie, aber insbesondere auch in Form von etablierten Gruppentherapieprogrammen realisieren läßt (Renneberg 1999). Solche Trainingsprogramme umfassen Rollenspiele, Videofeedback mit dem Ziel der Herausarbeitung problematischer Interaktionsmuster, der Ermutigung zu sowie der Einübung alternativer Verhaltensweisen. Als weitere Wirkfaktoren des Gruppen-Settings sind die Förderung der **Selbstöffnungsbereitschaft in einer Gruppe**, die Stützfunktion durch die Gruppenmitglieder sowie Möglichkeiten zum Modellernen herauszustellen. Stehen sozialphobische Beschwerden im Vordergrund, sind Expositionstechniken indiziert, die auf die Desensibilisierung gegenüber angstauslösenden Stimuli abzielen. Ergänzend zu diesen verhaltenstherapeutischen Techniken ist es aber bei vielen Patienten notwendig, die eigenen Unsicherheiten und Konflikte in einer **vertrauensvollen Einzelbeziehung** genauer zu betrachten und in ihren biographischen Entstehungsbedingungen zu verstehen. Oft gelingt es erst in einem solchen längerfristigen Vorgehen, das auch psychodynamische Techniken einbezieht, die schmerzhafte Einsamkeit und Isolation durch Lösung quälender Ambivalenzen zu bewältigen und schließlich auch bis dahin unterlassene existentielle Entscheidungen zu klären (Fiedler 2000). Schließlich kann es sinnvoll sein, wichtige Bezugspersonen an der Therapie zu beteiligen, um auch hier neue Verhaltensweisen und Interaktionsstile direkt auszuprobieren.

Psychopharmakologische Interventionen können bei ausgeprägten sozialphobischen Symptomen in Form von Monoaminoxydase(MAO)-Hemmern oder auch selektiven Serotoninwiederaufnahme-Hemmern indiziert sind. Benzodiazepine sind – obwohl wegen ihrer anxiolytischen Wirkung naheliegend – strikt zu meiden.

Dependente Persönlichkeitsstörung (ICD-10: Abhängige [asthenische] Persönlichkeitsstörung F 60.7)

Symptomatik

Zentrales Merkmal der abhängigen Persönlichkeitsstörung ist die Überzeugung, das **eigene Leben nicht selbständig führen** zu können. Vor dem Hintergrund der Selbsteinschätzung als hilflos und schwach und einer **mangelnden Bereitschaft zur Übernahme von Selbstverantwortung** wird in allen Lebenssituationen die Unterstützung durch andere, insbesondere durch den Partner, gebraucht. Dabei werden Partner vordringlich in der Funktion der Versorgung, der Hilfestellung und Schutzgewährung wahrgenommen. Bindung wird auf dem Wege der Nachgiebigkeit, der Anpassung, der Signalisierung von Hilflosigkeit und schließlich eines submissiven Interaktionsstils angestrebt. Abhängig von der Partnerwahl können sich aufgrund der hohen Fähigkeit zur Empathie und Kooperation durchaus harmonische und stabile Beziehungen ausbilden, die allerdings immer als bedroht erlebt werden von der möglichen Trennung oder dem Tod des Partners. Prototypisch hat Riemann (1978) die dependente Gestaltung einer Liebesbeziehung bei „seinem depressiven Charakter" beschrieben: „Man denkt und fühlt wie der andere, man errät seine Wünsche, was er weiß, was er ablehnt und was ihn stört, und räumt es ihm aus dem Weg; man übernimmt seine Ansichten und teilt seine Meinungen – kurz, man lebt, als ob schon ein Andersdenken, eine andere Meinung, ein anderer Geschmack, überhaupt ein ‚Sich-von-ihm-Unterscheiden' und Man-selbst-Sein gefährlich wäre und die Verlustangst heraufbeschwören würde" (S. 67/68). Aufgrund ihrer demonstrierten Hilflosigkeit und ihrer Anklammerungstendenz aber können dependente Persönlichkeiten auch Abgrenzungswünsche von Partnern verstärken mit der Folge recht konflikthafter Partnerschaften, die Ausgangspunkt krisenhafter Zuspitzungen auf seiten der Patienten sind.

Typische Anlässe, therapeutische Hilfe zu suchen, stellen depressive Verstimmungen im Rahmen von drohenden oder eingetretenen Verlusterlebnissen dar, die nicht selten mit akuter Suizidalität einhergehen. Auch die Ausbildung von Angststörungen, hypochondrischen Ängsten und Somatisierungsstörungen in ähnlichen situativen Konstellationen sind häufig anzutreffen.

Besonders bei zur Chronifizierung neigenden depressiven Störungen, die im Rahmen von Verlustsituationen auftreten, ist an eine dependente Persönlichkeitsstörung zu denken. Allerdings kann das mit depressiven Episoden häufig einhergehende Insuffizienzerleben und agitiert-anklammernde Verhalten fälschlicherweise eine solche Persönlichkeitsstörung nahelegen; die vermeintlichen Persönlichkeitsmerkmale bilden sich dann zum Erstaunen der Therapeuten mit abklingender Depression zurück. Diagnostisch abgegrenzt werden müssen abhängige, anklammernde Verhaltensweisen histrionischer Menschen, die aber hier dramatischer, fordernder oder auch von verführerischer Attitüde sind. Zur Differenzierung zwischen der durchaus verwandten vermeidend-selbstunsicheren Persönlichkeitsstörung ist herauszustellen, daß letztere auch große Bedürfnisse nach Zuneigung und Schutz zeigt, doch fehlt die Bereitschaft dependenter Menschen, sich vertrauensvoll auf andere Menschen zu beziehen.

Ätiopathogenetische Aspekte

Die Operationalisierung der dependenten Persönlichkeitsstörung erinnert in weiten Aspekten an psychoanalytische Be-

schreibungen der oralen Charakterneurose (Abraham 1925; Freud 1908). Sie wird als Ausdruck einer **Fixierung in der oralen Entwicklungsphase** aufgefaßt und mit **Überversorgung, mangelnder Frustration und Verwöhnung** von seiten der primären Bezugspersonen in Zusammenhang gebracht. Fernerhin zeigt die dependente Persönlichkeitsstörung viel von der Beziehungsstörung, die Winnicott (1965) als „falsches Selbst" im Sinne eines fehlenden oder falschen Selbstkonzeptes beschrieben hat und die er in einen engen Zusammenhang mit Gefügigkeit, mit Aufgabe der eigenen Vitalität und Selbstentfaltung im Dienste der Beziehungssicherung verstand.

Beck und Freeman (1993) stellen bei dependenten Persönlichkeiten zwei Grundannahmen heraus. Erstens sehen sie sich als von Natur aus unzulänglich, hilflos und unfähig an; zweitens betrachten sie die Welt als kalt, einsam oder auch gefährlich. Hiermit in unmittelbarem Zusammenhang steht das für sie typische dichotome Denkmuster, nämlich daß sie glauben, man sei entweder vollkommen hilflos und abhängig oder vollkommen unabhängig und allein.

Schließlich liegen auch empirische Studien vor, die auf einen Zusammenhang zwischen **autoritären oder überbehütenden Erziehungsstilen** und ungünstigen, dependenten Persönlichkeitsentwicklungen verweisen (Maccoby 1980).

Therapie

Auf die Gestaltung der therapeutischen Beziehung wirkt sich die hohe Kooperationsfähigkeit von dependenten Patienten positiv aus; es ist aber auch kritisch zu beachten, daß es aus einer dependenten Gestaltung der therapeutischen Beziehung heraus auch zu einer pseudoprogressiven Entwicklung kommen kann. Die Patienten nehmen sehr sensibel die Erwartungen ihrer Therapeuten wahr und tendieren dazu, folgsam mit Anpassung zu reagieren und dabei alles andere als eine autonome Entwicklung zu beginnen.

In der psychotherapeutischen Arbeit ist es zunächst wichtig, die dependente Gestaltung zwischenmenschlicher Beziehungen in ihren Ausformungen, die abhängig von der jeweiligen Bezugsperson durchaus differieren kann, transparent zu machen und auf dem Hintergrund von Beziehungs- und Lernerfahrungen zu verstehen. Therapieziel wird es dann sein, den Patienten zu ermutigen, **eigene Wünsche und Interessen zu vertreten, eigene Ressourcen zu erkennen** und zu aktivieren und schließlich auch aufkommende **Verlustängste auszuhalten**. Wichtig für die Veränderungsmotivation des Patienten kann es sein, Neugierde auf oder sogar Freude an eigenen autonomen Handlungsperspektiven zu wecken. Der Patient braucht hierbei eine tragfähige, Rückhalt bietende therapeutische Beziehung, die für viele Patienten auch in einem Gruppen-Setting bereit gestellt werden kann. Gewöhnlich sind Techniken des sozialen Kompetenztrainings einschließlich Rollenspiel und Videofeedback einzubeziehen.

Eine psychopharmakologische Intervention, meist in Form von selektiven Serotoninwiederaufnahme-Hemmern, wird nur bei begleitender Symptomatik, insbesondere einem depressiven oder auch Angst-Syndrom, sinnvoll sein.

Zwanghafte Persönlichkeitsstörung (ICD-10: Anankastische [zwanghafte] Persönlichkeitsstörung F 60.5)

Symptomatik

Hauptmerkmale der anankastischen Persönlichkeitsstörung sind **Gewissenhaftigkeit, Perfektionismus, Inflexibilität, Solidität** und **Normentreue**. Alle Aufgaben und Tätigkeiten werden mit hoher Gründlichkeit und Genauigkeit durchgeführt. Patienten mit zwanghafter Persönlichkeitsstörung beabsichtigen, alles so richtig und perfekt zu machen, daß ihre berufliche Produktivität darunter leidet. Insbesondere in Phasen der Veränderung und Umstrukturierung oder bei einer wachsenden Vielfalt von Aufgaben auf dem Wege des beruflichen Aufstieges kann es zu einer kritischen **Überforderungssituation mit drohender Dekompensation** kommen. Im zwischenmenschlichen Bereich treten Verläßlichkeit, Verantwortungsgefühl, Treue und Beständigkeit positiv hervor, Strenge und Rigidität kennzeichnen aber nicht nur den Umgang mit sich selbst, sondern auch mit anderen Menschen. Die starren, moralisch anspruchsvollen und prinzipientreuen Verhaltensmuster werden eigensinnig vertreten und anderen aufgenötigt. Ihr **anhedonistischer Lebensstil**, ihre mißtrauische Skepsis gegenüber allen Äußerungen der Freude, Lebendigkeit oder Ausgelassenheit belasten die persönlichen Beziehungen insbesondere im partnerschaftlichen und familiären Bereich. Durchaus vorhandene emotionale Bindungen können nicht ausgedrückt werden, vielmehr werden eigene Gefühle als bedrohlich erlebt und müssen stets kontrolliert werden. So leiden die Partner anankastischer Persönlichkeiten unter ihrer mangelnden Spontaneität, ihrer Sachlichkeit zur falschen Zeit sowie auch unter ihrer fehlenden Heiterkeit im Alltag.

Lebensgeschichtliche Zuspitzungen beziehungsweise Dekompensationen ereignen sich in beruflichen Überforderungs- oder Kränkungssituationen und können zu hartnäckigen Arbeitsstörungen bis hin zum Rentenbegehren führen. Unter diesen situativen Bedingungen kann es auch zur Ausbildung einer depressiven Symptomatik, somatoformer und hypochondrischer Beschwerden sowie von sexuellen Funktionsstörungen kommen.

Gelegentlich ist die Differenzierung der zwanghaften Persönlichkeitsstörung in Abgrenzung von umschriebenen Zwangsgedanken und Zwangsimpulsen klinisch notwendig. Obwohl beide Störungen Gemeinsamkeiten in der Neigung zu Ritualen und der Einschränkung des emotionalen Ausdrucks zeigen können, konnte die Annahme einer Spektrumbeziehung nie empirisch gestützt werden. Deutliche Überschneidungen mit der zwanghaften Persönlichkeitsstörung zeigt Tellenbachs (1961) „Typus melancholicus", der zu depressiven Erkrankungen prädisponiert und durch Gewissenhaftigkeit, Pflichtbewußtsein, Harmoniestreben und Sich-Einordnen charakterisiert ist. Auf dem Gebiet der Persönlichkeitsstörungen ist die Abgrenzung insbesondere zur schizoiden Persönlichkeitsstörung notwendig; beide Typen zeigen soziale Distanziertheit, doch folgt dies bei zwanghaften Persönlichkeiten eher aus der übermäßigen Betonung von Pflichten und der Angst vor der vermeintlichen Unberechenbarkeit von Gefühlen, während bei der schizoiden Persönlichkeitsstörung generell die Fähigkeit zur Intimität und Gefühlsempfindung reduziert ist.

Ätiopathogenetische Aspekte

Die Psychoanalyse ging früher davon aus, daß sowohl mit der Zwangssymptomatik als auch mit der zwanghaften Charakterbildung anal-aggressive und anal-erotische Strebungen und damit eine anal-aggressive Triebproblematik abgewehrt würden. In der modernen psychoanalytischen Literatur wird demgegenüber eine psychodynamische Struktur herausgearbeitet, die drei wesentliche Aspekte umfaßt (Hoffmann und Holzapfel 1999; Shapiro 1981):

- das **Streben nach emotionaler Autarkie** (d. h., keinen anderen zu brauchen)
- die **Vermeidung von autonomen Handlungen**, um jeder Fehlermöglichkeit aus dem Wege zu gehen
- das **Gefühl des Getriebenseins**

Dabei hat der zwanghafte Mensch das Gefühl eines imaginären Kontrolleurs im Hintergrund und kann nie Befriedigung über das Geleistete empfinden. Mentzos (1989) sieht den Konflikt „Gehorsam versus Sich-Auflehnen" als eine Variation des Abhängigkeits-Autonomie-Konfliktes als grundlegend für die zwanghafte Persönlichkeitsstörung an.

Auf dem Hintergrund seiner interpersonellen Theorie hat Sullivan (1953) eine basale **Verunsicherung** und **Hilflosigkeit in zwischenmenschlichen Beziehungen** bei anankastischen Persönlichkeiten herausgestellt; es werde versucht, durch Genauigkeit, Sorgfalt und übermäßige Anpassung an Regeln und Normen zu kompensieren.

Aus Sicht der bio-sozialen Lerntheorie (Millon und Davis 1996) wird ein **überkontrollierender, bestrafender Erziehungsstil** als wichtiger kausaler Faktor in der Persönlichkeitsentwicklung zum Anankasten herausgestellt. Autonome Bestrebungen beziehungsweise die eigene Identitätsbildung werden nicht positiv verstärkt, vielmehr lernt das Kind, allem zu widerstehen, dem Bestrafung beziehungsweise negative Konsequenzen folgen. „Die Orientierung an Strukturen gewährt die Möglichkeit, nicht bestraft zu werden und gleichzeitig der Unsicherheit des Freiraums zu entgehen" (Bohus et al. 1999, S. 827).

Therapie

In psychodynamisch orientierten Psychotherapien wird es darum gehen, Zugang zur Emotionalität und zu den verbotenen Bedürfnissen der meist sehr rational bestimmten und zu Schuldgefühlen neigenden Patienten zu finden. Vorsicht ist gegenüber rationalisierenden Detailanalysen biographischer Erfahrungen geboten; vielmehr geht es um das emotionale Nachempfinden der kindlichen Situation, zum Beispiel in einer Atmosphäre der ständigen Kontrolle und Begrenzung von vitalen Impulsen aufgewachsen zu sein, die schließlich zur bedingungslosen Übernahme der elterlichen Normenwelt geführt hat. Hier kann die therapeutische Beziehung als korrektive emotionale Erfahrung dienen, indem der Therapeut hinter den weitschweifigen Rationalisierungen und dem rigiden Festhalten an eingeübten Verhaltensmustern die Angst und Verwirrung des Patienten empathisch wahrnimmt, an eigene Wünsche und die Lebendigkeit des Patienten vorsichtig anknüpft und zwischenzeitlichem aggressivem Gegenhalten und hartnäckigen Auseinandersetzungen wohlwollend begegnet. Thematischer Schwerpunkt werden **Konflikte in den gegenwärtigen Beziehungen** sowohl am Arbeitsplatz als auch im Privatleben sein.

Bei der anankastischen Persönlichkeitsstörung kommen auch Elemente des **sozialen Kompetenztrainings** zur Anwendung, mit deren Hilfe verbesserte Problemlösestrategien im Rahmen von interaktionellen Konflikten erlernt werden können. In der kognitiven Therapie werden **typische dysfunktionale Grundannahmen** erarbeitet, zum Beispiel keine Fehler machen zu dürfen, sich und die anderen vollkommen unter Kontrolle haben zu müssen. Die Behandlung zwanghafter Persönlichkeiten ist oft langwierig und stellt hohe Anforderungen an die Geduld des Therapeuten; die Prognose aber ist auch wegen des hartnäckigen Durchhaltewillens der Patienten häufig nicht schlecht. Insbesondere bei einem zusätzlich vorhandenen depressiven Syndrom kann eine psychopharmakologische Behandlung mit serotonerg wirksamen Antidepressiva indiziert sein.

Literatur

Abraham K. Psychoanalytische Studien zur Charakterbildung. 1925. In: Gesammelte Schriften. Bd 2. Frankfurt: Fischer 1982; 103–45.

American Psychiatric Association (APA). Diagnostic and Statistical Manual of Mental Disorders. 3. edn. Washington, DC: American Psychiatric Press 1980.

Arnett PA. Autonomic responsivity in psychopaths: a critical review and proposal. Clin Psychol Rev 1997; 17: 903–36.

Battaglia M, Bernardeschi L, Franchini L, Bellodi L, Smeraldi E. A family study of schizotypal disorder. Schizophrenia Bull 1995; 21: 33–45.

Beck AT. Cognitive therapy and the emotional disorder. New York: International University Press 1976.

Beck AT, Freeman A. Kognitive Therapie der Persönlichkeitsstörungen. Weinheim: Beltz/Psychologie Verlags Union 1993.

Benjamin LS. Structural analysis of social behavior. Psychol Rev 1974; 81: 392–425.

Benjamin LS. Interpersonal diagnosis and treatment of personality disorders. New York: Guilford 1993.

Benjamin LS. Good defenses make good neighbors. In: Ego defenses: theory and measurement. Conte H, Plutchik R (eds). New York: Wiley 1995.

Benjamin LS. SASB: a bridge between personality theory and clinical psychology. Psychol Inq 1994; 5: 273–316.

Binding K, Hoche A. Die Freigabe der Vernichtung lebensunwerten Lebens. Ihr Maß und ihre Form. Leipzig: Meiner 1920.

Bohus M, Berger M. Die dialektisch-behaviorale Psychotherapie nach M. Linehan. Ein neues Konzept zur Behandlung von Borderline-Persönlichkeitsstörungen. Nervenarzt 1996; 67: 911–23.

Bohus M, Stieglitz RD, Fiedler P, Berger M. Persönlichkeitsstörungen. In: Psychiatrie und Psychotherapie. Berger M (Hrsg). München, Wien, Baltimore: Urban & Schwarzenberg 2000; 772–845.

Bowlby J. Attachment and loss. Vol 1: attachment. London: Hogarth 1969.

Bowlby J. Attachment and loss. Vol 2: separation: anxiety and anger. London: Hogarth 1973.

Bowlby J. A secure base: parent child attachment and healthy human development. New York: Basic Books 1988.

Bronisch T. The typology of personality disorders – diagnostic problems and their relevance for suicidal behavior. Crisis 1995; 17: 55–8.

Bronisch T, Hiller W, Mombour W, Zaudig M. Internationale Diagnosen-Checkliste für Persönlichkeitsstörungen nach ICD-10 und DSM-IV (IDCL-P). Bern, Göttingen, Toronto: Huber 1995.

Caspi A, Moffitt TE, Newman DL, Dilva A. Behavioral observations at age three years predict adult psychiatry disorders. Arch Gen Psychiatry 1996; 53: 1033–9.

Cleckley H. Semantic dementia. Psychiatr Q 1942; 16: 251.

Cleckley H. The mask of sanity: an attempt to clarify some issues about the so-called psychopathic personality. 1941. 5. edn. St Louis: Mosby 1976.

Cloninger CR, Przybeck TR, Svrakic DM, Wetzel DR. The Temperament and Character Inventory (TCI): a guide to its development and use. St. Louis, MO: Center for Psychobiology of Personality 1994.

Coccara E, Siever LJ, Klar HM, Maurer G, Cochrane K, Cooper TB, Mohs RC, Davis KL, Coccaro NO. Serotonergic studies in patients with affective and personality disorders. Arch Gen Psychiatry 1989; 46: 587–99.

Cohen BJ, Mestadt G, Samuels JF, Romanzski AJ, McHugh PR, Rahins PV. Personality disorders in later life: a community study. Br J Psychiatry 1994; 165: 493–9.

Costa PT, McCrae RR. Personality disorders and the five-factor model of personality. J Pers Disord 1990; 4: 362–71.

Cunningham MD, Reidy TJ. Antisocial personality and psychopathy: diagnostic dilemmas in classifying patterns of antisocial behavior in sentencing evaluations. Behav Sci Law 1998; 16: 333–51.

Delmas F. Le constitutions psychopathiques. Ann Méd Psych 1943; 101: 219–32.

Dolan RJ. On the neurology of morals. Nat Neurosci 1999; 2: 927–9.

Duke MP, Nowicki S. A social learning theory analysis of interactional theory concepts and a multidimensional model of human interaction constellations. In: Handbook of interpersonal psychotherapy. Anchin JC, Kiesler DJ (eds). New York: Pergamon 1982; 78–94.

Dupré E. Pathologie de l'imagination et de l'émotivité. Paris: Payot 1925.

Erikson EH. Childhood and society. New York: Norton 1950.

Esquirol E. Des malades mentales considerées sous les rapports médical. Hygiénique et médico-légal. Paris: Baillière 1839.

Eysenck HJ. Crime and personality. London: Routledge & Kegan Paul 1977.

Eysenck SBG, Eysenck HJ. The place of impulsiveness in a dimensional system of personality description. Br J Soc Clin Psychiatry 1977; 2: 46–55.

Fenichel O. Perversionen, Psychosen, Charakterstörungen. Psychoanalytische spezielle Neurosenlehre. Wien: Internationaler Psychoanalytischer Verlag 1931. Unveränderter reprographischer Nachdruck. Darmstadt: Wissenschaftliche Buchgesellschaft 1992.

Fiedler P. Persönlichkeitsstörungen. 2. Aufl. Weinheim: Beltz/Psychologie Verlags Union 1995.

Fiedler P. Differentielle Indikation und differentielle Psychotherapie bei Persönlichkeitsstörungen. Vortrag anläßlich der Mitteldeutschen Psychiatrietage in Halle 1997.

Fiedler P. Integrative Psychotherapie bei Persönlichkeitsstörungen. Göttingen, Bern, Toronto, Seattle: Hogrefe 2000.

Freud S. Charakter und Analerotik. 1908. GW 7. Frankfurt: Fischer 1960; 201–9.

Freud S. Das Ich und das Es. 1923. GW 13. Frankfurt: Fischer 1960; 235–89.

Freud S. Über libidinöse Typen. 1931. GW 14. Frankfurt: Fischer 1960; 507–13.

Frommer J. Qualitative Diagnostikforschung in Psychopathologie und Psychotherapie. In: Neue Wege der Psychologie. Eine Wissenschaft in der Veränderung. Hoefert HW, Klotter C (Hrsg). Heidelberg: Asanger 1994; 131–58.

Glueck S, Glueck E. Jugendliche Rechtsbrecher. Wege zur Vorbereitung. Stuttgart: Enke 1963.

Golomb M, Fava M, Abraham M, Rosenbaum JF. Gender differences in personality disorders. Am J Psychiatry 1995; 152: 579–82.

Gorenstein EE, Newman JP. Disinhibitory psychopathology: a new perspective and a model for research. J Abnorm Psychol 1980; 87: 301–15.

Gunderson JG, Zanarini MC. Current overview in borderline diagnosis. J Clin Psychiatry 1987; 48 (Suppl): 5–11.

Hare R. Psychopathy. New York: Wiley 1970.

Hare RD. Manual for the Hare Psychopathology Checklist – revised. Toronto: Multi Health Systems 1991.

Hare RD. Eigenschaften von antisozialen Borderline-Patienten und Psychopathen: Konsequenzen für das Gesundheitswesen und das Strafrechtssystem. In: Handbuch der Borderline-Störungen. Kernberg O, Dulz B, Sachsse U (Hrsg). Stuttgart, New York: Schattauer 2000; 393–412.

Harré R. Social elements as mind. Br J Med Psychol 1984; 57: 127–35.

Henry WP. Differentiating normal and abnormal personality: an interpersonal approach based on the structural analysis of social behavior. In: Differentiating normal and abnormal personality. Strack S, Lorr M (eds). New York: Springer 1994.

Herman JL. Childhood trauma in borderline personality disorder. Am J Psychiatry 1989; 146: 490–5.

Herpertz S, Herpertz-Dahlmann B. Persönlichkeitsstörungen und Störungen der Impulskontrolle. In: Kinder- und Jugendpsychiatrie. Remschmidt H (Hrsg). Stuttgart: Thieme 1999; 259–66.

Herpertz S, Saß H. Impulsivität und Impulskontrolle – zur psychologischen und psychopathologischen Konzeptionalisierung. Nervenarzt 1997; 68: 171–83.

Herpertz S, Saß H. Personality disorders and the law, with a German perspective. Curr Opin Psychiatry 1999; 12: 689–93.

Herpertz S, Saß H. Die Hysterie – ein Frauenleiden? Zur Geschlechtsverteilung bei der histrionischen Persönlichkeitsstörung. Persönlichkeitsstörungen – Theorie und Therapie 2000; 3: 151–76.

Herpertz S, Steinmeyer EM, Saß H. „Patterns of comorbidity" among DSM-III-R and ICD-10 personality disorders as observed with a new inventory for the assessment of personality disorders. Europ Arch Psychiatry Clin Neurosci 1994; 244: 161–9.

Herpertz S, Gretzner A, Steinmeyer EM, Mühlbauer V, Schürkens A, Saß H. Affective instability and impulsivity in personality disorder: results of an experimental study. J Affect Disord 1997; 44: 31–7.

Herpertz SC, Werth U, Lukas G, Qunaibi BS, Schuerkens A, Sass H. Emotion in criminal offenders with psychopathy and borderline personality disorder. Arch Gen Psychiatry 2001b; 58: 737–45.

Herpertz SC, Dietrich TM, Wenning B, Erberich SG, Krings T, Thron A, Sass H. Evidence of abnormal amygdala functioning in borderline personality disorder: a functional MRI study. Biol Psychiatry 2001a; 50: 292–8.

Hoffmann SO. Charakter und Neurose. Ansätze zu einer psychoanalytischen Charakterologie. 2. Aufl. Frankfurt: Suhrkamp 1984.

Hoffmann SO, Eckhardt A. Psychodynamisch-psychoanalytische Behandlung der histrionischen Persönlichkeitsstörung. Persönlichkeitsstörungen – Theorie und Therapie 2000; 50: 160–7.

Hoffmann SO, Hochapfel G. Neurosenlehre, psychotherapeutische und psychosomatische Medizin. Stuttgart, New York: Schattauer 1999.

Horney K. Neue Wege in der Psychoanalyse. 1939. München: Kindler 1973.

Horowitz M. Hysterical personality style and the histrionic personality disorder. Northvale, NJ: Jason Aronson 1991.

Horowitz MJ. Hysterical personality. New York: Jason Aronson 1977.

Hyler SE, Skodol AE, Kellman HD, Oldham JM, Rosnick L. Validity of the Personality Diagnostic Questionnaire – revised: comparison with two structured interviews. Am J Psychiatry 1990; 147: 1043–8.

Kendler KS, Masterson CC, Ungaro R, Davis KL. A family history study of schizophrenia-related personality disorders. Am J Psychiatry 1984; 141: 424–7.

Kernberg OF. Narcissistic personality disorder. Pers Disord Neuroses 1976; 1: 1–10.

Kiesler DJ. The 1982 interpersonal circle: an analysis of DSM-III personality disorders. In: Contemporary directions in psychopathology. Millon T, Klerman GL (eds). New York: Guilford 1986; 571–97.

Koch JLA. Die psychopathischen Minderwertigkeiten. Ravensburg: Maier 1891–1893.

Kohut H. The analysis of the self. A systematic approach to the psychoanalytic treatment of narcissistic personality disorders. New York: International Universities Press 1971.

Kohut H. The restoration of the self. New York: International Universities Press 1977.

Kraepelin E. Psychiatrie: ein Lehrbuch für Studierende und Ärzte. 5. Aufl. Leipzig: Barth 1896.

Langenbach M. Conceptual analyses of psychiatric languages: reductionism and integration of different discourses. Curr Opin Psychiatry 1993; 6: 698–703.

Leary T. Interpersonal diagnosis of personality: a functional theory and methodology for personality evaluation. New York: Ronald 1957.

Linehan MM. Cognitive-behavioral treatment of borderline personality disorder. New York: Guildford Press 1993.

Linehan MM. Dialektische Verhaltenstherapie bei Borderline-Persönlichkeitsstörungen. In: Handbuch der stationären Verhaltenstherapie. Zielke M, Sturm J (Hrsg). Weinheim: Psychologie Verlags Union 1994.

Linehan MM. Grundlagen der dialektischen Verhaltentherapie bei Borderline-Persönlichkeitsstörung. In: Persönlichkeitsstörungen: Diagnostik und Psychotherapie. Schmitz B, Fydrich T, Limbacher U (Hrsg). Weinheim: Beltz/Psychologie Verlags Union 1996.

Links PS. Family environment and family psychopathology in the etiology of borderline personality disorder. In: Borderline personality disorder. Clinical and empirical perspectives. Clarkin JF, Marziali E, Munroe-Blum E (eds). New York: Guildford 1992.

Livesley WJ, Jang KL, Jackson DN, Vernon PA. Genetic and environmental contributions to dimensions of personality disorder. Am J Psychiatry 1993; 150: 1826–31.

Livesley WJ, Schroeder ML, Jackson DN, Jang KL. Categorical distinctions in the study of personality disorders: implications for classification. J Abnorm Psychol 1994; 103: 6–17.

Loranger AW, Susman VL, Oldham HM, Russakoff LM. International Personality Disorder Examination (IPDE): A structural interview for DSM-IV and ICD-10 personality disorders. New York: New York Hospital Cornell Medical Center, Westchester Division, White Plain 1996 (deutsche Übersetzung s. Mombour et al. 1996).

Loranger AW, Satoring N, Andreoli A, Berger P, Buchheim P, Channabasavanna SM, Coid B, Dahl A, Diekstra RF, Fergusson B. The International Personality Disorder Examination Study; World Health Organisation, Alcohol, Drug Abuse, and Mental Health Administration. International pilot study of personality disorders. Arch Gen Psychiatry 1994; 51: 215–24.

Maccoby EE, Jacklin CN. Sex differences in aggression: a rejoinder and reprise. Child Dev 1980; 51: 964–80.

Maier W, Lichtermann D, Klingler T, Heun R, Hallmayer J. Prevalences of personality disorders (DSM-III-R) in the community. J Pers Disord 1992; 6: 187–96.

Manuzza S, Klein RG, Malloy P, LaPadula M. Adult psychiatric status of hyperactive boys grown up. Am J Psychiatry 1998; 155: 493–8.

Menges C. Schulenübergreifende Psychotherapie der narzißtischen Persönlichkeitsstörungen. In: Therapie der Persönlichkeitsstörungen. Saß H (Hrsg). Stuttgart, New York: Thieme 1999.

Mentzos S. Hysterie: Zur Psychodynamik unbewußter Inszenierungen. München: Kindler 1980.

Meyer JE. Psychopathie – Neurose. In: Psychiatrie der Gegenwart. Band II/1: Klinische Psychiatrie 1. Kisker KP, Meyer JE, Müller M, Strömgren E (Hrsg). 2. Aufl. Berlin, Heidelberg, New York: Springer 1972; 343–50.

Millon T. Modern psychopathology: a biosocial approach to maladaptive learning and functioning. Philadelphia: Saunders 1969.

Millon T. Disorders of personality. DSM-III, Axis II. New York: Wiley 1981.

Millon T, Davis RD. Disorders of personality. DSM-IV and beyond. 2. edn. New York: Wiley 1996.

Millon T, Everly GS. Personality and its disorders: a biosocial learning approach. New York: Wiley 1985.

Mombour W, Zaudig M, Berger P, Gutierrez K, Berner W, Berger K, Cranach M v, Giglhuber O, Bose M v. International Personality Disorder Examination. Bern: Huber 1996.

Morel BA. Traité des degénéréscences physiques, intellectuelles et morales de l'espéce humaine et des causes qui produisent ces variétés maladive. Paris: Baillière 1857.

Morey LC. An empirical comparison of interpersonal and DSM-III approaches to classification of personality disorders. Psychiatry 1985; 48: 358–64.

Müller-Isberner R, Cabezy S. Kriminalpräventive Ansätze bei persönlichkeitsgestörten Rechtsbrechern. Persönlichkeitsstörungen 1999; 4 (Sonderband): 91–6.

Nigg JT, Goldsmith HH. Genetics and personality disorders: perspectives from personality and psychopathology research. Psychol Bull 1994; 115: 346–80.

Ogata SN, Silk KR, Goodrich S, Lohr NE, Westen D, Hill EM. Childhood sexual and physical abuse in adult patients with borderline personality disorder. Am J Psychiatry 1990; 147: 1008–13.

Paris J. Kindheitstrauma und Borderline-Persönlichkeitsstörung. In: Handbuch der Borderline-Störungen. Kernberg O, Dulz B, Sachsse U (Hrsg). Stuttgart, New York: Schattauer 2000; 159–66.

Paris J, Zweig-Frank H, Guzder J. Psychological risk factors for borderline personality in female patients. Compr Psychiatry 1994; 35: 301–5.

Patrick CJ, Bradley MM, Lang PJ. Emotion in the criminal psychopath: a startle reflex modulation. J Abnorm Psychology 1993; 102: 82–92.

Perry JC, Banon E, Ianni F. Effectiveness of psychotherapy for personality disorders. Am J Psychiatry 1999; 156: 1312–21.

Pinel P. Traité médico-philosophique sur l'aliénation mentale. 2. edn. Paris: Brosson 1809.

Prichard JC. A treatise on insanity and other disorders affecting the mind. London: Sherwood, Gilbert & Piper 1835.

Pukrop R, Herpertz S, Saß H, Steinmeyer EM. Personality and personality disorders: a facet theoretical analysis of the similarity relationships. J Pers Disord 1998; 12: 226–46.

Raine A. Autonomic nervous system factors underlying disinhibited, antisocial, and violent behavior. Annual New York Academy of Science 1996; 794: 46–59.

Raine A, Lencz T, Bihrle S, LaCasse L, Colletti P. Reduced prefrontal gray matter volume and reduced autonomic activity in antisocial personality disorder. Arch Gen Psychiatry 2000; 57: 119–27.

Raine A, Reynolds C, Venables PH, Mednick SA, Farrington DP. Fearlessness, stimulation-seeking, and large body size at age three years as early predispositions to childhood aggression at age eleven years. Arch Gen Psychiatry 1998; 55: 745–51.

Reich J, Yates W, Nduaguba M. Prevalence of DSM-III personality disorders in community. Soc Psychiatry Psychiatr Epidemiol 1989; 24: 12–6.

Reich W. Charakteranalyse. Technik und Grundlagen. Berlin: Selbstverlag 1933.

Renneberg B, Fydrich T. Verhaltenstherapeutische Therapieansätze in der Gruppenbehandlung der selbstunsicheren Persönlichkeitsstörung. In: Psychotherapie von Persönlichkeitsstörungen. Saß H, Herpertz S (Hrsg). Stuttgart, New York: Thieme 1999; 159–70.

Resch F. Entwicklungspathologie des Kindes- und Jugendalters. Weinheim: Beltz/Psychologie Verlags Union 1996.

Riemann F. Grundformen der Angst – eine tiefenpsychologische Studie. München, Basel: Ernst Reinhardt Verlag 1978.

Robins LN. Deviant children grown up: a sociological and psychiatric study of sociopathic personality. Baltimore: Williams & Wilkens 1966.

Robins LN. Sturdy childhood predictors of adult antisocial behaviour: replications from longitudinal studies. Psychol Med 1978; 8: 611–22.

Rohde-Dachser C. Psychoanalytische Therapie bei Borderlinestörungen. In: Praxis der Psychotherapie. Senf W, Broda M (Hrsg). Stuttgart, New York: Thieme 1996; 297–301.

Rutherford MJ, Cacciola JS, Alterman AI. Antisocial personality disorder and psychopathy in cocaine-dependent women. Am J Psychiatry 1999; 156: 849–56.

Rutter M. Temperament, personality and personality disorders. Br J Psychiatry 1987; 150: 443–58.

Sanislow CA, McGlashan TH. Treatment outcome in personality disorders. Can J Psychiatry 1998; 43: 237–50.

Saß H. Psychopathie – Soziopathie – Dissozialität: Zur Differentialtypologie der Persönlichkeitsstörungen. Berlin, Heidelberg, New York: Springer 1987.

Saß H. Persönlichkeitsstörungen. In: Psychiatrie der Gegenwart. Helmchen H, Henn F, Lauter H, Sartorius N (Hrsg). Bd 6. 4. Aufl. Berlin, Heidelberg, New York: Springer 2000; 275–330.

Saß H, Herpertz S. The history of personality disorders. In: A history of clinical psychiatry. Berrios G, Porter R (eds). London: Atholone 1995; 633–47.

Saß H, Mende M. Zur Erfassung von Persönlichkeitsstörungen mit einer integrierten Merkmalsliste gemäß DSM-III-R und ICD-10 bei stationär behandelten psychiatrischen Patienten. Veränderungsmessung in Psychiatrie und klinischer Psychologie. München: Profit-Verlag 1990.

Saß H, Steinmeyer EM, Ebel H, Herpertz S. Untersuchungen zur Kategorisierung und Dimensionierung von Persönlichkeitsstörungen. Z Klin Psychol 1995; 24: 239–51.

Schneider K. Die psychopathischen Persönlichkeiten. Leipzig: Thieme 1923.

Schultz-Hencke H. Der gehemmte Mensch. Entwurf eines Lehrbuches der Neo-Psychoanalyse. Stuttgart: Thieme 1940.

Serban G, Conte HR, Plutchik R. Borderline and schizotypal personality disorders: mutually exclusive or overlapping? J Pers Assess 1987; 51: 15–22.

Shapiro D. Neurotic stiles. New York: Basic Books 1965.

Spitzer RL, Janet B, Williams W, Gibbon M. Strukturiertes Klinisches Interview für DSM-III-R. Deutsche Übersetzung von Wittchen HD, Schramm E, Zaudig M, Unland H. Weinheim: Beltz 1999.

Stone MH. Long-term outcome in personality disorders. Br J Psychiatry 1993; 162: 299–313.

Sullivan HS. The interpersonal theory of psychiatry. New York: Norton 1953.

Tellenbach H. Melancholie. Berlin, Göttingen, Heidelberg: Springer 1961.

Tölle R. Katamnestische Untersuchungen zur Biographie abnormer Persönlichkeiten. Berlin, Heidelberg, New York: Springer 1966.

Torgersen S. Genetische Aspekte bei Borderline-Störungen. In: Handbuch der Borderline-Störungen. Kernberg O, Dulz B, Sachsse U (Hrsg). Stuttgart, New York: Schattauer 2000; 217–24.

Tress W (Hrsg). Die strukturale Analyse sozialen Verhaltens – SASB. Heidelberg: Asanger 1993.

Tyrer P, Seivewright N. Studies of outcome. In: Personality disorders: diagnosis, management and course. Tyrer P (ed). London: Wright 1988; 119–36.

Virkkunen M, Linnoila M. Brain serotonin, type II alcoholism and impulsive violence. J Stud Alcohol 1993; 11 (Suppl): 163–9.

Virkkunen M, Rawlings R, Tokola R, Poland R, Guidotti A, Nemeroff C, Bissette G, Kalogeras K, Karonen SL, Linnoila M. CSF biochemistry, glucose metabolism, and diurnal activity rhythms in alcoholic, violent offenders, fire setters, and healthy volunteers. Arch Gen Psychiatry 1996; 51: 20–7.

Wälte D. Kognitive Verhaltenstherapie bei der selbstunsicheren, vermeidenden Persönlichkeitsstörung. In: Psychotherapie von Persönlichkeitsstörungen. Saß H, Herpertz S (Hrsg). Stuttgart, New York: Thieme 1999; 144–58.

Watson D, Clark LA, Harkness AR. Structures of personality and their relevance to psychopathology. J Abnorm Psychol 1994; 103: 18–31.

Watzlawick P, Beavin J, Jackson DD. Pragmatics of human communication. New York: Norton 1967.

White JL, Moffitt TE, Caspi A, Bartusch DJ, Needless DJ, Stouthamer-Loeber M. Measuring impulsivity and examining its relationship to delinquency. J Abnorm Psychol 1994; 103: 192–205.

Widiger TA. Personality disorder dimensional models proposed for DSM-IV. J Pers Disorders 1991; 5: 386–98.

Widiger TA, Costa PT. Personality and personality disorders. J Abnorm Psychiatry 1994; 103: 78–91.

Widiger TA, Miele GM, Tilly SM. Alternative perspectives on the diagnosis of borderline personality disorder. In: Borderline personality disorder – clinical and empirical perspectives. Clarkin JF, Marziali E, Munroe-Blum H (eds). New York, London: Guilford Press 1992; 89–115.

Widiger TA, Trull T, Hurt S, Clarkin J, Frances A. A multidimensional scaling of DSM-III personality disorders. Arch Gen Psychiatry 1987; 44: 557–63.

Winnicott DW. Ego distortion in terms of true and false self. In: The maturational processes and the faciliating environment. Winnicott DW (ed). New York: International Universities Press 1965; 140–52.

Zanarini MC, Gunderson JG, Frankenburg FR. Cognitive features of borderline personality disorder. Am J Psychiatry 1990; 147: 57–63.

Zerssen D v. Der „Typus manicus" als Gegenstück zum „Typus melancholicus" in der prämorbiden Persönlichkeitsstruktur affektpsychotischer Patienten. In: Persönlichkeit und Psychose. Janzarik W (Hrsg). Stuttgart: Enke 1988; 150–71.

Zimmermann M, Coryell W. DSM-III personality disorder diagnosis in a non-patient sample. Arch Gen Psychiatry 1989; 46: 682–9.

5.2
Neurotische Störungen

5.2.1
Modellvorstellungen

Joachim Küchenhoff und Stephan Ahrens

Der Begriff der Neurose wird wegen seiner Unschärfe viel kritisiert; in den neuesten Versionen der internationalen Diagnoseinventare (DSM-III-R, ICD-10) wird er zur Klassifikation einer großen Gruppe psychogener Krankheitsbilder nicht einmal mehr verwendet. (Gleichwohl kommen auch diese Inventare nicht ganz ohne die Charakterisierung mancher Störungen als „neurotisch" aus.) Der Begriff ist aber nur dort überflüssig, wo in einer rein empirischen, deskriptiven Klassifikation auf übergeordnete inhaltliche Zusammenhänge verzichtet wird. Für eine Krankheitslehre auf psychodynamischer Grundlage bleibt der Neurosenbegriff fruchtbar, da er auf die bei verschiedenartigen psychischen Krankheiten gleichartige Entstehung, sozusagen auf ihre vergleichbare Pathogenese verweist.

Psychodynamisches Modell der Genese neurotischer Symptome

Das psychodynamische Modell von der Genese neurotischer Symptome läßt sich in äußerster Verknappung so beschreiben: Am Anfang steht ein unlösbarer **psychischer Konflikt**, der persönlich schwerwiegend und nachhaltig ist. Dieser Konflikt wird, gerade weil er unlösbar ist, aus dem Bewußtsein verdrängt; er wird innerseelisch (intrapsychisch) so verarbeitet, daß er unbewußt wird. Diese **Abwehr** des Konfliktes führt also nicht zur Konfliktlösung, sondern lediglich zu einer Konflikt-

verlagerung. Der unbewußt gewordene, aber weiterhin virulente Konflikt äußert sich dennoch, nun aber in einer veränderten Form, zum Beispiel als ein **neurotisches Symptom**, das eine **Kompromißbildung** darstellt: Es zeigt den Konflikt an, aber in einer Form, die durch die Abwehr bedingt und mit ihr „verträglich" ist.

Dieses scheinbar einfache **Drei-Schritt-Modell** „Konflikt – Abwehr – Wiederkehr des Verdrängten im Symptom" ist natürlich sehr voraussetzungsreich:

- **Voraussetzungen der psychischen Struktur:** Neurotische Symptome stellen eine Ich-Leistung dar, da sie – auf wie leidvolle Weise auch immer – einen Konflikt entlasten, bündeln und darstellen. Sie sind auch insofern eine Ich-Leistung, als eine autoplastische Konfliktlösung, also eine Lösung durch individuelle, innerseelische Bearbeitung möglich ist, auch wenn diese Leiden schafft.
- **Voraussetzungen des psychischen Konfliktes:** Der Konflikt muß schwerwiegend sein. Darunter versteht die Psychoanalyse in der Regel einen Konflikt, der lebensgeschichtlich weit zurückreicht, somit zu den Kernproblemen eines Menschen gehört und – wenn er in der Kindheit entstanden ist – seine psychische Entwicklung geprägt hat. Die psychoanalytische Entwicklungspsychologie kann zeigen, daß es eine umschriebene Anzahl psychischer Kernkonflikte gibt, die in den verschiedenen Stadien der Kindheitsentwicklung wurzeln (vgl. Kap. 3.1, S. 119ff).
- **Kriterien der Symptomwahl:** Das Drei-Schritt-Modell macht noch keine Angaben darüber, welches Symptom in Antwort auf einen psychischen Konflikt entsteht. Wenn die psychoanalytische Neurosenlehre von „Symptomwahl" spricht, so ist damit schon beschrieben, daß es sich um einen aktiven Vorgang (des Ichs) handelt und daß die Symptomentstehung nicht zufällig ist, sondern mit dem Konflikt selbst in einem inneren Zusammenhang steht. Anders wäre es auch nicht möglich, daß das Symptom selbst auf den Konflikt verweist oder daß, wie oben beschrieben, der verdrängte Konflikt in der Symptomatik „wiederkehrt".

Mit diesem Drei-Schritt-Modell lassen sich einige „klassische" Neurosen gut beschreiben, zum Beispiel die hysterischen, depressiven oder phobischen Neurosen und die Zwangsneurosen. Wie aber muß man sich die Konfliktverarbeitung vorstellen, wenn die genannten Voraussetzungen nicht erfüllt sind?

Angstneurosen

Es ist zu berücksichtigen, daß neurotische Störungen das Ergebnis mehr oder weniger gelingender Abwehrversuche gegen unerträgliche Ängste sind. Versagt diese Abwehrfunktion, kann die Angst selbst als Symptom durchbrechen. Die Angstabwehr mißlingt, weil Angstbewältigungsmechanismen, die zu den Ich-Funktionen gezählt werden, nicht so gut wie bei den klassischen und oben beschriebenen Neurosen funktionieren. So entsteht das Krankheitsbild der Angstneurose.

Die **Angstneurose** ist durch eine Angstüberflutung gekennzeichnet, in der der Betroffene die Ängste als „aus heiterem Himmel kommend", unbegründet und nicht situativ eingebunden erlebt.

Für den Beobachter mögen durchaus Anlässe und Auslöser identifizierbar sein. Da die Angstbindung für den Betroffenen aber außer Kraft gesetzt ist, kann er das eigene Angsterleben nicht hinterfragen und dadurch relativieren oder auf bestimmte Erlebnisbereiche einschränken. Hieraus resultiert dann ein manchmal uniform erscheinendes Zustandsbild, in dem eine schwer zu differenzierende Angst episodisch oder kontinuierlich auftritt. Dabei kann diese phobisch akzentuiert sein oder durch Panikattacken kompliziert werden.

Offenbar sind die Ich-Funktionen und damit die Abwehr der Betroffenen temporär oder dauerhaft behindert. **Abwehrleistungen** spielen weiterhin eine entscheidende Rolle, aber sie scheinen sich auf einem „primitiveren" Niveau abzuspielen. Es werden alle möglichen Affekte in Angst umgewandelt, worauf schon Freud in seiner frühen Beschreibung der Angstneurose hinwies, so daß die Affektdifferenzierung eingeschränkt ist. Auch ist die situative Symptomfreiheit gering, der Kampf mit der Angst belastet die Betroffenen ständig, Abwehrleistungen werden also ständig herausgefordert, der Spielraum für konfliktferne, zum Beispiel kreative Ich-Leistungen, kann unter Umständen sehr gering werden. In der Angstneurose werden also psychische Konflikte auf einem eingeschränkten Niveau der Persönlichkeitsstruktur gelöst, das dem Betrachter gröber, „primitiver" oder „uniformer" erscheint. Im Klinikalltag sprechen wir von **Ich-strukturellen Störungen**, um anzuzeigen, daß die Abwehrmöglichkeiten, die wir reifen Neurosen zuschreiben, hier versagen.

Die entwicklungspsychologischen **Ursachen** dieser Störungen liegen vermutlich genetisch „früher", jedenfalls spielen sich die zentralen Konflikte der Patienten nicht im Bereich von Trieb-Abwehr-Konflikten ab. Vielmehr haben die Patienten lange Zeit und während entwicklungspsychologisch entscheidender Lebenszeiten wenig tragende, vertrauensgebende oder durch ausgewogene Nähe und Distanz entwicklungsfördernde Beziehungserfahrungen machen können.

Aus der Differenzierung reifer Neuroseformen wie der Phobie oder struktureller Störungen wie der Angstneurose ergeben sich Implikationen für das **therapeutische Vorgehen**: Ist bei der konfliktbedingten Neurose die Aufdeckung des Konfliktes und seine Bearbeitung in der Übertragungsbeziehung das therapeutische „Wirkprinzip", so geht es bei der Behandlung einer Ich-strukturell bedingten Angstneurose primär um den Aufbau einer tragenden Objektbeziehung und erst im zweiten Schritt um ein therapeutisches Vorgehen im eigentlichen Sinne. Naheliegenderweise ist ein als schützend erlebter Rahmen, vermittelt über vertrauenswürdige Ansprechpartner, für den Patienten eine wichtige Voraussetzung, die Angst abzubauen und sich für einen psychoanalytisch-psychotherapeutischen Zugang zu öffnen. Darüber hinausgehend bedingt das Vorhandensein des strukturellen Mangels auch die Angewiesenheit auf ein tragendes Objekt, das daher nicht nur zur vordergründigen Angstminderung, sondern auch für eine längerfristige tragende Beziehung von Bedeutung ist.

Neurosen mit manipulativer Abwehr

Es gibt andere Varianten von Störungen, bei denen die psychische Struktur des betroffenen Menschen nicht so gefestigt ist, daß ein unlösbarer seelischer Konflikt ausschließlich intrapsychisch verarbeitet werden kann. Zur Konfliktbewältigung wird dann zunehmend die Umwelt einbezogen; aus der intrapsychischen wird eine interpersonelle Abwehr oder eine Abwehr, die die äußere Realität verändert. Man könnte von einer **manipulativen Abwehr** sprechen; dieser Begriff ist allerdings im Sprachgebrauch der Psychoanalyse nicht verankert.

Was wird manipuliert? Einerseits die äußere Realität; in der sexuellen Perversion zum Beispiel muß ein Gegenstand der Außenwelt oder ein anderer Mensch dazu verwendet werden, das psychische Gleichgewicht aufrechtzuerhalten. In der Artefaktkrankheit wird der eigene Körper, der wie ein äußerer Gegenstand erlebt wird, manipuliert, zum Beispiel wird in die Haut geschnitten, um Entspannung zu erreichen. Andererseits wird die Wahrnehmung der eigenen Persönlichkeit oder der anderen so verzerrt, daß daraus schwerwiegende Konflikte mit wichtigen Bezugspersonen entstehen können. So können zum Beispiel unliebsame Anteile der eigenen Person einem anderen Menschen zugeschrieben und dort, beim anderen, bekämpft werden (sog. **projektive Identifizierung**). Die Gegenwart oder Nähe des anderen ist dann nötig, weil er – im Erleben des betreffenden Patienten gesprochen – ein Stück der eigenen Persönlichkeit enthält, insofern es zu einem selbst gehört. Die Bezugsperson wird sich oft unberechtigterweise angegriffen und ungerecht behandelt fühlen, sie wird schwer mit dem – scheinbaren – Widerspruch von nahem Kontakt und aggressiver Entwertung zurechtkommen.

Solche Abwehrformationen findet man in starkem Ausmaß bei **Persönlichkeitsstörungen**, zum Beispiel der Borderline-Persönlichkeitsstörung (S. 226ff), der narzißtischen (S. 230f) und schizoiden Persönlichkeitsstörung (S. 224).

Wichtig ist, zu beachten, daß auch bei der interpersonellen oder **manipulativen Abwehr** das Ziel darin besteht, seelische Konflikte zu lösen und ein seelisches Gleichgewicht – unter großen Opfern – aufrechtzuerhalten. Bei diesen Patienten liegen diese Opfer nicht so sehr in einem definierten Symptom, sondern in einer vielfältigen Symptomatik und in schwerwiegenden Kommunikationsstörungen.

5.2.2
Hysterie

Ursula Sassenberg und Stephan Ahrens

ICD-10-Klassifikation

Der Begriff der Hysterie oder der hysterischen Neurose kommt in der ICD-10 als diagnostische Kategorie nicht mehr vor. Statt dessen wird die diagnostische Kategorie der dissoziativen Störung (Konversionsstörung) unter F44 eingeführt, als deren zentrales Charakteristikum der teilweise oder vollständige Verlust der normalen Integration von Erinnerungen an die Vergangenheit, des Identitätsbewußtseins, der unmittelbaren Empfindungen sowie der Kontrolle von Körperbewegungen beschrieben werden. Die ICD-10-Autoren formulieren, daß unter dieser diagnostischen Kategorie Störungen klassifiziert werden, die früher als Konversionsneurosen oder Hysterie bezeichnet wurden.

Wie bei kaum einem anderen Krankheitsbild haben wir es bei der Hysterie mit einem facettenreichen, unklaren, aber auch rätselhaft-faszinierenden Gebiet zu tun. Versuche der **Begriffsdefinition** füllen Bände. Insofern ist es nicht verwunderlich, daß es immer wieder Diskussionen darüber gab, ob aus praktischen wie theoretischen Gründen dieser Begriff nicht besser generell zu vermeiden sei, nicht zuletzt auch wegen der häufig **diskriminierenden Konnotation**. Sowohl umgangssprachlich als auch in der Fachliteratur wird zumeist mit der Etikettierung „hysterisch" eine Anhäufung von Diskriminierungen und Entwertungen verknüpft. So liest sich die Beschreibung des hysterischen Charakters oft wie eine Anklageschrift: Fenichel (1945) spricht von „Lügenhaftigkeit", Kuiper (1968) von „Infantilität" und „Geltungssucht" sowie Elhardt (1978) von „egozentrischem Geltungsbedürfnis" und „ewig pubertierender" Haltung. Es ist naheliegend, die Ursache für diese wertende, eigentlich untherapeutische Haltung in der für die Hysterie spezifischen Übertragungsdynamik zu suchen.

Eine weitere Schwierigkeit der Begriffsdefinition liegt in der **nosologischen Uneinheitlichkeit** und damit Unschärfe dieser diagnostischen Kategorie. In der neueren psychoanalytischen Literatur herrscht jedoch bei aller Unterschiedlichkeit der Definitionsversuche Einmütigkeit über das häufige Auftreten hysterischer Erscheinungsbilder in der klinischen Praxis. Eine Abschaffung dieser diagnostischen Kategorien sieht Haas (1987) denn auch als Ausdruck einer „Verleugnung" und wertet dieses „nosologisch-diagnostische Verwirrspiel" geradezu als Hinweis auf die Psychodynamik dieses Krankheitsbildes.

Aber es ist nicht nur die diagnostische Unschärfe, die die Hysterie zur „Elusive Neurosis" (flüchtig, schwer zu fassen; Krohn 1978) macht, sondern auch der **Wandel der Symptomatik**. Wie bei keiner anderen Krankheitseinheit ist die Ausprägung der hysterischen Bilder durch **soziokulturelle** und **Zeitgeistfaktoren** geprägt. Waren es zu Zeiten Charcots und Freuds noch die großen, demonstrativen Gesten im Bereich der Willkürmotorik und der Sinnesorgane, so sind es heute zunehmend funktionelle Beschwerden im Magen-Darm-Bereich und Herz-Kreislauf-System. „Das hysterische Symptom muß in seiner Chiffriertheit unverstanden sein, um seinen Sinn zu erfüllen" erklärt de Boor (1966) dieses Phänomen und verweist wie Green (1982) darauf, daß Hysterie und Kultur untrennbar miteinander verbunden seien. Dies bestätigt Shorter (1994) in seiner geschichtlichen Betrachtung der Entwicklung von Konversionssymptomen, dessen Geschichte er als eine der Gegenübertragung und des Mitagierens deutlich macht.

„Hysteriker, so zeigte die Geschichte, gingen schon immer mit der Mode. Mit einem Niedergang seiner Autorität büßte der Ärztestand die führende Rolle als Designer des ... [hysterischen] Krankheitsgeschehens ein. Heutzutage sind die Medien die Gralshüter des Symptompools, Krankheitsbilder, über die spektakulär berichtet wird, steigen kometenhaft auf. Shorter diagnostiziert in der Gesellschaft eine nie dagewesene ‚Pathoplastizität', will heißen: Begabte Hysteriker wechseln ihre Symptome je nach Tagesaktualität" (Spiegel 1994). Umweltgifte, die zu Sensibilitätsstörungen führen sollen, zeitgenössische Viren, die einen unklaren Erschöpfungszustand hervorrufen (Chronic Fatigue Syndrome), das heiß diskutierte Amalgam und seine möglichen Wirkungen sind gleichfalls Themen konversionsneurotisch-hysterischer Ausgestaltungen. So vollzieht sich ein „Wandel von der Gebärde zur Beschwerde" (Weber 1984).

Historisches

Ein Spezifikum des soziokulturellen Aspektes ist die **geschlechtsspezifische Bedingtheit** der Hysteriegeschichte. Im umgangssprachlichen Gebrauch wird hysterisch oft als Synonym für exaltiertes weibliches Verhalten benutzt, was sich durchaus auch in der Fachliteratur wiederfindet. „Offenbar ist die Geschichte der Hysterie nicht ohne die Geschichte weiblicher Ausdrucksformen und männlichen Herrschaftsverhaltens zu verstehen" konstatiert Küchenhoff (1993). Von Braun (1988) sieht den Aspekt gesellschaftlichen Protestpotentials, das sich im Verhalten hysterischer Frauen Ausdruck verschafft. Demgegenüber zeigen sich im Umgang der durchweg männlichen Mediziner – auch in der Diagnostik – mit den Hysterikerinnen „Ängste und Racheimpulse bezüglich der Frau amalgamiert" (Haas 1987).

In der Tat war über Jahrhunderte hinweg die Hysterie eine Diagnose von Männern für eine „Frauenkrankheit", „ein Bild von Frauen in den Worten von Männern" (Chodoff und Lyon, zit. in v. Braun 1988). Wir wollen hier nicht die Jahrtausende alte Geschichte der Hysterie wieder aufrollen, die bereits beim Papyros Kahun (1900 v. Chr.) begann. Im **antiken Griechenland** wurden die hysterischen Phänomene in Verbindung gebracht mit Wanderungen des Uterus (griechisch: hysteron), bedingt durch die sexuelle Enthaltsamkeit der Frau. Schon früh wurde so die Verbindung zu sexuellen Konflikten hergestellt, selbst wenn uns diese konkretistische Vorstellung einer Krankheitsgenese heute absurd erscheint.

Im **Mittelalter** galten hysterische Symptome als Indizien von Besessenheit, die dann mit den Mitteln der Hexenverfolgung aus dem Frauenkörper ausgetrieben wurden. Mentzos (1980) weist darauf hin, daß auch bereits in dieser Vorstellung ein heutiges Konzept enthalten ist, nämlich das der Bewußtseinsspaltung beziehungsweise Dissoziation. Im 18. und 19. Jahrhundert wandelte sich die Lehrmeinung weg von der gynäkologisch definierten Genese hin zur Theorie einer neurologischen Erkrankung mit vielfältigen, dramatischen Erscheinungsformen.

Charcot als bedeutendster Neurologe in der zweiten Hälfte des **19. Jahrhunderts** machte die Hysterie „salonfähig", indem er die Symptomatologie differenziert beobachtete, sie aber weiterhin als Ausdruck einer angeborenen Nervenkrankheit ansah. Immerhin akzeptierte er durchaus psychologische Faktoren als Auslöser.

Sein Schüler Freud veröffentlichte 1895 gemeinsam mit Breuer die „Studien über Hysterie". Die bahnbrechende Bedeutung dieses neuen Ansatzes bestand darin, daß Freud die Hysterie ihrer „geheimnisvollen Aura entkleidete" (Green 1982), indem er die Psychogenese erforschte und auslösende intrapsychische Mechanismen der Erkrankung postulierte. Zugleich konzipierte er das erste psychosomatische Modell der „Neuzeit", das bis heute seine Gültigkeit hat: die **Konversion**. „Bei der Hysterie erfolgt die Unschädlichmachung der unverträglichen Vorstellung dadurch, daß deren Erregungssumme ins Körperliche umgesetzt wird, wofür ich den Namen Konversion vorschlagen möchte" (Freud 1894/1964).

Wird in diesem Zitat das (heute verlassene) physikalischenergetische Denken Freuds deutlich, so hebt es auch die Bedeutung der Symbolik hervor, in der sich verdrängte Vorstellungen und Gefühle körperlich ausdrücken. Die nicht bewußtseinsfähigen Gedanken – oder Phantasieinhalte – werden verdrängt, ihr libidinöses Potential in somatische Innervationsenergie umgesetzt, die triebdynamische Konfliktkonstellation fließt verschlüsselt in Organwahl und Symptomformierung ein.

Freuds Annahme einer **nosologischen Einheit** vom **ödipalen Konflikt** und **hysterischer Symptombildung** ist schon früh in Frage gestellt worden. Sowohl Ferenczi (1919) als auch Fenichel (1945) beschäftigten sich mit der Symptombildung und wiesen auf die präödipale Fixierung bei Konversionssymptomen hin. Wittels (1931) und Marmor (1953) wiesen auf die wesentliche Rolle prägenitaler, speziell oraler Konflikte für die Ausprägung hysterischer Erscheinungsbilder hin. Reich (1933) lenkte die Aufmerksamkeit auf die Untersuchung des hysterischen Charakters. Aus diesen Ansätzen wird das Bemühen deutlich, zwischen hysterischer Struktur beziehungsweise Persönlichkeit und hysterischer Symptombildung auf seelischer und körperlicher Ebene zu unterscheiden. Das klinische Bild der Konversion erscheint klarer definierbar, selbst wenn sich seit Ferenczi alle Autoren einig sind, daß dieses Symptom auf allen Fixierungsstufen anzusiedeln ist.

Green (1982) sieht in der Hysterie eine **Abwehrformation gegen** frühe **Ängste** wie Objektverlust und Depression. Brenman (1990) und Wisdom (1961) als Vertreter der Kleinianischen Metapsychologie verstehen die Hysterie als Zeichen eines **intrapsychischen Kampfes** gegen die Auflösung des Ichs oder einer schweren Depression. Es werden in der Literatur die **beiden klinischen Typen** des **hysterischen Charakters** als die maligne und benigne Form, als die hysterische und die hysteroide Persönlichkeit (Easer und Lasser 1965), oder die true hysteric und die so-called-good hysteric (Zetzel 1968) beschrieben. Das theoretische Problem, das bis heute relevant bleibt, ist die Frage, ob für die Hysterie trotz der unterschiedlichen Fixierungsebenen eine einheitliche genetische Erklärung formuliert werden kann oder ob das Gemeinsame „nur" im „hysterischen Modus der Konfliktverarbeitung" (Küchenhoff 1993; Mentzos 1980) im Sinne gleicher Abwehrmechanismen und eines vergleichbaren Übertragungs-Gegenübertragungs-Geschehens zu sehen ist.

In einer neueren Arbeit macht Rupprecht-Schampera (1995) den Versuch, die verschiedenen **Typen** der **Hysterie** als **Pole eines Kontinuums** zu begreifen entlang der Entwicklungslinie der Separation und Individuation und auf der Basis einer gestörten frühen Triangulierung. Sie geht von einer gestörten Mutter-Kind-Beziehung aus, in der der Vater in seiner triangulären Hilfsfunktion nicht ausreichend zur Verfügung steht. Küchenhoff hingegen bezieht dezidiert Stellung gegen die Annahme einer nosologischen Einheit Hysterie, und spricht vom **„hysterischen Syndrom"** als einer spezifischen Abwehrformation.

Epidemiologie

Die Natur der hysterischen Störung – sei ihre Ausdrucksebene seelisch oder körperlich – legt nahe, daß epidemiologische Erhebungen mit einer erheblichen Dunkelziffer zu kämpfen haben. Die Chamäleonhaftigkeit des Erscheinungsbildes, die Anpassungsfähigkeit an gesellschaftliche Zeitströmungen und ihre Imitationsbereitschaft bei Moden der Medizin machen dieses Krankheitsbild insbesondere bei den psychischen Symptomen auch für den Epidemiologen zum rätselhaften, schwer erfaßbaren Phänomen.

Von Engel (1970) stammt die Schätzung, daß 25% der Krankenhauspatienten eines Allgemeinkrankenhauses ein- oder mehrmals eine Konversionssymptomatik entwickelt haben, wobei die soziale Schicht kein differenzierendes Merkmal darstellt. Captan und Nadelson (1980) weisen darauf hin, daß bis zur Hälfte solcher Patienten zugleich auch an einer somatisch bedingten Störung leiden, von daher der Differentialdiagnostik große Bedeutung zukommt. Frauen sollen häufiger betroffen (Axelrod et al. 1980; McKegney 1967), die linke Körperhälfte bevorzugt sein (Smokler und Shevrin 1979), wobei allerdings die Lokalisation häufig durch die Erfahrung mit somatischen Erkrankungen (bei sich selbst oder anderen) bestimmt wird (Axelrod et al. 1980; Engel 1970).

Persönlichkeitsstörung und Konversionssymptomatik

Die **Charakterneurose** oder Persönlichkeitsstörung unterscheidet sich von der Symptomneurose dadurch, daß ein **Leitsymptom** (psychisch oder somatisch) **fehlt**. Der Leidensdruck des betreffenden Menschen – so denn überhaupt vorhanden – bezieht sich auf sein Selbstbild, nicht auf eines oder mehrere als störend empfundene Beschwerden. Häufig jedoch leidet weniger der „Charakterneurotiker" unter sich, als vielmehr seine Umwelt unter ihm.

Auf der phänomenologischen Ebene hat Mentzos (1980) **sieben Charaktermerkmale** formuliert:

- Theatralisches Verhalten im Sinne von Dramatisierungs- und Demonstrationstendenzen mit künstlich wirkender Übersteigerung
- Emotionale Labilität in Form emotionaler Ausbrüche, häufig wechselnder Stimmungslage, oberflächlich wirkender Affekte
- Aktive Abhängigkeitstendenzen, wobei eine infantile Abhängigkeit gepaart mit einem Aufrechterhalten des Anspruches auf Aktivität und Initiative gemeint ist
- Übererregbarkeit im Sinne überschießender Reaktionen auf äußere Reize
- Egozentrismus als Tendenz die eigenen Bedürfnisse an erste Stelle zu setzen in Verbindung mit einem unersättlichen Bedürfnis nach Liebe und Anerkennung
- Verführerisches Verhalten als Sexualisierung jeder Aktivität ohne erotische Empfindungsmöglichkeit
- Suggestibilität sowohl durch andere wie auch sich selbst gegenüber

In dieser Beschreibung zeigen sich Elemente, aus denen sich auch die hysterischen Symptomneurosen und Verarbeitungsmodi konstituieren, was auf den fließenden Übergang der verschiedenen Störungsformen der Hysterie hinweist. So warnt Mentzos auch davor, aus dieser rein phänomenologischen Ebene heraus den hysterischen Charakter definieren zu wollen und sieht hierfür eher Ansatzpunkte in der Psychodynamik, also der unbewußten Motivation.

Hoffmann und Eckhardt-Henn (2000) sehen als wesentliche Elemente der hysterischen oder – nach DSM-IV und ICD-10 – histrionischen Persönlichkeitsstörung die Hyperemotionalität als spezifische Form der Abwehr, die Identitäts- und Bewußtseinsstörung in Form der Dissoziation sowie das negative Selbst. Sehr unterstützenswert erscheint der darin zu sehende Versuch, sich bei der Beschreibung von Persönlichkeitsstörungen nicht auf den phänomenologischen Bereich zu beschränken, sondern Psychodynamik und Motivation zu erarbeiten und damit einen weitergehenden Verständniszugang zu dieser sich rätselhaft gebenden Störung zu erlangen.

Verbindendes Merkmal aller **Konversionssymptome** ist der **symbolische Gehalt**. Wir drücken oft generell körperlich aus, was wir seelisch empfinden, wie zum Beispiel bei Wut die Faust zu ballen oder bei Scham zu erröten. Wenn unsere Wünsche und Gefühle auf inneren Widerstand stoßen, wir also

in einem intrapsychischen Konflikt stehen, kann nun aus diesem Ausdrucksgeschehen ein körperliches Symptom werden, der seelische Impuls konvertiert ins Körperliche und findet dort symbolhaft seinen Ausdruck. Da die „Chiffriertheit" (de Boor 1966) der Symptome erhalten bleiben muß, um ihre unbewußte Straf- und Triebentlastungsfunktion zu behalten, wandeln sich die körperlichen Ausdrucksformen im Laufe der Zeit und spiegeln auch in gewisser Weise den Zeitgeist wider. So können Konversionssyndrome auf fast perfekte Weise auch somatische Krankheitsbilder „imitieren", wobei immer wieder darauf zu verweisen ist, daß dieses keine simulative Übernahme, sondern eine unbewußte Ausgestaltung darstellt.

Der Gestaltwandel der **Konversion** führt dazu, daß an die Stelle des früher eher groben Ausdrucksverhaltens inzwischen – je nach Aufklärung des Betroffenen über medizinische Zusammenhänge – subtile Beschwerdeangaben getreten sind. Dies legt den Gedanken nahe, ob nicht die frühere ausdrucksstarke Ausformung konversionsneurotischer Bilder als Ausläufer der Romantik zu sehen sind, während die Darstellung der aktuellen „Coolness" heutiger Zeit entspricht.

Wegweisend für eine angemessene **diagnostische Einschätzung** ist ein relativ typisches Gegenübertragungsgefühl bei hysterischen Patienten, nämlich das Gefühl der Unechtheit, des „Nicht-ernstgenommen-Seins" und des Ärgers, daß sich der erwartete Heilungserfolg partout nicht einstellen will.

Eine weitergehende Darstellung des Konversionskonzeptes sowie einzelner konversionsneurotischer Störungsformen ist in Kapitel 5.3 (S. 337ff) enthalten, wo auch die Frage des Zusammenhangs der hysterischen Psychodynamik und der Konversion kritisch diskutiert wird.

Psychische Funktionsstörungen

Zu den psychischen Funktionsstörungen gehören:

- Erinnerungsstörungen des Kurzzeitgedächtnisses, Pseudo-Amnesien, Pseudo-Demenzen
- Dämmerzustände, Unwirklichkeitsempfindungen (Depersonalisation, Derealisation), Dissoziation in Form des Getrennthaltens psychischer Abläufe, Trance (Sonderform der Stigmata als Übergang zur Konversion)
- Hyperemotionalität bis zu Erregungszuständen („Hysterischer Anfall"), Dramatisierungstendenz, ausgeprägtes Agieren, emotionale Labilität (Pseudo-Affektinkontinenz)
- Sexuelle Empfindungsstörungen, Frigidität bis zur Anorgasmie, Hypersexualität (Don-Juanismus, Nymphomanie), ausgeprägtes sexuelles Agieren (Erotomanie)

Der psychische Gewinn, also die neurotische Konfliktlösung im Sinne eines primären Krankheitsgewinns wird in der Art der Ausdrucksgestaltung in Verbindung mit Energiebindung oder -abfuhr gesehen. Auch hier sind also die psychodynamischen „Bausteine" der konversionsneurotischen Symptombildung wiederzuerkennen: verschlüsselter Ausdruck nicht zugelassener Triebimpulse durch den Einsatz psychischer Abwehrmaßnahmen.

Diese Symptome können einzeln, aber auch in unterschiedlicher Kombination auftreten oder sich im Sinne eines Symptomwechsels aneinanderreihen wie Perlen auf einer Schnur. Die **psychodynamische „Zielrichtung"** geht stets in dieselbe Richtung:

- Abwehr einer unerträglichen Realität in Vergangenheit oder Gegenwart
- Ablenkung von verbotenen Impulsen oder Gedanken
- Wiedergutmachung oder Gegensteuern bei Schuldgefühlen

Wichtig ist dabei, daß diese Motive unbewußt sind – auch wenn manchmal der Eindruck des „Gemachten", Künstlichen besteht – und damit vom Zwangsneurotiker und seinen bewußten Zwangsvorstellungen differieren. So liegt es nahe, daß **Verdrängung** und **Verleugnung** die bevorzugten **Abwehrmechanismen** des Hysterikers sind.

Hysterischer Modus der Konfliktverarbeitung

Mentzos (1980) setzt der Vorstellung einer Krankheitseinheit Hysterie ein Konzept entgegen, das er „hysterischen Modus der Konfliktverarbeitung" nennt. Er sieht diesen Modus bei verschiedenen Formen der Neurose, bei Ich-starken wie bei Ich-schwachen Persönlichkeiten, intrapsychischen wie äußeren Konflikten. Dieser Modus ist damit ubiquitär einsetzbar, wenn eine entsprechende Psychodynamik angestoßen wird und die entsprechenden strukturellen Voraussetzungen bestehen, er ist jedoch nicht an eine spezifische Struktur gebunden.

In diesem Zusammenhang wirft Mentzos (1980) die Frage nach dem **„Spezifischen** und **Gemeinsamen"** auf und beantwortet dies folgendermaßen:

„Mechanismen wie die Identifikation, die Emotionalisierung, die Verdrängung und die mitimplizierte Dissoziation sind wichtige ‚instrumentelle' Voraussetzungen des Vorgangs. Sie machen jedoch weder für sich allein, noch gemeinsam das Spezifikum des Hysterischen aus. Dieses ergibt sich vielmehr aus dem Grundtenor, der Untergrundmotivation der Szenerie ...

Der Betreffende versetzt sich innerlich (dem Erleben nach) und äußerlich (dem Erscheinungsbild nach) in einen Zustand, der ihn sich selbst quasi anders erleben und in den Augen der umgebenden Personen anders, als er ist, erscheinen läßt. Er versetzt sich in einen Zustand, in dem die eigenen Körperfunktionen und/oder psychischen Funktionen und/oder Charaktereigenschaften in einer solchen Weise erlebt werden und erscheinen, daß schließlich eine (angeblich) andere, eine quasi veränderte Selbstrepräsentanz resultiert. Diese unbewußt angestrebte Änderung des eigenen Selbsterlebens und des eigenen Erscheinungsbildes erfolgt nicht richtungslos. Sie geschieht nicht in ubiquitärer und unspezifischer Weise, sie bezweckt ausgesprochen und zielgerichtet die neurotische Entlastung von einem intrapsychischen Konflikt. Sie kann auch als eine unbewußte tendenziöse Inszenierung mit dem genannten ‚Ziel' verstanden werden."

Psychodynamik

Entscheidend für das Verständnis der Psychodynamik der Hysterie ist das unbewußte Bemühen, die **Selbstrepräsentanz** zu **manipulieren**, sich selbst anders zu erleben und auch anderen gegenüber anders zu erscheinen. Auf diesem Wege soll eine Entlastung von einem intrapsychischen, neurotischen Konflikt erreicht werden, dessen „allgegenwärtiger Zuschauer" das Über-Ich ist. Dieser Aspekt mag erstaunen, ist man doch im allgemeinen geneigt, eher dem Zwangsneurotiker ein strenges Über-Ich zu attestieren. Eine solche Sichtweise verkennt die Problematik, wenn der Hysteriker sein Über-Ich zu becircen und zu betören, abzulenken oder ersatzweise zu befriedigen versucht – allerdings immer in dem unbewußten und heimlichen Bemühen, doch etwas von der eigentlich so verbotenen Triebregung zur Erfüllung zu bringen. Die Phantasien und Impulse sind bedrohlich, also will der Hysteriker sich davon distanzieren, anders erleben und anders erscheinen, als er ist.

An dieser Veränderung des Selbstbildes ist die für die Hysterie typische **Emotionalisierung** und **Dramatisierung** („Affektualisation"; Valenstein 1962) entscheidend mitbeteiligt. Die dramatisierenden, häufig aufgeladenen Inszenierungen, der „Anfall", der „Nervenzusammenbruch" dienen der **Abwehr des Eigentlichen**. Es ist oft die Wahrnehmung eines darunterliegenden, latenten Affektes, die damit verhindert werden soll. Die Inszenierung wird dann als **„Gegenemotion"** (Fenichel 1945) eingesetzt. Eine weitere Funktion ist die oben beschriebene **Über-Ich-Entlastung**. In der dramatischen Szene wird der Über-Ich-Anspruch quasi überkorrekt und sichtbar erfüllt, es entsteht im Betrachter jedoch genau aus dieser Doppelbotschaft der Eindruck des Unechten. Als dritten Aspekt dieser Hyperemotionalität hebt Valenstein (1962) hervor, daß der Hysteriker damit versuche, schmerzlichen Realitäten und irritierenden Einsichten zu entgehen. Nimmt die hysterische Abwehr die Überemotionalisierung, um die „eigentlichen Gefühle" und damit verbundenen rationalen Einsichten zu verdecken, wird bei der Zwangsneurose der „gefährliche" Affekt isoliert und durch Intellektualisierung abgewehrt.

In diesem Zusammenhang sei auf den **„impressionistisch kognitiven Stil"** (Mentzos 1980) und den Umgang mit Phantasie und Symbolbildungen hingewiesen. Die hysterischen Patienten haben eine ganz besondere Durchlässigkeit für symbolhafte Inhalte und haben daher einerseits die Fähigkeit, Symbole zu dechiffrieren, müssen entsprechend ihre Abwehr dagegen verstärken und finden andererseits in der Konversionshysterie eine symbolhafte Form der Selbstdarstellung. Ein besonderer Stellenwert kommt den symbolisch verschlüsselten sexuellen Inhalten zu, die dann in der Abwehrform der Erotisierung der sozialen Beziehungen, auch der therapeutischen, zutage tritt. Um die besondere Bedeutung der **Sexualisierung** in der **hysterischen Symptombildung** zu verstehen, bedarf es des Rückgriffs auf genetische Zusammenhänge. Rupprecht-Schampera (1995) sieht in der frühen Triangulierung, der sexualisierten ödipalen Hinwendung zum Vater eine erste Abwehrbewegung gegen die bedrohliche Abhängigkeitsbeziehung zur Mutter. Die Erotisierung, der Flirt des Hysterikers entsteht so aus dem Bedürfnis nach einer helfenden Beziehung, als Ausdruck einer Objekt- und Identitätssuche (Khan 1993), nicht als Wunsch nach einer sexuellen Partnerschaft. Daher entsteht oft der Eindruck, daß Hysteriker mehr versprechen als sie halten. Dieses Muster wiederholt sich dann in anderen, auch therapeutischen Beziehungen, mit dem typischen Verlauf von der Faszination zur Enttäuschung. Ebenso häufig ergeben sich unterschiedliche Übertragungs- und Gegenübertragungs-Konstellationen mit weiblichen und männlichen Behandlern als Ausdruck der Suche nach triangulären Beziehungsstrukturen.

So kann man dem Hysteriker nur gerecht werden in dem Verständnis, daß sich das **Grundmotiv** um **Verlust** oder **Trennung** dreht, die **Sorge um Angenommen-Werden** darstellt oder **Verlassenheitsgefühle** beinhaltet. Seine farbigen und häufig unecht wirkenden Inszenierungen sind das Ringen um Akzeptanz; das erotische Angebot, das verzweifelte, pseudo-erwachsene Präsent an den wichtigen anderen in dem Bemühen um Angenommensein, in der Art der Präsentation von der biographischen Erfahrung geprägt. So geht es dem Hysteriker nicht eigentlich um Verführung – das ist häufig das tragische Mißverständnis, auch in psychotherapeutischen Verläufen – sondern um Geborgenheitswünsche und deren Befriedigung.

Ein weiterer zentraler Mechanismus der Hysterie ist die Neigung zu **Identifizierungen**. Er besteht in der Fähigkeit zur Rollenübernahme (Mentzos 1980), zur Imitation, und wird eingesetzt, um „Wirkung" auf andere zu erzeugen, im Versuch, das Gegenüber und damit die Quelle der Zuwendung an sich zu binden. Je mehr solche Identifizierungen an die Stelle von echten, reziproken Beziehungen treten, desto deutlicher haben sie Abwehrfunktion. Hoffmann (1979) betont, daß diese Art der Identifizierung nicht mit empathischer Einfühlung einhergeht, da es um Projektion und Verschiebung von Wünschen auf den anderen geht. Mentzos (1980) weist auf die Motivation hin: den Wunsch, sich in dieselbe Lage zu versetzen wie die Person, die imitiert wird oder Kompensation eines Verlustes durch Identifikation mit der geliebten Person.

Gilt die **Verdrängung** als der zentrale Abwehrmechanismus der Hysterie, so machen erst die beschriebenen Mechanismen das Spezifische der hysterischen Verdrängung aus. Körperliche Symptome wie Amnesien und Wahrnehmungsstörungen entstehen durch Verdrängung, Verleugnung und Verschiebung.

Dem Begriff der Verdrängung sehr nahestehend ist das Phänomen der **Dissoziation**, die ebenfalls bei hysterischen Phänomenen beobachtbar und beteiligt ist. Dieser Vorgang tritt in vielerlei Form auf: Bei der Emotionalisierung wird der eine Affekt gelebt, der andere (unbewußt) miterlebt, beim Umgang mit kognitivem Wissen wird die realitätsbezogene Wahrnehmung dissoziativ isoliert etc. Auch die berühmte *belle indifférence* des hysterischen Patienten gegenüber der Schwere seiner körperlichen Symptome ist als Dissoziation des begleitenden Affektes zu verstehen.

Sich bei der Diagnosestellung und Behandlung ausschließlich auf die oben beschriebene klinisch-dynamische Ebene zu beziehen, erschiene uns zu kurz gegriffen, da sich der Therapeut darüber bewußt sein sollte, nicht nur daß und wie abgewehrt wird, sondern auch was den abgewehrten Grundkonflikt darstellt. Die strittige Frage, die auch wir hier nicht abschließend beantworten können, ist jene, ob es einen einheitlichen Konflikt gibt. Hoffmann (1979) benennt drei **Konfliktebenen:**

- Erstens den **ödipalen Konflikt**, der sich im Übertragungsgeschehen derart äußert, daß vom Patienten unbewußt triadische Konstellationen (sehr gut beobachtbar im klinisch-stationären Setting) hergestellt werden.
- Zweitens den **oralen Abhängigkeitskonflikt**, bei dem der Patient Wünsche nach passivem Versorgt-Sein und nach Geborgenheit in einer dyadischen Beziehung zum Ausdruck bringt.
- Drittens den **narzißtischen Selbstwertkonflikt**, der bei fast allen hysterischen Patienten eine prominente Rolle spielt. Zum Beispiel ist die Manipulation der Selbstrepräsentanzen auch verstehbar als ein Versuch der Stabilisierung eines labilen Selbstbildes. Auch die Identifizierungsneigung dient dem Versuch, das Objekt an sich zu binden, da es so sehr für die narzißtische Gratifikation gebraucht wird. Die typisch hysterischen Partnerschaftskollusionen mit dem Gepräge der sadomasochistischen Kampfehe (Willi 1975) sind ein gutes Beispiel dafür, wie durch die Delegation des eigenen negativen Selbstbildes an den Partner die Stabilisierung erreicht wird.

Psychotherapie

Die Therapie der Wahl bei der Behandlung der hysterischen Neurose ist das **analytisch orientierte, aufdeckende Verfahren**, wogegen vor agierenden therapeutischen Vorgehensweisen ausdrücklich zu warnen ist. Die Hysteriker seien „zugleich die besten und die schlechtesten Patienten" warnt Green (1982) vor übertriebenem therapeutischen Optimismus. In der Tat beschreiben und warnen alle Autoren vor der spezifischen **Übertragungskonstellation** mit hysterischen Patienten. Auch hier wird wieder unterschieden zwischen hysterischer Symptomatik, die leichter und schneller zu behandeln sei und dem hysterischen Charakter. Bei letzterem sei „das unbewußte Zusammenspiel von Arzt und Patient" so „ausgeprägt" wie bei keiner anderen Neurose (Hoffmann und Hochapfel 1995). Dadurch kommt der Betrachtung der Gegenübertragung bei diesem Krankheitsbild eine besondere Rolle zu. Die hysterischen Patienten zeichnet aus, daß sie im Gegenüber heftige Gefühle zu wecken imstande sind. So ist das starke Involviertsein ein erstes Diagnostikum. Die Gegenübertragungsgefühle reichen von Faszination und aktiver Parteinahme bis zur enttäuschten Verärgerung und dem Wunsch, diese Patienten loszuwerden. Haas (1987) nennt diese „regelmäßig wiederkehrende und in eine bestimmte Richtung laufende Veränderung" ein „prägnanztypisches hysteriformes Gegenübertragungsgefälle".

Verwirrung und **Faszination** sind oft die **ersten** Eindrücke im therapeutischen Erstkontakt. Die beschriebene Emotionalisierung, der impressionistische Stil, das dramatische Verhalten bannen und verwirren gleichermaßen und lassen das Gefühl des Unechten entstehen, ein entscheidendes Diagnostikum in der Gegenübertragung. Die **Verführungskunst**, sei sie nun erotischer, narzißtischer oder regressiver Art, weckt im Therapeuten oft grenzüberschreitende Phantasien, sei es nun, daß sich der männliche Therapeut als Mann gemeint und angezogen (ödipale Ebene), oder sei es, daß er sich in seinen Größen- und Rettungsphantasien (narzißtische Ebene) angesprochen, oder sei es, daß er sich in seinen altruistischen Helferimpulsen (orale Ebene) bestätigt fühlt. Auf jeden Fall soll „aus einem zunächst indifferenten Arzt ein interessierter Partner gemacht werden" (Haas 1982). Diese **grenzverwischende Beziehungsaufnahme** zeigt das tiefe Bedürfnis der hysterischen Persönlichkeit nach einer komplementären Einheit, der Therapeut möge die Selbstzweifel des Patienten mildern, die sehnsüchtigen Wünsche nach dem ödipalen Vater erfüllen oder die passiven Versorgungswünsche befriedigen. Green (1982) formuliert es zugespitzt: „Der Hysteriker strebt weniger nach Veränderung als nach dem Gewinn, den er aus seiner Hysterie zieht." Mentzos (1980) weist auf die pseudoregressive und pseudoprogressive Ausgestaltung der Übertragungsbeziehung hin, hinter der sich der eigentliche Konflikt-„Affekt" verbirgt und hält insofern den psychoanalytischen Verständniszugang für das einzige Mittel der Wahl, um die sich hinter der verwirrenden Botschaft verbergenden Grundkonflikte zu erkennen.

Das **Gegenübertragungsgefühl** der **Unechtheit** zeigt das Scheitern der Abwehrleistung des Patienten, das heißt, der Therapeut bekommt die Chance, die latenten Motive der Inszenierung zu erfassen, wie die Stärke hinter der Schwäche, die Unsicherheit hinter der Verführungskunst etc. Wenn es dem Therapeuten nicht gelingt, diese „unerhörte Botschaft" (Israel 1987) zu entschlüsseln, kommt es unweigerlich zur beschriebenen Enttäuschung und Verärgerung auf beiden Seiten und bei somatischen Behandlern zu Weiterverweisungen.

Der Hysteriker verdeckt aufwendig seinen **Grundkonflikt**, der auf verschiedenen Ebenen anzusiedeln ist: eine ödipale Konflikthaftigkeit ebenso wie der Mangel an einer guten, stabilen Beziehung zu den primären Objekten. Diesen frühen Mangel auszugleichen ist das Bemühen des spezifisch hysterischen Modus der Konfliktverarbeitung. „In diesem Sinne könnte Hysterie geradezu als Querulation der Liebe definiert werden; der Hysteriker bietet leidenschaftlich alles auf, um etwas haben und verschenken zu können, wofür er begehrt und geliebt wird. Da er aber gerade zum Gefäß der primären Liebe (Balint) keinen Schlüssel hat und dieses letzte somit nicht explizieren kann, gibt er diesem Nicht-Haben gleichsam eine positive Anschaulichkeit, indem er in seinem therapeutischen Gegenüber den Schein des Habens erweckt und damit die Dualistik des Hysterie-Gefühls entzündet" (Haas 1987).

Fallbeispiele

Im folgenden Fallbeispiel wird die stationäre Psychotherapie einer Patientin mit Dämmerzuständen und Schwindelattacken beschrieben.

--- **Fallbeispiel** ---

Bereits mit ihrem Erscheinen sorgt sie für Aufsehen auf der Station. Die männlichen Therapeuten bemühen sich in der Indikationskonferenz, viel für diese „nette" Patientin zu tun, das heißt viele Therapieangebote zu offerieren. Auch der Chefarzt ist bereits am ersten Wochenende involviert, die Patientin ruft ihn an ihr Bett, um „die Hand zu halten". Als Begründung klagt sie über ihre heftigen Schwindelattacyken. So eilt ihr ein entsprechender Ruf voraus, bevor sie das erste Gespräch mit der Therapeutin hat. Deren erster Eindruck ist: „Eine kleine Andie MacDowell, eine zauberhafte, vermutlich ziemlich verwöhnte Vater-Tochter". Es ist deutlich, daß sie sich ihrer Verführungskunst bewußt ist und sie auch entsprechend einzusetzen weiß, aber im Erstgespräch fließen die Tränen, ist sie eher ein verheultes kleines Mädchen, das über seine Schwierigkeiten mit den Männern klagt.

Der **ödipale Aspekt** der **Übertragungsdynamik** ist überdeutlich, der sich den männlichen Behandlern in pseudoprogressiver, das heißt erotisierter Form präsentiert, dagegen der Therapeutin in pseudoregressiver, das heißt kindlich-harmloser Art aus Angst vor der in der Luft liegenden Konkurrenz.

--- **Fallbeispiel** ---

Immer verliebe sie sich „in den Falschen". Die lieben, die verläßlichen Männer, jene, die die Mutter und die Schwester gut finden, die seien ihr fad und langweilig. Sie verliebe sich dagegen immer in „Macho-Typen" die starken, die kräftigen, bei denen sie aber vor der Sexualität „schreckliche Angst" habe. Den ersten Dämmerzustand habe sie beim ersten Rendezvous mit „Ritchie" gehabt. Schon in der Schule habe sie für ihn geschwärmt, als einer der ersten habe er sein eigenes Motorrad gehabt. Nachdem er sich nun endlich auch für sie interessierte, habe sie ihn beim ersten Treffen nur wie durch einen Nebel wahrnehmen und vor lauter Schwindel gar nicht auf sein Motorrad steigen können.

Die Patientin ist die jüngste von drei Schwestern und als Nachzüglerin acht Jahre jünger als die nächst ältere Schwester. Zwischen den Eltern habe es immer Streit gegeben. Der Vater, ein wortkarger, mürrischer Mann, habe sich hinter seiner Arbeit verschanzt, und die Mutter habe ihm Vorhaltungen gemacht, daß er ihr Leben zerstöre. Sie als die Jüngste sei eigentlich nicht mehr gewollt gewesen, habe ihr die Mutter gesagt, denn sonst habe sie sich vom Vater trennen wollen. So habe sie oft mit der Mutter das Gefühl, an deren Misere und vielfältigen Krankheiten schuldig zu sein. Der Vater hingegen habe ihr oft vermittelt, daß sie die einzige in der Familie sei, die ihn verstehe und bei der er bei Streit mit der Mutter Unterstützung suchte. Eifersüchtig und argwöhnisch habe er seit der Pubertät ihre Freundschaften mit Jungen beobachtet beziehungsweise versucht, ihr die Kontakte zu verbieten. Nachdem sie zwanzigjährig von zu Hause ausgezogen sei, habe er ihr mehrfach angeboten, mit ihr allein in Urlaub zu fahren. So sehr sie sich oft gewünscht habe, dem Kleinkrieg zwischen den Eltern entrinnen zu können, so sehr habe sie den Schritt in die Selbständigkeit auch gefürchtet. Mit dem Auszug und der kurz darauf beginnenden Freundschaft mit „Ritchie" begann auch ihre Symptomatik.

Wie erwartet versetzt sie die Männer der Station in heftige Unruhe und verliebt sich anfangs in einen „lieben", aber verheirateten Mitpatienten. Von ihm fühle sie sich verstanden, er sei der Typ zum „Kuscheln". Ein ärztlicher Kollege weckt ganz andere Phantasien in ihr. Tränenüberströmt und angstbebend berichtet sie von der Vorstellung, daß er abends beim Nachtdienst in ihr Zimmer eindringe, sie mit seinen „starken Armen" festhalte und dann mit ihr „mache, was er wolle". Hier liegt die Angst ganz dicht bei der verpönten Lust. In dieser Zeit verliert sie deutlich an Gewicht und wird nun, trotz ihres Protestes, regelmäßig gewogen. Nur zögernd gesteht sie in der Therapie, daß sie bewußt hungere. Wenn sie so mager sei, könne kein Mann ihren Körper mehr attraktiv finden. Dabei habe sie ganz heimlich, berichtet sie voll Scham, den tiefen Wunsch, ihren Körper zu zeigen. Diese und ähnliche erotische Themen wechseln von Stunde zu Stunde, die Therapeutin fühlt sich wie eine Beobachterin der für sie inszenierten Darstellung, dabei aber ausgeschlossen. In der Gegenübertragung ruft die Patientin eine Mischung aus Besorgtheit und moralisierender Abwehr hervor – ihre eigene Verurteilung, die qua Projektion die Therapeutin spürt. Mit der Deutung ihrer Selbstverurteilung rückt der Übertragungsaspekt in den Mittelpunkt. Die Patientin erlebt die Therapeutin wie ihre Mutter, die sie zwar ganz und gar verstehe, auch ohne Worte, die ihr aber ständig das Gefühl gebe, nicht gut genug zu sein beziehungsweise sich noch mehr für sie anstrengen zu müssen. Der Entlassungstermin aktualisiert dieses Thema in der Befürchtung der Patientin, die Therapeutin wolle sie loswerden, da sie so anstrengend sei.

Die ödipal-inzestuöse Verliebtheit dieser Patientin dient der Abwehr einer negativen Mutterübertragung. Zugrundeliegend ist die hochambivalente Bindung an die Mutter, von der sie sich nicht ausreichend angenommen fühlt und sich daraufhin enttäuscht dem Vater zuwendet, der seinerseits frustriert in seiner Partnerschaft, die Tochter inzestuös an sich bindet. Dadurch ist hier die Separation verstellt, und sie sucht in der Reinszenierung immer gleicher Verliebtheitssituationen die Lösung ihres frühen Trennungsproblems.

Zusammenfassung

Die Hysterie ist aufgrund ihrer **nosologischen Uneinheitlichkeit** und diagnostischen Unschärfe sowie des häufig verwirrenden therapeutischen Zugangs ein facettenreiches wie auch faszinierendes Krankheitsbild. Die Annahme einer nosologischen Einheit von ödipalem Konflikt und hysterischer Symptombildung wurde schon früh in Frage gestellt, präödipale Fixierungen bei hysterischen Symptomen und Erscheinungsbildern postuliert. Insbesondere führte die Diskussion zu einer klareren Unterscheidung zwischen hysterischer Persönlichkeitsstruktur und hysterischer Symptombildung auf körperlicher und seelischer Ebene.

Die **Erklärungsmodelle** spannen einen Bogen zwischen zwei Polen: Rupprecht-Schampera (1995) interpretiert die verschiedenen Typen der Hysterie als Kontinuum entlang der Linie einer gestörten Separations- und Individuationsentwicklung. Sie unternimmt damit den Versuch, für hysterische Erscheinungsbilder auf präödipalem und reiferem Niveau einen erweiterten einheitlichen Grundkonflikt zu formulieren. Mentzos (1980) dagegen interpretiert die Hysterie als eine Abwehrleistung und sieht in der hysterischen Symptomatik das

unbewußte Bemühen, die Selbstrepräsentanz zu verändern, um sich von dem „allgegenwärtigen Zuschauer", dem eigenen so kritischen Über-Ich zu entlasten.

Übereinstimmung herrscht dagegen auf der psychodynamisch-phänomenologischen Ebene. Die für hysterische Patienten typische **Emotionalisierung** und **Dramatisierung** wird als eine Abwehrleistung zur Veränderung der Selbstrepräsentanzen verstanden. **Symbolhafter Ausdruck**, speziell die verschlüsselten sexuellen Inhalte, spielen bei dieser Patientengruppe eine besondere Rolle. Die **Erotisierung** der Beziehungen, auch der therapeutischen, entsteht aus dem Bedürfnis, Verlassenheits- und Trennungsängste zu bewältigen, nicht jedoch als Ausdruck einer Partnersuche. Dieses „Mißverständnis" sorgt für die häufig auftretenden Enttäuschungen in therapeutischen und anderen Beziehungen. Die Neigung zu **Identifizierungen** ist ebenfalls als der Wunsch zu interpretieren, die Quelle der Zuwendung an sich zu binden. **Verdrängung** und **Dissoziation** sind weitere zentrale Abwehrmechanismen. Zur Diagnosestellung und Behandlung ist nach unserem Verständnis diese klinisch-dynamische Betrachtung nicht ausreichend, sondern es ist immer wieder nach dem Grundkonflikt zu fragen.

Um der Vielschichtigkeit des hysterischen Phänomens gerecht zu werden, ist der **analytisch orientierte** Zugang die Therapie der Wahl. Die Schwierigkeit der Behandlung liegt in der spezifischen Übertragungskonstellation mit hysterischen Patienten. Starkes Involviertsein des Therapeuten mit Gefühlen der Faszination und Verwirrung sind ein erstes Diagnostikum. Die Verführungskunst des Patienten weckt im Therapeuten möglicherweise grenzüberschreitende Phantasien. Hier ist Vorsicht geboten, da es gilt, die latenten Motive dieser grenzverwischenden Kontaktaufnahme zu verstehen, nicht aber dieses Angebot auf der vordergründigen Ebene anzunehmen und gar umzusetzen. Das hysterietypische Gegenübertragungsgefühl der Unechtheit ist als Hinweis zu nutzen auf die der hysterischen Inszenierung unterlegten Konflikte. Das Grundmotiv des Patienten dreht sich um Verlust und Trennung, um die sehnsüchtige Suche nach Geborgenheit und Angenommenwerden.

Literatur

Axelrod S, Noonen M, Atanacio D. On the laterality of psychogenic somatic symptoms. J Nerv Ment Disord 1980; 168: 517–22.

Braun C v. Nicht Ich. Frankfurt: Verlag Neue Kritik 1988.

Brenman E. Hysterie. Psyche 1990; 44: 1063–81.

Captan RL, Nadelson T. The Oklahoma complex: A common form of conversion hysteria. Arch Intern Med 1980; 140: 185–6.

De Boor C. Hysterie: Konversionsneurotisches Symptom oder Charakterstruktur? Psyche 1966; 20: 588–99.

Easer WR, Lasser SR. Hysterical personality: A re-evaluation. Psychoanal Quart 1965; 34: 390–405.

Elhardt S. Tiefenpsychologie. Eine Einführung. Stuttgart, Berlin, Köln, Mainz: Kohlhammer 1978.

Engel GL. In: Signs and Symptom. Applied Physiology and Clinical Interpretation. 5. ed. Mac Bryde CM, Blacklow RS (eds). Philadelphia: Lippincott 1970; 423–8.

Fenichel O. The Psychoanalytical Theory of Neurosis. New York: Norton 1945. Deutsche Übersetzung: Psychoanalytische Neurosenlehre. Bd 2. Olten: Walter 1975.

Ferenczi S. Hysterische Materialisationsphänomene. 1919. In: Bausteine zur Psychoanalyse. Bd 3. Ferenczi S. Berlin: Ullstein 1984; 129–47.

Freud S. Die Abwehr-Neuropsychosen. 1894. GW Bd 1. Frankfurt: Fischer 1964.

Green A. Die Hysterie. In: Die Psychologie des 20. Jahrhunderts. II. Freud und die Folgen (1). Eicke D (Hrsg). Weinheim, Basel: Beltz 1982; 623–51.

Haas JP. Bemerkungen zum sogenannten „Hysterie-Gefühl". Der Nervenarzt 1987; 59: 92–8.

Hoffmann SO. Charakter und Neurose. Frankfurt: Suhrkamp 1979.

Hoffmann SO, Eckhardt-Henn A. Von der Hysterie zur Histrionischen Persönlichkeitsstörung: ein historischer und konzeptueller Überblick. Persönlichkeitsstörungen 2000; 24: 1.2.8–1.3.7.

Hoffmann SO, Hochapfel G. Neurosenlehre, Psychotherapeutische und Psychosomatische Medizin. 5. Aufl. Stuttgart, New York: Schattauer 1995.

Israel L. Die unerhörte Botschaft der Hysterie. München, Basel: Reinhardt 1987.

Khan MM. Erfahrungen im Möglichkeitsraum. Frankfurt: Suhrkamp 1993.

Krohn A. The Elusive Neurosis. New York: International University Press 1978.

Küchenhoff J. Hysterie. In: Psychotherapeutische Medizin. Rudolf G (Hrsg). Stuttgart: Enke 1993; 192–8.

Kuiper PC. Die seelischen Krankheiten des Menschen. Bern, Stuttgart: Huber/Klett 1968.

Marmor J. Orality in the hysterical personality. J Am Psychoanal Ass 1953; I: 656–71.

McKegney FP. The incidence and characteristics of patients with conversion reactions. A general hospital consultation service sample. Amer J Psychiat 1967; 124: 542–5.

Mentzos S. Hysterie. München: Kindler 1980.

Reich W. Charakteranalyse. Technik und Grundlagen. Berlin: Selbstverlag 1933.

Rupprecht-Schampera U. The concept of early triangulation as a key to a unified concept for hysteria. Int J Psychoanal 1995; 76: 457–73.

Shorter E. Moderne Leiden. Zur Geschichte der psychoanalytischen Krankheiten. Reinbek: Rowohlt 1994.

Smokler LA, Shevrin H. Cerebral lateralization and personality style. Arch Gen Psychiat 1979; 36: 949–54.

Valenstein AF. The psychoanalytic situation. Int J Psychoanal 1962; 43: 315–24.

Weber K. Einführung in die psychosomatische Medizin. Bern, Stuttgart, Toronto: Huber 1984.

Willi J. Die Zweierbeziehung. Hamburg: Rowohlt 1975.

Wisdom JO. Ein methodologischer Versuch zum Hysterieproblem. Psyche 1961; 15: 561–87.

Wittels F. Der hysterische Charakter. Psychoanal Bewegung 1931; 3: 138–65.

Zetzel E. The so-called good hysteric. Int J Psychoanal 1968; 49: 256–60.

Literaturempfehlung

Green A. Die Hysterie. In: Die Psychologie des 20. Jahrhunderts. II. Freud und die Folgen (1). Weinheim, Basel: Beltz 1982; 623–51.

Israel L. Die unerhörte Botschaft der Hysterie. München, Basel: Reinhardt 1987.

Mentzos S. Hysterie. München: Kindler 1980.

Shorter E. Moderne Leiden. Zur Geschichte der psychosomatischen Krankheiten. Reinbek: Rowohlt 1994.

Zwangsstörungen

Iver Hand

Grundlagen

ICD-10-Klassifikation

Die Zwangsstörung (F42) wird in ICD-10 unterteilt in vorwiegend Zwangsgedanken und Grübelzwang (F42.0), vorwiegend Zwangshandlungen bzw. Zwangsrituale (F42.1), Zwangsgedanken und -handlungen – gemischt (F42.2), sonstige Zwangsstörungen (F42.8), nicht näher bezeichnete Zwangsstörung (F42.9).

Nach ICD-10 zeigen alle Zwangsstörungen folgende Merkmale: Sie werden als eigene Gedanken/Handlungen angesehen; sie wiederholen sich ständig, werden als unangenehm empfunden und mindestens ein Zwangssymptom wird als übertrieben und unsinnig anerkannt. Die Betroffenen versuchen Widerstand zu leisten, was bei mindestens einem Symptom gegenwärtig erfolglos bleibt; die Ausführung eines Zwangsgedankens oder einer Zwangshandlung ist für sich genommen nicht angenehm (dies sollte gegenüber einer vorübergehenden Erleichterung von Spannung und Angst abgegrenzt werden).

Epidemiologie und Bedeutung in der Psychotherapie

Zwangsstörungen wurden noch bis vor wenigen Jahren hinsichtlich ihrer epidemiologischen Bedeutung zumindest in der psychiatrischen Literatur völlig unterschätzt. Die angenommene Lebenszeitprävalenz von deutlich unter 0,1% der Gesamtbevölkerung wurde dann durch die Ergebnisse der ECA-Studien in den USA (in Karno und Golding 1991) erheblich, möglicherweise zu erheblich, korrigiert. Danach leiden 2 bis 3% der erwachsenen wahlberechtigten Bevölkerung irgendwann im Laufe ihres Lebens unter behandlungsbedürftigen Zwangsstörungen. Eine Kontrolluntersuchung der ECA-Probanden ein Jahr nach der Erstuntersuchung (Nelson und Rice 1997) ergab dann aber eine „sehr niedrige" zeitliche Stabilität der Diagnose Zwangsstörung. Den von Laien durchgeführten, standardisierten diagnostischen Interviews wird eine ausgesprochen niedrige Validität bescheinigt und damit die aktuelle und die Lebenszeithäufigkeit der Zwangsstörung in der untersuchten Population in Frage gestellt. Ähnliche Ergebnisse zeigte die Züricher epidemiologische Studie (zit. in Rasmussen und Eisen 1997). Erschwerend für eine adäquate Identifikation ist aber, daß transkulturell die Zwangsstörung eine „heimliche (bzw. verheimlichte) Krankheit" darstellt (s. u.) – daher könnte vermutet werden, daß die Häufigkeit der Störung immer noch eher unterschätzt wird. Nicht selten tauchen auch erhebliche differentialdiagnostische Probleme auf (s. u.). Möglicherweise verläuft auch ein Gutteil der Zwangsstörungen episodisch (Rasmussen und Eisen 1997). Die Therapieprognose ist bei episodisch verlaufenden Störungen grundsätzlich günstiger, so daß dieser Aspekt bei der Beurteilung von Therapiestudien gesondert betrachtet werden müßte. Darüber hinaus könnte bei Therapieende ein niedrigerer Testwert für das Symptom durch den natürlichen Verlauf der Störung mitbedingt sein und irrtümlich als alleiniger Therapieeffekt deklariert werden (gilt sowohl für Psychotherapie- als auch für Medikamentenstudien).

Eine wesentlich höhere Prävalenz dürfte dann gefunden werden, wenn nach dem zeitweiligen Auftreten störender (nicht unbedingt behandlungsbedürftiger) Zwangssymptome gefragt wird, zum Beispiel: der seine Fachzeitschriften über Jahre im häuslichen Wohnbereich hortende und seine Ehefrau damit zunehmend provozierende Akademiker/Sportsfreund; der zunehmende Partnerschaftskonflikt über die Frage, ob Verschlüsse von Honiggläsern oder Zahnpastatuben zugeschraubt werden müssen oder nur aufgedrückt werden dürfen; das 40minütige Badezimmer-Ritual der postpubertären Tochter.

Unter ambulanten psychiatrischen Patienten fand Bebbington (1998) bei 10% der Untersuchten „signifikante" Zwangssymptome. Unter stationären psychiatrischen Patienten hatte bereits Foulds (1976) Zwangssymptome als häufigste Symptomform gefunden. Die Zwangsstörung beginnt überwiegend zwischen der Pubertät und der Mitte des zweiten Lebensjahrzehnts, mit Schwerpunkt um das zwanzigste Lebensjahr. Allerdings sind passager auftretende Zwangssymptome bei Kindern und Jugendlichen wohl deutlich häufiger als noch bis vor wenigen Jahren angenommen. Sie stellen aber in der Regel noch keine Zwangsstörung dar. Die Geschlechterverteilung wird von verschiedenen Autoren unterschiedlich angegeben: von deutlichem Überwiegen der Frauen bis zu einer Gleichverteilung (ausführliche Darstellung in Rasmussen und Eisen 1997).

In der Psychoanalyse hat sich Freud sehr früh und intensiv mit dem Phänomen der „Zwangsneurose" befaßt. Er und eine Reihe weiterer Autoren haben komplexe psychodynamische Modelle entwickelt. Im Gegensatz dazu konnte eine wirksame tiefenpsychologische Behandlungsmethode bisher aber nicht nachgewiesen werden. In jüngerer Zeit werden lerntheoretische Modelle und verhaltenstherapeutische Erfahrungen in die tiefenpsychologischen Ansätze integriert (z. B. Csef 2000). In der Verhaltenstherapie hat die Beschäftigung mit Zwangsstörungen ebenfalls von Beginn an einen sehr hohen Stellenwert gehabt. Allerdings stand, anders als in der Psychoanalyse, die Entwicklung von symptomspezifischen Verfahren und der Nachweis ihrer Wirksamkeit im Vordergrund. Die moderne multimodale Verhaltenstherapie bei Zwangsstörungen hat mittlerweile sowohl tiefenpsychologische als auch systemische Teilaspekte in ihr theoretisches und therapeutisches Konzept integriert (z. B. Hand 1982; Hand 2000a). In der Psychiatrie wurde die Aufmerksamkeit nachhaltig erst zu dem Zeitpunkt geweckt, als größere Studien mit Serotoninwiederaufnahmehemmern eine wirksame Pharmakotherapie belegten – die vorher über viele Jahre publizierten entsprechenden Er-

fahrungen mit Clomipramin hatten keinen vergleichbaren Effekt!

Von seiten der Therapeuten gibt es – schulenunabhängig – zwei sehr unterschiedliche Reaktionen auf die ersten Erfahrungen in der Ausbildung zur Behandlung von Zwangsstörungen: entweder Faszination und lang anhaltende intensive Beschäftigung oder Frustration und hohes Vermeidungsverhalten gegenüber Zwangskranken und deren Familien. Dementsprechend werden bestimmte Psychotherapeuten schließlich häufig bzw. selten von solchen Patienten aufgesucht.

Krankheitsbild: Phänomenologie, Ätiologie und Funktion

Phänomenologie

Die häufigsten Zwangshandlungen sind: Waschen, Reinigen, Kontrollieren, Ordnen, Wiederholen, Berühren und Zählen. Die häufigsten Zwangsgedanken betreffen: Angst vor Kontamination (eigene Erkrankung, Weitergeben von Erkrankungen an andere Personen); pathologische Zweifel; übermäßige Beschäftigung mit Symmetrie und Ordnung; aggressive oder sexuelle Gedankeninhalte mit Angst vor Handlungs-„Explosion"; Angst, sich oder anderen Schaden zuzufügen oder schon zugefügt zu haben. Zwangsgedanken und -handlungen kommen überwiegend gemeinsam vor. Nicht selten wechselt die Art der Zwangssymptome bei Betroffenen im Zeitablauf. Zwangshandlungen und -gedanken sind oft eng mit magischem Denken verknüpft und sollen dann in der Regel Unheil vom Betroffenen oder Bezugspersonen abwenden.

Zur „Objektivierung" der Zwangssymptomatik werden international eine Reihe von Selbsteinstufungsverfahren und – als Gold Standard für internationale Studien – das strukturierte Interview mit der Yale-Brown Obsessive Compulsive Scale eingesetzt (Y-BOCS, Goodman et al. 1989; autorisierte deutsche Übersetzung Büttner-Westphal und Hand 1991). Dieses Interview ist auch in einer Selbsteinstufungsversion verfügbar und ergab in einer ersten Studie (Steketee et al. 1996) eine recht gute Übereinstimmung der Ergebnisse mit jenen der Interviewform. Inzwischen haben Schaible et al. (2001) für die deutschsprachige Version ein ähnliches Ergebnis gefunden. Im deutschen Sprachraum wurde als Selbsteinstufungsverfahren das Hamburger Zwangsinventar (HZI; Zaworka et al. 1983) entwickelt. Nachfolgend wurde daraus eine für Screening-Zwecke gut geeignete Kurzform (Klepsch et al. 1993) abgeleitet. Auf die Vor- und Nachteile der verschiedenen Verfahren kann hier nicht näher eingegangen werden.

Mit Hilfe dieser Untersuchungsinstrumente wurden Faktorenlösungen für eine „Ordnung" der unterschiedlichen Zwangssymptome untersucht. Für die Y-BOCS wurden wiederholt Vier-Faktoren-Lösungen gefunden, zuletzt von Leckman et al. (1997): „Zwangsgedanken und Kontrollieren; Symmetrie und Ordnen; Sauberkeitsprinzipien und Waschen;

Horten". In einer neueren Studie aus unserer Arbeitsgruppe (Moritz et al., im Druck) wurde eine Drei-Faktoren-Lösung gefunden: Handlungszwänge, Gedankenzwänge und Widerstand gegen die Ausübung der Zwänge.

Ätiologie

Die ätiologischen Faktoren sind bei der Zwangsstörung ausgesprochen heterogen. Unter psychopathologisch-verhaltensanalytischen Aspekten sind folgende Faktoren hervorzuheben: Die Diagnose umfaßt eine Gruppe von Syndromen mit individuell sehr unterschiedlicher Symptom-Konfiguration. Die ursächlichen und aufrechterhaltenden Faktoren reichen von genetisch vorgegebener Vulnerabilität (erhöhte Angstbereitschaft; erhöhte Irritierbarkeit; erniedrigte Flexibilität im Denken und Fühlen; maladaptives, vorzeitiges Auslösen eines spezifischen „archaischen Reflexbogens", s. u.) bis hin zu einer Vielzahl psychosozialer Variablen (Erziehungsstile in Familie und Schule; Sozialisation unter Gleichaltrigen in Kindheit und Jugend; psychische Traumatisierungen; kulturelle und gesellschaftliche Normanforderungen). Bei etwa der Hälfte der chronischen Zwangskranken liegen ein primär erniedrigtes Selbstwertgefühl, soziale Defizite und Ängste (häufig in Kombination mit daraus resultierender latenter Aggressionsbereitschaft) und allgemeine Lebensangst vor.

Immer wieder werden auch Defizite in der kognitiven Funktionsfähigkeit diskutiert. Laufende Studien in unserer Arbeitsgruppe zeigen aber, daß ein Teil der für zwangstypisch gehaltenen neuropsychologischen Störungen ausschließlich auf die begleitende sekundäre Depression zurückzuführen sind, während andere unabhängig von Depressionen bei einem Teil der Patienten vorliegen (Moritz et al. 2001). Defizite in der emotionalen Wahrnehmungsfähigkeit – zum Beispiel durch traumatisierende Erlebnisse in Kindheit und Jugend im Sinne einer posttraumatischen Belastungsstörung – scheinen ebenfalls bei einem Teil der Patienten vorzuliegen (Hand 2000a).

Unter welchen Bedingungen eine Zwangsstörung durch „Lernen am Modell" eines Elternteiles auftritt, ist schwierig zu beantworten. Bei Familien mit mehreren Kindern und zumindest einem zwangskranken Elternteil kann das eine Kind frühzeitig ausgeprägte Zwänge entwickeln, während ein anderes scheinbar völlig unauffällig bleibt oder sogar ein „Anti-Zwangsverhalten" entwickelt. Dementsprechend scheinen ne-

ben dem viel diskutierten „Erziehungsstil" der Eltern zusätzliche Variablen (z. B. Stellung in der Geschwisterreihe; Sozialisation unter Gleichaltrigen in Kindheit und Jugend) dafür entscheidend, ob die eine oder die andere Entwicklung eintritt.

Schließlich muß noch berücksichtigt werden, daß emotional-kognitive oder leistungsmäßige Überforderungssituationen und chronische Unzufriedenheit im beruflichen oder im Privatleben bei prädisponierten Personen die Manifestation von Zwangssymptomen zu fördern scheinen.

Funktionen

Aufgrund seiner für Betroffene subjektiv oft positiven, kurzfristigen Effekte (Reduktion innerer Spannungszustände oder negativer emotionaler Befindlichkeit) wird das Zwangsverhalten im Moment seiner Durchführung meist gewollt und auch gegen äußeren Widerstand durchgesetzt – trotz der negativ erlebten mittelfristigen Konsequenzen und daraus bestärkter rationaler Einsicht in die Unsinnigkeit des Verhaltens.

Die unmittelbare Vermeidung oder Reduktion negativer Befindlichkeit scheint eine Hauptfunktion des Symptomverhaltens bei Zwangs- und Zwangsspektrum-Störungen sowie bei stoffgebundenen Süchten zu sein (Hand 1997; s. Abb. 5-4).

Die häufigsten intrapsychischen und interaktionellen Funktionen von Zwangsstörungen sind:

● **Intrapsychisch**
  – Bewältigungsversuch für spezifische oder auch ungerichtete (Lebens-)Ängste (oft über magisches Denken und Handeln)
  – Versuch der Erfüllung des Strebens nach „Hundertprozentigkeit" und/oder „hundertprozentiger Sicherheit" (bei schweren Verläufen mit der Konsequenz: Der Patient „stirbt" psychologisch und sozial, um körperlich am Leben zu bleiben; „Zwängeln" wird zum Lebensinhalt; „Lernen am Mißerfolg" findet nicht mehr statt; Kriterien für ein „Genug" des Zwangsverhaltens gehen verloren)
  – Bewältigungsversuch für eine – oft nicht adäquat wahrgenommene – primäre Depression
  – Bewältigungsversuch für einen psychogen oder organisch bedingten zerebralen Leistungsabfall
● **Interaktionell**
  – „Waffen" in sozialen Machtkämpfen, z. B. in Familien oder am Arbeitsplatz (etwa: Abreaktion von Aggres-

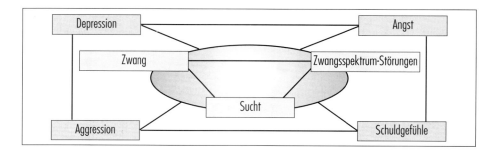

Abb. 5-4 Gefühlsvermeidungen und Verhaltenskonsequenzen bei Zwangs- und Zwangsspektrum-Störungen.

Tab. 5-3 Spezifische Funktionen spezifischer Zwänge.

Art der Zwänge	Grad der Gestörtheit	
	leicht/mittel	schwer
Waschen/Säubern	• Analog zu Phobien vor Auslösesituationen; Zwangshandlung = Flucht vor Auslösesituationen • **Gewißheit** von eigener Verhaltenseffektivität	• „Leben" besteht im wesentlichen aus Meidung von bzw. Flucht aus Auslösesituation; Zwangsverhalten = „Lebensinhalt" • **Verlust der Gewißheit** von eigener Verhaltenseffektivität → „unbewußtes" magisches Denken
Kontrollieren/Ordnen	• Coping mit mangelndem Selbstwertgefühl; Reduktion der Angst vor Ablehnung durch „Erzwängeln" von Anerkennung mittels Übererfüllung sozialer Normen • Coping mit psychisch oder organisch bedingter zerebraler Leistungsminderung • **Hoffnung** auf eigene Verhaltenseffektivität	• Je weniger Bedürfnis (nach Anerkennung)-befriedigung durch Zwangsverhalten, um so mehr Zwangsverhalten, um so weniger Anerkennung usw. • **Verlust der Hoffnung** auf eigene Verhaltenseffektivität → „unbewußtes" magisches Denken erhält Glauben an eigene Verhaltenseffektivität
Zählen/Wiederholen/Berühren (teilweise kombiniert mit Zwangsgedanken, sich oder anderen Schaden zuzufügen)	• Abwendung von Unheil von anderen oder sich selbst • **Glaube** an eigene Verhaltenseffektivität nur über bewußtes magisches Denken	• Wie leichtere Form, nur verstärkte Ausprägung
Grübeln vor/nach Handlungen	• Coping mit mangelndem Selbstwertgefühl; Reduktion der Angst vor Ablehnung durch „Erzwängeln" von Anerkennung mittels Übererfüllung sozialer Normen • Coping mit psychisch oder organisch bedingter zerebraler Leistungsminderung • **Hoffnung** auf eigene Verhaltenseffektivität	• Je weniger Bedürfnis (nach Anerkennung)-befriedigung durch Zwangsverhalten, um so mehr Zwangsverhalten, um so weniger Anerkennung usw. • **Verlust der Hoffnung** auf eigene Verhaltenseffektivität → „unbewußtes" magisches Denken erhält Glauben an eigene Verhaltenseffektivität
Grübeln über eigene Versündigung	• Angst vor eigener Hilflosigkeit	• Gewißheit eigener Hilflosigkeit • **Verlust des Glaubens** an eigene Verhaltenseffektivität

sionen auf eine für die Beziehung wenig gefährliche Weise – Schuld am Streit ist ja immer der Zwang und nicht ein persönlicher Konflikt; ausführliche Falldarstellungen in Hand 2000a)

– Erhalt von Zuwendung und Aufmerksamkeit (z.B. durch die in drohender Scheidung lebenden Eltern für den seit einigen Monaten zwangskranken Jugendlichen, d.h. auch vorübergehende Stabilisierung der Familie)

– Vermeidung von Leistungsanforderungen bzw. -überforderungen (z.B. der anankastische und erfolgreiche Wachmann einer Wach- und Schließgesellschaft dekompensiert mit Kontrollzwängen an seiner Wohnungstür und kann deshalb den Arbeitsplatz nicht mehr erreichen; dies geschieht wenige Monate, nachdem er zum Leiter einer Wachgruppe für eine Großbaustelle befördert und damit aufgrund seiner ausgeprägten sozialen Defizite und Ängste hoffnungslos überfordert war. Seine Vorgesetzten hatten dies nicht erkannt – er konnte zu dem Angebot gerade aufgrund dieser Defizite nicht direkt „nein" sagen.)

Hand (2000a) hat ein hypothetisches Modell von Teilaspekten der intrapsychischen und interpersonalen Funktionalität der Zwangssymptomatik im Rahmen der Fünf-Faktoren-Lösung beim Hamburger Zwangsinventar (Zaworka et al. 1983) vorgeschlagen (s. Tab. 5-3).

Spezifische neurobiologische Funktionsabläufe

In den letzten Jahren wird immer wieder postuliert, daß die unterschiedlichen Zwangssymptome beziehungsweise Symptom-Faktoren in unterschiedlicher Form psychosoziale und neurobiologische Komponenten von Zwangsstörungen widerspiegeln könnten (Leckman et al. 1997). Bei weiterer Verfeinerung der psychosozialen und neurobiologischen Erkenntnisse wird erwartet, daß sich daraus differentielle Indikationsstellungen für spezifische Behandlungsmaßnahmen ableiten lassen werden.

Als neurobiologisches Funktionsmodell – abgeleitet unter anderem aus den Ergebnissen bildgebender Verfahren – ist heute vor allem eine Art „archaischer Reflexbogen" anerkannt, der bei allen Zwangsstörungen überaktiviert sein soll und dessen Funktionsabläufe sich nach erfolgreicher Pharmako- oder Verhaltenstherapie normalisieren (Hand 1998c abgeleitet aus Baxter et al. 1996; Saxena et al. 1998; s. Abb. 5-5).

Aus diesem Modell können keine Kausalitäten abgeleitet werden. Es kann aber vermutet werden, daß bei Zwangskranken die Hemmschwelle bis zum Auslösen dieses Reflexes –

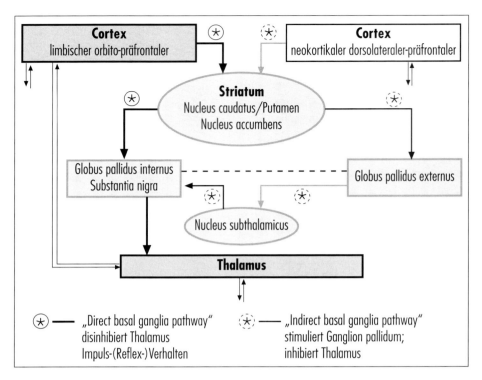

Abb. 5-5 Orbitaler kortikobasaler ganglionär-thalamischer Schaltkreis (nach Baxter et al. 1996).

im Vergleich zu Gesunden – je nach Schweregrad der Störung unterschiedlich stark herabgesetzt ist (s. Vulnerabilitätsmodell). Der Pharmako- beziehungsweise Verhaltenstherapie liegen dann ganz unterschiedliche Wirkmechanismen zur Anhebung dieser Schwelle zugrunde (s. u.).

Komorbide Störungen und Differentialdiagnose

Zwangssymptome sind die häufigste Zusatzsymptomatik bei stationären psychiatrischen Patienten (Foulds 1976). Die häufigsten Achse-I-Zusatzstörungen bei der Zwangsstörung als Haupterkrankung sind (nach Rasmussen et al. 1997): Major Depression (67%), einfache Phobie (22%), soziale Phobie (18%) und Eßstörung (17%). Es ist auch für den erfahrenen Kliniker nicht immer leicht, zu entscheiden, ob eine Zwangssymptomatik Kosymptom einer anderen Achse-I-Hauptstörung oder die Hauptstörung mit anderer Zusatzsymptomatik darstellt.

Bei einer Zwangsstörung als Hauptstörung ergeben sich differentialdiagnostische Probleme zum Beispiel bei:

Depressionen

Hier ist in erster Linie zu entscheiden, welche hypothetische Kausalitätsbeziehung zwischen ausgeprägter Zwangssymptomatik und ausgeprägter Depression besteht. Pharmakotherapeutisch würden sich die gleichen Konsequenzen ergeben, die Inhalte einer Verhaltenstherapie würden sich jedoch erheblich unterscheiden. Eine Depression, die sekundär zu den Folgen der Zwangssymptomatik im Alltagsleben aufgetreten ist, geht bei nicht zu hohem Ausprägungsgrad im Rahmen der Verhal-

tenstherapie der Zwangsstörung zurück. Eine Zwangssymptomatik im Rahmen einer primären Depression würde in der Regel eine Kontraindikation für ein primär auf die Zwangssymptomatik ausgerichtetes Vorgehen darstellen. Zumindest wäre von vornherein ein multimodaler Behandlungsplan, der Ursachen und Symptomatik der Depression zentral mit berücksichtigt, erforderlich.

Phobien

Manche Zwangsgedanken und -handlungen, vor allem Kontaminationsängste und Waschzwang, haben starke Ähnlichkeit mit phobischer Symptomatik, insbesondere wenn sie dann auch noch mit anderer phobischer Symptomatik beim Patienten kombiniert auftreten. Je losgelöster die Inhalte jedoch von konkret vorhandenen Auslösereizen sind, je stabiler die spezifischen Gedanken sich selbst aufrechterhalten, desto mehr wird der Zwangscharakter deutlich. Je weniger dieser deutlich ist, desto eher sind Therapieeffekte mit einer Kurzzeit-Intervention (ähnlich wie bei umschriebenen Phobien) zu erwarten.

Generalisierte Angststörung

Die Diagnose einer generalisierten Angststörung wird in Deutschland immer noch selten gestellt, da sich in hohem Maße Überschneidungen mit Gedanken- beziehungsweise Grübelzwängen und depressiven Kognitionen ergeben. Das charakteristische, ständige sorgenvolle Grübeln über allgegenwärtige Gefahrenquellen im täglichen Leben und ganz besonders das Beharren auf diesem Grübeln, mit dessen Hilfe drohende Unglücke vermieden oder besser verarbeitet werden sollen, zeigen die Nähe zum Zwang.

Schizophrenie

Auch hier ist die Differentialdiagnostik in einzelnen Fällen außerordentlich schwierig. Selbst unter Experten ist ohne Verlaufsbeobachtung nicht immer eine Einigung möglich. Einerseits zeigen bestimmte Patienten mit Zwangsstörungen teilweise so bizarr wirkende Manierismen und Zwangsgedanken, daß sehr rasch die Differentialdiagnose in Richtung Psychose erwogen wird, andererseits sehen wir bei eindeutig vorliegender Psychose teils im eher krankheitsarmen Intervall, teils aber auch im floriden Krankheitsstadium ausgeprägte sekundäre Zwangssymptome. Gegenwärtig gibt es kein allgemein anerkanntes diagnostisches und therapeutisches Vorgehen bei diesen Patienten; die Entscheidungen werden im Einzelfall je nach Erfahrungshintergrund der jeweiligen Behandler getroffen.

Bei Patienten mit psychotischen Episoden in der Vergangenheit wird in einer aktuell vorliegenden Zwangssymptomatik mitunter auch ein Schutz vor dem Chaos der Psychose gesehen. Hier wäre dann eine intensive Expositionstherapie kontraindiziert.

Die Differenzierung eines „ich-dystonen Zwanges" gegenüber einem „ich-syntonen Wahn" führt in differentialdiagnostischen Grenzsituationen selten weiter.

Die Häufigkeit des Übergangs einer Zwangsstörung in eine Schizophrenie wird in der Literatur gerade diskutiert. Wir haben in jahrzehntelanger Arbeit mit Zwangskranken solche Entwicklungen nur selten gesehen. Auf die häufige Befürchtung zwangskranker Patienten, schizophren zu werden, antwortete Viktor Frankl – mit der Intention der Beruhigung –, die Zwangsstörung sei die beste Absicherung gegen eine Schizophrenie. Wir betonen – mit gegenläufiger Intention – eher, daß dies nicht mit hundertprozentiger Sicherheit auszuschließen sei – weder für den Patienten noch für den Therapeuten (Begründung s. u.). Welcher Variante der Vorzug zu geben ist hängt vom individuellen Patienten, der therapeutischen Beziehung und dem jeweiligen Stadium der Therapie ab.

Zwangsspektrum-Störungen

Bei der Zuordnung von Störungen zu den Zwangsspektrum-Störungen folgen wir Koran (1999). Neben den nachfolgend ausführlicher aufgeführten subsumiert er noch folgende weitere Störungen unter diese Kategorie: pathologische Eifersucht, Hautpulen, Nägelbeißen, zwanghaftes Kaufen, Kleptomanie, pathologisches Glücksspielen, nichtparaphile sexuelle Störung und zwanghafte Persönlichkeitsstörung.

▶ Trichotillomanie
Bei der Trichotillomanie weisen 15 bis 40% der Patientinnen auch Zwangssymptomatik im eigentlichen Sinne als Zusatzstörung auf (Neudecker 1998).

▶ Hypochondrie
Hypochondrische Züge scheinen bei Zwangskranken nicht selten zu sein. Zwar befürchtet der Hypochonder eher, bereits eine bestimmte Krankheit zu haben, während der Zwangskran-

ke aus Erwartungsangst vor bestimmten Krankheiten umfangreiche zwanghafte Sicherungsmaßnahmen durchführt. Andererseits ist aber bei etlichen zwangskranken Patienten die „hypochondrische Suggestibilität" beeindruckend. In Doppelblind-Medikamentenstudien gegen Placebo ist es dann, wenn die Patienten über die möglichen Nebenwirkungen des Verums eingehend aufgeklärt wurden, oft nicht möglich, aus den beschriebenen Nebenwirkungen beziehungsweise deren Ausbleiben den Rückschluß auf die Gabe eines Verums oder Placebos zu ziehen. Ein Gutteil der Patienten erlebt Verum-„Nebenwirkungen", wenn sie ein Placebo einnehmen. In drastischer Weise trat dies bei einem Patienten auf, der sich im Wissen um seine Ängstlichkeit ein neues Medikament von seinem Nervenarzt direkt geben ließ, um weder den Namen zu kennen noch den Waschzettel lesen zu können. Die Praxisvertretung übersah diese Regelung, schrieb ein Rezept aus, und der Patient konnte der Versuchung, „es auszuprobieren", nicht widerstehen: Er holte das Medikament aus der Apotheke, las den Beipackzettel und entwickelte nach der ersten Einnahme mehrere der beschriebenen Nebenwirkungen, einschließlich einer allergischen Hautreaktion.

▶ Dysmorphophobie
Die hier vorliegende Losgelöstheit des Denkens und Handelns von den realen Gegebenheiten des Körpers, die Verbissenheit der Fixierung auf die Wahrnehmung der vermeintlichen Dysmorphie und die Heftigkeit, mit der korrigierende spezifische medizinische Maßnahmen angestrebt werden, zeigen ebenfalls deutliche Parallelen zu Zwangsstörungen im engeren Sinne.

▶ Motorische Tics, Gilles-de-la-Tourette-Syndrom
Auch in diesem Störungsbereich finden wir die Kombination leichterer entsprechender Symptome mit sehr ausgeprägter Zwangssymptomatik (als Hauptstörung). Es wird allgemein angenommen, daß Zwangskranke mit dieser Kombination von Symptomen die am stärksten neurobiologisch geprägte Zwangsstörung haben.

▶ Eßstörungen
Sowohl bei Bulimie wie auch bei Anorexie ist der zwanghafte Charakter entsprechender Verhaltensweisen einerseits und das gleichzeitige Vorliegen spezifischer Zwangssymptomatik andererseits gut bekannt. Mitunter wechseln auch Eßstörungen und Zwangsstörung im biographischen Verlauf. Diese Störungen werden aber eher seltener den Zwangsspektrum-Störungen zugerechnet (de Zwaan und Strnad 1998).

▶ Pathologisches Kaufen
Diese Variante der Zwangsspektrum-Störungen hat – zusammen mit pathologischem Glücksspiel – sozioökonomisch möglicherweise die größte Bedeutung. Beide Formen der auch als „nicht-stoffgebundene" Abhängigkeiten klassifizierten Störungen werden in der Psychotherapie nach wie vor leider kaum beachtet (Einzelheiten in Hand 1997; Hand 1998b; Hand 1998c).

Körperliche Beschwerden

Häufig verschweigen Zwangskranke lange Zeit ihre Zwangssymptome. Ihren Leidensdruck und ihren ambivalenten Wunsch nach Hilfestellung äußern sie dann eher über typische körperliche Beschwerden: Kopfschmerzen; Magen-Darm-Störungen (sowohl Colon irritabile wie Obstipation) und entsprechende ständige kognitive Beschäftigung damit; labiler Hypertonus; sexuelle Funktionsstörungen; Hautveränderungen an Händen und Unterarmen; hypochondrische Beschwerden (zu Zwang und Psychosomatik s. Csef 1988). Ergänzt werden diese körperlichen Beschwerden durch: Dysphorie, Anhedonie, innere Unruhezustände, Schlafstörungen, Reizbarkeit und latente Aggressivität (auch im Umgang mit den Therapeuten), Lebensängste, Versagensängste, Minderwertigkeitsgefühle und eine grundsätzliche Neigung zum Grübeln.

Persönlichkeitsstörungen

Seit der Studie von Jenike et al. (1986) über die vermeintlich hohe Bedeutung schizotyper Persönlichkeitsstörungen bei Zwangskranken als Prädiktor für eine ausbleibende Wirksamkeit der Therapie nahm das Interesse an der Diagnostik dieser und anderer Persönlichkeitsstörungen rasch zu. In der Literatur wurde diese Arbeit erheblich überbewertet, die kleine Fallzahl und das Fehlen adäquater externer Replikationsstudien haben das Interesse inzwischen auf andere Persönlichkeitsstörungen gelenkt. In der älteren Literatur gab es ja bereits eine intensive und ebenfalls kontroverse Diskussion darüber, ob Zwangsstörungen sich überwiegend oder eben gerade nicht auf dem Boden einer zwanghaften Persönlichkeit entwickeln (Übersicht in Zaworka und Hand 1981). Zunehmend werden Persönlichkeitsstörungen als ein für das Ausbleiben von Therapieeffekten bei der üblichen Verhaltenstherapie von Zwangsstörungen wesentlicher Faktor angesehen (Übersicht in Black und Noyes 1997). Die bisher international vorliegenden Studien – wie Studien zu Persönlichkeitsstörungen bei anderen Achse-I-Störungen (s. Bronisch 1992; Fiedler 1995) – zeigen jedoch überwiegend Probleme mit den eingesetzten Verfahren zur Diagnose von Persönlichkeitsstörungen. Daher wird erst die weitere systematische Forschung klären können, ob die zwanghafte und die narzißtische tatsächlich die häufigsten Persönlichkeitsstörungen bei Zwangserkrankungen darstellen und welchen Einfluß diese auf das Therapieergebnis haben.

Multimodale, strategisch-systemische Verhaltenstherapie bei Zwangsstörungen

Das Grundkonzept der multimodalen, strategisch-systemischen Verhaltenstherapie ist an anderer Stelle in diesem Band (Kap. 6.2.4, S. 560ff) dargestellt. Hier wird deshalb nur die spezifische Umsetzung bei Zwangsstörungen erläutert. Die Besonderheiten beginnen bereits bei der Erhebung der biographischen und Funktionsanalysen, die immer wieder die besonderen Motivationsprobleme bei Zwangspatienten verdeutlichen.

Systemisch orientierte Motivationsanalysen

Die Probleme dieser Patienten, sich für eine Therapie zu entscheiden, beginnen bereits bei der „Angst vor der Offenbarung". Der Zwangskranke steht vor der ihm fast unlösbar erscheinenden Aufgabe, dem „normalen Mitmenschen" erklären zu müssen, warum er übliche Handlungen des Alltagslebens exzessiv ausführt, zum Beispiel: zwei bis acht Stunden kontinuierlich unter der Dusche stehen; drei- bis 20mal an die von ihm selbst abgeschlossene Haustür zurückkehren; wesentliche Handlungen immer exakt dreimal zu wiederholen etc. Nach der Anfangsphase seiner Störung, in der er zum Beispiel seine Zwangshandlungen noch als überwiegend sinnvoll erlebt, hat der Zwangskranke schließlich zunehmend den Eindruck, daß diese Handlungen ihren Zweck – zum Beispiel Sicherheit zu vermitteln – immer weniger erfüllen; trotzdem besteht er darauf, sie weiter in steigendem Maße auszuüben. Versuche, dies Angehörigen, Freunden oder Arbeitskollegen zu erklären, stoßen überwiegend auf Verständnislosigkeit oder gar spöttische Abwertungen. So wird die Störung in aller Regel unter größter Anstrengung verheimlicht. Geht dieses im Familienkreis aufgrund der störenden Konsequenzen im Zusammenleben nicht mehr, so werden die Familienmitglieder häufig Ko-Zwangskranke, indem sie die Verhaltensweisen mitunter anfänglich sogar noch unterstützen, dann zumindest tolerieren und schließlich – trotz der nach Jahren oft entstehenden heftigsten Aggressionen innerhalb der Familie – die Störung nach außen hin gemeinsam mit dem Patienten aus den gleichen Motiven wie dieser verheimlichen. Paare oder Familien mit einem zwangskranken Mitglied können 10 bis 20 Jahre unter absolut elenden intrafamiliären Bedingungen leben, ohne je von außen Hilfe zu suchen. Das Ausmaß des Leidens innerhalb der Familie ist nicht geringer als bei Familien mit chronisch psychotischen Mitgliedern (UCLA-Studie, Publ. i. Vorb.). Da die Symptomatik nach außen hin jedoch bedeutend weniger dramatisch erscheint, dauert das heimliche Leiden oft deutlich länger als in Familien mit einem psychotischen Mitglied. Hierbei kommt dem Hausarzt, den viele dieser Patienten aufgrund sekundärer anderer Beschwerden (s.o.) durchaus aufsuchen, eine entscheidende Bedeutung als „Geburtshelfer der Offenbarung" zu (Hand 1999; s. auch Hand 1997).

Ein weiterer, ganz wesentlicher Grund für die Motivationsprobleme dieser Patienten liegt darin, daß die Ausübung des Zwangsverhaltens für die größte Untergruppe, die „neurotischen" Patienten, teils noch mit unmittelbarer positiver Verstärkung, später überwiegend mit negativer Verstärkung (die mindestens so verhaltenssteuernd ist wie die positive) subjektiv hochgradig gewollt wird, obwohl die mittelfristigen Konsequenzen objektiv immer negativer werden (s. Tab. 5-4). Die initial positive Verstärkung (auch nach täglich dreistündigen Putz- und Ordnungsarbeiten die freudige Reaktion: „Wie ist die Küche doch wieder schön") wird zunehmend überlagert durch die negative Verstärkung, nach inzwischen vielleicht fünf- bis sechsstündiger „Zwangsarbeit": „Nun bin ich doch nicht mehr so unruhig und unzufrieden wie heute morgen noch."

Die Durchführung der Zwangshandlung hat einen analogen Effekt wie die Flucht eines klaustrophobischen Patienten aus dem vollen Fahrstuhl: Eine bereits vorhandene negative Befindlichkeit ($\subset$-) wird durch diese Maßnahme kurzfristig reduziert oder beseitigt ($\not\subset$-). Daraus erklärt sich, weshalb Zwangskranke im Alltagsleben – auch gegen äußere Widerstände der Familie – ihr Zwangsverhalten im Augenblick des Impulses (ausgelöst durch negative Befindlichkeit) unbedingt durchsetzen wollen, obwohl sie ihrem Gegenüber zustimmen, daß es rational ein unsinniges Verhalten ist. Lassen äußere Umstände die Durchführung einer Zwangshandlung absolut nicht zu, dann können viele Patienten sich dadurch beruhigen, daß sie die Handlung aufschieben und später um so heftiger nachholen.

Bei zunehmender Zwangsstörung nimmt auch die Vermeidung von Auslösern für Zwangsverhalten zu – analog der Vermeidung enger Plätze beim Klaustrophobiker –, um negative Gefühlszustände zu vermeiden (mit der langfristigen Konsequenz zunehmender negativer Gefühlszustände aufgrund z. B. der sozialen Isolierung). Im Extrem bleibt der Zwangskranke den überwiegenden Teil des Tages motorisch passiv und läßt seine Angehörigen die sichernden Zwangshandlungen ausführen (z. B. der 15jährige Sohn thront im „Chefsessel" im Wohnzimmer, die Türen zu den angrenzenden Räumen sind weit geöffnet und die Eltern führen auf seine Anweisung sowohl die Handlungen durch, die bei ihm selbst Zwänge auslösen würden, als auch solche, die seine Zwangshandlungen ersetzen).

Aus dem beschriebenen Spannungsfeld entsteht bei Patienten wie Angehörigen ein Ambivalenz-Problem mit labiler Motivation für beziehungsweise gegen Veränderungen im Verhalten.

In Tab. 5-4 wird ein hypothetisches Modell der Übergänge zwischen normalem, zwangsähnlichem Verhalten zum „neurotischen" Zwangsverhalten und schließlich zu dem (eher seltenen) primär selbstschädigenden Zwangsverhalten (bei vermutlich vorher schon bestehender Präsuizidalität) hergestellt. Dieses Modell wurde aus einem früher entwickeltem Modell für Zwangsspektrum-Störungen, speziell für pathologisches Glücksspielen, abgeleitet (Hand 1998c).

Aus diesem Modell wird verständlich, daß die Motivationsanalyse des Patienten und gegebenenfalls auch seiner engsten Bezugspersonen von entscheidender Bedeutung für die Therapieplanung ist. Patienten mit dieser Störung stehen unter hohem Außendruck, einsichtig zu sein und ihr Verhalten zu reduzieren oder aufzugeben; rational haben sie dem dann wenig oder nichts entgegenzuhalten. Oftmals kommt es auch zu massivem moralischem Druck, zum Beispiel wenn die zwangskranke Mutter ihr Kleinkind mehrfach täglich mit Sagrotanlösung desinfiziert oder die Ehefrau die Wohnung kaum noch nutzen kann, da diese durch gehortete Gegenstände des Ehemannes praktisch unbewohnbar ist. Wenn solche Patienten dann in Begleitung Angehöriger in das Erstgespräch kommen, werden sie in aller Regel eine hohe Motivation zur Veränderung angeben. Die Motivationsanalyse hat zu eruieren, was der Patient in dieser Situation tatsächlich wollen kann. Im Rahmen des Aufbaus einer vertrauensvollen Beziehung ist offen zu erarbeiten, welche Vor- und Nachteile ein Verzicht auf das Zwangsverhalten dem Betroffenen einbringen würde. Und schließlich ist dem Patienten zu verdeutlichen, daß ihm durch die Therapie nicht etwas weggenommen werden soll, sondern daß sein objektiv dysfunktionales Verhalten durch ein wesentlich besser seinen Bedürfnissen entsprechendes funktionales Verhalten ersetzt werden kann. Nur auf dem so vorbereiteten Boden kann in der gemeinsamen therapeutischen Arbeit ein nachhaltiger positiver Effekt der spezifischen Symptomtechniken erreicht werden (eine ausführliche fallbezogene Darstellung der Berücksichtigung intrapsychischer und interaktioneller Funktionalitäten in der Behandlung von Zwangskranken und deren Familien findet sich bei Hand 2000a). Hier nun eine

Tab. 5-4 Motivation zum Zwangsverhalten.

„Soziales Zwängeln"	„Pathologisches" Verhalten	„Autodestruktives" Zwangsverhalten
$\subset$(+)-Modell: positive Verstärkung	$\not\subset$(-)-Modell: negative Verstärkung	Prä- $\rightarrow$ para-suizidales Verhalten
Genugtuung/Freude an: • Sauberkeit • Ordnung • Kontrollieren • Sammeln (z. B. Briefmarken) • Pflichterfüllung bei Sachzwängen etc.	Aktive Meidung: • Alltagsleben = „Schmerz" (Depression, Angst, Schuldgefühle, Ambivalenz) • Meidung von Schmerz (in zunehmend ziellosen, subjektiv aber noch sinnvollen Zwangshandlungen und z. T. auch -gedanken) • Zwangsverhalten als selbstinduzierte „Beschäftigungstherapie"	Zwanghafte Selbstzerstörung z. B. durch: • exzessive Wasch-, Toiletten- oder Eßrituale • motorische Passivität
Anerkennung durch die Umwelt	Provokation der Umwelt	
Sinnorientierung auf anankastische Lebensführung	Mangel an Sinnorientierung in der Lebensführung	• Verlust der Sinnorientierung in der Lebensführung • „Nicht-gewußte Intention" zum Suizid

Cave: Therapie darf nicht im „Kampf gegen den Zwang" ersticken, sie sollte zum aktiven Leben auf etwas hin/zu motivieren (im Sinne von Frankl).

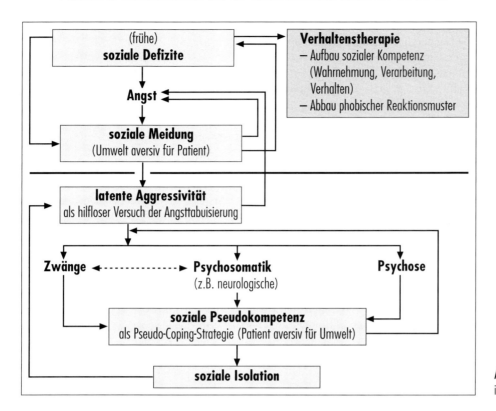

Abb. 5-6 Soziale Defizite, Angst und Aggression in Krankheitsentwicklung und Therapieverlauf.

kleine anekdotische Anmerkung (von A. Neudecker) zur systemisch-orientierten Funktionsanalyse: Der erwachsene keimphobische Sohn mit Waschzwang lebt in konfliktreicher Symbiose mit der unter seinen Zwängen leidenden Mutter. Wenn der Sohn Geld benötigt, muß es die Mutter mit ihrer EC-Karte aus dem Automaten holen – seine eigene EC-Karte würde sonst verschmutzen und unbrauchbar werden. Der Patient lehnte die Therapie ab, die Mutter akzeptierte dies leidend.

Neben der beschriebenen „Motivations-Falle" besteht bei etwa der Hälfte der chronisch zwangskranken Patienten im Therapeuten-Kontakt eine sehr typische „Beziehungs-Falle". Der hier vorliegende anankastische Interaktionsstil (mit ständiger latenter Aggressionsbereitschaft) dürfte am häufigsten auf frühe soziale Defizite mit Chronifizierung im Verlaufe der Sozialisation unter Gleichaltrigen in Kindheit und Jugend zurückzuführen sein. Da diese defizitäre Entwicklung nicht frühzeitig erkannt und therapeutisch beeinflußt wurde, entwickeln sich als spontane Selbsthilfemaßnahme pseudo-assertive Verhaltensweisen (Aggression als schnellste Gegenkonditionierung zu Angstgefühlen). Im sozialen Gegenüber wird prophylaktisch erst einmal ein potentieller Angreifer gesehen, bei geringsten Signalen in diese Richtung wird mit den gelernten massiven „Gegenschlägen" reagiert. Der Kontaktpartner wird kurzfristig „besiegt", langfristig werden diese Patienten dann aber von anderen Menschen gemieden, was wiederum ihre Annahmen über die primäre Feindseligkeit anderer verstärkt (s. Abb. 5-6). Bei unerfahrenen Therapeuten führt dieser Interaktionsstil sehr rasch zu aggressiven Gegenreaktionen, Verlust der Behandlermotivation und zum beid-

seitigen Abbruch der Beziehung. Bei Aufnahme solcher Patienten in stationäre Behandlung treten sowohl im Kontakt zu den Mitpatienten als auch mit unerfahrenem Personal die gleichen Probleme auf.

Die Strategie der Therapie

Grundsätzlich kommen bei der Verhaltenstherapie **drei Vorgehensweisen** in Frage:

- Anwendung spezifischer Symptomtechniken – auf dem Hintergrund eines vorher aus der biographischen und der Verhaltensanalyse abgeleiteten Verständnismodells – als einzige oder hauptsächliche Intervention. Diese Vorgehensweise ist indiziert bei mäßiger bis mittelstarker Zwangssymptomatik ohne prämorbide gröbere Entwicklungsdefizite oder bei schwerer gestörten Patienten, die nur zu dieser Intervention motivierbar sind.
- Therapie „am Symptom vorbei", mit Schwerpunkt auf der Identifikation und Behandlung ursächlicher und aufrechterhaltender Faktoren für das Zwangsverhalten. Diese Vorgehensweise erscheint indiziert bei wenig „verfestigtem" Zwangsverhalten, klarer Motivation und intensiver Mitarbeit des Patienten in den gewählten Zielbereichen. Diese Vorgehensweise könnte ebenfalls sinnvoll sein bei nur kurz und episodisch auftretenden Zwangssyndromen. Bei ausgeprägten, länger bestehenden Zwangsstörungen bleibt sie als alleinige Strategie erfolglos.
- Multimodale Verhaltenstherapie mit einem individuumspezifischen, hierarchisierten Störungsmodell und einem

entsprechend strategisch orientierten Behandlungsplan unter Berücksichtigung der intrapsychischen und interaktionellen Funktionalitäten des Krankheitsverhaltens. Hier werden in unterschiedlicher Abfolge – entsprechend den individuellen Gegebenheiten beim Patienten – symptom- und ursachenbezogene Interventionen sowie zusätzliche spezifische Verfahren für weitere Störungen eingesetzt. Diese Vorgehensweise ist bei allen schwerer und komplex gestörten Patienten mit prämorbiden Entwicklungsdefiziten unerläßlich. Sie bringt dann aber bei entsprechend intensiver Anwendung selbst nach chronischen Krankheitsverläufen für die Mehrzahl der Patienten ausgeprägte und anhaltende Effekte (s. Multicenter Studie in Hohagen et al. 1998). In diesem multimodalen Ansatz werden Angehörige fast nie als Kotherapeuten eingesetzt. Bei langjähriger Zwangssymptomatik und entsprechend langjähriger Beziehung weisen häufig auch die Partner deutliche Defizite und Probleme auf. Angehörige sind allerdings nahezu immer, in unterschiedlicher Intensität, in die Behandlung einzubeziehen (ausführliche Darstellung in Hand 2000a). Die Interventionen reichen von Psychoedukation über die Erkrankung, Beratung über den therapieförderlichen Umgang mit den Zwängen des Betroffenen (unbedingt in gemeinsamen Sitzungen mit diesem!!), eigenständiger Einzeltherapie für den Angehörigen bis hin zu verhaltenstherapeutischer Paar- und Familientherapie für andere als die Zwangsprobleme. Der Therapeut wird dabei oft von der einen oder anderen Seite der Parteilichkeit bezichtigt; er muß geduldig und zugewendet damit umgehen können.

Seit in den letzten Jahren eine wesentlich intensivere Aufklärung der Öffentlichkeit über Zwangsstörungen erfolgt, sehen wir deutlich öfter als früher Paare (insbesondere solche mit kleinen Kindern), bei denen der gesunde Partner bereits ein bis zwei Jahre nach Auftreten stärkerer Zwangssymptomatik erfolgreich auf eine Therapie drängt. Eine typische, daraus resultierende Behandlung verläuft etwa so:

- Die zwangskranke Ehefrau wird stationär aufgenommen (Klärung der Eigenmotivation, der Ehesituation, der Mutter-Kind-Beziehung; biographische und Verhaltensanalysen; Psychoedukation über Zwangsstörungen; Einleitung der Expositionstherapie); während dieser Zeit nimmt der Ehemann Urlaub und betreut das Kleinkind, mit dem er nahezu täglich in der Klinik zu Besuch erscheint.
- Das Kind wird mit aufgenommen, Mutter und Kind wohnen in einem Einzelzimmer. Die Patientin wird intensiv bei der Verbesserung ihrer emotionalen und körperlichen Beziehung zum Kleinkind betreut. Unter aktiver Anteilnahme jüngerer und älterer Mitpatientinnen lernt die Patientin den liebevollen, „zwanglosen" (ohne Ausübung von Zwängen) Umgang mit ihrem Kind.
- Der Ehemann wird bei seinen Besuchen und bei den nun erfolgenden Hausbesuchen der Patientin und des Kindes (anfangs mit, später ohne Therapeutenbegleitung) in die

Therapie einbezogen (vor allem im Sinne einer Psychoedukation).
- Ambulante Nachbetreuung, einschließlich kurzer verhaltenstherapeutischer Paartherapie.

Symptomspezifische Intervention

Vor Beginn der symptomspezifischen Interventionen wird – unabhängig von deren Stellenwert im Gesamtbehandlungsplan – mit den Patienten ein individuelles Störungsmodell bezüglich der Entstehung und Aufrechterhaltung der Zwänge erarbeitet. Dies gilt auch der Vorbereitung der Patienten auf eine möglichst eigenverantwortliche Mitarbeit bei den Übungen.

Handlungszwänge

Bei Handlungszwängen gilt die Exposition in vivo mit Reaktionsverhinderung beziehungsweise Reaktions-Management (d. h. Nichtausübung der Zwänge bei Konfrontation mit den Auslösereizen) als Verfahren der Wahl. Die Zielsetzungen entsprechender Übungen, die oft auch im häuslichen Milieu der Patienten oder in öffentlichen Situationen durchgeführt werden müssen, ergeben sich aus den Ergebnissen der vorgeschalteten Analysen mit folgenden Schwerpunkten:

- Mikroanalyse des Symptomverhaltens in der In-vivo-Situation vor Beginn der Exposition in vivo. Dabei kann die Einbeziehung von Familienmitgliedern sinnvoll sein. Durch den diagnostischen und therapeutischen „Hausbesuch" ergeben sich oft wesentlich weiter führende Erkenntnisse, als sie im Gespräch in Praxis oder Klinik zu gewinnen sind (im Extremfall stellt sich der Partner als deutlich zwangskranker als der Primärpatient heraus, was während der Vorgespräche mit Primärpatient und Partner im Sprechzimmer auch nicht andeutungsweise erkennbar war).
- Exposition als Schwerpunkt einer multimodalen Gesamttherapie. Die Intensität der Therapeutenbegleitung bei den In-vivo-Übungen variiert erheblich (von 0 bis ca. 60 Stunden, s. u.).
- Exposition als „Einstieg" in eine multimodale Therapie, wobei nachfolgend der größere Teil der therapeutischen Interventionen den ursächlichen und aufrechterhaltenden Bedingungen gewidmet wird.
- Exposition als Alibi für eine „Ursachentherapie". Dienen Zwänge u. a. der Vermeidung von Konfrontation mit partnerschaftlichen Kommunikationsstörungen, so kann indirekt das Einüben von kooperativen Kommunikationsmustern im Rahmen einer scheinbaren Symptomtherapie unter Einbeziehung der Partnerin erfolgen: Die Kommunikationsübungen dienen „offiziell" dem gemeinsamen, verbesserten Umgang mit der Zwangssymptomatik (sie sind in diesem Rahmen für das Paar „ungefährlich" und akzeptabel), dienen den Therapeuten aber zur Bearbeitung der grundsätzlichen Kommunikationsstörung. Effekte einer solchen Therapie können hypothesengemäß in andere Störungsbereiche generalisieren (Hand et al. 1977).

Denkzwänge

Bei Denkzwängen wurden in der Verhaltenstherapieliteratur bis vor wenigen Jahren deutlich schlechtere Therapieergebnisse als bei Handlungszwängen beschrieben. Dies könnte darauf zurückzuführen sein, daß früher die prolongierte Exposition in sensu nur selten angewendet wurde. Im Vordergrund standen eher Techniken wie „Gedankenstop", Aversionstechniken und unsystematische kognitive Interventionen. Werden demgegenüber vor allem Exposition in sensu und gezielter Aufbau von Alternativverhalten (Lacher 1989) oder neuere, systematisierte kognitiv-behaviorale Interventionen (Lakatos und Reinecker 1999; Salkovskis und Kirk 1989; Salkovskis et al. 1997) durchgeführt, so ergeben sich ähnliche Effekte wie bei Handlungszwängen. Die Exposition in sensu, die ebenfalls gut umzusetzende „Symptomverschreibung" (z. B. alle 30 Minuten für drei Minuten einen Zwangsgedanken denken) und der Einsatz von „Endloskassetten" mit den vom Patienten selbst darauf gesprochenen Inhalten der Denkzwänge, sind alle dem Expositionsmodell entsprechende gute Behandlungsmöglichkeiten, sofern sie vom Patienten akzeptiert werden.

Exposition-Reaktions-Verhinderung oder Exposition-Reaktions-Management?

Die Durchführung der Exposition erfolgt sehr unterschiedlich, abhängig vom Credo des Therapeuten und der Motivation des Patienten. In allen englischsprachigen und den meisten deutschsprachigen Publikationen zu dieser Methode wird der klassische Begriff Exposition-Reaktions-Verhinderung (Exposure Response Prevention, ERP) angewendet, obwohl er inhaltlich nicht adäquat ist. Bezogen auf Handlungszwänge soll damit ausgedrückt werden, daß sich der Patient dem Auslösereiz aussetzt (z. B. bei der folgenden Hausübung: vom Wohnzimmer in die Küche gehen, die Herdplatte ein- und wieder ausschalten, dann in das Wohnzimmer zurückkommen und die aufkommenden Zweifel, ob die Herdplatte wirklich ausgeschaltet ist, sowie den daraus resultierenden Spannungszustand aushalten). Der Begriff Reaktions-Verhinderung bezieht sich hier auf das Unterlassen der Kontrollhandlung, also den motorischen Aspekt des Gesamtverhaltens. Zum Gesamtverhalten gehören jedoch auch die emotionale, die kognitive und die physiologische Komponente. Diese werden bei einer solchen Übung jedoch nicht verhindert, sondern in unterschiedlichem Ausmaß sogar stimuliert: Die angstvollen Grübeleien nehmen zu, die vegetative Erregung steigt an, und Emotionen wie Angst verstärken sich. In dem von uns entwickelten Verfahren des Exposition-Reaktions-Managements (ausführlich in Hand 1993; Hand 2000b) wird die aktive Bewältigung der ansteigenden negativen Emotionen, Kognitionen und physiologischen Reaktionen in den Mittelpunkt des systematischen Vorgehens gestellt. Die Patienten werden angeleitet, ihre Emotionen ganz zuzulassen und in sich hineinzuhorchen, welche Gedanken möglicherweise mit den Emotionen „hochkommen", sowie ihre vegetativen Reaktionsmuster zu identifizie-

ren. Gerade bei Zwangskranken ist in diesem Prozeß öfter zu beobachten, daß die erwartete Angstreaktion nur initial auftritt und dann in andere Emotionen umschlägt, vor allem Traurigkeit, Wut oder Schuldgefühle. Mitunter werden auf dem Höhepunkt der emotionalen Erregung aber auch weit zurückliegende traumatische Erlebnisse erstmalig seit langem wieder erinnert und dann zum neuen Fokus der Expositionstherapie (ausführliche, fallbezogene Darstellung in Hand 2000a). Kommt es zu starkem emotionalen Arousal, so wird nach der Phase der erweiterten Exploration und Erkenntnisgewinnung dann auch gezielt ein „Management"-Training, das heißt ein hilfreicher Umgang mit dem Negativ-Zustand selbst vermittelt und geübt (s. dazu auch Hauke 1998). Bei anderen Patienten verläuft die Exposition wesentlich weniger dramatisch, mitunter kommt es, zur völligen Überraschung der Patienten, zu gar keinem emotionalen Erregungsanstieg. Dies sind dann jene Patienten, bei denen die in der Verhaltenstherapie traditionell beschriebene Habituation an die Reizsituation schnell und unproblematisch eintritt. Die „Realitätstestung" führt also zur Neubewertung der eigenen Reaktion und der Situation und damit zu einer eigenständigen „kognitiven Umstrukturierung" aus den Erfahrungen mit dem eigenen neuen experimentellen Verhalten. Diese Form der Exposition sieht also die kognitive Umstrukturierung als ein Ergebnis der (emotionalen) Exposition, das heißt der Realitätstestung durch Aufgabe des Ver-

Tab. 5-5 Exposition-Reaktions-Management (ERM); Reaktions-Management (Beispiel: Exposition in-vivo).

Protrahierte Exposition zu bzw. Konfrontation mit (bisher) gemiedenen Reizsituationen ermöglicht:
Realitätsbeobachtung   Wahrnehmung, Beschreibung von inneren und äußeren Ereignissen und Abläufen
Stop negativer oder positiver Erwartungen   in der Situation, statt dessen volle Konzentration auf den Ist-Zustand
Motivation zur erweiterten Selbstexploration   unter hoher emotionaler Erregung   • Erweiterung der in der Verhaltensanalyse durchgeführten Mikroanalyse des Symptomverhaltens   • Bei neuen bisher „unbewußten" Informationen   → Wechsel der Interventionsebene
Neubewertung   • von Situation   • des „Selbst"   „Kognitive Umstrukturierung" als Konsequenz (nicht als Voraussetzung) von neuen emotionalen und physiologischen Erfahrungen unter protrahierter Exposition (s. Alexander, „korrektive emotionale Erfahrung"; s. Grunderkenntnis kognitiver Psychologie zur Wechselwirkung von Motorik–Kognitionen)
Generalisierung   des im Umgang mit der „Primärsymptomatik" Erlernten auf Angst/Depression (negative Emotionen) in multiplen Distreß-Situationen

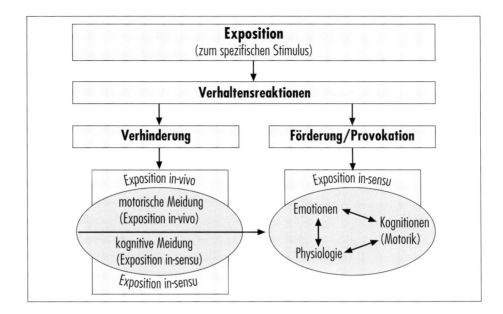

Abb. 5-7 Exposition-Reaktions-Management (ERM); Exposition.

meidungsverhaltens. Sie bietet daher einen alternativen therapeutischen Zugang zur initialen kognitiven Umstrukturierung als Vorbereitung auf die Exposition (letzteres s. z. B. in Lakatos und Reinecker 1999). Es ist jeweils im Einzelfall zu entscheiden, welche Vorgehensweise akzeptabler und angemessener ist.

Das therapeutische Vorgehen beim Exposition-Reaktions-Management (ERM) ist in Tab. 5-5 und Abb. 5-7 zusammengefaßt.

Leider können sich viele Patienten zumindest bei dem ersten Behandlungsversuch nicht oder nur unzureichend auf diese „emotionale Verhaltenstherapie" einlassen. Die Angst vor ihrer eigenen Unberechenbarkeit im Zustand hoher und höchster emotionaler Erregung blockiert sie nachhaltig. Sie bevorzugen dann ein mehr auf die Modifikation des motorischen Verhaltens beschränktes Vorgehen: Bei einer Keimphobie mit Waschzwang besonders im Bereich der Ausscheidungsorgane versucht ein solcher Patient eher, ohne stärkere Emotionen die ein- bis zweistündigen Reinigungsrituale auf der Toilette und im Waschraum in 10-Minuten-Schritten sukzessive zu reduzieren. Dieses wäre die Analogie zu einem sehr gestuften, vorsichtigen Herangehen an ein phobisches Objekt, ebenfalls unter Vermeidung höherer emotionaler Stimulation (typische Technik: klassische Desensibilisierung nach Wolpe). Für manche Patienten erweist sich dieses Vorgehen, sofern sie ihren Zielpunkt erreichen (hier z. B. Verlassen der Toilette nach 15 bis 20 Minuten) als ausreichend, andere werden nach Beendigung der Therapie trotz anfänglich guter Erfolge in emotionalen Belastungssituationen rasch wieder rückfällig.

Zusatzinterventionen in der multimodalen Verhaltenstherapie

Bei den meisten schwerer beziehungsweise komplexer gestörten und chronisch kranken Zwangspatienten sind in unterschiedlicher Intensität eine oder mehrere der folgenden zusätzlichen oder „Ursachen"-bezogenen Interventionen erforderlich. Diese können hier nur aufgelistet werden, da sie nicht nur spezifisch bei Zwangskranken zum Einsatz kommen:

- Bearbeitung sozialer Defizite und Selbstwertprobleme u. a. mit sozialem Kompetenztraining
- Verbesserung der adäquaten Wahrnehmung von intensiven Emotionen und der Toleranz für diese
- Verbesserung der Problemlöse-Kompetenz
- Aufbau bzw. Ausbau sogenannten „Alternativverhaltens" zum Zwangsverhalten (die Therapie darf sich auf keinen Fall auf einen „Kampf gegen den Zwang" fixieren, sondern muß sukzessive das Schwergewicht auf die Hinwendung zu attraktiveren Verhaltensalternativen bewirken, im Sinne von V. Frankls Unterstützung bei der Sinnsuche für das weitere Leben)
- Aufarbeitung interaktioneller oder anderer Traumata in der Biographie, für die bei Zwangskranken oft ein „Hyper-Gedächtnis" besteht (in der Literatur zeitweise fälschlich generalisiert auf die Annahme einer grundsätzlich erhöhten Gedächtnisleistung bei Zwangskranken)

Im Rahmen der symptomatischen und „kausalen" Interventionen wird versucht, auch die folgenden **typischen Merkmale** zwangskranker Patienten abzubauen:

- Weit überzogener Perfektionismus
- Streben nach 110-prozentiger Sicherheit im Leben
- Streben nach 110-prozentiger Vorhersagbarkeit zukünftiger Ereignisse
- Angst vor Kontrollverlust (insbesondere nicht mehr kontrollierbare Aggressionsausbrüche oder schizophrene Symptomatik)
- Überzogenes magisches Denken und Handeln (das magische Denken und Handeln soll dabei – als generelle Bewältigungsstrategie von Angst und Unsicherheit auch in

der Normalbevölkerung [z. B. Holtz 1984; Maler 2000] – keineswegs beseitigt, sondern wie beim Säubern, Ordnen, Kontrollieren auf ein adaptives Ausmaß reduziert werden)

Therapeutische Settings

Die aufgeführten therapeutischen Interventionen können ambulant, teilstationär oder stationär in entsprechend spezialisierten verhaltenstherapeutischen Praxen oder klinischen Einrichtungen durchgeführt werden. Sie erfolgen in Einzel-, Paar-, Familien- oder auch Gruppensitzungen (zu letzteren s. Hand und Tichatzki 1979; Münchau et al. 1995) – je nach Verfügbarkeit vor Ort und individueller Indikation.

Förderung der Selbsthilfekompetenz

Die Intensität der Patient-Therapeut-Kontakte kann bei bestimmten Patienten durch verschiedene Maßnahmen reduziert werden (s. Fritzler et al. 1997);

- durch Exposition bei telefonischer Erreichbarkeit des Therapeuten während der fest abgesprochenen (Expositions-) Zeiten,
- durch Aufzeichnung der Selbstexposition auf einem (heute auch mühelos auszuleihenden) Videogerät, mit Nachbesprechung der Bandaufnahme beim Therapeuten,
- durch ein auf CD-ROM verfügbares Computer-Dialogprogramm (Wölk 1998); ein über das eigene Telefon auf einem Zentralrechner erreichbares Computer-Dialogprogramm (Clark et al. 1998; Marks 1999; Marks et al. 1999).

Ob und inwieweit die vorliegenden Selbsthilfemanuale Zwangskranken helfen können, ihre Symptomatik zu reduzieren, ist mangels entsprechender Studien nicht bekannt. Einige dieser Manuale scheinen aufgrund ihrer wenig attraktiven optischen Aufmachung und Textdichte eher für Angehörige oder für Betroffene geeignet, die erst am Beginn einer Zwangserkrankung stehen. Besonders erwähnt seien einige Bücher, die von Patienten als attraktiv empfunden werden:

- „Der Junge, der sich immer waschen mußte" (Rapoport 1990) wird vor allen Dingen wegen seiner Falldarstellungen, in denen sich viele Zwangskranke gut wiedererkennen können, geschätzt. Es hilft Außenseitergefühle abzubauen. Im Therapieteil ist es allerdings viel zu „Clomipramin-lastig" und absolut nicht auf dem heutigen Wissensstand.
- Das Buch einer ehemaligen Patientin, Ulrike S., „Der Weg aus der Zwangserkrankung" (Ulrike S. et al. 1996) beschreibt sehr plastisch das eigene Erleben der Zwangskrankheit sowie die Inhalte, das subjektive Erleben und die Effekte der dann erfahrenen Verhaltenstherapie. Es ist zur Motivation für und zur Vorbereitung auf diese Therapieform gut geeignet.
- Das Manual von Klepsch und Wilcken (1998) fällt durch inhaltliche Straffung und Klarheit sowie durch gute optische Aufbereitung positiv auf.
- Die Bücher von Baer (1993) und Foa und Wilson (1994) geben sehr detaillierte Übungsbeschreibungen; sie sind

zum Selbststudium in einer laufenden Verhaltenstherapie (mit spezifischen Texthinweisen durch den Therapeuten) einsetzbar.

- Für Patienten, die ein schwerpunktmäßig biologisches Erklärungsmodell mit verhaltenstherapeutisch-philosophischen Bewältigungsstrategien vorziehen, sei noch auf Schwartz (1997b) verwiesen. Der Therapeut sollte daraus aber für seine Patienten möglichst einen Extrakt mit den aufgeführten Selbsthilfeschritten erstellen. Dazu ist eine neuere Kurzfassung des Autors selbst sehr gut geeignet (Schwartz 1997a).

Die Wahl des therapeutischen Settings hängt vom Schweregrad der Störung, der Verfügbarkeit ambulanter, kompetenter Verhaltenstherapie und der Motivation des Patienten ab.

Ambulante Verhaltenstherapie

Primär sollte unbedingt eine **ambulante Verhaltenstherapie** versucht werden. Dabei ist nicht notwendigerweise gleich ein hochkompetentes verhaltenstherapeutisches Gesamtvorgehen erforderlich. Schon in der nervenärztlichen Praxis ist ein psycho-edukatives, verhaltenstherapeutisch orientiertes Einzel- und Gruppenprogramm umsetzbar (Gülsdorf 1998). Im anderen Extrem begleitet ein Verhaltenstherapeut seinen Patienten im Rahmen des Gesamtbehandlungsplanes ein- bis fünfmal für jeweils mehrere Stunden bei einer Exposition in vivo im häuslichen Milieu des Patienten und in der Öffentlichkeit, um die optimale Umsetzung der Exposition zu ermöglichen. Angesichts des breiten Spektrums unterschiedlicher Gestörtheitsgrade bei Zwangskranken haben all diese Vorgehensweisen ihre Indikation. Die gelegentlich praktizierte exzessive Expositionstherapie in Therapeutenbegleitung (bis zu 60 Stunden) läßt sich auf der vorliegenden Datenbasis nicht befürworten. Auf jeden Fall sollte die Indikation dafür mit äußerster Zurückhaltung gestellt werden, da bei ausbleibendem Erfolg in der üblichen Sitzungszahl doch eher von Motivationsproblemen oder einer Nicht-Wirksamkeit der Methode bei diesen Patienten auszugehen ist. Das in einer ersten internationalen Multicenter-Studie als sehr erfolgreich dargestellte Selbsthilfeprogramm über ein telefonisch erreichbares Computer-Dialogprogramm (Marks et al. 1999) ist in Deutschland gegenwärtig nicht verfügbar. In diesem Therapieprogramm finden relativ wenig reale Therapeutenkontakte vor Beginn, während und am Ende der Therapie statt. Entgegen den oft geäußerten Befürchtungen, daß ein solches therapeutisches Vorgehen die Isolierungstendenz der Zwangspatienten noch mehr fördere, wird auf empirischer Grundlage berichtet, daß selbst anfangs recht isoliert lebende Patienten im Rahmen des Programms deutlich mehr Sozialkontakte entwickeln. Da wir davon ausgehen müssen, daß sich 50 bis 90% der therapiebedürftigen Zwangskranken aus den oben genannten Gründen über Jahre bis Jahrzehnte nicht in Therapie begeben (s. auch Rasmussen und Eisen 1997), bietet ein derartiges Programm möglicherweise die Chance zu einem wesentlich früheren Therapieeinstieg – oder ist sogar die therapeutische Alternative zum bisherigen Vorgehen (die Autoren berichten vergleichbare Ergebnisse zu den therapeutengeleiteten Therapien).

In einem **spezialisierten verhaltenstherapeutischen Setting** mit entsprechender Flexibilität (z. B. Institutsambulanz, Hand et al. 2000) wird die Dosierung der Therapiesitzungen einzelfallabhängig sehr unterschiedlich vorgenommen. Manche Patienten benötigen nach initial intensiver Symptomtherapie ein- bis mehrwöchige Intervalle zwischen jeweils zwei Therapiesitzungen. Andere profitieren hervorragend von einer dreimonatigen multimodalen Intensivtherapie mit bis zu 50 Sitzungen, einschließlich mehrerer mehrstündiger Expositionssitzungen.

Bei schwerer gestörten Patienten kann die ambulante Therapie bei einem Teil der Betroffenen dadurch erleichtert werden, daß über einige Monate ein selektiver Serotoninwiederaufnahmehemmer (SSRI) zusätzlich gegeben wird. Dies gilt insbesondere bei stärkerer, gleichzeitig vorliegender Depression oder ausgeprägten Zwangsgedanken (s. Hohagen et al. 1998).

Tagesklinische Verhaltenstherapie

In einem **spezialisierten verhaltenstherapeutischen tagesklinischen Setting** (Mundt und Hand 2002) werden einerseits die bekannten Nachteile stationärer Behandlung vermieden. Andererseits können die Vorteile des ambulanten Settings im Sinne einer „Turbo-Ambulanz" maximiert werden. Bei entsprechend motivierten und belastbaren Patienten werden neben den Einzelgesprächen täglich mehrstündige, von Therapeuten begleitete und selbsthilfeorientierte Expositionssitzungen durchgeführt. Neben den störungsspezifischen Hauptinterventionen erfolgen, je nach Indikation, auch wöchentliche Gruppensitzungen:
- zum sozialen Kompetenztraining
- zur Streßbewältigung
- zum Aufbau euthymen Verhaltens („Genußgruppe")
- zum Entspannungstraining

Weitere Setting-Vorteile ergeben sich aus der ganztägigen, wechselseitigen Modellwirkung der Patienten und durch deren gegenseitige Unterstützung und Motivation bei Expositionen. Dieser Effekt ist allerdings bei Zwangskranken erheblich schwerer zu erreichen als z. B. bei Agoraphobikern – u. a. aufgrund des erheblich höheren Prozentsatzes von Patienten mit sozialen Defiziten unter den Zwangskranken. Eine erste Evaluation zeigt gute Erfolge (Marschall und Kruse 2000). Leider stehen entsprechende Einrichtungen bisher kaum zur Verfügung.

Stationäre Verhaltenstherapie

Die stationäre Verhaltenstherapie hat bei Zwangsstörungen, wie bei vielen anderen Störungen auch, eine Reihe **typischer Indikationen**:
- Extreme Ausprägungsgrade der Zwangssymptomatik und/oder der sekundären Depression

- Massiv eskalierte familiäre Konfliktsituation durch Zwangssymptomatik und andere interaktionelle Probleme, so daß ein Verbleib in diesem Umfeld initial den therapeutischen Fortschritt massiv behindern würde
- Notwendigkeit einer begleitenden medikamentösen Behandlung bei in der Vergangenheit wiederholt aufgrund von Nebenwirkungsproblemen aufgetretenen Medikationsabbrüchen (hier bietet die kontinuierliche Betreuung auf der Station erheblich bessere Möglichkeiten, doch noch eine erfolgreiche medikamentöse Einstellung zu erlangen)
- Vorliegen schwerer, chronifizierter sozialer Defizite und Ängste (sofern stationär diesbezüglich mehrfach wöchentliche Einzel- bzw. Gruppensitzungen durchgeführt werden können, mit Generalisierungsübungen im übrigen Therapie- und Freizeitangebot der Klinik, sind diese Defizite sehr viel rascher abzubauen als im üblichen ambulanten Setting; diese Indikation gilt ähnlich auch für die verhaltenstherapeutische Tagesklinik)
- Zum „Wieder-Leben-und-Genießen"-Lernen, z. B. für Zwangskranke, die früher durchaus genußbetonte Verhaltensaktiva hatten, aber diese in den letzten ein bis zwei Jahrzehnten aufgrund ihrer Erkrankung überhaupt nicht mehr ausgeübt haben (hier ist zur Durchführung der Therapie oft auch ein Ortswechsel sinnvoll, um überhaupt wieder Lebensmut und Veränderungsmotivation aufzubauen)

Das spezialisierte, stationäre verhaltenstherapeutische Behandlungsangebot sollte insgesamt also ähnlich strukturiert sein wie das beschriebene tagesklinische. Darüber hinaus bietet die stationäre Behandlung bei entsprechender Indikation jedoch mit den sozialtherapeutischen und ergänzenden ergotherapeutischen Behandlungsangeboten und (insbesondere in Mehrbettzimmern) dem kontinuierlichen sozialen Lernprozeß in einem neuen Umfeld eine besonders komplexe Gesamtbehandlung für entsprechend defizitäre Patienten. Wie in der spezialisierten Tagesklinik kann auch die spezialisierte Station dieses Idealangebot jedoch nur bei deutlichem Überschreiten des Personalschlüssels über die Psychiatrie-Personalbedarfsverordnung hinaus erreichen. Die dann erzielbaren Effekte bei chronisch komplex gestörten und wiederholt ergebnislos behandelten Patienten werden eindrucksvoll beschrieben bei Hohagen et al. (1998). Anschließend ist aber oft noch eine ambulante Nachbehandlung zum Transfer des Gelernten in das Alltagsleben und zur Stabilisierung erforderlich.

Indikation zur zusätzlichen Medikation

Die Kombination von Verhaltenstherapie und medikamentöser Therapie (in zeitlich unterschiedlicher Reihenfolge) erscheint aufgrund einiger Daten und klinischer Eindrücke in folgenden Situationen indiziert:

▶ **Medikation vor Beginn der Verhaltenstherapie**
- Ausgeprägte, sekundäre Depression als Folge der Einschränkungen im Alltagsleben durch die Zwangsstörung

(die kognitive und motorische Flexibilität solcher Patienten kann zu sehr reduziert sein, um noch hinreichend von verhaltenstherapeutischen Interventionen profitieren zu können).

- Extrem ausgeprägte Zwangssymptomatik, gelegentlich in Verbindung mit hoher Angstbereitschaft (die Motivation dieser Patienten, sich auf eine fordernde Exposition einzulassen, ist oftmals nicht hinreichend; eine teilweise Reduktion der Symptomatik durch die Medikation erhöht dann die Chancen aktiver Mitarbeit in der Verhaltenstherapie).
- Unterstützung bei verhaltenstherapeutisch orientierten Selbsthilfeaktivitäten, wenn regional eine Verhaltenstherapie nicht erreichbar, verhaltenstherapeutisch orientierte Therapeutenanleitung jedoch verfügbar ist (z. B. Gülsdorff 1998).

▶ **Beginn der Medikation während einer Verhaltenstherapie**
- Unerwartet langsamer Therapiefortschritt, möglicherweise aufgrund einer initialen Unterschätzung der Komplexität der Störung.
- Ausgeprägte, nicht vorhersehbare depressive Reaktion auf therapeutische Interventionen.

▶ **Medikation nach einer Verhaltenstherapie**
- Die Therapie hat nur moderate Effekte trotz guter Kooperation erbracht.
- Nach erfolgreicher Therapie tritt ein Rückfall auf, eine rasche Wiederaufnahme intensiver Verhaltenstherapie ist nicht möglich. Die Selbsthilfeversuche werden medikamentös unterstützt.

Metaanalytische Studien zum Vergleich der Effekte von Verhaltenstherapie und Pharmakotherapie (mit SSRI) – zum Beispiel die von Kobak et al. (1998) mit 77 Studien zwischen 1973 und 1997 und insgesamt 106 Therapievergleichen bei 4641 Patienten – ergaben keine signifikanten Unterschiede der Veränderungswerte vom Therapiebeginn bis zum Therapieende zwischen ausschließlich medikamentöser Behandlung, reiner Verhaltenstherapie oder der Kombination beider Verfahren. Die Effektstärke von Clomipramin war signifikant höher als die der neueren SSRI mit Ausnahme von Fluoxetin; die Effektstärke der Expositionstherapie war ebenfalls signifikant größer als die der SSRI als Gesamtgruppe. Zwischen Clomipramin und Exposition fand sich kein signifikanter Unterschied. Langfristig ergibt sich jedoch eine eindeutige Überlegenheit der Verhaltenstherapie, da nach Beendigung der Therapie relativ wenige Rückfälle zu verzeichnen sind, während nach Absetzen der SSRI 80 bis 90 % der zwangskranken Patienten innerhalb von Wochen bis Monaten in vollem Maße rückfällig werden (Patow et al. 1988). Damit ergibt sich langfristig ein eindeutiger Kosten-Nutzen-Vorteil für die Verhaltenstherapie, sofern sie verfügbar ist. Im Einzelfall muß die Indikation natürlich unter anderem nach den oben beschriebenen Kriterien gestellt werden (ausführliche Darstellung und Diskussion des aktuellen Forschungsstands zur kombinierten Anwendung von Verhaltenstherapie und SSRI bei Zwangsstörungen in Hand et al. 2001).

Zusammenfassung

Patienten mit Zwangsstörungen stellen eine im Hinblick auf Krankheitsbild, Krankheitsverlauf, Krankheitsbewältigung und Veränderungsmotivation recht heterogene Gruppe dar. Bei der Hauptgruppe mit einer „neurotischen" Zwangsstörung stellt die kurzfristig positiv erlebte Funktion einer Reduktion negativer Befindlichkeit durch das Zwangsverhalten eine häufige Mitursache für die Ambivalenz der Betroffenen gegenüber einer Therapie dar. Dank der seit einigen Jahren intensiven Aufklärung der Öffentlichkeit (nicht zuletzt über die Deutsche Gesellschaft Zwangserkrankungen, DGZ) suchen diese Patienten heute dennoch wesentlich häufiger als früher einen Erstkontakt bei Therapeuten. Gelingt es dabei, die Motivation zur Veränderung zu stärken, so kann sowohl mit verhaltens- wie auch mit pharmakotherapeutischen Maßnahmen bei der Hälfte bis zwei Dritteln der Therapieteilnehmer eine deutliche Symptomreduktion und somit eine relevante Verbesserung der Lebensqualität (im Privat- wie Berufsleben) erzielt werden (Hand 2000a).

Bei Zwangskranken, die in Partnerschaften oder Familien leben, ist für eine mittelfristig günstige Prognose sehr häufig die teilweise oder auch vollständige Einbeziehung der Bezugsperson (EM) unerläßlich.

Die **Wirkung** der Verhaltenstherapie beruht vermutlich auf folgenden Faktoren:
- Erfolgreiche Verhaltenssteuerung bei Auftreten von Zwangsimpulsen und adäquaterer Umgang mit negativer Befindlichkeit
- Verbesserung sozialer Kompetenz und entsprechende Reduktion sozialer Ängste (damit Reduktion interaktioneller Verletzbarkeit) sowie weiterer Defizite in der Persönlichkeitsentwicklung
- Reduktion von Konflikten in der privaten und beruflichen Lebensführung und grundsätzliche Verbesserung der Problemlösekompetenz

In der Summe wird dadurch das Auslösen des vermuteten biologischen „Zwangsreflexes" (Baxter et al. 1996) bei üblichen Alltagsbelastungen wesentlich seltener erfolgen – und wenn, dann ist dieser wesentlich besser beherrschbar.

Der völlig andere Wirkmechanismus der Psychopharmaka dürfte über den Serotonin- und den Noradrenalinstoffwechsel erfolgen. Die sogenannten spezifischen Serotoninwiederaufnahmehemmer haben diese Effekte in unterschiedlicher Weise. Klinisch können sie „unspezifisch" (und wohl unterschiedlich stark) Depressionen, Ängste, Zwangsgedanken und -verhalten reduzieren. Welcher dieser Effekte oder welche Kombination solcher Effekte beim individuellen Zwangskranken entscheidend ist, läßt sich z. Zt. kaum klären. Die Medikamentenwirkung scheint ebenfalls die Schwelle bis zum „Auslösen des Zwangsreflexes" deutlich anzuheben. Die Wirkung geht jedoch rasch wieder verloren, wenn die Medikation abgesetzt wird, so daß bei einer Rückfallquote von 80 bis 90% (s. o.) eher von einer stützenden oder schützenden Funktion der Medikation als von einem anhaltenden Therapieeffekt ausgegangen werden muß.

Die Entscheidung über das real eingesetzte Therapieverfahren wird nur begrenzt aufgrund der heute vorliegenden Erkenntnisse und v. a. aufgrund der gegebenen regionalen Behandlungsmöglichkeiten getroffen.

Sowohl die Verhaltenstherapie als auch die Pharmakotherapie – und die in besonderen Fällen sinnvolle Kombination beider Verfahren – sind jedoch im Hinblick auf die Langzeiteffekte noch erheblich zu verbessern.

Literatur

Baer L. Alles unter Kontrolle: Zwangsgedanken und Zwangshandlungen überwinden. Bern: Huber-Verlag 1993.

Baxter LR Jr, Saxena S, Brody AL, Ackermann RF, Colgan M, Schwartz JM, Allen-Martinez Z, Fuster JM, Phelbs ME. Brain mediation of obsessive-compulsive disorder symptoms: evidence from functional brain imaging studies in the human and nonhuman primate. Sem Clin Neuropsychiatry 1996; 1: 32–47.

Bebbington P. Epidemiology of obsessive-compulsive disorder. Brit J Psychiatry 1998; 173 (suppl 35): 2–6.

Black D, Noyes R. Obsessive-compulsive disorder and axis II. Int Rev Psychiatry 1997; 9: 111–8.

Bronisch T. Diagnostik von Persönlichkeitsstörungen nach den Kriterien aktueller internationaler Klassifikationssysteme. Verhaltenstherapie 1992; 2: 140–50.

Büttner-Westphal H, Hand I. Yale-Brown-Obsessive-Compulsive-Scale (Y-BOCS). 1986, überarbeitete Fassung 1989. Autorisierte deutsche Übersetzung und Überarbeitung. Verhaltenstherapie 1991; 1: 226–33.

Clark A, Kirkby K, Daniels B, Marks I. A pilot study of computer-aided vicarious exposure for obsessive-compulsive disorder. Aust N Z J Psychiatry 1998; 32: 268–75.

Csef H. Zur Psychosomatik des Zwangskranken. Berlin, Heidelberg, New York: Springer 1988.

Csef H. Psychoanalyse bei Zwangsstörungen: Theorie und Praxis im Wandel eines Jahrhunderts. Z-aktuell 2000, 3: 4–8.

Fiedler P. Persönlichkeitsstörungen. 2. überarb. erw. Aufl. Weinheim: Psychologie Verlags Union 1995.

Foa E, Wilson R. Hör endlich auf damit. München: Heyne-Verlag 1994.

Foulds G. The hierarchical nature of personal illness. London, New York: Academic Press 1976.

Fritzler B, Hecker J, Loose M. Self-directed treatment with minimal therapist contact: preliminary findings for obsessive-compulsive disorder. Behav Res Ther 1997; 35: 627–31.

Greist J, Jefferson J. Pharmakotherapie bei Zwangsneurosen. In: Neue Perspektiven in Grundlagenforschung und Behandlung der Zwangsstörungen. Hohagen F, Ewert D (Hrsg). Hannover: Solvay Arzneimittel-ZNS-Service 1997; 267–92.

Gülsdorff B. Zwangsstörungen in der ambulanten Versorgung. Psycho 1998; 24 (Sonderausgabe): 19–22.

Hand I. Multimodale Verhaltenstherapie bei Zwängen. In: Psychotherapie in der Psychiatrie. Helmchen H, Linden M, Rüger U (Hrsg). Berlin, Heidelberg: Springer 1982; 231–9.

Hand I. Expositions-Reaktions-Management (ERM) in der strategisch-systemischen Verhaltenstherapie. Verhaltenstherapie 1993; 3: 61–5.

Hand I. „Zwangs-Spektrum-Störungen" oder „nicht-stoffgebundene Abhängigkeiten". In: Psychotherapie in der Psychiatrie. Mundt Ch, Linden M, Barnett W (Hrsg). Wien, New York: Springer 1997; 209–20.

Hand I (Hrsg). Zwangsstörungen: Diagnostik, ambulante und stationäre Therapie, Selbsthilfegruppen und Selbsthilfeliteratur. Psycho 1998a; 24 (1/2) Sonderausgabe: 3–46.

Hand I. Pathologisches Kaufen. In: Spektrum der Zwangsstörungen. Lenz G, Demal U, Bach M (Hrsg). Wien, New York: Springer 1998b; 123–32.

Hand I. Pathological gambling – a negative state model and its implications for behavioral treatments. CNS Spectrums 1998c; 3: 58–71.

Hand I. Zwangspatienten entlarven: Oft genügen 3 einfache Fragen. Der Hausarzt als „Geburtshelfer der Offenbarung". MMW-Fortschr Med 1999; 39: 26–32, 618–24.

Hand I. Verhaltenstherapie für Zwangskranke und deren Angehörige. In: Therapie Psychiatrischer Erkrankungen. Möller H-J (Hrsg). 2. völlig überarbeitete Auflage. Stuttgart, New York: Georg Thieme Verlag 2000a; 752–71.

Hand I. Expositionsbehandlung. In: Verhaltenstherapie-Manual. 4. überarbeitete und erweiterte Aufl. Linden M, Hautzinger M (Hrsg). Berlin, Heidelberg, New York: Springer 2000b; 164–74.

Hand I, Tichatzki M. Behavioral group therapy for obsessions and compulsions. In: Trends in behavior therapy. Sjöden P, Bates S, Dockens W (Hrsg). New York: Academic Press 1979; 269–98.

Hand I, Rufer M, Peter H. Kombinationsbehandlung mit Verhaltenstherapie und Pharmakotherapie bei Zwangsstörungen: Forschungsstand und Behandlungspraxis. Verhaltenstherapie 2001; 11: 206–16.

Hand I, Spoehring B, Stanik E. Treatment of obsessions, compulsions and phobias as hidden couple counselling. In: Phobic and Obsessive Compulsive Disorders. Boulougouris J, Rabavilas A (Hrsg). New York: Pergamon Press 1977; 105–14.

Hand I, Peter H, Friedrich B, Dahme D, Schinckel J v., Rickers A. Psychotherapeutische Institutsambulanzen am Beispiel Verhaltenstherapie-Ambulanz des Universitätsklinikums Hamburg-Eppendorf. Verhaltenstherapie 2000; 10: 187–94.

Hauke W. Praxis des Reizkonfrontationstrainings bei Zwangsstörungen. In: Die Zwangsstörung. Zaudig M, Hauke W, Hegerl U (Hrsg). Stuttgart: Schattauer 1998; 87–100.

Hoffman N. Wenn Zwänge das Leben einengen. Zwangsgedanken und Zwangshandlungen. Ursachen, Behandlungsmöglichkeiten und Möglichkeiten der Selbsthilfe. Mannheim: PAL 1990.

Hohagen F, Winckelmann H, Rasche-Räuchle H, Hand I, König A, Münchau N, Hiss H, Geiger-Kabesche C, Käppler C, Schramm P, Rey E, Aldenhoff A, Berger M. Combination of behavior therapy with Fluvoxamine in comparison with behavior therapy and placebo. Brit J Psychiatry 1998; 173 (suppl 35): 71–8.

Holtz G. Die Faszination der Zwänge – Aberglaube und Okkultismus. Göttingen: Vandenhoek & Ruprecht 1984.

Jenike M. Neurochirurgische Behandlung von Zwangsstörungen. In: Neue Perspektiven in Grundlagenforschung und Behandlung der Zwangsstörungen. Hohagen F, Ewert D (Hrsg). Hannover: Solvay Arzneimittel-ZNS-Service 1997; 205–36.

Jenike MA, Baer L, Minichiello WE, Schwartz CE, Carey RJ Jr. Concomitant absessive-compulsive disorder and schizotypal personality disorder. Am J Psychiatry, 1986; 143: 530–3.

Karno M, Golding J. Obsessive-Compulsive Disorder. In: Psychiatric Disorders in America. Robins NL, Regier DA (Hrsg). New York: The Free Press 1991; 204–19.

Klepsch R, Wilcken S. Zwangshandlungen und Zwangsgedanken: Wie sie den inneren Teufelskreis durchbrechen. Stuttgart: Trias 1998.

Klepsch R, Zaworka W, Hand I, Lünenschloß G, Jauernig K. Hamburger Zwangs-Inventar – Kurzform, HZI-K. Manual. Weinheim: Beltz 1993.

Kobak K, Greist J, Jefferson J, Katzelnik D, Henk H. Behavioral versus pharmacological treatments of obsessive compulsive disorder. A meta-analysis. Psychopharmacology 1998; 136: 205–16.

Koran L. Obsessive-compulsive and related disorders in adults. Cambridge: Cambridge University Press 1999.

Lacher M. Langzeiteffekte von Kurzzeit-Verhaltenstherapie bei Zwangsneurotikern. Diplomarbeit, FB Psychologie der Universität Hamburg 1989.

Lakatos A, Reinecker H. Kognitive Verhaltenstherapie bei Zwangsstörungen. Ein Therapiemanual. Göttingen: Verlag für Angewandte Psychologie 1999.

Leckman JF, Grice DE, Boardman J, Zhang H, Vitale A, Bondi C, Alsobrook J, Peterson BS, Cohen DJ, Rasmussen SA, Goodman WK, McDougle CJ, Pauls DL. Symptoms of obsessive-compulsive disorder. Am J Psychiatry 1997; 154: 911–7.

Maler G. Gezähmte Angst – über menschliches Grenzverhalten. Stuttgart: Klett-Cotta 2000.

Marks I. Computer-aids to mental health care. Can J Psychiatry 1999; 44: 548–55.

Marks I, Greist J, Baer L. Für wen kann der Computer zum Therapeuten werden? Erfahrungen mit einem neuartigen Telefon-Computer-gestützten Selbsthilfeprogramm. Vortrag zum 1. Internationalen Kongreß der Deutschen Gesellschaft Zwangserkrankungen, Hamburg 5.–7.3.1999.

Marschall B, Kruse T. Evaluation von Verhaltenstherapie in einem tagesklinischen Setting. Diplomarbeit, FB Psychologie der Universität Hamburg 2000.

Moritz S, Birkner C, Closs M, Fricke S, Böthern A, Hand I. Impact of comorbid depressive symptoms on neuropsychological performance in obsessive-compulsive disorder. J Abnorm Psychol 2001; 110: 653–7.

Moritz S, Kloss M, Jacobsen D, Wein C, Fricke S, Hand I. Dimensional structure of the Yale-Brown Obsessive Compulsive Scale (Y-BOCS). Psychiatry Res (im Druck).

Münchau N, Schaible R, Hand I, Weiss A, Lotz C. Aufbau von verhaltenstherapeutisch orientierten Selbsthilfegruppen für Zwangskranke – ein Leitfaden für Experten. Verhaltenstherapie 1995; 5: 1–17.

Mundt A, Hand I. Die verhaltenstherapeutische Tagesklinik – ein Modellprojekt. Nervenarzt 2002 (im Druck).

Nelson D, Rice J. Stability of diagnosis of obsessive-compulsive disorder in the Epidemiologic Catchment Area Study. Am J Psychiatry 1997; 154: 826–31.

Neudecker A. Trichotillomanie. In: Spektrum der Zwangsstörungen. Lenz G, Demal U, Bach M (Hrsg). Wien, New York: Springer 1998; 147–52.

Patow M, Zohar-Kadouch R, Zohar J, Murphy D. Return of symptoms after discontinuation of Clomipramine in patients with obsessive-compulsive disorder. Am J Psychiatry 1988; 145: 1521–5.

Rapoport J. Der Junge, der sich immer waschen mußte. Wenn Zwänge den Tag beherrschen. München: Goldmann 1990.

Rasmussen St, Eisen J. Epidemiologie und Differentialdiagnose von Zwangsstörungen. In: Neue Perspektiven in Grundlagenforschung und Behandlung der Zwangsstörungen. Hohagen F, Ebert D (Hrsg). Hannover: Solvey Arzneimittel ZNS-Service 1997; 9–26.

Salkovskis P, Forrester E, Richards C. Der kognitiv-verhaltensorientierte Ansatz zum Verständnis des Zwangsdenkens. In: Neue Perspektiven in Grundlagenforschung und Behandlung der Zwangsstörungen. Hohagen F, Ewert D (Hrsg). Hannover: Solvay Arzneimittel-ZNS-Service 1997; 169–204.

Saxena S, Brody A, Schwarz J, Baxter L. Neuro-Imaging and frontal-subcortical circuitry in obsessive-compulsive disorder. Brit J Psychiatry 1998; 173 (suppl 35): 79–90.

Schaible R, Armbrust M, Nutzinger D. Yale-Brown Obsessive Compulsive Scale: Sind Selbst- und Fremdrating äquivalent? Verhaltenstherapie 2001; 11: 298–304.

Schwartz J. Manual zur kognitiv-verhaltensbiologischen Selbstbehandlung von Zwangsstörungen: Die 4-Stufen-Methode (gekürzte Fassung). In: Neue Perspektiven in Grundlagenforschung und Behandlung der Zwangsstörungen. Hohagen F, Ewert D (Hrsg). Hannover: Solvay Arzneimittel-ZNS-Service 1997a; 149–68.

Schwartz J. Zwangshandlungen und wie man sich davon befreit. Frankfurt: Krüger-Verlag 1997b.

Steketee G, Frost S, Bogard K. The Yale-Brown Obsessive Compulsive Scale: Interview versus self-report. Behav Res Ther 1996; 34: 675–84.

Ulrike S, Krombach G, Reinecker H. Der Weg aus der Zwangserkrankung. Bericht einer Betroffenen für ihre Leidensgefährten. Göttingen: Vandenhoeck & Ruprecht 1996.

Woelk Ch. Ambulante Psychotherapie bei Zwangserkrankungen: Nicht nur Alternative, sondern Ergänzung zur stationären Psychotherapie. In: Im (Selbst-)Zweifel gefangen – Zwangsstörungen. Trenckmann U, Lasar M, Halla R (Hrsg). Lengerich, Berlin, Düsseldorf: Pabst Science Publishers 1998; 87–97, Aktuelle Informationen zum virtuellen Co-Therapeuten „Brainy" über: http://www.febe.com/psy.

Zaworka W, Hand I. Die „Anankastische Persönlichkeit" – Fakt oder Fiktion? Experimentelle Diagnostik der Zwangsneurose. Z Diff Diagn Psychol 1981; 2: 31–54.

Zaworka W, Hand I, Jauernig G, Lünenschloß K. HZI, Hamburger Zwangs-Inventar. Manual. Weinheim: Beltz-Testgesellschaft 1983.

Zwaan M de, Strnad A. Eßstörungen. In: Spektrum der Zwangsstörungen. Lenz G, Demal U, Bach M (Hrsg). Wien, New York: Springer 1998; 113–8.

5.2.4
Zwangsstörungen aus psychoanalytischer Sicht
Heinz Ferstl

ICD-10-Klassifikation
Die Zwangsstörungen werden in der ICD-10 unterteilt in F42.0 (vorwiegend Zwangsgedanken oder Grübelzwang), F42.1 (vorwiegend Zwangshandlungen, Zwangsrituale), F42.2 (Zwangsgedanken und Zwangshandlungen gemischt) sowie F42.8 (sonstige Zwangsstörungen).

Zwangsstörungen begegnen dem psychotherapeutisch interessierten Arzt in einer schier endlosen Zahl von Erscheinungsformen. „Die Mannigfaltigkeit in den Erscheinungen der Zwangsneurose ist eine so großartige, daß es noch keiner Bemühung gelungen ist, eine zusammenhängende Synthese aller ihrer Variationen zu geben", schreibt Freud (1926). Versucht man, sie mit wenigen Sätzen zu beschreiben, so ist folgendes besonders hervorzuheben:

Definition
Der Zwangskranke wird von Zwangsvorstellungen oder Zwangshandlungen gepeinigt, zu denen er sich gezwungen sieht, obwohl er sie als befremdlich und unsinnig erlebt. Dieser Gegensatz vor allem ist charakteristisch in seinem Erleben.

Ein Patient muß sich beispielsweise immer vergewissern, ob er die Haustür richtig geschlossen hat, obwohl er sich davon sehr gequält fühlt, aber er befürchtet, die Unterlassung hätte den Tod eines geliebten Menschen zur Folge. Spezifisch ist also bei der Zwangsstörung der **Glaube an** die **Allmacht der Gedanken** und die **Ambivalenz**. Zwangsvorstellungen und Zwangshandlungen sind oft zu einem **magischen System** ausgebaut: Kombinationen von Zahlen oder Gedanken beispielsweise sollen Böses in Schach halten; das Vermeiden bestimmter Vorstellungen, Zahlenreihen oder Schrittfolgen soll Unglück verhindern: Rituale wie Kontrollzwänge, Ordnungszwänge oder Waschzwänge sollen ein bedrohliches Schicksal fernhalten.

Von Zwangsstörungen sind Zwangsantriebe, Zwangsimpulse und Zwangseinfälle abzusetzen, die als dranghaft-einschießend erlebt werden. Ihre Inhalte sind sexueller oder aggressiv-destruktiver Art und werden als verdichtete Triebabfuhr bei unzureichender (Zwangs-)Abwehr aufgefaßt. Das daraus resultierende Vermeidungsverhalten macht die Nähe zu den Phobien deutlich (vgl. auch Hoffman und Hochapfel 2000).

Die Differenzierung von Zwangsstörung und Hysterie nimmt Fenichel (1975) sehr prägnant vor: „Der Zwangsneurotiker isoliert, wo der Hysteriker verdrängt." Das heißt, in der

Zwangsneurose bleiben die Gedanken im Bewußtsein erhalten, werden aber von den zugehörigen Affekten isoliert, während in der Hysterie die bedrohlichen Phantasien verdrängt werden und die zugehörigen Affekte dagegen wahrnehmbar bleiben. Die bewußte Zwangsvorstellung der Zwangsneurose entspricht also der unbewußten Phantasie des Hysterikers. Darauf bezieht sich die Bemerkung Freuds, die Zwangsneurose sei ein „Dialekt der Hysterie".

Die genetische Sichtweise der Psychoanalyse betrachtet Zwangsneurotiker vom Blickpunkt ihrer **psychosexuellen Entwicklung** aus und versteht sie, kurz gefaßt, als Menschen, die darin einer **Regression** unterworfen sind. „Wenn das Ich sein Abwehrstreben beginnt, so erzielt es als ersten Erfolg, daß die Genitalorganisation (der phallischen Phase) ganz oder teilweise auf die frühere sadistisch-anale Stufe zurückgeworfen wird. Diese Tatsache der Regression bleibt für alles folgende bestimmend" (Freud 1909).

Die Frage nach der Disposition zu dieser Regression wird von Freud (1913) in einer eigenen Arbeit untersucht. **Auslöser** dieser **Regression** ist danach eine Überforderung des Ichs durch eine belastende Situation, wie sie beispielsweise durch den ödipalen Konflikt erzeugt werden kann. Gleichzeitig kommt ihr ein konstitutioneller Faktor entgegen. „Die genitale Organisation der Libido erweist sich als schwächlich und wenig resistent" sagt Freud 1926. Wie vor allem in seiner umfänglichen Darstellung der Behandlung eines Zwangsneurotikers, des sogenannten „Rattenmannes", erkennbar wird (Freud 1909), nimmt er allerdings implizit eine Erweiterung vor, indem er auch von traumatischen Wirkungen der Kindheitserlebnisse ausgeht.

Es ist unschwer zu erkennen, daß Freuds Interesse an der Psychodynamik der Zwangsneurose den unbewußten Ereignissen im Es gilt. Aber auch die Reaktionen des Ichs auf diesen Vorgang finden seine Aufmerksamkeit. So betrachtet er die Regression von der phallischen auf die anale Stufe der psychosexuellen Entwicklung, bei der eine Triebentmischung von erotischen und destruktiven Komponenten stattfindet, bereits als **Abwehrleistung** des Ichs. Reicht diese aber nicht aus, so werden mit Hilfe weiterer Mechanismen diese Triebimpulse der analen Stufe abgewehrt. Bevorzugt werden dabei Verleugnung, Verdrängung, Reaktionsbildung, Isolierung, Ungeschehenmachen, magisches Denken, Zweifel, Unentschlossenheit, Intellektualisierung, Rationalisierung – in unterschiedlicher Kombination eingesetzt – „ein gewaltiges Aufgebot", wie Anna Freud (1966) bemerkt. Das Ergebnis ist eine trotz aller Vielfalt spezifische, seelische Konstellation, die von einem nahezu normalen, als Ich-synton empfundenen, zwanghaften Charakter bis zu schwersten neurotischen Störungen reicht.

Quint (1988) erinnert an die **Rolle** des **Über-Ichs** und hebt den biographischen Aspekt hervor, daß in der Kindheit des späteren Zwangsneurotikers nämlich das **probatorische Handeln unterdrückt** worden sei. So behelfe sich das Kind mit Phantasien und Wünschen anstelle des Tuns, woraus später in magischer Verknüpfung eine Gleichsetzung werde: Der böse Gedanke ist schon zugleich auch das böse Tun, muß also durch

Kontrolle eingegrenzt oder in Schach gehalten werden. Die Leitlinie der zwangsneurotischen Dynamik wird demnach von einem besonders rigiden und strengen Über-Ich vorgegeben, das Verbote und Ideale prägt. So attestierten viele Beschreibungen dem Zwangsneurotiker, häufig in Absetzung zum Hysteriker, überhöhte moralische Ansprüche an sittlich-moralische Reinheit. Inwieweit sich allerdings die Zwangsneurose als „Kampf mit dem Über-Ich" definieren lasse, sei fraglich, denn auch die Hysterie kämpfe einen verzweifelten Kampf gegen ein strenges Über-Ich – aber mit anderen Mitteln: Sie betöre und betrüge es, um ihren Triebimpulsen etwas Freiraum zu verschaffen.

Trotz zahlloser Publikationen zum Thema Zwangsstörungen scheinen sich unsere Erkenntnisse über die Psychodynamik dieser von Freud erstmals 1884/1885 beschriebenen und dann in weiteren Arbeiten feiner herausgearbeiteten Neurosenkategorie nicht mehr entscheidend erweitert zu haben. Die meisten der seitdem zu diesem Thema veröffentlichten Beiträge bestätigen nur, was er schon dargestellt hatte. Zwar sahen sich auch verschiedene Autoren wie Schultz-Hencke und seine Schüler (Schwidder, Dührssen, Riemann), Horney oder Sullivan und seine Schule veranlaßt, neue metapsychologische Konzepte zu entwickeln: Aber auch Benedetti (1993) fällt auf, „... wie bescheiden sich die späteren Beiträge gegenüber der Genialität des Freudschen Entwurfes ausnehmen". Damit ist die Psychoanalyse mit diesem Thema nicht wesentlich über den Stand von 1926 hinausgekommen, als Freud nach jahrzehntelanger Auseinandersetzung und trotz der Fülle von Erkenntnissen und Einsichten erklärte: „Die Zwangsneurose ist wohl das interessanteste und dankbarste Objekt der analytischen Untersuchung, aber noch immer als Problem unbezwungen."

Psychotherapie

Die unbefriedigende metapsychologische Situation spiegelt die Behandlung von Zwangsneurosen in der psychotherapeutischen Praxis wider. Sie erweist sich fast immer als schwierig und langwierig.

Daß die Zwangsneurose dem Verständnis solche Schwierigkeiten bereitet, obwohl doch ihre Darstellungsmittel unserem bewußten Denken so nahe kommen, hatte bereits S. Freud (vgl. 1909) gewundert.

Dem ungelösten Rätsel widmete fast fünfzig Jahre später (1965) die Internationale Psychoanalytische Vereinigung einen ganzen Kongreß. In ihrer Zusammenfassung der Ergebnisse vermutet Anna Freud (1966) unter anderem: „..., daß die Zwangsneurose nicht trotz, sondern wegen ihrer Verwendung der normalen Denkprozesse so schwer zu durchschauen ist: indem sie diese Prozesse pathologisch mißbraucht, bemächtigt sie sich des Mediums der Kommunikation selbst und beraubt uns der Fähigkeit, uns mit dem Patienten und den Irrwegen seines Denkens und Argumentierens zu identifizieren."

Tatsächlich erfordert gerade diese Erfahrung bei der Therapie zwangsneurotischer Patienten, in der Technik die **Auf-**

merksamkeit weniger auf die Ereignisse bei der Libidoentwicklung mit ihren genetisch festgelegten Phasen zu richten, als auf die Ereignisse auf dem Felde der **Abwehrorganisation**, die sich nach den individuellen Entwicklungsbedingungen richten und die Ursache der bereits zitierten „großartigen Mannigfaltigkeit" der Zwangsneurosen sind.[1]

Obwohl dieses Neurosenbild ständig den Eindruck einer Gefährdung der Abwehrorganisation vermittelt, ist diese in der Zwangsneurose besonders stabil – selbst wenn sie sehr regressive Formen anzunehmen scheint. Zwangsgedanken (Zwangsgrübeln oder Zwangsideen) sind zwar häufig charakterisiert durch die Sorge, sexuelle oder destruktive Impulse nicht mehr kontrollieren zu können. Auch Zwangshandlungen sind häufig mit dieser Befürchtung verbunden, wie auch die Kontrolliertheit, Korrektheit, Sauberkeit, Sparsamkeit, Ordnungsliebe und Rigidität der Zwangspersönlichkeit sich als verzweifelter Versuch deuten läßt, die Abwehrorganisation schließlich nur noch durch mitunter extreme Verformung des Ichs stabilisieren zu können. Trotzdem imponiert die Stabilität der Abwehrorganisation: Der Durchbruch findet tatsächlich nie statt.

Oft scheint eine **Kommunikation über Wünsche** und **Gefühle** völlig zu fehlen, was vielfach als Erschwernis bei der Behandlung von Zwangsneurotikern angesehen wird. Tatsächlich wird in der Zwangsneurose Triebhaftigkeit und Emotionalität auf eine besondere Weise „mitgeteilt", die es zu verstehen gilt.

Zusammenfassung

Die klassische psychoanalytische Theorie postuliert bei der Zwangsneurose die Regression der Libido von der phallisch-narzißtischen auf die anal-sadistische Stufe der psychosexuellen Entwicklung. Allerdings sind die anal-sadistischen Impulse nicht unmittelbar wahrzunehmen, sondern nur in einer ins Gegenteil verwandelten Form, der unbedingten Beachtung von Gesetzen und Vorschriften, Korrektheit, Fügsamkeit usw. Dies geschieht durch den Mechanismus der Reaktionsbildung, der die sadistischen Impulse einem strengen Über-Ich akzeptabel werden läßt. Diese entspricht der metapsychologischen Annahme, daß die Angst der Zwangsneurose nicht Angst vor Objektverlust, sondern Straf- und Vergeltungsangst ist. Bemerkenswert dabei ist, daß die Zwangsneurose im **Kampf** gegen die Triebansprüche niemals einen **Abschluß** findet. Offenbar kann sich das bewußte Ich der Zwangsneurose des neurotischen Konfliktes schlechter erwehren als beispielsweise einer Hysterie oder Phobie. Dies mag mit dem Mechanismus der Reaktionsbildung zu tun haben, der sich in der Zwangsneurose gegen den Trieb schlechthin richtet (während er sich in der Hysterie und in der Phobie auf bestimmte Triebaspekte in bestimmten Objektbeziehungen beschränkt).

Wie zumeist haftet dieser Reaktionsbildung eine unverkennbar selbstquälerische Note an, in der sich der anale Sadismus auf dem Wege über das Über-Ich gegen die eigene Person gekehrt, Befriedigung verschafft.

Die **Reaktionsbildung** der Zwangsneurose ist mit den sonstigen neurotischen Symptomen zu vergleichen: Dem Über-Ich wie dem Es wird zunächst kompromißhaft Genüge getan – dem Über-Ich über die tadellosen Charaktereigenschaften, dem Es über die ständige Beschäftigung mit den Triebimpulsen. Aber das Über-Ich ahnt schließlich doch die abgewehrten Impulse und zwingt das Ich, ein übriges zu tun. Es versucht nun, die Triebe durch Entfaltung von Aktivität zu bekämpfen: Es entwickelt Zwangshandlungen.

Die **Behandlung** von Zwangsneurosen ist schwierig. Viele der Therapeuten klagen über das Problem, daß die Behandlung zunächst gut fortzuschreiten, sich aber ein therapeutischer Prozeß nicht recht einzustellen scheine. Die **therapeutische Beziehung** droht regelmäßig in einer Art intellektueller Verbrüderung zu versanden. So werden Deutungen oft dankbar angenommen, führen aber zu keinen Veränderungen. Andere klagen darüber, anal-sadistische Beziehungsmuster ertragen zu müssen und vor allem der ständigen Versuchung ausgesetzt zu sein, mit Gegenübertragungsreaktionen wie Unwillen, Ärger und Wut so umzugehen, daß sich ein latentes sadomasochistisches Beziehungsmuster einstellt, in der der Therapeut zum Über-Ich wird, dem der Patient sich gehorsam unterwirft.

So plausibel die psychodynamischen Überlegungen erscheinen, so wenig zugänglich erscheint die Zwangsstörung dem psychoanalytisch orientierten therapeutischen Vorgehen. So ist heute eine eindeutige Präferenz dem verhaltenstherapeutischen Ansatz gegenüber zu beobachten, so daß die Behandlung von Zwangsstörungen durch tiefenpsychologisch fundierte Psychotherapie oder Psychoanalyse weitgehend verlassen worden ist.

Literatur

Benedetti G. Psychodynamik der Zwangsneurose. Darmstadt: Wissenschaftliche Buchgesellschaft 1993.

Fenichel O. Psychoanalytische Neurosenlehre. Freiburg: Olten 1975 (1945); I–III.

Freud A. Obsessional Neurosis. Int J Psycho-Anal 1966; 47: 116–22. Deutsch: Psychoanalytische Theorien über Zwangsneurose. In: Die Schriften der Anna Freud 6: 1839–57. München: Kindler 1980.

Freud S. Bemerkungen über einen Fall von Zwangsneurose. 1909. GW VII. London: Imago; 381–463.

Freud S. Die Disposition zur Zwangsneurose. 1913. GW VIII. London: Imago; 442–52.

Freud S. Hemmung, Symptom und Angst. 1926. GW XIV. London: Imago; 381–463.

Hoffmann SO, Hochapfel G. Neurosenlehre, Psychotherapeutische und Psychosomatische Medizin. 5. Aufl. Stuttgart, New York: Schattauer 2000.

Quint H. Die Zwangsneurose aus psychoanalytischer Sicht. Berlin, Heidelberg: Springer 1988.

Literaturempfehlung

Benedetti G. Psychodynamik der Zwangsneurose. Darmstadt: Wissenschaftliche Buchgesellschaft 1993.

---

[1] Bereits 1954 macht W. Hoffer darauf aufmerksam, daß neben der Libidoentwicklung die Entwicklung der Abwehrorganisation in der Technik der Psychoanalyse eine besondere Rolle spielt.

Freud S. Zwangshandlungen und Religionsübungen. 1907. GW VII. London: Imago; 129–39.

Freud S. Bemerkungen über einen Fall von Zwangsneurose. 1909. GW VII. London: Imago; 381–463.

5.2.5
Angstneurose: generalisierte Angststörung, Panikstörung

Markus Bassler und Sven Olaf Hoffmann

ICD-10-Klassifikation

Die Diagnosen generalisierte Angststörung (F41.1) und Panikstörung (F41.0) beschreiben in etwa das, was auf Freud zurückgehend unter dem Begriff „Angstneurose" subsumiert worden war. Die ICD-10 klassifiziert darüber hinaus noch weitere Kategorien, bei denen diffuse, körpernahe Angst eine bedeutende Rolle spielt. Hier ist vor allem die Kategorie „Angst und depressive Störung, gemischt" (F41.2) zu nennen. Definitionsgemäß soll diese Diagnose dann vergeben werden, wenn sowohl die Angst als auch depressive Symptome gleich ausgeprägt bestehen und auch vom zeitlichen Verlauf her sicher auszuschließen ist, daß die depressive Symptomatik nicht sekundär als Folge chronifizierter Angstsymptome entstand.

Krankheitsbild

In einer seiner frühen Schriften (1895a) grenzte Freud die „Angstneurose" als eigenständige nosologische Kategorie von der Neurasthenie ab. Der angstneurotische Patient leidet unter anhaltender diffuser Angst wechselnder Intensität, welche sich bis zu manifesten Angstanfällen steigern kann und stark zur Somatisierung tendiert. Freud zählte folgende **Symptome** auf, die bis heute unveränderte klinische Gültigkeit besitzen:

- **Allgemeine Reizbarkeit** wie gesteigerte Erregung, Überempfindlichkeit gegen Geräusche und Schlaflosigkeit.
- **Ängstliche Erwartung**; „Die ängstliche Erwartung ist das Kernsymptom der Neurose ... man kann sagen, daß hier ein Quantum Angst frei flottierend vorhanden ist, welches bei der Erwartung die Auswahl der Vorstellungen beherrscht und jederzeit bereit ist, sich mit irgend einem passenden Vorstellungsinhalt zu verbinden" (Freud 1895a, S. 318f).
- **Angstanfälle**; diese treten entweder akut auf (Gefühl, „wie von einem Schlag getroffen zu werden") oder sind an Körperfunktionen gekoppelt (Atmung, Herztätigkeit, Vasomotorik usw.).
- **Vegetative Äquivalente** des Angstanfalls wie Störungen der Herztätigkeit, der Atmung, Schweißausbrüche, Zittern und Schütteln, Anfälle von Heißhunger, anfallsartige Durchfälle und weiteres.
- **Nächtliches Aufschrecken**, was oft einen Angstanfall vertritt.
- **Schwindelphänomene**, die als Angstkorrelate aufzufassen sind und bis zu Ohnmachten gehen können.
- **Phobische Symptome** (jedoch nur als Begleitsymptomatik).
- **Viszerale Beschwerden** (Brechreiz, Übelkeit, Harndrang, Magen-Darm-Krämpfe).
- **Parästhesien** (häufig direkte Folge von Hyperventilation).

Im Angstanfall erleben viele Patienten eine massive Angst vor Kontrollverlust (zum Beispiel etwas Unangemessenes zu tun oder etwa „verrückt" zu werden), bei vielen der aufgezählten und im Prinzip harmlosen körperlichen Sensationen (enterozeptive Wahrnehmung) werden katastrophale Konsequenzen befürchtet (häufig Todesangst). Einige Patienten können deutlich unterscheiden, daß der **Angstanfall** sich bei ihnen **kaskadenförmig aufschaukelt** im Sinne eines circulus vitiosus: Angstbedingte körperliche Symptome werden kognitiv „katastrophisch" bewertet, die ohnehin schon bestehende Angst dadurch weiter gesteigert, was wiederum zu verstärkter körperlicher Symptomatik führt und so weiter (vgl. Katschnig und Nutzinger 1990). Diesem sich **enterozeptiv selbstverstärkenden Zirkel** kommt für die Chronifizierung aller Angstkrankheiten große Bedeutung zu.

Nicht wenige **angstneurotische Patienten erklären** sich ihre **körperlichen Beschwerden** zunächst damit, daß sie „körperlich krank" sind. Ihre Angst sehen sie meist als Folge, nicht aber als Ursache ihrer körperlichen Beschwerden. Entsprechend suchen sie Rat beim Hausarzt und drängen auf organmedizinische Abklärung ihrer Symptomatik. So sehr eine gründliche organmedizinische Abklärung zunächst sinnvoll und notwendig ist, zeigt doch die Praxis, daß viele dieser Patienten trotz eines negativen organischen Befundes weiterhin Ärzte verschiedener Fachrichtungen konsultieren und die eigentliche zugrundeliegende Diagnose erst spät gestellt wird.

Einfacher gestaltet sich die Situation, wenn der angstneurotische Patient sich offen einzugestehen vermag, daß er von seiner Persönlichkeit her zu ausgeprägter Ängstlichkeit neigt, welche sich manchmal bis zu manifesten Angstanfällen steigern kann (zum Beispiel bei belastenden Situationen) und bei denen neben der akuten körperlichen Symptomatik überflutende Angst erlebt wird. Diesen Patienten ist vergleichsweise einfach zu vermitteln, daß ihre körperlichen Symptome direkte Folgen ihrer Angst sind, die sie als Affekt deutlich spüren. Zahlreiche Angstpatienten können jedoch den Angstaffekt verdrängen, so daß sie nur dessen körperliche Begleitsymptome wahrnehmen und unter diesen leiden. Diese Patienten stellen die eigentliche therapeutische Problemgruppe dar.

Epidemiologie

Angstkrankheiten zählen neben den depressiven Erkrankungen zu den am häufigsten vorkommenden psychischen Störungen in der Bevölkerung. In der umfangreichen amerikanischen „Epidemiological Catchment Area"-Studie (ECA-Studie) ergab sich eine **Lebenszeitprävalenz** für die Panikstörung von 1,5% (Eaton et al. 1991), in der Münchener Follow-up-Studie von Wittchen (1986) 2,4%. Für die generalisierte Angststörung sind verläßliche Angaben weitaus problematischer zu gewinnen, da in zahlreichen epidemiologischen Studien die diagnostischen Kriterien für die generalisierte Angststörung im Gegensatz zu noch „normaler Ängstlichkeit" unterschiedlich verwendet wurden. Für eine Teilstichprobe der ECA-Studie wurden etwa 4% Lebenszeitprävalenz für die Gesamtbevölkerung ermittelt (Barlow 1988). Im Rahmen der Mannheimer Kohortenstudie berichtete Schepank (1987) **Punktprävalenzraten** zwischen 1,8% und 2,7% für die „Angstneurose" (entsprechend den Kriterien der ICD-9). Aufgrund dieser und weiterer Angaben gehen wir von einer sogenannten **wahren Prävalenz** von etwa 10% für einzelne Angstattacken, 1 bis 3% für die Panikstörung (gehäufte Angstattacken) und 2 bis 4% für die generalisierte Angststörung in der Bevölkerung aus.

Ätiologie und Psychodynamik

Freud entwickelte 1895 im Zusammenhang mit seinem damaligen Triebmodell das Konzept, daß **„gestaute" libidinöse Triebenergie** sich mangels adäquater somatischer Abfuhr im psychischen Erleben direkt als Angst umsetzt, wobei zusätzlich somatische Begleitsymptome auftreten. Zusammen mit der Neurasthenie und der Hypochondrie faßte er die Angstneurose zur Gruppe der sogenannten **„Aktualneurosen"** (mit überwiegend körperlicher Symptomatik) zusammen – im Gegensatz zur Gruppe der **„Psychoneurosen"**, bei denen überwiegend psychische Symptombildungen auftreten (Hysterie und Zwangsneurose). Diese **„erste Angsttheorie"**, welche im Prinzip eine quasi-biologische Erklärung der Angst vornimmt, hatte sich in der weiteren Entwicklung der Psychoanalyse nur rudimentär erhalten, obwohl mit ihr recht gut plausibel wird, daß es bei angstneurotischen Patienten aufgrund ihrer Hemmungen zu keiner spannungs- beziehungsweise affektentlastenden motorischen Abfuhr kommt (im Gegensatz etwa zu Patienten mit hysterischer Neurose) und sie deshalb rasch in einen Zustand traumatisierender psychischer Überreizung geraten können (vgl. Schwidder 1972). Der hier angesprochene **Hemmungsaspekt** bei den angstneurotischen Patienten resultiert von ihrer meist ausgeprägten **Abwehr aggressiver Impulse** (vgl. Vogel 1984), wobei in diesem Zusammenhang aus phylogenetischer Sicht zu ergänzen ist, daß **Angst** und **Aggression** (z. B. Wut) sich als Affekte auf den Organismus physiologisch ähnlich auswirken: als sympathikotone, ergotrope Aktivierung in Gefahrensituationen, was insbesondere dazu dient, zur Flucht oder zum Kampf ausreichend muskuläre Kraft zu aktivieren. Eine pathologische Angstreaktion läßt sich in diesem Sinn mit einem „heißlaufenden Motor" vergleichen, wobei sich der angstneurotische Patient in einer akuten Gefahrensituation erlebt, die er aber nicht durch eine adäquate motorische Aktivität bewältigen kann (da er nichts „konkret" vor Augen hat, wogegen zu kämpfen bzw. wovor zu flüchten ist).

Freuds **zweite** (1926) und weiterhin aktuelle psychoanalytische **Angsttheorie** versucht die Entstehung der Angst wesentlich als psychologisches Geschehen zu beschreiben. **Angst als Affekt** fungiert als „**Warnsignal**", das sekundär vom Ich bei Gefahrensituationen ausgelöst und nur dort wahrgenommen wird. Immer dann, wenn sich das Ich einer Gefahrensituation ausgesetzt sieht, die letztlich eine traumatische Überwältigung durch Reizüberflutung zur Folge haben könnte, setzt es das Angstsignal ein. Je mehr sich das Ich bedroht fühlt, um so heftiger wird seine antizipierende Angstreaktion ausfallen.

Aus entwicklungspsychologischer Perspektive ist zu ergänzen, daß Freud **phasenspezifische Konflikte** und ihnen entspringende **phasentypische Ängste** annahm, denen jeder Mensch im Verlauf seiner Kindheit ausgesetzt ist: „Die Gefahr der psychischen Hilflosigkeit paßt zur Lebenszeit der Unreife des Ichs wie die Gefahr des Objektverlustes zur Unselbständigkeit der ersten Kinderjahre, die Kastrationsgefahr zur phallischen Phase, die Über-Ich-Angst zur Latenzzeit" (Freud 1926, S. 172). Ein Kernstück der psychoanalytischen Neurosentheorie besteht darin, daß, wenn diese phasentypischen Konflikte nicht adäquat bewältigt werden, eine **anhaltende Vulnerabilität** dafür bestehen bleibt, auch als Erwachsener vergleichbare Konfliktkonstellationen (unbewußt) aus infantiler Perspektive zu erleben. Können die verfügbaren Abwehrmechanismen beziehungsweise neurotischen Symptombildungen nicht mehr ausreichend die bedrohliche Konfliktsituation entschärfen oder bewältigen (auch um den Preis der neurotischen Einschränkung des Ichs), bricht schließlich heftige (infantile) Angst als Affekt durch.

Über die **Wirkung** der **Abwehrmechanismen** läßt sich verdeutlichen, wie um den Preis einer mehr oder weniger großen „Ich-Einschränkung" Angst vermieden beziehungsweise im Symptom selbst „gebunden" werden kann: Beim „reifen" Abwehrmechanismus der **Verdrängung** ist völlige Angstfreiheit möglich, weil Affekt- wie Vorstellungsanteil eines bedrohlichen Impulses aus dem Bewußtsein ausgeschlossen werden; bei **Zwangssymptomen** bleibt in der Regel der Affektanteil unbewußt, nicht aber der Vorstellungsanteil. Droht hier der abgewehrte Affektanteil sich direkt ins Bewußtsein umzusetzen (weil zum Beispiel ritualisierte Ersatzhandlungen nicht mehr ausreichen beziehungsweise aktiv unterbunden werden), kommt es rasch zu einer intensiven Unlustspannung oder Angst. Bei **Phobien** schließlich ist das bedrohliche Objekt als auch die Situation selbst schon angsterregend, weswegen nur über Vermeidung Angstfreiheit erreicht werden kann. Der bei der Phobie wesentliche psychische Abwehrvorgang besteht in der **Verschiebung**: Eine ursprünglich intrapsychische Gefahrenquelle (zum Beispiel unbewußte verpönte Phantasie) wird nach außen auf ein Objekt oder eine Situation verlagert und steht damit in symbolischer Beziehung zur eigentlichen inneren Bedrohung. Gefürchtet wird also nicht so sehr das reale angstauslösende Objekt, sondern die unbewußte Vorstellung, die sich mit diesem Objekt assoziativ verbindet.

Bei der Angstneurose **versagen** diese skizzierten **Abwehrfunktionen** aufgrund der Ich-strukturellen Schwäche so weitgehend, daß Angst als manifestes Symptom durchbricht (Bellak und Small 1972; Bassler und Hoffmann 1993; Hoffmann

1986; Mentzos 1984; Thomä und Kächele 1986; Zetzel 1974). Aus dieser Sichtweise ergibt sich, daß zwischen dem psychoanalytischen Konzept der Angstneurose und dem Borderline-Syndrom fließende Übergänge bestehen:

> Je ausgeprägter der Grad der Ich-strukturellen Schwäche, um so geringer die Möglichkeiten der Angstbindung durch das Ich.

Insbesondere durch Neuinterpretation der Ergebnisse von Arbeiten anderer Autoren über Angstpatienten konnte Bowlby (1976) überzeugend zeigen, daß die meisten dieser Patienten eine mehr oder weniger ausgeprägte **traumatisch belastete Kindheit** hatten, wobei insbesondere widersprüchliche und bindungsverunsichernde Beziehungserfahrungen mit den Eltern im Vordergrund stehen (Silove et al. 1991). Diese Sicht wird zwischenzeitlich auch von nicht der Psychoanalyse nahestehenden Autoren geteilt. Im Kontext der psychoanalytischen Objektbeziehungstheorie ist es naheliegend, daß Patienten, die solche **verunsichernden Beziehungserfahrungen** gemacht haben, keine stabilen beziehungsweise verläßlichen Objekt- beziehungsweise Selbstrepräsentanzen (die sich über Erfahrungen mit dem Objekt erst konstituieren) internalisieren konnten, weshalb sie auch als Erwachsene in infantil anmutender Weise auf „starke, leitende Schutzfiguren" angewiesen bleiben – als Ersatz oder als „Hilfs-Ich" für die als unzureichend erlebte Eigensteuerung (vgl. König 1981). Gerade beim weiter unten zu besprechenden Krankheitsbild der Agoraphobie (s. Kap. 5.2.6, S. 275ff) spielt die Phantasie allein, das heißt ohne Schutz (zum Beispiel durch einen Partner) zu sein, eine entscheidende pathogenetische Rolle.

Diese Vorstellungen decken sich weitgehend mit dem meist als „**Defizitmodell**" bezeichneten Modus der Symptomentstehung, in dem erhaltene Entwicklungsschäden die Psychodynamik bestimmen. Das alternative Modell wäre das „**Konfliktmodell**", für das erhalten gebliebene Entwicklungskonflikte entscheidend sind (s. hierzu Hoffmann und Hochapfel 1995). Im Sinne dieses zweiten Modells kann es auch vorkommen, daß die Angst selbst als neurotisches Symptom einen unbewußt zugrundeliegenden Konflikt abwehrt – so können etwa Patienten mit hysterischer Neurose durchaus heftige Angstanfälle erleiden, wobei sie aber im Gegensatz zu Ich-strukturell schwerer gestörten Patienten „ihre" Angst unbewußt als zweckgerichtetes Symptom „einsetzen" (zum Beispiel zur Manipulierung anderer). Hier wird die Entstehung der Angstsymptomatik wesentlich durch einen hysterischen Modus der Konfliktverarbeitung geprägt (Mentzos 1984). Aus klinischer Sicht bleibt jedoch festzuhalten, daß dies nur für eine kleinere Zahl angstneurotischer Patienten zutrifft.

Vor rund 3 Jahrzehnten wurde in der psychiatrischen Forschung erstmals von Klein (1964) die „**Panikstörung**" als nosologisch eigenständiges psychopathologisches Phänomen interpretiert, die hinsichtlich klinischer Manifestation, Verlauf und therapeutischer Zugänglichkeit deutlich von der generalisierten Angst („Angstneurose" im engeren Sinn) zu unter-

scheiden sei, jedoch erhebliche Überschneidungen mit dem Krankheitsbild der Agoraphobie (s. Kap. 5.2.6, S. 275ff) aufweise. **Leitsymptomatik** dieser so definierten Panikstörung ist, daß es zu akuten und für den Patienten **unvorhersehbaren Angstanfällen** kommt, wobei im Gegensatz zur generalisierten Angststörung angstfreie Intervalle zwischen den Angstanfällen bestehen. Klein vertrat dezidiert die Hypothese, daß für die **Ätiologie** der Panikstörung eine ausschließlich **neurophysiologische Dysfunktion** (d. h. pathologisch erniedrigte Schwelle für angeborene Angstreaktionen) verantwortlich ist, wobei er aber interessanterweise die Möglichkeit offenläßt, daß diese Schwellenverschiebung biographisch mitbedingt sein könne. Die **Überschneidung** zur **Agoraphobie** erklärte er später (Klein 1981) damit, daß die Erfahrung rezidivierend auftretender „Panikattacken" ein Verhalten begünstigt, bei dem vorrangig die Orte beziehungsweise Situationen vermieden werden, in denen diese erstmals auftraten. Häufig kommt es dann lerntheoretisch leicht nachvollziehbar zur Generalisierung dieses Vermeidungsverhaltens, was schließlich dazu führen kann, daß in schweren Fällen der Patient seine Wohnung nicht mehr allein verläßt. Letztlich entwickelt sich hierbei Agoraphobie als **sekundär auftretende Vermeidungsreaktion** nach Panikattacken. Wurde diese Einsicht von vielen als „neuer und wesentlicher Gesichtspunkt" für die weitere Forschung begrüßt, möchten wir doch darauf hinweisen, daß Freud bereits 1895b (S. 352) ähnlich argumentiert hatte: „Im Fall der Agoraphobie usw. trifft man oft die Erinnerung an eine Angstattacke an, was aber der Kranke in Wirklichkeit fürchtet, ist, daß er von einer solchen Attacke unter bestimmten Bedingungen überrascht wird, unter welchen er fürchtet, nicht mehr zu entkommen" (übersetzt von S. O. Hoffmann).

Insgesamt läßt sich der gegenwärtige Forschungsstand zur **biologischen Ätiologie** generalisierter Angststörung und Panikstörung dahingehend zusammenfassen, daß eine **hereditäre Komponente** vor allem bei der Panikstörung (vgl. Übersichtsarbeit von Weissmann 1993), weniger deutlich aber auch bei der generalisierten Angststörung (vgl. Crowe et al. 1983; Harris et al. 1983; Noyes et al. 1987) gesichert ist, nicht jedoch bei den sozialen Ängsten beziehungsweise isolierten Phobien (Skre et al. 1993). Die postulierte **neurophysiologische Dysfunktion** (als Ergebnis eines organpathologischen Defekts) konnte dagegen nach wie vor nicht überzeugend nachgewiesen werden. Von der Forschungsperspektive her sicher fruchtbarer ist ein **multifaktorielles Verständnis** der Ätiologie von Angstkrankheiten, bei dem konstitutionelle, physiologische und psychologische Momente sinnvoll aufeinander bezogen werden (vgl. Barlow 1988; Shear et al. 1993). Vieles spricht dafür, daß die bisher akzeptierten psychoanalytischen Konzepte zur Ätiologie beziehungsweise Psychodynamik der Angstneurose zu wenig konstitutionelle beziehungsweise somatische Dispositionen mit einbeziehen und einseitig nur auf der Ebene psychologischer Hypothesen operieren. Andererseits werden produktive Anteile der psychoanalytischen Angstforschung (zum Beispiel die Signalangsttheorie) hinsichtlich ihrer Herkunft nicht erwähnt oder nicht zur Kenntnis

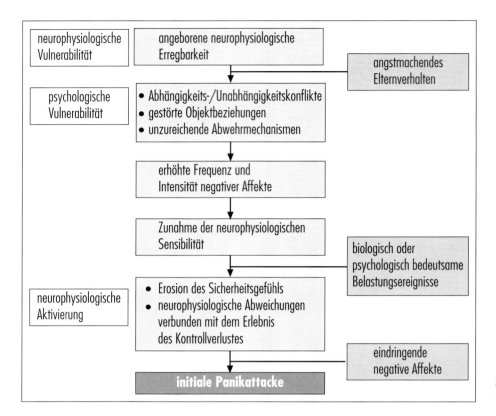

Abb. 5-8 Psychodynamisches Modell der Panikstörung.

genommen (wie zum Beispiel die Bedeutung abgewehrter Affekte in der Pathogenese von Angstanfällen). Ein alternatives Modell der Entstehung von Angstanfällen von K. Shear und Mitarbeitern (1993) ist in Abb. 5-8 dargestellt.

Verlauf

Vom Verlauf her neigen sämtliche Angststörungen zur **Chronifizierung**; insbesondere wenn sie länger als ein Jahr bestehen, sind „Spontanremissionen" sehr selten. In der Münchener Follow-up-Studie ließ sich nach sieben Jahren noch bei 90% der Patienten die Angstsymptomatik nachweisen (Wittchen 1986). Schapira et al. (1972) und Coryell et al. (1983) berichten ebenfalls von einer langfristig deutlich ungünstigeren Prognose für Phobien beziehungsweise Paniksyndrom im Vergleich zu schweren depressiven Störungen. Insgesamt kann als gesichert gelten, daß Angststörungen ein hohes Chronifizierungsrisiko aufweisen und schon von daher möglichst frühzeitig psychotherapeutischer Behandlung bedürfen.

Therapie

Zur Behandlung von Angstkrankheiten sind **psychodynamische** Verfahren sicher wirksam. Diese Tatsache bedarf angesichts der in der Literatur fast nur noch erörterten **verhaltenstherapeutischen** Verfahren durchaus der Erinnerung. Die **psychoanalytisch orientierten** Verfahren sind demgegenüber vergleichsweise weniger rasch wirksam und hinsichtlich der Symptombeseitigung weniger effizient. Diesen Nachteil kön-

nen sie aber durch einen stärkeren und anhaltenden Einfluß auf die Vulnerabilität und die pathogenen Bedingungen der Persönlichkeit wettmachen. Allerdings bedarf es dazu eines spezifisch auf die Behandlung von Ängsten ausgerichteten Settings (s. u.). Die jahrelange, erfolglose psychoanalytische Behandlung einer Phobie sollte als Karikatur der Vergangenheit angehören, obwohl uns solche Fälle auch aus jüngerer Zeit noch bekannt wurden. Für Patienten mit isolierten Angstsymptomen (Angstanfälle), die überwiegend an einer Symptombeseitigung interessiert sind, ist die **Verhaltenstherapie** die Therapie der Wahl. Ihre Effektivität hierbei ist unbestritten belegt. Auch wenn vielfach die Ansicht vertreten wird, daß verhaltenstherapeutische Ansätze insbesondere bei phobischen Angststörungen oder isolierten beziehungsweise abgrenzbaren Angstattacken effektiv sein sollen, haben sich auch unterschiedliche verhaltenstherapeutische Zugangsweisen als erfolgreich bei der Behandlung von Patienten mit generalisierten Angststörungen erwiesen. Ruhmland und Margraf (2001) haben in einer Metaanalyse hohe Effektstärken von angewandter Entspannung sowie kognitiv-behavioralen Methoden nachweisen können. Jedoch zeigten auch kognitive Ansätze und psychodynamische Therapien befriedigende Effektstärken. Interessant ist der Befund, daß sich – wenn auch nur in zwei Studien – die angewandte Entspannung bei der generalisierten Angststörungen für die Hauptsymptomatik (die angstbezogenen Symptome) als am wirksamsten darstellt. Allerdings sollte dieses Ergebnis nicht überbewertet werden, da nur zwei Studien mit angewandter Entspannung in die Metaanalyse aufgenommen werden konnten. Die Metaanalyse, in die für die generalisierte Angststörung ca. 40 Studien für sieben Behandlungsarten aufgenommen werden konnten, zeigte, daß verschiedene psychotherapeutische Methoden durchaus wirksam bei dem hier besprochenen Krankheitsbild sind; jedoch spricht wenig dafür, daß es spezifische Methoden zur Behandlung dieser Störung gibt. Diese Befunde stimmen auch weitgehend mit den Ergebnissen der Metaanalyse von Barlow und Cerny (1988) überein, die ebenfalls für unterschiedliche verhaltenstherapeutische Methode gute Effekte, aber wenig differentielle Wirkweisen für die Merkmalsbereiche Residualangst und phobische Symptome gezeigt haben. Um aber der Gesamtheit der Angstpatienten gerecht zu werden, ist eine Konvergenz beider therapeutischer Grundorientierungen die erste Forderung an Forschung und Praxis.

Bei der Indikation zu einer psychodynamisch orientierten Psychotherapie angstneurotischer Patienten ist zunächst vordringlich Klarheit über den **Charakter** der **vorherrschenden Ängste** (diffuse körpernahe oder mehr phobisch organisierte Ängste?) zu gewinnen. Waelder (1963) hat die prinzipielle **Vorgehensweise** beschrieben, die der Psychoanalytiker bei jedem seiner Patienten durchführen sollte:

- Was sind die Wünsche des Patienten?
- Was will er unbewußt?
- Wovor hat er Angst (z. B. wenn er den Wünschen nachgeben würde)? Schließlich mit Blick auf die Organisation der unbewußten Abwehr- und Widerstandsprozesse: Und wenn er Angst hat, was tut er dann?

Letztlich erlaubt eine differenzierte Beantwortung dieser Fragen, die Ich-strukturellen Möglichkeiten eines angstneurotischen Patienten besser einzuschätzen. Gerade bei Ich-strukturell schwerer gestörten Patienten muß man damit rechnen, daß regressionsfördernde Rahmenbedingungen (wie zum Beispiel das „Standardsetting" einer höherfrequenten Psychoanalyse im Liegen) rasch zu einer allgemeinen strukturellen Labilisierung führen können und der Patient zu dekompensieren droht (bis hin zu psychotischen Einbrüchen).

Mentzos (1984) berichtete von 25 durchgeführten **Langzeitbehandlungen** mit überwiegend ein bis zwei Sitzungen pro Woche im Sitzen; nur in zwei Fällen erschien eine Psychoanalyse im Liegen vertretbar, was sich dann aber nicht durchhalten ließ. In der Literatur wird immer wieder von Kasuistiken berichtet, wo eine Behandlung mit dem psychoanalytischen Standardsetting erfolgreich durchgeführt werden konnte (vgl. Thomä und Kächele 1988). Hier muß jedoch die Frage erlaubt sein, ob dieser Erfolg auch mit weniger therapeutischem (und ökonomischem) Aufwand erreichbar gewesen wäre.

Folgende Gesichtspunkte sind bei der **Psychotherapie** angstneurotischer Patienten besonders zu berücksichtigen:

▶ Hypochondrisch strukturierte Angstsymptomatik

Einige der angstneurotischen Patienten werden zunächst eher ihren Hausarzt beziehungsweise überhaupt „somatisch" orientierten Arzt aufsuchen, da sie primär ihre **körpernahen Äng-**ste als **Folge**, nicht aber als Ursache für ihre somatischen Begleitsymptome ansehen. In besonderer Weise trifft dies für Patienten zu, deren Angstsymptomatik hypochondrisch strukturiert ist (bis hin zum hypochondrischen Wahn). Eine spezielle Untergruppe dieser Patienten leidet unter ausgeprägten herzbezogenen Befürchtungen (**„Herzangstneurose"**). Bei diesen Patienten wird es zunächst entscheidend darum gehen, daß der somatisch betreuende Arzt ihnen ohne zu große Kränkung vermitteln kann, wegen ihrer Beschwerden psychotherapeutische Hilfe in Anspruch zu nehmen. Dazu gehört, auch gegen den Widerstand des Patienten von weiteren organmedizinischen Untersuchungen abzusehen, wenn nach eingehender Diagnostik hinreichend klar geworden ist, daß die geklagten Symptome keine organische Ursache haben, sondern vermutlich als Angstäquivalente beziehungsweise -korrelate aufzufassen sind. Im Einzelfall kann dies für den behandelnden Arzt zu einer schwer lösbaren Aufgabe werden – wobei aber umgekehrt hier ein Nachgeben auf den Druck des Patienten dazu führt, daß dieser immer mehr auf eine ausschließlich somatische Verursachung seiner Symptomatik fixiert wird und entsprechend für psychotherapeutische Interventionen unerreichbar bleibt.

▶ Medikamentenabusus

Überwiegen dagegen verschiedene Formen manifester Angst (akute Angstzustände bis hin zu anhaltender diffuser Angst), sind die Patienten wegen ihres Leidensdrucks naturgemäß für eine psychotherapeutische Behandlung aufgeschlossener. Der Therapeut muß aber realisieren, daß viele angstneurotische Patienten weniger eine innere (strukturelle) Veränderung anstreben als vielmehr die rasche Beseitigung ihrer Angstsymptomatik (Mentzos 1984), was ja auch nachvollziehbar ist. Viele haben zudem das Problem, aufgrund ihrer geringen Angsttoleranz mehr oder weniger von Medikamenten abhängig zu sein (üblicherweise Tranquilizer, daneben aber auch Sedativa bzw. Alkohol). Die Ich-strukturelle Schwäche dieser Patienten begünstigt dabei die Tendenz zur Sucht. Bei ausgeprägtem Medikamentenabusus ist es zweckmäßig, zunächst eine stationäre Psychotherapie einer längerfristigen ambulanten Psychotherapie vorzuschalten, vor allem, um den Medikamentenabusus in den Griff zu bekommen.

Viele angstneurotische Patienten mit ausgeprägter Ich-struktureller Störung sind unserer Erfahrung nach damit überfordert, wenn von ihnen als „Motivationsbeweis" für eine ambulante Psychotherapie erwartet wird, daß sie ihre **Anxiolytika** forciert absetzen. Dagegen sprechen auch pharmakokinetische Überlegungen, wo vor allem vor dem plötzlichen Entzug von Bezodiazepinen gewarnt wird. Unangenehmste sympathikotone Dysregulationen können die Folge sein! Statt dessen empfiehlt sich eine schrittweise und nach festem Schema erfolgende Dosisreduktion, nicht aber eine Verordnung „nach Bedarf", da dies unter lerntheoretischen Gesichtspunkten einem operanten Konditionieren gleichkommt, bei dem das Auftreten von Angst durch Verordnung von Medikamenten quasi „belohnt" wird. Hierbei ist auch zu bedenken, daß

Medikamente für Angstpatienten gleichsam die Funktion von „**Übergangsobjekten**" im Sinne Winnicotts (1953) übernehmen können – das heißt, daß ihnen nicht selten auch magisch schützende Potenz zugeschrieben wird. Grundsätzlich ist anzustreben, daß der angstneurotische Patient mit so wenig wie möglich Anxiolytika auskommen sollte, wobei aber nicht immer Medikamentenfreiheit erreichbar ist. Manchmal wird er sogar nur unter anhaltender Abschirmung mit Psychopharmaka in der Lage sein, sich auf eine Psychotherapie einzulassen.

Nicht eingegangen wird hier auf die **medikamentöse Behandlung** der Angstneurose mit hochdosierten **Antidepressiva**. Dieses Verfahren ist kurz- und mittelfristig ohne Frage effektiv, meist aber durch Psychotherapie zu ersetzen, die darüber hinaus den Vorteil hat, langfristig wirksam zu sein. Es bleibt jedoch die Methode der Wahl für psychotherapeutisch nicht zugängliche Patienten. Abhängigkeiten oder „Schäden", wie viele Psychotherapeuten meinen, entstehen dabei nicht.

▶ Hilfs-Ich-Funktionen

In der Initialphase ambulanter Psychotherapie geht es bei den schwerer ängstlichen Patienten darum, daß diese eine vertrauensvolle Beziehung zum Therapeuten aufbauen können, wobei dieser sich auch nicht scheuen sollte, „Hilfs-Ich"-Funktionen zu übernehmen. Dies kann dem Patienten erleichtern, diese Rolle nicht mehr so sehr an seinen Partner oder eine nahestehende Bezugsperson zu delegieren, sondern dieses Bedürfnis und die damit verbundenen Konflikte unmittelbar in die therapeutische Beziehung einzubringen. Roether (1984) weist darauf hin, daß nicht selten auch der **Partner** unbewußt daran interessiert ist, das angstneurotische Arrangement aufrechtzuerhalten, zum Beispiel weil er unbewußt darauf angewiesen ist, für den Patienten eine **schützende Rolle** einzunehmen. Gesundet der Patient durch den therapeutischen Prozeß, wird dieses angstneurotische Arrangement in seinem Bestand gefährdet, was dazu führen kann, daß nunmehr der Partner zu dekompensieren droht. In der stationären Psychotherapie kann man diese Entwicklung dadurch aufzufangen versuchen, daß man den Partner in die Behandlung mit einbezieht (z. B. in Form von Paargesprächen mit dem Therapeuten). In der ambulanten Einzel- beziehungsweise Gruppentherapie ist dies aus organisatorischen Gründen schwerer zu verwirklichen. Viel wäre aber schon geholfen, wenn in solchen Fällen zumindest eine Weitervermittlung des Partners für eine eigene Psychotherapie oder ergänzend auch Paartherapie für beide Partner bei einem anderen Therapeuten initiiert würde.

▶ Anklammerung

Ein Grundproblem angstneurotischer Beziehungsarrangements reinszeniert sich meist rasch in der therapeutischen Beziehung und wird von Mentzos (1984) wie folgt beschrieben: So sehr der angstneurotische Patient unter seiner Angstsymptomatik auch leidet, möchte er doch vor allem „beruhigt und immer wieder von neuem beruhigt werden". Die Quelle seiner Ängste möchte er demgegenüber nur sehr ungern in den Blick bekommen, das heißt, ein tragfähiges Arbeitsbündnis ist mit ihm nur schwer zu erreichen. Häufig versucht er die therapeutische Beziehung so zu gestalten, daß er sich fest an den Therapeuten klammert und nach Möglichkeit ständig dessen räumliche Nähe beziehungsweise Verfügbarkeit einfordert. Versucht man dem Patienten, diese Art seiner Beziehungsgestaltung (die sich so ja auch in Partnerschaften entfaltet) zu deuten, zeigt dies anfangs wenig Wirkung. Schoenhals (1984) und Mentzos (1984) raten dazu, daß der Therapeut trotz dieser massiven Widerstände frühzeitig deuten beziehungsweise beschreiben sollte, von welcher Qualität die Objektbeziehung ist, die der Patient zu ihm herstellt. Dabei sollte das Verhalten des Patienten als ein allein auf äußere Hilfe abgestelltes Sich-Anklammern zum Thema werden, aber auch die jeweiligen Gründe benannt werden, warum er glaubt, darauf nicht verzichten zu können. In diesem Sinne sollte der Therapeut ihn konsequent mit der Vermeidung von alternativen, mehr auf die eigene Autonomie zielenden Interaktionsformen konfrontieren und damit auf seine realen Ich-Einschränkungen aufmerksam machen.

▶ Stärkung der Ich-Struktur

Bei Ich-strukturell schwerer gestörten angstneurotischen Patienten muß man davon ausgehen, daß sie eine längerfristige ambulante Psychotherapie benötigen, die gerade in der Initialphase durchaus zwei Stunden pro Woche im Sitzen umfassen sollte. Über lange Wegstrecken der Behandlung wird es bei diesen Patienten entscheidend darum gehen, ihre fragile Ich-Struktur zu stärken und ihre unzureichende Angsttoleranz zu verbessern (im Sinne eines Nachreifungsprozesses von Ich-Funktionen). Oder mit anderen Worten: erst ausreichende Stärkung der Ich-Funktionen, bevor (unbewußte) Konflikte in der Behandlung (z. B. auf der Ebene der Übertragungsbeziehung) aufgedeckt und thematisiert werden.

▶ Übende und angstkonfrontierende Maßnahmen

Soweit möglich (dies wird im Rahmen stationärer Psychotherapie organisatorisch leichter durchführbar sein) sollten auch übende beziehungsweise angstkonfrontierende Maßnahmen in die Behandlung angstneurotischer Patienten einbezogen werden. Freud (1919) hat diese Vorgehensweise bereits für die Psychoanalyse von Phobien als unerläßliches Prinzip empfohlen. Wesentlich ist dabei, daß dem Patienten aber nicht nur die Konfrontation mit einer angstmachenden Situation oder einem angstmachenden Objekt zugemutet wird, sondern zugleich sorgfältig mit ihm zu erarbeiten ist, wie er mit der zu erwartenden heftigen Angst besser als bisher umgehen kann. Erst dann, wenn dies gelingt, wird eine solche Angstkonfrontation aus lerntheoretischer Sicht vom Patienten als „positiver Verstärker" erlebt, da er dabei die Erfahrung macht, seine Angst wider Erwarten doch bewältigen zu können. Wichtigstes technisches Hilfsmittel in der Konfrontationstechnik ist es, den Patienten aufzufordern, die angstmachende Situation erst dann zu verlassen, wenn die Angst deutlich abgeklungen ist. Es ist ein lerntheoretisch kaum zu überschätzender Erkenntnisfortschritt für den Patienten, daß er die bedrohliche Situation mit einem „Erfolgserlebnis" bewältigen kann. Die Nachbefragung verhaltenstherapeutisch behandelter Patienten ergab, daß diese Anweisung („Bleibe in der Situation, bis die Angst abgeklungen ist") als effektivste zur Angstreduktion eingeschätzt wurde. Bei der großen Mehrzahl angstneurotischer Patienten (bzw. überhaupt Patienten mit Angstkrankheiten) halten wir es nach unserer eigenen Erfahrung für therapeutisch unverzichtbar, solche übenden Elemente in die Behandlung (im ambulanten wie auch stationären Setting) mit einzubeziehen. Der Patient wird dabei auch aufgefordert, über seine Erfahrungen in der ängstigenden Situation zu sprechen – was nicht selten für den weiteren therapeutischen Prozeß wesentliche Assoziationen freizusetzen vermag.

Fallbeispiele

Fallbeispiel

Eine 21jährige Frau wird zur stationären Behandlung in einer psychosomatischen Klinik aufgenommen. Bei der Aufnahme schildert sie, daß sie unter diffusen Angstgefühlen leide, praktisch „vor allem und jedem" Angst habe, was sie bei sich selbst nicht verstehen könne. Häufiger habe sie auch akute Angstanfälle, wogegen sie überhaupt nichts unternehmen kann – am schlimmsten wäre es, wenn diese Angstanfälle nachts auftreten. Ihre Beschwerden hätten etwa vor einem Jahr angefangen. Damals wäre ihr abends häufig schlecht geworden, zunächst jedoch seien dabei keine Angstzustände aufgetreten. Allerdings habe sie bei ihrer Übelkeit gleich an die schlimmsten Krankheiten denken müssen und deswegen große Befürchtungen gehabt. Als schließlich eine Internistin ihr gesagt habe, daß ihre Übelkeit etwas mit seelischen Ursachen zu tun hätte, hätten die körperlichen Symptome fast schlagartig nachgelassen, gleichzeitig aber die Ängste zugenommen. Rückblickend meint die Patientin, daß ihr erst nach dem Gespräch mit der Internistin bewußt geworden wäre, daß hinter ihren körperlichen Symptomen Ängste gesteckt hätten.

Einige kurze Angaben zur Biographie der Patientin: Sie ist die älteste von vier Kindern einer Frau, die sich als halbprofessionelle Prostituierte ihren Lebensunterhalt verdiente. Alle vier Kinder stammen von einem anderen Vater. Die ersten drei bis vier Lebensjahre verbringt die Patientin in verschiedenen Pflegestellen, wo sie zum Teil mißhandelt worden war, zeitweise war sie kurzfristig auch in Heimen untergebracht. Ab dem 4. Lebensjahr lebte sie bei ihrer Großmutter, was ihre weitere Entwicklung deutlich stabilisierte. Die Patientin schließt die Schule mit der mittleren Reife ab und absolviert eine Lehre als Industriekauffrau. Mit auffallendem Interesse kümmert sie sich um ihre jüngeren Geschwister, erledigt für sie nötige Gänge zu verschiedenen Ämtern und setzt auch die Mutter unter Druck, damit diese sich nicht ständig ihren Verpflichtungen entzieht. Nach allem, was im Laufe der stationären Psychotherapie in Erfahrung zu bringen war, ist sie die Stabilste in dieser so geschädigten Familie. Der akute Zusammenbruch der Patientin, der mit der Übelkeit begann und sich im Verlauf der folgenden Wochen dann als Angstsymptomatik herausstellte, stand in unmittelbarem zeitlichen Zusammenhang mit dem Verlust des Arbeitsplatzes durch Konkurs der Firma.

Obwohl der Beginn der Angstsymptomatik sicher durch eine aktuelle Konfliktsituation ausgelöst worden ist, spricht doch vieles (insbesondere die traumatisierende biographische Entwicklung) dafür, daß erhebliche Ich-strukturelle Schwächen bestehen, welche unter günstigen Umständen zwar von der Patientin gut ausgeglichen werden können, aber bei Belastungssituationen dann doch voll zutage treten.

Fallbeispiel

Ein 36jähriger Mann, der bei den diagnostischen Gesprächen in der psychosomatischen Poliklinik auffallend kontrolliert und zurückhaltend wirkt, berichtet von heftigen Angstanfällen, verbunden mit ausgeprägtem Schwindel, Herzrasen und Lähmungsgefühlen in beiden Extremitäten, die seit etwa zwei Jahren bestünden. Immer häufiger habe er nun auch Angst, bei diesen „Anfällen" an einem Herzinfarkt zu versterben. Wegen dieser zunehmenden Angst könne er phasenweise, vor allem im Urlaub, seine Wohnung nicht mehr verlassen; da er aber ein ausgeprägtes Pflichtgefühl habe, sei er trotz dieser Schwierigkeiten jeden Tag an seinem Arbeitsplatz (er ist leitender Angestellter in einem Kaufhaus) erschienen. Allerdings habe er zunehmend die Befürchtung, daß er dies in Zukunft nicht mehr schaffe, da er in letzter Zeit auch in seinem Büro oder während Dienstfahrten Angstanfälle erleide. Für seine Ängste habe er keine Erklärung, er fühle sich ihnen hilflos ausgeliefert.

Im Verlauf der stationären Psychotherapie konnte der Patient erkennen, daß seine Ängste vorzugsweise in Situationen auftraten, in denen er sich aus seinem Erleben aggressiv gegen andere durchsetzen mußte. Es stellte sich heraus, daß seine akute Angstsymptomatik im engen zeitlichen Zusammenhang mit einem beruflichen Konflikt stand, der ihm „menschlich sehr zu schaffen" gemacht habe. Auf Anordnung der Konzernleitung mußte er die technische Leitung eines Kaufhauses übernehmen und dabei den bisherigen technischen Leiter ersetzen, der sein früherer Ausbilder gewesen war. Ein weiterer Konflikt ergab sich mit einer kämpferischen Betriebsrätin, mit der er einige Auseinandersetzungen zu führen hatte. Er behielt schließlich die Oberhand, in der Folge erkrankte die Betriebsrätin für einige Zeit, wofür er sich persönlich sehr schuldig fühlte.

Von seiner Biographie ist zu erwähnen, daß sein Vater von ihm als sehr schwacher Mann erlebt worden war, der sich gegen die dominante Mutter in keiner Weise durchsetzen konnte. Der Patient ist Einzelkind; für seinen Vater habe er sich später als älterer Schüler beziehungsweise Lehrling sehr geschämt, er habe sich immer einen durchsetzungsfähigen und selbstbewußten Vater gewünscht. Er selbst habe früh befürchtet, daß er wie sein Vater werden könnte (was seine Mutter ihm bei Streitigkeiten immer vorgehalten habe) und bewußt alles unternommen, um diesem Schicksal zu entgehen. In den Paargesprächen zeigt sich, daß seine Frau in der Partnerschaft eine ähnliche Rolle übernommen hat wie seinerzeit seine Mutter. Seine Angstsymptomatik läßt sich im wesentlichen konfliktdynamisch verstehen als Abwehr aggressiver Impulse und damit verbundener Schuldgefühle. Insgesamt wirkte der Patient Ich-strukturell durchaus stabil. Von der konfliktaufdeckenden Behandlung konnte er gut profitieren.

Zusammenfassung

In Theorie und Praxis der Psychoanalyse hat **Angst** seit jeher eine zentrale Rolle gespielt, sie wurde früh als ein Kernproblem für die Pathogenese der verschiedenen Neuroseformen angesehen. Ein Grundgedanke der psychoanalytischen Neurosentheorie ist, daß praktisch alle Symptombildungen den Zweck haben, konflikthafte Strebungen beziehungsweise Einstellungen im Individuum durch einen Kompromiß miteinander zu versöhnen, um damit das psychische Gleichgewicht auch um den Preis neurotischer Konfliktlösung zu erhalten.

Mißlingt eine solche Kompromißlösung, bricht manifeste Angst als Symptom durch.

Letzlich streben alle **psychodynamischen Therapieverfahren** eine mehr oder weniger umfassende „Umstrukturierung der Persönlichkeit" an und sind daher primär weniger an spezifischen Symptomen orientiert. **Symptombildungen** werden vielmehr als Ausdruck neurotischer Konfliktlösungen betrachtet, die im Laufe der Behandlung durch adäquatere Bewältigungsmöglichkeiten ersetzt werden sollten. Bei einigen Neuroseformen gelingt die Abwehr von Angst nicht mehr ausreichend über Symptombildung, das heißt, Angst wird nun selbst manifest als Affekt erlebt: Die **Angstneurose**, deren klinisches Erscheinungsbild Freud bereits 1895 als selbständigen Symptomenkomplex vom damaligen Konzept der Neurasthenie abgrenzte, umfaßt neben diffusen ausgeprägten Angstzuständen auch das ganze Spektrum psychovegetativer Begleitsymptome, die als somatische Angstäquivalente beziehungsweise -korrelate aufzufassen sind. Bei den **Phobien** ist der Angstaffekt ebenfalls vorhanden, kann jedoch durch Vermeiden des angstauslösenden Objektes beziehungsweise Situation noch weitgehend in Schach gehalten werden. Eine dritte Gruppe von Angstkrankheiten umfaßt schließlich die **hypochondrischen Symptombildungen**, die mehr den Charakter ständiger Sorge um die eigene Gesundheit beziehungsweise wahnhaft anmutenden Befürchtungen bezüglich eigener Körperfunktionen haben.

Literatur

Barlow DH. Anxiety and its disorders. The nature and treatment of anxiety and panic. New York, London: The Guilford Press 1988.

Barlow D, Cerny JA. Psychological treatment of panic. New York: Guilford 1988.

Bassler M, Hoffmann SO. Psychoanalytische Therapie bei Patienten mit Angsterkrankungen (Angstneurosen). In: Psychiatrische Therapie. Möller HJ (Hrsg). Berlin, Göttingen, Heidelberg: Springer 1993.

Bellak L, Small L. Kurzpsychotherapie und Notfallpsychotherapie. Frankfurt: Suhrkamp 1972.

Bowlby J. Trennung. Psychische Schäden als Folge der Trennung von Mutter und Kind. München: Kindler 1976.

Coryell W, Noyes R, Clancy J. Panic disorder and primary unipolar depression. J Affective Disord 1983; 5: 311–7.

Crowe RR, Noyes R, Pauls DL, Slymen DJ. A family study of panic disorder. Arch Gen Psychiatry 1983; 36: 652–3.

Dilling H, Mombour W, Schmidt MH (Hrsg). Weltgesundheitsorganisation. Internationale Klassifikation psychischer Störungen. Bern, Göttingen, Toronto: Huber 1991.

Eaton WW, Dryman A, Weissmann MM. Panic and phobia. In: Psychiatric disorders in america. Robins NL, Regier DA (eds). New York: The Free Press 1991.

Freud S. Über die Berechtigung von der Neurasthenie einen bestimmten Symptomenkomplex als „Angstneurose" abzutrennen. 1895a. GW Bd 1. Frankfurt: Fischer 1975.

Freud S. Obsessions et phobies. 1895b. GW Bd 1. Frankfurt: Fischer 1975.

Freud S. Wege der Psychoanalytischen Therapie. 1919. GW Bd XII. Frankfurt: Fischer 1975.

Freud S. Hemmung, Symptom, Angst. 1926. GW Bd XIV. Frankfurt: Fischer 1975.

Gorman JM, Liebowitz MR, Fyer AJ, Stein J. A neuroanatomical hypothesis for panic disorder. Am J Psychiatry 1989; 146: 148–61.

Harris EL, Noyes R, Crowe RR, Chaudhry DR. Family study of agoraphobia. Arch Gen Psychiatry 1983; 40: 1061–4.

Hoffmann SO. Psychoanalytische Konzeptionen von Angstkrankheiten und abgeleitete therapeutische Überlegungen. In: Leitsymptom Angst. Götze P (Hrsg). Berlin, Heidelberg, New York: Springer 1984; 12–23.

Hoffmann SO. Unterschiedliche psychotherapeutische Vorgehensweisen bei Angst und Depressionen. In: Die Differenzierung von Angst und Depressionen. Helmchen H, Linden M (Hrsg). Berlin, Heidelberg, New York: Springer 1986; 177–85.

Hoffmann SO, Hochapfel G. Neurosenlehre, Psychosomatische und Psychotherapeutische Medizin. 5. Aufl. Stuttgart, New York: Schattauer 1995.

Katschnig H, Nutzinger DO. Panikattacken und Paniksyndrom – Diagnostik und Therapie. Psychiat Prax 1990; 17: 2–12.

Klein DF. Delineation of two drug-responsive anxiety syndromes. Psychopharmacologia 1964; 5: 397–408.

Klein DF. Anxiety reconceptualized. In: Anxiety: new research and changing concepts. Klein DF, Rabkin J (eds). New York: Raven 1981; 235–63.

König K. Angst und Persönlichkeit. Göttingen: Vandenhoeck & Ruprecht 1981.

Mentzos S (Hrsg). Angstneurose. Psychodynamische und psychotherapeutische Aspekte. Frankfurt: Fischer 1984.

Noyes R, Clarkson C, Crowe RR, Yates WR, McChesney CM. A family study of generalized anxiety disorder. Am J Psychiatry 1987; 144: 1019–24.

Roether J. Die aktuellen Beziehungen der Angstneurotiker. Dynamik und Scheitern der Reparationsversuche und klinische Implikationen. In: Angstneurose. Psychodynamische und psychotherapeutische Aspekte. Mentzos S (Hrsg). Frankfurt: Fischer 1984; 99–135.

Ruhmland M, Margraf J. Effektivität psychologischer Therapien von generalisierter Angststörung und sozialer Phobie: Metaanalysen auf Störungsebene. Verhaltenstherapie 2001; 1: 27–40.

Schapira K, Roth M, Kerr TA, Gurney C. The prognosis of affective disorders: the differentiation of anxiety states and depressive illnesses. Br J Psychiatry 1972; 144: 633–7.

Schepank H (Hrsg). Psychogene Erkrankungen in der Stadtbevölkerung. Eine epidemiologisch-tiefenpsychologische Feldstudie in Mannheim. Berlin, Heidelberg, New York, Tokyo: Springer 1987.

Schoenhals H. Zur Repräsentanzenwelt des Angstneurotikers. In: Angstneurose. Psychodynamische und psychotherapeutische Aspekte. Mentzos S (Hrsg). Frankfurt: Fischer 1984; 25–46.

Schwidder W. Klinik der Neurosen. In: Psychiatrie der Gegenwart. Kisker KP, Meyer JE, Müller C, Strömgren E (Hrsg). Berlin, Heidelberg, New York: Springer 1972; 351–476.

Shear MK, Cooper AM, Klerman GL, Busch FN, Shapiro T. A psychodynamic model of panic disorder. Am J Psychiatry 1993; 150: 859–66.

Shear MK, Fyer AJ, Ball G, Josephson S, Fitzpatrick M, Gitlin B, Frances A, Gorman J, Liebowitz M, Klein DF. Vulnerability to sodium lactate in panic disorder patients given cognitive-behavioral therapy. Am J Psychiatry 1991; 148: 795–7.

Silove D, Parker G, Hadzi-Pavlovic D, Manicavasgar V, Blaszcynski A. Parental representations of patients with panic disorder and generalised anxiety disorder. Brit J Psychiatry 1991; 159: 835–41.

Skre I, Onstadt S, Torgersen S, Lygren S, Kringlen E. A twin study of DSM-III-R anxiety disorders. Acta Psychiatr Scand 1993; 88: 85–92.

Thomä H, Kächele H. Lehrbuch der psychoanalytischen Therapie. 1. Grundlagen. Berlin, Heidelberg, New York: Springer 1986.

Thomä H, Kächele H. Lehrbuch der psychoanalytischen Therapie. 2. Praxis. Berlin, Heidelberg, New York: Springer 1988.

Vogel R. Die Bedeutung der Aggressivität für das klinische Bild und Psychodynamik der Angstneurose. In: Angstneurose. Psychodynamische und psychotherapeutische Aspekte. Mentzos S (Hrsg). Frankfurt: Fischer 1984; 73–82.

Waelder R. Die Grundlagen der Psychoanalyse. Bern: Huber 1963.

Weissmann MM. Family genetics of panic disorder. J Psychiatr Res 1993; 27 (suppl 1): 69–78.

Winnicott DW. Übergangsobjekte und Übergangsphänomene. Psyche 1953; 23: 666–82.

Wittchen HU. Epidemiology of panic attacks and panic disorder. In: Panic and Phobias. Hand I, Wittchen HU (eds). Berlin: Springer 1986; 18–28.

Zetzel E. Angst und die Fähigkeit, sie zu ertragen. 1988. In: Die Fähigkeit zum emotionalen Wachstum. Zetzel A (Hrsg). Stuttgart: Klett 1974; 37–56.

Literaturempfehlung

Barlow DH. Anxiety and its disorders. The nature and treatment of anxiety and panic. New York, London: The Guilford Press 1988.

Mentzos S. Angstneurose. Psychodynamische und psychotherapeutische Aspekte. Frankfurt: Fischer 1984.

Rüger (Hrsg). Neurotische und reale Angst. Der Beitrag zur Psychoanalyse zur Erkennung, Therapie und Bewältigung von Angst in der klinischen Versorgung und im psychosozialen Feld. Göttingen: Vandenhoeck & Ruprecht 1984.

Strian F. Angst – Grundlagen und Klinik. Berlin, Heidelberg: Springer 1983.

5.2.6
Phobische Störungen
Sven Olaf Hoffmann und Markus Bassler

ICD-10-Klassifikation

Die phobische Störung (F40) gliedert sich schematisch in folgende diagnostische Untergruppen:

- Agoraphobie mit und ohne Panikstörung (F40.00 bzw. 40.01)
- soziale Phobien (F40.1)
- spezifische (isolierte) Phobien (F40.2)

Krankheitsbild

Definition

Im Gegensatz zur diffusen und körpernahen Angst der Angstneurose, welcher sich die Patienten meist hilflos ausgeliefert fühlen, beziehen sich Phobien auf Objekte oder Situationen, die als bedrohlich oder ängstigend erlebt werden.

Für viele Phobien ist dabei kennzeichnend, daß die davon betroffenen Patienten die Unangemessenheit ihrer Furcht (bzw. Befürchtungen) durchaus anerkennen, ihre Angst aber durch keine noch so „vernünftige Argumentation" gemindert werden kann. In diesem Sinne ist die phobische Reaktion als **neurotisches Symptom** zu verstehen, bei dem im Gegensatz zur Angstneurose eine deutlich bessere Angstbindung erreicht wird, da ja prinzipiell durch gezieltes Vermeidungsverhalten die drohende Angst erfolgreich abgewehrt werden kann. Harmlose Phobien (z. B. vor Spinnen, Nagetieren usw.) sind in der Bevölkerung weit verbreitet, jedoch klinisch kaum von Bedeutung.

Hatte man früher zunächst versucht, die Phobien mit zahlreichen griechischen beziehungsweise lateinischen Bezeichnungen nach dem auslösenden Gegenstand oder der auslösenden Situation zu katalogisieren, hat sich in den gegenwärtigen **Klassifikationssystemen** eine Gliederung durchgesetzt, die maßgeblich auf den Einfluß von **Marks** (vgl. Marks 1970; 1987) zurückgeht. Dieser unterschied zwei Gruppen:

- Agoraphobie, soziale Phobien und isolierte Phobien
- Krankheits- beziehungsweise Zwangsphobien

Bei der ersten Gruppe bestehen überwiegend externe angstauslösende Reize, bei der zweiten Gruppe dagegen interne.

Die **Agoraphobie** wird zwar klassifikatorisch den einfachen Phobien zugeordnet, ist aber allein schon phänomenologisch deutlich von diesen unterschieden.

Definition

Agoraphobie leitet sich vom griechischen Begriff *agora* („Marktplatz") her, womit ausgedrückt werden soll, daß eine irrationale Furcht vor öffentlichen Plätzen beziehungsweise Menschenansammlungen besteht. Der agoraphobe Patient vermeidet typischerweise soziale Situationen wie Benutzung von öffentlichen Verkehrsmitteln, Einkaufen in Kaufhäusern oder Supermärkten, aber auch Schlangestehen, Fahrstuhlfahren oder Fahren mit dem eigenen Auto.

Das heutige Konzept der Agoraphobie schließt (aufgrund faktorenanalytischer Untersuchungen von Marks) viele Phänomene der **Klaustrophobie** (Angst ein- oder abgeschlossen zu werden) mit ein. Agoraphobe Patienten können meist recht gut beschreiben, daß sie in der Öffentlichkeit vor allem befürchten, hilflos einem Angstanfall ausgeliefert zu sein, was entweder mit intensiver Scham verbunden ist („was werden die anderen von mir denken?") oder mit der Befürchtung, daß sie damit allein gelassen werden („niemand kommt, um zu helfen"). Häufiger befürchten sie auch, daß es ihnen in der Öffentlichkeit schwindelig wird und sie „umfallen" könnten. Tatsächlich geschieht dies aber – wenn überhaupt – nur sehr selten. Bei der Mehrzahl agoraphober Patienten setzt die eigentliche **agoraphobe Vermeidungsreaktion** nach dem erstmaligen Auftreten eines Angstanfalls ein, wobei der Ort oder die Situation, bei dem dies geschah, vermieden wird in der Hoffnung, dadurch neuerlichen Angstanfällen entgehen zu können. Viele Agoraphobiker fühlen sich in Begleitung eines Partners oder manchmal auch nur einer symbolischen Repräsentanz, einer schutzgebenden Instanz (z. B. Hund oder das Anxiolytikum, das vom Arzt verschrieben worden ist) sicherer und können dann auch Angstsituationen tolerieren, denen sie sich „allein" nicht gewachsen fühlen. Im Verlauf der Erkrankung entwickelt sich oft eine chronifizierte und anhaltende „Angst vor der Angst", was in Abhängigkeit von der persönlichen Angsttoleranz zu sehr schwerwiegenden sozialen Beeinträchtigungen führen kann – manche agoraphoben Patienten trauen sich dann praktisch nicht mehr aus der Wohnung und sind ganz auf die Hilfe anderer angewiesen.

Definition

Bei den **sozialen Phobien** steht im Vordergrund, daß die Aufmerksamkeit beziehungsweise kritische Beobachtung durch andere Menschen situativ gefürchtet wird.

Anonyme große Menschenmengen werden im Gegensatz zum Agoraphobiker nicht so sehr als bedrohlich erlebt, da hier die gefürchtete Situation der persönlichen Nähe zu einzelnen Menschen weitgehend entfällt. In die Gruppe sozialer Phobien fallen auch Ängste vor anderen zu erröten (**Erythrophobie**), öffentlich zu essen, vor anderen zu sprechen oder zu schreiben, um nur die bekanntesten Symptome aufzuzählen. Durch die konsequente Vermeidung dieser spezifischen Situationen wird in der Regel Angstfreiheit erreicht. Soweit nicht schwerwiegende soziale Folgen zu befürchten sind, nehmen viele Patienten mit sozialen Phobien diese Einschränkungen in Kauf und sind für psychotherapeutische Interventionen kaum motivierbar. Solche Patienten sind lieber bereit, sehr zurückgezogen zu leben und möglichst auch sozial isolierende Berufe zu ergreifen.

Definition

Bei den **einfachen Phobien** handelt es sich um eine Vielzahl klar eingrenzbarer Situationen oder spezifischer Objekte, wie zum Beispiel Tierphobien (Zoophobien), Höhenängste (Akrophobie), Ängste vor Gewitter, Feuer, Wasser (Schwimmen) usw.

Soweit diese Situationen oder Objekte vermieden werden können, erreicht der phobische Patient Angstfreiheit. Nur selten kommt es zu einer **Generalisierung** in dem Sinn, daß immer mehr Objekte oder Situationen, die symbolisch-assoziativ in Beziehung zum ursprünglichen phobischen Auslöser stehen, ebenfalls angstauslösend werden – ein Phänomen, das dagegen häufiger bei der Agoraphobie zu beobachten ist.

Bei den bisher skizzierten Phobien kann durch **Vermeidung** weitgehend **Angstfreiheit** erreicht werden. Bei den Ängsten beziehungsweise Befürchtungen, die sich auf den eigenen Körper, dessen Organe oder mögliche Krankheiten beziehen, gelingt indes die Vermeidung nicht mehr vollständig, das heißt, es besteht anhaltend mehr oder weniger starke Angst, die sich bis zu Angstanfällen steigern kann (häufig z. B. bei der „Herzangstneurose"). Dazu zählt zum Beispiel die **Dysmorphophobie**, bei der der Patient unter der quälenden und oft ans Wahnhafte grenzenden Befürchtung leidet, in der eigenen körperlichen Erscheinung mißgebildet zu sein (z. B. Haut, Nase, Kopfform usw.). Bei den krankheitsbezogenen Ängsten (z. B. **Karzinophobie**) ist eine phobische Vermeidungsreaktion ebenfalls nicht mehr möglich und wegen des hohen Leidensdrucks für die Patienten (und deswegen auch vielfach für die konsultierten Ärzte) nur schwer erträglich. Vielfach bestehen hier Überschneidungen mit hypochondrischen Entwicklungen.

Der gemeinsame Nenner dieser Angststörungen ist, daß der Angsteffekt nicht mehr vollständig in der phobischen Symptombildung gebunden werden kann, was darauf hinweist, daß hier eine weitergehende Ich-strukturelle Labilität beziehungsweise Schwäche zugrundeliegt (ähnlich wie bei der Angstneurose).

Die **Abgrenzung** der **Krankheitsphobien** von den **Hypochondrien** ist uneinheitlich und fließend. Definitionsgemäß werden krankheitsbezogene Angstüberflutungen(-attacken) eher der Phobie und die chronische Sorge um die Gesundheit mit Ritualen und Interessenverschiebungen (z. B. intensive Lektüre einschlägiger Fachliteratur) eher der Hypochondrie zugeordnet.

Schließlich sind noch Ängste zu erwähnen, bei denen der (oft zwanghaft einschießende) Impuls gefürchtet wird, andere beispielsweise mit einem Messer oder spitzem Gegenstand zu verletzen (**Blaptophobie**) oder sie zu beschmutzen. Hier bestehen fließende Übergänge zu zwangsneurotischen Symptombildungen (z. B. bei Ängsten, sich zu beschmutzen oder von anderen „angesteckt" worden zu sein), denen häufig Konflikte mit aggressiven Phantasien beziehungsweise Impulsen zugrundeliegen.

Eine vergleichbare Nähe zur zwangsneurotischen Symptombildung besteht bei der „**kontraphobischen Vermeidung**", bei der zwanghaft immer wieder gerade diejenigen Situationen aufgesucht werden, vor denen sich die Patienten in Wahrheit besonders fürchten. Hierbei empfinden viele der kontraphobischen Patienten keine oder nur geringe Angst, manche kontraphobischen Patienten wirken so, als müßten sie geradezu jede Art von Angst bei sich verleugnen (was sie erfahrungsgemäß für psychotherapeutische Interventionen nur sehr schwer, wenn überhaupt zugänglich macht). Durch ihre aktive Form der Abwehr bewältigen kontraphobische Menschen ihre Ängste zwar insgesamt besser, sind statt dessen aber anfällig dafür, Belastungs- und Gefahrsituationen erheblich zu unterschätzen (und sich dadurch ernstlich zu gefährden). Häufig sind sie „Aktivisten", die zwanghaft jede Muße vermeiden müssen, was ihre sozialen Beziehungen zu anderen sehr belasten kann.

Epidemiologie

Bei der amerikanischen ECA-Studie ergab sich eine Lebenszeitprävalenz von insgesamt 14,7 % für klinisch relevante Phobien, wobei aber die Prozentrate von schwächer ausgeprägten Phobien sicher erheblich höher liegen dürfte. Speziell für die Agoraphobie lagen in der ECA-Studie und in der Münchner Follow-up-Studie die 6-Monats-Prävalenzraten zwischen 2,7 und 5,5 % beziehungsweise für die Lebenszeitprävalenz zwischen 3,4 und 9 % (Myers et al. 1984; Robins et al. 1984; Wittchen 1986). Bei der Soziophobie werden in der ECA-Studie die 6-Monats- beziehungsweise Lebenszeitprävalenz-Raten mit 2,7 beziehungsweise 3,8 % angegeben (Davidson et al. 1993).

Ätiologie und Psychodynamik

Wesentlich zum psychodynamischen Verständnis von Phobien trägt der empirische Befund bei, daß tatsächlich negative Erfahrungen mit dem angstauslösenden Objekt oder der angstauslösenden Situation eher selten vorkommen, das heißt eine Phobie nicht einfach dadurch erklärt werden kann, daß irgendwann mit dem angstauslösenden Objekt eine schlechte Erfahrung gemacht worden ist und seitdem dieses Objekt vermieden wird. Im Rahmen psychoanalytischer Behandlungen von Phobien zeigte sich dagegen sehr viel häufiger, daß ihnen eine unbewußte Vorstellung beziehungsweise Phantasie zugrunde liegt, die sich auf eine intrapsychische Gefahrenquelle bezieht (z. B. verpönter Triebimpuls). Diese **unbewußte intrapsychische Gefahrenquelle** wird nach außen verschoben, wobei die äußere Gefahrenquelle symbolisch die ursprünglich innere Bedrohung repräsentiert. Zwar bleibt bei dieser Abwehroperation der Bedrohungsaspekt des angstauslösenden äußeren Objekts beziehungsweise der äußeren Situation erhalten, jedoch können diese sehr viel erfolgreicher als intrapsychische Gefahren vermieden werden, was eine deutliche intrapsychische Konfliktentlastung und mittelbar Angstminderung bewirkt.

Wir haben jedoch (Hoffmann 1999) eine stärkere Betonung physiologischer und verhaltensbezogener Faktoren für die Ätiologie phobischer Störungen vorgenommen und somit den Erklärungswert psychodynamischer Aspekte für die Entstehung dieser Störungen relativiert. Dementsprechend sehen wir auch den Stellenwert psychodynamischer Faktoren im Prozeß der Chronifizierung gegenüber dem maladaptiven Lernverhalten als geringer an. So tendiert phobisches Vermeidungsverhalten, insbesondere über Lernprozesse, zur **Chronifizierung**, wobei es sich auch auf „assoziativ" ähnliche Objekte beziehungsweise Situationen ausweiten kann. Gerade bei chronifizierten Phobien ist die auslösende Konfliktdynamik pathogenetisch kaum mehr relevant, statt dessen sind maßgeblich lerntheoretische Prinzipien für die Persistenz der Symptomatik verantwortlich.

Bei vielen psychoanalytischen Autoren bestand lange die Meinung, daß den einfachen Phobien überwiegend **abgewehrte sexuelle Triebimpulse** beziehungsweise Wünsche auf ödipalem Konfliktniveau zugrundeliegen. Handelte es sich dagegen mehr um die Abwehr aggressiver beziehungsweise antisozialer Strebungen, ergäben sich meist fließende Übergänge zu einer **zwangsneurotischen Symptombildung** (z. B. Zwangsbefürchtung). Auch aus unserer Sicht nimmt die phobische Abwehr eine Mittelstellung zwischen Hysterie und Zwangsneurose ein, worauf schon Deutsch (1928) hingewiesen hat. Gegenwärtig werden jedoch immer mehr Kasuistiken phobischer Patienten bekannt, bei denen andere als sexuelle Konflikte eine pathogenetisch wirksame Rolle spielten – so zum Beispiel Ängste vor Bloßstellung beziehungsweise Beschämung, aber auch mehr existentielle Ängste wie „sich selbst zu verlieren oder aufzulösen" beziehungsweise „über sich die Kontrolle zu verlieren". Die physiologisch gebahnte „natürliche Verunsicherung", die man etwa bei hohen Türmen

beim Blick in die Tiefe empfindet, kann sich beim Ich-strukturell labilen Patienten rasch zu einer intensiven Bedrohung steigern („Sog in die Tiefe"), da diese äußere Situation symbolisch an die Brüchigkeit seines Ichs und dessen geringer Angsttoleranz erinnert. Ähnlich ist die Beklemmung, die man in abgeschlossenen engen Räumen empfindet („abgeschnittene Fluchtwege"), primär eher physiologisch. Die eigentliche pathologische Angstreaktion entsteht hier erst sekundär durch die assoziative Verkopplung dieser Situation mit der unbewußten ängstigenden Phantasie.

> Wesentlich hierbei ist also, daß nicht wenige Situationen (und Objekte) eine ursächlich physiologische Verunsicherung bedingen und sich darüber vermittelt besonders leicht unbewußte (bedrohliche) Phantasien assoziativ mit ihnen verbinden können.

Bei der **Agoraphobie** handelt es sich um die häufigste und meist auch schwerste Form symptomgebundener Ängste, die jedoch insgesamt ein eher uneinheitliches Störungsbild zeigt. Ursprünglich verstand man darunter vor allem eine Angst vor weiten Flächen oder Räumen, gegenwärtig werden eher klaustrophobe Ängste beziehungsweise Ängste vor öffentlichen Plätzen oder Gebäuden mit Menschenansammlungen einbezogen, wobei fließende Überschneidungen mit mehr sozialen Ängsten (z. B. vor Ansteckung) bestehen.

Die **agoraphobe Symptomatik** beginnt oft mit einem akuten Angstanfall, wobei aber häufig zunächst nur dessen somatischen Äquivalente beziehungsweise Korrelate wahrgenommen werden (z. B. vegetative Symptome wie Schwindel, Benommenheit, Kreislaufbeschwerden, Herzsensationen usw.). Bei etwa 60 % der agoraphoben Patienten (Garssen et al. 1983) läßt sich ein Hyperventilationssyndrom nachweisen, wobei sie aber ihre Fehlatmung oft nicht wahrnehmen (wohl aber deren physiologisch auftretenden Folgesymptome katastrophisch fehlinterpretieren). Treten mehr herzbezogene vegetative Symptome auf, kann sich die Agoraphobie zur Herzangstneurose entwickeln.

Wegen der auffälligen Ähnlichkeit der agoraphoben Symptomatik mit der Angstneurose plädierte vor allem Bowlby (1976) dafür, die Agoraphobie als **Sonderform** der **Angstneurose** aufzufassen. Beim agoraphoben Patienten ist nicht der phobische Abwehrvorgang der Verschiebung (s. oben) pathogenetisch wirksam, sondern die Abwesenheit oder der Verlust einer Bezugsperson oder einer anderen sicherheitsgebenden Basis, auf die man sich zubewegen würde. Bowlby bezeichnet daher konsequenterweise die Agoraphobie als **„Pseudophobie"**, da psychodynamisch ja nicht die phobische Vermeidung im Vordergrund steht, sondern die (existentiell erlebte) Angewiesenheit auf eine schutzgebende Bezugsperson.

> In diesem Sinn hat also der agoraphobe Patient nicht eigentlich Angst vor öffentlichen Plätzen, Gebäuden oder Menschenansammlungen, sondern vermißt dabei vielmehr die Nähe eines Menschen, der ihm Schutz und Sicherheit vermittelt.

Von daher wird verständlich, warum viele Agoraphobiker solche Angstsituationen besser ertragen können, wenn sie von Bezugspersonen begleitet werden. In diesem Zusammenhang ist noch zu erwähnen, daß auch den kindlichen **Schulphobien** nach Bowlby (1976) eher Bindungskonflikte zugrundeliegen, sie also psychodynamisch gesehen deutlich von den einfachen Phobien abzugrenzen sind. Insgesamt spricht vieles dafür, daß bei der Agoraphobie wie bei der Angstneurose erhebliche Ich-strukturelle Einschränkungen bestehen (insbesondere wenig Autonomie bzw. Selbstsicherheit erreicht werden konnte), was auf Entwicklungsstörungen wie ausgeprägte kindliche Bindungsverunsicherung durch ambivalentes Elternverhalten hindeutet (vgl. Bowlby 1976; Silove et al. 1991).

> Zusammenfassend sprechen die Befunde der meisten genetischen Studien für die psychodynamische Hypothese von Bowlby, die Agoraphobie nicht als eine besondere Untergruppe der Phobien, sondern als spezielle Form der Angstneurose zu betrachten (vgl. Noyes et al. 1986), bei der es den Patienten gelungen ist, ihre Ängste gewissermaßen mehr „phobisch" zu organisieren.

Verlauf

Die Verlaufsprognose ist zumindest für die Gruppe der klinisch bedeutsamen Phobien ohne adäquate Behandlung vergleichbar ungünstig wie bei der Angstneurose einzustufen (Coryell et al. 1983; Schapira et al. 1972). In der Münchner Follow-up-Studie (Wittchen 1986) zeigte sich für die **Agoraphobie**, daß nach sieben Jahren etwa 90% der erstmals untersuchten Patienten weiterhin eine agoraphobe Symptomatik aufwiesen.

Aus neurophysiologischer Sicht sprechen einige Befunde dafür, die **Agoraphobie** als eine „**schwere Verlaufsform**" der **Panikstörung** anzusehen. Eine **hereditäre Komponente** gilt wie bei der Panikstörung als gesichert, Frauen sind im Verhältnis von etwa 4:1 häufiger als Männer betroffen (vgl. Eaton et al. 1991; Noyes et al. 1986). Kendler et al. (1992) kommen in einer umfangreichen Studie zu dem Resümee, daß die Agoraphobie im Vergleich zu den einfachen Phobien einen deutlich späteren Krankheitsbeginn aufweist: Sie hat einen Häufigkeitsgipfel zwischen dem 20. und 30. Lebensjahr, Tierphobien treten demgegenüber gehäuft schon im Vorschulalter auf. Darüber hinaus besitzt die Agoraphobie eine hohe Komorbiditätsrate (z. B. mit Depression) sowie eine bedeutsame hereditäre Komponente (bis 12% bei Verwandten ersten Grades). Die **Soziophobie** nimmt hinsichtlich dieser Kriterien dagegen eher eine Mittelstellung ein.

Für die **Soziophobie** wurden Remissionsraten von 27% bei einer durchschnittlichen Krankheitsdauer von etwa 19 Jahren (!) berichtet (Davidson et al. 1993), bei den unbehandelten **einfachen Phobien** ist mit vergleichbaren Zahlen zu rechnen. Sofern letztere nur gering ausgeprägt sind, nehmen die davon betroffenen Patienten erfahrungsgemäß kaum psychotherapeutische Hilfe in Anspruch, was natürlich die Chronifizierung der phobischen Symptomatik sehr begünstigt. Der Le-

benserfahrung und der klinischen Beobachtung entspricht die Annahme, daß zahlreiche subklinische Phobien („in meiner Jugend hatte ich mal eine zeitlang Angst vor dem Autofahren ...") ebenso rasch wieder schwinden – vermutlich durch erfahrungsbedingte Extinktion – wie sie aufgetreten sind.

Therapie

Bei der Psychotherapie phobischer Ängste ist zunächst abzuklären, ob es sich differentialdiagnostisch um einfache oder komplizierter strukturierte Phobien handelt, wobei bei letzteren fließende Übergänge zur Angstneurose bestehen. Viele Patienten mit einfachen Phobien wollen eine rasche Symptomentlastung und sind eher selten an einer aufdeckenden Psychotherapie interessiert. Für solche Phobiker ist eine ausschließlich **symptomorientierte Verhaltenstherapie** Behandlung der ersten Wahl, da deren praktisches Vorgehen dem Bedürfnis dieser Patienten nach gezielter Symptombeseitigung gut entspricht und deren Wirksamkeit hierfür gesichert ist. Viele einfache Phobien sind mit Verhaltenstherapie vergleichsweise rasch und auch anhaltend erfolgreich zu behandeln (vgl. Übersicht hierzu von Ehlers et al. 1991). Ansonsten kann je nach Einbezogenheit der Gesamtperson in die Psychodynamik sowie Introspektionsfähigkeit und Motivation der Patienten auch niederfrequente Psychotherapie (eine Sitzung wöchentlich im Sitzen) bis hin zum psychoanalytischen Standardsetting (drei bis vier Sitzungen wöchentlich im Liegen) empfohlen werden. Bei der **Agoraphobie** ist neben **Verhaltenstherapie** als erster Wahl auch eine **psychodynamisch orientierte Psychotherapie** angezeigt, wobei man im wesentlichen mit den gleichen therapeutischen Schwierigkeiten zu rechnen hat, wie sie generell bei der Psychotherapie von angstneurotischen Patienten auftreten (vgl. Kap. 5.2.5, S. 267ff). Bei der **Soziophobie** zeigen sich ebenfalls häufiger deutliche Überschneidungen mit der Angstneurose: Es bestehen öfters weitergehende Ich-strukturelle Störungen, weshalb auch hier eine längerfristige psychodynamisch orientierte Psychotherapie indiziert erscheint (soweit der Patient sich seinerseits darauf einlassen möchte). Grundsätzlich sollten gerade bei der psychodynamisch orientierten Psychotherapie phobischer Störungen auch angstkonfrontierende beziehungsweise übende Elemente integriert sein – etwa verbunden mit der Aufforderung, über die eigenen Empfindungen, Phantasien und Assoziationen während der Konfrontation mit dem phobischen Stimulus später mit dem Therapeuten zu sprechen. Diese Empfehlung ist keineswegs neu, bereits Freud hatte 1919 entschieden darauf hingewiesen, daß man den Patienten aktiv dazu auffordern muß, sich mit der angstauslösenden Situation (bzw. dem angstauslösenden Objekt) zu konfrontieren, andernfalls die freie Assoziation kein konfliktrelevantes Material für die Psychoanalyse zutage fördert – mit anderen Worten:

> Die psychoanalytische Behandlung droht zu stagnieren oder gar zu scheitern, wenn es nicht gelingt, den Patienten zur Aufgabe oder wenigstens Lockerung

seiner phobischen Vermeidungshaltung zu bewegen, die auch auf der Ebene der Übertragungsbeziehung beziehungsweise freien Assoziationen die symptombedingenden konflikthaften Themen auszusparen versucht.

Eine über Monate sich hinziehende psychoanalytische Therapie gleich welcher wöchentlicher Stundenfrequenz, die nicht zur deutlichen Rückbildung des phobischen Vermeidungsverhaltens führt, muß ausnahmslos hinsichtlich ihrer Indikationsstellung überprüft werden (Freud 1919, S. 191: „Man wird kaum einer Phobie Herr, wenn man abwartet, bis sich der Kranke durch die Analyse bewegen läßt, sie aufzugeben."). Da es in der Psychotherapieforschung deutliche Hinweise dafür gibt, daß es die gleiche Gruppe von Patienten ist, die von allen Formen von Psychotherapie profitiert oder nicht profitiert, kann in jedem Einzelfall auch das alternative Therapieverfahren (psychoanalytisch oder verhaltenstherapeutisch) zum Erfolg führen.

Fallbeispiele

Fallbeispiel

Eine 40jährige Frau trat im Erstkontakt zunächst betont selbstbewußt auf, wirkte im Gespräch dann aber rasch unsicher und ängstlich. Vor etwa 15 Jahren hätte sie im Rahmen ihres Medizinstudiums einerseits hypochondrische Befürchtungen, andererseits aber heftige Ängste vor Spritzen entwickelt — vor allem, wenn sie selbst Patienten Blut abnehmen mußte beziehungsweise Spritzen zu verabreichen hatte. Diese Phobie habe sich in der Folgezeit verschlimmert, zunehmend hatte sie die Befürchtung, daß sie Patienten schwer schädigen oder gar töten könnte, indem sie versehentlich ein falsches Medikament spritzte. Im Praktischen Jahr brach sie schließlich das Studium ab, da sie sich keinerlei Kompetenz mehr zutraute, ihre Patienten ärztlich beziehungsweise medizinisch angemessen betreuen zu können. Gegenwärtig kämpfe sie bei der Erziehung ihrer beiden kleinen Kinder damit, daß sie diese vor „jeglichen Verletzungen" schützen müsse und befürchte, eine „heimtückische Erkrankung zu übersehen", die tödliche Folgen haben könnte.

Biographisch bedeutsam war eine ausgeprägte Rivalität mit ihrem 3 Jahre jüngeren Bruder; bei seiner Geburt reagierte sie erstmals mit phobischen Ängsten. Aus ihrer Sicht war er der bevorzugte Liebling der Eltern; sie habe sich während ihrer Kindheit und Jugend immer wieder vergeblich bemüht, durch Leistung und betont jungenhaftes Auftreten elterliche Anerkennung zu gewinnen. Im Verlauf der Psychotherapie wurde ihr zunächst bewußt, wie sehr sie sich gewünscht hatte, daß ihr Bruder „verschwindet", später konnte sie sich eingestehen, daß sie ihn gern am liebsten selbst „beiseite geschafft" hätte. Das Medizinstudium habe sie vor allem deswegen aufgenommen, um ihrem Vater, der selbst gern Medizin studiert hätte (sich aber wegen „vegetativer Labilität" diesen Wunsch versagt hatte) zu beweisen, „was in ihr steckt". Die phobische Symptomatik kam im zeitlichen Zusammenhang mit dem Beginn des Medizinstudiums ihres Bruders auf, der wie schon in der Schule auch als Student mit „besten Leistungen" glänzte und sie sich ihm gegenüber neuerlich klein und minderwertig vorkam.

Dieses Beispiel beschreibt eine phobische Entwicklung mit zunehmender Tendenz zur zwangsneurotischen Symptombildung, wobei psychodynamisch vor allem (unbewußte) Konflikte mit aggressiven Impulsen (Rivalität und Eifersucht) zugrunde liegen.

Fallbeispiel

Ein 42jähriger Mann schildert, daß er akut seit etwa einem halben Jahr mit einer panischen Angst vor dem Telefonieren kämpfe. Er könne zwischenzeitlich keine Telefonate mehr führen, was für ihn in seinem Beruf sehr hinderlich sei (er ist Programmierer in einer Versicherung), selbst die bloße räumliche Nähe zu einem Telefonapparat bereite ihm „Spannungsgefühle". Er könne sich nicht im geringsten erklären, warum es bei ihm zu dieser Symptomatik gekommen sei — in letzter Zeit befürchte er, daß er vielleicht „nicht richtig im Kopf" sei. Im weiteren Gespräch ist zu erfahren, daß er als Schüler große Schwierigkeiten gehabt habe, in der Klasse vor anderen zu sprechen (wenn er z. B. vom Lehrer aufgerufen wurde). Er habe diese Unsicherheit aber später im Beruf recht gut in den Griff bekommen. Vielleicht, so räumt er aber ein, habe er unterschwellig schon immer mit dem Gefühl gekämpft, anderen gegenüber unterlegen zu sein.

In weiteren Gesprächen wurde deutlich, daß er innerlich sehr mit der Vorstellung kämpfe, daß ihn im Alter ein ähnliches Schicksal treffen könnte, wie er es bei seinem Vater als Kind erlebt hatte: Dieser sei aus ihm nicht bekannten Gründen „nervös und fahrig" geworden, habe über lange Zeit deswegen auch Psychopharmaka nehmen müssen. Als Jugendlicher habe er darunter gelitten, daß sein Vater sich immer mehr zurückgezogen habe, auch innerhalb der Familie kaum mehr belastbar gewesen sei. Beruflich hätte sein Vater wohl ebenfalls erhebliche Probleme gehabt, insbesondere hätte er sich gegenüber seinen Kollegen beziehungsweise Vorgesetzten nicht behaupten können. Für den Patienten war zunächst keine Auslösesituation für seine eigene phobische Symptomatik erkennbar, erst später wurde ihm bewußt, daß er sich in seinem Arbeitsgebiet zunehmend überfordert fühlte, mit der rasanten Entwicklung der EDV beziehungsweise Software Schritt zu halten. Er hatte selbst Programme für die eigene Versicherung zu entwickeln, kam aber mit den gestellten Aufgaben zeitlich immer häufiger in Verzug. Da er ein Zimmer für sich allein hatte, kommunizierte er überwiegend telefonisch mit den anderen. Erst jetzt wurde ihm bewußt, wie sehr er bei jedem Telefonanruf befürchtete, daß sein Vorgesetzter oder Kollegen sich bei ihm beschweren, weshalb er so lange mit seiner Arbeit brauche. Die Ängste seiner Kindheit und Jugend, ähnlich wie sein Vater und schließlich von allen überfordert zu werden, reaktivierten sich aufs Neue.

Phänomenologisch handelt es sich bei diesem Fallbeispiel um eine typische soziale Phobie.

Zusammenfassung

Die phobischen Ängste sind definitionsgemäß auf eine spezifische Situation oder ein Objekt bezogen, können aber entsprechend lerntheoretischen Gesetzmäßigkeiten auch generalisieren, das heißt sich auf weitere Situationen beziehungsweise Objekte ausdehnen, die in assoziativer (symbolischer) Beziehung zum ursprünglichen phobischen Stimulus stehen. Erfahrungsgemäß deutet die weitergehende Tendenz zur Generalisierung auf eine Ich-strukturelle Schwäche hin. Es lassen sich drei **Gruppen** von **Phobien** unterscheiden:

- die **einfachen Phobien**, welche häufig vorkommen (jedoch oft nur gering ausgeprägt sind und von denen sich die davon betroffenen Patienten kaum eingeschränkt fühlen)

● die **Soziophobie**, bei der im allgemeinen ein größerer Leidensdruck besteht (da diese Phobie oft mit erheblichen sozialen Einschränkungen verbunden ist)

● die **Agoraphobie** (mit und ohne Panikstörung)

Eine besondere Gruppe stellen Phobien dar, die überwiegend den Charakter von **zwanghaft aufkommenden Befürchtungen** haben (z. B. jemanden mit einem spitzen Gegenstand zu verletzen) – hier bestehen fließende Übergänge zu mehr zwangsneurotischen Symptombildungen. Bei den einfachen Phobien besteht der charakteristische **Abwehrvorgang** in der **Verschiebung**: Eine ursprünglich intrapsychische Gefahrenquelle (z. B. verpönte Triebimpulse oder Wünsche) wird projektiv nach außen gewendet (auf ein Objekt oder eine Situation), wobei sie aber als nunmehr externalisierter angstauslösender Stimulus erfolgreich vermeidbar ist. Meist steht der phobische Stimulus in symbolischer Beziehung (über unbewußte assoziative Kopplung) mit dem ursprünglichen intrapsychischen Konflikt, das heißt, die phobische „Objektwahl" ist keineswegs nur zufällig, sondern psychodynamisch determiniert. Von daher erklärt sich auch, daß nur für eine Minderzahl der Phobien negative Erfahrungen mit dem angstauslösenden Objekt oder der angstauslösenden Situation verantwortlich sind, welche in der Folge dann eine persistierende phobische Vermeidungsreaktion bedingen.

Der **Agoraphobie** liegt psychodynamisch nicht die projektive Verschiebung einer intrapsychischen Gefahrquelle nach außen zugrunde (wie bei der einfachen Phobie), sondern wesentlich die **Angst vor** der **Abwesenheit** einer **sicherheitsgebenden Bezugsperson** oder Basis, worauf besonders Bowlby (1976) hingewiesen hat. Aufgrund dieser Konfliktkonstellation ist die Agoraphobie psychodynamisch eher als eine spezielle Verlaufsform der Angstneurose zu betrachten.

Für die **Therapie** haben sich bei den einfachen Phobien und der Agoraphobie verhaltenstherapeutische Maßnahmen gut bewährt und sind vor allem dann indiziert, wenn der Patient kein weitergehendes Interesse für Konfliktaufdeckung zeigt. Bei bestimmten Formen der Agoraphobie, aber auch schwereren Formen der Soziophobie ist auch eine psychodynamische Psychotherapie zu empfehlen, die jedoch übende beziehungsweise angstkonfrontierende Elemente mit beinhalten sollte. Gerade für Patienten, die neben der Diagnose einer Angststörung noch die Kriterien einer Persönlichkeitsstörung erfüllen, bietet sich die Kombination von psychodynamischen und verhaltenstherapeutischen Behandlungselementen an. In der Mainzer Universitätsklinik für Psychosomatik haben wir diese Kombinationsbehandlung modellhaft bei Patienten mit Zwangsstörungen und ausgewählten Angststörungen mit guten Erfolgen durchgeführt. Bemerkenswert ist für uns die Erfahrung, daß sich die Entwicklungen in den jeweiligen Therapiesettings wechselseitig positiv beeinflussen (Nickel et al. 1999).

Literatur

Bowlby J. Trennung. Psychische Schäden als Folge der Trennung von Mutter und Kind. München: Kindler 1976.

Coryell W, Noyes R, Clancy J. Panic disorder and primary unipolar depression. J Affective Disord 1983; 5: 311–7.

Davidson JRT, Hughes DL, George LK, Blazer DG. The epidemiology of social phobia: findings from the Duke Epidemiological Catchment Area Study. Psychol Medicine 1993; 23: 709–18.

Deutsch H. Zur Genese der Platzangst. Int Z Psychoanal 1928; 14: 297–314.

Dilling H, Mombour W, Schmidt MH (Hrsg). Weltgesundheitsorganisation. Internationale Klassifikation psychischer Störungen. Bern, Göttingen, Toronto: Huber 1991.

Eaton WW, Dryman A, Weissman MM. Panic and phobia. In: Psychiatric Disorders in America. Robins LN, Regier DA (eds). New York: The Free Press 1991.

Ehlers A, Margraf J, Schneider S. Angstneurosen, Paniksyndrome und Agoraphobien. In: Verhaltenstherapeutische Psychosomatik in Klinik und Praxis. Meermann R, Vandereycken W (Hrsg). Stuttgart, New York: Schattauer 1991; 75–109.

Freud S. Wege der Psychoanalytischen Therapie. 1919. GW Bd XII. Frankfurt: Fischer 1975.

Garssen BW, Van Veenendaal W, Bloemink R. Agoraphobia and the hyperventilation syndrome. Behav Res Ther 1983; 21: 643–9.

Hoffmann SO. Die phobischen Störungen (Phobien. Eine Übersicht zum gegenwärtigen Verständnis ihrer Psychodynamik und Hinweise zur Therapie). Forum der Psychoanalyse, 1999; 15: 237–52.

Kendler KS, Neale MC, Kessler RC, Heath AC, Lindon JE. The genetic epidemiology of phobias in women. The interrelationship of agoraphobia, social phobia and simple phobia. Arch Gen Psychiatry 1992; 49: 273–81.

Marks IM. The classification of phobic disorders. Brit J Psychiatry 1970; 116: 377–86.

Marks IM. Fears, phobias, and rituals. Panic, anxiety and their disorders. New York, Oxford: Oxford University Press 1987.

Myers JK, Weissmann MM, Tischler GL, Holzer CE, Leaf PJ, Orvaschel H, Anthony JC, Boyd JH, Burke JD, Kramer M, Stolzman R. Six-month prevalence of psychiatric disorders in three communities. Arch Gen Psychiatry 1984; 41: 959–67.

Nickel R, Petrak F, Bassler M, Hoffmann SO. Stationäre verhaltenstherapeutisch-psychodynamische Kombinationsbehandlung. Psychotherapeut 1999; 44: 241–7.

Noyes R, Crowe RR, Harris EL, Hamra BJ, McChesney CM, Chaudry CM, Chaudry DR. Relationship between panic disorder and agoraphobia. Arch Gen Psychiatry 1986; 43: 227–32.

Robins LN, Helzer JE, Weismann MM, Orvaschel H, Gruenberg E, Burke JD, Regier DA. Lifetime prevalence of specific psychiatric disorders in three sites. Arch Gen Psychiatry 1984; 41: 949–58.

Schapira K, Roth M, Kerr TA, Gurney C. The prognosis of affective disorders: the differentiation of anxiety states and depressive illnesses. Brit J Psychiatry 1972; 144: 633–7.

Silove D, Parker G, Hadzi-Pavlovic D, Manicavasgar V, Blaszcynski. Parental representations of patients with panic disorder and generalised anxiety disorder. Brit J Psychiatry 1991; 159: 835–41.

Wittchen HU. Epidemiology of panic attacks and panic disorders. In: Panic and Phobias. Hand I, Wittchen HU (eds). Berlin: Springer 1986; 18–28.

Literaturempfehlung

Rüger U (Hrsg). Neurotische und reale Angst. Der Beitrag der Psychoanalyse zur Erkennung, Therapie und Bewältigung von Angst in der klinischen Versorgung und im psychosozialen Feld. Göttingen: Vandenhoeck & Ruprecht 1984.

5.2.7
Depression

Herbert Will

Einleitung

Die Depressionskonzepte haben sich in den letzten Jahrzehnten grundlegend in der psychiatrischen Klassifikation verändert. Sowohl im DSM als auch in der ICD-10 wird nicht länger die tradierte Gegenüberstellung von „endogenen" versus „neurotischen" Depressionen vorgenommen. Damit ist auch die traditionelle Polarisierung von psychotherapeutischen (bei der neurotischen Depression) und psychopharmakologischen (bei endogenen Depressionen) Behandlungsansätzen für die eine oder die andere Therapie tendenziell aufgegeben worden, obschon immer noch allzuoft in der Psychiatrie die nahezu ausschließliche Antidepressivatherapie als alleiniges Mittel der Wahl angesehen wird.

Bei den depressiven Störungen ist die Frage der differentiellen Indikationsstellung ausführlich untersucht worden. Dabei sind nicht nur – wie naheliegend – unterschiedliche psychotherapeutische Methoden in ihrer Effektivität untersucht worden, sondern auch die Wirkung von medikamentösen Behandlungen in ihrer Effizienz mit psychotherapeutischen Ansätzen verglichen worden.

Die Depressionsstudie des National Institutes of Mental Health (NIMH; s. z. B. Elkin 1994) hat die Wirkungsweise der Interpersonellen Psychotherapie (IPT) sowie der kognitiv-behavioralen Therapie bei Depressionen in Kombination mit einer Antidepressivagabe in einem Vergleich mit einer psychiatrischen Standardbehandlung untersucht. Die Ergebnisse dieser Studie sowie erfolgter Reanalysen werden im Kapitel (6.2.1) diskutiert. Weitere Informationen zum differentiellen oder kombinierten Einsatz von psychotherapeutischen und psychopharmakologischen Methoden finden sich im Kapitel zur Psychopharmakologie (6.1.1).

ICD-10-Klasssifikation

Die depressiven Störungen werden im Abschnitt F3 (affektive Störungen) zusammen mit der manischen Episode (F30) und der bipolaren affektiven Störung (F31) klassifiziert. Die depressiven Störungen werden weiter unterteilt in die depressive Episode (F32), die rezidivierende depressive Störung (F33) und als eine Form der anhaltenden affektiven Störung (F34) die Dysthymia (F34.1). Die diagnostische Kategorie der Dysthymia hat nach den Autoren der ICD-10 „sehr viel mit den Konzepten der depressiven Neurose und der neurotischen Depression gemeinsam".

Krankheitsbild

Vieles spricht dafür, Depression nicht als einheitliches Krankheitsbild anzusehen, sondern von einer **Gruppe der Depressionen** auszugehen mit Unterschieden in Ätiologie, Pathogenese, Erscheinungsbild und Verlauf. Biologische, psychologische und soziale Faktoren sind dabei auf komplexe Weise miteinander verschränkt (z. B. Neurotransmitter, unbewußte Konflikte, Arbeitslosigkeit). Die Erforschung der depressiven Zustände in den verschiedensten Wissenschaften – psychopathologisch, biologisch-psychiatrisch, sozialpsychiatrisch-epidemiologisch, psychoanalytisch, psychologisch – hat eine Fülle von allgemein anerkanntem Wissen darüber bereitgestellt, das ich hier nicht referieren kann (empfehlenswerter Überblick z. B. bei Hautzinger und de Jong-Meyer 1994, abgesehen von ihrer erstaunlichen Ignoranz gegenüber psychoanalytischem Wissen).

Die deskriptive Klassifikation depressiver Störungen nach DSM-III-R und ICD-10 faßt klinische Syndrome, Schweregrade und Verläufe zusammen, ist insgesamt jedoch verwirrend und noch nicht glücklich gelöst (zur Diskussion vgl. Bronisch 1990; 1992; Hoffmann 1994; Hole 1992; Wolfersdorf 1995).

Im Sinne einer „doppelten Buchführung" haben sich die meisten Kliniker an die operationalisierte Klassifikation gewöhnt (Dilling und Freyberger 1994), verwenden jedoch im Alltag weiterhin die bewährte **klinische Unterteilung** der Krankheitsbilder in:

- psychotische Depressionen oder Melancholien (monopolare oder bipolare Zyklothymien)
- Depressionen bei schweren Persönlichkeitsstörungen (Borderline-Depressionen)
- neurotische Depressionen (Dysthymien)
- depressive Reaktionen auf belastende Lebensumstände

Für die Psychotherapeutische Medizin wichtig ist die hohe **Komorbidität**, das heißt das gemeinsame Auftreten depressiver Störungen mit anderen psychiatrischen, psychosomatischen und körperlichen Erkrankungen – so verschiedenartigen etwa wie Eßstörungen, Herzinfarkt oder der Parkinson-Krankheit. Zu ihrer Einschätzung ist ein hoher Stand an differentialdiagnostischem Wissen und Erfahrung gefragt. Nie zu vergessen ist dabei die Möglichkeit somatogener Depressionen, verursacht durch körperliche Störungen wie Hypothyreose oder hirnorganische Veränderungen oder die Nebenwirkung von Medikamenten wie Reserpin.

Erwähnt sei die bedeutsame **Unterscheidung** von **Trauer** und **Depression** (Beutel und Weiner 1993). Trauer ist kein pathologischer Zustand, sondern die für viele Menschen angemessene Reaktion auf den Verlust einer geliebten, nahestehenden Person. Sie ähnelt in ihrer Symptomatik manchen depressiven Zuständen, in der Psychodynamik ist sie jedoch deutlich davon unterschieden.

> Trauernde trauern um das, was sie verloren haben, Depressive hängen dem nach, was sie nicht bekommen haben.

Während der Trauerprozeß im Mittel nach etwa vier Monaten abgeklungen ist, wird er bei 10 bis 20% der Trauernden durch depressive Konflikte kompliziert und droht, im Sinne einer depressiven Störung zu persistieren.

Epidemiologie

Depressive Störungen gehören zu den häufigsten Erkrankungen. In Industrienationen leiden 4,5 bis 9,3% aller Frauen an behandlungsbedürftigen Depressionen (Punktprävalenz) und 2,3 bis 3,2% aller Männer (Angst 1987). Dilling et al. (1984) fanden in der oberbayerischen Bevölkerung 1,4% endogener Depressionen und 12,9% nichtendogener Depressionen, jeweils aktuell behandlungsbedürftig. In der psychosomatisch-psychotherapeutischen Ambulanz des Münchener Universitätsklinikums wurde bei 29,7% der Patienten die Diagnose einer neurotischen Depression gestellt (Haupt- oder Zweitdiagnose), in der stationären Psychotherapie-Abteilung bei 36,1% der Patienten (von Rad et al. 1994). Insgesamt scheint die Häufigkeit depressiver Störungen zuzunehmen (Hagnell et al. 1982). Angesichts dieser Zahlen stellen die Depressionen eine enorme Herausforderung für die Psychotherapie dar.

Im folgenden möchte ich mich auf psychoanalytische Aspekte konzentrieren. Zur Bedeutung depressionstypischer Kognitionen und interpersoneller Verhaltensweisen seien die Zusammenfassungen von Hautzinger (1994) sowie Schramm und Berger (1994) empfohlen. Zum Verhältnis psychoanalytischer Befunde zu denen der Nachbarwissenschaften sind die Diskussionen bei Basch (1975), Cornell (1985), Weiner (1996) sowie Blatt und Maroudas (1992) empfehlenswert.

Allgemeine Charakteristika der Depression

Karl Abraham hat in seiner Studie über **Giovanni Segantini** (1911) die ersten wichtigen Gesichtspunkte der Depression herausgearbeitet. Segantini war der seinerzeit weltberühmte Maler der Schweizer Alpen und des Mutterglücks (Ave Maria bei der Überfahrt). Er hatte als kleiner Junge seine Mutter verloren und bald darauf auch den Vater und mußte sich durch eine armselige Jugend kämpfen. Abraham fand in seiner Malerei eine allgegenwärtige Muttersehnsucht, eine Verleugnung der Bedeutung des Vaters, ein plötzliches Umschlagen des idealen Mutterbildes in strafende Visionen (Die Hölle der Wollüstigen) und eine zunehmende Todessehnsucht. Manische Arbeitswut, trostlose deprimierte Stimmungen und eine heftige unbewußte Ambivalenz gegenüber der Mutter kommen in Segantinis Werk zum Ausdruck. In seinem großartigen und wirren Tod auf dem Schafberg oberhalb Pontresinas mag er unbewußt seine Selbstzerstörung und zugleich die Rückkehr in die Arme von Mutter Natur inszeniert haben. Später (1924) postulierte Abraham als Kennzeichen der Melancholie eine frühkindliche „Urverstimmung" infolge der Enttäuschung an den frühesten Objekten, eine orale Fixierung und den abgewehrten aggressiven Konflikt. Freud (1916) fügte die narzißtische Objektbesetzung und Regressionsneigung hinzu; und damit war die klassische **Trias** einer **Disposition zur Melancholie** formuliert:

- Oralität,
- Ambivalenzkonflikt,
- Narzißmus,

entwickelt auf der Basis frühkindlicher Objektverluste beziehungsweise -enttäuschungen.

Auf die Objektbeziehungen übertragen heißt dies: Der **Grundkonflikt** des **Depressiven** ist begründet in seiner engen, präödipal geprägten Bindung an ein Objekt (Mutterimago), während Dritte (Vater, Geschwister, äußere Realität usw.) zumindest in den Phantasien und Wünschen tendenziell heruntergespielt werden – bei Segantini kommt der Vater nicht vor. Das mütterliche Objekt wird einerseits mit intensiver Liebessehnsucht und Anhänglichkeit gesucht; andererseits fürchtet der Depressive Abweisung, Enttäuschung, Kränkung und ist selbst voller (meist abgewehrter) Wut. Daraus resultiert seine große Angst vor Liebesverlust (passiv) beziehungsweise phantasierter Objektzerstörung (aktiv, meist unbewußt), mit der er paradoxerweise gerade sein geliebtes Objekt bedroht. Viele der pathologischen Erlebens- und Verhaltensweisen Depressiver lassen sich aus dem Umgang mit diesen Ängsten erklären.

Für die **akute depressive Erkrankung** wurden unter anderem die folgenden **Charakteristika** beschrieben.

Verlust

Ein Verlust, ein Trennungstrauma, mit dem die Depressiven nicht fertig werden, ist als Auslöser zu sehen. Er mag äußerlich kaum wahrnehmbar sein, hat jedoch immer eine erhebliche unbewußte Bedeutung, weil die Erinnerungsspuren früheren Verlusterlebens wachgerufen werden. Während der Affekt der Angst sich auf eine drohende Gefahr bezieht, geht es in der Depression um ein „fait accompli", eine unumstößlich scheinende Tatsache (Haynal 1978). Der Verlust wird als endgültig erlebt, gerade als sei nichts mehr daran zu ändern; die Depressiven kapitulieren gleichsam vor ihm. Neben wichtigen Objektbeziehungen können eigene Fähigkeiten, Gesundheit oder die körperliche Integrität ebenso verloren gehen wie Werte, Ideale, Ziele, Freiheit, Heimat, Arbeitsplatz, materieller Besitz. Oft handelt es sich überwiegend um einen „Verlust in der Phantasie" (Mahler 1966). Entscheidender als sein äußeres Gewicht ist der innere Konflikt, der durch das Verlusterleben angestoßen wird und der anstelle einer Trauerreaktion den depressiven Prozeß anstößt. Dieser läuft weitgehend unbewußt ab. Es kommt schließlich zu einem Verlust der mit dem Objekt verbundenen Selbstanteile, Ich-Funktionen und Affekte, etwa von Liebe, Hoffnung und Interesse (Grinberg 1978). Man kann den Vorgang geradezu so beschreiben (Joffe und Sandler 1965), daß beim Objektverlust letztlich ein befriedigender Selbstzustand verlorengehe, für den das Objekt nur Vehikel gewesen sei. Objekt-, Ich- und Selbstverlust gehen Hand in Hand.

Rückzug

Freud (1916) betonte den narzißtischen Rückzug des Melancholikers vom Objekt auf das eigene Ich. Er sprach von der

Auflassung der unbewußten Objektbesetzung und einer Regression der erotischen und aggressiven Libido ins Ich. Diesem innerpsychischen Vorgang entspricht ein interpersonaler Rückzug. Er stellt die typische depressive Reaktion auf Enttäuschung, Entbehrung und Frustration dar. Dabei können Brücken zu anderen Menschen bestehen bleiben, etwa in Form von oral-passiven Wünschen, Anklammerung oder beißendem Haß und Vorwürfen.

Regression

Abraham (1912) hat die oralen und analen Ausdrucksformen der Triebregression beschrieben, und die „Sauglust" und „Beißlust" der Depressiven sowie den imaginären Vorgang des oralen Aufnehmens (Introjektion) hervorgehoben. Freud (1916) betonte die Ich-Regression von der Objektbesetzung zum Narzißmus und den damit verbundenen Verlust von Realitätsfunktionen. Die Regression der Objektbeziehung auf eine dyadische und oft scheinbar monadische Position hat dabei nicht selten mit der Abwehr ödipaler, trianguläre Konflikte zu tun. Zeitgenössische Selbstpsychologen betonen demgegenüber vor allem die aktuelle Regression des Selbstgefühls im Sinne einer Einschränkung seiner differenzierten Funktions- und Regulationsmöglichkeiten (Basch 1975).

Innerer unbewußter Konflikt

Statt eines äußeren, interpersonal inszenierten Konflikts wird hinter der Maske des Rückzugs ein innerer unbewußter Konflikt aktiviert. Anstelle objekt- und realitätsbezogener Wünsche und Affekte treten selbstbezügliche Emotionen in den Vordergrund („me-emotions"), etwa von Schuld oder Scham, die den inneren Konflikt anzeigen.

Hemmung beziehungsweise Verlangsamung

Die typische depressive Symptomatik geht einher mit einer globalen Einschränkung von Ich-Funktionen, Assoziationskraft und Symbolisierungsfähigkeit (Freedman 1986), mit psychomotorischer Verlangsamung und der Hemmung vitaler Funktionsabläufe. Freud (1926) erklärte sie durch die Energieverarmung im Zusammenhang mit einer psychischen Aufgabe von besonderer Schwere. In ihrer psychosomatischen Bedeutung ist die Fülle dieser depressiven Kernsymptome noch wenig untersucht, obwohl sie ein wichtiges Bindeglied zwischen psychoanalytischen Beobachtungen und den Erkenntnissen über biologische Abläufe bei depressiven Zuständen darstellt (Haynal et al. 1988; Weiner 1996; Widlöcher 1983; 1988). Dabei ist es wichtig, zwischen neurotischer Hemmung und psychosomatischer „endogener" Verlangsamung zu unterscheiden (Jacobson 1971). Weitgehend ungeklärt sind auch jene Zustände, in denen Verlangsamung mit konträren Phänomenen wie Angst (agitierte Depression) oder Aggression verbunden ist.

Depressive Verstimmung

Jacobson (1971) betonte den Unterschied zwischen der depressiven Verstimmung und anderen Affektzuständen wie der Angst. Depression ist eine Stimmung, und damit ein generalisierter affektiver Ich-Zustand. Sie hält zudem im Gegensatz zu den einfachen Affekten über eine längere Zeitspanne an. Als Stimmung beeinflußt sie deshalb die Eigenschaften aller Gefühle, Gedanken und Handlungen der Depressiven; die Eigenart des auslösenden Erlebnisses wird so auf alle Objekte und Erlebnisweisen übertragen und ausgedehnt. In Gang gesetzt wird die depressive Verstimmung durch das Verlusterleben und die dabei empfundene Hilflosigkeit, um anschließend zu dem pathologischen Zirkel einer gegenseitigen Verstärkung des interpersonalen Rückzugs, der depressiven Kognition, der innerpsychischen Regression, der physiologischen Hemmung und wiederum der Depressivität beizutragen.

Herabsetzung des Selbstgefühls

Rado (1927) hat als erster die auffällige Herabsetzung des Selbstgefühls beschrieben. Das verminderte Selbst(-wert)gefühl ist für viele Autoren der Kern der Depression. Tatsächlich tragen sowohl Über-Ich-Aggression wie orale Abhängigkeit, Hilflosigkeit des Ich und narzißtische Selbstentwertung zu einer Herabsetzung des Selbstwertgefühls bei; diese scheint die gemeinsame Endstrecke verschiedenartiger depressionstypischer Mechanismen zu sein. Mit ihr hängt die große Kränkbarkeit vieler Depressiver zusammen.

Triebentmischung

In der Triebentmischung der Depressionen (Freud 1923a) werden die Liebestriebe zurückgedrängt (Desexualisierung), so daß aggressive und destruktive Strebungen ungemischt und gleichsam gereinigt von allem Liebevollen in den Vordergrund treten können. Wisdom (1962) verwendet den triebdynamischen Begriff der Entlibidinisierung für die Erschöpfung der erotischen Libido bei dem vergeblichen Versuch, das gute Objekt in der eigenen Vorstellung zu retten. Wo andere Menschen nach Lustgewinn streben, legt der Depressive schließlich sein Leben geradezu auf Lustverlust an. Libidinöse Restimpulse richten sich auf die eigene Person und führen zu vermehrter Autoerotik oder Selbststimulierung. Aggression und Destruktion werden teilweise oder ganz gegen die eigene Person gewendet. Die Bedeutung der Aggressivität für die Genese der Depression ist dabei umstritten.

Unbewußter Wunsch

Der Verlust wird durch einen unbewußten Wunsch ersetzt (Haynal 1978) und in seiner emotionalen Wahrnehmung dadurch abgewehrt. Nicht zuletzt deshalb sind depressive Patienten so schwer zugänglich, weil sie nur gegen große Widerstände ihre unbewußt befriedigenden Phantasien aufzugeben bereit sind. Durch eine phantasierte Wunscherfüllung von unendlicher Bestrafung, oraler Unersättlichkeit, „ungerecht" verfehlter Größe oder grandioser Selbstzerstörung versuchen sie, den vorgestellten fait accompli des Verlustes ungeschehen zu machen. So soll die als unbewältigbar gefürchtete Unlust vermieden werden, die mit der Wahrnehmung lähmender Hilflosigkeit oder anderer depressiver Gefühle aufkommen könnte.

Depression als Abwehr

Häufig treten depressive Zustände, nicht zuletzt im Verlauf von Psychotherapien, als Abwehr auf, und zwar im Sinne einer allgemeinen Hemmung der Ich-Funktionen, der aggressiven und sexuellen Impulse und Phantasien ebenso wie einer Anästhetisierung der Wahrnehmung nach innen und außen und einer Reduktion des Erregungsniveaus. Es ist, als wolle das Ich sagen: „Ich bin unschuldig, klein, schwach, hilflos, harmlos, leidend und zukunftslos. Meine Kräfte sind verloren." Winnicott (1955) hat von dem Abwehrmechanismus einer allumfassenden Abtötung gesprochen, der angesichts unlösbar erscheinender Konflikte einsetzt. Die Depression verhüllt dann das innere Schlachtfeld gleichsam mit einem Dunstschleier, um dem Ich die Möglichkeit einer Reorganisation zu geben.

Durch Abwehr modifizierte Depression

Häufig finden sich in der klinischen Praxis depressive Zustandsbilder, die durch andere Affekte oder Mechanismen modifiziert wurden: durch Angst oder Hysterie, durch Langeweile, Leere oder chronische Unzufriedenheit. Diese Zustände können als Kompromißbildung im Sinne einer abwehrbedingten Verzerrung des depressiven Affekts interpretiert werden (Aarons 1990).

Dieser kurze Überblick über einige Charakteristika Depressiver mag selbst schon deprimierend wirken. Es ist wie mit den hysterischen Patienten, nur umgekehrt: Die Beschäftigung mit Depressiven belebt und erheitert nicht, sondern erzeugt eine Aura von Schwere, Düsternis, Tragik und untergründiger Aggressivität. Der Blick allein auf ihre Pathologie schränkt jedoch die Perspektive zu sehr ein. Verloren geht dabei, daß die **Depression**, wie jede andere Symptombildung, ein schöpferischer und dynamisch sinnvoller Vorgang ist – Ich-psychologisch gesprochen eine **Anpassungsleistung**. Sie tut zwar weh, ist aber in sich schon ein kreativer Akt des Unbewußten (Groddeck 1919).

Im folgenden möchte ich auf die unterschiedlichen psychodynamischen Konstellationen der Depression eingehen. In Analogie zu dem „Leitsymptom" mancher somatischer Krankheiten habe ich jeweils eine Art „**Leitgefühl**" formuliert, eine zentrale, emotional betonte Aussage, die dazu dienen kann, die verschiedenen Typen der Depression deutlich voneinander abzuheben. Mein Schwerpunkt liegt bei der Beschreibung der klinischen Phänomenologie mit ihrem psychodynamischen Hintergrund; um die Darstellung nicht zu überfrachten, habe ich ätiologische Erwägungen nur gelegentlich eingeflochten (dazu ausführlicher Will et al. 2000). Depressive Patienten lassen sich meist nicht einem dieser Typen exklusiv zuordnen. Im Gegenteil: Längere Analysen zeigen, daß im Sinne einer Schichtung der Abwehr ein Konfliktbereich den anderen überdecken kann wie die Schalen bei einer Zwiebel. Wo zunächst die Schuldthematik im Vordergrund stehen mag, taucht dahinter ein narzißtischer Konflikt auf, dahinter ein oraler usw. Die indivuellen Konstellationen sind dabei vielfältig. Die be-

schriebenen Depressionstypen sind auch nicht einzelnen Krankheitsbildern exklusiv zuzuordnen – so als hätte nur der Melancholiker einen Schuldkonflikt, nur der chronisch Neurotische eine oral-aggressive Verbitterung oder nur der Narzißtische ein großes Kränkungspotential. Die meisten Autoren unterscheiden den Schweregrad depressiver Erkrankungen nach dem Ausmaß der strukturellen Störung des Patienten. Diese hat dann Rückwirkungen auf die Ausgestaltung ihrer depressionstypischen Konfliktmuster, Abwehrmodi und Bewältigungsmöglichkeiten. Was ich beschreibe, kann für jeden Depressiven zutreffen. Doch bei allen kristallisiert sich der depressive Grundkonflikt heraus, den ich oben formuliert habe.

Ätiologie, Psychogenese und Psychodynamik der Depressionen

Die Über-Ich- oder Schuld-Depression

> **Zentrale Emotion:** Schuld und Selbstanklage („Ich habe jemandem etwas angetan, ich bin böse.")

Freuds Arbeit „Trauer und Melancholie" (1916) ist vor dem Hintergrund des Ersten Weltkrieges und seiner Destruktionen entstanden. In diesen Jahren entwickelte Freud seine neue Triebdualität der Lebens- und der Todestriebe. In „Zur Einführung des Narzißmus" (1914) hatte er das Konzept des Ich-Ideals formuliert als der einen, wunschbetonten Seite des Über-Ichs; und nun war es das Studium der Melancholie, das ihn die Bedeutung des Gewissens betonen ließ als der aggressiven und kritischen Instanz im Über-Ich. In „Das Ich und das Es" (1923a) stellte er die Frage: „Wie geht es zu, daß das Über-Ich sich wesentlich als Schuldgefühl (besser: als Kritik; Schuldgefühl ist die dieser Kritik entsprechende Wahrnehmung im Ich) äußert und dabei eine so außerordentliche Härte und Strenge gegen das Ich entfaltet?" (S. 282).

Die Melancholie gibt eine Antwort auf diese Frage, hat bei ihr doch das Über-Ich alle aggressiven, destruktiven Regungen an sich gerissen und gegen das Ich gewendet. Freud meint, in der Melancholie werde das strafende Gewissen „zu einer Art Sammelstätte der Todestriebe" (ebenda, S.284). In unserem Zusammenhang kommt es dabei nicht auf Freuds umstrittene metapsychologische Hypothese vom Todestrieb an, sondern auf die klinische Theorie, daß mit Hilfe des Über-Ichs aggressive Strebungen selbstdestruktiv wirksam werden können.

Abraham (1924) hat den **melancholischen Prozeß** in triebtheoretischen Metaphern als einen **psychosexuellen Stoffwechsel** von oraler Einverleibung und analer Ausstoßung sehr anschaulich beschrieben. Nach seiner Interpretation erleben Melancholiker den Objektverlust als einen von ihnen selbst ausgehenden Akt analer Ausstoßung und Vernichtung. Schon der Verlust ist daher im Unbewußten mit Schuld verbunden. In der Folge kommt es zu dem Versuch, das geliebte Objekt im Ich wiederzuerrichten: durch oral-kannibalische Wiedereinverleibung, **Introjektion** („Verzehren des Getöteten"). Abraham bezeichnet den Introjektionsvorgang als zweiseitig. Das ursprüngliche Liebesobjekt wird zweigeteilt in seine geliebten und gehaßten Aspekte und einerseits als ideales Objekt aufgenommen, ins Über-Ich, wie Rado (1927) später mit Hilfe der Strukturtheorie formuliert, und dadurch festgehalten. Von dort wirkt das geliebte Objekt als ersehntes Ideal, aber auch als pathologisches Gewissen, so daß die krankhafte Selbstkritik gleichsam von der introjizierten Person ausgeübt wird. Das aus Enttäuschung gleichzeitig gehaßte, wertlose Objekt gerät andererseits ins Ich, das sich mit ihm identifiziert, und macht dieses zum Opfer der Selbstkritik. Die ursprüngliche Aggression gegen das Objekt wird so gegen die eigene Person gewendet, das Objekt bleibt geschützt.

> In den Selbstvorwürfen der Melancholiker kommt ihre ursprüngliche Anklage gegen das Liebesobjekt zum Ausdruck. Das Ausmaß der Selbstvorwürfe steht für ihr Ausmaß an Enttäuschung.

Abraham und Freud haben diese Dynamik anhand von Untersuchungen manisch-depressiver Patienten aufgezeigt. Sie ist bei vielen Depressionszuständen, auch bei nichtpsychotischen, von Bedeutung. Blatt (1974) prägte dafür den Begriff der *Introjective Depression*, und Kohut nannte sie die *Guilt-Depression* (Kohut und Wolf 1978). Die Grundlage ist ein heftiger **Ambivalenzkonflikt**. Die Liebessehnsucht Depressiver, ihre Abhängigkeit von der Liebe des Objekts, das die Regulation ihres Selbstwertgefühls gewährleistet, führt zu einer Abwehr aggressiver Impulse. Eine Enttäuschung am Objekt steigert die unbewußte Ambivalenz und löst die Depression aus. Denn die unvermeidliche Feindseligkeit und der Vorwurf gegen das Objekt mobilisieren neben den Ängsten vor Liebesverlust auch Schuldgefühle gegenüber dem Über-Ich. Es handelt sich hierbei um eine Aggressionsschuld, die sich aus den unbewußten feindseligen Phantasien gegenüber dem Objekt nährt. Der Hauptkonflikt besteht somit in dem für die Depressiven unvereinbaren Gegensatz von Liebeswünschen und Haßimpulsen. Ihre Hauptangst liegt darin, daß die Haßimpulse sich als die stärkeren erweisen könnten. Der psychische Apparat versucht, dieses Dilemma zu lösen, indem er aus dem Ambivalenzkonflikt einen **pathologischen Gewissenskonflikt** macht, der das reale Objekt scheinbar schont. Der Konflikt wird also nicht mehr als einer zwischen Ich und Objekt empfunden, sondern intrapsychisch reinszeniert, zwischen Über-Ich und Ich, und die Aggression dadurch gebunden. Die zentrale Emotion ist ein größtenteils unbewußtes **Schuldgefühl**, das der Über-Ich-Angst entspringt. Dieses Schuldgefühl wird von Grinberg (1964) als verfolgend bezeichnet; eine verfolgende Schuld, die zerstörerisch wirkt. Sie steht im Gegensatz zur produktiven Schuld, die M. Kleins „depressive Position" charakterisiert. In dieser verfolgenden Schuld kommen neben den genitalen die prägenitalen Züge des depressiven Über-Ichs zum Tragen

(Zetzel 1953). Ausdruck von Schuldgefühl und abgewehrter Aggression sind Gewissensbisse, Selbstanklagen, Vorwürfe, Selbsterniedrigung und Verzweiflung, die sich unendlich und stereotyp wiederholen. Sie erscheinen von außen gesehen als unangemessen.

> „Herzliebster Jesu, was hast du verbrochen,
> Daß man ein solch scharf Urteil hat gesprochen?
> Was ist die Schuld? In was für Missetaten
> Bist du geraten?"
> (J. S. Bach, Matthäuspassion, Eingangschoral)

Verbrechen, Schuld, Urteil und Strafe sind die Themen der Über-Ich-Depression. Manche Autoren sehen sie als typisch für den jüdisch-christlichen Kulturkreis an (Haynal 1976). Jedenfalls scheint sie eng mit der Internalisierung kultureller und ethischer Forderungen zusammenzuhängen und mit einem hohen Niveau an Versagung und Aggressionshemmung.

Das depressive Schuldgefühl sucht einen Ausgleich, und die Dynamik der Über-Ich-Depression setzt sich dadurch fort. Es entsteht der so bedeutsame unbewußte **Strafwunsch** (Groddeck 1920), der durch Strafe/Selbstbestrafung eine Erleichterung herbeizuführen sucht. Rado (1927) bemerkt dazu, „daß die Selbstbestrafung in Hoffnung auf Absolution erfolgt und der Sehnsucht nach Liebe entspringt" (S. 444). So ergibt sich eine unbewußte Kausalität von Schuld – Sühne – Verzeihung. Das Ausmaß der depressiven Selbstbestrafung berechtigt subjektiv zur Verzeihung, die das Über-Ich schließlich gewährt. Freud (1916) spricht in Analogie zur Trauerarbeit von **melancholischer Arbeit**. In ihr erschöpft sich die Depression allmählich durch das unbewußte Wüten, in dem sich die Destruktion gegen das Ich und das entwertete Objekt austobt. Nicht selten ist die Über-Ich-Depression dabei mit masochistischen Tendenzen verbunden, die aus dieser Selbstbestrafung einen libidinösen Gewinn ziehen.

Die oral-abhängige Depression

> **Zentrale Emotion:** ängstliche Sehnsucht und Enttäuschung („Ich brauche Liebe, Trost und Unterstützung, aber bekomme zu wenig!")

Bei vielen Depressiven findet sich eine besondere Betonung oraler Strebungen. Abraham (1916) hat als erster eine Regression der Libido auf das oral-kannibalistische Stadium für die Melancholie postuliert und mit überzeugenden klinischen Beispielen belegt. Diese „orale Fixierung" legt eine kurzschlüssige psychogenetische Ableitung nahe aus der Oralität des Säuglings und seiner Abhängigkeit von der Mutter einerseits und späteren oralen Phantasien und Versorgungswünschen bei Depressiven andererseits. Sandler und Dare (1970) betonen demgegenüber zu Recht, daß die Gestaltung oraler Phantasien zwar an das reale Erleben der Säuglingszeit anknüpft, aber erst ab dem ca. 18. Lebensmonat erfolgen kann. Dies gilt auch für die „orale" Tendenz vieler neurotisch Depressiver zu einer passiv-abhängigen Objektbeziehung: Ihre besondere „saugende" innere Beziehung zum Objekt entsteht nicht zu der Zeit, da das Saugen vorherrscht, sondern erst später, nämlich dann, wenn sich das Kind bewußt wird, daß es von der Mutter getrennt ist und sich danach sehnt, mit ihr wieder eins zu sein. Damit übereinstimmend verbindet Mahler (1966) die Entstehung depressiver Grundstimmungen, die zu späteren depressiven Störungen führen können, mit der Situation des Kleinkindes in der Wiederannäherungskrise.

Die so häufig angeführte Korrelation zwischen Oralität, Depression und passiv-abhängigen Objektbeziehungen ist mit der psychoanalytischen Charaktertypologie, etwa den oralen, masochistischen, zwanghaft-depressiven und passiv-aggressiven Charakterstrukturen eng verbunden (Hoffmann 1979; Masling 1986). Nicht selten ist es erst die depressive Dekompensation, die sekundär orale Strebungen aktiviert. Seit Abraham (1925) werden **zwei Charaktertypen** unterschieden:

- die **oralen Optimisten**, die sich auf die Freuden oral-erotischer Befriedigungen zurückziehen (Sauglust)
- die **oralen Pessimisten**, bei denen oral-sadistische Impulse (Beißlust) in den Vordergrund treten

Im Gegensatz zur Über-Ich-Depression setzen sich hier Strebungen des Es in direkter Weise durch.

Die oralen Wünsche richten sich dabei auf das passive Empfangen und Aufnehmen von Liebe, Versorgung, körperlicher und seelischer Nahrung, von Trost und Befriedigung. In ihnen kommt die Sehnsucht nach einer Mutter zum Ausdruck, die immer verfügbar wäre, um die drängenden Wünsche zu stillen. Oral Depressive sind besonders empfänglich für Suggestionen und für die Placebowirkung von Medikamenten, die von ihrem Unbewußten zur unmittelbaren Befriedung innerer Spannung und Unruhe verwendet werden. Die Rückkehr zur Oralität wird dann zur Abwehr depressiver Affekte und depressiver Angst eingesetzt (Nacht und Racamier 1960).

Goethe hat in seinem Gedicht „Auf dem See (Auf'm Zürichersee)" vom 15. Juni 1775 einen solchen Zustand beschrieben.

„Ich saug' an meiner Nabelschnur
Nun Nahrung aus der Welt.
Und herrlich rings ist die Natur,
Die mich am Busen hält.
Die Welle wieget unsern Kahn
Im Rudertakt hinauf,
Und Berge wolkenangetan
entgegnen unserm Lauf.

Aug mein Aug, was sinkst du nieder?
Goldne Träume, kommt ihr wieder?
Weg, du Traum, so gold du bist,
Hier auch Lieb und Leben ist.
Auf der Welle blinken
Tausend schwebende Sterne,

Liebe Nebel trinken
Rings die türmende Ferne,
Morgenwind umflügelt
Die beschattete Bucht,
Und im See bespiegelt
Sich die reifende Frucht"
(zitiert nach Kaiser 1987)

Goethe schrieb diese Verse mit 25 Jahren, nachdem er sich von Lili Schönemann, seiner Frankfurter Verlobten, getrennt hatte. Die Bilder des Gedichtes – der Embryo an der Nabelschnur der Welt, der Säugling am Busen der Natur, das Wiegenkind im Kahn – evozieren eine Rückkehr in die phantasierte, paradiesische Dyade mit Mutter Natur und trösten so hinweg über den Verlust des genitalen Liebesobjekts.

Leider läßt sich beim Depressiven, anders als in Goethes Gedicht, die Sehnsucht nicht stillen. Und je stärker seine passiv-libidinösen Wünsche mit Enttäuschung verbunden sind, mit Vorwürfen, unbewußter oder bewußter Feindseligkeit und Mißtrauen gegenüber dem Objekt, die oft projektive Züge tragen – der andere sei feindselig, mißtrauisch usw., man selbst das Opfer –, desto quälender wird eine oral-sadistische Fixierung in den Vordergrund treten: das Muster der **frustrierten Oralität**. Die Abhängigkeit vom spendenden Objekt kann Wut wecken, verbunden mit der Angst, seine Liebe zu verlieren. So saugen sich manche Depressive nach einem Ausdruck von Rado (1927) förmlich an ihren Objekten an und hassen diese gleichzeitig dafür, in einer Art „marternder Liebe" (S. 442). Chronisch enttäuschte Wünsche, Unzufriedenheit wegen „unzureichender" Versorgung und eine maßlose unersätliche Gier führen zu vorwurfsvoller, fordernder Beißlust. Hier trifft die viel verwendete Charakterisierung des *dependent and demanding* zu, der feindseligen Abhängigkeit. Sie findet sich nicht selten bei chronischen depressiven Neurosen. Diese orale Aggression kann zum enttäuschten Rückzug von allen Objekten und zur sozialen Isolierung führen und damit den depressiven Zirkel chronifizieren. Dabei wird die Enttäuschung am Objekt nicht selten in einen Stolz des Alleinseins umgewandelt, der jedoch bittere Züge trägt.

Die Ich-Depression

Zentrale Emotion: Hilf- und Hoffnungslosigkeit („Mir ist etwas zugestoßen, ich kann nicht mehr.")

Bibring (1953) hat die These vertreten, daß orale und aggressive Konflikte lediglich komplizierende Faktoren der Depression darstellten, ihr Grundmechanismus jedoch auf eine Spannung im Ich zurückgehe, die mit dem Zusammenbruch des Selbstgefühls und einem Zustand von Hilflosigkeit des Ichs zusammenhinge. Bibring setzte sich damit in Gegensatz zu der bis dahin anerkannten Depressionstheorie und löste einige theoretische Auseinandersetzungen aus. Seine Frage nach dem **Grundmechanismus** der Depression soll hier nicht Thema sein. Vielmehr möchte ich seine Hinweise auf jene Vorgänge im Ich diskutieren, die bei vielen depressiven Zuständen von Bedeutung sind, bei manchen im Vordergrund stehen (z. B. im Zusammenhang schwerer körperlicher und seelischer Krankheiten) und die ihr eigenes theoretisches und klinisches Recht haben (Rapaport 1967).

Wichtige Charakteristika der Ich-Depression sind von Spitz (1946) beschrieben worden. Spitz beobachtete Kinder, die in der zweiten Hälfte des ersten Lebensjahres aus äußeren Gründen von ihrer Mutter getrennt worden waren und die keine ausreichend liebevolle Ersatzmutter gefunden hatten. Diese Kinder entwickelten innerhalb weniger Monate eine schwere depressive Störung, die Spitz *Anaclitic Depression* nannte. Sie war anfangs gekennzeichnet durch einen furchtsamen, traurigen Gesichtsausdruck und häufiges Weinen, dann durch Niedergeschlagenheit, Rückzug, die Verweigerung von Kontakten und verminderte Reaktion auf Umweltreize, die Verlangsamung der Motorik und eine allmähliche körperliche Erstarrung, die sich auch in einer erstarrten, in Entsetzen „gefrorenen" Mimik manifestierte. Schließlich kam es zu Appetitverlust, Essensverweigerung, Gewichtsverlust und ausgeprägten Schlafstörungen. Die Kinder wurden äußerst anfällig für Infektionskrankheiten und andere Erkrankungen, und ihre normale Entwicklung kam zum Stillstand. Fand sich rechtzeitig wieder eine konstante, liebevolle Bezugsperson, bildete die Depression sich zurück. Spitz betonte, daß diese frühkindliche Depression nicht wie die Erwachsenen-Depression mit innerpsychischen Konflikten zusammenhängen könne, da die psychischen Strukturen noch zu undifferenziert seien. Vielmehr komme es zu einer direkten Reaktion des infantilen Ichs auf den Objektverlust im Rahmen seiner Möglichkeiten. Spitz wies auf die Ähnlichkeit mancher Symptome der anaklitischen Depression mit der Melancholie (psychotischen Depression) der Erwachsenen hin.

Viele Autoren haben eine derartige **einfache Depression** (*simple depression, depression essentielle*) unterschiedlichen Ausmaßes auch beim Erwachsenen beschrieben. Sie ist nicht offensichtlich und primär mit Über-Ich-Konflikten oder inneren Konflikten um orale Wünsche und ihre Frustration verbunden (sie kann jedoch durchaus solche Konflikte abwehren helfen). Ihr wichtigstes Kennzeichen ist die **Störung** des **Ichs**: die Verminderung seiner alltäglichen Fähigkeiten, die Einschränkung seiner psychischen Funktionen, zumal seiner regulierenden Funktionen, teilweise auch von körperlichen Funktionsabläufen, und die psychische Reaktion darauf. Manche sehen, wie Bibring (1953), darin den fundamentalen Mechanismus jeder Depression. Hier würde ich, stark vereinfachend, die Konzepte der Verlassenheits- und Erschöpfungsdepression sowie der depressiven Belastungsreaktion einordnen.

Bei **schweren Depressionen** wie der *Core Depression* und den psychotischen Depressionen kommt es geradezu zu einem **Zusammenbruch des Ichs**. Manche Melancholiker des monopolaren Typs zeigen eine besonders unvermischte Form dieser Ich-Depression (Jacobson 1971). Zweifellos spielt dann

ein „endogener" biologischer Faktor eine zentrale Rolle. Dabei stellt sich eine Fülle von Fragen über die Wechselwirkung von körperlichen und psychischen Faktoren in der Depression: die Verlangsamung motorischer und vegetativer Funktionen, damit zusammenhängend der „Anschlag" auf das Körperselbst, die Hemmung von Phantasie und Symbolisierungstätigkeit, der Mangel an emotionalen „Trägern" für libidinöse und aggressive Phantasien sowie die Behinderung höherer psychischer Funktionen von Assoziation und *„Construction of Meaning"* (Freedman 1986).

Die Ich-Depression ist beim Erwachsenen mit einer typischen Selbstwahrnehmung verbunden. Bibring (1953) spricht vom Zusammenbruch des Selbstgefühls angesichts der Unfähigkeit des Ichs, sehnlichst erwünschte Ziele und Objekte noch erreichen zu können. Das Ich (anthropomorph gesprochen) verzweifelt über den Verlust seiner eigenen Fähigkeiten und Funktionen und generalisiert diesen Verlust. Seine Hilflosigkeit wird als narzißtische Kränkung erlebt, die das Selbstwertgefühl herabsinken läßt. Im Ich tritt eine narzißtische Spannung auf, die nicht mit einem Konflikt zwischen Ich-Ideal und Ich/Selbst zusammenhängen muß, sondern mit der Ich-Funktion des Selbstwertgefühls und seiner gestörten Regulierung (Rapaport 1967).

Das „Trauma der Hilflosigkeit des Ichs" (Bibring 1953) geht einher mit Gefühlen von Ohnmacht, Lähmung, Mutlosigkeit, Hilflosigkeit und Hoffnungslosigkeit, Erstarrung, Leblosigkeit, Gefühllosigkeit, Beziehungslosigkeit. Diese „Losigkeits-"Symptome verstärken die passive Resignation. „Das Ich hat seinen Ansporn verloren; es ist müde" (ebenda, S. 92). Der Depressive ist enttäuscht von sich selbst, nicht vom Objekt wie bei der oralen Depression, und sieht sich unfähig, irgend etwas zu unternehmen. Schmale und Engel (1967) haben diesen Zustand als den berühmt gewordenen **„giving-up-given-up** complex"** bezeichnet. Er ist mit der Wahrnehmung von Hilflosigkeit und Hoffnungslosigkeit verbunden. In der Hilflosigkeit (*giving-up*) des Depressiven steckt ein passiver Appell, eine Quelle in der Umgebung solle doch Hilfe bringen, in seiner Hoffnungslosigkeit (*given-up*) eine objektlose Verzweiflung mit dem Empfinden: Es ist alles zu spät.

Die narzißtische Depression (in zwei Ausprägungen)

> **Zentrale Emotion:** Scham und Selbsterniedrigung („Ich bin nichts wert, bin ein Versager."); oder: Leere und Orientierungslosigkeit („Ich weiß nicht, wer ich bin und zu wem ich gehöre.")

Die antike Mythologie kennt **Narziß** nicht nur als den schönen Jüngling, der, in den Anblick seiner selbst versunken, das Liebeswerben der Nymphen zurückweist. Ovid berichtet in den Metamorphosen, daß die verschmähten Liebenden Nemesis anriefen, die Göttin der Vergeltung, und diese den Narziß in eine Blume verwandelte. Er erstarrte in seiner Schönheit und wurde häufig so abgebildet: traurig, isoliert und in der Quelle, in die er blickte, durch das schreckliche Haupt der Gorgo gespiegelt, bei dessen Anblick jeder auf der Stelle zu Stein wurde. Nach einer griechischen Überlieferung verschmachtete Narziß oder tötete sich, aus unerfüllter Liebe zu sich selbst.

Mit narzißtischer Depression möchte ich depressive Zustände bezeichnen, die mit Gefühlen von Beschämung, Erniedrigung und Selbstverachtung verbunden sind oder mit der Wahrnehmung von chronischer Leere, Beziehungslosigkeit und Erstarrung, wie schließlich auch mit einem katastrophischen Zusammenbruch: „Ich habe keinen Halt mehr, stürze wie im freien Fall in eine bodenlose Tiefe." Gemeinsam ist diesen Zuständen, daß das Erleben sich auf das eigene Selbst bezieht. Nicht die Beziehung zu Objekten, sondern zur eigenen Person steht in Frage. „Narzißmus" meint dann die libidinöse und aggressive Besetzung der eigenen Person im Gegensatz zur Objektliebe. In der Über-Ich-Depression heißt der unbewußte oder bewußte Vorwurf:

„Ich habe einem Objekt etwas angetan", in der narzißtischen Depression: „Ich habe mir selbst etwas angetan, weil ich meinem Ideal von mir selbst nicht entsprechen konnte." Dies ist der **erste Typus** der **narzißtischen Depression**; der zweite, auf den ich später eingehe, hat nicht mit der Wahrnehmung eines solchen Versagens, sondern von Mangel zu tun: „Mir fehlt der Boden unter den Füßen", das heißt die aus Objektbeziehungen gewonnene Sicherheit.

Fenichel (1945) hat die **Störung** des **Selbstgefühls** als einen zentralen Faktor der depressiven Erkrankung herausgestellt und sie, in der Nachfolge Freuds, mit narzißtisch besonders verletzlichen Objektbeziehungen in Zusammenhang gebracht. Zur Depression komme es durch einen Verlust des Selbstgefühls oder einen Verlust der narzißtischen Zufuhr, von der der Kranke gehofft hatte, sie werde sein Selbstgefühl garantieren oder gar vergrößern. Der Depressive sieht sich auf sich selbst geworfen. Jacobson (1971) hat den dadurch aktivierten Konflikt zwischen dem Ich-Ideal und der depressiven Selbstwahrnehmung herausgearbeitet: „Übermäßige Erwartungen herrschten vor, die nicht befriedigt werden konnten und sich sowohl auf die Liebesobjekte wie auch auf das Selbst bezogen. Die Liebesobjekte wurden idealisiert und überschätzt; das Ich-Ideal und die wunschbestimmten Selbstimagines waren so überhöht, daß sie unerreichbar wurden" (ebenda, S. 285). In der depressiven Erkrankung manifestiert sich dann der narzißtische Konflikt zwischen dem wunschbestimmten Imago und dem Imago des scheiternden, entwerteten Selbst. So wie in der Über-Ich-Depression der Kranke mit seinem strengen, vorwurfsvollen Gewissen im Kampf liegt, so in der narzißtischen Depression mit einem erhöhten Wunschbild von sich selbst und den Liebesobjekten. Dabei ist die ursprüngliche Überschätzung seiner Selbst beim Depressiven oft unbewußt; verborgen hinter einer Selbstwahrnehmung von Kleinheit und Selbstzweifeln.

Ausgelöst durch den Verlust narzißtisch stabilisierender Quellen kommt es zum enttäuschten Rückzug, zu einer verstärkten Besetzung des Selbst und zu einer Aktivierung von Repräsentanzen des grandiosen Selbst und idealisierter Objekte (Henseler 1974). Die narzißtische Zufuhr von Außen verarmt dadurch zusätzlich. Der Depressive muß jedoch bei dem Versuch scheitern, die nunmehr allein haltgebenden idealen Selbstphantasien und -objekte zu erreichen. Dies wiederum verstärkt seine Gefühle von Unzulänglichkeit, Minderwertigkeit, Versagen, Beschämung und Demütigung. Es kann zu einem Sog des sich selbst verstärkenden Wertlosigkeitsgefühls kommen, so daß dieses in den unrealistischen Gedanken größter Minderwertigkeit umschlägt: einer Selbsterhöhung in der Selbsterniedrigung (**grandiose Negativität**). Sie tritt besonders ausgeprägt bei manchen psychotisch Depressiven („ich bin der schlechteste Mensch der Welt") und in suizidalen Krisen auf. Henseler (1974) hat beschrieben, wie aus solchen narzißtischen Krisen Phantasien vom Rückzug in einen harmonischen Primärzustand entstehen können und in einer Suizidhandlung enden.

Eine solche Dekompensation kann auch jenen Depressiven zustoßen, die unter der Wahrnehmung öder Leere, Isolation und Gefühlslosigkeit leiden, so, als hätten sie noch nie richtig gelebt.

Wir kommen zu der oben erwähnten **zweiten Gruppe** der **narzißtisch Depressiven**. Oft sind sie von tiefer Minderwertigkeit, Selbstverachtung und Beschämung gequält, die jedoch nicht das Resultat überhöhter Ideale, sondern eines primär empfundenen Mangels sind. Mit Hilfe vielfältiger Manöver versuchen sie, dieses chronische Erleben vor sich selbst und anderen zu überdecken, was oft über viele Jahre hinweg gelingt. Sie neigen zum Handeln anstelle von innerem Erleben, können arbeitswütig sein, suchtartig sexuell aktiv, gespielt lebendig; sie können nach Macht und Unabhängigkeit streben, Phantasien von eigener Großartigkeit nachhängen, arrogant und herabsetzend sein; oder aber in einer bescheideneren Art andere Menschen idealisieren und ihnen ganz nahe sein wollen. Sie verwenden viel Energie darauf, den anderen und sich selbst ein Bild von sich zu vermitteln, wie sie gerne sein möchten (Wunderli 1989). Spezifisch ist, daß ihr Innenleben karg ist an Beziehungserleben und sie auf einer chronischen emotionalen Suche sind, doch nie wirkliche Befriedigung und Ruhe finden können.

Kohut (1971) hat erstmals diese Art von Depression beschrieben und mit der Pathologie narzißtischer Persönlichkeiten in Zusammenhang gebracht. Glazer (1979) hat meines Wissens als erster den Terminus einer narzißtischen Depression geprägt und ihn auf den Verlust eines präambivalenten Selbstobjektes bezogen. Selbstpsychologische Autoren führen diese leere Depression auf einen primären Defekt des Selbst zurück. Er sei durch ein Versagen der frühkindlichen Selbstobjekte (Eltern) entstanden: durch einen Mangel an empathischer Spiegelung kindlicher Größenideen und durch mangelnde Möglichkeiten einer Verschmelzung mit idealisierten Selbstobjekten (vgl. Wahl 1985). Hinzu kommt ein soziologischer Faktor: die Sozialpsychologie unseres „narzißtischen Zeitalters" (Lasch 1979), die kulturell bedingt ist und die Charakterzüge eines pathologischen Narzißmus verstärkt.

Die narzißtisch Depressiven halten an einem Größenselbst fest, das isoliert weiterbesteht und nicht in die Ziele und Werte eines angemessenen Ich-Ideals umgewandelt werden konnte.

Wenn sie Scham und Verzweiflung empfinden, dann hängt dies nicht so sehr mit einem hohen Ich-Ideal zusammen, dessen vielleicht unrealistische Forderungen und Erwartungen sie nicht erfüllen konnten. Es ist vielmehr der Exhibitionismus ihres Größenselbst mit seinen ehrgeizigen Zielen und seiner Sucht nach Bewunderung, der persistiert und chronisch enttäuscht wird (Kohut 1971).

Die realistische oder schöpferische Depression (depressive Position)

> **Zentrale Emotion:** Traurigkeit, verbunden mit Hoffnung („Was geschehen ist, tut weh, aber es gibt eine Zukunft für mich.")

Im klinischen Jargon sind Formulierungen gebräuchlich wie: „sie muß die Depression nicht mehr abwehren", „er kann die Depression zulassen", „wird depressiv und das ist ein therapeutischer Fortschritt". Das depressive Erleben wird dabei nicht wie bei den bisherigen Typen der **Depression** mit pathologischen Veränderungen verbunden, sondern, im Gegenteil, als **Anzeichen** einer **inneren Entwicklung** betrachtet.

M. Klein (1935) hat mit der depressiven Position einen komplexen inneren Zustand beschrieben, der auf eine solche seelische Veränderung hinweist: die Überwindung der paranoid-schizoiden Einstellung. Winnicott (1955) hat ihre Theorie aufgenommen und die depressive Position als eine Errungenschaft der normalen emotionalen Entwicklung bezeichnet. Er schlug vor, von einem Stadium der Besorgnis zu sprechen, bei dem nicht die eigenen Bedürfnisse und Frustrationen, sondern die Besorgnis um das Objekt in den Vordergrund treten, die Frage, was man ihm möglicherweise angetan habe und wie man das wieder gut machen könne. Zetzel (1953; 1965) spricht von der Fähigkeit, Depression zu ertragen und sie nicht abwehren zu müssen. Und Balints Ansichten über den Neubeginn im Verlauf einer Analyse und die damit zusammenhängende therapeutische Depression (1952) beleuchten ebenfalls diesen Aspekt einer inneren Entwicklung, der mit depressivem Erleben verbunden sein kann. Man kann unterschiedlicher Ansicht darüber sein, ob es sinnvoll ist, dabei von Depression zu sprechen, oder ob nicht Trauer der angemessenere Begriff wäre. Tatsache ist, daß dieser Sprachgebrauch weit verbreitet ist, und deswegen sei er in diesen Überblick mit aufgenommen.

Was ich hier als realistische oder schöpferische Depression bezeichne, ist die Variable einer objektbezogenen Entwicklung innerhalb der Lebensgeschichte oder des therapeutischen Prozesses. Das heißt, daß zunächst eine tragende und hilfreiche Beziehung entstanden sein muß – sei es zu den Eltern beim Kind, sei es zu einem Therapeuten oder einem anderen Menschen, seien es tragfähige innere Objekte –, bevor Depression aus einem destruktiven zu einem produktiven Prozeß werden kann. Dieser ermöglicht das Durcharbeiten unbewußter feindseliger Strebungen gegenüber inneren Objekten, denn im Ge-

gensatz zur Trauer ist das zentrale Thema nicht der aktuelle Verlust einer geliebten Person. Es geht um die Realisierung früheren Verlusterlebens und der damit verbundenen ambivalenten Gefühle. Es geht um das innere Verabschieden unrealistischer Phantasien und Hoffnungen, idealisierter Selbst- und Objektbilder, die Abwehrcharakter trugen (Lax 1989; Renik 1990). In manchen Arbeiten wird der psychoanalytische Prozeß geradezu als ein Prozeß der Trauerarbeit und der inneren Annahme der Realität bezeichnet (Fleming und Altschul 1963; Pollock 1978). Bei dieser Trauerarbeit steht die Überwindung pathologischer Abwehrmuster gegen das Trauern – unter anderem von pathologischer Depressivität, hypochondrischen und psychosomatischen Beschwerden (Körperschmerz statt Seelenschmerz) – ganz im Vordergrund. Erst der zweite Schritt zielt auf die Arbeit der inneren Realitätsprüfung selbst.

Der **Hauptkonflikt** der realistischen oder therapeutischen Depression besteht damit zwischen einer **Prüfung** der **inneren Realität** und der **Abwehr seelischen Schmerzes**. M. Klein hat die Ängste der depressiven Position geschildert, die mit der Wahrnehmung von Haß, Gier und Zerstörungsphantasien gegenüber dem Objekt zunehmen und die Befürchtung verstärken, durch eigenes Verschulden die, bildlich gesprochen, „gute" Brust mit der Nahrung, Liebe und Sicherheit des Objektes zu verlieren. Schuldgefühle verstärken sich, dies jedoch im Sinne einer Besorgnis um das Objekt, nicht verfolgend wie in der Über-Ich-Depression. Wenn der projizierte Haß, wahrgenommen als Verfolgung, nachläßt, wird Liebe frei und Sehnsucht in voller Kraft erlebt.

„Wenn die Verfolgung nachläßt, vermindert sich auch die feindselige Abhängigkeit vom Objekt zusammen mit dem Haß. Die Sehnsucht nach dem verlorenen geliebten Objekt schließt auch Abhängigkeit von ihm ein, aber diese Abhängigkeit ist von einer Art, die zu einem Ansporn für die Wiederherstellung und Erhaltung des Objektes wird. Sie ist schöpferisch, weil sie von Liebe beherrscht wird, während die Abhängigkeit, die auf Verfolgung und Haß aufgebaut ist, unfruchtbar und destruktiv ist" (Klein 1940, S. 117).

Verbunden mit diesen Veränderungen sind zärtliche Gefühle zum Objekt und Impulse der Wiederherstellung und Wiedergutmachung. Liebe und Haß können in ihrem ambivalenten Zusammenhang erlebt werden. Im Gegensatz zur pathologischen Depression beinhaltet die realistische Depression eine Objektbeziehung, die nicht von Vergeblichkeit geprägt ist, sondern von Veränderungsmöglichkeiten und Hoffnung. Aus dem was geschehen ist, wird Zukunft geschöpft. Zetzel (1965) spricht in diesem Zusammenhang von der Fähigkeit, depressive Gefühle zu ertragen und mit ihnen auch das Unvermeidliche: Verlust, Enttäuschung und Frustration zunächst anzunehmen. Aus dieser Fähigkeit erwächst die zweite Fähigkeit: eigene Kräfte zu mobilisieren, um durch aktive Anstrengung diese Situation zu überwinden und sich mit einem neuen, real verfügbaren Objekt in Beziehung zu setzen, sich Bereiche der Befriedigung und Leistung zu suchen, obwohl weiterhin die Sehnsucht nach dem Verlorenen bestehen bleibt.

Aspekte der Psychotherapie depressiver Patienten

Es gibt kaum einen Depressiven ohne eine in irgendeiner Hinsicht depressionstypische Psychodynamik. Doch nimmt man die Gesamtpopulation depressiver Patienten, so wird nur ein Teil von ihnen einer psychoanalytischen Psychotherapie zugänglich sein – sei es wegen der Ausprägung der Erkrankung, des soziokulturellen Hintergrundes, des Selbstbildes, der intellektuellen oder emotionalen Kapazitäten, psychotherapeutischer Versorgungsengpässe oder was immer. Die Indikation wird deswegen immer eine differentielle sein: Welcher Patient in welcher Lebenssituation kann von welcher Methode bei welchem Psychotherapeuten in welchem Setting am meisten profitieren?

Antidepressive Psychopharmakotherapie

Die antidepressive Psychopharmakotherapie kann hier nur erwähnt werden, sie fällt in den Bereich der Psychiatrie. Ist sie bei psychotischen Depressionen indiziert, schließt dies keineswegs psychoanalytisches Arbeiten aus, von dem auch zyklothyme Patienten viel profitieren können; nur sind Setting und Übertragung dann durch den Parameter Medikament verändert. Da die Antidepressiva syndrombezogen wirken (d. h. Symptome bessern können, nicht Krankheiten), können sie unter Umständen auch hilfreich sein bei ausgeprägten Depressionszuständen von Borderline- oder neurotischen Patienten. Wenn man gleichzeitig eine längerfristige psychoanalytisch orientierte Psychotherapie durchführt, empfiehlt es sich in der Regel aus Übertragungsgründen, zwischen Pharmakotherapeut und Psychotherapeut personell zu trennen. Zu den vielen damit zusammenhängenden Fragen siehe Kahn (1993), Mentzos (1994) und die dort angegebene Literatur.

Zu den drei derzeit wichtigsten Methoden in der Psychotherapie Depressiver zählen zwei Kurzzeittherapien:
- die interpersonelle Psychotherapie (Klerman et al. 1984; Schramm und Berger 1994)
- die kognitive Verhaltenstherapie (Beck et al. 1979; Hautzinger 1994)
- daneben als dritte, älteste und differenzierteste Methode die Psychoanalyse mit den von ihr abgeleiteten Verfahren der psychoanalytischen Psychotherapie

Psychoanalytische Psychotherapie

Für die Psychoanalyse gilt die Faustregel: Je aktueller und abgrenzbarer der Konflikt und je gesünder der Patient in seiner Persönlichkeitsstruktur, desto kürzer die Therapie. Es sei denn, man bescheidet sich von vornherein mit dem Ziel einer fokussierten Symptombesserung auch bei schwerer gestörten Patienten und wählt dann eine niederfrequente kürzer dauernde Therapie. Auf die Fragen der Differentialindikation kann hier nicht weiter eingegangen werden. Doch sei auf die analytische Gruppenpsychotherapie hingewiesen, die oftmals gerade für neurotisch Depressive sehr hilfreich ist. Im folgenden möchte ich einige Aspekte der psychoanalytischen Psychotherapie Depressiver diskutieren, die in den verschiedensten Settings auftreten können und vor allem mit der Übertragung und Gegenübertragung in der therapeutischen Dyade zu tun haben.

Wichtig sind zunächst Stabilität und Verläßlichkeit des **Settings**. Depressive sind in besonderem Maß darauf angewiesen. Können sie sich auf die Abmachungen mit dem Therapeuten verlassen und dadurch Sicherheit in der Beziehung gewinnen, führt dies allein schon oft zu einer Symptombesserung. Das so entstehende Vertrauen erlaubt dem Patienten erst die Regression, die eine therapeutisch gewünschte Intensivierung der Übertragung ermöglicht. Gibt es Störungen, Zeitverschiebungen, Stundenausfälle, werden Depressive ungewöhnlich irritiert darauf reagieren. Doch sie werden sich kaum darüber beklagen, sondern vielmehr beteuern, daß es ihnen gar nichts ausmache, und sich eher um den Analytiker und sein Wohlergehen bekümmern. Hier zeigt sich die für Depressive so typische altruistische Abtretung, die insgeheim voller Vorwurf ist und Selbstüberhebung, ein besserer und rücksichtsvollerer Mensch zu sein als der Therapeut selbst. In der Gegenübertragung ist man zunächst erfreut über diese Rücksichtnahme, doch dann bemerkt man, daß etwas nicht stimmt – der unmerkliche Rückzug des Patienten, sein heimlich sich steigerndes Mißtrauen, die abgewehrte Frustration, die Symptomverschlechterung, die Folge der Kränkung sind und den emotionalen Kontakt stören. Sie sind schwer greifbar und verbalisierbar, wenn der Therapeut nicht sensibel ist für die Auswirkungen der Settingvariablen, und für den verborgenen Ausdruck von Ärger, in dem jeder Depressive ein Meister ist.

Ferienpausen sind ein großes Problem – kein Wunder angesichts der depressiven Trennungsvulnerabilität – und bedürfen der aktiven Exploration durch den Analytiker („wie ist das denn für Sie, wie empfinden Sie das, wie geht es Ihnen damit?"). Wie anderen Konfrontationen weichen die Patienten diesem Thema gerne aus, weil sie befürchten, der Therapeut könnte schließlich über ihre Unzufriedenheit ungehalten werden; obwohl sie schließlich dankbar sind, darüber sprechen zu können und Verständnis für ihren Trennungsschmerz zu finden. Jedes „getrennte", unterschiedliche Empfinden – Analytiker freut sich in der Phantasie des Patienten auf die Ferien, weil er sich endlich von dessen Belastungen erholen kann, dieser findet die Pause jedoch schrecklich – wird vom Depressiven leicht als Konfrontation aufgefaßt und deswegen vermieden.

Seine übergroße Beziehungssensibilität und Sanftheit kann heftige **Gegenübertragungsreaktionen** auslösen. Der Therapeut kann den Impuls haben, den Patienten mal fester anzufassen, „abzuhärten", konfrontationsfreudiger zu machen, was er natürlich nicht in die Tat umsetzen, sondern im Zusammenhang der konkreten Situation analysieren sollte. Oder der Therapeut selbst empfindet Schuldgefühle wegen seiner „ungebührlichen" Aktivitäts- und Aggressivitätsmotivation. Häufig schiebt der Depressive dem Analytiker die Aktivität, die Konfrontation oder Klärung, das Ansprechen von Schmerzlichem oder Peinlichem zu, was dieser im Sinne einer Rollenübernahme gelegentlich aufnehmen wird, nicht ohne es später anzusprechen.

Noch schwerer fällt den meisten Depressiven das **Therapieende**, vor allem aber die adäquate Wahrnehmung des dadurch ausgelösten seelischen Schmerzes, der Frustration und Wut. Naheliegend ist es, das Ende der Kassenleistung oder andere äußere Gründe dazu zu verwenden, diesen Gefühlen auszuweichen, die doch für seine Gesundung so wichtig sind. Man kann den Abschied freundlich-sachlich gestalten, das heißt seine emotionale Bedeutung gemeinsam verleugnen. Oder der Patient ist gekränkt über das Ende der Versorgung durch die Krankenkasse, das heißt in der Übertragung durch den Analytiker, und verwendet dies zur Abwehr des Trennungsschmerzes. Der Therapeut wiederum kann sich über die „Undankbarkeit" seines Patienten ärgern, der immer unzufriedener erscheint, je näher das Ende rückt, zu klagen beginnt, wie wenig sich verändert habe, vermutlich weil er sich in der Behandlung doch zu wenig eingesetzt habe oder immer nur die falschen Sachen angesprochen, doch sei es nun zu spät noch etwas zu ändern usw. – dem Therapeut wird die Trennungsaggression deutlicher werden als dem Patienten selbst. Wenn es irgend geht, sollte dieser das Therapieende selbst bestimmen, das heißt sich aktiv vom Therapeuten trennen, was eine wichtige neue Erfahrung für ihn sein kann. Selbst dann wird leicht die unbewußte Phantasie in ihm wach werden, nicht er habe die Therapie beendet, sondern der Analytiker habe ihn herausgeworfen. In jedem Fall verdient das Bearbeiten und Betrauern des Abschiedes besondere Aufmerksamkeit; ein Aspekt, den auch die interpersonale Therapie Depressiver zurecht hervorhebt.

Sehr kontrovers wurde in der Literatur die Frage diskutiert, wie ein therapeutisch günstiger **Umgang mit** der **Aggression** Depressiver zu gestalten sei. Dieses Behandlungsproblem hat sich meines Erachtens in den letzten Jahrzehnten entschärft, seitdem wir gelernt haben, unsere Gegenübertragung subtiler wahrzunehmen und sie im Umgang mit den Patienten und der analytischen Arbeit zu verwenden. Ich habe noch keinen Depressiven kennengelernt, der nicht mit erheblichen aggressiven Konflikten verschiedenen Ursprungs zu kämpfen hätte. Diese äußern sich einerseits in der oft abgewehrten Phantasie, auf einer Bombe zu sitzen; und bei langen und intensiven Analysen können die verdrängten aggressiven Emotionen tatsächlich beängstigend intensiv und stark ins Erleben drängen. Andererseits jedoch haben die Depressiven lange Zeit unberechtigte Angst vor ihrer Aggression, denn im Kontakt wird offensichtlich, wie unfähig sie sind, Aggression zu zeigen und sie im positiven Sinn für sich einzusetzen. So kommt es darauf an, ihre Aggression für sie verwendungsfähig zu machen. Statt dessen bestimmen zunächst unendliche Varianten versteckter Aggressivität die Szene. Oft nimmt man sie vorwiegend in der Gegenübertragung wahr und kann sie dem Patienten aufzeigen, manchmal auch deuten. Dabei ist eine Haltung wichtig, welche die Gemeinheiten der Depressiven zwar verspürt, aber

nicht verurteilt, was eine Verstärkung der Über-Ich-Problematik mit sich brächte. Manchmal gelingt es vielmehr, die positiven und lebensfreundlichen Aspekte aggressiven Verhaltens gemeinsam mit dem Patienten zu erleben und dessen Toleranz ihnen gegenüber zu erhöhen. Viele Autoren mahnen jedoch zur – gegenübertragungsgeleiteten – Vorsicht bei der Deutung von Übertragungsaggression, da die tragende positive Übertragung bei den Depressiven ein zartes Pflänzchen ist, das leicht irritiert werden kann.

Weitere Aspekte können hier nur kurz erwähnt werden, etwa der Umgang mit dem **Schweigen Depressiver**, das so Verschiedenartiges bedeuten kann. Auch hier werden die Gegenübertragung und das Verständnis der aktuellen Übertragungssituation am ehesten einschätzen lassen, ob das Schweigen produktiv ist, ob dabei wichtige Räume der gemeinsam erlebten Zeitlosigkeit entstehen, oder ob der Patient droht, verloren zu gehen, ob Trotz im Spiel ist oder Scham und wie der Analytiker damit umzugehen vermag. Die **Selbstwertprobleme**, große **Kränkbarkeit** und häufigen **Schamgefühle** vieler Depressiver bieten ebenfalls eine Fülle konkreter Situationen der Interaktion und des intersubjektiven Erlebens, die fruchtbar gemacht werden können. Konfrontationen sind weniger kränkend und können vom Patienten leichter angenommen werden, wenn sie mit einer Begründung versehen werden („Sie sind so schweigsam geworden. Kann es sein, daß Sie meine Bemerkung vorhin als Kritik aufgefaßt haben?"). Bewährt haben sich auch sogenannte adaptive Deutungen, in denen die depressiven Symptome oder Verhaltensweisen dem Patienten in ihrem Anpassungswert, in ihrem Sinn nahegebracht werden (welche positive Bedeutung sie subjektiv haben können, auch wenn sie objektiv dysfunktional sind). Das technische Prinzip dabei ist, die kreativen Kräfte im Depressiven zu benennen, sobald sie greifbar werden, auch wenn sie ihm selbst so unzugänglich erscheinen.

Hoffnungslosigkeit und **Negativismus** des Patienten können den Therapeuten selbst in Gefühle der Wirkungslosigkeit, Leere und Impotenz versetzen. Oder sie rufen Schuldgefühle hervor, er sei tatsächlich ein schlechter, unzureichender Therapeut; oder Wut über das „Scheitern", das der Patient ihnen beiden bereitet, Kränkung über die damit verbundenen gegenseitigen Abwertungen, oder Ungeduld. Jenseits alles forcierten Schulterklopfens („wir werden das schon schaffen") betonen die meisten Autoren, daß es Aufgabe des Analytikers bleibt, für den Patienten Hoffnung, Zukunft und Veränderungsmöglichkeiten zu repräsentieren; natürlich nur, wenn er es tatsächlich auch so meint. Er kann sie immer wieder einfließen lassen in kleinen Formulierungen – wenn der Patient sagt: immer mache ich das so ..., wird der Analytiker sagen: noch machen Sie es so; er wird den depressiven Verallgemeinerungen das Konkrete gegenüberstellen, die aktuelle Situation, das Beispiel, an dem das Erleben sitzt; er wird die ewige Wiederkehr des Gleichen mit dem Konjunktiv der Veränderung beantworten „könnte es sein, daß ...". Nach Ansicht der meisten Autoren muß der Therapeut gelegentlich Ich-Funktionen für den Depressiven übernehmen: Hoffnungen ausdrücken, Erleben einordnen und erklären, Ambivalenzen formulieren, die dem Patienten im Grunde zugänglich wären, die er sich jedoch nicht auszusprechen traut. Wichtig bei diesen „Aktivitäten" bleibt natürlich, die analytische Haltung dennoch nicht zu verlieren.

Das hartnäckige Festhalten Depressiver an ihrem Unglück hat mit ihrer **Angst vor Veränderung** zu tun. Diese hieße nämlich für sie Trennung; Abschied von den eingespielten Beziehungsmustern von Wünschen, Enttäuschung und Leiden; und Trennung vom Therapeuten im Sinne einer Loslösung und Verselbständigung. Daß Entwicklung und Neues auch gut sein kann, ist ihnen schwer vorstellbar.

Während die Literatur zur psychoanalytischen Theorie der Depression sehr weitläufig ist, wurden Fragen der Behandlungstechnik bisher nicht so häufig behandelt. Hervorragend sind einige Kapitel in Jacobsons Buch (1971) zur Übertragung und deren Handhabung bei schweren Depressionen (Borderline und psychotisch) und die Ausführungen zu Gegenübertragungsfragen bei Saviotti (1979), jeweils mit plastischen klinischen Beispielen. Empfehlenswert sind Klaubers (1967) Überlegungen zum Behandlungsverlauf und die Zusammenfassungen zu technischen Fragen bei Blanck und Blanck (1974), Jacobson (1975), Fischer (1976), Eicke-Spengler (1977) und Mentzos (1994). Selbstpsychologische Aspekte diskutiert sehr praxisnah Deitz (1988; 1991). In den letzten Jahren erschien eine ganze Anzahl klinischer Arbeiten zu speziellen Fragen der Behandlung, beispielsweise des moralischen Masochismus (Friedman 1991; Markson 1993), der Depression bei geistiger Behinderung (Gaedt 1991), in der Adoleszenz (Harris 1991), im Alter (Delius 1990), im Verlauf der Borderline-Behandlung (Bemporad 1994; Kernberg 1992), zum technischen Umgang mit dem depressiven Affekt (Renik 1990), narzißtisch-depressiven Zuständen (Lax 1989) und ähnliches. Eindrucksvolle Falldarstellungen finden sich bei Dahl (1988), Aarons (1990), Eckstaedt (1991) sowie Henseler und Wegner (1993). Unsere Münchener Depressions-AG hat einen Beitrag publiziert, in dem wir ausführlich die psychoanalytische Behandlung Depressiver diskutieren mit Schwerpunkt auf dem klinischen Erfahrungswissen (Will et al. 2000).

Zusammenfassende Charakterisierung

„Der Depressive fürchtet mehr als alles andere gerade die Liebe, sich wirklich mit seinem Liebesobjekt zu vereinigen, der so ersehnten guten Mutter, die seinen Hunger nach stabilen akzeptierenden Objekten stillen könnte, die ihn aber auch zwingt, sich vom bösen und verfolgenden Aspekt zu trennen, der sich im Über-Ich eingenistet hat. ... Das Bedürfnis des Patienten, verstanden zu werden, ist unendlich groß, und seine Verzweiflung darüber, daß niemand ihn begreift, ist hoffnungslos, und doch kämpft er hartnäckig darum, den anderen auf Distanz zu halten und ihn davon zu überzeugen, daß nichts zu machen ist" (Saviotti 1979, S. 260f). Depressive zu behandeln, heißt, sich in diese Dynamik von drängendem Bedürfnis und Abweisung hineinziehen zu lassen, sie mitzuerleben und

– je nach Dauer und Intensität des Behandlungsprozesses – gemeinsam durchzuarbeiten.

Die psychoanalytischen Theorien der Depression sind sehr differenziert, nicht standardisiert und nur zu einem geringen Teil operationalisiert und empirisch überprüft. Für Verständnis und Behandlung depressiver Patienten muß dies kein Nachteil sein. Man kann psychoanalytische Theorien kritisch-objektivierend darstellen (Basch 1975; Wisdom 1962) oder in ihrer Variabilität und Fülle, erlebnisnäher, wie ich es versucht habe. Über-Ich-Konflikte, Ambivalenz, Oralität, Spannungen im Ich und narzißtische Konflikte schließen sich gegenseitig nicht aus, sondern finden sich bei den meisten Patienten in Personalunion, in unterschiedlicher Schichtung ihres Unbewußten. Der oben nochmals zitierte zentrale Konflikt ist dabei allen gemeinsam. Von „der" Theorie der Depression sind wir weiter entfernt denn je, insbesondere was ihre Ätiologie und Psychogenese angeht (Will 1994). Dies kann für die klinische Flexibilität des psychoanalytischen Psychotherapeuten nur von Vorteil sein. Die gegenwärtig wirksamen Gefühlszustände der Patienten und ihr aktuelles Verhalten, das subjektive Wahrnehmen in der Gegenübertragung des Therapeuten und sein theoretisches Verständnis, das sind die psychischen „Oberflächen", von der wir in der Behandlung der Depressiven ausgehen können.

Literatur

Aarons ZA. Depressive affect and its ideational content: a study of dissatisfaction. Int J Psychoanal 1990; 71: 285–96.

Abraham K. Giovanni Segantini. 1911. In: Psychoanalytische Studien. Bd 2. Frankfurt: Fischer 1971; 269–328.

Abraham K. Ansätze zur psychoanalytischen Erforschung und Behandlung des manisch-depressiven Irreseins und verwandter Zustände. 1912. In: Psychoanalytische Studien. Bd 2. Frankfurt: Fischer 1971; 146–62.

Abraham K. Untersuchungen über die früheste prägenitale Entwicklungsstufe der Libido. 1916. In: Psychoanalytische Studien. Bd 1. Frankfurt: Fischer 1971; 84–112.

Abraham K. Versuch einer Entwicklungsgeschichte der Libido auf Grund der Psychoanalyse seelischer Störungen. 1924. In: Psychoanalytische Studien. Bd 1. Frankfurt: Fischer 1971; 113–83.

Abraham K. Psychoanalytische Studien zur Charakterbildung. 1925. In: Psychoanalytische Studien. Bd 1. Frankfurt: Fischer 1971; 184–226.

American Psychiatric Association. Diagnostic and statistical manual of mental disorders. 3rd ed. Washington DC: APA 1987.

Angst J. Epidemiologie der affektiven Psychosen. In: Psychiatrie der Gegenwart. Bd 5. Kisker KP, Lauter H, Meyer JE, Müller C, Strömgren E (Hrsg). 3. Aufl. Berlin, Heidelberg, New York: Springer 1987; 51–66.

Balint M. Der Neubeginn, das paranoide und das depressive Syndrom. 1952. In: Die Urformen der Liebe und die Technik der Psychoanalyse. Frankfurt, Berlin, Wien: Ullstein 1981; 280–303.

Basch MF. Toward a theory that encompasses depression: a revision of existing causal hypotheses in psychoanalysis. In: Depression and Human Existence. Anthony EJ, Benedek T (eds). Boston: Little, Brown 1975; 485–534.

Beck AT, Rush AJ, Shaw BF, Emery G. Kognitive Therapie der Depression. (1979 engl. Ausgabe). München: Psychologie Verlags Union 1992.

Bemporad J. The negative therapeutic reaction in severe characterological depression. J Am Acad Psychoanal 1994; 22: 399–414.

Beutel M, Weiner H. Trauer und Depression nach einem Objektverlust. Ein Beitrag zur Begriffserklärung und klinischen Unterscheidung. Forum Psychoanal 1993; 9: 224–39.

Bibring E. Das Problem der Depression. Psyche 1953; 6: 81–101.

Blanck G, Blanck R. Die Depression. 1974. In: Angewandte Ich-Psychologie. Stuttgart: Klett-Cotta 1978; 265–90.

Blatt SJ. Levels of object representation in anaclitic and introjective depression. Psychoanal Study Child 1974; 29: 107–57.

Blatt SJ. Contributions of Psychoanalysis to the understanding and treatment of depression. J American Psychoanal Assoc 1998; 46: 723–52.

Blatt SJ, Maroudas C. Convergences among psychoanalytic and cognitive-behavioral theories of depression. Psychoanal Psychol 1992; 9: 157–90.

Bronisch T. Dysthyme Störungen. Nervenarzt 1990; 61: 133–9.

Bronisch T. Die depressive Reaktion. Probleme der Klassifikation, Diagnostik und Pathogenese. Berlin, Heidelberg, New York: Springer 1992.

Cornell DG. Psychoanalytic and biological perspectives on depression. Contradictory or complementary? Psychoanal Psychol 1985; 2: 21–34.

Dahl AA. Aspects of the analysis of a patient with severe depression. Scand Psychoanal Rev 1988; 11: 3–23.

Deitz J. Self-psychological interventions for major depression: technique and theory. Am J Psychother 1988; 42: 597–609.

Deitz J. The evolution of the self-psychological approach to depression. Am J Psychother 1989; 43: 494–505.

Deitz J. The psychodynamics and psychotherapy of depression: contrasting the self-psychological and the classical psychoanalytic approaches. Am J Psychoanal 1991; 51: 61–70.

Delius P. Zur Psychodynamik der Spätdepression. Eine kritische Auseinandersetzung mit dem Involutionsmodell. Prax Psychother Psychosom 1990; 35: 13–20.

Dilling H, Freyberger HJ. Neurosen und psychosomatische Störungen in der ICD-10. In: Psychoanalytische Psychosomatik. Strauß B, Meyer A-E (Hrsg). Stuttgart, New York: Schattauer 1994; 115–24.

Dilling H, Weyerer S, Castell R. Psychische Erkrankungen in der Bevölkerung. Eine Feldstudie zur psychiatrischen Morbidität. Stuttgart: Enke 1984.

Eckstaedt A. Die Kunst des Anfangens. Psychoanalytische Erstgespräche. Frankfurt: Suhrkamp 1991.

Eicke-Spengler M. Zur Entwicklung der psychoanalytischen Theorie der Depression. Psyche 1977; 31: 1079–125.

Elkin I. The NIMH Treatment of Depression Collaborative Research Program. Where we began and where we are? In: Handbook of psychotherapy and behavior change. Bergin AE, Garfield SL (eds). New York: J. Wiley & Sons 1994; 379–427.

Fenichel O. Depression und Manie. 1945. In: Psychoanalytische Neurosenlehre. Bd 2. Olten: Walter 1975; 272–309.

Fischer R. Die klassische und die ich-psychologische Theorie der Depression. Psyche 1976; 30: 924–46.

Fleming J, Altschul S. Activation of mourning and growth by psychoanalysis. Int J Psychoanal 1963; 44: 419–31.

Freedman N. On depression: the paralysis, annihilation and reconstruction of meaning. In: Empirical Studies of Psychoanalytic Theories. Vol 2. Masling J (ed). Hillsdale (NJ): Analytic Press 1986; 107–49.

Freud S. Zur Einführung des Narzißmus. 1914. GW X. Frankfurt: Fischer 1973; 137–70.

Freud S. Trauer und Melancholie. 1916. GW X. Frankfurt: Fischer 1973; 427–46.

Freud S. Das Ich und das Es. 1923a. GW XIII. Frankfurt: Fischer 1976; 235–89.

Freud S. Eine Teufelsneurose im siebzehnten Jahrhundert. 1923b. GW XIII. Frankfurt: Fischer 1976; 315–53.

Freud S. Hemmung, Symptom und Angst. 1926. GW XIV. Frankfurt: Fischer 1976; 111–205.

Friedman RC. The depressed masochistic patient: diagnostic and management considerations – a contemporary psychoanalytic perspective. J Am Acad Psychoanal 1991; 19: 9–30.

Gaedt C. Die Reinszenierung der Selbstentwertung. Depressive Störungen bei Menschen mit geistiger Behinderung. Prax Psychother Psychosom 1991; 36: 249–56.

Glazer MW. Object-related vs. narcissistic depression. Psychoanal Rev 1979; 66: 232–337.

Grinberg L. Two kinds of guilt – their relations with normal and pathological aspects of mourning. Int J Psychoanal 1964; 45: 366–71.

Grinberg L. The „razors edge" in depression and mourning. Int J Psychoanal 1978; 59: 245–54.

Groddeck G. Wunscherfüllungen der irdischen und göttlichen Strafen. Int Z Ärztl Psychoanal 1920; 6: 216–27.

Hagnell O, Lanke J, Rorsman B, Öjeslö L. Are we entering an age of melancholy? Depressive illnesses in a prospective epidemiological study over 25 years: the Lundby study, Sweden. Psychol Med 1982; 12: 279–89.

Harris M. Depression und die depressive Position bei einem heranwachsenden Jungen. In: Melanie Klein heute. Bd 2. Spillius EB (Hrsg). Weinheim: VIP 1991; 211–24.

Hartmann S. Melancholie und neurotische Depression. Psychother Psychosom med Psychol 1999; 49: 395–407.

Hautzinger M. Kognitive Therapie bei Depressionen. Psychotherapeut 1994; 39: 113–23.

Hautzinger M, de Jong-Meyer R. Depressionen. In: Lehrbuch der Klinischen Psychologie. 2. Aufl. Reinecke H (Hrsg). Göttingen: Hogrefe; 177–218.

Haynal A. Some reflections on depressive affect. Int J Psychoanal 1978; 59: 165–71.

Haynal A. Depression and creativity. 1976. New York: International University Press 1985.

Haynal A, Gitnacht Y, Leoussi M. Le deprime dans son corps. Rev Med Psychosom 1988; 29: 11–24.

Henseler H. Narzißtische Krisen. Zur Psychodynamik des Selbstmordes. Reinbek: Rowohlt 1974.

Henseler H, Wegner P (Hrsg). Psychoanalysen, die ihre Zeit brauchen. Zwölf klinische Darstellungen. Opladen: Westdeutscher Verlag 1993.

Hoffmann N, Schauenburg H. Psychotherapie der Depression. Lindauer Psychotherapie Module. Stuttgart, New York: Thieme 2000.

Hoffmann SO. Charakter und Neurose. Frankfurt: Suhrkamp 1979.

Hoffmann SO. Die Krankheit „Neurose" – ein altes klinisches Konzept am Ende des 20. Jahrhunderts am Ende? In: Psychoanalytische Psychosomatik. Strauß B, Meyer A-E (Hrsg). Stuttgart, New York: Schattauer 1994; 125–34.

Hole G. Die endo-neurotische Depression. Notwendigkeit und Ärgernis einer begrifflichen Aussage. Fortschr Neurol Psychiatr 1992; 60: 420–36.

Jacobson E. The psychoanalytic treatment of depressive patients. In: Depression and Human Existence. Anthony EJ, Benedek T (eds). Boston: Little, Brown 1975; 431–43.

Jacobson E. Depression. Eine vergleichende Untersuchung normaler, neurotischer und psychotisch-depressiver Zustände. 1971. Frankfurt: Suhrkamp 1977.

Joffe W, Sandler J. Notes on pain, depression and individuation. Psychoanal Study Child 1965; 20: 394–424.

Kahn DA. The use of psychodynamic psychotherapy in manic-depressive illness. J Am Acad Psychoanal 1993; 21: 441–55.

Kernberg OF. Psychopathic, paranoid and depressive transferences. Int J Psychoanal 1992; 73: 13–28.

Klauber J. Drei typische Stadien der Übertragung in der Analyse neurotischer Depressionen. In: Jahrbuch der Psychoanalyse. Bd 4. Klauber J (Hrsg). Bern, Stuttgart: Huber 1967; 202–16.

Klein M. Zur Psychogenese der manisch-depressiven Zustände. 1935. In: Das Seelenleben des Kleinkindes. Thorner HA (Hrsg). Stuttgart: Klett-Cotta 1962; 55–94.

Klein M. Die Trauer und ihre Beziehungen zu manisch-depressiven Zuständen. 1940. In: Das Seelenleben des Kleinkindes. Thorner HA (Hrsg). Stuttgart: Klett-Cotta 1962; 95–130.

Klerman GL, Weissman MM, Rounsaville BJ, Chevron ES. Interpersonal psychotherapy of depression. New York: Basic Books 1984.

Kohut H. Narzißmus. Eine Theorie der psychoanalytischen Behandlung narzißtischer Persönlichkeitsstörungen. 1971. Frankfurt: Suhrkamp 1974.

Kohut H, Wolf ES. The disorders of the self and their treatment – an outline. Int J Psychoanal 1978; 59: 413–25.

Lasch C. Das Zeitalter des Narzißmus. 1979. München: Bertelsmann 1982.

Lax RF. The narcissistic investment in pathological character traits and the narcissistic depression: some implications for treatment. Int J Psychoanal 1989; 70: 81–90.

Mahler M. Notizen zur Entwicklung von Grundstimmungen: Der depressive Affekt. 1966. In: Studien über die drei ersten Lebensjahre. Mahler M (Hrsg). Stuttgart: Klett-Cotta 1985; 309–26.

Markson ER. Depression and moral masochism. Int J Psychonal 1993; 74: 931–40.

Masling J. Orality, pathology, and interpersonal behaviour. In: Empirical studies of psychoanalytic theories. Vol 2. Masling J (ed). Hillsdale (NJ): Analytic Press 1986; 73–106.

Mentzos S. Depression und Manie. Psychodynamik und Psychotherapie affektiver Störungen. Göttingen: Vandenhoek & Ruprecht 1994.

Mombour W, Dilling H, Schmidt MH (Hrsg). Weltgesundheitsorganisation. Internationale Klassifikation psychischer Störungen: ICD-10, Kapitel V (F), klinisch-diagnostische Leitlinien. Bern, Göttingen, Toronto: Huber 1991.

Nacht S, Racamier PC. Die depressiven Zustände. Psyche 1960; 14: 651–77.

Pollock GH. Process and affect: mourning and grief. Int J Psychoanal 1978; 59: 255–76.

Rad M v., Schors R, Henrich G. Stationäre psychoanalytische Psychosomatik. Konzepte – Basisdaten – Therapieziele. In: Psychoanalytische Psychosomatik. Strauß B, Meyer A-E (Hrsg). Stuttgart, New York: Schattauer 1994; 152–64.

Rado S. Das Problem der Melancholie. Int Z Psychoanal 1927; 13: 439–55.

Rado S. Psychodynamics of depression from the etiologic point of view. Psychosom Med 1951; 13: 51–5.

Rapaport D. Edward Bibring's theory of depression. In: Collected Papers of David Rapaport. Gill M (ed). New York: Basic Books 1967; 758–73.

Renik O. Comments on the clinical analysis of anxiety and depressive affect. Psychoanal Q 1990; 59: 226–48.

Sandler J, Dare C. Der psychoanalytische Begriff der Oralität. Psyche 1973; 27: 770–86.

Saviotti M. Der therapeutische Zugang zum depressiven Patienten. 1979. In: Psychosentherapie. Psychoanalytische und existentielle Grundlagen. Benedetti G, Corsi Piacentini T (Hrsg). Stuttgart: Hippokrates 1983; 215–61.

Schauenburg H. Zur Psychotherapie der Depression. Klinische Leitlinien. Psychotherapeut 1999; 44: 127–36.

Schmale AH, Engel GL. The giving up – given up complex, illustrated on film. Arch Gen Psychiatr 1967; 17: 135–45.

Schoon I, Montgomery SM. Zum Zusammenhang von frühkindlicher Lebenserfahrung und Depression im Erwachsenenalter. Z psychosom Med 1997; 43: 319–33.

Schramm E, Berger M. Zum gegenwärtigen Stand der interpersonellen Psychotherapie. Nervenarzt 1994; 65: 2–10.

Spitz RA. Anaclitic depression. Psychoanal Study Child 1946; 2: 313–42.

Wahl H. Narzißmus? Stuttgart: Kohlhammer 1985.

Weiner H. Anwendung psychosomatischer Konzepte in der Psychiatrie. In: Psychosomatische Medizin. Adler RH, Herrmann JM, Köhle K, Schonecke OW, Uexküll Th v., Wesiack W (Hrsg). 5. Aufl. München, Wien, Baltimore: Urban & Schwarzenberg 1996; 979–1003.

Widlöcher D. Le ralentissement depressif. Paris: Presses Université de France 1983.

Widlöcher D. Le corps fige du deprime. Rev Med Psychosom 1988; 29: 25–36.

Will H. Zur Phänomenologie der Depression aus psychoanalytischer Sicht. Psyche 1994; 48: 361–85.

Will H. Zwei Grundtypen depressiven Beziehungsverhaltens: abhängige und selbstkritische Depression und ihre psychodynamische Therapie. Psychotherapie 2000; 5: 79–83.

Will H, Grabenstedt Y, Völkl G, Banck G. Depression. Psychodynamik und Therapie. In: Psychoanalytische Krankheitslehre. Mertens W (Hrsg). 2. Aufl. Stuttgart: Kohlhammer 2000.

Winnicott DW. Die depressive Position in der normalen emotionalen Entwicklung. 1955. In: Von der Kinderheilkunde zur Psychoanalyse. Winnicott DW (Hrsg). Frankfurt: Fischer TB 1983; 276–99.

Wisdom JO. Die psychoanalytischen Theorien über die Melancholie. Entwicklungsgeschichte und Vergleich. 1962. Jahrb Psychoanal 1967; 4: 102–54.

Wolfersdorf M. Depressive Störungen. Phänomenologie, Aspekte der Psychodynamik und -therapie. Psychotherapeut 1995; 40: 330–47.

Wunderli J. Und innen die große Leere: die narzißtische Depression und ihre Therapie. Zürich: Kreuz 1989.

Zennaro C. Depressionen: Schwierige Beziehungen. Z psychoanal Theorie Prax 1997; 12: 136–50.

Zetzel ER. Über die Unfähigkeit, Depression zu ertragen. 1965. In: Die Fähigkeit zu emotionalem Wachstum. Zetzel ER (Hrsg). Stuttgart: Klett 1974; 86–119.

5.2.8
Empirische Konzepte zur Ätiologie von depressiven Störungen und deren Behandlung

Martin Hautzinger

Erklärungshypothesen depressiver Störungen lassen sich vereinfacht biologischen und psychologischen Modellvorstellungen zuordnen (Hautzinger 1996). Keine dieser zahlreichen Erklärungsansätze kann für sich in Anspruch nehmen, überzeugende kausale Aussagen zu treffen. Es ist angesichts der Heterogenität depressiver Störungen unwahrscheinlich, daß ein Faktor allein für die Entstehung einer Depression verantwortlich ist. Entsprechend gewinnen multifaktorielle und integrative Ätiologievorstellungen (Hautzinger 1991) zunehmend an Bedeutung.

Als Begründung für psychotherapeutische Interventionen sind, trotz mangelnder empirischer Evidenz, **psychologische Erklärungskonzepte** hilfreich und wichtig. Im folgenden sollen daher kurz einige wesentliche psychologische Konzepte vorgestellt werden, um damit die empirisch bewährten psychotherapeutischen Herangehensweisen bei Depressionen zu begründen.

Lebensereignisse und soziale Einflußgrößen

Vor Ausbruch depressiver Störungen lassen sich gehäuft **aversive Ereignisse** oder **belastende chronische Schwierigkeiten** finden. Im Monat nach einem kritischen negativen Lebensereignis ist das Depressionsrisiko drei- bis sechsfach erhöht. Theoretisch ist anzunehmen, daß Lebensereignisse beziehungsweise chronische Belastungen (Eheschwierigkeiten, Krankheiten, soziale Benachteiligung, untere soziale Schichten) als Auslöser einer depressiven Episode wirken, was jedoch eine Anfälligkeit (Vulnerabilität) für diese affektive Störung voraussetzt. Die provozierenden Faktoren bestimmen, wann eine Depression auftritt, während die Vulnerabilitätsfaktoren bestimmen, ob diese Ereignisse depressive Wirkungen entfalten können. Es ist denkbar, daß zusätzlich sogenannte symptomformende Faktoren (z. B. früher Verlust einer zentralen Erziehungsperson) die Schwere und den Ausprägungsgrad einer Depression determinieren. Als depressogene Vulnerabilitätsfaktoren wurden empirisch gefunden: Zugehörigkeit zum weiblichen Geschlecht, Mangel an emotional positiven und unterstützenden Sozialbeziehungen, mehrere kleine Kinder im Haushalt, vorherige depressive Episoden beziehungsweise

Symptome, Selbstwertproblematik, Ressourcen- und Fertigkeitsdefizite (Hautzinger 1996; Paykel 1992).

Persönlichkeitsaspekte

Soziale Abhängigkeit, **interpersonelle Dependenz** (Soziotropie), **anankastischer Perfektionismus** (Rigidität), **Neurotizismus** und **emotionale Labilität** haben sich wiederholt als typische depressionsanfällige Eigenschaften einer Person bestätigen lassen (Mundt et al. 1991; Paykel 1992). In einer Untersuchung ließ sich zeigen, daß später an einer Depression erkrankte Personen prämorbid durch einen erhöhten Neurotizismuswert, emotionale Instabilität und interpersonelle Abhängigkeit zu charakterisieren waren.

Mangel an positiver Verstärkung

In zahlreichen Studien ließ sich zeigen (vgl. Hautzinger 1991; 1996), daß eine geringe Rate positiver Verstärkung depressionsauslösend wirkt. Bezüglich dieses Aspekts kann man Depressive als Personen ansehen, die sich unter Löschungsbedingungen befinden; das heißt, positive Erfahrungen sind akut beziehungsweise sukzessive entfallen. Die Menge an positiver Verstärkung hängt von **drei Einflußgrößen** ab:

- von der **Anzahl der potentiell verstärkenden Ereignisse** (hier spielen die persönliche Geschichte, die sozialen Rahmenbedingungen, das Alter, das Geschlecht usw. eine Rolle)
- von der **Menge der** zu einem bestimmten Zeitpunkt unter definierten Bedingungen verfügbaren bzw. erreichbaren **Verstärker**
- vom **instrumentellen Verhaltensrepertoire** (Kompetenz) einer Person, um sich so verhalten zu können, daß Verstärkung erfolgt bzw. zugänglich wird

Das auf diese Weise entstehende depressive Verhalten wird zumindest kurzfristig durch soziale Zuwendung aufrechterhalten und gestärkt. Dieser kurzfristigen positiven Wirkung (im Sinne einer negativen Verstärkung durch Wegfall unangenehmer Bedingungen) steht jedoch die längerfristig aversive Erfahrung der durch das depressive Verhalten belasteten Sozialbeziehungen, der weiteren Reduktion positiver Verstärkung gegenüber. Depressives Verhalten wirkt bei wiederholter Erfahrung aversiv und sorgt dafür, daß sich die Sozialpartner zurückziehen bzw. den Betreffenden meiden. Damit tragen die Depressiven selbst dazu bei, daß das Ausmaß an positiver Verstärkung abnimmt.

In Ermangelung alternativer interaktioneller Verhaltensweisen greift der Depressive meist weiterhin zu seinen appellativen, depressiven Mustern, was nur zur Verschlimmerung der Bedingungen beiträgt und die oft beobachtete Hostilität in depressiven Sozialbeziehungen verständlich macht. Da vor allem in längerfristigen Sozialbeziehungen ein Ausweichen beziehungsweise Flüchten durch die schlechte Verfassung des Depressiven nicht oder nur auf die Gefahr einer weiteren Verschlechterung hin (bis zur Suizidalität) möglich ist, entsteht eine Art „Zwangsmechanismus", dem die beteiligten Sozialpartner kaum entrinnen können (Hahlweg 1991; Linden 1976).

Nichtkontrolle und Hilflosigkeit

Erfährt ein Individuum Nichtkontrolle über aversive, persönlich wichtige Lebens- und Umgebungsbedingungen, dann entwickelt sich Passivität, Apathie, Resignation, Appetit- und Gewichtsverlust, erhöhte Latenz willentlicher Reaktionen, Schwierigkeiten beim Lernen, Generalisierung der Nichtkontrollerfahrung auf neue Situationen, endokrine Störungen, immunologische Defekte, vegetative Beschwerden (Hautzinger 1996; Seligman 1998). Nichtkontrolle wird dabei definiert als Unabhängigkeit von eigenem Verhalten und Umweltkontingenzen. Es konnte gezeigt werden, daß Nichtkontrollerfahrungen zu einer Einstellung der persönlichen Hilflosigkeit führt und darin die entscheidende, auf andere Bereiche sich ausweitende Störung begründet liegt.

In Abhängigkeit von der Wichtigkeit, der Menge und der Ursachenzuschreibung der aversiven, nichtkontrollierbaren Erfahrungen entwickeln Personen rasch hilfloses Verhalten und eine entsprechende Einstellung. Depression wird danach durch eine vorausgehende Erfahrung der Nichtkontrolle über subjektiv bedeutsame Ereignisse und der sich daraus entwickelnden Erwartung auch zukünftig ohne Kontrolle, das heißt hilflos zu sein, bedingt. Entscheidend ist die subjektiv-kognitive Variable der Erwartung hilflos zu sein, selbst wenn objektiv in einer neuen Situation, Kontrolle besteht. Die erlernte Erfahrung wird auf andere neue, zukünftige Situationen generalisiert. Die Erfahrung von Mißerfolg und Nichtkontrolle führt dazu, daß Personen nach dem Grund dieser Hilflosigkeit fragen. Diese Art der Ursachenzuschreibung (Kausalattribution) bestimmt nun die weitere Entwicklung, die Stabilität und Universalität der emotionalen, motivationalen, motorischen, vegetativen und kognitiven Veränderungen. Es ist also nicht einfach die mangelnde Kontrolle, sondern der subjektive Prozeß kognitiver Verarbeitung, der dem zu kontrollierenden Ereignis Bedeutung beimißt und der das Mißlingen der Kontrolle der eigenen Person zuschreibt. Die Ursachenzuschreibung wird auf drei Dimensionen vorgenommen: intern-extern, stabil-variabel, global-spezifisch.

Dysfunktionale kognitive Schemata

Dieser Erklärungsansatz vermutet an der Basis einer Depression eine kognitive Störung (dysfunktionale kognitive Schemata) infolge früherer belastender, ungünstiger Erfahrungen und Lernprozesse (Beck et al. 1996; Hautzinger 1996). Das Hauptmerkmal depressogener kognitiver Prozesse und Strukturen ist, daß sie die Realität in unterschiedliche Grade verzerren. Inhaltlich lassen sich bei Depressiven eine negative Sicht der Welt, der eigenen Person und der Zukunft festmachen. Typische kognitive Verzerrungen und dysfunktionale Kognitionen sind: willkürliche Schlußfolgerungen, selektive Abstraktionen, Personalisieren, Übergeneralisieren, Hervorheben und bevorzugtes Erinnern negativer Erfahrungen, Minimieren positiver, erfolgreicher Erfahrungen, moralisch-absolutistisches Denken und ungenaues Benennen. Formal sind die Kognitionen von unfreiwilliger, automatischer, perseverierender, plausibel erscheinender Art. Informationstheoretisch sind sie als Schemata recht stabile, überdauernde Muster der selektiven Wahrnehmung, Kodierung und Bewertung von Reizen. Diese Schemata entstehen durch belastende Erfahrungen des Sozialisationsprozesses, aktuelle streßreiche oder traumatische Erfahrungen oder durch die Akkumulation subtraumatischer, negativer Erfahrungen. Mit dem Entstehen der depressiven Schemata setzt ein zirkuläres Feedbackmodell ein; dadurch kommt es zur Verfestigung, Vertiefung und Aufrechterhaltung der Depression und der damit kausal verknüpften Kognition.

Mehrfaktorielle Erklärungsansätze

Um verschiedene Erklärungsfaktoren zusammenzuführen, wurden von einigen Autoren (z. B. Aldenhoff 1997; Hautzinger 1991) mehrfaktorielle Modelle vorgeschlagen, die von empirisch abgesicherten psychologischen Erkenntnissen zur Depressionsgenese ausgehen. Diese Ansätze billigen **genetischen** und **neuroendokrinen** Prozessen, **dispositionellen** Faktoren, **innerpsychischen** Mechanismen, **verändertem unmit-**

telbarem Erleben und **Erinnern nach aversiven Erfahrungen** sowie **sozialen** und **instrumentellen protektiven** Faktoren (wie Unterstützung, Ressourcen), neben kognitiven, interaktionellen und behavioralen Faktoren, eine wichtige Funktion zu.

Abb. 5-9 stellt ein derartiges mehrfaktorielles Störungsmodell für unipolare Depressionen vor, das aus folgenden Einflußgrößen (A bis G) und zahlreichen Querverbindungen beziehungsweise Rückkoppelungen besteht.

A: Vorausgehende Bedingungen sind definiert als Ereignisse, die das Wiederauftreten einer Depression wahrscheinlicher machen oder die Entwicklung einer depressiven Erkrankung einleiten können. Kritische Lebensereignisse, aversive akute oder chronische Belastungen, vor allem im sozialen Bereich, sind hier typisch.

B: Diese provozierenden oder auslösenden Bedingungen unterbrechen beziehungsweise stören automatisierte Abläufe und/oder produzieren spontane, wenig differenzierte affektive Reaktionen, die zudem Gedächtnisprozesse aktivieren, welche zusätzlich belastende Erinnerungen hervorbringen.

C: Unterbrechungen beziehungsweise emotionale Zustandsänderungen fördern Selbstaufmerksamkeit, lageorientierte Beschäftigung und selbstkritische Betrachtungen der eigenen Person, der aktuellen Situation und der eigenen Handlungsmöglichkeiten.

D: Dies kann zur Aktivierung von Bewältigungsmechanismen führen, doch in der Mehrzahl blockiert ein derart interner Fokus Verhaltensabläufe und intensiviert handlungsbehindernde Emotionen. Rückzug, Abnahme angenehmer Erfahrungen und Steigerung aversiv-belastender Aspekte werden so vermehrt, was die affektive Lage hin zu dysphorischen Verstimmungen (E) intensiviert.

F: Unter Beibehaltung zunehmender Lageorientierung, vermehrtem Rückzug, Reduktion positiver Erfahrungen und Selbstkritik mündet die Dysphorie in die kogni-

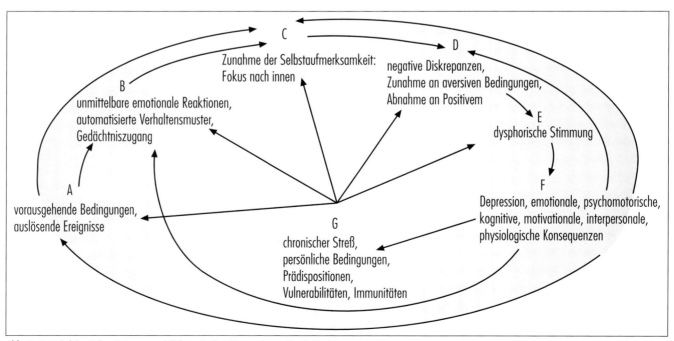

Abb. 5-9 Mehrfaktorielles Störungsmodell für unipolare Depressionen (nach Hautzinger 1991).

tiven, motivationalen, emotionalen, somatischen, interaktiven und motorischen Symptome einer Depression.

G: Dieser Ablauf kann durch bestimmte Vulnerabilitäten (z. B. Traumata, frühere depressive Episoden, höheres Lebensalter, weibliches Geschlecht, abhängige bzw. zwanghaft-rigide oder emotional labile Persönlichkeitszüge, Mangel an Fertigkeiten, familiäre Einflüsse, dysfunktionale Einstellungen bzw. Attributionsstile) beschleunigt, verstärkt und in Form eines Teufelskreises intensiviert werden (F). In gleicher Weise können jedoch auch Immunisierungsbedingungen, wie zum Beispiel Bewältigungsstrategien, positive Aktivitäten, Problemlösefertigkeiten usw. eine Depression oder die Chronifizierung einer Depression verhindern.

Die multiplen Verbindungsschleifen zwischen den verschiedenen Modellfaktoren erlauben zu erklären, weshalb bei weitverbreiteter und gleicher Belastung (z. B. Lebensereignissen, aversiven Alltagserfahrungen) immer nur ein Teil der betroffenen Personen eine Depression entwickeln. Sie erlauben aber auch zu verstehen, wie ein einsetzender Prozeß depressiver Beschwerden unterbrochen werden kann beziehungsweise zum Stillstand und zur Rückbildung kommt.

Psychologische Behandlungen

Zwei psychologische Behandlungsansätze haben sich in den letzten Jahren klinisch durchgesetzt und empirisch bewährt. Dies ist die **Interpersonelle Psychotherapie** (IPT; Schramm 1996) und die **Kognitive Verhaltenstherapie** (KVT; Beck et al. 1996; Hautzinger 2000). Zwar gibt es zunehmend auch tiefenpsychologisch-psychodynamisch begründete Kurzpsychotherapien speziell für unipolare Depressionen, die sich der empirischen Überprüfung stellen (Hautzinger 1998). Doch ist die Befundlage (v.a. wenn die Studien zur IPT nicht zu den originär tiefenpsychologischen gezählt werden) noch eher dürftig. Daher soll hier nur auf die Interpersonelle Psychotherapie und die Kognitive Verhaltenstherapie (Kognitive Therapie) eingegangen werden. An anderer Stelle dieses Lehrbuches (vgl. Kap. 2.1, S. 57 ff) werden die psychoanalytischen Krankheits- und Behandlungskonzepte ausführlich dargestellt.

Kognitive Verhaltenstherapie

Hier handelt es sich um eine problemorientierte, strukturierte, konkrete und spezifische psychologische Behandlung speziell für depressive Störungen (Hautzinger 2000). Durch die Kooperationen zwischen Patient und Therapeut geht es darum, Probleme zu identifizieren, die individuellen (kognitiven) Blockaden zu erkennen, Alternativen dazu zusammenzutragen und zu prüfen sowie diese auszuprobieren. Neben der besonderen Beachtung kognitiver Prozesse gehören verhaltenstherapeutische Elemente wie Aktivierung, Kompetenzerweiterung, Problemlösen, Übungen in Alltag, Aufbau von Bewältigungsfertigkeiten und Kommunikationsübungen mit zum psychotherapeutischen Repertoire.

▶ **Grundprinzip und Behandlungsheuristik**

Ausgangspunkt der Kognitiven Verhaltenstherapie ist der Zusammenhang von Stimmung (Fühlen), Denken und Handeln, wie er aus den Schilderungen und Erfahrungen der Patienten herausgearbeitet wird. Dabei geht es nicht um kausale, sondern um korrelative Beziehungen. Alle drei Eckpunkte stehen in wechselseitiger Beziehung zueinander, so daß eine negative Stimmung die Aktivitäten reduzieren und das Denken einengen kann. Eine bestimmte Handlung kann jedoch auch die Stimmung und das Denken verändern, oder ein Gedanke (z. B. eine schlechte Erinnerung) kann das Verhalten lähmen und die Emotionen niederdrücken. Aus den Schilderungen von Patienten lassen sich in der Regel zahlreiche Beispiele für diese Zusammenhänge finden, die auch als nach unten gerichtete Spirale einer sich immer weiter einengenden, trüben, negativen Verfassung aufgefaßt werden können. Ziel und Aufgabe der Kognitiven Verhaltenstherapie ist es, diese depressive Spirale zu stoppen, umzukehren und eine konstruktive Entwicklung einzuleiten. In Umkehrung der Spirale, die in die Depression führt, gilt es, durch die Kognitive Verhaltenstherapie auf der Handlungs- und der kognitiven Ebene Veränderungen zu erzielen, die aus der dysphorischen Stimmung herausführen.

▶ **Grundelemente und Rahmenbedingungen**

Grundlegend therapeutische Merkmale dieses problemorientierten Ansatzes sind Interesse, Bemühen, Neugier, Echtheit und Aufrichtigkeit, Empathie und Verständnis, Akzeptanz und Wärme, doch auch fachliche Kompetenz und professionellentspanntes Verhalten in der Interaktion. Therapeut und Patient arbeiten zusammen an der Lösung bestimmter Probleme. Dazu strukturiert der Therapeut den therapeutischen Rahmen, den Inhalt und die Sitzungszeit. Wiederholt faßt er zusammen, lenkt das Gespräch auf zentrale Aspekte und Probleme, gibt Rückmeldungen und achtet darauf, daß Übungen, Hausaufgaben und eine konkrete Übertragung auf die Realität die Sitzung beziehungsweise ein Thema beschließen. Beim Arbeiten an kognitiven Mustern verwirklicht der Therapeut den sogenannten „sokratischen Fragestil", eine Interaktionsform, die aus gelenkten, offenen Fragen besteht, um den Patienten selbst dazu zu bringen, Widersprüche und den Überzeugungen zuwiderlaufende Erfahrungen zu berichten, zu erkennen und zuzulassen. Dadurch werden Patienten dazu gebracht, selbständig alternative Sichtweisen und Lösungswege zu überlegen und für eine nachfolgende Prüfung, Erprobung und Einübung bereit zu haben.

▶ **Verhaltenstherapeutische Elemente**

Es kommen verhaltenstherapeutische Elemente zum Einsatz, durch die eine direkte Verhaltensbeeinflussung, unmittelbare Hilfe, rasche Veränderungen und Erleichterungen, vermehrte positive Erfahrungen und die Behebung von Verhaltensdefiziten erreicht werden sollen. **Ziele** die mit diesen Elementen verfolgt werden, sind:

- **Durchbrechen des Teufelskreises** von Inaktivität, Passivität, Rückzug und depressiven Symptomen bezüglich bestimmter Handlungen und Aktivitäten
- **Unterbrechung** und **Ablenkung** von Grübeleien und Gedankenkreisen
- **Erwerb von neuen Fertigkeiten** und Bewältigungsressourcen, um depressives Verhalten und Rückfälle weniger wahrscheinlich zu machen
- **Rollenspiele, Aktivitätsaufbau** und **verhaltensorientierte Aufgaben** (sie liefern in Form von „Experimenten" und „Realitätsprüfungen" wichtige Informationen für die kognitiven Interventionen)

▸ Aktivitätsaufbau

Mit zu den ersten therapeutischen Maßnahmen bei depressiven Patienten gehört es, auf der konkreten Handlungsebene erste Versuche der Aktivierung zu starten, um damit früh positive Erfahrungen und Verstärkung durch die Therapie zu erreichen. Beim Aktivitätsaufbau geht es einerseits um die Steigerung beziehungsweise den Wiederaufbau positiver Erfahrungen und Aktivitäten, andererseits um die Reduktion eines Übermaßes an negativen, belastenden Erfahrungen. Wichtigstes Instrument dabei ist der Wochenplan. Wird der Patient in einer Anfangsphase gebeten, in Form einer täglichen Selbstbeobachtung der Aktivitäten und Ereignisse dieses Protokoll auszufüllen, so dient es später auch dazu die Tage zu strukturieren und Aktivitäten zu planen.

Mehrfach am Tag (etwa alle vier Stunden) sollen die Patienten stichwortartig die Ereignisse, die Aktivitäten und Handlungen während einer Stunde in die Kästchen fortlaufend über den Tag eintragen. Dazu sollen sie außerdem ihre Stimmung während jeder Stunde zum Beispiel mittels ++ für sehr gute Stimmung, + für gute Stimmung, - für schlechte Stimmung, -- für sehr schlechte Stimmung und +/- für eine Weder-noch-Stimmung markieren. Auf diese Art und Weise gelingt es, Stimmungsvariationen, Muster bei den Stimmungstiefs sowie den Einfluß zu erkennen, den Aktivitäten beziehungsweise Ereignisse auf das Befinden haben.

Konnte der Zusammenhang von Handeln und Tun einerseits sowie Befinden und Stimmung andererseits gemeinsam mit den Patienten anhand der Aufzeichnungen im Wochenplan herausgearbeitet werden, dann gilt es als nächstes, persönlich wichtige, verstärkende Aktivitäten zusammenzutragen, damit diese vermehrt in den Alltag eingebaut werden können.

Eine Liste möglicher Verstärker und angenehmer Aktivitäten (zahlreiche Listen sind im Umlauf bzw. in den Therapiemanualen zu finden) trägt dazu bei, in dieser Phase genügend Ideen und Anregungen für diese allmähliche, sukzessive Steigerung der Aktivitäten verfügbar zu haben. Ziel dieser Sammlung ist es, eine ganz persönliche Liste verstärkender, angenehmer Aktivitäten zusammenzustellen und diese dann allmählich in den Alltag einzubauen. Patienten, die trotz ihrer Depression einen „vollen" Tag haben, muß oft erst geholfen werden, zu erkennen, daß die bisherigen Aktivitäten „Pflich-ten", die wenig geliebte, nicht verstärkende Handlungen sind, eingeschränkt und reduziert werden müssen, um Platz für verstärkende, stimmungsaufhellende Aktivitäten zu schaffen.

▸ Verbesserung interaktioneller Fertigkeiten

Die sozialen Beziehungen sind bei depressiven Patienten häufig belastet. Soziale Kontakte sind verkümmert, soziales Verhalten ist gehemmt und reduziert. Bei vielen Patienten reicht allein die Behebung der Depression nicht aus, um dieses Brachliegen der sozialen Interaktionen und Interaktionsfähigkeiten zu überwinden. Der Aufbau und die Verbesserung von sozialer Sicherheit, Kontaktverhalten, Kommunikationsfertigkeiten und partnerschaftlichen Problembewältigungsfertigkeiten gehört daher mit zu einer erfolgversprechenden kognitiven Verhaltenstherapie. Die wesentlichen Mittel dabei sind das Rollenspiel und die Verhaltensübung, die Einbeziehung des Partners und der Familie.

Durch dieses Behandlungselement sollen die Patienten in die Lage versetzt werden, ihre persönlichen Wünsche und Ansprüche in der sozialen Umwelt angemessen durchzusetzen. Dazu gehört, daß die Patienten eigene Wünsche und Ansprüche erkennen, benennen und akzeptieren lernen. Es ist ferner nötig auch die Bedürfnisse der Sozialpartner beziehungsweise die Besonderheiten der sozialen Situation wahrzunehmen, anzuerkennen und mit in die Handlungsplanung einzubeziehen. Da depressive Patienten sich selbst und ihrer Umwelt häufig sehr negativ und verbittert gegenüber stehen und es nicht fertig bringen, positive Äußerungen zu machen, ist es zunächst notwendig, mit den Patienten positive selbstbezogene und partnerbezogene Äußerungen (z. B. Komplimente, Selbstlob, Äußern positiver Gefühle) zu trainieren. Ähnlich wichtig ist die Fertigkeit, soziale Kontakte, Gespräche und Aktivitäten selbständig zu initiieren, aufrechtzuerhalten, eigene Interessen einzubringen und zu gestalten. Wiederholte, zunächst vorsichtig beginnende und sich allmählich steigernde Rollenspiele (mit Videoaufzeichnung) sind hier das zentrale therapeutische Vorgehen.

Das Rollenspiel einer bestimmten Situation wird mit der ständigen Verstärkung und den erforderlichen Korrekturen so lange geübt, bis das vorher festgelegte Ziel erreicht ist. Elemente sozial kompetenten Verhaltens sind im Kasten (s. u.) zusammengefaßt. Schon bei der Herausarbeitung einer im Rollenspiel bearbeitbaren Situation sollte darauf geachtet werden, daß die Verhaltensweisen später in die Realität übertragen werden können. In-vivo-Übungen sind daher eine wichtige Ergänzung der Rollenspiele. Die Übertragung in die Realität stellt oft eine große Hürde dar. Bei den anfänglichen Übungen in der Lebenswelt der Patienten ist auf eine nicht überfordernde, zu Mißerfolgen führende Aufgabenstellung zu achten. Mögliche Hindernisse und Schwierigkeiten sind vorab zu klären. Nur die im Rollenspiel bereits gut beherrschten Verhaltensweisen in Situationen, bei denen die Sozialpartner eher mit Zustimmung, denn mit Ablehnung reagieren, sollten Gegenstand der Hausaufgaben werden.

▶ Verbesserung partnerschaftlicher Kommunikation

Probleme im Bereich sozialer Interaktionen ergeben sich häufig durch Schwierigkeiten im Umgang mit engen Sozialpartnern, der Familie und dem Ehepartner. So sind Menschen mit Depressionen im Umgang mit engen Bezugspersonen häufig verbittert, reizbar, ablehnend, passiv, klagsam, pessimistisch, lustlos, äußern negative Zukunftserwartungen. Dies führt leicht zu Entmutigung, Rückzug und Entfremdung zwischen den Partnern und Familienangehörigen. Es ist daher im Rahmen einer Depressionstherapie oft nötig – unter Einbeziehung der Angehörigen – das Interaktions- und Kommunikationsverhalten zwischen Familienmitgliedern und Partnern zu bearbeiten. Auch hier hat sich das Üben an konkreten Situationen und Verhaltensweisen bewährt. Wichtige Bestandteile partnerschaftlicher Gespräche sind:

- **aktives**, aufmerksames und akzeptierendes, verstärkendes **Zuhören**
- **richtiges Verstehen**, Wahrnehmungsprüfungen, Informationssuche durch **Rückfragen**
- **Paraphrasieren** (ohne zu analysieren bzw. zu interpretieren), Wiederholen der Partneräußerungen mit eigenen Worten
- **Mitteilung der eigenen Gefühle** und **Empfindungen** in bezug auf die Partneräußerungen
- **Verstärkung positiven Verhaltens**, Aufbau positiver Kommunikations- und Interaktionselemente
- **Äußern von Störungen, Kritik ohne Vorwurf**
- **Herausarbeiten von Kompromissen** (diese Übungen sind durch häufigen Rollenwechsel der Partner bzw. der Familienangehörigen gekennzeichnet)

▶ Kognitive Methoden

Vorbereitend für die Anwendung kognitiver Methoden ist eine verständliche und an den persönlichen Erfahrungen des Patienten ansetzende Information und Erklärung dessen was Kognitionen sind, welche Rolle sie spielen und welche Auswirkungen sie für das emotionale Erleben und Verhalten haben. Grundsätzlich ungünstig ist es, den depressiven Patienten unterstellen zu wollen, daß sie falsch oder irrational denken. Die automatisch ablaufenden kognitiven Prozesse sind das Ergebnis von Lernen und Sozialisation, nicht der Ausdruck von Absicht oder Unvermögen. Trotz allem kann man bei genauer Analyse zu dem Urteil kommen, daß bestimmte kognitive Mechanismen unlogisch, verzerrt und situationsunangemessen sind. Depressive unterlaufen aufgrund ihrer Krankheit und aufgrund der persönlichen Lerngeschichte in bestimmten Lebensbereichen unterschiedliche gedankliche Verzerrungen. Es ist therapeutisch hilfreich, mit den Patienten für sie zutreffende Verzerrungen zu benennen und ihnen so eine Hilfe an die Hand zu geben, im Alltag emotionale Einbrüche auf die kognitiven Blockaden zurückzuführen. Wesentlich ist dann, die Art und Weise des Denkens in ganz konkreten Zusammenhängen zu erkennen, die Verbindung des Denkens zu den Gefühlen und körperlichen Symptomen herauszufinden und immer wieder die Adäquatheit

und den Realitätsgehalt der Gedanken zu hinterfragen beziehungsweise zu testen.

Der erste Schritt zur Bearbeitung kognitiver Prozesse ist daher die Entdeckung, das Beobachten und Protokollieren automatischer Gedanken in relevanten und zentralen Problembereichen. Ausgangspunkt dabei sind die Empfindungen, Gefühle und Stimmungen, auch Beschwerden in einem konkreten Zusammenhang, etwa einer Situation oder einer Sensation, also internen und externen Auslösern. Der Patient soll sich die auslösende Bedingung nochmals genau vorstellen und sich seiner Gefühle erinnern. Während dies geschieht, bitten die Therapeuten die Patienten alles zu äußern, was ihnen zu dieser Vorstellung einfällt, durch den Kopf geht, bildhaft erscheint usw. Für das Festhalten dieser Kognitionen nutzt man bevorzugt das „**Protokoll negativer Gedanken**", das aus fünf Rubriken besteht:

- Situation, auslösender Reiz
- Gefühle, Empfindungen
- automatische Gedanken
- alternative angemessene Gedanken
- erneutes Gefühlsurteil aufgrund der Alternativen

Das anfängliche Beobachten und Protokollieren automatischer Gedanken füllt die ersten drei Spalten dieses Arbeitsblattes. Patient und Therapeut lernen auf diese Weise zu erkennen und zu benennen, welche automatischen Gedanken, welche kognitiven Fehler und immer wiederkehrenden Themen im Zusammenhang mit bestimmten Auslösern auftreten.

Eine Vielzahl von kognitiven Techniken ist vorgeschlagen worden, um die so zutage tretenden automatischen Gedanken und Themen, später auch die Grundüberzeugungen zu beeinflussen. Grundlage all dieser Strategien ist immer das geleitete Entdecken durch geschicktes Fragen in einem sokratischen Dialog. Wesentliche **Methoden für die Änderung kognitiver Muster** sind:

- Überprüfen und Realitätstests
- Experimentieren
- Reattribuieren
- kognitives Neubenennen
- Finden von Alternativen
- Rollentausch
- Prüfen von Kriterien
- Was-ist-wenn-Technik
- Übertreiben
- Entkatastrophisieren
- Benennen von Vor- und Nachteilen usw.

▶ Rückfallprophylaxe

Patienten sollen durch die kognitive Verhaltenstherapie in die Lage versetzt werden, mit zukünftigen depressiven Beschwerden, Krisen und möglichen Rezidiven selbständig umzugehen. Dazu werden die Patienten gegen Therapieende darauf vorbereitet. Es wird trainiert, das bislang Gelernte verfügbar zu haben und bei Belastungen anzuwenden. Es werden wahrscheinliche Belastungen und Krisen angesprochen und die Möglichkeit der eigengesteuerten Überwindung durchgesprochen. Entscheidend ist es, den Patienten die in der Therapie verwendeten Materialien mitzugeben, um sie als zukünftige Hilfsmittel verfügbar zu haben.

Als günstig erwiesen hat sich ferner, die Therapiekontakte allmählich auszublenden, immer größere Abstände zwischen den Sitzungen zu wählen und über einen Zeitraum von einem Jahr (oder länger) bei Krisen sowie bei Stimmungseinbrüchen des Patienten verfügbar zu sein. Durch diese „Booster"-Sitzungen können aktuelle Rückschläge bearbeitet und mit den bereits erworbenen Strategien bewältigt werden. Oft reicht die therapeutische Unterstützung, die gemeinsame Problemanalyse und Planung der Problembewältigung in einer Sitzung aus, um auf den neuen, nicht depressiven Weg zurückzufinden.

Verhaltenstherapeutische Gruppenbehandlung

Gruppentherapie ist vor allem im stationären Rahmen eine weitverbreitete psychotherapeutische Behandlungsform affektiv gestörter Patienten. **Kognitiv-verhaltenstherapeutische Gruppen** sind in psychiatrischen Kliniken noch selten anzutreffen. Mögliche **Ziele** derartiger Gruppentherapien mit depressiven Patienten sind:

- Schaffung von Zusammengehörigkeit und Kohäsion
- Vertrauen und Offenheit
- kooperative Arbeitshaltung
- Vermittlung eines realistischen Krankheitsmodells mit der Betonung der Mitwirkung der Patienten beim Veränderungsprozeß
- Konkretisierung von Zielen und Teilschritten
- Förderung der Einsicht in Zusammenhänge zwischen der Erlebens-, der Verhaltens- und der Gedankenebene
- Vermittlung von Methoden zum Aufbau positiver Aktivitäten
- Erweiterung von Kompetenzen
- Identifikation und Modifikation von depressogenen Kognitionen (vgl. Hautzinger 1998)

Es ist möglich, die kognitiv-verhaltenstherapeutischen Gruppen als offene Gruppentherapie zu führen. Die drei zentralen Elemente, **Aktivitätsaufbau**, **Verbesserung sozialer Kompetenzen** und **Bearbeiten kognitiver Verarbeitungsmuster**, können als in sich geschlossene Module z. B. jeweils über vier Gruppensitzungen (also über einen Zeitraum von zwei Wochen) angeboten werden. Zur Vorbereitung sind zwei bis drei Einzelgespräche nötig, bei denen der Grundgedanke, die Ziele und die Übereinstimmung der Gruppentherapie mit der persönlichen Lage eines Patienten erarbeitet werden. Die Patienten nehmen dann an der Gruppentherapie teil und bearbeiten im Laufe von sechs Wochen, wenn auch je nach Aufnahmezeitpunkt in unterschiedlicher Abfolge, die drei wesentlichen Teile der Kognitiven Verhaltenstherapie. Es bietet sich an, daß im Anschluß an die stationären Gruppentherapien, die Behandlung in der Gruppe ambulant fortgeführt wird, um dort die Umsetzung des Gelernten im Alltag zu üben, die Anpassung auf eintretende Belastungen zu ermöglichen, Rückfall-

und Krisenpläne zu erarbeiten sowie die Familie beziehungsweise die Partner mit einzubeziehen.

Interpersonelle Psychotherapie

Ansätze, **Depressionen in einem interpersonellen Kontext** zu verstehen, gibt es schon lange. Soziale Konflikte, Verluste, Enttäuschungen und Belastungen zählen mit zu den gravierendsten Lebensereignissen und sind im Vorfeld beziehungsweise der Entwicklungsgeschichte depressiver Störungen gehäuft anzutreffen (Paykel 1992).

▶ Grundprinzip und Behandlungsheuristik

Die interpersonelle Richtung (Schramm 1996) geht von der Annahme aus, daß die psychosozialen und zwischenmenschlichen Erfahrungen des Patienten einen entscheidenden Einfluß auf die Behandlung ausüben. Obwohl der Einfluß frühkindlicher Entwicklungen auf die zwischenmenschlichen Beziehungsmuster des Erwachsenen erkannt werden, ist die Rekonstruktion dieser frühen Erfahrungen im Rahmen der Interpersonelle Psychotherapie (IPT) nicht erforderlich. Vielmehr konzentriert sich die IPT auf das Hier und Jetzt, die jetzt stattfindenden Beziehungen, unter der Annahme, daß sich frühere interpersonelle Erfahrungen im aktuellen sozialen Verhalten niederschlagen.

Das Konzept der IPT ist insofern atheoretisch, als keine Annahmen über die Ursachen von Depression gemacht werden. Allerdings wird davon ausgegangen, daß Depressionen – sieht man einmal von biologischer Vulnerabilität oder Persönlichkeitszügen ab – stets in einem psychosozialen und interpersonellen Kontext auftreten. Das der IPT zugrundeliegende Depressionskonzept postuliert **drei an der Entstehung beteiligte Prozesse**:

- die Symptombildung
- die sozialen und interpersonellen Beziehungen
- die Persönlichkeitsfaktoren

Das Ziel der IPT ist die **Linderung der depressiven Symptomatik** und die **Verbesserung der zwischenmenschlichen Beziehungen**, ohne den Versuch einer tiefgreifende Veränderung der Persönlichkeitsstruktur zu erreichen. In diesem Sinne ist die IPT viel stärker interpersonell als intrapsychisch ausgerichtet. Das allgemeine Ziel der Behandlung besteht in der erfolgreichen Erfüllung sozialer Rollen und der Anpassung an die problematischen zwischenmenschlichen Interaktionen.

▶ Therapeutische Strategie

Konzipiert im Rahmen eines medizinischen Krankheitsmodells kann die IPT sowohl mit als auch ohne gleichzeitige medikamentöse Behandlung durchgeführt werden. Der therapeutische Prozeß umfaßt zwischen 12 und 20 wöchentliche Einzelsitzungen, die in eine initiale Phase (1. bis 3. Sitzung), eine mittlere Phase (4. bis 13. Sitzung) und die Beendigungsphase (14. bis 16. Sitzung) gegliedert werden.

In der **initialen Phase** geht es in erster Linie um die **Symptombewältigung**. Dabei verwendete therapeutische Strategien dienen hauptsächlich der Entlastung und der Psychoedukation des Patienten. Die spezifischen Aufgaben der Therapeuten in dieser Anfangsphase zielen auf Symptommanagement, die Auseinandersetzung mit der Erkrankung, die Herstellung des Zusammenhangs von interpersonellen Erfahrungen mit der Erkrankung sowie die Eingrenzung von Problembereichen für die weitere Therapie. Da es sich bei der IPT um eine Kurzzeittherapie handelt, reicht die Zeit höchstens für die Bearbeitung von zwei der vier möglichen interpersonellen Problembereiche: **Verluste und Trauer**, interpersonelle Auseinandersetzungen (**Partnerkonflikte**), Rollenwechsel (**Transition**) sowie interpersonelle Defizite (**Isolation**).

Die **mittlere Therapiephase** konzentriert sich auf die **Behandlung der aktuellen interpersonellen Schwierigkeiten**, die mit der Depression in Zusammenhang stehen und den zuvor genannten vier Problembereichen entstammen. Das Vorgehen der Therapeuten gliedert sich dabei in vier Schritte:

- Exploration des Problembereichs
- Herausarbeiten von Erwartungen und Wahrnehmungen
- Analyse möglicher Handlungsalternativen und Lösungsmöglichkeiten
- Aufbau neuer Verhaltensmuster

In der **Beendigungsphase** wird der Abschluß der Behandlung explizit als **Trauer- und Abschiedsprozeß** thematisiert und bearbeitet. Die damit in Zusammenhang stehenden Gefühlszustände, typischerweise Ängste, Traurigkeit, aber auch Wut und Ärger, sollen ausreichend thematisiert werden. Ferner wird resümiert, was der Patient gelernt, erreicht und verändert hat.

Erfahrungen mit und überzeugende Wirknachweise zu dieser Psychotherapie liegen als Kurzzeittherapie (bis zu 20 Sitzungen), als Langzeittherapie (bis zu neun Monaten mit über 30 Sitzungen), als begleitende, weitmaschig angelegte Erhaltungstherapie (bis zu drei Jahren bei monatlichen oder noch selteneren Kontakten) bei unterschiedlichen Gruppen depressiver Patienten vor. Anwendungen und erste Erfahrungen gibt es auch zum Einsatz bei Belastungsreaktionen, bei Eßstörungen und bei bipolar affektiven Störungen. Bei den bipolaren Störungen geht es in besonderem Maße um den Lebens- und sozialen Rhythmus der Patienten, um präventiv und rasch therapeutisch einwirken zu können. Dazu führen die Patienten detaillierte Selbstbeobachtungen durch. Ziel ist dabei vor allem die Symptombewältigung und die angemessene Anpassung an die Krankheit.

Effektivität und Prognose

Nach dem gegenwärtigen Stand vergleichender Therapieforschung bei Depressionen (Hautzinger 1993; 2000; Hautzinger und de Jong-Meyer 1996) läßt sich mit zunehmender Sicherheit sagen, daß gegenwärtig **drei Formen** psychotherapeutischer Interventionen vorliegen (die **Kognitive Verhaltenstherapie**, die **Interpersonelle Psychotherapie** und eine **Psychodynamische Fokaltherapie**), die sich der empirischen Überprüfung (z.T. wiederholt) gestellt und sich auch im Vergleich mit den bewährten psychiatrischen, medikamentösen Therapien behauptet haben. Die kurzfristigen Erfolge (Prä-Post-Vergleiche) sind mit den Effekten einer Pharmakotherapie beziehungsweise einer Kombination von Psychotherapie und Pharmakotherapie vergleichbar. Zwischen den untersuchten Psychotherapien ergeben sich kaum Unterschiede. Bei der längerfristigen Beurteilung (Katamnesen zwischen ein und zwei Jahren) schneiden die **Psychotherapien** gut und **meist besser als die Pharmakotherapie** ab. Kombiniert man die Pharmakotherapie mit einer Psychotherapie, dann zeigen sich langfristig gute, zum Teil sogar größere Effekte als bei den Monotherapien. Die Anzahl weiterhin symptomfreier Patienten ist bei den Psychotherapien und bei der Kombinationsbehandlung größer. Es gibt weniger Rückfälle und eine deutlich bessere Compliance (geringe Abbruchraten); außerdem erweist sich die Psychotherapie beziehungsweise die Kombinationsbehandlung langfristig kostengünstiger.

Prognostisch ungünstige Bedingungen für eine Psychotherapie (wobei die Befundlage sehr unvollkommen ist) sind:

- langjährige Depression mit zahlreichen Rezidiven
- zahlreiche frühere Behandlungsversuche
- starke Orientierung und Favorisierung einer psychiatrischen Therapie
- fehlende bzw. ausbleibende Kooperationsbereitschaft
- massive Defizite im Verhaltensrepertoire und den kognitiven Ressourcen
- sehr schwere Depressionen
- keine bzw. nur minimale Veränderungen (in Richtung Symptomreduktion) während der ersten drei Behandlungswochen bzw. nach acht Therapiesitzungen

Gemeinsamkeiten und wirksames therapeutisches Verhalten

Die weitgehend vergleichbaren Effekte der verschieden konzeptualisierten Psychotherapien liegen vor allem darin begründet, daß der konkrete therapeutische Umgang und das Handeln in den Psychotherapien gewisse Ähnlichkeiten aufweisen (Hautzinger 2000). Es ist insbesondere im Umgang mit depressiven Patienten offensichtlich nötig, eine Reihe von Interaktions- und Interventionsweisen zu verwirklichen, damit der psychotherapeutische Zugang und eine positive Veränderung überhaupt gelingt. Diese **Gemeinsamkeiten** sind:

- **Aktive Therapeuten:** Therapeuten formulieren klare Fragen, erarbeiten realistische Ziele und machen konkrete Vorschläge zu Veränderungen bzw. Übungen in der Sitzung und zwischen den Therapiekontakten.
- **Kooperative, doch auch direktive Therapeuten:** Therapeuten verwirklichen ein kooperatives Arbeitsbündnis, konzentrieren sich auf zentrale Probleme, strukturieren und stellen Anforderungen.

- **Gestuftes, Erfolge vermittelndes Vorgehen:** Die Anforderungen und Übungsschritte sind gestuft und patientenangemessen, damit Mißerfolge vermieden und Erfolge ermöglicht werden. Ansatzpunkt sind die Kompetenzen und Stärken der Patienten, die Bewältigung und Lösung von Alltagsproblemen.
- **Verständliches Therapiemodell:** Therapeuten führen, ausgehend von den Erfahrungen der Patienten, verständliche Erklärungen und Begründungen, neue Sichtweisen, Reformulierungen und Herangehensweisen ein, die für Veränderungen förderlich sind.
- **Transparenz der Intervention** und **Vorbereitung auf Krisen:** Die Ziele, die Veränderungsschritte und das Vorgehen werden verständlich erklärt und transparent gemacht. Auf Rückschläge, Krisen und die Zeit nach der Therapie wird vorbereitet.

Anwendungsbereiche und Indikation zu Psychotherapie

Für die Versorgung depressiver Patienten läßt sich aufgrund der wissenschaftlichen Befunde und klinischen Erfahrungen folgern: Bei **leichten bis mittelschweren unipolaren Depressionen** ist eine Behandlung durch einen Psychiater und durch ein Psychopharmakon nicht erforderlich. **Strukturierte, fokussierte Psychotherapie** (Kognitive Verhaltenstherapie, Interpersonelle Psychotherapie) ist hier kurzfristig und langfristig die bessere Wahl. Inzwischen gibt es auch Hinweise auf die Wirksamkeit psychodynamischer Fokaltherapien (s. Kap. 6.2.2, S. 549ff u. 6.3.6, S. 647). Bei **schweren Depressionen** ist die **Behandlung mit einem antidepressiv wirkenden Medikament** indiziert. Jedoch ist Psychotherapie (alleine oder in Kombination mit Medikation) eine wirksame Alternative. **Kognitive Verhaltenstherapie** hat sich unter dem Gesichtspunkt längerfristiger Erfolge bislang am besten bewährt und stellt somit die entscheidende Intervention dar, und dies in Kombination mit einem Medikament auch bei schweren Depressionen.

Bei **besonders schweren Depressionen**, die zusätzlich die Kriterien des somatischen Syndroms erfüllen, ist zunächst nicht an den Einsatz von Psychotherapie zu denken. Diese Patienten sind durch ihre Erkrankung für diese Interventionen zunächst kaum zugänglich. Hier steht die entlastende, unterstützende und **medikamentöse Behandlung anfangs** im Vordergrund. Im **weiteren Verlauf** sollte eine **Kombinationsbehandlung** unter Einsatz von Psychotherapie verwirklicht werden. Längerfristig erweist sich bei diesen depressiven Störungen diese Therapie als effizienter.

Zu **Dysthymien und depressiven Anpassungsstörungen** gibt es keine getrennten Studien zur Wirksamkeit von Psychotherapie. Es ist jedoch davon auszugehen, daß bei diesen Störungen (ähnlich wie bei leichten bzw. mittelschweren unipolaren Depressionen) **Psychotherapie** wirkt und die Behandlung der ersten Wahl ist.

Depressionen in Verbindung **mit körperlichen Erkrankungen** (HIV/AIDS, Krebs, Schlaganfall, Menstruationsprobleme u. a.) und **psychischen Störungen** (z. B. Angststörungen, Eßstörungen, somatoformen Störungen u. a.) sind ebenfalls gut und erfolgreich **psychotherapeutisch zu behandeln;** dies wirkt sich dann prognostisch günstig auf die Kooperation bei therapeutischen Maßnahmen, die Bewältigung der Krankheit und die Adaptation an diese aus.

Fazit

Es ist verfrüht, anzunehmen, daß die recht konsistenten Befunde der letzten Jahre dafür sprechen, bereits einen Erkenntnisstand erreicht zu haben, der durch weitere Forschungen in diesem Bereich nicht weiter ausgebaut werden könnte. Ganz im Gegenteil, wir verfügen über wenig Wissen zu den Wirkmechanismen der Psycho- und der Pharmakotherapie bei (unterschiedlichen Formen der) affektiven Störungen; und es liegen für so wichtige Bereiche wie Rückfallprophylaxe, Behandlung älterer depressiver Patienten oder depressiver Kinder und Jugendlicher kaum beziehungsweise bislang unzureichende wissenschaftliche Untersuchungen vor.

Literatur

Aldenhoff J. Zur Psychobiologie der Depression. Nervenarzt 1997; 68: 379–89.

Beck AT, Rush AJ, Shaw BF, Emery G. Kognitive Therapie der Depression. 5. Aufl. Weinheim: Psychologie Verlags Union 1996.

Hahlweg K. Interaktionelle Aspekte depressiver Störungen. In: Depressionskonzepte heute. Mundt C, Fiedler P, Lang H, Kraus A (Hrsg). Berlin, Heidelberg: Springer 1991; 268–79.

Hautzinger M. Perspektiven für ein kognitiv-psychologisches Depressionskonzept. In: Depressionskonzepte heute. Mundt C, Fiedler P, Lang H, Kraus A (Hrsg). Berlin, Heidelberg: Springer 1991; 236–48.

Hautzinger M. Kognitive Verhaltenstherapie und Pharmakotherapie bei Depressionen: Überblick und Vergleich. Verhaltenstherapie 1993; 3: 26–34.

Hautzinger M. Affektive Störungen. In: Enzyklopädie der Psychologie. Klinische Psychologie. Psychologische Störungen und ihre Behandlung. Hahlweg K, Ehlers A (Hrsg). Göttingen: Hogrefe 1996; 156–241.

Hautzinger M. Depression. Fortschritte der Psychotherapie. Göttingen: Hogrefe 1998.

Hautzinger M. Kognitive Verhaltenstherapie bei Depressionen. 5. Aufl. Weinheim: Beltz/Psychologie Verlags Union 2000.

Hautzinger M, de Jong-Meyer R. Depressionen. Zeitschrift für Klinische Psychologie 1996; 25: 79–160.

Linden M. Depression als aktives Verhalten. In: Depressives Verhalten. Hoffmann N (Hrsg). Salzburg: Otto Müller 1976; 108–48.

Mundt C, Fiedler P, Lang H, Kraus A. Depressionskonzepte heute. Berlin, Heidelberg: Springer 1991.

Paykel ES. Handbook of affective disorders. Edinburgh: Churchill Livingstone 1992.

Schramm E. Interpersonelle Psychotherapie. Stuttgart: Schattauer 1996.

Seligman MEP. Erlernte Hilflosigkeit. Weinheim: Beltz/Psychologie Verlags Union 1998.

5.2.9
Hypochondrie

Joachim Küchenhoff

ICD-10-Klassifikation

Als hypochondrische Störung (F45.2) im Abschnitt F45 (somatoforme Störungen) klassifiziert.

Krankheitsbild

Definition

Hypochondrische Patienten haben Angst davor, krank zu werden, oder leiden unter der angstvoll gefärbten Überzeugung, bereits krank zu sein, ohne daß die subjektiv erlebten Beschwerden objektiviert werden könnten.

Die Patienten gehen ohne Erfolg von Arzt zu Arzt und drängen auf Diagnostik und Therapie, um sich zu beruhigen oder die selbstgestellte Diagnose bestätigen zu lassen. Negative Untersuchungsbefunde können die Angst nicht beseitigen oder die Krankheitsüberzeugung aufheben. Dabei ist zu beachten, daß hypochondrische Erlebnisweisen und somatische Erkrankung einander nicht unbedingt ausschließen; körperlich begründete Krankheiten können durch hypochondrische Ängste überlagert sein.

Die **Intensität** der **subjektiven Leiden** variiert außerordentlich; jeder Mensch kennt – in der Regel schnell wieder zurückgehende – hypochondrische Ängste, die zumal bei Menschen, die sich professionell mit Krankheiten befassen (Ärzte, Krankenschwestern etc.), schnell auftreten können. Die ängstliche Hinwendung zum eigenen Körper kann sich zu einer Störung von Krankheitswert steigern. Aus Krankheitsfurcht kann Krankheitsgewißheit werden. Je ausschließlicher sich die Aufmerksamkeit auf den eigenen Körper oder das als krank erlebte Körperteil richtet, umso stärker wird die Kommunikation mit der Mitwelt eingeschränkt; die **selbstbezogene Einengung** auf den **eigenen Körper**, das Überwertigwerden des eigenen Körpers im Erleben, kann zu einer zunehmenden Vereinseitigung der Kommunikationsmöglichkeiten und schließlich zu einem globalen Rückzug von anderen führen.

Die Inhalte **hypochondrischer Klagen** können vielfältig sein. Der Begriff leitet sich vom Hypochondrium her, also von dem Bereich, der unter dem Rippenbogen liegt. Der Begriff verweist darauf, daß häufig innere Organe betroffen sind; prinzipiell aber können hypochondrische Ängste sich auf jeden Körperteil richten. Eine besondere Form der Hypochondrie stellt die **Dysmorphophobie**, die Mißgestaltsfurcht, dar. Bei dieser Erkrankung, die fast ausschließlich in der Adoleszenz auftritt, werden äußerlich sichtbare und für den sozialen Kontakt mit anderen bedeutsame Körperteile als verändert und deformiert empfunden („Schönheitshypochondrie"), vor allem Teile des Gesichts, die Nase oder Lippen und – bei Frauen – die Brustgröße.

Epidemiologie

Zur Epidemiologie der Hypochondrie liegen nach wie vor nur wenige Studien vor. Am meisten beachtet ist die Untersuchung von Kenyon (1976), die das Auftreten hypochondrischer Störungen während einer Dekade (1951–1960) untersucht. Ein Prozent aller Patienten, die in die Ambulanz oder die Klinik einer psychiatrischen Institution eintreten, leiden unter hypochondrischen Beschwerden. Die Inzidenz in der Allgemeinbevölkerung ist sicherlich größer, da viele Patienten mit hypochondrischen Beschwerden nur vom Internisten oder praktischen Arzt und nicht vom Psychiater gesehen werden. Annahmen über das Vorkommen hypochondrischer Störungen in der allgemeinärztlichen Praxis schwanken zwischen 5 und 20% (Ries 1995). In der Inzidenz gibt es keine Geschlechtsunterschiede; hypochondrische Symptome können in jedem Alter von früher Kindheit an auftreten; am häufigsten erkranken Männer zwischen dem 30. und 40. und Frauen zwischen dem 40. und 50. Lebensjahr, die Hypochondrie ist also keine Erkrankung des höheren Lebensalters (Nemiah 1980). Die Hypochondrie hat eine schlechte Spontanheilungsrate; Verlaufsstudien zeigen, daß das Risiko einer Chronifizierung mit großen psychologischen Belastungen beträchtlich ist (Barsky et al. 1998).

Definition, Psychodynamik, Pathogenese und Therapie

Zu unterscheiden sind eine enge und eine weite Definition des Begriffs Hypochondrie.

Die weite Definition

Wird von Hypochondrie als einem unspezifischen Phänomen gesprochen, geht es um das sogenannte hypochondrische Syndrom. Es handelt sich um eine phänomenologisch eigenständige Form eines graduell abgestuften, besonderen Welt- und Selbstverständnisses von wechselndem, unter Umständen außerordentlich großem Krankheitswert. Es ist gekennzeichnet durch den Verlust der natürlichen Selbstverständlichkeit im Umgang mit körperlicher oder geistiger Intaktheit, so daß unbegründet Aufmerksamkeit und Affektivität sich in Form von Selbstbeobachtung, Krankheitsgefühl oder Krankheitsüberzeugung auf die eigene Befindlichkeit einschränken, während die mitmenschliche Begegnung entsprechend eingeengt oder gar verunmöglicht wird.

Dieses **hypochondrische Syndrom** kann mit vielen **Krankheitsbildern verknüpft** sein:

- Es kann im Rahmen einer aktuellen Belastungssituation reaktiv und vorübergehend auftreten.
- Es kann sich als hypochondrische Neurose langfristig auswirken.
- Es kann als Persönlichkeitshaltung den Charakter eines Menschen prägen.

- Hypochondrische Syndrome können aber auch bei schweren phasischen Depressionen und bei schizophrenen Psychosen auftreten.

Oft stellen monosymptomatische hypochondrische Wahnpsychosen ein besonderes diagnostisches Problem dar, da die hypochondrische Krankheitsgewißheit sich wahnhaft verfestigt hat, aber sonst keine psychopathologischen Auffälligkeiten vorliegen.

Die enge Definition

Im ICD-10 wird die hypochondrische Störung zu den somatoformen Störungen gezählt (F45.2). Die Diagnose einer hypochondrischen Störung wird beim Vorliegen folgender Kriterien festgestellt:
- Eine zumindest sechs Monate anhaltende Überzeugung vom Vorhandensein einer körperlichen Krankheit, die die Beschwerden erklärt, auch wenn wiederholte Abklärungen keinen ausreichenden Befund ergeben haben.
- Ständige Weigerung, den Rat und die Versicherung mehrerer Ärzte zu akzeptieren, daß den Beschwerden keine körperliche Krankheit zugrunde liegt.

Hypochondrische Beschwerden im Rahmen anderer Erkrankungen werden in der ICD-Definition der hypochondrischen Störung ausgeschlossen, also das Vorliegen einer schizophrenen oder affektven Störung. Diagnostische Abgrenzungen gegenüber realistischen Krankheitsbefürchtungen und primär zwanghaften hypochondrischen Befürchtungen sind ebenfalls notwendig; dabei spielt eine Rolle, daß die zwanghafte Grübelei über den Gesundheitszustand ich-dyston auftritt und sich meist auf die Möglichkeit, krank zu sein, bezieht. Ängste im Rahmen einer Panikstörung oder einer generalisierten Angststörung werden dort klassifiziert und nicht unter einer hypochondrischen Störung. Das ICD-10 sieht ein Zeitkriterium von sechs Monaten vor, das die hypochondrische Störung von vorübergehenden hypochondrischen Befürchtungen abgrenzt.

Außerdem müssen die Befürchtungen ausgeprägt sein und das Alltagsleben erheblich belasten; medizinische Wiederholungsuntersuchungen gehören zum Störungsbild. Obgleich die Forschungsliteratur nahe legt, daß hypochondrische Störungen fließend in wahnhafte hypochondrische Störungen übergehen (vgl. Hollander und Aronowitz 1999), werden wahnhafte Störungen des Körpererlebens nicht unter Hypochondrie im engeren Sinne subsumiert.

Psychodynamik

Wie läßt sich die hypochondrische Symptomatik, der hypochondrische Umgang mit dem eigenen Körper psychodynamisch verstehen? Die vielfältigen psychoanalytischen Ansätze zur Interpretation hypochondrischer Syndrome sollen im folgenden unter zwei Aspekten zusammengefaßt werden:

- Erhaltung der Selbstkohärenz (narzißtische Dimension der hypochondrischen Symptomatik)
- Körper als Objekt oder hypochondrische Symptomatik als innerer Dialog (objektbeziehungspsychologischer Aspekt)

Erhaltung der Selbstkohärenz

Gerade bei Patienten, die ihr eigenes Selbst als gefährdet und wenig kohärent erleben, kann die hypochondrische Symptomatik einen Versuch der **Selbstheilung** darstellen. Wenn die Grenzen zwischen Selbst und Umwelt unsicher werden, oder wenn die Selbstkohärenz in Frage steht, kann die Konzentration aller psychischen Energie auf den eigenen Körper ein Versuch sein, durch diese intensive körperliche Zuwendung zu sich selbst die eigene Identität, das eigene Selbstgefühl zu erhalten oder zu stabilisieren. Die Hinwendung auf den eigenen Körper erhöht nicht nur das körperliche Selbstgefühl, sondern **leitet** die **Fragmentierungsängste auf** den **Körper** ab. An die Stelle eines schwankenden oder zerbrechenden seelischen Selbstgefühls tritt dann die körperliche Klage.

Objektpsychologische Aspekte

In der hypochondrischen Symptomatik wird der **Körper** wie ein **Objekt** erlebt, also nicht nur als zum eigenen Leib gehörig, sondern wie ein Gegenstand der Außenwelt. Mit diesem objektivierten Körperteil tritt der hypochondrisch kranke Patient ständig in Kontakt. Unter dem Aspekt der Objektbeziehungspsychologie kann dieser Umgang mit dem eigenen Körper als **Dialog** verstanden werden. Beziehungserfahrungen, die die Patienten gemacht haben oder die sie sich wünschen, scheinen im Umgang zwischen dem Selbst und dem Körper auf. Aus intensiven psychoanalytischen Therapien mit hypochondrischen Patienten weiß man, welche inneren Dialoge hier von den Patienten im Symptom enthalten sind:
- der Umgang mit dem eigenen Körper als eine Sprache der **Liebe**
- der innere Dialog als Sprache des **Hasses**

▶ Umgang mit dem eigenen Körper als Sprache der Liebe
Die starke Hinwendung hypochondrischer Patienten auf den eigenen Körper kann so verstanden werden, daß dem kranken Körperteil Zuneigung und Liebe entgegengebracht wird. Mit dieser unendlichen Aufmerksamkeit behandelt der Patient seinen Körper so, wie er selbst gerne als Kind von seiner Mutter oder von anderen wichtigen Bezugspersonen hätte behandelt werden wollen. Der als krank erlebte Körperteil wäre dann mit einem Selbstanteil des Patienten identifiziert, nämlich mit dem Aspekt des **hilflosen, versorgungs- und schutzbedürftigen Selbst**, das so unselbständig und schwach ist, daß es immerfort Zuwendung und Aufmerksamkeit benötigt, und das freilich auch sehr bedroht ist.

Andere Patienten erleben den prinzipiell gleichen inneren Dialog in vertauschten Rollen. Ähnlich wie manche Phobiker erleben sie den hypochondrisch kranken Körperteil als einen **ständigen Begleiter**, der sie nie verläßt und von dem sie sich nicht trennen müssen, aber auch nicht trennen können. In diesem Fall ist ein frühes inneres Bild von der Mutter oder von anderen wichtigen Bezugspersonen auf den Körper projiziert worden. Der wunscherfüllende Charakter der Symptomatik liegt dann darin, daß **Trennungserfahrungen** scheinbar **vermieden** werden, wenn man den anderen gleichsam immer mit sich herumträgt. Natürlich stellt sich hier sogleich die Frage, warum dieser „innere Begleiter" in so negativer Form, nämlich in Gestalt eines kranken, verletzten, zerfallenden etc. Körpers dargestellt werden müßte. Oft stellt sich heraus, daß die Patienten Eltern oder wichtige Bezugspersonen in der Kindheit hatten, die selbst in irgendeiner Weise schwer krank waren. Von diesen kranken Eltern sich innerlich zu distanzieren oder äußerlich zu trennen, ist den Patienten in ihrer Lebensgeschichte besonders schwer gefallen. Die Beziehung zu ihnen wird dann in der Beziehung zum kranken Körper aufrechterhalten und fortgeführt, der kranke Körper wird mit dem Elternteil identifiziert.

▶ Innerer Dialog als Sprache des Hasses

Nicht immer ist der innere Dialog mit dem krank erlebten Körper als eine unbewußte Sprache der Liebe zu verstehen. Allein schon auffallend ist der oft heftige, gar nicht liebevolle Umgang mancher Patienten mit dem eigenen Körper, der zum Beispiel durch unsinnig wiederholte diagnostische Eingriffe zahlreichen „Mißhandlungen" oder „Angriffen" ausgesetzt wird. Der Hintergrund eines solchen hypochondrischen Verhaltens können **Haßimpulse gegen andere** sein, die in der Hypochondrie stark **schuldhaft** erlebt werden, daher nicht zugelassen und statt dessen am eigenen Körper ausgelebt werden. Die damit verbundene Selbstbestrafung lindert die Schuldgefühle zusätzlich.

Andererseits kann das hypochondrische Organ, das im Körperinneren nicht zur Ruhe kommt und den Kranken verfolgt, ein verinnerlichter **Ersatz** eines **gefürchteten Außenfeindes** sein, der durch diese Verinnerlichung oder Introjektion zugleich beseitigt und beherrscht werden soll, nämlich durch die ständige Überwachung des eigenen Körpers. Diese komplexe, meines Erachtens klinisch sehr wichtige Dynamik ist nicht leicht zu verstehen; am Anfang stehen Haßgefühle auf ein Objekt, die abgewehrt werden, indem sie auf das Objekt projiziert werden. Dann muß das Objekt gefürchtet werden, weil es mit den destruktiven Emotionen, die man selbst hatte, ausgestattet ist. Damit ist aus der inneren Gefahr eine äußere Gefahr geworden, die gleichfalls unerträglich ist. Die Begegnung mit dem anderen wird dadurch entlastet, daß die Bilder eines feindseligen gesunden anderen Menschens von ihm losgelöst werden und verinnerlicht, das heißt in diesem Fall einem Körperteil zugeschrieben werden. So entsteht das Gefühl, von innen heraus durch den eigenen Körper ständig angegriffen und verletzt zu werden.

Komorbität und Pathogenese

Ähnlich wie bei anderen somatoformen Störungen tritt die hypochondrische Störung gehäuft im Zusammenhang mit Angst-

störungen und depressiven Störungen auf. Der Zusammenhang zur Angststörung ist dabei höher als zu affektiven Störungen. Es sollte aber auch nicht übersehen werden, daß hypochondrische Störungen ohne einen Zusammenhang mit anderen psychiatrischen Störungen auftreten können (Barsky et al. 1992). Zwangsstörungen sind bei Patienten mit hypochondrischen Störungen ebenfalls signifikant häufiger als in der Normalpopulation. Dieser Zusammenhang hat zur Überlegung Anlaß gegeben, ob die hypochondrische Störung zum Spektrum der Zwangsstörungen (*Obsessive-compulsive Spectrum Disorders*) gerechnet werden müßte.

Für die Pathogenese der hypochondrischen Störung spielen wahrnehmungspsychologische Faktoren eine nicht zu unterschätzende Rolle. Auf der einen Seite ist die gesteigerte Körperwahrnehmung wichtig, auf der anderen Seite die Fehlinterpretation der alltäglichen körperlichen Erscheinungen, die registriert und zugleich als Zeichen schwerer Krankheit fehlgedeutet werden. Auf diese Weise entsteht ein wahrnehmungspsychologisch bedingter Circulus vitiosus: Die Fehlinterpretationen gesteigerter Wahrnehmungen erzeugen Angst, diese Angst wiederum führt zu hypochondrischem Vermeidungs- und Sicherungsverhalten, das mit einer Fixierung auf den eigenen Körper einhergeht, somit zu einer vermehrten Beobachtung, die wiederum die Wahrnehmung von Körperempfindungen steigert. Verhaltenstherapeutische Ansätze versuchen dementsprechend die Körperwahrnehmung und die Interpretation von Körperwahrnehmungen zu beeinflussen.

Psychometrie

Von den Selbstbeschreibungsinstrumenten, die eine hypochondrische Störung messen sollen, ist nach wie vor der Whiteley-Index am bekanntesten und wird am meisten eingesetzt. Er ist ins Deutsche übersetzt worden (Rief 1995) und besteht aus 14 Fragen, die alle eine gute Differenzierungsfähigkeit besitzen. Der Whiteley-Index ist ein kurzes und gut erforschtes Instrument, das ökonomisch einsetzbar ist. Drei Faktoren können mit ihm bestimmt werden, die Faktoren „Krankheitsängste", „Krankheitsüberzeugung" und „somatische Beschwerden".

Therapie

Der **Psychotherapie** von Patienten mit hypochondrischen Neurosen oder hypochondrischen Persönlichkeitsstörungen stellen sich viele Schwierigkeiten entgegen. Dies ist der Grund, warum viele Patienten keine adäquate Behandlung finden. Vor allem der **Beziehungsaufbau** in der Psychotherapie ist sehr schwierig. Zunächst einmal lehnt der Patient die Psychotherapie meist ab, er hat keinen psychotherapeutischen Behandlungswunsch, er will ja körperlich therapiert und geheilt werden. Viele hypochondrische Patienten erleben die Aussage, sie seien seelisch krank, als eine harte Zurückweisung, als würden sie zu eingebildeten Kranken herabqualifiziert. Es verlangt hier vom überweisenden Arzt, vor allem aber vom Psychotherapeuten, ein großes Fingerspitzengefühl. Es geht darum, dem Patienten einerseits zu vermitteln, daß sein Leiden ernst genommen wird und er in seinem Leiden akzeptiert ist, ohne daß es möglich ist, auf seine organmedizinischen Diagnose- und Behandlungswünsche einzugehen. Aber Machtkämpfe um die körperliche Behandlung sind sinnlos, der Wunsch nach einer richtigen Diagnose kann nicht rational abgestellt werden, er muß ernst genommen und in seinen unbewußten Qualitäten verstanden werden. Dieser aber gelingt nur langsam, die erste Zeit einer psychotherapeutischen Behandlung ist daher von Behandlungsabbrüchen bedroht.

Hinzu kommt eine weitere Belastung für den Psychotherapeuten, nämlich die **Einschränkung** der **Kommunikationsfähigkeit** hypochondrisch Kranker. Alle psychische Energie ist auf die Beschäftigung mit dem eigenen Körper verlagert, der Kommunikationspartner, in unserem Fall also der Psychotherapeut, ist nicht „besetzt". Dieser muß sich also als Gegenüber ins Gespräch bringen, er muß von sich aus ein Beziehungsangebot machen und vor allem aufrechterhalten, da es der Patient nicht gleich ergreifen wird.

Das mangelnde Interesse des Patienten an der Kommunikation und an der psychotherapeutischen Behandlung kann heftige **Gegenübertragungsgefühle** (s. u.) beim Therapeuten auslösen, die dazu führen können, daß der Therapeut den offenbar so unmotivierten Patienten wegschickt. Die Hauptaufgabe für den Psychotherapeuten im Umgang mit dem hypochondrischen Patient ist es – zumindest in der Anfangszeit –, mit den eigenen ablehnenden Gefühlen umgehen zu können, sie nicht am Patienten auszuleben. Das fällt leichter, wenn der Therapeut diese schwierige Interaktion mit dem Patienten als dessen Beziehungsangebot akzeptieren und schätzen kann. Wie bereits geschildert wird er dann eine erste Ahnung von den verzweifelten Gefühlen des Patienten erhalten, der von großen Wutgefühlen und einer noch größeren Hilflosigkeit gepeinigt ist. Initial ist die Arbeit an der Gegenübertragung bei hypochondrischen Patienten sicherlich entscheidend.

In der Wahl des **Settings** sind dem Psychotherapeuten enge Grenzen gesetzt; eine Klinikaufnahme zur stationären psychotherapeutischen Behandlung wird zumindest anfangs kaum je in Frage kommen, weil sie eine Motivation des Patienten voraussetzt. Auch eine engmaschige Psychotherapie oder gar eine Psychoanalyse sind zunächst meist unmöglich. Initial muß man sich also auf weitmaschige, oft auch unregelmäßige ambulante Psychotherapien einstellen; meiner Erfahrung nach lohnt sich die Geduld mit dem Patienten und die Ausdauer in sehr unkonventionellen Settings auch noch nach Jahren.

Entsteht ein **stabiles Arbeitsbündnis** mit dem Patienten, kann der Therapeut für seine anfänglichen Mühen im Verlauf reich entschädigt werden; es kann dann außerordentlich spannend sein, den „Körperdialog" zu entschlüsseln und mit dem Patienten zusammen die oft ausgesprochen destruktiven oder einsamen Beziehungserfahrungen zu rekapitulieren. Das Interesse am inneren Körperdialog aufrechtzuerhalten ist auch im Verlaufe der Therapie wichtig, nicht nur für das Verständnis der Symptomatik, sondern auch für die Pflege des Arbeitsbündnisses; der Patient wird sich, jedenfalls in der Initialphase, die lang dauern kann, vom Therapeuten ernst genommen fühlen, wenn auf seine Beschwerden eingegangen wird, und der Therapeut wird sich den Zumutungen der immer wiederholten Präsentation von Symptomen nur dann widmen können, wenn er in diesen Präsentationen auch einen verborgenen Sinn erkennen kann.

Spezielle Aspekte in der Gegenübertragung

Hypochondrische Patienten entmachten den Arzt, da er mit seiner medizinischen Kompetenz dem Patienten nicht helfen kann. Hypochondrische Patienten lösen deshalb bei den Therapeuten oft haßvolle Gegenübertragungsgefühle aus (vgl. oben), der Therapeut fühlt sich als Therapeut entwertet. Der hypochondrische Patient enteignet den Arzt in seiner Arztrolle, er spricht ihm die privilegierte Kenntnis über den Körper ab, die der Arzt sich selber zuschreibt. Er depotenziert ihn mit den eigenen Waffen, indem er dem Arzt unterstellt, seine Methodik sei bloß nicht ausreichend, die Krankheit zu erkennen. Diese Kränkung muß erst ausgehalten werden; sie gilt nicht nur für den körperlich tätigen Arzt, sondern auch für den Psychotherapeuten, dessen Bemühungen der Patient immer wieder entgegenhält, er sei nicht seelisch, sondern körperlich krank, er wolle ein weiteres Mal richtig untersucht werden.

Wie läßt sich diese Kränkung nun beherrschen? Sie kann als sogenannte „**konkordante Gegenübertragung**" nutzbar gemacht werden. Wenn sich der Therapeut nämlich auf sein eigenes Gefühl, das hinter dem eigenen Wutaffekt liegt, als Arzt versagt zu haben, einläßt, dann hat er eine Möglichkeit, die Hilflosigkeit des Hypochonders mitzufühlen.

Um die Haßgefühle und Empfindungen der großen Hilflosigkeit besser zu verstehen, ist es wichtig, die **Übertragung** eines **existentiellen Abhängigkeitsgefühles** zu verstehen, das die Arzt-Patient-Beziehung gestaltet. An den Arzt hat der hypochondrisch Kranke ein existentielles Anliegen: Der Arzt oder Therapeut soll zum Garanten der eigenen Gesundheit und eigentlich der eigenen Identität werden. Er soll ein Spiegel sein, in dem Sinne, daß der Patient in der Spiegelung durch den Arzt die Einheit seines Körpers wieder erleben kann, so daß er keine Furcht vor dem Zerfall der körperlichen Identität haben muß. Der Arzt wird insofern idealisiert, auf ihn wird die Macht der frühen Bezugsperson, meist der Mutter, übertragen, die zu einer Zeit, in der das Kind die körperliche Einheit noch nicht erleben kann, diese garantieren muß. Dieser Appell, nämlich dem anderen die eigene Identität zu garantieren, muß notwendig scheitern. Aus diesem Scheitern heraus entsteht der Wutaffekt.

Fallbeispiel

─────── Fallbeispiel ───────

Herr S., 22 Jahre alt, wird von einer niedergelassenen Internistin überwiesen; er hat bereits zahlreiche Untersuchungen, vor allem EEGs, Computertomographien und Kernspintomographien des Kopfes, hinter sich gebracht, da er der Überzeugung ist, er habe einen Hirntumor. Bei einer Röntgenuntersuchung des Schädels wurde eine (völlig harmlose) Falx-Verkalkung festgestellt, die der Patient als Bestätigung seiner eigenen Krankheitsvorstellungen nimmt. Er beteuert, er könne sich zunehmend schlechter konzentrieren, er könne nicht mehr denken, er fühle sich in seinem Wesen verändert. Er ist Student, von unauffälliger, kleiner Statur, er nimmt auch mimisch oder gestisch kaum Kontakt zum Untersucher auf, schildert in einer nüchtern und hart klingenden Sprache seine Beschwerden, breitet seine mittlerweile großen neurologischen Kenntnisse aus und macht klar, daß er sich in einem psychotherapeutischen Erstgespräch fehl am Platz fühlt.

Die Beschwerden haben nach dem Abitur angefangen und sich seitdem ständig verstärkt. Aber es gibt symptomatische Vorläufer: Vor der Angst, einen Hirntumor zu haben, litt der Patient an einer Dysmorphophobie. Er hatte die feste Überzeugung, daß seine Ohren zuweit abstünden, er wollte sich an den Ohren operieren lassen; diese Operation wurde von den HNO-Ärzten abgelehnt, da sie keinen Befund erheben konnten. Diese Überzeugung trat mit der Pubertät auf und hielt sich über die ganze Schulzeit; der Patient benutzte kleine Klebepflaster, um die Ohren doch noch enger am Kopf anliegen zu lassen. Daß er sehr wenig Kontakt hat, daß er in der Schule vor allem mit Mädchen kaum reden kann und er von diesen auch gar nicht beachtet wird, führt er einzig und allein auf die abstehenden Ohren zurück.

Biographische Daten: Der Patient ist das einzige Kind einer Akademikerfamilie, die allerdings noch im Vorschulalter des Patienten auseinanderfiel, da sich die Eltern trennten. Der Vater übt den gleichen Beruf aus, den der Patient mit seiner Studienwahl auch anstrebt. Der Patient selbst ist bei der Mutter geblieben, er lebt mit der Mutter bis zum Abitur in einer kleinen Wohnung. Nach dem Abitur beginnen die Beschwerden und verhindern, daß er von der Mutter wegziehen kann. Er schildert das Verhältnis zur Mutter ausschließlich in technisch-praktischen Hinsichten, das gemeinsame Leben funktioniere reibungslos, er habe bestimmte Aufgaben, die Mutter auch, ansonsten gehe man sich völlig aus dem Wege, persönliche Gespräche gebe es nicht, aber die Beziehung sei gut. Zum Vater besteht vor allem dann Kontakt, wenn es um die Unterhaltsregelung geht.

Die Symptomatik, so enthüllt sich in einer langen, sehr unregelmäßigen, von großen Unterbrechungen gezeichneten Psychotherapie, enthält in verdichteter Form mehrere „innere Dialoge"; sie stellt die hochgradige **Ambivalenz** in der **Beziehung zur Mutter** dar. Als die hypochondrische Problematik nach dem Abitur aufbricht, kann der Patient die Mutter nicht verlassen, weil ein Teil seiner Persönlichkeit unbewußt ganz eng mit der Mutter verbunden ist, ohne daß der Patient diese Nähe emotional erleben kann. Andererseits aber stellt der Hirntumor, der ihm sein eigenes Denkvermögen raubt, auch die eindringende, ihm keine eigenen Gedanken lassende Mutter beziehungsweise sein negatives Mutterbild dar. Aber es ist auch nicht zu übersehen, daß in der Symptomatik der Haß auf den Vater aufbewahrt ist; der Patient greift durch die Symptombildung seine Denkfähigkeit an, und zwar nach dem Abitur, also zu einem Zeitpunkt, wo er seine Denkfähigkeit dazu ein-

setzen will, den gleichen Weg wie der Vater zu gehen, ihm also ähnlich zu werden.

In den letzten Jahren hat sich die **Kognitive Verhaltenstherapie** der Behandlung der hypochondrischen Störungen mit zunehmendem Erfolg angenommen. Manche Ansätze haben einen psychoedukativen Schwerpunkt, sie setzen auf die genaue Information über Körpersensationen, Körperwahrnehmungen und Wahrnehmungsinterpretation, klären über selektive Wahrnehmungsvorgänge auf und zeigen den Patienten, wie Wahrnehmungsselektionen zu übersteigerten Wahrnehmungen führen können. Aufklärung über Untersuchungsbefunde und Wiederholung der ärztlichen Informationen gehören zu diesem psychoedukativen Programm. Andere kognitive Verfahren identifizieren die falschen Krankheitsüberzeugungen und arbeiten an der Veränderung dieser Fehlinterpretationen. Sie helfen den Patienten, realistischere Deutungen der Körperphänomene zu finden. Abergläubische oder magische Überzeugungen zur Gesundheit, zu Krankheit und Tod werden thematisiert und zu verändern versucht. Negative Selbstbeschreibungen werden hinterfragt und durch positivere Selbstbilder zu ersetzen versucht. Die Prozesse einer Umattribuierung werden in der Regel durch Verhaltensexperimente unterstützt. In ihnen geht es darum, Körpersymptome durch willkürliche Konzentration auf den eigenen Körper zu provozieren. Außerdem werden körperliche Aktivitäten unterstützt, die infolge der hypochondrischen Befürchtungen vermieden worden sind. Neue kontrollierte Studien weisen auf die Effektivität dieser Verfahrensweisen hin (Clark et al. 1998; Warwick et al. 1996). Die pharmakologische Therapie berücksichtigt neuerdings in zunehmendem Umfang Serotoninwiederaufnahmehemmer; die Befundlage ist aber nicht eindeutig. Offene Studien zeigen Verbesserungen hypochondrischer und dysmorphophober Beschwerden nach der Gabe von Fluvoxamin und Fluoxitin (Fallon 1996).

Zusammenfassung

Hypochondrische Symptome können bei einer Vielzahl psychiatrischer Krankheitsbilder vorkommen. Sie sind durch **Krankheitsfurcht** oder **subjektive Krankheitsgewißheit** bei negativem oder zumindest nicht passendem somatischen Befund gekennzeichnet. Die Patienten leiden unter einer großen Angst, der sie mit Hilfe wiederholter ärztlicher Maßnahmen begegnen wollen. Die Aufmerksamkeit der Patienten kann sich ganz auf die Beobachtung des eigenen Körpers einschränken, so daß die Kommunikationsfähigkeit der Patienten erheblich leidet. Psychodynamisch wesentlich für das Verständnis hypochondrischer Symptome ist der „**innere Körperdialog**"; auf einer unbewußten Ebene hält der Patient Zwiesprache mit dem eigenen Körper, oder er inszeniert emotional wichtige Beziehungen in seinem Umgang mit den vermeintlichen Körpersymptomen. Dieser innere Körperdialog kann eine Sprache der Liebe, aber auch eine Sprache des Hasses sein.

Die **psychotherapeutische Behandlung** hypochondrischer Patienten ist schwierig, vor allem deshalb, weil ein Arbeitsbündnis mit den Patienten immer schwer herzustellen ist. Die selbstbezogene oder ablehnende Haltung des Patienten kann beim Therapeuten heftige negative Gegenübertragungsreaktionen auslösen, die er bearbeiten muß. Das psychotherapeutische Setting muß sich nach den Bedürfnissen des Patienten richten, es muß variabel gestaltet werden und verlangt viel Flexibilität und Geduld von seiten des Therapeuten. Klinisch empfiehlt sich die Kombination eines beziehungsorientierten und kognitiven Zugangs zu den Patienten. Eine generelle Indikation für Psychopharmakotherapie kann derzeit noch nicht gegeben werden.

Literatur

Barsky A, Fama JM, Baily ED. A prospective 4- to 5-year study of DSM-III-R hypochondriasis. Arch Gen Psychiatry 1998; 55: 737–44.

Barsky A, Wyshak G, Klerman GL. Psychiatric comorbidity in DSM-III-R hypochondriasis. Arch Gen Psychiatry 1992; 49: 101–8.

Clark D, Salkovskis PM, Hackmann A, Well A, Fennell M, Ludgate J, Ahman S, Richards HC, Gelder M. Two psychological treatments for hypochondriasis. A randomized controlled trial. Br J Psychiatry 1998; 173: 218–25.

Du Bois R. Körpererleben und psychische Entwicklung. Göttingen: Hogrefe 1990.

Fallon B, Schneier FR, Marshall R, Campeas R, Vermes D, Goetz D, Liebowitz MR. Diagnose und Therapie der hypochondrischen Störung. Eine Übersicht der empirischen Literatur. Psychopharm Bull 1996; 32: 607–11.

Hirsch M. Hypochondrie und Dysmorphophobie. In: Der eigene Körper als Objekt. Hirsch M (Hrsg). Berlin, Heidelberg, New York: Springer 1989; 77–93.

Hollander E, Aronowitz B. Comorbid social anxiety and body dysmorphic disorder: managing the complicated patient. J Clin Psychiatry 1999; 60: 27–31.

Janzarik W. Zur Klinik und Psychopathologie des hypochondrischen Syndromes. Nervenarzt 1959; 30: 539–45.

Kenyon FE. Hypochondrial states. Br J Psychiatry 1976; 129: 1–14.

Küchenhoff J. Körper und Sprache. Theoretische und klinische Beiträge zur Psychopathologie und Psychosomatik von Körpersymptomen. Heidelberg: Asanger 1992.

Nemiah J. Somatoform disorders. In: Comprehensive Textbook of Psychiatry. Kaplan HI, Freedman AM, Sadock DJ (eds). Baltimore: Williams & Wilkins 1980; 1525–44.

Rief W. Multiple somatoforme Symptome und Hypochondrie. Bern: Huber 1995.

Rosenfeld H. Die Psychopathologie der Hypochondrie. In: Zur Psychoanalyse psychotischer Zustände. Rosenfeld H. Frankfurt: Suhrkamp 1964/1981; 209–33.

Warwick H, Clark DM, Cobb AM, Salkovskis PM. A controlled trial of cognitive-behavioural treatment of hypochondriasis. Br J Psychiatry 1996; 169: 189–95.

Literaturempfehlung

Küchenhoff J. Körper und Sprache. Theoretische und klinische Beiträge zur Psychopathologie und Psychosomatik von Körpersymptomen. Heidelberg: Asanger 1992.

5.2.10
Sexuelle Funktionsstörungen, Störungen der Geschlechtsidentität, Deviationen

Friedemann Pfäfflin

ICD-10-Klassifikation

Sexuelle Funktionsstörungen werden im Abschnitt F5 (Verhaltensauffälligkeiten mit körperlichen Störungen und Faktoren) unter F52 als nicht organische sexuelle Funktionsstörungen klassifiziert.
Störungen der Geschlechtsidentität werden im Abschnitt F6 (Persönlichkeits- und Verhaltensstörungen) unter F64 (Störungen der Geschlechtsidentität) klassifiziert.
Sexuelle Deviationen werden im Abschnitt F6 unter F65 (Störungen der Sexualpräferenz) klassifiziert.

Die drei in diesem Kapitel diskutierten Störungsbilder sind durch das psychische Leiden und die sich aus den Störungen für die Patienten ergebenden interaktionellen Behinderungen gekennzeichnet. Per definitionem handelt es sich um **Erlebnisstörungen**, die sich in unterschiedlichem Ausmaß als psychosomatische beziehungsweise somatopsychische Beeinträchtigungen äußern; bei manchen Deviationen stehen die psychosozialen Aspekte der Störung ganz im Vordergrund. Wie für die einzelnen Störungen zu zeigen sein wird, konkurrieren somatische und psychotherapeutische Behandlungsansätze.

Eine häufige Beobachtung ist, daß Patienten im Dienste der Verleugnung ihres Wissens um gravierende somatische Erkrankungen dem Arzt und Psychotherapeuten gegenüber die psychosozialen Aspekte ihres Leidens betonen. Auch umgekehrt gilt: Patienten offerieren nicht selten vor jeder eingehenderen Untersuchung somatische Kausalitätszuschreibungen und fordern medikamentöse Behandlung, obwohl die Störungen mit psychosozialen Modellen hinreichend erklärbar sind und eine psychotherapeutische Behandlung indiziert ist.

Die Zusammenfassung der drei Gruppen in einem Kapitel folgt formal weitgehend dem Konzept des **DSM-III** (American Psychiatric Association 1980), in dem die „Paraphilien", die „Psychosexuellen Funktionsstörungen", die „Geschlechtsidentitätsstörungen" (und die „Ich-dystone Homosexualität", die inzwischen unberücksichtigt bleiben kann) gemeinsam unter die Überschrift „Psychosexuelle Störungen" subsumiert worden waren. Das **DSM-III-R** (American Psychiatric Association 1987) hatte diese Einheit aufgehoben, eine Entwicklung, die im **DSM-IV** (American Psychiatric Association 1994) fortgesetzt wurde, wobei den unterschiedlichen Zuordnungen zum Teil formale, zum Teil aber auch konzeptionelle Gesichtspunkte zugrunde lagen. Auch in der **ICD-10** (Dilling et al. 1991) werden sie unterschiedlichen Abschnitten zugeordnet: die sexuellen Funktionsstörungen dem Abschnitt F5 „Verhaltensauffälligkeiten mit körperlichen Störungen und Funktionen"; die Geschlechtsidentitätsstörungen und die Deviationen, die hier als „Störungen der Sexualpräferenz" bezeichnet sind, dem Abschnitt F6 „Persönlichkeits- und Verhaltensstörungen".

Sexuelle Funktionsstörungen

Deskription

Sexuelle Funktionsstörungen stehen befriedigendem Erleben entgegen. Weil sexuelles Begehren grundsätzlich Interaktion intendiert, handelt es sich regelmäßig um **Beziehungsstörungen**, was in den Klassifikationen von ICD und DSM, die vornehmlich den einzelnen Patienten im Blick haben, zu wenig berücksichtigt wird.

Abweichend von den auf die frühe psychiatrische und psychoanalytische Literatur zurückgehenden pauschalen und inzwischen nur noch mit einem entwertenden Beiklang assoziierten Einteilungen in „Impotenz" und „Frigidität" als Beschreibungen der männlichen beziehungsweise weiblichen Funktionsstörungen wird heute eine an den fünf Abschnitten der sexuellen Interaktion orientierte Differenzierung bevorzugt:

- Im initialen Abschnitt, der **sexuellen Annäherung**, kann es bei Frauen wie Männern zu Aversivreaktionen (z. B. Ekel, Widerwillen, Angst) kommen, oder es macht sich ein Gefühl der Lustlosigkeit breit, so daß die sexuelle Annäherung erst gar nicht gesucht bzw. ihr ausgewichen wird, wenn sie vom Partner initiiert wird.
- Im zweiten Abschnitt, der **sexuellen Stimulation**, kommt es zu Erregungsstörungen, was bei Männern in, im Hinblick auf Stärke und Dauer, nicht ausreichenden Erektionen resultiert, bei Frauen in ungenügender Lubrikation und in deren Folge häufig in dyspareunischen Beschwerden, wenn die Interaktion weitergetrieben wird.
- Im dritten Abschnitt, der **Intromissio** beziehungsweise dem **Koitus**, können Frauen wie Männer über Schmerzen klagen (z. B. Brennen, Stechen, Jucken), oder die Intromissio ist gar nicht möglich, weil sich der Scheideneingang verkrampft (Vaginismus).
- Im vierten Abschnitt, der **Orgasmusphase**, stehen auf seiten des Mannes vorzeitige Ejakulation, verzögerte sowie ausbleibende Ejakulation und Ejakulation ohne Befriedigung im Vordergrund, bei Frauen ausbleibender Orgasmus oder Orgasmus ohne Befriedigung.
- Im fünften Abschnitt, der **nachorgastischen Phase**, können Verstimmungen (z. B. Gereiztheit, innere Unruhe, Weinkrämpfe) auftreten.

Formal wird unterschieden, ob es sich um **primäre**, das heißt von Anfang an, oder um **sekundär aufgetretene** Störungen handelt, ferner, ob es sich um **praktikbezogene**, **partnerbezogene** und/oder **situationsbezogene** Störungen handelt. Schließlich geben die **Dauer der Störung** (einmalig, intermittierend, chronifiziert auftretend) und deren **subjektive Bewertung** durch den Patienten Auskunft über den Schweregrad.

Epidemiologie

Auch wenn keine verläßlichen epidemiologischen Daten über die Häufigkeit dieser Störungen vorliegen, gibt es Hinweise, daß sie weit verbreitet sind. Aus klinischen (hoch selegierten) Stichproben lassen sich Schätzungen über die relative Häufigkeit ableiten. Danach leiden etwa 5% der **Männer**, die wegen einer sexuellen Funktionsstörung eine Beratungsstelle aufsuchen, an ausbleibender Ejakulation, 20% an vorzeitiger Ejakulation und 60% an Erektionsstörungen. Sexuelle Lustlosigkeit, Mitte der 70er Jahre bei Männern nur in 4% der Fälle diagnostiziert, wurde Anfang der 90er Jahre von den Behandlern immerhin in 17% der Fälle als Hauptgrund für das Aufsuchen der Beratungsstelle bewertet. Laut der Massachusetts Male Aging Study (Feldman et al. 1994) wurde eine Prävalenzrate für Erektionsstörungen von 52% errechnet, wobei die Häufigkeit dieser Störungen, die allerdings auch rein somatisch bedingte Störungen einschließt, mit dem Lebensalter zunimmt. Bei **Frauen**, die eine Beratungsstelle aufsuchen, leiden etwa 10% an Vaginismus. Hinsichtlich der sexuellen Lustlosigkeit, der Erregungs- und Orgasmusstörungen haben sich bei den Frauen in den letzten 20 Jahren deutliche Verschiebungen zugunsten der sexuellen Lustlosigkeit ergeben. Mitte der 70er Jahre wurde in 80% der Fälle die Diagnose „Erregungs-/Orgasmusstörung" gestellt, Anfang der 90er Jahre nur noch in 20%; „Lustlosigkeit" wurde Mitte der 70er Jahre nur in 8% der Fälle diagnostiziert, Anfang der 90er Jahre dagegen in 74%.

> Diese Daten sprechen dafür, daß sich sowohl bei den Patientinnen als auch bei den Therapeuten und Therapeutinnen einer großstädtischen westdeutschen Beratungsstelle ein Symptom-, ein Wahrnehmungs- und/oder auch ein Bewertungswandel vollzogen hat (vgl. Arentewicz und Schmidt 1980 im Unterschied zu 1995). Darüber hinausgehend zeigen Daten aus unterschiedlichen sexualmedizinischen Spezialambulanzen jeweils andere Verteilungen (Gnirss-Bormet et al. 1995; Sigusch 1996), was man als Indiz dafür werten kann, daß das jeweilige diagnostische und therapeutische Angebot den Zulauf nachhaltig beeinflußt.

Therapie

Für das Verständnis und die Behandlung sexueller Funktionsstörungen waren die Arbeiten von Masters und Johnson (1970) bahnbrechend. Zwischen 1959 und 1970 behandelten diese Autoren 510 Paare. Im Jahr 1970 publizierten sie ihre im Vergleich zu allen bisherigen Behandlungen beeindruckend günstigen Ergebnisse und stellten gleichzeitig ihr Therapiekonzept der internationalen Öffentlichkeit vor. Basierend auf eigenen physiologischen Studien (Masters und Johnson 1966), lerntheoretischen und Common-sense-Vorstellungen entwickelten sie ein pragmatisches Vorgehen, dessen drei zentrale Komponenten mit den folgenden Stichwörtern gekennzeichnet werden können:

- Paartherapie
- Teamtherapie
- Intensivtherapie

Schlüssig behaupteten sie, daß es bei sexuellen Funktionsstörungen keinen unbeteiligten Partner gibt. Da jede Verhaltensänderung eines Partners das auf welchem Niveau auch immer eingespielte Gleichgewicht zwischen den Partnern labilisiert und damit zu rechnen ist, daß der scheinbar ungestörte Partner selbst auf bewußt gewünschte Veränderungen des Partners irritiert reagieren kann, wählten sie von vornherein das **Paar als Patienten**. Behandelt wurde es von einem **Therapeutenteam**, einem weiblichen und einem männlichen Therapeuten. Dieses Setting wurde damit begründet, daß jeder Partner einen gleichgeschlechtlichen Interpreten beziehungsweise Anwalt haben sollte und daß dadurch sonst möglicherweise störende Übertragungsprozesse zwischen Patienten und Therapeuten minimiert würden. **Intensiv** nannten sie ihre Therapie deshalb, weil sie bei täglichen Sitzungen fernab der häuslichen Umgebung innerhalb von zwei bis drei Wochen komplett durchführbar war.

Inhaltlich geht es in der Therapie um die Neustrukturierung eingefahrener und unbefriedigender sexueller Interaktionen mittels – gemessen an Versagensängsten – hierarchisch geordneter Verhaltensanweisungen mit dem Ziel, sexuelle Interaktionen angstfreier und befriedigender zu gestalten.

Während die Grundübungen im Prinzip für alle Paare gleich sind und auf die Erfahrung körperlicher Intimität (unter Ausklammerung der Genitalbereiche und der Erwartung, dabei sexuell stimuliert zu werden) fokussieren, gibt es im weiteren Verlauf der Therapien für jede einzelne Funktionsstörung spezifische zusätzliche Verhaltensanleitungen.

Das von Masters und Johnson entwickelte Modell wurde inzwischen vielfach modifiziert. **Therapieorganisatorische Modifikationen** betrafen insbesondere die Anwendung des Verfahrens mit ein bis zwei Sitzungen wöchentlich verteilt über den Zeitraum von etwa einem halben Jahr, da die intensive Kompaktform für viele Paare, insbesondere für Paare, die kleine Kinder zu versorgen haben, nicht in Frage kam. Aus ökonomischen Gründen werden die Behandlungen außerdem heute meist nur noch von einem Therapeuten durchgeführt, und es wird mit Paargruppen gearbeitet. Alle diese Modifikationen des Settings haben sich – vorausgesetzt es handelte sich um erfahrene Therapeuten – als ebenso wirksam erwiesen wie das urspünglich von Masters und Johnson beschriebene Vorgehen.

Inhaltliche Modifikationen betrafen einerseits **übungstechnische Aspekte**, die unter dem Stichwort „Arousal Reconditioning" zusammengefaßt werden können (kritisch dazu Pfäfflin und Clement 1981) sowie insbesondere Versuche, psychodynamische (Kaplan 1974) und partnerdynamische Aspekte stärker in die Therapie zu integrieren. In diesen erweiterten Ansätzen (Arentewicz und Schmidt 1995) stehen vier Fragen bei der **Therapieindikation, -planung** und **-durchführung** im Zentrum:

- Erstens wird danach gefragt, welche Ängste und Konflikte sich in der Störung Ausdruck verschaffen und welche Funktion die Störung für das psychische Gleichgewicht des Patienten hat.
- Zweitens wird versucht, die Funktion der Störung für die Partnerschaft zu bestimmen.
- Drittens werden Erfahrungs- und Fertigkeitsdefizite, die zur sexuellen Störung beigetragen haben könnten, ausfindig gemacht.
- Viertens wird untersucht, inwieweit Erwartungsängste eine Rolle dabei spielen, daß eine unter Umständen psychodynamisch längst überflüssig gewordene Störung fortbesteht.

So unkompliziert das ursprünglich von Masters und Johnson beschriebene **therapeutische Vorgehen** auch scheinen mag, so verlangt seine **wirksame Anwendung** doch ein hohes Ausmaß klinischer Erfahrung und psychodynamischen Verständnisses. Jeder der bei bloßer Lektüre des Therapiemanuals (Arentewicz und Schmidt 1995) banal und vielleicht sogar mechanisch wirkende Übungsschritt hat psychodynamische Bedeutung. Aspekte der Nähe-Distanz-Regulation, der Autonomie, des (mangelnden) Durchsetzungsverhaltens können daran, zugeschnitten auf den einzelnen Patienten und das einzelne Paar, gut exemplifiziert werden. Bedenklich ist die isolierte Herausnahme einzelner Verhaltensanleitungen (wie z. B. das am Anfang der Therapie regelmäßig erteilte „Koitusverbot"), wie dies oft in der Allgemeinpraxis geschieht, ohne daß die konstruktiven Elemente des therapeutischen Konzepts eingeübt werden. Die dilettantische Anwendung des Programms trägt in der Regel nur zur Chronifizierung der Symptomatik, nicht zu deren Linderung bei. Aus diesem Grunde werden hier Einzelheiten des Vorgehens nicht dargestellt. Die Integration psychodynamischer, partnerdynamischer und lerntheoretischer diagnostischer Überlegungen und daraus abzuleitender angemessener therapeutischer Interventionen bedarf eingehenderen Studiums sowie Einübung unter Anleitung (vgl. dazu Arentewicz und Schmidt 1995; Hertoft 1989).

Für **alleinstehende Patienten** und für solche, deren Partner nicht zur Mitarbeit an der Therapie bereit sind, eignet sich das beschriebene Therapiemodell natürlich nicht unmittelbar. Geeignete Elemente daraus können jedoch, insofern sie eingebettet sind in ausführliche Beratungsgespräche oder in die kontinuierliche Arbeit in Männer- beziehungsweise Frauengruppen, hilfreich sein.

Zumindest in Beratungsstellen, die sich spezifisch sexueller Störungen und deren Behandlung annehmen, kommt es nicht selten vor, daß die geklagte **sexuelle Symptomatik nur die Spitze des Eisbergs** tiefergehender Kontaktängste und anderer neurotischer, manchmal auch psychotischer Symptome ist, so daß die Indikation für weiterreichende Therapien gestellt werden muß. Andererseits haben sich Paartherapien nach dem beschriebenen Modell auch bei (nicht akut) psychotischen Patienten, bei neurotischen Patienten und bei Patienten mit Perversionen, wenn sie mit psychodynamischem Verständnis durchgeführt wurden, über die spezifische sexuelle Symptomatik hinausgehend als günstig erwiesen.

Paartherapien nach dem Konzept von Masters und Johnson beziehungsweise dessen Erweiterungen und Modifikationen wurden überwiegend von Psychologen und Psychologinnen, die in Beratungsstellen oder in eigener Praxis arbeiteten, durchgeführt, nur selten von Ärzten, nach deren Gebührenordnung diese zwar außergewöhnlich erfolgreiche, aber zeitaufwendige „sprechende Medizin" vergleichsweise schlecht honoriert wird. Dies mag einer der Gründe dafür sein, daß sich die **somatische Medizin** ab Ende der 70er Jahre verstärkt dem Gebiet sexueller Funktionsstörungen zuwandte. Einerseits wurden die meisten dieser Störungen zu „sexuellen Phobien" und „sexuellen Paniksyndromen" umdefiniert, um damit dem unkritischen Einsatz trizyklischer Antidepressiva den Weg zu ebnen (Kaplan 1987; kritisch Pfäfflin 1989a). Andererseits wurden vor allem für das Teilgebiet der Erektionsstörungen kostenträchtige diagnostische Verfahren und Behandlungsmethoden entwickelt (Übersichten bei Buvat et al. 1990; Langer und Hartmann 1992). Hatte man in den 70er Jahren noch bis zu 95% der sexuellen Funktionsstörungen als ausschließlich oder überwiegend psychogen eingeschätzt, fanden sich ab Anfang der 90er Jahre annähernd entsprechende Prozentsätze für die angeblich somatische Verursachung der **Erektionsstörungen**. Neben gefäßchirurgischen Eingriffen am Penis und Penisimplantaten werden seit Beginn der 80er Jahre im breiten Rahmen nicht nur in der Fach-, sondern auch in der Allgemeinpraxis vasoaktive Substanzen (z.B. Papaverin, Prostaglandin E1) in die Schwellkörper gespritzt oder dem Patienten zur Selbstanwendung verschrieben, so daß sich der Patient eine je nach Dosierung unterschiedlich lang anhaltende Erektion verschaffen kann, freilich mit dem Risiko des Priapismus und der dauerhaften Einbuße der Erektionsfähigkeit. Die Behandlung firmiert unter dem kartenspielenden Männern leicht eingängigen Kürzel **SKAT** (**S**chwellkörper-**A**utoinjektions-**T**herapie). Über die kurze Geschichte dieser Behandlungsmethode berichten begeistert Wagner und Kaplan (1993). Eigene Erfahrungen aus der Untersuchung von Männern mit Erektionsstörungen, die im Konsiliardienst in einer Urologischen Universitätsklinik, in der mit SKAT gearbeitet wurde, gewonnen wurden, führen eher zu skeptischen Schlußfolgerungen und stimmen überein mit der Sicht Schmidts (1995), der die Entwicklung der Therapien für sexuelle Funktionsstörungen kritisch gesichtet hat. Seit Frühjahr 1998 hat das Mittel Viagra mit dem Wirkstoff **Silfadenil** den Markt erobert. Es handelt sich um eine oral verabreichbare und schnell wirksame vasoaktive Substanz, die bei richtiger Dosierung selektiv die glatte Muskulatur in den Gefäßen der Corpora cavernosa relaxiert und dadurch Erektionen fördert und (dosisabhängig) verlängert, ohne freilich selbst sexuell stimulierend zu wirken. Allein in der letzten Aprilwoche 1998 wurden in den USA 250 000 neue Rezepte für dieses Mittel ausgestellt, was einer Steigerung der Verschreibungen um 30% gegenüber der Vorwoche entspricht (Rosen 1998). Mit hoher Wahrscheinlichkeit knüpfen die meisten Männer, die das Mittel nehmen, zu große Hoffnungen an seine Wirksamkeit, weil befriedigende sexuelle Interaktion mehr erfordert als eine Erektion.

Störungen der Geschlechtsidentität

Deskription

Die Entwicklung der Geschlechtsidentität ist ein komplizierter, multifaktoriell determinierter und daher störanfälliger Prozeß. Mildere Formen labilisierter Geschlechtsidentität sind daher häufig anzutreffen in psychosexuellen Schwellensituationen und bei neurotischen Krankheitsbildern, bei denen sie jedoch nicht im Zentrum der Symptomatik stehen und daher oft nicht weiter beachtet werden. Deutlichere Ausprägungen finden sich bei Patienten mit Borderline-Persönlichkeitsstörungen (s. Kap. 2.4, S. 91 u. Kap. 5.1.8, S. 226ff) sowie bei psychotischen Patienten.

Definition
Die Extremform der Geschlechtsidentitätsstörung ist der **Transsexualismus**, bei dem die Geschlechtsidentität konträr zum Körpergeschlecht erlebt und eine hormonelle, chirurgische und juristische Angleichung an das gewünschte Geschlecht angestrebt wird.

Gegengeschlechtlich fixiertes Rollenverhalten wird selten schon in der Kindheit manifest, verliert sich dann jedoch meist in der Adoleszenz oder im jüngeren Erwachsenenalter. Bei jenen Patienten, die als Erwachsene beim Arzt vorstellig werden, dem sie die gewöhnlich selbst gestellte Diagnose „Transsexualität" schon mitbringen, hat die Symptomatik in der Regel in der Pubertät oder später begonnen. Die Erklärung, sie erlebten sich schon solange sie denken können, also seit ihrer Kindheit, dem anderen Geschlecht zugehörig, ist eine selbstaffirmative Rekonstruktion ihrer Lebensgeschichte zur Unterstreichung der Berechtigung ihres Begehrens nach „Geschlechtsumwandlung". Aus katamnestischen Untersuchungen weiß man, daß diese Erklärung kein Abbild der Bedingungen ihres Aufwachsens darstellt (Pfäfflin 1993; Reiche 1984).

Nicht immer kommen die Patienten mit dem klar formulierten Verlangen nach **„Geschlechtsumwandlung"** zum Arzt. Manche schämen sich dieses Verlangens so sehr und halten es für verrückt und unrealisierbar, daß erstmals in den Gesprächen nach einem schweren Suizidversuch das Thema angesprochen wird. Andere kommen mit dem ausdrücklichen Anliegen, sie von ihrem Zwang, sich dem anderen Geschlecht zugehörig zu erleben und sich entsprechend zu verhalten, zu befreien, weil sie dadurch in schwerste Gewissensnöte und sozial unverträgliche Krisensituationen kommen, die nicht nur ihren sozialen Status, sondern auch den ihrer Angehörigen gefährden.

> Angesichts der großen Heterogenität klinischer Verläufe ist mit Person und Ovesey (1974; ähnlich Langer 1985 und Limentani 1979) anzunehmen, daß die voll ausgeprägte transsexuelle Symptomatik die gemeinsame Endstrecke psychopathogenetisch unterschiedlicher Verläufe darstellt.

Epidemiologie

Transsexualität in der vollen Ausprägung ist selten. Auswertungen aller Verfahren zur Vornamens- und Personenstandsänderung nach dem Transsexuellengesetz in den alten Bundesländern und West-Berlin aus den Jahren 1981 bis 1990 zeigen, daß insgesamt weniger als 1500 Personen von den Regelungen dieses Gesetzes Gebrauch machten. Diese Zahlen entsprechen einer Zehnjahresprävalenz von 2,1 Transsexuellen pro 100 000 volljährigen Einwohnern beziehungsweise einem Transsexuellen pro 47 000. Die Relation von Mann-zu-Frau-Transsexuellen zu Frau-zu-Mann-Transsexuellen betrug im genannten Zeitraum 2,3 : 1 (Osburg und Weitze 1993). Diese Zahlen entsprechen älteren Schätzungen aus Schweden und England, liegen allerdings niedriger als aus den Niederlanden und Singapur mitgeteilte Berechnungen. Die in jüngster Zeit von Selbsthilfegruppen in der Bundesrepublik in Umlauf gebrachten Zahlen über angeblich hier lebende 40000 bis 400 000 Transsexuelle haben keine empirische Basis.

Therapie

Psychotherapeutisch ist der Zugang zu Patienten mit so ausgeprägter transsexueller Symptomatik, daß sie schon mit dem Anliegen einer Geschlechtsumwandlung zum Arzt kommen, nicht leicht. Die meisten **Behandler** sind durch dieses Anliegen **verunsichert**, nicht nur aus Mangel ausreichenden Wissens, sondern auch, weil sie sich dadurch in ihrer eigenen Geschlechtsidentität in Frage gestellt erleben und sich nur schwer in das Leiden der Patienten einfühlen können. Aus unkontrollierten Gegenübertragungsreaktionen heraus stellen sie daher das Anliegen der Patienten so direkt in Frage, daß diesen selbst kein Raum für eigene Zweifel bleibt und es zum Abbruch der Behandlung kommt, bevor sie noch richtig begonnen hat.

Andere **Therapeuten identifizieren sich** zu rasch und zu unkritisch mit dem Anliegen der Patienten und überweisen sie ohne ausreichende psychodiagnostische Abklärung an Endokrinologen und Chirurgen zur somatischen Weiterbehandlung. Auch dies ist ein Weg, die in der Gegenübertragung kaum zu vermeidende Irritation schnell wieder loszuwerden.

Es kommt darauf an, daß sich der **Patient** mit seinem Anliegen **entfalten** kann, ernstgenommen wird. Sobald der Therapeut meint, besser als der Patient zu wissen, was für diesen gut ist, ist das Risiko des Scheiterns der Behandlung groß. Die **Diagnose** kann nicht in einem einzelnen Gespräch sicher gestellt werden, sie **erfordert** eine längerfristige **Verlaufsbegleitung**. In der Regel ist dies auch jenen Patienten plausibel zu machen, die sehr auf eine Entscheidung drängend zum Arzt kommen. In dieser Begleitung kristallisieren sich dann Themen und Symptomenkomplexe heraus, die der psychotherapeutischen Bearbeitung zugänglich sind. Zuweilen bildet diese Begleitung die Basis für spätere fruchtbare psychotherapeutische Arbeit, die in Einzelfällen erst nach Abschluß der somatischen Behandlung möglich wird und auch dann noch sinnvoll ist.

Gut beraten ist der Therapeut, wenn er genau über die somatischen Behandlungsmöglichkeiten (Eicher 1992), die Langzeitergebnisse nach somatischer Behandlung (Pfäfflin und Junge 1992), die psychotherapeutischen Gesichtspunkte (Désirat 1985; Herold 1994; Meyenburg 1992; Pfäfflin 1994), die Selbsthilfeaktivitäten (Kamprad und Schiffels 1991) und die rechtlichen Voraussetzungen für Vornamens- und Personenstandsänderung (Augstein 1992; für ausländische Patienten Will 1992) informiert ist. Die meisten Patienten werden ihn diesbezüglich auf den Prüfstand stellen. Zudem ermöglicht ihm diese Information eine kritische Bewertung der von (häufig) parallel konsultierten Ärzten vorgeschlagenen Behandlungsschritte (Clement und Senf 1996). Auch die Details der *Standards of Care* der internationalen Fachgesellschaft, die sich speziell der Erforschung der Transsexualität und der Behandlung von Patienten mit Geschlechtsidentitätsstörungen verschrieben hat, sollten ihm vertraut sein (Levine et al. 1998). Zusätzliche diagnostische und therapeutische Gesichtspunkte sind bei Kindern, Jugendlichen und Heranwachsenden mit Geschlechtsidentitätsstörungen zu beachten, wozu das Royal College of Psychiatrists (1998) in London Empfehlungen herausgab. Im Vereinigten Königreich und in den Niederlanden wird bei Beachtung bestimmter Kautelen auch schon bei Adoleszenten mit einer gegengeschlechtlichen Hormonbehandlung begonnen. Die von einigen deutschsprachigen sexualmedizinischen Fachgesellschaften vorgelegten ausführlichen Behandlungsleitlinien (Becker et al. 1997) enthalten viele wichtige Gesichtspunkte, werden aber von Krankenversicherern und Medizinischen Diensten der Krankenkassen häufig bei Kostenentscheidungen in bürokratischer Weise angewandt und erweisen sich dadurch nicht selten als nachhaltige Behandlungshindernisse.

Nicht leicht zu beantworten ist die Frage, ob sich der **Psychotherapeut als Gutachter** für die Verfahren der Freiwilligen Gerichtsbarkeit zur **Vornamens-** und **Personenstandsänderung** nach Transsexuellengesetz (Pfäfflin 2000a) beteiligen soll. Hierzu gibt es unterschiedliche Standpunkte, deren Begründungen jeder für sich selbst überprüfen muß. Einige Psychotherapeuten halten die Rollen des Gutachters und des Psychotherapeuten für prinzipiell unvereinbar, andere sehen in der Aufgabe der Begutachtung eine günstige Möglichkeit, bei dem Patienten größere Introspektion und Aufgeschlossenheit für Selbstreflexion in Gang zu setzen. Nach eigener Einschätzung gibt es hierzu kein Patentrezept, so daß es gegebenenfalls von Fall zu Fall sinnvoll sein kann, unterschiedliche Entscheidungen zu treffen.

Systematische Studien zur **Psychodynamik** und dem, was mit **Psychotherapie** erreichbar ist, gibt es bisher nicht. In der Literatur vorherrschend sind Einzelfallberichte (z. B. Janssen 1984; Schwöbel 1960), aus denen oft weitreichende theoretische Schlußfolgerungen gezogen werden (z. B. Thomä 1957), manchmal ohne ausreichende Darstellung des klinischen Verlaufs (z. B. Fenichel 1930; Greenson 1968; Socarides 1970). Vor dem Hintergrund dieses Caveat und unter Hinweis auf die grundlegende Arbeit zur Geschlechtsidentitätsentwicklung von Fast (1991) wird zusätzlich zu den bereits genannten Arbeiten auf die Beiträge von Küchenhoff (1988), Lothstein (1977; 1983) Lothstein und Levine (1981), McCauley und Ehrhardt (1984), Pfäfflin (1994) und Springer (1981) zur Psychotherapie von Patienten mit transsexueller Symptomatik verwiesen.

Deviationen

Deskription

Die Psychiatrie des ausgehenden 19. Jahrhunderts und die damals entstehende Sexualpathologie waren nicht müde geworden in der Katalogisierung sexueller Besonderheiten, die als **Perversionen** bezeichnet und, abgeschoben ins Monstrositätenkabinett der Aberrationen, moralisch disqualifiziert wurden. Es waren Freud (1905) und die folgenden Generationen von Psychoanalytikern, die erstmals überhaupt eine einheitliche Theorie der Perversionen entwarfen, und die darüber hinausgehend nicht die Distanz, sondern vielmehr die Nähe zur normalen sexuellen Entwicklung betonten (zur Begriffsgeschichte von „Perversion" vgl. Pfäfflin 1989b). Bemerkenswerterweise trägt die ICD-10 mit ihrer Auflistung von „Störungen der Sexualpräferenz" dem insofern Rechnung, als an verschiedenen Stellen der Einzelsymptomcharakterisierung darauf hingewiesen wird, daß nur bestimmte Symptomausprägungen in den Bereich der Krankheitsklassifikation gehören, während die meisten Kategorien prinzipiell auch Bestandteile normalen sexuellen Erlebens sind.

Dem in der psychoanalytischen Literatur wertfrei gemeinten und klar definierten Begriff der Perversion haftete in der umgangssprachlichen Verwendung trotzdem die moralische Verurteilung an. In Strafrecht und Kriminologie, in denen die Perversionen eine besondere Rolle einnehmen, ist man daher seit langem dazu übergegangen, von **Devianz** zu sprechen, doch war damit das Problem der Bewertung nicht zu vermeiden. Auch die ICD-10, die den Krankheitsbegriff, weil angeblich diskriminierend, vermeiden wollte, hat mit ihrer Begriffswahl keine wirkliche Abhilfe geschaffen: Zwar ist in Abschnitt F65 von den sexuellen Vorlieben („Sexualpräferenz") die Rede, aber gleichzeitig von den „Störungen" dieser Vorlieben. Analog zum Begriff Dissozialität brachte Beier (1995) den Begriff **Dissexualität** ins Gespräch, um rechtliche und klinische Bewertungen sexueller Präferenzstörungen besser auseinanderhalten zu können. Er definiert Dissexualität als ein sich im Sexuellen ausdrückendes Sozialversagen und nimmt als Maßstab für dieses Versagen das Verfehlen zeit- und soziokulturell bedingter durchschnittlicher Partnerinteressen.

Definition

Die Begriffe „Deviation" und „Perversion" stellen keine Synonyme dar. Wenn es aus der psychodynamischen Perspektive um eine intrapsychische Symptombildung geht, dann ist der Begriff **Perversion** angemessen. Mit dem Begriff **De**viation ist die äußere Beschreibung eines Verhaltens gemeint. Die ICD-10 orientiert sich eher am Devianz- als am Perversionsbegriff.

Es sind vier **Charakteristika**, die die **perverse Symptombildung** kennzeichnen (Schorsch und Pfäfflin 1994):

- die Sexualisierung, das heißt die thematische Bindung eines Konflikts an sexuelles Erleben
- die Ritualisierung
- die Prädominanz des narzißtischen Aspekts des Sexuellen
- die Prädominanz der Aggressivität

Die perverse Phantasie und/oder Handlung stellen eine Dramaturgie dar, in der frühe Traumatisierungen und Ängste rekonstruiert und wieder in Szene gesetzt werden, und zwar in einer solchen Weise, daß die Kränkungen und Niederlagen momentan verleugnet, ungeschehen gemacht und, verbunden mit einem Hochgefühl von Befriedigung, punktuell überwunden werden. In diesem Sinne kennzeichnet Stoller (1975) **Perversion** als **erotische Form von Haß**. Die periodischen Inszenierungen nach Art eines Wiederholungszwanges sind im Interesse des psychischen Gleichgewichts notwendig, um Defekte im Selbst, in der Persönlichkeitsstruktur, aufzufüllen und Gefühle des Beschädigt-Seins zu überwinden.

> Die perverse Symptombildung ist eine konstruktive Abwehrleistung, nicht einfach ein Persistieren früher Partialtriebregungen.

Epidemiologie

Deviante Phantasien sind ubiquitär, perverse Symptombildungen, die sich auf das „Ausagieren" im Phantasieleben beschränken, vermutlich weit verbreitet. Sie kommen bei Männern wie bei Frauen vor und sind vergleichsweise selten, nämlich dann, wenn sie als Ich-dyston erlebt werden, Anlaß, einen Therapeuten aufzusuchen. Im Kontext regressiver Prozesse spielen perverse Phantasien und deren Durcharbeitung in psychoanalytischen Behandlungen eine wichtige Rolle.

Über die Verbreitung von sexuell devianten Handlungen gibt, soweit es sich bei diesen Handlungen gleichzeitig um Straftatbestände handelt, die Kriminalstatistik annähernd (Dunkelziffer) Auskunft (Baurmann 1992). Mit solchen Formen strafrechtlich sanktionierter Sexualstörungen ist hauptsächlich die Forensische Psychiatrie und Psychotherapie im Rahmen von Begutachtungen sowie im Rahmen stationärer Behandlungen im Maßregelvollzug und schließlich ambulanter Therapien, die meist unter Auflagen erfolgen, befaßt.

Therapie

Liest man psychoanalytische Fachliteratur und Fallberichte, ist man beeindruckt, mit welcher Hingabe sich die Autoren mit den perversen Phantasien ihrer Patienten und Patientinnen befassen, sie zu interpretieren und ihre stabilisierende Funktion für den Patienten zu verstehen suchen. Solange sich dies alles im Phantasiebereich abspielt, und weil sich dieser Persönlichkeitsbereich oft erst im Laufe längerer Behandlungen erschließt, wenn längst ein gutes Arbeitsbündnis etabliert ist, werden solche Patienten als interessante Patienten geschätzt. Die psychoanalytische Literatur ist reich an eindrucksvollen Falldarstellungen, über die eine Übersicht zu geben, ein gesondertes Kapitel erfordern würde, weshalb hier nur auf drei (weiterführende) Quellen verwiesen sei (Goldberg 1995; Khan 1983; Welldon 1992).

Im Kontrast dazu steht die Zurückhaltung gegenüber Personen, die solche Phantasien ausagieren und dadurch womöglich straffällig geworden sind und mit einer Behandlungsauflage vom Gericht vorstellig werden. Sie haben es schwer, einen Behandlungsplatz zu finden (Pfäfflin 2000b; Schorsch 1992). Ihr Mangel an Impulskontrolle, die Fremdmotivation und oft auch ihre desolate soziale Situation empfehlen sie nicht als Patienten. Rationalisiert wird die Abweisung solcher Patienten einerseits mit deren mangelnder Motivation, andererseits mit dem Argument, die Koppelung von Befriedigung und sexuell devianter Handlung verhindere, daß die inkriminierten Handlungen der Bearbeitung auf dem Wege der Einsicht zugänglich seien. In Einzelfällen mag das zuletzt genannte Argument zutreffen, und zweifellos gibt es Patienten, die wegen der Gefährlichkeit ihrer Handlungen bei mangelnder Impulskontrolle in einem ambulanten Setting behandeln zu wollen, unverantwortlich wäre.

Ein Großteil dieser Patienten aber bedarf der psychotherapeutischen Hilfe und ist dafür auch in einem ambulanten Setting zugänglich. Die Fremdmotivation hat sich nicht als wirklicher Hinderungsgrund für eine Behandlung erwiesen. Schließlich gilt auch für neurotische Symptombildungen, daß sie einen primären und sekundären Krankheitsgewinn verschaffen, der der Durcharbeitung der zugrundeliegenden Konflikte entgegenwirkt.

Ziele der **Behandlung** sind (Schorsch et al. 1996):
- die Funktion der perversen Symptombildung für die Aufrechterhaltung des psychischen Gleichgewichts herauszuarbeiten
- dem Patienten dabei behilflich zu sein, alternative Befriedigungs- und Stabilisierungsmöglichkeiten zu entfalten und wahrzunehmen

In der Regel muß der zweite Schritt vor dem ersten erfolgen, damit sich der Patient nicht zu sehr bedroht fühlt, weil er fürchten muß, es solle ihm eine wesentliche Stütze genommen werden. In der **Gegenübertragung** muß der Therapeut dabei immer wieder sehr viel von dem Haß aushalten, den der Patient in sich trägt, ohne daß er ihn bislang bewußt wahrnehmen konnte, bevor er ihn integrieren und dann auch kontrollieren kann.

Literatur

American Psychiatric Association. DSM-III: Diagnostic and statistical manual of mental disorders. Washington D.C.: APA 1980. Deutsch: Weinheim, Basel: Beltz 1984.

American Psychiatric Association. DSM-III-R: Diagnostic and statistical manual of mental disorders. Washington D.C.: APA 1987. Deutsch: Weinheim, Basel: Beltz 1989.

American Psychiatric Association. DSM-IV: Diagnostic and statistical manual of mental disorders. 4th ed. Washington D.C.: APA 1994. Deutsch: Göttingen, Bern: Hogrefe 1996.

Arentewicz G, Schmidt G. (Hrsg). Sexuell gestörte Beziehungen. Konzept und Technik der Paartherapie. 1. Aufl. Berlin, Heidelberg, New York: Springer 1980; 4. Aufl. Stuttgart: Enke 1995.

Augstein MS. Zur rechtlichen Situation Transsexueller in der Bundesrepublik Deutschland. In: Geschlechtsumwandlung. Abhandlungen zur Transsexualität. Pfäfflin F, Junge A (Hrsg). Stuttgart, New York: Schattauer 1992; 103–11.

Baurmann M. Straftaten gegen die sexuelle Selbstbestimmung. Zur Phänomenologie sowie zu Problemen der Prävention und Intervention. In: Sexualdelinquenz. Déliquence sexuelle. Schuh J, Killias M (Hrsg). Kriminologie 1992; 9: 77–110.

Becker S, Bosinski H, Clement U, Eicher W, Goerlich T, Hartmann U, Kockott G, Langer D, Preuss W, Schmidt G, Springer A, Wille R. Standards der Behandlung und Begutachtung von Transsexuellen der Deutschen Gesellschaft für Sexualforschung, der Akademie für Sexualmedizin und der Gesellschaft für Sexualwissenschaft. Sexuologie 1997; 4: 130–8; auch im Int J Transgenderism 1998; 2(4) (http://www.symposion.com/ijt/ijtc0603.htm).

Beier KM. Dissexualität im Lebenslängsschnitt. Theoretische und empirische Untersuchungen zu Phänomenologie und Prognose begutachteter Sexualstraftäter. Berlin, Heidelberg, New York, Tokyo: Springer 1995.

Buvat J, Buvat-Herbaut M, Lemaire A, Marcolin G, Quittelier E. Recent developments in the clinical assessment and diagnosis of erectile dysfunction. Annual Rev Sex Res 1990; 1: 265–308.

Clement U, Senf W (Hrsg). Transsexualität. Behandlung und Begutachtung. Stuttgart, New York: Schattauer 1996.

Désirat K. Die transsexuelle Frau. Stuttgart: Enke 1985.

Dilling H, Mombour W, Schmidt MH (Hrsg). WHO-Internationale Klassifikation psychischer Störungen. ICD-10 Kapitel V (F), klinisch-diagnostische Leitlinien. 2. Aufl. Bern, Göttingen, Toronto, Seattle: Huber 1991.

Eicher W. Transsexualismus. 2. Aufl. Stuttgart, Jena, New York: Fischer 1992.

Fast I. Von der Einheit zur Differenz. Berlin, Heidelberg, New York: Springer 1991.

Feldman HA, Goldstein I, Hatzichristou DG, Krane RJ, McKinlay JB. Impotence and its medical and psychosocial correlates: Results of the Massachusetts male aging study. J Urol 1994; 151: 54–61.

Fenichel O. Zur Psychologie des Transvestitismus. Vortrag auf dem XI. Internationalen Psychoanalytischen Kongreß in Oxford, Juli 1929. Internat Zschr Psychoanal 1930; 16: 21–34.

Freud S. Drei Abhandlungen zur Sexualtheorie. 1905. GW Bd V. Frankfurt: Fischer 1968; 27–159.

Gnirss-Bormet R, Sieber M, Buddeberg C. Sexualmedizinische Diagnostik und Therapie von Erektionsstörungen in einer Spezialsprechstunde. Z Sexualforsch 1995; 8: 12–23.

Goldberg A. The problem of perversion. The view from self psychology. New Haven, London: Yale University Press 1995.

Greenson RR. Dis-identifying from mother: Its special importance for the boy. Int J Psycho-Anal 1968; 49: 370–4.

Herold R. Transsexualität: die Phantasie eines Geschlechtswechsels. In: Wege zur Deutung. Frank C (Hrsg). Opladen: Westdeutscher Verlag 1994; 167–98.

Hertoft P. Klinische Sexologie. Köln: Deutscher Ärzte Verlag 1989.

Janssen PL. Zum transsexuellen Symptom in einem Partnerarrangement – Nur ein Fall? Psychother Med Psychol 1984; 34: 76–80.

Kamprad B, Schiffels W. Im falschen Körper. Alles über Transsexualität. Zürich: Kreuz 1991.

Kaplan HS. The new sex therapy. New York: Brunner/Mazel 1974.

Kaplan HS. Sexual aversion, sexual phobias, and panic disorder. New York: Brunner/Mazel 1987. Deutsch: Sexualaversion, sexuelle Phobien und Paniksyndrom. Stuttgart: Enke 1988.

Khan MM. Entfremdung bei Perversionen. Frankfurt: Suhrkamp 1983.

Küchenhoff B. Transsexualismus als Symptom. Nervenarzt 1988; 59: 734–8.

Langer D. Der Transsexuelle: Eine Herausforderung für die Kooperation zwischen psychologischer und chirurgischer Medizin. Fortschr Neurol Psychiat 1985; 53: 67–84.

Langer D, Hartmann U. Psychosomatik der Impotenz. Bestandsaufnahme und integratives Konzept. Stuttgart: Enke 1992.

Levine SB, Brown G, Coleman E, Cohen-Kettenis P, Hage JJ, Van Maasdam J, Petersen M, Pfäfflin F, Schaefer LC. Harry Benjamin International Gender Dysphoria Association´s Standards of Care for Gender Identity Disorders; im Int J Transgenderism 1998; 2 (http://www.symposion.com/ijt/ijtc0405.htm).

Limentani A. The significance of transsexualism in relation to some basic psychoanalytic concepts. Int Rev Psycho-Anal 1979; 6: 139–53.

Lothstein LM. Psychotherapy with patients with gender dysphoria syndromes. Bull Menninger Clin 1977; 41: 563–82.

Lothstein LM. Female-to-Male Transsexualism. Historical, Clinical and Theoretical Issues. Boston, London, Melbourne, Henley: Routledge & Kegan Paul 1983.

Lothstein LM, Levine S. Expressive psychotherapy with gender dysphoric patients. Arch Gen Psychiat 1981; 38: 924–9.

Masters WH, Johnson VE. Human sexual response. Boston: Little, Brown 1966. Deutsch: Die sexuelle Reaktion. Reinbek: Rowohlt 1970.

Masters WH, Johnson VE. Human sexual inadequacy. Boston: Little, Brown 1970. Deutsch: Impotenz und Anorgasmie. Frankfurt: Goverts, Krüger, Stahlberg 1973.

McCauley E, Ehrhardt A. Follow-up of females with gender identity disorders. J Nerv Ment Dis 1984; 172: 353–8.

Meyenburg B. (1992) Aus der Psychotherapie eines transsexuellen Patienten. Z Sexualforsch 1992; 5: 95–110.

Morgan AJ. Psychotherapy for transsexual candidates. Screened out of surgery. Arch Sex Beh 1978; 7: 273–83.

Osburg S, Weitze C. Betrachtungen über 10 Jahre Transsexuellengesetz. Recht & Psychiatr 1993; 11: 94–107.

Person E, Ovesey L. The transsexual syndrome in males. I. Primary transsexualism. Am J Psychother 1974; 28: 4–20.

Pfäfflin F. Buchbesprechung: Sexualaversionen, sexuelle Phobien und Paniksyndrome von Kaplan HS. Z Sexualforsch 1989a; 2: 271–3.

Pfäfflin F. Perversion. In: Historisches Wörterbuch der Philosophie. Bd 7. Ritter J, Gründer K (Hrsg). Basel: Schwabe 1989b; 379–82.

Pfäfflin F. Transsexualität. Beiträge zur Psychopathologie, Psychodynamik und zum Verlauf. Stuttgart: Enke 1993.

Pfäfflin F. Zur transsexuellen Abwehr. Psyche 1994; 48: 904–31.

Pfäfflin F. Die Begutachtung der Transsexualität. In: Psychiatrische Begutachtung. Venzlaff U, Foerster K (Hrsg). 3. Aufl. Stuttgart, Jena, New York: Fischer 2000a; 446–58.

Pfäfflin F. Sexualstraftaten. In: Psychiatrische Begutachtung. Venzlaff U, Foerster K. (Hrsg). 3. Aufl. Stuttgart, Jena, New York: Fischer 2000b; 242–66.

Pfäfflin F, Clement U. Sexualstörungen. In: Klinische Psychologie. Trends in Forschung und Praxis. Bd. 4. Baumann U, Berbalk H, Seidenstücker G. (Hrsg). Stuttgart, Bern, Wien: Huber 1981; 287–307.

Pfäfflin F, Junge A. Nachuntersuchungen nach Geschlechtsumwandlung. Eine kommentierte Literaturübersicht. In: Geschlechtsumwandlung. Abhandlungen zur Transsexualität. Pfäfflin F, Junge A (Hrsg). Stuttgart, New York: Schattauer 1992; 149–457.

Reiche R. Sexualität, Identität, Transsexualität. Beitr Sexualforsch 1984; 59: 51–64.

Rosen R. Silfadenil: Medical advance or media event? Lancet 1998; 351: 1599–600.

Royal College of Psychiatrists. Gender identity disorder in children and adolescents. Guidance for management. Int J Transgenderism 1998; 2 (http://www.symposion.com/ijt/ijtc0402.htm).

Schmidt G. Tendenzen und Entwicklungen. In: Sexuell gestörte Beziehungen. Konzept und Technik der Paartherapie. 4. Aufl. Arentewicz G, Schmidt G (Hrsg). Stuttgart: Enke 1995; 1–12.

Schorsch E. Psychoanalyse und Justiz. Z Sexualforsch 1992; 5: 1–10.

Schorsch E, Pfäfflin F. Die sexuellen Deviationen und sexuell motivierte Straftaten. In: Psychiatrische Begutachtung. 2. Aufl. Venzlaff U, Foerster K. (Hrsg). Stuttgart, Jena, New York: Fischer 1994; 323–68.

Schorsch E, Galedary G, Haag A, Hauch M, Lohse H. Perversion als Straftat. Dynamik und Psychotherapie. Stuttgart: Enke 1996.

Schwöbel G. Ein transvestitischer Mensch, die Bedeutung seiner Störungen und sein Wandel in der Psychoanalyse. Schweiz Arch Neurol Psychiat 1960; 86: 358–82.

Sigusch V (Hrsg). Sexuelle Störungen und ihre Behandlung. Stuttgart: Thieme 1996.

Socarides CW. A psychoanalytic study of the desire for sexual tranformation („Transsexualism“): The Plaster-of-Paris Man. Int J Psychoanal 1970; 51: 341–9.

Springer A. Pathologie der geschlechtlichen Identität. Transsexualismus und Homosexualität. Theorie, Klinik, Therapie. Wien, New York: Springer 1981.

Stoller RJ. Perversion: The erotic form of hatred. New York: Pantheon Books 1975. Deutsch: Perversion. Die erotische Form von Haß. Reinbek: Rowohlt 1979.

Thomä H. Männlicher Transvestitismus und das Verlangen nach Geschlechtsumwandlung. Psyche 1957; 11: 81–124.

Wagner G, Kaplan HS. The new injection treatment for impotence. Medical and psychological aspects. New York: Brunner/Mazel 1993.

Welldon EV. Mutter, Madonna, Hure. Die Verherrlichung und Erniedrigung der Mutter und der Frau. Waiblingen: Bonz 1992.

Will MR. Ein Leiden mit dem Recht. Zur Namens- und Geschlechtsänderung bei transsexuellen Menschen in Europa. In: Geschlechtsumwandlung. Abhandlungen zur Transsexualität. Pfäfflin F, Junge A (Hrsg). Stuttgart, New York: Schattauer 1992; 113–47.

Literaturempfehlung

Arentewicz G, Schmidt G (Hrsg). Sexuell gestörte Beziehungen. Konzept und Technik der Paartherapie. 4. Aufl. Stuttgart: Enke 1995.

Clement U, Senf W (Hrsg). Transsexualität. Behandlung und Begutachtung. Stuttgart, New York: Schattauer 1996.

Hertoft P. Klinische Sexologie. Köln: Deutscher Ärzte Verlag 1989.

Schorsch E, Galedary G, Haag A, Hauch M, Lohse H. Perversion als Straftat. Dynamik und Psychotherapie. Stuttgart: Enke 1996.

Sigusch V (Hrsg). Sexuelle Störungen und ihre Behandlung. Stuttgart: Thieme 1996.

5.2.11
Münchhausensyndrome und artifizielle Erkrankungen
Reinhard Plassmann

Einleitung

Die in diesem Kapitel behandelten Krankheitsbilder unterscheiden sich in einem wesentlichen Punkt von sonstigen somatischen oder psychosomatischen Erkrankungen. Der Körper ist primär gesund oder könnte es zumindest sein, wenn er nicht Opfer eines abnormen Verhaltens würde aufgrund einer Beziehungsstörung zum Körper, an der die Patienten eigentlich leiden. Die klinisch zunächst ganz im Vordergrund stehenden körperlichen Symptome sind nur ein sekundäres Phänomen, eine Folge mißbräuchlicher Benutzung des Körpers für psychische Zwecke, zum Beispiel zur Spannungslösung, Affektabfuhr oder zur Inszenierung unbewußter Phantasien und Erlebniskomplexe. Die klinisch definierten Krankheitsbilder dieser Gruppe sind die Artefaktkrankheit, offene Selbstbeschädigung, Münchhausen-Syndrom, Münchhausen-byproxy-Syndrom.

Neben der pathologischen Beziehung zum Körper ist ein weiteres Merkmal dieser eigentümlichen Krankheitsgruppe die schwer gestörte Beziehung zum Arzt. Die Patienten sind hochgradig arztfixiert bis hin zur Arzt- beziehungsweise Krankenhaussucht, sie erzwingen ärztliche Behandlung durch ihre Körpermanipulationen, sie führen die Manipulationen aus noch zu diskutierenden Gründen meist heimlich durch, das heißt, sie täuschen den Arzt durch Verschweigen und Erfinden falscher Erklärungen.

Klassifikation und Einteilung

Ältere Klassifikationsversuche orientieren sich an der körperlichen Phänomenologie der von den Patienten hervorgerufenen oder auch erfundenen Störungen auf dem Gebiet der Inneren Medizin, Chirurgie etc. Die vollständigste Monographie dieser Art ist das **Handbuch der Artefakte** (Mayr 1937). Dabei wird aber oft der Unterschied zwischen echtem und scheinbarem Symptom verwischt. Patienten mit Thermometermanipulationen erscheinen beispielsweise in der selben Kategorie wie artifiziell Fieberkranke, Patienten mit Manipulationen der EKG-Elektroden erscheinen als kardiologische Fälle. In der vorliegenden Arbeit wird deshalb eine Einteilung nach der **tatsächlich** vorgenommenen Manipulationshandlung bevorzugt, welche sich hinter der echten oder scheinbaren körperlichen Störung verbirgt.

Das DSM-III-R (American Psychiatric Organization 1989) unterscheidet **vorgetäuschte Störungen mit physischen Symptomen** und **vorgetäuschte Störungen mit psychischen Symptomen**. Das Täuschen des Arztes, das Erzwingen der Patientenposition und die Tatsache der Selbstmanipulation werden vom DSM als krankhaft anerkannt, der in Richtung Simulation weisende Terminus „Vortäuschung" wird ausführlich relativiert als zwar bewußtes, jedoch unkontrollierbares zwanghaftes Verhalten. Infantile Traumatisierung und Persönlichkeitsstörungen werden als prädisponierende Faktoren aufgeführt. Das Münchhausen-Syndrom wird als Untergruppe der vorgetäuschten Störungen aufgeführt, nicht jedoch das Münchhausen-by-proxy-Syndrom.

Die ICD-10 (Dilling et al. 1991) führt unter den Persönlichkeitsstörungen die „artifizielle Störung" auf, charakterisiert als absichtliches Erzeugen oder Vortäuschen von körperlichen oder psychischen Symptomen oder Behinderungen. Das Krankheitsbild wird als „Störung im Umgang mit Krankheit und Krankenrolle" interpretiert und von Simulation klar abgegrenzt. Das Münchhausen-Syndrom wird als Untergruppe und das Münchhausen-by-proxy-Syndrom als eigenständiges Krankheitsbild aufgeführt.

In der umfangreichen Literatur finden sich noch mehrere Dutzend vorgeschlagene Krankheitsbezeichnungen von alle-

gorischem, poetischem oder deskriptivem Charakter, die aber keine Ansätze einer Klassifikation enthalten und sich nicht durchgesetzt haben.

Wir unterscheiden heute als eigenständige Krankheitsbilder:

- **Artefaktkrankheit (Factitious disease)**: heimlich durchgeführte Körpermanipulation mit Täuschung des Arztes über die Störungsursachen („Mimikry-Phänomen"; Plassmann 1987).
- **offene Selbstbeschädigung**: offene, das heißt nicht verleugnete Selbstverletzungen durch Schneiden, Brennen, Verätzen etc. Diese Patienten machen aus ihrer Tendenz zur Selbstverletzung kein Geheimnis, woraus sich auch der Terminus „offene" Selbstbeschädigung ableitet (Plassmann 1986). Die zu offener Selbstschädigung neigenden Patienten geben keinerlei diagnostische Schwierigkeit auf, es kommt nicht zur diagnostischen Krankenhaus-Odyssee, der psychische Hintergrund des offensichtlich abnormen Verhaltens ist jederzeit klar. Das Krankheitsbild der offenen Selbstbeschädigung stellt einen Grenzbereich zwischen Psychiatrie und Psychosomatik dar und wird deshalb im vorliegenden Kapitel nicht ausführlich behandelt (s. auch Sachsse 1994).
- **Münchhausen-Syndrom (Asher 1951)**: heimliches Manipulieren oder Erfinden von körperlichen oder psychischen Symptomen, pseudologisches Ausphantasieren von Anamnese und Biographie, soziale Entwurzelung mit pathologischem Behandlungswandern von Klinik zu Klinik, häufig Drogenabhängigkeit und Delinquenz.
- **Münchhausen-by-proxy-Syndrom (Meadow 1977)**: Erfinden oder heimliches Manipulieren von körperlichen Störungen bei den eigenen Kindern mit Täuschung des Arztes über die Störungsursachen.

Das Münchhausen-Syndrom

Definition und Klinik

Richard Asher schrieb 1951, es gäbe einen Typus medizinischer „Münchhausen-Patienten", die wie der bekannte Baron weitgereist seien (**pathologisches Behandlungswandern**) und ihre Krankengeschichten seien ebenso dramatisch wie erfunden (**Pseudologica phantastica**). Die Publikation von Asher führte zu einer nicht mehr überschaubaren Anzahl von Einzelberichten über das seither als Münchhausen-Syndrom bezeichnete faszinierende und gleichwohl rätselhafte Krankheitsbild. Zahlreiche spätere Autoren haben allerdings trotz Asher's Klarstellung (1955) das Syndrom fälschlicherweise mit dem Krankheitsbild der Artefaktkrankheit gleichgesetzt, ohne die offensichtlichen klinischen, psychodynamischen und therapeutischen Unterschiede zu beachten.

Genauere epidemiologische Untersuchungen an größeren Patientenzahlen liegen bislang nicht vor. Es scheint sich aber in einem Verhältnis von 2:1 überwiegend um Männer zu handeln, die Altersbandbreite ist sehr groß ohne typische Häufungen irgendeiner Altersgruppe, so daß sich lediglich ein rechnerisches Durchschnittsalter von 40 Jahren bei den Männern und ca. 30 Jahren bei den Frauen ergibt.

Die **Symptompräsentation** bedient sich in den meisten Fällen klassischer medizinischer „Alarmsignale": Schmerz (75 %), Blutungen (31 %), psychiatrische und neurologische Störungen wie Bewußtlosigkeit, Krämpfe, Suizidalität. Die Patienten suggerieren dem Kliniker das Vorliegen von Herzinfarkt, Nierenkolik, Magendurchbruch, Tuberkulose, Porphyrie, Sepsis etc. (Eckhardt 1989; Ford 1982). Sie sind in der Regel bereits iatrogen verstümmelt, zum Beispiel durch Serien von Laparatomien oder Operationen bis hin zu Amputationen. In manchen Fällen sind Leukosen aufgetreten als Folge multipler Röntgenuntersuchungen, so daß diese Patienten buchstäblich zu Tode geröntgt worden waren. Das **Krankenhauswandern** kann exzessive Ausmaße annehmen mit mehreren hundert Hospitalisierungen in wenigen Jahren entlang ausgedehnter Reiserouten quer über den jeweiligen Kontinent (Justus et al. 1980; Maur 1973). Die meisten solcher Fälle wurden in England und USA publiziert.

Die Kindheit der Patienten wird übereinstimmend als chaotisch und traumatisch beschrieben. Immer wiederkehrende Elemente in der Biographie sind Beziehungsabbrüche zu den Primärobjekten in den ersten Lebensjahren, lange psychische oder körperliche Krankheiten der Eltern, eigene Krankheiten der Patienten als Kinder mit langen Hospitalisierungen, Waisenhauserziehung oder wechselnden Pflegestellen. In den Familien der späteren Patienten sind Dissozialität, Delinquenz, Sucht, Kindesmißhandlung und Inzest häufig. Ein hoher Anteil der Patienten (ca. 30 %) wird wegen kleinerer Delikte straffällig, zum Beispiel Drogen- oder Alkoholdelikten. Konstante Berufsausübung ist selten, die Patienten sind hieran wie auch an ihren Ehen meist gescheitert. Stationäre psychiatrische Behandlungen, zum Beispiel wegen Suizidversuchen sind überdurchschnittlich häufig (Ford 1982).

Intelligenztests zeigen meist eine gute oder überdurchschnittliche intellektuelle Begabung. In Persönlichkeitstests fanden sich Hinweise auf unverarbeitbare Gefühle von Angst, Depression und Hilflosigkeit in Verbindung mit einem unerreichbar hohen Ich-Ideal (Ford 1982; Justus et al. 1980; Stern 1980) und in der Folge ausgeprägten Kleinheitsgefühlen und Versagensängsten.

Immer wieder ist die besondere Bedeutung von Ärzten für diese Patienten aufgefallen, sei es, daß sie in der Realität Arztkinder waren, bei Ärzten aufgewachsen waren oder sich Ärzte als ideale Elterngestalten erträumt hatten. Die Wahl medizinischer Hilfsberufe enthält deshalb den Wunsch, zu dieser verklärten Arzt-Gestalt eine Arbeits- oder sogar Liebesbeziehung aufzunehmen (Cramer 1971). Die spätere Behandlungs- und Klinkssucht setzt die schon lange vorhandene Arztfixierung lediglich auf eine krankhafte Weise fort.

Psychodynamik

Psychodynamisch erscheint wesentlich, daß die Patienten ihre frühen unerträglichen Erfahrungen unzuverlässiger und sadistischer Primärobjekte narzißtisch zu bewältigen suchen. Die Integration des negativen Selbst- und Elternbildes gelingt nicht, die Erfahrung, ein ungeliebtes, unbeachtetes, vielleicht gehaßtes und mißhandeltes Kind zu sein, welches Eltern hat, die nicht liebens- und bewundernswert sind, ist für die Patienten zu schmerzhaft und trifft sie zu früh in ihrer Entwicklung, um bewältigt werden zu können. Statt dessen entwickelt sich eine narzißtische Abwehrform und die Patienten suchen in ihrer medizinischen Hochstaplerkarriere die Rolle des im Mittelpunkt von Sorge und Bemühungen stehenden „Patientenkindes". Die Vision des hingebungsvoll interessierten kompetenten Arztes, intensiv beschäftigt mit einem schwerkranken Patienten ist eine Art narzißtischer Romantik, von welcher die Patienten zur Abwehr ihrer negativen Erfahrungen abhängig sind. Die Tragik der Patienten ist, daß sie stets nur Fiktionen schaffen, deren Zerstörung sie zwanghaft mitinszenieren, während sie auf reale Angebote guter (z.B. therapeutischer) Beziehungen nicht eingehen können. Es ist dann stets der Verlust der idealisierten Arzt-Patient-Beziehung, welcher mit dem Münchhausen-Agieren, das heißt mit Weiterwandern verleugnet und kompensiert werden muß. Die Patienten können sich auf diese Weise notdürftig in der Illusion halten, die Welt sei für sie voll von idealen, jederzeit und überall erreichbaren Eltern-Arzt-Gestalten.

In diesem Zusammenhang sind die pseudologisch phantasierten Geschichten über Erkrankung und Lebensgeschichte keine frei erfundenen Lügen, um den Arzt zu täuschen, sondern Ausgestaltungen einer subjektiven, unbewußten Realität. Die Funktion der pseudologischen Geschichte als Kommunikationsform unbewußter Wahrheit wird besonders deutlich im analytischen Prozeß, der allerdings höchst selten zustande kommt. In einem gut dokumentierten Fall (Mayo und Haggerty 1984) hatte die Patientin stets dann angeblich geschehene Vergewaltigungen phantasiert, wenn ihr die Gewißheit der symbiotischen Verbundenheit mit ihrem Therapeuten verloren gegangen war. Vergewaltigt worden zu sein hieß für sie begehrt, irgendwie geliebt, jedenfalls in Beziehung zu sein. Die Pseudologie läßt sich deshalb in der Therapie als Übertragungsmetapher analysieren. Sie hat, wie zum Beispiel auch Träume, Wunscherfüllungs-, Abwehr- u. Wiederholungscharakter. Sie enthält die subjektive Übertragungsphantasie und die infantile Szene. Damit erklärt sich auch, daß die meisten Patienten den Inhalt ihrer Pseudologien nur selten variieren. Im scheinbar falschesten, der „Lüge", liegt die eigentliche Wahrheit.

Therapie

Versuche, mit radikalen Mitteln vorzugehen, haben sich weder im Einzelfall noch generell bewährt. Versucht wurden Elektrokrampftherapie, Leukotomie, Insulinkoma, Schwarze Listen und Strafverfolgung (Ford 1992). Psychotherapien, ins-besondere erfolgreiche, sind nur verschwindend wenige zustande gekommen, so zum Beispiel eine 3 Jahre dauernde psychiatrische Verhaltensmodifikation (Yassa 1978). Die Tendenz zum Beziehungsabbruch ist derartig groß, daß nahe-zu alle auch ermutigend begonnen Behandlungen scheitern, etwa die psychodynamisch hochinteressanten analytisch ori-entierten Therapien von Justus et. al (1980), Mayo und Hag-gerty (1984), Stone (1977). Es bleibt die Empfehlung, die Pa-tienten in ihrem Kranksein an einer hochgradig invalidi-sierenden Störung mit extrem schlechter Prognose anzuneh-men mit dem Ziel, körperliche Eingriffe so weit wie möglich zu vermeiden und den Patienten in eine stationäre psychiatri-sche Langzeitbehandlung zu integrieren.

Das Münchhausen-by-proxy-Syndrom

Definition und Klinik

Die Bezeichnung **Münchhausen-by-proxy** hat sich seit ihrer Einführung durch den englischen Pädiater Roy Meadow (1977) sofort durchgesetzt. Meadow hatte festgestellt, daß an-gebliche Krampfanfälle von Kindern von den Müttern nur be-hauptet oder aber durch lebensgefährliche Erstickungs- oder Vergiftungsmanipulationen selbst heimlich herbeigeführt worden waren. Zum Münchhausen-Syndrom und zu den Ar-tefaktkrankheiten bestehen offensichtliche Ähnlichkeiten. Der Mißbrauch des kindlichen Körpers findet heimlich und sehr häufig mit invalidisierenden oder tödlichen Folgen für das Kind statt. Die Manipulationen werden vor dem Arzt verleug-net (Mimikry-Phänomen) und der Arzt soll in typischer Weise zum Helfer der Mutter bei der fortgesetzten Traumatisierung der Kinder werden. Ab 1977 bis Ende der 80er Jahre sind min-desten 100 Fälle unter dieser Diagnose bekannt geworden bei einer anzunehmenden sehr hohen Dunkelziffer.

In einer Untersuchung von Palmer und Yoshimura (1984) waren die Kinder zwischen acht Wochen und elf Jahren alt bei gleichmäßiger Geschlechtsverteilung. Insbesondere heim-liche Vergiftungen der Kinder scheinen häufig sofort nach der Geburt zu beginnen. Die Kinder werden in einem Alter zwi-schen fünf Tagen und vier Monaten von den Müttern oder El-tern wegen unerklärlicher Apnoe, Zyanose, Lethargie, Eßstö-rungen, Verwirrtheit, Bewußtlosigkeit oder Anfällen in Behandlung gebracht (Hickson et. al 1989). Krampfanfälle werden in etwa zwei Drittel der Fälle von den Müttern nur behauptet, ohne wirklich zu bestehen, in einem Drittel werden sie von den Müttern manipuliert durch Erstickungsversuche mit der Hand, Kissen, Tüten oder Intoxikation (Meadow 1984).

Weitere Krankheitsbilder, mit denen die Kinder in die Kli-niken gebracht werden, sind manipulierte oder erfundene Zuk-kerstoffwechselstörungen, Hämaturien, Bakteriurien, Blutbei-mengungen im Stuhl, Diarrhöen, Erbrechen, Dehydratation, Urtikaria, Fieber, Blutungen aus dem oberen Respirations-trakt, Stridor, Verhaltensauffälligkeiten, Ataxie, Polydipsie, Polyurie, generelle Blutungsneigung, Herzrhythmusstörungen (Palmer und Yoshimura 1984). Für heimliche Vergiftungen der Kinder wurden benutzt Chloralhydrat, Furosemid, Chlor-talidon, Methaqualon, Imipramin, Phenolphthalein, Prometha-zin, illegale Drogen und Tranquilizer. Fieber wurde manipu-liert durch Injektion von Urin, infektiösem Material oder Manipulation von Meßwerten.

Genauere Überprüfung der Familien ergibt eine alarmie-rende Häufigkeit von gleichfalls betroffenen Geschwistern. In 23 Familien mit zunächst einem bekannt gewordenen Fall fan-den sich weitere 21 Geschwister als Opfer teils identischer teils anderer Manipulationsformen (Meadow 1984). Die To-desrate sämtlicher betroffener Kinder liegt bei 10 bis 15%, wenn die Kinder nicht von den Eltern getrennt werden. Es sind wiederholt Fälle beschrieben worden, in denen die Entschlos-senheit der Ärzte oder auch die Rechtslage für eine Trennung von Kind und Eltern nicht ausreichte mit der Folge, daß dieses wenig später verstarb. In einigen seltenen Fällen waren die Op-fer nicht Kinder, sondern Erwachsene, zum Beispiel Ehemän-ner der Mütter.

Die eigene Biographie der so agierenden Mütter ist eben-falls voll von körperlichem Mißbrauch, Objektverlusten, psy-chischen und körperlichen Krankheiten und multiplen Hospi-talisierungen gewesen. Die Mütter haben häufig medizinische Berufe erlernt oder soziale Helferberufe. Der Umgang der Mütter mit diesen Kindern wird übereinstimmend als extrem symbiotisch beschrieben. Das manipulierte Kind ist völlig ab-hängig von der Mutter, es gilt als ständig betreuungsbedürftig und übernimmt diese Rolle auch in sein Selbstverständnis. Die älter werdenden Kinder (sofern sie überleben) sind völlig von ihrer Invalidität überzeugt und leben als chronisch Kranke, oft noch als Erwachsene, im Elternhaus. Manche beginnen selbst die bislang von der Mutter manipulierte Krankheit zu erzeugen oder zu fingieren (Meadow 1984). Auffälligerweise sind ältere Kinder oft Mitwisser des Tuns ihrer Mütter, etwa bei der Vor-täuschung einer spontanen Blutung mit darauffolgender Hos-pitalisierung. Sie verraten aber ihre Mütter niemals. Die Kin-der sind nicht imstande sich aus der extrem symbiotisch-destruktiven Beziehung zur Mutter zu lösen.

Psychodynamik

Das Kind ist für die Patientin zum einen Repräsentanz des ei-genen negativen Selbstanteils. Sein Schreien und Fordern wird als „böse" erlebt und (wie in der eigenen Kindheit?) mit Ge-walt beantwortet. Das Kind ist aber auch ein frühes Über-gangsobjekt (Winnicott 1971). Es hat zwar ein Eigenleben, wird aber wie ein Ding benutzt ohne Rücksicht auf Leben und Gesundheit. Das Kind wiederum erleidet die völlige Hilflo-sigkeit und Ohnmacht dieser immer wieder fast tötenden und dann wiederbelebenden Muttergestalt gegenüber. Durch ihr Agieren bleibt es den Münchhausen-by-proxy-Müttern er-spart, solche Gefühle selbst zu erleben. Eine normale psychi-sche Entwicklung des Kindes mit fortschreitender Verselbständigung würde die Mütter zweifellos in einen unerträglichen Vereinsamungs- und Hilflosigkeitszustand versetzen durch den Verlust der symbiotischen Beziehung zum Kind. Die Schädigung des Kindes ist jene Handlung, die der Mutter immer wieder die Erfüllung ihrer symbiotischen Wünsche in der Beziehung zum Kind und in der Beziehung zum Arzt ermöglicht. Es sind infolgedessen häufig Verlusterlebnisse, welche das Münchhausen-by-proxy-Agieren auslösen können.

Nach stattgefundener Manipulation am Kind sind die Mütter in einer sehr labilen und gefährlichen psychischen Situation. Die soeben ausgelebten infantiziden Impulse können in vernichtende Schuldgefühle mit der Gefahr des Suizids oder der psychotischen Desintegration übergehen. Nach Konfrontationen mit der ärztlichen Diagnose der heimlichen Kindsschädigung beginnen einige Mütter an rätselhaften eigenen Krankheiten zu leiden, bei denen es sich, wie sich dann oft zeigt, um Artefakte handelt.

Therapie

Die ständige Überwachung eines betroffenen Kindes, welches in seine Familie zurückkehrt wird von allen Autoren angesichts des äußerst malignen Verlaufs gefordert. Langzeitbeobachtungen über den Erfolg solchen Vorgehens fehlen aber. Meist wird die Entfernung des Kindes aus der Familie nötig, um sein Leben zu retten, so zum Beispiel in sieben von neun Fällen heimlicher Kindsvergiftungen (Hickson et al. 1989). Berichte über erfolgreiche Behandlungen der Mütter, welche die eigentlichen Patientinnen sind, fehlen. Es scheint aber vorzukommen, daß einzelne Mütter für ärztliche Intervention sogar dankbar sind und ihr Verhalten fast erleichtert aufgeben können.

Die Artefaktkrankheit

Definition

Artefaktkranke machen durch heimliche Manipulation bestimmte Körperteile oder Körperfunktionen zum Problembereich, den sie multiplen ärztlichen Maßnahmen aussetzen. Kernsymptom der Erkrankung ist das Leiden an einer mißbrauchenden Beziehung zum eigenen Körper, die in einer sado-masochistischen Beziehung zum Arzt inszeniert wird. Die Beziehungsstörungen zum Körper und zum Arzt sind primär und konstant, während die jeweilige Organwahl variiert. Allerdings sind deutliche Bevorzugungen bestimmter Manipulationsformen erkenntlich.

Die Organwahl wird sowohl von äußeren, praktischen, als auch von inneren, unbewußten Einflüssen bestimmt. Unfälle, Operationen oder körperliche Spontanerkrankungen können eine Organwahl gleichsam anbieten, welche die Patienten beibehalten, so zum Beispiel artifizielle Wundheilungsstörungen nach Operationen (siehe exemplarischer Fall). Regelmäßig findet sich aber eine persönliche, dem Patienten unbewußte

symbolische Bedeutung der Organwahl und der Manipulationsform aufgrund unbewußter körperbezogener Phantasien. Einige solcher pathologischer **Organphantasien** und Manipulationsphantasien sind leicht verständlich, zum Beispiel eine eher bewußtseinsnahe sexuelle Symbolik im Falle von Blasenartefakten mit der Folge multipler vom Arzt durchgeführter Zystoskopien. Andere Artefaktformen bleiben zunächst rätselhaft, da es für sie keinen allgemein verfügbaren Assoziations- und Bedeutungsschatz gibt, etwa artifizielle Insulinkomata, artifizielle Thyreotoxikosen oder Strangulationsödeme. Deren oft mehrschichtige Bedeutung erschließt sich erst in der analytischen Therapie, sofern durchführbar.

Auch die Manipulationsweise variiert sehr. Manche Patienten verwalten umfangreiche geheime Werkzeugarsenale, mit denen sie zielorientiert bestimmte Effekte herbeiführen, zum Beispiel rätselhafte Stoffwechselentgleisungen durch genau dosierte Einnahme toxischer Substanzen oder hämorrhagische Diathesen durch Einnahme von Vitamin-K-Antagonisten. Solche Patienten sind vom Verhalten und auch von der Persönlichkeit den Münchhausen-Patienten ähnlich, sie täuschen sich und dem Arzt eine kunstvoll geschaffene, faszinierende, aber falsche Realität vor. Zu diesem Zweck werden manchmal auch passende Biographien oder Berufsangaben hinzu erfunden. Diese Patientengruppe bildet den **narzißtisch-hysterischen Pol** der Artefaktkrankheit. Andere Patienten manipulieren eher raptusartig-impulsiv in einem dissoziierten bewußtseinsveränderten Zustand, über dessen Beginn und Beendigung sie keine Kontrolle haben. Die Manipulationshandlung ist stereotyp und benutzt keine oder nur einfache Werkzeuge, zum Beispiel Reiben des Auges mit dem Finger, Stechen mit infizierten Nadeln, Abschnüren von Extremitäten. Diese Patienten bilden den **impulsiv-dissoziativen Pol** des Krankheitsbildes.

Innerhalb dieses Spektrums gibt es alle Zwischenformen. Hierzu zählen auch Patienten mit **chronischen Artefakten**, meist Haut- oder Gewebeinfektionen. Sie manipulieren mehrfach täglich und halten damit ihr Artefakt in einem mehr oder weniger subakuten Dauerzustand. Insbesondere auf dem Gebiet der Dermatologie scheint es etwas günstigere Verläufe zu geben, zum Beispiel die Acne excoriée des Jeunes filles. Die Patientinnen räumen ihre zwanghaft durchgeführten Manipulationen mit einigem Widerstand ein, oft aber nicht in vollem Umfang. Die therapeutische Beziehung erscheint hier nicht tiefgreifend gestört, so daß die Patienten auch relativ leicht zur Psychotherapie motivierbar sind. Klinisch sollte man hier von einem **benignen Artefaktsyndrom** sprechen.

Fallbeispiel
(zusammen mit A. Stöffler)

Die 34jährige Frau B. war sieben Jahre lang fast durchgehend in gynäkologischen und chirurgischen Abteilungen stationär behandelt worden. Nach einer notfallmäßig durchgeführten Gebärmutterentfernung waren damals immer wieder schwere Wundheilungsstörungen in Form von Abszessen, Fistelungen und Gewebedefekten aufgetreten, die Frau B., wie erst lange später vermutet wurde, durch heimliche Manipulationen an der Wunde selbst ausgelöst hatte.

Sie ist eine mittelgroße, stämmig wirkende, blasse Frau mit kurzgeschnittenen dünnen blonden Haaren. Sie wirkt jünger als sie ist und hat in ihrem Auftreten eine Mischung von Hilflosigkeit und Trotz.

Bei der körperlichen Aufnahmeuntersuchung zeigte sich, daß der gesamte Unterbauch von großflächigen Narbensträngen entstellt war, einige fingernagelgroße Stellen waren nicht völlig epithelialisiert und näßten leicht. Über dem linken Hüftgelenk befand sich ein etwas über faustgroßer Gewebedefekt, der ca. 3 cm tief war und an den Rändern ringsum mehrere tiefe Taschen aufwies. Die Wunde war zum Zeitpunkt der Aufnahme nicht infiziert, näßte leicht und das Granulationsgewebe war nur gering ausgeprägt.

Sie begann ihre Mitteilungen mit folgenden Worten: „Das hat angefangen, als die Gebärmutter entfernt wurde. Seitdem heilt das nicht und keiner weiß, warum." Ärzte hätten ihr gesagt, sie solle das einfach akzeptieren, aber das könne sie nicht, „diese Sache" gehöre nicht zu ihrem Körper, sie könne sich daran nicht gewöhnen.

Zunächst meinte Frau B., Kindheit und Zuhause seien eigentlich ganz normal gewesen. Sie war in einer Kleinstadt in Süddeutschland aufgewachsen und ist das einzige Kind aus der Ehe zwischen einer Deutschen und einem amerikanischen Besatzungssoldaten. Beide Eltern waren alkoholabhängig gewesen, die Mutter hatte als Haushälterin gearbeitet, der Vater war in einer Kaserne beschäftigt gewesen. Immer wieder war sie zuhause ohne Grund verprügelt worden. Mit knapp 18 Jahren war sie vom Elternhaus weggegangen, hatte eine Arbeitsstelle als Küchenhilfe gefunden und eine eigene Wohnung. Ihre Eltern hat sie dann nicht mehr wiedergesehen. Kurz nach ihrem Auszug starb der Vater, einige Jahre danach auch die Mutter. Zu den Beerdigungen ist sie absichtlich nicht gegangen, wie sie betonte.

Frau B. zog dann mit einem Mann zusammen, den sie bald heiratete. Ein Kind verstarb unter unklaren Umständen wenige Monate nach der Geburt. Zwei Jahre danach war Frau B. erneut schwanger, im vierten Monat dieser Schwangerschaft traten Blutungen auf, es kam zu einer Fehlgeburt und danach wurde wegen anhaltender Blutungen, die zu einer lebensgefährlichen Situation führten, eine Gebärmutterentfernung als Notfall-Operation durchgeführt. Zu diesen Vorgängen war allerdings kein Arztbericht zu beschaffen. Damit begann eine andauernde Krankenhauskarriere. Die Operationswunde verheilte nicht, und es wurden eine Vielzahl von erneuten Operationen durchgeführt. Der letzte operative Eingriff war ein Jahr vor Beginn der Psychotherapie erfolgt, damals war mit einer Spalthaut-Transplantation versucht worden, eine große Wundfläche über der Hüfte abzudecken.

In der Zeit nach der Gebärmutterentfernung habe ihr Ehemann zunehmend zu trinken begonnen, er beschimpfte sie als nicht mehr vollwertige Frau. Nachdem er sie auch körperlich zu mißhandeln begann, habe sie sich von ihm getrennt und eine vom Sozialamt bezahlte Wohnung bezogen, da Frau B. keine Einkünfte hatte und auch nicht die Voraussetzungen für eine Berentung erfüllte. Die Wohnung hat die Patientin jedoch in den letzten fünf Jahren immer nur für Tage bewohnt, wenn sie aus der jeweiligen Klinik versuchsweise entlassen worden war mit der regelmäßigen Folge „rätselhafter" Verschlechterungen, die eine chirurgische Einweisung notwendig machten. Erst nach einer Krankheitsdauer von sieben Jahren war eine psychosomatische Konsiliaruntersuchung veranlaßt worden.

Krankheitsschwere

Das Ausmaß der körperlichen und sozialen Schäden, die Chronifizierung und Invalidisierung infolge der Artefaktkrankheit und die Schwere der vorliegenden Persönlichkeitsstörung sind sehr unterschiedlich. Die Krankheitsschwere läßt sich nach folgendem Schema einschätzen:

- Gruppe I; extrem schwere Krankheitsverläufe (maligne Artefaktkrankheit):
  - multiple lebensbedrohliche oder verstümmelnde Manipulationen oder Manipulationsfolgen oder ärztliche Eingriffe wie Amputationen
  - zusätzlich Artefaktäquivalente (Unfälle, operationssüchtiges Agieren, Suchtenwicklung, Delinquenz, psychotische Episoden)
  - soziale Entwurzelung mit Reduktion auf die Artefaktkrankheit als Lebensinhalt, Verlust von Arbeitsplatz, Familien- u. Sozialbindung
  - Fehlen stabiler Lebensepisoden
  - keinerlei Zugang zu psychiatrisch-psychotherapeutischer Behandlung
- Gruppe II; mittelschwere Verlaufsformen:
  - leichtere Manipulationsformen (nicht lebensbedrohlich oder verstümmelnd, keine Dauerschäden)
  - eher Mono- als Multisymptomatik, wenig Artefaktäquivalente
  - episodischer Krankheitsverlauf mit vorhandener Sozialbindung (Beruf, Familie)
  - längere stabile Lebensphasen im Erwachsenenalter
  - psychisches Leidensgefühl mit zeitweiliger Akzeptanz psychiatrisch-psychotherapeutischer Hilfe
- Gruppe III; leichtere Verlaufsformen (benigne Artefaktkrankheit):
  - folgenlos ausheilende Manipulationsformen
  - Gelegenheitsartefakte in umschriebenen Auslösesituationen als Monosymptom
  - keine Gefährdung der sozialen Einbindung
  - in der Regel stabile Lebenssituation
  - aktive Suche nach Psychotherapie

Patienten der Gruppe I (Extremverläufe) haben dann eine äußerst ungünstige Prognose, wenn sie auf Dauer nicht durch psychiatrisch-psychotherapeutische Hilfe erreichbar sind im Sinne einer **malignen Artefaktkrankheit**. Patienten der Gruppe II sind in das psychotherapeutische Versorgungssystem manchmal integrierbar mit positiven Behandlungsergebnissen. Bei Patienten der Gruppe III (**benigne Artefaktkrankheit**) kommt anläßlich der artifiziellen Symptomatik rasch eine psychosomatisch-konsiliarische Betreuung in Gang oder die artifizielle Symptomatik wird als Begleitsymptom in laufenden Psychotherapien oder Analysen eher zufällig entdeckt.

Der dargestellte exemplarische Fall wäre zwischen Schweregrad I und II einzustufen.

Klinisches Erscheinungsbild

Im Falle der Artefaktkrankheit steht der Kliniker vor der Aufgabe, die Widersprüche zwischen Symptomatik, Verlauf und angeblicher Diagnose zu erkennen und das Krankheitsbild quasi zu dechiffrieren, indem es auf eine oder mehrere Manipulationsformen als einzig stimmige Ursache zurückgeführt wird.

Die bekannt gewordenen Manipulationsweisen sind derartig zahlreich, daß sie nur noch in einer tabellarischen Übersicht aufgeführt werden können. Tab. 5-6 gibt die häufigsten Manipulationsformen wieder (s. auch Bock und Overkamp 1986; Eckhardt 1989; Paar 1987; Plassmann 1991).

Außer den hier zusammengestellten eigentlichen Manipulationsformen finden sich bei vielen Patienten zeitweise psychiatrische Störungen, Süchte, Unfälle oder Operationen. Diese Begleitsymptomatik ist ebenfalls Ausdruck einer auf den Körper gerichteten Destruktivität und kann unter Umstän-

Tab. 5-6 Manipulationsmethoden.

Manipulation von Infektionen	• Abszesse, Phlegmonen oder Sepsis durch Injektion von Bakterienkulturen, Fäkalien, Blumenwasser, Urin, Speichel, Milch, Benzin, Fruchtsaft, Talkum mit der Folge von Arthritiden, Mastitiden, Bauchdeckenabszessen, systemischen Pilzinfektionen etc. • Wundheilungsstörungen durch Verunreinigungen und mechanische Manipulationen • Fiebererzeugung durch Injektion von Urin, Milch, Impfstoffen, Paraffin; Einnahme von Substanzen, wie z. B. Schilddrüsenhormone (s. auch Manipulation von Meßwerten) • Urogenitalinfektionen durch Selbstkatheterisierung; Injektion von infektiösem Material in die Harnwege oder Genitalien
Manipulation von Blutungen und Anämie	• Mechanische Schleimhautverletzung mit der Folge von Nasenbluten, Vaginalblutungen, rektalen Blutungen etc. • Fingieren oder Manipulieren von Bluthusten, Bluterbrechen, blutigem Stuhl, Teerstuhl • Blutgerinnungsstörungen durch Einnahme von Vitamin-K-Antagonisten • Manipulation von Anämie durch Aderlaß • Nichteinnahme von Antianaemica
Medikamentenmanipulationen	• Diuretikaeinnahme mit der Folge von Elektrolytstörungen oder Ödembildung • Einnahme von Schilddrüsenhormonen mit der Folge von Thyreotoxikosen • Einnahme von Laxantien oder enteritiserzeugender Chemikalien • Einnahme oraler Antidiabetika oder Selbstinjektion von Insulin mit der Folge von hypoglykämischen Schocks • Einnahme von Kalzium- oder Kaliumpräparaten mit der Folge von Elektrolytstörungen • Nichteinnahme verordneter Medikamente (Antibiotika, Eisenpräparate, Elektrolyte) mit der Folge entsprechender Mangelerscheinungen • Einnahme von Hypertonie- oder Hypotoniemedikamenten mit der Folge von akuten Kreislaufstörungen • Einnahme zentral dämpfender Pharmaka • Einnahme von Stimulanzien einschl. Coffein mit der Folge von Erregungszuständen und Tachykardien • Einnahme großer Mengen von Zahnpasta mit der Folge von Fieber und Tachykardie • Einträufeln von Anticholinergica in das Auge mit der Folge von Pupillenstörungen • Einnahme von Nebennierenrindenhormonen mit der Folge von Cushing-artigen Bildern • Einnahme bekannter Allergene mit der Folge anaphylaktischer Reaktionen • Einnahme von hepatotoxischen Substanzen • Einnahme von Frostschutzmittel (Etylenglykol) mit der Folge metabolischer Alkalose
Mechanische Manipulationen	• Strangulationen mit Ödembildung, trophischen Störungen, Gangrän • Klopf- u. Schlagartefakte (Hämatome, chronisch-traumatisches Handödem) • Zwangsruhigstellung von Extremitäten mit Kreislaufstörungen, Stoffwechselstörungen und Ödembildung • Unfallinszenierungen (Stürze, Autounfälle etc.) • Lufteinspritzungen mit der Folge von Bindegewebsemphysemen • Mechanische Hautmanipulationen durch Reiben, Scheuern etc. • Haare ausreißen und Haare schlucken mit Bezoarbildung • Augenreiben mit der Folge von Hornhautläsionen • Chemische Manipulationen (Verätzungen von Haut oder Augen mit Säuren und Laugen) • Thermische Manipulationen (Verbrennungen, Verbrühungen)
Schildern alarmierender Schmerzsymptome	• Akute Herzschmerzen • Akute Bauchschmerzen • Lungenschmerzen mit Husten • Gelenkschmerzen • Akute Unterbauchschmerzen an blinddarmtypischer Stelle • Akute Gallen- und Nierenkoliken • Ulkusschmerzen • Gynäkologische Schmerzen

Tab. 5-6 (Fortsetzung)

Beschreiben angeblich beobachteter Alarmsymptome	• Epileptische Anfälle • Bluthusten • Teerstuhl • Kopfschmerzattacken mit Bewußtlosigkeit • Herzrhythmusstörungen • Fieberschübe, Schüttelfrost • Lähmungen • Fallneigung • Schwindel • Harnblasenentleerungsstörungen • Absolute Obstipation • Erbrechen • Akute Halbseitensymptomatik
Manipulation von Meßwerten	• Thermometermanipulation • Einbringen von Urinzusätzen (Speichel, Eiweiß, Blut, Kot) • Einbringen von Sputumbeimischungen (Blut) • Blutschlucken mit der Folge scheinbarer Teerstühle • Elektrodenmanipulation in der EKG-Ableitung

den als Artefaktäquivalent an Stelle einer selbstmanipulierten Störung treten.

Die Biographie des Artefaktpatienten

Die Biographie der Artefaktpatienten weist nicht jene chaotische Häufung von Krankheiten, Objektverlusten, Gewalt und schweren Persönlichkeitsstörungen der Eltern auf, welche die Kindheit der Münchhausen-Patienten charakterisiert. Die familiäre Situation wirkt etwas geordneter, es gibt eine Familie, wenngleich sie meist unter äußersten Spannungen steht.

▶ Objektverluste

Etwa ein Drittel bis die Hälfte der Patienten wurde dauernd oder zeitweise in den ersten Lebensjahren von einem oder beiden Eltern getrennt. Auffällig häufig sind Hinweise auf ein abnormes Sexualleben der Eltern. In einigen Fällen lebten die Mütter gerade während der ersten Lebensjahre der Patienten mit rasch wechselnden Partnern bis hin zur gewerbsmäßigen Sexualität. Intrapsychische Folge solcher frühen Objektverluste sind starke fortbestehende Abhängigkeitswünsche, verbunden mit Abhängigkeitsängsten wegen der Gefahr erneuten traumatischen Verlassenwerdens. Die Anklammerung an medizinische Institutionen und Personen hat hier eine ihrer Wurzeln. Diese sind (in unserem Kulturraum) fast überall und ständig erreichbar und können deshalb als gutes mütterliches Primärobjekt phantasiert werden.

▶ Körperliche Gewalt

Körperliche Mißhandlung ist die am häufigsten nachweisbare Form infantiler Traumatisierung bei ca. 50% der Patienten. Täter sind Väter, Pflegeeltern, nahe Verwandte, Heimerzie-

her, Mütter. In mehreren Fällen wurden die Patienten vom Kleinkindesalter bis in die Adoleszenz gewohnheitsmäßig geschlagen. Es handelt sich dabei um ein Maß von Gewalt, welches immer mit schweren Schmerzen und oft mit Körperverletzung (Blutergüsse etc.) verbunden ist und nicht etwa um eher angedeutete, den Ernst einer Ermahnung unterstreichende symbolische Züchtigungen. Die späteren Selbstmanipulationen sind in vielen Fällen analysierbare Erinnerungsäquivalente, sie wiederholen manchmal sehr konkret und buchstäblich die infantil erlittene Gewalt (Plassmann 1986). Dies scheint insbesondere für sexuellen Mißbrauch zu gelten, weil dieser später geschieht und deshalb komplexer symbolisiert werden kann. Den Patienten sind die Erinnerungen an die am eigenen Leibe erfahrene Gewalt später oft nicht bewußt zugänglich, sondern bleiben Teil eines abgespaltenen und verleugneten, lediglich am eigenen Körper ausgelebten Realitätsfragmentes. Besonders bei Patienten mit hämatologischen Artefakten muß an eine Inzestbiographie gedacht werden.

Epidemiologie

Das Verhältnis von Frauen zu Männern unterscheidet sich in den einzelnen Altersklassen deutlich. In der Altersgruppe unter 20 haben die Frauen einen neunmal höheren Anteil, nur im Gesamtdurchschnitt ergibt sich ein Verhältnis von ca. 4:1 (Tab. 5-7). In der Altersgruppe bis 35 Jahre treten 78% der Fälle auf (Mayr 1937). Die durchschnittliche Symptomdauer bis zum Behandlungsbeginn beträgt vier Jahre (Plassmann 1991). Durchschnittlich 58% der publizierten Fälle von Artefaktkrankheit unter Ausschluß der Münchhausen-Syndrome hatten einen Helferberuf ergriffen. Typischerweise handelt es

Tab. 5-7 Epidemiologische Daten bei einer Gesamtgruppe von 1070 Personen.

n	Helferberufe	Geschlecht	Alter (in Jahren)	Morbiditätsrate
1070	58%	78% Frauen	20–35	0,62–9%
		22% Männer		

sich um Krankenschwestern, Schwesternhelferinnen, Laborberufe, Medizinstudenten, jedoch fast nie um Ärzte.

Die Berufswahl kann als Aspekt des Krankheitsbildes gesehen werden. Die Patienten, meist Frauen, entscheiden sich für eine zunächst legale „körpermanipulatorische" Berufstätigkeit. Sie üben einen Teil dessen, was später zur Krankheit wird, als Beruf aus: Blutabnehmen, Injizieren, Medikamente geben etc. Im Verlauf erfolgreicher Psychotherapien wenden sich fast alle Patientinnen von diesen Berufen ab, die sie dann als unerträglich eingreifend empfinden.

▶ Erkrankungshäufigkeit

Die Literatur besteht in der Regel aus Einzelfallpublikationen, die ganz überwiegend in den westlichen Ländern erschienen sind. Die geschätzte Krankheitshäufigkeit hängt sehr von den untersuchten Kollektiven und von der angewandten Untersuchungsmethode ab. In dermatologischen Kliniken finden sich nach Gieler unter anderem (1987) ca. 1 bis 2% Artefaktkranke, in allgemeinen Krankenhäusern ebenfalls ca. 2% (Lipsitt 1982). In einer internistischen Klinik haben zum Beispiel Aduan (1979) unter Patienten mit unklarem Fieber 9% Artefaktfälle gefunden, im psychiatrischen Konsiliardienst eines Universitätsklinikums lag die Häufigkeit bei 0,62% (Eckhardt 1999; Kapfhammer et al. 1998).

Persönlichkeitsstruktur und Psychodynamik

Testpsychologische Befunde

Der Narzißmusfragebogen nach Deneke und Müller (1984) läßt Aussagen über das Selbstkonzept, die Objektvorstellungen, die Objektbeziehungen, die Kränkungsverarbeitung und über Zustände eines dekompensierten Selbstwertsystems zu. Die Q-faktorenanalytische Auswertung der Selbstbeantwortungsfragebögen bei 18 Patienten ergab eine Borderline-strukturierte Persönlichkeit in 83% der Fälle, 40% der Boderline-Patienten wiesen zusätzlich eine narzißtische Persönlichkeitsorganisation auf (Plassmann 1991).

Die klinische Diagnostik, gestützt auf Exploration, psychoanalytische Interviews und Verlaufsbeobachtung ergibt bei 62% der Patienten eine Borderline-Struktur und bei weiteren 29% eine narzißtische Persönlichkeitsorganisation. Bei etwa einem Drittel der Patienten finden sich Hinweise auf eine reifere, neurotische Persönlichkeitsstruktur. Dies sind oft Patienten mit hoher Behandlungsmotivation und gutem therapeutischen Verlauf im Sinne der benignen Artefaktkrankheit.

Psychoanalytische Überlegungen zur Symptomauslösung

Hat man die Möglichkeit, in einer mehrwöchigen stationären Therapie die Erkrankungssituation zu rekonstruieren, so zeigen sich überraschende Gemeinsamkeiten. Bei drei Viertel der Patientinnen führte eine Kombination sexueller Ereignisse mit der Gefahr des Verlustes existentiell wichtiger Personen zu einer psychischen Katastrophe. Sehr symbiotisch mit ihren Müttern verbundene junge Frauen beispielsweise scheitern an der ersten sexuellen Männerbeziehung, die ein unbewußtes Tabu verletzt, entweder das der Ablösung von der Mutter, das Inzesttabu oder ein generelles Sexualitätsverbot.

Falls dieser erster Sexualkontakt als junge Frau durch einen sexuellen Übergriff innerhalb der Familie zustande kommt, so wird den Patientinnen ihr Weiblichsein als Schuld angelastet, die Mütter reagieren kalt und haßerfüllt, isolieren und verstoßen das Kind, oft ohne über den Grund ein Wort zu verlieren. In Partnerschaften oder Ehen versuchen einige Patientinnen später den Schein eines normalen Sexuallebens zu wahren, indem sie mit ihren Partnern verkehren oder sogar schwanger werden. Es kommt dann aber zu Fehlgeburten, Schwangerschaftsunterbrechungen und auch zur Geburt von Kindern, die allerdings von den Müttern nicht angenommen werden können, sondern als äußerste Gefahr empfunden werden. Das eigene Kind verlangt jene gute Mütterlichkeit, welche die Patienten in ihrer von Objektverlust und Gewalt geprägten eigenen Geschichte gerade nicht verinnerlichen konnten. Die Tatsache, sexuellen Verkehr zu haben und schwanger zu sein, löst bei einem großen Teil der Patientinnen massive Inzestphantasien und Schuldgefühle aus. In der eigenen sexuellen Betätigung wird eine extreme Separationsangst von einer als allmächtig und mörderisch phantasierten Mutter erlebt, oft verbunden mit masochistischer Unterwerfung unter die Mutter und unter eine mißbrauchende Vatergestalt. Nach eben diesem Muster wird sich dann die spontane oder in der Therapie entwickelte Übertragung gestalten.

Psychoanalytische Überlegungen zur Arzt-Patient-Beziehung

Die Artefaktkrankheit ist dadurch gekennzeichnet, daß die Patienten ihr unbewußtes, hochpathologisches Elternbild auf Ärzte übertragen. Die Dynamik der Arzt-Patient-Beziehung läßt sich deshalb als Reinszenierung einer traumatischen präödipalen Erfahrung verstehen. Die Wahl des Arztes als Übertragungsobjekt scheint gerade von dem für die Medizin typischen und einzigartigen Spannungsbogen zwischen Helfen und Verletzen herzurühren. Von ganz besonderer Bedeutung ist dabei, daß die Medizin und der Arzt für die Patienten eine sprachlose Welt repräsentieren, in welcher aller Dialog nur über Handlung, nicht über Sprache geschieht. Der Arzt weist deshalb aus der Sicht der Patienten typische Eigenschaften eines archaischen Primärobjektes auf, dem sich die Patienten ausliefern: er ist ideal, sadistisch-allmächtig und präsymbolisch-unbegreiflich. Die Fixierung an den Arzt in der Artefaktkrankheit um den Preis körperlicher und seelischer Zerstörung wiederholt die innerpsychische Realität, daß die Patienten sich von diesem archaischen Primärobjekt nie gelöst haben. Das Leben in der Welt des Krankenhauses als Dauerpatient wiederholt und verstärkt die ausweglose infantile Fixierung.

In der Phantasie der Patienten hat der Arzt seinen Beruf nur gewählt, um unter dem Deckmantel des Helfens den Körper seiner Patienten für seine sadistischen Bedürfnisse zu mißbrauchen. Hierin liegt das tiefe Geheimnis der Patienten. Sie „wissen", daß Ärzte Sadisten sind, wie die Eltern auch. Sie „wissen" ebenfalls, daß dieser Gedanke nie gedacht oder gesprochen werden darf, weil es kein Leben mit dieser Wahrheit gibt. Jeder einzelne heimliche Körpermißbrauch drückt deshalb die tief empfundene unbewußte Loyalität und Identifizierung mit dem tötenden und mißbrauchenden Primärobjekt und zugleich seine Anklage aus. Die wirksamsten Mittel der Patienten, diesen destruktiven Persönlichkeitsanteil aus dem Eltern- und Selbstbild abzuspalten, sind der **Sprachverlust** und die **Projektion ins Körperliche**. Was nicht benannt wird, ist, ganz in der Tradition ihrer Herkunftsfamilien, auch nicht geschehen. Die Loyalität mit den mißbrauchenden Primärobjekten umfaßt deshalb auch den Symbolisierungsverzicht. Hierher rühren die für das Krankheitsbild charakteristische Verleugnung der Selbstmanipulation, die nie gesprochene Realität werden darf und die heftige Gegenwehr der meisten Patienten gegen eine psychotherapeutische, das heißt sprechende Behandlungsweise. Die Körpermanipulationskrisen der Patienten sind deshalb stets auch gewaltsame Angriffe auf den Arzt, der gezwungen werden soll, die Dimension des Sprechens aufzugeben und sich auf die Ebene des sprachlosen Manipulierens einzulassen.

Die Patienten leben permanent in einer falschen Wirklichkeit und zwar in mehrfacher Hinsicht. Bestimmte Teile ihrer Lebens- und Krankengeschichte dürfen nicht gedacht, nicht ausgesprochen werden. Das Narrativ ist zerstört. Dies nötigt dem Arzt ebenfalls eine falsche Wirklichkeit auf. Der Arzt glaubt entweder die falsche Biographie und Anamnese und lebt dann ständig im Zustand des Irrtums oder er glaubt sie nicht, darf aber seine Gedanken nicht aussprechen. Das kommunikative Realitätsprinzip (Uexküll 1996) ist also labil. Wo nicht mehr gesprochen werden kann, gehen die Patienten zum Handeln, also zum pragmatischen Realitätsprinzip über. Biosemiotisch gesehen geht dabei die Ebene der Sprachsymbole für bestimmte Teile der Beziehung und der Geschichte verloren und damit auch die gemeinsame Wirklichkeit zwischen Patient und Arzt.

Psychoanalytische Überlegungen zum Körperselbst

Artefaktpatienten regredieren in der Manipulationshandlung auf archaische körperbezogene Phantasien von psychosenaher Struktur. Die Existenz dieser Phantasiesysteme weist darauf hin, daß bei den Patienten Strukturstörungen im Körperselbst bestehen. Die psychische Repräsentanz des Körpers ist in Teilen abnorm.

▶ Tote Zonen im Körperselbst

In Zuständen tiefer Regression tauchen bei sehr schwer gestörten Patienten zeitweise Phantasien auf, der eigene Körper oder seine Teile seien tot. Solche Phantasien finden sich z. B. bei Patienten, die mit artifiziellen Geschwüren agieren. Das geschwürige Loch und das nekrotische Material symbolisieren den Bereich, in dem kein Leben ist, sondern ein „Loch im Körperselbst". Es stellt das Nebeneinander und die Grenzzone zwischen Leben und Tod im eigenen Körper dar und darf nie ausheilen, weil das Tote zum Körperselbst der Patienten gehört und irgendwo seine Symbolisierung im Körper braucht. Die Phantasien der Patienten repräsentieren eine **tote Zone im Körperselbst**.

▶ Entgrenzte Zonen im Körperselbst

Bei dieser Kategorie körperbezogener Phantasien scheint der Körper Bereiche zu haben in denen er keine Begrenzung hat, sondern offen ist. Die Augen werden beispielsweise, obwohl anatomisch nicht zutreffend, als Öffnungen phantasiert, als gleichsam **gläserne Zonen**, durch die verfolgende Blicke ohne Barriere ins Selbst eindringen können. Augenartefaktpatienten „blenden" diese Augen durch die Manipulation von Entzündungen und den ärztlicherseits angelegten Verband, um die „Öffnung im Selbst" zu schließen. Auch alle anderen physiologischen Öffnungen des Körpers, die für Aufnahme oder Abgabe anatomisch vorgesehen sind, können als **fusionäre Zonen** erlebt werden, so z. B. Ohr, Mund, Anus, Rektum und ganz besonders das weibliche Genitale. Bei Frauen ist die Phantasie des Genitales als Ort gewaltsamer fusionärer Entgrenzung durch sexuellen Angriff außerordentlich häufig. Es bietet sich hierfür die Benennung als **fusionär-inzestuöse Zone** oder als **symbiotisch-inzestuöse Zone** an (Plassmann 1989).

▶ Spaltungszonen im Körperselbst

Eine weitere Kategorie von Phantasien beinhaltet die Vorstellung eines „guten" und eines „bösen" Bezirks im eigenen Körper. Prädilektionsstellen hierfür sind die paarigen Organe, besonders die Hände, Arme und Beine, aber auch die Ovarien oder die Augen als ebenfalls paarige Organe. Diese Patienten sind für Opferungsinszenierungen sehr anfällig, in denen das „böse Organ" aus dem Körper entfernt wird und nur das „Gute" verbleibt. Auch Körperteile, die normalerweise in einer aktiv-passiv-Beziehung zueinander stehen (Hand-Mund, Hand-Haut, Hand-Wunde, Hand-Genitale, Mund-Finger etc.) können zur Repräsentanz einer Spaltungsphantasie werden. Die gute Hand katheterisiert beispielsweise die „böse Blase", die dann schmerzt, blutet und „sich" infiziert. Die entstandenen Körperschäden werden ausschließlich dem als negativ phantasierten passiven Körperteil zugeschrieben. Dieser scheint selbst die Destruktionen angerichtet zu haben, z. B. in Fällen von Wundmanipulation. In dieser aktiv-passiv-Spaltung, in welcher der passive Teil der Schuldige ist, scheint sich häufig eine ursprünglich interpersonale Szene früher Gewalterfahrungen der Patienten zu wiederholen mit dem Ergebnis einer **Spaltungszone im Körperselbst**.

► **Entwertungszonen im Körperselbst**

Besonders bei Patienten mit Artefakten im narzißtisch hoch besetzten Gesicht, aber auch an den Beinen (speziell im Bereich der Knie) fällt die Bedeutung der Zerstörungszonen als **Repräsentanz negativer Selbstanteile** auf. Manche Patientinnen mit hoher narzißtischer Besetzung von Kraft, Bewegung und Geschicklichkeit, die leidenschaftlich Leichtathletik, Kampfsportarten oder Turniertanz als Leistungssport betrieben hatten, entwickelten anläßlich von Sportverletzungen, welche ihre Leistungsfähigkeit beeinträchtigt hatten, Bein- und Knieartefakte von unglaublicher Destruktivität bis hin zur drohenden Beinamputation, die von den Patienten selbst gewünscht wurde. Für Patienten mit entstellenden Gesichtsartefakten wird häufig der Anblick des eigenen Spiegelbildes zur Auslösesituation für weitere Manipulationen. Der Spiegel gibt nicht das makellose, ideale Selbstbild wieder, sondern spiegelt die Schönheitsfehler, das Kleinheitsselbst. Solche pathologischen Phantasiebildungen können als **Entwertungszonen im Körperselbst** klassifiziert werden.

Typische Abwehrvorgänge

Psychisch inkompatible Phantasien, Erinnerungen und Affekte werden vom Artefaktpatienten habituell durch **Projektion und Abspaltung in den Körper** abgewehrt und dadurch in **pathologische Organwelten** (Plassmann 1993) verwandelt. Der Körper wird gleichsam zur Deponie für psychisch Ungeklärtes benötigt, so daß sich eine normale Beziehung zum Körper nicht entwickeln kann. Die Manipulationshandlung zeigt die Regression in die körpergebundenen angstbesetzten Phantasien, also in die pathologische Organwelt. Sofort nach geschehener Manipulation phantasieren die Patienten aber wiederum den Körper als Urheber der Schädigung und nicht ihr eigenes Handeln.

Diagnosestellung

Eine Zimmerdurchsuchung ist sicher in vielen Fällen diagnostisch aufschlußreich, wenn Manipulationswerkzeuge wie Spritzen, Insulinfläschchen, toxische Substanzen etc. vermutet werden. Durchsuchungen gegen den Willen des Patienten sind aber psychologisch und juristisch ebenso bedenklich wie heimliche Durchsuchungen in Abwesenheit, so daß die Zustimmung des Patienten eingeholt werden sollte.

Diagnostisch sehr hilfreich ist auch das „Erlebnis-Skotom" der Patienten für die Symptomentstehung. Die tatsächliche Symptomentstehung (die Manipulation) bildet mit allen subjektiven Erfahrungen einen von der Wahrnehmung und Mitteilung ausgeschlossenen blinden Fleck. Die stattdessen gegebene falsche Erklärung ist nur bei ganz flüchtiger Betrachtung plausibel, sie ist in jedem Fall unlogisch und vor allem ohne jede subjektive Evidenz sowohl für Patient wie für Interviewer.

Es hat sich allgemein die Auffassung durchgesetzt, daß die Patienten mit ihrer verleugneten Selbstmanipulation auf eine unaggressive und das Krankhafte akzeptierende Weise konfrontiert werden sollten. Die Diagnosestellung und Konfrontation beenden nicht die Behandlung, sondern ändern lediglich ihre Schwerpunkte. Die Patienten übertragen ihre primären Erfahrungen auf den Arzt und sind deshalb zutiefst überzeugt von der Unaufrichtigkeit ihrer Umgebung, woraus sie unaufhörlich die Notwendigkeit zum Verheimlichen ableiten. Der Konfrontationsvorgang sollte deshalb nicht als einseitige Überführung des Patienten, sondern als gemeinsame Rückkehr zu Authentizität gestaltet werden. Für eine gelingende Konfrontation mit der wahren Natur und der Erkrankung kann es deshalb erforderlich sein, zunächst sich selbst über die eigenen Gefühle dem Patienten gegenüber klar zu werden und im Rahmen der klärenden Konfrontationsgespräche darauf einzugehen. Es kann sich beispielsweise um Hinweise auf die Grenzen der eigenen emotionalen und beruflichen Belastbarkeit handeln. Methodisch handelt es sich hier um den Vorgang der Grenzsetzung in Bezug auf die in der Erkrankung ausgelebte Destruktivität, vor der der Behandler den Patienten, das Team und die Therapie schützen muß.

Vorteilhaft ist es auch, das Ausmaß der Konfrontation flexibel an den einzelnen Patienten anzupassen. Je bewußtseinsnäher die Tatsache der Manipulation dem Patienten ist, desto offener kann auch der Arzt damit umgehen. Auf diese Weise scheinen immerhin ein Drittel der Patienten zu einer Psychotherapie motivierbar zu sein (Freyberger und Avenarius 1988).

Nach der Diagnosestellung in der somatischen Klinik ist ein psychosomatisches Konsil notwendig, um dem Patienten Gelegenheit zu einem Gespräch über psychisches Leiden zu geben und die Behandlungsmotivation einzuschätzen. In jedem Falle ergibt sich die Notwendigkeit einer Langzeitbehandlung, allerdings auf verschiedenen Wegen.

Therapie

Langzeitbehandlung im Liaison-Modell

Eine konsiliarische psychotherapeutische Betreuung kann während des Aufenthaltes in der jeweiligen medizinischen Klinik beginnen und als ambulante Behandlung weitergeführt werden. Der Patient sollte durch alle weiteren Krankenhausaufenthalte in der selben Klinik therapeutisch begleitet werden. Einer solchen Liaison-Betreuung liegt die Einsicht zu Grunde, daß die Abhängigkeit der Patienten vom Krankenhaus akzeptiert werden muß, ebenso die Unfähigkeit, die Manipulationen ohne weiteres einzustellen.

Seitens des psychosomatisch betreuenden Therapeuten werden im Liaison-Modell erste Grenzsetzungen möglich in Bezug auf Manöver der Patienten, die das therapeutische Setting gefährden können, beispielsweise Forderungen nach ständiger Präsenz des Therapeuten zu jeder Tages- und Nachtzeit oder nach unbegrenzter emotionaler Belastbarkeit des Therapeuten. Gleichzeitig muß das medizinische Stationsteam mit der noch vorhandenen Autodestruktivität des Patienten leben ohne Versuche, durch medizinische Radikalmaßnahmen auf somatischem Wege eine Wendung zu erzwingen. Die Versuchung, den Patienten zu „somatisieren" kann außerordentlich hoch sein, um der manchmal fast unerträglichen Mischung aus selbsterlebtem Ohnmachtsgefühl und Zorn zu entgehen. Ohne Zweifel sind der emotionalen Belastbarkeit eines Stationsteams in extremen Fällen Grenzen gesetzt. Balint-Gruppen und Supervision sind deshalb unverzichtbar.

Die Betreuung im Liaisonkonzept macht die unterschiedliche Entwicklungsfähigkeit der einzelnen Patienten erkennbar. Patienten mit maligner Artefaktkrankheit schonen das Stationsteam so wenig wie sich selbst. Die Bemühungen des betreuenden Teams, sich atraumatisch, sowohl im körperlichen wie im psychischen Sinne, zu verhalten, stoßen in diesen Fällen ohne Erfolg auf eine **negative therapeutische Reaktion**. Die negative Übertragung bleibt übermächtig, die Patienten müssen auf eine letztlich suizidale Weise ihre eigene Zerstörung inszenieren und sie versuchen, das Selbstwertgefühl der Behandler mitzuzerstören. Das Stationsteam muß in solchen Fällen die Identifikation mit dieser Übertragung vermeiden und sich nicht selbst für den malignen Verlauf verantwortlich machen. Manche Patienten haben allerdings noch an der Schwelle zum Tod nach der endgültigen Kapitulation der Ärzte in einer therapeutischen Katharsis kehrt gemacht, weil sie zum ersten Mal ihren eigenen **destruktiven Narzißmus** erkannt hatten (Kafka 1991).

Patienten mit benigner Artefaktkrankheit können in der Phase der Liaisonbetreuung eine Psychologisierung ihres Leidens mit vollziehen und in eine Psychotherapie vermittelt werden. Einige wenige Patienten finden von sich aus und ohne Körpermanipulationen zu erwähnen den Weg zum Psychotherapeuten und beginnen analytische Selbsterfahrung bis hin zu hochfrequenten Analysen.

Stationär-ambulante Langzeitbehandlung

Die Überweisung motivierter Patienten an psychotherapeutische Kliniken sollte im Bewußtsein erfolgen, daß nur eine Langzeitbehandlung aussichtsreich ist. In einer neueren Studie wurde deshalb einer Gruppe von 24 Patienten im Verlauf ihrer initialen klinischen Psychotherapie eine ambulante Weiterbehandlung ohne Zeitbegrenzung oder (bei extremen Anreisewegen) eine stationäre Intervallbehandlung angeboten. Immerhin 50 % der Patienten haben dies akzeptiert, einige haben zu diesem Zweck ihren Wohnsitz in Kliniknähe verlegt (Plassmann 1991).

Die stationäre Behandlungsmethode kann sich an den Modellen der Borderline-Therapie orientieren wie sie von Janssen (1987) oder Lohmer (1988) beschrieben worden sind. Vorrangig wichtige technische Parameter sind **Grenzsetzung** in Bezug auf Körpermanipulationen, **Entwicklung eines symbolisierenden Ich's** und **Objektkonstanz**.

Lebensgefährlich manipulierende Patienten werden im regressionsfördernden Milieu der psychotherapeutischen Klinik mit hoher Wahrscheinlichkeit durch ihre Manipulationen in bedrohliche, potentiell tödliche Krisen geraten. Unter dieser Voraussetzung ist weder dem Patienten noch dem Therapeuten eine vertrauensvolle Annäherung an den therapeutischen Prozeß möglich, da jeder Konflikt mit der Gefahr einer tödlichen

Regression verbunden ist. Solche Patienten sollten zu ihrem eigenen Schutz primär ambulant oder im Liaison-Modell behandelt werden.

Der Aufbau des Arbeitsbündnisses ist das wesentliche Ziel der **initialen klinischen Psychotherapie**, als Voraussetzung für eine anschließende Langzeitbehandlung. In der initialen klinischen Psychotherapie ist der Therapeut und die Klinik von Beginn an oder mit kurzer Verzögerung massiven Angriffen der Patienten ausgesetzt mit dem Ziel, den Therapeuten aus der sprechenden, distanzierten Beziehungsform in eine invasiv-manipulatorische Beziehung hinein zu zwingen. Die initialen Manipulationskrisen haben zwar ohne Zweifel auch kommunikativen und reparativen Charakter. Sie teilen körperfusionäre, fusionär-inzestuöse oder Spaltungsphantasien über die Eltern-Kind-Beziehung mit. Sie haben auch reparativen Charakter, indem der Körper wie ein Übergangsobjekt oder auch zur Affektabfuhr gebraucht wird. Hauptsächlich sind die Manipulationen aber Angriffe auf das Angebot des Therapeuten, vom Handlungs- zum Sprachdialog überzugehen. Das Überhandnehmen körperlicher Krisen wird dem Patienten deshalb als mehr oder minder ausgeprägte Zerstörung des therapeutischen Prozesses klar benannt.

In der Sprache der integrierten Medizin läßt sich dieser Zentrale Vorgang als Übergang vom pragmatischen zum kommunikativen Realitätsprinzip beschreiben. Das destruktive Handeln des Patienten ist Ergebnis der abgebrochenen Kommunikation. Die therapeutische Konfrontation hiermit bezieht sich deshalb nicht so sehr auf die einzelne destruktive Handlung, sondern auf die Weigerung des Patienten, den Kommunikationsprozeß wieder aufzunehmen.

Eine Nähe-Distanz-Problematik ist bei den meisten Artefaktpatienten lange Zeit Hauptfokus der therapeutischen Arbeit und des Agierens. Die Patienten verschlechtern sich psychisch in Trennungszeiten vom Therapeuten, zum Beispiel nachts, am Wochenende oder in urlaubsbedingten Unterbrechungen, ohne daß die Verschlechterung zunächst mit der therapeutischen Beziehung in Verbindung gebracht werden könnte. Wieder auftretende artifizielle Körperstörungen drücken die Verlassenheitssituation aus. Der Körper wird zum Surrogat eines Objektes, welches in Trennungszeiten an die Stelle des Therapeuten tritt. Mit dem Körper werden dabei die Vorstufen des noch nicht möglichen depressiven Getrenntheitserlebens praktiziert, in dem der Körper zum symbiotischen Objekt und zum Übergangsobjekt wird anstelle des unerreichbaren Therapeuten, dem diese Wünsche eigentlich gelten.

Das Sprechen und Reflektieren dieser Aspekte trägt einerseits dazu bei, durch Auswertung der Erfahrungen in der Realität den optimalen „Abstand" zum Therapeuten zu finden, noch wichtiger aber stellt die Reflexion als solche einen inneren Abstand zum Geschehen her durch sprachliche Symbolisierung, so daß die Nähe-Distanz-Problematik zunehmend weniger agiert werden muß. Wenn die Behandlung gut geht, so entwickelt sich ein beobachtendes und symbolisierendes Ich durch Introjektion des therapeutischen Prozesses und durch Identifikation mit der Tätigkeit des Therapeuten.

Sofern eine mehrjährige ambulante Einzelpsychotherapie mit ein bis zwei Wochenstunden in Gang kommt, haben krisenhaft wieder auftretende artifizielle Symptome praktisch immer den Charakter einer ausagierten negativen Übertragung. Das Erleben des Therapeuten als negative Muttergestalt oder auf einer etwas reiferen Ebene als negative inzestuös agierende Vatergestalt, baut sich auf und gipfelt in der Körpermanipulation, sofern die Entwicklung nicht rechtzeitig verstanden und durchgearbeitet wird. Das Ansprechen der negativen Übertragung ist außerordentlich wichtig. Damit wird dem Patienten die Gewißheit vermittelt, daß die negativen Affekte durch Symbolisierung bewältigt werden können und nicht regressiv in einer Körpermanipulation agiert werden müssen.

Dazu ist allerdings erforderlich, daß der Therapeut dem negativen Anteil der Beziehung einigermaßen angstfrei begegnen kann. Der Therapeut kann statt dessen sehr in Versuchung sein, die in ihm selbst aufsteigende Wut seinerseits zu verleugnen und sie auf den Patienten zu projizieren. Dieser wird dann als böses, aggressives, nicht liebenswertes Kind phantasiert und entsprechend behandelt. Diese typische Übertragungs-/Gegenübertragungskonstellation führt fast zwingend zu einem Artefakt, also einem Übergang von Sprache zum Handlungsdialog.

Je mehr bedrohliche Aspekte der therapeutischen Beziehung in sprachlich symbolisierter Weise mitgeteilt werden, um so mehr reduziert sich in langen Behandlungen wie in einer gedämpften Schwingung die Tiefe der jeweiligen regressiven Bewegung.

Der Beginn der **Trennungsphase** in der Langzeittherapie zeigt sich daran, daß die Patienten imstande sind, abgegrenzte und ambivalente Beziehungen aufzunehmen und auch selbst zu regulieren. Die therapeutische Beziehung wird dadurch vom alleinigen Bezugspunkt zu einem von mehreren Lebensbereichen, der allerdings seinen Modellcharakter behält. In dieser Trennungsphase kann eine Reduktion der Stundenfrequenz möglich und sinnvoll sein.

Das psychosomatisch-rehabilitative Setting

Der psychosomatisch-rehabilitative Behandlungsansatz beruht auf der Erfahrung, daß für einen Teil der Patienten nicht die psychische oder körperliche Situation das erstrangige Problem sind, sondern völlig verfahrene psychosoziale Situationen in Bezug auf Berufstätigkeit, Lebensunterhalt, Wohnen, Partnerschaft, Familie. Das autodestruktive Verhalten bekommt für diese Patienten den Charakter eines stereotypen, entdifferenzierten Reaktionsmusters, welches immer dysfunktionaler und erfolgloser wird. Die artifizielle Symptomatik ist bei diesen Patienten ein monotones, oft süchtig praktiziertes Reaktionsmuster auf alle ungeklärten aktuellen Problembereiche.

Es besteht eine nahezu generalisierte Passungsstörung zur Umgebung, alle Kommunikation mit der (ärztlich-medizinischen) Umgebung, in der die Patienten fast ausschließlich leben, ist reduziert auf Artefakterzeugung und Artefaktbehandlung.

Das stützend-psychosomatische Setting beruht auf einem fokussierten lösungsorientierten psychotherapeutischen Prozeß mit psychoanalytischen, verhaltenstherapeutischen und weiteren autonomiefördernden Therapieelementen aus den Bereichen Sozialtherapie, Bewegungstherapie, Berufsförderung. Auch dieses Setting kann als Intervalltherapie organisiert werden.

Fallbeispiel

Die 28jährige Frau B. war in einem ca. 13jährigen Verlauf von artifizieller Abszeßerzeugung immer mehr zum chirurgischen Fall geworden, zuletzt mit einer 8monatigen Dauerhospitalisierung wegen Serien von Oberschenkelabszessen und chirurgischen Eingriffen, die sich abwechselten. Patientin und Stationsteam waren völlig am Ende ihres auf Eingriffe (artifizielle und chirurgische) reduzierten Behandlungsspielraumes angelangt. Ultima ratio in dieser (für beide Seiten) unerträglichen Situation war auf Seiten der chirurgischen Klinik der Vorschlag einer Beinamputation (einige Zeit zuvor war der Patientin bereits eine Brust amputiert worden mit der Folge, daß die Abszesse nun am Oberschenkel auftraten) und auf Seiten der Patientin der Plan, sich in diesem Fall zu suizidieren.

Die Patientin hat die Amputation verweigert, wurde deshalb in die Universitätschirurgie verlegt, wo die Diagnose einer artifiziellen Abszeßkrankheit gestellt und eine psychosomatische Behandlung vorgeschlagen wurde. Die Patientin war zu diesem Zeitpunkt seit acht Monaten bettlägerig, sie hatte mehrere offene, teils ältere, teils frisch operierte Wunden am Oberschenkel, sie bekam hochdosiert Morphium und war mit einem zentralen Venenkatheter versorgt. Motiv der Patientin, der Verlegung zuzustimmen, war sicherlich nicht, jetzt mit Psychotherapie zu beginnen, sondern, wie sie selbst klar ausdrückte, ihr Bein zu behalten. Der intensive Wunsch der Patientin, aus der psychosomatischen Klinik nicht in die Chirurgie zurückverlegt zu werden, was angesichts der desolaten Verfassung nahegelegen hätte, ließ ein Bündnis über gemeinsam zu erreichende, zunächst rein rehabilitative Ziele zu, also Wundheilung und Mobilisierung. Gleichzeitig begann, zunächst am Krankenbett, die Einzelpsychotherapie mit mehreren Wochenstunden mit der nachdrücklichen Empfehlung an die Patientin, zu klären, in welchen Situationen sie den Wunsch entwickelte hatte, krank zu werden. Dabei zeigte sich, daß Teile der Krankheit wie Sätze gelesen werden konnten, adressiert an die Mutter. Hinfälligkeit und Bettlägerigkeit hießen: „Ich möchte wissen, ob ich meiner Mutter wichtig bin." Die klaffenden Wunden am Oberschenkel hießen: „Mir wurde sexuelle Gewalt angetan." Nachdem sie diese Sätze selbst gefunden, viel über diese Dinge gesprochen (und geweint) hatte, stand der letzte Abschnitt der Behandlung überwiegend unter dem Zeichen einer Reorganisation eines sozialen Lebensraumes, aus dem sie herausgefallen und den sie mit ihren Autodestruktionen nicht wiederhergestellt, sondern immer weiter zerstört hatte.

Schluß

Die Suche nach definierbaren Krankheitseinheiten hat auf dem Gebiet selbstinduzierter Krankheiten besondere Probleme bereitet, die teilweise noch bestehen. Bei einem eher organmedizinisch orientierten Denken sind körperliche Störungen etwas Erlittenes, bei dessen Abwehr oder Heilung der Arzt hilft. Ein selbst zugefügter Schaden erscheint hingegen als Nicht-Krankheit, der Kranke ist nicht „patiens", sondern Agressor. Artefakte erkennen hieß deshalb lange, den Patienten als nicht wirklich krank anzusehen und ihn aus dem medizinischen Versorgungssystem auszugrenzen. Dies wurde noch dadurch verstärkt, daß die Patienten nicht nur zur Autodestruktion, sondern auch zur Täuschung des Arztes über die Ursachen ihrer körperlichen Störungen neigen. Mittlerweile hat sich allerdings die Erkenntnis durchgesetzt, daß verleugnete autoaggressive Impulse Ausdruck psychischer Störungen sind und nicht Ausdruck eines moralisch zu verurteilenden, delinquenten Fehlverhaltens.

Aus dem ursprünglichen unspezifischen Ausdruck „Artefakt" haben sich mittlerweile vier Krankheitseinheiten herausdifferenziert, die miteinander verwandt sind: Artefaktkrankheit, offene Selbstbeschädigung, Münchhausen-Syndrom, Münchausen-by-proxy-Syndrom. Zum einen liegt ihnen eine **schwere Störung in der Beziehung zum Körper** zu Grunde, zweitens haben diese Krankheiten gemeinsam, daß sich eine jeweils für das Krankheitsbild **typische Beziehungspathologie** im Umgang mit dem Gesundheitswesen und speziell mit dem Arzt entwickelt. Diese Dynamik ist Teil des Krankheitsbildes und nötigt den Arzt, seine eigene Verstrickung in die Pathologie der Patienten im Auge zu behalten.

Beide Teilphänomene der Krankheitsbilder (Beziehungsstörung zum Körper, Beziehungsstörung zum Arzt) stehen in einem inneren, ätiologischen Zusammenhang. Sie spiegeln die frühe Kindheitserfahrung der Patienten wieder, in denen sich in vielen Fällen körperliche Gewalt und auch sexueller Mißbrauch als kumulatives, wiederkehrendes Trauma nachweisen läßt. Weil der physische Mißbrauch in solchen Familien von allen Beteiligten psychisch abgespalten, geleugnet und oft als Schuld des Kindes oder des kindlichen Körpers uminterpretiert wird, entwickeln die Patienten das klinische Bild der **heimlichen Selbstmißhandlung**, (Plassmann 1986), synonym **artifizielle Krankheit**. Sie müssen sich selbst und den Arzt über die Tatsache ihrer autodestruktiven Impulse täuschen. Dies kann als „Mimikry-Phänomen" bezeichnet werden (Plassmann 1987). Bei Münchhausen-Patienten kommt zur körperlichen Traumatisierung mit großer Wahrscheinlichkeit eine gravierende Verletzung des kindlichen Selbstwertgefühls hinzu mit der Folge einer **narzißtischen Persönlichkeitsstörung**. Die Patienten bleiben süchtig abhängig von Aufmerksamkeit, Interesse und Anerkennung, die sie für ihre erfundenen oder manipulierten Krankheiten jeweils nur kurz bekommen und nach Diagnosestellung wieder verlieren.

In psychoanalytischen Langzeitbehandlungen von Artefaktpatienten haben sich die Erkenntnisse über die Störungen des Körpererlebens erweitern lassen. Versteht man die Summe der Vorstellungen über den Körper als **Körperselbst**, so lassen sich bei Artefaktpatienten **pathologische Zonen im Körperselbst** feststellen. Sie enthalten psychosenahe körperbezogene Vorstellungen, die oft an bestimmte Körperregionen oder bestimmte Handlungen gebunden sind. In solchen **toten Zonen**, **fusionären Zonen**, **Spaltungs- und Entwertungszonen des Körperselbst** ist die psychische Repräsentanz des Körpers strukturell geschädigt.

Medizinische Behandlung der Patienten, so sorgfältig und aufwendig sie auch betrieben wird, führt erfahrungsgemäß nicht zur Besserung, sondern zur Chronifizierung. Therapeutisches Ziel ist deshalb die Motivierung der Patienten für Psychotherapie. Im Falle der **Münchhausen-Syndrome** liegen kaum Behandlungserfahrungen oder Behandlungserfolge vor, da die Patienten fast niemals für Psychotherapie motivierbar sind. Patienten mit **offener Selbstbeschädigung** sind meist primär in psychiatrischer Behandlung und es können psychoanalytische Langzeitbehandlungen stationär und ambulant eingeleitet werden, die trotz hoher Behandlungsschwierigkeit und langer Behandlungsdauer erfolgreich verlaufen können.

Bei Artefaktpatienten muß zunächst eine längere Phase der Motivation erfolgen, da sie sich nicht als psychisch behandlungsbedürftig betrachten. Es hat sich bewährt, die Patienten klar mit der psychischen Bedingtheit ihrer körperlichen Störungen zu konfrontieren und ihnen eindeutig psychotherapeutische Hilfe zu empfehlen. Die Tatsache der Selbstmanipulation ist für die meisten Patienten nicht bewußtseinsfähig, so daß ihnen ein Geständnis oder auch nur eine Zustimmung aus psychischen Gründen nicht möglich ist. Eine harte, eventuell aggressiv durchgeführte Konfrontation bringt deshalb keinen therapeutischen Gewinn.

Für Psychotherapie motivierbar sind vor allem solche Patienten, die selbst begonnen haben, um ihre Gesundheit oder sogar um ihr Leben zu fürchten und deshalb auf der Suche nach Hilfe und Veränderung sind. Behandlungserfolge haben sich mit stationär-ambulanter Langzeitpsychotherapie erreichen lassen. Nach initialer klinischer Psychotherapie bleiben die Patienten in mehrjähriger ambulanter Weiterbehandlung oder Intervallbehandlung unter Einsatz therapeutischer Methoden der psychoanalytischen Borderline-Behandlung mit einigen behandlungstechnischen Parametern. Wichtig sind Vermeidung ärztlicher Manipulationen am Körper des Patienten, Objektkonstanz durch niederfrequente Langzeittherapie, systematische Förderung der reflektierenden Ichfunktion und Förderung triangulärer Beziehungsstrukturen durch therapeutische Mehrpersonensysteme und durch Supervision.

Ebenfalls möglich ist ein psychosomatisch-rehabilitatives Behandlungs-Setting. Es beruht auf der Erfahrung, daß in langjährigen Verläufen die artifizielle Symptomatik ein monotones zunehmend dysfunktionales, häufig süchtig praktiziertes Reaktionsmuster auf immer ausweglose werdende psychosoziale Situationen ist.

Trotz sorgfältigen Vorgehens bei Konfrontation, Motivierung und Behandlungsführung verbleibt ein nicht unerheblicher Teil der Patienten, die durch Psychotherapie nicht erreichbar sind. Sie zwingen die Organmediziner durch fortgesetzte Manipulationen zum Tätigwerden und erzeugen in den zuständigen Abteilungen oft unerträgliche affektive Spannungen. Einige Patienten aus dieser Gruppe führen mittels ihrer Körpermanipulation letztlich ihre eigene Vernichtung herbei in einem für sie selbst und ihre Behandler qualvollen Geschehen. Sie müssen als chronisch suizidal eingestuft werden. In solchen Fällen sind Konzepte der Liaison-Betreuung notwendig mit

Einsatz stützend psychotherapeutischer Verfahren und mit Versuchen antidepressiver medikamentöser Behandlung. Auch diese stützende Betreuung bedarf langfristiger Konzepte über Monate und Jahre, so daß sich konstante therapeutische Beziehungen bilden und das Labilisieren der Patienten durch fortwährendes Weitervermitteln beendet werden kann.

Literatur

Aduan RP, Fauci AS, Dale DC, Herzberg JH, Wolf SM. Factitious fever and self-induced infection. Ann Intern Med 1979; 90: 230–42.

American Psychiatric Organization. DSM-III-R. Diagnostisches und statistisches Manual psychischer Störungen. Weinheim: Beltz 1989.

Asher G. Münchhausen's Syndrome. Lancet 1951; 1: 339–41.

Asher R. Münchausen Syndrome. Brit Med J 1955; 19: 1271.

Badura HO, Wundlich H. Begegnung mit dem sogenannten Münchhausen-Syndrom in der psychiatrischen Klinik. Psychiat Prax 1985; 12: 194–9.

Bock K, Overkamp F. Vorgetäuschte Krankheit. Klin Wschr 1986; 64: 149–64.

Cramer B, Gershberg MR, Stern M. Münchhausen's syndrome: Its relationship to malingering, hysteria and the physician-patient relationship. Arch Gen Psychiat 1971; 24: 573–8.

Deneke FW, Müller R. Selbstwert und dessen Regulation in der Selbstbeschreibung von Patienten. In: Perspektiven der Psychotherapieforschung: Einzelfall-Gruppe-Institut. Czogalik D, Ehlers W, Teufel R (Hrsg). Freiburg: Hochschul-Verlag 1984; 212–27.

Dilling H, Mombour W, Schmidt MH. Internationale Klassifikation psychischer Störungen ICD-10, Kap. V. Göttingen: Huber 1991.

Eckhardt A. Das Münchausen-Syndrom – Formen der selbstmanipulierten Krankheit. München, Wien, Baltimore: Urban & Schwarzenberg 1989.

Eckhardt-Henn A. Artifizielle Störungen und Münchhausen-Syndrom. Psychother Psychosom Med Psychol 1999; 49: 75–89.

Ford C. The somatizing disorders, chap. 8–10. Amsterdam: Elsevier 1982.

Freyberger H, Nordmeyer JP, Freyberger HJ, Nordmeyer J, Avenarius HJ. Patients suffering from factitious disorders in the clinico-psychosomatic consulation liaison service: Psychodynamic processes, psychotherapeutic initial care and clinicointerdisciplinary cooperation. In: Factitious Disease. Plassmann R (ed). Basel: Karger 1994; 108–22.

Gieler U, Effendy I, Stangier U. Kutane Artefakte – Behandlungsmöglichkeiten und ihre Grenzen. Z Hautkr 1987; 62: 882–90.

Hickson GB, Altemeier WA, Martin ED, Campbell PW. Parental administration of chemical agents: a cause of apparent life-threatening events. Pediatrics 1989; 83: 772–6.

Janssen PL. Psychoanalytische Therapie in der Klinik. Stuttgart: Klett-Cotta 1987.

Janus L. Persönlichkeitsstruktur und Psychodynamik bei dermatologischen Artefakten. Z. psychosom. Med Psychoanal 1972; 18: 21–8.

Justus P, Kreutzinger S, Kitchens C. Probing the dynamics of Münchhausen's syndrome. Detailed analysis of a case. Ann Intern Med 1980; 93: 120–7.

Kafka JS. Jenseits des Realitätsprinzips. Multiple Realitäten in Klinik und Theorie der Psychoanalyse. Berlin, Heidelberg, New York: Springer 1991.

Kempe C, Silverman F, Steele B, Droegemüller W, Silver H. The battered-child syndrome. J Amer Med Ass 1962; 181: 105–12.

Lipsitt DR. The enigma of factitious illness. In: Medical and Health Annual. Lipsitt DR (Hrsg). Oxford: Encyclopedia Britanica 1982; 114–27.

Lohmer M. Stationäre Psychotherapie bei Borderlinepatienten. Berlin, Heidelberg, New York: Springer 1988.

Maur K v., Wasson KR, DeFord MJW, Caranasos GJ. Munchhausen's syndrome: a thirty-year history of peregrination par exellence. Southern Med 1973; 66: 629–32.

Mayo JP, Haggerty JJ. Long-term psychotherapy of Munchhausen Syndrome. Amer J Psychother 1984; 4: 571–9.

Mayr J. Handbuch der Artefakte. Jena: Fischer 1937.

Mayr J. Artefakte. In: Dermatologie und Venerologie. Bd. 3. Stuttgart: Thieme 1959; 92–106.

Meadow R. Münchhausen syndrome by proxy: the hinterland of child abuse. Lancet 1977; 2: 343–6.

Meadow R. Factitious epilepsy. Lancet 1984; 2: 25–8.

Mulert R, Stille W. Untersuchungen zu selbstinduzierten Infektionen. Die häufigste Manifestation des Münchhausen-Syndroms. In: Intrakorporale Fremdkörper und Münchhausen-Syndrom. Schulte RM (Hrsg). München, Bern: Zuckerschwerdt 1988; 13–55.

Nadelson T. The Munchausen spectrum. Gen Hosp Psychiat. Vol. 1. Amsterdam: Elsevier 1979; 11–7.

Paar GH. Selbstzerstörung als Selbsterhaltung. Mat Psychoanal Analyt Orient Psychother 1987; 1: 1–55.

Palmer AJ, Yoshimura J. Munchhausen syndrome by proxy. J Amer Acad Child Psychiat 1984; 23: 503–50.

Plassmann R. Die heimliche Selbstmißhandlung. Z Psychosom Med Psychoanal 1986; 4: 316–36.

Plassmann R. Der Arzt, der Artefaktpatient und der Körper. Psyche 1987; 41: 883–99.

Plassmann R. Artifizielle Krankheiten und Münchhausen-Syndrome. In: Der eigene Körper als Objekt. Hirsch M (Hrsg). Berlin, Heidelberg, New York: Springer 1989; 118–54.

Plassmann R. Psychoanalyse artifizieller Krankheiten. Habilitationsschrift. Medizinische Hochschule Hannover 1991. Aachen: Shaker 1993.

Plassmann R. Organwelten: Grundriß einer analytischen Körperpsychologie. Psyche 1993; 47: 261–82.

Rauchfleisch U, Schuppli R, Haenel T. Zur Persönlichkeit von Patienten mit dermatologischen Artefakten. Z Psychosom Med 1983; 29: 76–84.

Sachsse U. Selbstverletzendes Verhalten. Göttingen: Vandenhoeck & Ruprecht 1994.

Stern TA. Munchhausen's syndrome revisitied. Psychosom 1980; 21: 329–36.

Stone MH. Factitious illness. Pathological findings and treatment recommendations. Bull Menn Clin 1977; 41: 239–54.

Wilhelm R, Hertel G. Über Artefakte der Haut. Zugleich ein kasuistischer und psychodiagnostischer Beitrag. Med Welt 1961; 2: 81–6; 3: 145–52; 4: 184–7.

Winnicott DW. Vom Spiel zur Kreativität. 1971. Stuttgart: Klett-Cotta 1987.

Üexküll Th v. Integrierte psychosomatische Medizin in der Praxis und Klinik. Stuttgart: Schattauer 1994.

Üexküll Th v. Lehrbuch der Psychosomatischen Medizin. 5. Aufl. München, Wien: Urban & Schwarzenberg 1998.

Yassa R. Münchhausen syndrome: a successfully treated case. Psychosom 1978; 19: 242.

5.2.12
Posttraumatische Belastungsstörungen (PTSD)

Harald J. Freyberger und Carsten Spitzer

ICD-10 Klassifikation

Die posttraumatische Belastungsstörung wird in der ICD-10 unter F43.1 abgebildet, die zugehörige chronische Verlaufsform als andauernde Persönlichkeitsänderung nach Extrembelastung (F62.0).

Krankheitsbild

Definition und historischer Bezugsrahmen

Die posttraumatische Belastungsstörung (PTSD) ist eine mögliche verzögerte oder protrahierte psychophysiologische Reaktion auf das Erleben eines oder mehrerer traumatisierender Ereignisse (z. B. Erleben von körperlicher oder sexualisierter Gewalt, Vergewaltigung, gewalttätige Angriffe, Entführung, Geiselnahme,

Terror, Krieg, Folter, Erleben von Naturkatastrophen oder Unfällen; vgl. Auflistung in Tab. 5-8). Die andauernde Persönlichkeitsänderung nach Extrembelastung ist als mögliche chronische Verlaufsform einer PTSD mit persönlichkeitsstrukturellem Wandel aufzufassen (vgl. Tab. 5-9).

Auf der Grundlage empirischer Ergebnisse vor allem aus der US-amerikanischen Kriegsveteranenforschung wurde 1980 im DSM-III die posttraumatische Belastungsstörung (PTSD) erstmals in einem Klassifikationssystem operationalisiert. Im Sinne einer eigenen diagnostischen Entität wurden damit sehr viel frühere Konzeptualisierungen aufgegriffen, die sich etwa im Sinne der „traumatischen Neurose", des „KZ-" oder „Survivor-Syndroms" zusammenfassen lassen und die auf im wesentlichen qualitative Forschungsansätze seit Anfang diesen Jahrhunderts zurückgehen (van der Kolk et al. 1996). Diese frühen Ansätze, die sich auch im Zusammenhang mit dem Dissoziationskonzept entwickelten (vgl. Spitzer et al. 1996), gerieten in einer durch die Stichworte „Simulation", „sekundären Krankheitsgewinn" und „Rentenneurose" gekennzeichneten Diskussion in Vergessenheit, wurden vor dem Hintergrund der Traumatisierungen während des III. Reiches zumindest in der

europäischen Psychiatrie zugunsten konservativerer Konzepte verdrängt (Eissler 1963) und erst durch die US-amerikanischen Forschungsergebnisse reintegriert. Ein wesentliches Ergebnis dieser Forschungsbemühungen war, daß in Äbhangigkeit von verschiedenen ätiologischen und pathogenetischen Faktoren (s. u.) qualitativ unterschiedliche Verarbeitungsmodi aus schweren Traumatisierungen resultieren, daß sich ausbildende Syndrom aber überzufällig häufig einen psychopathologisch vergleichsweise uniformen Charakter aufweist. Wie aus der folgenden Auflistung hervorgeht, ist das **syndromale Zustandsbild** der PTSD durch vier Syndromcluster charakterisiert:

* Reaktualisierung traumaassoziierter Inhalte durch sich aufdrängende und belastende Gedanken und (bildhafte) Erinnerungen (Intrusionen, Alpträume, flashbacks) und/oder Erinnerungslücken (partielle Amnesie)
* Hyperarousal (u. a. Schreckhaftigkeit, Affektintoleranz, Aufmerksamkeits- und Konzentrationsstörungen, Schlafstörungen)
* (phobisches) Vermeidungsverhalten gegenüber traumaassoziierten Stimuli
* emotionale Taubheit (u. a. Rückzug, Interessenverlust, Teilnahmslosigkeit) mit weiteren assoziierten dissoziativen Symptomen

Tab 5-8 Diagnostische Kriterien der posttraumatischen Belastungsstörung nach ICD-10 (F43.1).

A. Die Betroffenen sind einem kurz- oder langanhaltenden Ereignis oder Geschehen von außergewöhnlicher Bedrohung oder mit katastrophalem Ausmaß ausgesetzt, das nahezu bei jedem tiefgreifende Verzweiflung auslösen würde.
B. Anhaltende Erinnerungen oder Wiedererleben der Belastung durch aufdringliche Nachhallerinnerungen (Flash-Backs), lebendige Erinnerungen, sich wiederholende Träume oder durch inneres Bedrängnis in Situationen, die der Belastung ähneln oder mit ihr in Zusammenhang stehen.
C. Umstände, die der Belastung ähneln oder mit ihr in Zusammenhang stehen, werden tatsächlich oder möglichst vermieden. Dieses Verhalten bestand nicht vor dem belastenden Ereignis.

D. Entweder 1. oder 2.
1. Teilweise oder vollständige Unfähigkeit, einige wichtige Aspekte der Belastung zu erinnern.
2. Anhaltende Symptome einer erhöhten psychischen Sensitivität und Erregung (nicht vorhanden vor der Belastung) mit zwei der folgenden Merkmale:
  a. Ein- und Durchschlafstörungen
  b. Reizbarkeit oder Wutausbrüche
  c. Konzentrationsschwierigkeiten
  d. Hypervigilanz
  e. Erhöhte Schreckhaftigkeit

E. Die Kriterien B, C und D treten innerhalb von 6 Monaten nach dem Belastungsereignis oder nach Ende einer Belastungsperiode auf (in einigen speziellen Fällen kann ein späterer Beginn berücksichtigt werden, dies sollte aber gesondert angegeben werden).

Bereits während oder kurz nach dem Trauma können intensive Symptome auftreten, die zunächst bei einem Teil der Betroffenen im Sinne einer akuten Belastungsstörung oder Steßreaktion zu interpretieren sind und nicht bei allen zum Vollbild einer PTSD führen. Die akute Belastungsreaktion klingt im allgemeinen nach Stunden oder wenigen Tagen wieder ab, kann jedoch auch in eine posttraumatische Belastungsstörung übergehen. Bedeutsam ist, daß zwischen dem Erleben traumatisierender Ereignisse und der Ausbildung der PTSD bei einem Teil der Betroffenen zum Teil erhebliche Latenzzeiten von Monaten bis Jahren liegen können, die allerdings nur selten einen Zwei-Jahreszeitraum überschreiten. Die akute Belastungsreaktion als Moderator einer späteren PTSD ist hier dann häufig nicht als Übergangsphänomen zu diagnostizieren.

Reize, die an das Trauma erinnern und ihrerseits Intrusionen hervorrufen, können nicht nur direkter, sondern auch indirekter äußerer Natur sein, wie etwa das Lesen eines thematisch benachbarten Zeitungsberichts. Lernprozesse während der intrusiven Reaktionen können zu einer Ausweitung der Auslösereize sowie zu einer Generalisierung der Reaktion führen.

Inzwischen konnte gezeigt werden, daß die Intensität einer initial bestehenden akuten Belastungsstörung im Sinne des DSM-IV einen negativen Verlaufsprädiktor darstellt und partielle, das heißt subsyndromale, nicht alle diagnostischen Kriterien erfüllende posttraumatische Belastungsstörungen mit langfristigen psychosozialen Funktionseinschränkungen einhergehen können. Dabei wird im DSM-IV stärker als in der ICD-10 die Bedeutsamkeit der subjektiven Bewertung des traumatischen Ereignisses hervorgehoben. In Abhängigkeit von

Tab. 5-9 Diagnostische Kriterien der anhaltenden Persönlichkeitsänderung nach Extrembelastung nach ICD-10 (F62.2).

A. Eindeutige und anhaltende Änderung in der Wahrnehmung, in der Beziehung und im Denken der Betroffenen in Bezug auf ihre Umgebung und sich selbst, nach einer Extrembelastung.
B. Ausgeprägte Persönlichkeitsänderung mit unflexiblem und unangepaßtem Verhalten mit mindestens zwei der folgenden Symptome: 1. Andauernde feindliche oder mißtrauische Haltung gegenüber der Welt 2. Sozialer Rückzug (Vermeidung von Kontakten mit Menschen außer einigen wenigen Verwandten, mit denen die Betroffenen zusammenleben) 3. Andauerndes Gefühl von Leere und/oder Hoffnungslosigkeit; dies kann mit einer gesteigerten Abhängigkeit von anderen, einer Unfähigkeit, negative oder aggressive Gefühle zu äußern und einer anhaltenden depressiven Stimmung verbunden sein 4. Andauerndes Gefühl von Nervosität oder von Bedrohung ohne äußere Ursache, das sich in einer gesteigerten Wachsamkeit und Reizbarkeit zeigt; dieser Zustand einer chronischen inneren Anspannung und einem Gefühl von Bedrohtsein kann mit der Neigung zu exzessivem Konsum psychotroper Substanzen verbunden sein 5. Andauerndes Gefühl, verändert oder anders als die anderen zu sein (Entfremdung); dies kann mit dem Eindruck einer emotionalen Betäubung verbunden sein
C. Entweder eine deutliche Störung der sozialen Funktionsfähigkeit oder subjektives Leiden für die Betroffenen und negative Auswirkungen auf ihre Umgebung.
D. Die Persönlichkeitsänderung sollte nach Extrembelastung aufgetreten sein. Aus der Anamnese sind keine Persönlichkeitsstörungen oder akzentuierte Persönlichkeitseigenschaften des Erwachsenenalters und keine Persönlichkeits- oder Entwicklungsstörung des Kindes- oder Jugendalters bekannt, die die augenblicklichen Persönlichkeitseigenschaften erklären könnten.
E. Die Persönlichkeitsänderung muß seit mindestens 2 Jahren bestehen. Sie steht nicht in Beziehung zu Episoden anderer psychischer Störungen (außer mit der posttraumatischen Persönlichkeitsstörung) und kann nicht durch eine Gehirnschädigung oder Krankheit erklärt werden.
F. Diese Persönlichkeitsänderung kann den chronischen Verlauf einer posttraumatischen Persönlichkeitsstörung darstellen, wobei sich die Symptome dieser Störungen überlappen können. Eine anhaltende Persönlichkeitsänderung sollte dennoch nur angenommen werden, wenn nach einer mindestens zweijährigen posttraumatischen Belastungsstörung ein Zeitraum von mindestens zwei Jahren mit den oben genannten Kriterien besteht.

der zugrundliegenden Biographie, der möglichen Vulnerabilität, der derzeitigen Lebenssituation und dem Bewältigungsvermögen können qualitativ vergleichbare Ereignisse individuell unterschiedlich bewertet werden und eine differierende pathogene Wirkung entfalten.

Die andauernde Persönlichkeitsänderung nach Extrembelastung (vgl. Tab. 5-9) ist als chronifizierte Verlaufsform der PTSD aufzufassen. Diese in der ICD-10 berücksichtigte Kategorie findet sich im DSM-IV allerdings nicht. Im anglo-amerikanischen Sprachraum wird in diesem Kontext von einer komplexen PTSD gesprochen, die neben den charakteristischen PTSD-Symptomen einerseits Zusatzsyndrome im Sinne von Angst, Phobien, Somatisierung und affektiven Veränderungen und andererseits persönlichkeitsstrukturelle Veränderungen einschließen kann. Vor dem Hintergrund des gestörten Beziehungs- und des veränderten Identitätserlebens werden diese Patienten im Sinne emotional instabiler Persönlichkeitsänderungen aufgefaßt und ihre Anfälligkeit hervorgehoben, als Opfer oder Täter immer wieder in Traumatisierungen verwickelt zu werden (Herman 1993).

Epidemiologie und Verlauf

Bevölkerungsrepräsentative epidemiologische Studien in den USA haben zeigen können, daß deutlich mehr als 50% aller Menschen in ihrem Leben zumindest einmal mit einem traumatischen Ereignis konfrontiert werden (Kessler et al. 1995); in Großstädten wahrscheinlich sogar deutlich mehr (Breslau et al. 1998). Die Lebenszeitprävalenzraten in der Allgemeinbevölkerung liegen bei etwa 1 bis 9%, wobei Frauen offen-

sichtlich doppelt so häufig wie Männer betroffen sind (Davidson und Fairbank 1993; Kessler et al. 1995), das heißt, ein doppelt so hohes Risiko tragen, im Anschluß an ein Trauma an einer PTSD zu erkranken. Zudem weisen Frauen mit PTSD offensichtlich längere Krankheitsverläufe auf. In Hochrisikogruppen für PTSD werden zum Teil erheblich höhere Prävalenzraten gefunden. Bei Kriminalitätsopfern werden Raten zwischen 15 und 71% angegeben, bei Vietnamveteranen zwischen 22 und 26%, wobei weitere 22% der Veteranen subsyndromale Störungsbilder entwickelten

Bei Folteropfern werden Lebenzeitprävalenzraten von 33 bis 50% angegeben, wobei der Status als Flüchtling oder Asylbewerber offensichtlich prädiktiv wirkt (Basoglu et al. 1994; van Velsen et al. 1996). Vergewaltigungsopfer zeigen im Langzeitverlauf etwa 30% chronifizierter PTSD-Symptomatik (Dahl 1993; Resnick et al. 1993). Bei Unfallopfern fand sich in einer in Deutschland durchgeführten Längsschnittstudie nach sechs Monaten eine Prävalenzrate von 8,2% und für subsyndromale PTSD von 10,2% (Frommberger et al. 2000).

Generell wird heute die Traumaschwere als Risikofaktor für die PTSD-Entwicklung angesehen, wobei mit der Traumaschwere etwa bei Unfall- und Vergewaltigungsopfern die PTSD-Häufigkeit anzusteigen scheint (March 1993).

Die PTSD ist zudem mit einem hohen Komorbiditätsrisiko verbunden. Es werden in verschiedenen Studien zum Teil erhebliche sekundäre Komorbiditätsraten mit depressiven und Angststörungen, Somatisierungsstörungen, vor allem aber mit Störungen durch psychotrope Substanzen gefunden (Brady 1997)

Ätiologie und Psychodynamik

Das Erleben traumatischer Ereignisse führt sowohl auf der psychischen als auch der physiologischen Ebene zu charakteristischen Erlebnis- und Verarbeitungsprozessen, so daß heute verschiedene, zum Teil konkurrierende Modellvorstellungen vorliegen.

Bereits Freud (1920) ging davon aus, daß traumatische Situationen dann zur Neurosenentstehung beitragen können, wenn die von außen einstürmenden Erregungen den Reizschutz des Ich durchbrechen und regressive Prozesse, frühe Abwehrmechanismen und eine zwanghaften Wiederholung des Traumas aktivieren würden. In seiner Weiterentwicklung des Trieb-Abwehr-Konzepts konzentrierte sich Freud allerdings auf die intrapsychische Realität und zog sich von dem Konzept der Verführungstheorie zurück (Freud 1896). Seine frühen Beiträge zum Dissoziationskonzept, die in der Fallgeschichte der Anna O. besonders herausgearbeitet wurden, gab Freud zugunsten des Konversionsmodells auf.

Das von Janet (1907) entwickelte und inzwischen empirisch gut überprüfte Dissoziationskonzept (z.B. Freyberger et al. 1998) beschreibt im Kontext der erlebten Traumatisierungserfahrung die Abspaltung (Dissoziation) entsprechender Erlebnisinhalte aus dem Bewußtsein mit dem daraus resultierenden Problem, diese in narrativen Gedächtnisinhalten zu repräsentieren. Dabei erstrecken sich die Abspaltungsprozesse auf die Dimensionen Gedächtnis (Amnesie), Depersonalisation/Derealisation, Absorption durch internales Erleben oder externale Reize und pseudoneurologische Symptome (psychogene Störungen der Motorik und Sensorik, Krampfanfälle u.a.) sowie auf die Spaltung von Inhalt und zugehörigem Affekt. Zeitlich sequentiell erfolgende, sogenannte kumulative Traumatisierungen oder symptomverstärkende Lernerfahrungen (auch im Sinne des sekundären Krankheitsgewinns) können zu einer Ausweitung dissoziativer Symptome und zu einer zunehmenden Unspezifität der auslösenden Situationen führen.

Entwicklungspsychologisch steht heute außer Zweifel, das frühe Traumatisierungen die psychische Entwicklung vor allem hinsichtlich struktureller Persönlichkeitsanteile in erheblichem Ausmaß stören können. Vor allem die Ausbildung stabiler Selbst- und Objektrepräsentanzen und die Affektlogik scheinen im hohen Ausmaß von Traumatisierungserfahrungen abhängig zu sein (vgl. Kap. 2.1, S. 65 ff).

Wesentlich für das Verständnis ist das Auftreten psychophysiologischer Symptome im Sinne des Hyperarousals. Eine Reihe von Studien mit allerdings zum Teil widersprüchlichen Befunden haben zeigen können, daß in PTSD-Stichproben erhöhte Katecholaminspiegel im 24-Stunden-Urin vorliegen, sich in Provokationstests mit Serotoninagonisten Panikattacken und Flashbacks auslösen lassen, es im Zusammenhang mit akutem Streß zu einer Erhöhung des Kortisolspiegels und wahrscheinlich sekundär zu einem chronischen Hypokortisolismus bei chronischer PTSD kommt (zusammenfassend Frommberger et al. 2000). Eine experimentell mögliche durch den Opioid-Antagonisten Naloxon reversible Analgesie-In-

duktion bei Exposition mit traumaassoziierten Inhalten deutet auf eine Beteiligung des Opioidsystems bei der Entstehung und Aufrechterhaltung vor allem dissoziativer Symptome hin (van der Kolk 1996). Die mit dem Trauma und dessen Folgen verbundene exzessive Stimulation führt zu offensichtlich bleibenden neuronalen und neurohumeralen Veränderungen, die ihrerseits mit Konsequenzen für Lernen, Habituation und Reizdiskrimination verknüpft sind. Durch die Kontextlosigkeit somatosensorischer Reaktionen und das auch daraus resultierende Hyperarousal wird die körperbezogene Wahrnehmung von den Betroffenen als unzuverlässig und damit das Angsterleben als ungebunden erlebt (Langkafel 2000).

Nach der behavioralen Konzeptualisierung verursacht das Erleben eines Traumas eine konditionierte Furcht- oder Angstreaktion, die sich auf traumarelevante interne oder externe Stimuli bezieht. Das Vermeidungsverhalten gegenüber diesen Stimuli wird durch das Ausbleiben negativer Konsequenzen nach der Traumatisierung verstärkt, so daß eine Habituationsreaktion ausbleibt. Kognitiv-behaviourale Konzepte betonen darüber hinaus die subjektiven Erwartungen und Bewertungen der persönlichen Bedeutung des Traumas sowie der zugehörigen emotionalen Verarbeitungsprozesse. So werden in den Arbeiten von Foa (1989) sowie Ehlers und Steil (1995) veränderte kognitiv-emotional-physiologische Netzwerke beziehungsweise Veränderungen der subjektiven Bedeutungszuschreibung als aufrechterhaltende Faktoren beschrieben.

Therapie

Übereinstimmend geht die Mehrzahl psychotherapeutischer Ansätze davon aus, daß die Verarbeitung des traumatischen Geschehens eine wie auch immer geartete Reexposition mit der traumatischen Erfahrung erfordert. Symptomorientiertes Ziel ist dabei eine Reduktion der traumaassoziierten Angstsymptome, der dissoziativen Phänomene sowie des Vermeidungsverhaltens. Das faktische Traumageschehen, die emotional-affektiven, physiologischen und kognitiven Aspekte des Traumas und dessen bisherige Verarbeitung sollen vom Betroffenen in die Persönlichkeitsorganisation und die Lebensgeschichte integriert werden.

Psychotherapieschulenunabhängig ergeben sich dabei in der Vorgehensweise einige zentrale Probleme, die einerseits mit der PTSD-Symptomatik und andererseits mit der Krankheitsverarbeitung in Zusammenhang stehen. Obgleich eine weitreichende Diskussion in der Öffentlichkeit in den vergangenen Jahren eine erhebliche wahrnehmungs- und ausdrucksbezogene Schwellensenkung bewirkt haben dürfte, tendiert ein Teil der PTSD-Patienten im Kontext ihres traumaassoziierten Vermeidungsverhaltens und von der Art des Traumas abhängiger Scham- und Schuldgefühle dazu, die Traumaerfahrung keineswegs spontan in der Begegnung mit ihrem Therapeuten zu formulieren. Behandlungserfahrungen im stationären Bereich (Spitzer et al. 1999) weisen vielmehr darauf hin, daß erst die systematische Berücksichtigung der PTSD-Diagnostik im Rahmen des diagnostischen Prozesses zu einer angemessenen

Erfassung führt. Bei einem Teil der Betroffenen ist darüber hinaus die zurückliegende Traumaerfahrung dem Bewußtsein nicht zugänglich und wird unter Umständen erst in einem längeren therapeutischen Prozeß evident. Eine ausgeprägte dissoziative Symptomatik kann hier als Hinweis auf eine zurückliegende Traumaerfahrung dienen, wobei die in diesem Zusammenhang veröffentlichten Erhebungsinstrumente keine exakte Prädiktion zurückliegender Traumata erlauben (Spitzer et al. 1996).

Ob, wann und in welchem Umfang die Traumatisierung tatsächlich zu einem sinnvollen Gegenstand der Therapie wird, sollte von verschiedenen Rahmenbedingungen abhängig gemacht werden. Vor allem bei strukturell schwerer gestörten Patienten (vgl. Kap. 5.1, S. 226ff) ist im Verlauf der sogenannten Traumatherapie mit Episoden selbstverletzenden Verhaltens oder anderer autoaggressiver Symptomäquivalente zu rechnen, stationäre Interventionen werden hier häufig unumgänglich. Nicht nur bei diesen Patienten führt die Thematisierung oder Exposition mit traumaassoziierten Inhalten nicht selten zu quälenden Nachhallerinnerungen oder Intrusionen, die in den Therapiesitzungen in einer tragenden Therapeut-Patient-Beziehung noch kompensierbar sind, nach den Therapiestunden aber oft das Erleben der Betroffenen über Stunden oder Tage beherrschen. Diesem Umstand ist einerseits durch eine umfassende Aufklärung über den Verlauf, die Wirkungen und Nebenwirkungen der Therapie und andererseits durch einen fortlaufenden Austausch über diese Problematik Rechnung zu tragen; dabei können sich Modifikationen des Settings und/oder des therapeutischen Vorgehens ergeben. Prinzipiell wird empfohlen, Traumainhalte nur im ersten Abschnitt von Therapiestunden zu thematisieren, um den Betroffenen eine ausreichende Distanzierung von den entsprechenden Inhalten zu ermöglichen.

Ein weiteres Problem kann die Tatsache darstellen, daß Patienten und Therapeuten die Relevanz einer Traumatisierung für die Ätiologie und Pathogenese einer komplexeren Störung und für deren Therapie sehr unterschiedlich bewerten. Über Attributionsprozesse entstehen vor allem bei strukturell stärker gestörten Patienten nicht selten retrospektive Krankheitskonzepte, in denen traumatisierenden Ereignissen weniger eine ätiologisch kausale, sondern vielmehr eine sinngebende, die Biographie strukturierende Bedeutung zukommt.

Generell konfrontiert die therapeutische Arbeit mit traumatisierten Patienten mit besonderen Aspekten der Übertragungs-/Gegenübertragungsbeziehung. So können in der Gegenübertragung erhebliche Affekte und Impulse gegenüber den Tätern entstehen und besondere Aspekte vor allem stark interpersoneller Traumatisierung auch Scham, Ekel und Abscheu (auch gegenüber den Opfern) erzeugen, durch die der Therapeut an die Grenzen des für ihn Ertragbaren kommt beziehungsweise sich der pathogenen Wirkung traumatischer Narrative kaum entziehen kann. Traumatisierende Ereignisse – dies zeigt sich in der breiten öffentlichen Rezeption – haben auch eine faszinierende Wirkung, die einen Therapeuten dazu verführen kann, auf dem Wege einer zu forcierten Thematisierung und Reexposition iatrogen retraumatisierend zu wirken. Vor allem in der Akutbehandlung durch interpersonelle Gewalt in ihrem Selbstwertgefühl und Selbsterleben stark erschütterter Patienten steht die Etablierung einer tragfähigen therapeutischen Beziehung über lange Zeit im Vordergrund.

Vor einer hinreichenden symptomatologischen Stabilisierung ist sogenannte Traumaarbeit nicht sinnvoll und kann durch Induktion regressiver Prozesse Symptomakzentuierungen bewirken. Voraussetzung bildet weiterhin eine stabile Therapeut-Patient-Beziehung, in der sichergestellt ist, daß die entsprechenden Inhalte auch in einem angemessenen zeitlichen Rahmen durchgearbeitet und integriert werden können.

Eine von van Etten und Taylor (1998) veröffentlichte Metaanalyse zur Behandlung chronischer PTSD zeigt, daß der Einsatz von Psychotherapieverfahren gegenüber psychopharmakologischen Interventionen zu signifikant geringeren Abbrecherraten bei einer deutlich höheren Effektivität im Hinblick auf die Symptomreduktion führt. Verhaltenstherapeutische Interventionen erwiesen sich in etwa gleich effizient wie das *Eye Movement Desentization and Reprocessing* (s. u.); über psychodynamische Ansätze ließen sich keine hinreichenden Aussagen machen, da hier nur eine kontrollierte Studie vorlag.

Maercker (1999) hebt vor allem neuere **verhaltenstherapeutischen Ansätze** hervor, die zeigen, daß auch rein kognitive Therapieformen ohne die therapeutische Konfrontation mit dem Traumageschehen effektiv sind. So veröffentlichten Marks et al. (1998) eine kontrollierte Therapiestudie, in der sie ausschließlich kognitives Restrukturieren mit ausschließlich in sensu und in vivo erfolgender Konfrontation, eine kombinierte kognitive und Konfrontationsbedingung sowie eine Kontrollbedingung miteinander verglichen. Bei kognitivem Restrukturieren wurde jede kognitive oder verhaltensbezogene Konfrontation mit dem Traumaerlebnis ausgeschlossen. Die berichteten Effektstärken zwischen 1,0 und 2,0, die in der Sechs-Monats-Katamnese auf Werte bis zu 2,9 anstiegen, zeigen die Gleichrangigkeit der eingetzten Verfahren. Von Tarrier et al. (1999) wurde ebenfalls eine rein kognitive Behandlungsbedingung mit einer In-sensu-Konfrontationstherapie nach dem Konzept von Resick und Schnicke (1993) verglichen. Das zuletzt genannte Verfahren stellt typische, nach dem Trauma veränderte kognitive Schemata, wie zum Beispiel Sicherheits- und Intimitätsüberzeugungen in den Mittelpunkt der Therapie. Auch hier fand sich kein statistischer Erfolgsunterschied. Wie Glynn et al. (1999) darüber hinaus zeigen konnten, führen zusätzlich zur Konfrontationstherapie applizierte familientherapeutische Interventionen nicht notwendigerweise zur Augmentation der Therapieeffekte.

Das *Eye Movement Desensitization and Reprocessing* (**EMDR**) ist eine seit Anfang der 90er Jahre entwickelte imaginative Methode zur Traumatherapie (Shapiro 1995), das heute systematisch als ein Baustein im Rahmen eines Behandlungsplanes eingesetzt wird und als weitgehend empirisch fundiert angesehen werden kann (Lamprecht et al. 2000; van Etten und Taylor 1998). Mittels der EMDR-Technik wird unter definierten Rahmenbedingungen eine Konfrontation mit dem Trauma angestrebt, in dem dem Bewußtsein nicht zugängliche Erinnerungsaspekte wiedererlebt, wahrgenommen und verarbeitet werden. Einerseits sollen damit dissoziative Mechanismen aufgehoben und andererseits die durch die Traumatisierung negativ veränderten Selbst- und Objektrepräsentanzen kognitiv umstrukturiert werden. Der Therapieprozeß wird in acht Phasen unterteilt, in die unter anderem die spezifische Anamnese und Behandlungsplanung, eines systematische Vorbereitung des Betroffenen, eine differentielle Einschätzung der Traumakomponenten sowie nach Anwendung der Technik Durcharbeitung und Neubewertung eingehen. Traumatische Erinnerungsaspekte kognitiver, emotionaler oder sensorischer Qualität werden durch die Induktion sakkadischer Augenbewegungsserien imaginativ induziert und in einem sprachbegleiteten Habituationsansatz reduziert. EMDR ist eine Therapiemethode und kein Verfahren und wird sinnvoll heute lediglich im Rahmen eines komplexen Gesamtbehandlungsplans eingesetzt.

In den vergangenen 20 Jahren sind eine Reihe von Untersuchungen veröffentlicht worden, die sich unter dem Begriff des *Critical Incidence Stress Debriefing* zusammenfassen lassen (Mitchell 1983). Mit diesem sekundärpräventiven Ansatz wird seither bei unmittelbar Betroffenen und ihrem individuellen (z. B. Partner, Familie) und helferbezogenem Umfeld (z. B. Polizisten und Feuerwehr) im direkten Anschluß an das Traumatisierungsereignis versucht, das Auftreten posttraumatischer Belastungsstörungen im Sinne einer Soforthilfe zu verhindern. In einzel- oder gruppenpsychotherapeutischen Programmen werden in der Regel 24 bis 72 Stunden nach dem Traumaereignis in einem Phasenprozeß Interventionen von ein- bis sechsstündiger Dauer appliziert. Initial wird das faktische Geschehen zusammengefaßt (*Fact Phase*) und die Betroffen anschließend aufgefordert, hierzu ihre Gedanken und Ideen (*Thougt phase*) und emotionalen Reaktionen (*Reaction Phase*) mitzuteilen. Die spezifischen Streßsymptome werden erfragt und zusammengefaßt (*Symptom Phase*), bevor variierende Informationen zum Symptommanagement und zur Bewältigung diskutiert werden (*Teaching Phase*). Obgleich dieses Verfahren vor allem im institutionellen Kontext heute weltweit als verbreitet angesehen werden kann und von den Betroffenen subjektiv als durchgehend hilfreich eingeschätzt wird, ist seine sekundärpräventive Wirkung strittig. Neuere Studien zeigen sogar, daß bei Applikation entsprechender Interventionen in den Therapiegruppen höhere PTSD-Prävalenzraten als in Kontrollgruppen auftreten (Bisson et al. 1997; Carlier et al. 1998). Hieraus läßt sich mit Vorbehalt schlußfolgern, daß unter bestimmten Kontextbedingungen naturalistische Abwehr- und Restrukturierungsprozesse bei den Betroffenen wirksamer sein können und Therapieinterventionen durchaus das Potential aufweisen können, den Verlauf zu verschlechtern.

Auch **psychopharmakologische Interventionen** haben sich bei PTSD-Patienten insbesondere im Kontext einer laufenden psychotherapeutischen Behandlung als sinnvoll erwie-

sen. Friedman (1997) konnte in einer Übersicht über 13 placebokontrollierte Studien zeigen, daß vor allem Serotoninwiederaufnahmehemmer wirksam sind. Teusch (2000) kommt in seiner neueren Literaturübersicht zu folgenden Ergebnissen. Trizyklische Antidepressiva und traditionelle MAO-Hemmer scheinen gut bei Hyperarousal-Symptomatik, bei Intrusionen und bei begleitender depressiver Symptomatik zu wirken, sie beeinflussen jedoch die phobischen Vermeidungsreaktionen nicht. Sofern alle Symptombereiche der PTSD evident sind, stellen Serotoninwiederaufnahmehemmer heute Substanzen der ersten Wahl dar. Denn ihr breites Wirkungsspektrum erfaßt alle Komponenten und insbesondere die Angstsymptomatik. Für einen Therapieversuch sollten wenigsten acht oder besser zwölf Wochen veranschlagt werden; die Erhaltungstherapie ist bei schweren Fällen auf ein Jahr zu erstrecken.

Fallbeispiel

Im Konsiliardienst wird von der unfallchirurgischen Klinik ein 38jähriger, verheirateter Makler vorgestellt, der sich im Rahmen eines schweren Verkehrsunfalls ein Polytrauma zugezogen hatte, das zu mehrfachen operativen Interventionen und einer mehrwöchigen Beatmungspflichtigkeit auf der chirurgischen Intensivstation geführt hatte. Nach Extubation waren den Kollegen seine depressive Stimmung und wiederholte Suizidäußerungen aufgefallen.

Im Erstkontakt berichtete der Patient von Tagträumen und nächtlichen Alpträumen, in denen er szenisch bestimmte Unfallsequenzen repetitiv wiedererlebt; er brauche nach dem morgendlichen Erwachen bisweilen mehrere Minuten, um sich zu reorientieren. Tagsüber würden ihn plötzlich auftretende Angstanfälle überfallen, für die er keine Erklärung habe und gegen die er sich nicht wehren könne. Dabei erlebe er seinen Körper ebenso wie die Umgebung eigenartig verändert; dies habe in ihm die Befürchtung evident werden lassen, verrückt zu werden.

Bei näherer Exploration kristallisierte sich heraus, daß bei dem Unfall ein den PKW fahrender guter Freund und eine auf der Beifahrerseite sitzende Freundin ums Leben gekommen seien. Er selbst sei bei dem Unfall in Blechteile des verunfallten Fahrzeuges eingeklemmt worden und erst durch die Feuerwehr mit dem Schweißbrenner befreit worden. Als besonders bestürzend habe er seine dadurch bedingte Hilflosigkeit gegenüber den beiden Mitfahrern erlebt, die blutüberströmt neben ihm gelegen hätten und von denen er annehme, daß sie mit sofortiger Nothilfe vielleicht hätten überleben können.

Nachdem auch von den betreuenden Krankenschwestern die zum Teil den Patienten überschwemmende psychische Symptomatik bestätigt worden war, wurden zunächst sechs Konsiliarkontakte in jeweils dreitägigen Abständen und eine begleitende psychopharmakologische Behandlung mit einem Serotoninwiederaufnahmehemmer vereinbart. Durch Beiziehung der entsprechenden Obduktionsprotokolle ließ sich mit Herrn R. rasch klären, daß seine beiden Freunde mit hoher Wahrscheinlichkeit infolge ihrer schweren Verletzungen einen sofortigen Unfalltod erlitten hatten. Fokus der folgenden Konsiliargespräche bildeten einerseits supportiv-psychotherapeutische Gespräche und andererseits die Bahnung einer weiterführenden Rehabilitationsbehandlung sowie die Klärung sozial relevanter, den Lebenskontext absichernder ökonomischer Schritte bei dem selbstständig Tätigen. Die Familienangehörigen wurden über die Kontextvariablen informiert.

Nach mehrmonatiger Rehabilitationsbehandlung an einem anderen Ort stellte sich Herr R. vier Monate später, infolge seiner Verletzungen noch leicht gehbehindert, in unserer Poliklinik vor. Er berichtete, noch nicht wieder Auto gefahren zu sein, da bereits die damit verbundene Vorstellung bei ihm erhebliche Ängste mobilisiere. Insgesamt habe er aber den Eindruck, daß er die Kontrolle über sich selbst weitgehend wiedererlangt habe. Nur noch manchmal werde er nachts von Träumen heimgesucht. Mit Herrn R. wurde ein schrittweiser beruflicher Wiedereingliederungsprozeß nach dem Hamburger Modell vereinbart und niederfrequent therapeutisch begleitet. Unter Einbeziehung der Familie wurden mehrere Gespräche mit den Angehörigen der anderen Unfallopfer herbeigeführt, nachdem Herr R. selbst jeden Kontakt abgebrochen hatte. Die Ehefrau übernahm die Aufgabe, mit Herrn R. schrittweise wieder das Autofahren zu üben.

In der abschließenden Ein-Jahres-Katamnese berichtete Herr R, daß es ihm in der Zwischenzeit recht gut gegangen sei und er seinen Beruf auch unter Verwendung des eigenen PKW wieder ausüben könne. Er habe nie geglaubt, einmal ein „Psycho-Fall" zu werden und habe es retrospektiv als sehr hilfreich erlebt, mit Therapeuten konfrontiert zu werden, die „nicht immer wieder in dem Elend rumgewühlt", sondern ihm bei der Bewältigung seines schweren Schicksalsschlages geholfen hätten.

Literatur

Basoglu MM, Parker O, Parker E, Ozmen I, Marks C, Incesu D, Sahin D, Sarimurat N. Psychological effects of torture: a comparison of tortured with nontortured political activists in Turkey. Am J Psychiatry 1994; 151: 76–81.

Bisson JI, Jenkins PL, Alexander J, Bannister C. Randomised controlled trial of psychological debriefing for victims of acute burn trauma. Brit J Psychiatry 1997; 171: 78–81.

Brady KT. Posttraumatic stress disorder and community: recognizing the many faces of PTSD. J Clin Psychiatry 1997; 9: 12–5.

Breslau N, Kessler RC, Chilcoat HD, Schultz LR, Davis GC, Andreski P. Trauma and posttraumatic stress disorder in the community – the 1996 Detroit area survey of trauma. Arch Gen Psychiatry 1998; 55: 626–32.

Carlier IVE, Lamberts RD, van Uechelen AJ, Gersons BPR. Disaster-related post-traumatic stress in police officers: a field study of the impact of debriefing. Stress Med 1998; 14: 143–8.

Dahl S. Rape – a hazard to health. Oxford: Oxford University Press 1993.

Davidson JRT, Fairbank JA. The epidemiology of posttraumatic stress disorder. In: Posttraumatic stress disorders: DSM-IV and beyond. Davidson JRT, Foa B (eds). Washington, DC: American Psychiatric Press 1993; 147–72.

Ehlers A, Steil R. Maintenance of intrusive memories in posttraumatic stress disorder: a cognitive approach. Behav Cognit Psychother 1995; 23: 217–49.

Eissler KR. Die Ermordung von wie vielen seiner Kinder muß ein Mensch symptomfrei ertragen können, um eine normale Konstitution zu haben? Psyche 1963; 17: 241–91.

Foa EB, Stektee G, Rothbaum BO. Behavioural/cognitive conceptualization of post-traumatic stress disorder. Behav Ther 1989; 20: 155–76.

Freud S. Zur Ätiologie der Hysterie. GW, Bd 1. 1896. London: Imago Publishers 1952; 426–59.

Freud S. Jenseits des Lustprinzips. Studienausgabe. Bd 3. 1920. Frankfurt: Fischer Verlag 1983.

Freyberger HJ, Spitzer C, Stieglitz RD. Fragebogen zu dissoziativen Symptomen (FDS). Ein Selbstbeurteilungsverfahren zur syndromalen Diagnostik dissoziativer Phänomene. Bern: Huber 1998.

Friedman MJ. Drug treatment and PTSD. Answers and questions. In: Psychobiology of posttraumatic stress disorder. Yehuda R, McFarlane AC (eds). Ann New York Acad Science 1997; 821: 359–71.

Frommberger U, Nyberg E, Berger M. Posttraumatische Belastungsstörungen. In: Psychiatrie und Psychotherapie. 2. Aufl. Berger M (Hrsg). München: Urban & Schwarzenberg 2000; 742–62.

Glynn SM, Eth S, Randolph ET, Foy DW, Urbaitis M, Boxer L, Paz GG, Leong GB, Firman G, Salk JD, Katzman JW, Crothers J. A test of behavioural family therapy to augment exposure for combat-related posttraumatic stress disorder. J Consult Clin Psychol 1999; 67: 243–51.

Herman JL. Sequelae of prolonged and repeated trauma: evidence for complex posttraumatic syndrome (DENOS). In: Posttraumatic stress disorder: DSM-IV and beyond. Davidson JR, Foa EB (eds). Washington (DC): American Psychiatric Press 1993; 213–28.

Janet P. The major symptoms of hysteria. New York: Macmillan 1907.

Kessler RC, Sonnega A, Bromet M, Hughes M, Nelson CB. Posttraumatic stress disorder in the national comorbidity survey. Arch Gen Psychiatry 1995; 52: 1048–60.

Lamprecht F, Lempa W, Sack M. Die Behandlung posttraumatischer Belastungsstörungen mit EMDR. Psychotherapie im Dialog 2000; 1: 45–51.

Langkafel M. Die Posttraumatische Belastungsstörung. Psychotherapie im Dialog 2000; 1: 3–12.

Maercker A. Posttraumatische Belastungsstörung: Stand und Perspektiven des Wissens über effektive Therapien. Verhaltenstherapie 1999; 9: 182–5.

March JS. What constitutes a stressor? The „criterion A" issue. In: Posttraumatic stress disorder: DSM-IV and beyond. Davidson JRT, Foa EB (eds). Washington (DC): American Psychiatric Press 1993; 37–54.

Marks I, Lovell K, Noshirvani H, Livanou M, Trasher S. Treatment of posttraumatic stress disorder by exposure and/or cognitive restructuring. A controlled study. Arch Gen Psychiatry 1998; 55: 317–25.

Mitchell J. When disaster strikes. The critical incidence stress debriefing process. J Emerg Med Serv 1983; 8: 36–9.

Resick PA, Schnicke MK. Cognitive processing therapy for rape victims: a treatment manual. Newsbury Park: Sage 1993.

Resnick HS, Kilpatrick DG, Dansky BS, Saunders BE, Best CL. Prevalence of civilian trauma and posttraumatic stress disorder in a representative national sample of women. J Consult Clin Psychol 1993; 61: 984–91.

Shapiro F. Eye movement desensitization and reprocessing. Basic principles, protocols and procedures. New York: Guilford Press 1995.

Spitzer C, Freyberger HJ, Kessler Ch. Hysterie, Dissoziation, Konversion – eine Übersicht zu Konzepten, Klassifikation und diagnostischen Erhebungsinstrumenten. Psychiatr Prax 1996; 23: 63–8.

Spitzer C, Abraham G, Siebel U, Freyberger HJ. Wie häufig sind komorbide posttraumatische Belastungsstörungen in der stationären Psychotherapie und welche Bedeutung haben sie? In: Selbstorganisation und Ordnungswandel in der Psychosomatik. Kröger F, Petzold ER (Hrsg). Frankfurt/M: Verlag für Akademische Schriften 1999; 344–53.

Tarrier N, Pilgrim H, Sommerfield C, Faragher B, Reynolds M, Graham E, Barrowclough C. A randomized trial of cognitive therapy and imaginal exposure in the treatment of chronic posttraumatic stress disorder. J Consult Clin Psychol 1999; 67: 13–8.

Teusch L. Psychopharmaka für seelische Wunden? Die Interaktion von Psycho- und Pharmakotherapie. Psychotherapie im Dialog 2000; 1: 52–4.

Van der Kolk BA. The body keeps the score. Approaches to the psychobiology of posttraumatic stress disorder. In: Traumatic stress. Van der Kolk BA, McFarlane AC, Weisaeth L (eds). London: Guilford Press 1996; 214–41.

Van der Kolk BA, Weisaeth L, van der Hart O. History of trauma in psychiatry. In: Traumatic stress. Van der Kolk BA, McFarlane AC, Weisaeth L (eds). London: Guilford Press 1996; 47–74.

Van Etten M, Taylor S. Comparative efficacy of treatments for posttraumatic stress disorder: a meta analysis. Clin Psychol Psychother 1996; 5: 126–45.

Van Velsen C, Gorst-Unsworth C, Turner S. Survivors of torture and organized violence: demography and diagnosis. J Trauma Stress 1996; 9: 181–93.

5.3
Somatoforme autonome Funktionsstörungen

5.3.1
Modellvorstellungen

Joachim Küchenhoff und Stephan Ahrens

ICD-10-Klassifikation

In der ICD-10 sind die funktionellen Störungen im Abschnitt Somatoforme Störungen (F45) unter der diagnostischen Klasse **Somatoforme autonome Funktionsstörung** (F45.3) eingeordnet. Nach der dort gegebenen Beschreibung schildert der Patient die Symptome so, als beruhten sie auf der körperlichen Erkrankung eines Systems oder Organs, das „weitgehend oder vollständig vegetativ innerviert und kontrolliert wird". Die somatoforme autonome Funktionsstörung wird als eine Kombination von vegetativen Symptomen und zusätzlichen unspezifischen Beschwerden oder Klagen charakterisiert; dabei beharren die Patienten in der Regel darauf, ein bestimmtes Organsystem verursache die Störung. Viele Patienten mit dieser Störung zeigen psychische Belastungsfaktoren oder gegenwärtige Schwierigkeiten und Probleme, „die einen Bezug zur Störung zu haben scheinen". Allerdings sei dieser Zusammenhang nicht bei allen Patienten gegeben.

Demgegenüber sind für die **Somatisierungsstörung** (F45.0) nach ICD-10 multiple (nicht an ein Organsystem gebundene), wiederholt auftretende und häufig wechselnde körperliche Symptome kennzeichnend, für die keine ausreichende somatische Erklärung gefunden werden kann. Als diagnostische Leitlinie wird formuliert, daß sich die Patienten hartnäckig weigern, den Rat oder die Versicherung mehrerer Ärzte anzunehmen, „daß für die Symptome keine körperliche Erklärung zu finden ist". Durch die Symptome und das daraus resultierende Verhalten kommt es nach ICD-10 zu einer Beeinträchtigung familiärer und sozialer Funktionen.

Definition

Während sich bei den neurotischen Störungen die Symptomatik vorwiegend auf das Erleben, die Affektivität, auf Vorstellungsinhalte oder den Antrieb bezieht, sind die **funktionellen Störungen** körperbezogene psychische Störungen; die Symptomatik äußert sich subjektiv durch körperliches Leiden.

Der Arzt kann bei der objektivierenden Untersuchung entweder keine somatischen Befunde erheben, oder er stellt Funktionsstörungen als pathophysiologische Regulationsstörungen fest, die nicht primär mit einer pathoanatomischen Organschädigung verbunden sind. Bei der Suche nach den Ursachen dieser Beschwerden wird er regelmäßig seelische Faktoren finden, die die Beschwerden hervorgerufen haben oder aufrechterhalten.

Das Klassifikationssystem der WHO, die ICD-10, bezeichnet diese Beschwerdebilder als **somatoforme Störungen**. Immer noch existiert eine große Zahl unterschiedlicher Bezeichnungen, zum Beispiel vegetative Dystonie, psychovegetative Beschwerden, psychogene Syndrome; Begriffe, die zu unscharf oder nosologisch mißverständlich sind. Mit von Uexküll und Köhle (1990) bleiben wir bei dem Begriff der funktionellen Syndrome, weil er die Funktionsstörung ins Zentrum der Krankheitsbilder stellt. Die mit dem Begriff anklingende Assoziation, daß es sich um Krankheiten handelt, ist inhaltlich sinnvoll und verweist auf die bedeutsamen emotionalen Bedingungen der Krankheitsbilder.

Nicht von ungefähr bezieht die ICD-10 die **Arzt-Patient-Beziehung** in die Definition ein:

„**F45 somatoforme Störungen**

Das Charakteristikum ist die wiederholte Darbietung körperlicher Symptome in Verbindung mit hartnäckigen Forderungen nach medizinischen Untersuchungen trotz wiederholter negativer Ergebnisse und Versicherung der Ärzte, daß die Symptome nicht körperlich begründbar sind. Auch wenn Beginn und Fortdauer der Symptome eine enge Beziehung zu unangenehmen Lebensereignissen, Schwierigkeiten oder Konflikten aufweisen, widersetzt sich der Patient gewöhnlich den Versuchen, die Möglichkeit einer psychischen Ursache zu diskutieren".

Tatsächlich insistieren die Patienten häufig auf der immer neuen somatischen Abklärung ihrer Beschwerden. Leider widersetzen sich nicht nur die Patienten den Versuchen, mögliche psychische Ursachen in Betracht zu ziehen, die Ärzte unterliegen der gleichen Gefahr: Sie werden mit zum Teil schwer leidenden Patienten konfrontiert, denen sie nicht helfen können; sie werden immer wieder zu überprüfen haben, warum eine „einwandfreie" somatisch-medizinische Diagnose nicht gestellt werden kann; die Unsicherheit – ebenso wie das Drängen der Patienten – verleitet die Ärzte zu immer neuen, oft apparativ aufwendigen Abklärungen, um keine verborgene Krankheit zu übersehen und vielleicht doch noch zu einer Diagnose zu kommen.

Die Gefahr dieses Vorgehens liegt in einer **iatrogenen Fixierung** der Patienten auf ihre Beschwerden und einer **sekundär hypochondrischen Krankheitsfurcht**. Von Uexküll und Köhle (1990) sprechen von einem **Kreislauf** der **Überweisungen**, der zu einem Teufelskreis werden kann. Patienten mit funktionellen Syndromen stellen deshalb eine besondere sozialmedizinische Herausforderung dar: Sie werden einer großen Zahl diagnostischer, oft apparativer und kostspieliger Eingriffe unterworfen, die nicht nur nichts Positives bewirken, sondern die Beschwerden sogar verstärken können. Die adäquate psychosomatische Behandlung funktioneller Störungen wird zu einer Kostensenkung im Gesundheitswesen beitragen (Shaw und Creed 1991).

Psychodynamik der funktionellen Störungen

Zwei **Modellvorstellungen** zur Genese und Psychodynamik funktioneller Störungen müssen voneinander unterschieden werden:

- das Modell der Konversion
- das Modell der psychovegetativen Störung

Das Modell der Konversion

Die **klassische Konversionsstörung** basiert auf der **hysterischen Neurose**: Das Körpersymptom stellt den psychischen Konflikt symbolisch dar, es ist ein **Ausdruckssymptom**. Konversionsstörungen sind „Ausdruckskrankheiten" (von Uexküll 1963) par excellence; der Konflikt ist unbewußt, die körperliche Störung inhaltlich auf den Konflikt bezogen. Lokalisation und Beschreibung der Symptomatik sind daher für das Verständnis der psychischen Konflikte konversionskranker Menschen besonders aufschlußreich. S. Freud hat unter dem Aspekt der Psychoökonomie das Konversionssymptom als besonders „lohnende" Symptomatik verstanden: Der Konflikt ist unbewußt geworden, der emotionale Ausdruck geht ganz in der Symptombildung auf; das heißt, Affekte und Wünsche der Patienten werden so gut in der Symptomatik gebunden, daß der psychische Gewinn durch das Symptom selbst (sogenannter **primärer Krankheitsgewinn**) hoch ist.

Definition

Die **Konversion** ist ein symbolisch verschlüsselter Ausdruck eines seelischen Konfliktes, bei dem der Verarbeitungsmodus in der seelischen Besetzung von Körperorganen, Organ- oder Funktionssystemen besteht.

Hartmann (1996; 2000) sieht den Konversionsprozeß in zwei Stufen: Die erste besteht in einer „Verdichtung der Besetzung von dem Insgesamt des verpönten unbewußten Vorstellungskomplexes auf eine ... Körperrepräsentanz". In einer zweiten Phase setzt eine tiefe Regression ein, bei der „früheste Erlebensmodalitäten ... mobilisiert und aus ihnen diejenigen selektiert (werden), die als Mittel im Umgang mit der besetzten Körperrepräsentanz eingesetzt werden können" (Hartmann 2000). Wichtig erscheint sein Hinweis, daß nach Abschluß des Konversionsvorganges die ehemalige Besetzung der Körperrepräsentanz als originäre körperliche Wahrnehmung erlebt wird. Hoffmann differenziert elf als obligat angesehene **Elemente des Konversionsvorganges**:

1. Für das Individuum nicht annehmbare Wünsche, Phantasien drängen nach Ausdruck.

2. Häufig hat eine vorangehende soziale Situation die Wünsche stimuliert, bedroht oder das Bedürfnis nach Ausdruck verstärkt.

3. Der sozialen Kommunikation der inneren Vorstellung stellen sich die Motive der Abwehr (Scham, Gewissen, soziale Hemmung), auch meist unbewußt, entgegen.

4. Es kommt zur Verdrängung des expressiven Impulses und damit zu einer vorläufigen Konfliktentlastung.

5. Der verdrängte Impuls verbindet sich mit der Vorstellung von einem körperlichen Vorgang („Somatisierung") oder ist schon vorher mit einem solchen verbunden gewesen.

6. Leitlinie der Somatisierung ist die unbewußte, jeweils subjektive Vorstellung vom symptomatisch-relevanten körperlichen Vorgang.

7. Es kommt zu einer Isolierung („Dissoziation") von körperlichem Vorgang und der zugehörigen Vorstellung.

8. Der körperliche Vorgang schafft sich allein – von der Abwehr nicht mehr behindert – Ausdruck. Er ist für das Individuum jetzt nicht mehr „verstehbar", was die eigentliche Voraussetzung für die Entlastung des inneren Konfliktes ausmacht.

9. Dieser Entlastungseffekt wird als „primärer Krankheitsgewinn" beschrieben und führt zu einer manchmal im Affektverhalten beobachtbaren „Aufhebung" („affektive Indifferenz") des ursprünglichen Konfliktes.

10. Das Symptom verkörpert(!), symbolisiert einen Kompromiß zwischen den verpönten impulshaften Vorstellungen und den Kräften der Abwehr.

11. Die soziale Umwelt reagiert häufig im Sinne einer weiteren Entlastung auf das Symptom („sekundärer Krankheitsgewinn").

In diesem verkürzten Auszug der Darlegungen Hoffmanns (1966) wird der Vorgang der Konversion transparent und die komplexen Motivationszusammenhänge nachvollziehbar. Die seelisch-körperliche Umsetzung kann nach vier unterschiedlichen Prinzipien erfolgen.

▶ **Prinzip 1: Organwahl durch Analogie**

Das Konversionssymptom ist **verschlüsselter Ausdruck** eines **seelischen Impulses**, der nicht bewußtseinsfähig ist. Die **Auswahl** des **Organs**, das dann psychisch besetzt wird, erfolgt durch **Analogie**, zum Beispiel Kopf oder Arm = Penis.

Unterhalb der Merkschwelle des Gewissens (Über-Ich), „was eigentlich im Schilde geführt wird", kann eine Triebbefriedigung stattfinden, der Verarbeitungsmodus der analogen Übersetzung des Impulses auf die Körperebene in verschlüsselter Form entlastet die Psyche von entsprechenden Schuldgefühlen; sie muß sich nicht mit dem „Verdacht" verbotener Triebimpulse auseinandersetzen.

▶ **Prinzip 2: Organwahl durch assoziative Verknüpfung von Szenen und Organen**

Das Körpersymptom entsteht durch assoziative Verknüpfungen von Szenen und deren Bedeutungsinhalt, zum Teil durch antizipierte, gar nicht durchgeführte Handlungen, mit Organen oder Organsystemen. Beispiel hierfür sind **Hingabephantasien** von Frauen, die zu Unterleibsschmerzen führen, oder **Penetrationsphantasien**, die sich in Bauch- oder Rückenschmerzen umsetzen. Die Wahl der Symptomqualität „Schmerz" muß übrigens nicht zwingend eine masochistische Triebbefriedigung bedeuten, sondern kann auch Ergebnis einer psychischen Verdichtung sensibler Empfindungen sein. Die Organwahl wird hier durch den Bedeutungsinhalt der entsprechenden Szene, die konvertiert wird, bestimmt.

▶ Prinzip 3: Organwahl durch Funktionsmöglichkeiten

Das Erfolgsorgan des seelischen Impulses wird von der Konversion betroffen, deren Gestaltung richtet sich nach den Funktionsmöglichkeiten des ausersehenen Organs oder Organsystems in Korrelation zum Inhalt der konvertierten Phantasieimpulse beziehungsweise des konvertierten seelischen Impulses. Beispielsweise wird eine Körperöffnung nicht Gegenstand eines motorischen Impulses, sondern eines sensiblen Reizes sein. Hier liegt meist eine eher bewußtseinsnahe Konstellation vor, die sich durch treffsichere Deutung gut erreichen läßt. Die Organwahl erfolgt durch primären (Trieb-)Impuls, die Konversion betrifft die Funktion des betroffenen Organs.

▶ Prinzip 4: Organwahl durch Konditionierung

Das Erfolgsorgan der Konversion wird durch **frühere Fixierungen** bestimmt. „Wenn eine Funktionsstörung in der Kindheit in Verbindung mit einem emotionellen Konflikt gebracht und wenn dieser Konflikt verdrängt wurde, so ist jede spätere Anspielung, Andeutung, entweder auf die Funktionsstörung oder auf den emotionalen Konflikt in der Lage, beide Komponenten des Ganzen zu mobilisieren, wobei die Funktionsstörung die bewußte Manifestation, der emotionale Konflikt dagegen die unbewußt treibende Kraft des Konversionssymptoms wird" (Fenichel 1945).

Grundlage dieses Mechanismus ist die **zeitliche Verknüpfung** einer **Funktionsstörung** (durch körperliche Krankheit oder als primäre Funktionsstörung) mit einem **emotionalen Konflikt**. Dessen Aktualisierung zu einem späteren Zeitpunkt läßt aus der zeitlichen Koinzidenz einen inhaltlichen Zusammenhang werden; das unbewußt erinnerte Körpersyndrom wird von der Psyche als Ausdrucksschiene genommen. Ausschlaggebend für dieses psychodynamische Geschehen ist zum einen die Spezifität des Konfliktes, zum anderen die „Tauglichkeit" der Somatisierung am bestimmten Organ für eine psychische Entlastung. Es handelt sich um einen einfachen Lernprozeß. Die Organwahl erfolgt in diesem Fall quasi durch Zufall, nicht primär unbewußt intendiert. Nach diesem Modell läßt sich auch eine Verknüpfung eines primär psychovegetativen Zustandes mit einer sekundär sich quasi aufpfropfenden Konversionssymptomatik verstehen.

> Dieses System psychischer Entlastung durch Konversion braucht für sein labiles Gleichgewicht das organbezogene Symptom. Entzieht man es durch somatische Beweisführung dem einen Ort, so wandert es weiter zum nächsten. Die schnelle und flüchtige Migration von der einen zur nächsten Lokalisation ist daher bei konversiven funktionellen Störungen nicht selten zu finden.

Die frühe enge Kopplung zwischen Konversionsvorgängen und einer hysterischen Konfliktdynamik, insbesondere dem ödipalen Konflikt oder der hysterischen Persönlichkeit, wird in neuerer Zeit nicht in dieser Form aufrechterhalten (Rupprecht-Schampera 1995; Scheidt et al. 1998). Auch empirische Daten, wie sie zum Beispiel in der Arbeit von Kapfhammer et al. (1998) vorgelegt werden, weisen darauf hin, daß „eine Zuordnung von bestimmten Konfliktthemen zu klinisch-phänomenologisch distinkten Konversionssyndromen nicht möglich" ist.

Engel und Schmale (1969) verdanken wir den Hinweis, daß **körperliche Störungen** – über die Bildung psychischer Repräsentanzen – **sekundär konversionsneurotisch verarbeitet** werden können. So kann eine primär somatische Erkrankung durch eine entsprechende psychische Umsetzung sekundär zu einem funktionellen Krankheitssyndrom führen. In diesem Fall war das Erfolgsorgan primär rein körperlich erkrankt, beispielsweise in Form eines lumbalen Diskusprolaps mit einer radikulären Symptomatik. Die damit verbundenen Sensationen können nach Abheilen der Körperkrankheit „psychisch fortgesetzt" oder auch nach einer gewissen Latenzzeit wieder aufgenommen und ausgestaltet werden. Es erfolgt dann die assoziative Verknüpfung zwischen der sensorischen Erfahrung „Schmerz" oder „Mißempfindung" und damit koinzidierenden psychischen Konstellationen, Phantasien oder Impulsen. Ist hiermit eine Problemlösung für den bis dahin latenten psychischen Konflikt verbunden, dann hat dieser Verarbeitungsmodus seine Wirksamkeit bewiesen: Die Psyche akquiriert das Symptom und perpetuiert es.

Therapie

Konversionssymptome lassen sich in der Regel durch Entschlüsselung des symbolisierten Konfliktes, also durch Deutung und Durcharbeiten des Symptoms als Ersatz für verdrängte Vorstellungen mit Befriedigungs- und Bestrafungsaspekten behandeln. Sie sind daher das klassische Anwendungsfeld für das **analytische Vorgehen**, während bei anderen Störungsformen, zum Beispiel bei psychovegetativen oder psychosomatischen Störungen, Modifikationen erforderlich sind.

Das Modell der hysterischen Konversion verbindet ursprünglich die Konversionsstörung mit einem spezifischen Konflikttyp, nämlich **ödipalen Konflikten**. Diese Bindung an ein bestimmtes Konfliktniveau ist von vielen Autoren aufgegeben beziehungsweise erweitert worden; bezieht man prä-ödipale Störungen als mögliche Ursachen der Konversion ein, so spricht man von **prägenitalen Konversionsneurosen**. Nicht hinter jedem Konversionssyndrom steht also ein kindliches Eifersuchts- und Konkurrenzdrama; es können auch

Versorgungswünsche, Machtansprüche etc. „dargestellt" werden. Der Körperausdruck muß auch nicht an die Willkürmotorik oder das sensorische System gebunden sein, sondern kann auch durch Funktionsstörungen im Bereich des vegetativen Nervensystems dargestellt werden. Damit wird der Übergang vom Konzept der prägenitalen Konversionsstörung zur psychovegetativen Störung deutlich.

Psychovegetative Störungen als Affektäquivalente

Dieses Modell geht auf den bedeutenden Psychoanalytiker O. Fenichel zurück. Es geht von folgenden Voraussetzungen aus: **Normalerweise** sind **emotionale Zustände**, wenn sie erlebt und gelebt werden dürfen, **ganzheitlicher Natur**; die Emotionen werden gespürt, Gefühlseinstellungen wie Haß, Liebe, Sehnsucht, Trauer werden mit bestimmten, bewußtseinsfähigen Vorstellungen verknüpft; sie führen zu einem bestimmten Verhalten der Umgebung gegenüber, vor allem zu den wichtigen Bezugspersonen, denen die Emotionen gelten. Emotionen werden körpernah erlebt, das heißt sie sind mit Körperzuständen verknüpft, von denen sprachliche Redewendungen Zeugnis geben: Das Herz klopft vor Freude, der Magen zieht sich vor Furcht zusammen, die Muskeln zittern vor Angst etc. **Funktionelle Störungen** werden wie viele neurotische Beschwerden auch durch belastende seelische Ereignisse hervorgerufen; diese auslösenden Ereignisse können aber nicht durch die soeben beschriebenen ganzheitlichen Affektreaktionen beantwortet werden.

Definition

Bei funktionellen Störungen bleibt der Körperausdruck des Affektes erhalten, während die seelischen Empfindungen verdrängt werden. In diesem Sinne können funktionelle Krankheiten als **Affektäquivalente** angesehen werden.

„Bei Affektäquivalenten ist der seelische Inhalt eines Affektes abgewehrt worden, während seine physischen Begleitumstände zutage treten" (Fenichel 1945/1983).

Psychovegetative Störungen haben keinen Symbolgehalt wie die Konversionen, aber situativen Bedeutungsgehalt (Auslösesituation!). Durch das Mißlingen der Konfliktlösung bleibt das Symptom primär drängend und beunruhigend – im Unterschied zur Konversion, bei der eine *Belle Indifférence* vorliegt. Der Affekt ist nicht oder kaum für den Betroffenen spürbar, allenfalls als Reaktion auf die Körpersymptomatik wahrgenommen und interpretiert. Körpersensationen werden häufig mit großem Engagement, zuweilen auch mit Akribie, immer jedoch mit erheblichem Erwartungsdruck geschildert. Dagegen finden zwischenmenschliche Beziehungen oder seelische Spannungen wenig Interesse.

Die spezifische Abwehr der umfassenden Verdrängung von Affekten und Spannungen führt zu einer Instrumentalisierung des Körpers oder von Körperfunktionen.

Psychopathologie

Das Modell der Affektäquivalente ist neutral in bezug auf die Psychopathologie; es läßt sich einerseits mit der Annahme vereinbaren, daß psychovegetative Beschwerden reaktiv, also in Reaktion auf einen aktuellen Konflikt entstehen. Andererseits ist es auch auf der Basis einer Grundstörung denkbar, die basaler als ein neurotischer Konflikt ist und eine Ich-strukturelle Störung anzeigt. Das Modell der Konversionsneurose unterstellt ein neurotisches Niveau, wobei bei der Vorstellung einer prägenitalen Konversion die Übergänge zu den Vorstellungen struktureller Mangelzustände deutlich werden. Die klinische Beobachtung lehrt, daß statische Vorstellungen bei diesen Modellen wenig hilfreich sind, es dagegen ein breites Spektrum von Psychopathologie bei Patienten mit funktionellen Störungen gibt.

Es ist also pragmatisch sinnvoll, Patienten mit funktionellen Störungen unvoreingenommen zu begegnen: Psychovegetative Beschwerden können reaktiv als Antwort auf akute seelische Belastungen auftreten. Es können sich aber auch neurotische Störungen, also lebensgeschichtlich weit zurückreichende seelische Konfliktpathologien hinter der somatischen Symptomatik verbergen. Schließlich gibt es eine Gruppe von Patienten, deren seelische Entwicklung frühzeitig durch ausgesprochen belastende Beziehungserfahrungen beeinträchtigt gewesen ist. Bei diesen Patienten hat die Störung der Ich-Struktur unter anderem zur Folge, daß das oben beschriebene ganzheitliche emotionale Erleben sich nie vollständig entwickeln konnte, daß die Neigung, emotionale Zustände mittels körperlicher Affektäquivalente auszudrücken, von früh an gebannt wurde.

Als klinische Konsequenz der Modellanalyse ergibt sich, daß die individuelle Psychodiagnostik bei funktionellen Beschwerden entscheidend ist; es ist wichtig, sich zu vergegenwärtigen, inwieweit die psychische Belastung in die Persönlichkeit des Patienten eingreift oder wie begrenzt die temporäre Reaktion ist.

Therapie

Wir folgen Ermanns (1987) Position, der auf einen zentralen Unterschied zur Psychotherapie bei neurotischen (auch konversionsneurotischen) Patienten hinweist. Der Behandler wird nicht als Konfliktpartner bei der Inszenierung der Übertragungsneurose verwendet, sondern die Patienten erleben in der therapeutischen Beziehung Entwicklungsmängel erneut. So entstehen Behandlungsphasen, in denen die Patienten ihre Eigenständigkeit aufgeben, Abhängigkeit erleben und den Kontakt zu Therapeuten auf der Ebene der sprachlichen Erwachsenenkommunikation einschränken. Dies könnte als Stillstand der Behandlung mißverstanden werden, bei dem das Geschehen vorübergehend nicht mehr vom sprachlichen Dialog, sondern von der unmittelbaren gegenseitigen Anwesenheit in Form einer unsymmetrischen Objektbeziehung bestimmt wird. Bei der Behandlung dieser Patienten verlaufen solche Entwicklungen oft mit besonderer Heftigkeit unter dem Schild von Körpersymptomen, der als ein schwer handhabbarer Widerstand erscheint. So verlangen diese Patienten immer wieder somatische Ausschlußuntersuchungen oder diagnostische Eingriffe, wodurch das Arbeitsbündnis stark belastet werden kann. So kommt es darauf an, die **körperlichen Signale** als Spuren biographisch bedingter Fixierungen zu verstehen und als „**Sprachersatz**" zu verwerten. Zu deren Verständnis ist es wichtig, sie in ihrer kommunikativen Funktion zu betrachten und zu berücksichtigen, daß sie als nichtverbaler Ausdruck von Wünschen und Phantasien aufzufassen sind. Beziehungsrepräsentanzen sind so an körperliche Kommunikation gebunden, daß der Patient logischerweise zunächst eine „somatische Befriedigung" anstrebt. Beziehungskonflikte werden als Konflikte um Körperlichkeit, nicht aber als psychosoziale Konflikte – wie bei Neurosen – bearbeitet.

Diese Situation erfordert eine besondere Handhabung durch den Therapeuten, um ein fruchtbares Arbeitsbündnis zu etablieren und aufrechtzuerhalten. Hierbei kommt dem Aspekt der **Angstminderung** besondere Bedeutung zu, wenn wir die Fixierung des Patienten auf seine Körpersymptomatik als Abwehr vor überwältigenden, zerstörerischen Affekten verstehen. Im Erstkontakt und der initialen Phase der Therapie kommt der **Strukturierung** der **Begegnungssituation** große Bedeutung zu: Ansprechen der Termine und des Zeitrahmens, Beschreibung der Arbeitsweise und deren Modalitäten, Benennen der therapeutischen Zielsetzung. Zu einer angemessenen **Handhabung** der **therapeutischen Beziehung** mit diesen Patienten gehören auch:

- Annahme der Hilferwartung
- Auffangen des damit verbundenen Erwartungsdrucks
- Vermeidung konfrontativer Deutungen (statt dessen empathisches Verstehen und Tragen)
- Vorsicht beim Ansprechen affektiver Spannungen in der Beziehung (dies möglichst mit einer kognitiven Zuordnung verknüpfen)

In diesen Beschreibungen wird deutlich, daß der Kranke mit psychovegetativen Störungen zunächst ein gutes **Mutterobjekt** in einer eher aktiv-strukturierenden Verhaltensweise braucht, um seine Angsttoleranz zu festigen und auszubauen. Eine forcierte Abstinenzhaltung mit einer unsymmetrischen Kommunikation dagegen verunsichert ihn und gefährdet das Arbeitsbündnis.

Durch diese Art des speziellen Beschwerdeangebotes psychovegetativer Kranker ergeben sich zwei **Gegenübertragungsfallen**, die es folglich zu vermeiden gilt:

- Zum einen kann es zu einer Aktivierung des kriminalistischen Spürsinns des Therapeuten in dem Bemühen kommen, den psychischen Hintergrund oder affektiven Gehalt der vorgetragenen Symptomatik zu beweisen („**Sherlock-Holmes-Syndrom**"). Hierzu kann es kommen, wenn die beschriebene Tendenz des Patienten zur körperlichen Klagsamkeit als Widerstand, nicht aber als Beziehungsangebot verstanden wird.
- Je nach Temperament des Untersuchers kann diese körperbezogene Beharrlichkeit der Patienten entweder zu

Gleichgültigkeit, Überdruß und Aufgabe oder zu aggressiv-gereizten Gegenreaktionen und Ablehnung führen.

Bei beiden Gegenübertragungsreaktionen ist besonders auf den **Wiederholungsaspekt** zu achten. Fast regelhaft finden sich ebensolche Erfahrungen dieser Patienten bei der Begegnung mit somatisch tätigen Ärzten, nicht selten aber auch in ihrer Biographie. Ein Erkennen dieser Gegenübertragungsfallen und deren angemessene Handhabung schützt so den Patienten vor einer weiteren Krankheitsodyssee und kann zugleich den Einstieg in die psychotherapeutische Aufarbeitung biographischer Traumatisierungen darstellen.

Literatur

Engel G, Schmale A. Eine psychoanalytische Theorie der somatischen Störung. Psyche 1969; 23: 241–63.

Ermann M. Die Persönlichkeit bei psychovegetativen Störungen. Berlin, Heidelberg: Springer 1987.

Fenichel O. Psychoanalytische Neurosenlehre. 1945. Olten: Walter 1983.

Hartmann S. Über den psychischen Mechanismus der Konversion. Psychotherapeut 2000; 45: 25–31.

Hoffmann SO. Der Konversionsmechanismus. Psychotherapeut, 1966; 41: 88–94.

Kapfhammer H-P, Dobmayer P, Mayer C, Rothenhäusler HB. Konversionssyndrome in der Neurologie. Psychother Psychosom Med Psychol 1998; 48: 463–74.

Rupprecht-Schampera U. The concept of „early triangulation" as a key to a unified model of hysteria. Int J Psychoanal 1995; 76: 457–73.

Scheidt CE, Hartkamp N, Loew T. Diagnose und Behandlung von Konversionsstörungen. Z Psychosom Med 1998; 44: 233–50.

Shaw J, Creed F. The cost of somatisation. J Psychosom Res 1991; 35: 307–12.

Uexküll Th v. Grundfragen der psychosomatischen Medizin. Reinbek: Rowohlt 1963.

Uexküll Th v., Köhle K. Funktionelle Symptome in der inneren Medizin. In: Psychosomatische Medizin. Uexküll Th v. (Hrsg). München, Wien, Baltimore: Urban & Schwarzenberg 1990; 475–91.

5.3.2
Globussyndrom, Schluckstörungen und Aerophagie

Ulrich Lamparter und Hans Ulrich Schmidt

ICD-10-Klassifikation

Das Globusgefühl und die Schluckstörung werden unter der sonstigen somatoformen Störung (F.45.8) klassifiziert. Die Aerophagie wird unter der somatoformen autonomen Funktionsstörung des oberen Gastrointestinaltraktes (F.45.31) eingeordnet.

Globussyndrom

Der **tiefe Rachen** vom Zungengrund bis zum Ösophaguseingang ist eine motorisch reich innervierte, durch komplizierte Bewegungsabläufe charakterisierte Region, die von bestimmten Menschen offenbar besonders bewußt wahrgenommen und beobachtet werden kann. Fleischer (1980) weist in diesem Sinne besonders auf die Differenz hin, daß einerseits Menschen mit schwersten Schäden an der Rachenschleimhaut – also zum Beispiel Alkoholiker, Raucher, Stahlarbeiter und andere – oft überhaupt keine Beschwerden vorbringen und daß sogar oft weit fortgeschrittene und zerfallende Rachengeschwülste scheinbar klaglos hingenommen werden. Andererseits gibt es zahlreiche Patienten, die eindringlich über die unterschiedlichsten Mißempfindungen im Rachen klagen und bei denen sich trotz unverkennbaren Leidens nichts oder fast nichts Krankhaftes an der Schleimhaut finden läßt.

Definition und Deskription

Definition

Unter **Globus** versteht man ein subjektives Beeinträchtigungs- oder Engegefühl im Rachen. Typisch ist die Klage über einen „Kloß" im Hals oder eine ständige Wahrnehmung, als ob etwas noch hinuntergeschluckt werden müsse, was sich aber im Rachen verfangen habe. Meist wird der Globus in der Gegend des Schildknorpels empfunden. Bei Aufregungen wird er stärker wahrgenommen (Ganz 1989).

Einige Autoren unterscheiden zwischen einem echten Globusgefühl und Globusäquivalenzen (Kellerhals 1991). Dieser Unterscheidung soll hier gefolgt werden:

- Das **echte Globusgefühl** entspricht einer medial tief im Rachen verspürten Mißempfindung im Sinne eines Kloßes, Klumpens oder der Beengung, das nur beim Leerschlucken auftritt.
- Die **Globusäquivalenzen** umfassen unspezifische Beschwerden wie Kloß im Hals, Einengungsempfindung, Fremdkörpergefühl, Trockenheitsgefühl, Schleimgefühl, Kratzen, Brennen, Räusperzwang und Schluckzwang.

Weder zum echten Globusgefühl noch zu den Globusäquivalenzen dürfen Symptome gerechnet werden, die als **Hinweis auf ein organisches Geschehen** gewertet werden können:

- einseitige Halsbeschwerden
- mechanische Schluckbehinderungen
- Schmerzen beim Schlucken
- Aspirationen
- Regurgitationen
- Brennen bei sauren Speisen und Getränken
- jegliche Atembehinderungen

Besonders eine Persistenz der Beschwerden beim Essen oder Trinken weist auf ein lokales organisches Geschehen hin.

Historisches

Schon vor 2500 Jahren wurde der **Globus** von **Hippokrates** beschrieben. Er nahm im Rahmen seiner Uterus-Theorie der Hysterie an, es handele sich dabei um den hochgewanderten Uterus, der gegen die Kehle drücke. Purcell (1707) war der Auffassung, das Gefühl eines harten Balles in der Kehle entstehe durch eine Kontraktion der Halsmuskeln, die gegen den Schildknorpel drückten.

Heute gilt als obsolet, jeden Globus als „Globus hystericus" zu bezeichnen (Malcomson 1968). Die Globusbeschwerde ist als Phänomen anzusehen, das eine differenziertere Aufklärung verlangt (s. o.).

Epidemiologie

Die Angabe eines subjektiven Beeinträchtigungs- und Engegefühls im Rachen ist ein häufig vorkommendes Symptom, unter dem ungefähr 3 bis 4 % aller erstmalig einen HNO-Arzt konsultierenden Patienten leiden. 75 % sollen Frauen sein, vor allem in der Altersgruppe zwischen 40 und 60 Jahren.

Schnieder (1986) berichtet von einer Reihenuntersuchung an 3200 Patienten, bei denen nach Tumoren im HNO-Bereich gesucht wurde. Bei keinem der Patienten fand sich ein Malignom, 50 % der Frauen und 40 % der Männer gaben jedoch an, einmal oder mehrfach Globusgefühl gehabt zu haben. Daß Globusgefühl und Karzinome im Rachen und Kehlkopf nicht zwangsläufig assoziiert sind, geht auch aus einem Hinweis Breuningers (1980) hervor, demzufolge viele Karzinome im Rachen- und Kehlkopfbereich auch in fortgeschrittenem Stadium kein Globusgefühl verursachen.

Ätiologie

Das echte Globusgefühl entspricht wahrscheinlich in den meisten Fällen der Wahrnehmung eines **unphysiologischen Spannungszustandes** der Muskulatur im pharyngoösophagealen Übergangsbereich. Dieser läßt zwar beim Schlucken fester oder flüssiger Nahrung durch die unwillkürliche reflektorische Erschlaffung nach. Beim Leerschlucken wird diese Erschlaffung jedoch nicht ausgelöst, da der den unwillkürlichen Fortgang des Schluckaktes auslösende Speisebolus fehlt (Kellerhals 1991). Hinter der Verspannung der speziell am Schluckvorgang beteiligten Muskulatur steht oft eine Verspannung der gesamten muskulären Takelage des Kopf-Hals-Bereiches, in die auch psychische Faktoren im Sinne einer „angespannten" Grundhaltung eingehen können.

Eine einheitliche pathophysiologisch begründete Erklärung der sogenannten Globusäquivalenzen existiert nicht.

Die Angaben zur **Bedeutung** des **gastroösophagealen Refluxes** bei der Genese von „Globusbeschwerden" sind uneinheitlich. Ein Reflux soll bei 15 bis 90 % aller „Globuspatienten" vorliegen, die Besserung des Refluxgeschehens geht aber nicht zwangsläufig mit einem Verschwinden des Globusgefühls einher (Timon et al. 1991).

Neben dem Reflux werden **weitere organische Faktoren** für die Genese von Globusbeschwerden benannt, wobei allerdings der Globusbegriff in den verschiedenen Untersuchungen uneinheitlich verwendet wird:

- Ödem der Aryknorpel (Timon et al. 1991)

- zervikale Osteophyten
- Motilitätsstörungen des Ösophagus
- krikopharyngeale Dysfunktionen

Nach Moser et al. (1991) erlaubt freilich nur das Verschwinden der Sensation nach einer entsprechenden Behandlung einen ätiologischen Rückschluß. Gerade beim Globus erfordern etwaige somatische Befunde eine kritische Einordnung in das klinische Gesamtbild unter psychologischen Gesichtspunkten: Schon das bewußte Erleben des üblicherweise automatisch ablaufenden Schluckvorganges kann zu fixierter Selbstbeobachtung und der Wahrnehmung immer feinerer Nuancen in der Halsregion führen, die nicht mehr allein vom organischen Befund „getragen" werden, wie die Entwicklung von Globusbeschwerden aus passageren Halsentzündungen heraus zeigt.

Psychodynamik

Der **echte Globus**, der Folge einer allgemeinen muskulären Verspannung der Kopf-Hals-Muskulatur ist, kann durch alle psychischen Vorgänge, die zu einer erhöhten Muskelspannung beitragen, mitbedingt sein.

Die **Globusäquivalenzen** verweisen als funktionelle Symptome grundsätzlich auf Affekte, deren körperliche Korrelate und Begleitphänomene besonders deutlich wahrgenommen werden: vor allem Angst und die affektlosen Affekte der Depression. Ein solcher Globus dürfte häufig dem Gefühl entsprechen, daß es einem „die Kehle zuschnüre", zum Beispiel vor Angst, Ekel oder Trauer.

Besonders häufig tritt eine solche als Dauergefühl empfundene Mißempfindung bei Depressionen aller Art – auch monosymptomatisch – als Körperbeschwerde auf. Es handelt sich hier um die typische Empfindung des „Kloßes im Hals".

Zu ihrer psychodynamischen Genese ist auf die von vielen Psychoanalytikern beschriebene enge Beziehung zwischen **Oralität und Depression** zu verweisen. Nach Verlusten kann ein eventuell entstehender Globus auf eine nicht in Gang gekommene Trauer oder festgefahrene Trauerreaktion hinweisen. Harris et al. (1996) fanden in einer Gruppe mit Globuspatienten signifikant mehr schwere Lebensereignisse und Lebensschwierigkeiten.

Als Konversionsphänomen manifestieren sich in Globusäquivalenzen schließlich unbewußte Konflikte auf der „Bühne des Körpers" und finden so körpersprachlich verschlüsselten symbolischen Ausdruck. Nur dann ist die Bezeichnung **„Globus hystericus"** korrekt.

Auch kann „Globus" im Rahmen einer Konversion ein **„Erinnerungssymbol"** darstellen: Bei einer aufwendig HNO-ärztlich untersuchten Patientin symbolisierte der Globus die Erinnerung an die Ermordung der Mutter, die von einer Gewehrkugel in den Hals getroffen worden war, was die Patientin hatte mit ansehen müssen.

Vor einem entsprechenden Phantasiehintergrund können sich **orale Triebkonflikte** (Gier!) oder sexuelle Konflikte auf dem Wege einer Verschiebung von unten nach oben an der Halsregion ausdrücken. Auf der Phantasie-Ebene findet man manchmal eine unbewußte Abwehr gegen verdrängte oral-rezeptive sexuelle oder nutritive Wünsche. Die entsprechenden Phantasien kreisen um Schlucken-Mögen und Nicht-Schlucken-Dürfen (oft mit oral-genitalen, seltener mit oral-nutritiven Inhalten) oder auch um Schlucken-Müssen und Nicht-Schlucken-Wollen (Meyer 1976).

Fallbeispiel

Wie eine überwertige Selbstbeobachtung der mit dem Schlucken und der „Kehleempfindung" verbundenen Vorgänge sich intensivieren kann, indem ursprünglich unbewußte konflikthafte seelische Vorgänge im symptombedingten Körpererleben eine überschwellige Repräsentation finden, zeigt der folgende Fall:

─────────────── **Fallbeispiel** ───────────────

Eine 26jährige Patientin beschreibt ein seit eineinhalb Jahren bestehendes „Krampfgefühl im ganzen Hals, als wenn dort eine angespannte Faust sitzen würde". Das Symptom bestehe, seit sie wegen einer Erkältung Tabletten eingenommen und sich verschluckt hatte, und führe auch zum Auftreten massiver Schluckängste. Gleichzeitig drohte zu dieser Zeit die räumliche Trennung von der Großmutter, bei der die Patientin seit ihrer frühesten Kindheit gelebt hatte und die das einzige tragende Objekt für die Patientin darstellte. Das Erleben der tiefen Angst, von der Großmutter verlassen zu werden, schien sich bei der wenig symbolisierenden und einfach strukturierten, also auf die Gegenwart eines tragenden Objektes auch vital angewiesenen Patientin mit dem archaischen Gefühl „in meiner Kehle sitzt etwas, es muß raus, ich kann es nicht akzeptieren ..." verknüpft zu haben und als „Faust in der Kehle" erlebt zu werden.

Schluckstörungen

Definition

> **Definition**
> Abzugrenzen vom „Globus" sind die **Dysphagien**, das heißt Schwierigkeiten beim Schlucken von Flüssigkeiten oder Speisen, die über die Angabe eines subjektiven Gefühls hinausgehen.
> Bei der **psychogenen Schluckstörung** ist der Schluckakt selbst aus psychischen Gründen gestört oder beschwerlich. Die Patienten schildern, sie könnten nichts mehr schlucken oder es falle ihnen unendlich schwer.

Differentialdiagnostik

Nicht immer fällt die Differentialdiagnose zu organisch bedingten Störungen leicht, denn hinter einer **organisch bedingten Dysphagie** kann eine Vielzahl von Ursachen stehen. Die häufige chronische Pharyngitis führt vor allem zu Schluckbeschwerden während des Essens. Neben endogenen Faktoren finden sich als eine solche Pharyngitis auslösende Umweltreize besonders Hitze, Schweißrauch und Formaldehyd (Ganz

1989). Nutritive Faktoren sind besonders Zigarrenrauch und hochprozentige Alkoholika.

Eine gute klinische differentialdiagnostische Faustregel für eine erste Einordnung dysphagischer Beschwerden gibt Ganz (1989):

- Schluckstörungen beim Essen legen den Verdacht auf eine organische lokale Störung nahe, z. B. eine Pharyngitis.
- Mißempfindungen beim Leerschlucken entsprechen einem Globusgefühl.
- Störungen v.a. beim Schlucken von Flüssigkeiten weisen am ehesten auf eine neurologische Erkrankung (z. B. Bulbärparalyse) hin.

Gerade die letzte Abgrenzung erscheint immer wieder wichtig (Etlin et al. 1996), da die entsprechenden Symptome der Patienten oft zunächst zu psychogenen Fehldeutungen Anlaß geben. Einige Autoren (z. B. Stacher 1986) weisen immer wieder darauf hin, daß die Diagnosen „psychogener Globus" oder „psychogene Dysphagie" einer kontinuierlichen Überprüfung und Reevaluation bedürfen. Nach Ravich und Wilson (1989) besteht die Gefahr, daß durch zu frühe diagnostische Etikettierung „psychogene Schluckstörung" die Entwicklung einer organischen Erkrankung übersehen wird.

Tritt die Schluckstörung in Verbindung mit gewohnheitsmäßigem Erbrechen bei Jugendlichen oder in der Adoleszenz auf, ist die differentialdiagnostische Abgrenzung zur Anorexia nervosa beziehungsweise Bulimie, bei der häufig als Erstsymptom Schluckbeschwerden geschildert werden, wichtig. Funktionelle Dysphagien treten besonders bei alten Menschen auf und mindern deren Lebensqualität und Gesundheitszustand erheblich (Paterson 1996). Psychiatrische Patienten können besonders unter neuroleptischer Behandlung Schluckstörungen entwickeln, eine Schluckstörung kann aber auch ein genuines Symptom einer Schizophrenie sein (Tan 1995).

Psychodynamik

Die psychogene Schluckstörung kann Äquivalent einer **habitualisierten Protesthaltung** im Sinne eines Konversionsphänomens sein. Sie kann bei Kindern auftreten, wenn diese etwa mit Gewalt zum Essen gezwungen wurden. So beschrieb bereits Kanner (1935; zitiert nach Gilbody [1991]) einen Jungen, der eine Störung beim Schlucken fester Speisen entwickelte, nachdem er von seinem Vater wegen schlechter Tischmanieren geschlagen worden war.

Anna O., die berühmte Patientin von Josef Breuer, konnte zeitweilig nicht schlucken, da sie die Vorstellung entwickelt hatte, ein Hund, mit dem sie sexuelle Triebhaftigkeit verband, habe aus dem Glas ihrer Freundin getrunken, und da sie nun befürchtete, dies könne bei ihr ebenso der Fall gewesen sein.

Das Beispiel zeigt, wie sich aufgrund von teils bewußten, aber auch unbewußten Vorstellungen und Phantasien, die mit dem Schluckakt verknüpft werden, eine phobische Angst vor dem Schlucken ausbilden kann.

Balzer (1990) schildert an zwei Kasuistiken das Symptom der **Schluckangst** mit seiner ängstlichen Selbstbeobachtung als Vorläufersymptom einer herzneurotischen Entwicklung und arbeitet die Psychodynamik der Unsicherheit in der psychischen Grenzziehung von „Innen" und „Außen" heraus: Die Unterscheidung von „eßbar" und „ungenießbar" stelle eine der ursprünglichsten Diskriminierungsleistungen des Ichs dar, das durch eine konkretistische Kontamination der Vorstellung vom Nahrungsbrei mit der hochambivalent besetzten Mutter-Imago in einen unauflösbaren Zwiespalt gerate. Kohl (1998) verweist darauf, daß eine Schluckangst ein Symptom einer generellen Angststörung sein kann.

Fallbeispiele

Fallbeispiel

Eine 44jährige, ihr Emigrationsschicksal und einen frühen Vaterverlust durch – an Selbstverleugnung reichende – Anspannung und Arbeit kompensierende Operationsschwester wurde nach einem Verkehrsunfall – sie war völlig schuldlos auf dem Weg zur Arbeit von einem PKW angefahren worden – gegen ihren Willen an die Krankenhauspforte versetzt, nachdem sie mehrere Male im OP einen „Schwächeanfall" erlitten hatte. Die Patientin, deren zentraler Lebensinhalt bis zu diesem Zeitpunkt ihre Arbeit gewesen war, konnte dies nicht schlucken. Die Patientin magerte massiv ab und glaubte, schwer organisch krank zu sein. Sie hatte die Empfindung, überhaupt nichts mehr schlucken zu können, buchstäblich vergessen zu haben, wie das ginge. Dies zog starke Ängste nach sich, verhungern zu müssen.

Die Störung ließ sich im Sinne eines **archaischen Protestäquivalentes** – eines „unbewußten Hungerstreikes" – verstehen. Letztlich genas die Patientin erst vollständig, als sie wieder in „ihrem" OP arbeiten durfte.

Fallbeispiel

Bei einer 55jährigen Patientin trat plötzlich eine akute Schluckstörung auf. Je mehr sie sich auf das Schlucken konzentrierte, desto mehr hatte sie das Gefühl, daß sich „alles verkrampfte" und es unmöglich sei, auch nur einen Schluck zu trinken. Sie habe große Angst, beim Schlucken zu „ertrinken" oder zu „ersticken". Es kam bereits zu einem deutlichen Gewichtsverlust, und eine parenterale Flüssigkeitssubstitution wurde notwendig.

Vor drei Jahren hatte die Patientin ihren krebskranken Mann zu Hause und im Krankenhaus über längere Zeit gepflegt. Am Schluß konnte er nicht mehr abhusten und auch nicht mehr bronchial abgesaugt werden. Damals hatte sie bereits aus einer diffusen Ekelempfindung seiner Krankheit gegenüber und unterdrücktem Widerwillen gegen die Versorgungspflicht ein Globusgefühl entwickelt. Dieses bildete sich nach dem Tod ihres Mannes allmählich zurück.

Die Patientin schien zunächst den Verlust gut zu verkraften. Sie ging regelmäßig auf den Friedhof, ohne jedoch wirkliche Trauer erleben zu können. Dies schienen auch Schuldgefühle aufgrund des Widerwillens dem todkranken Mann gegenüber zu verhindern.

Als eine Arbeitskollegin ihr Jahre später von ihrer altersschwachen, akut versorgungsbedürftigen Schwiegermutter erzählte, entwickelte die Patientin die akute Symptomatik, indem schlagartig der tiefe Ambivalenzkonflikt erneut aufbrach.

Das Nicht-Schlucken-Können ließ sich verstehen als Sperrung gegen die Internalisierung des verlorenen Objektes, aber auch als eine Hemmung, bei gleichzeitig intensiven Beziehungswünschen neue Objektbeziehungen auszubilden, insgesamt also als **Verlustreaktion**.

Aerophagie

Definition und Deskription

> **Definition**
> Eine Sonderform einer funktionellen Schluckstörung stellt die **Aerophagie** dar, auch als habituelles Luftschlucken bezeichnet. Die Luft wird entweder mit oder unabhängig von der Nahrung aufgenommen.

Die Neigung zu unwillkürlichem Luftschlucken und zum Vollpumpen des Magens mit Luft macht sich in der Regel an den Folgezuständen (Aufstoßen, gastrokardialer Symptomenkomplex, Meteorismus) bemerkbar. Gleichzeitig können gehäuftes Schlucken oder vermehrter Speichelfluß bestehen.

Die verschluckte Luft kann durch Nach-Oben-Drücken des Zwerchfelles zu scheinbar kardialen Beschwerden (gastrokardialer Symptomenkomplex [Roemheld-Syndrom]) führen.

Diagnostik

Aerophagie kann bereits im frühen Kindesalter auftreten. Im Rahmen solch frühen Auftretens kann sie zu Fehldiagnosen wie Hirschsprung-Krankheit, Malabsorptionssyndrom oder Ösophagitis führen (Gauderer und Halpin 1981). Häufiger ist die Aerophagie mit einer Hiatushernie vergesellschaftet, wobei ihr auch eine ätiologische Rolle zugesprochen wird (Calloway und Fonagy 1983).

Im Rahmen des häufigen Krankheitsbildes der nicht-ulzerösen Dyspepsie (Reizmagen) kann verschluckte Luft verantwortlich für das Leitsymptom „Aufstoßen" sein. Die Gruppe der hier als Aerophagen zu deklarierenden Patienten ist allerdings relativ klein. Das Hyperventilationssyndrom muß in die diagnostischen Überlegungen einbezogen werden: Patienten mit Hyperventilationssyndrom leiden häufiger unter Oberbauchbeschwerden, die manchmal durch eine Aerophagie bedingt sind.

Psychodynamik

Unter psychosomatischen Gesichtspunkten kann das habituelle Luftschlucken einer sich verselbständigenden **Protestreaktion** gegen eine nur äußerlich hingenommene Lebenssituation entsprechen (Meyer 1976). Delius (1966) erinnert in diesem Zusammenhang an die Redewendung vom „armen Schlucker". Bräutigam und Christian (1986) beschreiben einen häufiger anzutreffenden Patienttypus, der tief verankerte **Insuffizienzgefühle** aufweist, wenn es zum Beispiel um

eine Situationsbewältigung geht. Neben einer depressiven Verstimmung findet sich dabei immer auch ein erhöhter Anspruch an sich selbst. In der Suche nach Bestätigung und Anerkennung überkompensieren die Patienten ihre eigenen Selbstzweifel.

Als emotionale Basis der Störung findet sich laut Bräutigam und Christian (1986) eine unbewußte **Verwerfung jeglicher „Einverleibung",** da diese als Antrieb erlebt werde, bestimmte Objekte zu verschlingen und zu zerstören.

──────── **Fallbeispiel** ────────

Ein 64jähriger zwanghaft kontrollierter und seine Körperfunktionen kontrollierender Patient mit den typischen Symptomen eines Roemheld-Syndroms hatte nur äußerlich hingenommen, aber nie innerlich richtig verwunden, daß seine Frau sich kurz nach der Heirat seines Bruders suizidiert hatte. So war ans Licht gekommen, daß sie mit diesem Bruder über lange Jahre heimlich ein Verhältnis unterhielt. Der Patient hatte über viele Jahre nicht darüber gesprochen und seine ganze Mühe darauf verwendet, es den Kindern an nichts fehlen zu lassen und ihnen über den Verlust der Mutter hinwegzuhelfen.

Zusammenfassende Charakterisierung

Das Konzept der „Oralität" stellt für die Entdeckung der jeweiligen psychodynamischen Funktionszusammenhänge beim Globus und den funktionellen oder psychogenen Störungen beim Schlucken den Ausgangspunkt dar.

> Letztlich sind Globussyndrom, Schluckstörungen als auch Aerophagie „orale" Störungen und werden im psychischen Funktionsmodus der Oralität mit entsprechenden Verlust- oder Vernichtungsängsten, depressiven Vorgängen, oralen Protest- und Verweigerungshaltungen manifest.

In fast allen Fällen läßt sich im psychotherapeutischen Gespräch eine „passende" psychosoziale Konstellation entdecken. Sie kann je nach den primärpersönlichen strukturellen Gegebenheiten des Patienten und der Zugänglichkeit der Problematik psychotherapeutisch bearbeitet werden.

Psychotherapie

Die Psychotherapie zielt grundsätzlich auf eine Versprachlichung der im Körpersymptom gebundenen Affekte. Die ersten wichtigen diagnostischen und therapeutischen Schritte bestehen darin, hinter den als körperlich bedingt angebotenen Beschwerden den oft subjektiv nicht ohne weiteres zugänglichen psychologischen Bedingungszusammenhang zu erkennen und mit dem Patienten darüber ins Gespräch zu kommen und ihm hier womöglich eine erste Evidenz zu vermitteln. Ein Zugang zum inneren Erleben des Patienten wird sich häufig über die Klärung seiner Angst finden lassen: der Angst, sich zu verschlucken, das Falsche oder gar etwas Giftiges zu schlucken, und der Vorstellungsinhalte und Phantasien – auch Erinnerungen –, die mit diesen Ängsten verknüpft sind.

Im **Übertragungs-Gegenübertragungs-Geschehen** werden immer wieder **orale Muster** zu beobachten sein:

- starke Bindungswünsche, die eine Abwehr des Therapeuten auslösen
- tiefe Bedürfnisse nach Versorgung und Verwöhnung
- tiefe Ängste vor dem emotionalen und tatsächlichen Verhungern, die starke Gegenübertragungsängste und -abwehrvorgänge (z. B. im Sinne eines Nicht-ernst-Nehmens) mobilisieren können

Bei **Kindern**, die nicht mehr schlucken wollen, kann eine Familientherapie nützlich sein. Gute Ergebnisse werden in Einzelberichten (zusammengefaßt bei Klinger und Strang 1987) auch von behavioralen Methoden berichtet (Entspannungsübungen in Verbindung mit einer systematischen Desensibilisierung, Reduktion eines aversiven Reizes, wenn der Patient schluckt etc.).

Literatur

Balzer W. Schluckangst. Überlegungen zur Symptomatik und Psychodynamik der Herzphobie. Psychother Psychosom Med Psychol 1990; 40: 397–400.

Bräutigam W, Christian P. Psychosomatische Medizin. 4. Aufl. Stuttgart: Thieme 1986.

Breuninger H. Funktionelle Mißempfindungen im Rachenraum. In: Aktuelle Probleme der HNO-Heilkunde. Berendes J (Hrsg). Köln: Deutscher Ärzteverlag: 1980; 215–28.

Calloway SP, Fonagy P. Behavioural techniques in the management of aerophagia in patients with hiatus hernia. J Psychosom Res 1983; 27: 499–502.

Deary IJ, Wilson JA, Kelly SW. Globus pharyngis, personality, and psychological distress in the general population. Psychosomatics 1995; 36: 570–7.

Delius L. Psychovegetative Syndrome. Stuttgart: Thieme 1966.

Ettlin M, Heim S, Steiger U, Wurmser P, Probst A, Haegeli A. „Psychogenic" bulbar paralysis. Schweiz Rundsch Med Prax 1992; 81: 1452–4.

Fleischer K. Differentialdiagnostische Überlegungen bei der chronischen Pharyngitis. Dt Med Wochenschr 1980; 105: 283–4.

Ganz H. Die chronische Pharyngitis. HNO-Praxis heute 1989; 9: 57–67.

Gauderer MW, Halpin TC. Pathologic childhood aerophagia: a recognizable clinical entity. Pediatr Surg 1981; 27: 301–5.

Gilbody JS. Errors of deglutition – real or imagined; or, don't forget the psyche. Laryngol Otol 1991; 105: 807–11.

Harries MB, Deary IJ, Wilson JA. Life events and difficulties in relation to the onset of globus pharyngis J Psychosom Res 1996; 40: 603–15.

Hoffmann SO. Psychosomatische Aspekte von Erkrankungen im Hals-Nasen-Ohren-Bereich. Arch Otol Rhinol Laryngol 1986; 19 (Suppl II): 201–10.

Kanner L. Child Psychiatry. Springfield (IL): C. C. Thomas 1935.

Kellerhals B. Globus pharyngis? Eine Differentialdiagnose. Ther Umsch 1991; 48: 188–92.

Klinger R, Strang P. Psychiatric aspects of swallowing disorders. Psychosomatics 1987; 28: 572–4.

Malcomson KG. Globus hystericus vel pharyngis. J Laryngol Otol 1968; 82: 219–30.

Meyer AE. Psychosomatik der Kranken mit Störungen des oberen Verdauungstraktes. In: Praktische Psychosomatik. Jores A (ed). Bern: Huber 1976; 176–85.

Moser G, Vacariu-Granser GV, Schneider C, Abatzi TA, Pokieser P, Stacher-Janotta G, Gaupmann G, Weber U, Wenzel T, Roden M. High incidence of esophageal motor disorders in consecutive patients with globus sensation. Gastroenterology 1991; 101: 1512–21.

Paterson WG. Dysphagia in the elderly. Can Fam Physician 1996; 42: 925–32.

Purcell J. A treatise of vapours or hysteric fits. 2. edn. London: Printech for E. Place 1707.

Ravich W, Wilson R. Psychogenic dysphagia and globus: reevaluation of 23 patients. Dysphagia 1989; 4: 35–8.

Schnieder EA. Funktionelle Syndrome in der HNO-Heilkunde. In: Psychosomatische Medizin. Uexküll T v. (Hrsg). München: Urban & Schwarzenberg 1986: 1054–71.

Siegenthaler W. Lehrbuch der Inneren Medizin. Stuttgart: Thieme 1992.

Stacher G. Differentialdiagnose psychosomatischer Schluckstörungen. Wien Klin Wochenschr 1986; 98: 658–63.

Tan TK. Dysphagia and chronic schizophrenia: a case report. Singapore Med J 1993; 34: 356–7.

Timon C, Cagney D. Globus pharyngeus: long-term follow-up and prognostic factors. Ann Otol Rhinol Laryngol 1991; 100: 351–4.

Literaturempfehlung

Hoffmann SO. Psychosomatische Aspekte von Erkrankungen im Hals-Nasen-Ohren-Bereich. Arch Otol Rhinol Laryngol 1986; 19 (Suppl II): 201–10.

5.3.3
Stimmstörungen (Aphonie, Dysphonie)

Ulrich Lamparter und Hans Ulrich Schmidt

ICD-10-Klassifikation

- **Symptomatische Dysphonie:** Klassifikation nach der zugrundeliegenden Grunderkrankung.
- **Funktionelle Dysphonie:** I 38 „Krankheiten der Stimmbänder und des Kehlkopfes, andernorts nicht klassifiziert". Durch den Zusatz von F54 können ätiologisch relevante psychische Faktoren bezeichnet werden.
- Die **psychogene Dysphonie** und Aphonie werden am ehesten unter den dissoziativen Störungen (F44.6) klassifiziert.
- Das Kapitel R (Symptome und andernorts nicht klassifizierte Befunde) sieht als **Restkategorie** vor: R49: Störungen der Stimme als Symptom, R49.0 Dysphonie (Heiserkeit), R49.1 Aphonie (Stimmlosigkeit).

Allgemeines

Die **Stimme** spiegelt menschliche Persönlichkeit wider und hat die Funktion einer Wesensäußerung. **Stimmliche Veränderungen** begleiten die Entwicklung des Individuums. Während im Säuglingsalter die Stimme noch einen bemerkenswerten Grad von Ausdruckskraft entwickelt, wird später, wenn die Artikulation einsetzt, die Stimmfunktion an sich weniger dominierend. Sie wird dann mehr ein Teil eines differenzierten Komplexes (Moses 1956). Während im frühen Kindesalter zum Beispiel Laute und Geräusche stark in Verbindung mit lustbetonten Körpersensationen hervorgebracht werden, wird beim späteren Hinzutreten von Sprache und Artikulation die Stimme der Sprache „untergeordnet", bis „nichts mehr von ihr übrig bleibt als ein gefühlsbetonter Hintergrund" (Moses 1956).

Stimmstörungen sind in ihrer Manifestation wie ihrer Ätiologie verschiedenartige Störungen. Sie äußern sich insgesamt durch eine Veränderung des Stimmklangs (Heiserkeit) oder in einer Leistungsminderung der Stimme. Oft bestehen zusätzlich Symptome in Form lokaler Mißempfindungen („rauher Hals", Muskelkater, Globus, Räusperzwang). Die üblichen Einteilungen sind nicht eindeutig definiert und gehorchen klinischer Praktikabilität.

Viele Autoren weisen auf die Notwendigkeit einer ganzheitlichen Betrachtungsweise bei Beurteilungen und Behandlungen von Stimmstörungen hin. Dabei stehen die Begriffe „psychogen", „funktionell", Dys- beziehungsweise Aphonie in einem komplizierten Wechselverhältnis und werden in der Literatur von verschiedenen Autoren entsprechend ihrer primär phoniatrischen oder psychotherapeutischen Ausrichtung/ Ausbildung unterschiedlich gebraucht. Unter psychotherapeutischen Gesichtspunkten bietet es sich an, die **psychogene Aphonie** als Sonderfall einer Konversionsreaktion zu verstehen, und die Stimmstörungen, soweit diese psychologisch zumindest mitbedingt sind, unter dem Oberbegriff **„funktionelle Stimmstörungen"** abzuhandeln.

In der kategorialen Bestimmung psychischer Einflußfaktoren wird unterschieden zwischen einer „psychogenen" und einer „psychosomatischen" Ätiologie: Bei einer „psychogenen Ätiologie" der Stimmstörung liegen keine organischen Befunde vor. Bei der „psychosomatischen Ätiologie" ist es unter dem Einfluß psychischer Faktoren zu einer organisch nachweisbaren Veränderung gekommen, zum Beispiel einem sogenannten Kontaktgranulom (ulzerös-granulomatöse Veränderung der Stimmlippen bei chronischer Überanstrengung der Stimme; vgl. Kiese-Himmel und Kruse 1997).

Psychogene Aphonie

Definition und Deskription

Definition

Als **Aphonie** wird ein „Wegbleiben" der Stimme bezeichnet, im Sinne einer Unmöglichkeit zur Phonation. Neben der psychogenen Aphonie im engeren Sinne, die auf dem Wege einer Konversion entsteht, können auch funktionelle Stimmstörungen (s.u.) zum Phänomen einer Aphonie führen. In diesem Sinne unterscheiden einige Autoren zwischen einer hypofunktionellen und einer hyperfunktionellen Aphonie. Dabei soll auch die so verstandene psychogene hypofunktionelle Aphonie häufig schlagartig als Reaktion auf äußere Ereignisse eintreten. Bei der hyperfunktionellen Form (auch „krampfartige Aphonie" genannt) sind Glottis und Taschenfalten bei der Phonation so verkrampft, daß erst bei extremem „Anblasedruck" eine gepreßt-krächzende Stimme ertönt, die sofort wieder abbricht. Diese hyperfunktionelle Form entsteht meist aus einer schon länger bestehenden hyperfunktionellen Dysphonie, die durch aktuelle seelische Anlässe in eine krampfartige Aphonie übergehen kann.

Charakteristisch für rein psychogene Stimmstörungen sind:
- blander laryngoskopischer Befund
- typischer Stimmbefund
- akuter Beginn

Zum Ausschluß organischer Ursachen muß primär eine laryngoskopische Untersuchung vorgenommen werden. Laut Kinzl et al. (1988) geht bei mehr als der Hälfte der Patienten ein grippaler Infekt der oberen Luftwege voraus. Hier könnte die begleitende Heiserkeit gleichsam eine „organische Schiene" im Sinne einer Organwahl für einen gleichzeitig bestehenden psychodynamischen Konflikt darstellen.

Die rein **psychogene Aphonie** im Sinne einer Konversionsreaktion ist ein eher seltenes Krankheitsbild. Bezüglich der Inzidenz weisen Mädchen und Frauen eine höhere Rate als Männer auf.

Psychodynamik

Häufig kommt es unter dem Eindruck eines psychischen Traumas zum vom Patienten oft genau datierbaren „Wegbleiben der Stimme". Es hat den Patienten buchstäblich die Sprache verschlagen, sie sind sprachlos vor nicht ausdrückbarem Entsetzen oder einer Empörung, angesichts dessen, was ihnen angetan wurde.

Die psychodynamische Interpretation hebt zum Beispiel auf eine Verteidigung gegen die Erkenntnis von nicht akzeptablen Gefühlen ab. Es ist auch eine angstmotivierte **Hemmung** eines **archaischen Wutschreies** vorstellbar.

Aphonien können auch einer **Konfliktreaktion** entsprechen:

Fallbeispiel

Eine junge Patientin, deren Mutter die Familie aufgrund ständiger „Frauengeschichten" des Vaters abrupt verlassen hatte, entwickelte eine fast vollständige Aphonie, als der Vater ihr deutlich machte, nun wolle er mit ihr am Wochenende in die Diskothek gehen und ihr eindeutige Avancen machte.

Angst kann eine wichtige Rolle spielen:

Im Rahmen psychometrischer Untersuchungen unterschieden sich laut Kinzl et al. (1988) Aphoniepatientinnen von Herzneurosepatientinnen nur in wenigen Bereichen. Bei Streßverarbeitungsmechanismen würden beide Gruppen weitgehend zu gleichen Strategien greifen (Vermeidungstendenz, Suche nach Selbstbestätigung, Ungeschehen-Machen). Auch in der Persönlichkeitsuntersuchung zeigen laut Kinzl sowohl Patientinnen mit Herzneurose als auch solche mit funktioneller Aphonie miteinander vergleichbare Abweichungen von der Normpopulation (erhöhte emotionale Störbarkeit, geringe Ich-Stärke).

Funktionelle Dysphonien

Definition und Deskription

Definition

Die **funktionellen Dysphonien** sind definiert als Stimmerkrankungen mit Veränderungen des Stimmklanges und mit Leistungsminderung der Stimme ohne primär organische Veränderung der Stimmlippen. Ausgehend vom Bild der Symptomatik werden **hypofunktionelle** und **hyperfunktionelle Dysphonien** sowie solche mit gemischter Symptomatik unterschieden.

Bei der **hypofunktionellen Dysphonie** ist die Stimme behaucht bis verhaucht, leise, mit geringer dynamischer Modulation. Auffallend ist eine geringe oder völlig aufgehobene Steigerungsfähigkeit. Die Klangfarbengebung ist matt. Bei einem Krankengut von 233 Patienten einer phoniatrischen Abteilung standen 49% mit primär hypofunktionellen Stimmstörungen 35% mit primär hyperfunktionellen Störungen gegenüber. Die männlicher Patienten überwiegen, und die Erkrankung tritt besonders häufig im Alter zwischen 20 und 40 Jahren auf.

Bei **hyperfunktionellen Stimmstörungen** ist die Stimme oft zu laut und zu hoch, manchmal kippelnd. Es bestehen harte Stimmeinsätze und schlechte Vokalausformung sowie ein rauher Stimmklang. Die Lautstärkenmodulation ist eingeschränkt. Die Patienten neigen zu Würgereiz und zu Verkrampfung des Kehlkopfeinganges, sie lassen sich häufig relativ schlecht laryngoskopieren. Die Muskulatur des Unterkiefers, des Halses und des Schultergürtels ist verspannt. Es kann Brusthochatmung bestehen. Die hyperfunktionelle Stimmstörung entwickelt sich meist bei in Sprechberufen aktiven Menschen und unökonomischem Stimmgebrauch. Besonders häufig seien dabei Frauen betroffen. Kruse (1982) weist darauf hin, daß hier anamnestisch zu bedenken ist, daß Krankheitsbeginn und erstes Auftreten subjektiver Beschwerden zeitlich deutlich divergieren können. Kausal findet sich in der Regel eine längerfristige Stimmüberanstrengung, die ihre Ursache entweder in zum Beispiel beruflicher Sprechbelastung oder inadäquater Singstimmbelastung oder aber in einer individuellen Anspannungssituation unterschiedlichster Genese habe. Eine solche Belastung müsse in der Regel mehrere Jahre einwirken, bis es zu einer echten hyperfunktionellen Dysphonie mit subjektivem Beschwerdebild komme. Insofern ist im Unterschied zur primären hypofunktionellen Dysphonie hier eine relativ lange Anamnese kennzeichnend. Zusätzlich zu den bereits beschriebenen Stimmveränderungen geben die Patienten häufig – relativ frühzeitig – Globusgefühl oder Trockenheitsgefühl an, manchmal auch allgemeine Mißempfindungen im Halsgebiet. Muskuläre, häufiger zum Ohr hin ziehende Schmerzen deuten auf ein bereits fortgeschritteneres Stadium.

Ätiologie

Neben den psychischen Faktoren und einer Überbeanspruchung der Stimme kann der Atemstil (im Sinne einer flachen Brustatmung) die Entwicklung einer Stimmstörung mit begünstigen. Auch lokale Faktoren in der individuellen Anatomie und Physiologie des Kehlkopfes müssen in Betracht gezogen werden (primär hohe Stimme, Asymmetrie des Kehlkopfes, primäre Überempfindlichkeit der oberen Luftwege, Sulcus glottidis, Zustand nach Tracheostoma).

Nach ihrer Ätiologie werden Stimmstörungen allgemein in der phoniatrischen Literatur folgendermaßen unterteilt (Perello 1962; Wendler 1967):

- konstitutionelle Dysphonien
- habituelle Dysphonien
- ponogene Dysphonien
- psychogene Dysphonien
- symptomatische Dysphonien

Dabei erfordert die Diagnose einer funktionellen Stimmstörung den Ausschluß einer Anzahl von primär somatischen Erkrankungen, die nicht nur im HNO-ärztlichen, sondern auch im internistischen, neurologischen oder psychiatrischen Bereich angesiedelt sein können. Hier seien beispielhaft Tumorerkrankungen im Bereich der Stimmbänder oder des Kehlkopfes, neurologische Erkrankungen wie Bulbärparalyse, Parkinson-Syndrom, Multiple Sklerose oder Myasthenia gravis erwähnt.

Bei der **konstitutionellen** Dysphonie hat die Stimme bezogen auf die Leistung eine anlagemäßig nur geringe Kapazität, zum Beispiel durch anatomische Gegebenheiten. Es kommt zu vorzeitiger Stimmermüdung und so eventuell zum Entstehen einer funktionellen Dysphonie. Hier spricht man auch von **Phonasthenie**.

Die **habituell bedingte** Dysphonie bezeichnet zunächst primär falsche Stimmgebungs- oder Atmungsgewohnheiten, deren Anteil an der Entstehung einer funktionellen Dysphonie allerdings nicht überschätzt werden sollte. Meist entwickelt sich im Rahmen einer relativen Stimmüberlastung (ponogene Dysphonie; von griech. ponos = die Last) oder einer psychogenen Dysphonie sekundär – im Rahmen eines hyperfunktionellen Korrekturversuches des Patienten – durch schädliche Atem- und Stimmgewohnheiten ein Circulus vitiosus, der seinerseits die Stimmstörung noch verstärkt.

Die **symptomatische** Dysphonie aufgrund organischer Faktoren tritt zum Beispiel im Rahmen verschiedener Allgemeinerkrankungen auf. Sie ist praktisch immer hypofunktionell.

Bei der **psychogenen** Dysphonie ist die „normale" Variationsbreite stimmlichen Agierens oder Reagierens eingeengt. Emotionen vielfältigster Art, die sich zum Beispiel in Stimmeinsatz, Klangfarbe, Lautstärke oder Tonhöhenverlauf mitteilen, können durch psychologische Faktoren das stimmliche Agitations- und Reaktionsvermögen vermindern. Dabei können die einzelnen Arten der Dysphonie auch gemeinsam auftreten und sich gegenseitig überlagern und verstärken:

─────────────────── Fallbeispiel ───────────────────

Eine Patientin kommt flüsternd, zum Teil dabei mit großer Anstrengung phonierend, in die psychosomatische Ambulanz. Bei Worten, die mit einem spürbaren Affekt verbunden waren, bessert sich die Phonation. Die Stimmstörung sei aufgetreten, nachdem der Patientin „Sängerknötchen" von den Stimmbändern entfernt worden seien. Sie habe mit zwei Patientinnen im Zimmer gelegen, von denen eine Kehlkopfkrebs gehabt habe. Während sie selbst nach der Operation die Auflage hatte, mehrere Tage nicht zu sprechen, sei die Mitpatientin mit Kehlkopfkrebs in der Nacht nach ihrer Operation verstorben. Sie habe es als „schrecklich" erlebt, in dieser Situation ihren Gefühlen nicht durch Worte Ausdruck verleihen zu können. Sie habe auch große Angst gehabt. Zusätzlich sei in dieser Zeit ihr Mann, von dem sie sich einige Zeit davor getrennt habe, an ihrem Krankenbett mit ihrem neuen Lebenspartner zusammengetroffen. Sie habe in dieser Situation starke Schuldgefühle ihrem Mann gegenüber empfunden. In der Krankenhaussituation wurde der Patientin die traumatische Kindheitserfahrung gegenwärtig, beide Eltern innerhalb kurzer Zeit zu verlieren. Unter den Umständen „ärztlich verordneter" Stimmlosigkeit (zur Stimmschonung) war sie nun sowohl mit ihrem Partnerschaftskonflikt als auch mit der Angst konfrontiert, vollständig verlassen zu werden. So kristallisierte und verdichtete sich die gesamte Lebensproblematik der Patientin an ihrem Krankenbett, ohne daß sie ihren Gefühlen sprachlichen Ausdruck verleihen konnte; in der Folge setzte ein sekundäres konversionsneurotisches Geschehen ein.

Psychodynamik

Funktionelle Stimmstörungen sind häufig als eine unspezifische Reaktion auf emotionale Belastungen aufzufassen (Bauer 1991; Freid et al. 1989). Die **hypofunktionelle Stimmstörung** kommt vor allem bei Erschöpfungszuständen und depressiven Verstimmungen vor. Zusätzlich beschreibt Gundermann (1970) einen häufig übergenauen und gewissenhaften Persönlichkeitstypus, der sehr bemüht sei, sich durchzusetzen und seine Schwächen nur ungern zugebe.

Bei Patienten mit **hyperfunktioneller Dysphonie** soll es sich meist um energische, scheinbar selbstsichere Menschen handeln. Manchmal erschienen die Patienten fordernd bis aggressiv.

Die **psychosoziale Anamnese** bei funktionellen Stimmstörungen ergibt häufig persönliche Schwierigkeiten im emotionellen, zwischenmenschlichen oder beruflichen Bereich. Bauer (1991) weist darauf hin, daß bei der Erhebung der Anamnese erlebt werden kann, wie die Psychodynamik die Stimmfunktion unmittelbar beeinflusse. Träfe man im Gespräch auf einen störungsauslösenden Komplex, so würde sich auch die Stimme ändern. Stimmstörungen können zum Beispiel im Rahmen (häufig larvierter) Depressionen auftreten. Hier spielt häufiger eine als instabil erlebte und chronisch konflikthafte Partnerbeziehung eine Rolle. Pfau (1975) konnte bei mittels des MMPI (Minnesota Multiphasic Personality Inventory) untersuchten Patienten mit psychogenen Stimmstörungen neben der Depression auch typische und auffällige Profilverläufe im Sinne einer Erhöhung anderer neurotischer Skalen wie Hypochondrie oder Hysterie ermitteln.

In vielen psychosomatischen Arbeiten zur Genese funktioneller Stimmstörungen wird nicht explizit auf die Unterscheidung von hypo- beziehungsweise hyperfunktionellen Störungen eingegangen. Häufig ist nur von funktioneller Dysphonie die Rede, was die Einordnung der psychologischen Befunde erschwert.

Freidl et al. (1989) fanden in einer Gruppe von 20 Patienten mit funktionellen Dysphonien ein höheres Angstniveau in Belastungssituationen. Schäuble et al. (1988) beschrieben bei 33 Patienten mit einer funktionellen Dysphonie in einer psychosomatischen Ambulanz unspezifische Faktoren wie ein Bedürfnis nach Schonung und Regression, eine Vermeidungsfunktion gegenüber Spannungen und Konflikten im beruflichen wie im familiären Bereich. Da die Patienten oft glaubten, ganz im Gegensatz zu ihrer tatsächlichen Dominanz, sich schlecht durchsetzen zu können, fühlten sie sich in einem ohnmächtigen Spannungszustand, einer inneren „Hab-Acht"-Stellung, die sich auch häufiger in entsprechender Begleitsymptomatik wie Spannungskopfschmerzen und Halswirbelsäulen-Syndrom zeige.

Allgemein wird bei funktionellen und besonders bei psychogenen Stimmstörungen eine „Überangepaßtheit" betont. Sie geht so weit, daß auch Fragebögen bevorzugt im Sinne sozialer Erwünschtheit ausgefüllt werden.

Die vorrangige Orientierung an Umgebungsnormen und die eingeschränkte Fähigkeit zur realistischen Selbstkritik hat sich dabei auch im Vergleich mit einer stimmgesunden Kontrollgruppe nachweisen lassen (Freidl et al. 1993).

Häufig besteht eine bestimmte Konfliktsituation, über die nicht gesprochen werden darf oder kann (*conflict over speaking out*). Das typische Bild setzt eine Situation voraus, in der der Patient stark engagiert ist (Pflegesituation, Arbeitsstelle, Familie) und in der viel von ihm abhängt. Der Patient steht unter dem Druck, etwas zu sagen, was ihm die Fortsetzung seines Engagements ermöglichen könnte, befürchtet aber gleichzeitig, daß dadurch nur alles noch schlechter und schwieriger würde (House und Andrews 1988).

Das Alltagsphänomen der „belegten Stimme" zeigt: Es kann sich „etwas auf die Stimme legen", sei es etwas, was ausgesprochen werden will, aber nicht darf, sei es ein starker, nicht wahrgenommener, zum Ausdruck drängender Affekt.

─────────────────── Fallbeispiel ───────────────────

Eine junge Sängerin entwickelte nach einem Infekt eine chronische Heiserkeit. Sie hatte erleben müssen, daß sich ihr geliebter älterer Bruder aufgrund einer unheilbaren Erkrankung suizidierte. Um seinen Tod hatte die außerordentlich um äußeren Glanz bemühte Familie ein Geheimnis errichtet: Niemand sollte etwas von der Art seines Todes wissen. Aber auch innerhalb der Familie durfte nicht darüber gesprochen werden, obschon die Familie gemeinsam in den Urlaub gefahren war. Die Patientin war nach der Beerdigung sofort zu Proben gefahren. Sie habe eigentlich nie „richtig weinen" können.

Therapie

Bei der psychogenen Aphonie sind neben stimmtherapeutischen Verfahren oder Entspannungsübungen (eventuell auch mit medikamentöser Unterstützung) sowie logopädischer Behandlung auch psychotherapeutische Methoden erfolgversprechend. Häufig ist das Symptom als solches unter suggestiver Zuwendung leicht zu beheben (Brodnitz 1985; Schnitzler 1889); es kommt aber wieder, wenn die zugrundeliegende Konfliktsituation nicht beseitigt ist (Berendes 1972).

Funktionelle Stimmstörungen sind die Domäne der logopädischen Behandlung. Diese Behandlung sollte über ein isoliertes Sprechtraining hinausgehen und auch Übungen zur Atmung und zur Entspannung beinhalten sowie auf die Zusammenhänge der Stimmgebung mit dem Ausdrucksverhalten der Persönlichkeit und ihrem kommunikativen Verhalten eingehen (Gundermann 1978; Stabenow 1983). Die psychotherapeutische Indikation bei den funktionellen Stimmstörungen richtet sich nach der zugrundeliegenden Problematik.

Gerade auch bei der logopädischen Behandlung ist die Beziehungsdimension konsequent zu berücksichtigen. Oft können schwergestörte Patienten, die mit einer psychotherapeutischen Behandlung sensu strictori nicht erreicht werden können, in einer stabilen Beziehung zum Logopäden Sicherheit und Vertrauen gewinnen. Bei Patienten mit typischer Affektabwehr im Sinne der Alexithymie sind besonders die körperbezogenen logopädischen Übungen wichtig (Gutwinski-Jeggle 1983). Auch bei der logopädischen Behandlung kann es zu intensiven Übertragungs- und Gegenübertragungsreaktionen kommen.

Atemtherapie, Feldenkrais und Konzentrative Bewegungstherapie stellen wichtige psychotherapeutische Ergänzungsverfahren dar, die das therapeutische Spektrum erweitern.

Zusammenfassende Charakterisierung

Stimmstörungen sind unter psychodynamischen Gesichtspunkten außerordentlich heterogen und erfordern eine auf den Einzelfall bezogene präzise Aufarbeitung der psychischen Hintergründe. Angst und Anspannung, manchmal sprachloses Entsetzen, können sich in eine funktionelle beziehungsweise psychogene Stimmstörung transformieren. Aufgabe des Psychotherapeuten ist es, die Beziehungs-, Konflikt- und Affektdimension der jeweiligen Störung zu erkennen und in den psychotherapeutischen Prozeß einzubringen. Der Klang der Stimme als einer Resultanten vieler psychischer Einflüsse kann im übrigen viele wertvolle Hinweise auf die psychische Situation des Patienten geben, so daß es über die Behandlung von zum Symptom gewordenen Stimmstörungen hinaus für den Psychotherapeuten immer wieder nützlich sein kann, seine Aufmerksamkeit bewußt auf die Stimme des Patienten zu richten und sie als *Voice of Neurosis* zu hören (Rudnitzki 1995). Umgekehrt ist es für den Psychotherapeuten wichtig, sich zu vergegenwärtigen, welch präzise kommunikative Funktion der Klang der Stimme hat und daß es gerade für Patienten in regressiven Zuständen oft wichtiger ist, mit welchem Stimmklang etwas vom Therapeuten gesagt, als was im einzelnen auf der symbolischen Ebene formuliert wurde. Besonders nicht bewußte Gegenübertragungsaffekte (Ablehnung, Ärger, Angst, Feindseligkeit, Resignation) teilen sich im Klang der Stimme mit.

Spastische Dysphonie

Definition und Deskription

Definition

Bei der **spastischen Dyphonie** (in der ICD-10 G24.8) handelt es sich um eine relativ seltene, aber meist schwere Stimmstörung mit ausgeprägten „Verkrampfungen" der Atmungs- und Phonationsmuskulatur, die von den funktionellen Stimmstörungen abgegrenzt werden muß. Durch eine tonische Stimmritzenverengung wirkt die Stimmgebung bei gequält-mühsamer Sprechweise stöhnend-ächzend und stark gepreßt.

Früher wurde immer wieder eine hysterische Konversionsgenese vermutet, heute wird das Krankheitsbild jedoch zu den fokalen Dystonien, also einer Gruppe von neurologischen Krankheiten gerechnet. Die Erstmanifestation kann durch psychologische Faktoren ausgelöst werden, und es kann zu anhaltenden Verschlimmerungen in Phasen emotionaler Belastungen kommen, ebenso zu situativen Verschlechterungen in umschriebenen sozialen Situationen (Telefonat, Gespräch mit Autoritätspersonen).

In überraschenden Situationen – wenn der Patient keine Zeit hat, darüber nachzudenken, daß er spricht – kann die Stimme normal sein (Aaronson 1985).

Psychodynamik

Psychologische Zuflüsse zum letztlich organisch bedingten Krankheitsgeschehen sind so zu denken, daß es aus unbewußten Gründen zu einer Minder- beziehungsweise Fehlkompensation einer Störung jener subkortikalen Regelkreise kommt, welche die „Doppelfunktion des Kehlkopfes" (Berendes 1990) regulieren, nämlich einerseits Tongenerator und andererseits „Wächter des Luftdurchgangs" zu sein.

Therapie

Das Krankheitsbild mit seinen zum Teil schwerwiegenden psychosozialen Auswirkungen ist durch psychotherapeutische und logopädische Verfahren nur schwer angehbar. Erleichterung schafft dem Patienten eine symptomatische Behandlung durch Injektion von Botulinustoxin in die betroffene Kehlkopfmuskulatur. Der Erfolg einer solchen Behandlung kann vermutlich durch psychotherapeutische Unterstützung gefördert werden.

Literatur

Aronson AE. Clinical voice disorders. Stuttgart: Thieme 1985.

Bauer HH. Zur Definition psychogener Stimmstörungen. Laryngo Rhino Otol 1991; 70: 102–4.

Berendes J. Psychologisches in der HNO-Praxis. Z Laryng Rhinol 1972; 1: 2–11.

Berendes J. Der Kehlkopf im Spiegel seiner Doppelfunktion. HNO 1990; 38: 123–4.

Brodnitz FS. Funktionelle Aphonie. In: HNO-Praxis heute. Bd 5. Ganz U, Schätzle W (Hrsg). Heidelberg: Springer 1985; 127–37.

Freidl W, Egger J, Friedrich G. Personality and coping with stress in patients with functional dysphonia. Psychother Psychosom Med Psychol 1989; 39: 300–5.

Freidl W, Friedrich G, Egger J, Fitzek T. Zur Psychogenese funktioneller Dysphonien. Folia Phoniatr Logop 1993; 45: 10–3.

Gundermann H. Die Berufsdysphonie, Nosologie der Stimmstörungen in Sprechberufen unter besonderer Berücksichtigung der sogenannten Lehrerkrankheit. Leipzig: Thieme 1970.

Gundermann H. Phänomen Stimme. München, Basel: Reinhardt 1994.

House AO, Andrews HB. Life events and difficulties preceding the onset of functional dysphonia. J Psychosom Res 1988; 32: 311–9.

Kiese-Himmel C, Kruse E. Zur psychologischen Klassifikation von Stimmfunktionsstörungen. Psychother Psychosom Med Psychol 1997; 47: 27–33.

Kinzl J, Biebl W, Rauchegger W. Functional aphonia – a conversion symptom as a defense against fear. Psychother Psychosom Med Psychol 1988; 38: 347–51.

Kruse E. Hypofunktionelle und hyperfunktionelle Dysphonie. Zur Diagnose und Differentialdiagnostik funktioneller Stimmstörungen. In: HNO-Praxis heute. Bd 2. Ganz U, Schätzle W (Hrsg). Heidelberg: Springer 1982; 109–29.

Moses PJ. Die Stimme der Neurose. Stuttgart: Thieme 1956.

Perello J. Dysphonie functionelle: phoponose et phononevrose. Folia Phoniatr 1962; 14: 150–205.

Pfau EM. Psychologische Untersuchungsergebnisse zur Ätiologie der psychogenen Dysphonie. Folia Phoniatr 1975; 27: 298–306.

Rudnitzki G. Intonation, Information, Resonanz. Erkundungen zur Bedeutung und Funktion der Stimme für die psychotherapeutische Kommunikation. Musikther Umsch 1990; 11: 169–86.

Schäuble HH. Pychosomatische Aspekte der funktionellen Dysphonie. Prax Klin Verhaltensmed Rehabil 1988; 1: 34–7.

Schalen L, Andersson K. Differential diagnosis and treatment of psychogenic voice disorder. Clin Otoloryngol 1992; 17: 225–30.

Schnitzler A. Über die funktionelle Aphonie und deren Behandlung durch Hypnose und Suggestion. Wien: Braunmüller 1989.

Stabenow I. Hals-Nasen-Ohren-Heilkunde einschließlich Phoniatrie. In: Kindlers Psychologie des 20. Jahrhunderts. Bd 2: Psychosomatik. Hahn P (Hrsg). Weinheim: Beltz 1983; 188–211.

Wendler J. Die Bedeutung der Stimmstärke bei der stroboskopischen Untersuchung. Folia Phoniatr 1967; 19: 73–88.

Literaturempfehlung

Gutwinski-Jeggle J. Psychogene Dysphonien als Beziehungsstörungen. Psychother Psychosom 1983; 28: 23–53.

Habermann H. Phänomen Stimme. München, Basel: Ernst Reinhardt 1994.

Rudnitzki G. Intonation, Information, Resonanz. Erkundungen zu Bedeutung und Funktion der Stimme für die psychotherapeutische Kommunikation. Musiktherap Umsch 1990; 11:169–86.

5.3.4
Hyperventilationssyndrom

Hans Ulrich Schmidt und Ulrich Lamparter

ICD-10-Klassifikation

Das Hyperventilationssyndrom wird neben dem psychogenen Husten als somatoforme autonome Funktionsstörung des respiratorischen Systems (F45.33) klassifiziert.

Mit der **Atmung** sind komplexe **physiologische Vorgänge** verbunden: Sauerstoffaufnahme, Kohlensäureabgabe, Flüssigkeitsabgabe, Temperaturregelung, Mitregulation des Säure-Basen-Haushaltes etc.

Neben diesen Funktionen nimmt sie eine Art Mittelstellung zwischen „Zwangsläufigkeit" und „Willkür" (Bräutigam und Christian 1986) ein, wird damit Bindeglied zwischen einem offenen und einem geschlossenen Regelkreis. Denn der Mensch macht in unterschiedlichen Lebenssituationen einen nicht nur physiologischen Gebrauch von seiner Atmung – sie wird zur Gebärde, zum Ausdruck, zur **Repräsentanz innerer Befindlichkeit**. So kann zum Beispiel Erregung (Angst, Wut) zur Beschleunigung der Atmung führen bis hin zur Hyperventilation. Im Schlaf oder in einer ausgewogenen, behaglichen Stimmung besteht dagegen eine ruhige, ausgeglichene Ein- und Ausatmungsfrequenz. Plötzliches Erschrecken kann zu einem vorübergehenden Atemstillstand führen.

Bräutigam weist auch auf subtilere Veränderungsmöglichkeiten der Atmung hin. So können Einatmen wie Ausatmen bis zum Seufzer hin verzögert sein. Der „kummervolle" Seufzer der Einatmung steht dann dem „erleichterten" der Ausatmung entgegen.

Auch die **Umgangssprache** trägt der ausdrucksmäßigen Bedeutung der Atemgebärde Rechnung. Wendungen wie „beklemmende", „bedrückende" oder „dicke" Luft bis zum „den Atem verschlagen" illustrieren Verbindungen des Atmens mit der Sphäre intensiven Gefühlsbezugs. Im „Anhusten" oder „Anpfeifen" des anderen besteht eine Distanzierungsmöglichkeit. Atmung wird so über die physiologische Funktion hinaus zu einer fundamentalen Weise des Sich-Verhaltens.

Deskription und Definition

Synonyme: nervöses Atemsyndrom, Hyperventilationstetanie, Atmungstetanie (Rossier), Da-Costa-Syndrom, kardiorespiratorisches Syndrom, Effort-Syndrom, nervöse Dyspnoe.

Definition

Das **Hyperventilationssyndrom** ist definiert durch eine über das physiologische Bedürfnis hinausgehende Beschleunigung und Vertiefung der Atmung, durch die sich der Kohlendioxidgehalt des Blutes vermindert. Die damit einhergehende Veränderung im Säure-Basen-Haushalt des Blutes führt über kompensatorische Regulationen im Kalziumhaushalt zu gesteigerter neuromuskulärer Erregbarkeit bis hin zur sogenannten Tetanie.

Die **klinischen Symptome** der Hyperventilation sind charakteristisch: Es besteht subjektive Atemnot, meist Tachypnoe mit Seufzen, Gähnen, Schnupfen, Hüsteln. Das Gefühl, „nicht richtig durchatmen zu können", führt zu Lufthunger mit dem Zwang, tief durchatmen zu müssen, und zu Engegefühlen über der Brust. Dabei können Schmerzlokalisation und Head-Zonen mit denen einer Angina pectoris übereinstimmen. In einer Studie mit 23 konsekutiven Notfallaufnahmen führten 20 Patienten (87%) ihre Beschwerden auf ein kardiales Geschehen zurück. Diese Vorstellung war der Hauptgrund für ihr Erscheinen in der Notfallambulanz (Saisch et al. 1996). Anders als bei der Koronarsklerose werden die pektanginösen Beschwerden beim nervösen Atemsyndrom vor allem bei Jugendlichen angetroffen.

Die **gesteigerte neuromuskuläre Erregbarkeit** zeigt sich in muskulärer Übererregbarkeit wie Pfötchenstellung der Finger (Trousseau-Phänomen), fazialer Erregbarkeit (Chvostek-Zeichen), Karpopedalspasmen, die sich bis zu tetanischen Anfällen verstärken können, und zunehmender psychischer Labilität.

Sensible Symptome sind „Ameisenlaufen", Gefühllosigkeit und Parästhesien an Händen (v.a. Fingerspitzen) und Füßen sowie periorales Kribbeln. Ein- oder beidseitige **Tetaniesymptome** bis zu motorischer Sprachunfähigkeit sind eher selten, häufig wird jedoch über Zittern und Muskelschmerzen geklagt.

Die Angabe von Sehstörungen, das Gefühl, „wie auf Wolken zu gehen" (Herrmann et al. 1996), Benommenheit, Kopfschmerzen und Schwindel werden als **zentralnervöse Symptome** gedeutet.

Multiple **neurovegetative Beschwerden** einschließlich gastrointestinaler Symptome können das Beschwerdebild ergänzen.

Allgemeine und **psychische Beschwerden** sind Müdigkeit, Schlappheit, Schläfrigkeit und Wetterfühligkeit, Konzentrationsschwierigkeiten, Vergeßlichkeit und Reizbarkeit.

Ergänzende **psychoneurotische Symptome** sind Ängstlichkeit, Depressionen, häufiger Phobien (u.a. Agora- und Klaustrophobien), manchmal Panikzustände.

Die Blutgasanalyse zeigt eine **Hypokapnie mit Alkalose**. Die damit einhergehende Verminderung des ionisierten Kalziums wird für die Symptomatik wesentlich verantwortlich gemacht. Dabei besteht keine absolute Verminderung des Blutkalziumspiegels, was ein wichtiger differentialdiagnostischer Ansatz gegenüber hypokalzämischen Tetanieformen ist (z.B. strumiprivem Hypoparathyreoidismus, Mangelernährung, Malabsorption).

Epidemiologie

Das psychogene Hyperventilationssyndrom wird vor allem bei jüngeren Patienten beobachtet. Vorherrschend sind das zweite und dritte Lebensjahrzehnt. Hier besteht eine Parallele zu anderen funktionellen Syndromen. Bei über 60jährigen ist es selten. Die meisten Untersuchungen geben an, daß das Krankheitsbild bei Frauen etwa dreimal so häufig vorkommt wie bei Männern. Obwohl die in einer Untersuchung mit 6 bis 10% der Patienten eines internistischen Ambulatoriums (Lum 1976) angegebene Häufigkeit etwas hoch erscheint, zeigt die Erfahrung, daß es sich bei der Hyperventilation um eine alltägliche Erscheinung handelt, die zu einer erheblichen Morbidität führt.

Differentialdiagnose

Das Hyperventilationssyndrom als Ausdruck einer primären Störung der Atemregulation ist von anderen Erkrankungen abzugrenzen, im Rahmen derer es symptomatisch auftreten kann. Hierzu gehören zum Beispiel neurologische Erkrankungen, Stoffwechselerkrankungen oder Erkrankungen des Respirations-Herz-Kreislauf-Systems. Im einzelnen seien erwähnt: Stimulation des Atemzentrums durch Tumoren, Intoxikationen (Amylnitrit, Salizylate, CO, Nitroglyzerin etc.), Sauerstoffmangel, Fieber, Stoffwechselkomata (Leber, Niere, Diabetes), Herzinsuffizienz, Lungenembolie, beginnende obstruktive Ventilationsstörung (beginnendes Asthma), Anämie, Schwangerschaft. Bei allen letztgenannten Zuständen ist die Hyperventilation im Rahmen der Grundkrankheit zu werten.

Van den Hout und Hoekstra (1992) heben hervor, daß das Hyperventilationssyndrom nicht diagnosespezifisch für Patienten mit Panikzuständen sei. Bei der Durchsicht einer Anzahl von Studien hätten sowohl Patienten mit Panikattacken als auch ängstliche Patienten ohne Panikattacken erniedrigte Kohlendioxidpartialdrucke.

Pathophysiologie

Neben der unphysiologischen Störung der Atmungsgröße besteht eine **Veränderung** des **Atemtyps**: Die Zwerchfellatmung ist vernachlässigt, die Thoraxatmung überbetont. Bei Menschen mit chronischem Hyperventilationssyndrom wird eine Zwerchfellatmung in weniger als 1% gefunden.

Das **Atemminutenvolumen** liegt durchschnittlich 95% über dem Soll. Die Ventilationsstörung erfolgt im wesentlichen über die erhöhte **Atemfrequenz**. Herrmann (1996) und Bräutigam (1986) unterscheiden dabei zwei **charakteristische Atemtypen**:

- Polypnoe mit unruhiger Hyperventilation
- flachfrequente Polypnoe mit Seufzerzügen

Im Anfall kann das Atemminutenvolumen bis zu 500% über dem Soll liegen mit hochalkalischen pH-Werten. Gleichzeitig besteht eine nach inspiratorisch verschobene Atemmittellage mit vergrößertem funktionellem Totraum. Durch die Abnahme des Blutkohlensäuregehaltes sinkt die zerebrale Durchblutung. Beschwerden wie Schwindel, Konzentrationsstörungen bis zu Bewußtseinseintrübungen sind dadurch erklärt. Die **pH-Ver-**

schiebung führt zu einer Verminderung des ionisierten Blutkalziums und damit zu den beschriebenen tetanischen Symptomen.

Die Hyperventilation ist rein funktionell, sie ist weder durch die Blutgasveränderungen noch durch eine ventilatorische oder zirkulatorische Verteilungsstörung bedingt.

Die häufig jugendlichen Patienten sind durch die unökonomische Atmung leistungsbegrenzt – bei Belastungstests kommt es zu einer hohen Pulsfrequenz und zu ungenügendem Blutdruckanstieg. Die Befunde gleichen häufig denen des hypotonen Symptomenkomplexes.

Laut Lum (1976) besteht auch im anfallsfreien Zustand eine herabgesetzte **Kohlendioxidspannung** (bei 200 Patienten im Durchschnitt 4,4 kPa [33 mmHg] gegenüber 5,4 kPa [40,7 mmHg] bei 152 Normalpersonen).

Hinter der Hyperventilation stehen **emotionale Faktoren**: vor allem Angst und Aufregung. Über die psychophysiologische Beziehung zwischen Angst und Hyperventilation ist immer wieder diskutiert worden.

1982 schlug Sheehan vor, das Hyperventilationssyndrom zusammen mit Krankheitsbildern wie zum Beispiel der Herzneurose oder dem Colon irritabile einem endogenen Angstsyndrom mit Panikzuständen zuzuordnen. Die Art der **Verbindung** des **Hyperventilationssyndroms mit Panik-** oder **Angstreaktionen** wird auch in neueren Arbeiten diskutiert. So gibt es zum Beispiel Hinweise, daß bei zu Angst und Panik neigenden Patienten das Erleben von beginnender Hyperventilationssymptomatik die ängstliche Erwartung einer Angstattacke hervorruft. Dadurch wird dann die vollständige Angst- oder Panikreaktion gleichsam „gezündet" (ausgelöst). Dieses würde eher einer kognitiv-behavioristischen Sicht auf das Problem entsprechen (Spinhoven 1993). Kenardy und Oei (1990) beschreiben dabei zwar einen Zusammenhang zwischen erniedrigtem Kohlendioxidpartialdruck und Panikattacken, können jedoch bezüglich des Ursache-Wirkungs-Prinzips keine Aussagen machen. Papp und Klein (1993) führen die bei Patienten mit Panikattacken beobachtete Hyperventilation auf ein möglicherweise hypersensitives Kohlendioxid-Chemorezeptor-System zurück. Insgesamt gibt es zunehmend Beobachtungen, die die bislang angenommene psychophysiologische „Zwangsläufigkeit" („mehr Atmung führt zu Angst", „Angst führt zu mehr Atmung") in Frage stellen.

Psychodynamik

S. Freud beschrieb 1895 im Rahmen der klinischen Symptome der Angstneurose auch Störungen der Atmung, die er „nervöse Dyspnoe" nannte. Diese gingen unter anderem mit „Zittern und Schütteln" einher und seien nicht immer von kenntlicher Angst begleitet.

In der Tat weiß der Patient oft nicht, daß er Angst hat, und erlebt allenfalls subjektiv seine körperlichen Symptome als ängstigend. Meist sind ihm auch psychische Gründe seiner Ängste nicht bewußt.

Hoff et al. (1952) waren der Auffassung, daß bei Patienten mit Hyperventilationssyndrom eine neurotische Flucht vor Entscheidungen stattfände. „Flucht" in eine beschleunigte Atmung oder Hyperventilation bedeute **Ausweichen** vor einer **Auseinandersetzung** mit realen Gegebenheiten. Die Patienten seien oft nicht in der Lage, ihre Konflikte zu lösen, sondern würden versuchen, sie „abzuatmen". Die Störung würde fixiert, und es komme später schon bei geringen psychischen Belastungen zur Hyperventilation.

Lum (1976) hob hervor, daß Hyperventilation in einer großen Anzahl klinischer Situationen und in Verbindung mit verschiedenen Persönlichkeitsfaktoren und emotionalen Störungen vorkomme. Er betonte, daß hier die Übernahme einer Gewohnheit zu einer ständigen Disposition für das Auftreten der typischen Beschwerden führen könne. Neue Konzepte (Hanashiro 1990) betonen die klinische Vielfalt und fehlende Spezifität des Hyperventilationssyndroms.

Meist ist das Hyperventilationssyndrom nicht im Sinne der symptomatologischen Spitze eines zum Beispiel neurotischen Krankheitsbildes aufzufassen, sondern eher als eine **unspezifische Krisenreaktion** zu betrachten:

--- Fallbeispiel ---

Eine junge Patientin, die eben von einer chronischen Bronchitis genesen ist und ihre Heirat und die Geburt ihres Kindes tief ambivalent erlebt hat, bekommt beim Besuch ihrer Schwiegermutter einen Hyperventilationsanfall.

Sowohl Herrmann et al. (1996) als auch Bräutigam und Christian (1986) ordnen die oben beschriebenen unterschiedlichen Hyperventilationsformen verschiedenen **Persönlichkeitssituationen** zu. Während sie die Polypnoe mit unruhiger Hyperventilation als eine spezifische Ausdrucksweise von Angst auffassen, deuten sie die flachfrequente Polypnoe mit Seufzerzügen als Ausdruck von Abgespanntheit und Resignation.

Therapie

Symptomatische Therapie

Sie ist vor allem wichtig während des akuten Hyperventilationsanfalls. Häufig genügt bereits das Erscheinen des Arztes. Hilfreich kann die **Kohlendioxid-Rückatmung** sein, zum Beispiel mit Hilfe einer Plastiktüte oder eines Taschentuches. Dabei sollte der Arzt beim Patienten bleiben und sich ausschließlich beruhigend diesem widmen. Der Patient sollte merken, daß seine Symptome durch die Rückatmung in kurzer Zeit vollständig zu beheben sind. Hervorzuheben ist die Wichtigkeit einer **guten Arzt-Patienten-Beziehung**, damit der Patient den Zusammenhang zwischen auslösender Situation, Emotion und Hyperventilation durchschaut. Dabei darf sich der Arzt durch die zum Teil dramatischen Körpervorgänge oder die Angst des Patienten nicht zu immer neuen therapeutischen Maßnahmen verleiten lassen.

Hoff et al. (1952) schlugen vor, den Patienten über das Wesen der Störung als einer „Gewohnheitsreaktion" aufzuklären und dabei auch Angehörige und Umgebung des Patienten in die Behandlung mit einzubeziehen.

Die häufiger geübte Praxis der intravenösen **Injektion** von 10 ml einer zehnprozentigen **Kalziumlösung** hat im wesentlichen einen Placeboeffekt, da nur ein relativer, aber kein absoluter Kalziummangel besteht. Hier besteht überdies die Gefahr einer Fixierung auf ein vermeintlich organisches Leiden.

Behandlung der gewohnheitsmäßigen Thoraxatmung

Der Patient soll lernen, vorwiegend mit dem Zwerchfell zu atmen und vor allem in Ruhe ausschließlich die Zwerchfellatmung zu betätigen. Nach Lum (1976) sollten die Patienten täglich zweimal 20 Minuten solche Übungen durchführen. Die Feststellung der Patienten, daß die anfangs selbstverständliche Thoraxatmung schwieriger wird, ist dabei prognostisch günstig zu werten. 70% der von Lum nach dieser Methode behandelten Patienten wurden vollständig asymptomatisch und verloren ihre Ängstlichkeit.

Psychotherapie

Besteht die Symptomatik lange Zeit, und besteht gleichzeitig eine konflikthafte Genese neurotischer Art, ist eine analytische Einzel- oder Gruppentherapie notwendig.

Auch Hypnose kann sowohl diagnostisch als auch therapeutisch angewendet werden (Freeman et al. 1986). Herrmann et al. (1996) führen den erfolgreichen Einsatz verhaltenstherapeutischer Verfahren an. Bräutigam (1986) erwähnt auch das Autogene Training nach I. H. Schultz, bei dem meist das Erlernen einer Grundstufe ausreiche. Grundsätzlich dürften alle entspannenden und entängstigenden Verfahren einen guten Effekt auf die Symptomatik haben. Einzelne Autoren berichten über gute Erfahrungen mit einer modifizierten Anwendung von progressiver Muskelrelaxation nach Jacobson (Monday 1995). Über einen Zeitraum von vier Wochen wurden signifikante symptomatische Verbesserungen erzielt. Auch die systematische Beschäftigung mit Fragen physiologischer Atmung kann zu symptomatischen Verbesserungen führen (Monday 1995).

> Angesichts der fast völligen Unspezifität des Krankheitsbildes wird sich die Wahl der psychotherapeutischen Methode nach den primärpersönlichen Voraussetzungen des Patienten und der sich darbietenden aktuellen Konfliktlage richten müssen.

Bräutigam (1986) erwähnt, daß häufiger im nachhinein bei ausgeprägten neurotischen und psychosomatischen Krankheitsbildern (z. B. Angsthysterie, Herzphobie) nervöse Atemanfälle in der Adoleszenz zu eruieren sind. Diese Beobachtung sollte Anlaß sein, die Indikation zu einer psychotherapeutischen Behandlung auch unter prophylaktischen Aspekten großzügig zu stellen. Es sollte an dieser Stelle nicht unerwähnt bleiben, daß bei Primärtherapie die Hyperventilation als therapeutisches Verfahren eingesetzt wird, in der Vorstellung, auf diesem Wege blockierte Affekte, Ängste und muskuläre Spannungen im „Körperpanzer" abzuführen.

Pharmakotherapie

Medikamente sind nur einzusetzen, wenn das Krankheitsbild auf psychotherapeutischem Wege nicht zugänglich ist. Im wesentlichen werden drei Medikamentengruppen eingesetzt:

- Anxiolytika
- Antidepressiva
- Beta-Blocker

In einer kontrollierten Studie (Van De Ven 1995) wird die tägliche Dosis von 5 mg Bisoprolol als eine effektive und sichere symptomreduzierende Medikation beschrieben. Benzodiazepine können bei Auftreten des Hyperventilationssyndroms mit ausgeprägten Angst- oder Panikzuständen hilfreich sein. Antidepressiva sind indiziert bei hyperventilierenden Patienten mit ausgeprägter Depression.

Prognose

Während laut Herrmann et al. (1996) die Prognose des akuten Hyperventilationsanfalles immer gut ist, ist bei Patienten mit chronischer Hyperventilation die Prognose schlecht, insbesondere dann, wenn die Patienten nicht über den Hyperventilationsmechanismus aufgeklärt werden. Bei letzteren war in einer Studie von Weimann (1968) im Rahmen einer katamnestischen Nachuntersuchung über einen Zeitraum von ein bis sieben Jahren in 78% der Fälle die hyperventilationsabhängige Symptomatik unverändert oder verschlechtert. Bei 65% der aufgeklärten Patienten verbesserte sich die Symptomatik dagegen.

--- **Fallbeispiel** ---

Ein 42jähriger Patient, der von seiner Frau unter kränkenden Umständen abrupt verlassen worden war, wurde plötzlich von einem Hyperventilationsanfall überrascht, als er Hand in Hand mit seinem Sohn, den er am Wochenende bei sich hatte, über einen Jahrmarkt ging.

Er fühlte sich körperlich schwer krank. Die einzigen Ängste, die er selbst wahrnehmen konnte, waren die vor einem Herzinfarkt und vor einer Wiederkehr der Symptomatik. Erst die subtile Besprechung seiner psychischen Situation und seiner Lebensgeschichte machte deutlich, warum der Patient eben jetzt solche massiven Ängste entwickelt hatte, die gerade in einer relativen Entspannungssituation überschwellig geworden waren. Gefühle wie Trauer, Schmerz und Gefühle eigener früher (kindlicher) Bedürftigkeit konnten in diesem kritischen Augenblick nicht mehr verdrängt werden, was zu einem Durchbruch lang „gestauter" Angst führte.

Literatur

Bräutigam W, Christian P. Psychosomatische Medizin. Stuttgart: Thieme 1986.

Freeman LJ, Conway A, Nixon PG. Physiological responses to psychological challenge under hypnosis in patients considered to have the hyperventilation syndrome: implications for diagnosis and therapy. J Royal Soc Med 1986; 79: 76–83.

Freud S. Über die Berechtigung, von der Neurasthenie einen bestimmten Symptomenkomplex als „Angstneurose" abzutrennen. 1895. GW Bd I. Frankfurt: Fischer 1952; 315–42.

Hanashiro PK. Hyperventilation. Benign symptom or harbinger of catastrophe? Postgrad Med 1990; 88: 191–6.

Herrmann JM, Schonecke OW, Radvila A, Uexküll Th v. Das Hyperventilationssyndrom. In: Psychosomatische Medizin. 5. Aufl. Adler RH, Herrmann JM, Köhle K, Schonecke OW, Uexküll Th v., Wesiack W (Hrsg). München, Wien, Baltimore: Urban & Schwarzenberg 1996; 686–92.

Hoff H, Clotten R, Thurner W. Zur Frage des Hyperventilationssyndroms. Wien Med Wschr 1952; 102: 917–21.

Hout MA van den, Hoekstra R, Arntz A, Christiaanse M, Ranschaert W. Hyperventilation is not diagnostically specific to panic patients. Psychosom Med 1992; 54: 182–91.

Kenardy J, Oei TP, Evans L. Hyperventilation and panic attacks. Aus N Z J Psychiatry 1990; 24: 261–7.

Lum LC. The syndrome of chronic habitual hyperventilation. In: Modern trends in psychosomatic medicine. Hill OW (ed). London: Butterworth 1976; 196–230.

Monday J, Gautrin D, Cartier A. Le syndrome d'hyperventilation chronique. Rôle de la reéducation respiratoire. Rev Mal Respir 1995; 12: 291–8.

Papp LA, Klein DF, Gormann JM. Carbon dioxide hypersensitivity, hyperventilation, and panic disorder. Am J Psychiatry 1993; 150: 1149–57.

Saisch SG, Wessely S, Gardner WN. Patients with acute hyperventilation presenting to an inner-city emergency department. Chest 1996; 110: 952–7.

Sheehan DV. Current concepts in psychiatry: panic attacks and phobias. N Engl J Med 1982; 307: 156–8.

Spinhoven P, Onstein EJ, Sterk PJ, Le-Haen-Versteijnen D. Discordance between symptom and physiological criteria for the hyperventilation syndrome. J Psychosom Res 1993; 37: 281–9.

Van De Ven LL, Mouthaan BJ, Hoes MJ. Treatment of the hyperventilation syndrome with bisoprolol: a placebo-controlled clinical trial. J Psychosom Res 1995; 39: 1007–13.

Weimann G. Das Hyperventilationssyndrom. München, Wien, Baltimore: Urban & Schwarzenberg 1968.

5.3.5
Schwindel

Ulrich Lamparter

ICD-10-Klassifikation

Der psychogene Schwindel ist als Symptom unter F48.0 Neurasthenie neben dem Spannungskopfschmerz, Schlafstörungen, der Unfähigkeit, sich zu entspannen, Reizbarkeit und Dyspepsie klassifiziert. Darüber hinaus findet sich das Symptom auch als somatisches Korrelat bei den Angststörungen und den depressiven Störungen. Die übrigen Schwindelformen sind unter H81 als Störungen der Vestibularfunktion eingeordnet.

Deskription und Definition

Definition

Schwindel ist keine Krankheitseinheit, sondern ein vielgestaltiges, nosologisch unspezifisches Symptom. Seine Definition umfaßt sowohl die (objektive) Störung des Gleichgewichtes als auch die (subjektive) Sinnestäuschung. Brandt (1992) definiert Schwindel als eine „unangenehme Verzerrung der Raum- und Bewegungswahrnehmung mit Gleichgewichtsstörungen".

Die **Empfindung** von „Schwindel" entsteht aus der widersprüchlichen Wahrnehmung eingehender Sinnesempfindungen über die Lage des Subjektes im Raum: Der Strom der Informationen aus den vestibulären, optokinetischen und somatosensorischen Bewegungsmeldern kommt in den im Hirnstamm gelegenen Vestibulariskernen und im Kleinhirn zusammen. Die einlaufenden Informationen werden ständig mit früheren Bewegungserfahrungen und daraus niedergeschlagenen Bewegungskonfigurationen verglichen und verrechnet. Diese Vorgänge repräsentieren sich auf der kortikalen Ebene im parietotemporal gelegenen Kortex. Liegt eine Störung in diesem integrativen System der dynamischen Raumorientierung vor oder widersprechen sich die eingegangenen Informationen, so daß sie sich nicht zur Deckung bringen lassen (*Mismatch*), so wird dies auf der kortikalen Ebene als „Schwindel" wahrgenommen.

Enge funktionelle Verknüpfungen der Zentren der Raumorientierung mit dem limbischen System führen zu den klinischen Beziehungen des Schwindels zur **Angst** und **Depression**, vor allem aber zu der Empfindung des stark „Unangenehmen", der typischen „Unlust". Zu **Nausea** (Übelkeit) und Erbrechen kommt es über eine begleitende Aktivierung des medullären Brechzentrums. **Nystagmus** entsteht durch eine mangelnde Aussteuerung des vestibulookulären Reflexes, der Taumel durch eine mangelnde Überlagerung des vestibulärspinalen Reflexgeschehens, jeweils durch den Wegfall übergeordneter Integrationsleistungen.

„Schwindel" als subjektives Erlebnis läßt sich nicht messen. Objektiv lassen sich allenfalls Gleichgewichtsstörungen oder ein Nystagmus beobachten.

Im angloamerikanischen Sprachraum werden vorzugsweise die Bezeichnungen *Vertigo* (abgeleitet von vertere = drehen) und *Dizziness* verwendet. **Vertigo** bezeichnet eher längerdauernde illusionäre Scheinbewegungen, **Dizziness** vor allem kurzzeitige Störungen in der allgemeinen Beziehung zum Raum. Die Bezeichnungen sind allerdings nicht klar voneinander abgegrenzt (Tiwari und Bakris 1961). Die ursprüngliche Bedeutung von „dizzy"[1] ist „foolish" und „mentally unsteady and whirling with mad rapidity", dumm, albern, läppisch, auch psychisch unsicher und mit verrückter Geschwindigkeit drehend (Modestin 1983); damit enthält der Begriff also durchaus psychologische Bedeutungskomponenten.

Die Bedeutungsvielfalt des Wortes „Schwindel" bringt es mit sich, daß viele Patienten diesen Begriff gebrauchen, um ganz andere Befindlichkeiten oder Störungen als eine Verzerrung der Raumwahrnehmung zu bezeichnen: Angst oder sprachlich schwer beschreibbare Mischaffekte, wie etwa „fassungsloses Entsetzen", Benommenheit, Vigilanzminderung, Konzentrationsstörungen, „Unsicherheiten beim Gehen und Greifen" bei Polyneuropathie und Ataxie, aber auch das „Leeregefühl im Kopf" bei hypotoner Blutdrucklage oder hypoglykämischer Stoffwechselsituation, Hyperventilationsphäno-

---

1 Die deutsche Entsprechung scheint „dusselig" zu sein.

mene und vieles andere mehr. Die weiteste Bedeutung ist „allgemeines Unwohlsein". Nicht zuletzt klagen diejenigen Patienten über „Schwindel", die nicht wagen, aus einem unbestimmten Bedürfnis heraus um ärztliche Hilfe zu bitten, sondern die meinen, man müsse dem Arzt ein Symptom präsentieren.

Schwindel verweist auf eine gestörte Beziehung in der Relation zwischen Mensch und „Raum". „Raum" kann hier verstanden werden als die physikalische Umgebung eines Menschen, als psychischer „innerer Raum" wie auch als soziales Bezugsfeld. So kann das Symptom **„Schwindel"** dreierlei **anzeigen**:

- einen körperlichen Vorgang (organischer Schwindel)
- ein gefühlhaftes Erlebnis (psychogener Schwindel)
- einen sozialen Tatbestand

Epidemiologie

Schwindel gehört zu den allgemein am häufigsten geklagten Beschwerden. Fischer (1972) befragte Patienten in einer Allgemeinpraxis nach Symptomen aus den vorausgegangenen zwölf Monaten: 18% berichteten, an Schwindelzuständen gelitten zu haben.

Bei einer Befragung in Baden-Württemberg von mehr als 30 000 Menschen gaben 20% der Männer und 40% der Frauen Neigung zu Schwindel an (zitiert nach Aschoff 1978). Über Schwindelzustände berichteten auch 19% von insgesamt 16 000 Patienten der Deutschen Klinik für Diagnostik (Maass 1976). Weitere epidemiologische Befunde dokumentieren die Nähe des Schwindels zu psychischen Störungen: Unter den Patienten einer neurologischen Klinik, bei denen letztlich kein organisches Leiden gefunden werden konnte und schließlich eine primär psychiatrische Erkrankung postuliert wurde, fand sich der Schwindel nach den Kopfschmerzen als die zweithäufigste Beschwerde (Kirk und Saunders 1977).

Klagen über Schwindel kommen besonders häufig als **Begleitsymptom** einer **neurotischen Erkrankung** vor: 78% der von Wheeler et al. (1950) untersuchten Patienten mit einer Angstneurose gaben Schwindelbeschwerden an, 63% in einer Herzneurotikergruppe (Richter und Beckmann 1973).

Schwindel gilt nach den Kopfschmerzen als das zweithäufigste neurologische Leitsymptom (Brandt 1992). Unter den Patienten einer großen neurologischen Universitätsklinik, die unter dem Verdacht auf eine neurologische Störung eingewiesen wurden, bei denen aber letztlich eine psychische Ursache für die Beschwerden gefunden wurde, war Schwindel nach Schmerzen und motorischen Störungen der dritthäufigste zur Abklärung anstehende Symptomenkomplex (Lempert et al. 1990). Dauerschwindel und episodischer Attackenschwindel waren dabei gleich häufig vertreten. Häufigkeitsangaben zum psychogenen Schwindel finden sich in einer Studie von Drachman und Hart (1972). Bei 9% der Patienten einer „Schwindel-Klinik" in Chicago wurde ein psychogener Schwindel diagnostiziert, bei weiteren 23% wurde der Schwindel als Begleitsymptom einer Hyperventilationstetanie vorgefunden. Die von

Mumenthaler (1981) genannten Zahlen einer neurologisch-neurochirurgischen Poliklinik entsprechen 9,6% und 13,5% der untersuchten Patienten. Eckhardt-Henn et al. (1997) finden in einer offenen Schwindelambulanz 30% psychogenen Schwindel.

Ätiologie

Organischer Schwindel

Der organische Schwindel manifestiert sich entweder als vestibulärer Drehschwindel oder als diffuser Benommenheits- oder Schwankschwindel. Dabei gilt folgende Faustregel:

> Je peripherer der Ort der Störung liegt, um so deutlicher gewinnt der vestibuläre Schwindel seinen typischen Drehcharakter; je zentraler im Gehirn sich die organische Schwindelursache befindet, desto diffuser und in seinem Charakter uneindeutiger wird der Schwindel.

Auch beim organisch bedingten Schwindel können Entstehung, Ausprägung oder Verlauf der entsprechenden Grunderkrankung eng mit psychischen oder psychosozialen Faktoren verknüpft sein, so daß jene als „psychosomatische" Krankheiten anzusprechen sind. Dazu führen organische Schwindelerkrankungen reaktiv zu sozialer Unsicherheit, Depression und Angst.

Dies läßt sich auch in Studien an größeren Fallzahlen nachweisen. Rigatelli et al. (1984) verglichen 60 Patienten mit einer organisch begründeten Schwindelsymptomatik mit nach den verschiedenen Kriterien parallelisierten 60 Nichtschwindel-Patienten desselben Krankenhauses unter Verwendung eines breit gestreuten psychometrischen Instrumentariums. Sie fanden dabei unter den Schwindelpatienten eine vermehrte Neigung zur allgemeinen Ängstlichkeit und besonders bei den älteren Patienten eine vermehrte Neigung zur Depression, vor allem jedoch einen generell höheren Testwert für Neurotizismus.

Die Autoren interpretieren diesen Befund als Folgeerscheinung des Schwindelerlebnisses, das einem „Zusammenbruch des psychosomatischen Konnexes" mit den jeweiligen psychischen Folgen entspreche. Eagger et al. (1992) untersuchten katamnestisch die weitere psychiatrische Morbidität von organischen Schwindelpatienten. Sie fanden nach fünf Jahren bei mehr als der Hälfte der nachuntersuchten Patienten eine erhebliche psychiatrische Problematik, vor allem eine allgemeine Ängstlichkeit, Neigung zu Panikattacken und depressive Symptome.

So werden beim organischen Schwindel wechselseitige psychosomatische/somatopsychische Interdependenzen klinisch relevant. Dies soll nun an einigen Krankheitsbildern ansatzweise dargestellt werden.

▶ Benigner paroxysmaler Lagerungsschwindel

Eine wichtige organisch bedingte Schwindelerkrankung ist der benigne paroxysmale Lagerungsschwindel, der durch **ver-**

schlepptes Otolithenmaterial in der Cupula des hinteren vertikalen Bogengangs entsteht. Es kommt zu einem plötzlich auftretenden, dann aber rasch abklingenden Lagerungsschwindel (kein Lageschwindel!), oft mit Angst, Übelkeit und Schweißausbruch einhergehendem Drehschwindel mit Scheinrotation beim Hinlegen.

Therapeutisch kann durch ein spezielles Lagerungstraining das verschleppte Otolithenmaterial rein mechanisch wieder von der Cupula gelöst werden und in 90% der Fälle eine meist abrupte Besserung erzielt werden (Brandt 1985).

Besonders die Erstmanifestation der Erkrankung kann zu großer Angst führen, schließlich wird etwas ganz Neues und Fremdes, Erschütterndes erlebt. Treten nicht sekundär psychisch komplizierende Faktoren hinzu, können sich die Patienten jedoch an das Phänomen gewöhnen, besonders, wenn sie von seiner Harmlosigkeit überzeugt werden konnten. Ist die Angst jedoch zu groß gewesen, kann sich über Konditionierungsvorgänge und Vermeidungsverhalten rasch eine „neurotische" Angsthierarchie aufbauen.

▶ **Menière-Krankheit**
Die Menière-Krankheit ist charakterisiert durch die Trias:
- anfallsartiger Drehschwindel
- Hörverlust
- Tinnitus

Die akut einsetzende Symptomatik ist von Vernichtungsgefühl, Panik und Erbrechen begleitet. Hervorgerufen werden diese Symptome durch ein **Platzen** oder ein Leck des sich aufgrund vermehrter Produktion oder verminderter Resorption von Endolymphe überdehnenden **Endolymphschlauches** im Innenohr. Besonders für die vermehrte Produktion von Endolymphe sind psychovegetativ vermittelte Einflüsse denkbar. Psychodynamisch orientierte Autoren (Basecqz 1969; Fowler und Zeckel 1952; Groen 1983; Hinchcliffe 1967) fanden sehr häufig eine psychisch vermittelte Auslösung des ersten Anfalls. Sie beobachteten häufig eine hohe **abgewehrte aggressive Spannung** bei früh angepaßten, immer „braven" Menschen, die aber eigentlich ohne „Nestwärme" aufgewachsen waren. Dagegen scheint sich allerdings die weitere Auslösung der Anfälle immer mehr von dem Ausmaß des subjektiv erlebten „Stresses" abzulösen. Die Krankheit wird immer stärker selbst zu einem „Streß", da der betroffene Patient nie sicher sein kann, nicht im nächsten Moment einen existentiell erschütternden Anfall zu erleben. Dies mag zu spezifischen psychischen Folgen führen (Wexler und Crary 1986). Psychodynamisch kommt es häufig zu einer Verfestigung der generellen Gefühlsabwehr, wodurch sich der innere Spannungszustand weiter erhöht und die Bereitschaft zu einem Anfallereignis weiter steigt. Schaaf et al. (1999) arbeiten eine wichtige psychogene Teilkomponente bei wiederholten Menière-Anfällen heraus: Es komme häufig zur Entwicklung einer zusätzlichen klassisch konditionierten psychogenen Schwindelkomponente. Nicht nur in Abhängigkeit vom Anfallsgeschehen, sondern auch im anfallsfreien Intervall sind

Beratung, Führung und Stützung des Patienten indiziert, der sich mit seiner relativ seltenen, dafür aber um so dramatischer verlaufenden Erkrankung oft bitter allein fühlt. Leider gehört der Morbus Menière nicht mehr zu den klassischen Psychotherapie-Indikationen, vermutlich läßt sich jedoch durch Psychotherapie das Krankheitsgeschehen eingrenzen und besonders durch ein psychosomatisch-psychotherapeutisches Angebot, das Gleichgewichtstraining, Übungen zur Körperwahrnehmung, Kompensationsschulung sowie bewegungstherapeutische Verfahren einschließt, in seiner Manifestation deutlich reduzieren (Schaaf et al. 1999). Schwöbel (1954) gibt in seinen heute noch lesenswerten Behandlungsberichten einen Einblick in den Verlauf psychotherapeutischer Behandlungen bei Menière-Patienten und beschreibt den Prozeß einer allmählichen Herauslösung aus einer fixierten, durch strenge Gewissenanforderungen gekennzeichneten Lebenssituation. In der Folge dieses Prozesses kommt es zum Sisitieren der Schwindelattacken.

▶ **Neuronitis vestibularis**
Auch bei der „Neuronitis vestibularis" beziehungsweise der **„akuten Vestibulariskrise"** scheinen psychosomatische Gesichtspunkte nicht selten eine wichtige Rolle zu spielen. Klinische Beobachtungen legen immer wieder nahe, daß es sich bei diesem Krankheitsbild zumindest gelegentlich um eine akute „psychosomatische Reaktion" handelt. Eigene Beobachtungen, besonders an jüngeren Patienten, lassen uns vermuten, daß es sich bei dem Krankheitsbild nicht selten um eine **somatisierte adoleszente Krise** handelt und diese unter dem Druck heftiger Affekte zustande kommt. Umfassendere Untersuchungen aus psychosomatischer Sicht liegen zu dem Krankheitsbild allerdings nicht vor.

▶ **Posttraumatischer Schwindel**
Nach **Unfällen mit Kopfverletzungen** wird häufig von einem „posttraumatischen Schwindel" gesprochen. Dabei wird vor allem über ungerichteten Schwindel geklagt. Ein solcher im Rahmen eines „postkommotionellen" oder „postkontusionellen Syndroms" sich chronifizierender posttraumatischer Schwindel kann durch eine psychische Komplikation in der psychischen Bewältigung des Unfalls und seiner Verarbeitung mitbedingt sein.

▶ **Zervikaler Schwindel**
Immer wieder werden Störungen oder **„Blockierungen"** im **Halswirbelsäulenbereich** als Grundlage für Schwindelsensationen genannt und als „zervikaler Schwindel" chiropraktisch behandelt. Eine häufige Symptomkonstellation besteht in der Angabe von chronischem oder auch „anfallsartig" auftretendem „Nacken-Hinterkopf-Schmerz" mit Benommenheitsschwindel und Gang- beziehungsweise Standunsicherheit. Auch hier sind häufig psychosomatische Zusammenhänge zu sehen, zum Beispiel vermittelt über chronische Fehlhaltungen oder ständige psychisch bedingte muskuläre Anspannungen der Halswirbelsäulenmuskulatur.

Einige Autoren schlagen vor, den gesamten zervikookzipitalen Übergang als ein „Organ" zu interpretieren und zu behandeln (Biesinger 1987). Aus psychosomatischer Sicht wird man zudem darauf hinweisen, daß gerade die Nackenregion als Grenze im Körperbild verankert ist. Zudem zeigen sprachliche Wendungen wie vom „Nackenschlag" oder „den Nacken einziehen" den Hals-Nacken-Bereich als prädisponiert für psychosomatische Zusammenhänge.

▶ Schwindel bei zerebrovaskulärer Insuffizienz

Auch beim Dauerschwindel der zerebrovaskulären Insuffizienz findet sich oft eine enge Verschränkung mit einem psychologischen Geschehen: Der Schwindel kann zum quasiobjektiven Ausdruck einer **quälend erlebten Altersregression** werden. Dies kann dann zur Konzentration auf das Schwindelerlebnis und seiner ängstlichen Erwartung führen, wodurch der Patient dann immer „wackeliger" wird. Werden unter dem Gedanken einer „Beruhigung" zudem zentral dämpfende Pharmaka gegeben, kann dies die Schwindelsymptomatik noch intensivieren.

▶ Psychovegetatives Allgemeinsyndrom

„Schwindel" ist schließlich ein sehr häufiges Symptom im Rahmen eines psychovegetativen Allgemeinsyndroms, der nervösen Erschöpfung, der „Neurasthenie". Dann wird freilich fast nie über „Schwindel" als Monosymptomatik geklagt, sondern der „Schwindel" ist eingebettet in weitere Beschwerden körperlicher oder psychischer Art (Hoffmann und Hochapfel 1995).

Psychogener Schwindel

> Die psychogene Schwindelsensation entsteht angesichts von für das Individuum unbegreiflichen „verwirrenden" Affekten oder aufgrund äußerer Wahrnehmungen, die die Integrationskraft des psychischen Systems überfordern.

„Mir wird von alledem ganz dumm, als ginge mir ein Mühlrad im Kopf herum" lautet die klassische Schwindelbeschwerde des Schülers in Goethes „Faust".

Wie beim organischen Schwindel lassen sich auch beim psychogenen Schwindel im Sinne von „gefühlshaftem Erlebnis" eine Reihe von Differenzierungen treffen. Solcher Schwindel kann sein:
- Folge von Reizinkompatibilitäten
- Angstäquivalent (Angstneurose)
- Affektäquivalent (für Lust oder Ekel, aber auch Wut)
- depressive Inhaltsbildung (somatisierte Depression)
- Erinnerungssymbol (Konversion)
- psychisches Grenzflächenphänomen (schizoide Krisen)
- regressives Phänomen
- latentes Bewußtsein eigener „Verstiegenheit" (Persönlichkeitsstörungen)
- sozialer Marker („alles Schwindel")

Für die Psychodynamik des psychogenen Schwindels ist wichtig, daß der dem Phantasiegeschehen unterliegende „Pri-

märprozeß" weder eine zeitliche Struktur noch eine die physikalische Realität abbildende Strukturiertheit der räumlichen Beziehung aufweist, wie das Beispiel des Traumes zeigt. In Flugträumen, Fallträumen und anderen entsprechenden Träumen stellt der Träumer seine Lage zum Raum nicht entsprechend physikalischer Gesetzmäßigkeiten, sondern aufgrund psychischer Erfordernisse phantasmatisch dar. Im Traum wird die Raumbeziehung unter psychologischen Gesichtspunkten in den manifesten Traum eingearbeitet und zum psychologischen Bedeutungsträger. So kann das tiefe Loch, in das der Träumer stürzt, die Vorstellung eines Absturzes in eine depressive Verstimmung bedeuten, über eine Verkehrung ins Gegenteil aber auch zum Beispiel den Wunsch nach einem grandiosen Aufstieg in Szene setzen. Über die scheinbare Aufhebung der Schwerkraft durch die Erektion findet sich häufig auch eine Beziehung zur Lust oder Unlust sexuellen Erlebens.

▶ Angstäquivalent und Angsteinbruch

Als ein Angstäquivalent signalisiert die psychogene Schwindelsensation, daß das psychische Gleichgewicht bedroht, labilisiert oder schon dekompensiert ist. Bereits frühe neurologische Psychosomatiker (Schilder 1933) haben den Schwindel als ein **inneres Gefahrensignal** interpretiert, gleichsam eine Mahnung an das Ich, besser zu koordinieren, entsprechend Freuds Theorie von der Signalangst. Demgemäß zeige ein Schwindelsignal an, daß die „synthetische Funktion des Ichs" gestört sei.

Schon Freud (1895) hat auf die „hervorragende Stellung des Schwindels in der Symptomgruppe der **Angstneurose**" hingewiesen. Viele Patienten mit schweren Ängsten – seien sie phobisch eingegrenzt oder eher diffus und unbestimmt – geben Schwindel an: Fava et al. (1991) haben eine Symptomliste zur Erfassung der Symptomatologie der Angstanfälle bei der Agoraphobie zusammengestellt. Unsicherheitsgefühle, *Dizziness* oder *Faintness*, gehörten zu den am häufigsten angegebenen Symptomen. Schwindel als Symptom einer Angstneurose ist meist von anderen somatischen Manifestationen von Angst begleitet: zum Beispiel von Palpitationen, Atembeengungen, trockenem Mund, Oberbauchsensationen, Obstipationen oder Durchfall (Trimble 1984).

Welche zentrale Rolle die Angst beim psychogenen Schwindel einnimmt, zeigt sich nicht zuletzt an der häufigsten umschriebenen klinischen Erscheinungsform des psychogenen Schwindels, dem **phobischen Attackenschwankschwindel**. Diesen erleiden Patienten in bestimmten sozialen Situationen (Kaufhäuser, Restaurants, Konzerte, Besprechungen, Empfänge) oder angesichts typischer auslösender Sinnesreize (Brücken, leere Räume, Treppen, Straßen, Autofahren). Der Schwindel entspricht von seiner Erlebnisqualität her dem Höhenschwindel und ist durch die Kombination eines Benommenheitsschwindels mit subjektiver Stand- und Gangunsicherheit sowie einer Crescendo-Vernichtungsangst charakterisiert. Im Unterschied zur Agoraphobie oder unspezifischen Panikattacken klagen die Patienten mit phobischem Attackenschwankschwindel nicht in erster Linie über die „Angst", sondern über den „Schwindel", der allenfalls die schreckliche Angst ausgelöst habe. Sie fühlen sich organisch krank. Zum Schwindel führende Sinnesreize und Situationen können rasch konditioniert werden und sich generalisieren. Es bildet sich ein entsprechendes Vermeidungsverhalten aus.

Bei der Auslösung des Schwindels wird vermutlich durch eine ängstliche Introspektion eine Fehlabstimmung zwischen motorischer Efferenz und Efferenzkopie ausgelöst, mit der Folge, daß aktive Kopf- und Körperbewegungen als passive Beschleunigungen oder Scheinbewegungen erlebt werden (Brandt 1993).

Die Abgrenzung dieser Störungen von Panikattacken und agoraphoben Störungen ist umstritten. Der entscheidende Unterschied soll (Dietrich 1999) darin bestehen, daß die Angst nicht spontan mitgeteilt wird, sondern oft erst gezielt erfragt werden muß. Kapfhammer et al. (1995) finden in klinischen Interviews nach DSM-III-Kriterien bei Patienten mit phobischem Schwankschwindel sowohl eine Untergruppe mit zusätzlichen depressiven Störungen und Angststörungen als auch eine Untergruppe mit isoliertem Schwankschwindel ohne Panikgefühle, die aber dennoch im folgenden ein ausgeprägtes phobisches Vermeidungsverhalten aufwies. Umgekehrt wird auch ein Angstanfall im Sinne einer Panikattacke oft als Schwindel erlebt und geschildert. Wie kompliziert die Probleme der nosologischen und differentialdiagnostischen Abgrenzung sind, zeigt auch der Begriff der Raum- und Bewegungsphobie (Marks und Bebbington 1976). Es gibt Patienten, bei denen es bei einer bestehenden vestibulären Dysfunktion unter bestimmten Bedingungen zu einem panischen Angstanfall kommt mit sekundären Vermeidungsreaktionen im Sinne einer Agoraphobie (Jacob et al. 1996). Diese Auslösebedingungen bestehen in exzessiven vestibulären Stimulationen bei plötzlichen Kopfbewegungen etwa beim Tanzen oder Sport, auch beim Beschleunigen im Auto, beim Liftfahren, bei inkongruenten oder komplexen Reizbedingungen (Bewegungen sowohl der Umwelt als auch des eigenen Körpers) sowie bei Reizarmut visueller Schlüsselreize in der Umgebung.

▶ Affektäquivalent

Schwindel kann auch zur **Abwehr** eines **quälenden Affektes** dienen, der – für das Subjekt oft paradoxerweise erträglicher – vor allem starke Angst oder Schuldgefühle durch Schwindelgefühle ersetzt. So ist für das Selbst der psychische Zusammenhang zwischen dem Schwindelgefühl und dem quälenden affektverursachenden Konflikt nicht mehr einsehbar, was eine scheinbare Entlastung zur Folge hat.

───────────── Fallbeispiel ─────────────

Eine 65jährige Patientin entwickelt heftigen Schwindel als verdeckten Wutaffekt gegen ihren sich altersverändernden Ehemann, der, nach seiner Berentung zu Hause und hochaktiv, sie auf Schritt und Tritt begleitet und ihr keine Luft zum Leben mehr läßt, dem sie aber ihren Wunsch, gelegentlich allein sein zu wollen, nicht begreiflich machen kann. Sie gerät unter massive aggressive Spannung, die –

möglicherweise über eine Störung der Blutdruckregulation – sich als „Schwindel" manifestiert, der dringend eine Hospitalisierung erforderlich macht.

Neben der „Ersetzung" eines Affektes gibt es auch die „Überdeckung". Schwindel kann als **Deckaffekt** für empfundene Lust oder Befriedigung in einer verbotenen oder anstößigen Liebesbeziehung auftreten. Neben heftiger Wut oder tiefer Scham kann „Schwindel" im Sinne eines Affektkorrelates auch Ekelempfindungen entsprechen, die sich auch in begleitendem Klagen der Patienten über „ständiges schlecht werden" oder funktionellem Erbrechen äußern können.

▶ Depressive Inhaltsbildung

Klagen über Schwindel finden sich bei depressiven Zuständen und Störungen aller Art, besonders nach existentiellen Erschütterungen, in depressiven Krisen, bei neurotischen Depressionen und bei der sogenannten larvierten Depression. Hier kann die Schwindelbeschwerde geradezu die depressive Inhaltsbildung sein. Besonders nach Trennungen und Verlusten kann es zum Auftreten von Schwindelphänomenen kommen. Dabei muß der depressive Affekt dem Patienten nicht bewußt sein.

───────────── Fallbeispiel ─────────────

Eine 21jährige, vaterlos aufgewachsene und im Alter von acht Jahren aus Rumänien nach Deutschland gekommene Patientin entwickelt anhaltende Schwindelzustände, nachdem sich ihre Mutter mit ihrem neuen Partner den Traum einer Existenzgründung auf Teneriffa erfüllt hat und die Patientin bei der kranken Großmutter, von der sie aber gleichzeitig wie ein Kind behandelt wurde, in einer engen Wohnung zurückblieb.

▶ Konversion

Im Rahmen eines Konversionsgeschehens in die Körpersprache können Schwindelphänomene auch als Erinnerungssymbole für verdrängte oder abgespaltene – meist sexuelle – Erlebnisse auftreten. Schwindel wird dann zum verschlüsselten Ausdrucksgeschehen.

▶ Grenzflächenphänomen

Schon einer der ersten psychosomatisch orientierten Neurologen (Schilder) hat beschrieben, daß die Schwindelempfindung durch die Wahrnehmung „aneinanderstoßender psychischer Grenzflächen" hervorgerufen werden kann. In diesem psychischen Funktionsmodus ist es weniger die allgemeine Dynamik eines verdrängten Wunsches und dessen Abwehr, sondern vielmehr die **Dynamik der Spaltung** und der Bedrohung durch die Gefahr ihrer Aufhebung, die Schwindelgefühle hervorrufen kann. So können im Rahmen schizoider Krisen Schwindelphänomene auftreten. Zander (1968) beschreibt eindrucksvoll die Entfremdungsgefühle und leichte Depersonalisationsphänomene eines schizoid strukturierten Patienten während einer psychotherapeutischen Behandlung.

▶ Regressives Phänomen

Gesichtspunkte zum Verständnis psychogener Schwindelerscheinungen lassen sich auch aus einer **entwicklungspsychologischen Perspektive** gewinnen. Die Empfindung des drohenden Verlustes eines inneren Haltes verweist auf die Zeit, in welcher der **Übergang** vom **Gehalten-** und **Getragenwerden** durch die Mutter zum selbstbestimmten aufrechten Laufen erfolgte. Im Schwindelerlebnis kommt es zur regressiven Belebung dieser frühkindlichen Gefühlsregungen, wie sie positiv im Angst-Lust-Erleben beim Fahren auf Achterbahnen oder vergleichbaren Fahrgeräten nachinszeniert werden können. Die sausende Fahrt kann nur genossen werden, wenn man auf die Stabilität des Gefährtes vertraut. Die Grenzerfahrung wird gerade deswegen lustvoll erlebt, weil „es hält". M. Balint hat mit der Unterscheidung des „Philobathen" vom „Oknophilen" eine grundlegende Unterscheidung in der Beziehung zum Primärobjekt beschrieben.

Analog tritt Angst dann auf, wenn die innere (internalisierte) Sicherheit und Geborgenheit vermittelnde Objektvorstellung bedroht ist. Winnicott hat in seinen klassischen Formulierungen über die *Holding Function* der Mutter ebenjene Funktion des inneren stützenden Objektes herausgearbeitet, deren Labilisierung zu Schwindel führt. Als regressives Phänomen kann Schwindel auch ein Symptom dafür sein, daß der Patient tatsächlich den Grund unter den Füßen verliert und er sich in der Gefahr einer ernsthaften **psychotischen Dekompensation** befindet. Bei diesen Zuständen kann der Schwindelbeschwerde und der hartnäckigen Suche nach Hilfe sogar eine stabilisierende Funktion zukommen, indem der Patient sich so intensiv auf die Schwindelsensationen konzentriert, daß es ihm dadurch möglich wird, psychotische Erlebnismodalitäten niederzuhalten. Diese Abwehrmechanismen einer sekundären hypochondrischen Fixierung können auch in vielen anderen durch eine Labilisierung psychischer Funktionen „gefährlich" erscheinenden Zuständen „eingesetzt" werden.

▶ „Alles Schwindel"

Manchmal scheinen Patienten die Schwindelbeschwerde in die Schilderung ihrer Beschwerden als **Signal** einzustreuen. Sie wollen damit verdeutlichen, daß es ihnen gar nicht so sehr auf ihre körperlichen Beschwerden ankommt, sondern daß sie in einer sozialen Situation leiden.

In mancher hartnäckigen und sich dem therapeutischen Zugriff entziehenden funktionellen Schwindelbeschwerde mag im Sinne einer multiplen Determinierung auch ein Element einer gleichzeitig wahrgenommenen und verleugneten **„Selbstbeschwindelung"** enthalten sein (Modestin 1983). „Schwindel" wird so zu einer psychosozialen Metapher für Unehrlichkeit. Oft steht hier hinter dem Schwindel ein Geheimnis, dessen Auflösung gewünscht und gleichzeitig befürchtet wird.

Differentialdiagnose „organisch versus psychogen"

Trotz der vielen bisher geschilderten psychophysischen Interdependenzen erfordert der klinische Alltag häufig, zwischen dem „organisch bedingten" und dem „psychogenen" Schwindel zu unterscheiden.

Der **funktionelle** (psychogene) **Drehschwindel** wird meistens als Drehbewegung „im Kopf" geschildert, während Patienten mit einer **somatischen** Ursache des Drehschwindels die Drehbewegung außerhalb des Kopfes im Sinne einer illusionären Scheinbewegung lokalisieren. Die funktionelle *Dizziness* äußert sich vornehmlich in Beschwerden, die eine Bewegung oder Unsicherheit des ganzen Körpers zum Inhalt haben. Nystagmus spricht für eine organische Genese, ist aber kein 100prozentiger Beweis. Wird während der Untersuchung unter der Frenzelbrille ein eindeutiger Drehschwindel angegeben, ohne daß ein Spontannystagmus zu beobachten ist, so ist der Schwindel eindeutig psychogen (Brandt 1991). Beim psychogenen Schwindel als reinem Konversionssyndrom fehlen vegetative Begleiterscheinungen wie Erbrechen, Schwitzen oder Blässe (Adler und Hemmeler 1986).

Bei Patienten mit **simuliertem Schwindel** beobachtet man oft, daß diese nicht in der Lage sind, ein entsprechendes Bewegungsmuster im Tret- oder Stehversuch identisch zu reproduzieren.

Ein **Dauerschwindel** über Monate oder Jahre spricht eher für eine psychogene oder funktionelle Genese, wenn nicht gleichzeitig eine Störung der Okulomotorik oder eine Ataxie nachweisbar sind, da ein etwaiger Ausfall oder eine Störung der peripheren Labyrinthfunktion im Verlauf von Wochen bis Monaten zentral kompensiert wird.

Bei der klinischen Bewertung von Befunden aus komplizierteren Untersuchungen zur Vestibularfunktion (Rotationsprüfungen, kalorische Testung) ist zu berücksichtigen, daß hier **interindividuell** große **Variabilitäten** bestehen. Die Varianz der Ergebnisse liegt bei ängstlichen oder anders psychisch alterierten Patienten noch deutlich höher. Seitendifferenzen bis zu 20% können bei körpergesunden Personen vorkommen (Brandt 1991).

> Grundsätzlich ist immer wieder in der klinischen Situation daran zu denken, daß sich eine körperliche Krankheit auch bei psychischer Auffälligkeit entwickeln kann.

Therapie

Gerade beim Schwindel ist die Etablierung einer stabilen und tragfähigen Arzt-Patient-Beziehung besonders wichtig. Sie ermöglicht die Erarbeitung eines adäquaten Krankheitsverständnisses beim Patienten. Wichtiges Zwischenziel ist die Entängstigung des Patienten. Bei der Besprechung der Lebenssituation des psychosomatischen Hintergrundes ist gezielt nach Angstmanifestationen zu fragen, auch in ihrer somatisierten Form. Entsprechendes gilt für andere starke, möglicherweise somatisierte Affekte, zum Beispiel Wut. Fatalistische Externalität der Kontrollüberzeugungen („der Schwindel ist ein rein körperliches Geschehen, dem ich hilflos ausgeliefert bin") sollte angesprochen und möglichst verändert werden. Ebenso ist auf die sekundäre psychische Konsequenz einer schweren organisch bedingten Schwindelerkrankung zu achten: Empfindung der Stigmatisierung (hier liegt ein Betrunkener), Gefühle schwer erträglicher Abhängigkeit von Angehörigen, Neigung zum sozialen Rückzug, Gefühle allgemeiner Enttäuschung und Beengung, generalisierendes vermeidendes Verhalten.

Für die sogenannten **Antivertiginosa** (das Antihistaminikum Dimenhydrinat, durchblutungsfördernde Medikamente wie Cinnarizin und Flunarizin, zentral angreifende Pharmaka wie Scopolamin, Sulpirid und das Phenothiazin Thiethylperazin) ergeben sich nur drei **Indikationen** zur symptomatischen Behandlung von Schwindel und Nausea: die akute Labyrinthfunktionsstörung mit Nausea, die akute vestibulariskernnahe Hirnstammläsion mit Nausea sowie die Prävention der Bewegungskrankheit (Brandt 1993).

Psychotherapeutisch hat sich besonders bei allen Formen abgegrenzter Angststörungen die Verhaltenstherapie bewährt, auch zur Dekonditionierung von Vermeidungsverhalten. Beim phobischen Attackenschwankschwindel gibt es eine klare Indikation zu einer verhaltenstherapeutischen Intervention mit allmählichem Expositionstraining. Die psychotherapeutische Indikation in den anderen Fällen psychogenen Schwindels richtet sich nach dem im eingehenden Gespräch mit dem Patienten sich darbietenden psychischen Befund und der Konfliktsituation des Patienten.

Bei komplexeren und besonders lebensgeschichtlich verwurzelten Störungen und Krisen ist ein **psychoanalytischer Zugang** sinnvoll und erfolgversprechend. Der Schwindelpatient wird besonders von einem niederfrequenten, aber langfristig angelegten Setting profitieren.

In der Behandlung schwerer depressiver Störungen, besonders im Übergang zu vitalen Verstimmungen, sind Medikamente in der Regel unverzichtbar, ebenso bei psychotischen Dekompensationen. Dagegen sollten **Anxiolytika** wie etwa Benzodiazepine nicht zur längerfristigen Behandlung einer Schwindelsymptomatik eingesetzt werden, auch nicht, wenn diese auf Angst zurückgeht oder mit ihr verbunden ist. Die Gefahr geht zum einen auf das Risiko der Abhängigkeit zurück, das schon bei geringen Dosen auftreten kann, zum anderen aber auf die besondere, sich selbst immer weiter tragende Psychodynamik, die diese Medikation über die pharmakologische Etablierung einer Selbstverborgenheit durch den Wegfall des Angstsignals bei den Patienten auslöst.

Literatur

Adler R, Hemmeler W. Praxis und Theorie der Anamnese. Stuttgart, New York: Fischer 1986.

Aschoff JC. Differentialdiagnostische Überlegungen zur Schwindelsymptomatik. HNO 1978; 26: 149–54.

Basecqz G. Aspects psychodynamiques de la maladie Menière. Laval Medical 1969; 40: 838–43.

Biesinger E. Diagnose und Therapie des vertebragenen Schwindels. Laryngol Rhinol Otol 1987; 66: 32–6.

Brandt T. Differentialdiagnose klinischer Schwindelformen. Münch Med Wschr 1985; 50: 1137–40.

Brandt T. Vertigo. Its multisensory syndromes. London, Berlin, Heidelberg, New York: Springer 1991.

Brandt T. Schwindel. In: Lehrbuch der Neurologie. Kunze K (Hrsg). Stuttgart, New York: Thieme 1992; 318–39.

Brandt T. Schwindel. In: Therapie und Verlauf neurologischer Erkrankungen. 2. Aufl. Brandt T, Dichgans J, Diener HC (Hrsg). Stuttgart, Berlin, Köln: Kohlhammer 1993; 127–56.

Dietrich M. Fehldiagnosen beim Phobischen Schwankschwindel. Münch Med Wschr 1999; 141: 454–7.

Drachman DA, Hart CW. An approach to the dizzy patient. Neurology 1972; 22: 323–34.

Eagger S, Luxon SM, Davies RA, Coelho A, Ron MA. Psychiatric morbidity in patients with peripheral vestibular disorder: a clinical and neurootological study. J Neurol Neurosurg Psychiatry 1992; 55: 383–7.

Eckhardt A, Steinhorst N, Krauthauser H, Thomalske C, Tettenborn B, Hoffmann SO, Hopf HC. Krankheitsspezifische Kontrollüberzeugungen bei Patienten mit der Leitsymptomatik Schwindel. Psychother Psychosom Med Psychol 1997; 47: 403–9.

Eckhardt A, Tettenborn B, Krauthauser H, Thomalske C, Hartmann O, Hoffmann SO, Hopf HC. Schwindel- und Angsterkrankungen – Ergebnisse einer interdisziplinären Untersuchung. Laryngol Rhinol Otol 1996; 75: 517–22.

Fava GA, Grandi S, Canestrari R, Grasso P, Pessarin F. Mechanisms of change of panic attacks with exposure treatment of agoraphobia. J Affect Disord 1991; 22: 65–71.

Fischer PA. Schwindel: Neurologische Aspekte. Dtsch Ärzteblatt 1972; 69: 2533–7.

Fowler jr EP, Zeckel A. Psychosomatic aspects of Menière's disease. JAMA 1952; 148: 1265–71.

Freud S. Über die Berechtigung von der Neurasthenie einen bestimmten Symptomenkomplex als „Angstneurose" abzutrennen. GW Bd 1. London: Imago 1895; 315–42.

Groen JJ. Psychosomatic aspects of Menière's disease. Acta Otolaryngol 1983; 95: 407–16.

Hinchcliffe R. Emotions as a precipiting factor in Menière's disease. J Laryngol Otol 1967; 81: 471–5.

Hoffmann SO, Hochapfel G. Neurosenlehre, Psychotherapeutische und Psychosomatische Medizin. 5. Aufl. Stuttgart, New York: Schattauer 1995.

Jacob RG, Furman JM, Durrant JD, Turner SM. Panic, agoraphobia, and vestibular dysfunction. Am J Psychiatry 1996; 153: 503–12.

Kapfhammer HP, Mayer C, Hock U, Huppert D, Dietrich M, Brandt T. Phobischer Schwankschwindel. Eine Panikstörung oder? Nervenarzt 1995; 66: 308–10.

Kirk C, Saunders M. Primary psychiatric illness in an neurological outpatient department in North East England. Acta Psychiatr Scand 1977; 56: 294–302.

Lempert T, Dieterich M, Huppert D, Brandt T. Psychogenic disorders in neurology: frequency and clinical spectrum. Acta Neurol Scand 1990; 82: 335–40.

Maass G. Schwindel als psychosomatisches Symptom. Diagnostik 1976; 9: 342–5.

Marks T, Bebbington P. Space phobia: syndrome or agoraphobic variant? Br Med J 1976; 12: 30–3.

Modestin J. Schwindel als psychosomatisches Phänomen. Psychother Med Psychol 1983; 33: 77–86.

Mumenthaler M. Der neurologische Patient und der Schwindel. In: Der Schwindel aus interdisziplinärer Sicht. Karbowski K (Hrsg). Berlin, Heidelberg, New York: Springer 1981; 27–59.

Richter HE, Beckmann D. Herzneurose. 2. Aufl. Stuttgart, New York: Thieme 1973.

Rigatelli M, Casolari G, Bergamini G, Guidette G. Psychosomatic study of 60 patients with vertigo. Psychother Psychosom 1984; 41: 91–9.

Schaaf H, Holtmann H, Hesse G, Kolbe U, Brehmer D. Der (reaktive) psychogene Schwindel. Eine wichtige Teilkomponente bei wiederholten Morbus-Menière-Anfällen. HNO 1999; 10: 924–31.

Schilder P. The vestibular apparatus in neurosis and psychosis. J Nerv Ment Dis 1933; 78: 1–23, 137–64.

Schwöbel G. Zur Psychotherapie des Schwindels. Psyche 1954; 8: 367–87.

Tiwari S, Bakris GL. Psychogenetic vertigo: a review. Postgrad Med 1961; 70: 69–77.

Trimble MR. Psychiatric aspects of vertigo. In: Vertigo. Dix MR, Hood DD (eds). Chichester, New York: Wiley 1984; 345–58.

Wexler M, Crary W. Menière's disease: The psychosomatic hypothesis. Am J Otol 1986; 7: 93–6.

Wheeler ED, White PD, Reed WE, Cohen ME. Neurocirculatory asthenia (anxiety neurosis, effort syndrome, neurasthenia). J Am Med Assoc 1950; 142: 878–88.

Zander W. Schwindel als Symptom bei schizoiden Patienten. Z Psychother Med Psychol 1968; 18: 167–77.

Literaturempfehlung

Karbowski K. Der Schwindel aus interdisziplinärer Sicht. Berlin, Heidelberg, New York: Springer 1981.

5.3.6
Funktionelle kardiovaskuläre Syndrome

Ulrich Stuhr

ICD-10-Klassifikation

Die funktionellen kardiovaskulären Syndrome werden unter der somatoformen autonomen Funktionsstörung des kardiovaskulären Systems (F45.30) klassifiziert. Wenn auch Panikattacken auftreten, könnte noch zusätzlich F41.0 klassifiziert werden.

Herzangstneurosen

Deskription

Der Patient klopft und sogleich steht er strahlend im Zimmer: „Ich bin da"; er ist klein, drall, munter. Zu seiner modischen Kleidung trägt er vorn spitz zulaufende, hochhackige Stiefel. Er beginnt gemächlich, aber unaufhaltsam zu erzählen:

--- Fallbeispiel ---

Es begann vor etwa sieben Jahren, als er wie gewöhnlich zur Arbeit fuhr und ihm plötzlich „mulmig" wurde, so daß er rechts heranfuhr, ausstieg, eine Zigarette rauchte, etwas auf und ab ging, bis es besser wurde (die Symptomatik klingt nach einem Blutdruckabfall – Kopfdruck, leichtes Schwindelgefühl, verschwommen vor den Augen, leichte Übelkeit). Im Betrieb fiel seine Blässe auf. Nach zwei Stunden fühlte er sich wieder „klapperig", das Blut sei aus den Beinen gewichen, er habe begonnen, „eierig" zu gehen. Er ging aus Vorsicht zum Betriebssanitäter, der ihn mit einem firmeneigenen Krankenwagen ins allgemeine Krankenhaus bringen ließ. Dabei verschlechterte sich sein Zustand, als er von den Sanitätern hört: „Mensch, wie siehst du denn aus, mach bloß keinen Quatsch. Der klappt uns noch ab; ab mit ihm, gib Gas."

Er bekam starkes Herzklopfen und verkrampfte sich unter Schmerzen „zu einem Bündel". Er scheint eine Hyperventilationstetanie entwickelt zu haben, die der diensthabende Pfleger von der Krankenhausaufnahme sachkundig durch das Überstülpen einer Plastiktüte vor Mund und Nase in 20 Minuten kupiert hatte. Er darf nach Hause gehen, was der Patient aber überhaupt nicht begreifen kann, da er sich kurz vor dem Tode wähnte. Seitdem klagt er über „Anfälle" von Angst und Herzrasen, so daß er fürchte, „am Herzen zu sterben".

Oftmals beginnt dieses Krankheitsbild, das lange als „Herzneurose" bezeichnet wurde, aber treffender als **Herztodphobie** bezeichnet werden sollte, mit akuten Tachykardien (bis zu 160 Schläge pro Minute), Blutdruckanstieg mit Werten bis 200/100 mmHg, Schweißausbruch, Gesichtsröte, tiefer und forcierter Atmung, eventuell mit Ausbildung einer Hyperventilationstetanie. Es bestehen oft auch subjektiv stark erlebte Herzschmerzen und Herzstiche mit Schmerzausstrahlung in den linken Arm. Diese Anfälle können sich in unregelmäßigen Abständen wiederholen. Nach einem ersten Anfall kommt es dann zu einer gedanklichen und erlebnismäßigen Einengung auf die stark angstbesetzte Vorstellung (**Erwartungsangst**), es könne sich um einen Anfall handeln, bei dem das Herz versagen könnte; es könnte zum Infarkt beziehungsweise Herztod kommen.

Die Patienten kontrollieren dauernd ihren Puls und horchen in sich hinein, gehen von einem Arzt zum anderen oder lassen sich in die Notaufnahme einer Klinik bringen, ohne daß ein pathologischer kardiologischer Befund erhoben werden könnte. Die Mitteilung, ihr Herz sei organisch gesund, beruhigt die Patienten aber nicht oder nur kurzfristig, die Angst vor dem Herztod und der dringende Wunsch, körperlich untersucht zu werden, bestehen meist fort, oder es muß für diese Patienten jederzeit und an jedem Ort Hilfe verfügbar sein (z. B. durch Notärzte); in so einem Fall spricht man von einer **Herztodhypochondrie**.

Innerhalb der Gruppe der **funktionellen kardiovaskulären Syndrome** der Herzangstneurose können anhand der Intensität und Art der geschilderten Ängste drei Gruppen unterschieden werden:
- **Herztodphobiker**, die vor allem über starke panikartige Angstanfälle berichten (Nutzinger 1990)
- **Herzhypochonder**, deren Angst sich vor allem in Sorgen und Befürchtungen um das Herz äußert
- **Herztodhypochonder**, die weniger an Angstdurchbrüchen leiden, sondern sehr zentriert von der „Gewißheit" gequält sind, am Herztod zu sterben (Hoffmann und Hochapfel 1995, S. 111)

Prozeßhafte Mischformen sind immer denkbar.

Differentialdiagnose

Differentialdiagnostische Entscheidungen sind abhängig von Annahmen über mögliche körperliche Dispositionen (s. u.), von der Zuordnung manifester Symptome, die bei der Herzangstneurose mit auftreten können (z. B. Schmerzen im Brustbereich) und von möglichen organischen Erkrankungen des Herz-Kreislauf-Systems und anderer Organsysteme (z. B. Schilddrüse).

Im akuten Zustand, der besonders in den Aufnahmediensten der Krankenhäuser zu beobachten ist, muß der sympathikovasale Anfall im Rahmen der Herzangstneurose vom **Herzinfarkt** (s. Kap. 5.4.4, S. 419ff) unterschieden werden. Dies ist zum einen dadurch möglich, daß das EKG im Falle der

Herzangstneurose ohne Befund oder nur situationsbedingt vegetativ überlagert ist und sich im Urin keine ausreichenden enzymatischen Befunde finden lassen. Dabei ist es jedoch auch hilfreich, auf das Alter des Patienten zu achten, denn die Herzangstneurose tritt meist bei Patienten zwischen dem 20. und 40. Lebensjahr auf. Die dramatische Angst beziehungsweise die nicht realitätsbezogene Überbewertung herzbezogener Körpersensationen steht bei der Herzangstneurose im Mittelpunkt, während beim Herzinfarkt der Schmerz und das daran gebundene Vernichtungsgefühl dominieren; Angstgefühle sollen beim Herzinfarkt in etwa nur 10% der Fälle das Bild bestimmen (Bräutigam und Christian 1981, S. 111).

Der funktionelle kardiovaskuläre Anteil bei der Herzangstneurose muß von **koronaren Herzerkrankungen** in der relativen und absoluten Koronarinsuffizienz abgegrenzt werden. Hierzu wird vorgeschlagen, neben den EKG-Befunden und enzymatischen Laborwerten besonders die Charakteristika des Schmerzes zu beachten. Denn funktionell verursachter Schmerz zeichnet sich mehr durch dumpfen Druck und Brennen (Stunden bis Tage) sowie kurze nadelartige Schmerzen unter der linken Brustwarze, jeweils ohne körperliche Belastung, aus. Wenn funktionell bedingte Schmerzen durch körperliche Belastung auftreten, dann liegt dies daran, daß die vom Patienten wahrgenommenen Körpersensationen immer Angst auslösen (Hoffmann und Hochapfel 1991; Schonecke und Hermann 1986).

Die **Hyperthyreose** bewirkt zwar auch Unruhe- und Angstzustände, sie führt aber nur sehr selten zu einer Angst als lebensbedrohlichem Gefühl; die zusätzlich vorhandenen Symptome einer Hyperthyreose sind gut diagnostizierbar. Auch bei der **Phäochromozytom-Krise** gibt es schwere Herzanfälle, die aber auch nicht den angstneurotischen Charakter wie bei sympathikotonen Anfällen haben und die über die Katecholamin-Ausscheidung im Harn zweifelsfrei erkannt werden können.

Die **Prinzmetal-Angina** als Sonderform der Angina pectoris ist durch Schmerzen in Ruhe bei ansonsten guter Belastbarkeit, durch eine starke ST-Hebung im Anfall (Normalisierung im EKG nach ein bis zwei Stunden) und durch Kammerarrhythmien ohne zusätzliche enzymatische Auffälligkeiten gekennzeichnet. Im Rahmen eines Provokationstests kann sie im Koronar-Angiogramm durch ausgelöste Koronarspasmen während des Anfalls diagnostiziert werden.

Fehldiagnosen bei eigentlich vorliegender Herzangstneurose sind oft Myokarditis, Mitralinsuffizienz, Hypotonie, Hyperthyreose und Koronarinsuffizienz. Aber auch die Fernwirkung anderer Organe (Halswirbel, Galle und Magen) können Schmerzempfindungen verursachen und zu Fehldiagnosen führen.

In der engen Kooperation zwischen Psychosomatik und Kardiologie im Universitätsklinikum Hamburg-Eppendorf sind wir nicht weit davon entfernt, vorzuschlagen, daß es in diesem Bereich einen Typ II der Herztodphobie geben könnte, bei dem es nachweislich am Herzen einen organpathologischen Befund gibt, der aber eine neurotische Ausgestaltung durch den Patienten erfährt.

Fallbeispiel

Ein 59jähriger Patient hatte vor zweieinhalb Jahren eine Herzklappe erhalten, und zwar keine sogenannte „Bioklappe", sondern eine technische, die der Patient im Ruhezustand auch hören konnte. Sechs Wochen nach dem chirurgischen Eingriff kommt es in einem Café, in dem der Patient mit seiner Lebenspartnerin sitzt, aufgrund der bewußten Registrierung des Klappengeräusches zu einem Angstanfall und zu einem starken Schmerzgefühl auf der ganzen linken Seite. Dieser Zustand klingt nach kurzer Zeit wieder ab, wiederholt sich aber zu verschiedenen Zeiten, besonders auch am Arbeitsplatz. Denn am Arbeitsplatz erhielt er aufgrund der Herzklappen-OP eine Schwerbehinderung (50%) und auch eine soziale Schonung nach diesem Eingriff, indem der Patient aus der Schichtarbeit herausgehen konnte und auch Kollegen ihm bei körperlich beanspruchender Arbeit entlastend zur Seite sprangen. Dies verdankt er seinem Vorgesetzten, bei dem er sich immer wohl gefühlt hat, auch wenn er nicht mehr ganz vollwertig mitarbeiten konnte. Er sucht jetzt die Psychosomatik auf, weil die Berufsgenossenschaft und der Betrieb drohen, ihm die zugestandene Schonung wieder wegzunehmen. Im biographischen Hintergrund wird deutlich, daß er mit vier Jahren am Ende des Krieges seine Mutter verlor. Er habe immer noch das Bild vor Augen, wie seine Mutter zu Hause aufgebahrt gelegen habe, was ihn bis heute – auch im Gespräch jetzt – sofort traurig werden läßt. Als der damals im Krieg eingezogene Vater wieder nach Hause kam, war die Mutter schon zwei Jahre tot. In dieser Zeit wurde er von einer Nenntante, über die er „nur das Beste" sagen konnte, als Kind beaufsichtigt. Er könne sich noch sehr genau an jenen Augenblick erinnern, als sein Vater nach Hause kam. Und zwar lief er zusammen mit seiner Schwester dem Vater entgegen. Beide liefen so stürmisch, daß die Schwester sich dabei an einem Auto die Lippe aufschlug. Er lief zusammen mit seiner Schwester, obwohl er seinen Vater noch nie gesehen hat, in die gleiche Richtung. In den darauf folgenden Jahren kann der Patient jedoch keinen richtigen Kontakt zu seinem Vater aufbauen, da dieser häufig krank ist und sehr viel arbeitet. Zwei Jahre, nachdem der Vater heimgekommen ist, verstirbt er an den Spätfolgen einer Phosphorvergiftung, die er sich während der Arbeit in einer Munitionsfabrik zugezogen hatte. Er könne das Bild nicht vergessen, wie er hinter dem Leichenwagen hergeht, in dem nun sein Vater aufgebahrt wurde. Als junger Mann fährt er dann zur See, wo er versucht, sich zu erhängen, weil er das Trauma über den Verlust seiner Eltern nicht überwinden konnte. Als er seine jetzige Partnerin kennenlernt, drängt diese ihn, an Land zu gehen, damit sie beide zusammen leben können.

Pauli et al. (1991) fanden, daß gerade Herztodphobiker dazu neigen, interne Reize so zu attribuieren, daß bei Ihnen Angst ausgelöst wird.

Treffend für diesen Typ II ist das, was die Ehefrau eines auf der Intensivstation liegenden Patienten mit akutem Herzinfarkt äußerte: „Jetzt hat er das, wovor er jahrelang Angst hatte."

Epidemiologie

Wie bei anderen psychosomatischen Krankheitsbildern treffen wir auch hier auf das von Hinterhuber (1982, S. 55) grundsätzlich formulierte Problem: „Die Epidemiologie der psychosomatischen Erkrankung ist ein noch weitgehend ungeschriebenes Kapitel." Sie ist ein Stiefkind in epidemiologischen Studien, in denen psychosomatische Erkrankungen meist nicht gesondert erfaßt werden, da ihr oft schwankender und schleichender Verlauf und das verdeckte Inanspruchnahmeverhalten der Patienten ihre Erfassung sehr erschwert.

Nach Bräutigam und Christians (1981, S. 112ff) stellt die Herzneurose 6,5% aller psychiatrischen Diagnosen einer nervenärztlichen Praxis beziehungsweise 8% aller Diagnosen einer psychosomatischen Ambulanz (Universität Heidelberg). Sie ist damit eine häufig anzutreffende Symptomatik, die sich zwischen dem 18. und 40. Lebensjahr zu manifestieren scheint.

Es gibt aber sehr unterschiedliche Angaben in der Literatur zur **Prävalenz** (Schonecke und Herrmann 1986, S. 507ff): ländliche Gebiete 2%, Stadt (Boston) 4,7%, Medizinische Poliklinik 8%, im psychiatrischen Bereich 27%.

Ätiologie und Psychodynamik

Nach einer ausführlichen Diagnostik in unserer psychosomatischen Ambulanz (Deneke et al. 1984) formulieren wir für den oben erwähnten Patienten (Herrn B.) folgende nacherzählt gedeutete Lebensgeschichte:

─────────── Fallbeispiel ───────────

Der fehlende Vater beziehungsweise dessen unklare Identität haben es Herrn B. erschwert, ein stabiles Bild von sich selbst zu entwickeln. Es ist zu vermuten, daß Herr B. in der frühen Beziehung zu seiner unzuverlässigen Mutter in einem nur unzureichenden Maße erfahren hat, als Kind geliebt, angenommen, sicher beschützt und zuverlässig versorgt zu werden. Die mütterlichen Aufgaben sind dann fast vollständig von der Großmutter (von seiten der Mutter) übernommen worden. Die Großmutter hat damit für Herrn B. eine sehr wichtige stabilisierende Funktion übernommen, um die enttäuschenden Erfahrungen mit der Mutter zu bewältigen.

Dabei hatte er offenbar den Eindruck, die Zuwendung der Großmutter würde ihm nur unter der Bedingung zuteil, daß er mit Cleverneß, Pfiffigkeit und Durchsetzungsvermögen die Leistungen erbringt, die der Großmutter gefallen. Denn er wußte ja vom Beispiel seiner Mutter, wie es einem Menschen ergeht, der den Erwartungen der Großmutter nicht entspricht: Man wird fortgeschickt. Damit hätte ihm wieder eine Situation gedroht, wie sie er in der frühen Mutterbeziehung in beängstigender Weise erlebt hatte.

Eine lange Krankheit in der Kindheit war ein weiterer Faktor, der das ständige Streben von Herrn B. nach anerkennungswürdiger Leistung verstärkte. Mit dieser Krankheit (Osteomyelitis) hatte er hauptsächlich zwei Erfahrungen gemacht: Einerseits hatte er erfahren, wie stark, fürsorglich und zuverlässig seine Großmutter sein konnte, um ihm zu helfen, wenn er krank war. Andererseits war er gerade wegen der langen Krankheit in einem hohen Maß von der Großmutter abhängig, deren subjektive Bedeutung für ihn damit noch zunahm. Die mit der Krankheit verbundene Einschränkung (Gipsbett) bewirkte, daß Herr B. sich nicht mit anderen Kindern messen konnte. Es blieb ein tiefer Zweifel, ob er wirklich mit anderen (vor allem Jungen) mithalten, konkurrieren kann, zumal er ja auch so ein auffallend „Lütter" war. An dem Thema des „Lebens nach dem Tod" erlebte Herr B. einen deutlichen Unterschied zu seiner Großmutter. Da dieses Thema für ihn sehr beunruhigend war und er es nicht eigenständig verarbeiten konnte, vermied er es, sich damit weiter auseinanderzusetzen. Die Thematik des Todes beziehungsweise des Lebens nach dem Tode behielt damit für ihn den Charakter des unheimlichen und bedrohlichen Themas. Da der eigene Vater fehlte, an dem er sich orientieren konnte, um von sich ein Selbstbild als „Junge" oder „Mann" zu entwickeln, war der Großvater für Herrn B. eine wichtige männliche Bezugsperson. Die erste Berufswahl ist mit der des Großvaters identisch.

Weiterhin lernte er es nicht, differenziert und abgestuft mit Belastungen (Tod oder Krankheit von Nahestehenden, persönliches Versagen) und zwiespältigen Gefühlen umzugehen. Es fehlten ihm die Vorbilder, an denen er differenziertere Verhaltens- und Bewältigungsmuster hätte erlernen können („Ich habe Trauer nicht gelernt"). Es gab für ihn nur den „totalen" Erfolg. Fällt dieser aus, so erwartet er Einsamkeit und Hilflosigkeit (also eine Wiederherstellung der frühen Erfahrung mit der unzuverlässigen Mutter).

Der erste Arbeitsplatz, an dem das Symptom zum ersten Mal auftrat, hatte für Herrn B. in zweifacher Hinsicht eine positive Bedeutung: Zum einen machte er auf der fachlichen Ebene die Erfahrung, daß er objektiv schwierige und verantwortungsvolle Aufgaben lösen konnte, und zum anderen wurde ihm dafür hohe Anerkennung ausgesprochen. Beides, die befriedigenden Tätigkeitsmerkmale und der Status, ermöglichten es ihm, aufgrund seiner eigenen Leistung ein positives Konzept von sich selbst zu entwickeln. Die zusätzlichen Rahmenbedingungen, besonders die Schichtarbeit, erwiesen sich jedoch zunehmend als Belastungsfaktoren, was den Kontakt zu seiner Familie und sein Wohlbefinden im Familienleben bedrohte.

Seine Versorgungswünsche passen einerseits gut in das Verhaltensmuster seiner Ehefrau, die in ihrer Ursprungsfamilie frühe Erfahrungen damit gemacht hatte, andere mütterlich zu versorgen. Andererseits lassen sie sich auf Erfahrungen in der Ursprungsfamilie zurückführen. Denn dort erlebte er, krank beziehungsweise schwach sein zu können und von einer als stark erlebten Großmutter geschützt und gepflegt zu werden. Durch Übernahme dieser Versorgungsfunktion durch die Frau übernimmt sie gleichzeitig die Rolle des starken Elternteils in der Familie, die vorher Herr B. innehatte. Sehr auffällig ist dabei der Symptom- und Positionswechsel innerhalb des Paares, das heißt, zunächst war die Frau mit einem ähnlichen Beschwerdebild krank und er gesund und nun umgekehrt.

Offenbar bleibt das spezifische Gleichgewicht in der Familie so erhalten, indem ein starker und gesunder Teil einem schwachen und kranken gegenübersteht. Dahinter könnte die Furcht stehen, die Paarbeziehung könne auseinanderfallen, wenn sich beide gleichartig geben würden, wenn die Frau neben ihm auch berufstätig ist.

─────────────────────────────

Richter und Beckmann (1969) legten eine bis heute gültige Konzeption zum psychodynamischen Verstehen der Herztodangst vor. Darin haben sie die psychische Ähnlichkeit zu neurotisch depressiven Patienten aufgrund der tiefen Selbstunsicherheit hervorgehoben, die auf eine **nicht ausreichend gelungene Verinnerlichung** des realen und idealen **mütterlichen Objektes** zurückgehen soll. Die mit einer Mutter assoziierten Eigenschaften sind nicht in die eigene Identität und Selbstwahrnehmung integriert worden und stehen, besonders in Krisensituationen, nicht zur Verfügung. Hieraus folgt für die Beziehung zu anderen, daß diese Menschen in hohem Maße auf Lebenspartner angewiesen sind, die ihnen quasi äußerlich jenen Halt geben müssen, der ihnen innerlich fehlt; sie neigen deshalb zu **symbiotischen Beziehungskonstellationen**: Der Partner muß ständig verfügbar sein. In eigenen Untersuchungen fanden wir diese Dynamik bestätigt (s. auch den Eingangsfall, S. 361) und konnten ergänzen: Die Eltern der Patienten „überforderten die Kinder mit ihren Erwartungen, konnten ihnen zu wenig Zuwendung geben und leiteten damit eine zu frühe, forcierte Autonomieentwicklung ein oder behinderten diese, indem sie die Kinder in symbiotischer Abhängigkeit banden" (Deneke et al. 1984, S. 281).

▶ **Männliche Patienten**

Bei der Untergruppe männlicher Patienten imponierte als zentraler **Kompensationsmechanismus** die Entwicklung eines **narzißtischen Selbstbildes** im Sinne eines „grandiosen Selbst" und eines „idealisierten Elternimagos". Dies hat vor allem zur Folge, daß die Wahrnehmung der eigenen Person und die Grenzen der eigenen Leistungsfähigkeit unrealistisch, das heißt letztlich überhöht, erfolgt. Bei den männlichen Patienten zeigt sich dieses Problem am deutlichsten in ihrer Arbeitssituation beziehungsweise berufsbezogenen Leistung. Im Arbeitsbereich finden sich einerseits eine extrem hohe positive Bedeutung der Arbeit für den Patienten, aber andererseits auch ein hoher, zermürbender Druck, unter dem diese Patienten ihre Arbeit versehen beziehungsweise glauben, versehen zu müssen, um anerkannt gute Leistungen erbringen zu können. Die für das Wohlbefinden und den Selbstwert wichtige Arbeit wird durch diese zermürbenden Faktoren zu einer belastenden Dauerbeanspruchung und zunehmend zwiespältig erlebt. Im Bereich der Familie entsteht nach der Manifestation der Symptomatik dann eine Situation, bei der der Familienvater innerhalb der Familie zur Hauptperson wird, der seine Symptome offen auslebt, ja sogar einsetzt, um seinen regressiven Bedürfnissen Nachdruck zu verleihen und insgesamt ein um ihn zentriertes festes „Pflegeklima" schafft: Die sogenannte „**Psychosomatische Familie**" ist entstanden (Wirsching 1986).

Es ist also denkbar, daß aktuelle Belastungssituationen, die – wie beim Arbeitsplatz – existentielle Bedeutung haben, Gewicht neben der bekannten These vom Wiederholungszwang frühkindlicher Konflikte oder Traumata erhalten. Es ist hiernach sinnvoller, von einer engen **Verzahnung biographisch relevanter Erfahrungen** und **aktueller Belastungen** zu sprechen, bei der die Krankheit nur durch das Zusammenwirken **beider** Bereiche möglich wurde. Unabhängig von den Entstehungsbedingungen dient die Symptomatik weiterhin dazu, den Leistungsdruck ohne das Eingeständnis, aufgegeben beziehungsweise sein berufliches Ideal nicht erreicht zu haben, vermeiden zu können/dürfen.

> Mit der Krankheit entsteht eine legitime (und legale) Möglichkeit, zu regredieren. Der Ort für diese Regression ist die Familie.

Zur Erklärung dieser Symptomatik wird das Konzept vom A-/B-Profil[1] bei der Verarbeitung von Angst herangezogen:

- Das **A-Profil** ist dadurch gekennzeichnet, daß ein Rückzug in die bzw. eine Suche nach der Abhängigkeitsposition in der Rolle des Kranken bzw. in der Beziehung zu einem potentiell stützenden Objekt geschieht.
- Das **B-Profil** ist gekennzeichnet durch eine ständige Suche nach Herausforderung, die der Bewahrung bzw. dem Be-

weis der Stabilität und Bedeutung der eigenen Person und ihrer Leistungsfähigkeit dient; ihr folgt eine kontraphobischen Abwehr.

Diese Konzepte sind jedoch zu unspezifisch, um sie nur für diese Krankheitsgruppe reklamieren zu können. Auch die Frage der **Organwahl** ist unter Spezifitätsgesichtspunkten schwer zu beantworten. Das Herz scheint aber als Ausdrucksorgan für das Gefühl des Getrenntseins beziehungsweise des Verlustes an Nähe und Liebe, mithin für Einsamkeit, besonders prädestiniert (vergl. Lynch 1979) und könte im Rahmen der Herztodphobie symbolisieren, sich angesichts unsicherer innerer und äußerlicher Objekte am eigenen Körper, dem Herz, festhalten zu wollen, das aber via Projektion gerade diese Beziehungsunsicherheit bis hin zur größten Trennungsangst, nämlich der Todesangst, repräsentiert. Auffällig war in unserer eigenen Untersuchung (Deneke et al. 1984), daß vor Manifestation der Herztodphobie im Umkreis der Patienten zum Teil wichtige Personen (im Fallbeispiel der Vorgesetzte) am Herztod gestorben waren, also ein **Identifikationsmodell** vorlag.

▶ **Weibliche Patienten**

Die Gruppe der weiblichen Patienten, sofern sie sich nicht mit den männlichen Zielen und Rollenvorgaben völlig identifiziert hat (phallisch-narzißtische Persönlichkeitsstrukur) und dann auch ähnlich funktioniert (s. o.), scheint eher an der Kompensation zu scheitern, ihre Selbstunsicherheit im traditionellen Rahmen einer harmonischen Beziehung lösen zu können, indem sie sich als Frauen in die Rollenerwartung des Partners hineinbegeben. Klinisch wagen wir die Hypothese für Frauen mit dieser Symptomatik, daß auch bei ihnen zentral das Selbst betroffen ist, hier aber nicht die Regulation über die narzißtisch besetzte Arbeit und Leistung, sondern die Liebesbeziehung beziehungsweise der drohende Verlust dieser Beziehung von zentraler Bedeutung für die Entstehung der Symptomatik ist.

▶ **Körperliche Dispositionen**

Das Grundproblem bei der Suche nach erbbedingten somatischen oder physiologischen Dispositionen ist die Post-hoc-Interpretation körperlicher Befunde. So kann zum Beispiel die Häufung funktioneller Herz-Kreislauf-Befunde in Familien (Cohen et al. 1951) als Ausdruck eines dominanten Erbganges, aber auch als Folge eines Identifikationslernens der Familienmitglieder untereinander (die sogenannte „**Sanatoriums**"-**Familie** nach Richter 1970) interpretiert werden. Das methodische Hauptproblem betrifft den stringenten wissenschaftlichen Nachweis, daß Veränderungen (z. B. im EKG) mit dem vorliegenden Krankheitsbild ursächlich oder spezifisch zusammenhängen, und daraus resultierend die Frage, ob die körperlichen Befunde nicht doch eher die Folge eines chronischen Verlaufes (z. B. Trainingsmangel aufgrund einer ängstlichen Schonhaltung) als ihre Ursache sind.

Als körperliche Vorbedingung der Herzangstneurose wird das **Mitralklappenprolapssyndrom** diskutiert, das heißt eine

---

1   Das A- bzw. B-Profil darf nicht mit dem A- und B-Typus aus der Herzinfarktforschung verwechselt werden; Richter und Beckmann (1969) entwickelten die A- und B-Profile mit Hilfe des MMPI, eines psychologischen Fragebogens!

Verminderung der elastischen Elemente mit dünnen und verlängerten Chordae tendineae und überflüssigen und verdickten Klappen, das es als angeborene wie auch durch Herzinfarkte oder Myokarditis erworbene Form gibt. Es ist jedoch auch hier zu vermuten, daß sich die ängstliche Wahrnehmung der Patienten dieser Befunde sekundär „bedient" (Jenzer 1981).

Delius und Fahrenberg (1966) legten eine Hypothese zur psychophysiologischen Disposition vor, in der von einer **„Ordnungsstörung"** (einer Art Instabilität) in der psychosomatischen Regulation zum jeweiligen Erfordernis ausgegangen wird, die dann wiederum sekundär die Wahrnehmung des Patienten berührt. Die genetische Determination zeige sich in der Persönlichkeitsstruktur und im neurovegetativen sowie neuroendokrinen System der Personen. Die Annahme einer Regulationslabilität vegetativer Funktionen als Ursache funktioneller Herz-Kreislauf-Störungen finden sich auch bei Christian et al. (1966) im Konzept der Sympathikotonie sowie bei Hahn (1966) im Konzept einer gesteigerten ergotropen Reaktionslage, die das Auftreten sympathikovasaler Anfälle befördere.

Therapeutische Überlegungen

Diagnosen, seien es nun phänomenologische Klassifikationen (wie „die Herzneurose" oder „die Herztodphobie") oder auch strukturell-psychodynamische (wie z. B. „phallisch-narzißtisch" oder „hysterisch"), besitzen eine gewisse konventionelle Zweckmäßigkeit, aber mehr eigentlich nicht. Wir gehen demgegenüber davon aus, daß man – besonders auch bei der Herztodphobie – eben nicht von derartigen Diagnosen automatisch zu einer sinnvollen Indikationsstellung gelangt und auch nicht zu einem therapeutischen Konzept, sondern daß es auch hier um eine sogenannte **„therapeutische Diagnose"** gehen muß, bei der für jeden Patienten neu gefragt wird: Was braucht dieser Patient konkret für eine ihm gemäße Therapie, können sich der Patient und der Therapeut aufeinander einlassen, und haben beide voneinander positive Phantasien über den therapeutischen Ausgang?

Nach Durchsicht der Literatur tauchen 14 Empfehlungen auf, die in diesem Rahmen nur globalisiert dargestellt werden können. Sie reichen von der „ärztlichen Aufklärung" und dem „Arzt als stützendes Objekt" bis hin zur analytischen Psychotherapie, aber auch zur Familienberatung oder Bewegungstherapie.

Dabei wird eine starke Polarisierung der Vorschläge deutlich; denn es werden sowohl die Gabe von Psychopharmaka als auch die analytische Psychotherapie gleich oft als Empfehlungen genannt. Die Psychoanalyse dagegen wird zwar erwähnt (Mentzos 1984), aber in einer Stichprobe mit 25 Patienten wurde sie nur für zwei Patienten empfohlen, was jedoch im Verlauf der Therapie wieder zurückgenommen werden mußte: Das Setting wurde in eine analytische Psychotherapie umgewandelt, mit zwei Sitzungen pro Woche im Sitzen.

In unserer eigenen Studie (Deneke et al. 1984) zur Herztodphobie, in der aus der Komplexität des Einzelfalles resul-

tierende und auf den Einzelfall zugeschnittene Therapieziele und Behandlungsformen formuliert wurden, finden wir bei sieben männlichen und drei weiblichen Patienten tatsächlich keine einzige identische Therapieempfehlung, oder positiv formuliert: Jede Empfehlung war für jeden Einzelfall spezifisch. Sie geht von analytischer Einzeltherapie über Paar- und Familientherapie sowie reiner pragmatischer Beratung bis dahin, gar keine Therapieempfehlung zu geben.

Welche konkreten **Verhaltensweisen** von **Patienten hinsichtlich** der **Therapie** aufgetaucht sind, wird an der Reaktion eines Patienten am Ende des Erstinterviews deutlich:

— Fallbeispiel —

Zum Termin, bei welchem dem Patienten erläutert werden sollte, was nun therapeutisch zu geschehen habe, erschien der Patient nicht beziehungsweise nicht pünktlich: Er kam zwei Stunden zu spät und erklärte, daß er an diesem Tage nicht den direkten Weg zur Klinik nehmen konnte, sondern, da es ihm hinsichtlich seines Herzens schlecht ging, er den sicheren Weg wählen mußte, das heißt den Weg über die Krankenhäuser und bekannten Arztpraxen, die auf dem Weg zu unserer Klinik lagen, und wo er auch zum Teil dann im Wagen vor den Praxen und Krankenhäusern verweilen mußte. Er konnte dann auch äußern, daß er gerade vor diesem Termin sehr große Angst verspürt hatte; auf Nachfrage gab er eine Phantasie dazu preis: Er erwartete von uns, den Therapievorschlag zu hören, daß sein Kopf geöffnet und an seinem Gehirn ein Eingriff vorgenommen werden müßte. Er war sichtlich erleichtert, als ihm „nur" eine Paartherapie mit seiner Frau vorgeschlagen wurde.

Diese Paartherapie beendete er, nicht seine Frau, nach vier Stunden unter dem Vorwand, den finanziellen Eigenbeitrag für die Therapie besser für die Anschaffung eines neuen Mercedes verwenden zu wollen.

Wir können uns bei diesem Patienten über die mangelnde Motivation zur Psychotherapie beklagen und es in die generelle Erfahrung mit dieser Patientengruppe einordnen, aber psychologisch mag dieser Patient recht gehabt haben: Ein neuer und größerer Mercedes bedeutete für die **innere** Welt des Patienten mehr als die bedrohlich konflikthafte Aufarbeitung einer ihn abstützenden Beziehung durch die Ehefrau – was bei Herztodphobikern des A-Profils auch nicht verwundern darf, denn das Symptom wird intrapsychisch zur Stabilisierung ihrer Gleichgewichtslage benötigt.

> Damit sind wir beim Kern des Problems: Was braucht der Patient, und was macht es so sehr schwer, es in der therapeutischen Beziehung mit ihm zu realisieren?

Mentzos' (1984) Überlegungen zur psychotherapeutischen Behandlung erscheinen dabei von besonderer Relevanz. Sie beruhen auf 25 längeren Behandlungen und 100 Erstinterviews von Patienten mit Herzneurosen und ähnlichen körpernahen Angstanfällen. Diese Patienten scheinen in der Therapie ihre körperbezogene Angst nicht hergeben zu wollen und möchten immer wieder beruhigt werden, ohne sich gerne an den psychologischen Hintergründen ihrer Ängste rühren zu lassen. Der Therapeut fühlt sich schnell zu einer mechanisch stützenden Einrichtung degradiert beziehungsweise fühlt sich unter der Kontrolle des Patienten, in Form seiner Verfügbarkeit, stehend.

Mentzos' (1984) Arbeitshypothese besteht darin, daß die **Selbstobjekt-Repräsentanzen**, also die **verinnerlichten** Beziehungserfahrungen zu den Primärobjekten, nicht etwa nur widersprüchlich, sondern **„blaß"** sind. Die Affekte in der Beziehung oder/und die Erfahrung der Beziehung selbst waren zu schwach, um sie sicher verinnerlicht und damit psychologisch verfügbar im späteren Leben zu haben: So reagieren diese Patienten auf Trennung oder Tod einer anderen Person nicht mit Traurigkeit, sondern mit einem Selbst- oder Körperselbst-Verlust, oder Aggressivität wird sofort als Töten oder Vernichten erlebt.

Diese Repräsentanzschwäche, das heißt eine psychologisch wenig gesicherte affektive Beziehungserfahrung in der inneren Welt, kann durch **Abwesenheit** der wichtigen **Primärobjekte** „Mutter und Vater" als identitätsstiftende Vorbilder und damit Abwesenheit dieser Beziehungserfahrung entstehen (als mangelnde Internalisierung; vgl. Schneider 1995). Der bereits erwähnte Patient, der die Paartherapie wegen des neuen Mercedes abbrach, kannte seinen Vater nicht, und seine Mutter ließ ihn bei ihren Eltern zurück. Aber auch die **Relation** von **Affektmenge** und vorhandener **verinnerlichter Beziehungserfahrung** kann dies bewirken. Denn archaische Affekte beziehungsweise auch ein hoher Triebdruck können selbst bei innerer Anwesenheit der Primärobjekte die innere Gewißheit einer überdauernden Beziehungserfahrung gefährdet erscheinen lassen, weil die Affekte so überaus stark und noch ungebunden innerpsychisch wirken können. Diese nicht gebundenen Affekte in ihrer psychologisch unbearbeiteten Form bedrohen mit einer archaischen Wucht die blassen Selbstobjekt-Repräsentanzen beziehungsweise die durch Internalisierung geschaffene psychische Struktur im Patienten – außerhalb, aber eben auch innerhalb der therapeutischen Beziehung. Männliche Herztodphobiker, die sich in starker Rivalität mit ihren Vätern befinden (z. B. im väterlichen Betrieb als Juniorchefs) bieten einen Kernkonflikt im Kampf mit dem Vater. Bis zum „letzten Atemzug" wird aggressiv wie um „Leben und Tod" gekämpft. Der angestrebte Sieg bedeutet eigentlich Töten des Gegners (des Vaters).

Aber der unbewußte Kampf geht um die eigene Schwäche, wobei die Schwäche „weichlich sein" das bedeutet, was als Defizit im Kampfgeschehen beziehungsweise im Erleben des Selbst erlebt wird, denn der Patient fühlt sich verwundbar in seinem Kampf mit dem starken Vater. Aber der „Gegner-Vater" besitzt genau diese Schwäche selbst, mit der der Sohn sich unbewußt auch identifiziert, das heißt, der schwache Sohn kämpft mit dem schwachen Vater, der aber verlangt – so glaubt der Sohn –, daß der Sohn „stahl-hart" sein soll, obwohl er genau dadurch den Vater „töten" würde. Das heißt, in der Phantasie des Sohnes kommt es zu einem „Verlangen" des schwachen Vaters nach Getötet-werden, was mit tiefen Schuldgefühlen auf seiten des Sohnes verbunden wird.

Der **Therapeut**, der sich zum **stützenden Hilfs-Ich** degradiert sieht beziehungsweise instrumentalisiert wird, ist dabei nun das Objekt, das darüber wachen soll, daß die bedrohlichen Affekte nicht die vorhandenen Objekt- (außen und innen) und Selbst-Repräsentanzen zerstören können; deshalb wird der Therapeut vom Patienten sehr festgehalten und kontrolliert, aber auch idealisiert. Nur der starke, omnipotente Therapeut nützt hier dem Patienten. Vermutlich wiederholen diese Patienten auch etwas, was sie bei den Eltern erlebten: Der Therapeut wird zur eigenen Stabilisierung im Sinne eines Selbstobjektes benutzt. Der Therapeut soll omnipotenten Schutz als Objekt gewähren, aber gleichzeitig verfügbar und kontrollierbar sein, wie ein kleines Kind für die Mutter, die hier in einem Selbstvertauschungsspiel unbewußt vom Patienten gespielt wird.

Aspekte der Übertragung und Gegenübertragung

Aus den Übertragungsmöglichkeiten des Patienten deuten sich große Schwierigkeiten für die Gegenübertragung des Therapeuten an. Wenn wir die globalen Profile A und B heranziehen (s. S. 364), muß man als Therapeut auf folgendes gefaßt sein:

Der **Patient mit einem A-Profil** kann in seiner ängstlichen Art unter Umständen so anklammernd und fordernd sein, daß massive aggressive Gefühle beim Therapeuten mobilisiert werden, verbunden mit dem Wunsch, den Patienten auf dem schnellsten Wege wieder los zu werden. Diese emotionalen Reaktionen auf den Patienten sollten wir in uns registrieren, aber zugleich kontrollieren. Dies gelingt um so eher, je besser wir verstehen, daß der Patient sich subjektiv in einer großen Notsituation befindet, die ihn nach dem stützenden Objekt greifen läßt – einer Person, die er in seinem bisherigen Leben nicht hat verinnerlichen und stabil in sich verankern können.

Der **Patient mit einem B-Profil** kann dagegen auf eine andere Weise aggressiv machen. Er kann sich nämlich unter Umständen demonstrativ großspurig oder überheblich geben – und dies in großer Diskrepanz zu der im Hintergrund spürbaren Ängstlichkeit und Selbstunsicherheit. Auch hier müssen wir verstehen, daß ein derartiger Patient seine narzißtische Selbstüberhöhung benötigt, um sich einigermaßen ausbalancieren zu können. Das ist seine psychische Überlebensform, für die er keine Alternativen zur Verfügung hat. Gerade die Tatsache, daß er eine Herztodphobie entwickelt, deutet unmißverständlich daraufhin, daß seine bisherigen narzißtischen Kompensationsmechanismen äußerst labil geworden sind.

Es ist wahrscheinlich, daß in ein und derselben therapeutischen Beziehung beide Konstellationen auftauchen können. Anhand einer Fallvignette soll dies verdeutlicht werden:

──────────── Fallbeispiel ────────────

Ein Patient (Mitte 30) meldete sich bei uns ca. fünf Jahre nach dem Auftreten des ersten herztodphobischen Anfalls: Er selbst spricht von einem „Nervenzusammenbruch" und der Angst „am Herzinfarkt sterben" zu können. In der Zwischenzeit war er nach der Konsultation eines Internisten, der ihn die ganze Zeit betreute, in einer halbjährigen Behandlung bei einem Psychiater, zwei Monate war er in einer psychosomatischen Kurklinik, in der er sich völlig symptomfrei fühlte, anschließend nahm er eine ambulante Verhaltenstherapie auf, die er nach sechs Stunden wegen „rhetorischer Kämpfe" mit dem Therapeuten abbrach. Es folgte die Rückkehr zum Psychiater, woran sich dann zwei psychoanalytisch orientierte Gruppentherapien anschlossen, die er nach einigen Sitzungen jeweils auch abbrechen mußte, weil er sich von dem Therapeuten bevormundet fühlte. Wir einigten uns auf eine psychoanalytisch orientierte Einzeltherapie, eine Stunde pro Woche im Sitzen.

Die **Psychotherapie** mit diesem Patienten ist inhaltlich vor allem von der Rivalität und von Über- wie Unterlegenheitsgefühlen gegenüber Vorgesetzten und Kollegen, aber auch der Angst vor Frauen geprägt. Sie ist in der **Beziehung** von folgenden uns hier besonders interessierenden Phänomenen begleitet:

- Während der Therapiestunden kommt es zu ganz akuten Schmerzanfällen im linken Brustraum, die von heftigen jaktationsähnlichen Bewegungen begleitet werden und manchmal in ein tiefes schluchzendes Weinen nach einigen Minuten übergehen.
- Oder der Patient ist plötzlich von einer derartigen Müdigkeit befallen, daß er in einen schläfrigen, tranceähnlichen Zustand verfällt und beinahe vom Stuhl zu rutschen scheint.
- Oder er klagt, beklagt und jammert über seine Herzanfälle und die Todesangst, die immer nur vorübergehend außerhalb der Therapie verschwinden.
- Dann aber kommt er auch sehr arrogant und ironisch-eloquent in die Stunde, sich im Zimmer umguckend, meine Kleidung oder vorhandene Bücher kommentierend, bis er dann preisgibt, daß er mittlerweile auch meinen Wagen ausgemacht hat und die Reifen nach Profiltiefe kontrolliert, mich beim Einkaufen im Supermarkt sah und sich fragte, ob ich in dem teureren Supermarkt einkaufe, oder wie er mich auf einem Sportplatz beobachtete, ob ich mich etwa arrogant bewege, wenn ich dort meine Kinder abgeholt habe.

Ich selbst gehe dabei durch ein Wechselbad der Gefühle, ich fühle mich enorm kontrolliert, beobachtet und verfolgt und dabei geprüft: ob ich nicht schon den kleinsten Anlaß bieten könnte, entwertet zu werden, Schwachstellen vorgehalten zu bekommen und abqualifiziert zu werden, und auf der anderen Seite soll ich doch für ihn nach all den Jahren der Krankheit und vergeblicher Therapiebemühungen seine letzte und einzige Rettung sein. Auch das Jammern wird zum Vorwurf für mich: Du hilfst mir nicht genug, bist du überhaupt in der Lage mir in meinem großen Leid zu helfen, mir all das Leid und meine Angst zu nehmen? Die akuten Schmerzanfälle in den Stunden haben demgegenüber etwas davon, als würde ich selbst dem Patienten physisch etwas antun. Die tranceähnliche Müdigkeit wirkt dabei wie das Auge inmitten eines Orkanes, in dem sich eine unendliche Ruhe und eine Hingabe verbreitet und mich anzieht, quasi in eine symbiotische Verschmelzung.

Nach einigen Monaten fiel mir auf, daß der Patient mir beim Verabschieden nicht mehr die Hand geben konnte und auch den Blickkontakt vermied. Da dies auch dem Patienten selbst auffiel, indem er von seiner großen Angst sprach, mir die Hand zu reichen, konnte es angesprochen werden. Ihm fiel dabei ein, daß er mit 17 Jahren stolz nach Hause gekommen sei und damals erzählte, er habe sich 50 DM mit Nachhilfeunterricht verdient. Die Eltern zweifelten diesen Betrag an und verlangten, daß er das Geld zeige; er weigerte sich und sagte, sie müßten ihm das so glauben. Da der Vater Anstalten machte, auf ihn zuzukommen und er als Kind vom Vater auch oft geschlagen worden war, lief er auf sein Zimmer und schloß sich ein. Der Vater folgte ihm und verlangte Einlaß, den der Patient verweigerte. Erst als der Vater nach einiger Zeit versprochen hatte, ihm nichts zu tun, sperrte der Patient die Tür auf. Der Vater aber hielt sich nicht an sein Versprechen und überwältigte ihn, griff ihm in die Hosentasche und nahm ihm den Geldschein weg.

Im weiteren Verlauf wurde deutlich, daß es einen kurzen Moment während des Übergriffs des Vaters gegeben hatte, in dem es den Patienten blitzartig durchzuckte, sich zur Wehr zu setzen und dem Vater etwas anzutun. Es blieb dann aber bei dem lange verdrängten Vorsatz, beim nächsten Male den Vater umzubringen, wenn dieser noch einmal einen Übergriff starten würde.

Diese Szene ist dabei der Höhepunkt einer Vater-Sohn-Beziehung, in der am Anfang eine große, aber auch durch Furcht bestimmte Idealisierung des Vaters durch den Sohn bestimmend war: Vater war der „tolle Hecht", der als Soldat hoch zu Pferde saß, was aber zunehmend bei dem Sohn dadurch abgelöst wurde, daß er sich mit dem Eintritt ins Gymnasium allmählich dem Vater überlegen fühlte. Das ideale Bild des Vaters verblich; dies gipfelte darin, daß der Patient in jener Zeit einen Kriegsdolch des Vaters in ein Feuer hielt und der Dolch „wie Butter" dahinschmolz.

Diese kurzen Ausschnitte deuten einerseits an, wie ambivalent die Beziehung zum Therapeuten sein muß, nämlich geprägt von der **Suche** nach dem verlorenen idealen und **omnipotenten Vater** der frühen Kindheit sowie auch von der **Wut** über die **Entidealisierung des Vaters**. Andererseits wird auch die Wucht der aggressiven Affekte deutlich, wenn sich der Patient von ebenjenem großen Vater kastriert fühlen könnte, den er eigentlich sucht, den er aber auch zur eigenen Selbstbehauptung ermorden möchte, ja muß, was dieser Vater/Therapeut aber nicht sehen darf. Auf die große Bedeutung der Mutter in dieser Konstellation als Objekt, auf das er angesichts dieser Vater-Beziehung rekurrieren muß, kann in diesem Rahmen – wie auf vieles andere auch – nicht eingegangen werden.

Nach unserer Ansicht ist der erste Schritt zu einer adäquaten Behandlung des herztodphobischen Patienten die **Entlastung** und Erleichterung des **Therapeuten** durch die Tatsache, daß er von ähnlichen Gegenübertragungsreaktionen bei den anderen Therapeuten bei ähnlichen Patienten erfährt. Er versteht sowohl das „So-Sein" des Patienten als auch seine eigene Gegenübertragung besser, so daß er in der Lage ist, gelassener zu reagieren.

Immer wieder strittig scheint aber die Frage, ob in der Psychotherapie mit herztodphobischen Patienten von Anfang an das **Übertragungsgeschehen gedeutet** werden sollte oder ob es notwendig ist, die **Patienten** eine Zeit lang „**nur**" zu **begleiten**, bevor man die Beziehung deutet – nach dem Muster von Kindertherapien: erst mitspielen, dann interpretieren. Nach den Erfahrungen der Therapeutengruppe um Mentzos (1984) und von uns scheint es nicht fruchtbar, zunächst rein „stützend" zu behandeln, sondern ein Fortschreiten in der Therapie ist auch daran gebunden, als Therapeut zu schildern und zu benennen, was in der Beziehung hier und jetzt passiert. Selbst wenn man als Therapeut hin und wieder dem Drängen des Patienten nach Sicherheit nachgibt und stützt, kann und sollte man ein straffes, aber nicht unbedingt strenges Setting bei sitzenden Patienten ein- bis zweimal die Woche einhalten. Die therapeutische Haltung, die die Objektqualität des Therapeuten für den Patienten bestimmt, sollte dabei konsequent und unerschütterlich wie auch tolerant und geduldig sein, um sich als Objekt benutzen lassen zu können, so daß es zu einer Stärkung der inneren Repräsentanzen beim Patienten kommen kann.

Zusammenfassung

Die Herzangstneurose, die auch unter den Bezeichnungen Herzphobie, Herzneurose, Herztodphobie auftaucht und sich in Teilaspekten mit dem funktionellen kardiovaskulären Syndrom überschneidet, zeichnet sich durch eine Angst aus, die sich auf den eigenen Körper bezieht. Zentrum dieser Angst ist das Herz mit der oft daran geknüpften Befürchtung, am Herztod sterben zu können; die Angst vor dem Tod durch einen Herzinfarkt dominiert dabei.

Die auftretenden Symptome sind vegetative Begleiterscheinungen der Angst, die selbst wieder vom Patienten dramatisiert erlebt und bewertet werden: Druck-, Schmerz- und Beklemmungsgefühle über dem Herzen (manchmal auch mit Ausstrahlungen in den linken Arm), Schweißausbrüche, Tachykardien, Extrasystolen, was dann insgesamt vom Patienten als todbringender „Herzanfall" angesehen wird, der oft am Anfang der Ausbildung dieser Erkrankung steht und dann zur sofortigen Kontaktaufnahme mit medizinischen Diensten führt. Die im Vordergrund stehende dramatische Angst und der Ausschluß einer koronaren Herzerkrankung lassen eine Diagnose relativ schnell zu.

Im Hintergrund einer Angstneurose finden wir nicht stabil internalisierte Objektbeziehungen aus der Kindheit, so daß in einem inneren Konflikt die Impulsseite unbewußt als zu bedrohlich erlebt wird und zu einer Angstreaktion führt, die sich – oft per Identifikation mit Vorbildern aus der Umgebung des Patienten – auf das Herz (als Ort für Beziehungsgefühle) verschiebt und dort erlebt wird.

Der Erfolg der psychotherapeutischen Behandlung ist sehr davon abhängig, wie groß der sekundäre Krankheitsgewinn ist und ob der Behandler emotionale Sicherheit bieten kann. Die Bandbreite der Behandlungsformen reicht von der Führung durch den Hausarzt bis hin zur psychoanalytischen Psychotherapie.

Synkopen

ICD-10-Klassifikation
Psychogene Synkopen werden als F48.8 oder R55 und F54.0 klassifiziert.

Definition und Deskription

Definition
Unter einer **Synkope** versteht man eine(n) kurz andauernden Bewußtseinsverlust oder -trübung, begleitet von Schwindelgefühlen und einem Erschöpfungs-/Hilflosigkeitsgefühl. Es sind auch die Begriffe Faint, Ohnmacht, vasovagales Syndrom oder vagovasaler Anfall (Synkope) üblich.

Wenn eine Epilepsie ausgeschlossen werden kann, denkt man zunächst an vier mögliche **Ursachen** für das Auftreten von Synkopen:

- eine unzureichende Sauerstoffversorgung des Gehirns, die mit einer Verminderung des Gehirnstoffwechsels oder unzureichender Durchblutung im Gehirn in Zusammenhang steht, was wiederum auf eine periphere Kreislaufdysregulation, kardiale Störungen, Störungen der Atmungsfunktion oder eine Gehirnerkrankung zurückgehen kann
- eine zentralnervöse Regulationsstörung der Bewußtseinslage und des Gleichgewichts
- psychische Mechanismen, besonders konversionsneurotische
- eine akute Streßreaktion

Es ist zu vermuten, daß eine Synkope durch das Zusammenwirken verschiedener Mechanismen entsteht und daß gerade klinisch sehr verschiedene Ausgestaltungen anzutreffen sind.

Definition
Für die psychotherapeutische Medizin ist die sogenannte **vasovagale Synkope** von besonderer Bedeutung: Hier handelt es sich um einen Kollaps mit Bewußtseinsverlust, starker Blässe und Bradykardie, die durch eine orthostatische Kreislaufstörung (Abfall des arteriellen Blutdrucks mit systolischen Werten zwischen 60 und 55 mmHg) ausgelöst wird, die wiederum mit psychischen Affekten verbunden ist.

Epidemiologie

Zuverlässige epidemiologische Daten fehlen; es scheinen mehr junge Männer betroffen, und in unausgelesenen Stichproben finden sich zwischen 15 und 20% Menschen, die singulär eine **synkopische Erfahrung** hinter sich haben, die aber meist an **medizinische Maßnahmen** (Blutabnahme oder sogenannte „Metzgerohnmacht" beim Anblick großer Blutmengen) oder an explizit klaustrophobische Situationen (z.B. „Kirchenohnmacht") gebunden ist. Hierzu ein kurzes Fallbeispiel:

──────── **Fallbeispiel** ────────

Eine 42jährige Patientin wird von der Inneren Abteilung einer Klinik zur Abklärung einer „Synkope mit unklarer Genese" in der psychosomatischen Ambulanz vorgestellt. Nachdem ihr behindertes Kind, das sie ohne Unterstützung durch ihren Ehemann seit dessen frühester Kindheit unter großer Sorge und mit viel Anstrengung großgezogen hatte, mit 16 Jahren in ein Arbeitsinternat gekommen ist, klagt die Patientin zunehmend über Schulterschmerzen und kommt zur Beobachtung in eine Klinik. Die Orthopäden operieren, jedoch nicht das Gelenk, das sie eigentlich sehr schmerzt und wo es, genau wie beim behinderten Kind, zu einer Verdickung der Knorpel gekommen war. Als nun eine Mitpatientin mit ihr spazieren gehen will und sie sich beide anziehen, sieht die Patientin bei der Mitpatientin, daß die Hose der Mitpatientin unten am Bein nicht richtig sitzt. Sie bückt sich (wie so oft beim Anziehen des behinderten Kinds) und richtet den Hosensaum. Als sie hochkommen will und sich nach links wegdreht, fällt sie in Ohnmacht. Diese Ohnmacht kann sie dann später quasi „experimentell" selbst auslösen, indem sie sich nach links abwendet.

Im psychosomatischen Gespräch wird deutlich, daß die Patientin einen schweren inneren Vorwurf an den Ehemann hat, von ihm bei der Pflege des behinderten Kindes alleingelassen worden zu sein („alles ruhte auf meinen Schultern") und von ihm als Mann sehr enttäuscht zu sein. Im Gegensatz dazu war ihr eigener Vater ein Ideal, der zwar auch nach außen hart wie der Ehemann war, der aber im Gegensatz zum schwach erlebten und von ihr geschützten Ehemann für sie auch wirklich stark war.

Die Patientin drängt immer wieder auf neue medizinische Untersuchungen in verschiedenen Kliniken und ruft bei allen das Gefühl hervor, daß diese „dicke und drangvolle Frau" den Behandler, der stellvertretend für den Ehemann leiden soll, sauer macht. Es sei „alles in Ordnung" in ihrem Leben, sie könne sich auch keine seelischen Probleme vorstellen. Hier wird die massive Verleugnung einer seelischen Dauerbelastung mit anklagendem Charakter hervorgehoben — eine Anklage, die aber nicht offen gezeigt wird, sondern aus großer Angst vor der auftauchenden Aggressivität, die die Ehebeziehung bedrohen könnte, zur Flucht in die Ohnmacht führt.

Ätiologie und Psychodynamik

Wie im Fallbeispiel angedeutet handelt es sich oft um **unbewußte akute Angstzustände**, denen sich die Patienten nur durch eine Ohnmacht entziehen können, als ob es zu einer körperlich unterstützten Schutzmaßnahme in einer als ausweglos bewerteten Situation kommt. Körperlich läuft eine Pulsbeschleunigung ab, bei der ein kritischer systolischer Blutdruckwert erreicht wird, plötzlich sinkt die Pulsfrequenz auf 30 bis 60, und es kommt zu einem Blutdruckabfall (**orthostatischer Kollaps**), wodurch es dann auch zu einer Minderung der Durchblutung im Gehirn kommt. Psychisch kommt es unmittelbar vor der Ohnmacht zu einem **Zustand** der **Gleichgültigkeit** im Sinne von „sich der Situation einfach ausliefern" beziehungsweise zu dem, was Engel (1962) als *Giving-up* bezeichnete (vgl. Simons und Köhle 1996). Denn es handelt sich im Erleben der Patienten um Angstsituationen, die weder verändert noch verlassen werden können (**Ausweglosigkeit**) und in denen Angstgefühle nicht geäußert werden können (**Äußerungswiderstand**), weil dies sofort ins abgewehrte Problem einführt (s. Fallbeispiel S. 368). Dabei scheint die **Hemmung** der **Fluchtreaktion** entscheidend, bei der die physiologisch vorbereitete Mehrdurchblutung der Muskulatur durch eine Immobilisierung der Motorik physiologisch gestoppt wird und der Rückstrom zum Herzen erschwert ist. Hierdurch kommt es dann zu einer kritischen Verminderung des Herzzeitvolumens und zu einer entsprechenden Minderdurchblutung im Gehirn, was dann die Ohnmacht auslöst.

In einer eigenen Untersuchung (Ventura et al. 1999) wurden zur Psychosomatik der Patienten mit „Synkopen unklarer Genese", bei denen kein organischer Befund erhoben werden konnte, mit vorläufiger Schlüssigkeit folgende Ergebnisse gefunden:

- Von 50 Patienten kooperierten nur 26 aus der Kardiologie hinsichtlich einer zusätzlichen psychosomatischen Exploration.

- Bei diesen 26 Patienten zeigte sich in einer standardisierten Einschätzung von 14 Patienten, daß 71,4% davon sicher psychogene Faktoren aufwiesen.
- Im einzelnen gab es nach der ICD-10-Kodierung sehr unterschiedliche psychogene Erscheinungsbilder: Somatisierungsstörungen, phobische Zustände, Reaktivierung unerledigter Trauer- und Trennungsreaktion und bei einer homogenen Untergruppe jüngerer Frauen „adoleszente Krisen" („Schwellensituation").
- Diese Pilotstudie macht deutlich, daß es **den Synkopenpatienten** nicht gibt und daß Erklärungsmuster stark ineinandergreifen müssen.

Betts und Bolden (1992) unterscheiden vier **Typen psychogener Anfälle**:
- die Ohnmacht (*Swoons*)
- die Affektausbrüche, die wie ein Bewegungssturm auftreten
- die an Krampfstatus erinnernden abreaktiven Anfälle, wobei nur als Sonderfall der *Arc de Cercle* auftritt, den die Hysterie bzw. Konversion im klassischen Sinne aufweist
- der sogenannte nachgeahmte Anfall, bei dem andere Patienten imitiert werden

In dieser modernen Vielfalt nichtepileptischer Anfälle, die quasi konversionsneurotisch sind, muß von einer hohen Suggestivität und psychogenen Bereitschaft zur identifikatorischen Übernahme (z. B. in einer Peer-Gruppe Adoleszenter) ausgegangen werden. In unserer eigenen Untersuchung (Ventura et al. 1999) wurden vier **Unterformen der Synkopen** identifiziert:
- Die Somatisierungsstörung als polysymptomatischer Typus der Hysterie, bei der flüchtige, rasch wechselnde Symptome anzunehmen sind; dies überschneidet sich stark mit dem, was in Deutschland als psychovegetative Störung oder funktionelles Syndrom bezeichnet wird und vor allen Dingen bei Frauen auftritt. In allen Fällen handelte es sich also um Symptome, die ohne Befund erhoben werden.
- Die Konversionsstörung, das sind psychoneurologische, psychogene Störungen, wie Anfälle, motorische Störungen und Störungen der Sensibilität der Wahrnehmung.
- Sogenannte dissoziative Störungen, das sind Bewußtseinsstörungen wie Amnesie, Dämmerzustände u. ä.
- Die hystrionische Persönlichkeitsstörung ist die vierte Unterform.

Wir sehen also, daß das alte Bild der Hysterie in eine große Anzahl von Einzelsymptomen zerfallen ist, die nur mühselig zu Unterformen zu ordnen sind. Die seelischen Belastungssituationen, die für die Auslösung der unklaren Synkopen identifiziert werden konnten, sind:
- Somatisierung von Verlusterlebnissen nahestehender Personen
- Auswege aus Ehe- und Partnerkonflikten
- Zuspitzungen in Schwellensituationen (z. B. Pubertät)

● als aussichtslos erlebte psychosoziale Situationen (Schulden und Arbeitslosigkeit)

Subjektiv als sehr brisant erlebte, aber objektiv sehr unterschiedliche Auslöser führen zu einem Zustand der „bio-seelischen Abschaltung": der Synkope.

Und man hat auch die alte Freudsche Haupterklärung, nämlich den Ödipuskomplex, als alleinige Hauptursache der Hysterie, als seine einzige psychogenetische Basis, als nicht hinreichend schlüssig aufgegeben. Denn die alte Annahme, daß durch den Ödipuskomplex nur konfliktaufgestaute libidinöse Energie umgewandelt wird und in somatische Innervationen konvertiert, ist als alleinige Hypothese nicht mehr haltbar. Diese energetische Interpretation der Konversion war allerdings bei Freud schon von Anfang an untrennbar mit der symbolischen Funktion der hysterischen Symptome verbunden. Die Konversionssymptomatik drückt verdrängte Inhalte (Vorstellung und Gefühle) durch den Körper aus. Dieser zweite Aspekt gewann dann immer mehr an Bedeutung, so daß man heute die Konversion in erster Linie als eine solche „Übersetzung" des Verdrängten in eine Körpersprache begreift. An dieser Übersetzung rätseln die Psychosomatiker bis heute herum. Für uns ist aus der damaligen Zeit allerdings ein Begriff übriggeblieben, der auf Freud zurückgeht und der lautet: Angsthysterie. Man sollte aber weiterhin psychodynamische Alternativmodelle anhand konkreter Fälle aus der Kardiologie und Neurologie weiterentwickeln, zu dem die Pilotstudie nur erste Arbeitshypothesen beisteuern konnte.

Therapie

Eine vasovagale Synkope kann durch **horizontale Lagerung** oder/und **aktive Bewegung** der Beine rasch kompensiert werden. Da Patienten in einer Ohnmacht auf einen absoluten Kontrollverlust treffen, sind die Patienten aber sehr beunruhigt, so daß beruhigende ärztliche Informationen über das bedrohlich bewertete Symptom gegeben werden müssen. Entscheidend ist bei wiederholtem Auftreten des Symptoms, auf intrapsychische Konflikte hinzuweisen und eine **psychotherapeutische Behandlung** zu empfehlen. Denn nur wenn sich an der Verarbeitung seelischer Probleme etwas ändert, wird das Symptom für den Patienten überflüssig. Dabei sollte man jedoch nicht nur an die Verarbeitung, sondern auch an die seelischen Konflikte selbst denken und diese bearbeiten, so daß meist eine psychoanalytisch orientierte Psychotherapie indiziert ist. Wenn Patienten jedoch keine Einsicht in ihre tiefer liegende Erkrankung haben, ist es durchaus vorstellbar, daß eine verhaltenstherapeutische Veränderung der Verarbeitungsweise von Angst in den spezifischen Auslösesituationen hilfreich ist.

Literatur

Betts T, Bolden S. Diagnosis, management and prognosis of a group of 128 patients with non-epileptic attack disorder. Part I. Science 1992, 1: 19–26.

Bräutigam W, Christian P. Psychosomatische Medizin. Stuttgart: Thieme 1981.

Christian P, Fink-Eitel K, Huber W. Verlaufsbeobachtungen über 10 Jahre bei 100 Patienten mit vegetativen Herz-Kreislaufstörungen. Z Kreislaufforschung 1966; 4: 342–57.

Cohen ME, Badal DW, Kilpatrick A, Reed EA, White PD. The high familial prevalence of neurocirculatory asthenia (anxiety neurosis, or the effort syndrome). Am J Hum Genet 1951; 3: 126–58.

Delius L, Fahrenberg J. Psychovegetative Syndrome. Stuttgart: Thieme 1966.

Deneke F-W, Stuhr U, Deneke Ch, Bühring B, Franz A. Die diagnostische Beurteilung von Patienten mit einer Herztodphobie: Ein Ansatz, verschiedene psychologische Erklärungskonzepte zu integrieren. Psychother Psychosom Med Psychol 1984; 11: 273–86.

Engel GL. Fainting. Springfield: Thomas 1962.

Hahn P. Die Bedeutung des „somatischen" Entgegenkommens für die Symptombildung bei der Herzneurose. Therapiewoche 1976; 26: 963–9.

Hinterhuber H. Epidemiologie psychiatrischer Erkrankungen. Eine Feldstudie. Stuttgart: Enke 1982.

Hoffmann SO, Hochapfel G. Einführung in die Neurosenlehre und Psychosomatische Medizin. 5. Aufl. Stuttgart, New York: Schattauer 1995.

Jenzer HR. Das Mitralklappenprolapssyndrom: Merkmal oder Krankheit? Schw Rundschau Med (Praxis) 1981; 70: 1572–82.

Lynch D. Das gebrochene Herz. Reinbek: Rowohlt 1979.

Mentzos St (Hrsg). Angst-Neurose. Frankfurt: Fischer 1984.

Nutzinger DO. Psychosoziale und klinische Prädiktoren für den Krankheitsverlauf bei Patienten mit Herzphobien und Panikattacken. Psychiatr Praxis 1990; 17: 34–40.

Pauli P, Marquardt C, Hartl L, Nutzinger D, Strian F. Kardiovaskuläre Faktoren der Herzphobien – eine Felduntersuchung. Psychother Psychosom Med Psychol 1991; 41: 429–36.

Richter H-E. Patient Familie. Reinbek: Rowohlt 1970.

Richter H-E, Beckmann D. Herzneurose. Stuttgart: Thieme 1969.

Schneider G. Internalisierung und Strukturbildung. In: Internalisierung und Strukturbildung. Schneider G, Seidler GH (Hrsg). Opladen: Westdeutscher Verlag 1995, 10–43.

Schonecke OW, Herrmann JM. Funktionelle Herz-Kreislauf-Störungen. In: Psychosomatische Medizin. 5. Aufl. Adler RH, Herrmann JM, Köhle K, Schonecke OW, Uexküll Th v., Wesiack W (Hrsg). München, Wien; Baltimore: Urban & Schwarzenberg 1996; 670–85.

Simons C, Köhle K. Synkopen. In: Psychosomatische Medizin. 5. Aufl. Adler RH, Herrmann JM, Köhle K, Schonecke OW, Uexküll Th v., Wesiack W (Hrsg). München, Wien, Baltimore: Urban & Schwarzenberg 1996; 693–700.

Ventura R, Schuchert A, Zeidler D, Kober H, Stuhr U, Niemann B, Terres V, Meinertz T. Patients with recurrent unexplained syncope and nondiagnostic head-up tilt-testing. J Amer College Cardiol. 1999; 33 (Suppl): 162–3.

Wirsching M. Familiendynamik und Familientherapie. In: Psychosomatische Medizin. 5. Aufl. Adler RH, Herrmann JM, Köhle K, Schonecke OW, Uexküll Th v., Wesiack W (Hrsg). München, Wien, Baltimore: Urban & Schwarzenberg 1996; 441–9.

Literaturempfehlung

Mentzos St (Hrsg). Angst-Neurose. Frankfurt: Fischer 1984.

Richter H-E, Beckmann D. Herzneurose. Stuttgart: Thieme 1969.

5.3.7
Funktionelle Oberbauchbeschwerden

Jochen-Friedrich Buhrmann

ICD-10-Klassifikation
Funktionelle Oberbauchbeschwerden werden bei den somatoformen autonomen Funktionsstörungen des oberen Gastrointestinaltraktes (F45.31) eingeordnet.

Mit den funktionellen Oberbauchbeschwerden begegnet uns ein in der geschilderten Beschwerdevielfalt buntes und in bezug auf die ärztliche Inanspruchnahme häufiges Krankheitsbild. Die anzutreffenden **verschiedenen Bezeichnungen** (exemplarisch seien genannt: Reizmagen, Dyspepsie, Non-Ulcer-Dyspepsia, Magenneurose, Epigastric-Distress-Syndrom, Irritable-Bowel-Syndrom, Non-Abdominal-Specific-Pain) verweisen auf seine wesentliche Eigenheit:

> Funktionelle Oberbauchbeschwerden entbehren einer morphologisch faßbaren Ursache, die Grenzen innerhalb des Verdauungstraktes sind fließend.

Die damit verbundenen therapeutischen Probleme bestehen in einem meist schwer beeinflußbaren Verlauf und dem sich daraus ergebenden Teufelskreis vermeidbarer und, im Sinne iatrogener Fixierung, schädlicher Wiederholungsdiagnostik. Wir folgen Schüßler (1999) in der Einteilung und Differenzierung von Störungen in der Funktion des Ösophagus und solchen im gastroduodenalen Bereich.

Funktionelle Ösophagusstörungen:
- Globusgefühl
- Rumination; Herauswürgen von Nahrung mit Ausspucken und Wiederverschlucken, keine Übelkeit, keine zugrundeliegende gastrointestinale Erkrankung
- Retrosternalschmerz; dieser ist als funktionell im Unterschied zur Refluxösophagitis abzugrenzen
- Dysphagie; diese Form der Schluckstörung ist verursacht durch Motilitätsstörungen ohne somatische Grundlage

Funktionelle gastroduodenale Störungen:
- Non-ulcer-Dyspepsie; zu diesem Beschwerdebild zählen insbesondere nächtlich auftretende Schmerzen, häufig episodischen Charakters im Bereich des Oberbauches
- Dysmotilitäts-Dyspepsie mit Übelkeit und Erbrechen, auch Aufstoßen mit Blähungen und Sättigungsgefühlen
- Refluxdyspepsie in Form von Sodbrennen, Ausstoßen von Magensaft oder Essen ohne Vorliegen einer Refluxösophagitis
- Luftschlucken nach Nahrungsaufnahme oder bei Belastung, häufig verbunden mit Flatulenz und Aufstoßen

(nach Schüßler 1999)

Deskription

Selten treten die **Beschwerden** isoliert und in ihrem Charakter einheitlich auf, so daß eine klinisch-anatomische Zuordnung schwerfällt. Im Zentrum stehen Schmerzen oder ein Druckgefühl im mittleren bis linken Oberbauch mit Völlegefühl, Übelkeit und Erbrechen einhergehend. Ist der gesamte obere Verdauungstrakt betroffen, treten Sodbrennen, retrosternale Schmerzen und auch Zungenbrennen hinzu. Der Schmerzcharakter ist meist dumpf bis brennend, allenfalls von mittlerer Intensität. Die Grenzen zu Beschwerden des distalen Verdauungstraktes sind fließend (s. Kap. 5.3.8, S. 375ff); deswegen sprechen manche Autoren auch von funktionellen abdominalen Beschwerden respektive Irritable-Bowel-Syndrom. Bisweilen werden Tagesschwankungen berichtet oder eine Abhängigkeit von der Nahrungsaufnahme. Auch können die dem Oberbauch benachbarten Körperregionen in das Beschwerdebild mit einbezogen sein, was umfangreiche differentialdiagnostische Überlegungen erforderlich machen kann. **Vegetative Begleiterscheinungen** wie Kopfschmerzen, Schwindel, Palpitationen, Globusgefühl und Schwitzen runden das Bild ab.

Im Gegensatz zu der Jahrzehnte lang herrschenden Auffassung gilt die Diagnose funktionelle Oberbauchbeschwerden heute nicht mehr als sogenannte Ausschlußdiagnose. Als Pfeiler einer anzustrebenden Primärdiagnose sind neben der oben genannten Symptomvielfalt, die in auffallender Weise die den organischen Erkrankungen eigene, sichere Zuordnung vermissen läßt, der über einen längeren Zeitraum bestehende, nicht akute Verlauf sowie insbesondere der **Beschwerdevortrag** zu nennen. Dieser ist charakterisiert durch die monotone bis hartnäckig anmutende Art, mit der die körperlichen Symptome immer wieder in den Vordergrund gerückt werden. Nur unter großem Zeitaufwand ist es möglich, die für eine angemessene Einschätzung erforderlichen zusätzlichen Informationen zu erhalten. Sie bleiben in der Regel spärlich, karg und uneindeutig, was im Zusammenhang mit der Überzeugung des Patienten zu sehen ist, an einer organischen Erkrankung zu leiden. Die Stimmung ist gedrückt, bisweilen wird eine vorwurfsvoll-aggressive Haltung deutlich.

Epidemiologie

Nach allgemeinen Schätzungen leiden bis zu 30% der Bevölkerung westlicher Industriestaaten an funktionellen Oberbauchbeschwerden, von denen ein Drittel den Arzt aufsuchen (Pauli et al. 1992). Bis zu 25% Gesunde berichten im Zeitraum eines Jahres von bis zu sechs entsprechenden Schmerzereignissen. Andere Untersuchungen geben eine Prävalenz der Dyspepsie zwischen 7% pro Jahr und 38% innerhalb von sechs Monaten an (Morris 1991).

Im ambulanten Bereich beträgt das Patientengut mit Dyspepsie bis zu 10% (Morris 1991; Wienbeck 1984), im selektierten gastroenterologischen Bereich macht die Gruppe der funktionellen abdominalen Beschwerden 40 bis 60% aus, ein

Unterschied zwischen den Geschlechtern besteht nicht (Meyer 1981). Im Verlauf von sechs Jahren berichtet ein Drittel der Patienten mit Dyspepsie von einem unbefriedigenden Verlauf, ein Sechstel war ohne Besserung. Die Diagnose des **akuten Abdomens** erweist sich zur Hälfte funktionellen Ursprungs. Diese Zahlen gelten auch für den geriatrischen Bereich (Sklar 1979), wobei Besonderheiten in der Altersgruppe jenseits des 65. Lebensjahres in Vereinsamung durch Tod naher Menschen, häufiger Multimorbidität einschließlich einer Abnahme der geistigen Leistungsfähigkeit sowie reaktiv depressiven Entwicklungen durch zunehmenden Verlust der Eigenständigkeit am Lebensabend bestehen. Die **Häufigkeit** der **Konsultationen** hängt nicht von der Schwere der Symptome ab. Vorrangiger sind Ängste bezüglich der Schwere vermeintlicher organischer Erkrankungen (z.B. Krebsangst, Herzerkrankung), vorausgegangene belastende Ereignisse (z.B. Erkrankungen nahestehender Menschen) sowie die Beziehung zum Hausarzt, das Alter, das Geschlecht und die Schichtzugehörigkeit (Jones 1990; zitiert nach Pauli et al. 1992).

Neben den häufigen Arztbesuchen und Arztwechseln ist ein ausgeprägter Medikamentenkonsum zu verzeichnen. Einen Blick auf die volkswirtschaftliche Dimension erlaubt die **Arbeitsunfähigkeit**. In einer schwedischen Untersuchung (Nyren et al. 1986) war gegenüber der Normalbevölkerung die Krankschreibung der Dyspepsiepatienten 2,6mal und für die Ulkuspatienten 1,6mal größer. Zieht man die Krankschreibung wegen Magenschmerzen ab, sind die Dyspepsiepatienten 1,9mal häufiger, die Ulkuspatienten 0,7mal seltener krankgeschrieben als die Normalbevölkerung.

Ätiologie

Pathophysiologisch lassen sich drei Bereiche (Wienbeck 1984) unterscheiden:

Für eine **Sensibilitätsstörung** spricht die herabgesetzte Empfindungsschwelle mit der Folge, daß physiologische Bewegungsvorgänge als drückend oder schmerzhaft empfunden werden. Dies gilt als Prädiktor für einen schlechten Krankheitsverlauf (Pauli et al. 1992).

Als **Motilitätsstörung** läßt sich die Zunahme der Beschwerden nach dem Essen auffassen. Es konnten eine Hypomobilität des Antrums nachgewiesen werden sowie ein günstiger Einfluß peristaltikfördernder Medikamente. Von modellhaftem Charakter ist die eher seltene Tachygastrie. Sie stellt eine **Koordinationsstörung** myoelektrischer Schrittmacherpotentiale dar und führt über eine mangelnde Koordination mit der Antrumfunktion zu einer verzögerten Magenentleerung mit Übelkeit, Völlegefühl und Erbrechen. Deren Ursprünge werden Regulationsstörungen im komplexen Zusammenspiel zwischen Zentralnervensystem, autonomem Nervensystem, hormoneller Steuerung und den Muskelzellen des Darmes zugeschrieben; konkrete Hinweise finden sich auf eine unphysiologische Peptidsekretion (Morris 1991). Damit stimmen die behavioristischen Forschungsergebnisse überein, die gastrointestinale Symptome auf phylogenetisch verankerte Anpassungsreaktionen auf Streß mit Repräsentanz im limbischen System respektive Paläokortex zurückführen (Almy 1973).

Unter **extragastrischen Ursachen** werden Erkrankungen und Pharmaka zusammengefaßt, die die Magenentleerung verzögern und Oberbauchbeschwerden zur Folge haben. Zu nennen sind die diabetische Enteropathie, Operationsfolgen, zentralnervöse Erkrankungen, Opiate und Digitalis.

Diagnostik

Nach Erhebung der eingehenden Anamnese und der körperlichen Untersuchung sollte bei Erstuntersuchung eine organische Erkrankung ausgeschlossen werden. Durch Bestimmung von Blutzucker, Kalium und Kalzium lassen sich metabolische Ursachen der gestörten Magenmotorik erfassen, durch die Oberbauchsonographie Raumforderungen im Bereich der Leber und des Pankreas sowie Gallensteine. Als unverzichtbar ist auch der Ausschluß eines Magenfrühkarzinoms beziehungsweise Ulkus mittels Endoskopie anzusehen. Erneute Diagnostik ist bei Symptomwandel rational begründet und dann unerläßlich. Wiederholungsdiagnostik ist nicht nur aus Gründen der Kosteneffektivität zu hinterfragen, sondern auch aus psychodynamischen Gründen mit Blick auf das Übertragungsgeschehen. Dieses ist, wie am Beschwerdevortrag deutlich wurde, von erheblicher Spannung geprägt, der chronische Verlauf entwertet darüber hinaus den Behandler und macht ihn hilflos. Auf diese Weise wird aus den Gegenübertragungsgefühlen rasch eine Gegenübertragungsreaktion in Form der Durchführung invasiver Diagnostik, die einer geglückten Arzt-Patient-Beziehung ebenso schadet wie sie den Patienten in dessen Überzeugung, an einer organischen Erkrankung zu leiden, iatrogen fixiert.

Differentialdiagnose

Da sich neben funktionellen Beschwerden organische Erkrankungen entwickeln oder hinter ihnen verbergen können, sind differentialdiagnostische Überlegungen unerläßlich. Vorrangig ist an das **Magenfrühkarzinom** zu denken, welches sich in 80% der Fälle im Gewand funktioneller Beschwerden zeigt (Schüffel et al. 1996). Der Nachweis einer **Gastritis/Duodenitis** stellt kein Ausschlußkriterium dar, da sie zum einen das Beschwerdebild nicht erklärt und sich zum anderen bei Symptomlosen ebenso häufig findet (Wienbeck 1984). Darüber hinaus ist den Symptomen der entsprechenden Organerkrankungen einschließlich Endokrinopathien (Hyperthyreose, Nebenniereninsuffizienz, Hyperparathyreoidismus) Rechnung zu tragen. Eine Übersicht gibt Tab. 5-10.

Psychosomatisch kann die Abgrenzung zur **Anorexia nervosa**, mit der die funktionellen Oberbauchbeschwerden Erbrechen und Gewichtsverlust gemeinsam haben können, notwendig werden, wobei der Anorexia nervosa der hypochondrisch-ängstliche Aspekt fehlt.

Tab. 5-10 Mögliche Differentialdiagnosen bei funktionellen Oberbauchbeschwerden.

Betroffener Bereich	Differentialdiagnose
Speiseröhre	Achalasie, Neoplasma, Divertikel, Hiatushernie
Magen/Duodenum	Ulkus, Neoplasma
Leber	Entzündung, Neoplasma, zystische Erkrankungen
Gallenwege	Steine, Entzündungen, Neoplasma
Pankreas	Entzündung, Pseudozysten, Karzinom, Diabetes mellitus
Thoraxorgane	Koronare Herzerkrankungen (Hinterwandmyokardinfarkt), Aneurisma, Lungenembolie, Entzündungen, Hernien
ZNS	Tumoren, Entzündungen

Außerdem ist an **Aerophagie** (s. Kap. 5.3.2, S. 344ff) sowie **Schwindel** (s. Kap. 5.3.5, S. 354ff) zu denken, wenn diese das Leitsymptom darstellen.

Psychodynamik

Nach psychopathologischen Kriterien weisen Patienten mit funktionellen Oberbauchbeschwerden eindeutige Merkmale auf, die sie jedoch mit Ulkuspatienten teilen. Danach sind sie depressiver als gesunde Kontrollpersonen beziehungsweise organisch Kranke (Platz et al. 1993), weisen erhöhte Neurotizismuswerte auf und stimmen in erhöhten Somatisierungs- und Hypochondriewerten mit Patienten anderer funktioneller Störungen und Neurotikern überein. Insbesondere findet sich eine Angststörung von der Wertigkeit einer neurotischen Störung, worin sich diese Patientengruppe von den Ulkuspatienten signifikant unterscheidet. Eine genauere Beschreibung der Patienten anhand von Persönlichkeitsmerkmalen ist im Gegensatz zu den Ulkuspatienten (s. Kap. 5.4.10, S. 462ff) derzeit nicht möglich.

Besondere Bedeutung hat der Befund erhöhter Ängstlichkeit, nicht zuletzt auch im Hinblick auf ätiologische Überlegungen, die sich bei der Bewertung von Körpersymptomen, daraus resultierenden Beeinträchtigungen und der eigenen Einschätzung des Schweregrades der Erkrankung bemerkbar machen.

Von psychodynamischem Interesse ist die Häufung **belastender Ereignisse** in Verbindung mit dem Auftreten funktioneller gastrointestinaler Beschwerden (Hui et al. 1991; Pauli et al. 1992), die sich als **auslösende Situation** im Sinne einer Reaktualisierung eines verdrängten Konfliktes verstehen lassen.

Die Studie von Haug et al. (1995) zeigt, daß Patienten mit funktionellen Magenbeschwerden im Vergleich zu Gesunden, aber auch zu Ulkuspatienten, signifikant häufiger bedrohliche Lebensbelastungen in ihrer Vorgeschichte aufzuweisen haben.

In dieser Untersuchung wurden noch einmal höhere Angst- und Depressionswerte nachgewiesen, die unseres Erachtens nicht nur für die Entstehung, sondern insbesondere auch für die Aufrechterhaltung im Sinne der Chronifizierung dieser Störung von Bedeutung sind.

Nach wie vor aktuell sind die Ausführungen **Alexanders** (1934), der sich aus psychoanalytischer Sicht mit dem Krankheitsbild befaßte. Der von ihm beschriebene „**Magentypus**" ist charakterisiert durch verdrängte, stark oral-rezeptive Strebungen, die „mit den Strebungen des Ichs nach Unabhängigkeit und Aktivität nicht kompatibel sind". In der Folge „überwiegt die Tendenz, anderen etwas zu geben, den Wunsch, sich auf andere zu stützen, tritt die Führung anderer, die Übernahme von Verantwortung an die Stelle der Abhängigkeit". Er isoliert zwei vorherrschende **Motive** für diese **orale Regression auf infantile Ansprüche**:

- eine narzißtische Verletzung, die von infantilen Ansprüchen verursacht wird und sich manifest als Unterlegenheitsgefühl äußert
- Schuldgefühl und Furcht

Eine aktuelle Untersuchung (Platz et al. 1993) ging der Frage der Spezifität von Alexanders Modell in bezug auf Magenbeschwerden (Dyspepsie) nach. Sie bestätigte das Vorliegen eines sich in der Kindheit konstituierenden Abhängigkeits-Unabhängigkeits-Konfliktes in signifikanter Häufigkeit (80 % der Patienten mit Magenbeschwerden). Da andere Kriterien der Signifikanz entbehren, muß insgesamt von einem typischen Konflikt ausgegangen werden. Darüber hinaus konnte in dieser Studie das Vorliegen einer depressiven Persönlichkeitsstruktur, eine stärkere Belastung in der Kindheit durch Geschwister, ein orales Verhalten im Umgang mit Besitz sowie eine weniger Eigenständigkeit und Durchsetzungsvermögen erfordernde Berufswahl nachgewiesen werden.

Therapie

Die Therapie beginnt mit dem Erkennen des Beschwerdevortrages als Ausdruck starker oral-rezeptiver Bedürfnisse und der damit verbundenen Angst. Auf diese Weise läßt sich eine von Vertrauen gekennzeichnete Arzt-Patient-Beziehung herstellen, in der die psychischen Faktoren eine Bearbeitung finden können. Bedeutung kommt der Erfassung der individuellen Ängste und der hypochondrischen Ausgestaltungen zu, wozu Geduld und Zeit erforderlich sind. Daß sich dies lohnt, zeigt sich in einer Studie von Haug et al. (1994), bei der Patienten mit funktionellen Magenbeschwerden nach zehn psychotherapeutischen Sitzungen sowohl am Ende der Therapie wie auch ein Jahr später signifikant weniger Beschwerden aufwiesen als die Vergleichsgruppe.

Als hilfreich haben sich sogenannte **Peristaltikanreger** (Metoclopramid, Domperidon, Cisaprid) erwiesen. Entsprechend der fehlenden Organgenese konnte für **Antazida** und **H₂-Rezeptor-Antagonisten** (Cimetidin) kein therapeutischer Nutzen nachgewiesen werden (Nyren et al. 1986).

Besonderes Augenmerk sollte der Erarbeitung einer möglichen Auslösesituation und der damit eng verbundenen Indikation für ein psychosomatisches-psychotherapeutisches Erstinterview zukommen, um möglichst frühzeitig die Notwendigkeit einer **Psychotherapie** zu klären.

───────── Fallbeispiel ─────────

Im Wesen wirkte die 28jährige Patientin sehr zurückgezogen und emotional karg, in der Begegnung freundlich-schüchtern und bedrückt. Im Kontrast dazu mutete ihre schwarze Lederbekleidung aggressiv-wehrhaft an.

Zum Zeitpunkt des Erstinterviews bestanden seit einem halben Jahr Magenschmerzen, Übelkeit, Erbrechen und Appetitlosigkeit. Sie hatte 5 kg abgenommen, war seither in ihrem Beruf als ungelernte Arbeiterin krankgeschrieben und bekämpfte ihre Kopfschmerzen mit einer Fülle von Analgetika. Die Vorstellung in der psychosomatischen Abteilung wurde während eines zweiten stationären Aufenthaltes in einer internistischen Klinik vereinbart. Darüber hinaus litt sie seit sieben Jahren an einem mutmaßlichen Asthma bronchiale, was sie bei Bedarf ohne Erfolg mit entsprechenden Inhalativa behandelte.

Die Patientin war in dissozialen Verhältnissen aufgewachsen. „Mutter hatte nie Zeit für uns, war ständig weg. Wenn sie nicht arbeiten war, war sie bei Bekannten. Mit acht Jahren mußte ich schon kochen und die Wäsche machen für meine Geschwister, zur Schule bin ich da nicht immer gegangen."

Mit dem Vater verbindet sie äußerst bedrohliche Gefühle, er habe sie als Kind bis zur Bewußtlosigkeit geschlagen und sie über mehrere Jahre mißbraucht. Rückhalt, Verständnis und Zuneigung habe sie einzig bei den Großeltern gefunden, deswegen kümmere sie sich bis heute um die nun pflegebedürftige Großmutter.

„Konnte alles mit ihr bereden, sie war immer für mich da." Die Erkrankung tritt nach einem Streit mit der Großmutter auf. „Großmutter hat mich angeschrien und runtergeputzt." Mit dieser hatte sie ihren Wunsch, in einen Orden einzutreten und einen Pflegeberuf zu erlernen, besprechen wollen, worin der Versuch einer Fortführung der einzigen glücklichen Beziehung nach dem sich abzeichnenden Ableben der Großmutter zu sehen ist.

Die Beschwerden nehmen zu, als ein Versöhnungsversuch mit der Großmutter an deren unnachgiebiger Haltung scheitert. „Darf sie nicht mehr besuchen, wo ich ins Kloster gehen und konvertieren will."

Während der sich anschließenden stationären psychosomatischen Behandlung befaßt sich die Patientin zunächst neben dem Verlust mit ihren ohnmächtig-aggressiven Gefühlen gegenüber der Großmutter. In der Folge gelingt ihr die Versöhnung, sie wird beschwerdefrei und nimmt an Gewicht zu. Zu einem Rückzug im stationären Alltag führen reaktualisierte Ängste, als sie sich mit der Mißbrauchsproblematik zu befassen beginnt. „Ich denke, mein Vater kommt rein, wenn die Tür zu meinem Zimmer aufgeht und über den Teppichboden streicht." Sie vermag hinter der Angst liegenden Haß auf den Vater zu benennen, der zu Schuldgefühlen in bezug auf dessen Erkrankung an einem Malignom führte. Äußerlich findet die einsetzende Entlastung Ausdruck in einer fröhlicheren Kleidung. Das Asthma bronchiale, das mit dem Auszug aus dem Elternhaus begann, erweist sich in dieser Zeit als Gefühl von Luftnot auf dem Boden eines Globus- und Würgegefühls im Halsbereich. Die antiobstruktive Medikation konnte erfolgreich abgesetzt werden. Mit Näherrücken der Entlassung zieht sie sich als Ausdruck der Trauer aus den bestehenden Beziehungen zurück, was sie nicht nur als Wiederholung, sondern auch als autonome Bestrebung zu benennen vermag. Mit Entlassung teilt sie uns ihren Entschluß mit, einen handwerklichen Lehrberuf ergreifen zu wollen, der Eintritt ins Kloster könne ja auch noch zu einem späteren Zeitpunkt erfolgen.

Zusammenfassung

Bei den funktionellen Oberbauchbeschwerden handelt es sich um die Dekompensation eines Autonomiekonfliktes, der von oral-rezeptiven Strebungen und, im Gegensatz zum Ulkusleiden, von starken Ängsten geprägt ist. Charakteristisch ist die ängstlich-hypochondrische Haltung der Patienten, die in dem Beschwerdevortrag der Symptome Oberbauchschmerz, Übelkeit und Erbrechen sowie vegetative Begleiterscheinungen zum Ausdruck kommt. Anzustreben ist die Primärdiagnose, um der durch Ausschluß- und Wiederholungsdiagnostik zu befürchtenden iatrogenen Fixierung zu begegnen. Im Zentrum der Behandlung steht die tragfähige Arzt-Patient-Beziehung, in der die psychischen Faktoren eine Bearbeitung finden können. Rechtzeitig ist die Indikation für eine Psychotherapie zu stellen.

Literatur

Alexander F. The influence of psychological factors upon gastrointestinal disturbances. A symposium. Psychoanal Q 1934; 3: 501–39. Deutsch: Der Einfluß psychologischer Faktoren auf gastrointestinale Störungen: Ein Symposion. Z Psychosom Med Psychoan 1994; 40: 205–35.

Almy TP. The gastrointestinal tract in man under stress. In: Gastrointestinal disease. Sleisenger MH, Fordtran JS (eds). Philadelphia, London, Toronto: Saunders 1973; 3–19.

Haug TT, Wilhelmsen I, Sveback S, Berstad A, Ursin H. Psychotherapy in functional dyspepsia. J Psychosom Res 1994; 138: 735–44.

Hui WM, Shin LP, Yam S. The perception of life events and daily stress in non-ulcer-dyspepsia. Am J Gastroenterol 1991; 86: 291–6.

Meyer AE. Die Psychosomatik der Kranken mit funktionellen Oberbauchbeschwerden. In: Praktische Psychosomatik. 2. Aufl. Jores A (Hrsg). Bern: Huber 1981; 179–85.

Morris C. Non-ulcer-dyspepsia. J Psychosom Res 1991; 35: 129–40.

Nyren O, Adami HO, Gustavsson S, Lööf L. Excess sicklistening in non-ulcera-dyspepsia. J Clin Gastroenterol 1986; 8: 339–45.

Nyren O, Adami HO, Bates S, Bergström R, Gustavsson S, Lööf L, Nyberg A. Absence of therapeutic benefit from antacids or Cimetidine in non-ulcer-dyspepsia. New Engl J Med 1986; 314: 339–43.

Pauli P, Herschbach P, Weiner H, Rad M v. Psychologische Faktoren der Non-Ulcer-Dyspepsia. Psychother Psychosom Med Psychol 1992; 42: 295–301.

Platz T, Schepank H, Junkert B, Tress W. Gibt es einen typischen Konflikt bei Magenbeschwerden? Psychother Psychosom Med Psychol 1993; 43: 207–13.

Schüffel W, Loew T, Enck P, Uexküll Th v. Funktionelle Syndrome im gastrointestinalen Bereich. In: Psychosomatische Medizin. 5. Aufl. Adler RH, Herrmann JM, Köhle K, Schonecke OW, Uexküll Th v., Wesiack W (Hrsg). München, Wien, Baltimore: Urban & Schwarzenberg 1996; 701–13.

Schüßler, G. Funktionelle Magenbeschwerden. Dtsch Ärzteblatt 1999; 94: P333–7.

Sklar M. Functional gastrointestinal disease in the aged. Am J Gastroenterol 1979; 53: 570–5.

Talley NJ. Quality of life in fuctional dyspepsia. Scand J Gastroenterol 1996; 31 (Suppl): 21–2.

Wienbeck M. Pathophysiologie und diagnostische Probleme bei Reizmagen, Colon irritabile und chronischer Obstipation. In: Der chronische Kranke in der Gastroenterologie. Goebell H, Hotz J, Farthmann EH (Hrsg). Berlin: Springer 1984; 460–73.

Literaturempfehlung

Pauli P, Herschbach P, Weiner H, Rad M v. Psychologische Faktoren der Non-Ulcer-Dyspepsia. Psychother Psychosom Med Psychol 1992; 42: 295–301.

Platz T, Schepank H, Junkert B, Tress W. Gibt es einen typischen Konflikt bei Magenbeschwerden? Psychother Psychosom Med Psychol 1993; 43: 207–13.

5.3.8
Funktionelle Unterbauchbeschwerden

Renate Sechtem

ICD-10-Klassifikation

Funktionelle Unterbauchbeschwerden werden unter den somatoformen autonomen Funktionsstörungen des unteren Gastrointestinaltraktes (F45.32) klassifiziert.

Deskription

Synonyma: membranöse Enteritis, Reizkolon, spastisches Kolon, Colica mucosa, irritables Kolon.

Definition

Der heute geläufige Begriff **funktionelle Unterbauchbeschwerden** beschreibt einen Symptomenkomplex, der durch Störung der Darmfunktion mit Leibschmerzen und Stuhlunregelmäßigkeiten gekennzeichnet ist. Funktionelle Beschwerden sind durch das Fehlen morphologischer, biochemischer oder infektiöser Ursachen definiert.

Die Symptome wurden 1871 erstmals von Da Costa als eigenständiges Beschwerdebild beschrieben, der auch auf die Empfindlichkeit und Verletzbarkeit dieser Patienten aufmerksam machte.

Die Qualität der von den Betroffenen oftmals als unerträglich heftig erlebten Schmerzen, die meist im Abdomen unterhalb des Nabels und gehäuft mit Betonung im linken Unterbauch lokalisiert sind, wird als krampfartig, brennend oder bohrend-schneidend beschrieben. Die Schmerzen können in wechselnder Intensität über Stunden anhalten, neigen gegen Abend eher zum Abklingen und treten nachts selten auf. Sie bessern sich im allgemeinen nach einer Stuhlentleerung. Wochenlange schmerzfreie Intervalle stehen im Wechsel mit Perioden täglich auftretender Schmerzen.

Die **Stuhlunregelmäßigkeiten** können sich als Durchfälle mit breiig-wäßrigen Stühlen und/oder Obstipation mit bleistift- oder bohnenartig verformten Stühlen manifestieren. Fakultativ können die Stühle von vermehrtem Schleimabgang begleitet sein.

Bei etwa einem Drittel der Patienten tritt ein Wechsel zwischen Obstipation und Durchfällen auf; je ein weiteres Drittel zeigt entweder das klinische Bild des spastischen Kolons oder die diarrhöische Manifestationsform.

Die Patienten leiden meist erheblich unter ihren Beschwerden und erleben sich in ihrem Allgemeinbefinden und der Lebensqualität stark eingeschränkt.

Anamnestisch auffallend ist dabei, daß das Krankheitsbild häufig schon über Jahre besteht, bevor wegen einer Exazerbation der Beschwerden der Arzt aufgesucht wird. Entsprechend hat die Art des Beschwerdevortrages dann oft drängenden imperativen Charakter und zeugt indirekt von der Not, in der sich die Patienten erleben; die Schilderung ist nicht selten minuziös und in der Beschreibung eng auf die körperlichen Symptome begrenzt. Für den Zuhörer klingt zwischen den Zeilen ein vorwurfsvoller Unterton an, wobei im längeren Gespräch mit dem Patienten oft eine depressive und/oder ängstlich getönte Grundstimmung deutlich wird. Spontan geschilderte Zusammenhänge der Symptome mit psychosozialen Belastungssituationen sind die Ausnahme und bei der Anamneseerhebung auch auf Nachfrage für viele Patienten zunächst nur schwer vorstellbar.

Epidemiologie

Funktionelle Unterbauchbeschwerden sind die häufigste Störung, über die in der gastroenterologischen Sprechstunde berichtet wird. Bis zu zwei Drittel aller Patienten mit gastrointestinalen Symptomen leiden unter funktionellen Unterbauchbeschwerden. Beschwerden, die dem Krankheitsbild diagnostisch zuzuordnen sind, bedingen etwa 30 bis 40% aller poliklinischen Überweisungen (Riecken 1996). Bei einer Untersuchung an 300 Personen aus der Normalbevölkerung fanden Thompson et al. (1980) bei ca. 30% der Probanden Symptome einer funktionellen Darmerkrankung. Dabei sucht nur etwa jeder dritte Betroffene wegen dieser Beschwerden überhaupt einen Arzt auf (Sandler et al. 1984).

Die sozialmedizinische Bedeutung des Krankheitsbildes ist somit erheblich. Die Symptome treten in jedem Lebensalter auf. Zur Frage des **Häufigkeitsgipfels** gibt es unterschiedliche Angaben, die sich mehrheitlich auf die Zeitspanne zwischen dem 20. und 50. Lebensjahr beziehen. (Riecken 1996; Schüffel et al. 1996). Unterschiedliche Angaben bestehen auch zur geschlechtsspezifischen Verteilung, die sich nicht zuletzt aus der Selektion der untersuchten Klientel verstehen lassen dürften. Nach Schüffel et al. (1996) sind **Frauen** und **Männer** gleich häufig betroffen; andere Untersucher stellen für Frauen eine höhere Erkrankungshäufigkeit fest, die im Vergleich mit Männern im Verhältnis von 3:2 angegeben wird (Adler und Schüffel 1991; Riecken 1996). Im selektierten Patientengut einer psychosomatischen Abteilung erscheinen Frauen mit einer Verteilung von etwa 4:1 deutlich häufiger betroffen als Männer.

Dies entspricht Angaben, daß der Anteil der Frauen bei sogenannten „Inanspruchnahme"-Patienten – das heißt Patienten, die wegen der Beschwerden einen Arzt aufsuchen – zwischen 60 und 80% liegt (Everhart und Renault 1991).

In Untersuchungen zur **Komorbidität**, das heißt zeitgleich vorhandenen psychischen Störungen, werden Prävalenzen von deutlich über 50% ermittelt. Hierbei kommt den depressiven und den Angststörungen besondere Bedeutung zu.

Bei der gleichfalls großen Gruppe von Patienten, bei denen keine psychische Störung festgestellt wurde, gilt es, noch zu klären, ob und welche seelischen Faktoren bei der Entstehung und dem Verlauf der Beschwerden beteiligt sind (Leibing et al. 1998).

Ätiologie

Die physiologischen Erklärungsmodelle zur Genese der Störung befinden sich im Umbruch.

Wurde früher davon ausgegangen, daß es sich funktionell um Störungen der Motilität und der sie steuernden myoelektrischen Aktivität im distalen Kolon handelt, fokussieren neurophysiologische Forschungen auf die selektiv herabgesetzte viszerale Schmerzschwelle bei diesen Patienten (Riecken 1996; Whitehead et al. 1992).

In der Grundlagenforschung steht das komplexe Zusammenspiel zwischen zentralem Nervensystem, enterischem (viszeralem) Nervensystem und enterischem Immunsystem sowie deren Einfluß auf die Regulation gastrointestinaler Funktionen im Mittelpunkt der Aufmerksamkeit.

Da die **Schmerzwahrnehmung** auf kortikaler und subkortikaler Ebene modifizierbar ist, kann auf subkortikaler Ebene eine Sensibilisierung der afferenten spinalen Neurone im Rückenmark durch die Aktivierung „stiller" Nozizeptoren im afferenten Schenkel des viszeralen Nervensystems oder durch zentrale absteigende Bahnen stattfinden.

Über die subkortikale Modulation der Schmerzwahrnehmung erschließt sich die entscheidende Rolle psychosozialer Faktoren. Die Lerngeschichte des Individuums im Umgang mit Schmerz und Krankheit, psychischen Störungen und aktuellen Belastungen können so die viszerale Wahrnehmung und damit die Symptomstärke beeinflussen (Leibing et al. 1998).

Tab. 5-11 Mögliche Differentialdiagnosen bei funktionellen Unterbauchbeschwerden.

Differentialdiagnose	Beispiel
Nahrungsmittelunverträglichkeiten	Laktasemangel
Medikamentenunverträglichkeiten	Magnesium, Laxanzien, in Pankreasenzympräparaten enthaltene Gallensäuren
Gastrointestinale Infektionskrankheiten	Lambliasis, Salmonellose
Chronisch-entzündliche Darmerkrankungen	Crohn-Krankheit, Colitis ulcerosa, Divertikulitis
Erkrankungen im kleinen Becken	Karzinom

Besonderes Interesse gilt auch der Erforschung der Wirkung von Monoaminen, Prostaglandinen und Peptiden, hier vor allem des Cholecystokinins auf die Funktion des Gastrointestinaltraktes.

Eine vermehrte Ansprechbarkeit der Kolonmuskulatur auf Cholecystokinin wurde bereits in den 80er Jahren festgestellt (Kirsner 1981).

Das „Brain-Gut-Peptid" Cholecystokinin nimmt bei der Übermittlung eine besondere Stellung ein, da es im oberen Dünndarm freigesetzt wird und als Neurotransmitter sowohl auf das endokrine System als auch auf das zentrale Nervensystem wirkt; damit werden Wechselwirkungen zwischen dem ZNS und dem viszeralen Nervensystem physiologisch verstehbar (Csef 1996).

Modellhaft erklären sich so Entstehung und Aufrechterhaltung der Symptomatik aus einem komplexen Zusammenspiel zwischen **gestörter Funktion** (efferente motorische Dysfunktion) und **gestörter Wahrnehmung** der Funktion (afferente viszerale Dysfunktion), moduliert durch zentralnervöse Prozesse (und damit psychosoziale Faktoren).

Diagnostik und Differentialdiagnose

Mit dem Begriff funktioneller Unterbauchbeschwerden ist ein zunächst unscharf umrissener Symptomenkomplex beschrieben, der in erster Linie differentialdiagnostisch von symptomatologisch ähnlichen, organisch bedingten Krankheitsbildern abzugrenzen ist. Mögliche Differentialdiagnosen sind in Tab. 5-11 aufgelistet.

Es gilt, anamnestisch die somatischen, psychischen und sozialen Faktoren, die zum Krankheitsgeschehen beitragen, zu erfassen. Dies ist am ehesten im Rahmen einer **offenen Anamnesetechnik** möglich, die den Patienten ermuntert, seine Beschwerden sowie deren Entwicklung und ihre Zusammenhänge mit der aktuellen Lebenssituation in seinen eigenen Worten zu beschreiben.

Durch prospektive Langzeituntersuchungen über fünf Jahre hat sich erwiesen, daß eine gesicherte positive Diagnose mit einer Treffsicherheit von 95% bei typischer Symptomkonstellation erstellt werden kann (Harvey 1987; Svendsen und Munck 1985). Hierbei gelten als **diagnostisch ausreichend**:

- die detaillierte Anamnese
- die gründliche körperliche Untersuchung mit charakteristischer Diskrepanz zwischen subjektivem Befinden und objektiv gutem körperlichem Allgemeinzustand
- Laboruntersuchungen von BSG, Blutbild, Urin und Stuhl (Kulturen und Haemoccult)

Bei untypischer Beschwerdeschilderung oder einer Veränderung von Symptomen bei bislang typischem Beschwerdebild ist die Diagnostik entsprechend zu erweitern und auf Untersuchungen wie Sonographie des Abdomens, Koloskopie, Röntgenuntersuchung des Darms sowie eventuell weitere Funktionsdiagnostik auszudehnen. (Riecken 1996).

Psychodynamik

Patienten mit funktionellen Unterbauchbeschwerden erscheinen häufig angepaßt und wirken affektgehemmt, insbesondere was die Äußerung von Ängsten und unmittelbaren Aggressionen betrifft. Biographisch finden sich vielfach bedeutsame persönliche **Verluste**, zum Beispiel eines Elternteils durch Trennung oder Tod verbunden mit **ungelösten pathologischen Trauerreaktionen**.

Der **Beginn** beziehungsweise das **Wiederauftreten** der **Beschwerden** steht im zeitlichen Zusammenhang mit **Veränderungen** der **Lebenssituation**, die von einem Teil der Patienten auch durchaus bewußt als solche registriert und beschrieben werden, sowohl was innere als auch was äußere Veränderungen betrifft.

Bei anderen Patienten scheinen zunächst nur dem Untersucher mutmaßliche Verknüpfungen deutlich zu werden, die von dem Patienten selbst gleichsam wie abgekoppelt beziehungsweise bedeutungslos berichtet werden. Typischerweise ist in den Schilderungen der Lebensumstände und der Beziehungsqualitäten dieser Patienten zu anderen Menschen die Zuschreibung „normal" anzutreffen. So wird im Gespräch anfänglich wenig Bewegung und Begegnung spürbar wird, weil die ausschließliche Dimension des „Normalen" vorherrscht.

> Die Beschwerden scheinen anstelle von Gefühlen zu stehen, die im Erleben der Betroffenen wie verlorengegangen beziehungsweise nicht vorhanden wirken.

Hier ist Art und Ausmaß der Gegenübertragungsreaktion des Untersuchers in der Hinsicht bedeutsam, daß dieser quasi stellvertretend am eigenen Leib durchaus wuchtvolle Affekte im Gesprächsverlauf verspüren kann, die es zunächst aufzunehmen gilt.

Zum Verständnis dieser Patienten ist in der weiteren ärztlichen und/oder therapeutischen Behandlung die Modellvorstellung psychovegetativer Störungen als Affektäquivalente mit ihrer in Kapitel 5.3.1 (S. 336ff) beschriebenen spezifischen Dynamik und den daraus abgeleiteten therapeutischen Implikationen grundlegend.

Bei anderen Patienten erscheint von Beginn an eher ein „bedeutsamer" Zugang möglich. Dies ist in dem Sinne zu verstehen, daß sich im Gespräch gemeinsam mögliche Bedeutungen von Auslösesituationen sowie Beschwerden ansprechen lassen. Im Untersucher bilden sich Hypothesen über den möglichen symbolischen Ausdruckscharakter der Symptomatik anhand aktuellen szenischen Verstehens im Gespräch, im Zusammenhang mit der Auslösesituation und der Lebensgeschichte des Patienten.

> So kann der Unterbauch als Ort schmerzlicher symbolischer Verdichtung von Konflikten beziehungsweise unbewußten Phantasien betrachtet werden.

Wird im therapeutischen Dialog die entsprechende Konfliktebene erreicht, löst sich der Schmerz oft ganz unmittelbar, und Gefühle – oftmals erst Tränen festgehaltener Trauer – finden ihren Lauf. Die zugrundeliegenden Konflikte sind dabei von unterschiedlicher Natur.

So ist in diesem Zusammenhang auch das als **(chronische) „Appendizitis"** benannte Beschwerdebild junger Mädchen zu erwähnen, das dem Chirurgen so häufig zur operativen Intervention angetragen wird (Hontschik 1988; King 1992). Die Schmerzen lassen sich hier als Konversion verstehen, als Ausdruck von Ängsten und Irritationen, die mit weiblicher Körperlichkeit verbunden sind. Unbewußte Phantasien um Verletzungs- beziehungsweise Penetrationsängste und/oder Hingabewünsche erweisen sich im Behandlungsverlauf bei diesen Patientinnen als bedeutsamer Schlüssel zum psychodynamischen Verständnis. Hier sei nochmals auf die ausführliche Darstellung des Konversionsmodells mit seinen verschiedenen Varianten in Kapitel 5.3.1 (S. 337ff) verwiesen.

Hilfreiche Wegweiser zum psychodynamischen Verständnis von Patienten mit funktionellen Unterbauchbeschwerden sind sowohl das Modell der **Konversion** als auch der **psychovegetativen Störungen** als **Affektäquivalente**. Dies trifft nicht nur interindividuell zu; diese Übergänge lassen sich im Therapieverlauf auch beim einzelnen Patienten in zeitlicher Sukzession beobachten (Küchenhoff 1992).

Pionierarbeit zum Verständnis gastrointestinaler Störungen leistete Alexander, der 1933 eine Modellvorstellung der zugrundeliegenden Psychodynamik entwickelte. Er postulierte als typischen **Grundkonflikt** den **Wunsch,** zu **empfangen** beziehungsweise zu nehmen, und den gleichzeitigen Drang, diesen Wunsch nachhaltig **abzuwehren**. Die Beschwerden seien im Zusammenhang mit dauerhaft unterdrückten emotionalen Bedürfnissen nach Geborgenheit und Abhängigkeit zu verstehen (Alexander 1934). Dabei sei der ursprüngliche Wunsch stark verdrängt, und die **Abwehr** in Form von **Geben** (auf Symptomebene: Ausstoßen) trete ganz in den Vordergrund. Der Konfliktfall liege vor, wenn das Geben behindert (kritisiert, hinterfragt etc.) werde und die Elimination zu einem aggressiven Akt werden müsse.

Wenngleich diese Konfliktannahme auch heute noch bei etlichen Patienten hilfreich sein kann, hat insgesamt die weitere Forschung um gültige psychosomatische Hypothesenbildung in den letzten Jahren zur Aufgabe des Konzepts der Konfliktspezifität geführt (Küchenhoff 1994).

Verhaltenstherapeutisches Modell

Zum Verständnis der Störung wurde unter anderem ein interaktionelles Streßmodell entwickelt, das wesentlich von prädisponierenden Faktoren und psychosozialen Faktoren geprägt wird. Die **prädisponierenden Faktoren** sollen genetisch bedingt und/oder durch Lernprozesse erworben sein. Das Krankheitsverhalten hängt demnach von **psychosozialen Faktoren** ab. Dabei umfaßt dieser Begriff die Fülle der individuellen Lebensgeschichte wie: Lebensereignisse, Persönlichkeitsaspekte, Komorbidität, soziale Unterstützung und Bewältigungsfähigkeiten.

Die jeweiligen psychosozialen Faktoren bedingen, wie stark die Symptome auftreten, wahrgenommen werden und in der Interaktion ausgedrückt werden (Drossmann 1991).

Sowohl **psychodynamische** als auch **verhaltenstherapeutische** Modellbildungen fußen aktuell auf der Vorstellung, Krankheitsgenese und Krankheitsverlauf in bio-psychosozialen Zusammenhängen zu verstehen.

Diese komplexe Auffassung hat den Vorteil, einen breiten integrierten Verständniszugang zu ermöglichen; sie ist gleichzeitig mit Schwierigkeiten bei der empirischen Überprüfung verbunden.

Therapie

Grundlage für eine wirksame Behandlung ist vor allem das Bemühen des Arztes, eine **vertrauensvolle Arzt-Patient-Beziehung** herzustellen. Um die Entwicklung einer tragfähigen Beziehung zu fördern, ist es anfänglich günstig, den Patienten in regelmäßigen monatlichen und später vierteljährlichen Abständen wiederzusehen und den zwischenzeitlichen Verlauf zu besprechen; dem Patienten wird so ein Gefühl von Interesse, Verfügbarkeit und Verläßlichkeit vermittelt.

Wesentlich ist, eine **positive Diagnose zu stellen** und den Patienten umfassend über Art und möglichen Verlauf der Symptomatik zu informieren. Dazu gehört, den rezidivierenden Charakter der Beschwerden zu erläutern; die Gewißheit zu vermitteln, daß die Erkrankung mit großer Sicherheit diagnostiziert werden kann, keine überdurchschnittliche Gefahr des Überganges in eine organische Erkrankung beziehungsweise maligne Entartung besteht und daß bei Fortbestehen gleicher Beschwerden keine weitere Diagnostik indiziert ist.

Die im Symptom präsentierte Klage über belastende Lebensumstände wahrzunehmen und durch offene Fragen im ärztlichen Gespräch zu verstehen beziehungsweise beim Patienten eine Beschäftigung mit seinen Beschwerden und seinem Alltag anzuregen, vermittelt diesem, daß er in seiner Bedrängnis gesehen wird und eröffnet die Chance des Zuganges zum Beschwerdebild.

Es gibt verschiedene **allgemeinmedizinische Behandlungsmöglichkeiten**, wie zum Beispiel die Anregung zu einer faser- und schlackenreichen Ernährung beziehungsweise auch die Gabe von Quellstoffen (geschroteter Leinsamen etc.), deren Wirksamkeit nicht wissenschaftlich gesichert ist, auf die jedoch eine Reihe von Patienten positiv reagieren.

> Immer gilt es zu bedenken, daß der Erfolg konservativer Therapieversuche wesentlich davon abhängt, ob es gelungen ist, ein Arbeitsbündnis mit dem Patienten herzustellen.

Dies betrifft auch die Einschätzung der Wirksamkeit bei der Gabe verschiedener Medikamente, wie zum Beispiel Spasmolytika, da der Behandlungserfolg objektiv nur schwer meßbar

ist. Diesbezügliche Studien haben entsprechend keine weiterführenden Aussagen ergeben. Insgesamt sollten Medikamente nur ergänzende Bedeutung haben, wobei die zielgerichtete pharmakologische Beeinflussung bestimmter Teilaspekte des Krankheitsbildes (Bauchschmerzen, Obstipation, Diarrhoe) möglich ist.

Eine Vielzahl von Patienten ist mit den beschriebenen Möglichkeiten konservativer Therapie im Rahmen einer tragfähigen Arzt-Patient-Beziehung erfolgreich zu behandeln.

Je nach Verlauf der Beschwerden und dem sich im ärztlichen Kontakt abzeichnenden Hintergrund der psychosozialen Bedingungen, die zur Dekompensation beigetragen haben, stellt sich zusätzlich die Frage zur Indikation und Art einer **psychotherapeutischen Behandlung**. In Untersuchungen hierzu fand sich bei katamnestischen Vergleichsgruppen nach einem Jahr, daß die Patienten, die neben beziehungsweise statt medizinischer Standardtherapie eine zeitlich begrenzte therapeutische Begleitung (zwei bis zwölf Stunden) erhielten, über deutlich geringere Beschwerden sowie eine verminderte Beeinträchtigung durch die Beschwerden berichteten. Dies traf sowohl für psychodynamisch orientierte Kurztherapien als auch für verhaltenstherapeutische Gespräche (einzeln und in der Gruppe) zu (Corney und Stanton 1991; Svedlund 1983).

Bei protrahiertem Verlauf hinsichtlich der Beschwerdeentwicklung beziehungsweise, wenn sich ein auf erhebliche interaktionelle Schwierigkeiten hinweisender Überweisungskreislauf abzeichnet, erscheint eine stationäre psychosomatische Behandlung indiziert, die in besonderem Maß den simultanen Zugang über handlungsorientierte, nonverbale Therapieverfahren (insbesondere körpertherapeutische Verfahren) in Verbindung mit psychotherapeutischen Gesprächen sowie begleitender Physiotherapie ermöglicht und dem Patienten so vielfach erlebnisnahe Erfahrungen eröffnen kann.

Spezielle Aspekte der Übertragung und Gegenübertragung

Die Arzt-Patient-Beziehung gestaltet sich häufig als schwierig. Sie ist bestimmt durch die **intensiven Klagen** des **Patienten** über seine Beschwerden und Schmerzen und dessen gleichzeitiger **affektiver Verschlossenheit**. Der Wunsch nach Zuwendung und Versorgung gibt sich nur indirekt über die Aufforderung, die Symptome möglichst umgehend zu beheben beziehungsweise eine umfassende Diagnostik einzuleiten, zu erkennen. Unterschwellig kann parallel eine **vorwurfsvolle Haltung** und aggressive Enttäuschungsbereitschaft spürbar werden, die dem Patienten meist nicht bewußt ist. Dabei ist die Anklage, die in den Klagen mitschwingt, wesentlich für die weitere Entwicklung in der Interaktion zwischen Arzt und Patient.

Erkennt der Arzt in der Anklage nicht die dahinterliegende Problematik des sich in der derzeitigen Lebenssituation überfordert beziehungsweise unverstanden fühlenden Patienten (mit oft heftigen Gefühlen des Patienten von Protest und Aggression) – die der Therapeut in der Beziehung dann quasi stellvertretend für den Patienten häufig am eigenen Leibe verspürt – und kann er sich nicht genügend distanzieren, kommt es leicht zu einer aggressiven **Gegenübertragungsreaktion**. Diese kann sich in einer mehr oder minder direkten vorwurfsvoll-ärgerlichen Haltung gegenüber dem Patienten äußern beziehungsweise zu dem bei dieser Patientengruppe bekannten **Überweisungsritual** (im Sinne des Sich-Entledigens) von einem Facharzt oder einem Krankenhaus zum anderen mit immer neuer Diagnostik führen. Es droht, ein Kreislauf von Arztwechseln in Gang zu kommen, der die den Beschwerden eigene Tendenz zur Chronifizierung weiter verstärkt.

Schlimmstenfalls entwickelt sich ein „**kalter Krieg**" zwischen Patient und Ärzten, der seitens des Patienten in einer Abhängigkeit von Tranquilizern oder von unstillbarem Verlangen nach abdominalchirurgischen, gynäkologischen oder endoskopischen Eingriffen mündet (Adler und Schüffel 1991).

> Seitens der Ärzte ist die Verordnung von Tranquilizern beziehungsweise die Indikationsstellung zu abdominalchirurgischen, gynäkologischen oder endoskopischen Eingriffen vor allem vor dem Hintergrund der beschriebenen aggressiven Gegenübertragungsreaktion immer kritisch zu reflektieren.

Fallbeispiele

Fallbeispiel 1

Die Eltern der 22jährigen Patientin, in Deutschland aufgewachsene Tochter einer Portugiesin und eines Deutschen, trennten sich, als die Patientin vierzehn Jahre alt war. Der Kontakt zum Vater war seitdem eher sporadisch. Die Patientin und der zweieinhalb Jahre ältere Bruder blieben bei der Mutter, zu der die Patientin ein zwiespältiges Verhältnis hat. Sie fühlt sich durch die klagsam-depressive Haltung der Mutter gebunden, gleichzeitig erlebt sie, daß diese ihr den Bruder stets vorzieht.

Die Symptomatik mit Bauchschmerzen und Durchfällen begann, als die Patientin als Au-pair-Mädchen nach England ging; sie beendete den Aufenthalt wegen der Beschwerden vorzeitig und kehrte in die mütterliche Wohnung zurück. Während der bewußt gelebte Impuls der Trennungswunsch ist, wird dies durch die Symptomatik quasi vereitelt, die zur Rückkehr und damit Abhängigkeit führt.

In der szenischen Konfliktbearbeitung mit der Mutter werden die Versorgungs- beziehungsweise Liebeswünsche der Tochter und ihre Enttäuschungswut emotional spürbar; mit den Tränen klingen die Bauchschmerzen in dieser Situation ab.

Nach achtwöchiger stationärer psychosomatischer Behandlung erfolgt eine deutliche Beschwerdelinderung und die Fähigkeit, mit den Beschwerden im Sinne einer Signalfunktion in seelisch belastenden Situationen umgehen zu können.

Fallbeispiel 2

Ein 38jähriger jugoslawischer Patient, der seit über 25 Jahren in Deutschland lebt und als Facharbeiter in einer Maschinenfabrik tätig ist, hat seit über einem Jahr krampfartige Unterbauchschmerzen im Wechsel mit Diarrhoe und Obstipation; dadurch ist er seit ca. sechs Monaten arbeitsunfähig geschrieben.

Die Beschwerden treten auf, als sich der Patient in einer längerfristigen Auseinandersetzung mit seinem Vorgesetzten als der zu unrecht Kritisierte und Unterlegene erlebt. Im Dialog mit dem Vormann fühlt er sich ohnmächtig, nicht in der Lage, seiner wütenden Enttäuschung Ausdruck geben zu können, wobei er sich gleichzeitig als leistungsfähiges Arbeitspferd der Abteilung definiert.

Der **biographische Hintergrund** ist durch den Selbstmord des depressiven Vaters geprägt, zu dem es kam, als der Patient neun Jahre alt war. Dies bedingte, daß die Mutter mit den beiden Söhnen (wegen der „Schande") das Heimatdorf verließ und nach Deutschland auswanderte.

Die Kränkungsbereitschaft des Patienten, sich für all das, was er zu leisten und zu geben bereit ist, nicht ausreichend gesehen und anerkannt zu fühlen, ist auch in den aktuellen Beziehungen während des stationären Aufenthaltes eng mit verstärkter abdomineller Schmerzsymptomatik und nachfolgendem Durchfall verbunden und kann anhand dieser Auslösesituationen mit dem Patienten bearbeitet werden.

Zusammenfassung

Funktionelle Unterbauchbeschwerden stellen einen zunächst unscharf von differentialdiagnostisch abzugrenzenden Organerkrankungen umschriebenen Symptomkomplex dar, der durch eine positive Diagnose, die insbesondere belastende psychosoziale Lebenssituationen mit einbezieht, zu sichern ist.

Es handelt sich um Beschwerden, die durch Unterbauchschmerzen sowie Stuhlunregelmäßigkeiten gekennzeichnet sind. Der Symptomkomplex ist in Praxis und Klinik weit verbreitet, wobei bis zu zwei Drittel aller Patienten mit gastrointestinalen Störungen unter funktionellen Unterbauchbeschwerden leiden. Die Beschwerden weisen eine deutliche Tendenz zur Chronifizierung auf.

In der oftmals schwierigen **Arzt-Patient-Beziehung** kommt es vor allem darauf an, zu einem tragfähigen Arbeitsbündnis zu finden. Dabei ist zum einen eine umfassende Aufklärung des Patienten über Art und Verlauf der Beschwerden wichtig sowie die Haltung des Arztes, in den häufig vorwurfsvoll getönten Klagen über die Symptomatik die eigentliche Klage über eine beschwerliche Lebenssituation zu hören und durch eine offene Anamnesetechnik gemeinsam mit dem Patienten sein „Sich-Beschweren" zu verstehen.

Bei den zunächst affektiv verschlossenen Patienten wird im Gespräch meist eine **depressive Gestimmtheit** spürbar; unmittelbare Gefühlsäußerungen von Angst und Wut fallen diesen schwer. Die mit den Beschwerden verknüpfte Psychopathologie umfaßt in einem weiten Spektrum neben reaktiven Störungen neurotische Entwicklungen sowie auch Ich-strukturelle Störungen.

Zum psychodynamischen Verständnis dieser Patientengruppe sind die Modelle der **Konversion** und der **psychovegetativen Störungen** als Affektäquivalente hilfreich.

Als **Therapie** sind bei vielen Patienten unspezifische ärztliche Maßnahmen wie gute Anbindung des Patienten und konservative Therapie mit Ernährungsratschlägen sowie gegebenenfalls Gabe von Spasmolytika beziehungsweise Loperamid ausreichend, um eine Beschwerdelinderung zu erzielen. Bei chronischen und therapierefraktären Beschwerden stellt Psychotherapie die Behandlung der Wahl dar. Psychodynamisch fokussierende und verhaltenstherapeutische Behandlungen in Form von Kurzzeittherapien erwiesen sich in verschiedenen

Untersuchungen mit Katamnesezeiträumen bis zu vier Jahren als hilfreich. Bei protrahiertem beziehungsweise kompliziertem Verlauf ist eine stationäre psychosomatische Behandlung mit körpertherapeutischem Schwerpunkt indiziert; je nach zugrundeliegender Problematik und Motivation des Patienten sind zudem längerfristige ambulante aufdeckende Therapieverfahren angebracht.

Literatur

Adler G, Schüffel W. Funktionelle Syndrome im gastrointestinalen Bereich. Internist 1991; 32: 19–25.

Alexander F. Der Einfluß psychologischer Faktoren auf gastrointestinale Störungen: Ein Symposion. 1934. Z Psychosom Med 1994; 40: 205–35.

Corney R, Stanton R. Behavioural psychotherapy in the treatment of irritable bowel syndrome. J Psychosom Res 1991; 35: 461–9.

Csef H. Neuere psychosomatische Beiträge zur Pathogenese und Therapie des Colon irritabile. Z Gastroenterol 1996; 34: 250–5.

Da Costa JM. Membranous enteritis. Am J Med So 1871; 62: 321–35.

Drossmann DA. Illness behaviour in the irritable bowel syndrome. Gastroenterol Intern 1991; 4: 77–81.

Everhart JE, Renault PF. Irritable bowel syndrome in office-based practice in the United States. Gastroenterol 1991; 100: 998–1005.

Fowlie S, Eastwood MA, Prescott R. Irritable bowel syndrome: assessment of psychological disturbance and its influence on the response to fibre supplementation. J Psychosom Res 1992; 36: 175–80.

Harvey RF, Mauad EC, Brown AM. Prognosis in irritable bowel syndrome: a 5-year prospective study. Lancet 1987; 14: 963.

Hontschik B. Fehlindizierte Appendektomien bei jungen Frauen. Z Sexualforsch 1988; 4: 62–81.

King V. Geburtswehen der Weiblichkeit – verkehrte Entbindungen. In: Zur Sozialisation junger Frauen. King V (Hrsg). Frankfurt: Campus 1992; 103–25.

Kirsner JB. The irritable bowel syndrome. Arch Intern Med 1981; 141: 635.

Küchenhoff J. Spezifitätsmodelle in der Psychosomatischen Medizin: Rückblick auf eine alte Kontroverse. Z Psychosom Med 1994; 40: 236–48.

Leibing E, Krauel A, Bergter W, Rüger U. Das „Irritable-Bowel-Syndrome". Z Psychosom Psychoanal 1998; 44: 163–97.

Riecken EO. Erkrankungen des Dünn- und Dickdarms. Die Innere Medizin. 9. Aufl. Stuttgart, New York: Schattauer 1996; 520–58.

Sandler RS, Drossmann DA, Nothan HP, Mackee DC. Symptom complaints and health care seeking behaviour in subjects with bowel dysfunction. Gastroenterol 1984; 87: 314–8.

Schüffel W, Loew T, Enck P, Uexküll Th v. Funktionelle Syndrome im gastrointestinalen Bereich. In: Psychosomatische Medizin. 5. Aufl. Adler RH, Herrmann JM, Köhle K, Schonecke OW, Uexküll Th v., Wesiack W (Hrsg). München, Wien, Baltimore: Urban & Schwarzenberg 1996; 701–13.

Svedlund J, Sjödin I, Ottosson JO, Dotewall G. Controlled study of psychotherapy in irritable bowel syndrome. Lancet 1983; 10: 589–92.

Svendsen JH, Munck LK. Irritable bowel syndrome – prognosis and diagnostic safety. Scand J Gastroenterol 1985; 20: 415–8.

Thompson WG, Heaton KW. Functional bowel disorders in apparently healthy people. Gastroenterol 1980; 79: 283–8.

Whitehead UE, Cromwell MD, Robinson JC, Heller BR, Schuster MM. Effects of stressful life events on bowel symptom: subjects with irritable bowel syndrome compared with subjects without bowel dysfunction. Gut 1992; 33: 825–30.

Literaturempfehlung

Alexander F. Der Einfluß psychologischer Faktoren auf gastrointestinale Störungen: Ein Symposion. 1934. Z Psychosom Med 1994; 40: 205–35.

Küchenhoff J. Körper und Sprache – Anwendungen der Psychoanalyse. Bd 4. Heidelberg: Asanger 1992.

Leibing E, Krauel A, Bergter W, Rüger U. Das „Irritable-Bowel-Sydrome". Z Psychosom Med Psychoanal 1998; 44: 163–97.

5.3.9
Somatoforme Störungen des Urogenitaltraktes bei der Frau und beim Mann

Paul L. Janssen

ICD-10-Klassifikation

Somatoforme Störungen sind Störungen, bei denen der Patient körperliche Symptome in Verbindung mit Forderung nach medizinischer Untersuchung präsentiert und trotz wiederholter negativer Ergebnisse hinsichtlich körperlicher Begründung weiterhin somatische Symptome klagt (Definition nach ICD-10).

Der **Urogenitaltrakt** als komplexer Organbereich mit drei verbundenen und voneinander abhängigen **Funktionen**, der
- Harnproduktion,
- Reproduktion und
- Sexualität,

bietet eine große, aber auch heterogene Gruppe somatoformer Störungen.

Die hier vorgestellten funktionellen Störungen des Urogenitalsystems lassen sich folgenden ICD-10-Ziffern zuordnen:
- F45.34   somatoforme autonome Funktionsstörung des Urogenitalsystems
- F45.4   anhaltende somatoforme Schmerzstörung
- F45.8   andere somatoforme Störung

Die häufigsten und bestuntersuchten Störungen im Urogenitaltrakt sind die funktionellen Sexualstörungen: Wegen ihrer komplexen Ätiologie, ihrer häufig vorhandenen Situations- und Partnerabhängigkeit und ihrem Zusammenhang mit anderen neurotischen und psychosomatischen Störungen werden die sexuellen Funktionsstörungen in der ICD-10-Klassifikation im Kapitel F50 bis F59 „Verhaltensauffälligkeiten mit körperlichen Störungen und Faktoren" eingeordnet. Die sexuellen Funktionsstörungen werden nicht in diesem, sondern in dem Beitrag Kapitel 5.2.10 (vgl. S. 308ff) abgehandelt. Hinsichtlich der unten dargestellten Störungen muß jedoch auf die häufige Komorbidität verwiesen werden.

Im folgenden soll auf die häufigsten somatoformen Störungen des Urogenitaltraktes eingegangen werden. Dabei werden lediglich die somatoformen Störungen erwähnt, nicht jedoch andere Störungen der Niere und der harnausscheidenden Organe im Sinne einer vollständigen urologischen Psychosomatik (vgl. Diederichs 2000).

Epidemiologie

Epidemiologische Daten sowohl über Inzidenz und Prävalenz als auch zur Schichtzugehörigkeit psychosomatischer Erkrankungen des Urogenitalsystems liegen nicht vor. Günthert (1980) sowie Breitwieser und Sareyka (1981) schätzen den Anteil an Patienten mit psychosomatisch bedingten Erkrankungen in der Praxis des niedergelassenen Urologen zwischen 30 und 50%, wobei möglicherweise spezielle Selektionseffekte zu berücksichtigen sind.

Die somatoformen Störungen der Harnblase

Die Reizblase der Frau und die chronische Blasenentzündung sind die klassischen psychosomatischen Erkrankungen in der Urologie. Daneben gibt es psychische Faktoren bei Blasenentleerungsstörungen wie Harnverhalten, Harninkontinenz und vor allem Harndrang.

Psychisch verursachtes **Harnverhalten** liegt dann vor, wenn vom Willen nicht steuerbares Zurückbleiben von Urin in der Blase vorliegt. Der Patient kann bewußt und willentlich nicht spontan Wasser lassen. Das Harnverhalten ist ausführlich in der älteren Literatur beschrieben (s. Diederichs 2000). Frauen sind bevorzugt betroffen. In der älteren psychoanalytischen Literatur wird das Harnverhalten als Inzestproblematik beschrieben (Mester 1975). Neuere Untersuchungen, zum Beispiel Bird (1980), stellen die aggressiven Seiten im Konfliktgeschehen stärker heraus, wobei sich die Abwehr von aggressiven Impulsen insbesondere im Symptom des Nicht-Wasserlassen-Könnens manifestieren soll. Untersuchungen an größeren Populationen liegen jedoch nicht vor.

Die **Harninkontinenz** (ungewollter Urinabgang) ist ebenfalls überwiegend ein frauenspezifisches urologisches Problem. Es handelt sich um ein Problem mit sehr unterschiedlicher Ätiologie. Diederichs (2000) unterscheidet vier Formen der Harninkontinenz:
- Streßinkontinenz
- Dranginkontinenz
- Reflexinkontinenz
- Überlaufinkontinenz

Insgesamt ist Harninkontinenz insbesondere bei älteren Menschen ein häufiges Symptom. Es wird eine Prävalenz von 5% bei Frauen angenommen.

Organische Ursachen stehen bei den vorliegenden Untersuchungen im Vordergrund. Psychosomatische Untersuchungen betonen insbesondere die länger andauernden schweren psychosozialen Belastungen, die Abwehr von chronischen Depressionen und die Begleitung der Erkrankung von anderen psychosomatischen Symptomen wie Kopfschmerzen, Rückenschmerzen, gastrointestinalen Syndromen (Diederichs 2000). Es sollen in erster Linie Störungen der prägenitalen Entwicklung, der frühen Bedürfnisbefriedigung nach Sicherheit, Geborgenheit, Anerkennung und oralen Triebwünschen vorliegen. Die chronischen und bleibenden Unzufriedenheiten und Enttäuschungen werden in körperlichen Symptomen ausgedrückt. Die Annahme eines labilen Selbstwertgefühls mit depressiven Reaktionen und Abwehr von Enttäuschungen wird in einer Untersuchung von Bitzer und Richter (1989) bestätigt. Auf diesem Hintergrund sind auch die Störungen im sexuellen Verhalten bei Frauen zu verstehen, insbesondere das Vermeidungsverhalten gegenüber der Sexualität (Bitzer 1999).

Die Therapie ist sehr komplex und gehört im wesentlichen in die Hand des Urologen und Gynäkologen. Als Therapie kommen insbesondere Blasentraining, Biofeedback, Hypnose, Entspannungsübungen in Frage. Nur in manchen Fällen soll tiefenpsychologisch fundierte Psychotherapie in Frage kommen.

Das **nächtliche Einnässen (Enuresis nocturna)** ist eine Sonderform der Harninkontinenz, das auch mit einem unwillkürlichen Urinabgang bei kompletter Blasenentleerung einhergeht. Es ist selten, daß das Einnässen im Erwachsenenalter erstmals auftritt; in der Regel tritt es im Kindesalter auf und geht selten über das Kindesalter hinaus. Psychodynamisch sind ähnliche Faktoren zu berücksichtigen wie im Kindes- und Jugendalter; das heißt, das nächtliche Einnässen dient der Abfuhr von Spannungen, die in Folge von Konflikten entstanden sind. Die Behandlung ist ähnlich wie bei der Inkontinenz.

▶ Die Reizblase

Die Reizblase gehört zu den häufigsten psychosomatisch bedingten urologischen Krankheitsbildern der Frau. Die Reizblase geht einher mit Harndrang, häufigem Wasserlassen und Schmerzen beim Wasserlassen, manchmal kombiniert mit diffusen Schmerzen oder Mißempfindungen im Nieren- und Unterbauchbereich. Die Symptomatik kann mit und ohne Bakterienbefall vorkommen.

Diederichs (2000) unterscheidet die Reizblase von einer chronischen Blasenentzündung, die sich bei einer akuten Blasenentzündung entwickeln kann. Die psychosomatische Erkrankung der chronischen Blasenentzündung ist nicht im Sinne einer somatoformen Störung zu verstehen, wie es die Reizblase der Frau ist.

Eine Variante der Reizblasensymptomatik beschreiben Günthert und Diederichs (1995): Die Frauen klagen über krampfartige, brennende und pochende Schmerzen. Die Schmerzen werden auf den Übergang der Harnröhre in die Scheide (klitorisnah) beschränkt. Sie können abhängig, aber auch unabhängig von der Miktion auftreten und dauerhaft sein. Diesem Syndrom fehlt der Harndrang. Günthert (1997) nennt diese Variante der Reizblase „psychosomatisches Urethralsyndrom der Frau".

Für die Diagnose einer Reizblase ist der Ausschluß von organischen Ursachen wie Östrogenmangel, Tumoren oder Fremdkörper in der Blase, Blasentuberkulose und Harnröhrendivertikeln erforderlich.

Psychodynamik

Die umfassendsten Untersuchungen liegen hierzu von Diede-richs (1983; 2000) vor. Er fand insbesondere eine versteckte Sexual- und Hingabestörung, die er durch eine sorgfältige Sexualanamnese herausarbeitet. Die Reizblase könnte aber auch ein Signal für eine Angstkrankheit, insbesondere mit Agoraphobie, sein. Bei anderen Patientinnen fanden sich narzißtische Kränkungen mit aggressiven Reaktionen bei narzißtischen Persönlichkeitsstörungen. Die Somatisierung der Konflikte geht mit psychovegetativen Spannungsmechanismen einher und dient der Affektverarbeitung. Die Reizblase ist daher kein Konversionssyndrom, sondern körperliches Korrelat eines Affektes (insbesondere von Angst oder Wut).

Ähnlich wie beim vegetativen Urogenitalsyndrom des Mannes (s. u.) findet sich bei Frauen mit sogenannter Reizblase kein einheitliches Bild der psychischen Störungen und Psychodynamik. Die Hingabeangst findet sich auch bei der Anorgasmie der Frau. Molinski (1983) bringt sie mit urologischen Symptomen in Verbindung: Vor dem Orgasmus tritt bei der Frau eine Vasokongestion des kleinen Beckens ein, die auch den urethralen, den periurethralen und perivesikalen Bereich betrifft. Der Muskeltonus nimmt im gesamten Urogenitalbereich zu. Bei der Anorgasmie bildet sich die Vasokongestion nicht zurück, und der erhöhte Muskeltonus löst sich nicht. Der Erregungszustand bleibt also physiologisch erhalten und kann im Sinne der Symptome einer Reizblase über mehrere Tage bestehen. Die Verkrampfungen der Beckenbodenmuskulatur, eventuelle Harnretentionen sowie eine hohe psychische Besetzung der Urogenitalregion bereiten den Boden für eine Reizblase.

Bei den Patientinnen mit Angsterkrankungen findet sich insbesondere eine Ambivalenz zwischen Hingabe und ängstlichem Sich-Zurückhalten. Bei Patientinnen mit narzißtischen Störungen und labilem Selbstwertgefühl finden sich auch depressive Symptome. Nicht selten geht die Reizblase mit Begleitsymptomen wie migräneartigen Kopfschmerzen und Spannungskopfschmerz einher oder auch mit muskulären Verspannungen im Schulter- und Nackenbereich sowie der Wirbelsäule.

Therapie

Auch die Reizblase der Frau führt häufig zum Aufsuchen von Gynäkologen beziehungsweise Urologen. Erkennt der Arzt die unbewußten Interaktionszyklen in der Beziehungsaufnahme der Patientin nicht, kann er zu einer Chronifizierung der Beschwerden durch zu langfristige somatische Behandlungen beitragen. Versucht er, einen Zusammenhang der Beschwerden mit psychischen oder sozialen Konflikten mit der Patientin zu erarbeiten, kann er die Motivation für eine fortführende psychotherapeutische Behandlung festigen. Nach den vorliegenden Erfahrungen sind die Patientinnen eher zu einer Psychotherapie zu motivieren als Männer mit einem vegetativen Urogenitalsyndrom. Andererseits ist in manchen Fällen eine konfliktaufdeckende Psychotherapie nicht indiziert, sondern eher supportive Maßnahmen und symptomatische, therapeutische Maßnahmen wie Blasentraining und Entspannungsverfahren. Gute Erfolge sind auch mit dem Biofeedback erzielt worden.

Das vegetative Urogenitalsyndrom des Mannes (chronische abakterielle Prostatitis)

Deskription

Für dieses Syndrom, bei dem es sich um das häufigste psychosomatische Syndrom in der Urologie handelt, sind im Laufe der Entdeckung verschiedene Bezeichnungen gefunden worden. Diederichs (2000) führt 26 Bezeichnungen auf, von denen in neuerer Zeit noch aktuell benutzt werden: vegetatives Urogenitalsyndrom, Prostatodynie, chronische bakterielle Prostatitis, chronische abakterielle Prostatitis, Kongestionsprostatitis, prostatisches Syndrom.

Klinisch muß zwischen der akuten bakteriellen Prostatitis, der chronischen Prostatitis und dem sogenannten vegetativen Urogenitalsyndrom unterschieden werden. Die Deutsche Gesellschaft für Urologie unterscheidet diese Erkrankungen durch Nachweise von eitrigem Prostatasekret, Erregernachweisen und Symptomen, zum Beispiel Fieber, bei der akuten Prostatitis. Hingegen ergeben sich bei der Prostatodynie keinerlei somatische Befunde.

Günthert und Diederichs (1995) haben für das vegetative Urogenitalsyndrom den Begriff des „psychosomatischen Urogenital-Syndroms (PUS)" vorgeschlagen. Seitens der Urologie wurde jetzt von Weidner (1999) der Begriff „nicht-entzündliches chronisches Schmerzsyndrom des Beckens" vorgeschlagen. Diese Beschreibung trifft genau die psychosomatische Betrachtungsweise. Es ist synonym mit dem englischen Begriff *Chronic Pelvic Pains* (Krieger et al. 1996). Damit ist auch die Analogie zu dem weiblichen chronischen Beckenschmerz und der Reizblase herausgearbeitet. Die neue Klassifikation wird auch von Günthert (1999) mit seinem Begriff der „Beckenbodenmyalgie des Mannes" vertreten und von Richter (1999) mit dem Begriff des „Pelipathiesyndroms" bei der Frau.

Das vegetative Urogenitalsyndrom findet sich bei über 50 % der Patienten mit prostatitischen Beschwerden (Weidner 1984). Ein urologischer Befund kann in diesen Fällen nicht erhoben werden. Andererseits ist der Zusammenhang zwischen einer bakteriellen oder „abakteriellen" (Chlamydien, Mykoplasmen, Leukozytenzahl erhöht ohne spezifischen Nachweis) Prostatitis nicht zwingend. Aus Fertilitätsuntersuchungen ist bekannt, daß bakterielle Prostatitiden vorliegen, ohne daß über entsprechende Beschwerden geklagt wird (Günthert 1986). Die Befunde von Janssen et al. (1983) und Junk-Overbeck et al. (1988) weisen denn auch vergleichbare psychopathologische Befunde zwischen dieser Untersuchungsgruppe und der mit vegetativem Urogenitalsyndrom auf.

Das Krankheitsbild umfaßt Schmerzen im Damm- und Kreuzbereich, in der Leistengegend, der Blase und im Hoden wie auch bei der Ejakulation, Miktionsstörungen mit vermehrtem Harndrang, häufigem Wasserlassen, Brennen und Startverzögerung bei der Miktion und auch Sexualstörungen (Erektionsschwierigkeiten, Schmerzen beim Samenerguß oder Ejaculatio praecox).

Die **häufigsten Beschwerden** sind: wiederholter Harndrang, Schmerz in der Leistengegend und Blase, Schmerzen an Glied und Hoden, Kreuz- und Rückenschmerzen, Startverzögerung beim Wasserlassen, Jucken und Kitzeln in der Harnröhre, Schmerzen beim Wasserlassen, häufiges nächtliches Aufstehen wegen Harndrang und anderes. Bei über 50% der Patienten mit einem vegetativen Urogenitalsyndrom liegen auch funktionelle Sexualstörungen wie Verlust der Libido, Erektionsstörungen, Schmerz bei der Ejakulation und Ejaculatio praecox sowie retarda oder Anorgasmie vor (Diederichs 1983). Aufgrund von Beobachtungen in seiner Praxis stellt Günthert (1986) fest, daß Homosexuelle häufig an Symptomen eines vegetativen Urogenitalsyndroms leiden. Er führt dies auf die Sexualpraktiken Homosexueller zurück, die häufig nicht zur Entspannung führen.

Psychodynamik

Aus psychosomatischer Sicht wurden erst in den letzten Jahren vereinzelt methodisch anspruchsvollere Untersuchungen durchgeführt (Diederichs 1983; Janssen et al. 1983; Junker 1970; Mendlewicz et al. 1971; Pott et al. 1991; Riedell und Brähler 1983). In den klinischen und testpsychologischen Untersuchungen bestätigte sich das Vorliegen einer Psychoneurose oder Charakterneurose. Ein einheitliches Bild der psychischen Störungen ergab sich jedoch nicht, es fanden sich unterschiedliche neurotische Krankheitsbilder. Die Patienten waren überwiegend zwangsneurotisch, aber auch hypochondrisch-depressiv, zeigten Abhängigkeitstendenzen und insbesondere Selbstwertstörungen. Manchmal lagen latente homosexuelle Tendenzen vor. In seltenen Fällen fanden sich auch Borderline-Syndrome oder präpsychotische Zustände. Die **Psychogenese** dieser Störungen weist darauf hin, daß sich die Patienten mit ihren Vätern nicht hinreichend identifizieren konnten, wodurch sich eine Störung in der männlichen Identitätsentwicklung ergab (vgl. Janssen et al. 1983).

Die häufigen **zwangsneurotischen Anteile** lassen sich triebdynamisch als Abwehr- und Kontrollversuch gegen aggressiv-sexuelle beziehungsweise homosexuelle Triebimpulse verstehen, zum anderen psychosomatisch mit dem Befund von Myalgien der Beckenbodenmuskulatur in Verbindung bringen (Wilhelm 1985). Die Verspannung dieser Muskulatur läßt sich so als Affektäquivalent verstehen, wobei die (anale) Ambivalenz zwischen dem „Festhalten-Müssen" und dem „Hergeben", „Herauslassen" diese Dynamik initiiert. Diederichs (1987) weist auf narzißtische Aspekte bei dieser Störung hin, wobei der Phallus als stabilisierendes Element des labilen Kör-

per-Selbst durch Kränkung entwertet wird, womit der narzißtische Einbruch erfolgt.

Chronifizierende Beschwerden veranlassen den Patienten, wiederholt und unzufrieden den behandelnden Urologen aufzusuchen. Die sich **wiederholenden Untersuchungen**, insbesondere die invasive Diagnostik, kann bei vorliegender Disposition zur Neurose verstärkt unbewußte Konflikte reaktivieren, die die Beziehung zwischen Urologen und Patienten beeinflussen. So können homosexuelle Wünsche und daraus resultierende Ängste aktualisiert werden. Bei schweren psychischen Störungen wird der Urologe unbewußt als „Schädiger" erlebt (Janssen et al. 1983). Es entwickeln sich Wutgefühle, und der Patient versucht, sich zu rächen oder dekompensiert depressiv. Im Sinne eines neurotischen Wieder-holungszwanges wird er dennoch immer wieder versuchen, von dem behandelnden Urologen seine „männliche Unversehrtheit" bestätigt zu bekommen und ihn zu weiteren Therapiemaßnahmen zu veranlassen, um schließlich sich selbst oder den Behandler enttäuscht zu entwerten.

Therapie

Die unbewußten Interaktionszyklen können nicht nur zu einer Chronifizierung der Beschwerden beitragen, sondern auch den behandelnden Urologen vor erhebliche Probleme stellen. Er sollte das Gespräch mit dem Patienten suchen, um Hinweise für einen Zusammenhang zwischen den urologischen Beschwerden und psychischen oder sozialen Konflikten zu finden und diese dem Patienten verständlich vermitteln (Günthert 1986). Insbesondere bei schwerwiegenden psychischen Dekompensationen ist für eine spezielle Diagnostik der Psychotherapeut zu konsultieren. Eine gezielte psychotherapeutische Behandlung ist abhängig von dem zugrundeliegenden psychischen Krankheitsbild und richtet sich nach dem Schweregrad der psychischen Störungen. Behandlungsmaßnahmen sind aber auch abhängig von der meist geringen Motivation des Patienten, sich auf eine psychosomatisch-psychotherapeutische Behandlung einzulassen.

Nicht nur bei Patienten mit negativen mikrobiologischen Befunden kommt das psychosomatische Syndrom vor, sondern auch bei Patienten mit positiven Befunden (Janssen et al. 1993; Junk-Overbeck et al. 1988). Insofern sind psychotherapeutische Maßnahmen auch bei solchen Patienten indiziert, da es eine dysfunktionale Krankheitsverarbeitung psychosomatischer Auffälligkeiten darstellen kann.

Bei manchen Patienten, die für eine Psychotherapie nicht zugänglich sind, kommen auch Entspannungsübungen wie Autogenes Training und Körpertherapien in Frage. Auch eine somatisch urologische Behandlung kann zu einer Besserung führen. Eine antibiotische Therapie ist nur beim Nachweis von Krankheitserregern indiziert. Auch wird eine Phytotherapie bei vorherrschenden Miktionsbeschwerden gelegentlich eingesetzt.

Zusammenfassung

Somatoforme Störungen im Urogenitalbereich kommen relativ häufig vor, manifestieren sich zumeist beim Mann als vegetatives Urogenitalsyndrom, bei der Frau als Reizblase. Die Psychodynamik ist vielfältig. Der hohe Erwartungsdruck dieser Patienten macht eine Berücksichtigung der Übertragungsebene in Beratung und Therapie unter Voraussetzung einer angemessenen, somatische Fixierungen vermeidenden Handhabung durch den betreuenden Arzt erforderlich.

Literatur

Bird JR. Psychogenic urinary retention. Psychother Psychosom 1980; 34: 45–51.

Bitzer J. Psychosomatik der Miktionsstörungen der Frau. In: Psychosomatische Geburtshilfe und Gynäkologie. Stauber M, Kentenich H, Richter D (Hrsg). Berlin, Heidelberg: Springer 1999; 522–31.

Bitzer J, Richter D. Zur Psychosomatik von Miktionsstörungen. Gynäkologe 1989; 22: 77–82.

Breitwieser P, Sareyka O. Häufigkeit psychosomatischer Fälle in der urologischen Praxis. Urologe 1981; B21: 14.

Diederichs P. Urologische Psychosomatik. Berlin: Springer 1983.

Diederichs P. Sexualität und Miktionsstörung. Gynäkologe 1986; 19; 37–42.

Diederichs P. Zur Relevanz Narzißmus-theoretischer Aspekte in der psychosomatischen Medizin. In: Psychoanalyse der Gegenwart. Rudolf G, Rüger U, Studt HH (Hrsg). Göttingen: Vandenhoeck & Ruprecht 1987; 223–30.

Diederichs P. Urologische Psychosomatik. Bern, Göttingen, Toronto, Seattle: Huber 2000.

Günthert EA. Psychosomatische Probleme in der urologischen Sprechstunde. Erfahrungen aus der Tätigkeit des niedergelassenen Urologen. Urologe 1980; A19: 232–7.

Günthert EA. Psychosomatic aspects of prostatitis. In: Therapy of prostatitis. Weidner W, Brunner H, Krause W, Rothauge CF (eds). München: Zuckerschwerdt 1986; 161–70.

Günthert EA. Psychosomatische Urologie. In: Urologie. Merkle W (Hrsg). Stuttgart: Hippokrates 1997; 393–407.

Günthert EA. Urogenitalsyndrom – Beckenbodenmyalgie. Beckenbeschwerden des Mannes: Prostatodynie, Prostatodynie, „Prostatitis". Urologe 1999; B39: 18–22.

Günthert EA, Diederichs P. Psychosomatische Aspekte in der Urologie. In: Psychosomatische Medizin. 5. Aufl. Adler RH, Hermann JM, Köhle K, Schonecke OW, Uexküll T v., Wesiack W (Hrsg). München, Wien: Urban & Schwarzenberg 1996; 1057–66.

Janssen PL, Kukahn R, Spieler KH, Weißbach L. Psychosomatische Untersuchungen zur chronischen Prostatitis. Z Psychosom Med 1983; 29: 253–69.

Junk-Overbeck M, Pott W, Pauli U. Empirische Untersuchungen zur Psychosomatik der chronischen Prostatitis. In: Partnerschaft, Sexualität und Fruchtbarkeit. Brähler E, Meyer AE (Hrsg). Berlin: Springer 1988; 217.

Junker H. Sind Patienten mit chronischer abakterieller Prostatitis Sexualneurastheniker? Ein psychodiagnostischer Beitrag. Z Psychosom Med 1970; 16: 264–78.

Krieger JN, Egan KJ, Ross SO, Jacobs R, Berger RE. Chronic pelvic pains represent the most prominent urogenital symptoms of chronic prostatitis. Urology 1996; 48: 715–22.

Mendleweicz J, Schulmann CC, Schutter B de, Wilnotte J. Chronic prostatitis. Psychosomatic incidence. Psychother Psychosom 1971; 19: 118–25.

Mester H. Das chronifizierte psychogene Harnverhalten. Z Psychosom Med 1975; 21: 314–44.

Molinski H. Sexualstörungen der Frau. Sexualmed 1983; 12: 182–5.

Payk TR. Nichtorganisch bedingte urologische Funktionsstörungen und Krankheitsbilder. Urologe 1979; 18: 13–7.

Pott W, Junk-Overbeck M, Wirsching M. Chronisch-bakterielle Prostatitis-Prostatodynie. Z Psychosom Med 1991; 37: 157–71.

Richter D. Unterbauchschmerz. In: Psychosomatische Geburtshilfe und Gynäkologie. Stauber M, Kentenich H, Richter D (Hrsg). Berlin, Heidelberg: Springer 1999; 511–21.

Riedell H, Brähler E. Prostatitis und Ehepaarbeziehung. In: Chronische Prostatitis. Brunner H, Krause W, Rothauge CF, Weidner W (Hrsg). Stuttgart, New York: Schattauer 1983; 273–82.

Weidner W. Moderne Prostatitisdiagnostik. München: Zuckerschwerdt 1984.

Weidner W. Eine neue Prostatitis-Klassifikation. Urologe 1999; A38: 185–95.

Wilhelm E. Die Beckenbodenmyalgie, keine Prostatitis. In: Verhandlungsbericht der Deutschen Gesellschaft für Urologie. Deutsche Gesellschaft für Urologie (Hrsg). Berlin: Springer 1985; 494.

Literaturempfehlung

Diederichs P. Urologische Psychosomatik. Berlin: Springer 1983.

Stauber M, Kentenich H, Richter D (Hrsg). Psychosomatische Geburtshilfe und Gynäkologie. Berlin, Heidelberg: Springer 1999.

5.3.10
Urtikaria
Michael Trukenmüller

ICD-10-Klassifikation

Dieses Krankheitsbild wird in die diagnostische Kategorie „Psychologische Faktoren und Verhaltensfaktoren bei andernorts klassifizierten Krankheiten" (F54) eingeordnet. Dazu wird es in dem entsprechenden dermatologischen Kapitel klassifiziert (F54.0).

Definition und Deskription

Definition

Unter **Urtikaria** oder „**Nesselsucht**" versteht man ein Krankheitsbild, das durch typische Hautefflorescenzen, die Quaddeln oder Urtikä, gekennzeichnet ist. Diesen Quaddeln liegen umschriebene Ödeme in der oberen Dermis zugrunde, die durch Exsudation aus erweiterten und in ihrer Permeabilität gesteigerten Blutgefäßen entstehen. Demgegenüber kommt es beim Krankheitsbild des **Angioödems** zu einer Exsudation in den tieferen Schichten der Subkutis, die klinisch als ausgedehntere zusammenhängende Schwellung imponiert (**Quincke-Ödem**). In 20 bis 30% der Fälle treten beide Formen gemeinsam auf (Braun-Falco 1996).

Die Urtikaria ist eine häufige Erkrankung, nach Schröpl (1986) sind etwa 10% aller Menschen mindestens einmal im Leben davon betroffen. Das Auftreten der Quaddeln wird begleitet von einem intensiven Juckreiz. Typisch für diesen Juckreiz ist, daß er als Reaktion nicht Kratzen, sondern eher **Scheuern** oder **Reiben** auslöst und deshalb nicht, wie bei anderen Hauterkrankungen, zu blutigen Kratzeffekten führt. Häufig nimmt der Juckreiz gegen Abend zu, was durch die dann vorherrschende vagotone Reaktionslage erklärt wird.

In der **Pathophysiologie** der Quaddelentstehung spielen vielfältige Mechanismen eine Rolle. Von zentraler Bedeutung ist die Freisetzung von **Histamin** aus den Gewebsmastzellen. Neben Histamin können jedoch auch andere Substanzen in ähnlicher Weise als Mediatoren wirken. Die Ausschüttung dieser Mediatoren kann durch verschiedene Mechanismen ausgelöst werden.

Dem entsprechen unterschiedliche klinische Typen und Verlaufsformen der Urtikariaerkrankung. Die Hautveränderungen können wenige Stunden nach dem Auftreten definitiv wieder verschwunden sein, sie können kontinuierlich über Tage, Monate oder Jahre immer wieder auftreten, oder es kommt nach längeren erscheinungsfreien Intervallen zu Rezidiven.

Ätiologie

Hinsichtlich der Ätiologie und Pathogenese wird vielfach reflexartig an eine „Allergie" gedacht. Nun ist sicher gut belegt, daß allergische Mechanismen, insbesondere die IgE-abhängige Typ-1-Reaktion, häufig von zentraler Bedeutung sind, dies muß jedoch nicht zwangsläufig so sein. Man denke nur an direkte **toxische Einwirkungen**, wie zum Beispiel den Kontakt mit der Brennessel (Urtica dioica), der die Krankheit ihren Namen verdankt. Desgleichen sind Formen der Urtikaria beschrieben, bei denen es durch **physikalische Reize** (Wärme, Kälte, Druck) zur Ausbildung der typischen Effloreszenzen kommt, ohne daß dabei allergische Mechanismen im Spiel zu sein brauchen. Eine Sonderform, bei der sich die Frage nach der Beteiligung psychischer Faktoren besonders häufig stellt, ist die **Urticaria factitia**. Hier geht der Juckreiz der Quaddelbildung quasi voraus. Es besteht zunächst ein generalisierter Pruritus, erst die mechanische Irritation durch das Kratzen löst dann die Quaddelbildung aus, die in einem Teufelskreis den Juckreiz zusätzlich verstärkt. In diesen Fällen weisen die Quaddeln entsprechend den Kratzspuren eine typische streifenförmige Konfiguration auf.

> Es ist davon auszugehen, daß es sich bei der Urtikaria um ein multifaktorielles Krankheitsbild handelt, bei dem die gemeinsame „Endstrecke" der Quaddelbildung durch Einflüsse aus verschiedenen Richtungen und Mechanismen unterschiedlicher Art aktiviert werden kann.

Die Bedeutung **psychischer Faktoren** in der Ätiologie der Urtikaria ist sowohl kasuistisch als auch durch zahlreiche empirische Studien gut belegt, wenn von den einzelnen Autoren auch das Gewicht des psychischen Faktors unterschiedlich veranschlagt wird. Da es sich offenbar um ein sehr heterogenes Krankheitsbild handelt, kann dies letztlich auch nicht überraschen. In der Praxis wird dabei die Frage nach der Beteiligung psychischer Faktoren häufig erst gestellt, wenn von somatischer Seite eine auslösende Ursache (in der Regel im Sinne einer Allergie) nicht nachzuweisen ist.

Dies ist nach übereinstimmenden Angaben in der Literatur in einem hohen Prozentsatz der Fall (über 50%). Bei positiven allergologischen Befunden rückt dagegen die Frage nach einer psychischen Beteiligung oft gar nicht ins Blickfeld. Dieses

Vorgehen und eine solche alternative Betrachtungsweise erscheinen wenig sinnvoll. Wir wissen, daß auch eine **allergische Reaktionsbereitschaft** keine lebenszeitlich konstante Größe ist, sondern sehr schwanken kann, wobei noch weitgehend ungeklärt ist, welchen Bedingungen dies unterliegt. Es gibt jedoch zumindest Hinweise, die den **Einfluß psychischer Faktoren** selbst auf somatisch gut definierte Abläufe wie die Tuberkulinreaktion und die Typ-1-Reaktion belegen (Black 1963; Black et al. 1963). Um den Patienten nicht unnötig lange Irrwege im Labyrinth der somatischen Diagnostik aufzubürden, erscheint es deshalb gerade bei der Urtikaria besonders wesentlich, die psychosomatische Perspektive von vornherein mit einzubeziehen.

Psychodynamik

Schon in frühen Fallstudien (z. B. Saul und Bernstein 1941) wird die Beziehung der Urtikaria zu **unterdrücktem Weinen** hervorgehoben. Auch von anderen Autoren wird beschrieben, daß Urtikaria-Anfälle mit einem plötzlichen Ausbruch von Weinen enden können (Alexander 1951, S. 127). In einer ähnlichen Richtung liegen die Befunde von Rechenberger (1982).

Bei der tiefenpsychologischen Untersuchung von 30 Patienten mit Urtikaria, die die Autorin anschließend auch selbst psychotherapeutisch behandelte, fand Rechenberger regelmäßig, daß dem Ausbruch der Urtikaria die Bedrohung einer engen Beziehung durch eine dritte Person zugrunde lag. Bei allen Patienten konnte sie eine **auslösende Situation** identifizieren, die relativ bewußtseinsnah war und auf Befragen angegeben werden konnte. Sie ging dem Ausbruch der Urtikaria in der Regel ein bis zwei Tage voran. Die psychodynamische Grundlage für die Pathogenität dieser Konfliktsituation sieht die Autorin in einer **Fixierung** auf der **oralen Stufe** und der hierdurch konstituierten Gier: „Werden meine Wünsche nicht erfüllt, überfällt mich Wut, und anschließend entstehen Quaddeln". Die Auffassung dieser Autorin ist sicher sehr durch ein etwas schematisch gehandhabtes psychoanalytisches Entwicklungsmodell geprägt. Entsprechend ist aus der zeitlichen Distanz in anderen Arbeiten der Einfluß der jeweils vorherrschenden Formen psychosomatischer oder psychoanalytischer Konzeptbildung unschwer zu erkennen. Dennoch kommen auch nichtanalytische Autoren zu ähnlichen Formulierungen. Schröpl (1989) fand bei seinen Urtikariapatienten regelmäßig eine innere Haltung, die er folgendermaßen beschreibt: „Der Patient möchte etwas, was nicht geht. Es handelt sich oft um zwanghafte Menschen, die nicht einsehen können, daß die Welt nicht so funktioniert, wie sie gerne möchten."

Die Bedeutung von **unterdrücktem Schmerz**, aber auch von **Wutgefühlen**, hat sich in unserer eigenen klinischen Praxis häufig bestätigt.

Therapie

Neben der pharmakologischen Therapie (Antihistaminika, unter Umständen Glukokortikoide) kommen von psychosomatischer Seite verschiedene Therapieverfahren in Betracht. Dabei ist insbesondere die Wirksamkeit suggestiver Techniken und von Entspannungsverfahren durch zahlreiche Studien belegt (Stangier 1989).

Wenn hinter der Symptomatik ein lebensgeschichtlich verstehbarer Konflikt deutlich wird, kann die Indikation für eine **psychoanalytisch orientierte Therapie** gegeben sein. Die Patientin aus unserem ersten Fallbeispiel hat von einem solchen Therapieangebot sehr profitiert. Oft zielen auch in vergleichbaren Fällen therapeutische Maßnahmen nur auf die Milderung der Symptomatik, oder die auslösende Situation wird nur in einem vordergründigen Sinne als belastendes Ereignis gesehen, ohne die subjektive Bedeutung dieses Ereignisses vor dem Hintergrund der individuellen Lebensgeschichte des Patienten zu verstehen. Damit wird die Chance verspielt, Zugang zu einer tieferliegenden psychischen Problematik zu gewinnen, die durchaus einer psychotherapeutischen Bearbeitung zugänglich sein kann. Nicht immer erweist sich dieser Weg allerdings als gangbar. So wurde die Patientin aus dem zweiten Fallbeispiel schon im Rahmen einiger probatorischer Sitzungen so von Gefühlen der Einsamkeit, Sinnlosigkeit und Verzweiflung überwältigt, die dann ein massives Agieren auslösten, daß eine analytisch orientierte Therapie, zumindest zu diesem Zeitpunkt, nicht durchführbar war.

Dem heterogenen Charakter des Krankheitsbildes entsprechend läßt sich eine Therapieindikation aus der Diagnose „Urtikaria" alleine nicht ableiten, sondern sie muß sich aus der Art der beteiligten psychischen Problematik ergeben.

Fallbeispiele

———————— Fallbeispiel 1 ————————

Eine 36jährige Patientin litt seit vier Monaten unter einer Urtikaria mit fast täglich auftretenden Quaddeln und einem insbesondere abends und vor dem Einschlafen quälenden Juckreiz.

Sie wirkte im Gespräch offen und sympathisch, war, obwohl sie sich zunächst gar nicht vorstellen konnte, daß ihre Erkrankung seelische Gründe haben könnte, sehr um konstruktive Zusammenarbeit bemüht. Beim Nachdenken über den Zeitpunkt des ersten Auftretens der Symptome erinnerte sie sich, daß sie sich am Tag vorher sehr aufgeregt hatte. Sie stamme aus dem Harz, lebe zwar schon lange in Hamburg, habe aber ihr Elternhaus behalten und vermiete es als Ferienwohnung. In diesem Falle habe dort eine Familie die Ferien verbracht, die auf sie einen sehr ordentlichen Eindruck gemacht hatte. Als sie jedoch nach deren Abreise die Wohnung in Augenschein nahm, sei sie aus allen Wolken gefallen. Es sei alles völlig verschmutzt gewesen, bis hin zu Spuren von Hundekot auf dem Teppichboden. Sie habe mehrere Stunden angestrengt gearbeitet, um die Wohnung zu säubern.

Im weiteren Verlauf des Interviews berichtete sie eine erschütternde **Lebensgeschichte**. Sie sei das älteste von insgesamt vier Kindern. Sie habe früh ihre Eltern verloren, den Vater durch einen Unfall im zehnten Lebensjahr, wenig später wurde bei der Mutter eine Karzinomerkrankung festgestellt, sie wurde zunehmend hinfälliger, war die letzten beiden Jahre überwiegend bettlägerig und verstarb im 16. Lebensjahr der Patientin. Sie habe dadurch sehr früh die Verantwortung für die jüngeren Geschwister und den Haushalt übernommen, habe es durch Vermittlung des Pfarrers auch erreicht, daß die Geschwister nach dem Tod der Mutter im

elterlichen Haus zusammenbleiben konnten und nicht in verschiedene Heime verteilt wurden.

Während sie dies eher sachlich schilderte, fühlte sich der Interviewer im Gespräch zunehmend erschlagen und zu Boden gedrückt von einer gewaltigen Last, die die Patientin selbst aber wenig zu spüren schien. In der Schilderung der weiteren Biographie war deutlich, wie die Patientin aufgrund ihrer Bereitschaft, Verantwortung für andere zu übernehmen, sich immer schwierige und belastende Aufgaben aufgebürdet hatte, zuletzt vor einem halben Jahr die Fürsorge für ein Kind ihrer Schwester, die selbst in einer schwierigen Situation steckte.

Als sie ihre erregte Anspannung beim Putzen schilderte, beschäftigte sie immer wieder der unangenehme Geruch in der Ferienwohnung, als wenn der sie an etwas erinnert habe. Schließlich fiel ihr ein, daß es in den letzten Jahren im Krankenzimmer ihrer Mutter ähnlich gerochen habe.

———————————————

Diese Patientin mußte, um ihre Funktion in der Familie wahrnehmen zu können, sicher viele Gefühle (Trauer, Schmerz, aber auch Wut auf die Mutter und die kleineren Geschwister, deren Versorgung ihr in der Jugend kaum Raum für eigene Interessen ließ) sehr rigide abwehren. In der mehrfach determinierten Auslösesituation war der Druck der lange abgewehrten Gefühle offenbar so stark geworden, daß die gewohnte Form der Abwehr versagte und es so zu der beschriebenen Symptombildung kam.

Daß Ereignisse oder Situationen dadurch zum Auslöser für die Symptombildung werden, daß sie frühere traumatische Konstellationen wieder aktualisieren, läßt sich immer wieder feststellen:

———————— Fallbeispiel 2 ————————

Eine aus dem asiatischen Raum stammende 32jährige Patientin hatte in ihrer Jugend vom zweiten Lebensjahr an vier Jahre in einem Kinderheim getrennt von der übrigen Familie verbringen müssen, da die Mutter erkrankt und mit der Versorgung der insgesamt sechs Kinder überfordert war. Vor diesem Hintergrund entwickelte sich eine sehr ambivalente Beziehung zur Mutter und eine sehr enge Bindung an den Vater; hier kam es zu einer schrecklichen Enttäuschung, als die Patientin mit 19 Jahren entdeckte, daß der Vater große Teile seines Privatlebens vor der Familie geheimgehalten hatte und es ihm mehr darum ging, die Patientin für seine politischen Ziele einzusetzen, als daß er an ihrem persönlichen Wohlergehen interessiert gewesen wäre. Sie faßte daraufhin den Entschluß, auf nicht ungefährliche Weise ihr Heimatland zu verlassen. Nach einer wechselvollen Geschichte lernte sie später in Deutschland einen älteren Kollegen kennen, in den sie sich verliebte und mit dem sie eine gemeinsame Zukunft plante. Sie entwickelte eine Urticaria factitia, als es um die Frage der Heirat ging und sie feststellte, daß ihr Freund hier sehr zögerte und sie hinzuhalten versuchte. Hier wurde durch die aktuelle Enttäuschung ein tief in der Biographie verwurzelter und psychisch kaum wahrgenommener Affekt angerührt.

———————————————

Bei der auslösenden Situation muß es sich jedoch nicht zwangsläufig um eine negative Erfahrung handeln.

———————— Fallbeispiel 3 ————————

So hatte es eine unserer Patientinnen als Kind in erstaunlicher Weise fertiggebracht, sich selbst aus einer schwierigen Lebenssituation zu befreien. Als ältestes von drei Geschwistern lebte sie mit Mutter und Stiefvater in einer familiären Situation, die durch Gewalttätigkeit und Verwahrlosung gekennzeichnet war. Sie nahm selbst

Kontakt zu einer Behörde auf und erreichte, daß sie in einem Kinderheim untergebracht wurde, in dem sie sich dann etliche Jahre auch sehr wohl fühlte. Zum Auftreten der Urtikaria kam es, als sie sich mit 20 Jahren verliebte und erstmals eine enge persönliche Bindung einging, wobei die Schilderung der Beziehung in dieser Zeit noch durchaus glücklich und harmonisch wirkte. Die Aufnahme dieser Beziehung bedeutete hier auch das Aufgeben einer Abwehrposition, wodurch die Möglichkeit der Wiederholung alter Verletzungen näherrückte.

Um die Breite des klinischen Spektrums deutlich zu machen, sei noch ein Fall aus England erwähnt.

Fallbeispiel 4

Hier entwickelte ein 38jähriger Mann mit ansonsten völlig unauffälliger Anamnese zweimal eine schwere Urtikaria, während er vor dem Fernseher die Spiele der Fußball-Weltmeisterschaft 1986 verfolgte. Einmal, beim Spiel England gegen Portugal, als die Portugiesen das 1:0 schossen, einige Tage später nochmals, als beim Spiel England gegen Marokko ein englischer Spieler vom Platz gestellt wurde, erregte er sich hierüber heftig und war wenig später am ganzen Körper von Quaddeln bedeckt (Merry 1987).

In Hinblick auf die Art der psychischen Beteiligung ist also nicht mit feststehenden Zusammenhängen und in jedem Fall typischen Konflikten zu rechnen. Entsprechendes gilt auch für das Gewicht der psychischen Komponente in der Pathogenese der Erkrankung. Die Heterogenität des Krankheitsbildes in dieser Hinsicht wird durch neuere empirische Studien mit den Methoden der **Zeitreihenanalyse** belegt (Bahmer und Kisling 1993; Schubert 1989). Während bei einer der von Schubert untersuchten Patientinnen die Quaddeln regelmäßig infolge starker emotionaler Belastungen auftraten, fand sich bei einer anderen kein signifikanter Zusammenhang zwischen Symptomatik und psychosozialen Faktoren.

Zusammenfassung

Bei der Urtikaria oder „Nesselsucht" handelt es sich um eine stark juckende Hauterkrankung, deren Schweregrad und Verlauf sehr variabel sind. Hinsichtlich der Ätiologie ist von einer multifaktoriellen Krankheitsentstehung auszugehen. Die Bedeutung psychischer Faktoren ist dabei insgesamt gut belegt, kann im Einzelfall aber von sehr unterschiedlichem Gewicht sein. Die Art der beteiligten psychischen Konflikte und Affekte kann variieren, wenngleich sich relativ häufig eine Beziehung zu unterdrückten Gefühlen von Trauer, Schmerz und Wut findet.

Literatur

Alexander F. Psychosomatische Medizin. Berlin: Walter de Gruyter 1951.
Bahmer FA, Kisling M. Emotionale Befindlichkeit und chronische Urtikaria – eine zeitreihenanalytische Studie. In: Hauterkrankungen in psychologischer Sicht. Gieler U, Stangier U, Brähler E (Hrsg). Göttingen, Bern, Toronto, Seattle: Hogrefe 1993; 151–63.

Black S. Inhibition of immediate-type hypersensitivity response by direct suggestion under hypnosis. BMJ 1963; 1: 925–9.
Black S, Humphrey JH, Niven J. Inhibition of Mantoux reaction by direct suggestion under hypnosis. BMJ 1963; 1: 1649–52.
Braun-Falco O, Plewig G, Wolff HH, Winkelmann RK. Dermatologie und Venerologie. 4. Aufl. Heidelberg, Berlin: Springer 1996.
Merry P. World cup urticaria. J R Soc Med 1987; 80: 779.
Rechenberger I. Tiefenpsychologisch ausgerichtete Diagnostik und Behandlung von Hautkrankheiten. 3. Aufl. Göttingen: Vandenhoeck & Ruprecht 1982.
Saul LJ, Bernstein C. The emotional setting of some attacks of urticaria. Psychosom Med 1941; 3: 349–69.
Schröpl F. Die chronische Urtikaria. Stuttgart: Fischer 1986.
Schröpl F. Urtikaria: allergisch – nicht allergisch. Wien Med Wochenschr 1989; 139: 145–9.
Schubert HJ. Psychosoziale Faktoren bei Hauterkrankungen. Göttingen: Vandenhoeck & Ruprecht 1989.
Stangier U. Chronic urticaria. In: Psychological managements for psychosomatic disorders. Paulley JW, Pelser HE (eds). Berlin, Heidelberg: Springer 1989; 270–80.

Literaturempfehlung
Gieler U, Stangier U, Brähler E (Hrsg). Hauterkrankungen in psychologischer Sicht. Göttingen, Bern, Toronto, Seattle: Hogrefe 1993.
Koblenzer CS. Psychocutaneous disease. Orlando: Grune & Stratton 1987.

5.3.11
Schmerzsyndrome

Rainer Schors und Stephan Ahrens

ICD-10-Klassifikation

Schmerzsyndrome werden als „anhaltende somatoforme Schmerzstörungen" klassifiziert (F45.4). Darunter werden andauernde, schwere und quälende Schmerzen zusammengefaßt, die nicht vollständig durch einen physiologischen Prozeß oder eine körperliche Störung erklärt werden können. Weiter wird gefordert, daß der Schmerz in Verbindung mit emotionalen Konflikten oder psychosozialen Problemen auftritt, die schwer genug sein sollen, um als entscheidender ursächlicher Einfluß angesehen zu werden. Nicht unter dieser Ziffer zu klassifizieren sind Schmerzen auf dem Hintergrund einer depressiven Störung oder Schizophrenie.

Davon abgesetzt ist die Migräne unter G43 differenziert nach der Symptomatik klassifiziert: Spannungskopfschmerz wird mit G44.2, arzneimittelinduzierter Kopfschmerz mit G44.4 und Cluster-Kopfschmerz mit G44.0 klassifiziert.

Die zusätzliche Vergabe der Kategorie F54 ist unter der Annahme psychophysiologischer Mechanismen obligat.

Definition und Deskription

Definition

Die internationale Gesellschaft zum Studium des Schmerzes (IASP) definiert **Schmerz** wie folgt: „Ein unangenehmes Sinnes- und Gefühlserlebnis, das mit aktueller oder potentieller Gewebeschädigung verknüpft ist oder mit Begriffen einer solchen Schädigung beschrieben wird" (IASP 1976; deutsche Übersetzung bei Schmidt und Struppler 1982).

Diese Definition ist in mancherlei Hinsicht bemerkenswert: Das Postulat einer kausalen Verknüpfung zwischen Gewebsschädigung und Schmerzempfindung wird aufgegeben. Die emotionale Seite der Schmerzempfindung wird der sensorischen gegenübergestellt, der Schmerz als subjektive Empfindung – auch beim Fehlen objektivierbarer struktureller Läsionen im Gewebe – als Krankheitssymptom anerkannt.

Nimmt man diese Definition genau, dann ist damit eigentlich die **Trennungslinie** zwischen **somatisch bedingtem** und **funktionellem Schmerz aufgehoben**. Es spricht einiges dafür, daß dies für die klinische Anwendung psychotherapeutischer Verfahren auch nachvollzogen werden sollte. Dennoch erfolgt aus didaktischen Gründen in diesem Kapitel eine Beschränkung auf den Bereich des funktionellen Schmerzes, wobei aber die vielfältigen Interferenzen mit somatisch bedingten Schmerzsyndromen auch beleuchtet werden.

Einen Durchbruch für dieses integrative Verständnis des Schmerzgeschehens stellte die von dem kanadischen Psychologen Melzack und dem englischen Physiologen Wall 1965 aufgestellte und 1973 sowie 1982 revidierte **Gate-Control-Theorie** dar. In Absetzung von einer unikausalen Vorstellung der Schmerzverursachung und Schmerzwahrnehmung postulieren die Autoren ein **Feedback-System** auf mehreren neuronalen Ebenen, das über Wahrnehmung und Modulation des Schmerzes entscheidet.[1]

Das **sensorisch-diskriminative System** im ZNS vermittelt die Zuordnung eines Schmerzreizes zu Intensität, Zeit und Raum. Das **motivational-affektive System** „vermittelt den Weh-Charakter des Schmerzes und bestimmt, ob sich das Individuum vom schmerzerzeugenden Stimulus abwendet oder sich zu ihm hinwendet" (Egle und Hoffmann 1991). Das **zentrale Kontrollsystem** schließlich ist für das Verständnis des funktionellen Schmerzes von besonderer Bedeutung: Es ist der Bereich, in dem der neuronale Impuls mit der „individuellen psychogenen Reaktionskomponente" (Beecher 1956) verknüpft wird – diese individuelle Bewertung entscheidet über das Schmerzempfinden und Schmerzverhalten. Hier mischen sich biographisch vermittelte Erfahrungen, situative Aspekte und mögliche symbolische Bedeutungen: So werden einlaufende sensorische Impulse moduliert, so können aber auch sensorische Impulse initiiert werden – der funktionelle Schmerz entsteht.

Die **Modulationsfähigkeit** des **Nervensystems** bei **Schmerzleitung** und **-wahrnehmung** postulieren auch Messlinger und Schmidt (1991). Sie sehen die Fähigkeit zu „plastischen Veränderungen in den physiologischen und biochemischen Eigenschaften spinaler Neuronensysteme", die Schmerzchronifizierung als Verselbständigung zentraler Sensibilisierungsprozesse. Gehen die Autoren von somatisch bedingten Schmerzreizen aus, so ließe sich dieses Modell vice versa auch auf psychisch induzierte Schmerzwahrnehmung

___

1 Ausführliche Darstellung bei Egle und Hoffmann (1991). Zu kybernetischen Schmerzkonzepten siehe Seemann und Zimmermann (1990).

übertragen und als pathophysiologisches Korrelat verstehen. Die Erforschung dieser Zusammenhänge ist jedoch erst am Anfang, das neurophysiologische Verständnis funktioneller Schmerzen noch kaum vorhanden.

> Der **funktionelle Schmerz** entsteht zentral und kann **primär**, also ohne jeglichen Zusammenhang mit körperlichen Abläufen, entstehen, vom betroffenen Menschen jedoch als ausschließlich körperlich empfunden werden.
>
> **Funktionelle Schmerzen** können sich aber auch **sekundär** bei einer primär vorliegenden Gewebeschädigung entwickeln. In diesem Fall führt die Prägung durch eine Schmerzerfahrung zu einem seelischen Verarbeitungsprozeß, durch den sich eine zweite funktionelle Schmerzerkrankung neben der primären somatischen Störung bildet.

Ein Problem bei der obigen Definition besteht darin, daß sie nicht zwischen akutem und chronischem Schmerz differenziert, obwohl wir dafür unterschiedliche physiologische und psychologische Pathomechanismen annehmen müssen. Der **akute Schmerz** (0 bis 6 Wochen) ist eine Domäne somatischer Behandlungsverfahren – konservativ oder operativ. Meist tritt er in engem zeitlichen Zusammenhang zu einer körperlichen Schädigung auf, die Behandlung erfolgt pharmakologisch durch Analgetika oder systemisch durch Narkose oder operativen Eingriff. Seelische Einflüsse treten hier meist akut in Form von Angst auf, die bei entsprechender Behandlungsbedürftigkeit in praxi meist pharmakologisch behandelt wird. Dieser klinischen Alltagspraxis steht die Erkenntnis entgegen, daß psychotherapeutische Interventionen zur Angstlinderung zum Beispiel präoperativ eine Einsparung sowohl von Narkosemitteln als auch postoperativ von Analgetika ermöglichen und daher durchaus effektive Maßnahmen darstellen.

Auch der **akute funktionelle Schmerz** wird vom Betroffenen körperlich definiert, daher der Kompetenz der somatischen Medizin zugerechnet und in der Regel dort auch behandelt. Behandlungserfolge dürften der Suggestibilität der Patienten, der suggestiven Kraft ärztlicher Maßnahmen wie auch einer Spontanheilungstendenz zuzuschreiben sein. Im Rahmen des akuten Schmerzgeschehens wird daher in der Regel kein Behandlungsauftrag für eine psychotherapeutische Intervention entstehen. Dennoch sollte nicht außer acht gelassen werden, daß auch funktionelle Schmerzen akut einsetzen können und die Behandlung der Wahl daher eigentlich eine psychotherapeutische Intervention darstellt.

Geht der **Schmerz** in die **subakute Phase** über (protrahierter Schmerz, 6 bis 24 Wochen), ist dies meist ein Hinweis auf mangelnde Effizienz bisheriger Behandlungsversuche; als **chronifizierter Schmerz** wird ein länger als 24 Wochen dauerndes Schmerzsyndrom eingestuft. Spätestens dann sollte die Annahme einer psychosomatischen Verknüpfung oder auch ein funktionelles Geschehen angemessen überprüft werden.

Funktionelle **Schmerzen** können grundsätzlich in allen Variationen und **Lokalisationen** auftreten, wobei es Präferenzen gibt für das Bewegungssystem, Kopf und Bauch. Über die **Chronifizierung** einer solchen Störung entscheidet zum einen

Tab. 5-12 Unterscheidungskriterien für funktionell oder somatisch bedingte Schmerzen (nach Adler 1996).

Kriterium	Ausprägung bei funktionellem Schmerz	Ausprägung bei organischem Schmerz
Schmerzlokalisation	vage, unklar, wechselnd	eindeutig umschrieben
Schmerzschilderung	inadäquat	passend
Sprache	ärgerlich, wütend, gelangweilt, ungeduldig	einfach, klar, nüchtern
Zeitdimension	Schmerz ist dauernd vorhanden, etwa gleich intensiv	eindeutige Phasen von Präsenz und Fehlen bzw. deutlicher Abnahme des Schmerzes
Betonung der Ursache	Betonung des Organischen	Betonung des Psychischen
Abhängigkeit von Willkürmotorik	fehlt	vorhanden
Reaktion auf Medikamente	nicht nachvollziehbar	pharmakokinetisch plausibel
Schmerz und Beziehung zu anderen	Verbindung vorhanden	keine Verbindung
Affekte des Patienten	inadäquat	passend zum geschilderten Schmerz
Affekte des Arztes beim Zuhören	Lächeln, Hilflosigkeit, Verwirrung	Ruhe, Aufmerksamkeit, Einfühlsamkeit

die Psychodynamik des Betroffenen, zum anderen aber auch die Vulnerabilität des von der Psyche „ausgewählten" Organs oder Organsystems. So kann ein funktioneller Kopfschmerz chronifizieren, ohne weiter gehende pathophysiologische Prozesse anzustoßen. Ein funktioneller Kreuzschmerz dagegen führt in der Regel zu einer Schonhaltung des Rückens, dadurch bedingte Funktionseinbußen und bei entsprechender Chronizität letztlich auch zu nicht mehr vollständig rückbildungsfähigen pathophysiologischen Abläufen und pathomorphologischen Veränderungen (Ahrens 1990). Aus einem primär funktionellen Schmerzsyndrom wird ein psychosomatisches.

Das **Modell** der **psychosomatischen Krankheitsentstehung** von Schmerzen bedeutet die Einbeziehung körperlicher Schäden in den Krankheitsablauf. Im Gegensatz dazu ist bei den **funktionellen** oder **psychogenen Störungen** eine körperliche Schädigung nicht nachweisbar. Diese Unterscheidung ist unscharf und abhängig von der Genauigkeit der angewandten Untersuchungsmethoden, aber aus praktischen Gründen sinnvoll und notwendig. Bei Vorliegen körperlicher Schäden ist deren Mitbehandlung notwendig und sinnvoll, während eine körperliche Behandlung bei psychogenen Schmerzen überflüssig und sogar schädlich sein kann.

Beide Modelle, das der funktionellen wie auch der psychosomatischen Krankheitsentstehung, sind anwendbar auch im Sinne einer **sekundären Krankheitsentwicklung** nach primär körperlicher Erkrankung. Es handelt sich um eine Art sekundärer Neurotisierung in der Verarbeitung einer körperlichen Erkrankung, die zum Teil erheblichen Krankheitswert annehmen kann. So sind viele der chronifizierten Kreuzschmerzsyndrome nach komplikationsloser Bandscheibenoperation gemäß diesem Modell erklärbar und psychotherapeutisch behandelbar (Ahrens und Junge 1994). Versuche der Operateure, am Ort des Geschehens Schäden oder Störungen festzumachen, müssen zwangsläufig ins Leere gehen, und ein solches Vorgehen bringt eher die Gefahr iatrogener Schäden

mit sich. Auch körperliche Maßnahmen zur Schmerzlinderung können allenfalls adjuvanten Charakter haben. Der Kern des Geschehens findet im Psychischen statt, es hat sich ein sekundäres funktionelles oder psychosomatisches Schmerzsyndrom entwickelt, das sich auf die Lokalität des Operationsergebnisses quasi aufgepfropft hat und durch diese Lokalisation zu Verwechslungen mit der primär bestehenden körperlichen Erkrankung Anlaß gibt. Das psychodynamische Geschehen kann sowohl nach dem Modell der Konversion wie auch dem der psychovegetativen oder dem noch darzustellenden narzißtischen ablaufen.

Bedeutung und Verbreitung solcher sekundär-neurotisierender Prozesse in der Folge körperlicher Erkrankungen werden unseres Erachtens noch erheblich unterschätzt. Scheinbar unerklärliche Schmerzentwicklungen – die den somatischen Parametern nicht oder kaum entsprechen – sind immer „verdächtig" auf sekundäre Neurotisierungsprozesse.

Die **differentielle Diagnostik** zwischen funktionellen und somatisch bedingten Schmerzsyndromen dürfte in der Regel in der Hand der somatisch arbeitenden Mediziner liegen, kann jedoch auch durchaus zum Aufgabenfeld der psychotherapeutischen Medizin werden. Tab. 5-12 zeigt differenzierende Kriterien.

Epidemiologie

Epidemiologische Untersuchungen haben naturgemäß mit dem Problem zu kämpfen, daß Schmerz prinzipiell ein subjektives Phänomen darstellt und daher sich objektiven Erfassungsversuchen widersetzt. So wurde in den epidemiologischen Ansätzen gar nicht erst der Versuch gemacht, zwischen funktionellen und organisch bedingten Schmerzen zu differenzieren. Die von Zimmermann und Seemann (1986) herausgegebene Schmerz-Enquete weist für den Bereich der alten Bundesrepublik ca. 3 Millionen Menschen als chronisch schmerzkrank aus. Während Schmerzen generell ein allgegenwärtiges Phänomen mit einer Ein-Jahres-Prävalenz von über 80% sind (Raspe 1993), ergab die Differenzierung chronisch dysfunktionaler Schmerzen (von Korff et al. 1991), daß in den vorangegangenen sechs Monaten nur 36% der untersuchten 1016 Probanden kein Schmerzproblem aufwiesen, die restlichen rezidivierende oder persistierende Schmerzen unterschiedlicher Intensität angaben.

Nach den Kriterien „Schwere" (*Severity*) und Dysfunktionalität definiert wurden 10% aller unter Schmerz Leidenden als hoch belastet eingestuft, wobei diese in Übereinstimmung mit einer epidemiologischen Erhebung aus Schweden (Brattberg et al. 1989) an erster Stelle der Häufigkeit Rückenschmerzen (41%) angaben. In der schwedischen Studie sind dann Kopfschmerzen (26%), Abdominalschmerzen (1%), Thorax- und Gesichtsschmerzen (je 12%) aufgeführt, in der US-amerikanischen Erhebung wurden dagegen Schulter- und Armschmerzen (23,2%), Halswirbelsäulen-Schmerzen (19,3%) gefolgt von Kopfschmerzen (9%) angegeben. Bei der von Hoffmann und Egle (1993) durchgeführten Untersuchung an solchen Patienten, die eine schmerztherapeutische Einrichtung in Anspruch nahmen, waren Rückenschmerzen als häufigstes Syndrom angegeben (40 bis 70%).

Schätzungen zufolge leiden 5 bis 7% der Bevölkerung der alten Bundesländer unter chronischen Schmerzzuständen. Die enormen volkswirtschaftlichen Einbußen, vor allem unter Einschluß der Folgekosten wie zum Beispiel durch dialysepflichtige Nierenerkrankungen nach Analgetikaschäden, lassen sich nur grob schätzen (Egle und Hoffmann 1993), von dem ungeheuren Ausmaß an persönlichem Leid und psychischem Elend ganz abgesehen. Chronische Schmerzkrankheiten gehören nicht zuletzt deshalb zu den dringlichsten Gesundheitsproblemen der Bevölkerung in den hochtechnisierten Industriegesellschaften (Basler et al. 1990; Egle und Hoffmann 1993; Weber et al. 1990).

Diagnostik

Die diagnostische Aufgabenstellung kann sich auf zwei verschiedene Richtungen beziehen:

- auf eine Differenzierung vermutlicher Schmerzverursachung, also der Differenzierung zwischen funktionellen beziehungsweise psychosomatischen zu somatisch bedingten Schmerzen
- auf die Psychodynamik und Beziehungsgestaltung des Schmerzpatienten

Die Spezifika des psychoanalytisch orientierten Vorgehens bei diagnostischem Erstkontakt sind in Tab. 5-13 festgehalten.

Tab. 5-13 Psychoanalytisch orientierte Diagnostik bei chronischem Schmerz.

Grundlagen und Ziele	Die Grundlage liegt in der Annahme, daß die chronisch bedingte Schmerzsymptomatik durch das Zusammenwirken individueller, interaktioneller und institutioneller unbewußter Abwehrprozesse entsteht und aufrechterhalten wird. Daraus ergibt sich ein dreifaches Ziel:
Unbewußte Konflikte	• Klärung individueller unbewußter Konflikte einschließlich der Bedeutung körperlicher Symptome, gleichermaßen mit oder ohne somatische Schäden
Interaktion	• Untersuchung der Beziehungsgestaltung im „Hier" und „Jetzt", welche die Psychogenese des Schmerzes wahrscheinlich macht und positive Befunde zu chronifizierenden Faktoren auf der Beziehungsebene liefern kann
Soziale/institutionelle Faktoren	• Beachtung sozialer und institutioneller Faktoren, die mit der individuellen Psychopathologie und der Beziehungsgestaltung verwoben sind und die Wahl anderer Lösungsmöglichkeiten für die bestehenden Konflikte erschweren oder verhindern
Biographische Dimensionen	Der Blickwinkel muß die biographische Dimension der Krankheitsentwicklung umfassen, also nicht nur die Vergangenheit, sondern auch die Gegenwart und besonders Zukunftsentwürfe mit einschließen, denn jede Diagnose enthält auch eine Prognose.
Verluste	Verluste im körperlichen, psychischen und sozialen Bereich sind mit der Entwicklung und Aufrechterhaltung eines chronischen Schmerzsyndroms eng verknüpft. Auf depressive Symptome ist besonders zu achten.
Körperbesetzung	Die psychische Besetzung des Körpers und seiner Funktionen ist entscheidend für die Symptomwahl.
Scham-/Schuld-Dilemma	Kränkung und Beschämung sind typische Bruchstellen in der Biographie und führen zur Entwicklung eines Scham-/Schuld-Dilemmas.
Arbeitsbündnis	Voraussetzungen für eine Klärung dieser Fragen sind eine für den Patienten annehmbare Gesprächssituation und ein für den Therapeuten akzeptables Arbeitsbündnis im Rahmen einer auf Fairness und Achtung gegründeten vertrauensvollen Begegnung.

Tab. 5-13 (Fortsetzung)

Psychodynamik „Machtkampf"	Die Beziehungsdynamik ist oft gekennzeichnet durch den Wechsel von Idealisierung und Entwertung, aus dem sich ein Machtkampf entwickeln kann.
Überdeterminierung	Das Symptom „Schmerz" ist überdeterminiert und steht im Zentrum zahlreicher Abwehrmechanismen.
Agieren	Agieren und Demonstrieren als Angstabwehr kann den Therapeuten zum Handeln zwingen. Einengung und Einseitigkeit, vor allem im Reden über das Symptom, kann Ausdruck der oralen Aggressivität sein und der Ausübung von Macht und Kontrolle dienen.
Symptom und Abwehr	Übertreibung und Generalisierung dienen dem Patienten zur Reduktion von innerer Spannung und stehen auch durch den damit verbundenen Druck auf den Therapeuten einer gemeinsamen Realitätsprüfung im Wege. Das Festhalten am körperlichen Symptom und andere Mechanismen sind Ausdruck der Abwehr der inneren durch die äußere Realität und einer Psychotherapie erst dann zugänglich, wenn sie für den Patienten zumindest ansatzweise erkennbar werden.

Biographische Aspekte

G. L. Engel (1959) prägte den Begriff der **„Pain-Proneness"**, also der Neigung, Schmerz zu empfinden. Er geht davon aus, daß sich im Zuge der Reifung vom Neugeborenen zum Erwachsenen auch eine **Differenzierung** des **Schmerzempfindens** vom rein reflektorischen Geschehen zu einem differenzierten zentralnervösen Prozeß ergibt. Schmerzerfahrungen entscheiden so über die Besetzung verschiedener Körperregionen oder körperlicher Funktionssysteme, aber auch über emotionale Prägungen von Objektbeziehungen. Aus einem Reflexgeschehen entwickelt sich über das Wechselspiel interpersonaler und intrapsychischer Prozesse eine komplexe psychische Organisation der Schmerzwahrnehmung und -verarbeitung.

Das **Schmerzerleben** „spielt damit eine zentrale **Rolle für** die **psychische Ökonomie:**
- Einerseits schützt Schmerz als **Warnsystem** das Individuum vor körperlichem Schaden, bewirkt die Unterscheidung und Abgrenzung von Umwelt und eigenem Körper.
- Andererseits beeinflußt Schmerz die Natur der **sozialen Beziehungen**, weil diese selbst mit der Entstehung des Schmerzerlebens eng verbunden sind. Im Verlauf der kindlichen Entwicklung spielen Schmerz und Entlastung von Schmerz nämlich eine entscheidende Rolle bei der Ausbildung interpersonaler Beziehungen und bei der Bildung von wertenden Konzepten wie „gut" und „böse", Belohnung und Strafe, Erfolg und Mißerfolg. Das individuelle „Schmerzgedächtnis", das sich für die klinischen Phänomene als so bedeutsam erwies, ist somit auch ein „entschieden soziales Gedächtnis" (Egle und Hoffmann 1991).

Geht man von einer solchen zentralen Position des Schmerzes für den seelischen Haushalt – insbesondere bei den durch traumatisierende Erlebnisse disponierten Menschen – aus, dann definiert sich die **Auslösesituation** durch die entsprechende Funktionsausübung des Schmerzes. Adler (1978) spricht vom **„perzeptuellen Stil"**, der sich zusammensetzt aus sensorischer Wahrnehmung, physiologischen Reaktionsmustern, Persönlichkeitsfaktoren und Abwehrmechanismen. Er bestimmt so über die Schmerzempfindlichkeit, aber auch über den Einsatz des (funktionellen) Schmerzes als Regulator des psychischen Systems.

Engel beschreibt folgende **biographische Traumatisierungen** als bedeutsam für die **Entwicklung chronisch-funktioneller Schmerzsyndrome:**
- lebensgeschichtliche Ereignisse, bei denen Schuldgefühle mit Schmerz verknüpft werden
- eine überzufällige Häufung von Leid und Niederlagen und die daraus sich entwickelnde Neigung, Schmerzerlebnisse zu provozieren
- Sanktionen aggressiver Tendenzen mit der Folge von Hemmung der Aggression und deren Kopplung an Schmerzerleben
- Häufung von Verlusterlebnissen, als deren Kompensation Schmerz eingesetzt werden kann
- eine sadomasochistisch-sexuelle Entwicklung, bei der Schmerzen als Äquivalent verbotener sexueller Impulse auftreten

Eine überzufällige **Häufung drastischer Traumata** in der Kindheit von Patienten mit chronischen funktionellen Schmerzen zeigte sich auch in den empirischen Untersuchungen von Adler et al. (1989) und Egle et al. (1991). Dabei wurden in beiden Untersuchungen die hohe Gewaltbereitschaft der Eltern untereinander und gegenüber dem späteren Schmerzpatienten wie auch eine ausgeprägte soziale emotionale Deprivation bei funktionellen Schmerzpatienten in der Kindheit gefunden.

Die komplexen Zusammenhänge der biographischen Entwicklung unter Einbeziehung auslösender Faktoren ist in Abb. 5-10 dargestellt. Zur Rolle von belastenden Lebensereignissen in der Entwicklung chronischer Rückenschmerzen siehe auch Schors und Köppelmann (1992).

Eine weitergehende Differenzierung biographischer Risikofaktoren haben Egle und Nickel (1998) vorgelegt; Tab. 5-14 zeigt deren Zusammenstellung aufgrund der bisher vorliegenden empirischen Daten (Egle et al. 1999).

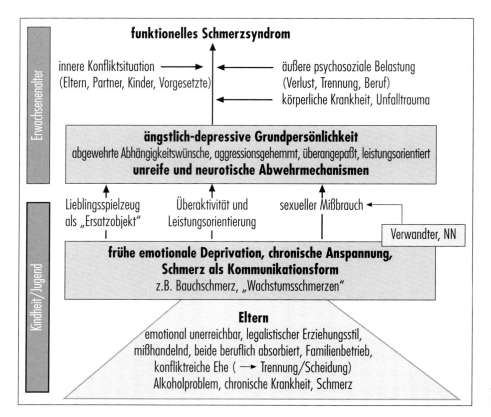

Abb. 5-10 Pathogenetisches Modell funktioneller Schmerzen (nach Egle 1993).

Tab. 5-14 Biographische Risikofaktoren (nach Egle et al. 1999).

- Niedriger sozioökonomischer Status
- Mütterliche Berufstätigkeit im ersten Lebensjahr
- Schlechte Schulbildung der Eltern
- Große Familien und sehr enger Wohnraum
- Kontakte mit Einrichtungen der „sozialen Kontrolle"
- Kriminalität und Dissozialität eines Elternteils
- Chronische Disharmonie/Beziehungspathologie in der Familie
- Unsicheres Bindungsverhalten nach dem 12./18. Lebensmonat
- Psychische Störungen der Mutter/des Vaters
- Alleinerziehende Mutter
- Autoritäres väterliches Verhalten
- Verlust der Mutter
- „Häufig wechselnde" frühe Beziehungen
- Sexueller und/oder aggressiver Mißbrauch
- Schlechte Kontakte zu Gleichaltrigen
- Altersabstand zum nächsten Geschwister < 18 Monate
- Uneheliche Geburt
- Geschlechtsabhängigkeit (Jungen vulnerabler als Mädchen)

- **Kumulatives Risiko** (ergibt sich aus dem gleichzeitigen Vorhandensein verschiedener Risikofaktoren)

Psychodynamik

Die psychodynamischen Mechanismen des funktionellen Schmerzes folgen den Modellen der Konversion und der psychovegetativen Störung, zusätzlich wird von Egle und Hoffmann (1993) jedoch auch ein narzißtischer Modus postuliert.

Der Schmerz als Symptom ist in seinem intensiven Ausdruckserleben sicherlich prädestiniert für **Konversionsvorgänge**. Für viele Patienten ist der erlebte Körperschmerz ein verdichteter Ausdruck all der Schmerzerlebnisse ihrer Kindheit, wie sie als körperliche oder seelische Schmerzen erfahren wurden. Zumeist fließen Triebbefriedigung und Über-Ich-Entlastung zu wechselnden Teilen in das Körpersymptom Schmerz mit ein.

Wichtig erscheint auch die Auffassung Egles und Hoffmanns (1991), die seelisch-leibliche Umsetzung bei **depressiven Syndromen** im Sinne einer Konversion zu verstehen. Die bei der Depression erfolgende Umsetzung des Seelenschmerzes in Körperschmerz dient häufig der Entlastung von Schuldgefühlen, dann meist aufgrund unerlaubter aggressiver Impulse. Der Schmerz ist dann die Verdichtung des aggressiven Erlebens – stellt also eine rudimentäre Triebabfuhr dar –, ist auf der anderen Seite aber auch Ausdruck der Sühne in Form des Leidens am körperlichen Schmerz. Die Entlastung von schmerzlichen Emotionen kann aber auch als unmittelbare Übersetzung in Körperschmerz eine wichtige psychische Funktion einnehmen. So können Osmond et al. (1985) nachweisen, daß die von ihnen untersuchten Patienten den seelischen Schmerz als subjektiv beeinträchtigender angaben als den körperlichen. Eine besondere Rolle spielt ein körperliches Schmerzsyndrom dann, wenn es eine Bedeutung als Objekt gewinnt. Hierbei übernimmt der **Schmerz** die Aufgabe der

Kompensation eines **Objektverlustes** und damit verbunden auch der Linderung des seelischen Schmerzes über den Verlust. Egle (1994) weist auf Engels Erkenntnisse hin, daß Schmerz eine wichtige Bedeutung in der Beziehung zwischen Mutter und Kind habe. Schmerz bedeutet für das Kind, daß die tröstende und helfende Mutter kommt oder vorhanden ist; solange der Schmerz anhält, ist man daher nicht allein. In einer eigenen Untersuchung konnte gezeigt werden, daß in diesem Zusammenhang der Schmerz die Funktion eines personalisiert imaginierten inneren Objektes erlangen kann. Er tritt gewissermaßen an die Stelle des verlorenen äußeren Objektes und wird so zum neuen „Partner". Diese Patienten sprechen zuweilen von ihrem Schmerz, als wäre hier ein handelnder Mensch, zum Beispiel: „Der Schmerz weiß, was gut für mich ist", „manchmal läßt er mich in Ruhe, manchmal nicht" (Ahrens und Lamparter 1989). Durch die Entwicklung der oder die Fixierung auf die Körperschmerzsymptomatik ist Neuinstallierung, Reparatur oder Kompensation der verlorengegangenen Beziehung nun das unbewußte Anliegen dieser Patienten. Hier kommt es zur Übernahme von Objektfunktionen für den Schmerzkranken durch das Symptom „Körperschmerz" (Ahrens und Lamparter 1989; Schors 1990).

Als **Affektäquivalente** können vegetative Spannungszustände einen erhöhten Muskeltonus hervorrufen und damit eine unspezifische Reaktion auf seelische Belastungen bilden. Hierbei geht es um undifferenzierte Impulse, zum Beispiel aggressiver Art, die sich in Muskelspannungen umsetzen und bei Chronifizierung zu Schmerzen führen. Ausersehenes Feld ist naheliegenderweise der Bewegungsapparat. Egle (1994) verdanken wir den Hinweis auf Schilder, der eine Veränderung im Körpererleben herausgearbeitet hat (Schilder 1935): Der **Körper** ist bei diesen Patienten in ihrem Krankheitserleben nicht Teil des Selbst, sondern wird zum **Objekt**, das ängstlich, mißtrauisch und zum Teil abwehrend beobachtet wird.

Blazer (1980/81) sowie Egle und Hoffmann (1991) haben den Zusammenhang des funktionellen Schmerzes mit **narzißtischen Regulationsmechanismen** herausgearbeitet, wobei die „psychoprothetische Funktion" im Sinne der Vermeidung oder Begrenzung einer subjektiv existentiellen Krise des Selbstwertgefühles hervorgehoben wird (Egle 1994). Blazer (1980/81) weist auf die hohe libidinöse Besetzung des Körpers bei diesen Schmerzpatienten hin, ein Einbruch in das Selbstgefühl wird damit zugleich zu einem Einbruch in das Körperselbst in Verbindung mit der Aktualisierung infantiler Hilflosigkeitserlebnisse. Die Funktion des **Schmerzes** ist dann die **Aufrechterhaltung** oder **Wiederstabilisierung** des **Selbstgefühls** als notwendiger Kristallisationspunkt der Selbst-Organisation, von Egle sehr treffend als „schmerzhafte Ordnungsstruktur" (Egle 1994) bezeichnet. So kann der Schmerz zum Ankerpunkt für Größenvorstellungen werden („so einen Schmerz wie ich hatte noch keiner!") oder über narzißtisches Agieren zum Stabilisator des angeschlagenen seelischen Gleichgewichts („mein Schmerz ist stärker als Ihr Skalpell!"). Eine besonders eindrucksvolle Form des narzißtischen Agierens von Schmerzpatienten beschreibt Beck (1977) im Ver-

halten des „**Koryphäen-Killer-Syndroms**": Der chronische Schmerzpatient, der eine medizinische Koryphäe nach der anderen aufsucht, nur um ihr und der Welt zu beweisen, daß er und sein Schmerz stärker sind. Er stabilisiert mit diesem Triumph sein narzißtisches System – aber um welchen Preis! Auch das relativ typische Krankheitsverhalten mit häufigen Arztwechseln („Doctor-Shopping") entspricht diesem Ebbe- und Flutmechanismus von Idealisierung und Enttäuschung, wie es für die narzißtische Störung typisch ist.

Diese beschriebenen psychischen Mechanismen können ein funktionelles Schmerzsyndrom initiieren, aber auch wesentlich zu dessen **Chronifizierung** auf psychischer Ebene beitragen. Eine Sonderform stellen solche Verläufe dar, an deren Beginn eine somatische Erkrankung mit einer somatisch bedingten Schmerzsymptomatik steht, die auf körperlicher Ebene ausheilt, die Schmerzsymptomatik aber psychisch aufrechterhalten wird. Diese **sekundär funktionellen Schmerzsyndrome** laufen nach den oben beschriebenen Mechanismen als Konversion, vegetative Störung oder narzißtisches Regulativ ab, ihre Bedeutung für die Chronifizierung von Schmerzsyndromen aller Art wird meist unterschätzt.

Die komplexe Verzahnung psychischer und physischer Abläufe wird in Abb. 5-11 noch einmal deutlich, die anschaulich die Chronifizierungsmechanismen funktioneller Schmerzsyndrome darstellt.

Therapie

In der Psychotherapie muß der Patient lernen, daß der Schmerz im Zentrum unbewußter Abläufe steht und zum Kondensationskern oder Aufhänger verschiedenartiger vorbestehender Probleme und Schwierigkeiten geworden ist, für die er bisher keine Sprache und keine Lösung gefunden hat. So wünscht sich der Psychotherapeut den „Austausch von Worten", wie es Freud (1920) formuliert hat, und sonst nichts. Die Patienten sind da oft ganz anderer Meinung, und ihnen ist jedes Mittel recht, wenn es gilt, den Therapeuten auf ihre Seite zu ziehen und von ihrer Sichtweise zu überzeugen. So kommt es öfter vor, daß die Patienten sich besondere Kissen mitbringen, ohne die sie nicht sitzen können oder darauf bestehen, in einem bestimmten Sessel des Zimmers zu sitzen, andernfalls würden sie vom Schmerz überwältigt und wäre das Gespräch unmöglich.

Nach Überwindung anfänglicher Unsicherheit haben wir uns angewöhnt, mit großer Bereitwilligkeit auf manche Wünsche einzugehen und dem Patienten viel Spielraum zu lassen, sich in der Situation und in dem Zimmer einzurichten, in dem das diagnostische Gespräch stattfindet, immer mit der Frage im Hintergrund, was die jeweilige Aktion oder Demonstration für einen unbewußten Gehalt hat, im Sinne des szenischen Verstehens von Argelander (1970). Dies geschieht in der Absicht, stellvertretend in Worte zu kleiden, was der Patient noch nicht mit Worten ausdrücken kann. Diesen Aspekt im Verhalten von Schmerzpatienten möchten wir die **Abwehr durch Agieren** nennen. Wenn Ungesagtes sagbar werden kann, läßt sich Agieren im diagnostischen Interview verstehbar machen.

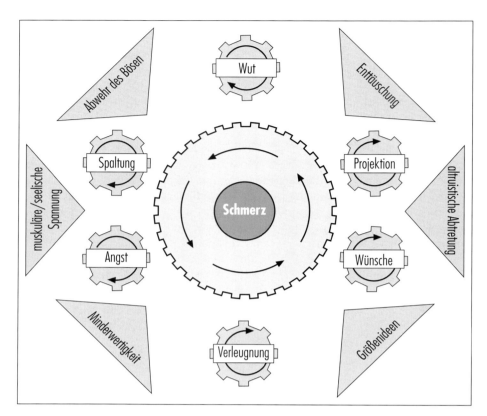

Abb. 5-11 Circulus vitiosus chronischer Schmerzen (nach Schors 1987).

Ein Aspekt der Psychodynamik chronischer Schmerzpatienten ist die **Abwehr** durch **Einengung** und **Einseitigkeit**. Ein bevorzugtes Verhalten der Patienten ist das Reden über den Schmerz. Sie sind entweder nur schwer oder zunächst gar nicht dazu zu bewegen, sich auf andere Inhalte einzulassen. In dieser Beharrlichkeit liegt neben dem verständlichen quälenden Leiden unter anderem auch die Ausübung von Kontrolle und Macht; sie bestimmen das Thema und den Zeitpunkt, wann über etwas anderes gesprochen werden darf. Die **Gegenübertragungsreaktionen** des Psychotherapeuten darauf können Ungeduld und Langeweile sein, ein Gefühl von Leerlauf und Erschöpfung oder Sinnlosigkeit; denn sein Interesse richtet sich ja auf Beziehungen und Konflikte, nicht auf die Monotonie des Symptoms. Hier besteht die Versuchung, steuernd einzugreifen, die Produktionen des Patienten zu entwerten und als unergiebig oder nutzlos abzutun. Wir können diesem Angebot entgehen, wenn wir versuchen, alles, was der Patient sagt, als Auskunft zu verstehen, die er über sich und seine innere Bühne gibt. Alles, was der **Schmerz** tut, ob er brennt oder sticht, quält oder verfolgt, überfällt oder lähmt, rast oder tobt, können wir hören als **Interaktionsbeschreibungen**, die im Leben des Patienten eine Rolle gespielt haben oder noch spielen. Wenn man den Patienten danach fragt, wie er auf diese oder jene Schmerzqualität reagiert, so erhalten wir weiter Auskünfte darüber, was er tun darf oder nicht tun kann, was der Schmerz befördert oder woran er hindert. Der Redestrom selbst kann dann, unabhängig vom Inhalt, ein Mittel der defensiven Kontrolle mit Hilfe oraler Aggressivität sein – wenn das Gegenüber nicht zu Wort kommt, kann es auch nicht attackieren und verletzen. Wenn man dem Patienten genügend Geduld zur Verfügung stellt, wird man bald feststellen, daß er ganz von selbst auf Themen zu sprechen kommt, die ihm sein Unbewußtes „diktiert", und das wohlwollende Abwarten führt früher oder später zur Reduktion der Angst. Wenn der Schmerz probeweise als Synonym für ein „Objekt" im Sinne einer psychodynamisch relevanten Beziehungsperson betrachtet wird, kann das ein Ausweg aus den unproduktiven Gegenübertragungsreaktionen sein.

Ein typischer Versuch der Schmerzpatienten, das Problem in der **Einseitigkeit** zu halten, liegt in dem Druck, den sie in Richtung auf eine **Polarisierung** des Problems ausüben, etwa mit der Frage: „Wollen Sie damit sagen, daß ich mir das alles einbilde?" oder noch stärker: „Wollen Sie mir einreden, daß ich verrückt bin?"

Die – vom Patienten gefürchtete und damit von ihm eingebrachte – herabsetzende Grobkategorie „verrückt" stellt den unbewußten Versuch dar, durch Einengung und Einseitigkeit etwas herzustellen, wogegen er sich um so vehementer und – nach erfolgter Übertreibung auch mit einer gewissen Berechtigung – zur Wehr setzen kann, um dann getrost in der vertrauten Einseitigkeit zu verharren.

Aus dem Verhalten der Patienten bei der Symptomschilderung und anderem Verhalten in ihrer Lebensführung können wir die **Neigung** zu **Übertreibung** und **Generalisierung** feststellen. Darin steckt jedoch nicht eine bewußte Irreführung, was den Patienten manchmal vorgeworfen wird, sondern das

Ergebnis unbewußter Abwehrprozesse, deren Ziel die Verleugnung innerer Wahrnehmungen und die Vermeidung innerer Spannungen ist. Während die Schmerzen zunächst lokalisiert waren, tut es später in vielen Fällen „überall" weh. Ein anfänglich starker Schmerz wird im Laufe der Zeit „unerträglich". Wenn diese Schilderung womöglich noch mit einem gewinnenden Lächeln präsentiert wird, erscheint der Patient für einen psychologisch nicht geschulten Zuhörer „unglaubwürdig" und erntet eine Zurückweisung. Das unbewußte oder „halbbewußte" Anliegen des Patienten besteht jedoch darin, mit Hilfe seiner Klagen die Unterstützung seines Gegenübers für sich zu gewinnen, da er die Abweisung seiner emotionalen Wünsche und Bedürfnisse befürchtet und als Vorerfahrung mitbringt. Wenn der Zuhörer abweist, beharrt der Patient auf seinem Symptom und muß es verstärken. Erst wenn der Arzt das Symptom uneingeschränkt akzeptiert, kann der Patient das Symptom relativieren; das heißt, die Übertreibung und Generalisierung hilft dem Patienten, eine kritische Prüfung seiner inneren Situation und die damit verknüpfte Konfliktspannung zu vermeiden. Diese Tendenz wird besonders deutlich, wenn man zu früh mit Triebdeutungen arbeitet. Ein Patient antwortete auf das Ansprechen aggressiver Regungen mit der zutreffenden Bemerkung: „Ich kann doch nicht gleich jeden umbringen." Wenn ein Konsiliarauftrag die Frage enthält, ob der Schmerz des Patienten „glaubwürdig" sei, kann man von vornherein davon ausgehen, daß aus einem intrapsychischen Konflikt des Patienten ein interaktioneller Konflikt zwischen Patient und Arzt geworden ist. Eine Seite im Konflikt des Patienten ist entlastet, wenn der Arzt nach der körperlichen Untersuchung sagt: „Es ist doch nichts da", die andere Seite im Konflikt aber weiß es besser und ist daraufhin gezwungen, das Symptom im Erleben und in der Darstellung zu verstärken, weil die zugrundeliegende Angst nicht gelöst ist und doch „etwas da" ist, nämlich gerade diese Angst, die jedoch nicht als solche, sondern bevorzugt als körperliches Symptom wahrgenommen wird.

Mit der zitierten Bemerkung hat der Patient natürlich völlig recht, und jeder vernünftige Mensch muß ihm zustimmen. Die kaum wahrnehmbare Aktivität bestand bei dieser Antwort darin, daß er aus der inneren Realität, auf die sich die Deutung bezog, und der äußeren Realität eine Alternative konstruiert hat im Sinne der Feststellung: Entweder es gibt eine innere Realität, oder es gibt eine äußere Realität. Weiterhin hat er sich angesichts dieser fiktiven Alternative rasch auf die Seite der äußeren Realität geschlagen und damit überraschend, und ohne es selbst zu merken, das Thema gewechselt. Das peinliche und beunruhigende Thema der inneren Regungen soll vermieden werden zugunsten einer Beschäftigung mit der äußeren Wirklichkeit. Psychodynamisch gesehen entspricht dieses Vorgehen der **Abwehr** der **inneren Realität durch** die **äußere Realität**. Für die **Behandlungstechnik** ist es hier notwendig, nicht auf die Inhalte einzugehen, sondern auf den Ablauf und die unbewußte Tendenz des Patienten, sich seiner inneren Welt zu entziehen. Von dieser wird er naturgemäß in Gestalt des Symptoms wieder eingeholt. Der Ausweg aus diesem Dilemma führt zunächst über die Offenlegung der Pseudoalternative des „Entweder-oder" zu ihrer späteren Ersetzung durch die Anerkennung eines „Sowohl-als-auch".

Intrapsychische Abwehr hat zum Ziel, die Integrität und Konstanz sowohl des biologischen wie des psychologischen und sozialen Aspekts eines Individuums zu erhalten. Die Integrität des Körpers ist bei somatisch kranken Schmerzpatienten bereits verloren. Um so heftiger müssen die Patienten um die Konstanz ihrer psychischen Strukturen und ihrer sozialen Integrität kämpfen. Sie setzen der Psychodiagnostik und Psychotherapie deshalb soviel Widerstand entgegen, weil sie meinen, sich eine weiter gehende Destabilisierung nicht leisten zu können. Diese Sorge ist berechtigt und ernst zu nehmen, weil die Psychotherapie immer mit der Wahrnehmung schmerzlicher (und deshalb abgewehrter) Erkenntnisse verbunden ist.

Das behandlungstechnische Problem liegt in der festgefügten Monotonie des **Symptoms als „Universalwaffe"** auf der intrapsychischen, interaktionellen und institutionellen Ebene. Unsere in der Therapie sich öffnende Chance liegt darin, daß die Möglichkeiten von Verständnis, Deutung und behutsamer Auflösung der Abwehr die Übertragungssituation notwendig verändern. Die behandlungstechnische Konsequenz heißt damit, sich zunächst nicht mit Übertragungsdeutungen zu versuchen, sondern mehrschrittig **Akzeptanz** und **Deutung der Abwehr** als **vorrangige Behandlungsziele** zu verfolgen.

> Dies entspricht durchaus der bekannten Behandlungsregel: erst zu zeigen, **daß** der Patient abwehrt, zweitens zu zeigen, **wie** er abwehrt, und erst dann zu zeigen, **was** er abwehrt.

Vor der Deutungsarbeit muß der psychosomatisch denkende Arzt aber die Bedingungen schaffen, unter denen eine fruchtbare diagnostische und therapeutische Arbeit möglich wird. Eine der Voraussetzungen dafür liegt in der dem Patienten und dem Problem angemessenen Gestaltung der Erstinterviewsituation.

--- Fallbeispiel ---

Eine Patientin mit chronischen Rückenschmerzen bestand darauf, auf dem Schreibtischstuhl des Untersuchers zu sitzen, obwohl noch vier andere Sitzgelegenheiten in dem Arbeitszimmer zur Verfügung standen. Auf eine Klärung vor einer Entscheidung ließ sie sich nicht ein, sondern schaffte Fakten dadurch, daß sie den von ihr gewählten Platz einnahm. Dieser Platz hatte die höchstgelegene Sitzfläche im Raum, und die Patientin gab als Begründung an, daß sie beim Sitzen ihren Rücken gerade halten müsse, um eine Schmerzverstärkung zu vermeiden (was grundsätzlich auch auf den anderen Möbeln möglich gewesen wäre). Während die übliche Gesprächsposition ein Visavis auf gleicher Höhe beinhaltet, führte das gewählte Arrangement dieser Patientin dazu, daß der Arzt von seiner niedrigeren Sitzgelegenheit zu der gestreckt aufrecht sitzenden Patientin hinaufschauen mußte. Dadurch fühlte er sich in der Position des erniedrigten Bittstellers, und die Patientin schien in der Position der Gewährenden. Sie inszenierte damit die Umkehrung ihrer inneren Situation der Hilfsbedürftigkeit durch Übernahme der Kontrolle und die Herstellung einer „Oben-unten"-Situation zur Ausübung von Macht aus der Position des „Überblicks".

Verhaltenstherapeutische Schmerzkonzepte

Die verhaltenstherapeutischen Schmerzmodelle negieren weitgehend die oben vorgenommene Unterscheidung von funktionellem oder psychisch verursachtem Schmerz und psychosomatischen oder somatopsychischen Schmerzsyndromen. Entsprechend finden biographische Aspekte in der Regel wenig Berücksichtigung in den Konzepten zum akuten oder chronischen Schmerz, auch wenn das Modellernen als ein relevanter psychosozialer Bedingungsfaktor angesehen wird. Kröner-Herwig (1990) formuliert, daß die Suche nach psychologischen Ursachen von chronischem Schmerz der klassischen Psychosomatik, ein biopsychosoziales und multifaktorielles Verständnis der Entstehung von chronischem Schmerz unangemessen auf eine unifaktorielle Sichtweise verkürzt und so eine dualistische Trennung zwischen Seele und Körper unterstützt. Schmerzgeschehen und insbesondere die Entwicklung chronischer Schmerzen wird so als eine Wechselbeziehung zwischen somatischen und psychosozialen Bedingungen angesehen. Es wird dabei davon ausgegangen, daß häufig am Anfang der Schmerzerkrankung ein definiertes somatisches Ereignis steht (z. B. eine Verletzung oder eine Entzündung). Als relevante psychosoziale Faktoren am Schmerzgeschehen werden aufrechterhaltende Bedingungen sowie mögliche Folgen von Schmerzsyndromen wie zum Beispiel Hoffnungslosigkeit oder Depression verstanden, die wiederum die Schmerzen aufrechterhalten beziehungsweise verstärken können (z. B. Keefe et al. 1986). Neben kognitiv-emotionalen Prozessen werden verhaltensbezogene Komponenten berücksichtigt, die sich vielfach – hoch komplex – im chronischen Krankheitsverhalten bündeln, das durch Schonhaltung, sozialen Rückzug und Prozesse des Schmerzmanagements wie zum Beispiel Arztbesuche, wiederholte Diagnostik und Medikamenteneinnahme gekennzeichnet ist (siehe z. B. Zielke und Sturm 1994).

Die psychologischen Behandlungsansätze bei chronischen Schmerzen beziehen sich vorrangig auf die Analyse und systematische Beeinflussung der verstärkenden und aufrechterhaltenden Bedingungen, wobei insbesondere auch soziale Faktoren in ihren Auswirkungen auf das Schmerzsyndrom berücksichtigt werden.

Auf diesem konzeptionellen Hintergrund sind eine Reihe von mehr oder weniger strukturierten Schmerzprogrammen entwickelt worden. Das Marburger Schmerzbewältigungsprogramm (Basler und Kröner-Herwig 1998) stellt ein standardisiertes Gruppen- und Einzelprogramm zur psychologischen Behandlung von Patienten mit Kopf- und Rückenschmerzsyndromen statt, das in einem langwierigen Prozeß über eine Reihe von Vorformen entwickelt worden ist. Die allgemeinen Ziele psychologischer Schmerztherapie (Basler 1998a) bestehen in der systematischen Beeinflussung der kognitiven Verarbeitung von Schmerz(-informationen), des maladaptiven Schmerzverhaltens sowie der möglichen negativen psychischen und sozialen Folgen des Schmerzes, zu denen Depressivität und soziale Isolation gehören können. Die spezifischen Ziele des

Marburger Programms bestehen in der Veränderung dysfunktionaler Kognitionen; der Patient soll eine zunehmende Kontrolle über die Schmerzen entwickeln. Die Vorgehensweise umfaßt:

- die Selbstbeobachtung, um schmerzverstärkende oder -modifizierende Reizkonstellationen zu erkennen, mit den Schmerzen verbundene dysfunktionale Gedanken und Einstellungen zu identifizieren und in einem nächsten Schritt zu verändern;
- den Einsatz von Entspannungsmethoden (gegebenenfalls Biofeedback-gestützt), um die psychophysische Sensibilität und Reagibilität auf Stressoren und Belastungssituationen von Schmerzpatienten zu verringern;
- Maßnahmen zur Förderung von Gesundheitsverhalten. Methodisch wird mit Tagebüchern sowie Imaginationsübungen zur inneren Ablenkung vom Schmerz und Aufbau positiven Erlebens gearbeitet. Das manualisierte Programm umfaßt zwölf Sitzungen und ist vielfach evaluiert worden (Basler 1998a).

Ohne Frage haben die verhaltenstherapeutischen Konzepte einen hohen Erklärungswert für zentrale psychosoziale Faktoren, die an der Genese wie der Aufrechterhaltung von Schmerzsyndromen beteiligt sind, und die verhaltenstherapeutischen Programme sind ein effektiver Behandlungsansatz bei Patienten mit chronischen, aber auch gegebenenfalls bei akuten Schmerzen. Diese Dimensionen wurden und werden vielfach von psychodynamischen Konzepten nicht oder nur ungenügend beachtet. Im stationären Behandlungskontext vieler psychodynamisch orientierter Kliniken findet sich jedoch zunehmend eine Integration dieser Methoden; dies ist ein Ausdruck dessen, daß ihre Reichweite und Effektivität auch in diesem Feld anerkannt wird. Auf der anderen Seite muß unseres Erachtens konstatiert werden, daß von der Verhaltenstherapie die psychische Dynamik von intrapsychischen Konflikten sowie Persönlichkeitscharakteristika bei der Entstehung, aber auch der Aufrechterhaltung bei einem Teil von Patienten in ihrem Krankheitsverständnis wie der Behandlungsplanung übersehen und diese nicht oder nur eingeschränkt erreicht werden. Ein angemessenes psychotherapeutisches Vorgehen sollte grundsätzlich beide Perspektiven im Auge behalten, im Einzelfall prüfen, wieviel Erklärungswert ihnen zukommt, und auf dieser Grundlage die konkrete Therapie planen und durchführen. Für die jeweilige Indikationsstellung kommt der Problemsicht und der Therapiemotivation des Patienten eine entscheidungsrelevante Funktion zu. Dabei sollte jedoch berücksichtigt werden, daß sich die Therapieziele und -methoden im Behandlungsprozeß unter anderem in Abhängigkeit von der Veränderung der Motivation der Patienten ändern und erweitern können. Da viele Schmerzpatienten somatische Krankheits- und Behandlungskonzepte aufweisen, stellen für sie verhaltenstherapeutische Vorgehensweisen den leichteren Zugang dar, da diese inhaltlich näher an ihren störungs- und therapierelevanten Einstellungen orientiert sind und so eine größere Akzeptanz finden (siehe z. B. Schneider et al. 1990). Soweit ergänzend zum störungsorientierten Vorgehen zum Beispiel ein konfliktzentriertes Vorgehen indiziert ist, kann dies in späteren Therapiephasen eingeleitet werden. Der verhaltenstherapeutische Ansatz kann hier, soweit der Therapeut ein Gespür dafür hat, motivationsverändernd und -fördernd in dem hier angesprochenen Sinn wirken. Gerade die gruppenbezogenen Interventionen können dem Patienten emotionale und interaktionelle Lernfelder eröffnen, die eben auch das innerpsychische und zwischenmenschliche Erleben umfassen, soweit dafür Raum gelassen wird; dies ist eine Funktion, die in erster Linie in der Verantwortung des Therapeuten liegt.

Zusammenfassung

Chronischer Schmerz ist eines der herausragenden Gesundheitsprobleme der Bevölkerung in den Industrienationen. Obwohl der Patient nur einen Schmerz empfindet und diesen bevorzugt dem Körper zuordnet, besteht die ärztliche Aufgabe bei einem psychosomatischen Verständnis von Schmerz darin, jeweils die körperlichen und die seelischen Anteile der Schmerzursachen zu untersuchen und zu gewichten, um die angemessene Behandlungsform zu finden. Während Schmerzen ohne Vorliegen somatischer Befunde als psychogen verursacht anzusehen sind, können körperliche Schäden den Anlaß für die Entwicklung eines psychosomatischen Schmerzsyndroms bilden, wenn die Primärpersönlichkeit des Patienten und die eingesetzten Abwehrmechanismen zur seelischen Verarbeitung dieser körperlichen Schäden hierzu disponieren. Eine einseitig somatische Orientierung des Untersuchers kann durch Mißachtung der psychopathologischen Befunde und durch Wiederholungsuntersuchungen zur iatrogenen Chronifizierung beitragen.

Die Bereitschaft zur Entwicklung chronischer Schmerzsyndrome ist verknüpft mit frühen (infantilen) Beziehungserfahrungen, die gekennzeichnet sind durch aggressiv getönte Interaktionen mit seelischer und körperlicher Gewalt in der Primärfamilie, Verlusterlebnissen, Kränkungen und Beschämungen. Die psychodynamische Diagnostik und Therapie muß ihre Aufmerksamkeit auf solche Ereignisse richten, die oft zeitgleich mit körperlichen Schäden auftreten und gemeinsam zur Entwicklung eines chronischen Schmerzsyndroms beitragen können, vor allem, wenn die traumatischen seelischen Ereignisse von Patient und Arzt nicht angemessen berücksichtigt werden. Schmerzkranke sind meist schwer für eine Psychotherapie zu motivieren, da ein wichtiger Abwehrmechanismus in der Betrachtung des Schmerzes als körperliche Störung allein liegt.

Literatur

Adler R. Individualität in Schmerzempfinden und -verhalten. In: Schmerzstudien I: Kreuzschmerz. Wörz R, Gross D (Hrsg). Stuttgart: Fischer 1978; 8–18.

Adler R. Schmerz. In: Psychosomatische Medizin. 5. Aufl. Adler RH, Herrmann JM, Köhle K, Schonecke OW, Uexküll Th v., Wesiack W (Hrsg). München, Wien, Baltimore: Urban & Schwarzenberg 1996; 262–76.

Adler RH, Zlot S, Hürny C, Minder VC. Engel's „psychogener Schmerz und der zum Schmerz neigende Patient": eine retrospektive, kontrollierte klinische Studie. Psychother Med Psychol 1989; 39: 209–18.

Ahrens S. Psychosomatik chronischer Schmerzsyndrome. In: Chronischer Schmerz und Psyche. Wörtz R (Hrsg). Stuttgart, New York: Fischer 1990; 1–9.

Ahrens S, Junge A. Psychosomatik des Kreuzschmerzes. Hamburger Ärztebl 1994; 48: 434–40.

Ahrens S, Lamparter U. Objektale Funktion des Schmerzes und Depressivität. Psychother Med Psychol 1989; 39: 219–22.

Argelander H. Das Erstinterview in der Psychotherapie. Darmstadt: Wissenschaftliche Buchgesellschaft 1970.

Basler H-D. Einführung in das Behandlungsprogramm. In: Psychologische Therapie bei Kopf- und Rükkenschmerz. Das Marburger Schmerzbewältigungsprogramm zur Gruppen- und Einzeltherapie. 2. Aufl. Basler H-D, Kröner-Herwig B (Hrsg). München: Quintessenz 1988a, 9–14.

Basler H-D. Evaluation des Behandlungsprogramms im Gruppen-Setting. In: Psychologische Therapie bei Kopf- und Rückenschmerz. Das Marburger Schmerzbewältigungsprogramm zur Gruppen- und Einzeltherapie. 2. Aufl. Basler H-D, Kröner-Herwig B (Hrsg). München: Quintessenz 1988b, 199–211.

Basler H-D, Kröner-Herwig B. Psychologische Therapie bei Kopf- und Rückenschmerz. Das Marburger Schmerzbewältigungsprogramm zur Gruppen- und Einzeltherapie. 2. Aufl. München: Quintessenz 1988.

Basler H-D, Franz C, Kröner-Herwig B, Rehfisch HP, Seemann H. Psychologische Schmerztherapie. Berlin, Heidelberg: Springer 1990.

Beck D. Das „Koryphäen-Killer-Syndrom". Zur Psychosomatik chronischer Schmerzzustände. Dt Med Wochenschr 1977; 102: 303–7.

Beecher HK. Relationship of significance of wound to pain experience. JAMA 1956; 161: 1609–13.

Blazer DG. Narcisissm and the development of chronic pain. Int J Psychiatr Med 1980/81; 10: 69–77.

Brattberg G, Thorslund M, Wikman A. Behavioral treatment of chronic pain: the spouse as a discriminative cue for pain behavior. Pain 1980; 9: 243–52.

Brattberg G, Thorslund M, Wikman A. The prevalence of pain in a general population. The results of a postal survey in a county of Sweden. Pain 1989; 37: 215–22.

Egle UT. Psychoanalytische Auffassungen von Schmerz. Nervenarzt 1993; 64: 289–302.

Egle UT. Das chronische Schmerzsyndrom. Psychotherapeut 1994; 39: 177–94.

Egle UT, Hoffmann SO. Psychosomatische Grundlagen, Psychodynamik und Psychotherapie bei Schmerz. In: Nichtmedikamentöse Therapie bei Schmerz. Thomalske G (Hrsg). Stuttgart, New York: Fischer 1991; 2–50.

Egle UT, Hoffmann SO. Der Schmerzkranke. Grundlagen, Pathogenese, Klinik und Therapie chronischer Schmerzsyndrome aus bio-psychosozialer Sicht. Stuttgart, New York: Schattauer 1993.

Egle UT, Nickel R. Kindheitsfaktoren bei Patienten mit somatoformen Störungen. Z Psychosom Med Psychoanal 1998; 44: 21–36.

Egle UT, Kissinger D, Schwab R. Eltern-Kind-Beziehung als Prädisposition für ein psychogenes Schmerzsyndrom im Erwachsenenalter. Eine kontrollierte, retrospektive Studie zu GL Engels „pain-proneness". Psychother Psychosom Med Psychol 1991; 41: 247–56.

Egle UT, Derra C, Nix WA, Schwab R. Spezielle Schmerztherapie. Stuttgart: Schattauer 1999.

Engel GL. „Psychogenic" pain and the pain-prone patient. Am J Med 1959 26: 899–918.

Freud S. Jenseits des Lustprinzips. 1920. GW, Bd 13. Frankfurt: Fischer 1920; 1–69.

Hoffman SO, Egle UT. Das klinische Bild des Schmerzkranken. In: Der Schmerzkranke. Egle UT, Hoffman SO (Hrsg). Stuttgart, New York: Schattauer 1993; 136–48.

Keefe FJ, Wilkins RH, Cook WA, Crisson JE, Muhlbair LH. Depression, pain and pain behavior. J Consult Clin Psychol 1986; 50: 665–9.

Korff M v., Dworkin SF, Le Resche L, Kruger A. An epidemiological comparison of pain complaints. Pain 1988; 32: 173–83.

Kröner-Herwig B. Chronischer Schmerz – eine Gegenstandsbestimmung. In: Psychologische Schmerztherapie. Basler H-D, Franz C, Kröner-Herwig B, Rehfisch HP, Seemann H (Hrsg). Berlin, Heidelberg, New York: Springer-Verlag 1990; 1–16.

Melzack R, Wall PD. Pain mechanisms: a new theory. Science 1965; 150: 971–80.

Messlinger K, Schmidt RF. Schmerzentstehung und Schmerzverarbeitung im Bewegungssystem. In: Psychosomatische Rheumatologie. Eich W (Hrsg). Heidelberg, Berlin, New York: Springer 1991; 83–114.

Osmond H, Mullaly R, Bisbee C. Mood pain – a comparative study of clinical pain and depression. J Orthomolecular Psychiatry 1985; 14: 5–12.

Raspe HH. Deskriptive Schmerzepidemiologie. In: Der Schmerzkranke. Egle UT, Hoffmann SO (Hrsg). Stuttgart, New York: Schattauer 1993; 69–90.

Schilder P. The image and appearance of the human body. London: Kegan, Paul, Trench, Trubner 1935.

Schmidt RF, Struppler A. Der Schmerz. Ursachen, Diagnose, Therapie. München: Piper 1982.

Schneider W, Beisenherz B, Freyberger HJ. Therapy expectation in different groups of patients with chronic diseases. Psychother Psychosom 1990; 54: 1–7.

Schors R. Psychoanalytische Therapie bei chronischen Schmerzzuständen. Nervenheilkunde 1987; 6: 255–9.

Schors R. Die depressive Symptomatik bei psychosomatischem Schmerzsyndrom. Fortschr Med 1990; 72: 613–5.

Schors R, Köppelmann N. Chronische Rückenschmerzen im Zusammenhang mit belastenden Lebensereignissen. Schmerz 1992; 6: 110–20.

Seemann H, Zimmermann M. Kybernetische Schmerzkonzepte – eine Standortbestimmung. In: Psychologische Schmerztherapie. Basler HD, Franz C, Kröner-Herwig B, Rehfisch HP, Seemann H (Hrsg). Berlin, Heidelberg: Springer 1990; 17–46.

Weber I, Abel M, Altenhofen L, Bächer K, Berghof B, Bergmann KE, Flatten G, Klein D, Micheelis W, Müller PJ. Dringliche Gesundheitsprobleme der Bevölkerung in der Bundesrepublik Deutschland: Zahlen – Fakten – Perspektiven. Baden-Baden: Nomos 1990.

Zielke M, Sturm J. Chronisches Krankheitsverhalten: Entwicklung eines neuen Krankheitsparadigmas. In: Handbuch stationäre Verhaltenstherapie. Zielke M, Sturm J (Hrsg). Weinheim: Beltz/Psychologie Verlags Union 1994; 42–60.

Zimmermann M, Seemann H. Der Schmerz. Ein vernachlässigtes Gebiet der Medizin? Berlin, Heidelberg: Springer 1986.

Literaturempfehlung

Egle UT, Hoffmann SO. Der Schmerzkranke. Stuttgart, New York: Schattauer 1993.

5.4
Psychosomatische Störungen

5.4.1
Modellvorstellungen

Joachim Küchenhoff und Stephan Ahrens

ICD-10-Klassifikation

Die psychosomatischen Störungen können nur in Kombination mit der somatischen Krankheitsform und der Kategorie F54 klassifiziert werden. Nur die Eßstörungen sind relativ differenziert beschrieben und durch diagnostische Kriterien definiert. Die psychosomatischen Erkrankungen im engeren Sinne, bei denen es aufgrund ätiologisch relevanter psychogener Faktoren zu substantiellen somatischen Schädigungen kommt, werden demgegenüber nachhaltig vernachlässigt. In der Kategorie F54 wird formuliert, daß diese verwendet werden soll, um psychische und Verhaltenseinflüsse zu erfassen, die wahrscheinlich eine wesentliche Rolle in der Manifestation körperlicher Krankheiten spielen, welche in anderen Kapiteln der ICD-10 klassifiziert werden. Beschrieben werden diese psychischen Störungen als meist lang andauernd, und ihr Ausprägungsgrad würde keine Zuordnung zu einer anderen diagnostischen Kategorie rechtfertigen.

Die Tatsache, daß die ICD-10 gerade diese Störungsbilder so wenig differenziert behandelt, ist unseres Erachtens als ein grober Mangel an diesem Klassifikationssystem zu bewerten.

Definition

Psychosomatische Störungen im engeren Sinne sind Krankheiten, bei denen ein seelischer Einfluß auf Entstehung und Verlauf der Krankheit angenommen wird und die organdestruktiv verlaufen. In diesem pathomorphologischen Sinne grenzen sie sich von funktionellen Störungen ab, die ohne Schädigung am Organsubstrat ablaufen.

Immer wieder wurde versucht, spezifische Zusammenhänge zwischen seelischen Störungen auf der einen und bestimmten oder generell allen psychosomatischen Krankheiten auf der anderen Seite herauszufinden. Modellvorstellungen psychosomatischer Störungen sind also eng mit der sogenannten **Spezifitätsdiskussion** verbunden. Wir werden uns im weiteren auch mit der Frage auseinandersetzen, inwieweit die Suche nach spezifischen psychosomatischen Ursachen überhaupt eine sinnvolle Fragestellung ist. Dennoch sollen drei Aspekte der Spezifitätsmodelle im folgenden vorgestellt werden.

Konfliktspezifität psychosomatischer Störungen

Dieses Modell ist mit dem Namen F. Alexander (s. Kap. 1.1, S. 3f) fest verbunden. Es soll am Beispiel gastrointestinaler Störungen, die Alexander besonders beschäftigt haben, kurz charakterisiert werden. Alexander (1994) beschrieb – in Übereinstimmung mit der psychoanalytischen Theorie – drei elementare **unbewußte Strebungen**:

- Aufnehmen
- Zurückhalten
- Ausstoßen

Ihre **Blockade** kann **Störungen** des Gastrointestinaltraktes hervorrufen und zwar jeweils in Analogie zur Körperfunktion: Wenn das Aufnehmen gestört ist, resultieren Magensymptome (Ulkus), wenn das Ausstoßen gehemmt ist, Obstipation etc. Die drei Konflikte sollen somit als spezifisch für gastrointestinale Störungen gelten. Alexander lehnt sich eng an die psychoanalytischen Konzepte der Oralität und Analität an. Den Zusammenhang zwischen körperlichen und seelischen Prozessen sieht Alexander so: Die unbewußten Tendenzen sind die entscheidenden psychologischen Reize für das vegetative Nervensystem und treten an die Stelle der adäquaten physiologischen Reize.

Die Art des Konfliktes bestimmt in zweifacher Hinsicht die Symptomatik: Sie entscheidet über die Organwahl, aber auch darüber, welche Störungen sich an diesem Organ abspielen.

Strukturspezifität psychosomatischer Störungen

Die Modellvorstellungen spezifischer Strukturmerkmale psychosomatischer Patienten wurden aufgrund klinischer Beobachtungen entwickelt; vielen Patienten mit schweren psychosomatischen Leiden ist es unmöglich, die eigenen Affekte und Gefühlszustände zu beschreiben und zu differenzieren (**Alexithymie**). Sie beschreiben sich und ihre Umwelt in einer äußerlich-technischen, emotionslosen Weise (**operatives Denken**) und gehen davon aus, daß andere Menschen prinzipiell gleichartig wie sie selbst denken und handeln (**projektive Reduplikation**). Diese Eigenschaften wurden als charakteristisch für die „psychosomatische Struktur" angesehen. Die Genese der körperlichen Symptomatik wurde in diesem Modell so hergeleitet: Die Patienten, die in ihrer Erlebnisfähigkeit zu stark eingeengt sind, um seelische Prozesse, unter anderem innere Konflikte und Widersprüche, zu erleben, das heißt psychisch zu repräsentieren, können schwerwiegende emotionale Belastungen überhaupt nicht seelisch verarbeiten.

> Die andrängenden Emotionen werden nur dadurch beherrscht, daß sie auf eine biologische Ebene abgeleitet werden; an die Stelle der seelischen Verarbeitung tritt, gleichsam als Ventil, die **biologische „Verarbeitung"**, die Krankheit.

Von einigen Autoren wurde die als spezifisch angesehene Struktur als ein letztendlich genetisch bedingter Defekt in der seelischen Ausstattung dieser Patienten angesehen, von anderen wurde der Defekt als Folge einer ganz frühen Entwicklungsstörung angesehen; wieder andere sehen die beschriebenen Merkmale überhaupt nicht als Defekt an, sondern als eine verzweifelte Abwehranstrengung, nämlich sich durch eine grundlegende emotionale Abschottung vor überwältigenden und nicht verarbeitbaren Beziehungsproblemen mit nahen Bezugspersonen zu schützen. Die Frage nach der Organwahl kann dieses Konzept nicht beantworten.

Symptomspezifität psychosomatischer Störungen

Das bereits beschriebene Modell Alexanders (s. o.) bezieht die Frage der **Organwahl** mit ein. Unter dem Postulat einer Symptomspezifität werden psychosomatische Störungen aber auch im Sinne eines Ausdruckssymptoms für verdrängte Affekte oder Impulse, also analog den **neurotischen Konversionsbildungen** verstanden. Diese Auffassung ist aufgrund vorliegender klinischer Erfahrungen in dieser Form nicht mehr haltbar, allerdings gibt es eine Untergruppe psychosomatisch Kranker, bei denen sekundär konversionsneurotische Mechanismen eine Rolle spielen. Bei der Diskussion um die Symptomspezifität ist dagegen der Stellenwert der **körperlichen**, insbesondere **genetischen Disposition**, stärker ins Blickfeld geraten, beispielsweise bei den sogenannten atopischen Erkrankungen Neurodermitis und Asthma. So ist auch die Differenzierung zu funktionellen Störungen nicht nur über die Psychodynamik, sondern auch über die somatische Disposition vorzunehmen. Ob es bei einer entsprechenden psychischen Konfliktlage bei einer Gastritis bleibt oder sich ein Ulkus entwickelt, hängt demnach wesentlich mit dem Säuregehalt und den protektiven Faktoren der Magenschleimhaut zusammen (vgl. Kap. 5.4.10, S. 462ff). Andererseits hat ein Mensch mit funktionellen Unterbauchbeschwerden kein höheres Risiko, an einer chronisch-entzündlichen Darmerkrankung zu erkranken. Die Vorstellung Alexanders, vegetative Funktionen spezifisch mit Affekten zu verknüpfen, hat sich als Vereinfachung herausgestellt, die dem heutigen Kenntnisstand über neurovegetative und pathophysiologische Abläufe nicht entspricht. Die Spezifitätsdiskussion in der dargestellten Form war sicherlich heuristisch wertvoll und hat zu vielen klinischen Erkenntnissen geführt, die damit verbundenen Postulate müssen jedoch heute als überholt gelten.

Die Psychosomatik unterscheidet nunmehr zwischen **typischen** und **spezifischen diagnostischen Merkmalen**. So sind die häufig zu findenden Beschreibungen der Colitis-ulcerosa-Patienten, sich an sogenannte Schlüsselfiguren überaus eng zu binden und sich von ihnen nicht trennen zu können, ohne krank zu werden, durchaus als typisch zu werten; in der Tat werden sie häufig bei dieser Patientengruppe angetroffen. Diese Bindungsform ist allerdings mitnichten spezifisch, läßt sie sich doch bei vielen anderen psychosomatischen Krankheitsbildern ebenfalls finden. Hierbei mag zunehmende Erfahrung psychosomatisch tätiger Ärzte beigetragen haben, während frühere Untersuchungen an hochselektierten Patientengruppen psychosomatischer oder psychotherapeutischer Einrichtungen erhoben wurden. Die an diesen kleinen Stichproben hochselektierter Patienten gefundenen Ergebnisse wurden dann in einer Weise verallgemeinert, die aus der heutigen Sicht als unzulässig gewertet werden muß.

Pro und Contra der Spezifitätsmodelle

Erstaunlich ist es, daß der **körperliche Krankheitszustand** der Patienten in vielen Studien nicht berücksichtigt worden ist.

> Was als Persönlichkeitsmerkmal imponiert, kann auch Krankheitsfolge sein, also eine seelische Reaktion auf die akute Belastung oder Gefährdung, auf die unter Umständen mit der Diagnosestellung völlig veränderte Zukunftsperspektive.

Möglicherweise erklärt sich dieser „blinde Fleck" auch durch die Sozialisation der Untersucher als Psychotherapeuten, die sich dadurch vom Bereich der somatischen Medizin entfernen und damit einhergehend eine Tendenz entwickeln, die somatische Seite der psychosomatischen Störung und dessen Bedrohlichkeit zu verleugnen. Dieser **Gegenübertragungsaspekt** ist eine mögliche Erklärung für konzeptuelle Einschränkungen und Einseitigkeiten psychosomatischer Forschungsansätze (Ahrens 1988). So plädieren wir für gebührenden Respekt gegenüber den somatischen Eigengesetzlichkeiten schwerer Krankheiten und ihrer seelischen Folgelasten und eine angemessene Berücksichtigung somatopsychischer Aspekte.

So kann nicht davon ausgegangen werden, daß psychosomatische Krankheiten eine homogene Gruppe von Krankheitsbildern mit uniformer Dynamik darstellen. Vielmehr ergänzen sich somatisch-genetische und biographische Dispositionen, psychosoziale Belastungsfaktoren und Persönlichkeitsstruktur der Kranken zu einem Bedingungszusammenhang für Entstehung und/oder Aufrechterhaltung der Krankheit, dessen Zusammensetzung individuell stark variieren kann.

Die genannten Kritikpunkte sind bedeutsam und ernst zu nehmen; sie sollten allerdings nicht dazu führen, „das Kind mit dem Bade auszuschütten" und die beschriebenen Modellvorstellungen ganz zu verabschieden. Die Modelle können nach dem gegenwärtigen Stand der Forschung nicht mehr als Spezifitätsmodelle gelten; die Modellannahmen gelten nicht ausschließlich für psychosomatische Patienten einer Krankheitsgruppe. Dennoch beschreiben sie typische Merkmale von Patientengruppen; sie bleiben also als heuristische Modelle sinnvoll und nützlich, die die klinische Arbeit strukturieren können. Sie zeigen, auf welche Merkmale in der Individualdiagnostik psychosomatischer Patienten geachtet werden muß, zum Beispiel: Hat der Patient bestimmte, neurosenpsychologisch aufhellbare Konflikte, wie sie das Modell Alexanders nahelegt? Oder bestimmen strukturelle Auffälligkeiten das klinische Bild, zum Beispiel die Unfähigkeit Emotionen auszudrücken, Phantasien zu äußern? Diese diagnostischen Unterscheidungen sind praktisch gesehen folgenreich; sie entscheiden darüber, ob der Patient in eine analytisch orientierte Psychotherapie überwiesen werden soll, ob vorsichtig stützende Therapien oder körperorientierte Verfahren angemessener sind etc. Wir kommen bei der Beurteilung psychosomatischer Modellvorstellungen zu den gleichen Ergebnissen wie bei den Modellen für funktionelle Störungen. Die **Aufgabe** von **Spezifitätsmodellen** zwingt zu einer unvoreingenommenen (und ermöglicht wieder eine solche) Begegnung mit dem einzelnen Patienten. Ein diagnostisch-therapeutischer „Reflex" (z. B.: „Aha, eine Colitis ulcerosa, also keine analytische Psychotherapie.") wird verhindert. Andererseits bieten die Modellvorstellungen Hilfestellungen, nämlich diagnostische und Indikationskriterien an und reduzieren die klinische Komplexität. Sie begründen sinnvolle Typologien, deren Angemessenheit für den Einzelfall immer neu zu prüfen ist.

Grundkonflikt als Krankheitsauslöser

Folgt man in Absetzung von den Spezifitätskonzepten der Vorstellung von typischen Merkmalen der Patienten, so scheinen uns diese auf einen Grundkonflikt zurückzuführen, auf den die Patienten allerdings recht individuell und damit different antworten. Der „Grundkonflikt" kann einen unterschiedlich großen Raum im Leben einnehmen, er kann unterschiedlich drängend sein; das heißt, er kann bei dem einen nur in spezifischen, emotional aufrührenden Situationen wach werden, während er bei anderen schon durch alltägliche Begegnungen provoziert wird. Nicht die Art, sondern die Ausdehnung, das Ausmaß dieses Konfliktes und die Form seiner Bearbeitung, die Bandbreite der Reaktionsmöglichkeiten des Patienten wären variabel. Dieser Konflikt gehört in den von Balint beschriebenen Bereich der **Grundstörung**. In der Sprache der Objektbeziehungspsychologie läßt er sich so beschreiben: In einer besonderen Weise können Nähe und Distanz zwischen Selbst und anderem von vielen psychosomatischen Patienten nicht gut reguliert werden; dieser **Nähe-Distanz-Konflikt** ist bei vielen Patienten ein sehr existentieller Konflikt: Nähe mit anderen ist mit der Gefahr verbunden, daß das Selbst sich im anderen auflöst oder vom anderen vereinnahmt und aufgefressen wird. Sich einzulassen kann das Risiko beinhalten, plötzlich aufgegeben und alleingelassen zu werden.

Schließlich kann die Einschätzung von Nähe und Distanz gestört sein, die Antizipation des Abstands zum anderen erschwert sein, mit der Folge, daß die Patienten sich Wechselbädern ausgesetzt sehen und nicht wissen, ob sie im nächsten Augenblick mit verschlingender Überfürsorge oder kalter Vernachlässigung zu rechnen haben (Küchenhoff 1994).

Alexithymie als Verarbeitungsmodus

Alexithymie als Funktionalisierung zwischenmenschlicher Abläufe ist ein Versuch der Abwehr gegen die Gefahr, in den Sog eines solchen zwischenmenschlichen Strudels zu geraten, aber auch gegen die schmerzlichen Empfindungen der Einsamkeit und des Verlassenwerdens. Um der Besonderheit dieses Verarbeitungsmodus Rechnung zu tragen, könnte man ihn mit dem der Soziologie entlehnten Begriff der **„Instrumentalisierung"** bezeichnen. Dieser Modus zweckrationalen Handelns meint in diesem Sinne „die Fähigkeit eines Menschen, zwischenmenschliche Abläufe zu funktionalisieren, sie einer Zweck-Mittel-Perspektive unterzuordnen und auf diese Weise zu entemotionalisieren. Instrumentalisierung zwischenmenschlicher Beziehungen schafft kognitiv steuerbare Handlungsspielräume und verstellt emotionale Reaktionsweisen – die Beziehung wird zweckgebunden, sachlich und nüchtern" (Ahrens 1988). Der Unterschied zur Affektisolierung des Zwangsneurotikers liegt in der Motivation: der Vermeidung bedrohlicher menschlicher Nähe aus Angst vor Selbstauflösung. Dieser Verarbeitungsmodus wird auch eine beachtenswerte Implikation für den **psychotherapeutischen Zugang** mit sich bringen: Die häufig umfassende Funktionalität dieser Patienten kann sich auch in die Patientenrolle umsetzen; dann besteht die Gefahr der Verwechslung zwischen der bloßen Anpassung des Patienten an die Therapeutenerwartung mit einem wirklichen therapeutischen Prozeß.

Küchenhoff (1994) stellt die klinisch wichtige Frage, wie Patienten, „die diese Form einer die Emotionen vernichtenden Abwehr nicht zu benötigen scheinen, die in Sprache und Affektwahrnehmung ausgesprochen differenziert sein können und die doch unter Somatisierungen leiden", einzuordnen sind. Es ist davon auszugehen, daß der gleiche Grundkonflikt, allerdings lokalisiert und umschrieben auf bestimmte Situationen, bei diesen Patienten existiert. So können sie beispielsweise nach außen stabil und beruflich erfolgreich sein, dennoch in den Therapien oder Analysen einen Affektbereich enthüllen, bei dem die Differenzierung zwischen dem Selbst und anderen verloren zu gehen droht und entsprechend gefährdet ist. „Aus welchen Gründen auch immer die Verarbeitung dieses Grundkonflikts ganz andere Wege läuft (möglicherweise spielen Begabungen oder bestimmte Sozialisationsbedingungen eine Rolle): Ich nehme an, daß es den Patienten möglich war, eine progressive Abwehr zu entwickeln, die in Richtung früher Autonomieentwicklung und schneller intellektueller Differenziertheit ging."

Analytische Psychotherapie mit psychosomatisch Kranken

Aus den vorangehenden Überlegungen ergeben sich einige wichtige Implikationen für die analytische Psychotherapie mit psychosomatisch kranken Patienten:

Das **therapeutische Setting** muß klare Grenzen und einen eindeutig definierten Rahmen haben. Eine analytische Psychotherapie mit diesen Patienten verlangt, daß der therapeutische Raum trianguliert ist und eine klare Trennung zwischen Realitätsraum und Phantasieraum vornimmt. Die Organisation der Stunden bedarf fester Absprachen, die Verläßlichkeit des Therapeuten und seine Unerschütterlichkeit auch in Settingfragen sind besonders wichtig.

Ein großer Teil der therapeutischen Arbeit geschieht in der **Gegenübertragung**. Hierbei ist es insbesondere wichtig, aggressiven Attacken der Patienten standzuhalten und sich vor entsprechenden Gegenreaktionen zu hüten, insbesondere nicht Deutungen als versteckte Form des Rachenehmens zu nutzen.

Mit der **Körpersymptomatik** und deren Verlauf sollte angemessen umgegangen werden. Die diesbezüglichen Gegenübertragungsgefahren wurden schon thematisiert; wichtig ist die Beachtung auch der **pathophysiologischen Dynamik** des somatischen Krankheitsverlaufes und der dadurch bedingten, durchaus realen Beeinträchtigungen, auf die wiederum der Patient massiv seelisch reagieren kann. Daneben darf die **kommunikative Funktion** der Körpersymptomatik nicht vergessen oder übersehen werden: Die Intensivierung oder erneutes Aufflackern kann Ausdruck emotionaler Überforderung des Patienten sein; es kann sich darin aber auch Abgrenzungsarbeit gegenüber der Gefahr, vom Therapeuten in einen Nähestrudel hineingezogen zu werden, ausdrücken. Wichtig ist hier insbesondere, daß Symptomverschlechterungen nicht als Kränkung durch den Therapeuten erlebt werden oder Schuldgefühle bei vermeintlich unangemessener Behandlung entstehen.

Die Arbeit in der **Übertragung** bedarf einer besonderen Vorsicht. In der Regel wird der Therapeut von dem psychosomatisch kranken Patienten primär als Objekt erlebt, die therapeutische Initialphase besteht in dem Aufbau einer Objektbeziehung, die um so tragfähiger ist, je verläßlicher sie vom Patienten empfunden wird. Die dafür erforderlichen Rahmenbedingungen wurden bereits angesprochen. Hierzu gehört aber auch, auftauchende Übertragungsaspekte nicht unmittelbar zu interpretieren, sondern zunächst als Mosaiksteine für ein umfassenderes therapeutisches Verständnis zu verwerten und den Patienten die Möglichkeit von Identifikationen zu eröffnen, auf Benennen von Affekten („im Raum" oder in der Gegenübertragung); dieses immer in Verbindung mit einer tragenden Funktion (*Holding Function*). Die eigentliche analytische Arbeit in der Übertragung schließt sich dann an, da nur in dieser Form die existentielle Nähe-Distanz-Thematik in ihrer ganzen Tiefe wiederbelebt werden kann. Die Übertragungsbeziehung sollte mit Vorsicht gehandhabt werden, um den Patienten nicht zu überfordern, immer im Hinblick darauf, daß der therapeutische Raum entspannt und zu einem „triangulierten Verstehensraum" (Küchenhoff 1994) werden soll. In diesem Rahmen sei auch auf die Handhabung von **Geschenken** verwiesen, die ihrerseits Triangulierungsversuche von seiten der Patienten sein können, aber auch Formen der Wiedergutmachung oder Zeichen der Dankbarkeit. Eine Verweigerung kann bei dem Patienten als Zurückweisung seiner psychischen Entwicklungsversuche verstanden werden und damit im therapeutischen Prozeß kontraproduktiv sein.

Zusammenfassung

Den psychosomatischen Patienten gibt es nicht, die Persönlichkeitsstruktur psychosomatischer Patienten kann sehr stark variieren.

Dennoch läßt sich – unabhängig von der speziellen Diagnose – bei einer Gruppe somatisierender Patienten ein bestimmter Grundstörungskonflikt nachweisen, der ein existentieller Konflikt um die eigene Identität, das Selbstsein oder die -auflösung ist.

Diese existentiellen Nähe-Distanz-Konflikte werden von den Patienten unterschiedlich verarbeitet; so sind alexithyme Verhaltensmuster oder progressiv pseudoautonome Entwicklungen unterschiedliche Antworten auf den gleichen Konflikt.

Die Wahl des psychotherapeutischen Verfahrens muß sich an den strukturellen Möglichkeiten der Patienten orientieren; das Ziel verschiedener Therapieverfahren aber ist jeweils das gleiche: Nähe-Distanz-Konflikte sollen in der Begegnung entspannt werden, indem die Objektbeziehungen trianguliert oder Übergangserfahrungen ermöglicht werden.

Literatur

Ahrens S. Die instrumentelle Forschung am instrumentellen Objekt. Psyche 1988; 42: 225–41.

Alexander F. Der Einfluß psychologischer Faktoren auf gastrointestinale Störungen: Ein Symposion. Z Psychosom Med 1994; 40: 205–35.

Küchenhoff J. Aspekte der psychoanalytischen Psychotherapie bei psychosomatischen Erkrankungen. In: Die Psychoanalyse schwerer psychischer Erkrankungen. Struck U, Hell K (Hrsg). München: Pfeiffer 1994; 149–61.

5.4.2
Hörsturz und Tinnitus

Ulrich Lamparter und Hans Ulrich Schmidt

> **ICD-10-Klassifikation**
>
> Der idiopathische Hörsturz wird unter H91.2, Tinnitus aurium unter H93.1 klassifiziert.

Hörsturz

Definition und Deskription

Definition

Bei dem von symptomatischen Formen des akuten Hörverlustes abzugrenzenden **Hörsturz** (*Sudden Hearing Loss, Sudden Deafness*) handelt es sich um einen in der Regel plötzlich einsetzenden, meist einseitigen, gelegentlich auch doppelseitigen Hörverlust unterschiedlichen Grades im Sinne einer akuten Schallempfindungsschwerhörigkeit.

Der **Grad** der **Hörstörung** reicht von leichter Hörminderung bis zu völliger Ertaubung. Meist sind hohe und mittlere Frequenzen betroffen, seltener Tieftonfrequenzen. Als häufigstes **Begleitsymptom** tritt in 70 bis 80 % der Fälle Tinnitus auf, daneben ein Druckgefühl im Ohr, Schwindel, Gleichgewichtsstörungen, Kopfschmerzen und Übelkeit. Ausgeprägter Drehschwindel und Nystagmus verweisen auf eine Beteiligung des vestibulären Systems.

Meist tritt der Hörsturz „aus voller Gesundheit" auf, etwa 50 % der Patienten bemerken ihn nach dem morgendlichen Erwachen.

Das Ohr, das man im Gegensatz zum Auge nicht „schließen" kann, scheint besonders unter den Lebensbedingungen der Industrialisierung und der „Kommunikationsgesellschaft" zu den am meisten „belasteten" Organen zu gehören. Gleichzeitig ist die schon beim menschlichen Fetus früh ausgebildete (Lamparter et al. 1992), selbst im Schlaf nicht aufgehobene akustische Sinneswahrnehmung Träger des wichtigsten kommunikativen Bezugs zur Außenwelt.

Ätiologie

Zur Genese des idiopathischen Hörsturzes wird heute überwiegend eine **vaskuläre Theorie** vertreten. Er wird am häufigsten auf eine Mangelperfusion im Bereich des Corti-Organs zurückgeführt. Es kommt dort zu einer zunächst reversiblen funktionellen Störung im Sinne einer Malnutrition des Sinnesepithels, bei fortgesetzter Mangelversorgung entsteht eine strukturelle und nicht mehr reversible Schädigung.

Hörsturz wird heute nicht nur als Folge gestörter Durchblutung, sondern auch als „Streßfolge" aufgefaßt. Zum **Zusammenhang** von „**Hörsturz**", **vaskulärem Geschehen** und „**Streß**" sind verschiedene pathogenetische Vorstellungen möglich. Folgende Zusammenhänge sind denkbar:

- ein über die vegetative Innervation oder über zirkulierendes Noradrenalin/Adrenalin vermittelter Kontraktionszustand der zuführenden Gefäße zum Innenohr
- eine direkte vegetative Beeinflussung des zellulären Stoffwechsels im Corti-Organ
- eine Viskositätssteigerung des Blutes, die zu Sludge-Phänomenen im Bereich der Endgefäße des Corti-Organs führt

Eine pathogenetische Rolle funktioneller **Halswirbelsäulen-Blockierungen** und ihrer reflektorischen Einwirkung auf vegetativ vermittelte Spasmen der Innenohrgefäße ist umstritten. Schließlich spielen auch allgemeine **Gefäß-** und **Zirkulationsfaktoren** (anatomische Varianten, Blutdruckschwankungen) sowie **metabolische Veränderungen** in der Pathogenese eine Rolle. Da auch **Viruserkrankungen** (Mumps, Zytomegalie, HIV-Infektionen) das Innenohr befallen können, wird auch beim sogenannten idiopathischen Hörsturz immer wieder eine virale Genese vermutet.

Epidemiologie

Allgemein wird beobachtet, daß der Hörsturz in seiner Häufigkeit zunimmt. Betroffen sei vorwiegend die Bevölkerung der Industrienationen Westeuropas, Japans und der USA (Balkany et al. 1976). Byl (1978) nannte eine Inzidenzrate von 10,7 Fällen auf 100 000 Einwohner in Nordkalifornien. Die wenigen existierenden Angaben zur Inzidenz in Deutschland machen ca. 20 Fälle auf 100 000 Einwohner aus (Staindl et al. 1979; Weinaug 1984).

Differentialdiagnostik

Differentialdiagnostisch abzugrenzen und besonders bei mangelnder Besserung unter rheologischer Therapie zu erwägen ist eine tympanoskopisch abzuklärende **Verletzung** der **Membran** des runden Fensters zwischen Innenohr und Mittelohr. An das **Akustikusneurinom**, dessen Erstsymptom ebenfalls ein plötzlicher Hörverlust sein kann, muß differentialdiagnostisch gedacht werden.

Ebenso abzugrenzen ist der eher seltene, rein **psychogen bedingte Hörverlust** im Sinne eines reinen Konversionsgeschehens ohne pathologisch-anatomisches Substrat.

Psychodynamik

Schon Anfang der 50er Jahre wurde beobachtet, daß Hörsturzereignisse häufig unmittelbar nach besonders eingreifenden **emotionalen Belastungen** auftreten (Fowler 1950), ein Zusammenhang, der sich auch in späteren psychosomatischen Untersuchungen bis heute immer wieder darstellt (Hoffmeister 1988; Kropp und v. Rad 1988; Lamparter 1994).

Kropp und von Rad konnten zeigen, daß in einem unerwartet hohen Maße, nämlich in 70 von 90 Fällen, Patienten, denen man ein unstrukturiertes Gespräch über den Hörsturz anbot, von sich aus einen unmittelbaren zeitlichen Zusammenhang zwischen dem Hörsturz und starken psychischen Belastungen herstellten. In weiteren 7 der 90 Fälle war dieser Zusammenhang auch für den Untersucher evident, der Patient konnte hier allerdings einen solchen Zusammenhang nicht selbst herstellen. Von 58 von Hoffmeister (1988) befragten Hörsturzpatienten stuften sich 61 % als vor der Erkrankung belastet ein.

Auch andere Untersucher (Stange 1972) fanden immer psychische oder physische Belastungen in der Vorgeschichte der Hörsturzerkrankten. Mit einer Life-Event-Liste nach Holmes und Rahe fanden Neuser und Knoop (1986) ein vermehrtes Auftreten belastender Lebensereignisse in den zwei Jahren vor dem Ausbruch der Hörsturzerkrankungen. Im Freiburger Persönlichkeitsinventar wies eine Gruppe von Hörsturzpatienten zwar keine gravierenden, doch deutliche Abweichungen zu einer Vergleichsgruppe von Patienten mit Otosklerose auf, wobei eine Subgruppe mit deutlich pathologischen Werten auch schlechtere Remissionen zeigte (Dohse et al. 1981).

Hoffmeister (1988) findet bei sieben von acht Skalen eines biographischen Inventars zur Diagnose von Verhaltensstörungen (BIV) ein völlig unauffälliges Ergebnis und keine signifikanten Unterschiede zu Normalpersonen. Nur bei einer besonderen Skala zur Erfassung psychovegetativer Konstellationen, die die Neigungen erfassen soll, auf Streß mit körperlichen Symptomen zu reagieren, lag der Durchschnittswert der Hörsturzpatienten deutlich höher als der Wert der Normalpersonen.

Im allgemeinen medizinischen Sprachgebrauch handelt es sich beim Hörsturz häufig um eine „Streßreaktion". In einer eigenen Arbeit (Lamparter 1994) ziehen wir den Begriff „**psychosomatische Reaktion**" vor. Wir fanden ebenfalls bei einem Drittel von unausgelesenen mit einem psychoanalytischen Interview untersuchten Patienten eine unmittelbare „Reaktivität" des Hörsturzgeschehens – auf eine Nachricht, ein Telefonat, eine Situation, ein Erlebnis. Bei zahlreichen weiteren Fällen fanden sich mittelbar auslösende Situationen oder auch andere Konfliktsituationen, auf die der Hörsturz als Reaktion verständlich erscheint.

Für die **„Emotional Episodes before Onset"** kommen nicht nur massive Verlusterlebnisse, schwerwiegende psychosoziale Konflikte oder Traumen in Frage. Auch kleine Szenen des Alltags, die erst auf dem Boden einer lebensgeschichtlichen Resonanz eine innere Wucht beziehungsweise Dramatik entfalten, können die Qualität einer auslösenden Situation gewinnen, wie eine typische „Auslösegeschichte" eines Hörsturzes auf dem „Telefon-Ohr" einer 28jährigen tüchtigen Anwältin zeigt:

---------------------- Fallbeispiel ----------------------

Sie habe „nur" unter heftigem „Streß" gestanden, da sie ihren Chef habe vertreten müssen und gleichzeitig noch in einer anderen Kanzlei habe aushelfen müssen. Es habe zudem diverser Termindruck bestanden, aber eigentlich mache ihr Streß Spaß. Zudem habe sie zu dieser Zeit ihre Hochzeit vorbereitet, aber auch auf die habe sie sich gefreut. Doch auch dort war sie unter Termindruck. Das Lokal für die Hochzeitsfeier war noch nicht gefunden, sie versuchte, telefonisch entsprechende Vorbereitungen zu treffen, was mit häufigen Absagen und Ärger verknüpft war. Ihr Freund arbeitete zu der Zeit auswärts, so daß sie die Abende ebenfalls mit langem Telefonieren verbrachte. Zunehmend fühlte sich die Patientin jedoch allein und im Stich gelassen, da er ihr weitgehend die Initiative und die Verantwortung für die Organisation der Hochzeit überließ. Ihren Impuls, auch ihren Freund mehr „in die Pflicht zu nehmen", verbot sie sich: Ihre Mutter hatte sie immer gelehrt, alles müsse sofort erledigt werden. Noch heute pflegte die Mutter sich abends bei

der Patientin telefonisch zu erkundigen, ob sie heute schon alles erledigt habe. Der Hörsturz trat während eines Telefonates mit dem von ihr sehr geachteten künftigen Schwiegervater auf. Dieser bat sie, nun auch noch die Verwandten des Bräutigams schriftlich einzuladen, ein Ansinnen, das sie am liebsten sofort abgelehnt hätte, dem sie sich jedoch nicht zu verweigern wagte.

Die vorgeschilderte Auslösesituation vereinigt ein affektives Ensemble, das sich immer wieder in der Vorgeschichte von Hörsturzerkrankungen findet: das Auftreten eines oft unbewußt bleibenden, manchmal aktiv unterdrückten Ärgers, verbunden mit einer massiven Ohnmachtswut angesichts von sich aufsummierenden Problemen.

Häufig sind die Patienten **überdurchschnittlich stark beruflich belastet**. So läßt sich in einer überwiegenden Anzahl von Fällen der akute „idiopathische" Hörsturz als eine psychovegetativ vermittelte – auf dem pathogenetischen Weg einer Mikrozirkulationsstörung in der Kochlea mit konsekutiver Hypoxie der Sinneshaarzellen entstehende – psychosomatische Reaktion auf eine Überforderungs-, Überlastungs- oder Konfliktsituation begreifen.

Diese dürfte in ihrer spezifischen Dynamik besonders in industrialisierten Gesellschaften bei kommunikationsintensiven Berufen vorkommen. Oft erlangen die – von den Patienten als „Druck" erlebten – aus der beruflichen Sphäre resultierenden Überforderungen durch eine Summation mit einer Belastung im privaten Bereich (z. B. in einer erschöpfenden Pflege- oder Fürsorgesituation) besondere Intensität.

Metaphern von der „herausspringenden Sicherung" (Greuel 1988) oder vom „Streik im Innenohr" (Hollweg ohne Jahreszahl) beschreiben den Hörsturz als **psychosomatischen Schutzmechanismus**. Von den Patienten selbst verwandte Formulierungen sind ein „Wunsch nach Ruhe", oder sie benennen sogar klar, was sie nicht mehr hören konnten oder wollten.

Bei 50 unausgelesenen Hörsturzpatienten ließen sich verschiedene **„psychoökonomische" Funktionen** des **Hörsturzes** differenzieren (Lamparter 1994). Es fanden sich dabei am häufigsten eine „Notabschaltung" bei einer zu großen Belastung oder zu großem Konfliktdruck. Auch eine „Reizschutzfunktion" ließ sich herausarbeiten. Dabei fanden sich häufig Über-Ich-Konflikte („Stimme des Gewissens!") und eine oft nur vorbewußte ohnmächtige Protesthaltung, verknüpft mit dem Erleben einer subjektiven Ohnmacht.

Psychoökonomische Funktion des Hörsturzes

Notabschaltung: Konfliktdruck

Wunsch nach Ruhe

Notabschaltung: zu große Belastung

Reizschutz: Ich kann es nicht mehr hören

Protestäquivalent

Implosion einer Ohnmachtswut

Abwehr einer Gewissensforderung

Abwehr gegen schlimme Nachricht

> Vermeidung unerwünschter Situationen
> Abwehr von Erinnerungen

Typische **primärpersönliche**, auch psychometrisch zu erfassende **Züge** von **Hörsturzpatienten** scheinen ein stark entwickeltes Pflichtbewußtsein sowie eine Hemmung der Wendung der Aggressivität nach außen in Konfliktsituationen zu sein. Als Gesamtgruppe unterscheiden sich Hörsturzpatienten ansonsten in psychometrischen Untersuchungen von Gesunden nur wenig.

Spezielle Aspekte der psychosomatischen Diagnostik

Das Hauptproblem in der psychosomatischen Diagnostik des Hörsturzes ist in den meisten Fällen weniger der Nachweis der „Streßbedingtheit" der Hörsturzerkrankungen, die sich im Einzelfall deutlich demarkiert, sondern vielmehr, die psychodynamischen Zusammenhänge im einzelnen zusammen mit dem Patienten durchzugehen und ihre biographischen Dimensionen zu überprüfen.

Um Zugang zur inneren Welt eines Hörsturzpatienten zu finden, kann es sinnvoll sein, den Hörsturz psychodynamisch zu verstehen – als eine „somatisierte Abwehr". Sie kann sich sowohl gegen die Wahrnehmung einer äußeren Belastungssituation richten, aber auch gegen bestimmte Gedanken und innere Impulse, nicht zuletzt gegen andere Menschen und ihre Ansinnen.

Wenn es auch eine spezifische Konfliktdynamik des Hörsturzes nicht gibt, so ist doch auf die wichtige Rolle hinzuweisen, die offenbar unbewußt bleibende **persekutorische Über-Ich-Anforderungen** für die Genese des starken inneren Druckes spielen, unter dem sich die Hörsturzpatienten so oft fühlen. Das Gewissen hat eine besondere Nähe zum akustischen Informationsverarbeitungssystem, wie es zum Beispiel im Phänomen deutlich werden kann, daß die „Stimme des Gewissens" hörbar wird.

Für einen psychodynamischen Zugang zum Hörsturzpatienten stellt sich so die Frage nach dem Vorliegen von **Schuldgefühlen**. Überblickt man Biographien von Hörsturzpatienten, entsteht nicht selten der Eindruck, daß diese in ihrer Lebensgestaltung und in ihrem unbewußten Lebensplan ein tiefes Schuldgefühl zu bewältigen suchen. Ein solcher „typischer" Hörsturzpatient hat dabei oft gleichzeitig das unausgesprochene Gefühl, daß für ihn niemand in dem Maße da ist, wie er selbst für andere da ist. Die frühzeitige Übernahme von Verantwortung und Pflichten in der Familie findet sich in diesem Zusammenhang häufig als lebensgeschichtliche Leitschiene.

Vor diesem psychodynamischen Hintergrund lassen sich die in den Anamnesen immer wieder aufzufindenden wichtigen **sozialökologischen Bedingungsstrukturen** der Hörsturzerkrankungen wie hoher Arbeitsanfall, Termindruck, gesteigerte Verantwortung am Arbeitsplatz, Prüfungssituationen, besonders aber auch eine oft überstrapazierende Sorge für Kranke und Behinderte, in ein psychodynamisches Licht setzen und mit dem Patienten reflektieren.

Übertragung und Gegenübertragung

Vordergründig ist der Umgang mit Hörsturzpatienten, die oft als beeindruckende und „interessante" Patienten erscheinen, meist für den Arzt sehr angenehm. Die Übertragungsbeziehung zum Arzt kann sich jedoch auch unbewußt aggressiv gestalten. Im Hintergrund wird dann das abgewehrte Aggressionsproblem spürbar. Der Arzt fühlt dann einen diffusen Unwillen dem Patienten gegenüber und reproduziert auf dem Wege der projektiven Identifikation auch Ohnmachtsgefühle des Patienten in sich. Die Neigung eines Hörsturzpatienten, innere Distanz herzustellen und Gefühle abzuwehren, sich „abzuschotten", kann zu einer entsprechenden Reaktion beim Arzt führen, eine verleugnende Haltung des Patienten seinem Hörverlust gegenüber zur bagatellisierenden ärztlichen Einstellung, der Patient sei nicht wirklich erkrankt.

Therapie

Neben der möglichst früh einsetzenden **Hämodilutionstherapie** stellen die **Reizabschirmung** und das Herauslösen aus belastenden Situationen ein wichtiges therapeutisches Prinzip dar, das sich freilich erst dann als wirksam erweist, wenn mit einer stationären Aufnahme auch tatsächlich eine Vermittlung von Entspannung und Sicherheit verbunden ist. Diese Vermittlung kann durch geeignete psychologische Interventionen unterstützt werden.

Differentielle Therapiestudien zu **psychotherapeutischen Interventionen** beim Hörsturz fehlen bislang, so daß spezielle therapeutische Empfehlungen nur aus der Erfahrung an klinisch behandelten Einzelfällen gegeben werden können. Eine frühzeitige, auch psychotherapeutische Klärung und Intervention scheint besonders wichtig.

Vereinzelt wird über Erfolge durch **suggestive Beeinflussung** der **Ohrdurchblutung** und durch konzentriert angewendete **Entspannungsverfahren** berichtet (Greuel 1988). Schon ein intensives Gespräch mit dem Patienten und die gemeinsame Ausleuchtung des psychodynamischen Hintergrundes entlastet den Patienten. Der bloße Ratschlag, „Streß zu vermeiden", kann sich dagegen als insuffizient herausstellen, besonders wenn der Patient unter „innerem Streß" leidet. Auch objektive Belastungssituationen sollten im Gespräch als Konsequenz aus psychischen Entwicklungen angesprochen werden, um Ansatzpunkte für Veränderungen, Entlastungen zu finden. Entsteht die Belastung des Patienten aus neurotischen psychosozialen Verwicklungen, muß diese Konfliktsituation offen mit dem Patienten besprochen werden. Gegebenenfalls sollte eine psychoanalytische Psychotherapie eingeleitet werden.

Prognose

Zwar zeichnet sich das einzelne Hörsturzereignis durch eine relativ gute Spontanbesserungsquote aus (Weinaug 1984); doch besteht jederzeit die Gefahr eines Rezidivs, einer sich einschleifenden „somatischen Schiene" und eines sich von Ereignis zu Ereignis verschlechternden Hörvermögens, zudem auch die Gefahr der Entwicklung und Fixierung eines chronischen Tinnitus.

Deutlich kann zudem belegt werden, daß es langfristig mit mehrfach höherer Wahrscheinlichkeit zu einem Rezidiv kommt, wenn bereits beim ersten Hörsturz dem Patienten „alles zu viel" war (Lamparter 1994). So kann es auch aus prophylaktischen Gründen sinnvoll sein, den Hörsturz zum Anlaß einer „Lebensumstellung" zu nehmen und dazu psychotherapeutische Hilfe zu suchen.

Fallbeispiel

Ein 30jähriger Wirtschaftsmathematiker, der sich aufgrund einer ungewöhnlichen intellektuellen Begabung aus einem kleinbürgerlich-defizitären Elternhaus hinausentwickelt hatte, erlitt einen massiven Hörsturz als Reaktion auf den ersten Schrei seines neugeborenen Sohnes, den er unbewußt wie seinen ihn bedrohenden Vater erlebte. Anspannung durch berufliche Existenzängste, weiter um sich greifender „Beziehungsstreß", berufliche Anforderungen an den Grenzen der kognitiven Kapazitäten waren weitere psychopathogenetische Faktoren. In einer ersten Phase der psychoanalytischen Therapie stand ein Annehmen des Patienten im Vordergrund, die gemeinsame Entdeckung von Gründen der Verspannung und der Überanstrengung, die Klärung der verwickelten Beziehungen und die Herausarbeitung der inneren Objektfunktion des Sohnes (ängstigender ödipaler Rivale). Darunter kam es zu einer allmählichen Entspannung des Patienten und zur Symptomverbesserung, auch zur Herauslösung aus der psychischen Aufmerksamkeitseinengung auf das Ohr und die zunehmende Umlenkung der psychischen Aktivität in Richtung auf die Erforschung der eigenen Innenwelt – psychotherapeutische Prozesse, die gerade bei psychosomatischen Hörstörungen von großer Bedeutung sind. Die Übertragungsdynamik setzte sich schließlich in eine „Ausstiegsthematik" um (statt Hörsturz Ausstieg aus belastenden Beziehungen), und die Behandlung wurde vom Patienten unter dem Eindruck der symptomatischen Besserung und neu gewonnener Freiheiten beendet.

Zusammenfassung

Beim Hörsturz handelt es sich in der überwiegenden Anzahl der Fälle um eine psychosomatische Reaktion. Erst unter Einbeziehung der psychosozialen Aspekte, besonders aber auch der inneren Welt des Patienten, läßt sich das Ausmaß des Leidens erfassen und eine kompetente therapeutische Strategie entwickeln. Wenn man die Hörsturzerkrankung als „Abwehrkrankheit" versteht, wird deutlich, daß gerade die Überwindung der Abwehr des Patienten, etwas Bestimmtes wahrzunehmen, von äußerster Wichtigkeit sein kann. Der langfristige Verlauf der Erkrankung ist stark von psychologischen Parametern abhängig.

Tinnitus
Definition und Deskription

> **Definition**
> **Tinnitus** zeichnet sich durch ein vorübergehendes oder dauerndes Ohrgeräusch unterschiedlicher Lautstärke aus. Intensitätszunahme und Persistenz, verbunden mit einer dekompensierenden psychischen Verarbeitung, gestalten das lästige Symptom zur Krankheit aus.

Die Patienten schildern ein unterschiedlich lautes Sausen, Klingeln, Zischen, Rasseln oder Pfeifen im Ohr, teils an- und abschwellend, teils konstant, „maschinenartig hämmernd" oder nur „leise verrückt machend" störend. Es besteht keine lineare Beziehung zwischen der Lautstärke der Ohrgeräusche und der Stärke der von ihnen ausgehenden Beeinträchtigung. Diese gewinnt vielmehr ihre quälende Intensität aus dem Gefühl, dem Geräusch lebenslänglich und unentrinnbar ausgeliefert zu sein.

Epidemiologie

Unter den Lebensbedingungen einer Industriegesellschaft tritt bei 35 bis 45% aller Erwachsenen über 17 Jahre zu irgendeinem Zeitpunkt ein vorübergehendes oder dauerndes Ohrgeräusch unterschiedlicher Stärke auf. So gaben von 6804 aus verschiedenen Städten Großbritanniens zufällig befragten Personen 17% einen länger dauernden Tinnitus an, jedoch nur für 1% war damit ein Verlust der Lebensqualität verbunden. Rechnet man jedoch die letztere Zahl auf die Bevölkerung in Deutschland um, so ergibt sich eine vermutete Prävalenz von 750000 Tinnitusbetroffenen in Deutschland (Scott und Lindberg 1992).

Ätiologie

Pathophysiologisch entsteht Tinnitus aus einem schädigungsbedingt **gestörten Zusammenspiel** von **inneren** und **äußeren Haarzellen** im Corti-Organ. Gerade die äußeren Haarzellen, die als Verstärker fungieren und sich in normaler Funktion hochfrequent kontrahieren und entspannen, scheinen besonders schädigungsempfindlich zu sein. Solche Schädigungen können häufig perfusionsbedingt sein. Auch andere – sonst subklinische – Schädigungen des Sinnesepithels kommen in Frage. Zentrale Verarbeitungsprozesse transformieren die läsionsbedingte stochastische Spontanaktivität in einen zeitlich gerichteten Vorgang, der sich dann in der Hörrinde als Höreindruck abbildet. Eine angestiegene neuronale Aktivität läßt sich bei PET-Untersuchungen auch in anderen kortikalen Zentren nachweisen, zum Beispiel in den auditorischen Assoziationsfeldern und in der rechten Präfrontalregion (Mirz et al. 1999). Eine repetitive, sich selbst unterhaltende elektrische Aktivität – sogenannte **Oszillationen** – im Bereich der zentralen Hörbahn scheint zudem eine Rolle zu spielen (Lenarz 1992).

Man unterscheidet zwischen dem **subjektiven** Tinnitus und dem **objektiven** Tinnitus, der meist auch vom Untersucher gehört werden kann und auf eine Schallquelle im Kopf zurückgeht. Pulssynchrone objektive Ohrgeräusche sind meist durch angeborene oder erworbene vaskuläre Veränderungen bedingt (atypischer Verlauf der A. carotis interna durch die Paukenhöhle, Varianten des Bulbus der V. jugularis, arteriovenöse Fisteln). Sie lassen sich in 70% der Fälle (Forsterling 2000) durch eine subtile radiologische Diagnostik aufklären. Objektive Ohrensensationen können auch durch Muskelspasmen entstehen.

Das **Modell der Entstehung des subjektiven Tinnitus**, das Jastreboff (1990) vorgeschlagen hat, stellt die Wichtigkeit der zentralen Hörbahnen bei der Verstärkung der Signalentdeckung und der Verarbeitung von Reizeindrücken im auditorischen Subkortex in besonderer Weise heraus. In diesen Bahnen wird die in der Peripherie entstehende „Tinnitusaktivität" verstärkt. Entsprechend der subjektiven Bedeutung des Tinnitus und seines emotionalen Status kommt es zu sukzessiven Veränderungen in der Aktivität des limbischen Systems und zu entsprechenden Zuflüssen aus dem Hippokampus (Lockwood et al. 1998). Insgesamt entsteht also die Tinnituskrankheit in einem negativen Zirkel von Selbstaufmerksamkeit, Anspannung, Tinnituslautheit, Tinnitusintensität und dem Leiden am Tinnitus. Umgangssprachlich: Wenn auf den Tinnitus „gehorcht" wird, wird er lauter. Je lauter der Tinnitus wird, desto angespannter wird der Patient. Je angespannter der Patient ist, desto mehr wird auf den Tinnitus gehorcht.

Diese **multipel miteinander vernetzten Regelkreise** können auf verschiedenen Ebenen erklärt werden. Über folgende efferente Mechanismen kann der Tinnitus zum Beispiel lauter werden:

- **Vorspannung der Membrana tectoria** im Innenohr
- Erhöhung der **Durchlässigkeit des auditiven Filters**
- Erhöhung der **Vigilanz**, der „Wachsamkeit gegenüber dem Tinnitus"
- **negative Kognitionen** lassen den Tinnitus als lauter bewerten

Die **Rolle des auditorischen Subkortex** bei der Entstehung von Tinnitus ist so tragend, daß Tinnitus auch ohne peripheren Störungsgenerator entstehen kann: der zentrale Tinnitus. Phänomenologisch ist es nicht möglich, zu differenzieren, ob es sich um einen Tinnitus aurium oder einen zentralen Tinnitus handelt, auch nicht dadurch, wo das Geräusch subjektiv lokalisiert wird, „im Kopf", „im Ohr" oder „in der Außenwelt".

Häufig läßt sich Tinnitus als **Folge** eines sonst unbemerkt abgelaufenen **Hörsturzes** auffassen. In diesem Sinne kann auch Tinnitus als Antwort auf eine psychophysische Überforderung verstanden werden (Böning 1981). Dabei repräsentiert Tinnitus ein diffuses **Spannungsäquivalent**. Meist bemerkt der Patient den chronischen emotionalen Spannungszustand, in dem er sich befindet, selbst nicht. **Weitere „Spannungssymptome"** können zu der Tinnitussymptomatik hinzutreten und diese im Sinne eines Circulus vitiosus weiter verstärken:

- Bruxismus
- mandibuläre Dysfunktion bis hin zur massiven Gesichtschmerzsymptomatik (Costen-Syndrom)
- zervikale Muskelverspannungen mit funktionellen Blockierungen der zervikalen Wirbelbogengelenke (der sogenannte zervikogene Tinnitus)

Andere Ursachen sind ein mechanisches (Lärm- oder Knall-) Trauma, Mittelohraffektionen oder andere schädigende Einflüsse auf das Sinnesepithel, zum Beispiel Nebenwirkungen von Pharmaka oder Stoffwechselkrankheiten beziehungsweise Viruserkrankungen.

In der klinischen Diagnostik unterscheidet man nach dem Zeitverlauf den akuten (in den Tagen nach dem Auftreten des Tinnitus), den subakuten und den chronischen Tinnitus (nach sechs Monaten) sowie danach, wie der Patient mit seinem Tinnitus zurechtkommt, den kompensierten beziehungsweise rekompensierten Tinnitus. Dazu läßt sich noch der Komplexitätsgrad unterscheiden, nämlich inwieweit der Tinnitus mit anderen psychischen Störungen verwoben ist, zum Beispiel mit einer Depression.

Bei der dekompensierenden psychischen Verarbeitung des Tinnitus kommt es zur hohen Aufmerksamkeitsbesetzung des zunehmend als Verfolger erlebten Geräusches, verbunden mit der zunehmenden Unfähigkeit, dieses als in der Außenwelt entstanden zu imaginieren und sich damit vom Leibe zu halten. Auch eine depressive Reaktionsform auf den „Verlust der Stille" (Goebel 1991) kommt vor. Der Gedanke an Suizid liegt hier nahe. Als „schlimm" wird vor allem der Gedanke erlebt, daß der Tinnitus „nie aufhören" wird.

Psychodynamik

Über die Psychodynamik als ätiologischem Faktor liegen keine umfassend systematisierten Kenntnisse vor. Klinische Einzelbeobachtungen zeigen eine psychogenetische Ableitung eines Tinnitus aus eingekapselten traumatischen Erfahrungen, als **Trauer-** oder **Depressionsäquivalent**. Über die Rolle früher Ängste ist noch wenig bekannt. Denkbar ist das Modell einer habituierten Alarmreaktion.

Tinnitus kann eine Art „Staubsaugerfunktion" für andere Ängste und Qualen bekommen:

─────────────── Fallbeispiel ───────────────

Eine 40jährige Patientin entwickelt Tinnitus in der Auseinandersetzung mit ihrer geistig behinderten vierjährigen Tochter. Sie beschreibt ein völliges Sistieren eigener früherer multipler neurotischer Ängste und auch der Ängste um die Entwicklung der Tochter unter der Tinnitusentwicklung. Quälend ist nur noch der Gedanke, daß der Tinnitus nie aufhören wird.

───

Reflektierende Patienten fassen ihren Tinnitus häufig als „ihre Stimme" auf, die ihnen „etwas sagen" wolle.

Gelegentlich kann man auch von einer „Bojenfunktion" des Tinnitus sprechen. Diese Boje dient gleichsam als Hinweis, daß es sich bei weiteren beklagten Körpersymptomen um die Folge beziehungsweise den Ausdruck von unter der Oberfläche liegenden psychischen Spannungen handelt.

In einem Diathese-Streß-Modell zu den Ursachen der Dekompensation unter Tinnitus gehen Jäger und Lamprecht (2001) davon aus, daß Tinnitus und andere Belastungen um die kompensatorischen, oft defizitären Ressourcen eines Menschen konkurrieren.

Nicht zu vergessen ist schließlich, daß die fortgesetzte Klage über den Tinnitus auch zur Rationalisierung eigenen Versagens dienen und einen nicht unerheblichen sekundären Krankheitsgewinn zur Folge haben kann. Die psychodynamischen Motive mißlingender Bewältigung des Tinnitus aufzufinden scheint oft wichtiger zu sein als die Konstruktion einer primären „Psychogenie".

Psychoökonomische Funktion des Tinnitus

Eingekapselte traumatische Alarmreaktion

Spannungsäquivalent

Angstäquivalent

Depressionsäquivalent

Stimme des Gewissens

Stimme, die etwas sagen will

Staubsaugerfunktion

Bojenfunktion

Entlastung durch sekundären Krankheitsgewinn

Übertragung und Gegenübertragung

Zweifellos stellt sowohl die ärztliche wie auch die psychotherapeutische Behandlung von Tinnitus große Anforderungen an die Spannungstoleranz und die Geduld von Arzt und Patient. Wichtig ist, daß der Arzt sich eingehend mit dem Erleben des Tinnitus beschäftigt und der Patient das Gefühl bekommt, der Arzt wisse, wie ihm zumute ist und wie quälend das Erleben des Tinnitus ist, besonders zum Beispiel nachts. Das Zuwendungsbedürfnis des Patienten mit dekompensiertem Tinnitus in seiner gequälten Not kann enorm sein, besonders, wenn er auf rasche Hilfe drängt. Hier kann es zu ärgerlich gefärbten unerwünschten Gegenübertragungsreaktionen auf seiten des Arztes kommen, der Patient fühlt sich dann zurückgewiesen und isoliert. Zur Enttäuschung kommt es auch bei einem nicht eingelösten Heilungsversprechen oder wenn sich der Patient abgeschoben fühlt.

Therapie

Beratung (Counselling)

Tinnitus ist für den Patienten ein zugleich rätselhaftes wie quälendes Phänomen. Er fragt sich: Wie kann ich etwas haben, was man nicht findet, und trotzdem nicht verrückt sein? Das adäquate therapeutische Prinzip besteht in der Frühphase der Krankheit im sogenannten Counselling, einer intensiven Aufklärung über die Natur der Störung, ihrer Genese, des zu erwartenden weiteren Verlaufs: Nicht damit müssen Sie ab sofort für den Rest Ihres Lebens leben, sondern Ihr Hörsystem wird sich nach aller Wahrscheinlichkeit an den kleinen Schaden im Innenohr, der so klein ist, daß man ihn röntgenologisch nicht nachweisen kann, nach und nach anpassen, vielleicht so weitgehend, daß die falsche Hörwahrnehmung ganz unterdrückt wird. Der Tinnitus ist kein Vorbote für einen Schlaganfall oder einen Herzinfarkt. Auch das Ohr wird durch den „inneren Lärm" nicht geschädigt.

Phasenangepaßte Therapie

▶ Akute Phase

Die übliche **Hämodilutionstherapie** ist vor allem in der Frühphase wirksam. **Schlaf** muß sein, notfalls mit Schlafmitteln. Stationäre Aufnahme kann unter dem Gesichtspunkt der Reizabschirmung sinnvoll sein. Außerdem ist es wichtig, daß der Patient später nicht das Gefühl hat, in der Frühphase sei eine möglicherweise rettende Maßnahme versäumt worden. Positive Effekte der hyperbaren Sauerstofftherapie zumindest in den ersten Wochen sind berichtet worden. „Verspannungen" der Halswirbelsäule sollten unverzüglich physiotherapeutisch angegangen werden, besonders beim sogenannten zervikogenen Tinnitus.

▶ Subakute Phase

Die weitere Therapie ist ein Geduldsspiel. Der dekompensierte Tinnituspatient darf von seinem Arzt nie allein gelassen werden. Der Hinweis „damit müssen Sie leben" genügt auf keinen Fall.

Erste Hilfe bietet die Erzeugung erwünschter Geräusche, die das Tinnitusgeräusch überdecken, über das Radio oder über einen Walkman. Auch nachts empfiehlt es sich, für als angenehm empfundene Hintergrundgeräusche zu sorgen. Der Patient sollte nachts den Kampf mit dem Tinnitus vermeiden und lieber aufstehen, als sich gegen den Tinnitus in den Schlaf zwingen zu wollen. Ratsam ist es, nun eine Erholung oder Umstimmung anzustreben, zum Beispiel durch einen Aufenthalt an der See mit langen Meeresspaziergängen.

In dieser Phase sich einstellende Symptome beziehungsweise Komplikationen sind subjektive Geräuschempfindlichkeit (Hyperakusis) und Phonophobie, die sich nicht immer klar voneinander differenzieren lassen. Grundsätzlich ist es besser, sich entsprechenden – auch gefürchteten – Geräuschen maßvoll auszusetzen.

▶ Chronische Phase

Ansprechbarkeit auf Placebo, Entspannungsverfahren, Hypnotherapie, zielgerichtete Änderungen der Einstellung zum Tinnitus, bei Bedarf auch auf antidepressive Medikamente und psychotherapeutische Behandlungen rechtfertigen einen therapeutischen Nihilismus nicht. Wahrscheinlich muß – nicht in einer undifferenzierten Polypragmasie, sondern in einem gemeinsamen **Ausprobieren** mit dem Patienten – diejenige **Therapieform** gefunden werden, bei der der Patient aufgrund eigener Selbstbeobachtung die Erfahrung macht, daß sie ihm hilft und so auch eine psychische Rekompensation zu erreichen ist. Zudem scheint es besonders auf ein synergistisches **Zusammenwirken verschiedener Verfahren** anzukommen.

Unter den einzelnen Verfahren hat Akupunktur wahrscheinlich keinen spezifischen Effekt, kann aber eine allgemeine Entspannung induzieren. Ein Versuch ist sinnvoll. Auch andere physiotherapeutische Verfahren, die ein anderes und besseres Körpergefühl vermitteln, sind hilfreich (z. B. kraniosakrale Therapie, Feldenkrais).

Als Entspannungsverfahren bieten sich an:
- das Autogene Training
- die Relaxationstherapie nach Jacobsen oder Yoga, die zu nachweisbaren Effekten führen (Kröner-Herwig et al. 1995)

Bei hörgeschädigten Patienten kann ein Hörgerät hilfreich sein, weil dann weniger „gehorcht" wird und die allgemeine Anspannung nachläßt.

Um die zentrale Verarbeitung des Tinnitussignals in der Hörbahn zu beeinflussen, ist die Masker-Therapie modifiziert worden; daraus ist ein neuer Behandlungsansatz entstanden, die Tinnitus-Retraining-Therapie. Dieser multimodale Ansatz erfordert ein Spezialistenteam, das aus Otologen, Audiologen, Hörtherapeuten und klinischen Psychologen besteht. Bei diesem Verfahren kommen verschiedene Geräuschtherapien zur Anwendung, die technische Hörhilfen benutzen, insbesondere eine Therapie mit einem leisen breitbasigen Rauschen, das die neuronalen Aktivitäten der zentralen Hörbahn und ihre Plastizität anregen und so eine bessere Habituation ermöglichen soll.

Dem vom Tinnituspatienten oft geschilderten Gefühl der Isolation („niemand, der dieses Geräusch nicht hat, kann ermessen, was ich erleide") wirkt der Kontakt mit Selbsthilfegruppen entgegen (Deutsche Tinnitusliga e.V.).

Nicht die Beseitigung des Tinnitus kann das therapeutische Ziel sein, sondern allenfalls die Milderung der Symptomatik, der verbesserte Umgang des Patienten mit seiner Störung und die Wiedergewinnung selbstbestimmter psychischer Aktivität. Der Tinnitus soll ein gelegentlich störendes, aber zulässiges Symptom werden, das bewältigt werden kann.

Besonders wenn in einer relativen Einsamkeitssituation der Tinnitus zum einzig relevanten, aber verfolgenden „Objekt" wird, ist – auch notfallmäßig – psychotherapeutische Hilfe geboten. Bei dekompensiertem Tinnitus oder bei allgemeiner Erschöpfung ist eine stationäre Behandlung angezeigt. In den sich zunehmend entwickelnden Tinnitusstationen in psychosomatischen Kliniken hat sich ein systematisches und integriertes Therapieangebot entfaltet. Der Patient lernt zum Beispiel, über das Führen eines Tinnitustagebuchs seinen „ganz persönlichen" Tinnitus immer mehr als ein Signal zu erleben, das ihm Spannungen oder „Streß" anzeigt, wodurch der verfolgende Feind zum schützenden Freund wird.

Psychotherapie bei Tinnitus

Psychodynamische Therapieverfahren wirken beim Tinnitus, indem die immer stärker einsetzende Beschäftigung mit inneren Vorgängen und Konflikten im Rahmen des therapeutischen Prozesses, den Tinnitus immer mehr in den Hintergrund treten läßt.

In der Verhaltenstherapie werden diese Vorgänge systematischer erarbeitet und in kleinen Schritten geübt: Neben der gezielten Defokussierung der Tinnituswahrnehmung werden Techniken der Aufmerksamkeitsumlenkung angewandt und Entspannungsverfahren mit Übungen zur Streßimmunisierung kombiniert.

Zusammenfassung

Da es „den" Tinnitus als einheitliches Krankheitsbild nicht gibt, muß im Einzelfall die optimale Behandlungsform gefunden werden. Zweifellos nützt Psychotherapie beim Tinnitus, wobei sich über ein besseres Umgehen mit der Krankheit psychische Rekompensation einstellen kann. Dabei scheint wesentlich, daß sich der Patient nicht mehr hilflos und ohnmächtig „seinem" Tinnitus ausgeliefert fühlt, sondern der Tinnitus als Spannungssignal akzeptiert wird. Die Erfahrung, auf den Tinnitus irgendwie Einfluß nehmen zu können, reduziert das Gefühl, ihm ausgeliefert zu sein und führt so zur Angstminderung, damit zu vermehrter Entspannung und letztlich auch zur Symptomreduktion innerhalb der durch eine etwaige Innenohrschädigung vorgegebenen biologischen Variabilität.

Erforderlich ist ein Vorgehen, das speziell für den Patienten in seiner individuellen Eigenart und in seiner persönlichen Erlebensweise konzipiert ist. Dies bedeutet aber auch die Abkehr von standardisierten und oft nur aus einer Einzelmethode bestehenden Therapieprogrammen, die vor allem schwer betroffenen Tinnituspatienten überhaupt nicht gerecht werden (Goebel und Fichter 1999).

Literatur

Balkany TJ, De Blanc GB, Weidner DJ. Reversible sudden deafness and vertigo. Ther Eye Ear Nose Throat Monthly 1976; 55: 6–10.

Böning J. Klinik und Psychopathologie von Ohrgeräuschen aus psychiatrischer Sicht. Laryngol Rhinol Otol 1981; 60: 101–3.

Byl FM. Sudden hearing loss research clinic. Otolaryngol Clin North Am 1978; 11: 71–91.

Dohse J, Lehrl S, Berg M. Personality system and sudden deafness: a comparative psychological study. Adv Otorhinolaryngol 1981; 27: 110–3.

Forsting M. Von Ohrgeräuschen, die nicht im Ohr entstehen. Dt Ärztebl 2000; 97: A 1802–4.

Fowler EP. Sudden deafness. Ann Otol Rhinol Laryngol 1950; 59: 980–7.

Goebel G, Fichter M. Psychosomatische Aspekte bei der Entstehung und Behandlung des Tinnitus. Internist Prax 1999; 39: 549–62.

Goebel G, Keeser W, Fichter M, Rief W. Die verlorene Stille: Auswirkungen und psychotherapeutische Möglichkeiten beim komplexen chronischen Tinnitus. Psychother Psychosom Med Psychol 1991; 41: 123–33.

Greuel H. Viel um die Ohren. Hörsturz – Schwindel – Ohrensausen. Düsseldorf: VDG 1988.

Hoffmeister K. Verhaltensmedizinische Untersuchungen zum Hörsturz. Frankfurt: Peter Lang 1988.

Hollweg WH. Streik im Innenohr. Hörsturz, M. Menière und Tinnitus aus psychosomatischer Sicht. Ramersberg: Unimed Verlag Thomas Kirchgraber ohne Jahreszahl.

Jäger B, Lamprecht F. Subgruppen der Krankheitsbewältigung beim chronischen Tinnitus – eine clusteranalytische Taxonomie. Z Klin Psychol 2001; 30: 1–8.

Jaffe BF. Clinical studies in sudden deafness. Adv Otorhinolaryngol 1973; 20: 221–8.

Kröner-Herwig B, Hebing G, van Rijn-Kalkmann U, Frenzel A, Schilkowski G, Esser G. The managment of chronic tinnitus – comparsion of a cognitive-behaviouval group training with yoga. J Psychosomat Res 1995; 39: 153–65.

Kropp U, Rad M v. Psychosomatische Aspekte des Hörsturzes. Psychother Med Psychol 1988; 38: 407–12.

Lamparter U. Studien zur Psychosomatik des Hörsturzes. Habilitationsschrift. Abteilung für Psychosomatik und Psychotherapie. Universitätsklinikum Hamburg 1994.

Lamparter U, Schmidt HU, Deneke FW. Die Frage der pränatalen akustischen Wahrnehmung – eine Literaturübersicht aus psychosomatischer Sicht. Psychother Psychosom Med Psychol 1993; 43: 30–6.

Lenarz T. Probleme der Diagnostik und Therapie des chronischen Tinnitus aus HNO-ärztlicher Sicht. In: Ohrgeräusche. Goebel G (Hrsg). München: Quintessenz 1992; 17–39.

Mirz F, Pedersen B, Ishizu K, Johannsen P, Ovesen T, Stodkilde-Jorgensen H, Gjedde A. Positron emission tomography of cortical centers of tinnitus. Hearing Res 1999; 134: 133–44.

Neuser J, Knoop T. Sudden idiopathic learning loss: psychopathology and antecedent stressful life-events. Br J Med Psychol 1986; 59: 245–51.

Scott B, Lindberg P. Tinnitus-Inzidenz und ihre Auswirkungen. In: Ohrgeräusche. Goebel G (Hrsg). München: Quintessenz 1992; 41–51.

Staindl O, Hibler N, Grandy T. Der Hörsturz. Wien Med Wochenschr 1979; 129: 648–52.

Stange G. Exogene Faktoren akuter Hörminderungen. Laryngol Rhinol 1972; 51: 494–8.

Vernon J, Griest S, Press L. Attributes of tinnitus and the acceptance of masking. Am J Otolaryngol 1990; 11: 44–50.

Weinaug P. Die Spontanremission beim Hörsturz. HNO 1984; 32: 346–51.

Literaturempfehlung

Goebel G (Hrsg). Ohrgeräusche. Psychosomatische Aspekte des komplexen chronischen Tinnitus: Vorkommen, Auswirkungen, Diagnostik und Therapie. München: Quintessenz 1992.

5.4.3
Asthma
Rainer Richter und Stephan Ahrens

ICD-10-Klassifikation

Wenn emotionale und/oder Verhaltenseinflüsse mit einer gewissen Wahrscheinlichkeit eine wesentliche Rolle bei der Ätiologie asthmatischer Beschwerden spielen, so wird Asthma doppelt kodiert: Psychische Störungen werden als „psychologische Faktoren oder Verhaltensfaktoren bei andernorts klassifizierten Erkrankungen" mit F54, körperliche Störungen zusätzlich mit J45.9 bezeichnet.

Historisches

Asthma bronchiale ist die erste Psychosomatose, also Organerkrankung mit möglicher psychischer Beteiligung, die von Psychoanalytikern in einer öffentlichen Fachdiskussion untersucht wurde. **Paul Federn** stellte seinen Behandlungsfall am 8. Januar 1913 in der berühmten Mittwochs-Gesellschaft der Wiener Psychoanalytischen Gesellschaft in Anwesenheit Sigmund Freuds vor (Nunberg und Federn 1981, S. 137; Federn 1913). Sein Vortragstitel „Beispiel von Libidoverschiebung während der Kur" weist auf sein Konzept einer Fixierung der Libido im Respirationstrakt mit einer Regressionstendenz zu infantilen Phantasien in Verknüpfung mit Atem- und Riechfunktion, Aufnehmen und Ausscheiden. Und schon 1910 hatte Freud die Bedeutung somatischer („prädispositioneller") Faktoren bei der Genese des Asthmas hervorgehoben. Der Begriff „psychogen" werde, so Freud, gemäß dem Protokoll (Nunberg und Federn 1977, S. 481ff) in einem unrichtigen Sinne verwendet. „Psychogen kann man nur nennen, was auf unbewußt gewordenen Regungen basiert". Asthma hingegen sei eine Erkrankung, „die eine starke Organdisposition voraussetze, andererseits der Kombination mit verschiedenen psychogenen Störungen fähig sei". So wurden im Rahmen des damaligen Theoriestandes durchaus noch heute aktuelle psychosomatische Aspekte dieser Erkrankung diskutiert.

Deskription und Definition

Definition

Asthma ist eine reversible Obstruktion der unteren Atemwege, die durch Schleimhautödem, Bronchospasmus und/oder Hypersekretion bedingt ist. Diese Behinderung der Atmung wird ihrerseits hervorgerufen durch eine Hyperreagibilität der Atemwege auf verschiedenartige Reize. Da diese Hyperreagibilität wiederum auf einer Entzündung der Atemwege beruht, wird Asthma auch als entzündungsbedingte Atemwegsobstruktion definiert.

Im subjektiven Erleben des Asthmatikers steht jedoch nicht der objektivierbare Befund, etwa der Hyperreagibilität, sondern das subjektive Leiden, das Gefühl der Atemnot im Vordergrund. Die verschiedensten **subjektiven Beschwerden**, Störungen, Gefühle, Körpersensationen, wie sie von asthmatischen Patienten während ihrer Atemnotanfälle berichtet werden, können mit einem Fragebogen, der **Asthma-Symptom-Liste**, erfragt und zu folgenden fünf Dimensionen der asthmatischen Atemnot zusammengefaßt werden (Richter 1988a):

- nervöse Ängstlichkeit
- obstruktive Beschwerden
- ärgerliche Gereiztheit
- Hyperventilationssymptome
- Müdigkeit

Der **Zusammenhang** zwischen den **objektiven Maßen** der **Atemwegsobstruktion** (Atemwegswiderstand, Peak-Flow) und der **subjektiv erlebten Atemnot** ist keineswegs hoch. So gibt es Patienten, die ihre tatsächliche Atemwegsobstruktion überschätzen, und andere, die sie erheblich unterschätzen. Da Patienten sich bei ihrer Inanspruchnahme medizinischer Hilfen (von nach Bedarf applizierten Bronchospasmolytika bis zum Notarzt) primär an ihrer subjektiv erlebten Atemnot orientieren, ist die Inanspruchnahme oft inadäquat; das heißt, manche Patienten nehmen ihre Medikamente zu häufig, andere rufen den Notarzt zu spät.

Ein wesentlicher Faktor für das subjektive Empfinden von Atemnot besteht in der **Verkrampfung** der **willkürlich in-**

nervierten **Atemmuskulatur**, insbesondere des Zwerchfelles, die zu der funktionellen Störung in Form des Bronchospasmus, Schleimhautödems und muköser Hypersekretion hinzutritt. Hier liegt der Ansatzpunkt für Atemtherapien, die die Verkrampfungszustände abbauen sollen. Die Erkenntnis der großen Bedeutung der willkürlichen Atemmuskulatur für die Atemnot beim Asthma hat darüber hinaus auch Konsequenzen für psychodynamische Interpretationen. So dürften sich plötzlich auftretende Atemnot oder auch eine unmittelbare Besserung als Reaktion auf äußere Ereignisse oder auch auf psychotherapeutische Interventionen eher auf solche Verkrampfungszustände als auf die eigentlichen pathophysiologischen Vorgänge des Asthmas beziehen. Und auch das Verständnis im Sinne von konversionsneurotischen, also symbolhaften Prozessen der seelisch-körperlichen Umsetzung, dürfte in diesem Bereich der Funktionsstörung willkürlich innervierter Muskulatur begründet sein, nicht dagegen den komplexen psychosomato-psychischen Wechselwirkungen der eigentlichen Asthmaerkrankung gerecht werden.

Epidemiologie

Zwischen 5 und 10% der erwachsenen Bevölkerung westlicher Industrieländer leiden an Asthma. Für Deutschland berichtet Nolte (1994) von drei bis vier Millionen Erkrankten und bezeichnet Asthma als Volkskrankheit, die deswegen enorme Kosten verursache, weil sie – trotz effektiver Behandlungsmöglichkeiten – viel zu häufig inadäquat therapiert werde. Viele Patienten wissen nicht, wie sie richtig mit ihrem Dosieraerosol inhalieren oder warten bei einer akuten Verschlechterung zu lange mit der notwendigen Steroideinnahme; „bei mehr als der Hälfte war dies die Folge einer weitgehend fehlenden Aufklärung durch den Arzt" (Nolte 1994, S. 95).

Die Erkrankung beginnt häufig im ersten Lebensjahrzehnt, es besteht eine Komorbidität mit Neurodermitis und Rhinitis allergica im Sinne der atopischen Disposition. Jungen sind zwei- bis dreimal häufiger betroffen; zu etwa 50% heilt die Erkrankung in der Pubertät auf der Symptomebene aus. Es ist jedoch davon auszugehen, daß die Disposition lebenslang besteht. Bei Manifestation im späteren Alter überwiegen Frauen anteilmäßig, die Spontanheilungsrate im Erwachsenenalter wird zwischen 6 und 7% angegeben, im Status asthmaticus sterben bis zu 3% der Kranken (Jores und Kahr 1960; Pflanz 1962).

Ätiologie

Die Diskussion zwischen Internisten, insbesondere Pneumologen, und Vertretern der Psychosomatischen Medizin war lange von der Frage bestimmt, ob **Asthma psychogen** oder **somatogen** sei. Diese Frage ist Mißverständnis und **Scheinproblem** zugleich. Mißverständnis deswegen, weil „psychosomatisch nicht psychogen heißt; es besagt nur, daß für die Entwicklung einer Krankheit ein aus dem Erleben stammender

Faktor eine wesentliche, aber nicht allein ausschlaggebende Rolle spielen muß" (Mirsky 1961). Gleichwohl ist dieses Mißverständnis noch längst nicht ausgeräumt, wenn etwa Nolte (1993, S. 388), ein Kenner der somatischen Asthmaforschung und ihrer Holzwege, dafür plädiert, den „trockenen Weg der asthmatischen Psychogenese" zugunsten des „feuchten Weges der Mediatorenpathogenese mit der eosinophilen Entzündung als morphologischem Substrat zu verlassen".

Und es ist ein Scheinproblem oder zumindest eine falsch gestellte Frage, weil diese von einem überholten Menschenbild, nämlich einer dualistischen Lösung des Leib-Seele-Problems ausgeht.

> Aus psychosomatischer Sicht sind nicht nur die psychischen, sondern auch die physiologischen und morphologischen Ursachen und Folgen einer Erkrankung gleichermaßen von Interesse.

In Ergänzung der vorwiegend somatischen Erklärung berücksichtigt und betont die psychosomatische Sichtweise dabei die relative Bedeutung seelischer Faktoren bei Entstehung, Aufrechterhaltung und Behandlung von Krankheiten, wobei sich das Interesse keineswegs auf die sogenannten psychosomatischen Erkrankungen im engeren Sinne beschränkt.

Somatische wie psychische Faktoren können dabei **konstitutionelle Faktoren** im Sinne einer Disposition für eine bestimmte Erkrankung darstellen, ebenso wie beide auch **akzidentielle**, traumatische Ereignisse sein können, die bei einer gegebenen Disposition eine asthmatische Symptomatik auslösen. Bereits 1905 beschrieb Freud dieses Zusammenwirken von (jeweils organischen und psychischen) konstitutionellen und akzidentiellen Faktoren, deren relative Bedeutung es abzuschätzen gelte: „In der Theorie neigt man immer zur Überschätzung der ersteren [konstitutionellen]; die therapeutische Praxis hebt die Bedeutung des letzteren [der akzidentiellen]. Man sollte auf keinen Fall vergessen, daß zwischen den beiden ein Verhältnis von Kooperation und nicht von Ausschließung besteht. Das konstitutionelle Moment muß auf Erlebnisse warten, die es zur Geltung bringen, das akzidentielle bedarf einer Anlehnung an die Konstitution, um zur Wirkung zu kommen" (S. 141).

> Vor dem Hintergrund einer solchermaßen **multifaktoriellen psychosomatischen Betrachtungsweise** des Asthmas kann die Frage nach der **Ätiologie** folgendermaßen konkretisiert werden:
> - Lassen sich asthmatische Symptome durch psychische Stimuli experimentell hervorrufen?
> - Läßt sich die Bedeutung psychischer Faktoren bei der Auslösung und Aufrechterhaltung asthmatischer Symptome empirisch aufzeigen?

Somatische Faktoren

Es gibt zahlreiche Studien, in denen untersucht wurde, ob **asthmatische Symptome lernbar** (klassisch konditionierbar) sind, wenn spezifische Allergene als „unbedingte" Reize verwendet werden. Bei einigen dieser Untersuchungen handelt es sich wohl eher um **Suggestionseffekte** (vgl. Schüffel et al. 1996). Zwar konnte gezeigt werden, daß asthmatische Symptome im Tierversuch klassisch konditionierbar sind, im Humanversuch hingegen können derartige Effekte durchaus auch als Suggestionseffekt interpretiert werden. Dafür, daß auch eine allergische, das heißt immunologische Reaktion klassisch konditionierbar ist, liegen weder verläßliche tierexperimentelle noch humanexperimentelle Belege vor.

Andere Untersuchungen widmen sich der Frage, inwieweit die **Suggestion**, ein (nicht vorhandenes) **Allergen zu inhalieren**, zu asthmatischen Symptomen führt. In diesen Fällen (Horton et al. 1978; Isenberg et al. 1992; McFadden et al. 1969; Strupp et al. 1974) wurde nachgewiesen, daß der Atemwegswiderstand in der Tat durch Suggestion erhöht werden kann. Eine Studie von Kotses et al. (1987) legt allerdings nahe, daß es sich dabei um einen unspezifischen Suggestionseffekt handelt, da es sogar bei gesunden, nicht allergischen Versuchspersonen gelang, den Atemwegswiderstand durch Suggestionen zu erhöhen. Derselbe Autor (Kotses et al. 1989) kommt in einer Literaturübersicht zu der Einschätzung, daß Asthmakranke, aber auch Gesunde auf Streß mit einer Zunahme des Bronchomotorentonus und auf Entspannung mit einer Abnahme reagieren, daß die Wirksamkeit psychologischer Stimuli also möglicherweise in einer unspezifischen Aktivierungsveränderung begründet ist.

Auch wenn die physiologischen Grundlagen für eine vermutete kausale Beziehung zwischen emotionalen Stimuli und asthmatischer Reaktion noch weitgehend ungeklärt sind, so stehen doch Befunde der **Psychoneuroimmunologie** (vgl. Baker 1987) hierzu nicht in Widerspruch, wonach sowohl im Tier- als auch im Humanexperiment mittlerweile nachgewiesen werden konnte, daß das Immunsystem durch psychische Stressoren beeinflußbar ist. In experimentellen Studien konnten Zusammenhänge zwischen Streß und Veränderungen in endokrinologischen und immunologischen Parametern gezeigt werden (Buske-Kirschbaum et al. 1997; Helmbold et al. 2000; Schmid-Ott et al. 2001). Auch die mögliche **Konditionierbarkeit** der **Histaminausschüttung** (Russel et al. 1984) unterstützt diese psychosomatische Hypothese. Miller und Wood (1994) interpretierten psychophysiologische Reaktionen, darunter auch eine Verschlechterung der Lungenfunktion bei asthmatischen Kindern auf einen emotional aktivierenden Film, als cholinerg vermittelt.

Zusammenspiel allergischer, infektiöser und psychologischer Faktoren

Die zweite, für die Klinik wichtigere ätiologische Frage ist die, ob **asthmatische Beschwerden** neben allergischen und infektiösen auch durch **psychologische Faktoren** ausgelöst werden können. Entsprechend den oben angestellten theoretischen Überlegungen besteht in der Literatur in aller Regel Einigkeit darüber, daß diese drei Einflüsse nicht als wechselseitig alternativ, sondern als – unter Umständen auch im Sinne einer Po-

tenzierung – wechselseitig ergänzend zu verstehen sind. Uneinigkeit besteht allerdings darüber, wie groß ihre jeweilige relative Bedeutung ist. Darüber hinaus ist nach wie vor unklar, ob es Untergruppen des Bronchialasthmas gibt (z.B. Bäckerasthma, Pollenasthma, Infektasthma, *exercise-induced*, *intrinsic* oder „psychisches" Asthma), die aufgrund der Dominanz einzelner Auslöser voneinander unterschieden werden können und sollten. Dagegen spricht, daß sich die relative Bedeutung von Auslösern im Verlaufe der Krankheitsentwicklung so verändern kann, daß diese als valides differentialdiagnostisches Kriterium nicht geeignet sind. Für die zweite Auffassung spricht auch, daß der dominante auslösende Faktor nicht unabhängig vom Alter ist (Weiner 1977) und daß als gemeinsames morphologisches Substrat eine chronische eosinophile Entzündung angenommen wird.

Es gibt zahlreiche Untersuchungen zur relativen **quantitativen Bedeutung unterschiedlicher Auslöser**, wobei in neueren Arbeiten neben allergischen, infektiösen und psychisch/emotionalen auch hormonelle und physikalische berücksichtigt werden. Oppermann et al. (1991) kommt in einer Literaturübersicht zu dem zusammenfassenden Ergebnis, daß 75% der Asthmaanfälle durch Infektionen, 47% durch Allergien und 67% durch psychische Faktoren ausgelöst werden. Aus diesen Zahlen wird deutlich, daß in den meisten Fällen von den zahlreichen Autoren mehrere auslösende Faktoren bei ein und demselben Asthmaanfall identifiziert wurden.

Von diesen möglichen Kombinationen sind diejenigen von besonderem Interesse, bei denen asthmatische Anfälle sowohl durch allergische als auch durch psychische Faktoren ausgelöst wurden, da in der älteren Literatur häufig davon ausgegangen wurde, daß ein bestehendes Asthma entweder durch Allergene oder durch psychische Faktoren ausgelöst werden könne. Rees (1956) fand, daß bei 8% seiner 441 allergischen Patienten allergische und psychische Faktoren gemeinsam einen Asthmaanfall auslösten, bei weiteren 17% identifizierte er zusätzlich infektiöse Faktoren.

> Danach sind mindestens bei einem Viertel der Asthmapatienten neben allergischen Faktoren unter anderem auch psychische Faktoren von Bedeutung.

Pearson (1968) berichtet über die von ihm klinisch betreute Gruppe allergischer Asthmatiker (n = 375), daß bei 54% dieser allergischen Patienten auch **emotionale Faktoren** für die Auslösung eines Asthmaanfalls verantwortlich waren. Bei einer nicht allergischen Vergleichsgruppe war die Bedeutung dieser emotionalen Faktoren sowie auch im weiteren Sinne psychosozialer Faktoren nur unwesentlich größer (61%). Diese Zahlen belegen, daß auch bei einem allergischen Asthma emotionale Auslöser identifizierbar sind, wobei aus den zitierten Ergebnissen nicht hervorgeht, inwieweit sie eine primär durch Allergene ausgelöste Symptomatik verstärken oder ob sie sogar direkt für die Auslösung asthmatischer Beschwerden verantwortlich sein können.

> Klinische Studien sprechen dafür, daß die Bedeutung psychischer Faktoren wohl eher darin zu sehen ist, daß das Auftreten asthmatischer Beschwerden durch sie begünstigt und verstärkt wird.

Bei der Diskussion dieser Ergebnisse sind nicht unerhebliche **methodische Probleme** zu bedenken, die nicht nur für die psychischen, sondern ebenso für die allergischen und infektiösen Auslöser gelten: In aller Regel wurden die auslösenden Faktoren retrospektiv durch Befragung beziehungsweise Exploration der Patienten oder ihrer Angehörigen identifiziert. Streng genommen wurden damit nur die **Kausalattributionen** (Ursachenzuschreibungen) der Befragten, nicht hingegen die tatsächlichen auslösenden Bedingungen untersucht. Selbst wenn ein Atemwegsinfekt ex post hoc nachweisbar war, läßt sich dessen kausale Funktion retrospektiv nicht zweifelsfrei nachweisen, da die asthmatischen Beschwerden etwa auch durch ein nicht identifiziertes Allergen ausgelöst worden sein könnten. Dieses gilt gleichermaßen für die psychischen Auslöser. Ein weiterer Einwand ist, daß die Faktoren, die einen ersten Asthmaanfall auslösen, nicht mit denjenigen übereinstimmen müssen, die im weiteren Krankheitsverlauf dominant sind.

Die Ergebnisse der Untersuchung von Oppermann et al. (1991) stimmen mit den aus der Literatur bekannten gut überein: Hier wurden 30 asthmatische Patienten unmittelbar nach ihrer stationären Aufnahme exploriert, die wegen eines schweren Anfalls erfolgte. Bei einem Drittel der Patienten mit positiver Atopieanamnese identifizierten die Autoren zusätzlich zu allergischen Auslösefaktoren (neben anderen) auch psychische Auslöser.

Eine andere Möglichkeit, die relative Bedeutung unterschiedlichster Auslösefaktoren zu untersuchen, sind **Zwillingsuntersuchungen**, in denen insbesondere die Bedeutung hereditärer versus Umweltfaktoren quantifiziert werden kann. Frühe Familienuntersuchungen haben verschiedentlich auf eine wichtige genetische Komponente hingewiesen, wenn sie in 45 bis 57% positive allergische Familienanamnesen fanden (Knapp et al. 1976). Diese allerdings wenig beweisenden Berichte konnten in der großen Untersuchung im schwedischen Zwillingsregister (Edfors-Lubs 1971) nicht in diesem Umfang bestätigt werden. Die Konkordanz für asthmatische Erkrankungen bei den untersuchten über 7000 Zwillingspaaren betrug zwar 19% bei den monozygoten Zwillingen (21% für Heuschnupfen und 15% für Ekzeme), sie betrug für dizygote Zwillinge aber auch 16%. Die Mehrheit aller allergischen Kinder stammte aus Familien, in denen weder Vater noch Mutter an Asthma litten.

> Diese groß angelegte epidemiologische Untersuchung belegt zwar einerseits eine gewisse Bedeutung genetischer Faktoren, unterstreicht aber wieder einmal die vergleichsweise größere Bedeutung von Umweltfaktoren.

Möglicherweise weisen asthmatische Kinder, die unter zusätzlichen psychologischen Belastungen (z. B. Konflikte zwischen Eltern und Ärzten, depressiven Verstimmungen) stehen, eine höhere Mortalität auf. Strunk et al. (1985) konnten diesen Verdacht aufgrund einer Krankenaktenanalyse von 21 Kindern erhärten, die während eines schweren asthmatischen Anfalls verstorben waren.

Faßt man die **Asthmasymptomatik als Reizantwort** auf, bei der immunologische, neuroendokrine und zelluläre Funktionseinheiten in komplexer Weise tangiert sind, so stellt sich die Frage der Komplexität auch für die auslösenden Faktoren. Daß hier ein monokausales Denken – hier allergisch, dort psychisch – in eine Sackgasse führt, macht der vielfach belegte fließende Übergang zwischen beiden Verursachungsfaktoren deutlich. Jores und Kerekjarto (1967) haben auf die Geruchsüberempfindlichkeit bei diesen Kranken hingewiesen, Jores und Kerekjarto (1967) berichtet bei einer Patientin mit Rauchsensibilisierung über einen Asthmaanfall beim Anblick einer rauchenden Lokomotive im Film. Ein historischer Beitrag stammt von MacKenzie aus dem Jahre 1886 über eine Patientin, die beim Anblick einer künstlichen Rose mit Heuschnupfenasthma reagierte (nach Bräutigam et al. 1992).

So wächst offensichtlich der pathophysiologische Vorgang in subjektive Bedeutungszusammenhänge hinein, die Auslöserfunktion für Asthmaanfälle übernehmen können. French (1939) hat bereits herausgearbeitet, daß **Reizstoffe** durch einen **unbewußten Bedeutungszuwachs** zu Allergenen werden und eine pathophysiologische Reaktion auslösen können. Auf der anderen Seite können Allergene auf diesem Wege ihre **pathogene Relevanz verlieren**: So berichten Long et al. (1958) über das Ausbleiben der allergischen Asthmareaktion bei hospitalisierten Kindern, Lamont (1963) entsprechend bei Trennung der Asthmakinder von ihren Eltern. Eine eigene Erfahrung betrifft die „**psychotherapeutische Desensibilisierung**" einer Asthmapatientin mit nachgewiesener Katzenhaarallergie. Die Patientin brachte zur letzten Sitzung eine kurz zuvor gekaufte Katze mit und setzte diese während des gesamten Gesprächs auf ihren Schoß – ohne Asthmareaktion (Ahrens 1992).

Persönlichkeit und Psychodynamik

Die Suche nach Zusammenhängen von bestimmten psychosomatischen Erkrankungen und Persönlichkeitstypen, also die **Suche** nach **spezifischen Persönlichkeitsprofilen** etwa des Rheumatikers, des Allergikers und eben auch des Asthmatikers ist fast so alt wie die psychosomatische Medizin selbst. Vermutlich geht dieser Forschungsansatz auf Flanders Dunbar (1938) zurück, die derartige, letztlich statische Charakterstereotypien als Endergebnis frühkindlicher Erfahrungen und späterer lebensgeschichtlicher Einflüsse beschrieb. Es gibt zahlreiche Publikationen, die in der Regel mit Fragebogen gemessene Persönlichkeitsauffälligkeiten des Asthmatikers, insbesondere des allergischen Asthmatikers beschreiben. Häufig wurde aus zwar statistisch signifikanten, aber geringfügigen Mittelwertunterschieden zu gesunden „Norm"-Populationen unbesehen die spezifische Persönlichkeit des Asthmatikers abgeleitet. Nur selten wurde dem naheliegenden (und von Pneumologen zu Recht geäußerten) Gedanken Rechnung getragen, daß eventuell nachweisbare Persönlichkeitsauffälligkeiten auch die Folge der oft lang andauernden Krankheit sein könnten, das heißt das Ergebnis einer mehr oder weniger gelungenen seelischen Bewältigung der asthmatischen Erstickungsangst. Dabei berichteten Meyer und Weitemeyer schon 1967 Ergebnisse, die auf die Krankheitsdependenz von Persönlichkeitsauffälligkeiten bei Asthmatikern hinweisen.

Die langjährige Suche nach dem typischen Persönlichkeitsprofil des Asthmatikers – nicht zu verwechseln mit der Suche nach spezifischen intrapsychischen Konflikten und Abwehrformen – muß heute als weitgehend erfolglos gelten (Richter 2001). Sicherlich hätten manche überflüssigen Untersuchungen vermieden werden können, wenn die – damals allerdings noch nicht empirisch belegte – Auffassung eines der Begründer der Psychosomatischen Medizin, Franz Alexander (1950), ernster genommen worden wäre: „Dementsprechend finden wir unter Asthmatikern viele Persönlichkeitszüge: aggressive, ehrgeizige, streitsüchtige Menschen, waghalsige und auch überempfindsame, ästhetische Typen; manche Asthmatiker sind Zwangscharaktere, während andere eine mehr hysterische Natur zeigen. Der Versuch, ein charakteristisches Persönlichkeitsprofil zu definieren, wäre aus diesem Grunde vergeblich; ein solches Profil existiert nicht" (Alexander 1971, S. 97).

Die **Ergebnisse** der zahlreichen **empirischen Untersuchungen** sind dementsprechend eindeutig:

> Zahlreiche Studien können zwar aufzeigen, daß Asthmatiker in mancher Hinsicht in ihrer Persönlichkeit auffälliger sind und sich von gesunden Kontrollgruppen durchaus unterscheiden. Es gibt jedoch kaum Hinweise darauf, daß diese Persönlichkeits-„Auffälligkeiten" spezifisch für Asthmapatienten sind und sich nicht etwa in ähnlichem Ausmaß bei anderen Erkrankungen finden lassen.

In einer gut kontrollierten und insbesondere allergologisch fundierten Studie konnte Wistuba (1986) weitere verläßliche Belege dafür erbringen, daß sich allergische von nicht allergischen Asthmatikern weder in ihrer Persönlichkeit noch in ihrem psychosozialen Verhalten unterscheiden. Darüber hinaus konnte er keine systematischen Zusammenhänge zwischen Allergiepotential und Persönlichkeitsdimensionen finden. Knapp et al. (1976) wiesen zu Recht darauf hin, daß in diesen Studien der Komplexität der physiologischen Prozesse und den Möglichkeiten der psychologischen Krankheitsverarbeitung, insbesondere dem Phänomen der **Verleugnung**, in der Regel wenig Rechnung getragen worden ist. So ist etwa aus der empirischen psychosomatischen Forschung auch von anderen Erkrankungen wiederholt berichtet worden, daß Patienten die psychologischen Komponenten ihrer Erkrankung, intrafamiliäre oder berufliche Konflikte, verleugnen[1]. Dieses gelingt ihnen um so besser, je plausibler andere, insbesondere somatische und biologische Erklärungen im Sinne von Kau-

salattributionen verfügbar sind: Sind bei einem Individuum erst einmal allergische Faktoren festgestellt worden, so wächst die Neigung bei Patient und Familie (und auch beim behandelnden Arzt), psychologische Erklärungen unterzubewerten. Darüber hinaus haben Eltern möglicherweise ein nicht unbeträchtliches Bedürfnis, selbst spekulative biologische Erklärungen überzubewerten, um mögliche intrafamiliäre Konflikte, deren Verursachung, aber auch Veränderbarkeit in der Regel in ihrer Verantwortung liegen, nicht in Erwägung ziehen zu müssen.

Eine differenziertere Sichtweise schlugen Jacobs et al. (1967) vor. Sie untersuchten jüngere asthmatische Männer mit Heuschnupfen und leichtem Asthma und bestimmten das allergische und „psychologische" Potential mit einer Reihe allergologischer und psychologischer Testverfahren. Die allergischen Patienten unterschieden sich auch in bezug auf psychologische Variablen deutlich von einer gesunden Kontrollgruppe: Unter anderem berichteten sie häufiger, sich (meist von der Mutter) kontrolliert, zugleich aber auch abgelehnt gefühlt zu haben. Das Wichtige an dieser Untersuchung ist jedoch, daß Beurteiler, die über die Gruppenzugehörigkeit nicht informiert waren, allein aufgrund der Informationen über das „psychologische Potential" die tatsächlich allergischen Patienten überzufällig häufig zutreffend identifizieren konnten. Jacobs et al. (1972) interpretieren ihre Daten ganz im Sinne des **multikausalen Krankheitsmodells**:

> Sowohl psychologische als auch biologische Faktoren sind in einer allergischen Population nachweisbar, wobei die Summe aus den jeweiligen Ausprägungen den Schweregrad der Erkrankung bestimmt.

Darüber hinaus konnten sie auch die wichtige Rolle des Vaters in der Familie nachweisen: Im Vergleich zu gesunden Kontrollpersonen erlebten Patienten, die an Heuschnupfen und/oder Asthma litten, ihren Vater häufiger als körperlich oder emotional abwesend.

De Boor (1965) faßt die allergische Symptombildung als Versuch auf, Konflikte, die in der Beziehung zu der inneren und äußeren Welt auftreten, nicht vornehmlich auf psychischer Ebene durch psychische Prozesse, sondern durch Zuhilfenahme organischer Funktionen, durch „**Somatisierung**" zu bewältigen. Der Allergiker, so de Boor, verschiebe das Konflikterleben mit dem Objekt (z. B. der Mutter), dem eigentlich seine aggressiven Impulse und Ängste gelten, auf die Umwelt, insbesondere auf die Allergene, vor denen er sich schützen muß, was ihm dann eine spannungsärmere, möglicherweise sogar befriedigendere Objektbeziehung erlaube.

Es gibt zahlreiche Belege dafür, daß die **Art der Beziehungen** des Asthmatikers zu seiner Umwelt, insbesondere zu nahen Beziehungspersonen, einen erheblichen Einfluß auf

---

[1] Verleugnung wird hier als unbewußter Abwehrmechanismus verstanden.

eine bereits bestehende Symptomatik hat (Gauthier et al. 1977; Jacobs et al. 1972; Long et al. 1958; Meijer 1981). Eine der wohl bekanntesten Studien ist die von Purcell et al. (1969), die bei allergischen asthmatischen Kindern die Bedeutung der psychosozialen Umwelt versus häuslicher Allergene untersuchten: Die wiederholt auch empirisch gesicherte klinische Erfahrung, daß sich bei asthmatischen Kindern die Symptomatik bereits wenige Tage nach einer stationären Aufnahme deutlich verbessert, wurde bis dahin durch die Allergenkarenz erklärt. Purcell et al. konnten jedoch zeigen, daß sich diejenigen asthmatischen Kinder, bei denen sie dieses aufgrund vorheriger psychologischer Tests vorhergesagt hatten, auch dann signifikant verbesserten, wenn nicht sie, sondern die Eltern über zwei Wochen das Haus verließen und durch Betreuungspersonen ersetzt wurden. Die klinische Verbesserung infolge dieser „Parentektomie", die im übrigen anhand der benötigten Medikation, der Lungenfunktionswerte etc. belegt wurde, beruhte also nicht auf einer (nicht gegebenen) Allergenkarenz, sondern auf einer – allerdings drastischen – Veränderung der psychosozialen Situation dieser Kinder.

Die **Bedeutung intrafamiliärer psychosozialer Faktoren** konnte in einer neueren prospektiven Studie eindrucksvoll belegt werden: Es ist seit langem bekannt, daß Kinder von Asthmatikern mit höherer Wahrscheinlichkeit selber an Asthma erkranken als Kinder gesunder Eltern. Mrazek et al. (1991) versuchten, bei 150 Kindern von asthmatischen Müttern eine asthmatische Erkrankung im Alter von drei Jahren vorherzusagen. Von den bekanntesten Risikofaktoren, die die Autoren von der Geburt bis zum Alter von einem Jahr erhoben, erwiesen sich nach multipler logistischer Regression nur die drei folgenden als signifikante Prädiktoren:

- Atemwegsinfektionen im ersten Lebensjahr
- erhöhte IgE-Konzentration im Alter von sechs Monaten
- elterliche Probleme zum Zeitpunkt der Geburt

Die elterlichen Probleme bestimmten die Autoren mit der *Parental Risk Scale*, in die folgende Variablenbereiche eingingen:
- psychiatrische Erkrankung
- emotionale Verfügbarkeit für das Kind
- Verhaltensregulationsstrategien
- Wissen über Kindererziehung und -versorgung
- Engagement
- Qualität der elterlichen Beziehung

Auch aus den Ergebnissen dieser prospektiven Studie wird deutlich, daß aufgrund der multifaktoriellen Genese des Asthmas Interventionsstrategien am wirkungsvollsten sein dürften, die auf mehreren Ebenen angreifen.

Psychotherapie

Schon früh haben sich psychoanalytisch orientierte Autoren mit der Behandlung des Asthmas beschäftigt, eindrucksvoll differenzierte Kasuistiken stammen von Marcinowski (1913), Weiss (1922), Ziwar (1948) und auch von Alexander (1971)

sowie Jores und Kerekjarto (1967), beides Pioniere der Psychosomatischen Medizin. Diese Arbeiten sind von dem Bemühen der Autoren geprägt, Material für ein psychodynamisches Verständnis der Krankheitsentwicklung und -auslösung zusammenzutragen. Auch in der späteren Zeit wählten psychoanalytisch arbeitende Autoren die Methode der **kasuistischen Falldarstellung**, um den Behandlungsverlauf, die dadurch bewirkten Änderungen in der psychischen Struktur der Patienten und der körperlichen Symptomatik herauszuarbeiten. Als exemplarisch gilt die Monographie von de Boor (1965), die sich der Psychosomatik des Asthmas widmet und auch vier Beispiele psychoanalytischer Langzeitbehandlungen von Asthmapatienten (drei bis fünf Jahre) enthält. Alle Autoren berichten von Heilungserfolgen und heben die Bedeutung psychosomatischer Zusammenhänge für dieses Krankheitsbild hervor.

Eine systematische **Übersicht** über deutsch- und englischsprachige **Therapiestudien** bei Asthmapatienten im Zeitraum von 1932 bis 1974 gibt Rohrmeier (1982), der unterschiedliche Therapieformen (Autogenes Training, Hypnose, tiefenpsychologisch fundierte Psychotherapie, psychoanalytische Therapieverfahren, verhaltenstherapeutische Verfahren) berücksichtigt.

Die durchschnittliche **Katamnesedauer** betrug 2,7 Jahre nach Abschluß der Psychotherapie und 4,5 Jahre nach Abschluß der medizinisch-somatischen Behandlung. In seiner Metaanalyse faßte Rohrmeier zusammen, daß sich bei der katamnestischen Erhebung der Zustand von 80% der Erwachsenen gebessert hatte. Demgegenüber hatte er sich nur bei 36,8% der Kontrollgruppe, die nicht psychotherapeutisch behandelt wurde, gebessert.

Aus diesen Daten folgert der Autor, „daß man sowohl erwachsenen Patienten, aber vor allem kindlichen Patienten mit Asthma eine deutlich bessere Prognose zusprechen muß, wenn sie eine (zusätzliche) **Psychotherapie** erhalten" und daß „bei einer rein medizinischen Behandlung mit wesentlich geringeren Quoten zu rechnen" sei (Rohrmeier 1982, S. 204). Diese Aussage gilt in ihrer Tendenz sicherlich auch heute noch, in ihrer Schärfe jedoch nur für eine Zeit, in der eine Reihe hochwirksamer Antiallergika und Bronchospasmolytika, insbesondere aber die inhalativen Steroide noch nicht verfügbar waren.

Eigene positive Erfahrungen beziehen sich auf die stationäre Behandlung asthmatischer Patienten (Richter 1988b) und im wesentlichen auf ein ambulantes **psychosomatisches Behandlungskonzept** für Asthmapatienten, das aus folgenden drei **Therapieelementen** besteht und dessen Effektivität und Wirtschaftlichkeit von Deter (1986a; 1986b) auch systematisch untersucht und belegt wurde:
- **internistisch-pharmakologische Behandlung** des Asthma bronchiale; ausführliche Information über Pathophysiologie, Pharmakotherapie etc.;
- **physiotherapeutische Atemtherapie**, die neben der Vermittlung einer angemessenen Atemtechnik auch das subjektive Erleben im Zusammenhang mit der Atmung zum Inhalt hat;

- **psychotherapeutische Gesprächsgruppen**, in der die Patienten persönliche Erfahrungen über ihr Asthma austauschen und solche Gefühle bewußter erleben, die im Zusammenhang mit Konflikten und belastenden persönlichen Erlebnissen auftreten. Ziel dieser Gruppentherapie ist es, die Bewältigung des Bronchialasthmas als einer chronischen Erkrankung zu verbessern und damit zu einer größeren Lebensqualität beizutragen.

Insbesondere bei Patienten, deren asthmatische Krisen durch ausgeprägte Nervosität und Ängstlichkeit begleitet sind, können **übende Verfahren** wie das Autogene Training oder die progressive Muskelrelaxation indiziert sein. Allerdings wirkt Autogenes Training – wie in anderen Bereichen – offensichtlich erst dann, wenn es über mehrere Monate oft und regelmäßig praktiziert wird. So konnten Henry et al. (1993) eine signifikante Verbesserung der Peak-Flow-Werte erst nach einer achtmonatigen Behandlung (einmal pro Woche) beobachten, bei der die Patienten außerdem dreimal pro Woche jeweils mindestens 15 Minuten üben sollten.

Klassische **verhaltenstherapeutische Techniken** haben sich bei der Behandlung des Asthmas bislang nicht als wirksam erwiesen (Richter und Dahme 1982). Dieses gilt insbesondere auch für die Biofeedback-Techniken, die nur in Einzelfällen und dann in der Regel als ein die Entspannung unterstützendes Verfahren indiziert sind. Die therapeutischen Effekte (vgl. Köhler et al 2001; Maß et al. 1993) sind bei kritischer Betrachtung gering.

Für ein sechswöchiges **Kleingruppen-Therapieprogramm** im Rahmen einer stationären Rehabilitationsmaßnahme hingegen konnte Sterzer-Breitenbücher (1988) sechs Monate nach Ende der Behandlung zeigen, daß die **Kombination** von **Autogenem Training** und einem **kognitiv-verhaltenstherapeutischen Schulungsprogramm** zu einer signifikanten Verbesserung der Peak-Flow-Werte und der subjektiven Beschwerden geführt hatte.

> Diese Studie ist ein gutes Beispiel dafür, daß erst die Kombination verschiedener therapeutischer Techniken und die Erweiterung einer herkömmlichen Asthma-Schulung um psychotherapeutische Elemente zu einer wirksamen Interventionsform führt, die auch im ambulanten Bereich, etwa in Kooperation zwischen Internisten und Psychotherapeuten, realisierbar wäre.

Für asthmatische Kinder kann die Wirksamkeit von „**Selfmanagement-Programmen**" als gesichert gelten. Allerdings muß vor einer unkritischen Mixtur unterschiedlichster pädagogischer und psychotherapeutischer Methoden und Techniken im Rahmen von Asthma-Schulungsprogrammen gewarnt werden (vgl. etwa Vazquez und Buceta 1993).

Die **hochfrequente analytische Psychotherapie** ist nach wie vor – allerdings nur bei einem kleinen Teil der asthmatischen Patienten – als Therapie der Wahl anzusehen. So berichtete Junker (1993) den eindrücklichen Verlauf seiner eigenen – erfolgreichen – psychoanalytischen Behandlung.

Nach einer schweren Beziehungskrise erkrankte der Autor – selber Psychoanalytiker – an einem Asthma mit lebensbedrohlichen Anfällen und begab sich bei einem Kollegen in Behandlung. In dieser eindrucksvollen autobiographischen Fallgeschichte werden die psychosomatischen Anteile dieser Krankheit ebenso wie die verschiedenen Phasen des analytischen Prozesses deutlich, der letztlich zu einer vollständigen Heilung führte.

Als wirksame Behandlung hat sich auch eine **syndromspezifische psychoanalytisch-orientierte Gruppentherapie** erwiesen, die mit einer internistisch-medikamentösen Behandlung und physio-atemtherapeutischen Maßnahmen kombiniert wird. Deter (1986a; 1986b) konnte in einer kontrollierten Studie zeigen, daß diese Behandlungsform auch noch ein Jahr nach der Behandlung zu objektiven Verbesserungen der asthmatischen Symptomatik führt. Derartige psychosomatische Kombinationsbehandlungen sind in der Regel zeitaufwendig und kostenintensiv. Wie viele Maßnahmen, die zu einer Qualitätsverbesserung der medizinischen Versorgung führen, war dieses therapeutische Konzept jedoch mit einer Kostensenkung verbunden: Auch bei Berücksichtigung der durch die Psychotherapie bedingten erhöhten Behandlungskosten waren die direkten und indirekten Krankheitskosten letztlich niedriger, ganz abgesehen davon, daß sowohl die Patienten als auch die behandelnden Ärzte, Physiotherapeuten und Psychotherapeuten durch die umfassende Betreuung und den kontinuierlichen interkollegialen Austausch im Rahmen derartiger psychosomatischer Therapiekonzepte zufriedener sind.

Auch bei Asthmakranken haben sich **Schulungsprogramme**, insbesondere solche, in denen auch psychologische Interventionen Anwendung finden, bewährt (Falkenbach et al. 1993; Worth 1993). Die wesentlichen Elemente derartiger **Schulungsprogramme** sind:

- **Information** und **Wissensvermittlung**: Aufbau und Funktion der Atmungsorgane, Krankheiten der Atmungsorgane und Krankheitsursachen, Therapie des Asthmas und Medikamentenkunde
- **Selbstmanagement**: angemessene, auch präventive Selbstmedikation; Vermeidung von Auslösern, Symptomwahrnehmung und Therapiekontrolle durch Selbstmessung des Peak-Flows, nichtmedikamentöse Selbsthilfetechniken, kommunikative Fertigkeiten (Angehörige, Hausarzt, Pflegepersonal), individuelle Gesundheitsförderung
- **Verhaltensmodifikation und neue emotionale Erfahrungen**: Entspannungsverfahren, kognitiv-behaviorale Umstrukturierungen, Wahrnehmung und Lösung interpersonaler Probleme, Förderung und Aktivierung emotionaler Ressourcen

Die Wirksamkeit läßt sich hinsichtlich des subjektiven Wohlbefindens, der Lebensqualität, der subjektiven Beschwerden, aber auch für ökonomisch relevante Variablen wie Krankenhausaufenthalte, Arbeitsunfähigkeit oder Medikation belegen, in einigen Studien sogar für objektive Lungenfunktionsparameter. Offenbar läßt sich eine weitere Steigerung der Effekte erzielen, wenn zu der Vermittlung des Selbstmanagements in Gruppen noch eine maßgeschneiderte individuelle Betreuung, zum Beispiel durch Hausbesuche sogenannter Asthma-Councellors, hinzukommt, wie dieses Evans et al. (1999) für eine Unterschichtpopulation – überwiegend farbige Patienten in einem benachteiligten städtischen Bezirk – zeigten.

Schließlich wurden in den vergangenen Jahren mehrere kontrollierte und zum Teil randomisierte Studien zu **Kosten** und **Nutzen** derartiger psychosozialer Interventionen beim Asthma durchgeführt, die übereinstimmend gesundheitsökonomisch beachtliche Ergebnisse lieferten (Gosh et al. 1998; Lahdensuo et al. 1998; Neri et al. 1996).

Fallbeispiel

Im folgenden Fallbeispiel, das den Verlauf einer zehnstündigen stationären Kurzpsychotherapie skizziert, sollen einige typische psychodynamische Besonderheiten (somatisierte Abwehr aggressiver Impulse und depressiver Affekte) und Beziehungsmuster (Nähe-Distanz-Ambivalenz, aggressive Impulse und Schuldgefühle in der Gegenübertragung) verdeutlicht werden:

─────────────── Fallbeispiel ───────────────

Die 25jährige Patientin, die seit ihrem vierten Lebensjahr an allergischem Bronchialasthma litt, begab sich auf eigenen Wunsch, aus Angst vor einem beginnenden Status asthmaticus in stationäre internistische Behandlung. Sie hatte wenige Monate zuvor ihre Abschlußprüfung an der Kunsthochschule bestanden und litt seitdem an verstärktem Asthma.

Beim ersten Gespräch auf der Station wirkt die Patientin sehr verschlossen, emotional sehr kontrolliert, „wie mit einer weißen Maske". Es gehe ihr schon viel besser, kaum, daß sie in der Klinik sei. Ganz nebenbei erzählt sie ohne jeden Affekt, ohne Trauer, daß ein Lehrer, bei dem sie Jahre zuvor regelmäßig Privatstunden in Ausdruckstanz und Körpererleben genommen hatte, eine Woche vor ihrem jetzigen Asthmaanfall bei einem tragischen Unfall ums Leben gekommen sei. Sie betont, daß diese Beziehung ja eigentlich schon lange beendet sei, um dann aber im selben Atemzug zu sagen, daß sie ihn kurz vor ihrem Examen noch einmal um einen Termin gebeten habe, er aber keine Zeit für sie gehabt hätte. Nach diesem Telefongespräch mit ihm hätte sie – zum ersten Mal seit Jahren – wieder verstärkt unter Atembeschwerden gelitten.

Sie erzählt von ihrem Beruf als Künstlerin: Besonders liege ihr die Darstellung von Traurigkeit und Melancholie. An Aggressionen hätte sie sich noch nicht herangewagt, das sei ziemlich gefährlich. Wenn sie einen Asthmatiker bildnerisch darstellen müßte, würde sie einen Menschen malen, der im metallenen Gehäuse eines Roboters stecke, sich nur so bewegen könne, wie die Maschine es ihm diktiere, der nicht aus seiner Haut könne.

In der zweiten Sitzung erzählt die Patientin von ihrem herzlichen, liebevollen Verhältnis zu ihrem Vater. Als sie fünf Jahre alt war, kam der Vater bei einem Arbeitsunfall ums Leben. Kurze Zeit später verließ der deutlich ältere Bruder das Haus, so daß die Patientin alleine mit der Mutter aufwuchs. Das Verhältnis zur Mutter sei nach dem Tod des Vaters erst sehr innig gewesen, später erinnert die Patientin es als distanziert und kühl; Zärtlichkeiten habe es nicht mehr gegeben. Wenige Monate nach dem Tod des Vaters erkrankt die Patientin an Asthma.

Nach einem Unfall mit ihrem Freund, bei dem die Patientin leicht verletzt wurde, habe sie sich von ihm zwei Wochen lang pflegen und umsorgen lassen. In dieser Zeit sei es ihr sehr gut gegangen, jedoch habe sie in dem Moment starke Asthmaanfälle bekommen, als „die Wunden verheilt waren", als sie eigentlich hätte gehen müssen. Im Gespräch erinnert sie sich, daß sie früher immer dann die Atemnotanfälle bekommen habe, wenn ihr Bruder nach einem Besuch bei ihr wieder abreisen wollte.

Den Hinweis des Therapeuten, daß es ihr nach Trennungen von ihr nahestehenden Menschen häufig schlecht gehe, wehrt sie damit ab, daß ihr derartige lebensgeschichtliche Zusammenhänge mehr oder weniger bekannt seien, das sei alles nichts Neues. Ebenso unvermittelt stellt sie dann aber fest, daß es neu für sie sei, ihre Trauer über den nur zehn Tage zurückliegenden Tod des ehemaligen Lehrers so wenig zulassen zu können.

Im nächsten Gespräch betont die Patientin, wie wichtig es ihr sei, regelmäßig zu irgendeinem Menschen gehen zu können, zu dem sie Vertrauen habe, und wenn es zum Desensibilisieren sei. In der Gegenübertragung wird der starke Druck spürbar, für sie da zu sein, ihr zu helfen, weil sie sonst wieder schweres Asthma bekomme. Als der Therapeut diesen Druck vorsichtig anspricht, weint die Patientin heftig und beruhigt sich erst, als er sie darauf hinweist, daß es ja noch Zeit gebe, über die (aufgrund der Entlassung) bevorstehende Trennung zu reden. Dies bedeute ja auch die Chance, daß es nach einer Trennung einmal anders weitergehen könne.

In der nächsten Stunde wirkt die Patientin sehr verschlossen, redet kaum. Erst als der Therapeut sie fragt, ob ihre Stimmung vielleicht etwas mit dem zurückliegenden verlängerten Wochenende zu tun haben könne, kann sie über ihre Sehnsucht, sich bei einem Menschen ganz geborgen, aufgehoben zu fühlen, über ihre regressiven Bedürfnisse berichten; und es fällt ihr die traurige Stimmung nach dem Unfall bei ihrem Freund ein, wo sich ihre asthmatischen Beschwerden in dem Moment verschlechterten, als sie sich wieder von ihm lösen sollte.

In einer der folgenden Stunden ist die Patientin äußerst verärgert über das Pflegepersonal. Man habe ihr blaue statt rote Pillen geben wollen. Überhaupt sei es ihr während des gesamten Klinikaufenthaltes immer schlechter gegangen. Als sie sich während der Visite beschwert hätte, daß sie eigentlich nicht wisse, warum sie noch da sei, hätten alle beifällig genickt. Auf die Frage des Therapeuten, ob der Ärger nicht jemand anderem gelte, schweigt sie lange Zeit – erst ärgerlich und aggressiv, dann enttäuscht. Der Therapeut spricht das Schweigen an, in dem ja auch viel von ihrem Ärger zu spüren sei. Aber wer angesichts eines Abschieds ärgerlich oder vielleicht auch traurig werde, würde damit ja auch zeigen, daß er damit etwas für ihn Wertvolles aufgebe. Die Patientin fragt, ihr Weinen unterdrückend, was es ihr denn bringe, wenn sie darüber rede. Es wäre besser, wenn sie jetzt einfach wegginge, sie würde den Therapeuten ja sowieso nicht wiedersehen.

Am nächsten Tag berichtet die Patientin, daß sie in der Nacht Atembeschwerden gehabt habe, davon aufgewacht sei und heftig habe weinen müssen. Sie habe plötzlich gemerkt, daß dieses Weinen mit der Traurigkeit zusammenhinge, die sie in dem Gespräch nicht habe zeigen können. Da sei es ihr erstmals klar geworden, daß sie durch das Asthma „an Gefühle herankäme", die sie sonst unterdrücke.

In den nächsten Gesprächen wurden ihr Zusammenhänge zu vielen anderen früheren Lebenssituationen deutlich, in denen sie Gefühle von Nähe zu Freunden, zu Familienangehörigen vermieden habe. Sie versteht, daß es wohl auch eine Funktion der asthmatischen Erkrankung sei, diese Nähe einerseits herstellen und genießen zu dürfen, „die Wunden zu lecken", wie sie sagt, sich andererseits andere Menschen mit Hilfe der Krankheit auch vom Leibe zu halten.

Die Patientin konnte am Ende dieser Kurztherapie die korrigierende emotionale Erfahrung machen, daß Abschied eine Trennung sein kann, die nicht zwangsläufig mit Atemnot und Verzweiflung, sondern mit neuer Erkenntnis verbunden ist. Am Ende des letzten, über mehrere Stunden vorbereiteten Gespräches geht sie erleichtert, gibt dem Therapeuten von sich aus die Hand und läßt ihn zum ersten Mal die Tür schließen, ohne daß sie ihm diese, wie zuvor, aus der Hand reißt.

Zusammenfassung

Die erhöhte Reaktionsbereitschaft des Bronchialsystems bei Asthma bronchiale äußert sich pathophysiologisch in ödematöser Aufquellung der Schleimhaut, Dyskrinie und Bronchospasmen. Neben Allergenen und chemischen Umwelteinflüssen werden psychische Auslösefaktoren diskutiert. Frühere Vorstellungen einer spezifischen Persönlichkeitsstruktur wurden verlassen, die somatische Disposition gilt als Voraussetzung auch für psychosomatische Kopplungen. Diese allerdings werden durch charakteristische psychische Konfliktkonstellationen initiiert.

Literatur

Ahrens S. Psychoanalytische Psychotherapie einer Patientin mit chronischem Asthma bronchiale. Unveröff. Manuskript 1992.

Alexander F. Psychosomatic medicine: its principles and applications. New York: de Gruyter 1950.

Alexander F. Psychosomatische Medizin. Berlin, New York: de Gruyter 1971.

Baker GHB. Invited review: psychological factors and immunity. J Psychosom Res 1987; 31: 1–10.

Bräutigam W, Christian P, Rad M v. Psychosomatische Medizin. 5. Aufl. Stuttgart: Thieme 1992.

Buske-Kirschbaum A, Jobst S, Wustmans A, Kirschbaum C, Rauh W, Hellhammer D. Attenuated free cortisol to psychosocial stress in children with atopic dermatitis. Psychosom Med 1997; 59: 419–26.

Dahme B, Richter R. Zur Psychophysiologie des Asthma bronchiale. Therapiewoche 1981; 31: 935–40.

de Boor C. Zur Psychosomatik der Allergie insbesondere des Asthma bronchiale. Stuttgart: Klett 1965.

Deter HC. Psychosomatische Behandlung des Asthma bronchiale. Berlin, Heidelberg, New York, Tokio: Springer 1986a.

Deter HC. Cost-benefit analysis of psychosomatic therapy in asthma. J Psychosom Res 1986b; 30: 173–82.

Deter HC, Schepank H. Patterns of self-definition of asthma patients and normal persons in the Freiburg Personality Inventory. Psychother Psychosom 1991; 55: 47–56.

Dunbar HF. Psychoanalytic notes relating to syndroms of asthma and hay fever. Psychoanal Q 1938; 7: 25.

Edford-Lubs M-L. Allergy in 7000 twin pairs. Acta Allergologica 1971; 12: 17.

Evans III R, Gergen PJ, Mitchell H, Kattan M, Kercsmar C, Crain E, Anderson J, Eggleston P, Malveaux FJ, Wedner HJ. A randomized clinical trial to reduce asthma morbidity among inner-city children: results of the National Coopertaive Inner-City Asthma Study. J Pediatr 1999; 135: 332–8.

Falkenbach A, Kirchner P, Kaiser C, Richter R, Schultze-Werninghaus G, Meier-Sydow. Patientenschulung zur Eigenbehandlung bei akutem Asthma bronchiale. Med Welt 1993; 44: 288–92.

Federn P. Beispiel von Libidoverschiebung während der Kur. Int Z Psychoanal 1913; 1: 303–6.

French Th. Psychogenic factors in asthma. Am J Psychiatry 1939; 16: 87–101.

Freud S. Drei Abhandlungen zur Sexualtheorie. 1905. GW Bd V. Frankfurt: Fischer 1942; 33–145.

Gauthier Y, Fortin C, Drapeau P, Breton J-J, Gosselin J, Quintal L, Weisnagel J, Tretreault L, Pinard G. The mother-child relationship of autonomy and self-assertion in young (14–40 months) asthmatic children. Am Acad Child Psychiatry 1977; 16: 109–31.

Ghosh CS, Radvindran MJ, Joshi M, Stearns SC. Reductions in hospital use from self management training for chronic asthmatics. Soc Sci Med 1998; 46: 1087–93.

Helmbold P, Gaisbauer G, Kupfer J, Haustein UF. Longitudinal case analysis in atopic dermatitis. Acta Derm Venereol 2000; 80: 348–52.

Henry M, de Rivera JL, Gonzalez-Martin IJ, Abreu J. Improvement of respiratory function in chronic asthmatic patients with autogenic therapy. J Psychosom Res 1993; 37: 265–70.

Horton DJ, Suda WL, Kinsman RA, Souhrada J, Spector SL. Bronchoconstrictive suggestion in asthma: a role for airways hyperreactivity and emotions. Am Rev Respir Dis 1978; 117: 1029–38.

Isenberg SA, Lehrer PM, Hochron S. The effects of suggestion and emotional arousal on pulmonary function in asthma: a review and a hypothesis regarding vagal mediation. Psychosom Med 1992; 54: 192–216.

Jacobs MA, Anderson LS, Eisman HD, Muller JJ, Friedman S. Interaction of psychologic and biologic predisposing factors in allergic disorders. Psychosom Med 1967; 29: 572–85.

Jacobs MA, Spilken AZ, Norman MM, Anderson L, Rosenheim E. Perceptions of faulty parent-child relationships and illness behavior. J Consult Clin Psychol 1972; 39: 49–55.

Jores A, Kahr H. Asthma bronchiale. In: Die Prognose chronischer Erkrankungen. Linneweh F (Hrsg). Berlin, Heidelberg: Springer 1960.

Jores A, Kerekjarto M v. Der Asthmatiker, Ätiologie und Therapie des Asthma bronchiale in psychologischer Sicht. Bern: Huber 1967.

Junker H. Nachanalyse. Tübingen: Edition diskord 1993.

Knapp PH, Mathe AA, Vachon L. Psychosomatic aspects of bronchial asthma. In: Bronchial asthma and therapeutics. Weiss EB, Segal MS (eds). Boston: Little Brown 1976.

Kotses H, Hindi-Alexander M, Creer TL. A reinterpretation of psychologically induced airways changes. J Asthma 1989; 26: 53–63.

Kotses H, Rawson JC, Wigal JK, Creer TL. Respiratory airway changes in response to suggestion in normal individuals. Psychosom Med 1987; 49: 536–41.

Lahdensuo A, Haahtela T, Herrala J, Kava T, Kiviranta K, Kuusisto P, Pekurinen M, Perämäki E, Saarelainen S, Svahn T, Liljas B. Randomized comparison of cost effectiveness of guide self management and traditional treatment of asthma in Finland. Brit Med J 1998; 316: 1138–9.

Lamont JH. Which children outgrow asthma and which do not? In: The asthmatic child. Scheer HI (ed). New York: Hoeber 1963; 16–26.

Long R, Lamont J-H, Whipple B, Bandler L, Blom GE, Burgin L, Jessner L. A psychosomatic study of allergic and emotional factors in children with asthma. Am J Psychiatry 1958; 114: 890–9.

Marcinowski J. Heilung eines schweren Falles von Asthma durch Psychoanalyse. Jb Psychoanal 1913; 5: 529–620.

Mass R, Dahme B, Richter R. Clinical evaluation of a respiratory resistance biofeedback training. Biofeedback Self Regul 1993; 18: 211–23.

McFadden jr ER, Luparello T, Lyons HA, Bleecker E. The mechanism of action of suggestion in the induction of acute asthma attacks. Psychosom Med 1969; 2: 134–42.

Meijer A. Psychosomatic research in childhood asthma. Acta Paedopsychiatr 1981; 47: 261–8.

Meyer A-E, Weitemeyer W. Zur Frage krankheitsdependenter Neurotisierung. Psychosomatisch-varianzanalytische Untersuchungen an Männern mit Asthma bronchiale, Lungentuberkulose oder Herzvitien. Arch Psychiat Zeitschr Neurol 1967; 209: 2–29.

Miller BD, Wood BL. Psychophysiologic reactivity in asthmatic children: a cholinergic mediated confluence of pathways. J Am Acad Child Adolescent Psychiatr 1994; 33: 1236–45.

Mirsky IA. Körperliche, seelische und soziale Faktoren bei psychosomatischen Störungen. Psyche 1961; 62: 26–37.

Mrazek DA, Klinnert MD, Mrazek P, Macey T. Early asthma onset: consideration of parenting issues. J Amer Acad Child Adolesc Psychiatry 1991; 30: 277–82.

Neri M, Migliori GB, Spanevello A, Berra D, Nicolin E, Landoni CV, Ballardini LM, Sommaruga M, Zanon P. Economic analysis of two structured treatment and teaching programs on asthma. Allergy 1996; 51: 313–9.

Nolte D. Asthma. 5. Aufl. München, Wien, Baltimore: Urban & Schwarzenberg 1991.

Nolte D. Asthma bronchiale: Neues Verständnis von der Pathogenese – Umdenken in der Therapie. Med Klin 1993; 88: 388–9.

Nolte D. Asthmatherapie: Ringen nach Luft, Ringen nach Konsens. Med Klin 1994; 89: 95–6.

Nunberg H, Federn E (Hrsg). Protokolle der Wiener Psychoanalytischen Vereinigung. Bd 2. Frankfurt/M: S. Fischer 1977.

Nunberg H, Federn E (Hrsg). Protokolle der Wiener Psychoanalytischen Vereinigung. Bd 4. Frankfurt/M: S. Fischer 1981.

Oppermann M, Leplow B, Dahme B, Richter R. Identifikation von Auslösebedingungen für einen unmittelbar zurückliegenden schweren Asthmaanfall. Prax Psychother Psychosom 1991; 36: 148–59.

Pearson RS. Asthma-allergy and prognosis. Proc R Soc Med 1968; 61: 467–70.

Pflanz M. Sozialer Wandel und Krankheit. Stuttgart: Enke 1962.

Purcell K, Brady K, Chai H, Muser J, Molk L, Gordon N, Means J. Causes of asthma. The effect on asthma in children of experimental separation from the family. Lancet 1969; 1: 1299–300.

Rees L. Physical and emotional factors in bronchial asthma. J Psychosom Res 1956; 1: 98–114.

Richter R. Auslösung und Unterhaltung des Asthmas durch psychologische Faktoren. In: Asthma bronchiale. Schultze-Werninghaus G, Debelic M (Hrsg). Berlin: Springer 1988a; 190–201.

Richter R. Erfahrungen mit Asthmapatienten auf einer internistischen Station. In: Psychotherapie und Innere Medizin. Rechenberger HG (Hrsg). München: Pfeiffer 1988b; 145–59.

Richter R. Asthma bronchiale und andere Lungenerkrankungen. In: Psychosomatik an der Jahrtausendwende. Deter H-C (Hrsg). Stuttgart: Thieme 2001; 342–51.

Richter R, Dahme B. Bronchial asthma in adults: there is little evidence for the effectiveness of behavioral therapy and relaxation. J Psychosom Res 1982; 26: 533–40.

Rohrmeier F. Langzeiterfolge psychosomatischer Therapien – Longterm effects of psychosomatic therapies. Heidelberg: Springer 1982.

Russel M, Dark KA, Cummins RW, Ellmann G, Callway E, Peeke HV. Learned histamine release. Science 1984; 225: 733–4.

Schüffel W, Herrmann JM, Dahme B, Richter R. Asthma bronchiale. In: Lehrbuch der Psychosomatischen Medizin. Adler RH, Herrmann JM, Köhle K, Schonecke OW, Uexküll Th v., Wesiack W. 5. Aufl. München, Wien, Baltimore: Urban & Schwarzenberg 1996; 810–24.

Sterzer-Breitenbücher G. Kognitiv-verhaltensorientierte Gruppentherapie mit Asthma-bronchiale-Patienten. In: Gruppen mit körperlich Kranken – eine Therapie auf verschiedenen Ebenen. Deter H-C, Schüffel W (Hrsg). Berlin, Heidelberg, New York, London, Paris, Tokio: Springer 1988; 111–9.

Strunk RC, Mrazek DA, Fuhrmann GS, LaBrecque JF. Physiological and psychological characteristics associated with deaths due to asthma in childhood. A case-controlled study. Jama 1985; 254: 1193–8.

Strupp HH, Levenson RW, Manuck SB, Snell JD, Hinrichsen JJ, Boyd S. Effects of suggestion on total respiratory resistance in mild asthmatics. J Psychosom Res 1974; 18: 337–46.

Vazquez MI, Buceta JM. Effectiveness of self-management programmes and relaxation training in the treatment of bronchial asthma: relationships with trait anxiety and emotional attack triggers. J Psychosom Res 1993; 37: 71–81.

Weiner H. Psychobiology and human disease. New York, Oxford, Amsterdam: Elsevier 1977.

Weiss E. Psychoanalyse eines Falles von nervösem Asthma. Intern Z Psychoanal 1922; 8: 440–55.

Wistuba F. Significance of allergy in asthma from a behavioral medicine viewpoint. Psychother Psychosom 1986; 45: 186–94.

Worth H. Patient education in asthmatic adults. Monaldi Arch Chest Dis 1993; 48: 155–8.

Ziwar M. Psychoanalyse des principaux syndromes psychosomatiques. Rev Franc Psychoanal 1948; 12: 505.

Literaturempfehlung

de Boor C. Zur Psychosomatik der Allergie insbesondere des Asthma bronchiale. Stuttgart: Klett 1965.

Deter HC. Cost-benefit analysis of psychosomatic therapy in asthma. J Psychosom Res 1986; 30: 173–82.

Junker H. Nachanalyse. Tübingen: Edition diskord 1993.

Köhler T, Dahme B, Maß R, Richter R. Verhaltensmedizinische Aspekte. Atemwegserkrankungen. In: Anwendungen der Verhaltensmedizin. Hahlweg K, Birbaumer N (Hrsg). Göttingen, Bern, Toronto, Seattle: Hogrefe 2001; 237–72.

Nolte D. Asthma. 5. Aufl. München, Wien, Baltimore: Urban & Schwarzenberg 1991.

5.4.4
Koronare Herzkrankheit: Angina pectoris, Myokardinfarkt, Bypass

Ulrich Lamparter und Ulrich Stuhr

ICD-10-Klassifikation

I20 Angina pectoris, I21 Akuter Myokardinfarkt, I22 Rezidivierender Myokardinfarkt. Neben der Kennzeichnung von psychologischen und Verhaltenseinflüssen durch die Kategorie F54 besteht die Möglichkeit, durch Kategorie Z73.1 die Akzentuierung von Persönlichkeitszügen, hier Typ-A-Verhalten, zu bezeichnen.

Koronare Herzkrankheit

Definition und Deskription

Definition

Unter **koronaren Herzkrankheiten** versteht man jene Erkrankungen des Herzens, die auf eine gestörte Durchblutung des Herzens aufgrund von Veränderungen an den Herzkranzgefäßen zurückgehen. Als Angina pectoris wird die dabei auftretende typische Schmerzsymptomatik bezeichnet und als Herzinfarkt die lebensbedrohliche Schädigung des Herzens bei einer akuten Mangelversorgung des Herzmuskels mit Sauerstoff.

Durchblutungsbedingte Herzschmerzen können in Art und Intensität sehr unterschiedlich sein. Die **Skala** der **Empfindungen** reicht vom

- **Organgefühl** („Ich spüre auf einmal mein Herz"; „ich merke, daß ich ein Herz habe"; „ich habe einen leichten Druck in der Herzgegend"; „ich habe das Gefühl, als ob ein Stein in meiner Brust liegt") über
- **deutliche Schmerzempfindungen** („Ich habe zeitweise ein Stechen in der Herzgegend"; „mein Herz ist manchmal in einem Schraubstock eingespannt"; „ich spüre ein deutliches Engegefühl") bis zum
- **Vernichtungsschmerz** („als ob ein Messer in meinem Herzen herumgedreht würde"; „als ob mir das Herz aus dem Leib gerissen wird"; „ich habe einen brennenden Schmerz unter dem Brustbein").

Der Begriff **Angina pectoris**, das heißt Enge in der Brust, bezeichnet eine typische dieser sehr verschiedenen Schmerzempfindungen.

Die Schmerzen dauern meist nur Sekunden bis Minuten an und treten nach körperlicher Belastung, nach psychischer Erregung, während eines Infektes, nach Kälteexposition (z. B. kalter Wind ins Gesicht oder kalte Dusche), bei Durchzug von Wetterfronten, nach voluminösen Mahlzeiten, mit Meteorismus, nach Nikotinabusus, aber auch aus der Ruhe heraus auf. Die „typischen" koronarsklerotisch bedingten Angina-pectoris-Anfälle werden meist nach Belastung angegeben und sind durch körperliche Belastungen zu provozieren.

Im Unterschied zu den funktionellen Störungen des Herzens, deren Schmerz an der Spitze des Herzens empfunden wird, wird der Angina-pectoris-Schmerz eher unter dem Sternum angegeben, er kann auch im Rücken, im Oberbauch oder in den linken Arm ausstrahlend erlebt werden.

Der **Herzinfarkt** kann ganz unterschiedlich erlebt werden: Patienten berichten von vernichtungsartig erlebten Schmerzen, als ob ihnen ein „D-Zug innen in der Brust entgleist" sei oder ein Messer bei lebendigem Leibe herumgedreht werde, bis hin zum sogenannten „stummen Infarkt", der erst bei einer nachträglichen EKG-Untersuchung festgestellt wird. Der subjektive Schmerzort kann auch in den Rücken oder in den Oberbauch verlagert werden. Auch Todesangst kann statt Schmerzen angegeben werden. Doch viele Herzinfarktpatienten neigen dazu, ihre Schmerzen zu verleugnen oder zu verharmlosen.

Die **koronare Herzkrankheit** (KHK) gilt als eine Domäne der somatischen Medizin. Zwischen ihrer Bedeutung als Volkskrankheit und dem Ausmaß, in dem sich die Psychotherapeutische Medizin dieser Erkrankung widmet, scheint eine ungekehrte Relation zu bestehen. Bei der koronaren Herzkrankheit scheint es zu einer systematischen Ausgrenzung (Siegrist et al. 1980) der Lebensgeschichte und der Analyse psychosozialer Faktoren im allgemeinen Medizinbetrieb zu kommen. So reproduziert sich beim einzelnen KHK-Kranken die Psychopathologie der Erkrankung und ihre Psychopathogenese in der Art des medizinischen Zugangs im „Gesundheitssystem".

Das **Verhältnis** zwischen **Psychoanalytikern** und **Herzinfarktpatienten** ist in besonderer Weise durch wechselseitige Sprachlosigkeit und – von wenigen Ausnahmen (z. B. Moersch 1980) abgesehen – von Nichtbeschäftigung gekennzeichnet.

Sie scheinen nicht zueinander zu passen: der eher kontemplative, die „psychische Realität" betonende Psychotherapeut und der aktive, tatendurstige und auf Bewältigung durch Handlung eingestellte Herzinfarktpatient. Anders kann man sich kaum erklären, daß so wenige Arbeiten zur Psychosomatik der koronaren Herzkrankheit aus psychoanalytischer Sicht bisher erschienen sind und sich so wenige Patienten nach einem Herzinfarkt auf die Suche nach psychotherapeutischer Hilfe machen.

Epidemiologie

Jeder zweite verstirbt heute an den Folgen von Herz-Kreislauf-Erkrankungen, insbesondere der koronaren Herzkrankheit (KHK). Herz-Kreislauf-Erkrankungen sind der häufigste einzelne Grund für Frühinvalidität.

Die Häufigkeit der koronaren Herzkrankheit beziehungsweise des Herzinfarktes ist über viele Jahrzehnte erheblich angestiegen. Dies betraf nicht nur Männer, sondern Frauen gleichermaßen. Dabei erleiden Frauen den Herzinfarkt im Schnitt ca. zehn Jahre später als Männer. Der „weibliche Schutz" bei prämenopausalen Frauen wird vor allem auf das Östrogen zurückgeführt.

Moderne globale Entwicklungstrends haben in in den letzten Jahren eher eine Abnahme der koronaren Herzkrankheit in den westlichen industrialisierten Ländern gezeigt, aber eine deutliche Zunahme in der ehemaligen Sowjetunion und in den zentral- und osteuropäischen Ländern seit Ende der 60er Jahre.

Mit dem Alter wächst die Wahrscheinlichkeit, an einem Herzinfarkt zu sterben. Das mittlere Sterbealter von Männern für die Diagnose ischämische Herzkrankheit (ICD-9: 410–414) betrug 1991 in der alten Bundesrepublik 75 Jahre, das von Frauen 82 Jahre. Wer 1991 an einem Herzinfarkt verstarb, wurde älter, als es der mittleren Lebenserwartung 1991 entsprach (70 Jahre für Männer und 78 Jahre für Frauen).

Männer in Finnland und Frauen in Schottland unterliegen dem höchsten Risiko, an Herzinfarkt zu erkranken, während Männer in China und Frauen in Spanien das geringste Risiko aufweisen. In der Altersgruppe zwischen 35 und 64 Jahren ist bei Männern die Herzinfarktrate vier- bis fünfmal höher als bei Frauen derselben Altersgruppe.

Fraglos ist die koronare Herzkrankheit eine Zivilisationskrankheit, wobei in der somatischen Medizin dem Cholesterinverzehr eine wichtige Rolle zugeschrieben wird. So haben die Japaner eine sehr niedrige KHK-Prävalenz, obwohl zwei Drittel der Männer rauchen und die Prävalenz für Hypertonus deutlich höher liegt als hierzulande. Die Japaner haben einen wesentlich niedrigeren Cholesterinspiegel. Bei in die USA umsiedelnden Japanern nähert sich die KHK-Mortalität statistisch dann den US-amerikanischen Raten an.

Groß angelegte epidemiologische Untersuchungen wurden in den USA durchgeführt. Dabei zeigten sich einerseits **organische Risikofaktoren**, wie in der berühmten Framingham-Studie (Kannel und Dawber 1972): Anhand von 5127 freiwilligen Versuchspersonen aus einer definierten Gesamtpopulation von 28 000 Einwohnern eines Ortes bei Boston, Framingham, wurden innerhalb von 20 Jahren (1948 bis 1968) anhand vieler kardiologisch relevanter Daten fünf Risikofaktoren bestimmt:

- erhöhter Blutdruck
- vermehrtes Serum-Cholesterin
- Zigarettenrauchen
- elektrokardiographische Anhalte für eine Vergrößerung der linken Herzkammer
- Neigung zu diabetischer Stoffwechsellage

Heute sind, wie Siegrist et al. (1980) resümieren, die somatischen Risikofaktoren der koronaren Herzkrankheit ermittelt. Doch sind Rauchen, Übergewicht, Fehlernährung und Bewegungsmangel eng an gesellschaftlichen Ort und psychische Bedingungen geknüpft.

Der Myokardinfarkt hat sich in den letzten Jahrzehnten von einer Todesursache der oberen sozialen zu einer der unteren sozialen Schichten entwickelt. Man findet eine erhöhte KHK-Mortalität bei niedrigen Berufsgruppen und niedrigem Bildungsniveau.

Höhere Schichten profitieren deutlicher von der günstigen epidemiologischen Entwicklung in den letzten Jahren, so daß sich der soziale Gradient, nach dem Patienten mit niedrigerer Schichtzugehörigkeit häufiger einen Herzinfarkt erleiden, noch vergrößert hat.

Nur zur Hälfte geht die soziale Verteilung des Krankheitsbildes auf das höhere Vorkommen der bekannten kardiovaskulären Risikofaktoren (Zigarettenrauchen, vermehrter Fettkonsum, mangelnde körperliche Bewegung) in den unteren Schichten zurück.

Ätiologie

▶ Soziologische Einflußgrößen

Im Bereich makrosoziologisch faßbarer Belastungsgrößen ist es der Sozialepidemiologie bisher nicht gelungen, eindeutige Merkmale festzustellen, die mit der koronaren Herzkrankheit durchgängig korrelieren. Eine größere Zahl von Studien hat allerdings die **Bedeutung** des **sozialen Wandels** besonders nachdrücklich hervorgehoben (zu einer Übersicht vgl. Jenkins 1977): Der Prozeß der Verstädterung, der geographischen Mobilität innerhalb und zwischen Generationen, der Status-Inkongruenz begünstigt den Anstieg koronarer Herzkrankheiten.

In einer Untersuchung der Koronarsterblichkeit von Iren wurden die Herztodraten der nach Amerika ausgewanderten Iren mit denen der auf der grünen Insel Verbliebenen verglichen: In den USA war sie für die Iren viermal höher. Die Iren aus Boston wurden mit jeweils einem Bruder in Irland verglichen: Letztere hatten zwei- bis sechsmal weniger Symptome von Koronarerkrankungen (je nach physiologischen Parametern) und dies, obwohl die Iren auf der Insel 400 bis 500 Kalorien mehr konsumierten: Sie bevorzugten auch mehr Speisen mit gesättigten Fettsäuren (Brown 1970).

Sicherlich gibt es vielschichtige Gründe, um diese Unterschiede zu erklären (z. B. unterschiedliche körperliche Betätigung); aber es entstanden in dieser Untersuchung auch Hypothesen über die Belastung von Menschen, die ihre Heimat und ihre sicheren Familienbande verließen und sich erst in einem neuen Kulturkreis einleben müssen. Viele Untersuchungen scheinen die Bedeutung dieser **psychischen** und **sozialen Faktoren** zu bestätigen (u. a. Jenkins 1971; Kraus und Lilienfeld 1959).

In einigen dieser Studien konnte der **pathogene Einfluß sozialen Wandels** unabhängig von Standardrisikofaktoren nachgewiesen werden. In all diesen Studien sind aber lediglich Trendergebnisse vorfindbar, die zu weiter notwendigen Präzisierungen Anlaß geben (Siegrist et al. 1980, S. 7). Als psychosozialer protektiver Faktor scheint sich die soziale Unterstützung zu erweisen.

Die vielfältigen Untersuchungen zur **beruflichen Belastung** (*Occupational Stress*) und dem Entstehen der koronaren Herzkrankheit können hier nicht referiert werden. Einschlägig für den Psychotherapeuten erscheint freilich der Trend der Ergebnisse, daß es weniger auf die Belastung an sich ankommt als vielmehr auf die Art, wie diese erlebt wird (Stuhr und Karmaus 1979), besonders, ob die Arbeitsbelastung vor dem Hintergrund eines gesicherten oder ungesicherten beruflichen Status ihre Wirkung entfaltet. Der „zweite Mann" erkrankt häufiger als der Meister, besonders gravierend scheint sich ein Zwang zur Überbelastung, gegen den man sich nicht wehren kann, auszuwirken.

Darüber hinaus weisen Untersuchungen am Wissenschaftszentrum Berlin (u. a. Maschewski und Schneider 1981; Wotschack und Wotschack 1981) auf eine noch komplexere Belastungsstruktur durch das **Wechselwirkungsgeschehen** zwischen **Arbeitsfeld** und **Privatsphäre**. Denn es gibt nicht nur Belastungen am Arbeitsplatz bei Herzinfarktpatienten (z. B. Lärm, Staub, Zeitdruck, hohe Konzentration, drohende Sanktionen), sondern auch familiäre Belastungen (hohe Kinderzahl, häuslicher Ärger, Partnerkonflikte, Freizeitstreß, wenig Freundschaften); beide Belastungsbereiche interagieren und weisen auf die Notwendigkeit zur inhaltlichen Ausweitung von Studien hin (vgl. Kap. 2.6.2, S. 108). So kann die familiäre Situation ein protektiver Faktor sein (Cobb 1974), aber natürlich auch Belastungen neu schaffen, verstärken oder aufschaukeln.

▶ Herz, „Streß" und nutritive Faktoren

Die Dyslipoproteinämie ist als Mediator der Atherosklerose anerkannt. Sie ist nicht nur Ausdruck einer **Fettstoffwechselstörung** an sich, denn auch die Regulation des Fettstoffwechsels unterliegt zahlreichen psychophysiologischen Zusammenhängen. In ihrer Übersichtsarbeit (60 Untersuchungen bis zu diesem Zeitpunkt) stellen Dimsdale und Herd (1982) fest, daß im Kontext von Streßereignissen der Blutspiegel der freien Fettsäuren invariant erhöht ist. Die meisten Untersuchungen fanden zudem auch einen Anstieg des Cholesterins zwischen 8 und 65 % über dem Ausgangswert. Hier gibt es Hinweise auf interindividuelle Differenzen: Bei einigen Individuen scheint der Cholesterinspiegel besonders labil zu sein. Triglyzeride reagierten auf emotionale Aufregungen nicht konsistent. In den referierten Untersuchungen sind zahlreiche „Streßsituationen" untersucht worden, vom Anschauen schrecklicher Filme bis zu Examenssituationen, Überlandflügen oder langdauernden U-Boot-Einsätzen.

Insgesamt erscheint ausreichend belegt, daß ein „adrenerger Drive" auch den **Cholesterinspiegel** erhöht. Grundsätzlich erfolgen diese Regulationen unter dem Regime der Katecholamine. Wird auf eine psychosoziale Belastung nicht mehr mit

Anstrengung, sondern auch mit Verzweiflung reagiert, wird auch Cortisol vermehrt ausgeschüttet.

Die **freien Fettsäuren** intensivieren die Aggregation der Thrombozyten, die über ihre Anlagerung an die Gefäßwand und über die Freisetzung von Faktoren, die das Wachstum der glatten Muskelfasern in der Herzwand anregen, atherogen wirken. Die freien Fettsäuren gelangen in die Leber und werden bei der Produktion der VLDL (*Very Low Density Lipids*) verwendet, die das Wachstum der atheromatösen Plaques in der glatten Muskulatur der Gefäßwand ebenfalls fördern (Adler und Hemmeler 1986).

Daß der **Faktor „Streß"** wichtiger sein kann als der Faktor „fettreiche Ernährung", zeigen Untersuchungen an KZ-Insassen und Spätheimkehrern aus der Gefangenschaft, deren fettarme Mangelernährung keine Auswirkung auf das Ausmaß der Koronarsklerose hatte, wohl aber das Ausmaß des von ihnen erlebten „psychosozialen Stresses" (s. o. S. 421, Herztod-Rate bei Iren; Brown 1970).

Im Korea-Krieg fanden die Amerikaner bei 30 bis 70% ihrer gefallenen, klinisch gesunden Soldaten ausgeprägte Koronarsklerosen (Glatzel 1987).

> Die in den letzten Jahren rückläufige Zahl an Koronartodesfällen in den USA wird als Erfolg einer konsequenten Bekämpfung der Risikofaktoren Hypertonie, Rauchen, Adipositas, Hypercholesterinämie und Bewegungsmangel angeführt. Dieser Erfolg kann aber auch im Rahmen eines gesellschaftlichen Wertewandels verstanden werden, nach dem Entspannung nicht mehr mit Faulheit gleichgesetzt wird, „Streß" als zu vermeiden gilt und überall die wichtige Funktion von Fun und Relaxen betont wird.

▶ **Risikoverhalten**

Innerhalb der wissenschaftlichen Bemühungen, koronargefährdende Verhaltensweisen zu identifizieren, gewann eine Untergruppe besondere Bedeutung: das sogenannte **Typ-A-Verhaltensmuster.** Das auf Friedman und Rosenman (1974) zurückgehende Konzept ist keine echte Typologie, sondern ein Verhaltenskontinuum mit den beiden Extrempolen „Typ-A" und „Non-Typ-A", letzterer wird als **B-Typ** bezeichnet (Matthews 1982).

> **Definition**
>
> Der **A-Typus** ist dadurch gekennzeichnet, daß diese Personen sich in einem ständigen Kampf befinden, in immer weniger Zeit immer mehr leisten beziehungsweise erreichen zu müssen, und dies auch rücksichtslos gegen andere oder andere Erfordernisse. Das charakteristische „Wappen" für diese Menschen ist eine „geballte Faust mit Stoppuhr" (Rosenman und Friedman 1974, S. 96).

In Verbindung mit diesen emotionalen Merkmalen zeigt der Verhaltenstyp A gewisse typische muskuläre und motorische Phänomene: Die Sprache ist im allgemeinen forciert und schnell, oft von explosiven Lauten unter besonderen Betonungen unterbrochen, verbunden mit gestikulierenden Gebärden

wie unwillkürlichem Fäusteballen und grimassierenden Bewegungen.

In den ersten Untersuchungen konnte gezeigt werden, daß ein **statistischer Zusammenhang** zwischen der **Prävalenz** von **koronaren Herzerkrankung** und dem **Typ-A-Verhalten** besteht. Dabei blieb aber offen, ob das Typ-A-Verhalten Folge oder vorausgehende Ursache ist. Deshalb wurden prospektive Studien unternommen, zum Beispiel die Western Collaborative Group Study **(WCGS)**, bei der in kalifornischen Firmen anhand strukturierter Interviews Arbeitnehmer (3145 Männern zwischen 39 und 57 Jahren) in A- und B-Typen eingeteilt wurden und nach 8,5 Jahren gezeigt werden konnte, daß das Erkrankungsrisiko bei Personen des A-Typs 2,37mal höher war als beim B-Typ, der aber auch Herzerkrankungen aufwies. Statistisch unabhängig von den traditionellen Risikofaktoren liegt das Risiko statistisch 1,97mal höher als beim B-Typ, beziehungsweise wäre ohne diesen psychosozialen Faktor die Inzidenz um 31% gesunken (Brand et al. 1976).

In einer Fragebogenstudie, die besonders auf Belastungen durch die amerikanische Arbeitswelt abzielte (Haynes et al. 1980), zeigte sich, daß bei statistischer Kontrolle der traditionellen Risikofaktoren Typ-A-Männer in sogenannten White-Collar-Berufen (Berufstätige mit „weißen Krägen" im Unterschied zum „Blaumann") zweimal häufiger an Angina pectoris oder Myokardinfarkt erkrankten als B-Typen und daß Typ-A-Frauen eine zweimal höhere Inzidenz für Myokardinfarkt beziehungsweise eine dreimal höhere für Angina pectoris im Vergleich mit B-Typ-Frauen aufwiesen. Haynes und Feinleib (1982) kommen in weiteren Studien zum Schluß, daß das Typ-A-Verhalten nicht nur ein eigenständiger Risikofaktor ist, sondern den pathogenetischen Effekt traditioneller Risikofaktoren verstärkt.

In weiteren Untersuchungen zeigten sich jedoch immer wieder widersprüchliche Ergebnisse, zum Beispiel WCGS (s. o.) gegenüber **MRFIT** (Multiple Risk Factor Intervention Trail von Shekelle et al. 1986); hier wurden keine Zusammenhänge gefunden.

> Beim **Typ-A-Konzept** handelt es sich um ein sehr globales Modell; angesichts unterschiedlicher Methoden (Interview nach Rosenman 1978 gegenüber Fragebogen von Jenkins 1978) und unterschiedlichen Krankheitskriterien bei unterschiedlichen Selektionen innerhalb der Stichproben verwundert die Widersprüchlichkeit der Ergebnisse nicht (Myrtek 2000, S. 9–11).

Im Verlaufe vieler wissenschaftlicher Studien wurde immer deutlicher, daß im globalen Typ-A-Konzept relevante Einzelkomponenten enthalten sind. Die nachfolgenden **Komponentenanalysen** weisen vor allem darauf hin, daß Variablen wie Streben nach Anerkennung, Rivalitätsverhalten, offene und unterdrückte Aggressivität, Ungeduld und Rastlosigkeit, Verantwortungsdruck, Gespanntheit und explosive Sprechweise in verschiedenen Personen zu verschiedenen Zeitpunkten beziehungsweise in unterschiedlichen Situationen auch unterschiedlich aktiviert werden.

In den letzten Jahren konzentriert man sich bei der kritischen Überarbeitung des Typ-A-Verhaltens auf die Komponente *Hostility*. Denn die reine Streßforschung als Erweiterungsmodell für die klassischen Risikofaktoren war nicht sehr erfolgreich (Jenkins 1976; 1978a; Hollis et al. 1990 – dem MRFIT), und nach den ersten Erfahrungen mit der Präzisierung des Konzeptes durch die Typ-A-Konzeption als Risikofaktor wurde auch dieser Ansatz stark relativiert (Costa et al. 1987; Ragland und Brand 1988a).

Das nachfolgende Konzept ist das der *Hostility* (Feindseligkeit), die neben dem Ärger mögliche Risikofaktoren für die KHK darstellen (Dembrowski und Costa 1987; Vögele und Steptoe 1993; Williams 1987).

Bei diesem komplexen Modell werden folgende Aspekte angenommen:
- zynische Feindseligkeit mit Mißtrauen und Verstimmung
- offene Feindseligkeit bzw. geäußerter Ärger
- unterdrückte Feindseligkeit bzw. Ärger

Psychoanalytisch ist interessant, daß eine Abwehrstruktur hinsichtlich offener und unterdrückter Feindseligkeit/Ärger postuliert wird (dialektische, psychodynamische Einheit) mit schizoiden Aspekten und der (depressiven) Verstimmung.

In einer Faktorenanalyse an 1002 Patienten anhand der sogenannten Cook-Madley-HO-Skala (50 Items aus dem MMPI) ergaben sich zwei substantielle Faktoren: Zynismus und paranoide Entfremdung; das heißt Items, die eine geringe Meinung über die menschliche Natur widerspiegeln (z. B. Lügen, um vorwärts zu kommen; Gefühle, verfolgt zu werden) bei gleichzeitiger emotionaler Distanz. Beide Faktoren sind miteinander korreliert (0,54). Der Ausdruck *Hostility* wäre präziser mit „zynischem Mißtrauen" als Risikofaktor zu definieren. Die Suche nach „toxischen" Komponenten im ehemaligen globalen Typ-A-Verhalten ist aber noch nicht abgeschlossen (Myrtek 2000). In eigenen klinischen Beobachtungen kommen zum Beispiel der Ungeduld (Schlangestehen, im Stau-Stehen) und der Neigung, sich bis auf die Nähe zum Tode zu verausgaben, weiterhin eine besondere Bedeutung zu.

Der stärkste Prädiktor bei den einzelnen Komponenten (Matthews et al. 1977) war die Aggressionsbereitschaft, gefolgt von „nach außen gerichtetem Ärger", Rivalitätsverhalten, Häufigkeit von Ärger pro Woche, Ärger auf der Arbeit, explosive Sprechweise – das heißt, es gibt vermutlich eine **Rangreihe** von **Komponenten** des **A-Typs** für bestimmte Personen zu bestimmten Zeiten und in bestimmten Situationen. Eine differentielle Betrachtung ist also unumgänglich. Die Aggressionsbereitschaft ist zum Beispiel nur dann mit Koronarsklerose, Angina pectoris oder Herzinfarkt verknüpft, wenn gleichzeitig der Ärger zurückgehalten wird (Williams et al. 1980).

Die wichtige Rolle der Aggressionsbereitschaft beziehungsweise Feindseligkeit und die Unterdrückung von Ärger beim A-Typ regt natürlich Überlegungen aus **psychoanalytischer Sicht** an, die über die Ergebnisse der Frankfurter Psy-

choanalytikergruppe (Moersch 1980) noch hinausgehen. Dort wurde unter anderem festgestellt, daß

- Herzinfarktpatienten mit dem Herzinfarkt auf eine „lebensgeschichtliche Krise" antworten, die als Aktualisierung latent gewordener, in der Kindheit erworbener Strukturkonflikte der Person verstanden werden können (Kennel 1980);
- es sich um eine Fixierung auf prägenitaler Entwicklungsstufe handelt (Kelleter 1980);
- orale Modi der Objektbeziehung typisch sind (Rodriguez 1980);
- als spezifische Abwehrkonstellation die Kompensation infantiler Versagungen durch Größenphantasien vorherrscht und diese Patienten zur Konfliktvermeidung neigen (Kerz-Rühling 1980);
- die Verleugnung der Abhängigkeit von anderen oder von Körperwahrnehmungen neben Zwangsabwehr, Verdrängung und Projektion bei gut entwickelten Ich-Funktionen in technisch-organisatorischen Berufsanforderungen vorherrscht (Fischer 1980);
- ein „Urmißtrauen" gefunden werden kann (Goldschmidt 1980).

Aus psychoanalytischer Sicht ist zu betonen, daß es vermutlich nicht einzelne Lebensereignisse oder bestimmte psychische Faktoren sind, die den psychosomatischen Hintergrund des Infarktgeschehens bilden, sondern die mit entsprechenden Ereignissen verknüpfte Notwendigkeit zur Anpassung angesichts eines Zusammenbruchs von zentralen Lebenskonstruktionen, deren vorgezeichnete Bruchlinien bereits seit langem auf die drohende Katastrophe hingewiesen haben (Maschewski und Schneider 1981; Siegrist et al. 1980).

Fallbeispiele

Fallbeispiel 1

Ein Mann erleidet einen Herzinfarkt, nachdem er vom neuen jung-dynamischen Chef aller seiner Privilegien am Arbeitsplatz (z. B. selbständige Entscheidungen) nach vielen Arbeitsjahren und einer seit früher Jugend während des Zweiten Weltkrieges notwendig gewordenen Leistungsbereitschaft beraubt wurde, er aber in einem minimalen Punkt erreichte, daß dieser Chef sich vor der Belegschaft entschuldigen mußte, das heißt, gedemütigt und gekränkt wurde. Dabei erlebte der Mann eine kurze Versuchungssituation: Er konnte den mächtigen und aggressiven, ja ihn beinahe vernichtenden Chef nun kurz selbst „in die Knie zwingen". Die Feindseligkeit durfte zwar kurz auflodern, aber blieb, gemessen an der gesamten Demütigung und resultierenden Wut, in ihrer vollen Tiefe abgewehrt und führte beinahe zur eigenen Vernichtung durch den dann aufgetretenen Herzinfarkt.

Fallbeispiel 2

Ein anderer Patient bekommt einen Tag nach folgendem Ereignis einen Herzinfarkt: Er wird dringend zu seiner Mutter gerufen, die einen Verfolgungswahn entwickelt und sich in ihre Wohnung eingeschlossen hat. Als er dann mit dem psychiatrischen Dienst vor der Tür der Mutter steht, wird er von der Mutter als „Nazi" und „Gestapomann" beschimpft. Da begann es im Patienten – so seine Worte – „zu wakkeln", damit ist gemeint, daß sich unbewußt seine Lebensgeschichte dramatisch aktualisierte und zuspitzte. Denn die Mutter war als Jüdin der Naziverfolgung ausgesetzt. Da sie mit einem „Arier" verheiratet war, der sich nicht scheiden ließ, sondern zu ihr hielt und sie verbarg, wurde sie gerettet. Der Patient, der als Kind (geboren 1936) diese Bedrohung als sogenannter Halbjude mit erlitt und nach Eintritt in die Hitlerjugend als Halbjude stärksten Schikanen und physischem Terror ausgesetzt war, rächte sich als Halbwüchsiger nach dem Kriege in einer Art Selbstjustiz persönlich an den ihm bekannten damaligen HJ-Führern seiner Heimatstadt, bis sein Vater ihn schließlich in seiner Zerstörungswut bremsen mußte. Er war fortan dann sehr bemüht, die Familie beziehungsweise die Ehe der Eltern zusammenzuhalten, bis er sich mit dem Vater als 20jähriger überwarf und ins Ausland ging. Die Eltern ließen sich dann scheiden, ein jüngerer Bruder wurde kriminell. Er begann, sich wieder um die alleinstehende Mutter zu kümmern und die Betrügereien des Bruders, soweit es ging, auszubügeln.

Dieser Mensch war durch die psychotischen Anschuldigungen der Mutter auf jene andere Seite geraten, wo er gedemütigt worden war, wohin er als Kind aber auch eine heimliche Sehnsucht hatte: wie alle Kinder in der HJ dazuzugehören. Aber das durfte er wegen Mutter nicht und von seiten der Nazis nur durch absolute Unterwerfung. Er haßte unbewußt seine Mutter dafür, daß sie Jüdin war, und er haßte sie dafür, daß sie ihn dafür beschuldigte, was er damals sein wollte, aber auch selbst haßte: ein Nazi zu sein. Nach Jahren der Belastung in der Kindheit und Jugend brach die Abwehr gegen seine Schuldgefühle (abtrünnig gewesen zu sein) und seinen ambivalenten Haß (gegen die Verfolger und gegen die Mutter) zusammen.

Wichtig scheint bei beiden Fällen, daß die beim Herzinfarkt virulenten Konflikte und Belastungen in zeitgeschichtlich einmaligen Bezügen – hier in der Verarbeitung von Nationalsozialismus und dem zweiten Weltkrieg (vgl. ausführlich Lamparter 1994) – wurzeln. **Typ-A-Verhalten** und mechanistisches Denken sind nicht „vom Himmel gefallen" beziehungsweise eo ipso aus der Persönlichkeit heraus entwickelt, sondern sind in zeitgeschichtlich entstandenen Schicksalen verwurzelt, zum Beispiel im typischen durch Aktivität und Anstrengung gekennzeichneten Muster, durch „Arbeit und nichts als Arbeit" eine frühe Bedürftigkeit oder gar ein **frühes Trauma „abzuwehren".** Indem der geängstigte Mensch – oft in Ermangelung anderer Verarbeitungsformen für seine frühen Ängste, Erinnerungen und Traumatisierungen – den Weg gegangen ist, sich in die gesellschaftlich vorgegebene und kulturell ausgestanzte Typ-A-Schablone zu pressen, kann er eine relativ konsistente Abwehr gegen seine eigenen ihn bedrängenden Gefühle errichten (Haag und Lamparter 1994).

Die Beispiele veranschaulichen auch, daß das **Typ-A-Verhalten** und seine Komponenten nicht automatisch als zeitstabile Persönlichkeitsmerkmale interpretiert werden dürfen, sondern Teil einer **Person-Umwelt-Relation** im Sinne des Feld-Begriffes von Kurt Lewin (1963) sind, in dem bestimmte Situationen für bestimmte Personen Auslöserfunktion für einige bereitliegende Verhaltensmerkmale haben, die wiederum die Situation beeinflussen beziehungsweise eine Situation schaffen, auf die die Person dann wieder reagiert (vgl. auch Rosenman und Friedman 1974, S. 96f).

Da viele methodische Probleme bestehen, zum Beispiel die Selektion in den prospektiven Untersuchungen oder die Art der Datenerhebung, kann man bislang nur sagen, daß an diesem äußerst komplexen Geschehen **psychische, psychosoziale** und **somatische Faktoren** interaktionell beteiligt sind und es neben den traditionellen Risikofaktoren eben auch **Verhaltensweisen** gibt, die das Risiko, eine **Herzerkrankung** auszubilden, vergrößern. Insbesondere die in Gereiztheit, Ungeduld und Rivalität/Dominanz auftretende Aggressivität, die sich in unserer Gesellschaft besonders im Leistungsbereich zeigt beziehungsweise dort gefordert scheint („der richtige Mann an die richtige Stelle"), könnte bedeutsam sein. Woher dieses explosive Potential stammt, ist wenig erforscht, aber schon bei Kindern beobachtbar (Schmidt et al. 1986).

Verhaltensmedizinische Aspekte

Auch aus verhaltensmedizinischer Sicht besteht eine klare Evidenz, daß psychosoziale Faktoren erheblich zur Pathogenese und Manifestation der koronaren Herzkrankheit beitragen.

Als Einflußfaktoren werden Depression, Angst, Persönlichkeitsfaktoren oder Charakterzüge, soziale Isolation und chronischer *Life Stress* unterschieden (Rozanski et al. 1999). Sie erhöhen in unterschiedlicher Weise das Krankheitsrisiko.

So weisen Patienten mit koronarer Herzkrankheit generell eine deutlich höhere Rate an depressiven Episoden im Sinne einer Major Depression auf als die Allgemeinbevölkerung. Das Auftreten von jedweden depressiven Symptomen, vor allem von Hoffnungslosigkeit und vitaler Erschöpfung, erhöht unter den Patienten mit koronarer Herzkrankheit das Risiko für ein künftiges kardiales Ereignis.

Angst im Sinne von chronischer Ängstlichkeit erhöht bei Männern das Risiko, einen plötzlichen Herztod zu erleiden, jedoch nicht das Risiko für den Herzinfarkt selbst. Dieser bei Frauen noch nicht untersuchte Zusammenhang geht wahrscheinlich auf das gehäufte Auftreten von Rhythmusstörungen (ventrikulären Arrhythmien) bei Angstpatienten zurück.

Die dem Stammbaum des Typ-A-Verhaltens entstammende Feindseligkeit (*Hostility*) könnte besonders „toxisch" sein. Hostility ist komplexes psychologisches Konstrukt und beinhaltet Elemente von Ärger, Zynismus, Mißtrauen sowie einer allgemein negativen Orientierung in interpersonellen Beziehungen. Höhere Grade an *Hostility* scheinen mit höheren Raten an Restenosierungen nach Bypass-Operationen, rascherer Progression der arteriosklerotischen Veränderungen und vermehrter Ischämie unter Streß einherzugehen.

In einer gesunden Ausgangspopulation wiesen die Patienten mit einem relativ kleines Netzwerk an sozialen Beziehungen eine zwei bis dreifach höhere Herzinfarktrate auf. Weiter ergaben sich prognostisch bedeutsame Zusammenhänge mit dem subjektiv erfahrenem Ausmaß an emotionaler Unterstützung. Guter sozio-emotionaler Rückhalt wirkt als Puffer, der in belastungsreichen Situationen das Ausmaß an Distreß-Erfahrungen abmildert. Besonders krankheitswertig wirken kumulative Verlusterfahrungen sozialen Rückhalts im Fall von Arbeitslosigkeit in Kombination mit verstärkten familiär-personalen Beziehungskrisen.

Life Stress bezeichnet Belastungserfahrungen, die sich im Zusammenhang mit der alltäglichen Lebenspraxis ergeben. Diese reichen von heftigen affektiven Erschütterungen – man hat zum Beispiel bei schweren Erdbeben herausgefunden, daß die Inzidenz von akuten Herzinfarkten an diesem Tag mehrfach erhöht war – bis zu der Erfahrung von Verlusten nahestehender Personen (akuter Streß). Mit entsprechenden Instrumenten lassen sich in den letzten Monaten vor dem Herzinfarkt gehäuft gravierende Lebensveränderungen nachweisen (subakuter Streß).

Als chronischer Streß gilt vor allem der Arbeitsstreß: Typische Distreß-Erfahrungen resultieren aus hohen Arbeitsanforderung bei niedriger Kontrolle über die Arbeit und die Arbeitsbedingungen oder durch hohe berufliche Verausgabung bei niedrigen Belohnungschancen. Besonders die Verletzung der sozialen Reziprozitätsnorm, die für hohe Verausgabung bei der Arbeit angemessene Entlohnung erwartet, kennzeichnet ein wichtiges pathogenes Moment. Diese Gratifikationskrisen entstehen weniger beim klassischen Industriearbeiter als im Dienstleistungssektor.

Die Krankheitsrisiken steigen besonders stark an, wenn sich die voneinander ja nicht unabhängigen Faktoren bündeln. Sie wirken oft in deletärer Weise zusammen mit **Risikofaktoren im Lebensstil** wie falscher Ernährung, Rauchen, übermäßigem Alkoholgenuß etc. und bilden nach einem kardialen Ereignis im Verbund mit ihnen auch eine schwer zu überwindende Barriere für tiefgreifende Veränderungen in den Lebensgewohnheiten.

Gezielte verhaltensmedizinischen Interventionen lassen sich in der Weise konzeptualisieren, daß sie das im Einzelfall im Vordergrund stehende Bündel pathogener Faktoren gezielt angreifen (z.B. Nichtraucher-Training mit der Vermittlung von Erfahrung sozialer Unterstützung, Selbstsicherheitstraining, Arbeit am „Hostility-Faktor").

Die folgende Tabelle faßt die psychophysiologischen Mediatoren zwischen Streß und koronarer Herzkrankheit in einer Übersicht zusammen:

Tab. 5-15 Psychophysiologische Mediatoren der Streßwirkung auf die Entwicklung einer koronaren Herzkrankheit.

- höhere Herzfrequenz
- höherer Blutdruck
- neurohumorale Erregung
- höheres Sympathikusniveau
- verminderte vagale Modulation
- verminderte Herzfrequenzvariabilität unter vermehrtem Auftreten von Arrhythmien
- Hyperkortisolismus
- höhere Katecholaminspiegel
- Hypercholesterinämie
- vermehrt freie Fettsäuren im Blut
- verminderte Ansprechbarkeit der β-adrenergen Rezeptoren von Monozyten
- vermehrte Thrombozytenaktivität

Tab. 5-15 (Fortsetzung)

- streßinduzierte Vasokonstriktion der Koronargefäße („Spasmen")
- Promotion eines entzündlichen Geschehens im Endothel der Koronargefäße

Das gebrochene Herz

Das **Herz** wird oft als das Innerste eines Menschen bezeichnet und empfunden. Das Herz ist nicht nur ein Organ, das metaphorisch Verwendung findet in der Lyrik oder in vielen Redewendungen („das greift mich ans Herz"; „aus dem Herzen keine Mördergrube machen"), und damit (nur) vermeintliches Projektionsorgan von Empfindungen; das Herz ist in hohem Maße auch ein **psychosomatisches Erfolgsorgan**: Der Schlag, die Aktivität des Herzens ist in hohem Maße abhängig von psychischen Empfindungen. Das Herz ist mehr als eine Pumpe, es ist ein beziehungssensitives und interaktives Organ: Wir alle haben die subjektive Erfahrung machen können, daß unser Herz plötzlich schneller schlug, sei es, weil ein von uns geliebter Mensch in unsere Nähe kam oder wir beleidigt wurden.

Das Herz als Ausdrucksorgan in der Sprache

Unter medizinischen Laien ist die Bedeutung des Herzens als seelisches Ausdrucksorgan von jeher bekannt – ein Ausdruck im Sinne einer **bildhaften Sprache** („das bricht mir das Herz", „das gibt mir einen Stich ins Herz" etc.), aber auch als körperlicher Ausdruck, indem erst die veränderte Herztätigkeit wahrgenommen wird („das Herz schlägt mir bis zum Halse", „es rast", „es wird eng in der Brust") und dann sekundär dabei ein Gefühl entsteht und ausgedrückt wird.

Im **Märchen** findet sich dieser Erfahrungsschatz trotz sekundärer Bearbeitung durch die Sammler von Märchen in zum Teil archaischer Form. So kehrt sich ihr (der Stiefmutter) „das Herz im Leibe herum", so stark haßt die Stiefmutter Schneewittchen; oder der treue Heinrich war so betrübt, als sein Herr in einen Frosch verwandelt worden war, daß er „drei eiserne Bande um sein Herz" hatte legen lassen, damit es vor „Weh und Traurigkeit" nicht zerspränge; und als dann der Prinz erlöst war, kommt es zu den berühmten Worten, als diese Banden laut zerbrechen: „Nein, Herr, der Wagen nicht. Es ist ein Band um meinem Herzen, das da lag in großen Schmerzen."

William **Shakespeare** läßt in Macbeth (4. Aufzug, 3. Szene) Malcolm zu Macduff, der gerade die Botschaft erhielt, daß ihm die Familie erschlagen wurde, sagen: „Gib Worte deinem Schmerz: Gram, der nicht spricht, preßt das beladene Herz, bis daß es bricht."

Es verwundert dann auch nicht, daß uns Sprachforscher darauf hinweisen können, daß das Wort **„Herz" etymologisch** über Zwischenschritte mit Wortstämmen von „Gemüt" im Sinne von „von Herzen" zusammenhängt und „Angst" über „eng" zum Wortstamm „Weh" und damit synonym zu „Schmerz" in Verbindung steht.

Historisches

Das Herz ist damit von alters her ein exponiertes Ausdrucksorgan im Sinne einer Projektionsfläche und „Auffangfigur" für tiefgehende Beziehungsgefühle, eine Tatsache, die bereits Ärzten der Antike bekannt war. 2500 vor Christus erkannte der griechische Arzt **Erasistratos** in Alexandria, daß die Krankheit von Antiochus I. ein Herzensleid eines in seine Stiefmutter unglücklich verliebten Sohnes war, indem er den Puls fühlte, als die Geliebte den Raum des Kranken betrat; **Celsus** im ersten christlichen Jahrhundert in Rom wies in seiner Heilkunde auf die Beschleunigung des Pulses hin, da der Patient beim Eintreffen des Arztes Angst bekommen kann (East 1957; zitiert nach Lynch 1979).

Die Framingham-Studie

Lynch 1979 verfolgt anhand der Framingham-Studie (u. a. Dawber et al. 1963; Kannel und Dawber 1972) die These, daß die in dieser klassischen Herzstudie gefundenen Risikofaktoren den Entstehungsprozeß koronarer Herzerkrankung nicht umfassend erklären können.

Diese berühmte Studie galt als wichtige Pionierleistung und als Prototyp für weitere derartige Studien. Die entscheidende Frage aber ist, ob der Ort Framingham repräsentativ ist und ob wirklich alle relevanten Daten für die Entstehung von Koronarerkrankungen erhoben wurden. Denn – so Lynchs These – hätte man eine ähnliche Untersuchung nicht im sozial stabilen und mittelständischen Framingham, sondern in Reno, Nevada, durchgeführt oder hätte man Framingham nach 1968 in seiner sozialen Umstrukturierung untersucht, wäre man zu anderen Ergebnissen gekommen. In Nevada, und gerade auch in Reno, liegt nämlich, trotz guter medizinischer Versorgung, die mit Abstand höchste Sterbeziffer der Weißen zwischen 25 und 64 Jahren in den USA vor (Lynch 1979, S. 22): „Nevada verkürzt das Leben weißer Amerikaner am wirksamsten." Mehr als 20% der männlichen Bewohner (zwischen 35 und 64 Jahren) sind alleinstehend, verwitwet, geschieden oder getrennt lebend; von den Verheirateten waren über ein Drittel schon einmal geschieden oder verwitwet, und 90% der Einwohner mittleren Alters sind aus anderen Bundesländern zugezogen.

> Diese rein statistischen Ergebnisse lassen Scheidung, Mobilität, Isolation und Entwurzelung als weitere Faktoren für eine Koronarerkrankung relevant erscheinen.

Eine genaue kritische Analyse der Framingham-Studie, der wir die oben genannten klassischen Risikofaktoren verdanken, zeigte später, daß das Risiko, in Framingham herzkrank zu werden, um ein Drittel niedriger war als ursprünglich prognostiziert. Paradoxerweise diente diese Studie eher dazu, herauszufinden, warum dort noch so viele bei bester Gesundheit lebten (Lynch 1979, S. 48f).

Einsamkeit und Herzerkrankung

Anhand einer großen Zahl anderer Untersuchungen verweist Lynch ergänzend zu den bekannten Risikofaktoren auch auf den psychosomatischen Zusammenhang von Einsamkeit und Herzerkrankung im Sinne des *Broken Heart* („aus Einsamkeit bricht dir das Herz"). So gibt es eine Reihe von Studien, die diesen Zusammenhang statistisch belegen:

In der berühmten **„Broken-Heart"-Studie** haben Parkes et al. (1969) 4486 über 55jährige Witwer neun Jahre lang nach dem Tod der Ehefrau überprüft. In den ersten sechs Monaten nach dem Tod des Partners lag die Sterblichkeit 40% über der für eine entsprechende Altersgruppe erwarteten Quote.

Entsprechende Befunde, die für eine psychosoziale Mitbedingung des Herzinfarktes sprechen, erbringt auch die **Lebensereignisforschung**: „Tod des Partners" ist ein besonders deutliches Beispiel für die Belastungswirkung, die von lebensverändernden Ereignissen (*Life Events*) ausgehen kann. Treten in einem kurzen Zeitraum mehrere schwere Lebensveränderungen auf, die nicht bewältigt werden können, so erhöht sich danach das Risiko eines Krankheitsausbruches. Im Bereich der koronaren Herzkrankheiten ist diese Beziehung (insbesondere zum Herzinfarkt und zum plötzlichen Herztod) in retro- und prospektiven Studien bestätigt worden, wenn auch die Korrelationen nie sehr hoch waren. Immerhin trat bei knapp der Hälfte der 177 von Engel (1971) untersuchten Patienten mit plötzlichem Herztod ein schweres Verlustereignis in den Monaten zuvor auf.

Soziale Variablen und Herzerkrankung

Es gibt vermutlich noch weitere psychosoziale Risikofaktoren, wie zum Beispiel den Mangel an menschlicher Nähe beziehungsweise eine nicht befriedigende zwischenmenschliche Interaktion. Das heißt aber nicht, daß sämtliche Herzerkrankungen letztlich auf mangelnde Liebe zurückgehen müssen. Aber es gilt – und da gibt es wissenschaftlichen Nachholbedarf – zu untersuchen, ob der Mangel an menschlicher Nähe, der plötzliche Verlust von Liebe, chronische Einsamkeit etc. zur vorzeitigen Herzerkrankung oder einer überdurchschnittlichen Sterberate führen.

Aus rein statistischen Untersuchungen kann man zwar Zusammenhänge, aber nicht Ursache und Wirkung ermitteln, und soziale Variablen sind in sich meist komplex beziehungsweise widersprüchlich; zum Beispiel sagt der Indikator „verheiratet" gegenüber „nicht verheiratet" noch nichts über Einsamkeit oder die Art der Ehe aus. Denn Verheiratete können sehr unglücklich sein, wie viele wissen. Hier helfen jenseits der reinen Statistik und jenseits der Volksweisheit über „Herz und Schmerz" klinische Beobachtungen:

—————————— Fallbeispiel ——————————

Am Beispiel eines 54jährigen Patienten konnte Lynch (1979, S. 132f) elektrophysiologisch objektiviert zeigen, daß sich der Herzrhythmus dieses Mannes im

Koma kurz vor seinem Tode änderte (Abnahme der Herzfrequenz und Stabilität des Rhythmus), wenn eine Krankenschwester ihn tröstete und seine Hand hielt.

Selbst der Routinekontakt beim täglichen Pulsfühlen kann Arrhythmien unterdrücken (Reiser et al. 1955). Moss und Wyner (1970) zeigten andererseits, daß sich der Herzschlag erhöht (von 73 auf 154 pro Minute), wenn Medizinpraktikanten Professoren und Oberärzten Fälle vorstellen mußten.

> Im Einzelfall läßt sich also zeigen, daß die Herztätigkeit kein rein automatisches Geschehen ist, sondern von der Art der aktuell bestehenden menschlichen Beziehung beeinflußbar ist.

Wurden beide Partner einer menschlichen Interaktion parallel hinsichtlich ihrer Herztätigkeit untersucht (z. B. Patient/Psychiater), konnte überdies nachgewiesen werden, daß der erhöhte Herzschlag bei Patienten, die von Angsterlebnissen berichteten, mit einer Erhöhung des Herzschlages beim zuhörenden Psychiater einhergeht (diese Zusammenhänge waren eng, wenn der Psychiater dem Patienten sehr nah war – im Sinne von konzentriert und eventuell beunruhigt) und die Herzfrequenz sehr niedrig ausfiel, wenn der Psychiater abgelenkt und nicht bei der Sache war (DiMascio et al. 1957). Zu dieser Art **„kardiologischer Interaktion"** gibt es mittlerweile eine Vielzahl von Untersuchungen (Lynch 1979, S. 138f).

Pathogenetische Faktoren

Immer wieder drängt sich die in der Literatur letztlich uneinheitlich beantwortete Frage auf, inwiefern neben der Koronarsklerose oder einem thromboembolischen Geschehen auch andere pathogenetische Modalitäten in der Pathogenese von Angina pectoris und Herzinfarkt eine Rolle spielen. Kann es unter dem Druck starker Affekte zu Spasmen der Koronarien kommen? Oder darüber hinausgehend: Kann das Herz, wenn die Umstellung auf eine neue Situation nicht geschafft wird, sich gar selbst ausschalten – etwa beim **plötzlichen Herztod**? Dieser wird meist durch thromboembolische Ereignisse oder durch Rhythmusstörungen erklärt, die zum Beispiel auftreten können, wenn das Reizleitungssystem in der Ischämiezone liegt und so Kammerflimmern ausgelöst wird.

In einer pathologisch-anatomischen Untersuchung (Höpker et al. 1977) wurde gefunden, daß besonders jüngere Patienten (< 65 Jahre) und solche, die an einem plötzlichen Herztod verstorben waren, vergleichsweise wenige oder keine atheromatösen oder fibromatösen Veränderungen am Koronargefäßsystem aufwiesen. Befunde in diesem Sinne sprechen gegen eine **„Theorie des letzten Tropfens"**, nach der ein Herzinfarkt sich nur auf der Basis einer Koronarsklerose entwickeln könne, und eine etwaige seelische Erschütterung nur „den letzten Tropfen" darstelle, durch den das Faß dann zum Überlaufen gebracht würde.

Fallbeispiel

Am 6. August 1969 starb T. W. Adorno im Urlaub in Visp an einem Herzinfarkt. Zu Beginn des Sommersemesters 1969 war er dem berühmten Happening der Basisgruppe Soziologie ausgesetzt gewesen – es wurde „Gerichtstag über ihn gehalten" –, was er als Wiederkehr faschistischer roher psychophysischer Gewalt erlebte, von der er „bis ins Mark getroffen" wurde. Er hatte den Hörsaal an der Frankfurter Universität danach nicht mehr betreten.

Am 18. Juli 1969 war er noch als Zeuge in einem Prozeß gegen einen der Institutsbesetzer vernommen worden. „Der Tod im Wallis war seine Reaktion, zugleich eine Art Todesurteil mit sofortiger Vollstreckung am eigenen Leibe" – so schreibt Ludger Lütkehaus (1994) im Feuilleton der Süddeutschen Zeitung zum Gedenken 25 Jahre später.

Mag man aus naturwissenschaftlich-medizinischer Sicht diese Interpretation eines Herztodes für zu weitgehend, zu wenig begründet oder einfach zu belletristisch halten, so veranschaulicht diese Textpassage doch das „gebrochene Herz": die körperliche Folge des Zusammenbruchs einer zentralen psychologischen Lebenskonstruktion, einer Verletzung, die bis ins Herz getroffen hat.

Andere vergleichbare Zusammenbrüche mögen weniger spektakulär sein, aber sie sind bei subtiler Anamnese oft nachzuweisen. Dabei spielen auch unüberbrückbare Differenzen mit zentralen inneren „Ankerobjekten" (z. B. Kinder, Vorgesetzter, Betrieb) eine wichtige Rolle.

Verarbeitung der Akutgeschichte: Angst, Verleugnung, Depression

Nicht nur psychogenetische Überlegungen sind beim Herzinfarkt wichtig: Schließlich wird man als Psychotherapeut meist erst nach dem Herzinfarkt zum Patienten gerufen. Es geht dann im wesentlichen um die Verarbeitung des Geschehenen und die Ermöglichung einer Lebensperspektive nach dem „Zusammenbruch": Denn der Herzinfarkt stellt „mit einem Schlag" alles in Frage, wofür der Patient bislang gekämpft hat, und wirkt so als narzißtisches Trauma. Die lange Zeit im Typ-A-Verhalten abgewehrte und gebundene frühe Angst verbindet sich mit der Todesangst, und es droht der Zusammenbruch der psychischen Regulation, die psychische Dekompensation nach dem Herzinfarkt:

Fallbeispiel

Ein 58jähriger Patient (Geschäftsführer einer großen Firma) charakterisierte sich durch die folgenden Aussagen: „Nie etwas gehabt", „ich habe mein Leben lang gearbeitet", „schlappmachen – das gab es bisher bei mir nicht". Er erlitt kurz vor der Rente im Abwehrkampf gegen die drohende Schließung des Betriebs einen Herzinfarkt. Mit einem Schlag steht der Lebensertrag in Gefahr. Dies führt bei dem Patienten zum „Zusammenbruch" in Form einer weinerlichen depressiven Verstimmung mit Schlaflosigkeit, Alpträumen, nächtlichem Grübeln, für die sich der tapfere Mann sehr schämt. Er erlebte sich als total zusammengebrochen, völlig ungeachtet der Tatsache, daß der Infarkt vergleichsweise milde verlaufen war und eine merkbare Einschränkung der Herzfunktion oder Herzschmerzen nicht bestanden.

Die **psychotherapeutische Behandlung** zog gemeinsam mit dem Patienten Lebens- und Krankheitsbilanz, die seelische Verletzung anerkennend und eher betonend als verharmlosend. Eine milde psychopharmakologische Medikation zur Nacht machte die Träume erträglich, ohne die Traumtätigkeit ganz zu unterbinden. Immer wieder erklärte ich dem Patienten in einfachen Worten seinen psychischen Zustand und führte ihn ihm als verstehbar und verständlich vor Augen. Sehr hilfreich erwiesen sich bei diesem Patienten die Teilnahme am Training von Koronarsportgruppen, wo sich der Patient mit erfolgreichen Schicksalsgenossen identifizieren konnte und seine übertrieben vorsichtige Haltung und Angst vor dem Reinfarkt allmählich verlor.

Bei der psychischen Verarbeitung eines akuten Infarktereignisses wird bevorzugt der Abwehrmechanismus der **Verleugnung** eingesetzt, was die klinische Beurteilung der Patienten sowohl unter somatischen als auch unter psychologischen Aspekten oft erschwert. Es kann aber auch zu depressiven Reaktionen sowie zum Durchbruch von Angst kommen, wie das obige Beispiel veranschaulicht. Das **psychotherapeutische Angebot** bleibt im wesentlichen **supportiv**. Der Patient sollte zur direkten Äußerung von Gefühlsreaktionen ermutigt werden. Nach einer solchen kathartischen Abwehrreaktion bessern sich nicht selten auch stenokardische Beschwerden, die vorher einer pharmakologischen Therapie gegenüber resistent geblieben waren (Köhle et al. 1996).

Innerhalb der Rückfallprophylaxe beim Herzinfarkt scheinen uns bei motivierten Patienten deren Träume sehr aufschlußreich und Ansatzpunkte für psychotherapeutische Arbeit zu bieten.

Ein 45 Jahre alter Patient, der vor fünf Jahren einen Herzinfarkt erlitt, bekam während einer beruflichen und familiären Anspannung panikartige Ängste, wieder einen Herzinfarkt zu erleiden. Er begab sich in psychotherapeutische Behandlung und schilderte folgende **Träume**:

- **1. Traum**: Ich bin mit meinen Kindern im Wagen unterwegs in ein Ferienland zu einer Fähre und komme zu einem bestimmten Fährhafen, wo ich dann erfahre, daß die Fähre nicht fährt – bis auf unabsehbare Zeit. Meine Frau ist nicht dabei, so daß ich nicht weiß, was ich tun kann oder soll. Es wird grau, kalt, ungemütlich, am liebsten würde ich auf die Insel zurückfahren und für uns eine Wohngelegenheit suchen. **Assoziation des Patienten**: Die Ferieninsel ist für ihn eine schöne Familienferieninsel, mit einer Ausnahme. Nach dem Herzinfarkt hatte er dort seinen ersten Angina-pectoris-Anfall mit Extrasystolen. Er assoziiert weiter mit dem Traum „Wohnen" und „Ofen" beziehungsweise „Frieren" und „Alleinsein" (als Kind weggegeben worden zu sein). Ein eigenes gemütliches Haus zu haben. Nach dem Erzählen des Traumes verspürt er auch weiterhin seelischen Schmerz. Mit Hilfe des Traumes kann in der Therapie dann der Themenkomplex, „unbehaust" zu sein, erarbeitet werden.
- **2. Traum**: Ich komme auf die Bühne, und es fehlt etwas. Ich bereite mich zu Hause auf einen Auftritt vor, probiere Verbindungsstücke mit meinem Instrument aus. Als ich zum Auftritt komme, bin ich aber der letzte, alle sitzen schon auf der Bühne, und die Zuschauer kommen bereits in den Saal. Die Bühne ist auf einem Podest. Mit meinem Instrument ist alles in Ordnung, aber ich habe meinen Anzug vergessen, ich muß die Bühne verlassen, um ihn zu holen. Gott sei dank, ist es nicht weit weg. **Assoziation des Patienten**: In der Realität war das für mich immer ein großer Streß, ob vor dem Auftritt irgend etwas fehlen würde. Keiner vom Team half mir. Mit Hilfe des Traumes konnte der Themenkomplex „Sich verausgaben" und „Auf sich selbst gestellt sein" herausgearbeitet werden.
- **3. Traum**: Auf meinem Weg nach Hause bleibt das Auto liegen, und ich steige aus. Da ist das Auto weg, es ist kalt. Ein Paket ist da. Ich schöpfe kurz Hoffnung, ist da ein Auto drin, in das ich dann einsteigen kann. Nein, nicht mal ein Moped hätte darin Platz. Ich gucke hinein, es ist leer. Ich setze mich auf einen Stein. Ich bin vornübergebeugt. Ich will weg. Ich liege auf der Erde. Eine Gruppe Jungen kommt vorbei; sie unterhalten sich darüber, daß ich da liege. Ich bin in einem Raum und will telefonieren. Ich schaffe es nicht, da das Telefon keine Telefonknöpfe hat. Ich wache endlich auf. **Assoziation des Patienten**: Als junger Mann lebte er zeitweilig in einem Auto. Es war wie sein Zuhause, mit Essen und Kleidung. Er fuhr die Nacht durch und schlief im Auto. Bewußt habe er seine Familie damals nicht vermißt. Das berührt ihn aber jetzt in der Therapie-Stunde. Er habe sich bei den Kindern seines Heimatdorfes immer fremd gefühlt. Mit Hilfe des Traumes wird der Themenkomplex „Heimatlosigkeit", „Verbindungslosigkeit", „Außenseiterrolle", „Flucht in die Mobilität" bearbeitet. Aufgrund der Träume und der Assoziation (unbehaust sein, Leere, Fremdheitsgefühl) kann ein Zugang zu tieferen, bisher abgewehrten Affekten beim Patienten geschaffen werden.

Hilft Psychotherapie beim Herzinfarkt?

In verschiedenen Studien wurde gezeigt, daß das Typ-A-Verhalten relativ gut durch therapeutische Interventionen angehbar ist (Nunes et al. 1987). Friedman et al. (1984) zeigten eine deutliche Reduktion von Typ-A-Verhalten nach einer entsprechenden Beratung und eine niedrigere Rate von Reinfarkten gegenüber einer Kontrollgruppe, die nur kardiologisch betreut worden war.

Powell et al. (1984) reduzierten Typ-A-Verhalten wirkungsvoll durch konkretes soziales Lernen, zum Beispiel, daß man sich beim Autofahren nicht zu sehr aufregt.

Allerdings fanden Case et al. (1985) in einer Untersuchung eines Patienten zwei Wochen nach einem Herzinfarkt, daß der weitere Verlauf nicht von dem Ausmaß ihres Typ-A-Verhaltens (gemessen mit dem *Jenkins-Activity-Survey*) abhängig war. Immerhin zeigten Ornish et al. (1990) bei einer Kombination von optimaler Diät und intensiver gruppentherapeutischer Arbeit, daß der Trend zur weiteren Verengung der Koronarien koronarangiographisch nachweisbar gestoppt werden konnte, während die Verengungen bei einer unbehandelten Parallelgruppe eher noch zugenommen hatten.

Berichte über Psychotherapien liegen sowohl aus dem einzeltherapeutischen Setting als auch aus Gruppen vor. Sie zeigen durchaus wahrnehmbare und nachweisbare Effekte auf die psychische Befindlichkeit der Patienten und den Behandlungsverlauf insgesamt. Dennoch gilt als noch nicht sicher bewiesen, daß psychotherapeutische Interventionen die klinisch zentralen Parameter (Reinfarkt-Rate, Mortalität) wirksam beeinflussen.

Kontrollierte Psychotherapie-Studien psychodynamischer Orientierung gibt es kaum.

Übertragung und Gegenübertragung werden nach klinischer Erfahrung vor allem von folgenden psychodynamischen Elementen bestimmt:

- Gefühl, alles für Patienten tun zu müssen
- Abhängigkeit vom idealisierten Therapeuten (Gruppenleiter)
- Todesangst bzw. Angst, daß der Patient stirbt
- Vermengung von Realgefahr und neurotischer Angst
- Übernahme und Beibehaltung des Maschinen-Diskurses als narzißtische Abwehr in der Verleugnung des Lebendigen
- Empfindungen von Omnipotenz und Ohnmacht
- Schuld und Angst wegen Ärger und Aggression, die abgewehrt werden, was die pathogene Spannung erhöht

Folgende **Empfehlungen für ein tiefenpsychologisches therapeutisches Vorgehen** werden gegeben:

- hohe Elastizität des Vorgehens
- keine starre analytische Technik mit freier Assoziation oder klassischen rekonstruktiven Deutungen
- Verwendung von Elementen der Traumatherapie und strukturierenden Interventionen
- engagiertes Interesse des Therapeuten
- Einlassen in die innere Welt des Patienten mit allmählichem Vertrauensaufbau
- Anpassung an die jeweiligen medizinischen Behandlungsphasen
- Einbeziehung des Partners
- niederschwelliger Einstieg in die Therapie
- Fähigkeit des Therapeuten beim Umgang mit Aggression und Ärger
- idealerweise Wahrnehmung des Therapeuten als Teil des kardiologischen Teams

Rehabilitation

Ambulante und stationäre Rehabilitationseinrichtungen unterstützen Herzinfarktpatienten bei ihrer Genesung. Dabei kann das Bemühen um die Wiedererlangung der kardialen Leistungsfähigkeit erneut in den Sog kompetitiven Leistungsdenkens geraten. So kann sich die pathogene Abwehrstruktur erneut reetablieren und die im Herzinfarkt liegende Chance zu wirklichem Neubeginn vertan werden.

> Selbsthilfegruppen betonen nicht nur die wichtige Rolle der organbezogenen Rehabilitation, zum Beispiel des Koronarsportes, sondern auch diejenige gemeinsamer Verarbeitung des Geschehenen im reflektierenden Gespräch.

Wichtig für das Gelingen der psychischen Verarbeitung eines Herzinfarktes ist nicht zuletzt das weitere **soziale Schicksal des Patienten**, das ja eng mit der Frage der **Wiedereingliederung** in den Beruf verbunden ist: Es ist nicht nur äußerst wünschenswert, sondern auch der wissenschaftlichen Erkenntnis angemessen, wenn bei der Frage einer vorzeitigen Berentung nicht nur von den rein somatischen Befunden ausgegangen wird, sondern auch die konkrete Lebenssituation und die psychischen Ressourcen des Patienten mit in die Erwägungen zur verbliebenen beruflichen Leistungsfähigkeit einbezogen werden. Sowohl diejenigen Patienten, die nach einem Herzinfarkt nicht mehr glauben, arbeiten zu können, dies aber müssen, als auch diejenigen, die wieder arbeiten wollen, aber nicht mehr dürfen, werden von einer psychotherapeutische Gesichtspunkte systematisch einbeziehenden angemessenen – und eben nicht nach Schema F fallenden – Entscheidung sehr profitieren.

Bypass

Während bis noch vor wenigen Jahren die mit dem Anlegen koronarer Bypässe notwendige Operation am offenen Herzen mit dem Odium des Heroischen behaftet war, sind diese Operationen heute zu einem häufig durchgeführten Eingriff geworden und scheinen in der Sicht von Patienten „etwas Normales" geworden zu sein. Während früher schwere **psychotische Dekompensation**, teils exogen, teils auch unter dem gewaltigen Angstdruck in den ersten postoperativen Tagen häufig auftraten und schwer beherrschbare Komplikationen darstellten, sind diese Komplikationen durch verkürzte Operationszeiten und verfeinerte anästhesiologische Techniken zurückgegangen. Auch die psychosoziale Betreuung im perioperativen Umfeld mit dem Angebot einer stabilisierenden Beziehung stellt einen wichtigen Beitrag zur Vermeidung postoperativer psychischer Komplikationen dar.

Götze und Huse-Kleinstoll (1988) sehen hinter manchem schwer erklärbaren **präoperativen Befinden** und Verhalten der Patienten eine unbewußte prozeßhafte Abwehr: Sie beobachteten häufig eine Verleugnung der Realität, einen Rückfall in abhängige frühkindliche Erlebens- und Verhaltensweisen sowie eine Idealisierung des Ärzte und Pflegepersonals.

Die **Angst** kann auf den Körper im Sinne einer sekundären Hypochondrie verschoben werden oder auf die Umwelt projiziert oder an nahe Angehörige delegiert werden. Es versteht sich von selbst, daß diese Abwehrmechanismen als wesentlicher Bestandteil einer Überlebensstrategie des bedrohten Individuums anerkannt werden müssen und nicht einer kritischen psychotherapeutisch-auflösenden Bearbeitung unterzogen werden dürfen.

Am besten scheinen Patienten mit einem mittleren Angstniveau, aber stabiler psychischer Abwehr durch die Operation zu kommen. Auch grob verleugnende Mechanismen gegenüber den Gefahren der Operation können helfen, die Operation gut zu überstehen.

Postoperativ können neuropsychologische Defizite und Alterationen in Stimmung und Kognition als langfristige Komplikation auftreten, die nicht als reaktive Depression verkannt werden sollte.

Zusammenfassung

Die koronare Herzerkrankung ist eine in ihrer Genese von psychosozialen Determinanten mit abhängige Erkrankung.

Neben den herkömmlichen körperlichen Risikofaktoren ist auch ein bestimmter Verhaltensstil (**Typ-A-Verhalten**) bei vielen Koronarpatienten besonders ausgeprägt. Bestimmte Eigenarten der Arbeit (Arbeit unter Zeitdruck und in abhängiger Verantwortung) gehören zu den statistisch gut abgesicherten psychosozialen Faktoren, die beim einzelnen Patienten immer eine durch das individuelle soziale und persönliche Schicksal geprägte Form finden.

In psychodynamischer Sicht reproduziert die Art des wissenschaftlichen und klinischen Zugangs zum Problem der koronaren Herzkrankheiten und zum Koronarpatienten über weite Strecken das pathogene Abwehrmuster der Patienten, indem psychische Verletzungen oder tiefsitzende Kümmernisse (Herzeleid) nicht erfaßt werden. Das kranke Herz wird in den meisten wissenschaftlichen Untersuchungen zur koronaren Herzkrankheit als schlecht durchblutete Muskelpumpe aufgefaßt. Die Wiederentdeckung der „anderen Seite" des **Herzens** als **menschlichem Interaktionsorgan** – Paradigma ist das „gebrochene Herz" – könnte eine – auch theoretische – Basis schaffen, den psychotherapeutischen Gesichtspunkt in der Behandlung der klinischen Manifestationen der koronaren Herzerkrankung mehr als bisher zur Geltung zu bringen.

Die Einholung der eigenen Lebensgeschichte, die Aufhebung von Verleugnung verbunden mit der Anerkennung von Angst und Verzweiflung als zum menschlichen Leben gehörig scheinen Essentials einer psychodynamisch eingreifenden Therapie. Sie hat freilich auch auf seiten des Patienten mit erheblichen Widerständen gegen ein solches Denken zu rechnen und muß sich darum in ganz besonderer Weise auf die typischen, psychische Realität verleugnenden Persönlichkeitszüge des Koronarpatienten einstellen.

Die koronare Herzerkrankung gehört zu den verbreitetsten Volkskrankheiten. In der Entwicklung und therapeutischen Anwendung von über das Konzept des „Typ-A-Verhaltens" hinausgehenden Ansätzen stellt sich eine wichtige Herausforderung für die psychotherapeutische Medizin.

Literatur

Adler R, Hemmeler W. Praxis und Theorie der Anamnese. Stuttgart, New York: Fischer 1986.

Brand RJ, Rosenman RH, Scholtz RJ, Friedman M. Multivariate prediction of coronary heart disease in the WCGS to the findings of the Framingham Study. Circulation 1976; 53: 355–438.

Brown J. Nutritional and epidemiological factors related to heart disease. World Rev Nutr Diet 1970; 12: 1–42.

Case RB, Heller SS, Case NB, Moss AJ. Type A behavior and survival after acute myocardial infarction. New Engl J Med 1985; 312: 737–41.

Cobb S. Physiologic changes in men whose jobs were abolished. J Psychosom Res 1974; 18: 245–58.

Dawber TB, Kannel WB, Lyell LP. An approach to longitudinal studies in a community: the Framingham Study. Ann New Acad Sciences 1963; 107: 539–56.

DiMascio A, Boyd RW, Greenblatt M. Physiological correlates of tension and antagonism during psychotherapy: a study of interpersonal physiology. Psychosom Med 1957; 19: 99–104.

Dimsdale JD, Herd A. Variability of plasma lipids in response to emotional arousal. Psychosom Med 1982; 44: 413–30.

East CT. The story of heart disease: the Fitzpatrick lectures for 1956 and 1957. London (zitiert nach Lynch 1979).

Engel GL. Sudden and rapid death during psychological stress: folklore or folk wisdom? Ann Int Med 1971; 74: 771–82.

Fischer R. VIII. Abwehrmechanismen. Psyche 1980; 6: 554–63.

Friedman M, Rosenman RH. Type A behavior and your heart. New York: Knopf 1974.

Friedman M, Thoersen CE, Gill JJ, Powell LH, Ulmer D, Thompson L, Price VA, Rabin DD, Breall WS, Dixon T, Levy R, Bourg E. Alteration of type A behavior and reduction in cardiac recurrences in postmyocardial infarction patients. Am Heart J 1984; 108: 237–48.

Glatzel H. Der Herzinfarkt I. Ein psychosoziales Krankheitsgeschehen. Z Psychosom Med 1987; 33: 252–65. Der Herzinfarkt II. Persönlichkeitsmuster und Erlebnis. Z Psychosom Med 1987; 33: 338–49.

Götze P, Huse-Kleinstoll G. Präoperative Angst und Angstbewältigung. Psychodiagnostische Probleme und therapeutische Implikationen aus psychoanalytischer Sicht. Psychother Med Psychol 1988; 38: 232–7.

Goldschmidt O. IX. Überlegungen zur Frage der Behandlung der Herzinfarkt-Patienten. Psyche 1980; 6: 563–73.

Haag A, Lamparter U. Über die Pathologie des Normalen und die Anpassung der psychosomatischen Medizin. In: Abgründige Wahrheiten im Alltäglichen. Zepf S (Hrsg). Göttingen: Vandenhoeck & Ruprecht 1994; 97–112.

Haynes SG, Feinleib M. Type A behavior and the incidence of coronary heart disease in the Framingham Heart Study. Advanc Cardiol 1982; 29: 85–95.

Haynes SG, Feinleib M, Kannel WB. The relationship of psychosocial factors to coronary heart disease in the Framingham Study. III. 8-year incidence of coronary heart disease. Am J Epidemiol 1980; 111: 37–58.

Höpker WW, Nyssel E, Pasternak G, Hofmann W. Koronararteriensklerose und Risikospektrum zur koronaren Herzkrankheit. Virchows Arch [A] 1977; 374: 131–56.

Jenkins CD. Psychological and social precursors of coronary disease. New Engl J Med 1971; 282: 244–54.

Kannel WB, Dawber TR. Framingham study – follow-up reports. Contributors to coronary rise: Implications for prevention and public health: The Framingham study. Heart Lung 1972; 1: 797–809.

Kannel WB, Castelli WP, Gordon T, McNamara PM. Serum cholesterol, lipoprotein, and risk of coronary heart disease. Ann Intern Med 1971; 74: 1–12.

Kelleter R. V. Psychogenetische Aspekte. Psyche 1980; 6: 524–36.

Kennel K. IV. Ein Herzinfarkt-Patient im psychoanalytischen Erstinterview. Psyche 1980; 6: 513–24.

Kerz-Rühling J. VII. Psychischer Konflikt. Psyche 1980; 6: 543–54.

Köhle K, Gaus E, Waldschmidt D. Krankheitsverarbeitung und Psychotherapie nach Herzinfarkt – Perspektiven für ein biopsychosoziales Behandlungskonzept. In: Psychosomatische Medizin. Adler RH, Herrmann JM, Köhle K, Schonecke OW, Uexküll Th v., Wesiack W (Hrsg). 5. Aufl. München, Wien, Baltimore: Urban & Schwarzenberg 1996; 798–809.

Kraus AS, Lilienfeld AM. Some epidemiological aspects of the high mortality rate in the young widowed group. J Chron Dis 1959; 10: 207–17.

Lamparter U. Phänomene der Zeitgeschichte in der praktischen psychoanalytischen Psychosomatik. In: Psychoanalytische Psychosomatik. Strauß B, Meyer AE (Hrsg). Stuttgart, New York: Schattauer 1994; 56–65.

Lewin K. Feldtheorie in den Sozialwissenschaften. Berlin, Stuttgart: Huber 1963.

Lüttkehaus L. Der Tod im Wallis. Süddeutsche Zeitung vom 6. August 1994.

Lynch JJ. Das gebrochene Herz. Reinbek: Rowohlt 1979.

Maschewski W, Schneider U. Soziale Ursachen des Herzinfarkts. Frankfurt: Campus 1981.

Matthews KA. What is the type A (coronary-prone) behavior pattern from a psychological perspective? Psychol Bull 1982; 91: 293–323.

Matthews KA, Glass DC, Rosenman RH, Bortner RU. Competitive drive, pattern A, and coronary heart disease: a further analysis of some data from the Western Collaborative Group Study. J Chron Dis 1977; 30: 489–98.

Moersch E. Zur Psychopathologie von Herzinfarkt-Patienten. Psyche 1980; 6: 493–500, 574–81.

Moss AJ, Wyner B. Tachycardia in house officers presenting cases at Grand Rounds. Ann Intern Med 1970; 72: 255–67.

Nunes EV, Frank KA, Kornfeld DS. Psychological treatment for the Type A behavior pattern and for coronary heart disease: a meta-analysis of the literature. Psychosom Med 1987; 48: 159–73.

Ornish D, Brown S, Scherwitz LW, Billings JH, Armstrong WT, Ports TA, McLanahan SM, Kirkeide RL, Brand RJ, Gould KL. Can lifestyle changes reverse coronary heart disease? The Lifestyle Heart Trial. Lancet 1990; 336: 129–33.

Parkes CM, Benjamin G, Fitzgerald RG. A broken heart. A statistical study of increased mortality among widowers. Br Med J 1969; 1: 740–3.

Powell LH, Friedman M, Thoresen CE, Gill JJ, Ulmer DK. Can the type A behavior pattern be altered after myocardial infarction? A second year report from the recurrent coronary prevention project. Psychosom Med 1984; 46: 293–313.

Reiser MF, Reeves RB, Armington J. Effects of variations in laboratory procedure and experiments upon the ballistocardiogram, blood pressure and heart rate in healthy young men. Psychosom Med 1955; 17: 185–99.

Rodriguez C. VI. Objektbeziehungen. Psyche 1980; 6: 536–43.

Rosenman RH, Friedman M. The central nervous system and coronary heart disease. In: Health and social environment. Insel PM, Moos RH (eds). Lexington (MA): Heath 1974; 93–106.

Rosenman RH, Brand RJ, Jenkins CD, Friedman M, Straus RB, Wurm M. Coronary heart disease in the Western Collaborative Group Study: Final follow-up experience of 8.5 years. J Am Med Assoc 1975; 233: 872–7.

Rozanski A, Blumenthal J, Kaplan J. Impact of psychological factors on the pathogenesis of cardiovascular disease and implications for therapy. Circulation 1999; 99: 2192–217.

Schmidt TH, Eschweiler J, Thierse H. Behavioral correlates of cardiovascular reactions in school children. In: Biological and psychological factors in cardiovascular disease. Schmidt TH, Dembrowski G, Blümchen G (eds). Berlin, Heidelberg, New York: Springer 1986; 187–227.

Shekelle RB, Hulley S, Neaton J, Billigs J, Borham N, Gerace T. Type A behavior and risk of coronary heart disease in MRFIT. In: Biological and psychological factors in cardiovascular disease. Schmidt T, Dembrowski T, Blümchen G (eds). Berlin, Heidelberg, New York: Springer 1986; 41–55.

Siegrist J, Dittmann K, Rittner K, Weber J. Soziale Belastungen und Herzinfarkt. Eine medizinsoziologische Fall-Kontroll-Studie. Stuttgart: Enke 1980.

Stuhr U, Karmaus W. Streß und Krankheit. In: Streß in der Arbeitswelt. Karmaus W, Müller V, Schienstock G (Hrsg). Köln: Bund 1979; 164–90.

Williams RB, Hanes TL, Lee KL, Kong Y, Blumenthal JA, Whalen RE. Type A behavior, hostility and coronary artherosclerosis. Psychosom Med 1980; 42: 539–49.

Wotschack P, Wotschack W. Herzinfarktforschung und Industriearbeit. In: Medizinische Soziologie. Jahrbuch 1. Deppe HU, Gerhardt U, Novak P (Hrsg). Frankfurt: Campus 1981; 238–65.

Literaturempfehlung

Hahn P. Der Herzinfarkt in psychosomatischer Sicht. Göttingen: Vandenhoeck & Ruprecht 1972.

Jordan J, Bardé B, Zühr AM. Statuskonferenz Psychokardiologie (http://www.Psychokardiologie.de).

Myrtek M. Das Typ-A-Verhaltensmuster und Hostility als eigenständige Risikofaktoren der koronaren Herzkrankheit. Frankfurt/M: VAS 2000.

5.4.5
Essentielle Hypertonie
Friedhelm Lamprecht

ICD-10-Klassifikation
Die Einordnung erfolgt unter der somatischen Diagnoseklasse (I10) als essentielle (primäre) Hypertonie.

Das **Gefäßsystem** gilt schon seit frühen klinischen Beobachtungen als Einbruchspforte der Psyche in den Leib. Die symbolische Besetzung des Herzens und seine vegetative Innervation machen dieses sowie die Tonusregulation der Gefäße, und zwar nicht nur der sichtbaren Hautgefäße wie zum Beispiel beim Erröten vor Scham oder Bleichwerden vor Schreck, sehr empfindlich für emotionale Störgrößen. Inhalt dieses Abschnittes sind aber nicht die funktionellen Herz-Kreislauf-Störungen, sondern die psychosomatische Betrachtung des essentiellen Hypertonus.

Definition und Deskription

Nur ein relativ geringer Prozentsatz der Varianz bei den Patienten mit pathologischen **Blutdruckerhöhungen** (etwa 10%) kann eindeutig **organischen Primärursachen** zugeordnet werden, zum Beispiel Endokrinopathien oder Nierenarterienstenosen.

Definition
Für das Hauptkontingent der Patienten mit **Hypertonien** wird dann, falls diese erwähnten Primärursachen wegfallen, die Bezeichnung **essentiell** gewählt, das heißt, man geht von einem jeweils unterschiedlich zusammengesetzten Ursachenmosaik aus, das in der Initialphase und in der Verlaufsphase unterschiedlich zusammengesetzt sein kann, so daß primäre Faktoren und Anpassungsprozesse an den erhöhten Blutdruck zunehmend schwerer unterscheidbar werden.

Jedenfalls herrscht Übereinkunft darüber, daß ein jeweils unterschiedlich zusammengesetztes Ursachengefüge in die gemeinsame Endstrecke des pathologisch erhöhten Blutdrucks einmünden kann. Wenn wir einmal altersspezifische Faktoren außer acht lassen, dann liegt die Grenze des **normalen Blutdrucks** bei 140/90 mmHg (18,6/12 kPa), oberhalb dieser Werte gibt es einen kontrollbedürftigen Grenzbereich, der für den systolischen Blutdruck bis 160 mmHg (21,3 kPa) und für den diastolischen bis 94 mmHg (12,5 kPa) reicht. Noch höhere

Blutdruckwerte sind eindeutig als **hoher Blutdruck** anzusprechen. Ein einmalig oder gelegentlich über diese Grenzwerte hinausgehender Blutdruckwert bedeutet keineswegs, daß eine Hochdruckkrankheit vorliegt. Die große Schwankungsbreite des Blutdrucks, die situative Abhängigkeit, die Zunahme und Abnahme im Laufe des Tages und während der Nacht machen es dem Arzt mitunter schwer, diesen **durchschnittlichen Blutdruckwert zu ermitteln**. Es kann notwendig sein, den Blutdruck in verschiedenen Körperlagen und auch zu verschiedenen Zeiten zu messen, bevor ein Urteil darüber möglich ist, ob eine behandlungsbedürftige Situation besteht. Untersuchungsartefakten kann dadurch begegnet werden, daß der mögliche Patient in die Selbstmessung eingeführt wird und während seiner täglichen Routine Verlaufskurven erstellt. Aus dem Mosaik der möglichen Teilursachen wie genetische Prädisposition, Übergewicht, Fehlernährung, Bewegungsmangel und psychosoziale Faktoren sprechen wir hier schwerpunktmäßig die letzteren an, obwohl hier eine Interdependenz der verschiedenen Faktoren offensichtlich ist.

Epidemiologie

Die Hochdruckkrankheit gilt als Volkskrankheit Nummer 1, im Englischen als *silent killer* bezeichnet. Wenn man davon ausgeht, daß von den männlichen Hochdruckpatienten nur 60% und von den weiblichen nur 80% um ihre Krankheit wissen, dann muß man von einer nicht unerheblichen Dunkelziffer ausgehen. Da die Hochdruckkrankheit mit dem Alter zunimmt – man geht von einem guten Drittel Betroffener über 65 Jahre aus –, wird aufgrund der Umkehrung des Lebensbaumes in unserer Bevölkerung die Erkrankung zunehmend noch an Bedeutung gewinnen. Konservative Schätzungen gehen von ca. 10 Millionen, mehr progressive Schätzungen von bis zu 15 Millionen betroffener Bundesbürger aus. In Herrmann et al. (1996) wird geschätzt, daß dreimal mehr Menschen an den Folgen der Hypertonie starben als an Krebs.

Psychodynamik

Nach dem Gesagten ist deutlich, daß es keine eindeutige Konfliktpathologie beim essentiellen Hypertoniker geben kann. Einer der ältesten beschriebenen Befunde ist der, daß der Hochdruckpatient Konflikte vermeidet, um dem zu gefallen, zu dem er persönliche Beziehungen unterhält und von dem er sich abhängig fühlt, und es ihm so an Möglichkeiten **mangelt**, seine **Wut** und seinen **Ärger auszudrücken**. Nach Alexander (1939) können nicht auf diese Weise zum Ausdruck kommende Feindseligkeitsgefühle zur Quelle einer **Dauererregung des Gefäßsystems** führen, als wäre der Patient ständig auf einen Kampf vorbereitet, der niemals stattfindet. Nach Alexander kommt es hierbei zu einer Substitution einer physiologischen Reaktion, die zwar mit Handlungsbereitschaft verbunden ist, aber infolge zu geringer muskulärer Abreaktion über eine neuroviszerale Aktivierung zu einer Erhöhung des Gefäßwiderstandes führen soll. Als Alternative zu dieser sogenannten **Spezifitätshypothese** von Alexander gab es Autoren (Delius und Fahrenberg 1963), die bei emotional labilen und introvertierten Personen eine **generalisierte psychophysiologische Labilität** als Merkmal annahmen. Von psychoanalytisch arbeitenden Kollegen werden zusätzlich zwangsneurotische Abwehrstrukturen bei weiter schwelender Aggressivität wie eine Helferhaltung bei Hypertonikern (Quint 1967), denen eine neurotische Idealbildung und geheime Überlegenheitsgefühle zugrunde liegen, beschrieben, weiterhin eine geringe Selbsteinschätzung, ein Überkontrolliertsein, ein Schuldbeladensein, eine Haltung von Unterwürfigkeit, ein Mangel an Phantasieleben im Sinne der Alexithymie, ein Verbergen persönlicher Gedanken, Wahrnehmungsunterschiede in dem Sinne, daß sie auch Feindseligkeiten von anderen nicht erkennen (Sapira et al. 1973). Bei einigen findet sich ein höheres Maß an Ängstlichkeit, andere zeigen als Folge ihrer eigenen geringen Selbsteinschätzung ein hohes Maß an kompensatorisch erhobenen hohen Anforderungen an sich selbst. Ein hohes Maß von mit neurophysiologischer Aktivierung eingehender **Leistungsmotivation** wird in einer empirischen Untersuchung von Bühler et al. (1992) herausgestellt, insbesondere bei den Skalen Leistungsstreben, Ausdauer und Fleiß sowie der leistungsfördernden Prüfungsangst im Leistungsmotivationstest. Ein ruhe- und rastloser Tätigkeitsdrang bei hohem Anspruchsniveau und fehlenden Gratifikationsmöglichkeiten scheint auch ein zu kardiovaskulären Erkrankungen disponierender Faktor zu sein (Siegrist 1990; 1991). Das mit diesem Tätigkeitsdrang im Zusammenhang stehende Leistungsstreben kann auch als Teil einer zwangsneurotischen Abwehrstruktur gegen aggressive Impulse gesehen werden (Bühler und Haltenhof 1993).

In einer Metaanalyse über psychosoziale Faktoren im Zusammenhang mit dem essentiellen Hypertonus kommen Summers-Flanagan und Greenberg (1989) zu dem Schluß, daß alte analytische Hypothesen deutliche Unterstützung finden, nämlich daß Hochdruckpatienten Schwierigkeiten haben, aggressive Gefühle bei sich wahrzunehmen und auszudrücken. Dieses Ergebnis fand man in 21 von 25 Untersuchungen. Darüber hinaus bestätigten alle 23 herangezogenen Untersuchungen, daß Hochdruckpatienten **Schwierigkeiten** im **Sozialkontakt** haben mit der Tendenz zu sozialer Isolation und der Schwierigkeit, Persönliches offenzulegen. Solche zwischenpersönlichen Situationen, die persönliche Kommunikation herausfordern, seien von starken physiologischen Reaktionen begleitet. In sechs von neun Untersuchungen wurde auch ein starkes Maß an Verleugnung und Verdrängung gefunden. Die Unterdrückung von Ärger geht offensichtlich mit einer **erhöhten β-adrenergen Rezeptorsensibilität** einher, und als Folge davon kommt es zu stärkeren streßinduzierten Blutdruckanstiegen (Mills und Dimsdale 1993). Daß der sozioökonomische Status ebenso wie die Ausbildung in der Entwicklung des Hypertonus und bezogen auf die Mortalitätsrate eine Rolle spielen, ist immer wieder nachgewiesen worden (Tyroler 1989). Daneben spielen auch **genetische Faktoren** eine bedeutende Rolle (Propping 1993; Tishler et al. 1987). Beide Faktoren zusammengenommen führen möglicherweise dazu, daß Hochdruckpatienten in der schwarzen Bevölkerung der USA mit mangelhafter Ausbildung die höchste Mortalitätsrate in einem bestimmten Beobachtungszeitraum aufweisen (Tyroler 1989).

Die **geschlechtsdifferente Blutdruckregulation** auf Stressoren basiert in erster Linie auf der blutdrucksteigernden Wirkung des Testosterons bei den männlichen Patienten (von Eiff 1991), wie umgekehrt die protektive Wirkung des Östrogens auf die kardiovaskulären Reaktionen zur längeren Lebenserwartung der Frauen beitragen sollen. Alle diese erwähnten Faktoren sind es in der Regel nicht, weswegen ein Patient die Hilfe eines Arztes in Anspruch nimmt.

In einem anderen Modell ist es der **Krisenbegriff**, der in den Mittelpunkt der Überlegungen gestellt wird (Lamprecht 1981; 1994). Hierbei kommt es zur wechselweisen **Aktivierung** der beiden **Schenkel** des **autonomen Nervensystems**:

- einmal mit Cannons Bereitstellungsreaktion im Sinne eines *Flight-Fight-Response* und mit dem Überwiegen einer ergotropen Reaktionslage **(Sympathikusaktivierung)**;
- zum anderen mit einem Rückzugsverhalten, verwandt zu Engels *Conservation Withdrawal* (Engel und Schmale 1972) und zum Überwiegen einer trophotropen Reaktionslage **(Vagusaktivierung)**.

Die eine oder die andere Verhaltensweise setzt aber eine Entscheidung voraus. Die Reziprozität zwischen den beiden Schenkeln des autonomen Nervensystems kann verlorengehen, wenn über längere Zeiträume im Stadium der Unentschlossenheit verschiedene Verhaltensweisen ausprobiert oder ausphantasiert werden, die keine Lösung versprechen, so daß im Widerspruch stehende Stimulationen des autonomen Nervensystems im raschen Wechsel zu sympathischer oder parasympathischer Aktivierung führen, mit entsprechender Symptomatik wie Rot- und Blaßwerden, Harn- und Stuhldrang, Schwindel, Zittern, Gänsehaut, Brady- und Tachykardien, Schweißausbrüche, Blutdrucksteigerung, Blutdruckabfall bis hin zur Ohnmacht und Tod (Engel 1978). Diese wechselweisen Aktivierungen der beiden Schenkel des autonomen Nervensystems sind dann auch für die Vielzahl der **Symptome** verantwortlich, die bei **Hochdruckpatienten** gefunden werden, so etwa Schlafstörungen bei 48%, Schwindel bei 51%, Ohrensausen bei 33%, Kurzatmigkeit bei 43%, Sensationen im Oberbauch bei 40%, saures Aufstoßen bei 44%, um nur einige Beispiele für die reichhaltige Symptomskala bei Hochdruckpatienten zu geben (Stokvis 1941). Obwohl wir hier vom autonomen Nervensystem reden, ist das rostrale Ende des integrativen Zentrums für den Karotissinus-Barorezeptor-Depressor-Mechanismus, im vorderen Hypothalamus gelegen, durch seine zahlreichen afferenten und efferenten Verbindungen zum limbischen System, insbesondere zum Mandelkern sowie zum motorischen Kortex, zum vorderen Temporallappen und zum vorderen Teil des Gyrus cinguli, teilweise aus seiner Autonomie entlassen, wodurch dieses exquisit empfindlich wird gegenüber dem, was wir fühlen und erleben und in unserer Außen- und Innenwelt wahrnehmen. Ich möchte das

hier eher theoretisch Anmutende anhand eines von mir früher publizierten Patientenbeispiels (Lamprecht 1986) verdeutlichen.

── **Fallbeispiel** ──

Der 44jährige, mir von der Hochdrucksprechstunde konsiliarisch zugewiesene Mann erweist sich zunächst als geschickter Patient und legt mir einen Zettel hin mit all den Medikamenten, die er in den letzten Jahren versucht hatte. Diese Liste enthält nach Organsystem geordnet 73 Medikamentennahmen. Sie belegt für mich auf eindrucksvolle Weise das andauernde Mißverständnis zwischen Arzt und Patient. Der Patient erwähnt zunächst seine Durchschlafstörungen, er habe auch Blähungen, häufig einen Blähbauch, dann wieder Durchfälle und Schweißausbrüche. Er sei überhaupt leicht erregbar und könne sich schwer konzentrieren. Im Zusammenhang damit habe er einen Arzt konsultiert, der einen Blutdruck von 195/110 mmHg (25,9/14,6 kPa) festgestellt habe. Alle Blut-, Nieren- sowie Hormonuntersuchungen und Urinproben, ebenso das EKG seien unauffällig gewesen.

Das Gespräch fand im Februar 1984 statt. Für den Sommer 1984 stand für den Patienten, der in Berlin wohnte, ein Wechsel an; dies wußte er seit dem Herbst des vorherigen Jahres. Es hatte sich im Mai 1983 angebahnt, als er auf einer Kur eine sieben Jahre jüngere Frau kennengelernt hatte, mit der er inzwischen zweimal im Urlaub war, die er an Wochenenden regelmäßig besuchte und mit der er zusammenleben will. Sie kommt aus einer Stadt in Westfalen, ist dort als technische Auslandskorrespondentin tätig und kann ihren Beruf nicht aufgeben. Der Patient selbst ist Industriekaufmann in leitender Stellung bei einer Firma in Berlin. 1971 sei seine bislang einzige Ehe, die 1962 mit einer zwei Jahre jüngeren Frau geschlossen wurde, geschieden worden. Kinder hätten sie nicht gehabt. Die Frau habe aber mehrere Verhältnisse gehabt: „Ich habe mich auch als Mann entwertet gefühlt." Er habe eine horrende Angst vor einem Vertrauensbruch in der jetzigen Beziehung. Neben seinen Hobbys beim Kegelverein und beim Schießsportverein der Polizei ist für die Psychodynamik erwähnenswert, daß er jeden Abend, wenn er von der Arbeit kommt, seine Mutter besucht und an den Wochenenden bei ihr Mittagessen und Abendbrot einnimmt. 1962 sei er von der Mutter weggezogen und habe direkt geheiratet.

Ich möchte aus der Genese noch erwähnen, daß der Patient als Einzelkind aufgewachsen ist und der Vater starb, als der Patient vier Jahre alt war. Es besteht eine ausgeprägte Mutterbindung, weswegen die Entscheidung, die Mutter zu verlassen, seine Stelle aufzugeben und nach Westdeutschland zu ziehen, für ihn mit erheblichen Ambivalenzgefühlen einhergeht. In dieser Krisensituation ist es dann auch zur Manifestation der verschiedenen Symptome gekommen. Einen nochmaligen Vertrauensbruch würde der Patient wahrscheinlich nicht verkraften, deswegen die erhebliche Angstmobilisierung. Der mit dem Umzug verbundene berufliche Abstieg muß gleichzeitig als Entwertung seiner Männlichkeit verstanden werden; er würde dort freier Handelsvertreter sein und hätte eine Reisetätigkeit von zwei bis drei Tagen pro Woche bei einem Fixum von 2000,– DM gegenüber einem Festgehalt von jetzt über 4000,– DM. Krise heißt ja das Anstehen einer Entscheidung, die gefällt werden muß, und so scheint die Entscheidung – und das ist der Fokalkonflikt –, bei seiner Mutter zu bleiben und im beruflichen seinen Mann zu stehen, zu alternieren mit der Möglichkeit, sich als Mann zu beweisen und dabei einen beruflichen Abstieg in Kauf nehmen zu müssen. Die wechselweise Aktivierung von Sympathikus und Parasympathikus in Richtung Progression und Regression im Zusammenhang mit den angedeuteten Versuchungs- und Versagungssituationen könnte zu einer Entgleisung und Aufhebung der Reziprozität der beiden Schenkel des autonomen Nervensystems geführt haben und so in der Phase der Hochdruckentwicklung bedeutsam gewesen sein.

--------------------------- Fallbeispiel ---------------------------

Ich habe den Patienten zweimal gesehen und ihm gesagt, wenn er sich entschieden habe, würde ich mich freuen, wenn er mir schreiben würde, wie es ihm ginge. Ich erhielt zwei Jahre später eine Karte, indem er mir mitteilte, daß er nach Westdeutschland gezogen sei, dort geheiratet habe und daß die beruflichen Dinge sich besser angelassen hätten, als er antizipiert hatte. Er sei seit einem Jahr medikamentenfrei, und der höchste Wert sei während insgesamt fünfmaliger Blutdruckmessung bei seinem Hausarzt über die Zeit verteilt 140/100 mmHg (18,6/13,1 kPa) gewesen.

An diesem Patientenbeispiel wird deutlich, daß es die Symptome der Unentschiedenheit waren, die den Patienten zum Arzt führten, und daß die Handlungsmöglichkeit, die dem Patienten durch Gespräche gegeben wurde, etwas mit der Bewußtwerdung des Konfliktes zu tun hatte, so daß sich der symptomfixierte Leidensdruck durch die therapeutische Intervention auch auf das Konfliktbewußtsein ausweitete.

Übertragung und Gegenübertragung

Die speziellen Aspekte von Übertragung und Gegenübertragung sind wie bei vielen anderen Krankheiten auch eher durch die Persönlichkeitsmerkmale und nicht durch die Krankheit bestimmt. Da die Hochdruckkrankheit bei vielen Patienten eine Zufallsentdeckung ist, gibt es häufig noch nicht einmal einen symptomfixierten Leidensdruck. Hier kann es die paradox anmutende Aufgabe des Arztes sein, den „Noch-nicht-Patienten" zu einem Leidenden zu machen. Auch findet man unter Hochdruckpatienten relativ häufig sogenannte **„Normopathen"**, was im Behandler Gefühle von Unsicherheit, aber auch Ablehnung gegenüber dem Patienten hervorrufen kann und dann zu einseitig pharmakologischen Behandlungen führt. Ohne daß der Patient über die Wirkweise und Nebenwirkungen des Medikamentes aufgeklärt wird, macht sich dieser dann anhand des Beipackzettels „sachkundig". Er kann das Nutzen-Risiko-Verhältnis nicht einschätzen; dies führt dann beim Patienten zu mangelnder Compliance, insbesondere dann, wenn ein erhöhter Blutdruck subjektiv nicht wahrgenommen wird. Hier gilt es, Aufklärungs- und Motivationsarbeit zu leisten. Ein drohender Hinweis auf die möglichen Folgewirkungen wie Herzinfarkt, Schlaganfall, Nierenversagen oder eine periphere arterielle Verschlußkrankheit reaktiviert häufig kindlich trotzig reaktive Verhaltensweisen. Doch weiteres dazu in dem Abschnitt „Therapie".

Therapie

Nach dem bisher Gesagten wird deutlich, daß essentielle Hypertoniker keine homogene Population darstellen. Die Inhomogenität gilt sowohl für die unterschiedliche Mitbeteiligung psychosomatischer Faktoren als auch für die unterschiedliche Ansprechbarkeit auf die verschiedenen psychotherapeutischen Interventionstechniken. Diese dürfen nur in seltenen Fällen als Alternative zur pharmakologischen Behandlung gesehen werden. In aller Regel wird es darum gehen, durch eine gesündere Lebensführung Medikamente einzusparen. Dieser mehr **psychoedukative Ansatz** vermittelt auf kognitiver Ebene Zusammenhänge zwischen Kochsalzaufnahme, Übergewicht, Fettstoffwechsel, Bewegungsmangel usw. einerseits und Hochdruck und Arteriosklerose andererseits. Auch empfiehlt es sich, die Wirkweise des Medikamentes zu erklären und auf die möglichen Nebenwirkungen hinzuweisen. All dies würde noch in den allgemeinmedizinischen Bereich und in den Bereich der psychosomatischen Grundversorgung gehören.

Entspannungsverfahren wie Autogenes Training, Biofeedback und progressive Muskelrelaxation sind ebenfalls Verfahren, die häufig zur Anwendung kommen. Der Arzt für Psychotherapeutische Medizin wird sensibel registrieren, welches die akuten oder chronischen Konflikt- und Belastungssituationen sind im beruflichen und/oder privaten Umfeld. Eine differenzierte psychophysiologische Diagnostik sollte vor einer therapeutischen Entscheidung stehen. Andauernden Belastungen können Arbeitslosigkeit, Rechtsstreitigkeiten, mangelnde Selbstbehauptungstendenzen, Partnerschaftsprobleme usw. zugrunde liegen, aber auch mehr verborgene Persönlichkeitszüge wie stark aggressive Gehemmtheiten, Schwierigkeiten, Persönliches mit anderen zu teilen, tiefe Selbstunsicherheit häufig gepaart mit einem hohen Maß an frei flottierender Angst, um nur einige Beispiele zu nennen.

Lassen sich umschriebene Konfliktbereiche ausmachen, die mit der Erkrankung im Zusammenhang stehen (s. auch das Patientenbeispiel S. 433f), ist eine **problemorientierte tiefenpsychologisch fundierte** oder **verhaltenstherapeutische** (z. B. Selbstbehauptungstraining) **Therapie** indiziert.

Patienten, deren sympathisches Nervensystem auf alle möglichen Arten von Streß anspricht und die man somit als **Streßhypertoniker** bezeichnen könnte, ohne daß sich initial eine auslösende Situation oder eine spezifische Bedingungskonstellation eruieren ließe, kann man gestuften **Streßbewältigungstechniken** zuführen. Schließlich gibt es auch die situationsunabhängige Hypertonie. Ob es sich hierbei um eigenständige Verlaufsformen handelt oder nur um ein späteres Stadium der Hochdruckerkrankung, ist schwierig zu entscheiden. Jedenfalls steht hier die symptomatische Behandlung ganz im Vordergrund, vielleicht ergänzt durch Entspannungstechniken und Biofeedback.

Bei anderen Patienten findet man häufig die Paarung von Adipositas und gesteigertem Alkoholkonsum, eine **Suchtkomponente** im oralen Bereich ist hier also nicht zu übersehen. Beides verstärkt die Hochdruckentwicklung, was man schon daran sieht, daß pro Kilogramm Gewichtsabnahme der Blutdruck um 3 bis 5 mmHg (0,4 bis 0,6 kPa) sinkt und häufig durch eine ausreichende Gewichtsabnahme eine Normalisierung des Blutdrucks erreicht werden kann.

Obwohl es zur Hochdruckbehandlung gut wirksame Medikamente gibt, werden diese häufig nicht eingenommen. Das **Compliance-Problem** stellt somit innerhalb der Hochdruckbehandlung ein besonders gravierendes Problem dar. Es ist jeweils sehr wichtig, daß der Arzt das Gespräch mit dem Patienten nicht auf die Art und Weise der Einverleibung einer Tablette beschränkt, gerade bei solchen Patienten, bei denen die Hochdruckkrankheit mehr oder weniger zufällig entdeckt worden ist und die nicht einmal einem symptomfixierten Leidensdruck unterliegen.

> Wenn das Leid nicht im Leiblichen empfunden wird, kann es nur darum gehen, das Leiden in anderen Bereichen offenkundig zu machen. Dies gibt dem Patienten dann etwas in die Hand, in eigener Sache aktiv zu werden und eine Kurskorrektur auf seinem Lebensweg anzubringen, etwas, was für Arzt und Patient gleichermaßen befriedigend ist.

Eine psychodynamische Charakterisierung von Subpopulationen der Hochdruckpatienten mit prospektiven differentiellen Behandlungsprogrammen steht erst in den Anfängen. Trotzdem gibt es inzwischen zahlreiche Untersuchungen, die darauf hinweisen, daß nichtpharmakologische Ansätze auf den Verlauf der Erkrankung günstig beeinflussende Effekte haben (Basler et al. 1991; Kaplan 1991; Lamprecht 1994), sowie auch erste Ansätze für eine differentielle Behandlungsindikation im nichtpharmakologischen Bereich (Franck et al. 1994; McGrady und Higgins 1989).

Zusammenfassung

Der essentielle Hypertonus ist eine heterogene Erkrankung, die sich aus unspezifizierten Untergruppen zusammensetzt. Nach der dualen Theorie des Hochdrucks können erworbene und genetische Faktoren zu vaskulären Muskeldefekten und gesteigertem sympathischen Impulsfluß führen, was entweder zusammen oder allein zu einem gesteigerten Gefäßwiderstand führt. Erworbene Faktoren können entweder einer Disposition dazu verhelfen, eine manifeste Erkrankung zu werden, allein eine Krankheit verursachen oder auch verhindern, daß ein genetischer Zug manifest wird. Innerhalb der erworbenen Faktoren differenzieren wir solche, die innerhalb der Persönlichkeit liegen, welche früh im Leben erworben sind, und solche, die außerhalb liegen, wie zum Beispiel Streß bei der Arbeit, Lärmexposition und so weiter. Wie die externen Stressoren aufgenommen werden, hängt ab von der Persönlichkeit und dem sozialen Unterstützungssystem. In der vorgestellten Theorie spielt das griechische Wort „Krise" eine große Rolle, und zwar in der Bedeutung, wie es einen Zustand charakterisiert, in der eine Entscheidung getroffen werden muß. In einer

Situation, in der weder in der Realität eine Entscheidung getroffen noch in der Phantasie ausprobiert werden kann, aktiviert der Organismus das autonome Nervensystem in einer planlosen Art und Weise, alternierend sehr schnell zwischen den beiden Schenkeln mit Symptomen wie Zittern, Gänsehaut, Speichelfluß, Erbrechen, Urination, Defäkation und so weiter. In dem Fall, daß dies länger anhält, kann die Reziprozität zwischen den beiden Systemen zusammenbrechen, der Organismus scheint in einem Zustand psychologischer Immobilisation zu sein. Im Anfang führt die Streßexposition zu einer gesteigerten sympathischen Nervenaktivität mit einer adaptiven Funktion; dadurch wird das Individuum in die Lage versetzt, mit einer Herausforderung fertig zu werden. Aber wenn diese Versuche ständig fehlschlagen, ist der Streß schwer zu ertragen. Es stellt sich eine Haltung des Aufgebens ein, begleitet von einem sympathischen Nervensystem, was dann niedrig geschaltet ist. Dies geht einher mit einer Adaptation des Barorezeptoren-Depressor-Mechanismus. Als eine Folge davon würde jede zusätzliche Art von Streß nicht mehr zu einer entlastenden Gegenregulation führen. Besonders im Bereich der Grenzwerthypertonie sind psychotherapeutische Zusatzverfahren sinnvoll.

Literatur

Alexander F. Emotional factors in essential hypertension. Psychosom Med 1939; 3: 173–9.

Anand MP. Non-pharmacological management of essential hypertension. J Indian Med Assoc 1999; 97: 220–5.

Basler HD, Unnewehr S, Gluth G. Follow-up of a group treatment for obese essential hypertensives in a primary care setting. Patient Educ Counselling 1991; 17: 217–26.

Bühler KE, Haltenhof H. Leistungsmotivation bei essentieller Hypertonie. Münchn Med Wochenschr 1993; 135: 425–8.

Bühler KE, Haltenhof H, Kress S. Leistungsmotivation bei essentiellen Hypertonikern: Eine empirische Studie. Z Psychosom Med 1992; 38: 269–80.

Delius L, Fahrenberg J. Ein kritischer Beitrag zur Psychosomatik der essentiellen Hypertonie. Med Klinik 1963; 27: 1102–7.

Eiff AW v. Längere Lebensdauer der Frau. Dtsch Ärztebl 1991; 48: B-2783–4.

Engel GL. Psychological stress, vasodepressor (Vasovagal) syncope, and sudden death. Ann Int Med 1978; 89: 403–12.

Engel GL, Schmale AH. Conservation-withdrawal: a primary regulatory process for organismic homeostasis. In: Physiology, emotion, psychosomatic illness. Ciba Foundation Symposium 1972; 8: 57–75.

Franck M, Schäfer H, Stiels W, Herrmann J. Welche Patienten profitieren von einer Behandlung mit dem respiratorischen Feedback (RFB)? Psychother Psychosom Med Psychol 1994; 44: 390–5.

Frank C, Smith S. Stress and the heart: biobehavioral aspects of sudden cardiac death. Psychosomatics 1990; 31: 255–64.

Herrmann JM, Rassek M, Schäfer N, Schmidt TH, Uexküll Th v. Essentielle Hypertonie. In: Psychosomatische Medizin. Adler RH, Herrmann JM, Köhle K, Schonecke OW, Uexküll Th v., Wesiack W (Hrsg). 5. Aufl. München, Wien, Baltimore: Urban & Schwarzenberg 1996; 743–68.

Kaplan NM. Long-term effectiveness of non-pharmacological treatment of hypertension. Hypertension 1991, 18: 153–60.

Lamprecht F. Der Barorezeptorenreflex und seine Beziehung zur Hochdruckentwicklung. In: Experimentelle Forschungsergebnisse in der Psychosomatischen Medizin. Zander W (Hrsg). Göttingen: Vandenhoeck & Ruprecht 1981; 161–9.

Lamprecht F. Zur Psychosomatik des Herzinfarktes und des essentiellen Hypertonus. In: Psychosomatik in der inneren Medizin. Studt HH (Hrsg). Berlin, Heidelberg, New York: Springer 1986; 11–8.

Lamprecht F. Der essentielle Hypertonus psychosomatisch betrachtet. Z Psychosom Med 1994; 40: 274–87.

McGrady A, Higgins JT. Prediction of response to biofeedback-assisted relaxation in hypertensives: Development of a hypertensive predictor profile (HYPP). Psychosom Med 1989; 51: 277–84.

Mills P, Dimsdale JE. Anger suppression: its relationship to β-adrenergic receptor sensitivity and stress-induced changes in blood pressure. Psychol Med 1993; 23: 673–8.

Propping P. Molekulare Genetik in der Medizin. Hypertonie. Dtsch Ärztebl 1993; 90: B-1944–5.

Quint H. Die Hypertoniker in psychosomatischer Sicht. In: Essentielle Hypertonie – Klinik, Psychophysiologie und Psychopathologie. Eiff AW v. (Hrsg). Stuttgart: Thieme 1967; 65–189, 217–22.

Sapira ID, Bileent S, Heib BA, Moriarty R, Shapiro AP. Differences in perception between hypertensive and normotensive populations. Psychosom Med 1973; 33: 3–12.

Siegrist J, Peter R, Georg W, Cremer P, Seidel D. Psychosocial and biobehavioral characteristics of hypertensive men with elevated atherogenic lipids. Atherosclerosis 1991; 86: 211–8.

Siegrist J, Peter R, Junge A, Cremer P, Seidel D. Low status control high effort at work and ischemic heart disease: prospective evidence from blue-collar men. Soc Sci Med 1990; 31: 1127–34.

Stokvis B. Psychologie und Psychotherapie der Herz- und Gefäßkranken. Lochem: Verlagsgesellschaft „De Tijdstroom" 1941; 147–56.

Summers-Flanagan J, Greenberg RP. Psychosocial variables and hypertension. A new look at an old controversy. J Nerv Ment Dis 1989; 177: 15–24.

Tishler PV, Lewitter FI, Rosner B, Speizer FE. Genetic and environmental control of blood pressure in twins and their family members. Acta Genet Med Gemellol 1987; 36: 455–66.

Tyroler HA. Socioeconomic status in the epidemiology and treatment of hypertension. Hypertension 1989; 13 (Suppl I): 94–7.

5.4.6
Diabetes mellitus

Klaus Rodewig

Definition und Deskription

Definition

Beim Diabetes mellitus handelt es sich nicht um ein einheitliches Krankheitsbild, sondern um eine Stoffwechselerkrankung unterschiedlicher Genese. Wir unterscheiden heute im klinischen Alltag zwei Hauptgruppen:

- Typ-I-Diabetes mellitus
- Typ-II-Diabetes mellitus (nicht insulinpflichtig)

Unter „andere Diabetesformen" nennt die American Diabetes Association (zitiert nach Hauner und Scherbaum 1999) u. a. noch solche aufgrund genetischer Defekte, Erkrankungen des exokrinen Pankreas, Medikamenteneinwirkung und Infektionen sowie den Schwangerschaftsdiabetes (Gestationsdiabetes).

In jeder der beiden Hauptkrankheitsgruppen, insbesondere jedoch beim Typ-II-Diabetes, werden multiätiologische Faktoren für die Stoffwechselentgleisung verantwortlich gemacht.

Die in der Erkrankung beklagten Beschwerden sind unmittelbare Folge einer **hohen Glukosekonzentration** im **Blut**. Es sind dies Polyurie (osmotische Diurese), sekundäre Polydipsie und hypertone Dehydratation mit Kreislaufregulationsstörung. Als Folge des **hohen Glukose-** und **Ketonkörperverlustes** entstehen Gewichtsabnahme, Müdigkeit und ver-

mehrter Hunger. Darüber hinaus klagen die Patienten über Gedächtnis- und Sehstörungen, Juckreiz, vermehrte Infektanfälligkeit und Wundheilungsstörungen. Bei **schwerwiegenden Stoffwechselentgleisungen** werden die Folgen von Schleimhautreizungen beobachtet, wie Übelkeit und Brechreiz oder peritonitische Reizsymptome. Erst sehr spät treten Bewußtseinstrübungen bis zum Coma diabeticum hinzu. Diese Beschwerden können beim Kind oder Jugendlichen in relativ kurzer Zeit erscheinen und sich beim älteren Menschen langsam über Monate bis Jahre entwickeln.

Epidemiologie

Der Erkrankungsbeginn des **Diabetes mellitus Typ I** liegt bei 50% der Fälle im Kindes- und Jugendalter, mit einem Häufigkeitsgipfel um etwa das fünfte Lebensjahr sowie um die Zeit der Pubertät. Die restlichen 50% verteilen sich auf alle Altersstufen. In der Krankheitsinzidenz läßt sich ein Nord-Süd-Gefälle aufzeigen, das heißt, sie tritt in den nordischen Ländern etwa 10mal häufiger auf als zum Beispiel in Israel, wobei beide Geschlechter im Altersdurchschnitt etwa gleich häufig betroffen sind. In Japan wird die niedrigste Krankheitsinzidenz beobachtet, was die Bedeutung genetischer Einflüsse unterstreicht.

Der **Typ-II-Diabetes** ist eher eine Erkrankung des Alters. Der Altersgipfel liegt bei Diagnosestellung zwischen dem 50. und 65. Lebensjahr (Mehnert und Schöffling 1984).

Etwa 10% der gesamten Krankheitsgruppe erkranken im Jugendalter. Diese ätiologische Besonderheit wird mit der Bezeichnung **MODY** (*Maturity Onset of Diabetes in Youth*) betont.

Für den europäischen Raum wird für IDDM und NIDDM gemeinsam von einer Krankheitsinzidenz von 2 bis 3% ausgegangen (Mehnert et al. 1968).

Ätiologie

Typ-I-Diabetes

Beim Typ-I-Diabetes handelt es sich um eine **Autoimmunerkrankung**, in der die β-Zellen der Pankreasinseln durch Autoantikörper zerstört werden. Eine **genetische Prädisposition**, die Barnett et al. (1981) an eineiigen Zwillingen nachgewiesen haben, wird durch Untersuchungen an HLA-identischen Geschwistern bestätigt. So hat nach Froesch und Schoenle (1994) ein solches Geschwister des an Diabetes erkrankten Patienten ein 90mal höheres Erkrankungsrisiko als nicht ausgesuchte Kinder. Hauner und Scherbaum (2000) berichten, daß 95% aller Typ-I-Diabetiker HLA-DR3 und/oder -DR4 exprimieren, eine noch höhere Assoziation bei zusätzlich nachweisbaren bestimmten HLA-DQ-Merkmalen. Für den Typ-I-Diabetes sind hiernach inzwischen etwa 90% der Diabetes-assoziierten Genorte bekannt.

Diese genetische Komponente bedarf noch eines besonderen Auslöse- oder Triggermechanismus, wie er in spezifischen viralen Infektionen gesehen wird, bei denen unter Vermittlung von Zytokinen eine Schädigung der β-Zellen erfolgen soll (Nerup et al. 1988). Auch wird eine „molekulare Mimikri" verdächtigt, in der zum Beispiel bovines Albumin in Teilbereichen eine identische Struktur aufweist wie die oben angeführten spezifischen HLA-Antigene. Dies wird durch die Beobachtung gestützt, daß von der Mutter gestillte Kinder ein signifikant geringeres Erkrankungsrisiko aufweisen als mit der Flasche ernährte (Froesch und Schoenle 1994).

Typ-II-Diabetes

Die Krankheitsgruppe des Typ-II-Diabetes ist weit weniger homogen als die des Typ-I-Diabetes. Froesch und Schoenle (1994) unterscheiden vier **zugrundeliegende Stoffwechselstörungen**, die sich gegenseitig beeinflussen können:

- eine gestörte Insulinsekretion
- eine erhöhte endogene hepatische Glukoseproduktion
- eine verminderte Insulinsensitivität der Muskulatur
- Adipositas

Hierbei interagiert das Insulin mit anderen Hormonen wie Glukagon und Katecholaminen in bezug auf die hepatische Glukoneogenese und mit dem Wachstumshormon, den Schilddrüsenhormonen und den Glukokortikoiden in Hinblick auf die Insulinsensibilität des Gewebes. Mit dieser engen **hormonellen Vernetzung** hängt zusammen, daß bei dieser Krankheitsgruppe im Gegensatz zum Typ-I-Diabetes hohe, normale und erniedrigte Insulinkonzentrationen im Blut gefunden werden. Der Inselapparat ist bei den meisten Typ-II-Diabetikern zu Beginn der Erkrankung noch intakt, die β-Zellen können aber im Verlauf durch zu hohe Glukosekonzentrationen selbst geschädigt werden (**Glukosetoxizität**). Ätiologisch scheint die prämorbide Anzahl funktionsfähiger β-Zellen für den Ausbruch der Erkrankung eine Rolle zu spielen.

Die **genetische Komponente** des Typ-II-Diabetes wird durch den Umstand untermauert, daß er in über 90% bei eineiigen Zwillingen konkordant auftritt, wobei Froesch und Schoenle (1994) auch auf die konkordant auftretende Adipositas hinweisen. Lediglich beim **MODY** (*Maturity-Onset Diabetes in Youth*), der im Jugendalter auftritt und etwa 10% der gesamten Krankheitsgruppe des Typ-II-Diabetes ausmacht, ist ein autosomal-dominanter Erbgang gesichert. Darüber hinaus konnten bisher keine genetischen Marker identifiziert werden (Hauner und Scherbaum 1999).

Psychosomatische Aspekte

Die psychosomatischen und psychotherapeutischen Überlegungen richten sich nach dem Erkrankungstypus des Diabetes, dem Alter und dem Entwicklungsstadium des Patienten. Bei **Kindern** und **Adoleszenten** müssen wir den Einfluß der Erkrankung auf die Persönlichkeitsentwicklung fokussieren, beim **Erwachsenen** deren Einbau in bestehende psychodynamische Strukturen und das damit verbundene Krankheitsmanagement.

Eine ätiologisch wirksame, **spezifische Persönlichkeitsstruktur** wird für den Diabetes heute von niemandem mehr ernsthaft diskutiert (Dunn und Turtle 1981; Johnson 1988; Steinhausen und Börner 1978).

Diabetes im Kindes- und Jugendalter

Je jünger die Erkrankten sind, desto größer ist die Möglichkeit, daß sich durch die Krankheit ein pathologischer Einfluß auf die Persönlichkeitsentwicklung entfaltet. So entwickelt sich eine Wechselbeziehung zwischen Krankheitsbewältigung und Persönlichkeit, die sich in der Berücksichtigung der Diätempfehlungen, der Handhabung der Blutzuckerkontrollen und dem Insulinmanagement manifestiert.

Liegt der **Erkrankungsbeginn** in der **frühen Kindheit**, so müssen in den ersten Jahren die **Eltern** die Verantwortung für die Führung des Diabetes übernehmen. Hierbei ergeben sich Probleme durch den **kontrollierenden Aspekt** des **Behandlungsregimes**. Die Angst vor den Komplikationen kann bei der Mutter – sie trägt in der Regel die Last der Verantwortung – zur Verdrängung und Verleugnung aggressiver Impulse führen und in Reaktionsbildung hierzu zu überprotektivem, einschränkendem und zwanghaft-kontrollierendem Verhalten. Dies bedingt eine **mangelnde Autonomieentwicklung** des **Kindes** und eine ambivalente aggressiv ablehnende, aber innerlich abhängige Beziehung von beiden Seiten. Gardner (1998) wies nach, daß Eltern ihre Kinder mit Diabetes hinsichtlich verschiedener psychischer Auffälligkeiten problematischer einschätzen als ihre altersnächsten Geschwister und ihre Peergroup, während deren Lehrer diesen Unterschied nicht feststellen konnten.

Die Angst der Mutter oder der Eltern ist auch darin begründet, daß sich emotionale Belastungen (und dann natürlich auch diejenigen in der Familie) über die Streßhormone (Katecholamine und Kortison) auf die Stoffwechsellage und damit den Blutzucker auswirken sollen. Es wird somit ein unmittelbares, **negativ gewertetes Feedback** für die – auch möglicherweise im erzieherischen Sinne – positiv-aggressiven (z. B. begrenzenden) Impulse von den Eltern angenommen. Diese Auffassung wird in der Literatur kontrovers diskutiert (Cox und Gonder-Frederick 1992; Kemmer et al. 1986). Pernet et al. (1984) konnten in einer experimentellen Untersuchung einen solchen Effekt nicht bestätigen, wobei nach anderen Autoren (Gonder-Frederick et al. 1990; Halford et al. 1990) zumindest eine Subpopulation von Patienten unmittelbar metabolisch auf Stressoren reagiert. Es liegt zusätzlich zu diesem metabolischen Reaktionsmuster nahe, die klinisch beobachtete Korrelation zwischen emotionalem Streß und erhöhten Blutzuckerwerten (Helz und Templeton 1990) auf eine Veränderung der Compliance zurückzuführen (Gill et al. 1985).

Im Verlauf der Entwicklung muß die Verantwortung des **Krankheitsmanagements** altersangemessen **auf** den **Heranwachsenden übertragen** werden. Hier kann sich die Abwehr der überprotektiven Haltung der Eltern in deren Identifikation mit dem Diabetes niederschlagen und in einer ablehnenden Haltung des Kindes den Kontrollzwängen der Erkrankung gegenüber resultieren (s. 1. Fallbeispiel, S. 439). Neben den familiären Störeinflüssen spielt die **Stigmatisierung** durch die **Peergroup** eine wichtige Rolle: Wie sehr wird das Kind oder der Heranwachsende von gemeinsamen Aktivitäten ausgeschlossen, und wie sehr erlebt er sich in seinem Selbstwert in Frage gestellt? In Phasen der Adoleszenz ist eine mangelnde **Compliance** durchaus normal und weist eher darauf hin, daß individuelle Behandlungsregime mit den Patienten abgesprochen werden müssen. Die therapeutische Beziehung geht vor zwanghafter Kontrolle (Gill 1991). Eine wesentliche Grundlage der Compliance – und das nicht nur bei Kindern und Jugendlichen – ist die **Lebensqualität** des Patienten, deren Beurteilung von seiner subjektiven Wirklichkeit bestimmt wird. Divergieren die Auffassungen zwischen Arzt und Patient hinsichtlich der Beurteilung, was Lebensqualität für den individuellen Diabetiker ausmacht, so entstehen zwangsläufig Probleme in der Kooperation (Deak 1992). Diesen sich hieraus ableitenden besonderen Beziehungsbedürfnissen wird in diabetischen Zentren durch spezielle poliklinische Einrichtungen für Kinder und Jugendliche Rechnung getragen. Die in allen Altersgruppen bei einzelnen Diabetikern beobachtbare Diskrepanz von gutem Kenntnisstand bezüglich des notwendigen Krankheitsmanagements und realer (mangelhafter) Stoffwechseleinstellung unterstützt die Auffassung, daß es wichtiger sein kann, die Krankheitsverarbeitung durch spezielle Programme zu fördern, als eine wiederholte Schulung einzuleiten (Albus et al. 1990).

Die Gefahr einer **Fehlanpassung** in der **Adoleszenz** scheint nach Steinhausen (1993) für Mädchen größer zu sein als für Jungen, was möglicherweise in der psychodynamischen Besonderheit der Mutter-Tochter-Beziehung begründet liegt. Wesentlich scheint neben der familiären Interaktion auch das pädagogische Geschick und das Einfühlungsvermögen des Pädiaters beziehungsweise Diabetologen zu sein, um beim Kind eine positive Anpassung an seine chronische Erkrankung zu erreichen. Ebenso wie in einer unglücklichen Eltern-Kind-Beziehung scheinen gelegentlich auch Ärzte den **Diabetes mit** dem **Patienten** (respektive Kind) **gleichzusetzen**, das heißt:

Guter Blutzucker = guter Patient
Schlechter Blutzucker = schlechter Patient.

„Und weil sie keinen bösen Patienten wollen, schimpfen sie mit ihm, verärgern ihn, was häufig dazu führt, daß der Patient mit gefälschten guten Blutzuckerwerten den Arzt betrügen muß, um eben als guter und lieber Patient taxiert zu werden" (Froesch und Schoenle 1994, S. 88).

Eine **Selbstwertkrise** kann dann an der **Grenze zum Erwachsenenalter** erneut aufflammen, wenn Fragen nach der weiteren Lebensperspektive andrängen. Dies betrifft die berufliche Planung, bei der einem Diabetiker aufgrund der möglichen Komplikationen manche Berufe, die mit besonderen Gefahren verbunden sind, verschlossen bleiben. Aber die Erkrankung spielt auch durch ihre genetische Komponente, so wie die möglichen Früh- und Spätkomplikationen im Aufbau einer Partnerschaft und Familie, eine wichtige Rolle (Ahlfield et al. 1985). Aus den genannten Entwicklungshindernissen ist

es verständlich, daß die Gruppe diabetischer Kinder und junger Erwachsener mit psychischen Störungen und sozialen Defiziten größer ist als für ihre Altersgruppe zu erwarten wäre (Gross und Johnson 1981; Johnson 1988; Mayou et al. 1990).

Diabetes im Erwachsenenalter

Beim Erwachsenen steht die **Verarbeitung** der **Sekundärkomplikationen** im Vordergrund: periphere Durchblutungsstörung, fortschreitende Niereninsuffizienz, koronare Herzkrankheit, Einschränkung des Sehvermögens, Polyneuropathien und sexuelle Funktionsstörungen, um nur die Wesentlichen zu nennen. Die Gefahr hypoglykämischer Krisen bedingt Einschränkungen im beruflichen Leben, und nicht selten führt die Erkrankung zur vorzeitigen Berentung. So verwundert es nicht, daß die Patienten im Verlauf der Erkrankung häufig mit **Depressionen** reagieren. Hierbei zeigen unkritische, somatisierend-depressive Patienten eine schlechtere metabolische Situation und die meisten Spätschäden (Abramson et al. 1991). Hier können krankheitsspezifische Gruppentherapien die Fähigkeit zu einer aktiveren Lebenseinstellung und Krankheitsverarbeitung fördern (Thomas et al. 1989).

Der **Einfluß** von **Streßsituationen** auf den Zeitpunkt des **Krankheitsausbruches** wird in der Literatur widersprüchlich beantwortet (Cobb und Rose 1973; Gendel und Benjamin 1946; Kisch 1985; Leonetti et al. 1985). Wenn man beim Typ-I-Diabetes den Autoimmunmechanismus in den Vordergrund der theoretischen Erörterungen rückt, so ist hier über psychoimmunologische Brücken ein Einfluß durchaus denkbar.

Eine wichtige Variable für eine **positive Krankheitsverarbeitung** ist das Ausmaß an sozialer Unterstützung. Hierbei wird von Typ-II-Diabetikern größere soziale Unterstützung wahrgenommen als von Typ-I-Diabetikern. Dies mag daran liegen, daß sich letztere aufgrund der invasiveren therapeutischen Maßnahmen eher als Last für ihre Umgebung erleben (Hancher Kvam und Lyons 1991).

Der labile Diabetes

Definition

Von **labilem** oder **Brittle-Diabetes** redet man bei Patienten, deren Blutzuckerspiegel sich nicht auf stabile Werte einstellen läßt.

Das Problem des „labilen Diabetes" wird von erfahrenen Diabetologen nicht als ein Phänomen undurchschaubarer Stoffwechselzusammenhänge, vielmehr als ein Managementproblem angesehen (Gill et al. 1985). Froesch und Schoenle (1994) schreiben:

„Von ‚Brittle'-diabetes sprechen wir nicht gerne. Es kommen viele Faktoren zusammen, die den labilen Diabetes ‚brittle', das heißt, uneinstellbar werden lassen: schwierigste Situationen auf der psychosozialen Ebene; Unsicherheit und laufende Überkompensation von Hypo- und Hyperglykämien; schlechte Betreuung ..." (S. 92).

In Übereinstimmung damit fanden Tattersall et al. (1991) bei fast allen Brittle-Diabetikern schwierige Lebensumstände mit einem **hohen Streßfaktor**. Follow-up-Studien haben gezeigt, daß sich bei der überwiegenden Anzahl der betroffenen Patienten über die Jahre der Blutzuckerspiegel stabilisiert (Gill 1990; Tattersall et al. 1991; Williams und Pickup 1988). Gill (1991) vertritt die Auffassung, daß sich die emotionalen Probleme, die zu einem eher mangelhaften Krankheitsmanagement führen, sich im Laufe der Jahre durch positive Lebensereignisse, wie befriedigende Partnerbeziehungen und Schwangerschaft, stabilisieren. Auch zwei der hier dargestellten Patientenbeispiele (s. 2. u. 3. Fallbeispiel) zeigen einen Brittle-Diabetes, der sich jedoch bei genauerem Hinsehen als ein Ausagieren intrapsychischer Konflikte über das Krankheitsmanagement herausstellt. Allerdings werden auch andere pathogene Faktoren in Form biochemischer Besonderheiten diskutiert, ohne daß jedoch bisher ein entsprechender Mechanismus nachgewiesen werden konnte (Tattersall 1998).

Psychodynamik

Innerhalb der psychotherapeutisch/psychosomatischen Schulung des medizinischen und paramedizinischen Personals wird der Diabetes zu einem Thema unseres Faches, das in der Psychodynamik unserer psychotherapeutischen Klientel eine Rolle spielt. Dies kann dort sein, wo er

- als Repräsentant von Selbst- und/oder Objektanteilen steht oder
- als eine Möglichkeit aggressive Impulse in Form autoaggressiven Verhaltens abführt.

Wenn die Erkrankung zur Repräsentanz negativ destruktiver Persönlichkeitsanteile wird, kann sich das Ich als überfordert erleben und seine Geschicke zum Beispiel in die Hände des Arztes legen, was mit schlechter Krankheitsadaptation einhergeht. Eine **interne Kontrollüberzeugung** jedoch führt zu einer aktiven Mitarbeit und damit zu einer guten Diabeteseinstellung, einem günstigeren Körpergewicht, zu weniger Angst und größerer Lebenszufriedenheit (Bradley et al. 1990). Das Self-monitoring kann bei einer Fehlattribuierung zu einem Compliance-Hindernis werden, wenn es als Visualisierung des Fehlverhaltens (negativer Selbstanteile) angesehen wird. So kontrollieren Patienten ihren Blutzuckerspiegel eher, wenn sie dem vorgeschriebenen Regime gefolgt sind (Cox 1992).

Autoaggressive oder **suizidale Impulse** können in Form heimlicher zusätzlicher Insulinapplikationen bei Jugendlichen ausagiert werden und als Ausdruck einer zugrundeliegenden Persönlichkeitsstörung angesehen werden (Orr et al. 1986).

Fallbeispiele

An drei Fallbeispielen soll die unbewußte Bedeutung des Diabetes in der Psychodynamik der Patienten veranschaulicht werden.

─────────── Fallbeispiel 1 ───────────

Herr O. ist 23 Jahre alt und leidet seit vier Jahren an einem insulinabhängigen Diabetes mellitus, kommt jedoch wegen generalisierter Angstzustände zu uns in Behandlung. Die Insulineinstellung seines Diabetes erweist sich als ausgesprochen schwierig. Obwohl schon vier Diabetesschulungen hinter sich, ist der Patient nicht in der Lage, seine Eßgewohnheiten sowie seine Insulinanpassung angemessen zu handhaben, obwohl er hierzu intellektuell durchaus in der Lage wäre. Es zeigt sich während des stationären Aufenthaltes, daß er aus Angst vor einer Unterzuckerung Werte unter 160 mg/dl nicht tolerieren kann. In einer einmalig aufgetretenen Situation hat er in der Vergangenheit Symptome einer Unterzuckerung erfahren und fühlte sich hierbei auf die Hilfe des ebenfalls diabeteskranken Vaters angewiesen. Diesen hat er Zeit seines Lebens als kontrollierendes Objekt wahrgenommen. Die Ambivalenz in der Beziehung zum Vater führt dazu, daß er sich von seinem Diabetes als Repräsentanten des Vaters nicht bestimmen lassen will, er andererseits wie sein Vater despotisch über seinen Diabetes herrscht, anstatt ihn liebevoll wie ein Kind zu führen und seine Lebensgewohnheiten ein Stück auf ihn einzustellen. In der Angstsymptomatik bindet er sich zwar an Ersatzautoritäten wie Ärzte oder Therapeuten, hält sich aber gleichzeitig nicht an ihre Anweisungen, was für ihn gleichbedeutend wäre wie sich der Kontrolle des Vaters zu unterwerfen. So schwankt der Blutzucker zwischen 200 und 400 mg/dl, wodurch frühe somatische Folgeschäden abzusehen sind.

Durch die sonst übliche Trennung in somatische versus psychotherapeutische Therapie gelangt der Patient nicht in eine Situation, in der er seinen Umgang mit der körperlichen Erkrankung als Beziehungsproblem begreifen kann. In der stationären Therapie hat er erneut versucht, der Auseinandersetzung mit der Autorität des Therapeuten durch eine Verschiebung der Problematik auf die Schwierigkeit mit der Diabeteseinstellung aus dem Weg zu gehen. Als dieser in seiner Unzufriedenheit über die schlechte Blutzuckereinstellung eine erneute Diabetesschulung ins Auge faßte, wurde die reinszenierte Vater/Sohn-Beziehung deutlich, in der er seinem „Sohn" über die Schulung noch einmal die „Flötentöne" beibringen wollte. Der Stellenwert des Diabetes in der Beziehung zum Vater beziehungsweise Therapeuten wurde dem Patienten hieran erstmalig deutlich, und es konnte ein erster Ansatz zu einer besseren Kooperationsfähigkeit des Patienten in seiner Diabetesführung erreicht werden.

─────────────────────────────

Die Angst vor Hypoglykämien bis hin zur Phobie ist nicht selten unter Diabetikern. Wie in diesem Beispiel ist die Phobie und die Bedeutung der eher als blande anzusehenden hypoglykämischen Symptomatik nur aus der spezifischen Psychodynamik zu verstehen.

In manchen Fällen entwickelt sich aus einer Angst vor den Komplikationen einer Hyperglykämie ein im pathologischen Sinne zwanghaftes Urin- und Blutmonitoring mit Überreaktionen in der Insulinapplikation, was dann wiederum Hypoglykämien zur Folge hat (Beer et al. 1989; Tattersall et al. 1991).

─────────── Fallbeispiel 2 ───────────

Frau M. ist 21 Jahre alt und kommt wegen depressiver Symptome mit autodestruktiven Handlungen und Suizidgedanken zu uns in die stationäre Therapie. Verschiedene Lehren hat sie abgebrochen, ebenfalls sexuelle Beziehungen nach kurzer Zeit. Ihren seit dem 4. Lebensjahr bestehenden Diabetes ignoriert sie, brüstet sich hingegen noch damit, daß sie einen Blutzuckerspiegel von 1470 mg/dl mit 20stündigem Koma überlebt habe und selbst bei 13 mg/dl sich noch auf den

Beinen halte. Der Diabetes wird zu einem Gegner, dem es standzuhalten gilt. Sie kämpft mit ihm und wird auch schon mal wie im Ring k.o. geschlagen, aber sie steht immer wieder auf und sucht die Revanche, worauf sie sichtlich stolz ist. Allein mit ihrer Mutter aufgewachsen habe sie dieser schon immer den Mann ersetzen müssen. Wegen ihres Diabetes habe sie früher eine „ekelige" Diät einhalten müssen, während die Mutter keinen Einschränkungen unterworfen war und ihr Süßigkeiten und Chips vorgegessen habe, mit der Bemerkung, daß sie ja nun nicht krank sei. Sie kämpfte um ihre Anerkennung und Zuwendung, während sich die Mutter verschiedenen Männerbeziehungen zuwandte. Die Beziehung zwischen Mutter und Tochter erscheint in der Schilderung emotionslos und ohne liebevollen Körperkontakt. Die Männer werden von der Tochter als Konkurrenten bekämpft und „hinausgeekelt". Heute tritt sie in pubertär jungenhaft protzendem Gehabe auf und zeichnet für sich einen männlichen Lebensweg. Auf der Station kommt es sofort zum Machtkampf mit dem Therapeuten um die Frage des Therapieregimes. Die Blutzuckerwerte liegen zwischen 200 und 350 mg/dl. Nachdem der Therapeut auf seinem Standpunkt beharrt, die wesentlichen Eckpfeiler der Therapie zu bestimmen, fügt sie sich nach einem „Schaukampf" vorübergehend, als ob sie sehnlichst darauf gewartet hätte, daß ihr jemand liebevoll aber bestimmt die Verantwortung aus der Hand nimmt. Betrachten wir den Diabetes als Repräsentanten internalisierter Selbst- und Objektanteile, so übernimmt er einmal die Rolle der Mutter, die das Kind (so die Wahrnehmung der Patientin) aggressiv ablehnend behandelt und keine Rücksicht auf seine Bedürfnisse nimmt. Der Diabetes (= Mutter) wird von der Patientin durch Regelübertretungen ständig trotzig provoziert, worauf dieser mit Entgleisung reagiert. Aber auch das macht ihr nichts, im Sinne von „schlag doch, mir kannst du damit nicht wehtun". Zwischen Diabetes und Patient scheint sich ein narzißtischer Machtkampf zu entspinnen. Daneben stellt der Diabetes den Selbstaspekt dar, der ein verwahrlostes, emotional unterversorgtes Kind darstellt, dessen Bedürfnisse ignoriert werden. Die Patientin spielt die Rolle der Mutter, die sich unsolidarisch und aggressiv von den Einschränkungen der noch jungen Tochter distanziert.

── **Fallbeispiel 3** ──

Frau G. ist 25 Jahre alt und kommt wegen Bulimie und Diabetes mellitus Typ I (seit dem 18. Lebensjahr) zur stationären Aufnahme. Ihr Blutzucker zeigt Schwankungen bis über 600 mg/dl. Bereits im Erstgespräch beginnt sie ihren Therapeuten anzuschreien, weil er sie fünf Minuten hat warten lassen, ein anderes Mal wieder sinkt sie demonstrativ in sich zusammen und bricht in Tränen aus. Sie schwankt zwischen emotionalen Extremen wie zwischen „Freß-" und „Kotzanfällen". Die Blutzuckerentgleisungen sind für sie eine Möglichkeit, über den renalen Verlust der Glukose („renales Erbrechen") ihr Gewicht zu beeinflussen. Sie berichtet, schon im Krankheitsbeginn den Blutzuckerspiegel manipuliert zu haben, um die Aufmerksamkeit des Diabetologen auf sich zu lenken. Dieser habe sich lediglich mit ihr beschäftigt, wenn ihr Blutzuckerspiegel nicht gut eingestellt gewesen sei. Sie habe ihm ihre seelische Not irgendwie mitteilen wollen, er habe das jedoch nicht verstanden. Bereits vor Ausbruch des Diabetes bestand die Symptomatik einer Persönlichkeitsstörung mit autodestruktiven Handlungen und erheblicher narzißtischer Problematik. Der Diabetes wurde interaktionell zur Betonung der eigenen Bedürftigkeit und des Selbstwertes benutzt wie vorher andere Handlungen (z. B. das Zufügen von Verletzungen bis zur Fraktur). In der erst ein Jahr später einsetzenden Bulimie erfüllt er zusätzlich eine Funktion in der Gewichtssteuerung, dadurch, daß sie den Blutzuckerspiegel nach Freßanfällen bewußt entgleisen läßt.

Diese Funktion des Diabetes für Bulimikerinnen ist in der Literatur hinlänglich bekannt (Herpertz et al. 1995). Feiereis (1989) beschreibt, daß etwa 5% der in seiner Abteilung behandelten Bulimikerinnen zusätzlich an einem Diabetes mellitus Typ I leiden, wobei andere Arbeiten bei 20 bis 35% der weiblichen Diabetiker von einem Zusammentreffen beider Krankheitsbilder ausgehen.

Auch auf Station beginnt die Patientin bald mit dem Blutzuckerspiegel die Beziehungen zu strukturieren. So unterstreicht sie ihre emotionale Bedürftigkeit mit Blutzuckerentgleisungen, andererseits wiederum gibt sie einen geringeren Blutzuckerwert an, um ungestört über Hyperglykämien ihr Gewicht zu kontrollieren, was wiederum sadistische Impulse im Therapeuten und Pflegepersonal wachruft.

Zusammenfassung

Der Diabetes mellitus muß ätiologisch, symptomatisch und behandlungstechnisch in einen Typ-I- und Typ-II-Diabetes unterteilt werden. Für das Krankheitsmanagement wie für die Krankheitsverarbeitung mit Einfluß auf die psychische Entwicklung ist das Alter des Patienten bei Diagnosestellung wie auch im weiteren Verlauf eine wesentliche Größe.

Je jünger der Patient, desto größer ist die Möglichkeit einer hierdurch ausgelösten sekundär neurotischen Entwicklung. Für die Krankheitsverarbeitung scheinen krankheitsspezifische Gruppentherapien hilfreich zu sein, was sich in ausgeglicheneren somatischen Bezugsgrößen (Blutzuckerspiegel, HbA_{1c}) ausdrückt.

In der Psychodynamik kann der Diabetes auf unterschiedliche Weise Bedeutung gewinnen. Er kann auf der Ebene des Selbst-Körperselbst (= kranker Körper) eine Projektionsfläche für negative Selbstanteile darstellen, die vom Selbst strafend behandelt werden und vice versa. Darüber hinaus spielt er auf der Ebene des *Acting-Out* eine wesentliche Rolle in der Beziehung zum Therapeuten, sei es durch die Mobilisierung von Fürsorge oder sadistischer Impulse im Gegenüber. Bei Eßgestörten übernimmt der Diabetes oft die Rolle des Erbrechens über die renale Glukoseausscheidung bei überhöhten Zuckerwerten (renales Erbrechen).

Die interaktionelle Rolle der Erkrankung, aber auch ihre Bedeutung für die Einschätzung des eigenen Selbstwertes läßt eine besondere Schulung des behandelnden Personals (Ärzte, Pflegekräfte, Therapeuten) sowie der Eltern diabetischer Kinder sinnvoll erscheinen.

Literatur

Abramson L, McClelland DC, Brown D, Keller S. Alexithymic characteristics and metabolic control in diabetic and healthy adults. J Nerv Men Dis 1991; 179: 490–4.

Ahlfield JE, Soler NG, Marcus S. The young adult with diabetes: Impact of the disease on marriage and having children. Diabetes Care 1985; 8: 52–6.

Albus C, Ollenschläger G, Thomas W, Fischer H, Schäfer HM, Peters R. Einfluß einer diabetologisch-psychosomatischen Gruppenschulung auf

Stoffwechselkontrolle und Krankheitsverarbeitung insulinpflichtiger Patienten. Klin Wochenschr 1990; 68: 77–82.

Barnett AH, Eff C, Leslie RD, Pyke DA. Diabetes in identical Twins. A study of 200 pairs. Diabetologia 1981; 20: 87–93.

Beer SF, Lawson C, Watkins PJ. Neurosis induced by home monitoring of blood glucose concentrations. BMJ 1989; 298: 362.

Bradley C, Lewis KS, Jennings AM, Ward JD. Scales to measure perceived control developed specifically for people with tablet-treated diabetes. Diabetic Medicine 1990; 7: 685–94.

Cobb S, Rose RM. Hypertension, peptic ulcer and diabetes in air traffic controllers. JAMA 1973; 224: 489–92.

Cox DJ, Gonder-Frederick L. Major developments in behavioral diabetes research. J Consult Clin Psychol 1992; 60: 628–38.

Deak D. Typ-1-Diabetes-mellitus: Lebensqualität als subjektive Wirklichkeit im systemischen Kontext 1992; 23: 544–8.

Dunn SM, Turtle JR. The myth of diabetic personality. Diabetes Care 1981; 4: 640–6.

Feiereis H (Hrsg). Diagnostik und Therapie der Magersucht und Bulimie. München: Marseille 1989.

Froesch ER, Schoenle EJ. Diabetes. Stuttgart, New York: Thieme 1994.

Gardener N. Emotional and behavioural difficulties in children with diabetes: a controlled comparison with siblings and peers. Child Care Health Dev 1998; 24: 115–28.

Gendel BR, Benjamin JE. Psychogenic factors in the etiology of diabetes. N Engl J Med 1946; 234: 556–60.

Gill G. Psychological aspects of diabetes. Brit J Hosp Med 1991; 46: 301–5.

Gill GV. The outcome of brittle diabetes – a follow-up study of young female diabetic patients with recurrent ketoacidosis. Diabetic Med 1990; 7 (Suppl 1): 25A.

Gill GV, Walford S, Albereti KGMM. Brittle diabetes – present concepts. Diabetologia 1985; 28: 579–89.

Gonder-Frederick LA, Carter WR, Cox DJ, Clarke WL. Enviromental stress and blood glucose change in IDDM. Health Psychol 1990; 9: 503–15.

Gross AM, Johnson WG, Wildman HE, Mullett M. Coping skills training with insulin-dependent preadolescent diabetics. Child Behav Ther 1981; 3: 141–53.

Halford WK, Cuddily S, Mortimer RH. Psychological stress and blood glucose regulation in type I diabetic patients. Health Psychol 1990; 9: 516–28.

Hancher Kvam S, Lyons JS. Assessment of coping strategies, social support, and general health status in individuals with diabetes mellitus. Psychol Rep 1991; 68: 623–32.

Hauner H, Scherbaum WA. Diabetes mellitus. In: Thiemes Innere Medizin: TIM. Alexander K, Daniel WC, Diener HC, Freund M, Köhler H, Matern S, Maurer HH, Michel BA, Nowak D, Rüsler T, Schaffner A, Scherbaum WA, Sybrecht GW, Wolfram G, Zeitz M (Hrsg). Stuttgart, New York: Thieme 1999.

Helz JW, Templeton B. Evidence of the rule of psychological factors in diabetes mellitus: a review. Am J Psychiatry 1990; 147: 1275–82.

Herpertz S, Blume B v., Senf W. Eßstörungen und Diabetes mellitus. Z Psychosom Med 1995; 43: 329–43.

Johnson SB. Annotation. Psychological aspects of childhood diabetes. J Child Psychol Psychiatry 1988; 29: 729–38.

Kemmer FW, Bisping R, Steingrüber HJ, Baar H, Hardtmann F, Schlaghecke R, Berger M. Psychological stress and metabolic control in patients with type I diabetes mellitus. N Engl J Med 1986; 314: 1076–84.

Kisch ES. Stressful events and the onset of non-insulin-dependent diabetes mellitus. Isr J Med Sci 1985; 22: 466–7.

Kruse J, Wöller W, Schmitz N, Pollmann H. Narzißtische Regulation und diabetische Stoffwechseleinstellung bei Typ-2-Diabetikern. Psychother Psychosom Med Psychol 2000; 50: 63–71.

Leonetti D, Fujimoto W, Wahl P. The Japanese American community diabetes study: stressful life experiences and diseases. Diabetes Res Clin Pract 1985; 1 (Suppl): 336.

Mayou R, Bryant B, Turner R. Quality of life in non-insulin-dependent diabetes and a comparison with insulin-dependent diabetes. J Psychosom Res 1990; 34: 1–11.

Mehnert H, Schöffling K. Diabetologie in Klinik und Praxis. Stuttgart, New York: Thieme 1984.

Mehnert H, Sewering H, Reichenstein W, Vogt H. Früherkennung von Diabetikern in München 1967/68. Dtsch Med Wschr 1968; 93: 2044.

Nerup J, Mandrup-Poulsen T, Molvig J, Helqvist S, Wogensen L, Egeberg J. Mechanism of pancreatic beta-cell destruction in type I diabetes. Diabetes Care 1988; 11 (Suppl 1): 16–23.

Orr DP, Eccles T, Lawlor R, Goldon M. Surreptitious insulin administration in adolescents with insulin-dependent diabetes mellitus. JAMA 1986; 256: 3227–30.

Pernet A, Walker M, Gill GV, Orskov H, Alberti KGMM, Johnson DG. Metabolic effects of adrenalin and noradrenalin in man: Studies with somatostatin. Diabetes Metab 1984; 10: 98–105.

Schade DS, Drumm DA, Duckworth WC, Eaton RP. The etiology of incapacitating, brittle diabetes. Diabetes Care 1985; 8: 12–20.

Steinhausen HC. Psychische Störungen bei Kindern und Jugendlichen. München, Wien, Baltimore: Urban & Schwarzenberg 1993.

Steinhausen HC, Börner S. Kinder und Jugendliche mit Diabetes. Göttingen: Hogrefe 1978.

Tattersall R, Gregory R, Selby C, Kerr D, Heller S. Course of brittle diabetes: 12 year follow up. BMJ 1991; 302: 1240–3.

Tattersall RB. Brittle diabetes revisited: the Third Arnold Bloom Lecture. Diabet Med 1997; 14: 99–110.

Thomas AP, Bax MC, Smyth DP. The social skill difficulties of young adults with physical disabilities. Child Care Health Dev 1988; 14: 255–64.

Thomas W, Lohmann R, Meuter F. Psychologische Untersuchungen zum Krankheitsverhalten bei Diabetikern. Vortrag 24. Jahrestagung der Deutschen Diabetes Gesellschaft. Akt Endokrinol Stoffw 1989; 10: 137.

Williams G, Pickup MK. Psychological factors and metabolic control: Time to reappraisal? Diabetes Med 1988; 5: 211–5.

Literaturempfehlung

Mehnert H, Schöffling K. Diabetologie in Klinik und Praxis. Stuttgart, New York: Thieme 1984.

Nawroth PD (Hrsg). Kompendium Diabetologie. Berlin, Heidelberg, New York: Springer 1999.

Steinhausen HC, Börner S. Kinder und Jugendliche mit Diabetes. Göttingen: Psychologie 1978.

5.4.7
Hyperthyreose

Klaus Rodewig

ICD-10-Klassifikation

Die Hyperthyreose wird mit E05 klassifiziert. Untergruppen werden nach Komplikationen differenziert.

Definition und Deskription

Definition

Die **Hyperthyreose** stellt eine Stoffwechselentgleisung der Schilddrüse dar, die nach ihren vielfältigen Ursachen weiter unterschieden wird:

Die häufigsten Ursachen in unserem Kulturraum stellen solitäre oder multilokuläre autonome Adenome und die als Basedow-Krankheit bezeichnete **Autoimmunhyperthyreose** dar. Hierneben kann in seltenen Fällen die Ursache der Stoffwechselentgleisung in einem hormonproduzierenden Schilddrüsenkarzinom oder einem extrathyreoidalen Malignom, einer Thyreoiditis, einer übermäßigen Jodzufuhr **(Jod-Basedow)** oder einer exzessiven Einnahme von TSH (thyreoid stimulating hormone = Thyreotropin) oder Schilddrüsenhormonen **(Hyperthyreosis factitia)** gefunden werden.

Das **autonome Adenom** ist ein hormonproduzierendes Schilddrüsengewebe, das unabhängig von dem Regelkreis Hypothalamus-Hypophyse-Schilddrüse Hormone ausschüttet und somit keinen produktionshemmenden Einflüssen unterliegt.

Die **Basedow-Krankheit** hingegen stellt eine Autoimmunerkrankung dar, die auf einer pathologischen Antigenpräsentation der Schilddrüsenzellen beruht. Durch die auf den Membranen stattfindende Antigen-Antikörper-Reaktionen werden die Thyreozyten zur Hormonproduktion angeregt. Hierbei liegt zusätzlich eine gestörte Funktion der Suppressor-T-Lymphozyten vor, was zu einer Verstärkung der zellulären Immunreaktion führt (Mann 1988).

Die Symptomatik der Hyperthyreose betrifft neben einer Vergrößerung des Organs selbst (Struma) hauptsächlich das Herz-Kreislauf-System, den Magen-Darm-Trakt, die Haut, die Psyche, das Nervensystem, den Energiestoffwechsel, die Muskulatur und das Reproduktionssystem (Hehrmann 1988). Die **Beschwerden** entsprechen den betroffenen Organen: Tachykardie, Palpitation, Durchfall, Wärmeunverträglichkeit mit Hitzeanfällen, innere Unruhe, Rastlosigkeit, Nervosität, übermäßige Reizbarkeit, ängstlich-depressive, aber auch andere psychopathologische Symptome, Unkonzentriertheit und Gedächtnisstörungen, Reflexsteigerung, Zittern, gesteigerter Muskeltonus, Zyklusunregelmäßigkeiten und Störungen der Sexualfunktion, um nur die häufigsten zu nennen.

Die früher zu den klassischen Symptomen der Basedow-Krankheit zählende **endokrine Orbitopathie** tritt nur in ca. 40 % der Basedow-Patienten auf und wird heute als eigenständiges Krankheitsbild betrachtet.

Auffällig für den Praktiker ist, wie lange die Patienten ihre Symptome tolerieren, bevor sie, oft erst durch Verwandte gedrängt, den Arzt aufsuchen. Sie selbst versuchen ihre Beschwerden auf dem Hintergrund ihrer Alltagsprobleme einzuordnen. So können sie ihre Gereiztheit auf den Streß am Arbeitsplatz oder in der Partnerbeziehung zurückführen. Die meisten Symptome sind denn auch Streßsymptome, die den Patienten aus anderen Lebenssituationen durchaus bekannt sind, wobei sie sich jedoch dabei auch in ihrer Erlebnisweise oft als fremd beziehungsweise ihre **Reaktionsweise** als **Ichdyston** erleben. Hierfür stehen folgende Äußerungen:

— Beispiel —

Ich fühle mich in meiner Haut ganz fremd.
Ich habe ein unsicheres Gefühl für mich selbst bekommen.
Angst macht mir, daß ich meine körperlichen und seelischen Regungen so nicht kenne und ich keine Möglichkeit sehe, mit ihnen umzugehen.
Ich habe nicht das Gefühl innerer Festigkeit.
Alle Symptome sind mir nicht unbekannt, aber sie sind viel extremer.

An der Beschwerdeschilderung von Hyperthyreotikern ist auch der Einfluß des gesteigerten Stoffwechsels auf die Reiz- und Streßwahrnehmung, aber auch Reizsteuerung beziehungs-

weise Streßverarbeitung zu erkennen. Die Reizüberflutung und damit verbunden die **überforderte Fähigkeit** zur **Streßbewältigung** wird durch Aussagen unterstrichen wie:

— Beispiel —

Ich habe das Gefühl, alles bricht über mir zusammen.
Alle seelischen Vorgänge sind beschleunigt und sprunghaft.
In Streßsituationen habe ich das Gefühl wie ein gehetztes Tier.
Ich fühle mich einer Streßsituation hilflos ausgeliefert.
Auch wenn sich schwierige Situationen lösen, bleibt die Anspannung.

Die **Reizsteuerung**, das heißt der Schutz vor dem Einwirken von äußeren und inneren Reizen durch Selektion in der Wahrnehmung (**rezeptiver Reizschutz**) und die Vermeidung von Reizkonfrontation (**protektiver Reizschutz**) ist nachhaltig gestört. Dies wie auch die individuellen Lösungsversuche veranschaulichen folgende Äußerungen:

● **Rezeptiver Reizschutz:**

— Beispiel —

Weil die Symptome mir nicht unbekannt waren, wußte ich nicht, daß es krankhaft ist.
Ich reagiere auch auf Anforderungen in einer für mich fremden Weise. Vielleicht so, wie ich spontan gerne reagieren würde, was man aber aus gesellschaftlichen Gepflogenheiten so nicht macht. Ich reagiere dann kindlich, ich kann nicht mehr abwägen.
Wenn ich konzentriert bei der Arbeit bin, kann ich mich psychisch erholen, weil ich nicht mit meinen Symptomen beschäftigt bin.

● **Protektiver Reizschutz:**

— Beispiel —

Ich möchte alles hinschmeißen und abhauen.
Ich werde in einer vollen Kneipe unruhig, der Schweiß bricht mir aus, weil sie mir zu stark auf die Pelle rücken.
Ich kann keinen Krach ertragen, ich höre wenig Musik. Verräucherte Luft, Hitze, laute Geräusche, viele Stimmen, insgesamt zu viele Außenreize kann ich nicht ertragen.

Es ist hiernach auch nicht erstaunlich, daß diese Störung der Reizsteuerung auch erheblichen Einfluß auf die **Gestaltung der Beziehung** ausübt. Auch hierzu einige Äußerungen von Patienten:

— Beispiel —

Ich habe ein starkes Bedürfnis, mich von menschlichen Beziehungen zurückzuziehen, weil ich am liebsten alleine bin.
Ich habe Angst, nicht mehr dazuzugehören.
Ich kann mit der Aggressivität der anderen nicht mehr umgehen.
Ich kann nicht ertragen, länger angeschaut zu werden.
Ich habe Angst, die Erkrankung belastet die Beziehung.

Die Gesamtheit der Symptome kann als Reaktion auf eine innere (und äußere) Reizüberflutung angesehen werden, die den individuellen Reizschutz durchbricht und auf eine mangelnde Möglichkeit der Verarbeitung trifft. Diese Hypothese wird gestützt durch den Befund, daß bei hyperthyreoten Basedow-Patienten im wesentlichen die Streßverarbeitungsparameter Fluchttendenz, soziale Abkapselung und gedankliche Weiterbeschäftigung (SVF; Janke 1985) aktiviert werden. Diese Parameter beziehen sich auf die Aktivierung des Reizschutzes und auf das Bestreben, die in dieser Form unbekannten inneren Vorgänge kognitiv einzuordnen (Rodewig et al. 2000).

Hierbei ist die Frage, inwieweit eine äußere Reizüberflutung, wie sie im Begriff des „**Schreck-Basedow**" zum Ausdruck gebracht wird, krankheitsauslösend wirkt, nicht endgültig geklärt; neuere Arbeiten scheinen jedoch darauf hinzuweisen, daß dies zumindest bei einer Untergruppe der Basedow-Kranken eine Rolle spielt (Rodewig 1997).

Die imponierende psychische Symptomatik hat immer wieder die Frage nach der Psychogenese der Erkrankung provoziert.

Epidemiologie

Die Ergebnisse systematischer Untersuchungen zur Krankheitsinzidenz aus den beiden Weltkriegen legen zwar einen Zusammenhang zwischen Streß und Krankheitsausbruch nahe. Hierbei bleiben jedoch eine Reihe von Fragen offen, so zum Beispiel, inwiefern gleichzeitig stattgefunden virale oder bakterielle Epidemien in der Bevölkerung für den Anstieg der Inzidenz verantwortlich sein können. Auch korrelierte eine allgemeine Mangelernährung in Holland während des Zweiten Weltkrieges mit einer Abnahme der Krankheitsinzidenz auf ein Viertel (Schweitzer 1944). Ebenso erkrankten Insassen nationalsozialistischer Konzentrationslager erst nach der Befreiung viermal häufiger als solche Menschen, die nie interniert worden waren (Weisman 1958). Möglicherweise stabilisiert in extremen Gefahrensituationen eine eindeutige Rollenzuschreibung mit klaren Freund-/Feindbildern und der Verdrängung eigener Ambivalenzen eher die immunogene Abwehr. In Dänemark wurde während des Zweiten Weltkrieges eine Epidemie von Basedow-Erkrankungen registriert (Greenwald 1969), eine neuere Untersuchung während der Wirren in Nordirland zeigte jedoch keinen Anstieg der Krankheitsinzidenz (Hadden 1974). Eine ausführliche Zusammenfassung und Diskussion der bisherigen epidemiologischen Untersuchungen hat Weiner (1977) vorgelegt.

Ätiologie

Die Ursache der Hyperthyreose ist, wie wir oben gesehen haben, vielfältig. Nicht immer wird im älteren Schrifttum dieser Vielfalt Rechnung getragen. So werden Begriffe wie Hyperthyreose, Thyreotoxikose, Basedow-Krankheit oder im angloamerikanischen Schrifttum *Graves' disease*, *thyreotoxicosis*, *toxic goiter*, *exophthalmic goiter* synonym verwendet.

Beschränken wir uns auf die häufigsten Krankheitsursachen, so unterscheiden wir **solitäre** und **multilokuläre autonome Adenome** sowie die **Basedow-Krankheit**.

Die familiäre Häufung von Schilddrüsenerkrankungen, insbesondere bei der Basedow-Krankheit, ist vielfach belegt (Ham et al. 1951; Mandelbrote und Wittkower 1955; Martin und Fischer 1945), ebenfalls haben Untersuchungen an eineiigen Zwillingen die **genetische Komponente** der Basedow-Krankheit untermauert (von Verschuer 1958). In neueren Untersuchungen wird dies durch den gehäuften Nachweis von spezifischen HLA-Antigenen bestätigt (Allanic et al. 1980; Bech et al. 1977; Grumet et al. 1975).

Placidi et al. (1998) fanden eine höhere **Prävalenz psychiatrischer Symptome** und Störungen bei Patienten mit unterschiedlichen Schilddrüsenerkrankungen und vermuten hinter diesem Phänomen gemeinsame biochemische Ursachen. Eine erhöhte Vulnerabilität für die Entwicklung einer Depression konnten Pop et al. (1998) bei Patienten mit einem erhöhten TPO-Antikörpertiter nachweisen.

Martin-du-Pan (1998) vermutet, daß die Abnahme immunsuppressiver Hormone nach Stress einen anschließenden Rebound der autoimmunologischen Reaktion nach sich zieht, der für den Ausbruch einer Basedow-Krankheit verantwortlich sein kann.

Psychogenese

Wie Begriffe des Streß-, Schock- oder Schreck-Basedow schon nahelegen wird seit der Erstbeschreibung dieses Krankheitskomplexes durch Parry (1825), Graves (1835) und Basedow (1840) immer wieder ein **Zusammenhang** zwischen besonderen **Streßsituationen** und der **Krankheitsmanifestation** hergestellt.

Hierbei wird eine besondere Vulnerabilität für streßauslösende Faktoren postuliert. Jores (1949) nimmt eine thyreotoxische Konstitution oder vegetative Übererregbarkeit bei Basedow-Patienten an. Winsa et al. (1991) und Sonino et al. (1993) arbeiteten den Zusammenhang zwischen Streßerleben und Krankheitsausbruch erneut heraus. Paschke et al. (1990) sowie Fahrenfort (2000) fanden auch nach Erreichen der Euthyreose erhöhte Werte für Angst und Depression als Traitmerkmal, woraus sie eine besondere Vulnerabilität für angstauslösende beziehungsweise psychisch belastende Situationen folgerten.

In einer Untersuchung von Yoshiucchi et al. (1998a) haben Frauen mit einem hohen Streßlevel ein 7,7fach höheres Erkrankungsrisiko für die Basedow-Krankheit als Frauen mit geringerem Streßlevel. Auch erreichen Patientinnen, die sechs Monate nach Beginn der thyreostatischen Therapie über mehr alltägliche Belastung klagen, zwölf Monate nach Therapiebeginn signifikant häufiger noch keine Stoffwechselnormalisierung (Yoshiucchi et al. 1998b). Im Gegensatz zum Zusammenhang mit äußeren Streßfaktoren konnten Chiovato et al. (1998) kein vermehrtes Auftreten der Basedow-Krankheit bei Patienten mit chronischem endogenen Streß (Panikstörung) nachweisen.

Allein die imponierende psychopathologische Symptomatik legt den **Zusammenhang** mit **psychischen Störungen** nahe. So diskutierte Graves (1835) die Erkrankung in Zusammenhang mit der hysterischen Neurose, und Lewis (1925) faßte sie als die strukturalisierte Form einer schweren Angstneurose auf. Systematische Untersuchungen begannen mit dem Aufblühen der psychoanalytischen Theorie in der ersten Hälfte unseres Jahrhunderts. Es ergaben sich für uns heute bizarr anmutende Hypothesen zur **Körpersymbolik** des erkrankten Organs. So sah Lewis eine ungelöste Abhängigkeit und Identifikation mit der Mutter, in der die Patientinnen – es handelt sich ja überwiegend um Frauen – unbewußt Inzestwünsche dem Vater gegenüber hegen. So stelle die Struma ein Äquivalent zum schwangeren Uterus und ihre derbe Konsistenz ein Symbol für den inkorporierten Penis des Vaters dar. Die Arbeitsgruppe um Franz Alexander (Ham et al. 1951) faßte die wesentlichen damaligen psychodynamischen Theorien (Brown und Gildea 1937; Conrad 1934a; 1934b; Lewis 1925; Lidz 1949; Mandelbrote und Wittkower 1955; Mittelmann 1933) zur Psychogenese der Hyperthyreose zusammen.

Hiernach streben die Patienten erfolglos nach Anerkennung durch die Mutter. In der Identifikation mit ihr erfolgt die vorzeitige Übernahme elterlicher Verantwortung. Die ständig unbefriedigt bleibende Anstrengung nach Anerkennung durch das ersehnte Objekt ihrer Abhängigkeitswünsche aktiviere die Schilddrüse über den Weg Kortex-Hypothalamus-Hypophyse, bis sie schließlich dekompensiere.

Hieraus formulierte er eine spezifische **Persönlichkeitsstruktur**, der er neben konstitutionellen somatischen Faktoren ätiologische Bedeutung beimaß (Alexander et al. 1968). Spätere Arbeiten konnten diese Hypothese einer spezifischen Persönlichkeitsstruktur jedoch nicht bestätigen (Hermann und Quarton 1965; Kleinschmidt et al. 1956; Rodewig et al. 1997).

Rodewig et al. (1997) untersuchten eine Gruppe **hyperthyreoter Basedow-Patienten**. Sie erhoben eine tiefenpsychologisch orientierte Anamnese, auf deren Hintergrund sie die biographische und aktuelle psychische Belastung zum Zeitpunkt der Krankheitsdiagnose einschätzten. Diese Ergebnisse verglichen sie mit den Ergebnissen verschiedener Selbstbeurteilungsfragebögen zu psychopathologischen Symptomen. Sie konnten hierdurch drei **Subgruppen** herausarbeiten:

- **Gruppe 1:** Patienten mit geringer psychischer Belastung und normaler psychischer Befindlichkeit nach Stoffwechselnormalisierung
- **Gruppe 2:** Patienten mit hoch eingeschätzter psychischer Belastung und ausgeprägten psychopathologischen Symptomen auch nach Stoffwechselnormalisierung
- **Gruppe 3:** Patienten mit hoher psychischer Belastung und psychopathologischer Auffälligkeit, die erst nach Erreichen der Euthyreose entsteht

Es ließ sich zeigen – wenn auch an einer relativ kleinen Stichprobe (n=19) – daß eine nicht unbedeutende Subgruppe (ca. 65 %) als psychisch relativ belastet eingeschätzt wird und dies mit ausgeprägten psychischen Beschwerden unter Euthyreose korrelierte. Ein weiterer bemerkenswerter Befund jedoch ist, daß sich aus dieser als psychisch belastet eingeschätzten Klientel eine weitere Untergruppe herausarbeiten läßt, die offensichtlich **psychisch von** der Entwicklung der **Hyperthyreose profitiert**. Dies scheinen Patienten zu sein, bei denen eine depressive Struktur vorliegt, ohne daß sie unbedingt eine entsprechende klinische Symptomatik entwickeln. Die Hyperthyreose führt hier zu einer Art hypomanem Zustand, der die depressive Grundstimmung kompensiert. Dieser Einfluß der Schilddrüsenhormone ist aus der Behandlung depressiver Patienten bekannt, wo bei therapieresistenten Depressionen durch die zusätzliche Gabe von Thyroxin doch noch ein positiver Effekt erzielt werden kann (Loosen 1986).

Fallbeispiele

Die klinische Relevanz der Interaktion zwischen Psyche und Stoffwechsel möchte ich an zwei Beispielen demonstrieren.

--- Fallbeispiel 1 ---

Ein Patient war früher als leitender OP-Pfleger tätig. Er berichtet aus dieser Zeit, daß er Dienste, die zum Beispiel im Krankheitsfall unter den Kollegen nicht mehr vermittelt werden konnten, selbst übernommen hätte. Seit drei Monaten hat er nun die Stelle eines Pflegedienstleiters inne. In dieser Position kann er die ausfallenden Dienste nicht mehr selbst übernehmen, sondern muß im Extremfall Kollegen oder Kolleginnen zwangsverpflichten. Das setze ihm sehr zu. Er sei jetzt mit enormen Aggressionen konfrontiert, denen er nicht ausweichen könne. Er überlege sich schon, die Stellung wieder aufzugeben und in den OP-Bereich zurückzugehen.

Drei Monate nach Beginn einer als stressig erlebten Arbeit beginnt die Hyperthyreose (bei familiärer Vorbelastung, Mutter hatte Hyperthyreose). Die hierbei erlebten zusätzlichen pathophysiologischen Stressoren können von ihm nicht abgewehrt oder kompensiert werden, zum Beispiel durch Aktivierung eines äußeren Reizschutzes (z. B. durch Krankschreibung). Zum einen wäre dies für ihn unbewußt einer Niederlage vor dem Vater gleichgekommen und dem Eingeständnis, daß er der Aufgabe nicht gewachsen sei, zum anderen befand er sich noch in der Probezeit. Dadurch unterhielt sich eine Streß-Krankheits-Spirale, die er nur durch eine Operation durchbrechen konnte. Diese Operation ließ er in seinem Ausbildungskrankenhaus von seinem ehemaligen Lehrer beziehungsweise Chefarzt vornehmen. In diesem Haus hatte er die Erfahrung machen können, daß er auch mit seinen Schwächen angenommen und akzeptiert wurde. Drei Monate nach der Operation ging es ihm ausgezeichnet, und er hatte das Gefühl, seine Arbeit angemessen ausfüllen zu können.

Dieses Fallbeispiel mag als Illustration dafür dienen, wie Autoimmunhyperthyreose und Streß sich gegenseitig beeinflussen und einen Circulus vitiosus unterhalten, den unter den gegebenen Umständen nur eine Operation durchbrechen konnte.

--- Fallbeispiel 2 ---

Seit dem zweiten Lebensjahr und Scheidung der Eltern wuchs die 46jährige Patientin vaterlos auf. Ihre Mutter mußte hart arbeiten, um den Unterhalt für sie beide zu erwirtschaften. Nach der auch hierdurch bedingten Frustration eigener Abhängigkeitswünsche identifizierte sich die Patientin mit der starken Mutter in der Forcierung ihrer Autarkiebestrebungen. Durch eine akute Erkrankung der 74jährigen Mutter (zerebrale Durchblutungsstörungen) wurden die abgewehrten Abhängigkeitswünsche reaktiviert mit einer Angst vor Autonomieverlust. In einer kontraphobischen Abwehr ihrer symbiotischen Wünsche expandierte die Patientin beruflich, indem sie in einer 50 km entfernten Stadt ein weiteres Geschäft eröffnete, was einer verstärkten Autarkiebestrebung entsprach. Die beginnende Hyperthyreose verstärkte in ihrer ergotropen Stoffwechselsituation die Expansionsbestrebungen der Patientin quasi wie in einem hypomanen Zustand. In der Erstuntersuchung konnte die Patientin kaum psychische Beschwerden angeben, sie fühlte sich zwar leicht erschöpft, aber insgesamt ausgesprochen stabil und leistungsfähig. Erst nach thyreostatischer Therapie und Erreichen der Euthyreose reagierte sie mit einer depressiven Symptomatik.

Wie ist diese Veränderung zu erklären?

> Die Erkrankung der Mutter hat Ängste vor Abhängigkeit und Verlust der Autonomie mobilisiert. Bei bestehender familiärer Belastung (Schilddrüsenerkrankung der Mutter) reagierte die Patientin mit einer Basedow-Krankheit. Die sich darin entwickelnde hypomane Symptomatik kam ihren Autarkiebestrebungen zugute, die sich bereits in einer beruflichen Expansion ausdrückten. Erst nach Erreichen der Euthyreose und Reduktion der ergotropen Stoffwechselsituation wurden ihr ihre abgewehrten Abhängigkeitswünsche bewußt, die sich jetzt aber auf ihre Familie richteten (ihre Mutter war inzwischen genesen). Sie hatte jetzt Angst, ihre Familie (als Mutterersatz) könnte sich wegen ihres verstärkten beruflichen Engagements von ihr abwenden. Dies führte zu einer verspäteten, depressiven Reaktion. Da sie ihre berufliche Veränderung nicht wieder rückgängig machen konnte, blieb die Angst vor dem Verlust ihrer Familie und ein Defizit in der Befriedigung eigener Abhängigkeitswünsche. Obwohl unter Thyreostase eine Euthyreose erzielt werden konnte, ließ der bleibende emotionale Streß den Autoimmunprozeß erwartungsgemäß (entsprechend unseren psychodynamischen Überlegungen) nicht zur Ruhe kommen, so daß auch sie schließlich operiert werden mußte. Die depressive Symptomatik blieb jedoch bestehen, gleichzeitig nahm sie kontinuierlich an Gewicht zu, was ihr Selbstwertgefühl zusätzlich untergrub.

In beiden beschriebenen Krankheitsverläufen spielt die Hyperthyreose in der Psychodynamik eine wichtige Rolle. In beiden Fällen kann bei bestehender genetischer Belastung in der Streßsituation ein ätiologisch wirksamer Faktor angenommen werden. Es zeigt sich der Einfluß der Stoffwechselsituation auf wesentliche Lebensentscheidungen: So dachte der Patient im ersten Beispiel schon daran, seine Leitungsstelle wieder aufzugeben, weil er sich überfordert fühlte, während die Patientin im zweiten Beispiel die Hyperthyreose brauchte, um ihre berufliche Expansion zu betreiben.

Hyperthyreosis factitia

Definition

Die **Hyperthyreosis factitia** bezeichnet alle Formen der Hyperthyreose, die sich auf die akute oder chronische, bewußte, unbewußte oder akzidentelle Überdosierung von Schilddrüsenhormonen bezieht (Cohen et al. 1989).

Hierunter sind iatrogene Überdosierungen, zum Beispiel im Rahmen einer Strumaprophylaxe, genauso zu verstehen wie die heimliche Einnahme im Rahmen einer **Artefaktkrankheit** oder die einmalige Einnahme einer großen Hormonmenge in **suizidaler Absicht**. Ebenso trat die Hyperthyreosis factitia endemisch auf nach dem Verzehr von Rindergehacktem, in dem bovine Schilddrüsenanteile verarbeitet wurden, oder nach der Einnahme von Schlankheitspillen mit einem nicht unerheblichen Anteil an Schilddrüsenextrakten (Cohen et al. 1989).

Aufgrund der hohen freien Bindungskapazität von TBG (Thyroxinbindendes Globulin), Veränderungen in der Clearance sowie im Verteilungsmuster kann eine einmalige intravenöse Dosis von 4 mg Thyroxin (normale Tagesdosis 75 bis 100 ng) aufgenommen werden, ohne daß die peripheren Hormonmengen in den pathologischen Bereich steigen (Woeber et al. 1970). Die eigenmächtige Einnahme von Thyroxin, sei es im Rahmen einer Artefaktkrankheit oder zum **Zwecke der Gewichtsreduktion**, findet sich **besonders bei medizinischem** oder **paramedizinischem Personal** (Greer 1986). Riggs et al. (1945) fanden, daß jüngere, euthyreote Probanden beträchtliche Mengen an Hormonen vertragen, ohne wesentliche Zeichen der Stoffwechseldekompensation, und Jores (1949) stellte fest, daß unter der Bedingung der experimentellen Hyperthyreose keine psychischen Symptome auftreten. Bei älteren Menschen muß jedoch bei der Hyperthyreosis factitia auch mit erheblichen psychiatrischen Störungen gerechnet werden (Ohno und Miyoshi 1971).

Zusammenfassung

Die Hyperthyreose ist eine Stoffwechselerkrankung mit unterschiedlicher Ätiologie. Beschränken wir uns auf das klar abgrenzbare Krankheitsbild der Autoimmunhyperthyreose (Basedow-Krankheit), so scheint nach vorliegenden Untersuchungen zumindest bei einer zahlenmäßig nicht unbedeutenden Subgruppe die Erkrankung in einem engen Zusammenhang zur Fähigkeit der Streßverarbeitung zu stehen. Hierbei gewinnt die Steigerung des Metabolismus entsprechend der vorbestehenden Persönlichkeitsstruktur unterschiedliche Bedeutung. So kann sie bei einem eher depressiv strukturierten Menschen sogar zu einer Steigerung seiner Lebensqualität beitragen. Patienten sind geneigt, die Symptomatik als Folge ihrer Lebenssituation zu deuten und werden oft erst durch die Umgebung auf ihr inadäquates Verhalten aufmerksam. Die zum Teil erhebliche Konsequenz des Circulus vitiosus zwischen Streß und Autoimmunmechanismus läßt eine psychotherapeutische Begleitung bei einem Teil der Patienten sinnvoll erscheinen. Diese Zusammenhänge scheinen wir jedoch heute in der akademischen Medizin neu entdecken zu müssen. In früheren Lehrbüchern wurde dies wie selbstverständlich von erfahrenen Klinikern gefordert. So hebt Jores (1949) die Notwendigkeit und heilsame Wirkung einer guten psychotherapeutischen Führung der Basedowpatienten hervor, und Bleuler (1954, S. 271) schreibt:

„Viele Patienten haben sie schon aus ihrer emotionalen Aufgewühltheit heraus nötig und bei vielen strahlt ein psychotherapeutischer Erfolg beruhigend, bessernd, vielleicht manchmal heilend, auf das körperliche Krankheitsgeschehen aus... Wir verfügen beim M. Basedow über größere psychotherapeutische Erfahrungen als bei den meisten anderen endokrinen Krankheiten."

Literatur

Alexander F, French TM, Pollock GH. Psychosomatic Specifity. Vol. 1: Experimental study and results. Chicago, London: University of Chicago Press 1968.

Allanic H, Fauchet R, Lorcy Y, Heim J, Gueguen M, Leguerrier AM, Genetet B. HLA and Graves' disease: an association with HLD-DRw3. J Clin Endocrinol Metabol 1980; 51: 863–7.

Basedow C v. Exophthalmus durch Hypertrophie des Zellgewebes in der Augenhöhle. Caspers Wschr Ges Heilk 1940; 13: 197–220.

Bech K, Lumholtz B, Nerup J, Thomsen M, Platz P, Ryder LP, Svejgaard A, Siersbaek-Nielsen K, Hansen JM, Larsen JH. HLA-antigens in Graves' disease. Acta Endocrinol 1977; 86: 510–6.

Bleuler M. Endokrine Psychiatrie. Stuttgart: Thieme 1954.

Brown WT, Gildea EA. Hyperthyreoidism and personality. Am Psychiatry 1937; 94: 59–76.

Brown WT, Hetzel BS. Stress, personality and thyroid disease. J Psychosom Res 1963; 7: 223–8.

Chiovato L, Marino M, Perugi G, Fiore E, Montanelli L, Lapi P, Cavaliere R, Ciampi M, Patronelli A, Placidi GF, Cassano GB, Pinchera A. Chronic recurrent stress due to panic disorder does not precipitate Graves' disease. J Endocrinol Invest 1998; 21: 758–64.

Cohen JH, Sidney H, Ingbar SH, Braverman LE. Thyrotoxicosis due to ingestion of excess thyroid hormone. Endocr Rev 1989; 10: 113–24.

Conrad A. The psychiatric study of hyperthyroid patients. J Nerv Ment Dis 1934a; 79: 505–29.

Conrad A. The psychiatric study of hyperthyroid patients. J Nerv Ment Dis 1934b; 79: 656–76.

Fahrenberg J, Hempel R, Selg H. Das Freiburger Persönlichkeitsinventar (FPI). Göttingen, Bern, Toronto, Seattle: Hogrefe 1989.

Fahrenfort JJ, Wilterdink AM, van der Veen EA. Long-term residual complaints and psychosocial sequelae after remission of hyperthyroidism. Psychoneuroendocrinology 2000; 25: 201–11.

Graves RJ. Clinical lectures. Lond Med Surg J Lect 1835; XII: 516.

Greenwald I. The history of goiter in Bolivia, Paraguay and Brazil. Tex Rep Biol Med 1969; 27: 7–26.

Greer MA. Thyrotoxicosis of extrathyroid origin. In: Werner`s The Thyroid. Ingbar SH, Braverman LE (eds). 5th edn. Philadelphia: Lippincott 1986.

Grumet FC, Payne RO, Konishi J, Mori T, Kriss JP. HLA-antigen in Japanese patients with Graves' disease. Tissue Antigens 1975; 6: 347–52.

Hadden DR, McDevitt DG. Environmental stress and thyrotoxicosis. Absence of association. Lancet 1974; 2: 577–8.

Ham GH, Alexander F, Carmicheal HT. A psychosomatic theory of thyrotoxicosis. Psychosom Med 1951; 13: 18–35.

Hehrmann R. Symptome, die auf eine Schilddrüsenkrankheit hinweisen. Internist 1988; 29: 523–8.

Hermann HT, Quarton GC. Psychological changes and psychogenesis in thyroid hormone disorders. J Clin Endocrin Metab 1965; 25: 327–38.

Janke W, Erdmann G, Boucsein W. Streßverarbeitungsfragebogen. Göttingen: Hogrefe 1985.

Jores A. Klinische Endokrinologie. Berlin, Göttingen, Heidelberg: Springer 1949.

Kleinschmidt HJ, Waxenberg SE, Cuker R. Psychophysiology and psychiatric management of thyrotoxicosis: a two year follow-up study. Mt Sinai J Med 1956; 23: 131–53.

Lewis ND. Psychological factors in hyperthyreoidism. M J Rec 1925; 122: 121–5.

Lidz T. Emotional factors in the etiology of hyperthyroidism. Psychosom Med 1949; 11: 2–8.

Loosen PT. Hormones of the hypothalamic-pituitary-thyroid axis: A psychoneuroendocrine perspective. Pharmacopsychiatry 1986; 19: 401–15.

Mandelbrote BM, Wittkower ED. Emotional factors in Graves' disease. Psychosom Med 1955; 19: 109–23.

Mann K. Störung der Immunregulation bei Morbus Basedow. 20. Tagung der Sektion Schilddrüse der Deutschen Gesellschaft für Endokrinologie. Heidelberg 1988.

Marti-du-Pan RC. Triggering role of emotional stress and childbirth. Unexpected occurrence of Graves' disease compared to 96 cases of Hashimoto thyroiditis and 97 cases of thyroid nodules. Ann Endocrinol 1998; 59: 107–12.

Martin L, Fisher RA. The hereditary and familial aspects of exophthalmic goiter and nodular goiter. Quart J Med 1945; 14: 207.

Mittelman B. Psychogenetic factors and psychotherapy in hyperthyrosis and rapid heart imbalance. J Nerv Ment Dis 1933; 77: 465.

Ohno F, Miyoshi K. Clinical observations on thyreoidismus medicamentosus due to weight reducing pills in Japan. Endocrinol Jpn 1971; 18: 321.

Parry CH. Enlargement of the thyroid gland in connection with enlargement or palpitation of the heart. In: Collections from Unpublished Medical Writings. Vol. II. Parry CH. London: Underwoods 1825.

Paschke R, Harsch I, Schlote B, Vardarli I, Schaarf L, Kaumeier S, Teuber J, Usadel KH. Sequential psychological testing during the course of autoimmune hyperthyroidism. Klin Wochenschr 1990; 68: 942–59.

Placidi GP, Boldrini M, Patronelli A, Fiore E, Chiovato L, Perugi G, Marazziti D. Prevalence of psychiatric disorders in thyroid diseased patients. Neuropsychobiology 1998; 38: 222–5.

Pop VJ, Maartens LH, Leusink G, Van Son MJ, Knottnerus AA, Ward AM, Metcalfe R, Weetman AP. Are autoimmune thyroid dysfunction and depression related? J Clin Endocrinol Metab 1998; 83: 3194–7.

Riggs DS, Man EB, Winkler AW. Serum iodine of euthyroid subjects treated with desicated thyroid. J Clin Invest 1945; 24: 722.

Rodewig K, Heckmann Ch, Leitz C, Rudorff KH. Gibt es eine besondere Vulnerabilität für Streß bei Patienten mit Morbus Basedow? Z Psychosom Med 1997; 43: 153–65.

Rodewig K, Leibing E, Heckmann Ch, Rudorff KH. Psychische Symptome, Streßwahrnehmung und Streß-Bewältigung unter Hyperthyreose. In: Schilddruese. Seibel MJ, Weinheimer B, Ziegler R (Hrsg). Berlin: de-Gruyter 2000; 195–204.

Schweitzer PMJ. Calorie supply and basal metabolism. Acta Med Scand 1944; 119: 306 (zitiert nach Weiner 1977).

Sonino N, Girelli ME, Boscaro M, Fallo F, Busnardo B, Fava GA. Life events in the pathogenesis of Graves's disease. A controlled Study. Acta Endocrinol 1993; 128: 293–6.

Verschuer O v. Die Zwillingsforschung im Dienste der Inneren Medizin. Verh Dtsch Ges Inn Med 1958; 64: 262–73.

Weiner H. Graves' disease. In: Psychobiology and human disease. Weiner H (ed). New York, Oxford, Amsterdam: Elsevier 1977; 319–413.

Weisman SA. Incidence of thyrotoxicosis among refugees from Nazi prison camps. Ann Intern Med 1958; 48: 747.

Winsa B, Adami HO, Bergstrom R, Gamstedt A, Dahlberg PA, Adamson U, Jansson R, Karlsson A. Stressful events and Graves' disease. Lancet 1991; 338: 1475–9.

Woeber KA, Hecker E, Ingbar SH. The effects of an acute load of thyroxine on the transport and peripheral metabolism of triiodothyronine in man. J Clin Invest 1970; 49: 650–4.

Yoshiucchi K, Kumano H, Nomura S, Yoshimura H, Ito K, Kanaji Y, Kuboki T, Suematsu H. Psychosocial factors influencing the short-term outcome of antithyroid drug therapy in Graves' disease. Psychosom Med 1998; 60: 592–6.

Yoshiucchi K, Kumano H, Nomura S, Yoshimura H, Ito K, Kanaji Y, Ohashi J, Kuboki T, Suematsu H. Stressful life events and smoking were associated with Graves' disease in women, but not in men. Psychosom Med 1998; 60: 182–5.

Literaturempfehlung

Hehrmann R. Schilddrüsenerkrankungen. Ulm, Stuttgart, Jena: Fischer 1998.

Heufelder AE, Spitzweg Ch. Pathogenese der immunogenen Hyperthyreose und endokrinen Orbitopathie. Internist; 1998; 39: 599–606.

Overdisse K, Klein E, Reinwein D. Die Krankheit der Schilddrüse. Stuttgart: Thieme 1980.

Rodewig K. Psychosomatische Aspekte der Hyperthyreose unter besonderer Berücksichtigung des Morbus Basedow. Ein Überblick. Psychother Psychosom Med Psychol 1993; 43: 271–7.

Weiner H. Graves' disease. In: Psychobiology and Human Disease. Weiner H (ed). New York, Oxford, Amsterdam: Elsevier 1977; 319–413.

5.4.8
Rheumatische Erkrankungen

Wolfgang Eich

ICD-10-Klassifikation

Die Zuordnung erfolgt primär somatisch:
M05: seropositive chronische Polyarthritis
M06: andere chronische Polyarthritiden
M45: ankylosierende Spondylitis
M32: SLE
M79: Fibromyalgie
Bei der Fibromyalgie sollte grundsätzlich F54 kodiert werden, da diese Erkrankung in jedem Fall eine psychische Mitbeteiligung aufweist.

Sowohl für die psychotherapeutische Medizin wie die Rheumatologie sollte die systematische Einbeziehung psychosozialer Aspekte bei der Erstmanifestation, dem Verlauf und der Therapie rheumatischer Erkrankungen integraler Bestandteil ihres Selbstverständnisses sein. Dies gilt besonders für die wichtigsten und häufigsten rheumatischen Erkrankungen, wie die chronische Polyarthritis, die ankylosierende Spondylitis (Bechterew-Krankheit), den systemischen Lupus erythematodes sowie als häufigste nichtentzündlich-rheumatische Erkrankung die Fibromyalgie. **Patienten-Selbsthilfeorganisationen** (Rheumaliga, Bechterew-Vereinigung, SLE-Gruppen, Fibromyalgie-Gruppen) haben die Notwendigkeit dieser integrierten Betreuung schon frühzeitig erkannt. Bisher mit ihren psychosomatischen Anteilen wenig beachtete rheumatische Krankheitsbilder wie zum Beispiel die Sklerodermie, die Wegener-Granulomatose, die Borreliose und andere schwere rheumatische Erkrankungen, Kollagenosen oder Vaskulitiden sollten dabei in Zukunft mehr berücksichtigt werden.

Differenzierungen und Neuentwicklungen in der psychosomatischen Theoriebildung der letzten Jahrzehnte, die mit einer größeren Differenzierung auch auf der somatischen Ebene der Krankheiten korrespondieren, führten zur Beschreibung von immer komplexeren bio-psychosozialen Interaktionsfeldern (**bio-psychosoziales Modell**). So gelingt es heute oft nur noch für hochselektierte und eng definierte Krankheitsuntergruppen von klassischen Krankheitseinheiten wissenschaftliche Aussagen über beteiligte psychosoziale Faktoren zu erstellen.

Chronische Polyarthritis

Definition

Die **chronische Polyarthritis** (Synonym: **rheumatoide Arthritis**) ist eine chronisch-entzündliche Systemerkrankung mit Entzündungen der Gelenkinnenhaut (besonders der Finger-, Zehen- und Handgelenke), die allmählich zu Fehlstellungen der Gelenke und schließlich zur Funktionslosigkeit führen kann.

Ätiologie

Die Ätiologie ist unbekannt.

Epidemiologie

Die Erkrankung entwickelt sich am häufigsten zwischen dem 25. und 50. Lebensjahr. Frauen erkranken dreimal so häufig wie Männer. Die Erkrankung ist die häufigste entzündlich-rheumatische Erkrankung. Sie macht, nicht zuletzt auch wegen der Chronizität der Behandlungsnotwendigkeit, ungefähr zwei Drittel der Patienten einer rheumatologischen Fachpraxis aus.

Psychodynamik

Aus der Gruppe der rheumatischen Erkrankungen wurde die chronische Polyarthritis paradigmatisch immer wieder auf psychologische Faktoren hin untersucht. F. Alexander (1950) nahm sie in seinen Kanon der psychosomatischen Krankheiten im engeren Sinne auf. Als häufigste chronisch-entzündliche, in Schüben verlaufende rheumatische Erkrankung sind Patienten und Ärzte mit den schwierigen psychosozialen Fragen einer Krankheit konfrontiert, die chronisch Schmerzen bereitet und die Bewegung behindert.

Schon die frühesten klinischen Beschreibungen charakterisieren die chronische Polyarthritis als eine auch **psychologisch auffällige Patientenpopulation**. Die Patienten erscheinen ruhig, bescheiden, zuverlässig, gewissenhaft, beruflich selbständig, gefühlsmäßig äußerungsgehemmt und selbstaufopfernd (Halliday 1942) sowie unreif, umweltabhängig und perfektionistisch (Ludwig 1952). Durch ihre Schwierigkeiten, Gefühle auszudrücken (Blom und Nicholls 1954), insbesondere Ärger und Aggression (McLaughlin et al. 1953), wirken sie hinter einer Fassade gespielter Selbstsicherheit doch erheblich unsicher und haben Schwierigkeiten im mitmenschlichen Umgang (Robinson 1957).

Diese frühen klinischen Deskriptionen, die hauptsächlich in den 40er und 50er Jahren erfolgten, haben aus heutiger Sicht den methodischen Mangel einer nicht charakterisierten Patientenselektion und eines fehlenden Kontrollgruppenvergleichs.

Der Internist H. Plügge (1953) wies in einer phänomenologisch-anthropologischen Studie auf die „**Selbstlosigkeit**" dieser Kranken hin. Die klinisch imponierende Geduld und Genügsamkeit bei ihrer doch schweren Behinderung ebenso wie ihre unermüdliche Fürsorge und ihr aufopferndes Dienen für ihre Mitmenschen vor der Erkrankung erklärte er sich durch ihre ausgeprägte Selbstlosigkeit und ihren Mangel an Selbst- und Körperwahrnehmung.

F. Alexander postulierte für diese klinische Symptomatik einen gemeinsamen psychodynamischen Hintergrund. Er steht dabei in einer Reihe mit anderen psychoanalytisch geprägten Autoren, die bei den Patienten eine spezifische Form der **Aggressionsverarbeitung** in den Vordergrund ihrer Überlegungen stellen. In psychoanalytischen Interviews finden sie einen chronisch-gehemmten, feindselig-aggressiven Zustand, der sich als Aufständigkeit gegen jede Form von äußerlichem und innerlichem Druck, gegen das Beherrschtwerden von anderen Menschen oder gegen den hemmenden Einfluß des überempfindlichen Gewissens zeigt. Die Kranken versuchen, ein Gleichgewicht zwischen ihren aggressiven Antrieben und der geforderten Beherrschung derselben zu erreichen. Sie lernen dabei, Aggression in schwere Arbeit, Sport oder zum Beispiel intensive Gartenarbeit umzuleiten. In bezug auf ihre Mitmenschen lernen sie den einschränkenden Einfluß des Gewissens durch eine dienende Haltung anderen gegenüber aufzuheben. So können aggressive Gefühle anderen gegenüber nicht zugelassen werden. Die Anpassung an neue Situationen und sich verändernde Umwelten wird dadurch erheblich erschwert.

Eine zunehmende Anzahl von Untersuchungen belegt einen Zusammenhang zwischen **belastenden Lebensereignissen** (_Life Events_) und Krankheitsausbruch (Baker 1982). Während des letzten Jahres vor Beginn der Erkrankung finden sich signifikant mehr psychologische Stressoren und familiäre Konflikte. Hier sind es vor allem Probleme bei Trennungen sowie Krisen in den zwischenmenschlichen Beziehungen, Tod und Verlust wichtiger Bezugspersonen oder Autoritäts- und Eheprobleme. Lag früher mehr die Hoffnung, mit der Psychophysiologie der Muskelverspannungen das _Missing Link_ zwischen Körper und Psyche zu suchen, so ist es heute die Psychoneuroimmunologie (Ader 1981).

Gibt es eine Rheumapersönlichkeit?

Die Generalisierbarkeit dieser Aussagen kann wegen des Fehlens von Kontrollgruppen aus methodischer Sicht in Frage gestellt werden. Neuere Untersuchungen mit Fragebogen und standardisierten Testinstrumenten haben gezeigt, daß die Persönlichkeiten von chronischen Polyarthritikern, wenn sie in den Frühstadien erfaßt werden, sich mit diesen Testinstrumenten nicht von denen anderer chronischer Krankheiten unterscheiden lassen. Auch neuere psychoanalytisch inspirierte Untersuchungen zeigten keine spezifischen Konflikte, sondern entlang der individuellen psychogenetischen Entwicklungslinie unterschiedliche Vulnerabilitäten gegenüber konflikthaften Lebenssituationen (Jordan et al. 1987). Die oben aufgezeigten Eigenschaften sind somit auch krankheitsreaktiv interpretierbar oder Ausdruck einer Persönlichkeitsstruktur chronisch Kranker überhaupt (vgl. Kap. 5.4.1, S. 399f). Das ändert jedoch nichts an der Tatsache, daß bei nahezu allen Patienten konflikthafte Probleme mit der Krankheit auftreten,

und zwar entweder in Form einer ängstlichen Verleugnung, einer depressiven oder konversionsneurotischen Verarbeitung. In einer größeren Stichprobe konnte nur bei 19% kein Konflikt gefunden werden (Schüßler 1993), auch wenn es sich hierbei nicht um spezifische Konflikte handelte.

Verlauf

Der Verlauf der chronischen Polyarthritis wird durch das Vorhandensein psychischer Konflikte und durch die Art des Umgangs sowie die bewußte und unbewußte Einstellung (Coping) zur Krankheit insgesamt beeinflußt.

Erste psychologisch bedingte Differenzierungen in der wahrscheinlich inhomogenen Gruppe von Patienten mit chronischer Polyarthritis wurden durch Rimon (1969) gezeigt. Er isolierte zwei **Subgruppen**, deren klinischer Verlauf mit der An- oder Abwesenheit psychischer Konflikte korrelierte:

- die „**Major-Conflict-Group**" mit:
  - akuter Symptomatik
  - rapider Progression
  - deutlicher Häufung psychischer Konflikte
- die „**Non-Conflict-Group**" mit:
  - Ausbleiben psychischer Konflikte
  - schleichendem Beginn
  - langsamerem Verlauf
  - positiver Familienanamnese

Er schloß deshalb bei der „Non-Conflict-Group" auf das Vorherrschen eines genetischen Faktors, der bei der „Major-Conflict-Group" nicht vorliegen sollte.

Die Coping-Forschung konnte zeigen, daß die Art des für jeden Patienten typischen **Bewältigungsstils** einen bisher unterschätzten Einfluß auch auf den körperlichen Verlauf der Erkrankung hat und eng mit dem Funktionsstatus der Gelenke korreliert ist. Insbesondere ein passiv-hinnehmendes Coping zusammen mit einer niedrigen Einschätzung eigener Beeinflussungsmöglichkeiten (_Self-Efficacy_) ist mit Hoffnungslosigkeit und Depression verbunden. Angst und Depression wiederum führen zu einem deutlich schlechteren Verlauf der chronischen Polyarthritis. Erlernte Hilflosigkeit und „Katastrophisieren" haben einen signifikant schlechten Einfluß auf die Schmerzen und den Funktionsstatus (Keefe et al. 1989).

Grob klassifizierend können drei verschiedene **Coping-Muster** (Solomon 1981) der Krankheitsbewältigung der chronischen Polyarthritis unterschieden werden:

- aktive Auseinandersetzung
- Verleugnung
- hilflose Unterwerfung

Diese unterschiedlichen Coping-Stile haben einen prädiktiven Wert nicht nur für das psychische Wohlbefinden, sondern auch für den Funktionsstatus der Gelenke (Parker et al. 1988).

Die Verlaufsforschung konnte sogar zeigen, daß psychologische Variablen wie Angst und Depression den Funktionszustand der Gelenke besser prädizieren können als jeder somatische Parameter, ja selbst besser als Aktivitätsparameter (wie

z. B. BKS, CRP etc.) und Schweregradparameter (wie z. B. röntgenologischer Befund; Hagglund et al. 1989). Das weist nochmals eindringlich auf die Bedeutung psychischer Faktoren für den Verlauf der chronischen Polyarthritis hin.

Verknüpft man die Ergebnisse der Persönlichkeits-, Streß- und Verlaufsforschung so wird deutlich, daß belastende Lebensereignisse dann größeres Gewicht haben, wenn der Ausbruch der Erkrankung jenseits der eigenen Kontrollierbarkeit erlebt wird, und wenn es infolge erlernter Hilflosigkeit, Depression oder Angst zu mangelnder Compliance und unvollständiger medizinischer Therapie kommt. Das ist besonders dann deletär, wenn infolge mangelnder Körper- und Selbstwahrnehmung der Patient nur schwer in der Lage ist, über seine somatischen und psychischen Beschwerden adäquat mit dem Arzt zu kommunizieren. Ein günstiger Verlauf kann sich aber dann einstellen, wenn Stressoren weitgehend fehlen, eine Kontrollierbarkeit der Erkrankung empfunden wird und der Patient in seiner Wahrnehmung durch möglichst wenig neurotische Verzerrungen eingeschränkt ist.

Psychotherapie

Studien zur **Einzelpsychotherapie** der chronischen Polyarthritis sind rar, berichten aber über teilweise erstaunliche Ergebnisse (Lindberg und Lindberg 1988) bis zur Symptomfreiheit (Kütemeyer 1963). Die Behandlung besteht dabei in einer niedrigfrequenten Psychotherapie über mehrere Jahre (de Boor 1986). Zunehmend werden die Ergebnisse **krankheitsorientierter Gruppentherapien** (Deter und Schüffel 1988) bekannt, die neben Entspannungsmethoden (Autogenes Training, Biofeedback oder progressive Muskelrelaxation) aus bis zu 10stündigen psychodynamischen (Brinkmann et al. 1988) oder kognitiv-verhaltenstherapeutisch orientierten Gruppengesprächen (McCracken 1991) bestehen und mit Schmerzbewältigungsstrategien und gezieltem Aktivitätsaufbau arbeiten. Diese Gruppentherapien stellen für die Patienten oft ein vergleichsweise gering bewertetes therapeutisches Verfahren dar, mit dem sie sich nicht individuell genug gefördert sehen. Als ein eigenständiges Therapieverfahren bietet es dem Patienten jedoch in konzentrierter Form vielfältigste Möglichkeiten der Krankheitsbewältigung und darüber hinaus eine Fülle neuer Kommunikationsmöglichkeiten. Verglichen mit Patienten, die lediglich soziale Unterstützung oder keine Gruppentherapie erhielten, zeigten diese Patienten eine deutlichere Schmerzreduktion und einen verbesserten Funktionsstatus sowie signifikante Verbesserungen der Krankheitsaktivitätsparameter wie BKS, Zahl der betroffenen Gelenke, Griffstärke und Titer des Rheumafaktors (Bradley et al. 1984; Rehfisch 1988).

Neuere multimodale Gruppentherapiestudien zeigen die Effekte kognitiv-behavioraler Therapie (Leibing et al. 1999) und betonen die Rolle der Streßaktivierung in der Pathophysiologie (Heim et al. 2000; Schiel 1999). Für den rheumatologisch orientierten Allgemeinmediziner, Internisten oder Orthopäden geht es bei der Behandlung von Patienten mit einer chronischen Polyarthritis auch um eine langfristige und abgestufte psychotherapeutische Begleitung, wie sie in der **psychosomatischen Grundversorgung** (Bergmann 1989) konzeptualisiert ist. Über Jahre oder Jahrzehnte ist er der entscheidende Ansprechpartner, mit dem wichtige Entscheidungen wie Medikamentenänderungen, Operationen, Zeitpunkt einer Rehabilitationsmaßnahme, berufliche Schwierigkeiten, Berufsaufgabe etc. besprochen werden und der mit neu aufkommender Sorge, Angst, Depression und Verzweiflung sowie der zwischenzeitlichen Hoffnungslosigkeit zuerst konfrontiert wird. Die **psychotherapeutische Funktion** des **Arztes** besteht hierbei in einer:

- aktiv stützenden und haltenden Einstellung, die den Patienten in seinen Ängsten annimmt und beruhigt;
- Information und Beratung des Patienten, aber auch seiner Angehörigen, damit die individuellen und familiären Ressourcen genutzt werden können (Welter-Enderlin 1989);
- Stimulierung einer introspektiven und selbstreflexiven Wahrnehmungsfähigkeit, um zum Beispiel Medikamentennebenwirkungen genauer abzugrenzen, Gefühle differenzierter als bisher zu erleben oder die eigene Befindlichkeit realistischer einschätzen zu können.

Dies geschieht am ehesten in einer

- kontinuierlichen und geduldigen Betreuung des Patienten, die das Anlehnungsbedürfnis der Patienten versteht, und die langfristig zu einer Ich-Stärkung und damit zur Möglichkeit aktiver Konfliktlösung führen kann.

Eine Indikation zur **speziellen Psychotherapie** und damit die Überweisung zum Arzt für psychotherapeutische Medizin ergibt sich, unabhängig davon, dann, wenn zwischen Arzt und Patient ein Grundkonsens über eine psychosoziale Konfliktsituation und deren Zusammenhänge erreicht ist, das heißt wenn eine genügend große Introspektionsfähigkeit vorliegt, der Patient nach einer reflektierenden Annahme der eigenen Krankheit zu einer Therapie motiviert ist und das Ausmaß der psychischen Störung die Erkrankung des Patienten beeinflußt.

Ankylosierende Spondylitis

Definition

Die **ankylosierende Spondylitis** (früher: Bechterew-Krankheit) ist eine systemische, chronisch-entzündliche, rheumatische Erkrankung des Bewegungssystems, bei der es im Verlauf der Erkrankung zu einer allmählichen Versteifung der Wirbelsäule kommen kann. Neben der Wirbelsäule treten auch zahlreiche andere extravertebrale und extraartikuläre Manifestationen auf.

Bei der Erstmanifestation treten Kreuzschmerzen vom entzündlichen Typ (d. h. besonders nächtliche, tiefsitzende Kreuzschmerzen) auf.

Ätiologie

Die Ätiologie ist unbekannt. Eine erbliche Disposition liegt in Form des seit 1973 bekannten HLA-B27 vor, das zu 88 bis 96% eine Assoziation zur ankylosierenden Spondylitis aufweist.

Epidemiologie

Die Erkrankung betrifft in 80 bis 90% der Fälle Männer und manifestiert sich erstmals zwischen dem 20. und 30. Lebensjahr.

Psychodynamik

Der klinische Eindruck, daß Patienten mit ankylosierender Spondylitis im sozialen Bereich sehr angepaßt, arbeitsam und strebsam sowie wenig krank seien, wenig klagten und in der Beziehung zum Arzt sehr kooperativ seien, konnte durch Untersuchungen (Zant et al. 1982) bestätigt werden, die auch zeigen, daß die Schulbildung der Patienten mit ankylosierender Spondylitis im Vergleich zu anderen Rheumapatienten am höchsten ist und daß sie weniger die Rentenversicherung in Anspruch nehmen als andere Rheumapatienten. Durch dieses betont aktive Coping fühlen sich diese Patienten ihrer Erkrankung nicht so ausgeliefert wie Patienten mit chronischer Polyarthritis. Sie haben eine höhere interne Kontrollüberzeugung, was sich auch darin zeigt, daß sie besser mit ihrer Krankheit umgehen können und sie besser in den Griff bekommen als Patienten mit einer chronischen Polyarthritis (Engst-Hastreiter 1984).

Die Interpretation dieser betont aktiven Einstellung zur Krankheit und zum Leben allgemein, die **Abhängigkeit vermeidet** und **Autonomie betont**, wird von manchen Autoren als Ausdruck eines Überbotens männlicher Sozialisationsmechanismen verstanden, während andere die Autonomiebestrebungen als Pseudoprogression interpretieren und darin eine Vermeidung zwischenmenschlicher Kontaktfähigkeit, Empathie und Hingabefähigkeit sehen.

Versuche, dies mit der Ätiologie der ankylosierenden Spondylitis in Zusammenhang zu bringen, sind methodisch mit der Hypothek nichtkontrollierter retrospektiver Erhebungen verbunden. Mit dem Rorschach-Test, einem projektiven Testverfahren (Spiegel 1969), konnte gezeigt werden, daß Patienten mit ankylosierender Spondylitis im Vergleich zu Patienten mit lumbalem Diskusprolaps eine **reduzierte Phantasietätigkeit** aufwiesen sowie Zeichen einer **chronischen Konfliktsituation** mit Reduzierung der persönlichen Beziehungen und einem insgesamt gestörten psychischen Wohlbefinden (Schild 1972; 1973a; 1973b). In psychoanalytischen Interviews fanden sich ausgeprägte frühkindliche, **hypermotorische Impulse**, deren **Hemmung** zu einem späteren Zeitpunkt (z.B. bei Eintritt in das Berufsleben oder bei Heirat) mit dem Krankheitsbeginn assoziiert sind (Zander 1981).

Subgruppen der ankylosierenden Spondylitis

In einer eigenen Untersuchung von 67 Patienten mit ankylosierender Spondylitis und einer gleichgroßen, nach Alter und Geschlecht parallelisierten gesunden Kontrollgruppe konnten wir anhand von semistrukturierten Interviews und testpsychologischen Untersuchungen nachweisen, daß die meisten dieser Thesen nicht mehr aufrecht erhalten werden können (Eich et al. 1993), sondern daß eine Differenzierung nötig ist. Bestehen blieben allenfalls Hinweise auf eine verstärkte frühkindliche Motorik bei den Patienten und Hinweise auf eine krankheitsreaktive soziale Isolierung. Anhand der Art der Selbstwertregulation konnten wir drei **psychologisch unterscheidbare Subgruppen** mit ankylosierender Spondylitis identifizieren, die auch klinisch und damit differentialtherapeutisch relevant sind (Eich 1994):

- 52% der Patienten mit ankylosierender Spondylitis zeigen eine stabile Selbstwertregulation mit relativ geringem Leidensdruck und geringem subjektiven Krankheitserleben und meistern ihre Erkrankung auch bei hoher Krankheitsaktivität adäquat. Sie brauchen in der Regel vor allem eine Beratung und Information von seiten des Hausarztes.
- 35% der Patienten konnten unter Zuhilfenahme aktiver Gegenregulationsbemühungen ihr bedrohtes Selbstwertgefühl wieder deutlich stabilisieren. Sie haben selbst bei mittlerer Krankheitsaktivität einen sehr guten Funktionsstatus von Gelenken und Wirbelsäule. Diese Patienten bedürfen einer supportiv-unterstützenden und entängstigenden Begleitung durch den Hausarzt, nachdem durch eine Vorstellung beim Arzt für psychotherapeutische Medizin abgeklärt wurde, ob nicht doch eine Indikation für eine Psychotherapie vorliegt.
- 13% der Patienten zeigten ein ausgesprochen instabiles Selbstwertgefühl, das durch keinerlei Bemühungen kompensiert werden konnte. Sie gleichen hierin den Patienten einer psychosomatischen Ambulanz. Schon bei geringer Erkrankungsaktivität zeigen sie eine hohe Funktionseinschränkung. Diese Patienten bedürfen daher dringend neben der rheumatologischen einer zusätzlichen psychosomatischen, oft konfliktzentrierten Behandlung und sollten eine Psychotherapie erhalten.

Psychotherapie

Als einziges evaluiertes Therapiekonzept kann über ein standardisiertes Gruppen-Behandlungsprogramm mit den Elementen progressive Muskelrelaxation, kognitives Training, Aufmerksamkeitsfokussierung und Aktivitätsförderung berichtet werden, das zu einer deutlichen Verbesserung der Selbstkontrolle des chronischen Schmerzes und zur Reduktion von Ängstlichkeit und der Depression bei Patienten mit ankylosierender Spondylitis führt (Basler und Rehfisch 1991).

Systemischer Lupus erythematodes

Definition und Deskription

> **Definition**
> Der **systemische Lupus erythematodes** ist eine klassische Autoimmunerkrankung, die sich systemisch, das heißt im ganzen Körper, abspielt und die unterschiedlichsten Organsysteme befällt.

Typisch für die Erkrankung ist das Auftreten von Autoantikörpern gegen native Doppelstrang-DNA (ds-DNA) im Blut der Patienten. Das wesentliche pathogenetische Prinzip ist eine histologisch nachweisbare Immunvaskulitis.

Das Krankheitsbild ist gekennzeichnet durch Fieber, Anämie, Leukopenie, Thrombopenie, Polyarthritis, Lymphome, Milzvergrößerung und Leberbeteiligung.

Ätiologie

Die Ätiologie ist unbekannt. Neben exogenen Noxen scheint eine genetische Prädisposition mit Alteration des Immunsystems Voraussetzung für die Krankheitsentwicklung zu sein.

Epidemiologie

Das Geschlechtsverhältnis beträgt 9:1 für Frauen gegenüber Männern. Die Erstmanifestation erfolgt in der Regel in den frühen Erwachsenenjahren.

Psychodynamik

Das Erstmanifestationsalter zwischen dem 15. und 25. Lebensjahr sowie das häufige Betroffensein von Frauen (Frauen: Männer = 9:1; Rothfield 1993) bedingen ein charakteristisches Zusammentreffen von biographischen Problemsituationen mit psychosozialen Faktoren, die besonders Schwellensituationen des frühen Erwachsenenlebens wie Berufsbeginn, Berufsausbildung, Pubertät, Freundschaftsbeziehungen, Ehe, Schwangerschaftswunsch und Schwangerschaft komplizieren. Dabei ist deutlich, daß diese Probleme um so besser bewältigt werden können, je stabiler die prämorbide Persönlichkeitsstruktur ist. Die „Impact"-Forschung (engl. *impact* = Zusammenstoß, Einfluß) hat nun gezeigt, daß Patienten mit systemischem Lupus erythematodes hier mindestens ebenso große Probleme haben wie Patienten mit einer chronischen Polyarthritis (Liang et al. 1984).

Abhängig von der Schwere der Erkrankung mit einer Mortalität von bis zu 20% innerhalb von 10 Jahren (Reveille et al. 1990) und der prämorbiden Persönlichkeitsstruktur sind die meisten jungen Patientinnen erheblich verunsichert und haben große psychische Probleme mit:

- einer bedrohlich erscheinenden Krankheit, die sie oft verleugnen
- der unter Umständen hochdosierten und aggressiven Therapie

Je länger sie sich mit Krankheit und intensiver Therapie konfrontiert sehen, umso eher zeigen sie ängstliche und depressive Reaktionen (Dam et al. 1991).

Durch die Möglichkeit eines **zerebralen Lupus-Befalls** kommt erschwerend hinzu, daß zwischen 50 und 75% der Patienten mit systemischem Lupus erythematodes **neuropsychiatrische Symptome** aufweisen. Häufigstes psychisches Symptom sind organische Psychosen mit optischen und akustischen Halluzinationen und paranoiden Verkennungen. Daneben finden sich auch dementielle Entwicklungen und depressive Zustandsbilder (Berlit 1989). Wichtigstes Frühsymptom sind Konzentrationsstörungen. Ein routinemäßiges Antikörper-Screening aller psychiatrischen Patienten auf ds-DNA-Antikörper kann trotzdem nicht als effektiver diagnostischer Weg empfohlen werden, da nur 0,1 bis 0,2% der Patienten, die in ein psychiatrisches Krankenhaus eingeliefert werden, einen systemischen Lupus erythematodes zur Grundlage haben (Dam et al. 1991).

Psychische Auslösefaktoren?

49% der Patienten mit systemischem Lupus erythematodes haben vor der Erstdiagnose psychiatrische Symptome, 33% dieser Patienten waren deshalb schon vor der Diagnose in psychiatrischer Behandlung (Wekking et al. 1991).

Neuere Untersuchungen zeigen, daß insbesondere Patienten mit zerebralem Befall schwere **psychische Störungen** aufweisen, nämlich Borderline-Persönlichkeitsstörungen, schwere neurotische Störungen oder psychotische Depressionen (Giang 1991; nach DSM-III-R). Dieselben Patienten zeigen auch eine niedrigere neurokognitive Konzentrationsfähigkeit.

Dies bedeutet, daß Patienten mit systemischem Lupus erythematodes dann, wenn sie psychisch auffallen, sich als erheblich gestört darstellen. Das mag auch ein Grund dafür sein, daß diese Patienten, die an einer Autoaggressionskrankheit leiden, auch mit dem psychischen Konstrukt der **Autodestruktivität** und mit höchst autodestruktiven Einstellungen und Verhaltensweisen in Zusammenhang gebracht wurden. So existieren kasuistische Mitteilungen darüber, daß sich die Patienten in einem erheblichen psychosozialen, traumatisch bedingtem Katastrophenzustand befinden.

Es muß jedoch davor gewarnt werden, diese psychischen Manifestationen immer als integralen Part eines ZNS-Lupus zu sehen. Sie können genauso gut Ausdruck einer komorbiden Persönlichkeitsstörung, die unabhängig vom systemischen Lupus erythematodes besteht oder psychodynamisches Äquivalent eines körperlich autodestruktiven Prozesses sowie Resultat der Medikation (in der Regel Steroide und nichtsteroidale Antirheumatika) sein. Die differentialdiagnostischen Überlegungen müssen am Einzelfall entschieden werden.

Psychotherapie

Die Summation der Befunde zeigt, daß bei nahezu jedem Patienten mit systemischem Lupus erythematodes mit erheblichen psychosozialen Problemen zu rechnen ist. Im Einzelfall bedeutet dies für den behandelnden Arzt ein Vorgehen in Sinne der integrierten **psychosomatischen Grundversorgung,** die folgende Punkte berücksichtigen sollte:

● Übernahme längerfristiger Begleitung
● Information, Aufklärung, Beratung, und Beruhigung des Patienten
● Rückversicherung für den Patienten in unklaren Situationen
● Stimulation des Patienten zur besseren Selbstbeobachtung

Wenn darüber hinaus – durch die Schwere der psychischen Symptomatik indiziert – eine **Psychotherapie** notwendig ist, sollte bei jugendlichen Patienten auch an ein oder mehrere **Familiengespräche** (Rose-Itkoff 1987) gedacht werden. In einzelnen Fällen kann nur durch die kombinierte und langfristig **koordinierte Zusammenarbeit** von Immunologen, Psychiatern und psychosomatisch arbeitenden Internisten eine erfolgreiche psychosomatische Therapie gelingen (Kämmerer und Petzold 1984; Kröger und Petzold 1984). Berichte über erfolgreiche psychotherapeutische Einzelbehandlungen sind selten (Schöttler 1981).

Fibromyalgie

Definition und Deskription

> ### Definition
> Bei der **Fibromyalgie** handelt es sich um eine chronische generalisierte Schmerzerkrankung, die mit druckschmerzhaften Sehnenansätzen (sog. „tender-points") einhergeht. Diese Sehnenansätze sind Orte, an denen sich eine herabgesetzte Druckschmerzschwelle bevorzugt feststellen läßt (Lautenschläger et al. 1995).

Innerhalb der rheumatischen Erkrankungen im weiteren Sinne bilden die weichteilrheumatischen Erkrankungen, das heißt die Erkrankungen, die mit Schmerzen und Funktionseinbußen an Sehnen, Muskeln und Bändern einhergehen, die weitaus größte Erkrankungsgruppe. Die gravierendste ist hierbei die generalisierte Form, die in der Literatur „generalisierte Tendomyopathie" oder „Fibromyalgie" genannt wird. Erst seit 1981 läßt sich durch die Beschreibung der primären Fibromyalgie durch Yunus et al. (1981) dieses abgrenzbare weichteilrheumatische Krankheitsbild diagnostizieren, das den Vorteil bietet, durch die Hervorhebung der **multilokalen** diffusen Schmerzsymptomatik lokale Weichteilphänomene auf der einen Seite und generalisierte Schmerzzustände („*pain-all-over*", „*tender-all-over*") auf der anderen Seite auszugrenzen. So gelingt es, innerhalb des „Morastes" (Campbell et al. 1983) der weichteilrheumatischen Erkrankungen ein Krankheitsbild zu isolieren.

Die Fibromyalgie ist die zur Zeit schillerndste Diagnose innerhalb der weichteilrheumatischen Erkrankungen. Sie läßt sich von den entzündlich-rheumatischen Erkrankungen durch das Fehlen jeglicher entzündlicher Veränderungen, seien sie labormäßig oder histologisch, charakterisieren. Darüber hinaus konnten bisher auch keine relevanten degenerativen Veränderungen dokumentiert werden.

Obligatorisch für das **Beschwerdebild** sind lang anhaltende Rückenschmerzen, die durch vielfältige Therapieversuche nicht gebessert werden konnten. Hinzu kommen Beschwerden in den Armen und Beinen, insbesondere an den Muskelansätzen. Typischerweise wird die Erkrankung begleitet von Schlafstörungen, insbesondere dem nicht erholsamen Schlaf mit morgendlicher Müdigkeit und dem Gefühl, „wie erschlagen" zu sein. Die Beschwerden können durch starke körperliche Aktivität, kalte Witterung und Streßfaktoren verstärkt werden. Schmerzlinderung kann durch Wärmeapplikationen, leichte körperliche Aktivität sowie einen erholsamen Schlaf und Entspannungstherapien erreicht werden.

Epidemiologie

Die Prävalenz der Fibromyalgie in der Gesamtbevölkerung liegt zwischen 1,9 und 3% (Raspe und Baumgartner 1992), in Rheumakliniken zwischen 10 und 20% (Samborski et al. 1992). Der versorgungsmäßige Aufwand für diese Patienten ist enorm, wie Müller et al. (2000) zeigen konnten.

Ätiologie

Die Ätiologie der Fibromyalgie ist bisher unklar.

Diagnostik

Im Rahmen einer Multicenter-Studie wurden 1990 von den führenden nordamerikanischen Fibromyalgieforschern zusammen mit dem *Multicenter Fibromyalgie Criteria Commitee* (MFCC) des *American College of Rheumatology* (ACR; Wolfe et al. 1990) neue **Kriterien** für die **Diagnose** der Fibromyalgie aufgestellt. Danach wird dann von einer Fibromyalgie gesprochen wenn:

● ausgedehnte Schmerzregionen vorliegen
● 11 von 18 definierten Tenderpoints positiv sind

Immer wieder wird versucht, verschiedenen somatischen Parametern wie Serotonin-Antikörpern, Substanz P und anderen Neuropeptiden eine Relevanz für die Diagnostik nahezulegen (Fischer et al. 1998). Demgegenüber konnten Werle et al. (2001) zeigen, daß zumindest Serotoninantikörper für die Diagnostik der Fibromyalgie keine Bedeutung haben.

Arzt-Patient-Beziehung

Das klinische Bild der Fibromyalgie ist neben den weitgehend diffusen und vielgestaltigen Beschwerden durch unspezifische funktionelle Symptome weiter kompliziert, so daß für den untersuchenden Arzt eine Fülle differentialdiagnostischer Überlegungen notwendig sind und in der Regel ein erheblich diagnostischer Aufwand getrieben wird, um schwerwiegendere Krankheiten auszuschließen. Dadurch wird der Kranke allmählich zu einem schwierigen Patienten, der von einem Arzt zum anderen überwiesen wird, um noch gründlicher untersucht zu werden. Die diagnostischen Möglichkeiten werden dabei mit zunehmender Dauer der Beschwerden immer aggressiver, die Enttäuschung bei Arzt und Patient immer deutlicher. Schließlich kann keine eindeutige Diagnose gestellt werden, und es kommt zu einer charakteristischen Arzt-Patient-Beziehung, bei der nach der anfänglichen Idealisierung des Arztes die dahinter versteckten Entwertungstendenzen und Enttäuschungsmomente sichtbar werden. Beck (1977) sah dies auf dem Hintergrund eines narzißtischen Persönlichkeitszuges und persistierenden äußeren Idealobjekten.

Psychodynamik

Die schmerzhaften Sehnenansatzpunkte wurden schon früh von psychodynamisch geschulten Autoren als **Konversion** gedeutet. So von Weiss und Englisch (1943) im ersten Lehrbuch der psychosomatischen Medizin, in dem sie die Konversion dahingehend erläuterten, daß die Muskeln stellvertretend für den Patienten schmerzhaft schreien.

Von Zedtwitz (1971) sah die Fibromyalgie als Ausdruck einer **Selbstüberforderungsneurose**. Für ihn kam hinzu, daß früher eindeutig lebensnotwendige Arbeitseinsätze durch veränderte Lebensumstände als nicht mehr adäquat angesehen werden und der Patient in eine chronische Überforderung hineingerät.

Seidl und Klußmann (1989) sahen, wie viele andere analytisch orientierte Autoren, den psychodynamischen Kernkonflikt in der **chronisch gehemmten Aggression**. Die auffallend zwanghafte Charakterstruktur war für sie mit deutlich hysterischen Anteilen verbunden.

Zeidler, Ritter und Freyberger (1977) deuteten auf die **Alexithymie** der Patienten hin und sahen die Ursache in unbewußten Objektverlusten und nachfolgender narzißtischer Kränkung. Die Triebhemmung betrifft bei ihnen nicht nur die aggressiven, sondern auch die libidinösen Wünsche. Infolgedessen wird bei der Interaktion mit dem Arzt auch eine Kontaktstörung faßbar, die mitbestimmt ist durch die unterdrückten beziehungsweise aufgestauten aggressiven Triebwünsche. Das Alexithymiemerkmal sehen sie bei diesen Patienten in engem Zusammenhang mit ihrer seelischen Leere, mit der Einschränkung ihrer sprachlichen Flexibilität, mangelndem Problembewußtsein sowie der fehlenden Introspektivität und Selbstreflexion.

Ahles et al. (1987) diskutierten, wie viele psychiatrisch orientierte Autoren, die Fibromyalgie als Variante einer **depressiven Erkrankung**.

Wie bei vielen anderen psychosomatischen Erkrankungen, bei Eßstörungen oder anderen chronifizierten Schmerzerkrankungen wurde immer wieder der **sexuelle Mißbrauch** in der Kindheit als Ursache für die Erkrankung diskutiert. Zwei neuere Arbeiten (Boisset-Pioro et al. 1995; Taylor et al. 1995) konnten hier zu keinem eindeutigen Ergebnis kommen. Es zeigte sich zwar, daß in einer retrospektiven Untersuchung im Vergleich mit entzündlich rheumatischen Erkrankungen die Fibromyalgiepatienten tendenziell (aber nicht signifikant) erhöht über sexuellen Mißbrauch in der Kindheit berichteten, daß dies aber auch für viele andere psychosomatische Erkrankungen zutrifft, so daß die Vermutung geäußert wurde, daß es sich hier um eine Koinzidenz handelt, die zu einer Verstärkung der Symptomatik führt, die aber nicht ursächlich für die chronischen Schmerzen ist (zusammenfassend s. Eich et al. 2000).

Therapie

Die Therapie der Fibromyalgie ist bis jetzt polypragmatisch, unbefriedigend und frustrierend. Es besteht eine erhebliche Diskrepanz in der Bewertung der Therapie zwischen Behandler und Patient (Potts und Silverman 1990): Die Patienten fühlen sich in die Rolle des Simulanten und des Rentenneurotikers gedrängt. Die Arzt-Patient-Beziehung ist – wie oben erläutert – mit zunehmender Dauer gekennzeichnet von Spannungen und wechselseitigen Frustrationen.

Die Verfahren der **physikalischen Therapie**, in der Regel von Patienten mit rheumatischen Beschwerden akzeptiert und in vielen Fällen auch unspezifisch angewandt, führen im Gegensatz zu sonstigen Erfahrungen bei Fibromyalgiepatienten häufiger zu Nebenwirkungen und bleiben erfolglos (Schmidt 1991).

Die **medikamentöse Therapie** mit niedrig dosierten Antidepressiva sind nur passager in zirka der Hälfte der Fälle wirksam. Sie bergen zudem die Gefahr des Abusus (Brückle und Lautenschläger 1995).

Yunus und Masi (1993) empfehlen in ihren Therapierichtlinien ein Konzept, das die wahrscheinlich multifaktorielle Genese berücksichtigt, in ihrem **Therapieansatz multimodal** vorgeht und aus folgenden Elementen besteht:
- Patientenschulung
- Management psychologischer Faktoren
- Verhaltensänderungen
- physikalische Therapie
- Erhöhung von Fitneß
- Gabe einfacher Schmerzmittel

Neuere Studien belegen erstmals Effekte dieser Gruppentherapieprogramme auf Fibromyalgie-assoziierte Symptome und auf das Therapieergebnis, wenn es sich um noch nicht lange chronifizierte Patienten handelt (Turk et al. 1998; Worrel et al. 2001). Trotzdem bleiben noch viele Fragen der Fibromyalgietherapie offen. Einem klassischen **psychotherapeutischen Zugang** stehen die meisten Patienten eher ablehnend gegenüber. Bei Patienten mit umschriebener Auslösesituation und nicht zu langer Krankheitsdauer lassen sich teilweise gute

Erfolge erzielen (Eich 1991). Neben der Einzeltherapie werden zunehmend auch Modifikationen eines Gruppentherapie-Settings evaluiert, in das Elemente der Bewegungstherapie eingebaut sind. Diese modifizierten und integrierten Gruppentherapieprogramme (Keel 1987) stellen zur Zeit die wichtigsten Behandlungselemente für die größte Anzahl dieser Patienten dar.

Zusammenfassung

Auch bei entzündlich rheumatischen Erkrankungen, wie der chronischen Polyarthritis, der ankylosierenden Spondylitis und dem systemischen Lupus erythematodes, beeinflussen psychosoziale Faktoren in je unterschiedlichem Ausmaß den Krankheitsausbruch, die Krankheitsausbreitung, das Coping-Verhalten und den Ausgang der Erkrankung. Psychosoziale Konflikte sind jedoch nicht per se mit dem Krankheitsbild assoziiert, sondern müssen im Einzelfall herausgearbeitet werden. Entsprechend dem Ausmaß komorbider Belastungsfaktoren im Rahmen der Erkrankung sollten Elemente der psychosozialen Grundversorgung, der krankheitsorientierten Gruppentherapie oder der Einzel- und Familientherapie konsequent in das Behandlungsregime einbezogen werden. Dabei geht es vor allem um die Stärkung der Selbstkompetenz im Umgang mit der Erkrankung.

Bei der Fibromyalgie als einer abgrenzbaren, wahrscheinlich funktionell-psychosomatischen chronischen Schmerzerkrankung mit Beschwerden im Bewegungssystem sollten körperliche Entspannungsverfahren am besten in Kombination mit Fokaltherapie, Gruppentherapie, psychosomatischen stationären Behandlungen und/oder nachfolgender Einzelpsychotherapie behandelt werden.

Literatur

Ader R (ed). Psychoneuroimmunology. New York: Academic Press 1981.

Ahles TA, Yunus MB, Masi AT. Is chronic pain a variant of depressive disease? The case of primary fibromyalgia syndrome. Pain 1987; 29: 105–11.

Alexander F. Psychosomatische Medizin – Grundlagen und Anwendungsgebiete. 3.Aufl. Berlin: de Gruyter 1950.

Baker GH. Life-events before the onset of rheumatoid arthritis: Psychother Psychosom 1982; 38: 173–7.

Basler HD, Rehfisch HP. Cognitive-behavioral therapy in patients with ankylosing spondylitis in a german self-help organization. J Psychosom Res 1991; 35: 345–54.

Beck D. Das "Koryphäen-Killer-Syndrom" – zur Psychosomatik chronischer Schmerzzustände. Dtsch Med Wchenschr 1977; 102: 303–7.

Bergmann G. Psychosomatische Grundversorgung. Berlin, Heidelberg, New York: Springer 1989.

Berlit P. Lupus erythematodes und Nervensystem. Dtsch Ärztebl 1989; 86: B 2192–5.

Blom GE, Nicholls G. Emotional factors in children with rheumatoid arthritis. Am J Orthopsychiatry 1954; 24: 588–601.

Boisset-Pioro MH, Esdale JM, Fitzcharles MA. Sexual and physical abuse in woman with fibromyalgia syndrome. Arthitis Rheum 1995; 38: 235–41.

Bradley L, Young L, Anderson KO, McDaniel LK, Turner RA, Aguedelo CA. Psychological approaches to the management of arthritis pain. Soc Sci Med 1984; 19: 1352–60.

Brinkmann R, Deter HC, Eisele H, Brohl J. Ambulante Gruppentherapie bei Patienten mit chronischer Polyarthritis. In: Gruppen mit körperlich Kranken – Eine Therapie auf verschiedenen Ebenen. Deter HC, Schüffel W (Hrsg). Berlin, Heidelberg, New York: Springer 1988; 139–59.

Brückle W, Lautenschläger J. Die Therapie der generalisierten Tendomyopathie. Akt Rheumatol 1995; 20: 13–9.

Campbell SM, Clark S, Tindall EA, Forehand ME, Bennett RM. Clinical characteristics of fibrositis – a „blinded" study of symptoms and tender points. Arthritis Rheum 1983; 26: 817–24.

Dam AP v., Wekking EM, Oomen HAPC. Psychiatric symptoms as features of Lupus erythematosus. Psychother Psychosom 1991; 55: 132–40.

de Boor C. Aggression und psychosomatische Erkrankung. Z Psychoanal Theor Prax 1986; 2: 190–9.

Deter HC, Schüffel W. Gruppen mit körperlich Kranken. Eine Therapie auf verschiedenen Ebenen. Berlin, Heidelberg, New York: Springer 1988.

Eich W. Allgemeinmaßnahmen und spezifische Situationsanalyse bei der generalisierten Tendomyopathie. In: Generalisierte Tendomyopathie/Fibromyalgie. Müller W (Hrsg). Darmstadt: Steinkopff 1991; 261–5.

Eich W. Subjektives Krankheitserleben und Selbstwertregulation bei Patienten mit ankylosierender Spondylitis. Habilitationsschrift an der Medizinischen Fakultät der Ruprecht-Karls-Universität Heidelberg 1994.

Eich W, Fischer P, Hahn P. Auslösesituation und Psychodynamik bei Patienten mit Morbus Bechterew. Med Klinik 1993; 88 (Suppl 2): 129.

Eich W, Hartmann M, Müller A, Fischer H. The role of psychosocial factors in fibromyalgia syndrome. Scand J Rheum 2000; 29 (Suppl 113): 30–2.

Engst-Hastreiter U. Psychologische Krankheitsbewältigung bei Patienten mit Spondylitis ankylosans. Z Rheumatol 1984; 43: 299–302.

Fischer HP, Eich W, Russell IJ. A possible role for salvia as a diagnostic fluid in patients with chronic pain. Semin Arthr Rheumatism 1998; 27: 348–59.

Giang DW. Systemic lupus erythematosus and depression. Neuropsychiatr Neuropsychol Behav Neurol 1991; 4: 78–82.

Hagglund KJ, Haley WE, Reveille JD, Alarcon GS. Predicting individual differences in pain and functional impairment among patients with rheumatoid arthritis. Arthritis Rheum 1989; 32: 851–8.

Halliday DN. Psychological aspects of rheumatoid arthritis. Proc R Soc Med 1942; 35: 455–7.

Heim C, Ehlert U, Hellhammer DH. The potential role of hypocortisolism in the pathophysiology of stress-related bodily symptoms. Psychoneuroendocrinology 2000; 25: 1–35.

Jordan J, Rothhaupt J, Overbeck G. Interpersonelle Konfliktabwehr bei entzündlich-rheumatisch Erkrankten – Ergebnisse einer empirisch psychoanalytischen Untersuchung. Psychother Med Psychol 1987; 37: 111–20.

Kämmerer W, Petzold E. Zum psychosomatischen Umgang mit Schwerkranken. Eine Patientin mit Lupus erythematosus. Teil I. Mater Psychoanal 1984; 10: 231–9.

Keefe FJ, Brown GK, Wallston KA, Caldwell DS. Coping with rheumatoid arthritis pain: Catastrophizing as a maladaptive strategy. Pain 1989; 37: 51–6.

Keel PJ. Generalisierte Tendomyopathie: Psychologisches Profil einer Patientengruppe im Verlauf einer integrierten Behandlung. Z Rheumatol 1987; 46: 322–7.

Kröger F, Petzold E. Zum psychosomatischen Umgang mit Schwerkranken. Eine Patientin mit Lupus erythematosus. Teil II. Mater Psychoanal 1984; 10: 240–51.

Kütemeyer W. Die Krankheit in ihrer Menschlichkeit – zur Methode der Erschließung und Behandlung körperlicher Erkrankung. Göttingen: Vandenhoek & Ruprecht 1963.

Lautenschläger J, Brückle W, Zeidler H. Klinische und technische Untersuchungsverfahren bei der generalisierten Tendomyopathie (Fibromyalgie-Syndrom). Akt Rheumatol 1995; 20: 4–12.

Leibing E, Pfingsten M, Bartmann U, Rüger U, Schüßler G. Cognitive-behavioral treatment in unselected rheumatoid arthritis outpatients. Clin J Pain 1999; 15: 58–66.

Liang MH, Rogers M, Larson M, Eaton HM, Murawski BJ, Taylor JE, Swafford J, Schur PH. The pychosocial impact of systemic lupus erythematosus and rheumatoid arthritis. Arthritis Rheum 1984; 27: 13–9.

Lindberg N, Lindberg E. Experiences in the psychotherapy of rheumatoid arthritis. Psychother Psychosom 1988; 50: 157–63.

Ludwig AO. Psychogenic factors in rheumatic disease. Bull Rheum Dis 1952; 2: 15–6.

McCracken LM. Cognitive-behavioral treatment of rheumatoid arthritis: a preliminary review of efficacy and methodology. Ann Behav Med 1991; 13: 58–65.

McLaughlin JT, Zabarenko RN, Diana PB, Quinn B. Emotional reactions of rheumatoid arthritis to ACTH. Psychosom Med 1953; 15: 187–99.

Müller A, Hartmann M, Eich W. Inanspruchnahme medizinischer Versorgungsleistungen bei Patienten mit Fibromyalgie-Syndrom. Schmerz 2000; 14: 77–83.

Parker J, McRae C, Smarr K, Beck N, Frank R, Anderson S, Walker S. Coping strategies in rheumatoid arthritis. J Rheumatol 1988; 5: 1376–83.

Plügge H. Anthropologische Beobachtungen bei primär-chronischen Arthritikern. Z Rheumaforsch 1953; 12: 231–46.

Potts MK, Silverman SL. The importance of aspects of treatment for fibromalgia. Differences between patients and physicians view. Arthritis Care Res 1990; 3: 11–8.

Raspe HH, Baumgrtner CH. Die Epidemiologie der Fibromyalgie in Bad Säckingen. Z Rheumatol 1992; 51: 42.

Rehfisch HD. Psychologische Schmerztherapie bei chronischer Polyarthritis. Eine kontrollierte Studie. Akt Rheumatol 1988; 13: 34–5.

Reveille JD, Barolucci A, Alarcón-Segovia G. Prognosis in systemic lupus erythematosus. Negative impact of increasing age at onset, black race, and thrombocytopenia, as well ascauses of death. Arthr Rheum 1990; 33: 37–48.

Rimon R. A psychosomatic approach to rheumatoid arthritis. Acta Rheum Scand 1969; 15 (Suppl 13): 1–154.

Robinson CE. Emotional factors and rheumatoid arthritis. Scand J Rheumatol 1957; 7: 344–5.

Rose-Itkoff C. Lupus: An interactional approach. Fifth International Congress of Family Therapy, 1986, Jerusalem, Israel. Fam Sys Med 1987; 5: 313–21.

Rothfield NF. Systemic Lupus erythematosus: Clinical aspects and treatment. In: Arthritis and allied conditions – a textbook of rheumatology. McCarty DJ, Koopman WJ (eds). 12th edn. Philadelphia, London: Lea & Febiger 1993; 1155–77.

Samborski W, Stratz T, Sobieska M. Vergleichende Untersuchung über Häufigkeit, Geschlechts- und Altersverteilung bei generalisierter Tendomyopathie und chronischem Lumbalsyndrom. Akt Rheumatol 1992; 17: 87–9.

Schiel KA. A proposed psychosomatic etiologic model for rheumatoid arthritis. Med Hypotheses 1999; 53: 305–14.

Schild R. Medizin-psychologische Untersuchungen bei Patienten mit rheumatischen Krankheiten. Teil 1. Psyche 1972; 26: 929–38.

Schild R. Medizin-psychologische Untersuchungen bei Patienten mit rheumatischen Krankheiten. Teil 2. Psyche 1973a; 27: 50–68.

Schild R. Medizin-psychologische Untersuchungen bei Patienten mit rheumatischen Krankheiten. Teil 3 und 4. Psyche 1973b; 27: 249–64.

Schmidt KL. Physikalische Therapie der generalisierten Tendomyopathie. In: Generalisierte Tendomyopathie/Fibromyalgie. Müller W (Hrsg). Darmstadt: Steinkopff 1991; 307–15.

Schöttler C. Zur Behandlungstechnik bei psychosomatisch schwer gestörten Patienten. Psyche 1981; 35: 111–41.

Schüßler G. Rheumatoide Arthritis. In: Der Schmerzkranke. Egle UT, Hoffmann SO (Hrsg). Stuttgart, New York: Schattauer 1993; 576–89.

Seidl O, Klußmann R. Zur Psychosomatik des Weichteilrheumatismus, insbesondere der Fibromyalgie. In: Der Schmerz- und Rheumakranke. Klußmann R, Schattenkirchner M (Hrsg). Berlin, Heidelberg, New York: Springer 1989; 85–91.

Solomon GF. Emotional and personality factors in the onset and course of autoimmune disease, particularly rheumatoid arthritis. In: Psychoneuroimmunology. Ader R (ed). New York: Academic Press 1981; 159–82.

Spiegel R. Rohrschach-Testbefunde an zwei Patientengruppen mit rheumatischen Erkrankungen. Z Exp Angew Psychol 1969; 16: 680–704.

Taylor M, Trotter DR, Csuka ME. The prevalence of sexual abuse in woman with fibromyalgia. Arthitis Rheum 1995; 38: 229–34.

Turk DC, Okifuji A, Sinclair JD, Starz TW. Differential responses by psychosocial subgroups of fibromylgia syndrome patients to an interdisciplinary treatment. Arthritis Care Res 2001; 11: 397–404.

Weiss E, English OS. Psychosomatic medicine. Philadelphia: Saunders 1943; 725–54.

Wekking EM, Nossent JC, Dam AP v., Swaak AJJG. Cognitive and emotional disturbances in systemic Lupus erythematosus. Psychother Psychosom 1991; 55: 126–31.

Welter-Enderlin R. Krankheitsverständnis und Alltagsbewältigung in Familien mit chronischer Polyarthritis. München: Psychologie Verlags Union 1989.

Werle E, Fischer HP, Müller A, Fiehn W, Eich W. Antibodies against serotonin have no diagnostic relevance in patients with fibromyalgia syndrome. J Rheumatol 2001; 28: 595–600.

Wolfe F, Smythe HA, Yunus MB, Bennett RM, Bombardier C, Goldenberg DL, Tugwell P, Campbell SM, Abeles M, Clark P. The american college of rheumatology 1990 criteria for the classification of fibromyalgia: a report of the multicenter criteria committee. Arthritis Rheum 1990; 33: 846–50.

Worrel LM, Krahn LE, Sletten CD, Pond GR. Treating fibromyalgia with a brief interdisciplinary program: initial outcomes and predictors of response. Mayo Clin Proc 2001; 76: 384–90.

Yunus MB, Masi AT. Fibromyalgia. In: Arthritis and Allied Conditions. McCarty DJ (ed). Philadelphia: Saunders 1993; 1383–405.

Yunus MB, Masi AT, Calabro JJ, Miller KA, Feigenbaum SL. Primary fibromyalgia: clinical study of 50 patients with matched normal controls. Semin Arthritis Rheum 1981; 11: 151–71.

Zander W. Zur Psychodynamik des Morbus Bechterew. Z Psychosom Med 1981; 27: 201–15.

Zant JL, Dekker-Saeys AJ, van den Burgh IC, Kolman A, van der Stadt RJ. Sthenia, ambition and educational level in patients suffering from ankylosing spondylitis: a controlled study of personality features as compared to rheumatoid arthritis and unspecified low-back-pain. Clin Rheumatol 1982; 1: 243–50.

Zedtwitz J v. Das Fibrositissyndrom als Ausdruck einer Selbstüberforderungsneurose. Schweiz Med Wschr 1971; 101: 301–11.

Zeidler H, Ritter J, Freyberger H. Zur Psychosomatik des Weichteilrheumatismus. Notabene Medici 1977; 7: 23–36.

Literaturempfehlung

Eich W (Hrsg). Psychosomatische Rheumatologie. Berlin, Heidelberg, New York: Springer 1991.

Müller W. Generalisierte Tendomyopathie/Fibromyalgie. Darmstadt: Steinkopff 1991.

Weintraub A. Rheuma und Psyche – seelische Gründe und Hintergründe. Bern: Huber 1993.

5.4.9
Eßstörungen: Anorexia und Bulimia nervosa, Adipositas

Christel Böhme-Bloem

ICD-10-Klassifikation

Die Eßstörungen werden unter F50 klassifiziert:

F50.0: Anorexia nervosa

F50.1: atypische Anorexia nervosa

F50.2: Bulimia nervosa

F50.3: atypische Bulimia nervosa

E66.0: Adipositas durch übermäßige Kalorienzufuhr

Kaum ein menschliches Grundbedürfnis ist so vielen individuellen, interpersonellen und soziokulturellen Einflüssen ausgesetzt wie das Essen. Daher ist es nicht verwunderlich, daß in diesem Bereich neurotische Störungen auftreten, die Krankheitswert haben. Für das gehäufte Auftreten von Eßstörungen ist ausreichendes Nahrungsangebot eine wesentliche Vorbedingung. So erklärt sich, daß Eßstörungen als Krankheiten der westlichen Industrienationen gelten. Gegenwärtig breiten sie sich in Japan und auch in den prosperierenden Teilen Chinas aus (Selvini-Palazzoli 1999). In der „Dritten Welt" kommen sie praktisch nicht vor.

Von den drei in der Überschrift genannten Krankheitsbildern sollen die Anorexie und die Bulimie wegen zahlreicher Gemeinsamkeiten und Übergänge besonders in therapeutischer Hinsicht zusammen betrachtet werden; die Adipositas nimmt eine eigene Position ein, sie ist in einer bestimmten Ausprägung stärker der Sucht verwandt als die beiden anderen Krankheitsbilder, obwohl in den deutschen Bezeichnungen „Magersucht" und „Eß-Brech-Sucht" auch bei ihnen süchtige Elemente angesprochen werden. Bei allen drei Krankheitsbildern geht es um Eß- und Gewichtsprobleme; alle drei sind multifaktoriell bedingt.

Die Überschneidung von Anorexia und Bulimia nervosa, die Tatsache, daß bulimisches Verhalten bei der Anorexie und anorektisches Verhalten bei der Bulimie vorkommt, ist der Grund dafür, daß es von einigen Autoren abgelehnt wird, eigene Krankheitseinheiten anzunehmen (z.B. Bruch 1985). Dennoch entspricht es dem Konsens der Mehrzahl der Eßstörungsforscher, seit der Definition im DSM-III (1980) von zwei getrennten Entitäten auszugehen.

Die Anorexie fällt wegen des Leitsymptoms der Magerkeit stark ins Auge, die Bulimie existiert oft jahrelang im Verborgenen – „die heimliche Schwester der Anorexie". Die landläufige Information über Anorexie ist verbreiteter als über Bulimie, die immer noch als merkwürdige oder gar „verrückte" Erscheinung für Sensationsthemen in den Medien gut ist (Huon et al. 1988). Dies liegt wahrscheinlich nicht zuletzt an der unterschiedlichen Psychodynamik beider Krankheiten: Über Askese verhandelt es sich leichter als über Triebdurchbrüche, die auf Heimlichkeit drängen und stark schambesetzt sind.

Epidemiologie

Sowohl die Magersucht als auch die Bulimie treten in 95% der Fälle beim weiblichen Geschlecht auf; der Einfachheit halber wird daher meist von Patientinnen gesprochen. Die Prävalenzrate der Anorexie liegt zwischen 1 und 2% bei Mädchen in der Adoleszenz, die der Bulimie bei 2 bis 4% bei Frauen zwischen 20 und 35 Jahren (Fichter 1985). Die Bulimie tritt also später auf als die Anorexie und ist etwa doppelt so häufig. In einem Teil der Fälle entsteht sie aus einer Anorexie oder wird von anorektischen Phasen unterbrochen. Berufsgruppen wie Ballett-Tänzerinnen und Mannequins weisen eine mehrfach höhere Prävalenzrate auf.

Anorexia nervosa

Definition und Deskription

Nach den diagnostischen Leitlinien der ICD-10 (F50.0) gehören alle folgenden Kriterien zur Definition der Anorexia nervosa:

- Tatsächliches **Körpergewicht** mindestens 15% unter dem erwarteten Körpergewicht (entweder durch Gewichtsverlust oder nie erreichtes Gewicht) oder Quetelets-Index[1] von 17,5 oder weniger. Bei Patienten in der Vorpubertät kann die erwartete Gewichtszunahme während der Wachstumsperiode ausbleiben.
- Der **Gewichtsverlust** ist **selbst herbeigeführt** durch:
  - Vermeidung von hochkalorischen Speisen und eine oder mehrere der folgenden Möglichkeiten:
  - selbstinduziertes Erbrechen,
  - selbstinduziertes Abführen,
  - übertriebene körperliche Aktivitäten,
  - Gebrauch von Appetitzüglern und/oder Diuretika.
- **Körperschemastörung** in Form einer spezifischen psychischen Störung. Die Angst, zu dick zu werden, besteht als eine tief verwurzelte überwertige Idee; die Betroffenen legen eine sehr niedrige Gewichtschwelle für sich fest.
- Eine **endokrine Störung** auf der **Hypothalamus-Hypophysen-Gonaden-Achse**. Sie manifestiert sich bei Frauen als Amenorrhö und bei Männern als Libido- und Potenzverlust. Eine Ausnahme stellt das Persistieren vaginaler Blutungen bei anorektischen Frauen mit einer Hormonsubstitutionstherapie zur Kontrazeption dar. Erhöhte Wachstumshormon- und Kortisolspiegel, Änderungen des peripheren Metabolismus von Schilddrüsenhormonen und Störungen der Insulinsekretion können gleichfalls vorliegen.
- Bei Beginn der Erkrankung vor der Pubertät ist die Abfolge der **pubertären Entwicklungsschritte verzögert** oder gehemmt (Wachstumsstop, fehlende Brustentwicklung und primäre Amenorrhö bei Mädchen, bei Knaben bleiben die Genitalien kindlich). Nach Remission wird die Pubertätsentwicklung häufig normal abgeschlossen, die Menarche tritt aber verspätet ein.

Nach diesen diagnostischen Leitlinien ist Magersucht die zutreffende Diagnose als der Ausdruck „nervöse Appetitlosigkeit" (Anorexia nervosa). Die Patientin ist zu Beginn der Erkrankung niemals wirklich appetitlos, sie strebt nach immer stärkerer Magerkeit, wobei sie meist insgeheim dauernd ans Essen denkt. Sie fastet entweder weitgehend (**passiv restriktiver Typ** nach Halmi 1983) oder nimmt nur kalorienarmes Essen zu sich, das sie unter Umständen selbst induziert erbricht oder anders beseitigt (s.o.) (**aktiver Typ** nach Halmi 1983). Die Abmagerung bis zur Kachexie ist neben interkurrenten Infektionen und Suiziden die Todesursache bei der be-

---

1 Körpergewicht in kg/(Körpergröße in m)².

achtlichen **Mortalitätsrate** von 10%. Die Prognose ist insgesamt günstiger, je früher eine Anorexia nervosa auftritt und je früher sie in Behandlung kommt. Neuerdings werden Anorexien jenseits dem 25. Lebensjahr beschrieben, deren Chronifizierungstendenz ausgeprägt ist.

Zu den ICD-Kriterien gibt es zusätzliche **häufig beobachtbare Symptome**, die teilweise aus den beschriebenen Leitsymptomen ableitbar sind: chronische Obstipation, erniedrigter Gesamtstoffwechsel mit erniedrigtem Grundumsatz und Körpertemperatur, trockene, rissige Haut, brüchige stumpfe Haare, Lanugobehaarung, häufig Akrozyanose und Elektrolytstörungen (besonders Hypokaliämie).

Eine **ausgeprägte Überaktivität**, primär motorisch, aber auch auf intellektuellem Gebiet, steht in eklatantem Gegensatz zur Auszehrung der Patientin. Sie ist ständig in Aktion („perpetuum mobile"): als Musterschülerin, Spitzenstudentin oder perfekte Mitarbeiterin, zusätzlich erfüllt sie oft ein hartes sportliches Trainingsprogramm.

Die **Verleugnung** der **krankhaften Abmagerung** fällt im Erstkontakt mit der Patientin auf. Sie findet sich nicht krank und schwach, sondern fit und aktiv und betont, daß sie nicht zu essen braucht. Oft ist sie sogar überzeugt, immer noch „zu fett" zu sein, einen dicken Bauch, ein „Mondgesicht" oder zu fette Oberschenkel zu haben. Dies entspricht einer **Störung** der **eigenen Körperwahrnehmung** und ist am stärksten mit dem inneren Bild verbunden, das die Patientin von sich hat. Die Körperkontur kann nicht weit genug vom normalen Maß entfernt sein. Je konkaver der Bauch, desto besser, je weiter die Lücke zwischen den nicht schließenden Oberschenkeln, desto angenehmer, obwohl dies nicht dem Schönheitsideal der Patientin entspricht, sondern dem Bedürfnis, die Kontrolle über den eigenen Körper abzusichern. Zur Körperwahrnehmungsstörung gehört auch das Verleugnen beziehungsweise die **Fehlinterpretation** von **Hunger** und **Durst**, ein Phänomen, das in der Therapie besondere Beachtung finden muß.

Die geschilderten Störungen auf der Verhaltensebene haben oft **seelische Folgesymptome**: Isolation und sozialer Rückzug nehmen in der ausschließlichen Beschäftigung mit Askese oder dem „guten", das heißt nicht dick machenden Essen ständig zu. Die Patientin isoliert sich auch innerhalb der Familie, zieht sich arrogant und unduldsam zurück, Zwangssymptome werden beobachtet, häufig ist eine depressive Verstimmung verbunden mit einem Gefühl tiefer Einsamkeit.

Psychodynamik und Psychogenese

Der Gipfel des Erkrankungsalters liegt in der frühen und mittleren Adoleszenz (**Pubertätsmagersucht**). In diesem Lebensabschnitt beginnt die Vorstellung um die anstehende Trennung von den primären Bezugpersonen zu kreisen. **Trennungserlebnisse** (Schulwechsel, Auslandsaufenthalt, Wegzug älterer Geschwister, Tod von Großeltern o. ä.) konfrontieren mit der adoleszenten Ablösungsthematik. Nach der Schutzphase der Latenzzeit steht entwicklungspsychologisch erneut die Auseinandersetzung mit den Triebimpulsen an, die eigene Geschlechtsidentität in der Begegnung mit dem anderen Geschlecht muß gefunden werden. Dieser Entwicklungsaufgabe ist die spätere Magersuchtspatientin wenig gewachsen.

Biographische Faktoren

Die Betrachtung der Familienstruktur und die der Inividualentwicklung der Patientin bis zur Krankheitsentstehung geben Aufschluß über die wesentlichen prädisponierenden Faktoren: Systemisch betrachtet läßt die **Familie** eine **enge Vermaschung** der Familienmitglieder untereinander erkennen. Die Autonomie des einzelnen wird erheblich eingeschränkt (Bruch 1973; 1980; Minuchin et al. 1981; Selvini Palazzoli 1982). Eine **charakteristische Rollenverteilung** läßt sich bei den unsicher-abhängigen Anorektikerinnen vielfach erkennen: Die Mutter ist offen oder verdeckt dominierend. Sie unterwirft sich selbst und die Familie einem triebfeindlichen Leistungsideal. Die Väter sind dabei oft „emotional nicht vorhanden". Es kommt zu einem überbehütenden, „einverleibenden" Umgang der einzelnen Familienmitglieder untereinander, wobei die persönlichen Grenzen eines jeden, insbesondere der später magersüchtigen Tochter, nicht respektiert werden. Oft finden sich fest etablierte Rituale beim Essen: Was als gute Mütterlichkeit gelebt wird, ist mit spürbarer Aggressivität gepaart. Die **Verselbständigungsmöglichkeiten** einer Tochter sind dabei besonders **eingeschränkt** (Bruch 1973; Thomä 1961). Die Tochter muß an drei Fronten zugleich kämpfen: Altersentsprechend geht es um Autonomie, auf die sie ganz schlecht vorbereitet ist. Sie muß den Wunsch stark abwehren, über das Essen wieder mit dem mütterlichen Prinzip zu verschmelzen und die innige Verbundenheit aufrechtzuerhalten. Zutiefst wird die Adoleszente geängstigt durch die Vorstellung, Frau (und Mutter) werden zu sollen, sie muß sexuelle Impulse ebenso **abwehren** wie die Phantasie von der **Übernahme** der **weiblichen Rolle**. In der Vorgeschichte wurde die symbiotische Beziehung verinnerlicht. Die Patientin beginnt nun gegen das eigene Innere, den eigenen Körper, die „Mutter in sich" zu kämpfen. Zugleich wehrt sie sich gegen die fortbestehende mütterliche Kontrolle, die ja häufig so weit reichte, daß die Mutter die Körpersignale der Tochter zu interpretieren pflegte, zum Beispiel seit frühester Kindheit wußte, wann die Tochter hungrig war – Ursache der Körperwahrnehmungsstörung der späteren Patientin. Indem die Tochter ihren hungrigen, nach symbiotischer Nähe verlangenden Körper maximal kontrolliert, hat sie unbewußt ihre gegensätzlichen Wünsche nach Autonomie und Symbiose weitgehend angenähert. Sie stellt sicher, daß der **gierige Körper** von sich aus keine Nahrung einfordert. Dies gelingt durch unbewußte Verleugnung, die die Magersüchtige sagen läßt: „ich brauche nichts zu essen" oder dadurch, daß die Patientin sich bewußt ständig mit Essen beschäftigt, ohne selbst zu essen oder das Aufgenommene wieder beseitigt. Durch den Gewichtsverlust macht die Patientin ihre Sexualentwicklung rückgängig, sie läßt die weiblichen Rundungen verschwinden und entwickelt eine Amenorrhö, oder sie hat die Pubertätsentwicklung primär verhindert. In diese Abwehroperation paßt auch die triebtheoretisch begründete psychodynamische Hypothese (A. E. Meyer 1970), daß die Magersüchtige die **weibliche Form** der **Sexualität**, die mit inkorporierenden Vorgängen (Aufnahme von Glied und Samen) einhergeht, **ablehne** und in Gestalt der in den oralen Bereich verschobenen Verweigerung und Kontrolle bekämpfe. Allerdings muß bei der individuellen Überprüfung dieser Hypothese beachtet werden, daß die triebdynamische Reifung der meisten Anorektikerinnen kaum wirklich auf die genital-sexuelle Ebene vorgedrungen ist, sie sind zumeist oral fixiert geblieben.

> Der schnell etablierte Teufelskreis zwischen dem Zwang, die orale Gier kontrollieren zu müssen, und der Angst vor dem steigenden realen Hunger wirkt als starker aufrechterhaltender Faktor der Anorexie.

Die körpereigenen **Endorphine** unterstützen durch ihre **euphorisierende Wirkung** die Ausbildung des Zirkels. Die Askese erzeugt ein Gefühl der Überlegenheit über die anderen, die sich „im Morast der fleischlichen Begierden suhlen" und führt zu immer stärkerer Isolation. Einzig in Askese und Magerkeit ist die Patientin effizient; würde sie wie die anderen essen, käme dies einer totalen Niederlage gleich. Sobald diese Facette des Krankheitsbildes eine **Chronifizierung** erfahren hat, muß die Therapie nach dem Muster einer Suchtbehandlung aufgebaut werden.

Nach neusten Beobachtungen – der Trend zur stärkeren Prävalenz der Bulimie (s. o.) deutete dies bereits an – werden immer mehr Anorektikerinnen nach kurzer oder längerer Zeit bulimisch. Dies hat nach Selvini Palazzoli (1999) eine psychosoziale Wurzel in einer deutlichen Veränderung der Familiendynamik seit den 70er Jahren: Die abhängigen, der eigenen Entwicklung gegenüber unsicheren anorektischen Töchter der kontrollierenden, ganz auf die Familie konzentrierten Mütter werden seltener. Die Mütter haben einen Rollenwandel erlebt; sie sind selbst in den Beruf gegangen und kämpfen in der beruflichen Karriere um ihren Selbstwert, dabei oft selbst dem medienvermittelten Schlankheitsideal verpflichtet. Sie vermitteln ihren Töchtern im Extremfall den „harten Individualismus" des narzißtischen Zeitalters. Die unsicher-ambivalent gebundenen Anorektikerinnen der 60er und 70er Jahre haben den unsicher-vermeidend gebundenen Bulimikerinnen der 90er Jahre Platz gemacht, ein Phänomen, das für die Therapie äußerst folgenreich ist; denn die betont unabhängigen, bindungsschwachen Frauen sind therapeutisch besonders schwer zu erreichen, weil sie sich auf eine therapeutische Beziehung nur ganz schwer einlassen können.

Hier könnte der Eindruck entstehen, es gehe um Schuldzuweisung an „die Mütter". Dies ist ein häufig auftretendes Mißverständnis bei psychodynamischen Überlegungen: Es geht um die Beschreibung von Häufigkeitsgipfeln der inneren Dynamik.

Therapie

Die Therapie wird aus den schon genannten Gründen (s. o.) zusammen mit der Therapie der Bulimie besprochen (s. S. 460).

Bulimia nervosa

Definition und Deskription

Nach den diagnostischen Leitlinien der ICD-10 sind für eine endgültige Diagnose folgende Kriterien erforderlich:

- Eine andauernde Beschäftigung mit Essen, eine **unwiderstehliche Gier** nach **Nahrungsmitteln**; die Patientin erliegt Eßattacken, bei denen große Mengen Nahrung in sehr kurzer Zeit konsumiert werden.
- Die Patientin versucht, dem **dickmachenden Effekt** der **Nahrung** durch verschiedene Verhaltensweisen **entgegenzusteuern**: selbstinduziertes Erbrechen, Mißbrauch von Abführmitteln, zeitweilige Hungerperioden, Gebrauch von Appetitzüglern, Schilddrüsenpräparaten oder Diuretika. Wenn die Bulimie bei Diabetikerinnen auftritt, kann es zu einer Vernachlässigung der Insulinbehandlung kommen (s. Kap. 5.4.6, Fallbeispiel 3, S. 440f).
- Die psychopathologische Auffälligkeit besteht in einer **krankhaften Furcht** davor, **dick zu werden**; die Patientin setzt sich eine scharf definierte Gewichtsgrenze, weit unter dem prämorbiden, vom Arzt als optimal oder „gesund" betrachteten Gewicht.
- Häufig läßt sich in der Vorgeschichte mit einem Intervall von einigen Monaten bis zu mehreren Jahren eine Episode einer **Anorexia nervosa** nachweisen. Diese frühere Episode kann voll ausgeprägt gewesen sein oder war eine verdeckte Form mit mäßigem Gewichtsverlust und/oder einer vorübergehenden Amenorrhö.

Der Begriff Bulimie (von *bous* = Stier, Ochse und *limos* = Hunger, Heißhunger), also der **Stierhunger** oder der Hunger auf einen Ochsen, kennzeichnet nur die eine Seite des Symptomgeschehens. Der Nahrungsaufnahme im Freßanfall folgen zwingende Kontrollmaßnahmen, wie sie in den diagnostischen Leitlinien beschrieben sind. Der Triebdurchbruch, der mit dem Erleben von Kontrollverlust verbunden ist, muß in einer strengen Reinigungsaktion rückgängig gemacht werden.

> Das bulimische Verhalten zeichnet sich aus durch die gegensätzlichen Strebungen nach oraler Befriedigung und reinigender Entleerung, Inkorporation und Exkorporation – es ist im Kern ambitendent.

Die Bulimiepatientin möchte die Gier unter allen Umständen verbergen; ihre Angst vor der Gewichtszunahme als ein äußeres Zeichen ihres unkontrollierten Essens führt zur Ausrichtung an einem Wunschgewicht, das um das Normalgewicht oder um den leicht untergewichtigen Bereich schwankt, extreme Schlankheit oder gar Magerkeit wie bei der Anorexie wird nicht angestrebt (dies findet sich in der ICD-10 anders!). Folgende **körperliche Folgesymptome** (Feiereis 1989) sind manchmal zur Diagnostik nützlich, vor allem, solange die Patientin sich gezwungen fühlt, ihre Bulimie aus Scham zu verheimlichen:

- die sekundäre Amenorrhö, die hier stärker noch als bei der Magersucht Ausdruck der inneren Not der Patientin ist, die im Körpergeschehen etwas aushandelt, das sie auf der seelischen Ebene nicht in symbolisierter Form ausdrücken kann (Plassmann 1993)
- entmineralisierte, durch die Magensäure zerstörte Zähne
- geschwollene Ohrspeicheldrüsen
- verhornte Areale auf dem Fingerrücken des „Brechfingers"

Auch soziale Auffälligkeiten, gehäufte Ladendiebstähle, Schulden und Hinweise auf Selbstverletzungen lassen gelegentlich auf das Vorliegen einer Bulimie rückschließen.

Psychodynamik

Das bulimische Verhalten ist ein sehr charakteristischer Zirkel, beginnend mit einem Gefühl von Leere und Alleinsein, einem ständigen kompensatorischen Beschäftigen mit dem Essen, anfangs in angenehmer Form, dann ganz unter dem Zeichen des Kontrollverlustes. In der lustvollen Anfangsphase wird die Nähe des **bulimischen Aktes** zum **oral sexuellem Erleben** deutlich: Wie ein Säugling beim Saugakt mit dem Milchstrom verschmilzt, so ähneln die Anfänge des Freßanfalles den frühesten Liebeserfahrungen des Menschen an der Mutterbrust. Weiche und halbflüssige Speisen werden vielfach bevorzugt, daher in der angloamerikanischen Literatur der Ausdruck *binge* (Saufgelage) im Terminus **„Binge-eating"**.

Der **Kontrollverlust** ist meist mit einem **Wutaffekt** verbunden, der einsetzt, wenn sich der Leib vorzuwölben beginnt und der Magendruck steigt. In ängstlich irritierter Stimmung geht die Patientin dann zum Angriff über. Das Essen wird zum Hinunterschlingen. Der volle Leib wird mehr und mehr gehaßt. Das Essen ist nun ohne Genuß, es hat zerstörerische Qualitäten. Manche Patientinnen werden so autoaggressiv, daß sie sich auf den Leib schlagen, sich verletzen und völlig Ungenießbares in sich hineinstopfen. Das spontane oder induzierte Erbrechen wird dann als Befreiung erlebt. Zug um Zug gewinnt die Patientin die Kontrolle zurück. Meist tritt nach dem Erbrechen eine kurze Entspannungsphase ein oder Scham und Reue überwiegen. Rückzug in Alkohol oder Schlaf folgen, oder aber ein wieder entstehendes Gefühl der Leere mündet in einen neuen bulimischen Kreislauf ein.

> Die typische Abfolge von Verlangen, Befriedigung, Spannung, Kontrollverlust, Haß und Wut sowie die Rückgewinnung der Kontrolle durch das Erbrechen stellen den Gefühlskreislauf im bulimischen Verhalten dar.

Psychogenese

Auch bei der Bulimie ist meist ein **Objektverlust** im weitesten Sinne auslösender Faktor. Bei den Patientinnen mit vorheriger Anorexie (ein Drittel der Patientinnen von Feiereis 1989) liegt die Trennungsproblematik schon früh in oder vor der Pubertät. Obwohl auch die Entstehung der Bulimie multifaktoriell zu sehen ist, lassen sich beim Studium von Patientenbiographien typische Entwicklungskonstellationen finden, die sich zu einer hypothetischen Pathogenese verbinden lassen (Böhme-Bloem und Schulte 1989).

Das **psychostrukturelle Entwicklungsniveau** der Patientinnen ist breit gefächert. Neben Bulimikerinnen, die auf unreifem, „früh-gestörtem" Strukturniveau operieren, finden sich reife neurotische Patientinnen und alle Abstufungen dazwischen.

In der Entwicklungsgeschichte ist allen Bulimiepatientinnen gemeinsam die **orale Fixierung**, das Verhaftetbleiben in der Objektbeziehung des ersten Lebensjahres. Das Essen als das wichtigste Kommunikationsmedium der ersten Lebenszeit wird als solches weiterbenutzt. Dies wird von Müttern gefördert, welche die oralen Wünsche der Töchter abwehren müssen, weil sie selbst ihren oralen Wünschen gegenüber ambivalent sind und die bedürftigen Töchter ambivalent erleben.

Die Entwicklungsgeschichte, die zu einer Bulimie auf neurotischem Niveau führt, ist dadurch gekennzeichnet, daß die spätere Patientin durch die mütterliche Ambivalenz in **starker Abhängigkeit** gehalten wird, daß die Tochter wegen eines ungenügenden Selbstgefühls in dieser Konstellation den **Körper phallisch besetzt** und mit diesem Körpergefühl in die Adoleszenz eintritt. Im Rahmen eines Partnerkonfliktes werden die alte „Muttersucht" und die phallische Überbesetzung des Körpers aktualisiert, und das Symptom formt sich bei Fortbestehen einer ödipalen Fixierung als Kompromiß aus, bei dem orale Schwängerung und Kastration im Essen und Erbrechen agiert werden (Schwartz 1988).

Die Geschichte der frühgestörten Bulimiepatientinnen läuft über einen deutlichen Selbstdefekt, der durch tatsächliches oder inneres **Verlassenwerden von der Mutter** entsteht. Die Tochter wendet sich auf der Suche nach einem Ersatz an den Vater, an den sie oft nur über die Leistung Anschluß findet. Dies ergibt eine, von uns als „**pseudo-ödipale" Stabilisierung** bezeichnete Notlösung, die den Symptomausbruch bis in die Spätadoleszenz verhindert. Ein Objektverlust (Tod eines Elternteils, Zerbrechen einer Partnerbeziehung) konfrontiert mit dem Selbstdefekt, der **Körper** wird nun zum **Ersatzobjekt**. Im Symptom wird das mütterliche Objekt in Gestalt des Essens zur Verschmelzung mit dem defekten Selbst gebracht und anschließend zur Rettung des Selbst, das sich in der Verschmelzung aufzulösen droht, wieder zerstört (ausgestoßen). Das Symptom wird beim bestehenden Selbstdefekt zur Abwehr einer drohenden Depression benötigt.

Allen Bulimiepatientinnen gemeinsam ist die **Körperbildstörung**, die sich in der ganz besonderen Besetzung des Körpers, zu allererst des Bauchumfangs, ausdrückt und der übermäßigen Beschäftigung mit der Figur und dem Gewicht im Sinne einer fortwährenden Kontrolle aus Angst, etwas könnte die Gier verraten. Der eigene Körper ist aufgrund der unterschiedlichen Defizite im Selbsterleben etwas Defektes oder vom Defizitären Bedrohtes. Durch den Wunsch, dem Schlankheitsideal zu entsprechen, soll der manifeste oder drohende Mangel verdeckt werden (vgl. Schulte und Böhme-Bloem 1990).

Therapie von Anorexie und Bulimie

Die Voraussetzung für eine Psychotherapie ist für Anorexie und Bulimie sehr unterschiedlich, wiewohl es in der Durchführung Gemeinsames gibt. Nach den Überlegungen zur Psychodynamik und Psychogenese wird verständlich, daß die **Anorexiepatientin** alle körperlichen Behandlungsversuche als Übergriffe nach dem Modell der kontrollierenden Mutter erlebt. Im abgemagerten Zustand kommt die Patientin selten freiwillig, sondern wird von den Angehörigen in die Behandlung gebracht. Eine stationäre Aufnahme in eine psychotherapeutische Klinik ist meist unumgänglich.

Im Zentrum muß dann das Bemühen um die therapeutische Beziehung stehen. Dabei ist es am wichtigsten, der Patientin mit viel Geduld und Einfühlungsvermögen in ihre Ausgangssituation klarzumachen, daß man ihr Bemühen um Verselbständigung unterstützt, nicht aber ihre autodestruktiven Mittel akzeptiert. Das Arbeitsbündnis ist vor allem bei stark untergewichtigen Patientinnen eine Gratwanderung zwischen der befürchteten „oralen Vergewaltigung", der zwangsweisen Sondenernährung, und der Entwicklungsförderung. In kluger dialektisch offener Haltung muß der Therapeut einerseits auf Gewichtszunahme bestehen, andererseits der Patientin vermitteln, daß ihr „Dickwerden" nicht das Ziel ist, sondern ihre innere und äußere Verselbständigung. Die Kombination von verhaltenstherapeutischen Ansätzen und psychoanalytisch orientierter Therapie (Kernbichler et al. 1983) hat sich dabei als günstig erwiesen. In den meisten psychotherapeutischen Kliniken wird eine solche Kombination angewandt, auch wenn sie nicht explizit so genannt wird: Vertragsähnliche Abmachungen zur Gewichtszunahme (Meermann und Vandereykken 1987; Meermann 1997) verknüpft mit Maßnahmen, die auch eine Sondenernährung im äußersten Notfall nicht ausschließen und eine an der Psychodynamik orientierte Psychotherapie, in deren Zentrum die Selbstentwicklung steht, kommen zum Einsatz.

Die Selbstentwicklung ist auch der Behandlungsschwerpunkt der **Bulimiebehandlung**. Die Bulimikerin kommt aufgrund der späteren Entstehungsgeschichte meist freiwillig zur Therapie, wenn sie die Schamschranke überwinden konnte. Eine analytisch orientierte Psychotherapie ist auch hier das Mittel der Wahl, wobei dem hohen gewohnheitsbildenden Potential des bulimischen Verhaltens oftmals Rechnung getragen werden muß dadurch, daß auch hier verhaltenstherapeutische Elemente einbezogen oder angeschlossen werden müssen (Meermann 1997).

Adipositas

Definition

> **Definition**
> Das Überschreiten des Normalgewichts in der Größen-Gewichts-Tabelle nach Broca von 20% und mehr bedeutet das Vorliegen einer **Adipositas**.

Zur Definition wird vermehrt der Körpermassenindex (Body Mass Index, BMI) herangezogen, der dem Quetelets-Index (s. o.) entspricht und Auskunft gibt über die Menge des Fettgewebes. Der **BMI** ist der Quotient aus dem Körpergewicht in Kilogramm und dem Quadrat der Körperlänge in Metern. Der Normwert beträgt 20 bis 25, ein BMI von über 30 zeigt starkes Übergewicht an (Müller et al. 1990).

In der ICD-10 ist die Adipositas nur als Kombinationsdiagnose enthalten: Sie wird verschlüsselt unter F50.4 „Eßattacken bei anderen psychischen Störungen" zusammen mit E66.0 „Fettsucht". Diese Schwierigkeit beim Aufsuchen der diagnostischen Leitlinien spiegelt die Tatsache wider, daß die Adipositas keine nosologische Entität ist, sondern ein multifaktoriell entstandenes Phänomen, das in der Geschichte der Psychosomatik allerdings häufig als Krankheitseinheit aufgefaßt und beschrieben worden ist.

Epidemiologie

Die Tatsache, daß mehr als die Hälfte aller über 40jährigen Deutschen übergewichtig ist, sowie die Tatsache, daß die Adipositas eine Vielzahl von Folgekrankheiten nach sich zieht im Bereich des Herz-Kreislauf-Systems, des Bewegungsapparates und des Stoffwechsels, läßt das Phänomen Adipositas zu einem volksgesundheitlichen Problem ersten Ranges werden. Die Geschlechter sind nach den meisten Untersuchungen etwa gleich betroffen, wobei in jüngerem Alter die Frauen etwas überwiegen. Zwischen sozioökonomischem Status und der Verbreitung der Adipositas besteht ein umgekehrtes Verhältnis, allerdings sind die epidemiologischen Daten über das Übergewicht sehr divergent.

▶ **Differenzierung**
Soziokulturell ist Übergewicht in Regionen, in denen Nahrungsmittel knapp sind, anders zu bewerten als in Überflußregionen: In bestimmten Regionen Asiens und Afrikas zum Beispiel ist Adipositas ein Zeichen von hohem sozialem Ansehen und kann nicht mit nordamerikanischen oder europäischen Verhältnissen verglichen werden. Klar scheint zu sein, daß junge Frauen und etwas seltener Männer unter 40 Jahren in der Mittel- und Oberschicht, bei denen eine Adipositas vorliegt, am ehesten zu derjenigen Personengruppe gehören, für die die Adipositas als psychosomatisches Krankheitsbild auf der Basis einer neurotischen Erkrankung oder einer Persönlichkeitsstörung zu untersuchen ist. Bei diesen Patienten, in abnehmender Bedeutung auch bei älteren Menschen, geht die

Adipositas mit zahlreichen psychischen Beeinträchtigungen einher, die teils als Ursache, teils als Folge des Übergewichts anzusehen sind.

Psychopathologisch bedeutsam sind bei diesen Adipösen das Phänomen des Überessens und dasjenige des gestörten Körperbildes.

Das **Überessen (Hyperphagie-Syndrom)** ist von Bruch (1973) ausführlich beschrieben und der Magersucht gegenübergestellt worden. Bei der Hyperphagie unterscheidet Freyberger (1976) Rauschesser, Daueresser, Nimmersatte und Nachtesser, wobei es sich klinisch in den meisten Fällen um Mischformen handelt. Am Überessen ist stets eine Störung des Hunger- und Sättigungszentrums beteiligt, das im Bereich des limbischen Systems lokalisiert ist. Die Nahrungsmenge wird nicht am Energiebedarf reguliert, der über das Hungergefühl gemeldet wird, sondern an der tatsächlichen vorhandenen erreichbaren Eßmenge. Die häufig in der Kindheit gebahnte Angewohntheit „leer zu essen" hat sich bei diesen Menschen tief verwurzelt. Die Verfügbarkeit (Angebot) von Essen wird zum **Eßzwang**, der von den Patienten stärker geklagt wird als das Gefühl der Gier, das bei den Bulimiepatienten maßgeblich dazu führt, daß sie aufbrechen, um Essen für einen Freßanfall zu besorgen. Die Verführung durch das Essen ist bei den meisten Adipösen stärker als die innere Gier nach dem Essen.

Psychodynamik und Psychogenese

In der Entwicklung der Symptomatik spielt das reale Angewiesensein auf das mütterliche Objekt wie bei anderen Suchtentwicklungen eine Rolle. Das **Essen** hat bei Adipösen den Wert der „**legalen" Droge**.

Oft sind fettsüchtige Kinder verwöhnte, ständig gefütterte Kinder, solche, denen die **Eltern** aufgrund von **Schuldgefühlen** weder Versagung noch Triebaufschub zutrauen (Form der Wohlstandsverwahrlosung). Nach dem Motto „alle Sucht ist Muttersucht" muß ständig ein gutes mütterliches Objekt, repräsentiert durch Essen, inkorporiert beziehungsweise von Müttern mit solchen Strukturanteilen bereitgehalten werden. Ist es nicht zur Ausbildung eines stabilen, genügend guten inneren Objektes gekommen, dann führt ein äußerer **Objektverlust** (Tod eines nahen Menschen, Trennungssituation, Umzug, Verlust des Arbeitsplatzes) oder eine besondere Frustration oder Kränkung (sexueller Mißbrauch) unter Umständen regressiv zu Rückgriff auf die orale Triebbefriedigung und damit zum gesteigerten Essen. Das Essen soll das Verlorene direkt körperlich ersetzen. Es kommt zu einer regelrechten Begriffsverwirrung (Bruch 1973) zwischen Hunger und Unlustgefühlen anderer Art.

> Wie das „gestopfte" Kind alle Unlust als Hunger interpretiert bekam, so dekodiert der Erwachsene jegliche Frustration als Drang nach Essen, das zur Ersatzbefriedigung für alle Enttäuschung wird.

Gefühle von Trauer, Angst oder Kränkung werden von dem Betreffenden nur im Ansatz erlebt. Jegliche Einsamkeit und Leere wird sogleich durch Essen aufgefüllt. Hierdurch etabliert sich rasch ein Teufelskreis, da der adipöse Körper von den Betroffenen als extrem unförmig und häßlich (hassenswert) erlebt wird (**Körperbildstörung**) und ein sozialer Rückzug zu stärkerer Isolation mit erneuter Frustration und verstärktem Essen führt. Dadurch, daß jegliche Frustration früh durch Essen erstickt wurde, ist die Fähigkeit zur aggressiven Auseinandersetzung wenig ausgebildet. Der Adipöse neigt dazu, **aggressive Gefühle** gegen sich selbst zu wenden, also depressiv zu verarbeiten. Trauer und Leere werden dann wiederum durch Essen aufgefüllt (**Kummerspeck**). Bei einigen Patienten lassen sich die aggressiven Gefühle als solche gut erkennen, sie werden im Beißen und im gierigen Verschlingen deutlich. Solche Patienten stehen dem bulimischen Verhalten nahe, beziehungsweise sie setzen das Überessen direkt autodestruktiv ein: „Ich mußte fett werden, damit er mich nicht mehr hinlegen konnte." – „meine dicke Mauer" (Angaben einer sexuell mißbrauchten Patientin).

Therapie

Auf der unbewußten Ebene müssen sich alle Kontaktpersonen von der süchtigen, saugenden Beziehungsgestaltung der Adipösen retten, geraten so in aggressives Fahrwasser und reagieren leicht vorwurfsvoll vor dem Hintergrund, daß der Patient ja „nur" weniger zu essen bräuchte, um nicht adipös zu sein. Die **Gegenübertragung** des Therapeuten ist deshalb oft problematisch. Das „überaktive Eßbesteck" der Leute, „die sich krank essen", gerät allzuleicht zum Vorwurf und zeigt, daß der Patient nicht ernstgenommen wird. Beides können die frustrationsintoleranten Adipösen nicht ertragen; sie ziehen sich gekränkt ins Essen zurück oder versuchen, mit dem Therapeuten über andere Dinge zu verhandeln, als über das Übergewicht.

Die **Behandlung** ist nur **interdisziplinär** als Kombination verschiedener Behandlungsansätze möglich (Koch et al. 1985). In seltenen Fällen ist eine psychoanalytisch orientierte Psychotherapie indiziert, in der Regel werden gesundheitspädagogische Maßnahmen kombiniert mit verhaltenstherapeutischen Ansätzen angewandt (Paul und Jacobi 1989).

> Die bislang eher resignative Einstellung in der Behandlung Adipöser läßt sich bei individueller Behandlungsplanung und persönlichkeitsspezifischer Zusammensetzung der Behandlungselemente nicht aufrechterhalten. Insbesondere die Integration psychodynamischer und verhaltenstherapeutischer Ansätze erweist sich als günstig (Hohage und Haisch 1991).

Zusammenfassung

Essen ist als menschliches Grundbedürfnis vielfältigen individuellen und interpersonellen psychologischen Einflüssen ausgesetzt. Die Eßstörungen haben Gewichtsprobleme als gemeinsames phänomenologisches Thema. Alle drei Eßstörungen, Anorexia und Bulimia nervosa sowie Adipositas, sind multifaktoriell bedingt.

Während bei der Entstehung individuelle psychogenetische Gesichtspunkte im Vordergrund stehen, müssen bei der Frage der Aufrechterhaltung verstärkt soziokulturelle Parameter betrachtet werden. Anorexia und Bulimia nervosa kommen überwiegend bei Frauen und Mädchen vor; die Adipositas weist nur eine geringfügige Betonung des weiblichen Geschlechtes auf.

Die **Anorexia nervosa** ist als Krankheit der frühen bis mittleren Pubertät Ausdruck eines unbewußten Autonomie-Abhängigkeits-Konfliktes. Achsensymptom ist ein schonungsloses Streben nach einem mageren Körper (Magersucht). Sie wird von der Patientin meist verleugnet, die Behandlungsmotivation ist daher selten primär gegeben.

Die **Bulimia nervosa** ist Krankheit der Spätadoleszenz und des jungen Erwachsenenalters; Achsensymptom ist das Aufnehmen großer Eßmengen und die Beseitigung des Aufgenommenen mit dem Ziel, den intensiv erlebten Kontrollverlust und die Zeichen der Gier (Gewichtszunahme) rückgängig zu machen. Ist die Tendenz zur schambedingten Verheimlichung überwunden, so ist die Behandlungsmotivation besser als bei der Anorexia nervosa, wobei die starke Gewohnheitsbildung bei der Symptomatik beachtet werden muß.

Die **Adipositas** mit dem Achsensymptom der Überschreitung des Normalgewichtes nach Broca vom mehr als 20 % hat in der Kerngruppe den stärksten Suchtcharakter unter den Eßstörungen; Essen ist hier „legale Droge". Der Wunsch nach Vereinigung mit einem mütterlichen Ersatzobjekt steht im Zentrum. Die Therapie ist als Suchtbehandlung notwendigerweise eine Kombination aus psychodynamischen, verhaltenstherapeutischen und gesundheitspädagogischen Maßnahmen.

Literatur

Böhme-Bloem C, Schulte MJ. Bulimie: unterschiedliche Psychogenese, Symptomwahl und Therapie. In: Zukunftsaufgaben der psychosomatischen Medizin. Speidel H, Strauß B (Hrsg). Berlin: Springer 1989; 183–90.

Bruch H. Eating Disorders: Obesity, Anorexia nervosa and the Patient within. New York: Basic Books 1973.

Bruch H. Der goldene Käfig. Das Rätsel der Magersucht. Frankfurt: Fischer 1980.

Bruch H. Four decades of eating disorders. In: Handbook of Psychotherapy for Anorexia nervosa and Bulimia. Garner DM, Garfinkel PE (eds). New York: Guilford 1985; 7–18.

Feiereis H. Diagnostik und Therapie der Magersucht und Bulimie. München: Marseille 1989.

Fichter MM. Magersucht und Bulimie. Empirische Untersuchungen zur Epidemiologie, Symptomatologie, Nosologie und zum Verlauf. Berlin: Springer 1985.

Freyberger H. Die Psychosomatik des Kranken mit Fettsucht. Praktische Psychosomatik. Stuttgart: Huber 1976.

Halmi KA. Classification of eating disorders. Int J Eating Dis 1983; 2: 21–7.

Hohage R, Haisch I. Die Integration von verhaltenstherapeutischen und psychoanalytischen Therapieelementen bei der Gruppentherapie von Adipositas-Patienten. Prax Psychother Psychosom 1991; 36: 132–42.

Huon GT, Brown L, Morris S. Lay beliefs about disordered eating. Int J Eating Dis 1988; 7: 239–48.

Kernbichler A, Freiwald M, Böhme-Bloem C, Ahrens S. Integrative Ansätze in der stationären Therapie der Anorexia nervosa. Prax Psychother Psychosom 1983; 28: 223–31.

Koch U, Gromus B, Kahlke W. Interdisziplinäre Therapie der Adipositas. Stuttgart: Kohlhammer 1985.

Meermann, R. Ambulante und stationäre Verhaltenstherapie bei Magersucht und Bulimie. In: Klinik der Eßstörungen. Magersucht und Bulimie. Janssen PI, Senf W, Meermann R (Hrsg). Stuttgart: G. Fischer 1997; 104–18.

Meermann R, Vandereycken W. Therapie der Magersucht und Bulimia nervosa. Berlin: de Gruyter 1987.

Meyer AE. Die Anorexia nervosa und ihre für die Allgemeinmedizin wichtigen Aspekte. Z Allgemeinmed 1970; 46: 1782–6.

Minuchin S, Rosman BL, Bauer L. Psychosomatische Krankheiten in der Familie. Stuttgart: Klett-Cotta 1981.

Müller MJ, Lautz U, von zur Mühlen A. Pathogenese und Therapie der Adipositas. Wie schützen wir uns vor dem Überfluß? Dtsch Med Wschr 1990, 115: 789–94.

Paul T, Jacobi C. Verhaltenstherapeutische Maßnahmen bei Eßstörungen. In: Verhaltenstherapie in der Medizin. Hand I, Wittchen HU (Hrsg). Berlin: Springer 1989; 327.

Plassmann R. Grundrisse einer analytischen Körperpsychologie. Psyche 1993; 47: 261–82.

Schulte MJ, Böhme-Bloem C. Bulimie, Entwicklungsgeschichte und Therapie aus psychoanalytischer Sicht. Stuttgart: Thieme 1990.

Schwartz H. Bulimia: Psychoanalytic treatment and therapy. Connecticut: International University Press 1988.

Selvini Palazzoli M. Magersucht. Stuttgart: Klett-Cotta 1982.

Selvini Palazzoli M, Cirillo S, Selvini M, Sorrentino M. Anorexia und Bulimie. Neue familientherapeutische Perspektiven. Stuttgart: Klett-Cotta 1999.

Thomä H. Anorexia nervosa. Stuttgart: Klett-Cotta 1961.

Literaturempfehlung

Fichter MM. Magersucht und Bulimia. Berlin: Springer 1985.

Herzog W, Munz D, Kächele H (Hrsg). Analytische Psychotherapie bei Eßstörungen. Stuttgart, New York: Schattauer 1996.

Janssen PL, Senf W, Meermann R (Hrsg). Klinik der Eßstörungen. Magersucht und Bulimie. Stuttgart, Jena: G. Fischer 1997.

Meermann R, Vandereycken W. Therapie der Magersucht und Bulimia nervosa. Berlin: de Gruyter 1987.

5.4.10
Ulcus duodeni und Ulcus ventriculi
Gerd Overbeck und Ralph Grabhorn

ICD-10-Klassifikation

K25: Ulcus ventriculi
K26: Ulcus duodeni
K27: Lage nicht näher bezeichnet

Definition und Deskription

Definition

Typischerweise schildern die Patienten mit **Duodenalulkus** ihre Beschwerden als krampfartige epigastrische Schmerzen, die besonders bei nüchternem Magen auftreten und sich durch Nahrungsaufnahme lindern, wogegen beim **Magenulkus** die Beschwerden eher unmittelbar nach dem Essen beginnen.

Von den meisten Patienten werden darüber hinaus Sodbrennen, Völlegefühl, Aufstoßen, Unverträglichkeit gegenüber bestimmten Getränken und Speisen und jahreszeitliche Beschwerdeabhängigkeit angegeben. Krankheitskomplikationen entstehen vor allem bei chronischem Verlauf durch Narbenstrikturen oder Ulzerationen tieferer Wandschichten, die zu Blutungen, Perforationen in die Bauchhöhle oder zu Penetrationen in benachbarte Organe führen. Das Ulcus ventriculi kann auch maligne entarten.

Die Geschwüre heilen unter diätetisch-medikamentöser Behandlung in Tagen bis Wochen ab, neigen jedoch zu Rezidiven.

Diagnostik und Differentialdiagnostik

Die Diagnose ist gastroskopisch beziehungsweise röntgenologisch leicht zu sichern. Von der Ulkuskrankheit muß differentialdiagnostisch das akute **Streßulkus** unterschieden werden (nach schweren Verletzungen, Verbrennungen, operativen Eingriffen).

Ätiologie

Die psychosomatischen Ergebnisse beziehen sich vorwiegend auf das **Ulcus duodeni** (pylorusnahe, nicht maligne unspezifische Ulzeration) und hier wiederum besonders auf das **Ulcus pepticum** bei Patienten mit erhöhter Magensaftsekretion. Bei diesen Patienten findet sich genetisch eine familiäre Häufung, vermehrt die Blutgruppe 0 und das HLA-Antigen B5. Für diese Patienten gilt nach wie vor der Satz „Kein Ulkus ohne Säure", auch wenn weiteren pathogenetischen Faktoren wie gastrointestinalen Hormonen und protektiven Schleimhautschutzfaktoren sowie gesundheitsgefährdenden Verhaltensweisen wie Rauchen, Alkoholkonsum und der Einnahme nicht steroidaler entzündungshemmender Schmerzmittel gesicherte Bedeutung zukommt. Neuerdings muß die durch das Bakterium Helicobacter pylori induzierte Gastritis als wesentliche Voraussetzung für die Ulkuspathogenese angesehen werden. Allerdings entwickeln wiederum nur ca. 20% der infizierten

Personen ein Ulkus. Bei der Ulkuserkrankung handelt es sich damit um keine einheitliche Störung und innerhalb dieser multifaktoriellen Genese (Abb. 5-12) kommt bei 30 bis 65% aller Patienten **psychischen wie psychosozialen Faktoren** in der Entstehung und im Verlauf insofern eine erhebliche Bedeutung zu (Levenstein 2000), als sie zu vegetativen Fehlsteuerungen und dysfunktionalen Störungen der Magentätigkeit führen können. Ein Zusammenhang zwischen chronischer Streßbelastung und Helicobacter-Besiedelung wird diskutiert (Gross und Herrmann 1999). Die Annahme einer Mitverursachung emotionaler Konflikte an der Entstehung des Zwölffingerdarmgeschwürs wurde durch zahlreiche experimentelle psychophysiologische Untersuchungen belegt (Zander 1978). Störungen der Motilität, der Schleimhautdurchblutung und der Magensaftsekretion durch psychische Einflüsse konnten röntgenologisch, durch Magensafttitration und durch Direktbeobachtung an Magenfisteln bestätigt werden. Die Ergebnisse bezüglich der relevanten Affekte (Wut, Neid, Angst, Versorgungswünsche) sind allerdings unterschiedlich und zeigen eine hohe individuelle Variabilität (Overbeck und Biebl 1975).

Epidemiologie

Die Ulkuskrankheit ist eine sehr häufige Erkrankung mit einer Prävalenz für das Ulcus pepticum von ca. 2% und für das Ulcus ventriculi von ca. 1%. Das Verhältnis Männer zu Frauen beträgt ungefähr 2:1. Die Häufigkeit erreicht um das 45. Lebensjahr beim Ulcus pepticum einen Gipfel, um dann abzusinken, während die Häufigkeit des Ulcus ventriculi im Alter zunimmt. Man schätzt, daß etwa 12% der männlichen und 8% der weiblichen Bevölkerung in westlichen Industriestaaten einmal in ihrem Leben an einem Magengeschwür erkranken. Bei ungefähr 50% kommt es nach Ablauf eines Jahres erneut zu einem Rezidiv, jedoch nur 30% der Ulkusträger entwickeln eine chronische Ulkuskrankheit mit häufigeren Krankheitsschüben (Holtermüller 1982). Die leider sehr wenigen Untersuchungen über Langzeitverläufe zeigen, daß die Symptome bei Ulkuskranken in der Allgemeinpraxis bei konservativer Behandlung durchschnittlich nach 10 Jahren ver-

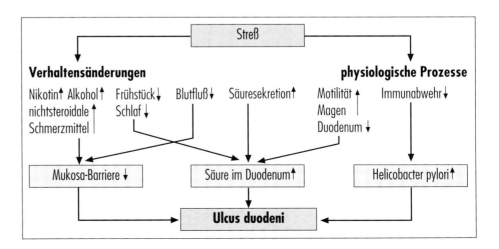

Abb. 5-12 Multifaktorielle Genese des Ulcus duodeni.

schwinden und von stationär internistisch behandelten Patienten nach 13 Jahren nurmehr die Hälfte noch Beschwerden hat (Greibe et al. 1977). Neuere Studien mit bis zu zehn Jahren Beobachtungszeitraum belegen mittlerweile überzeugend, daß sich die Rezidivrate durch eine erfolgreiche Helicobacter-Eradikation drastisch reduzieren läßt, verglichen mit Rückfallquoten von 70 bis 90% bei keimpositiven Patienten (Van der Hulst et al. 1997). Erst bei Patienten mit therapieresistenten chronischen Ulzera wird dann als letzte Therapiereserve eine relative Operationsindikation gestellt, die immerhin noch bei ca. 60 bis 80% dieser Patienten zum Erfolg führt (Möhlen et al. 1982).

Psychosoziale Situation

Untersuchungen der Ulkuskranken zur **Schichtzugehörigkeit** erbrachten sehr widersprüchliche Ergebnisse. So wurde das Ulcus duodeni gehäuft bei Piloten, Unteroffizieren und Werkmeistern gefunden, sowohl als typische Krankheit der Hilfsarbeiter wie auch der Manager, der sozialen Aufsteiger wie auch der sozialen Absteiger angesehen. Ferner wurde auch eine gewisse Affinität zu „oralen" Berufen wie Bäcker, Konditor und Gastwirt nahegelegt. Diese selektionsbedingten widersprüchlichen Ergebnisse lassen sich besser interpretieren, wenn **Arbeitsplatzsituation** und berufliche Position genauer auf spezifische Zusammenhänge zwischen Beruf und Persönlichkeit untersucht werden. So fanden Eckensberger et al. (1976) bei ihren **sozialpsychologischen Gruppeneinteilungen**, daß es zum Beispiel in der Gruppe der „jungen, karriereorientierten Meister und Graduierten in mittleren Führungspositionen" offensichtlich nicht die Berufsart selber war, sondern die spezifische Zwischenposition, die für diese Patienten attraktiv und konflikterzeugend zugleich war. Einerseits waren diese Patienten ehrgeizig, konnten aber oft ihre berechtigten Ansprüche auf die nächst höhere Position nicht äußern und wurden dann krank, wenn sie bei Beförderungen übergangen worden waren. Eine zweite Gruppe, die einen ähnlichen Zusammenhang zwischen Beruf und Persönlichkeit illustrierte, waren die „abwärtsmobilen Aussiedler". Bei ihnen war die Krankheit mit sozialem Abstieg und Arbeitslosigkeit unschwer in Zusammenhang mit inadäquaten passiven Erwartungshaltungen und aggressiven Enttäuschungsneigungen zu bringen. Ein anderer sozialpsychologischer Zusammenhang ergab sich dagegen bei der Gruppe der „chronisch kranken Schwerstarbeiter", wo die Arbeitsplatzsituation mit Überstunden, Schichtarbeit, unregelmäßigem Eßverhalten und starkem Genußmittelgebrauch eher als krankheitsauslösendes Moment im Sinne eines Dauerstreß angesehen werden konnte. Ein weiterer bedeutsamer Faktor ist offensichtlich der Verlust der Zugehörigkeit zu einer Gruppe, die Anerkennung oder Schutz verleiht, was von vielen Autoren durch die biographische *Lifeevent*-Forschung als krankheitsrelevant herausgefunden wurde (Giligan et al. 1987). Dieser psychosoziale Krankheitsauslöser des „**Objektverlusts**" ist teils durch äußere Anlässe wie gesellschaftliche Migration und Mobilität bedingt (Gastarbeiter,

Flüchtlinge, Arbeitslosigkeit, Berufswechsel), ergibt sich teils durch individuelle Motive (Trennung vom Elternhaus, Heirat, Scheidung, sozialer Aufstieg; Pflanz 1962). Insgesamt kann der Risikofaktor chronisch belastender Lebenssituationen beziehungsweise -ereignisse empirisch als weitgehend gesichert gelten (Lewin und Lewis 1995).

Psychodynamik

Das gängigste Konzept (Alexander 1951) ist, daß Ulkuskranke unbewußte **oral-rezeptive** (Verwöhnung, Nähe, Zuwendung) oder **oral-kaptative Bedürfnisse** (Besitzstreben, aggressive Impulse) **abwehren** müssen. Die Abwehr kann durch **Scham** motiviert sein, die zum Beispiel durch die Unverträglichkeit mit den eigenen Selbstvorstellungen entsteht, oder weil solche Wünsche auf ambivalent besetzte Personen gerichtet sind und durch **Schuldgefühle** gehemmt werden (z. B. Geschwisterneid). Die bewußt abgewehrten, aber unbewußt latent vorhandenen Bedürfnisse wirken sich über die „Hunger", Gier, Wut etc. begleitenden physiologischen Affektkorrelate (z. B. als Hyperazidität, Spasmen, Durchblutungsstörungen) als unzeitgemäße vegetative Fehlsteuerungen beziehungsweise Bereitstellungen aus, die zu Dysfunktionen und schließlich zum Ulkus führen. Den Krankheitsschüben vorausgehend finden sich entsprechend häufig in der Anamnese Konfliktsituationen, die entweder durch innere persönlichkeitsspezifische Konflikte (Reifungsanforderung, Angst vor Verantwortung, gehemmte Konkurrenzansprüche) entstanden sind oder unspezifisch durch äußere soziale Einflüsse (Versagungen, Trennung, Geborgenheitsverlust, Enttäuschung) ausgelöst wurden.

Persönlichkeitsstruktur

Der idealtypische Zusammenhang von genetisch bedingter Disposition, Auswirkung auf das Mutter-Kind-Verhältnis, Entwicklung einer bestimmten Persönlichkeit und ihrer Krankheitsgefährdung durch spezifische Konflikte wurde für das Ulcus duodeni theoretisch am besten durch den somatopsychisch-psychosomatischen Zirkel (Engel und Schmale 1967) und durch den Situationskreis von v. Uexküll (Schüffel und v. Uexküll 1996) beschrieben. Empirisch konnte er durch die prospektiven Studien von Weiner et al. (1957) und Weiner (1981) belegt werden, die mit hoher Treffsicherheit für Rekruten mit hohem Magensäuregehalt und spezifischen psychologischen Daten eine Erkrankungswahrscheinlichkeit an einem Ulcus pepticum beim Einzug in den Militärdienst voraussagten. Einschränkend muß hinzugefügt werden, daß dort die Merkmalskombination einer Extremgruppe erfaßt wurde, dies also nicht für alle Patienten gilt.

> Je mehr in den letzten Jahrzehnten alle Ulkuskranken ins psychodiagnostische Blickfeld rückten und nicht mehr nur psychoanalytisch/psychotherapeutisch behandelte Patienten beschrieben wurden, desto mehr stellte sich heraus, daß es **die Ulkuspersönlichkeit** nicht gibt (vgl. dazu Kap. 5.4.1, S. 400f).

Tab. 5-16 Zusammenspiel von Persönlichkeit, Belastungssituation und Psychodynamik bei verschiedenen Typen der Ulkuskranken (nach Overbeck und Biebl, in Rudolf 1993).

Persönlichkeit	Psychosoziale Belastungssituation im Vorfeld der Erkrankung	Psychodynamische Mechanismen
1. Der psychisch Gesunde oder neurotisch depressiv wirkende Ulkuskranke		
gut integriert oder neurotisch-depressiver Konflikt	schwerwiegend-spezifisch oder unspezifisch	temporäre Ich-Regression und Resomatisierung, Aggressionsproblematik auf der oralen oder analen Stufe
2. Der charakterneurotische, pseudounabhängige Ulkuspatient		
zwanghaft oder rigide	spezifisch: Kränkung, Versagung, Liebesverlust	Zusammenbruch der Charakterabwehr, Aggressionsproblematik auf der analen oder oralen Stufe
3. Der soziopathische Ulkuskranke		
Ich-schwach, abhängig, sehr auf Bezugsperson angewiesen	schon kleine Versagungen von Liebe und Zuwendung (äußere Versagung, kein Triebkonflikt)	Ulkus als psychophysiologisches Korrelat, Aggressionsproblematik auf der archaisch-narzißtischen Stufe
4. Der psychosomatische Ulkuskranke		
alexithym, phantasiearm, ausdruckslos	oft unspezifische Belastungssituation	Unfähigkeit, Konflikte psychisch zu verarbeiten, Neigung zu multiplen psychosomatischen Beschwerden, Aggressionsproblematik auf der archaisch-narzißtischen Stufe
5. Der normopathische Ulkuskranke		
überangepaßt, starke Verleugnung vor allem der eigenen Leistungsgrenzen	chronisch-autodestruktive Überarbeitungs- und Überlastungssituation	Unfähigkeit, analaggressive Konflikte offen zu verarbeiten

In eigenen Untersuchungen (Overbeck et al. 1990), die an Durchschnittspopulationen von medizinischen Polikliniken, chirurgischen Kliniken und Patienten aus der Allgemeinpraxis erhoben wurden, zeigte sich eine große Heterogenität unter den Ulkuskranken, wie sie zusammengefaßt in Tab. 5-16 wiedergegeben wird. In diese taxonomische Beschreibung von Untergruppen gehen die unterschiedlichen Persönlichkeiten mit jeweils anderer Ich-Struktur und Objektbeziehungsmustern ein, sowie der durch diese Konstellation jeweils bedingten typischen Vulnerabilität gegenüber bestimmten Konflikten oder Belastungen. Diese grob skizzierte Typologie läßt erkennen, daß pathogenetisch „verschiedene Wege nach Rom" (zum Ulkus) führen können und dabei psychosozialen Faktoren eine sehr unterschiedliche Bedeutung zukommt. Wenn man auch letztlich auf den Einzelfall angewiesen ist, so hat sich diese Einteilung doch für die Psychodiagnostik und für die Einschätzung der Prognose klinisch bewährt und kann auch als Leitlinie für eine differentielle Psychotherapieindikation dienen (s. u.).

Therapie

Eine Einschränkung der psychotherapeutischen Möglichkeiten bei der Ulkuskrankheit ergibt sich dadurch, daß die akute Krankheitsphase jeweils relativ rasch abklingt und nach Abheilung des Ulkus häufig die Behandlungsmotivation weg ist. Außerdem kommt der vollständigen Entfernung des Helico-

bakter pylori (Eradikation) erhöhte Priorität zu und in Kombination mit den Histamin-H2-Rezeptorantagonisten und den sehr wirksamen Protonenpumphemmern stehen heutzutage Medikamente mit Langzeitwirkung zur Verfügung, die den Patienten meist Psychotherapie wie Operation „ersparen" können. Angesichts dieser Umstände und der oben geschilderten Verlaufsprognose (Spontanremission ca. 80%) kann es daher nicht wundern, daß bisher nur sehr wenige Therapiestudien vorliegen (vgl. Overbeck et al. 1990), weil letztlich nur eine sehr geringe Zahl von Patienten (ca. 20% der chronisch Ulkuskranken) in psychotherapeutische Behandlung gelangt. Es ist daher sehr empfehlenswert, den psychotherapeutischen Ansatz möglichst in die unmittelbare Nachsorgephase zu legen, wenn man eine psychosoziale Beratung mit dem Ziel einer Rezidivprophylaxe im Auge hat. Damit beginnt am besten der behandelnde Arzt, der in psychosomatischer Grundversorgung geschult ist, durch ein ärztliches Gespräch. Als Einstieg in die Psychotherapie scheint sich danach bei bestimmten Patienten (Typ 4 und 5) die **homogene themenzentrierte Gruppe** am besten zu eignen (Biebl et al. 1986), wobei besonders auf die Beratung der Lebensführung abgezielt wird und bei Patienten mit bewußtseinsnahen psychosozialen Konflikten Anstöße zur Bewältigung gegeben werden können. Je weniger die Disposition zum Ulkus duodeni dagegen in einer somatischen Reaktionsspezifität liegt, sondern eher durch eine Persönlichkeits- beziehungsweise Konfliktspezifität bedingt wird (Typ 2 und 3), desto mehr kommen **psychoanalytisch orientierte**

Einzel- oder **Gruppenpsychotherapie, ambulant** zwei bis drei Jahre durchgeführt, in Frage. Diese Patienten, die ihre Konflikte mit ihrer Umgebung ständig durch ihr eigenes Verhalten rekonstellieren, bringen häufig auch eine gewisse psychische Krankheitseinsicht mit. Die wenigen Therapiestudien beziehen sich auf diese Gruppe von therapiemotivierten Ulkuskranken und zeitigen Erfolgsergebnisse, die zwischen 55 und 80% liegen (Senf und Rad 1990). Kurzzeit-Therapien mit Kognitiver Verhaltenstherapie weisen auf eine deutliche Verbesserung der Lebensqualität hin (Wilhelmsen 1995). Bei geringer psychischer Krankheitseinsicht (Typ 4 und 5) oder geringer Frustrationstoleranz (Typ 3) stößt die ambulante psychotherapeutische Behandelbarkeit bei Ulkuskranken allerdings sehr schnell an ihre Grenzen. Hier bietet die **stationäre psychosomatische Behandlung** mit ihrem mehrdimensionalen Behandlungskonzept größere Chancen, indem sie durch verschiedene nonverbale und Körpertherapieverfahren vielen Patienten überhaupt erste psychosomatische Zusammenhänge eröffnet und eine eigene Therapiemotivation setzt. Außerdem kann unter stationär kontrollierten Bedingungen mit dem Agieren der Ich-schwachen und narzißtisch gestörten Patienten (Typ 3 und 4) besser umgegangen werden, wenn es in der Behandlung zur Reinszenierung von Konflikten kommt, die bei ambulanter Behandlung meist zum Therapieabbruch führen.

Übertragung und Gegenübertragung

So wenig wie es **den Ulkuskranken** gibt, so wenig kann man von einem spezifischen Übertragungs- und Gegenübertragungsmuster sprechen. Das Konsultationsverhalten ist teils betont korrekt, psychisch unauffällig bis sachlich-instrumentell abwehrend (Ahrens 1981) oder ganz im Gegenteil vorwurfsvoll, anspruchlich bis distanzlos. Am häufigsten wird wohl bei Ulkuskranken der **oral-aggressive Konflikt** in der Arzt-Patient-Interaktion psychodynamisch wirksam (vor allem bei den Typen 2 und 3). Entweder neigen diese Patienten selbst zu vorschnellen Enttäuschungsreaktionen bis unkontrollierten Wutausbrüchen, oder sie mobilisieren im Arzt durch ihr forderndes Verhalten schnell ärgerliche Affekte. Gerade den früh gestörten Ulkuspatienten gelingt es leicht (durch Verleugnung ihrer eigenen oral-aggressiven Impulse, Projektion und interpersonelle Manipulation) ihre Mitmenschen zu Verhaltensweisen zu provozieren, die diese dann als unverschämt, böse, aggressiv dastehen lassen. Durch diese Neigung der Patienten, ihren oralen Sadismus, ihre archaische Wut auszureagieren, beziehungsweise sich durch interaktionelle Abwehr (das Gegenagieren des Arztes) einer Einsicht zu entziehen, gestaltet sich eine Behandlung oft außerordentlich schwierig. Beim ersten unten beschriebenen Fall findet sich dazu ein Beispiel aus einem psychosomatischen Erstgespräch.

Fallbeispiele

— Fallbeispiel 1 —

Ein Patient saß „zufällig" in meiner Doktorandensprechstunde und war auf meine Frage, wer jetzt dran sei, aufgestanden und mit mir in mein Arbeitszimmer gegangen. Als sich der Irrtum herausstellte, mußte ich ihn wieder rausschicken und erklärte ihm, daß ich noch bis 11 Uhr eine Doktorandensprechstunde hätte und er sicher auch von der Sekretärin erst für diese Zeit bei mir einbestellt worden sei. Daraufhin fragte er, ob Doktoranden etwas Besseres seien als Patienten, außerdem sei er vor den Doktoranden dagewesen und sitze schon seit 9 Uhr hier, weil seine Frau ihn aus beruflichen Gründen schon so früh mitgenommen habe. Ich bat ihn trotzdem zu warten, worauf er andeutete, er werde sich das noch einmal überlegen, ob unter diesen Umständen hier, wenn Patienten so schlecht behandelt würden, ein Gespräch überhaupt einen Sinn hätte. Als ich ihn dann um 11 Uhr hereinbat, saß er ganz friedlich bei seiner zurückgekehrten Frau, die ihn offenbar beruhigt hatte, und war am Futtern. Ich postuliere, daß er wutentbrannt davon gestürzt wäre, wenn seine Frau ihm nicht quasi das „Fläschchen" gegeben hätte. Es wäre nur zu einer Reinszenierung seines Konflikts, aber nicht mehr zum Besprechen dieser Szene gekommen. Er hätte nur zum wiederholten Male sein Gefühl, zurückgesetzt zu werden, agiert, aber nicht verstanden. Es zeigte sich nämlich, daß diese Szene für ihn biographisch typisch war. Er wurde in der Schule als Fachlehrer, wie er meinte, für die gleiche Arbeit schlechter bezahlt als seine Kollegen und fühlte sich als Lehrer zweiter Klasse behandelt. Er erkrankte erstmals nach der Erbteilung, als er seiner Meinung nach schlechter weggekommen war als sein älterer Bruder. Auch seine Ehefrau sah er bei ihren Erbangelegenheiten deutlich gegenüber ihren Geschwistern benachteiligt. Indirekt machte er sogar seiner Mutter, die früh verstorben war, den Vorwurf, daß sie den älteren Bruder besser behandelt habe, weil der sie länger für sich haben konnte, er aber zeitweise in seiner Jugend in ein Internat gehen mußte. Diesem Patienten war durchaus bewußt, daß sein Ärger über die Erbstreitigkeiten und sein Gefühl der Zurücksetzung in der Schule Magenschmerzen verursachte, nicht bewußt war ihm aber, daß er gerade die Benachteiligungen, die ihn wütend und krank machten, im Sinne eines Wiederholungszwangs unbewußt oft selber herstellte.

— Fallbeispiel 2 —

Abschließend ein Beispiel aus einer längeren Paartherapie mit einer ulkuskranken Patientin (Schoenhals 1990), bei der versucht wurde, die wechselseitige Übertragung beziehungsweise gemeinsame Konfliktabwehr des Paares (Kollusion) zu analysieren. Zusammengefaßt agierte der Ehemann (Alkoholiker) in dieser Paarbeziehung das Böse aus, das seine Frau, die ihn zum „Angeklagten" machte, auf ihn projiziert hatte. Umgekehrt wurde das Über-Ich von der Ehefrau agiert in einer Weise, wie es ihrem archaischen Über-Ich entsprach und wie es von ihrem Ehemann externalisiert und auf sie als „Staatsanwalt" projiziert wurde. Es zeigte sich, daß die Patientin immer dann prompt mit Magenschmerzen reagierte, wenn die kollusive Abwehr dekompensierte, das heißt wenn ihr die Externalisierung ihrer Aggression nicht mehr gelang, beziehungsweise sie diese nicht mehr an ihrem Ehemann dingfest machen konnte, wenn dieser sich „gebessert" hatte:

„Ich verstehe die Notgemeinschaft der beiden so: Sie klagt ständig an, während er sich wie ein schwerer Junge clever herauswindet. Oft sehe ich ihn in der Stunde wie vor einer Staatsanwältin (seiner Frau), die verzweifelt versucht, seine Schuld nachzuweisen, während er sie mit einem hämischen Lächeln auflaufen läßt. Dabei soll ich offensichtlich die Rolle des Richters spielen. Sie verfolgt ihn, möchte das Böse in ihm aufdecken: „Du haßt mich doch!" Mit Hilfe von Projektionen entlastet sie sich so von der selbstvernichtenden Verurteilung eines bösen Introjekts. Wenn es ihr gelingt, stellt sie eine ähnliche Konstellation her, wie sie zwischen ihren Eltern früher bestand: Sie, die strenge Über-Ich-hafte Mutter, verfolgt und beschimpft den „bösen" Alkoholikervater (der auch ein Ulkus entwickelte). Je cleverer Herr S. sich jedoch verteidigen kann, um so verzweifelter wird sie, denn damit bleibt das Böse bei ihr. In der Rolle des Sadisten zwingt er sie raffiniert, das Böse in sich hineinzufressen, sozusagen den Brei selber aufzuessen, bis sie Magenschmerzen und -blutungen bekommt und das Böse aus sich herausschneiden lassen muß. Jetzt ist es nicht mehr möglich, das Böse aus dem Magen herauszu-operieren, und so bringt das Paar nun mir das Böse. Dieses Verständnis überzeugt mich auch von der Gegenübertragung her: Ich fühle mich während und nach ihrer wöchentlichen Stunde ziemlich schlecht, empfinde mich als unfähige Therapeutin, sadistisch und voller Schuldgefühle und möchte „den Druck" beziehungsweise das Paar öfters los sein. Ihre Geschenke (ausgetrocknete Pralinen und zu teurer Champagner), die ich übrigens nicht verzehre, belasten mich besonders deshalb, weil eine Bearbeitung der Bedeutung dieser Geschenke mit ihnen nicht möglich ist. Meistens ist mir leicht übel. Ich habe das Gefühl, das Böse ist nun „in mir". Als mir die Gegenübertragung bewußter wird und ich diese Gefühle bei mir ertragen kann, kann ich sie dann auch für meine Arbeit mit dem Paar verwenden."

Zusammenfassung

Die Ätiopathogenese des Magen- beziehungsweise Duodenalulkus ist multifaktoriell bedingt, wobei somatischen und psychosozialen Faktoren im Einzelfall jeweils eine sehr unterschiedliche Gewichtung zukommen kann. Für das Ulcus duodeni, insbesondere das peptische Ulkus belegen zahlreiche wissenschaftliche, teils experimentelle Untersuchungen einen bedeutsamen Zusammenhang von psychosozialen Faktoren und Störungen der Magenfunktion. Der früher als spezifisch angesehene orale Abhängigkeitskonflikt bei Persönlichkeiten mit passiven Charakterzügen beziehungsweise überkompensatorischen pseudounabhängigen Verhaltensweisen (die Konfliktspezifität bzw. Persönlichkeitsspezifität) oder die somatische Reaktionsspezifität bei genetischer Disposition (z. B. bei den Hypersekretoren) haben sich nur als Varianten eines psychosomatischen Zusammenhangs beim Ulcus duodeni herausgestellt. Daneben finden sich andere typische Konstellationen von Persönlichkeitsstruktur, Auslösesituation, psychodynamischen Mechanismen und somatisch relevanten Faktoren. Dieser Heterogenität von psychosomatischen Entstehungsbedingungen muß bei der Psychotherapieindikation entsprechend Rechnung getragen werden. Eine ambulante aufdeckende Psychotherapie kommt primär nur für relativ wenige Patienten in Frage, bei vielen Patienten muß erst durch stationäre psychosomatische Behandlung psychische Krankheitseinsicht und Therapiemotivation geschaffen werden. Für die Mehrzahl sind themenzentrierte Gruppentherapie, Kognitive Verhaltenstherapie, Entspannungsverfahren oder beratende/stützende Psychotherapie ausreichend, zumal viele Belastungen und Konflikte sich nur auf bestimmte krisenhafte Lebensphasen beschränken.

Literatur

Ahrens S. Experimentelle Untersuchungen kognitiver Funktionen bei Ulkus-Patienten. In: Experimentelle Forschungsergebnisse in der Psychosomatischen Medizin. Zander W (Hrsg). Göttingen: Vandenhoeck & Ruprecht 1981; 29–44.

Alexander F. Psychosomatische Medizin; Grundlagen und Anwendungsgebiete. Berlin: de Gruyter 1951.

Biebl W, Platz T, Bergant A, Judmeier G. Untersuchungen zur Ulkuskrankheit. Z Psychosom Med Psychoanal 1986; 32: 272–82.

Eckensberger D, Overbeck G, Biebl W. Subgroups of ulcer patients according to clinico-sociological test and psychotherapeutic characteristics. J Psychosom Res 1976; 20: 489.

Engel GL, Schmale AH jr. Psychoanalytic theory of somatic disorder. J Amer Psychoanal Ass 1967; 15: 344–65. Deutsch: Overbeck G, Overbeck A (Hrsg). Seelischer Konflikt – körperliches Leiden. Reinbeck: Rowohlt 1978; 246–68.

Giligan I, Fung L, Piper D, Tennant C. Life event stress and chronic difficulties in duodenal ulcer: a case control study. J Psychosom Res 1987; 31: 117–23.

Greibe I, Bugge P, Gjorup T. Long term prognosis of duodenal ulcer. Follow up study on survey of doctors estimates. Br Med J 1977; 2: 1572–4.

Gross M, Herrmann Ch. Das Ulkusleiden – nur eine Infektionskrankheit? Z Psychosom Med 1999; 45: 390–400.

Holtermüller KH. Was ist gesichert in der konservativen Ulkustherapie? Internist 1982; 23: 653–63.

Hulst van der RWM, Rauws EAJ, Köcü B, Keller JJ, Bruno MJ, Tijssen JGP, Tygat GNJ. Prevention of ulcer recurrence after eradication of Helicobacter pylori: A prospective long-term follow-up study. Gastroenterology 1997; 113: 1082–6.

Levenstein S. The very model of a modern etiology. A biopsychosocial view of peptic ulcer. Psychosom Med 2000; 62: 176–85.

Lewin J, Lewis S. Organic and psychosocial risk factors for duodenal ulcer. J Psychosom Res 1995; 39: 531–48.

Möhlen K, Brähler E, Rohde H, Overbeck G. Zur Psychosomatik des operierten Ulkuskranken – eine 4-Jahre-Katamnese. Psychother Med Psychol 1982; 32: 19–26.

Overbeck G, Biebl W. Psychosomatische Modellvorstellungen zur Pathogenese der Ulkuskrankheit. Psyche 1975; 29: 542–67.

Pflanz M. Sozialer Wandel und Krankheit. Stuttgart: Enke 1962.

Rudolf G. Psychotherapeutische Medizin. Ein einführendes Lehrbuch auf psychodynamischer Grundlage. Stuttgart: Enke 1993.

Schoenhals H. Über-Ich-Pathologie und Ulkuserkrankung – zur Psychodynamik einer Paarbeziehung. In: Psychosomatik der Ulkuskrankheit. Overbeck G, Möhlen K, Brähle E (Hrsg). Berlin, Heidelberg, New York: Springer 1990; 112–26.

Schüßler G. Blick in internationale Zeitschriften. Z Psychosom Med 2000; 46: 397–9.

Senf W, Rad M v. Ergebnisforschung in der psychosomatischen Medizin. In: Psychosomatische Medizin. Adler RH, Herrmann JM, Köhle K, Schonecke OW, Uexküll Th v., Wesiack W (Hrsg). 4. Aufl. München, Wien, Baltimore: Urban & Schwarzenberg 1990; 382–99.

Weiner H. Untersuchungen über den Zusammenhang zwischen Pepsinogenspiegel, psychischen Auffälligkeiten und Ulcus duodeni. Unveröffentlichter Vortrag anläßlich des 25jährigen Bestehens der Psychosomatischen Poliklinik München; 1980.

Weiner H, Thaler M, Reiser MF, Mirsky IA. Etiology of duodenal ulcer: relation of specific psychological characteristics to rate of gastric secretion (serum pepsinogen). Psychosom Med 1957; 19: 1–18.

Wilhelmsen I. Quality of life in upper gastrointestinal disorders. Scan J Gastroenterology 1995; 211: 21–5.

Zander W. Zur spezifischen Konfliktantwort bei Patienten mit Ulcus duodeni. Ein Beitrag zur Strainforschung. Psychother Med Psychol 1978; 28: 50–8.

Literaturempfehlung

Overbeck G, Möhlen K, Brähler E (Hrsg). Psychosomatik der Ulkuskrankheit – Psychodiagnostik, soziales Arrangement und Prognose beim Ulcus duodeni. Berlin, Heidelberg, New York: Springer 1990.

Schüffel W, Uexküll Th v. Ulcus duodeni. In: Psychosomatische Medizin. 5. Aufl. Adler RH, Herrmann JM, Köhle K, Schonecke OW, Uexküll Th v., Wesiack W (Hrsg). München, Wien, Baltimore: Urban & Schwarzenberg 1996; 825–38.

Zander W. Psychosomatische Forschungsergebnisse beim Ulcus duodeni. Göttingen: Vandenhoeck & Ruprecht 1977.

5.4.11
Chronisch-entzündliche Darmerkrankungen (CED)

Gisela Huse-Kleinstoll

ICD-10-Klassifikation

Diese Erkrankungen werden unter F54 und unter den entsprechenden somatischen Kapiteln klassifiziert:

F54: Psychologische Faktoren und Verhaltensfaktoren bei andernorts klassifizierten Krankheiten

K50: Enteritis regionalis (Crohn-Krankheit)

K51: Colitis ulcerosa

Die weitere Differenzierung in Untergruppen erfolgt nach Lokalisation.

Definition und Deskription

Definition

Die Colitis ulcerosa und der Morbus Crohn gehören zu den unspezifischen chronisch-entzündlichen Darmerkrankungen.

Bei **Colitis ulcerosa** ist fast ausschließlich der Dickdarm entzündlich verändert und nur in ca. 5% der angrenzende Teil des Ileums (Back-wash-Ileitis).

Der **Morbus Crohn** kann im gesamten Magen-Darm-Trakt auftreten, am häufigsten sind das terminale Ileum und das Colon ascendens betroffen.

Bei beiden Erkrankungen finden sich Begleitsymptome im Bereich der Haut, der Augen und der Gelenke, zum Beispiel: Erythema nodosum, Pyoderma gangraenosum, rheumatoide Arthritis, ankylosierende Spondylitis, Episkleritis, Iridozyklitis. Darüber hinaus findet der Untersucher nichtentzündliche Erkrankungen der Leber und der Gallenwege. Die diagnostische Unterscheidung zwischen beiden Erkrankungen kann schwierig sein, wenn der Morbus Crohn ausschließlich im Dickdarm lokalisiert ist (20%).

Epidemiologie

Beide Erkrankungen verlaufen bei der Mehrzahl der Patienten chronisch rezidivierend. Sie können in jedem Lebensalter auftreten und haben einen Häufigkeitsgipfel zwischen dem 20. und 30. Lebensjahr. Männer und Frauen sind etwa gleich häufig betroffen, auch wenn die Angaben in einzelnen Veröffentlichungen schwanken.

Ätiologie

Die Ätiologie der chronisch-entzündlichen Darmerkrankungen ist unbekannt. Epidemiologische Daten weisen auf genetische und Umwelteinflüsse hin. In der Bewertung der psychologischen Risikofaktoren hinsichtlich der Entstehung und Aufrechterhaltung der Krankheit sowie der Auslösung von Schüben gibt es zur Befindlichkeit und Persönlichkeit der Patienten bis zum heutigen Tag keine endgültigen Aussagen, da sehr unterschiedliche Ergebnisse in Abhängigkeit von der Krankheitsaktivität gefunden werden (Leibig et al. 1985).

Besonders in anglo-amerikanischen Studien werden beide Krankheitsbilder gemeinsam untersucht. Deshalb gelten heute zahlreiche psychosomatische Hypothesen für beide Erkrankungen. Sie werden hier im Abschnitt über Colitis ulcerosa behandelt. Im Kapitel über Morbus Crohn werden krankheitsspezifische Ergebnisse und Besonderheiten berücksichtigt.

Colitis ulcerosa

Krankheitsbild

Die Entzündung bei der Colitis ulcerosa beginnt immer im Rektum und breitet sich von distal nach proximal aus, im Extremfall ist der ganze Dickdarm betroffen. Die Entzündung ist auf die Mukosa beschränkt. In der Regel beginnt die Erkrankung schleichend oder akut mit schleimigen, zum Teil blutigen Stühlen. In schweren Fällen bestehen Fieber, sehr starke Schmerzen und schwerer Blutverlust mit hohen Durchfallfrequenzen von bis zu 20 Stühlen pro Tag. Die Diagnose der Colitis ulcerosa wird röntgenologisch, endoskopisch und histologisch gestellt. Gefürchtete Komplikationen sind das toxische Megakolon, schwer zu stillende Blutungen oder eine Perforationsperitonitis.

Trotz der deutlich sichtbaren Symptome neigen die Patienten dazu, ihre Beschwerden zu bagatellisieren und zu verheimlichen, in der Hoffnung, sie würden sich von selbst bessern. Diese **Dissimulationstendenz** hat zur Folge, daß das familiäre Umfeld und die erstkontaktierten Ärzte leicht die Krankheit unterschätzen, so daß häufig erst das Sistieren und die Verschlimmerung der Beschwerden zur richtigen Diagnose führen.

50% der Patienten müssen stationär behandelt werden. Wegen des Blutverlustes erscheinen die Patienten blaß und fühlen sich schlapp. Bei schwerer Kolitis verlieren die Patienten in kurzer Zeit sehr viel Gewicht. Hinzu kommt eine deutliche Lethargie und Depressivität mit Inappetenz und allgemeiner Müdigkeit, die bis zur Lebensmüdigkeit gehen kann. Dennoch sind die Patienten selten klagsam und meinen, der Arzt würde schon merken, wie schlecht es ihnen geht. Oft fällt eine deutliche Regression auf. Die Patienten werden meist jünger geschätzt. Kuscheltiere im und um das Bett herum signalisieren Wünsche nach Geborgenheit und magisch heiler Welt. **Seelische belastende Lebensereignisse vor Ausbruch der Erkrankung** oder **vor Schüben** wurden im Jahr vor der stationären Behandlung der Colitis-ulcerosa-Patienten signifikant häufiger gefunden als bei anderen stationär behandelten Erkrankungen (Tocchi et al. 1997). Bei 54 von 122 Colitispatienten ließen sich im Vergleich zu 13 von 122 Kontrollpatienten definierte Ereignisse finden, die den Charakter von realem, befürchtetem oder phantasiertem **Objektverlust** zentral bedeutsamer Objekte hatten. Diese Ereignisse liegen in den Bereichen von Trennung und Abschied oder Leistungserfolg (Freyberger und Künsebeck 1992).

Epidemiologie

Die Inzidenz klinisch versorgter Colitis-ulcerosa-Patienten lag nach Dirks (1991) in Nordrhein-Westfalen Anfang der 80er Jahre bei 2,9/100000 Einwohner/Jahr. Dies entspricht etwa 50% der jährlichen Neuerkrankungen. Prospektive Populationsstudien in den Niederlanden, Schottland und Skandinavien geben Raten von 6,8 bis 12,8/100000 Einwohner/Jahr an. Die Inzidenzrate hat sich in den 80er Jahren stabilisiert. Die Prävalenzrate beträgt 27,3/100000 Einwohner/Jahr. Bevölkerungsstudien in den USA oder Israel zeigen eine unterschiedliche Häufung in verschiedenen Bevölkerungsgruppen (Dirks 1991).

Diagnostik

Die Diagnose der Colitis ulcerosa wird röntgenologisch, endoskopisch und histologisch gestellt.

Psychologische Theorien/Psychodynamik

Psychologische Theorien zu Entstehung und Verlauf der Colitis ulcerosa sind unspezifisch in dem Sinne, daß sie auch für andere chronisch rezidivierende Krankheitsbilder gelten. Die Patienten mit Colitis ulcerosa waren aber maßgeblich an der Entwicklung der Theorien über psychosomatische und somatopsychische Wechselwirkungen und Symbolisierungen beteiligt.

Unter triebdynamischen Aspekten der **Affektabfuhr** und durch Hemmung verbaler oder anderer nonverbaler Ausdrucksmöglichkeiten in subjektiv ausweglosen Konfliktsituationen sehen Engel und Schmale (1978) in den körperlichen Symptomen der Colitis die einzige Möglichkeit der Entledigung von unerträglichen inneren Spannungen und aggressiven Emotionen. Darin sieht auch Chessick (1995) sein phänomenologisches Fazit aufgrund eines Überblicks über psychoanalytische Therapiestudien und -berichte von Colitis-ulcerosa-Patienten, einschließlich der beschriebenen siebenjährigen Analyse eines eigenen Patienten. Die Angst vor Kontrollverlust bei Abreaktion einer unbewußten archaischen Wut aufgrund eigener narzißtischer Verletzung führt in Konfliktsituationen mit bedeutsamen anderen zur Somatisierung als einzig möglichem Ausweg. Die fast regelhaft zu beobachtende Depressivität und eine mehr oder weniger starke Suizidalität bei Beginn der Erkrankung und in den Schüben unterstreichen

diese Hypothese. Kosarz und Traue (1997) konnten bei acht von zehn Colitis-ulcerosa-Patienten in zeitreihenanalytischen Studien eine Streßabhängigkeit der Darmsymptomatik feststellen.

Unter theoretischen Überlegungen der Entwicklung von **Objektbeziehungen** aus der Symbiose zur Objektkonstanz im Sinne von Mahler et al. (1978) bestehen ungelöste frühe Bindungen an Elternfiguren oder deren Surrogate mit einer Verinnerlichung elterlicher, rigider Normen, die eine persönliche Entscheidung entsprechend den Normen persönlichen Wohlempfindens nicht gestatten. Dies hat zur Folge, daß diese Patienten aggressive Impulse wichtigen Bezugspersonen gegenüber unterdrücken und bei stabiler Abwehr als aggressionsgehemmt erlebt werden. 84% von 122 stationären Colitis-ulcerosa-Patienten zeigten im Vergleich zu einer gematchten Kontrollgruppe zwanghafte Persönlichkeitsmerkmale und Störungen der Affektivität, gekennzeichnet durch Introversion und emotionale Unreife. Signifikant häufiger beschrieben sie ihre Mütter als dominierend und kommandierend. Es fanden sich auch höhere Werte für State- und Trait-Angst (Tocchi et al. 1997).

Bei Einstellungs- und Verhaltensauffälligkeiten aufgrund früher traumatischer Erfahrungen, die in der Regel in den ersten Lebensjahren liegen, können **Nähe-Distanz-Konflikte** in zwischenmenschlichen Beziehungen beobachtet werden, wobei gleichzeitige, entgegengesetzte Wünsche nach Nähe bis hin zur Verschmelzung und genauso großen Ängste vor Verletzung bestehen (Freyberger und Künsebeck 1992). Schwere Traumata wie zum Beispiel **frühe Elternverluste** können sich nach Bowlby (1977) negativ auf die spätere psychosoziale Entwicklung auswirken. Es gibt Hinweise, daß Patienten mit schweren Verläufen der Erkrankung mehr Elternverluste und negative Lebensereignisse vor dem 15. Lebensjahr erlebt haben, als Patienten mit leichterem Befall (Biebl et al. 1984). Eine prospektive Jahrgangsstudie aus England konnte für männliche Patienten zeigen, daß diese zwischen dem 12. und 26. Lebensjahr häufiger stationär wegen einer Colitis aufgenommen werden mußten, wenn sie vor dem fünften Lebensjahr durch Tod, Trennung oder Scheidung ein Elternteil verloren hatten (Wadsworth 1984).

Darüber hinaus wirken sich die **Familiensituation** und **-dynamik** auf die Entwicklung der Persönlichkeit und die Fähigkeit, Konflikte zu lösen, aus. Familien mit chronisch-entzündlichen Darmerkrankungen zeichnen sich nach Wirsching (1984) durch drei **Charakteristika** aus:

- Die Familien zeigen einen sehr starken Zusammenhalt (**familiäre Bindung**).
- Innerhalb der Familien scheinen die interpersonellen Grenzen aufgehoben (**Fusion**) bei deutlicher Abgrenzung nach außen (**Isolation**).
- Die Familien zeigen eine eingeschränkte Entwicklungsfähigkeit (**eingeschränkte Flexibilität**).

Die **Partnerbeziehung** der Patienten entspricht oft der Struktur der prägenden Eltern-Kind-Beziehung. Darüber hinaus bleibt häufig der Einfluß dominanter elterlicher Bezugspersonen erhalten (Weiner 1977). Probst et al. (1990) untersuchten Partnerkonflikte und Sexualität. Im Vergleich zu einer Kontrollgruppe klagten die Colitis-ulcerosa-Patienten häufiger über Partnerkonflikte und gaben an, schlechter über Gefühle und Probleme reden zu können. Sie fanden ihre Partner weniger attraktiv. Körperkontakt in Form von Liebkosungen war ihnen wichtiger als sexuelle Kontakte. Sie hatten seltener Geschlechtsverkehr und gaben mehr Probleme dabei an. Die meisten Frauen hatten nie einen Orgasmus beim Geschlechtsverkehr, zahlreiche Männer klagten über zeitweise oder dauerhafte Impotenz. Einige Patienten stuften sexuelle Kontakte als ekelhaft und schmutzig ein. Ledige Patienten hatten seltener ein Rendezvous.

Auf **Störungen** der **Körperbesetzung** in der frühen Entwicklungsphase hat Kutter (1988) hingewiesen. Werden Körperfunktionen vernachlässigt oder extrem durch die Erziehungspersonen kontrolliert, ist die Integration von Körper- und Selbstrepräsentanz erschwert.

Fallbeispiel

Eine Patientin war selbst sehr irritiert von dem Wunsch, ihre Therapeutin fressen zu wollen. Sie erlebte sich als maßlos, gierig und aggressiv. Dabei handelte es sich in erster Linie um den Wunsch nach Einverleibung eines guten mütterlichen Objektes, das heißt nach einer positiven inneren Körperbesetzung.

Bei **Spaltung** zwischen **Körper-** und **Selbstrepräsentanzen** kommt es zur Fremdheit des eigenen Körpers oder von Körperteilen, was eine unsichere Einschätzung der Bedeutung von Körpersymptomen und der Grenzen persönlicher Belastbarkeit zur Folge hat. Der Körper wird dann schnell anderen überantwortet, wie zum Beispiel den Ärzten.

Bei einigen Colitis-ulcerosa-Patienten findet der Interviewer eine **unsichere emotionale Differenzierung** des **eigenen Standpunktes** und der sozialen Orientierung, welche als „Pensée opératoire" von Marty und de M'Uzan (1978) oder „Alexithymie" von Nemiah und Sifneos (1970) bezeichnet wurde. Die Patienten vermeiden die subjektive Kennzeichnung von Bedeutungen des Sachverhaltes im Dialog, weil sie unsicher sind, ob die Bedeutung, die sie dem Sachverhalt geben, akzeptiert wird (Zepf und Tschirch 1981).

Die **berufliche Integration** der Colitis-ulcerosa-Patienten kann schwierig sein, da infolge der verinnerlichten elterlichen Leistungsansprüche, der emotionalen Abhängigkeit und Unsicherheit in der Übernahme von Verantwortung Examina, berufliche Kritik oder Mißerfolge überbewertet werden und zu Versagensängsten beitragen. Hinzu kommt, daß nach Feiereis und Jantschek (1996a) bei einem Viertel der Patienten die Arbeitsfähigkeit aufgrund der körperlichen Beeinträchtigung eingeschränkt ist und jeder sechste nach Krankheitsbeginn den Arbeitsplatz wechseln muß.

Die Einschätzung der **Lebensqualität** von 200 Patienten mit chronisch-entzündlichen Darmerkrankungen hinsichtlich der Langzeitbehandlungserfolge und des Grades der Rehabilitation haben gezeigt, daß die subjektive Lebensqualität in enger Beziehung zum Ausmaß ängstlich-depressiver Verstimmung und einem Copingstil, gemessen mit dem Freiburger Krankheitsverarbeitungsfragebogen, steht. Die Schwere der Erkrankung und Erkrankungsaktivität (CDAI, CAI) korrelieren dagegen nicht signifikant mit der Einschätzung der Lebensqualität (Cuntz et al. 1999). Nach Kolektomie mit ileoanaler Anastomose und Reservoirbildung ist die Lebensqualität der Patienten in der Regel vergleichsweise so gut wie die Gesunder, es sei denn, langfristige Operationskomplikationen oder Begleitkrankheiten stehen dem entgegen (McLeod und Baxter 1998).

Therapie

Bei der Colitis ulcerosa handelt es sich um eine schwere Erkrankung, die frühzeitig in die Hände von Spezialisten gehört. Bezüglich der internistischen und chirurgischen Behandlung, die in den letzten Jahren große Fortschritte gemacht hat, sei auf Lehrbücher der Gastroenterologie (z. B. Goebell et al. 1992) verwiesen. Die chronische Erkrankung erfordert eine gute Compliance der Patienten, die nur durch eine einfühlsame Arzt-Patient-Beziehung erreicht werden kann. Das gilt besonders für die Psychotherapie.

> Psychotherapie in Kombination mit der internistischen und chirurgischen Regelversorgung führt zur Verkürzung der Erkrankungsschübe, der Abnahme des Leidensdrucks und der besseren rehabilitativen Eingliederung der Patienten (Karush et al. 1977). Nach Feiereis und Jantschek (1996a) konnten auch die Überlebenschancen der Colitis-ulcerosa-Patienten verbessert werden.

Während der **akuten Krankheitsphase** dominieren Angst und Depression. Suizidgedanken sind häufig, besonders bei schwerer körperlicher Symptomatik. Reale Ängste betreffen Schmerzen, bösartige Tumorbildung, unangenehme Diagnostik, parenterale oder Sondenernährung, Nebenwirkungen der Medikamente, wie zum Beispiel das „Mondgesicht" bei Kortisonbehandlung, Abhängigkeit von Psychopharmaka und Opioiden oder operative Eingriffe, insbesondere eine Kolektomie. Die Psychotherapie sollte in dieser Phase überwiegend supportiv sein. Dies kann in Form von Gesprächen und mittels Entspannungsverfahren (z. B. Autogenes Training, progressive Muskelrelaxation) erfolgen.

Analytisch orientierte Psychotherapie und Verhaltensmodifikation, die auf längerfristige Veränderungen abzielt, bleibt in der Regel dem **symptomarmen Intervall** vorbehalten. Die Psychotherapie dient einerseits der Krankheitsverarbeitung, andererseits der Förderung der Wahrnehmung körperlicher und psychischer Belastungen sowie des Ausdrucks- und Konfliktverhaltens. Die Psychotherapie sollte in der Regel ambulant, ein- bis zweimal wöchentlich stattfinden und kann als Einzel- oder Gruppentherapie durchgeführt werden. Die stationäre analytische Psychotherapie oder Verhaltenstherapie ist besonders bei den Patienten angezeigt, die aufgrund ihrer Introspektions- und Kommunikationsfähigkeiten Schwierigkeiten haben, in Kontakt mit ihren verborgenen Bedürfnissen und Gefühlen zu kommen. Dort kommen neben verbalen auch Therapieverfahren zur Anwendung, die nonverbale Zugänge wählen, wie die Musik- und die Kunsttherapie oder Atem- und Bewegungstherapien. Nonverbale und verbale Therapieformen ergänzen einander und werden deshalb regelhaft im stationären Setting gemeinsam angeboten.

Studien in den 50er Jahren haben gezeigt, daß sich Therapieerfolge erst langfristig auf den somatischen Verlauf auswirken. Dagegen stand die Besserung des emotionalen Befindens in direkter Beziehung zur Dauer und Intensität der Psychotherapie. Die schlechtesten Ergebnisse hatten Patienten, die eine psychotische Spaltung mit deutlichem Realitätsverlust zeigten. Dies betraf 20% der von Karush et al. (1977) untersuchten Patienten. Letztere Patientengruppe hatte auch eine erhöhte Mortalität und schwerere Verläufe. Die Psychotherapie dieser Patienten setzt spezielle Kenntnisse in der Behandlung von Patienten mit frühen Störungen voraus.

--------------------------- Fallbeispiel ---------------------------

Herr F. ist 50 Jahre alt und leidet seit sechs Jahren an einer **Colitis ulcerosa**. Wegen eines wiederholten, sich nicht bessernden Schubes hat er sich auf Empfehlung seines 12 Jahre älteren Bruders, der an einer Crohn-Krankheit leidet, in stationäre Behandlung begeben. Anläßlich eines akuten Anfalls von Herzrhythmusstörungen seiner Frau bekommt Herr F. einen so schweren Angstanfall, daß der behandelnde Arzt um Krisenintervention bittet.

Während des ersten Kontaktes, der auf der Station in einem separaten Zimmer stattfindet, weint der Patient viel. Er berichtet, daß die Krankheit aufgetreten ist, als seine Frau einen schweren Herzinfarkt bekam und wenig Hoffnung bestand, daß sie ihn überleben würde. Wegen eines Herzwandaneurysmas sei sie dann operiert worden und habe seither synkopale Anfälle, die ihm fürchterliche Verlustangst machten. Obwohl seine Frau medikamentös gut eingestellt wurde und noch am selben Tag die Klinik verlassen konnte, beruhigte sich Herr F. nicht. Er fürchtet einerseits, daß er durch seine Erkrankung seine Frau stark belaste, andererseits äußert er im Gespräch Vorwürfe, sie schone sich nicht ausreichend und versetze ihn permanent in Unruhe.

Herr F. wurde in einer mittleren Stadt in Ostdeutschland als drittes Kind seiner Eltern geboren. Neben dem Bruder hatte er eine sechs Jahre ältere Schwester. Nach dem Krieg ließ sich der Vater aus der Gefangenschaft in eine Kleinstadt nach Westdeutschland entlassen. Es bestand brieflicher Kontakt zum Vater. Als die Mutter mit den Söhnen dem Vater folgte, war Herr F. zehn Jahre alt. Zur Überraschung der Mutter und der Söhne lebte der Vater mit einer anderen Frau zusammen. Die Mutter, die diese Kränkung nie verwindet, erkrankte an „Herzanfällen", die Herrn F. ständig in Alarmbereitschaft versetzten. Wenn er von der Schule kam, wußte er nie, was ihn zuhause erwartete. Er lehnte seinen Vater ab. Zur Mutter habe er ein recht gutes Verhältnis. Nach der mittleren Reife — er habe nicht leicht in der Schule gelernt — machte Herr F. eine Lehre und erwarb sich in seiner Ausbildungsfirma wegen seiner Gewissenhaftigkeit großes Ansehen. Er heiratete seine jetzige Frau und bekam eine Tochter. Als diese bereits erwachsen war, nahm er einen Arbeitsplatz in einer entfernten Kleinstadt an. Dort verbrachte er bis zum Zeitpunkt des Herzinfarkts seiner Frau „die schönste Zeit seines Lebens". Dies änderte sich schlagartig mit der Erkrankung der Ehefrau und seiner eigenen Erkrankung. Inzwischen sind beide Frührentner und haben eine zeitlich begrenzte Tätigkeit, die ihnen Spaß macht.

Herr F. hat psychotherapeutische Vorerfahrungen, er war vor eineinhalb Jahren stationär in einer psychosomatischen Klinik und ist seither ambulant bei einem niedergelassenen Psychotherapeuten in Behandlung. Er berichtet, daß ihm die stationäre Therapie schlecht bekommen sei, denn er habe Ohrgeräusche und einen Hörsturz bekommen, was sich glücklicherweise nach einigen Tagen wieder zurückgebildet hätte. Auch hätten die Therapeuten den Ausbruch der Colitis ulcerosa mit dem Verhalten seiner Mutter in seiner Kindheit in Verbindung gebracht, was er nicht habe akzeptieren können.

Bei genauerer Exploration der Situation, in der sich der Hörsturz ereignet hatte, schildert Herr F., daß er ein großer Liebhaber klassischer Musik sei. Die Ohrgeräusche und der Hörverlust seien in dem Augenblick aufgetreten, als er aufgefordert wurde, sich etwas zu kaufen, was er sich schon lange gewünscht habe. Er habe sich eine Stereoanlage vorgestellt. Gleichzeitig habe er große Schuldgefühle bekommen bei dem Gedanken, sich ein so großes Geschenk zu gönnen. Im weiteren Gespräch sagt er, daß es ihm am liebsten gewesen wäre, seine Frau hätte ihm diesen Wunsch erfüllt, dann hätte er sicher sein können, daß diese Anschaffung in Ordnung gewesen sei.

Auf Wunsch des Patienten findet eines der folgenden Gespräche gemeinsam mit der Ehefrau statt. Die Ehefrau ist wenig jünger als der Patient. Sie ist sehr attraktiv, spontan und offen und macht einen sehr patenten Eindruck. Sie berichtet, daß der Patient immer dann angespannt und trotzig reagiere, wenn sie sich nicht seinen Erwartungen entsprechend verhält und zum Beispiel Arbeitsabläufe anders einschätzt oder handhabt.

In wenigen stationären Gesprächen gelingt es, das Selbstvertrauen des Patienten zu stärken. Unter der kombinierten Behandlung bessert sich sein körperliches und seelisches Befinden, und er kann in einem deutlich gebesserten Zustand nach Hause entlassen werden.

Morbus Crohn

Krankheitsbild

Die Entzündung bei der Crohn-Krankheit umfaßt, im Gegensatz zur Colitis ulcerosa, alle Darmwandschichten. Ihre Ausbreitung ist diskontinuierlich. Häufig kommt es zu Fistel- und Abszeßbildung. Bei Fisteln ist besonders oft die Analregion betroffen. Die Beschwerden wechseln je nach dem Sitz der Erkrankung. Bei Dünndarmbefall stehen starke Schmerzen, Blähbauch und Durchfälle im Vordergrund, häufig mit Übelkeit und Erbrechen und in schweren Fällen mit Fieber einhergehend. Bei Mitbefall des Dickdarms findet man Schleim- und Blutbeimischungen im Stuhl. Es kommt zur Gewichtsabnahme und Inappetenz. Analfisteln, die bei einem Drittel der Patienten bestehen, können durch Zerstörung des Schließmuskels zu teilweiser oder vollständiger Stuhlinkontinenz führen. Durch die Entzündung wird das Darmlumen eingeengt, was zu Passagestörungen bis zum Darmverschluß führen kann. Das Krebsrisiko wird mit ca. 3% angegeben (Feiereis und Jantscheck 1996b). Die Diagnose wird klinisch röntgenologisch, endoskopisch und histologisch gestellt. Makroskopisch fällt eine ungleichmäßige segmentale Entzündung der Schleimhaut mit umschriebenen Nekrosen und Läsionen auf. In späteren Stadien finden sich Wandstarre, Verdickung und Einengung des Darmlumens. Die Schwere der Erkrankung wird am häufigsten mit Hilfe des CDAI (*Crohn's Disease Activity Index*) dokumentiert.

Die Heterogenität der Symptomatik unter den Crohnpatienten korrespondiert mit der Verschiedenartigkeit des persönlichen Eindrucks und der Darstellung der Beschwerden. Die Mehrheit der Crohnpatienten ist mitteilsam und wirkt wenig depressiv. Oft werden sie jünger als ihr Lebensalter geschätzt. Im Gespräch fällt eine große Ängstlichkeit und Schmerzempfindlichkeit auf. Viele Patienten sind schnell bereit, höhere Dosen an Beruhigungs- und Schmerzmitteln zu nehmen, um von medizinischen Eingriffen möglichst wenig zu spüren. Sie lassen sich dagegen von der Krankheit scheinbar wenig beeindrucken (**Affektabwehr**). Meist sind nur wenige enge Vertrauenspersonen in die Krankheit eingeweiht. Lange Zeit wird nach außen ein Bild von Gesundheit aufrechterhalten. Erwartungsängste (z. B. bei Kontrolluntersuchungen, Operationen, Prüfungen, Besuchen, Unterredungen) werden bewußt gedanklich weggedrückt, bis die unangenehmen Ereignisse die Patienten einholen. Viele Patienten neigen dazu, ihre Beschwerden zu dissimulieren, weil sie unangenehme Konsequenzen befürchten. Die betonte Unabhängigkeit einiger Patienten wird von zahlreichen Autoren als **„pseudo"-unabhängig** bezeichnet (Biebl et al. 1984; Feiereis und Jantschek 1996b; Paulley 1974).

Epidemiologie

Nach Dirks (1991) zeigt die Inzidenz stationärer Patienten Ende der 70er und Anfang der 80er Jahre mit fünf bis sieben pro 100 000 Einwohner/Jahr ein stabiles Plateau. 13,4% der untersuchten Patienten mit einem Morbus Crohn hatten in einer Populationsstudie Familienangehörige mit chronisch-entzündlichen Darmerkrankungen. Am häufigsten waren Angehörige ersten Grades betroffen, in zweiter Linie Vettern und Basen aus derselben Generation. Es fällt auf, daß Patienten mit familiärer Häufung früher erkranken (Monsen et al. 1991). Das gilt auch für die zweite betroffene Generation (Grandbastien et al 1998).

Psychologische Theorien/Psychodynamik

Aus psychodynamisch theoretischer Sicht werden für die Erstmanifestation und den Verlauf ähnliche Einflußgrößen angenommen wie bei der Colitis ulcerosa (vgl. S. 468f). Die Konflikte, die zum Ausbruch der Erkrankung oder zu Erkrankungsschüben führen, liegen im Bereich **instabiler** oder **ungelöster** aktueller beziehungsweise biographischer **Bindungen**. Sie betreffen nach Küchenhoff (1993) im wesentlichen drei Bereiche:

- Angst vor Verletzung eines internalisierten familiären Tabus
- Angst vor Verlust einer versorgenden Instanz
- Angst vor der Ausweglosigkeit einer „in-between"-Situation[1]

Freyberger und Künsebeck (1992) finden bei einem Drittel der Patienten neben Abhängigkeitskonflikten **Nähe-Distanz-Konflikte**. Krankheits- oder schubauslösend können deshalb im Sinne von kritischen Lebensereignissen auch Ereignisse sein, die zu einer engeren Bindung führen. Der Abstand zwischen auslösendem Ereignis und stationärer Aufnahme kann Wochen bis Monate betragen. Wietersheim et al. (1994) konnten nicht unterscheiden, ob die geschilderten Überforderungsgefühle einem Schub vorausgingen oder die Folge waren. Zeitreihenanalytische Studien zeigten einen Zusammenhang zwischen Alltagsstreß und Krankheitsaktivität (Kosarz 1995).

Im **akuten Schub** finden sich bei Crohnpatienten im Vergleich zum symptomarmen Intervall eine deutliche Zunahme psychischer Beschwerden, vor allem **Angstsyndrome** und **Depression**. Andrews et al. (1987) beschreiben nach DSM-III-Kriterien bei einem Drittel der Patienten psychische Auffälligkeiten. Küchenhoff (1993) beschreibt eine kleinere Untergruppe psychisch sehr gefährdeter Patienten, die im Schub Angst mittels Spaltung und projektiver Identifizierung abwehrten. Eigene Untersuchungen sprechen dafür, daß Patienten mit Dünndarmbefall bei schweren körperlichen Beschwerden von einem Zusammenbruch der Angstabwehr stärker bedroht sind (Federschmidt et al. 1994).

Wie bei den Patienten mit Colitis ulcerosa fehlt vielen Morbus-Crohn-Patienten die Fähigkeit, sich in sozialen Beziehungen abzugrenzen und eigene Interessen, wenn nötig, offen und aggressiv durchzusetzen. Beim Vergleich der **Ursprungsfamilien** von Crohnpatienten mit denen von Colitis-ulcerosa-Patienten fiel bei eigenen unveröffentlichten Untersuchungen die engere Verflechtung mit der Eltern- und Großelterngeneration auf, wobei auch entferntere Familienmitglieder die Ursprungsfamilie erweitern können. Generationsgrenzen sind oft verwischt. Die engsten **Bezugspersonen** der Patienten in der Kindheit waren häufig nicht die Eltern, sondern Großeltern oder ältere Geschwister. Nach Paulley (1974) haben Crohnpatienten häufig eine „in-between"-Stellung, zum Beispiel bei Elternkonflikten, inne. Nach eigenen Untersuchungen fanden sich frühe Verluste eines Elternteils durch Tod, Scheidung oder Trennung, teilweise schon vor der Geburt der Patienten, bei 79% der Crohnpatienten vor Erreichen des sechsten Lebensjahres. Dagegen galt dies nur für 14% der untersuchten Colitis-ulcerosa-Patienten.

In der **Partnerbeziehung** suchen Crohnpatienten in erster Linie Sicherheit und Geborgenheit. Sexuelle Wünsche spielen eine geringere Rolle. Sie geben häufiger Probleme beim Geschlechtsverkehr im Gegensatz zu einer chirurgischen Kontrollstichprobe[2] an (Probst et al. 1990). Künsebeck (1993) weist darauf hin, daß die Partnerbeziehung sehr abhängig vom Verlauf der Krankheit beurteilt wird. Das **nichtfamiliäre soziale Netz** der Crohnpatienten ist deutlich eingeschränkt. Viele Patienten wünschen sich einen besseren kommunikativen

---

1 Stellung als Puffer zwischen Eltern oder Eltern- und Großelternteil.

2 Gleicher Altersrang mit vorwiegend unfallchirurgischen Eingriffen.

Zugang zu Gleichaltrigen, verhalten sich aber oft ängstlich und uneindeutig.

Nach Paar et al. (1988) haben Crohnpatienten im Mittel höhere Schulabschlüsse als Colitis-ulcerosa-Patienten. Sie treffen ihre Berufswahl oft fremdbestimmt und/oder unter emotionalen Sicherheitsgesichtspunkten. Ein Teil der Patienten erfährt durch die Erkrankung Rückschläge in **Ausbildung** und **Beruf**. Die physische Belastbarkeit vieler Patienten ist durch schnelle Ermüdung, Übelkeit, häufige Schmerzattacken oder Diätfehler und Durchfälle eingeschränkt. Knapp ein Viertel war teilzeitbeschäftigt, und 10% bezogen Zeit- oder Frührente (Feurle et al. 1983). Nach Probst et al. (1990) war die Arbeitslosigkeit bei Crohnpatienten mehr als doppelt so hoch wie bei Colitis-ulcerosa-Patienten.

Therapie

Bezüglich der internistischen und chirurgischen Therapie der Crohn-Krankheit sei auf Lehrbücher der Gastroenterologie (z. B. Goebell et al. 1992) verwiesen. Die **Psychotherapie** ist immer eine Ergänzung zur internistischen und chirurgischen Behandlung. Nach Kosarz und Traue (1996) hatten bei 55% der Patienten psychosoziale Belastungen einen relevanten Einfluß auf die Krankheitssymptome. Die deutsche Morbus-Crohn-Psychotherapie-Verbundstudie, die sich tiefenpsychologischer Testverfahren bediente, teilweise in Kombination mit Gruppen- und Familientherapie sowie Autogenem Training, konnte keinen positiven Einfluß auf den somatischen Krankheitsverlauf zeigen (Jantschek et al. 1998). Aus Patientensicht wurden aber katamnestisch subjektiv ein günstigerer Verlauf, ein besserer Umgang mit Konflikten (auch in Beziehungen) und eine Verbesserung der psychischen Situation und Entspannungsfähigkeit beschrieben. Die Wirksamkeit der einzelnen Therapieelemente wurde vergleichbar gut beurteilt. Patienten, die eine ungünstige Wirkung der Psychotherapie angaben, beschrieben sich zu Beginn der Therapie als betont lebenszufrieden und wenig ängstlich, wurden aber von den Interviewern als „emotional wenig schwingungsfähig und konfliktarm" charakterisiert (Wietersheim 1999). Bei komplizierten Verläufen, operativen Eingriffen, anhaltenden Konflikten und negativen sozialen Entwicklungen sollte regelhaft ein Psychotherapeut hinzugezogen werden, darüber hinaus auch, wenn psychische Auffälligkeiten in der Persönlichkeit des Patienten und im Umgang mit der Erkrankung sichtbar werden oder Patienten selbst darum bitten (Wietersheim 1999).

Im **akuten Schub** ist die **supportive Gesprächspsychotherapie** die Methode der Wahl. Feiereis und Jantschek (1996b) empfehlen frühzeitig Autogenes Training und Körpertherapie sowie Konzentrative Bewegungstherapie oder Tanztherapie. Freyberger und Künsebeck (1992) beschreiben als besonders schwierig die Behandlung von Patienten, die stark untergewichtig sind und dabei wenig Krankheitseinsicht zeigen. Bei diesen **autoaggressiven Patienten** haben behandelnde Therapeuten häufig eine Containerfunktion, indem sie für die unter extremer innerer Anspannung stehenden Patienten einen

Teil der Aggressionen „übernehmen". Die kombinierte Behandlung während des stationären Aufenthalts zeigt auch noch nach einem Jahr eine Abnahme der Angst- und Depressionssymptomatik im Vergleich zu den Patienten, die keine stützende Psychotherapie erhielten (Freyberger und Künsebeck 1992).

Feiereis und Jantschek (1996b) empfehlen im **symptomarmen Intervall** eine **ambulante** Fortsetzung der **Psychotherapie** oder eine regelmäßige ambulante **psychosoziale Beratung**. Nach eigenen Erfahrungen willigen nur wenige Patienten im Anschluß an stationäre Aufenthalte in stationäre Psychotherapien innerhalb psychosomatischer Kliniken ein. Dabei spielen die familiäre Bindung und Angst vor neuer Umgebung eine wichtige Rolle.

1994 stellten Wittmann et al. einen verhaltensmedizinischen Ansatz zur Behandlung chronisch-entzündlicher Darmerkrankungen anhand der von Hölzl (1980) vorgeschlagenen psychophysiologisch geleiteten Verhaltensanalyse vor. Sie unterscheiden drei **Ebenen der Verhaltensanalyse**:
- überdauernde Verhaltensmerkmale
- reizbezogene Verhaltensweisen
- symptomatisches Krankheitsverhalten

Kosarz (1997) nennt die folgenden **Indikationen** für verhaltensmedizinische Interventionen:
- gestörte Arzt-Patient-Beziehung
- mangelnde Copingstrategien
- Diskrepanz zwischen körperlichem Zustand und subjektiven Beschwerden
- Folgesymptomatik der Erkrankung
- deutlicher Zusammenhang zwischen psychischer Belastung und Krankheitsaktivität

Bei Jugendlichen und jungen Erwachsenen, bei denen familienbezogene Beziehungsmuster den Genesungsverlauf und die Weiterentwicklung verhindern, kann eine systemische Familientherapie prognostisch günstiger sein als Einzel- oder Gruppenpsychotherapie. Wegen der oben beschriebenen familiären Besonderheiten muß diese häufig als **Drei-Generationen-Therapie** durchgeführt werden (Freyberger und Künsebeck 1992).

Selbsthilfegruppen für Patienten mit chronisch-entzündlichen Darmerkrankungen bieten bundesweit eine wichtige Quelle für Information und Unterstützung der Betroffenen und ihrer Angehörigen. Auskünfte über lokale Kontaktstellen geben die Deutsche Morbus-Crohn/Colitis-ulcerosa-Vereinigung (**DCCV e.V.**) und die Deutsche Ileostomie/Colostomie/Urostomie-Vereinigung (**ILCO e.V.**). Beide Vereinigungen geben eigene Zeitschriften heraus.

─────── Fallbeispiel ───────

Frau S. ist eine 34 Jahre alte humorvolle junge Frau, die vor drei Jahren an einer Crohn-Krankheit erkrankt ist. Sie kommt zum psychosomatischen Konsil auf Empfehlung des sie ambulant behandelnden Oberarztes, weil sich ihre Beschwerden nicht bessern. Sie habe alle Gastroenterologen aus dem Branchenbuch getestet. Immer, wenn sie das Kortison reduziere, ginge es ihr so schlecht, daß sie wieder erhöhen müsse. Versuche mit neuen Medikamenten, die teilweise noch nicht auf dem Markt sind, seien alle fehlgeschlagen. Sie klagt über häufige Schmerzattacken, allgemeine Leistungsunlust und zahlreiche Unverträglichkeiten beim Essen. Trotz der von ihr glaubhaft geklagten Beschwerden macht die Patientin insgesamt einen sehr ungeduldigen Eindruck auf mich, was ich nur zum Teil auf ihr südländisches Temperament zurückführe. Sie hat keinen Hausarzt und nimmt die Zusicherung des Oberarztes, sie könne ihn jederzeit anrufen, wortwörtlich. So ist sie geschockt, als sie in der Notaufnahme erfährt, daß er sich auf einem Kongreß befindet.

Frau S. wurde in Südamerika geboren. Ihre Familie lebt auch heute noch dort. Sie war der Augapfel ihres Vaters, der sie sehr förderte. Sie besuchte gute Schulen und wurde Lehrerin. Sie liebte Sport und Schwimmen. Zuhause sorgte die Mutter für eine ordnungsbetonte Erziehung. Zu einem älteren Bruder besteht eine gute Beziehung. Der Vater starb, als Frau S. ihre Ausbildung abgeschlossen hatte und ihr eigenes Geld verdiente. Sie wohnte noch bei der Mutter, als sie ihren deutschen Mann kennenlernte, der in Südamerika für eine große deutsche Firma tätig war. Sie beobachtete, daß er Mühe hatte, durch die Brandung auf den Strand zurückzugelangen und schwamm raus, um ihm zu zeigen, wie man das am leichtesten schaffen kann. Nach dieser Lektion entwickelte sich schnell eine intensive Freundschaft. Nach zweieinhalb Jahren, als ihr Mann nach Deutschland zurückkehren wollte, heirateten beide, und sie schloß sich ihm an. Sie wohnten anfänglich bei den Schwiegereltern, wo sie erstmals an Durchfällen erkrankte, als es zu schweren Konflikten mit der Schwiegermutter kam. Daraufhin zog sie mit ihrem Mann in eine entfernte Stadt, wo vor acht Jahren ihr Sohn geboren wurde. Die Beziehung zur Schwiegermutter blieb sehr gespannt. Anläßlich eines Umzuges der Familie in eine neue Wohnung kam es zu einem Zerwürfnis, und Frau S. lehnte weitere Besuche seitens der Schwiegermutter ab. Kurz nach dem Umzug erkrankte der Ehemann schwer an Darmkrebs. Als er nach der Operation auf der Intensivstation lag, stellte Frau S. den Kontakt zu den Schwiegereltern wieder her, bat aber ihren Mann nach dessen gesundheitlicher Besserung, den Kontakt alleine zu pflegen und auch den Kontakt zum Enkelkind über ihn laufen zu lassen. Nach dieser Klarstellung beging die Schwiegermutter Selbstmord, was zur Folge hatte, daß Frau S. vom Schwiegervater und einem Teil der Familie ihres Mannes für den Tod der Schwiegermutter verantwortlich gemacht wurde. Der Ehemann stand immer fest auf ihrer Seite. Drei Jahre später starb er an der Krebskrankheit, und Frau S. erkrankte an schweren Schmerzen und Durchfällen. Es wird die Diagnose Crohn-Krankheit gestellt.

Frau S. hat psychotherapeutische Vorerfahrung. Sie ging zu einem erfahrenen Hypnotherapeuten, als ihr Mann im Sterben lag und sie völlig verzweifelt war. Sie fühlte sich von ihm nur teilweise verstanden und erzählt ärgerlich, daß der Psychotherapeut ihr gesagt habe, sie werde es schon schaffen. Im Verlauf der folgenden drei Jahre ist Frau S. sehr viel selbständiger geworden. Sie kann wegen mangelhafter schriftlicher Deutschkenntnisse nicht in ihrem erlernten Beruf arbeiten, will aber bei der schlechten wirtschaftlichen und politischen Lage nicht in ihr Heimatland zurückkehren. Sie arbeitet halbtags in einem angelernten Beruf, in dem sie ihre Sprachkenntnisse verwenden kann. Seit einigen Monaten hat sie wieder einen deutschen Freund, der geschieden ist und selbst mit einem Sohn im Alter ihres Sohnes zusammenlebt. Frau S. vergleicht ihn ständig mit ihrem Mann und kann sich eine langfristige Beziehung nicht vorstellen. Sie macht sich große Sorgen um die Erziehung ihres Sohnes und ist hin und her gerissen zwischen den ehrgeizigen Plänen ihres verstorbenen Mannes und ihrer jetzigen finanziell, zeitlich und kräftemäßig eingeschränkten Lage.

Der Therapeutin fällt auf, daß Frau S. wie ein Wasserfall redet. An schmerzhaften Stellen versucht sie, diesen so schnell wie möglich auszuweichen. Zwei Dinge sind in der ersten Stunde dennoch neu für die Patientin: Sie entdeckt, daß die Krankheit möglicherweise schon im Haus der Schwiegereltern begonnen hat und

nicht erst nach dem Tod ihres Mannes, und sie spricht erstmals über den Selbstmord der Schwiegermutter.

Seither befindet sich Frau S. eineinhalb Jahre in ambulanter analytisch orientierter Psychotherapie mit einer Stunde pro Woche. Sie ist bei einem niedergelassenen Gastroenterologen in regelmäßiger Behandlung und sucht die Spezialambulanz nur noch mit besonderen Fragestellungen auf. Sie hatte zwischenzeitlich eine schwere Virusenzephalitis und mußte Weihnachten stationär in der Neurologie verbringen. Es war in der Psychotherapie wichtig, immer wieder auf die medizinische Compliance der Patientin zu achten und teilweise Behandlungskompromisse mit den Ärzten auszuhandeln. Die Symptome bestehen nach wie vor mit wechselnder Intensität, wobei sie nun zum Hinweis auf mehr oder weniger bewußte seelische Belastungen werden konnten. Nach Meinung des behandelnden Gastroenterologen muß die Patientin über kurz oder lang wegen einer Stenose operiert werden.

Die Patientin hat sich während der Therapie von ihrem früheren Freund getrennt und einen neuen Partner kennengelernt, mit dem sie sich eine Zukunft vorstellen kann. Den letzten leichteren Schub erlitt sie vor drei Monaten, als ihr, obwohl es zu erwarten war, wegen Auflösung der Firma gekündigt wurde. Der Zeitpunkt war nicht optimal, da sie einen langen Urlaub in Südamerika antreten wollte und nicht gleich auf Arbeitsplatzsuche gehen konnte. Sie ist immer noch sehr schnell zu beunruhigen und vergleichsweise ungeduldig. Im Urlaub mit Sohn und Partner hat sie sich gut erholt. Auch hat sie nach ihrer Rückkehr einen neuen Arbeitsplatz gefunden.

Zusammenfassung

Als chronisch-entzündliche Darmerkrankungen (CED) werden hier die Colitis ulcerosa und die Crohn-Krankheit behandelt. Bei der Colitis ulcerosa ist ausschließlich der Dickdarm betroffen, die Crohn-Krankheit kann in allen Abschnitten des Verdauungstraktes auftreten. Die Krankheitsgenese beider Erkrankungen ist unbekannt, der Verlauf in der Regel chronisch rezidivierend. Die Mortalität ist erhöht, besonders zu Beginn der Erkrankungen. Die große Morbidität führt gehäuft zur Frühinvalidität. Darüber hinaus wirken sich die chronische Erkrankung und geringe Belastbarkeit besonders negativ auf die Freizeitgestaltung und die Pflege nichtfamiliärer Kontakte aus. Der Erkrankungsgipfel zwischen dem 20. und 30. Lebensjahr fällt in die Zeit der Ablösung aus dem Elternhaus, der beruflichen Etablierung und Gründung eigener Familien.

Im Vorfeld der Erkrankung und von Erkrankungsschüben findet der Therapeut bei den Patienten belastende Lebensereignisse, die starke Verlust- und Versagensängste hervorrufen mit dem Gefühl von Hilf- und Hoffnungslosigkeit. Partner oder andere enge Bezugspersonen haben häufig die Aufgabe, das sehr labile seelische Gleichgewicht der Patienten von außen zu stabilisieren. Beziehungsstörungen und -konflikte mit diesen Personen werden deshalb als bedrohlich erlebt. Bei der Art der Konflikte handelt es sich sowohl um Nähe-Distanz- als auch um Abhängigkeits-Unabhängigkeits-Konflikte. Die seelische Verletzbarkeit der Patienten resultiert aus frühkindlichen Traumen, ungünstigen Familienkonstellationen und unsicherer Orientierung hinsichtlich eigener Leistungsmaßstäbe und Belastungsgrenzen.

Psychotherapie als Mitbehandlung hat auf den kurz- und langfristigen Verlauf einen günstigen Einfluß. Die Länge der Therapie korrespondiert positiv mit der seelischen Befindlichkeit. Die Therapiemotivation ist bei Colitis-ulcerosa-Patienten besser als bei Crohnpatienten. Letztere haben stärkere Verleugnungs- und Dissimulationstendenzen. Patienten mit schwereren Persönlichkeitsstörungen haben auch somatisch kompliziertere Verläufe. Die Psychotherapie im akuten Schub sollte überwiegend stützend sein. Aufdeckende analytisch orientierte Psychotherapie bleibt eher dem symptomfreien Intervall vorbehalten. Ergänzende Körpertherapien wirken sich oft günstig auf Körperwahrnehmung und -identität aus. Zu gegenseitiger Information, Unterstützung und Beratung wurden von den Patienten bundesweit Selbsthilfegruppen gegründet: die Deutsche Ileostomie-Colostomie-Urostomie-Vereinigung (ILCO e.V.) und die Deutsche Colitis-Crohn-Vereinigung (DCCV e.V.).

Literatur

Andrews H, Barczak P, Allan RN. Psychiatric illness in patients with inflammatory bowel disease. Gut 1987; 28: 1600–4.

Biebl W, Platz T, Kinzl J, Judmaier G. Psychosomatische Untersuchung bei Patienten mit Colitis ulcerosa und Morbus Crohn. Prax Psychother Psychosom 1984; 29: 184–90.

Bowlby J. The making and braking of affectional bonds. I. Aetiology and psychopathology in the light of attachment theory. Brit J Psychiatry 1977; 130: 201–10.

Chessick RD. The psychoanalytic treatment of ulcerative colitis revisited. J Am Acad Psychoanal 1995; 23: 243–61.

Cuntz U, Welt J, Ruppert E, Zillessen E. Determinanten der subjektiven Belastung durch chronisch-entzündliche Darmerkrankungen und ihre psychosozialen Folgen. Ergebnisse einer Studie bei 200 Patienten. Psychother Psychosom Med Psychol 1999; 49: 494–500.

Dirks F. Die Epidemiologie des Morbus Crohn und der Colitis ulcerosa. Verdauungskrankheiten 1991; 9: 162–7.

Engel GL. Biologic and psychological features of the ulcerative colitis patient. Gastroenterol 1961; 40: 13–7.

Engel GL, Schmale AH jr. Eine psychoanalytische Theorie der somatischen Störung. In: Seelischer Konflikt – körperliches Leiden. Overbeck G, Overbeck A (Hrsg). Reinbek: Rowohlt 1978; 246–68.

Federschmidt H, Huse-Kleinstoll G, Bosse B, Comer U, Sudeck M, Kerekjarto M v. Kann die Differenzierung einer Krankheitsentität in somatische Untergruppen bei der Suche nach „spezifischen" Persönlichkeitsmerkmalen hilfreich sein? Eine Darstellung am Beispiel des M.Crohn. In: Modell und Methode in der Psychosomatik. Hahn P, Werner A, Bergmann G, Drinkmann A, Eich W, Hayden M, Herzog W (Hrsg). Weinheim: Deutscher Studien Verlag 1994; 195–204.

Feiereis H, Jantschek G. Colitis ulcerosa. In: Psychosomatische Medizin. 5. Aufl. Adler R, Herrmann JM, Köhle K, Schoneke OW, Uexküll T v., Wesiak, W (Hrsg). München, Wien, Baltimore: Urban & Schwarzenberg 1996a; 839–52.

Feiereis H, Jantschek G. Morbus Crohn. In: Psychosomatische Medizin. 5. Aufl. Adler R, Herrmann JM, Köhle K, Schoneke OW, Uexküll T v., Wesiak, W (Hrsg). München, Wien, Baltimore: Urban & Schwarzenberg 1996b; 853–66.

Feurle GE, Keller O, Hassels K, Jedinsky HJ. Soziale Auswirkungen des Morbus Crohn. Dtsch Med Wschr 1983; 108: 971–5.

Freyberger H, Künsebeck H-W. Beziehungen zwischen Psyche und Magen-Darm-Trakt. In: Gastroenterologie. Teil A/B. Goebell H (Hrsg). München, Wien, Baltimore: Urban & Schwarzenberg 1992; 65–75.

Goebell H, Kölbel CBM, Zeitz M. Colitis ulcerosa und Morbus Crohn. In: Gastroenterologie. Teil C/D. Goebell H (Hrsg). München, Wien, Baltimore: Urban & Schwarzenberg 1992; 631–61.

Grandbastien B, Peeters M, Franchimont D, Gower-Rousseau C, Spekkel D, Rutgeerts P, Belaiche J, Cortot A, Vlientinck R, Colombel J-F. Anticipation in familial Crohn's disease. Gut 1998; 42: 170–4.

Hölzl R. Funktionelle Störungen im Gastrointestinalsystem. In: Entwicklung der Verhaltenstherapie in der Praxis. Brengelmann JC (Hrsg). München: Röttger 1980; 107–47.

Jantschek G, Zeitz M, Pritsch M, Wirsching M, Klor HU, Studt HH, Rasenack J, Deter HC, Riecken EO, Feiereis H, Keller W. Effect of psychotherapy on the course of Crohn's disease. Results of the German prospective multicenter psychotherapy treatment study on Crohn's disease. German Study Group on Psychosocial Intervention in Crohn's Disease. Scand J Gastroenterol 1998; 33: 1289–96.

Karush A, Daniels GE, Flood CF, O'Connor JF. Psychotherapy in chronic ulcerative colitis. Philadelphia: Saunders 1977.

Kosarz P. Morbus Crohn und Alltagsstreß. Berlin: Westkreuz 1995.

Kosarz P. Ergebnisse psychotherapeutischer Behandlungsansätze bei chronisch-entzündlichen Darmerkrankungen. In: Psychosomatik chronisch-entzündlicher Darmerkrankungen. Kosarz P, Traue HC (Hrsg). Bern, Göttingen: Huber 1997; 158–168.

Kosarz P, Traue HC. Alltagsstreß, Streßbewältigung und Morbus Crohn. Verhaltensmodifikation Verhaltensmedizin 1996; 17: 25–44.

Kosarz P, Traue HC. Alltagsstreß und Colitis ulcerosa. Psychother Psychosom Med Psychol 1997; 47: 117–22.

Küchenhoff J. Psychosomatik des Morbus Crohn. Stuttgart: Enke 1993.

Kutter P. Phantasie und Realität bei psychosomatischen Störungen. Prax Psychother Psychosom 1988; 33: 225–32.

Leibig T, Wilke E, Feiereis H. Zur Persönlichkeitsstruktur von Patienten mit Colitis ulcerosa und Morbus Crohn, eine testpsychologische Untersuchung während der Krankheitsemission. Z Psychosom Psychoanal 1985; 31: 380–92.

Mahler MS, Pine F, Bergman A. Die psychische Geburt des Menschen. Frankfurt: Fischer 1978.

Marty P, de M'Uzan M. Das operative Denken („Pensée opératoire"). Psyche 1978; 32: 974–84.

McLeod RS, Baxter NN. Quality of life of patients with inflammatory bowel disease after surgery. World J Surg 1998; 22: 375–81.

Monsen U, Bernell O, Johannson C, Hellers G. Prevalence of inflammatory bowel disease among relatives of patients with Crohn's disease. Scand J Gastroenterol 1991; 26: 302–6.

Nemiah LC, Sifneos PE. Affect and fantasy of patients with psychosomatic disorders. In: Modern trends in psychosomatic medicine. Hill OW (Hrsg). London: Butterworths 1970; 26–34.

Paar G, Bezzenberger H, Lorenz-Meyer H. Über den Zusammenhang von psychosozialem Streß und Krankheitsaktivität bei Patienten mit Morbus Crohn und Colitis ulcerosa. Z Gastroenterol 1988; 26: 648–57.

Paulley JW. Psychological management of Crohn's disease. Practitioner 1974; 213: 59–64.

Probst B, Wietersheim J v., Wilke E, Feiereis H. Soziale Integration von Morbus Crohn und Colitis ulcerosa Patienten. Z Psychosom Med Psychoanal 1990; 36: 258–75.

Tocchi A, Lepre L, Liotta G, Mazzoni G, Costa L, Taborra L, Miccini M. Familial and psychological risk factors of ulcerative colitis. J Gastroenterol Hepatol 1997; 29: 395–8.

Traue HC, Kosarz P. Zur Psychobiologie chronisch-entzündlicher Darmerkrankungen. In: Psychosomatik chronisch-entzündlicher Darmerkrankungen. Kosarz P, Traue HC (Hrsg). Bern, Göttingen: Huber 1997; 37–60.

Wadsworth MEJ. A lifetime prospective study of human adaptation and health. In: Breakdown in human adaptation to stress. Vol I, part 1: Psychological and sociological parameters for studies in human adaptation. Cullen J, Siegrist L (eds). Boston, The Hague: Martinus Nijhoff Publications for the CEC 1984; 122–34.

Weiner H. Psychobiology and human disease. Amsterdam, New York: Elsevier 1977.

Wietersheim J v. Die Wirksamkeit von Psychotherapie aus Sicht der Morbus-Crohn-Patienten. Ergebnisse einer multizentrischen Studie. Frankfurt/M: VAS 1999.

Wietersheim J v., Overbeck A, Kiel K, Köhler T, Jantschek G, Feiereis H. Die Bedeutung rezidivauslösender Ereignisse bei Patienten mit chronisch-entzündlichen Darmerkrankungen. Ergebnisse einer prospektiven Längsschnittstudie über drei Jahre. Psychother Psychosom Med Psychol 1994; 44: 58–64.

Wirsching M. Familientherapeutische Aspekte bei Colitis ulcerosa und Morbus Crohn. Z Psychosom Med 1984; 30: 238–46.

Wittmann HB, Glier B, Spörkel H. Verhaltensmedizinische Interventionen bei entzündlichen Darmerkrankungen (Morbus Crohn, Colitis ulcerosa). In: Handbuch stationäre Verhaltenstherapie. Zielke M, Sturm J (Hrsg). Weinheim: Beltz 1994; 632–48.

Wood B, Watkins JB, Boyle JT, Nogueira J, Simand E, Carroll L. Psychological functioning in children with Crohn's disease and ulcerative colitis: Implications for models of psychobiological interaction. J Am Acad Child Adolesc Psychiatry 1987; 26: 774–81.

Zepf S, Tschirch L. Zur empirischen Überprüfung der Alexithymie mit dem semantischen Differential. Psychother Med Psychol 1981; 37: 15–22.

Literaturempfehlung

Goebell H, Kölbel CBM, Zeitz M. Colitis ulcerosa und Morbus Crohn. In: Gastroenterologie. Teil C/D. Goebell H (Hrsg). München, Wien, Baltimore:Urban & Schwarzenberg 1992; 631–61.

Feiereis H, Jantschek G. Colitis ulcerosa. In: Psychosomatische Medizin. 5. Aufl. Adler R, Herrmann JM, Köhle K, Schoneke OW, Uexküll T v., Wesiak W (Hrsg). München, Wien, Baltimore: Urban & Schwarzenberg 1996a; 839–52.

Feiereis H, Jantschek G. Morbus Crohn. In: Psychosomatische Medizin. 5. Aufl. Adler R, Herrmann JM, Köhle K, Schoneke OW, Uexküll T v., Wesiak W (Hrsg). München, Wien, Baltimore: Urban & Schwarzenberg 1996b; 853–66.

Kosarz P, Traue HC (Hrsg). Psychosomatik chronisch-entzündlicher Darmerkrankungen. Bern, Göttingen: Huber 1997.

Küchenhoff J. Psychosomatik des Morbus Crohn. Stuttgart: Enke 1993.

5.4.12
Herpes simplex

Michael Trukenmüller

ICD-10-Klassifikation

Infektionen durch Herpesviren (Herpes simplex) werden unter B00 kodiert, die Differenzierung in Untergruppen bezeichnet somatische Komplikationen. Unter A60.0 werden Infektionen der Genitalorgane und des Urogenitaltraktes durch Herpesviren klassifiziert.

Definition und Deskription

Neben der praktisch-klinischen Bedeutung sind durch das Herpes-simplex-Virus (HSV) hervorgerufene Erkrankungen von besonderem theoretischen Interesse. Es handelt sich um Infektionskrankheiten, die von somatischer Seite gut untersucht und in ihrer Pathogenese weitgehend aufgeklärt sind (Braun et al. 1987). Gleichzeitig ist der Einfluß emotionaler Faktoren auf bestimmte Verlaufsformen gut belegt. Insofern handelt es sich um den paradigmatischen Fall einer Wechselwirkung zwischen Psyche und Infektionsverlauf.

Definition

Das Herpesvirus ist ein DNA-Virus. Serologisch lassen sich zwei klinisch relevante Typen unterscheiden:

- Typ 1 ist in der Regel für Erkrankungen im Mund- und Gesichtsbereich (**Herpes labialis**) verantwortlich,
- Typ 2 für Erkrankungen im Genitalbereich (**Herpes genitalis**).

Man geht davon aus, daß das Virus von der Stelle der Primärinfektion entlang der sensiblen und vegetativen Nervenfasern in die entsprechenden Ganglien wandert und dort unerreichbar für die körpereigene Abwehr in den Ganglienzellen verbleibt.

Die latente Infektion kann nun durch verschiedene Umstände wieder aktiviert werden. Beim Herpes labialis entstehen dann an der Lippe nach vorangehendem Jucken und Spannungsgefühl die typischen Bläschen. Häufige **Auslöser** für eine solche Rekurrenz sind die Bestrahlung mit UV-Licht (Ski-Urlaub), leichte Verletzungen, zum Beispiel beim Rasieren, und Fieber ("Fieberbläschen"). Sie wird auch nach Operationen am Trigeminalganglion beobachtet.

Epidemiologie

Die Erstinfektion mit HSV Typ 1 erfolgt in der Regel bereits im Kleinkindesalter. Die Durchseuchung der Bevölkerung ist sehr hoch. Antikörper finden sich bei etwa 90% der Erwachsenen (Schneweis 1994). Für HSV Typ 2 liegen entsprechende Schätzungen bei 10 bis 20%, vor allem aus den USA wird über eine stark steigende Tendenz berichtet.

Psychodynamik

Schon früh stellte man fest, daß zumindest bei manchen Menschen Herpesrezidive auch durch emotionale Faktoren ausgelöst werden können. Bereits 1928 vermuteten Heilig und Hoff, daß die Krankheit zum Ausbruch komme, sobald die Abwehrkräfte durch Unlustaffekte geschädigt würden. Sie konnten bei drei ihrer Patienten Herpesrezidive dadurch provozieren, daß sie ihnen in Hypnose Situationen suggerierten, die für sie in besonderer Weise mit unangenehmen Gefühlen verbunden waren (Heilig und Hoff 1928). Über die Auslösung von Herpesrezidiven durch unterdrückten Ärger berichtet Schneck (1947). Ähnliche Fälle sind in der klinischen Erfahrung nicht selten.

Blank und Brody berichten über die tiefenpsychologische Untersuchung von zehn Patienten mit sehr häufigen **Herpeslabialis**-Rezidiven ohne feststellbare somatische Auslöser. Sie fanden bei neun dieser Patienten in auffälliger Weise übereinstimmende Persönlichkeitsmerkmale, die sie im Sinne einer **depressiven Struktur** mit Neigung zu Schuldgefühlen, Passivität, Unterwürfigkeit und schlechtem Selbstwertgefühl beschreiben (Blank und Brody 1950). Solche klinisch-deskriptiven Befunde lassen sich sicher nicht ohne weiteres verallgemeinern, aber auch neuere empirische Studien kommen zu Ergebnissen, die in eine ähnliche Richtung weisen.

Trotz etlicher im Detail widersprüchlicher Befunde fanden sich beim **Herpes genitalis** regelmäßig Zusammenhänge zwischen der Häufigkeit und der Schwere der Rezidive und Faktoren wie **Depressivität**, **Ärger**, **Ängstlichkeit** und **sozialer Isolierung** oder negativen Lebensereignissen (Longo und Koehn 1993). Kemeny et al. (1989) fanden in einer prospektiven Studie mit 36 Patienten einen positiven Zusammenhang zwischen dem Faktor Depressivität, einer Verminderung der **T-Suppressor-Zellen** und der Häufigkeit genitaler Herpesrezidive. Offenbar wird im Absinken der T-Suppressor-Zellen ein immunologischer Parameter erfaßt, der Teil der ansonsten noch weitgehend unbekannten Mechanismen ist, die zwischen Psyche und körperlicher Krankheitserscheinung vermitteln.

Therapie

Die psychotherapeutische Beeinflußbarkeit der Herpesinfektion ist insgesamt noch wenig untersucht. Über positive Erfahrungen sowohl mit tiefenpsychologisch orientierten als auch suggestiven sowie Entspannungsverfahren wird berichtet (Longo und Koehn 1993). Die Frage nach einer psychosomatischen Mitbetreuung stellt sich im Falle des **Herpes labialis** in der Regel nur bei schweren Verläufen. Anders sieht es beim **Herpes genitalis** aus. Aufgrund der Übertragung durch sexuellen Verkehr wird diese Erkrankung nicht selten zu einer schweren Belastung für Partnerbeziehungen. Hier kann therapeutische Unterstützung zur Bewältigung der psychologischen und sozialen Probleme, möglicherweise unter Einbeziehung des Partners, notwendig und sinnvoll sein.

Übereinstimmend mit unserer klinischen Erfahrung fanden sich bei neueren Untersuchungen Anhaltspunkte dafür, daß psychotherapeutischen Maßnahmen auch ein positiver Einfluß auf den Krankheitsverlauf zukommt (vgl. z. B. Longo und Koehn 1993).

--- **Fallbeispiel** ---

Bei einem unserer Patienten, einem 38jährigen Juristen, kam es während einer psychotherapeutischen Behandlung mehrmals zum akuten Auftreten eines Herpes labialis. Die betreffenden Situationen waren jeweils ähnlich und durch eine massive narzißtische Kränkung charakterisiert. In einem Fall hatte sich der Patient erfolgreich auf eine leitende Position im Verwaltungsdienst beworben. Voll Schwung und neuer Ideen begab er sich zur ersten Vorbesprechung mit seinen künftigen Mitarbeitern. Dort hatte er dann das Gefühl, auf eine Mauer von Ablehnung und Widerstand zu stoßen. Seine heftige Enttäuschungsreaktion war in der nächsten Psychotherapiestunde deutlich spürbar. Am Tag darauf entwickelte sich ein Herpes an der Oberlippe.

Zusammenfassung

Herpes labialis und Herpes genitalis werden durch zwei serologisch unterscheidbare Typen eines DNA-Virus hervorgerufen. Die Erkrankung verläuft in der Regel chronisch-rezidivierend. Zumindest bei manchen Menschen können Rezidive durch emotionale Faktoren ausgelöst werden. Hieran wird exemplarisch deutlich, wie psychische Momente auch den Verlauf von Infektionskrankheiten beeinflussen können. In der Therapie schwerer Verlaufsformen des Herpes genitalis er-

scheint die Berücksichtigung psychologischer und sozialer Aspekte besonders notwendig.

Literatur

Blank H, Brody M. Recurrent herpes simplex: A psychiatric and laboratory study. Psychosom Med 1950; 12: 254–60.

Braun RW, Kirchner H, Munk K, Schröder Ch. Herpes-simplex–Virus. Stuttgart: Kohlhammer 1987.

Heilig R, Hoff H. Über psychogene Entstehung des Herpes labialis. Med Klinik 1928; 24: 1472.

Kemeny ME, Cohen F, Zegans LS, Conant MA. Psychological and immunological predictors of genital Herpes recurrence. Psychosom Med 1989; 51: 195–208.

Longo D, Koehn K. Psychosocial factors and recurrent genital Herpes: A review of prediction and psychiatric treatment studies. Int J Psychiatry Med 1993; 23: 99–117.

Schneck J. The psychological component in a case of Herpes simplex. Psychosom Med 1947; 9: 62–4.

Schneweis E. Herpes Simplex Virus (HSV). In: Lehrbuch der Medizinischen Mikrobiologie. 7. Aufl. Brandis H, Eggers HJ, Köhler W, Pulverer G (Hrsg). Stuttgart: Fischer 1994; 771–6.

5.4.13
Neurodermitis

Astrid Junge und Stephan Ahrens

ICD-10-Klassifikation
Die Neurodermitis wird als atopisches (endogenes) Ekzem unter L20 klassifiziert.

Die französischen Dermatologen Brocq und Jaquet stellten Ende des vorigen Jahrhunderts die These eines Zusammenhanges chronischer Hautekzeme mit den seelischen Verarbeitungsprozessen des betroffenen Menschen auf und prägten für diese Hauterkrankung daher den Begriff „Neurodermitis". Diese Vorstellung entspricht der Funktion der Haut als Sinnesorgan, das zugleich auch eine kommunikative Funktion übernehmen kann. Aktuelle Gefühlszustände, chronische Gestimmtheiten, seelische Spannungszustände und Konflikte drücken sich häufig über die Haut aus. Sie ist das Empfangsorgan für taktile Reize, damit zugleich das Schlüsselorgan für den Kontakt zum anderen Menschen, für zärtliche Berührung, sexuelle Erregung, aber auch körperliche Mißhandlung.

So liegt das Interesse der Psychoanalytiker und Psychotherapeuten an Neurodermitispatienten auf der Hand, leider mit der Folge einer zu unkritischen Hypothesenbildung in den fünfziger Jahren, der „Sturm- und Drang-Zeit" der Psychosomatik. An der Neurodermitis werden wie bei kaum einer anderen „Psychosomatose" die klassischen **Fehler** und **Mißverständnisse** der **frühen Psychosomatik** deutlich:

- die Neigung zur Generalisierung hypothetischer Aussagen aus Erfahrungen mit einem oder wenigen Patienten;
- das Übersehen des (mittlerweile wissenschaftlich-empirisch belegten) Selektionsfaktors, der die Patienten filtert, die in Kontakt mit einem Psychotherapeuten oder Psychoanalytiker kommen;

- das Heranziehen von ex-post-Hypothesen als prädiktivem Erklärungsmodell;
- das Heranziehen des Konversionsmodells als einzigem Modell für die Erklärung der komplexen psycho-somato-psychischen Zusammenhänge;
- die Verwechslung reaktiver Störungen, das heißt als seelische Antwort auf krankheitsbedingte Belastung entstehender Störungen mit primär vorhandenen, die dann als ursächlich für die Erkrankung angesehen werden.

So sollten vereinfachende Kausalkonstruktionen wie die Annahme ungenügender taktiler Zuwendung von Mutter zum Kind als Ursache für eine Neurodermitis in die Mottenkiste des noch einzurichtenden Psychosomatik-Museums verbannt werden. Der Zusammenhang seelischer und körperlicher Faktoren ist komplex: Die Berührung der Mutter kann für das neurodermitische Kind auch schmerzhaft sein, die Mutter kann sich durch das „unappetitliche" Aussehen des Kindes abgestoßen fühlen oder verunsichert sein, durch häufige nächtliche Störungen aufgrund des Juckreizes des Kindes sehr strapaziert werden. Andererseits können sich dadurch Schuldgefühle entwickeln, die die Mutter dann mit vermehrter Zuwendung zu kompensieren trachtet etc.

> Die moderne psychosomatische Betrachtungsweise der Neurodermitis stellt daher die Frage nach psychosozialen Faktoren bei Auslösen neurodermitischer Schübe neben der nach somatopsychischen Zusammenhängen und widmet sich der Frage der Krankheitsverarbeitung in besonderer Weise.

Definition und Deskription

> **Definition**
> **Neurodermitis** (atopische Dermatitis, endogenes Ekzem) ist eine chronische Hauterkrankung, deren Leitsymptom Juckreiz ist und die zu ekzematischen Veränderungen der Haut (rötliche papulöse Effloreszenzen) wie auch zu rautenförmigen Verdickungen (Lichenifizierungen) führen kann.

Durch das Kratzen der betroffenen Hautstellen kann es zu sekundären Effloreszenzen, Verunreinigungen und Sekundärinfektionen mit Exsudation der betroffenen Hautpartien kommen. Die Lokalisation der Erkrankung kann wechseln, der subjektiv empfundene Juckreiz korreliert nicht immer mit dem Ausmaß der sichtbaren Hautveränderungen. Besonders betroffen sind Gelenkbeugen, Hände und Handgelenke, auch Gesicht und Hals. Bei extremen Schüben kann die Erkrankung sämtliche Hautpartien erfassen und zu schweren körperlichen Krankheitszuständen führen.

Beim **Säugling** kann diese Erkrankung in der Form des Milchschorfes beginnen, der schuppenförmige Beläge des Kapillitiums bildet oder schuppende Rötungen im Gesicht verursacht. Beugenekzeme sind die charakteristischen Symptome im **Kindes-** und **Jugendlichenalter**, auch Rhagaden in den Mundwinkeln oder Ohrläppchen beziehungsweise zwi-

schen Fingern oder Zehen sind Symptome aus diesem Formenkreis.

Ätiologie

Bei der Neurodermitis liegt eine **genetische Disposition** im Sinne der **Atopie** vor, häufig besteht eine Komorbidität mit dem Asthma bronchiale sowie der Rhinitis allergica. Die pathogenetischen Vorgänge werden im Immunsystem vermutet, wobei allergische Prozesse häufig vergesellschaftet sind. Hinweise auf eine **Immunstörung** in Verbindung mit einer vegetativen Dysregulation finden sich im Befund der Übererregbarkeit der sympathisch innervierten Hautfunktionen, einer Erhöhung der Histaminausschüttung und vermehrter IgE-Produktion.

Wie der Begriff „endogen" nahelegt ist aber eine weitergehende ätiologische Aufklärung bislang nicht gelungen. Neben der genetischen **Disposition** wird auch eine **psychische** postuliert, allerdings nicht mehr in Form der Annahme einer spezifischen Persönlichkeitsstörung, sondern spezifischer Abwehr- und Bewältigungsmechanismen als Bestandteil der psychischen Struktur Neurodermitiskranker.

Epidemiologie

Die Erkrankung beginnt häufig bereits im Säuglingsalter und erfaßt etwa 5% aller Kinder in Mitteleuropa. Seltener treten die ersten Krankheitserscheinungen im Erwachsenenalter auf. Der weitere Verlauf ist zumeist altersabhängig, so verschwinden die Symptome in einer Vielzahl der Fälle in der Pubertät, spätestens jedoch Anfang des zweiten Lebensjahrzehnt. Es können jedoch auch Rezidive in bestimmten Altersphasen auftreten. Die Disposition zu dieser Erkrankung bleibt lebenslang bestehen. Die hohe Spontan-„Heilungs"-Rate darf nicht darüber hinwegtäuschen, daß es nur eine Symptomheilung ist, die körperliche Disposition jedoch persistiert.

Empirische Befunde

Untersuchungen von Persönlichkeitsmerkmalen bei Neurodermitiskranken ergaben am häufigsten Hinweise auf **vermehrte Ängstlichkeit** (Garrie et al. 1974; Gieler et al. 1990; Ginsburg et al. 1993; Jordan und Whitlock 1972; 1975; White et al. 1990). Genannt werden außerdem **latente Feindseligkeit** (Jordan und Whitlock 1972), **überdurchschnittliche Neurotizismuswerte** (Brown 1967; Gieler et al. 1990) und **Defizite** in der **sozialen Kompetenz** (Gieler et al. 1985). White et al. (1990) fanden bei Neurodermitispatienten mehr Probleme im Umgang mit Ärger und Feindseligkeit als in der gesunden Vergleichsgruppe. Auch Ginsburg et al. (1993) stellten bei dieser Patientengruppe Defizite in der Durchsetzungsfähigkeit und im Ausdruck von Ärger fest. Das Freiburger Persönlichkeitsinventar (FPI) beschreibt Neurodermitispatienten im Vergleich zur Normalpopulation als gehemmter, leichter erregbar, aggressiver, lebensunzufriedener, introvertierter, emotionaler, leicht überfordert, körperlich beansprucht und sorgenvoller in bezug auf ihre Gesundheit (Peseschkian 1993). Dies läßt sich möglicherweise als Effekte der Krankheitserfahrung dieser Patienten interpretieren.

Einige Untersuchungen setzen **psychische Merkmale** in **Zusammenhang** mit solchen der **Erkrankung**. Scheich et al. (1993) fanden signifikant erhöhte Werte von Reizbarkeit und inadäquate Streßbewältigungsstrategien bei Neurodermitis-kranken mit klinisch relevant erhöhtem Serum-IgE gegenüber solchen Patienten mit geringerem IgE-Level. Gupta et al. (1994) berichten bei 143 Patienten einen signifikanten Zusammenhang zwischen der Ausprägung von Juckreiz und Depression. In einer Untersuchung mittels Tagebuchprotokollen zeigten King und Wilson (1991) einen signifikanten Zusammenhang des Zustandes der Haut mit einerseits interpersonellem Streß am vorangegangenen Tag und andererseits mit Depression am folgenden. Auch Lammintausta et al. (1991) beschrieben den psychischen Streß als wichtigen Faktor für die Aggravation der Symptomatik bei über der Hälfte der untersuchten Patienten.

Insgesamt ist offenbar das Interesse an derartigen Untersuchungen an Neurodermitiskranken eher gering, so daß von einem wissenschaftlich gesicherten empirisch untersuchten Basiswissen bei dieser Krankheitsgruppe kaum die Rede sein kann.

Psychodynamik

Wie bei den anderen Krankheitsbildern, die dem Bereich der psychosomatischen Störungen zugerechnet werden, ist man heute von der Vorstellung einer spezifischen Persönlichkeitsstruktur abgerückt (vgl. Thomä 1980; s. auch Kap. 5.4.1, S. 400f). Es gibt dennoch viele klinische und wissenschaftlich-empirische Hinweise darauf, daß es typische Verarbeitungs- und Abwehrprozesse gibt, die Neurodermitiskranke überzufällig häufig zeigen. So kommen häufig Neurodermitisschübe bei **Trennungen, Spannungen** in **Partnerbeziehungen**, aber auch bei dem **Sich-näher-Kommen** mit einem **geliebten Menschen**, der gefühlsmäßig „hoch besetzt ist", vor (Bosse 1990). Das Sich-Zeigen, Körperlich-angenommen-Werden und Berühren spielt eine große Rolle, möglicherweise ist dieser Aspekt jedoch nicht primär persönlich, sondern eher durch die krankheitsbezogenen Erfahrungen ausgeprägt. Hierbei könnte die Beziehung zwischen Mutter und Kind einen prägenden Einfluß ausüben, da ein erhebliches **Oszillieren** zwischen den Polen **Zuwendung** und **Distanz** bei der **Mutter** vermutet wird. Möglicherweise ist dies weniger der psychischen Struktur der Mutter zuzuschreiben, als eher der Verknüpfung dieser Struktur mit dem wechselhaften Erleben des Kindes, das durch seine Krankheit „gezeichnet" ist. Das neurodermitische Kind stellt eine erhebliche Belastung für seine Mutter dar: Das Aussehen verursacht Schamgefühle und Ängste, aber auch Abneigung und Ekel. Das ständige Kratzen in Verbindung mit motorischer Unruhe führt zu Ärger und Erschöpfung, ebenso wie die häufigen nächtlichen Störungen. Auf der anderen Seite erfordert ein solches Kind besondere Aufmerk-

samkeit und körperliche Zuwendung (taktiler Reiz durch Einsalben). Spitz wies bereits in seinen Säuglingsuntersuchungen darauf hin, daß die Mütter neurodermitischer Kinder als ungeschickt, sehr eng, sehr ängstlich, verunsichert und wenig empathisch eingeschätzt wurden, die ambivalent mit dem körperlichen Kontakt umgingen und diesen eher zu vermeiden oder zu funktionalisieren versuchten (Spitz 1957). Daraus entwickelt sich eine krankheitsinduzierte Ambivalenz, die je nach psychischer Struktur des Kindes unterschiedlich verarbeitet wird.

Das Besondere bei diesem Krankheitsverlauf, der bereits in der Kindheit beginnt, besteht darin, daß die körperliche Situation des Neurodermitis-Kindes als (wesentlicher) gestaltender Faktor für die Entwicklung von Beziehungsmustern sowie deren Repräsentanzen hinzutritt. Die hohe psychische Besetzung der Haut resultiert aus diesen kindlichen Erfahrungen und wird insbesondere bei Konflikten um Nähe und Distanz aktualisiert.

> Das daraus resultierende, relativ charakteristische Beziehungsmuster ist geprägt von der Ambivalenz zwischen Wünschen nach Angenommenwerden und Geborgenheit einerseits und auf der anderen Seite der Angst, damit auch den Schutz und die sichere Abgrenzung dem anderen gegenüber aufgeben zu müssen. Zuviel Distanz auf der anderen Seite löst schnell die Sorge aus, abgelehnt und verlassen zu werden.

Psychotherapie

Die Lösung aus diesem Ambivalenzkonflikt besteht in der **Distanz**, was sich auch in den **Arzt-Patient-Beziehungen** deutlich bemerkbar macht. Die Patienten treten oft ablehnend auf, versäumen Termine und erschweren es dem Arzt auf vielerlei Art, sie bei der Behandlung der Erkrankung zu „begleiten". So besteht die Gefahr, daß es in der Arzt-Patient-Beziehung zu einer Wiederholung des vermuteten Konfliktes zwischen Mutter und Kind kommt: Der Arzt verhält sich seinerseits ablehnend bis feindselig dem Patienten gegenüber, der dies durch sein Verhalten unwissentlich induziert. Dieser verbucht das ärztliche Verhalten als Wiederholungserfahrung mit einer Bestärkung seiner Annahme, die zugleich seine Befürchtung ist, daß man es mit ihm nicht aushalten kann und seine Nähe gefährlich sei. Ist einmal die Erfahrung mit der außerordentlichen Sensibilität dieser Patienten in bezug auf die Regulierung von Nähe und Distanz gemacht, so dürfte dies eine gute Grundlage zur Überwindung ärgerlich-abweisender Gegenübertragungsgefühle sein und den Weg für eine geduldige, langfristige Kooperation mit ihnen eröffnen. In der Psychotherapie halten diese Patienten über relativ lange Zeit eine mittlere Distanz aufrecht, so daß gerade von Anfängern die Behandlung als „pflegeleicht" unterschätzt wird. In der sich anschließenden Phase der Psychotherapie wird dann der intensive Wunsch nach Nähe und Zuwendung deutlich, was besondere Anforderungen an die angemessene Handhabung von seiten des Psychotherapeuten stellt.

Ein psychotherapeutischer Zugang ist zu diesen Patienten oft nur schwer erreichbar, da er ihnen aufgrund des Ambivalenzkonfliktes zu bedrohlich erscheint. Dies bedingt den bei diesem Krankheitsbild besonders hohen Selektionsfaktor derjenigen, die sich in **analytische orientierte** – also aufdeckende – **Therapie** begeben und legt besondere Vorsicht bei der Verallgemeinerung solcher Therapieerfahrungen nahe. Andererseits sind diese Patienten häufig zumindest sekundär psychisch alteriert, Krankheitsschübe gehen häufig mit depressiven Verstimmungen, Schlaf- und Konzentrationsstörungen sowie aggressiven Impulsen einher. So kommt es häufiger zu einer die somatische Behandlung begleitenden **psychotherapeutischen Betreuung** eher supportiven Charakters, zuweilen gekoppelt mit der Anwendung von **Entspannungsverfahren**, bei Bedarf auch ergänzt durch Kriseninterventionen (s. auch Bosse 1985). Dieses Behandlungskonzept wird auch stationär umgesetzt (Bosse und Hüneke 1988; Löwenberg und Peters 1994), die Erfahrungen mit Körpertherapien oder kreativen Verfahren stehen erst am Anfang.

Fallbeispiel

Eine 25 Jahre alte Patientin wird konsiliarisch von der Hautklinik wegen eines seit gut einem Jahr bestehenden, sich intensivierenden, ausgeprägten Neurodermitis-Schubes behandelt. Sie wurde dort ausführlich dermatologisch und allergologisch untersucht, Allergien gegen Hausstaub und Nickel wurden nachgewiesen.

Die Patientin benennt selbst als Problem die starke seelische Abhängigkeit von ihrem Vater, in deren Verknüpfung ausgeprägte depressive Verstimmungen und auch Aggressionen auftreten würden. Die Mutter sei sehr früh, noch vor der Pubertät der Patientin, verstorben. Seit dieser Zeit besteht ein intensives, enges Verhältnis zum Vater, von dem sie sich kaum abgrenzen kann. Sie äußert dazu, der Vater habe sie immer in diese Rolle gedrängt, zumal sie ihrer Mutter sehr ähnlich sei. Partnerschaften hat sie nach eigenen Angaben nicht entwickeln können, sexuelle Erfahrungen seien gering. Die Neurodermitis trat erstmals vor sieben Jahren auf, als sich der Vater einer Frau zuwandte, mit der die Patientin große Schwierigkeiten hatte. Als die Freundin des Vaters zu ihnen zog, suchte sich die Patientin eine eigene Wohnung. Die Patientin arbeitete jedoch weiterhin im elterlichen Architektenbüro, wo es nunmehr zu ständigen Reibereien und Auseinandersetzungen kam. Seitdem hat sich die Symptomatik kontinuierlich verschlimmert.

Auslösende Funktion für die Neurodermitis hat offenbar die schrittweise Lösung der hochambivalent besetzten Beziehung zum Vater, wobei den Abgrenzungsversuchen gegen den Vater auf der anderen Seite die (verbotenen) Berührungswünsche entgegenstehen. Die psychotherapeutische Bearbeitung dieser Thematik im Sinne einer Fokustherapie führte zu einem allmählichen Abklingen der Hautsymptomatik, wobei die dermatologische Basisbehandlung kontinuierlich fortgeführt wurde.

Zusammenfassung

Neurodermitis (atopische Dermatitis, endogenes Ekzem) ist eine chronisch rezidivierende, stark juckende Entzündung der Haut, die häufig mit einer allergischen Reaktionsbereitschaft assoziiert ist. Die Erkrankung beginnt meist bereits im Säuglingsalter und erfaßt etwa 5% aller Kinder in Mitteleuropa. Aus psychodynamischer Sicht gibt es Hinweise, daß es bei Neurodermitiskranken typische Verarbeitungs- und Abwehrprozesse gibt. So kommen häufig Neurodermitis-Schübe bei Trennungen, Spannungen in Partnerbeziehungen, aber auch bei dem Sich-näher-Kommen mit einem geliebten Menschen vor. Hierbei könnte die Beziehung zwischen Mutter und Kind einen prägenden Einfluß ausüben, da ein erhebliches Oszillieren zwischen den Polen Zuwendung und Distanz bei der Mutter vermutet wird. Möglicherweise ist dies weniger der psychischen Struktur der Mutter zuzuschreiben, als eher der Verknüpfung dieser Struktur mit dem wechselhaften Erleben des Kindes, das durch seine Krankheit „gezeichnet" ist. Psychotherapeutisch ist die Lösung des Ambivalenzkonflikts in bezug auf die Regulierung von Nähe und Distanz von vorrangiger Bedeutung. Zusätzlich bedürfen oft auch sekundäre Krankheitsfolgen, wie depressive Störungen, Schlaf- und Konzentrationsstörungen sowie kosmetische Probleme durch das akute Krankheitsgeschehen und häufig intensives Kratzen therapeutischer Behandlung.

Literatur

Bosse K. Psychosomatische Kriterien bei der Behandlung der Neurodermitis atopica. Z Hautkr 1985; 61: 543–5.

Bosse K, Hüneke P. Psychosomatische Therapieansätze im Rahmen der stationären Therapie Hautkranker – Bilanz einer interdisziplinären Zusammenarbeit. In: Sich gesund fühlen im Jahre 2000. Schüffel W (Hrsg). Heidelberg: Springer 1988; 452–7.

Brown D. Emotional disturbances in eczema: A study of symptom-reporting behavior. J Psychosom Res 1967; 11: 27–40.

Garrie E, Gattie S, Mote T. Anxiety and atopic dermatitis. J Consulting Clin Psychol 1974; 42: 742.

Gieler U, Stangier U. Dermatologie. In: Psychosomatische Medizin. 5. Aufl. Adler R, Herrmann JM, Köhle K, Schoneke OW, Uexküll T v., Wesiak W (Hrsg). München, Wien, Baltimore: Urban & Schwarzenberg 1996; 1087–100.

Gieler U, Schulze C, Stangier U. Das Krankheitskonzept von Patienten mit endogenem Ekzem. Z Hautkrankheiten 1985; 60: 1224–30.

Gieler U, Ehlers A, Hohler T, Burkard G. Die psychosoziale Situation der Patienten mit endogenem Ekzem. Eine clusteranalytische Studie zur Korrelation psychischer Faktoren mit somatischen Befunden. Hautarzt 1990; 41: 416–23.

Ginsburg IH, Prystowsky JH, Kornfeld DS, Wolland H. Role of emotional factors in adults with atopic dermatitis. Int J Dermatol 1993; 32: 656–60.

Gupta MA, Gupta AK, Schork NJ, Ellis CN. Depression modulates pruritus perception: a study of pruritus in psoriasis, atopic dermatitis, and chronic idiopathic urticaria. Psychosom Med 1994; 56: 36–40.

Jordan J, Whitlock F. Emotions and the skin: The conditioning of scratch responses in cases of atopic dermatitis. Br J Dermatol 1972; 86: 574–85.

Jordan J, Whitlock F. Atopic dermatitis: Anxiety and conditioned scratch responses. J Psychosom Res 1975; 8: 297–9.

King RM, Wilson GV. Use of a diary technique to investigate psychosomatic relations in atopic dermatitis. J Psychosom Res 1991; 35: 697–706.

Lammintausta K, Kalimo K, Raitala R, Forsten Y. Prognosis of atopic dermatitis. A prospective study in early adulthood. Int J Dermatol 1991; 30: 563–8.

Löwenberg H, Peters M. Evaluation einer stationären psychotherapeutisch-dermatologischen Behandlung bei Neurodermitis. Psychother Psychosom Med Psychol 1994; 44: 267–72.

Peseschkian N. Neurodermitis-Persönlichkeit. In: Hauterkrankungen in psychologischer Sicht. Jahrbuch der Medizinischen Psychologie 9. Gieler U, Stangier U, Brähler E (Hrsg). Göttingen: Hogrefe 1993; 135–48.

Scheich G, Florin I, Rudolph R, Wilhelm S. Personality characteristics and serum IgE level in patients with atopic dermatitis. J Psychosom Res 1993; 37: 637–42.

Spitz RA. Die Entstehung der ersten Objektbeziehungen. Stuttgart: Klett 1957.

Thomä H. Über die Unspezifität psychosomatischer Erkrankungen am Beispiel einer Neurodermitis mit zwanzigjähriger Katamnese. Psyche 1980; 34: 589–624.

White A, Horne DJ, Varigos GA. Psychological profile of the atopic eczema patient. Australas J Dermatol 1990; 31: 13–6.

Literaturempfehlung

Schur M. Comments on the metapsychology of somatization. Psychoanal Stud Child 1955; 10: 119–64. Deutsch: Zur Metapsychologie der Somatisierung. In: Einführung in die Psychosomatische Medizin. Brede K (Hrsg). Frankfurt: Fischer 1974; 335–95.

5.5
Somatopsychische Störungen –
Psychotherapie mit körperlich Kranken

Fritz A. Muthny, Isaac Bermejo, Andreas H. Böhmelt, Uwe Koch

5.5.1
Psychoätiologie versus somatopsychische Störung – unterschiedliche Erwartungen, unterschiedliche Bewertungen

Während im 19. Jahrhundert noch Infektionskrankheiten Haupttodesursache waren, sind dies heute Herzinfarkt (ca. die Hälfte der Todesfälle) und Krebs (ca. ein Viertel). Im Zuge der demographischen Entwicklung in den Industrienationen hin zu einer stetig steigenden Lebenserwartung haben auch nicht unmittelbar lebensbedrohliche chronische Erkrankungen an Bedeutung für unser Gesundheitssystem und unsere Lebensqualität zugenommen.

Erkrankungsursachen bei chronischen Erkrankungen werden heute häufig als Teil eines komplexen multifaktoriellen Verursachungsgeschehens gesehen. Ausgeprägte Psychoätiologie- und Spezifitätspositionen (z. B. Bahnson 1986) sind zugunsten einer stärkeren Betonung somatopsychischer Folgen schwerer körperlicher Krankheit eher in den Hintergrund geraten. **Hauptschwierigkeiten** der **Psychoätiologie-Argumentation** sind vor allem am Beispiel der „Krebspersönlichkeit" und des „Typ-A-Verhaltens" eindrücklich dargestellt worden (Myrtek 2000; Scherg 1986; Schwarz 1993; s. auch Kap. 5.4.4, S. 422ff). Sie betreffen vor allem Kausalitätsprobleme, Schwierigkeiten des Spezifitätsnachweises, Probleme monokausaler Argumentation in einem multifaktoriellen Geschehen, Kausalinterpretationen von Korrelationen, eine oft geringe Varianzaufklärung bei Berücksichtigung körperlicher und psychischer Faktoren – und die Schwierigkeit, daß tatsächlich eine Kausalkette und ein Pathogeneseprozeß erklärbar sein müßten. Trotz der Schwierigkeiten einer Objektivierung der Psychoätiologie kommt dem subjektiven Kausalverständnis des Patienten nicht nur in der kognitiven Verhaltenstherapie, sondern in fast allen Therapieschulen eine große Bedeutung zu und ist häufig wichtiges Therapiethema, zum Beispiel in Form der „Why me?"-Frage. Der Betrachtungsfokus hat sich deutlich von der Psychoätiologiefrage verschoben zu einer Fülle anderer Themen, so vor allem den somatopsychischen Belastungen, den Verarbeitungsprozessen des Individuums und seines sozialen Umfelds sowie den vielfältigen Auswirkungen im Hinblick auf das Kriterium „Lebensqualität" (s. auch Muthny 1994; Muthny und Koch 1989).

Viele schwere **körperliche Erkrankungen** sind übereinstimmend gekennzeichnet durch massive **Bedrohungen** und

Belastungen, so vor allem durch die Irreversibilität oder gar Progredienz des Verlaufs, objektive und subjektive Lebensbedrohung, geringe Kontrollierbarkeit und ausgeprägte soziale Auswirkungen (s. Tab. 5-17).

Für einzelne Erkrankungen können auch sehr spezifische Belastungen hinzukommen und die Lebensqualität nachdrücklich verschlechtern, wie dies vor allem für chronische Schmerzen, körperliche Stigmata und Abhängigkeit von einer Maschine gilt.

Vielfältige Belastungen machen unter Umständen differenzierte Anpassungsanstrengungen des Individuums und sei-

Tab. 5-17 Belastungsfaktoren bei einer schweren körperlichen Erkrankung.

Vielen schweren körperlichen Erkrankungen gemeinsam sind:

- **Lebensbedrohung** (subjektives Erlebnis/objektiv reduzierte Lebenserwartung)
- **Irreversibilität** oder gar **Progredienz**
- **mangelnde Vorhersagbarkeit** des Verlaufs
- **reduzierte körperliche Leistungsfähigkeit**
- Einschränkung/Bedrohung der **körperlichen Integrität**
- Einschränkung von **körperlichem Wohlbefinden** und **Leistungsfähigkeit**
- Bedrohung des **Selbstbildes**
- **Stimmungsveränderung**/Bedrohung des emotionalen Gleichgewichts
- Einschränkung/Bedrohung von **Sozialbeziehungen** und in der Erfüllung von **Rollen**
- **Abhängigkeit** von Ärzten und Personal
- Einschränkung/Bedrohung **beruflicher Möglichkeiten**
- Einschränkung von **Zukunfts- und Lebensplanung**

Bei bestimmten Erkrankungen können weitere, zum Teil auch typische oder spezifische Belastungen der Erkrankung und Therapie auftreten, zum Beispiel:

- **körperliche Stigmata** (z. B. Amputationen, verändertes Hautkolorit und Aussehen, Anus praeter, Laryngektomie usw.)
- **spezielle Funktionseinbußen** (z. B. durch ein Lymphödem nach Mastektomie, Potenzprobleme nach Prostata-Operation, Immobilität usw.)
- **chronische Schmerzen** (v. a. bei rheumatischen Erkrankungen)
- **aversiv erlebte Therapie** (z. B. Krebs-Chemotherapie und Operationen)
- besondere **Einschränkungen der Lebensführung** (z. B. diätetische Einschränkungen und starke Flüssigkeitsrestriktion bei chronischer Niereninsuffizienz, nicht mehr reisen können usw.)
- **Abhängigkeit von einer Maschine** (z. B. Hämodialyse, Herzschrittmacher)
- **stigmatisierende Reaktionen der Umwelt** (z. B. bei AIDS) und vieles mehr

ner sozialen Umgebung erforderlich und können die verfügbaren Ressourcen weit überfordern.

5.5.2
Besonderheiten der Psychotherapie bei chronisch Kranken im Vergleich zu traditionellen Psychotherapien

Geht man nicht primär von einer Psychoätiologie chronisch körperlicher Erkrankungen aus, so wird in der Beratungs- und therapeutischen Arbeit mit chronisch Kranken eine Reihe von Besonderheiten deutlich, die sich zum Teil sehr stark von psychoneurotischen und klassisch psychosomatischen Patienten unterscheiden:

▶ **Fehlen einer obligaten prämorbiden psychischen Störung**
Es ist eher davon auszugehen, daß es sich bei chronisch körperlich Kranken in erster Linie um einen Querschnitt der „Normalbevölkerung" handelt; professionelle psychosoziale Hilfen werden vorwiegend unter aktuellen erkrankungsbezogenen Belastungen und häufig auch nur kurz- oder mittelfristig erforderlich.

▶ **Begrenzte Motivation zur Inanspruchnahme psychologischer Beratung/Psychotherapie**
Hier ist immer wieder die Stigmatisierungsangst von Patienten festzustellen, eine unglückliche Assoziation von Psychotherapie mit Psychiatrie oder das Mißverständnis, man müsse erst die Grenzen der eigenen Verarbeitungsmöglichkeiten erreicht haben, bevor professionelle psychosoziale Hilfen in Anspruch genommen werden könnten.

▶ **Hohes Alter, häufig geriatrische Problematik**
Da ein Großteil der chronischen körperlichen Erkrankungen gehäuft mit höherem Alter auftritt, muß sich auch die psychosoziale Beratung/Psychotherapie auf diese Patienten im besonderen einstellen. Die Thematik der Intervention (häufig Probleme der sozialen Isolation, Heimunterbringung, Auseinandersetzung mit Tod und Sterben) muß darauf Bezug nehmen wie auch sprachliche und intellektuelle Einschränkungen mit berücksichtigt werden müssen.

▶ **Häufige Multimorbidität**
Zum Teil im Zusammenhang mit dem hohen Durchschnittsalter bestehen nicht nur behandlungsbedürftige Probleme, die in unterschiedlicher Art und Weise mit einer Erkrankung assoziiert sind, sondern es liegen häufig auch mehrere Erkrankungen gleichzeitig vor, die für Patienten und Betreuer das Eingehen auf unter Umständen rasch wechselnde angstbesetzte Ereignisse erforderlich machen können.

▶ **Häufig begrenzte Lebensperspektive**
Diese resultiert sowohl aus dem hohen Durchschnittsalter als auch aus der Lebensbedrohlichkeit der Erkrankungen, bringt das Thema Tod in die Intervention und läßt die in der traditionellen Psychotherapie üblichen langfristigen Therapieziele eher zugunsten kurzfristiger Ziele zurücktreten.

▶ **Primat der somatischen Therapie**
Dieses führt dazu, daß zum einen bei Patient und auch Behandlungsumfeld ein eher somatisches Krankheitsverständnis vorliegt, zum anderen aber auch der in diesem Bereich arbeitende Psychosomatiker beziehungsweise Psychologe um die Ausweitung dieses Krankheitsverständnisses bemüht sein muß, sich aber in vielem den Abläufen und Zielsetzungen der somatischen Therapie anpassen muß.

▶ **Unklare Vorstellung von der Rolle und Arbeitsweise eines Psychotherapeuten**
Der psychosomatische Behandler kann im Bereich der Behandlung organischer chronischer Erkrankungen nicht davon ausgehen, daß bei Ärzten und Personal hinreichend Kenntnisse über die Ziele, Vorgehensweise und Möglichkeiten psychosozialer Beratung und Psychotherapie vorliegen, hier ist stets parallel zur patientenbezogenen Intervention zusätzliche Vermittlungsarbeit zu leisten, die sich am besten in Rückmeldungsprozesse an die somatischen Behandler einbauen läßt.

5.5.3
Anlässe, Indikationen und Bedarfsfrage

Die grundsätzliche Notwendigkeit psychosozialer Beratung und Versorgung erscheint in vielen Bereichen prinzipiell unbestritten, am stärksten wahrscheinlich in der Behandlung von Krebskranken. Hier zeigen sich im wesentlichen drei Argumentationsebenen, denen im jeweiligen Zusammenhang große Bedeutung zukommt:
- die ethische Verpflichtung aus dem Leiden der Betroffenen
- der nachgewiesene Bedarf an Unterstützungsmaßnahmen
- die Realisierbarkeit bzw. Wirksamkeit derselben

Hauptanlässe für Interventionen betreffen vor allem Störungen, die beim Patienten selbst, bei den Angehörigen oder auch bei den Betreuern Leidensdruck hervorrufen.
Ziele und Interventionsansätze, die **bei körperlich Kranken** häufig sinnvoll erscheinen und in vielen Fällen therapeutisch günstig beeinflußbar sind, betreffen Angst, Verarbeitungsprobleme und Depression, Compliance-Probleme sowie Interaktionsprobleme im familiären wie auch Behandlungsumfeld.
Ginge man zur Frage des **Bedarfs** mit Schepank (1987) davon aus, daß 22,8 % der Normalbevölkerung eine behandlungsbedürftige psychische Morbidität aufweisen, käme man beispielsweise für Krebspatienten auf einen Behandlungsbedarf von mindestens derselben Größenordnung. Die **Präva-**

lenz psychischer Störungen bei **Patienten des Allgemein-krankenhauses** wird tatsächlich auf etwa 30 % geschätzt (Ehlert 1999; Lupke et al. 1995). Die Überweisungsrate dieser Patienten an psychiatrische Konsiliar-Liaisondienste liegt in den westlichen Industrienationen allerdings nur bei etwa 3 % (Ehlert 1998). Die Bedarfseinschätzungen variieren allerdings deutlich. So schwankt beispielsweise die Einschätzung zur Häufigkeit von behandlungsbedürftigen Depressionen bei Krebspatienten zwischen wenigen Prozenten bis über 60 % (s. auch Koch und Weis 1998). Massie und Holland (1989) begründen Behandlungsbedürftigkeit auf diagnostizierte Psychopathologie in über 30 % der Krebspatienten (vor allem Anpassungsstörungen mit ängstlicher und depressiver Symptomatik, aber auch „Major Depression" in über 10 % der Fälle).

Faktisch besteht auch eine **Abhängigkeit des Bedarfs vom** konkreten **Angebot,** wie in Teilstudien belegt werden konnte. Entsprechend wurden unterschiedliche **Bedarfseinschätzungen** gewonnen:

So hielten in einer Fragebogenuntersuchung an 105 Dialyse-Patienten zwar 18 % ein professionelles Gesprächsangebot durch einen Psychologen/Psychotherapeuten für „notwendig" (Muthny et al. 1987), aber nur 2 % der Patienten suchten einen Psychologen/Psychotherapeuten im Rahmen einer angebotenen Sprechstunde auf (angeboten durch Aushang in den Behandlungszentren). War jedoch der Psychotherapeut durch einen Forschungskontakt (in der Regel Erstinterview) bereits bekannt, wurde ein Gesprächsangebot von ca. 20 % der Patienten genutzt. Legt man das Bedarfskriterium Zuweisung durch den behandelnden Dialysearzt zugrunde, so würde für ca. 5 % der Patienten ein psychotherapeutischer Bedarf bestehen. Allerdings liegen die direkten Einschätzungen der behandlungsbedürftigen psychosozialen Probleme chronisch niereninsuffizienter Patienten durch Ärzte und Pflegekräfte mit Prozentzahlen zwischen 30 % und über 60 % weitaus höher (wobei allerdings die Ärzte selbst den größten Teil dieses Bedarfs zu decken angeben).

Die Erfahrungen zeigen zusammenfassend, daß

- Bedarf sehr stark vom Angebot abhängig ist,
- Bedarf von Patient, Angehörigen und Behandlern oft sehr unterschiedlich definiert wird und
- auch psychosoziale Experten sich keineswegs ganz einig sind in der Definition der behandlungsbedürftigen Störung und Höhe des Behandlungsbedarfs.

Auch störungsspezifisch zeigt sich nur eine begrenzte Übereinstimmung zwischen Patient und Behandlern in der **Indikationsfrage,** oft sogar ausgeprägte Diskrepanzen: Bei akuter Angstsymptomatik, aber auch bei offenen Depressionen sind sich Patienten, Angehörige und Behandler vergleichsweise einig, daß „etwas getan werden muß", da der Leidensdruck hier allen Beteiligten gemeinsam sein kann. Anders bei aggressiven Patienten oder mangelnder Compliance: Hier kann der Patient in seinem Autonomiebestreben unter Umständen ohne er-

kennbaren Leidensdruck sein, nicht aber Angehörige und Behandler, die dem Patienten gerne ein Optimum an Behandlung zuteil werden lassen wollen beziehungsweise schwer mit der Zurückweisung umgehen können. In solchen Fällen entstehen erhebliche Motivierungsprobleme, aber auch Konflikte für den Therapeuten aus unterschiedlichen, zum Teil sehr diskrepanten „Aufträgen". So kann zum Beispiel bei Compliance-Problemen der „Auftrag" des somatisch ausgerichteten Arztes auf die kurzfristige Gewährleistung der Kooperation des Patienten in der Behandlung abzielen und unter Umständen nur begrenzt kompatibel sein mit dem „Auftrag" des Patienten, ihn in seinen Autonomiebestrebungen zu unterstützen.

Bezogen auf konkrete psychosoziale Maßnahmen, die von den Patienten selbst gewünscht werden, kann der Bedarf feldabhängig recht unterschiedlich sein. So standen in einer jüngsten eigenen Untersuchung in der Behandlung Krebskranker Angebote psychologischer Schmerztherapie ganz im Vordergrund (über die Hälfte der Befragten, die diese Maßnahmen in hoher Ausprägung wünschen), gefolgt von psychologischen Gesprächen in der ambulanten Nachsorge und stationären Behandlung, Entspannungstraining, Rehabilitationssport und Sozialberatung (Muthny 1998).

5.5.4
Beispielfelder der Beratung und Psychotherapie mit chronisch Kranken

Im folgenden soll zunächst über Erkrankungen und Arbeitsfelder hinweg Angst als wesentlicher Interventionsgrund bei körperlichen Erkrankungen zusammenfassend dargestellt werden. Anschließend wird exemplarisch auf den Bereich der Psychoonkologie und des Organersatzes (Psychonephrologie) eingegangen.

Angst und Psychotherapie bei körperlicher Krankheit

Anhand eines Fallbeispiels sollen zunächst typische Anlässe und Objekte von Angst im klinischen Alltag aufgezeigt werden (s. ausführlichere Darstellung bei Muthny 1988).

--- Fallbeispiel ---

Entscheidungskonflikt und Angst

Eine 25jährige Dialysepatientin war aufgrund massiver Shunt-Probleme kaum noch wirksam dialysierbar; die Peritonealdialyse schied aufgrund von Verwachsungen im Bauchraum aus, so daß die Nierentransplantation als einziger langfristiger therapeutischer Ausweg erschien. Vor der Transplantation hatte die Patientin jedoch so ausgeprägte **Ängste,** daß sie entsprechende Voruntersuchungen und die Aufnahme auf die Transplant-Liste ablehnte. In den ersten Kriseninterventionsgesprächen wurden diese Ängste als **Ängste vor der Operation,** stärker aber noch als **Angst vor weiterer Verunstaltung** und Beeinträchtigung des Körperselbstbilds deutlich. Vorerfahrungen mit zahlreichen Shunt-Operationen, die die Patientin bei Bewußtsein (Plexusanästhesie) erlebt hatte, hatten bei der Patientin eher sensibilisierend gewirkt. Eine besondere Zuspitzung des angstbegleiteten Entscheidungskonflikts kann darin gesehen werden, daß die Patientin vor der Wahl zwischen extrem angstbesetzten Alternativen stand (sogenannter Aversions-/Aversions-Konflikt), von denen keine in der Lage war, einen Erfolg, wenn auch nur im Hinblick auf das pure Überleben, zu garantieren.

Wie dieses Fallbeispiel nachdrücklich verdeutlicht, entsteht Angst im Behandlungsbereich schwerer körperlicher Erkrankungen vor allem aus **Bedrohungserlebnissen**:

- **Bedrohung des Lebens** (Todesangst, präoperative Ängste, Narkoseängste)
- **Bedrohung der Gesundheit** bzw. der körperlichen Integrität (präoperative Ängste, Angst vor Verstümmelung, z. B. vor Mastektomie)
- **Bedrohung des Selbstbildes und Selbstwertgefühls** (Angst vor der Krankenidentität, Angst vor dem Makel der Behinderung)
- **Bedrohung von Sozialbeziehungen** und Möglichkeiten des Sozialkontakts (z. B. durch die relative soziale Deprivation bei langen stationären Aufenthalten, Bedrohung durch die vermeintliche oder tatsächliche Reaktion des Partners auf verringerte körperliche Attraktivität und Sexualstörungen)
- **Bedrohung der wirtschaftlichen Existenz** (z. B. beruflicher Abstieg durch Erkrankung, finanzielle Einbußen)
- **Bedrohung der Möglichkeiten der eigenen Lebensgestaltung**, Einschränkung der Freiräume und Handlungsmöglichkeiten

Tab. 5-18 Systematik der Angst bei körperlichen Erkrankungen.

Angst vor Verschlimmerung der Erkrankung, ungünstigem Verlauf, Komplikationen, Zusatzerkrankungen, zum Beispiel: • Angst vor Rezidiven (Krebs) • Angst vor Reinfarkt (Herzinfarkt) • Angst vor erneutem Schub (MS)
Angst vor belastenden therapeutischen Maßnahmen, zum Beispiel: • Spritzenangst, Operations- und Narkoseängste, Angst vor Radio- und Chemotherapie
Angst durch Bedrohung von Vitalfunktionen, zum Beispiel: • Todesangst bei Herzinfarkt • Erstickungsangst im Asthmaanfall
Angst durch physiologisch aktivierende Faktoren, zum Beispiel: • endokrine Angstsyndrome (Phäochromozytom, Hyperthyreose, Cushing-Syndrom, Hypoglykämie) • Angst bei Bluthochdruck (ätiologisch und komplikativ)
Akute Schmerz-Angst-Syndrome, zum Beispiel: • koronare Attacken, Hirndruckkrisen, Neuralgien, Koliken, Diskusprolaps
Angst bei zerebralen Erkrankungen, zum Beispiel: • epileptische Angstsyndrome • hirnorganische Angstsyndrome

Darüber hinaus gibt es auch viele **somatische Ursachen** für Angst, die eine Systematik einschließen sollte (s. Tab. 5-18):

So wird Angst vor allem bei den sympathikusaktivierenden endokrinen Angstsyndromen als Folge einer erhöhten physiologischen Aktivierung betrachtet und erscheint auch bei zerebralen Erkrankungen unmittelbar verbunden mit einem organischen Prozeß – in diesem Fall direkt am zentralen Ort unseres Denkens und Fühlens. Bei der Bedrohung von Vitalfunktionen stehen ebenfalls organische/metabolische Prozesse in einer Kausalfunktion zur erlebten Angst, zum Beispiel bei der Todesangst des Herzinfarktpatienten oder bei der Erstickungsangst im Asthmaanfall. Ängste vor einer Verschlimmerung der Erkrankung oder vor belastenden therapeutischen Maßnahmen sind stark von kognitiven Prozessen abhängig, zum Beispiel der Bewertung als Bedrohung, der Antizipation von künftigem Leiden sowie Gedanken zur Verursachung und Kontrollierbarkeit. Eine eigene Kategorie bilden die akuten Schmerz-Angst-Syndrome, die im Prinzip auf einer gegenseitigen Verstärkung von Schmerz und Angst über das Zwischenglied physiologischer Aktivierung beruhen, und denen bei verschiedenen körperlichen Erkrankungen eine große Bedeutung zukommen dürfte.

Angsttheorien und ihr Bezug zu körperlicher Krankheit

Zahlreiche Theorien können auch für den Therapeuten im Umfeld schwerer körperlicher Erkrankung interessant sein und besitzen jeweils partiellen Erklärungswert (s. auch Klicpera 1983):

- das auf Freud zurückgehende **klassische psychoanalytische Modell der Angstgenese** (Angst aus fehlender angemessener Abreaktion zentralnervöser, vor allem sexueller Erregung)
- Theorien der **Verhaltensforschung** (Angst als Trieb, Angst und Trennungserlebnis)
- **Modell der klassischen Konditionierung** von Angst (z. B. Angst, die durch den Anblick des Spritzenbestecks ausgelöst wird, später u.U. gar schon auf der Fahrt in die Klinik auftritt)
- **das operante Modell** des Lernens (Äußerung von Angst löst im sozialen Kontext häufig Zuwendungen aus, die der Patient u.U. nicht auf adäquateren Wegen zu erreichen gelernt hat)
- **sozialpsychologische Attributionstheorien** zur Erklärung der Verbindung von Angst und kognitiven Prozessen (z. B. angstmindernde Wirkung subjektiver Kontrollierbarkeit eines Ereignisses)
- die Theorien des **Modellernens** und **Beobachtungslernens** (sensibilisierende oder angstmindernde Wirkung von Modellen, Angst als ansteckendes Phänomen am Beispiel des „Morbus clinicum" von Medizinstudenten in den ersten klinischen Semestern)

- **Konflikttheorien** (am Fallbeispiel des obigen Entscheidungskonflikts zwischen zwei stark angstbesetzten Alternativen)

Anhand eines Beispiels soll das Thema der Angst bei körperlichen Erkrankungen durch empirische Ergebnisse veranschaulicht und damit für den Leser auch die klinische Relevanz der Angstforschung in diesem Bereich demonstriert werden.

Krankheitsverarbeitung und Angst bei verschiedenen Krebserkrankungen

Die hohe Relevanz und oft ständige Präsenz der Angst im Zusammenhang mit einer Krebserkrankung ist vielfältig beschrieben worden (Verres 1986). Anhand eigener Ergebnisse aus einer Untersuchung mit über 1000 Krebspatienten (Diagnosen: Bronchialkarzinome, Leukämien, Lymphome und kolorektale Karzinome) soll die Häufigkeit von Ängsten bei körperlichen Erkrankungen demonstriert werden. So äußern auf die offene Frage nach aktuellen „Angstgefühlen" 23 % mäßig starke und 5 % sehr starke Angst. In retrospektiver Sicht über den gesamten Krankheitsverlauf äußern dies 30 % beziehungsweise 12 % der Befragten.

Frauen äußern erwartungsgemäß mehr Angst als Männer; Angstgefühle nehmen mit dem Alter eher ab. Bei den erkrankungsbezogenen Parametern zeigt sich als einziger signifikanter Effekt, daß Angst mit der Dauer der stationären Behandlung im Rahmen der Primärtherapie zunimmt.

Lebensqualitätsparameter zeigen enge Zusammenhänge mit dem Angsterleben, vor allem Depression, Beschwerdensumme und generelle Lebenszufriedenheit; hier werden zum Teil substantielle Korrelationen deutlich, alle in dem erwartungsgemäßen Sinne, daß Angst mit geringerer Lebensqualität einhergeht.

Angstbewältigung und Therapie der Angst

Eine Reduzierung der Angst ist grundsätzlich auf verschiedenen Wegen möglich, die von verschiedenen Individuen oder auch von einem Individuum bei verschiedenen angstbesetzten Ereignissen beschritten werden können:

- Die **Vermeidung angstauslösender Situationen** ist eine Form der Angstreduzierung, die z. B. bei der Höhenangst prinzipiell einen sinnvollen biologischen Mechanismus repräsentiert. Sie kann aber im Falle einer körperlichen Erkrankung lebensgefährlich sein, wenn dadurch notwendige Schritte der Diagnostik und Behandlung unterbleiben.
- Das **emotionale Durchleben** der Angst (therapeutisch im Sinne einer Katharsis oder Abreaktion) kann dem Patienten einerseits Erleichterung verschaffen, andererseits aber auch Labilisierung bedeuten und negative soziale Folgen haben, wenn Personen der sozialen Umgebung mit dieser geäußerten Angst nicht umgehen können und auf Distanz gehen.

- Die **kognitive Bearbeitung/Umstrukturierung** kommt im klinischen Bereich am deutlichsten in der Informationssuche von Patienten zum Ausdruck; hierbei hängt der förderliche Wert dieses Vorgehens sicher zu einem großen Teil davon ab, wie offen der Patient ist bzw. wie selektiv er diese Suche betreibt. In diesem kognitiven Bereich setzen v. a. Verfahren der kognitiven Verhaltenstherapie an.
- Die **Spannungsreduktion** mindert Angst v. a. durch eine Senkung des Aktivierungsniveaus. Zu diesem Ziel setzen Patienten häufig Alkohol zur Angstreduzierung ein. Therapeutisch sind in diesem Bereich sowohl anxiolytisch wirkende Psychopharmaka als auch psychotherapeutische Methoden einzuordnen wie z. B. systematische Desensibilisierung und Entspannungsmethoden wie Jacobson-Technik und Autogenes Training.
- Schließlich dürfte die **Suche nach sozialer Unterstützung** einen weiteren wichtigen Weg der Angstbewältigung für viele Patienten bedeuten. Dabei kommt auch den Personen des medizinischen Behandlungsfeldes als wichtigen Unterstützungspersonen (in vielen Fällen sogar einzig präsenten) eine große Bedeutung zu.

Neben dem therapeutischen Grundprinzip, wo immer möglich vorhandene Ressourcen des Patienten in der Krankheits- und Angstbewältigung aufzugreifen und zu verstärken, wird das individuelle **therapeutische Vorgehen** bei Angst im Kontext körperlicher Erkrankungen im wesentlichen abhängig sein von:

- der eingeschätzten realen Bedrohung bzw. der Angemessenheit der emotionalen Reaktion des Patienten
- den Angstbewältigungsmöglichkeiten des Patienten
- dem Zeitdruck, unter dem ein konkretes Ziel (z. B. Compliance bei lebensrettenden Maßnahmen) erreicht werden soll
- dem therapeutischen Repertoire, den eigenen Erfahrungen des Therapeuten mit der Angst der Patienten und nicht zuletzt auch seinen eigenen Ängsten

Psychoonkologie

Am Beispiel der Implementierung und Beforschung psychosozialer Betreuung in der Akutbehandlung von Krebspatienten soll das Spektrum der Patientenversorgung aufgezeigt werden („Herforder Modell", s. Tab. 5-19 und Muthny 1998):

Insgesamt wurden in einem zweijährigen Betrachtungszeitraum über 500 Patienten betreut, mehr als 1700 Patientenkontakte in diesem Zeitraum durchgeführt (s. auch Stecker et al. 1998). Im Vergleich zur klassischen Psychotherapie fällt die vergleichsweise große Anzahl kürzerer Gespräche auf (fast 20 %, die bis 15 Minuten dauerten und ein weiteres Drittel, das bis 30 Minuten dauerte). Diese kurzen Gespräche reflektieren zum einen die hohe Bedeutung der Kontaktaufnahme mit Patienten, sie sind aber auch häufig die Auswirkung einer fortgeschrittenen Erkrankung, die dem Patienten keine länge-

Tab. 5-19 Beratungs- und Betreuungskontakte der Psychoonkologie in Herford (nach Stecker et al.). Betrachtungszeitraum ca. zwei Jahre mit durchschnittlich ca. zwei psychosozialen Fachkräften.

- **516 Patienten** wurden betreut
- **1747 Patientengespräche/-kontakte** fanden statt (durchschnittlich vier pro Patient)

Gesprächsdauer:
- bis 15 Minuten (17 %)
- 15 bis 30 Minuten (32 %)
- ca. 45 Minuten (33 %)
- bis 60 Minuten (14 %)
- mehr als 60 Minuten (5 %)

Hauptanlässe bzw. Themen der Intervention waren:
- Prozesse bzw. Defizite der Krankheitsverarbeitung (30 %)
- depressive Verstimmungen (17 %)
- Angst (10 %)
- Compliance-Probleme (7 %)

ren Aufmerksamkeitszeiten mehr ermöglicht. Immerhin 51 % der Gespräche waren im Bereich von 40 bis über 60 Minuten und hatten damit vom zeitlichen Rahmen wie vom Inhalt her häufig den Charakter von psychotherapeutischen Sitzungen oder Kriseninterventionen.

Hauptanlässe beziehungsweise -themen der Interventionen waren nach Einschätzung der Arbeitsgruppe vor allem Verarbeitungsdefizite beziehungsweise eine aktuelle Überforderung der Verarbeitungsmöglichkeiten (30 % der Interventionen), gefolgt von depressiven Reaktionen (17 %), Angststörungen (10 %) und Compliance-Problemen (7 %). Die besondere Arbeitsweise der patientennahen Versorgung in der Akutmedizin zeigt sich darin, daß drei Viertel der Gespräche im Patientenzimmer stattfand, 30 % in einer Sitzecke auf dem Flur und nur ca. ein Viertel im Dienstzimmer der Psychoonkologie.

Die Ergebnisse entsprechen in weiten Teilen den Erfahrungen der psychosozialen Nachsorgeeinrichtung in Heidelberg (Schwarz et al. 1991), wo ebenfalls der größte Teil der Interventionen Einzelgespräche mit Patienten waren (44 %), allerdings hatten hier die Gespräche mit den Angehörigen einen deutlich höheren Stellenwert (24 %).

Unter den Hauptgründen für die psychologische Betreuung wurden übereinstimmend mit unseren Erfahrungen recht häufig familiäre Probleme angeführt (35 %), aber „körperliches Leiden" als Hauptanlaß aufgeführt (75 %). Der höhere Anteil des Themas „eigene Persönlichkeit" mag die vorzugsweise psychoanalytische Orientierung der Heidelberger Einrichtung reflektieren, im Gegensatz zu der stärker auf Verhaltenstherapie und humanistischer Psychologie basierenden Arbeit der Freiburger Arbeitsgruppe (Weis et al. 1993). Letztere berichtet aber doch insgesamt über ähnliche Erfahrungen aus der psychoonkologischer Betreuung in der Akutbehandlung an einer Universitätsklinik, auch wenn hier der zeitgleiche Anteil von

Personalfortbildung höher lag und (möglicherweise im Zusammenhang damit) der Prozentsatz der Zuweisungen zu fast zwei Dritteln von den behandelnden Ärzten erfolgte.

Ein Fallbeispiel soll die psychoonkologische Arbeit veranschaulichen:

---------------- **Fallbeispiel** ----------------

Herr M., ein 24jähriger Bankangestellter sucht nach mehrmaliger Feststellung von Blut im Urin einen Urologen auf, der ein Harnblasenkarzinom feststellt und zu einer baldigen Operation rät, die der Patient bereits eine Woche später durchführen läßt. Unter der anschließenden Chemotherapie leidet der Patient sehr, ist aber fest entschlossen, diese bis zum Ende durchzustehen. Als ein halbes Jahr später ein Lokalrezidiv festgestellt und ihm die völlige Entfernung der Blase nahegelegt wird, wird er dem psychosozialen Dienst zugewiesen. Der Patient nutzt den geschützten Rahmen ausgiebig und konkret zur wiederholten Abklärung der verschiedenen Möglichkeiten und ihren jeweils eigenen Vor- und Nachteilen. In dieser Phase werden ausschließlich rationale Verarbeitungswege sichtbar, die Gespräche dienen für ihn primär der Entscheidungsfindung. Über Gefühle kann er nicht sprechen, sie erscheinen ihm auch nur begrenzt zugänglich. Er unterzieht sich auch diesem Eingriff und läßt sich eine Ersatzblase aus Darm anlegen; die Sphinkterfunktion kann glücklicherweise erhalten bleiben. Bereits zwei Wochen nach Entlassung aus der stationären Behandlung beginnt der früher sehr sportliche Patient bereits wieder mit Schwimmen und Joggen. Er sieht darin wichtige Möglichkeiten zur Erhöhung der Widerstandskraft und stellt auch seine Ernährung auf „biologische Krebsdiäten" um. Er bezeichnet sich selbst in dieser Phase als „arbeitswütig". Wichtige Funktion der jetzt vierzehntäglichen Gespräche ist es offensichtlich, mit jemandem über seine Vorstellungen zu alternativmedizinischen Methoden sprechen zu können und in seinen eigenen Anstrengungen gewürdigt zu werden. Nur allmählich kann er auch Ängste und Belastungen thematisieren. Erst ein halbes Jahr später wird anhand eines Erlebnisses die verdrängte Todesangst deutlich und kann jetzt bearbeitet werden: Der Patient berichtet, wie er einmal zu Hause die Decke über den Kopf zieht und plötzlich in Panik verfällt, was seine Freundin und ihn sehr irritiert. Zunächst ist ihm diese Reaktion völlig unverständlich, bis er die Assoziation „Zudecken eines Leichnams mit einem Laken" findet.

Das Beispiel zeigt, wie schwer es für Patienten sein kann, gerade in besonders belasteten Situationen über Gefühle zu sprechen und wie wichtig in solchen stützenden Gesprächen die Respektierung der Abwehr sein kann. Es zeigt auch, daß das vom Patienten verlangte Einlassen des Therapeuten auf rationale Prozesse und konkrete Ziele keineswegs tiefergehende Arbeit zu einem späteren Zeitpunkt ausschließt, wenn die Bereitschaft des Patienten gereift ist und die Beziehungsvoraussetzungen gegeben sind.

Psychosoziale Intervention bei Patienten mit Organersatz am Beispiel Hämodialyse und Nierentransplantation

Während vor drei Jahrzehnten noch chronisch **niereninsuffiziente Patienten** in kurzer Zeit einen oft qualvollen Tod durch Urämie starben, sind heute im statistischen Mittel die Überlebenswahrscheinlichkeiten besser als selbst bei prognostisch günstig eingeschätzten Malignomen, was die Behandlung des chronischen Nierenversagens als ein besonderes Beispiel lebensrettender und -verlängernder Möglichkeiten moderner apparativer Medizin erscheinen läßt. Trotzdem sind chronisch niereninsuffiziente Patienten auch bei erfolgreicher Nierenersatztherapie subjektiv und objektiv weiter bedroht und erleben drastische Einschränkungen ihres aktuellen Lebens und künftiger Möglichkeiten.

Im Vordergrund steht die Todesbedrohung durch den irreversiblen Funktionsausfall eines lebenswichtigen Organs, Schock- und Verleugnungsreaktionen bei der Diagnosemitteilung, die lebenslange Abhängigkeit von einer Maschinenbehandlung und vielfältige Einschränkungen der körperlichen und geistigen Leistungsfähigkeit, ausgeprägte Selbstwertprobleme, Sexualstörungen und zum Teil darauf zurückzuführende Beziehungsbelastungen und vieles mehr (s. Gaus und Köhle 1986; Muthny et al. 1985; Muthny und Koch 1997).

Behandlungsspezifische Belastungen werden für die **Hämodialysebehandlung** vor allem in der Abhängigkeit von einer Maschine, in der Angst vor einer Verletzung oder Thrombosierung des Shunts sowie in Compliance-Problemen, vor allem in Zusammenhang mit der Flüssigkeitsrestriktion gesehen (Kaplan De-Nour 1983; Muthny 1986). Selbst die Nierentransplantation, die für viele Patienten eine eindrückliche Verbesserung ihrer physischen und psychischen Befindlichkeiten bewirkt, kann mit ausgeprägten psychischen Belastungen verbunden sein, so wenn das Organ in Einzelfällen die Funktion nicht aufnimmt, als Fremdkörper erlebt wird oder wenn belastende Nebenwirkungen der immunsuppressiven Therapie auftreten (Koch et al. 1987; Muthny et al. 1985; Neuser 1997). Psychosoziale Belastungen, die der Peritonealdialyse zugerechnet werden, bestehen vor allem in Körperbildproblemen und Sexualstörungen durch den Verweilkatheter sowie in der Bedrohung durch Peritonitiden, die die Durchführung des Verfahrens bei verzögerter Behandlung, aber auch das Leben des Patienten bedrohen können (vgl. Burton et al. 1983).

Compliance-Probleme bei der chronischen Niereninsuffizienz und ihrer Behandlung

Chronisch niereninsuffiziente Patienten sind besonders stark mit Behandlungsvorschriften konfrontiert (Muthny et al. 1986): Bereits vor der sogenannten Dialysepflichtigkeit sind sie zum Teil über Jahre an eine eiweißarme Diät gebunden, mit Eintritt der sogenannten Dialysepflichtigkeit besteht die Notwendigkeit, dreimal pro Woche vier bis fünf Stunden an der Maschine zu verbringen. Noncompliance betreffs Nahrungs- und Flüssigkeitszufuhr kann kurzfristig zu lebensbedrohlichen Zuständen wie Lungenödem und Hirnödem beziehungsweise bedrohlichen Folgezuständen wie einer Hyperkaliämie führen.

Nach einer Nierentransplantation schließlich beziehen sich hohe Compliance-Anforderungen vor allem auf die pünktliche

Einnahme der Immunsuppressiva trotz eventueller Nebenwirkungen. Hier wurde vor allem der Morbus Cushing (aufgrund der Kortikoide) und die Gingivahyperplasie und gesteigerte Körperbehaarung (aufgrund des Cyclosporins) vor allem bei jungen Frauen als erhebliche Belastung erlebt und erfordert manchmal ausgiebige Begleitung, spricht aber vor allem für eine angemessene psychische Vorbereitung auf die Transplantation.

Ein typisches Fallbeispiel soll mögliche Probleme aufzeigen, die Interventionen erforderlich erscheinen lassen:

——————— **Fallbeispiel** ———————

Eine 34jährige Patientin wurde dem psychosozialen Dienst vom Dialysearzt zur Behandlung ausgeprägter Compliance-Probleme überwiesen: Die Patientin nahm durch unkontrollierte Flüssigkeitsaufnahme zwischen zwei Dialysen durchschnittlich 5 bis 6 kg zu und litt erheblich an den Folgeerscheinungen. Die Dialyseprozedur wurde dadurch für die Patientin zur Qual, ausgeprägte Blutdruckabfälle und Übelkeit traten auf. Das Erleben des Kontrollverlustes war zudem mit einer deutlichen Reduzierung des Selbstwertgefühls verbunden. Die motivierte Patientin erreichte mit einem Selbstkontrolltraining in acht ambulanten Kontakten eine deutliche Besserung der Symptomatik und beendete die Psychotherapie.

Als ein halbes Jahr später plötzlich ein Verschluß der Shunts auftrat und eine erneute Operation erforderlich wurde, reagierte die Patientin mit panikartiger Angst. Die Dialyse, die jetzt vorübergehend über einen Shaldon-Katheter in der Leistenbeuge durchgeführt wurde, war für die Patientin sehr strapaziös und medizinisch immer schwieriger; schließlich mußte sie stationär in die Klinik aufgenommen werden. Hier wurde ein Psychologe der Projektgruppe konsiliarisch hinzugeholt; das Behandlungsziel seitens Arzt und Patientin bestand in dieser Phase in der Behandlung der Angst und der Ermöglichung des operativen Eingriffes, was schließlich über ein Entspannungsverfahren und die Bearbeitung bedrohlicher Kognitionen und Fehlattributionen erreicht werden konnte. Da das Verhalten der Patientin massive Reaktionen seitens des behandelnden Personals von Mitleid über Unverständnis bis hin zu Aggressivität auslöste und Interaktionsprobleme komplizierend wirkten, erschien die parallele Arbeit mit dem Personal im Sinne von Fallarbeit sinnvoll und trug wesentlich zur Entspannung bei, die der Patientin schließlich auch ihre Entscheidung für die notwendige Operation erleichterte. Auch nach der im übrigen erfolgreichen Transplantation war zunächst eine weitere Betreuung erforderlich, da die Patientin sehr sensibel auf die körperlichen Veränderungen durch die Immunsuppressiva reagierte (vor allem auf die verstärkte Körperbehaarung infolge Cyclosporin A); sie lösten so massive Körperbild- und Selbstwertprobleme aus, daß zeitweilig sogar ein eigenmächtiges Absetzen dieser Mittel befürchtet werden mußte (was den Verlust des Organs und die Rückkehr in die desolate Dialysesituation zur Folge gehabt hätte).

——————————————————————————

Das Beispiel zeigt, wie in problematischen Fällen immer wieder psychosoziale Interventionen erforderlich sein können, oft kurz und eher fokal. Auch veranschaulicht es, wie die zusätzliche Arbeit des psychosozialen Dienstes mit dem Personal notwendig und hilfreich sein kann und wie schließlich nicht immer eine medizinisch erfolgreiche, gar lebensrettende Behandlung psychosoziale Interventionen überflüssig macht, sondern viele Patienten auch in der Adaptation an prinzipiell günstigere Bedingungen unserer Hilfe bedürfen.

Tab. 5-20 Hauptanlässe und Gründe für psychotherapeutische Interventionen bei chronisch niereninsuffizienten Patienten.

Depressionen	Compliance-Probleme	Ängste aus realer oder befürchteter Bedrohung	Probleme der Paarbeziehung/Familie	Interaktionsprobleme mit den Behandlern
• z. B. in der Anfangszeit der Dialyse als Ausdruck eines Verarbeitungsdefizits • als sogenannte „Dialysemüdigkeit" oft nach vielen Jahren relativ problemloser Dialyse • bei partnerschaftlichen/familiären Konflikten, Trennung und Scheidung • aufgrund erlebter Stigmatisierung • bei medizinischen Komplikationen, schweren Behandlungsproblemen • bei Verlust der transplantierten Niere und Rückkehr an die Dialyse • bei schwerwiegenden Interaktionsproblemen mit Behandlern • bei Abfall der körperlichen Leistungsfähigkeit • bei zunehmender Erblindung von Diabetikern	mit z. B. selbstschädigender Wirkung bei: • unkontrollierter Flüssigkeitsaufnahme • Nichteinhaltung von Diät (v. a. bezüglich Kalzium) • Problemen der Medikamenteneinnahme (schwerwiegend im Hinblick auf Antihypertensiva und Immunsuppressiva)	• am häufigsten auf Operationen und medizinische Komplikationen bezogen • in schwerster Form: Angst bei der Erschöpfung der Behandlungsmöglichkeiten und schweren Behandlungsproblemen mit Todesangst • Ängste vor Beziehungsverlusten	• aufgrund der bei Nierenpatienten häufigen Sexualstörungen • aufgrund verminderter Attraktivität des Patienten und Selbstzweifeln • bei konkreten Ereignissen wie Trennung und Scheidung • bei ausgeprägter Mitbelastung des Partners („Ko-Behinderung") • bei Problemen des Rollenwechsels • bei finanziellen Einbußen • bei schwieriger Familiendynamik im Zusammenhang mit Lebendspende	vor allem bei: • ausgeprägtem Autonomie-Abhängigkeits-Konflikt des Patienten • rigidem Interaktionsstil des Personals bzw. unzureichender Kommunikation/Aufklärung

Psychosoziale Versorgung von Dialyse- und Transplantpatienten

Anhand der Versorgungsleistungen eines Modellprojekts konnten in fünf Jahren wesentliche Erfahrungen in der konkreten Realisierung gewonnen werden (Muthny et al. 1987):

• Es ergaben sich überwiegend kurzfristige **Beratungsgespräche** bzw. **Kriseninterventionen** mit ein bis zwei Kontakten, seltener mittelfristige Therapien mit über 10 Kontakten.

• Neben den auf Patient und Partner bezogenen Versorgungsleistungen nehmen die **Supervision** und die **psychosoziale Fortbildung** des Personals einen breiten Raum ein.

• Es zeigt sich in diesen Zahlen trotz der häufigen und schweren Belastungen für die Patienten ein durchaus **begrenzter Bedarf** an **professioneller** psychosozialer Versorgung, der durchaus befriedigt werden kann und sollte.

Das Spektrum der Anlässe, Gründe beziehungsweise Inhalte der Interventionen ist in Tab. 5-20 exemplarisch für diese psychonephrologischen Erfahrungen zusammengestellt.

Hier wie in vielen anderen Bereichen der Behandlung chronisch Kranker sind **Depressionen** (meist reaktiv zu verstehen), **Ängste**, **Compliance-Probleme**, **Probleme** der **Paarbeziehung/Familie** und **Interaktionsprobleme mit** den **Behandlern** die Hauptkategorien und häufigsten Anlässe beziehungsweise Therapieinhalte.

5.5.5
Möglichkeiten und Wirksamkeit von Beratung und Psychotherapie bei körperlich Kranken

Behandlungserfolge konnten vor allem im Abbau von Ängsten, in der Hilfe bei Entscheidungskonflikten, in der Behandlung von Compliance-Problemen und bei der Behandlung depressiver Störungen erzielt werden. Auch die im Rahmen des zunehmend geforderten Qualitätsmanagements durchgeführten Evaluationsstudien der psychotherapeutischen Tätigkeit im Rahmen von Konsiliar-Liaisondiensten zeigen überwiegend positive und ermutigende Ergebnisse (Carr et al. 1997; Ehlert 1998; Lupke et al. 1995). **Möglichkeiten** und **Schwierigkeiten** **psychosozialer Beratung und Therapie** sollen anhand der wichtigsten Störungsbilder kurz zusammengefaßt werden:

Zum **Abbau von Ängsten** steht ein breites Repertoire von Methoden der Entspannung und kognitiven Verarbeitung zur Verfügung (s. auch 5.5.4., Abschnitt „Angstbewältigung und Therapie der Angst", S. 486). Allerdings stand hier die Psychotherapie auch in einem deutlichen Konkurrenzverhältnis zur Pharmakotherapie, der die somatischen Behandler vor allem bei akut auftretenden Ängsten mit starkem Ausdruckscharakter oft vorschnell den Vorzug gaben. Die verwendete Methode richtet sich neben anderem nach dem Realitätsgehalt der Angst, ihrer Verlaufsgestalt (z. B. Panikattacken) und den weiteren Auswirkungen (z. B. Handlungsunfähigkeit, Entscheidungsunfähigkeit, sekundärem Krankheitsgewinn).

Bei der Behandlung von **Compliance-Problemen** erwiesen sich Selbstkontrollverfahren unter bestimmten Voraussetzungen bei Dialysepatienten als durchaus wirksam (s. auch Muthny 1986). Bezogen auf die möglichen Compliance-Probleme nach einer Transplantation (z. B. unregelmäßige Einnahme der Immunsuppressiva) erscheint jedoch eine präventive Vorgehensweise wichtig. Vergleichsweise schwieriger und weniger erfolgreich erwies sich der einzeltherapeutische Ansatz bei Compliance-Problemen, wenn diese im Zusammenhang mit Autonomie-/Abhängigkeitskonflikten und Interaktionsproblemen mit dem Personal auftraten oder mit ausgeprägten Depressionen verbunden waren. Die Therapie muß dabei auf das breite Spektrum sehr unterschiedlicher Ursachen und Gründe für das mangelnde Compliance-Verhalten eingehen, das von latenter Suizidalität, Kommunikation über das Symptom bis hin zu einer hedonistischen Lebenseinstellung gehen kann und die Frage der Therapiebedürftigkeit stets neu aufwirft (Muthny 1986). Grundsätzlich muß sich der Therapeut intensiv mit den oft von der Schulmedizin abweichenden subjektiven Theorien auseinandersetzen (typisch sind hierfür vor allem die oft ausgeprägten Motive von Krebspatienten für die Inanspruchnahme sogenannter alternativmedizinischer Methoden).

Demgegenüber erwiesen sich die Erfolge bei der verhaltenstherapeutischen Behandlung **depressiver Verstimmungen** als oft mäßig. Dies dürfte auf verschiedene Ursachen zurückzuführen sein:

- die mögliche organische Komponente im Zuge der diffusen Hirnschädigung bei Langzeitdialysepatienten
- die massiven und kausal unbeeinflußbaren Bedrohungen im Zuge einer chronischen Krankheit (bis hin zur Todesbedrohung)
- ein besonders ausgeprägtes Verstärkerdefizit bei langfristig chronisch Kranken und auf zu einem großen Teil reale (und oft zunehmende) Einschränkungen und Behinderungen

In aller Regel kann dabei eher von einer reaktiven Depression ausgegangen werden (Reaktion auf Verlust der Gesundheit und vieler aktueller und künftiger Möglichkeiten), so daß die psychosoziale Therapie primär indiziert erscheint. Besondere Aufmerksamkeit braucht diese Gruppe vor allem auch aufgrund des vergleichsweise hohen Suizidrisikos: Während in vielen Studien mit Krebspatienten keine oder eine nur leicht erhöhte Suizidrate festgestellt wird (im Vergleich zu altersgleichen Gesunden), fanden Studien mit Dialysepatienten eine bis zu 400fach erhöhte Suizidrate (Abram und Buchanan 1976). In schweren Fällen von Depression (und bei stärkerer organischer Komponente) kann es auch sinnvoll sein, den Weg der **Kombinationstherapie** (psychopharmakologisch und psychotherapeutisch) einzuschlagen (s. auch Levy 1985), da auch bei organisch mitbedingten Depressionen langfristig ausgeprägte soziale Defizite auftreten, die einer Behandlung bedürfen, um dem ungünstigen sozialen Rückzug entgegenzuwirken. Vorschläge für die Depressionsbehandlung im Rahmen eines Konsiliar-Liaisondienstes finden sich unter anderem bei Lupke et al. (1995) sowie bei Smith et al. (1998) und bei Ehlert (1998).

Die Einbeziehung von Partnern in die Therapie erschien in vielen Fällen und aus vielen Gründen sinnvoll, aufgrund der generellen Mitbelastung von Partner und Familie (s. auch Kepplinger et al. 1993), aufgrund der starken und konkreten Einbeziehung des Partners bei der zu Hause durchgeführten Behandlungsform der Heimdialyse und schließlich aufgrund der bei Dialysepatienten häufigen **Sexualstörungen** (vor allem Erektionsstörungen aufgrund der Polyneuropathie und anderer organischer Ursachen, auch aufgrund des häufig gestörten Körpergefühls und des reduzierten Selbstwertgefühls). Das gemeinsame Gespräch kann hier den Patienten entlasten, Schamschranken überwinden, unter Umständen den Stellenwert der Sexualität in der Beziehung zugunsten anderer Beziehungselemente relativieren helfen oder auch dazu beitragen, daß eventuelle medizinische Hilfen gemeinsam akzeptiert werden können.

In Einzelfällen waren **Familieninterventionen** indiziert, so vor allem, wenn die Frage einer **Lebendspende** eine schwierige Familiendynamik auslöste (Simmons et al. 1983).

Konkrete **Wirkungen** psychosozialer Maßnahmen sollen anhand der Evaluation eines psychoonkologischen Projekts aufgezeigt werden (s. auch Muthny 1998): 77 % der Krebspatienten, die psychosoziale Betreuung in Anspruch genommen hatten, erlebten generelle Hilfe durch die Gespräche in deutlichem Ausmaß. Die positiven Wirkungen wurden am häufigsten angegeben als Stimmungsverbesserung (zwei Drittel der Patienten), Hilfe bei der Belastungsverarbeitung, Angstminderung, Stärkung des Selbstbewußtseins (jeweils 58 %). Für über die Hälfte der Befragten bestehen noch mittlere bis ausgeprägte Wirkungen im Sinne von Hilfe bei der gedanklichen Konzentration, Entwicklung von Lebensmut und Zukunftsperspektive sowie Erfassung der persönlichen Bedeutung der Erkrankung und Reduktion innerer Spannungen. 53 % der Befragten verspürten zudem eine Wirkung im Sinne eines gewachsenen Vertrauens in die onkologische Behandlung.

Ziele, Grenzen und Schwierigkeiten

Grenzen und **Schwierigkeiten psychotherapeutischer Interventionen** in der Behandlung chronisch Kranker betreffen vor allem:

- Probleme durch die **Besonderheiten chronisch Kranker** im Vergleich zu traditionellen Psychotherapieklienten (s. o.)
- Probleme aus dem **Behandlungs-Setting** (Gespräche sind zum Teil nur im Mehrbettzimmer möglich, großes Einzugsgebiet hoch spezialisierter Zentren, nach der Entlassung oft keine Fortführung der Therapie aufgrund der weiten Entfernung des Wohnorts möglich)
- **Primat der somatischen Therapie** (die häufig Psychopharmakotherapie der Psychotherapie vorzieht)

Organisation des psychosozialen Dienstes bei körperlicher Krankheit: Konsiliardienst – Liaisondienst – integrierte Psychosomatik

491

- Unter Umständen **sich widersprechende „Aufträge"** an den Therapeuten (z. B. Arzt: Gewährleistung der Behandlung, Patient: Lernen von Durchsetzung, Autonomie)
- Probleme aus bestehenden **Kommunikations- und Kooperationsbedingungen** mit den somatischen Behandlern (häufig eher begrenzte Konsiliardienste statt Liaisondienst gewünscht bzw. realisiert, Kommunikationsstrukturen und Zeitbedarf für Austausch oft kaum vorhanden oder nutzbar, mangelndes Wissen von Personal und Ärzten über Psychotherapie)
- Probleme in der **therapeutischen Methode** und der **Person des Therapeuten**:
  - mangelnde Adaptation vieler therapeutischer Methoden an diesen klinischen Bereich
  - Limitierung einer bestimmten Therapieschule
  - Qualifikation und Erfahrung des Therapeuten, Grenzen der Belastbarkeit des Therapeuten, v. a. im Umgang mit Schwerkranken und Sterbenden

Sinnvolle und häufig realisierbare **Ziele und Interventionsansätze bei körperlich Kranken** sind so zusammenfassend:
- **Abbau von Ängsten** im Zusammenhang mit realer oder phantasierter Bedrohung, die sowohl auf unmittelbar krankheitsbezogene Ereignisse als auch auf Veränderungen im sozialen Umfeld gerichtet sein kann
- **Maßnahmen zur Verbesserung der Compliance** (hier kann der Bedarf bzw. Leidensdruck sowohl vom Patienten, oft aber auch von den Behandlern ausgehen, was ein zweigleisiges Vorgehen erfordern kann, d. h. therapeutische Arbeit mit dem Patienten **und** Fallarbeit bzw. Personalfortbildung mit dem Personal)
- **Hilfen bei der emotionalen und kognitiven Verarbeitung** (hier wird supportive Therapie als Stützung der Krankheitsverarbeitung verstanden [Heim 1986], sie wird konkret geleistet z. B. in der Bearbeitung ungünstiger Attributionen und in der Unterstützung von Trauerarbeit)
- **Hilfe bei der Klärung von Konflikten** (diese können sich beispielsweise auf die verschiedenen Behandlungsalternativen mit ihren Nebenwirkungen [z. B. Krebstherapie, Therapie chronischer Niereninsuffizienz] richten, aber auch den partnerschaftlichen/familiären Bereich betreffen)
- **Sterbebegleitung**
- **Paar- und Familientherapie** zum Abbau von Belastungen und Konflikten in der Folge der Erkrankung, aber auch weit darüber hinaus

Über diese vorwiegend patienten- und familienbezogenen Interventionsziele und -ansätze hinaus werden **weitere Aufgabenfelder** des Psychosomatikers gesehen und erscheinen erfüllbar bezüglich
- der Verbesserung konkreter Kommunikationsstrukturen im Behandlungsfeld, Bearbeitung von Konflikten im Team, Verbesserung des interpersonalen „Arbeitsklimas";
- Angeboten von psychosozialer Fortbildung für verschiedene Berufsgruppen

der Betreuung von Patientenselbsthilfegruppen und Angehörigengruppen.

5.5.6
Organisation des psychosozialen Dienstes bei körperlicher Krankheit: Konsiliardienst – Liaisondienst – integrierte Psychosomatik

Die üblichere Form der psychosozialen Versorgung ist der begrenztere Konsiliardienst als eine Art „Feuerwehr-Funktion" und mit dem entscheidenden Nachteil, daß der Therapeut den Patienten erst in der Krise kennenlernt und nicht auf eine vorher bestehende Beziehung oder zumindest Bekanntheit (seiner Person und Arbeitsweise) aufbauen kann, die vertrauensfördernd wirkt. Die Organisationsform des Liaisondienstes mit seiner wesentlich stärkeren Einbindung in den Versorgungsablauf (Mitgehen auf Visiten, gleichzeitige Arbeitsmöglichkeit mit Patienten und Personal) erscheint hier weit günstiger (Ehlert 1998; 1999; Stein und Herzog 2000; Wirsching und Herzog 1989).

Typische **Gefahren** und Sackgassen aus der **Konsiliartätigkeit** seien kurz zusammengefaßt:
- So besteht die Gefahr einer **Abspaltung** der **psychosozialen Versorgung** (indem neben dem organmedizinischen Experten ein zweiter, psychosozialer Experte hinzugezogen wird, der in der Regel nur wenig Kontakt mit dem somatischen Behandler hat und erst in der Problemsituation gerufen wird).
- Die Delegationsmöglichkeit begünstigt seitens der Ärzte und des Pflegepersonals die **Abwehr eigener Anteile** in der Interaktion mit dem Patienten (möglicher Ablauf: das Auftreten des Interaktionsproblems führt zum Heranziehen des psychosozialen Dienstes und u.U. auch zum Heraustreten aus der Beziehung zum „schwierigen" Patienten, der aber möglicherweise gerade diese Auseinandersetzung mit „seinem" Arzt als wichtigen Verarbeitungsvorgang gesucht hat).
- Schließlich können vor allem engagierte und motivierte Ärzte und Betreuer durch einen zu **aktiven** und **selbständigen Konsiliardienst** entmutigt werden, sich weiter auch um die psychosozialen Belange des Patienten zu kümmern (was sich die meisten Patienten im Sinne einer ganzheitlichen Behandlung primär wünschen).
- Die (übliche) geringe Kommunikation zwischen psychosozialem Konsiliardienst und Ärzten führt u.U. auch zu unproduktiven **Konkurrenzsituationen** und wenig Miteinander, was aber zum Wohle des Patienten wünschenswert wäre (oft auch zu geringer Arbeitszufriedenheit v. a. bei den Angehörigen psychosozialer Dienste).

Diese Probleme einer „Nur"-Konsiliartätigkeit führen sehr klar zur Forderung nach einer stärkeren Integration psychosozialer Betreuung in den Versorgungsalltag, in Form des Liaisondienstes (Herzog und Stein 1994; Stein und Herzog 2000) beziehungsweise in Form der **integrierten Psychosomatik** (Schmeling-Kludas 2000). Letztere setzt indes voraus, daß somatische Behandler sich weit mehr als in der bisherigen Ausbildung üblich psychosoziales Wissen und Kompetenzen aneignen. Die seit 1987 als Teil kassenärztlicher Versorgung vorgesehene **psychosomatische Grundversorgung** stellt sicher einen interessanten Ansatz in dieser Richtung dar (Stucke 1989), birgt aber je nach Curriculum und konkreter Vermittlung der Inhalte und Kompetenzen auch Risiken der Selbstüberschätzung. Hier muß es ein wichtiges Lernziel sein, Möglichkeiten und Grenzen einschätzen zu können, was auch den Stellenwert der Supervision besonders unterstreicht.

Weiter erscheint **psychosoziale Fortbildung** als ein wichtiger Beitrag zur Verbesserung der Versorgung, aber auch der Arbeitszufriedenheit der Betreuer und hat im Selbstverständnis der Autoren und der vertretenen Projekte eine zentrale Rolle gespielt (s. u.), wie im folgenden ausgeführt werden soll.

5.5.7
Fortbildung und Supervision als mittelbare Patientenversorgung und Burnout-Prävention

Personalfortbildung und Supervision erscheint unter mehreren Aspekten sinnvoll und als wichtige Ergänzung der Patiententherapie (z. B. Rigatelli et al. 2000), da

- bei vielen Störungen Interaktionsprobleme zwischen Patienten und Personal eine beträchtliche Rolle spielen,
- nach dem Grundgedanken der „integrierten Psychosomatik" nach Möglichkeit vorhandene Beziehungen im Behandlungsfeld so weit wie möglich genützt werden sollen (dies wird durch Unterstützung in Form von Personalfortbildung und Supervision möglich),
- Personal in Behandlungsbereichen schwerer Erkrankungen anerkanntermaßen beträchtlich belastet ist (s. auch Burisch 1989; Herschbach 1991; die Folgen dieser Belastungen und Überforderung werden unter dem „Burnout"-Begriff intensiv diskutiert) und Fortbildung und Supervision nicht nur die Kompetenz erhöhen, sondern auch der emotionalen Entlastung dienen,
- die Motivation des Personals in diesem Sinne vergleichsweise hoch ist und
- das Erkennen der psychosozialen Probleme eines Patienten auch diagnostische Fähigkeiten erfordert (vgl. Holmes et al. 2000) und sich beispielsweise zeigen läßt, daß Depression ein häufiger Grund für ein Konsil ist, während Angststörungen oftmals übersehen werden (Meyer et al. 2000).

Die Gefahr, durch Überbetonung von Einzeltherapien eher eine Auslagerung/Abspaltung der Psychosomatik zu erzielen, wurde von den Autoren im Rahmen eines Modellprojekts früh erlebt, und es wurde versucht, dem entgegenzuwirken (s. auch Muthny et al. 1989). Nicht die Zurückweisung der Einzelbetreuungswünsche erschien allerdings dabei als geeignetste

Methode, sondern vielmehr die Förderung von Motivation und Kompetenz von Ärzten, Schwestern und Pflegern.

Die durchgeführten 132 Fortbildungen bezogen in der überwiegenden Zahl der Fälle „gewachsene" Teams ein, das heißt Angehörige eines bestimmten Zentrums oder einer Station. Obwohl die durchschnittlich ca. zehn Teilnehmer der Einzelveranstaltungen (zwischen vier und dreißig) weit überwiegend Schwestern und Pfleger waren, nahmen immerhin in 30 % der Fälle Ärzte an der Fortbildung teil. Über 90 % waren Einheiten von ein bis zwei Stunden Dauer, in Einzelfällen waren auch (überregionale) Veranstaltungen von bis zu vier Tagen einbezogen. Gelegentlich war die psychosoziale Fortbildung (mit einigen Stunden) eingebettet in mehrtägige, primär medizinische Fortbildungsveranstaltungen.

Bezüglich der **Arbeitsform** beziehungsweise -konzeption wurden in 37 % der Fälle themenzentrierte Einheiten (Broda und Muthny 1989) durchgeführt, hatte bei 33 % Fallarbeit einen Schwerpunkt und stand in 14 % die Teaminteraktion als geplantes und erwünschtes Thema im Vordergrund. Als hauptsächliche **Themen** wurden im Rahmen der strukturierten Einheiten vor allem Kommunikation, aktives Zuhören/Gesprächsführung, Krankheitsverarbeitung, Umgang mit Schwer- und Todkranken sowie Compliance-Probleme und Depressionen behandelt.

Unter den in der Behandlung erlebten **Problemen im Umgang mit Patienten** standen Probleme mit fordernd-aggressiven, ungenügend kooperierenden und depressiven Patienten im Vordergrund. Die in der Fallarbeit vorrangig behandelten Patientengruppen waren aufgrund des beim Personal ausgelösten Leidensdruckes vor allem Schwerkranke und Depressive. Obwohl nur in 14 % der Fälle Teaminteraktion als vorher geplantes Thema behandelt wurde, nahmen Schwierigkeiten der Teaminteraktion und gruppendynamische Prozesse in 30 % der Veranstaltungen einen großen Raum ein.

In einer parallel durchgeführten Untersuchung mit Dialyse-Pflegekräften zu **Belastungen** und **Bedarf an psychosozialer Fortbildung** (s. Muthny 1988) wurde deutlich, daß nur ein sehr kleiner Prozentsatz psychosoziale Fortbildung am Arbeitsplatz kennt, andererseits aber fast zwei Drittel ein solches Angebot als sinnvoll einschätzen. Bezüglich der gewünschten Durchführungsformen standen regelmäßige Fortbildungseinheiten von ein bis zwei Stunden Dauer und etwa Monatsabstand weit im Vordergrund. Immerhin wünschten 41 % der Teilnehmer auch ein Angebot außerhalb des Zentrums in Form von Wochenendseminaren. Bezüglich der gewünschten Art der Arbeit stand Fallarbeit mit über 80 % weit im Vordergrund. Über 50 % der Antwortenden signalisierten auch eine gewisse Bereitschaft zum Einbringen eigener Anteile in die Arbeit, indem sie der Balintgruppenarbeit und der Bearbeitung von Teamproblemen einen hohen Stellenwert einräumten. Eine eher kognitiv-informative Art der Arbeit („Referate über den Umgang mit problematischen Patienten") wünschten sich aber auch noch fast 50 % und betonten damit eher kognitive Ziele der Fortbildungsarbeit. Gewünschte Hauptinhalte waren der Umgang mit depressiven und aggressiven Patienten, Prozesse der Krankheitsverarbeitung und Möglichkeiten der Gesprächsführung. Ein erheblicher Leidensdruck aus dem Umgang mit Tod- und Schwerkranken sowie mit den vergleichsweise häufigen und oft folgenschweren Compliance-Problemen im Dialysebereich drückt sich in entsprechenden thematischen Fortbildungsinteressen aus.

Die **motivationsstärkenden Argumente einer psychosoziale Fortbildung** für Personal und Ärzte sollen nochmals zusammengefaßt werden:

- eklatante Ausbildungsmängel
- ein deutlich artikulierter Bedarf der Betroffenen
- Sackgassen der psychosozialen Konsiliardienste und ihre Ergänzungsbedürftigkeit
- das konzeptuelle Argument der integrierten Psychosomatik (im Gegensatz zu noch mehr Spezialistentum)
- das Beziehungsargument (d. h., denen, die in der Beziehungskontinuität mit den Patienten stehen, dabei zu helfen, auftretende Probleme selbst besser zu meistern)
- Fürsorge- und Burnout-Präventionsargument
- Arbeitszufriedenheitsargument (unter der Annahme, daß Kompetenzerhöhung und emotionale Entlastungsmöglichkeiten durch Fortbildung auch die Arbeitszufriedenheit steigern)
- das Ökonomie-Argument (hohe Personalfluktuation überlasteter und unzufriedener Mitarbeiter ist sicher unökonomisch)
- Machbarkeitsargumente (vielfältige positive Vorerfahrungen, die belegen, daß Angebote genutzt werden, bestehende Curricula und Manuale, aber auch spezielle Kurse, die zur Unterstützung des Fortbilders verfügbar sind)

5.5.8
Aufgabenspektrum von Psychosomatik und medizinischer Psychologie in der Versorgung körperlich Kranker

Definiert man das Aufgabenspektrum des Psychosomatikers und Medizinpsychologen in der Behandlung chronisch Kranker mit Forschungs-, Versorgungs- und Vermittlungsaufgaben, so werden nach Auffassung der Autoren **Detailaufgaben** im Hinblick auf den Patienten, sein familiäres Umfeld und die Beziehungen zu Ärzten und Pflegekräften sichtbar (s. Tab. 5-21). In der Patientenbetreuung spielt sicher in der augenblicklichen Versorgungsstruktur der Konsiliardienste (wenn überhaupt) die Krisenintervention beziehungsweise „Feuerwehrfunktion" immer noch eine zentrale Rolle, andere Therapieformen, wie sie in einer systematischeren Integration (Liaisondienst) möglich sind, erscheinen demgegenüber noch wenig ausgeschöpft. Dies ist sicher auch im Hinblick auf Belastung und Arbeitszufriedenheit des Therapeuten nicht optimal.

Nach der **Art der Aufgaben des Psychotherapeuten** in der Versorgung körperlich Kranker lassen sich eigentliche

Versorgungsaufgaben von Vermittlungs-, Fortbildungs- und klinischen Forschungsaufgaben abheben.

Die oft vernachlässigten Vermittlungsfunktionen umfassen Fortbildungs- und Ausbildungsaufgaben, aber auch die Vermittlung psychosozialer Sichtweise überhaupt.

Forschung schließlich soll die eigene Arbeit evaluieren und therapeutische Ansätze verbessern, aber auch das grundlegende Ziel nicht aus den Augen verlieren, zum Beispiel in der Beschäftigung mit der Krankheitsverarbeitung ein profunderes Verständnis der Reaktionen des chronisch Kranken zu erreichen.

Tab. 5-21 Aufgabenspektrum in der Versorgung körperlich Kranker.

auf **Patienten** bezogen (stationär und ambulant):
- Krisenintervention
- psychosoziale Beratung, Kurzpsychotherapien
- mittel-/langfristige Psychotherapien

auf **Patienten** und **soziales Umfeld** bezogen:
- Paar- und Familientherapie
- Patienten- und Angehörigengruppen
- Unterstützung von Selbsthilfegruppen

auf **Personal** bezogen (psychosoziale Fortbildung und Supervision):
- Vermittlung psychosozialen Wissens
- Training sozialer Kompetenz
- emotionale Entlastung

Art der Aufgaben des Psychotherapeuten

Versorgungsaufgaben im engeren Sinne:
- Leistung von Krisenintervention bei akuten Anlässen
- Durchführung supportiver Therapien bei Angst- und Depressionsproblematiken
- Bearbeitung von Complianceproblemen
- Psychosoziale Fortbildung für Ärzte und Personal
- Allgemeine Maßnahmen zur Verbesserung der Behandlungsatmosphäre

Vermittlungsaufgaben:
- psychosoziale Fortbildung
- Vermittlung psychosomatischen Denkens und Handelns an die verschiedenen Träger der somatischen Medizin
- Ausbildungsaufgaben (sowohl in den Ausbildungsgängen der medizinischen Psychologie als auch der klinischen Psychologie)
- Öffentlichkeitsarbeit

Forschungsaufgaben und Forschungsdesiderata:
- Evaluation eingesetzter Maßnahmen
- Erforschung der Prozesse der Krankheitsverarbeitung und ihres „Nutzens" in der Einzelfall-, aber auch in der Gruppenbetrachtung
- Erforschung der unterschiedlichen Bewältigungs- und Rehabilitationsziele (einschließlich der Klärung der „Wertfrage")
- Entwicklung adäquater Erfassungsmethoden (z. B. der Lebensqualität als Therapieerfolgskriterium)
- Entwicklung von therapeutischen Strategien zur Stärkung vorhandener Verarbeitungsmöglichkeiten des Individuums und seines sozialen Umfelds
- Untersuchungen der Verbesserungsmöglichkeiten Arzt-Patienten-Beziehung

Literatur

Abram HS, Buchanan DC. The gift of a life: a review of the psychological aspects of kidney transplantation. Int J Psychiatry Med 1976; 7: 153–64.

Bahnson CB. Das Krebsproblem in psychosomatischer Dimension. In: Lehrbuch der psychosomatischen Medizin. 3. Aufl. Uexküll Th v (Hrsg). München: Urban & Schwarzenberg 1986; 889–909.

Broda M, Muthny FA. Umgang mit chronisch Kranken. Ein Lehr- und Handbuch der psychosozialen Fortbildung. Stuttgart: Thieme 1990.

Burisch M. Das Burnout-Syndrom. Theorie der inneren Erschöpfung. Berlin, Heidelberg, New York: Springer 1989.

Burton HJ, Canzona L, Wai L, Holden RR, Couley J, Lindsay RM. Life without the machine: a look at psychological determinants for successful adaptation on CAPD. In: Psychonephrology. Vol II. Levy NB (ed). New York: Plenum 1983; 159–72.

Carr VJ, Lewin TJ, Reid AL, Walton JM, Faehrmannn C. An evaluation of the effectiveness of a consultation-liaison psychiatry service in general practice. Aust N Z J Psychiatry 1997; 31: 726–7.

Ehlert U. Psychologie im Krankenhaus. Bern: Huber 1998.

Ehlert U. Der psychologische Konsiliar-Liaison-Dienst im Allgemeinkrankenhaus. In: Psychologie in der Klinik. Leitfaden für die berufliche Praxis. Rief W. (Hrsg). Stuttgart: Schattauer 1999; 6–22.

Gaus E, Köhle K. Psychische Anpassungs- und Abwehrprozesse bei körperlichen Erkrankungen. In: Psychosomatische Medizin. Uexküll Th v (Hrsg). Urban & Schwarzenberg: München 1986; 1127–45.

Heim E. Krankheitsauslösung – Krankheitsverarbeitung. In: Psychosoziale Medizin – Gesundheit und Krankheit aus bio-psycho-sozialer Sicht. Bd 2. Klinik und Praxis. Heim E, Willi J (Hrsg). Berlin, Heidelberg, New York: Springer 1986; 343–90.

Herschbach P. Arbeitsbedingungen im Krankenhaus – die psychische Belastung von Ärzten/Ärztinnen und Pflegekräften im Krankenhaus. Weinheim: Edition Medizin 1990.

Herschbach P. Streß im Krankenhaus. Die Belastungen von Krankenpflegekräften und Ärzten/Ärztinnen. Psychother Psychosom Med Psychol 1991; 41: 176–86.

Herzog Th, Stein B (European Consultation Liaison Workgroup). Psychotherapeutisch-psychosomatische Konsiliar-Liaisondienste: Entwicklungen, empirische Befunde, Perspektiven für Forschung und Praxis. Psychologie in der Medizin 1994; 5: 10–7.

Holmes AC, Judd FK, Lloyd JH, Dakis J, Crampin EF, Katsenos S. The development of clinical indicators for a consultation-liaison service. Aust N Z J Psychiatry 2000; 34: 496–503.

Kaplan De-Nour A. Persönlichkeitsfaktoren und Adaptation. In: Psychonephrologie. Balck F, Koch U, Speidel H (Hrsg). Berlin: Springer 1985; 303–17.

Kepplinger J, Muthny FA, Nowak C. Auswirkungen der Krebserkrankung auf den Partner und die Paarbeziehung – eine Literaturübersicht zu Forschungsmethoden und zentralen Ergebnissen. In: Onkologie im psychosozialen Kontext. Muthny FA, Haag G (Hrsg). Heidelberg: Asanger 1993; 116–40.

Klicpera C. Psychologie der Angst. In: Angst. Grundlagen und Klinik – ein Handbuch zur Psychiatrie und Medizinischen Psychologie. Strian F (Hrsg). Berlin, Heidelberg, New York: Springer 1983.

Koch U, Schmeling C. Betreuung von Schwer- und Todkranken. Ausbildungskurs für Ärzte und Krankenpflegepersonal. München: Urban & Schwarzenberg 1982.

Koch U, Weis J. Krankheitsbewältigung bei Krebs und Möglichkeiten der Unterstützung. Stuttgart, New York: Schattauer 1998.

Koch U, Beutel M, Broda M, Muthny FA. Prä- und postoperative Situation Nierentransplantierter. In: Verhaltensmedizin: Ergebnisse und Perspektiven interdisziplinärer Forschung. Gerber W-D, Miltner W, Mayer K (Hrsg). Weinheim: Edition Medizin 1987; 341–65.

Lupke U, Ehlert U, Hellhammer D. Effekte psychologischer Behandlung im Allgemeinkrankenhaus: Verlaufsuntersuchung an Patienten mit Somatisierungsverhalten. Psychother Psychosom Med Psychol 1995; 45: 358–65.

Meyer Th, Klemme H, Herrmann Ch. Depression but not anxiety is a significant predictor of physicians assessments of medical status in physically ill patients. Psychother Psychosom 2000; 69: 147–54.

Muthny FA. Furcht und Angst bei körperlichen Erkrankungen. In: Angst – Leitsymptom psychiatrischer Erkrankungen. Hippius H, Ackenheil M, Engel RR (Hrsg). Berlin, Heidelberg, New York: Springer 1988; 94–103.

Muthny FA. Psychosoziale Fortbildung und Supervision für Pflegepersonal in der Onkologie – Ziele, Konzeptionen, Arbeitsformen. In: Praxis der psychosozialen Onkologie. Versorgungsangebote für Klinik, Praxis und häusliche Pflege. Schwarz R, Zettl S (Hrsg). Heidelberg: E. Fischer 1993; 103–21.

Muthny FA. Forschung zur Krankheitsverarbeitung und psychosomatische Anwendungsmöglichkeiten. Dtsch Ärztebl 1994; 45: A3090–107.

Muthny FA (Hrsg). Psychoonkologie – Bedarf, Maßnahmen und Wirkungen am Beispiel des „Herforder Modells". Lengerich: Pabst 1998.

Muthny FA, Koch U. Künftige Aufgabenfelder des Psychosomatikers bei chronischen körperlichen Erkrankungen: Psychoätiologischer Spurensucher oder Diener der Organmedizin. In: Zukunftsaufgaben der psychosomatischen Medizin. Speidel H, Strauß B (Hrsg). Berlin, Heidelberg, New York: Springer 1989; 119–32.

Muthny FA, Koch U. Psychosoziale Aspekte der Nierentransplantation. In: Transplantationsmedizin aus psychologischer Perspektive. Koch U, Neuser J (Hrsg). Göttingen: Hogrefe 1997.

Muthny FA, Broda M, Koch U. Psychosoziale Probleme im Umfeld der Nierentransplantation und psychotherapeutische Betreuung. In: Psychonephrologie. Balck F, Koch U, Speidel H (Hrsg). Berlin, Heidelberg, New York: Springer 1985; 445–74.

Muthny FA, Beutel M, Broda M, Dinger A. Psychosoziale Personalfortbildung und integrierte Psychosomatik – Konzepte und Erfahrungen. Praxis der klinischen Verhaltensmedizin und Rehabilitation 1989; 2: 248–56.

Muthny FA, Broda M, Beutel M, Koch U. Erfahrungen aus der Psychotherapie mit chronisch niereninsuffizienten Patienten – Bedarf, Ziele und Wirkungen. In: Psychotherapie in der Psychosomatischen Medizin – Erfahrungen, Konzepte, Ergebnisse. Quint H, Janssen W (Hrsg). Berlin, Heidelberg, New York: Springer 1987; 91–9.

Muthny FA, Broda M, Dinger A, Koch U, Stein B. Aspekte der Lebensqualität bei verschiedenen Behandlungsverfahren der chronischen Niereninsuffizienz – ein empirischer Vergleich. In: Blutreinigungsverfahren – Technik und Klinik. Franz HE (Hrsg). Stuttgart, New York: Thieme 1990; 205–10.

Myrtek M. Das Typ-A-Verhaltensmuster und Hostility als eigenständige Risikofaktoren der koronaren Herzkrankheit. Frankfurt: Verlag für akademische Schriften 2000.

Neuser J. Indikation von Psychotherapie bei Organtransplantierten. Einige grundsätzliche Überlegungen. In: Transplantationsmedizin aus psychologischer Perspektive. Koch U, Neuser J (Hrsg). Göttingen: Hogrefe 1997; 159-71.

Rigatelli M, Ferrari S, Uguzzoni U, Natali A. Teaching and training in the psychiatric-psychosomatic consultation-liaison service. Psychother Psychosom 2000; 69: 221–8.

Schepank H, Hilpert H, Honmann H, Janta B, Parekh H, Riedel P, Schiessl N, Stork H, Tress W, Weinhold-Metzner M. The Mannheim cohort project – prevalence of psychogenic diseases in cities. Z Psychosom Med Psychoanal 1984; 30: 43–61.

Scherg H. Zur Kausalitätsfrage in der psychosozialen Krebsforschung. Psychother Psychosom Med Psychol 1986; 36: 98–109.

Schwarz R. Bedarf an psychosozialer Betreuung von Krebskranken und Anforderungen an die psychosoziale Personalfortbildung. In: Krebsrehabilitation und Psychoonkologie. Koch U, Potreck-Rose F (Hrsg). Berlin, Heidelberg, New York: Springer 1990; 124–33.

Schwarz R. Die Krebspersönlichkeit. Stuttgart, New York: Schattauer 1994.

Simmons RG. Long-term reactions of renal recipients and donors. In: Psychonephrology. Vol II. Levy NB (ed). New York: Plenum 1983; 275–87.

Smith GC, Clarke DM, Handrinos D, Dunsis A. Consultation liaison psychiatrists' management of depression. Psychosomatics 1998; 39: 244–52.

Stecker R, Mücke K, Rodi B. Patientenversorgung in einem Modellprojekt – 2-Jahresbilanz zu Patienten, Problemfeldern und Maßnahmen. In: Psychoonkologie im Akutkrankenhaus – Bedarf, Maßnahmen und Wirkungen am Beispiel des „Herforder Modells". Muthny FA (Hrsg). Lengerich: Pabst 1998.

Strian F. Klinik der Angst. In: Angst. Grundlagen und Klinik – ein Handbuch zur Psychiatrie und Medizinischen Psychologie. Strian H (Hrsg). Berlin, Heidelberg, New York: Springer 1983.

Stucke W. Psychosomatische Grundversorgung: Definitionen – Ziele – Abgrenzungen. Prax Psychother Psychosom 1989; 34: 22–6.

Verres R. Krebs und Angst. Berlin, Heidelberg, New York: Springer 1986.

Weis J, Koch U. Betreuungsbedarf, Versorgungsstrukturen und Inanspruchnahmeprozesse – eine theoretische Einführung. In: Krankheitsbewältigung bei Krebs und Möglichkeiten der Unterstützung. Koch U, Weis J (Hrsg). Stuttgart, New York: Schattauer 1998; 175–82.

Weis J, Heckl U, Muthny FA, Nowak C, Stump S, Kepplinger J. Erfahrungen mit einem psychosozialen Liaisondienst auf onkologischen Statio-nen einer medizinischen Universitätsklinik. Psychother Psychosom Med Psychol 1993; 43: 21–9.

Wirsching M. Konsiliar- und Liaisonarbeit. Praktische Erfahrungen der Kooperation von psychologischer und biologischer Medizin. Prax Klin Verhaltensmed Rehabil 1989; 5: 27–33.

Wirsching M. Der psychosomatische Konsiliar- und Liaisondienst. Evaluation, Forschungsansätze und Beiträge zur Lehre. Psychother Psychosom Med Psychol 1990; 40: 363–8.

Wirsching M, Herzog T. Aktuelle Entwicklungen im Konsiliar-/Liaisonbereich. Informationen, Begriffserklärungen, Perspektiven 1989; 39: 41–4.

6
Therapie

6.1
Medikamentöse Therapie

6.1.1
Psychopharmakotherapie bei Psychotherapie

Josef Aldenhoff

Theoretische Überlegungen

Pharmakotherapie und Psychotherapie gehen von unterschiedlichen philosophischen Grundlagen aus. In ihrer Geschichte konkurrierten beide Therapieansätze häufig. Auch heute wird ein solcher Antagonismus von den Vertretern der jeweiligen Disziplin gelegentlich für richtig gehalten. Selbst wenn man sich an solchen weltanschaulich geprägten Händeln nicht beteiligen will, wird man immer wieder die Spannungen wahrnehmen, die entstehen, wenn im Rahmen einer psychotherapeutischen Behandlung eine Pharmakotherapie notwendig wird oder umgekehrt. Viele praktisch tätige Ärzte und Therapeuten können dieses Problem im Rahmen der von ihnen in persönlicher Empirie gefundenen Behandlungsstrategien lösen. Die wissenschaftliche Grundlage von Therapiewechsel oder Therapiekombination ist hingegen dünn. In diesem Kapitel will ich versuchen, wissenschaftlich begründete oder zumindest rational formulierbare Überlegungen zur Frage der Psychopharmakotherapie bei Psychotherapie darzustellen.

Eindeutige Ursachen sind bei psychischen Störungen meist unbekannt. Für die Praxis hat man Modelle generiert, in denen genetische, biologische, psychologische und soziale Ursachen zu „multifaktoriellen" Strukturen zusammengefügt werden. Hält man das zentrale Postulat neurobiologisch orientierter Psychiatrie für wahr, daß „jede Funktion der Seele eine Hirnfunktion reflektiere" (Kandel 1998), so muß man annehmen, daß Kausalfaktoren aus dem psychologischen, sozialen und biologischen Bereich das Gehirn auf unterschiedlichen Wegen erreichen. Aufgrund seiner enormen kompensatorischen Kapazität interagiert es in nach außen nicht durchschaubarer Weise. Deshalb sind Ursachen und Auslöser häufig nicht mehr erkennbar, wenn eine Störung im Verhalten manifest wird. Dieser Unklarheit steht in beiden therapeutischen Disziplinen ein empirisch gewonnenes Wissen zur Therapiewahl und -durchführung gegenüber; dabei umfaßt der Begriff der Empirie hier sowohl wissenschaftlich gewonnene Daten als auch therapeutische Konventionen.

Im Rahmen dieses Buchs gehe ich davon aus, daß die Entscheidung für ein primär psychotherapeutisches Vorgehen bereits getroffen wurde, wenn sich die Frage nach einer zusätzlichen Pharmakotherapie stellt. Daß sich solche A-priori-Zuordnungen zwischen Diagnosen und Therapien im Laufe wissenschaftlichen Zugewinns ändern können, ist in der Therapiegeschichte gut belegt: Die Depression war bis vor einigen Jahren ausschließlich eine Domäne der Pharmakotherapie, und erst seit relativ kurzer Zeit stehen die störungsspezifischen Psychotherapien ebenfalls als Methode erster Wahl zur Verfügung; andererseits gibt es neue pharmakologische Ansätze zur Behandlung der sozialen Phobie oder der Eßstörungen.

Einen sehr originellen Beitrag zu diesem Thema hat Peter Kramer (1993) in seinem Buch *Listening to Prozac* geliefert: Als langjährig geschulter und überzeugter Psychotherapeut erlebte er durchaus distanziert das Aufkommen des Serotoninwiederaufnahmehemmers Fluoxetin. Als er die neue Substanz einer langjährigen Patientin auf ihren Wunsch hin gab, stellte er zu seiner Überraschung fest, daß parallel zur Besserung der depressiven Stimmung auch die „neurotischen" Symptome verschwanden, an denen er so lange mit der Patientin gearbeitet hatte. Aus der Auseinandersetzung mit dieser Herausforderung seines psychotherapeutischen Denkens entstand eines der faszinierendsten Bücher über den Zusammenhang von Neurobiologie, Pharmakologie und Psychotherapie. Solche Fälle zeigen, daß unsere vor allem weltanschaulich soliden Überzeugungen über Kausalitäten und Wirkmechanismen dringend einer Überarbeitung bedürfen.

Folgt man den Forderungen der *Evidence-Based Medicine,* so steht die **Diagnose** oder zumindest eine syndromale Zuordnung[1] vor der Therapie. Daran sollte sich in jedem Fall die **Psychoedukation** anschließen, die dem Patienten relevante Informationen über Störung, Behandlungsmöglichkeiten und Prognose vermittelt. Die nachfolgende Entscheidung zur Psychotherapie wird dann einer detaillierten Überprüfung unterzogen werden, wenn komplizierende Faktoren wie Unruhe, Schlafstörungen oder Suizidalität auftreten. Folgende **Modifikationen** sind dann denkbar:
- Zusätzliche Pharmakotherapie bei Fortsetzung der Psychotherapie, zeitweise oder auf Dauer.

---

1 Praktiker mögen das anders sehen (Linden 1999): „Pharmakotherapeuten suchen nach psychopathologischen Zeichen für eine Depression, die eine medikamentöse Behandlung rechtfertigen, während Psychotherapeuten Konflikte suchen, die der psychologischen Unterstützung bedürfen, und Allgemeinärzte werden eine diagnostische Etikettierung und frühzeitige Behandlung überhaupt vermeiden, abwarten und sehen, was die Zukunft bringt." Studien zur Überlegenheit eines dieser Verfahren fehlen.

- Überführung der Psychotherapie in eine Pharmakotherapie, zeitweise oder auf Dauer.

Da Patienten häufig sehr weitgehende Erwartungshaltungen und Befürchtungen bezüglich Art und Nebenwirkungen einer medikamentösen Therapie haben, empfiehlt es sich, die Möglichkeit einer später erforderlichen Pharmakotherapie von Anfang an, etwa im Rahmen der Psychoedukation, zu erwähnen. Sonst kann aus der Krise, die zur Verschreibung von Psychopharmaka führt, schnell eine tiefer gehende Krise im Vertrauensverhältnis zwischen Klienten und Therapeuten werden.

Wer soll die Pharmakotherapie durchführen, wenn sie im Rahmen einer Psychotherapie notwendig wird?

Eine Überweisung zum Arzt muß immer dann erfolgen, wenn die Psychotherapie von einem Psychologen durchgeführt wird. Aber auch im Fall eines ärztlichen Psychotherapeuten kann die Delegation der Pharmakotherapie hilfreich sein, und zwar bereits in der Phase der Indikationsstellung. Die in jeder Psychotherapie relevanten Übertragungsprozesse erschweren nicht selten die Erkenntnis, daß eine spezifische Symptomatik sinnvoller mit einer anders gearteten Therapie und mit einer Abgabe eines Teils der therapeutischen Kompetenz zu behandeln ist. Dazu kommt das Problem, daß die mehr weltanschaulichen als sachlich begründeten Differenzen zwischen Psychotherapeuten und „Körpermedizinern" im Rahmen mancher psychotherapeutischen Ausbildung nicht ausgeglichen, sondern eher gesteigert werden. Zu hoffen ist, daß solche Dichotomien mit der Zunahme des empirisch fundierten Wissens in den Hintergrund treten werden.

Grenzen beider Therapiearten

▶ Psychotherapie

Sie beruht auf dem Gespräch zwischen zwei Individuen, in dem es zum kognitiven und emotionalen Austausch kommt. Alle Facetten dieses Dialogs sind genuine Elemente der Psychotherapie. Dies gilt zunächst sowohl für die bewußt als auch für die unbewußt vermittelten Gesprächsinhalte. Motivationale und Verständnis vermittelnde Techniken kommen zum Beispiel in der Psychoedukation zum Tragen. Psychotherapeutische Methoden finden ihre Grenzen,

- wenn vegetative Syndrome, wie Schlafstörungen oder Schmerzen so stark auftreten, daß sie im Rahmen des langsamer wirkenden psychotherapeutischen Vorgehens nicht toleriert werden,
- wenn wahnhafte Symptome hinzukommen, die sich dem Zugriff kognitiv-emotionaler Beeinflussung grundsätzlich entziehen.

▶ Pharmakotherapie

In der Vorstellung von Laien, aber auch vieler Mediziner wirken Pharmaka „chemisch". Durch häufig noch nicht geklärte Mechanismen werden Veränderungen der Zellfunktion verursacht. Die Psychopharmakologie ist ein auch experimentell erfolgreiches Fach, das die Wirkungen zentralnervös wirksamer Substanzen mit pharmakologischen Methoden untersucht und beschreibt. Psychopharmaka wirken nach dem allgemeinen Verständnis weitgehend ohne eine kognitive oder emotionale Vermittlung dieser Wirkung, und man geht davon aus, daß sie deshalb auch und gerade dann eingesetzt werden können, wenn ein Patient nicht in der Lage ist, sich mit seiner Störung oder mit bestimmten Aspekten dieser auseinanderzusetzen. Umgekehrt trägt die fehlende individuelle Kontrolle über solche Prozesse wahrscheinlich zu dem Mißtrauen bei, das den Psychopharmaka entgegen gebracht wird. Korrekterweise muß man jedoch wohl davon ausgehen, daß weder Nebenwirkungen noch die angestrebten Wirkungen mit rein pharmakologischen Modellen erklärt werden können. Der hohe Anteil der Placebowirkung bei Depressionen, Angst und Schmerz deutet darauf hin, daß die Pharmakologie mit hirneigenen oder seelischen Prozessen interagiert. Was wir klinisch sehen, ist am ehesten das Ergebnis dieser Wechselwirkung, nicht der reine pharmakologische Effekt.

Die entscheidenden Hinderungsgründe für die Akzeptanz einer medikamentösen Behandlung sind meist in den Köpfen zu suchen, und zwar von Therapeuten und Klienten: Vorurteile gegenüber „chemischen Keulen, Ketten, Fesseln...", die häufig den nicht weniger „chemisch" wirkenden Naturheilpräparaten gegenübergestellt werden.

Eine Synthese der Wirkmechanismen dieser unterschiedlichen Therapieverfahren versucht die Hypothese, daß jede Wirkung auf das Verhalten über eine Modifikation der Gen-Expression zustande kommt. Psychotherapie wie Pharmakotherapie können an diesem gemeinsamen Wirkungsort ansetzen: „Insoweit Psychotherapie effektiv ist und lang anhaltende Veränderungen im Verhalten bewirkt, tut sie dies überwiegend durch Lernvorgänge, indem sie Veränderungen der Gen-Expression verursacht, welche die Stärke der synaptischen Verbindungen verändert und strukturelle Veränderungen zur Folge hat, die das anatomische Muster der Verbindungen zwischen Nervenzellen des Gehirns beeinflussen" (Kandel 1998).

Vorteile und Grenzen einer Kombinationsbehandlung

Wenn Psychotherapie und medikamentöse Therapie gemeinsam eingesetzt werden, können sich die Einzeleffekte addieren oder potenzieren: Die Psychotherapie kann zum Beispiel fortgesetzt werden, wenn die durch plötzlich auftretende Alpträume besonders irritierende Schlafstörung pharmakologisch zufriedenstellen behandelt ist. Eine suizidale Krise wird durch die vorübergehende Gabe von Benzodiazepinen beherrschbar, das Selbstmanagement einer Borderline-Patientin gelingt besser, wenn die den Therapieprozeß massiv behindernden Dissoziationen durch Naltrexon eingedämmt wurden. Gerade das letzte Beispiel macht aber auch die Grenzen sogenannter „adjuvanter" pharmakologischer Behandlungen deutlich: Dissoziationen, die als selbst gewählter Ausweg aus einer unerträglichen Situation verstanden werden, haben eine das Überleben erhaltende Funktion. Erst wenn sie im Rahmen eines gesamttherapeutischen Ansatzes überflüssig geworden sind, dürfen sie pharmakologisch unterdrückt werden. Die pharmakologische Manipulation ist also nicht per se sinnvoll, sondern muß in ein Gesamtkonzept eingebettet sein. Andererseits sollte man sich im Interesse der Patienten schon sehr genau überlegen, ob persistierende und der psychotherapeutischen Beeinflussung schlecht zugängliche Symptome aus grundsätzlichen Erwägungen „heroisch" weiter therapiert werden, wenn sich gute pharmakotherapeutische Konzepte anbieten. Ein theoretisches Konzept der Psychotherapie, das die Kombination mit Pharmaka häufig erschwert, ist der sogenannte „Widerstand". Im Kontext eines tiefenpsychologischen Behandlungsansatzes macht es durchaus Sinn, mit diesem Konzept zu arbeiten. Man wird aber, wenn man die Möglichkeit zur Kombination mit der Pharmakotherapie hat, nicht umhinkommen, eine Güterabwägung vorzunehmen, inwieweit man eine Symptomatik als Widerstand akzeptiert und die Psychotherapie fortsetzt oder pharmakologisch therapiert. Entscheidungshilfe kann die Zuordnung des Symptoms im Rahmen eines Gesamtsyndromes sein. Gerade Einzelsymptome wie akute Suizidalität oder Schlafstörungen machen ein pharmakologisches Eingreifen notwendig.

Je komplexer kognitive, emotionale, interpersonelle, intentionale motivationale und psychovegetative Symptome vermischt sind, desto weniger dürften Monotherapien Erfolg haben.

Ein weiteres Problem stellt die von Person zu Person **unterschiedliche Behandlungsbedürftigkeit im Verlauf** einer Störung dar: Bohus beschreibt dies anhand der Borderline-Störung, bei der z. B. ein Medikament bei akuten suizidalen Krisen im ersten Stadium der Erkrankung sehr effektiv sein kann, sich im vierten Stadium, der chronischen Unzufriedenheit und Unerfülltheit, aber als ineffektiv oder problematisch erweist (Bohus et al. 1999a).

Für den Einsatz einer Pharmakotherapie bei initial begonnener Psychotherapie können im Prinzip folgende Überlegungen leitend sein:

- Die pharmakologische Behandlungsnotwendigkeit tritt im Laufe der Psychotherapie als Komplikation auf; der Einsatz von Psychopharmaka ermöglicht die Fortsetzung der Psychotherapie. Dies gilt im wesentlichen für Schlafstörungen und Suizidalität.
- Eine pharmakologische Behandlung kann für Subsyndrome oder Subsymptome bei überwiegender Psychotherapie sinnvoll sein. Dies gilt für Angststörungen, Zwangsstörungen, somatoforme Störungen, dissoziative Störungen, Eßstörungen, Persönlichkeitsstörungen und sexuelle Deviationen.
- Die Pharmakotherapie stellt ein gleichberechtigtes Behandlungskonzept zur Psychotherapie dar. Ein „Umsteigen" kann beim Mißlingen der Psychotherapie erwogen werden. Dies gilt für Depressionen und Panikstörung.

Ferner spielt die Interaktion zwischen Pharmako- und Psychotherapie eine Rolle, wenn die Psychotherapie zusätzlich zu einer obligaten Pharmakotherapie eingesetzt wird. Dies gilt vor allem für die Behandlung schizophrener Psychosen.

Psychopharmakotherapie spezieller Störungen

Aus diesen Überlegungen ergibt sich folgende Gliederung: Wir wollen zunächst die Schlafstörungen und die Suizidalität behandeln. Dann folgt der große Block der Anpassungsstörungen, Belastungsstörungen, Angststörungen, Zwangsstörungen, Eßstörungen, Persönlichkeitsstörungen und der sexuellen Deviationen. Und zum Schluß beschäftigen wir uns mit Depressionen und schizophrenen Psychosen.

Schlafstörungen

Schlafstörungen kommen bei einem Viertel der Bevölkerung zumindest gelegentlich vor und tragen bei vielen seelischen Störungen wesentlich zur Symptomatik bei. Auch im Verlauf von Psychotherapien können sich Schlafstörungen vorübergehend zu einem Problem entwickeln, das den therapeutischen Erfolg in Frage stellt. Im Vordergrund stehen dabei Auffälligkeiten im Sinne einer Insomnie mit Ein- und/oder Durchschlafstörungen, frühem Erwachen, fehlendem Erquickungsgefühl, Tagesmüdigkeit. Häufig fokussieren Patienten ganz intensiv auf das Thema „Schlaf" und geraten über ihre erlebte Unfähigkeit, den Schlaf aktiv herbeiführen zu können geradezu in Panik, fordern unmittelbare und wirksame Hilfe durch den Therapeuten. Diese Dynamik wird nicht zuletzt durch das Erleben aktiviert, daß eine für das normale Leben unverzichtbare Funktion nicht willentlich kontrolliert werden kann.

Differentialdiagnostisch sollte daran gedacht werden, daß im Verlauf einer Therapie entstehende Schlafstörungen auch Ausdruck einer depressiven Episode sein können, die eine gesonderte Behandlung erfordern.

Der Umgang mit einer zu Anfang bestehenden oder im Verlauf einer Therapie auftretenden Schlafstörung ist nicht einfach. Keinesfalls sollten die Klagen der an diesem Punkt oft drängenden Patienten mit der reflexhaften Verschreibung von Hypnotika beantwortet werden. Andererseits kann aber auch kaum erwartet werden, daß sich die Patienten mit der Perspektive zufrieden geben, die Schlafstörung werde im Verlauf der erfolgreichen Psychotherapie schon von selbst vergehen. Für psychologische Psychotherapeuten bietet sich an, beim Vorliegen von Schlafstörungen einen Psychiater zur Mitbehandlung heranzuziehen. Dieses Vorgehen kann aber auch für ärztliche Psychotherapeuten sinnvoll sein, wenn die Behandlung der Schlafstörungen zu weit vom Thema der Psychotherapie ablenkt.

Folgendes Vorgehen erscheint sinnvoll:

- Klärung, ob eine Behandlungsindikation besteht. Die Grundvoraussetzung ist das Bestehen von Ein- und Durchschlafstörungen, einer verminderten Schlafqualität und/

oder einem mangelnden Erholungswert des Schlafes. Zur Behandlung sollten diese Beschwerden führen, wenn sie a) wenigsten drei Mal pro Woche über einen Monat lang auftreten, b) eine gedankliche Fixierung des Patients auf diese Problematik stattfindet und sie einen wesentlichen Teil seines Denkens einnimmt und c) wenn es infolge der Schlafstörungen zu Erschöpfung und Reizbarkeit sowie zu verminderter Leistungsfähigkeit kommt (Hajak und Riemann 1997). Es ist offensichtlich, daß gerade die unter b) und c) genannten Punkte eine massive Behinderung psychotherapeutischer Bemühungen zur Folge haben können.

● Nach der Diagnosestellung sollte der Patient im Rahmen eines psychoedukativen Gespräches über die Bedeutung der bei ihm auftretenden Schlafstörungen aufgeklärt werden. Dazu gehören Angaben über die Häufigkeit von Schlafstörungen, über die Varianz des normalen Schlafes und über das Fehlen eines körperlichen Risikos von Schlafstörungen. Für Patienten in Psychotherapie scheint es besonders sinnvoll, sie darauf hinzuweisen, daß der Schlaf ganz wesentlich vom seelischen Zustand abhängt und daß Schlafstörungen auch ohne offensichtliche Belastung oder „Gründe" auftreten können.

● Daran schließt sich die Aufklärung über die zur Verfügung stehenden Behandlungsmethoden an. Dies sind pharmakologische Behandlungsverfahren mit
– Benzodiazepinen,
– Benzodiazepin-ähnlichen Hypnotika,
– schlafanstoßenden Antidepressiva
sowie nichtmedikamentöse Behandlungsverfahren.

▶ Benzodiazepinhypnotika

Zur Pharmakologie der Benzodiazepinhypnotika sind viele relevante Bemerkungen zu machen, die jedoch den Rahmen dieses Kapitels sprengen würden. Für Interessierte sei auf die entsprechende weiterführende Literatur verwiesen. Für die klinische Anwendung sind vor allem die unterschiedlichen Wirkungszeiten, die sich aus Halbwertszeit und Wirkdauer der aktiven Metaboliten zusammensetzen von großer Bedeutung. Sehr lang wirkende Präparate können zu unerwünschten Effekten am nächsten Tag und zu Kumulationsphänomenen führen, während sehr kurz wirkende Benzodiazepine Entzugssymptome mit einer ausgeprägten Angstsymptomatik zur Folge haben können. Die zur Behandlung der Schlafstörung relevante Gruppe sind also Benzodiazepine mit einer Halbwertszeit zwischen sechs und zwölf Stunden, die keine aktiven Metaboliten haben. Zu diesen Substanzen gehören Brotizolam, Loprazolam, Lormetazepam, Temazepam und mit Einschränkung Lorazepam. Zur Dosisfindung sollte generell mit der geringsten wirksamen Dosis gearbeitet werden.

Nebenwirkungen: Benzodiazepine sind im allgemeinen gut verträglich und zeigen, abgesehen von der ja häufig erwünschten Sedierung und der Muskelrelaxation, die gerade bei älteren Menschen leicht zu Komplikationen führen kann, kaum für den Betroffenen selbst erkennbare unerwünschte Wirkungen. Das Hauptproblem liegt in dem nicht geringen Abhän-

gigkeitspotential, dessen Risiko vor allem bei höheren Dosierungen nicht zu unterschätzen ist. Die Entzugssymptomatik gleicht der zur ursprünglichen Indikation führenden Symptomatik: Schlafstörungen, Angst und Unruhezustände. Deswegen werden von vielen Patienten auch diskrete derartige Symptome mit einer Dosissteigerung beantwortet, die jedoch im Rahmen der weiteren Toleranzentwicklung zu beträchtlichen Dosierungen führen kann. Deswegen sollten benzodiazepine Hypnotika trotz ihrer guten Wirksamkeit und Verträglichkeit nur in geringer Dosis und jeweils nur für kurze Zeit gegeben werden.

▶ „Non-Benzodiazepinhypnotika"

Eine Alternative stellen die neuerdings verfügbaren „Non-Benzodiazepinhypnotika" Zopiclon und Zolpidem dar. Bei einer von den Benzodiazepinen verschiedenen Struktur greifen diese Substanzen ebenso am $GABA_A$-Rezeptorkomplex an und steigern die GABA-Wirkung. Dadurch kommt es in wesentlich geringerem Maße als bei den Benzodiazepinen zu Veränderungen des Schlafes, insbesondere nicht zu der unter Benzodiazepin und trizyklischen Antidepressiva häufig beobachteten REM-Suppression. Nach Absetzen sollen deutlich weniger Rebound-Phänomene beobachtet werden.

▶ Trizyklische Antidepressiva

Eine weitere wirksame Behandlungsalternative ohne Abhängigkeitsrisiko stellen die sedierend wirkenden trizyklischen Antidepressiva wie Doxepin und Trimipramin dar. Vor allem letztere Substanz bietet den Vorteil, daß sie bei einer deutlichen schlaffördernden Wirkung die Schlafarchitektur so gut wie nicht beeinflußt. Die schlaffördernde Wirkung wird mit geringeren Dosierungen erreicht, als sie zur antidepressiven Behandlung notwendig ist. Hier sind 50 bis 75 mg eine halbe Stunde vor dem Einschlafen meistens ausreichend. Die Nachteile der trizyklischen Antidepressiva liegen in ihren Nebenwirkungen, die in diesem Dosisbereich zwar meistens keine wesentliche Rolle spielen, aber bezüglich der kardialen Nebenwirkungen immer im Auge behalten werden sollten.

Trotz der vielen Hinweise über die Nachteile schlafanstoßender Medikamente sollte man sich im klaren darüber sein, daß sie in bestimmten Situationen durchaus indiziert sind und dann auch in ausreichender Dosierung gegeben werden sollen. Eine halbjährliche Gabe eines trizyklischen Antidepressivums zur Behandlung von ausgeprägten Schlafstörungen stellt keinerlei relevantes Risiko dar, sondern kann gerade für ein psychotherapeutischen Vorgehen wieder stabile Grundlagen verschaffen. Ähnliches gilt für die Gabe von schlafanstoßenden Medikamenten bei Suizidalität.

▶ Psychotherapeutische Alternativen

Bei der Gabe von schlafanstoßenden Medikamenten sollte man bedenken, daß es auch sehr wirksame psychotherapeutische Alternativen zur Behandlung von Schlafstörungen gibt. Sie haben im Kontext einer Psychotherapie den Vorteil, daß sie für die Betroffenen als aktive Alternative erscheinen, während das Abwarten der Wirkung eines Medikamentes nicht selten eine allgemeine Passivität zur Folge hat, die sich auch auf die Psychotherapie auswirken kann. Schlafhygienische Maßnahmen sowie die verhaltenstherapeutische Technik der Stimuluskontrolle kann in Verbindung mit einem Entspannungsverfahren sehr viele Schlafstörungen adäquat reduzieren (Hajak und Riemann 1997).

Suizidalität

Suizidalität spielt im Verlauf vieler psychischer Störungen und ihrer Therapien eine Rolle. Kann Pharmakotherapie einen Beitrag zu ihrer Behandlung leisten?

Völlig losgelöst vom psychotherapeutischen Umfeld soll zunächst auf einige wichtige biologische Befunde im Kontext der Suizidalität hingewiesen werden.

Eine berühmt gewordene Publikation zeigte in einer Postmortem-Untersuchung, daß Suizidopfer eine signifikante Steigerung von Serotoninrezeptoren im Gehirn aufweisen (Korn et al. 1992). Die nachfolgenden Bestätigungen in der Literatur erweiterten diesen Befund zur Annahme, daß niedrige intrazerebrale Serotoninspiegel in einem kausalen Zusammenhang mit erhöhter Aggressivität stehen, gegen die eigene Person oder gegen andere gerichtet. Ein ganz aktueller Befund unterstützt diese Theorie: Polymorphismen des Gens, das den Serotonin$_{2A}$-Rezeptor enkodiert, sind mit Suizidideen im Verlauf depressiver Erkrankungen assoziiert (Dhu et al. 2000). Folgt man diesen Befunden, so könnte man zu der Auffassung gelangen, daß die Umsetzung suizidaler Impulse in eine Suizidhandlung an einen biologischen Zustand gekoppelt ist, der mit einer veränderten serotonergen Transmission einhergeht. Hilfreich wäre vor diesem Kontext, einen „Marker" für einen solchen biologischen Zustand zu identifizieren, der einem eine bessere Einschätzung der „realen" Suizidalität ermöglichte. Die naheliegende Annahme, daß Antidepressiva mit spezifischer Wirkung auf die serotonerge Transmission besonders wirksam bei der Behandlung von Suizidalität wären, konnte bisher wissenschaftlich nicht bestätigt werden. Allerdings bieten sie in der Behandlung von depressiven Störungen mit Suizidalität den Vorteil, daß sie als Suizidmittel selbst nicht taugen, weil eine toxische Dosis mit den im Handel üblichen Darreichungsformen praktisch nicht erreicht werden kann.

Die Verhinderung von Suizidhandlungen setzt ganz allgemein ein integriertes Behandlungskonzept voraus, das den Kriterien einer intensiven Krisenintervention folgt (Wolfersdorff 1997). Die psychopharmakologische Behandlung ist ein Aspekt dieses Interventionskonzeptes, reicht aber als alleinige Behandlungsstrategie nie aus. Ziele einer pharmakologischen Intervention sind vor allem Sedierung und Entspannung, die akute Behandlung von Angstzuständen und Schlafstörungen. Auf die psychopharmakologische Behandlung möglicher Grunderkrankungen soll an dieser Stelle nicht eingegangen werden. Um die oben genannten Behandlungsziele zu erreichen, bieten sich insbesondere Benzodiazepine, aber auch sedierend wirksame Antidepressiva und niederpotente Neuroleptika an.

Hier gelten dieselben grundsätzlichen Überlegungen, die bereits bei der Darstellung der psychopharmakologischen Behandlung von Schlafstörungen diskutiert wurden. In der Behandlung der akuten Suizidalität zeigen sich die deutlichen Vorteile des Einsatzes der Benzodiazepine. Meist kann sehr schnell eine Entschärfung einer akuten Situation erreicht werden. Benzodiazepine stellen nicht selten die wesentliche Hilfe dar, bei akuter Suizidalität einen stationären Aufenthalt in einer Klinik zu vermeiden. Einschränkend sei folgendes hinzugefügt: Die oft für Therapeuten wie Patienten verblüffende Wirkung kann zu einer derartigen Entaktualisierung der Problematik führen, daß die Motivation geschwächt wird, psychotherapeutisch weiterzuarbeiten. Eine langsame Reduktion ist angezeigt, weil nach dem Absetzen die anfängliche Symptomatik gelegentlich wieder stark in den Vordergrund treten kann. Ein anderer Vorteil der Benzodiazepine ist ihre gute Verträglichkeit, die gerade bei Suizidpatienten den Einsatz der verordneten Medikamente als Suizidmittel so gut wie ausschließt. Hier besteht ein deutlicher Gegensatz zu den sedierenden trizyklischen Antidepressiva und den niederpotenten Neuroleptika, die meist durch ihre kardiotoxische Wirkung in höherer Dosis durchaus letal wirken können. Bei der Auswahl des Präparats muß man somit abwägen zwischen Abhängigkeitsrisiko, Nebenwirkungsprofil und dem Risiko, die verordnete Substanz als Instrument zum Suizid zu verwenden. Letzterem sollte bei trizyklischen Antidepressiva durch die Verordnung geringerer Packungsgrößen vorgebeugt werden.

Anpassungsstörungen

Bei diesen meist als Reaktion auf schwer zu verarbeitende Lebensereignisse auftretenden Störungen steht als therapeutische Maßnahme die Krisenintervention im Vordergrund. Ziel des überwiegend psychotherapeutischen Vorgehens ist es, dem Patienten zur Erarbeitung der am besten für ihn geeigneten Bewältigungsstrategie zu verhelfen. Psychopharmakologische Behandlungen sind indiziert, wenn es zur akuten Suizidalität oder zu ausgeprägten Schlafstörungen kommt. Die entsprechende Behandlung wird bei diesen Störungen dargestellt.

Posttraumatische Belastungsstörungen

Die Posttraumatische Belastungsstörung ist von Psychiatrie und Psychotherapie erst relativ spät wahrgenommen worden. Für ein sinnvolles therapeutisches Vorgehen gibt es dementsprechend nur wenig schlüssige Konzepte, die über dies kaum in systematischen Studien abgesichert sind. Dies gilt für Psychotherapie wie für Pharmakotherapie. Als weiterer komplizierender Faktor kommt hinzu, daß bisher nicht klar ist, ob leichte und schwerere Traumafolgen in gleicher Weise zu behandeln sind.

Die meisten pharmakologischen Behandlungsversuche wurden mit Antidepressiva gemacht; dabei liegen die meisten

Erfahrungen mit Amitriptylin und Imipramin vor. Interessanterweise wirken diese Substanzen auf die immer wiederkehrenden und quälenden Erinnerungen, auf Alpträume und *Flash-Backs*, während das Vermeidungsverhalten wenig Wirksamkeit zeigt. Ebenso scheinen MAO-Hemmer und serotonerge Antidepressiva wirksam zu sein.

Auch bei dieser Störung ist eine eingehende Psychoedukation für die Aufrechterhaltung auch pharmakologischer Behandlungen von großer Bedeutung: Die Patienten verstehen die bei ihnen meist in mehrwöchiger Latenz vom traumatisierenden Ereignis sich entwickelnde Störung nur schlecht und neigen zum Fatalismus und zum Therapieabbruch.

- Bedingt durch die Art der Symptome, die an eine schwere körperliche Krankheit denken lassen und eine medizinische Abklärung unverzichtbar machen, ist vielen Betroffenen eine medikamentöse Behandlung gedanklich näher als eine verhaltensmedizinische. Nach dem Ausschluß lebensbedrohlicher Differentialdiagnosen laufen die Patienten Gefahr, sich aus Angst vor Stigmatisierung zurückzuziehen und zwischen die verschiedenen Versorgungssysteme zu fallen, nachdem ihnen vom Internisten mitgeteilt wurde, daß sie „nichts" haben. Ein klares medizinisches Krankheitsmodell, das die Symptomatik erklärt und mit einer Pharmakotherapie ein überschaubares und vertrautes Therapieangebot macht, kann in dieser Situation eine enorme Hilfestellung bedeuten.
- Panikattacken, die wegen ihres unvorhersehbaren Auftretens zunächst oft zum Gefühl einer nicht beherrschbaren Bedrohung führen, erzeugen einen erheblichen Krankheitsdruck, der mit dem starken Verlangen einhergeht, die Symptomatik so schnell und so effektiv wie möglich zu behandeln. Patienten, die bisher noch keine Erfahrungen mit psychotherapeutischen Methoden gemacht haben, bringen kaum die Geduld auf, die Vertrauensbasis für eine psychotherapeutische Behandlung aufzubauen.

Für die medikamentöse Behandlung sind aufgrund empirischer Studien **vier Substanzklassen** wirksam:
- trizyklische Antidepressiva
- MAO-Hemmer
- Serotoninwiederaufnahmehemmer
- Benzodiazepine

▶ Trizyklische Antidepressiva
Die meisten Daten liegen für das Imipramin vor. Viele Studien haben eine hohe Wirksamkeit bei bis zu 90 % der Patienten mit Panikattacken nachgewiesen. Diskrepant sind die Angaben zur Dosierung. Aufgrund klinischer Erfahrung scheinen bereits geringere Dosierungen als bei der Depressionsbehandlung zu wirken. Andererseits sprechen Studienergebnisse dafür, daß die adäquate Dosis im selben Bereich wie bei Depressionen liegt. Ebenfalls auf den klinischen Eindruck geht die Beobachtung zurück, daß Panikpatienten bereits bei wesentlich geringeren Dosierungen Nebenwirkungen zeigen als Depressive. Dies zwingt zu einer langsameren Dosissteigerung,

was gelegentlich mit dem Wunsch nach schneller Symptomfreiheit kollidiert. Dem steht auch der Wirkungseintritt entgegen, der meist eine Latenz von mindestens einer Woche hat. Beides legt bei sehr häufigen Panikattacken eine Kombination der Trizyklika mit Benzodiazepinen nahe (s. u.).

▶ Monoaminoxidasehemmer (MAO-Hemmer)
In den meist in den USA durchgeführten Studien haben die irreversiblen MAO-Hemmer ausgezeichnete therapeutische Wirkungen gezeigt. Unter Phenelzin kommt es bei den meisten Patienten zu einer schnellen Unterdrückung der Angstattacken. Außerdem sind die subjektiven Nebenwirkungen bei dieser Substanzgruppe sehr gering. Nachteil sind die bekannten Vorsichtsmaßnahmen mit weitgehender Vermeidung tyraminhaltiger Nahrung und den bekannten Interaktionen mit anderen Medikamenten, insbesondere den SSRIs (s. nächster Absatz). Leider liegen über den reversiblen MAO-Hemmer Moclobemide wesentlich weniger Daten vor.

▶ Selektive Serotoninwiederaufnahmehemmer (SSRIs)
Analog zur antidepressiven Wirkung haben auch die SSRIs eine Wirkung auf Panikattacken. Dies gilt bisher für Fluoxetin, Fluvoxamin und Paroxetin. Problematisch ist dabei allerdings die v.a. vom Fluoxetin bekannte Neigung zu plötzlich auftretenden Erregungszuständen, die von den Patienten als Häufung von Panikattacken interpretiert werden können.

▶ Benzodiazepine
Das pharmakologische Profil der Benzodiazepine legt eine Wirkung auf Angstzustände nahe. In der Tat können akute Angstzustände meist gut durch die intravenöse Gabe von Benzodiazepinen gelöst werden. Es ist aber wenig sinnvoll, Panikpatienten bei der Aufnahme zunächst mit einer Benzodiazepininjektion zur vermeintlichen Anxiolyse zu traktieren. Die meisten Angstzustände sind zu diesem Zeitpunkt bereits abgeklungen. Möglich ist eine chronisch angstreduzierende Behandlung die das erneute Auftreten von Angstzuständen verhindert. Der wissenschaftliche Nachweis einer antipanischen Wirkung wurde v.a. für das Alprazolam geführt. Die Indikation für diese Substanzgruppe begründet sich vor allem aus den geringen Nebenwirkungen und dem schnelleren Wirkungseintritt. Die Nachteile liegen in der Toleranzentwicklung, die gerade bei den in der Angstbehandlung empfohlenen höheren Dosierungen nicht selten ist.

▶ Kombination von Präparaten
Bei sehr häufigen Panikattacken scheint folgendes Vorgehen praktikabel. Initial Einstellung auf ein Benzodiazepin bei gleichzeitigem Behandlungsbeginn mit einer der anderen Substanzgruppen. Wenn deren Wirkung mutmaßlich eingetreten ist, kann das Benzodiazepin langsam reduziert werden, wodurch das Abhängigkeitsrisiko gering gehalten wird. Eine schnelle Reduktion von Benzodiazepinen verbietet sich wegen der Auslösung von Entzugssymptomen, von Angstzuständen bis zum zerebralen Anfall.

▶ Andere Behandlungsversuche

Außer den genannten Substanzgruppen haben sich bisher keine pharmakologischen Behandlungsprinzipien als wirksam erwiesen. Die vom Wirkungsprofil plausibel erscheinende Gabe von β-Blockern wirkt nur auf den Pulsanstieg, der im Gegensatz zur Wahrnehmung der Patienten meist nicht relevant erhöht ist, nicht jedoch die Angstsymptomatik insgesamt. Außerdem sollte man bei der Gabe von β-Blockern an das Risiko der durch sie auslösbaren Depression denken. Immer wieder ergibt die Exploration von Angstpatienten, daß bei Allgemeinärzten offenbar Depot-Neuroleptika mit der Indikation der Angsterkrankungen beworben werden. Abgesehen davon, daß dazu hinreichende Wirkungsnachweise fehlen, sollten diese Substanzen wegen des Risikos der Spätdyskinesien nur bei den anders nicht zu behandelnden Schizophrenien gegeben werden.

Das Ziel dieser medikamentösen Behandlungsansätze ist die Freiheit von Angstattacken. Wenn sie erreicht wurde, ist verständlicherweise die Neigung gering, jetzt noch ein Verfahren zu erlernen, das ein besseres Management der Angstzustände ermöglicht. Deshalb ist eine Kombinationstherapie, bei der die Psychotherapie auf einer medikamentösen Behandlung der Angstzustände bei Panikattacken aufbaut, oft kaum realisierbar. Anders ist dies bei einer Agoraphobie mit sehr starken Panikattacken, da sich durch eine erfolgreiche Behandlung der Panikattacken die agoraphobische Symptomatik meist nicht bessert. Diese Kombination verlangt aber sehr viel therapeutische Erfahrung, um adäquat mit der Gefahr umzugehen, daß der Patient dann jegliche Erfolgserwartung der medikamentösen Therapie attribuiert und den Einsatz für die Expositionsbehandlung oder die anderen psychotherapeutischen Methoden nicht mehr leisten will.

Eine andere Schwäche der Pharmakotherapie ist die Rückfallneigung nach Absetzen, die aufgrund der Studienlage doch höher als bei den psychotherapeutischen Verfahren eingeschätzt werden muß.

Zwangsstörungen

Auch Zwangserkrankungen stellen für den Psychotherapeuten im allgemeinen eine große Herausforderung dar, die dennoch gerne angenommen wird. Bei vorliegenden interessanten psychodynamischen Behandlungskonzepten und nachgewiesen wirksamen verhaltenstherapeutischen Behandlungsstrategien ist dennoch das Ergebnis häufig mehr als zweifelhaft. Deswegen wurden insbesondere im US-amerikanischen Raum immer wieder Ansätze versucht, auch mit pharmakologischen Behandlungsmethoden an die Behandlung der Zwangssymptomatik heranzugehen. Angewandt wurden hier insbesondere Antidepressiva, die eine ausgeprägte Wirkung auf das serotonerge System haben. Zunächst war dies das ältere Antidepressivum Clomipramin, das einen starken serotonergen Anteil hat. Mit Aufkommen der selektiven Serotoninwiederaufnahmehemmer wurden Studien insbesondere in diesem Bereich gemacht. Es zeigte sich, daß beispielsweise Fluvoxamin durchaus positive Effekte bei Zwangsstörungen haben kann. Diese Störungen sind eines der ganz wenigen Indikationsgebiete in der Psychiatrie, bei denen auch Studien zur Kombination von Psychotherapie und Pharmakotherapie vorliegen. In der Tat stellt sich die Frage, ob bei den verschiedenen Formen der Zwangserkrankung tatsächlich uniform mit Psychotherapie oder Pharmakotherapie behandelt werden soll. Eine Multicenter-Studie zu dieser Thematik (Hohagen et al. 1998) erbrachte ein differenziertes Ergebnis: Beim alleinigen Vorliegen von Zwangshandlungen scheint Verhaltenstherapie die Methode der Wahl zu sein. Treten verstärkt Zwangsgedanken auf, so ist eine Kombination von SSRIs und Verhaltenstherapie indiziert. Die Gabe der SSRIs ist natürlich erst wirklich sinnvoll, wenn eine Depression vorliegt. Diese Studie bestätigt die Beobachtung vieler Kliniker, daß Zwangshandlungen im allgemeinen gut durch Verhaltenstherapie angehbar sind, Zwangsgedanken aber erheblich resistenter gegenüber psychotherapeutischen Verfahren sind.

Somatoforme Störungen

Die somatoforme Störung ist durch eine Vielfalt unterschiedlicher körperlicher Symptome oder auch Schmerzen charakterisiert. Im Verlauf ihrer „Krankheitskarriere" haben Patienten mit dieser Diagnose häufiger den Kontakt mit medikamentösen Behandlungsversuchen gemacht, ohne daß diese erfolgreich waren. Andererseits besteht eine besondere Problematik darin, daß die Attribution der Beschwerden in den somatischen Bereich durch eine Medikamentengabe noch unterstützt wird.

Aus diesen Gründen erscheint eine psychopharmakologische Behandlung nur in Ausnahmefällen indiziert zu sein. Möglich erscheint eine symptomatische Therapie mit Benzodiazepinen, bei denen allerdings die Risiken nicht aus den Augen verloren werden dürfen. Insbesondere während der Absetzphase tritt ja häufig ein Symptommuster auf, das von Patienten mit somatoformen Störungen besonders schlecht toleriert wird. Ähnliches gilt für Nebenwirkungen von Antidepressiva und Neuroleptika.

Eßstörungen

Die Behandlungsverfahren der ersten Wahl bei Eßstörungen sind ohne Zweifel psychotherapeutische Verfahren. Angesichts der ungünstigen Verläufe bei vielen Patientinnen bestand aber von je her ein starkes Interesse an möglichen therapeutischen Alternativen. Mit dem Aufkommen der selektiven Serotoninwiederaufnahmehemmer im letzten Jahrzehnt, stellte sich auch die Frage, ob diese relativ nebenwirkungsarmen Substanzen bei Eßstörungen eine therapeutische Wirkung haben könnten.

Die Studienlage spricht gegen diese Vermutung. Offene und kontrollierte Studien ergaben für die Anorexia nervosa keinen therapeutischen Effekt des in dieser Hinsicht am besten untersuchten SSRI, des Fluoxetin. Etwas anders scheint die Situation bei der Bulimie zu sein. Hier haben Antidepressiva einen gewissen therapeutischen Effekt, der wahrscheinlich über die bei diesem Störungsbild häufiger begleitend vorkommende depressive Symptomatik vermittelt sein könnte.

Persönlichkeitsstörungen, insbesondere Borderline-Persönlichkeitsstörung

Persönlichkeitsstörungen gelten heute in erster Linie als Indikation psychotherapeutischer Bemühungen. Lediglich bei schweren Störungen, wie insbesondere bei der Borderline-Persönlichkeitsstörung, gibt es Berichte über psychopharmakologische Behandlungsmethoden. Dabei sollten weniger das Gesamtsyndrom als die besonders schwer ausgeprägten Symptome aus den affektiven, impulsiven, und psychotischen Bereichen behandelt werden (Hirschfeld 1999). So scheinen eine ganze Reihe von Symptomen bei Borderline-Störung auf niedrig dosierte antipsychotische Medikamente anzusprechen oder aber auf Monoaminoxidase-Hemmer. Carbamazepin und Lithium wirken sich positiv auf Phasen mit Kontrollverlust oder starken Aggressionen aus. Interessanterweise tritt bei der Gabe von Benzodiazepinen, insbesondere des Alprazolam, oft eine Zunahme von Suizidalität auf (Hori 1998).

Auf die unterschiedliche Wertigkeit der verschiedenen Symptome in den unterschiedlichen Krankheitsphasen weist die Freiburger Gruppe hin. Ein vielversprechendes Ergebnis ergab sich aus dem konsequenten Ansatz, biologische Ursachen für bestimmte Einzelsymptome zu finden. Bohus et al. (1999b) untersuchten die Beeinflußbarkeit der psychotherapeutisch schlecht zugänglichen dissoziativen Symptome durch den Opiatantagonisten Naltrexon und fanden eine hochsignifikante Reduktion von Dauer und Intensität der dissoziativen Phänomene durch den Opiatantagonisten. Auf die Problematik, daß die in der individuellen Auseinandersetzung mit pathogenen Einflüssen zeitweise durchaus sinnvolle Entwicklung von Dissoziationen erst dann pharmakologisch eingewirkt werden sollte, wenn dies im Rahmen des gesamten Therapieplans möglich ist, wurde bereits hingewiesen. Dringend sollte darauf geachtet werden, daß nicht behandlungsbedürftige Syndrome zusätzlich zur Persönlichkeitsstörung übersehen werden, zum Beispiel depressive Störungen.

Sexuelle Störungen

Besonders schwierig gestaltet sich die Behandlung von Sexualstraftätern, da hier meist aufgrund der Erwartungshaltung der Öffentlichkeit ein erheblicher Druck auf Therapeuten und Klienten ausgeübt wird. Nicht zuletzt deswegen wird bei dieser Indikation neben psychotherapeutischen Techniken auch mit pharmakologischen Ansätzen gearbeitet. Am längsten bekannt ist dabei der Testosteronantagonist Cyproteronacetat, der die Androgensynthese und ihre Wirkung am Zielorgan hemmt. Die Ergebnislage ist allerdings unterschiedlich, wobei sich global eine geringe Ansprechbarkeit auf sexuelle Reize findet. Neuere Erfahrungen sind kürzlich mit einem LHRH-Agonisten berichtet worden. Daraus ergab sich, daß LHRH-Agonisten in Kombination mit anderen therapeutischen Verfahren offenbar günstigere Ergebnisse als das Cyproteronacetat zeigen.

Depression

Depressionen können im Verlauf von Psychotherapien in vielfältigen Formen auftreten:
- als subsyndromale Störung
- als voll ausgeprägte unipolare Depression
- als wahnhafte Depression
- als Depression im Rahmen einer bipolaren Störung

Psychotherapeuten dürften bei Auftreten einer depressiven Symptomatik im Rahmen der von ihnen durchgeführten Psychotherapie gewöhnlich dazu neigen, die depressive Störung als Folge der Therapie anzusehen. Diese Annahme läßt sich häufig schwer falsifizieren oder bestätigen, da wir die für eine Depression ursächlichen Mechanismen bis heute nicht kennen. Meist dürfte es sich um ein multifaktorielles Geschehen handeln, bei dem natürlich auch die in einer Psychotherapie bearbeitete Problematik eine Rolle spielen kann.

Grundsätzlich ist davon auszugehen, daß mit der Entstehung einer Depression, auch wenn sie im Kontext des therapeutischen Prozesses verstehbar ist, ein eigenständiges und für sich behandlungsbedürftiges Krankheitsbild zu der ursprünglich als behandlungsbedürftig erachteten Störung hinzugekommen ist. Die Prognose depressiver Störungen ist insbesondere im Hinblick auf Rezidive nicht günstig; dabei kann man jedoch davon ausgehen, daß sie bei konsequenter Behandlung verbessert wird.

Zu Behandlung einer Depression stehen bis heute mindestens vier verschiedene Therapieformen zur Verfügung:
- Pharmakotherapie
- störungsspezifische Psychotherapien
- Schlafentzug und Schlafphasenvorverlagerung
- Elektrokrampfbehandlung

An dieser Stelle dürften insbesondere die beiden ersten Behandlungsmethoden von Bedeutung sein. Vor jeder Behandlung sollten eine möglichste kompetente Absicherung der Diagnose, insbesondere eine Abgrenzung gegenüber subsyndromalen Zuständen und eine Psychoedukation stehen.

Subsyndromale Zustände: In den neuen Klassifikationssystemen wird eine Diagnosestellung über eine bestimmte Zahl von Symptomen definiert, die über einen angegebenen Zeitraum nachweisbar sein müssen. Sind nur einzelne Symptome oder aber alle erforderlichen Symptome über einen zu kurzen Zeitraum vorhanden, so kann die Diagnose nicht gestellt werden. Dementsprechend liegt auch keine Behandlungsindikation im engeren Sinn vor. In der Praxis, insbesondere im Verlauf eines längeren psychotherapeutischen Kontaktes, stellt sich die Situation oft anders dar: Mit einem gewissen Recht kann vermutet werden, daß ein subsyndromaler Zustand, bei dem beispielsweise Schlafstörungen und Appetenzverlust, aber keine anderen Symptome vorhanden sind, den Beginn einer Depression markieren. Therapeutisch kann unterschiedlich mit einem solchen Zustand umgegangen werden. War bisher anamnestisch noch keine Depression bekannt, so sollte eher abgewartet und erst bei Erreichen des Vollbildes eines depressiven Syndroms mit einer entsprechenden Behandlung begonnen werden. Sind dagegen aus der Anamnese depressive Episoden bekannt, so kann in der wahrscheinlich korrekten Annahme, es handle sich um ein Rezidiv einer bekannten depressiven Erkrankung auch vor dem Vorhandensein aller Symptome mit einer antidepressiven Behandlung begonnen werden. Unabhängig von solchen Überlegungen können ausgeprägte Schlafstörungen natürlich immer symptomatisch behandelt werden.

▶ Psychoedukation

Das Verständnis für die Bedeutung der Psychoedukation kam mit dem Einsatz der störungsspezifischen Psychotherapien. Psychoedukation schafft die Voraussetzungen für eine kooperative Akzeptanz der Therapie durch den Patienten und trägt dazu bei, daß sich der Patient als aktiver Teilnehmer am therapeutischen Prozeß erlebt. Im Rahmen der Psychoedukation sollten alle wesentlichen Informationen über Art, Schwere und Verlauf der Erkrankung vermittelt werden. Darin sollten auch die verschiedenen therapeutischen Alternativen, ihr Nutzen und ihre Risiken enthalten sein. Damit wird Psychoedukation auch zu einer unverzichtbaren Voraussetzung von pharmakologischen Behandlungsmethoden.

Zum gegenwärtigen Zeitpunkt ist davon auszugehen, daß „unkomplizierte" unipolare, nicht wahnhafte Depressionen grundsätzlich sowohl pharmako- wie psychotherapeutisch behandelt werden können. Als störungsspezifische Psychotherapien kommen im wesentlichen die interpersonale Psychotherapie (IPT) und die Kognitive Verhaltenstherapie der Depression in Frage. Im konkreten Einzelfall kann die Frage der Therapiewahl nur als Ergebnis eines relativ komplexen Entscheidungsprozesses beantwortet werden: In ihn gehen Ausbildung und verfügbare Zeit des Therapeuten ebenso mit ein wie die Wahl des Patienten und das Verhältnis zwischen beiden.

In der besonderen Situation einer während einer psychotherapeutischen Behandlung auftretenden Depression stellt sich die Frage, ob es sinnvoll ist, ein zweites psychotherapeutisches Verfahren einzusetzen, das sich von der ursprünglich begonnene Therapie möglicherweise strukturell deutlich unterscheidet. Meist ist es in diesem Fall unkomplizierter, mit einem medikamentösen Verfahren zu behandeln.

Kann die begonnene Psychotherapie fortgesetzt werden, wenn zwischenzeitlich eine depressive Störung aufgetreten ist? Zur Klärung ist eine grundsätzliche Abwägung der depressiven Symptomatik erforderlich. Ist sie subsyndromal, erreicht sie also die diagnostischen Kriterien nicht, so werden die meisten Psychotherapeuten die Frage bejahen. So ist es durchaus vertretbar, eine depressive Reaktion beispielsweise einer im Rahmen der Therapie anstehenden, aber erschwerten Trauerreaktion anzunehmen. Dagegen sollte beim Vollbild einer Depression die Psychotherapie hinsichtlich der Intensität reduziert beziehungsweise ganz ausgesetzt werden.

In den aktuellen Therapiealgorithmen erfolgt die Therapiewahl praktisch ausschließlich nach Diagnose und Schwere des Störungsbildes (Crismon et al. 1999). Nach diesen Krite-

rien spielt es für die konkrete Behandlung keine wesentliche Rolle, welche Ätiologie beispielsweise einer mittelschweren depressiven Störung zugrunde liegt. Unabhängig von ihrer Kausalität sollte sie medikamentös oder störungsspezifisch therapiert werden. Eine derartige Einstellung verträgt sich schlecht mit den Überlegungen, die ein Psychotherapeut angesichts einer Depression eines von ihm behandelten Patienten anstellen dürfte. Ein Ausweg aus diesem Dilemma ist nicht leicht zu finden. Ich neige zu folgender Empfehlung: Beim Auftreten depressiver Symptome sollte möglichst früh ein standardisiertes Selbsteinstufungsinstrument, wie zum Beispiel die Hamilton-Skala eingesetzt werden, um eine objektive Feststellung des Schweregrades zu ermöglichen. Hält der Zustand über mehr als zwei Wochen an, sollte unabhängig von der Interpretation der Ätiologie der Störung mit einer antidepressiven Therapie begonnen werden. Bei wahnhaften Störungen sollte die Psychotherapie ausgesetzt und später wieder aufgenommen werden, da Beeinträchtigungen von Stimmung, Antrieb und Kognition ein psychotherapeutisches Vorgehen behindern oder unmöglich machen. Das Arbeiten an besonders belastenden Inhalten kann auch zu einer weiteren Verschlechterung der depressiven Symptomatik führen.

In jedem Fall sollte abgewogen werden, welche Störung die schwerere Beeinträchtigung darstellt, jene, deretwegen eine Psychotherapie durchgeführt wird, oder die Depression. So sind Borderline-Störungen oft von deutlichen depressiven Symptomen begleitet, die aber zur Schwere des Gesamtbildes weniger beitragen als die Persönlichkeitsstörung.[1]

Im Vordergrund der therapeutischen Bemühungen können entweder besonders ausgeprägte und quälende Einzelsymptome oder das gesamte depressive Syndrom stehen. Letzteres wird durch alle Behandlungsformen erreicht; Einzelsymptome bedürfen bei besonderer Schwere spezieller therapeutischer Interventionen. So können Schlafstörungen häufig eine spezifische schlafanstoßende Medikation erforderlich machen, da depressionsspezifische Psychotherapien und viele neue Antidepressiva keine fördernde Wirkung auf den Schlaf haben. Suizidalität wird im Verlauf jeder antidepressiven Behandlung positiv beeinflußt; doch machen die Wirklatenzen von Psycho- und Pharmakotherapien und das Phänomen, daß der Antrieb vor der Stimmung gebessert wird, oft eine vorübergehende Behandlung mit Benzodiazepinen nötig.

Antidepressiva stellen die traditionell bewährte Behandlungsweise von Depressionen dar. Aus ihrer Anwendung haben wir im Laufe der Jahre einen großen Erfahrungsschatz gewonnen, aus dem wir viel über den Verlauf und die Probleme der Depressionsbehandlung gelernt haben. Ihr Wirkmechanismus ist letztlich immer noch unklar.

---

1 Umgekehrt sollte man die Diagnose einer Persönlichkeitsstörung während einer manifesten Depression nur zurückhaltend stellen. Während einer Depression können auffällige Persönlichkeitszüge so akzentuiert auftreten, daß man an eine Persönlichkeitsstörung denkt. Nach Abklingen der akuten Störung sind solche Auffälligkeiten oft nicht mehr nachweisbar.

Die bisher entdeckten Mechanismen pharmakologischer Wirkungen von Antidepressiva können dazu beitragen, unerwünschte Wirkungen und Wechselwirkungen zu erklären.

Unerwünschte Wirkungen: Bei der Motivation zur Einnahme von antidepressiv wirksamen Pharmaka spielen die sogenannten unerwünschten Wirkungen eine zentrale Rolle. Sie treten bei allen, auch bei den neuen Antidepressiva auf, wenngleich sie bei letzteren die Patienten weniger einschränken als bei den Trizyklika. Die unerwünschten Wirkungen sind ein starkes Argument dafür, bei allen depressiven Patienten eine gute und ausführliche Psychoedukation zu machen, und nicht nur bei denen, die psychotherapeutisch behandelt werden. Nur wenn man die Bedrohung durch die Krankheit Depression und die demgegenüber vergleichsweise gute Behandelbarkeit genau kennt, wird man bereit sein, Nebenwirkungen der unterschiedlichen Spektren in Kauf zu nehmen.

Wechselwirkungen: Alle Antidepressiva interagieren in unterschiedlich starker Weise mit anderen Psychopharmaka, aber auch und vor allem mit Medikamenten, die aus medizinischen Indikationen gegeben werden, zum Beispiel den Antikoagulantien. Ein Überblick ist im Anhang dargestellt. Beispielhaft sollen hier die Grundlagen der Behandlung mit einigen unterschiedlichen Medikamentengruppen dargestellt werden.

▶ Trizyklika

Die Behandlung depressiver Syndrome mit trizyklischen Antidepressiva ist ein über Jahrzehnte etabliertes Behandlungsprinzip. Das Imipramin ist Referenzsubstanz für viele Zulassungsstudien. Die sedierend wirkenden Trizyklika (Amitriptilin, Doxepin, Trimipramin) können bei abendlicher Gabe schlaffördernd wirken. Diese Wirkungskomponente wirkt sich auch in der Behandlung suizidaler Patienten positiv aus; dabei steht diesem Vorteil als Problem die relativ hohe Toxizität gegenüber, die diese Präparate als Mittel zum Suizid geeignet macht. Die antidepressive Wirkung auch bei schweren Depressionen ist hoch. Ihre Grenzen findet die Verschreibung dieser Substanzgruppe durch die unerwünschten Wirkungen, unter denen sich besonders Mundtrockenheit, Schwitzen, Verstopfung und Herabsetzung der Überleitung im kardialen Reizleitungssystem störend auf eine längerfristige Einnahme auswirken. Diese Thematik rückte stärker ins Zentrum des Interesses, seitdem Verlaufsstudien die Behandlung rezidivierender Depressionen über mehrere Monate bzw. Jahre erforderlich machten.

▶ SSRIs

Als neue Gruppe mit einem ganz anderen Nebenwirkungsprofil stellen die SSRIs eine attraktive Behandlungsalternative in der Depressionsbehandlung dar, deren Siegeszug nur durch relativ hohe Kosten gehemmt wurde. Die Wirkung gleicht in Zulassungsstudien den Trizyklika, das unterschiedliche Nebenwirkungsprofil – gastrointestinale Beschwerden, Erregung – und die sehr geringe Toxizität lassen diese Präparate (u. a. Fluoxetin, Fluvoxamin, Paroxetin) heute als Antidepressiva der 1. Wahl erscheinen. Dennoch sollte man den Patienten ver-

deutlichen, daß auch diese Präparate nicht nebenwirkungsfrei sind. Die anfangs dominierende Appetitminderung kann nach einigen Wochen umschlagen und zum Heißhunger führen.

▶ MAO-Hemmer

Die irreversiblen MAO-Hemmer (Jatrosom) stellen starke und dabei relativ nebenwirkungsarme Antidepressiva dar. Die erforderliche tyraminfreie Diät und die ausgeprägten Interaktionen schränken den Einsatz in der Praxis stark ein. Die Alternative der reversiblen MAO-Hemmer (Moclobemide) ist weniger gefährlich und auch nebenwirkungsärmer.

▶ Andere Pharmaka

Die Entwicklung auf dem Antidepressiva-Markt ist enorm dynamisch und ständig kommen neue Präparate aller Gruppen mit unterschiedlichen Vorteilen hinzu. So zeigt das Cipramil aus der Gruppe der SSRIs relativ geringe Interaktionen mit anderen Pharmaka; Nefazodone ist ein nebenwirkungsarmes Trizyklikum ohne nachteilige Beeinflussung der Schlafarchitektur. Die besonders in Deutschland enorm erfolgreichen Johanniskrautpräparate profitieren vom Image der „natürlichen" Medikamente; werden sie in der, für antidepressive Effekte erforderlich hohen Dosierung gegeben, zeigen aber auch sie unerwünschte Neben- und Wechselwirkungen. So scheinen sie stark mit anderen Pharmaka zu interagieren und zu, angesichts der subjektiven Einschätzung („Natürlich ist gleich harmlos"), dramatischen Veränderungen der Blutspiegel beispielsweise von Blutgerinnungsmitteln führen zu können (s.a. Benkert und Hippius 2000). Damit scheiden die Präparate für die Behandlung älterer und häufig multimorbider Menschen häufig aus. Man muß sich schon fragen, wo angesichts dieser unerwünschten Wirkungen, abgesehen vom Marketingeffekt, dennoch Vorteile gegenüber den anderen Präparaten bestehen.

Schizophrenie

In der Behandlung schizophrener Störungen spielt Psychotherapie während der postakuten Behandlungsphase und bei der Resozialisierung eine zentrale Rolle (Tarier et al. 1990). Alle kontrollierten Studien stimmen darin überein, daß psychotherapeutische Verfahren ihre eigentliche Wirkung nur auf der Grundlage medikamentöser Behandlung entfalten können. Dazu paßt auch, daß bei rezidivierenden Verläufen der medikamentösen Dauerbehandlung die besten Erfolgsaussichten zukommen (Kissling 1994).

Medikamentöse antipsychotische Behandlung hat jedoch mit Problemen zu kämpfen, die ihren breiten prophylaktischen Einsatz immer noch behindern, auch wenn neuere Präparate einige dieser Probleme in den letzten Jahren weitgehend beseitigt zu haben scheinen. Deswegen sollte diese Problematik auch den Psychotherapeuten vertraut sein, die im Rahmen der Reintegration schizophrener Patienten psychotherapeutisch mit ihnen arbeiten.

Zum Verständnis dieser Situation sind einige Bemerkungen zur psychiatrischen Theorie schizophrener Störungen wahrscheinlich unverzichtbar. In der vormedikamentösen Ära gab es keine auch nur halbwegs erfolgreichen Behandlungsverfahren und schwere chronische Verläufe mit Dauerhospitalisierung waren in wenigstens einem Drittel der Fälle die Regel. Diese Situation wandelte sich grundlegend mit dem Aufkommen des ersten Neuroleptikums, Chlorpromazin, in den 50er Jahren. Die Enthospitalisierung schizophrener Patienten wurde möglich. In der ersten Phase der Neuroleptikatherapie erschien vor allem die sogenannte „Positivsymptomatik" mit Wahn, Halluzinationen, formalen Denkstörungen, Ich-Störungen als wesentliches Behandlungsziel. Man glaubte, daß nur die vollständige Beseitigung dieser Symptome eine Chronifizierung der Erkrankung verhindern könne. Den therapeutischen Wirkungen standen aber Nachteile gegenüber, die die klinische Anwendung sehr behinderten. Fast alle Neuroleptika zeigten vor allem in den Phasen der Dosissteigerung oder -reduktion erhebliche, der extrapyramidalen Motorik zuzuordnende Nebenwirkungen, die zu erheblicher subjektiver Beeinträchtigung führen, oft übersehen und fälschlicherweise als Teil der psychotischen Symptomatik interpretiert werden (Dose 2000). Außerdem tragen sie wesentlich zu einem Fortbestehen der Stigmatisierung dieser Erkrankung bei. Eine gefürchtete, immerhin in über 10 % auftretende Komplikation ist die mit schwersten choreatiformen oder athetoiden Bewegungsstörungen einhergehende sogenannte Spätdyskinesie. Dazu kam die Vermutung, daß die neuroleptische Akutbehandlung zu einem pharmakogenen Erschöpfungssyndrom mit depressiven Symptomen führt. Beides wirkte sich verständlicherweise auf die Compliance der meist nur sehr gering krankheitseinsichtigen Patienten katastrophal aus.

Die Entdeckung einer antipsychotischen Substanz ohne solche Nebenwirkungen, des Clozapins, kam daher fast einer Revolution gleich. Die Begeisterung darüber schlug jedoch jäh um, als bekannt wurde, daß diese Substanz mit einem deutlich erhöhten Agranulozytoserisiko behaftet ist; dies führte dazu, daß das Präparat vom Markt genommen und später nur mit erheblichsten Kautelen als Neuroleptikum der dritten Wahl wieder zugelassen wurde.

In der Zwischenzeit war vor allem durch epidemiologische Untersuchungen die wahre Natur des vermeintlich pharmakogenen Erschöpfungssyndroms als Grundsymptomatik der Störung entwickelt worden, die der Positivsymptomatik vorangeht. Man suchte nach Präparaten, diese sogenannte „Negativsymptomatik" spezifisch zu beeinflussen. Auf diesem Weg wurden Neuroleptika entdeckt, die, ähnlich wie das Clozapin, ein ganz anderes Nebenwirkungsspektrum aufwiesen und als „atypische" Neuroleptika bezeichnet wurden. Als wesentlicher Vorteil wird propagiert, daß diese Substanzen durch ihre bessere Verträglichkeit wesentlich akzeptabler für eine Dauerbehandlung seien. Dabei sind die Atypika meist gar nicht so verschieden von den typischen Neuroleptika oder vom Clozapin, zeigen lediglich eine größere therapeutische Breite, da Zielwirkung und unerwünschte extrapyramidale Wirkungen in unterschiedlichen Dosisbereichen auftreten. Bisher sind auch keine Hinweise für ein erhöhtes Agranulozytoserisiko aufgetreten.

Der Stellenwert der neuen Substanzen läßt sich im Vergleich zu den typischen Neuroleptika und zum Clozapin nur mit Schwierigkeiten angemessen beurteilen; er ist nur mit Hilfe von Metaanalysen einzuschätzen. Bisher läßt sich folgendes festhalten, auch wenn die enorme pharmakologische Entwicklung auf diesem Gebiet entsprechende Reihungen sehr schnell Makulatur werden läßt (Remington und Kapur 2000): Legt man die Kriterien Extrapyramidalsymptomatik, Prolaktinanstieg, Wirksamkeit bei Positivsymptomen, Wirksamkeit bei Therapieresistenz, Wirksamkeit bei Negativsymptomen zugrunde, so kommt man zu folgendem Ergebnis:

- Alle neuen Substanzen sind den typischen Neuroleptika bezüglich EPS und – bis auf Risperidon und Amisulpirid – auch bezüglich der Prolaktinerhöhung überlegen.
- Clozapin ist am besten bei Therapieresistenz, neuere Daten deuten auf eine ähnliche Wirksamkeit von Risperidon hin.
- Nicht geklärt ist bisher, ob eine der neueren Substanzen bei Positivsymptomatik wirksamer ist als die typischen Neuroleptika.
- Clozapin und Olanzapin sind wirksamer bei Negativsymptomen.
- Der präzise Wirkmechanismus der Atypika ist noch unbekannt.

„Atypisch" wird somit am besten als multidimensionales Konzept verstanden, in dem die verschiedenen Merkmale eher in einem Kontinuum angeordnet sind als verschiedenen Kategorien entsprechen. Die „neuen" Antipsychotika sind pharmakologisch unterschiedlich; am besten können durch die Pharmakologie die zu erwartenden Nebenwirkungen erklärt werden.

- Vergleichende Daten fehlen weitgehend; deswegen ist schwer abzuschätzen, ob eine neue Substanz wirken wird, wenn eine andere versagt hat. Clozapin scheint immer noch die wirksamste Substanz bezüglich Positiv- und Negativsymptomatik zu sein.

Anhang

Im folgenden (vgl. Tab. 6-1a–6-1j) werden in tabellarischer Form die wichtigsten Informationen über die im obigen Artikel genannten Substanzgruppen gegeben. Ihre Auswahl ist gegenüber den in der Psychiatrie gebräuchlichen Substanzen stark reduziert. Dies begründet sich aus der Überlegung, daß der mit einem primär psychotherapeutischen Fokus arbeitende Therapeut eher mit einigen wenigen, gut handzuhabenden Pharmaka arbeiten dürfte, als daß er an der gesamten heute, verfügbaren Vielfalt von Substanzen interessiert sein dürfte.

Die Beschreibung erfolgt entsprechend dem gegebenen Rahmen stark reduziert und kann eine ausführliche Darstellung der Psychopharmakologie (z. B. Benkert und Hippius 2000) nicht ersetzen. Die Kenntnis der hier angegebenen Wirkungen, Nebenwirkungen und Interaktionen stellt aus Sicht des Autors **das absolute Minimum** vor einer Behandlung mit den aufgeführten psychotropen Substanzen dar.

Tab. 6-1a Trizyklische Antidepressiva: Amitryptilin, Imipramin, Trimipramin, Doxepin.

Indikationen	Typische Depression, sekundäre Depressionen, Schlafstörungen.
Pharmakologie	Der exakte Wirkungsmechanismus ist unbekannt. Traditionell geht man von einer Beeinflussung der Aufnahme verschiedener Neurotransmitter aus dem synaptischen Spalt aus. Neuere Theorien postulieren eine Verstärkung neurotropher Wachstumsfaktoren, möglicherweise auch eine Neuroneogenese.
Dosierung	Initial mit geringen Dosen beginnen, z. B. 25 mg am Abend, alle drei bis fünf Tage Dosissteigerung. Bei der antidepressiven Behandlung soll die Maximaldosis (300 mg) angestrebt werden, die aufgrund der Nebenwirkungen noch toleriert wird. Bei der Behandlung von Schlafstörungen reicht im allgemeinen eine Dosis von 75 bis 100 mg aus.
Wirkbeginn und Wirkdauer	Bei allen Antidepressiva muß bezüglich des therapeutischen Effektes von einer Wirklatenz von fünf Tagen bis zu zwei Wochen ausgegangen werden. Am Einsetzen der unerwünschten Wirkungen läßt sich erkennen, daß der rein pharmakologische Wirkungseintritt wesentlich schneller erfolgt. Trizyklika wirken lange. Sie können in einer einzelnen täglichen Dosis gegeben werden. Ein therapeutischer Effekt wird bei antidepressiver Behandlung nach frühestens 5 Tagen gesehen, die schlafanstoßende Wirkung tritt sofort auf.
Unerwünschte Effekte	Anticholinerge Effekte wie trockene Schleimhäute, Sehverschlechterung, Verstopfung, beeinträchtigte Miktion, starkes Schwitzen, Desorientierung; Verlangsamung der Überleitung im kardialen Reizleitungssystem; Heißhunger auf Süßigkeiten mit Gewichtszunahme.
Absetzphänomene	Abruptes Absetzen verursacht gelegentlich Schwitzen, Fieber, Angst, Krankheitsgefühl, Übelkeit oder Dyskinesien.
Vorsichtsmaßnahmen	Zurückhaltend dosieren bei Patienten mit Prostatahypertrophie oder Harnverhalt sowie Engwinkelglaukom. Die sedierenden Trizyklika reduzieren die Reaktionsfähigkeit insbesondere im Straßenverkehr und potenzieren die Effekte von Alkohol.
Toxizität	Trizyklika haben ein kleines therapeutisches Fenster. Das Zwei- bis Dreifache der therapeutischen Maximaldosis kann tödlich wirken. Überdosierungseffekte entsprechen der anticholinergen Wirkung mit erregenden Effekten auf das ZNS, Halluzinationen, Anfälle, Somnolenz.
Gabe in und nach der Schwangerschaft	Teratogene Effekte sind von Trizyklika nicht bekannt. Sie sollten trotzdem im 1. Trimester vermieden werden. Die Ausscheidung in der Muttermilch ist niedrig (1 %).
Wechselwirkungen	Wichtige Wechselwirkungen bestehen mit Alkohol im Sinne einer Wirkungssteigerung. Bei chronischem Gebrauch kommt es zu einer verstärkten Metabolisation mit einer Reduktion der Plasmaspiegel. Die antiarrhythmische Wirkung kann sich bei Kombination verschiedener Trizyklika massiv verstärken. Der Plasmaspiegel von Carbamazepin kann gesteigert sein. Die Prothrombinzeit nimmt zu. MAO-Hemmer und Trizyklika sollten nach Möglichkeit nicht kombiniert werden. Die Kombination mit SSRIs ist möglich. Man muß aber davon ausgehen, daß dann die Plasmaspiegel der Trizyklika erhöht sind. Durch die zusätzliche Gabe von Lithium kann der antidepressive Effekt gesteigert werden.

Tab. 6-1b Selektive Serotoninwiederaufnahmehemmer (SSRI): Fluoxetin, Fluvoxamin, Paroxetin.

Indikationen	Typische Depression, sekundäre Depressionen bei anderen seelischen Erkrankungen, Zwangserkrankungen (Fluvoxamin), Panikerkrankung (Paroxetin, Sertralin), Bulimie.
Pharmakologie	Hemmung der Serotoninaufnahme, geringere Effekte auf andere Neurotransmittersysteme wie Dopamin und Norepinephrin.
Dosierung	Präparateabhängig, meist genügt eine Einzeldosis. Sie sollten wegen der antriebssteigernden Wirkung eher morgens gegeben werden. Lediglich Fluvoxamin wirkt auch sedierend und kann abends gegeben werden.
Wirkbeginn und Wirkdauer	Bei allen Antidepressiva muß bezüglich des therapeutischen Effektes von einer Wirklatenz von fünf Tagen bis zu zwei Wochen ausgegangen werden. Am Einsetzen der unerwünschten Wirkungen läßt sich erkennen, daß der rein pharmakologische Wirkungseintritt wesentlich schneller erfolgt.

Tab. 6-1b (Fortsetzung)

Wirkbeginn und Wirkdauer	Es bestehen starke Unterschiede der Halbwertszeit. SSRIs wirken über lange Zeit. Therapeutische Effekte treten nach ein bis drei Wochen auf. Bei manchen Patienten kommt es nach längerer Behandlung zu einer Toleranzentwicklung.
Unerwünschte Effekte	Übelkeit, selten mit Erbrechen, Durchfall; Gewichtsreduktion, in Einzelfällen Gewichtszunahme nach längerer Einnahme. Kopfschmerzen nach längerer Einnahme; Kopfschmerzenverschlechterung bei Migräne, seltener Krampfanfälle bzw. Senkung der Krampfschwelle. In der Anfangsphase der Behandlung kann es zu Unruhezuständen und Schlafstörungen kommen; verstärkte Traumaktivität. Auslösung einer manischen Phase, wenn nicht gleichzeitig eine prophylaktische Medikation gegeben wird (dies gilt für alle Antidepressiva). Leichter Tremor; Akathisie (Fluoxetin); Dyskinesien, vor allem bei älteren Patienten; Tinnitus; Verschlimmerung extrapyramidaler Effekte bei Kombination mit Neuroleptika; Abnahme der Libido; Impotenz; Ejakulationsstörungen; Anorgasmie.
Absetzphänomene	Ein abruptes Absetzen ist zu vermeiden, sonst können Schwindel, Lethargie, Übelkeit, Kopfschmerzen, Schwitzen, Krankheitsgefühl, Schlaflosigkeit auftreten.
Toxizität	Geringe Toxizität.
Gabe in der Schwangerschaft	Bisher sind keine teratogenen Effekte bekannt, dennoch sollte die Gabe von SSRIs im ersten Trimester vermieden werden. Paroxetin und Fluoxetin werden in der Muttermilch in therapeutischen Konzentrationen freigesetzt.
Wechselwirkungen	Es gibt viele Wechselwirkungen durch Beeinflussung des Cytochrom-450-Systems. Insbesondere wird der Metabolismus von Barbituraten, Carbamazepin eingeschränkt, wodurch es zu einer Verstärkung der Wirkung kommt. Bei der Kombination mit Antikoagulanzien wird deren Plasmaspiegel deutlich gesteigert, was eine vermehrte Blutungsneigung zur Folge hat. Fluvoxamin steigert die Spiegel von Koffein und alle SSRIs potenzieren die ZNS-Effekte von Alkohol. Unter Paroxetin kommt es zu einer Reduktion der Digoxinspiegel, der Serumspiegel von Neuroleptika wird gesteigert. **Die Kombination mit MAO-Hemmern muß grundsätzlich vermieden werden.** Die entsprechenden Wartezeiten beim Übergang zwischen beiden Präparategruppen müssen beachtet werden!

Tab. 6-1c MAO-Hemmer (reversibel): Moclobemid.

Indikationen	Typische Depressionen, sekundäre Depressionen, Panikstörungen.
Pharmakologie	Hemmung der Monoaminoxidase (reversibel).
Dosierung	Tagesdosis 300 bis 600 mg.
Wirkbeginn und Wirkdauer	Schnell, kurze Wirkdauer; nach Absetzen schnelles Abklingen der Wirkung innerhalb von einem Tag.
Unerwünschte Effekte	Wenige, seltener leichte Übelkeit. Die Nebenwirkungen der irreversiblen MAO-Hemmer entfallen, deswegen ist auch keine tyraminarme Diät notwendig.
Vorsichtsmaßnahmen	Keine Kontraindikation bei Glaukom oder Prostatahypertrophie. Ein Wechsel auf einen SSRI ist nach zwei Tagen möglich. Beim Wechsel in umgekehrter Richtung ist eine medikamentenfreie Zeit von mindestens zwei Wochen einzuhalten (bei Fluoxethin 5 Wochen).
Toxizität	Gering.
Wechselwirkungen	Tödliche Wechselwirkungen sind möglich bei gleichzeitiger Gabe bestimmter SSRIs und Clomepramin.

Tab. 6-1d Naltrexon.

Indikationen	Im psychotherapeutischen Kontext spielt insbesondere die hemmende Wirkung auf dissoziative Prozesse eine Rolle. Das Medikament ist in dieser Indikation aber nicht zugelassen, d.h. die Gabe muß nach den Kriterien eines Heilversuches erfolgen.
Pharmakologie	Kompetitiver µ-Opioid-Rezeptor-Antagonist; Halbwertzeit bei vier Stunden, allerdings aktive Metaboliten mit längerer Halbwertzeit.
Dosierung	25–200 mg/Tag, langsam steigern!
Wirkbeginn und Wirkdauer	Rascher Wirkbeginn.
Unerwünschte Effekte	Unerwünschte Effekte sind selten; Kopfschmerzen, Müdigkeit, Antriebsschwäche, Nervosität, Angstzustände, Schlafstörungen.
Vorsichtsmaßnahmen	Überempfindlichkeit – noch nicht erfolgte Opiatentgiftung – gleichzeitige Behandlung mit Opiatanalgetika sollte nicht erfolgen. Wenn unter Naltrexongaben hohe Dosen von Opiaten eingenommen werden, kann ein lebensgefährlicher Atemstillstand induziert werden, wenn die opiat-antagonistische Wirkung von Naltrexon durchbrochen wird. Dies gilt auch für die Einnahme geringerer Opiatdosen nach Absetzen von Naltrexon.
Wechselwirkungen	Durch spezifische Interaktion kommt es zu einer verminderten Wirkung von opiathaltigen Medikamenten.

Tab. 6-1e Typische Neuroleptika[1]: Haloperidol, Laevomepromazin.

Indikationen	Akute und chronische Psychosen; mittel- und niederpotente Neuroleptika können im Verlauf der Borderline-Störung gegeben werden.
Pharmakologie	Es werden verschiedene Neurotransmittersysteme beeinflußt, wobei die wichtigsten klinischen Wirkungen auf eine $Dopamin_2$-Rezeptorblockade zurückgeführt werden. Das hochpotente Haloperidol wirkt nicht sedierend, hat aber meist starke extrapyramidal-motorische Nebenwirkungen, während sich das niederpotente Laevomepromazin gegensinnig verhält.
Dosierung	Haloperidol 2–10 mg/Tag Laevomepromazin 25–100 mg/Tag
Wirkbeginn	Das Maximum einer oralen Dosis wird in den ersten drei Stunden erreicht. Für eine intramuskuläre und intravenöse Gabe siehe Spezialliteratur.
Wirkdauer	Meist ist eine einmalige Gabe am Tag ausreichend.
Unerwünschte Effekte	Die unerwünschten Effekte bestehen in erster Linie in den extrapyramidalen Nebenwirkungen durch eine Bindung an die $Dopamin_2$-Rezeptoren: Parkinsonoid, Frühdyskinesien, Akathisie. Als besonderes Risiko besteht bei den typischen Neuroleptika die Gefahr einer sogenannten „Spätdyskinesie". Hypotension; Gewichtszunahme, Geschmacksstörungen, reduzierte Libido, Prolaktinsteigerung.
Absetzphänomene	Eine detaillierte Aufstellung der neuroleptischen Nebenwirkungen sollte speziellen Publikationen entnommen werden.
Vorsichtsmaßnahmen	Bei Gabe von hochpotenten Neuroleptika sollte wegen der Gefahr von Frühdyskinesien die Möglichkeit bestehen, eine Ampulle Biperiden intravenös zu injizieren (Antriebssteigerung!); auf die Gefahr von Spätdyskinesien sollte hingewiesen werden!
Gabe in der Schwangerschaft	Obwohl teratogene Wirkungen nicht sicher nachgewiesen wurden, sollten Neuroleptika im ersten Trimenon vermieden werden.
Wechselwirkungen	Siehe Spezialliteratur, da zahlreiche Wechselwirkungen beschrieben sind.

[1] Man unterscheidet „typische" und „atypische" Neuroleptika. Zwischen beiden Gruppen bestehen möglicherweise keine grundsätzlichen Unterschiede, lediglich der Abstand zwischen therapeutisch erwünschten und unerwünschten Wirkungen bei den atypischen Neuroleptika scheint größer zu sein. Bei Vorherrschen positiver Symptome sollten eher typische Neuroleptika gegeben werden, während Psychosen mit vorherrschenden Negativsymptomen der eigentliche Indikationsbereich der atypischen Neuroleptika sind.

Tab. 6-1f Atypische Neuroleptika: Clozapin, Olanzapin, Amisulpirid, Risperdal.

Indikationen	Akute und chronische Psychosen; mittel- und niederpotente Neuroleptika können im Verlauf der Borderline-Störung gegeben werden.
Pharmakologie	Atypische Neuroleptika zeigen wenige oder gar keine extrapyramidal-motorischen Nebenwirkungen. Für die zahlreichen anderen Nebenwirkungen siehe Spezialliteratur.
Unerwünschte Effekte	Die meisten atypischen Neuroleptika haben anticholinerge Nebenwirkungen. Bei Olanzapin und Clozapin können Schlafstörungen mit Alpträumen auftreten. Die Krampfschwelle wird erniedrigt, extrapyramidale Nebenwirkungen sind bei neuen Neuroleptika geringer, mit Ausnahme der Akatisie. Clozapin hat das geringste Risiko für extrapyramidal-motorische Nebenwirkungen. Im kardialen Bereich kann es zu Hypotension kommen. Alle Neuroleptika, vor allem die atypischen, gehen mit einer Gewichtszunahme einher. Bei Clozapin ist eine schwere Verstopfung nicht selten. Die Libido ist vermindert. Prolaktin ist bei den meisten Neuroleptika erhöht, am geringsten bei Clozapin.
Absetzphänomene	Abruptes Absetzen kann zu Gastritis, Übelkeit und Erbrechen führen, zu Schwitzen, Tachykardie und Schlafstörungen, wobei die Symptome zwei bis drei Tage nach abruptem Absetzen auftreten und für bis zu zwei Wochen anhalten können.
	Bei abruptem Absetzen von Clozapin kann es zur Erregung und Aggression kommen.
Vorsichtsmaßnahmen	Wegen des erhöhten Risikos für Agranulozytosen (1–2%) ist die Gabe von Clozapin nur unter Beachtung besonderer Vorsichtsmaßnahmen erlaubt:
	Clozapin sollte erst dann gegeben werden, wenn mindestens zwei andere Neuroleptika wegen fehlender Wirkung oder nicht erträglichen Nebenwirkungen abgesetzt werden mußten.
	Vor Beginn der Behandlung muß ein normales Differentialblutbild mit einer Leukozytenzahl von >3500/μl vorliegen.
	In den ersten 18 Wochen müssen wöchentliche Kontrollen des Blutbilds erfolgen, danach mindestens alle vier Wochen. Auch nach dem Absetzen muß über vier Wochen weiter kontrolliert werden. Wenn nach einem vorübergehenden Absetzen erneut mit der Behandlung mit Clozapin begonnen wird, müssen wieder wöchentliche Kontrollen wie zu Beginn der Behandlung durchgeführt werden.
	Die Behandlung mit Clozapin muß abgebrochen werden, wenn die Leukozytenzahl unter 3000/μl sinkt.
	Zu Beginn der Behandlung sollte eine Testdosis von 12,5 mg/Tag gegeben werden, danach kann um 25 mg/Tag gesteigert werden.

Tab. 6-1g Benzodiazepine.

Indikationen	Akute Angst- und Anspannungszustände, Schlafstörungen.
Pharmakologie	Die Pharmakogenetik unterliegt erheblichen Unterschieden sowohl auf der individuellen Ebene wie auch zwischen den verschiedenen Pharmaka.
Dosierung	Die Dosierung muß individuell vorgenommen werden.
Wirkbeginn	Sehr schnell.
Wirkdauer	Je nach Präparat sehr unterschiedlich.
Unerwünschte Effekte	Nur wenige: Sedierung, Müdigkeit, herabgesetzte Konzentration, Gedächtnisstörungen. Seltener kommt es zur paradoxen Erregung mit Schlaflosigkeit, Alpträumen und aggressivem Verhalten. Letzteres vor allen Dingen bei einer Vorgeschichte entsprechender Verhaltensweisen.
Absetzphänomene	Bei längerer Gabe von Benzodiazepinen, insbesondere in höherer Dosierung, kann es zu massiven Entzugssymptomen mit Schlafstörungen, Erregung, Angst bis hin zum Delir kommen.
Toxizität	Die Toxizität ist gering.
Gabe in der Schwangerschaft	Benzodiazepine können gut in der Schwangerschaft eingesetzt werden, wobei auch hier das ersten Trimester nach Möglichkeit zu meiden ist. Sie werden in der Muttermilch ausgeschieden und rufen relevante Effekte beim Neugeborenen hervor.
Wechselwirkungen	Zahlreiche Wechselwirkungen.

Tab. 6-1h Lithiumsalze[1].

Indikationen	Akutbehandlung manischer Syndrome; Phasenprophylaxe bei bipolarer affektiver Störung, schizoaffektiver Störung, unipolarer Depression.
	Eine Lithiumaugmentation kann bei therapieresistenten Depressionen versucht werden.
Pharmakologie	Stabilisierende Wirkung auf bestimmte Faktoren der Signaltransduktion.
	Enterale Resorption, keine Metabolisierung, ausschließlich renale Ausscheidung.
Dosierung	0,6–0,8 mmol/l (Rezidivprophylaxe 1,0–1,2 mmol/l, antimanisch).
	Der Behandlungsbeginn sollte unter stationären Bedingungen erfolgen mit Kontrollen der Lithiumkonzentration im Abstand von zwei bis drei Tagen.
Wirkbeginn und Wirkdauer	Die antimanische Wirkung soll nach ca. einer Woche einsetzen, die phasenprophylaktische Wirkung ist sehr schwer einzuschätzen, es sollten aber mindestens zwei Phasenlängen abgewartet werden, bis eine Äußerung über die Wirksamkeit gemacht wird. Wenn eine befriedigend phasenprophylaktische Wirkung eingetreten ist, sollte das Präparat über Jahre bis Jahrzehnte weitergegeben werden. Nach dem Absetzen kann es auch nach Jahrzehnten noch zum Wiederauftreten von Phasen kommen.
Unerwünschte Effekte	Die meisten unerwünschten Effekte treten zu Beginn einer Behandlung auf und lassen dann nach: feinschlägiger Tremor, Konzentrationsstörungen und mnestische Defizite, Müdigkeit, Muskelschwäche; Polyurie, Polydipsie, Gewichtszunahme, Durchfall, Übelkeit, Appetitverlust; Struma, TSH-Anstieg; Beeinflussung des Kohlenhydratstoffwechsels; Repolarisationsveränderungen im EKG; Leukozytose.
Absetzphänomene	Das Absetzen sollte sehr langsam und unter ständigem Kontakt mit dem behandelnden Arzt erfolgen. Bei plötzlichem Absetzen kann es zur „Absetzmanie" kommen.
Toxizität	Lithiumintoxikationen können bei allen Zuständen des relativen Wasserverlustes auftreten. Symptome sind Übelkeit, Erbrechen und Durchfall, grobschlägiger Tremor, psychomotorische Verlangsamungen, Minderung der Vigilanz, Ataxie, Rigorhyporeflexie, Faszikulationen, Krampfanfälle, Koma, Herz-Kreislauf-Stillstand.
Gabe in der Schwangerschaft	Lithium wird in der experimentiellen Embryologie als teratogenes Medikament eingesetzt. Deswegen galt eine Gravidität unter Lithium früher als Grund für einen Schwangerschaftsabbruch. In der Zwischenzeit hat man relativ viele Erfahrungen mit unter Lithium ausgetragenen Graviditäten gesammelt, wobei sich zeigte, daß das reale Risiko offenbar relativ gering ist. Es besteht lediglich eine erhöhte Inzidenz für Herz-Kreislauf-Mißbildungen.
Wechselwirkungen	Unter der gleichzeitigen Gabe von Carbamazepin, MAO-Hemmern, Phenetoin, SSRIs und Trizyklika kann es zur Verstärkung der jeweiligen Nebenwirkungen kommen. ACE-Hemmer erhöhen die Lithium-Serumspiegel, was auch durch verschiedene Antibiotika verursacht werden kann. Die Wirkung von Herzglykosiden kann verstärkt sein. Alle Diuretika bringen ein Intoxikationsrisiko mit sich. Bei fraglicher Interaktion sollten auf jeden Fall häufige Lithiumspiegel-Kontrollen gemacht werden.

[1] Lithium wird in verschiedenen Darreichungsformen angeboten: Lithiumazetat, Lithiumaspartat, Lithiumkarbonat und Lithiumsulfat.

Tab. 6-1i Carbamazepin.

Indikationen	Phasenprophylaxe bipolarer affektiver Störungen, wenn Lithium nicht wirksam ist.
	Behandlung zerebraler Krampfanfälle bei Entzugssymptomatik; deswegen wird Carbamazepin auch beim Benzodiazepin-Entzug eingesetzt (keine Zulassung in dieser Indikation! Heilversuch!).
Pharmakologie	Antikonversivum; langsame Resorption: Halbwertzeit 35 Stunden, die sich bei längerer Therapie durch Enzymreduktion verkürzt.
Dosierung	Einschleichend mit 200–400 mg; Dosissteigerung um 200 mg bis 800 mg bzw. bis 1000 mg. Plasmaspiegel 4–12 mg.
Wirkbeginn und Wirkdauer	Schneller Wirkungseintritt.

Tab. 6-1i (Fortsetzung)

Unerwünschte Effekte	Müdigkeit, Schwindel, Ataxie, Sehstörungen, Doppelbilder; Übelkeit und Erbrechen, Anstieg der Gamma-GT, allergische Hautveränderungen (selten, aber Grund für ein sofortiges Absetzen); exfoliative Dermatitis u. ä. Reversible Senkungen der Leukozyten; deswegen sollte die Kombination mit Clozapin äußert vorsichtig erfolgen.
Absetzphänomene	Carbamazepin muß langsam reduziert werden, da es sonst zu zerebralen Anfällen kommen kann.
Toxizität	Carbamazepin wird über die Leber abgebaut und induziert seinen eigenen Abbau; deswegen sollten anfangs in zweiwöchigem Abstand Leberwerte und Blutspiegel kontrolliert werden. Wenn Hautveränderungen mit Fieber auftreten, sollte eine internistische Diagnostik durchgeführt werden.
Wechselwirkungen	Starke Beeinflussungen der Plasmaspiegel anderer Pharmaka bzw. auch Einfluß auf den Carbamazepinspiegel selbst.

Tab. 6-1j Zolpidem, Zopiclone.

Indikationen	Insomnie
Pharmakologie	Verstärkung der Wirkung der hemmenden Überträgersubstanz GABA durch Bindung am Benzodiazepin-Rezeptorkomplex, kurze Halbwertzeit, kein Risiko der Kumulation.
Dosierung	10 mg, max. 20 mg/Tag.
Wirkbeginn und Wirkdauer	Schneller Wirkungseintritt.
Unerwünschte Effekte	Es können alle Nebenwirkungen der Benzodiazepine auftreten, bei hohen Dosierungen Müdigkeit, Benommenheit und reduzierte Reaktionsfähigkeit; Kopfschmerz, Übelkeit und Schwindel.
Absetzphänomene	Rebound-Phänomene und andere Absetzphänomene sind seltener als bei Benzodiazepin.
Vorsichtsmaßnahmen	Im allgemeinen geht man davon aus, daß bei diesen Substanzen ein geringeres Abhängigkeitsrisiko besteht als bei Benzodiazepin. Es sind aber Einzelfälle einer Abhängigkeit von Zolpidem bzw. Zupiclon berichtet worden.
Toxizität	Gering.
Gabe in der Schwangerschaft	Es wurden teratogene Effekte beschrieben; deswegen keine Gabe in der Schwangerschaft!
Wechselwirkungen	Ähnlich wie bei Benzodiazepin.

Literatur

Benkert O, Hippius H. Kompendium der Psychiatrischen Pharmakotherapie. 2. Aufl. Berlin, Heidelberg: Springer 2000.

Bohus M, Landwehrmeyer GB, Stiglmayr CE, Limberger MF, Bohme R, Schmahl CG. Naltrexone in the treatment of dissociative symptoms in patients with borderline personality disorder: an open-label trial. J Clin Psychiatry 1999b; 60: 598–603.

Crismon ML, Trivedi M, Rush AJ, Hischfeld RMA, Kahn DA, DeBattista C. Nelson JC, Nierenberg AA, Sackeim HA, Thase ME. The Texas Medication Algorithm Project. J Clin Psychiatry 1999; 60: 144–56.

Dhu L, Bakish D, Lapierre YD, Ravindran AV, Hrdina PD. Association of polymorphisms of serotonin 2A receptor gene with suicidal ideation in major depressive disorder. Am J Med Genet 2000; 96: 56–60.

Dose M. Recognition and management of acute neuroleptic-induced extrapyramidal motor and mental symptoms. Pharmacopsychiatry 2000; 33 (Suppl 1): 3–13.

Hajak G, Riemann D. Nichtpharmakologische Therapie der Insomnie. Fundam Psychiatr 1997; 11: 112–4.

Hirschfeld RM. Personality disorders and depression: comorbidity. Depress Anxiety 1999; 10: 142–6.

Hohagen F, Winkelmann G, Rasche-Räuchle I, Hand I, König A, Münchau N, Hiss H, Geiger-Kabisch C, Käppler C, Schramm P, Rey E, Aldenhoff JB, Berger M. Combination of behaviour therapy with fluvoxamine in comparison with behaviour therapy and placebo. Br J Psychiatry 1998; 173 (Suppl 35): 71–8.

Hori A. Pharmacotherapy for personality disorders. Psychiatry Clin Neurosci 1998; 52: 13–9.

Kandel E. A new intellectual framework for psychiatry. Am J Psychiatry 1998; 155: 457–68.

Kissling W. Compliance, quality assurance and standards for relapse prevention in schizophrenia. Acta Psychiatr Scand 1994; 89: 16–24.

Korn ML, Asnis G, Brown SL, Praag HV van. Serotonin receptor sensitivity and suicide. Biol Psychiatry 1992; 32: 209–10.

Kramer P. Glück auf Rezept. Der unheimliche Erfolg der Glückspille Fluctin. München: Kösel 1995.

Remington G, Kapur S. Atypical antipsychotics: are some more atypical than others? Psychopharmacology 2000; 148: 3–15.

Tarier N, Harwood S, Yusopoff L, Beckett R, Baker A. A method of treating residual schizophrenic symptoms. Behavior Psychother 1990; 18: 283–93.

Wolfersdorff M. Suizidprävention – Erkennung und Behandlung von akutem suizidalem Verhalten. Fortschr Med 1997; 115: 38–44.

6.1.2
Psychodynamik der Medikamentenverordnung
Werner Homann

Die Verordnung oder das Angebot und die Annahme oder Hinnahme eines Psychopharmakons drücken Wesentliches über die therapeutische Beziehung aus. Schon die Wortwahl „Verordnung oder Angebot", „Annahme oder Hinnahme" deutet darauf hin. Ich möchte einige Äußerungen anführen, die so oder ähnlich häufig in Erstinterviews oder auch in Verordnungssituationen von den Patienten zu hören sind oder von Ärzten gemacht werden:

—————————— Beispiel ——————————

„Ich laß mich nicht mit Medikamenten vollstopfen." „Ich bin gar kein Freund von Medikamenten." „.... ich kann noch gar nicht auf meine Medikamente verzichten." „Wenn Sie das anordnen, will ich das gerne nehmen/weglassen."

Und auf der anderen Seite:

—————————— Beispiel ——————————

„Nehmen Sie das bitte, das ist gegen Ihre Unruhe!" „Das Mittel wird Ihnen eine Hilfe sein, sich besser durchzusetzen." „Wenn Sie statt der Traurigkeit Zahnschmerzen hätten, würden Sie doch auch ein Medikament nehmen!"

In allen Bemerkungen bildet sich ab, daß die **Arbeitsebene** der Beziehung, das „Arbeitsbündnis" definiert, korrigiert oder **stabilisiert** werden soll. Schon dieses Vorhaben ist oft mit Sorgen und Befürchtungen oder auch neuen Erwartungen und Hoffnungen belegt. „Bekommt mir das Mittel und wird es mir auch wirklich helfen, besser mitzumachen?" wird eine Frage sein, die den Patienten bewegt, und der Arzt wird sich zum Beispiel fragen müssen, ob Zahnschmerz nicht doch ein emotional klarer umrissenes Problem ist als Traurigkeit.

Die Arbeitsebene mit ihrem mehr oder weniger „erwachsenen" Niveau gründet auf einem Fundament, das der Patient nicht oder nicht ausreichend klar und solide in sich spürt. Die Vorstellungen von dem, was gut und tragfähig ist, muß er sich „leihen" und benötigt dazu die basale, authentische und warm getönte Beziehung zum Behandler. Gerade auch schwerer gestörten Patienten muß diese Basis angeboten werden; sie brauchen etwas, worauf sie sich ohne weiteres Problematisieren verlassen können.

Diese **symbiotische Beziehungsebene** kann durch ein Psychopharmakon gefördert oder beeinträchtigt werden. Die Bemerkung „wenn Sie sagen, daß ich das Mittel nehmen soll, will ich das gerne tun" deutet an, wie sehr der Patient sich auf verläßliche Wegweisung angewiesen sieht. Er sucht diese aber umfassend und nicht reduziert auf die fachmännische Beratung in Psychopharmakafragen, auf die er sowieso einen Anspruch hat. Andererseits sagt die nachdrückliche, autoritäre Verordnung eventuell aus, daß der Arzt mehr Angst in der Behandlungssituation spürt, als er sich selber klar macht, und die Verordnung wird nur scheinbare Sicherheit schaffen.

Zwischen der symbiotischen und der Arbeitsebene spannt sich der **Raum** der eigentlichen **Psychotherapie** aus. In ihm begegnen sich Patient und Therapeut durch Übertragung und Gegenübertragung. In ihm können sich die verschütteten Erinnerungen, unbewußten Vorstellungen, Wünsche, Gefühle und Triebe der Patienten (und Therapeuten) und die Konflikte der unterschiedlichen Gefühle usw. zeigen und klären.

Auf die „Sach"-Auseinandersetzung um Medikamente aber bildet sich im therapeutischen Raum das reaktivierte Seelische ab.

So zeigt sich hinter dem Satz „Ich laß mich nicht mit Medikamenten vollstopfen!" die Angst vor einem Autonomieverlust in einem **Abhängigkeits-/Autonomie-Konflikt**. Im weiteren erfahren wir vielleicht von diesen Patienten, daß sie sich häufig abgefüttert, eben vollgestopft fühlten und den „elterlichen" Übergriff fürchten, aber noch keine wirklichen Möglichkeiten „sich selbst zu sättigen", also aus der Abhängigkeit herauszutreten, in sich tragen.

Die auf der Arbeitsebene durchweg zu schätzende Äußerung „wenn Sie das anordnen, will ich das gerne nehmen" mag zu verstehen geben, daß **Unterwürfigkeit** und **Auflehnung** in Konflikt liegen, denn durch die sanfte Zustimmung schimmert hindurch, daß sich der Patient eigentlich nicht gefragt fühlt.

Diejenigen, die sich „nicht als Freunde von Medikamenten" bezeichnen, sind nicht selten diejenigen, die Medikamente sogar bevorzugt nehmen, aber auf der Suche nach wirklichen Freunden, „guten Objekten" sind. Sie problematisieren die Medikation ständig und überprüfen damit unsere Verläßlichkeit: die Verläßlichkeit der Objekte wegen der unbewußt ständig befürchteten **mangelhaften Objektkonstanz**.

Angstpatienten brauchen etwas Festes und Gewisses in ihrer Nähe, etwas, das ihnen bleibt, auf das sie zurückkommen können, wenn die eigenen in der Therapie erarbeiteten Vorstellungen und Möglichkeiten nicht hinreichen, um ohne Angst eine Situation, zum Beispiel die Lösung aus der Therapie, zu meistern. Sie sagen uns „sie brauchen noch die Medikamente", wo sie eigentlich etwas Mitnehmbares von uns, ihren Objekten in der Therapie, benötigen. Für sie ist das Medikament dann das **Ersatzobjekt**, und die in diesem Ersatzobjekt gebundene Erinnerung an das Objekt ist wichtiger als die pharmakologische Wirkung.

In jedem Einzelfall und in jeder Behandlungssituation sind die individuellen psychodynamischen Zusammenhänge zu erarbeiten. Erst wenn dies geschieht, wird aus der Psychopharmakaanwendung eine Therapie mit oder unter Psychopharmaka.

Andere typische psychodynamische Grundmuster lassen sich modellhaft an der Verordnung von Analgetika bei chronischen Schmerzkranken zeigen. Die chronisch psychosomatisch Schmerzkranken leiden häufig an sehr starren monomorphen Beschwerden, die wie ein Berg auf ihnen lasten oder ihnen und der Behandlung im Wege stehen. In dieser Starre finden sich die besonderen **Abwehrformen** der meist sehr drängenden und tiefreichenden Konflikte der Patienten wieder, die in Kapitel 5.3.11 (S. 387ff) angeführt wurden.

Der Verlauf einer medikamentösen analgetischen Therapie wird ebenfalls durch diese besonderen Abwehrformen und Konfliktmuster geprägt; auf ihr bilden sich Beziehungsmuster ab, die sich in wichtigen Beziehungen des Patienten, also meist in seiner Ursprungsfamilie, entwickelten.

Analgetika gelten bei Ärzten und Patienten zurecht als gut wirksame Medikamente. Da liegt es nahe, daß ein Patient, der aufgrund seines Erlebens sagen muß, er habe Schmerzen und dies sei seine einzige oder vorrangige Belastung, für sich in Anspruch nimmt, mit Analgetika behandelt zu werden. Wenn der Schmerz erkennbare somatische Wurzeln hat, ergibt sich für den Behandler kein wirkliches Problem. Er kann ein differentialtherapeutisches Konzept unter Einschluß einer analgetischen Medikation aufstellen. Diese wird in Abhängigkeit davon helfen, „was" in welcher Intensität der Schmerz für den Patienten bedeutet. Steht der Schmerz lediglich für aktuelle Gewebsläsionen oder Irritationen, sei es im Rahmen einer akuten oder chronischen Erkrankung, so wird die Hilfe durch die Analgetika ausgeprägt sein. Konnte der Patient in der Verordnungssituation erleben, ernst und angenommen und nicht abgespeist zu werden, so wird sich die Hilfe noch klarer erweisen. Fühlte er sich abgespeist, so kann dieser Beziehungsaspekt ein schmerzliches Gefühl anfachen, daß den hilfreichen pharmakologischen („instrumentellen") Effekt blockiert.

Bringt der Schmerz – auch solcher mit somatischen Wurzeln – unbewußt für den Patienten und anfangs auch für den Therapeuten ganz andere leidvolle Gefühle und Erfahrungen in die Beziehung, über die der Patient sich nicht oder noch nicht austauschen kann oder aus innerer Not nicht austauschen darf, so muß die Medikation versagen und dies umso eher, wenn wenig somatische Veränderungen festzustellen sind, die sich mit dem Eingriff in die Biochemie per Analgetikum glätten ließen.

Im weiteren wird der Patient davon ausgehen, daß er unzureichend oder falsch behandelt wird, er wird seinen Anspruch auf eine gute analgetische Therapie versuchen durchzusetzen. Dies wird nicht zuletzt durch weitere Schmerzverstärkung beziehungsweise eine Zunahme der Schmerzklage oder einer spürbaren zähen Verbissenheit geschehen, auf die der Behandler mit Blick auf die „objektive" Befundlage antworten wird, daß das Notwendige getan werde und sich die Beschwerdezunahme nicht erklären lasse. Ein **Machtkampf** ist entbrannt, bei dem es auch um die Schmerzmedikation, unbewußt vorrangig aber um die Anerkennung als ein Mensch mit sehr persönlichen Belastungen, aber auch Konturen und Bedürfnissen geht, die sich hinter dem Schmerz verbergen. Über den Kampf um die Medikamente kann der Patient verschlüsselt hiervon etwas zeigen. Unmittelbar kann er dies nicht und besonders nicht, da sich im Kampf alte Interaktionsmuster, die er „kennt", wieder durchsetzen.

Die Mittel zur **Deeskalation** des **Machtkampfes** wären vielfältig, greifen aber nicht verläßlich, da über das Wesentliche nicht gesprochen werden kann. Es können andere schmerztherapeutische Maßnahmen (Krankengymnastik, physikalische Therapie) angeboten und durchgeführt werden. Über die Entscheidung zu dieser und keiner anderen Medikation kann sich der Behandler erklären, vielleicht gibt es Ergänzungen und Verbesserungsvorschläge des Patienten, die vertretbar sind und in das Konzept aufgenommen werden können. Damit wäre signalisiert, daß Macht den Mächtigen nicht blind und den Patienten ohnmächtig macht, ein Versuch also, eine verfestigte typische Erfahrung dem Patienten befremdlich zu machen.

Ideal wäre, wenn sich in der zwischenzeitlich gewachsenen therapeutischen Beziehung klären ließe, wofür der Schmerz und der eben entbrannte Machtkampf stehen. Dies sollte in der Arbeit mit psychoneurotischen und psychosomatischen Patienten gelingen, für die der Schmerz nicht „die" zentrale Bedeutung hat. In der Arbeit mit chronisch psychosomatisch Schmerzkranken zeigt sich aber, daß sie sich in einseitigen Vorstellungen und Empfindungen, und seien diese erdrückend, sicher fühlen. Zwischentöne verunsichern und ängstigen, da sie auf unbekanntes Terrain führen, und Angst drängt den Patienten, den Kampf wieder aufzunehmen („zu agieren"). Die Patienten sagen, sie haben Schmerzen oder der Schmerz habe sie im Griff, und gegen die Schmerzen müsse etwas getan werden, denn sie wüßten, daß es ihnen danach wieder gut gehen würde und sie ihr Leben eigenverantwortlich gestalten könnten. Dabei spüren sie nicht, daß sie ohne den Schmerz eventuell Schuldgefühle oder ein Gefühl der Leere zu ertragen hätten. Mit einem „Sie können sich diese Schmerzen gar nicht vorstellen" wird das Gespräch beendet. Wir sind versucht mitzuagieren, und mit dem Versuch, jetzt die Psychogenese der Schmerzen zu belegen, verschärft sich die Situation. Es sollte vielmehr sorgfältig untersucht und besprochen werden, wie sich „das Schmerzliche" körperlich umsetzt: Ob durch muskuläre Verspannungen, Fehlhaltungen mit Gelenkfehlfunktionen und entsprechenden Athralgien usw. Zum einen ist so ins Gespräch gekommen – ohne dies ausdrücklich zu betonen –, daß Seelisches einen körperlichen Ausdruck findet, und zum anderen kann der Schmerz differenzierter, weniger starr betrachtet und behandelt werden, womit sich die Chance ergibt, durch sinnvolle Medikamentenkombinationen und andere Behandlungsverfahren die anlaufende Dosierungsspirale zu stoppen. Es sollte also in der Behandlung immer neu nach vertretbaren Kompromissen gesucht werden. Sie werden das wachsende und damit differenzierte Krankheitsverständnis der Patienten ebenso berücksichtigen wie die aktuellen Erfahrungen hinsichtlich der erwünschten und unerwünschten Arzneimittelwirkungen. Die Kompromisse beziehungsweise momentanen medikamentösen Behandlungsstrategien sollten zeitlich befristet werden, und über die Nachjustierung sollte man sich von vornherein geplant zu festgelegten Zeiten verständigen, da wir die Möglichkeit haben müssen, Analgetika, die sich als begrenzt indiziert erwiesen, wieder abzusetzen, ohne dem Patienten das Gefühl zu geben, er werde nun willkürlich und vollends aufgegeben, was kränkende Vorerfahrungen zwar belebt, sicher aber noch nicht ins Gespräch bringt.

Eine genaue und verständliche Aufklärung des Patienten über die begrenzten Möglichkeiten der medikamentösen Schmerztherapie – ruhig im allgemeinen – ist an dieser Stelle hilfreich und mildert die Spannung zwischen Idealisierung und Entwertung und entschärft diesen Abwehrmodus. Dies ist wichtig, da ja auch der Schmerz überhöht erlebt wird als der übermächtige Feind von außen, oder der zwar versklavende, aber doch einzige verläßliche Begleiter.

Vielleicht gelingt es dem Patienten nun, von der Sicht zu lassen, daß diesem Feind nur mit einem Prinzip von außen beizukommen ist, und die Deeskalation und damit eine weitere Chance für vielfältigere therapeutische Ansätze wäre erreicht.

Die angesetzte medikamentöse Therapie kann aber auch in **ängstlicher Unterwerfung** akzeptiert und von Kritik verschont werden. Von ihrer Insuffizienz erfahren wird dann durch die verbissene Einseitigkeit, mit der der Patient beteuert, es gehe ihm gut. Es führt in dieser Situation nicht weiter, diese Monotonie in Frage zu stellen, da der Patient sich ertappt fühlen würde und sein Angebot an uns entwertet sähe, was seinen unbewußten Erwartungen entspräche („was ich mache, mache ich verkehrt"). Der Druck der Schuldgefühle nähme zu, und die Schmerzverstärkung zu deren Sühne paralysiert potentiell hilfreiche Einflüsse der medikamentösen analgetischen Therapie.

Durch die klare Verabredung von vornherein, sich nach einer Erprobungsphase der Medikation noch einmal zusammenzusetzen und Vor- und Nachteile entlang der neuen individuellen Erfahrungen zu besprechen, wird der schmerzliche Anpassungs- oder gar Unterwerfungsdruck gemildert.

> In jedem Falle moderieren die Beziehungskonflikte den Ablauf einer medikamentösen Behandlung, und es ist wichtig für ihren Nutzen, sich jene zu verdeutlichen, denn hinreichend gute „instrumentelle Medizin" ist immer auch „Beziehungsmedizin".

Literaturempfehlung

Egle UT, Hoffmann SO (Hrsg). Der Schmerzkranke. Stuttgart, New York: Schattauer 1993.

Finzen A. Medikamentenbehandlung bei psychischen Störungen. 10. Aufl. Bonn: Psychiatrie Verlag 1993.

Möller HJ (Hrsg). Therapie psychiatrischer Erkrankungen. Stuttgart: Enke 1993.

Zenz M, Jurna I (Hrsg). Lehrbuch der Schmerztherapie. Stuttgart: Wissenschaftliche Verlagsgesellschaft 1993.

6.2
Methoden der Psychotherapie

6.2.1
Die Bedeutung der Psychotherapieforschung für die Praxis – klinische, wissenschaftliche und sozialpolitische Aspekte

Wolfgang Schneider

Der Kostendruck im Gesundheitssystem, verbunden mit der Rationalisierung und Kürzung diagnostischer und therapeutischer, aber auch rehabilitativer Maßnahmen hat selbstverständlich auch die Psychotherapie und Psychosomatik erfaßt und wird dies zukünftig noch stärker tun. Begriffe wie Qualitätskontrolle, *Evidence-based Medicine*, störungsspezifische Behandlungsmethoden gewinnen eine immer stärkere Bedeutung sowohl in administrativen Zusammenhängen als auch in wissenschaftlichen oder klinischen Kontexten. In diesen Standards spiegelt sich eine in großen Zügen konvergente Entwicklung im ökonomischen und sozialpolitischen Feld sowie im wissenschaftlichen und klinischen Bereich wider. Auch wenn die wissenschaftlichen und klinischen Reflexions- und Handlungsmaximen der Psychotherapie in bedeutender Weise von politischen und ökonomischen Bedingungen direkt – zum Beispiel über die Forschungsförderung und den Finanzierungsrahmen von psychotherapeutischen Behandlungen – oder indirekt beeinflußt wird, wenn beispielsweise die technologische und naturwissenschaftliche Orientierung der Medizin „unkritisch" für die psychotherapeutische Konzeptbildung übernommen wird, gibt es innerhalb der Psychotherapie seit langem eine eigenständige wissenschaftliche Forschung. Diese hat eine Vielfalt an engeren oder komplexeren empirischen Befunden herausgearbeitet, deren Bewertung für den wissenschaftlichen Gegenstand wie für die klinische Praxis nicht immer einfach und häufig vieldeutig ist. Im vorliegenden Kapitel wird auf der Grundlage einer kompakten **Skizzierung der bisherigen Forschungslinien** in der Psychotherapie die Frage des **wissenschaftlichen Standortes** der Psychotherapie aufgegriffen und abschließend das Problem der **Übertragbarkeit dieser Befunde auf das klinische Handeln** diskutiert.

Entwicklungslinien und Ergebnisse der empirischen Psychotherapieforschung

In den ersten 50 Jahren der Psychoanalyse war die Frage nach dem Verhältnis von psychotherapeutischem Handeln und Forschung weitgehend unproblematisch, da im Sinne des Freudschen Junktims von Klinik und Forschung, jeder Kliniker a priori ein Forscher war. Im Zentrum des wissenschaftlichen Interesses stand die mehr oder weniger systematisch dokumentierte „Fallgeschichte"; das Reflexionsinstrument war das psychoanalytische Rüstzeug wie die Arbeit mit der Übertragung und Gegenübertragung, die Arbeit am Widerstand sowie das Verstehen des Widerstandes, unter Umständen der Traumarbeit sowie der Herausarbeitung/Deutung von ätiologisch bedeutsamen Konflikten.

Bereits **in den 40er Jahren des letzten Jahrhunderts** begannen einzelne Psychoanalytiker ihre Behandlungen systematisch über **Tonbandprotokolle** zu beforschen (Meyer 1990a); auch C. Rogers hat bereits in den 40er Jahren mit dieser Methode die Entwicklung der Gesprächspsychotherapie systematisch reflektiert. Im Feld der späteren Verhaltenstherapie wurden wichtige empirische oder experimentelle Grundlegungen sehr früh angelegt, wenn man die Arbeiten von Pavlow (Pavlov 1927) zur Konditionierung dazu rechnet sowie die Arbeiten von Thorndike (1911) und Skinner (1938) zum operanten Konditionieren. Ende der 40er Jahre entwickelte Wolpe (1958) mit der systematischen Desensibilisierung eine empirisch begründete Methode zur Angstbehandlung.

Aber erst **ab den 50er Jahren** setzte eine stärker Entwicklung der empirischen Psychotherapieforschung ein. In dieser Periode – Meyer (1990b) spricht von der ersten Phase der Psychotherapieforschung – wurden insbesondere **Fragen der Effektivität von Psychotherapiemethoden** untersucht. Motiviert war diese Forschung insbesondere durch Eysencks provokante Hypothese, daß die Spontanremmission von neurotischen Erkrankungen über dem Behandlungserfolg von Psychotherapie liegen würde. Über das Ziel hinaus, den Eysenckschen Vorhalt zurückzuweisen, entwickelte sich bei den großen Psychotherapieschulen eine starke Tendenz, ihre Überlegenheit gegenüber den anderen Methoden nachzuweisen. Die Herausforderung, den „Schulenwettbewerb" mit empirischen Forschungsansätzen zu führen, ist dabei sicherlich stärker von der Verhaltenstherapie gestellt worden und gegebenenfalls auch von der Gesprächspsychotherapie; die Psychoanalyse war während dieser Zeit (50er bis 70er Jahre) sowohl in Europa als auch in Nordamerika im Vergleich zu den anderen Therapieansätzen klinisch in einer gut integrierten Position und verteidigte diese über einen langen Zeitraum wissenschaftlich vor allem mit theoretischen Arbeiten oder Kasuistiken. Nur ausgewählte Gruppen von wissenschaftlich interessierten Psychoanalytikern in den USA (z. B. Wallerstein 1986; Luborsky 1962; Strupp et al. 1977) und in Europa (z. B. Dührssen 1962; Sloane et al. 1975) griffen die Herausforderung zum empirischen Nachweis der Effizienz beziehungsweise zum systematischen Therapievergleich in den 60er und 70er Jahren auf; der Mainstream der Psychoanalytiker ignorierte diese Entwicklung mit dem Grundgefühl „gar nich' drum kümmern".

Vor dem Hintergrund der **Therapievergleiche**, bei denen **seit den 60er Jahren** auch zum Teil ein „Kontrollgruppendesign" berücksichtigt wurde, wurden **seit Beginn der 70er Jahre Metaanalysen** durchgeführt, um auf der Grundlage einer größeren Zahl von Studien zu Aussagen über die unterschiedliche Effektivität zu kommen. Allerdings zeigte sich auf der Basis dieser Metaanalysen Mitte der 70er Jahre ein Patt bezüglich der Behandlungseffekte der verschiedenen Schulen. Lester Luborsky (1975) beschrieb die Situation im Schulenwettstreit mit dem Alice-im-Wunderland-Thema „everyone has won and all must have prizes". Noch Ende der 90er Jahre bewertet Luborsky und auch andere Psychotherapieforscher die Situation in gleicher Weise, obwohl in den 80er Jahren und insbesondere **anfangs der 90er Jahre** weitere Metaanalysen zu anderen Ergebnissen gekommen sind. Für Grawe et al. (1994) waren die eigentlichen **Gewinner im Schulenwettstreit die behavioral-kognitiven Verfahren**, vor den psychodynamischen Methoden mit kurzer bis mittlerer Dauer (bis vierzig Stunden) und der Gesprächspsychotherapie. Weitere psychotherapeutische Methoden haben nach Grawe, dessen Arbeitsgruppe in ihrer Metaanalyse über 800 kontrollierte Studien nach einem komplexen Bewertungsschema beurteilt hat, keine empirischen Nachweise ihrer Effizienz vorgelegt. Die Befunde von Grawe sind vielfach einer insbesondere methodisch ausgerichteten Kritik unterzogen worden (Rüger 1994; Schneider 1994; Tschuschke et al. 1994), auf die hier nicht weiter eingegangen werden soll. Allerdings hat die Kritik von Grawe am fehlenden Nachweis der Effizienz bei psychoanalytischen Langzeitbehandlungen in Deutschland dazu geführt, daß zwei Studien zur differentiellen Indikation und zum Effizienznachweis von Langzeitbehandlungen von psychoanalytischen Gruppierungen initiiert worden sind (die DGPT-Studie, Rudolf et al. 2001; die DPV-Studie, Stuhr et al. 1994).

Lambert und Bergin (1994) – zwei renommierte US-amerikanische Psychotherapieforscher – zeigen noch einmal auf der Grundlage von Metaanalysen für verschiedene Methoden bei unterschiedlichen Störungsbereichen (engere Störungsbereiche wie Ängste und depressive Störungen, aber auch weitere Problembereiche wie Störungen der Persönlichkeitsentwicklung), daß die Ergebnisse von Psychotherapien über den Effekten von Warte- oder Placebogruppen liegen. Sie fassen die Ergebnisse unterschiedlicher Metaanalysen zum Therapievergleich dann so zusammen, daß einige von ihnen einen geringen, aber konsistenten Vorteil bei den behavioralen und kognitiv orientierten Methoden gegenüber den traditionellen verbalen und beziehungsorientierten Methoden zeigen würden. Es habe in den verschiedenen Metaanalysen nicht immer einen Gewinner gegeben, wenn jedoch eine Methode im Vorteil gewesen wäre, seien es jeweils die kognitiv-behavioralen

Methoden gewesen. Lambert und Bergin sehen die Ursache für die besseren Effektstärken der kognitiv-behavioralen Methoden darin, daß die in den Studien verwendeten Meßinstrumenten stärker auf die quasi-experimentellen Versuchsanordnungen reagierten und besser mit den relevanten Zielvariablen der kognitiv-behavioralen Verfahren korrespondierten. Für Shapiro und Shapiro (1982) sind die in den Metaanalysen berichteten Vorteile der kognitiven Verhaltenstherapie vor allem darin begründet, daß in diesen Studien leichter gestörte Patienten behandelt worden seien, so daß diese wenig repräsentativ für die klinische Praxis seien. Des weiteren seien die zu Therapieende erhobenen Effektdifferenzen in einer Reihe von katamnestischen Studien nicht stabil gewesen. Zu Therapieende gefundene Unterschiede zwischen der Experimental- und der Kontrollgruppe hätten sich verringert oder nivelliert.

Lambert und Bergin (1994) formulierten **Hypothesen** dazu, wie sich das **empirisch gefundene „Patt" zwischen den verschiedenen Therapieansätzen** erklären ließe:

- Verschiedene Therapien könnten gleiche Ziele mit unterschiedlichen Methoden erzielen.
- Es könnte sein, daß tatsächlich vorhandene Unterschiede in der Effektivität mit den eingesetzten Methoden nicht abgebildet worden sind.
- Möglicherweise realisiert sich in den unterschiedlichen Therapiemethoden ein gemeinsamer Faktor beim therapeutischen Handeln, der in den spezifischen Veränderungstheorien der Schulen keine oder nur eine untergeordnete Rolle spielt.

Wirkfaktoren in der Psychotherapie

Der dritte Punkt bezieht die Frage nach den Wirkfaktoren von Psychotherapie ein. Die Forschung zu den **Wirkfaktoren von Psychotherapie** hat seit den 70er Jahren und insbesondere in den 80er und 90er Jahren eine wachsende Bedeutung eingenommen. Unterschieden wird zwischen allgemeinen – konzeptübergreifenden – Wirkfaktoren (Common Factors) und spezifischen Wirkfaktoren, die nur der speziellen Therapie zugehören.

In der Gruppe der psychodynamisch orientierten Psychotherapieforscher herrscht die Tendenz, den allgemeinen Wirkfaktoren (*Common Factors*) gegenüber den vielfach postulierten spezifischen Faktoren eine größere Effektivität bei der Veränderung in therapeutischen Prozessen zuzuweisen.

Allgemeine Wirkfaktoren in der Psychotherapie

Als konzeptübergreifende Faktoren sind auch die psychotherapeutischen Rahmenbedingungen (Verabredung eines therapeutischen Settings, das Arbeitsbündnis und die Kosten) anzusehen.

Karasu (1986) unterscheidet **drei Gruppen von allgemeinen Wirkfaktoren**, die in der Psychotherapie zum Tragen kommen:

- die affektive Erfahrung
- die kognitive Bewältigung
- die Verhaltensregulierung

Lambert und Bergin (1994) haben eine Auflistung von **gemeinsamen Faktoren psychotherapeutischer Prozesse** vorgenommen, die mit einem positiven Therapieoutcome korrelieren und eine hohe Deckung mit den von Karasu formulierten allgemeinen Wirkvariablen aufweisen. Dies sind:

- die positive Beziehung und die korrigierende emotionale Erfahrung
- das kognitive Lernen
- die Vermittlung von Struktur

Systematische Auswertungen zum Zusammenhang der therapeutischen Beziehung zum Therapieerfolg haben gezeigt, daß diesem im Verhältnis zu anderen Prädiktorvariablen die größte Bedeutung zukommt (Czogalik 1990; Orlinsky et al. 1994; Orlinsky 2000).

Auch für Strupp (1999), der von einer psychodynamischen Sichtweise ausgeht, ist der Beziehungsaspekt der relevanteste Wirkfaktor im psychotherapeutischen Geschehen. Auf der Grundlage von Forschungsergebnissen (z. B. in Vanderbilt; Strupp 1980a; 1980b; 1980c; Strupp et al. 1977) sieht Strupp die folgenden therapeutischen **Beziehungsmuster** oder **Interventionen im therapeutischen Prozeß** als zentral an.

- Die Erfahrungen des Patienten und die damit verbundenen Affekte müssen im Vordergrund stehen.
- Einfühlsames Zuhören des Therapeuten ermöglicht dem Patienten, sich seiner Erfahrungen gerecht zu werden und Autonomie zu entwickeln. Gleichzeitig eröffnet sich so ein Spielraum, in dem der Patient seine maladaptiven Beziehungserfahrungen, seine Übertragungsmuster, die aus frühen „ungelösten Beziehungserfahrungen" stammen, agieren kann.
- Äußerungen, die darauf abzielen, Erfahrungen des Patienten zu klären und dabei die Metakommunikation, das beidseitige Nachdenken und Klären, zwischen dem Patienten und dem Therapeuten betonen. Diese Hinweise sollten möglichst „bodenständig" sein und auf einem Minimum an Schlußfolgerungen beruhen (Strupp 1999, S. 18).
- Damit die maladaptiven Übertragungsmuster im therapeutischen Prozeß bearbeitet werden können, besteht für Strupp eine zentrale Aufgabe des Therapeuten darin, dem Patienten Agierräume zu eröffnen und zum Ziel des Agierens zu werden, ohne eine komplementäre Rolle einzunehmen, die den Patienten weiter in seinen dysfunktionalen – die psychische Störung in relevanter Weise bedingende – Übertragungsmustern fixiert. Nur die empathisch einfühlende und klärende therapeutische Haltung eröffnet dem Patienten relevante Veränderungsmöglichkeiten.

Unterschiedliche Psychotherapieansätze weisen jedoch zumindest zum Teil auch divergente Beziehungsmodi auf seiten des Therapeuten auf; und auch die Anforderungen, die von verschiedenen Psychotherapieformen an die Beziehungsfähigkeit des Patienten und seine Bereitschaft sich auf eine psychotherapeutische Beziehung einzulassen gestellt werden, unterscheiden sich.

Orlinsky (2000) betont in seinem *Generic Model of Psychotherapy*, daß zwischen dem Behandlungsmodell des Therapeuten und seinen persönlichen Werthaltungen und Normorientierungen ein enger Zusammenhang besteht und daß spezifische Behandlungsmodelle eine besondere interpersonale Haltung gegenüber dem Patienten nahelegen. Dieser Gesichtspunkt kann so bei der Wahl eines Psychotherapieausbildungskandidaten und bei der Entscheidung für ein bestimmtes Therapieverfahren zum Tragen kommen; er sollte auch bei der differentiellen Indikationsstellung zur Psychotherapie berücksichtigt werden (s. u.). Trotz der Verschiedenheit bezüglich der Konzeptualisierung des Beziehungsaspektes in unterschiedlichen Psychotherapieschulen – für die Verhaltenstherapie werden zum Beispiel die Aspekte der empathischen Aufnahme, fachlichen Kompetenz, hoher Transparenz, aktive Entwicklung von Veränderungsvorschlägen (Hoffmann 1996) genannt – steht jedoch zu erwarten, daß auch in Psychotherapien unterschiedlicher therapeutischer Orientierung in einem gewissen Ausmaß ähnliche Beziehungsmuster und -konstellationen bewußt oder unbewußt hergestellt werden, die unter Umständen entsprechend der jeweiligen Krankheits- und Behandlungstheorie anders bezeichnet oder konzeptualisiert werden.

Von Interesse ist die Frage, wie „pur" psychotherapeutische Vorgehensweisen, wie sie von einem bestimmten Therapieverständnis aus formuliert werden, in der alltäglichen Praxis eingesetzt werden. Dieses Problem stellt sich natürlich auch für die konkrete Beziehungsgestaltung im therapeutischen Prozeß. Wallerstein (1986) hat für unterschiedliche von der Psychoanalyse abgewandelte Verfahren (expressiv-verstehensorientierte Methoden und supportive Methoden) bezüglich des therapeutischen Vorgehens in einer Langzeitstudie nachgewiesen, daß vielfältig von den Therapeuten andere therapeutische Interventionen eingesetzt wurden als konzeptionell intendiert. So zeigten die Therapeuten auch in verstehend-expressiv angelegten Behandlungen ein stärker supportiv ausgerichtetes Therapeutenverhalten, als es ursprünglich für diese beabsichtigt war. So ist zu erwarten, daß sich das Beziehungsverhalten auch bei grundlegend verschiedenen therapeutischen Ansätzen in den konkreten Behandlungen mehr oder weniger angleicht. Von besonderem Interesse ist die Frage, wie sich der Beziehungsaspekt unter dem Einfluß von Methodenkombinationen oder Ansätzen der Integration unterschiedlicher Psychotherapiemethoden verändert. Hier steht zu erwarten, daß es bei den „reinen" Methoden zu gravierenden Veränderungen der ursprünglichen Konzeptualisierungen der Beziehungsgestaltung kommt, etwa im Sinne einer tendenziellen Angleichung oder Nivellierung unterschiedlicher Therapeutenvariablen im Gesamtbehandlungsprozeß.

Störungsspezifische Psychotherapieformen

Das „Zauberwort" in der aktuellen Psychotherapiediskussion ist die „störungsspezifische psychotherapeutische Methode". Bereits Ende der 40er Jahre hat Wolpe mit der Methode der systematischen Desensibilisierung ein spezifisches Verfahren für die Behandlung von Phobien entwickelt, dessen Grundprinzip dann jedoch auch bei anderen Problemstellungen eingesetzt worden ist, so daß die systematische Desensibilisierung heute eher als eine störungsübergreifende Technik angesehen wird. Seit den 80er Jahren und verstärkt in den 90er Jahren sind insbesondere behavioral-kognitive Therapien für die verschiedensten Störungen entwickelt und empirisch überprüft worden, jedoch sind auch außerhalb der Verhaltenstherapie Methoden mit dem Anspruch entwickelt worden, eine besondere störungsspezifische Bedeutung aufzuweisen. In der Regel basieren diese „störungsspezifischen Methoden" auf Therapiemanualen, die das therapeutische Handeln mehr oder weniger differenziert beschreiben.

Diese Manuale existieren nicht nur für behavioral-kognitive Methoden, sondern auch für psychodynamisch orientierte Verfahren (z. B. Clarkin et al. 2000) oder andere therapeutische Ansätze wie zum Beispiel die Interpersonale Psychotherapie (IPT, vgl. Klerman et al. 1981)

Therapiemanuale vermitteln im therapeutischen Handeln Struktur und geben über Operationalisierungen konkrete Handlungsanweisungen und verbessern so potentiell die Ausbildung und die Supervisionsprozesse. Im Bereich der Forschung besteht ihr Vorzug insbesondere in der Erhöhung der Validität der Aussagen. So ermöglichen sie die Kontrolle, inwieweit das therapeutische Vorgehen wie geplant umgesetzt wurde, bieten die Basis für die Entwicklung therapieadäquater Meßinstrumente und erleichtern potentiell die Replizierbarkeit der Untersuchung.

Die American Psychological Association (Chambless und Hollon 1998) hat einen Katalog von Verfahren erstellt, deren Effektivität für ausgewählte psychische Störungen oder Problembereiche in empirischen Studien nachgewiesen wurde.

Empirisch validierte Methoden (APA Task Force on Promotion and Dissemination of Psychological Procedures):

- Kognitive Therapie der Depressionen
- Verhaltensmodifikation bei Entwicklungsstörungen
- Verhaltensmodifikation bei Enuresis und Enkopresis
- Verhaltenstherapie bei Kopfschmerz und Reizkolon
- Verhaltenstherapie bei Orgasmus- und Erektionsstörungen
- Verhaltenstherapeutische Paartherapie
- Kognitive Verhaltenstherapie bei chronischen Schmerzen
- Kognitive Verhaltenstherapie bei Paniksyndrom und Agoraphobie
- Kognitive Verhaltenstherapie bei generalisiertem Angstsyndrom
- Konfrontationstherapie bei Phobien und posttraumatischen Belastungsstörungen
- Konfrontation und Reaktionsverminderung bei Zwangsstörungen

- Psychoedukative Familienbetreuung bei Schizophrenen
- Kognitive Verhaltenstherapie in Gruppen bei sozialen Phobien
- Interpersonale Therapie bei Bulimie
- Interpersonale Therapie bei Depressionen
- Trainingsprogramme für Eltern mit verhaltensauffälligen Kindern
- Systematische Desensibilisierung bei spezifischen Phobien
- Token-economy-Programme

Aktuell wird diese Entwicklung von einer neuen Kommission vorangetrieben, die sich aus Vertretern der American Psychological Association und der American Psychiatric Association sowie Vertretern der Krankenkassen zusammensetzt (s. Schulte 2000).

Auch wenn hier nicht nur Methoden aufgenommen worden sind, die ihre Effektivität bei einer spezifischen Störung beziehungsweise einem Störungsbereich nachgewiesen haben – beispielsweise die verhaltenstherapeutische Paartherapie oder Trainingsprogramme für Eltern mit verhaltensauffälligen Kindern – hat das Attribut der Störungsspezifität einer Maßnahme sowohl im wissenschaftlichen und klinischen Kontext, soweit er von der Verhaltenstherapie dominiert wird, aber auch im sozialpolitischen Feld den Standard eines Qualitätsmerkmals erhalten.

Schulte (2000) formuliert zum Beispiel, daß „die Zeit des Aderlasses, nach der ein Mittel als Allheilmittel für praktisch alle Krankheiten gilt" auch für die Psychotherapie bald vorbei sei. Die Haltung des Wissenschaftlichen Beirates Psychotherapie bei der Bundesärztekammer akzeptiert die „störungsorientierte Position", nach der ein Psychotherapieverfahren seine Effektivität in spezifischen Anwendungs- oder Indikationsbereichen empirisch nachgewiesen haben muß. Der Wissenschaftliche Beirat hat zwölf Anwendungsbereiche auf der Grundlage von diagnostischen Klassen der ICD-10 definiert.

Damit ein Psychotherapieverfahren vom Wissenschaftlichen Beirat als Grundorientierung anerkannt werden kann, muß es drei Kriterien erfüllen (Schulte 2000). Es muß über ein angemessenes Krankheits- und Behandlungskonzept verfügen, und seine Effizienz muß in mindestens fünf von zwölf Indikationsbereichen empirisch nachgewiesen sein. Eine relevante Frage in diesem Kontext ist natürlich, welche methodischen Standards an die empirischen Studien angelegt werden. Die US Agency for Health Care Policy and Research (AHCPR 1992) hat eine Hierarchie der Evidenzkriterien für die *Evidence-based Medicine* erstellt, die für das Fach der Psychotherapie durchaus problematisch ist. Ohne hier diese Kriterien ausführlich darzustellen (s. z. B. Huber 2000 oder Galandi und Antes 2000) soll darauf verwiesen werden, daß die Standards der Randomisierung und die Einführung von Kontrollgruppen als härteste Evidenzkriterien bewertet wurden. Die Umsetzung dieser Kriterien im Feld der Psychotherapieforschung ist sowohl aufgrund methodischer als auch wegen ethischer Gesichtspunkte überaus problematisch (s. z. B. Henningsen und Rudolf 2000). Die Frage, welche Qualitätsmerkmale in diesem

Bereich letztlich den Standard setzen werden, wird zur Zeit noch diskutiert, wobei in diesen Diskussionsprozeß nicht nur wissenschaftliche, sondern auch ökonomische und sozialpolitische Argumente eingehen. Die vom Wissenschaftlichen Beirat zugrundegelegten methodischen Standards an die Studien werden aktuell weicher gefaßt; das heißt, es wird auf die Randomisierung und die Kontrollbedingung verzichtet.

Im folgenden möchte ich noch einmal aus einer inhaltlichen Perspektive die Frage der Störungsspezifität psychotherapeutischer Methoden aufgreifen.

Störungsspezifische Methoden sind (Margraf 1996, S. 106) gezielt auf die Besonderheiten einer Störung zugeschnitten und bauen auf zwei „Wissensquellen" auf, dem Störungswissen und dem Veränderungswissen. Das **Störungswissen** umfaßt Informationen und Modelle über die Erscheinung, den Verlauf sowie prädisponierende, auslösende und aufrechterhaltende Bedingungen der Störung. Das **Veränderungswissen** beruht auf Informationen, wie man psychische Störungen systematisch beeinflussen kann, und umfaßt störungsspezifische und störungsunspezifische Anteile.

Margraf betont, daß in der Verhaltenstherapie zunehmend manualisierte Behandlungsprogramme für spezifische Störungsbereiche (DSM-III-R bzw. DSM-IV-bezogen) Anwendung fänden und diese standardisierten Behandlungen zum Beispiel für die Agoraphobie gegenüber einer für den Patienten individuell konzeptualisierten und durchgeführten Behandlung im Vorteil (Schulte et al. 1992) oder zumindest einer individualisierten Therapie nicht unterlegen gewesen seien.

Ergebnisse der empirischen Überprüfung von störungsspezifischen Methoden

Im folgenden sollen noch systematische Auswertungen von Studien zu störungsspezifischen Verfahren skizziert werden, um so eine argumentative Basis für ihre inhaltliche Bewertung unserer Problemstellung zu erhalten.

Für die Behandlung von Panikattacken mit Agoraphobie hat sich eine Methodenkombination von Entspannung, Atemtraining, kognitiver Restrukturierung und Simulation der Symptomatik zum Erlernen von Copingverhalten bewährt. In Vergleichsstudien, in denen ausgewählte Elemente des Gesamtprogramms (Barlow und Cerny 1988) in jedweder Kombination mit Wartegruppen verglichen wurden, konnte ein Vorteil jedes dieser Verfahren gegenüber der Wartegruppe gezeigt werden. Aber auch hier fanden sich Unterschiede zwischen den Interventionen nur bei dem Symptombereich Panikattacke. In den Merkmalsbereichen Residualangst und phobische Symptome zeigten sich bei den verschiedenen Interventionen keine differentiellen Effekte (s. Lambert und Bergin 1994). Es ergab sich jedoch selbst für den Bereich der Panikattacke nur relativ wenig Sensitivität; für die anderen Angstsymptome sind verschiedene durchaus divergente Vorgehensweisen angezeigt.

Wenn wir nun das Problem der Validität von störungsorientierten Diagnosen in Rechnung stellen, ist zu fragen, wie trennscharf eigentlich die verschiedenen Angststörungsklassen sind. Ist die Unterscheidung zwischen einer Panikattacke und Agoraphobie, aber auch der generalisierten Angst oder einer somatoformen autonomen Funktionsstörung (ehemals Herzangst) klinisch evident? Unserer Erfahrung nach stellt die Diagnose einer Panikattacke nur allzuoft eine Durchgangsdiagnose dar, die sich zu einem späteren Zeitpunkt als etwas anderes herausstellt (z. B. generalisierte Angststörung, Depression, Persönlichkeitsstörung) oder zu etwas anderem entwickelt. Berücksichtigen wir diese Sichtweise, so löst sich das Problem einer nur geringen Spezifität für die Panikattacke weitgehend in „Wohlgefallen" auf.

Emmelkamp (1994, S. 397) hat den Vergleich der Effektivität der behavioralen vs. der kognitiven Therapie für unterschiedliche Störungsbereiche auf der Basis einer Reihe von Metaanalysen als unentschieden bewertet. Keine der von ihm untersuchten Methoden hatte einen deutlichen Effektvorsprung gegenüber dem anderen Ansatz und diese therapeutischen Interventionen zeigten auch keine differentiellen Effekte bezüglich relevanter kognitiver und verhaltensbezogener Variablen, was bei einer Störungs- oder Problemsensibilität dieser Methoden doch zu erwarten gewesen wäre.

In der NIMH-Studie zur Depressionsbehandlung (Nationales Institut für seelische Gesundheit, s. Elkin 1994) wurden zwei spezifische Depressionsbehandlungen, eine kognitiv-behaviorale Therapie (Beck et al. 1992) und die interpersonale Psychotherapie (Klerman et al. 1981) direkt miteinander verglichen und darüber hinaus im Vergleich mit einer Imipraminbehandlung plus klinischem Standardmanagement geprüft. Zusätzlich wurde eine Placebobedingung und das klinische Standardmanagement untersucht. Das klinische Standardprogramm bestand dabei aus dem Kontakt des Patienten zu einem erfahrenen und supportiven Therapeuten.

In der Studie wurde 239 Patienten von 28 Psychiatern und Psychologen behandelt, die für die Methode, die sie einsetzen sollten, speziell ausgebildet worden waren. Die Behandlungsmethoden waren sorgfältig und detailliert definiert worden; es gab Manuale, in denen die theoretischen Hintergründe, die generellen Strategien, relevanten Techniken und Methoden zum Management spezifischer Probleme aufgeführt waren. Die Behandlung dauerte 16 bis 20 Wochen; die durchschnittliche Behandlungsdauer lag bei 13 Stunden. Die Effektmessung umfaßte ein Interview sowie den Einsatz von Symptomskalen und Meßinstrumenten zu anderen Merkmalsbereichen. Die Patienten mußten die diagnostischen Kriterien für eine Major Depression erfüllen und einen Score von 14 auf der Hamilton-Skala aufweisen (der maximale Punktwert ist 17).

Folgende Ergebnisse zeigten sich: es gab wenig Evidenz für eine spezifische Effektivität der interpersonellen Psychotherapie und keine Evidenz für eine Spezifität der kognitiv-behavioralen Psychotherapie. Überraschenderweise zeigten beide Methoden auch kaum Vorteile gegenüber der Placebogruppe plus klinischem Management. Die Therapiegruppen waren effektiv, aber auch die Placebogruppe besserte sich.

Im direkten Vergleich zwischen den beiden Psychotherapieformen, zeigte sich kein Unterschied zwischen diesen im Bereich der **untersuchten Hauptmerkmale.** Auch wenn die Effektivität bei Patienten unterschiedlichen Schweregrades geprüft wurde, zeigte sich keine Differenz. Selbst beim Vergleich von Merkmalen, die als spezifisch für die jeweilige Methode angesehen wurden, zeigte sich keine Differenz, wie auch von Emmelkamp (1994; s. o.) berichtet. So ergab sich insgesamt kaum ein Hinweis auf eine differentielle Effektivität der beiden Verfahren.

Bis hierher haben wir diskutiert, in welchem Ausmaß „störungsspezifische Psychotherapien" ihre Spezifität und differentielle Überlegenheit bei bestimmten psychischen Störungen belegen konnten, und haben gesehen, daß unterschiedliche Methoden zwar effizient sind, jedoch ihre besondere „Spezifität, das heißt spezifische Wirksamkeit bei spezifischen Störungsbildern" gegenüber anderen Methoden, nur wenig belegen konnten. Dieser Sachverhalt kann darin begründet sein, daß diese Methoden nicht oder nur eingeschränkt spezifisch für die untersuchte Störung sind und/oder das Ansprechen des Patienten auf therapeutische Angebote nicht nur von der Art der vorliegenden Störung abhängt.

Letztlich treffen meines Erachtens beide Argumente zu. Im folgenden soll auf der Grundlage von empirischen Studien die Frage nach dem **Zusammenhang zwischen** den **Patientenmerkmalen und** der **Effizienz von Therapie** diskutiert werden. Bereits Cronbach (1953; 1957) hatte vermutet, daß es produktiv sei, zwischen Patienten zu differenzieren und den Zusammenhang zwischen Patientenmerkmalen und Therapiemerkmalen zu untersuchen. Später (Cronbach 1975) hat er jedoch auch auf die Schwierigkeiten verwiesen, die sich ergeben, wenn man die für den therapeutischen Prozeß relevanten Persönlichkeitsmerkmale angesichts der unendlich großen Vielfalt an unterschiedlichen Merkmalskonfigurationen herausarbeiten möchte.

Vertiefende Analysen (Shea et al. 1999) zur NIMH-Studie befaßten sich mit der Herausarbeitung von Patientenmerkmalen, die einen Zusammenhang zum späteren Therapieerfolg aufweisen (sie haben eine prädiktive Funktion). Es zeigte sich, daß Patienten, die zu Beginn eine geringere Depressivität, einen kürzeren Verlauf sowie eine geringeres Ausmaß an Persönlichkeitsstörungen aufwiesen, über alle vier Behandlungsformen sowohl zum Therapieende als auch zum Katamnesezeitpunkt nach 18 Monaten einen größeren Therapieerfolg zeigten. Von größerem Interesse war die Frage, ob spezifische Interaktionen zwischen bestimmten Patientenmerkmalen und den vier untersuchten Behandlungsbedingungen vorgelegen haben. Hier zeigte sich, daß die Kombinationsbehandlung von Imipramin und kognitiv-behavioraler Therapie einen besseren Erfolg bei Patienten aufwies, die ein höheres Ausmaß an Funktionsbeeinträchtigungen zeigten (gemessen mit der Global Assessment Scale, GAS; Spitzer et al. 1973). Bei Patienten mit geringeren Funktionsbeeinträchtigungen zeigte diese Thera-

piekombination demgegenüber weniger gute Effekte. Bessere Behandlungsergebnisse bei Patienten mit geringeren sozialen Beeinträchtigungen wies die IPT (Interpersonelle Psychotherapie) auf.

Es ist problematisch, die Frage, **ob Patienten unterschiedlich auf psychotherapeutische Angebote reagieren würden,** allein auf der Basis beliebiger Korrelationen zu beantworten. Ein Themenheft des Journal of Consulting and Clinical Psychology (Beutler 1991; Snow 1991) war dem Thema der **Patient-Behandlung-Interaktion** gewidmet; wenn Patientenvariablen in der Psychotherapieforschung berücksichtigt werden sollen, so führte Snow (1991) dort aus, müßten diese theoretisch konzeptualisiert und/oder empirisch belegt werden, um zu einer Strukturierung des weiten und vielfältig dimensionierten Feldes zu gelangen. Für die psychoanalytische beziehungsweise psychodynamische Psychotherapie liegt eine Vielzahl von Untersuchungen vor, von denen im folgenden zwei Ansätze skizziert werden.

Bereits Horowitz et al. (1984) fanden eine signifikante Interaktion zwischen dem Entwicklungsniveau des Selbstkonzeptes der Patienten und ihrem therapeutischen Ansprechen auf eine verstehensorientierte oder eine supportive Psychotherapie.

Blatt (2000) stellt drei unterschiedliche Studien zu dieser Thematik vor, in denen konzeptgeleitet psychologische Merkmalsbereiche von Patienten in ihrer Wechselwirkung mit unterschiedlichen Therapieansätzen untersucht worden sind. Er stützt sich auf ein psychodynamisches Modell der Persönlichkeitsentwicklung und sieht einen engen Zusammenhang zwischen der Persönlichkeitscharakteristik eines Patienten und seiner Psychopathologie.

Unterschieden werden zwei Persönlichkeitsdimensionen, die sich in der individuellen Entwicklung prozeßhaft herausbilden und für die jeweils eine spezifische Psychopathologie als charakteristisch beschrieben wird:

- Einen **Prozeß der Bezogenheit** (im Original *Relatedness Process*, die Psychopathologie wird als *Anaclitic Pattern* bezeichnet); die psychologische Entwicklungsaufgabe besteht in der Herausbildung der Kapazität, befriedigende und reziproke Beziehungen zu knüpfen.
- Einen Prozeß der **Selbstdefinition und Identitätsentwicklung** (im Original *Self-definitional Process*, die Psychopathologie wird als *Introjective Pattern* gekennzeichnet), bei dem es um die Herausbildung einer realistischen, differenzierten und positiven Selbstidentität geht. Relevante psychologische Themen dieser Patienten sind insbesondere die Selbstdefinition, das Selbstwertgefühl oder die Autonomie.

In diesem Entwicklungskonzept wird davon ausgegangen, daß ein stabiles und differenziertes Selbstbild die Voraussetzung für die Herausbildung stabiler, reziproker und differenzierter Beziehungen darstellt, die wiederum das Selbstkonzept oder die Identität beeinflussen.

Der Einfluß dieser Merkmale auf die differentielle Ansprechbarkeit von Patienten wurde in einer Studie von Blatt und Ford (1994) untersucht. Generell zeigte sich, daß introjektive Patienten stärker von der Therapie – einer stationären intensiven psychodynamischen Behandlungsmaßnahme – profitierten als die Gruppe der Patienten mit einer primär beziehungsorientierten Problemstellung. Beide Gruppen unterschieden sich jedoch auch bezüglich der Art der Therapieveränderungen. Bei „introjektiven" Patienten zeigten sich Veränderungen vor allem in der Intensität klinischer Symptome und im Ausmaß ihres kognitiven Funktionierens (gemessen mit psychometrischen Skalen). Demgegenüber wiesen Patienten mit einem *Anaclitic Pattern* Therapieerfolge insbesondere auf der Ebene ihrer Beziehungsgestaltung auf. Blatt resümiert, daß Patienten insbesondere Veränderungen auf Dimensionen herausbilden, die mit ihren zugrundeliegenden psychologischen Funktionsbeeinträchtigungen im Zusammenhang stehen.

Die Unterscheidung zwischen „anaklitischen" und „introjektiven" Patienten war in früheren Analysen von Daten des Menninger Psychotherapy Research Projects (MPRP) angewendet worden. In dieser Studie wurden die Effekte von Langzeitanalysen und psychodynamischer Psychotherapie im ambulanten Bereich verglichen, ohne daß systematische Unterschiede zwischen den beiden Interventionstypen in einer Vielzahl von Datenanalysen gefunden wurden. Wenn jedoch die Patienten nach den beiden hier diskutierten Entwicklungsmerkmalen in Gruppen aufgeteilt wurden, zeigte sich ein differentielles Ansprechen der Samples auf die unterschiedlichen therapeutischen Interventionen. Introjektive Patienten wiesen ausgeprägtere Therapieerfolge unter der psychoanalytischen Behandlungsbedingung als in der psychodynamisch orientierten Psychotherapie auf; demgegenüber zeigten die „interpersonell" orientierten Patienten mehr Therapiegewinne, wenn sie sich einer psychodynamischen Psychotherapie unterzogen. Blatt (2000, S. 31) resümiert die Befunde aus diesen Studien wie folgt: „Aspects of patients' personality appear to interact with dimensions of the therapeutic process to determine the nature of therapeutic change and the efficacy of different type of treatment."

Ausgehend von der aus der Literatur abgeleiteten Annahme, daß depressive Patienten sich ebenfalls in eine eher „beziehungsorientierte" und eine „selbstwertorientierte" Gruppe unterscheiden lassen, reanalysierte die Gruppe um Blatt die Daten der NIMH-Depressionsstudie. Dieses Vorgehen war möglich, da die umfassende Testbatterie in dieser Studie die Dysfunctional Attitudes Scale (DAS; vgl. Weissman und Beck 1978) enthielt, die zwei stabile Hauptfaktoren, *Relatedness* (Bezogenheit) und *Self-definition* (Selbstdefinition) aufwies und somit inhaltlich kompatibel zu den Persönlichkeitsdimensionen von Blatt war. Die Befunde zeigten wiederum einen Zusammenhang zwischen Persönlichkeitsdimensionen und dem Therapieerfolg. Patienten die vor der Therapie ein hohes Ausmaß an Belastung auf der Selbstwertdimension (Perfektionismusskala, PFT-Skala im DAS) aufwiesen, konnten unter allen vier Therapiebedingungen (alle vier waren Kurztherapien; s. o.) weniger gewinnen als Patienten mit einer geringen Belastung in diesem Merkmalsbereich. Dieses Ergebnis kontrastierte zu den Befunden aus den anderen zwei skizzierten Studien, nach denen Patienten mit diesem Merkmal insbeson-

dere von intensiven langzeitorientierten psychoanalytischen Behandlungen profitierten.

Blatt (2000) fügt seiner oben zitierten Aussage hinzu, daß die beiden von ihm verwendeten Entwicklungskonzepte (*Relatedness* und *Self-definition*) und damit verbundene psychopathologische Muster (*anaclitic* und *introjective*) geeignet sind, relevante Aspekte der Interaktion zwischen Patientenmerkmalen und Kurzzeit- und Langzeitverfahren zu erfassen; er verweist darauf, daß in einer Vielzahl von Studien der Zusammenhang zwischen der interpersonellen Dimension der Behandlung und dem Therapieerfolg nachgewiesen worden ist und dieser in einer engen Beziehung zu charakteristischen Patientenmerkmalen steht.

Insgesamt ist auf dem Hintergrund der vorliegenden Datenlage das Wissen über spezifische Wirkweisen von unterschiedlichen psychotherapeutischen Ansätzen doch nach wie vor als relativ gering anzusehen. Es ist sehr wahrscheinlich, daß die Annahme des Wirkens von spezifischen Mechanismen in den verschiedenen Therapieschulen nicht nur ideologisch begründet ist.

Allerdings sind diese methodisch, angesichts der Komplexität und Verwobenheit der in einer Psychotherapie wirksamen Variablen, schwer zu identifizieren.

Wir müssen berücksichtigen, daß gerade in einer großen Zahl amerikanischer Studien, die doch eine Majorität der in die verschiedenen Metaanalysen zu störungsspezifischen Behandlungen eingegangenen Untersuchungen darstellen, eher „leichter gestörte" Patienten behandelt worden sind, als wir sie zum Beispiel in Deutschland im ambulanten oder stationären Setting vorfinden. Gerade im stationären Bereich arbeiten wir vielfach mit Patienten, die eine Vielzahl unterschiedlicher psychiatrischer oder psychosomatischer Diagnosen aufweisen und dazu häufig langwierige und wechselnde Verläufe zeigen. Hier sind wir mit dem **Problem der Validität der Aussagen** von Studien **für die klinische Praxis** konfrontiert, das allzuoft nicht kritisch genug bei der Bewertung von empirischen Befunden reflektiert wird. Selbst wenn wir schwache differentielle Effekte unterschiedlicher psychotherapeutischer Interventionen in den kontrollierten Studien finden, bleibt doch zu erwarten, daß diese unter der Komplexität des „klinischen Feldes" nivelliert beziehungsweise relativiert werden. Damit soll nicht dem Versuch entgegengetreten werden, therapeutisches Handeln empirisch zu sichern. Darüber hinaus sollte noch einmal präziser gefragt werden, wofür eine Maßnahme spezifisch sein kann.

Die Suche nach der Spezifität von psychotherapeutischen Methoden sollte sich nicht nur auf die Dimension der psychopathologischen Störung, klassifiziert nach DSM-IV oder ICD-10, sondern auch auf andere Patientenmerkmale oder Problemkonstellationen (z. B. Umfeldvariablen) stützen, die für den Therapieverlauf und -effekt von Relevanz sind.

> Der alte **Uniformitätsmythos der Psychotherapie** (Kiesler 1966), nach dem alle Psychotherapieformen und Psychotherapeuten gleich wirken, findet so im Konzept der störungsspezifischen Psychotherapie eine tendenzielle Renaissance,

denn hier wird impliziert, daß alle Patienten mit einem spezifischen Störungsbild, in anderen Merkmalsbereichen gleich sind oder diese für die Therapieplanung zu vernachlässigen sind.

Therapeutische Ziele und therapeutisches Handeln stehen in einem engen Zusammenhang zu unterschiedlichen Patientenvariablen; sie umfassen neben der Ebene der Störung, die vergangene und aktuelle Persönlichkeitsentwicklung, charakteristisches konflikthaftes Erleben und typische Beziehungsmuster sowie relevante Lernprozesse, die für die Aufrechterhaltung und den Verlauf der Störung von Bedeutung sind. Emotionale und kognitive Stile des Patienten, seine Fähigkeit und Bereitschaft zur „Innensicht" beziehungsweise zur kritischen Reflexion psychologischer Dimensionen, seine spezielle Art der Krankheitsverarbeitung, seine Motivation zur Behandlung, aber auch Ressentiments gegenüber der Psychotherapie oder speziellen Formen der Psychotherapie spielen bei der Auswahl der Therapie wie der Therapieplanung ebenfalls eine Rolle. Darüber hinaus sind Umweltvariablen wie das soziale Netzwerk des Patienten, dessen Einstellungen und Haltungen gegenüber der psychischen oder psychosomatischen Krankheit wie zu den möglichen Behandlungsmodellen jeweils im Einzelfall in ihrem Einfluß oder ihren möglichen Auswirkungen auf die geplante Psychotherapie zu berücksichtigen. Eine derartige Sichtweise wird nicht nur die defizitären Komponenten auf seiten des Patienten oder des sozialen Umfeldes fokussieren, sondern insbesondere auch die Ressourcen des Patienten wie seines sozialen Netzwerkes bei der Therapieplanung berücksichtigen.

Einen interessanten Ansatz für die differentielle Indikationsstellung zur Psychotherapie verfolgen Beutler und Kollegen (Beutler und Clarkin 1990; Beutler et al. 2000). Die Autoren haben auf der Basis von einschlägigen Studien therapierelevante Dimensionen (*Treatment-relevant Dimensions*) auf seiten des Patienten am Beispiel der Depression herausgearbeitet. Ausgegangen sind sie dabei von der These – wie auch Blatt (1999) und eine Vielzahl anderer Autoren (s. z. B. Schneider et al. 1993) –, daß die diagnostische Kategorie der Störung allein keine relevante prognostische Aussage zuläßt.

Die folgenden sechs Patientenmerkmale haben sich auf der Grundlage einer umfassenden Literaturanalyse als geeignet gezeigt, die Effekte von Therapien bei Patienten mit Depressionen als Moderatorvariablen zu beeinflussen:
- funktionelle Behinderung (*Patient Functional Impairment*)
- Leidensdruck (*Subjective Distress*)
- Problem-Komplexität/Chronizität
- soziale Unterstützung (*Social Support*)
- interpersoneller Widerstand (*Resistance Tendencies*)
- Bewältigungsstile (*Coping Styles*)

Dies soll im folgenden näher ausgeführt werden.

Funktionelle Behinderung (Patient Functional Impairment)

Unter funktionellen Behinderungen werden unterschiedliche kognitive, emotionale, aber auch soziale Beeinträchtigungen verstanden.

Es gibt Belege dafür, daß das Ausmaß an funktioneller Behinderung eine Mediatorvariable für die differentiellen Effekte unterschiedlicher Behandlungsbedingungen darstellt.
- Generell gilt, das ein hohes Ausmaß an funktionellen Beeinträchtigungen negativ mit der Prognose korreliert.
- Ein hohes Ausmaß an funktionellen Beeinträchtigungen ist ein Indikator für den Einsatz von längeren und intensiven Therapien; dabei spricht einiges dafür, daß diese interpersonelle Dimensionen fokussieren sollten.
- Das Ausmaß an funktionellen Beeinträchtigungen scheint die Effektivität von psychopharmakologischen Studien positiv zu beeinflussen.

Beutler et al. (2000) berichten, daß sich diese Befunde auch bei anderen Störungsgruppen (z. B. Bulimia nervosa, Zwangsstörungen und Abhängigkeitsstörungen) gezeigt hätten.

Leidensdruck (Subjective Distress)

Die Konzepte des Leidensdrucks und der funktionellen Behinderung werden getrennt. Der Leidensdruck charakterisiert das subjektive Erleben des Patienten, das nicht notwendig mit dem tatsächlichen Ausmaß an funktioneller Beeinträchtigung korreliert ist. Aus theoretischer Sicht stellt der Leidensdruck eine motivationale Ressource dar.

Empirisch zeigt sich, daß der Leidensdruck bedeutsam für die Motivation und die Teilnahme an der Therapie zu sein scheint.
- Ein hoher initialer Leidensdruck scheint ein Indikator für den Einsatz supportiver und selbst-direktiver Therapie zu sein, zeigt jedoch keinen Zusammenhang zur Effektivität aktiver und therapeutengeleiteter Interventionen.
- Ein hohes Ausmaß an Leidensdruck scheint ein Indikator für eine interpersonell fokussierende Therapie – einschließlich Gruppen- und Familientherapie – zu sein.

Soziale Unterstützung (Social Support)

- Ein hohes Ausmaß an sozialer Unterstützung fördert den Therapieoutcome und verringert die Rückfallgefährdung.
- Ein hohes Ausmaß an sozialer Unterstützung spricht gegen eine Langzeitbehandlung, demgegenüber stellt ein niedriges Ausmaß an sozialer Unterstützung eine Indikation für eine Langzeitbehandlung dar.
- Ein gewisses Ausmaß an sozialer Unterstützung scheint notwendig zu sein, um die Effektivität von interpersonellen und beziehungsorientierten Therapien zu fördern.

Problem-Komplexität/Chronizität

Die Autoren legen die Annahme zugrunde, daß unterschiedliche Therapien verschiedene Zielzustände aufweisen, die die Symptomebene, aber auch weitere thematische Bereiche und Veränderungen im konflikthaften Erleben und Verhalten umfassen. Die Problemkomplexität wird dabei durch unterschiedliche Kriterien (z. B. Komorbidität, Chronizität oder Vorliegen von Beeinträchtigungen der Persönlichkeit) definiert. Folgende empirischen Schlußfolgerungen werden auf der Basis der Metaanalysen berichtet.

- Ein hohes Ausmaß an Problemkomplexität legt ein breiteres therapeutisches Vorgehen nahe, das sowohl psychosoziale als auch pharmakologische Interventionen umfaßt.
- Psychopharmakotherapie erzielt die höchste Effektivität bei Patienten mit komplexen und chronischen Problemmustern.

Interpersoneller Widerstand (Resistence Tendencies)

- Minimal strukturierte, selbstdirektive und nondirektive Therapie oder paradoxe Interventionen zeigen bessere Effekte bei Patienten mit einem hohen Ausmaß an interpersonellem Widerstand.
- Patienten mit niedrigerem Widerstand profitieren eher von direktiver Intervention und klinischer Führung.

Bewältigungsstile (Coping Styles)

Der Begriff wird beobachtungsnah verwendet, ohne daß Bezug darauf genommen wird, ob unbewußte oder bewußte Motive zugrunde liegen. Unterschieden wird zwischen einem *Externalized Coping Style* (Extraversion, Impulsivität, Soziopathie und Projektion) und einem *Internalized Coping Style* (Introversion, Zwanghaftigkeit, innere Ausgerichtetheit und Kontrolle).

- Externalisierendes impulsives Coping indiziert Interventionen, die direkt Symptome ansprechen oder auf die Entwicklung von Fertigkeiten (*Skills*) abzielen.
- Internalisiertes oder introvertiertes Coping legt Interventionen nahe, die die Introspektion und Selbstaufmerksamkeit erhöhen.

Dieses Modell gründet in einem eklektizistischen Ansatz, der das Kriterium der Effizienz von Methoden über deren theoretische Verankerung in Konzepten zur Ätiologie von psychischen Störungen und Grundannahmen zur Veränderung stellt. Inhaltlich interessant ist meines Erachtens jedoch der erweiterte Blick auf den Patienten beziehungsweise dessen psychosoziale Hintergrundbedingungen. Auch wenn die Befunde zu den unterschiedlichen Konzepten auf der Grundlage von Metaanalysen zur Depression entwickelt worden sind, so bieten sie doch Anregungen, die bei der Frage der differentiellen Indikationsstellung zur Psychotherapie berücksichtigt werden

können; dies soll noch bei der Darstellung unseres Indikationsmodells gezeigt werden.

Modelle der Methodenkombination und der Methodenintegration

In der Psychotherapiepraxis hat sich in den vergangenen zwei Jahrzehnten eine deutliche Tendenz dahingehend entwickelt, Elemente unterschiedlicher Therapieformen miteinander zu kombinieren. Therapeuten zeigen unter dem Druck der Alltagsbedingungen sowie unter den konkreten Anforderungen, die ein Patient stellt, eine Tendenz, etwas anderes zu tun, als sie ursprünglich in ihrer Methode gelernt haben. Dieses Phänomen als „Praxisshift" benannt, drückt sich in dem Sachverhalt aus, daß bei Untersuchungen zum therapeutischen Vorgehen von Therapeuten, doch eine beträchtliche Anzahl von Befragten angeben, daß sie eklektizistisch vorgehen würden (s. Garfield und Bergin 1994). In unterschiedlichen Studien aus den USA, in denen klinische Psychologen, Psychiater aber auch Sozialarbeiter, die einen Großteil der in den USA durchgeführten Therapie leisten, befragt wurden, lag der Prozentanteil von Therapeuten, die sich als eklektizistisch arbeitend charakterisierten, zwischen 29 % (Norcross et al. 1989) und 68 % (Jensen et al. 1990).

Von Interesse ist nun, wie die Therapeuten unterschiedliche Techniken miteinander kombinieren und auf welchem Reflexionsniveau dieses Vorgehen erfolgt. Vielfach werden Therapeuten ihr Beziehungsverhalten aber auch die eingesetzten Interventionen eher aus dem „Bauch", intuitiv vollziehen, ohne diese Methodenkombination im Vornherein systematisch zu planen, zu dokumentieren und ihre Effekte im therapeutischen Prozeß zu kontrollieren.

Auf einer nächst höheren Stufe, Huber (2000) spricht von **technischem Eklektizismus**, erfolgt die Auswahl von Techniken unterschiedlicher theoretischer Herkunft systematisch mit dem Ziel, die für die Lösung eines Problems erwiesenermaßen effektivste Technik beziehungsweise Technikkombination zu finden. Das Vorgehen ist klinisch-pragmatisch ausgerichtet; als Kriterium der Auswahl wird die klinische Wirksamkeit verwendet. Bei dieser Art der additiven Methodenkombination wird nicht darauf abgezielt, die verschiedenen Therapieelemente in einen theoretischen Gesamtrahmen zu stellen, der Bezug nimmt auf Konzepte zur Ätiologie und auf Veränderungsmodelle. Demgegenüber versuchen Ansätze der **integrativen Psychotherapie** (Huber 2000) auf theoretischer Ebene die durch die Psychotherapieschulen gesetzten Grenzen zu überwinden und eine empirisch gesicherte und umfassende Psychotherapie zu entwickeln. Paul Wachtel (1977) hat bezogen auf die Psychoanalyse und auf die Verhaltenstherapie den Versuch unternommen, durch die kreative Integration von Konvergenzen und Divergenzen unterschiedlicher theoretischer Ansätze einen sich verändernden und entwickelnden neuen Bezugsrahmen zu schaffen. Aus diesem Bezugsrahmen resultiert dann eine Kombination von Therapietechniken beider Ansätze. Diese Arbeit, die theoretisch interessant und originell ist, hat jedoch in der Folge weder auf der theoretischen noch auf der praktischen Ebene relevante Vertiefungen beziehungsweise Anwendungen gefunden.

Huber bewertet Ansätze der theoretischen Integration eher skeptisch. Aus seiner Sicht gibt es bislang keinen Nachweis eines engen Zusammenhangs zwischen Theorie und Praxis. So sind für ihn Ansätze der Integration von Methoden, die von klinischen Problemen ausgehen, aussichtsreicher als Integrationsversuche von Schulen, die auf einer theoretischen Ebene ansetzen.

Nach Huber (2000) geht es darum, Wissen und Techniken zur Problemlösung zu integrieren, und nicht darum, Schulen zu integrieren.

   Dieses Vorgehen ist verbunden mit:
- der differentiellen Indikationsstellung
- der Kombination von Methoden
- der Adaptation von Methoden für den konkreten Fall
- der kontrollierten Praxis von Interventionen (wie wird die Therapie umgesetzt, Manuale, Dokumentation)
- der empirischen Prüfung von Interventionen (welche Maßnahmen haben sich empirisch als effektiv erwiesen)

Um eine angemessene Auswahl von Methoden vornehmen zu können, sind Kriterien notwendig, die eine Aussage über die Güte von Interventionen für spezielle therapeutische Fragestellungen zulassen.

Zur Lösung dieses Problem, wird vorgeschlagen, die empirischen Befunde der Psychotherapieforschung zugrunde zu legen. Die Task Force of Promotion and Dissemination of Psychological Procedures (1995; zitiert nach Henningsen und Rudolf 2000) und Roth und Fonagy (1996) haben Kriterien vorgeschlagen, um empirische Studien bezüglich ihrer Güte und Aussagekraft zu bewerten. Diese beinhalten zum Beispiel die klare Beschreibung der Methode sowie die Beschreibung der Patientengruppe, für die diese Methode Anwendung finden soll. Auf der Grundlage dieser Kriterien werden dann zum Beispiel „gut bewährte Behandlungsmethoden" von „wahrscheinlich wirksamen Behandlungsmethoden" unterschieden.

In diesem Zusammenhang soll an die Bedeutung der Beziehungsvariablen für den Therapieprozeß, wie sie oben ausgeführt wurden, und an die Vielgestaltigkeit von Patientenvariablen, die einen Einfluß auf die Therapieakzeptanz aufweisen, erinnert werden.

Norcross und Beutler (1997) haben eine Systematik von Patientenmerkmalen erarbeitet, die für die Auswahl der therapeutischen Beziehung von Bedeutung sind. Dazu gehören, die Patientenerwartung, die Änderungsphase des Patienten, sein Widerstandspotential oder seine Reaktanz, seine Persönlichkeit und Copingstil. Ergänzend können andere Variablen hinzukommen.

Für Huber (2000) sprechen die Annahme der multifaktoriellen Bedingtheit von Störungen, die Komorbidität und das Vorliegen mehrerer unterschiedlicher Probleme für eine Methodenkombination. Er systematisiert dann die Kombination von Methoden weiter, indem er formuliert, daß diese praktisch kompatibel und genügend verschieden sein sollten. Die möglichen Therapiekombinationen können dann die folgenden Effekte aufweisen.

Effekte von Therapiekombinationen (nach Huber 2000)
- keine therapeutische Wirkung
- eine positive additive Wirkung
- eine positive synergistische Wirkung (größer als die Summe der individuellen Komponenten)
- eine positive katalysierende Wirkung (Komponente wirkt nur in Kombination mit der anderen)
- negative Wirkung

Trotz der bestechenden Systematik dieses Ansatzes, therapeutische Techniken unterschiedlicher Couleur zu verbinden, werden die Wirkungen von Therapiekombinationen, die ja insbesondere im therapeutischen Alltag vor allem in psychodynamisch ausgerichteten Akutkrankenhäusern und Rehabilitationskliniken Anwendung finden (Bassler und Hoffmann 1994; Herzog et al. 1996), zumeist sowohl auf der Ebene der Therapieplanung als auch auf der Ebene der Therapiewirkungen eher additiver Natur sein. Auf einer theoretischen Basis wird bereits programmatisch darauf verzichtet, Hypothesen über das Zusammenwirken von Therapiebausteinen unter Zugrundelegung von Theorien zur Ätiologie und zur therapeutischen Veränderung zu bilden, aus denen die Methodenkombination ableitbar wäre. Eine Bewertung der Therapieergebnisse bezüglich der Kriterien „synergistische oder katalysierende" Wirkung ist „theoriefrei" kaum möglich; eine praktische Überprüfung über den systematischen Ergebnisvergleich unterschiedlicher Methodenkombinationen verspricht ebenfalls wenig Auskunft hinsichtlich dieser Frage, wenn wir uns die Versuchspläne und die Vielgestaltigkeit und hohe Komplexität unserer Thematik vor Augen führen.

Aus pragmatischen Gründen kann eine eher additiv zusammenstellende Therapiekombination durchaus sinnvoll sein und wird deshalb auch vielfältig umgesetzt. Damit ist jedoch tendenziell ein Therapieverständnis verbunden, das ganz im Lichte eines „Psychotechnizismus und der vorherrschenden Effizienzdebatte im Gesundheitssystem" funktioniert und Gefahr läuft, hinter dem Machbaren den Blick für ein vertiefendes Verständnis für Prozesse der Persönlichkeitsentwicklung, der Krankheitsentstehung und Veränderungsprozesse zu verlieren. Insofern plädiere ich dafür, **kombinierte Therapiekonzeptualisierungen** erst einmal **unter dem Blickwinkel eines Theoriegebäudes vorzunehmen** und von dieser Warte aus kritisch und durchaus selbstkritisch **die verschiedenen Wechselwirkungen und Prozesse zu reflektieren**, die sich auf seiten des Patienten, der Interaktionen zwischen den verschiedenen therapeutischen Interventionen sowie der Therapeuten und therapeutischen Teams wie der theoretischen Modelle der unterschiedlichen Methoden ergeben. Dieses Vorgehen fordert von den Therapeuten beziehungsweise therapeutischen Teams ein hohes Ausmaß an Sachkompetenz bezogen auf die eigene therapeutische Richtung als auch auf den anderen – im konkreten therapeutischen Handeln kombinierten Therapieansatz – sowie ihrer Bereitschaft eigene Einstellungen und Werthaltungen in Frage zu stellen und gemäß den Erfahrungen und Erkenntnissen sukzessiv zu modifizieren (s. auch Schneider und Senf 1998). Einen anderen Weg gehen Versuche, Modelle einer Allgemeinen Psychotherapie zu entwickeln.

Modelle einer Allgemeinen Psychotherapie

Gegenüber Versuchen, unterschiedliche Methoden in einem Gesamtkonzept zu kombinieren oder zu integrieren, sind Modelle abzugrenzen, die auf der Grundlage empirischer Befunde allgemeine Dimensionen psychotherapeutischer Prozesse beschreiben. Beispiele dafür sind das Modell von Frank (1982), der allgemeine Entwicklungsschritte auf seiten des Patienten beschreibt, die diesen in die Psychotherapie bringen und die dieser während des therapeutischen Prozesses durchläuft:

- Die **Phase der Demoralisierung**: Diese Erfahrung bringt den Patienten dazu, eine Psychotherapie aufzunehmen.
- Die **Phase der Remoralisierung** zu Beginn der Psychotherapie: Der Patient schöpft Hoffnung auf Veränderung.
- Die **Phase der Remediation**: Hier geht es um die Symptomreduktion und die Klärung von Problemen.
- Die **Phase der Rehabilitation**: Das frühere Funktionsniveau wird wieder hergestellt und neue Fertigkeiten (*Skills*) werden erlernt.

Als zentrale therapeutische Wirkfaktoren werden von Frank die emotional engagierte und vertrauensvolle Beziehung, die therapeutischen Rahmenbedingungen sowie die Krankheitsmythologien (Erklärungsmodelle der Störung bzw. der Probleme des Patienten) angesehen.

Komplexer ist das *Generic Model of Psychotherapy* (Orlinsky 2000; Orlinsky und Howard 1987), das die unterschiedlichen Variablen, die bislang bezüglich ihres Einflusses auf die Psychotherapie untersucht worden sind, zu zentralen Kategorien zusammenfaßt. Unterschieden wurden drei große Gruppen von Variablen, die weiter differenziert werden.

Inputvariablen: Sie beinhalten die Ausgangslage der Therapie, dazu gehören Patientenmerkmale, Therapeutenmerkmale, gesellschaftlicher und institutioneller Kontext (z. B. das Setting)

Prozeßvariablen: Sie beschreiben die unterschiedlichen Aspekte der Therapie:
- den formalen Aspekt (der therapeutische Vertrag)
- den technischen Aspekt (die therapeutischen Maßnahmen)
- den interpersonellen Aspekt (die therapeutische Beziehung)
- den intrapersonalen Aspekt (die innere Selbstbezogenheit)
- den klinischen Aspekt (die unmittelbaren Auswirkungen der Therapiesitzungen)
- den zeitlichen Aspekt (der sequentiell verlaufende Prozeß)

Ergebnisvariablen: Sie spezifizieren die Konsequenzen der Therapie, in der Regel das Therapieergebnis

---

Das allgemeine Behandlungsmodell umfaßt **vier Ebenen:**
1. das **philosophische Menschenbild oder** ein **Persönlichkeitskonzept**, aus dem sich weitergefaßte therapeutische Ziele der einzelnen Psychotherapiemodelle ableiten;
2. **Krankheits- oder Problemkonzeptualisierungen**, auf deren Basis die Probleme des Patienten diagnostiziert und erklärt werden;
3. ein **Repertoire an Interventionsformen und technischen Vorgehensweisen**, die vom Therapeuten und Patienten umgesetzt werden müssen, damit die Problemlösung und weitere Entwicklung möglich wird;
4. eine bestimmte **therapeutische Haltung** eines jeden therapeutischen Ansatzes, die dem Patienten entgegengebracht werden sollte.

Abb. 6-1 zeigt die Funktionen und wechselseitigen Beziehungen des Behandlungsmodells des Therapeuten.

Orlinsky (2000) betont, daß das Krankheitserleben des Patienten den entscheidenden Ausgangspunkt für den therapeutischen Prozeß darstellt. Darüber hinaus sei die Abstimmung zwischen dem Krankheitsmodell und dem therapeutischen Behandlungsmodell einerseits und Persönlichkeitsmerkmalen des Patienten und des Therapeuten andererseits von großer Bedeutung. Orlinsky resümiert: Dies legt die interessante Hypothese nahe, daß die besten therapeutischen Resultate erzielt werden, wenn diese vier Bedingungen optimal aufeinander abgestimmt werden (S. 40).

Dieser Ansatz stellt eine Analyse verallgemeinerbarer Faktoren psychotherapeutischer Modelle dar, beansprucht jedoch nicht, eine allgemeine Theorie psychischer Störungen und dafür indizierter Behandlungskonzepte zu sein. Seine Stärke liegt in der Systematisierung gemeinsamer Faktoren unterschiedlicher therapeutischer Methoden, die in ihrer konkreten Ausformung jedoch durchaus divergent sein können. Neben der Bedeutung für die Entwicklung von Forschungsstrategien eignet er sich auch für eine systematische Reflexion klinischer Aufgabenstellungen, zum Beispiel bei der Frage der differentiellen Indikationsstellung zur Psychotherapie (s. u.).

Grawe (1995; 1998; 1999) hat eine Grundkonzeption einer **Allgemeinen Psychotherapie** vorgeschlagen, die auf einer empirisch begründeten Vielfalt an „therapeutischen Vorgehensweisen und herangezogenen Wissensbeständen" aufbauen soll (1999, S. 350). Damit die Allgemeine Psychotherapie mehr sein könne als eine Addition aller therapeutischer Möglichkeiten, müsse sie grundsätzlich eine „eigene konzeptionelle Basis" haben, die unterschiedliche empirisch gesicherte Psychotherapiebefunde zu einer Einheit verbindet und auf der theoretischen Ebene eine größere Reichweite haben als die

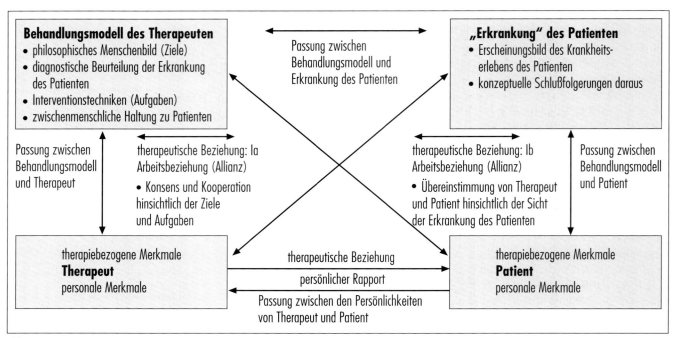

Abb. 6-1 Funktionen des Behandlungsmodells.

theoretischen Konzepte der einzelnen Therapierichtungen. Aus dieser theoretischen Grundlegung müßten alle empirisch gesicherten Befunde zu Wirkweisen der Psychotherapie ableitbar und erklärbar sein; ein Anspruch, der sich allein schon die durch die stetig wachsende Akkumulation empirischen Wissens zu psychischen Störungen und deren Behandlung nicht erfüllen ließe. So schlägt Grawe vor, die Allgemeine Psychotherapie als einen Entwicklungsprozeß zu verstehen, in dem sukzessive Theorien mit Bezug auf die relevante empirische Befundlage entwickelt und unter dem Einfluß neuer Erkenntnisse relativiert und modifiziert werden. Für die Therapieplanung wie für die therapeutische Praxis würden **„Wenn-dann-Beziehungen"** einen Planungs- und Handlungsrahmen abgeben. Als **Wenn-Komponenten** werden insbesondere die Patientenvariablen verstanden, zu denen zum Beispiel die Aspekte der Störung, Persönlichkeitsmerkmale (z. B. interaktionelle Charakteristika, kognitive Stile oder motivationale Aspekte) aber auch situative Variablen und soziale Kontextvariablen gehörten. Die **Dann-Komponenten** umfassen Therapiemethoden oder spezifische Interventionen aber auch andere therapeutische Variablen wie zum Beispiel das Beziehungsverhalten des Therapeuten (etwa das Ausmaß an Direktivität). Aus diesem komplexen Beziehungsgeflecht von Wenn-dann-Beziehungen resultieren die konkreten Therapieplanungen und therapeutischen Vorgehensweisen. An diesem Punkt argumentiert Grawe meines Erachtens zu Recht, daß die Wenn-Beziehungen in der Regel erheblich komplizierter sind, als die störungsorientierte Perspektive in der Therapie annimmt. Er nimmt hier auch Bezug auf die oben dargelegten Befunde, daß verschiedene konkurrierende therapeutische Interventionen bei der gleichen Störung vergleichbare Ergebnisse erzielen, und folgert daraus, daß die Wenn-Komponenten, die Patientenvariablen, weiter differenziert werden und dieser Komplexität an Wenn-Komponenten ein ebenso komplexes Gefüge an Dann-Komponenten gegenübergestellt werden müsse, das komplementär zu den Therapiebedingungen sein muß. Um dieses Arbeitsprogramm im Prozeß der Therapieplanung und -durchführung umsetzen zu können, muß der Therapeut fähig sein, die unterschiedlichen Wenn-Bedingungen angemessen zu reflektieren und in ihrer Bedeutung für die Therapie zu gewichten. Dafür müsse die Forschung für unterschiedliche therapeutische Ausgangslagen Handlungsregeln herausarbeiten, aus denen der Therapeut auszuwählen hat. Es könnten jedoch auch für verschiedene Wenn-Bedingungen unterschiedliche Dann-Bedingungen resultieren, die konkurrierend nebeneinander stehen würden und nicht miteinander oder zumindest nicht gleichzeitig miteinander umgesetzt werden könnten. In dieser Konstellation müsse sich der Therapeut entscheiden, welchen Aspekt oder welche Perspektive er aufgreifen möchte. Diese Entscheidungen seien nur möglich, wenn der Therapeut eine Theorie des psychischen Geschehens (ein psychisches Funktionsmodell) aufweise, das konvergent zu seinem therapeutischen Verständnis sei und ein Konzept über die Störung, die Ressourcen, den Beziehungsaspekt und die motivationalen Komponenten beinhalte. Grawe schlägt dann ein konsistenztheoretisches Modell als theoretische Grundlage für eine Allgemeine Psychotherapie vor. Dieser Ansatz, auf den hier nicht näher eingegangen werden soll, sieht als zentrale Funktionsweise die Herstellung konsistenter psychischer Zustände (Reduzierung aktueller Bedürfnisspannung) an. Psychische oder psychosomatische Störungen entstehen dann, wenn innere Inkonsistenzen und Spannungen durch maladaptive psychische Muster zumindest zeitweise reduziert werden (z. B. durch eine Angstattacke). Auf der Basis komplexer neuronaler Erregungsmuster, die über Prozesse der Verstärkung gebahnt werden und so eine größere Auftretenswahrscheinlichkeit erhalten, kommt es zur Stabilisierung gestörten Erlebens und Verhaltens, die Störungsmuster werden zu Attraktoren. Störungsspezifische Interventionen würden systematisch an diesen vorherrschenden, für das psychische Funktionsniveau dysfunktionalen Bahnungen ansetzen und diese verändern, wobei für diesen Prozeß die systematische Beeinflussung unterschiedlicher Gedächtnissysteme durch die Modifikation von Übertragungsbereitschaften an den Synapsen notwendig ist. In der weiteren Ausarbeitung seines Modells integriert Grawe die Aspekte der Ressourcenaktivierung für die Förderung von Annäherungsverhalten und der interpersonalen Attraktoren, die einen hohen motivationalen Stellenwert für die Ausbildung von Werthaltungen, Wünschen, Erwartungen und Befürchtungen in den jeweiligen Gedächtnisspeichern haben, in sein Verständnis therapeutischer Entwicklung und Vorgehensweisen. Kompakt formuliert müssen Erregungsabläufe, die bislang mit dysfunktionalen Inhalten semantisch „belegt" sind, im therapeutischen Prozeß aktiviert und über die therapeutischen Erfahrungen „neu beschrieben" werden.

Ich möchte hier nicht näher auf die aktuelle inhaltliche Konzeptualisierung von Grawes Modell Allgemeiner Psychotherapie eingehen. Es versucht eine Verbindung zwischen zentralnervösen Prozessen, ihren neurophysiologischen Grundlegungen und Funktionsweisen des Gehirns sowie hypostasierten psychologischen Grundmustern – hier die Tendenz zur Schaffung von Konsistenz und damit zusammenhängenden weiteren psychologischen Mustern wie der Motivation herzustellen und daraus die Entstehung psychischer Störungen sowie Strategien zu deren Behandlung abzuleiten. Es existieren zum Beispiel von psychoanalytischer Seite eine Reihe von Arbeiten zu dieser Thematik (z. B. Deneke 1999; Horowitz 1998; Koukkou et al. 1998), die versuchen, psychische Entwicklung und ihre charakteristischen Grundfunktionen (Triebe, Struktur oder ähnliche Konstrukte) in Beziehung zu möglichen neuroanatomischen oder -physiologischen Grundlagen zu setzen. Selbstverständlich haben andere Wissenschaften ebenfalls elaborierte Konzepte zu diesen neuropsychologischen Beziehungen (s. z. B. Roth 1996 zur Verhaltensforschung oder Braun und Bongerts 2000 zur Neuroanatomie und Neuropathologie oder Henningsen zur Neuropsychoimmunologie, Kap. 2.3, S. 77) entwickelt. Eine interessante Frage betrifft die **Reichweite der Erklärung der jeweiligen Konzepte für die bio-psychosoziale Wechselwirkung**; eine andere Frage, das Problem, **wie spezifisch psychosoziale Konzepte letztlich formuliert sein können oder müssen**, um eine angemessene Grundlegung bio-psychosozialer Hintergrundbedingungen für menschliches Erleben, Denken und Handeln zu geben. Hier wird es in Zukunft noch viel Diskussionsraum geben, und wir werden sehen, auf welcher Ebene von Konstrukten wir arbeiten können und müssen.

Solange das Gelände noch derart viel „Unschärfen" und Unwägbarkeiten aufweist, bleibt eben noch viel Erklärungsraum, der sich aus ethischen Aspekten, Menschenbildern, Konzepten über die Entwicklung von Persönlichkeit und Krankheit herleitet und als Bezugsrahmen für therapeutische Konzepte zugrunde gelegt werden kann.

Aktuell interessanter scheint mir das wissenschaftstheoretische Programm Grawes zu sein, der einerseits die empirische Verifizierung von Wenn-dann-Beziehungen als Standard formuliert und zum anderen auf der theoretischen Ebene Konstrukte einführt, die nicht oder nur ungenügend empirisch fundiert sind, deren wissenschaftliche Aktualität eben auch offen ist. Sie werden nach unterschiedlichen Evidenzkriterien (inhaltliche Plausibilität, logische Stringenz, Konvergenz zur empirischen Befundlage) entwickelt, beibehalten oder modifiziert und sind insgesamt als ein fließendes Theorien- oder Handlungsgebäude definiert; dies ist eine Sicht, die meiner Meinung nach auch etwa für die psychodynamische Theorie gilt, soweit diese nicht, wie allzuoft in früheren Zeiten und auch heute noch gegen empirische Befunde immunisiert ist, sondern diese, soweit sie eine Aussagekraft für sie aufweisen, kritisch reflektiert und weitere oder engere Konstrukte in Frage stellt und modifiziert, eigene Forschungsanstrengungen unternimmt, um zentrale Themenstellungen zu überprüfen und zu schärfen. Der Anspruch ein Begriffssystem zu schaffen – im Sinne des logischen Empirismus, nachdem akkumulativ alles erklärt werden und aufeinander bezogen werden kann (s. Westmeyer 1982), erscheint mir jedoch nach wie vor ein antiquiertes Vorgehen, das Vielfalt zugunsten des empirisch Auffindbaren reduziert, auch wenn es hoch mit aktuell bedeutsamen Wissenschaftsstandards sowie mit sozialpolitischen und ökonomischen Anforderungen korrespondiert.

Ob die Frage der Allgemeinen Psychotherapie aktuell von Bedeutung ist, hängt meines Erachtens weniger davon ab, ob sie ein angemessenes theoretisches Modell über den Gegenstand entwickelt hat und angemessene psychotherapeutische Handlungsregeln vorweisen kann, sondern vielmehr davon, inwieweit sie genügend Anhänger für ihre Konzepte finden kann.

Die Allgemeine Psychotherapie ist zu allererst ein Konkurrent auf dem Markt der Erklärungs- und Handlungsmodelle psychischer Entwicklung, deren Konzepte und Strategien sich unterscheiden. Wie attraktiv das eine oder das andere Modell ist, hängt jedoch von unterschiedlichen Faktoren ab.

Eine zentrale Kritik an Grawes Handlungsregeln führt Westmeyer (1999) an, der darauf hinweist, daß zu einer Handlungsregel eine bestimmte Zielkomponente gehört, in der die angestrebten Handlungsfolgen enthalten sein müssen, da diese als Entscheidungsgrundlage für die Auswahl therapeutischer Interventionen dienen. Diese Zielkomponenten sollten sich aus relevantem Hintergrundwissen ableiten, von denen die von Grawe vorgeschlagene Konzeption eine mögliche neben anderen sein könnte; hier handelt es sich um eine Position, die von uns geteilt wird. Westmeyer plädiert dafür, „das theoretische Spektrum explizit zu öffnen und zur persönlichen Konstruktion eines handlungsrelevanten Hintergrundwissens zu ermuntern" (S. 380). Als Standard für dieses Hintergrundwissen formuliert er dann weiter, daß dieses vorrangig oder ausschließlich – von Westmeyer mit einem Fragezeichen versehen – auf Bausteinen der empirischen Psychotherapieforschung oder auf Befunden der empirischen Grundlagendisziplinen der Psychotherapieforschung aufgebaut werden sollte. Die weitgehende Bezugnahme auf empirisch validierte Theorien in dieser Konsequenz erscheint mir angesichts des aktuellen Wissenstandes zu unserer Fragestellung wie auch angesichts des Wissens über die methodischen Probleme der Validierung umfassender Konstrukte der Psychotherapie nach empirischen Standards eine „Verbeugung" vor dem wissenschaftlichen Zeitgeist und technizistischen Normen zu sein; dies erweist sich als wenig konstruktiv für die gegenstandsangemessene Theorienentwicklung und -überprüfung. Ich stimme mit dem Anspruch überein, daß man Theorien und die von ihnen abgeleiteten Konstrukte empirisch überprüfen muß, wobei der adäquate Rückbezug auf die mit dem Gegenstand verbundenen methodischen Rahmenbedingungen für mich ein „Muß" darstellt. Dies bedeutet, daß wir nicht ausschließlich den Normen der experimentellen oder objektivistischen Wissenschaftsmaximen unterliegen können, sondern uns in unserer wissenschaftlichen Reflexion wie der klinischen Praxis an methodischen Standards orientieren müssen, die dem Gegenstand gemäß sind; dies schließt zum Beispiel auch qualitative Forschungsstrategien – wo sie angezeigt sind – ausdrücklich ein. Die Kehrseite bedeutet jedoch auch, daß empirische Ergebnisse, soweit sie mit unserer Problemstellung in einem relevanten Zusammenhang stehen, zu integrieren sind. Darüber hinaus muß auch der gesellschaftlichen Kontext, in dem sich Psychotherapie entwickelt und abspielt, in seiner normen- und praxisanleitenden Relevanz reflektiert und bei der Konzeptualisierung von Studien wie der Planung von Therapien berücksichtigt werden, wenn wir uns nicht aus den relevanten gesellschaftlichen und wissenschaftlichen Hintergrundbedingungen herauskatapultieren wollen.

Im folgenden soll die Frage der differentiellen Indikationsstellung zur Psychotherapie auf der Basis der hier dargelegten Argumentation aufgegriffen werden.

Die Indikationsstellung zur Psychotherapie

In der Medizin wird unter dem Begriff der Indikation das **Vorliegen eines zwingenden Grundes zur Anwendung eines bestimmten Heilverfahrens** verstanden (Pschyrembel). Seidenstücker und Baumann (1979) spezifizieren die Indikationsfrage für die Psychotherapie:

Bei welchem Patienten mit welcher Problematik/psychischen Störung ist welche Behandlungsmaßnahme beziehungsweise welche Sequenz von Behandlungsmaßnahmen beziehungsweise welche Sequenz von Behandlungselementen durch welchen Therapeuten zu welcher Zielsetzung wie angemessen, wie effektiv und wie effizient?

Bastine (1981) entwirft das **Konzept der adaptiven oder prozeßorientierten Indikation**, das die realen Prozesse der Indikationsstellung im klinischen Alltag angemessen beschreibt.

> Nach der adaptiven Indikation werden zu verschiedenen Phasen des Krankheits- und Behandlungsprozesses unter Umständen unterschiedliche therapeutische Ziele zwischen dem Therapeuten und dem Patienten in einem interaktionellen Prozeß ausgehandelt, die mit unterschiedlichen therapeutischen Methoden oder Methodenkombinationen behandelt werden.

Arten der Indikationsentscheidung

Für die Psychosomatik und Psychotherapie ist nicht nur das Problem der differentiellen Indikationsstellung zur Psychotherapie von Interesse, bei der es darum geht, welche Art von Psychotherapie ein Patient erhalten soll, sondern auch die Frage, ob bei einem Patienten im Feld der medizinischen Versorgung überhaupt daran gedacht wird beziehungsweise ob früh genug daran gedacht wird, daß grundsätzlich eine Psychotherapie zur Behebung der Probleme geeignet ist.

> In der Regel ist zuallererst zu fragen, inwieweit bei einem Patienten mit einer spezifischen Störung beziehungsweise einem Problem überhaupt eine Psychotherapie – als alleinige Behandlungsmaßnahme oder in Kombination mit somatischen Interventionen – indiziert ist.

Mit dieser Frage sind häufig die somatisch orientierten niedergelassenen Allgemeinärzte oder auch Fachärzte konfrontiert, die allerdings oft wenig Sensibilität für psychosoziale Anteile am Krankheitsgeschehen aufweisen und dann die Bedeutung psychotherapeutischer Maßnahmen beim konkreten Patienten nicht oder nur ungenügend erfassen. Die Folge dieser Konstellation stellt dann allzuoft eine langwierige Orientierung des Patienten auf Organdiagnostik und -therapie dar, die dann zu einem dysfunktionalen Krankheitsverhalten und einer Chronifizierung der psychischen oder psychosomatischen Störung führen kann. Die grundsätzliche Frage der Indikation zur Psychotherapie muß zumindest auch im organisch orientierten Behandlungskontext problematisiert werden und, soweit sie nicht vom behandelnden Arzt entschieden werden kann, muß dieser eine Überweisung zu einem Spezialisten veranlassen, dem dann die Aufgabe zufällt, abzuklären, ob und welche Art von Psychotherapie bei dem Patienten indiziert ist. Über die Teilnahme an der Weiterbildung in **psychosomatischer Grundversorgung** sollen die Allgemeinärzte sowie andere Facharztgruppen diese Kompetenz bezüglich der Erkennung von psychosozialen Aspekten am Krankheitsgeschehen sowie der Berücksichtigung psychotherapeutischer Interventionen bei der Behandlungsplanung entwickeln. Auf dem Hintergrund dieser Sichtweise läßt sich ein **erster Standard** der Indikation formulieren.

Bereits im Feld der Primärversorgung und/oder der Versorgung durch unterschiedlichste Fachärzte ist früh genug die mögliche Indikation zu einer Psychotherapie mitzureflektieren und problemangemessen in die Arzt-Patient-Beziehung und damit in die Behandlungsplanung zu integrieren.

Ist die erste Frage (soll überhaupt eine Psychotherapie angestrebt werden?) positiv entschieden, ist zu klären**, welche Art von Psychotherapie indiziert ist**. Hier geht es um die **differentielle Indikation zur Psychotherapie**, ein Problem, das seit den 50er Jahren mit dem Nebeneinander relevanter psychotherapeutischer Ansätze (vor allem psychoanalytischer Methoden und der Verhaltenstherapie) entstanden ist und in der Folge immer bedeutsamer wurde (s. o.).

Die differentielle Indikationsstellung zur Psychotherapie

Traditionell wurde nach Antworten auf die Frage gesucht, welcher psychotherapeutische Ansatz – das heißt welche Psychotherapieschule – für welche Art von Störung oder Problemen in besonderer Weise geeignet sei. Die Zuordnungen waren in der Regel eher ideologisch gefaßt und waren vor allem Ausdruck der Intention, die Bedeutung und Reichweite der eigenen therapeutischen Richtung zu betonen. Schraml (1969) ordnete so der Psychoanalyse die schwereren Neurosen als bevorzugtes Handlungsspektrum zu, der Gesprächspsychotherapie die randständigen Neurosen und der Verhaltenstherapie leichte Verhaltensstörungen. Das sich diese Position sowohl auf der Ebene der klinischen Erfahrungen wie auch der wissenschaftlichen Erkenntnisse nicht halten konnte, ist in den vorhergehenden Abschnitten ausführlich dargestellt worden. Ein anderer Zugang der differentiellen Indikationsproblematik, hat versucht, die Indikationen für unterschiedliche Behandlungsmethoden zu präzisieren, die sich aus einem gemeinsamen theoretischen Bezugssystem herleiten; Fürstenau (1972) sprach von Binnendifferenzierung. Für die Psychoanalyse und von ihr abgeleitete Verfahren hat zum Beispiel Heigl (1978) Kriterien entwickelt, die als Grundlage für die Zuweisung zu unterschiedlichen psychoanalytischen Methoden dienen sollten. Die Studien zur Effizienz von Langzeitanalysen, die zur Zeit durchgeführt werden, versuchen nicht nur den Nachweis über die therapeutische Effektivität der Langzeitanalysen zu erbringen, sondern auch Indikationskriterien zu überprüfen, die zur differentiellen Zuweisung von Patienten zu unterschiedlichen psychoanalytischen oder psychodynamischen Verfahren geeignet sind.

Vor dem Hintergrund des heutigen Wissens über Psychotherapie gibt es meines Erachtens keine geradlinigen und einfachen Antworten auf die Indikationsfrage. Die Wirkung oder Effekte, die eine psychotherapeutische Methode entfaltet, hängen nicht nur von Eigenarten der Methode (Techniken oder typische Beziehungsmuster) oder der Art der vorliegenden Störung oder Problemstellung ab. Es kommen weitere Inputvariablen (s. Orlinskys *Generic Model of Psychotherapy*, Orlinsky und Howard 1987, S. 16) hinzu, von denen insbesondere den Ausgangslagen des Patienten eine

hervorragende Bedeutung zukommt. Grawe spricht von den Wenn-Bedingungen.

> Es geht zunehmend darum, differenzierte und komplexe Therapiekonzepte zu entwickeln, die sich durchaus aus unterschiedlichen theoretischen und praktischen Bezugssystemen herleiten können und insofern nicht immer reibungs- oder spannungsfrei miteinander zu kombinieren oder gar zu integrieren sind.

Im konkreten Prozeß der Indikationsstellung besteht jedoch die Aufgabe, eine Rationale für die Auswahl der verschiedenen möglichen Behandlungsalternativen zu entwickeln. Die ausschließliche Bezugnahme auf empirische Befunde ist dabei meines Erachtens nicht hinreichend, da diese oftmals nur eine Seite der Problemstellung fokussieren – hier allzuoft die Art der Störung unter Vernachlässigung anderer zentraler Merkmale – oder so vielfältig sind, daß der Versuch, eine therapeutische Gesamtkonzeption auf dieser Basis allein vorzunehmen, als überaus problematisch anzusehen ist. Beutler et al. (2000) haben diesen Weg für die differentielle Indikationsstellung bei Patienten mit depressiven Störungen vorgenommen – wie oben dargestellt – ohne daß sich für uns eine übertragbare Systematik für die differentielle Indikationsstellung zur Psychotherapie ergeben hätte.

Der Vorschlag von Westmeyer, die Wenn-dann-Rationale um Zielkomponenten zu erweitern, die sich aus einem theoretischen Hintergrundwissen ableiten, um zu therapeutischen Entscheidungen zu kommen, erscheint mir hilfreich. Tatsächlich wird dieses Vorgehen im klinischen Alltag tendenziell angewandt, wobei die Güte der integrativen Bewertung der empirischen und konzeptionellen Aspekte und Faktoren aus vielen Gründen einiges an Wünschen offen läßt. Im folgenden wird ein Modell der differentiellen Indikationsentscheidung dargestellt, das insbesondere auch den Prozeß der Herausentwicklung von therapeutischen Zielstellungen betont (Abb. 6-2, Tab. 6-2).

Das Indikationsmodell orientiert sich an Patientenvariablen, denen grundsätzlich eine indikationsleitende Funktion zukommen kann, soweit für die speziellen Problemkonstellationen psychotherapeutische Ansätze zur Verfügung stehen. Wenn zum Beispiel auf der Ebene der Störung eine konturierte Problemstellung (z. B. eine umgrenzte Angststörung oder eine Anorexie) vorliegt, für die sich spezifische psychotherapeutische Interventionen empirisch als effizient erwiesen haben, ist der Einsatz dieser Methode prinzipiell angezeigt. Inwieweit dieses Vorgehen dann tatsächlich indiziert ist, steht in Abhängigkeit von moderierenden Variablen, zu denen die therapierelevanten Ressourcen des Patienten wie auch seine Behandlungsmotivation gehören, zu denen aber auch gegebenenfalls spezielle Hindernisse (z. B. eine mangelnde Motivation oder Belastbarkeit des Patienten) zählen können. Unter Umständen ist im Falle eines aktuell ungenügend für die Maßnahme vorbereiteten oder motivierten Patienten initial im Behandlungsprozeß daran zu arbeiten, daß der Patient die notwendigen Therapievoraussetzungen für die spezifische Maß-

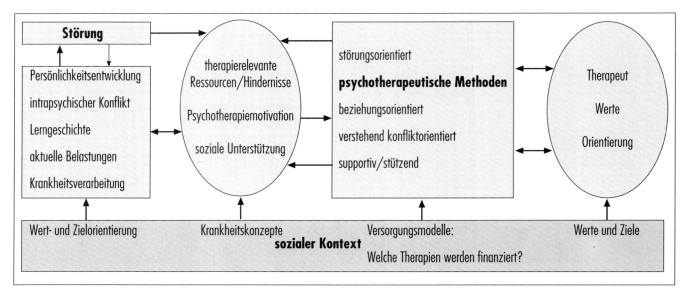

Abb. 6-2 Modell der differentiellen Indikationsentscheidung.

Tab. 6-2 Aspekte der Indikationsstellung zur Psychotherapie.

Patientenmerkmale	Diagnostische Bewertung	Verfügbare Therapiemethoden, Konsequenzen für die Therapie	Auswahl von Therapiemethoden	Kontext (therapeutische Orientierung, sozialpolitische und ökonomische Faktoren)
Störung, Schweregrad, Verlauf, Komorbidität	Ist ein konturiertes und konsistentes Störungsmuster vorhanden?	Sind für die konkrete Störung störungsorientierte Maßnahmen verfügbar, z. B. Exposition bei ausgewählten Angststörungen?	Bei Vorliegen von einem oder mehreren konturierten Störungsbereichen und von störungsorientierten Therapieansätzen sollten diese indiziert werden. Zu berücksichtigen ist, ob der Patient die notwendigen Voraussetzungen für den jeweiligen Ansatz aufweist und für die Intervention motiviert ist.	
Weitere Problemfelder	Sind umgrenzte Problembereiche gegeben (z. B. Partnerschaftsproblematik)?	Sind problembezogene Therapiemaßnahmen verfügbar?	Bei Vorliegen von einem oder mehreren konturierten Problembereichen und eines problemorientierten Therapieansatzes sollte dieser indiziert werden. Zu berücksichtigen ist, ob der Patient die notwendigen Voraussetzungen für diesen Ansatz aufweist und für die Intervention motiviert ist.	
Psychosoziale und somatische Hintergrundbedingungen			Zu berücksichtigen ist, ob der Patient die notwendigen Voraussetzungen für diesen An-	Psychodynamische Konzepte fokussieren im Prozeß der Diagnostik und der Therapie generell stärker als verhaltenthera-

Tab. 6-2 (Fortsetzung)

Patientenmerkmale	Diagnostische Bewertung	Verfügbare Therapiemethoden, Konsequenzen für die Therapie	Auswahl von Therapiemethoden	Kontext (therapeutische Orientierung, sozialpolitische und ökonomische Faktoren)
Psychosoziale und somatische Hintergrundbedingungen			satz aufweist und für die Intervention motiviert ist.	peutische Konzepte psychosoziale Hintergrundvariablen.
Persönlichkeitsentwicklung	Die Beurteilung kann z. B. auf der Basis der OPD-Struktur-Achsen vorgenommen werden; beurteilt wird dann das Integrationsniveau des Patienten auf den verschiedenen Achsen. Ist eine Förderung defizienter Bereiche indiziert?	Stützende psychodynamische Methoden, Transference-focused Psychotherapy (Clarkin et al. 2000), Dialektische Borderline-Psychotherapie (Linnehan 1999), Selbstsicherheits- und Kommunikationstrainings.	Zu berücksichtigen ist, ob der Patient die notwendigen Voraussetzungen für diesen Ansatz aufweist und für die Intervention motiviert ist.	Wenn relevante Defizite im Bereich der Persönlichkeitsentwicklung bestehen, ist in der Regel ein stützend-supportives Vorgehen indiziert. Bei Patienten mit gut entwickelten und integrierten Persönlichkeitsmerkmalen können Therapiemethoden indiziert werden, die sich aus dem Vorliegen spezifischer Problemstellungen (z. B. charakteristischer Konflikte oder Störungsmuster) ableiten: Eine moderierende Funktion kommt der Veränderungserwartung zu.
Intrapsychische Konflikte	Ist ein oder sind mehrere intrapsychische Konflikte vorhanden?	Konfliktorientierte, verstehend-expressive psychodynamische Methoden.	Bei Vorliegen von einem oder mehreren konturierten Problembereichen und eines problemorientierten Therapieansatzes sollte dieser indiziert werden.	Soweit ein Konfliktfokus vorhanden ist und der Patient eine konfliktbearbeitende Motivation und Ressourcen aufzeigt, sollte ein konflikt- und stärker beziehungsorientiertes Vorgehen indiziert werden.
Relevante Lernbedingungen, Chronifizierungsfaktoren	Sind maladaptive Lernprozesse von Bedeutung (z. B. Vermeidung, Schonhaltung bei Schmerzpatienten; operantes Lernen)? Welche Ressourcen zu konstruktiven Lernprozessen sind verfügbar?	Spezifische Methoden zur Bearbeitung der maladaptiven Strategien (z. B. Exposition bei Vermeidung, Aktivitätstraining bei Schonhaltungen von Schmerzpatienten).	Zu berücksichtigen ist, ob der Patient die notwendigen Voraussetzungen für diesen Ansatz aufweist und für die Intervention motiviert ist.	Maladaptive Lernbedingungen und Chronifizierungsbedingungen sollten gezielt behandelt werden. Zu prüfen ist, inwieweit maladaptive Hintergrundbedingungen auf der Ebene der Persönlichkeitsentwicklung oder charakteristische intrapsychische Konfliktmuster ebenfalls Gegenstand der Therapie sein müssen; weiterhin zu beachten sind dysfunktionale Einflüsse des sozialen Netzwerkes.
Aktueller Konflikt, aktuelle Belastung	Sind aktuelle Belastungen oder Konflikte vorhanden (z. B. Trauma, Trennung, Tod eines Angehörigen)?	Ansätze der Traumatherapie, Krisenintervention, supportive psychotherapeutische Ansätze.	Zu berücksichtigen ist, ob der Patient die notwendigen Voraussetzungen für diesen Ansatz aufweist und für die Intervention motiviert ist.	
Krankheitserleben, Krankheitsverarbeitung und Behandlungsmotivation	Wie groß ist das Ausmaß des Leidensdrucks (Krankheitskonzepte, Copingstile, Psychotherapiemotivation)?	Sind motivationsfördernde Maßnahmen verfügbar? Arbeit an Krankheitskonzepten.	Zu berücksichtigen ist, ob der Patient die notwendigen Voraussetzungen für diesen Ansatz aufweist und für die Intervention motiviert ist.	Den Aspekten des Krankheitserlebens und der Psychotherapiemotivation kommt eine moderierende Funktion bei der Indikationsstellung zu. Die zu indizierende Methode und die Patientenmotivation muß zueinander passen. Gegebenenfalls müssen motivationsfördernde

Tab. 6-2 (Fortsetzung)

Patientenmerkmale	Diagnostische Bewertung	Verfügbare Therapie-methoden, Konsequenzen für die Therapie	Auswahl von Therapiemethoden	Kontext (therapeutische Orientierung, sozialpolitische und ökonomische Faktoren)
Krankheitserleben, Krankheitsverarbeitung und Behandlungs-motivation	Welche Art von Psychothera-pie möchte der Patient?			Maßnahmen indiziert werden, um den Patienten auf eine grundsätzlich ange-messene Therapie vorzubereiten.
Therapierelevante Ressourcen	Wie ist z. B. die Bezie-hungs-, Bindungsfähigkeit, der Zugang des Patienten zu intra- und interpsychi-schen Prozessen, die Be-lastbarkeit des Patienten?	Die patienteneigenen Ressourcen beeinflussen die Auswahl der Methoden.	Zu berücksichtigen ist, ob der Patient die notwendigen Vor-aussetzungen für diesen An-satz aufweist und für die Inter-vention motiviert ist.	Beziehungs-, einsichtsorientierte und ko-gnitive wie motivationale Merkmale stecken den Rahmen bzw. die Möglich-keiten ab, innerhalb derer therapeutische Methoden indiziert werden können. Ge-gebenenfalls muß gezielt an der Förde-rung von therapierelevanten Ressourcen gearbeitet werden und das therapeuti-sche Vorgehen im Prozeß an die neu ent-wickelten Möglichkeiten des Patienten angepaßt werden.
Therapierelevante Einschränkungen	Liegt eine eingeschränkte emotionale und kognitive Flexibilität (z. B. infolge einer körperlichen Erkran-kung) vor?	Die Methoden müssen sich an die emotionalen, kogniti-ven und handlungsbezoge-nen Charakteristika der Pati-enten anpassen.	Zu berücksichtigen ist, ob der Patient die notwendigen Vor-aussetzungen für diesen An-satz aufweist und für die Inter-vention motiviert ist.	Relevante Einschränkungen auf der Eb-ene der Beziehungs- und Einsichtsfähigkeit wie der kognitiven und motivationalen Kompetenzen bestimmen die Auswahl der zu indizierenden Therapiemethode; gegebenenfalls muß im therapeutischen Prozeß eine systematische Förderung von relevanten Ressourcen erarbeitet werden, um später eine andere grund-sätzlich indizierte Methode einzusetzen.
Störungs- und veränderungsrelevante Umfeldfaktoren, soziale Unterstützung	In welchem Ausmaß fördert das soziale Umfeld die Stö-rung oder Problematik? Welche veränderungsrele-vanten Ressourcen oder Ein-schränkungen weist das Umfeld auf? Wieviel sozia-le Unterstützung hat der Patient?	Einbeziehung des sozialen Umfeldes oder von Teilen des Umfeldes (Paar-, Famili-entherapie, Angehörigenin-terventionen). Ist u. U. eine stationäre Therapie indiziert, um Patient-Umfeld-Probleme zu beeinflussen?	Zu berücksichtigen ist, ob der Patient die notwendigen Vor-aussetzungen für diesen An-satz aufweist und für die Inter-vention motiviert ist.	

nahme erwirbt. Liegen über die Störung im engeren Sinne hinaus charakteristische Problemstellungen auf der Ebene der psychischen Entwicklung und Verarbeitung vor (z.B. eine defiziente Entwicklung von weiteren oder engeren Persönlichkeitsmerkmalen oder maladaptive intrapsychische Konflikt- und Beziehungsmodi), so ist zu prüfen, inwieweit diese durch geeignete therapeutische Maßnahmen beeinflußt werden sollten. Falls bei einem Patienten therapeutische Interventionen indiziert sind, die sowohl auf die Ebene der psychischen Symptomatik (Störung) als auch auf die Ebene der psychologischen Hintergrundbedingungen abzielen, ist zu klären, ob diese unterschiedlichen therapeutischen Zielebenen im Therapieprozeß simultan oder nacheinander angegangen werden sollten oder gegebenenfalls die eine Zielebene zugunsten der anderen vernachlässigt wird. Entscheidungsrelevant für diese Frage sind

- Patientenvariablen wie beispielsweise die Motivation und Belastbarkeit;

- Therapie- bzw. Therapeutenvariablen (Konzept und Zielorientierungen);
- sozialpolitische bzw. sozioökonomische Kontextbedingungen, die definieren, „was wie lange und wie intensiv behandelt" werden kann.

Das hier skizzierte Modell beinhaltet unterschiedliche diagnostische Ebenen und Ziele und leitet aus diesen durchaus divergente therapeutische Vorgehensweisen ab, die jedoch nicht immer simultan, sondern auch nacheinander im Sinne einer adaptiven Indikationsstellung im psychotherapeutischen Prozeß angewendet werden können. Welche Ziele und Methoden zu welchem Zeitpunkt im therapeutischen Prozeß Einsatz finden, hängt von der dargestellten Vielfalt an Faktoren auf seiten des Patienten, des therapeutischen Ansatzes und der sozioökonomischen und sozialpolitischen Bedingungen ab. Für letztere ist zum Beispiel von Bedeutung, welche Behandlung in welchem Setting von den Kassen bezahlt wird.

Dieses Vorgehen bei der Indikationsstellung und im Behandlungsprozeß verlangt von dem oder besser den Therapeuten die Fähigkeit, über den unmittelbaren theoretischen und praktischen Horizont hinauszublicken und sich auf die Spannung einzulassen, die neue Wege mit sich bringen.

Nun ist die Möglichkeit für die Anwendung komplexer und vielgestaltiger therapeutischer Interventionen in der Regel in der ambulanten Versorgung eingeschränkt, da Therapeuten häufiger ein engeres Handlungsrepertoire, aber auch oftmals engere therapeutische Konzepte aufweisen und so oft nur begrenzt in der Lage sind, auf die vielgestaltigen Bedürfnisse der Patienten im Bereich von emotionalen Prozessen, Kognitionen, Körpererleben, Beziehungs- und Handlungsmustern einzugehen. Andererseits reflektiert der bereits zitierte Praxisshift vieler Therapeuten vielleicht gerade den Umstand, daß unter dem Druck des klinischen Alltags das therapeutische Handeln verändert und vielgestaltiger wird, um den unterschiedlichen Anforderungen und Kompetenzen seitens des Patienten gerecht zu werden. Die Möglichkeiten der verschiedenen Psychotherapeuten zum reflektierten und kompetenten Einsatz unterschiedlicher psychotherapeutischer Vorgehensweisen werden sich jedoch gravierend unterscheiden, so daß bereits hier die Kombination von unterschiedlichen psychotherapeutischen Methoden ihre Grenzen vielfach in den personalen Ressourcen und therapeutischen Möglichkeiten der Anbieter finden wird. Darüber hinaus bedeutet die Kombination unterschiedlichster psychotherapeutischer Methoden vielfach eine relevante Veränderung wichtiger Parameter der einzelnen Therapiemodule (z. B. des Beziehungsmodus); werden diese noch vom gleichen Therapeuten angeboten, kompliziert sich das therapeutische Geschehen auf der Gesamtebene wie auf der Ebene der einzelnen Module weiter. Insofern sollten komplexe psychotherapeutische Behandlungspläne, die auf vielfältigen psychotherapeutischen Interventionen aufbauen, durch unterschiedliche Therapeuten vorgenommen werden, die für die spezifischen Vorgehensweisen kompetent ausgebildet sind und darüber hinaus eine besondere Fähigkeit zur

Reflexion und Gestaltung dieser Art von multimethodalen therapeutischen Prozessen aufweisen müssen. Dazu passende Formen der Institutionalisierung fördern das Verständnis von therapeutischen Prozessen sowie ihre Konzeptualisierung und Strukturierung (Schneider 2000a; Schneider und Senf 1998).

Tageskliniken für psychosomatisch-psychotherapeutische Patienten, die über die Verfügbarkeit eines multiprofessionellen Teams diese Funktionen übernehmen könnten, sind kaum existent, so daß die hier besprochenen Aufgaben heute vor allem in der stationären Versorgung zu realisieren sind und tatsächlich auch umgesetzt werden. Diese Hintergründe stellen so ein wichtiges Indikationskriterium zur stationären Psychotherapie bei Patienten dar, für die in spezifischen Krankheitsphasen komplexe und kombinierte therapeutische Methoden angezeigt sind. Dies beinhaltet für den Bereich psychosomatischer Störungen im engeren Sinne auch die Kombination von somatischer und psychotherapeutischer Behandlung. Die Bedeutung der stationären Psychotherapie ist so in einer Vielzahl von Fällen eine Funktion des Mangels der ambulanten Versorgung an ausdifferenzierten therapeutischen Methoden und ihrer Kombination.

Für die ambulante Versorgung bedeutet die skizzierte Entwicklung, daß zukünftig ein differenziertes diagnostisches und therapeutisches Behandlungsangebot zur Verfügung gestellt werden muß. Auf der Ebene der einzelnen Psychotherapeuten ist eine hohe Kompetenz zur Anwendung unterschiedlicher therapeutischer Vorgehensweisen zu fordern. Mit dieser therapeutischen Notwendigkeit ist die zukünftige Veränderung und Erweiterung der psychotherapeutischen Ausbildung verbunden, die nicht länger nur die traditionellen „schulenspezifischen" Perspektiven fokussieren kann. Es geht zukünftig um die Erweiterung des technologischen psychotherapeutischen Wissens, um andere Sichtweisen und Kompetenzen und um den Abbau von ideologisierten psychotherapeutischen Identitäten und damit verbundenen diagnostischen und therapeutischen Skotomisierungen. Erst dieser Weg ermöglicht eine methodenübergreifende psychotherapeutische Arbeit. Vielfach werden komplexe therapeutische Angebote jedoch nur von mehreren Therapeuten umgesetzt werden können, so daß Kooperationen zwischen unterschiedlichen Therapeuten indiziert sind. In welcher organisatorischen Form dies möglich ist und welche ökonomischen und sozialpolitischen Voraussetzungen dafür geschaffen werden müssen, ist meines Erachtens eine der wichtigsten zu diskutierenden Fragen in unserem Fach.

Kontraindikationen zur Psychotherapie – ethische Aspekte

Zur Frage der differentiellen Indikation zur Psychotherapie ist bislang viel geschrieben worden, ohne daß diese bis heute befriedigend beantwortet wäre. Dagegen ist das Problem etwaiger Kontraindikationen zur Psychotherapie oder ausgewählter Formen der Psychotherapie bisher weitgehend ausgeklammert worden. Ich habe zu einem anderen Zeitpunkt (Schneider 1990, S. 46ff) diesen Sachverhalt als eine Folge des Umstandes eingeschätzt, daß Psychotherapeuten ihre Handlungsmuster und deren Zielsetzungen per se als gut und als konstruktiv für den Patienten ansehen und so kaum auf den Gedanken kommen würden, daß eine Psychotherapie kontraindiziert oder gar schädlich für den Patienten sein könnte.

Ein hohes Ausmaß an Skepsis findet sich demgegenüber bei Vertretern der traditionellen Organmedizin oder auch der Psychiatrie. Eine publikumswirksame Warnung vor der Psychotherapie schlechthin hat Degen (2000a; 2000b) verfaßt, der argumentiert, daß die Psychotherapie bislang weder den Nachweis der Validität ihrer grundständigen Annahmen zur psychosozialen Genese relevanter individueller „Fehlentwicklungen" erbracht hat noch hat zeigen können, daß sie positive Effekte bei den von ihr behandelten Patienten bewirkt hat. Inwiefern diese Thesen einen gesellschaftspolitischen Zeitgeist widerspiegeln, möchte ich hier nicht vertiefend diskutieren, obschon sie hoch mit den biologisch-genetischen Erklärungsmustern der individuellen Entwicklung konvergieren und als Titelstory des „Spiegel" zumindest eine große Breitenwirkung erzielt haben. – Um so mehr ist die Psychotherapie aufgerufen, ihre Berechtigung, ihre Reichweite und ihre Grenzen zu reflektieren und abzustecken. Dafür sprechen sowohl sozial- und wissenschaftspolitische Realitäten wie die *Evidence-based Medicine* als auch ethische Gesichtspunkte, zu denen auch die angemessene Patientenaufklärung gehört, die sowohl potentielle Schädigungen durch Psychotherapie als auch den Mißbrauch durch die Psychotherapie und in der Psychotherapie umfassen muß.

Die einzige mir bekannte umfangreiche Bewertung empirischer Befunde zu möglichen Therapieschäden stammt von Strupp et al. (1977) und ist bereits fast ein Vierteljahrhundert alt. Auf der Basis einer Expertenbefragung haben diese Autoren fünf Gruppen von negativen Therapieeffekten zusammengestellt:
- die Verschlechterung der vorhandenen Symptomatik
- das Auftreten neuer Symptome
- den Mißbrauch der Therapie durch den Patienten (er stellt z. B. sein ganzes Leben auf die Therapie ab)
- der Patient setzt sich irreale Ziele und überfordert sich
- die Enttäuschung über die Therapie, es resultiert ein Vertrauensverlust

Schulz (1984) differenziert zwischen mittelbaren und unmittelbaren negativen Therapieeffekten. Die **mittelbaren negativen Therapieeffekte** ergeben sich allein aus der Tatsache, daß der Patient sich in eine Psychotherapie begibt (z. B. einer Stigmatisierung in unterschiedlichen Lebenskontexten); die **unmittelbaren negativen Therapieeffekte** resultieren aus den konkreten Interaktionen und Interventionen während der Therapie. Dazu können zum Beispiel Überforderungen und Belastungen durch die Therapie zählen, die sich auf der Ebene der Symptomatik oder auch des Selbstkonzeptes des Patienten abbilden können. Die von Strupp et al. (1999) aufgeführten

negativen Therapiefolgen entsprechen in der Hauptsache den unmittelbar durch die Therapie erfolgten Schäden.

Reimer und Rüger (2000, S. 403ff) diskutieren Schädigungen durch die Therapie, die eine Folge eines unangemessenen Vorgehens auf seiten des Therapeuten beziehungsweise inadäquater therapeutischer Haltungen im Therapieprozeß darstellen. Dazu zählen sie:
- **Die Verletzung der Abstinenzregel:** Am gravierendsten ist hier der sexuelle Mißbrauch des Patienten durch den Therapeuten. In Untersuchungen zum Thema des sexuellen Mißbrauchs in der Therapie geben 10 % der befragten Psychotherapeuten an, daß sie zumindest in einer Behandlung zu einem Patienten ein sexuelles Verhältnis aufgenommen haben, wobei dies nahezu ausschließlich männliche Psychotherapeuten waren.
- **Den narzißtischen Mißbrauch:** Darunter verstehen die Autoren alle Interaktionen und Beziehungskonstellationen in der Therapie, die „primär dem Wunsch des Therapeuten nach narzißtischer Gratifikation dienen" (S. 407) und der konstruktiven und adaptiven Entwicklung des Patienten entgegenstehen oder diese verhindern.
- **Den ökonomischen Mißbrauch:** Hier wird der Patient – in der Regel ein Patient mit einer stabilen positiv getönten Übertragung – aus „oral-ausbeuterischen Motiven" vom Therapeuten länger als notwendig in der Therapie gehalten. Reimer und Rüger (2000) unterscheiden hier zwischen unbewußten Therapeutenmotiven, die aus deren persönlicher, häufig unbewußten, innerpsychischen Dynamik entspringen und bewußtseinsnahen Motiven, die dem Sachverhalt des Abrechnungsbetruges nahe stehen, wie er im Rahmen der ärztlichen Abrechung immer wieder vorkommt.

Von Interesse sind im weiteren Überlegungen der Autoren zu den möglichen zugrundeliegenden – häufig unbewußten – Motivlagen oder auch Arbeits- und Ausbildungsbedingungen der Psychotherapeuten. Neben den unbewußten Themen der Nähe-Distanz-Problematik, der narzißtischen Bedürftigkeit werden Aspekte des Burnouts und der Lebensunzufriedenheit diskutiert (s. Reimer und Rüger 2000, S. 410ff).

Die hier skizzierten Erwägungen sind im psychodynamischen Theorie- und Handlungsmodell verankert und dennoch übertragbar auf Therapeut-Patient-Konstellationen jeglicher Couleur. Von Interesse sind darüber hinaus Krankheits- und Therapiekonzeptualisierungen in ihren möglichen Konsequenzen für den einzelnen; sie sind vordergründig weniger invasiv für tieferliegende oder umfassendere Persönlichkeitsdimensionen, weil sie sich „technologisch und zeitgeistgemäß" an „Oberflächenebenen" des Individuums, zum Beispiel an umgrenzten Symptombereichen, bewegen. Auch wenn symptomorientierte Therapieziele und Behandlungsverfahren sozialpolitisch „en vogue" sein mögen, sind sie nicht von der Frage entlastet, ob sie den Veränderungszielen und -motiven wie dem Selbstverständnis von hilfesuchenden Individuen entsprechen.

> **Kontraindikationen** oder relative Kontraindikationen ergeben sich dort, wo eine Spannung zwischen dem Patientenwunsch nach Veränderung und den Prozessen, die dafür notwendig sind, entsteht. Dieses Spannungsfeld sollte zumindest thematisiert werden, um eine Ziel- und Methodenabgleichung zwischen dem Patienten und dem Psychotherapeuten herzustellen. Nur dann wird der Patient soweit als möglich zu einem Subjekt im psychotherapeutischen Prozeß.

In der Sprache der juristisch attenten Medizin wird dieser Sachverhalt *Informed Consent* genannt. Es bleibt dabei zu bedenken, daß Technologie und Ökonomie zwar relevante Maßstäbe in diesem Themenhorizont darstellen, die subjektiven Möglichkeiten, Zielorientierungen und Wünsche des Individuums jedoch die andere Seite der Medaille sind.

Die Frage nach Kontraindikationen ist somit ebenso wie die Frage der Indikation aus ethischen Perspektiven nicht nur aus dem Bezugsfeld des finanziell Machbaren heraus zu beantworten, sondern sollte auf die Motivlage des betroffenen Individuums, seine Bereitschaft und seine Fähigkeit zur Veränderung Bezug nehmen.

> Wenn sich die Psychotherapie in einem ethisch ausgewogenem Raum bewegen will, muß sie im Hinblick auf die Gesamtheit ihrer Ziele und Methoden die Interessenslage und Motivation von potentiellen Patienten ernst nehmen und gegebenenfalls an der Veränderung inadäquater Patientenkonzepte über Problemformulierungen und deren Ätiologie sowie möglicher Interventionen zur Modifikation dieser Probleme mit dem Patienten arbeiten.

Wir haben in eigenen Untersuchungen zeigen können, daß die Art und das Ausmaß an Psychotherapiemotivation einen relevanten Einfluß auf die Therapieerfolge der Patienten aufweist (Schneider et al. 1999; Schneider und Klauer 2001). Die zukünftige Aufgabe einer patientenzentrierten Psychotherapie wird sich mit den Fragen beschäftigen müssen, was ein konkreter Patient mit einer speziellen Psychotherapie anfangen kann beziehungsweise welche Vor- oder Nachteile er aus unterschiedlichen Psychotherapien ziehen wird.

Inwieweit wir für derart differenzierte und individuumzentrierte Reflexionen und Therapieplanungen Zeit und Raum haben, entscheiden sicherlich nicht die Therapeuten oder die therapeutischen Schulen, sondern vielmehr politische und ökonomische Kontextbedingungen. Die Psychotherapie und der einzelne Psychotherapeut macht hier einen Spagat zwischen dem „Gewollten und dem Machbaren". Diese Herausforderung aufzunehmen und kreativ zu lösen, stellt die große Verantwortung der Psychotherapie in ihrem gesellschaftlichen Kontext im Gesamt seiner Begrenzungen und Handlungsspielräume dar.

Ein besonderes Problem kann sich zum Beispiel aus der mit der Qualitätssicherung verbundenen Basisdokumentation ergeben. Im psychotherapeutischen Prozeß werden sensible Daten erfragt, die notwendigerweise hohe Anforderungen an die Datenverwaltung, Anonymisierung und Weitergabe der Daten stellen.

Zum Abschluß möchte ich noch auf die Patientenaufklärung eingehen, die sich zunehmend auch für die Psychotherapie stellt. Zu fragen ist, zu welchem Zeitpunkt worüber aufgeklärt werden soll? Die Notwendigkeit den Patienten über Inhalte und Methoden psychotherapeutischer Maßnahmen aufzuklären wie über mögliche gewünschte Effekte und Nebeneffekte kann nicht nur zu Beginn der Behandlung angezeigt sein, sondern sich immer wieder im Behandlungsprozeß ergeben, wenn sich spezifische Problem- oder Fragestellungen (z. B. Paar- oder Familiengespräche) einstellen, die eine gesonderte Beratung indizieren.

Tab. 6-3 beinhaltet die relevanten Themenstellungen, die bei der Patientenaufklärung im Fach der Psychotherapie auf der Basis des *Informed Consent* berücksichtigt werden sollten (s. auch Heigl-Evers et al. 1997).

Diese ebenso umfassende wie umsichtige Beratung und Aufklärung des Patienten kann nur realisiert werden, wenn der Psychotherapeut die Reichweite unterschiedlicher Methoden, aber auch ihre Grundprinzipien und Anforderungen an den Patienten kennt und die Ressourcen sowie speziellen Problemstellungen des Patienten und seine Veränderungsmotivation berücksichtigt. Die konkrete Indikationsstellung zu einer speziellen Form der Psychotherapie wird sich dann unter Umständen erst auf der Grundlage dieses Beratungsgespräches ergeben, weil sich therapeutische Zielsetzungen und Methoden

Tab. 6-3 Themenstellungen, die vor einer Psychotherapie im Rahmen der Patientenaufklärung relevant sind.

1. Erläuterung, welche Ziele die konkrete Psychotherapie haben soll; Hinweis darauf, daß sich Ziele im Behandlungsprozeß verändern können

2. Erläuterung der Vorgehensweisen, deren Zweckmäßigkeit und Rahmenbedingungen (Termine, Zeit, Geld)

3. Schilderung, was im psychotherapeutischen Prozeß geschehen bzw. wie ein therapeutischer Prozeß ablaufen kann

4. Beschreibung möglicher positiver Wirkungen der Behandlung (Therapieziele)

5. Beschreibung der Risiken und möglichen Unannehmlichkeiten

6. Erläuterung von Behandlungsalternativen

7. Begründung, warum diese oder jene Methode empfohlen wird

8. Beantwortung aller Fragen in bezug auf die Vorgehensweise und die zu erwartenden Effekte und Risiken

9. Hinweis darauf, daß die Psychotherapie auch Dritte (z. B. Angehörige) beeinflussen kann

10. Information darüber, daß eine Beendigung der Behandlung jederzeit möglich ist

11. Erläuterung zur Dokumentation von Patientendaten zum Zweck der Basisdokumentation und der Evaluation (Modus der Erhebung, Speicherung, Anonymisierung, Weitergabe von Daten)

in diesem gemeinsamen Prozeß zwischen dem Therapeuten und Patienten noch schärfen oder modifizieren können.

Der Nutzen einer adäquaten Patientenaufklärung resultiert nicht nur für den Patienten, sondern auch für den therapeutischen Prozeß und insbesondere auch für den Therapeuten, wie Tab. 6-4 verdeutlicht.

Die hier formulierten Standards an die Patientenaufklärung implizieren insbesondere für die psychoanalytische und die psychodynamische Psychotherapie eine Reihe von Fragen. Strukturiert diese umfassende Patientenaufklärung den therapeutischen Prozeß nicht zu stark und induziert so eine spezifische Erwartungshaltung auf seiten des Patienten (z. B. eine zu rationale Herangehensweise an die Therapie und an die therapeutische Beziehung)?

Lassen sich die Inhalte und unterstellten Wirkmechanismen der psychodynamischen Psychotherapie (z. B. die Arbeit am Widerstand, die Arbeit mit der Übertragung, Prozesse der Regression) im vornherein nachvollziehbar gegenüber dem Patienten vermitteln, und was resultiert daraus für den psychotherapeutischen Prozeß?

Auch wenn nicht auszuschließen ist, daß sich aus diesem Vorgehen tatsächlich Irritationen für den psychotherapeutischen Prozeß ergeben, ist es sinnvoll diese Zielsetzung aufzugreifen und in den Prozeß der Therapieplanung und -durchführung zu integrieren. Bei angemessener Berücksichtigung der Voraussetzungen auf seiten des Patienten, bezogen auf seine kognitiven, emotionalen und kommunikativ-interaktionellen Kompetenzen, sollte eine Passung zwischen ihm und den Anforderungen des therapeutischen Ansatzes sowie des Therapeuten möglich sein. Notwendige Modifikationen auf seiten des therapeutischen Handelns als Folge der Patientenberatung sind meines Erachtens eher als konstruktiv denn als Hindernis aufzufassen, denn sie verankern den therapeutischen Prozeß stärker in den Ressourcen und Motivationslagen des Patienten. Das therapeutische Geschehen wird stärker zu einem Subjekt-Subjekt-Verhältnis; Raum für unbewußte und irrationale Beziehungserwartungen und Handlungen bleibt genug. Und dies gilt nicht für psychodynamische Psychotherapien, sondern

auch beispielsweise für Verhaltenstherapien. In Frage steht vielmehr, inwieweit diese Erwartungen und Handlungen im therapeutischen Prozeß reflektiert und bearbeitet werden.

Literatur

American Psychiatric Association (APA). Diagnosis and Statistical Manual of Mental Disorders 3. rev. DSM-III-E. Washington (DC): APA 1987. Deutsche Bearbeitung und Einführung von Wittchen HU, Saß GH, Zaudig M, Koehler K. Weinheim: Beltz 1987.

American Psychiatric Association (APA). Diagnostic and Statistical Manual of Mental Disorders. 4. edn. DSM-IV. Washington (DC): APA 1994.

Barlow D, Cerny JA. Psychological treatment of panic. New York: Guilford 1988.

Bassler M, Hoffmann SO. Trends in der empirischen Forschung über stationäre Psychotherapie. Bericht über die „Mainzer Werkstatt" zur empirischen Forschung über stationäre Psychotherapie. Psychotherapeut 1994; 39: 174–6.

Bastine R. Adaptive Indikation in der zielorientierten Psychotherapie. In: Indikation zur Psychotherapie. Baumann U (Hrsg). München: Urban & Schwarzenberg 1981; 199–209.

Beck AT, Rush AJ, Shaw BF, Emery G. Kognitive Therapie der Depression. 3. Aufl. Weinheim: Psychologie Verlags Union. 1992.

Beutler L. Have all won and must have prizes? Revisiting Luborskys et al.'s verdict. J Consult Clin Psychol 1991; 59: 226–32.

Beutler L, Clarkin JF. Systematic treatment selection: toward targeted therapeutic interventions. New York: Brunner/Mazel 1990.

Beutler LE, Clarkin JF, Bongar B. Guidelines for the systematic treatment of the depressed patient. New York: Oxford University Press 2000.

Blatt SJ. Personality factors in brief treatment of depression. In: Psychotherapy indications and outcome. Janowsky DS (ed). Washington (DC): American Psychiatric Press 1999; 23–45.

Blatt SJ, Ford R. Therapeutic change. An object relations perspective. New York: Plenum 1994.

Braun K, Bogerts B. Einfluss frühkindlicher Erfahrungs- und Lernprozesse auf die funktionelle Reifung des Gehirns. Psychother Psychosom Med Psychol 2000; 11: 420–7.

Chambless DL, Hollon SD. Defining empirical supported therapies. J Consult Clin Psychol 1998; 66: 7–18.

Clarkin JF, Yeoman FE, Kernberg O-F. Psychotherapy for borderline personality. New York: John Wiley & Sons 1999.

Cronbach LJ. Correlation between persons as a research tool. In: Psychotherapy: theory and research. Mowrer OH (ed). New York: Roland 1953; 376–89. zitiert nach Blatt 1999.

Cronbach LJ. The two disciplines of scientific psychology. Am Psychol 1957; 12: 671–84. zitiert nach Blatt 1999.

Cronbach LJ. Beyond the two disciplines of scientific psychology. Am Psychologist 1975; 30: 116–27. zitiert nach Blatt 1999.

Czogalik D. Wirkfaktoren in der Einzelpsychotherapie. In: Psychotherapie – Welche Effekte verändern? Tschuschke V, Czogalik D (Hrsg). Berlin, Heidelberg, New York: Springer 1990; 7–30.

Degen R. Lexikon der Psycho-Irrtümer. Frankfurt/M: Eichborn 2000a.

Degen R. Was kann Psychotherapie? Der Spiegel vom 4. 9. 2000b.

Deneke FW. Psychische Struktur und Gehirn. Die Gestaltung subjektiver Wirklichkeiten. Stuttgart: Schattauer 1999.

Dührssen A. Katamnestische Ergebnisse bei 1004 Patienten nach analytischer Psychotherapie. Z Psychosom Med 1962; 8: 94–113.

Elkin I. The NIMH treatment of depression collaborative research program. Where we began and where we are. In: Handbook of psychotherapy and behavior change. 4. edn. Bergin AE, Garfield SL (ed). New York: Wiley & Sons 1994; 114–42.

Emmelkamp PM. Behavior therapy with adults. In: Handbook of psychotherapy and behavior change. 4. edn. Bergin AE, Garfield SL (ed). New York: John Wiley and Sons 1994; 379–427.

Frank JD. Therapeutic components shared by all psychotherapies. In: Psychotherapy research and behavior change. Vol. 1. Parks MM (ed). Washington (DC): American Psychological Association 1982; 5–37.

Tab. 6-4 Nutzen und Vorteile der Patientenaufklärung.

1. Minimierung von Abhängigkeiten

2. Reduktion von Ängsten durch Transparenz

3. Erhöhung des Selbstwirksamkeitsgefühls auf seiten des Patienten

4. Förderung des Vertrauens in den Psychotherapeuten

5. Motivierung zur Psychotherapie

6. Förderung der Kooperationsbereitschaft des Patienten

7. Patient kann seinem Umfeld klarer seinen Psychotherapiewunsch erläutern

8. Tendenzieller Schutz des Therapeuten vor dem Agieren

9. Schaffung von Rechtssicherheit (Kunstfehlerprozesse)

Fürstenau P. Probleme der vergleichenden Psychotherapieforschung. Psyche 1972; 26: 423–62.

Galandi D, Antes G. Systematische Übersichtsarbeiten und die Cochrane Collaboration. In: Ambulante Psychotherapie. Freyberger HJ, Heuft G, Ziegenhagen DJ (Hrsg). Stuttgart: Schattauer 2000; 159–76.

Garfield SO, Bergin AE. Introduction and historical overview. In: Handbook of psychotherapy and behavior change. Bergin AE, Garfield SO. New York: John Wiley and Sons 1994; 3–19.

Grawe K. Grundriß einer Allgemeinen Psychotherapie. Psychotherapeut 1995; 40: 130–45.

Grawe K. Psychologische Psychotherapie. Göttingen, Toronto, Seattle: Hogrefe 1998.

Grawe K. Gründe und Vorschläge für eine Allgemeine Psychotherapie. Psychotherapeut 1999; 6: 350–9.

Grawe K, Donati R, Bernauer F. Psychotherapie im Wandel. Von der Konfession zur Profession. Göttingen: Hogrefe 1994.

Heigl F. Indikation und Prognose in Psychoanalyse und Psychotherapie. 2. Aufl. Göttingen: Vandenhoeck & Ruprecht 1978.

Heigl-Evers A, Heigl F, Ott J, Rüger U. Lehrbuch der Psychotherapie. 3. Aufl. Lübeck, Stuttgart, Jena, Ulm: Gustav Fischer 1997.

Henningsen P, Rudolf G. Zur Bedeutung der Evidenced-based Medicine für die Psychotherapeutische Medizin. Psychother Psychosom Med Psychol 2000; 9/10: 366–75.

Herzog T, Hartmann A, Falk C. Symptomorientierung und psychodynamisches Gesamtkonzept bei der stationären Behandlung der Anorexia nervosa. Eine quasi-experimentelle Vergleichsuntersuchung von 40 Aufnahmeepisoden. Psychother Psychosom Med Psychol 1996; 46: 11–22.

Hoffmann N. Therapeutische Beziehung und Gesprächsführung. In: Lehrbuch der Verhaltenstherapie. Bd. 1. Margraf J (Hrsg). Berlin, Heidelberg, New York: Springer 1996; 251–60.

Hoffmann SO. Die phobischen Störungen (Phobien). Eine Übersicht zum gegenwärtigen Verständnis ihrer Psychodynamik und Hinweise zur Therapie. Forum der Psychoanalyse 1999; 15: 237–52.

Horowitz MJ. Cognitive psychodynamics. From conflict to character. New York: John Wiley and Sons 1998.

Horowitz MJ, Marmar C, Weiss DS. Brief psychotherapy of bereavement reactions: the relationship of process to outcome. Arch Gen Psychiatry 1984; 41: 438–48. zitiert nach Blatt 1999.

Huber W. Zum Nutzen integrativer Ansätze in der Psychotherapie. Psychother Psychosom Med Psychol 2000; 1: 2–13.

Jensen JP, Bergin AE, Greaves DW. The meaning of eclecticism: new survey and analysis of components. Professional Psychol: Res Practice 1990; 21: 124–30.

Karasu TB. Specific vs. nonspecifity. Am J Psychiatry 1986; 143: 678–95.

Kiesler DJ. Some myths of psychotherapy research and the search for a paradigm. Psychol Bull, 1966; 65: 110–36.

Klerman GL, Weissman MM, Rounsaville BJ, Chevron ES. Interpersonal psychotherapy of depression. New York: Basic Books 1981.

Koukkou M, Leuzinger-Bohleber M, Mertens W (Hrsg). Erinnerung von Wirklichkeiten. Psychoanalyse und Neurowissenschaften im Dialog. Bd I. Bestandsaufnahme. München, Wien: Verlag Internationale Psychoanalyse 1998.

Lambert M, Bergin AE. The effectiveness of psychotherapy. In: Handbook of psychotherapy and behavior change. 4. edn. Bergin AE, Garfield SL. New York: Wiley & Sons 1994; 143–89.

Linehan MM, Kanter JW, Comtois KA. Dialectical behavior therapy for borderline personality disorder: efficacy, specificity, and cost effectiveness. In: Psychotherapy indications and outcomes. Janowsky DS (ed). Washington: American Psychiatric Press 1999; 93–120.

Luborsky L. The patient's personality and psychotherapeutic change. In: Research in psychotherapy. Vol. 2. Strupp H, Luborsky L (ed). Washington (DC): American Psychological Association 1962; 115–33.

Luborsky L, Singer B, Luborsky L. Comparative studies of psychotherapy. Arch Gen Psychiatry 1975; 32: 995–1008.

Luborsky L, Diguer L, Luborsky E, Schmidt KA. The efficacy of dynamic versus other psychotherapies. In: Psychotherapy indications and outcome. Janowsky DE (ed). Washington (DC): American Psychiatric Press 1999; 3–22.

Luborsky L, Chandler M, Auerbach A, Cohen J, Bachrach H. Factors influencing the outcome of psychotherapy: review of quantitative research. Psychol Bull 1971; 75: 145–85.

Margraf J. Therapieindikation. In: Lehrbuch der Verhaltenstherapie. Bd. 1. Margraf J (Hrsg). Berlin, Heidelberg, New York: Springer 1996; 103–12.

Meltzoff J, Kornreich D. Research in psychotherapy. New York: Atherton Press 1970.

Meyer AE. Eine Taxonomie der bisherigen Psychotherapieforschung. Editorial. Zschr Klin Psychol 1990a; 4: 287–91.

Meyer AE. Wodurch wirkt Psychotherapie? In: Wirkfaktoren der Psychotherapie. Lang H (Hrsg). Berlin: Springer 1990b; 179–89.

Norcross JC, Beutler LE. Determining the therapeutic relationship of choice in brief therapy. In: Personality assessment in managed health care: a practitioners's guide. Butcher JN (ed). New York: Oxford University Press 1997; 112–39.

Norcross JC, Prochaska JO, Gallagher K. Clinical psychologists in the 1980's: theory, research and practice. Clin Psychologist 1989; 42: 45–53.

Orlinsky DE. „Learning from many masters" – Ansätze zu einer wissenschaftlichen Integration psychotherapeutischer Behandlungsmodelle. In: Wege zu effektiven Psychotherapien. Petzold H, Märtens M (Hrsg). Opladen: Leske und Budrich 2000; 31–43.

Orlinsky DE, Howard KI. A generic model of psychotherapy. J Integrative Eclectic Psychother 1987; 6: 6–27.

Orlinsky DE, Grawe K, Parks BK. Process and outcome in psychotherapy – noch einmal. In: Handbook of psychotherapy and behavior change. Bergin AE, Garfield SL (ed). 4. edn. New York: John Wiley & Sons 1994; 270–378.

Pavlov IP. Conditioned reflexes: an investigation of the physiological activity of the cerebral cortex. London: Oxford University Press 1927.

Reimer C, Rüger U. Ethische Aspekte der Psychotherapie. In: Psychodynamische Psychotherapien. Lehrbuch der tiefenpsychologisch orientierten Psychotherapien. Reimer C, Rüger U (Hrsg). Berlin, Heidelberg, New York: Springer 2000; 400–18.

Roth A, Fonagy P. What works with whom? A critical review of psychotherapy research. New York: Guilford Press 1996.

Roth G. Das Gehirn und seine Wirklichkeit. Suhrkamp: Frankfurt 1996.

Rudolf H, Grande T, Dilg R. Strukturelle Veränderungen in psychoanalytischen Behandlungen – zur Praxisstudie analytischer Langzeittherapie. In: Langzeit-Psychotherapie. Stuhr U, Leuzinger-Bohleber M, Beutel M (Hrsg). Stuttgart: Kohlhammer 2001; 238–59.

Rüger B. Kritische Anmerkungen zu den statistischen Methoden in „Psychotherapie im Wandel – von der Konfession zur Profession" von Grawe, Donati und Bernauer. Z Psychosom Med Psychoanal 1994; 40: 362–83.

Schneider W. Leitlinien der Indikationsforschung zur Psychotherapie – Forschungsstrategien, Begrenzungen und Unterlassungen. In: Indikationen zur Psychotherapie. Schneider W (Hrsg). Weinheim, Basel: Beltz 1990; 15–62.

Schneider W. Diagnostik und Indikation in der Psychotherapie – Wo stehen wir heute, und wo könnte es hingehen? In: Diagnostik in Psychotherapie und Psychosomatik. Janssen PL, Schneider W (Hrsg). Stuttgart: Gustav Fischer 1994; 215–35.

Schneider W. Standards der Indikationsstellung zur Psychotherapie. In: Ambulante Psychotherapie. Freyberger HJ, Heuft G, Ziegenhagen DJ (Hrsg). Stuttgart: Schattauer 2000a; 145–58.

Schneider W. Welche Auswirkungen hat das Psychotherapeutengesetz auf die zukünftigen psychotherapeutischen Konzepte und Handlungsansätze. In: Psychotherapie in Zeiten der Veränderung. Strauß B, Geyer M (Hrsg). Wiesbaden: Westdeutscher Verlag 2000b; 524–34.

Schneider W, Klauer T. Symptom-level, treatment-motivation and the effects of inpatient psychotherapy. Psychother Res 2001; 11: 153–67.

Schneider W, Senf W. Integratives Modell der stationären Psychotherapie und die Soziologie der Institution – Ergänzung oder Widerspruch. Psychotherapeut 1998; 5: 302–8.

Schneider W, Freyberger HJ, Muhs A, Schüßler G. Resümee und Ausblick. In: Diagnostik und Klassifikation nach ICD-10, Kapitel V. Eine kritische Auseinandersetzung. Schneider W, Freyberger HJ, Muhs A,

Schüßler, G (Hrsg). Göttingen, Zürich: Vandenhoek & Ruprecht 1993, 251–6.

Schneider W, Heuft G, Freyberger HJ, Janssen PL. Diagnostic concepts, multimodal and multiaxial approaches in psychotherapy and psychosomatics. Psychother Psychosom 1995; 63: 63–70.

Schneider W, Klauer T, Tetzlaff M, Janssen PL. Zum Einfluß der Psychotherapiemotivation auf den Psychotherapieverlauf. Nervenarzt 1999; 70: 240–9.

Schraml WJ. Abriß der klinischen Psychologie. Stuttgart: Kohlhammer 1969.

Schulte D. Optimierung der Entscheidungsprozesse von Psychotherapeuten. In: Ambulante Psychotherapie. Freyberger HJ, Heuft G, Ziegenhagen DJ (Hrsg). Stuttgart: Schattauer 2000; 15–41.

Schulte D, Künzel R, Pepping G, Schulte-Bahrenberg T. Tailor-made vs. standardized therapy of phobic patients. Adv Behav Res Ther 1992; 14: 67–92.

Schulz W. Analyse negativer Psychotherapieeffekte und Probleme der Kontraindikation. In: Neue Aspekte klinisch-psychologischer Diagnostik. Jüttemann G (Hrsg). Göttingen: Hogrefe 1984; 149–68.

Seidenstücker G, Baumann U. Zur Situation der Indikationsforschung. In: Bericht über den 31. Kongreß der Deutschen Gesellschaft für Psychologie. Bd. 2. Eckensberger LH (Hrsg). Göttingen: Hogrefe 1979; 379–86.

Shapiro DA, Shapiro D. Meta-analysis of comparative therapy outcome studies: a replication and refinement. Psychol Bull 1982; 92: 581–604.

Shea T, Elkin I, Sotsky SM. Patient characteristic associated with successful treatment outcome findings from the NIMH treatment of depressive collaborative research program. In: Psychotherapy indications and outcomes. Janowsky DS (ed). Washington (DC): American Psychiatric Press 1999; 71–92.

Skinner BF. The behavior of organisms: an experimental analysis. 1938. 7. edn. New York: Appleton Century Crofts 1968.

Sloane RB, Staples FR, Cristol AH, Yorkston NJ, Whiple K. Psychotherapy versus behavior therapy. London: Harvard University Press 1975.

Smith ML, Glass GV, Miller TI. The benefits of psychotherapy outcome studies. New York: Basic Books 1981.

Snow RE. Aptitude-treatment interactions as a framework for research on individual differences in psychotherapy. J Consult Clin Psychol 1991; 59: 205–16.

Spitzer RL, Gibson M, Endicott J. Global Assessment Scale. New York: State Department of Mental Health 1973.

Strupp HH. Success and failure in time-limited psychotherapy: a systematic comparison of two cases (comparison 1). Arch Gen Psychiatry 1980a; 37: 595–603.

Strupp HH. Success and failure in time-limited psychotherapy: a systematic comparison of two cases (comparison 3). Arch Gen Psychiatry 1980b; 37: 831–41.

Strupp HH. Success and failure in time-limited psychotherapy: further evidence. Arch Gen Psychiatry 1980c; 37: 947–54.

Strupp HH. Können PraktikerInnen von der Forschung lernen? In: Wege zu effektiven Psychotherapien. Petzold H, Märtens M (Hrsg). Opladen: Leske und Budrich 1999; 13–30.

Strupp HH, Hadley SW, Gomez-Schwartz B. Psychotherapy for better or worse. New York: Aronson 1977.

Stuhr U, Leuzinger-Bohleber M, Beutel M (Hrsg). Langzeit-Psychotherapie. Stuttgart: Kohlhammer 2001.

Thorndike EL. Animal intelligence. New York: Macmillan 1911.

Tschuschke V, Kächele H, Hölzer M. Gibt es unterschiedlich effektive Formen von Psychotherapie? Psychotherapeut 1994; 39: 28–297.

Wachtel P. Psychoanalysis and behavior therapy. Toward an integration. New York: Basic Books 1977.

Wallerstein RS. Forty-two lives in treatment. A study of psychoanalysis and psychotherapy. New York: Guilford Press 1986.

Weissman AN, Beck AT. Development and validation of the Dysfunctional Attitude Scale: a preliminary investigation. Paper presented at the Meeting of the American Psychological Association. Toronto, Canada. August–September 1978. zitiert nach Blatt 1999.

Westmeyer H. Allgemeine methodologische Probleme der Indikation zur Psychotherapie. In: Indikation zur Psychotherapie. Baumann U (Hrsg). München, Wien, Baltimore: Urban & Schwarzenberg 1982; 187–98.

Westmeyer H. Wie einheitlich oder allgemein ist die Psychotherapie. Psychotherapeut 1999; 6: 379–80.

Wissenschaftlicher Beirat Psychotherapie. Anwendungsbereiche von Psychotherapie bei Erwachsenen. Gutachten zur systemischen Therapie als wissenschaftliches Verfahren und Gutachten zur Gesprächspsychotherapie als wissenschaftliches Verfahren. Dtsch Ärztebl 2000; 97: 1–2, 59–63.

Wolpe J. Psychotherapy by reciprocal inhibition. Stanford: Stanford University Press 1958.

6.2.2
Psychoanalytische Therapieverfahren
Paul Götze

Theoretische Grundannahmen der psychoanalytischen Therapie

Der Begriff der Psychoanalyse kennzeichnet zugleich eine Theorie und eine Methode zur Erforschung menschlichen Erlebens und Verhaltens sowie eine Methode zur Behandlung psychischer Störungen. Auf letzteres soll hier näher eingegangen werden. Ein kurzer, notwendigerweise vereinfachender Überblick über die psychoanalytische Neurosentheorie und -therapie Freuds sei zum besseren Verständnis der psychoanalytischen Therapieverfahren vorangestellt.

Theoretische Grundlagen

Das klassische **psychoanalytische Konfliktmodell** der **Neurosenentstehung** nach Freud ist triebdynamisch orientiert. Es besagt, daß in den ersten Lebensjahren das Kind mit seinen autonomen Bedürfnissen zu den Haltungen, Einstellungen und Bedürfnissen seiner Bezugspersonen in einen psychosozialen Konflikt gerät, dem das Kind dadurch begegnet, indem es seine eigenen Bedürfnisse aufgibt, anpaßt oder abwehrt. Eine situationsangemessene Bewältigung des psychosozialen Konfliktes erfolgt also nicht.

Daß der frühkindliche Konflikt – weil ungelöst und zu gefährlich (angsterzeugend) – dem Bewußtsein entzogen wird, ist auf die sogenannten **Abwehrmechanismen** des Ichs zurückzuführen (Verdrängung, Verleugnung, Rationalisierung, Intellektualisierung, Projektion, Spaltung, Isolierung, Verschiebung, Reaktionsbildung u. a.; A. Freud 1936). Diese Abwehrmechanismen treten selten allein auf, erst in der Verbindung zu komplexen Abwehrformationen und -prozessen entsteht eine charakteristische Abwehr bestimmter neurotischer Krankheitsbilder.

Im Verlauf des Lebens kommt es in emotional analogen, durch Schwächung der psychischen Abwehr nicht mehr kompensierbaren Belastungssituationen zu **Reaktualisierungen** der unbewußt abgewehrten ungelösten **frühkindlichen Konflikte**; nunmehr jedoch auf der bewußten Ebene chiffriert in Form neurotischer Symptombildungen, Charakter- und Verhaltensstörungen. Dabei haben die Art und die Ausprägung der neurotischen Störungen nichts Beliebiges an sich, sondern sie sind abhängig von der Auslösesituation, von den individuellen Bedingungen der psychophysischen und sozialen Realität sowie von konstitutionellen Faktoren und unter psychogenetischen Aspekten von der Entwicklungsphase, während der der frühkindliche Konflikt ursprünglich aufgetreten und abgewehrt worden ist.

Über das klassische psychoanalytische Konfliktmodell hinaus werden manche neurotischen Symptombildungen aber auch als unbefriedigende **korrektive Folgen von** sogenannten **Entwicklungsschäden** („Entwicklungsdefekte" nach A. Freud 1968), beziehungsweise von „strukturellen Ich-Störungen" (Fürstenau 1977) im Sinne der „frühen Störung" durch direkte Früh-Traumatisierungen und primäre Defizite in der Zeit der Herausbildung der Persönlichkeitsstrukturen angesehen. In diesem Sinne entsprechen die Symptomkomplexe der Borderline-Persönlichkeitsstörungen, der narzißtischen Neurosen, der süchtigen Entwicklungen und der Perversionen quasi Ich-strukturellen Prothesen.

Dem klassischen psychoanalytischen Konfliktmodell liegt **Freuds Strukturtheorie** vom Ich, Es, Über-Ich als den drei intrapsychischen Instanzen der Persönlichkeit zugrunde (S. Freud 1923). Sie sind der „seelische Ort" des Realitätsbezuges, der (triebverbundenen) Emotionalität und des Gewissens. Dieses sehr vereinfacht dargestellte, statisch anmutende „Seelenmodell" ist schon bei Freud sehr komplex und dynamisch gedacht und später weiterentwickelt und modifiziert worden. Hier sind vor allem die „**Ich-Psychologie**" (Erikson 1950; Hartmann 1950; Rapaport 1950, s. in Gill 1967; Blanck und Blanck 1974; Drews und Brecht 1975 u. a.), die „**Selbst-Psychologie**" (Jacobson 1964; Kohut 1971; 1979; Deneke 1989 u. a.) und die „**Objektbeziehungs-Psychologie**" (Kernberg 1975 u. a.) zu erwähnen. Diese Theorien sind heute für das Verständnis und in der Behandlung neurotischer Störungen unverzichtbar. Eine zusammenfassende Darstellung der psychoanalytischen Neurosentheorien findet sich zum Beispiel bei Fenichel (1935; 1945), Loch et al. (1967), Kuiper (1969) und Mertens (1990/1991).

Therapeutische Grundlagen

Während die psychoanalytische Therapie anfänglich symptomorientiert war, wurden mit zunehmendem Wissen über die Entstehung der neurotischen Symptome neben deren Beseitigung überwiegend Veränderungen in den Persönlichkeitsstrukturen als kausal orientiertes **Therapieziel** angestrebt, da letztere nicht nur in unmittelbarer Beziehung zur Entstehung, sondern auch in der Aufrechterhaltung der Symptome gesehen wurden. Heute ist die Therapie unter besonderer Berücksichtigung der Selbst-Psychologie noch stärker auf das Erreichen eines angemessenen Selbstverständnisses und Selbstwertgefühls ausgerichtet sowie auf die Entwicklung der Fähigkeit, das „Identitätsselbst" (Deneke 1989) deutlicher wahrzunehmen. Grundsätzlich aber gilt es, die hinter den Symptomen stehenden unbewußten affektbesetzten frühkindlichen Konflikte

unter Berücksichtigung der neurotischen Persönlichkeitsstruktur aufzudecken und durchzuarbeiten.

Mit welchen Mitteln können diese Ziele auf dem Hintergrund der psychoanalytischen Theorie in der Therapie erreicht werden?

Durch das **freie Assoziieren** tauchen lebensgeschichtlich geradezu „zeitlos" und vom Ich unzensiert Einfälle und Gedanken, Affekte und Gefühle, Phantasien und Träume im Bewußtsein auf.

Dieses zuvor abgewehrte neurosenrelevante Material wird im psychoanalytischen Dialog durch **therapeutische Interventionen** (Klärungen, Konfrontationen, Deutungen, Rekonstruktionen u. a.) mit der neurotischen Symptomatik in einen Bedeutungszusammenhang gestellt, wodurch die Dechiffrierung der neurotischen Symptomatik erst möglich wird. Dabei ist wesentlich, daß der Analytiker durch sein Abstinenzverhalten während der Therapie als reale Person vom Patienten auch nur eingeschränkt wahrgenommen wird. Dennoch tauchen Gedanken, Gefühle und Affekte zum Therapeuten auf, die aber mit dessen Realität wenig zu tun haben, um so mehr jedoch mit den in der Lebensgeschichte des Patienten emotional als bedeutsam erlebten Personen. Wir sprechen dann von **Übertragungen** oder von Übertragungsphänomenen, die in einer längeren Behandlung zur Entfaltung einer therapeutisch gewünschten **Übertragungsneurose** führen, in deren Schutz die oben beschriebene psychoanalytische Arbeit am nunmehr reaktualisierten neurotischen Konflikterleben und -verhalten erfolgen kann. Die Reinszenierung der frühkindlichen Konflikte in der psychoanalytischen Situation setzt aber immer eine **therapeutische Regression** voraus, die durch das psychoanalytische Setting erst möglich wird.

Zugleich ist es erforderlich, daß der Analytiker all das reflektiert, was der Patient in ihm an Empfindungen auslöst (**Gegenübertragungen**). Vor allem sind die Gegenübertragungsgefühle für den diagnostischen und therapeutischen Prozeß bedeutsam, weil sie Aspekte der neurotischen Beziehungsprobleme des Patienten widerspiegeln und so dem Analytiker emotional erfahrbar und einer Deutung im Zusammenhang mit Übertragungsphänomenen zugänglich werden.

Alle Phänomene, die der therapeutischen Arbeit im Sinne der Aufrechterhaltung der neurotischen Symptomatik entgegenstehen, bezeichnen wir als **Widerstand**. Die Widerstände in der Therapie sind dem Patienten unbewußt und entsprechen seiner neurotischen Abwehr.

Die Arbeit an den Widerständen, die sogenannte **Widerstandsanalyse**, steht noch vor der **Übertragungsanalyse** im Vordergrund der Therapie. Fenichel (1935) spricht hier von der „Daß-, wie-, warum-, was-Regel". S. O. Hoffmann (1987) faßt es in die folgenden Worte: Die Regel „besagt, daß in der Deutung des Widerstandes dem Patienten zuerst gezeigt werden muß, **daß** er abwehrt (= Konfrontation), **wie** er abwehrt (= Klärung), **warum** er abwehrt (= Widerstandsdeutung) und schließlich **was** er abwehrt (= inhaltliche Deutung)".

Das Hauptaugenmerk wird daher besonders auf das Auftreten von Übertragungswiderständen oder -phänomenen und deren Analyse gelegt. Denn erst die Wahrnehmung, das Analysieren, das Bearbeiten und die Auflösung der Übertragungs- wie auch der Gegenübertragungswiderstände ermöglichen einen umfassenden psychoanalytischen Therapieerfolg. Gerade letztere verstellen den Blick des Analytikers auf den Patienten oder bilden blinde Flecken, deren Wahrnehmung und Analyse aber häufig der Schlüssel zum psychodynamischen Verständnis des neurotischen Konfliktes des Patienten ist. Nicht zuletzt gilt es – um die psychoanalytische Therapie beenden zu können – das „Vehikel der Therapie", die Übertragungsneurose, selbst einer Bearbeitung zu unterziehen und aufzulösen.

> Wichtige **Voraussetzungen** für die **psychoanalytische Behandlung** sind nicht nur der Wunsch nach Heilung und die Bereitschaft des Patienten, sich auf die eigene Lebensgeschichte im psychoanalytischen Setting einzulassen (das sogenannte Arbeits- oder Behandlungsbündnis), sondern auch die Fähigkeit zur Ich-Spaltung in der Therapie.

Das heißt, daß der Patient sowohl das Auftauchen als auch das notwendige Durcharbeiten der zuvor unbewußten Konflikte

und „Wahrheiten" bewußt als krankheits- und therapieimmanent aus einer erlebenden und zugleich beobachtenden Position heraus wahrnehmen und verstehen kann, um letztlich einen Zuwachs an Erkenntnis und Einsicht zu erhalten. Erst daraus erwächst schließlich dem Patienten die Fähigkeit, neurotisches Erleben und Verhalten nachhaltig verändern zu können. Dabei ist immer daran zu denken, daß bloßes emotionsloses Erinnern und Verstehen zu keiner bleibenden Veränderung führen kann.

Hervorragende Einführungen in die Grundbegriffe der psychoanalytischen Therapie finden sich bei Sandler et al. (1973) und bei Mertens (1990/1991).

Psychoanalytische Einzeltherapieverfahren

Die Psychoanalyse als „klassisches" Therapieverfahren

Die oben (S. 542f) bereits gegebenen Ausführungen zur psychoanalytischen Therapie beziehen sich uneingeschränkt auf die Psychoanalyse als „klassisches" Therapieverfahren. Es folgen daher hier nur noch einige Ergänzungen (vgl. Tab. 6-5).

Tab. 6-5 Unterschiede zwischen psychoanalytischen Kurz- und Langzeitverfahren (modifizierte und erweiterte Fassung von Götze 2000).

Kriterien	Psychoanalyse (als „klassisches" Therapieverfahren)	Psychoanalytische Psychotherapie	Tiefenpsychologisch fundierte Psychotherapie	Psychoanalytische Kurzpsychotherapie (z. B. Fokaltherapie)
Zeitdauer	„zeitlos", 3–5 Jahre	„zeitlos", 2–5 Jahre	1–2 Jahre	zeitbegrenzt, „Monate"
Frequenz	3–5mal/Woche	1–2mal/Woche	1mal/Woche	1mal/Woche
Stundenzahl (Kernbereich)	400–800 Stunden	100–300 Stunden	50–100 Stunden	10–40 Stunden
Setting	Liegen	Sitzen	Sitzen	Sitzen
Diagnostische Besonderheiten	–	–	–	z. B. bei der Fokaltherapie: Formulierung eines „Fokus" auf der aktuellen gemeinsamen Verstehensebene
„Therapeutischer Enthusiasmus"	(+)	(+)	(+)	+
Haltung des Therapeuten	„passiv"	eher „passiv"	eher „aktiv"	eher „aktiv"
Aufmerksamkeit (Therapeut)	„gleichschwebend"	weniger „gleichschwebend"	auf den aktuellen Konflikt orientiert	„selektiv", „fokus"-orientiert
Assoziation (Patient)	„frei"	weniger „frei"	eher „gerichtet"	„gerichtet"
Inhaltliche Ausrichtung der therapeutischen Arbeit	weniger symptom- als kernkonfliktorientiert (triebdynamisch und strukturorientiert) bei freier Entfaltung des Therapieprozesses auch auf nicht pathologische Persönlichkeitsbereiche	symptom- und kernkonflikt-orientiert (triebdynamisch und strukturorientiert)	auf den aktuellen, weniger auf den Kernkonflikt orientiert	(evtl. sekundär den Kernkonflikt berührend)

+ : vorhanden; Berücksichtigung in der therapeutischen Arbeit.
– : nicht vorhanden; nicht möglich; zu vermeiden.

Tab. 6-5 (Fortsetzung)

Kriterien	Psychoanalyse (als „klassisches" Therapieverfahren)	Psychoanalytische Psychotherapie	Tiefenpsychologisch fundierte Psychotherapie	Psychoanalytische Kurzpsychotherapie (z. B. Fokaltherapie)
Regression	+	(+)	−/(+)	−
Gegenübertragung	+	+	+	+
Übertragungs-				
-neurose	+	(+)	−/(+)	−
-phänomene	+	+	+	+
positive Übertragung	+	+	+	+
negative Übertragung	+	+	+	−/+
Deutungen:				
• Traumdeutung	+	(+)	(+)	(+)
• genetische Deutung	+	+	+	+
• Übertragungsdeutung	+	+	+	(+)
Widerstandsanalyse	+	+	+	+
Therapieziel:	umfassend	weitgefaßt	enger gefaßt	begrenzt
• Symptombesserung	+	+	+	+
• strukturelle und triebdynamische Veränderungen der Persönlichkeit	+	(+)	(+)	−/(+)

+ : vorhanden; Berücksichtigung in der therapeutischen Arbeit.
− : nicht vorhanden; nicht möglich; zu vermeiden.

Therapeutisches Ziel

Das therapeutische Ziel ist eine Symptombesserung/-aufhebung durch entsprechende Veränderungen in den triebdynamischen und strukturellen Anteilen der Persönlichkeit.

Setting

Im psychoanalytischen Setting liegt der Patient in möglichst entspannter Haltung auf der Couch, der Analytiker sitzt außerhalb des Blickfeldes direkt oder etwas schräg dahinter. Der Therapeut verhält sich „passiv" bei gleichschwebender Aufmerksamkeit. Bezüglich seiner eigenen Person zeigt er sich weitgehend abstinent.

Die **therapeutische Atmosphäre** ist in der Vorgabe entspannt und „zeitlos"; sie ist für die freie Assoziation und für die Entwicklung sowohl der therapeutischen Regression „im Dienste des Ichs" als auch letztendlich der Übertragungsneurose als therapieprozeßimmanenter Vorgang unerläßlich. Notwendige Voraussetzung ist jedoch die rasche Entwicklung einer guten und stabilen Objektrepräsentanz (Therapeut) auf dem Boden eines primär vorhandenen basalen Vertrauensverhältnisses.

Ausrichtung der therapeutischen Arbeit

Die Ausrichtung der therapeutischen Arbeit erfolgt inhaltlich **kernkonfliktorientiert** durch die Wahrnehmung, Erkennung und Dechiffrierung der unbewußten Prozesse. Dabei muß gesehen werden, daß der neurotischen Symptomatik nicht nur ein Kernkonflikt, sondern immer zugleich mehrere meist sehr unterschiedlich determinierte unbewußte Konflikte zugrunde liegen, die wiederum (krankheitswertige) Störungen in der Organisation und Ausprägung der seelischen Grundfunktionen voraussetzen.

Behandlungsart und -dauer

Die einzelne Behandlungsstunde dauert 50 Minuten bei drei bis fünf Stunden pro Woche. Die Gesamtstundenzahl beträgt im Mittel 400 bis 800 bei einer Dauer von drei bis fünf Jahren.

Indikation

Für eine „klassische" psychoanalytische Behandlung als geeignet gelten seit S. Freud unverändert die **Psychoneurosen**, die wegen der ausgeprägten Fähigkeit zur Übertragung auch als sogenannte Übertragungsneurosen bezeichnet werden. Hierzu zählen wir in erster Linie die hysterischen, phobischen, einen Teil der zwangsneurotischen und die meisten neurotisch-depressiven Krankheitsbilder. Sogenannte **frühe Störungen**, vor allem mit ausgeprägteren Ich-strukturellen Defekten sind selten geeignet, da diese Patienten meist zur notwendigen therapeutischen Ich-Spaltung und anderem nicht fähig sind. Hierunter fallen vor allem die Borderline- und narzißtischen Persönlichkeitsstörungen, die Perversionen, die Süchte und selbstverständlich auch die endogenen Psychosen.

Auch ist die „klassische" Psychoanalyse für die meisten Formen der Angstneurose, der Persönlichkeitsstörungen (Psychopathien, Charakterneurosen) und der körperlichen Funktionsstörungen psychischen Ursprungs sowie der psychosomatischen Erkrankungen im engeren Sinne nicht die Therapieform der ersten Wahl. Aber nicht nur diagnostische Kriterien (die teilweise sehr kontrovers gesehen werden, z. B. „Analyse nur für schwergestörte Patienten" vs. „Analyse niemals für schwergestörte Patienten") sind für die Wahl des therapeutischen Verfahrens entscheidend. Die Indikation ist hoch komplex. Denn sie wird auch unter anderem mitbestimmt durch die Erwartung, Haltung und Einstellung und durch die realen Lebensbedingungen des Patienten wie auch des Therapeuten.

Das klassische psychoanalytische Verfahren fordert vom Therapeuten und vom Patienten einen ungewöhnlich hohen zeitlichen und vom Patienten auch einen hohen finanziellen Aufwand. Wenngleich seit 1967 in der Bundesrepublik Deutschland die „klassische" Psychoanalyse als Therapieverfahren über eine Begutachtung abrechnungsfähig geworden ist („Neurosen haben Krankheitswert"), so steht sie der Häufigkeit nach doch nicht mehr an erster Stelle der psychoanalytischen Therapieformen. Als Lehr- und Forschungs-„Instrument" ist die Psychoanalyse jedoch unverzichtbar. Sie behält auch weiterhin ihre hohe Bedeutung im Einzelfall, insbesondere aber in der Behandlung von sogenannten Multiplikatoren, also von Neurosekranken in sozial verantwortlichen Positionen, worauf schon Freud hingewiesen hat.

Abrechnung über Krankenkassen

Die „klassische" Psychoanalyse kann über ein Gutachterverfahren mit den Kassen abgerechnet werden mit derzeit drei Liegungen pro Woche und bis zu 240 bis 300 Stunden, selten mehr. Darüber hinaus muß eine Selbstfinanzierung erfolgen.

Seit 1993 wird die „klassische" Psychoanalyse, wenn sie „besonders" hochfrequent (d. h. vier bis fünf Liegungen/Woche) beantragt wird, von der kassenärztlichen Versorgung (unter Berufung auf die sog. Psychotherapie-Richtlinien) ausgeschlossen oder in der Bezahlung auf drei Liegungen pro Woche begrenzt.

Effektivität psychoanalytischer Therapieverfahren

Seit Mitte der 90er Jahre sind seitens der Psychoanalyse intensive Bemühungen erfolgt, die Effektivität psychoanalytischer Therapiemethoden durch empirische Studien zu belegen (siehe Kap. 6.2.1, S. 519 ff). Eine Reihe von Studien haben dabei insbesondere auf den Nachweis der Effizienz hochfrequenter psychoanalytischer Langzeittherapien sowie auf den Nachweis der differentiellen Indikationsstellung zwischen hochfrequenten und niederfrequenten psychoanalytisch orientierten Verfahren abgezielt. Dazu zählen die Studie der Deutschen Psychoanalytischen Vereinigung DPV, Stuhr et al. 2001) sowie die Studie der DGPT (Rudolf et al. 2001). Bei der DPV-Studie handelt es sich um eine retrospektive Untersuchung, bei der auch mittels qualitativer Zugangsweisen (Interviews durch die ehemaligen Behandler) katamnestische Daten erhoben worden sind. Die Ergebnisse zeigen, daß sowohl bei den Langzeitpsychoanalysen als auch bei den Psychotherapien befriedigende Effekte für die Patienten aus den Behandlungen erzielt worden sind (Leuzinger-Bohleber 2001; Beutel und Rasting 2001). Die Patienten wiesen zum Katamnesezeitpunkt keine relevanten symptomatischen Belastungen mehr auf. Darüber hinaus interpretierten die Autoren die Ergebnisse des Therapievergleichs zwischen Langzeitpsychoanalysen und psychodynamischen Psychotherapien so, daß die differentielle Indikationsstellung in den untersuchten Therapien von den Therapeuten angemessen vorgenommen worden sei (Beutel und Rasting 2001). Die Studie von Rudolf et al. (2001) untersucht demgegenüber Analysen mit einer Frequenz von drei Wochenstunden und einstündiger Psychotherapie in einem prospektiven naturalistischen Design. Fokussiert werden hier ebenfalls sowohl Ergebnisvariablen als auch Prozeßvariablen unter der Berücksichtigung von katamnestischen Befunden. Von Interesse sind diese Untersuchungen nicht nur, weil sie die Effizienz von psychoanalytischen und psychodynamischen Psychotherapien zu belegen vermögen, sondern auch insbesondere aufgrund eines methodischen Vorgehens, das zuläßt, neben der Oberflächenebene – wie z. B. die Symptomebene – auch Tiefendimensionen des therapeutischen Prozesses wie der therapeutischen Veränderung zu explorieren.

Psychoanalytische Psychotherapie

Freud und die Psychoanalytiker der ersten Generation waren sich darüber im klaren, daß die Psychoanalyse als eine Methode zur Erforschung psychischer Vorgänge und als eine Theorie menschlichen Erlebens und Verhaltens einer hohen Wertschätzung sicher sein dürfte, als Behandlungsmethode psychischer Störungen jedoch auf die Zukunft hin nur eine unter vielen sein wird. Dies lag mit daran, daß die Analysen parallel zum Zugewinn an psychoanalytischem Wissen immer länger und die therapeutischen Ziele immer weiter und unschärfer formuliert wurden. Schon früh tauchte so der Wunsch nach einer weniger zeit- und geldaufwendigen Behandlungsmethode neurotischer Störungen auch für die große Zahl der Patienten aus den mittleren und unteren sozialen Schichten auf. Gleichsam aus der sozialen Not geboren entwickelten sich eigenständige psychoanalytische Therapieformen, bei denen heute die Indikation positiv und nicht mehr durch Ausschluß erfolgt (Hoffmann 1987).

Gerade in den letzten zehn Jahren und aktuell wohl unter anderem auch durch die Einführung des Psychotherapeutengesetzes im Jahr 1999 sowie durch den sozialpolitischen und -ökonomischen Druck hat sich eine wachsende Tendenz zur stärkeren inhaltlichen Konturierung psychoanalytischer Psychotherapieverfahren in Abgrenzung zum traditionellen Langzeitverfahren der Psychoanalyse herausgebildet. Im Rahmen des Psychotherapeutengesetzes ist die „psychodynamische Psychotherapie"[1] als zweite Grundorientierung neben den ko-

---

[1] Dieser Begriff soll alle psychoanalytischen/psychoanalytisch orientierten Therapieverfahren – einschließlich der tiefenpsychologisch fundierten Psychotherapie, der Kurzpsychotherapie u. a. – jenseits der „klassischen" Psychoanalyse umfassen.

gnitiv-behavioralen ausgewiesen worden; dies ist ein Entwicklungsmeiler, der die weitere methodische und wissenschaftliche Ausweisung und Spezifikation dieses Verfahrens erfordert. So finden sich aktuell Lehrbücher zur psychodynamischen Psychotherapie (z. B. Reimer und Rüger 2000), die dieser Tendenz entsprechen und weiter an der Profilierung dieses Ansatzes arbeiten.

Therapeutisches Ziel

Das therapeutische Ziel ist zunächst wie bei der klassischen Psychoanalyse eine Symptombesserung/-aufhebung durch entsprechende Veränderungen in den triebdynamischen und strukturellen Anteilen der Persönlichkeit. Nur werden die Veränderungen von vornherein nicht so umfassend wie in der klassischen Psychoanalyse, sondern eher begrenzt – auf eindeutig krankheitswertige Konfliktbereiche bezogen – erwartet.

Ausrichtung der therapeutischen Arbeit

Die Unterschiede in den theoretischen Ansätzen und in der Technik des therapeutischen Vorgehens bei den psychoanalytischen Psychotherapien jenseits der „klassischen" Psychoanalyse sind nicht so groß, als daß sie hier differenziert dargestellt werden sollten (z. B. „psychoanalytisch orientierte Psychotherapie", „analytische Psychotherapie", Schultz-Hencke 1951; „dynamische Psychotherapie", Dührssen 1988; „niederfrequente psychoanalytische Langzeittherapie", Hoffmann 1987), zumal auch nicht unerwähnt bleiben soll, daß unter dem Aspekt der kassenärztlichen Antragsverfahren (entsprechend den Psychotherapie-Richtlinien) „Realitätsanpassungen" in den Definitionen zu berücksichtigen sind. Das allen Gemeinsame soll hier unter dem Begriff der psychoanalytischen Psychotherapie herausgestellt werden (vgl. Tab. 6-5, S. 544 f).

Ein entscheidender Unterschied zur Psychoanalyse bezüglich der Technik der Therapie – unter Berücksichtigung des angestrebten therapeutischen Ziels (s. o.) – besteht in dem Bemühen, regressive Neigungen zwar zuzulassen, nicht aber eine tiefergehende Regression, vor allem nicht bei schwer (d. h. vor allem früh) gestörten Patienten aufgrund der meist ausgeprägten Ich-Schwäche und/oder Ich-Defekte (Gefahr der „malignen Regression"). Dazu bedarf es, den therapeutischen Prozeß nicht ganz sich selbst zu überlassen („freier Lauf"), sondern von seiten des Therapeuten behutsam einzugrenzen. Allein das äußere Setting ist hier schon präventiv: Die freie Assoziation, die Übertragungen und die Widerstände sind aufgrund einer mehr vorbewußten Orientierung meist weniger stark ausgeprägt als in der Psychoanalyse. Dadurch wird auch erreicht, daß es nicht zu einer vollen Entwicklung einer Übertragungs**neurose** kommt, die bei schwer/früh gestörten Patienten (s. u.) zu vermeiden ist, weil nicht nur die Zeit dagegen spricht, die man in der Therapie braucht, um die Übertragungsneurose wieder aufzulösen, sondern auch die Art der Ausprägung: Zu leicht entwickeln sich bei schwer/früh gestörten Patienten im Setting der klassischen Psychoanalyse psychosenahe oder psychotische Dekompensationen, wenn das Übertragungsgeschehen unzureichend erkannt und kontrolliert

wird. Die Kontrolle ist im „Sitzen" leichter zu handhaben als im „Liegen".

> Es sollte nicht unerwähnt bleiben, daß durch das klarer definierte Verhältnis von „Veränderung in der Zeit" der Leistungsdruck des Analytikers in der psychoanalytischen Psychotherapie eher höher ist als in der klassischen Psychoanalyse.

Behandlungsart und -dauer

Im Gegensatz zur Psychoanalyse sitzen sich in der psychoanalytischen Psychotherapie Patient und Therapeut gegenüber. Die Sitzungen finden in der Regel ein- bis zweimal pro Woche statt, die Gesamtstundenzahl beträgt im Mittel 100 bis 300 bei einer Therapiedauer von zwei bis fünf Jahren.

Indikation

Die Indikation zur psychoanalytischen Psychotherapie stellt sich nicht nur bei einer weniger stark ausgeprägten Symptomatik, sondern auch und besonders bei Patienten mit sogenannten **frühen Störungen**. Hierzu rechnen wir die Borderline- und narzißtischen Persönlichkeitsstörungen, manche Formen der neurotischen Depression, vor allem aber fast alle Formen der Angstneurose. Darüber hinaus eignet sich die psychoanalytische Psychotherapie auch zur Behandlung von **körperlichen Funktionsstörungen psychischen Ursprungs**, während die Erfolge bei psychosomatischen Erkrankungen im engeren Sinne begrenzt sind. Hier muß meist hinsichtlich der therapeutischen Technik modifiziert und mit anderen, zum Beispiel körperorientierten Therapieverfahren kombiniert und im Sinne einer integrativen Vorgehensweise behandelt werden. Fast immer ist eine Zusammenarbeit mit dem somatisch orientierten Mediziner unerläßlich.

Selbstverständlich können auch alle **neurotischen Krankheitsbilder**, bei denen die Indikation zur klassischen Psychoanalyse gegeben ist, mit der Methode der psychoanalytischen Psychotherapie behandelt werden. Dies ist zum Beispiel notwendig, wenn aus zeitlichen, finanziellen oder anderen Gründen eine Psychoanalyse nicht realisiert werden kann. Allgemein wird dann jedoch erwartet, daß die psychoanalytische Psychotherapie – wie schon erwähnt – die pathologischen Persönlichkeitsstrukturen weniger umfassend korrigieren kann als das „klassische" Psychoanalyse-Verfahren. So konnte 1988 eine empirische Studie im Auftrag der Deutschen Gesellschaft für Psychotherapie, Psychosomatik und Tiefenpsychologie (DGPPT) aufzeigen, daß die Patienten der überwiegend niedergelassenen Analytiker mehrheitlich eine Behandlung mit ein bis drei Wochenstunden im Sinne einer psychoanalytischen Psychotherapie erhielten. 7 % wurden mit der klassischen Psychoanalyse behandelt, 9 % mit einer Kurzpsychotherapie, 7 % standen in einer psychoanalytisch orientierten Beratung oder in einer Krisenintervention.

Abrechnung über Krankenkassen

Auch die psychoanalytische Psychotherapie kann über ein Gutachtenverfahren mit den Kassen abgerechnet werden.

Tiefenpsychologisch fundierte Psychotherapie

Den Begriff der tiefenpsychologisch fundierten Psychotherapie für ein spezielles psychotherapeutisches Verfahren kennen wir nur in Deutschland. Der Begriff wird sowohl in dem Bemühen, eine geeignete Übersetzung zu finden, als auch inhaltlich als ein spezielles therapeutisches Verfahren im Ausland nicht zutreffend verstanden; letzteres gilt zum Teil aber auch für den deutschsprachigen Raum.

Das tiefenpsychologisch fundierte Psychotherapieverfahren ist mit seinen vielfältigen Abwandlungen sowohl theorieorientiert als auch therapietechnisch unschärfer und damit schwieriger zu vermitteln als die Psychoanalyse und psychoanalytische Psychotherapie. Dieser Aspekt ist besonders wichtig im Rahmen der analytisch-psychotherapeutischen Weiterbildung, denn die tiefenpsychologisch fundierte Psychotherapie ist inzwischen das wohl am häufigsten angewandte Psychotherapieverfahren, was nicht zuletzt auch daran liegt, daß die Durchführung der „klassischen" Psychoanalyse und der psychoanalytischen Psychotherapie nur den voll ausgebildeten Psychoanalytikern vorbehalten bleibt.

Die tiefenpsychologisch fundierte Psychotherapie kann einerseits deutlich von den zentralen psychoanalytischen Verfahren („klassische" Psychoanalyse und psychoanalytische Psychotherapie) abgegrenzt werden, andererseits hat sie mit anderen Verfahren sehr viel mehr Berührungspunkte. So beschreibt z. B. Dührssen (1988) ein Verfahren, die sogenannte dynamische Psychotherapie, in dem die Arbeit an den Übertragungsphänomenen in der Arzt-Patient-Beziehung unberücksichtigt bleibt, dafür aber der aktuelle Konflikt interpersonell und in seinen Folgewirkungen ganz im Vordergrund steht. Ähnlich verhält es sich mit der sogenannten psychoanalytisch-interaktionellen Therapie nach Heigl-Evers et al. (1994). Bei diesem Verfahren übernimmt der Therapeut – vor allem bei der Bearbeitung von schweren Störungen – Hilfs-Ich-Funktionen und konzentriert sich besonders auf Konfrontationen, Klarifikationen und auf die konfliktorientierte Verbalisierung der vom Patienten vermittelten Gefühle.

Die analytische Psychotherapie nach Luborsky (1988) fokussiert einen in den diagnostischen Gesprächen herausgearbeiteten sogenannten zentralen Beziehungskonflikt unter Berücksichtigung von Übertragungsphänomenen. Dieses Vorgehen ist deutlich analytischer als die beiden vorgenannten Verfahren.

Therapeutisches Ziel

Das Therapieziel der tiefenpsychologisch fundierten Psychotherapie ist deutlich enger gefaßt als in der psychoanalytischen Psychotherapie und der „klassischen" Psychoanalyse. Es ist entsprechend begrenzt auf die Einsicht in die bewußten und unbewußten Anteile der Entstehung des aktuellen Konflikts und auf dessen Lösung unter Einbeziehung des Ziels, die Symptomatik zu mildern oder aufzuheben, wenngleich darüber hinaus auch triebdynamische – seltener auch strukturelle – Veränderungen der Persönlichkeit in einem begrenzten Umfang erreicht werden können.

Ausrichtung der therapeutischen Arbeit

Der Therapieprozeß ist durch ein vorwiegend auf die Symptomatik und auf den aktuellen Konflikt zentriertes Vorgehen (durchaus mit Berührung auch des unbewußten Kernkonflikts) unter Vermeidung zu starker regressiver Prozesse gekennzeichnet. So wird auf lebensgeschichtlich frühere (frühkindliche) unbewußte Konflikte nur partiell im Zusammenhang mit dem aktuellen neurotischen Konflikt eingegangen, um dessen unbewußte Dynamik ursächlich zu erhellen.

Im Vergleich zur Psychoanalyse und zur psychoanalytischen Psychotherapie verhält sich der Therapeut bei der tiefenpsychologisch fundierten Psychotherapie weniger passiv. Er fokussiert seine Arbeit wesentlich auf den aktuellen Konflikt und dessen unbewußte psychodynamische Aspekte, wenngleich er sich mit Deutungen, vor allem mit genetischen Deutungen, vergleichsweise zurückhält und insbesondere eine Regression und damit letztlich auch die Entstehung einer Übertragungsneurose vermeidet. Übertragungsphänomene hingegen werden durchaus aufgegriffen.

Behandlungsart und -dauer

Wie in der psychoanalytischen Psychotherapie sitzen sich Patient und Therapeut gegenüber. Die Sitzungen dauern jeweils 50 Minuten und finden in der Regel einmal pro Woche statt. Die Gesamtstundenzahl beträgt 50–100 Stunden bei einer Therapiedauer von ein bis zweieinhalb Jahren.

Indikation

Die tiefenpsychologisch fundierte Psychotherapie kommt als Verfahren dann in Betracht, wenn im Zusammenhang mit der Symptomatik ein aktueller neurotischer Konflikt in den Vorgesprächen herausgearbeitet werden kann und vom Therapeuten und Patienten auch als wesentlich eingeschätzt wird. Auch scheint für die Indikation von Bedeutung zu sein, daß weniger auf die frühkindliche Situation, z.B. durch genetische Deutungsarbeit, zurückgegriffen wird. Die Häufigkeit der Indikationsstellung ist aber pragmatisch begründet: Der überschaubare Zeitrahmen der Therapie sowie das therapeutische Arbeiten im Hier und Jetzt am bewußten Konflikt mit einem begrenzten, aber klar formulierbaren Therapieziel kommt den meisten Patienten – nicht zuletzt in ihrer Haltung und Einstellung psychotherapeutischen Verfahren gegenüber – sehr entgegen.

Abrechnung über Krankenkassen

Die Abrechnung mit den Krankenkassen erfolgt über einen Erstantrag (50 Stunden) im Rahmen eines Gutachten-Verfahrens mit der Möglichkeit, über Folgeanträge eine Verlängerung auf 80 bzw. 100 Stunden zu erreichen.

Psychoanalytische Kurzpsychotherapie

Es war bereits ein Anliegen der Analytiker der ersten Generation, das klassische psychoanalytische Verfahren abzukürzen, um möglichst vielen Menschen in kurzer Zeit wirksam und nachhaltig helfen zu können. Freud selbst behandelte immer wieder einmal „kurztherapeutisch" („Bruno Walter", „Gustav Mahler") und veröffentlichte auch einige sehr erfolgreich verlaufende „Kurzanalysen" (die Krankengeschichten „Katharina", „Dora", „Rattenmann" u. a.), wenngleich er von einem kurzanalytischen oder kurztherapeutischen Konzept nicht sprach. Die damals auch von anderen Analytikern in der Frühzeit der Psychoanalyse publizierten Krankengeschichten vermitteln viel Enthusiasmus und Aktivität auf seiten der Analytiker ohne besondere Berücksichtigung von Widerstand, Übertragung und Gegenübertragung. Aus heutiger Sicht handelte es sich bei den Kurztherapien in der Frühzeit der Psychoanalyse wohl überwiegend um Übertragungsheilungen.

Die ersten systematischen Entwicklungen psychoanalytischer Kurztherapien in Theorie und Technik sind eng mit den Namen Stekel, Ferenczi („aktive Therapie"), Rank und Alexander („Konzept der korrigierenden emotionalen Erfahrung") verbunden. Aber alle Versuche – vor allem in den 20er Jahren –, das psychoanalytische Verfahren zu „verkürzen", mißlangen.

Die heute verbreiteten Kurzpsychotherapien entstanden aus der Absicht heraus, psychoanalytische Therapien von begrenzter Dauer und mit begrenzten Therapiezielen zu entwickeln, die sich in Theorie und Technik qualitativ vom klassischen Verfahren zwangsläufig unterscheiden (müssen).

In den zurückliegenden 40 Jahren war die **Entwicklung psychoanalytischer Kurzpsychotherapien** besonders mit den Namen Balint (1973), Malan (1963; 1976), Bellak und Small (1965), Sifneos (1972; 1979), Davanloo (1978; 1980), Mann (1973; 1982), Wolberg (1980), Strupp und Binder (1984) sowie Horner (1985) verbunden. Im deutschsprachigen Raum sind zur gleichen Zeit die Arbeitsgruppen von Klüwer (1970; 1971), Beck (1974), Meyer (1981), Kächele (1985; 1990), Meistermann-Seeger (1986), Leuzinger-Bohleber (1988), Lachauer (1992) unter anderem mit Arbeiten zur Kurzpsychotherapie (Theorie, Technik, Effizienz, Therapievergleichsstudien u. a. m.) hervorgetreten.

Wenn man sich zunächst an den **Begriffen** orientieren will, dann gibt es wie bei der psychoanalytischen Psychotherapie eine Tendenz zur Vielfalt bis zur Begriffsverwirrung. Im englischen Sprachraum wird fast ausschließlich von *Short-term* (z. B. *Short-term Provoking Psychotherapy*: STAPP, Sifneos 1979), *Time-limited* (z. B. *Time-limited Psychotherapy*, Mann 1973) und *Brief Psychotherapy*, zum Teil auch mit dem zusätzlichen Adjektiv *Dynamic* (z. B. *Short-term Dynamic Psychotherapy*: STDP, Davanloo 1980) gesprochen. Manche Autoren benutzen für ein- und dieselbe Therapieform auch verschiedene Begriffe. Übersetzen wir *Short-term* mit „Kurz-Zeit" (z. B. 10 bis 40 Stunden) und *Time-limited* mit „zeitbegrenzt" (z. B. auf 12 Stunden bei Mann), so liegt die Begriffsbetonung auf der Zeit, die für die Therapie zur Verfügung steht

in Abgrenzung zur „Zeitlosigkeit" der klassischen Psychoanalyse.

Entsprechend unterscheidet sich auch die Technik der Therapie. So wird zum Beispiel in der *Time-limited Psychotherapy* von Mann mit der Begrenzung auf 12 Stunden die Bearbeitung von „Trennungen in Beziehungen" thematisch ganz in den Vordergrund gestellt und in der Therapeut-Patient-Übertragungsbeziehung geradezu szenisch bearbeitet. Der Begriff *„Brief"* – wenngleich weniger gebräuchlich – schließt meines Erachtens noch am besten das ein, was wir unter „kurz" (Dauer), „begrenzt" (Therapieziel) und veränderter Technik verstehen.

Am eindeutigsten ist der Begriff **„Fokaltherapie"** – vor allem in der Abgrenzung zur Psychoanalyse durch die Einführung eines „Fokus" (auf die Fokaltherapie wird auf S. 646f ausführlicher eingegangen).

Im Gegensatz zur Langzeitanalyse und auch zur psychoanalytischen Psychotherapie ist den verschiedenen Konzeptionen der psychoanalytischen Kurzpsychotherapien einschließlich der Fokaltherapie gemeinsam, daß – wie es Sifneos ausdrückt – von einer umschriebenen **Hauptklage**, die einem auf der Verstehensebene formulierten aktuellen Problem entspricht oder von einem **fokalen Konflikt** – wie es Balint nannte – ausgegangen wird, wodurch das zentrale Thema der Therapie bereits in der diagnostischen Phase gekennzeichnet ist.

Die Frage, ob das Adjektiv „psychoanalytisch" bei den verschiedenen Formen der Kurzpsychotherapie überhaupt zutreffend ist, läßt heute folgenden allgemeinen Konsens zu (s. Tab. 6-5, S. 544f):

> Kurzpsychotherapien sind nicht als psychoanalytisch zu bezeichnen, wenn sie nur die psychoanalytische Theorie nutzen, zum Beispiel in der Konfliktberatung und in der Krisenintervention (s. S. 551f). Psychoanalytisch können wir eine Kurzpsychotherapie nur dann nennen, wenn sie die psychoanalytische Methode **anwendet**. Zur Methode gehört, daß Widerstand, Übertragung und Gegenübertragung nicht nur erkannt, sondern auch analysiert und interpretiert und damit auch entsprechend der klassischen psychoanalytischen Therapiemethode direkt im Therapieprozeß nutzbar gemacht werden.

Therapieziel

Das Therapieziel analytischer Kurzpsychotherapien ist im Vergleich zur Psychoanalyse begrenzt: Neben einer allgemeinen Symptombesserung werden nur sehr bedingt struktur- und triebdynamische Veränderungen der Persönlichkeit erwartet.

Ausrichtung der therapeutischen Arbeit

Voraussetzung für eine erfolgreiche Kurzpsychotherapie scheint ein ausgeprägter Enthusiasmus auf seiten des Analytikers zu sein. Er hat sich in Therapieprozeß- und Therapieeffizienz-Studien als prognostisch bedeutsam herausgestellt (Malan 1976).

Die therapeutische Haltung bei der psychoanalytischen Kurzpsychotherapie ist „aktiver", die Aufmerksamkeit des

Therapeuten „selektiver" und das Assoziieren des Patienten „gerichteter" als in der Psychoanalyse.

Die therapeutische Arbeit ist mehr auf den aktuellen Konflikt beziehungsweise auf den Fokalkonflikt zentriert. Der Kernkonflikt wird meist nicht berührt. Eine Regression wie auch die Ausbildung einer Übertragungsneurose wird aktiv vermieden. Hingegen sind Übertragungsphänomene erwünscht, vor allem positive. Traum- und Übertragungsdeutungen werden eher zurückhaltend gegeben. Die Widerstandsanalyse steht – vor allem bei Davanloo (1978; 1980) – ganz im Vordergrund der Behandlung.

Behandlungsart und -dauer

Im Gegensatz zur Psychoanalyse ist bei psychoanalytischen Kurzpsychotherapien die Stundenzahl deutlich begrenzt. Die Behandlungen dauern „Monate" mit im Mittel 10 bis 40 Stunden und finden (einmal pro Woche) im Sitzen statt.

Allgemeine Voraussetzungen für eine psychoanalytische Kurzpsychotherapie sind neben einem hohen Leidensdruck eine besonders hohe Motivation, eine hohe Fokalität, die Fähigkeit zum therapeutischen „Splitting", ein frühzeitig erkennbares Eingehen des Patienten auf Deutungen, das Fehlen einer starren Abwehrstruktur, die Herstellung eines Arbeitsbündnisses sowie „Enthusiasmus" auf seiten des Therapeuten. Das Arbeitsbündnis muß auch deutlich machen, daß sowohl Therapeut als auch Patient gemeinsam die Entscheidung zur kurzpsychotherapeutischen Behandlung als Therapieverfahren getroffen haben. Einseitige (d. h. vor allem unbewußte) Anpassungsprozesse verhindern erfolgreiches Arbeiten.

Indikation

Malan (1976) hat zwischen einer „konservativen" und einer „radikalen" Indikation unterschieden. Zur **konservativen Indikation** gehören kurz zurückreichende ödipale Konfliktsymptome, psychosoziale Krisen im weitesten Sinne sowie gute Ich-Funktionen. Zur **radikalen Indikation** gehören auch präödipale, schwerere und chronifizierte Störungen sowie labile, desintegrierte und Ich-schwache Persönlichkeiten. Die radikale Indikation setzt jedoch ein hohes Maß an Strukturierung und Beschränkung in der Kurzpsychotherapie voraus, auch ist eine Supervision unerläßlich, um nicht zuletzt Therapieschäden durch ungeübte Therapeuten zu vermeiden.

Fast alle Vertreter kurzpsychotherapeutischer Verfahren schließen Suchtkrankheiten, Psychosen, schwere chronifizierte Phobien und Zwänge sowie langfristig hospitalisierte Patienten aus. Patienten mit aktuellen Suizidversuchen im Sinne eines mißlungenen Suizids müssen unter diagnostischen Gesichtspunkten sehr differenziert betrachtet werden, bevor eine Entscheidung im Sinne einer „radikalen" Indikationsstellung zur Kurzpsychotherapie erfolgt. Letztlich ist für die Aufnahme einer Kurzpsychotherapie weniger die Diagnose bedeutsam als vielmehr die Möglichkeit, einen fokalen Konflikt abgrenzen zu können.

Technik

Auch bezüglich der Interventionstechnik wird zwischen einem „konservativen" und einem „radikalen" Vorgehen unterschieden. Zur **konservativen Interventionstechnik** gehört eine etwas mehr passiv-abwartende Haltung des Analytikers sowie ein sehr vorsichtiges Deuten, vor allem sollten keine sogenannten „frühen" oder Übertragungsdeutungen gegeben werden. Zur **radikalen Interventionstechnik** zählt zum Beispiel die „angstprovozierende" Technik (Sifneos 1972; 1979) mit Konfrontationen, Klarifikationen und einer konsequenten Deutung von Widerstand und Übertragung (Davanloo 1978; 1980; Horner 1985) mit dem Ziel, den fokalen Konflikt in Kongruenz mit dem tieferliegenden „Kern"-Konflikt zu bringen (Balint et al. 1973; Malan 1976).

Ein sehr guter Überblick über die verschiedenen Formen der psychoanalytischen Kurzpsychotherapie findet sich bei Flegenheimer (1982) sowie bei Lachauer (1992).

Sowohl unter mehr praktischen als auch forschungsorientierten Gesichtspunkten gewinnt die **Fokaltherapie** eine zunehmende Bedeutung. Dabei geht es vor allem um die inhaltliche Aussage und Formulierung des Fokus, der im Therapieprozeß die ständig zu überprüfende Arbeitshypothese darstellt.

Eine kritische Bestandaufnahme und eigene Erfahrungen legte zuletzt Lachauer (1992) in einem, vor allem auch für die Praxis gedachten Buch vor. Lachauers Definition des Fokus ist knapp und klar:

> #### Definition
>
> „Der **Fokus** im Rahmen einer psychoanalytischen Kurztherapie ist ein Satz, der in zwei Zentrierungsschritten erarbeitet wird und der ein aktuelles Hauptproblem mit einer Hypothese über dessen zentralen unbewußten Hintergrund verbindet. ... Das ‚aktuelle Hauptproblem' läßt sich am ehesten aus den gemeinsamen Nennern von ‚Szene' einschließlich Übertragungs- und Gegenübertragungsreaktionen sowie der Symptomatik mit auslösender Situation herausarbeiten."

Der Fokus wird in der Literatur meist in Form einer Deutung (z. B.: „Ich glaube, Sie leiden an ..., weil ..." oder „Sie dürfen keine Prüfung machen, weil ...") gegeben. Lachauer (1992) verdichtet den Deutungsprozeß noch durch die gewählte Ich-Form („Ich muß immer Retter sein, weil ...").

Das **Hamburger Fokaltherapieprojekt** (Götze et al. 1987; Mohr et al. 1987; Papenhausen et al. 1987) beschäftigt sich zum Teil auch mit einer auf 15 Stunden zeitbegrenzten Form. Der Fokus entspricht meist einem im Erstinterview sich herausbildenden emotional orientierten Beziehungskonflikt, der sich durchaus szenisch in der Übertragungsbeziehung abbilden kann und in Form einer Deutung in der Sprache des Patienten auf der bewußten Ebene verbalisiert wird; wir nennen ihn den **patientenorientierten Fokus**. Es hat sich als besonders günstig erwiesen, wenn in der Fokus-Formulierung im Sinne einer Deutung zusätzlich ein – wie ich es nenne – konstruktives Moment enthalten ist, welches sich – für den Patienten erkennbar – auf das Therapieziel richtet.

Auf einer zweiten Ebene wird der patientenorientierte Fokus entsprechend der dahinterstehenden psychodynamischen Hypothese formuliert. Dieser sogenannte **therapeutenorientierte Fokus** ermöglicht dem Therapeuten vor jeder Stunde eine rasche Orientierung und Überprüfung der geleisteten Arbeit.

Wenn möglich, wird eine vom therapeutenorientierten Fokus abgeleitete psychodynamische „Kurzformel" gebildet, die für den Therapeuten als „roter Faden" in der Therapiestunde hilfreich ist.

Wir sind mit Lachauer der Meinung, daß der Fokus sich möglichst frühzeitig für den Therapeuten formulierbar und in der Supervision kontrollierbar herausstellen sollte. Das Ausüben der Fokaltherapie ohne langjährige Erfahrung mit einer Team-Supervision erscheint uns sehr problematisch. Auch stimmen wir Lachauer – entgegen der Meinung anderer Autoren – zu, daß ein so wie oben beschriebener Fokus nicht „vom Diagnostiker zum Therapeuten weitergereicht" werden kann, da er meist übertragungsorientiert und nicht beziehungsfrei „neutral" hergeleitet und formuliert ist.

▶ **Anmerkung:** Heute wird offenbar viel häufiger als allgemein angenommen kurzpsychotherapeutisch gearbeitet. Wir wissen aber immer noch wenig darüber, wann, wie und mit welchem Erfolg das geschieht.

Die Meinung, daß psychoanalytische Kurzpsychotherapien nur von sehr erfahrenen Analytikern durchgeführt werden sollten, sollte meines Erachtens revidiert werden: Die psychoanalytische Kurzpsychotherapie – gerade weil sie häufiger als die klassische Psychoanalyse angewendet wird – wird erst seit einigen Jahren während der psychoanalytischen Ausbildung unter Supervision erlernt. Das Praktizieren der psychoanalytischen Kurzpsychotherapie ist auch heute nicht mehr nur eine Frage der analytischen Identität und der „hohen Schule" der Analytiker, sondern auch eine Frage der rechtzeitigen qualifizierten Ausbildung und natürlich auch der persönlichen Neigung. Denn tatsächlich haben sich die meisten Analytiker das kurzpsychotherapeutische Verfahren autodidaktisch angeeignet, was gern verleugnet wird. Aus diesen genannten, vor allem aber auch aus Gründen der Art und Weise der Kontaktaufnahme und der meist notwendigen Supervision eignen sich die psychoanalytischen Kurzpsychotherapien unter Versorgungs- und Begleitforschungsaspekten besonders für Institutionen, an denen sie ja auch ursprünglich aus pragmatischen Überlegungen heraus entwickelt worden waren.

Die verschiedenen Formen der psychoanalytischen Kurzpsychotherapien werden wahrscheinlich die psychoanalytischen Therapieformen der Zukunft sein – sowohl unter klinischen und ambulanten als auch unter Forschungsgesichtspunkten.

Abrechnung über Krankenkassen

Auch die psychoanalytischen Kurzpsychotherapien können heute – allerdings nur bis zu 25 Stunden – auf Antrag mit den Kassen abgerechnet werden.

Psychoanalytisch orientierte Krisenintervention

Der Begriff Krise kommt aus dem Griechischen „krisis" und bedeutet wörtlich übersetzt „Entscheidung" oder „Wendepunkt". Hippokrates verstand darunter die plötzliche „Lösung" eines akut lebensbedrohlichen Zustandes. Zunächst bezog sich der Begriff allein auf den Körper, später analog auch auf die Seele.

Der Begriff der Krise enthält aber nicht nur die Aussage, an einer Wende zu stehen im quantitativen Belastungssinne, sondern auch im qualitativen Sinne. Eine Krise wendet den Blick nicht nur auf Sterben, Tod, Nieder- oder Untergang einerseits und Überleben und Rückkehr zur Ausgangssituation andererseits, Krise bedeutet auch Chance auf Wandlung, nicht nur auf Rekonstruktion an sich, sondern auf Rekonstruktion mit verbesserter oder neuer Substanz, auf Neu- und nicht nur auf Rückbesinnung.

Krise signalisiert also immer eine Gefahr und eine Chance zugleich. So ist Krise an sich auch nicht per se krankhaft. Krisenhaftes Erleben gehört in den Grenzbereich zwischen normalem und pathologischem Reagieren auf eine Extrembelastung und kann den einen oder den anderen oder gar beide Aspekte in sich tragen.

In den 60er, 70er und 80er Jahren sind sehr viele Untersuchungen zur Krisenthematik erfolgt. Vor allem unter dem Aspekt des Traumabegriffes kamen viele neue Beobachtungen und Erkenntnisse hinzu, die die Vielfalt der Krisentheorien vermehrte. Auf Einzelheiten kann hier nicht eingegangen werden.

Es soll aber nicht unerwähnt bleiben, daß sowohl in der angloamerikanischen Klassifikation psychischer Störungen (DSM-III u. -IV) als auch in der internationalen Klassifikation (ICD-10) psychischer Störungen ein neues Syndrom, das „Posttraumatic Stress Disorder Syndrom" (PTDS) beziehungsweise die „posttraumatische Belastungsstörung" aufgenommen wurde, welches sich auf die Möglichkeit von jahre- oder gar lebenslangen Nachwirkungen von schweren Traumen bei Gewalttaten, Katastrophen und in anderen Zusammenhängen in Form von rekurrierenden Angst- und Schreckerinnerungen, Angstträumen, Schlafstörungen und anderes mehr bezieht.

So ist es verständlich, daß im Bereich der Forschung einschließlich der Therapie Überschneidungen unter anderem zur Notfallpsychiatrie, Suizid-, Coping-, Life-event- und Streßforschung gegeben sind.

Der Begriff der seelischen Krise wird je nach Standort des Betrachters unterschiedlich definiert. Fast immer aber treten gemeinsam psychische mit somatischen oder funktionellen Symptombildungen auf.

Definition

Ganz allgemein können wir davon ausgehen, daß wir von einer **Krise** dann sprechen, wenn der Einzelne in einer von ihm als zu groß erlebten inneren oder äußeren Belastungssituation steht, in der er fürchtet, psychisch dekompensieren zu müssen. Unter Berücksichtigung der psychoanalytischen Theorie können wir hinzufügen, daß die psychische Dekompensation den Zusammenbruch der intrapsychischen Abwehr bedeutet.

Um die Krise unter diagnostischen und therapeutischen Aspekten richtig gewichten zu können, müssen wir beurteilen, ob:

- es sich um eine mehr objektiv oder um eine mehr subjektiv erlebte Extrembelastung handelt
- das auslösende Ereignis in der aktuellen Belastungssituation unbewußt tieferliegende neurotische Konflikte berührt und aktualisiert oder auf eine „natürliche, lebenserhaltene" Abwehr trifft

Entsprechend erfolgt entweder eine „Selbstheilung", das heißt eine Bewältigung der Krise aus eigener Kraft (wenn eine objektive Belastung auf eine stabile Abwehr trifft), oder der Betroffene braucht Hilfe (1. wenn eine auch objektiv zu extreme Belastung auf eine sonst im Leben ausreichend stabile Abwehr trifft; 2. wenn eine objektiv zu bewältigende, aber subjektiv als zu schwer empfundene Belastung auf eine durch neurotische Konflikte oder andere psychosoziale Besonderheiten geschwächte Abwehr stößt).

Die psychische Krise erfordert ein sofortiges Handeln. In der aktuellen Situation geht es daher zunächst um die Verbalisierung des Erlebens und Verhaltens im Hier und Jetzt, um Klärung und Strukturierung. Dies ermöglicht dem Patienten bereits eine gewisse Entspannung und Distanzierung. Die Rolle des Therapeuten ist dabei wesentlich aktiver und entspricht nicht der regelhaften Abstinenz des Analytikers.

Wenn möglich wird versucht, die aktuelle (konfliktbezogene) Belastungssituation auf dem Hintergrund der individuellen Lebensgeschichte unter psychodynamischen Aspekten zu verstehen, dabei können in angemessener Weise durchaus einmal genetische Deutungen gegeben werden, wenn dadurch mehr Verstehen und mehr Einsicht in wichtige lebensgeschichtliche Zusammenhänge erreicht werden können. Widerstände und Übertragungsphänomene bleiben weitgehend unberücksichtigt. Insofern handelt es sich nicht um ein „aufdeckendes" Verfahren, sondern um Erhellung, Klärung und Restrukturierung im Schutz des therapeutischen Settings.

Ziel dieses Vorgehens ist immer, die individuelle Abwehrstruktur und die individuellen Ressourcen des Patienten zu erkennen und durch Ich-stützende Interventionen zu stärken.

Behandlungsart und -dauer

Die Dauer der psychoanalytisch orientierten Krisenintervention liegt bei durchschnittlich ein bis fünf Stunden, dabei ist es nicht ungewöhnlich, wenn die übliche Beschränkung der Therapiestunde auf 50 Minuten sowohl über- als auch unterschritten wird, auch werden die Abstände der Therapiestunden sehr flexibel gehalten.

Es kommt nicht selten vor, daß sich Patienten nach einer überwundenen Krise für eine längere psychotherapeutische Behandlung entschließen. Grundsätzlich muß der Therapeut daran denken, daß der Krise eine seelische Erkrankung zu-

grunde liegen kann. Eine gleichzeitige oder auch vorangehende medikamentöse Behandlung ist nicht selten. Der psychoanalytisch orientierte Krisentherapeut muß daher auch zu einem sehr pragmatischen Handeln bereit sein.

Einen guten Überblick zu diesem Thema geben Bellak und Small (1965) sowie Büchi und Wirth (1985).

Psychoanalytische Gruppentherapie

Die psychoanalytische Gruppentherapie ist heute sowohl ambulant als auch stationär weit verbreitet.

Gruppentherapien ermöglichen im Gegensatz zu den psychoanalytischen Einzelverfahren die gleichzeitige Behandlung von mehreren Patienten mit einer oder zwei eineinhalbstündigen Sitzungen pro Woche. So sind gruppenpsychotherapeutische Verfahren grundsätzlich von hohem ökonomischen Interesse, da sie weniger personalintensiv sind als einzelpsychotherapeutische Verfahren. Dieser Aspekt stellt sicherlich auch einen relevanten Hintergrund für die Tatsache dar, daß gruppenpsychotherapeutische Methoden heute insbesondere im stationären Behandlungssektor weit verbreitet sind. Jedoch ist die Indikation von gruppenpsychotherapeutischen Verfahren bei den unterschiedlichsten klinischen Problemstellungen vor allem auch mit inhaltlichen Argumenten begründbar. Im ambulanten Sektor werden Gruppentherapien nicht so häufig angewendet, wie ihnen aufgrund ihrer klinischen Bedeutung und empirisch nachgewiesenen Effizienz eigentlich zukommen sollte (Tschuschke 2001). Die Gründe dafür liegen unter anderem wohl hauptsächlich im hohen Beantragungsaufwand, durch die Notwendigkeit, für jeden Gruppenpatienten ein individuelles Gutachten zu erstellen.

Auch die psychoanalytische Gruppentherapie wurde, wie die anderen psychoanalytischen Therapieformen, in einer Zeit aufgenommen, als die Not durch fehlende Einzeltherapieplätze besonders drückend wurde. Daß die psychoanalytische Gruppentherapie heute so verbreitet ist, ist im wesentlichen S. H. Foulkes (1964) zu verdanken, der vor 50 Jahren gruppentherapeutisch zu arbeiten begann und die Theorie und Technik der psychoanalytischen Gruppentherapie entscheidend mit entwickelte, wenngleich wir davon auszugehen haben, daß die Gruppentherapie klinisch und theoretisch als psychoanalytisches Verfahren dieselben Grundlagen hat wie die Psychoanalyse als Einzeltherapie.

Behandlungsart und -dauer

Die Sitzungen der psychoanalytischen Gruppentherapie finden regelmäßig ein- bis zweimal pro Woche mit jeweils eineinhalb Zeitstunden über ein bis drei Jahre in einem Raum mit kreisförmig angeordneten Sesseln statt.

Die Gruppe setzt sich aus sechs bis zehn (sieben sind ideal) Mitgliedern beiderlei Geschlechts zusammen. Wünschenswert ist eine nicht zu große Diskrepanz bezüglich der psychosozialen Herkunft, keine zu großen Altersunterschiede, auch sollten psychotherapeutische Vorerfahrungen – wenn welche vorliegen – nicht zu unterschiedlich sein. Die Kombination von einzel- und gruppentherapeutischen Sitzungen hat sich nicht bewährt, ein Nacheinander kann im Einzelfall durchaus sinnvoll sein.

Eine weitere Voraussetzung ist, daß keine persönlichen Beziehungen vor Aufnahme der Therapie unter den Mitgliedern der Gruppe bestanden haben, auch sollten außerhalb der Gruppensitzungen persönliche Kontakte vermieden werden.

Die Gruppen werden „geschlossen" (d. h. Beginn und Abschluß der Therapie erfolgt für alle Teilnehmer gleichzeitig; Bion 1961) oder „halbgeschlossen" beziehungsweise „offen" (d. h. im langsamen Wechsel kommen Teilnehmer hinzu oder scheiden aus; Foulkes 1964) geführt.

Durch die Einführung des Therapeuten in die Gruppe entsteht die „**gruppenanalytische Situation**", in der der Therapeut die gleiche analytische Grundhaltung einnimmt wie in der psychoanalytischen Einzeltherapie. Er benutzt im wesentlichen die Gruppe als Ganzes für seine Interventionen, nur im Ausnahmefall wendet er sich an den Einzelnen. So wird die „freie Assoziation" zur „freien Gruppenassoziation". Es entwickeln sich Übertragungen und Widerstände zwischen den einzelnen Gruppenmitgliedern und auf den Therapeuten bezogen, sowohl vom Einzelnen als auch von der Gruppe als Ganzes ausgehend.

Entsprechend treten auch weitere gruppenspezifische Phänomene auf. Es kommt zu szenischen Abbildungen, zum Beispiel von unbewußten ödipalen Konflikten und symbiotischen Beziehungsmustern, von hysterischem Agieren, von narzißtischen Enttäuschungen und Idealisierungen, kurz, zu Übertragungs- und Gegenübertragungsprozessen, die der Therapeut fast ausschließlich gruppenorientiert deutet.

> Es erfolgt also weniger eine gleichzeitige Behandlung von Einzelnen in der Gruppe, sondern eine Behandlung des Einzelnen mit und durch die Gruppe.

Indikation

Die Indikation zur psychoanalytischen Gruppentherapie kann für alle Formen der Psychoneurosen positiv gestellt werden (vergleichbar der Indikation zur psychoanalytischen Psychotherapie). Entscheidend ist nicht die gleichartige Zusammenstellung der Gruppenmitglieder nach diagnostischen Kriterien – das sollte nur bei ganz bestimmten Krankheitsbildern erfolgen wie zum Beispiel bei Patienten mit süchtigen Entwicklungen, mit Depressionen oder mit Borderline-Persönlichkeitsstörungen, die ein modifiziertes technisches Vorgehen in der Gruppe erfordern, sondern entscheidend ist, daß der Patient motiviert ist, über sich in der Gruppe und mit der Gruppe zu sprechen, sich selbst in der Gruppe und die Gruppe als solche wahrzunehmen und konstruktiv damit umzugehen.

Abrechnung über Krankenkassen

Auch die psychoanalytische Gruppentherapie kann heute über ein Gutachtenverfahren mit den Kassen abgerechnet werden.

Sehr gute Einführungen in die psychoanalytische Gruppentherapie vermitteln Foulkes (1964) und Yalom (1970).

Literatur

Balint M, Ornstein PH, Balint E. Focal psychotherapy. An example of applied psychoanalysis. London: Tavistock 1972. Deutsche Ausgabe: Fokaltherapie. Frankfurt: Suhrkamp 1973.

Beck D. Die Kurzpsychotherapie. Bern: Huber 1974.

Bellak L, Small L. Emergency psychotherapy and brief psychotherapy. New York: Grune & Stratton 1965. Deutsche Ausgabe: Kurzpsychotherapie und Notfallpsychotherapie. Frankfurt: Suhrkamp 1972.

Beutel M, Rasting M. Langzeittherapien aus der Rückschau ehemaliger Patienten. In: Langzeit-Psychotherapie. Stuhr U, Leuzinger-Bohleber M, Beutel M (Hrsg). Stuttgart: Kohlhammer 2001; 187–202.

Bion WR. Erfahrungen in Gruppen und andere Schriften. Stuttgart: Klett 1971.

Blanck G, Blanck R. Ego psychology: theory and practice. New York: Columbia University Press 1974. Deutsche Ausgabe: Angewandte Ich-Psychologie. Stuttgart: Klett-Cotta 1978.

Büchi R, Wirth E. Die psychoanalytisch orientierte Krisenberatungsstelle. In: Psychoanalytische Kurztherapien. Zur Psychoanalyse in Institutionen. Leuzinger-Bohleber M (Hrsg). Opladen: Westdeutscher Verlag 1985; 188–204.

Davanloo H. Basic principles and techniques in short-term dynamic psychotherapy. New York: Spectrum Press 1978.

Davanloo H. Short-term dynamic psychotherapy. New York: Jason Aronson 1980.

Deneke F-W. Das Selbst-System. Psyche 1989; 43: 577–608.

Drews S, Brecht K. Psychoanalytische Ich-Psychologie. Frankfurt: Suhrkamp 1975.

Dührssen A. Dynamische Psychotherapie. Berlin, Heidelberg, New York: Springer 1988.

Erikson EH. Identität und Lebenszyklus. 1950. Frankfurt: Suhrkamp 1966.

Fenichel O. Zur Theorie der psychoanalytischen Technik. Int Z Psychoanal 1935; 21: 78–95.

Fenichel O. Psychoanalytische Neurosenlehre. 1945. Bd 3. Olten: Walter 1974–1977.

Flegenheimer WV. Techniques of brief psychotherapy. New York: Jason Aronson 1982.

Foulkes SH. Gruppenanalytische Psychotherapie. 1964. München: Kindler 1974.

Freud A. Das Ich und die Abwehrmechanismen. 1936. München: Kindler 1959.

Freud A. Wege und Irrwege in der Kinderentwicklung. Bern, Stuttgart: Huber/Klett 1968.

Freud S. Das Ich und das Es. 1923. GW. Bd 13. 5. Aufl. Frankfurt: Fischer 1967; 235–89.

Fürstenau P. Die beiden Dimensionen des psychoanalytischen Umgangs mit strukturell ichgestörten Patienten. Psyche 1977; 31: 197–207.

Gill MM (ed). The collected papers of David Rapaport. New York: Basic Books 1967.

Götze P. Psychoanalytische Therapieverfahren. 1993. In: Therapie psychiatrischer Erkrankungen. 2. Aufl. Möller H-J (Hrsg). Stuttgart: Thieme 2000; 82–92.

Götze P, Mohr M, Papenhausen R. Ein Konzept für die Erforschung der Prozesse in psychoanalytischen Fokaltherapien. III. Einige Hypothesen und erste Erfahrungen. In: Process of therapy and training research and practice. Geyer M, Hess H, König W, Magnussen F (eds). Kongreßband: International Symposium on Psychotherapy, Erfurt 1987; 28–31.

Hartmann H. Ich-Psychologie. 1950. Stuttgart: Klett 1972.

Heigl-Evers A, Heigl F, Ott J (Hrsg). Lehrbuch der Psychotherapie. 2. Aufl. Stuttgart: G. Fischer 1994.

Hoffmann SO. Psychoanalyse. In: Handbuch der Psychotherapie. Corsini RJ (Hrsg). München-Weinheim: Psychologie Verlagsunion 1987; 978–1007.

Horner AJ (ed). Treating the neurotic patient in brief psychotherapy. New Jersey: Northvale 1985.

Jacobson E. The self and the object world. New York: International University Press 1964. Deutsche Ausgabe: Das Selbst und die Welt der Objekte. Frankfurt: Suhrkamp 1973.

Kächele H. Was ist psychodynamische Kurztherapie? Prax Psychother Psychosom 1985; 30: 119–27.

Kächele H, Heldmaier M, Scheytt N. Fokusformulierungen als katamnestische Leitlinien zur Beurteilung einer psychodynamischen Kurztherapie. Prax Psychother Psychosom 1990; 35: 205–16.

Kernberg OF. Borderline-Störungen und pathologischer Narzißmus. 1975. Frankfurt: Suhrkamp 1978.

Klüwer R. Über die Orientierungsfunktion eines Fokus bei der psychoanalytischen Kurztherapie. Psyche 1970; 24: 739–55.

Klüwer R. Erfahrungen mit der psychoanalytischen Fokaltherapie. Psyche 1971; 25: 932–47.

Kohut H. The analysis of the self. A systematic approach to the psychoanalytic treatment of narcissistic personality disorders. New York: International University Press 1971. Deutsche Ausgabe: Narzißmus. Eine Theorie der psychoanalytischen Behandlung narzißtischer Persönlichkeitsstörungen. Frankfurt: Suhrkamp 1973.

Kohut H. Die Heilung des Selbst. Frankfurt: Suhrkamp 1979.

Kuiper PC. Die seelischen Krankheiten der Menschen. Psychoanalytische Neurosenlehre. Bern, Stuttgart: Huber/Klett 1969.

Lachauer R. Der Fokus in der Psychotherapie. Fokalsätze und ihre Anwendung in Kurztherapie und andere Formen analytischer Psychotherapie. München: Pfeiffer 1992.

Leuzinger-Bohleber M (Hrsg). Psychoanalytische Kurztherapie. Zur Psychoanalyse in Institutionen. Opladen: Westdeutscher Verlag 1985.

Leuzinger-Bohleber M. Psychoanalytische Fokaltherapie. Prax Psychother Psychosom 1988; 33: 59–69.

Leuzinger-Bohleber M. Katamnesen – ihre klinische Relevanz. In: Langzeit-Psychotherapie. Stuhr U, Leuzinger-Bohleber M, Beutel M (Hrsg). Stuttgart: Kohlhammer 2001; 160–86.

Loch W, Kutter P, Roskamp H, Wesiak W. Die Krankheitslehre der Psychoanalyse. Stuttgart: Hirzel 1967.

Luborsky L. Analytische Psychotherapie. Berlin, Heidelberg, New York: Springer 1988.

Malan DH. A study of brief psychotherapy. New York: Plenum 1963. Deutsche Ausgabe: Psychoanalytische Kurztherapie. Eine kritische Untersuchung. Stuttgart: Klett 1965; Hamburg: Rowohlt Taschenbuch 1972.

Malan DH. The frontier of brief psychotherapy. An example of the convergence of research and clinical practice. New York: Plenum 1976.

Mann J. Time-limited psychotherapy. Cambridge (MA): Harvard University Press 1973. Deutsche Ausgabe: Psychotherapie in 12 Stunden. Zeitbegrenzung als therapeutisches Instrument. Olten, Freiburg: Walter 1978.

Mann J, Goldmann R. A casebook in time-limited psychotherapy. New York: McGraw-Hill 1982.

Meistermann-Seeger E. Kurztherapie-Fokaltraining. München: Verlag für angewandte Wissenschaften 1986.

Mertens W. Einführung in die psychoanalytische Therapie. Bd 1–3. Stuttgart, Berlin, Köln: Kohlhammer 1990/1991.

Meyer AE. The Hamburg short psychotherapy comparison experiment. Psychother Psychosom 1981; 35: 81–208.

Mohr M, Biermann-Ratjen E-M, Eckert J, Jährig Chr, Papenhausen R. Ein Konzept für die Erforschung der Prozesse in psychoanalytischen Fokaltherapien. II. Der Psychotherapieprozeß. In: Process of therapy and training research and practice. Geyer M, Hess H, König W, Magnussen F (eds). Kongreßband: International Symposium on Psychotherapy. Erfurt 1987; 23–7.

Nagara H. Psychoanalytische Grundbegriffe. Eine Einführung in Sigmund Freuds Terminologie und Theoriebildung. Frankfurt: Fischer 1974.

Papenhausen R, Mohr M, Götze P. Ein Konzept für die Erforschung der Prozesse in psychoanalytischen Fokaltherapien. I. Der diagnostische Prozeß. In: Process of Therapy and Training Research and Practice. Geyer M, Hess H, König W, Magnussen F (eds). Kongreßband: International Symposium on Psychotherapy, Erfurt 1987; 17–22.

Reimer C, Rüger U. Psychodynamische Psychotherapie. Berlin: Springer 2000.

Rudolf G, Grande T, Dilg R. Strukturelle Veränderungen in psychoanalytischen Behandlungen – Zur Praxisstudie analytischer Langzeittherapien (PAL). In: Langzeit-Psychotherapie. Stuhr U, Leuzinger-Bohleber M, Beutel M (Hrsg). Stuttgart: Kohlhammer 2001; 238–59.

Sandler J, Dare Chr, Holder A. Die Grundbegriffe der psychoanalytischen Therapie. Stuttgart: Klett 1973.

Schultz-Hencke H. Lehrbuch der analytischen Psychotherapie. Stuttgart: Thieme 1951.

Sifneos PE. Short-term psychotherapy and emotional crisis. Cambridge (MA): Harvard University Press 1972.

Sifneos PE. Short-term dynamic psychotherapy. New York: Plenum 1979.

Strupp HH, Binder JL. Psychotherapy in a new key. A guide to time-limited dynamic psychotherapy. New York: Basic Books 1984. Deutsche Ausgabe: Kurzpsychotherapie. Stuttgart: Klett-Cotta 1991.

Stuhr U, Leuzinger-Bohleber M, Beutel M (Hrsg). Langzeit-Psychotherapie. Stuttgart: Kohlhammer 2001.

Tschuschke V. Gruppenpsychotherapien – Entwicklungslinien, Diversifikationen, Praxis und Möglichkeiten. Psychotherapie im Dialog 2001; 1: 3–15.

Wolberg LR. Kurzzeit-Psychotherapie. Stuttgart: Thieme 1980.

Yalom ID. Gruppen-Psychotherapie. Grundlagen und Methoden. 1970. München: Kindler 1974.

6.2.3
Transference-focused Psychotherapy (TFP) bei Patienten mit Borderline-Persönlichkeitsorganisation

John F. Clarkin und Otto F. Kernberg

Einleitung

Dieses Kapitel beschreibt die Entwicklung einer psychodynamischen objektbezogenen **Behandlung von Patienten mit leichten bis schweren Persönlichkeitsstörungen**. Diese Behandlungsform ist das Ergebnis einer zwanzigjährigen Entwicklungsarbeit, die von einem Team von Theoretikern, Klinikern und Forschern am Personality Disorders Institute des Weill Medical College der Cornell-Universität geleistet wurde.

Heutzutage ist das Augenmerk von Psychotherapie und pharmakologischen Bemühungen hauptsächlich, wenn nicht sogar ausschließlich, auf die Kurzzeitbehandlung von Symptomen gerichtet. Im Gegensatz hierzu ist unsere Arbeitsgruppe an der Behandlung von Individuen mit Symptomen interessiert, die im Zusammenhang mit einer abnormalen Entwicklung ihrer Persönlichkeit stehen. Aus diesem Grund sind wir daran interessiert, die Entwicklung der Persönlichkeit – sowohl in ihrer normalen Form als auch in ihren Abweichungen – zu verstehen. Die von uns entwickelte Behandlungsform hat das ehrgeizige Ziel, nicht nur Symptome, sondern darüber hinaus auch die mit den Symptomen in Verbindung stehende Persönlichkeit zu beeinflussen und zu ändern.

Wir waren bestrebt, nicht einfach bereits existierende psychodynamische Behandlungsformen zu adaptieren, sondern eine Therapie zu entwickeln, die wirksam auf die Charakterpathologie abzielt. Während dieses Entwicklungsprozesses haben wir uns über den Wissensstand der psychodynamischen Fachkollegen unterrichtet und unsere Einblicke entsprechend verwertet. Allerdings mußte während dieses Prozesses die herkömmliche psychodynamische Behandlungsweise abgewandelt werden, um der Pathologie und den Bedürfnissen von Patienten mit Borderline-Persönlichkeitsorganisation (BPO) gerecht zu werden.

Unsere Zielrichtung war, Theorie, Erfahrung und Daten in einer sich entwickelnden und wiederholenden Betrachtungsweise zu kombinieren, um die Behandlung im Laufe der Zeit zu verbessern. Heutzutage verfügen wir über eine größere Forschungserfahrung in der Beurteilung des Einflusses der TFP auf unsere Patienten. Diese Forschungsergebnisse helfen uns, den Verlauf und die Art der Veränderungen, die aus der TFP resultieren, genauer zu bestimmen.

Wir haben uns die immer größeren forschungsorientierten und theoretischen Fortschritte in Klinik und Wissenschaft von heute zu Nutze gemacht. Ganz besonders hilfreich waren Fortschritte in der Objektbeziehungs- und Bindungstheorie.

Wir sind letztlich davon überzeugt, daß die Unterweisung in Psychotherapie nur sehr unzureichend und wenig wirksam durchgeführt wird. Die ausschließliche Arbeit mit Verlaufsberichten in der Supervision, reicht nicht aus, um den Supervisor über Haltungen und Verhaltensweisen des noch unerfahrenen Therapeuten, die jenseits von dessen Wahrnehmung liegen können und sich im nonverbalen Verhalten während der Sitzung manifestieren, in Kenntnis zu setzen. Wir arbeiten vielmehr mit Videoaufzeichnungen von Sitzungen, die anschließend von unserer klinischen Forschungsgruppe angesehen und diskutiert werden. Mit Hilfe dieses Verfahrens haben wir unsere Behandlungsform im Laufe der Zeit in Manual- oder schriftlicher Form (Clarkin et al. 1999) ausführlich beschrieben und Bewertungsskalen entwickelt, um das Einhalten der Behandlungsprinzipien und die Kompetenz der Therapeuten bei der Durchführung der Behandlung beurteilen zu können.

Theoretisches Verständnis der Persönlichkeitspathologie

Es gibt eine Vielzahl von theoretischen Überlegungen zur Persönlichkeitspathologie. Neben einem psychodynamischen sind die kognitiven, interpersonalen und neurobiologischen Ansätze von Bedeutung (Clarkin und Lenzenweger 1996). Da unser Konzept der TFP auf einem psychoanalytischen Verständnis der Persönlichkeitspathologie basiert, ist es in erster Linie wichtig, sich diese Theorie der Pathologie näher anzusehen. Ein Verstehen der Persönlichkeitspathologie führt zu einem Verständnis sowohl der Behandlung oder multipler Behandlungen als auch der Indikationskriterien für unterschiedliche Therapieformen.

Für den Aufbau eines psychodynamischen Verständnisses der Persönlichkeitspathologie ist es hilfreich, Konstrukte zu spezifizieren, die für die normale Persönlichkeitsentwicklung bedeutsam sind, um die Pathologie oder Abweichungen vom normalen Entwicklungsgang zu verstehen (Kernberg 1996). Die **normale Persönlichkeit** ist vor allem durch ein **integriertes Konzept des Selbst** und ein komplementär integriertes

Konzept von anderen charakterisiert. Dieser Aspekt der normalen Persönlichkeit wird oft auch als Ich-Identität bezeichnet. Ein zweites Charakteristikum der normalen Persönlichkeit ist **Ich-Stärke**; das heißt die Fähigkeit zur Affekt- und Impulskontrolle und die Fähigkeit, sich für Werte und Leistung einzusetzen. Ein dritter Aspekt ist ein integriertes und ausgereiftes internalisiertes Wertesystem oder **Über-Ich**. Bei der normalen Persönlichkeit manifestiert sich dies in einem persönlichen Verantwortungsgefühl, in der Fähigkeit zur Selbstkritik und in Flexibilität beim Abwägen und Umsetzen ethischer Entscheidungen im Alltagsleben. Ein vierter Aspekt der normalen Persönlichkeit ist schließlich ein flexibler und anpassungsfähiger Umgang mit sexuellen und aggressiven Impulsen. Hier ist jedoch nicht der Platz, um ausführlich den Entwicklungsweg, auf dem sich diese Strukturen entfalten (s. Kernberg 1992), zu beschreiben.

Mit dem Wissen über diese normalen entwicklungsstrukturellen Komponenten im Hinterkopf kann die Persönlichkeitspathologie im Hinblick auf den Schweregrad der Störung beurteilt werden. Diese reicht von der weniger schwer beeinträchtigten oder neurotischen Persönlichkeitsorganisation über das hohe und das niedrige Niveau der Borderline-Persönlichkeitsorganisation zur schwersten Form, der psychotischen Persönlichkeitsorganisation. Auf dem am wenigsten gestörten oder neurotischen Organisationsniveau sind die normale Ich-Identität mit entsprechender Fähigkeit für tiefreichende Objektbeziehungen, Angsttoleranz, Impulskontrolle, Kreativität bei der Arbeit und Fähigkeit zur Liebe und Intimität sämtlich intakt. Die abnormen Manifestationen schließen auf diesem Organisationsniveau unbewußte Schuldgefühle mit Auswirkungen auf intime Beziehungen, Kreativität und charakterologische Flexibilität ein.

Die **Pathologie** der Borderline-Persönlichkeitsorganisation ist hingegen strukturell durch **Identitätsdiffusion** und das **Vorherrschen primitiver Abwehrmechanismen**, die auf Spaltung zentriert sind, charakterisiert. Die Betroffenen verfügen zwar über eine adäquate Realitätsprüfung, ihr Leben ist jedoch gestört durch die Identitätsdiffusion und primitiven Abwehrmechanismen. Das hohe Niveau der Borderline-Persönlichkeitsorganisation schließt zyklothyme, sadomasochistische, infantile oder histrionische Persönlichkeiten, abhängige Persönlichkeitstypen und einige der narzißtischen Persönlichkeitsstörungen auf einem höheren Funktionsniveau ein. Die Borderline-Persönlichkeitsorganisation auf niedrigem Niveau ist – zusätzlich zur Identitätsdiffusion und primitiven Abwehrmechanismen – durch das Fehlen einer Über-Ich-Entwicklung und durch massive Aggression charakterisiert. Die Persönlichkeitsstörungen in diesem Organisationsbereich umfassen die Borderline-Persönlichkeitsstörung, die schizoide und schizotypische Persönlichkeitsstörung, die paranoide, hypomanische, narzißtische und antisoziale Persönlichkeitsstörung.

Die als *Transference-focused Psychotherapy* (Übertragungs-fokussierte Psychotherapie) oder TFP beschriebene Behandlung (Clarkin et al. 1999) ist eine psychodynamische Therapie, die ganz speziell im Hinblick auf diese Patienten im Bereich der Borderline-Persönlichkeitsorganisation modifiziert wurde. Es handelt sich um eine Behandlung, die von analytischer Objektbeziehungstheorie geprägt ist und sich auf die Veränderung und Verbesserung der strukturellen Komponenten von Identitätsdiffusion und die Bearbeitung primitiver Abwehrmechanismen konzentriert. Die Behandlung ist auch in der Weise strukturiert, daß extreme Ausmaße an Aggression und das relative Fehlen der Über-Ich-Entwicklung reguliert und transformiert werden können. Die Therapie wurde modifiziert, um diese strukturellen Komponenten, die bei der Behandlung von Patienten mit neurotischer Persönlichkeitsorganisation keine behandlungsbedürftigen Schwierigkeiten darstellen, anzusprechen.

Beurteilung der Behandlungsbedürftigkeit

Der Therapeut muß eine gründliche diagnostische **Beurteilung des Patienten zur Abklärung der Indikationen** und Kontraindikationen der TFP **und zur Bestimmung des Schwerpunkts** der Behandlung vornehmen. Von besonderem Interesse bei der klinischen Beurteilung sind: die strukturelle Diagnose, die An- oder Abwesenheit von symptomatischen Störungen wie Major Depression versus charakterologische Depression, Eßstörungen, Substanzmißbrauch, suizidale und selbstzerstörerische Verhaltensweisen. Aus diesem Grund braucht der Kliniker einen Überblick über die derzeit bestehenden Symptome, weiterhin benötigt er die strukturelle Diagnose. Darüber hinaus sind andere Informationen für die Therapieplanung hilfreich wie der Grad des sekundären Krankheitsgewinns und die gegenwärtige soziale Umgebung des Patienten.

Wir werden uns immer stärker der Heterogenität von Patienten mit BPO bewußt und haben erkannt, daß diese die Behandlung in sehr unterschiedlichen Stadien ihrer Pathologie und Entwicklung beginnen. Wir haben unsere Beschreibung des Behandlungsverlaufs auf BPO-Patienten mit hohem und mit niedrigem Organisationsniveau ausgeweitet. Daher ist unsere Beschreibung der frühen Therapiephase ganz besonders typisch für die frühe Phase der Behandlung von BPO-Patienten auf niedrigem Organisationsniveau, das heißt von jenen Patienten mit BPO, die akut suizidal gefährdet und selbstzerstörerisch sind und deren Anpassung von massiver Aggression geprägt ist. Während BPO-Patienten auf hohem Organisationsniveau die Therapie mit einer Phase der Vertragsvereinbarung beginnen sollten, kann ihre Behandlung – bereits von Anfang an – eher dem in der mittleren Therapiephase beschriebenen Behandlungsvorgehen entsprechen. Es ist zu hoffen, daß dadurch die TFP auf eine größere Gruppe von Patienten, denen die Kliniker häufig in ihrer Praxis begegnen, anwendbar wird.

Das strukturelle Interview (Kernberg 1981) ist ein nützliches klinisches Instrument für die Beurteilung der strukturellen Diagnose und dient zugleich einer gründlichen Überprüfung von Symptomen und des psychischen Zustands. Die Beurteilung von Identität, Abwehrmechanismen und Realitätsprüfung liefert einen umfassenden Hinweis darauf, ob der Patient sich im Spektrum der Borderline-Persönlichkeitsorganisation befindet. Innerhalb der BPO-Kategorie ist eine weitere dimensionale Beurteilung des Ausmaßes an massiver Aggression, der verbliebenen Fähigkeit zu wechselseitigen Beziehungen und des Ausmaßes der Über-Ich-Entwicklung erforderlich, um den Patienten in den Bereich der Borderline-Persönlichkeitsorganisation auf hohem oder aber auf niedrigem Niveau einordnen zu können.

Kernpunkt der Behandlung

Objektbezogene Orientierung

Primitive libidinöse und Aggressionstriebe, die per definitionem bei Patienten mit Borderline-Persönlichkeitsorganisation pathologisch ausgeprägt sind, kommen in der „Hier-und-Jetzt"- Interaktion von Patient/Therapeut in Form von positiv und negativ überspitzten Affektzuständen zum Vorschein. Sie sind eingebettet in die Objektbeziehungen, die in diesem Setting aktiviert werden. Unter Objektbeziehungen verstehen wir die realen und die eingebildeten zwischenmenschlichen Beziehungsmuster, die im Interaktionsprozeß mit anderen in Verbindung mit intensiven affektiven Erfahrungen internalisiert werden. Daher muß der Therapeut den Affektzuständen des Patienten im „Hier-und-Jetzt" gegenüber stets wachsam sein. Diese sind Anhaltspunkte für die oftmals nicht zum Ausdruck gebrachten Objektbeziehungen, die in dem Patienten durch die therapeutische Beziehung aktiviert werden. Die globale Strategie der TFP besteht darin, die affektbeladenen Objektbeziehungen herauszuarbeiten und das Verständnis für diese zwischenmenschlichen Verzerrungen in der „Hier-und-Jetzt"- Gespanntheit der therapeutischen Beziehung zu fördern.

Strategische Prinzipien, taktisches Vorgehen und Interventionstechniken

Aus heuristischen und pädagogischen Gründen haben wir die TFP auf drei verschiedenen Abstraktions- und Funktionsebenen beschrieben. Diese umfassen die strategischen Prinzipien der Behandlung, welche die globalen Ziele der Therapie darstellen und alle Aktionen des Therapeuten durchdringen; das taktische Vorgehen in der Behandlung, das die Entscheidungskriterien und die Entscheidungen, die der Therapeut in jeder Sitzung zu treffen hat, mit einbezieht; und schließlich die von der momentanen Situation abhängigen Interventionstechniken, die der Therapeut zur Klärung, Konfrontation und Deutung einsetzt.

Die strategischen Prinzipien der TFP werden von unserem objektbezogenen Verständnis der Pathologie der Borderline-Persönlichkeitsorganisation mit bestimmt. Bei bestehender Borderline-Organisation ist Ziel der Behandlung, das Teil-

Selbst und die Teil-Objektrepräsentanz, an denen der Patient krankt, zu integrieren. Daher ist erstes strategisches Prinzip der TFP, die dominanten Objektbeziehungen, die in der Übertragung zum Vorschein kommen, mit Worten und bildlichen Begriffen zu definieren. Der heftige Affekt von Patienten mit Borderline-Organisation macht es erforderlich, daß der TFP-Therapeut die verworrene und verzerrte innere Welt des Patienten miterlebt und toleriert, wenn sie in der Übertragung zu Tage tritt, wobei der Therapeut oftmals zum Objekt heftiger Wut und gelegentlich auch intensiver erotischer Zuneigung wird. In einem nächsten Schritt werden die dominanten Objektbeziehungen identifiziert. Anschließend benennt der Therapeut die Akteure in der Objektbeziehung, beschreibt sie dem Patienten und beobachtet dann dessen Reaktion auf diese Beschreibung. Das zweite strategische Prinzip besteht darin, die Rollenumkehrungen bei Patient/Therapeut zu beobachten und zu deuten. Das dritte strategische Prinzip der TFP schließlich beinhaltet die Deutung der Verbindungen zwischen Objektbeziehungsdyaden, die durch die Abwehr voneinander abgespalten worden sind. Mit Hilfe dieser Deutung werden die Identitätsintegration und Abnahme von primitiver Spaltung gefördert.

Das taktische Vorgehen bei der TFP schließt die Entscheidungskriterien ein, denen sich der Therapeut in jeder Sitzung stellen muß (s. Tab. 6-6). Einige der taktischen Vorgehensweisen der TFP sind Allgemeingut jeder psychodynamischen Behandlung wie die Analyse von positiven und negativen Aspekten der Übertragung, ein ständiges Gewärtigsein der Gegenübertragung und der Schutz des therapeutischen Rahmens. Andere taktische Vorgehensweisen erlangen besondere Bedeutung, wenn sie in der Behandlung von Patienten mit Borderline-Persönlichkeitsorganisation zur Anwendung gebracht werden. Beispielsweise muß in der Behandlung von BPO-Patienten bei der Auswahl eines Hauptthemas für die Sitzung die höchste Priorität den Bedrohungen für das Leben des Patienten und den Gefährdungen für die Fortdauer der Therapie gelten. Viele BPO-Patienten, insbesondere jene auf einem niedrigeren Organisationsniveau, haben starke selbstzerstörerische Tendenzen, die sich in suizidalen Gedanken und Impulsen, in anderen selbstverstümmelnden Verhaltensweisen und in Unterminierung der Therapie selbst äußern. Diese Patienten sind auf eine Weise auch potentiell selbstzerstörerisch; dies erfordert

gelegentlich, daß der TFP-Therapeut die Neutralität verläßt, um dann, wenn die Gefahr gebannt ist, wieder zu ihr zurückzukehren. Die Vereinbarung zum Schutz des therapeutischen Rahmens, wie sie in den Sitzungen der Vertragsausarbeitung vorgenommen werden soll, kann sich ganz besonders bei jenen Patienten schwierig gestalten, die eher agieren als denken und deren Verhaltensweisen den therapeutischen Rahmen sowohl innerhalb als auch außerhalb der Sitzungen bedrohen können.

Die von der momentanen Situation bestimmten Interventionstechniken der TFP sind Klärung, Konfrontation und Deutung der Übertragung im „Hier und Jetzt". Diese Interventionstechniken werden als Therapieansätze angesehen, die am besten kombiniert angewandt werden sollten. Der Therapeut klärt die Kommunikation des Patienten so umfassend wie möglich. Der Therapeut konfrontiert, das heißt identifiziert und verweist auf Diskrepanzen in der Kommunikation des Patienten und fordert ihn auf, die widersprüchlichen Elemente zu erklären. Schließlich bietet der Therapeut eine Deutung des Übertragungsthemas im „Hier und Jetzt" als eine Hypothese an. Genetische Interpretationen werden bei Borderline-Patienten vermieden. Sie gelten als eine Technik, die erst dann Anwendung findet, wenn der Patient beginnt, sich einem neurotischen Angleichungsniveau anzunähern.

Unterschiede zwischen der TFP und der herkömmlichen psychodynamischen Therapie

Die TFP ist nicht der einzige psychodynamische Therapieansatz bei Patienten mit BPO. Sie weicht in einer Reihe von wichtigen Punkten von der herkömmlichen psychodynamischen Psychotherapie ab. Diese Abweichungen werden durch die Art und den Schweregrad der Borderline-Pathologie notwendig. Es gibt eine ganze Reihe von Unterschieden zwischen der TFP und einer typischen psychodynamischen Behandlung von neurotischen Patienten wie die Abweichung von der technischen Neutralität unter bestimmten Umständen, die Anwendung von Deutungen der Übertragung ausschließlich im „Hier und Jetzt", die Einleitung der Behandlung mit einem zwischen Therapeut und Patient klar definierten Vertrag, auf den im weiteren Verlauf der Behandlung immer wieder Bezug genommen wird, und die Festsetzung von Behandlungsprioritäten. Wir wollen hier kurz die beiden letztgenannten Unterschiede beschreiben.

Die Verwendung eines Therapievertrags

Zu Beginn der TFP nutzt der Therapeut die von ihm über den Patienten gewonnenen Informationen, um mündlich einen Therapievertrag zu formulieren, der dann mit dem Patienten verhandelt wird. Der Vertrag beinhaltet ganz allgemeine Aspekte, die alle Patienten betreffen, sowie spezifische Inhalte, die sich auf den individuellen Patienten und seine/ihre Pathologie und Behandlungsvorgeschichte beziehen.

Der Vertrag wird geprägt von der Art der Borderline-Pathologie. Infolge der strukturellen Komponenten von Identi-

Tab. 6-6 Taktisches Vorgehen bei der TFP.

1. Auswahl eines Hauptthemas in der Sitzung
2. Schutz des therapeutischen Rahmens
3. Aufrechterhaltung der technischen Neutralität
4. Intervention auf der Grundlage einer gemeinsam geteilten Realität
5. Analyse sowohl der positiven als auch der negativen Aspekte der Übertragung
6. Systematische Analyse primitiver Abwehrmechanismen in der Übertragung
7. Kontinuierliche Beachtung der Gegenübertragung und Integration der hieraus gewonnen Erkenntnisse in den Deutungsprozeß

tätsdiffusion und dem Einsatz primitiver Abwehrmechanismen neigt der Patient zu impulsiven, affektbeladenen Aktionen ohne ausreichende Reflexion. Er ist daher destruktiv sowohl sich selbst als auch der Behandlung gegenüber. Der Therapievertrag stellt für den Therapeuten und den Patienten eine Gelegenheit dar, Konstellationen vorauszusehen und zu planen, in denen der Patient – nach allen Erfahrungen mit seinen früheren Verhaltensweisen in Therapie und Alltag – wahrscheinlich derartige Handlungen wiederholen und sein Leben und seine Therapie gefährden wird. Der Therapievertrag liefert eine gemeinsam festgelegte Auflistung von Aktionen, die beide für den Fall, daß sich Ähnliches wiederholt, durchführen. Konkret benennt der Therapeut im einzelnen, was er tun wird und welche Aktionen er vom Patienten erwartet, sollten sich Situationen ergeben, die dessen Leben oder die Therapie bedrohen. Ein spezifischer Aspekt der Vertragsvereinbarung und ihrer Grenzen, der entscheidend für potentiell gefährliche oder schädigende Verhaltensweisen des Patienten ist, besteht in der sofortigen Deutung der Auswirkungen der Objektbeziehungen in der Übertragung auf diese Vertragsbegrenzung und in der Interpretation des gestörten Verhaltens selbst.

Der Umgang mit offenkundigem suizidalen Verhalten, sowohl im Therapievertrag als auch im Verlauf der Behandlung, ist ein Musterbeispiel des psychodynamischen Therapieansatzes gegenüber pathologischem Verhalten (Kernberg, im Druck). Innerhalb des therapeutischen Rahmens wird das Verhalten beschrieben und in der Übertragung gedeutet. Wir legen nicht vertraglich fest, daß der Patient niemals einen Selbstmordversuch oder eine selbstzerstörerische Handlung begehen darf, sondern beschreiben vielmehr klar und verständlich, was der Patient in einem solchen Falle zu tun hat: Er ist für die Beurteilung seiner Impulse stets selbst verantwortlich und muß lernen, mit ihnen umzugehen.

Im psychodynamischen Therapieansatz, der mit dem kognitiv-verhaltenstherapeutischen Modell von Linehan (1990) verglichen werden kann, wird

- der therapeutische Rahmen im Hinblick auf die Rolle und das Verhalten, die von Therapeut und Patient erwartet werden, festgelegt;
- das Verhalten, das von den Erwartungen abweicht, identifiziert und beschrieben;
- das Verhalten unter Berücksichtigung der derzeitigen Übertragungsbeziehung zwischen Patient und Therapeut gedeutet.

Solch ein Therapieansatz liefert nicht nur eine Struktur für die Überwachung pathologischen Verhaltens, sondern auch einen Rahmen, in dem Patient und Therapeut die Bedeutung des Verhaltens auf immer tiefergehenden Ebenen verstehen können.

Prioritäten der Intervention

Da die TFP bei Patienten eingesetzt wird, die durch selbstzerstörerische Tendenzen charakterisiert sind, denen sie oft auf impulsive Weise nachgeben, besteht die erste Priorität für den Therapeuten bei der Zusammenarbeit mit solchen Patienten darin, diese am Leben zu erhalten. Deshalb sind alle direkten und indirekten Manifestationen von suizidalem Verhalten und anderen körperlichen Schädigungen vorrangig anzusprechen.

Dauer der TFP

Die Dauer der TFP hängt von der Balance zwischen Pathologie und Therapiebereitschaft des individuellen Patienten ab. Da die Borderline-Pathologie ein hohes und ein niedriges Organisationsniveau einschließt und da alle Patienten in anderen Stadien ihrer Pathologie und körperlichen Verfassung mit der Behandlung beginnen, wäre es abwegig, eine einheitliche Dauer der TFP für alle Patienten festzulegen. Zum gegenwärtigen Zeitpunkt der Entwicklung der TFP und ihrer empirischen Erforschung haben wir in etwa eine Vorstellung von der Art der Veränderungen beim Patienten, die im Laufe der Zeit mit der TFP erzielt werden können. Diese Vorstellungen werden später in diesem Kapitel beschrieben.

Indikationen für die TFP

Im allgemeinen ist die TFP bei all jenen Patienten indiziert, bei denen ganz eindeutig eine Borderline-Persönlichkeitsorganisation diagnostiziert werden konnte. Diese Individuen sind – wie wir bereits früher in diesem Kapitel gesehen haben – durch Identitätsdiffusion und Einsatz primitiver Abwehrmechanismen, jedoch erhaltener, wenngleich mitunter wechselnder Realitätsprüfung charakterisiert. Allerdings gibt es im Ausmaß der BPO Abstufungen, die die Indikationsstellung und Prognose der TFP nuancierter gestalten. Im Extremfall stellen massive Aggressionen und das Fehlen der Über-Ich-Entwicklung eine Kontraindikation für die TFP dar (beispielsweise die antisoziale Persönlichkeitsstörung im eigentlichen Sinne). Wir möchten jedoch deutlich klarstellen, daß antisozial im eigentlichen Sinne nicht synonym ist mit der antisozialen Persönlichkeitsstörung gemäß DSM-IV. Die antisoziale Persönlichkeitsstörung in unserem Sinne ist umfassender als die enger begrenzte Gruppe von Patienten, die die echten Züge von antisozial im eigentlichen Sinne aufweisen wie fehlende Schuldgefühle und Beziehungen, die immer von Manipulation gestört und beeinträchtigt sind. Darüber hinaus sind Vorhandensein und Ausmaß des sekundäres Krankheitsgewinns überaus wichtige Gesichtspunkte bei der Auswahl der Behandlung für alle BPO-Patienten. Es kann Situationen geben, in denen man die Behandlung aufschieben würde, beispielsweise bei einem Patienten in einem Schadensersatzprozeß, bis der sekundäre Krankheitsgewinn für den Patienten nicht mehr so eine bedeutsame Rolle spielt.

Empirischer Ansatz bei der Entwicklung der TFP

In einem Zeitraum von etwa 20 Jahren hat unsere Arbeitsgruppe die TFP sowohl unter klinischen als auch forschungsorientierten Gesichtspunkten entwickelt. Wir haben versucht, die wesentlichsten Aspekte der Therapie und ihrer Anwendung sowie die klinischen Ergebnisse der in einem festgelegten Zeitraum durchgeführten Behandlung genau zu definieren und anschließend zu messen.

Läßt sich eine dynamische Therapie in einem Manual beschreiben?

Eine nach den Regeln der Kunst durchgeführte Psychotherapieforschung verlangt, daß die zur Diskussion stehende Behandlungsform schriftlich in einem Therapiemanual exakt beschrieben wird. Dies stellt einen Versuch dar, die aktiven Elemente dieser Behandlung, die sich von den herkömmlichen Elementen der meisten Therapien unterscheiden, herauszuarbeiten und zu identifizieren und ihre ermittelten Auswirkungen zu messen. Diese Bedingung, daß ein Manual erstellt werden muß, dient dazu, die Behandlung so genau zu spezifizieren, daß sie von anderen Forschungsgruppen nachvollzogen werden kann.

Es ist relativ einfach, eine kurze Behandlung von weniger als zwanzig Sitzungen, die einem einheitlichen Plan für alle mit kognitiven und behavioralen Techniken ausgewählten Patienten folgt, zu definieren. Diese kurzgehaltenen Therapiemanuale legen großen Wert auf eine Fokussierung von Symptomen und zeigen eine konsequente Konzentration auf diese Symptome. Relativ geringe Aufmerksamkeit wird den individuellen Aspekten des Patienten einschließlich seines Widerstands geschenkt.

Im Gegensatz hierzu ist es viel schwieriger, eine lang dauernde psychodynamische Behandlung genau zu beschreiben, die sich auf Aspekte beim Patienten konzentriert, die jenseits seiner Symptome liegen und in der der Initiative des Patienten in den Sitzungen allerhöchste Priorität zuerkannt wird. Ein anderes Kriterium bei der Darstellung einer psychodynamischen Behandlung ist die Diagnose, die von einem psychodynamischen Standpunkt aus über die reinen Symptome hinausgeht. Noch spezifischer: Auf welche psychodynamische Diagnose konzentriert sich die dynamische Therapie? Verschiedene kurzgehaltene psychodynamische Behandlungsmanuale (Luborsky 1984; Strupp und Binder 1984) konzentrieren sich auf Angst und depressive Symptome mit dem Schwerpunkt auf interaktionelle Gesichtspunkte ohne eine klare Festlegung der psychodynamischen Diagnose.

Unser Anliegen ist hingegen – in erster Linie – eine strukturelle Diagnose von psychodynamischer Warte aus zu stellen. Wie schon früher in diesem Kapitel beschrieben, ist die TFP auf Patienten mit Borderline-Organisationsniveau ausgerichtet. Um die Ebenen der Persönlichkeitsorganisation zu bestimmen, benutzen wir das strukturelle Interview und das Instrument des *Inventory of Personality Organization* (IPO), das vom Patienten ausgefüllt werden muß. Um Zugang zu empirischen Forschern zu finden, die die Diagnose „Persönlichkeitsorganisation" nicht anerkennen, haben wir unsere Therapieform an Patienten mit Achse-II-Borderline-Persönlich-

keitsstörung, einer Untergruppe von Patienten mit BPO, die ein engeres Spektrum an Symptomen aufweisen, getestet.

Es gibt sowohl unter Analytikern als auch außerhalb dieser Gruppe viele Therapeuten, die jedwede Form der Manualisierung von Therapie ablehnen. Ein typisches Argument lautet, daß ein Behandlungsmanual den kreativen Therapeuten hemmt und einengt, der eigentlich mit dem individuellen Patienten spontan umgehen sollte, vor allem in Augenblicken intensiver und spontaner Interaktion. Dieser Auffassung zufolge gilt das Therapiemanual als eine Zwangsjacke, die den intuitiv arbeitenden Therapeuten in seiner Bewegungsfreiheit behindert und einschränkt. Nach 20 Jahren Supervision von älteren und jüngeren Klinikern sind wir zu einer ganz anderen Ansicht gelangt, zumindest bei der Supervision von Therapeuten, die Patienten mit Borderline-Persönlichkeitsorganisation behandeln. Wir haben herausgefunden, daß Therapeuten oftmals durch den heftigen Affekt und die feindselige Attacke von Borderline-Patienten gelähmt werden. Therapeuten in solch einer Situation begrüßen einen gut organisierten Therapieansatz mit klaren Richtlinien für das weitere Vorgehen. Diese Therapeuten haben nichts gegen die TFP mit ihren detaillierten strategischen Prinzipien, taktischen Vorgehensweisen und Interventionstechniken und gegen eine Supervision einzuwenden, die ihnen bei der Wahrnehmung der gegenwärtigen dominanten Objektbeziehungsthemen in der Behandlung hilft. Sie begrüßen die Gelegenheit, die von älteren Supervisoren und Kollegen per Video aufgezeichneten Sitzungen anschauen zu können.

Unser TFP-Manual sollte nicht mit den Manualen für kurzdauernde kognitive und behaviorale Behandlungen verwechselt werden, die dem Therapeuten vorschreiben, was in jeder einzelnen Sitzung während einer kurzfristigen Therapie zu tun ist. Im Gegensatz zu diesen Manualen schreibt unser TFP-Manual nicht vor, was der Therapeut zu tun hat, sondern formuliert vielmehr einen ganzen Satz von Behandlungsprinzipien, denen der Therapeut folgen sollte. Dieser muß seine Intelligenz, Intuition und Kenntnis des individuellen Patienten nutzen, um diese Prinzipien auf eine flexible und geordnete Weise zur Anwendung bringen zu können. Ein Prinzip der TFP besteht darin, daß es der Patient ist, der jede Sitzung beginnt. Der Therapeut bestimmt dann den dominanten Affekt etc.

Kann man Therapeuten die Arbeit mit der TFP beibringen?

Eine sehr wichtige Frage ist, ob man anderen die Arbeit mit der TFP beibringen kann und wer imstande ist, diese Behandlungsform in welchem Zeitraum zu lernen. Unsere Informationen hierüber sind auf die von Supervisoren vorgenommenen Bewertungen der Therapeuten, welche die TFP lernen, begrenzt, sowie auf die sorgfältige Auswertung der Häufigkeiten, mit der Personen unter unserer TFP-Supervision Erfolg beziehungsweise Mißerfolg hatten.

Unseren Erfahrungen zufolge kann man einen Großteil der Kliniker, die Unterweisungen in der TFP suchen, erfolgreich trainieren. Offensichtlich gibt es einen Selektionsfaktor für die

Motivation des einzelnen, die TFP zu erlernen. Es sind Individuen mit einem Interesse an Charakterpathologie und mit psychodynamischer Ausrichtung. Diese allgemeine Feststellung ist zwar korrekt, wir haben aber auch ein paar Individuen angetroffen, denen es nicht gelang, sich die TFP erfolgreich anzueignen. Diese Individuen waren – selbst mit Supervision – nicht imstande, die dominanten Übertragungsthemen zu beschreiben und mit dem Patienten zu deuten. Die Unfähigkeit, die TFP durchzuführen, wird in Videoaufzeichnungen von Sitzungen deutlich. Sie zeigt sich aber auch im Unvermögen dieser Therapeuten, die Patienten und ihre dominanten Übertragungsthemen auf klare und zusammenhängende Weise den Supervisoren gegenüber zu schildern.

Was kann im ersten Jahr der TFP erreicht werden?

Anhand unserer empirischen Untersuchungen an 17 weiblichen Borderline-Patienten – die meisten von ihnen BPO-Patienten auf niedrigem Organisationsniveau mit mehrfachen Suizidversuchen und zahlreichen Hospitalisierungen – beginnen wir zu verstehen, was innerhalb eines Jahres mit der ambulant durchgeführten TFP erreicht werden kann. Häufigkeit und medizinischer Schweregrad der suizidalen und parasuizidalen Verhaltensweisen lassen sich bei vielen Patienten reduzieren. Der Patient beginnt, eine Abnahme aller seiner Symptome zu zeigen. Soziale Funktionen wie Freundschaften und Arbeitsleistung fangen an, besser zu werden. Es gibt sogar einige Hinweise darauf, daß etliche dieser Patienten auch eine Besserung ihres globalen Bindungsverhaltens (Diamond et al. 1999) erfahren können.

Es hat sich dabei um schwer gestörte Patienten mit extremem suizidalen und selbstverstümmelnden Verhalten und zahlreichen Krankenhausaufenthalten gehandelt. In unser derzeit laufenden Psychotherapiestudie, die von der *Foundation for Personality Disorders* finanziert wird, untersuchen wir die TFP an einem größeren Spektrum von Patienten auf Borderline-Funktionsniveau. In dieser Studie konzentrieren wir uns auf subtilere Anzeichen für Veränderung in bezug auf die Persönlichkeitsorganisation.

Ausweitung der TFP auf andere Zentren

Durch die Ausdehnung der TFP auf andere klinische Zentren außerhalb unserer eigenen Arbeitsgruppe haben wir noch weitere Erfahrungen sammeln können. Diese Erfahrungen haben uns geholfen, unsere Unterrichtsmittel zu erweitern und haben uns einen Einblick gegeben, wie die TFP in verschiedenen kulturellen Umgebungen angewendet wird.

Bis auf den heutigen Tag arbeiten wir mit Dr. Peter Buchheim und seinen Kollegen in München, den Drs. David Lopez und Pablo Cuevas in Mexico City, Dr. Lina Normandin und ihren Kollegen in Quebec City, Dr. Arnoud Arntz in Maastricht und Dr. Michael Steigler und seinen Kollegen in Lausanne zusammen. In jedem Zentrum sind Kriterien der Auswahl der Therapeuten, zur Auswahl und zum Training von Supervisoren, zur didaktischen Unterweisung in TFP und zur Supervision klinischer Fälle von vorrangiger Bedeutung. Mit Hilfe des Therapiemanuals und mit Hilfe von Videobändern, die erfahrene Therapeuten bei der Durchführung der TFP zeigen, können sich Therapeuten und Supervisoren an den neuen Zentren mit den Grundkenntnissen der TFP vertraut machen. Jene Kolleginnen und Kollegen, die am neuen Zentrum als Supervisoren vorgesehen sind, werden gebeten, verschiedene Fälle zu behandeln und ihre Sitzungen per Video aufzuzeichnen. Die Supervisoren werden auch darin unterwiesen, wie die Videoaufzeichnungen der Sitzungen im Hinblick auf das Einhalten der TFP-Behandlungsprinzipien und auf die Beurteilung der Kompetenz des Therapeuten auszuwerten sind, so daß sie diese Kenntnisse bei der Supervision ihrer eigenen Kursteilnehmer anwenden können. Diese Sitzungen können dann von erfahrenen Klinikern unseres Zentrums analysiert und beurteilt werden. In dem Maße, wie die Supervisoren Fertigkeit in der Anwendung der TFP erlangen, können andere Therapeuten am neuen Zentrum mit der Therapie von Fällen beginnen.

Literatur

Clarkin JF, Lenzenweger MF (eds). Major theories of personality disorder. New York: Guilford Press 1996.

Clarkin JF, Yeomans F, Kernberg OF. Psychotherapy of borderline personality. New York: Wiley 1999.

Diamond D, Clarkin JF, Levine H, Levy K, Foelsch P, Yeomans F. Borderline conditions and attachment: a preliminary report. Psychoanal Inq 1999; 19: 831–84.

Kernberg OF. Structural interviewing. Psychiatric Clinics of North America 1981; 4: 169–95.

Kernberg OF. Aggression in personality disorders and perversions. New Haven: Yale University Press 1992.

Kernberg OF. The suicidal risk in severe personality disorders: differential diagnosis and treatment. (im Druck).

Linehan MM. Cognitive-behavioral treatment of borderline personality disorder. New York: Guilford Press 1993.

Luborsky L. Principles of psychoanalytic psychotherapy: a manual for supportive-expressive treatment. New York: Basic Books 1984.

Strupp HH, Binder JL. Psychotherapy in a new key: a guide to time-limited dynamic psychotherapy. New York: Basic Books 1984. Deutsche Ausgabe: Kurzpsychotherapie. Stuttgart: Klett-Cotta 1991.

6.2.4
Multimodale Verhaltenstherapie

Iver Hand

Innerhalb des Gesamtspektrums der Verhaltenstherapie werden unterschiedlich komplexe Behandlungsansätze für unterschiedliche Teilbereiche „psychoneurotischer", psychiatrischer, psychosomatischer oder somatischer Störungen angeboten. Grundsätzlich kann Verhaltenstherapie in diesen Indikationsbereichen zur Krankheitsprophylaxe, Krankheits-„beseitigung" oder -minimierung und zur Verbesserung der Coping-Fähigkeiten bei chronisch verlaufenden Erkrankungen eingesetzt werden (s. Tab. 6-7).

Übertragen auf beliebige Bereiche der Medizin kommen dem Einsatz der Verhaltenstherapie unter Berücksichtigung

Tab. 6-7 Verhaltenstherapie in der Medizin (Ziel: professionelle Anleitung zur kompetenten Selbsthilfe).

Ziel der Verhaltenstherapie	Anwendungsbeispiele
Prophylaxe von Krankheit (Gesundheitserziehung, „health education")	Raucherentwöhnung, Modifikation von risikoreichem Eß- und Trinkverhalten, Programme zu körperlicher Abstinenz usw.
Reduktion/Beseitigung von Krankheit (einschl. Training von Rückfallprophylaxe und Rückfallbewältigung)	Angsterkrankungen, Zwangskrankheit, Eßstörungen, „nicht stoffgebundene Abhängigkeiten", funktionelle Organbeschwerden u.v.a.
Bewältigung von/kompetenter Umgang mit (chronischer) Krankheit („Coping", Krankheitsmanagement)	Schizophrenie, Diabetes, chronisches hirnorganisches Psychosyndrom u. a.

dieser Möglichkeiten recht unterschiedliche Funktionen zu. Je nach dem Anteil der somatischen oder psychischen Krankheitsfaktoren – soweit diese bei umschriebenen Störungen überhaupt voneinander zu trennen sind – ergibt sich das in Abb. 6-3 dargestellte Spektrum von Interventionsmöglichkeiten.

Im vorliegenden Beitrag wird eine multimodale verhaltenstherapeutische (Be-)Handlungsstrategie mit sowohl initialer, differentieller wie auch mit prozeßbegleitender, adaptiver Indikationsstellung für einzelne Interventionen im Rahmen einer übergeordneten, systemisch orientierten Gesamtstrategie dargestellt (multimodale, „strategisch-systemische Verhaltenstherapie"). Unter besonderer Berücksichtigung konflikt-

und motivationspsychologischer Ambivalenzkonstrukte wird die Analyse der intraindividuellen wie der interaktionellen Funktionalitäten von Symptom- und allgemeinerem Krankheitsverhalten dargestellt. Eingebettet ist dieses Vorgehen in die Analyse und Modifikation der Patient-Therapeut-Beziehung.

Strategie der Verhaltenstherapie

Rahmenbedingungen und Ablaufphasen

Die (Be-)Handlungstrategie der Verhaltenstherapie umfaßt:
- die grundlegenden Rahmenbedingungen; sie beinhalten die kontinuierliche Analyse und Modifikation der Motivation von Patient (u. seinem sozialen Umfeld) und Therapeut sowie von deren Beziehung zueinander
- die Systematik der für das jeweilige Verfahren charakteristischen Veränderungsschritte

Zur Strategie der Verhaltenstherapie ist in Abb. 6-4 ein Fünf-Phasen-Modell (Hand 1986; s. auch Craig und McMahon 1984 in Hand 1986; Kanfer und Schefft 1988) zusammengefaßt.

Therapie wird als zeitlich eindeutig limitierter Erfahrungsbereich in der Lebensführung verstanden, durch den in vorübergehender Abhängigkeit von Expertenwissen und -verhalten des Therapeuten erheblich höhere Eigenständigkeit in der nachfolgenden Lebensführung resultieren soll. Gerade bei schwerer gestörten Personen kann die Systematik der Veränderungsschritte aber nur verändernd wirken, wenn Beziehungs-

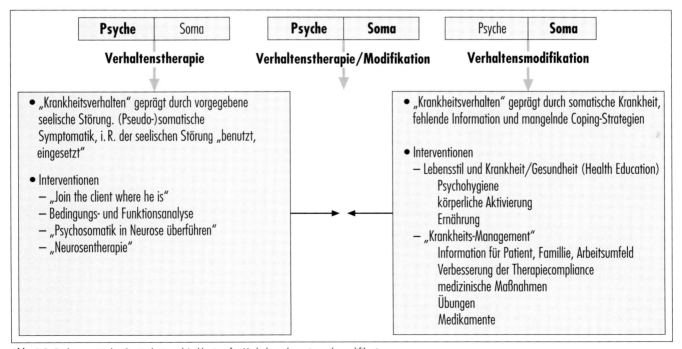

Abb. 6-3 Pychosomatische Gestörtheit und Indikation für Verhaltenstherapie und -modifikation.

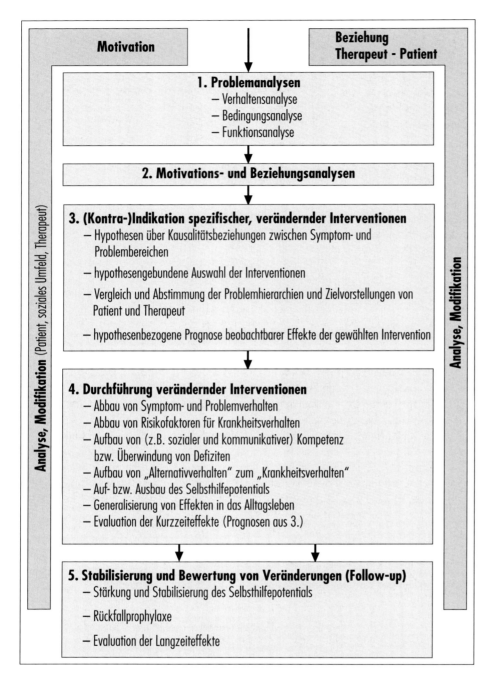

Abb. 6-4 Die Strategie der Verhaltenstherapie: ein Fünf-Phasen-Modell.

aufbau und Motivationsabklärung gelungen sind und reflektierte Rahmenbedingungen für den Veränderungsprozeß bleiben.

In der klinischen Praxis dient das in Abbildung 6-4 dargestellte Ablaufmuster der Systematisierung der Informationsgewinnung und der therapeutischen Zielfindung. Durchführung und Sequenz der einzelnen Schritte variieren jedoch in Abhängigkeit von Patienten- und Therapeutenvariablen.

Analysen und Hypothesenbildung

Die **Informationssammlung** im „**Erstkontakt**" – zu dem die ersten drei bis fünf Kontakte („probatorische" Sitzungen in der „Richtlinien"-Verhaltenstherapie) gerechnet werden – kann in drei typischen **Phasen** erfolgen:

- Die **rezeptiv-informative Phase** steht in der Regel am Beginn: Der Therapeut ermutigt den Patienten, sich und seine Probleme möglichst spontan darzustellen.
- Die **direkt-explorative Phase** folgt, sobald der Therapeut erste Hypothesen gebildet hat, die er nun durch gezielte Themenvorgaben abzuklären versucht.
- Die **norm-** und **zielorientierte, kooperative Phase** führt dann zu einer gemeinsamen Entscheidung für oder gegen eine Therapie und zur Festlegung von deren Zielsetzungen und den dafür geeigneten Interventionen.

Folgende **zehn Basisfragen** sollten für eine differenzierte, individualisierte Therapieplanung bereits in diesen ersten Kontakten soweit wie möglich geklärt und im Therapieverlauf dann regelmäßig überprüft werden:

- Eigen- bzw. Fremdmotivation des Patienten zur Therapieaufnahme und zur Veränderung
- Direkt erkennbare oder indirekt ableitbare Problembereiche neben den primär vorgetragenen Symptomen oder Beschwerden
- Abgrenzung der auslösenden von den aufrechterhaltenden Bedingungen vorgetragener Symptome oder Problembereiche
- Abgrenzung der intraindividuellen gegenüber den interaktionellen Funktionen der vorgetragenen Beschwerden
- Frühere und gegenwärtige Kausalzusammenhänge zwischen Symptombeschwerden und anderen Problembereichen
- Vermutete Konsequenzen eines Abbaus von Symptom- und anderem Krankheitsverhalten
- Mikroanalyse des Symptomverhaltens, deren abschließende Bewertung unter Einbeziehung der durchgeführten Testdiagnostik erfolgen sollte
- Symptombildungen oder andere besondere Reaktionsweisen auf frühere biosoziale Entwicklungsphasen (z. B. Pubertät, Schulabschluß, Verlassen des Elternhauses, erste feste Partnerbeziehung etc.)
- Soziale Kompetenz und emotionale Ausdrucksfähigkeit (akute Modellsituation: Patient-Therapeut-Beziehung)
- Ausmaß und Qualität von eigeninitiiertem „Alternativverhalten" in der bisherigen Lebensführung

Motivationsanalyse

Definition

Die **Motivationsanalyse** versucht zu klären, „wer was wollen kann", das heißt inwieweit die von allen Beteiligten verbalisierte Motivation zur therapeutischen Arbeit der internalisierten entspricht.

Zu trennen sind dabei insbesondere die **wirkliche** von der **scheinbaren Eigen**- beziehungsweise **Fremdmotivation**. Nicht erkannte scheinbare Eigenmotivation führt zu falschen Therapieangeboten, während nicht erkannte scheinbare Fremdmotivation den Therapeuten zu vorschneller Therapieablehnung veranlassen kann.

Bei chronifizierter Symptomatik eines Individuums und gleichzeitig über längere Zeit bestehender Partnerschaft (Familie) kann selbst eine Einzeltherapie nur dann sinnvoll geplant werden, wenn die Motivationsanalyse systemisch orientiert durchgeführt wurde. Nur dann wird beurteilbar, ob und in welcher Weise das (z. B. Familien-)System, und damit der designierte Krankheitsträger im System, überhaupt veränderbar erscheint – oder ob durch die scheinbare Therapiesuche eines Familienmitgliedes eher eine Optimierung bereits vorhandener, defensiver Kompromißlösungen mit Delegation von Verantwortung dafür an Dritte angestrebt wird. In einem solchen Falle würde dann jenes Familienmitglied in die Therapie „geschickt", von dem qua „unbewußtem" Konsens am ehesten erwartet wird, daß es durch die Therapie am wenigsten beeinflußbar ist. Zugleich entsteht eine vorübergehende Entlastung im System, da ja „endlich etwas getan" wird.

Aus alledem ergibt sich auch, daß sorgfältig abzuwägen ist, ob und wann Angehörige als „Co-Therapeuten" oder als „Co-Patienten" in eine Therapie einbezogen werden – beziehungsweise wann über eine Individualtherapie gezielt systemische Veränderungen anzustreben sind.

Bedingungs- und Funktionsanalyse

Definition

Bedingungen sind Auslöser, Voraussetzungen oder Ursachen von Krankheitsverhalten, die ihrerseits durch dieses Verhalten nicht wesentlich beeinflußt werden (unidirektionale Kausalität).

Funktionen sind die direkten und die mittelbaren (über die Umwelt) Rückwirkungen des Krankheitsverhaltens auf die betroffene Person selbst im Sinne eines Regelkreises (zirkuläre Kausalität).

Die Bedingungs- und Funktionsanalyse von Symptom- und anderem Krankheitsverhalten ist ein Kernstück der Diagnostik in der Verhaltenstherapie. In Abb. 6-5 ist der Versuch unternommen, eine Operationalisierung (abweichend von der Nomenklatur bei Reinecker 1991) und Systematik der Bedingungs- und Funktionsanalyse zusammenzufassen (Einzelheiten bei Hand 1989; 1991). Die Aufteilung in Bedingungen für (unidirektionale Kausalität) und Funktionen von (zirkuläre Kausalität) Symptom- oder Krankheitsverhalten – bei gleichzeitiger Berücksichtigung der Zeitfaktoren Vergangenheit, Gegenwart und Zukunft – ermöglicht die Ableitung eines übergeordneten zeitdynamischen Störungs- und Kausalitätsmodelles. Es dient der Ableitung von Interventionen sowie der Prognose von deren Effekten.

Auslösung und Aufrechterhaltung einer Störung können durch mehrere Bedingungs- und Funktionsvariablen gleichzeitig erfolgen, deren Kombination über die Zeit keineswegs stabil sein muß. Für den Therapeuten sind diese Variablen beobachtbar oder aus mosaikartigen Teilinformationen hypothetisch abzuleiten. Sie sind aufteilbar in Individuum- und Umweltvariablen.

Die **Funktionsvariablen** können in (vom Patienten) **gewußte** und **nichtgewußte** unterteilt werden. Zu ihnen zählen auch das „Appell"- oder „Signal"- verhalten, dessen „Bedeutung" in der Therapie herauszuarbeiten ist. Die Annahme „nichtgewußter Intentionen" beinhaltet nicht die Übernahme analytischer Konstrukte unbewußter Handlungsmotivation, sondern ist lediglich pragmatisches Mittel zum therapeutischen Zweck einer spekulativ-kreativen Funktionsanalyse: Ein Problemverhalten kann auf diesem Wege für Therapeut und Patient „verständlich" und vielleicht verzichtbar werden, wenn etwa die nunmehr bewußt gemachte Intention mit so-

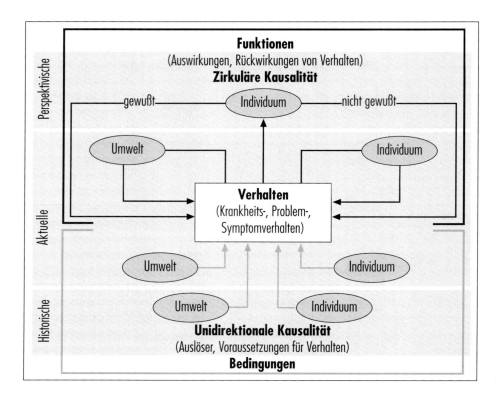

Abb. 6-5 Bedingungen und Funktionen von Krankheitsverhalten: ein pragmatisch-therapeutisches „Kausalitätsmodell".

zial akzeptableren Strategien realisiert wird. Die Konfrontation mit der (noch) nichtgewußten Intention kann aber auch ein symptomatisches Verhaltensstereotyp abrupt unterbrechen. So eine Hypothese ist oft ein „Spielball" zwischen Therapeut und Patient, der in die Luft geworfen wird (aber bei seiner Erstellung nicht aus der Luft gegriffen wurde) und ergriffen, gehalten, aber auch wieder in das therapeutische Spiel zurückgeworfen werden kann. Der Therapeut hat im verhaltens-therapeutischen Kontext mit seiner(n) Hypothese(n) dem Patienten gegenüber also nicht a priori „Recht" – oft führt die Vorstellung seiner Hypothese sogar zur gemeinsamen Ableitung ergänzender oder alternativer Hypothesen (vollständiges Konzept mit relevanter Literatur bei Hand 1989; 1991).

Therapieplanung

Die höchste Kunst im therapeutischen Handwerk liegt sicher darin, bei komplexen Störungen möglichst einfache Vorgehensweisen erfolgreich einzusetzen, um so dem Idealziel der Verhaltenstherapie, der „Hilfe zur Selbsthilfe" möglichst nahe zu kommen.

Die aus den komplexen Analysen abzuleitenden Interventionen können modellhaft auf wenige grundlegende **Problembereiche** ausgerichtet werden:
- Verhaltensstörungen
- Verhaltensdefizite
- (interaktionelle) Wahrnehmungsblockaden
- Handlungsblockaden

Problembereiche, zugehörige Interventionsformen und Interventionsziele sind in Tab. 6-8 zusammengefaßt (Einzelheiten bei Hand 1991).

Diese vier Kategorien von Störungen, Defiziten und Blokkaden können im Einzelfall in unterschiedlichen Kombinationen vorliegen und beeinflussen dementsprechend das Ausmaß der Verhaltensaktiva im Alltagsleben einerseits und die Veränderungsmotivation andererseits.

Für jeden dieser Störungsbereiche gibt es gezielte Interventionen, deren Indikation oder Kontraindikation im Einzelfall wiederum nur aus den beschriebenen komplexen Analysen abgeleitet werden kann. So können bei gleicher Symptombildung – in Abhängigkeit vom Ausmaß der „Gesamtgestörtheit" beziehungsweise hierarchisch übergeordneter Störungen – eine alleinige **Symptomtherapie** oder eine „Therapie am Symptom vorbei", (im Sinne einer „**Ursachentherapie**") oder auch beide Maßnahmen (**multimodale Verhaltenstherapie**) erforderlich sein (Konzept u. klinische Beispiele bei Hand 2000). Bei vielschichtiger Gestörtheit können entweder unterschiedliche Interventionen für die unterschiedlichen Störungsbereiche (sukzessive oder parallel) oder auch nur Interventionen in einem eng umschriebenen Störungsbereich indiziert sein: So haben etwa schwergestörte Zwangskranke, ähnlich wie schizophrene Patienten, oft nur eine sehr begrenzte Informationsverarbeitungskapazität, die durch multimodale Intensivtherapie rasch überfordert würde und dann zu massiver Krankheitsverstärkung führen könnte.

Wird die Hierarchisierung von Störungsbereichen um **systemische Aspekte** (Familie, Beruf) erweitert, dann ergeben sich zur Ableitung eines schlüssigen Kausalitätsmodells für

Tab. 6-8 Problemebenen, Störungsformen und Interventionen innerhalb der Verhaltenstherapie.

Problemebenen	Störungsformen	Interventionsformen	Interventionsziele: Auf-/Ausbau von
Verhaltensstörungen	• **Symptomverhalten:** qualitativ neues, „nicht normales" Verhalten • **Verhaltensexzesse:** eskaliertes „Normalverhalten"	(Störungs-)Verhaltensreduktion	Handlungsfreiraum
Verhaltensdefizite	• **Entwicklungsdefizite:** primäre (vor Erkrankung) und sekundäre (Folge der Erkrankung) in: – sozialer Kompetenz – Problemlösestrategien – Distreß-Toleranz – eigeninitiiertem Planen und Handeln	(Basis-)Verhaltensaufbau	Handlungskompetenz
Wahrnehmungsblockaden (interaktionell)	• **„Parataxien":** stereotype Fehlwahrnehmungen anderer Personen • **„Kollusionen":** dynamische, komplementäre Interdependenz bei äquivalenten Reifungsdefiziten, aber gegensätzlichen Kompensationsmechanismen („Interaktionspersönlichkeit")	• historisch orientiert: Bearbeitung induzierter Übertragungsneurose • gegenwartsorientiert: Kommunikationstraining	Erfahrungsfreiraum
Handlungsblockaden	• **Konfliktambivalenz:** z.T. „nichtgewußte Intention" für Krankheitsverhalten und Handlungsblockaden im Alltagsleben; Widerspruch: emotionales Bedürfnis versus rationale Handlungssteuerung	• Deutung der Bedeutung (Analyse) • systemische Funktionsanalyse (Verhaltenstherapie) • provokative Verschreibung (Familientherapie)	Handlungsbereitschaft

die Erarbeitung adäquater Interventionen die in Abb. 6-6 schematisch dargestellten Standardsituationen. Bei gleichzeitigem Vorliegen etwa von Partnerschaftskonflikt, Arbeitsplatzproblemen, Depression und Phobie wird erkennbar, daß in der ersten und dritten Variante eine klares **Kausalitätsmodell** erstellt, in der zweiten und vierten dagegen die Identifizierung einer „Ursache" vermieden beziehungsweise noch offen gelassen wurde. Mitunter gelingt es erst im Therapieprozeß, die

für die Bildung einer Kausalitätshypothese erforderlichen Informationen zu gewinnen.

Therapiezielsetzung

Der Therapeut versucht, sein Hierarchie- oder Interdependenzmodell mit dem des Patienten in Übereinstimmung zu bringen. Bei anhaltendem Dissens zwischen Therapeut und Patient soll-

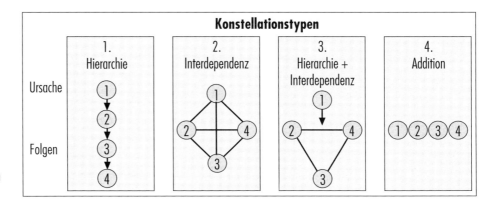

Abb. 6-6 Symptom- und Problemkonstellation unter Einbeziehung systemischer Aspekte.

te das Modell des Patienten vorrangig handlungsleitend werden (wobei der Therapeut seines noch keineswegs verwirft), da die Motivation des Patienten zur Kooperation in seinem eigenen Modell am höchsten ist („join the client where he is", Kanfer 1991). Nur bei Vorliegen einer klaren Kontraindikation gegen die vom Patienten bevorzugte Interventionsebene muß, direkt oder indirekt, ein Weg gefunden werden, auf dieser nicht zu arbeiten (z. B. Kontraindikation von Symptomtherapie bei akut nach Partnerverlust aufgetretenen Handlungszwängen, die eindeutig der „Abwehr" von Verlustdepression und Suizidalität dienen). Die Arbeit auf der vom Patienten bevorzugten Interventionsebene führt entweder (entgegen der Annahme des Therapeuten) zum Erfolg (gar nicht so selten!) – oder der Patient hat eine autonome Erfahrung gemacht und kann deshalb nunmehr von sich aus auf die Ebene

des Therapeuten wechseln. In gut begründeten Ausnahmefällen kann auch sehr erfolgreich mit „verheimlichter" Therapiezielsetzung gearbeitet werden (ausführliches Fallbeispiel bei Hand et al. 1977): zum Beispiel einer als Symptomtherapie (die von dem Patienten gewollt wurde) „verkleideten" Paartherapie (die von dem Patienten nicht gewollt wurde).

Indikationssicherung durch Makro- und Mikroanalysen

Die Indikation für spezifische Symptominterventionen – als Schwerpunkt oder als Teilbereich multimodaler Therapie – wird über die Kombination von Makro- und Mikroanalysen gesichert. In Abb. 6-7 wird am Beispiel der Agoraphobie gezeigt, welche handlungsanleitenden Entscheidungsschritte über beide Ebenen möglich sind.

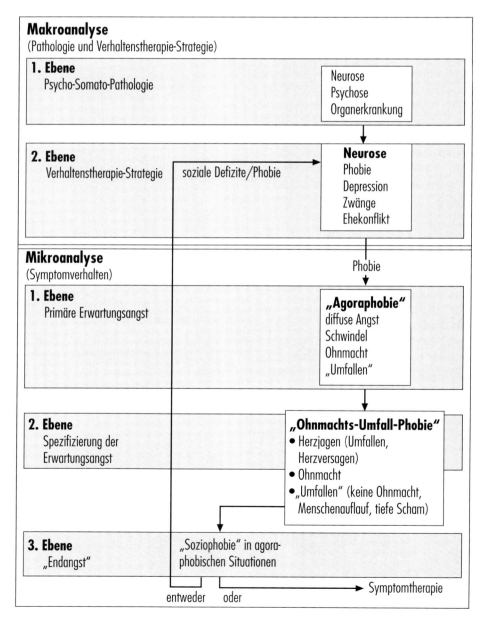

Abb. 6-7 Makro- und Mikroanalyse von Symptomverhalten am Beispiel Agoraphobie.

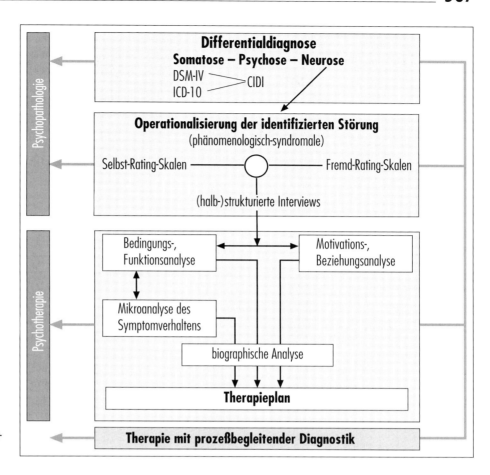

Abb. 6-8 Hierarchisierung diagnostischer Entscheidungsprozesse bei „Neurosen".

Auf der **ersten Ebene** der **Makroanalyse** wird mit den Verfahren der Somato- und Psychopathologie eine Zuordnung zu den drei Hauptkrankheitsbereichen Organerkrankung, Psychose und „Neurose" (zum Ausschluß der ersten beiden) vorgenommen. Auf der **zweiten Ebene** der **Makroanalyse** wird exemplarisch gezeigt, wie eine initial vorgetragene agoraphobische Symptomatik – die als Symptombildung bei allen übergeordneten Störungen vorkommen kann – über hierarchisierte Entscheidungsschritte mit hoher Sicherheit zugeordnet werden kann. Bei Verifizierung des Vorliegens einer primären Phobie (vor allem: Ausschluß einer sekundären phobischen Symptomatik bei primärer Depression) kann dann auf der Ebene der **Mikroanalyse** des Symptomverhaltens die Zuordnung zu Unterformen der „Agoraphobie" anhand der gezeigten Schritte überprüft und abgesichert werden. Aus den Ergebnissen der Mikroanalysen ergibt sich dann, wie Standardverfahren der Verhaltenstherapie für bestimmte Störungen für die individuelle Anwendung zu modifizieren sind.

Die Strategie der klinischen Verhaltenstherapie mit ihren komplexen Bedingungs- und Funktionsanalysen eröffnet durch eine hierarchisierte Gewichtung der einzelnen Problembereiche und ihrer intraindividuellen wie interaktionellen Funktionalitäten die Möglichkeit zur Entwicklung spezifischer Behandlungspläne auch im Bereich von konflikt- und kollusionsbedingten Handlungs- oder Wahrnehmungsblocka-

den – sei es auf Einzel-, Paar- oder Familienebene. Dabei entstehen Überschneidungen mit systemischer Therapie, neurolinguistischer Programmierung (NLP) und vergleichbaren Verfahren. Die Reduktion von verhaltenstherapeutischer Neurosentherapie auf symptomreduzierende „Techniken" ist durch die Strategie der klinischen Verhaltenstherapie also seit langem überholt. Sofern eine Therapie schwerpunktmäßig auf Symptominterventionen beschränkt bleibt, ist dies nicht mehr das Resultat einer einfachen Symptomdiagnose, sondern der komplexen Bedingungs-, Funktions- und Motivationsanalysen auf dem Hintergrund einer funktionalen Psychopathologie (Überblicksschema über alle Diagnostikschritte in Abb. 6-8).

Therapieverfahren

Verhaltenstherapie besteht überwiegend aus der Kombination von Verfahren in sequentieller (meist) oder paralleler Anwendung unter den dargestellten Rahmenbedingungen auf der Basis eines hierarchisierten Störungsmodelles.

Die **Verfahren** der **Verhaltenstherapie** sind unterschiedlich kategorisiert worden:

- respondente und operante
- verhaltensorientierte („klassische") und kognitive (teilweise auch physiologische oder emotional ausgerichtete)

- Verhalten (bei Störungen) abbauende und Verhalten (bei Defiziten) aufbauende
- Einzel-, Paar-, Familien- und Gruppenverfahren

Die konkret gewählten Vorgehensweisen lassen sich jeweils mehreren dieser Kategorien gleichzeitig zuordnen, worauf hier aus Raumgründen verzichtet wird.

Symptomreduzierende Verfahren sind in der multimodalen Verhaltenstherapie durch **strukturierte** und **standardisierte Verfahren** zum Training von Fertigkeiten ergänzt:

- Training sozialer Fertigkeiten
- Kommunikationstraining (Wahrnehmen – Verarbeiten – Mitteilen)
- Problemlösetraining
- Distreß-Bewältigungstraining (von verbessertem Umgang mit alltäglichen Streßsituationen bis zu „Angst-Depressions-Distreß-Management")
- Entspannungstraining
- Training in Selbstanalyse („sokratischer Dialog") und in Selbstsprache (kognitive Evaluation) u. a.

Eine Trennung in kognitive, motorische, emotionale und physiologische Verfahren ist – trotz der gegenwärtigen Popularität der Begriffe Kognitive Therapie (KT) und Kognitive Verhaltenstherapie (KVT) – von der Konzeptualisierung her anachronistisch (Behaviorismus versus Kognitivismus) und inhaltlich irreführend: Die meisten der in der klinischen Praxis eingesetzten Verfahren enthalten Elemente aus mehreren Verhaltensbereichen und werden dann auch noch in multimodalen „Therapiepaketen" miteinander kombiniert.

Die Popularität der **Kognitiven Therapie** beziehungsweise der Kognitiven Verhaltenstherapie – sowohl in der verhaltenstherapeutischen „Nachwuchsgeneration" wie unter den Psychoanalytikern – steht immer noch in auffälligem Widerspruch dazu, daß deren spezifische Effizienz in den bisher wenigen direkten Vergleichsstudien zum Beispiel bei Angst- und Zwangsstörungen nicht nachgewiesen wurde (s. u. a. erster Weltkongreß für Verhaltens- und Kognitive Therapien 1995). Das Gesamtverhalten scheint also weiterhin leichter über Experimente mit motorischem Verhalten verändert zu werden als über kognitive Interventionen. Verändertes motorisches Verhalten führt zu neuen kognitiven, emotionalen und physiologischen Erfahrungen, die dann ihrerseits Rückwirkungen auf die vorgegebenen kognitiven Konstrukte des Übenden haben. Es ist schwer vorstellbar, daß eine Trennung dieser im Individuum ständig und wechselnd miteinander interagierenden Verhaltensvariablen regelhaft sinnvoll ist. So sind heute denn auch die meisten der in der therapeutischen Praxis eingesetzten „kognitiven" Verfahren wieder multimodale Vorgehensweisen im Sinne der langen Tradition dieser Verhaltenstherapierichtung geworden.

Weiterbildung

Die Weiterbildung von Ärzten in Verhaltenstherapie ist aufgrund der seit 1992 gültigen Weiterbildungsordnung wie folgt geregelt:

- im Rahmen der psychosomatischen Grundversorgung (nur für niedergelassene Ärzte)
- im Rahmen der Zusatzbezeichnung „Psychotherapie" (auch für Nichtpsychiater)
- im Rahmen der Zusatzbezeichnung „Psychotherapeutische Medizin" (vor allem für den Bereich Psychosomatik)
- im Rahmen des Facharztes für Psychiatrie und Psychotherapie (psycho- bzw. verhaltenstherapeutischer Weiterbildungs-Pflichtteil in der Facharzt-Weiterbildung)

Die Regelungen, wo und bei wem diese Weiterbildung für eine Anerkennung bei der Ärztekammer geleistet werden muß, variieren noch im Extrem zwischen den Bundesländern (von ermächtigten Einzelweiterbildern bis hin zu anerkannten Weiterbildungsinstituten). Sofern nicht nur potentielle, verhaltenstherapeutisch orientierte Fähigkeiten im Rahmen einer ärztlichen Praxis, sondern schwerpunktmäßig verhaltenstherapeutisches Arbeiten angestrebt wird, kann nur dringend die Weiterbildung an einem der anerkannten Institute beziehungsweise in Kliniken der Aufbau eines inhaltlich daran orientierten Curriculums nahegelegt werden. Dann sind die „verhaltenstherapeutischen Unterlassungssünden" in der bisherigen ärztlichen Weiterbildung in Zukunft hoffentlich wieder auszugleichen.

Literatur

Bartling G, Echelmeyer L, Engberding M, Krause R. Problemanalyse im therapeutischen Prozeß. 3. Aufl. Stuttgart: Kohlhammer 1992.

Caspar F (Hrsg). Problemanalyse in der Psychotherapie. 2. Aufl. Tübingen: DGVT 1990.

Feldhege FJ, Krauthan G. Verhaltenstrainingsprogramm zum Aufbau sozialer Kompetenz. Berlin: Springer 1979.

Hand I. Verhaltentherapie und kognitive Therapie in der Psychiatrie. In: Verhaltenstherapie in der Medizin. Hand I, Wittchen HU (Hrsg). Berlin, Heidelberg: Springer 1989.

Hand I. Neurosen: Interventionen. In: Lehrbuch Klinische Psychologie. Bd 2. Baumann U, Perrez M (Hrsg). Stuttgart: Hans Huber 1991; 259–79.

Hand I. Verhaltenstherapie für Zwangskranke und deren Angehörige. In: Therapie psychiatrischer Erkrankungen. 2. Aufl. Möller HJ (Hrsg). Stuttgart: Georg Thieme 2000; 752-77.

Hand I, Spoehring B, Stanik E. Treatment of obsessions, compulsions and phobias as hidden couple counseling. In: Phobic and obsessive compulsive disorders. Boulougouris J, Rabavilas A (eds). New York: Pergamon 1977; 105–14.

Herrle J, Kühner C (Hrsg). Depression bewältigen – ein kognitiv-verhaltenstherapeutisches Gruppenprogramm nach P.M. Lewisohn. Weinheim: Beltz 1994.

Kanfer FH, Reinecker H, Schmelzer D. Selbstmanagement – Therapie. Berlin, Heidelberg: Springer 1991.

Laireiter AP, Elke G. Selbsterfahrung in der Verhaltenstherapie – Konzepte und praktische Erfahrungen. Forum 22. Tübingen: DGVT 1994.

Mathews A, Gelder M, Johnston D. Platzangst – ein Übungsprogramm für Betroffene und Angehörige. 2. Aufl. Freiburg: Karger 1994.

Petermann F (Hrsg). Lehrbuch der Klinischen Kinderpsychologie. Göttingen: Hogrefe 1995.

Pfingsten U, Hinsch R. Gruppentraining sozialer Kompetenzen (GSK) – Grundlagen, Durchführung, Materialien. 2. Aufl. Weinheim: Psychologie Verlags Union 1991.

Reinecker H. Grundlagen der Verhaltenstherapie. München, Weinheim: Psychologie Verlags Union 1991.

Teegen F, Grundmann A, Röhrs A. Sich ändern lernen – Anleitung zur Selbsterfahrung. Reinbek: Rowohlt 1975.

Ullrich DE, Muynck R, Ullrich R. Das Assertiveness Programm (ATP) – Einübung in Selbstvertrauen und sozialer Kompetenz. 3 Bände. München: Pfeiffer 1976.

Wittchen HU, Bullinger-Naber M, Dorfmüller M, Hand I, Kaspers S, Katschnig H, Linden M, Margraf J, Möller H, Naber D, Pöldinger W, Römer A van de. Angst, Angsterkrankungen, Behandlungsmöglichkeiten. Freiburg: Karger 1995.

Wlazlo Z. Soziale Phobie – eine Anleitung zur Durchführung einer Exposition in vivo. Freiburg: Karger 1995.

Ziesing F, Pfingsten U. Selbstveränderung – Verhaltenstherapie selbst erfahren. Ausbildungsmanual DGVT. Tübingen: DGVT 1994.

Literaturempfehlung

Hand I, Wittchen HU (Hrsg). Verhaltenstherapie in der Medizin. Berlin, Heidelberg: Springer 1989.

Hawton K, Salkovskis P, Kirk J, Clark D. Cognitive behaviour therapy for psychiatric problems – a practical guide. Oxford: Oxford Medical Publications 1989.

Hautzinger M, Stark W, Treiber R. Kognitive Verhaltenstherapie bei Depressionen. 2. Aufl. München, Weinheim: Psychologie Verlags Union 1992.

Mark N, Bischoff C (Hrsg). Psychosomatische Grundversorgung – verhaltenstherapeutische Konzepte und Empfehlungen für die ärztliche Praxis. Hannover: Deutscher Ärzte Verlag 1994.

Meermann R, Vandereycken W (Hrsg). Verhaltenstherapeutische Psychosomatik in Klinik und Praxis. 2. Aufl. Stuttgart, New York: Schattauer 1996.

Stark A (Hrsg). Verhaltenstherapie und psychoedukative Ansätze im Umgang mit schizophren Erkrankten. Tübingen: DGVT 1996.

Steinhausen HC, Aster M v. (Hrsg). Handbuch Verhaltenstherapie und Verhaltensmedizin bei Kindern und Jugendlichen. Weinheim: Beltz 1993.

Wahl R, Hautzinger M (Hrsg). Verhaltensmedizin – Konzepte, Anwendungsgebiete, Perspektiven. Köln: Deutscher Ärzteverlag 1989.

Zeitschriften: Verhaltenstherapie (Freiburg: Karger); Praxis der Klinischen Verhaltensmedizin und Rehabilitation (Dortmund: verlag modernes lernen).

6.2.5
Ätiologie und Therapie psychischer Störungen aus der Sicht eines integrativen Modelles

Franz Caspar

Einleitung

Verschiedene psychotherapeutische Ansätze haben ihre spezifischen Modelle für psychische Störungen hervorgebracht: zunächst der psychoanalytische, später der verhaltenstherapeutische, humanistische, interpersonale und andere mehr, alle mit mehreren Unteransätzen und Spielformen. Die Ansätze leben heute mit- und nebeneinander, in aller Regel wohl mit dem Anspruch, eine jeweils ausreichende Basis für das Verständnis einzelner Störungen beziehungsweise von Menschen mit psychischen Störungen zu bieten. Inwieweit sind solche Ansprü-

che gerechtfertigt? Das ist gar nicht so leicht objektiv zu beurteilen. Zwar bleibt bei jeder Therapieform ein mehr oder weniger großer Rest von Patienten übrig, denen nicht oder nicht ausreichend geholfen werden kann. Es bleibt jedoch offen, ob es sich dabei um Menschen handelt, denen selbst mit den besten Modellen und Methoden nicht psychotherapeutisch geholfen werden kann, ob die ätiologischen Modelle zwar angemessen sind, die therapeutischen Mittel aber ungenügend oder ob eben die ätiologischen Modelle nicht ausreichen. Auch Selektion und Selbstselektion spielen sicherlich eine Rolle: Die Attraktivität einzelner Therapeuten für Patienten ebenso wie die Vorliebe der Therapeuten für bestimmte Patienten dürften mit davon abhängen, wie gut ihre Modelle auf diese Patienten in einer ersten expliziten oder impliziten Einschätzung zu passen scheinen. Die Erfahrung, bei den eigenen Patienten mit den verwendeten Modellen ganz gut zurechtzukommen, dürfte somit eher zu einer Überschätzung des generellen Nutzens führen, den der Ansatz für unselektierte Patienten hätte.

Dennoch ist in den letzten Jahren eine breite integrative Bewegung unter Therapeutinnen und Therapeuten unterschiedlicher Provenienz zu verzeichnen (Norcross 1995; Orlinsky et al. 1999). Diese Bewegung erscheint zwar asymmetrisch in dem Sinne, daß tiefenpsychologisch orientierte Therapeuten weniger integrativ sind – wobei offen bleibt, ob sie Öffnung wegen überlegener Modelle weniger nötig haben oder ob sie einfach weniger offen für integrative Ansätze sind. Die integrative Bewegung macht aber vor keinem Therapieansatz halt. Es gibt zwar Therapeuten, die sich in ihren Fallkonzeptionen auf einen Ansatz beschränken und nur auf der Ebene therapeutischer Techniken brauchbar Erscheinendes hinzufügen. Die Mehrzahl dürfte aber wenigstens in gewissem Umfang auch auf der Ebene der Erklärungsmodelle für psychische Störungen Ergänzungen suchen. Dieses Kapitel führt im weiteren Verlauf in grundsätzliche Fragen zu den „alten" Modellen, in eine Typologie integrativer Ansätze und exemplarisch auch in inhaltliche Elemente integrativer Ansätze ein.

Fragen zu den „alten" Modellen

Daß die Welt der Psychotherapie in Schulen eingeteilt ist, scheint für viele Außenstehende und Insider außer Frage zu stehen. Die zweite Frage von Laien und Kollegen im Anschluß an die erste Frage nach dem Beruf ist oft die nach der psychotherapeutischen Richtung, zu der man gehört. Die Frage scheint berechtigt, wenn man bedenkt, daß auch die gültigen legalen Richtlinien zur Psychotherapie in Deutschland und anderen Ländern therapeutische Richtungen zur Grundlage haben.

Diese Orientierung an Richtungen hat einen **berechtigten Anteil**: Ein Teil der Wirkung der Therapie bei einem neuen Patienten wird zweifellos durch die „richtige Methode" und die dahinterstehende „richtige Theorie" bestimmt. Bisher wurden die meisten Wirksamkeitsstudien entlang der Ausrichtung an den therapeutischen Orientierungen durchgeführt, oder sie bezogen sich auf eine konkretere, aber klar einer Richtung zugeordneten Technik. Es ist durchaus sinnvoll, Ergebnisse erst einmal nach Orientierungen zusammenzufassen und Therapieansätzen, für die keinerlei Wirksamkeitsnachweis vorgelegt wurde, skeptisch gegenüberzutreten – gerade wenn sie mit dem Hinweis auf das „Äquivalenzparadox" (Stiles et al. 1986; Grawe et al. 1994), daß also scheinbar alle Therapien gleich wirksam sind, versuchen, als Trittbrettfahrer zu profitieren.

Unberechtigt ist eine **einseitige** Ausrichtung an therapeutischen Orientierungen im Hinblick auf die Wirksamkeit aus mindestens drei Gründen:

1. Die Methode ist zwar eindeutig relevant für die Therapieergebnisse und muß deshalb berücksichtigt werden, sie bestimmt die durchschnittliche Wirkung aber nur zu einem **kleineren Teil** (u. a. Lambert 1989).
2. Wie wirksam Methoden in der regulären klinischen Praxis sind – im Gegensatz zu Studien unter kontrollierten Bedingungen mit **selektierten** Patienten – explizit oder implizit selektierten Therapeuten und Kontrolle des therapeutischen Vorgehens, wird erst allmählich etwas mehr untersucht.
3. Im Zusammenhang mit 1. und 2.: Bei konkreten Therapien kann die **Berufung** auf eine generell empirisch gut gestützte Orientierung auch zusammen mit dem Nachweis, irgendwann eine **Ausbildung** in dieser Richtung gemacht zu haben, in keiner Weise die **fortlaufende Qualitätssicherung** bei jedem Therapeuten ersetzen.

Gerade der zunehmende Druck des fortlaufenden individuellen Wirksamkeitsnachweises (oder besser noch der Eigenmotivation zur Wirksamkeitskontrolle) macht deutlich, daß Therapeuten alles daran setzen müssen, in jedem Einzelfall möglichst viel an therapeutischem Erfolg herauszuholen. Wie dieser Erfolg definiert und objektiviert werden sollte, ist ein eigenes, nicht triviales Thema, das hier nicht vertieft werden kann. Die Notwendigkeit, wenigstens teilweise therapieschulenübergreifende Kriterien und Meßmittel zu finden, könnte aber eine der wichtigen Triebfedern in Richtung der Psychotherapie-Integration werden. Teil dieser Bemühungen ist im übrigen auch die Aufgabe des Begriffes „Neurose" im DSM-III und -IV.

Wie gehen nun Therapeuten vor, die nicht nach dem Prinzip der *Empirically Validated Treatments* (Hahlweg 1995) **allein** Qualität sichern? Also nicht allein durch Berufung auf

Verfahren, die sich einmal unter oft weniger als mehr vergleichbaren Bedingungen als wirksam erwiesen haben, sondern durch fortlaufenden Beleg der Wirkung am Einzelfall? Sie werden sich sicherlich, wo immer möglich, auf Methoden mit empirisch belegter Wirksamkeit stützen, darüber hinaus – das zeigt die Empirie (Norcross und Goldfried 1992; Orlinsky et al. 1999) – aber nach Ergänzungen in- und außerhalb des angestammten Therapieansatzes suchen, um im Einzelfall Elemente hinzuzufügen, die ihnen sonst noch fehlen würden. Wie Prozesse der Integration verschiedener Methoden tatsächlich und optimalerweise ablaufen (s. u.), ist ein noch weitgehend unerforschtes Gebiet.

In aller Regel beruhen Therapie-Ansätze auf ätiologischen Modellen für psychische Störungen. Psychotherapie-Integration ist für **Modelle psychischer Störungen** ebenso ein Thema wie für **Interventionsmethoden**, auch wenn es Therapeuten gibt, die zur Erklärung von Störungen von „reinen" Modellen ausgehen und nur auf der Ebene der Techniken integrativ arbeiten. In diesem Kapitel soll beides im Auge bleiben, integrative Störungsmodelle und integrative Vorgehensweisen.

Grundsätzlich fragwürdig erscheint, wenn schulorientierte Ansätze empirisch belegte Fakten ignorieren (wie z. B., daß es zwar sehr gut belegt ist, daß bei Agoraphobien In-vivo-Exposition sehr gut wirkt, aber angesichts der belegten Wirkung auch von Gesprächspsychotherapie (Teusch und Fink 1995) keineswegs unbedingt notwendig erscheint. Grawe (1995) fordert, daß in „Theorien der zweiten Generation" zu einem bestimmten Gegenstandsbereich auch Fakten einbezogen werden müssen, die in den ursprünglichen, meist schulorientierten „Theorien erster Generation" keinen Platz haben.

Typologie integrativer Ansätze

„Psychotherapie-Integration" ist für die einen eine Bedrohung der reinen Ansätze, für andere ein Weg aus den Beschränktheiten aller traditionellen Psychotherapieschulen. Die Vielfalt der bestehenden Versuche, aus Anleihen bei unterschiedlichen Ansätzen etwas Besseres zu integrieren, läßt ahnen, daß es sich dabei nicht um ein triviales Unterfangen handelt. Im wesentlichen kann Psychotherapie-Integration auf drei Ebenen unterschieden werden (Tab. 6-9). Wir gehen hier von diesen drei Ebenen der **Psychotherapie-Integration** aus, um daran Überlegungen zu integrativen Erklärungsmodellen für **psychische Störungen** anzuschließen.

Tab. 6-9 Ansätze zur Psychotherapie-Integration auf verschiedenen Ebenen mit exemplarischen Vertretern.

Ebene I	Theoretische Integration	Versuch, Ansätze wie psychodynamisch und behavioral grundsätzlich zu vereinen	Wachtel 1977 Wittmann 1981
Ebene II	Wirkfaktoren	Versuch, Abbildungsmöglichkeiten über die technische Ebene zu finden, ohne Anspruch/Probleme von Ebene I zu lösen	Goldfried 1995 Grawe 1998
Ebene III	Techniken	wirkungsorientierter technischer Eklektizismus	Lazarus 1973

Um auf der untersten Ebene anzufangen: Der „technische Eklektizismus" erhebt keinen Anspruch auf befriedigende theoretische Konzepte und argumentiert typischerweise mit der Wirksamkeit einzelner Techniken. Analog kann mit der Nützlichkeit von Versatzstücken ätiologischer Modelle argumentiert werden. Wieweit Techniken oder Teile von Störungstheorien tatsächlich **unabhängig** von der theoretischen Fundierung genutzt werden können und sollen, ist nach wie vor Gegenstand von Diskussionen, ebenso wie die Frage, ob auf dieser Ebene nicht für Therapeuten und vor allem Patienten schädliche Inkonsistenzen entstehen.

Ein Beispiel: Eine graduierte verhaltenstherapeutische In-vivo-Expositionsmethode, bei der die Patienten die Übung jeweils abbrechen, wenn die Angst ein gewisses Maß übersteigt, kann wirksam sein (Grawe 1998). Wenn den Patienten jedoch anhand eines entsprechenden Störungsmodelles im Sinne massierter Exposition erklärt worden ist, warum „Vermeidungsverhalten" grundsätzlich fatal ist, kann nicht mit derselben Wirksamkeit gerechnet werden. Dies wäre eine Inkonsistenz **innerhalb** einer Therapieschule; Inkonsistenzen **zwischen** Therapieschulen kann man sich noch viel leichter vorstellen.

Auf der zweiten Ebene werden Faktoren betrachtet, die zwischen der konkreten, technischen Ebene und der übergeordneten theoretischen Ebene Therapieverlauf und -ergebnis bestimmen. Auf dieser Ebene ist von „Wirkfaktoren" oder von *Common Factors* die Rede. Bei ersteren wird etwa von Grawe (1998) davon ausgegangen, daß verschiedene Therapieansätze in bezug auf Art und Ausmaß der Realisierung von Wirkfaktoren unterschiedliche Profile aufweisen und daß dies auch Unterschiede in der Wirkung bei verschiedenen Patienten mit erklären kann. Bei den *Common Factors* (Goldfried 1995) wird dagegen angenommen, daß unabhängig von Benennung, theoretischer Begründung und von Unterschieden auf der konkreten, technischen Ebene verschiedene Therapieansätze Gemeinsamkeiten aufweisen, die mit für eine ähnliche durchschnittliche Wirksamkeit verantwortlich sein sollen.

Auch auf der zweiten Ebene wird üblicherweise von der **Therapie** ausgegangen; ganz ähnlich läßt sich aber auch in bezug auf **Störungen** auf einer mittleren Abstraktionsebene betrachten, worin das Problem besteht und wie grundsätzlich Abhilfe geschaffen werden könnte.

Die „Verstärkerverlusttheorie" von Lewinsohn (1974) beispielsweise würde einem Anspruch auf vollständige Erklärung von Depressionen als Theorie auf höchster Ebene kaum gerecht. Sinnvoller dürfte es oft sein, diese und andere Theorien im Sinne eines Pluralismus von Theorien als nützliche Werkzeuge zu betrachten, mit denen jeweils ein Teil der Problemlage eines Patienten betrachtet werden kann, während für andere Teile andere Theorien oder Konzepte nützlicher sind. In Abhängigkeit davon, wie ausgeprägt die Rolle ist, die bestimmte Aspekte bei einem einzelnen Patienten spielen, trägt ein Konzept mehr oder weniger zur Erklärung und zum Planen einer erfolgreichen Therapie bei. Daß ein einziges Konzept „alles" erklären kann, wäre aber eher als Ausnahme anzusehen. Auch der Erfolg einer auf ein einziges Konzept gestützten

Therapie kann allenfalls belegen, daß der betreffende Aspekt so wichtig war, daß seine bevorzugte Beachtung zielführend war, nicht jedoch, daß das Problem wirklich vollständig erklärt war. Je nach gezielter oder unbewußter Selektion und Selbstselektion von Patienten kann dann, wenn sich ein Typus mit besonders hohen Anteilen eines bestimmten Aspektes und besonders hohem Erklärungswert eines bestimmten Konzeptes häuft oder besondere Aufmerksamkeit auf sich zieht, ein einseitiger Eindruck von der Erklärungskraft eines Ansatzes bis hin zu einer monopolhaften Verwendung entstehen. Dies geht Hand in Hand mit einer ebenfalls gelegentlich zu beobachtenden Tendenz in der Welt der Psychotherapie, zuungunsten vieler Patienten Moden auszuleben. Antidot dagegen ist einerseits eine auf möglichst unselektierte Patientengruppen gestützte solide Empirie, andererseits eine pluralistische Grundhaltung, wie sie für Integration auf mittlerer Ebene typisch ist.

Integration auf höchster Ebene bedeutet das Zusammenführen zweier oder mehrerer Ansätze mit allen Ansprüchen, die an eine neue beziehungsweise integrative Theorie gestellt werden. Verschiedentlich wurde eine solche Integration versucht (Wachtel 1977; Wittmann 1981), ohne daß diese Versuche allgemeine Akzeptanz gefunden hätten. Unter den Vertretern der Psychotherapie-Integration dürfte die Meinung dominieren, daß eine allgemeine integrative Theorie zwar in vieler Hinsicht nützlich wäre, derzeit aber kaum zu erreichen ist.

Als Grund dafür sieht etwa Grawe (1998) die grundsätzliche Unvereinbarkeit von Grundüberzeugungen der verschiedenen Ansätze. Zudem stellt sich die Frage, ob überhaupt die Integration von Bestehendem allein (im Gegensatz zum Hinzunehmen oder Ausgehen von Neuem) Ansätze mit ausreichender Erklärungskraft und Nützlichkeit hervorbringen kann (Caspar 1996).

In seinen Ansätzen der „Allgemeinen Psychotherapie" und der (sich stark auf neurologische Grundlagen beziehenden) „Psychologischen Psychotherapie" versucht Grawe (1998) die Grenzen schulorientierter Ansätze zu sprengen, allerdings mehr mit einem programmatischen Anspruch als daß er bereits „die" Theorie vorlegen würde.

Inhalte integrativer Ansätze

Der Nutzen verschiedener Ansätze

Kandidat, als Element in einem integrativen Ansatz für psychische Störungen und deren Behandlung aufzutauchen, ist grundsätzlich jedes Konzept, das sich innerhalb eines Ansatzes als nützlich erwiesen hat und nicht allzu inkompatibel mit anderen Ansätzen ist. Teils muß man dabei über Sprachmarken hinwegsehen beziehungsweise sie übersetzen. Das gilt zum Beispiel für den Begriff „Verstärker" bei der bereits erwähnten Verstärkerverlust-Theorie der Depression ebenso wie für psychoanalytische Begriffe, wie „anal-sadistisch" beim Kollusionskonzept nach Willi (1975). In einem weiteren

Schritt muß ein Konzept eine Nische finden, in der es ohne Konkurrenz dasteht oder nützlicher sein als konkurrierende Konzepte. Der Nutzen bemißt sich immer relativ am Beitrag zur Lösung anstehender Probleme in Konkurrenz zu bereits vorhandenen oder neu im Rennen befindlichen Konzepten (Herrmann 1979). Da sowohl der Aufwand bei der Umsetzung eines Konzeptes als auch die Vorteile, die sich aus der Virtuosität in der Anwendung ergeben, stark von Voraussetzungen beim Nutzer abhängen, ist der Nutzen immer auch von der Zielgruppe abhängig. Das erklärt mit die Vielfalt der Ansätze, die sich als integrativ sehen, aber auf gemischten Zuspruch stoßen.

Im folgenden werden zur Illustration einige inhaltliche Konzepte mit unterschiedlicher Reichweite dargestellt, die von ihrem Charakter her integrativ im Sinn von nicht schulgebunden sind und dabei sowohl unterschiedlich elaboriert sind als auch eine unterschiedliche Reichweite haben. Zunächst werden zwei Ansätze kurz skizziert, die sich vor allem auf Therapie beziehen, dann einer (konnektionistischer Ansatz oder Ansatz neuronaler Netzwerke) etwas ausführlicher dargestellt: Er hat ein Potential sowohl beim Verstehen psychischer Probleme als auch beim Modellieren therapeutischer Prozesse.

Phasenmodell der Therapiemotivation („States of Changes")

Seit langem ist Klinikern bekannt, daß selbst bei Patienten, die sich für veränderungsmotiviert halten oder so darstellen, nicht eine ausreichende, anhaltende Motivation für das therapeutische Vorgehen vorausgesetzt werden kann. Was zunächst an substanzabhängigen Patienten entwickelt wurde, gilt grundsätzlich auch für andersartige Störungen und Probleme. In ihrem *Stage Model of Change* definieren Prochaska, Norcross und di Clemente (1994) eine Abfolge von Stufen oder Phasen: In der *Precontemplation Phase* sehen Patienten ihre Schwierigkeiten noch gar nicht als ein gravierendes Problem an und sehen somit auch keine Behandlungsbedürftigkeit. Typisch ist der Alkoholiker, dessen Ehefrau und Kollegen sich schon lange sorgen, der aber weit davon entfernt ist, ein Alkoholproblem zu sehen oder zuzugeben, oder Menschen mit „ich-syntonen" Persönlichkeitsstörungen, bei denen etwa im Strafvollzug die Frage nach Veränderungsmöglichkeiten auftaucht.

In der *Contemplation Phase* zieht der Patient in Betracht, ein Problem zu haben und etwas daran ändern zu müssen. In der *Preparation Phase* bereitet er sich auf eine Therapie vor, wozu auch die Suche nach einem Therapieplatz gehört. In der *Action Phase* erst geht es um „handfeste" Änderungsmaßnahmen. Die *Maintenance Phase* ist – oft noch zu wenig beachtet – wichtig, um z. B. mit *Booster Sessions* den anhaltenden Erfolg zu sichern. Patienten durchlaufen diese Phasen nicht immer gradlinig, und oft müssen Teile oder der ganze Ablauf bis zu einem befriedigenden Erfolg mehrfach absolviert werden.

Es liegen empirische Hinweise dafür vor, daß ein beträchtlicher Teil der Ergebnisvarianz durch die Passung zwischen

Patient beziehungsweise seiner aktuellen **Phase der Therapiemotivation** und dem **Therapieangebot** bestimmt wird. Das Phasenmodell ist aus integrativer Sicht vor allem interessant, wenn man nicht nach einem **selektiven Indikationsmodell** Patienten therapeutischen Ansätzen zuteilt, etwa solche in früheren Phasen einer einsichtsorientierten, solche in der *Action Phase* einer verhaltenstherapeutischen Therapie. Das wäre deshalb nicht ausreichend, weil Patienten mit dem ursprünglich präsentierten Problem in der einen Motivationsphase, mit anderen, oft zusammenhängenden und häufig erst im späteren Verlauf der Therapie bekannten und/oder angehbaren Problem aber in einer anderen Phase der Behandlungsmotivation befinden können.

Ein Beispiel dafür wäre ein Patient, der mit starkem Leidensdruck an seinem Schmerzproblem arbeiten möchte (*Action Stage*) und bei dem sich dann ein komplexer Hintergrund, unter anderem mit Abhängigkeit von den Eltern, zeigt, dessen er sich noch wenig als Problem bewußt ist (*Precontemplation* oder *Contemplation Stage*). Es wäre hier nicht möglich oder zumindest ineffizient, wenn unterschiedliche Therapeuten simultan oder sukzessive an den verschiedenen Problemen arbeiten würden. Realistischer ist, daß ein Therapeut, der sowohl über einsichtsorientierte als auch über problembewältigende und erlebnisaktivierende Konzepte und Techniken verfügt, an beiden Problemen arbeitet, und dabei öfters sogar innerhalb ein und derselben Sitzung Inhalt, Vorgehen und interaktionellen Stil wechseln kann.

Aus Sicht des *Stage Model* gehört zu einer angemessenen Fallkonzeption nicht nur, ein Problem wie z. B. somatoforme Störungen angemessen zu benennen und mit Hilfe spezifischer ätiologischer Modelle zu erklären, wichtig wäre eben auch eine Einschätzung und angemessene Berücksichtigung der Phase, in der der Patient sich befindet. Das Modell versteht sich von Grund auf als nicht schulengebunden, und nicht von ungefähr ist einer seiner Vertreter, John Norcross, einer der führenden Köpfe in der Integrationsbewegung (Norcross und Goldfried 1995).

Wirkfaktoren

Wie oben schon dargestellt, befinden sich Konzepte, die therapeutische Wirkfaktoren in den Vordergrund stellen, auf mittlerer Ebene zwischen technischem Eklektizismus und anspruchsvoller theoretischer Integration. Hier geht es darum, eines dieser Wirkfaktorenmodelle noch etwas weiter mit Inhalt zu füllen. Es geht bei diesen Modellen um die Frage, ob die große Variation an der Oberfläche der bunten Fülle psychotherapeutischer Vorgehensweisen auf zugrundeliegende Wirkprinzipien reduziert werden kann, die zwar nicht völlig, aber doch weitgehend unabhängig von der Richtigkeit der jeweils zugrundegelegten Theorien den Therapieerfolg bestimmen. Grawe (1998) leitet aus einem größeren Bestand an Ergebnissen der Psychotherapieforschung die Komponenten Ressourcenaktivierung, Bewältigung, und Schaffen von Bewußtsein (Klärung) ab:

Selbstverständlich kann man Patienten nicht „mit Wirkfaktoren behandeln". Es geht immer noch darum, daß konkrete Therapeuten mit konkreten Patienten etwas Konkretes tun und dabei sowohl im Hinblick auf Hypothesenbildung und Therapieplanung als auch in der konkreten Ausführung kompetent sind.

Aus integrativer Sicht ist ein solches Wirkfaktorenmodell deshalb interessant, weil es nicht nur Komplexität auf Essentielles reduziert, sondern gleichzeitig Vielfalt und Flexibilität unterstützt: Die Aufmerksamkeit richtet sich weniger auf die konkreten Techniken, die wohl innerhalb jedes Therapieansatzes nur ein beschränktes Spektrum von Möglichkeiten abdecken, sondern auf das Grundsätzlichere. Damit werden auch konkrete Vorgehensweisen aus anderen Richtungen einsetzbar, wobei allerdings immer auf mögliche Inkonsistenzen geachtet werden muß.

Das Pendant zu Wirkfaktoren im therapeutischen Vorgehen sind grundsätzliche Überlegungen am einzelnen Patienten, was sich ändern müßte, damit es ihm nachhaltig besser geht. Also z. B.: „Er müßte Einsicht in Zusammenhänge bei XY gewinnen, um sein Erleben und Verhalten besser steuern zu können" oder „Er müßte alternative Skills zum Erreichen des Ziels YZ entwickeln, damit der seine Migräne nicht mehr dafür einsetzen muß" oder „Er müßte seine Trauer im Hinblick auf XZ durcharbeiten, um sich überhaupt wieder auf Emotionen einlassen zu können". Es geht also um Prinzipien, die aus der individuellen Fallkonzeption (Caspar 1996a; 1996b) abgeleitet werden, und die dann der konkreten Therapieplanung zugrunde gelegt werden.

Diese Prinzipien müssen nicht an jedem Einzelfall neu entwickelt werden. Das wäre auch viel zu unökonomisch und würde relevante empirische Erkenntnisse ungenutzt lassen. Ein Beispiel für ein Konzept, das recht direkt im Sinne eines solchen Prinzips gebraucht werden kann, wurde bereits genannt: das Verstärkerverlustkonzept nach Lewinsohn. Man kann es bei einem depressiven Patienten in der Weise heuristisch nutzen, daß man sich fragt: „Spielt bei diesem Patienten ein Defizit an positiven Erlebnissen eine wichtige auslösende oder aufrechterhaltende Rolle für seine Depression?" Wenn ja: „Fehlen solche Erlebnisse aufgrund ungünstiger Umweltbedingungen oder aufgrund fehlender Fertigkeiten, oder verhindern innere Konflikte eine Realisierung wichtiger Bedürfnisse?"

Das integrative Potential des Wirkfaktorenansatzes liegt darin, daß unter Nutzung eines breites Spektrums ätiologischer Ansätze unterschiedlicher Provenienz ein breites Spektrum technischer Möglichkeiten ebenfalls unterschiedlicher Provenienz eingesetzt werden kann. Eine flexible Auffassung vom therapeutischen Handeln, für die der Wirkfaktoren-Ansatz ein Beispiel ist, ist kaum vereinbar mit der Vorstellung, daß es in der Psychotherapie einfach um ein „Anwenden" von Techniken geht. Im folgenden Abschnitt geht es um die Frage, wie denn ein alternatives Modell aussehen könnte.

Neukonstruktionsmodell

Die Auffassung, Psychotherapie sei einfach ein Anwenden von Techniken, wie sie im Lehrbuch stehen, beziehungsweise mit etwas Anpassung, erscheint nicht nur, aber vor allem vor dem Hintergrund eines integrativen Ansatzes eher naiv (Caspar 1996c; 1999; Caspar und Grawe 1996; Hautzinger 1999). Wie aber kann ein alternativer Ansatz konzeptualisiert werden? Hier wird das „Neukonstruktionsmodell" psychotherapeutischen Handelns, das andernorts genauer beschrieben ist (Caspar 1999; 2000; Caspar und Grawe 1996), kurz skizziert. Daß auf therapeutisches Handeln in einem Kapitel über Störungen überhaupt eingegangen wird, erscheint deshalb sinnvoll, weil ein flexibles, integratives Störungsmodell von neurotischen oder psychosomatischen/somatoformen Störungen für die Praxis nur dann wirklich sinnvoll ist, wenn als Pendant ein flexibles Modell für psychotherapeutisches Handeln verfügbar ist. Das Modell macht zudem den Stellenwert einer differenzierten Sicht eines Patienten deutlich: Mit der Diagnose ist es nicht getan!

Beim „Neukonstruktionsmodell" wird davon ausgegangen, daß therapeutisches Handeln mit zwei Patienten beziehungsweise in zwei Situationen nie gleich ist oder sein sollte. Es mag zwar für gewisse Zwecke sinnvoll sein, von Unterschieden zu abstrahieren und vom „Durchführen von Exposition" oder „von Entspannungstechniken" zu sprechen. In Wirklichkeit wird aber beim konkreten Handeln eine mehr oder weniger breite Palette von Faktoren einbezogen. Davon hängt ab, welchem Typus des Vorgehens grundsätzlich der Vorzug gegeben wird und wie die konkrete Ausgestaltung dieses Vorgehens aussieht. Ich werde z. B. die Instruktion zu einer Jacobson-Muskelentspannungsübung anders geben, wenn ich einen extrem kontrollbedürftigen Patienten vor mir habe: Ich würde dann z. B. nicht sagen „Und jetzt schließen Sie die Augen!", sondern „Suchen Sie sich bitte einen ruhigen Fleck an der Decke"; manche Patienten mögen dann auch die Augen schließen. Das ist natürlich nur ein vereinfachendes Beispiel.

Welches sind die Aspekte, die in einem Prozeß der *Multiple Constraint Satisfaction*, der simultanen Berücksichtigung mehrerer relevanter Faktoren, grundsätzlich Berücksichtigung finden können oder sollen? In Abb. 6-9 ist eine Reihe solcher Aspekte dargestellt, die sicherlich auch anders benannt und ergänzt werden könnten.

Natürlich wird der Therapeut in seinem Vorgehen stark durch das Hauptproblem des Patienten (oft entsprechend einer Diagnose nach DSM oder ICD) bestimmt. Oft kommen aber weitere Diagnosen, namentlich Persönlichkeitsstörungen, hinzu und/oder es liegt (mit) ein zwischenmenschliches Problem vor, das diagnostisch in diesen Kategorien oft schlecht erfaßbar, für den Patienten aber behandlungsrelevant ist. Die Klammern deuten an, daß die Probleme oft nicht isoliert nebeneinander stehen, sondern dynamisch miteinander verbunden sind. Weiter müssen Möglichkeiten und Grenzen des Patienten in der Therapiebeziehung berücksichtigt werden. Diese hängen oft auch mit der Problematik zusammen,

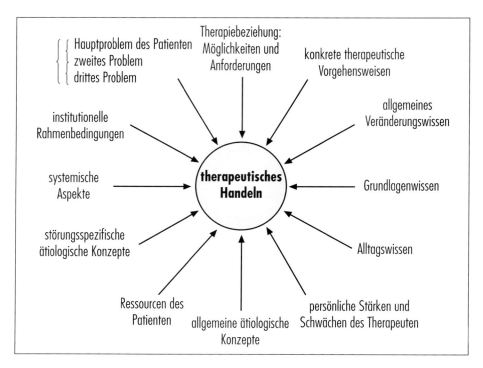

Abb. 6-9 „Neukonstruktionsmodell" therapeutischen Handelns: Faktoren, die parallel Einfluß nehmen.

z. B. überstarkes Kontrollbedürfnis in- und außerhalb der Therapie. Bei der Therapieplanung werden dann umschriebene Therapiemethoden berücksichtigt, bis hin zu eng manualisierten Techniken. Dies kann störungsspezifisch oder -unspezifisch erfolgen. Das Indikationsmodell von Schneider (s. Kap. 6.2.1, S. 533 ff) führt zu einer ähnlichen Problemkonzeptualisierung. Therapeuten sind dabei aber nicht einfach Ausführer, sondern ihre Sicht des Patienten ebenso wie die Kommunikation mit dem Patienten und sonstiges therapeutisches Handeln beruhen auf Grundlagenwissen ebenso wie privatem Alltagswissen. Im Guten wie im Belastenden oder Einschränkenden gehen noch andere persönliche Voraussetzungen des Therapeuten – private und professionelle – ein. Weiter werden Fallkonzeption und Handeln durch allgemeine (z. B. „biologisch" versus „sozial" oder „Vulnerabilitäts-Streß-Modell") und störungsspezifische (z. B. „Verstärkerverlust") ätiologische Modelle bestimmt. Zu Recht mehr Aufmerksamkeit finden in letzter Zeit Ressourcen, also Stärken, Fähigkeiten und günstige Voraussetzungen des Patienten. Das Zustandekommen und der Erfolg vieler Therapien hängen entscheidend davon ab, ob sie ausreichend anerkannt und genutzt werden. Schließlich sind Rahmenbedingungen zu berücksichtigen, die (wie Faktoren in einer Zweierbeziehung aus systemischer Sicht) wesentlich mit zur Erklärung eines Problems gehören oder dessen Bewältigung förderlich oder hinderlich beeinflussen können.

Wichtig ist, daß diese Faktoren nicht nacheinander berücksichtigt werden: Es wird also z. B. nicht unabhängig von der Therapiemethode, nach der vorgegangen werden soll, zunächst eine Beziehung aufgebaut, dann „technisch" gehandelt, wiederum die Beziehung gepflegt, dann auf Rahmenbedingun-

gen geachtet usw. Im Prinzip fließen alle genannten und sicherlich noch weitere Aspekte **kontinuierlich** ins Handeln ein. Daß Therapeuten mit einem solchen auf den ersten Blick komplex erscheinenden Handeln nicht a priori überfordert sind, hängt damit zusammen, daß nicht alle Aspekte bei jedem Patienten und zu jeder Zeit gleich wichtig sind, und daß erfahrene Therapeuten Aspekte auch automatisiert/intuitiv[1] berücksichtigen können.

„Neukonstruktion" meint – das ist hoffentlich klar geworden – nicht, daß das Rad bei jedem Patienten neu erfunden wird. In Abhängigkeit von der Diagnose werden störungsspezifische ätiologische Modelle ebenso genutzt wie einschlägige Therapiemanuale. Sie werden aber als **Prototypen heuristisch** genutzt, das heißt, sie geben empirisch fundierte Ideen, wie man einen Fall sehen oder vorgehen könnte. Spielen andere als die störungsspezifischen Aspekte bei einem Fall keine (große) Rolle, können Erklärung des Problems und Vorgehen durchaus „standardisiert" aussehen. So vorzugehen ist aber nicht Ausgangspunkt und Ideal. Anfänger tun sicherlich gut daran, die Komplexität zunächst zu reduzieren und sich eher an Manuale zu halten. Es schadet, wie wir in unseren Postgraduiertenausbildungen sehen, dabei nicht, von Anfang an eine Perspektive einzunehmen, aus der therapeutisches Handeln „nach Kochbuch" nicht das Nonplusultra ist.

Selbstverständlich halten wir ein solches Neukonstruktionsmodell nicht für eine großartige neue Erfindung. Vor allem erfahrene Therapeuten gehen wohl überwiegend ohnehin so

---

1 Wobei unter „guter Expertenintuition" nicht einfach ein Handeln „aus dem Bauch" gemeint ist.

vor. Mit einem solchen Modell kann aber expliziter beschrieben werden, was dabei inhaltlich berücksichtigt wird und wie therapeutisches Handeln als Prozeß realistischerweise abläuft. Schließlich sei auch darauf hingewiesen, daß Therapeuten, die nach einem solchen Modell vorgehen, die Aufgabe, Qualität am Einzelfall zu dokumentieren und laufend zu verbessern, sehr ernst nehmen sollten. „Individualisierung" darf nicht als Deckmantel verwendet werden, um Patienten etwas Schlechteres als standardisierte *Empirically Validated Treatments* (Hahlweg 1995) anzubieten.

Eine konnektionistische oder Neuronal-Network-Sicht von psychischen Störungen

Wenn man versucht, sich von den Modellen der traditionellen Therapieschulen und der Frage, welche von ihnen es denn vor allem verdient, in einem integrativen Modell berücksichtigt zu werden, freizuschwimmen, taucht natürlich die Frage auf, ob es bereits neutrale Modelle gibt, die ein solches Unterfangen unterstützen könnten. Zu den vielversprechendsten Kandidaten gehören dabei neben traditionelleren Modellen (wie Schemamodellen) konnektionistische oder neuronale Netzwerk-Modelle. Auf diese wird hier sicherlich kürzer eingegangen, als es nötig wäre, um sie von Grund auf zu begreifen, aber hoffentlich doch ausreichend für den Zweck der Illustration, wie ein grundlagenwissenschaftlich gestütztes integratives Modell in Grundzügen aussehen könnte.

Theorien, die von Basis-Einheiten wie „kognitiv-emotionalen Schemata" ausgehen, haben gerade auch in empirisch orientierten schulenorientierten und integrativen Kreisen besondere Beachtung erfahren (z. B. Beck und Emery 1981; Beck et al. 1979; Caspar 1996a; Goldfried und Robins 1983; Grawe 1986; Greenberg et al. 1993; Guidano und Liotti 1983; L. Horowitz 1994; M. Horowitz 1988; 1991; Safran und Segal 1990; Wachtel 1980). Seit den frühen 80er Jahren erlebten andererseits konnektionistische oder neuronale Netzwerk-Modelle eine Renaissance in anderen Bereichen (McClelland et al. 1986; Smolensky 1988). Sie haben in meinen Augen ein beträchtliches Potential, als Basis für das Verständnis auch der Dynamik und Komplexität psychischer Störungen zu dienen. Es handelt sich dabei um eine ganze Familie von Modellen, die hier nicht weiter differenziert werden können. Der Einfachheit halber wird von „konnektionistischen Modellen" gesprochen, und es wird versucht, das Wesentlichste beziehungsweise Typischste hervorzuheben.

Um das Funktionieren konnektionistischer Modelle zu begreifen, ist es vielleicht am besten, sich zunächst die Repräsentation der wichtigsten Elemente, etwa für eine Hundephobie, zu vergegenwärtigen (vgl. Abb. 6-10).

In einem traditionellen Modell würden die bei einer Phobie relevanten, hier beispielhaft in einem sogenannten „semantischen Netzwerk" dargestellten Elemente auf einer Auflösungsebene repräsentiert, wie sie etwa in den Überlegungen eines Klinikers oder im Gespräch mit einem Patienten eine Rolle spielen würden. Man kann sozusagen mit dem Finger auf das Netz zeigen und sagen „Hier ist der Hund", „Hier ist das Macho-Selbstbild" usw. In konnektionistischen Modellen wird typischerweise die Idee einer lokalistischen Speicherung aufgegeben. Informationen werden in großen Netzwerken in sehr einfachen Einheiten und den Verbindungen zwischen diesen Einheiten gespeichert.

Die kleinsten Einheiten oder Knoten in typischen konnektionistischen Repräsentationen sind zu klein, um in sich Bedeutungsträger zu sein. Selbst einfache Begriffe aus der Alltagssprache sind verteilt, distribuiert, in verschiedenen Knoten repräsentiert. Elemente wie „Hund" finden sich also nicht in einem **einzelnen Knoten** repräsentiert, sondern in einem ganzen **Muster von Knoten**, von denen jeder einzelne weniger als das Symbol „Hund" enthält (deshalb „subsymbolisch"). Wird die Information „Hund" eingegeben, läßt sich (in Abb. 6-12 schematisch dargestellt) eine zusätzliche Aktivation mehrerer Knoten feststellen. Die Eingabe von „Katze" etwa führt zu einem ähnlichen, aber doch verschiedenen, die von „Sessel" zu einem wiederum ganz anderen Aktivationsmuster, bei dem verbleibende Ähnlichkeiten vielleicht die Eigenschaft des Habens von vier Beinen repräsentieren.

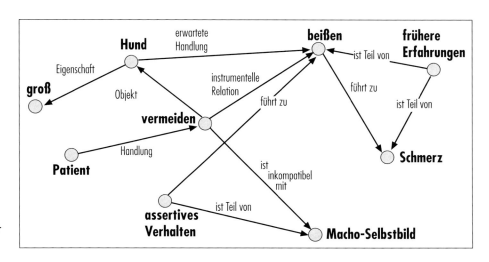

Abb. 6-10 Traditionelles, „lokalistisches" semantisches Netz, das einen Teil einer Hundephobie repräsentiert.

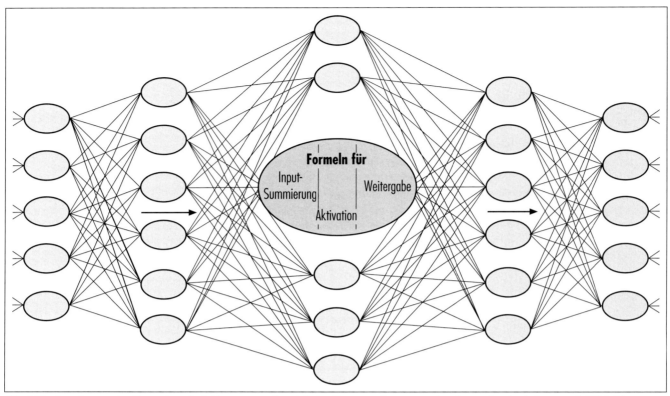

Abb. 6-11 Konnektionistisches Netzwerk: große Zahl vernetzter, subsymbolischer Knoten; ein Knoten exemplarisch vergrößert (nach Caspar et al. 1992; Erläuterungen im Text).

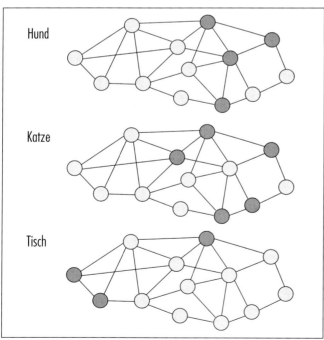

Abb. 6-12 Aktivation von Mustern in einem subsymbolischen Netz durch verschiedene eingegebene Begriffe.

In der schematischen Abb. 6-11 hat jeder der abgebildeten Knoten eine bestimmte Aktivation. Sie wird über die Verbindungen je nach deren Stärke in unterschiedlichem Maße weitergegeben. In der Mitte ist ein Knoten vergrößert unter die Lupe genommen: Die eintreffenden Aktivationswerte werden summiert, daraus wird die neue Aktivation des Knotens abgeleitet und daraus die weitergeleitete Aktivation. Diese Prozesse werden aufgrund von Formeln abgewickelt, die in konnektionistische Modelle eingegeben, von diesen aber auch selber geändert werden können.

Das ganze Netzwerk oder Teile davon **verhalten sich, als ob** eine bestimmte Information repräsentiert wäre, als ob ein bestimmtes Schema oder Skript wirksam wäre und als ob ein bestimmter motivationaler oder emotionaler Zustand gegeben wäre. Um eine Analogie zu gebrauchen: „Naß" ist eine Eigenschaft einer großen Anhäufung von H_2O-Molekülen, und es wäre absurd, Naßheit in einem einzelnen solchen Molekül oder gar in den Sauerstoff- oder Wasserstoffatomen lokalisieren zu wollen. Naßheit ist eine emergente Eigenschaft einer größeren Menge von Einheiten. Genauso absurd wäre es aus konnektionistischer Sicht, ein Gefühl oder einen Gedanken an einer einzelnen Stelle des Netzes lokalisieren zu wollen.

Die **Verarbeitung** von Informationen geschieht aus konnektionistischer Sicht durch Ausbreitung von Aktivation im Netzwerk mit Veränderungen in der Aktivierung von Knoten und in der Stärke der positiven und negativen Verbindungen zwischen den Knoten. Es gibt keine Trennung zwischen verarbeitenden Strukturen und Inhalten. Die Verarbeitung kann deshalb **parallel** im ganzen Netzwerk erfolgen, und ein System kann „selbständig" lernen, ohne Beteiligung irgendeiner homunculusartigen Instanz, die Veränderungen vornehmen müßte. Es besteht die Tendenz, daß Aktivation sich im Netzwerk so lange ausbreitet, bis dieses sich informationstheoretisch „entspannt" hat, das heißt in einen Gleichgewichts- oder Ruhezustand kommt.

Diese Spannung versus Entspannung eines Systems wird uns im Zusammenhang mit psychischen Störungen noch beschäftigen[2]. Typisch ist Lernen durch sogenannte „Backpropagation": Dabei erzeugt das System zunächst einen Zufalls-Output, der dann mit dem erwünschten Output verglichen wird. Das System probiert dann mit Veränderungen in den Verbindungsstärken herum und „merkt" sozusagen selber, bei welchen Einstellungen es zu einer besseren Übereinstimmung von erwünschtem und tatsächlichem Output kommt. Ein Beispiel ist NETTalk von Sejnowsky und Rosenberg (1985), das in eindrucksvoller Weise die korrekte Aussprache englischer Silben lernt. Dies ist ja nicht so leicht nach Regeln zu lernen. NETTalk braucht keinen „Lehrer", der explizite Regeln vermitteln würde, das System erfindet die Regeln implizit selber. Das ist natürlich an gewisse Voraussetzungen gebunden, auf die ich hier aber nicht eingehen möchte. Typisch ist bei dieser Art des Lernens, daß es solchen Systemen vergleichsweise leicht fällt, sich an **mehrere Kriterien gleichzeitig anzupassen.**

Wenn Patienten wie Menschen überhaupt so funktionieren, dann hat das einige Konsequenzen, die auch aus klinischer Perspektive relevant sind. Alle im folgenden aufgezählten Annahmen setzen nicht etwa konnektionistische Modelle voraus; diese erscheinen durch sie aber besonders plausibel. Eine Herleitung der Annahmen würde den hier gegebenen Rahmen sprengen.

- Input aus der Umgebung wird nie in seiner ursprünglichen Form an zentrale Teile des Systems weitergeleitet, sondern auf dem Weg von der Peripherie her mehr oder weniger stark umgewandelt.
- Wenn ein Input nicht perfekt einem gespeicherten Muster entspricht, wird er dennoch verarbeitet, als wäre die Übereinstimmung gegeben (Wahrnehmungs- und Reaktionsmuster, „Übertragung"). Fehlende Informationen werden selbstverständlich und unspektakulär ersetzt, ohne daß das System dies im allgemeinen „merkt".
- Systeme sind in ihrem Funktionieren weder allein aus sich heraus noch aus Umwelteinflüssen zu verstehen. Innere Strukturen und Umwelt haben sich in ständiger Interaktion entwickelt und bleiben in dauerhafter Wechselwirkung.
- Konstanz wird nicht nur durch die Strukturen innerhalb des Systems, sondern auch durch die Verzahnung mit der Umwelt gewährleistet.

- Konnektionistische Systeme sind gut im Verarbeiten „weicher" Informationen, z. B. subtiler Andeutungen, nonverbaler Signale und Wahrscheinlichkeiten (im Gegensatz zu Ja-nein-, Wahr-unwahr-Dichotomien).
- Konnektionistische Systeme sind gut in der simultanen Berücksichtigung einer Vielzahl von Faktoren (*Multiple Constraint Satisfaction*).
- Einer von mehreren Faktoren für ein Verhalten des Systems kann besonders wichtig sein und so als „Ursache" erscheinen. Typischer ist aber, daß bei genauerer Betrachtung viele Faktoren in ständig wechselnder Weise zusammenspielen.
- In konnektionistischen Systemen haben deshalb „Ganzheitlichkeit" und „intuitive Verarbeitung" (der Forschung zugänglicher Phänomene!) einen hohen Stellenwert.
- Die Abgrenzung „spezifische versus unspezifische" Faktoren der Beeinflussung eines Systems, etwa in der Therapie, ist wenig sinnvoll. Jede Einflußquelle (therapeutische Beziehung, „Technik" im eigentlichen Sinne etc.), die im einen Fall als „unspezifisch" erscheinen mag, erscheint im anderen Fall als „spezifisch".
- Konnektionistische Systeme sind im Prinzip dynamisch, in ständigem Wandel, sie können aber auch im Ganzen oder in einzelnen Teilen vorübergehend sehr stabil sein.
- Wenn es auch besonders sensible Phasen geben mag, ein Mensch lernt grundsätzlich sein Leben lang immer weiter.
- Störungen von außen können im allgemeinen gut kompensiert werden. Das ist für das System überlebenswichtig, es erschwert aber andererseits im realen Leben und in der Therapie („Widerstand") auch Lernen, das eigentlich vorteilhaft wäre.
- Im Prinzip sind Systeme zwar recht resistent gegenüber größeren Veränderungen, es kann unter gewissen Umständen aber auch zu Phasen mit starken Veränderungen kommen.
- Meistens geschehen Veränderungen inkrementell, also in kleinen Schritten, und benötigen konstanten Input aus der Umgebung.
- Systeme können mehrere unterscheidbare typische Zustände (*States of Mind*; Horowitz 1979) einnehmen, die durch bestimmte kognitiv-emotional-behavioral-physiologische Muster gekennzeichnet sind. Diese Muster passen gut zusammen und sind deshalb wahrscheinlicher, häufiger und stabiler als andere Muster.
- Die Voraussetzungen für bestimmtes Lernen, Verhalten und Erleben können in verschiedenen Zustandsmustern sehr unterschiedlich sein. In jedem Zustand können die einen Teile sehr festgelegt, andere sehr variabel sein, und insbesondere die Lernfähigkeit kann stark variieren.
- Übergänge vom einen in einen anderen Zustand können durch Eigendynamiken innerhalb des Systems ebenso wie durch Umgebungseinflüsse bzw. deren Wechselwirkung bestimmt sein. Oft gehen dauerhafteren Veränderungen Krisen voraus.
- Die Lernfähigkeit hängt stark von der günstigen Einstellung der Lernparameter (übersetzt etwa: Flexibilität, Of-

---

2 Der Begriff „System" steht hier für das Wirken innerhalb eines Individuums, er ist also nicht etwas wie ein Familiensystem gemeint.

fenheit) im ganzen System oder einzelnen relevanten Bereichen ab.

- Nachhaltige Veränderungen ergeben sich nur, wenn Inputs nicht isoliert bleiben, sondern gut in bestehende Strukturen integriert werden. Weder heftige Emotionen noch kluge Einsichten noch beeindruckende Fertigkeiten auf der Verhaltensebene haben insgesamt einen starken Einfluß, wenn sie nicht in das Gesamtsystem integriert werden.
- Starke Inputs haben die Tendenz, einen Einfluß über mehrere Modalitäten und Bereiche hinweg zu entwickeln. Wenn Inputs nur eine Modalität oder Situation betreffen und nicht stark genug sind, werden sie andererseits tendenziell durch die bestehenden Strukturen neutralisiert.
- Die Verarbeitung geschieht größtenteils unbewußt. Die Herstellung von Bewußtheit für das eigene Funktionieren ist eine besondere Leistung und kann sich nur auf einen Teil des Geschehens richten. Bewußtheit und Unbewußtheit sind nicht distinkte Kategorien, es handelt sich um Positionen auf einem Kontinuum. Zudem läßt sich meistens eine Auflösung in kleinere Teile oder Aspekte vornehmen, von denen die einen mehr und die anderen weniger bewußt sind.
- Weder ein Mensch selber (introspektiv oder aufgrund von Selbstbeobachtung) noch eine außenstehende Person kann zu einer „objektiv" wahren Sicht kommen: Der Konnektionismus impliziert eine konstruktivistische Sicht.
- Interventionen können nie direkt und mit dauerhaften Schwarz-weiß-Effekten wirken, sondern nur Wahrscheinlichkeiten der Veränderung von Strukturen und des Einnehmens bestimmter Zustände beeinflussen.
- Die Gesamtwirkung einer Intervention besteht eher aus einer Vielzahl von kleineren Wirkungen („Nebenwirkungen") als aus einer Hauptwirkung.

Dies ließe sich sicherlich fortführen, aber das dürfte reichen, um einen Eindruck von der Fülle meist klinisch sinnvoller Implikationen konnektionistischer Modelle zu vermitteln.

Viele der angesprochenen Aspekte haben offensichtlich auch mit psychischen Störungen, ihrer Entstehung und Veränderung zu tun. Wie können psychische Störungen etwas ko-

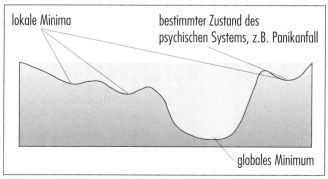

Abb. 6-13 Spannungslandschaft zur Darstellung verschiedener möglicher Systemzustände (nach Caspar 1997; Erläuterungen im Text).

härenter dargestellt aus konnektionistischer Sicht verstanden werden?

Zentral ist der Begriff des „Minimums". Die informationstheoretische Spannung eines konnektionistischen Systems kann als **Landschaft** dargestellt werden (Abb. 6-13). Das läßt sich mathematisch genau beschreiben, sollte an dieser Stelle aber eher intuitiv verstanden werden. Die Zustände oder Stellen mit relativ geringer Spannung, die Täler also sozusagen, werden bevorzugt eingenommen. Sie werden **Minima** oder Attraktoren genannt. Minima sind also die relativ gesehen besseren oder attraktiveren Stellen. Kommt ein System einmal in die Nähe eines solchen Zustandes, dann ist die Wahrscheinlichkeit hoch, daß es sich noch ganz in die entsprechende Richtung entwickelt. Wahrnehmungen z. B. finden tendenziell im Sinne vorbestehender Schemata statt, Menschen werden ganz im Sinne der psychoanalytischen Wiederholungszwänge sozusagen in schmerzhafte, aber vertraute Muster hineingezogen etc. Ist ein System erst einmal ganz in einem relativ spannungsarmen Zustand, dann ist die Wahrscheinlichkeit hoch, daß es darin verharrt. Jede Veränderung würde ja erst einmal zu einer Spannungserhöhung führen und ist deshalb relativ unwahrscheinlich. Man kann hier gut die Bedeutung des Terminus „Attraktor" nachvollziehen.

Es gibt dabei **lokale** Minima und **globale** Minima. In globalen Minima ist die Spannung insgesamt gesehen minimal, in lokalen Minima nur im Vergleich zur unmittelbaren Umgebung. Ein globales Minimum wäre, wenn es einer Person gelänge, nahezu wunschlos glücklich zu leben. Ein Beispiel für ein lokales Minimum wäre zum Beispiel ein depressiver Zustand, in dem Gedanken, Gefühle, Verhalten, physiologischer Zustand und Beziehungen zur Umwelt gut zueinander passen. Jede Veränderung würde erst einmal die Spannung im System erhöhen. Der Zustand ist entstanden, weil er im Vergleich zu benachbarten Zuständen aufgrund der Lerngeschichte der betroffenen Person und aufgrund der Umgebungssituation relativ günstiger ist. Um das inhaltlich zu füllen: Hoffnung schöpfen, wie ein wohlmeinender Therapeut das etwa bei einem Depressiven zu erreichen versucht, würde bedeuten, Spannung zu dem bei Depressiven typischen Prinzip herzustellen, auf keinen Fall neue Enttäuschungen zu riskieren. Aktiver zu werden würde bedeuten, Schonung und Unterstützung durch die Ehefrau zu verlieren; positivere Kognitionen zu erwägen stellt Spannungen zu depressiven Gefühlen her usw. Andererseits liegt das lokale Minimum in der Landschaft aber deutlich viel höher als ein globales Minimum. Das macht den Leidensdruck aus. Man kann an konnektionistischen Modellen sehr gut nachvollziehen, warum sich Menschen nicht einfach ändern können, auch wenn sie unter einem Zustand leiden.

Aus konnektionistischer Sicht mag es aus pragmatischen Gründen zweckmäßig sein, einzelne psychische Störungen möglichst klar voneinander abzugrenzen. In Wirklichkeit ist aber davon auszugehen, daß es alle möglichen Übergänge zwischen verschiedenen Problemen mit aktuellen funktionalen oder historischen Verknüpfungen gibt. So kann zum Beispiel ein „Depressions-Tal" aufgrund eines ängstlichen Rückzuges sozusagen aus der Landschaft herauserodiert werden, oder „Angstlöcher" können aufgrund einer Borderline-Störung entstehen. Bei Patienten mit somatoformen Störungen finden wir im Durchschnitt vier bis fünf weitere Diagnosen, bei anderen Störungen liegen die Komorbiditätszahlen nicht ganz so hoch. Es ist aber eindeutig eher die Regel als die Ausnahme, daß bei Menschen Störungen, die wir analytisch unterscheiden, zusammen auftreten, und zwar nicht additiv, sondern in einer dynamischen Wechselwirkung.

Auch wenn das so erscheinen mag, sind psychische Störungen nicht statisch; sie zeigen sich bei näherem Hinsehen vielmehr in aller Regel als Abfolge von Zuständen, die oft einer bestimmten Ablaufdynamik zu gehorchen scheint. So gibt es depressive Paare, bei denen jeweils nur ein Teil schwer depressiv ist, während der andere sich einigermaßen aufrappeln kann bis zum neuen Zusammenbruch, wenn es dem anderen wieder besser geht. In der Therapie geht es darum, solche natürlichen Fluktuationen zu nutzen beziehungsweise selber gezielt Bewegung ins System zu bringen, um sozusagen ein Herausspringen aus einem lokalen Minimum in einen anderen Teil der Landschaft zu erreichen.

Daß sich viele psychische Störungen mit Hilfe konnektionistischer oder neuronaler Netzwerk-Modelle nachvollziehen lassen, ist wohl in bisher übersichtlichster Form in einem Buch von Stein und Ludik (1997) nachzuvollziehen. Hier stellen jeweils Experten ihre Vorstellungen zu einzelnen Störungen dar. Es kann noch nicht die Rede davon sein, daß konnektionistische oder neuronale Netzwerk-Modelle als Basis für integrative Störungs- und Therapiemodelle allgemein Einzug gehalten haben. Eine beschränkte Zahl von Publikationen beschäftigt sich mit der Anwendung konnektionistischer Modelle in der klinischen Psychologie beziehungsweise Pathopsychologie und Psychotherapie (Caspar 1998; Caspar et al. 1992; Grawe 1998; Stein und Ludik 1997; Stinson und Palmer 1991). Es wird abzuwarten sein, ob sie die in sie gesetzten Erwartungen erfüllen oder ob sich andere Modelle als noch nützlicher erweisen. So oder so sind konnektionistische Modelle aber bereits jetzt geeignet, in der Praxis direkt genutzt zu werden (Caspar 1999) und auf jeden Fall auch einen Eindruck davon zu geben, welche Anforderungen ein Modell erfüllen müßte, um als Basis für ein integratives Störungsmodell Akzeptanz zu finden.

Schluß

Sind integrative Modelle leistungsfähiger als einzelne der „alten" Modelle? Das wird wohl erst beantwortet werden können, wenn die Modelle schon etwas länger in der Praxis erprobt worden sind. Theoretisch könnte man ja einfach dokumentieren, ob Therapien, die auf der Basis solcher Modelle durchgeführt werden, bessere Erfolge haben. Daß diese Frage für reale Praxisbedingungen nicht einfach beantwortet werden kann, hängt damit zusammen, daß entgegen gesetzlichen Auflagen noch viel zuwenig Qualitätssicherung betrieben wird.

Literatur

Beck AT, Emery G. Kognitive Verhaltenstherapie bei Angst und Phobien. Tübingen: DGVT 1981.

Beck AT, Rush JA, Shaw BF, Emery G. Cognitive therapy of depression. New York: Guilford Press 1979.

Caspar F. Beziehungen und Probleme verstehen. Eine Einführung in die psychotherapeutische Plananalyse. Bern: Huber 1996a.

Caspar F (Hrsg). Psychotherapeutische Problemanalyse. Tübingen: DGVT 1996b.

Caspar F. Die Anwendung standardisierter Methoden und das individuelle Neukonstruieren therapeutischen Handeln. In: Verhaltenstherapie, Selbstregulation, Selbstmanagement. Reinecker H, Schmelzer D (Hrsg). Göttingen: Hogrefe 1996c; 23–47.

Caspar F. A connectionist view of psychotherapy. In: Neural networks and psychopathology. Stein DJ, Ludik J (eds). Cambridge (UK): Cambridge University Press 1997; 88–131.

Caspar F. „So, wie es im Lehrbuch steht, funktioniert es nicht!" Wie funktioniert es dann? Psychotherapeut 1999; 44: 183–5.

Caspar F. Therapeutisches Handeln als individueller Konstruktionsprozess. In: Lehrbuch der Verhaltenstherapie. Bd 1. 2. Aufl. Margraf J (Hrsg). Göttingen: Hogrefe 2000; 155–66.

Caspar F, Grawe K. Was spricht für, was gegen individuelle Fallkonzeptionen. In: Psychotherapeutische Problemanalyse. Caspar F (Hrsg). Tübingen: DGVT 1996; 65–86.

Caspar F, Rothenfluh Th, Segal ZV. The appeal of connectionism for clinical psychology. Clin Psychol Rev 1992; 12: 719-62.

Goldfried MR. From cognitive behavior therapy to psychotherapy integration: an evolving view. New York: Springer 1995.

Goldfried MR, Robins C. Self-schemata, cognitive bias, and the processing of therapeutic experiences. In: Advances in cognitive-behavioral research and therapy. Kendall PC (ed). New York: Academic Press 1983; 33–80.

Grawe K. Schema-Theorie und interaktionelle Psychotherapie (1986/1). Bern: Universität Bern 1986.

Grawe K. Grundriß einer Allgemeinen Psychotherapie. Psychotherapeut 1995; 40: 130–45.

Grawe K. Psychologische Therapie. Göttingen: Hogrefe 1998.

Grawe K, Donati R, Bernauer R. Psychotherapie im Wandel von der Konfession zur Profession. Göttingen: Hogrefe 1994.

Greenberg LS, Rice LN, Elliott R. Facilitating emotional change: the moment-by-moment process. New York: Guilford 1993.

Guidano VF, Liotti G. Cognitive processes and emotional disorders. New York: Guilford 1983.

Hahlweg K. Zur Förderung und Verbreitung psychologischer Verfahren. Ein APA-Bericht. Z Klin Psychol 1995; 24; 275–84.

Hautzinger M. So, wie es im Lehrbuch steht, funktioniert es nicht! Psychotherapeut 1999; 1: 44–5.

Herrmann T. Psychologie als Problem. Stuttgart: Klett-Cotta 1979.

Horowitz LM. Pschemas, psychopathology, and psychotherapy research. Psychother Res 1994; 4: 1–17.

Horowitz MJ. States of mind: Analysis of change in psychotherapy. New York, London: Plenum 1979.

Horowitz MJ. Introduction to psychodynamics: a new synthesis. New York: Basic Books 1988.

Horowitz MJ. Person schemas and maladaptive interpersonal behavior. Chicago: University of Chicago Press 1991.

Lambert MJ. The individual therapist's contribution to psychotherapy process and outcome. Clin Psychol Rev 1989; 57: 469–85.

Lazarus AA. Multimodal behavior therapy: treating the „basic id". J Nerv Ment Dis 1973; 156: 404–11.

Lewinsohn PM. A behavioral approach to depression. In: The psychology of depression: contemporary theory and research. Friedman RM, Katz MM (eds). New York: Plenum Press 1974; 157–85.

McClelland JL, Rumelhart DE. Explorations in parallel distributed processing. Cambridge: MIT Press 1988.

McClelland JL, Rumelhart DE, PDP Research Group (ed). Parallel distributed processing. Explorations in the microstructure of cognition. Cambridge (MA): MIT Press 1986.

Norcross J. Psychotherapie-Integration in den USA. Überblick über eine Metamorphose. Integr Psychother 1995; 21: 45–61.

Norcross JC, Goldfried MR (eds). Handbook of psychotherapy integration. New York: Basic Books 1992.

Orlinsky D, Ronstad MH, Gerin P, Willutzki U, Dazord A, Ambühl HR, Davis J, Davis M, Botermkans JF, Cierpka M, Aapro N, Bae S, Friis-Jorgensen E, Kalmikowa E, Northcut T, Scherb H, Scheffler G, Stuart S, Branco-Vasco A, Buchheim P, Davidson C, Joo E, Meyerberg J, Parks B, Schröder T, Steiwen D, Tarragona M, Wiseman H. Development of psychotherapists: concepts, questions, and methods of a collaborative international study. Psychother Res 1999; 9: 127–53.

Prochaska J, Norcross J, DiClemente C. Changig for good. New York: W. Morrow & Co 1994.

Safran J, Segal Z. Interpersonal process in cognitive therapy. New York: Basic Books 1990.

Sejnowsky TJ, Rosenberg CR. NETtalk: a parallel network that learns to read aloud (Report 13). Baltimore: Johns Hopkins University, Cognitive Neuropsychology Laboratory 1985.

Smolensky P. On the proper treatment of connectionism. Behav Brain Sci 1988; 11: 1–74.

Stein DJ, Ludik J (eds). Neural networks and psychopathology. Cambridge (UK): Cambridge University Press 1997.

Stiles WB, Shapiro DA, Elliott R. Are all psychotherapies equivalent? Am Psychologist 1986; 41: 165–80.

Stinson CH, Palmer SE. Parallel distributed processing models of person schemas and psychopathologies. In: Person schemas and maladaptive interpersonal patterns. Horowitz MJ (ed). Chicago: University of Chicago Press 1991; 334–78.

Teusch L, Finke J. Die Grundlagen eines Manuals für die gesprächspsychotherapeutische Behandlung bei Panik und Agoraphobie. Psychotherapeut 1995; 40: 88–95.

Wachtel PL. Psychoanalysis and behavior therapy. Toward an integration. New York: Basic Books. 1977.

Wachtel PL. Transference, schema, and assimilation. The relevance of Piaget to the psychoanalytic theory of transference. Ann Psychoanal 1980; 8: 59–76.

Willi J. Die Zweierbeziehung. Hamburg: Rowohlt 1975.

Wittmann L. Verhaltenstherapie und Psychodynamik. Weinheim: Beltz 1981.

6.2.6
Familientherapie

Manfred Cierpka

Die verschiedenen familientherapeutischen Schulen sind sich darin einig, daß die individuellen Störungen im affektiv-kognitiven Bereich nicht nur auf das Individuum zurückzuführen sind. Sie sind der Meinung, daß, im Sinne der Mehrpersonen-psychologie, die interpersonalen Beziehungen in Dyaden, Triaden und in der Gesamtfamilie an der Entstehung und Aufrechterhaltung von Störungen und Symptomen beteiligt oder sogar ursächlich dafür verantwortlich sind.

> **Definition**
>
> Gurman et al. (1986, S. 565) haben deshalb „die **Familientherapie** als eine psychotherapeutische Methode definiert, die sich explizit darauf konzentriert, die Interaktionen zwischen den Familienmitgliedern so zu verändern, daß sich die Dynamik der Familie als Ganzes, der Subsysteme und der einzelnen Individuen verbessert".

Im Unterschied zu den anderen psychotherapeutischen Verfahren, in denen **über** die Beziehungen in der Familie gesprochen wird, verlegt die Familientherapie die Behandlung **in** die reale familiäre Szene.

Familientherapeutische Verfahren

Trotz der relativ kurzen Entwicklungszeit bildeten sich verschiedene Schulrichtungen in der Familientherapie heraus, die die Diskussion zwischen den unterschiedlichen theoretischen Ansätzen widerspiegeln. Während in den Anfängen die psychoanalytisch orientierten Konzeptionen dominierten, stehen jetzt die systemtheoretischen Richtungen im Mittelpunkt des Interesses. Überhaupt trug die systemtheoretische Sichtweise zu den bedeutendsten Innovationen in der Familientherapie bei.

Abb. 6-14 zeigt die vier unterschiedlichen **Schulrichtungen**, die sich inzwischen herausdifferenziert haben:

- die verhaltenstherapeutischen Schulen
- die kommunikationstheoretischen bzw. die systemischen Schulen
- die wachstums- bzw. erlebnisorientierten Schulen
- die psychodynamisch orientierten Schulen

Das stärkere Interesse an der Familientherapie wird mit durch die wissenschaftstheoretische Vorstellung – die sogenannte

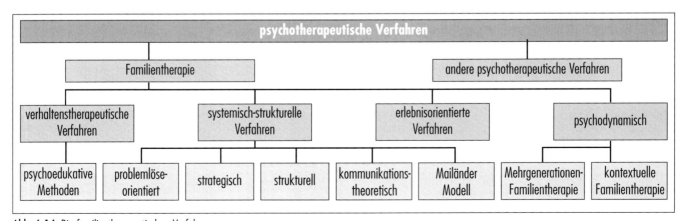

Abb. 6-14 Die familientherapeutischen Verfahren.

„systemische Sichtweise" – verursacht. Diese Theorie wenden wir an, um eben nicht nur das Ganze, die Familie, oder die Teile des Ganzen, die Individuen, sondern vor allem die Interaktion zwischen den Individuen zu erfassen.

Historische Entwicklung

Die Familientherapie besteht als Methode seit ungefähr 40 Jahren und ist inzwischen sowohl aus dem klinischen als auch wissenschaftlichen Spektrum der Psychotherapie nicht mehr wegzudenken. Horst Eberhard Richters Buch „Eltern, Kind und Neurose" (Richter 1969) hat im deutschsprachigen Raum mit dazu beigetragen, daß der Familiendynamik in der psychosozialen Medizin viel Aufmerksamkeit geschenkt wurde. Über das Individuum hinaus wurde der ‚Patient Familie' in die klinische Betrachtung einbezogen. Inzwischen erachtet man eine von der Individualdiagnostik unabhängige und ergänzende Beurteilung des Familiensystems für unerläßlich, wenn man von einem bio-psychosozialen Modell in der Krankheitslehre ausgeht, also mehrere Bedingungsfaktoren bei der Entstehung und Aufrechterhaltung seelischer Erkrankungen annimmt.

Hinweise auf die Einbeziehung der Angehörigen in die Psychotherapie finden sich schon bei Freud, aber auch bei den Sozialwissenschaften und der Pädagogik können Vorläufer der Familientheorie und -therapie identifiziert werden (vgl. Broderick und Schrader 1981). Die eigentliche Geschichte der Familientherapie beginnt Ende der 40er Jahre in den USA mit der systematischen Einbeziehung der Familienangehörigen in die Psychotherapie von schizophrenen Patienten. Inzwischen gibt es Anzeichen dafür, daß wir uns in der „dritten Generation" der Familientherapie befinden. Nach den Pionieren, die bereits für die Vielfalt der familientherapeutischen Methoden verantwortlich sind, folgte eine Generation von Schülern, die unter allen Umständen die jeweilige Schulrichtung verteidigen mußten. Die Vertreter der „dritten Generation" fühlen sich in ihrer professionellen Identität gesichert, so daß inzwischen Vergleiche mit den anderen psychotherapeutischen Schulen angestrengt werden. Folgende geschichtliche Phasen lassen sich unterscheiden (Cierpka 1991):

Die 40er und 50er Jahre: die Gründerjahre

Vor allem in der Psychiatrie kommt es zu ersten Familienbehandlungen, insbesondere bei Familien mit schizophrenen Patienten. Die erste Fassung der Doublebind-Hypothese (Bateson et al. 1956) weist auf eine Kommunikationsstörung bei der Entwicklung der schizophrenen Erkrankung hin. 1957 beschreiben Lidz et al. die ehelichen Beziehungen in schizophrenen Familien als schismatisch (gespalten) und asymmetrisch (schief). Sie charakterisieren die extremen Abhängigkeitsverhältnisse zwischen allen Familienmitgliedern. Für die Beziehungsmuster in Familien Schizophrener prägen Wynne et al. (1958) den Begriff der **„Pseudogegenseitigkeit"**, mit dem sie

das Harmonisierungsstreben und die Aggressionslosigkeit in den Abhängigkeitsverhältnissen der Familienmitglieder kennzeichnen wollten. 1959 gründet Jackson das *Mental Research Institute* in Palo Alto. Die Mitarbeiter waren damals Satir, Riskin, Haley, Weakland, Watzlawick und andere. In der Literatur findet man viele kasuistische Beiträge, verschiedene Interaktionsmuster werden beschrieben und zum ersten Mal als spezifisch für bestimmte Krankheitsbilder herausgestellt.

Die 60er Jahre: die Jahre der familientherapeutischen Konzeptbildungen

Die ersten familientherapeutischen Schulen werden gebildet. Vor allem den Familientherapeuten Satir, Ackermann, Jackson, Haley und Bowen, und Minuchin gelingt es, die Methode populär zu machen. Die Familientherapie wird als Disziplin in den Kriterienkatalog für die Ausbildungsrichtlinien der amerikanischen Psychiater aufgenommen. 1962 gründen Ackermann, Jackson und Haley die Zeitschrift *Family Process*, die auch heute noch die führende Zeitschrift in diesem Feld ist. Konzepte wie die **„psychosomatische Familie"** werden von Minuchin und seinen Mitarbeitern erarbeitet, die die Spezifität von definierten Familieninteraktionsmustern für eine bestimmte psychopathologische Störung beim Patienten postulieren.

Die 70er Jahre: die Behandlungstechniken

In diesen Jahren setzt eine Differenzierung der familientherapeutischen Techniken ein, um der Vielzahl der klinischen Probleme gerecht zu werden. In der Literatur werden Behandlungstechniken im Umgang mit Familien mit einem Kind mit Lernstörungen beschrieben, genauso Techniken bei Depressiven, bei psychosomatisch Erkrankten, bei sexuellen Störungen. 1977 wird das Buch von Selvini-Palazzoli et al. „Paradoxon und Gegenparadoxon" veröffentlicht. Die Auseinandersetzung mit paradoxen Techniken setzt ein. In den 70er Jahren faßt die Familientherapie endgültig auch Fuß in Europa.

Die 80er Jahre: die Kluft zwischen Erkenntnistheorie und Klinik

In diesem Jahrzehnt ist die Auseinandersetzung mit der **systemtheoretischen** und **kybernetischen Denkweise** kennzeichnend. Während am Anfang des Jahrzehnts die manchmal fast enthusiastisch zu kennzeichnende Haltung der Familientherapie zu kreativen neuen, vor allem klinischen Ansätzen führt, wird gegen Ende des Jahrzehnts verstärkt diskutiert, was die Systemtheorie nicht leisten kann. In der empirischen Wissenschaft werden familiendynamische Prozeßmodelle erarbeitet, die schulenunabhängig eine Integration der verschiedenen familientheoretischen Ansätze versuchen. In der Ergebnisforschung wird die Effektivität der Familientherapie in großen Übersichtsartikeln herausgestellt (z. B. Gurman et al. 1986).

Die Literatur zum Thema eines kausalen Zusammenhangs zwischen einer umschriebenen Familieninteraktionsstörung und einer individuellen Psychopathologie macht die Spezifitätshypothese unwahrscheinlich (Cierpka 1989a).

Die 90er Jahre: kritische Überprüfungen der Methode

Die Auseinandersetzung der Familientherapie mit dem **Konstruktivismus** steht zu Anfang diese Jahrzehnts im Vordergrund. Dies gilt nicht nur für die theoretische Erfassung der familiären Wirklichkeit, sondern auch für die Erarbeitung klinischer Konzepte und dabei insbesondere für die therapeutischen Interventionen. Die Therapeuten verweisen auf die Subjektivität ihrer Konstruktionen. Nach der Schwerpunktsetzung in der Analyse und Veränderung dysfunktionaler Interaktionszirkel werden wieder stärker die gestaltenden individuellen Einflüsse im Netzwerk betont. In der Ergebnisforschung zeigt sich, daß günstigere Ergebnisse in der Familientherapie zu erwarten sind, wenn eine gleichzeitige oder nachträgliche einzeltherapeutische Behandlung des erkrankten Familienmitglieds (sogenannter Index-Patient) dazukommt (Grawe et al. 1994). Größere multizentrische Studien sind jetzt gefordert, um die Möglichkeiten der Familientherapie im Spektrum der anderen psychotherapeutischen Verfahren vergleichend aufzuzeigen (Zander et al. 1995).

Aktuelle Konzeption und therapeutisches Wirkprinzip

Jede Familientherapie beginnt mit der **Definition** des **Problems**, das von der Familie oder – falls Uneinigkeit besteht – von den einzelnen Familienmitgliedern als Problem präsentiert wird (Wynne 1988). Eine der grundlegendsten Schwierigkeiten in der Familientherapie besteht darin, daß im Erleben der Familie meistens nur ein Familienmitglied krank ist oder durch sein Verhalten auffällt und stört. Die Therapeuten versuchen die Konstruktionen der Familie zu analysieren und so zu interpretieren, daß das Problem des Index-Patienten auf dem Hintergrund der Struktur und der Psychodynamik der Familie als gemeinsames Problem der Familie „umgedeutet" wird. Das Problem des Index-Patienten wird zum Problem der Familie. Wesentlich für die weitere Weichenstellung ist, ob die Familie diese Umformulierung im Ansatz versteht und für sich nutzbar machen kann. Das technische Mittel der **Umdeutung** (*Reframing*) spielt im therapeutischen Prozeß eine herausragende Rolle. Da wir die Umdeutung von der individuumzentrierten zur **familiendynamischen Problemstellung** als eine der therapeutisch wirksamsten Agenzien ansehen, achten wir von Anfang an darauf, daß der Index-Patient in dieser Position nicht mehr gestützt wird. Nur so können die gemeinsamen Ressourcen der Familie zur Problemlösung genutzt werden.

In der Familientherapie sprechen wir vom **therapeutischen System**. Die Therapeuten bilden mit der Familie ein System, das seine eigenen typischen Interaktionen aufweist, die für die Interpretationen nutzbar gemacht werden können.

Die Problemdefinition und die Vorschläge zur Problemlösung erfolgen in der Phase der Familiendiagnostik, die jeder Beratung oder Therapie vorgeschaltet ist:

Definition

„Die **Familiendiagnostik** untersucht und beschreibt Interaktionen und ihre Veränderungen zwischen den Familienmitgliedern, den Subsystemen, und analysiert die Dynamik der Familie als systemisches Ganzes. Sie untersucht die unbewußten Phantasien, Wünsche und Ängste der Familie auf dem Hintergrund der Familiengeschichte und der Lebensentwürfe für die Zukunft, um zu einem Verständnis für die bedeutsamen Interaktionssequenzen und deren Funktionalität zu kommen" (Cierpka 1996a, S. 5).

Diese Definition beinhaltet verschiedene Aussagen, die in unseren Überlegungen zur Familiendiagnostik und für die Therapieplanung eine wichtige Rolle spielen.

▶ Familienstruktur

Gegenstand von Diagnostik und Behandlung ist die Interaktion der Familienmitglieder und deren Veränderungen nach Intervention. Im klinischen Erstgespräch diagnostizieren wir ein charakteristisches Netzwerk von Beziehungen, das wir im sogenannten Strukturbild der Familie querschnittartig festhalten können. Die Familienstruktur ergibt sich aus den individuellen, persönlichen Bedürfnissen einerseits und den Anforderungen der Familie andererseits. Die Normen und die Regeln, die Hierarchien und die Machtverhältnisse verstehen wir als die strukturellen Gegebenheiten, die die Problemlösungen, die Bedürfnisbefriedigungen und die Sicherheitsanforderungen in der Familie regeln. Sie bestimmen die innere Organisation des Systems. Strukturbildend sind die immer wiederkehrenden Muster von Interaktionen, die durch bestimmte Regeln festgelegt werden. Falls strukturelle Dysfunktionalitäten, zum Beispiel Überschreitungen der Generationsgrenzen oder Unklarheiten in den familiären Hierarchien, diagnostiziert werden, werden von den Therapeuten entsprechende strukturelle Interventionen eingebracht.

▶ Familientradition

Familien sind jedoch nicht nur querschnittartig durch ihre aktuellen Beziehungen zu erfassen. Familien haben eine Vergangenheit, über mehrere Generationen hinweg. Wir sprechen von der Tradition der Familie und deren kulturellem Kontext. Die Untersuchung des Hintergrunds der Familiengeschichte findet im Längsschnitt statt. Familientherapeutisch geht es um die Mehrgenerationenperspektive, wie sie von Boszormenyi-Nagy und Spark (1973), Bowen (1978) und Sperling et al. (1982) entwickelt wurde.

▶ Lebensgeschichtlicher Kontext und Entwicklungsgeschichte

Die Familientherapeuten fragen nach dem Sinn, der das Verhalten der Familienmitglieder und das Entstehen eventueller

Krisen in der Familie verständlich macht. Die Diagnostik der unbewußten Phantasien, der Wünsche, aber auch der Ängste ist notwendig, um diese dynamischen Prozesse zu erklären. Auch hier treffen sich Längs- und Querschnitt: Die aktuelle Beziehungsdiagnostik wird durch den lebensgeschichtlichen Kontext und die Entwicklungsgeschichte der Familie ergänzt.

Wenn wir den psychodynamischen Ansatz zur Veränderung von interpersonellen Konflikten in der Familientherapie wählen, dann arbeiten wir mit den bewährten Mitteln von Übertragung, Gegenübertragung und Widerstand. Die am Ende des Erstgesprächs von den Therapeuten mitgeteilte Interpretation erlaubt es, ihre Wirkung auf die Familie zu studieren. Gerade bei Familien mit einem neurotischen Problem bei einem Familienmitglied ist eine solche **Probedeutung** unerläßlich, um die eigenen psychodynamischen Hypothesen, das spontane Verständnis und die Introspektionsfähigkeit der Familie zu überprüfen.

▶ Wachstumsprozesse

Wir verstehen die Familie als ein solches System, das kontinuierlich versucht, im Gleichgewicht zu bleiben. Um diesen Zustand möglichst stabil halten zu können, muß sich die Familie an Veränderungen anpassen können. Die Notwendigkeiten zur individuellen Veränderung der einzelnen Familienmitglieder und zur Veränderung des Familiensystems ergeben sich durch individuelle Wachstums- oder Reifungsprozesse. Den theoretischen Hintergrund für das Verständnis dieser Wachstumsprozesse liefert das **Konzept des Lebenszyklus**. Die verschiedenen Phasen im Lebenszyklus (Paare ohne Kinder, Familiengründung, Familien mit Kleinkind oder Kleinkindern, Familien mit Schulkindern, Familien mit sich ablösenden Kindern, Paare nach dem Auszug der Kinder, ältere Paare) machen es erforderlich, daß sich das familiäre System ständig entwickeln muß. Diese Entwicklungen vollziehen sich auf der individuellen, der interpersonalen (Dyaden, Triaden) Ebene, und der Ebene der Gesamtfamilie. Der Therapeut muß die Probleme im Zusammenhang mit den aktuellen lebenszyklischen Phasen verstehen. Erst dann kann er die Aufgaben und Anforderungen abschätzen, die für die einzelnen und für die Familie aktuell sind oder demnächst anstehen. Er wird die Ressourcen der Familie dazu in Relation setzen, um sich ein Bild zu machen, wie die Familie ihr Problem bewältigen wird.

Modalitäten des Settings

Sowohl für die Familiendiagnostik als auch für die Familientherapie hilft die Differenzierung der familiären Organisation in drei Ebenen:
- die Ebene der Individuen
- die Ebene der Dyaden
- die Ebene des Familiensystems

Erst die Berücksichtigung dieser Ebenen macht Aussagen über die unterschiedliche Gewichtung der individuellen, dyadi-

schen und familiären Faktoren möglich (Cierpka 1989b). Nicht nur in der Diagnostik muß man diese verschiedenen Ebenen vor Augen haben, auch in der Therapieplanung und in der Setting-Gestaltung spielt die Fokussierung der Ebenen eine entscheidende Rolle (Cierpka 1996b).

Die heutige Praxis der Familientherapie ist nicht mehr dadurch charakterisiert, daß die Anwesenheit aller Familienmitglieder – oder gar aller Personen, die zusammen in einem Haus oder in einer Wohnung wohnen – notwendig ist. Inzwischen arbeiten wir mit dem sogenannten **Problemsystem**. Meistens sieht man in der Phase der Erstgespräche die ganze Familie, danach jenes System, das durch dysfunktionale Beziehungen gekennzeichnet ist, die in Verbindung mit dem präsentierten Problem der Familie gebracht werden können. Man folgt also dem Grundsatz, das kleinste System zur Therapie einzuladen, um die Komplexität möglichst gering zu halten. Dazwischen kann es immer wieder notwendig werden, die im Subsystem erarbeiteten Veränderungen in die Gesamtfamilie einzubringen.

Die meisten Familientherapien gehen entweder in einer bestimmten Phase der Behandlung oder zum Schluß der Therapie in eine **Paartherapie** über. Dies ist bei Problemen der Kinder konsequent, wenn man bedenkt, daß die Beziehungsstörungen der Eltern ganz wesentlich zu Entwicklungs- und Anpassungsstörungen bei den Kindern führen.

Indikation und Differentialindikation

Konsequenterweise verspricht man sich gegenüber der Einzeltherapie in der Familientherapie dann bessere Ergebnisse, wenn die familiäre Problematik im interpersonalen Beziehungsfeld überwiegt. Obwohl davon auszugehen ist, daß die Indikation für eine Familientherapie in der heutigen Generation der Psychotherapeuten wesentlich häufiger gestellt wird als früher, hinkt die Forschung über die Entscheidungsprozesse, welches Problem des Patienten oder welche interpersonale Konfliktkonstellation zur Indikationsstellung einer Familientherapie führt, hinter der klinischen Realität her.

Im Sinne der adaptiven Indikationsstellung sind bestimmte familientherapeutische Verfahren erfolgreicher als andere (Heekerens 1990), hierzu einige Beispiele:
- operante Familientherapie bei Verhaltensstörungen
- funktionale Familientherapie bei der Behandlung von Familien mit leicht delinquenten Jugendlichen
- strukturelle Familientherapie bei der Behandlung psychosomatischer Krankheiten von Kindern und Jugendlichen
- psychoanalytische Familientherapie bei (generationsübergreifenden) Beziehungsproblemen

Zusammenfassung

Eine Familientherapie ist vor allem dann indiziert, wenn das präsentierte Problem als interpersonales Problem definiert werden kann und die Familienmitglieder motiviert werden können, dieses Problem auch als gemeinsames zu sehen (Cierpka 1996b). Als gesichert gilt, daß Familientherapie ebenso erfolgreich ist wie andere Behandlungsformen, bei Beziehungsproblemen jedoch erfolgreicher. Bei neurotischen, psychosomatischen, psychotischen Krankheitsbildern ist der Anteil der Beziehungsprobleme maßgebend für den Erfolg der Familientherapie.

Literatur

Bateson G, Haley J, Weakland J. Toward a theory of schizophrenia. Behav Sci 1956; 1: 251–64.

Boszormenyi-Nagy I, Spark GM. Unsichtbare Bindungen. Stuttgart: Klett-Cotta 1973.

Bowen M. Family therapy in clinical practice. New York: Jason Aronson 1978.

Broderick CB, Schrader SS. The history of professional marriage and family therapy. In: Handbook of family therapy. Gurman AS, Kniskern DP (eds). New York: Brunner/Mazel 1981; 5–35.

Cierpka M. Das Problem der Spezifität in der Familientheorie. System Familie 1989a; 2: 197–216.

Cierpka M. Zur Diagnostik von Familien mit einem schizophrenen Jugendlichen. Heidelberg, Berlin: Springer 1989b.

Cierpka M. Entwicklungen in der Familientherapie. Prax Psychother Psychosom 1991; 36: 32–44.

Cierpka M (Hrsg). Handbuch der Familiendiagnostik. Heidelberg: Springer 1996a.

Cierpka M. Ziele und Indikationsüberlegungen der Therapeuten. In: Handbuch der Familiendiagnostik. Cierpka M (Hrsg). Heidelberg: Springer 1996b; 59–86.

Grawe K, Donati R, Bernauer F. Psychotherapie im Wandel. Von der Konfession zur Profession. Göttingen: Hogrefe 1994.

Gurman AS, Kniskern DP, Pinsof WM. Research on the process and outcome of marital and family therapy. In: Handbook of psychotherapy and behavior change. 3. edn. Garfield S, Bergin A (eds). New York: Wiley 1986; 565–624.

Heekerens H-P. Familientherapie bei Problemen von Kindern und Jugendlichen: eine Sekundärevaluation der Effektivitätsstudien. System Familie 1990; 3: 1–10.

Joraschky P, Cierpka M. Diagnostik der Grenzenstörungen. In: Familiendiagnostik. Cierpka M (Hrsg). Heidelberg, Berlin: Springer 1987; 112–30.

Lidz T, Cornelison A, Fleck S, Terry D. Marital schism and marital skew. Am J Psychiatry 1957; 114: 241–8. Deutsch: Zur Familienwelt des Schizophrenen. Psyche 1959; 13: 288–302.

Minuchin S. Familie und Familientherapie. Freiburg: Lambertus 1977.

Richter HE. Eltern, Kind und Neurose. Reinbek: Rowohlt 1969.

Selvini-Palazzoli M, Boscolo L, Cecchin G, Prata G. Paradoxon und Gegenparadoxon. Stuttgart: Klett-Cotta 1977.

Sperling E, Massing A, Reich G, Georgi H, Wöbbe-Mönks E. Die Mehrgenerationenfamilientherapie. Göttingen: Vandenhoeck & Ruprecht 1982.

Wynne L. Zum Stand der Forschung in der Familientherapie: Probleme und Trends. System Familie 1988; 1: 4–22.

Wynne LC, Ryckoff IM, Day J, Hirsch JS. Pseudomutuality in the family relations of schizophrenics. Psychiatry 1958; 2: 205–20. Deutsch: Pseudogemeinschaft in den Familienbeziehungen von Schizophrenen. In: Schizophrenie und Familie. Bateson G (Hrsg). Frankfurt: Suhrkamp 1969; 44–80.

Zander B, Strack M, Wallmoden C v., Anton S, Cierpka M, Balck F, Conen M-L, Hiß I, Michelmann A, Scheib P, Seide L, Wirsching M. Kurzbericht über die Pilotphase der „Multizentrischen Studie zur Versorgungsrelevanz und Effektivität der Familientherapie". Kontext 1995; 1: 60–6.

Literaturempfehlung

Alexander JF, Holtzworth-Munroe A, Jameson P. The process and outcome of marital and family therapy: research review and evaluation. In: Handbook of psychotherapy and behavior change. 4 edn. Bergin AE, Garfield SL (eds). New York: Wiley 1994; 595–630.

Cierpka M (Hrsg). Handbuch der Familiendiagnostik. Heidelberg, Berlin: Springer 1996.

Gurman AS, Kniskern DP (Hrsg). Handbook of family therapy. New York: Brunner/Mazel 1991.

Massing A, Reich G, Sperling E. Die Mehrgenerationenfamilientherapie. Göttingen: Vandenhoeck & Ruprecht 1994.

6.2.7
Paartherapie

Reinhard Kreische

Definition

Unter **Paartherapie** wird hier die psychotherapeutische Behandlung psychischer Erkrankungen im paartherapeutischen Setting verstanden. Sie unterscheidet sich insofern von der Ehe- und Partnerberatung, die primär der Verbesserung von Paarbeziehungen dient.

Historische Entwicklung

Die Ursprünge der professionellen Ehe- und Familientherapie reichen in den westlichen Ländern bis ins 19. Jahrhundert zurück, als vor allem Sozialarbeiter und Psychiater in karitativen Einrichtungen mit Familien arbeiteten (Broderick und Schrader 1981). Paartherapie ist eine Sonderform der Familientherapie. Die beiden hauptsächlichen theoretischen Hintergrundkonzepte sind die System- und Kommunikationstheorie sowie die Psychoanalyse.

Die historische Entwicklung führte zu einer Differenzierung zwischen verhaltenstherapeutischen, systemisch-strukturellen, wachstums- und erlebnisorientierten sowie psychodynamischen Schulrichtungen. In den 80er Jahren gab es erste Ansätze zur schulenübergreifenden Integration verschiedener Sichtweisen, zum Beispiel Fürstenau (1984), Ciompi (1981), Strotzka (1984), Buchholz (1982), Simon (1984) und Bauriedl (1985).

Für die psychoanalytische Beschäftigung mit Paarbeziehungen stellen die Arbeiten von Dicks (1967), der die eheliche Beziehung unter Einbeziehung objektbeziehungstheoretischer Gesichtspunkte untersuchte, eine wichtige Grundlagenarbeit dar. In der psychoanalytischen **Objektbeziehungstheorie** wird der Einfluß realer Beziehungen zu wichtigen Beziehungspersonen („Beziehungsobjekten") auf die innere Welt (die intrapsychisch repräsentierten, im Gedächtnis abgespeicherten Erinnerungsspuren von diesen Beziehungen) und umgekehrt deren Einflüsse auf spätere Wahrnehmungs-, Affekt- und Verhaltensdispositionen im Umgang mit anderen Menschen erforscht. Von Dicks stammt der Begriff der „**Kollusion**" (lat. colludere = zusammenspielen), womit er eine Form ehelicher Beziehungen beschrieb, bei der die Neurosen der Partner zueinander passen wie Schlüssel und Schloß. Im deutschsprachigen Raum wurde das Kollusionskonzept in Zürich von Willi (1975; 1978) aufgegriffen und unter stärkerer Berücksichtigung triebdynamischer Gesichtspunkte erweitert.

Aktuelle Konzepte

Psychogene Erkrankungen gehen mit Erlebens- und Verhaltensstörungen einher, die oft zu Beziehungsstörungen führen, die durch immer wiederkehrende dysfunktionale Verhaltensweisen und Interaktionen gekennzeichnet sind. Diese **Beziehungsstörungen** wirken sich in den Gegenwarts- und Herkunftsfamilien der Patienten, in denen meist die engsten und intensivsten sozialen Kontakte gelebt werden, besonders stark aus. Belastungen dieser Beziehungen wirken wiederum auf die neurotischen Erkrankungen zurück und können diese verstärken oder stabilisieren. Wahrscheinlich ist dies auch der Grund dafür, daß Paare mit neurotischen Partnerproblemen meist unter mittelgradigen bis starken psychischen oder psychosomatischen Symptomen leiden (Kreische 1992). Senf (1987) stellte fest, daß Partnerkonflikte die Prognose von Patienten mit psychischen Erkrankungen verschlechtern. Außerdem können chronische Spannungen in Familien, die neben anderen Ursachen durch neurotische Partnerkonflikte hervorgerufen werden können, zu Neuerkrankungen weiterer Mitglieder des familiären Systems, vor allem auch von bisher nicht erkrankten Kindern, führen.

Neurotische Persönlichkeitsstörungen (sogenannte **Charakterneurosen**) führen nicht direkt zu psychischen oder psychosomatischen Symptomen. Der Weg ist vielmehr ein indirekter. Die charakterneurotischen Veränderungen führen zu Beziehungsstörungen, und die Belastung durch die Beziehungsstörungen führt zu Symptomen (Kreische 1992).

Die **Schwellensituationen** des Lebens (z. B. Schwangerschaft, Geburt, berufliche Veränderungen, Umzüge, Krankheiten und Todesfälle in der familiären Umgebung) können bei allen Menschen zu **Identitätskrisen** und Irritationen in Partnerbeziehungen führen (Kreische 1994). Wenn die bisherige Persönlichkeitsentwicklung keine ausgeprägteren Störungen aufweist, kommt es in solchen Phasen zu Regressionen im Dienste des Ichs, durch die adaptive Umstrukturierungsprozesse und die Progression in ein neues Entwicklungsstadium sowohl bei den beteiligten Individuen als auch im familiären System ermöglicht werden.

Unter ungünstigen Umständen, entweder wenn es Störungen in der bisherigen Entwicklung gab oder wenn aufgrund von übermäßig starken äußeren oder inneren Irritationen ein neuer Entwicklungsschritt nicht bewältigt werden kann, kommt es zu **pathologischen Regressionen**. Adaptive Umstrukturierungen sind in diesen Fällen erschwert oder unmöglich. Statt dessen entwickeln sich bei den beteiligten Partnern **stereotype**, **dysfunktionale Erlebens**- und **Interaktionsmuster**, die unbehandelt oft chronifizieren. Mit solchen Störungen von Krankheitswert beschäftigen wir uns in der Paartherapie. Derartige stereotype Erlebens- und Verhaltensmuster werden vom Individuum durch den Einsatz von individuellen Abwehrmechanismen aufrechterhalten. In zwischenmenschlichen Beziehungen kommt es darüber hinaus zu den Abwehrformen **psychosozialer Kompromißbildungen**: Mehrere Personen führen in einem Zusammenspiel eine Form des Umgangs miteinander herbei, die der Abwehr unlustvoller Zustände der einzelnen Mitglieder des familiären oder gruppalen Systems dient und die gleichzeitig den Zusammenhalt des Systems gewährleistet. Kollusionen in Paarbeziehungen sind besonders stabile psychosoziale Kompromißbildungen. Die Interaktionspartner haben sie oft in einem jahrelangen Prozeß miteinander „eingeübt", so daß sie durch minimale Signale ausgelöst werden können.

Bei den von Willi (1975) beschriebenen narzißtischen, depressiven, zwanghaften und hysterischen Kollusionen befinden sich beide Partner auf einem ähnlichen Triebfixierungsniveau **(direkte Kollusionen)**. In **gekreuzten Kollusionen** (König und Kreische 1991) ist das Triebfixierungsniveau verschieden: zum Beispiel bei der Kollusion zwischen einem depressiven Mann mit einer hysterischen Latenz und einer hysterischen Frau mit einer depressiven Latenz. Gekreuzte Kollusionen finden sich häufig. Hier kann ein in der eigenen Persönlichkeit nicht ausreichend integrierter Persönlichkeitsanteil jeweils im Partner bekämpft und gleichzeitig partizipierend genossen werden.

Wenn **systemische Therapeuten** bei einem Paar oder in einer Familie mit verschiedenen therapeutischen Verfahren daran gehen, die systemimmanenten Regeln zu verändern, um das Symptom, das durch diese Regeln aufrechterhalten wird, zum Verschwinden zu bringen, dann arbeiten sie an solchen psychosozialen Kompromißbildungen. Das Konzept der psychosozialen Kompromißbildungen geht jedoch über die systemische Sicht hinaus, weil es intrapsychische Vorgänge und die Bedeutung von verinnerlichten Objektrepräsentanzen ausdrücklich in die Wahrnehmung und Beschreibung der untersuchten interpersonellen Phänomene mit einbezieht. Implizit ist derartiges auch in zahlreichen systemischen Interventionen enthalten. Es wird aber nicht explizit diskutiert, wodurch sich der Blick systemischer Therapeuten auf die manifesten Interaktionsphänomene ausrichtet. Die Sichtweise systemischer Therapeuten wird damit der phänomenologisch-deskriptiven psychiatrischen Sichtweise ähnlich.

Das psychoanalytische Konzept der psychosozialen Kompromißbildung steht nicht im Widerspruch zur Systemtheorie, sondern es erweitert sie um die intrapsychische Dimension.

Modalitäten des Settings

Bei der Indikationsstellung für das bestgeeignete paartherapeutische Verfahren im jeweiligen Behandlungsfall sind neben der neurosenpsychologischen Diagnostik vielfältige weitere, vor allem **interaktionsdiagnostische Faktoren** zu berücksichtigen. Hierzu gehören nach Fürstenau (1994) folgende Aufgaben:

- die gegenwärtige Lebenssituation der Patienten im kulturellen, beziehungs- und lebensgeschichtlichen Kontext zu erfassen, der auch Beobachtungen aus der unmittelbaren Behandlungsbeziehung (Übertragung und Gegenübertragung) umfaßt
- die gesunden Ressourcen des Patientensystems aufzuspüren, zu mobilisieren und zu verstärken
- die behindernden Faktoren aus der Vorgeschichte der Patienten in einer auf Entwicklungsförderung hin fokussierten Weise in die Behandlung einzubeziehen
- sich je nach den Erwartungen der Patienten und den klinischen Notwendigkeiten auf unterschiedliche Anforderungen von der Krisenintervention über die Beratung und Kurztherapie zur länger begleitenden Therapie einzustellen
- aus einem breiten Repertoire angemessene Settings und Methoden in Kooperation mit den Patienten auszuwählen
- gegebenenfalls mit anderen Therapeuten (z. B. Organmedizinern, Körpertherapeuten, gestaltenden Therapeuten) und Therapeuten anderer Schulrichtungen fallbezogen zu kooperieren

In der psychoanalytisch orientierten Paartherapie, aber auch in Paartherapien anderer Schulrichtungen, wird die Behandlung bei direkten Kollusionen am häufigsten in der Form der **gleichzeitigen Behandlung** des Paares durch einen Therapeuten oder eine Therapeutin durchgeführt, manchmal auch durch ein Therapeutenpaar, letzteres hauptsächlich in Kliniken und anderen therapeutischen Institutionen. Die erfolgreiche Behandlung der oft chronifizierten Kollusionen setzt viel therapeutische Erfahrung in diesem Setting unter kompetenter Supervision voraus – manchmal werden auch paartherapeutische Gruppenbehandlungen durchgeführt, bei denen ein Therapeut oder ein Therapeutenpaar mit vier bis fünf Paaren in einer Therapiegruppe zusammenarbeitet.

Bewährt hat sich in den letzten Jahren, vor allem bei gekreuzten Kollusionen, eine **sukzessive Therapie** beider Partner in zwei therapeutischen Systemen: zunächst im paartherapeutischen Setting, anschließend in zwei parallelen psychoanalytisch orientierten Gruppen (Kreische 1990).

Indikationen und Kontraindikationen

Paartherapie ist in den Fällen **indiziert**, in denen ausgeprägte psychosoziale Abwehrmechanismen in Form der oben beschriebenen Kollusionen die Einzeltherapie eines Partners behindern. Zur Abklärung ist ein diagnostisches Paargespräch im Rahmen der Anamnese notwendig, manchmal auch bei Patienten, die eine einzelpsychotherapeutische Behandlung wünschen. Paartherapie ist aber auch in manchen Fällen indiziert,

in denen der Index-Patient[1] ein Kind ist, nämlich dann, wenn ein elterlicher Konflikt maßgeblich an der Erkrankung des Kindes beteiligt ist. Es gibt klinische Beispiele dafür, daß die ausschließliche Behandlung des Elternpaares, das „symptomfrei" war, zur Gesundung des Symptomträgers Kind geführt hat.

Entsprechend groß ist die **prophylaktische Bedeutung** der Paartherapie (und der Familientherapie), weil sie in vielen Fällen verhindern kann, daß die Gesundung eines Familienmitglieds im Rahmen einer Einzeltherapie zur Neuerkrankung anderer Familienmitglieder führt.

Nicht indiziert, weil weniger wirksam, ist Paartherapie bei internalisierten pathologischen Lösungen. Hier kann eine Verringerung des sekundären Krankheitsgewinns durch Paartherapie zwar zu einer vorübergehenden Symptombesserung führen. Diese ist aber meist nicht ausreichend stabil.

Kontraindiziert ist Paartherapie (und Familientherapie), wenn befürchtet werden muß, daß einzelne Mitglieder der Familie durch den therapeutischen Veränderungsprozeß geschädigt werden, zum Beispiel wenn das soziale Umfeld des Index-Patienten nicht ausreichend verändert werden kann, so daß die Familienstruktur unter Berücksichtigung des sozialen Kontextes bereits den vergleichsweise günstigsten Kompromiß darstellt. Hier ist es besser, den Symptomträger zu stabilisieren und ihm dabei behilflich zu sein, daß er in einer belastenden Umgebung besser leben kann, als noch mehr Familienmitglieder zur Dekompensation zu bringen.

Zusammenfassung

Paartherapie dient der psychotherapeutischen Behandlung psychischer Erkrankungen, bei denen sich die Persönlichkeitsveränderung in gestörten Paarbeziehungen auswirkt, was oft in kreisförmigen Prozessen zu einer Stabilisierung oder Verstärkung der psychischen Erkrankung des Individuums und zur Neuerkrankung weiterer Mitglieder des familiären Systems führt. Um den „veränderungsoptimalen Systembezug" (Fürstenau 1985) bei der Indikationsstellung und Therapie zu ermöglichen, benötigen Psychotherapeuten gründliche Kenntnisse und Erfahrungen in verschiedenen therapeutischen Settings, zu denen die Paartherapie notwendig dazugehört.

Literatur

Bauriedl T. Das systemische Verständnis der Familiendynamik in der Psychoanalyse. In: Die Familie in der Psychotherapie. Ermann M, Seifert Th (Hrsg). Berlin, Heidelberg, New York, Tokio: Springer 1985; 9–20.
Broderick CB, Schrader SS. The history of professional marriage and family therapy. In: Handbook of family therapy. Gurman AS, Kniskern DP (eds). New York: Brunner/Mazel 1981; 5–35.

---

1 Unter „Index-Patient" versteht man in der Familientherapie jenes Mitglied der Familie, das zum Patienten erklärt wird und diese Rolle übernimmt. Damit werden die übrigen Familienmitglieder entlastet, weil sie ihren Anteil an der Familienpathologie nicht erkennen müssen.

Buchholz M. Psychoanalytische Methode und Familientherapie. Frankfurt: Verlag der psychologischen Fachbuchhandlung 1982.

Ciompi L. Psychoanalyse und Systemtheorie – ein Widerspruch? Ein Ansatz zu einer „Psychoanalytischen Systemtheorie". Psyche 1981; 35: 66–86.

Dicks HV. Marital tensions. London: Routledge & Kegan Paul 1967.

Fürstenau P. Der Psychoanalytiker als systemisch arbeitender Therapeut. Familiendynamik 1984; 9: 166–76.

Fürstenau P. Konsequenzen der systemtheoretischen Orientierung für die psychoanalytische Gruppentherapie. In: Methoden und Theorien der Gruppenpsychotherapie. Kutter P (Hrsg). Stuttgart-Bad Cannstatt: Frommann-Holzboog 1985; 237–44.

Fürstenau P. Chancen der Professionalisierung durch den „Facharzt für psychotherapeutische Medizin". In: Weiterbildungsführer Psychotherapeutische Medizin. Gröninger S, Fürstenau P (Hrsg). München: Pfeiffer 1994; 39–53.

König K, Kreische R. Psychotherapeuten und Paare. Was Psychotherapeuten über Paarbeziehungen wissen sollten. 2. Aufl. Göttingen: Vandenhoeck & Ruprecht 1994.

Kreische R. Paartherapie in zwei Systemen. Zur Kombination von Paartherapie und paralleler Gruppentherapie für beide Partner. Gruppenpsychother Gruppendyn 1990; 26: 245–57.

Kreische R. Gestörte Paarbeziehungen bei neurotischen Erkrankungen und ihre psychotherapeutische Behandlung mit Paar- und Gruppentherapie. Ein Vergleich zwischen Frauen und Männern. Habilitationsschrift. Göttingen 1992.

Kreische R. Paare in Krisen. Reinbek: Rowohlt 1994.

Senf W. Behandlungsergebnisse bei stationärer Psychotherapie. Eine empirische Nachuntersuchung von 116 Patienten zur differentiellen Wirksamkeit stationär-ambulanter Psychotherapie. Habilitationsschrift. Heidelberg 1987.

Simon FB. Der Prozeß der Individuation. Über den Zusammenhang von Vernunft und Gefühlen. Göttingen: Vandenhoek & Ruprecht 1984.

Strotzka H. Tiefenpsychologie und Psychotherapie. Wien: Springer 1984.

Willi J. Die Zweierbeziehung. Reinbek: Rowohlt 1975.

Willi J. Die Therapie der Zweierbeziehung. Reinbek: Rowohlt 1978.

Literaturempfehlung

Bauriedl T. Beziehungsanalyse. Frankfurt: Suhrkamp 1980.

Boszormenyi-Nagy I, Spark GM. Unsichtbare Bindungen. Die Dynamik familiärer Systeme. Stuttgart: Klett 1981.

Buchholz M. Die unbewußte Familie. Berlin, Heidelberg, New York: Springer 1990.

Reich G. Partnerwahl und Ehekrisen. 3. Aufl. Heidelberg: Asanger 1991.

6.2.8
Gesprächspsychotherapie
Jobst Finke und Ludwig Teusch

Historische Entwicklung

Die Gesprächspsychotherapie, auch klientenzentrierte Psychotherapie genannt, wurde vor über einem halben Jahrhundert von Carl R. Rogers gegründet. Sie gehört heute neben der Psychoanalyse und der Verhaltenstherapie zu den drei wissenschaftlich ausgewiesenen (Meyer et al. 1991) und meist verbreiteten Psychotherapieverfahren (Studt 1989). Allerdings beziehen sich die meisten Untersuchungen zur Effizienz noch auf ein eher frühes Stadium in der Entwicklung der Gesprächspsychotherapie; neuere Entwicklungen in der gesprächspsychotherapeutischen Methodik wurden meistens noch nicht erfaßt. Auch bei vielen Außenstehenden ist das Bild von der Gesprächspsychotherapie oft durch die frühen Entwicklungsstadien dieses Verfahrens geprägt. So scheint es wichtig, diese Entwicklung bis in die jüngste Zeit stichwortartig nachzuzeichnen.

Wesentliches Merkmal der Gesprächspsychotherapie war zunächst in therapietheoretischer und therapiepraktischer Hinsicht die **Nichtdirektivität**. Dieser Terminus sollte die zum Programm erhobene Absicht anzeigen, dem Patienten in der Therapie einen größtmöglichen Freiraum zur Selbstentfaltung zu geben. Diese Nichtdirektivität bedeutet nicht nur die Enthaltung von Ratschlägen, suggestiver Beeinflussung und wertenden oder belehrenden Hinweisen, sondern auch die Abstinenz von theoretisch-erklärenden Vorgaben, die den Patienten auf bestimmte Eigenschaften, Motive und Ziele festlegen und insofern fremdbestimmen könnten. Hier kommt einerseits eine gewissermaßen antiedukative und individualistische und andererseits eine phänomenologische Position zum Ausdruck, die dem Therapeuten auferlegt, den Patienten „aus sich selbst heraus" oder, wie Rogers sagt, aus seinem Bezugssystem zu verstehen. Die Aufgabe des Therapeuten hat demnach in einem anschauenden Mitvollzug, in einem Vergegenwärtigen des wirklichen Erlebens des Patienten zu bestehen, bei dem alle theoretischen Vormeinungen, alle psychologischen Konstruktionen zunächst einmal „einzuklammern" sind.

Diese sehr im Sinne einer empirischen Phänomenologie geprägte Position wird dann (etwa ab 1950) insofern erweitert, als der Therapeut nun stärker gehalten ist, auch das Ungesagte, auch die nur erahnbaren Gefühle und Stimmungen des Patienten zu „erhören" und aufzugreifen. Die Aufgabe des Therapeuten besteht nun also nicht mehr nur in einem Widerspiegeln des phänomenal unmittelbar Gegebenen, sondern auch in einem „Erspüren" und Erfassen von gefühlshaften Bedeutungen und Sinnsetzungen. Da aber für dieses Sinnerfassen weiterhin der Patient beziehungsweise der Klient den Maßstab abgeben soll, spricht Rogers jetzt von **klientenzentrierter Psychotherapie**.

Etwa ab Ende der 50er Jahre bestimmt Rogers das therapeutische Gespräch zunehmend als dialogisches Geschehen, als eine Begegnung „von Person zu Person", in der der Therapeut nicht mehr nur das „Alter ego" des Patienten ist (Rogers 1951), sondern auch der authentisch Antwortende, der dem Patienten auch sein eigenes Bezugssystem zur Verfügung stellt (Rogers 1961). Diese Entwicklung in der Gesprächspsychotherapie wird als die **personenzentrierte Phase** bezeichnet. Dem rein spiegelnden Vorgehen im Sinne einer identifikatorischen Teilhabe wird nun ein dialogisches beziehungsweise interaktionelles Moment hinzugefügt. Die therapeutische Kunstfertigkeit besteht jetzt darin, sich zwischen diesen beiden Positionen angemessen, das heißt entsprechend dem Stadium des Therapieprozesses und der Art der Störung des Patienten hin und her bewegen zu können. Die therapietheoretischen und vor allem therapiepraktischen Konsequenzen dieser Position wurden dann von Rogers Mitarbeitern, insbesondere von Carkhuff (1969) herausgearbeitet. Rogers selbst hatte es abgelehnt, Behandlungsanweisungen, also eine Therapietechnik detailliert zu beschreiben. Er befürchtete, daß der routinierte Vollzug technischer Anweisungen den Sinn der therapeutischen Grundhaltungen verkehren könne.

Die von Carkhuff (1969) beschriebene prozeßspezifische Behandlungstechnik wurde von den Schülern und Nachfolgern Rogers erweitert um die Konzeptionalisierung eines störungsbezogenen Vorgehens, so daß wir, gewissermaßen in einem vierten Entwicklungsschritt des Verfahrens, seit Beginn der 90er Jahre von einer **prozeß-** und **störungsbezogenen Phase** sprechen können. Diese Entwicklung ist gerade auch durch neuere Publikationen aus dem europäischen Raum, vor allem den Niederlanden und der Bundesrepublik, bekräftigt und ergänzt worden (Finke 1994; Finke und Teusch 1991; Greenberg et al. 1994; Sachse 1992; Sachse und Maus 1991; Speierer 1994; Swildens 1991; Teusch et al. 1994; Teusch und Finke 1995; Tscheulin 1992).

Aktuelle Konzeption und therapeutische Wirkprinzipien

Aus seiner Persönlichkeits- und Krankheitstheorie (1959) leitete Rogers Vorannahmen über die Wirkprinzipien von Psychotherapie ab und versuchte sodann, diese Prinzipien in ihrer Wirksamkeit dadurch empirisch zu verifizieren, daß er das Ausmaß ihrer Realisierung (eingeschätzt durch Ratings von Tonbandaufnahmen der Therapiegespräche) mit dem Therapieergebnis verglich. Mit diesem Vorgehen kann Rogers als der Begründer der empirischen Therapieprozeßforschung gelten (Meyer 1991; 1993). Die von Rogers evaluierten **Wirkprinzipien** der **Psychotherapie** (oft **Basismerkmale** genannt) sind:
- bedingungsfreies Akzeptieren
- einfühlendes Verstehen
- Echtheit/Selbstkongruenz

Rogers (1957; 1961) hat betont, daß es sich bei diesen drei Prinzipien um therapeutische Haltungen beziehungsweise Einstellungen, nicht schon um behandlungstechnische Anweisungen handelt. Diese drei sogenannten Basismerkmale stellen also tatsächlich Therapieprinzipien dar, aus denen die Therapietechnik erst abzuleiten ist. Diese Technik beziehungsweise die einzelnen Interventionsformen, die sich aus den drei Therapieprinzipien ergeben, können aus Raumgründen hier nicht im einzelnen erörtert werden (näheres dazu s. Finke 1994). Abb. 6-15 soll jedoch eine kurze Übersicht geben.

Die Interventionsformen, die sich aus den Therapieprinzipien ergeben, finden ihre Anwendung nach der Indikation, welche sich aus dem Erleben und Verhalten des Patienten ergibt. Indikationskriterien sind dabei zum Beispiel das Ansprechen auf das therapeutische Beziehungsangebot, das Ausmaß der Selbstexploration und Art und Ausprägung der Abwehrmöglichkeiten des Patienten (Teusch 1993). Das therapeutische Vorgehen wird natürlich auch vom jeweiligen Krankheits- beziehungsweise Störungsbild des Patienten geprägt.

Therapieprinzip bedingungsfreies Akzeptieren

Bedingungsfreies Akzeptieren bedeutet für den Therapeuten, dem Patienten grundsätzlich mit einer bejahenden Grundhaltung entgegenzutreten, das heißt sämtliche Interventionen aus einer positiven Wertschätzung und einem tiefen Respekt für die Würde der Person des Patienten zu vollziehen.

Auch dort, wo der Patient ein therapieblockierendes Verhalten zeigt oder Einstellungen zu erkennen gibt, die antagonistisch zu gesprächspsychotherapeutischen Therapiezielen wie Autonomie, Individuation und Selbstoffenheit zu sein scheinen, soll der Therapeut spüren lassen, daß er zwar nicht Billigung, aber Verständnis und anteilnehmende Sympathie für den Patienten empfindet. Auch wird der Therapeut dem Patienten eine Zuversicht in dessen konstruktive Möglichkeiten, in das, was der Patient seinem Entwurf nach sein könnte,

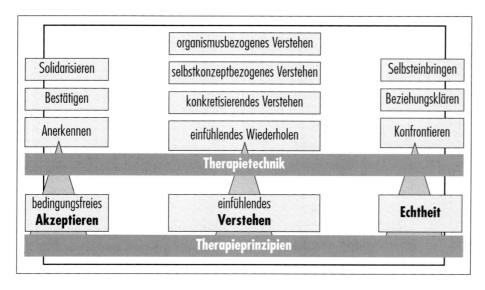

Abb. 6-15 Therapieprinzipien und Therapiepraxis.

deutlich werden lassen. Hier kommt ein entscheidendes Moment der Persönlichkeitstheorie von Rogers zum Ausdruck: der (u. a. durch die Lebensphilosophie und den Pragmatismus geprägte) Glaube an die Selbstregulationspotenz, von Rogers **Aktualisierungstendenz** genannt. Diese Aktualisierungstendenz wird, so das Credo, in einem bejahenden und wertschätzenden Klima aktiviert.

Therapieprinzip einfühlendes Verstehen

Im Mittelpunkt der gesprächspsychotherapeutischen Krankheitslehre steht der **Inkongruenzbegriff**. Dieser besagt, daß die Ursache einer neurotischen Störung in einer meist im Kindesalter erworbenen Diskrepanz zwischen zwei Repräsentationssystemen besteht, dem Selbstkonzept einerseits und dem „organismischen", das heißt ganzheitlichen und ursprünglichen Erfahren und Erleben andererseits. Bestimmte Aspekte dieses ganzheitlichen Erfahrens und Erlebens werden, da mit verinnerlichten elterlichen Normsetzungen und Geboten unvereinbar, von der Wahrnehmung ausgeschlossen. Diese „Wahrnehmungsverweigerung" (Rogers 1959) führt dann zur Inkongruenz zwischen Selbstkonzept und organismischer Erfahrung, die unter dem Einfluß aktueller Lebensereignisse eine konflikthafte Zuspitzung erfahren kann. Diese Zuspitzung führt häufig ihrerseits zum Auftreten krankheitswertiger Symptome.

Das mit sich selbst inkongruente Individuum befindet sich also in einem Selbstwiderspruch, weil es bestimmte Aspekte seiner Erfahrung abgespalten beziehungsweise nicht integriert hat. Das **Therapieziel** hat demnach darin zu bestehen, im Vollzug des Therapieprinzips „einfühlendes Verstehen" zwischen den beiden inkongruenten Erfahrungsebenen zu vermitteln, das innere Zwiegespräch des Individuums mit sich selbst wiederherzustellen und es so für sich selbst offen und frei zu machen. Der Therapeut muß dabei als eine Art Dolmetscher fungieren, er muß, wie Rogers (1951) sagte, dem Patienten ein „zweites Selbst" oder ein „Alter ego" sein, das im Vollzug des einfühlenden Verstehens stellvertretend für den Patienten dessen Fühlen und Erleben zur Sprache bringt.

Therapieprinzip Echtheit

Rogers erweitert seit Ende der 50er Jahre (auch unter dem Einfluß mehrerer Begegnungen mit Martin Buber) das Konzept der reinen Alter-ego-Beziehung. Der Therapeut soll jetzt nicht nur in identifikatorischer Teilhabe die „innere Welt" des Patienten spiegeln. Vielmehr soll er jetzt dem Patienten auch ein echtes Gegenüber sein, das diesem „von Person zu Person" begegnet (Rogers 1961). Diese Position ist besonders im Therapieprinzip „Echtheit" beschrieben. Auf sie beziehungsweise auf dieses Prinzip sind **Interventionsformen** zu beziehen, die vor allem Carkhuff (1969) in systematischer Weise dargestellt hat. Bei diesen Interventionen rekurriert der Therapeut ausdrücklich auch auf sein eigenes Bezugssystem beziehungsweise Vorverständnis:

Beim **Beziehungsklären** (*Immediacy*) versucht der Therapeut in erlebnisnaher Weise, die Beziehungsanspielungen seines Patienten aufzugreifen, ohne diese jedoch vorzugsweise als vergangenheitsdeterminiert, also übertragungsbedingt, zu verstehen. Vielmehr geht der Gesprächspsychotherapeut davon aus, daß er selbst, seine reale Gegenwärtigkeit, ein mitbedingender Faktor für die Beziehungserwartungen des Patienten ist.

Das **Konfrontieren** (*Confrontation*) zielt ein Bearbeiten von Widersprüchen des Patienten an (z. B. Widerspruch zwischen verbaler und nonverbaler Äußerung des Patienten). Da diese Widersprüchlichkeit des Patienten das Ergebnis seiner Inkongruenz beziehungsweise Abwehr ist (Rogers 1959), ist das Konfrontieren ein Modus der Abwehrbearbeitung. Dies ist partiell auch vom **Selbsteinbringen** (*Self-disclosure*) zu sagen, bei welchem der Therapeut sein Erleben der therapeutischen Situation und seine Resonanz auf den Patienten diesem mitteilt. Die Funktion des Selbsteinbringens geht aber über die Abwehrbearbeitung hinaus. Letztlich geht es darum, daß der Therapeut als authentisch Antwortender dem Patienten mit seiner wertschätzenden und bejahenden Grundhaltung eine neue Beziehungserfahrung vermittelt. In der unmittelbaren Auseinandersetzung mit der realen Person des Therapeuten erweisen sich die bisherigen Beziehungsmuster des Patienten als ungültig, durch eine neue Weise der Kommunikation kann der Patient seine Erwartungshaltungen und Reaktionsstereotypien korrigieren.

Modalitäten des Settings

Die Gesprächspsychotherapie wird als Einzel-, Gruppen- oder Paartherapie durchgeführt. Zwar ist die Einzeltherapie wohl die meist geübte Anwendungsform, jedoch hat die **Gruppengesprächspsychotherapie** sowohl hinsichtlich der Therapiepraxis wie der Begleitforschung eine lange Tradition (Eckert und Biermann-Ratjen 1985; Esser und Rosen 1988; Franke 1978; Hobbs 1951; Rogers 1970; Speierer 1982). Die gesprächspsychotherapeutische Gruppentherapie ist gerade auch im Rahmen stationärer Behandlungsangebote ein häufig angewandtes Verfahren.

Die **Einzeltherapie** wird meist mit einer Gesamtzahl von etwa 30 bis 60 Stunden bei ein bis zwei Sitzungen pro Woche durchgeführt. Charakteristisch ist die Vis-à-vis-Position und der routinemäßige Tonbandmitschnitt der Therapiegespräche zu Zwecken der Supervision. Übrigens wird in der Ausbildung der Gesprächspsychotherapeuten unter anderem viel Wert auf die Ausformung des konkreten Gesprächsverhaltens (auch anhand von Tonaufzeichnungen überprüfbar) gelegt.

Indikationen und Differentialindikationen

Aufgrund empirischer Untersuchungen ist die Gesprächspsychotherapie im Sinne eines **selektiven Indikationsmodells** in

besonderer Weise indiziert bei Personen mit einer ausgeprägten Selbstunsicherheit, Neigung zu intrapunitiver Konfliktverarbeitung und internalen Blockierungen sowie einem gewissen
Ausmaß an Selbstunsicherheit (Minsel 1974; Tausch 1970;
Zielke 1979). Auf der Symptomebene sind hier vor allem
Angststörungen (Teusch und Böhme 1991), dysthyme beziehungsweise depressive Störungen (Böhme et al. 1994) sowie
dissoziative und somatoforme Störungen zu nennen (Übersicht s. Finke und Teusch 1991; Teusch et al. 1994).

Eine hohe Vorhersagegenauigkeit bezüglich der Eignung
zur Gesprächspsychotherapie kommt dem Ansprechen des Patienten auf das therapeutische Beziehungsangebot im Rahmen
einer Probetherapie zu.

Bei einer Vergleichsuntersuchung mit der psychoanalytisch orientierten Psychotherapie war die Psychoanalyse bei
klassischen Neurosen („auf ödipalem Niveau"), die Gesprächspsychotherapie bei „frühen Störungen" („auf präödipalem Niveau") leicht überlegen (Meyer 1991; Meyer und Wirth 1988).
Dies dürfte einleuchten, wenn man sich vergegenwärtigt, daß
sich aus dem Therapieprinzip „bedingungsfreies Akzeptieren"
unmittelbar stützende und fördernde Interventionen ableiten
und daß Interventionsformen wie „Selbsteinbringen" hinsichtlich des Realitätsbezuges und des Beziehungserlebens des Patienten unmittelbar wahrnehmungskorrigierend und -differen-
zierend wirken dürften.

Patienten mit sehr umschriebener und isolierter Symptomatik, zum Beispiel einfachen Phobien, scheinen eher von einer Verhaltenstherapie zu profitieren (Grawe et al. 1994).

Im Sinne einer **adaptiven Indikation**, bei der die Stan-
dardtechnik in Anpassung an das Zustandsbild des Patienten
modifiziert wird, ist auf den günstigen Einfluß einer gesprächspsychotherapeutischen Mitbehandlung bei schizophrenen Patienten hinzuweisen (Rogers et al. 1967; Teusch 1986;
1990).

Zusammenfassende Charakterisierung

Die Gesprächspsychotherapie ist ein konfliktzentriertes Verfahren, das in seiner Vorgehensweise als einsichtsorientiert
und als erlebnisaktivierend zu beschreiben ist.

Die Darstellung des Inkongruenzmodells, die Beschreibung therapietheoretischer und -praktischer Positionen, wie
die der Nichtdirektivität und der strikten Bezugnahme auf die
Subjektivität des Patienten, legen, zumal in einem psychoanalytisch ausgerichteten Handbuch, den **Vergleich** der **Gesprächspsychotherapie** mit der **Psychoanalyse** nahe, um Parallelen, aber auch Besonderheiten deutlich zu machen. Bei der
„klassischen" Psychoanalyse springen jedoch sowohl in per-
sönlichkeitstheoretischer („Metapsychologie") als auch in therapietheoretischer Hinsicht (Deutungsparadigma versus „Nar-
zißmus-stützende" Spiegelhaltung) die Unterschiede ins Auge.
Diese Unterschiede scheinen weniger markant bei den „unor-
thodoxen" Ausrichtungen innerhalb der Psychoanalyse. In therapietheoretischer und vor allem therapiepraktischer Hinsicht

scheinen hier mancherlei Parallelen zur Gesprächspsychotherapie zu bestehen. Dies betrifft zunächst die „Technik der korrigierenden emotionalen Erfahrung", wie sie von Rank (1924)
und Ferenzci (1932) initiiert und von Alexander und French
(1946) proklamiert wurde. Überhaupt finden sich Korrespon-
denzen zur Ich-psychologischen Position der Psychoanalyse
im gesamten Therapiekonzept der Gesprächspsychotherapie.
Dies gilt auch für manche Aspekte der objektbeziehungstheoretischen Ausrichtung, etwa hinsichtlich des Prinzips der *Holding Function* (Winnicott 1990) und des „Containing" (Bion
1952/1974). Die Funktion des „spiegelnden Selbstobjektes" in
der Selbstpsychologie Kohuts (1966) hat ihre Entsprechung
in der Alter-ego-Beziehung bei Rogers (1951). Auch das eher
„unanalytisch" erscheinende „Selbsteinbringen" der Gesprächspsychotherapie (Carkhuff 1969) hat eine Parallele im
„Prinzip Antwort" von Heigl-Evers, Heigl und Ott (1993) gefunden. Schließlich ist auch bei neueren Konzepten der Widerstandsanalyse (so etwa bei R. Schafer) und der Übertragungsanalyse (Gill, Hoffman, Sandler und Sandler) eine
größere Ähnlichkeit zu entsprechenden gesprächspsychotherapeutischen Positionen festzustellen. Es bleiben deutliche
Unterschiede zwischen beiden Verfahren in den axiomati-
schen Grundannahmen, der Krankheits- und Behandlungstheorie und – wie die vergleichende Psychotherapieforschung
gezeigt hat (Meyer und Wirth 1988) – im praktizierten therapeutischen Vorgehen. In der Gesprächspsychotherapie sind
Deutungsangebote seltener, der Umgang mit Abwehrprozessen ist empathisch, mitunter stützend.

Kennzeichnend für die Gesprächspsychotherapie ist ein **aktives**, einsichts- und
erlebniszentriertes Vorgehen.

Literatur

Alexander F, French TM. Psychoanalytic therapy. New York: Ronald 1946.
Bion WR. Group dynamics: a review. Int J Psycho-Anal 1952; 33: 235–47.
    Deutsch: Bion WR. Gruppendynamik. In: Erfahrungen in Gruppen und
    andere Schriften. Bion WR (Hrsg). Frankfurt: Fischer 1974; 102–41.
Böhme H, Finke J, Gastpar M, Staudinger T. Die Veränderung von Kau-
    salattribution und Coping durch stationäre Gesprächspsychotherapie.
    Psychother Psychosom Med Psychol 1994; 44: 432–9.
Carkhuff RR. Helping and human relations, a primer for lay and professio-
    nal helpers. Vol 1: selection and training. Vol 2: practice and research.
    New York: Holt, Rinehart and Winston 1969.
Eckert J, Biermann-Ratjen EM. Stationäre Gruppenpsychotherapie. Prozes-
    se – Effekte – Vergleiche. Berlin, Heidelberg, New York, Tokio: Sprin-
    ger 1985.
Esser U, Rosen C. Zehn Jahre Gruppenpsychotherapie mit jungen Erwach-
    senen im Rahmen einer kommunalen Erziehungsberatungsstelle – Er-
    fahrungen mit einem halboffenen Langzeitangebot. In: Personenzen-
    trierte Gruppentherapie. Esser U, Sander K (Hrsg). Heidelberg:
    Asanger 1988; 76–102.
Ferenzci S. Ohne Sympathie keine Heilung. Das klinische Tagebuch von
    1932. Franfurt/M: S. Fischer 1988.
Finke J. Empathie und Interaktion. Methodik und Praxis der Gesprächspsy-
    chotherapie. Stuttgart, New York: Thieme 1994.
Finke J, Teusch L (Hrsg). Gesprächspsychotherapie bei Neurosen und psy-
    chosomatischen Erkrankungen. Neue Entwicklungen in Theorie und
    Praxis. Heidelberg: Asanger 1991.

Franke A. Klienten-zentrierte Gruppenpsychotherapie. Stuttgart, Berlin, Köln, Mainz: Kohlhammer 1978.

Grawe K, Donati R, Bernauer F. Psychotherapie im Wandel – von der Konfession zur Profession. Göttingen, Bern, Toronto, Seattle: Hogrefe 1994.

Greenberg LS, Elliot RK, Lietaer G. Research on experiential psychotherapies. In: Handbook of psychotherapy and behavior change. Bergin AE, Garfield SL (eds). New York: Wiley 1994; 509–39.

Heigl-Evers A, Heigl F, Ott J. Lehrbuch der Psychotherapie. Stuttgart: Fischer 1993.

Hobbs N. Group-related psychotherapy. In: Client-centered therapy. Rogers CR (ed). Boston: Mifflin 1951; 255–86. Deutsch: Gruppen-bezogene Psychotherapie. In: Die klientenzentrierte Gesprächspsychotherapie. Rogers CR (Hrsg). München: Kindler 1973; 255–86.

Kohut H. Formungen und Umformungen des Narzißmus. Psyche 1966; 20: 561–87.

Meyer AE. Laudatio auf Carl Ransom Rogers. Z Ges wissensch Gesprächsführung 1991; 81: 53–5.

Meyer AE. Geleitwort zu: Krankheitslehre der Gesprächspsychotherapie. Teusch L, Finke J (Hrsg). Heidelberg: Asanger 1993, 5–12.

Meyer AE, Wirth U. Die Beeinflussung affektiver Störungen durch psychodynamische und durch Gesprächspsychotherapie. Ergebnisse einer empirischen Vergleichsstudie. In: Affektive Störungen. Zerssen D v., Möller HJ (Hrsg). Heidelberg, Berlin: Springer 1988; 243–58.

Meyer AE, Richter R, Grawe K, Schulenburg JM, Graf v. D, Schulte B. Forschungsgutachten zu Fragen eines Psychotherapeutengesetzes. Berlin: Bundesgesundheitsministerium 1991.

Minsel WR. Praxis der Gesprächspsychotherapie. Wien, Köln, Graz: Springer 1974.

Rank O. Das Trauma der Geburt. 1924. Gießen: Psychosozial-Verlag 1998.

Rogers CR. Client-centered therapy. Boston: Houghton Mifflin 1951. Deutsch: Die klientenzentrierte Gesprächspsychotherapie. München: Kindler 1973.

Rogers CR. The necessary and sufficient conditions of therapeutic personality change. J Consult Psychol 1957; 21: 95–103.

Rogers CR. A theory of therapy, personality and interpersonal relationships, as developed in the client-centered framework. In: Psychology. A study of a science. Study I: Conceptual and systemic. Vol III: Formulation of the person and the social context. Koch S (ed). New York, Toronto, London: McGrawHill 1959; 184–256. Deutsch: Eine Theorie der Psychotherapie, der Persönlichkeit und der zwischenmenschlichen Beziehung. Köln: Gesellschaft für wissenschaftliche Gesprächsführung 1987.

Rogers CR. On becoming a person. A therapist's view of psychotherapy. Boston: Houghton Mifflin 1961. Deutsch: Entwicklung der Persönlichkeit. Stuttgart: Klett-Cotta 1973.

Rogers CR. On encounter groups. New York: Harper & Row 1970. Deutsch: Encounter-Gruppen. Frankfurt: S. Fischer 1984.

Rogers CR, Gendlin ET, Kiesler DJ, Truax CB. The therapeutic relationship and its impact: a study of psychotherapy with schizophrenics. Madison: University of Wisconsin 1967.

Sachse R. Zielorientierte Gesprächspsychotherapie. Göttingen: Hogrefe 1992.

Sachse R, Maus C. Zielorientiertes Handeln in der Gesprächspsychotherapie. Stuttgart, Berlin, Köln: Kohlhammer 1991.

Speierer GW. Diagnostik in der klientenzentrierten Gruppenpsychotherapie. In: Diagnostik in der Psychotherapie. Zielke M (Hrsg). Stuttgart: Kohlhammer 1982; 78–106.

Speierer GW. Das Differentielle Inkongruenzmodell, Gesprächspsychotherapie als Inkongruenzbehandlung. Heidelberg: Asanger 1994.

Studt HH. Pragmatismus in der Klinik – Purismus in der Praxis. Vortrag auf dem Kongreß der Allgemeinen Ärztlichen Gesellschaft für Psychotherapie, Düsseldorf 1989, 28.–29. Oktober 1989.

Swildens H. Prozeßorientierte Gesprächspsychotherapie. Köln: Gesellschaft für wissenschaftliche Gesprächsführung 1991.

Tausch R. Gesprächspsychotherapie. Göttingen: Hogrefe 1970.

Teusch L. Gesprächspsychotherapie schizophrener Patienten. Z Personenzentrierte Psychother 1986; 5: 391–8.

Teusch L. Positive effects and limitations of client-centered therapy with schizophrenic patients. In: Client-centered and experiential psycho-

therapy in the nineties. Litaer G, Rombauts J, van Balen R (eds). Leuven: Leuven University Press 1990; 637–44.

Teusch L. Diagnostik in der Gesprächspsychotherapie. In: Krankheitslehre der Gesprächspsychotherapie. Teusch L, Finke J (Hrsg). Heidelberg: Asanger 1993; 115–34.

Teusch L, Böhme H. Was bewirkt ein stationäres Behandlungsprogramm mit gesprächspsychotherapeutischem Schwerpunkt bei Patienten mit Agoraphobie und/oder Panik? Ergebnis einer Ein-Jahres-Katamnese. Psychother Psychosom Med Psychol 1991; 41: 68–76.

Teusch L, Finke J. Die Entwicklung eines Manuals zur gesprächspsychotherapeutischen Behandlung bei Panik und Agoraphobie. Psychotherapeut 1995; 40: 88–95.

Teusch L, Finke J, Gastpar M (Hrsg). Gesprächspsychotherapie bei schweren psychiatrischen Störungen. Heidelberg: Asanger 1994.

Tscheulin D. Wirkfaktoren psychotherapeutischer Intervention. Göttingen: Hogrefe 1992.

Winnicott DW. Babys und ihre Mütter. Stuttgart: Klett-Cotta 1990.

Zielke M. Indikation zur Gesprächspsychotherapie. Stuttgart, Berlin, Köln, Mainz: Kohlhammer 1979.

Literaturempfehlung

Finke J. Empathie und Interaktion. Methodik und Praxis der Gesprächspsychotherapie. Stuttgart, New York: Thieme 1994.

Finke J, Teusch L (Hrsg). Gesprächspsychotherapie bei Neurosen und psychosomatischen Erkrankungen. Neue Entwicklungen in Theorie und Praxis. Heidelberg: Asanger 1991.

Rogers CR. Therapeut und Klient. München: Kindler 1977.

Swildens H. Prozeßorientierte Gesprächspsychotherapie. Köln: Gesellschaft für wissenschaftliche Gesprächsführung 1991.

6.2.9
Psychodrama
Renate Sechtem

Historische Entwicklung

Das Psychodrama wurde in den 20er Jahren von dem Wiener Psychiater **Jakob L. Moreno** entwickelt. Neben dem Medizin- und Philosophiestudium beeinflußten langjährige eigene Theaterarbeit und theoretische Auseinandersetzung mit Formen des Theaters im Altertum sowie mit Gebräuchen und Riten alter Kulturen seine Konzeption des Verfahrens als Aktionsmethode mit vielfältigen Techniken.

Nach Auffassung von Moreno ist das Individuum wesentlich durch das soziale und emotionale Beziehungsgefüge der Gruppe, in der es aufwächst, geprägt. Derartige Strukturen lassen sich soziometrisch erfassen und bearbeiten; dies ist elementarer Bestandteil des Verfahrens. Unter dem Oberbegriff Psychodrama bekannt geworden, ist Morenos Methode als triadisches System entworfen, das als Gruppenpsychotherapie mit psychodramatischen und soziometrischen Techniken sowohl diagnostisch als auch therapeutisch einzusetzen ist.

Zunächst hatte die psychodramatische gruppenorientierte Methode wenig Einfluß auf die Psychotherapie ihrer Zeit, die in erster Linie durch die Psychoanalyse geprägt war. Nach Morenos Emigration in die USA wurde dort eine psychodramatisch arbeitende Klinik und 1942 das erste Psychodrama-

Institut in New York gegründet. Erst in den 60er Jahren kehrte das Psychodrama nach Europa zurück, vor allem nach Deutschland (G. Leutz, H. Petzold, H. Straub) und Frankreich (S. Lebovici, D. Anzieu).

Es entstanden unterschiedliche Schulen, die das Psychodrama entweder mit den theoretischen Ansätzen der Psychoanalyse oder denen der Verhaltenstherapie enger verbanden.

Die Methode wird in der **Gegenwart** in der ambulanten und stationären Psychotherapie mit neurotischen, psychosomatisch oder psychiatrisch erkrankten Patienten aller Altersgruppen angewendet. Psychodrama kann als Kurz- und Langzeittherapie konzipiert sein; je nach Setting werden eher stützende oder eher aufdeckende Techniken eingesetzt. Es kann dabei stärker die konfliktzentrierte oder die verhaltenmodifizierende Arbeit in den Mittelpunkt gestellt werden.

Als Methode umfaßt das Psychodrama sowohl die Therapie der Gruppe (**gruppenzentriertes Psychodrama**) als auch die Therapie des einzelnen in der Gruppe (**protagonistenzentriertes Psychodrama**) und kann zudem als Einzeltherapie (**Monodrama**) angewandt werden.

Aktuelle Konzeption und therapeutische Wirkprinzipien

> **Definition**
>
> Das **Psychodrama** versteht sich als diejenige Methode, „welche die Wahrheit der Seele durch Handeln ergründet" (Moreno 1957).

In seiner **therapeutischen Zielsetzung** ist das Psychodrama auf die Wiederherstellung und Erweiterung spontanen schöpferischen Handelns durch den Abbau erstarrter Haltungen ausgerichtet.

Psychodramatisches Handeln findet auf der Bühne, einer vom Gruppenkreis deutlich abgegrenzten Spielfläche statt. Es entsteht ein sogenannter **semirealer Raum** mit eigenen Gesetzen von Ort und Zeit, in dem der Protagonist[1] seine Wirklichkeit darstellen kann. Durch die Inszenierung eines Konfliktes mit dazugehörigem Ort, dazugehöriger Umgebung, Zeit des Geschehens sowie daran beteiligten Personen, die nonverbalen Ausdruck, Bewegung, Gestik und Mimik mit einbezieht, wird die affektive Beteiligung so weit mobilisiert, daß unmittelbares emotionales Erleben entsteht.

Die Begleitung durch den Psychodramatherapeuten im Spiel bewirkt, daß die psychodramatische Wirklichkeit des Konflikts nicht die Wirklichkeit des realen Konflikts bleibt, sondern das Erleben mit Abstand fördert, durch das dem Protagonisten eine vertiefte Einsicht in seine Probleme und ein besseres Handhaben seiner Gefühle ermöglicht wird.

Das **klassische Psychodrama** gliedert sich im Verlauf einer Gruppensitzung in **drei Phasen**.

▶ Erwärmungsphase

In der Erwärmungsphase wird das Entstehen einer möglichst offenen, angstfreien und damit handlungsbereiten Atmosphäre angestrebt. Das kann durch spezifische Anwärmübungen wie Imaginations- oder Körperwahrnehmungsübungen angeregt werden. Dieses Vorgehen bietet sich in der Anfangsphase einer Gruppe an – insbesondere mit Patienten im stationären Setting –, um Hemmschwellen abzubauen. Alternativ kann sich aus spontanen Mitteilungen der Teilnehmer in der Anfangsrunde die Thematik der Gruppe herauskristallisieren. Die Entscheidung über ein gruppen- oder protagonistenzentriertes Vorgehen findet sich in diesem Zusammenhang. Dann erfolgt die Einrichtung der jeweiligen Szene auf der Bühne, das heißt der Aufbau des Raums sowie die Auswahl der Rollen.

▶ Handlungsphase

In der Handlungsphase werden die Situationen durchgespielt, und die Szenen mit den handelnden Personen werden lebendig. Dabei wird Vergangenes gegenwärtig, Zukünftiges im Hier und Jetzt erlebbar. Es kann sich um reale, phantasierte, geträumte oder auch halluzinierte Ereignisse handeln, die durch ihre psychodramatische Darstellung mehr Realität gewinnen, was Moreno als *Surplus-Reality* bezeichnete.

Der Protagonist und die Mitspieler – Antagonisten beziehungsweise Hilfs-Ich genannt – erleben das Geschehen im Spiel in einer emotionalen Intensität und Unmittelbarkeit, die sich von der Realsituation kaum unterscheidet. Durch den Einsatz spezifischer Techniken wird das gefühlhafte Erleben des Protagonisten verdeutlicht und verstärkt.

▶ Abschlußphase

In der Abschlußphase versammeln sich die Teilnehmer wieder in der Runde, kehren in die Realität der Gruppe zurück. Im **Sharing** berichten die Teilnehmer über eigene Gefühle und Erlebnisse während des Spiels; im **Rollenfeedback** bekommt der Protagonist Wahrnehmungen und Erleben der Antagonisten aus den von ihnen verkörperten Rollen mitgeteilt. Hier haben auch körperliche Gesten der Anteilnahme und Unterstützung Raum. Generell besteht im Psychodrama – auch seitens der Therapeuten – kein Tabu im Hinblick auf körperliche Berührung.

Neben der Bühne, dem Psychodramatherapeuten, Teilnehmern der Gruppe, Protagonist und Antagonisten gehören die **psychodramatischen Techniken** zu den wesentlichen Instrumenten des Verfahrens. In dieser Übersicht seien nur zwei für das Psychodrama zentrale Elemente ausführlicher beschrieben, das Doppeln und der Rollentausch:

▶ Das Doppeln

Der Doppelgänger steht dem Protagonisten als Alter ego zur Seite. Das Doppeln wird im allgemeinen vom Psychodramatherapeuten übernommen. Beim einfühlenden Doppeln kommt

---

1 Der Protagonist ist der Hauptakteur, dessen Thema auf der Bühne inszeniert wird. In der Sprache des Psychodramas bezeichnet man mit dem Wort Protagonist den Hauptdarsteller einer Szene.

es darauf an, sich so genau wie möglich in die momentane Situation und Gestimmtheit des Protagonisten einzufühlen und an seiner Statt geahnte, unausgesprochene oder bis dahin unaussprechbare Gedanken und Gefühle aus der Identifikation mit diesem so zu verbalisieren, daß er sie erfassen und annehmen kann und durch das Doppeln zu weiterer Selbstexploration angeregt wird. Der hierzu erforderliche enge Rapport zwischen Protagonisten und Doppelgänger wird durch vorsichtige körperliche Kontaktaufnahme wie leichtes Handauflegen und die auch körperliche Identifikation mit der Haltung des Protagonisten gefördert.

Die Technik des Doppelns ist eine im wesentlichen Ich-stützende Technik, vergleichbar der Rolle einer genügend guten Mutter, die die Bedürfnisse und Gefühle ihres Kindes erspürt, stellvertretend ausspricht und diesem dadurch zur aktiven Verfügung stellt.

▶ Der Rollentausch

Ganz andere Möglichkeiten bietet der Rollentausch, der mehr ist als der Tausch des Protagonisten in die Rolle des Antagonisten im Sinne einer Rollenübernahme. Bei vollständigem Rollentausch erlebt der Protagonist sich selbst – gespielt vom Antagonisten – als Objekt wie in einem Spiegel und empfindet als Subjekt in der Antagonistenrolle diesem Objekt geltende Gefühle (Krüger 1989).

Den Möglichkeiten zum Rollentausch sind praktisch keine Grenzen gesetzt: Er kann mit realen, phantasierten und abstrakten Personen beziehungsweise Figuren, mit Gegenständen, Landschaften, Körperteilen usw. vollzogen werden. Der Rollentausch ermöglicht dem Protagonisten, im Spiel in Aktion und Reaktion Handlungsabläufe erneut zu vergegenwärtigen. Der bis dahin attribuierten Deutung einer Situation steht dann häufig die wiedererarbeitete konkrete Erinnerung gegenüber, die zu einer Korrektur der bisherigen Selbst- und Fremdwahrnehmung führt und so hilft, Projektionen abzubauen, die Fähigkeit, sich in andere einzufühlen fördert und so zu vermehrter Rollenflexibilität beiträgt.

Eine in solchem Zusammenhang erlebte Katharsis wirkt integrierend in dem Sinne, daß ein habituelles Abwehrverhalten bewußt und verändert wird und der Protagonist wieder in den Fluß spontanen Verhaltens zurückkehren kann.

Nicht zuletzt ermöglicht der Rollentausch dem Protagonisten wie dem Antagonisten, Gefühle und Situationen zu erleben, die ihm sonst oft nicht zugänglich sind. Wo bewußte und gelebte Rollen in erster Linie über die spezifischen Bewältigungs- und Abwehrmechanismen eines Patienten Aufschluß geben, kann sich im Rollentausch – im Rahmen von Stegreif- oder Märchenspielen wie auch in der oft unbewußt von „Schattenaspekten" motivierten Wahl für eine Antagonistenrolle – ersehntes und/oder befürchtetes Abgewehrtes zeigen, das im Schutz der Rolle oft zum ersten Mal gelebt werden kann.

───────────── Fallbeispiel ─────────────

Ein 41jähriger Patient, Herr K., leidet seit über zwei Jahren unter Angstzuständen mit wechselnder Körpersymptomatik wie Schwindel, Herz- und Kopfschmerzen so-

wie depressiver Verstimmung. Er sieht die Beschwerden im Zusammenhang mit Belastungen am Arbeitsplatz, vor allem dem angespannten Verhältnis zu seinem Chef, gegen den er sich nicht wehren könne.

Herr K. wuchs mit zwei Schwestern in einer Familie auf, die durch den autoritären strengen Vater beherrscht wurde, dem keiner zu widersprechen wagte. Der Vater, den der Patient auch als gutmütigen, hilfsbereiten Mann erlebte, war für ihn bis zu dessen Tod am Herzinfarkt wichtige emotionale Bezugsperson.

Unter der Auffassung, daß die Problematik von Herrn K. in der ambivalenten Beziehung zum Vater wurzelt, die durch das Verhältnis zum Chef aktualisiert wurde, wird er in die Psychodramagruppe aufgenommen.

Er ist in der Gruppe zunächst sehr zurückhaltend, hat Ängste, etwas falsch zu machen. Nach einigen Wochen traut er sich, den Konflikt mit dem Chef auf die Bühne zu bringen. Es fällt ihm sehr schwer, dessen Rolle auszufüllen. In seiner Rolle wird er immer kleiner und schwächer. Als Beobachter dieser Szene – gespielt von zwei anderen Teilnehmern – erinnert er sich an eine Szene mit seinem Vater, die dann aufgebaut wird:

Als 18jähriger kommt er mit seiner Freundin aus dem ersten gemeinsamen Urlaub zurück. Er hat sich einen Bart wachsen lassen. Zu Hause fordert der Vater – in Gegenwart der Freundin – von ihm: „Der Bart muß ab!" Der zuvor beschwingte Sohn beginnt mit hängenden Schultern in sich zusammenzusinken. Dabei fällt der Therapeutin ein ansatzweises Zusammenballen seiner Fäuste auf, und sie ermuntert ihn, diese Geste zu verstärken. Durch einfühlendes Doppeln gibt sie dann diesem zaghaften Widerstand weitere Worte. Die Haltung des Patienten strafft sich, er nimmt körperlich Raum ein, wirkt präsent und sagt plötzlich: „Der Bart bleibt dran!" Dabei bleibt er auch in der folgenden fiktiven Auseinandersetzung mit dem Vater und kann im Rollentausch mit diesem dessen lautstark fordernde Haltung deutlich einnehmen.

In der Feedback-Runde ist Herr K. überrascht über die Rückmeldung der Teilnehmerin, die die Rolle des Vaters verkörperte, wie sie den Widerspruch des Sohnes neben ihrem Ärger darüber auch geschätzt habe.

Im Anschluß an das Spiel fühlt sich Herr K. wie befreit. Er verspürt keine körperlichen Symptome mehr. Dies bleibt so in der folgenden Zeit, die der Patient noch zu mehreren anderen Spielen nutzt. Auch seine Ängste sind merklich zurückgegangen. Bei der Entlassung ist der Patient beschwerdefrei.

─────────────────────────────

Zusammenfassend ist von einem depressiv abgewehrten ödipalen Konflikt zu sprechen, der dem Patienten bislang die Entwicklung sicherer männlicher Identität erschwerte.

Modalitäten des Settings

Ambulante Psychodramagruppenarbeit ist im allgemeinen mit den Teilnehmern auf einen Zeitraum von ein bis zwei Jahren mit einer zwei- bis dreistündigen Sitzung pro Woche vereinbart. Meist handelt es sich – wie auch im stationären Setting – um **Slow-open-Gruppen**, das heißt, neue Teilnehmer werden zu bestimmten Zeitpunkten für ausscheidende Mitglieder aufgenommen.

Im **stationären Rahmen** hängt die Therapiedauer in erster Linie von den durchschnittlichen Behandlungszeiten der jeweiligen Kliniken ab, im Mittel zwischen sechs und zwölf Wochen. Die stationäre Behandlungsfrequenz umfaßt meist drei bis vier Sitzungen à zwei Stunden pro Woche, ergänzt durch kurze auf den Gruppenprozeß bezogene Einzelgespräche einmal wöchentlich. Für psychodramatische Gruppentherapie ist eine Anzahl von acht bis zehn Teilnehmern günstig.

In der eigenen Psychosomatischen Klinik hat sich die zunächst als Experiment konzipierte Kombination von Psychodrama und Kunsttherapie bei gleicher Gruppenzusammensetzung mit unterschiedlichen Therapeuten in täglichen Sitzungen als für die Entwicklung und Dynamik der Gruppe – auch hinsichtlich Anregung der Phantasietätigkeit und Symbolisierungsfähigkeit – als ausgesprochen förderlich erwiesen.

Indikation und Differentialindikation

Das Psychodrama hat einen sehr weiten Indikationsbereich. Es gibt praktisch keine Kontraindikation, die sich aus Alter, Intelligenz, Introspektionsfähigkeit, Beschwerdesymptomatik, Konflikt oder Struktur des Patienten allein ableiten ließe.

In Anbetracht der Variabilität psychodramatischer Techniken ist das Psychodrama in der Lage, seine Arbeitsweise den Möglichkeiten der Patienten und den Erfordernissen ihrer spezifischen Problematik anzupassen. Relative Kontraindikationen ergeben sich daher in erster Linie aus Kriterien, die generell für die Zusammensetzung einer potentiell arbeitsfähigen therapeutischen Gruppe gelten, was insbesondere für zeitlich limitierte Gruppen zutrifft.

Nach MacKenzie (1990) ist zum einen eine gewisse Homogenität hinsichtlich des aktuellen Entwicklungsthemas und der strukturellen Diagnose der Teilnehmer hilfreich; beachtenswert auch die Verteilung der verschiedenen typischen Rollen innerhalb der Gruppe, wobei Mackenzie neben der sozialen Rolle die strukturierende Rolle sowie die abweichende Rolle („Sündenbock") und die des Vorsichtigen, „Warnenden" unterscheidet. Patienten mit paranoidem Stil und stark projektiv gefärbter Abwehr sind schwer in die Gruppe zu integrieren; günstig ist die Auswahl von zwei bis drei Mitgliedern, die Motivation und Kohäsion repräsentieren.

Zusammenfassung

Als handlungsorientierte, vornehmlich gruppentherapeutische Methode ist das Psychodrama durch die Möglichkeit zur szenischen Darstellung von Ereignissen auf der psychodramatischen Bühne charakterisiert, die unmittelbares Erleben in besonderem Maß fördert.

Ziel ist der Abbau erstarrter Haltungen, die Belebung der Fähigkeit zum spontanen schöpferischen Handeln und damit die Erweiterung des intrapsychischen und interpersonellen Handlungs- und Phantasiespielraums von Patienten mit sehr unterschiedlichen Krankheitsbildern. Unmittelbarer Zugang zum Erleben erweist sich zum Beispiel als sehr hilfreich in der Arbeit mit psychosomatisch erkrankten Patienten, die sich häufig durch einen affekt- und phantasiegehemmten normopathischen Stil auszeichnen (Klingelhöfer 1993).

Psychodramatherapie ist im ambulanten und stationären Setting als Kurz- und Langzeittherapie konzipierbar. Je nach Behandlungsziel und Gruppenzusammensetzung gestaltet sich der Einsatz der psychodramatischen Techniken. So ist – auch in Abhängigkeit vom Therapeuten – eine mehr konfliktzentrierte oder mehr verhaltensmodifizierende Arbeit möglich. Die sich ergänzende Verbindung beider Schwerpunkte ist dem Entwurf des Verfahrens inhärent.

Das Psychodrama bewirkt:
- die Klärung zwischenmenschlicher Beziehungen und ihrer Störungen
- die Aufdeckung kindlicher Konflikte, wobei assoziativ in der psychodramatischen Aktion von aktuellen Szenen zu Szenen der Psychogenese zurückgegangen wird
- das affektive kathartische Wiedererleben verdrängter Zusammenhänge und ihre Integration ins gegenwärtige Erleben
- das erprobende Handeln in alternativen Spielszenen, das die Umsetzung der therapeutischen Erfahrung in die Alltagsrealität des Patienten erleichtert (Leutz 1986)

Literatur

Klingelhöfer J. Strukturierte Verunsicherung. Psychodrama 1993; 6: 41–51.
Krüger R. Der Rollentausch und seine tiefenpsychologischen Funktionen. Psychodrama 1989; 1: 45–67.
Leutz GA. Psychodrama Theorie und Praxis. 2. Aufl. New York, Berlin, Heidelberg: Springer 1986.
Mackenzie R. Introduction to time limited group psychotherapy. Washington (DC): American Psychiatric Press 1990.
Moreno JL. Gruppenpsychotherapie und Psychodrama – Einleitung in die Theorie und Praxis. 1957. Stuttgart: Thieme 1973.
Petzold H. Angewandtes Psychodrama. Paderborn: Junfermann 1993.

Literaturempfehlung

Petzold H, Mathias U. Rollenentwicklung und Identität. Paderborn: Junfermann 1982.
Zeintlinger K. Analyse, Präzisierung und Reformulierung der Aussagen zur Psychodramatherapie nach J.L. Moreno. Dissertation: Universität Salzburg 1981.

6.2.10
Katathym imaginative Psychotherapie (KiP)
Eberhard Wilke

Die Katathym imaginative Psychotherapie (KiP) ist die therapeutische Anwendung des Katathymen Bilderlebens (KB) in Form einer tiefenpsychologisch fundierten Psychotherapie. Das Katathyme Bilderleben (KB) wurde in seinen Grundzügen von H. Leuner beschrieben und von ihm und anderen Autoren in verschiedenen Anwendungsbereichen weiterentwickelt. Leuner versuchte, die Bedeutung tiefenpsychologischer Symbolik im imaginativen Experiment zu bestätigen und differenziert darzustellen. Bald wurde deutlich, daß sich in katathymen Imaginationen nicht nur psychodynamische Abläufe symbolisch darstellen, sondern daß sich im dialogischen Miteinander zwischen Patient und Therapeut ein psychotherapeutischer Prozeß entwickelt, der bestimmten Gesetzmäßigkeiten unterliegt.

Historische Entwicklung

Der **Begriff „katathym"** bezeichnet die Abhängigkeit imaginativer Vorgänge von Emotionen (griechisch: *kata* = gemäß, *thymos* = Seele, d. h. Emotionalität). Der Begriff „katathym" kommt bereits in der Odyssee vor und wird dort mit „vom Herzen kommend" übersetzt. Da die bildhaften Projektionen der innerseelischen Abläufe oft dramatischen Charakter haben, wird vor allem in Schweden und Holland auch der synonyme Begriff „Symboldrama" verwandt. Im angloamerikanischen Sprachraum ist die Bezeichnung *Guided Affective Imagery* gebräuchlich.

Imaginative Techniken als Mittel intensiver Selbstwahrnehmung sind lange bekannt. Freud wandte sie einige Jahre lang an, entwickelte nicht zuletzt auf dem Hintergrund dieser Erfahrungen die freie Assoziation. C. G. Jung entwickelte die Technik der „aktiven Imagination". In der Oberstufe des Autogenen Trainings wird die Imagination von Farben und Bildern angeregt.

Im Gegensatz zu diesen Verfahren, bei denen der Patient für sich allein imaginiert und später dem Therapeuten darüber berichtet, ist die **Katathym imaginative Psychotherapie** ein **dialogisches Verfahren**, das heißt, der Patient berichtet dem Therapeuten den Tagtraum simultan mit dessen Entstehen, sozusagen *in statu nascendi*. Dabei stellt die Beziehung zwischen dem Patienten und seinem Therapeuten neben dem intrapsychischen Konflikt eine wesentliche Determinante des Tagtraums dar. Übertragung, Gegenübertragung und Widerstand finden symbolischen Ausdruck.

Praxis der Katathym imaginativen Psychotherapie

Nach Erheben der tiefenpsychologischen Anamnese, Klärung der Indikation und Gedanken zur Prognose beginnt die Arbeit mit dem Katathymen Bilderleben etwa in der fünften Behandlungsstunde. Der **Patient** wird aufgefordert, sich ein bestimmtes Motiv, etwa eine Blume oder eine Wiese, vorzustellen. Die Motivvorgabe erleichtert zu Beginn die symbolische Darstellung intrapsychischer und intrapersoneller Konflikte, sie kann jedoch im fortgeschrittenen Stadium einer Katathym imaginativen Psychotherapie entfallen. Suggestive Hinweise zur Entspannung sind überflüssig, da tagtraumhafte innere Bilder rasch zu einer muskulären Entspannung führen. Imagination und Entspannung korrelieren miteinander. In einem sich selbst verstärkenden Zirkel führt die vertiefte psychophysische Entspannung zu klaren und plastischen katathymen Imaginationen, diese wiederum vertiefen den Entspannungszustand. In

voller Ausprägung sind die inneren Bilder sehr deutlich, oft farbig, quasi real. Der Patient kann sich in ihnen bewegen, Handlungen vollziehen, Gefühle empfinden und modulieren. Das katathyme Bild ist in seiner vollen Ausprägung durch eine gewisse Autonomie gekennzeichnet. Es kann willentlich nur mühsam beeinflußt werden, das Gefühl für die reale Zeit und den realen Raum schwächt sich ab. Durch den ständigen verbalen Bericht bleibt die oft tiefe Regression kontrolliert. Diese Verbalisierung, die als Sekundärprozeß simultan den Primärprozeß des bildhaften Erlebens begleitet, schützt somit vor zu tiefer und unkontrollierter Regression.

Der **Therapeut** ist durch den verbalen Austausch in der Lage, das sich entwickelnde bildhafte innere Drama seines Patienten zu begleiten. Aufgrund seiner eigenen Therapie ist er geübt im „Lesen" von inneren Bildern und kann die bei ihm selbst aufsteigenden korrespondierenden Imaginationen diagnostisch nutzen. Er kann den Tagtraum nach bestimmten Regieprinzipien und durch die Vorgabe von bestimmten Motiven strukturieren. In späteren Phasen wird dem Patienten immer mehr Raum zur kreativen Entfaltung des Tagtraumes gegeben. Das übende Vorgehen der **Grundstufe**, bei dem der Therapeut vornehmlich eine supportiv-protektive Haltung einnimmt, geht über in das assoziative Vorgehen der **Mittelstufe** mit der Möglichkeit der freien assoziativen Entfaltung des Tagtraumes, verbale Einfälle und Assoziationsketten schließen sich an. Der Patient steuert das Tagtraumgeschehen zunehmend selbständiger und setzt sich damit auch stärkeren emotionalen Erschütterungen aus. In der **Oberstufe** begegnet der Patient Motiven wie der Höhle, dem Sumpfloch, dem Vulkan oder einem alten Folianten mit verdrängten archaischen Impulsen. Das therapeutische Vorgehen ist dann konfrontativer.

Bei längeren Therapien mit Katathym imaginativer Psychotherapie wird überwiegend das assoziative Vorgehen der Mittelstufe angewandt (s. Tab. 6-10).

Motive der Grundstufe

Leuner hat eine Reihe von **Bildmotiven** entwickelt, die klinisch erprobt und geeignet sind, symbolhafte Projektionen in zentralen menschlichen Konfliktbereichen anzuregen. Die Bedeutungsinhalte der Bildsymbole im einzelnen können nur individuell erfaßt werden. Ihre Entschlüsselung im Sinne einer „Deutung" steht allenfalls am Ende eines Prozesses der Selbstexploration. Bedeutsam ist zunächst die Imagination in ihrer kreativen Entfaltung zusammen mit der Wahrnehmung der dazugehörigen Emotion und der Rückwirkung auf das erlebende Selbst des Patienten.

Die imaginierte **Wiese** ist oft Bühne von Symbolgestalten wie Tieren, Pflanzen und Bäumen, sie spiegelt die gegenwärtige Gestimmtheit. Sie kann Symbol des geschützten Raumes (Paradieswiese) sein wie auch Symbol des Ursprungs. Beim Motiv des **Bachlaufes** kann der Träumende an die Quelle gelangen, er kann sich aber auch entscheiden, dem Fluß des Wassers zu folgen und das Meer zu erreichen. Beim Motiv des **Berges** und dessen Besteigung wird oft das Anspruchsniveau

Tab. 6-10 Die Instrumente der Katathym imaginativen Psychotherapie (modifiziert nach Leuner et al. 1993).

	Standardmotive	Struktur	Therapeutische Techniken	Regieprinzipien
Grundstufe	1. Wiese 2. Bachlauf 3. Berg 4. Haus 5. Waldrand	• breit • mittelbreit • breit • mittelbreit • breit	• begleitendes Vorgehen • Entfaltung kreativer Imaginationen	• Versöhnen • Nähren
Mittelstufe	6. Beziehungsperson 7. Sexualität (Rosenbusch, Autostop) 8. Aggressivität (Löwe) 9. Ich-Ideal	• eng • eng • eng • eng	• assoziatives Vorgehen • Nachttraum • Fokussierung • Inspektion des Körperinneren • Befriedigung archaischer Bedürfnisse • Durcharbeiten • Übertragungsanalyse	• Schrittmachen • Symbolkonfrontation
Oberstufe	10a. Höhle 10b. Sumpfloch 11. Vulkan 12. Folianten	• breit • eng	• Kombination mit konventioneller Psychoanalyse • Malen imaginativer Inhalte	• Erschöpfen und Mindern • magische Flüssigkeiten
Musikalisches Katathymes Bilderleben (mKB)	Fokussierung 1.–8. möglich		• assoziatives Vorgehen	
Katathymes Bilderleben in Gruppen (GKB)	Fokussierung 1.–8. möglich		Typ 1: individuelle Phantasien Typ 2: Gruppenphantasien	Feedback-Techniken

des Patienten deutlich, seine Leistungsthematik wird symbolisch angesprochen. Das Motiv des **Hauses** ermöglicht Einblicke in das Erleben der eigenen Person hinsichtlich Kontaktbereitschaft, Impulsfreudigkeit und die Bereitschaft zur Aufdeckung genetischen Materials.

Es hat sich bewährt, die auftauchenden Symbole sowohl unter den Aspekten der Objektstufe als auch der Subjektstufe zu betrachten.

Es lassen sich drei **Dimensionen** der **Katathym imaginativen Psychotherapie** voneinander abgrenzen:
● Konfliktdarstellung und Konfliktbearbeitung auf der Symbolebene
● Befriedigung archaischer Bedürfnisse
● Entfaltung von Kreativität und kreative Problemlösung

Erste Dimension der Katathym imaginativen Psychotherapie

Die Strukturierung durch **Vorgabe** von **Motiven** fördert initial den therapeutischen Prozeß. Motive helfen dabei, Imaginationen des Patienten auf seine zentralen Konflikte zu fokussieren und sie darzustellen. Der Therapeut versucht, als Begleiter seinen Patienten zu ermutigen, sich symbolhaft mit sich selbst und den umgebenden Objekten zu konfrontieren. Der Patient hat jedoch alle Freiheiten, das Motiv zu einzelnen Szenen auszuweiten. Der Therapeut fördert den **assoziativen Fluß der**

Imaginationen. In Analogie zum freien Assoziieren der klassischen Psychoanalyse wird in der Katathym imaginativen Psychotherapie auf der imaginativen Ebene assoziiert. Die Assoziationskette von Imaginationen ist von Affekten getragen. In der symbolhaften Szene entsteht ein Gefühl, das wiederum auf das Symbol zurückwirkt. Da dieser Vorgang verbal vermittelt wird, läßt sich die Tiefe der **Regression** durch die Art des verbalen Kontaktes steuern. Die kontrollierte Regression führt oft in frühe Phasen der Individuation zurück, der Patient findet sich in Kindheitsszenen wieder und durchlebt sie intensiv. Es kann zu einer Regression auf Konflikte kommen, aber auch zu Regressionen in konfliktarme Bereiche im Sinne einer harmonischen wohltuenden Szenerie. Dieses „Regredieren vor den Konflikt" stellt ein Phänomen dar, das für die Behandlung von psychosomatisch Kranken und von traumatisierten Patienten von großer Bedeutung ist.

Zweite Dimension der Katathym imaginativen Psychotherapie

Neben der ersten, konfliktzentrierten Dimension der Katathym imaginativen Psychotherapie liegt in der „zweiten Dimension" die Möglichkeit der Befriedigung archaischer Bedürfnisse. Die Imagination zentriert sich hier auf ein regressives, wohltuendes Erleben, wie es vielleicht in der bisherigen Realität des Patienten nur selten möglich war. Häufig kommt es zu

Szenen innerer Beglückung im Sinne einer „therapeutischen Regression" (Balint 1970). Eine „bergende" primärprozeßhafte Szenerie ist an eine weitgehende Akzeptanz zwischen Patient und Therapeut gebunden.

Nach solchen Imaginationen ergeben sich oft anhaltende klinische Besserungen. Es läßt sich die Hypothese bilden, daß sich durch längeres Imaginieren konfliktarmer, überwiegend guter und bedürfnisbefriedigender Szenen auf dem Hintergrund einer anaklitischen Übertragung zum Therapeuten Entwicklungsdefizite kompensieren beziehungsweise korrigieren lassen (Wilke und Leuner 1990).

Dritte Dimension der Katathym imaginativen Psychotherapie

Mit Hilfe katathymer Bilder lassen sich kreative Prozesse fördern, denn der imaginative Prozeß ist in sich kreativ. Dieser Aspekt des Verfahrens weist über die Krankenbehandlung hinaus in Bereiche der Persönlichkeitsförderung und -entwicklung. Das katathyme Bild eröffnet nicht nur den Blick auf Dysfunktion und Konflikt, sondern es eröffnet auch die Möglichkeit, innere Stärken wahrzunehmen, sie zu erproben und in der Vorstellung Handlungskompetenz zurückzugewinnen. Im Verlauf einer Imagination entsteht zwischen dem Patienten und seinem Therapeuten oft ein Gefühl des „Neuerschaffens". Es entsteht ein Hin und Her zwischen Regression und Progression, deren Freiheitsgrade im Verlauf der Therapie größer werden. Die Imagination ermöglicht das Experiment in der Vorstellung als Voraussetzung für den kreativen Prozeß. Im Zustand der inneren Versenkung und Regression nimmt der Einfallsreichtum zu, einengende, die Kreativität hemmende Prozesse sind weniger bedrückend.

Therapeutische Techniken und Wirkprinzipien

Auf der Grundstufe der Katathym imaginativen Psychotherapie überwiegt die Technik des **„Nährens"**, **„Versöhnens"** und **„Anreicherns"**. Hierdurch kann es zu einer Versöhnung mit abgespaltenen Introjekten kommen, die von feindseligen Symbolgestalten verkörpert werden. In der Mittelstufe ermöglicht die Technik der **„Symbolkonfrontation"** die Beziehungsklärung zu einer als feindselig erlebten Symbolgestalt. Im Verlauf solcher Interventionen kommt es zu einem **Wandlungsphänomen**, die Szene verändert sich, durch Probehandlungen in der katathymen Szene werden reale Verhaltensänderungen vorbereitet. Beim **Durcharbeiten** in der Katathym imaginativen Psychotherapie werden Imaginationen eingesetzt, um neurotisch bedingte Wiederholungszwänge zu verstehen und aufzulösen. Es geht um das Klarifizieren von Gefühlen, um Assoziieren und Spiegeln mit den imaginierten Inhalten, um das Durchleben und Durchleiden negativer Affekte. Am Ende dieser Reihe steht die deutende Hilfe des Therapeuten.

Die Behandlungstechnik in der Katathym imaginativen Psychotherapie folgt einem erweiterten psychoanalytischen Paradigma, in dem neben Konfrontationen und Deutungen auch Beruhigungen, Ermutigungen, Anregungen und Handlungsanweisungen einen Platz haben. Es werden zwei **Kommunikationsebenen** etabliert (Kottje-Birnbacher und Sachsse 1986):
- die Ebene der Imagination (Erleben dominiert)
- die Ebene des Gespräches (kognitive Verarbeitung dominiert)

Beide Ebenen folgen in strukturiertem Wechsel aufeinander. Der Wechsel zwischen Erleben und Verarbeiten, zwischen Regression und Progression wird als etwas Selbstverständliches etabliert und eingeübt. Jeder Bereich erhält seinen Raum und wird durch den anderen begrenzt. Diese Struktur wird im Laufe der Zeit internalisiert und steht dann als inneres Schema für den Umgang mit progressiven und regressiven Tendenzen zur Verfügung.

Während in der Psychoanalyse primär die Übertragung auf den Therapeuten als Manifestationsebene für die Neurose dient, nutzt die katathym imaginative Psychotherapie Imaginationen zur **Darstellung** der **neurotischen Konfliktbereitschaft** des Patienten. Dabei kann eine stille, positiv getönte Elternübertragung auf den Therapeuten über weite Strecken uninterpretiert als Hintergrund der Entwicklung dienen. Später sollte auch die Beziehung zum Therapeuten explizit bearbeitet werden.

Das Wahrnehmen von inneren Konflikten mit Hilfe von Imaginationen, begleitet von einem als vertrauensvoll erlebten Therapeuten, ist weniger belastend als das Erleben von Konflikten ausschließlich in der Übertragung zum Therapeuten.

Für psychosomatisch Kranke ist die enge Verschränkung von psychophysischer Entspannung und gleichzeitiger Konfliktdarstellung in der Imagination bedeutsam. Die Aktivitäten des Therapeuten haben nicht nur analysierenden Charakter, sondern auch eine **psychosynthetische Funktion**. Zusammen mit der selbstexplorativen Kraft des Patienten helfen sie, veränderte innere Strukturen zu errichten.

In der Katathym imaginativen Psychotherapie ist der therapeutische Raum in einen erlebenden und einen reflektierenden Bereich eingeteilt. Die Möglichkeit des Patienten, seine innere Welt auf der Ebene der Bilder zu externalisieren, fördert seine Selbstreflexion. Dabei besteht eine funktionelle Einheit von intrapsychischem Konflikt und imaginiertem Symbol. Hiermit korrespondieren Affekte und Verhaltensmuster. Die Katathym imaginative Psychotherapie ermöglicht die therapeutische Nutzung der Regression im Dienste des Ichs. Sie fördert die Kreativität. Die Regieprinzipien ermöglichen eine direkte Einflußnahme auf der Symbolebene.

Die Katathym imaginative Psychotherapie hat sich in der Therapie psychosomatisch Kranker besonders bewährt, da sie **Symbolisierungsprozesse** anregt und fördert. Hierdurch wird eine „Rückübersetzung" körperlicher Symbolisierung in der Krankheit in eine Symbolsprache gefördert, die die Verbalisierung vorbereitet und den kognitiven Zugang erleichtert. Das Verfahren fördert die Phantasietätigkeit und eröffnet psychosomatisch Kranken Erlebnisbereiche, in denen sie primär behindert scheinen.

Die Katathym imaginative Psychotherapie ist ein intensiv wirkendes, die Regression förderndes und selbstkonfrontatives Verfahren. Seine Anwendung verlangt eine gründliche Ausbildung in allgemeiner Psychotherapie und im speziellen Verfahren der Katathym imaginativen Psychotherapie, die eine spezifische Selbsterfahrung beinhaltet.

Indikationen und Kontraindikationen

Die Katathym imaginative Psychotherapie hat einen breiten **Anwendungsbereich**. Zu nennen sind: Kriseninterventionen und alle Formen neurotischer Entwicklungen sowie psychosomatischer Erkrankungen im Kindes- und Jugendlichenalter. Spezielle Erfahrungen liegen bei der Behandlung von Eßstörungen und chronisch-entzündlichen Darmerkrankungen vor (Wilke 1990). Die Katathym imaginative Psychotherapie hat sich auch als Paar-, Familien- und Gruppentherapie bewährt. Erfolgreich ist die Katathym imaginative Psychotherapie oft bei Patienten mit festgefügten Abwehrstrukturen, bei einem gestörten Zugang zur Emotionalität, bei einfach strukturierten und in Introspektion und therapeutischer Ich-Spaltung ungeübten Patienten. Ein Schwerpunkt ist die Kurztherapie, besonders wirksam ist das Verfahren auch bei Patienten mit guter Verbalisierungsfähigkeit, die zu intellektualisierender Abwehr neigen.

Kontraindikationen sind Psychosen akuter und chronischer Art, schwer depressive Zustände, ausgeprägte hysterische Neurosen sowie Borderline- und schwere narzißtische Störungen.

Literatur

Balint M. Therapeutische Aspekte der Regression. Stuttgart: Klett 1970.

Kottje-Birnbacher L, Sachsse U. Das gemeinsame Katathyme Bilderleben in der Gruppe. In: Gruppenimagination. Gruppentherapie mit dem katathymen Bilderleben. Leuner H, Kottje-Birnbacher L, Sachsse U, Wächter M (Hrsg). Bern: Huber 1986; 29–142.

Leuner H. Experimentelles katathymes Bilderleben als klinisches Verfahren der Psychotherapie. Z Psychother Med Psychol 1955; 5: 233–60.

Leuner H. Lehrbuch des Katathymen Bilderlebens. 2. Aufl. Bern, Stuttgart, Toronto: Huber 1987.

Leuner H, Henning H, Fikentscher E (Hrsg). Katathymes Bilderleben. Stuttgart, New York: Schattauer 1993.

Wilke E, Leuner H (Hrsg). Das Katathyme Bilderleben in der psychosomatischen Medizin. Bern, Stuttgart, Toronto: Huber 1990.

6.2.11
Übende Verfahren

Hubert Feiereis[1]

Die bei vielen Erkrankungen beobachteten psychophysischen Wechselwirkungen sowohl primär körperlicher wie primär psychischer Krankheiten und Funktionsstörungen führten zur

Entwicklung autosuggestiver, übender, auf den Körper entspannungstherapeutisch wirkender Verfahren, unter denen Autogenes Training, progressive Relaxation und funktionelle Entspannung in der Psychosomatischen und Psychotherapeutischen Medizin die größte Verbreitung gefunden haben. Die Einstufung dieser Verfahren unter den Begriffen „kleine oder zudeckende Psychotherapie" gegenüber der „großen oder aufdeckenden Psychotherapie", das heißt der psychodynamisch-psychoanalytischen Psychotherapie, erscheint heute weitgehend überwunden. Eine entspannungstherapeutisch wirkende übende Methode gehört zu den Therapiekonzepten der meisten psychotherapeutischen Fachkliniken und ebenso in eine Praxis, in der Patienten psychotherapeutische Hilfe erwarten und erhalten.

Autogenes Training

> Autogenes Training heißt „aus dem Selbst entstehendes Üben".

J. H. Schultz (1991) hat das Autogene Training aus seinen Beobachtungen bei der Hypnose entwickelt: „Die konzentrative Selbstentspannung des Autogenen Trainings hat den Sinn, sich mit genau vorgeschriebenen Übungen immer mehr innerlich zu lösen, zu versenken und so für den Organismus eine von innen kommende Umschaltung zu erreichen, die es erlaubt, Gesundes zu stärken, Ungesundes zu mindern oder abzustellen."

Der Patient vermag mit Hilfe der Übungen aktiv auf seine Körperfunktionen, die sonst einer autonomen Steuerung unterliegen, Einfluß zu nehmen und im Erlebnis der Wahrnehmung seiner Entspannung gleichzeitig auch eine seelische Beruhigung und Gelöstheit zu erfahren („Resonanzdämpfung der Affekte").

Aktuelle Konzeption und therapeutische Wirkprinzipien

Die **Unterstufe** des Autogenen Trainings setzt sich aus der einleitenden Ruhetönung und den beiden allgemeinen Grundübungen, nämlich der Schwereübung zur Entspannung der Muskulatur und der Wärmeübung zur Entspannung der Blutgefäße, sowie den sich anschließenden vier sogenannten Organübungen für Herz, Atmung, Bauchorgane und Kopf zusammen.

Für die meisten Patienten genügt es, die Unterstufe zu erlernen. Dem Patienten muß zunächst der Ablauf der Übungen ausreichend verständlich gemacht werden, so daß er klare Vorstellungen über die Wirkungsweise bekommt. Hierzu gehört es, den Entspannungsvorgang zu erklären und am besten an Beispielen zu erläutern, das heißt Zusammenhänge zwischen emotionaler Belastung, anhaltender körperlicher Anspannung, affektivem Fehlverhalten und Reaktionsweise einzelner Organe oder Organsysteme aufzuzeigen. Man wähle etwa als Beispiel Röte und Blässe, Tachykardie oder Diarrhöe unter akuter

---

1 Der Autor ist im Jahre 1998 verstorben.

Anspannung, vermehrte Schweißsekretion bei Angst und Aufregung, Erbrechen bei Ekel.

In der **Oberstufe** des Autogenen Trainings läßt sich durch bildhafte Meditationen, die sich an die Übungen der Unterstufe anschließen, ein weitaus stärkerer Grad der Versenkung erreichen. Im Anschluß an die Einzelübung wird das Erlebnis innerhalb der Gruppe unter tiefenpsychologischem Aspekt gemeinsam mit dem Gruppenleiter besprochen, gedeutet und durchgearbeitet. Die meditierten Bilder gruppieren sich in Farberlebnisse, konkrete Gegenstände und Formen sowie abstrakte Werte in symbolhafter Verschlüsselung.

Sobald die konzentrative Selbstentspannung erreicht ist, lassen sich **formelhafte Vorsätze** anschließen, die es dem Patienten ermöglichen, analog den posthypnotischen Aufträgen fehlerhafte Reaktionen oder eingeschliffene Angewohnheiten zu korrigieren oder abzustellen. Die Form dieser kurzen positiven und leicht einprägsamen formelhaften Vorsätze kann mit dem Therapeuten im einzelnen besprochen und im Verlauf der Übungen auch modifiziert werden.

> Das Autogene Training stellt eine differenzierte psychotherapeutische Behandlungsmethode mit Indikationen, Nebenwirkungen und Gefahren dar. Daher sollte nur ein mit der Methode Erfahrener das Autogene Training lehren. Gegen diese Grundregel wird immer wieder verstoßen. Ebenso unzweckmäßig ist es, das Autogene Training lediglich aufgrund einschlägiger Literatur selbst oder mit anderen zu „probieren".

Das Autogene Training bietet dem Patienten die Möglichkeit, aktiv auf seine körperliche Erkrankung oder Funktionsstörung Einfluß zu nehmen, eine tiefe Entspannung mit ihren körperlichen und psychischen Auswirkungen wahrzunehmen und die therapeutische sowie auch präventive Wirkung auf die gestörte Funktion und veränderte morphologische Struktur zu bahnen und zu stärken. Gleichzeitig erreicht er innerhalb weniger Minuten eine Ruhigstellung, Distanz von akuten Belastungen und Umwelteinflüssen mit Förderung der Selbstreflexion und Selbstkontrolle (Binder und Binder 1993; Dittmann 1988; Lohmann 1996).

Modalitäten des Settings

Das Autogene Training kann allein oder innerhalb einer Gruppe erlernt werden. Die Gruppen setzen sich aus zehn bis fünfzehn Patienten zusammen; die geschlossene Gruppe der Oberstufe sollte nicht mehr als sieben bis zehn Teilnehmer umfassen. Geschlechts- und Altersunterschiede können weitgehend unberücksichtigt bleiben. Der Übungsraum soll möglichst ruhig gelegen sein. In der Klinik kann das Autogene Training täglich vermittelt werden, für die Praxis empfiehlt es sich, wenigsten einmal wöchentlich gemeinsam zu üben. In unserer Klinik bilden wir Gruppen für Anfänger und Fortgeschrittene, so daß Patienten ohne Zeitverlust in halboffenen Gruppen beginnen und nach acht bis zehn Übungsstunden in die Gruppe für Fortgeschrittene wechseln. In der Anfänger-

gruppe werden die Schwere- und Wärmeübung vermittelt, in der Fortgeschrittenengruppe die Übungen für Herz, Atmung, Sonnengeflecht und Kopf.

Das Autogene Training wird sitzend oder liegend erlernt und ausgeübt. Die Haltung im Sitzen sollte so bequem wie möglich sein: Am meisten wird die sogenannte **Droschkenkutscherhaltung** auf einem Stuhl oder Hocker bevorzugt. Der Oberkörper ist leicht „in sich zusammengesunken", der Kopf etwas nach vorn geneigt. Die Unterarme liegen gebeugt auf den Oberschenkeln, die Hände berühren sich nicht. Auf die Lockerung beengender Kleidungsstücke ist ebenso zu achten wie auf einen gut temperierten Raum. Eine individuelle Modifikation der Haltung im Sitzen wäre, Oberkörper und Kopf bequem in einem Sessel zurücklehnen, die Arme dann auf die Armstützen des Sessels zu legen.

Die **liegende Haltung** – je nach individuell am besten empfundener Bequemlichkeit mit flachem oder leicht erhöhtem Oberkörper, die Arme neben dem Körper, Handflächen nach unten, die Beine nicht übereinander geschlagen, die Fußspitzen leicht nach außen gewendet – ist dann vorzuziehen, wenn man anschließend einschlafen möchte, also vor allem abends.

Jede Übung wird durch mehrfaches Beugen und Strecken der Arme, tiefes Atmen und zuletzt Öffnen der Augen beendet.

Eine Übungsstunde umfaßt etwa 40 Minuten, zwischen den jeweils stattfindenden zwei Übungen teilen in der Übungspause die Patienten ihre Empfindungen und Erfahrungen mit, so daß auch auf Ablenkbarkeit oder Mißempfindungen eingegangen werden kann, zum Beispiel Schwindel, Beklemmungen, Lidflattern oder Herzklopfen.

> Ein Erfolg mit dem Autogenen Training ist in der Regel nur dann zu erreichen, wenn man es regelmäßig ausübt, das heißt möglichst zweimal täglich. Leider sind viele Patienten aus verschiedenen Gründen nicht konsequent genug, regelmäßig zu üben. Deshalb sollte den Patienten angeboten werden, von Zeit zu Zeit die Übungen innerhalb der Gruppe aufzufrischen, dabei erneut Erfahrungen auszutauschen und eventuell Korrekturen vorzunehmen.

Progressive Relaxation

Die von E. Jacobson (1938) vor 60 Jahren entwickelte muskuläre Entspannungsmethode entstand auf dem Boden der Ergebnisse neurophysiologischer Untersuchungen und Reaktionen. Hierbei wurde sehr bald eine enge Beziehung körperlicher und psychischer Anspannung beobachtet.

Aktuelle Konzeption und therapeutische Wirkprinzipien

> Die willkürliche, fortgesetzte kräftige Anspannung und anschließende Lockerung einzelner Muskeln und Muskelgruppen führt zur besseren Wahrnehmung des Muskeltonus und zur Entwicklung eines „Muskelsinns".

Miteinander korrespondierende körperliche und emotionale Anspannungen finden gleichsam ihre Auflösung in der Muskelentspannungsübung, die sich generalisiert und über die Wahrnehmung der körperlichen Entspannungsvorgänge auch zur emotionalen Entspannung und einem Gefühl der Ruhe und des Wohlbefindens führt.

Während beim Autogenen Training die konzentrative autohypnoide Versenkung und Bewußtseinseinengung mit Beginn der Übung intendiert wird, entwickelt sich bei der progressiven Relaxation das Erlebnis der psychischen Entspannung bis zur „Bewußtseinsleere" aus der Wahrnehmung der Entspannung willkürlicher Muskeln und Muskelgruppen. Viele Erfahrungen und Untersuchungsergebnisse (Bernstein und Borkovec 1995; Ohm 1992; Petry 1994; Probst und von Wiethersheim 1996) haben erwiesen, daß mit der sich ausbreitenden körperlichen und psychischen Entspannung auch die autonomen Funktionen der einzelnen Organe einbezogen werden können und sich hierdurch eine ähnliche Indikation ergibt wie für das Autogene Training (Gandras 1989).

Modalitäten des Settings

In einer Gruppe der progressiven Relaxation sind etwa 15 bis 20 Patienten, die bei diesen Übungen mit geschlossenen Augen auf einer Matte liegen. Wie beim Autogenen Training werden diese Übungen in der Klinik täglich angeboten; die Dauer der Gruppenübung beträgt ebenfalls etwa 40 Minuten. Die Patienten sollten diese Übungen möglichst einmal täglich zu Hause anwenden.

Funktionelle Entspannung

Die funktionelle Entspannung wurde von Marianne Fuchs (Fuchs 1988; Fuchs 1994), die sie weder zu den übenden Verfahren noch zu den nonverbalen Therapien rechnet, als körperorientierte Psychotherapie entwickelt. Sie wird immer häufiger als Entspannungsmethode vor allem bei psychosomatischen Krankheiten angewendet, die mit körperlichen Verspannungen einhergehen.

Aktuelle Konzeption und therapeutische Wirkprinzipien

Zu Beginn wird die symptomatologische und biographische Anamnese erhoben. Der Patient wird angeregt, Verspannungen in der Abhängigkeit von der Atmung wahrzunehmen und mit Hilfe der Selbsterfahrung die therapeutischen Anweisungen, die in „Spielregeln" zusammengefaßt sind, zu verstehen. So erfährt der Patient, daß willkürliche Bewegungen, gekoppelt an die Einatmung, anders wahrgenommen werden als in der Phase des Ausatmens. Übend erlebt der Patient, daß mit Hilfe nur kleiner Bewegungen während der Ausatmung eine Korrektur eingeschliffenen Fehlverhaltens eintritt; hierbei sollen die Übungen jedoch höchstens zwei- bis dreimal wiederholt werden, um eine vom Willen gesteuerte Kontrolle zu ver-

meiden. Eine weitere Regel gilt dem „Nachspüren", der Reflexion und schließlich der Verbalisierung des Wahrgenommenen und Erlebten. Johnen und Müller-Braunschweig (1988) sowie Müller-Braunschweig (1996) haben hierzu die These formuliert, daß die funktionelle Entspannung eine Methode ist, die es ermögliche, „gerade die in der frühen Entwicklung entstandenen Körpereindrücke wieder aufzuspüren". Die vertiefte Wahrnehmung körperlicher Vorgänge hilft dem Patienten somit, die enge Verflochtenheit leiblich-seelischer Abläufe nicht nur zu erfahren, sondern die funktionelle Entspannung auch als tiefenpsychologisch fundierte verbale Therapie begleitende oder vorbereitende psychosomatische Behandlung zu verstehen. Ebenso sei sie auch zur Ablösung von einer Psychotherapie geeignet.

Modalitäten des Settings

Im Mittelpunkt des individuell aufgebauten dialogischen Prozesses steht kein vorgegebener Übungsablauf, sondern das Ziel der vertieften Wahrnehmung körperlicher Vorgänge und Prozesse. Der Atemrhythmus wird hierbei in den Mittelpunkt gestellt.

Indikationen und Kontraindikationen zur Anwendung übender Verfahren

- **psychosomatische Krankheiten**, zum Beispiel Hypertonie, Koronarinsuffizienz, Asthma bronchiale, Ulkusleiden, entzündliche Darmerkrankungen, Magersucht und Bulimie, Neurodermitis, Urtikaria
- **funktionelle Störungen**, zum Beispiel Spannungskopfschmerz und Migräne, spastische Angina pectoris, Herzrhythmusstörungen, periphere Durchblutungsstörungen, Colon irritabile, spastische Parametropathie und Dysmenorrhöe
- **Schlafstörungen**
- **chronifizierte Schmerzen**, zum Beispiel bei neurologischen und orthopädischen Krankheiten
- in der **Rehabilitation** organischer Krankheiten
- bei **neurotischen Störungen**

Ungeeignet für diese Verfahren sind meistens Kranke mit Psychosen, fehlender Motivation und fehlendem Verständnis einfacher psychophysischer Abläufe und Zusammenhänge.

Zusammenfassung

Autogenes Training, progressive Muskelrelaxation und funktionelle Entspannung sind über den Körper wirksame übende Psychotherapieverfahren, die das Behandlungskonzept in einer Klinik ebenso wie in einer Praxis wesentlich erweitern und ergänzen.

Literatur

Bernstein DA, Borkovec TD. Progressive relaxation training. Champaign: Research Press 1973. Deutsch: Entspannungstraining. Handbuch der Progressiven Muskelentspannung. 7. Aufl. München: Pfeiffer 1995.

Binder H, Binder K. Autogenes Training – Basispsychotherapeutikum. 2. Aufl. Köln: Deutscher Ärzte-Verlag 1993.

Dittmann RW. Zur Psychophysiologie beim Autogenen Training von Kindern und Jugendlichen. Frankfurt, Bern, New York, Paris: Lang 1988.

Drenk K. Autogenes Training. In: Psychosomatische Medizin und Psychotherapie. Feiereis H, Saller R (Hrsg). München: Marseille 1995; 175–85.

Fuchs M. Das leibliche und seelische Unbewußte, die Funktionelle Entspannung und das therapeutische Gespräch. Prax Psychother Psychosom 1988; 33: 120–9.

Fuchs M. Funktionelle Entspannung. 5. Aufl. Stuttgart: Hippokrates 1994.

Gandras G. Progressive Relaxation. In: Diagnostik und Therapie der Magersucht und Bulimie. Feiereis H (Hrsg). München: Marseille 1989; 125–7.

Jacobson E. Progressive Relaxation. Chicago: University of Chicago Press 1938. Deutsch: Entspannung als Therapie: Progressive Relaxation in Theorie und Praxis. 2. Aufl. München: Pfeiffer 1993.

Johnen R, Müller-Braunschweig H. Psychoanalyse und Funktionelle Entspannung. Prax Psychother Psychosom 1988; 33: 134–46.

Lohmann R. Suggestive und übende Verfahren. In: Psychosomatische Medizin. Adler R, Herrmann JM, Köhle K, Schonecke OW, Uexküll Th v., Wesiack W (Hrsg). 5. Aufl. München, Wien, Baltimore: Urban & Schwarzenberg 1996; 450–63.

Müller-Braunschweig H. Körperorientierte Psychotherapie. In: Psychosomatische Medizin. Adler R, Herrmann JM, Köhle K, Schonecke OW, Uexküll Th v., Wesiack W (Hrsg). 5. Aufl. München, Wien, Baltimore: Urban & Schwarzenberg 1996; 464–76.

Ohm D. Progressive Relaxation. Rep Psychol 1992; 17: 27–43.

Petry J. Wirkung von autogenem Training und progressiver Relaxation auf Psychophysiologie und Befindlichkeit bei Patienten mit Anorexia nervosa, Colitis ulcerosa und Morbus Crohn. Dissertation Lübeck 1994.

Probst B, Wietersheim J v. Entspannungstherapie. In: Analytische Psychotherapie bei Eßstörungen. Herzog W, Munz D, Kächele H (Hrsg). Stuttgart, New York: Schattauer 1996; 65–75.

Schultz JH. Das autogene Training. 19. Aufl. Stuttgart: Thieme 1991.

Literaturempfehlung

Fuchs M. Funktionelle Entspannung. 5. Aufl. Stuttgart: Hippokrates 1994.

Jacobson E. Entspannung als Therapie: Progressive Relaxationen in Therapie und Praxis. 2. Aufl. München: Pfeiffer 1993.

Schultz JH. Das autogene Training. 19. Aufl. Stuttgart: Thieme 1991.

6.2.12
Körperorientierte Verfahren – Konzentrative Bewegungstherapie

Hans Becker

Historische Entwicklung

Bereits in den 20er Jahren setzte die Tänzerin **Elsa Gindler**, die aus der deutschen Gymnastikbewegung kam, wesentliche Grundsteine für ein Behandlungsverfahren, das später als „Konzentrative Bewegungstherapie" bezeichnet wurde. Die Methode setzte sich mit dem Prinzip der „freien Körperausdrucksassoziation" von den mechanistischen Übungen der damaligen Krankengymnastik ab und trat so in den Grenzbereich zwischen Körper und Psyche ein. Vermittelt wurden Konzentration und Entspannung unter besonderer Berücksichtigung der Atemfunktion. Die Ansätze der Methode waren damals ausdrücklich noch nicht therapeutischer, sondern mehr künstlerischer, pädagogischer Natur.

Eine Schülerin Gindlers, **Gertrud Heller**, arbeitete über zwölf Jahre in der schottischen Klinik Crighton Hall unter Mayer-Gross, beide Emigranten aus dem nationalsozialistischen Deutschland, mit Neurotikern und psychotischen Patienten. Sie gab ihre Erfahrungen an zahlreiche Schüler, unter anderem **Helmuth Stolze**, weiter. Stolze veröffentlichte 1959 seine Erfahrungen in der ambulanten psychotherapeutischen Praxis und umschrieb dabei die Methode mit der Bezeichnung „Konzentrative Bewegungstherapie". 1975 wurde der Deutsche Arbeitskreis für Konzentrative Bewegungstherapie (DAKBT) gegründet und ein umfangreiches Curriculum für die Weiterbildungsinhalte festgelegt. Heute kommen Therapeuten der Konzentrativen Bewegungstherapie aus den verschiedensten Berufsgruppen, neben Ärzten auch Ergotherapeuten, Krankengymnasten, Psychologen und andere mehr. Mittlerweile ist dieses sogenannte Körpertherapieverfahren an den meisten psychosomatischen Kliniken eingeführt und hat sich bei der Behandlung vor allem neurotischer, funktioneller und psychosomatischer Störungen bewährt.

Aktuelle Konzeption und therapeutische Wirkprinzipien

Die Konzentrative Bewegungstherapie ist eine Psychotherapiemethode, die über das Verbalisieren hinaus den Körperausdruck über Wahrnehmung und Bewegung zentral einbezieht. Sie ist eine psychosomatische Therapie, die die auf der Erfahrung beruhende Erkenntnis nutzt, daß sich unbewußte Konflikte und Charakterpanzerungen (Reich 1933) nicht nur über Sprache, sondern auch im Körperlichen und Handeln ausdrükken und oftmals nur im prä- und averbalen Bereich kommunikationsfähig und daher therapeutisch angehbar werden. Die Methode ermöglicht den freien Einfall über Körperausdruck, Körperwahrnehmung und szenisches Handeln, das heißt über das Agieren als einem der „Königswege" zum Unbewußten, analog zur freien Assoziation im Verbalen. Es geht vor allem um zwei theoretisch begründete Aspekte:

- das Aufdecken von Konflikten
- die Ermöglichung emotional korrigierender Erfahrungen über Wahrnehmung und Bewegung

Der therapeutische Prozeß strebt weder Entspannung an, noch handelt es sich um ein übendes Verfahren mit einem kollektiven Übungsziel. Je nach Indikation findet diese Therapieform als Gruppen- oder Einzeltherapie statt.

Die Konzentrative Bewegungstherapie nutzt unser Wissen über die Bedeutung prä- und averbaler, das heißt sensomotorischer Anteile in der frühkindlichen Entwicklung. Durch **„Konzentration"** auf das Körperselbst wird eine Intensivierung des Körperraumbildes erreicht, objekthaftes Körpererleben (Körperentfremdung) wird über Anspüren des eigenen Körpers und seiner Funktionen zu Subjekthaftem. Ein weiterer wesentlicher Aspekt ist das konkrete Wahrnehmen über taktile, manuelle, visuelle und motorische Erforschung des Raumes und seiner Gegenstände in „Konzentration". Dies konfrontiert mit den eigenen Körpergrenzen, mit Einssein und Getrenntsein, Abgegrenztsein von der Umgebung, Geben und Nehmen, Beherrschen, Beherrschtwerden, Eindringen in den Raum, Erforschen, Durchdrungenwerden, Zuwendung zu Gegenständen und Personen. Über konkretes Erforschen und Wahrnehmen der Objektwelt werden Prozesse des Internalisierens, der Symbolisierung und Realitätsprüfung angestoßen. Ein weiteres wesentliches Therapeutikum ist die **Kommunikation** im Sinne der sozialen Bezogenheit zu anderen Gruppenmitgliedern. Nähe, Distanz, eigene Bedürfnisse, Bedürfnisse anderer, Anlehnung, Mittragen anderer, Fühlen, Gefühltwerden und gemeinsame Verantwortlichkeit sollen nur verdeutlichen, wie über konkretes Handeln im psychodynamischen Feld Prozesse der „Imitation", Identifikation, sozialen Lernens und der Realitätsprüfung angestoßen und bearbeitbar gemacht werden. Das therapeutische Setting ist vergleichbar mit einer psychoanalytischen „Spieltherapie" für Erwachsene (Becker 1989).

Die **Körpertherapie** zeigt als eigenständige Methode oder Ergänzung zur verbalen Psychotherapie folgende wesentliche **Aspekte**:

- Inter- und intraindividuelle Konflikte konstellieren sich in recht kurzer Zeit in Form von Schlüsselerlebnissen.
- Die Erlebnisqualität im konkreten Handeln und leibseelischen Ausdruck fördern die Erinnerung an genetisches Material.
- Auftretende Abwehrformen wie Spaltung, Projektion, Verleugnung, Konformität und Symptomfixierung sind im konkret Wahrnehmbaren besonders gut zu bearbeiten.
- Wo sich eher im verbalen Bereich die Abwehr darstellt, kommt es im nonverbalen nicht selten allerdings auch ungeschützt zur Darstellung der Trieb- und Affektseite.
- Der nonverbale und präverbale Bereich ist in besonderem Maße affektiv besetzt, dem unbewußten Primärprozeßhaften sehr nah und unterliegt weniger der Zensur.
- Unterschiedliche soziale Schichtzugehörigkeit zwischen Mitpatienten und zwischen Patient und Therapeut führen im präverbalen und averbalen Bereich gerade in der Anfangsphase einer Therapie zu deutlich weniger Kommunikationsschwierigkeiten als im verbalen Bereich.
- Das Wiedergewinnen und die Reintegration primärprozeßhaften Denkens und Fühlens sind eine Grundvoraussetzung für den Gesundungsprozeß.

Indikationen

In der täglichen Praxis sind wir bei nicht wenigen Patienten, die uns lediglich einen symptomatischen Leidensdruck anbieten und die weit weg von einem kommunikationsfähigen Konfliktverständnis sind, recht hilflos. Gerade bei ihnen stellen wir

nicht selten die Indikation für eine stationäre Therapie. So ist es kein Zufall, daß die mehr körperorientierten Psychotherapiemethoden heute in keiner der bedeutenden universitären und nichtuniversitären stationären Einrichtungen für Psychosomatik und Psychotherapie fehlen. Versteht man eine stationäre Psychotherapie als Initialphase eines therapeutischen Prozesses, so gehören die sogenannten Körpertherapien gerade hier zu den sehr wesentlichen therapeutischen Ansätzen (Becker und Senf 1988).

Die Indikationsstellung zur Konzentrativen Bewegungstherapie im ambulanten wie stationären Bereich bezieht sich auf Patienten mit sogenannten **frühen Störungsanteilen**, mit einer ausgeprägten Abwehr über Intellektualisieren, Agieren und Symptomfixierung. Dies betrifft Patienten mit neurotischen, funktionellen und psychosomatischen Symptomen und bei modifizierter Therapietechnik Patienten mit psychotischen Symptomen, Autismus und Extremtraumata (sogenannte Folteropfer).

Die Indikationsstellung spezifiziert sich, betrachtet man Ansätze zur theoretischen Begründung der Methode. Neben Reich (1933) hat Ferenczi (1921) darauf hingewiesen, daß es unbewußte pathogene Seeleninhalte vor allem aus der frühen Kindheit gibt, die nicht „erinnert, sondern nur durch Wiederbelebung im Sinne der Wiederholung reproduziert werden". Andere Autoren haben dies mit den Begriffen **„infantile Persönlichkeit"** (Ruesch 1948) und mit dem sehr unglücklichen Begriff **„Primitivpersönlichkeit"** (DeBoor und Mitscherlich 1973) umschrieben. Letztere haben die Vermutung ausgesprochen, daß die Therapeuten hier noch nicht weit genug in dem non- und präverbalen Erlebnisbereich vorgedrungen sind. Tilmann Moser (1987) stellt in seiner sehr verdienstvollen Durchsicht mehr oder weniger gescheiterter „verbaler" Psychotherapien „das Monopol der Worte als einzigen Zugang zum Unbewußten" in Frage. Es gelte, „die somatische und interaktionelle Basis des Phantasierens und Symbolisierens zu reparieren, bevor man mit dem kostbaren Instrument der Analyse kommen kann". Die vorwiegend verbalen Psychotherapien stellen an den Patienten oft schon zu Beginn der Psychotherapie höchste Anforderungen an eine Symbolisierungsfähigkeit über die Sprache. Ich-Funktionen wie sekundärprozeßhaftes Denken, Verbalisations- und Symbolisierungsfähigkeit erfüllen viele Patienten gerade zu Beginn einer Therapie nicht. Bei ihnen zeigt sich die klassische Indikation für eine Körpertherapie. Darüber hinaus ermöglicht die Konzentrative Bewegungstherapie bei Patienten mit Symptomen der **Körperentfremdung** und der **Abwehr** des **Rationalisierens** einen erneuten Zugang zum Primärprozeßhaften und den Weg der **Resomatisierung**.

Katamnestische Studien haben gezeigt, daß Patienten die Konzentrative Bewegungstherapie als besonders hilfreich zur Wahrnehmung ihrer Konflikte einschätzen. Immerhin ein Drittel der Patienten schätzten die Konzentrative Bewegungstherapie als hilfreicher ein als das mehr verbale Psychotherapieangebot (Becker und Senf 1988; Tammen 1988). Übereinstimmend mit den Erfahrungen an der Psychosomatischen

Klinik der Universität Heidelberg kam eine Freiburger Studie (Carl et al. 1989) aufgrund der vorliegenden Forschungsergebnisse zu der Annahme, daß der Bewußtwerdungsprozeß im therapeutischen Geschehen in der Konzentrativen Bewegungstherapie den eher verbalen Psychotherapieformen vorausgeht.

Der wirklich effektive Einsatz von sogenannten Körpertherapien, das heißt die Indikationsstellung, aber auch Durchführung, wird im stationären und insbesondere im ambulanten Bereich nur möglich sein, wenn diese Verfahren künftig bei der Ausbildung von Psychotherapeuten Berücksichtigung finden (Moser 1992).

———————————— Fallbeispiel ————————————

Herr F., ein 39jähriger Patient mit seit zehn Jahren auftretenden rezidivierenden Magenulzera, der beruflich überdurchschnittlich erfolgreich war, kam zur stationären Aufnahme, nachdem die Magensymptomatik erneut zugenommen hatte. Auslösend war die Trennung von seiner Frau und der damit wohl verbundene Leistungsabfall sowie der Verlust des Arbeitsplatzes. In der analytischen Gruppe machte er sich schnell zum Kotherapeuten, wurde anerkannt und der Leiter der Gruppe. In der Konzentrativen Bewegungstherapie lag er vorwiegend eingerollt auf dem Boden, brach bei Kontakten zu Mitpatienten in Tränen aus und klammerte sich geradezu an diese. In einer Situation, in der er Rücken an Rücken mit einem Mitpatienten saß, fühlte sich der Partner durch sein Anlehnungsbedürfnis völlig erdrückt und überfordert. Der Patient hatte im verbalen Bereich, also in der analytischen Gruppe, ausschließlich sein kompensatorisches Leistungsstreben dargestellt. Auch auf Deutungen hin waren für ihn seine regressiven Bedürfnisse nur intellektuell, jedoch nicht emotional annehmbar. Die Übertragung als Wiederholung in der Beziehung hatte sich lediglich in der Konzentrativen Bewegungstherapie emotional erfahrbar ereignet (Becker 1989).

Zusammenfassung

Das therapeutische Prinzip der Konzentrativen Bewegungstherapie besteht in der freien Körperausdrucksassoziation als Zugang zu unbewußtem Material im Sinne der Leiberinnerung und in emotional korrigierender Erfahrung über Wahrnehmung und Bewegung.

Durch konzentrative Beschäftigung mit dem eigenen Leib, mit Gegenständen und Partnern stehen Prozesse der Körperbesetzung, Symbolisierung, Internalisierung und Aspekte der frühen Objektbeziehungen im Mittelpunkt der therapeutischen Arbeit. Über diese genuin Psychosomatische Therapie finden die meist hinter den Symptomen stehenden inter- und intrapsychischen Konflikte und Defizite oft erstmals eine Sprache und können im Gespräch reflektiert, emotional erfahrbar und durchgearbeitet werden.

Literatur

Becker H. Konzentrative Bewegungstherapie. 4. Aufl. Gießen: Psychosozial-Verlag 2001.
Becker H, Senf W. Praxis der stationären Psychotherapie. Stuttgart, New York: Thieme 1988.

Carl A, Fischer-Antzei J, Gaedtke A, Hoffmann SO, Wendler W. Vergleichende Darstellung gruppendynamischer Prozesse bei Konzentrativer Bewegungstherapie und Analytischer Gruppentherapie. In: Konzentrative Bewegungstherapie. Stolze H (Hrsg). 2. Aufl. Berlin, Heidelberg, New York: Springer 1989; 167–86.
De Boor C, Mitscherlich A. Verstehende Psychosomatik. Ein Stiefkind der Medizin. Psyche 1973; 27: 1–20.
Ferenczi S. Weiterer Aufbau der „aktiven Technik" in der Psychoanalyse. Schriften zur Psychoanalyse. Bd 2. Frankfurt: Fischer 1921.
Moser T. Der Psychoanalytiker als sprechende Attrappe. Eine Streitschrift. Frankfurt: Suhrkamp 1987.
Moser T. Die Grenzen der Psychoanalyse und der interkollegiale therapeutische Raum. Psychoanalyse im Widerspruch 1992; 7: 67–89.
Reich W. Charakteranalyse. 1933. Köln: Kiepenheuer & Witsch 1970.
Ruesch I. The infantile personality. Psychosom Med 1948; 10: 134–44.
Stolze H (Hrsg). Die Konzentrative Bewegungstherapie. 2. Aufl. Berlin, Heidelberg, New York: Springer 1989.
Tammen H. Katamnestische Untersuchungen von stationär oder ambulant behandelten Patienten mit Ulcus duodeni und/oder ventriculi in der Psychosomatischen Klinik Heidelberg. Universität Heidelberg, Dissertation 1988.

Literaturempfehlung

Becker H. Konzentrative Bewegungstherapie. 2. Aufl. Stuttgart, New York: Thieme 1989.
Budjuhn A. Die psychosomatischen Verfahren. Konzentrative Bewegungstherapie und Gestaltungstherapie in Theorie und Praxis. Dortmund: Modernes Leben 1992.
Seidler K-P. Konzentrative Bewegungstherapie (KBT). Ergebnisse der empirischen Forschung. Psychotherapeut 2001; 46: 223–31.
Stolze H (Hrsg). Die Konzentrative Bewegungstherapie. 2. Aufl. Berlin, Heidelberg, New York: Springer 1989.

Exkursion Feldenkrais-Methode

Susanne Tümpel

Historische Entwicklung

Die Feldenkrais-Methode ist nach ihrem Begründer, Dr. **Moshé Feldenkrais** (1904–1984) benannt. Der in Rußland geborene Naturwissenschaftler richtete sein Forschungsinteresse neben der Physik später vor allem auch auf die Gebiete der Anatomie, der Neurologie und der Verhaltenspsychologie. Nach einer schweren Knieverletzung erkannte er, daß sich die meisten Menschen ihrer eigenen Bewegungsabläufe nicht bewußt sind. Daraus schloß er, daß ein bewußteres Wahrnehmen von Körperstruktur und Bewegungsmöglichkeiten vor schädigenden Verhaltensweisen schützen kann. Ebenso kann ein erweitertes Selbstbild Zugang zu einer Selbstregulation eröffnen, durch die psychische oder physische Traumatisierungen aufgelöst oder handhabbar werden.

Die erste theoretische Darstellung seiner Arbeit erschien 1949, er entwickelte seine Methode jedoch bis zu seinem Tode ständig weiter. **Ausbildungen** in der Feldenkrais-Methode gibt es seit Ende der 60er Jahre. Sie sind als ca. vierjähriges berufsbegleitendes Training konzipiert und unterliegen international festgelegten Standards. Weltweit gibt es etwa 45 Ausbilder (2002). Die Feldenkrais-Methode ist ein Lernverfahren, das sowohl in Gruppen, als auch in Einzelarbeit gelehrt und praktiziert wird. Sie versteht sich als eigenständiges Berufsbild und ist nicht an einen bestimmten Grundberuf gebunden. Berufsorganisation der ca. 1400 Feldenkrais-Lehrer in Deutschland ist die Feldenkrais-Gilde in München.

Aktuelle Konzeption und Wirkprinzipien

> Feldenkrais verstand seine Methode als Möglichkeit, das Lernen zu lernen; als Medium dafür wählte er die Bewegung.

Er definiert diese Art des Lernens wie folgt: „Bei genauer Betrachtung merkt man, daß die Art des Lernens, die dich befähigt, das, was man schon kennt, auf eine andere, auf eine zweite oder dritte Weise zu tun, die wichtigere für uns ist" (Feldenkrais 1993, S. 28). „Zu erlernen, wie man neue Fertigkeiten lernt, scheint mir wichtiger, als diese Fertigkeiten selbst" Feldenkrais 1987, S. 135). Diese Art des Lernens, die er **„organisches Lernen"** nennt, unterscheidet sich grundsätzlich vom stark zielgerichteten Lernen, wie es in einer leistungsorientierten Gesellschaft verlangt wird.

Feldenkrais beschreibt als wichtigste Voraussetzung von Lernprozessen die Fähigkeit, zwischen verschiedenen Empfindungen, Möglichkeiten und Zuständen differenzieren zu können: Nur wenn ich zwischen angenehm und unangenehm, zwischen leicht und anstrengend etc. unterscheiden kann, bin ich überhaupt in der Lage, die für mich bessere Möglichkeit auszuwählen.

Bei der Erforschung der **neurophysiologischen Grundlagen** des Lernens entdeckte Feldenkrais, daß die Repräsentation des Körperbildes im Gehirn offensichtlich nicht getrennt von der Erfahrung möglicher Tätigkeiten und Handlungen gespeichert wird. Es heißt also nicht „dies ist meine Hand", sondern „dies ist meine Hand, die das und jenes tun kann". Wenn sich – eventuell unbewußt – verschiedene Intentionen mischen, wird eine Tätigkeit unökonomisch, anstrengend oder sogar unmöglich.

Die Feldenkrais-Methode kann helfen, widersprüchliche Handlungs- und Bewegungsabläufe bewußt zu machen, um sie dann in funktionaler Weise neu zu organisieren. Das bedeutet, daß Handlungsabsicht und Handlungsablauf in Einklang gebracht werden.

Jeder **Widerstand** gegen eine Bewegung wird als die individuelle, momentane Grenze geachtet und akzeptiert. Insbesondere sollten nie Gefühle von Anstrengung entstehen oder gar Schmerzen auftreten, da sie Lernen behindern und verlangsamen. Feldenkrais beschreibt, wie mit einer schmerzhaften Bewegung neben der eigentlichen Bewegung gleichzeitig auch der Schmerz „gelernt" wird und wie er künftig mit dieser Bewegung assoziiert bleibt.

Ausgehend von der Erkenntnis, daß besonders **chronische Schmerzen** also oft mit bestimmten **Bewegungsabläufen** verknüpft sind (z. B. „immer wenn ich den Arm seitlich hebe, tut

die Schulter weh"), entwickelte Feldenkrais einen neuen Ansatz im Umgang mit Schmerzen: Wenn es gelingt, die Bewegung so zu verändern, daß der Bewegungsablauf gleich bleibt, jedoch die Absicht eine andere ist (im oben genannten Beispiel durch Vertauschen von Punctum fixum und Punctum mobile, der Arm ruhig bleibt und der Rumpf sich vom Arm fortbewegt), dann ist häufig kein Schmerz mehr spürbar, und es kann zu einer erheblichen und dauerhaften Besserung des Schmerzsyndroms kommen.

Die **Lernatmosphäre** spielt eine wichtige Rolle, sie sollte spielerisch, selbstbestimmt und ohne Leistungsdruck sein. Der Lernende wird in der Verbesserung seiner Selbstwahrnehmung unterstützt. Er wird ermutigt, seinen Empfindungen zu trauen und eventuell sein Handeln entsprechend zu ändern.

Durch Bewegungsvorschläge werden dem Lernenden seine **Bewegungsmuster** deutlich: fest eingeschriebene Gewohnheiten, die unser Handeln bestimmen und in vielen Momenten unverzichtbar sind. Häufig hindern sie uns jedoch auch an der Entfaltung unseres Potentials, unserer Möglichkeiten.

> Für den Lernenden ist die Erfahrung der Bewegungsvielfalt eine Chance, unerwartete Fähigkeiten zu entdecken. Dies unterstützt ihn in seiner Autonomie, stärkt sein Gefühl von Eigenständigkeit und Selbstachtung.

Modalitäten des Settings

Für den **Gruppenunterricht** – genannt **„Bewußtheit durch Bewegung"** – wird ein Raum benötigt, der ausreichend Platz für Bewegung bietet. Das Liegen auf einer Unterlage sollte bequem sein (Wolldecke, Matte, Kissen). Die Gruppengröße schwankt zwischen zehn und 20 Teilnehmern in den ambulanten Gruppen, es werden aber auch Großgruppen von über 100 Teilnehmern angeboten. Wenn der Austausch unter den Gruppenteilnehmern eine wichtige Rolle spielt – wie zum Beispiel bei stationären Behandlungen – ist eine Gruppengröße von sechs bis zwölf günstig. Eine zu geringe Anzahl der Gruppenteilnehmer schränkt die Möglichkeiten ein, voneinander lernen zu können.

Die **Vermittlungsweise** in der Gruppe ist **verbal**, die Teilnehmer führen die Bewegungen selbst aus.

Der Unterricht findet anfangs oft im Liegen statt, es kann jedoch auch im Sitzen oder in anderen Positionen gearbeitet werden. Die **Bewegungen** sind eher langsam und klein, so kann der Lernende sie leichter nach verschiedenen **Qualitätskriterien** untersuchen, wie zum Beispiel:

- Kann die Bewegung angenehm weich und fließend ausgeführt werden?
- Ist es möglich, sich zu bewegen, ohne den Atem anzuhalten?
- Kann man in jedem Moment eine Bewegung beginnen, anhalten, umkehren oder etwas ganz anderes tun, ohne Vorbereitung oder große Anstrengung?
- Gibt es mehrere verschiedene Möglichkeiten, das Gleiche zu tun (z. B. vom Liegen zum Sitzen zu kommen)?

- Ist der ganze Körper an der Bewegung beteiligt?
- Entsteht ein Gefühl von Leichtigkeit und Eleganz?
- Kann die ganze Kraft in Bewegung umgesetzt und so der Kraftaufwand reduziert werden?

Feldenkrais wandte sich ganz entschieden gegen ein **Üben** des Gelernten. Dies sei ein automatisches, quasi „bewußtloses" Wiederholen und stünde damit in einem Gegensatz zum forschenden und spielerischen Tun.

In den **Einzelstunden** – genannt „**Funktionale Integration**" – wird meist auf einer kniehohen, 80 mal 200 cm großen Liege gearbeitet. Der Lernende ist grundsätzlich voll bekleidet, so kann er sich sicher fühlen. Seine Kleidung sollte ihm ausreichend Bewegungsfreiheit ermöglichen. Der Lernende ist hier eher passiv, der Lehrer gibt seine Bewegungsvorschläge durch **Berührung** mit seinen Händen. Die Art der Berührung ist nicht direktiv oder manipulierend, sondern erforschend und begleitend. Zwischen den Händen des Lehrers und dem Schüler entsteht eine Art Dialog; Feldenkrais nannte es einen „gemeinsamen Tanz".

Indikation und Differentialindikation

Die wichtigste Voraussetzung ist die innere Motivation, das Interesse, etwas über sich zu erfahren und sich in irgendeiner Hinsicht verändern zu wollen. Eine Indikationsstellung durch den Behandler allein würde dem Prinzip der Selbstverantwortlichkeit des Lernenden in der Feldenkrais-Methode widersprechen.

Die Feldenkrais-Methode versteht sich nicht als krankheitsorientiert. Der Wunsch, neue Wege zu entdecken im Umgang mit Schmerzen, mit einer Krankheit oder einem als unzureichend erlebten Körpergefühl, aber auch das Interesse am Umgang mit einem Musikinstrument oder der eigenen Stimme – und sei es einfach der Spaß an Bewegung – kann Anlaß sein, mit der Feldenkrais-Methode zu lernen.

Da es im Feldenkrais-Unterricht keinen Leistungsdruck, keine „objektiv richtigen Bewegungen" gibt, können auch Menschen mit großen Bewegungseinschränkungen teilnehmen, ohne sich unzureichend oder unfähig zu fühlen; sie erleben es oft als sehr beglückend, ihre Selbständigkeit neu oder wiederentdecken zu können.

In der **Funktionalen Integration** kann der Lehrer besonders gut auf den individuellen Lernprozeß des Schülers eingehen. Außerdem bietet sich diese Arbeitsform dort an, wo sich der Lernende selbst gar nicht oder nur unter Schmerzen bewegen kann, und auch bei denen, die eine verbale Anleitung nicht verstehen (z. B. bei Kleinkindern).

Die **Abgrenzung** zu **krankengymnastischen** oder **physikalischen Behandlungsmaßnahmen** besteht unter anderem darin, daß die Feldenkrais-Methode den Schwerpunkt auf die Verfeinerung der Selbstwahrnehmung legt. Der Lernende wird dazu angeregt, auch seine gewohnheitsmäßigen oder dysfunktionalen Bewegungs- und Verhaltensmuster zu untersuchen.

und er wird darin unterstützt, selbst andere, bessere Möglichkeiten zu entwickeln.

Sowohl in der Einzelarbeit als auch in der Gruppe wird stets darauf geachtet, daß die Bewegungen immer als angenehm und wohltuend empfunden werden, sie dürfen nicht schmerzhaft sein. Außerdem bietet die verbale Vermittlungsweise ein großes Spektrum an Möglichkeiten für die Arbeit mit Menschen, die eine Berührung, sei es aus psychischen oder aus physischen Gründen, nicht oder noch nicht ertragen können.

Der **Unterschied** zu **körperorientierten Psychotherapieverfahren**, wie zum Beispiel der Konzentrativen Bewegungstherapie (s. Kap. 6.2.12, S. 601ff), bezieht sich auf den Umgang mit Wahrnehmung und Veränderung. Der Feldenkrais-Lehrer verbalisiert nur, was der Lernende selbst bemerkt hat, bleibt also ganz bei der Wahrnehmung des Lernenden. Bei unsicheren Menschen vermeidet dies ein Gefühl des Versagens und der Unzulänglichkeit („Das habe ich ja gar nicht gefühlt").

Während in der Feldenkrais-Methode der Schwerpunkt auf der Erfahrung des Lernenden mit sich selbst liegt, schließt die Konzentrative Bewegungstherapie auch die Erfahrung der Beziehung zu den anderen Gruppenmitgliedern und zum Therapeuten mit ein. So ergibt sich für eine Feldenkrais-Gruppenbehandlung eine klinische Indikation besonders für Menschen, die eine unzureichende Wahrnehmung ihrer eigenen Bedürfnisse und Fähigkeiten haben, so daß eine beziehungsorientierte Gruppe sie überfordern würde. Aus psychodynamischer Sicht sind Patienten mit präverbalen Entwicklungsstörungen und fragilen Selbstgrenzen besonders für die Arbeit mit der Feldenkrais-Methode geeignet.

––––––––– Fallbeispiel (stationäre Behandlung) –––––––––

Eine 55jährige, übergewichtige Bechterew-Patientin klagte über starke Schmerzen in beiden Schultergelenken. Die Feldenkrais-Pädagogin und die Patientin deuteten dies zunächst als krankheitsbedingten Entzündungsschmerz. Die gemeinsame Arbeit an der Verbesserung der Körperwahrnehmung sowie die Entwicklung eines Gefühls für unnötige Spannungen in verschiedenen Bewegungen ermöglichten der Patientin, ihr Körperbild zu vervollständigen. So merkte sie beim Aufstehen, daß sie aus einer relativ aufrechten Position im Sitzen ihre Arme mit viel Kraft nach vorn warf, um sich mit Hilfe dieses Schwunges aufzurichten. Dabei verspürte sie den Schmerz in ihren Schultern. Durch Ausprobieren verschiedener Möglichkeiten entdeckte sie, wie sie durch Gewichtsverlagerung (ohne die Arme zu benutzen) ihren Schwerpunkt weiter über ihre Füße bringen und dann durch die Kraft ihrer Beine zum Stehen kommen konnte. Das Schmerzsyndrom war damit vollständig beseitigt.

Zusammenfassung

Die Feldenkrais-Methode versteht sich nicht als therapeutisches Verfahren, sondern als Lernmethode. Im Vordergrund steht die Wahrnehmungsschulung von Bewegungszusammenhängen; damit setzt sich die Feldenkrais-Methode ausdrücklich von rein mechanischen Übungen ab. „Bewußtheit durch Bewegung" und „Funktionale Integration" basieren auf denselben neurophysiologischen Prinzipien; unterschiedlich ist unter anderem die Vermittlungsweise (verbal bzw. durch Berührung). Durch bewußte Bewegung werden die Selbstwahrnehmung und das Entdecken von neuen Bewegungsmöglichkeiten gefördert. Dies führt letztlich in eine neue innere und äußere Haltung, die mehr den eigenen Möglichkeiten und Fähigkeiten entspricht.

Literatur

Feldenkrais M. Body and mature behaviour. London: Routledge and Keagan Paul 1949.
Feldenkrais M. Die Entdeckung des Selbstverständlichen. Frankfurt: Suhrkamp 1987.
Feldenkrais M. Die Feldenkrais-Methode in Aktion, eine ganzheitliche Bewegungslehre. 4. Aufl. Paderborn: Junfermann 1993.

Literaturempfehlung

Alon R. Leben ohne Rückenschmerzen, Bewegen im Einklang mit der Natur. Feldenkrais-Lektion I. Paderborn: Junfermann 1993.
Feldenkrais M. Abenteuer im Dschungel des Gehirns. Der Fall Doris. Frankfurt: Suhrkamp 1981.
Feldenkrais M. Die Entdeckung des Selbstverständlichen. Frankfurt: Suhrkamp 1987.

6.2.13
Musiktherapie

Doris Sondermann

Historische Entwicklung

Musik als Medium ist in der Medizin ein altes Heilmittel. Es läßt sich über die vielzitierte Geschichte von David, der mit seinem Leierspiel die Schwermut des Königs Saul zu besänftigen suchte, noch in weiter zurückliegende Kapitel unserer Menschheitsgeschichte verfolgen.

Musiktherapie, wie wir sie heute vorfinden, hat sich in den Nachkriegsjahren in Europa und den USA in unterschiedlichen Behandlungsbereichen entwickelt und differenziert. Ein wesentlicher Impuls kam dabei sicher von den Amateurmusikern unter den Ärzten aus dem Bereich der Inneren Medizin und der Psychiatrie. Während Musik früher mehr unter dem Aspekt ihrer physiologischen Wirkung betrachtet und angewendet wurde, gewann zunehmend der soziokommunikative und dann auch der tiefenpsychologische Aspekt das Interesse der Behandler und Forscher.

Eine staatliche **Ausbildung** existiert in Österreich seit 1959. In Deutschland gab es etliche Zwischenschritte auf dem Weg bis zur Errichtung von Studiengängen auf Hochschulebene (Berlin, Hamburg, Herdecke, Münster) und an Fachhochschulen in Heidelberg, Frankfurt/M. und Magdeburg. Auch einige nichtstaatliche Institutionen bieten Ausbildungen an.

Eine Vielzahl von „autodidaktisch" ausgebildeten Wegbereitern ist als erste Generation angetreten und hat dieses Berufsbild entwickelt und gefördert. Sie weisen in ihrer Herkunft ein breites Spektrum an Fachdisziplinen auf, in denen die Mu-

siktherapie heute angesiedelt ist: Psychosomatik/Psychotherapie, Psychiatrie, Neurologie, Innere Medizin, Kinderheilkunde und Heilpädagogik.

Dies spiegelt sich im Fächerkatalog der Ausbildungen wider. Nach einer meist langjährigen musikalisch-künstlerischen Grundausbildung werden Kenntnisse in Allgemeiner und Tiefenpsychologie, Psychopathologie, Psychiatrie sowie anderen Bereichen der Humanmedizin erworben. Eine tiefenpsychologisch orientierte Lehrtherapie ist meist weiterer Bestandteil der Ausbildung in einem Diplomstudiengang.

Es gibt unterschiedliche **Anwendungsbereiche** innerhalb der Musiktherapie. Einige arbeiten ohne eine tiefenpsychologische Fundierung, zum Beispiel in der Inneren Medizin, der Geriatrie oder Kinderheilkunde. Dort werden die aktivierenden, ordnenden oder stimmungsaufhellenden Aspekte der Musik genutzt und kommen in vielfacher Form zur Anwendung. Es kann gesungen, getanzt, nach geleiteten Vorgaben selber gespielt und auch Musik gehört werden.

Im weiteren Verlauf wird die Musiktherapie im klinischen Bereich der Psychosomatik/ Psychotherapie näher erläutert. Musiktherapeuten finden sich in der Mehrzahl in institutionellen beziehungsweise stationären Praxisfeldern, arbeiten aber auch ambulant in freier Praxis.

Aktuelle Konzeption und therapeutische Wirkprinzipien

In der Praxis unterscheiden sich zwei Bereiche der Musiktherapie:
- die rezeptive
- die aktive

Rezeptive Musiktherapie

In der rezeptiven Musiktherapie werden ausgewählte Musikstücke in einem speziell konzipierten Rahmen angehört. Dies kann über entspannende Effekte hinaus Erlebensprozesse anregen oder an Erinnerungen anknüpfen, die im anschließenden Gespräch therapeutisch aufgearbeitet werden. Sie läßt sich auch mit aktiven Verfahren kombinieren.

Aktive Musiktherapie

Bei der aktiven Musiktherapie steht die freie musikalische Improvisation von Patient und Therapeut als Gestaltungsspielraum im Mittelpunkt, in dem sich seelische Prozesse bilden und umbilden. Diese werden unmittelbar beim Spielen selber sinnlich wahrnehmbar und sind durch Tonbandaufzeichnungen beliebig oft wiederholbar. Im Unterschied zu anderen psychotherapeutischen Verfahren ist der Therapeut am Ausdrucksgeschehen des Patienten aktiv beteiligt.

Die Herangehensweise an eine solche **Improvisation** kann unterschiedlich sein. Entweder entwickelt der Patient das Spiel aus dem Moment heraus, in der **spontanen Begegnung** mit den Instrumenten und dem mitspielenden Therapeuten beziehungsweise der Gruppe (z. B. nach der Aufforderung: „Spielen Sie, was Ihnen gerade in die Finger kommt!"). Sie kann auch aus einem zuvor besprochenen Zusammenhang, sozusagen mit gerichteter Aufmerksamkeit, **thematisch gebunden** sein, (z. B. eine Bergbesteigung, ein Gewitter, das Bild einer bestimmten Person, ein Traum oder auch das Erleben der aktuellen körperlichen Beschwerden). Dabei kann das Spiel wie ein nach innen gerichteter Scheinwerfer die Phantasien und Assoziationen zu diesem Thema ausleuchten. Unbewußte Anteile des Erlebens und die Art der Beziehungsgestaltung zwischen den Beteiligten bekommen eine hör- und sichtbare Gestalt.

Einige **Beispiele**: Ein Patient nutzt konsequent nur die Hälfte des gespielten Instruments; oder auch: Zwei Trommeln reichen nicht aus, es wird ein Set aus mehreren Instrumenten – wie ein Schutzwall – vor dem Spieler aufgebaut. Es kann ein Patient sich im Verlauf einer Improvisation Ton für Ton nach dem Spiel des Therapeuten richten oder im Gegenteil am Ende eines gemeinsamen Stückes ganz versunken fragen: „Haben Sie auch mitgespielt?"

Wenn die Patienten noch sehr unsicher oder vermeidend sind, besteht für den Therapeuten die Möglichkeit, mit klar gegliederten **Spielregeln** oder Übungen den Weg bis zum freien Spiel behutsam anzubahnen. Die Frage nach der **technischen Handhabung** der **Instrumente** oder nach Musikalität tritt dabei in der Regel rasch zugunsten von Erleben und Erfahrung in den Hintergrund. Sie kann aber auch stellvertretend für Ängste vor dem sich andeutenden Erleben als Abwehr rationalisiert und aufrechterhalten werden. Es könnte dann so formuliert werden: „Das war doch nur Zufall, was ich da produziert habe. Das hat mit meinen Problemen nichts zu tun!" oder: „Ja, wenn ich richtig spielen könnte, dann käme auch etwas Vernünftiges dabei heraus."

> Die Musiktherapie geht davon aus, daß der Patient in der freien Gestaltung des Klangmaterials seiner unbewußten Lebensmethode folgt und so seelische beziehungsweise psychosomatische Wirkmechanismen deutlich werden. Es läßt sich mit den Äußerungen von Unbewußtem in Träumen oder Fehlleistungen vergleichen.

Patient und Therapeut erarbeiten gemeinsam einen Zugang zum **Verstehen** der inneren Logik des **produzierten Werkes**. Dabei wird die Aufmerksamkeit sowohl auf die Musik selber als auch auf die assoziierten Bilder, Vergleiche oder körperlichen Wahrnehmungen beim Spielen und Anhören gerichtet. „Es kommt zur unmittelbar evidenten Wahrnehmung innerer Vorgänge in der affektiven Kommunikation mit dem Übergangsobjekt ‚Tongestaltung'. ... Die produzierten Vergegenständlichungen von Selbst- und Objektbildern ... sind erlebnis- und affektnah und in der Musik auch körpernah" (Janssen 1981). Auf dem Hintergrund der psychoanalytischen Theorie versteht der Musiktherapeut in seiner Methode auch die Abwehrmechanismen, Widerstände und das Übertragungs-/Gegenübertragungsgeschehen.

Dabei ist die Musiktherapie beim kreativen Ausdruck im wesentlichen auf das **Handeln** gerichtet. Es wird anders als bei Freud nicht mehr als **Agieren** im Sinne von „Handeln, anstatt zu erinnern" (Freud 1914) verstanden, sondern als „Handeln, um zu erinnern". Im gemeinsamen Spiel, dem zweckfreien Handeln von Patient und Therapeut, werden aktuelle und frühkindliche Erfahrungen reinszeniert und aus der Perspektive des aktuellen Konfliktes verstehbar.

„Ich halte **das Spiel** für **das Universale**; es ist Ausdruck von Gesundheit; denn Spielen ermöglicht Reifung und damit Gesundheit; es führt zu Gruppenbeziehungen; es kann eine Form der Kommunikation in der Psychotherapie sein; und schließlich hat sich Psychoanalyse als eine hochdifferenzierte Art des Spielens im Dienste der Kommunikation des Patienten mit sich selbst und anderen entwickelt" (Winnicott 1971).

Der Therapeut bewegt sich dabei im Spielfeld einer kontrollierten Subjektivität und stellt dem Patienten seine musikalische „Sprache" und seine Fähigkeiten zur Verfügung. „Der mitspielende Therapeut kann eine seelische Verfassung finden, in der sein Spielen sich von dem her gestaltet, was im Seelischen des Patienten auf Ausdruck drängt. ... Er muß in seinem Mitspiel leicht beeinflußbar sein" (Tüpker 1988).

Modalitäten des Settings

Spielen, Hören und Sprechen sind die Medien in der Musiktherapie. Sie ist also kein „nonverbales" Verfahren. Die Instrumente sollten so ausgewählt sein, daß jedermann sie unmittelbar, ohne technische Hürden erklingen lassen kann. Schon beim Anblick fordern sie die Phantasie des Spielers heraus und laden zum Experimentieren ein. Vertrautes findet sich neben Fremdem. Sie repräsentieren in ihrer Vielfalt an Form, Größe und Materialbeschaffenheit sehr unterschiedliche Erlebnisbereiche: klein – groß; viel – wenig; weich – hart; schwach – stark; schön – scheußlich; Klang – Krach und vieles mehr. Die Art der Klangerzeugung variiert zwischen Streichen, Zupfen, Blasen, Schlagen etc.

In der Gruppenmusiktherapie kommen ca. fünf bis acht Teilnehmer meist zweimal wöchentlich für ca. 60 bis 90 Minuten zusammen. In dem geschützten Rahmen einer sich regelmäßig treffenden und möglichst nur langsam verändernden Zusammensetzung entfalten sich bald individuelle und gruppendynamische Prozesse. Diese können durch gezielt eingebrachte Spielformen unterstützt und verstärkt werden. Es wird gemeinsam, allein oder in Untergruppen gespielt. Im Unterschied zur Einzelarbeit rücken in der Gruppe mehr die aktuellen Erlebens- und Verhaltensmuster in der Begegnung mit den Gruppenteilnehmern in den Vordergrund des Geschehens und der Wahrnehmung. In der klinischen, zeitlich begrenzten Behandlung haben sich Kombinationen mit anderen handlungsorientierten Verfahren (z. B. Konzentrative Bewegungstherapie [s. Kap. 6.2.12, S. 601 ff] oder Kunsttherapie [s. Kap. 6.2.14, S. 609 ff]) beziehungsweise mit Einzelgesprächen bewährt. Es ist aber von dem Prinzip „Viel hilft viel" abzuraten, damit die Beziehungen sowohl mit dem jeweiligen Therapeuten als auch mit den Gruppenmitgliedern nicht in ihrer Vielzahl beliebig und damit verwässert werden.

Indikationen und Differentialindikationen

In der klinischen psychotherapeutischen Arbeit ist die Indikation in der Regel ein vielschichtiger Entscheidungsweg. Das Verfahren mit seinen Wirkmechanismen steht ja nicht isoliert für sich selbst da, sondern ist in Verbindung mit der Persönlichkeit des praktizierenden Therapeuten und gegebenenfalls dem klinischen Konzept zu sehen. Die Frage, ob ein Patient in der Musiktherapie im Sinne einer heilsamen Persönlichkeitsentwicklung profitieren kann, hängt, so wie in anderen Verfahren auch, im wesentlichen von einem tragfähigen Arbeitsbündnis mit dem Therapeuten ab. Es ist sinnvoll, daß ein Musiktherapeut selber nach einem ersten verbalen und musikalischen Kontakt mit dem Patienten eine Indikation für die Behandlung stellen kann. Individuelle Vorlieben für eine bestimmte Musikrichtung bleiben dabei meistens eine Nebensache, weil das improvisierte Spiel zunächst in Kontrast zur vertrauten Musik erscheint.

Die besonderen Eigenschaften der Musiktherapie liegen zum einen im Handeln, das unmittelbaren Zugang zum emotionalen Erlebens- und Ausdrucksgeschehen ermöglicht, ohne primär auf kognitive Reflexionsmöglichkeiten angewiesen zu sein. Darüber hinaus führt das eigene Produzieren und Wahrnehmen von Rhythmen und Klängen auch in Bereiche der frühkindlichen Entwicklung und damit in die Zeit, die dem Spracherwerb vorausgeht. Gemeinsam improvisierte Musik ermöglicht es, in einen vorsprachlichen Dialog zu treten, der an die sehr frühen emotionalen Erfahrungen des Säuglings anknüpft.

Vor diesem Hintergrund ist es nicht sinnvoll, die Indikation anhand eines Diagnosekataloges zu erstellen. Vielmehr bewegt sich der hier in Frage kommende Diagnosekreis im Spektrum sowohl frühkindlicher als auch aktueller Beziehungsstörungen.

Man mag auch bedenken, ob jemand zwar gut verbalisieren, aber dabei wenig spüren und wahrnehmen kann, was die Untersuchung des Seelischen mit sich bringt. Andererseits kann Musiktherapie gerade dann hilfreich sein, wenn Patienten noch weit davon entfernt sind, ihr Erleben in Worte fassen und in Sinnzusammenhänge stellen zu können. Die Behandlung der Musikinstrumente und der therapeutischen Situation (zu zweit, in der Gruppe) verweist auf individuelle Behandlungsmuster in anderen Erlebenszusammenhängen. Frühe Erfahrungen werden wiederbelebt, und Neues kann im gemeinsamen Spielraum erprobt werden.

Fallbeispiel

Ein 55jähriger Mann kommt zum erstenmal zur stationären Behandlung in die psychosomatische Abteilung. Er zeigt ein umfangreiches Beschwerdebild, bei dem zur Zeit im Vordergrund stehen: diffuse, starke Kopfschmerzen, unklare, epilepsie-

artige Anfälle, chronische Nebenhöhlenvereiterung. Er hat schon etliche Klinikaufenthalte hinter sich gebracht. Musiktherapie wird mit der Intention verordnet, ihm einen Zugang zu seinen ungelebten Affekten zu eröffnen, was bei seiner intellektuellen Herangehensweise bislang nicht möglich war.

Der Patient erlebt seine Beschwerden nicht nur als ein Nichtfunktionieren des Kopfes, sondern er als Mensch funktioniere nicht richtig, sei fehlerhaft. Es ziehe sich für ihn wie ein roter Faden durch sein Leben der letzten 20 Jahre.

Das **Spiel** in der Musiktherapie hat bald eine deutliche individuelle Prägnanz. Es bewegt sich oft im Spannungsfeld der folgenden **Aspekte**:
- Alles ist verworren und durcheinander.
- Impulse für Neues werden immer gleich angehalten.
- Es gibt nur Scheinbewegungen, als würde etwas festgehalten.
- In seinem Spiel wird keine Eigenständigkeit deutlich, sondern es verbleibt in enger Anlehnung an das Spiel der Therapeutin.

Die musikalische Improvisation aus der zehnten Sitzung wurde mit Hilfe von Beschreibungen auf folgenden Satz zusammengefaßt:

„Endloses Gewusel breitet sich aus, aber Impulse zu Veränderungen hören immer wieder auf."

Parallelen zur aktuellen Lebenssituation beziehungsweise zur Biographie in allgemeiner und psychosomatischer Hinsicht wurden augenfällig und in ihrem Sinnzusammenhang erlebt und verstanden.

Zusammenfassung

Musiktherapie ist ein tiefenpsychologisch orientiertes Verfahren, das in der stationären und ambulanten psychosomatischen, psychotherapeutischen Behandlung zur Anwendung kommt.

Im Mittelpunkt steht die gemeinsame Improvisation von Patient(en) und Therapeut, in der sich im freien Spiel seelische Prozesse abbilden und verändern. Mit Hilfe von musikalischen Gestaltungen wird ein unmittelbarer Zugang zum emotionalen Erleben ermöglicht. Das Spiel kann auch inhaltlich zielgerichtet sein auf das Darstellen von:
- aktueller Befindlichkeit
- Assoziationen zu emotionalen Inhalten
- Konfliktmaterial
- Träumen

Durch das spontane Spiel, die Beschreibung der Erfahrungen und Wahrnehmungen, das gemeinsame Handeln, zu zweit oder in einer therapeutischen Gruppe, wird die seelische Bewegung zwischen Eindruck und Ausdruck belebt und aktiviert.

Gemeinsam führen Patient und Therapeut die neu gewonnenen Erfahrungen zu einer verstehenden, integrierenden Übersetzung in vertraute, subjektive Bilder und Themen.

Literatur

Freud S. Erinnern, Wiederholen und Durcharbeiten. 1914. GW Bd 10. Frankfurt: Fischer 1942–1987.
Janssen PL. Psychoanalytisch orientierte Mal- und Musiktherapie im Rahmen stationärer Psychotherapie. Psyche 1982; 36: 541–70.

Tüpker R. Ich singe, was ich nicht sagen kann. Kassel: Bosse 1988.
Winnicott DW. Vom Spiel zur Kreativität. Stuttgart: Klett 1971.

Literaturempfehlung

Decker-Voigt H-H. Aus der Seele gespielt. Eine Einführung in die Musiktherapie. München: Goldmann 1991.
Frohne-Hagemann I (Hrsg). Musik und Gestalt, Klinische Musiktherapie als integrative Psychotherapie. Paderborn: Junfermann 1990.
Loos GK. Spiel-Räume. Stuttgart: Fischer 1986.

6.2.14
Kunst- und Gestaltungstherapie

Yvette Soppa und Bärbel Zucker

Kunst- und Gestaltungstherapie meint hier speziell die psychotherapeutische Arbeit mit den Mitteln der bildenden Kunst. Dies sei besonders erwähnt, da die Kunsttherapie auch intermediale Ansätze entwickelt hat und sich nicht auf diese Mittel beschränken muß.

Das Anliegen des Verfahrens

Kunst- und Gestaltungstherapie bietet **Freiraum** und **Spielraum** für den Ausdruck, das Entdecken und die Gestaltung eigener Wirklichkeit. Im künstlerischen Gestaltungsprozeß verbinden sich innere und äußere Bildwelten, inneres Erleben wird auf der Bildebene in die äußere Realität transportiert und integriert. Die eigenen Ausdrucks- und Gestaltungsmöglichkeiten spiegeln dem Gestaltenden die individuellen Qualitäten und Grenzen. Die Auseinandersetzung mit Materialien stellt den Gestaltenden vor äußere Bedingungen. Zwischen diesen Polen wird der eigene Gestaltungsspielraum erfahrbar. Darüber hinaus läßt der Gestaltungsprozeß **Wandlung** und **Entwicklung** als selbstgesteuerten Prozeß erleben und macht dieses Potential beziehungsweise seine Einschränkungen greif- und sichtbar, das heißt auch kommunizierbar. Kunst- und Gestaltungstherapie behandelt nicht im üblichen Sinne, sondern bietet Handlungsspielraum, regt damit das Erkennen der Eigenverantwortlichkeit an und bietet spielerische Wege des Selbst-Erfahrens und Selbst-Erprobens an, die individuelle Lern- und Entwicklungsprozesse ermöglichen und auf der Bildebene dokumentieren. Es ist also ein aktivierendes Verfahren, das Selbsterkenntnis und Selbstheilungskräfte anregt und die Autonomieentwicklung fördert.

Historische Entwicklung

Bild und Bildnis sind dem Menschen eigen und haben alle Phasen der menschlichen Bewußtseinsentwicklung begleitet und dokumentiert.

Die Verbindung von Künsten und Therapie findet sich zum Beispiel schon im neolithischen Schamanismus (im magischen Ritual zur Bindung oder Freisetzung von Kräften), in der antiken Heilkunst, die die Künste (Drama, Musik, Malerei, Plastik) aktiv und rezeptiv einbezog und als Gabe – rezeptiv – in der religiös gebundenen Kunst (ein Beispiel aus der bildenden Kunst unseres Kulturkreises ist hier der Isenheimer Altar).

Die Anfänge der Entwicklung kunst- und gestaltungstherapeutischer Verfahren in der Moderne liegen zunächst vor allem im Bereich der Beschäftigung von Psychiatriepatienten. (**Hans Prinzhorn** war einer der Pioniere, der sich mit der „Bildnerei der Geisteskranken" [Berlin 1923], auseinandergesetzt hat.) Innerhalb dieses Bereiches zeichnet sich schnell ab, daß die „Bildnerei" auch Diagnosemöglichkeiten bietet. So wird künstlerische Gestaltung zunächst als „Hilfsverfahren" eingesetzt, entwickelt sich später aber zu einem eigenständigen Therapieverfahren.

Diese Entwicklung hat unterschiedliche Ausrichtungen. Zunächst in den USA, später auch in Europa, beginnen vor allem Künstler (z. B. **Edith Kramer**) aufgrund der eigenen Erfahrung des integrativen Potentials künstlerischer Schaffensprozesse, Kunst in Kliniken und Gefängnissen therapeutisch einzusetzen. Diese Form der *Art Therapy* stellt den Schaffensprozeß in den Vordergrund und arbeitet auf Grundlage der Hypothese, daß dieser Prozeß selbst therapeutische Wirkung hat.

Die Herleitung dieser Hypothese ist nur verständlich vor dem Hintergrund einer kunsthistorischen Betrachtung der Inhalte der Kunst der Moderne. Deren Essenz kann in diesem Rahmen nur grob angerissen werden; deshalb sollen nur einige Stichpunkte zu diesem Thema genannt werden.

Kernfragen in der **Kunst der Moderne** sind beispielsweise:

- Wahrnehmung;
- Wirkung der sozialen Entwicklungen auf den einzelnen, das Spannungsfeld Individuum und Gesellschaft;
- Abstraktion wird ein Thema, ästhetische Traditionen und Werte werden in Frage gestellt; das Subjektive nimmt sich Raum, der Kunstbegriff verändert sich, wird erweitert;
- Neue interdisziplinäre Kunstformen, z. B. Fluxus und Performance, machen die Aktion und den Prozeß zum Produkt;
- Biographisches und Alltägliches werden Material der Kunst, zum Beispiel in Installationen und Performances etc.

Dieser kurze und unvollständige Abriß zeigt, wie direkt die Kunst Zeitfragen und Zeitgeist auf der individuellen und universalen Ebene erfaßt und bearbeitet beziehungsweise auf der universellen Ebene die Essenz der Summe individuellen Erlebens spiegelt.

> Die Kunst, einst auch als „schöne Wissenschaft" begriffen, verbindet Erlebnis- und Abstraktionsebene, und das macht ihre Qualität für den therapeutischen Einsatz aus.

In diesem Zusammenhang sei noch auf **Joseph Beuys** verwiesen. Vor dem Hintergrund der emanzipatorischen Bewegungen der 60er Jahre forderte er die Erweiterung des Kunstbegriffs. Er hob die kreativen Fähigkeiten jedes einzelnen hervor und wies auf deren große Bedeutung für Erkenntnisprozesse und die Möglichkeit der Wandlung und Gestaltung, vor allem auch im Sozialen, hin – „jeder Mensch ist ein Künstler ... soziale Plastik" (zitiert aus Petzold und Orth 1990, S. 33f).

„Das soziale Wirken der Kunst" wird zum Thema des Kunstschaffens selbst. Die Aktion, die schöpferische Handlung wird hier zum Werkzeug und Medium, sowohl für die Entwicklung der Autonomie der Persönlichkeit als auch zur sozialen Integration des Einzelnen. ... Kunst ist ja Therapie" (Beuys in Petzold und Orth 1990, S. 33).

Parallel zum künstlerischen Ansatz bilden sich die **tiefenpsychologisch orientierte Kunst-** und **Gestaltungstherapie** heraus. Hier hat unter anderem die *Dynamically Oriented Art Therapy* (**Margret Naumburg**) Bedeutung erlangt.

Im deutschsprachigen Raum bezieht die tiefenpsychologisch orientierte Kunst- und Gestaltungstherapie ihre Grundlagen vor allem aus dem Gedankengut von **C. G. Jung** und der Kreativitätsforschung, die in den 60er Jahren mit besonderem Interesse betrieben wird. Hier bilden sich Verfahren und Methoden aus, die ein Erfassen des Unbewußten beziehungsweise unbewußter oder verdrängter Anteile des seelischen Erlebens auf der Bildebene ermöglichen sollen.

Das **Bild als komplexer Zusammenhang**, in dem „alles gleichzeitig geschieht, ... alles zur selben Zeit wirkt, ohne daß irgend etwas beginnt oder endet" (P. Claudel in Kreitler und Kreitler 1980), eröffnet hier eine zusätzliche Ausdrucksebene, auf der in eindrücklicher Weise Zusammenhänge deutlich werden können, die sich durch die Zeitkomponente des Sprachflusses im verbalen Ausdruck nicht immer so klar abzeichnen. (Anmerkung: Der Begriff Bild meint hier nicht in erster Linie das Produkt, sondern die darin enthaltene Bildaussage, gilt also auch für plastische Gestaltungen.) Entscheidend für die verbale Therapieform ist die Fähigkeit zur Verbalisierung des Erlebens. Das Bild als Medium eröffnet durch seinen Objektcharakter die Möglichkeit, sich durch Beschreiben und Benennen von Bildqualitäten und Bildinhalten der Verbalisierung zu nähern und sie zu erüben. Die Unmittelbarkeit des bildnerischen Ausdrucks schafft so auch verbal Zugang zu präverbalen Erlebnis- und Bewußtseinsebenen.

Im Verlauf der letzten zehn bis 15 Jahre ergibt sich aus der wachsenden Erfahrung in diesem relativ „jungen" Verfahren zunehmend eine gegenseitige Bereicherung der verschiedenen Ausrichtungen. Die Praxis konfrontiert den **künstlerisch orientierten Kunsttherapeuten** zum Beispiel mit dem häufig auftretenden Bedürfnis seiner Klienten, angeregt durch die Erlebnisse im Schaffensprozeß, sich auch verbal mitzuteilen. Er begegnet Abwehrmechanismen, sieht sich mit den Auswirkungen dynamischer Gruppenprozesse konfrontiert oder erlebt Übertragung und Gegenübertragung. Solche Erfahrungen haben vielfach ein Interesse an Zusatzausbildungen tiefenpsychologischer Prägung geweckt.

Der **tiefenpsychologisch orientierte Kunsttherapeut** erlebt in der Praxis z. B. die Bedeutung des verwendeten Materials oder die Notwendigkeit der großen Achtsamkeit im Umgang mit dem Bild als Ganzheit, dessen Teile nicht zweckdienlich einzeln gedeutet werden können. Das läßt ihn möglicherweise auf künstlerische Herangehensweisen und Methoden zurückgreifen, um sich dem Bild adäquat zu nähern. Diese Erfahrungen haben auch Einfluß auf die Ausbildungsinhalte gehabt, die heute nach oder neben einer langjährigen künstlerischen Ausbildung, unter Einbeziehung von Kunstgeschichte, Ästhetik und Grundlagen der Philosophie, auch die Vermittlung medizinischen, psychiatrischen, pathologischen, psychologischen und tiefenpsychologischen Grundwissens umfassen. Die Ausbildungsmöglichkeiten und -inhalte sind so vielfältig, daß sie hier nicht weiter ausgeführt werden können.

Aktuelle Konzeption und therapeutische Wirkprinzipien

In der aktuellen Konzeption verbinden sich künstlerische und tiefenpsychologische Aspekte des Verfahrens. Grundlegende **Annahmen** für die **Konzeption** des Verfahrens sind:

▶ **Form und Inhalt sind in der Kunst unzertrennlich.** Das Kunstobjekt ist organische Einheit von Form-Bedeutung und Bedeutung-in-der-Form. Daraus folgt eine phänomenologische Betrachtungsweise, die ohne Wertung oder Deutung Eigenschaften beschreibt und so die Wahrnehmung nicht einengt, damit ein Zugang zum Objekt als Ganzheit möglich und Struktur evident wird. Evidenzerlebnisse regen die seelische Beweglichkeit an, sind erschütternd, konfrontierend und verbinden Erlebnis- und Erkenntnisebene – wirken also strukturierend und integrierend.

▶ **Herangehensweisen im kreativen Prozeß spiegeln die individuellen Handlungs- und Interaktionsmuster.** Die Offenbarung im Bild macht es dem Klienten möglich, das so Erkannte mit Erfahrungen in anderen Lebenssituationen in Verbindung zu bringen. Eine Fremddeutung erübrigt sich damit. Eine Patientin bei der Bildbesprechung: „Hm, ich wollte was ganz anderes ... Aber das kenne ich, so ist das immer ..."

▶ **Jeder künstlerische Prozeß beinhaltet das Erzeugen, Erkennen und Lösen struktureller Probleme.** „Während der schöpferischen Handlung werden Konflikte erneut durchlebt, gelöst und integriert" (Edith Kramer in Dalley 1986, S. 12).

▶ **Kreativität, Spontaneität und Imaginationsfähigkeit sind Kennzeichen von Gesundheit.** Einschränkungen dieser Fähigkeiten sind Kennzeichen von Krankheit. Sensibilität und Expressivität sind zentrale Ziele therapeutischer Arbeit.

▶ **Die Auseinandersetzung mit bildhaftem Material regt Assoziationen und Phantasietätigkeit an.** Gezielte Wahrnehmungsschulung (Phänomenologie) in der Bildbetrachtung erübt die Differenzierung zwischen Wahrnehmung, Assoziation, Phantasie und Emotion und schafft damit eine Grundlage für eine strukturierte Verarbeitung der intensiven Erlebnisse im kreativen Prozeß.

▶ **Die therapeutische Arbeit mit den Medien der Kunst setzt ein Konzept des Dialogs voraus.** Der Dialog zieht sich durch alle Bereiche und Phasen der kunsttherapeutischen Arbeit – der Dialog mit dem Bild, der Dialog mit sich selbst, der Dialog mit dem Therapeuten, eventuell der Dialog in der Gruppe.

Kunst- und Gestaltungstherapie wird im Rahmen des stationären Angebots einer psychosomatischen Klinik oder Abteilung (die Patienten sind nur selten bettlägerig) überwiegend als aktives Verfahren eingesetzt, da durch eigenes Handeln das Ich-Erleben besonders angesprochen wird. Die Rezeption „fremder" Bilder kann jedoch hinzugezogen werden, zum Beispiel zur Bearbeitung eines Themas, das sich in der eigenen Arbeit abgezeichnet hat.

Die therapeutische Arbeit gliedert sich in den einzelnen Sitzungen grob in Handlungsteil und reflektierendes Gespräch. Der Handlungsteil kann sowohl von freier künstlerischer Arbeit als auch durch geführte Angebote bestimmt sein. Häufig ergibt sich im Verlauf eine sinnvolle Kombination von freier und geführter Arbeit.

Der **Gesprächsteil**, der durch die gemeinsame Betrachtung des entstandenen „Werks" und der damit verbundenen Reflexion des Prozesses eingeleitet wird, steht sinnvollerweise meist am Anfang der folgenden Sitzung. So wird, in der eng begrenzenden zeitlichen Struktur des klinischen Settings, dem schöpferischen Prozeß als einem der Wirkprinzipien der nötige Raum gewährt.

Der **Handlungsteil** wird mit einer kurzen gemeinsamen Betrachtung der „Werke" abgeschlossen, in der spontane Eindrücke gesammelt werden, jedoch noch kein reflektierendes Gespräch stattfindet. Durch das entstandene „Werk" ist die Kontinuität der inhaltlichen Arbeit trotz der Unterbrechung sichergestellt.

Medien

Die angebotenen Medien sind Graphik, Malerei und Plastik. Jedes Medium spricht durch die Charakteristika seiner Arbeitsweise bestimmte Bereiche des Erlebens an:
- **Graphischer Gestaltung** ist eine konzentrierte und kontrollierte Arbeitsweise eigen.
- Die **Malerei**, die Arbeit mit Farben, führt in Stimmungen, ermöglicht intuitives Arbeiten.
- **Plastisches Arbeiten** spricht Form- und Raumempfinden an, wirkt tief ins Körperliche, spricht mit dem haptischen Element frühe Erlebnisbereiche an.

Materialien

Die Materialien sind entsprechend vielfältig: Kohle, Rötel, Graphitstifte, Öl- und Pastellkreiden, Tinte, Tusche, Aquarell-,

Tempera-, Gouachefarben, Tonmassen, Gips und Gipsbinden, verschiedene Papierqualitäten, Karton, Pappen, um nur einiges zu nennen (s. auch S. 614, „Modalitäten des Settings").

Bestimmte Medien und Materialien erlauben mehr Kontrolle in der Gestaltung als andere. Das ist zum Beispiel für sehr ängstliche Klienten oftmals wichtig. Andere Medien und Materialien haben in der Arbeit lösende Qualität. Sie erzeugen eine besondere Dynamik im kreativen Prozeß, so das Malen mit Aquarell, besonders in der Naß-in-naß-Technik. Das Mischen der Farben auf dem Blatt läßt in die Farbe „eintauchen", die ständige Verwandlung der fließenden Farben regt auch den Fluß des inneren Erlebens an. Es entsteht eine tiefe Verbindung zwischen dem inneren Erleben und den äußeren Vorgängen im Malprozeß (dies ist nur eins von vielen Beispielen für einen qualitativ bestimmten Einsatz von Material und Technik in der Therapie).

Methodisches

Die kunsttherapeutische Arbeit setzt an der aktuellen Stimmung und Verfassung des Klienten an, „holt ihn ab", wo er sich erlebt. Voraussetzung dafür ist ein Konzept des Dialogs für die therapeutische Arbeit. In der gemeinsamen Betrachtung, Beschreibung und Reflexion des Prozesses und der entstandenen Arbeit zeichnen sich individuelle Fragestellungen und Aufgaben ab, aus denen das folgende Angebot entwickelt wird.

Da es im therapeutischen Prozeß nicht Ziel sein kann, „Kunst" zu produzieren, und eine Therapieform nicht besondere Fähigkeiten und Fertigkeiten zur Voraussetzung machen kann, bedeutet „freie künstlerische Arbeit" hier, daß der Therapeut dem Klienten einen Freiraum für den Ausdruck spontaner Impulse und Phantasien anbietet. Der sinnliche Zugang zum Material kann dabei als Brücke zum Aneignen dieses Raumes dienen.

In der Praxis bedeutet „**freie künstlerische Arbeit**" zum Beispiel:

▶ **Experimentieren mit Farbe**
Aquarell, naß in naß, bietet sich zum Einstieg an; es können aber auch andere Materialien gewählt werden. Das lustbestimmte Spiel mit Farben steht im Vordergrund. Eine Bildvorstellung ist nicht Ausgangspunkt, muß nicht, kann aber im Verlauf des Malprozesses entstehen. Der Malende folgt seiner Neugier und seinem Spieltrieb.

▶ **Materialexperimente**
Der Klient kann aus den vorhandenen Materialien auswählen. Er kann eventuell auch selbst Material aller Art dafür sammeln. Mit diesen Materialien „erfindet" er eigene Techniken und Mischtechniken, lotet die Möglichkeiten des Materials aus, überschreitet eventuell auch die Grenzen zwischen den verschiedenen Medien. Das spielerische Entdecken und Ausloten der Möglichkeiten und das Wagen der schöpferischen Erweiterung des Spielraums sind hier zentrale Erlebnisinhalte.

Das Experimentieren bietet sich besonders als Einstieg in das kunsttherapeutische Arbeiten an. Darüber hinaus kann das spielerische Erleben im Experiment helfen, Fixierungen zu lösen. Das Maß der Fähigkeit zur Aneignung des Materials und des Ausschöpfens von Möglichkeiten ist beispielsweise ein Kriterium für den diagnostischen Zugang des Therapeuten zur Persönlichkeitsstruktur des Klienten.

▶ Die Umsetzung eigener Ideen

Aus dem Experimentieren ergeben sich neue Ideen und spontane Einfälle, denen hier nachgegangen wird. Bildideen können aber auch durch Träume, intensive Eindrücke und Erlebnisse angeregt sein. Hier wird ein individueller Weg zur Verwirklichung eines selbstgesetzten Ziels erarbeitet. Persönliche Entwicklungsfähigkeit wird erlebbar auf der Basis des immer neuen Versuchs- und der schrittweisen Näherung. Probleme und Schwierigkeiten können als schöpferische Herausforderung begriffen werden.

Im Gegensatz zur „freien künstlerischen Arbeit" haben geführte Angebote von vornherein eine klare Zielrichtung. Aus dem gestaltungstherapeutischen Ansatz heraus werden Methoden entwickelt, die gezielt auf psychodynamische Prozesse und Gruppenprozesse gerichtet sind. In der Praxis ist ein **geführtes Angebot** beispielsweise:

▶ Geleitete Phantasie

Zum Beispiel Modellieren einer (Miniatur-) „Landschaft, in der ich (jetzt) gern wäre" – spiegelt Bedürfnisse und Wünsche, zum Beispiel nach Rückzug, Schutz, Geborgenheit und/oder Freiraum, Gemeinschaft etc.; die Betrachtung der individuellen Gewichtung solcher Tendenzen im Bild eröffnet dem Klienten den bewußten Zugang zu eigenen Wünschen und bietet darüber hinaus Hinweise auf Probleme.

▶ Erarbeitung von Biographischem

Zum Beispiel: „Finden Sie Formen für die Mitglieder Ihrer Ursprungsfamilie" – Ausdruck, Größenverhältnisse und Konstellationen der Formen machen die familiären Beziehungen und Rollenverteilungen aus der Sicht des Klienten greifbar.

▶ Leibbezogene Methode

Zum Beispiel das Körperbild „Wo spüre ich meinen Körper? In welche Farbe, Form oder Bewegungsspur kann ich diese Körperempfindungen übersetzen?" (s. auch Abb. 6-16).

Abb. 6-16 Blick in den Kunsttherapieraum mit Patientenbildern (Aufnahme von Bärbel Zucker).

▶ **Gruppenarbeit**

Zum Beispiel das Gruppen-Bildgespräch. Diese kunsttherapeutische Methode wird im folgenden ausführlich anhand eines bebilderten Fallbeispiels beschrieben.

Gruppen-Bildgespräch

Das Gruppen-Bildgespräch ist ein von der Gruppe gemeinsam gemaltes Bild, eine nonverbale Kommunikation in Farbe und Form auf Papier. Durch die Wiederholung lernen sich die Teilnehmer zunehmend kennen und erüben, sich genauer auszudrücken. Die aufeinanderfolgenden Bildgespräche zeigen den sich laufend verändernden Prozeß in der Gruppe und dokumentieren anschaulich die Entwicklungsphasen des therapeutischen Prozesses. Sie geben Hinweise auf bestehende Konflikte, auf Fähigkeiten und Schwierigkeiten der Gruppe wie auch des einzelnen in der Gruppe. An den folgenden drei Bildbeispielen wird eine solche Entwicklung anschaulich.

▶ **Bildbeispiel für ein erstes Gruppen-Bildgespräch** (Abb. 6-17)

Jeder der neun Teilnehmer wählte drei bis vier Farben aus. Es wurde nacheinander gemalt. Jeder suchte zunächst einen Platz am Bildrand und besetzte ihn mit einem oder mehreren Zeichen und Symbolen. Fast alle malten innerhalb ihres abgegrenzten Bildbereichs. Die Grenzen der anderen wurden vorsichtig gewahrt. Berührung wurde, bis auf einige Verbindungslinien in der Mitte des Bildes, kaum gewagt. Nur einer der Teilnehmer bewegte sich mit seinen Zeichen – Kreisformen – in die Bildmitte (von links oben). Am Bildrand zeigen sich Einzelthemen, die sich auf die jeweilige persönliche Situation beziehen, darunter Beziehungsabhängigkeit – symbolisiert durch zwei gleiche, verbundene Formen (am unteren Bildrand) – und Isolation – symbolisiert durch eine eingeschlossene Gestalt –, dazu Vögel als Symbole für bisher

Abb. 6-17 Bildbeispiel für ein erstes Gruppen-Bildgespräch (Aufnahme von Bärbel Zucker).

nicht geglückte Kontaktaufnahme und Sehnsucht (rechts oben).

▶ **Bildbeispiel für ein zweites Gruppen-Bildgespräch** (Abb. 6-18)

Wieder zeigte sich jeder zunächst mit einem Symbol, wobei diese Symbole sich hier nicht nur am Bildrand befinden, sondern sich über die gesamte Bildfläche verteilen und auch die Bildmitte besetzen. Die so entstandenen Zwischenräume wurden von einigen der Teilnehmer gemeinsam in Gelb- und Grüntönen gestaltet. Die einzelnen Elemente bekamen dadurch einen gemeinsamen Untergrund und wurden zum Bild verwoben. Die Zwischenräume wurden von den Teilnehmern zusätzlich durch kleine Zeichen strukturiert. Hier entwickelte sich ansatzweise eine Kommunikation in einer gemeinsamen Sprache.

▶ **Bildbeispiel für ein drittes Gruppen-Bildgespräch** (Abb. 6-19)

Dieses Bildgespräch war nicht mit dem „Ausfüllen" des Blattes beendet, der Prozeß ging darüber hinaus, so daß eine Überlagerung und intensive Vermischung verschiedener Bilder

Abb. 6-18 Bildbeispiel für ein zweites Gruppen-Bildgespräch (Aufnahme von Bärbel Zucker).

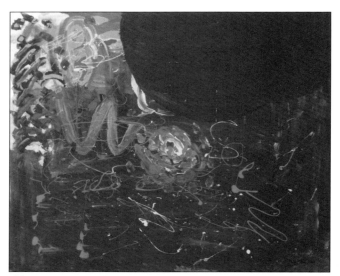

Abb. 6-19 Bildbeispiel für ein drittes Gruppen-Bildgespräch (Aufnahme von Bärbel Zucker).

stattfand (braune Farbfläche). Die Teilnehmer inspirierten sich gegenseitig, und die Gruppe entwickelte Mut zu immer neuer Verwandlung. Gegen Ende des Malprozesses „tauchten" einzelne Teilnehmer aus der Vermischung „auf" beziehungsweise setzten sich mit ihrem Gestaltungswillen durch. Ein anorektischer Patient, der zum ersten Mal dabei war, behauptete in dieser Phase seinen Platz, indem er einen schwarzen Vorhang malte. Er mochte nicht in der Vermischung „untergehen", sich aber auch noch nicht zeigen. Die Teilnehmerin, die im ersten Bildgespräch ihre Abhängigkeitsproblematik thematisierte, hatte während des gesamten Malvorgangs die anderen Teilnehmer durch ihre neu entdeckte Gestaltungsfreude inspiriert. Sie setzte sich zum Abschluß mit dem strahlenden Goldton in die Mitte. Im Verlauf der Gruppen-Bildgespräche erlebte sie einen Individuationsprozeß, der sich hier deutlich abbildet.

Während das erste Bildgespräch überwiegend durch das Nebeneinander symbolhafter Einzelaussagen bestimmt war, begann im zweiten Bildgespräch eine Begegnung. Der gemeinsame Raum wurde genutzt und gestaltet; zwischen den Einzelaussagen begann ein Austausch; die Zeichensprache bekam eine gemeinsame Ebene. Im dritten Bildgespräch kam dann ein wirklich gemeinsamer Gestaltungsprozeß in Fluß, dessen Produkt echten Bildcharakter gewann. Eine Teilnehmerin dazu: „Ich sehe mich im Bild zusammen mit allen anderen."

Modalitäten des Settings

Kunsttherapie wird als Einzel- oder Gruppentherapie angeboten und kann mit anderen Therapieverfahren kombiniert werden. Die Gruppentherapie kann sowohl durch Einzelarbeit in der Gruppe als auch durch gemeinsame Arbeit der Gruppe beziehungsweise Partnerarbeit charakterisiert sein.

Im Verlauf von ca. sechs bis zehn Wochen treffen in der Kunsttherapie-Gruppe sechs bis acht Teilnehmer zweimal wöchentlich für ca. 90 bis 120 Minuten zusammen. Die Einzeltherapie findet zweimal wöchentlich ca. 60 Minuten statt. Aus dieser zeitlichen Begrenzung ergibt sich eine Materialauswahl nach dem Kriterium der schnellen Be- und Verarbeitung.

Indikationen und Differentialindikationen

Da die Kunsttherapie ihre Klienten „abholt", also am Menschen, nicht am Symptom ansetzt, ist ein Indikationsrahmen nicht festgeschrieben. Gute Erfahrungen für den Einsatz dieser Therapieform liegen vor bei: Neurosen, Narzißmus, Arbeitsstörungen, Selbstwertproblematik, Depression sowie intellektueller Vereinseitigung, rationalisierender Abwehr beziehungsweise gestörtem Zugang zur Gefühlsebene.

Zusammenfassung

Kunst- und Gestaltungstherapie ist ein handlungs- und erlebnisorientiertes Therapieverfahren, das das Ich-Erleben vertieft und differenziert, die Außen- und Selbstwahrnehmung schult, den Dialog mit sich selbst anregt, Sensibilität sowie Ausdrucks- und Verbalisierungsvermögen fördert.

Literatur

Bachmann H. Malen als Lebensspur. 5. Aufl. Stuttgart: Klett-Cotta 1993.
Dalley T (Hrsg). Kunst als Therapie – eine Einführung. Rheda-Wiedenbrück: Daedalus 1986.
Dreifuss-Kattan E. Praxis der klinischen Kunsttherapie. Göttingen: Huber 1986.
Egger B. Der gemalte Schrei, Geschichte einer Maltherapie. Bern: Zytglogge 1991.
Kramer E. Kunst als Therapie mit Kindern. 3. Aufl. München: Reinhardt 1991.
Kreitler H, Kreitler S. Die Psychologie der Kunst. Stuttgart: Kohlhammer 1980.
Petersen P. Der Therapeut als Künstler, ein integrales Konzept von Psychotherapie und Kunsttherapie. Paderborn: Junfermann 1987.
Petersen P (Hrsg). Ansätze kunsttherapeutischer Forschung. Berlin: Springer 1990.
Petzold H, Orth I (Hrsg). Die neuen Kreativitätstherapien – Handbuch der Kunsttherapie. Bd I und II. Paderborn: Junfermann 1990.
Prinzhorn H. Bildnerei der Geisteskranken. 1923. 4. Aufl. Wien, New York: Springer 1994.
Schottenloher G. Kunst- und Gestaltungstherapie, eine praktische Einführung. München: Kösel 1989.

6.3
Besondere Aspekte der Psychotherapie

6.3.1
Konzept und Indikation stationärer Psychotherapie

Ulrich Streeck, Stephan Ahrens und Wolfgang Schneider

Stationäre psychotherapeutische und psychosomatische Behandlungen werden zum einen in Akutkrankenhäusern und -abteilungen und zum anderen in Rehabilitationskliniken durchgeführt. Krankenhäuser der Akut- beziehungsweise Regelversorgung einerseits und Rehabilitationskliniken andererseits arbeiten auf unterschiedlichen **gesetzlichen Grundlagen**:

- In **Akutkrankenhäusern** (§ 108 SGB V) ist stationäre Psychotherapeutische und Psychosomatische Medizin Teil der medizinischen Regelversorgung.
- In **Rehabilitationskliniken** (§ 111 SGB V) dient Psychotherapie mit entsprechend anderen Zielsetzungen und Schwerpunkten Zwecken der Rehabilitation.

Gegenwärtig gibt es in der Bundesrepublik für die stationäre psychotherapeutisch-psychosomatische Krankenbehandlung im Rahmen der gesetzlichen Krankenversorgung lediglich etwa 1200 Betten in Krankenhäusern der Akut- beziehungsweise Regelversorgung einschließlich der Betten in universitären Abteilungen und Kliniken; dem stehen mehr als 10 000 Betten in Rehabilitationseinrichtungen gegenüber. Schepank (1987) hat im Rahmen einer epidemiologischen Studie („Mannheimer Kohortenstudie") ermittelt, daß bei etwa 4 % der Bewohner einer Großstadt eine stationäre psychotherapeutische Behandlung indiziert ist. Demzufolge ist derzeit noch ein nicht unbeträchtlicher Mangel an Betten in Akutkrankenhäusern für die Versorgung dieser Patientengruppen zu verzeichnen.

Anfang der 90er Jahre wurde das Fach der Psychosomatik und Psychotherapeutischen Medizin in den Landesbettenplan des Landes Sachsen aufgenommen

In der Zwischenzeit hat sich die Entwicklung in den verschiedenen Bundesländern unterschiedlich gestaltet. In einigen Ländern ist eine Hereinnahme dieser Betten in die Landesbettenpläne bereits vollzogen oder wird demnächst umgesetzt (Bayern, Baden-Württemberg, Hamburg, Nordrhein-Westfalen und Schleswig-Holstein). Andere Bundesländer verhalten sich demgegenüber erst einmal ablehnend, wie zum Beispiel Mecklenburg-Vorpommern und Rheinland-Pfalz.

Janssen et al. (1999) haben im Auftrag des Sozialministeriums Baden-Württemberg ein Gutachten zur Versorgungsplanung im Krankenhausbereich (§108 SGB V) für das Fach der Psychotherapeutischen Medizin erstellt, das eine Argumentations- und Berechnungsgrundlage für die zukünftige Schaffung von Kliniken für Psychosomatik und Psychotherapie sein kann.

Historische Entwicklung

Ernst Simmel hat als erster ein umfassendes Konzept einer eigenständigen psychoanalytischen Krankenhausbehandlung entwickelt und verwirklicht (Simmel 1928; 1937). Mit der für den 1. April 1927 angekündigten Eröffnung einer „Psychoanalytischen Klinik" in Berlin-Tegel wollte Simmel „die psychoanalytische Methode Freuds, die bisher nur dem ausgehfähigen, die ärztliche Sprechstunde aufsuchenden (ambulanten) Neurotiker erreichbar war, weitgehend in den Dienst klinisch kranker Menschen ... stellen" (Simmel 1928). Mit Unterstützung der „Hilfsmittel" der Klinik wollte Simmel die therapeutischen Möglichkeiten der Psychoanalyse insbesondere Patienten zugänglich machen, die an „fortgeschrittenen Zwangsneurosen und Phobien" litten, an „hysterischen Erkrankungen, bei denen funktionelle Organstörungen die Existenzfähigkeit des Kranken – oft sehr weitgehend – beeinträchtigen, ... Süchtigen", Patienten mit „Charakterfehlentwicklungen, speziell von Jugendlichen und Kindern, die eine besondere Überwachung auch außerhalb der psychoanalytischen Behandlungsstunden notwendig machen" und Patienten mit „komplizierten und langwierigen organischen Erkrankungen, bei denen eine psychische Komponente deutlich den Heilvorgang behindert und aufzuheben droht" (Simmel 1928). Die Mehrzahl dieser Patienten war ambulant nicht behandelbar, weil ihre Neurose „eine Ausdehnung erfahren hat, die den Kranken in einen ausgesprochen asozialen Zustand geraten ließ" (Simmel 1928, S. 352); für sie wollte Simmel mit der Einrichtung einer psychoanalytischen Klinik bis dahin nicht vorhandene therapeutische Zugangswege eröffnen.

Die von Ernst Simmel genannten Patientengruppen waren den Kranken ähnlich, die in der Psychiatrie als „Psychopathen" oder „Soziopathen" bezeichnet wurden; man würde sie heute überwiegend als Patienten mit sogenannten **strukturellen Störungen** diagnostizieren. Kranke mit diesen Störungen halten ihre pathogenen Konflikte meist dadurch von ihrem Erleben fern, daß sie sie in die Außenwelt verlagern und dementsprechend so behandeln, als ginge es statt um ihre eigenen innerseelischen Konflikte um solche mit einer beziehungsweise in einer unzuträglichen äußeren Realität. Sie können sich deshalb auch nicht mit ihren psychischen Problemen und Konflikten auseinandersetzen, indem sie ihre Aufmerksamkeit sich selbst, ihren eigenen Vorstellungen, Gefühlen oder Phantasien zuwenden, sondern sie versuchen, ihre Probleme handelnd – agierend – zu erledigen. Oft sind die Kranken mit ihren externalisierten Konflikten in ihr alltägliches Lebensmilieu unlösbar verstrickt. Auch deshalb wollte Simmel für sie einen therapeutischen Ort einrichten, an dem sie in einem nicht pathogenen Milieu ihre sich wiederholenden Konflikte und Schwierigkeiten würden erkennen und verstehen können.

> In der Gemeinschaft des psychotherapeutischen Krankenhauses sollten Patienten mit strukturellen Störungen ein soziales Milieu finden können, das ihnen neue Wege der Konfliktlösung und -bewältigung eröffnet.

Dazu bedarf es – in den Worten von Simmel – einer „aktiven Milieuregulierung", womit vor allem auch die Effektivität der Einzelanalyse erhöht werden sollte. Mit der **Unterscheidung von „Milieu" und „psychoanalytischer Behandlung"** nahm Simmel vorweg, was in der späteren, aber inzwischen nicht mehr aktuellen Diskussion um die unterschiedlichen Konzeptualisierungen von stationärer Psychotherapie und Psychosomatik als Gegenüberstellung von „Therapieraum" und „Realitätsraum" wiederkehren sollte.

Nach dem Zweiten Weltkrieg stand die Wiege der stationären psychotherapeutischen und psychosomatischen Medizin in Berlin-Grunewald mit der 1948 gegründeten Klinik für psychogene Störungen, es folgten bald das Niedersächsische Landeskrankenhaus Tiefenbrunn bei Göttingen und die Klinik Umkirch bei Freiburg. Eine erste psychosomatische Klinik im universitären Rahmen entstand 1950 an der Universität Heidelberg unter der Leitung von **Alexander Mitscherlich**; diese umfaßte sowohl eine Ambulanz wie auch eine Bettenstation. Diese Entwicklung war mit Unterstützung der Rockefeller-Foundation möglich geworden und konnte gegen den damaligen Widerstand des überwiegenden Teiles der etablierten deutschen Hochschulpsychiatrie durchgesetzt werden. In den 60er und 70er Jahren wurden vor dem Hintergrund der Einführung der Psychotherapie – später auch der Psychoanalyse – in die ärztliche Weiterbildungsordnung, der Aufnahme von Fachpsychotherapie in den Katalog der Kassenleistungen und der Hineinnahme von Psychotherapie und Psychosomatik in die Ausbildung von Medizinstudenten schließlich an zunehmend mehr Universitäten psychosomatische Abteilungen und Kliniken gegründet, denen meist auch Bettenstationen angeschlossen waren.

Heute ist die stationäre Psychotherapie und Psychosomatik ein fester Bestandteil der medizinischen Versorgung. Neben der vergleichsweise großen Anzahl psychotherapeutisch-psychosomatischer Rehabilitationseinrichtungen gibt es im Bereich der sogenannten Regelversorgung ein differenziertes Spektrum von Krankenhäusern und Abteilungen, die entweder in größere Klinikverbände eingebunden sind, wie das für den größten Teil der universitären Kliniken oder für entsprechende Abteilungen an Allgemeinkrankenhäusern zutrifft, oder die ohne die organisatorische Nähe zu stationären Einrichtungen anderer medizinischer Fächer als Spezialkrankenhäuser für psychotherapeutische und psychosomatische Medizin arbeiten. Während Abteilungen und Kliniken an Allgemeinkrankenhäusern oder an Universitätskliniken eher über kleinere Bettenabteilungen mit zehn bis zu etwa 25 Behandlungsplätzen verfügen, haben manche Spezialkrankenhäuser für Psychotherapeutische und Psychosomatische Medizin eine Größe von 100 bis zu 200 Betten. In einigen dieser stationären psychotherapeutischen Krankenhäusern gibt es Abteilungen oder Stationen, die sich auf die Behandlung bestimmter Patientengruppen spezialisiert und dafür spezifische Behandlungs-Settings entwickelt haben, beispielsweise für Kranke mit Eßstörungen, für den Bereich der neurologischen oder der orthopädischen Psychosomatik, für die Behandlung von Borderline-Persönlichkeitsstörungen, für psychosenahe Störungen und andere.

Eine Übersicht der psychotherapeutisch-psychosomatischen Einrichtungen vermittelt die Zusammenstellung von Neun (1994).

Aktuelle Konzeption und therapeutische Wirkprinzipien

Im psychotherapeutisch-psychosomatischen Krankenhaus ist der Patient seinen alltäglichen Verpflichtungen enthoben. An die Stelle des sozialen Umfeldes, in dem er üblicherweise lebt, ist jetzt für einen begrenzten Zeitraum die soziale Welt der psychotherapeutischen Klinik beziehungsweise der psychotherapeutischen Station mit vielfältigen sozialen Beziehungen und einer ebenso großen Vielfalt von Klein- und Großgruppenformationen getreten. An diesem breiten und vielschichtigen sozialen Feld nimmt der seelisch oder psychosomatisch kranke Patient nicht nur teil, sondern er gestaltet es zugleich mit, indem er daran teilnimmt. Hier kommt nun in der Art und Weise, wie er die vielfältigen Interaktionen im stationären Rahmen gestaltet beziehungsweise mitgestaltet, die Pathologie seines Selbst und seiner Objektbeziehungen zum Tragen. Anders als in seinem sozialen Alltag haben die hier im klinischen Rahmen dargestellten Inszenierungen seiner verinnerlichten pathologischen Objektbeziehungen jedoch keine schwerwiegenden, realen Folgen und werden zudem von definierten therapeutischen Rahmenbedingungen eingegrenzt.

> Während in den Anfängen der stationären, psychoanalytisch orientierten Psychotherapie die psychoanalytische Behandlung des einzelnen Patienten im Mittelpunkt stand und die übrigen Bereiche in der Klinik davon weitgehend abgeschirmt und getrennt gehalten wurden, wird heute das gesamte soziale Feld der Klinik als Feld solcher Inszenierungen der verinnerlichten sozialen Welt des Patienten, seiner verinnerlichten pathologischen Objektbeziehungen verstanden und gehandhabt.

Therapeutische Methoden

Es kennzeichnet stationäre psychotherapeutische und psychosomatische Behandlungen, daß in dieses komplexe therapeutische Feld verschiedene therapeutische Methoden und Verfahren in einer gezielt aufeinander abgestimmten Weise in die Therapie des einzelnen Kranken einbezogen werden. Dazu gehören neben verschiedenen Methoden der Einzel- und der Gruppenpsychotherapie auch solche therapeutischen Verfahren, die vorwiegend mit nichtsprachlichen Ausdrucks- und Gestaltungsverfahren arbeiten, wie Kunst- und Gestaltungstherapie (s. Kap. 6.2.14, S. 609 ff) oder Musiktherapie (s. Kap. 6.2.13, S. 606 ff). Eine große Bedeutung kommt den körpertherapeutischen Verfahren im stationären Rahmen zu, in deren Mittelpunkt sinnliche Erfahrungen der eigenen Körperlichkeit und deren Ausdrucksformen stehen, wie zum Beispiel Konzentrative Bewegungstherapie oder die Feldenkrais-Methode (s. Kap. 6.2.12, S. 601 ff, 603 ff). Es finden sich zunehmend in der stationären Psychotherapie mehrdimensionale oder multimodale Behandlungskonzepte, bei denen Methoden aus unterschiedlichen Therapieansätzen kombiniert oder integriert werden. Dies gilt insbesondere für Kliniken mit einem psychodynamischen Schwerpunkt, in denen bei der Behandlung von bestimmten Patientengruppen (z. B. Eß-, Angst-, Schmerzstörungen) verhaltenstherapeutische Interventionen in den Gesamtbehandlungsplan integriert werden. Diese Methodenkombination oder -integration von schulendifferenten Therapiemethoden verändert die Prozesse der Therapieplanung und der Reflexion des Behandlungsgeschehens grundlegend, da sich sowohl die therapeutischen Norm- und Wertorientierungen, die theoretischen Modelle und Begriffsbildungen, das therapeutische Vorgehen, die Beziehungsgestaltung zwischen Patient und Therapeut, aber auch die therapeutischen Ziele unterscheiden. Diese divergenten Aspekte müssen soweit wie möglich im therapeutischen Prozeß reflektiert und gezielt aufeinander abgestimmt werden, um mögliche negative Effekte der Methodenkombination zu vermeiden. Dies bedeutet, daß ein rein technizistisches oder eklektizistisches Addieren von Therapiemethoden unterschiedlicher Provenienz vermieden werden muß. In vielen Fällen werden auch sozialtherapeutische Aktivitäten, wie zum Beispiel therapeutisch begleitete Arbeitsbelastungsversuche beziehungsweise bei Kindern und Jugendlichen Schulversuche, in die Behandlung einbezogen. Nicht zuletzt gehören zu den stationären psychotherapeutischen Behandlungsansätzen auch Prinzipien der therapeutischen Gemeinschaft und vor allem der Milieutherapie, die im alltäglichen Zusammenleben der Patienten auf der Station und in der Klinik realisiert werden. In größeren Kliniken kann meist unter einer Vielzahl unterschiedlicher therapeutischer Methoden und Verfahren ausgewählt werden, je nach Erfordernissen des einzelnen Patienten und dessen spezifischer Störung.

Das integrative Konzept

Die Vielfalt und Mehrdimensionalität stationärer psychotherapeutischer und psychosomatischer Behandlung bedeutet nicht, daß lediglich verschiedene psychotherapeutische Maßnahmen nebeneinander im Rahmen eines Krankenhauses durchgeführt werden. Vielmehr wird die Behandlung als **integrierte Gesamtbehandlung** organisiert. Die Vielfalt der therapeutischen Verfahren und Methoden mit unterschiedlichen therapeutischen Schwerpunkten, Behandlungsansätzen und Wirkmechanismen einschließlich der somatischen Dimension ist damit etwas anderes und mehr als eine bloße Summation oder Kombination einer Vielzahl von psychotherapeutischen Verfahren oder Methoden.

Die notwendige Integration dieser verschiedenen therapeutischen Ansätze ist deshalb ein unverzichtbares Moment klinischer Arbeit (sogenannte **integrative Konzepte** der stationären Psychotherapie). **Integration** meint in diesem Zusammenhang, daß sich die in die Behandlung des einzelnen Patienten einbezogenen therapeutischen Verfahren und Methoden gleichberechtigt ergänzen und aufeinander abgestimmt beziehungsweise aufeinander bezogen werden. Entsprechend arbeiten auch die an der Behandlung jedes einzelnen Patienten beteiligten therapeutischen Mitarbeiter gleichberechtigt zusammen. Die verschiedenen therapeutischen Aktivitäten und Methoden, die die Mitarbeiter vertreten, werden in ihrer besonderen Zusammensetzung und Abstimmung sowie in ihrer zeitlichen Abfolge auf jeden Patienten und dessen spezifische Störung individuell abgestimmt und zu einem Gesamtbehandlungsplan zusammengefaßt. Der therapeutische Prozeß entfaltet sich somit als dynamischer Verlauf der als Gesamtbehandlungsplan konzipierten therapeutischen Aktivitäten.

Das Behandlungsteam

Eine überaus wichtige Bedeutung kommt dem Team in der stationären Psychotherapie zu. Die Integration der therapeutischen Ansätze wird durch das Behandlungsteam gewährleistet.

Zusammenarbeit im Team ist eine unabdingbare Voraussetzung, um die verschiedenen Interaktionen, zu denen es in den verschiedenen therapeutischen und nichttherapeutischen Feldern der Klinik kommt, als Ausgestaltungen der inneren Welt des Patienten und als deren zusammengehörige Teile erkennen und vor allem verstehen zu können.

Im Team tauschen sich die an der Behandlung beteiligten Mitarbeiter über ihre Beobachtungen und ihre Erfahrungen miteinander aus, die sie in den verschiedenen Behandlungsarrangements oder im Alltag auf der Station in Interaktion mit dem Patienten jeweils gemacht haben. Hier werden die verschiedenen Ausgestaltungen, an denen jeweils einzelne, aber zusammengehörige Aspekte der psychischen Innenwelt des Patienten zum Ausdruck kommen, zueinander in Beziehung gesetzt. Auf diesem Weg können dann zum Beispiel bei Patienten mit schweren strukturellen Störungen deren Teilobjektbeziehungen, die gewöhnlich voneinander getrennt gehalten werden (sogenannte primitive Spaltung), zusammengeführt und in nächsten Schritten von dem Patienten potentiell integriert werden; in anderen Fällen wiederholen sich in den therapeutischen Feldern gegenüber verschiedenen therapeutischen Mitarbeitern jeweils ähnliche Beziehungsmuster; oft handelt es sich dann um habituelle Übertragungsbereitschaften des Patienten, die jeweils verschieden ausgestaltet sind und in diesen vielfältigen Ausprägungen verstanden und therapeutisch bearbeitet werden können.

In Kliniken mit schulenübergreifendem therapeutischen Angebot müssen sowohl die Patientenperspektive, das therapeutische Geschehen als insbesondere auch die verschiedenen Patient-Therapeut-Interaktionen aus dem Blickwinkel der unterschiedlichen therapeutischen Ansätze im Behandlungsteam diskutiert und reflektiert werden. Die psychodynamische Sichtweise wird nicht länger die allein verbindliche sein, an die zum Beispiel verhaltenstherapeutische Methoden als „Anhängsel" angegliedert werden. Die Teamaufgaben und -reflexion verändern sich gravierend. Es geht nicht einfach um eine Erweiterung der Funktionen einzelner Teammitglieder, zum Beispiel der Planung eines systematischen Programms zur Angstbehandlung (Desensibilisierung, Flooding oder Attributionstrainings), sondern um eine Neuformulierung diagnostischer und therapeutischer Probleme. Diese Teams setzen sich – soweit die unterschiedlichen therapeutischen Interventionen kompetent umgesetzt werden sollen – aus Therapeuten mit unterschiedlicher Ausbildung und den bereits oben angesprochenen divergenten Norm- und Zielvorstellungen zusammen. Eine konzeptionsgebundene Kombination oder Integration von unterschiedlichen Therapiemethoden erfordert Kooperationsbereitschaft und Konfliktfähigkeit von allen am therapeutischen Prozeß Beteiligten.

Behandlungsorganisation

Die Art der Behandlungsorganisation kann in stationären psychotherapeutisch-psychosomatischen Einrichtungen auch in Abhängigkeit von deren Größe variieren. **Kleine psychotherapeutische Einrichtungen** arbeiten meist mit einer relativ standardisierten Behandlungsorganisation. Hier nehmen meist alle Patienten an den gleichen therapeutischen Aktivitäten teil beziehungsweise werden mit den gleichen Verfahren behandelt – zum Beispiel kombiniert mit Einzel- und Gruppentherapie, Konzentrativer Bewegungstherapie, Gestaltungstherapie und/oder Musiktherapie. Eine dermaßen festgelegte Behandlungsorganisation hat den Vorteil, daß sie vergleichsweise gut überschaubar ist; allerdings können hier nur solche Patienten aufgenommen werden, für die diese spezielle Behandlungsorganisation förderlich ist. Die Patienten werden dementsprechend unter dem Gesichtspunkt ausgewählt, ob die in der entsprechenden stationären Einrichtung praktizierte Me-

thodenkombination angesichts der spezifischen Pathologie des individuellen Kranken erfolgreich sein kann.

In **größeren psychotherapeutischen Krankenhäusern** und Abteilungen mit einer größeren Zahl von Mitarbeitern, die unterschiedliche therapeutische Qualifikationen haben, können die Gesamtbehandlungspläne so gestaltet und die Behandlung so organisiert werden, daß eine größtmögliche Abstimmung auf die individuelle Pathologie des Patienten und auf spezifische Behandlungsschwerpunkte gewährleistet ist. Dies bringt allerdings erhöhte und nicht immer leicht zu erfüllende Anforderungen an die integrativen Aufgaben des Behandlungsteams mit sich.

Gesamtbehandlungsplan

> Stationäre Psychotherapie ist Kurztherapie in einem komplexen Behandlungsarrangement.

Manche seelisch und psychosomatisch kranken Patienten gewinnen durch die stationäre Kurztherapie so viel an Stabilität und Ich-Stärke, daß die Behandlung nicht in jedem Fall ambulant fortgesetzt werden muß. Für viele Kranke ist dagegen im Anschluß an die stationäre Therapie noch eine ambulante Weiterbehandlung notwendig. Die stationäre Behandlung beschränkt sich in der Mehrzahl der Fälle auf umgrenzte therapeutische Schwerpunkte und **umschriebene Zielsetzungen**. Eine therapeutische Haltung von Absichts- und Ziellosigkeit wie in der ambulanten psychoanalytischen Langzeitbehandlung ist hier obsolet. Angesichts der zeitlichen und therapeutischen Begrenzungen müssen Schwerpunkte für die Therapie ausgewählt und Behandlungsziele festgelegt werden, die durch die stationäre Therapie erreicht werden sollen beziehungsweise – bei schwerkranken Patienten – mindestens erreicht werden müssen, damit eine ambulante Weiterbehandlung möglich wird. In den Fällen, wo der Gesamtbehandlungsplan flexibel für jeden Patienten neu festgelegt und somit individuell bestimmt werden kann, welche therapeutischen Verfahren in welcher „Dosierung", Kombination und Abfolge in den Gesamtbehandlungsplan aufzunehmen sind, werden die verschiedenen therapeutischen Ansätze nach Möglichkeit auf gemeinsame Schwerpunkte hin ausgerichtet und auf gemeinsame Zielsetzungen hin organisiert; die Behandlung wird somit als komplexe Fokalbestimmung organisiert (Streeck 1991). Der **Fokus** ist somit ein von der Krankheit des Patienten bestimmter umschriebener **Behandlungsschwerpunkt**. Die verschiedenen, in die Behandlung einbezogenen therapeutischen Aktivitäten und Verfahren werden auf diesen therapeutischen Fokus hin ausgerichtet, und das therapeutische Handeln der an der stationären Behandlung beteiligten Mitarbeiter orientiert sich auf diesen Fokus hin. Einen Fokus definieren zu können setzt eine umfassende und genaue Diagnostik voraus, die über den dynamischen Aufbau der Störung des Kranken und über seine Ich-Organisation Aufschluß gibt. Ist diese Voraussetzung erfüllt, kann der therapeutische Fokus eine Funktion wie ein Brennpunkt erfüllen, auf den hin die verschiedenen therapeutischen Aktivitäten inhaltlich gleichsinnig ausgerichtet und in diesem Sinne integriert werden. Mit diesem therapeutischen Konzept verbinden sich folgende Zielsetzungen:

- Mit dem integrierten sowohl körperlich wie psychotherapeutisch ausgerichteten Behandlungszugang wird es Patienten ermöglicht, die eigene Krankheit und das eigene Leiden in seinem **psychischen** und **psychosomatischen Bedingungsgefüge zu erkennen**; dies bedeutet vor allem für solche Patienten eine entscheidende Weiterentwicklung, die ihre Störung bis dahin ausschließlich als körperliche und körperlich bedingte Beeinträchtigung verstanden haben.

- Die Vielfalt therapeutischer Ansätze und die damit einhergehende Mehrdimensionalität der Ebenen des Ausdrucks und des Erlebens sowohl in sprachlich vermittelnden Therapien wie in Körpertherapien und in therapeutischen Verfahren, bei denen eine gestalterisch-expressive Dimension im Vordergrund steht, erweitert die **Ausdrucksmöglichkeiten** von seelisch und psychosomatisch Kranken und eröffnet in vielen Fällen erstmals Möglichkeiten, überhaupt einen therapeutischen Zugang zu ihnen zu finden.

- Angesichts dessen, daß sich die pathologischen verinnerlichten Objektbeziehungen in der sozialen Welt der Klinik beziehungsweise der Station in den Beziehungen zu Mitpatienten und zum therapeutischen Personal entfalten und dort Gestalt annehmen, bieten sich weitreichende Möglichkeiten, diese **Objektbeziehungen** und die dazugehörigen Selbstaspekte nicht nur in ihrer subjektiven Dimension zu erkennen, zu untersuchen und zu verstehen, sondern zugleich mit deren innerpsychischer Seite auch deren interpersonelle Ausgestaltungen im aktuellen sozialen Milieu der Klinik aufzugreifen und beide Aspekte miteinander ins Verhältnis zu setzen und in dieser Verschränkung therapeutisch zu bearbeiten.

- Schließlich entfalten sich verschiedene **Aspekte** der gleichen **psychischen** und **psychosomatischen Pathologie**, die in der ambulanten Behandlung über einen längeren Zeitraum hinweg nacheinander in den therapeutischen Prozeß Eingang finden würden, im stationären Setting mit seinen verschiedenen Therapieebenen gleichzeitig nebeneinander; dies kann den therapeutischen Prozeß abkürzen und intensivieren.

Die **Indikation** für die einzelnen **therapeutischen Maßnahmen**, deren Kombination, zeitliche Abfolge, Fokussierung und thematische Ausgestaltung wird in der Initialphase der Behandlung gestellt beziehungsweise nach Abschluß der gegebenenfalls stationär durchgeführten diagnostischen Untersuchungen.

Psychodynamische Prozesse im Behandlungsteam

Bislang haben wir uns mit den psychodynamischen Prozessen zwischen Behandlern und Patienten und deren therapeutischer Umsetzung, insbesondere im Sinne der Integration, beschäftigt. Diese ohnehin schon sehr anspruchsvolle und schwierige Aufgabe des Teams wird häufig durch psychodynamische Prozesse beeinflußt, die innerhalb des Teams ablaufen und zum Teil in Berufsrolle und Teamposition impliziert sind. Bernhard (1984) weist darauf hin, daß die hohe psychische Belastung der **Teams** eigene, zumeist frühe **Abwehrmechanismen**, wie zum Beispiel Spaltung und/oder projektive Identifikation herausbildet. Es liegt auf der Hand, daß hier große Gefahren für die therapeutische Effizienz liegen, insbesondere bei einer Durchmischung mit Übertragungsangeboten und Abwehrmanövern von seiten der Patienten.

Bernhard (1984) spricht vom „Regressionssog der therapeutischen Atmosphäre", die zur szenischen „Aufspaltung in Partialobjekte oder Untergruppierungen spezifisch im stationären Setting" auftrete. Er weist auf das dialektische Spannungsfeld hin, in dem der **psychosomatisch tätige Arzt** steht: Zuständig für die somatische Erkrankung, die Organisation diagnostischer und therapeutischer Maßnahmen etc. wird zügiges, konsequentes Handeln erwartet. Andererseits wird ein psychodynamisches Grundverständnis gefordert mit abwartender Haltung und Vermeidung von Mitagieren. So ist die Versuchung groß, sich aus diesem unsicheren Gelände auf die (vermeintlich) sichere somatische Ebene zurückzuziehen und damit zum Opfer somatischen Agierens des Patienten zu werden.

Die **Pflegekräfte** fühlen sich häufig, gerade zu Beginn ihrer Tätigkeit auf einer psychotherapeutischen Station, unterschätzt und in ihrer Bedeutung nicht ausreichend anerkannt, sind im übrigen in einem vergleichbaren Spannungsfeld wie die Ärzte. Dieses wird in der Regel jedoch verstärkt durch die notwendige inhaltliche Umorientierung ihrer Tätigkeit (nicht mehr handelnd pflegen, sondern tragend aushalten) und die zumeist fehlende Möglichkeit zur Selbsterfahrung. Diese quasi vorprogrammierte Überforderung bedarf der besonderen Aufmerksamkeit. Der Rückzug auf somatisch-pflegerische Funktionen oder die Phantasie, so wie die Therapeuten auch Psychotherapie anbieten zu können, sind Signale für diese Überforderung. Das Erarbeiten einer eigenen Berufsidentität ist für diese Berufsgruppe ungleich schwerer als für alle anderen Teammitglieder; es sollte daher in besonderer Weise unterstützt werden (eigene Fortbildung, Erarbeitung spezifischer Konzepte zur „psychosomatischen Pflege").

Die **Therapeuten** der **Körpertherapien** und sogenannter **kreativer Therapien** (Kunst- bzw. Gestaltungstherapie, Musiktherapie) sind zumeist niedriger eingestuft als die Ärzte und Psychologen, so daß Neid und Rivalität durch die Tarifstruktur vorgegeben sind. Entsprechendes Agieren in der Rivalität zu anderen Therapien, symbiotisch-narzißtische Verbundsysteme zu entsprechend strukturierten Patienten können die Folge sein.

Für alle Berufsgruppen prinzipiell gleich belastend kann das Konzept der Kurztherapie durch die darin implizierte Trennung sein, die je nach Beziehung zu dem jeweiligen Patienten auch vom Therapeuten ver- und bearbeitet werden soll. Unzufriedenheit mit der eigenen Arbeitssituation, Kränkungen etc. verführen den Therapeuten, Gratifikationen vom Patienten erhalten zu wollen, und konterkarieren die notwendige **Trennungsarbeit**. Insbesondere die Bearbeitung aggressiv-destruktiver und narzißtischer Konflikte stellt hohe Anforderungen an ein therapeutisches Team und jedes einzelne Mitglied. So ist die externe Supervision eine unabdingbare Unterstützung der Funktionsfähigkeit therapeutischer Teams.

Modalitäten des Settings

Um zu prüfen, ob eine stationäre psychotherapeutisch-psychosomatische Behandlung angezeigt ist und ein Patient die Möglichkeiten des Settings potentiell nutzen kann, ist es in den meisten Fällen sinnvoll, den Patienten in einem **ambulanten Vorgespräch** zu sehen. Das Vorgespräch soll der diagnostischen Beurteilung des Krankheitsbildes des Patienten dienen, was vor allem dann unumgänglich ist, wenn bis dahin noch keine fachpsychotherapeutische Untersuchung erfolgt ist. Insbesondere geht es dabei aber auch um die Frage, ob ein Patient für das spezifische stationäre Behandlungs-Setting geeignet ist und die in Aussicht genommene Krankenhausbehandlung bei diesem speziellen Patienten effektiv sein kann; dazu gehört auch, die somatische Krankheitssituation des Patienten abzuklären und gegebenenfalls weitere vorstationäre Untersuchungen zu veranlassen. Schließlich erhält der Patient mit einem Vorgespräch die Möglichkeit, einen ersten Kontakt zu der Einrichtung aufzunehmen, für die seine Aufnahme ins Auge gefaßt wird. Er kann über seine Ängste sprechen, die er mit einer Krankenhausbehandlung verbindet, seine Erwartungen klären und nach Möglichkeit an der Realität, die tatsächlich auf ihn zukommt, überprüfen, und er kann sich mit Anforderungen vertraut machen, die mit der stationären Behandlung an ihn gestellt werden.

Obwohl auch stationäre psychotherapeutische und psychosomatische Behandlungen im allgemeinen um so aussichtsreicher sind, je mehr die Patienten dazu motiviert sind, ist das Fehlen einer entsprechenden **Motivation** keine Kontraindikation zur stationären Aufnahme der Kranken. Im Gegenteil kann eine stationäre Aufnahme bei schwer erkrankten Patienten deshalb angezeigt sein, weil sie gerade nicht in der Lage sind, ihr Leiden als seelisches oder psychosomatisches Leiden anzuerkennen und deshalb auch nicht motiviert sind, sich – wenn überhaupt – anders als organmedizinisch behandeln zu lassen. Mit der stationären Aufnahme wird dann in erster Linie der Zweck verfolgt, über das therapeutische Milieu der psychotherapeutischen Klinik den Kranken für eine fachpsychotherapeutische und -psychosomatische Behandlung erst zu ge-

winnen; gelegentlich muß das Ziel, das sich mit einer stationären Aufnahme verbindet, noch bescheidener sein und sich darauf beschränken, daß der Patient eine psychische Beteiligung an seiner Krankheit zumindest in Erwägung zieht. Wird dieses scheinbar eng gesteckte Ziel erreicht, kann das manchmal den ersten, aber entscheidenden Schritt bedeuten, der aus einer langen, alleine auf körperliches Krankheitsgeschehen fixierten und fixierenden Patientenkarriere herausführt.

Mit der **stationären Aufnahme** verbinden sich unterschiedliche **Zielsetzungen**. Was die diagnostischen Untersuchungen anbelangt, so können diese in einer Vielzahl von Fällen bereits ambulant durchgeführt werden; der stationäre Aufenthalt kann sich dann ganz auf therapeutische Aufgaben konzentrieren. Gelegentlich verbinden sich mit der stationären Aufnahme aber auch diagnostische und differentialdiagnostische Fragen, deren Beantwortung von einer Beobachtung und Untersuchung des Kranken unter den besonderen Bedingungen des therapeutischen Milieus der Klinik erwartet wird. Die therapeutischen Zielsetzungen unterscheiden sich darüber hinaus je nach der spezifischen Störung des Patienten. Soweit unbewußte Konflikte der Symptomatik zugrunde liegen, bestehen die therapeutischen Ziele am ehesten darin, zur Aufdeckung dieser unbewußten pathogenen Konflikte beizutragen beziehungsweise die Voraussetzungen zu entwickeln, damit dies in einer anschließenden ambulanten Therapie möglich wird. Damit dieses therapeutische Ziel angestrebt werden kann, bedarf es auf seiten des Kranken einer relativen Ich-Stärke und vergleichsweise reifer Ich-Fähigkeiten. Dies sind einige der Voraussetzungen dafür, daß der Kranke seine habituelle Abwehr durch flexiblere und reifere Abwehrmaßnahmen ersetzen und ins Unbewußte abgespaltene Konflikte und Konfliktinhalte potentiell assimilieren kann. Bei vielen Patienten, die zur stationären Aufnahme kommen, ist mit diesen Voraussetzungen jedoch nicht zu rechnen; manchmal sind ambulant durchgeführte, konfliktaufdeckende therapeutische Bemühungen bei ihnen deshalb gescheitert, weil sie nicht über die Ich-Fähigkeiten verfügen, die dafür erforderlich sind. Für Kranke mit sogenannten strukturellen Störungen ist dieser Mangel an Ich-Stärke pathognomonisch; ihre Beeinträchtigungen werden mehr von Eigenschaften einer defizienten Persönlichkeitsentwicklung geprägt, mit denen sie ihre Konflikte „gelöst" und kompensiert haben, als von diesen unbewußten Konflikten selbst.

> Deshalb kann das Ziel der stationären Behandlung hier nicht darin liegen, unbewußte Konflikte aufzudecken, sondern richtet sich auf die Stabilisierung der Ich-Organisation. Dabei kommt der Entwicklung tragfähiger und integrierter therapeutischer Beziehungen (*Holding Function*) eine wichtige Bedeutung zu, weil sie Ersatzfunktionen im Sinne von Hilfs-Ich-Funktionen für die bei strukturell gestörten Patienten vorhandenen strukturellen Defizite übernehmen.

Gelegentlich kann die Aufnahme eines Patienten in ein psychotherapeutisch-psychosomatisches Krankenhaus auch im

Sinne einer Krisenintervention erfolgen, soweit es dafür nicht einer geschlossenen psychiatrischen Einrichtung bedarf.

Im größten Teil der psychotherapeutisch-psychosomatischen Krankenhäuser und Abteilungen in der Regelversorgung hat sich eine **Behandlungsdauer** von ein bis drei Monaten als sinnvoll und notwendig erwiesen. Dies ist allerdings nur eine statistische Durchschnittsgröße, die im Einzelfall deutlich überschritten wird, in anderen Fällen, wie zum Beispiel bei den genannten Kriseninterventionen, auch einmal unterschritten werden kann. Darüber hinaus gibt es Kliniken mit spezialisierten Behandlungsansätzen, die ihr eigenes Indikationsspektrum haben und bei denen den spezialisierten Aufgaben entsprechend auch mit längeren Behandlungszeiten zu rechnen sein kann. Dies unterscheidet das Fachgebiet der psychotherapeutischen und psychosomatischen Medizin nicht von anderen medizinischen Fachgebieten. In Rehabilitationskliniken mit ihren anders gelagerten Aufgaben sind die Behandlungszeiten gewöhnlich standardisiert und werden durch die Rentenversicherungsträger vorgegeben.

Indikation und Differentialindikation

Die Untersuchungen von von Rad et al. (1994) über die stationären Patienten der psychosomatischen Klinik in München-Harlaching weisen diese als länger und schwerer krank aus als die Vergleichsgruppe aus der zugehörigen Ambulanz der Technischen Universität München. Die Gruppe der stationär aufgenommenen Patienten war häufiger und länger in stationärer und/oder ambulanter Behandlung und weist demzufolge eine größere Anzahl ärztlicher Konsultationen auf. Der Schlußfolgerung der Autoren, daß bei diesen Patienten die Chronifizierung fortgeschrittener sei, können wir uns aus der Erfahrung der eigenen Kliniken anschließen. Bei einer Untersuchung über die Aufnahmekriterien in der psychosomatischen Abteilung des Krankenhauses Rissen in Hamburg erwiesen sich diese Merkmale als Selektionskriterien für die stationäre Aufnahme (Ahrens und Junge 1995).

> Diese Daten belegen, daß es einen eigenständigen Indikationsbereich für die stationäre Psychotherapie gibt, insbesondere für solche Patienten, die ambulant nur schwer oder überhaupt nicht behandelt werden können.

Die Indikation für eine stationäre psychotherapeutische und psychosomatische Behandlung wird entweder von dem zuweisenden Arzt oder aber im Rahmen einer vorstationären Untersuchung gestellt; bei Patienten, die im Rahmen von Konsiliar- oder Liaisondiensten untersucht werden, wird die Indikation von einem Mitarbeiter der Klinik, der mit den Behandlungsmöglichkeiten und -modalitäten gut vertraut ist, selbst gestellt. Wenn die Indikation im vorstationären Rahmen nicht möglich ist, bedarf es unter Umständen einer Probeaufnahme des Kranken, um innerhalb eines begrenzten Zeitraumes von etwa ein

bis drei Wochen zu klären, ob eine Behandlung sinnvoll und aussichtsreich sein kann.

Dem Ziel eines angemessenen Behandlungsangebotes dient auch die Beachtung von **Ausschlußkriterien**. Dies muß beachtet werden bei Patienten, die körperlich krank sind und dringend somatisch behandelt werden müssen; weiter bei Patienten, die akut psychotisch erkrankt sind, die akut suizidal sind (nicht jedoch Patienten mit chronischer Suizidalität, ein bei schwereren Persönlichkeitsstörungen häufiges Phänomen) und bei Patienten mit nicht kontrollierbarem süchtigen Verhalten.

Eine **positive Indikation** für eine stationäre psychotherapeutisch-psychosomatische Behandlung liegt in den nachfolgend aufgeführten Fällen vor:

- bei **Neurosen** mit einer Symptomatik, die der Teilnahme an einer ambulanten psychotherapeutischen Behandlung entgegensteht, wie zum Beispiel psychogene Gangstörungen oder psychogene Anfälle
- bei Kranken mit schweren **neurotischen** oder **Persönlichkeitsstörungen**, die aufgrund ihrer Ich-strukturellen Schwäche nicht in der Lage sind, im ambulanten Rahmen eine therapeutische Beziehung aufzunehmen und aufrechtzuerhalten
- bei Patienten mit neurotischen oder Persönlichkeitsstörungen, die zu schwereren Formen des **Agierens** neigen und eines stabilen therapeutischen Rahmens bedürfen, der ambulant nicht sicher genug aufrechtzuerhalten ist
- bei einer **akuten Dekompensation** neurotischer oder von Persönlichkeitsstörungen, wobei die stationäre Behandlung im Sinne einer Krisenintervention die Fortführung einer bereits begonnenen ambulanten Behandlung oder den Schritt dahin herstellen soll
- bei Patienten, die unter ambulanten Bedingungen für eine psychotherapeutische Behandlung ihrer behandlungsbedürftigen Erkrankung **nicht zu motivieren** sind, um den Versuch zu machen, mit Hilfe des therapeutischen Milieus und des komplexen Behandlungsarrangements im psychotherapeutischen Krankenhaus Möglichkeiten zu finden, eine psychotherapeutisch und psychosomatisch ausgerichtete Behandlung einzuleiten
- zur **Herauslösung** aus einem **pathogenen Milieu**, um die Voraussetzungen für eine potentiell erfolgversprechende Behandlung herzustellen
- bei Patienten, deren neurotische oder Persönlichkeitsstörung mit schwerwiegenden **sozialen Folgeerscheinungen** einhergeht, die des Rahmens einer psychotherapeutischen Klinik bedürfen, um unterbrochen werden zu können
- bei Patienten mit Störungen, bei denen die erforderliche **Dichte** des **Behandlungsarrangements** ambulant nicht zu gewährleisten ist
- bei Vorliegen von **Multimorbidität**, die probatorische therapeutische Zugangswege verlangt, die in der notwendigen Komplexität und Kombination ambulant nicht durchzuführen sind

- zur Einleitung einer komplexen, mehrdimensionalen Behandlungsstrategie unter Beobachtung der Reaktionen des Patienten auf die Behandlungsansätze, um einen geeigneten **therapeutischen Zugang** zu **eröffnen**, der dann ambulant fortgeführt werden kann
- bei Erkrankungen primär somatischer Genese, bei denen eine bis dahin latente neurotische Konfliktsituation oder eine relativ stabil kompensierte Persönlichkeitsstörung dekompensiert und zu psychischer beziehungsweise psychosomatischer **Destabilisierung** und/oder zur Verstärkung der primär körperlichen Symptomatik führt
- bei Patienten, bei denen es durch Art und Verlauf einer körperlichen Erkrankung (z. B. chronifizierende Schmerzsyndrome, invalidisierende oder zum Tode führende Erkrankungen) **sekundär** zu schwereren **psychischen Veränderungen** kommt

Die beiden zuletzt genannten Indikationskriterien betreffen körperlich Kranke, bei deren Krankheitsentstehung und/oder -aufrechterhaltung psychosomatische Zusammenhänge von Bedeutung sind. In den meisten Fällen werden diese Patienten von somatischen Stationen oder Einrichtungen im Sinne einer psychosomatischen Sekundärbetreuung übernommen, wenn die dort erfolgte intensive somatische Behandlungsphase abgeschlossen ist.

Empirische Befunde zur stationären Psychotherapie

Studien, die den Nachweis der Effektivität der stationären Psychotherapie aufzeigen konnten, liegen in Deutschland seit Mitte der 80er Jahre in nennenswerter Zahl vor. Dies ergibt sich aus der großen Zahl an stationären Einrichtungen und dem Sachverhalt, daß in einer Vielzahl dieser Kliniken Evaluationsforschung und Qualitätssicherungsmaßnahmen (v.a. im Bereich der Rehabilitation) umgesetzt wird. In einer großen Zahl von Studien ist die Wirksamkeit der stationären Psychotherapie bei kleineren Patientengruppen mit engeren oder weiteren Störungsbereichen untersucht worden. Aus psychodynamischer Perspektive existiert mittlerweile eine Reihe von Studien, die den Effekt der stationären Psychotherapie nachweisen kann:

Untersuchungen zur Therapieeffizienz aus psychodynamischer Perspektive:
- Lamprecht et al. (1987)
- Rudolf et al. (1998); Manz et al. (1995)
- Junge und Ahrens (1996)
- Schneider et al. (1999; zum Einfluß der Psychotherapiemotivation auf die Behandlungseffekte)

Untersuchungen zur Effektivität spezifischer Verfahren:
- Multizentrische Studie zur Wirksamkeit der Gruppenpsychotherapie (Strauß et al. 1993) auf psychische Symptome sowie interpersonale Probleme
- Gruppenpsychotherapie; Strauß und Burgmeier-Lohse (1994)

Untersuchungen zur Effektivität stationärer Psychotherapie bei ausgewählten Störungen:
- Sänger-Alt et al. (1991; Angststörungen)
- Hoffmann und Bassler (1995; Angststörungen)
- Deter (1986; Asthmabehandlung)
- Kächele (1999; Eßstörungen)

Integrative Ansätze bzw. Methodenkombination:
- Eßstörungen (Herzog et al. 1996; Psychodynamische Therapie plus Verhaltenstherapie)
- Verhaltenstherapeutische/psychodynamische Angstbehandlung (Nickel et al. 1999)

Arbeiten zur Effektivität stationärer psychosomatisch-psychotherapeutischer Rehabilitationsmaßnahmen:
- Zauberberg-Studie (Schmidt 1991)
- Wirksamkeit stationärer Verhaltenstherapie – BKK-Studie (Zielke 1993)
- Berus-Studie (Broda et al. 1996)
- Vergleich psychoanalytischer und verhaltenstherapeutischer Rehabilitation – Untersuchung zur differentiellen Indikationsstellung zwischen psychoanalytisch orientierter Psychotherapie und Verhaltenstherapie (Schulz et al. 1999)

Obwohl in einer Vielzahl von Studien die Effektivität der stationären Psychotherapie/Psychosomatik im Akutversorgungsbereich und in der Rehabilitation nachgewiesen werden konnte, sind diese Ergebnisse begrenzt aussagefähig, da sie nur wenig spezifische Aussagen zu den konkret angebotenen Psychotherapievariablen gestatten. Die oben angesprochene Komplexität der stationären Psychotherapie führt dazu, daß lediglich mit geringer Wahrscheinlichkeit angegeben werden kann, welche Variablen in diesem vielschichtig determinierten Setting zu Veränderungen in einem weiten Horizont von Therapieeffekten führten, die sowohl psychische als auch somatische Faktoren umfassen, Prozesse der Krankheitsverarbeitung und des Krankheitsverhaltens berücksichtigen sowie Parameter wie Arbitrary-Unit-Zeiten, die Inanspruchnahme an medizinischen Leistungen (Medikamenteneinnahme, Operation), der Reintegration an den Arbeitsplatz oder die Berentung wegen Erwerbsunfähigkeit.

Zusammenfassung

Die stationäre psychotherapeutische und psychosomatische Therapie ist durch einen komplexen, mehrdimensionalen Behandlungszugang gekennzeichnet, bei dem sich einzel- und gruppentherapeutische Maßnahmen sowie psychosoziale Einflüsse des therapeutischen Milieus der Klinik miteinander verbinden und zu einem Wirkungsgefüge ergänzen. Diese stationäre Behandlung mit ihrer Dichte eines differenzierten therapeutischen Behandlungsarrangements, verbunden mit einem relativen Schonraum, kann in vielen Fällen therapeutische Zugangswege für seelisch und psychosomatisch kranke Patienten eröffnen, die in ambulanter Behandlung nicht wirksam zu erreichen sind.

Literatur

Ahrens S, Junge A. Katamnesestudie der Psychosomatischen Abteilung des Krankenhauses Rissen. Unveröffentlichtes Manuskript 1995.

Becker H, Senf W. Praxis der stationären Psychotherapie. Stuttgart: Thieme 1988.

Bernhard P. Spaltungsprozesse in der institutionellen Zusammenarbeit eines psychotherapeutischen Teams. Prax Psychother Psychosom 1984; 29: 282–9.

Broda M, Bürger WM, Dinger-Broda A, Massing H. Die Berus-Studie. Zur Ergebnisevaluation der Therapie psychosomatischer Störungen bei gewerblichen Arbeitnehmern. Berlin: Westkreuz-Verlag 1996.

Deter HC. Psychosomatische Behandlung des Asthma Bronchiale. Heidelberg: Springer 1986.

Herzog T, Hartmann A, Falk C. Symptomorientierung und psychodynamisches Gesamtkonzept bei der stationären Behandlung der Anorexia nervosa. Eine quasi-experimentelle Vergleichsuntersuchung von 40 Aufnahmeepisoden. Psychother Psychosom Med Psychol 1996; 46: 11–22.

Hoffmann SO, M. Bassler. Zur psychoanalytisch fundierten Fokaltherapie von Angsterkrankungen. Forum Psychoanal 1995; 11: 1.

Janssen PL. Psychoanalytische Therapie in der Klinik. Stuttgart: Klett-Cotta 1987.

Janssen PL, Franz M, Herzog T, Heuft G, Paar G, Schneider W. Psychotherapeutische Medizin. Stuttgart, New York: Schattauer 1999.

Junge A, Ahrens S. Stationäre psychosomatische Behandlung – Patientenmerkmale und Behandlungserfolg. Psychother Psychosom Med Psychol 1996; 46: 430–7.

Kächele H. Eine multizentrische Studie zu Aufwand und Erfolg bei psychodynamischer Therapie von Eßstörungen – Studiendesign und erste Ergebnisse. Psychother Psychosom Med Psychol 1999; 49: 100–9.

Lamprecht F, Schmid P, Bernhard P. Stationäre Psychotherapie. Kurz- und Langzeiteffekte. In: Psychotherapie in der psychosomatischen Medizin. Quint H, Janssen PL (Hrsg). Heidelberg, New York: Springer Verlag 1987; 149–55.

Manz RH, Henningsen C, Rudolf G. Methodische und statistische Aspekte der Therapieevaluation am Beispiel der Berliner Psychotherapiestudie. Psychother Psychosom Med Psych 1995; 45: 52–9.

Neun H (Hrsg). Psychosomatische Einrichtungen. 3. Aufl. Göttingen: Vandenhoeck & Ruprecht 1994.

Nickel R, Petrak F, Bassler M, Hoffmann SO. Stationäre verhaltenstherapeutisch-psychodynamische Kombinationsbehandlung. Fallbericht zur Behandlung eines Patienten mit Angststörung. Psychotherapeut 1999; 44: 241–7.

Rad M v., Schors R, Henrich G. Stationäre psychoanalytische Psychosomatik. In: Psychoanalytische Psychosomatik. Strauß B, Meyer AE (Hrsg). Stuttgart, New York: Schattauer 1994; 152–64.

Rudolf G, Grande T, Porsch U. Die Berliner Psychotherapiestudie – Indikationsentscheidung und Therapierealisierung in unterschiedlichen psychotherapeutischen Praxisfeldern. Z Psychosom Med 1998; 34: 2–18.

Sänger-Alt C, Sandweg R, Merten J, Rudolf G. Persönlichkeitsmerkmale von Phobikern und ihre Veränderung durch Psychotherapie – deskriptive Ergebnisse eines Katamneseprojekts über die Wirksamkeit einer 6- bis 8wöchigen stationären Heilmaßnahme. Psychother Psychosom Med Psychol 1991; 41: 411–8.

Schepank H. Psychogene Erkrankungen der Stadtbevölkerung. Eine epidemiologisch-tiefenpsychologische Feldstudie in Mannheim. Berlin, Heidelberg, New York: Springer1987.

Schepank H. Die stationäre Psychotherapie und ihr Rahmen. Berlin: Springer 1988.

Schmidt J. Evaluation einer Psychosomatischen Klinik. Frankfurt/M: VAS Verlag 1991.

Schneider W, Klauer Th, Tetzlaff M, Janssen PL. Zum Einfluß der Psychotherapiemotivation auf den Psychotherapieverlauf. Nervenarzt 1999; 70: 240–9.

Schulz H, Lang K, Lotz-Rambaldi W, Bürger W, Koch U. Analyse von Behandlungsabbrüchen in der stationären Psychosomatischen Rehabilitation anhand von Basisdokumentationen zweier Klinikträger. Psychother Psychosom Med Psychol 1999; 49: 326–36.

Simmel E. Die psychoanalytische Behandlung in der Klinik. Int Z Psychoanal 1928; 14: 352–70.

Simmel E. The psychoanalytic sanitarium and the psychoanalytic movement. Bull Menninger Clin 1937; 1: 133–43.

Strauß B, Burgmeier-Lohse M. Prozeß-Ergebnis-Zusammenhänge in der analytisch orientierten Gruppenpsychotherapie Eine Erkundungsstudie im stationären Rahmen. Psychotherapeut 1994; 39: 230–8.

Strauß B, Eckert J, Hess H. Zusammenhänge zwischen interpersonalen Problemen und dem Behandlungsergebnis nach stationärer Gruppentherapie. Integration und Diskussion der Ergebnisse. Gruppenpsychother Gruppendyn 1993, 29: 286–94.

Streeck U. Klinische Psychotherapie als Fokalbehandlung. Z Psychosom Med 1991; 37: 3–13.

Zielke M. Wirksamkeit stationärer Verhaltenstherapie. Weinheim: Psychologie Verlags Union 1993.

6.3.2
Psychoanalytische Psychotherapie bei Kindern und Jugendlichen

Dieter Bürgin

Alle Formen der psychoanalytischen Psychotherapie mit Kindern und Jugendlichen, sowohl solche, die in ihrer „Philosophie" auf M. Klein, als auch solche, die auf A. Freud oder D. W. Winnicott zurückgehen, stimmen – neben größeren technischen und metapsychologischen Unterschieden – in grundlegenden Haltungen überein, zum Beispiel in:

- der Bedeutsamkeit unbewußter Phänomene und Prozesse
- den hauptsächlichen psychischen Instanzen (Es, Über-Ich, Ich mit Selbst- und Objektrepräsentanzen)
- der analytischen Beziehung
- der Übertragung
- dem Setting

Kinder bringen oft ein erstaunlich großes Vertrauen mit und sind recht freigiebig im Zeigen ihrer Grundproblematik. Ihre Fähigkeit, daran zu glauben, daß sie auf eine verstehende Person treffen, ist nur selten so verschüttet, daß sie überhaupt nicht mehr in Erscheinung tritt. Fast immer geben sie zumindest Hinweise auf die Konflikte, die zur Symptombildung führten.

Auch in der psychoanalytischen Evaluation von Kindern und Jugendlichen ist es wesentlich, eine **psychodynamische** und **psychosoziale Diagnose** von der Art zu stellen, daß nicht nur die Psychopathologie festgehalten werden kann, sondern auch die im Hinblick auf die Förderung der Entwicklung funktionierenden Bereiche der Person und des Umfeldes erfaßt werden. Dies ist notwendig, damit der Therapeut sich Vorstellungen über folgende Aspekte machen kann:

- Mit welchen Formen von **Übertragungsentwicklungen** (neurotische oder psychotische?) hat er zu rechnen?
- Muß er sich auf primitivere oder sehr entwickelte Formen der **Abwehr** einstellen?
- Wieviel **psychische Arbeit** ist das Kind oder der Jugendliche im Moment zu leisten imstande, das heißt, wieviel Spannung, Frustration und seelischen Schmerz kann der Patient voraussichtlich aushalten und innerseelisch, ohne größeres Ausagieren, in sich bewahren? Dies ist von besonderer Bedeutung in Situationen, bei denen aus äußeren oder inneren Gründen einem Kind oder Jugendlichen keine regelmäßige Sitzungsfrequenz angeboten werden kann, sondern Therapiestunden *on demand* abgehalten werden.

In allen Fällen ist aber zu beachten, daß die Realitätsprüfung von Kindern und Jugendlichen noch bedeutend geringer, das Lustprinzip hingegen stärker ausgebildet ist als bei Erwachsenen.

> Das psychotherapeutische Ziel bei Kindern und Jugendlichen ist grundsätzlich ein anderes als bei den Erwachsenen: Es geht in erster Linie darum, die weitere psychische Entwicklung und Reifung des Patienten zu ermöglichen.

Modalitäten des Settings und therapeutische Wirkprinzipien

Die Psychotherapie von Babys oder sehr kleinen Kindern erfolgt zumeist in Anwesenheit der Mutter und geht von der Annahme aus, daß bei dieser Beziehungskonstellation erst eine sehr dünne – wenn überhaupt vorhandene – Abgrenzung zwischen beiden besteht. Die Interventionen sind vor allem an die Mutter gerichtet, aber die Reaktionen des Säuglings beziehungsweise Kleinkindes stellen oft die direkte Antwort auf das Gesagte dar.

In den Therapien von **Klein-** und **Vorschulkindern** finden sich viele symbolische, in die Außenwelt verlegte Anteile der Innenwelt des Kindes. Das Schulkind hat als große Aufgabe, immer wieder von neuem zu trennen zwischen dem, was Schule, was Spiel und was Therapie ist.

Beim **Adoleszenten** muß mit einem zunehmend starken Triebdruck libidinöser und aggressiver Art gerechnet werden. Hier ist es für den Therapeuten besonders schwierig, die Konstanz und Kontinuität innerhalb des oft sehr wechselhaften Verlaufes der therapeutischen Beziehung zu bewahren. Auch ist der besonders hohen narzißtischen Kränkbarkeit der Adoleszenten Rechnung zu tragen, da sonst explosive Ausbrüche, Regressionen oder Vermeidungen die Folge sind.

> Wie beim Erwachsenen ist beim Kind nicht die Symptombeseitigung das Ziel, sondern eine ganz starke **Orientierung am Symptom** als dem Prototypen des scheinbar Unverständlichen.

Die **gegenständliche Beteiligung** im Sinne einer **Eigenleistung**, die beim Erwachsenen zum Beispiel in der Bezahlung sichtbar wird, kann auch in Kindertherapien eingeführt werden, wenn dies notwendig scheint, zum Beispiel durch symbolische Stundenbezahlungen in Form eines Steines, der mitgebracht wird.

Im allgemeinen ist der **Therapeut** in psychoanalytischen Psychotherapien von **Kindern** und **Jugendlichen** viel weniger geschützt durch das Setting als bei der Arbeit mit Erwachsenen. Er muß sich gegebenenfalls zeitweilig auf Rollenspiele einlassen, wird viel stärker immer wieder in dyadische Abläufe einbezogen, aus denen er stets wieder hinaus muß. Zudem spielt der direkte körperliche Kontakt bei Klein- und Schulkindern eine viel größere Rolle. In der **Adoleszenz** bedarf es eines besonders feinen Takts, um sowohl die körperlichen Abläufe der sexuellen Erregung anzusprechen als auch vor allem dem gegengeschlechtlichen Adoleszenten emotional nicht zu nahe zu kommen. Weiterhin muß der Therapeut in viel stärkerem Ausmaß imstande sein, sich in seine eigene Kindheit und Adoleszenz zu versetzen. Er darf sich durch solche therapeutischen Regressionen nicht bedroht fühlen, denn die Arbeit mit den entsprechenden Patienten führt notgedrungen zur Reaktivierung eigener Kindheits- und Adoleszenzerfahrungen. Er muß er selbst sein und natürlich bleiben können und den Lauf der Dinge nicht durch ein Handeln oder Nichthandeln aufgrund von eigenen Ängsten, Schuldgefühlen oder dem Bedürfnis, erfolgreich zu sein, verzerren lassen.

Die **Gefahr** der **defensiven therapeutischen Überheblichkeit** auf seiten der Therapeuten ist bei der psychoanalytischen Psychotherapie von Kindern und Jugendlichen größer als bei analogen Prozessen mit Erwachsenen, da eine bereits altersmäßig offensichtliche Asymmetrie zwischen dem Kind und dem Therapeuten besteht, die eine solche Haltung erleichtert. Der Respekt vor dem Patienten und die Erhaltung seiner Würde sind deshalb zentrale ethische Grundwerte, auch bei der psychotherapeutischen Arbeit mit Kindern und Jugendlichen.

Wir gehen davon aus, daß ein Säugling **von Anfang an zu triadischen und polyadischen Beziehungen befähigt** ist. Die Bevorzugung der dyadischen Beziehungsform ergibt sich aus deren verhältnismäßig einfachen Struktur. Tri- oder polyadische Formen zerfallen leicht in dyadische, da sie viel schwieriger zu stabilisieren sind (Bürgin 1998a).

Die frühen **präödipalen Drei- oder Vielsamkeiten** entwickeln sich über die **postödipalen** in die **adoleszenten** und **adulten** Formen. Je nach den libidinösen und aggressiven Besetzungen werden unterschiedliche dyadische Beziehungskonfigurationen hervorgehoben oder treten wieder in den Hintergrund; je nach affektiver Nähe oder Distanz gestalten sich die Beziehungsdreiecke oder -vielecke symmetrisch-ausgeglichen oder asymmetrisch-unausgeglichen. Den Realobjekten kommt bei diesen Vorgängen im Kleinkindesalter eine sehr große Bedeutung zu, da sie anhaltend mitregulieren und damit gleichsam direkt in die innere Beziehungswelt des Kleinkindes eingreifen (von Klitzing et al. 1999).

Erst wenn das reale **Gegenüber mit einer Innenwelt von der gleichen Art wie die eigene** ausgestattet wurde, vermag sich das Kleinkind vorzustellen, daß auch das Gegenüber Beziehungen zu verschiedenen Objekten haben kann und diese zudem untereinander in Beziehung stehen. Gelingt es, sich im lebendigen Spiegel eines Gegenübers wiederzufinden, so kann nichtfusionär **imitiert** und **verglichen** werden.

Der Gesichtspunkt einer **triadischen Beziehungskonstellation** läßt sich auch bei einer Präsenz von nur zwei Personen (z. B. Mutter und Kind) vertreten, insbesondere, wenn das Kind Symbolspiele macht, entsprechende Geschichten erzählt, aber auch beim verbalen Erwähnen von Dritten. Wird ein Affekt, ein kognitiver Inhalt oder eine Intention zwischen Patient und Therapeut gemeinsam geteilt, so entsteht ein **spezifisches interpersonales Drittes** (Ogden 1995), das Bausteine liefert für die **Ko-Konstruktion eines gemeinsamen Narrativs**.

Obwohl das Konzept der Triangulation im psychoanalytischen Sinne mit den Strukturen der Innenwelt arbeitet, kann man sich im therapeutischen Prozeß durchaus auch an beobachtbare trianguläre Phänomene halten. Die **Objektrepräsentanzen** als innere Schemata entwickeln sich aus der Absenz der **Realobjekte**. Denn nur beim Fehlen des realen Gegenübers wird dessen Repräsentanz, das heißt die bedürfnisbeladene Reproduktion einer Perzeption, durch den Triebwunsch aufgerufen. Verlangen oder Begehren erfüllen sich also nur mittels des anderen. Sind die realen Personen vorhanden, so sind die Repräsentanzen, da nicht mehr besetzt, wie weg, und umgekehrt. In den emotionalen Bewegungen von innen nach außen und zurück werden die realen Objekte zu Substituten der Repräsentanzen, die Repräsentanzen zu Substituten der Realobjekte. Jede Bedürfnisspannung „erschafft" – nach einer gewissen Zeit der ausbleibenden Befriedigung – mittels imaginativer Aktivitäten die Beziehungsrepräsentanz, ruft sie wie auf und besetzt sie. **Interaktionsrepräsentanzen** sind prototypische Abstraktionen realer Abläufe, die – infolge von wechselnden, triebbedingten emotionalen Besetzungen, durch Kondensationsvorgänge, anhaltende Reorganisationen und aufgrund von Mitregulationen durch die Realobjekte – nie genau so abgelaufen sind, wie sie erinnert werden (Bürgin 1998b; 1998c).

Die Szenerie der Phantasie stellt eine ständige Begleiterin realer Erfahrungen dar und steht mit diesen in andauernder Wechselwirkung, das heißt, die äußere Realität wirkt über das Erleben auch stets auf die unbewußten Phantasien ein und umgekehrt.

Auch in einer dyadischen Beziehung existiert stets eine **virtuelle dritte Person** in der Innenwelt des erwachsenen Gegenübers. Schließlich ist die **virtuell dritte Person** (Eltern, Vormund, Erzieher) beim Kind in ganz anderem Ausmaß präsent und relevant als bei der Psychotherapie mit Erwachsenen. Sie muß in jeweils adäquater Form mit einbezogen werden. Eltern gewinnen manchmal durch die Psychotherapie ihres Kindes vertiefte Einsicht in ihre eigenen Störungen. Manchmal aber verschlimmert sich auch gerade durch den therapeutischen Prozeß des Kindes das psychopathologische Störungs-

bild bei einem oder beiden Elternteilen. In seltenen Fällen ist auch Neid der Eltern auf die spezifische Form der Zuwendung zu beobachten, die ein Kind oder Jugendlicher innerhalb der Therapie bekommt.

In gewissen Fällen sind **pädagogische Interventionen** zur Erhaltung des psychotherapeutischen Settings unumgänglich. Sie sollten aber nur nach reiflicher Überlegung und zeitlich limitiert eingesetzt werden, so daß sie, wie eine Parenthese eingeschoben, ebenso leicht wieder weggelassen werden können. Das verbale oder nichtverbale Eingreifen stellt eine bewußte Aktivität dar, die keine Deutung ist, sondern die vom Therapeuten aufgrund seiner metapsychologischen Einschätzung der Situation bewußt zu Behandlungszwecken eingesetzt wird und ein bestimmtes Ziel hat, das im Dienste des therapeutischen Prozesses steht und mit keinem anderen Mittel erreicht werden kann.

Das **Beziehungsgefüge** zwischen **Kind** und **Therapeut** stellt sich wie folgt dar: Das Kind geht auf dem Weg der therapeutischen Arbeit voran, der Therapeut folgt nach und muß der Verführung entgegenwirken, dem Kind oder Jugendlichen die Arbeit abzunehmen, das heißt, ihm die Eigenerfahrung der Selbstorganisation von Beziehungsprozessen vorzuenthalten. Zu Beginn paßt sich der Therapeut im allgemeinen erst recht stark den Erwartungen des Kindes oder Jugendlichen an und kommuniziert mit ihm aus der Position heraus, in die er durch die Übertragungen des Patienten gestellt wird. Er ist in einem Intermediärraum der Beziehung positioniert, in dem er für den Patienten ein „subjektives Objekt" ist, nämlich eines, dem nur eine begrenzte Eigenständigkeit zugesprochen wird, das gleichzeitig aber auch das Realitätsprinzip vertritt – zum Beispiel die Einhaltung des Zeitgefäßes der psychotherapeutischen Sitzungen oder der abgemachten Behandlungsregeln –, das überlebt, gesund und wach bleibt.

> Die therapeutische Arbeit wird vom Patienten geleistet, auch wenn es sich um ein kleines Kind handelt.

Die unbewußte Mitarbeit zeigt sich oft in Form eines sogenannten Widerstandes. Dieser ist Teil einer negativen Übertragung. Wird er angemessen angesprochen und gedeutet, so setzt er eine Kooperation in Gang, die positiven Übertragungselementen Platz macht.

Auch das Kind kann von seiner therapeutischen Arbeit profitieren, wenn es sich eine Vorstellung davon erwerben kann, was **Übertragung** und was der therapeutische Prozeß ist. Denn es baut neben der Übertragungsbeziehung auch eine ganz reale Beziehung zum Therapeuten auf, der ihm als eigenständige Person gilt und die, bei angemessener Deutungsarbeit, im wesentlichen doch recht frei von Übertragungselementen gehalten werden kann. Bei Kleinkindern hat der Therapeut in noch viel stärkerem Ausmaß als später oder beim Erwachsenen auch Aufgaben eines realen **Primärobjektes**, nämlich die Gewährleistung von Schutz, Begrenzung, Abgrenzung etc.

Das Kind assoziiert verbal oft nicht so direkt und frei wie der Erwachsene. Dennoch kann die Sequenz seiner verbalen und averbalen Aktivitäten genau gleich wie die **freie Assoziation** verstanden und für den therapeutischen Prozeß genutzt werden.

> Alle Aktivitäten und Verhaltensweisen des Kindes während der Behandlungsstunde können bedeutsames Material ausdrücken und für den therapeutischen Prozeß genutzt werden.

Dennoch gibt es für jedes Kind spezifisch bevorzugte Kommunikationsmittel, die es freiwillig oder unfreiwillig gebraucht.

Humor und das **Spielerische** nehmen im allgemeinen einen größeren Platz im therapeutischen Geschehen ein. Das Spiel, aber auch Zeichnungen oder gestaltete Produkte, erlauben, ähnlich wie der Traum, den altersadäquaten Ausdruck innerseelischer Abläufe. Sie vermögen auch dem Versuch zu dienen, traumatisch wirkende Erlebnisse durch eine geeignetere szenische Einspielung dadurch zu bewältigen, daß mittels Eigenaktivität Kontrolle darüber gewonnen wird. Andererseits ist es auch ein Kommunikationsmittel in einem Intermediärraum, mit dessen Hilfe sich mühelos Übertragungsanteile in einer Als-ob-Form einbringen lassen. Es enthält, wie fast alle Produktionen eines Menschen, die innerhalb einer Beziehung Bedeutung erlangen, stets Wunsch- und Abwehranteile zugleich. Das Spiel steht in enger Verbindung zu den Inhalten der Phantasie, die sich mittels der vorliegenden Gegebenheiten mehr oder weniger machbar umzusetzen versuchen. Je nach Patient ist das Spiel an sich bereits ein Stück weit heilend – oder auch blockierend. Durch die **Deutung** erfährt es aber eine Anhebung auf die Ebene eines zentralen intersubjektiven **Kommunikationsgeschehens**. Jegliche Abwehr, zeige sie sich im sprachlichen Ausdruck, im Verhalten allgemein, im (Rollen-)Spiel, beim Zeichnen oder innerhalb einer anderen Form kreativen Gestaltens, ist immer zuerst als eine Ich-Leistung zu deuten, bevor der defensive Aspekt aufgenommen wird. Der Therapeut muß bereit sein, jegliche Deutung – die er sich üblicherweise für zentrale Momente vorbehält – wieder zurückzunehmen, wenn vom Kind oder Jugendlichen her entsprechende Signale kommen. Er muß auch akzeptieren, in seiner Sicht vom Patienten korrigiert zu werden.

> **Nichtdeuten** kann gefährlicher sein als Deuten, denn es kann das Kind oder den Jugendlichen in der Überzeugung bestärken, niemand verstehe den Patienten oder möchte ihn verstehen.

Liegt eine Interpretation falsch, so wirkt sie nicht verletzend, wenn sie im echten Versuch unternommen wurde, die vom Kind oder Jugendlichen eingebrachten Abläufe und Inhalte ernsthaft nachvollziehen und verstehen zu können. Die psychoanalytische Psychotherapie stellt einen Ort der Begegnung zur Verfügung, an dem der Dialogpartner eine besondere Rezeptivität, eine für das Kind völlig neuartige Art des Hörens besitzt, die bewirkt, daß sich das Gesprochene, Empfundene oder Gespielte verändert und einen neuen Sinn bekommt. Das Kind kommt über den therapeutischen Dialog zu einer Begegnung mit sich selbst.

> Jede **deutende Intervention** hat neben ihrem therapeutischen auch einen partiell diagnostischen Charakter. Sie muß stets mit aller Sorgfalt auf das jeweilige Sprachniveau des Kindes transformiert werden. Das Kind zeigt seine Reaktionen auf Deutungen und Interventionen aber nicht nur in der Form und dem Inhalt seiner sprachlichen Produktionen, sondern auch in seinem Spiel, dem kreativen Gestalten und dem jeweiligen Verhalten.

Bei jedem **Fortschritt** der **Integration** innerhalb der Selbst- und der Objektrepräsentanz ist auch eine **Stärkung** der **Ich-Leistungen** festzustellen, die nicht nur in Richtung einer Lockerung, das heißt eines spärlicheren Gebrauchs der vom Patienten hauptsächlich gebrauchten Abwehrmechanismen geht, sondern auch eine Steigerung des Gefühls, frei, das heißt nicht mehr von den Symptomen oder der Krankheit gefangen, zu sein, in sich trägt. Das an jener Stelle bisher aufgehaltene Wachstum und die entsprechende Entwicklung kommen nach solchen Integrationsmanifestationen erneut in Bewegung.

Literatur

Bürgin D. Triangulierung. Der Übergang zur Elternschaft. Stuttgart: Schattauer 1998a.

Bürgin D. Einleitung. In: Erinnerung von Wirklichkeiten. Psychoanalyse und Neurowissenschaften im Dialog. Bd I. Koukkou M, Leuzinger-Bohleber M, Mertens W (Hrsg). Stuttgart: Verlag Internationale Psychoanalyse 1998b; 12–47.

Bürgin D. Einleitung. In: Erinnerung von Wirklichkeiten. Psychoanalyse und Neurowissenschaften im Dialog. Bd II. Leuzinger-Bohleber M, Mertens W, Koukkou M (Hrsg). Stuttgart: Verlag Internationale Psychoanalyse 1998c; 14–30.

Freud A. Wege und Irrwege in der Kinderentwicklung. Stuttgart: Klett 1968.

Klein M. Die Psychoanalyse des Kindes. München: Reinhardt 1991.

Klitzing K, Simoni H, Bürgin D. Child development and early triadic relationship. Int J Psychoanal 1999; 80: 71–89.

Ogden TH. Psychotherapie. Wien: Springer 1995.

Sandler J, Kennedy H, Tyson RL. Kinderanalyse. Frankfurt/M: Fischer 1982.

Winnicott DW. Reifungsprozesse und fördernde Umwelt. München: Kindler 1974.

Winnicott DW. Von der Kinderheilkunde zu Psychoanalyse. München: Kindler 1976.

6.3.3
Stationäre Psychotherapie bei Kindern und Jugendlichen

Annette Streeck-Fischer

Stationäre Psychotherapie ist ein Eingriff in die Lebensverhältnisse eines jungen Menschen und seiner Familie, der in der Regel nur dann erfolgt, wenn so schwerwiegende psychische Störungen vorliegen, daß eine Trennung vom bisherigen sozialen Umfeld, von Familie, Schule und Gleichaltrigengruppe erforderlich wird. Betroffen sind Kinder und Jugendliche im Alter zwischen etwa sieben und 20 Jahren mit schweren neurotischen und psychosomatischen Erkrankungen, Verhaltens-, Entwicklungs- und Reifungsstörungen, die oft verbunden sind mit massiven Lern- und Leistungsstörungen und schweren Familienkrisen. Bei jüngeren Kindern ist eine ambulante Psychotherapie, in besonderen Fällen eine stationäre Psychotherapie von Mutter und Kind gleichzeitig beziehungsweise eine Familientherapie vorzuziehen.

Historische Entwicklung

Wie stationäre Psychotherapie für Kinder und Jugendliche in einem Umfeld zu gestalten und zu organisieren ist, in dem die jungen Menschen über einen kürzeren oder längeren Zeitraum leben, hat Psychoanalytiker und psychoanalytisch ausgebildete Pädagogen seit den Anfängen der Psychoanalyse beschäftigt (z. B. Aichhorn 1951; Bettelheim 1950; Redl und Winemann 1952). Insbesondere für schwer gestörte Kinder und Jugendliche mit Verwahrlosung, mit multiplen Traumatisierungen in ihrer Lebensgeschichte oder mit psychosenahen Entwicklungen wurden therapeutische und pädagogische Behandlungskonzepte entwickelt, die sich auch fruchtbar auf die Psychotherapie erwachsener Patienten in der Klinik ausgewirkt haben.

Modalitäten des Settings

Stationäre Psychotherapie von Kindern und Jugendlichen ist eine zeitlich begrenzte, vielschichtig organisierte Behandlung, die voraussetzt, daß dem Kind oder Jugendlichen in der Klinik Bedingungen geboten werden, die eine altersentsprechende und möglichst normale weitere Entwicklung ermöglichen und zugleich den Schutz- und Schonraum gewähren, der in Anbetracht der neurotischen Störungen und Entwicklungsdefizite nötig ist.

Dies erfolgt gemäß der Einstellung „so viel Schonraum wie nötig", damit Überforderungen und Dekompensationen verhindert werden und „so viel Belastung wie zumutbar" (Zauner 1975), um Entwicklungen anzuregen. Dabei kommt auch den **äußeren Verhältnissen** in der **Einrichtung**, ihrer Lage, den Räumlichkeiten, der kindgemäßen Ausstattung und anderem eine wichtige Funktion zu. Eine stationäre Psychotherapie, die zum Beispiel in einem Klinikhochhaus im Stadtzentrum durchgeführt wird, begrenzt den Lebens- und Erfahrungsraum eines Kindes erheblich und in spezifischer Weise. Oder wo im Zimmer, in dem das Kind in der Klinik wohnt und lebt, ein Spiegel an der Wand fehlt, werden Störungen, sich mit dem eigenen Körper zurechtzufinden, unterstützt. So können Entwicklungsschädigungen und strukturschädigende Regressionen durch Hospitalisierung herbeigeführt werden, wenn die „innere und äußere Architektur des stationären Milieus" (Bekker und Senf 1988) auf das Alter des Kindes und Jugendlichen nicht ausreichend abgestimmt ist.

Psychotherapie von Kindern und Jugendlichen, die getrennt von ihrer Familie leben, wird heute sowohl in Kliniken als auch in Heimen durchgeführt. Dabei wird bisher noch nicht sorgsam unterschieden, welche Kinder und welche Jugendlichen besser in einer heilpädagogischen Einrichtung, einem psychotherapeutisch geführten Heim oder in stationärer Psychotherapie aufgehoben sind.

Grundsätzlich sollte stationäre Psychotherapie als zeitlich begrenzte, mehrdimensionale Behandlung auf solche Kinder und Jugendliche ausgerichtet sein, die im Anschluß an die Behandlung wieder in ihr bisheriges Umfeld zurückkehren können und deren Störungsbilder ärztlich-psychotherapeutische Fachkompetenzen erfordern.

Die Unterbringung in Heimen ist vor allem bei solchen Kindern und Jugendlichen sinnvoll, die auf längere Sicht ein Ersatzelternhaus brauchen. Die Klärung solcher Fragen muß zusammen mit einer gründlichen Diagnostik und Indikationsstellung im ambulanten Vorgespräch erfolgen. Zugleich dienen die Erstkontakte der Vertrauensbildung und der Weckung von Veränderungswünschen beim Kind oder Jugendlichen. Erste Überlegungen können hier gemeinsam mit der Familie angestellt werden zur genaueren Planung und Gestaltung der stationären Behandlung.

Die **Organisation** und **Gestaltung** der **klinischen Psychotherapie** von Kindern und Jugendlichen wird bestimmt von:
- der Verteilung von Rollen und Funktionen auf die verschiedenen Berufsgruppen
- der Art der Beziehungen und der Gestaltung der Rahmenbedingungen im Alltag und in der Therapie
- der Zusammenarbeit im interdisziplinär zusammengesetzten Team

Abgestimmt auf die alters- und entwicklungsspezifischen Bedingungen beim Kind oder Jugendlichen haben sich in der stationären Psychotherapie früh Konzepte entwickelt, die zwischen **Therapieraum** und **Realraum trennen** (Zauner 1972; 1975). In der Klinik wird hierbei eine räumliche und funktionelle Aufteilung der verschiedenen Aktivitäten vorgenommen:
- Der Psychotherapeut vertritt den **therapeutischen Bereich**, zu dem Einzeltherapie, Eltern- und/oder Familientherapie und Gruppentherapie gehören.
- Der Stationsarzt ist zusammen mit den pädagogischen Betreuern und dem Sozialarbeiter für den **„realen Bereich"** mit der pädagogischen und sozialtherapeutischen Arbeit zuständig.

Im Unterschied dazu ist man heute zumeist um **integrierte Behandlungskonzeptionen** bemüht. In welcher Form und wie weitgehend die verschiedenen therapeutischen Behandlungsebenen in der klinischen Psychotherapie von Kindern und Jugendlichen aufeinander abgestimmt werden können und sollen, ist eine kontrovers diskutierte Frage. So findet man bei allen Integrationsbemühungen in der Praxis vielfach ein nur additives Nebeneinander von methodenzentrierten Behandlungsformen, kustodialen Strukturen und unzureichenden Versuchen, verschiedene Ebenen therapeutischen Handelns zu integrieren.

> Unabhängig davon, mit welchem Therapiemodell vorrangig gearbeitet wird, ist in jedem Fall wichtig zu beachten, daß es unter Umständen auf die spezifische Art, wie die Rollen und Funktionen auf die Mitarbeiter verteilt sind, zurückzuführen ist, wenn es zu habituellen Therapieproblemen kommt. Vor allem bei der Behandlung von sogenannten frühgestörten Kindern und Jugendlichen ist daran zu denken.

Am Beispiel der Rolle des Therapeuten im Verhältnis zum Team können solche Probleme veranschaulicht werden: Arbeitet der **Therapeut räumlich** und **inhaltlich getrennt von der Station** und gewährt den übrigen Mitarbeitern keinerlei Einblick in seine Tätigkeit – dies wäre ein Modell strikter Trennung in Therapie- und Realraum – besteht die Gefahr, daß im Stationsalltag neurotische Konfliktmuster mitagiert und pathologische Familienkonstellationen reinszeniert werden. Dieses Behandlungsmodell unterstützt unter Umständen primitive Abwehrmechanismen frühgestörter Kinder und Jugendlicher, wie Spaltungen in „böse Erzieher" – „guter Therapeut" und massive Realitätsverleugnungen, Verhältnisse, die das Team mit seinen integrativen Aufgaben mitunter überfordern. Bei psychosenahen Patienten entsteht die Gefahr der Entwicklung eines folie-à-deux mit dem Therapeuten und eines zunehmenden Realitätsverlustes im Alltag.

Ist im Unterschied dazu der **Therapeut in** den **Stationsalltag einbezogen** und übernimmt eventuell Aufgaben des Stationsmanagements – das sind in der Regel die Funktionen des Stationsarztes –, so droht der geschützte Raum der Therapie, der insbesondere bei Kindern und Jugendlichen notwendig ist, um therapeutische Prozesse in Gang zu bringen, durch reale Eingriffe wie Verweise, Sanktionen oder medizinische Verordnungen in Frage gestellt zu werden.

Bei Kindern und Jugendlichen ist vor Beginn der stationären Psychotherapie zumeist eine umfassende kinderpsychiatrisch-neurologische **Diagnostik**, Lern- und Leistungsdiagnostik sowie eine genauere Erfassung des familiären und aktuellen sozialen Bezugsystems erforderlich. Darüber hinaus ist eine ausführliche psychoanalytische Untersuchung zwecks Beurteilung der bislang erreichten Persönlichkeitsentwicklung unabdingbar.

> Je mehr es gelingt, die verschiedenen Therapieansätze auf die zentralen Konflikte des einzelnen Patienten sowie auf dessen vorliegende Entwicklungsressourcen hin zu strukturieren und zu koordinieren, desto hilfreicher und zielgerichteter und letztlich erfolgreicher wird die klinisch-psychotherapeutische Behandlung sein.

Die vier verschiedenen psychoanalytischen Psychologien – wie Triebpsychologie, Ich-, Selbst- und Objektbeziehungspsychologie – bilden dabei gleichsam ein Raster zum Verständnis und zur Gestaltung von Therapie auf den verschiedenen Handlungsebenen. Sie bestimmen die Gestaltung und Organisation der Beziehungen und der Rahmenbedingungen im Alltag und der Therapie.

Bei Kindern und Jugendlichen, deren Persönlichkeit sich noch entwickelt, sind Leidensdruck, Krankheitseinsicht, **Problembewußtsein** oder Introspektionsfähigkeit, die bei erwachsenen Patienten zumeist Voraussetzung für die Behandlung sind, nicht oder nur in Ansätzen gegeben. Probleme werden oft nur im aktuellen Geschehen gesehen und erkannt und können nur mangelhaft verbal ausgedrückt werden. Die Fähigkeit, sich selbst zu erkennen, verlagert sich abhängig vom Entwicklungsstand von der handelnd-interpersonellen Ebene erst allmählich auf die Ebene der Introspektion und der Symbole. Hierzu brauchen das Kind und der Jugendliche gezielte Hilfestellungen, Konfrontationen und Grenzziehungen im Alltag und in der Psychotherapie (Bleiberg 1987).

Die **therapeutische Beziehung** und das **Setting** in der **Einzeltherapie** werden im wesentlichen ähnlich wie in der ambulanten Psychotherapie gestaltet (vgl. Kap. 6.3.2, S. 624ff). Bei schwer gestörten Kindern und Jugendlichen sind allerdings im Vergleich zum ambulanten Behandlungs-Setting häufiger therapeutische Modifikationen notwendig. Anhand der sich entwickelnden Übertragung ist zu entscheiden, ob mehr stützend an den realen oder den unbewußten Konflikten gearbeitet und ob der Rahmen mit zwei, drei oder vier Sitzungen, mit aktiven Angeboten von Materialien oder Aktivitäten im Sinne von vertrauensbildenden Maßnahmen gestaltet wird (A. Freud 1973). In der Regel werden die Eltern in zwei- bis vierwöchigen Abständen in die klinische Behandlung einbezogen, je nach Indikation zu beratenden oder konfliktzentrierten Elterngesprächen oder zu einer Familientherapie.

Mit den **Rahmenbedingungen** stationärer Psychotherapie wird für die Kinder und Jugendlichen ein Umfeld eingerichtet, das auf das individuelle Entwicklungs- und Objektbeziehungsniveau hin gestaltet wird. Der Rahmen im stationären Setting umfaßt die Regelung des Tagesablaufs, des sozialen Miteinanders, die Hausordnung, die zeitliche und räumliche Gestaltung der stationären Behandlung und ähnliches. Dem Rahmen kommt die Funktion von „entwicklungsförderlichen Laufställen" zu. Er stellt eine Art Stützkorsett des Ichs dar (Streeck-Fischer 1991). Beispielsweise können Rückzugsmöglichkeiten in ein Einzelzimmer helfen, mangelnde psychische Fähigkeiten von Grenzziehung zwischen sich und anderen durch äußere Grenzziehungen zu stützen; oder eine engmaschige Strukturierung des Tagesablaufes kann dazu beitragen, unerträgliche Leere- und Spannungsgefühle einzugrenzen.

Die Erzieher führen im Alltag der Station gezielte **heilpädagogische** und **verhaltensmodifikatorische Aktivitäten** durch (z. B. Angstexpositionstraining, lebenspraktisches Training). Konkrete Hilfen zur Bewältigung und Strukturierung des Alltags, Angebote eines sozialen Übungs- und Trainingsfeldes und pädagogische Gruppenarbeit (z. B. Werkgruppe, Hörspielgruppe) unterstützen das Kind oder den Jugendlichen bei der Bewältigung krankheitsspezifischer Lern- und Entwicklungsschritte. Soziale Kompetenz, altersspezifische Interessen und Umgangsformen sollen hierbei entwickelt werden.

Die **sozialtherapeutische Arbeit** ist darauf ausgerichtet, dem Kind oder Jugendlichen mit Hilfe eines gestuften Angebotes den Weg zurück in die Schule beziehungsweise den Beruf zu ermöglichen. An **schulvorbereitende Aktivitäten** (z. B. Beschäftigungstherapie, Frühgruppe) schließt sich eine klinikinterne Beschulung mit Einzelunterricht, Kleingruppen- und Gruppenunterricht an, die das Kind oder den Jugendlichen, der unter Umständen über lange Zeit hinweg keine Schule besucht hat oder schulisch gescheitert ist, an die Schularbeit wieder heranführen. Als besonders hilfreich hat es sich erwiesen, wenn sich ein Psychologe mit den Schulproblemen befaßt und sich gezielt der Arbeits- und Lernbeeinträchtigungen der Kinder oder Jugendlichen mit entsprechender psychologischer Diagnostik und Ausarbeitung gestufter therapeutischer Lernprogramme (z. B. auch Legasthenietherapie) annimmt. Nach Verbesserung der Lern- und Leistungssituation der jungen Patienten werden Schulbelastungsversuche in öffentlichen Schulen mit dem Ziel der schulischen Reintegration noch während der stationären Psychotherapie angestrebt. Entsprechend helfen gestufte Arbeitsbelastungsversuche bis dahin gescheiterten Jugendlichen bei Berufsfindung, Herstellen von Arbeitsfähigkeit und Integration ins Berufsleben.

Weitere Therapieformen wie **körperbezogene Einzel-** und **Gruppentherapie** sowie **Sporttherapie** flankieren und ergänzen die stationäre Psychotherapie.

Klinische Psychotherapie von Kindern und Jugendlichen bedarf eines hohen **Personalaufwandes**. Das Verhältnis pädagogische Betreuer – Patienten liegt annähernd bei 1:1 (vgl. PsychPV). Das interdisziplinär zusammengesetzte Team mit sehr unterschiedlich qualifizierten Mitarbeitern, deren Fachwissen und Erfahrung sich auf einer breiten Palette bewegen, erfordert eine intensive **Zusammenarbeit**. Stationsarzt, Psychotherapeut, Sozialarbeiter, Erzieher und Pflegekräfte bemühen sich in Fallkonferenzen, Teamkonferenzen, Frühbesprechungen, Visiten und sogenannten Übergaben die vielfältigen Interaktionen mit dem Kind und dem Jugendlichen zu erkennen, zu verstehen und daraus ihre diagnostischen und therapeutischen Schlußfolgerungen zu ziehen. Eine aktive zielgerichtete Gestaltung des therapeutischen Milieus und der Beziehungen ist in diesem „interkollegialen Raum" notwendig, um unheilvolle Verstrickungen zu erkennen und zu vermeiden. Der „interkollegiale Raum" ist auch der Raum der inneren Repräsentation des Miteinanders, der inneren Vorstellung, die der einzelne in seiner besonderen Rolle von der Zusammenarbeit mit Mitarbeitern, der Gruppe und der Funktionseinheit hat. Diese Zusammenarbeit, die von den persönlichkeitsspezifischen Merkmalen des einzelnen Teammitglieds mit bestimmt ist, ist immer auch geprägt vom Störungsbild des Kindes oder des Jugendlichen und seiner Familie. Als Ort, in dem der neurotische Konflikt erfaßt oder die Reinszenierung familiärer Beziehungsmuster erkannt werden, übernimmt der „interkollegiale Raum" eine wichtige psychohygienische und beziehungsregulierende Funktion. Hier kann der zentrale Fokus immer wieder neu gefaßt und bestimmt und der entwicklungsförderliche Beziehungsmodus konzipiert werden, der die gesunden Seiten des Kindes oder Jugendlichen stärkt und die mangelhaft entwickelten aufbaut. Bei großen Mitarbeiterteams können dabei Supervisionen durch einen externen Psychoanalytiker sinnvoll sein.

Fallbeispiel

Am Beispiel eines 12jährigen Patienten mit psychosozialem Rückzug, skurrilem und kleinkindhaftem Verhalten, Schulvermeiden und Schulversagen bei phobischer Entwicklung kann das Modell der mehrdimensionalen Behandlung anschaulich gemacht werden:

--- Fallbeispiel ---

Eng gebunden an eine bemächtigende, überfürsorgliche Mutter bei gleichzeitig abwesendem Vater war der Patient unfähig und mangelhaft ausgestattet, eigene Wege zu gehen. Verschärft wurde seine neurotische Störung durch komplexe, hirnorganisch bedingte Teilleistungsschwächen, die die ängstliche Mutter dazu veranlaßten, den Jungen festzuhalten. In der Einzeltherapie war ein Raum zu schaffen, in dem der Junge Selbstvertrauen und Selbstbestimmung entwickeln konnte. In 14tägigen Elternterminen wurde die Problematik der Ehepartner sowie die Verstrickung von Mutter und Vater („Wenn der Junge seiner Wege geht, passiert etwas Schlimmes") thematisiert. Im Alltag galt es, den Patienten an Konflikte mit Gleichaltrigen heranzuführen, ihn zu befähigen, mit Konflikten und Schwierigkeiten umzugehen und Hobbys und Interessen zu entwickeln, die ihm neue Bereiche eröffneten. In der klinikinternen Schule wurde ein gestuftes Programm erarbeitet über Einzel- und Gruppenunterricht mit gezielter sonderpädagogischer Förderung, insbesondere der vorhandenen Teilleistungsschwächen und Leistungsdefizite. Die psychomotorische Gruppenarbeit sollte seine ausgeprägten Wahrnehmungsstörungen durch gezielte spielerische Aktivitäten reduzieren. Längere Zeit vor dem Außenschulbesuch wurden gestufte Angstexpositionstrainings gemeinsam mit dem Bezugserzieher durchgeführt, die seine Kompetenz, sich alleine zurechtzufinden, stärkten.

Literatur

Aichhorn A. Verwahrloste Jugend. Die Psychoanalyse der Fürsorgeerziehung. 1951. Bern: Huber 1971.

Becker H, Senf W. Praxis der stationären Psychotherapie. Stuttgart: Thieme 1988.

Bettelheim B. Liebe allein genügt nicht. 1950. Stuttgart: Klett-Cotta 1970.

Bleiberg E. Treatment of severely disturbed children. Bull Menninger 1987; 51: 296–9.

Freud A. Einführung in die Technik der Kinderanalyse. München: Kindler 1973.

Redl F, Winemann D. Steuerung des aggressiven Verhaltens beim Kind. 1952. München: Piper 1976.

Streeck-Fischer A. Entwicklungsförderliche Laufställe – Wirkfaktoren in der stationären Psychotherapie von Kindern und Jugendlichen. Prax Kinderpsychol Kinderpsychiatr 1991; 40: 328–33.

Zauner J. Analytische Psychotherapie und soziales Lernen in Klinik und Heim. Prax Kinderpsychol Kinderpsychiatr 1972; 20: 166–71.

Zauner J. Analytische Psychotherapie bei Kindern und Jugendlichen in der Klinik. Probleme und Möglichkeiten ihrer Anwendung. In: Therapie in der Kinder- und Jugendpsychiatrie. Poustka F, Spiel W (Hrsg). Kongreßbericht des 5. Kongresses der Union europäischer Pädopsychiater 1975.

6.3.4
Psychoanalytische Psychotherapie bei älteren Menschen

Gereon Heuft

Bedarf für Psychotherapie alter Menschen

Der Anteil von Menschen über 65 Jahren beträgt derzeit 15 % mit stark steigender Tendenz in allen Industrienationen. Mit zunehmendem Alter steigt der Anteil psychischer beziehungsweise psychiatrischer Erkrankungen, wobei die Prävalenz in Abhängigkeit vom untersuchten Kollektiv zwischen 23,9 % und 42,8 % schwankt (Cooper und Sosna 1983). Psychoorganische Syndrome liegen in England, Skandinavien, Deutschland und den USA mit 11 bis 13 % aller psychogeriatrischen Störungen erst an zweiter Stelle hinter dem größten Anteil psychischer Erkrankungen im Alter: den neurotischen und psychosomatischen Störungen mit 16,9 % (Dilling et al. 1984). In einer eigenen Untersuchung an der Memory Clinic Essen zeigte sich, daß von 1000 Patienten einer konsekutiven Stichprobe, die sich unter der Verdachtsdiagnose einer „Gedächtnisstörung im Alter" vorstellten, 51,5 % tatsächlich unter einem demenziellen Prozeß, jedoch auch in dieser „Hochrisikogruppe" 31,4 % unter einer relevanten psychischen beziehungsweise psychiatrischen Erkrankung als Hauptdiagnose litten (davon 41,1 % unter einer neurotischen, Belastungs- und somatoformen Störung, 20,7 % unter einer Persönlichkeits- und Verhaltensstörung und 7,3 % unter einem Partnerschaftskonflikt).

Weil der Anteil der psychisch Erkrankten unter allen Patienten über 64 Jahren bei den niedergelassenen Internisten 15 % und bei den Allgemeinmedizinern 20 % beträgt, wird der **Bedarf** an **psychotherapeutischen Maßnahmen** nach einem aktuellen Planungsgutachten der Stadt Solingen bei weitem nicht gedeckt, da gleichzeitig der Anteil der über 64 Jahre alten Patienten, die in Fachpsychotherapie sind, nur bei 0,5 % liegt (Wolter-Henseler 1996). Der realisierte **Versorgungsgrad** ist sowohl in psychoanalytisch orientierter Psychotherapie (Fichter 1990) als auch in kognitiv-behavioraler Psychotherapie (Linden et al. 1993) noch völlig unzureichend. In stationären und teilstationären Einrichtungen der Gerontopsychiatrie wird Psychotherapie erst allmählich (Übersicht bei Bäurle 2000) und in geriatrischen Tageskliniken praktisch gar nicht eingesetzt (Übersicht bei Werner und Dittberner 1993). Ärzte denken noch zuwenig an psychotherapeutische Behandlungsindikationen bei ihren alten Patienten, und die alten Patienten ihrerseits fordern bisher (noch) selten eine so qualifizierte Therapie ein – ein Kohortenphänomen, das sich mit hoher Wahrscheinlichkeit in den nächsten Jahren radikal ändern wird.

Die Erstellung eines **qualifizierten psychosomatisch-psychotherapeutischen Gesamtbehandlungsplanes** bei al-

ten Menschen erfordert zusätzliches Wissen über psychosoziale und soziotherapeutische Dienste, Bildungs- und Trainingsangebote sowie Rehabilitationsmöglichkeiten. Dies schließt auch die Reflexion der politischen Dimension der psychotherapeutischen Arbeit wie Rollenzuschreibungen, Altersbild, geschichtliche Entwicklung und Wissen um die sozialen Realitäten der Betroffenen mit ein.

Psychoanalytische Psychotherapie alter Menschen

In der **allgemeinen psychoanalytischen Krankheitstheorie** (s. Tab. 6-11 mit wesentlichen Literaturstellen) hat die Annahme ungelöster Konflikte aus Kindheit und Jugend, die im Alter neurosefördernd seien, bis zu den Vertretern entwicklungspsychologischer Ansätze eine zentrale Bedeutung. Daneben stehen Versuche, das Leben im Sinne eines Lebenszyklus (*Life Cycle*) zentraler Entwicklungsaufgaben oder als lebenslanges Schicksal von zehn Kernthemen (wie Liebe, Sexualität, Arbeit, Tod) zu begreifen. Neuerdings wird der Bedeutung „später" Traumatisierungen oder von im Alternsprozeß reaktivierten Traumatisierungen für die Symptombildungen im Alter vermehrte Aufmerksamkeit gewidmet.

Bei den **altersspezifischen Konzepten** dominierte lange die Annahme einer regelmäßigen Regression auf prägenitale Stufen im normalen Alternsprozeß, wobei die Hypothese vom Verlust des Genitalprimates im Alter eine (vorurteilsbeladene) Sonderform des allgemeinen Regressionskonzeptes darstellt. Dagegen steht inzwischen die Anerkennung adaptiver Regression (im Dienste der Entwicklung) und die Möglichkeit zur Progression. Der Fortbestand der Triebansprüche im Alter auf allen psychosexuellen Ebenen ist heute unstrittig. Eine zentrale Rolle scheinen narzißtische Konflikte im Zusammenhang mit dem körperlichen Alternsprozeß zu spielen. Die Kontroverse, ob Alter generell zu einer abgeschwächten Abwehr oder zu einer Verstärkung der Abwehr führt, kann aus klinischer Sicht als irrelevant betrachtet werden. Ergiebiger ist die Suche nach spezifischen Abwehräußerungen alter Menschen unter Rückgriff auf existierende Selbst- und Rollenkonzepte wie zum Beispiel die Äußerung einer hirnorganisch gesunden 72jährigen Frau, die bei einer konflikthaften Thematik plötzlich den Faden zu verlieren scheint: „Ich bin doch arg vergeßlich geworden! Was haben sie eben gemeint?"

Die **Indikationsstellungen** umfassen beinahe alle phänomenologisch-symptomatischen Diagnosen (z.B. depressive Störungen, Phobien, Hypochondrie etc.) ebenso wie psychodynamische Diagnosen (klassische Übertragungsneurosen). Zunehmend setzt sich die Erkenntnis durch, daß neurotische Symptome auch nach einem sozial und persönlich geglückten Leben in der zweiten Hälfte des Erwachsenenalters beziehungsweise im Alter erstmals auftreten können. Erwartungsgemäß haben diese **Aktualkonflikte** (Heuft et al. 1997) eine deutlich bessere Prognose als chronische Störungen. Obwohl grundsätzlich auch die Indikation zu psychoanalytischen

Tab. 6-11 Krankheitstheorien.

	allgemein	altersspezifisch
Psychoanalytische Psychotherapie	• ungelöste Aufgaben früherer Phasen verursachen spätere Krisen (Liptzin 1985) • Life-cycle-Theorien (Erikson 1956) • zehn Kernthemen über den ganzen Lebenszyklus (Colarusso u. Nemiroff 1987) • Traumata überschreiten Anpassungsmöglichkeiten (Heuft 1993)	• Regressionskonzepte (Schuhmacher 1973) • Progressionskonzepte (Radebold 1979) • Verlust des Genitalprimates (Deutsch 1925) • Geschlechtershift (Hildebrand 1982) • Auseinandersetzung mit Mediationsfaktoren (Moore u. Christenson 1988) • Narzißtische Belastungen (Heuft 1993) • Abschwächung der Abwehr (Wertheimer u. Lobrinus 1981) • Verstärkung der Abwehr (Burner 1970)
Verhaltenstherapie	• kein populationsspezifischer oder entwicklungspsychologischer, sondern ein problemorientierter Ansatz (z. B. Richards u. Thorpe 1978) • Veränderung eigener Lernprozesse der Umgebung (z. B. Hoyer 1973; Ritter-Vosen 1979)	
Kognitive Therapie	• kognitive Strukturen sind ursächlich für psychische Krankheiten • irrationale Denkstile verknüpft mit negativen Erwartungen (z. B. depressiogene Spirale im Alter; Bourque u. Vezina 1981; Fry 1984)	• negative Altersstereotypien (Freedman 1986; „Katalog" von Peth 1974) • Anpassung von Altersveränderungen (Lehr u. Dreher 1969) • Anpassung an das Alter als Gleichgewicht zwischen kognitiven und motivationalen Systemen des Individuums (Thomae 1970)

Langzeitverfahren erfolgreich gestellt werden kann, profitiert ein erheblicher Teil alter Menschen von psychoanalytischer Fokaltherapie im ambulanten oder stationären Setting.

Hinsichtlich der **Behandlungstechnik** ist wesentlich, sich mit der Dynamik der „inversen Ödipussituation" auseinanderzusetzen. Dem Therapeuten können als Eigenübertragung (Heuft 1990) bei alten Menschen das Tabu der elterlichen Sexualität, die politische Biographie und ihm bedrohlich erscheinende Abhängigkeitswünsche sowie Konfrontation mit Endlichkeit und Tod so belastend erscheinen, daß Abwertung und therapeutischer Nihilismus resultieren können. Gerade bei den Berichten massiver Traumatisierungen oder unbekannter biographischer Umstände alter Menschen neigen die in der Regel jüngeren Behandler ihrerseits zur Regression und können sich inkompetent fühlen (ein Staunen wie „wenn Oma erzählt"). Hinzu tritt die Notwendigkeit, sich mit den politischen und sozialen Realitäten der Patienten so weit kritisch vertraut zu machen, daß der Therapeut kognitiv und emotional die Lebensbedingungen der Weimarer Republik und der NS-Diktatur in sich abbilden kann.

> Da die Variabilität menschlicher Entwicklung über den Lebenslauf zunimmt, besteht unabhängig vom chronologischen Alter die Notwendigkeit zur adaptiven Wahl der Behandlungsverfahren von stringent aufdeckenden, unter Umständen fokaltherapeutischen Indikationen bis hin zu supportiven, Ich-stützenden Behandlungen.

Kognitiv-behaviorale Therapie alter Menschen

Im Vergleich zur psychoanalytischen Psychotherapie kennt die Verhaltenstherapie keine spezifischen Krankheitstheorien für alte Menschen (s. Tab. 6-11). Veränderungen werden entweder durch eigene Lern- und Umlernprozesse oder durch aktive Veränderung der Umgebung erreicht. Dabei korreliert die veränderte Lernfähigkeit weniger mit dem chronologischen Alter als mit Variablen wie der individuellen Lerngeschichte, dem Training und der Motivation. Die Verhaltenstherapie stellt einen geeigneten Therapieansatz im Alter dar, weil sie zeitbegrenzt, zielorientiert und konkret an Lösungen alltäglicher Probleme (auch als Gruppentherapie) arbeitet. Aufgrund des Trainingsansatzes wird sie oft als weniger kränkende und stigmatisierende Psychotherapie erlebt. Erweiternd konzipiert die kognitiv-behaviorale Therapie irrationale Denkstile, die – verknüpft mit negativen Alterserwartungen – sich zum Beispiel zu einer depressiogenen Spirale im Sinne einer sich selbst erfüllenden Prophezeiung zuspitzen können. Anpassung an das Alter wird als eine Funktion des Gleichgewichtes zwischen kognitiven und motivationalen Systemen des Individuums betrachtet. Danach wird etwa die Pensionierung positiv erlebt, wenn ein Gefühl der Kongruenz zwischen erstrebten und erreichten Zielen bestand.

Die **Indikationen** zu kognitiv-behavioralen Therapien werden vor allem im Bereich des operanten Konditionierens (z. B. Körperpflege, Kontinenzprobleme) als breit angesehen. Dies wirft jedoch in Grenzbereichen auch ethische Probleme bei der Anwendung in Institutionen auf (z. B. soziale Zuwendung als sehr wirksamer Verstärker im Heim). Im Rahmen klinischer Anwendungen werden vor allem Depressionen, Angstzustände und Phobien behandelt. Es wird auch die „Exposition" gegenüber aufwühlenden Gedanken an Verstorbene bei pathologischen Trauerreaktionen beschrieben. **Voraussetzungen** sind der Wille zum Lernen von Selbst-verändernden Fähigkeiten sowie die Motivation, Hausaufgaben auszuführen. Darüber hinaus verlangt der kognitive Ansatz die Fähigkeit, Beziehungen zwischen Gedanken und Gefühlen kognitiv und affektiv zu verstehen.

> Bei den psychoanalytischen wie kognitiv-behavioralen Therapieverfahren wird bei alten Patienten eher eine allmähliche Dosisreduktion der Therapiesitzungen in der Zeiteinheit („Ausschleichen") empfohlen. Dies ist eine Reaktion auf die oft sehr wenigen realen Sozialkontakte alter Menschen, die es erst wieder zu entwickeln gilt.

Paar- und Gruppentherapie alter Menschen

Eigene Untersuchungen am Klientel, das Therapie in Anspruch nimmt, konnten zeigen, daß der Schluß, überwiegend alleinlebende alte Menschen suchten eine psychosomatisch-psychotherapeutische Institutsambulanz auf, keinesfalls stimmt. Daher kommt der **Paartherapie**, der gemeinsamen Behandlung der „alten Ehe", eine zunehmende Bedeutung zu. Dabei zeigt sich bei Untersuchungen von Vorurteilsbildungen bei bewußt grundsätzlich positiver Einstellung von Ärzten zur **Familientherapie** eine erhebliche Skepsis gegenüber den Möglichkeiten dieser Therapieform im Alter. Die Folge: Mehrgenerationen-Therapie konzentriert sich oft auf die Individuation der mittleren (!) Generation.

Therapieziele der Paartherapie sind die Neudefinition von Rollen und Zielen sowie von Intimität und Sexualität und die Individuation zur Vorbereitung auf den Partnerverlust.

─────────── Fallbeispiel ───────────

Uns wurde ein 68jähriger ehemaliger leitender Angestellter vom Internisten mit einer medikamentös schwer einstellbaren Hypertonie, die er nach seiner Berentung mit 67 Jahren entwickelt hatte, überwiesen. Das Erstgespräch („Ich bin doch nicht verrückt") reaktivierte die ganze Kränkung, die das Ende der Berufstätigkeit für den vitalen, einflußreichen Mann bedeutete. Im Gespräch zeigte sich, daß neben der Hochdruckproblematik seine 45 Jahre laufende Ehe in einer massiven Krise war: Er versuchte, seine gleichaltrige Frau, die immer selbständig einem großen Haushalt vorgestanden hatte, zu seiner Sekretärin zu „degradieren", was diese mit Auflehnung und schließlich depressiven Symptomen beantwortete.

In einer Kombination von acht ambulanten einzeltherapeutischen Gesprächen für jeden Partner und fünf paartherapeutischen Sitzungen konnte jeder für sich zunächst die akuten Selbstwertkonflikte bewußter erleben, um sie in den eingeschalteten paartherapeutischen Behandlungen ohne die volle narzißtische Wut in eine gemeinsame Lösungssuche umzusetzen. Von Therapeutenseite wurde betont, daß die gemeinsame Arbeit an der Bewältigung einer solchen Schwellensituation in der zweiten Hälfte des Erwachsenenlebens für alle Ehepaare unvermeidlich sei.

Mit der erwähnten therapeutischen Dosis im Wochenabstand wurden der Index-Patient und seine Frau symptomfrei und nahmen auch das abrupt unterbrochene gemeinsame sexuelle Erleben wieder auf. Die Stabilität des Befundes ist von internistischer Seite katamnestisch belegt.

─────────────────────────────

Die methodische Zuordnung von im Alter eingesetzter **Gruppentherapie** ist oft nicht eindeutig zu treffen und noch von eklektischem Erproben geprägt. Mehrheitlich werden altershomogene Gruppen bevorzugt, um die spezifischen Probleme der alten Patienten zu bearbeiten und ungünstige Übertragungskonstellationen zu vermeiden. Allerdings gibt es auch gute Erfahrungen mit altersgemischten Gruppen (Cave: keine Außenseiterposition mit nur einem alten Patienten schaffen!), die bei Lebenszyklusgruppen zum Austausch zwischen den Generationen auch bewußt eingesetzt werden. Homogenisierung wird auch bei der Arbeit mit Zielgruppen (z. B. Witwen mit pathologischen Trauerreaktionen) angestrebt. Die Behandlungsziele reichen von der Bearbeitung individueller lebensabschnittsbezogener oder neurotischer Konflikte bis zur Bearbeitung von Ängsten, Kontaktproblemen und beabsichtigter Aktivierung bei chronischer Krankheit. Oft werden verschiedene Techniken wie positives *Reframing*, Rückgriff auf im Lebenslauf bewährte Coping-Stile, Interpretation, Konfrontation, Verstärkung und psychodramatisches Spiel kombiniert. Kontakte der Teilnehmer außerhalb der Gruppensitzungen werden interessanterweise oft mindestens toleriert, wenn nicht gar gefördert.

Stationäre Psychotherapie im Alter

Die Schaffung stationärer gerontopsychosomatisch-psychotherapeutischer Behandlungsmöglichkeiten in entsprechenden Krankenhäusern und Abteilungen ist eine der wesentlichen Aufgaben zur Verbesserung der Regelversorgung alter Menschen in der nahen Zukunft. Dies gilt sowohl für tagesklinische wie vollstationäre Behandlungsplätze. Derartige Behandlungseinheiten von sinnvollerweise acht bis 16 Betten/Plätzen sollten in einem gerontologischen Zentrum mit der geriatrischen Akutklinik, den gerontopsychiatrischen Institutionen, den Beratungsstellen und der stadtteilbezogenen Sozialarbeit vernetzt sein, um möglichst effektive Kommunikationswege zu schaffen. Insbesondere der Vorteil der gemeinsamen Behandlung in einem ambulant-stationär-ambulanten Gesamtbehandlungsplan garantiert bei stimmigen Indikationen ein sehr positives Therapieergebnis auch bei schweren akuten (Körper-)Symptombildungen durch fokaltherapeutisch konzipierte stationäre Behandlungen.

─────────── Fallbeispiel ───────────

So litt beispielsweise eine mobile, geistig rege, verheiratete 72jährige Patientin seit zwei Jahren unter der Angst, sich beim Trinken zu verschlucken und in Gesellschaft lächerlich zu machen. Die Folge waren soziale Isolierung mit konsekutiver depressiver Stimmung und eine ständig gefährdete Stoffwechseleinstellung des insulinpflichtigen Diabetes mellitus. Nach einer organischen Abklärung (Internist/Geriater, HNO-Arzt, Neurologe, Röntgen) konnte mit der Patientin im Rahmen diagnostisch-therapeutischer Gespräche in der Institutsambulanz ein Fokus herausgearbeitet werden, der insbesondere ihre (vorbewußten) Ängste vor Hilflosigkeit und Abhängigkeit einstellte. Auslöser für ihre Ängste war eine TV-Sendung, in der ein von der Patientin bewunderter Altstar ihrem Eindruck nach deutliche Artikulationsstörungen zeigte und sich damit der Gefahr der Lächerlichkeit preisgab. Lebensgeschichtlich stand der genannte Fokus in Verbindung mit einem Selbstkonzept von Autonomie und Tüchtigkeit, während sie einmal im Erwachsenenleben „Lehrgeld" bezahlt habe, als sie die Kontrolle aus der Hand gegeben habe.

Im Verlauf der sechswöchigen stationären psychoanalytisch orientierten Fokaltherapie (drei Stunden Einzeltherapie, vier Stunden Gruppentherapie pro Woche sowie tägliche Visitengespräche) gelang es der Patientin, unter Anerkennung ihrer Kompetenzen den Zumutungen des körperlichen Alterprozesses (mit den drohenden Verlusten) akzeptierender zu begegnen. Die Schlucksymptomatik und die affektive Störung besserten sich befriedigend. Aufwendige somatische Diagnose- und Behandlungsverfahren mußten nicht mehr eingesetzt werden.

Behandler mit Erfahrung in der Psychotherapie alter Menschen bestätigen alle die überdurchschnittliche **Stabilität** der **Motivation alter Menschen** in Therapieprozessen sowohl in ambulanten wie stationären Settings, wenn über die Therapieziele beiderseitig Klarheit herrscht.

Literatur

Bäurle P, Radebold H, Hirsch RD. Klinische Psychotherapie mit älteren Menschen. Bern: Huber 2000.

Bourque P, Vezina J. An evaluation of depression distortion and coping skills in the elderly. Vortrag gehalten vor der Tagung der Association for the Advancement of Behavior Therapy. Toronto, Ontario, Canada 1981.

Burner M. L'abord psychothérapeutique du malade âgé. Fortbildungskurse Schweiz. In: Ges Psych. Vol. 3. Basel, New York: Karger 1970; 61–75.

Colarusso CA, Nemiroff RA. Clinical implications of adult developmental theory. Am J Psychiatry 1987; 144: 1263–70.

Cooper B, Sosna U. Psychische Erkrankungen in der Altenbevölkerung. Nervenarzt 1983; 54: 139–49.

Deutsch H. Psychoanalyse der weiblichen Sexualfunktionen. Wien: Internationaler Psychoanalytischer Verlag 1925.

Dilling H, Weyerer S, Castell R. Psychische Erkrankungen in der Bevölkerung. Stuttgart: Enke 1984.

Erikson EH. The problem of ego identity. J Am Psychoanal Assoc 1956; 4: 56–121.

Fichter MM. Verlauf psychischer Erkrankungen in der Bevölkerung. Berlin, Heidelberg, New York: Springer 1990.

Fry PS. Cognitive training and cognitive-behavioral variables in the treatment of depression in the elderly. Clinical Gerontologist 1984; 3: 25–45.

Heuft G. Bedarf es eines Konzeptes der Eigenübertragung? Forum Psychoanal 1990; 6: 299–315.

Heuft G. Psychoanalytische Gerontopsychosomatik – zur Genese und differentiellen Therapieindikation akuter funktioneller Somatisierungen im Alter. Psychother Psychosom Med Psychol 1993; 43: 46–54.

Heuft G, Hoffmann SO, Mans EJ, Menzos S, Schüßler G. Das Konzept des Aktualkonfliktes und seine Bedeutung für die Therapie. Z Psychosom Med; 1997; 43: 1–14.

Hildebrand HP. Psychotherapy with older patients. Br J Med Psychol 1982; 55: 19–28.

Hoyer WJ. Application of operant techniques to the modification of elderly behavior. Gerontologist 1973; 13: 18–22.

Lehr U, Dreher D. Determinants of attitudes toward retirement. In: Adjustment to retirement. A cross-national study. Havighurst RJ, Munnichs JMA, Neugarten BL, Thomae H (eds). Assen: Gorcum 1969; 116–37.

Linden M, Förster R, Oel M. Verhaltenstherapie in der kassenärztlichen Versorgung. Eine versorgungsepidemiologische Untersuchung. Verhaltenstherapie 1993; 3: 101–11.

Liptzin B. Psychotherapy with the elderly: a Eriksonian perspective. J Geriatr Psychiatry 1985; 18: 183–203.

Moore JT, Christenson RM. Significance of premorbid adjustment and psychotherapy in selected case studies. Int J Aging Hum Dev 1988; 26: 117–84.

Peth PR. Rational-emotive therapy and the older adult. J Cont Psychother 1974; 6: 179–84.

Radebold H. Der psychoanalytische Zugang zu dem älteren und alten Menschen. In: Psychotherapie mit älteren Menschen. Petzold HG, Bubolz E (Hrsg). Paderborn: Junfermann 1979; 89–108.

Richards WS, Thorpe GL. Behavioral approaches to the problems of later life. In: The clinical psychology of aging. Storandt M (ed). New York: Plenum 1978; 253–76.

Ritter-Vosen X. Verhaltenstherapie mit älteren Menschen. In: Psychotherapie mit älteren Menschen. Petzold HG, Bubolz E (Hrsg). Paderborn: Junfermann 1979; 311–28.

Schumacher W. Psychische Veränderungen des höheren Lebensalters aus der Sicht des Psychoanalytikers. Aktuelle Gerontol 1973; 3: 275–80.

Thomae H. Theory of aging and cognitive theory of personality. Human Development 1970; 13: 1–16.

Werner H, Dittberner H. Geriatrische Tageskliniken und Gerontologische Beratungsstellen in der Bundesrepublik Deutschland. Frankfurt/M: Cassell-Riedel Pharma 1993.

Wertheimer J, Lobrinus A. Psychotherapie neurotischer Störungen beim alten Menschen: eine neue Öffnung ins Leben. Z Gerontol 1981; 14: 22–33.

Wolter-Henseler DK. Gerontopsychiatrie in der Gemeinde. Forum, Bd 30. Köln KDA 1996.

Weiterführende Literatur

Heuft G, Marschner C. Psychotherapeutische Behandlung im Alter – state of the art. Psychotherapeut 1994; 39: 205–19.

Heuft G, Kruse A, Radebold H. Lehrbuch der Gerontopsychosomatik und Alterspsychotherapie. UTB-Lehrbuch. München: Reinhardt 2000.

Radebold H. Psychodynamik und Psychotherapie Älterer. Berlin, Heidelberg, New York: Springer 1992.

6.3.5
Psychotherapie von Folteropfern
Brigitta Bühring

Bei der Beschäftigung mit schwer traumatisierten Patienten geht es um die Begegnung mit etwas Unerträglichem, auch von uns zutiefst Gefürchteten und Abgewehrten, um Ohnmacht und Hilflosigkeit, um „die Furcht vor dem Zusammenbruch", von der Winnicott (1974b) in seinem posthum erschienenen Aufsatz spricht, um den drohenden psychischen Tod. Es sei hier eine Definition vom Trauma von Victoria Hamilton (1989) eingefügt, die sich an die Gegenübertragung anlehnt:

Definition

Das Wort „Trauma" sollte Reaktionen auf Ereignisse vorbehalten sein, die in den meisten von uns intensives Entsetzen, ein Gefühl des Grauens und häufig das Gefühl von Abscheu und Abwenden hervorrufen. Wir möchten lieber nicht wissen und nicht hören.

Es gibt drei **Gegenübertragungskomponenten**, die den Bericht über diese Patienten erschweren können:

- Die erste ist Qual, wie sie sonst nur bei Patienten mit Malignomen oder schweren narzißtischen Störungen auftreten kann.
- Zweitens ist dies ein starkes Bedürfnis, die Intimität der Patienten, aber auch der therapeutischen Beziehung zu schützen, und zwar einmal wegen der schrecklich beschämenden Niederlagen, die diese Patienten erleben mußten, dann aber auch wegen der großen emotionalen Nähe, die gerade im Umgang mit ihnen entsteht.
- Drittens ist es die Versuchung, den abgewehrten Zorn der Patienten aufzunehmen und in einen Ton von Vorwurf und Anklage zu verfallen, der in der Regel Abwehr mobilisiert.

Ich werde hier nicht das ganze Schreckensarsenal der modernen Folter eröffnen, sondern verweise auf die entsprechenden Veröffentlichungen von Amnesty International (ai 1983, 1985; Keller 1981). Die häufigsten Mißhandlungen unserer Patienten sind – außer der Erzeugung schwerer Mangelzustände und extremer Demütigung – Schläge in allen Variationen (aufgehängt, mit Knüppeln usw., aber auch Sandsäcken [stumpfe Traumen!], Falanga [Schläge auf die Fußsohlen], Elektroschocks, sexuelle Mißhandlungen sowie das Mitansehen von Folterungen und Gefolterten). Die Patienten, auf die sich meine Erfahrung bezieht, stammen zumeist aus dem vorderen Orient (Iran, Türkisch-Kurdistan, Türkei) und aus Lateinamerika (Argentinien, Chile). Sie wurden gesehen bei Untersuchungen im Rahmen einer Flüchtlingsinitiative, von Poliklinik und Praxis, bei Untersuchungen für Atteste, Kassen- und Gerichtsgutachten, bei Kriseninterventionen, Kurz- und Langzeittherapien oder im Rahmen von Supervisionen und kollegialen Gesprächen.

Der Begriff des Traumas

In Freuds Schriften trat die Realität des Traumas immer mehr in den Hintergrund. Zwar wurde er durch die Kriegs- und Unfallneurosen immer wieder an diese Realität erinnert, doch ist die klassische Psychoanalyse im wesentlichen eine Psychologie neurotischer Phantasien und innerer Konflikte. Das Ich, von dem in den frühen Schriften die Rede ist, ist das Ich vor Einführung der Strukturtheorie und vor Einführung des Narzißmus.

> ### Definition
> Folgerichtig definieren Laplanche und Pontalis (1994) das **Trauma** folgendermaßen: „Ereignis im Leben des Subjektes, das definiert wird durch seine Intensität, die Unfähigkeit des Subjekts, adäquat darauf zu antworten, die Erschütterung und die dauerhaften pathogenen Wirkungen, die es in der psychischen Organisation hervorruft."

Keilson (1979) führte den Begriff der **sequentiellen Traumatisierung** ein im Sinne von mehreren aufeinander folgenden traumatisierenden biographischen Abschnitten. Massud Khan (1977) prägte den Begriff des **kumulativen Traumas** im Sinne einer Häufung von Ereignissen, die für sich genommen nicht unbedingt traumatisch wirken müssen, es jedoch durch die Summierung tun. Bettelheim (1982) schließlich spricht im Hinblick auf die KZ-Erfahrungen in der NS-Zeit von Extremsituation, woher Grubrich-Simitis (1984) den Begriff der **Extrem-Traumatisierung** herleitete.

Unsere Patienten sind stets kumulativ beziehungsweise sequentiell, wenn nicht extrem traumatisiert. Es gibt eine Vorgeschichte von persönlicher Neurose, von politischer Verfolgung, von Haft und Folter und schließlich von Exil, wobei jedes Exil zunächst depressive und paranoide Tendenzen verstärkt. Die Patienten erleben das Exil zuweilen als eine Fortsetzung der Verfolgung. Hinzu trat in jüngster Zeit noch die schwere Wertkrise durch den Zusammenbruch des Ostblocks, da viele Patienten für den Sozialismus in irgendeiner Gestalt aufopfernd gekämpft hatten.

Phänomenologie des posttraumatischen Syndroms

Über die Phänomenologie des posttraumatischen Syndroms besteht über die Zeit hinweg und weltweit Übereinstimmung; allenthalben wurde die verstärkte Neigung zu Ängstlichkeit und Depressivität oder Aggressivität gefunden, eine entschiedene Verdrängungstendenz, zum Teil mit Gefühlsabsperrung, schweren Schuld- und Unwertgefühlen, verstärkter Suizidalität oder einer sonstigen Tendenz zur Selbstaufgabe. Hinzu treten Erschöpfung, multiple funktionelle Störungen und eine erhöhte Krankheitsneigung. Ursachen und Symptome werden jedoch je nach Schulrichtung unterschiedlich geordnet und gedeutet. So bietet die Lerntheorie das **Konzept** der **Konditionierung** an, das für Einzelphänomene eine brauchbare Erklärung bereithält, so zum Beispiel für die Erhöhung der Herzfrequenz der früheren Opfer des Bombenkrieges beim Anhören der Alarmsirenen. Farber et al. (1957) untersuchten die Heimkehrer des Korea-Krieges, die einer sogenannten Gehirnwäsche unterzogen worden waren, und isolierten als verursachende Faktoren die **drei D**:
- *Dependency* (Abhängigkeit)
- *Debility* (Schwäche)
- *Dread* (Schrecken)

Diese drei Faktoren werden aber auch allenthalben immer wieder spontan zur Manipulation von Kindern im Rahmen einer autoritären Erziehung neu erfunden.

Die Streßforschung im Gefolge von Selye (s. auch Kap. 2.5, S. 97; Selye 1981) bietet das **Modell** der **Einwirkung** von **Belastungsfaktoren** unterschiedlicher Stärke und Dauer mit abgestuften Reaktionen darauf in Abhängigkeit von den Bewältigungsmöglichkeiten der Individuen an. Hierbei wird die biologische Dimension, zum Beispiel zentralnervöse und endokrinologische Wirkfaktoren, in den Vordergrund gerückt, ohne daß bereits im Detail aufgeklärt wäre, wie etwa seelische Belastungen ins Somatische übersetzt und wie und wo belastende Erfahrungen gespeichert werden (vgl. Deneke 2001, S. 97–99). Die drei Stufen der Anpassungsreaktionen sind:

- die Alarmreaktion, angelehnt an unser Kampf-Flucht-Repertoire
- die Widerstandsphase mit ihrer psychophysiologischen Alarmbereitschaft
- das posttraumatische Syndrom

Das posttraumatische Syndrom gehört nach dieser Auffassung zur chronischen Verhaltensänderung (oder zur Phase der Erschöpfung). Diese dritte Stufe der Anpassungsreaktion dauert über die Einwirkung der Belastung hinaus, während die erste und die zweite Stufe reversibel sind. Die Forschungsergebnisse samt der schädlichen Auswirkungen auf die zweite Generation konnten in Tierversuchen mit Ziegen reproduziert werden.

Streng freudianische Analytiker sehen im posttraumatischen Syndrom immer noch ein Festhalten an **Selbstbestrafungstendenzen** wegen **infantil-sexueller Wünsche**, die unter der Folter kompromißhaft in Erfüllung gegangen sein sollen. Nun gibt es in den Militärgefängnissen zweifellos Konstellationen, die wie eine Realisierung hochpathologischer Phantasien anmuten und geeignet sind, entsprechende Phantasien und Konflikte in den Opfern zu mobilisieren. Eine kritiklose Übertragung neurosenpsychologischer Modelle auf reale Traumen und ihre Generalisierung hat aber meines Erachtens ihrerseits etwas Gewaltsames. Will man eine solche Selbstbestrafung wegen infantil-sexueller Wünsche auch für die oben erwähnten Laboratoriumsziegen annehmen? Ähnliches scheint mir auch für das Konzept der **Regression** zu gelten. Ist es wirklich angemessen, von einem Menschen, der nur noch die Möglichkeit besitzt, durch Stillhalten eine unerträgliche Situation zu überstehen, zu sagen, er sei auf die Stufe eines Kleinkindes regrediert? Das Modell der Regression, bei dem man bildlich gesprochen wie mit einer Drahtseilbahn entwicklungsgeschichtlich frühere Stadien aufsucht, verleugnet unter Umständen den Bruch, die Zerstörung. Um im Bild zu bleiben: Nach einem extremen Trauma ist das Drahtseil gerissen, die Gondel abgestürzt.

> Bei schweren Traumen geht es um einen Angriff auf die gesamte psychophysiologische Existenz des Menschen. Betroffen ist nicht nur das Ich, und das Agens ist nicht nur der Schmerz; Mediziner erfahren ja, daß Patienten, die schwerste Schmerzen erlitten haben, keineswegs alle schwer traumatisiert wirken. Sondern es geht um den Kontext, es ist der zugefügte Schmerz in zerstörerischer Absicht unter extrem schwächenden und demütigenden Bedingungen.

Ich möchte hier zwei andere Modelle zur Erklärung heranziehen und zur Diskussion stellen. Einmal das Konzept vom **Übergriff**, das Winnicott (1949; 1974a) eingeführt hat. Kurz gesagt ist nach seiner Vorstellung ein Übergriff eine Einwirkung der Umwelt, die beim Individuum Reaktionen in einem Ausmaß erzwingt, die es ihm nicht mehr gestatten, sein Gefühl

von Kontinuität des Seins und der Identität aufrechtzuerhalten; es entsteht ein Bruch.

Sehr hilfreich zum Verständnis finde ich auch den neueren selbstpsychologischen Ansatz und die Ergebnisse der Narzißmusforschung von F.-W. Deneke (1989), Denecke und Müller (1985) sowie Deneke und Hilgenstock (1988), die hier nur sehr gerafft dargestellt seien. Deneke faßt das **Selbst als autoregulatives System** auf, das sich mittels verschiedener Regulationsmechanismen auf unterschiedlichem Organisationsniveau einstellt und in einem dynamischen Prozeß, der jedoch von einem kontinuierlichen Identitätsgefühl getragen wird, immer wieder eine Homöostase anstrebt. Dieses **Gleichgewicht** ruht auf vier **Säulen**:

- Triebruhe, das heißt die Erfüllung körpernaher Bedürfnisse
- Sicherheitsgefühl mit den drei Komponenten verläßliche Objektbeziehungen, kognitive Orientierungsgewißheit und Handlungskompetenz
- Selbstwertgefühl (Wahrung von Selbstachtung, Anerkennung durch andere, Übereinstimmung mit eigenen Wertvorstellungen)
- ein Gefühl von Sinnhaftigkeit des eigenen Lebens

Betrachtet man die Methoden von Folter und Verfolgung, so ist ersichtlich, daß dabei systematisch versucht wird, diese vier Säulen des psychischen Gleichgewichts zu untergraben. In Anlehnung an dieses Konzept möchte ich folgende Definition von Trauma vorschlagen:

> ### Definition
> Ein **Trauma** ist der in zerstörerischer Absicht herbeigeführte Zusammenbruch des Gleichgewichts des Selbst, der die Regulationsmechanismen vorübergehend außer Kraft setzt und in der Folge zunächst eine Homöostase auf labilerem Niveau erzwingt. Im Extremfall erfolgt ein Bruch im Identitätsgefühl.

Diese Definition versucht der Anregung von Benyakar et al. (1987) Rechnung zu tragen, daß in einem Konzept von Trauma die „Vorstellung von Zusammenbruch und Zerreißen einer Kontinuität" enthalten, daß es die „Bedeutung eines irreparablen Risses in Selbst und Realität einfangen sollte". Ich hoffe auch, durch diese Definition der Inflationierung des Begriffes Trauma entgegenzuwirken.

Folgen traumatischer Situationen

Als unmittelbare Auswirkung der traumatischen Situation erfolgt, abgesehen von Bewußtlosigkeit und Verletzungen, vorübergehend oder über die Zeit hinweg das allmähliche **Verschwinden jeglichen positiven Gefühls**, zumal Erholung und Wiederaufrichtung des Selbst systematisch verhindert werden. Das Ausmaß des Verlustes ist abhängig von persönlichen Ressourcen und verbliebenen Hilfsquellen. So werden Häftlinge zuweilen getragen von der Solidarität der Gruppe der Mithäftlinge; das Gruppengefühl dient der Abwehr gegen die Vernichtung. In der Einzelhaft bedeutet das Lösen von selbstgestellten intellektuellen Aufgaben oder das liebevolle Interesse für ein Kleintier in der Zelle unter Umständen eine Überlebensstrategie. Im extremen Fall versiegen jedoch diese Quellen; es gibt nicht einmal mehr tröstliche Träume, sondern nur noch, wie bei anderen schweren narzißtischen Störungen auch, Angstträume. Freundliche Erinnerungen werden nicht mehr mobilisiert, um nicht weich zu werden, der Rettung wert erscheinen nur noch andere oder anderes. Der körperliche Zusammenbruch durch Mangel und überwältigenden Schmerz und der Zusammenbruch der Abwehr ermöglichen offenbar die projektive Identifizierung des Täters mit dem Opfer oder, anders ausgedrückt, die **Introjektion** von **Haß** und **Vernichtung** des Täters durch das Opfer (Becker 1992, S. 191 u. 210). Das Opfer fühlt sich wie eine von einem Usurpator eroberte Stadt. Im Extremfall geben sich die Menschen auf, sehnen den Tod oder Wahnsinn herbei oder verfallen in völlige Apathie (**Muselmansyndrom**; Bettelheim 1977).

Nach der Entlassung stellt sich, abgesehen von möglicher körperlicher Versehrtheit, zunächst oft ein labiler Zustand ein im Sinne des „**bedrohten Selbst**" (Deneke 1989) mit Angst, Unruhe, Reizbarkeit, Schlafstörungen, Alpträumen und vitaler Schwäche. Charakteristisch ist die schlagartige Vergegenwärtigung (*Flash-back*) der Haft- und Foltersituation durch assoziative Auslöser wie Schlüsselrasseln, Türenschlagen, Stiefelschritte, Kellergeruch. Es setzt eine intensive Anstrengung ein, durch Verdrängung der drohenden Überwältigung Herr zu werden.

Im weiteren Verlauf bildet sich das bereits erwähnte **posttraumatische Syndrom** aus. Die Entlassenen bleiben an die Mithäftlinge und die Toten gebunden, denen sie sich näher fühlen, als den oft verständnislosen Mitmenschen. Auch **Schuld**- und **Verpflichtungsgefühle** spielen eine große Rolle, häufiger offenbar wegen des bösen Introjekts (s. o.) als wegen realer Schuld. Die archaische Phantasie, auf Kosten anderer zu leben, scheint hierbei ebenfalls eine Rolle zu spielen, sowie der Versuch, durch Wiedergutmachung und Übernahme von Verantwortung ein Stück Bemeisterung zu erlangen (Becker 1992, S. 248).

Mir scheint, daß der Mitgefangene und Tote aber auch im Sinne des Doppelgänger- oder Zwillingsphänomens gelegentlich zum Träger des eigenen unintegrierbaren Leidens und psychischen Sterbens wird, das in ihm betrauert werden kann. Die Schamgefühle sind Folgen der schrecklichen Demütigung, aber auch der Tatsache, daß die Opfer sich den Zusammenbruch als Versagen anrechnen. Sie fühlen sich elend und schlecht. Sie wirken wie infiziert durch den Täter. Die Identifikation mit dem Aggressor, das Sich-gleich-Machen zur Abwehr der Opferposition scheint mir dagegen eher bei der Erziehung von Soldaten und Polizisten zu Folterern und bei Häftlingen zu Kollaborateuren eine Rolle zu spielen. Die Täter fühlen sich in der Regel „gut", mächtig, siegreich, autorisiert und sanktioniert durch eine herrschende Ideologie oder Religion. Aufgefallen ist mir bei Haftentlassenen noch eine heraufgesetzte Angstschwelle bis hin zu einem kleinen Unver-

letzbarkeitswahn, der sie in Gefahr bringen kann, vielleicht aber auch der Abwehr der erlebten Ohnmacht dient.

Verarbeitungsmodi

Grundgesten

Klinisch-psychologisch fallen zwei Grundgesten auf, wie sie bereits in Alexanders Modellvorstellung der auto- und alloplastischen Verarbeitung erscheinen und die vermutlich aus dem Flucht-Kampf-Repertoire erwachsen: Ich nenne sie den depressiven und den paranoiden Gestus:

Der **depressive** Typ verhält sich autoaggressiv, selbstbezichtigend, selbstbestrafend, selbstaufopfernd. Er macht sich über seine Zuständigkeit hinaus verantwortlich, bleibt oft an die Opferrolle fixiert, leidet, ist im Extremfall suizidal. Er schützt am ehesten die für ihn wichtigen Objektbeziehungen und -repräsentanzen. Schwäche, Schuld, Trauer, Fürsorge kann er integrieren, am stärksten abgewehrt sind aggressive Anteile.

Der **paranoide** Typ verhält sich aggressiv, reagiert heftig auf jeden vermeintlichen Angriff, fast so, als sei die stattgehabte Verletzung noch rückgängig zu machen. Fühlt er sich bedroht, mobilisiert er quasi die Wut der letzten Bastion, wird unter Umständen sogar zum Täter in seinem Lebensbereich und macht andere leiden. Im Extremfall gibt es schwere aggressive Durchbrüche. Er schützt am meisten sein bedrohtes Selbst. Aggressive, selbstbehauptende Anteile kann er integrieren, am meisten abgewehrt sind Gefühle von Unzulänglichkeit, Schuld, Depression und Abhängigkeit.

Freiwillig in Therapie begibt sich eher der depressive Typus, während der paranoide Typ eher sozial auffällig wird. Man erfährt von ihm durch Frauenhäuser, Familienberatungsstellen, Gerichtsauflagen, psychiatrische Polikliniken usw. Oder er kehrt so rasch wie möglich in den politischen Kampf zurück.

Somatische Verarbeitung

Die ursprünglich funktionelle Begleitsymptomatik von Angst, Erregung oder Erschöpfung verselbständigt sich mit zunehmender Verdrängung und Affektisolierung. Oder sie organisiert sich um zu bekannten psychosomatischen Syndromen wie Herzneurose, chronische Schmerzzustände, funktionelle Oberbauchsyndrome usw. Ein erhöhtes Krankheitsrisiko für schwere Psychosomatosen, auch für Malignome, scheint statistisch nachweisbar. Man denke aber auch stets an mögliche Spätfolgen der Mißhandlungen, zum Beispiel an Drucksymptome bis hin zu Nekrosen durch bindegewebig umorganisierte Hämatome.

Narzißtische Regulationsmodi

Von den vier Hauptformen der Selbstorganisation, wie Deneke (1988; 1989) sie beschreibt, wurde die des „**bedrohten**

Selbst" mit Angst, Ohnmacht und Unwertgefühlen, schwindender Hoffnung usw. als erste Stabilisierung auf niedrigerem, labilem Niveau bereits erwähnt. Von der Konfiguration des „klassisch-narzißtischen Selbst" im Sinne von Grandiosität ist mir bei meinen Patienten nur die Komponente **„Mobilisierung narzißtischer Wut"** beim paranoiden Typus begegnet. Dagegen scheint der Modus des **„idealistischen Selbst"** häufig vertreten, offenbar auch als prätraumatische Persönlichkeitsstruktur, besonders bei idealistischen Kämpfern für eine gerechtere Gesellschaftsordnung. Allerdings ist dieser Regulationsmechanismus unter den Bedingungen des Exils zusätzlich erschwert. Der Modus des „hypochondrischen Selbst" ist mit der Komponente der Bindung von Vernichtungsängsten durch körperbezogene Symptome als somatische Verarbeitungsform vertreten.

Symbolische Verarbeitung

Eine sehr reife Form der Verarbeitung und Reintegration der Persönlichkeit ist die **künstlerische Verarbeitung**, besonders die sprachliche, wie sie sich in Liedern, Gedichten, Zeugnissen und Berichten der Betroffenen niederschlägt. Sie ist aber bei großer Depressivität zunächst oft blockiert. Die sprachliche Verarbeitung ist ja auch Teil der Psychotherapie und dient dem Wiederaufbau der Ich-Funktionen. Bei manchen Betroffenen werden traumatische Erinnerungen zudem anscheinend umgewandelt zu Angstsignalen, die die Gefahr anzeigen, daß sie das psychische Gleichgewicht verlieren werden.

Verarbeitung zwischen den Generationen

Bei einem schweren, unbearbeiteten Trauma scheint die Weitergabe an die nächste Generation die Regel zu sein; dieser tragische Sachverhalt ist in neuerer Zeit besonders von Dan Bar-On (1992; 1993) und von Ilany Kogan (1993; 1996) aufgeklärt worden. Mir scheint eine Vermittlung der wahren Befindlichkeit traumatisierter Mütter auf humoralem Wege intrauterin durchaus denkbar. Diese Teilhabe setzt sich nach der Geburt emotional fort infolge fehlender Abwehr und früher Introjektion. Später treten Faktoren hinzu wie mangelnde emotionale Verfügbarkeit der Eltern, das quälende Schweigen, die Funktion der Kinder als Selbstobjekt der geschädigten Eltern mit entsprechenden Folgen für die Autonomieentwicklung, das Entgegenkommen der Kinder, um die Eltern zu verstehen oder zu retten, wobei sie oft zu Trägern der abgewehrten Affekte der Eltern (Wut oder Depression) werden. Die zweite Generation internalisiert das böse Introjekt der Eltern, ohne dies als Fremdkörper erkennen zu können. Bedroht in der Sicherheit ihrer Objektbeziehungen sind die Kinder auch, wenn sie die abgelehnten Selbstanteile der Eltern verkörpern oder an die unerträgliche Niederlage erinnern. Bedrohlich ist ferner die Tatsache, daß traumatisierte Eltern gelegentlich unter dem Wiederholungszwang zur Reinszenierung der traumatischen Situation neigen – unbewußt, um endlich eine Lösung, einen Ausweg zu finden. Dadurch können die Kinder in reale Gefahr geraten.

> Die Überwindung eines schweren Traumas ist die Arbeit von Generationen.

Therapie

Vielleicht ist aus der Schilderung der Traumafolgen und der verschiedenen Verarbeitungsweisen schon hervorgegangen, daß es verschiedene therapeutische Ansätze und Zielvorstellungen geben kann. Das Vorgehen ist außerdem abhängig von der Konstellation, in der man auf die Flüchtlinge trifft, zum Beispiel:

▶ **Im Lager**
Hier kann es darum gehen, die Erstarrung nach dem noch relativ frischen Trauma zu durchbrechen, einzeln oder in der Gruppe Trauerprozesse in Gang zu bringen, sinnvolle Tätigkeiten zu initiieren und das soziale Klima im Lager zu verbessern.

▶ **Bei einer Flüchtlingsinitiative**
Hier geht es zunächst oft um sozialtherapeutische Maßnahmen, zum Beispiel Hilfe bei Behörden, bei der Suche nach einem Rechtsanwalt usw. sowie um ein Stück praktische Solidarität, die die Basis für weitere therapeutische Maßnahmen schaffen kann.

▶ **In einer Beratungsstelle**
Hier werden oft Familienprobleme sichtbar, zum Beispiel die Delegation von verschiedenen Faktoren der traumatischen Reaktion an verschiedene Familienmitglieder, Exilprobleme wie der Konflikt zwischen Anpassung und Bewahrung der Identität, die Entwertung des Vaters und der alten Kultur, die veränderte Stellung der Frau, die Versuchung durch die Konsumgesellschaft bei den Jugendlichen in relativ schlechter sozialer Position.

▶ **In einer Ambulanz**
Hier stellt sich die Frage nach Diagnose und Indikation. Erwähnenswert scheint mir, daß jede tiefergehende therapeutische Maßnahme, wie jedes längere Exil, die Patienten ihrer Kultur ein Stück weit entfremdet. Daher sollte man versuchen, sich ein Bild von den Verarbeitungsmöglichkeiten der Patienten zu machen. Diese sind zum Beispiel bei Frauen aus Kulturen, in denen ihre Autonomieentwicklung unterbunden wird und die in Abhängigkeitsbeziehungen leben, unter Umständen sehr begrenzt.

▶ **In einer Praxis**
Die Patienten suchen zunächst meist wegen körperlicher Beschwerden einen Praktiker auf. Die Betroffenen berichten von sich aus kaum von ihren Traumen; diese muß man bei gewissen Verdachtsmomenten (Symptomatik, Herkunftsland usw.) erfragen. Nach sorgfältiger körperlicher Abklärung könnte man dann versuchen, den Patienten für eine Psychotherapie

zu motivieren. Die medizinischen Kollegen seien eindringlich zur Vorsicht ermahnt und dazu, sich zu informieren. Allein durch die Aufforderung, sich für die Untersuchung auszuziehen, oder durch den Versuch, Elektroden anzulegen, kann man bei diesen Patienten Panik hervorrufen! Für den niedergelassenen Psychotherapeuten ergibt sich die Zusammenarbeit mit dem Hausarzt von selbst.

▶ In einer Klinik

Abgesehen von rein körperlichen Erkrankungen käme ein Aufenthalt in einer psychosomatischen Klinik in Betracht, sofern sich der Patient überhaupt darauf einlassen kann, sich in eine Institution zu begeben („Knast"-Assoziation). Man sollte dann auch vorsichtige physiotherapeutische Maßnahmen versuchen. Oft haben sich die Patienten ihrem Körper als einer Quelle ihrer Schmerzen entfremdet und müssen ein normales Körperempfinden erst wieder lernen. Vorsicht mit Versuchen, über den körperlichen Zugang die oft fragile Abwehr zu unterlaufen, sofern man nicht sicher ist, die möglichen Folgen auffangen zu können!

Des weiteren ist das therapeutische Vorgehen von folgenden Faktoren abhängig:

▶ Soziale Situation

Sind die Fragen von Aufenthalt, Unterhalt, Versicherung etc. geklärt? Eine längerfristige Psychotherapie ist erst möglich, wenn sich die äußere Situation der Patienten stabilisiert hat.

▶ Sprachliche Situation

Sprechen der Therapeut und der Patient nicht eine gemeinsame Sprache, so erhebt sich die Frage nach einem für beide Seiten akzeptablen Dolmetscher. Dies ist zwar ein Parameter, aber nicht immer ein Hindernis. Eine Langzeittherapie würde ich unter diesen Bedingungen jedoch nicht beginnen wollen.

Spricht der Patient dagegen hinlänglich deutsch, sollte der deutsche Therapeut sich darin üben, einfach und klar zu sprechen, nur bei besonderen Voraussetzungen zu abstrahieren und sich sonst eher bildlich auszudrücken, Sprichwörter und Gleichnisse zu verwenden, statt einer Deutung eventuell eine Geschichte zu erzählen, in der der Sinn der Deutung verborgen ist. Das wirkt auch der Gefahr der Schulmeisterei wohltuend entgegen.

▶ Beziehungen des Patienten am Ort

Hat er hier Angehörige, Freunde, Landsleute, eine vertraute Gruppe? Oder nur die durch Mißtrauen und Aggressivität gekennzeichnete Lagersituation? Angehörige oder befreundete Landsleute bewältigen Krisensituationen oft besser als Professionelle, etwa durch Aufnahme in die Familie und durch emotionales Auffangen, durch Beistand bei Schreckensnachrichten aus der Heimat oder sonstigen Konflikten wie etwa dem Kampf mit Racheimpulsen, wenn jemand hier einen seiner Peiniger wiedergetroffen hat. Der Einsatz dieser Landsleute ist bewundernswert.

Ideale Voraussetzungen beim Therapeuten umfassen:

- **Verankerung** des **psychosomatischen Ansatzes**. Einseitig körperliche Behandlung zementiert die Verdrängung, einseitig psychologische Sicht wird möglichen psychosomatischen Syndromen unter Umständen nicht gerecht und übersieht Spätschäden.

- Ein **undogmatisches, diskursives, kritisches Denken**, die Bereitschaft, sich durch Fremdes und Neues gleichsam immer erneut zu triangulieren, die Fähigkeit, Unsicherheit auszuhalten. Die Bereitschaft, Vorstellungen der eigenen Schicht und Kultur von einem anderen Standpunkt aus zu betrachten und diejenigen der Patienten anderer kultureller Zugehörigkeit zu verstehen.

- Eine möglichst tiefe **Vertrautheit mit eigenen** frühen oder sonstigen **Traumen**, den dazugehörigen Befindlichkeiten, Bedürftigkeiten, Selbstobjektbeziehungen und Abwehrformationen. Ein Therapeut, der die eigene narzißtische Störung nicht bearbeiten konnte, seine Depression und Gefühle von Ohnmacht und Hilflosigkeit abwehren muß, wird die Zerstörung der Patienten nicht wirklich an sich heranlassen.

- Die Fähigkeit, extreme **Gegenübertragungsgefühle zuzulassen** (Qual, Nähe). Andererseits ein funktionierender Selbstschutz und die Fähigkeit, selbsterhaltende und libidinöse Anteile festzuhalten.

- Die **Durchbrechung** unserer hiesigen kollektiven **Verleugnung** des **Todes**; man kann das viele Sterben und die vielen Toten, die die Repräsentanzenwelt der Patienten bevölkern, sonst nicht auf sich nehmen.

- Die **Einsicht**, vielleicht einige therapeutische Kompetenz zu besitzen, sonst aber **auf Hilfe angewiesen** zu sein. Sofern wir nicht selbst betroffen oder Landsleute sind, sind wir unwissend bezüglich der Situation von Verfolgung, Haft und Folter und bezüglich der sonstigen Verhältnisse im Heimatland der Patienten.

- Ein möglichst **breites psychoanalytisches Wissen**, eigenes Bemühen um kritische Reflexion und Integration. Sodann die Fähigkeit, alles wieder zu vergessen, um zu sehen, was einem bei diesen Patienten entgegenkommt; nach Bion (1970) „einen **gedächtnislosen** und **wunschlosen Zustand anstreben**, einen Zustand des Unerkennbaren, der der Ausgangspunkt der Erkenntnis ist".

Zur Psychotherapie im besonderen

Wichtig ist die Einsicht, daß einige psychoanalytische Konzepte nur modifiziert, bei wachsamer Selbstkontrolle flexibel und funktional verwendbar sind. Das gilt zum Beispiel für Abstinenz und Neutralität. Weiterhin gilt es, folgende Punkte zu beachten:

Eine ausführliche **neurosenpsychologische Untersuchung** ist am Anfang oft gar nicht möglich; entweder man nimmt den Patienten oder nicht.

Die Regelung von **Stundendauer** und **Frequenz** muß der Belastbarkeit des Patienten angepaßt werden.

Das gewohnte **Kompetenzgefälle** ist insofern modifiziert, als der Patient hier in der Regel der Spezialist für Landeskunde und die traumatische Situation ist und wir auf seine Mithilfe angewiesen sind.

Sehr wichtig ist eine **vertrauensvolle Supervision**, zum Beispiel zur Aufklärung der projektiven Identifikation oder eigener Abwehrreaktionen, sowie der Zugang zu Informationen über die Kultur des Patienten (Landsleute, Institute).

Nützlich ist die Erkenntnis, daß man sich unter Umständen mit **begrenzten Zielen** zufrieden geben muß. Es gibt auch eine sequentielle Annäherung an das Trauma über die ganze Lebenszeit dieser Patienten hinweg, und der Behandler sollte nicht unbedingt von sich erwarten, alles im ersten Anlauf zu schaffen.

Grundsätzliche Ziele müssen sein:
- die Wiederaufrichtung des Selbst und die Stärkung des Ichs
- die Wiederanbindung an die Welt der Objekte
- der Versuch, die zerrissene Kontinuität wieder zusammenzuknüpfen

Das geschieht im wesentlichen durch den Rückgriff auf das frühere Gute, Selbsterhaltende und Libidinöse des Patienten, dessen Verbindung mit dem verbliebenen Guten in der traumatischen Situation – ohne dies hätte der Patient nicht überlebt – und die dadurch bewirkte Erfahrung und Stärkung des gegenwärtigen Guten, von Vertrauen und Hoffnung, in der therapeutischen Beziehung. Als sehr fruchtbar haben sich die therapeutischen Konzepte von Winnicott und Bion (Halten, *Containment*) erwiesen. Wichtig ist es, zumindest anfangs verstehend und konstruktiv zu deuten. In der Anfangsphase, in der sich eine große Nähe einstellen kann – manche Patienten beginnen gleichsam noch einmal von vorne – ist es nicht angebracht, diese **Übertragung** anzusprechen; das wird erst wieder im psychischen „Gegenüber" sinnvoll. Das **Wiedererleben** der **Traumen** sollte sich nach den Kräften der Patienten richten. Jeder erneute Einbruch – ein solcher ist manchmal nicht zu vermeiden – bedeutet eine Retraumatisierung, die den Patienten in Beschämung, den Therapeuten in Selbstzweifel und Schuldgefühle stürzen. Diese Schwierigkeit darf aber nicht zur Vermeidung führen.

Jede **Störung** der **Beziehung**, jedes Mißtrauen muß sofort angesprochen werden. Es ist meines Erachtens aber geradezu ein Kunstfehler, den Verfolger absichtlich in die Übertragung zu zerren. Man kann damit alles Erreichte zunichte machen und im Extremfall eine psychotische Dekompensation bewirken. Man erwarte auch nicht zu früh reife Ambivalenz gegenüber dem Therapeuten. Eine gewisse Idealisierung oder leichte Spaltungstendenz hat anfangs die Funktion, das Gute zu schützen. Ein sorgfältiges Durcharbeiten ist jedoch nötig bezüglich des **bösen Introjekts** und der **Aggressionsproblematik** des Patienten, um eine mögliche Fixierung an die Opferrolle zu verhindern. Doch erwarte man auch hier nicht gleich reife Aggressivität. Das böse Introjekt zeigt sich oft gleichsam unge-hobelt, in bestürzender archaischer Gestalt, und es kommt alles darauf an, daß die therapeutische Beziehung diese Äußerungen trägt.

Langzeittherapie

Ohne ausreichende Deutschkenntnisse und ohne eine gewisse Anpassung an hiesige Gepflogenheiten, zum Beispiel Termine einzuhalten, würde ich eine Langzeittherapie nicht auf mich nehmen. Hier werden nach und nach sichtbar:
- das Trauma und die Folgen
- die Familiengeschichte und persönliche Neurose des Patienten
- die kulturelle Prägung

Irritiert vermeinen Patient und Therapeut zu gewissen Zeiten, in dem jeweiligen Gebiet die eigentlichen Ursachen der Erkrankung zu erblicken. Erst nach und nach enthüllt sich das erstaunliche und schicksalhafte Beziehungsgeflecht zwischen diesen Einflußfaktoren. Jeder Faktor bildet eigentlich ein Spezialgebiet. In der Regel sind wir für die Bearbeitung der Neurose am besten gerüstet, müssen aber immer bedenken, daß in anderen Kulturen, explizit und implizit andere Wertvorstellungen und Erziehungsziele angestrebt werden. Für die transkulturelle Dimension sind wir meist am schlechtesten gerüstet. Wie lange wollen, nein, können wir noch in unserer therapeutischen Provinz, auf unserer therapeutischen Höheren-Töchter-Schule verweilen?

Heilungsprognose

Eine Heilung im Sinne von Wiederherstellung des vortraumatischen Zustandes gibt es meines Erachtens bei einem schweren Trauma nicht; eine solche Hoffnung entspringt unserem Wunschdenken oder der Abwehr unserer eigenen Vernichtungsangst. Die Erfahrung des vernichtenden Angriffs und die Prägung dadurch ist unauslöschlich. Wohl aber gibt es Wiederherstellung, bildlich den Wiederaufbau einer zerstörten Stadt; es gibt die Genesung, die Hoffnung, „daß der Baum wieder ausschlägt", wie ein Patient es ausdrückte.

Die gleichsam normal-pathologische **Verarbeitung** einer **narzißtischen Verletzung** durch Flucht, Verdrängung oder Kompensation hat immer ihren Preis; sie geht einher mit seelischen Verlusten und Selbstzweifeln sowie Störungen der menschlichen Beziehungen, es drohen Erschöpfung oder Erkrankung. Hingegen kann gerade die Annahme der Verletzung den Zugang zu den ursprünglichen Kraftquellen und der Basis der Authentizität ermöglichen. Heilung kann daraus erwachsen, Mangel und Leid zu sich zu nehmen, sich darum zu kümmern. Dies gilt auch für die Heilung einer Gesellschaft. Wir müssen in Hinblick auf unsere eigene Gesundheit aber auch das rechte Maß und die rechte Zeit dafür herausfinden.

Krankheit und Gesundheit der Gesellschaft

Ich sage meinen Patienten oft, daß ich ihre Reaktion im Hinblick auf die wahnwitzige Situation, in der sie sich befunden haben, für völlig angemessen halte, hingegen die sie umgebende Gesellschaft schwer krank finde. Es hat sich für mich mit der Zeit ein Muster von kollektivem Wahn abgezeichnet, der die Bedingung von Verfolgung und Folter zu sein scheint. Bei wachsender sozialer Angst und Kränkung, zum Beispiel durch Bedrohung der ökonomischen Lage oder des kulturellen Identitätsgefühls, scheinen in einer **Gesellschaft Spaltungs-** und **Projektionstendenzen** unter Entbindung enormer Destruktivität zunehmend um sich zu greifen. Die Spaltung, oft schon angelegt in der Gesellschaft selbst oder durch Kolonial- und Blockmächte und angefacht von machtgierigen Politikern und Militärs oder von ausländischen Interessen, polarisiert die Gesellschaft und erzeugt in ihr die wahnhafte Vorstellung, alle Probleme könnten durch die Vernichtung des jeweiligen Gegners gelöst werden. Diese Spaltung, so berichten Betroffene, sei bis in die Familien gedrungen; sie hätten das geistige Klima geradezu irre gefunden. Mir scheint, hier wäre sozialpsychologische Forschung notwendig, um Bedingungen und erste Anzeichen solch kollektiver Wahnbildung erkennen und aufzeigen zu können.

Literatur

ai. Bericht über die Folter. Frankfurt/M: Fischer TB 1981.

ai. Wer der Folter erlag. Frankfurt/M: Fischer TB 1985.

Bar-On D. Children as unintentional transmitters of undiscussable traumatic life events. Vortrag auf dem Kongreß „Children, war and persecution". Hamburg, September 1993. Auf Deutsch veröffentlicht: Bar-On D. Furcht und Hoffnung. Stuttgart: Europäische Verlagsanstalt 1997.

Becker D. Ohne Haß keine Versöhnung. Freiburg: Kore 1992.

Benyakar M, Kutz I. The collapse of structure. A structural approach to trauma. Unveröffentlicher Aufsatz. Workshop Traumatization and retraumatization in the Israeli context. Jerusalem: Van Leer Jerusalem Institute 1987.

Bettelheim B. Die Geburt des Selbst. München: Kindler 1977.

Bettelheim B. Individuum und Massenverhalten in Extremsituationen. In: Erziehung zum Überleben. Bettelheim B (Hrsg). München: Kindler 1982.

Bion WR. Attention and interpretation. London: Tavistock 1970.

Deneke F-W. Das Selbst-System. Psyche 1989; 43: 577–608.

Deneke F-W. Psychische Struktur und Gehirn. 2. Aufl. Stuttgart: Schattauer 2001.

Deneke F-W, Hilgenstock B. Organisationsformen und Regulationsweisen des Selbst-Systems. Z Psychosom Med Psychoanal 1988; 34: 178–95.

Deneke F-W, Müller R. Eine Untersuchung zur Dimensionalität und metrischen Erfassung des narzißtischen Persönlichkeitssystems. Psychother Psychosom Med Psychol 1985; 35: 329–41.

Farber IE, Harlow HF, West LJ. Brainwashing, conditioning and DDD. Sociometry 1957; 20: 271–85.

Grubrich-Simitis I. Vom Konkretismus zur Metaphorik. Psyche 1984; 38: 1–28.

Hamilton V. The mantle of safety. Winnicott Studies 1989; 4: 70–95.

Keilson H. Sequentielle Traumatisierung bei Kindern. Stuttgart: Enke 1979.

Keller G. Die Psychologie der Folter. Frankfurt/M: Fischer TB 1981.

Khan MMR. Das kumulative Trauma. In: Selbsterfahrung in der Therapie. Khan MMR (Hrsg). München: Kindler 1977.

Kogan I. Listening to the sound of mute children. Vortrag gehalten auf dem Kongreß „Children, War and Persecution", Hamburg, September 1993. In: The cry of mute children. Kogan I (Hrsg). New York: University Press 1996a (ohne Seitenzahlen).

Kogan I. Die Konstruktion des Selbst in der Psychoanalyse der Nachkommen von Holocaust-Überlebenden. Vortrag gehalten auf dem Kongreß „Reparation des psychischen Loch", Hamburg, Juni 1994. In: The cry of mute children. Kogan I (Hrsg). New York: University Press 1996b (ohne Seitenzahlen).

Laplanche J, Pontalis JB. Das Vokabular der Psychoanalyse. Bd 2. 12. Aufl. Frankfurt/M: Suhrkamp 1994.

Selye H. Geschichte und Grundzüge des Streßkonzepts. In: Streß – Theorien, Untersuchungen, Maßnahmen. Nitsch JR (Hrsg). Bern: Huber 1981; 163–87.

Winnicott DW. Birth memories, birth trauma and anxiety. 1949. In: Collected papers, through paediatrics to psycho-analysis. London: Tavistock 1958.

Winnicott DW. Reifungsprozeß und fördernde Umwelt. München: Kindler 1974a.

Winnicott DW. Fear of breakdown. Intern Rev Psychoanal 1974b; 1: 103–7.

6.3.6
Psychotherapeutischer Umgang mit Suizidgefährdeten
Paul Götze

Suizidalität

Begriffsbestimmung

Suizidalität umfaßt alle unbewußten und bewußten Denk-, Erlebens- und Verhaltensweisen, die das eigene Leben selbst gefährden oder töten können. Dazu gehören die Begriffe:

- **Suizid:** Selbsttötung
- **Suizidversuch, enggefaßt:** ein mißlungener Suizid, das heißt eine aktive Handlung (oder auch passive Unterlassung) im Sinne einer intendierten Selbsttötung ohne tödlichen Ausgang
- **Suizidversuch, weitgefaßt:** sogenannte parasuizidale Handlung = Parasuizid, das heißt eine selbstschädigende Handlung ohne Tötungsabsicht, die aber – bewußt oder unbewußt intendiert – meist von der Umwelt als suizidale Handlung verstanden wird, wodurch der interaktionelle, häufig appellative Charakter deutlich im Vordergrund steht
- **Suizidale Geste:** nicht selbstschädigende, ausschließlich interaktionell ausgerichtete Handlung, die bewußt oder unbewußt die Umwelt auf Suizidgedanken/-ideen und -phantasien aufmerksam machen soll
- **Suizidgedanken/-ideen/-phantasien:** entsprechen eher passiv sich aufdrängenden Vorstellungen über suizidale Handlungs- und Erlebensweisen
- **Todeswunsch:** Wunsch zu sterben, einerseits überwiegend ohne suizidale Gedanken oder Absichten, andererseits geht bewußten suizidalen Handlungen immer auch der Wunsch zu sterben voraus

Die Entscheidung, ob es sich um einen Suizidversuch im Sinne eines mißlungenen Suizids oder um einen Suizidversuch im Sinne eines Parasuizids handelt, kann im Einzelfall schwierig sein und sollte vom Untersucher nur unter Einbeziehung der bewußten/unbewußten Intention des Untersuchten getroffen werden. Denn eine Beurteilung ausschließlich aus der Sicht des Untersuchers unter Zugrundelegung zum Beispiel der gewählten Suizidmethode, des Settings (d. h. des Wann, Wie und Wo), der von außen erkennbaren Anlässe und Motive und anderem mehr entspricht meist mehr einer subjektiven Vorurteilsbildung als der individuellen äußeren und inneren Erlebnisrealität des Betroffenen.

Suizidalität: Verpflichtung zum therapeutischen Handeln?

Während suizidales Denken, Erleben und Handeln als ein allgemein menschliches Phänomen allgegenwärtig und zeitlos erscheint, ist die Beurteilung der Suizidalität und damit sowohl die gesellschaftliche als auch die individuelle Haltung zu einem suizidalen Mitmenschen immer wieder einem epochalem Wandel unterworfen. Sie steht in Abhängigkeit vom jeweils vorherrschenden Zeitgeist im psycho-soziokulturellem Umfeld. Die **Beurteilung** der **Suizidalität** berührt ethische, philosophische, soziologische, theologische, kulturhistorische, psychologische und medizinische Grundfragen, die – sehr vereinfacht – auf drei wertorientierte Positionen zurückgeführt werden können:

- Der Suizid ist ohne Ausnahme zu verurteilen.
- Der Suizid ist abzulehnen, in Ausnahmefällen aber durchaus zu rechtfertigen.
- Der Suizid steht in der freien Entscheidung des Menschen.

Entsprechend wird von Selbstmord, Suizid, Selbsttötung oder von Freitod gesprochen. In der therapeutisch orientierten Suizidologie wird wegen seines wertneutralen Verständnisses der Begriff Selbsttötung und im internationalem Sprachgebrauch der Begriff Suizid verwendet.

Definition

In weitgehender Übereinstimmung sprechen wir heute bei **Suizidalität** von einer Denk-, Erlebens- und Verhaltensweise, die ein bestimmtes psychisches Leiden ausdrückt, eine Bewältigung vom Betroffenen selbst aber nicht möglich erscheinen läßt und überwiegend bewußt oder unbewußt auf Fremdhilfe ausgerichtet ist. Nur in diesem Sinne besitzt Suizidalität als **Befindlichkeit** Krankheitswert, ohne jedoch den Kriterien einer Krankheitsentität zu entsprechen.

In diesem Rahmen ist therapeutisches Handeln verpflichtend.

Epidemiologie

Allgemein wird unter dem Begriff Suizidversuch sowohl die eng- als auch die weitgefaßte Formulierung subsumiert. So wundert es nicht, daß die veröffentlichten Zahlen zum Suizidversuch national und international nur eine Orientierungshilfe zum besseren Erkennen der Größenordnung der dahinterstehenden psychischen Probleme abgeben können, zumal Suizidversuche aus datenschutzrechtlichen Gründen in einigen Ländern und so auch in der Bundesrepublik Deutschland nicht mehr offiziell erfaßt werden dürfen. So bleibt es in bezug auf die Zahl der sogenannten Suizidversuche bei Schätzungen.

1999 wurden in der Bundesrepublik Deutschland (West und Ost) insgesamt 11 157 Suizide amtlich erfaßt, was einer Suizidrate von 13,6 (Anzahl der Suizide auf 100 000 Einwohnern) entspricht. Es gibt (und gab es immer schon) einen deutlichen Unterschied zwischen Männern und Frauen bei den Suiziden und Suizidversuchen. Während die Suizidrate bei den Männern 1999 bei 20,2 und bei den Frauen bei 7,3 lag (2,8:1), kehrt sich bei den Suizidversuchen das Verhältnis zwischen Männern und Frauen um (ca. 1:3).

Die Suizidrate steigt bei beiden Geschlechtern mit zunehmendem Lebensalter gleichsinnig an, bei Männern ab 70 Jahren verläuft die Kurve im Vergleich zu den Frauen bedeutend steiler nach oben mit einer Suizidrate von annähernd 100 auf 100 000 Einwohner in der Altersgruppe ab 90 Jahren.

Bei Kindern und Jugendlichen liegt das Verhältnis von Suizid zu Suizidversuch bei 1:30 bis 150, bei 80jährigen Männern bei 1:1, bei 90jährigen Männern bei 2:1. Über alle Altersgruppen und über die Geschlechter hinweg sprechen wir orientierend von einem Verhältnis Suizid zu Suizidversuch von 1:10.

Voraussetzungen zum Verständnis der Suizidalität und zur Einschätzung der Suizidgefahr

Die Abschätzung des Suizidrisikos ist immer schwierig. Allgemeingültige Risikolisten haben sich ebensowenig bewährt wie das Vertrauen auf die Antworten der Patienten auf gezieltes Befragen hin.

Suizidalität ist – wie schon erwähnt – keine Entität, auch kein Symptom (eher symptombildend), sondern eine besondere seelische Befindlichkeit, die als solche durchaus einem raschen Wandel der Beeinflussung durch viele Faktoren auf verschiedenen Ebenen unterliegt und so durchaus rezidivierend oder persistierend auftreten kann. Nur so wird auch verständlich, daß der Begriff Suizidalität mit Adjektiven (akut, latent, chronisch) versehen wird, die auf somatische Krankheiten bezogen eine eindeutige Aussage machen können, auf die Suizidalität bezogen hingegen für eine begriffliche Unschärfe sorgen, die im therapeutischen Alltag häufig zu Mißverständnissen führen kann.

Das Verständnis der Suizidalität und die Einschätzung der Suizidgefahr erfordern im Einzelfall viel Erfahrung und Wissen. Vorauszusetzen sind die **theoretischen Kenntnisse**:

- der Risikogruppen
- der suizidalen Entwicklungsstadien
- des präsuizidalen Syndroms
- der Aggressionstheorien
- der Narzißmustheorien

- der Interaktionsmodi unter Berücksichtigung von Übertragungs- und Gegenübertragungsphänomenen in der diagnostischen und therapeutischen Situation

Im Hier und Jetzt sind **Kenntnisse** nötig:
- des aktuellen psychischen Befundes (mit offener oder abgewehrter depressiver Befindlichkeit als Leitsymptomatik)
- der zugrundeliegenden psychischen Störung oder Krankheit
- der kurz zurückliegenden Lebensereignisse und Lebensprobleme im Sinne unbewältigter Krisen
- der Wahrnehmung der szenischen Übertragungs- und Gegenübertragungsphänomene

Risikogruppen

Suizidalität korreliert sehr häufig mit einer neurotischen Grunderkrankung, Persönlichkeitsstörung, Suchterkrankung oder mit einer Psychose. Sie ist aber auch häufig die Reaktion auf ein individuell besonders belastendes, subjektiv nicht kompensierbares Erlebnis, ohne daß relevante Erkrankungen erkennbar sind.

Zu den **Risikogruppen im engeren Sinne** zählen wir:
- Depressive aller Art
- Schizophrene
- Borderline-Persönlichkeitsgestörte
- Süchtige (Alkohol-, Medikamenten- und Drogenabhängige)
- Alte und Vereinsamte
- Personen, die in der Anamnese einen Suizidversuch aufweisen
- Personen, die einen Suizidversuch ankündigen

Erklärungskonzepte der Suizidalität

Suizidale Entwicklungsstadien

Jeder Suizidhandlung geht eine suizidale Entwicklung im Erleben und Verhalten voraus. Pöldinger (1968) spricht von drei Stadien. Das dritte Stadium sollte jedoch stärker differenziert werden, um die psychodynamisch besonders wichtige präsuizidale Situation herauszustreichen, welche als „präsuizidale Pause" bezeichnet wird (Götze 1988).

▶ **Stadium 1:** Der Suizid wird als Mittel zur Lösung von Lebensproblemen erwogen (Krisenbewältigung)

Dieses („stille") Stadium ist sehr häufig, wird der Umwelt meist nicht vermittelt und von dieser auch nicht wahrgenommen.

▶ **Stadium 2:** Ambivalenz zwischen lebenserhaltenden und lebensvernichtenden Kräften

Dieses („laute") Stadium teilt sich der Umwelt direkt oder indirekt mit. Es kommt zu Suizidsignalen, zu Suizid-„drohungen" und zu suizidalen Gesten, die als Appell zu verstehen

sind. In entsprechenden Untersuchungen konnten in 80 % der Suizide derartige Hinweise retrospektiv nachgewiesen werden. Daß sie prospektiv von der Umwelt nicht wahrgenommen oder zugeordnet werden konnten, lag – wie wir heute wissen – offensichtlich in Gegenübertragungsproblemen begründet.

▶ **Stadium 3:** Entschluß zum Suizid
Die lebhafte Ambivalenz ist abgeschlossen. Es kommt zu einer Phase der „Ruhe".

▶ **Stadium 4:** „Präsuizidale Pause"
Die getroffene Entscheidung ermöglicht vorübergehend klares Denken, Empfinden und Handeln sowie einen Wiedergewinn von psychophysischer „Kraft", die zur Durchführung der suizidalen Handlung auch erforderlich ist. Nicht selten hat es den Anschein, als wenn es in den Beziehungen zu intensiveren Kontakten kommt, manchmal geradezu mit Euphorie und zukunftsorientierten Äußerungen verbunden, die von der Umwelt fehlgedeutet und auch fehlverstanden werden sollen. In diesem Sinne hat die präsuizidale Pause auch die Bedeutung eines unbewußten Ablenkungsmanövers, das sich sowohl auf die Umwelt als auch auf den Suizidalen selbst bezieht. Die präsuizidale Pause schafft so erst die Voraussetzungen für ein zielstrebiges suizidales Handeln. Es liegt an diesem Stadium, daß manchmal rückblickend der Eindruck eines kühl bilanzierten Suizids entsteht.

▶ **Stadium 5:** Durchführung des Suizids
Die ausgeführten Entwicklungsstadien sind idealtypisch. Die zeitliche Dauer der Stadien kann sehr unterschiedlich sein, auch die Abfolge ist nicht zwingend, in jedem Stadium kann – verursacht durch äußere oder innere Faktoren – eine Umkehr oder auch ein Überspringen eines Stadiums erfolgen.

Präsuizidales Syndrom

> **Definition**
>
> Das **präsuizidale Syndrom** gibt auf pychopathologischer Ebene phänomenologisch-deskriptiv psychodynamisch erklärbare intrapsychische Abläufe wieder (Abwehrvorgänge im Sinne von Bewältigungsversuchen).

Die syndromale Trias des präsuizidalen Syndroms (Ringel 1953; 1969) geht jeder Suizidhandlung voraus. Das Syndrom ist jedoch nicht spezifisch in dem Sinne, daß es eine Suizidhandlung zwingend voraussagt, sondern daß es auf eine Suizidgefahr hinweisen kann. Der Wert dieses Syndroms liegt also nicht nur in seiner diagnostischen, sondern in erster Linie in seiner prognostischen Aussage, die erst gezielte und damit auch effektive therapeutische Interaktionen möglich macht.

Zum **präsuizidalen Syndrom** gehören:
- zunehmende Einengung
- gehemmte und gegen die eigene Person gerichtete Aggressionen
- Suizidphantasien

▶ Einengung

Unter Einengung versteht Ringel eine situative Einengung, eine dynamische, das heißt vorwiegend affektive Einengung, eine Einengung der Werte (u. a. Selbstwert) und letztlich eine Einengung der zwischenmenschlichen Beziehungen. Das Symptom der Einengung entsteht vor allem bei dem Versuch, Kränkungen, Enttäuschungen und Mißerfolgen, die von nahestehenden Personen ausgehen oder beeinflußt werden, durch die Abwehrmechanismen Vermeidung und Regression zu begegnen. Es besteht also die „Flucht" in einengende, regressive, das heißt frühkindliche Erlebens- und Verhaltensweisen mit stark geschwächtem Selbstwertgefühl („Rückzug").

▶ Gehemmte und gegen die eigene Person gerichtete Aggressionen

Mit gehemmter und gegen die eigene Person gerichteter Aggression ist gemeint, daß durch die einengenden Erlebnis- und Verhaltensweisen (aufgrund von Mißerfolgen, Kränkungen und Enttäuschungen) die aufkommenden aggressiven Impulse vom strengen rigiden Über-Ich („Gewissen") „in Schach gehalten" werden. Schuldgefühle führen zur unbewußten Aggressionsumkehr.

▶ Suizidphantasien

Unter Suizidphantasien werden meist sich eher passiv aufdrängende Selbsttötungsphantasien verstanden, die die unerträgliche intrapsychische Spannung affektiv und handlungsorientiert entlasten.

Ringels teils psychopathologisch-deskriptiv, teils psychodynamisch orientierter Erklärungsversuch der Suizidalität bildet auch heute noch die diagnostische Grundlage der Suizidalität.

Die psychoanalytische Aggressionstheorie der Suizidalität

Freuds vorwiegend triebdynamisch orientierte Aggressionstheorie der Suizidalität im Rahmen des Depressionsmodells (Freud 1916) sieht im **Suizid** die **letzte Konsequenz depressiven Reagierens.**

Die Ausgangssituation für eine Depression – und hier unter dem besonderen Aspekt der Suizidalität – ist stets der Verlust eines realen oder phantasierten, emotional als unverzichtbar erlebten Objektes. Dieses geliebte Objekt ist meist die psychische Vorstellung von einer nahestehenden Person (im Sinne der sogenannten Objektrepräsentanz).

Die Reaktion auf den **Verlust** einer **geliebten Person**, zum Beispiel durch einseitige Trennung des Partners – durch Entfremdung, Krankheit oder Tod erlitten – ist besonders dadurch heftig, daß die vorausgegangene Wahl des geliebten Objektes auf frühkindlicher Ebene in der symbiotischen Phase immer narzißtisch ist, wodurch insbesondere eine geringe Resistenz der Objektbeziehung anzunehmen ist. Das heißt, die aktuell nahestehende Person ist immer auch ein Abbild der frühkindlich erlebten Bezugsperson und damit unbewußt stark emotional besetzt.

Auf die Erfahrung des Objektverlustes reagiert der Betroffene mit heftiger Enttäuschung und Kränkung und mit einem intensiven Haßgefühl („Warum hast du mich verlassen??!!").

Heftige Schuldgefühle aus dem Über-Ich erlauben es jedoch nicht, die aggressiven Impulse nach außen auf das Objekt zu richten.

Der Patient trifft in dieser Situation nach dem Verlust des Objektes keine neue Objektwahl, sondern es erfolgt durch Regression eine Rückkehr der libidinösen Objektbesetzung ins Ich durch eine primär-narzißtische Identifizierung des Ichs mit dem verlorenen Objekt im Sinne der **Introjektion**. Damit ist das Objekt als Introjekt mit dem Subjekt im Sinne eines Ersatzes der eigentlichen Objektbeziehung untrennbar verbunden.

Der Ambivalenzkonflikt – die Liebe und der Haß zum Objekt – kann sich nunmehr voll ausbreiten.

Da sich nach Freud die Suizidalität des Depressiven ausschließlich durch den Haß auf das Objekt erklärt, wendet sich der Haß nunmehr ganz gefahrlos – das heißt unter Vermeidung eines Konfliktes mit dem Über-Ich – dem introjizierten Objekt zu; dies erscheint von außen als Wendung der Aggression gegen die eigene Person.

In Freuds Sinne kommt hier durch Tötung des Objektes (d. h. der Objektrepräsentanz) das Subjekt durch sich selbst zu Tode, was die eigentliche Absicht ja nicht ist. Etwas überspitzt und verkürzt kann formuliert werden:

> Der Suizid ist der psychische Mord einer Objektrepräsentanz im Subjekt durch Selbsttötung (Götze 1993).

Die psychoanalytische Narzißmustheorie der Suizidalität

Die Aggressionstheorie Freuds reicht heute nicht aus, um das Spektrum der suizidalen Befindlichkeiten und Handlungen befriedigend erklären zu können. Erst durch die Berücksichtigung auch der psychoanalytischen Narzißmustheorien (Henseler 1974; 1982) und nicht zuletzt auch der Ich- und Objektbeziehungstheorien in Ergänzung zu den Aggressionstheorien kann suizidales Erleben und Handeln psychoanalytisch hinreichend erklärt werden:

Die Unsicherheit dem eigenen Selbst gegenüber stellt eine Störung des ganzen psychischen Systems einschließlich der Objektbeziehungen dar. So besteht nicht nur eine unrealistische Einschätzung der eigenen Person gegenüber mit einem ständigen Schwanken zwischen unterschiedlich ausgeprägten Omnipotenzphantasien einerseits und Minderwertigkeitsgefühlen andererseits, sondern entsprechend auch eine unrealistische Einschätzung der Objekte, das heißt der zwischenmenschlichen Beziehung im Sinne von Idealisierung einerseits und Entwertung andererseits (**„narzißtische Ich-Schwäche"**).

Je narzißtischer der Mensch ist, desto deutlicher wird ein anderer Mensch narzißtisch besetzt. Das **narzißtische Objekt** wird also nicht um seiner selbst willen oder im Sinne der Ergänzung geliebt, sondern ausschließlich, um das narzißtische Selbst zu stützen und zu befriedigen. Das heißt: Der geliebte Mensch wird als ein Teil des eigenen Selbst erlebt und nicht unabhängig vom eigenen Selbst und diesem gleichgestellt wahrgenommen, wie es sonst in reifen Partnerbeziehungen zu beobachten ist.

Ein **Versagen** des **geliebten Menschen** bedeutet eine erhebliche Schwächung des eigenen Selbstwerterlebens. Der so symbiotisch geliebte Mensch (im Sinne der Objektrepräsentanz) wird damit zu einer potentiellen Kränkung und Bedrohung im Selbsterleben (im Sinne der Selbstrepräsentanz).

Sind **Kränkung** und **Bedrohung des Selbst** schließlich so schwer, daß sie durch Verleugnung und Selbstidealisierung nicht mehr abgewehrt werden können, dann kommt es zu einer tiefen **Regression**, das heißt zu einem Kompensationsversuch durch das Agieren einer Phantasie von der Aufgabe der Individualität zugunsten einer Verschmelzung mit dem narzißtisch phantasierten Wunschobjekt in einem harmonischen symbiotischen Primärzustand. Dieser Schritt stellt die letzte Möglichkeit dar, das geliebte Objekt vor der Verfolgung des eigenen Hasses durch Wendung der Aggression gegen die eigene Person zu retten.

Die phantasierte Wunscherfüllung eines harmonischen symbiotischen Primärzustandes und die autodestruktiven Erlebens- und Verhaltensweisen können – wie Liebe und Haß – in hoch ambivalenter Weise heftig oszillieren.

Suizidhandlungen sind also im Rahmen dieses Selbst-Konzeptes fast immer Reaktionen partiell selbstunsicherer Menschen auf Enttäuschungen und Kränkungen in wesentlichen zwischenmenschlichen Beziehungen, die auch durch die Abwehrmechanismen wie Verleugnung und Selbst-Idealisierung nicht mehr zu kompensieren sind. Der Rückzug, das heißt die Regression auf einen phantasierten harmonischen Primärzustand, bedeutet, der totalen Verlassenheit, Schwächung und Hilflosigkeit aktiv zuvorzukommen, um so das Selbstwertgefühl zu bewahren.

Aus der Verknüpfung der verschiedenen Vorstellungen über die Psychodynamik der Suizidalität geht hervor, daß es in archaisch anmutender Weise sowohl um die **Zerstörung** des **verloren geglaubten geliebten Objektes** als auch um die **Rettung** einer **Objektbeziehung** geht. In beiden Reaktionsweisen des hoch ambivalenten Konfliktes geht es aber zugleich auch immer um die **Rettung** des **Selbstwertgefühls**.

In den letzten Jahren hat Kind (1992; 1998) einen auch klinisch zunehmend relevanten objektbeziehungstheoretischen Ansatz entwickelt: Ausgehend von der Annahme, daß Suizidalität immer in bezug auf ein jeweils spezifisches Erleben in Objektbeziehungen steht, beschrieb er verschiedene psychodynamische Typen von Suizidalität und ordnete diese den Übergängen zwischen den Entwicklungsstufen der Integration und der Differenzierung von Selbst und den Objekten zu: Suizidalität vom fusionären und antifusionären Typ, Suizidalität im Rahmen von Versuchen der Objektsicherung und -änderung, der Deponierung unerträglicher Selbst- und Objektanteile in eine andere Person, resignative objektabgewandte und integrationsnahe Suizidalität der depressiven Position.

Psychotherapeutische Aspekte

Wie schon ausgeführt, ist Suizidalität keine Krankheit per se, kann aber krankheitswertig sein oder im Rahmen von zugrundeliegenden Belastungen oder Krankheiten auftreten. Suizidalität vermittelt, ohne Zeitverzug diagnostisch und therapeutisch zu handeln. Suizidalität wird daher überwiegend als suizidale Krise verstanden, wenngleich seit langem bekannt ist, daß die suizidale Krise nur die „Spitze des Eisberges" ist.

In der **Diagnostik** und **Behandlung** Suizidgefährdeter sind die nachfolgend ausgeführten allgemeinen **Voraussetzungen** der Psychotherapie, die Voraussetzungen der Suizidgefährdeten und die der Therapeuten sowie die Interaktionstypologie der Patienten und die Patient-Therapeut-Interaktionsmodi unter Berücksichtigung von Übertragungs- und Gegenübertragungsphänomenen die wichtigsten Besonderheiten. Der Kern der jeweils gewählten Psychotherapieform unterscheidet sich hingegen nicht wesentlich von den Psychotherapien nicht suizidgefährdeter Patienten, wenn man von einigen therapietechnischen Problemen absieht (z. B. dem Umgang mit dem Agieren des Suizidalen, das sich deutlich vom sogenannten suizidalen Agieren z. B. Neurosekranker unterscheidet).

Das bisher Gesagte kann aber nur hilfreich sein, wenn der Therapeut nicht nur über Psychotherapieerfahrungen verfügt, sondern auch über Kenntnisse der bereits ausgeführten Aggressions- und Narzißmustheorien.

Die **Umsetzung** der psychoanalytisch orientierten **Theorien in therapeutisches Handeln** unter Berücksichtigung der Ausführungen zu den Voraussetzungen einer Psychotherapie mit Suizidalen ist schwierig. Es haben nicht zuletzt aus diesen Gründen mehrheitlich psychosozial orientierte Kriseninterventionskonzepte Verbreitung gefunden, auch in den Kliniken. Es hat sich aber in katamnestischen Untersuchungen gezeigt, daß stets ein anfangs unbewußtes, aber virulentes suizidales Restpotential mit der Gefahr der jederzeitigen Reaktivierung bei erneuter Belastung bestehen bleibt, was sich nicht zuletzt auch in der relativ hohen Rezidivquote der Suizidversuche von 10 bis 30 % im ersten Jahr nach dem Indexsuizidversuch und erfolgter Krisenintervention ausdrückt.

Allgemeine Voraussetzungen

Allgemeine **Voraussetzungen** für die Therapie Suizidgefährdeter sind:

- eindeutige Indikationsstellung
- flexible therapeutische Angebote
- eindeutiges Behandlungsangebot im Einzelfall
- sofortiger Behandlungsbeginn mit Terminabsprache
- wenn erforderlich: rechtzeitige und unmittelbare Kooperation zwischen ambulanter und stationärer Einrichtung
- Vermeidung eines Therapeutenwechsels nach dem Erstgespräch
- Qualifikation des Therapeuten (persönliche Eignung, fachliche Kompetenz, d. h. psychotherapeutische Orientierung

mit Berücksichtigung psychiatrischer, psychologischer und psychosozialer Aspekte)
- die Möglichkeit zur wissenschaftlichen Begleitforschung zumindest in der Institution (Evaluation u. a.)

Therapeuten sind es normalerweise gewohnt, daß Patienten mit ihren Beschwerden zu ihnen kommen. Bei Suizidalen ist es jedoch problematischer. Hier entsteht häufig auf der bewußten Ebene eine paradoxe Situation im Sinne einer **polarisierten Motivation** beim „Patienten" und beim „Therapeuten":

> Der Suizidale will nicht mehr leben, der Therapeut hingegen will, daß der Suizidale am Leben bleibt.

Schwieriger kann eine „Patient-Therapeut-Beziehung" nicht sein, wenn nicht davon auszugehen wäre, daß nach der Empirie mehr als 90 % der Suizidalen – wenn nicht bewußt, dann doch unbewußt – vermitteln, Hilfe erhalten zu wollen. Andererseits kann der Therapeut „professionell" zwar Hilfe anbieten, aber aufgrund seiner inneren Haltung und/oder Gegenübertragungsgefühle unbewußt sich verweigern.

Neben dem bereits Ausgeführtem ist es in der diagnostischen Phase noch vor Aufnahme einer Therapie – weil therapieimmanent – sehr wichtig, die Therapievoraussetzungen sowohl beim Suizidgefährdeten als auch beim Therapeuten zu kennen (s. u.).

Psychotherapievoraussetzungen beim Suizidgefährdeten

Suizidgefährdete suchen, wenn die Suizidalität im Vordergrund steht, überwiegend von sich aus nach Hilfe. Sie sprechen jedoch häufig nicht von ihrer Gefährdung, sondern vermitteln diese indirekt durch Andeutungen, Gesten oder auch durch funktionelle Körperbeschwerden. Dadurch fällt es dem in der Suizidologie weniger erfahrenen Therapeuten schwer, die Suizidgefährdung überhaupt beziehungsweise deren Ausmaß zu erkennen.

Nicht wenige der Patienten werden aus Besorgnis der Angehörigen/Freunde heraus „geschickt" oder „gebracht". Selten sind Zwangseinweisungen in die Klinik. Häufiger begegnet der Therapeut dem Suizidalen nach einem Suizidversuch in der Notaufnahme der Klinik. Es stellt sich dann die Frage nach einer stationären oder ambulanten Behandlung. Die Antwort ist vor allem abhängig von der Befindlichkeit und der eigenen Entscheidung des Patienten sowie von ambulanten Behandlungsmöglichkeiten. Liegt eine psychotische Erkrankung vor, besteht immer eine Indikation zur stationären Aufnahme.

Auch wenn davon auszugehen ist, daß die suizidgefährdeten Patienten überwiegend mit einer offen oder abgewehrten depressiven Verstimmung nach Hilfe suchen, kann das klinische Erscheinungsbild sehr trügerisch sein, findet aber Klärung in der Psychodynamik des suizidalen Erlebens und in der individuellen Abwehrhaltung des Patienten, die die Patient-Therapeut-Interaktion bestimmen.

Dazu ein Beispiel:

Die Reaktion des suizidalen Patienten auf den Therapeuten im Erstinterview im Hamburger Therapiezentrum für Suizidgefährdete (n = 151, konsekutiv erfaßt und von den Therapeuten selbst eingeschätzt) ergab folgendes Bild; es zeigten sich:
- 47 % aggressiv-entwertend
- 27 % indifferent-verleugnend und/oder den Therapeuten idealisierend
- 26 % regressiv-fordernd oder depressiv-symbiotisch

Die Patienten bieten dem Untersucher/Therapeuten häufig schon im Erstgespräch genau das in der Interaktion an, was ihre Beziehungsproblematik ausmacht und ihre Suizidalität gebahnt hat. Verhält sich der Therapeut wie der Konfliktpartner zum Beispiel vorwurfsvoll, moralisierend, ablehnend oder entwertend, dann fühlt sich der Patient in seiner suizidalen Befindlichkeit bestätigt und die lebensbejahende Seite seiner Ambivalenz erschöpft sich.

> Allgemein können wir bei suizidgefährdeten Patienten davon sprechen, daß aufgrund der meist präödipalen Störungen und der polarisierten Motivation in der Therapeut-Patient-Beziehung negative Übertragungs- und Gegenübertragungsgefühle häufiger und ausgeprägter als sonst in der psychoanalytisch orientierten Erstinterviewsituation vorkommen.

Schließlich ist noch hinsichtlich der Therapievoraussetzungen des Suizidalen wichtig zu wissen:
- Welche Vorstellungen hat der Patient selbst von der Verursachung seiner Suizidalität?
- Welche Therapiewünsche hat der Patient, und welche Möglichkeiten kann er wahrnehmen (z.B. zeitliche Vorstellungen, berufliche und familiäre Situation, Einbeziehung von Familienmitgliedern/Freunden/Konfliktpartnern in die Therapie u. a. m.)?

Psychotherapievoraussetzungen beim Therapeuten

Neben der bereits schon erwähnten fachlichen Kompetenz ist die **persönliche Qualifikation** sehr wichtig. Dazu gehören nicht nur eine ausreichende Selbsterfahrung während der Therapieausbildung, sondern auch ein „gewisses Maß" an Lebens- und vor allem an Beziehungserfahrung. Zum Problem Suizidalität muß der Therapeut eine auch persönliche Einstellung und Haltung besitzen, die sich durchaus im Laufe seines Lebens verändern kann. Nur dann wird er in der Lage sein, zu entscheiden, ob und wie er sich auf suizidale Patienten therapeutisch einlassen kann.

Wie schon ausgeführt entspricht die **Gegenübertragung** des Therapeuten dem Übertragungsangebot des Patienten. Zugleich aber bringt der Therapeut auch seine Persönlichkeitsstruktur, seine situative Befindlichkeit sowie eigene unbearbeitete neurotische Anteile in die Interaktion mit ein, so daß hier durchaus mehr oder weniger ausgeprägte Gegenübertragungsgefühle auftreten können. Kind (1987) hat hier vor allem auf Probleme des hysterisch, zwanghaft, depressiv, schizoid oder narzißtisch strukturierten Therapeuten in der Interaktion mit dem suizidalen Patienten hingewiesen und typische Gegenübertragungsprobleme aufgezeigt.

Der Therapeut kann sich in seinen eigenen Ängsten und Selbstwertproblemen bis hin zu latenten Todesgedanken herausgefordert fühlen – Tabachnick (1961) spricht hier von einer **Gegenübertragungskrise**. Kurz: Der Therapeut kann aufgrund von unbewußten Gegenübertragungsgefühlen zum Spiegelbild des Suizidalen werden.

Die dem Therapeuten unbewußten Gegenübertragungsgefühle müssen – weil unerträglich – abgewehrt werden. Die **Abwehr** des Therapeuten stellt jedoch das Haupthindernis in der Behandlung suizidaler Patienten dar. So ist die Begegnung mit dem suizidalen Patienten auch immer eine Herausforderung an das eigene Selbstverständnis und an die eigene Identität, die über die Identität als Therapeut weit hinausgeht.

Der Therapeut suizidgefährdeter Patienten muß sich schließlich auch **zeitlich** sehr **flexibel** – anders als gewöhnlich im psychotherapeutischen Setting – auf den Patienten einstellen und verhalten können.

Psychotherapieformen

Nur an wenigen Orten, an denen die personellen, finanziellen und institutionellen Voraussetzungen günstig waren, haben sich inzwischen psychotherapeutische, auf Suizidgefährdung spezialisierte Einrichtungen etabliert, die jedoch sehr selten auch langfristig über eine wissenschaftliche Begleitforschung einschließlich katamnestischer Untersuchungen verfügen.

Beispielhaft soll hier das Hamburger Therapie- und Forschungszentrum für Suizidgefährdung (TZS) mit seinen psychotherapeutischen Möglichkeiten erwähnt werden.

> Je nach Indikationsstellung stehen im therapeutischen Handeln definierte Therapieformen im Vordergrund. Dabei muß berücksichtigt werden, daß es sich bei der Behandlung der Suizidalität aus den oben genannten Gründen nicht um reine Therapieformen handeln kann, sondern daß sich durchaus bei ein- und demselben Patienten Übergänge situationsbedingt ergeben können. Dies gilt auch für die Krisenintervention. Nicht die „Reinheit der Methode", sondern die Zweckmäßigkeit in der aktuellen Situation ist entscheidend. Ein eklektizistisches Vorgehen ist jedoch nicht gemeint.

Abb. 6-20 verdeutlicht den komplexen differentiellen Therapie-Entscheidungsprozeß unter Einbeziehung stationärer Behandlungsmöglichkeiten, Vermittlung externer Hilfen, Psychopharmakotherapie, sozialer Betreuung und anderes mehr als begleitende Maßnahmen, nicht selten auch im Sinne eines integrativen Therapieansatzes.

Folgende **Psychotherapieformen** finden im TZS Anwendung:

- (analytisch orientierte) Krisenintervention
- supportive Psychotherapie
- problemzentrierte Kurzzeit-Psychotherapie
- analytisch orientierte Kurzzeit-Psychotherapie, insbesondere Fokaltherapie
- „open end"-analytische Psychotherapie

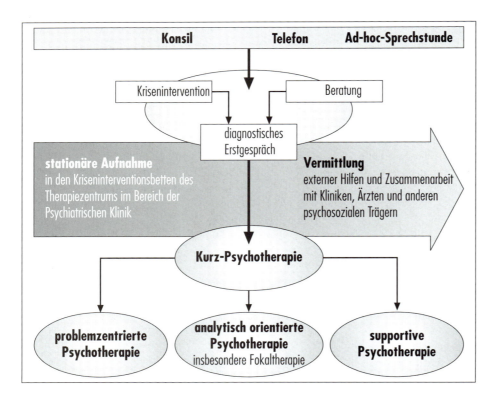

Abb. 6-20 Diagnostik- und Therapiekonzept des Hamburger Therapie- und Forschungszentrums für Suizidgefährdung.

Die hier aufgeführten Therapieformen sind im Kapitel 6.2.2 (S. 544 ff) zum Teil ausgeführt worden. Entsprechend erfolgen hier in bezug auf die Behandlung von Suizidgefährdeten nur Ergänzungen:

▶ Supportive Psychotherapie

Die supportive Psychotherapie ist auf dem Hintergrund der psychoanalytischen Theorien ein weitgehend deutungsfreies und nonkonfrontatives Verfahren, das bei Suizidalität immer erst nach einer Krisenintervention erfolgt.

Ziel ist es, nach der Krisenintervention eine bessere Anpassung an alltägliche Anforderungen und deren Bewältigung zu erreichen.

Der Therapeut fungiert als sogenanntes Hilfs-Ich stützend und abwehrstabilisierend. Er interveniert handlungsorientiert, sorgt durch eine protektive Atmosphäre aktiv für eine positive Übertragungssituation. Psychopharmaka sind nicht selten über einen längeren Zeitraum zusätzlich sinnvoll.

Die supportive Psychotherapie erhalten Patienten, die für eine analytisch orientierte Psychotherapie nicht geeignet erscheinen und die zur Suizidprävention nach der Krisenintervention bereits schon zu diesem Zeitpunkt erkennbar eine nachhaltige, quasi hausärztlich orientierte psychotherapeutische Unterstützung über eine längere Zeit benötigen.

▶ Problemzentrierte Kurzzeit-Psychotherapie

Der Unterschied zur analytisch orientierten Kurzzeit-Psychotherapie liegt vor allem darin, daß die unbewußten Anteile der Motivbildungen, die Übertragungen und Gegenübertragungen sowie die szenischen Wiederholungen in den therapeutischen Sitzungen zwar wahrgenommen, aber nicht oder nur selten aufgegriffen und bearbeitet werden.

Ganz im Vordergrund der problemzentrierten therapeutischen Arbeit steht die Klarifikation (des Problems) mit Konfrontation: Nur das, was der Patient wirklich sagt, wird aufgegriffen. Deutungen unbewußter Zusammenhänge werden eher selten abgegeben. Der sogenannte Kernkonflikt einer zugrundeliegenden neurotischen oder auch Persönlichkeitsstörung wird – wenn erfaßbar – nicht berührt.

Die Erfahrungen in den letzten Jahren haben gezeigt, daß wir zwar die supportive Psychotherapie eindeutig von den anderen Therapieformen abgrenzen können; die problemzentrierte von der analytisch orientierten Kurzzeit-Psychotherapie zu differenzieren hat sich jedoch als sehr schwierig und letztlich als wenig sinnvoll herausgestellt.

▶ Tiefenpsychologisch fundierte Psychotherapie

Die Kassenleistung beträgt 50 bis 100 Stunden mit in der Regel einer Stunde pro Woche. Patient und Therapeut sitzen sich gegenüber.

Der Therapieprozeß ist durch ein vorwiegend auf die Symptomatik und auf den aktuellen Konflikt zentriertes Vorgehen (durchaus mit Berührung auch des Kernkonfliktes) unter Vermeidung zu starker regressiver Prozesse gekennzeichnet.

Auf lebensgeschichtlich frühere (frühkindliche) unbewußte Konflikte wird nur partiell im Zusammenhang mit dem aktuellen neurotischen Konflikt eingegangen, um dessen unbewußte Dynamik ursächlich zu erhellen.

Entsprechend kommt die tiefenpsychologisch fundierte Psychotherapie als Verfahren dann in Betracht, wenn im Zusammenhang mit der Symptomatik ein aktueller neurotischer Konflikt in den Vorgesprächen herausgearbeitet werden kann und vom Therapeuten und Patienten auch als wesentlich eingeschätzt wird.

Im Vergleich zur Psychoanalyse und psychoanalytischen Psychotherapie verhält sich der Therapeut bei der tiefenpsychologisch fundierten Psychotherapie weniger passiv. Der Therapeut fokussiert seine Arbeit wesentlich auf den aktuellen Konflikt und dessen unbewußte psychodynamischen Aspekte, wenngleich er sich mit Deutungen, vor allem mit genetischen Deutungen vergleichsweise zurückhält und insbesondere eine Regression und damit letztlich auch die Entstehung einer Übertragungsneurose vermeidet, Übertragungsphänomene hingegen werden durchaus aufgegriffen. Das Therapieziel ist entsprechend begrenzt auf die Einsicht in die bewußten und unbewußten Anteile der Entstehung des aktuellen Konfliktes und auf dessen Lösung unter Einbeziehung des Ziels, die Symptomatik zu mildern oder aufzuheben, wenngleich durchaus auch strukturelle und triebdynamische Veränderungen der Persönlichkeit in einem begrenzten Umfang erreicht werden können.

Wie schon erwähnt, wurden Verfahren entwickelt, die als tiefenpsychologisch fundiert gekennzeichnet werden, aber vom geschilderten therapeutischen Vorgehen abweichen.

So beschreibt zum Beispiel Dührssen (1988) ein Verfahren, die sogenannte dynamische Psychotherapie, bei der die Arbeit an den Übertragungsphänomenen in der Arzt-Patient-Beziehung unberücksichtigt bleibt, dafür aber der aktuelle Konflikt interpersonell und in seinen Folgewirkungen ganz im Vordergrund steht.

▶ Analytisch orientierte Kurzzeit-Psychotherapie, insbesondere Fokaltherapie (Ergänzungen zu den Ausführungen im Kap. 6.2.2, S. 549 ff)

Bei der analytisch orientierten Kurzzeit-Psychotherapie bemühen wir uns schon zu Beginn der Behandlung, eine Zeitbegrenzung zu vereinbaren. Dies geschieht nicht nur aus institutionellen und zeitökonomischen Gründen, es geschieht auch, weil sich in empirischen Arbeiten zur analytischen Kurzzeit-Psychotherapie häufig gezeigt hat, daß im Zusammenhang mit einer begrenzten Stundenzahl durch das rechtzeitige Aufgreifen des Problems der Trennung vom Therapeuten der Therapieprozeß günstig beeinflußt werden konnte; denn das Problem der Trennung vom Therapeuten ist ja eine Wiederholung des neurotischen Trennungskonfliktes. Trennungsprobleme und Verlusterlebnisse spielen bei Suizidpatienten eine ganz entscheidende Rolle.

Patienten-Interaktionstypen suizidalen Verhaltens während der Therapie

Kind (1990) unterscheidet aus der klinischen Erfahrung heraus im Umgang mit suizidgefährdeten Patienten – meist mit schweren Persönlichkeitsstörungen oder Neurosen – unter objektbeziehungstheoretischen Aspekten drei Interaktionstypen:

- **Interaktionsreicher (manipulativer) Typ:** Hier geht es um die Objektsicherung bei Angst vor Objektverlust oder Bedrohung der Beziehung zu einem Objekt.
- **Interaktionsarmer Typ:** Hier ist die Objektbeziehung bereits aufgegeben.
- **Pseudostabiler Interaktionstyp:** Hier ist die Objektbeziehung bereits entleert.

Bezogen auf die Suiziddynamik könnte man auch von psychodynamischen Interaktionsfolgen sprechen im Sinne der „Dynamisierung" der suizidalen Entwicklungsstadien (1. interaktionsreich = Stadium der Ambivalenz, 2. interaktionsarm = Stadium der Ambivalenz im Übergang zum Stadium der Entscheidung, 3. pseudostabil = Stadium der präsuizidalen Pause).

Entsprechend können die drei Interaktionstypen durchaus auch zeitabhängig miteinander verbunden sein und einen unterschiedlichen Suizdgefährdungsgrad ausdrücken (ausführliche Darstellung der Interaktionstypen bei Kind [1990]).

Patient-Therapeut-Interaktionsmodi während stationärer Therapie

Götze und Schneider (1989) unterscheiden drei pathologische Interaktionsmodi von einem konstruktiven (therapeutisch gewünschten) Interaktionsmodus.

Die drei pathologischen **Interaktionsmodi** wurden bei Patienten beobachtet, die sich während oder kurz nach der stationären Behandlung suizidierten (ausführliche Darstellung der Interaktionsmodi bei Götze und Schneider 1989):

- **Aggressiver Interaktionsmodus:** Ambivalente und betont ablehnende Haltungen stehen weitgehend unbewußt bei Patient und Therapeut im Vordergrund.
- **Resignativer Interaktionsmodus:** Hier stehen trotz hoher Einfühlung und Sympathie auf beiden Seiten Resignation

und Hoffnungslosigkeit im Denken, Fühlen und Handeln im Vordergrund. Es kommt beim Therapeuten und beim Patienten zu einem ausgeprägten, sich gegenseitig bedingenden Enttäuschungserleben.

- **Harmonisierender Interaktionsmodus:** Dieser Modus zeigt eine starke Identifikation des Therapeuten mit seinem Patienten. Sowohl der Therapeut als auch der Patient verleugnen Konflikte, offenbar in der unbewußten Annahme, dadurch überhaupt erst eine gute therapeutische Beziehung und letztlich eine Trennung zum Zeitpunkt der Entlassung ermöglichen zu können.

Literatur

Freud S. Trauer und Melancholie. 1916. GW. Bd 10. Frankfurt/M: S. Fischer 1967.

Götze P. Einschätzung des Suizidrisikos beim depressiven Patienten. In: Angst-Depression – Schmerz und ihre Behandlung in der ärztlichen Praxis. Hippius H, Ortner M, Rüther E (Hrsg). Berlin, Heidelberg, New York: Springer 1988; 9–19.

Götze P. Der Suizid: Vom philosophischen und theologischen Problem zur Psychodynamik und Psychotherapie der Suizidalität. In: Psychiatrie und Zivilisation. Andresen B, Stark FM, Gross J (Hrsg). Köln: Edition Humanistische Psychologie 1993; 363–86.

Götze P. Zur Interaktion von Psychotherapie und Psychopharmakotherapie bei der Behandlung Suizidgefährdeter. In: Suizidalität – die biologische Dimension. Wolfersdorf M, Kaschka WP (Hrsg). Berlin, Heidelberg, New York: Springer 1995; 213–24.

Götze P, Schneider A. Poststationärer Suizid. In: Kliniksuizid. Forschungsmethoden und rechtliche Aspekte. Ritzel G (Hrsg). Regensburg: Roderer 1989; 134–49.

Henseler H. Ein psychodynamischer Deutungsversuch des präsuizidalen Syndroms. Nervenarzt 1974; 45: 238–43.

Henseler H. Die Theorie des Narzißmus. In: Psychologie des XX. Jahrhunderts. Bd 1. Weinheim, Basel: Beltz 1982; 453–71.

Kind J. Strukturabhängige Gegenübertragungsschwierigkeiten bei suizidalen Patienten. Forum Psychoanal 1987; 3: 215–26.

Kind J. Zur Interaktionstypologie suizidalen Verhaltens. Nervenarzt 1990; 61: 153–8.

Kind J. Suizidal. Psychoökonomie einer Suche. 1992. 3. Aufl. Göttingen: Vandenhoeck & Ruprecht 1998.

Pöldinger W. Die Abschätzung der Suizidalität. Bern: Huber 1968.

Ringel E. Der Selbstmord. Abschluß einer krankhaften Entwicklung. Wien, Düsseldorf: Maudrich 1953.

Ringel E. Neue Gesichtspunkte zum präsuizidalen Syndrom. 1969. In: Selbstmordverhütung. 6. Aufl. Ringel (Hrsg). Eschborn bei Frankfurt/M.: Dietmar Klotz 1999; 51–116.

Tabachnick N. Countertransference crisis in suicidal attempts. Arch Gen Psychiatry 1961; 4: 64–70.

Namensverzeichnis

A

Abraham, K. 219, 282 ff
Abramson, L. Y. 101
Adler, R. 184, 391
Ahles, T. A. 453
Ainsworth, M. 150
Albrecht, W. 43
Alexander, F. 3, 373, 377, 385, 399 f, 432, 447 f, 464
Antonovsky, A. 37, 101
Argelander, H. 65, 169 f, 189
Asher, G. 316

B

Baer, L. 260
Balint, M. 63 f, 66, 124, 140, 169 f, 401, 549, 597
Basler, H.-D. 396
Bateson, G. 581
Baumann, U. 166, 173
Beck, A. T. 233
Beck, D. 549
Beckmann, D. 50, 363
Beland, H. 191
Bellak, L. 549
Belotti, E. G. 136
Benjamin, L. S. 220
Benyakar, M. 635
Berger, M. 36
Bergin, A. E. 520 f
Beutler, L. E. 524, 526, 533
Bibring, E. 286
Binder, J. L. 549
Bion, W. R. 61, 66
Blatt, S. J. 524 f
Bohus, M. 506
Bowlby, J. 125, 130, 149 f, 219, 269, 277 f, 280
Bräutigam, W. 211, 351 ff, 363
Braun, C. v. 241
Breuer, J. 64, 192
Bruch, H. 456, 461
Buchheim, P. 170, 172

C

Campbell, P. G. 36
Cannon, W. 97 f
Carkhuff, R. R. 587 ff
Chorine, V. 77
Ciompi, L. 36
Clarkin, J. F. 555 f
Cleckley, H. 225
Cloninger, C. R. 92, 218
Cohen, S. 79, 103
Costa, P. T. 92, 218
Cronbach, L. J. 524
Cullen, W. 161

D

Da Costa, J. M. 375
Dare, C. 65, 285
Davanloo, H. 549
Dawber, T. R. 420
De Boor, C. 414 f
Degen, R. 538
Deneke, F.-W. 543, 635
Deutsch, F. 3
Diederichs, P. 381 ff
Donabedian, A. 18
Dührssen, A. 36, 548, 647

E

Eckhardt-Henn, A. 243
Egle, U. T. 391 ff
Eisdorfer, C. 99
Elliott, G. R. 99
Emde, R. N. 135
Emmelkamp, P. M. 523
Engel, G. L. 184, 242, 338, 464
English, O. S. 4
Erikson, E. H. 65, 139, 219, 543
Ermann, M. 339
Ernst, C. 36
Esquirol, E. 215
Esser, G. 36
Eysenck, H. J. 218, 226
Eysenck, S. B. G. 226

F

Faber, F. R. 34
Fähndrich, E. 49
Fahrenberg, J. 50, 176
Federn, P. 410
Feiereis, H. 473
Feldenkrais, M. 603
Fenichel, O. 219, 241 f, 288, 543
Ferenczi, S. 63 f, 111, 242
Fischer, G. 36
Foa, E. 260
Fonagy, P. 151 ff
Foulkes, S. H. 552
Frank, J. D. 529
Frank, L. K. 203
Freeman, A. 233
Freud, A. 42, 61 f, 65, 265, 543, 623
Freud, S. 3, 30, 57 ff, 63 ff, 68, 119 ff, 128, 186, 192, 218, 242, 265, 267 f, 272, 279, 282 ff, 332, 352, 357, 410, 543, 643
Freyberger, H. 453, 461, 473
Freyberger, H. J. 206, 210
Froesch, E. R. 437
Fuchs, M. 600
Fürstenau, P. 543, 584

G

Glover, E. 65
Götze, P. 642, 648
Graves, R. J. 443 f
Grawe, K. 164, 529 ff, 570 ff
Green, A. 242, 245 f
Groddeck, G. 3
Gruenewald, T. L. 79
Grunberger, B. 64
Gubrich-Simitis, I. 634

H

Haan, N. 102
Haarstrick, R. 34
Haas, J. P. 245 f
Hahn, P. 169
Hamilton, V. 633
Hand, I. 249 f, 253 ff, 257 f, 566
Hare, R. 225

Hartmann, H. 65, 67, 138, 543
Hautzinger, M. 51, 297, 300 f
Heigl, F. 130
Heigl-Evers, A. 70, 142, 548
Heimann, P. 193
Hellhammer, D. 98 f
Hemmeler, W. 184
Henseler, H. 643
Herbert, T. B. 79
Herrmann, J. M. 351 ff
Hoff, H. 352 f
Hoffmann, S. O. 163 f, 243, 245, 392 f
Hoffmeister, K. 403 f
Holder, A. 65
Holmes, T. H. 100
Holt, R. R. 130
Horner, A. J. 549
Horney, K. 219
Horowitz, M. J. 524
Huber, W. 527 f

J

Jablensky, A. 36
Jacobs, M. A. 414
Jacobson, E. 67, 69, 283, 288, 599
Jäger, B. 408
Janet, P. 332
Janke, W. 51
Janssen, P. L. 326
Jantschek, G. 473
Joffe, W. G. 63, 65
Johnson, V. E. 310 f
Jung, C. G. 610

K

Kächele, H. 549
Kahn, D. A. 290
Kannel, W. B. 420
Karasu, T. B. 520
Kemeny, M. E. 77, 79
Kenyon, F. E. 303
Kernberg, O. F. 64, 68 f, 170, 219, 543, 556
Khan, M. M. R. 634
Kind, J. 643
Kirschbaum, C. 98
Klauber, J. 292
Klein, D. F. 269
Klein, M. 61, 66, 69, 121 ff, 141 f, 289, 623
Klepsch, R. 260
Klüwer, R. 189, 549
Koch, J. L. A. 216
Koch, U. 46
Köhle, K. 336

Kohut, H. 63, 65, 219, 288, 543
Koran, L. 253
Korn, M. L. 503
Kosarz, P. 473
Kraepelin, E. 216
Kramer, E. 609
Kramer, P. 499
Krause, R. 59, 69, 129 f
Kropp, U. 403
Küchenhoff, J. 241, 401
Künsebeck, H.-W. 473
Kuiper, P. C. 241, 543

L

Lachauer, R. 549 f
Lambert, M. 520 f
Lamparter, U. 404
Lamprecht, F. 408, 436
Laudenslager, M. L. 77
Laux, L. 97
Lazarus, R. S. 98, 102
Leary, T. 220
Leuner, H. 594
Leupold-Löwenthal, H. 188
Leuzinger-Bohleber, M. 549
Lewinsohn, P. M. 571
Lichtenberg, J. D. 131
Linehan, M. M. 558
Linville, P. W. 101
Livesley, W. J. 91
Lohmer, M. 326
Lorenzer, A. 127
Luborsky, L. 172, 548
Luckner, N. v. 36
Ludik, J. 579
Lühring, H. 109
Lum, L. C. 352 f

M

MacFarlane, J. W. 37
MacKenzie, R. 594
Mahler, M. S. 67, 138 ff, 469
Main, M. 150, 152
Mann, J. 549
Margraf, J. 270, 523
Marks, I. M. 275
Marmor, J. 242
Masi, A. T. 453
Masters, W. H. 310 f
Mayr, J. 316
McCrae, R. R. 92, 218
McKinley, J. C. 50
Meadow, R. 316, 318
Meermann, R. 460
Meichenbaum, D. 105

Meistermann–Seeger, E. 549
Melzack, R. 388
Mentzos, S. 243 ff, 272, 290, 367
Mertens, W. 543
Metal'nikov, S. 77
Meyer, A.-E. 8, 10, 519, 549
Meyer, J. E. 219
Millon, T. 218
Mitscherlich, A. 616
Morel, B. A. 215
Moreno, J. L. 591
Morey, L. C.
Morgan, E. 184
Müller-Braunschweig, H. 600
Muthny, F. A. 488 ff, 492
Myrtek, M. 482

N

Naumburg, M. 610
Neun, H. 43, 616
Nolte, D. 411

O

Orlinsky, D. E. 521
Overbeck, G. 465

P

Paar, G. 473
Parin, P. 165
Parkes, C. M. 426
Parry, C. H. 443
Pavlow, I. P. 519
Piaget, J. 135
Pinel, P. 215
Plassmann, R. 316, 324 f
Potreck-Rose, F. 46
Prichard, J. C. 215
Prinzhorn, H. 609
Purcell, K. 415

Q

Quint, H. 265

R

Rad, M. v. 403, 621
Rado, S. 283, 285 f
Rahe, R. H. 100
Rapoport, J. 260
Rauchfleisch, U. 203
Rechenberger, I. 385
Reich, W. 219
Reik, T. 60
Reimer, C. 538
Richter, H.-E. 363

Riemann, F. 233
Rimon, R. A. 448
Ringel, E. 642 f
Ritter, J. 453
Robitscher, J. 36
Rogers, C. R. 519, 587 ff
Rorschach, H. 203
Rotmann, M. 142
Rüger, B. 538
Ruhmland, M. 270
Rupprecht-Schampera, U. 242, 244
Rutter, M. 37

S

Sandler, J. 63, 65, 69, 127, 129, 189, 285, 544
Sandweg, R. 42
Saß, H. 215, 217, 224 f
Schepank, H. 51, 268
Scherer, K. 99
Scherg, H. 482
Schilder, P. 358
Schmale, A. 338
Schmale, A. H. 464
Schneider, A. 648
Schneider, K. 216
Schneider, W. 51 f, 163 f, 208
Schoenle, E. J. 437
Schraml, W. J. 533
Schulte, D. 52, 164, 522
Schultz, J. H. 598
Schultz-Hencke, H. 219
Schulz, H. 21 f
Schulz, W. 538
Schuntermann, M. F. 48
Schüßler, G. 371
Schuri, U. 50
Schwartz, J. 260

Schwarz, R. 482
Seemann, H. 389
Seibel, H. R. 109
Seidenstücker, G. 173
Seligman, M. E. P. 100
Selvini Palazzoli, M. 458
Selye, H. 97 f, 634
Senf, W. 585
Shekelle, R. B. 422
Siegrist, J. 109
Sifneos, P. E. 549
Simmel, E. 615
Skinner, B. F. 519
Small, L. 549
Smith, R. S. 36
Snow, R. E. 524
Spitz, R. A. 125, 287
Spitzer, R. L. 206
Stein, D. J. 579
Stern, D. N. 134
Stieglitz, R.-D. 49, 166 f, 174 f
Stoller, R. J. 313
Stolze, H. 601
Strupp, H. H. 519, 521, 538, 549
Sturm, J. 6
Sullivan, H. S. 220

T

Tellenbach, H. 234
Thorndike, E. L. 519

U

Uexküll, Th. v. 4, 12, 336 f, 464

V

Valenstein, A. F. 244
Vandereycken, W. 460
Ventura, R. 369

W

Wachtel, P. 527
Wall, P. D. 388
Wallbott, H. G. 99
Wallerstein, R. S. 519, 521
Weidenhammer, B. 142
Weiner, H. 464
Weiss, E. 3 f
Weizsäcker, V. v. 40
Werner, E. E. 36
Westen, D. 132
Widiger, T. A. 218
Wilcken, S. 260
Willi, J. 585
Wills, T. A. 103
Wilson, R. 260
Winnicott, D. W. 37, 67, 123 f, 284, 623, 633, 635
Wisdom, J. O. 283
Wittchen, H.-U. 49, 209 f, 276
Wittels, F. 242
Wittkowski, J. 203
Wolberg, L. R. 549
Wurmser, L. 60, 70

Y

Yunus, M. B. 453

Z

Zedtwitz, J. v. 453
Zeidler, H. 453
Zepf, S. 64, 127
Zerssen, D. v. 218
Ziehlke, M. 6, 164
Zimmermann, M. 389

Sachverzeichnis

A

Aachener Merkmalsliste zur Erfassung
   von Persönlichkeitsstörungen
   (AMPS) 217
AAI (Adult Attachment Interview;
   Erwachsenenbindungsinterview) 150
AAS (allgemeines
   Adaptationssyndrom) 97
Abdomen, akutes 372
Abhängigkeit
– von äußerer Aufmerksamkeit 229
– soziale, Depression 295
– Verleugnung 423
Abhängigkeits-/Autonomie-Konflikt,
   Medikamentenverordnung 516
Abhängigkeitsgefühl, existentielles,
   Übertragung 306
Abhängigkeitskonflikt, oraler 245
Abhängigkeitstendenz, aktive 243
Abmagerung, krankhafte,
   Verleugnung 457
Abstinenzregel
– Psychoanalyse 193
– Verletzung 538
Abwehr 68, 102
– Affekt, quälender 358
– aggressiver Impulse 268
– durch Agieren 393
– Alexithymie 400
– Angst 240
– Anorexia nervosa 458 f
– Artefaktkrankheit 325
– vor Bypass-Operation 429
– chronischer Depression 381
– Definition 60 f
– Depression 284
– Diabetes mellitus im Kindes-/
   Jugendalter 437
– durch Einengung 394
– durch Einseitigkeit 394
– von Enttäuschungen 381
– Größenphantasien 423
– Hysterie 244
– der inneren Realität 395
– interpersonelle 240
– intrapsychische 395

– manipulative, Neurose 240
– oral-kaptativer Bedürfnisse 464
– oral-rezeptiver Bedürfnisse 464
– somatisierte 405
– Testverfahren 200
– Unterbauchbeschwerden,
   funktionelle 377
– der weiblichen Rolle 457
Abwehrfunktion 42
Abwehrmaßnahmen, verhaltensmäßige,
   kindliche 134
Abwehrmechanismen 60 ff, 542
– Behandlungsteam 619
– Interview 170
– primitive 61 f, 555, 558
– psychosoziale, Partnerbeziehung
   586
– reifere 62 f
– im Säuglingsalter 122
– versagende, Angstneurose 268
Abwehrprozeß 134
Abwehrzusammenbruch 42
Abweichung, soziale 215
ACE–Hemmer, Wechselwirkung mit
   Lithiumsalzen 514
Achsen, diagnostische 206
ACTH (adrenokortikotropes Hormon)
   99
Adaptationssyndrom, allgemeines 97
Adipositas 460 f
– Definition 460
– Epidemiologie 460 f
– Hypertonie, essentielle 434
– Psychodynamik 461
– Psychogenese 461
– Therapie 461
– – Gegenübertragung 461
ADIS (Anxiety Disorder Interview
   Schedule) 210
Adoleszenz
– Definition 146
– Entwicklung, psychische 147 f
– Kennzeichen 146
– Triebdruck 624
Adrenalinausschüttung,
   streßbedingte 98

Adrenokortikotropes Hormon
   (ACTH) 99
ADS (Allgemeine Depressions-Skala)
   196, 198
Adult Attachment Interview (AAI;
   Erwachsenenbindungsinterview)
   150
Ängstlichkeit 267
– Crohn-Patient 472
– Herpes genitalis 477
– Hyperventilationssyndrom 351
– koronare Herzkrankheit 424
– Neurodermitis 478
– Streßreagibilität 101
Äquivalenzmodus 134
Ärger
– Herpes genitalis 477
– unterdrückter 423
– – Hypertonie, essentielle 432
Aerophagie 344
– Differentialdiagnose 373
Äußerungswiderstand, Synkope
   369
Affekt
– beziehungsregulierender 70
– Bindung 128
– depressiver 70
– Funktion 128
– – dynamische 129
– als Handlungsankündigung 129
– informationsverarbeitender 70, 129
– Komponenten 129
– kulturinvarianter 129
– nachtragender 70, 130
– negativer 70
– objektpsychologische Sicht 68 f
– quälender, Abwehr 358
– Resonanzdämpfung 598
– selbstpsychologische Sicht 69
– selbstreflektiver 70, 130
– Spannungsqualität 129
– überwältigender,
   Umgangsfertigkeiten 228
– verdrängter 62, 339
– – psychosomatische Störung 400
– Verschiebung 128

Affektabfuhr 128
- Colitis ulcerosa 469
- Crohn-Krankheit 472
Affektäquivalent
- psychovegetative Störung 339 f
- Schmerz, chronischer 393
- Schwindel 358
- Unterbauchbeschwerden,
    funktionelle 377
Affektausbruch 369
Affektbetrag 68
Affektenergie, Verteilung 128
Affektersetzung durch Schwindel
    358
Affektisolierung 62
Affektive Erkrankung, Genetik 86 ff
Affektive Störung
- Familienstudien 88
- gemischte 154 f
- Lebenszeitrisiko, familiäres 86
- Persönlichkeitsfaktoren 92
- unipolare 154 f
Affektivitätsstörung, Colitis ulcerosa
    469
Affektkomponenten 69
Affektlehre 128 ff
Affektmenge, Relation zur verinner-
    lichten Beziehungserfahrung 366
Affektpsychologie 68 ff, 128 f
- quantitatives Modell 128
Affektregulation
- Immunparameterveränderung,
    streßbedingte 80
- innerpsychische 129
Affektsozialisation 70
Affektsystem 129 f
Affekt-Trieb-Beziehung 70
Affektualisierung 62
Affektüberdeckung durch Schwindel
    358
Affektverdrängung 62, 339
Affektwechsel 226
Affektzustände 69
Aggravationstendenz
- interaktionsspezifische,
    Begutachtungssituation 52
- bei psychologischer Testung 51
Aggression 121
- chronisch gehemmte 453
- Depression 291
- gehemmte 453
- – präsuizidales Syndrom 642 f
- massive 558
- orale 64
- physiologische Auswirkung 268

Aggressionsbereitschaft
- koronare Herzkrankheit 423
- latente 250
Aggressionshemmung, Über-Ich-
    Depression 285
Aggressionstheorie, psychoanalytische,
    Suizidalität 643
Aggressionstrieb 67
- angeborener 122
Aggressionsverarbeitung, Polyarthritis,
    chronische 448
Aggressivität, Zwangsstörung 256
Aggressor, Identifizierung 61
Agnostizismus, pragmatischer 74
Agoraphobic Cognition
    Questionnaire 198
Agoraphobie 269, 358
- Ätiologie 277
- Definition 275
- Epidemiologie 276
- hereditäre Komponente 278
- ICD-10-Klassifikation 275
- Psychodynamik 277
- Psychotherapie
- – psychodynamisch orientierte 278
- – störungsspezifische 523
- Reizblase 382
- Symptome, vegetative 277
- Symptomverhalten
- – Makroanalyse 566
- – Mikroanalyse 566
- Therapie 505
- Verhaltenstherapie 566
- Verlauf 278
- Wiederholungsrisiko 89
Agranulozytose, Clozapin-bedingte
    509, 513
AIDS, psychosoziale Faktoren 80
Akkreditierungsverfahren, kranken-
    haus-spezifisches 23
Akrophobie 276
Aktionserkenntnis 133
Aktivierung
- allgemeine, streßbedingte 97 f
- Indikatoren 177
Aktivierungsprozeß, Beschreibung
    176
Aktivität
- Definition 44
- ICIDH-Beschreibung 52
- zytotoxische 78
Aktualneurose 268
Akustikusneurinom 403
Akutkrankenhaus, Psychotherapie,
    stationäre 615

AKV (Fragebogen zu körperbezogenen
    Ängsten, Kognitionen und
    Vermeidung) 196, 198
Akzeptanz 183, 245
Akzeptieren, bedingungsfreies 588 f
Alexithymie 401
- Definition 399
- Fibromyalgie 453
Alkalose,
    Hyperventilationssyndrom 351
Alkoholismus 86
- Genetik 90
- Lebenszeitprävalenz 86
- Persönlichkeitsfaktoren 92
- Umgebungsfaktoren 90
Alkoholkonsum, Hypertonie,
    essentielle 434
Allergie, Urtikaria 385
Allgemeine Depressions-Skala (ADS)
    196, 198
Allmacht der Gedanken 264
Allmachtsphantasien, Persönlichkeits-
    störung, paranoide 223
Alltagswidrigkeiten 99
Alprazolam 506
Altersregression 357
Alzheimer-Demenz, Genetik 83
Amalgamwirkung 241
Ambitendenz 140
Ambivalenz 141
Ambivalenzkonflikt 67, 643
- Depression 282, 285
AMDP–System 175
Amenorrhö
- Anorexia nervosa 456
- Bulimia nervosa 459
Amisulpirid
- Absetzphänomene 519
- Effekte, unerwünschte 519
Amitriptylin 510
- bei posttraumatischer
    Belastungsstörung 504
Ammensprache 139
AMPS (Aachener Merkmalsliste zur
    Erfassung von Persönlichkeits-
    störungen) 217
Analfisteln 471
Analität, gastrointestinale psycho-
    somatische Störung 399
Analyse, hermeneutische 74 f
Analysierbarkeit 189
Anamnese
- ärztliche
- – allgemeine 169
- – Basiselemente 169

Anamnese
– – Funktion 169
– – psychosoziale 169
– biographische 170, 189
– persönliche 185
– psychosomatische 184 f
– soziale 185
Anamnesetechnik 184
Anankasmus, genetischer Einfluß 89
Anfall
– abreaktiver 369
– hysterischer 243
– nachgeahmter 369
– psychogener 369
– sympathikovasaler 361
Angewiesensein 42
Angina pectoris 419 ff
– Anfall 420
– Definition 419
– Deskription 420
– ICD-10-Klassifikation 419
Angst
– vor der Angst 275
– Aphonie 346
– Attributionstheorie, sozialpsychologische 485
– Bearbeitung, kognitive 486
– Beziehung zum Schwindel 354
– vor Bypass-Operation 429
– Durchleben, emotionales 486
– Fragebogen 198
– als Gefahrensignal 129
– hypochondrische 303
– Konditionierung 485
– Konflikttheorie 486
– bei körperlicher Erkrankung 484 f
– körpernahe 271
– vor Liebesverlust 69, 282
– Modellernen 485
– neurotische 69
– phasentypische 268
– physiologische Auswirkung 268
– im Säuglingsalter 122, 125
– vor Selbstauflösung 401
– soziale 224
– bei Trennungserleben 125
– Umstrukturierung 486
– Unterstützung, soziale 486
– vor Veränderung, depressiver
  Patient 292
– Verdrängung 268
– vermeidende Reaktion, Kleinkind 88
– als Warnsignal 268
– vor Zurückweisung 231
– Zwangsstörung 256

Angstabwehr 240
Angstanfall 267
– unvorhersehbarer 269
– vegetatives Äquivalent 267
Angstauslösende Situation,
  Vermeidung 486
Angstbereitschaft, erhöhte 232, 250
Angstbindung 69
Angsterkrankung
– Fragebogen 198
– Genetik 88 f
– Persönlichkeitsfaktoren 92
– Reizblase 382
Angstkonfrontation bei
  Angststörung 272 f
Angstneurose 68, 141, 240, 267 ff,
  546
– Abwehrmechanismen, versagende
  268
– Ätiologie 268 ff
– Epidemiologie 267 f
– familiäre Häufung 88
– Hemmungsaspekt 268
– Hyperventilationssyndrom 352
– ICD-10-Klassifikation 267
– Psychodynamik 268 ff
– Punktprävalenzrate 268
– Schwindel 357
Angstneurotische Störung, akute 30
Angstprovokation 550
Angstreaktion
– Hyperventilationssyndrom 352
– konditionierte 332
Angstreduzierung 486
Angstschicksal 68
Angststätte 68 f
Angststörung 88, 154 f
– Ätiologie 268 ff
– Angstkonfrontation 272 f
– Anklammerung 272
– Chronifizierung 267, 270
– Defizitmodell 269
– Epidemiologie 267 f
– generalisierte 267 ff
– – Ätiologie, biologische 269
– – Differentialdiagnose zur
  Zwangsstörung 252
– – ICD-10-Klassifikation 267
– – Lebenszeitprävalenz 87
– – Wiederholungsrisiko 89
– Gesprächspsychotherapie 590
– Hilfs-Ich-Funktion 272
– Hypochondrie 304 f
– Ich-Struktur-Stärkung 272
– Konfliktmodell 269

– Lebenszeitprävalenz 267
– Medikamentenabusus 271 f
– Psychodynamik 268 ff
– Psychotherapie
– – Partnerbeteiligung 272
– – psychodynamisch orientierte 270 f
– – Verfahren, übende 272 f
– Symptomatik, hypochondrisch
  strukturierte 271
– Symptomentstehung 269
– Therapie 270 ff
– Verhaltenstherapie 270 f
– Verlauf 270
– Zwangssymptome 268
Angstsyndrom, Crohn-Krankheit 472
Angsttheorie 68, 485 f
– erste 268
– psychoanalytische 268
– zweite 268
Angsttoleranz, hohe 225
Angstursache 68
Angstverarbeitung
– A-Profil 364, 366
– B-Profil 364, 366
Angstvermeidung 268
Anklammerung, Angststörung 272
Annäherung, Funktionsstörungen,
  sexuelle 309
Anorexia nervosa 253, 343, 456 ff
– aktiver Typ 456
– Arbeitsbündnis 460
– biographische Faktoren 457 f
– vor Bulimia nervosa 456, 458
– Definition 456
– Deskription 456 f
– Differentialdiagnose 372
– endokrine Störung 456
– Epidemiologie 456
– Folgesymptome, seelische 457
– Genetik 89
– Mortalitätsrate 457
– passiv restriktiver Typ 456
– Psychogenese 457 f
– Symptome 457
– Therapie 460
– – stationäre 460
Anorgasmie der Frau 382
Anpassungsprozeß 67
Anpassungsreaktion 635
Anpassungsstörung
– depressive 302
– Psychopharmakotherapie 503
Antazida 373
Antidepressiva 290, 507 f
– bei Angststörung 272

– bei Fibromyalgie 453
– trizyklische 508, 510
– – Dosierung 510
– – bei Hyperarousal-Symptomatik 334
– – bei posttraumatischer Belastungsstörung 503 f
– – bei Schlafstörung 502
– – Toxizität 510
– – Wechselwirkung 510
– – – mit Lithiumsalzen 514
– – Wirklatenz 510
– – Wirkung, unerwünschte 508, 510
– Wechselwirkungen 508
– Wirkung, unerwünschte 508
– bei Zwangsstörung 505
Antivertiginosa 360
Antizipationsfähigkeit 42
Antriebe, entgegengesetzte 130
Antriebsstörung 41
Anxiety Disorder Interview Schedule (ADIS) 210
Anxiety Status Inventory 175
Anxiolytika 360
Anxiolytikaabusus 271
Apathie, Schizotypie, negative 919
Aphonie, psychogene 346
Appelverhalten 563
Appendizitis, chronische, junger Mädchen 377
Appraisal 102, 105
A-Profil, Angstverarbeitung 364, 366
Arbeit 108 ff
– melancholische 285
– sozialtherapeutische, beim Kind/ Jugendlichen 629
Arbeiten
– künstlerisches, freies 611
– plastisches 611
Arbeitsbedingungen
– Herzinfarkt 109
– Stressoren 109
Arbeitsbelastung 108 ff
– subjektiv erfahrene 109
– – Fragebogen (SUATFAM) 113
Arbeitsbelastung-Familienleben-Interaktion 110
Arbeitsbündnis 185
Arbeitsfeld-Privatsphäre-Wechselwirkung 421
Arbeitslosigkeit 111
Arbeitsmedizin 108
Arbeitsplatzerfahrung, Einfluß auf die Familie 111 f

Arbeitsplatzsituation, Ulkuserkrankung 464
Arbeitsstörung, Persönlichkeitsstörung, narzißtische 230
Arbeitsstruktur, Stressoren 108 f
Arbeitsunfähigkeit 43
– Oberbauchbeschwerden, funktionelle 372
Arc de Cercle 369
Argwohn, Persönlichkeitsstörung, paranoide 223
Arousal Reconditioning bei sexueller Funktionsstörung 310
Artefaktkrankheit 316, 319 ff
– Arzt-Patient-Beziehung 323 f
– benigne 320
– Definition 319
– Diagnose 325
– Epidemiologie 322 f
– Hyperthyreose 445
– Krankheitsschwere 320
– maligne 320
– Manipulationsmethode 321 f
– Patientengruppe
– – impulsiv-dissoziative 319
– – narzißtisch-hysterische 319
– Persönlichkeitsstruktur 323 ff
– Psychodynamik 323 ff
– Symptomauslösung 323
– Therapie 325 ff
Arzt
– psychosomatisch tätiger, dialektisches Spannungsfeld 619
– Sozialisierungsprozeß 182
Arzt-Patient-Beziehung s. auch Patient-Arzt-Beziehung
– Artefaktkrankheit 323 f
– Fibromyalgie 452 f
– Herzinfarktpatient 420
– Hyperventilationssyndrom 352
– idealisierte 317
– Neurodermitis-Patient 479
– Reflexion 13 f
– Unterbauchbeschwerden, funktionelle 378 f
Arzt-Patient-Interaktion, ambulante 182 f
Arztsucht 316 f
Asperger-Störung 224
Assertion 131
Assessment-Verfahren 23
Assimilation 133
– fehlerhafte 135
Assoziieren, freies 543

Asthma 410 ff
– Ätiologie 411
– allergische Faktoren 412
– Atemtherapie, physiotherapeutische 415
– Behandlung, internistisch-pharmakologische 415
– Behandlungskonzept, psychosomatisches 415 f
– Beschwerden, subjektive 410
– Definition 410
– Desensibilisierung, psychotherapeutische 413
– Deskription 410
– Epidemiologie 411
– Gesprächsgruppe, psychotherapeutische 416
– ICD-10-Klassifikation 410
– infektiöse Faktoren 412
– intrafamiliäre psychosoziale Faktoren 415
– Kleingruppen-Therapieprogramm 416
– konstitutionelle Faktoren 411
– Persönlichkeit 413 f
– psychologische Faktoren 412 f
– Psychoneuroimmunologie 412
– Psychotherapie 415 ff
– – analytische, hochfrequente 416
– Reizantwort 413
– Schulungsprogramm 416
– Selfmanagement-Programm 416
– somatische Faktoren 411
– Suggestionseffekt 412
– Zwillingsuntersuchungen 413
Asthma-Symptom-Liste 410
Atemmuskaturverkrampfung 410 f
Atemnot, Empfinden 410
Atemsyndrom, nervöses s. Hyperventilationssyndrom
Atemtypveränderung, Hyperventilationssyndrom 351
Atmosphäre, therapeutische, Regressionssog 619
Atmungstetanie s. Hyperventilationssyndrom
Atopie 478
Attackenschwankschwindel, phobischer 357
Attackenschwindel, episodischer 355
Attraktor 578
Attributionstheorie, sozialpsychologische 485
Atypika s. Neuroleptika, atypische
A-Typus, Verhaltensmuster 422 f

Aufmerksamkeit
- gleichschwebende, Definition 189
- Messung 50
Aufmerksamkeitsstörung, Persönlichkeitsstörung, schizotypische 224
Aufschrecken, nächtliches 267
Ausdrucksfähigkeit, emotionale, eingeschränkte 224
Ausdruckskrankheit 337
Ausdrucksmöglichkeiten, Erweiterung 619
Ausdruckssymptom 337
Ausdrucksverhalten 69
Ausnahmezustand, psychogener 30
Austausch, mütterlich-kindlicher, pränataler 128
Ausweglosigkeit, Synkope 369
Auswertungsobjektivität 195
Autarkie, emotionale 234
Autismus, normaler 67, 138, 141
Autoerotik 283
Autoerotismus 64
Autogenes Training 598 f
Autoimmunerkrankung 436
- Lupus erythematodes, systemischer 451
- psychosoziale Faktoren 80
Autoimmunhyperthyreose 441 ff
Autonome Funktionsstörung, somatoforme 336 ff
- Definition 336
- iatrogene Fixierung 336
- ICD-10-Klassifikation 336
- Psychodynamik 337 f
Autonomie 120
- eingeschänkte, Anorexia nervosa 457
- primäre 65
- sekundäre 65
- wachsende 140
Autonomiebedürfnis 42
Autonomieentwicklung, mangelnde 437
Aversion 131
Aversions-/Aversions-Konflikt 485
Aversivreaktion, Annäherung, sexuelle 309
Avictory, Implementierung von Qualitätssicherungsmaßnahmen 25

B

Back-wash-Ileitis 468
Balint-Gruppe 15
Basedow-Krankheit 441 ff
- Subgruppen, psychopathologische 444

Basisdokumentation 24
BDI (Beck-Depressions-Inventar) 196, 198
Bechterew-Krankheit s. Spondylitis, ankylosierende
Beck-Depressions-Inventar (BDI) 196, 198
Beckenbodenmuskulatur, Verkrampfung 382
Beckenbodenmyalgie des Mannes 382 f
Bedingung, Definition 563
Bedingungsanalyse, Verhaltenstherapie 563 f
Bedingungsgefüge, psychosomatisches 619
Bedrohungserlebnisse bei körperlicher Erkrankung 485
Bedürfnisse
- archaische, Befriedigung, imaginative 596 f
- physiologische, Regulierung 131
Beeinträchtigung, soziale (Handicap) 42
Beeinträchtigungsschwere-Score 51
Befähigungskriterien 23
Befinden
- aktuelles 184
- mentales 153
- - Veränderungsmöglichkeit 153
Befriedigung, orale 120
Befürchtung, hypochondrische 304
Befundintegration 19
Begutachtung 46 ff
- Anfangsinformation des Patienten 49
- Diagnostik, problemlöseorientierte 51
- psychometrische 49 ff
- psychosomatisch-psychotherapeutische
- - Datenquellen 47
- - Diagnostik 47 ff
- - - störungsbezogene 48 f
- - Indikation 47
- Qualitätsstandards 52
- Rahmenbedingungen, ethische 52
- Ziele 52
Begutachtungsprozeß 48 f
- therapeutische Funktion 49
Begutachtungsvorgehen, interdisziplinäres 52
Behandlungsbedürftigkeit 21
Behandlungserwartung 163
Behandlungskonzept, biologisches 208

Behandlungsmodell, Funktionen 530
Behandlungsmotivation, Messung 51
Behandlungsnotwendigkeit 21
Behandlungsplan, individuell zugeschnittener 20
Behandlungsvalidität 172
Behandlungsverzögerung 6 f
Behandlungswandern, pathologisches 316
Behandlungswunsch 21
Behavior inhibition 88
Behaviorismus 73
- ontologisch-methodologischer 73
Beherrschung des Nein 125
Behinderung
- funktionelle 526
- geistige, im Kindesalter, Genetik 83
- ICIDH-Beschreibung 52
- individuelle 42
Beißlust, Depression 283
Belastung
- aktuelle, Psychotherapieindikation 535
- alltägliche 425
- berufliche
- - koronare Herzkrankheit 421
- - überdurchschnittliche, Hörsturz 404
- emotionale
- - Hörsturz 403 ff
- - Stimmstörung 348
- persönliche, Begutachtung, psychosomatisch-psychotherapeutische 47
- psychosoziale 104
- soziale, chronische 294
Belastungs-Bewältigungs-Prozeß, Intervention 105
Belastungsereignis
- Kontrollierbarkeit 100
- Vorhersagbarkeit 100
Belastungsfaktoren 634
Belastungsreaktion, akute 330
Belastungssituation
- aktuelle, hypochondrisches Syndrom 303
- Einschätzung 102
Belastungsstörung, posttraumatische 329 ff, 551
- Ätiologie 332
- Definition 329 f
- diagnostische Kriterien 330
- Epidemiologie 331
- genetischer Einfluß 89
- ICD-10 329 f

– Komorbidität 331
– Psychoedukation 504
– Psychopharmakotherapie 503 ff
– Sekundärprävention 334
– Syndromcluster 330
– Therapie 332 ff
– – psychopharmakologische 334
– Traumareexposition 332
– Verhaltenstherapie 333
– Verlauf 331
Belastungswahrnehmung, subjektive 100
Belle indifférence 245
Benzodiazepine 513
– Abhängigkeit 502
– Absetzphänomene 513
– Entzugssymptome 502
– bei Hyperventilationssyndrom 353
– Indikation 513
– Nebenwirkungen 502
– bei posttraumatischer Belastungsstörung 504
– bei Schlafstörung 502
– bei somatoformer Störung 505
– bei Suizidalität 503
– Toleranzentwicklung 502
– unerwünschte Effekte 513
– Wirkbeginn 513
Beratung
– psychosoziale, körperlich kranker Patient 483 f
– Tinnituspatient 408
Bereitstellungsreaktion 433
Berentung 43 ff
– Begutachtung, psychosomatisch-psychotherapeutische 46
Berichtswesen, Qualitätsanforderungen 19
Berufsunfähigkeit 43
Beschämung 140
Beschulung, klinikinterne 629
Beschwerdeangebot, körperliches 183
Beschwerden
– gastrointestinale, funktionelle 375
– körperliche
– – Angstneurose 267
– – Diskrepanz zum organischen Befund 47
– – Fragebogen 199
– neurovegetative, Hyperventilationssyndrom 351
– pektanginöse, Hyperventilationssyndrom 351
– Präsentation, affektive Seite 183

– psychische, Hyperventilationssyndrom 351
– vegetative, Oberbauchbeschwerden, funktionelle 371
Beschwerden-Liste (B-L) 196, 199
Besitzstreben, Wirkung, entwicklungsfördernde 67
Beugenekzem 478
Bewältigung 572 f
– instrumentelle 102
– kognitive 521
– palliative 102
Bewältigungsfertigkeiten, Streßreaktion 101
Bewältigungsstil 104, 527
– aufmerksamkeitszuwendender 104
– Polyarthritis, chronische 448
– suppressiver 104
– verdrängender, Immunparameterveränderung 80
Bewältigungsstrategie 40
– assimilative 101
Bewältigungsverhalten s. Coping
Bewegungsdeutung, Rorschach-Test 204
Bewegungsmuster, Feldenkrais-Methode 604
Bewegungstherapie, Konzentrative 601 ff
– Indikation 602 f
– Kommunikation 602
– Konzeption 601
– Wirkprinzip 601 f
Bewertungsmaßstab für Ärzte (BMÄ) 29
Beziehung
– ambivalente, zur Mutter 307
– eheliche, Kollusionskonzept 584 f
– enge, Bedrohung 385
– Erotisierung 141 ff
– positive 521
– symbiotische 457
– – Herzangstneurose 363
– – Medikamentenverordnung 516
– therapeutische 9
– – gute 152
– Wiederholungszwang 191
– zwischenmenschliche, Enttäuschung 644
Beziehungsarrangement, angstneurotisches 272
Beziehungscharakteristika, Reflexion 170
Beziehungserfahrung
– frühkindliche 37 f, 130

– traumatisierende 228, 231
– – frühkindliche 130
– verinnerlichte, Relation zur Affektmenge 366
– verunsichernde 269
Beziehungskonstellation
– dyadische 624 f
– polyadische 624
– triadische 624 f
Beziehungsmuster
– innerfamiliäres 581
– Neurodermitis-Patient 479
Beziehungsnetzwerk
– innerfamiliäres 582
– soziales, koronare Herzkrankheit 424
Beziehungsobjekt 584
Beziehungsschwierigkeiten, Persönlichkeitsstörung
– – narzißtische 231
– – zwanghafte 234
Beziehungsstil, Interview 170
Beziehungsstörung 29, 585
– sexuelle Funktionsstörung 308
Bezogenheitsprozeß 524
Bezugsperson
– Feinfühligkeit 151
– konstante, emotional warmherzige 37
– reflexive 153
Bieri-Trilemma 73
Big-five-Dimensionen, Extremwertverteilung, Persönlichkeitsstörung 92
Bilderleben, katathymes 594
– Bildmotive 595 f
– in Gruppen 596
– musikalisches 596
Bindung
– autonome 151
– familiäre, starke 469
– frühe, ungelöste 469
– Motivationssystem 131
– sichere 150 f
– Trauma, unverarbeitetes 151
– Übertragung, transgenerationale 151 f
– unsicher-distanzierte 151
– unsichere
– – ambivalente 150 f
– – desorganisierte 150 f
– – vermeidende 150 f
– verstrickte 151
Bindungs-Autonomieverlust-Ambivalenz 227, 232
Bindungserfahrung
– Erwachsenenbindungsinterview 150
– Repräsentanzen 150
– verunsichernde 278

Bindungsform, Colitis-ulcerosa-
Patient 400
Bindungsforschung
– Paradigmen 150 f
– Therapieindikation 156 f
Bindungskonflikt
– Agoraphobie 277 f
– Schulphobie 278
Bindungskonstruktion, interaktionelle
126
Bindungsperson, primäre 149
Bindungsstil 150, 154 f
– erwachsener 150 f
– kindlicher 150 f
– Patientenattribute 156
– Prädiktoren 126
– prognostische Bedeutung 155 f
– Therapeut/in 152
Bindungstheorie 149 f
Bindungsverhalten 125 f
– Vorläufer 126
Bindungsverhaltenssystem 149
Binge-eating s. Bulimia nervosa
Biofeedback bei Hypertonie 434
Biographie, Erstgespräch, psycho-
analytisches 189
Biographisches Inventar zur Diagnose
von Verhaltensstörungen (BIV)
404
Biomedizin 73 ff
Bipolare Störung
– Genetik 87 f
– Lebenszeitprävalenz 86
Bisoprolol 353
Bitterkeit 70, 130
BIV (Biographisches Inventar zur
Diagnose von Verhaltensstörungen)
404
B-L (Beschwerden-Liste) 196, 199
Blaptophobie 276
Blickkontakt, reduzierter 175
β-Blocker 505
Blockierung, internale 590
Blutdruck
– Messung 432
– normaler 431
Blutdruckregulation, geschlechts-
differente 433
Blutgerinnungsmittel, Johanniskraut-
Interaktion 508
Blutung, gastrointestinale,
streßbedingte 98
BMÄ (Bewertungsmaßstab für Ärzte)
29
Body Sensation Questionnaire 198

Borderline-Persönlichkeits-
organisation 555
– Behandlungsbedürftigkeit 556
– Niveau
– – hohes 555
– – niedriges 555
– Psychotherapie, psychodynamische
558
– selbstzerstörerische Tendenz 557 f
– Therapievertrag 557 f
– Transference-focused Psycho-
therapy 554 ff
Borderline-Persönlichkeitsstörung 41,
154 f, 226 ff, 543, 545, 555
– Abwehr, manipulative 240
– Ätiopathogenese 228
– Familienstudien 91
– Kontrollversuche 227
– Psychopharmakotherapie 506
– Symptome 226 f
– – psychotische 227
– Therapie 228 f
Borderline-Phänomen 141
Botschaften, inkongruente 221
Botulinustoxininjektion,
Kehlkopfmuskulatur 349
B-Profil, Angstverarbeitung 364, 366
Briquet-Syndrom s. Somatisierungs-
störung
Brittle-Diabetes 438 f
Broken-Heart-Studie 426
Brotizolam 502
Brust
– böse 66, 69
– gute 66, 69
B-Typus, Verhaltensmuster 422
Bulimia nervosa 253, 343, 458 ff
– Definition 458
– Deskription 458 f
– Diabetes-mellitus-Funktion 440
– Epidemiologie 456
– Folgesymptome, körperliche 459
– Genetik 89 f
– Lebenszeitprävalenz 87
– Psychodynamik 459
– Psychogenese 459 f
– soziale Auffälligkeiten 459
– Therapie 460
Bypass 429 f

C

California Psychological Inventory
(CPI) 196
Carbamazepin 514 f
– Absetzphänomen 515

– bei Borderline-Persönlichkeits-
störung 506
– Dosierung 514
– Toxizität 515
– Wechselwirkung 515
– – mit Lithiumsalzen 514
CDAI (Crohn's Disease Activity Index)
472
CED s. Darmerkrankung, chronisch-
entzündliche
Center for Epidemiologic Studies
Depression Scale (CES-D) 196,
198
CES–D (Center for Epidemiologic
Studies Depression Scale) 196,
198
CFS (Chronic-Fatigue-Syndrom) 41,
241
Charakter
– als Abwehrform 219
– Definition 218 f
– Determiniertheit, soziale 219
– erotischer 219
– hysterischer 241
– – Gegenübertragung 245
– – Merkmale 243
– – Übertragungskonstellation 245
– narzißtischer 219
– oral unbefriedigter 1 20
– Verwobenheit, interpersonelle 219
– zwanghafter 219
Charakterentwicklung 66
Charakterneurose 42, 243
– Beziehungsstörung 585
Charakterstörung 219
Charaktertypologie 219
Checkliste, diagnostische 167
Child-Guidance-Study 37
Cholesterinspiegel, koronare
Herzkrankheit 421 f
Chronic pelvic Pains 382
Chronic-Fatigue-Syndrom (CFS) 41,
241
Chronifizierung 164
Chronisch Kranker, Psychotherapie 483
CIDI (Composite International
Diagnostic Interview) 210
Cipramil 508
Clomipramin 262
– Wechselwirkung mit MAO-Hemmer
511
Clozapin 509
– Absetzphänomene 513
– Effekte, unerwünschte 513
– Vorsichtsmaßnahmen 513

Colitis ulcerosa
- Definition 468
- Dissimulationstendenz 468
- Epidemiologie 469
- Familiendynamik 469
- ICD-10-Klassifikation 468
- Lebensqualität 470
- Psychodynamik 469 f
- Psychotherapie 470 f
- Therapie 470 f
Colitis-ulcerosa-Patient
- berufliche Integration 470
- Partnerbeziehung 469
Common Trunk Model 10
Compliance 181
- Anforderungen nach Nieren-
  transplantation 488
Compliance-Problem
- Behandlung bei Dialysepatienten
  490
- Diabetes mellitus im Kindes-/
  Jugendalter 438
- Hypertoniepatient 435
Composite International Diagnostic
  Interview (CIDI) 210
Computertomographie 176
Consultation-Liaison-Psychiatrie-
  Psychosomatik 4
Cook-Madley-HO-Skala 423
Coping 42, 102 f, 163 f
- Bedingungsanalyse 103
- betont aktives 450
- Definition 102
- Effektanalyse 103
- emotionsmodulierendes 102
- erfolgreiches 103
- Fragebogen 201
- Krebserkrankung 486
- Persönlichkeitsmerkmale 104
- problemorientiertes 102
Coping-Behavior 42
Coping-Konzept 102
Corpus 73
Corticotropin-Releasing-Hormon
  (CRH) 99
Counselling, Tinnituspatient 408
CPI (California Psychological
  Inventory) 196
CRH (Corticotropin-Releasing-
  Hormon) 99
- Streßreaktion 99
Critical Incidence Stress Debriefing
  334
Crohn's Disease Activity Index (CDAI)
  472

Crohn-Krankheit 471 ff
- akuter Schub 472 f
- Beratung, psychosoziale 473
- Definition 468
- Epidemiologie 472
- Gesprächspsychotherapie, supportive
  473
- ICD-10-Klassifikation 468
- Intervention, verhaltensmedizinische
  473
- Krankheitsbild 471 f
- Psychodynamik 472 f
- Psychotherapie 473
- Selbsthilfegruppe 473
- Therapie 473 f
- Verhaltensanalyse 473
Crohn-Patient
- autoaggressiver 473
- In-between-Stellung 472
- Partnerbeziehung 472
- Ursprungsfamilie 472
CRSS (Fragebogen zu Coping-
  Reaktion in Schmerzsituationen)
  199, 201
Cyproteronacetat 506

D

Da-Costa-Syndrom s. Hyperventi-
  lationssyndrom
DAG (Disrupted Attachment Group)
  220
Dankbarkeit 69
Dann-Komponenten, Psychotherapie-
  planung 530
Darmerkrankung, chronisch-
  entzündliche (CED) 468 ff
- Definition 468
- Deskription 468
- ICD-10-Klassifikation 468
Daten, erlebensbezogene 174
Datenerhebung 167 f
- nichtstandardisierte 168
- standardisierte 167
Dauerschwindel 355, 359
Deckaffekt 358
Defense Mechanism Inventory (DMI)
  196, 200
Defizit, soziales, Zwangsstörung
  256
Dekompensation
- Persönlichkeitsstörung, zwanghafte
  234
- psychotische
- - nach Bypassoperation 429
- - Schwindel 359

Delinquenz, rezidivierende, einfache
  225
Demenz
- früh beginnende 83
- spät beginnende 83
Demontageerlebnis 183
Demoralisierungsphase 529
Demütigung, frühkindliche 130
Denkapparatentstehung 66
Denken
- Formen 132
- operatives 399
- primärprozeßhaftes 132, 134
- sekundärprozeßhaftes 132, 134
- vorstellungsmäßiges 133
- Wirklichkeit, vorgespiegelte 134 f
Denkprozeß
- Entwicklungsniveau 135
- formal-operatorischer 135
- operatorischer 135, 143
- voroperatorischer 135
Denkstil, impulsiver 226
Denkweise, kybernetische, Familien-
  therapie 581
Denkzwang
- Fragebogen 198
- Intervention 258
Dependenz, interpersonelle 295
Depression 281 ff
- als Abwehr 284
- Ätiologie 284 ff, 294 ff
- Aggression 291
- Aktivitätsaufbau 298
- Beziehung zum Schwindel 354
- Charakteristika 282 ff
- Crohn-Krankheit 472
- Diabetes mellitus 438
- Differentialdiagnose zur Zwangs-
  störung 252
- Disposition 282
- einfache 287
- Einzelsymptombehandlung 507
- Epidemiologie 282
- Erklärungskonzept
- - mehrfaktorielles 296 f
- - psychologisches 294 ff
- Grundkonflikt 282
- Gruppenbehandlung, verhaltens-
  therapeutische 300
- Hemmung 283
- Hilflosigkeit 295
- Hyperthyreose-Wirkung 444
- hypochondrisches Syndrom 304 f
- Immunparameterveränderung 79
- Intervention, Transparenz 302

Depression
- bei körperlicher Erkrankung 302
- Komorbidität 281
- Konflikt, innerer, unbewußter 283
- koronare Herzkrankheit 424
- Krisenvorbereitung 302
- Kurzzeittherapie 290
- Leitgefühl 284
- Modifikation durch Abwehr 284
- narzißtische 287 f
- neurotische 281
- Objektbesetzung, narzißtische 282
- oral abhängige 285 f
- bei Persönlichkeitsstörung 281
- Psychodynamik 284 ff
- Psychoedukation 507
- Psychogenese 284 ff
- Psychopharmakotherapie 290,
  506 ff
- bei Psychotherapie 507
- Psychotherapie 290 ff
- – Anwendungsbereiche 302
- – Effektivität 301
- – gestuftes Vorgehen 302
- – interpersonelle 297, 300 f, 523
- – prognostisch ungünstige
    Bedingungen 301
- – psychoanalytische 290 ff
- – – Ferienpause 290
- – – Gegenübertragung 290
- – störungsspezifische 523
- Psychotherapieende 291
- psychotische 281
- realistische 289
- Regression 283
- Rückfallprophylaxe 299 f
- Rückzug 282
- Schmerz, funktioneller 392
- schöpferische 289
- Schweigen des Patienten 291
- schwere 287
- sekundäre, bei Zwangsstörung
    250
- Selbstgefühl, herabgesetztes 283
- Selbstgefühlstörung 288
- subsyndromaler Zustand 506 f
- Suizidalität 643
- Therapie 506
- Triebentmischung 283
- unipolare
- – Genetik 87 f
- – Lebenszeitprävalenz 86
- – Subtypisierung 88
- Unterscheidung zur Trauer 281
- Urverstimmung, frühkindliche 282

- Verbesserung
- – interaktioneller Fertigkeiten 298
- – partnerschaftlicher Kommunikation
    299
- Verhaltenstherapie, Kognitive 297 ff,
    523
- Verlangsamung 283
- Verlust als Auslöser 282
Depressionsäquivalent 407
Depressive Reaktion 281
Depressive Störung
- Gesprächspsychotherapie 590
- ICD-10-Klassifikation 281
- Schwindel 358
Dermatitis, atopische s. Neurodermitis
Desensibilisierung
- psychotherapeutische 413
- systematische 522
Desexualisierung, Depression 283
Deutung, Psychotherapie
- – Katathym imaginative 597
- – beim Kind/Jugendlichen 626
Deviation, sexuelle 313 f
- Behandlungsziel 313
- Definition 313
- ICD-10-Klassifikation 308
Diabetes mellitus s. auch Typ-I-
    Diabetes, s. auch Typ-II-Diabetes
    436 ff
- Ätiologie 436 f
- autoaggressive Impulse 439
- Definition 436
- Depression 438
- Epidemiologie 436
- Gruppentherapie 438
- Hypoglykämieangst 439
- Kindes-/Jugendalter
- – Compliance-Problem 438
- – Feedback, negativ gewertetes 437
- – Fehlanpassung 438
- – Krankheitsmanagement 437
- – Lebensqualität 438
- – Persönlichkeitsentwicklung 437 f
- – Selbstwertkrise 438
- – Stigmatisierung 438
- Kontrollüberzeugung, interne 439
- Krankheitsmanagement,
    mangelhaftes 438 f
- Krankheitsverarbeitung, positive 438
- labiler 438 f
- Definition 438
- Psychodynamik 439
- psychosomatische Aspekte 437 ff
- Sekundärkomplikation,
    Verarbeitung 438

- Streßsituationen 438
- suizidale Impulse 439
- Typ I s. Typ-I-Diabetes
- Typ II s. Typ-II-Diabetes
Diagnose 499
- Definition 161
Diagnosekategorien, klinische 210 f
Diagnosensystem, operationales 206 ff
- Charakteristika 206
- Kritik 208 f
Diagnosis Related Groups (DRGs) 9
Diagnostic and Statistical Manual of
    Mental Disorders (DSM) 206
Diagnostik 159 ff
- ätiologisch orientierte 28 f
- Befundintegration 19
- behandlungsorientierte 163
- Beziehungsaspekte 164
- Datenerhebung 167 f
- Dokumentation 19
- Funktion 161 f
- – erklärende 162, 164
- indikationsbezogene 19
- Informationsquelle 19, 167
- konfliktorientierte 163
- Methode 161
- – Effizienz 165
- Methodenwahl 168
- multimethodale 167
- multimodale 167, 173 ff
- nichtstandardisierte 168
- Ökologie 19
- Ökonomie 19, 174
- operationale 164
- problemlöseorientierte 51
- Problemstrukturierung 164
- psychoanalytische 162 ff
- psychodynamische 162 f
- – operationalisierte (OPD) 49 f,
    172 f
- Qualitätsanforderungen 19
- Standard, methodologischer 161
- standardisierte 167, 173 ff
- störungsorientierte 165
- symptomorientierte 163
- verhaltenstherapeutische 162 ff
- Zielsetzung 161 ff
Diagnostikprozeß 165
Diagnostisches Interview bei
    psychischen Störungen (DIPS) 210
Dialysepatient
- Familienintervention 490
- psychosoziale Versorgung 489
Diathese-Streß-Modell 104
- Dekompensation bei Tinnitus 408

Dienst, psychosozialer 491 f
Differenzierungsphase 67
DIN-EN-ISO-Reihe 23
Diplompsychologe, Ausbildung 8
DIPS (Diagnostisches Interview bei psychischen Störungen) 210
Disability (individuelle Behinderung) 42
Disrupted Attachment Group (DAG) 220
Dissexualität 313
Dissimulationstendenz
– Colitis ulcerosa 468
– bei psychologischer Testung 51
Dissoziation 245
– Belastungsstörung, posttraumatische 332 f
Dissoziative Störung 241
– Synkope 369
Distanzerleben 140
Distanziertheit, Persönlichkeitsstörung, schizoide 224
Distress 97
Diuretika, Wechselwirkung mit Lithiumsalzen 514
Dizziness 354
DMI (Defense Mechanism Inventory) 196, 200
Doctor-Shopping, Schmerzpatient 393
Dokumentation 32 f
– Diagnostikmaßnahmen 19
– Gedächtnisprotokoll 32
– handschriftliche 32
– Psychotherapie-Nebenwirkungen 22
– Therapiemaßnahmen 20
– Tonbandaufzeichnung 32
Dokumentationssystem 24
Dominanz, soziale 101
Don-Juanismus 243
Doppeln im Psychodrama 592 f
Doublebind-Hypothese 581
Doxepin 502
– Toxizität 510
– Wechselwirkung 510
– Wirkung, unerwünschte 510
Dramatisierungstendenz 243 f
Drehschwindel 359
Drei-Faktoren-Persönlichkeitsmodell 217 f
DRGs (Diagnosis Related Groups) 9
DSI (Zung Depression Status Inventory) 196, 198
DSM (Diagnostic and Statistical Manual of Mental Disorders) 206

DSM-III-Klassifikation
– Interview, teilstrukturiertes 209
– psychosexuelle Störung 308
DSM-IV-Klassifikation
– International Personality Disorder Examination 217
– Interview
– – standardisiertes 210
– – teilstrukturiertes 209
– Persönlichkeitsstörung 217, 222 f
– – antisoziale 225
– Strukturiertes Klinisches Interview 217
DSM-III-R-Klassifikation
– Achsen, diagnostische 208
– Interview, standardisiertes 210
Dual-Union, kindlich-mütterliche 124
Duodenalulkus s. Ulcus duodeni
Duodenitis, Differentialdiagnose 372
Durchführungsobjektivität 195
Durst, Fehlinterpretation 457
Dysfunktion, neurophysiologische, Panikstörung 269
Dysmorphophobie 253, 276, 303
Dysmotilitäts-Dyspepsie 371
Dyspepsie 371
– Psychodynamik 373
Dysphagie s. Schluckstörung
Dysphonie
– funktionelle 345, 347 ff
– habituell bedingte 347
– hyperfunktionelle 347 f
– hypofunktionelle 347 f
– konstitutionelle 347
– ponogene 347
– psychogene 345, 347 f
– spastische 349
– – ICD-10-Klassifikation 349
– symptomatische 345, 347
Dyspnoe, nervöse s. Hyperventilationssyndrom
Dysthymie 302
Dystonie, vegetative 4

E

EBPR (Erwachsenenbindungs-Prototypen-Rating) 150
Echtheit 588 f
EDI (Selbstbeurteilungsfragebogen für Eßstörungen) 196
EEG (Elektroenzephalographie) 176
Effizienzforschung 5
Effort-Syndrom s. Hyperventilationssyndrom

E-GO (Ersatzkassen-Gebührenordnung) 29
Egoismus 230
Egozentrismus 135
– Hysterie 243
Ehekonflikt 191
– chronischer 141
Ehrgefühl 70
Einengung, präsuizidales Syndrom 642 f
Einflußfaktoreninteraktion
– aktive 84
– passive 84
– reaktive 84
Einfühlungsvermögen, Merkmale mentalen Befindens 153
Einnässen, nächtliches 381
Einrichtungen, psychotherapeutisch-psychosomatische 616
Einsamkeit, Herzerkrankung 426
Einschlaf-Durchschlaf-Störung 41
Einschränkung
– phobische 42
– therapierelevante, Psychotherapieindikation 536
Einzelselbsterfahrung 15
Einzelsitzung, probatorische, vor Gruppentherapie 34
Einzeltherapie
– Gesprächspsychotherapie 589
– Kind/Jugendlicher 628
Ejakulationsstörung 309
Ekel 69
– internalisierter 130
Ekel-Affekt 129
Eklektizismus, technischer 527, 571
EKP (ereigniskorrelierte Hirnpotentiale) 176
Ekzem, endogenes 477
Elastic-mind-movement 36
Elektroenzephalographie (EEG) 176
Eltern-Kind-Beziehung
– Konflikte 126
– Verdrängung 126
Elternverlust, früher, 469
EMDR (Eye Movement Desensitization and Reprocessing) 333
Emergismus 177
Emotionalisierung 244
Emotionalität 75
Empathie 129, 152, 189
– mangelnde 230
Empfindungsstörung, sexuelle 243
Endorphine 458
Enquete zur Lage der Psychiatrie 4

Enteritis regionalis s. Crohn-Krankheit
Entfernung, optimale, des Kindes von der Mutter 140
Entlastung, psychische, durch Konversion 337 f
Entlibidinisierung 283
Entspannung
– Autogenes Training 598
– funktionelle 600
– physische 600
– psychische 600
– Qualität 129
Entspannungsverfahren
– bei Hörsturz 405
– bei Hypertonie 434
– bei Schlafstörung 503
– Schmerzbewältigung 396
– bei Tinnitus 408
Enttäuschung, Depression 285
Entwicklung
– geschlechtsspezifische 142 f
– kindliche, Risikofaktoren 37
– kognitive 66
– neurotische, Psychotherapie, Katathym imaginative 598
– psychische 185
– – Adoleszenz 147 f
– psychosexuelle, Zwangsstörung 265
– süchtige 543
Entwicklungsabschnitte 138 ff
Entwicklungsdefekt 543
Entwicklungsdefizit 565
Entwicklungsmodell, dreistufiges 135 f
Entwicklungsniveau, Interview 170
Entwicklungsphase(n) s. auch Phase 117 f
– orale, Fixierung 233
– psychosexuelle 119 ff
– sensomotorische 133 ff
Entwicklungspsychologie 69 f
– psychoanalytische 115 ff
Entwicklungsschaden 543
Entwicklungsstadien, suizidale 642
Entwicklungsstörung, frühe, Alexithymie 400
Entwicklungsstufe
– objektlose 125, 138
– prägenitale, Fixierung 423
Enuresis nocturna 381
Enzyme, alkoholabbauende, Genmutation 90
EPI (Eysenck-Persönlichkeit-Inventar) 196
Epidemiologie 36

Epigastric-Distress-Syndrom 371
Epiphänomenalismus 73
EQM (Gesellschaft für Europäisches Qualitätsmanagement im Gesundheitswesen) 23
Erbrechen 61
– selbstinduziertes
– – Anorexia nervosa 456
– – Bulimia nervosa 458
Ereignisparameter, subjektive 100
Ereignisse, lebensverändernde, Fragebogen 201
Erektionsstörung 309
– somatisch verursachte 311
Erfahrung
– affektive 521
– böse 61
– emotionale, korrigierende 521
– gute 61
Erfahrungszustand 66
Erfolg, Einschätzung durch den Patienten 21
Ergebnisdokumentation 24
Ergebniskriterien 23
Ergebnisqualität 21 f
Erlebensqualitäten, orale Phase 119
Erlebensweise
– anal-sadistische 120
– dissoziative, Borderline-Persönlichkeitsstörung 226
Erlebnisfähigkeit, emotionale, eingeschränkte 224
Erlebnisstörung 308
Erlebnisverarbeitung 30
Erlebniszustand 66
Erotisierung 62
– der Beziehungen 141 ff
Erotomanie 243
Erregbarkeit, neuromuskuläre, gesteigerte 351
Erregung, sexuelle, Motivationssystem 132
Ersatzkasse, Therapieantragsabfassung, formale 31 f
Ersatzkassen-Gebührenordnung (E-GO) 29
ERSS (Fragebogen zu emotionalen Reaktionen auf Schmerzsituationen) 199
Erstgespräch, psychoanalytisches 188 ff
– Informationsquellen 189
– prozeßorientiertes 189
– Rahmenbedingungen 188
– Zielsetzung 189

Erstinterview 33, 169 f
– psychoanalytisches 169
Erwachsenenalter, präventive Strategie 38
Erwachsenenbindungsinterview (AAI; Adult Attachment Interview) 150
Erwachsenenbindungs-Prototypen-Rating (EBPR) 150
Erwartung, ängstliche 267
Erwartungsangst, Herzangstneurose 361
Erwerbsunfähigkeit 43
– Begutachtung, psychosomatisch-psychotherapeutische 46
Erythrophobie 276
Erziehungsstil
– autoritärer 233
– bestrafender, überkontrollierender 234
– disziplinierender, strenger 226
– inkonsequenter 231
– kontrollierender, rigider 223
– überbehütender 233
Es 543
– Entwicklung 132
Eßattacken 458
Eß-Brech-Sucht s. Bulimia nervosa
Eßstörung 154 f, 253, 455 ff
– Epidemiologie 456
– Genetik 89 f
– ICD-10-Klassifikation 455
– Psychopharmakotherapie 505
Eßverhalten, Fragebogen 198
Eßzwang 461
Es-Widerstand 63
Exkretionslust 120
Exploration, Motivationssystem 131
Expositions-Reaktions-Management, Zwangsstörung 258 f
Expositions-Reaktions-Verhinderung, Zwangsstörung 258 f
Extraversion 92
Extrembelastung s. Krise
Extrem-Traumatisierung 634
Eye Movement Desensitization and Reprocessing (EMDR) 333
Eysenck-Persönlichkeits-Inventar (EPI) 196

F
Facharzt
– Psychiatrie und Psychotherapie 4, 10
– – Zusatzbezeichnung Psychoanalyse 15
– Psychiatrie mit Schwerpunkten 10

– für Psychotherapeutische Medizin
  7, 10, 13 ff
– – Weiterbildung 15
– – Zusatzbezeichnung Psychoanalyse
  15
Fachpraxis, psychotherapeutische 14
Facial Action Coding System (FACS)
  175
FACS (Facial Action Coding System)
  175
Fähigkeit zur Trennung 143
Fähigkeiten, kognitive, genetischer
  Einfluß 92
Fallpauschale 9
Familie
– lebensgeschichtlicher Kontext
  582 f
– psychosomatische 581
– schizophrene 581
Familienanamnese 185
Familienbetreuung, psychoedukative
  522
Familiendiagnostik 582
Familiengespräch bei systemischem
  Lupus erythematodes 452
Familieninteraktion, desorganisierte
  228
Familienmitglied(er)
– Autonomieeinschränkung 457
– Interaktion, Veränderung 580, 582
– Wachstumsprozeß 583
Familienorganisationsebenen 583
Familienstruktur 582
– instabile 226
Familientherapie 34, 580 ff
– Behandlungstechniken 581
– Definition 580
– Effektivität 581
– Entwicklung 581
– funktionale 583
– Index-Patient 582
– Indikation 583
– Kontraindikation 586
– Konzeptbildung 581
– Konzeption, aktuelle 582 f
– operante 583
– Probedeutung 583
– Problemdefinition 582
– prophylaktische Bedeutung 586
– psychoanalytische 583
– Schulrichtungen 580
– Setting 583
– strukturelle 580, 583
– systemisch-strukturelle 580
– Verfahren 580

– verhaltenstherapeutische 580
– Wirkprinzip 582 f
Familie-in-Tieren-Test 203
Familientradition 582
Farbe
– Experimentieren 611
– Umgang 204
FBL (Freiburger Beschwerdenliste)
  196, 199
Feedback, negativ gewertetes 437
Feedback-System, Schmerzwahr-
  nehmung 388
Feierabend 113
Feindseligkeit
– koronare Herzkrankheit 423 f
– latente, Neurodermitis 478
Feinfühligkeit 151
– mütterliche 152, 156
FEKB (Fragebogen zur Erfassung von
  Formen der Krankheitsbewältigung)
  196, 201
Feldenkrais-Gilde 604
Feldenkrais-Methode 603 ff
– Ausbildung 603
– funktionale Integration 605
– Indikation 605
– Lernatmosphäre 604
– Qualitätskriterien 604
Fenster, rundes, Membranverletzung
  403
Fertigkeiten, interaktionelle,
  Verbesserung 298
Fertigkeitstraining 226
Fettsäuren, freie, koronare Herzkrank-
  heit 421 f
Fettstoffwechselstörung, koronare
  Herzkrankheit 421
FEV (Three-Factor-Eating-Question-
  naire; Fragebogen zum Eßverhalten)
  196, 198
Fibromyalgie 452 ff
– Arzt-Patient-Beziehung 452 f
– Definition 452
– Diagnosekriterien 452
– Gruppentherapie 454
– Psychodynamik 453
– Therapie 453
Fitneß, inklusive 126
Fixierung, orale
– Bulimia nervosa 459
– Depression 285
FKBS (Fragebogen zu Konflikt-
  bewältigungsstrategien) 196, 200
FKV (Freiburger Fragebogen zur
  Krankheitsverarbeitung) 196, 201

Flucht 61
Fluchtreaktion, Hemmung, Synkope
  369
Fluoxetin 262, 499
– Absetzphänomene 511
– Dosierung 510
– Wirkung, unerwünschte 511
– Wechselwirkung 511
Fluvoxamin 505
– Absetzphänomene 511
– Dosierung 510
– Effekte, unerwünschte 511
– Wechselwirkung 511
FMP (Fragebogen zur Messung der
  Psychotherapiemotivation) 51, 196,
  201
Fokaltherapie 549 f
– bei Suizidalität 646 f
Fokus
– Definition 550
– patientenorientierter 550
– Psychotherapie, stationäre 618
– therapeutenorientierter 551
Folteropfer 633 ff
– Belastungsstörung, posttraumatische
  331
– Gegenübertragung 634
– Heilungsprognose 639
– Langzeittherapie 639
– Psychotherapie 638 f
– Therapie 637 ff
– Verarbeitung 636 f
– – depressive 636
– – narzißtische 636 f
– – paranoide 636
– – somatische 636
– – symbolische 637
– – zwischen den Generationen 637
Fortbildung, psychosoziale 492
– Arbeitsform 492
FPI-R (Freiburger Persönlichkeits-
  Inventar) 50, 196, 199 f
– Neurodermitispatient 478
Fragebogen 167, 173 ff
– zu Coping-Reaktion in Schmerz-
  situationen (CRSS) 199, 201
– zu emotionalen Reaktionen auf
  Schmerzsituationen (ERSS) 199
– zur Erfassung von Formen der
  Krankheitsbewältigung (FEKB)
  196, 201
– zum Eßverhalten (FEV; Three-
  Factor-Eating-Questionnaire) 196,
  198
– Fremdbeurteilung 174

Fragebogen
- zu körperbezogenen Ängsten, Kognitionen und Vermeidung (AKV) 196, 198
- zur kognitiven Reaktion in Schmerzsituationen (KRSS) 199
- zu Konfliktbewältigungsstrategien (FKBS) 196, 200
- Krankheitsverarbeitung 51
- zur Messung der Psychotherapiemotivation (FMP) 51, 196, 201
- Persönlichkeitsmerkmale 50
- zu schmerzbedingter Funktionseinschränkung 199
- zum Schmerzverhalten (FSV) 197, 201
- Selbstbeurteilung 174
- zur sozialen Integration (FSI) 196, 201
- zur sozialen Unterstützung (F-SOZU) 196, 201
- Statevariable 174
- Streßverarbeitung 51
- zur subjektiv erlebten Arbeitsbelastung und zum Transfer in die Familie (SUATFAM) 113
- symptomorientierter 198 f
- Traitvariable 173
Fragiles-X-Syndrom 83
Fragmentierung 61 f
Fragmentierungsängste, Hypochondrie 304
Framingham-Studie 420, 426
Frauenrolle, Masochismus 60
Freiburger
- Beschwerdenliste (FBL) 196, 199
- Fragebogen zur Erfassung der Krankheitsverarbeitung (FKV) 51, 196, 201
- Persönlichkeits-Inventar (FPI-R) 50, 196, 199 f
- - Neurodermitispatient 478
Freigebigkeit 120
Fremdbeurteilung
- Fragebogen 174
- Ratingskala 175
- durch den Untersucher 174 f
Fremdbeurteilungssystem 173
Fremdbeurteilungsverfahren 49, 174 f
- Fehlerquellen 175
- Vorzüge 175
Fremdenangst 125
Fremde-Situation-Test 150
Freude 69

Frigidität 309
Früh-Adoleszenz 147
Frühkindheit, Risikofaktoren 36
Frustration 67
FSI (Fragebogen zur sozialen Integration) 196, 201
F-SOZU (Fragebogen zur sozialen Unterstützung) 196, 201
FSV (Fragebogen zum Schmerzverhalten) 197, 201
Fünf-Faktoren-Persönlichkeitsmodell 217 f
Fürsorge für den Säugling 37
Funktionelle Störung, übendes Verfahren 600
Funktionsanalyse, Verhaltenstherapie 563 f
Funktionsniveau, psychologisches, Interview 170
Funktionsstörung
- kognitive 41
- - Diagnostik 50
- vegetative 41
Funktionsvariablen 563
Furcht 69
- Magentypus 373
Furchtlosigkeit 225
Furchtreaktion, konditionierte 332
Fusion, intrafamiliäre 469

G

GABA, Wirkungssteigerung 502
Gängelband 141
Gastritis, Differentialdiagnose 372
Gastroduodenale Störung, funktionelle 371
Gastrointestinale Störung, psychosomatische, Strebungen, unbewußte 399
Gate-Control-Theorie 388
GBB (Gießener Beschwerdebogen) 197, 199
Gebietsarzt
- für psychotherapeutische Medizin, Weiterbildungsstätte 16
- Psychotherapie-Weiterbildung 14
- Zusatzbezeichnung Psychotherapie 13 f
Gedächtnis, Messung 50
Gedächtnisdefizit, vorzeitiges 83
Gedächtnisprotokoll 32
Gedanken, suizidale, Borderline-Persönlichkeitsorganisation 557 f
Gefahrensignal 129
Gefühl 129

Gefühlsabwehr bei Menière-Krankheit 356
Gefühlsvermeidung, Zwangsstörung 250
Gegenemotion 244
Gegenübertragung 189, 191 ff, 543
- Adipositaspatientin 461
- Folteropfer 634
- Herzangstneurose-Patient 366 f
- Hörsturzpatient 405
- Hypertoniepatient 434
- hypochondrischer Patient 306
- konkordante 306
- Myokardinfarktpatient 429
- Partnersituation 191
- Patient mit funktionellen Unterbauchbeschwerden 378 f
- bei Perversion 313
- psychosomatisch Kranker 402
- psychosomatische Störung 400
- Schmerzpatient 394
- suizidgefährdeter Patient 645 f
- Tinnituspatient 408
- Ulkuspatient 466
Gegenübertragungsgefälle, hysteriformes, prägnanztypisches 245
Gegenübertragungskrise 646
Gegenübertragungsneurose 193
Gegenübertragungsphänomen 171
Gegenübertragungsreaktion 186
- Erkennen 33
- bei Geschlechtsumwandlungswunsch 312
Gehirntätigkeit, Diagnostikverfahren, bildgebende 176
Gehirnwäsche 634
Geiz 120
Gen 83
- risikomodulierendes 93
Generalisierungsneigung, Schmerzpatient 394
Genetik 83 ff
- quantitative 92
Genexpression 84
Genitalorganisation, infantile 120
Genmutation 83 f
Genortsuche 94
Genprodukt, Variabilität 83
Gerechtigkeitsgefühl 143
Gesamtbehandlung, integrierte 617
Geschlechtsidentität 136 ff
- Ausprägung 148
- sichere 146
Geschlechtsidentitätsstörung 311 ff
- Definition 311

– Epidemiologie 312
– ICD-10-Klassifikation 308
– Therapie 312
Geschlechtsreife 146
Geschlechtsrolle 137
– Ausgestaltung
– – endgültige 146
– – konflikthafte 137
– Stabilisierung 148
Geschlechtsstereotyp 136
Geschlechtsumwandlungswunsch 311
– Gegenübertragungsreaktion 312
Geschlechtsunterschied, Disposition,
    angeborene 136 f
Geschlechtszuweisung 136
Geschwür, gastrointestinales,
    streßbedingtes 98
Gesellschaft
– für Europäisches Qualitätsmanage-
    ment im Gesundheitswesen (EQM)
    23
– Spaltungstendenz 640
Gespräch
– Definition 168
– diagnostisches 168 f, 181 ff
– – Angehörigeneinbeziehung 183
– – Beziehungsdimension 191 ff
– – orientierendes 182
– – Rahmenbedingungen 183
– – Sitzposition 183
– – Zeitrahmen 183
Gesprächsführung 183
Gesprächspsychotherapie 587 ff
– Akzeptieren, bedingungsfreies
    588 f
– Echtheit 588 f
– Indikation 589 f
– klientenzentrierte 587
– Konzeption, aktuelle 588
– Nichtdirektivität 587
– personenzentrierte 587
– Setting 589
– störungsbezogene 588
– Technik 588
– Verstehen, einfühlendes 588 f
– Wirkprinzip 588
Gestaltung, graphische 611
Gestaltungstherapie 609 ff
Geste, suizidale 640
Gestik
– sprachbegleitende 176
– sprachunabhängige 176
Gestus
– depressiver 636
– paranoider 636

Gesundheit, psychische
– Entwicklungsbedingungen 37
– Unterstützung, soziale 103
Gesundheitsförderung 36
Gesundheitsreformgesetz 17
Gesundheitsverhalten, Förderung,
    Schmerzbewältigung 396
Gesundheitszustand, Grübelei,
    zwanghafte 304
Getriebensein 234
Gewalt
– elterliche 226
– körperliche, Artefaktkrankheit 322
Gewichtsreduktion, Thyroxineinnahme
    445
Gewichtsverlust, selbst herbeigeführter
    456
Gewissensangst 69
Gewissenskonflikt, pathologischer 285
Gier 69
Gießener Beschwerdebogen (GBB)
    197, 199
Gießen-Test (GT) 50, 197, 199 f
Gilles-de-la-Tourette-Syndrom 253
Giving-up-given-up complex 287
Gleichgültigkeit 224
Globus hystericus 341 f
Globusäquivalent 341
– Psychodynamik 342
Globusgefühl 371
– echtes 341, 343
– – Ätiologie 341
– – Psychodynamik 342
– als Erinnerungssymbol 342
Globussyndrom 340 ff
– Ätiologie 341
– Definition 341
– Epidemiologie 341
– ICD-10 340
– Psychodynamik 342
Glukosekonzentration, erhöhte 436
Good enough mother 38
Goodness-of-fit-Hypothese 103
Grawe-Modell 529 ff
Grenzen, Umgang des Patienten 33
Grenzflächenphänomen, Schwindel
    358
Grimm 70, 130
Größenphantasien 423
Größenselbst, zerstörerisches 64
Groll 70, 130
Großzügigkeit 120
Grübelei, zwanghafte, über den
    Gesundheitszustand 304
Grundhaltung des Arztes 183

Grundstörung 66, 401
Grundversorgung, psychosomatische 7,
    12 ff, 492
– Abrechnungsvoraussetzung 29
– Behandlungsgründe 29
– Definition 13
– Fortbildung 7
– Fortbildungsnachweis 29
– Indikation 29
– Qualifikation 13
– Weiterbildung 16, 532
Gruppe, kognitiv-verhaltensthera-
    peutische 300
Gruppen-Bildgespräch 613
Gruppengesprächspsychotherapie 589
Gruppenmusiktherapie 607
Gruppenselbsterfahrung 15
Gruppentherapie
– alte Menschen 632
– Einzelsitzung, probatorische 34
– bei Fibromyalgie 454
– krankheitsorientierte, Polyarthritis,
    chronische 449
– psychoanalytische 552 f
– – Abrechnung über Krankenkassen
    553
– – Behandlungsdauer 552 f
– – Indikation 553
– – Voraussetzungen 553
– verhaltenstherapeutische, bei
    Depression 300
Gruppentraining, autogenes 599
Grußreaktion 139
GT (Gießen-Test) 197, 199 f
Gutachter, Auftrag 52

H
Haarzellen, äußere 406
Habsucht, Wirkung, entwicklungs-
    fördernde 67
Hader 70, 130
Hämodialysebehandlung, Intervention,
    psychosoziale 488
Hämodilutionstherapie
– bei Hörsturz 405
– bei Tinnitus 408
Haloperidol 512
Halswirbelblockierung 403
– Schwindel 356
Halten 67, 124
– als therapeutische Technik 124
Haltung, therapeutische 529, 588
– inadäquate 538
– Kurzpsychotherapie, psycho-
    analytische 549

Hamburger Fokaltherapieprojekt 550
Hamburger Schmerz-Adjektiv-Liste
  (HSAL) 197, 199
Hamburger Zwangsinventar (HZI)
  197 f
HAMD (Hamilton-Depression-Scale)
  197 f
Hamilton-Depression-Scale (HAMD)
  175, 197 f
Handeln
– probatorisches, unterdrücktes 265
– therapeutisches 9, 13
– – Neukonstruktionsmodell 573 f
Handicap 42
Handlung
– autonome, Vermeidung 234
– parasuizidale 640
Handlungsankündigung 129
Handlungsanleitung, Funktion der
  Diagnostik 162
Handlungsansatz, psychothera-
  peutischer, Evaluation 162 f
Handlungsbereitschaft 69
Handlungsblockade 564 f
Handlungsniveau, Säuglingsalter 133
Handlungswissen 133
Handlungszwang
– Fragebogen 198
– Intervention 256
Hardiness-Skala 101
Harmonie 66
Harnblasenstörung, somatoforme
  381 f
– Psychodynamik 382
– Therapie 382
Harndrang, wiederholter
– bei der Frau 381
– beim Mann 383
Harninkontinenz, Ätiologie 381
Haßimpuls, Hypochondrie 305
Haus-Person-Baum-Test 203
Heilberuf, Stressoren 113
Heilige Chicago Sieben 3
Heilverfahren 43
Helicobacter pylori 463
Hemmung, Depression 283
Herpes
– genitalis 476 f
– labialis 476 f
– simplex 476 f
– – Definition 476
– – ICD-10-Klassifikation 476
– – Psychodynamik 476 f
– – Rezidivauslöser 476
– – Therapie 477

Herz
– Ausdrucksorgan in der Sprache
  425
– gebrochenes 425 f
Herzangstneurose 271, 276 f, 361 ff
– Ätiologie 363
– Differentialdiagnose 361 f
– Disposition, körperliche 364 f
– Epidemiologie 362 f
– Fehldiagnosen 362
– Identifikationsmodell 364
– Ordnungsstörung 365 f
– Psychodynamik 363 ff
– Psychotherapie
– – Gegenübertragung 366 f
– – Übertragung 366 f
– Therapie 365 ff
Herzerkrankung
– Einsamkeit 426
– koronare, Differentialdiagnose 362
– soziale Variablen 426 f
Herzhypochonder 361
Herzinfarkt s. Myokardinfarkt
Herzkrankheit, koronare s. Koronare
  Herzkrankheit
Herzschmerzen, durchblutungsbedingte
  419
Herztod, plötzlicher 427
Herztodhypochondrie 361
Herztodphobie 361
Herztod-Phobiker, Arbeitsbelastung,
  subjektiv erlebte 113
Heterogenie, genetische 84
Hilflosigkeit
– demonstrative 232 f
– Depression 286 f, 295
– erlernte 100
Hilfs-Ich-Funktion
– Angststörung 272
– Psychotherapeut 366, 548
Hingabestörung, versteckte,
  Urogenitaltraktstörung, somato-
  forme 382
Hirnpotentiale, ereigniskorrelierte
  (EKP) 176
Hirnrindenstörung
– orbitofrontale 226
– präfrontale 226
Histaminfreisetzung 385
HIV-Infektion, psychosoziale Faktoren
  80
HLA-B27 450
HLA-DR3 436
HLA–DR4 436
Höhenangst 276

Hörbahn, zentrale, Oszillationen
  406
Hörsturz 403 ff
– Ätiologie 403
– Bedingungsstrukturen, sozial-
  ökonomische 405
– Definition 403
– Diagnostik, psychosomatische 405
– Differentialdiagnostik 403
– emotional Episode before Onset
  404
– Epidemiologie 403
– Gegenübertragung 405
– pathogenetische Vorstellungen 403
– Prognose 405 f
– Psychodynamik 403 f
– psychoökonomische Funktion 404
– Reizabschirmung 405
– Therapie 405
– Übertragung 405
Hörverlust
– Menière-Krankheit 356
– psychogener 403
Hoffnungslosigkeit, Depression
  286 f
Holding-Situation 188
Homosexualität 63
Hormon, adrenokortikotropes (ACTH)
  99
Hostility s. Feindseligkeit
H₂-Rezeptor-Antagonisten 373
HSAL (Hamburger Schmerz-
  Adjektiv-Liste) 197, 199
Hummer-Syndrom 147
Hundephobie
– konnektionistisches Netz 576 f
– semantisches, traditionelles Netz
  576
Hunger, Fehlinterpretation 457
Hyperarousal 330, 332
Hyperemotionalität 243
Hyperphagie-Syndrom 461
Hypersexualität 243
Hypersomnie 41
Hyperthyreose 441 ff
– Ätiologie 443
– Beschwerden 442
– Beziehungsgestaltung 442
– Definition 441 f
– Differentialdiagnose 362
– Epidemiologie 443
– genetische Komponente 443
– ICD-10-Klassifikation 441
– Persönlichkeitsstruktur 444
– Psychogenese 443 f

– Reizschutz
– – protektiver 442
– – rezeptiver 442
– Wirkung bei Depression 444
Hyperthyreosis factitia 442, 445
Hypertonie, essentielle 431 ff
– Definition 431
– Deskription 431 f
– Epidemiologie 432
– genetische Faktoren 432
– ICD-10-Klassifikation 431
– Konflikt, unbewußter 3
– Nervensystem, autonomes 433
– Psychodynamik 432 ff
– Psychotherapie
– – Gegenübertragung 434
– – problemorientierte 434
– – Übertragung 434
– Suchtkomponente 434
– Therapie 434 f
– – Compliance-Problem 435
– Verhaltenstherapie 434
Hypertoniepatient, Compliance-
   Problem 435
Hyperventilationssyndrom 350 ff
– Agoraphobie 277
– mit Angstreaktion 352
– Arzt-Patient-Beziehung 352
– Autogenes Training 353
– Belastungstest 352
– Definition 350
– Differentialdiagnose 351
– Epidemiologie 351
– Hyperventilation als Primärtherapie
– ICD-10-Klassifikation 350
– Muskelrelaxation, progressive 353
– mit Panikreaktion 352
– Persönlichkeitssituation 352
– Pharmakotherapie 353
– Prognose 353
– Psychodynamik 352
– Psychotherapie 353
– Therapie 352 f
Hyperventilationstetanie s.
   Hyperventilationssyndrom
Hypochondrie 86, 253, 303 ff
– Abgrenzung von Krankheitsphobie
   276
– Chronifizierung 303
– Definition 303
– – enge 304
– – weite 303 f
– Epidemiologie 303
– Inhalt der Klagen 303
– Komorbidität 305

– Leidensintensität 303
– Psychodynamik 304 f
– Psychometrie 305
– Psychotherapie
– – Gegenübertragung 306
– – Patientenmotivierung 305 f
– – Setting 306
– Selbstbeschreibungsinstrument 305
– Therapie 305 ff
– wahrnehmungspsychologische
   Faktoren 305
Hypochondrische Störung 303 ff
– Epidemiologie 303
– ICD-10-Klassifikation 303
Hypochondrisches Syndrom 303 f
Hypokapnie, Hyperventilations-
   syndrom 351
Hypothalamus-Hypophysen-Neben-
   nierenrinden-Achse, Streßreaktion
   98 f
Hypothalamus-Sympathikus-Neben-
   nierenmark-Achse, Streßreaktion
   98
Hysterie 68, 241 ff, 337
– Begriffsdefinition 241
– Charaktermerkmale 243
– Differentialdiagnose zur Zwangs-
   störung 264
– diskriminierende Konnotation 241
– Epidemiologie 242
– geschlechtsspezifische Bedingtheit
   241
– Grundkonflikt 246
– Grundmotiv 245
– Historisches 241 f
– ICD-10-Klassifikation 241
– Konfliktebenen 245
– Persönlichkeitsstörung 243
– psychische Funktionsstörung 243 f
– Psychodynamik 244 f
– psychodynamische Zielrichtung
   244
– Psychotherapie 245 f
– – aufdeckende, psychoanalytisch
   orientierte 245
– – Beziehungsaufnahme, grenz-
   verwischende 246
– – Gegenübertragung 245 f
– – Übertragung 245
– Symptomatikwandel 241
– Zeitgeistfaktoren 241
Hysterischer Modus der Konflikt-
   verarbeitung 244
HZI (Hamburger Zwangsinventar)
   197 f

I

IAF (Interaktions-Angst-Fragebogen)
   197
ICD (Internationale Klassifikation
   der Krankheiten, Verletzungen und
   Todesursachen) 206 ff
ICD-10-Klassifikation 48, 172, 207 f
– Achsen, diagnostische 208
– Agoraphobie 275
– Angina pectoris 419
– Angstneurose 267
– Angststörung, generalisierte 267
– artifizielle Störung 318
– Asthma 410
– autonome Funktionsstörung,
   somatoforme 336
– Begleitinstrumente 208
– Belastungsstörung, posttraumatische
   329 f
– Darmerkrankung, chronisch-
   entzündliche 468
– depressive Störung 281
– Deviation, sexuelle 308
– Diagnosekategorien, klinische
   210 f
– dissoziative Störung 241
– Dysphonie, spastische 349
– Entwicklung 208
– Eßstörung 455
– Forschungskriterien 208
– Geschlechtsidentitätsstörung 308
– Globussyndrom 340
– Hauptkategorien 207
– Herpes simplex 476
– Hyperthyreose 441
– Hypertonie, essentielle 431
– Hyperventilationssyndrom 350
– hypochondrische Störung 303
– International Personality Disorder
   Examination 217
– Interview
– – standardisiertes 210
– – strukturiertes 209
– – teilstrukturiertes 209
– Kurzform 208
– Leitlinien 207
– Myokardinfarkt 419
– Neurodermitis 477
– neurotische Störung 239
– Oberbauchbeschwerden, funktionelle
   371
– Panikstörung 267
– Persönlichkeitsstörung 215, 217,
   222 ff
– Phobie, soziale 275

ICD-10-Klassifikation
– phobische Störung 275
– psychosomatische Störung 399
– rheumatische Erkrankung 447
– Schmerzsyndrom 387
– Schwindel 354
– sexuelle Funktionsstörung 308
– Stimmstörung 345
– Synkope 368
– Ulcus
– – duodeni 462
– – ventriculi 462
– Unterbauchbeschwerden, funktionelle 375
– Urogenitaltraktstörung, somatoforme 380
– Urtikaria 384
– Zwangsstörung 248, 264
ICD-10-Merkmalsliste 209
ICDIH (Internationale Klassifikation der Funktionsfähigkeit und Behinderung) 44
Ich 58, 65, 543
– als Angststätte 69
– Funktion 128
Ich-Depression 286 f
Ich-Einschränkung, Angstvermeidung 268
Ich-Entwicklung 132
– Adoleszenz 148
Ich-Es-Matrix, undifferenzierte 67
Ich-Ideal 58
Ich-Identität 555
Ich-Kerne 65
Ich-Leistungen, Stärkung beim Kind/Jugendlichen 626
Ich-Libido 63
Ich-Psychologie 65, 543
– Objektbeziehungstheorie 67
Ich-Schwäche 63, 65, 550
– narzißtische 643
Ich-Stärke 555
Ich-Stärkung bei Erstinterview 33
Ich-strukturelle Störung 240, 543
– Agoraphobie 278
– chronifizierte 29
Ich-Struktur-Stärkung bei Angststörung 272
Ich-Widerstand 63
ICIDH (International Classification of Impairments, Disabilities and Handicaps) 52
IDCL-P (Internationale Diagnose-Checklisten für Persönlichkeitsstörungen) 217

IDDM (insulin-dependent diabetes mellitus) s. Typ-I-Diabetes
Ideal, Suche 147
Ideal-Ich 58
Idealismus 73
Identifikationsfigur, fehlende 226
Identifikationsmodell, Herzangstneurose 364
Identifizierung 58, 61, 68
– mit dem Aggressor 61
– Charakterbildung 218
– Erstgespräch, psychoanalytisches 189
– Persönlichkeitsentwicklung 220
– projektive 61, 66, 240
– selektive, partielle 67
Identität, Entdeckung 67
Identitätsdiffusion 65, 555, 558
Identitätsentwicklung 524
– männliche, Störung 383
Identitätsgefühl 140, 148
Identitätskrise, Schwellensituation 585
Identitätsstatus, Herausbildung 148
Identitätsstörung, Borderline-Persönlichkeitsstörung 226
Identitätssuche, Erotisierung 245
Identitätstheoretiker 73
IDS (Inventar depressiver Symptome) 197 f
IEG (Inventar zu Eßverhalten und Gewichtsproblemen) 198
IIP (Inventar interpersoneller Probleme) 197, 201
ILE (Inventar zur Erfassung lebensverändernder Ereignisse) 197
Imagination, katathyme 594
Imipramin 510
– bei posttraumatischer Belastungsstörung 504
Immunantwort, Konditionierbarkeit 77
Immunfunktion, Parameter 78
Immunsystem 77
– Deaktivierung, streßbedingte 80
– Streßreaktion 99
Immunvermittelte Erkrankung, psychosoziale Faktoren 80
Impact-Forschung 451
Impairment s. Schaden
Impotenz 309
– orgastische, relative 121
IMPS (Inpatient Multidimensional Psychiatric Scale) 175

Impuls(e)
– aggressiver
– – Abwehr 268
– – Umgang, flexibler 555
– hypermotorische, frühkindliche, Hemmung 450
– sexueller, Umgang 555
– verdrängter, psychosomatische Störung 400
Impulskontrolle, mangelhafte, Borderline-Persönlichkeitsstörung 226
Impulsivität, erhöhte 225
Index-Patient 582
– kindlicher, Paartherapie 586
Individualität, Konsolidierung 68
Individuation, Phasen 67 f
Inflexibilität 234
Informationsverarbeitung, konnektionistische Sicht 576
Inhaltsvalidität 195
Inpatient Multidimensional Psychiatric Scale (IMPS) 175
Instabilität, emotionale, Borderline-Persönlichkeitsstörung 226
Instanzen, intrapsychische, Konflikt 65
Instanzenmodell der psychischen Struktur 58
Instrumentalisierung 401
Instrumente, diagnostische, Entwicklung 161
Integration, soziale 163
– Fragebogen 201
Intellektualisierung 62, 148
Intensivtherapie bei sexueller Funktionsstörung 309 f
Intentionalität 74, 135
Interaktion
– innerfamiliäre, Veränderung 580
– kardiologische 427
– psychosoziale 163 f
– sexuelle 70
– – Funktionsstörungen 309
– soziale
– – Beobachtung durch das Kind 142
– – Präadaptation 139
– zeichenbestimmte 127
Interaktionismus 177
Interaktionsangebot, mütterliches 127
Interaktions-Angst-Fragebogen (IAF) 197
Interaktionsbeschreibung, Schmerzsyndrom, funktionelles 394
Interaktionsdiagnostische Faktoren, Paarkonflikt 586

Interaktionserfahrung
- Adoleszenz 148
- Repräsentanzenbildung 127
Interaktionsform 127
- symbolische 127
Interaktionsmerkmale 167
Interaktionsmuster 164
Interaktionsreparatur 126
Interaktionsrepräsentanz 625
Interesse 69
Interessenverknüpfung, elterlich-
kindliche 126
Internalisierung, Persönlichkeits-
entwicklung 220 f
Internalisierungsprozeß, Organisation
68
International Classification of Impair-
ments, Disabilities and Handicaps
(ICIDH) 52
International Personality Disorder
Examination (IPDE) 210, 217
Internationale Diagnose-Checklisten
für Persönlichkeitsstörungen
(IDCL-P) 217
Internationale Klassifikation der Funk-
tionsfähigkeit und Behinderung
(ICDIH) 44
Internationale Klassifikation der
Krankheiten, Verletzungen und
Todesursachen (ICD) 206 ff
Internationale Klassifikation der
Schäden, Aktivitäten und Partizi-
pation 48
Interpretationsobjektivität 195
Intervention
- deutende, Psychotherapie beim
Kind/Jugendlichen 626
- korrektive 105
- pädagogische 625
- präventive 105
- psychoonkologische 487
- psychosoziale, nach Organersatz
487 f
Interventionsangebot, Qualitäts-
anforderungen 20
Interventionstechnik, verbale
- Grundversorgung, psychosomatische
14
- Qualifikation 14
Interview 167 ff
- zur Analyse von Beziehungsepisoden
172
- Beobachtung, teilnehmende 171
- Charakter, interaktioneller 170
- Definition 169

- als diagnostisches Meßinstrument
172
- dynamisch ausgerichtetes 169 f
- Forschung, methodenbezogene 173
- Fragestellungen 170
- Methodik 169 f
- psychodynamisch orientiertes 169
- - Operationalisierung 171 f
- standardisiertes 210
- - Definition 210
- strukturiertes 170, 209 f
- - Definition 209
- teilstrukturiertes 209
- - Definition 209
- Zielsetzung 169 f
Interviewer 171
Interviewschema 184
Introjektion 61, 68, 643
- Depression 285
- Persönlichkeitsentwicklung 220 f
Intromissio, Funktionsstörung 309
Introspektionsbereitschaft, gleich-
schwebende 189
Introspektionsfähigkeit, mangelnde
29
Introversion 92
Inventar
- depressiver Symptome (IDS) 197 f
- zur Erfassung lebensverändernder
Ereignisse (ILE) 197
- zu Eßverhalten und Gewichts-
problemen (IEG) 198
- interpersoneller Probleme (IIP) 197,
201
- zur sozialen Phobie (SPAI) 198
Inventory of Personality Organization
(IPO) 559
Investition, elterliche 137
IPDE (International Personality
Disorder Examination) 217
IPO (Inventory of Personality
Organization) 559
IPT s. Psychotherapie, interpersonelle
Irritable-Bowel-Syndrom 371
Isolation
- Colitis-ulcerosa-Familie 469
- Psychotherapie, interpersonelle
301
Item 194 f

J
Jatrosom 508
Jod-Basedow 441
Johanniskraut 508
- Interaktion 508

K
Kalziumlösung, Injektion bei
Hyperventilationssyndrom 353
KAPP (Karolinska Psychodynamic
Profile) 173
Kardiorespiratorisches Syndrom
s. Hyperventilationssyndrom
Kardiovaskuläres Syndrom,
funktionelles 361 ff
Karolinska Psychodynamic Profile
(KAPP) 173
Karoushi 109
Karzinophobie 276
Kassenantrag 28 ff
- Ablehnung 35
Kassenantragsabfassung, formale
30 ff
Kastrationsangst 69, 121
Kastrationsdrohung 142
Katathym, Definition 595
Katecholaminspiegel, Belastungs-
störung, posttraumatische 332
Kategorien, diagnostische, deskriptive
206
Kaufen, pathologisches 253
Kausalanalyse 75
Kausalattribution 101
KB (katathymes Bilderleben) 594
Kern-Geschlechtsidentität 136
Kernspintomographie (NMR) 176
KHK s. Koronare Herzkrankheit
Kieler Schmerz-Inventar (KSI) 197,
199
Kind-Eltern-Übertragung 191
Kindertherapeut, analytischer 29
Kindheit
- präventive Strategie 38
- psychosoziale Belastung 36
- Risikofaktoren 36 f
- traumatisch belastete 269
Kind-Mutter-Beziehung 125 ff
Kindsmißbrauch, körperlicher 221
Kind-Therapeut-Beziehungsgefüge
625
KiP s. Psychotherapie, Katathym
imaginative
Klassifikationssystem, operationales
206 ff
Klassifikationsverfahren, diagnosti-
sches, strukturiertes 209 f
Klaustrophobie 275
Klischee 127
Körper 73
- eigener, als Objekt 304
Körperbesetzungsstörung 470

Körperbildstörung
– Adipositas 461
– Anorexia nervosa 456 f
– Bulimia nervosa 459
Körperdialog, innerer
– Sprache des Hasses 305, 307
– Sprache der Liebe 304, 307
Körperentfremdung 602
Körpergewicht, Anorexia nervosa 456
Körperliche Erkrankung
– Aufgabe des Psychotherapeuten 493
– Belastungsfaktoren 482
– Beratung, psychosoziale, Wirksamkeit 489 f
– Intervention, psychotherapeutische 490 f
– psychische Störung 484
– Psychotherapie
– – stationäre 621
– – Wirksamkeit 489 f
Körperliche Erscheinungen, Fehlinterpretation 305
Körperliche Störung, Verarbeitung, konversionsneurotische, sekundäre 338
Körperlichkeit, stimulierte 142
Körpermanipulation 316
– am Kind 318
Körperrepräsentanz 337
Körperschemaentwicklung 67
Körper-Seele-Problem 73
Körperselbst, Artefaktkrankheit 324 f
Körper-Selbstrepräsentanz-Spaltung 470
Körpertherapie s. Psychotherapie, körperorientierte
Kognition, dysfunktionale 296
Kognitionsmuster, Änderungsmethoden 299
Kognitive Prozesse, Entwicklung 132 ff
Kognitive Störung
– Depression 295 f
– Genetik 83
Kognitive Therapie, Krankheitstheorie 631
Kohärenzgefühl 101
Kohlendioxid-Rückatmung 352
Koitus, Funktionsstörung 309
Kollaps, orthostatischer 369
Kollusion 565
– direkte 585
– gekreuzte 585
Kollusionskonzept, eheliche Beziehung 584 f

Kommunikation
– Bewegungstherapie, Konzentrative 602
– Kind/Jugendlicher 626
– partnerschaftliche, Verbesserung 299
Kommunikationsbedingungen, Gestaltung 24
Komorbiditätsprinzip 206, 208
Kompetenz(en)
– psychosomatisch-psychotherapeutische, in klinischen Fächern 12
– psychosoziale 40 f
– – Beurteilung 52
– soziale, Training 232, 234
Kompetenzförderung 24
Komplementaritätsprinzip 178
Kompromißbildung, psychosoziale 585
Konditionierung
– Angst 485
– Organwahl bei Konversion 338
– posttraumatisches Syndrom 634
Konflikt
– aktueller
– – Krankheitsgeschehen 30
– – Psychotherapieindikation 535
– chronischer, Spondylitis, ankylosierende 450
– Eltern-Kind-Beziehung 126
– emotionaler, Konversion 337 f
– frühkindlicher, Reaktualisierung 542
– innerer, unbewußter, Depression 283
– intrapsychischer, Psychotherapieindikation 535
– neurotischer 68
– – aktueller 548
– – Krise, seelische 552
– ödipaler
– – Hysterie 245
– – Konversion, hysterische 338
– – Reaktivierung 146
– oral-aggressiver 466
– phasenspezifischer 268
– psychosomatische Störung 401
– subjektiv auswegloser, Colitis ulcerosa 469
– unbewußter 3
– Unterbauchbeschwerden, funktionelle 377
Konfliktambivalenz 565
Konfliktbegriff, psychoanalytischer 65
Konfliktlösung, neurotische 243
Konfliktmodell, psychoanalytisches 542

Konfliktpsychologie 64 f
Konfliktreaktion
– Aphonie 346
– Ulkuserkrankung 464
Konfliktsymptome, ödipale, kurz zurückreichende 550
Konflikttheorie, Angst 486
Konfliktverarbeitung
– hysterischer Modus 244
– intrapunitive, Gesprächspsychotherapie 590
Konfliktvermeidung 224, 423
– Hypertonie, essentielle 432
Konfrontation, Psychotherapie, Katathym imaginative 597
Konfrontationstherapie 522
Konkurrenz, Wirkung, entwicklungsfördernde 67
Konnektionistisches System 575 ff
Konsiliardienst, psychosozialer 491
Konsistenz, innere, eines Tests 195
Konstruktivismus, Familientherapie 582
Konstruktvalidität 172, 195
Kontext, lebensgeschichtlicher, familiärer 582 f
Kontrollängste 25
Kontrollüberzeugung, interne 101
Kontrollverlust
– Bulimia nervosa 458 f
– Psychopharmakotherapie 506
Kontrollwünsche 25
Konversion 68, 337 ff
– Appendizitis, chronische, junger Mädchen 377
– Definition 337
– Hörverlust 403
– Organwahl 337 f
– Schmerz, funktioneller 392
– Schwindel 358
– Unterbauchbeschwerden, funktionelle 377
Konversionsneurose, prägenitale 338
Konversionsreaktion, Aphonie 346
Konversionsstörung 241
– Synkope 369
Konversionssymptomatik 242 f
– Gestaltwandel 243
– symbolischer Gehalt 243
– Therapie 338
Kooperation
– Regelung 24
– für Transparenz und Qualität im Krankenhaus (KTQ) 23

Koordinationsstörung, Oberbauch-
beschwerden, funktionelle 372
Koronare Herzkrankheit 419 ff
– Ätiologie 421 ff
– Arbeitsfeld-Privatsphäre-Wechsel-
wirkung 421
– Belastung, berufliche 421
– Definition 419
– depressive Episoden 424
– Deskription 419 f
– Einflußgrößen, soziologische 421
– Epidemiologie 420 f
– Framingham-Studie 420, 426
– nutritive Faktoren 421 f
– Organgefühl 419
– pathogenetische Faktoren 427
– psychische Faktoren 421
– Risikofaktoren
– – im Lebensstil 425
– – organische 420 f
– Risikoverhalten 422
– Selbsthilfegruppe 429
– soziale Faktoren 421
– soziale Verteilung 421
– Typ-A-Verhaltensmuster 422 f
– verhaltensmedizinische Aspekte
424 f
– Vernichtungsschmerz 419
Koronarsterblichkeit 421
Kortikosteroide, Streßreaktion 99
Kortisol, Streßreaktion 99
Koryphäen-Killer-Syndrom 393
Kosten-Nutzen-Analyse 22
Kränkbarkeit
– depressiver Patient 291
– narzißtische, Adoleszente 624
Kränkungsschutz, geringer 42
Krankenhauswandern 317
Krankheit, seelische s. Seelische
Krankheit
Krankheitsangebot 182
– Organisation 183
Krankheitsbegriff, Psychotherapie-
Richtlinien 28
Krankheitsbewältigung s. Coping
Krankheitserleben
– Diagnostik, psychodynamische,
operationalisierte 49
– Psychotherapieindikation 535
Krankheitsfurcht 303, 307
Krankheitsgeschehen, Faktoren 30
Krankheits-Gesundheits-Kontinuum
44
Krankheitsgewinn, primärer 337
Krankheitsgewißheit, subjektive 307

Krankheitskonzept
– biologisches 208
– psychoanalytisches 57 ff
– Verarbeitung, unbewußte 181
Krankheitskonzeptualisierung 529
Krankheitsphobie 275
– Abgrenzung von Hypochondrie 276
Krankheitssymptome, unspezifische
41
Krankheitsverarbeitung
– Begutachtung, psychosomatisch-
psychotherapeutische 47
– Messung 51
– Psychotherapieindikation 535
Krankheitsverhalten, Begutachtung,
psychosomatisch-psychothera-
peutische 47
Krankheitsverlauf 163
Kreativität 610
Kreativitätsentfaltung, Bilderleben,
katathymes 595 f
Krebserkrankung
– Krankheitsverarbeitung 486
– psychosoziale Faktoren 80
Kreuzschmerzen, entzündlicher Typ
449
Kreuzschmerzsyndrom, chronifiziertes
389
Kriminalitätsopfer, Belastungsstörung,
posttraumatische 331
Krise
– adoleszente, somatisierte 356
– Definition 433, 551
– depressive, Persönlichkeitsstörung,
narzißtische 230
– hypoglykämische 438
– lebensgeschichtliche, Herzinfarkt
423
– psychosoziale 550
– Selbstheilung 552
Kriseninterventionen 105
– Anpassungsstörung 503
– psychoanalytisch orientierte 551 f
– – Behandlungsdauer 552
– Psychotherapie
– – Katathym imaginative 598
– – stationäre 621
– Suizidalität 503
Krisenreaktion, Hyperventilations-
syndrom 352
Kriterienliste, diagnostische 167
KRSS (Fragebogen zur kognitiven
Reaktion in Schmerzsituationen) 199
KSI (Kieler Schmerz-Inventar) 197,
199

KTQ (Kooperation für Transparenz und
Qualität im Krankenhaus) 23
Kummerspeck 461
Kunst der Moderne 609
Kunsttherapie 609 ff
– Dialog 611
– Gesprächsteil 611
– Gruppenarbeit 613
– Handlungsteil 611
– Indikation 614
– Konzeption 610 f
– leibbezogene 612
– Material 611
– Medien 611
Kurzpsychotherapie
– antidepressive 290
– Antrag 29 f
– psychoanalytische 544 f
– – Abrechnung über Krankenkassen
551
– – Ausrichtung der therapeutischen
Arbeit 549 f
– – Behandlungsdauer 550
– – Entwicklung 549
– – Fokus 550
– – Hauptklage 549
– – Indikation 550
– – Kontraindikation 550
– – Technik 550
– – – angstprovozierende 550
– – – konservative 550
– – – radikale 550
– – Therapieziel 549
– stationäre, Behandlungsarrangement
618
– bei Suizidalität 646 f
– Umwandlungsantrag für Langzeit-
therapie 30
Kurzzeitgedächtnisstörung, Hysterie
243
KVT s. Verhaltenstherapie,
Kognitive

L

Labilität, emotionale
– Depression 295
– Hysterie 243
Lächeln, soziales 139
Lächelreaktion
– soziale 125
– spezifische 125
Laevomepromazin 512
Lagerungsschwindel, paroxysmaler,
benigner 355 f
Laienätiologie 181

Landesbettenplan 10 f
Langzeittherapie
– Ersatzkassen-Antrag 31
– Indikationsprüfung 30
– psychoanalytische 544 f
– RVO-Kassen-Antrag 31
Latenzalter 143
LCU-Werte (Life Change Units) 100
Lebensbelastungen, bedrohliche,
  Oberbauchbeschwerden,
  funktionelle 373
Lebensereignis, belastendes 99
– Colitis ulcerosa 468
– Depression 294
– Herzinfarkt 425
– Hörsturz 404
– Immunparameterveränderung 79
– – Persönlichkeitsvariablen 80
– Polyarthritis, chronische 448 f
Lebensereignisforschung 97, 100
– Herzinfarkt 426
– Streßdefinition 98
Lebensgeschichte 167
Lebensqualität, Diabetes mellitus im
  Kindes-/Jugendalter 438
Lebenssituationsveränderung, Unter-
  bauchbeschwerden, funktionelle 377
Lebensstil
– anhedonischer 234
– dissozialer 225
– Risikofaktoren für koronare Herz-
  krankheit 425
Lebenstrieb 66
Lebenszyklus, Entwicklung des
  Familiensystems 583
Leere, Depression, narzißtische 287 f
Lehranalyse 193
Leib 73
Leidensdruck 526
Leistung, kognitive, Diagnostik 50
Leistungsanforderung, psychosoziale,
  berufsbedingte 51
Leistungsfähigkeit
– Beurteilung 51 f
– Verbesserung 52
Leistungsideal, internalisiertes 44
Leistungsmotivation, Hypertonie,
  essentielle 432
Leistungstest 194
Lernen
– kognitives 521
– operantes, Angst 485
– organisches 604
Lernprozeß, einfacher, Neugeborenes
  138

LHRH-Agonist 506
Liaisondienst, psychosozialer 491
Libido 119
– Pubertät 146
– Schwerbeweglichkeit 191
Liebe, primäre 64
Liebesbedürfnis 119
Liebesverlust, Angst 282
Life Change Units (LCU-Werte) 100
Life Stress 425
Life-event-Forschung s. Lebens-
  ereignisforschung
Lithiumintoxikation 514
Lithiumsalze 514
– bei Borderline-Persönlichkeits-
  störung 506
Loprazolam 502
Lorazepam 502
Lormetazepam 502
Luftschlucken 371
– habituelles 344
Lupus erythematodes, systemischer
  451 f
– Familiengespräch 452
– psychische Störung 451
– psychosoziale Faktoren 80
– Psychotherapie 452
– zerebraler Befall 451
Lust 69
Lustprinzip 68
Lymphknotenschrumpfung,
  streßbedingte 98
Lymphozytenproliferation,
  unspezifische 78
Lymphozyten-Subpopulationen 78

M

Machtausübung, willkürlich-aggressive
  120
Machtkampf
– Medikamentenverordnung 517
– sozialer, Zwangsstörung 250
Machtmißbrauch 186
MADRS (Montgomery-Asberg
  Depression Rating Scale) 197 f
Magenbeschwerden, funktionelle,
  Psychodynamik 373
Magenentleerung, verzögerte 372
Magenfrühkarzinom, Differential-
  diagnose 372
Magengeschwür, psychosoziale
  Faktoren 80 f
Magenneurose 371
Magentypus 373
Magenulkus s. Ulcus ventriculi

Magersucht s. Anorexia nervosa
Malerei 611
Management-Training 258
Männerrolle, Masochismus 60
MAO-Hemmer s. Monoaminoxidase-
  hemmer
Marburger Schmerzbewältigungs-
  programm 396
Marker
– biomedizinische 75 f
– sozialempirische 75 f
Masochismus 59 f
Materialexperimente 611
Materialismus 73
Matrix, undifferenzierte 132, 138
Maturity Onset of Diabetes in Youth
  (MODY) 436 f
Mc Gill Pain Questionnaire (MPQ)
  197, 199
Medikament(e)
– als Ersatzobjekt 516
– schlafanstoßende 502
Medikamentenabusus, Angststörung
  271 f
Medikamentenverordnung
– Psychodynamik 516 f
– Qualitätsanforderungen 20
Meditation, bildhafte, Autogenes
  Training 599
Mehrgenerationen-Therapie 632
MEL (Münchener Ereignisliste) 197
Melancholie 281
– Disposition 282
Menière-Krankheit 356
Menschenbild, philosophisches 529
Mentalisierung 134
Merkmale
– Deskription 161
– Klassifikation 161
– psychopathologische 215
Merkmalsausprägung, quantitative,
  genetische Variation 84
Merkmalsintegration 177 f
Messung
– physiologische 167
– psychophysiologische 176 ff
– – Zielgrößen 177
Metaanalyse 520
Metakognition 152 f
Mikrostressoren 99
Milchschorf 478
Milieu, pathogenes, Psychotherapie,
  stationäre 621
Milzschrumpfung, streßbedingte 98
Mimik 175

Minimum 578 f
- globales 578
- lokales 578
Minnesota Multiphasic Personality Inventory (MMPI) 50, 197, 199 f
Mißbrauch
- narzißtischer 538
- ökonomischer 538
- sexueller
- – Artefaktkrankheit 322
- – des Patienten 538
Mißgestaltsfurcht 253, 276, 303
Mißhandlung, körperliche, Artefaktkrankheit 322
Mißtrauen
- Persönlichkeitsstörung
- – paranoide 223
- – schizotypische 224
- zynisches 423
Mitralklappenprolapssyndrom 364 f
MMPI (Minnesota Multiphasic Personality Inventory) 50, 197, 199 f
Mobility Inventory 198
Modellernen, Angst 485
MODY (Maturity Onset of Diabetes in Youth) 436 f
Monoaminoxidasehemmer 511
- bei Borderline-Persönlichkeitsstörung 506
- bei Depression 508
- Dosierung 511
- bei Hyperarousal-Symptomatik 334
- bei posttraumatischer Belastungsstörung 504
- Wechselwirkung 504, 511
- – mit Lithiumsalzen 514
Monodrama 592
Monogene Erkrankung 83
Monophobie 42
Montgomery-Asberg Depression Rating Scale (MADRS) 197 f
Motilitätsstörung, Oberbauchbeschwerden, funktionelle 372
Motivational-affektives System 388
Motivationales System 131 f
Motivationsanalyse, Verhaltenstherapie 563
MPQ (Mc Gill Pain Questionnaire) 197, 199
MRFIT (Multiple Risk Factor Intervention Trail) 422
Münchener Ereignisliste (MEL) 197
Münchhausen-by-proxy-Syndrom 316, 318 f

Münchhausen-Syndrom 316 ff
- Psychodynamik 317
Münchner Diagnosen-Checkliste 209
Mütterlichkeit, primäre 67
Multimorbidität 41
- Psychotherapie, stationäre 621
Multiple Risk Factor Intervention Trail (MRFIT) 422
Multiple Sklerose, psychosoziale Faktoren 80
Muselmannsyndrom 636
Musiktherapie 606 ff
- aktive 606 f
- Anwendungsbereiche 606
- Ausbildung 606
- Indikation 608
- rezeptive 606
Muskelrelaxation, progressive 599 f
- bei Hypertonie 434
- bei Hyperventilationssyndrom 353
- Wirkprinzip 600
Muskelsinnentwicklung 599
Mutter
- hinreichend gute 67, 124, 139
- weniger gute 139
Mutterimago 282
Mutter-Kind-Beziehung
- ausreichend gute 123 f
- frühe, gestörte 224
- Qualität 140
Mutter-Kind-Interaktion, emotionale, frühe 65
Muttersucht 459, 461
Mutter-Tochter-Beziehung, gescheiterte 142
Mutter-Tochter-Verbundenheit, zärtlich-freundschaftliche 143
Myokardinfarkt
- Ätiologie 421 ff
- Arbeitsbedingungen 109
- Belastungsfaktoren 109 f
- Deskription 420
- Differentialdiagnose 361
- Epidemiologie 420 f
- ICD-Klassifikation 419
- Lebensereignisforschung 426
- Psychotherapie 428 ff
- – Gegenübertragung 429
- – Übertragung 429
- Rehabilitation 429
- Schmerzcharakter 420
- Schmerzort 420
- soziale Verteilung 421
- Verarbeitung 427 f

Myokardinfarktpatient, Arzt-Patient-Beziehung 420

N
Nachlässigkeit 120
Nachorgastische Phase, Verstimmung 309
Nachsorge, Informationsweitergabe 21
Nachsorgeangebot, Qualitätsanforderungen 20 f
Nachsorgemaßnahmen, Patientenmotivierung 20 f
Nachtarbeit 110
Nacken-Hinterkopf-Schmerz 356
Nähe-Distanz-Konflikt 25, 401
- Colitis ulcerosa 469
- Crohn-Krankheit 472
Nahrungsbedürfnis 119
Naltrexon 506, 512
- Dosierung 512
- Indikation 512
- Wechselwirkung 512
Narziß 287
Narzißmus s. auch Persönlichkeitsstörung, narzißtische 63 f
- Depression 282
- Entwicklung 64
- pathologischer 64
- primärer 64, 67
- sekundärer 64
- Triebentwicklung 64
Narzißmusinventar (NI) 197, 200
Narzißmustheorie, psychoanalytische, Suizidalität 643 f
Nausea 354
Nebennierenmark, Streßreaktion 98
Nebennierenvergrößerung, streßbedingte 98
Nefazodone 508
Negativfeststellungen, Sozialleistung 43
Negativismus, depressiver Patient 291
Negativität, grandiose 288
Neid 69
- Wirkung, entwicklungsfördernde 67
Nein-Beherrschung 125
Neopsychoanalytiker, Charakterdefinition 219
Nervensystem, autonomes, Aktivierung 433
Nervenzusammenbruch 244
Nesselsucht s. Urtikaria
Netzwerk
- konnektionistisches 575 f
- semantisches, lokalistisches 575

Netzwerk
– soziales
– – Crohn-Patient 472
– – protektive Funktion 38
– subsymbolisches 575 f
Neugeborenenperiode 138
Neukonstruktionsmodell, Handeln,
    therapeutisches 573 f
Neurasthenie, Schwindel 357
Neurodermitis 477 ff
– Ätiologie 478
– Arzt-Patient-Beziehung 479
– Definition 478
– Deskription 478
– Epidemiologie 478
– genetische Disposition 478
– ICD-10-Klassifikation 477
– Psychodynamik 479
– Psychotherapie 479 f
– Schubauslösung, psychosoziale
    Faktoren 478
– somatopsychische Zusammenhänge
    478
Neurodermitis-Kind, Entwicklung 479
Neuroleptika 509, 512 f
– atypische 225, 509, 513
– – Absetzphänomene 513
– – Effekte, unerwünschte 513
– – Vorsichtsmaßnahmen 513
– Dosierung 512
– Effekte, unerwünschte 509, 512
– hochpotente 512
– Pharmakologie 512
– Wirkbeginn 512
Neurologische Erkrankung
– Dysphonie 349
– Schluckstörung 343
Neuronitis vestibularis 356
Neuropsychologie 176
Neurose s. auch Neurotische Störung
    30
– Abwehr, manipulative 240
– Bedeutungswandel 211
– Diagnostik, psychodynamische 163
– Entscheidungsprozeß, diagnostischer
    567
– hypochondrische 303
– hysterische s. Hysterie
– konfliktbedingte 240
– narzißtische 543
– Prävalenz 6
– Psychotherapie, stationäre 621
Neurosenentstehung 542
Neurosentheorie, psychoanalytische
    543

Neurotische Erkrankung, Schwindel,
    begleitender 355
Neurotische Störung s. auch Neurose
    239 ff
– Drei-Schritt-Modell 239
– ICD-10-Klassifikation 239
– Konflikt, psychischer 239
– psychische Struktur 239
– Symptomwahl 239
– übendes Verfahren 600
Neurotische Struktur 30
Neurotisches Symptom 239
Neurotizismus 92
– Depression 295
– genetischer Einfluß 92
– Streßreagibilität 101
NI (Narzißmusinventar) 197, 200
Nichtkontingenz 100
Nichtkontrolle, Depression 295
Nichtseelische Krankheit, Abgrenzung
    von seelischer Krankheit 29
NIDDM (Non insulin-dependent
    diabetes mellitus) s. Typ-II-Diabetes
Niereninsuffizienz, chronische 487 ff
– Intervention, psychotherapeutische
    488 f
Nierentransplantatpatient
– Compliance-Anforderungen 488
– psychosoziale Versorgung 489
NMR (Kernspintomographie) 176
Non-abdominal-specific-Pain 371
Non-Benzodiazepin-Hypnotika 502
Non-events 100
Non-Ulcer-Dyspepsia 371
Normentreue 234
Normopathen, Hypertoniepatienten
    434
Notfallaffekt 70
Notfallreaktion 98
Nymphomanie 243
Nystagmus 354

O

Oberbauchbeschwerden, funktionelle
    371 ff
– Arbeitsunfähigkeit 372
– auslösende Situation 373
– Beschwerdevortrag 371
– Deskription 371
– Diagnostik 372
– Differentialdiagnose 372 f
– Epidemiologie 371 f
– extragastrisch bedingte 372
– ICD-10-Klassifikation 371
– Koordinationsstörung 372

– Motilitätsstörung 372
– Psychodynamik 373
– Sensibilitätsstörung 372
– Therapie 373 f
Obergutachten 35
Objekt 66
– intentionales 75
– mütterliches 282
– narzißtisches 643
Objektbesetzung 58
– narzißtische 282
Objektbeziehung 66, 556
– Ablösung 66
– Charakterbildung 218 f
– Colitis ulcerosa 469
– Depression, realistische 289
– Entwicklung 67, 122 ff
– gestörte 42
– internalisierte, früheste 122
– Motivationssystem 131
– oraler Modus 423
– Organisator
– – dritter 125
– – erster 125
– – zweiter 125
– Paarbeziehung 584
– passiv-abhängige 286
– pathologische, Psychotherapie,
    stationäre 619
– phallisch-genitale Phase 1 20
– Säuglingsalter 122 f
Objektbeziehungs-Psychologie 543
Objektbeziehungstheorie
– entwicklungsbezogene 67
– Ich-psychologische 67
– psychoanalytische 38
– Systematik 68
Objekterkenntnis 133
Objektivität eines Tests 194 f
Objektkonstanz 67, 141
– mangelhafte, Medikamenten-
    verordnung 516
Objektlibido 63
Objektliebe, primäre 66, 124
Objektorientierung, primäre 66
Objektpsychologie 66 ff
Objektrepräsentanz 625
– psychische 67
– Tötung durch Suizid 643
Objektsuche, Erotisierung 245
Objektverlust 69
– Adipositas 461
– Artefaktkrankheit 322
– Bulimia nervosa 459
– Suizidalität 643

Objektvorläufer 125
Objektvorstellung 133
Objektwahl, narzißtische 63
Objektzerstörung, phantasierte 282
Objketverlust, Ulkuserkrankung 464
Ödipuskomplex 60, 146
– des Mädchens 142
– negativer 146
– positiver 146
– Reaktivierung 147
Ödipussituation, inverse 631
Öffnung, emotionale, Immunsystem-
   aktivierung 79
Ösophagusstörung, funktionelle 371
Ohnmacht 369
Ohrdurchblutung, Beeinflussung,
   suggestive 405
Ohrgeräusch s. Tinnitus
Ohrspeicheldrüsen, geschwollene
   459
Oknophilie 66, 140
Olanzapin 509
OPD (Operationalisierte Psychodyna-
   mische Diagnostik) 49 f, 172 f
Operation, konkrete 135
Operationalisierte Psychodynamische
   Diagnostik (OPD) 4 9 f, 172 f
Opiatantagonist 506
Optimismus 120
Optimisten, orale 286
Orale Phase, Fixierung 385
Oralität 344
– Depression 282, 285 f
– frustrierte 286
– gastrointestinale psychosomatische
   Störung 399
Orbitopathie, endokrine 442
Ordnungsrelation 135
Ordnungsstörung, Herzangstneurose
   365
Organersatz, Intervention, psycho-
   soziale 487 f
Organgefühl, koronare Herzkrankheit
   419
Organisationsberatung, betriebliche
   114
Organphantasien 319
Orgasmusphase, Funktionsstörung
   309
Orientierung, salutogenetische 37
Orientierungslosigkeit, Depression,
   narzißtische 287 f
Oszillationen, Hörbahn, zentrale 406
Otolithenmaterial, verschlepptes
   356

P
Paarbeziehung, psychoanalytische
   Untersuchung 584
Paartherapie 34, 584 ff
– alte Menschen 632
– Entwicklung 584
– nach Familientherapie 583
– gleichzeitige 586
– Indikation 586
– Kontraindikation 586
– Konzept, aktuelles 585
– prophylaktische Bedeutung 586
– psychoanalytisch orientierte 586
– Schulrichtungen 584
– Setting 585 f
– bei sexueller Funktionsstörung
   309 ff
– sukzessive 586
Pain-Proneness 391
Panikattacke(n) 269, 358
– Hyperventilationssyndrom 351
– initiale 270
– Psychopharmakotherapie 504
– Psychotherapie, störungsspezifische
   523
Panikreaktion, Hyperventilations-
   syndrom 352
Panikstörung 269 f
– Ängste
– – hypochondrische 304
– – biologische 269
– Ätiologie 269
– hereditäre Komponente 278
– ICD-10-Klassifikation 267
– Lebenszeitprävalenz 87
– Psychodynamik 270
– Vermeidungsverhalten 269
Paniksyndrom, familiäre Häufung
   89
Parästhesien
– Angstneurose 267
– Hyperventilationssyndrom 351
Paralleltestreliabilität 195
Parameter, psychologische,
   Meßinstrumente 177
Parasuizid 640
Parasympathikusaktivierung 433
Parataxien 565
Parental Risk Scale 415
Parentektomie 415
Paroxetin 510 f
Partialtrieb 59, 119
Partizipation
– Definition 44
– ICIDH-Beschreibung 52

Partnerbeziehung
– bei Colitis ulcerosa 469
– bei Crohn-Krankheit 472
Partnerkonflikt
– chronischer 141
– interaktionsdiagnostische Faktoren
   586
– neurotischer 585
– Psychotherapie, interpersonelle
   301
– Regression, pathologische 585
Passung, Partnerwahl 137
Patient
– abweisender 156
– anaklitischer 525
– Diskriminierungsängste 181
– Einstellung zur psychischen
   Dimension 181
– geschickter 181
– hysterischer
– – Gegenübertragung 245
– – Übertragungskonstellation
   245
– introjektiver 525
– körperlich behinderter 186
– motivierter 181
– Motivierung 170
– – für Nachsorgemaßnahmen 20 f
– multimorbider 41
– übermotivierter 182
– unheilbar kranker 186
– verstrickter 156
Patient-Analytiker-Handlungsdialog
   89
Patient-Arzt-Beziehung s. auch
   Arzt-Patient-Beziehung
– Diagnosensystem, operationales
   209
– paraverbale Ebene 183
Patient-Arzt-Erstkontakt 181
Patient-Behandlung-Interaktion
   524
Patienten-Interaktionstyp
– interaktionsarmer 648
– manipulativer 648
– pseudostabiler 648
Patientenmerkmale 526 f
Patientenmitteilung, arglose 188
Patienten-Selbsthilforganisation,
   rheumatische Erkrankung 447
Patient-Therapeut-Beziehung 149
– Interview, dynamisch ausgerichtetes
   169 f
– Klarheit 34
– tragfähige, Initiierung 170

Patient-Therapeut-Interaktionsmodus
– aggressiver 648
– harmonisierender 648
– resignativer 648
Pause, präsuizidale 642
PDQ (Personality Disorder
   Questionnaire) 217
Pedanterie 120
Peer-Review-Verfahren 24 f
Pelipathiesyndrom 382
Penisneid 120, 142
Perfektionismus 234
– anankastischer 295
Peristaltikanreger 373
Personality Disorder Questionnaire
   (PDQ) 217
Persönlichkeit
– Definition 215
– Depression 295
– infantile 602
– Kontinuität 218
– narzißtische, Depression 288
– normale 555
– – qualitativer Unterschied zur
     gestörten Persönlichkeit 220
– protektiver Faktor 37
– psychopathische 215, 217
– Universalität 217
Persönlichkeitsänderung nach
   Extrembelastung 331
Persönlichkeitsauffälligkeit, Asthma
   413
Persönlichkeitsentwicklung
– abnormale 554
– Diabetes mellitus im Kindes-/
   Jugendalter 437 f
– Diagnostik 163
– primär präventive Strategie 38
– Psychotherapieindikation 535
Persönlichkeitsfaktoren 117
– psychische Störung 92
16-Persönlichkeits-Faktoren-Test
   (16-PF) 197
Persönlichkeitsfragebogen 50, 199 f
Persönlichkeitshaltung, hypochon-
   drische 303
Persönlichkeitskonzept 529
Persönlichkeitsmerkmale 194
– Bewältigungsverhalten 104
– Streßreaktion 101
– zwanghafte 469
Persönlichkeitsmodell 217 f
– interpersonelles 220 f
Persönlichkeitsmuster, prämorbide
   50

Persönlichkeitsorganisation
– Interview 170
– neurotische 555
– psychotische 555
Persönlichkeitspathologie 555 f
Persönlichkeitsstörung 41, 215 ff
– abhängige 232 ff
– – Ätiopathogenese 233
– – Therapie 233
– Abwehr, manipulative 240
– ängstliche 231 ff
– anankastische s. Persönlichkeits-
   störung, zwanghafte
– antisoziale 86, 154 f, 225 f, 558
– – Ätiopathogenese 225 f
– – Familienstudien 91
– – hereditäre Faktoren 226
– – Persönlichkeitsdisposition 225
– – Therapie 226
– asthenische s. Persönlichkeitsstörung,
   abhängige
– Charakteristik 220 f
– Definition 41, 215
– dependente 232 ff
– Depression 281
– Diagnosensysteme, operationali-
   sierte 216 f
– Diagnostik, psychodynamische 163
– Differentialtypologie 216 f
– dissoziale s. Persönlichkeitsstörung,
   antisoziale
– DSM-IV-Klassifikation 217, 222 f
– emotional instabile 41, 225 ff
– Epidemiologie 221 f
– exzentrische, sonderbare 223 ff
– furchtsame 231 ff
– Genetik 91
– Geschlechterverteilung 222
– histrionische 229 f, 243
– – Synkope 369
– hypomanische
– hysterische 243
– – Familienstudien 91
– ICD-10-Klassifikation 215, 217,
   222 ff
– Ideengeschichte 215 f
– Klassifikation, polythetische 217
– Leitlinien, diagnostische 215
– narzißtische s. auch Narzißmus
   230 f, 545
– paranoide 223 f
– – Ätiopathogenese 223
– – Differentialdiagnose 223
– – Gruppentherapie 224
– – Therapie 223 f

– Persönlichkeitsfaktoren 92
– posttraumatische 331
– Prävalenz 6
– prognostische Kriterien 222
– Psychodynamik 218 f
– Psychopharmakotherapie 506
– Psychotherapie
– – Ergebnisse 222
– – stationäre 621
– qualitativer Unterschied zur normalen
   Persönlichkeit 220
– schizoide 224, 234, 555
– – Ätiopathogenese 224
– – Therapie 224
– schizotypische 224 f, 555
– – Ätiopathogenese 225
– – Familienstudien 91
– – Therapie 225
– Selbstbeurteilungsskala 217
– strukturelle 30
– subklinische 91 f
– Suizidrisiko 222
– Transference-focused Psychotherapy
   554 ff
– Untersuchungsverfahren,
   standardisierte 217
– Verlauf 222
– vermeidend-selbstunsichere
   231 f
– – Ätiopathogenese 232
– – Gruppentherapie 232
– zwanghafte 234 f, 254
– – Therapie 234
Persönlichkeitsstruktur
– depressive, Herpes labialis 476
– Interview 170
– Neurodermitis 478
– psychosomatische Störung 399 f
– Ulkuserkrankung 464 f
Persönlichkeitssystem, narzißtisches,
   Testverfahren 200 f
Persönlichkeitstest 194
Persönlichkeitswandlung,
   schizophrene 224
Persönlichkeitszüge
– anankastische, genetischer Einfluß
   89
– stabile, Entstehung 126
Personspezifität, Streßreaktion 99
Perversion 313, 543, 545
– Behandlungsziel 313
– Definition 313
– masochistische 60
– sexuelle 240
Pessimisten, orale 286

PET (Positron-Emissions-Tomographie) 176
– zerebrale, bei Tinnitus 406
16-PF (16-Persönlichkeits-Faktoren-Test) 197
Pflegebedürfnis 119
Pflegekräfte, Psychodynamik 619
Pflichtfach Psychosomatik/Psychotherapie 10
Phallizität 136
Phänomenologie 73
Phänotyp 83
Phänotyp-Genotyp-Beziehung 84
Phantasie(n) 134
– geleitete 612
– perverse 313
Phantasie-Realität-Wechselwirkung 625
Phantasietätigkeit, verminderte 450
Phäochromozytom-Krise, Differentialdiagnose 362
Phase s. auch Entwicklungsphase
– anale 120
– autistische 138
– orale 119 f
– – Erlebensqualitäten 119
– oral-sadistische 120
– passiv-orale 119
– phallisch-genitale 120 f
– symbiotische 139, 141
Phenelzin 504
Phenytoin, Wechselwirkung mit Lithiumsalzen 514
Philobatismus 66, 140
Phobie 62, 128, 268, 275 ff
– Ätiologie 277
– Definition 275
– Differentialdiagnose zur Zwangsstörung 252
– einfache 275
– – Definition 276
– – Generalisierung 276
– – Verlauf 278
– Epidemiologie 276
– isolierte s. Phobie, einfache
– Klassifikation 275
– Lebenszeitprävalenz 87
– Psychodynamik 277
– soziale
– – Definition 276
– – Lebenszeitprävalenz 87
– – Persönlichkeitsfaktoren 92
– – Verlauf 278
– Therapie 278 f
– Verhaltenstherapie 278

– Verlauf 278
– Verschiebung 268
Phobische Störung 275 ff
– akute 30
– ICD-10-Klassifikation 275
– Symptome 267
PNI s. Psychoneuroimmunologie
Polyarthritis, chronische 447 ff
– Auffälligkeiten, psychologische 447
– Bewältigungsstil 448
– Epidemiologie 447
– Grundversorgung, psychosomatische 449
– Gruppentherapie 449
– Major-Conflict-Group 448
– Non-Conflict-Group 448
– Persönlichkeit 448
– Psychodynamik 447
– Psychotherapie 449
– Verlauf 448 f
Polydipsie 436
Polyurie 436
Position
– depressive 66, 289
– – Säuglingsalter 122 f
– narzißtische, zentrale 147
– paranoid-halluzinatorische 66
– – Säuglingsalter 122 f
Positron-Emissions-Tomographie (PET) 1 76
Post-Adoleszenz 148
Posttraumatic Stress Disorder Syndrome s. Belastungsstörung, posttraumatische
Posttraumatisches Syndrom 634 f
Prä-Adoleszenz 147
Präsuizidales Syndrom 642 ff
– Definition 642
Prävention 36 ff
– Ansatzpunkte 38
– primäre 94
– – Definition 36
– primordiale 36
– sekundäre, Definition 36
Primäraffekt 129
Primärobjekt 366
Primitivpersönlichkeit 602
Prinzmetal-Angina 362
Privatkasse, Therapieantrag 32
Probebehandlung 188
Probehandeln, lautes 147
Probesitzung 33
– vor Gruppentherapie 34
– Umgang mit Widerständen 33

Probetherapie 29, 165
– Beantragung 30
Problem-Chronizität 527
Probleme, interpersonelle, Fragebogen 201
Problem-Komplexität 527
Problemkonzeptualisierung 529
Problemlösung 136
Problemstellung, Erklärung 162
Problemstrukturierung 164
Problemsystem, familiäres 583
Problemverhalten, Faktorenanalyse 164
Prognose 162
Projektion 61
– Abwehrmodus 223
– kollektive 61
– phallisch-genitale Phase 120
Prophezeihung, selbsterfüllende 191
Prostatitis, abakterielle, chronische 382 f
Protektionsbegriff 37
– dynamischer 37
Protektionsforschung 37
Protektionsprozeß 37
Protestäquivalent, archaisches 343
Protestreaktion, Aerophagie 344
Protokoll negativer Gedanken 299
Prozeßdiagnostik 166
Prozeßdokumentation 24
Prozeßqualität 19 ff
– Verbesserung 24
Prüfungsfach Psychosomatik/Psychotherapie 4
Pseudo-Affektinkontinenz 243
Pseudogegenseitigkeit, innerfamiliäre 581
Pseudologica phantastica 316
Pseudophobie 277
Pseudo-Unabhängigkeit 472
Psyche 73
Psychische Erkrankung s. Seelische Krankheit
Psychische Störung
– Ablaufdynamik 579
– Ätiologie 569 ff
– – integrativer Ansatz 569 ff
– Genese, multifaktorielle 93
– Genetik, quantitative 92
– Modelle 570
– Mutation, modifizierende 84
– Nachreifung 38
– Netz
– – konnektionistisches 575 ff
– – semantisches, lokalistisches, traditionelles 575
– – subsymbolisches 575 f

Psychische Störung
– Persönlichkeitsfaktoren 92
– Polygenie 93
Psychische Struktur 57 ff
– Instanzenmodell 58
– Schichtenmodell 57 f
Psychoanalyse 542 ff
– Abrechnung über Krankenkassen 545
– in Abstinenz 193
– Ausrichtung der therapeutischen Arbeit 545
– Behandlungsdauer 545
– bei Depression 290
– diagnostische Kriterien 546
– Effektivität 546
– Entwicklung 3 f
– Erstgespräch 188 ff
– Indikation 545 f
– Indikationsstellung 165
– Kriterien 544 f
– Setting 545
– Therapieziel 545
Psychoätiologie 482
Psychodrama 591 ff
– Abschlußphase 592
– Erwärmungsphase 592
– gruppenzentriertes 592
– Handlungsphase 592
– Indikation 594
– protagonistenzentriertes 592
– Setting 593 f
– Wirkprinzip 592 f
Psychodramagruppenarbeit
– ambulante 593
– stationäre 593 f
Psychoedukation 499 f
Psychogene Störung, Behandlung 38
Psychoimmunologie 176
Psychoneuroimmunologie (PNI) 77 ff
– Forschungsfortschritte 81
– Methoden 77 f
– tierexperimentelle Studien 77 ff
Psychoneurose 268
– Gruppentherapie, psychoanalytische 553
– Psychoanalyse 545
Psychoonkologie 486 f
Psychopathologie des mittleren/ höheren Lebensalters 64
Psychopathy-Konzept 225
Psychopharmakotherapie 501 ff
– Akzeptanz, Hinderungsgründe 500
– antidepressive 290
– Grenzen 500

– Präparatekombination 504
– bei Psychotherapie 499 ff
– – Grenzen 501
– – Vorteile 500
Psychophysiologie, Ziele 176
Psychophysischer Prozeß, Klassifizierung 176
Psychose
– Adoleszenz 146
– endogene 545
Psychosexualität 119
Psychosomatik
– Bettenzahl 5
– Entwicklung 3 ff, 10 f
– holistische 4
– integrierte 4, 12, 492
– Interviewformen 169 ff
– Messung, psychophysiologische 176
– Rahmenbedingungen 11
Psychosomatische Abteilung 4, 11
Psychosomatische Familie 364
Psychosomatische Klinik 11
Psychosomatische Krankheit
– Adoleszenz 146
– aufrechterhaltende Bedingungen 164
– Diagnostik, psychodynamische 163
– posttraumatische 636
– psychosoziale Faktoren 163 f
– Psychotherapie, Katathym imaginative 597
– streßbedingte 104 f
– übendes Verfahren 600
Psychosomatische Medizin
– Fortbildung 13 ff
– Weiterbildung 13 ff
Psychosomatische Reaktion, Hörsturz 404
Psychosomatische Störung 399 ff
– chronifizierte 29
– Definition 399
– diagnostische Merkmale
– – spezifische 400
– – typische 400
– Gegenübertragung 400
– genetische Disposition 400
– Grundkonflikt 401
– ICD-10-KLassifikation 399
– Konfliktspezifität 399
– Krankheitszustand, körperlicher 400
– Organwahl 399 f
– Prävalenz 6

– Psychotherapie
– – analytische 402
– – Gegenübertragung 402
– – Übertragung 402
– Spezifitätsdiskussion 399 f
– Strukturspezifität 399 f
– Symptomspezifität 400
– unbewußte Strebungen 399
Psychosomatisches Kranksein 74
Psychotherapeut s. auch Therapeut
– Aufgabe bei körperlich Kranken 493
– Ausbildung 8 f
– Hilfs-Ich-Funktion 366, 548
– psychologischer 8, 29
Psychotherapeutengesetz 8 f
Psychotherapeutische Abteilung 4
Psychotherapeutische Einrichtung, Behandlungsorganisation 618
Psychotherapeutische Medizin 3 f
– Aufgabenschwerpunkt 14
– Definition 7, 14
– Diagnosesystem, klinisches 211
– Einrichtung, teilstationäre 43
– Ergebnisqualität 21 f
– Formen 5
– Fortbildung 13 ff
– Landesbettenplan 10 f
– medizinisch-technische Ausstattung 18
– personelle Bedingungen 18
– Prozeßqualität 19 ff
– Qualitätssicherung 17 ff
– räumliche Voraussetzungen 18
– Strukturqualität 18
– Weiterbildung 13 ff
Psychotherapie 519 ff
– ärztliche 12
– allgemeine 529 ff
– – Grawe-Modell 529 ff
– – Grundkonzeption 529
– ambulante 5
– analytische
– – bei psychosomatischer Störung 402
– – Weiterbildung 15
– Ansprechbarkeit des Patienten 524
– Beendigung 35
– Bewältigung 572 f
– Beziehungsaufnahme, grenzverwischende 246
– Bindungstheorie 149 f
– – Umsetzung 153 f
– chronisch Kranker 483
– Depression, neu auftretende 507

– dynamische 548
– – bei Suizidalität 647
– Effektivität 519
– – Zusammenhang mit Patienten-
  merkmalen 524
– Entwicklung 3 ff, 10 f
– Erfolgseinschätzung
– – durch den Patienten 21
– – durch den Therapeuten 22
– Ergebnisvariablen 529
– Erstinterview 170
– Finanzierung, Festlegung 34
– Finanzrahmen 8
– Forschung 519
– – Entwicklungslinien 519 f
– Grenzen 500
– Handlungsansatz, Evaluation 162 f
– Indikationsstellung 156 f, 162
– – adaptive 165
– – Bewertung, diagnostische 534 ff
– – differentielle 533
– – Kontext 534 ff
– – Patientenmerkmale 534 ff
– – verfügbare Methoden 534
– Inputvariablen 529
– integrativer Ansatz 527, 569 ff
– interpersonelle
– – bei Depression 290, 297, 300 f
– – Depressionskonzept 300
– – Grundprinzip 300
– Interventionsformen 529
– Interviewformen 169 ff
– Katathym imaginative (KiP) 594 ff
– – Befriedigung archaischer
  Bedürfnisse 596 f
– – Dimensionen 596 f
– – Grundstufe 595 f
– – Indikation 598
– – Kommunikationsebenen 597
– – Konfliktdarstellung 596
– – Kontraindikation 598
– – Kreativitätsentfaltung 595 ff
– – Mittelstufe 595 f
– – Oberstufe 595 f
– – Symbolisierungsprozeß 597 f
– – Technik 597 f
– kernkonfliktorientierte 545
– Kontraindikation 537 ff
– körperorientierte 600 ff
– – Indikation 602 f
– – stationäre 617
– Leistungsbegrenzung 34
– Leistungsumfang 30
– Methode(n) 519 ff
– – psychophysiologische 178

– Methodenintegration 527 f
– Methodenkombination 527 f
– – Effekte 528
– Nebenwirkungen, Dokumentation
  22
– Patientenaufklärung 539 f
– – Themenstellung 539 f
– problemzentrierte, bei Suizidalität
  646 f
– Prozeßvariablen 529
– psychoanalytische 542 ff
– – Abrechnung über Krankenkassen
  547
– – ältere Menschen 630 ff
– – – Indikationsstellung 630
– – Ausrichtung der therapeutischen
  Arbeit 547
– – bei Depression 290 ff
– – Deutung 626
– – Diagnose
– – – psychodynamische 623
– – – psychosoziale 623
– – Ferienpause 290
– – Frequenz 544
– – Gegenübertragung 290
– – Indikation 547
– – Kind/Jugendlicher 623 ff
– – – Setting 624 ff
– – – Wirkprinzip 624 ff
– – – Zielsetzung 624
– – Konzept, altersspezifisches 630
– – Krankheitstheorie 631
– – Kriterien 544 f
– – pädagogische Intervention 625
– – Setting 290, 544 f
– – Stundenzahl 544, 547
– – therapeutisches Ziel 547
– – Therapieziel 543 f
– – virtuelle dritte Person 625
– – Voraussetzung 544
– psychoanalytisch-interaktionelle
  548
– psychologische 12
– mit Psychopharmakotherapie
  499 ff
– – Grenzen 501
– – Vorteile 500
– Qualitätssicherung, Testbatterie
  199
– Rahmenbedingungen 11
– Rahmenfestsetzung 34
– Ressourcenaktivierung 572 f
– Schulenwettstreit 519 f
– Selbsterfahrung 14
– Standards 9

– stationäre 5, 602, 615 ff
– – im Alter 632 f
– – Behandlungsdauer 621
– – Behandlungskonzept, multi-
  modales 617
– – Behandlungsorganisation 618
– – – beim Kind/Jugendlichen 627
– – Behandlungsschwerpunkt 618
– – Behandlungsteam 617 f
– – – Psychodynamik 619 f
– – Diagnostik, kinderpsychiatrisch-
  neurologische 628
– – Differentialindikation 621 f
– – Effektivitätsnachweis 622
– – Entwicklung 615 f
– – Gesamtbehandlungsplan 618 f
– – Indikation 621 f
– – Indikationsstellung 619
– – integrierte 617
– – – beim Kind/Jugendlichen 627
– – Kind/Jugendlicher 626 ff
– – Konzeption 616
– – Methoden 617
– – Motivation des Patienten 620
– – Rahmenbedingungen beim Kind/
  Jugendlichen 628
– – Realraum 627
– – Setting 620 f
– – Therapieraum 627
– – Übergang zur ambulanten
  Versorgung 21
– – Versogungsplanung 615
– – Vorgespräch, ambulantes 620
– – Zielsetzung 618 ff
– störungsspezifische 522 f
– – empirisch validierte 522
– – Überprüfung, empirische 523 ff
– Stundenbegrenzung, Entdeckelung
  34
– supportive, bei Suizidalität 646 f
– Therapiemotivation, Phasenmodell
  572
– tiefenpsychologisch orientierte 548
– – Abrechnung über Krankenkassen
  548
– – Ausrichtung der therapeutischen
  Arbeit 548
– – Behandlungsdauer 548
– – Indikation 548
– – Kriterien 544 f
– – Schwerpunkte, Weiterbildung
  14
– – bei Suizidalität 647
– – therapeutisches Ziel 548
– – Weiterbildung 15

Psychotherapie
- Übertragungs-fokussierte s. Transference-focused Psychotherapy
- Verfahren 580
- Vorgehensweise, technische 529
- Weiterbildung 15
- Wirkfaktoren 520 ff, 571 f
- Wirksamkeitsnachweis 9, 570
- wissenschaftlicher Beirat 9
Psychotherapieeffekte
- mittelbar negative 538
- unmittelbar negative 538
Psychotherapie-Integration 570 ff
- Ebenen 570 f
Psychotherapiemotivation
- Fragebogen 201
- Messung 51
Psychotherapieplanung 530
Psychotherapie-Richtlinien 9, 13 f, 28 ff
- Krankheitsbegriff 28
- Leistungsbegrenzung 34
- Leistungsumfangsbegrenzung 30
Psychotherapieschäden 538
Psychotherapieverfahren, Anerkennungskriterien 522
Psychotherapy, transference-focused s. Transference-focused Psychotherapy
Psychovegetative Störung
- Affektäquivalent 339 f
- kommunikative Funktion 340
- Therapie 339 f
- Unterbauchbeschwerden, funktionelle 377
Psychovegetatives Allgemeinsyndrom 357
PTSD (Posttraumatic Stress Disorder Syndrome) s. Belastungsstörung, posttraumatische
Pubertät 146 ff
Pubertätsentwicklung, verzögerte, Anorexia nervosa 456
Pubeszenz 146

Q

QTL (Quantitative Trait Loci) 84
Quaddelbildung 384 f
Qualität, Definition 17
Qualitätsentwicklung 22
Qualitätskontrolle 17, 22
Qualitätskonzeption 22
Qualitätsnachweis 22
Qualitäts-Screening 24 f
- Voraussetzungen 25

Qualitätssicherung 17 ff
- Befähigungskriterien 23
- Ergebniskriterien 23
- externe 23
- interne 23
- Leistungserbringerinteressen 25
- Leistungsträgerinteressen 25
- Patienteninteressen 25
- in der Psychotherapie, Testbatterie 199
- der Qualitätssicherung 25
- sozialpsychologische Aspekte 25
- Strategie 22 ff
- Verantwortliche 25
- Zertifizierung 23
Qualitätssicherungsmaßnahmen 17, 23 ff
- Implementierung 22 f, 25
- – avictory 25
- – Konfliktvermeidung 25
Qualitätszirkel 24
Quantitative Trait Loci (QTL) 84

R

Rache 70, 130
Rahmenbedingungen, gesellschaftliche 38
Rapprochement 67
Ratingskala, Fremdbeurteilung 175
Rationalisierung 62
Raum, semirealer 592
Reagibilität
- affektive, erhöhte 226
- Streßreaktion 101
Reaktionsbildung 62
Reaktions-Verhinderung, Zwangsstörung 258
Reaktionsweise, Ich-dystone 442
Realangst 69
Realität, innere, Prüfung 289
Realitätsbezug, gestörter 42
Realitätsprüfung 69
- angemessene 42
Reappraisal 102
Reduplikation, projektive 399
Reflective Self-Scale (RSS; Skala des reflexiven Selbst) 153
Reflux, gastroösophagealer, Globusbeschwerden 341
Refluxdyspepsie 371
Regelgrenzen, Überschreitung 34
Regredieren vor dem Konflikt 596
Regression 44, 63, 185
- Depression 283
- Herzangstneurose 364

- bei katathymem Bilderleben 595 ff
- nach narzißtischer Kränkung 644
- orale, Magentypus 373
- pathologische, Partnerkonflikt 585
- therapeutische 597
- Zwangsstörung 265
Regressives Phänomen, Schwindel 359
Regulationslabilität, vegetative 365
Regulierungsprozeß 67
Rehabilitation 40 ff
- ambulante, regionale 43
- Einrichtungen 43
- Schwerpunkt, psychosozialer 40
- stationäre 5
- – Bettenzahl 5
- Träger 41
- übendes Verfahren 600
- wohnortnahe 43
Rehabilitations-Angleichungsgesetz 40
Rehabilitationsklinik, Psychotherapie, stationäre 615
Rehabilitationsphase 529
Reiz, äußerer, Zufuhr, dauernde 130
Reizbarkeit, allgemeine 267
Reizblase 381 f
- Psychodynamik 382
- Therapie 382
Reizmagen 371
Reizschutz
- geringer 42
- Hyperthyreose 442
Reizsteuerung, Hyperthyreose 442
Reizstoffe, Asthma 413
Reizüberflutung, Hyperthyreose 442
Relationship-Anecdotes-Paradigm-Interview 172
Relaxation, progressive 599 f
- bei Hypertonie 434
- bei Hyperventilationssyndrom 353
- Wirkprinzip 600
Reliabilität eines Tests 195
Remediationsphase 529
Remoralisierungsphase 529
Rentenantragsteller, Psychodynamik 43 f
Rentenwunsch 43 f
Repräsentanz 59, 127
- bewußte 127
- Entstehung 149
- Entwicklung 127
- Interaktionserfahrung 127
- psychische 67
- unbewußte 127
Representation of Interaction Generalized (RIG) 134

Repression 99
Research Diagnostic Criteria 206
Resilience 37
Ressourcen
– Aktivierung 572 f
– therapierelevante, Psychotherapie-
   indikation 536
Rest-Leistungsfähigkeit, Begutachtung
   46
Restreliabilität eines Tests 195
Retentivität 120
Retrosternalschmerz, funktioneller 371
Revanche 70
Revidierte mehrdimensionale
   Schmerzskala (RMSS) 197, 199
Rheumapersönlichkeit 448
Rheumatische Erkrankung 447 ff
– bio-psychosoziales Modell 447
– ICD-10-Klassifikation 447
– Patienten-Selbsthilfeorganisation
   447
Rhythmus, endogener 138
RIG (Representation of Interaction
   Generalized) 134
Risikoforschung 36
Risikoverhalten, koronare Herzkrank-
   heit 422
Risperda s. Neuroleptika, atypische
Rivalität, Wirkung, entwicklungs-
   fördernde 67
RMSS (Revidierte mehrdimensionale
   Schmerzskala) 197, 199
Rollenfeedback 592
Rollenspiel 298
Rollentausch 593
Rollenverhalten, gegengeschlechtlich
   fixiertes 311
Rorschach-Test 203 ff
– Durchführung 203 f
– Interpretation 204 f
– Patienten mit ankylosierender
   Spondylitis 450
RSS (Reflective Self-Scale; Skala des
   reflexiven Selbst) 153
Rückenschmerzen, Fibromyalgie 452
Rückzug
– Depression 288
– Motivationssystem 131
– narzißtischer, Depression 282
– präsuizidales Syndrom 643
Rückzugstendenz 183
Rückzugsverhalten 433
Rumination 371
RVO-Kasse, Therapieantragsabfassung,
   formale 31 f

S
Sadismus 59 f
Salutogenese 101
Sanatoriums-Familie 364
SAS (Self Rating Anxiety Scale) 197
SAS (Social Adjustment Scale) 197
SASB (Strukturelle Analyse sozialen
   Verhaltens) 220
Saugen 61
Säugling
– aktiver 138
– passiver 138
Sauglust 283
SBAK (Stuttgarter Bogen zur Selbst-
   beurteilung von Abwehrkonzepten)
   197, 200
SCAN (Schedules for Clinical
   Assessment in Neuropsychiatry)
   210
Schaden 41 f
– Definition 44
– ICIDH-Beschreibung 52
Schadensvermeidung 92
Schallempfindungsschwerhörigkeit,
   akute s. Hörsturz
Schaltkreis, ganglionär-thalamischer,
   kortikobasaler, orbitaler 252
Scham 69 f, 130
– Depression, narzißtische 287 f
Schamangst 70
Schedules for Clinical Assessment in
   Neuropsychiatry (SCAN) 210
Schemata, kognitive, dysfunktionale
   295 f
Scheu, zwischenmenschliche 224
Schichtarbeit 110
Schichtenmodell der psychischen
   Struktur 57 f
Schichtzugehörigkeit, Ulkuserkrankung
   464
Schilddrüsenadenom, autonomes 441 ff
Schilddrüsenhormonapplikation mit
   suizidaler Absicht 445
Schizophrene Störung 225
Schizophrenes-Spektrum-Erkrankung
   225
Schizophrenie 154 f
– Differentialdiagnose zur Zwangs-
   störung 253
– Familienstudien 91
– Mitbehandlung, gesprächspsycho-
   therapeutische 590
– Negativsymptomatik 509
– Positivsymptomatik 509
– Psychopharmakotherapie 508 f

Schizotypie, negative 91
Schlafhygiene 503
Schlafstörung
– Fibromyalgie 452
– Psychopharmakotherapie 501 f
– übendes Verfahren 600
Schlafverhaltensstörung 41
Schluckangst 343
Schluckstörung 342 f, 371
– Definition 342
– organisch bedingte 342
– Psychodynamik 343
– psychogene 342
Schlüsselfigur, Colitis-ulcerosa-Patient
   400
Schmerz(en) 69
– akuter 388
– chronischer 388
– – Affektäquivalent 393
– – Circulus vitiosus 394
– – Diagnostik, psychoanalytisch
      orientierte 390
– – übendes Verfahren 600
– Definition 387
– Fragebogen 198 f
– funktioneller 388 f
– – Depression 392
– – Lokalisation 388
– – Pathogenese 392
– – Psychodynamik 392 f
– Gate-Control-Theorie 388
– multilokale 452
– seelischer, Abwehr 289
– somatisch bedingter 389
– Symptom als Universalwaffe
   395
– uncharakteristische 41
– unterdrückter, Urtikaria 385
Schmerzbewältigungsprogramm 396
Schmerzempfinden, Differenzierung
   391
Schmerzempfindlichkeit,
   Crohn-Patient 472
Schmerzempfindungsskala (SES)
   197, 199
Schmerz-Enquete 389
Schmerzerkrankung, generalisierte,
   chronische 452
Schmerzerleben 391
Schmerzgedächtnis 391
Schmerzkonzept, verhaltensthera-
   peutisches 396 f
Schmerzleitung 388
Schmerzpatient, narzißtisch agierender
   393

Schmerzsyndrom 387 ff
– des Beckens, chronisches, nicht-
    entzündliches 382
– biographische Aspekte 391 f
– chronisches, psychosoziale Faktoren
    164
– Definition 387
– Diagnostik 390 f
– Epidemiologie 389 f
– funktionelles
– – Interaktionsbeschreibung 394
– – Psychotherapie 393 ff
– – – Gegenübertragung 394
– – – Übertragung 394
– – sekundäres 393
– ICD-10-Klassifikation 387
– körperliches, Bedeutung als Objekt
    392
– Psychodynamik 392 f
– Therapie 393 ff
Schmerztagebuch 51
Schmerztherapie
– medikamentöse
– – Abwehrformen 517
– – Machtkampf 517
– psychologische, Ziele 396
Schmerzwahrnehmung 388
– Feedback-System 388
– Unterbauchbeschwerden,
    funktionelle 376
Schönheitshypochondrie 303
Schreck-Basedow 443
Schüchternheit 92
Schuldbewußtsein 63
Schuld-Depression 284 f
Schuldgefühl 60
– Depression 284 f
– Hörsturz 405
– Magentypus 373
– posttraumatisches Syndrom 636
– unbewußtes 65, 68
Schulenwettstreit 519 f
Schulphobie 278
Schutzmechanismus, psychosomati-
    scher, Hörsturz 404
Schwäche, Ich-strukturelle
– Angststörung 268 f
– Suchttendenz 271
Schweigepflicht, Kassenantrags-
    abfassung, formale 31 f
Schwellensituation, Identitätskrise 585
Schwellkörper-Autoinjektions-
    Therapie (SKAT) 311
Schwereübung, Autogenes Training
    598

Schwindel 354 ff
– Affektäquivalent 358
– Angstäquivalent 357 f
– Angsteinbruch 357 f
– Angstneurose 357
– Definition 354
– Dekompensation, psychotische 359
– depressive Störung 358
– Differentialdiagnose 373
– Epidemiologie 355
– Grenzflächenphänomen 358
– ICD-10-Klassifikation 354
– als inneres Gefahrensignal 357
– Konversionsgeschehen 358
– Menière-Krankheit 356
– Neuronitis vestibularis 356
– organischer 355 ff
– posttraumatischer 356
– psychogener 355, 357 ff
– – Differenzierung vom organischen
    Schwindel 359
– Psychotherapie 360
– psychovegetatives Allgemein-
    syndrom 357
– regressives Phänomen 359
– simulierter 359
– Therapie 359 f
– zerebrovaskuläre Insuffizienz 357
– zervikaler 356 f
Schwindelphänomene 267
SCID (Strukturiertes Klinisches
    Interview) 217
SCL-90-R (Symptom Check List) 197,
    199
SDS (Zung Self Rating Depression
    Scale) 197 f
SEBV (Skala zur Erfassung des
    Bewältigungsverhaltens) 197
Seelische Krankheit
– Abgrenzung von nichtseelischer
    Krankheit 29
– Behandlungsvoraussetzung 29
– Definition 28
– Partnerkonflikt 585
– protektive Faktoren 37
– Schweregrad-Beurteilung 51
– Ursache 28
Seelische Störung s. Psychische Störung
Sehnenansätze, druckschmerzhafte 452
Sehnsucht, ängstliche 285
Selbst 65
– als autoregulatives System 635
– bedrohtes 636
– falsches 67, 233
– – Entwicklung 124

– idealistisches 637
– reflexives 153
Selbstachtung 37
Selbstakzeptanz 220
Selbstbehauptung, Motivationssystem
    131
Selbstbeobachtung
– Schmerzbewältigung 396
– tägliche 298
Selbstbeschädigung, offene 316
Selbstbeschreibungsinstrument,
    Hypochondrie 305
Selbstbeschreibungsskala 49
Selbstbeschwindelung 359
Selbstbesetzung 65
Selbstbeurteilungsfragebogen 174
– für Eßstörungen (EDI) 196, 198
Selbstbeurteilungsverfahren 174
– Fehlerquellen 174
– Ökonomie 174
Selbstbezogenheit 230 f
Selbstbild, narzißtisches, Herzangst-
    neurose 364
Selbstbildinstabilität 227
Selbstdarstellung 148
Selbstdefinition 524 f
Selbstentwertung, melancholische
    60
Selbstentwicklung
– Anorexiebehandlung 460
– Bulimiebehandlung 460
Selbsterfahrung, psychoanalytische
    16
Selbsterniedrigung, Depression,
    narzißtische 287 f
Selbsterziehung 220
Selbstgefühlsstörung 283, 288
Selbstheilungsversuch durch
    Wiederholung 191
Selbsthilfegruppe
– Crohn-Krankheit 473
– koronare Herzkrankheit 429
– Tinnitus 409
Selbstinteresse, inklusives 126
Selbstkohärenzerhaltung, Hypochon-
    drie 304
Selbstkonstanz 67
Selbstkonzept
– Herausbildung 148
– integriertes 555
Selbstkritikfähigkeit 555
Selbstliebe 64, 220
Selbstlosigkeit 447
Selbstmodell, internes, Komplexität
    101

Selbstobjekte 65
Selbstobjekt-Repräsentanz, blasse 366
Selbstpsychologie 65, 543
Selbstrepräsentanz
– Manipulation 244
– psychische 67
Selbstschutz 220
Selbst-Selbstobjekt-Gefüge 65
Selbstsicht, verzerrte 231
Selbstüberforderungsneurose 453
Selbstüberhöhung 230 f
Selbstüberschätzung, Adoleszenz 147
Selbstunsicherheit 232
– Gesprächspsychotherapie 590
– Herzangstneurose 363
Selbstunterschätzung, Adoleszenz 147
Selbstverbalisation 105
Selbstverletzung 221
Selbstverurteilung 220
Selbstvorwürfe 284 f
Selbstwahrnehmung, kindliche, Entwicklung 139
Selbstwertgefühl s. auch Selbstgefühl 65, 635
– gestörtes 42
– herabgesetztes, Depression 283, 288
– instabiles, Spondylitis, ankylosierende 450
– labiles
– – Harninkontinenz 381
– – Reizblase 382
– primär erniedrigtes 250
Selbstwertkonflikt, narzißtischer 245
Selbstwertkrise, Diabetes mellitus im Kindes-/Jugendalter 438
Selbstwertproblematik, tiefgreifende 230
Selbstzweifel 232
Self Rating Anxiety Scale (SAS) 197
Sensation-Seeking-Verhalten 225
Sensibilität, Streßreaktion 101
Sensibilitätsstörung, Oberbauchbeschwerden, funktionelle 372
Sensomotorisches Schema 133 f
Sensorisch-diskriminatives System 388
Sensorium, differenziertes, Neugeborenes 138
Serotoninrezeptoren, zerebrale, Suizidopfer 503

Serotoninwiederaufnahmehemmer, selektive (SSRI) 262, 499, 510 f
– Absetzphänomene 511
– bei Depression 508
– Dosierung 510
– Nebenwirkungen 508
– bei posttraumatischer Belastungsstörung 504
– Wechselwirkung 511
– – mit Lithiumsalzen 514
– Wirkbeginn 510
– Wirkung, unerwünschte 511
– bei Zwangsstörung 505
SES (Schmerzempfindungsskala) 197, 199
Sexualisierung 243 f
– Hysterie 243
Sexualität 119
– Ängste des Adoleszenten 147
– genitale, Pubertät 146
– kindliche 59
Sexualpartner-Orientierung 137
– Motiv, latent homosexuelles 137
Sexualstörung
– Dialysepatient 490
– Urogenitalsyndrom, vegetatives, des Mannes 383
– versteckte, Urogenitaltraktstörung, somatoforme 382
Sexualstraftäter, Pharmakotherapie 506
Sexuelle Funktionsstörung 308 ff
– Epidemiologie 309
– ICD-10-Klassifikation 308
– Psychopharmakotherapie 506
– Therapie 309 ff
– Wandel 309
Sharing 592
Sicherheitgefühl 635
Sicherheitsstreben 65
Sieben-Faktoren-Persönlichkeitsmodell 218
Signalangst 69
Signal-Handlung-Entkoppelung 69
Signalverhalten 563
Silfadenil 311
Sinnhaftigkeitsgefühl 635
Sinnlichkeit 132
Situation, gruppenanalytische 553
Sitzung, probatorische s. Probesitzung 33
Skala
– zur Erfassung des Bewältigungsverhaltens (SEBV) 197

– des reflexiven Selbst (RSS, Reflective Self-Scale) 153
SKAT (Schwellkörper-Autoinjektions-Therapie) 311
SKID (Structured Clinical Interview for DSM-III-R) 209 f
Slow-open-Gruppe 593
Social Adjustment Scale (SAS) 197
Social Phobia and Anxiety Inventory (SPAI) 198
Social Readjustment Rating Scale (SRRS) 100, 197, 201
Social Support s. Unterstützung, soziale
Social-Support-System 40
Solidität 234
Soma 73
Somatisierung, Asthma 414
Somatisierungsneigung
– genetischer Einfluß 85
– Umgebungseinfluß 85
Somatisierungsstörung
– Definition 336
– familiärer Einfluß 86
– Genetik 86
– Synkope 369
Somatoforme autonome Funktionsstörung s. Autonome Funktionsstörung, somatoforme
Somatoforme Störung 336
– Definition 336
– Genetik 85 f
– Hypochondrie 304
– Psychopharmakotherapie 505
– Urogenitaltrakt 380 ff
Somatopsychische Störung 482 ff
Sonntagsneurose 111
Sozialisation 136
– sekundäre 38
Sozialisierungsprozeß des Mediziners 182
Sozialkontaktschwierigkeiten, Hypertonie, essentielle 432
Sozialleistungen 43
Sozialrecht, Begutachtung, psychosomatisch-psychotherapeutische 46
Soziopathie 42
Soziophobie s. Phobie, soziale
SPAI (Social Phobia and Anxiety Inventory; Inventar zur sozialen Phobie) 198
Spaltung 61 f
Spannung
– aggressive, abgewehrte, Menière-Anfall 356

Spannung
- informationstheoretische 578 f
- Qualität 129
Spannungsreduktion 486
Spannungssymptome 407
Spannungszustand, undifferenzierter, Kind 127
Spät-Adoleszenz 148
Spondylitis, ankylosierende 449 f
- Coping, betont aktives 450
- Definition 449
- Psychodynamik 450
- Psychotherapie 450
- Subgruppen 450
Sprachentwicklung 142
Spracherwerb 127, 134
Sprechweise, umständliche 224
SRRS (Social Readjustment Rating Scale) 100, 197, 201
SSRI s. Serotoninwiederaufnahmehemmer, selektive
Stabilisierung, pseudo-ödipale 459
STAI (State-Trait-Angst-Inventar) 197 f
Standardmeßfehler 195
Standards 23
State-Trait-Angst-Inventar (STAI) 197 f
Statevariable, Fragebogen 174
Statusdiagnostik 165
Steeling effect 37
Stierhunger 458
Stil, impressionistisch kognitiver 244
Stimmstörung 345 ff
- funktionelle 346
- - Therapie 348 f
- - - logopädische 349
- ICD-10 345
Stimmung 69
- depressive 283
Stimulation
- orale 132
- periorale 132
- sexuelle, Funktionsstörung 309
Stimuluskontrolle bei Schlafstörung 503
St.-Louis-Kriterien 206
Störung, frühe 545, 547
Strafbedürfnis 60, 63
Straftäter, psychisch kranker 226
Strafwunsch, unbewußter 285
Strebungen, unbewußte, psychosomatische Störung 399

Streß 97 ff
- akuter, Herzinfarkt 425
- Cholesterinspiegel 421
- chronischer, Herzinfarkt 425
- Definition
- - reaktionsorientierte 97
- - relationale 98
- - situationsorientierte 97 f
- - subjektivistische 98
- Diabetes mellitus 438
- Immunparameterveränderung, Persönlichkeitsvariablen 80
- Immunsystem 77 ff, 99
- koronare Herzkrankheit 421 f
- - Mediatoren, psychophysiologische 425
- Krankheitsrisiko 105
- psychosomatische Erkrankung 104 f
- Unterstützung, soziale 103 f
Streßbewältigung
- Hyperthyreose 442
- Strategie, inadäquate 479
- Technik bei Hypertonie 434
- Training 105
Streßeffekte 98 f
- interaktive 100
- kumulative 100
Streßhypertoniker 434
Streßimpfungstraining 105
Streßkonzept 97 f
Streßkorrelat 98 f
Streßlevel, Basedow-Krankheit 443
Stressor 97
- akuter 99
- chronischer 99 f
Stressoraktivität
- Dauer 99
- Intensität 99
Stressorenklassifikation 99 f
Stressorexposition 101, 105
- individuelle 100
Streß-Puffer-Hypothese 103
Streßreagibilität 101
Streßreaktion
- Auslösung 98
- Generalität 101
- Hörsturz 404
- Intensität 101
- interindividuelle Varianz 99
- langsame 98 f
- neuroendokrine 98
- Persönlichkeitsmerkmale 101
- schnelle 98
Streßrelief 100

Streßresilienz 101
Streßresistenz 101 ff
Streßsituation, Einschätzung 105
Streß-Trias 98
Streßulkus 463
Streßverarbeitungsfragebogen (SVF) 51, 197, 201
Structured Clinical Interview for DSM-III-R (SKID) 209 f
Strukturelle Analyse sozialen Verhaltens (SASB) 220
Strukturiertes Klinisches Interview (SCID) 217
Strukturmodell der psychischen Struktur 58
Strukturqualität 18
Strukturtheorie 68, 543
Strukturvermittlung 521
Stuhlunregelmäßigkeit 375
Stuttgarter Bogen zur Selbstbeurteilung von Abwehrkonzepten (SBAK) 197, 200
Subkortex, auditorischer, Tinnitusentstehung 407
Sublimierung 59, 63
Substanzmißbrauch 225
Suche, emotionale, chronische 288
Sucht 42, 545
- Adoleszenz 146
Suchterkrankung, Verhalten, antisoziales 225
Suchtstörung 154 f
Suggestibilität 229
- hypochondrische 253
- Hysterie 243
Suggestion, Asthma 412
Suggestive Technik 14, 29
Suizid 640
Suizidalität 640 ff
- Aggressionstheorie, psychoanalytische 643
- Beurteilung 641
- Definition 640 f
- Epidemiologie 641
- Erklärungskonzepte 642 ff
- Krisenintervention 503
- Narzißmustheorie, psychoanalytische 643 f
- Psychopharmakotherapie 503
- Psychotherapie 644 ff
- - analytisch orientierte 646 f
- - Gegenübertragung 645 f
- - Motivation, polarisierte 645
- - Patienten-Interaktionstypen 648

– – Patient-Therapeut-Interaktions-
   modus 648
– – – aggressiver 648
– – – harmonisierender 648
– – – resignativer 648
– – problemzentrierte 646 f
– – supportive 646 f
– – Voraussetzungen 644 f
– – – beim Suizidgefährdeten 645
– – – beim Therapeuten 645 f
– Risikogruppen 642
Suizidgedanken 640
Suizidphantasien 640, 642 f
Suizidrate 641
Suizidrisiko, Persönlichkeitsstörung
   222
Suizidversuch 640
Supervision 550, 555
Survivor-Syndrom s. Belastungs-
   störung
SVF (Streßverarbeitungsfragebogen)
   51, 197, 201
Syllogismus 74
Symbolik, tiefenpsychologische
   594
Symbolisierungsfähigkeit 127
Symbolkonfrontation 597
Sympathikusaktivierung 433
– Streßreaktion 98
Symptom(e) 68
– aktuelle 184
– depressive, Fragebogen 198
– neurotisches 41, 58
– psychische 41, 167
– psychosomatisches 74
– somatische 167
– als Universalwaffe 395
Symptom Check List (SCL-90-R)
   197, 199
Symptomliste 50
Symptomneurose 243
Symptomtherapie 564
Symptomverhalten 565
Synkope 368 ff
– Ätiologie 369
– Definition 368
– dissoziative Störung 369
– ICD-10-Klassifikation 368
– Konversionsstörung 369
– Persönlichkeitsstörung, histrionische
   369
– Somatisierungsstörung 369
– Therapie 370
– vasovagale, Definition 368
Systemanamnese 185

T

Tabuverordnung 193
Tachygastrie 372
Tagesklinik 537
TAT (Thematischer Apperzeptionstest)
   203
Taubheit, emotionale 330
TCI (Temperament and Character
   Inventory) 92
Teamtherapie bei sexueller
   Funktionsstörung 309 f
Technik, imaginative 595
Temazepam 502
Temperament and Character
   Inventory (TCI) 92
Tender-points 452
Tendomyopathie, generalisierte
   452
Test, psychologischer
– Aggravationstendenz 51
– Antwortstil 195
– Anwendungsbereiche 194
– Definition 194
– Dissimulationstendenz 51
– Ergebnisinterpretation 195
– Fehlerquellen 195
– Gütekriterien 194 f
– Konsistenz, innere 195
– Objektivität 194 f
– prädiktiver Wert 195
– projektiver 194, 202 ff
– – Auswertungsobjektivität 203
– – Durchführungsobjektivität 203
– – Güteprüfung 203
– – konstrukt-validierter 203
– – Reliabilität 203
– Referenzpopulation 195
– Reliabilität 195, 203
– Validität 195
Testbatterie zur Qualitätssicherung in
   der Psychotherapie 199
Testdiagnostik 194 ff
Testhalbierungsmethode 195
Testtheorie 194 f
Testverfahren
– konfliktorientiertes 200 f
– psychologisches 49
– psychometrisches 194, 196 f
– verarbeitungsorientiertes 200 f
Tetanie 351
TFP s. Transference-focused
   Psychotherapy
Thematischer Apperzeptionstest (TAT)
   203
Theory of Mind 135

Therapeut(en) s. auch Psychotherapeut
– aktiver 301
– Bindungsstil 152
– fünf Hauptaufgaben 153
– kooperative 301
– als Primärobjekt 625
Therapeutenwechsel 35
Therapie 499 ff
– interpersonale 522
– Kognitive 568
Therapieabbruch 21
Therapieangebot, Qualitäts-
   anforderungen 19 f
Therapieantrag
– Abfassung, formale 30 ff
– Ablehnung 35
– Begründung 28 f
Therapiebeendigung 35
Therapiemanual 522, 559
Therapiemaßnahmen, Dokumentation
   20
Therapiemotivation, Phasenmodell
   572
Thoraxatmung, gewohnheitsmäßige
   353
Three-Factor-Eating-Questionnaire
   (FEV) 196
Thymusschrumpfung, streßbedingte 98
Tic, motorischer 89, 253
Tiefenhermeneutik 74
Tierphobie 276
Tinnitus 406 ff
– Ätiologie 406 f
– Aufmerksamkeitsbesetzung 407
– Beratung 408
– Bojenfunktion 407
– Definition 406
– Dekompensation, Diathese-Streß-
   Model 408
– depressive Reaktion 407
– Epidemiologie 406
– Gegenübertragung 408
– Geräusche, überdeckende 408
– bei Hörsturz 403
– kompensierter 407
– Menière-Krankheit 356
– objektiver 407
– Psychodynamik 407 f
– psychoökonomische Funktion 408
– Psychotherapie 409
– rekompensierter 407
– Selbsthilfegruppe 409
– subjektiver 407
– Therapie 408 f
– – phasenangepaßte 408 f

Tinnitus
– Übertragung 408
– nach unbemerktem Hörsturz 407
– Verarbeitung, psychische, dekompensierende 407
Tinnitus-Retraining-Therapie 409
Tod des Partners 426
Todestrieb 60, 66, 69
– Säuglingsalter 122
Todeswunsch 640
Tonbandaufzeichnung 32, 176, 519
Training
– Autogenes 598 f
– – Droschkenkutscherhaltung 599
– – formelhafte Vorsätze 599
– – bei Hypertonie 434
– – bei Hyperventilationssyndrom 353
– – liegende Haltung 599
– – Oberstufe 599
– – Unterstufe 598
– sozialer Kompetenzen 232, 234
Traitvariable, Fragebogen 173 f
Transference-focused Psychotherapy (TFP) 554 ff
– Dauer 558
– Entwicklung, empirischer Ansatz 558 f
– Erlernbarkeit 559 f
– Indikation 558
– Interventionspriorität 558
– Interventionstechnik 556 f
– Orientierung, objektbezogene 556
– strategische Prinzipien 556 f
– taktisches Vorgehen 556 f
– Therapievertrag 557 f
Transsexualismus 311 f
– Epidemiologie 312
– Therapie 312
Trauer 69, 129
– Psychotherapie, interpersonelle 301
– Unterscheidung von Depression 281
Traueräquivalent, Tinnitus 407
Trauerarbeit 289
Trauerreaktion, pathologische 377
Trauma
– Definition 633 f
– Heilungsprognose 639
– kumulatives 634
– Langzeittherapie 639
– Psychotherapie 638 f
– Therapie 637 ff
– unverarbeitetes 151
Traumafolgen 635 f

Traumatisierung
– Bewertung, subjektive 332 f
– biographische, Schmerzen, funktionelle, chronische 391
– frühe 332
– narzißtische, frühkindliche 70
– sequentielle 634
Traumaverarbeitung
– Grundgesten 636
– künstlerische 637
– narzißtische 636 f
– somatische 636
– symbolische 637
Traumdeutung 57
Traurigkeit mit Hoffnung 289
Trennung, erste, von den Eltern 146
Trennungsangst 69
Trennungserleben, traumatisches 125
Triangulierung, frühe 142, 244
Trichotillomanie 253
Trieb 66
– autoerotischer 119
– Definition 59
Trieb-Abwehr-Konflikt 164
Triebangst 62
Triebanspruch
– Verdrängung 62
– wachsender 69
Triebbedürfnis, spezifisches 127
Triebbefriedigung 119, 127
Triebdruckzunahme 147
Triebenergie, libidinöse, gestaute 268
Triebentmischung 283
Triebentwicklung, Narzißmus 64
Triebgefahr 69
Triebkonflikt, Verarbeitung 218 f
Triebkonzept, Kritik 130
Trieblehre, psychoanalytische 59 f
Triebruhe 635
Triebschicksal 59, 68, 119
Triebumformung 59
Triebwunsch, Verdrängung 57 f
Trierer Skalen zur Erfassung der Krankheitsverarbeitung 51
Trimipramin 502
– Dosierung 510
– Toxizität 510
– unerwünschte Wirkung 510
– Wechselwirkung 510
Trizyklika s. Antidepressiva, trizyklische
T-Suppressor-Zellen, verminderte 477
Typ-A-Verhaltensmuster 109 f, 422 f
– Definition 109

– Komponentenanalyse 422
– Person-Umwelt-Relation 424
Typ-B-Verhaltensmuster 110, 422
Typ-I-Diabetes
– Ätiologie 436 f
– genetische Prädisposition 436
– HLA-Assoziation 436
– molekulares Mimikry 437
Typ-II-Diabetes
– Ätiologie 437
– genetische Komponente 437
– Stoffwechselstörungen 437
Typus melancholicus 234

U

Übendes Verfahren 14, 29, 598 ff
– Indikation 600
– Kontraindikation 600
Überaktivität, Anorexia nervosa 457
Übererregbarkeit, Hysterie 243
Überessen 461
Übergangsobjekt 67, 124
– Funktion 67
Übergriff 635
Überheblichkeit, therapeutische, defensive 624
Über-Ich 58, 543, 555
– defizitäres 130
– männliches 143
– weibliches 143
– Zwangsstörung 265
Über-Ich-Anforderungen, persekutorische 405
Über-Ich-Depression 284 f
Über-Ich-Entlastung 244
Über-Ich-Entwicklung 67
– fehlende 555, 558
Über-Ich-Struktur, defizitäre 70
Über-Ich-Widerstand 63
Überraschung 69, 129
Übersozialisation 126
Überstimulierung, interaktive 126
Übertragung 191 f, 543
– Ehekonflikt 191
– Folteropfer 639
– Herzangstneurose-Patient 366
– Hörsturzpatient 405
– Hypertoniepatient 434
– hysterischer Patient 245
– Kind/Jugendlicher 624 f
– Myokardinfarktpatient 429
– Partnersituation 191
– Patient mit funktionellen Unterbauchbeschwerden 378 f
– psychosomatisch Kranker 402

– Schmerzpatient 394
– Tinnituspatient 408
– Ulkuspatient 466
Übertragungsanalyse 543
Übertragungsangebot 186
Übertragungs-Gegenübertragungs-
    Geschehen, orale Muster 345
Übertragungsliebe 193
Übertragungsneurose 192, 543
Übertragungsreaktion 186
Übertragungswiderstand 63
Übertreibungsneigung, Schmerzpatient
    394
Übungsphase 67, 140
– Bewältigung, mißlungene 141
Ulcus
– duodeni 462 ff
– – Ätiologie 463
– – Definition 462
– – ICD-10-Klassifikation 462
– – Konflikt, unbewußter 3
– – Persönlichkeitsstruktur 464
– – psychosoziale Faktoren 80 f
– pepticum, Ätiologie 463
– ventriculi 462 ff
– – Ätiologie 463
– – Definition 462
– – ICD-10-Klassifikation 462
Ulkuserkrankung
– Arbeitsplatzsituation 464
– Epidemiologie 463
– Gruppentherapie, themenzentrierte
    465
– Persönlichkeitsstruktur 464 f
– psychosoziale Faktoren 463 f
– Psychotherapie, psychoanalytisch
    orientierte 465 f
– Schichtzugehörigkeit 464
– Therapie 465 f
– – Gegenübertragung 466
– – Übertragung 466
Umfeld, emotional ungesundes 221
Umgebung, haltende 124
Umgebungsfaktoren 84
– familiäre 85
Umwelt, psychosoziale, Asthma 415
Umweltfaktoren, störungsrelevante,
    Psychotherapieindikation 536
Umweltgift 41
Unberührtheit, emotionale 225
Unbeständigkeit 229
Unbewußtes
– deskriptives 57
– dynamisches 57
Unduldsamkeit 120

Unfallopfer, Belastungsstörung,
    posttraumatische 331
Ungeduld 423
Ungeschehenmachen 62
Ungeschiedenheit, primäre 127 f
Unheilbar Kranker 186
Unlust 68 f
Unterbauchbeschwerden, funktionelle
    375 ff
– Ätiologie 376
– Anamnesetechnik, offene 376
– Arzt-Patient-Beziehung 378 f
– Auslösung 377
– Beschwerdevortrag 375
– Deskription 375
– Diagnostik 376
– Differentialdiagnose 376
– Epidemiologie 375
– ICD-10-Klassifikation 375
– Komorbidität 375
– prädisponierende Faktoren 377
– Psychodynamik 377
– psychosoziale Faktoren 377
– Psychotherapie 378
– Streßmodell, interaktionelles 377 f
– Symptomenveränderung 376
– Therapie 378 f
– – allgemeinmedizinische 378
– – Gegenübertragung 378 f
– – Übertragung 378 f
Unterlegenheitsgefühl, Magentypus
    373
Unterstützung
– emotionale 37, 103
– informationale 103
– instrumentelle 103
– soziale 103 f, 526
– – Fragebogen 201
– – Psychotherapieindikation 536
Untersuchung
– klinische 167
– körperliche
– – psychodynamische Aspekte
    185 f
– – Ziele 185
Untersuchungsergebnis 186
Unterwerfung, ängstliche,
    Medikamentenverordnung 518
Unwirklichkeitsempfinden 243
Urangst 69
Urethralsyndrom, psychosomatisches,
    der Frau 381
Urmißtrauen 423
Urogenitalregion, hohe psychische
    Besetzung 382

Urogenitalsyndrom
– psychosomatisches 382
– vegetatives, des Mannes 382 f
– – Psychodynamik 383
– – Therapie 383
Urogenitaltraktstörung, somatoforme
    380 ff
– Epidemiologie 381
– ICD-10-Klassifikation 380
Ursachentherapie 564
Ursachenzuschreibung 162
Urticaria factitia 385
Urtikaria 384 ff
– Ätiologie 385
– Allergie 385
– Definition 384
– ICD-10-Klassifikation 384
– Psychodynamik 385
– Therapie 385 f
– Zeitreihenanalyse 387
Urverstimmung, frühkindliche 282
Ur-Vertrauen 140

V
Validität
– Definition 195
– eines Tests 195
– klinische 172
– konvergente 195
– kriteriumsbezogene 195
– prognostische 195
– theoretische 195
VAS (Visuelle analoge Skala),
    Schmerzintensität 199
Vater-Kind-Beziehung 141 f
Verantwortlichkeit, Regelung 24
Verantwortungsgefühl 555
Verarbeitung, kognitive, Messung 50
Verbatimprotokoll 176
Verdichtung 57
Verdrängtes, Wiederkehr 58
Verdrängung 57, 62, 68
– Angstfreiheit 268
– Eltern-Kind-Beziehung 126
– Hysterie 244 f
Verdrängungswiderstand 63
Verfahrenswechsel 35
Verführungstheorie 64
Vergeltung 70, 130
Vergewaltigungsopfer, Belastungs-
    störung, posttraumatische 331
Vergnügen, sinnliches, Motivations-
    system 132
Verhalten
– aggressives, beim Kind 225

Verhalten
– antisoziales, bei Suchterkrankung 225
– des Arztes 182
– aufmerksamkeitssuchendes 229 f
– delinquentes 225
– depressives 295
– deviantes 225
– differenziertes, Neugeborenes 138
– elterliches, Internalisierung 220
– interpersonelles 220
– – gestörtes 220
– – maladaptives 221
– – normales 221
– mütterliches, ausreichend gutes 124
– nonverbales 175
– regressives 63
– selbstschädigendes 227
– selbstverstümmelndes 557 f
– situationsunangepaßtes 41 f
– sonderlingshaftes 224
– sozial störendes, beim Kind 225
– sprachliches 176
– störungsspezifisches 175
– Umgebungsfaktoren 84
– – familiäre 85
– unangemessenes 41
– uneinsichtiges 42
– unterstützendes 103
Verhaltensanpassung, elterliche 139
Verhaltensbeobachtung 167, 175 f
– Auwertungsverfahren, computer-gestütztes 176
– Videoaufzeichnung 176
Verhaltensdefizit 564 f
Verhaltensexzeß 565
Verhaltensgenetik 83 ff
– Forschungsresultate 85
– Prinzipien 84 f
Verhaltensmodifikation 522, 561
Verhaltensregulierung 521
Verhaltensstichprobe 202
Verhaltensstörung 564 f
– Genetik 83 f
– Umgebungsfaktoren 84
Verhaltenstherapie 560 ff
– ambulante 261
– Angststörung 270 f
– Basisfragen 563
– Bedingungsanalyse 563 f
– Behandlungsprogramm, manualisiertes 523
– Belastungsstörung, posttraumatische 333

– Diagnostik 164
– dialektische 229
– direkt-explorative Phase 562
– Entwicklung 4 f
– Fünf-Phasen-Modell 562
– Funktionsanalyse 563
– Hypothese 564
– Indikation 560 f
– Indikationssicherung 566 f
– Kognitive 522, 568
– – alte Menschen 631 f
– – bei Depression 290, 297 ff
– – Grundelemente 297
– – Ziele 297 f
– Krankheitstheorie 631
– Makroanalyse 566 f
– Mikroanalyse 566 f
– Motivationsanalyse 563
– multimodale 560 ff, 564
– – strategisch-systemische 561
– normorientierte Phase 562
– Phobie 278
– Planung 564 f
– probatorische Sitzungen 562
– Problemanalyse 562 f
– Rahmenbedingungen 561 f
– rezeptiv-informative Phase 562
– stationäre 261
– Störungsmodell, hierarchisiertes 564 f
– symptomreduzierende 568
– tagesklinische 261
– Verfahren 567 f
– – standardisiertes 568
– – strukturiertes 568
– Weiterbildung 15, 568
– Ziel 561
– zielorientierte Phase 562
– Zielsetzung 565
– – verheimlichte 566
Verhaltenstyp A 109 f, 422 f
– Definition 109
– Komponentenanalyse 422
– Person-Umwelt-Relation 424
Verhaltenstyp B 110, 422
Verhaltenszustände, Neugeborenes 138
Verlangsamung 283
Verlassenheitsgefühl 245
Verlassenwerden von der Mutter 459
Verletzung, narzißtische
– frühkindliche 130
– Magentypus 373
– Reizblase 382

Verleugnung 62
– Asthma 414
– Hysterie 244
Verlobungspsychose 146
Verlust 245
– Bewältigung 101
– Depression 282
– Herzinfarkt 426
– Immunsystemaktivierung 79 f
– Psychotherapie, interpersonelle 301
– schwerer 426
– Trauer 281
– Unterbauchbeschwerden, funktionelle 377
Vermeidung, kontraphobische 276
Vermeidungsreaktion, agoraphobische 275
Vermeidungsverhalten
– Panikstörung 269
– passives, Defizit 226
– phobisches 276
– traumaassoziiertes 330, 332
Vernichtungsschmerz 419
Verpflichtungsgefühl, posttraumatisches Syndrom 636
Versagung 67, 139
– infantile, Kompensation 423
– Über-Ich-Depression 285
Verschiebung 57, 62
– bei Phobie 268
Verschlossenheit, affektive 378
Verschmelzungserfahrung 141
Verschwendungslust 120
Versorgung
– emotionale, unzureichende 66
– psychotherapeutische, ambulante 537
Versorgungskette, psychosomatisch-psychotherapeutische 43
Verstärkerverlusttheorie 571, 573
– Neukonstruktionsmodell 573 ff
Verstärkung, positive, Mangel 295
Verstehen, einfühlendes 588 f
Verstimmung
– depressive 283
– – Persönlichkeitsstörung
– – – abhängige 233
– – – histrionische 229
– nachorgastische Phase 309
Vertigo 354
Vertrauen 129, 149
Vertrauensverlust 70
Verzerrung
– gedankliche 299
– kognitive 296

Vestibulariskrise, akute 356
Viagra 311
Videoaufzeichnung, Verhaltens-
  beobachtung 176
Virusnachweis 78
Visuelle analoge Skala (VAS),
  Schmerzintensität 1 99
Vorbewußtes 57
Vorgetäuschte Störung 316
Vorstellung 128
Vortäuschungsmodus 134
Vulnerabilität, anhaltende 268
Vulnerabilitätsfaktoren, depressogene
  294

W

Wachstumsprozeß, Familienmitglieder
  583
Wahnbildung, kollektive 640
Wahnpsychose, hypochondrische,
  monosymptomatische 304
Wahrnehmungsblockade 564 f
Wahrnehmungsmodus, psycho-
  analytischer 189
Wahrnehmungsorganisation 204
Wandlungsphänomen bei Katathym
  imaginativer Psychotherapie 597
Wärmeübung, Autogenes Training
  598
Wartegg-Test 203
Ways of Coping Checklist (WCCL)
  197, 201
WCCL (Ways of Coping Checklist)
  197, 201
WCGS (Western Collaborative Group
  Study) 422
Weichteilrheumatische Erkrankung 452
Weinen, unterdrücktes 385
Weiterbildung, ärztliche 10
Weiterbildungsordnung, Verhaltens-
  therapie 568
Weiterbildungsstätte 16
Weltsicht, animistische, Kind 135
Wenn-dann-Beziehung, Psycho-
  therapieplanung 530
Wenn-Komponenten, Psychotherapie-
  planung 530
West Haven-Yale Multidimensional
  Pain Inventory (WHYMPI) 197, 199
Western Collaborative Group Study
  (WCGS) 422
Whiteley-Index 305
WHYMPI (West Haven-Yale
  Multidimensional Pain Inventory)
  197, 199

Widerspruch, Motivationssystem 131
Widerstand 63, 543
– interpersoneller 527
– Probesitzung 33
Widerstandsanalyse 543
Widerstandsfähigkeit 101
Wiederannäherungskrise 140
– Bewältigung, mißlungene 141
Wiedereingliederung 40
Wiederholungszwang 63
– Beziehungen 191
– Penetranz 191
Wirbelsäulenversteifung 449 f
Wirkfaktoren 571 f
Wirklichkeit
– falsche 324
– vorgespiegelte, Denken 134 f
Wissenschaftlicher Beirat Psycho-
  therapie 9
Wohlbefinden, narzißtisches 127
Wohlstandsverwahrlosung 461
Workaholic 44
Wunsch 130 f, 141
Wunschbefriedigung 141
Wunscherfüllung
– halluzinatorische 132 ff
– phantasierte 283
Wunscherfüllungstyp 121
Wunschgewicht, Bulimia nervosa
  458
Wut 69, 129
– internalisierte 130
– narzißtische 637
Wutaffekt, Bulimia nervosa 459
Wutgefühle, Urtikaria 385
Wutschrei, archaischer, Hemmung
  346

Y

Yale-Brown Obsessive Compulsive
  Scale (Y-BOCS) 249

Z

Zähne, entmineralisierte 459
Zeichen, Kommunikationsform 127
Zeitgrenze 33
Zeitreihenanalyse, Urtikaria 387
Zerebrovaskuläre Insuffizienz 357
Zolpidem 502, 515
– Absetzphänomen 515
– Dosierung 515
– Indikation 515
– Pharmakologie 515
– unerwünschte Effekte 515
Zone, erogene 119

Zopiclon 502, 515
– Absetzphänomen 515
– Dosierung 515
– Indikation 515
– Pharmakologie 515
– unerwünschte Effekte 515
Zung Depression Status Inventory
  (DSI) 196, 198
Zung Self Rating Depression Scale
  (SDS) 197 f
Zusammenarbeit, interdisziplinäre 19
Zusammenpassen, kindlich-
  mütterliches 67, 123
Zusatzbezeichnung
– Psychoanalyse 7, 15 f
– – Weiterbildungsstätte 16
– Psychotherapie 7, 13 f
– – Weiterbildungsstätte 1 6
Zuschreibung, intentionale 74
Zwangsgedanke 234, 248 ff, 264
Zwangsgrübelei 42
Zwangshandlung 42, 248 ff, 264
– aufgeschobene 255
Zwangsimpulse 234
Zwangsneurose 128, 244
Zwangsphobie 275
Zwangsspektrum-Störung 253
Zwangsstörung 248 ff
– Ätiologie 250
– Aggression 256
– Angst 256
– Beschwerden, körperliche 254
– Depression, sekundäre 250
– Differentialdiagnose 252 ff, 264
– Epidemiologie 248 f
– Expositions-Reaktions-Management
  258 f
– Expositions-Reaktions-Verhinderung
  258 f
– Funktion 250
– – interaktionelle 250 f
– – intrapsychische 250
– Genetik 89
– Hypochondrie 305
– hypochondrische Züge 253
– ICD-10-Klassifikation 248, 264
– Intervention, symptomspezifische
  257 f
– komorbide Störungen 252 ff
– Medikation 261 f
– Merkmalsabbau 259
– Motivationsanalyse, systemisch
  orientierte 254 ff
– Persönlichkeitsstörung 254
– Phänomenologie 249

Zwangsstörung
- Psychodynamik 265
- Psychopharmakotherapie 505
- Psychotherapie 265 f
- – mit Pharmakotherapie 505
- – Strategie 256 f
- Selbsthilfekompetenz, Förderung 260
- soziales Defizit 256
- Verhaltenskonsequenzen 250
- Verhaltenstherapie
- – ambulante 260 f
- – multimodale 254 ff
- – – Zusatzintervention 259
- – stationäre 261
- – strategisch-systemische, multimodale 254 ff
- – tagesklinische 261
- – Wirkung 262

- Verstärkung
- – negative 254
- – positive 254
Zwangssymptome 249
- Angststörung 268
- Drei-Faktoren-Ordnung 249 f
- Interview, strukturiertes 249
- Objektivierung 249
- Vier-Faktoren-Ordnung 249
Zwangsverhalten 250
- Auslöservermeidung 255
- autodestruktives 255
- Motivation 255
Zwangsvorstellung 264
Zweifel 140
Zwillingsstudien
- Angsterkrankung 88 f
- Asthma 413
- bipolare Störung 87 f

- Depression, unipolare 87 f
- Eßstörung 89 f
- Persönlichkeitsausformung 117
- Persönlichkeitsstörung
- – antisoziale 226
- – hysterische 91
- Temperament and Character Inventory 92
- Verhaltensgenetik 85
- Zwangsstörung 89
Zwölffingerdarmgeschwür s. Ulcus duodeni
Zyklothymie 281
Zynismus 423
Zytokinkonzentration 78